한국어-인도네시아어 인도네시아어-한국어 합본 사전

KOREA-INDONESIA
INDONESIA-KOREA

ㄱ-ㅎ / A-Z

PAN KAMUS BAHASA

—
문병식 편저
Moon
Byung
Sik

문예림

http://www.bookmoon.co.kr

한국어-인도네시아어, 인도네시아어-한국어 합본 사전

초판 1쇄 인쇄 2016년 5월 26일
초판 1쇄 발행 2016년 6월 17일

편저 문병식
발행인 서덕일
펴낸곳 문예림
주소 경기도 파주시 회동길 366 (10881)
전화 (02)499-1281~2
팩스 (02)499-1283
E-mail info@bookmoon.co.kr

출판등록 1962.7.12 (제406-1962-1호)
ISBN 978-89-7482-869-1 (91790)

머리말

어떤 언어를 사용하느냐에 따라 생각의 깊이와 폭이 달라진다하여 언어는 생각을 담는 그릇이라 했다. 우리가 무심코 쓰는 말 속의 낱말 하나에도 듣는 상대는 그 사람의 생각을 연상하고 됨됨이를 관찰하게 되는것이다. 그래서 언어는 참으로 신중하게 사용하여야 한다. 더구나 말의 진정한 의미가 잘 우러나지 않은 채 사용하기 쉬운 외래어는 이루 말할 수 없다.

이러한 말의 근간이 낱말을 모아 사전을 엮는 작업은 독자들의 언어 생활에 미치는 영향을 신중하게 고려하지 않을 수 없다.

한국어-인도네시아어, 인도네시아어-한국어 사전은 1994년 6월에 저자가 엮어 인도네시아 및 한국에서 11차에 걸쳐 발행한 한국어-인도네시아어 사전을 교정작업과 함께 실용위주의 사전이 되도록 발취하여 엮었으며, 인도네시아어-한국어 편도 인니인들의 사용 빈도가 높은 실용적인 단어를 위주로 꼭 필요한 단어를 담았다.

언제나 간행을 앞두고 느끼게 되는 것은 좀 더 나은 사전을 만들지 못한데 대한 아쉬움이다. 책이 출간되기까지 기꺼이 감수를 맡아 준 Eddi Edward 한국어 교수와 교정 및 컴퓨터 작업을 도와준 Astar Ayu Lintang, Dewi Ermawati 그 외 물심 양면으로 나의 작업에 관심과 협조를 아끼지 않고 성원해 주신 많은 분들께 깊은 감사를 드린다.

문병식

2016년 5월 Byung Sik Moon

일 러 두 기

A. 표제어

1. 표제어는 고딕 활자로 표시하고 한자에서 온 말은 한자를 표기 하였으며 우리말과 한자가 병기(倂記)된 것은 한자와 『-』를 표기하였다.
   (보기) 안주인(-主人), 상스럽다(常-)
2. 접두사, 접미사 및 어미(語尾)로 쓰이는 각기 그 앞뒤에 『…』를 붙였다.

B. 기호의 용법

1. 『 』의 용법
   학술어, 전문용어 등을 표시할때
   (보기) 매기 『魚』 lele; limbat
2. ( )의 용법
   표제어 또는 용례의 뜻을 설명하거나 용법상의 설명을 필요로 할때
   (보기) 명성(明星) (샛별) bintang fajar
   (인기인) bintang (aktor)
3. [ ]의 용법
   표제어와 함께 쓰이는 다른 낱말의 경우
   (보기) 몸 ~이 큰[작은] bertubuh besar [kecil]
4. (;)의 용법
   역어와 역어사이
   (보기) 몹시 sangat; terlampau; amat.
5. (,)의 용법
   a. 뜻이 다르게 쓰이는 역어와 역어 사이
   (보기) 명궁(名弓) panah yang sangat bagus, jago panah
   b. 문장 가운데에서 일반적인 쉼표로서
   (보기) 범 ~의 굴에 들어가야 ~의 새끼를 잡는다
   Siapa yang berani, dia yang dapat
6. (~)의 용법
   표제어와 일치한다
   (보기) 반격(反擊) serangan balasan. ~하다 melakukan serangan balasan
7. ☞ 의 용법
   다음의 항을 보라.
   (보기) 하나님 ☞ 하느님
8. (=)의 용법
   다음 것과 같다
   (보기) 청렴(淸廉) ~결백=청렴

9. (/)의 용법

앞의 낱말이나 뒤의 낱말을 같은 뜻으로 사용할 수 있다.

(보기) 사무(社務) urusan/pekerjaan kantor

전문용어

TERMINOLOGI

「建」 建築 (bangunan)
「經」 經濟 (ekonomi)
「工」 工業 (industri)
「鑛」 鑛物 (pertambangan)
「敎」 敎育 (pendidikan)
「軍」 軍事 (prajurit)
「基」 基督敎 (kristen)
「幾」 幾何 (geometri)
「論」 論理學 (ilmu logika)
「農」 農業 (pertanian)
「動」 動物學 (ilmu hewan)
「文」 文法 (tata bahasa)
「法」 法律 (hukum)
「寫」 寫眞 (fotografi)
「商」 商業 (perdagangan)
「生」 生物學 (biologi)
「造」 造船 (perkapalan)
「聖」 聖經 (injil)
「數」 數學 (matematika)
「心」 心理學 (ilmu jiwa/psikologi)
「音」 音樂 (musik)
「梵」 梵語 (istilah budhist)
「口」 口語 (bahasa lisan)
「俗」 俗語 (bahasa pasaran)
「冶」 冶金 (ketekhnikan logam)
「野」 野球 (bisbol)
「藥」 藥學 (ilmu medis)
「漁」 漁類 (ikan)
「言」 言語學 (ilmu bahasa)
「倫」 倫理學 (etika)
「醫」 醫學 (ilmu kedokteran)
「物」 物理學 (ilmu fisika)
「印」 印刷 (percetakan)
「鳥」 鳥類 (burung)
「宗」 宗敎 (agama)
「證」 證券 (saham)
「地」 地理 (geografi)
「天」 天文學 (astronomi)
「哲」 哲學 (filsafat)
「鐵」 鐵道 (perkereta-apian)
「貝」 貝類 (kerang-kerangan)
「海」 海事 (navigasi)
「解」 解剖學 (ilmu bedah)
「化」 化學 (ilmu kimia)
「拳」 拳鬪 (tinju)
「蹴」 蹴球 (sepak bola)

PENDAHULUAN

A. Kata kerja

1. Kata kepala yang berasal dari bahasa Cina dilengkapi dengan huruf kanji sedangkan kata persenyawaan bahasa Korea asli dan Cina yang sebagian hhuruf kanjinya tidak ada ditandai dengan (-).
   Contoh : 안주인(-主人), 상스럽다(常-)
2. Kata sebelum dan sesudah kata depan/akhir yang tidak ditulis ditandai dengan (...)
   Contoh : ...부(附), ...도록, 부(副)...

B. Penggunaan Simbol

1. 「 」 Menandai lambang terminology yang digunakan sebagai keterangan penjelas dalam huruf miring.
   Contoh : 매기 「魚」 lele; limbat
2. ( ) mengapit keterangan penjelas yang berhubungan dengan kata didepan atau dibelakangnya.
   Contoh : 명성(明星) (샛별) bintang fajar; (인기인) bintang (aktor)
3. [ ] mengapit kata lain yang dihubungkan dengan kata kepala.
   Contoh : 몸 ~이 큰[작은] bertubuh besar [kecil]
4. (;) memisahkan sinonim arti
   Contoh : 몹시 sangat; terlampau; amat.
5. (,) a. memisahkan arti yang lainnya yang agak berbeda.
   Contoh : 명궁(名弓) panah yang amat bagus,jago panah
   b. sebagai tanda jeda dalam kalimat
   Contoh : 범 ~의 굴에 들어가야 ~의 새끼를 잡는다
   Siapa yang berani, dia yang dapat
6. (~) digunakan sebagai pengganti kata kepala
   Contoh : 반격(反擊) serangan balasan ~하다 melakukan serangan
7. (☞) petunjuk untuk melihat ke bagian yang dituju.
   Contoh : 하나님 ☞ 하느님
8. (=) menyatakan tanda sama dengan

Contoh : 청렴(淸廉) ~결백 = 청렴

9. (/) menyatakan atau

Contoh : 사무(社務) urusan/pekerjaan kantor

C. Pengucapan

a. Pengucapan *hanggeul* yang dilatinkan adalah menurut bunyi bahasa Indonesia.

b. Suku kata pengucapan dipisahkan dengan garis miring 「/」

Contoh : 가까워지다 mendekat

D. Abjad Huruf Korea

Abjad huruf Korea adalah 24 buah, yaitu 10 vokal dan 14 konsonan

(1). Huruf Hidup (Vokal)

ㅏ	ㅑ	ㅓ	ㅕ	ㅗ	ㅛ	ㅜ	ㅠ	ㅡ	ㅣ
a	ya	eo	yeo	o	yo	u	yu	eui	i

Gabungan Vokal :

ㅐ	ㅒ	ㅔ	ㅖ	ㅘ	ㅙ	ㅚ	ㅝ	ㅞ	ㅟ
ae	yae	e	ye	wa	wae	oe	wo	we	wi
ㅢ									
eui									

(2). Huruf Mati (Konsonan)

ㄱ	ㄴ	ㄷ	ㄹ	ㅁ	ㅂ	ㅅ	ㅇ	ㅈ	ㅊ
g/k	n	d/t	r/l	m	b	s/t	–/ng	j/t	ch/t
ㅋ	ㅌ	ㅍ	ㅎ						
kh	th/t	f	h/t						

Konsonan Ganda Sama :

ㄲ	ㄸ	ㅃ	ㅆ	ㅉ
k	t	p	ss/t	c/t

Konsonan Ganda Final Berbeda :

ㄱㅅ	ㄴㅈ	ㄴㅎ	ㄹㅂ	ㄹㅌ
k	n	n	b	th
ㄹㅍ	ㄹㅎ	ㅂㅅ	ㄹㅅ	
f	l	p	l	

D. Suku Kata :

가	갸	거	겨	고	교	구	규	그	기
ga	gya	geo	gyeo	go	gyo	gu	gyu	geu	gi
개	걔	게	계	과	괘	괴	궈	궤	귀
gae	gyae	ge	gye	gwa	gwae	goe	gwo	gwe	gwi
긔									
guei									

나	냐	너	녀	노	뇨	누	뉴	느	니
na	nya	neo	nyeo	no	nyo	nu	nyu	neu	ni
내	내	네	녜	놔	놰	뇌	눠	눼	뉘
nae	nyae	ne	nye	nwa	nwae	neo	nwo	new	nwi
늬									
neui									

다	댜	더	뎌	도	됴	두	듀	드	디
da	dya	deo	dyeo	do	dyo	du	dyu	deu	di
대	대	데	뎨	돠	돼	되	둬	뒈	뒤
dae	dyae	de	dye	dwa	dwae	deo	dwo	dwe	dwi

듸
deui

라	랴	러	려	로	료	루	류	르	리
ra	rya	reo	ryeo	ro	ryo	ru	ryu	reu	ri

래	럐	레	례	롸	뢔	뢰	뤄	뤠	뤼
rae	ryae	re	rye	rwa	rwae	roe	rwo	rwe	rwi

릐
reui

마	먀	머	며	모	묘	무	뮤	므	미
ma	mya	moe	myeo	mo	myo	mu	myu	meu	mi

매	먜	메	몌	뫄	뫠	뫼	뭐	뭬	뮈
mae	myae	me	mye	mwa	mwae	moe	mwo	mwe	mwi

믜
meui

바	뱌	버	벼	보	뵤	부	뷰	브	비
ba	bya	beo	byeo	bo	byo	bu	byu	beu	bi

배	뱨	베	볘	봐	봬	뵈	붜	붸	뷔
bae	byae	be	bye	bwa	bwae	boe	bwo	bwe	bwi

븨
beui

사	샤	서	셔	소	쇼	수	슈	스	시
sa	sya	seo	syeo	so	syo	su	syu	seu	si
새	섀	세	셰	솨	쇄	쇠	숴	쉐	쉬
sae	syae	se	sye	swa	swae	soe	swo	swe	swi
싀									
seui									

아	야	어	여	오	요	우	유	으	이
a	ya	eo	yeo	o	yo	u	yu	eu	i
애	얘	에	예	와	왜	외	워	웨	위
ae	yae	e	ye	wa	wae	oe	wo	we	wi
의									
eui									

자	쟈	저	져	조	죠	주	쥬	즈	지
ja	jya	jeo	jyeo	jo	jyo	ju	jyu	jeu	ji
재	쟤	제	졔	좌	좨	죄	줘	줴	쥐
jae	jyae	je	jye	jwa	jwae	joe	jwo	jwe	jwi
즤									
jeui									

차	챠	처	쳐	초	쵸	추	츄	츠	치
cha	chya	cheo	chyeo	cho	chyo	chu	chyu	cheu	chi

채	챼	체	쳬	촤	쵀	최	춰	췌	취
chae	chyae	che	chye	chwa	chwae	choe	chwo	chew	chwi

츼
cheui

카	캬	커	켜	코	쿄	쿠	큐	크	키
kha	khya	keo	khyeo	kho	khyo	khu	khyu	kheu	khi

캐	컈	케	켸	콰	쾌	쾨	쿼	퀘	퀴
khae	khyae	khe	khye	khwa	khwae	khoe	kwo	kwe	kwi

킈
keui

타	탸	터	텨	토	툐	투	튜	트	티
kha	khya	keo	khyeo	kho	khyo	khu	khyu	kheu	khi

태	턔	테	톄	톼	퇘	퇴	퉈	퉤	튀
thae	thyae	the	thye	thwa	thwae	thoe	two	thwe	thwi

틔
thuei

파	퍄	퍼	펴	포	표	푸	퓨	프	피
fa	fya	feo	fyeo	fo	fyo	fu	fyu	feu	fi

패	퍠	페	폐	퐈	퐤	푀	풔	풰	퓌
fae	fyae	fe	fye	fwa	fwae	foe	fwo	fwe	fwi

픠
feui

하	햐	허	혀	호	효	후	휴	흐	히
ha	hya	heo	hyeo	ho	hyo	hu	hyu	heui	hi

해	햬	헤	혜	화	홰	회	훠	훼	휘
hae	hyae	he	hye	hwa	hwae	hoe	hwo	hwe	hwi

희
heui

Tabel : Alih Aksara Pertemuan Dua Konsonan.

Awal / Akhir	ㅇ	ㄱ	ㄴ	ㄷ	ㄹ	ㅁ	ㅂ	ㅅ	ㅈ	ㅊ	ㅋ	ㅌ	ㅍ	ㅎ
		G	N	D	R	M	B	S	J	CH	KH	TH	F	H
ㄱ K	g	g	ngn	kt	ngn	ngm	kb	ks	kj	kch	kkh	kth	kf	k
ㄴ N	n	ng(k)	nn	nd(t)	ll	nm	nb(p)	ns	nj	nch	nkh	nth	nf	h
ㄹ L	r	lg(k)	ll	lt(d)	ll	lm	lb(p)	ls	lj	lch	lkh	lth	lf	rh
ㅁ M	m	mg	mn	md(t)	mn	mm	mb(p)	ms	mj	mch	mkh	mth	mf	mh
ㅂ B	b	bg	mn	bt	mn	mm	bb	bs	bj	bch	bkh	bth	bf	b
ㅇ NG	ng	ngg	ngn	ngd	ngn	ngm	ngb	ngs	ngj	ngch	ngkh	ngth	ngf	ngh

Contoh Pemakaian Tabel ;

국민 : akhir ㄱ , awal ㅁ dibaca *gung/min*

감로 : akhir ㅁ , awal ㄹ dibaca *gam/no*

납량 : akhir ㅂ , awal ㄹ dibaca *nam/nyang*

건립 : awal ㄴ , awal ㄹ dibaca *geol/lib*

ㄱ

가 sisi; tepi; pinggir; tubir. 강 ~ pinggir sungai. 바닷~ pantai. 연못 ~ pinggir kolam.

가...(假)sementara;temporer.~계약 kontrak sementara. ~계정(計定) perkiraan sementara.

가가대소(呵呵大笑) ~하다 tertawa riang; tertawa terbahak-bahak.

가감(加減) ~하다 menambah dan (atau)mengurangi; menyesuaikan.

가건물(假建物) bangunan/rumah sementara; pondok.

가건축(假建築) ☞ 가건물.

가게 toko. ~를 보다 menjaga toko. ~를 내다 membuka toko;memulai usaha ~를 닫다 menutup toko; mengakhiri usaha.

가격(價格) harga; nilai. 일정한 ~으로 dengan harga pasti; dengan harga mati.~인상 kenaikan harga. ~절하 potongan harga;diskon. ~표 daftar harga. ~표기 label harga. 도매~ harga grosir; harga borongan. 소매~ harga eceran. 시장~ harga pasar. 정찰~ harga bersih; harga tetap

가결(可決)persetujuan; penerimaan; pelulusan. ~하다 menyetujui; menerima; memutuskam.거수로 ~하다 memutuskan dengan mengacungkan tangan.

가계(家系) garis keturunan; silsilah;asal-usul.~도 silsilah keluarga; pohon keluarga.

가계(家計)anggaran rumah tangga. anggaran keluarga. ~부 catatan (buku) anggaran rumah tangga. ~부를 적다 mencatat anggaran rumah tangga.

가곡(歌曲) lagu;nyanyian;tembang. ~집(集) kumpulan lagu-lagu.

가공(加工)pengolahan;pemrosesan; prosesing. ~하다 mengolah; memproses. ~무역 perdagangan prosesing.

가공사(假工事) pekerjaan konstruksi/rancangan sementara.

가관(可觀) ~이다 tampak indah.경치가~이다 pemandangan indah.

가교(架橋) ~하다 membangun jembatan. ~ 공사 pekerjaan jembatan.

가구(家口)keluarga; rumah tangga. ~수 jumlah anggota keluarga.~주 kepala keluarga.

가구(家具)perabotan;perlengkapan rumah; mebel. ~한 세트 seperangkat perabot rumah tangga;

ㄱ

satu set mebel.

가급적(可及的) sedapat mungkin. ~속히 secepat mungkin. ~이면 jika mungkin; jika memungkinkan.

가까스로 dengan sulit; secara sempit; paling-paling. ~도망치다 lolos dengan sukar. ~제 시간에 대다 tepat waktu dengan susah payah.

가까워지다(때.거리가)mendekat; mendekati(사이가) berteman; bersahabat.완성에~ mendekati penyelesaian;hampir rampung. 종말에 ~ mendekati akhir.

가까이 dekat; akrab.~하다 berdekatan (dengan); berteman (dengan). ~가다 mendekatkan; mendekati; menghampiri.

가깝다① dekat ② akrab; erat 가깝디~ sangat dekat.

가꾸다 ① memelihara;membudidayakan. ② berdandan; berhias.

가끔 kadang-kadang; kadangkala; sekali-sekali. ~들르다 kadang-kadang mampir.

가난 kemiskinan; kepapaan. ~하다 miskin; papa; merana; 몹시~ 한 사람 orang yang sangat miskin.

가난뱅이 orang miskin; kaum miskin; menjadi melarat

가내(家內)keluarga;rumah tangga. ~공업 industri rumah tangga.

가냘프다 langsing;ramping;ceking. 몸이 ~ berbadan langsing.

가늠 tebakan; perkiraan; taksiran. ~보다 menduga; memperkirakan; menaksir; menimbang.

가능(可能) ~한 mungkin. ~하다면 kalau memungkinkan.

가다 ① pergi; berkunjung; berangkat. 걸어~ berjalan kaki. 여수까지~pergi sampai Yeosu. 하루 20 마일을~ berjalan sejauh dua puluh mil sehari. ② lewat; berlalu. 시간이~ waktu berlalu. ③ (죽다) mati; wafat; meninggal. ④ sepadam. 전깃불이 ~ lampu listrik padam. ⑤ tahan; bertahan. 구두가 오래~sepatu tahan lama.⑥ hilang (cita rasa); menjadi hambar/ tawar. 맥주 맛이 ~ bir menjadi tawar.⑦ (들다)membutuhkan; memerlukan; diperlukan. ⑧ (값어치) berharga.

가닥 helai; utas. 실한~ seutas benang. 세~으로 꼰 밧줄 tali dari 3 untai.한~의 희망 secercah harapan.

가담(加擔)~하다 ikut serta dalam; berpartisipasi; meleburkan diri; berpihak dengan.

가당찮다(可當-) tidak beralasan; tidak masuk akal; mustahil.

가동(稼動) operasi; kerja. ~하다 mengoperasikan; menjalankan. ~중이다 sedang bekerja; beroperasi. 완전~ operasi penuh.주야 ~ operasi/kerja siang malam.

가두(街頭) sudut jalan; persimpangan jalan.~데모(시위) unjuk rasa di jalan. ~선전 propaganda di jalan.

가두다 memenjarakan.

가득 penuh; penuh sesak. ~하다 penuh. 한잔~ segelas penuh.

가뜩이나 menambah; selain itu; di samping itu; lebih jauh. ~곤란한데 menambahkan penderitaan orang.

가뜬하다 ringan; segar

가라앉다 ① tenggelam;terbenam; karam. 물속으로~ terbenam kedalam air.② (고요해지다) menjadi tenang; (풍파가) reda. 바람이 ~ angin reda.③ (마음.성질이) menjadi tenang (emosi).④ (부기. 고통 등이) berkurang; susut.

가라앉히다 ① menenggelamkan merendam; membenamkan. 배를 ~ menenggelamkan kapal. ② menenangkan (emosi)노여움을~menenangkan kemarahan. ③ meredakan; mengurangi.고통을 ~ mengurangi sakit. ④ merukunkan; mendamaikan.싸움을~ mendamaikan pertengkaran. (긴장된)정세를 ~ meredakan situasi

가락 ① (음조) kunci nada; lagam; lagu; gaya; langgam; melodi. ② tempo irama ~에 맞춰 dengan tempo.

가락지 cincin kembar; cincin.

가랑비 gerimis ; hujan rinai-rinai hujan rintik-rintik.~가 내리다 Gerimis turun.

가랑이 selangkangan;pangkal paha. ~를 벌리다 mementangkan kedua kaki; mengangkang.

가랑잎 daun mati (layu)

가래 dahak; rahak ; riak. ~를 뱉다 berdahak; beriak.

가래침 ludah; liur. ~을 뱉다 meludah.

가량(假量) kira-kira;kurang lebih; sekitar. 30 명~ kira-kira 30 orang. 2 개월~ kira-kira 2 bulan. 1 마일 ~ sekitar satu mil. 예순살 ~의 노인 lelaki tua umur 60 tahunan.

가렵다 gatal. 온 몸이 ~ sekujur tubuh gatal-gatal.

가로 lebarnya.~의 memanjang(sejajar). ~2 피트 lebarnya dua kaki. ~쓰다 menulis berjajar.줄을~치다 menggambar garis sejajar;menarik garis sejajar.

가로(街路) jalan.~ 등 lampu jalan. ~수 pohon pinggir jalan ~청소부 tukang sapu jalan.

가로닫이 pintu geser.

가로막다 menghalangi;menghambat; merintangi. 길을~ menghalangi jalan.

가로세로 lebar dan panjang.

가로채다 merampas.

가루 tepung; bubuk; serbuk. ~로 만들다 (빻다) menggiling menjadi tepung; membubuk; mengulek.

가르다 ① membagi; menceraikan; memisahkan; menjarakkan. 부부의 의를 ~ menceraikan suami istri ② memilah;menyortir. 크게 둘로~ memisahkan ke dalam dua kelompok besar. ③(판단.구별) membedakan.

가르마~를 타다 menyibak (membagi) rambut.

가르치다 mengajar; mendidik; memberi pelajaran. 수학을~ mengajar matematika. 수영을~ mengajar berenang.피아노를 ~ mengajar piano.

가르침 pengajaran;ajaran; nasihat ~을 받다 mendapat pengajaran (dari); diajar (oleh).

가리다 ①(선택) memilih; menyor-

ㄱ

tir; memilah. ②pilih-pilih (rewel). 음식을~ pilih-pilih makanan. ③ membedakan. 시비를 ~ membedakan antara yang benar dan salah. ④ membereskan rekening (masalah). 빚을~ melunasi hutang. ⑤ (낯을) malu-malu (anak-anak).

가리다① menutup; menyelubungi. 눈을~menutup mata (dengan kain). 얼굴을 ~ menutup muka (dengan kedua tangan). ② (간막다) memisahkan; menyekat.

가리키다 menunjukkan. 방향을 ~ menunjukkan arah.

가마솥 periuk; ketel. 증기~ ketel uap.

가만가만 diam-diam; sembunyi-sembunyi; dengan hati-hati.

가만히 ① diam-diam; sembunyi-sembunyi; secara rahasia. ~집을 빠져나오다 menyelinap keluar rumah. ②diam; dengan tenang; dengan hati-hati.~놓다 meletakkan dengan hati-hati. ~있다 tetap diam. ~누워 있다 berbaring diam.

가망(可望) harapan; prospektus; asa.~없는 tak ada harapan. 성공할 ~이 있다 ada harapan untuk berhasil; ada harapan sukses.

가맹(加盟) pergabungan; keikutsertaan;persekutuan; aliansi; afiliasi. ~ 하다 bergabung dengan; ambil bagian/ikut serta di dalam.

가면(假面)topeng;kedok ~을 쓰다 memakai topeng; berkedok. ~을 벗다 membuka topeng.~극 sandiwara topeng.

가명(假名) nama samaran; alias; julukan. ~으로 dengan nama samaran/alias.

가무(歌舞) nyanyian dan tarian.

가물다 (musim) kemarau

가뭄 kemarau; kekeringan.

가미(加味)~하다 menambah rasa; membumbui.

가발(假髮) rambut palsu; wig.

가방 tas; koper.~에 넣다 menaruh ke koper. 손 ~ tas tangan.

가벼이,가볍게 (dengan) ringan; (dengan) buru-buru.~보아 넘기다 memandang ringan; meremehkan. ~ 행동하다 bertindak buru-buru.

가볍다 ① ringan; enteng.가볍디 ~ sangat ringan. 체중이~ ringan bobotnya. ②(경미) remeh; tak penting; sepele. ③(수월) sederhana; mudah.④ (식사등) ringan; sederhana. ⑤ buru-buru; tanpa pikir panjang.입이~ ringan lidah; ceplas ceplos.

가보(家寶) harta pusaka keluarga; harta peninggalan; warisan.

가봉(假縫) ~하다 menjelujur; menghempet.

가부(可否) benar atau salah; kesesuaian;pro dan kontra. ~간 benar atau salah.

가분수(假分數)「數」 pecahan pembilang besar.

가불(假拂) kasbon; pinjaman gaji. ~하다 meminjam gaji.~받다 mendapat kasbon.

가사(家事) urusan rumah tangga; kekeluargaan. ~를 처리하다 mengelola rumah tangga; membereskan urusan rumah tangga.

가사(假死)pingsan;tidak sadar diri. ~ 상태에 있다 dalam keadaan pingsan.

가사(歌詞) syair lagu.

가산(加算) ~하다 menambahkan. 이자를 ~하다 memasukkan bunga uang. ~기 mesin hitung.

가산(家産)kekayaan keluarga.~을 탕진하다 memboroskan kekayaan.

가상(假想)angan-angan;khayalan; imajinasi. ~하다 membayangkan; mengandaikan; mengumpamakan; menghayalkan.

가석방(假釋放) pembebasan bersyarat. ~하다 membebaskan secara bersyarat. ~되다 dibebaskan dengan bersyarat.

가설(架設)~하다 membangun; memasang; merentang. ~공사 pekerjaan pembangunan/pemasangan. ~비 biaya pemasangan

가성(苛性) kaustisitas.~석회(石灰) larutan kapur.~소다(알카리) soda api; soda kaustik.

가소(可塑) ~의 plastik. ~물(物) benda plastik; barang plastik. ~성(性) kekenyalan;plastisitas.~제 pengenyal.

가속(加速) percepatan; akselarasi. ~적으로 dengan kecepatan yang meningkat. ~이 붙다 mempercepat. ~계 pengukur kecepatan.

가솔린 bensin; minyak gas.

가수(歌手) penyanyi; biduan; pelantun lagu.

가수금(假受金) penerimaan uang muka. 계약에 의한 ~ penerimaan uang muka oleh kontrak.

가수분해(加水分解) 「化」 hidrolisis.

가수요(假需要) permintaan spekulasi; permintaan imajiner.

가스 gas;hawa;uap. 배에 ~가 차다 kembung di perut. ~관(管) pipa gas. ~등 lampu gas.

가슴 dada;hati.~이 뭉클해지다 tertusuk hati. ~이 뛰다 berdebar-debar.

가슴앓이 「醫」 gangguan hati; penyakit hati

가시 duri; onak; cucuk. ~많은 berduri.~가 목에 걸리다 terselak duri di tenggorokan. 손에 ~가 박이다 tangan tertusuk duri. ~나무 semak berduri.

가시광선(可視光線)sinar tampak.

가시철(-鐵) kawat duri; kawat berduri. ~망 pagar kawat berduri.

가식(假飾)palsu; buatan; tiruan. ~하다 berpura-pura;main sandiwara.

가십 mengumpat; menyebar kabar burung/gosip. ~난(欄) kolom gosip.

가압류(假押留) penahanan/penyegelan sementara. ~하다 menyegel sementara.

가야금(伽倻琴) kayagum ; kecapi Korea.

가업(家業) usaha keluarga. ~을 잇다 meneruskan usaha keluarga.

가연(可燃) ~성 kemudahan untuk terbakar (menyala); kombusibilitas. ~성의 mudah terbakar.

가열(加熱) ~하다 memanaskan. ~분해 penguraian dengan jalan memanaskan. ~시험 uji pemanasan.

가엾다 patut dikasihani; miskin;

sedih (menyedihkan); menderita.

가오리 「魚」 ikan pari berduri.

가옥(家屋) rumah; bangunan. ~의 매매에 종사하다 berusaha di bidang perumahan.

가요(歌謠) lagu popular. ~곡 melodi lagu populer.

가용(可溶) ~물 benda yang mudah larut (dalam air). ~성 kelarutan. ~성의 mudah larut.

가용(可鎔)~물 benda yang mudah melebur. ~성 daya lebur. ~성의 mudah lebur.

가운 gaun; baju perempuan; seragam. 대학생의 ~ seragam kuliah.

가운데 ① tengah; pusat; jantung; bagian dalam; perlengkapan dalam. ~에 가리마를 타다 membelah rambut di bagian tengah. ~를 잡다 memegang di bagian tengah. ② di antara. ③ (...하는 중) tengah; selagi.

가위 gunting. catuk. ~한 자루 sebuah gunting. ~질 pengguntingan; pemotongan.

가위 mimpi buruk. ~ 눌리다 bermimpi buruk.

가을 musim gugur;musim rontok. ~ 경치 pemandangan musim gugur. ~ 바람 angin musim gugur. ~보리 barlei musim gugur.늦 ~ akhir musim gugur.

가이드 pemandu wisata.

가입(加入) ~하다 masuk; memasuki; bergabung; menjadi anggota. ~금 bea masuk.

가장(家長) kepala keluarga; tuan rumah. ~ 제도 patriakal (paham garis ketu runan Bapak).

가장(假葬) penguburan sementara. ~하다 mengubur sementara.

가장(假裝)①penyamaran; penyaruan. ~하다 menyamar; menyaru; berkedok;bertopeng. ~하여 dalam penyamaran. ~행렬 parade topeng. ~무도회 pesta topeng. ② kepura-puraan; simulasi; samaran. ~하다 berpura-pura;berlagak; mendalihkan; bersandiwara.

가장 paling. ~ 쉬운 방법 metode yang paling mudah.

가전제품(家電製品) peralatan listrik rumah tangga.

가정(家政) manajemen rumah tangga. ~과 jurusan ekonomi rumah tangga/pengelolaan rumah tangga.

가정(家庭)keluarga;rumah tangga. ~을 갖다 berkeluarga; memulai rumah tangga; berumah tangga. ~교사 guru privat; tutor. ~ 교육 pendidikan rumah. ~난(欄) kolom keluarga. ~방문 kunjungan keluarga. ~ 생활 kehidupan rumah tangga.

가정(假定) asumsi; hipotesis; pengandaian. ~하다 mengandaikan; mengasumsikan; menganggap.

가정법원(家庭法院) pengadilan keluarga.

가정부(假政府) pemerintahan sementara.

가제 kain kasa; perban. 소독 ~ kain kasa suci hama.

가져가다 membawa pergi; membawa serta.

가져오다 membawa datang.

가족(家族)keluarga;sanak saudara. 6 인~ keluarga yang terdiri dari 6 orang. ~동반의 여행 wisata keluarga.

가죽 kulit. ~(제)의 (dari) kulit. ~을 벗기다 menguliti; melapah. ~을 무두질하다 menyamak. ~부대 tas kulit. ~ 숫돌 asahan kulit.

가지 cabang. ~를 뻗다 memanjangkan cabang.~를 꺾다 mematahkan cabang.

가지 「植」 terong; terung.

가지 jenis; macam. ~의 beragam; bermacam-macam.~각색의 aneka; serba-serbi; bermacam-macam.

가지다 ① (손에 쥐다)membawa. ② mempunyai; memiliki; mengandung. 어떤 뜻을~ mengandung maksud tertentu. ③ (임신) mengandung; bunting; hamil.

가짜(假 -) tiruan; imitasi; barang palsu. ~의 lancung; tiruan. ~다이아 intan palsu.

가책(呵責)siksaan.양심의~을 받다 merasa sangat menyesal.

가축(家畜) hewan ternak; hewan piaraan. ~을 치다 beternak; memelihara ternak.

가출(家出) ~하다 lari dari rumah; kabur dari rumah. ~소녀[소년] gadis [pemuda] yang kabur dari rumah. ~인 orang yang kabur.

가치(價値)nilai; harga.~있는 bernilai; berharga; berguna; bermanfaat. ~없는 tidak berharga.

가택(家宅) rumah tinggal. ~수색 penggeledahan rumah; razia rumah. ~수색하다 menggeledah rumah.~수색을 당하다 kena geledah; digeledah rumah.

가파르다 curam; terjal.

가해(加害) ① kerusakan; bahaya; kerugian. ~하다 merusak; membahayakan; menimbulkan kerugian. ② penghancuran; pengrusakan; perusakan; pembunuhan. ~하다 bersekongkol untuk merusak.

가호(加護) perlindungan Tuhan; bimbingan Tuhan. 신의 ~를 빌다 memohon perlindungan Tuhan.

가혹(苛酷)kekejaman;kebengisan; kesadisan. ~하다 kejam; kasar; tanpa ampun; bengis; sadis.~하게 dengan kejam;dengan bengis.

각(各) setiap; masing-masing.

각(角)① tanduk;cula. ~도장 stempel dari tanduk.② (모퉁이) sudut; belokan; tikungan. ③ (사각) segi. ④ sudut. ~거리 besar sudut (derajat).

각가지(各-)aneka rupa; beraneka ragam.~의 berbagai macam; beraneka ragam.

각각(各各)secara terpisah; sendiri-sendiri; masing-masing.

각계(各界) (berbagai) lapangan kehidupan.~각층의 dari berbagai kedudukan sosial; dari berbagai lapisan.

각국(各國)setiap negeri; berbagai negara;semua negara. 세계~ negara-negara di dunia.

각기(脚氣) beri-beri. ~에 걸리다 terserang penyakit beri-beri; terkena penyakit beri-beri.

ㄱ

각기둥(角 -) 「數」 prisma (istilah matematika).

각도(角度) sudut; derajat sudut. sudut. ~를 재다 mengukur derajat sudut

각료(閣僚) menteri-menteri kabinet; anggota kabinet. ~급 회담 konferensi tingkat menteri.

각막(角膜) 「解」 kornea mata; selaput bening. ~염(炎) keratitis; radang kornea.

각반(脚絆)pembungkus kaki; kaos kaki.

각본(脚本)naskah drama;skenario. ~작가 penulis naskah drama; dermawan.

각부(各部)① setiap bagian; setiap departemen.~장관 menteri setiap departemen.② ☞ 각부분.

각서(覺書) surat peringatan; surat keterangan resmi; nota. ~의 교환 pertukaran nota.

각선미(脚線美) kemolekan garis kaki. ~있는 berkaki molek.

각오(覺悟)kesiapan;ketetapan hati; kesiap-siagaan; kesediaan; kesanggupan. ~ 하다 siap; bersiap; bersiap-siaga; bersigap.

각자(各自) setiap;masing-masing; sendiri-sendiri.

각종(各種) segala macam; berbagai jenis; serba aneka.

각지(各地) setiap tempat;berbagai tempat; disemua bagian negara.

각처(各處) setiap tempat;berbagai tempat.~에(의) disetiap tempat; di mana saja; dimana-mana.

각층(各層) setiap kalangan (masyarakat); setiap lapisan.각계~ 의 (dari) segala strata sosial.

간 cita rasa;rasa asin;kesedapan. ~을 치다 menggarami; memberi garam. ~보다 mencicipi.

간(肝) ① hati; lever.~경변(증) sirosis hati.② keberanian; ketabahan. ~이 큰 berani; tabah.

간격(間隔) jarak; ruang; interval; selang; antara.

간결(簡潔)keringkasan;kesingkatan. ~하다 singkat; ringkas.

간계(奸計)rencana jahat;muslihat; tipu daya; kelicikan; akal bulus.

간곡(懇曲) ~하다 sungguh-sungguh ingin.

간교(奸巧) ~한 lihai; pintar; busuk; ulung; cerdik; licik.

간기능검사(肝機能檢査) pemeriksaan fungsi hati.

간디스토마(肝-) cacing hati;*Distoma hepaticum.*

간단(簡單) keringkasan; kesederhanaan; kesingkatan; kesumiran. ~한 ringkas; sederhana; singkat; sumir.

간담(肝膽)① (간과 쓸개) hati dan empedu. ② (속마음) hati yang paling dalam;lubuk hati.

간략(簡略)kesederhanaan;keringkasan.~한 sederhana;ringkas. ~히 dengan sederhana; secara singkat.

간밤 kemarin malam; tadi malam.

간병(看病)pengasuhan;perawatan.

간부(奸婦) wanita nakal; sundal; gendak.

간부(幹部) anggota terkemuka; eksekutif; para pimpinan.~회 rapat eksekutif; rapat pimpinan.

간사(奸詐) kelicikan; akal bulus; kelihaian; tipu muslihat. ~한 (스러운) licik; lihai; licin; curang; culas.

간석지(干潟地) pantai kering; lahan pasang;area pantai pada waktu air surut.

간선(幹線) jalur utama;jalur pokok. ~도로 jalan arteri; jalan utama; jalan raya.

간섭(干涉) intervensi; gangguan; usikan;campur tangan.~하다 campur tangan dalam; menimbrung; mencampuri;mengusik;menceletuk.

간세포(間細胞) sel interstisial.

간소(簡素) kesederhanaan. ~한 sederhana. ~한 식사 makanan sederhana. ~화 penyederhanaan.

간수(看守) penjaga; sipir; penjaga penjara. ~장 sipir kepala. 건널목 ~ penjaga pintu kereta api.

간수하다 memelihara; menjaga.

간식(間食) makanan kecil; *snack*; kudapan. ~하다 makan makanan kecil ; mengudap; makan *snack*.

간신히(艱辛-) dengan susah payah;dengan sulit.~ 살아가다 hidup dengan susah payah.

간암(肝癌) kanker hati.

간염(肝炎) 「醫」 hepatitis (penyakit radang hati).전염성~ hepatitis menular.

간음(姦淫) perzinahan; penyelewengan; hubungan gelap; perselingkuhan. ~하다 berselingkuh; menyeleweng;melakukan hubungan gelap.

간이(簡易) kesederhanaan;kemudahan; kesahajaan ~하다 sederhana; mudah; praktis.

간장(-醬) kecap asin.

간절(懇切)~하다 sungguh-sungguh; ingin sekali; berhasrat besar.

간접(間接) ~의 tidak langsung; tangan kedua.~적으로 secara tidak langsung.

간주(看做)~하다 mempertimbangkan; mengira; menganggap; berpikir.

간주곡(間奏曲) 「樂」 selingan; intermezzo.

간지럼~타다 mudah geli; peka terhadap hal yang menggelikan. ~태우다 menggelitik.

간지럽다 ① geli. 발이~ kaki saya geli. ② (마음이) (merasa) malu.

간직하다 menyimpan. 가슴 속에 깊이 ~ (해두다) menyimpan dalam hati.

간질(癎疾) 「醫」 epilepsi; sawan; ayan. ~환자 penderita epilepsi.

간질이다 menggelitik; menggilik-ngilik(i); menggelitiki.

간척(干拓) reklamasi; pengurukan lahan.~하다 mereklamasi; menguruk lahan.

간첩(間諜) mata-mata; spion; penyelidik. ~단 kelompok mata-mata.

간청(懇請) permohonan; idaman; hasrat; permintaan; rayuan.~하다 memohon dengan sangat; meminta dengan sungguh-sungguh..

간통(姦通) perzinahan; hubungan gelap; penyelewengan.~하다 berzinah; menyeleweng melakukan

ㄱ

hubungan terlarang.

간파(看破) ~하다 menyelami; menyelidiki; mengetahui. 동기를 ~하다 menyelami motif.

간편(簡便) ~하다 sederhana; mudah. ~한 방법 metode yang mudah (sederhana).

간행(刊行) publikasi; penerbitan. ~하다 menerbitkan;mempublikasi.

간호(看護)perawatan.~하다 merawat. ~법 seni perawatan. ~병(兵) tentara paramedis. ~조무사 pertolongan perawat.

간혹(間或) kadang-kadang; sewaktu-waktu; sekali-sekali; kadang kala; ada kalanya. ~있는 (bersifat) kadang-kadang/jarang.

갇히다 terikat; terkungkung; terkurung; terpenjara.

갈기갈기 (jadi) robek-robekan; berkeping-keping. ~ 찢다 mencabik-cabikkan.

갈기다 memukul;menampar; menonjok. 따귀를 ~ menampar pipi. 채찍으로~ memukul dengan cambuk;mencambuk; mendera. 호되게 ~ memukul dengan keras.

갈다 memperbarui;mengganti;mengubah; menukar.구두 뒤축을~ mengesol kembali sepatu.

갈다 ① mempertajam. mengasah; menajamkan;mengikir.칼을~ mengasah pisau; menajamkan pisau. 면도칼을~ mengasah pisau cukur. ②mengkilapkan; menggosok; memoles.금강석을 ~menggosok intan. ③ menggosok; mengikir; mematar. ④ menggerus; menggiling; menggilas; menumbuk; melumatkan 옥수수를 ~ menggiling jagung. ⑤ (이를) menggertakkan (gigi).

갈대 「植」 gelagah; pelumpung; buluh. ~많은 berbuluh. ~발 tirai buluh; kerai. ~밭 ☞ 갈밭.

갈등(葛藤) komplikasi; kesulitan; kesukaran; perselisihan.

갈래 cabang; bagian.두 ~길 persimpangan jalan. 세 ~ 진 bercabang tiga. ~지다 bercabang.

갈망(渴望) ~하다 kerinduan panjang;keinginan/hasrat yang besar.

갈매기 「鳥」 camar laut; burung simbang.

갈보 pelacur; wanita tuna susila (WTS); kupu-kupu malam.

갈분(葛粉) pati ararut; sagu betawi.

갈색(褐色) warna cokelat. ~인종 ras sawo matang.

갈수록 kian lama; semakin lama. 날이~ makin hari makin.

갈아입다 mengganti baju.

갈아타다 ganti/pindah kendaraan. 목포행으로 ~pindah ke kereta api jurusan Mogpo.

갈증(渴症) haus; dahaga.~이 나다 merasa haus.

갈채(喝采) sorak-sorai; tepukan; tepuk tangan; sorakan; semarai; sorak semarai. ~하다 bertepuk tangan; memberi tepuk tangan.

갈치 ikan layur.

갈피 ruang antar lipatan; sela-sela. 책~속에 사진을 끼워두다 menyisip foto di sela buku.

갉다 menggerogoti; menggerumis;

menggigit; mengunggis.

갉아먹다 ① (이로) menggerogoti; mengerkah;mengerat; ② (재물을) memeras; menggerogoti (milik orang lain).

감 「植」 kesemek.~나무 pohon kesemek.

감(재료) bahan; material. ~이 좋은 berbahan halus; berbahan bagus.

감(感) perasaan; kesan. 5 ~ lima indera; panca indera.

감가(減價) pengurangan harga; pemotongan harga. ~하다 memotong harga; mengkorting.

감각(感覺) rasa;perasaan;sensasi; cita; indera.미적(美的)~ rasa keindahan.~적 peka;sensitif.~이 없는 mati rasa; lumpuh; layuh; tepok.~을 잃다 menjadi mati rasa.

감격(感激) keharuan;rawan;emosi yang dalam.~하다 sangat tersentuh; sangat terkesan. ~적인 장면 adegan yang menyentuh.

감금(監禁) pemenjaraan; penyekapan;penawanan.~하다 memenjarakan; menawan; menyekap.

감기(感氣) demam; masuk angin; flu; pilek. ~에 걸리다 sedang masuk angin.~로 누워 있다 mendapat demam. 기침~ demam batuk; batuk pilek.

감기다 ①(넝쿨 따위가) melilit;memutar; menggulung.② (감게 하다) menyuruh putar.

감기다 menutup mata(orang lain).

감기다 memandikan; mencucikan; membasuh.

감내(堪耐) ~하다 tahan; sabar.

감다 (눈을) memejamkan (mata).

감다 mencuci; membasuh. 머리를 ~ mencuci rambut.

감다 (실 따위를) memutar; menggulung; memuntal memilin; memuntir; memintal.

감당(堪當) ~하다 berkemampuan (untuk).적을 ~해내다 berkemampuan melawan musuh.

감독(監督)pengawasan; penilikan; penyeliaan; pengarahan; inspeksi. ~하다 mengawasi; menyelia; mengontrol....의~하에 di bawah pengawasan... ~관 penyelia; supervisor; penilik. ~관청 pejabat penyelia.영화 ~sutradara film. 현장 ~ penyelia lapangan.

감동(感動) keharuan; keibaan. ~하다 tersentuh (oleh) ; terharu.

감등(減等) ~하다 menurunkan.

감량(減量)kehilangan berat;penurunan berat (jumlah). ~하다 mengurangi jumlah; mengurangi berat.

감마선(- 線) 「理」 sinar gamma.

감명(感銘) kesan yang mendalam; impresi. ~하다 sangat terkesan (terharu).

감미(甘味)rasa manis.~롭다 manis. ~료 bahan pemanis; pemanis.

감방(監房)sel;bui;penjara;tahanan. ~에 처넣다 memasukkan ke dalam sel; memenjarakan.

감별(鑑別)diskriminasi; pembedaan. ~하다 membedakan.

감봉(減俸) pemotongan gaji/upah. ~하다 memotongi gaji.

감사(感謝) terima kasih;rasa syukur. ~하다 berterima kasih; bersyukur.~의 표시로서 sebagai tanda syukur (terima kasih).

감사(監事) inspektur penyelia; pengawas; auditor; kontrolir.

감사(監査) pemeriksaan. ~하다 memeriksa; mengaudit.~역 auditor. ~원(장) badan pengurus audit dan inspeksi.

감산(減算) 「數」 pengurangan.

감상(感傷) perasaan halus; sentimen;perasaan berlebih-lebihan.

감상(感想) kesan. ~을 말하다 menyatakan kesan. ~담 komentar; pernyataan kesan.

감상(鑑賞)penilaian.~하다 menilai; menimbang; mengapresiasi. ~력 daya apresiasi.

감세(減稅) pengurangan pajak; pemotongan pajak.~하다 memotong pajak.

감소(減少)penurunan (dalam populasi); pengurangan; penyusutan. ~하다 menurunkan; mengurangi.

감속(減速)pengurangan kecepatan. ~ 장치 peralatan pengurangan kecepatan.

감손(減損) pengurangan; penyusutan; penurunan.

감쇄(減殺) ~하다 memperkecil; mengurangi.

감수(甘受) ~하다 menerima dengan rela.모욕을~하다 sabar walau di hina; menelan kehinaan.

감수(監修)supervisi; pengawasan; penyeliaan. ~하다 disusun dibawah pengawasan. ~자 pemimpin redaksi; penyelia; editor kepala.

감시(監視) pengawasan; pengamatan; sambang; patroli. ~하다 mengawasi; mengamati; menyelia; bersambang.

감식(鑑識)penilaian; penghargaan. ~하다 menilai;melihat perbedaan; menghargai.

감싸다 melingkupi; menyelubungi; melingkungi; melindungi.

감염(感染)infeksi;penularan.~하다, ~되다 terinfeksi; tertular;ketularan.

감옥(監獄)penjara; kurungan; bui; sel. ~살이 hidup di penjara.

감원(減員) pengurangan staf/personil. ~하다 mengurangi personil. ~선풍 pengurangan personil besar-besaran.

감자 kentang.

감전(感電) mendapat kejutan listrik.~하다 kesetrum listrik; mendapat kejutan listrik.

감정(感情) perasaan; emosi.~적인(으로) dengan perasaan.~을 자극하다 menggugah perasaan; merangsang emosi.

감정(憾情)perasaan tak enak;sentimen; dendam; emosi. ~을 사다 menimbulkan dendam pada orang

감정(鑑定) ① penilaian; pendapat pakar; penaksiran. ~하다 menilai; menaksir. 필적을 ~하다 menilai tulisan tangan.정신~ uji psikiater. ② penaksiran; taksiran (harga). ~하다 menilai; menaksir. ~가격 harga taksiran;nilai yang ditaksir. ③ (소송의)~하다 nasihat hukum; memberi nasihat hukum.

감초(甘草) 「植」 sejenis pohon

berakar manis. 약방의~ orang/barang yang dibutuhkan.

감촉(感觸) rabaan;sentuhan;rasa. ~하다 meraba; merasai; merasa melalui indera.

감추다 menyembunyikan; menyamarkan; merahasiakan. 몸을 ~ menyembunyikan diri.

감탄(感歎) kekaguman;ketakjuban. ~하다 mengagumi; menakjubi.

감퇴(減退) kemunduran; penurunan; kemerosotan. ~하다 menurun; merosot; menyurut. 기억력~ pikun; daya ingat menurun.

감투 ① (모자) topi rambut kuda yang dulu dipakai orang biasa. ② jabatan penting. ~를 쓰다 memangku jabatan penting. ~싸움 perjuangan untuk mendapatkan kedudukan penting.

감형(減刑) pengurangan hukuman; remisi. ~하다 mengurangi hukuman; memberikan remisi.

감히(敢-) dengan lancang. ~ ...하다 lancang (berbuat).

갑갑하다 merasa sesak. 가슴이~ merasa sesak didada.

갑근세(甲勤稅) pajak pendapatan; pajak penghasilan. 월급에서 ~를 공제하다 memotong pajak penghasilan dari gaji.

갑상선(甲狀腺) 『醫』 kelenjar tiroid;kelenjar gondok.~비대(肥大) pembengkakan kelenjar tiroid; gondok.~염 tiroiditis;radang kelenjar gondok. ~호르몬 tiroksin; hormon kelenjar gondok.

갑자기 tiba-tiba; mendadak; serta merta. ~해고하다 menghentikan mendadak.

갑판(甲板) dek;geladak.~에 나가다 keluar ke geladak. ~사관 perwira geladak. ~승강구 lubang pintu dek. ~장 bosman; serang.

값 harga; biaya; nilai; tarif. 엄청난 ~ harga yang terlalu tinggi. 알맞은~ harga yang pantas; harga yang wajar. ~나가는 mahal. ~(이) 싼 murah.

값어치 nilai; harga.

갓 ① (masih) baru. ~지은 밥 nasi masih panas dari panci. ~구운 빵 roti masih panas dari oven. ~사온 책 buku yang baru dibeli. ~결혼한 부부 pengantin baru. ② baru ~스물이다 baru umur 20 tahun.

갓난아이, 갓난애 bayi baru lahir; bayi merah; orok.

강(江) sungai; bengawan; kali; batang air. ~건너(에) (di) seberang sungai.

강간(强姦) perkosaan;pelanggaran; penggagahan. ~하다 memperkosa; melanggar; menggagahi.

강관(鋼管) pipa baja.

강괴(鋼塊) batangan baja.

강권(强權) kekuasaan sewenang-wenang. ~을 발동하다 berkuasa sewenang-wenang. ~발동 pelaksanaan kekuasaan yang sewenang-wenang. ~정치 politik kekuasaan.

강단(講壇) mimbar; podium. ~에 서다 berdiri di mimbar; mengajar di sekolah.

강당(講堂) aula; gedung pertemuan; pendopo; auditorium.

강도(强度) tingkat kekuatan; kehebatan.

강도(强盜)perampok;begal;garong. ~질 perampokan;perampasan.~질하다 merampok;menjarah; menggarong.권총~perampok berpistol; perampok bersenjata.

강력(强力)~하다 kuat.~범(犯) kejahatan dengan tindak kekerasan.

강매(强買) ~하다 memaksa beli.

강매(强賣) ~하다 memaksa jual.

강물(江-) air sungai. ~이 붇다 air sungai naik.

강변(江邊) tepian sungai; pinggir sungai.~도로 jalan pinggir sungai.

강사(講師) dosen; pengajar. 인도네시아 대학교 ~ dosen di Universitas Indonesia. 시간[전임] ~ dosen honorer [tetap].

강산(江山) sungai dan gunung.

강수(降水)curah hujan.~량 jumlah curah hujan.

강습(講習)pelatihan singkat; kursus kilat.~하다 memberi pelatihan singkat; memberi kursus kilat.

강심제(强心劑) perangsang jantung; kardiak.

강압(强壓) penindasan; kelaliman; kebengisan;kekejaman.~하다 menindas. ~적 bengis; kejam; lalim. ~수단 tindakan yang kejam..

강약(强弱)kekuatan dan kelemahan.

강연(講演) ceramah; kuliah;pidato. ~하다 berceramah; berpidato. ~회 pertemuan ceramah. 공개~ kuliah umum.

강요(强要) pemerasan;pemaksaan. ~하다 menuntut; memaksa; mengharuskan; memeras.

강우(降雨) curah hujan.~기 musim hujan. ~량(量) jumlah curah hujan. 서울의 연 ~량 curah hujan tahunan di Seoul.

강의(講義) ceramah; kuliah; penjelasan; sarasehan. ~하다 memberi ceramah (kuliah); mengajar; berkuliah. ~를 빼먹다 tidak hadir kuliah.

강인(强靭) ~하다 tangguh; tegar; teguh. ~한 의지 semangat yang kuat; semangat baja.

강장(强壯)~한 kuat;kekar.~제(劑) obat perangsang;obat kuat; tonik.

강장동물(腔腸動物) ubur-ubur.

강정제(强精劑) obat kuat.

강점(强占) ~하다 merampas; merebut; menduduki dengan paksa.

강점(强點) kelebihan; keunggulan. 그의~은 ...하다는 점이다. Keunggulannya terletak dalam...

강제(强制) paksaan; kekerasan. ~하다 memaksa; memepet; mendesak. ~적인 wajib; terpaksa.~적으로 dengan paksaan;dengan kekerasan.

강직(剛直)~하다 jujur; tidak korupsi. ~한 사람 orang yang punya integritas (keteguhan) moral).

강진(强震) gempa bumi; lindu; lini.

강짜 cemburu buta.~부리다 memperlihatkan kecemburuan.

강철(鋼鐵) baja. ~같은 의지 kemauan baja. ~판 lembaran baja;

pelat baja.

강타(强打) pukulan keras; tumbukan; tamparan. ~하다 memukul keras; meninju; menabok; menghantam; menampar. ~를 퍼붓다 menghujani dengan pukulan keras

강탈(强奪) perampasan; perampokan;penggarongan; penjarahan. ~하다 merampas; menjarah; merampok; menyamun. ~자 perampok; perampas; penjarah.

강판(鋼板) pelat baja; lembaran baja.

강풍(强風) angin kencang; hembusan taufan

강하(降下) guguran; jatuhan.~하다 turun; gugur; jatuh. 기온의~ penurunan suhu.

강행(强行) pemaksaan; pelaksanaan keras. ~하다 memaksa

강화(强化) ~ 하다 memperkukuh; memperkuat; menegapkan; 내각 [국방]을~하다 memperkuat kabinet [pertahanan nasional].

강화(講和) perdamaian; perundingan damai. ~하다 berdamai dengan. ~를 맺다 mengadakan perdamaian dengan. ~조건 syarat-syarat perdamaian.

갖은 setiap (kemungkinan). ~고생 segala macam/jenis penderitaan/ kesukaran. ~수단 cara/ sarana yang tersedia; semua cara/sarana yang memungkinkan.

갖추다 (구비) ada (bakat); memiliki; diberkahi; (준비) menyiapkan; melengkapi; siap. 위엄을 ~ punya harga diri.상식을~ memiliki pikiran yang sehat.

같다 ① sama (mirip). 똑~ sangat mirip; sama saja. 거의 ~ hampir sama. 그것은 내 가방과~ Tas itu sama dengan tas saya. ② sama; seragam; sepadan. 자네와 나와는 키가 거의~ anda hampir sama tingginya dengan saya ③serupa; seperti. 새것이나~ sebagus yang baru. 꼭~ persis sama. 사형 선고 와~ sama dengan vonis hukuman mati. ④ sama;setara; sejajar; sederajat. 기원이~ mempunyai asal yang sama (dengan). ⑤ tak berubah. 성미는 젊었을 때와 ~ Dia tetap sama sifatnya seperti ketika masih muda. ⑥ kelihatan. 장사꾼 ~ kelihatan seperti pedagang.비가 올 것~ Kelihatannya akan turun hujan. ⑦ (가정) seandainya.

같이 ① seperti; demikian juga. 여느때와~ seperti biasanya. 말씀 하시는 바와 ~ seperti kata anda. 이와~하여 dengan demikian. 의견을 ~하다 mempunyai pandangan yang sama.②bersama.~살다 tinggal bersama.~자다 setempat tidur; tidur bersama.자리를 ~하다 duduk bersama. 행동을 ~하다 berbuat sama dengan. 운명[기쁨]을 ~하다 berbagi [kesenangan] nasib. 식사를 ~하다 makan bersama.

갚다 ① mengembalikan; melunasi. 빚을~ melunasi/membayar utang. ②(물어 주다) mengganti rugi. ③ menebus. 죄를~ menebus dosa. ④ mengembalikan; menghadiahi; membalas. 공을~ membalas jasa.

은혜를 원수로~ membalas kejahatan dengan kebaikan. ⑤ balas dendam; membalas dendam.

개 「動」 anjing. ~의 tentang anjing. ~ 같은 seperti anjing.~를 기르다 memelihara anjing.

개(箇) satuan (buah, potong dsb). 사과 세 ~ tiga buah apel. 비누 두 ~ dua potong sabun.

개각(改閣) pergantian kabinet. ~하다 mengganti kabinet. ~을 단행하다 melaksanakan penggantian cabinet.

개간(開墾)cocok tanam;pembukaan lahan; perladangan; perhumaan. ~하다 bercocok tanam; membuka lahan; berladang.~지 ladang; kebun; lahan tani.

개교(開校)~하다 membuka sekolah. ~식 upacara pembukaan sekolah.

개구리 katak; kodok. 우물안의 ~ seperti katak dalam tempurung.

개구쟁이 anak lelaki nakal. ~짓 kenakalan.

개그 lawakan. ~맨 pelawak.

개근(皆勤)kehadiran yang teratur. ~하다 hadir dengan teratur. ~상 hadiah karena teratur hadir.

개기(皆旣)「天」gerhana total.~일[월]식 gerhana matahari/bulan total.

개념(概念) gagasan umum;paham; konsep; pendapat; pikiran. ~적 konsepsional.

개다(날씨 안개 따위가) menjadi terang; menyingsing (kabut).

개다 meremas; menghancurkan.

개다 melipat. 옷을~ melipat baju. 이부자리를 ~ melipat selimut.

개량(改良)perbaikan;peningkatan; pembetulan. ~하다 memperbaiki; membetulkan. ~의 여지 ruang untuk perbaikan

개막(開幕)~하다 menaikkan layar; memulai pertunjukan. ~식 upacara pembukaan.

개미 「蟲」 semut;geramang. ~떼 sekawanan semut. ~ 마을 koloni pemungut sampah.~ 핥기 「動」 trenggiling.

개발(開發)pengembangan;eksploitasi. ~하다 mengeksploitasi; mengembangkan; mengusahakan.

개방(開放) ~하다 membuka diri. ~적(인) berhati terbuka. 문호~주의 kebijakan pintu terbuka.

개봉(開封) pelepasan perdana; pembukaan. ~하다 memutar perdana (filem) ~ 영화 film yang baru diedarkan.

개비 potongan (kayu); batang; tongkat. 성냥~ batang korek api.

개새끼 anak anjing, haram jadah.

개선(改善) perbaikan; peningkatan. ~하다 memperbaiki; meningkatkan. 생활의 ~ perbaikan hidup.

개설(開設) pembukaan. ~ 하다 membuka. 신용장을 ~하다 membuka L/C.

개성(個性) sifat individu (perorangan); kepribadian; karakter. ~을 존중하다 menghargai kepribadian.

개소(個所) tempat, bagian. 수~에 침수되다 banjir dibeberapa tempat.

개수(改修)perbaikan. ~하다 memperbaiki. 하천 ~공사 perbaikan solokan.

개시(開始) awal;mulai;pembukaan. ~하다 mengawali; membuka; memulai; bermula. ~부터 dari permulaan. 교섭을 ~하다 membuka perundingan.

개업(開業) ~하다 memulai usaha (bisnis). ~대매출 penjualan permulaan (penglaris). ~의(醫) dokter praktek.

개연성(蓋然性) kemungkinan; peluang.

개요(概要) garis besar; ringkasan; ijmal; nukilan; ikhtisar.

개운하다 merasa segar kembali; lega.

개인(個人)individu;pribadi;oknum; perseorangan. ~의,~적(으로) (secara) perorangan; (secara) pribadi. ~자격으로 dalam kapasitas pribadi. 내 ~의견으로는 menurut pendapat saya pribadi.

개인전(個人戰) seri turnamen perorangan/tunggal.

개입(介入) intervensi; campur tangan. ~하다 mencampuri (dalam perselisihan).

개재(介在) posisi antara. ~하다 terletak di antara; menengahi

개정(改正)perbaikan; amandemen; revisi. ~하다 memperbaiki; merevisi; meninjau kembali. ~세율 pajak yang direvisi. ~시간표[정가] jadwal [harga] yang telah diubah.

개정(改訂)perbaikan;revisi;peninjauan kembali.~하다 memperbaiki; membetulkan; mengoreksi.

개종(改宗)peralihan agama;konversi. ~하다 beralih agama; berganti agama. ~자 orang yang masuk agama lain.

개죽음 kematian sia-sia(tak berguna). ~하다 mati sia-sia.

개중(個中) ~에는 di antara mereka.

개척(開拓)pembukaan lahan; reklamasi lahan; eksploitasi; perintisan. ~하다 membuka lahan untuk bercocok tanam; memelopori; merintis.시장을 ~하다 membuka pasar baru. 자원을 ~하다 mengeksploitasi(mengembangkan) sumber daya alam. ~사업 pekerjaan reklamasi.

개체(個體) individu; perseorangan. ~발생『生』ontogeni.

개최(開催)~하다 menyelenggarakan; mengadakan; membuka.

개축(改築) pembangunan kembali; renovasi; perbaikan. ~하다 membangun kembali. ~공사 pekerjaan pembangunan kembali.

개탄(慨嘆)~하다 menyesal;meratap; mengeluh; berkeluh kesah. ~할 만한 menyedihkan; patut di sesalkan; disayangkan.

개통(開通) pembukaan untuk lalu lintas.~하다 dibuka untuk lalu lintas. ~식 upacara pembukaan.

개펄 tanah pasang surut.

개편(改編)reorganisasi; penyusunan kembali. ~하다 mengorganisasi; menyusun kembali.

개폐(開閉) pembukaan dan penutupan. ~하다 membuka dan menutup. ~교 jembatan tarik.

개표(開票) perhitungan suara. ~하다 menghitung suara; membuka kotak suara. ~소 tempat penghitungan suara.

개학(開學) permulaan sekolah. ~하다 mulai sekolah.

개항(開港) ~하다 membuka pelabuhan (untuk perdagangan luar negeri).

개헌(改憲)perbaikan konstitusi. ~하다 memperbaiki (mengubah) konstitusi.

개혁(改革) pembaruan; reformasi; inovasi.~하다 memperbarui; mereformasi. ~자 pembaharu; inovator.

개화(開化) ~하다 beradab; berbudaya. ~된 국민 bangsa yang beradab; bangsa yang berbudaya.

개화(開花) pengembangan. ~하다 mekar; kembang; berkembang. ~기 musim berbunga.

개회(開會)~하다 membuka sidang. ~를 선언하다 mengumumkan sidang di buka. ~사 pidato pembukaan sidang. ~식 upacara pembukaan sidang.

객(客) ☞ 손님.

객고(客苦) kelelahan karena perjalanan;kecapekan;kelelahan.~에 지치다 lelah karena perjalanan.

객관(客觀)pandangan objektif.~적(的)(으로) (secara) objektif. ~식 시험 tes objektif. ~식 문제 perstanyaan objektif.

객사(客死) ~하다 meninggal di perantauan. 런던에서 ~하다 meninggal di London.

객석(客席) tempat duduk tamu; kursi tamu.

객식구(客食口) seseorang yang menumpang.

객원(客員) anggota tamu. ~교수 dosen tamu.

객지(客地) tanah asing; negeri asing.

객차(客車)gerbong kereta api penumpang.

객토(客土)tanah yang dibawa dari tempat lain (untuk memperbaiki tanah).

객혈(喀血) penyemburan darah. ~하다 muntah darah;batuk darah.

갤런 galon.

갱(坑) lubang; terowongan; ruang bawah gedung konser.

갱 gerombolan penjahat; gangster.

갱내(坑內) dalam lubang/galian; dalam tambang. ~궤도 rel (jalur) terowongan. ~근로자 pekerja terowongan; pekerja tambang.

갱년기(更年期) masa uzur; menopause.

갱도(坑道)terowongan; jalan tambang; gang;.

갱목(坑木) tiang dalam tambang.

갱부(坑夫) penambang (pekerja tambang).

갱생(更生)rehabilitasi; hidup baru. ~하다 memulai hidup baru. ~원(院) pusat rehabilitasi.

갱신(更新)pembaruan.~하다 mem perbarui. (☞ 경신). 계약을 ~하다 memperbarui kontrak.

갸륵하다 terpuji.
갹출(醵出) ~하다 menyumbang; menjadi donatur.
거구(巨軀) tubuh raksasa; badan yang tinggi besar. ~의 사나이 laki-laki bertubuh raksasa.
거국(擧國)seluruh negeri. ~적(인) seluruh negeri; nasional.~적으로 secara nasional. ~일치 kesatuan nasional (bangsa).
거금(巨金) uang banyak; sejumlah besar uang.
거기 ① tempat itu; disana; disitu. ~서(기다려라) (tunggu) disana. ② (sejauh) itu. ~까지는 인정한다 sejauh itu saya akui.
거꾸러뜨리다 membunuh menjungkirkan;menumbangkan; menjungkalkan;.
거꾸러지다 jatuh terjungkir; terjungkal.앞으로~ jatuh tersungkur ke depan.
거꾸로 terbalik; sungsang; sungsang. ~하다 membalikkan; menyungsang.
거닐다 berjalan-jalan; berkeluyuran. 공원을~ berjalan-jalan keliling taman.
거대(巨大)~한 besar;megah; raksasa; mentereng. ~한 건물 bangunan megah.
거동(擧動)kelakuan; tingkah laku; perilaku. ~이 수상하다는 이유로 dengan alasan tingkah laku yang mencurigakan.
거두다 ① mengumpulkan; memungut;memanen.세금을~ memungut pajak. 곡식을~ memanen tanaman. ② memperoleh; mendapat. 승리를 ~ memperoleh kemenangan. 좋은 성과를 ~ memperoleh hasil yang bagus sekali. ③ menjaga; mengurus. 아이들을 ~ mengurus anak-anak. ④ mati. 숨을~ menghembus nafas yang terakhir.
거드름 kesombongan; kecongkakan; keangkuhan. ~스러운 sombong. ~피우며 dengan sombong. ~부리다 bertindak angkuh.
...거든 ① jika; bila. 그를 만나 ~오라고 전해라 Jika kamu bertemu dia, katakan padanya agar menghubungi saya.②sungguh 비가 오기는 많이 왔 ~ Hujan turun lebat, sungguh.③ (더구나) lebih-lebih; lebih lebih lagi.
거듭 lagi; berulang-ulang; bolak-balik. ~하다 mengulang. 판을 ~하다 terbit dalam beberapa edisi.
거래(去來)transaksi;perdagangan; jual-beli; perniagaan. ~하다 berdagang; berjual-beli. berniaga. ~소 pertukaran. ~은행 bank transaksi. ~처 langganan. ~ transaksi uang. 부정[불법]~ transaksi tidak sah. 신용 ~jual beli kredit; transaksi kredit.
거론(擧論)~하다 membahas masalah.
거류(居留)pemukiman.~하다 tinggal; menetap; bermukim. ~민 pemukim; penghuni. ~민단 kelompok pemukim.
거르다(여과)menyaring;mengayak.
거르다 berselang; meloncati.
거름 pupuk; kompos; rabuk; rabuk

hijau. ~주다 memupuk.

거리 jalan; lebuh. ~의 여자 gadis jalanan.

거리(距離) jarak. ~가 있다 jauh. ~감 rasa jarak. 직선~ jarak garis lurus.

거리끼다 takut (melakukan); ragu-ragu; bimbang.

거만(倨慢)~하다 sombong;angkuh ~을 빼다 menyombongkan diri.

거머리 ① 「動」 lintah; pacet. ② (사람) lintah darat (kiasan)

거멀못 siku-siku; kuda-kuda.

거물(巨物) tokoh terkemuka; pemuka; pembesar. 당대의~ tokoh zaman kini. 재계의~ tokoh terkemuka dalam ekonomi.

거미 laba-laba. ~줄 benang laba-laba; galagasi. ~집 sarang laba-laba.

거반(居半) ☞ 거의.

거부(巨富) orang yang amat kaya; milyuner; multijutawan

거부(拒否) penolakan; penyangkalan; penampikan. ~하다 mengingkari; menolak; mungkir; tidak mengaku; menampik; menyangkal. ~권 veto; pernyataan menolak keputusan. ~반응 reaksi penolakan.

거북 kura-kura,penyu (laut); abali.

거북하다 merasa tak enak badan.

거상(巨商) saudagar/pedagang kaya.

거석(巨石) batu besar. ~문화 kebudayaan megalitik; kebudayaan batu besar.

거성(巨星) bintang besar. 문단의 ~ penulis besar; sastrawan besar.

거세(去勢) ① kebiri; pengebirian. ~하다 mengebiri; mengasim; menyidai.~한 소 sapi kebiri.② (세력 제거) pelemahan. ~하다 melemahkan.

거수(擧手) ~하다 mengacungkan (mengangkat) tangan; menunjuk ke atas. ~경례 hormat militer.

거스르다 ① menentang. 뜻을 ~ menentang kemauan orang lain. 시대의 조류를 ~ menentang arus zaman. ② (잔돈을) memberikan kembalian.

거스름돈 uang kembali;uang kecil; kembalian. ~을 받다 mendapatkan kembalian.

거실(居室) kamar sendiri; ruang tamu.

거액(巨額) jumlah yang besar sekali (uang). ~에 달하다 mencapai jumlah yang besar sekali.

거역(拒逆) ~하다 tidak patuh; menentang perintah; membantah.

거울 ① cermin; kaca. ~을 보다 bercermin;berkaca.②cermin; pola; model. ...을 ~로 삼다 meneladani; mencontoh; meniru...

거위 「鳥」 angsa; soang.

거의 hampir;sedikit; hampir tidak; lebih kurang; nyaris. ~다 hampir semua; sebagian besar. ~불가능하다 hampir tidak mungkin.

거인(巨人) raksasa; orang besar.

거장(巨匠)seniman besar;maestro

거저 gratis; tidak bayar. ~일하다 bekerja tanpa dibayar.

거저먹기 pekerjaan [tugas] mudah /gambang.그것은~다 itu pekerjaan gampang.

거적 tikar.~을 깔다 menggelar tikar.

거절(拒絶)penolakan;penyangkalan; penampikan;keingkaran.~하다 mencegah;menangkal;memungkiri; menolak;menampik;menyangkal.

거점(據點)posisi;kedudukan. 군사 ~ posisi strategis;kedudukan yang strategis.

거주(居住) tempat tinggal/ rumah; kediaman.~하다 tinggal; bertempat tinggal; menetap; bermukim; berdomisili. ~권 hak penghunian.

거죽 muka;permukaan;penampakan.

거지 pengemis; peminta-minta.

거지반(居之半) ☞ 거의.

거짓 kebohongan; kecurangan; kedustaan; kepura-puraan; kepalsuan. ~의 bohong; dusta; pura-pura; palsu. ~웃음 senyum pura-pura.

거짓말 kebohongan; kedustaan. ~하다 berbohong; berdusta; membohong. ~의 palsu. 새빨간 [속이 들여다뵈는,그럴듯한]~kebohongan yang nyata[kentara,tidak kentara].

거창 ~한 akbar; besar; kolosal. ~한 계획 rencana besar.

거처(去處) tujuan perjalanan; arah pergi.

거처(居處) rumah; tempat tinggal. ~하다 tinggal; bertempat; berkediaman. ~를 정하다 mendapat tempat tinggal.

거취(去就) sikap. ~를 정하다 menentukan sikap;memutuskan sikap. ~를 망설이다 tak dapat memutuskan sikap.

거치(据置) ~하다 menangguhkan. 3 년~이다 menangguhkan 3 tahun. ~기간 masa penangguhan; masa tenggang. ~예금 deposito (tabungan) tetap.

거치다 lewat; singgah.

거칠다 kasar; keras. 숨결이~ bernapas dengan keras (sulit); sesak napas; tersengal-sengal.

거침~없이 tanpa keraguan.

거품 gelembung; busa. ~이 이는 berbusa. ~이 일다 berbusa; berbuih; bergelembung. 물 ~이 되다 jadi sia-sia.

걱정 ①kecemasan; was-was; rasa khawatir;kekalutan; kebimbangan; ~하다 merasa cemas (khawatir); bergelisah; menggelisahkan; mencemaskan (☞ 근심). ~을 끼치다 menyulitkan/menyusahkan; merepotkan. ~거리 penyebab rasa khawatir; hal yang menimbulkan kekhawatiran. ② (나무람) celaan; teguran.~하다 memarahi; mencela; menegur.~듣다 menerima teguran.

건(巾) ①☞두건 (頭巾).② kopiyah; peci; tutup kepala.

건강(健康) kesehatan.~하다 sehat. ~에 좋은[나쁜] baik [buruk] bagi kesehatan. ~에 조심하다 menjaga kesehatan dengan baik.~진단 pemeriksaan kesehatan.

건강미(健康美) kecantikan yang sehat.

건강상태(健康狀態) kondisi kesehatan.

건국(建國)pendirian negara.~하다 mendirikan negara.

건너 seberang. ~편에 disisi seberang. 강 ~에 di seberang sungai. ~뛰다 meloncati.

건너다 menyeberang; mengarungi; melintasi.

건널목 penyeberangan kereta api. ~지기 penjaga palang kereta api.

건네다① (건너게 하다) melewati. ② (주다) menyerahkan;menerima; menyodorkan

건달(乾達) orang tidak bermoral; pencangak; berandal.

건드리다 menyentuh; menjamah; menyenggol.

건립(建立) ~하다 membangun; mendirikan.

건망(健忘) kemudahlupaan; daya ingat jelek. ~증 amnesia ~ 증이 심하다 berdaya ingat jelek; pelupa.

건물(建物)bangunan;gedung. 목조 ~ bangunan kayu.

건반(鍵盤) papan tombol.

건방지다 congkak; angkuh; tinggi hati; sombong.

건배(乾杯)bersulang;toast.☞ 축배(祝杯).

건설(建設) konstruksi; pendirian; pembangunan. ~하다 mendirikan; membangun. ~적 konstruktif; bersifat membangun. ~공사 pekerjaan konstruksi. ~부 Departemen Pekerjaan Umum.

건성 tanpa tujuan; dengan setengah hati;dengan acuh tak acuh.

건실(健實) ~하다 mantap; stabil; handal. ~하게 dengan mantap.~한 사람 orang yang stabil; orang yang handal.

건의(建議) usulan; saran; anjuran. ~하다 mengusulkan;menganjurkan; mengemukakan. ~서 surat peringatan. ~안 usul; mosi.

건장(健壯) ~한 kuat; teguh; berdegap;gagah. ~한 체격 perawakan yang kekar.

건재(建材) bahan bangunan. ~상 toko bahan bangunan.

건전(健全) ~하다 sehat;bugar. ~한 사상 ide/gagasan yang sehat.

건전지(乾電池) baterai; batere.

건조(建造) pembangunan; konstruksi.~하다 membangun ~중 이다 sedang di bangun. ~ 물 bangunan.

건조(乾燥) ~한 kering. ~무미한 hambar; tawar. ~시키다 mengeringkan; menjemur; memanaskan. ~기(期) musim kering;musim kemarau.~기(機)pengering;peti pengering. ~실 ruang pengeringan.

건지다 ① (물에서) membawa keluar dari air. ② menyelamatkan (dari);menolong.목숨을 ~ menyelamatkan nyawa; menyelamatkan diri dari maut.③ menebus kerugian. 밑천을~ menebus modal.

건축(建築) konstruksi; pembangunan; pendirian. ~하다 membangun; mendirikan. ~중 sedang di bangun.~가 arsitek; ahli bangunan. ~공사 pekerjaan pembangunan.~물 bangunan.

건평(建坪) luas lantai.

건폐율(建蔽率) rasio bangunan dengan tanah.

걷다 ① (걷어올리다) menggulung

(lengan baju); menyingsingkan. ② membuang;menyingkirkan ☞ (걷어치우다).천막을~membongkar tenda.

걷다 (발로) berjalan; melangkah.

걷어차다 mendepak; menendang dengan keras.

걷어치우다① (치우다) menyingkirkan; memindahkan; membuang. ② berhenti. 하던 일을~ berhenti kerja; meninggalkan pekerjaan.

걷히다 ① menyingsing; menjadi cerah. 안개가~ kabut menyingsing. ② (돈 따위가) dikumpulkan; di punguti.

걸다 ① menggantung; meranggitkan; menggandulkan;menggayutkan.간판을~menggantungkan papan merek.못에~ menggantungkan pada pasak.②(올가미를) memasang (perangkap, jerat). ③ menggusarkan. 싸움을~ memicu pertengkaran. ④ membayar;memberi; bertaruh. 계약금을~ memberi uang muka.⑤ (목숨을)mempertaruhkan (jiwa); menyabung (nyawa).⑥ (말을) berbicara (kepada). ⑦ (전화를)menelepon (kepada). ⑧ (문고리를)mengunci;mengatupkan; menutup. ⑨ (발동을) menyalakan(mesin). ⑩ (장치)memasang.

걸러 berselang. 하루[이틀]~ berselang satu [dua] hari. 5 피트~ berselang lima kaki.~뛰다 meloncati; mengabaikan.

걸레 kain pel; kain lap. ~질하다 mengepel.

걸리다 ① 매달림) tergantung;bergantung.②(걸려 안 떨어지다) tersangkut;kesangsang.③ (병에) jatuh sakit.④ tertangkap. 교통 순경에게~ tertangkap oleh polisi lalu lintas. ⑤ (저촉) menentang/melanggar hukum. ⑥ (빠지다) terlibat (dalam); tersangkut (dalam). ⑦ (시간이) makan/menghabiskan (waktu). ⑧ (마음에) membebani pikiran. ⑨ (작동) menghidupkan; menyalakan;

걸리다 (걷게하다) menyuruh berjalan kaki.

걸머지다①(등에,책임을) memikul; menanggung(dipunggung,tanggung jawab) ② (빚을) menanggung/dibebani (hutang).

걸상(- 床) kursi.

걸식(乞食) ~하다 mengemis; meminta- minta.

걸신(乞神)~들리다 rakus; lahap ~ 들린 듯이 dengan rakus; dengan lahap.

걸음 langkah; tindak. ~이 빠른 [느린] berkaki cepat [lambat] 한~ 한 ~ selangkah demi selangkah; bertahap.

걸음마 ~를 하다 tertatih-tatih.

...걸이 gantungan di dinding(pintu). 모자 ~ gantungan topi. 옷~ gantungan baju.

걸인(乞人)pengemis;gelandangan; orang tuna wisma. ☞ 거지.

걸치다① (건너 걸치다) meletakkan di atas. ② menaruh (sesuatu) di atas. 수건을 어깨에~ menyampirkan handuk dipundak. ③ memakai. 외투를 ~ memakai baju luar.

검(劍) pedang.

검객(劍客) jago pedang.

검거(檢擧) penangkapan; penahanan.~하다 menangkapi; menahan. 일제히~하다 menangkapi semuanya.

검다 hitam;gelap. 검디~ hitam pekat.

검도(劍道)(seni) bermain pedang/anggar.

검둥이 orang kulit gelap; orang hitam

검문(檢問) pemeriksaan. ~하다 memeriksa (orang yang lewat). ~소(所) tempat pemeriksaan.

검사(檢事) jaksa; penuntut umum. 부장 ~ jaksa kepala.

검사(檢査) inspeksi; pemeriksaan; penilikan; verifikasi; penelaahan; penyelidikan. ~하다 memeriksa; menguji; mengusut; meneliti. ~관 penguji; inspektur.

검산(檢算) ~하다 memeriksa rekening/perhitungan.

검색(檢索) penggeledahan. ~하다 menggeledah.

검소(儉素)~하다 sederhana; bersahaja. ~한 옷차림을 하다 berpakaian biasa/sehari-hari.

검시(檢屍) autopsi; pemeriksaan mayat; pembedahan mayat.~하다 memeriksa mayat. ~관 pemeriksa mayat.

검안(檢眼) pemeriksaan mata. ~하다 memeriksa mata. ~을 받다 memeriksakan mata.

검역(檢疫) karantina.~하다 mengkarantinakan.~관 petugas karantina.

검열(檢閱) penyensoran;pemeriksaan; penelaahan. ~하다 menyensor; memeriksa; menelaah. ~을 받다 disensor; kena sensor. ~관 penyensor; pemeriksa; inspektur. ~필 Lulus sensor; Telah Disensor.

검정 hitam.

검정(檢定) memberikan persetujuan (sanksi) resmi. ~하다 menyetujui. ~고시 ujian kualifikasi. ~필 disetujui oleh.

검진(檢診)pemeriksaan kesehatan. ~하다 memeriksa kesehatan. 집단 ~pemeriksaan kesehatan kelompok.

검찰(檢察) ~관 jaksa; penuntut umum.~당국 wewenang jaksa. ~청 kejaksaan.~총장 Jaksa Agung.

검침(檢針) pemeriksaan meteran. ~하다 memeriksa meteran. ~원 petugas pemeriksa meteran (gas air).

검토(檢討) pemeriksaan; penyelidikan; peninjauan. ~하다 memeriksa; menyelidiki; mengusut; meneliti. 재 ~ penyelidikan kembali; pemeriksaan kembali; peninjauan ulang.

겁(怯) sifat pengecut; ketakutan. ~많은 pengecut; ~결에 dalam ketakutan.~(이) 나다 tercekam oleh rasa takut. ~내다 takut kepada.

겁탈(劫奪)perkosaan.~하다 memperkosa; menggagahi.

것 benda;barang. 새~ barang yang baru; yang baru. 이~ ini; yang ini. 저~ itu; yang itu. 볼 ~ yang berharga dilihat.

겉 muka; wajah; permukaan; rupa; penampilan. ~으로는 lahiriah (dipermukaan). ~을 보고 판단하다 menilai dari rupanya.

겉... bagian (kulit) luar.~꺼풀 kulit. ~대 tangkai luar. ~싸개 penutup luar; pembungkus.

겉치장(-治粧) peragaan. ~하다 memperagakan.

게걸 rakus (pada makanan). ~스럽다 rakus; lahap. ~들(리)다 nafsu makan besar.

게다가 lebih-lebih; lagipula; tambahan pula; disamping.

게릴라 gerilya.~대원 anggota gerilya. ~전 perang gerilya. ~전술 taktik gerilya.

게시(揭示)pemberitahuan; pengumuman, pelakat; surat pengumuman. ~하다 memasang pemberitahuan; memasang pengumuman ~판 papan pengumuman.

게양(揭揚) ~하다 mengibarkan; menaikkan (bendera).

게우다 muntah; keluar kembali.

게으르다 malas; lamban.

게으름 kemalasan; kelambanan. ~부리다[피우다] bermalas-malasan. ~뱅이 pemalas;

게을리하다 melupakan;mengabaikan; melalaikan; menyia-nyiakan; melengahkan.

게임 permainan; pertandingan ☞ 경기. ~하다 mengadakan permainan;bertanding. ~세트 pertandingan usai.

겨 dedak. ~죽 bubur dedak. 쌀~ dedak beras.

겨냥①sasaran.~하다 membidikkan; mengincar.~대다 mencari sasaran; membidik. ~이 빗나가다 meleset; tidak mengenai sasaran.②ukuran. ~하다 mengukur.~도 sketsa kasar.

겨누다 ① membidik;mengarahkan; mengincar;mengacu.권총을 가슴에 ~ menodongkan pistol ke dada. ② (대보다) membandingkan.

겨드랑(이) ① ketiak; ketek; ~에 끼다 mengempit. ~털 bulu ketiak. ② (옷의) lubang lengan pada baju.

겨레 turunan dari nenek moyang yang sama; 한 ~ satu bangsa.

겨루다 bersaing dengan;bertanding; berlomba; bertarung.

겨를 waktu luang (kosong). ...할 ~이 없다 tidak ada waktu luang (untuk).

겨우 hampir tidak; dengan sukar.

겨울 musim dingin. ~방학 liburan musim dingin. ~옷 pakaian musim dingin. ~철 waktu musim dingin.

겨자 kelor; moster. ~채 selada moster.

격(格) pangkat; status; kedudukan. ~이 다르다 berasal dari kelas yang berbeda. ~이 오르다 [내리다] naik [turun] pangkat.

격납고(格納庫) hanggar.

격노(激怒) kemarahan hebat; kemurkaan. ~하다 murka.

격동(激動) kegemparan. ~ 하다 gempar. 정계를 ~ 시키다 menggoncang dunia politik.

격려(激勵) pengobaran semangat; pembangkitan semangat. ~ 하다

memberi semangat; menyemangati; ~의 말 perkataan yang membangkitkan semangat.

격렬(激烈) ~한 (하게) (dengan) keras;(dengan) beringas; (dengan) galak; (dengan) tajam; (dengan) ketat.

격류(激流) arus deras. ~에 휩쓸리다 hanyut oleh arus deras.

격리(隔離) isolasi; pengasingan; pemencilan. ~하다 memisahkan; mengisolasi; mengasingkan; memencilkan. 환자를 ~하다 mengisolasi pasien.

격무(激務) kerja keras.~에 지치다 capai karena kerja keras.

격발(擊發) pemicu. ~신관 sumbu pemicu;sumbu mesiu.~장치 kunci pemicu.

격분(激忿) kemarahan hebat; kemurkaan. ~하다 murka; marah hebat.

격심(激甚) ~한 ekstrem; sangat; parah.~한 추위 dingin sekali; sangat dingin.

격언(格言) peribahasa; pepatah.

격월(隔月) ~로 berselang sebulan.

격의(隔意) ~없는 [없이] dengan terus terang.~없이 얘기하다 berbicara terus terang.

격일(隔日) ~로 dua hari sekali; berselang satu hari. ~제로 근무하다 bekerja dua hari sekali.

격전(激戰) pertempuran sengit; pertandingan yang seru. ~하다 bertempur dengan sengit.~지 medan perang yang sengit.

격조(格調) irama; ritme; tempo. ~높은 berbudi halus;beradab;sopan.

격조(隔阻) ~하다 lalai menyurati.

격차(格差.隔差) selisih; kelainan; perbedaan. ~를 없애다 menghilangkan [membuat] perbedaan.

격침(擊沈)~하다 (menyerang dan) menenggelamkan (kapal).

격퇴(擊退) ~하다 memukul mundur; menghalau.

격투(格鬪)pergulatan;perkelahian; pergumulan. ~하다 bergulat; memukul; meninju; berkelahi.

겪다① mengalami;menderita;menjalani. 어려움을 ~ mengalami kesukaran.갖은 고초를 ~ mengalami berbagai macam kesusahan. ② menerima; menjamu. 손님을 ~ menerima tamu; menjamu tamu.

견(絹) sutera.

견고(堅固)~한 kuat;mantap;tabah; kukuh.~한 진지 benteng yang kuat. ~히 하다 memperkuat.

견디다 ① menempuh; menderita; menahan. 시련에 ~tahan uji; tabah. 어려움을 ~ tahan (menghadapi) kesulitan. ② tahan. 불에~ tahan api. 10 년의 사용에~ tahan selama 10 tahun.

견문(見聞) pengalaman.~하다 mengalami. ~을 넓히다 memperkaya pengalaman; memperbanyak pengalaman.

견본(見本) suri; teladan; contoh; pola ~ 대로 sama dengan contoh.

견사(絹絲) benang sutera.

견습(見習) pemagangan; latihan kerja. ☞ 수습(修習).

견인(牽引) penarikan. ~하다 menarik; menghela. ~력 kapasitas tarikan/ helaan;gaya tarik.~차 mobil derek.

견장(肩章) opelet (tali bahu).

견적(見積) taksiran; dugaan.~하다 membuat perhitungan (perkiraan); menaksir;menduga. ~을 내다=견적하다. ~가격 nilai taksiran. ~서 lembar perhitungan/taksiran. 과대[과소] ~ penaksiran terlalu tinggi [rendah].

견제(牽制) ~하다 mengekang; mencegah.서로 ~하다 saling mengekangi.

견주다 mempertandingkan; memperlawankan; memperbandingkan.

견학(見學) inspeksi; penyelidikan. ~하다 mengunjungi (tempat)untuk diteliti; menginspeksi.

견해(見解) pendapat; pandangan; pikiran; pertimbangan. ~를 같이[달리]하다 sependapat[tidak sependapat]. ~차 beda pendapat; selisih paham.

결 ① (나무. 피부 따위의) butiran; tekstur.~이 고운 berbutiran halus (bertekstur halus); halus (kulit).② (우연히) hasil yang kebetulan. 잠~에 dalam tidur. ③ ☞ 물결, 숨결, 성결, 결기.

결강(缺講)~하다 tidak masuk kuliah; membolos.

결격(缺格)diskualifikasi.~자 orang yang didiskualifikasi.

결과(結果) hasil;akibat;efek; konsekuensi.... 의 ~ sebagai akibat dari... . ...(한)~가 되다 berakibat...

결국(結局) akhirnya; pada akhirnya; dalam jangka panjang; lama-kelamaan; lambat laun. ~에 가서는 pada akhirnya.

결근(缺勤) ketidakhadiran. ~하다 membolos;absen;tidak hadir. ~계 laporan ketidakhadiran (absensi). ~자 orang yang tidak hadir.

결단(決斷) keputusan; penentuan; penetapan. ~하다 memutuskan; bertekad. ~코 bagaimanapun tidak. ~력이 강한 사람 orang yang pasti (teguh).

결렬(決裂) perpecahan. ~하다 pecah. 협상의~gagalnya perundingan.

결례(缺禮) tidak mempunyai rasa hormat; kurang etika.

결론(結論) kesimpulan; iktisar. ~하다 menyimpulkan. ~으로서 sebagai kesimpulan.

결막(結膜)selaput mata.~염 「醫」 sakit radang selaput mata.

결말(結末)kesudahan; akibat; kesimpulan penyelesaian.~나다 beres; selesai; sampai pada kesimpulan. ~이 안나다 tetap belum beres.

결박(結縛) ~하다[짓다] mengikat. 범인을 ~하다 mengikat penjahat.

결백(潔白) kesucian; kemurnian; ketulusan; kejujuran. ~하다 suci; murni; tulus; jujur.

결번(缺番) nomor yang hilang.

결별(訣別) ~하다 berpisah.

결부(結付) ~하다 menghubungkan (A) dengan (B). 양자를 밀접히 ~시키다 menghubungkan keduanya lebih dekat satu sama lain.

결사(決死) ~적 mati-matian. ~의

각오로 dengan semangat hidup atau mati. ~투쟁하다 berjuang mati-matian.

결산(決算) penyelesaian (pemberesan) rekening; tutup tahun; tutup buku. ~하다 menyelesaikan rekening/ pembukuan. ~기 masa penyelesaian' masa tutup buku.

결석(缺席) ketidakhadiran; ketidakmunculan.~하다 membolos; tak hadir;absen.~계 laporan tak hadir (absensi). ~자 orang yang tidak hadir.

결선(決選) pemungutan suara akhir. ~투표 kartu suara terakhir.

결속(結束) persatuan; kombinasi; kesatuan.~하다 menyatukan.~하여 dalam suatu kesatuan. ~이 안되다 bersatu; gagal bersatu.

결손(缺損) kerugian; defisit; kekurangan; saldo rugi. ~을 메우다 menutup kerugian. ~액 jumlah kerugian.

결승(決勝) hasil akhir; simpulan. ~전 pertandingan final. ~점[선] garis [titik] finish/akhir.

결식(缺食) ~하다 berpuasa; tidak makan siang. ~아동 murid yang tidak makan siang.

결실(結實)~하다 berhasil; berbuah. ~기 musim berbuah; masa berhasil.

결심(決心)penentuan;resolusi;ketetapan;ketentuan; keputusan; bulat kata; tekad. ~하다 memutuskan; membulatkan hati; bertekad.

결연(結緣) ~하다 membentuk hubungan (dengan).자~ pembentukan ikatan persaudaraan(perempuan).

결재(決裁)persetujuan. ~하다 memutuskan; menyetujui. ~를 맡다 mendapat persetujuan.

결점(缺點) kesalahan; kerusakan; cacat; cela. ~이 없는 tanpa cela/ cacat; nirmala. ~을 찾다 mencari kesalahan.

결정(決定) keputusan; penentuan. ~하다 menentukan; menetapkan; memutuskan. ~적(으로) dengan pasti.~권 kekuasaan yang menentukan. ~적 순간 saat yang menentukan; saat genting.

결정(結晶) kristalisasi; penghabluran. ~하다 menghablurkan (ke dalam). 노력의~ buah usaha.

결제(決濟) penyelesaian; pemberesan. ~하다 menyelesaikan rekening.~자금 dana penyelelesaian; biaya penyelesaian.

결코(決 -) sama sekali tidak.

결탁(結托)~하다 berkomplot;bersekongkol....과 ~하여 dalam persekongkolan (dengan).

결투(決鬪) duel; pertarungan. ~를 신청하다 menantang (seseorang) untuk duel.

결판(決判) ~내다 menyelesaikan (membereskan).~나다 terselesaikan (dibereskan).

결핍(缺乏)kekurangan.~하다 berkekurangan. ~증 penyakit kekurangan.

결함(缺陷) kerusakan; cacat; kesalahan. ~이 있는 rusak (cacat). 성격의~ cacat dalam sifat.

결합(結合) persatuan; kombinasi;

perhubungan; gabungan; senyawa; serikat; ikatan. ~하다 bersatu dengan; bertaut; membaurkan.

결핵(結核) tuberkulosa (TBC); penyakit paru-paru.~성의 tuberkulosis.~균 baksil tuberkulosis.

결혼(結婚) pernikahan; perkawinan.~하다 menikah; naik pelamin; menjadi pengantin. ~시키다 menikahkan; mengawinkan. ~을 신청하다 meminang;melamar. ~을 승낙하다 menerima pinangan. ~ 피로연 pesta pernikahan.

겸(兼) dan; selain itu; bersamaan; merangkap; lagipula. 거실 ~침실 kamar tamu merangkap kamar tidur.

겸무(兼務) ~하다 merangkap.

겸비(兼備) ~하다 menggabungkan. kedua-duanya.재색 ~의 keduanya cantik dan cerdas.

겸사겸사 sebagian ... dan sebagian ...; pada waktu yang sama.

겸손(謙遜) kesederhanaan. ~하다 bersikap sederhana; merendah. ~하게 dengan kesederhanaan.

겸업(兼業) usaha rangkap ~하다 berusaha rangkap.

겸용(兼用) pemakaian kombinasi (gabungan).~하다 memakai (benda) baik sebagai ... dan... .

겸직(兼職) jabatan rangkap. ~하다 memegang jabatan tambahan; merangkap jabatan.

겹 lipat; lapis. 두~ dua lipat (lapis). 여러~ banyak lapis.

겹겹이 lapis demi lapis. ~쌓여 있다 menumpuk-numpuk.

겹치다 ① (...을)menumpuk. ② bertumpuk; tumpang tindih. 불행에 불행이 ~ mengalami kemalangan beruntun.

경...(輕) ringan; enteng. ~공업[음악] industri [musik] ringan.

...경(頃) kira-kira; sekitar. 3 시~ kira-kira pukul tiga.월말 ~에 sekitar akhir bulan.

경각심(警覺心) kesadaran. ~을 불러 일으키다 membangkitkan kesadaran.

경건(敬虔) kepatuhan; kesolehan; kesucian. ~하다 sabar tawakal (soleh); patuh (taat).

경계(境界)batas;demarkasi (untuk negara dan propinsi).~선 garis batas. ~표 batu batas; pancang, tapal batas.

경계(警戒) penjagaan ketat (jaga-jaga); kewaspadaan. ~하다 menjaga; mengawal; berjaga; mewaspadai. ~경보 tanda bahaya perlindungan.

경고(警告) peringatan. ~하다 mengingati; memperingatkan.

경과(經過)① kemajuan; perkembangan. 수술후~ kemajuan setelah operasi. ~가 양호하 membaik (habis operasi); menunjukkan kemajuan yang memuaskan.② berlalunya; habisnya masa berlaku. ~하다 berlalu;habis masa berlaku.

경관(景觀) pemandangan;tamasya. 일대~ pemandangan luar biasa.

경관(警官) polisi; petugas keamanan.

경기(景氣) kondisi usaha ~가좋다

[나쁘다] kondisi usaha baik [buruk].~침체 stagnasi; kemandekan kondisi usaha. ~회복 kondisi usaha membaik. ~후퇴[변동] resesi [fluktuasi] usaha/ industri.

경기(競技)permainan;perlombaan; pertandingan; kompetisi. ~하다 bertanding. ~장 lapangan; arena; gelanggang; stadion.

경락(競落) ~하다 membuat penawaran yang berhasil. ~인 penawar yang berhasil.

경력(經歷) karir; riwayat hidup; riwayat kerja. ~소개 pengenalan biografi. ~이 좋다 [나쁘다] karir yang baik [buruk].

경련(痙攣) denyut; getar; kejang. ~성의 kejang sporadis.

경례(敬禮) hormat; pernyataan hormat; sembah. ~하다 memberi hormat;bertabik.~에 답하다 membalas penghormatan.

경로(經路) ① (길순서) rute; arah. ② saluran; arah; tahap; proses. 발달의~ proses pertumbuhan.

경리(經理) akuntansi. ~에 밝다 ahli dalam akuntansi. ~과 bagian akuntansi. ~사무 usaha akuntan.

경마(競馬) balapan kuda; pacuan kuda.~광 penggemar balapan kuda.~기수 penunggang kuda balap; joki.

경매(競賣) lelang. ~하다 melelang. ~에 부치다=경매하다/~에 부쳐지다 dilelang. ~인 juru lelang; tukang lelang. ~장 ruang lelang.

경멸(輕蔑)penghinaan; caci-maki; cemoohan.~하다 menghina; mencaci. ~할만한 hina; keji; buruk.

경미(輕微)~한 sedikit; ringan; sepele.

경범죄(輕犯罪) pelanggaran kecil. ~처벌법(위반) hukum pelanggaran kecil.

경보(警報) alarm; sinyal; isyarat; peringatan;. ~를 발하다 memberi peringatan. ~기 isyarat tanda bahaya (alarm).

경비(經費) ongkos; pembelanjaan; biaya. ~관계로 berhubung ongkos; alasan keuangan.~를 줄이다 meng hemat; mengurangi pengeluaran.

경비(警備) pertahanan; penjagaan. ~하다 bertahan; menjaga.~병[원] penjaga.~대 garnisun; bayangkara; bayangkari; pasukan penjaga.

경사(傾斜)kemiringan; penurunan; landaian; lereng. ~지다 miring; landai; menanjak; condong.

경사(慶事) peristiwa bahagia. ~스러운 bahagia.

경상(經常) ~비(費) biaya kerja; biaya operasi;ongkos garap. ~세입 [세출] penghasilan [pengeluaran] biasa.

경솔(輕率) ~하다 semberono; tergesa-gesa;tanpa pikir. ~히 dengan buru-buru; dengan sembarangan; dengan semberono.

경신(更新) pembaharuan. ~하다 memperbarui. 계약[세계기록]을 ~하다 memperbarui kontrak [rekor dunia].

경악(驚愕)keheranan; kekaguman; ketakjuban. ~하다 heran; takjub.

경어(敬語) pernyataan hormat;

ungkapan hormat.

경연(慶宴) pesta.

경연(競演) kontes; pertandingan. ~하다 bertanding; kontes. 음악 ~회 kontes musik.

경영(經營) manajemen; pengelolaan; administrasi; tata laksana ~하다 mengelola; menjalankan; mengurus. ~난에 빠지 mengalami kesulitan keuangan. ~자 manajer; pengelola; pemimpin.

경우(境遇) peristiwa;keadaan; situasi. ...한~에는 jaga-jaga; kalau-kalau. 어떤 ~에도 pada keadaan bagaimanapun.

경운기(耕耘機) mesin pertanian; mesin pengolah tanah.

경유(經由) ~하다 mampir;singgah. 을 ~하여 melalui; lewat.

경유(輕油) solar.

경음악(輕音樂) musik instrumen. ~작곡가 penggubah musik instrumen (komposer).

경작(耕作)pertanian;cocok tanam; perladangan. ~하다 bercocok tanam; bertani ~에(부)적합한 ditanami (tidak ditanami).

경쟁(競爭) persaingan; kompetisi. ~하다 bersaing; menyaingi. ~심 semangat bersaing.~상품 barang-barang yang harganya bersaing; barang kompetitif. ~율 tingkat persaingan. ~자 saingan.

경쟁력(競爭力) daya saing. ~을 약화시키다[기르다] melemahkan [meningkatkan] daya saing.

경적(警笛) peluit tanda bahaya; klakson; sirene. ~을 울리다 membunyikan peluit tanda bahaya/ klakson.

경전(經典) kitab suci.

경제(經濟) ① ekonomi; perekonomian. ~의 ekonomis. ~적(으로) secara ekonomi. ~적 난국 kesulitan ekonomi. ~개발 pembangunan ekonomi.~문제 masalah ekonomi. ~상태 keadaan ekonomi; kondisi ekonomi. ~성장 laju pertumbuhan ekonomi; tingkat pertumbuhan ekonomi. ~학 (과) Fakultas Ekonomi. ② hemat; penghematan. ~적 ekonomis (hemat). 시간[노력] 의~menghemat waktu [tenaga].

경제공황(經濟恐慌) krisis ekonomi; resesi ekonomi.

경제난(經濟欄) kolom keuangan; kolom ekonomi.

경제대국(經濟大國)negara ekonomi maju.

경제력(經濟力)kekuatan ekonomi.

경제면(經濟面) halaman keuangan; warta ekonomi.

경사범(經濟事犯) pelanggaran ekonomi; kejahatan ekonomi, pelanggar ekonomi; penjahat ekonomi.

경제원조(經濟援助) dukungan keuangan;bantuan ekonomi.~계획 program bantuan ekonomi.

경제위기(經濟危機) krisis ekonomi/keuangan; resesi.

경제인(經濟人) pengusaha. 전국 ~ 연합회 Federasi Industri.

경제정책(經濟政策) kebijakan ekonomi.

경제행위(經濟行爲) tindakan [kegiatan] ekonomi.

경제협력(經濟協力)kerjasama di bidang ekonomi.~개발기구 Organisasi Kerjasama dan Pengembangan Ekonomi.

경제회복(經濟回復) pemulihan di bidang perekonomian.

경조비(慶弔費) sumbangan duka cita.

경종(警鍾) bel tanda bahaya. ~을 울리다 membunyikan bel tanda bahaya.

경주(競走) balapan; perlombaan; pacuan.~에 이기다[지다] menang [kalah] berlomba.

경증(輕症) penyakit ringan. ~환자 orang yang sakit ringan.

경지(耕地) lahan yang ditanami. ~면적 luas lahan yang ditanami. ~정리 pengaturan lahan pertanian.

경지(境地) ① keadaan. ...의 ~에 이르다 mencapai keadaan ... ② wilayah/daerah. 새로운 ~를 개척하다 membuka daerah baru.

경직(硬直) ~하다 mengaku; jadi kaku. 사후(死後) ~ kejang mayat.

경질(更迭) perubahan; mutasi. ~하다 mengadakan perombakan/perubahan.

경찰(警察) (angkatan) kepolisian. ~에 알리다[고발하다] memberi/melapor informasi kepada polisi. ~에 자수하다 menyerahkan diri pada polisi. ~견 anjing polisi. ~관 perwira polisi; polisi.~서장 kepala polisi.

경청(傾聽) ~하다 mendengarkan; mempedulikan; mencamkan. ~할 만하다 patut didengarkan.

경축(慶祝) perayaan;ucapan selamat.~하다 mengucapkan selamat; merayakan.~일 liburan nasional.

경치(景致)pemandangan;keindahan alam; tamasya ~좋은 곳 pemandangan indah. 시골~ pemandangan pedesaan.

경쾌(輕快)~한 ringan (hati).~하게 dengan ringan hati.

경탄(驚歎)kekaguman; keheranan. ~하다 kagum; mengagumi.~할 만한 hebat; mengagumkan..

경품(景品) hadiah; bingkisan. ~권 kupon hadiah.

경합(競合)persaingan;perlombaan. ~하다 bersaing; berlomba. 심한~ persaingan keras (sengit).

경향(傾向)kecenderungan;kecondongan.... 한~ 이 있다 cenderung (untuk).

경험(經驗)pengalaman.~하다 mengalami; menjalani; menempuh. ~이 있는 berpengalaman; kawakan. ...~이 있다 mempunyai pengalaman dalam...; berpengalaman dalam... ~을 쌓다 menimba pengalaman kerja. ~담 riwayat pengalaman kerja.

경호(警護) pengawalan; konvoi. ~하다 mengawal. ...의 ~하에 dibawah pengawalan... ~를 맡다 bertindak sebagai pengawal. ~원 tukang pukul; penjaga keamanan.

경화(硬化) pengerasan (pembuluh darah); sklerosis.~하다 mengeras.

경황(景況) ~없다 terlalu sibuk.

곁 sisi; tepi. ~에 disamping; disebelah; dekat. 바로 ~에 hampir dekat. ~에 두다 menyimpan dalam jangkauan.

계(戒) ① (훈계) ajaran; aturan. ② (계율) ajaran Budha.

계(計) ① (총계) jumlah. ② (계기) meteran;ukuran 온도~termometer 우량~ meteran/pengukur hujan. ③ (계략) skema.

계(係) bagian (di kantor).출납~bagian kasir.

계(契)arisan.~에 들다 masuk arisan.

...계(系) sistem;garis keluarga;garis keturunan.한국~ 미국인 orang Amerika keturunan Korea.

...계(界) lingkungan; masyarakat; kalangan;dunia. 동물~ dunia fauna. 문학~ dunia kesusasteraan.

계곡(溪谷) lembah; celah gunung; lembang; ngarai.

계급(階級) kelas; kasta; kedudukan;martabat;derajat.~을 형성[타파]하다 membentuk [menghapus] kelas.~투쟁[의식]pertikaian [kesadaran] kelas.

계기(計器) instrumen.~비행[착륙] penerbangan[pendaratan] instrumen.

계기(契機) saat; kesempatan; ketika.이것을~로 mengambil kesempatan ini.

계단(階段) tangga; anak tangga; jenjang.~을 오르다 [내리다] naik [turun] tangga. 나선식~ tangga spiral.

계란(鷄卵) telur ayam; endok. ☞ 달걀.~지『寫』 kertas cetak foto.

계략(計略)tipu;muslihat;akal bulus. ~에 능한 사람 orang yang penuh muslihat.

계량(計量) ~하다 mengukur; menimbang. ~기 meteran; penduga; alat pengukur.

계리사(計理士) ☞ 공인 회계사

계모(繼母) ibu tiri; mak tiri.

계몽(啓蒙) penerangan;pendidikan; penyuluhan. ~하다 menerangkan; menyuluh.

계발(啓發)pembinaan;penerangan; penyuluhan.~하다 membina; menyuluh; memberi penerangan/penyuluhan.

계부(繼父) ayah tiri.

계사(鷄舍) kandang ayam. 닭을 ~에넣다 mengandangkan ayam; memasukkan ayam ke kandang.

계산(計算) perhitungan; kalkulasi. ~하다 menghitung; menjumlahkan; mengkalkulasi. ~이 느리다 lambat dalam berhitung.~을 잘못하다 salah hitung. ~서 rekening tagihan. ~척 mistar hitung; mistar geser. 전자 ~기 kalkulator elektronik; mesin hitung.

계속(繼續)kelanjutan;kelangsungan. ~하다 melanjutkan; melangsungkan;meneruskan.~적인 terus-menerus; berkesinambungan; berkelanjutan

계승(繼承) penggantian;pewarisan. ~하다 menggantikan; mewarisi. ~자 pengganti tahta; pewaris.

계시(啓示)wahyu; petunjuk;ajaran Tuhan; ilham. ~하다 mewahyukan.

신의~ wahyu Tuhan;firman Tuhan.

계약(契約) kontrak;akad;perjanjian; persetujuan. ~하다 mem buat kontrak; berakad. ~을 어기다 melanggar kontrak.~고 besar kontrak. ~금 jaminan kontrak. ~자 kontraktor; anemer; pemborong.

계약자(契約者) pihak yang membuat kontrak.

계약조항(契約條項) ketentuan kontrak; klausa kontrak.

계엄(戒嚴) penjagaan terhadap bahaya.~령 keadaan darurat.~령을 해제하다 mencabut keadaan darurat.

계열(系列)① tingkat.② golongan; partai. 기업의~화(化) sistimatisasi perusahaan.

계원(係員) pegawai biasa. 접수 ~ resepsionis.

계원(契員)anggota kelompok simpan pinjam.

계율(戒律) firman Tuhan; hukum agama.

계절(季節) musim. ~의 musiman. ~풍 angin muson.

계정(計定)perkiraan;rekening.~의 ~에 넣다 memasukkan ke perkiraan/rekening.당좌[대체]~ rekening koran [pindahan].

계좌(計座) rekening. (은행에) ~를 트다 membuka rekening(di bank). 대체 저금 ~rekening transfer; rekening pindahan.

계집 ① perempuan; wanita.~ 아이 anak gadis; anak perempuan.~종 pembantu perempuan. ② istri. ~자식 istri dan anak-anak.~질 pencabulan; penyelewengan.

계책(計策)desain;skema;rancangan. ~을 쓰다 memakai skema; memakai desain.

계층(階層) kelas; lapisan sosial; kelas sosial; kaum; golongan; derajat; tingkatan; kalangan. 모든 ~의 사람 orang-orang dari setiap golongan.

계통(系統) sistem; susun.~적 sistematis.~적으로 dengan sistematis; secara sistematis. 지휘[명령] ~ saluran [rantai] komando.

계피(桂皮) kayu manis; akasia. ~가루 bubuk kayu manis; bubuk akasia.

계획(計劃)rencana; proyek; program; rancangan; niat; maksud. ~하다 berencana; merancang. ~적인 sengaja;direncanakan.~적으로 dengan sengaja.~을 실행하다 melaksanakan rencana.

고(故) almarhum; mendiang.~ A 씨 almarhum bapak A.

고가(高價)harga tinggi.~의 mahal. ~로 팔다 menjual (barang) dengan harga tinggi. ~품 barang mahal

고갈(枯渴)① ~하다 mengering.② ~하다 habis; kering.

고개① tengkuk; kepala. ~를 가로 젓다 berkata "tidak". ~를 들다 mendongak. ~를 들지 못하다 tak kuasa mengangkat muka (karena malu). ②lereng(gunung).~를 넘다 melewati lereng.~턱 puncak lereng. ③ puncak. 물가가 ~를 숙였다 harga mulai menurun.

고객(顧客) pelanggan; pemesan;

nasabah; relasi; langganan. ~이 많다 punya banyak pelanggan.

고결(高潔) ~하다 suci. ~한 사람 orang yang bersifat suci (baik); orang suci.

고고학(考古學) arkeologi (ilmu purbakala).~의 kepurbakalaan. ~상으로 secara kepurbakalaan.

고관(高官) pejabat tinggi; pembesar.

고교(高校) Sekolah Menengah Atas (SMA). ~생 siswa Sekolah Menengah Atas.

고구마 ubi jalar.

고국(故國) tanah air; nusa. ~을 그리다 merindukan tanah air.

고급(高級)~의 kelas/tingkat tinggi; terkemuka; senior.~공무원 pejabat tinggi; pegawai tinggi. ~장교 perwira pangkat tinggi.

고기 ① daging. ~ 한 점 sepotong daging. 다진~ daging cincang. ② ikan. ~잡이 nelayan; pemukat.

고기밥 ① ☞미끼. ②(먹이) pakan; makanan ternak.

고기압(高氣壓) tekanan atmosfer tinggi. 대륙성~ tekanan tinggi benua/kontinental.

고난(苦難) duka cita; penderitaan; kesengsaraan; pahit getir. ~을 겪다 mengalami kesengsaraan.

고뇌(苦惱)penderitaan; kesusahan.

고니 「鳥」 angsa.

고다 ① merebus sampai lunak. 쇠고기를 흐무러지게~ merebus daging sapi sampai lunak.② menyuling (minuman keras). 소주를 ~ menyuling arak.

고단하다 lelah; terkuras; letih.

고달프다 lelah sekali; terkuras; kehabisan tenaga.

고대(古代) zaman kuno;purbakala. ~의 kuno; antik; purba; lama. ~로부터 dari zaman kuno. ~사 sejarah kuno. ~인 orang kuno.

고대(苦待) ~ 하다 menunggu dengan tak sabar; merindukan; menunggu-nunggu.~하던 소식 berita yang telah lama ditunggu.

고도(高度) ① ketinggian. 600 미터의 ~를 유지하다 mempertahankan ketinggian 600 meter. ~계(計) ukuran ketinggian; pengukur ketinggian.~비행 penerbangan tinggi. ② kekuatan tingkat tinggi.

고독(孤獨)penyendirian;kesepian; kesunyian;kelengangan.~하다 terpencil; sunyi; sepi; lengang.

고둥 「貝」 siput; kerang spiral.

고등(高等)~의 kelas/tingkat tinggi; tinggi;lanjutan.~교육 pendidikan lanjut. ~수학 matematika lanjut. ~식물(植物) tanaman tingkat tinggi. ~학교 Sekolah Menengah Atas (SMA).

고등어 「魚」 ikan kembung.

고랑 borgol; pasung; belenggu. ~을 채우다 membergol; membelenggu.

고랑 alur; jajaran; galur; palung. ~을 짓다 membuat alur.

고래 「動」 (ikan)paus.~기름 minyak ikan paus. ~수염 tulang ikan paus. ~작살 garpu pelontar.

고려(考慮)pertimbangan;pemikiran; perhitungan. ~하다 mempertimbangkan; memikirkan; memperhitungkan.충분히 ~하여 setelah dipertimbangkan.

고로(故 -) jadi; maka; sebab itu. ☞ 그러므로.

고료(稿料) honor untuk naskah. ~생활자 penulis komersial.

고루 sama rata. ~나누다 membagi sama rata.

고르다 sama; serupa; mirip.

고르다 ① meratakan;mendatarkan. 땅을 ~ meratakan tanah. ② memilih. 잘[잘못]~ membuat pilihan yang bagus [buruk].

고름 nanah.~이 생기다 bernanah. ~을 짜다 mengeluarkan nanah.

고리 cincin; gulungan; gelang.~를 만들다 membentuk cincin; membentuk gulungan.

고릴라 「動」 gorila.

고립(孤立) isolasi; penyendirian; keasingan; pengasingan; pengisolasian. ~하다 diisolasi; diisolir. ~한 terisolasi; terasing.

고마움 (감사) rasa terima kasih, (가치) nilai; harga. 돈의 ~을 알다 tahu nilai uang.

고막(鼓膜) gendang telinga; anak telinga; gendang pendengar. ~염(炎) radang gendang telinga.

고맙다 berterima kasih; bersyukur; Terima kasih!.

고모(姑母) tante (bibi).~부 paman (oom).

고무 karet; penghapus. ~창을 댄 bersol karet.~공 bola karet.~나무 pohon karet. ~신 sepatu karet. ~제품 barang-barang karet.~ 줄 tali karet.~풀 lem karet 생~karet mentah.

고문(拷問) penyiksaan; penganiayaan; hukuman. ~하다 menyiksa; menghukum; menganiaya; menyakiti.

고문(顧問) penasihat; penimbang. 군사~단 kelompok penasihat militer. 기술 ~ penasihat teknis. 법률 ~ penasihat hukum.

고물(古物) ① ☞골동품.② barang bekas.~상 pedagang barang bekas. ~시장 pasar barang bekas.

고민(苦悶)kemeranaan.~하다 merana. 사랑의 ~ kemeranaan cinta.

고발(告發)tuntutan; dakwaan; gugatan; tuduhan. ~하다 menuntut; mendakwa....의 ~에 따라(서) sesuai dengan laporan/pengaduan.

고백(告白)pengakuan; ~하다 mengaku; berikrar; mengakui. 죄상을 ~하다 mengakui kesalahan.

고분(古墳) kuburan tua. ~을 발굴하다 menggali kuburan tua.

고분고분 dengan patuh. ~하다 patuh; penurut.

고분자(高分子) molekul rantai/polimer.~화합물 senyawa polimer.

고비 klimaks;kritis;kemelut;gawat. ~를 넘다 melampaui kritis.

고삐 tali kekang; tali kendali. ~를 당기다 mengencangkan tali kekang. ~를 늦추다 mengendorkan tali kekang.

고사(考査) pertimbangan; pengujian; tes.~하다 menguji. 본~ ujian akhir. 학력 ~ tes prestasi.

고사리 「植」 pohon pakis; pakupakuan.

고사하고(姑捨 -)alih-alih (kan); jangan dikata; apalagi.

고상(高尙)~하다 tinggi; agung; mulia; ningrat; berbudi halus.

고생(苦生) kesengsaraan;kesulitan; penderitaan; prihatin. ~하다 mengalami kesengsaraan. ~스러운 sengsara; menyedihkan.

고생대(古生代)「地」 zaman Palaeozoik. ~의 Palaeozoik.

고성(高聲)suara keras. ~으로 dengan keras. ~방가(放歌)하다 menyanyi dengan suara keras.

고성능(高性能) kinerja yang tinggi. ~의 sangat efisien. ~수신기 pesawat penerima dengan ketelitian tinggi.

고소(告訴)tuntutan; dakwaan; gugatan; tuduhan.~하다 menggugat; menuntut;menuduh. ~를 수리[기각, 취하]하다 menerima[menolak;menarik] gugatan.사기로 ~ 당하다 di tuduh menipu/curang.

고소(苦笑) senyum pahit. ~하다 tersenyum pahit.

고소하다① (맛 냄새가) aroma minyak wijen. ② (남의 일이) senang (melihat kesalahan orang lain).

고속(高速) kecepatan tinggi.~도로 jalan raya bebas hambatan (untuk kecepatan tinggi); jalan tol. ~버스 bis ekspres/cepat.

고수(固守)~하다 berpegang teguh (pada);

고수(鼓手) penabuh genderang;

고슴도치「動」andak.

고시(告示)pengumuman;pemberitahuan; maklumat. ~하다 mengumumkan; ~가격 harga resmi. ~판 papan pengumuman.

고시(考試) ujian.고등[보통]~ ujian pegawai sipil tinggi [biasa]. 국가 ~ ujian negara.

고아(孤兒) yatim piatu. ~가 되다 menjadi yatim piatu. ~원 panti asuhan.

고안(考案)ide; rencana;rancangan. ~하다 merencanakan; merancang. ~자 perancang.

고압(高壓) tegangan tinggi; tekanan tinggi,pemaksaan.~적 paksaan.

고액(高額)jumlah besar(uang).~권 nilai uang besar.~납세자 pembayar pajak tinggi.

고약(膏藥) plester.

고양이 kucing; meong. ~새끼 anak kucing.

고열(高熱) demam/suhu tinggi.

고온(高溫) suhu tinggi. ~계(計) pirometer; pengukur api.

고용(雇用) pengkerjaan;pengupahan; penggajian. ~하다 mempekerjakan; menggaji; mengupah. ~주 majikan; atasan; pengusaha.

고용(雇傭)kerja. ~하다 dipekerjakan. ~계약 kontrak kerja. ~살이 hidup sebagai pekerja/buruh. ~인 pekerja.

고위(高位) pangkat tinggi. ~관리 pejabat pemerintah berpangkat tinggi. ~성직자 pemuka agama.

고유(固有)~의 istimewa (khusus); khas.동양 ~의 풍속 keistimewaan adat timur.

고율(高率) tingkat yang tinggi.~의 이자 tingkat suku bunga yang tinggi. ~ 관세 tarif tinggi.

고의(故意) maksud; tujuan; kesengajaan. ~의 sengaja. ~로 dengan sengaja; di sengaja; memang diniatkan.

고인(故人) almarhum; orang yang telah meninggal. ~이 되다 mati; meninggal; wafat.

고자(告者) ~질하다 melaporkan. ~쟁이 pelapor.

고자세(高姿勢) sikap angkuh.~로 나오다 berkelakuan angkuh.

고작 paling banyak; paling baik; paling-paling.

고장 sentra produksi; daerah. 사과의(본)~ daerah apel.

고장(故障) gangguan; kerusakan. ~나다 menjadi rusak. 기관의 ~ gangguan mesin.~(이)난 차 mobil yang rusak.

고적(古蹟) peninggalan sejarah; tempat bersejarah.

고전(古典) klasik. ~적 klasik.

고전(苦戰)pertandingan yang ketat; pertempuran yang sengit. ~하다 bertanding ketat; bertempur sengit.

고정(固定)~하다 menetapkan; ditetapkan.~적(수입)penghasilan tetap. ~손님 pelanggan tetap. ~자본 modal tetap.

고조(高潮) pasang naik; klimaks. ~된 장면 klimaks. ~최 ~에 달하다 mencapai klimaks.

고주파(高周波) 「理」 frekuensi tinggi. ~전류 arus frekuensi tinggi.

고증(考證) penelitian;riset;penyelidikan.~하다 meneliti; menyelidiki. ~학(學) metodologi riset sejarah.

고지(告知) pemberitahuan; maklumat. ~하다 memberi tahu; memaklumatkan.

고지식하다 lugu; sederhana dan jujur.

고질(痼疾) penyakit kronis. ~환자 penderita penyakit kronis.

고집(固執) kefanatikan;kekukuhan. ~하다 berpegang teguh (pada). ~센 keras kepala; tegar hati; kukuh; fanatik. ~불통 kefanatikan yang ekstrim. ~장이 orang yang keras kepala.

고참(古參)veteran;senior. ~의 senior. ~병 tentara veteran.

고철(古鐵) besi tua.

고체(固體) benda padat; zat padat. ~의 padat. ~화(化)하다 memadatkan. ~연료 bahan bakar padat.

고추 cabe.

고충(苦衷) kesulitan; dilema; kesusahan; posisi yang sulit.

고층(高層)lantai atas;lapisan atas. ~건물 bangunan tinggi. ~기류 udara lapisan atas.

고치 kepompong (sutera) 빈~ kepompong kosong. ~에서 실을 잣다 memintal benang sutera dari kepompong.

고치다① menyembuhkan; memulihkan. 환자의 병을~ menyembuhkan pasien. ② memperbaiki; mereparasi. 기계[구두]를~ memperbaiki mesin [sepatu]. ③ memperbaiki. 나쁜 버릇을~ memperbaiki perbuatan yang buruk. ④ membetulkan; membenarkan. 틀린

데를 ~ membetulkan kesalahan/ kekeliruan. ⑤ mengubah; mengganti. 예정표를~ mengubah jadwal. ⑥ (번역) menerjemahkan.

고통(苦痛) penderitaan;kesengsaraan;kepedihan; kedukaan.~스러운 menyakitkan; menyusahkan;sukar; pahit; susah hati.

고풍(古風) gaya antik.

고프다 lapar. 배가~ merasa lapar.

고학(苦學)~하다 bersekolah sambil bekerja.~생 siswa yang mandiri.

고함(高喊) teriakan; sorakan. ~지르다[치다] berteriak.

고향(故鄕) tanah tumpah darah; kampung halaman.제 2 의~ kampung halaman kedua. ~을 그리워하다 rindu kampung halaman.

고혈압(高血壓) tekanan darah tinggi; hipertensi. ~증 gejala darah tinggi.~환자 penderita darah tinggi.

고환(睾丸) buah pelir; kelendir. ~염(炎) radang buah pelir. 부(副) ~ epidimis.

고희(古稀) usia 70 tahun. 연세가 ~에 이르다 mencapai umur tujuh puluh tahun.

곡(曲) nada; musik.

곡괭이 cangkul; pacul.

곡물(穀物) biji-bijian; serelia. ~시장 pasar biji-bijian. ~장수 pedagang biji-bijian. ~창고

곡선(曲線) garis lengkung. ~의 melengkung.

곡식(穀食) biji-bijian; serelia.

곡예(曲藝) pertunjukan akrobat. ~사 pemain akrobat. 공중 ~ pertunjukan akrobat udara.

곡절(曲折) ① alasan. 무슨~인지 untuk suatu alasan yang tidak diketahui. 여러가지~이 있어서 karena banyak alasan.② komplikasi; kerumitan,naik turun. 인생의 파란 ~ naik turun kehidupan.

곡조(曲調) nada; melodi; lagu ~에 안 맞는 노래 nyanyian sumbang. 한 ~부르다 menyanyikan lagu.

곡창(穀倉) ① (창고) gudang bijibijian. ② (많이 나는데) lumbung.

곤경(困境) posisi yang sulit; kesulitan; kesusahan; kesukaran ~에 빠지다 jatuh dalam kesulitan.

곤봉(棍棒) gada; pentungan; kayu pemukul. ~ 체조 olah raga gada.

곤욕(困辱) penghinaan yang pahit. ~을 당하다 menanggung penghinaan yang pahit.

곤충(昆蟲) serangga ~채집 peng(k)oleksian serangga ~학 entomologi (ilmu tentang serangga). ~학자 ahli serangga.

곤하다(困 -)lelah;terkuras;capek. 몹시~ sangat lelah.

곧① seketika; segera.지금 ~ sekarang juga. 식사가 끝나자~ segera setelah makan malam ~ ...하다 mengerjakan sesuatu tanpa ditunda. ② dengan mudah ~배울 수 mudah belajar.③ (즉) yakni; yaitu.

곧다 ① (물건이) lurus.② (마음이) jujur; lurus hati.

곧바로 langsung; terus; lantas;lanjut. ~집에 돌아가다 langsung pulang ke rumah.

곧잘 agak baik. 책을~읽다 membaca buku dengan baik.

곧장 langsung; terus; lanjut. ~집으로 돌아가다 langsung pulang.

골격(骨格) kerangka. ~이 건장한 사람 orang yang berpostur kekar.

골다 mendengkur. 드렁드렁 코를 ~ mendengkur dengan keras.

골동(骨董), 골동품(骨董品) barang antik; barang kuno; barang pur-bakala.

골든아워 waktu puncak.

골막(骨膜) 「解」 periosteum;selaput perut. ~염(炎) 「醫」 radang periosteum.

골머리 otak; kepala. ~를 앓다 terganggu pikiran.

골목 gang; lorong.~대장 jago jalan. 뒷~ jalan belakang. 막다른 ~ gang buntu.

골몰(汨沒)keasyikan. ~하다 asyik (dalam). 일에~하다 asyik dalam pekerjaan.

골반(骨盤) 「解」 pelvis (tulang pinggul).

골수(骨髓) sumsum; benak.~에 사무치다 menusuk hati. ~염 「醫」 osteomilitis;radang sumsum tulang.

골육(骨肉) darah daging sendiri; saudara sendiri.~상잔 perselisihan antar saudara.

골자(骨子) inti/pokok; sari pati; bagian terpenting 문제의 ~pokok/inti persoalan.

골절(骨折) patah tulang. ~하다 menderita patah tulang.

골짜기 lembah;lebak;ngara.

골치 pusing; sakit kepala ~아픈 문제 pertanyaan yang sukar ~앓다 terganggu; gelisah.

골프 golf. ~를 치다 bermain golf. ~장(場) lapangan golf. ~채 [공] tongkat [bola] golf.

곪다 bernanah. 종기가~ bisul bernanah.

곰 ① 「動」 beruang. ~ 가죽 kulit beruang ~새끼 anak beruang. ② (사람) telat mikir; orang tolol.

곰보 orang bopeng.

곰팡(이) jamur.~내 나는 berjamur; jamuran ~나다[슬다] menjadi jamuran.

곱 ganda; dobel; jamak; rangkap; lipat; kali. ☞ 곱하다.

곱사등이 bungkuk; bongkok.

곱셈 perkalian; penggandaan. ~하다 mengalikan;menggandakan.

곱절 penggandaan; pengalian. ~하다 mengalikan; menggandakan. 두~ dua kali; rangkap dua.

곱하다 mengalikan. 3 에 2 를 ~ mengalikan 3 dengan 2.

곳 tempat; kedudukan; lokalitas; posisi. 안전한~ tempat aman. 숨을 ~ tempat sembunyi.~ ~에 di sini dan di sana.

공 bola. ~을 차다 menendang bola; menyepak bola. ~을 튀기다 memantulkan bola.

공(公) ① masalah umum; perkara umum.~과 사를 구별하다 menarik garis antara masalah umum dan pribadi. ② pangeran. 에딘버러 ~ the Duke of Edinburgh.

공(功) jasa. 특히 ~이 있는 사람 orang yang sangat berjasa. ~을 세우다 melakukan/berbuat jasa.

~들이다 berusaha dengan ikhlas.

공(空) nol.

공간(空間) kamar kosong; ruang kosong; tempat kosong.~적 spesial.무한한~ ruang tidak terbatas.

공갈(恐喝) ancaman; intimidasi; todongan; pemerasan.~하다 mengancam; memeras.

공감(共感) simpati. ~하다 bersimpati. ~을 불러일으키다 menimbulkan simpati. ~을 얻다 mendapat simpati.

공개(公開) ~하다 membuka untuk umum; menawarkan saham untuk umum. ~된 terbuka (bagi umum). 주식(株式)의~ penawaran saham untuk umum.

공개념(公概念) konsep umum. 토지의~ konsep umum tentang pemilikan tanah.

공개방송(公開放送) siaran terbuka; siaran untuk umum.

공개입찰(公開入札) penawaran umum; penawaran terbuka.

공격(攻擊) serangan. ~하다 menyerang. ~개시 기간 waktu serangan.~군 pasukan penyerang.~정신 semangat menyerang.

공경(恭敬)penghargaan; penghormatan.~하다 menghargai.~할 만한 terhormat.

공고(工高) Sekolah Teknik Menengah (STM).

공고(公告)pengumuman; pemberitahuan; maklumat. ~하다 mengumumkan; menyiarkan; memaklumatkan.

공공(公共)~의 umum; masyarakat; negara. ~단체 badan pemerintahan; badan umum. ~복지 kesejahteraan masyarakat;kesejahteraan umum.~요금 tarif perusahaan negara. ~위생 [시설, 재산] kesehatan [sarana,milik] masyarakat/umum.

공공기관(公共機關) lembaga umum.

공공생활(公共生活) kehidupan komunal.

공공연(公公然)~한 terbuka;umum. ~히 secara terbuka. ~한 비밀 rahasia yang terbuka.

공과(工科) jurusan teknik. ~대학 institut teknologi.

공과(公課) pajak masyarakat. ~금(金) =공과.

공과(功過) jasa dan cela.

공관(公館)kediaman resmi; rumah dinas. 재외~ kantor diplomat dan konsul Korea di luar negeri.

공구(工具) alat; perabot. ~점 pemasok suku cadang mesin. 기계~ alat mesin.

공군(空軍) angkatan udara. ~기지 pangkalan udara. ~력 kekuatan udara. ~사관 학교 akademi angkatan udara.~작전[부대] operasi [satuan] udara.

공권(公權) hak-hak sipil; kewarganegaraan. ~박탈[정지] pencabutan/penghapusan hak-hak sipil.

공금(公金) dana masyarakat. ~을 횡령하다 menggelapkan dana masyarakat.

공급(供給)pasokan; persediaan. ~하다 memasok; menyuplai; memberi. ~을 받다 dipasok; disuplai. ~자(者) pemasok.~원(源) sumber pasokan; sumber suplai.

공기(工期) 「建」 jangka kerja.

공기(空氣) udara; atmosfir; angin. 탁한 ~udara kotor. 좌중의 ~ suasana pertemuan/rapat.~오염 pencemaran udara; polusi udara; ~전염 infeksi udara.

공기(空器) ① (빈그릇) mangkuk kosong. ② mangkuk nasi. 밥 한~ semangkuk nasi.

공기업(公企業) perusahaan negara; proyek pemerintah.

공납(公納)pajak masyarakat; uang sekolah. ~금 = 공납.

공납(貢納)~하다 membayar upeti.

공단(工團) ☞ 공업단지.

공덕(功德) amal; perbuatan bajik. ~을 쌓다 beramal;berbuat kebajikan.

공도(公道) (도로)jalan raya; jalan umum, (정의) keadilan. ~를 밟다 bertindak dengan adil.

공돈 penghasilan tanpa dicari; uang yang didapat dengan mudah.

공동(共同) ~의 umum; gabungan; bersama; bersatu. ~으로 secara bersama/gabungan.~의 이익을 위하여 untuk manfaat bersama. ~의 적 musuh bersama. ~경영 operasi gabungan.~묘지 pemakaman umum. ~성명(mengeluarkan) pernyataan bersama. ~작전 operasi gabungan.

공동생활 (共同生活) kehidupan bersama. ~하다 hidup bersama-sama.

공동체(共同體) masyarakat komunal; komunitas.

공란(空欄) ruang kosong;blanko. ~에 기입하다 mengisi ruang kosong dalam lembaran; mengisi blanko.

공람(共覽) ~ 하다 menyerahkan pada pemeriksaan umum.

공로(公路) jalan raya; jalan umum.

공로(功勞) jasa; bakti; amal ☞ 공(功).~에 의하여 atas (pengakuan) jasa.~자 orang yang berjasa. ~주(株) 「商」 saham bonus.

공론(公論) pendapat umum.

공론(空論) teori kosong; doktrinerisme. ~ 가 doktriner. 탁상 ~ teori di atas kertas.

공룡(恐龍) dinosaurus.

공리(公利) kesejahteraan masyarakat.

공립(公立) ~의 umum; negeri. ~학교 sekolah umum; sekolah negeri.

공매(公賣)pelelangan.~하다 menjual lelang. ~에 부치다 melelang. ~처분 penjualan dengan lelang.

공매(空賣) 「證」 penjualan murah; obral. ~하다 menjual cepat/murah; mengobral.

공명(公明) keterbukaan;kejujuran; keadilan.~정대한 adil; jujur; terbuka. ~선거 pemilihan yang bersih.

공모(公募)penawaran masyarakat; penawaran umum; pelangganan umum. ~하다 menawarkan bagi umum. 주식을 ~하다 menawarkan saham bagi masyarakat.

공모(共謀)komplotan; persekongkolan. ~하다 berkomplot; bersekongkol; bermufakat. ~자 anggota komplotan.

공무(工務) pekerjaan rekayasa.

공무(公務) tugas resmi. ~로 dalam tugas/urusan resmi. ~원 pegawai negeri; pejabat. ~원법 hukum kepegawaian. ~재해 보상 ganti rugi kecelakaan dalam tugas.

공문(公文) dokumen resmi. ~서 위조 pemalsuan dokumen resmi.

공민(公民) warga negara. ~교육 pendidikan kewarganegaraan.~권 kewarganegaraan; hak kewarganegaraan. ~권을 박탈하다 menghapus hak kewarganegaraan.

공배수(公倍數) 『數』 faktor persekutuan. 최소~ faktor persekutuan terkecil.

공백(空白) ruang kosong; celah. ~을 메우다 mengisi ruang kosong; mengisi celah.

공범(共犯) keterlibatan dalam kejahatan;persekongkolan. ~자 kaki tangan; komplot; anak buah.

공병(工兵) tentara zeni. ~대 korps tentara zeni; pasukan zeni.

공보(公報)laporan resmi; komunike ~실[국] kantor penerangan masyarakat. 미국 ~원 Dinas Penerangan Amerika Serikat.

공보처(公報處) Departemen Penerangan.

공복(空腹)kelaparan;perut kosong. ~에 dengan perut kosong;sebelum makan.

공부(工夫)pelajaran. ~하다 belajar ~를 잘하다[못하다] pintar [bodoh] dalam belajar. ~방 kamar belajar. 시험~ belajar untuk ujian.

공분모(公分母) 『數』 penyebut (dalam angka pecahan).

공사(工事) pekerjaan konstruksi; pembangunan. ~하다 membangun; melakukan pekerjaan konstruksi. ~비 biaya konstruksi. ~ 입찰 penawaran untuk konstruksi. ~장 tempat/lokasi bangunan.개축 [수리, 증축] ~ pekerjaan pembangunan kembali [perbaikan,perluasan]. 날림~ konstruksi yang jelek. 부정~ pekerjaan yang curang. 토목~ pekerjaan dasar.

공사(公私) perkara dinas dan pribadi. ~ 간에 baik resmi maupun pribadi. ~를 구별하다 memisahkan kepentingan dinas dan pribadi.

공사(公使) duta. ~관 kedutaan. ~관원 staf kedutaan.

공산(共産) milik bersama. ~당(黨) Partai Komunis. ~당원 [주의자] orang komunis.~주의 komunisme/ faham komunis. ~주의의 komunistik. ~진영 kamp komunis. ~화 (化) komunisasi. ~화하다 mengkomuniskan.

공산권(共産圈) blok komunis. ~제국(諸國) negara blok komunis. 비(非) ~제국 negara-negara diluar blok komunis.

공산품(工産品) barang-barang industri (produk).

공상(公傷) luka yang diderita sewaktu tugas.

공상(空想) lamunan;angan-angan; khayalan. ~하다 melamun; mengkhayal. ~적 khayal. ~에 잠기다

tenggelam dalam khayalan.~가(家) pengkhayal. ~과학소설 fiksi ilmiah.

공생(共生) 『生』 simbiosis;komen salisme.~동물[식물]komensalisme.

공석(空席) posisi yang lowong; lowongan. ~을 채우다 mengisi lowongan.

공설(公設)~의 publik;umum.~시장 pasar umum.

공세(攻勢)serangan [agresi].외교[평화] ~ serangan [perdamaian] diplomatik.

공소(公訴) 『法』 tuduhan; dakwaan. ~하다 mendakwa; menuduh. ~사실 tuduhan. ~장 tuduhan/dakwaan tertulis.

공손(恭遜) ~한 sopan; hormat.~히 dengan sopan; dengan hormat.

공수(攻守) penyerangan dan pertahanan. ~동맹 persekutuan penyerangan dan pertahanan.

공수(空輸) transportasi udara; angkutan udara. ~하다 mengangkut melalui udara. ~부대 satuan pasukan udara.~작전 operasi udara. ~ 화물 pengiriman udara.

공습(空襲) serangan udara. ~하다 melakukan serangan udara.~경보 tanda bahaya serangan udara. ~경보를 해제하다 membunyikan tanda aman.

공시(公示) pengumuman kepada masyarakat.~하다 mengumumkan secara luas. ~최고(催告) 『法』 panggilan resmi.

공식(公式) rumus; formalitas; hukum; kaidah.~의 resmi.~으로 dengan resmi; secara resmi. ~ 발표 pengumuman resmi. ~방문 kunjungan resmi. ~화(化) formulasi/perumusan.

공안(公安)perdamaian(dan ketertiban) masyarakat. ~을 유지하다 menjaga perdamaian masyarakat. ~경찰 polisi keamanan.

공약(公約) janji kepada masyarakat. ~하다 berjanji kepada rakyat. 선거 때의 ~을 지키다 memenuhi janji kampanye.

공약수(公約數) faktor persekutuan. 최대~ faktor persekutuan terbesar.

공업(工業) industri. ~의 industri; teknik. ~용의 untuk penggunaan/tujuan industri. ~가 industriawan. ~계 dunia industri. ~고등학교 Sekolah Menengah Teknik. ~국(國) negara industri. ~규격 standar industri. ~단지 kompleks industri; kawasan industri. ~용수 air industri. ~지대 daerah industri. ~화(化) industrialisasi.~화하다 mengindustrialisasikan. 석유화학~ industri petrokimia. 철강 ~ industri besi dan baja.

공연(公演) pertunjukan umum. ~하다 mempertunjukkan; mengadakan pertunjukan.위문~ pertunjukkan hiburan.

공예(工藝) seni keterampilan;seni kerajinan. ~의 industri;teknik. ~가(家)pengrajin.~품 barang kerajinan. ~학교 sekolah kerajinan industri

공용(公用) penggunaan umum. ~으로 secara umum. ~어(語) bahasa resmi.

공용(共用)pemakaian/penggunaan bersama.~하다 memakai bersama. ~의 untuk pemakaian bersama. ~전(栓) air minum/ledeng bersama.

공원(工員) pekerja pabrik.

공원(公園) taman. 국립~ taman nasional.

공유(公有)pemilikan bersama;pemilikan oleh umum.~의 dimiliki bersama. ~물[재산] milik masyarakat; milik umum. ~지 tanah negara.

공유(共有) pemilikan bersama. ~하다 memiliki bersama.~의 dimiliki bersama. ~물 milik bersama. ~지 tanah bersama.

공익(公益) kepentingan umum; faedah umum. ~단체[사업] perusahaan [fasilitas] umum.

공익(共益) keuntungan bersama; manfaat bersama.

공인(公人) tokoh masyarakat.

공인(公認)pengesahan;peresmian; pengakuan sah. ~하다 memberi wewenang; mengakui;~의 resmi; diakui; disetujui. ~을 받다 mendapat persetujuan resmi.

공일(空日) hari Minggu.

공임(工賃) upah. ~ 을 올리다 [줄이다] menaikkan [menurunkan] upah.

공자(孔子) Kong Hu Cu.

공작(工作) pekerjaan; konstruksi; aktivitas. ~하다 bekerja; membuat; membangun. 준비~을 하다 meratakan jalan. ~대 meja kerja. ~실 bengkel. ~품 barang kerajinan. 정치~ manuver politik.

공작(孔雀) 「鳥」 merak.

공장(工場) pabrik;perusahaan;kerajinan; industri.~관리 manajemen pabrik; pengelolaan pabrik. ~장[감독] manajer [pengawas] pabrik. ~지대(地帶) daerah pabrik. ~폐수 limbah industri. 유리~ pabrik kaca. 조립 ~ pabrik perakitan.~폐쇄 [휴업] penutupan pabrik.

공장도(工場渡) 「商」 eks pabrik. ~가격 harga pabrik.

공적(公的) umum; resmi. ~으로 dengan resmi; secara formal.

공적(功績)perbuatan berjasa;jasa. ~을 세우다 berjasa besar;berbuat jasa.

공정(工程) kemajuan kerja;proses kerja.~관리 pengendalian proses.

공정(公正) keadilan; kebenaran. ~한 berbudi; jujur; tulus; ikhlas.~한 처리 kesepakatan yang adil. ~증서 surat notaris. ~상거래 위원회 Komisi perdagangan Adil.

공정(公定) ~의 resmi; sah. ~가격 harga resmi. ~환율 nilai tukar resmi; kurs resmi.

공존(共存) keberadaan bersama.~하다 berada bersama; hidup bersama. ~공영 hidup dan kemakmuran bersama. 평화적~ hidup berdampingan yang damai.

공주(公主) Pangeran; Puteri.

공중(公衆) umum;masyarakat.~의 umum, publik. ~의 이익 kepentingan umum. ~위생 kesehatan masyarakat. ~전화(電話) telepon umum.

공중(空中) ~의 udara. ~에 diudara

(langit). ~수송 transportasi/layanan udara. ~전 pertempuran udara

공중납치(空中拉致) pembajakan pesawat udara. ~하다 membajak pesawat. ~범 pembajak.

공증인(公證人) notaris.

공지(空地) tanah kosong; tempat kosong.

공지(公知)pengetahuan umum.~의 diketahui secara luas. ~사항 pengumuman resmi.

공직(公職) dinas pemerintah. ~에 있다 bekerja dikantor pemerintah. ~생활 kehidupan pegawai negeri. ~추방(追放) keluar dari dinas pemerintah.

공직자(公職者) pegawai negeri. ~사회 masyarakat birokrasi. ~윤리법 kode etik pegawai negeri.

공채(公債) pinjaman masyarakat obligasi. ~시장 pasar obligasi. 무이자 ~ obligasi pasif.

공책(空冊) buku catatan; notes.

공처가(恐妻家) suami yang dikuasai istrinya.

공천(公薦) pencalonan umum. ~하다 mencalonkan secara umum 후보자를 ~하다 mengajukan sebagai calon resmi.

공청회(公聽會) (mengadakan) dengar pendapat.

공출(供出) pengiriman.~하다 mengirim.

공탁(供託)~하다 menyimpan;menaruh;. ~금(金) uang deposito. ~물 deposit; barang yang disimpan.~소 kantor deposito.~자 deposan; penyimpan.

공터(空 -) tempat kosong; ruang terbuka.

공통(共通)~의 umum.~의 이해 kepentingan umum.~점이 있다 mempunyai persamaan. ~어 bahasa pengantar.

공판(公判)pengadilan. ~에 부치다 membawa (kasus) ke pengadilan. ~을 열다 membuka sidang pengadilan. ~정 pengadilan.

공판장(共販場) pasar rakyat.

공평(公平)keadilan.~한 adil; tidak pilih kasih; tidak memihak. ~히 dengan adil.~무사 permainan yang adil; permainan yang jujur.

공포(公布) ~하다 menyebarluaskan;mempublikasikan; menyiarkan.

공포(空砲)peluru kosong.~를 쏘다 menembakkan peluru kosong.

공포(恐怖) rasa takut; teror; kepanikan; kecemasan. ~에 사로잡히다 tercekam rasa takut. ~의 빛을 보이다 kelihatan takut.~관념 perasaan takut.

공표(公表) pengumuman resmi; maklumat; proklamasi; publikasi. ~하다 mengumumkan secara resmi; memaklumatkan;mempublikasi. ~되다 diumumkan.

공학(工學) ilmu teknik.~사 [박사] sarjana [doktor]bidang keteknikan.

공항(空港) lapangan (pelabuhan) udara. ~출입국 관리소[세관] kantor imigrasi [bea cukai] bandara. 국제~ bandara internasional.

공해(公海) laut terbuka; laut lepas. ~어업 perikanan laut.

공해(公害) polusi;pencemaran.~가

없는 bebas polusi; bebas pencemaran. ~를 제거하다 menghilangkan pencemaran. ~대책 tindakan anti pencemaran. ~문제 masalah pencemaran lingkungan. 병~ penyakit yang disebabkan polusi. 산업~ polusi industri; pencemaran industri.

공허(空虛)~한 kosong;hampa.~한 느낌이 들다 merasa hampa ~감 rasa kehampaan.

공헌(貢獻)sumbangan;sumbangsih. ~하다 menyumbang; memberi sumbangan.

공화(共和) ~의 republik. ~국 negara republik. ~당 partai republik. ~제(制) republikanisme.

공황(恐慌) kepanikan; krisis. ~을 가져오다 menimbulkan kepanikan. ~을 이겨내다 melampaui krisis. 금융 ~ krisis keuangan.

공회(公會) rapat umum. ~당 balai desa.

공훈(功勳) jasa. ~을 세우다 melakukan jasa; berbuat jasa.

공휴일(公休日) liburan resmi.

곶감 kesemek kering.

과(科) jurusan; fakultas, keluarga, pasukan. 보병~ pasukan infanteri. 영문~ jurusan Bahasa Inggris.

과(課) seksi; bagian; pelajaran.~장 kepala seksi. 인사~ seksi personalia.

과 dan;dengan;terhadap (melawan); dari. 손~발 tangan dan kaki. 그 사람~같이 가다 pergi dengan dia.

과감(果敢) ~한 berani; tetap hati; tegas.

과거(過去)masa lampau;masa lalu; waktu lampau. ~의 lewat; lampau; yang dahulu/silam. ~분사 kata kerja selesai lampau.~완료 waktu selesai lampau.

과격(過激) ~한 berlebihan;ekstrim. ~한 수단 tindakan drastis. ~분자 unsur radikal. ~주의 ekstremisme. ~파 aliran ekstrem radikal.

과녁 sasaran. ~에 맞(히)다 mengenai sasaran. ~을 빗맞히다 tidak mengenai sasaran; luput. ~빼기 sisi yang tepat berlawanan.

과다(過多) kelebihan; kelimpahan. ~한 berlebihan; berlimpah; terlalu banyak. ~청구 permintaan yang berlebihan. 공급~ kelebihan persediaan.

과단(果斷)tindakan cepat;~한 menentukan; cepat; pasti. ~성 있는 사람 orang yang bersifat pasti. ~성이 없다 tidak ada keputusan.

과당(過當) ~한 berlebihan. ~경쟁 persaingan yang berlebihan.

과대(過大)~한[하게] secara berlebihan; teramat sangat. ~평가하다 menaksir terlalu tinggi.

과대(誇大)hal melebih-lebihkan.~하다 melebih-lebihkan. ~망상 (증) megalomania; kelainan yang menganggap diri orang besar dan mulia.

과도(果刀) pisau buah.

과도(過度) kelebihan; ekses;keterlaluan. ~한 berlebihan. ~하게 secara berlebihan; terlalu berlebihan; terlampau berlebihan.

과도(過渡) ~ 내각 [정부] kabinet

[pemerintah]interim. ~현상 fenomena sementara.

과도기(過渡期) masa transisi; masa perubahan.

과두정치(寡頭政治)pemerintahan oleh kelompok kecil.

과로(過勞) capek yang berlebihan. ~하다 sangat capek.

과료(科料)denda.~에 처하다 menjatuhkan denda.

과목(科目) mata pelajaran. 시험~ mata pelajaran yang diuji.

과묵(寡默)sifat pendiam.~한 pendiam.

과민(過敏)~한 tipis telinga; terlalu peka/over sensitif.

과밀(過密) over populasi; penduduk terlalu padat. ~도시 kota yang berpenduduk terlalu padat.

과반(過半)sebagian besar; mayoritas.

과반수(過半數) mayoritas;bagian besar. ~를 차지하다 memegang (suara) mayoritas

과부(寡婦) janda. ~로 사는 여자 perempuan yang hidup menjanda. ~가 되다 kehilangan suami; menjadi janda.

과부족(過不足)kelebihan dan kekurangan. ~없이 tidak berlebihan ataupun kekurangan.

과분(過分) ~한 berlebihan; tidak pada tempatnya.~한 영광 kehormatan yang bukan haknya.

과산화(過酸化)~망간 mangan dioksida. ~물 peroksida. ~수소 hidrogen peroksida. ~작용 peroksidasi.

과세(過歲)~하다 menyambut/merayakan tahun baru.

과세(課稅) pajak. ~하다 menarik pajak; memajaki. ~율 tingkat/besarnya pajak. ~품 barang yang di kenakan pajak.누진~ pajak progresif. 인정~ pajak pilihan.

과소(過少)~한 terlalu sedikit. ~평가하다 meremehkan;mengecilkan.

과소(寡少) ~한 sedikit.

과소비(過消費) konsumsi yang melampaui batas.

과속(過速) kecepatan yang melampaui batas. ~으로 달리다 memacu melampaui batas kecepatan. ~차량(車輛) kendaraan yang melampaui batas kecepatan.

과수(果樹) pohon buah. ~원 kebun buah-buahan. ~재배 budi daya buah-buahan.

과시(誇示) ~하다 memamerkan; menunjukan; memperagakan.

과식(過食)~하다 makan kebanyakan.

과신(過信) ~하다 terlalu percaya. 자기 실력을 ~하다 menilai kemampuan diri terlalu tinggi.

과실(果實) buah. ~을 따다 memetik buah. ~을 맺다 berbuah. ~상 toko buah.~주(酒) anggur buah.

과실(過失)① kesalahan; kekeliruan; sumbah langkah; kesesatan. ~을 저지르다 membuat kesalahan. ② kecelakaan.~치사 pembunuhan karena kecelakaan. ③ kelalaian. ~범(犯) pelanggaran karena kelalaian.

과언(過言) bicara berlebihan; hal

melebih-lebihkan.

과업(課業) ① (학업) pelajaran. ② ditugas kewajiban. ~을 맡기다 dipercayakan untuk suatu tugas. ~을 완수하다 melaksanakan tugas; melaksanakan kewajiban.

과연(果然) memang; sungguh-sungguh; seperti yang diduga.

과열(過熱) ~하다 memanaskan berlebihan.

과오(過誤) kesalahan. ~를 깨닫다 menyadari. ~를 저지르다 membuat kesalahan.

과외(課外) ~의 ekstrakurikuler. ~공부 belajar luar sekolah. ~수업 pelajaran luar sekolah. ~활동 kegiatan ekstrakurikuler.

과욕(過慾) keserakahan; ketamakan;kerakusan.~을 부리다 tamak; rakus; serakah.

과원(課員) anggota seksi bidang; staf seksi bidang.

과음(過淫)~하다 bersetubuh berlebihan

과음(過飮)minum yang berlebihan. ~하다 minum berlebihan.; minum terlalu banyak

과인산(過燐酸) 『化』 asam perfosforat. ~비료 pupuk superfosfat.

과잉(過剩) kelebihan; kepadatan; kongesti.생산~produksi yang berlebihan; overproduksi. 인구~ over populasi; penduduk yang terlalu padat.

과자(菓子) makanan kecil; kembang gula; kue-kue.

과장(誇張) ~하다 melebih-lebihkan; mengada-ada.

과장(課長) kepala seksi; kepala bagian. ~대리 pejabat kepala bagian.

과정(過程) proses. 생산~ proses produksi.

과제(課題) tema;subyek,tugas latihan; PR. ~를 주다 memberi pekerjaan rumah (PR).

과중(過重) ~한 terlalu berat. ~한 노동 bekerja terlalu berat. ~한 짐 kelebihan beban; beban yang terlalu berat.

과즙(果汁) sari buah; juice.

과찬(過讚) ~하다 terlalu memuji.

과태금(過怠金),

과태료(過怠料) denda atas kelalaian.

과하다(過-)berlebihan; tak pada tempatnya.농담이~ bergurau berlebihan.

과학(科學)ilmu pengetahuan;sains. ~화하다 mengilmiahkan.~적(으로) (secara) ilmiah. ~기술 ilmu pengetahuan & teknologi.~자 ilmuwan. ~전[무기] perang[senjata] teknologi 응용 (자연,사회) ~ ilmu terapan [alam,sosial]. 한국~ 기술 연구소 Lembaga Ilmu Pengetahuan dan Teknologi Korea.

관(棺) peti mati; peti mayat; keranda.

관(管) pipa; pembuluh; selang.

관(觀)pandangan.사회~ pandangan tentang kehidupan masyarakat. 세계~ pandangan terhadap dunia.

관객(觀客) penonton; pesasir.

관건(關鍵) ①(문빗장) baut;palang pintu. ② kunci. 문제의~ kunci

jawaban pertanyaan....해결의 ~을 쥐다 memegang kunci jawaban penyelesaian.

관계(關係) ①hubungan;pertalian; perhubungan; perkariban. ~하다 bertalian (dengan); berhubungan (dengan); berkerabat (dengan).. ~하고 있다 berkaitan dengan. ...와 ~가 있다 [없다] ada [tidak ada] hubungan dengan. ~를 끊다 memutuskan hubungan dengan. ~대명사 kata ganti penghubung. ~ 법규 undang-undang dan peraturan terkait. ② keikutsertaan; keterlibatan. ~하다 ikut serta; terlibat (dalam). 경영에 ~ 하다 ikut serta dalam manajemen/pengelolaan. ~자 orang yang bersangkutan; kelompok/partai yang berkepentingan.③ pengaruh.~하다 mempengaruhi. ~가 크다 mempunyai pengaruh kuat (terhadap).

관공(官公) ~리 pegawai negeri. ~서 kantor pemerintah dan umum lainnya.

관광(觀光) tamasya; pelancongan; wisata. ~하다 berwisata; melancong.~객 pelancong; turis; wisatawan. ~버스 bis wisata. ~사업 industri pariwisata. ~시설 fasilitas pariwisata; sarana pariwisata. ~여행 perjalanan wisata; tur wisata.~여행을 하다 mengadakan tur wisata.~지[단,호텔,선] daerah tujuan [kelompok,hotel,kapal]wisata. ~코스 rute wisatawan.

관권(官權) wewenang/kekuasaan pemerintah.

관기(官紀)disiplin pegawai. ~문란 pelanggaran disiplin. ~숙정 pelaksanaan disiplin pegawai.

관념(觀念) ① rasa.시간 ~이 없다 tak ada rasa waktu; suka membuang-buang waktu. 도의~ rasa moral.의무 [책임]~ rasa tanggung jawab.② ide; gagasan. ~적인 ideal (bagus terpuji). 추상적~ gagasan abstrak. ~의 유희 hanya abstraksi. ~론 idealisme; paham; ajaran; doktrin.

관대(寬大) kemurahan hati; toleransi.~한 murah hati;toleran.~히 dengan murah hati. ~한 태도 sikap murah hati. ~한 처분 mengurus dengan lemah lembut. ~한 처분을 탄원하다 mengharap kemurahan hati.

관람(觀覽) tontonan. ~하다 menonton ~객 pirsawan ~권 karcis tontonan. ~석 tempat duduk penonton.

관련(關聯)hubungan;sangkut paut. ~하다 berhubungan dengan; berkaitan dengan.

관례(冠禮) perayaan ulang tahun.

관례(慣例) adat istiadat; tata krama; tata susila; aturan. ~에 따라 sesuai dengan adat istiadat. ~에 따르다 mengikuti adat istiadat.

관료(官僚) birokrasi. ~적인 birokratik. ~주의 birokratikisme.

관리(官吏) pegawai negeri. ~가 되다 menjadi pegawai negeri.

관리(管理) manajemen; administrasi;pengendalian/pengawasan. ~하다 mengatur; mengelola; mengurus. ~인[자] manajer; pengawas. ~직 kedudukan administratif. 생산 [노무]~manajemen produksi [personalia].

관립(官立)~의 pemerintah;negeri. ~학교 sekolah negeri.

관망(觀望)~하다 mengamati. 형세를 ~하다 mengamati jalannya peristiwa. ~적 태도를 취하다 bersikap menunggu.

관복(官服) seragam resmi.

관비(官費)biaya oleh negara; biaya pemerintah. ~로 atas biaya pemerintah;beasiswa.~유학생 mahasiswa yang dikirim ke luar negeri oleh pemerintah.

관사(官舍) kediaman resmi;rumah dinas.

관사(冠詞)kata sandang; kata penyerta. 정[부정] ~ kata sandang tertentu [tak tentu].

관상(冠狀) ~의 koroner. ~동맥 [정맥] arteri [vena] jantung.

관상(觀相) penafsiran prenologi. ~을 보다 meramal. ~술 psiognomi. ~장이 psiognomis; ahli firasat.

관상(觀象) pengamatan/observasi meteorologi.~대 stasiun observasi meteorologi. 중앙~대 kantor /balai meteorologi pusat.

관상(觀賞)~하다 menikmati; mengagumi. menyenangi. ~식물 tanaman hias. ~어(魚) ikan hias.

관선(官選) ~의 dipilih oleh pemerintah. ~이사 direktur yang dipilih pemerintah.

관성(慣性) 『理』 kelembaman. ~능률 momen kelembaman.~의 법칙 hukum kelembaman.

관세(關稅) bea cukai; duane; pabean. ~법 hukum pabean. ~장벽 hambatan tarif. ~청 Kantor Administrasi Bea Cukai. 보호~ tarif protektif. 수입[수출]~ bea impor [ekspor]. 통과 ~ tarif transit.

관솔 bonggol pohon pinus.

관습(慣習)adat istiadat;kebiasaan; kelaziman. 사회의~ hukum masyarakat/adat.

관심(關心) kepedulian; minat; kepentingan. ...에 ~을 갖다 tertarik (berminat) dengan ...에 ~이 없다 tidak peduli dengan. ~사 masalah kepentingan. 공동[상호] ~사 masalah kepentingan bersama.

관악(管樂) musik tiup. ~기 alat musik tiup.

관여(關與) keikutsertaan; partisipasi. ~하다 ikut serta.

관용(官用) urusan dinas;pemakaian dinas/pemerintah. ~으로 dalam urusan resmi/dinas; untuk penggunaan resmi.

관용(寬容) toleransi; kerukunan. ~하다 bertoleransi; bertenggang rasa. ~의 정신 jiwa toleransi.

관용(慣用) pemakaian umum. ~의 umum. ~어구 ungkapan idiom; ungkapan yang umum dipakai.

관인(官印)stempel resmi;cap resmi; stempel pemerintah. ~을 찍다 mengecapkan stempel resmi; membubuhi cap resmi.

관자놀이(貫子-) pelipis.

관장(管掌) pengelolaan; manajemen. ~하다 pengelola.~업무 bisnis dalam tanggung jawab.

관저(官邸)kediaman resmi; istana. 대통령~ kediaman resmi presiden.

관전(觀戰)~하다 mengawasi pertandingan. ~기(記) penulisan hasil pengawasan.

관절(關節) 「解」 sendi/sambungan ~의 sendi. ~염 peradangan sendi.

관점(觀點)segi pandangan; aspek; sudut pandang.이 ~에서 dari sudut pandang ini.~이 다르다 mempunyai pandangan yang berbeda.

관제(官製)~의 buatan pemerintah; rekayasa penguasa. ~데모 unjuk rasa yang direkayasa. ~엽서 kartu pos.

관제(管制) pengawasan; pengendalian. ~탑 menara pengawasan. 등화 ~ pengendalian sinar.보도~ sensor berita.

관중(觀衆) penonton.

관직(官職) dinas pemerintah. ~에 있다 dalam dinas pemerintah.

관찰(觀察) observasi; survei; pengamatan. ~하다 mengobservasi; memperhatikan; meneliti; mengamat-amati. ~력 daya observasi. ~안(眼) mata pengamat.

관철(貫徹) prestasi; pelaksanaan. ~하다 melaksanakan.목적을~하다 merealisasikan; melaksanakan; mewujudkan.

관청(官廳) kantor pemerintah; dinas pemerintah; kantor; jawatan 관계~ pejabat yang berwenang.

관측(觀測)pengamatan/observasi; survei. ~하다 mengamati; meninjau; mengadakan pengamatan. 희망적~ berpikir berdasarkan keinginan sendiri. ~기구 balon pengamat. ~소 lembaga pengamatan. ~자 petugas pengamatan.

관통(貫通) penembusan; penyusupan. ~하다 menembus; menyusup; mengenai;melubangi.~총상(銃傷) luka tembus peluru.총알이 ~하다 tertembak tembus.

관하다(關 -) ① sehubungan dengan. ...에 관하여 tentang; mengenai. ...에 관한한 sejauh berhubungan dengan itu. ~그 점에 관해서 dalam hubungan itu. 철학에 관한 책 buku tentang filsafat. ② menyinggung kehormatan. 명예에 관한 문제 masalah yang menyinggung kehormatan.

관할(管轄)yurisdiksi;pengawasan; wilayah hukum; propinsi. ~하다 mempunyai/melaksanakan yuridiksi; mengawasi; mengatur. ...의 ~에 속하다 berada dalam wilayah hukum... ~관청 pejabat yang terkait. ~구역 yuridiksi wilayah. ~권 yuridiksi; kekuasaan; kehakiman. ~다툼 perselisihan yuridiksi/ wilayah hukum. ~서(署) kantor polisi yang bersangkutan.

관행(慣行) praktek yang biasa/ kebiasaan. ~의 adat istiadat.

관허(官許) izin pemerintah.~의 di izinkan. ~요금 biaya surat izin.

관현(管絃) alat tiup dan petik. ~악 musik orkes. ~악의 반주 diiringi orkes. ~악단 orkestra.

괄시(恝視) ~하다 memperlakukan

dengan dingin.

괄호(括弧) tanda kurung. ~속에 넣다 menyisipkan kalimat/memberi tanda kurung.

광(光) kilap; kilau; kemilau. ~내다 mengkilap.

광(廣) luas; luasan.

광(鑛)lubang;terowongan tambang. 철 ~ bijih besi.

...**광**(狂) gila; maniak. 댄스 ~ gila dansa; maniak dansa. 영화[야구] ~ penggemar berat film [bisbol].

광각(光角)「理」sudut optik.

광갱(鑛坑) pertambangan.

광견(狂犬) anjing gila. ~병 rabies; penyakit anjing gila.~병에 걸리다 tertular rabies.

광경(光景) tontonan;pemandangan. 슬픈 ~ pemandangan yang menyedihkan.참담한~tontonan yang sangat menyedihkan.

광고(廣告)iklan; pariwara; advertensi; reklame. ~하다 memasang iklan; mengiklankan ~란 kolom iklan.~료 tarif iklan. ~방송 siaran komersial; siaran iklan.~삐라 surat selebaran. ~탑 menara iklan. 사망~ pemberitahuan kematian 제품~ iklan produk.

광공업(鑛工業) industri pertambangan dan pabrik.

광년(光年)「天」tahun cahaya.

광대(廣大)~한 amat luas. ~무변한 luas dan tidak terbatas.

광대뼈 tulang pipi. ~가 나온 사람 orang yang tulang pipinya menonjol.

광도(光度)「理」intensitas cahaya. ~계 fotometer.

광란(狂亂)kegilaan. ~하다 menjadi gila.

광맥(鑛脈) urat mineral. ~을 찾아내다 mencari urat mineral.

광명(光明) sinar; harapan; masa depan cerah; gemerlap; cahaya; kilau. 한 줄기의~ secercah harapan.

광물(鑛物) mineral; barang tambang. ~의 mineral. ~계 kerajaan mineral. ~질 bahan mineral.

광범위(廣範圍)lingkup yang luas; jangkauan yang luas; amat luas. ~에 걸치다 meliputi daerah yang luas. ☞ 광범.

광복(光復)pemulihan kemerdekaan. ~하다 memperoleh kemerdekaan. ~ 절 Hari Kemerdekaan Korea.

광부(鑛夫)pekerja tambang;penggali.

광산(鑛山) tambang; galian.~공학 ilmu teknik pertambangan. ~기사 insinyur/ahli pertambangan. ~노동자 penambang. ~업 industri pertambangan. ~ 채굴권 konsesi pertambangan.

광석(鑛石)mineral; kristal; barang tambang.~검파기 detektor kristal; alat pendeteksi kristal.

광선(光線)sinar;kirana.~분석 analisa spektrum. ~요법 fototerapi. ~조절기「寫」diagfragma iris 굴절[반사]~ sinar bias [pantul]. 살인~ sinar maut.엑스~sinar X (Rontgen). 태양~ sinar matahari.

광신(狂信)kefanatikan.~적 fanatik.

~자 orang yang fanatik.
광야(曠野) dataran liar; padang rumput.
광양자(光量子) 「理」 foton;kuantum cahaya.
광업(鑛業) industri pertambangan. ~가 pengusaha tambang. ~권 hak menambang. ~소 kantor stasiun pertambangan.
광원(光源) sumber cahaya.
광인(狂人) orang gila; orang yang kurang waras.
광자(光子) 「理」 kuantum cahaya.
광장(廣場) ruang terbuka; plaza; alun-alun; lapangan.
광적(狂的) gila.
광전(光電) 「電」 fotoelektrositas. ~자 fotoelektron.
광주리 rantang; bakul.
광채(光彩)keberkilauan. ~가 나다 cemerlang;berkilauan. ~를 발하다 bersinar.
광택(光澤) bersinar;semarak;berseri-seri. ~있는 berkilauan; kemilau. ~을 내다 mengkilapkan.
광풍(狂風) angin kencang.
광학(光學) ilmu optik. ~기계 alat optik. ~병기 senjata optik.
괘씸하다 paradam. 괘씸한 짓 kelakuan paradam.
괘종(掛鐘) jam dinding.
괜찮다① baik; boleh; boleh juga; tak jadi apa-apa. 맛이~ rasanya enak; rasanya boleh juga. ② tidak peduli.
괜히☞ 공연히.
괭이 cangkul; pacul.
괴금(塊金) bongkahan emas.
괴다 mengganjal; menyokong; menopang; mendukung; menyangga.
괴력(怪力) kekuatan luar biasa.
괴로움 kesedihan;kesulitan; penderitaan. 삶의~ kesulitan hidup. 마음의~ kesedihan hati.
괴로워하다 menderita;makan hati.
괴롭다 menyakitkan; menyedihkan.
괴롭히다 menyiksa; menganiaya; menyakiti; mengganggu. 적을 ~ mengganggu musuh. 제 마음을 ~ berkhawatir sendiri.
괴멸(壞滅)penghancuran;pembasmian. ~하다 dihancurkan; dibasmi. ~시키다 menghancurkan; membinasakan; membasmi.
괴물(怪物) monster.
괴벽(乖僻) keanehan; keganjilan. ☞ 괴팍.
괴변(怪變)peristiwa/kejadian aneh.
괴상(怪常)~한 aneh; ganjil.~한 일 benda/hal aneh. ~하게 여기다 kiranya aneh bahwa...
괴팍~한[스러운] eksentrik; aneh; janggal.~한 사람 orang berpikiran aneh.~한 성미 bersifat cerewet.
괴한(怪漢) orang yang mencurigakan.
굉장(宏壯) ~한 agung; hebat; terlebih; terlampau; megah. ~히 dengan amat; kelewat; terlalu hebat. ~한 건축물 bangunan yang megah. ~한 부자 orang yang amat kaya.~히 가난하다 terlalu miskin. ~히 덥다 amat panas.~히 아름답다 cantik rupawan.
교가(校歌) lagu sekolah.
교각(橋脚) tiang jembatan.

교감(校監) wakil kepala sekolah; guru kepala.
교감신경(交感神經) saraf simpatetis.
교골(交骨) 『解』 tulang pinggul.
교과(敎科) jadwal pelajaran; kurikulum. ~서 buku pegangan.
교관(敎官)instruktur;staf pengajar.
교내(校內) ~의 antar kelas. ~운동대회 pertandingan atletik antar kelas.
교단(敎團) persaudaraan.
교인(敎人) umat; pengikut; penganut.
교장(校長) kepala sekolah.
교장(校葬) pemakaman sekolah.
교재(敎材) bahan pengajaran.
교전(交戰) perang; aksi; permusuhan; pertempuran. ~하다 berperang; bertempur.
교정(校正) bukti cetakan. ~하다 membaca bukti cetakan. ~쇄(刷) percobaan cetak lepas; lembar bukti cetakan. ~원 korektor; pemeriksa bukti cetakan. ~필(畢) bukti cetakan yg sudah dikoreksi.
교정(校訂) Revisi.~하다 memperbaiki; merevisi.~판(版) edisi perbaikan/edisi revisi.
교정(校庭) halaman sekolah.
교정(矯正) perbaikan; koreksi. ~하다 mengoreksi; memperbaiki. ~법 cara/metode koreksi.
교제(交際)hubungan baik; kontak; pertemuan. ~하다 berhubungan dengan; berkenalan dengan; bergaul; bersahabat.~상 karena sahabat. ~가 넓다 mempunyai banyak hubungan sosial; berkenalan banyak. ~를 넓히다 memperluas /memperbanyak kenalan. ~를 끊다 putus hubungan dengan. ~가 orang yang mudah bergaul.
교주(敎主) pendiri agama.
교직(交織) kain tenun campuran; sutera; kain rayon.
교차(交叉) persimpangan;persilangan; perpotongan. ~하다 menyilang/memotong; ~로 perempatan; persimpangan. ~승인 pengakuan silang.
교착(膠着) pelekatan. ~하다 melekat.
교체(交替) penggantian;pertukaran; peralihan; perubahan. ~하다 mengganti; menukar. 내각의~ penggantian kabinet.
교칙(校則) peraturan sekolah.
교칙(敎則) peraturan mengajar.
교태(嬌態) kegenitan. ~를 부리다 menjadi genit; bergaya; banyak tingkah.
교통(交通) lalu lintas. ~규칙 peraturan lalu lintas. ~난 kemacetan lalu lintas. ~도덕 tata tertib lalu-lintas. ~량 kepadatan lalu lintas. ~마비 kelumpuhan lalu lintas.~망 jaringan lalu lintas. ~부 Departemen Perhubungan. ~사고 kecelakaan lalu lintas. ~순경 polisi lalu lintas. ~신호 rambu-rambu lalu lintas. ~안전 keamanan lalu lintas. ~위반 pelanggaran lalu lintas. ~위반자 pelanggar lalu lintas.
교파(敎派) kaum (agama).
교포(僑胞)orang Korea yang ting-

gal di luar negeri.

교향(交響) ~곡 simfoni. ~시 syair simfoni.~악=교향곡(~악단 orkes simfoni)

교환(交換) pertukaran;penggantian; jual beli. ~하다 menukar; saling tukar; menukarkan.국 kantor pusat telepon. ~대 papan penghubung telepon.

교환(交歡.交驩) saling tandang; kunjungan. ~하다 saling bertandang.~경기 pertandingan lawatan.

교활(狡猾)~한 licik; licin; curang; culas. ~한 수단 tipuan licin.

교황(敎皇)Sri Paus. ~의 kepausan ~사절 utusan/delegasi Apostolik. ~청 Vatikan.

교회(敎會) gereja. ~에 가다 pergi ke gereja. ~당 gereja; katedral.

교훈(校訓) ajaran sekolah; disiplin sekolah.

구(句) ungkapan; artikel; anak kalimat; bait; frase.

구(區) ① (시의) daerah;wilayah.② bagian/blok.선거~daerah/wilayah pemilihan.

구(九) sembilan. 제~ kesembilan.

구...(舊) mantan;bekas.~사상 pendapat kuno. ~정치인 mantan negarawan; mantan politikus.

구강(口腔) mulut; rongga mulut. ~외과 bedah mulut. ~위생 kebersihan/higienis mulut.

구개(口蓋)「解」langit-langit mulut.~의 tentang langit-langit. ~골 tulang langit-langit. ~음 suara langit-langit.

구걸(求乞) minta-minta. ~하다 meminta-minta; mengemis. 집집마다 ~하며 다니다 mengemis dari pintu ke pintu.

구경 ~하다 melihat (sandiwara); menonton (pertandingan);melihat-lihat; mengunjungi (museum). ~스럽다 patut dilihat/ditonton. 연극을 [영화를] ~하다 menonton sandiwara [film].시내를 ~하다 melihat-lihat kota.

구경(口徑) kaliber. ~8 인치포 senapan kaliber 8 inci.

구관조(九官鳥)「鳥」beo; tiung.

구구(九九) hukum perkalian (pergandaan). ~표(表) daftar kalikalian.

구금(拘禁)pengurungan;penahanan. ~하다 menahan; mengurung; memenjarakan. ~되다 ditahan; di penjara; dikurung.

구급(救急) pertolongan pertama.~의 darurat; pertolongan pertama. ~상자[약,치료] kotak [obat,perawatan] pertolongan pertama. ~차 ambulans.

구기(球技) main bola. ~장 ☞ 구장(球場).

구기다 mengumalkan; mengerut.

구김살 lipatan; tekukan; kerut; lipat-lipatan. ~을 펴다 melicinkan kerutan.

구깃구깃하다 kusut; berkerut.

구내(構內) dalam pekarangan. ~식당 kantin dalam pekarangan.

구더기 belatung. ~가 들끓다 terkena belatung.

구덩이 lubang; rongga.

구독(購讀)hal berlangganan.~하다

berlangganan.~료 harga langganan. ~자 pelanggan.

구두 sepatu. ~한 켤레 sepasang sepatu. ~를 벗다 menanggalkan sepatu; melepas sepatu.~를 신다 mengenakan sepatu; memakai sepatu.~를 닦다 menyemir sepatu. ~닦이 anak penyemir sepatu.

구두(口頭) ~의 lisan. ~로 secara lisan ~로 전달하다 berpesan secara lisan. ~변론(法) penjelasan lisan.

구두쇠 orang pelit/kikir.

구렁이 ular besar; ular naga. ~담 넘어가듯 하다 mewujudkan keinginan dengan cara tak kentara

구레나룻 cambang.

구령(口令) komando; aba-aba. ~하다 memberi aba-aba.

구류(拘留)penahanan;pengurungan. ~하다 menahan; mengurung. 10 일간의~처분을 받다 diputus hukuman 10 hari kurungan.

구르다 menggelinding; berguling-guling.

구름 awan;mega;kabut. ~없는 tak berawan. ~낀 berawan; mendung. ~사이 menembus awan; diantara awan.~에 덮이다 tertutup awan. ~위에 솟다 membumbung di atas awan.

구름다리 titian; jembatan gantung.

구리 tembaga. 구릿빛의 berwarna tembaga.~를 입히다 melapisi dengan tembaga. ~철사 kawat tembaga.

구리다 ① busuk; menyengat. 구린내 bau busuk; bau menyengat. ② mencurigakan; kotor; rendah; hina.제밀이 ~ ada sesuatu dalam suara hati.

구매(購賣)pembelian.~하다 membeli. ~력 daya beli. ~자 pembeli. ~조합 koperasi.

구멍 lubang; kolong.바늘~ lubang jarum; lubang yang dibuat jarum. ~을 뚫다 membuat lubang.

구멍가게 toko kecil; warung.

구명(救命) penyelamatan. ~대(帶) sabuk pengaman. ~대(袋) pelampung berenang. ~동의(胴衣) jaket pelampung.~정 sekoci penyelamat.

구미(口味) nafsu makan; selera. ~를 돋우다[가 당기다] membangkitkan nafsu makan.~가 없다 tidak ada nafsu makan.

구박(驅迫) perlakuan dingin (kasar, kejam). ~하다 memperlakukan dengan dingin; memperlakukan dengan kejam.

구별(區別)perbedaan; pembedaan. ~하다 membedakan; memperbedakan....의 ~없이 tanpa perbedaan.

구보(驅步) lari. ~로 berlari; lari kencang.

구부러뜨리다 membengkokkan; melengkungkan.

구부러지다 membengkok;membusur; melengkung.

구부리다 membungkuk. 허리를~ membungkukkan diri.

구분(區分)penggolongan; pembagian; bagian. ~하다 menggolongkan; membagi.

구불구불 ~한 berputar.

구비(具備)~하다 mempunyai; memiliki; dilengkapi dengan. 모든 조건을 ~하다 memenuhi semua syarat. ~서류 dokumen yang diperlukan.

구상(求償) ~ 무역 perdagangan kompensasi.

구상(構想) rencana;konsepsi;plot. 소설의 ~ plot novel ~을 가다듬다 merapikan plot.

구색(具色) bermacam-macam;beragam. ~을 갖추다 melengkapi dengan berbagai macam.

구석 pojok; sudut; penjuru.~에 di pojok; di sudut. ~에 di setiap celah dan sudut.

구석기(舊石器) palaeolith. ~시대 Zaman Batu Lama.

구설(口舌)kata-kata celaan;kata-kata cemoohan.. ~을 듣다 mendengar kata-kata celaan.~수 sial dikata-katai.

구성(構成) pembentukan; penyusunan; pengubahan. ~하다 menyusun; mengubah; membentuk. ~분자 komponen; pembentuk ~비(比) 「統」 perbandingan kompo nen; nisbah komponen. 문장 ~법 ilmu kalimat; sintaksis.

구속(拘束) pembatasan;penahanan;pengurungan.~하다 membatasi; menahan;mengurung. ~받다 diikat. ~받지 않는 bebas.~력 daya ikat. ~영장 surat penangkapan.

구속(球速) 「野」 kecepatan bola yang dilempar. ~이 있다 melempar bola dengan cepat.

구수하다 lezat; sedap; nikmat.

구슬 manik-manik.~백 tas manik-manik.

구슬리다 membujuk.

구슬프다 sedih; mengharukan. 구슬픈 노래 lagu sedih.

구시렁거리다 terus mengomel.

구식(舊式) gaya kuno. ~의 kuno; kolot; lama.~ 사람 orang bergaya kuno.

구실 fungsi;tugas; peranan; lakon. 중요한 ~을 하다 memainkan peranan penting. 제~을 하다 melaksanakan tugas.

구실(口實) alasan; dalih. ...을 ~로 하여 dengan alasan... ~을 만들다 membuat alasan.

구십(九十)sembilan puluh. 제~ ke sembilan puluh.

구애(拘碍) ~하다 berpegang teguh; berkukuh; berteliti. ~하지 않고 dengan bebas. 사소한 일에 ~하다 teliti tentang perkara sepele.

구약성서(舊約聖書) kitab perjanjian lama; Taurat; hukum nabi Musa.

구어(口語)bahasa percakapan;bahasa lisan. ~의 percakapan; pergaulan.

구역(區域) batas; perbatasan.담당[순찰] ~ daerah tugas.

구역(嘔逆) mual; ~나다 merasa mual.

구연산(枸櫞酸) 「化」 asam limau; asam sitrat.

구워지다 dipanggang; diasapi; di bakar. 설~ belum matang.

구원(救援) penyelamatan. ~하다 menyelamatkan.~대 regu penyelamat. ~병[군] pasukan penyelamat.

구월(九月) September.

구이 daging panggang. 돼지고기 ~ daging babi panggang.통닭~ ayam panggang.

구인(求人)~하다 menawarkan pekerjaan; mencari pegawai. ~광고 iklan mencari pekerja. ~ 난(難) kesulitan mencari tenaga kerja. ~난(欄) kolom lowongan kerja.

구인(拘引) penahanan. ~하다 menahan.

구일(九日) ① (초아흐레) hari ke sembilan.② (9 일간) sembilan hari.

구입(購入)pembelian.~하다 membeli;berbelanja.~원가 harga pembelian. ~자 pembeli. 대량 ~자 pembeli besar; pembeli borongan.

구전(口錢) biaya makelar; komisi. ~을 받다 menerima komisi. 매입[매출]~ komisi pembelian [penjualan].

구정물 air kotor; air limbah.

구제(救濟) pertolongan; bantuan. ~하다 menolong; membantu. ~할 수 없는 tak tertolong. 빈민을 ~하다 menolong kaum miskin.~기금 dana pertolongan.~사업 usaha pertolongan. ~책 tindakan penyelamatan/pertolongan.

구제(驅除) pemusnahan; pemberantasan. ~하다 memusnahkan; memberantas. 해충을 ~하다 memberantas serangga.

구조(救助) penyelamatan;bantuan. ~하다 menyelamatkan;menolong; membantu; meringankan. 인명을 ~하다 menyelamatkan jiwa. ~를 청하다 minta tolong. ~대 regu penyelamat. ~선 kapal penyelamat. ~원 penyelamat.~작업 operasi penyelamatan.

구조(構造)struktur; bangunan;susunan; organisasi. ~의 struktural. 사회의~ organisasi masyarakat (ormas). 인체의~ struktur tubuh manusia. ~식 「化」 rumus struktural. ~언어학 ilmu bahasa struktural.산업(産業)~ struktur Industri.

구좌(口座) rekening ☞ 계좌.

구직(求職) pencarian kerja. ~하다 mencari kerja. ~광고 iklan pencarian kerja. ~광고란 kolom lowongan kerja. ~광고를 내다 mengiklankan lowongan kerja. ~자 pencari kerja; pelamar.

구차(苟且) ~하다, ~스럽다 sangat miskin. ~한 목숨 kehidupan yang hina dina.

구체(具體) kepastian; kenyataan. ~적(으로) dengan pasti. ~적으로 말하면 berbicara dengan pasti. ~화하다 mewujudkan.

구출(救出) penyelamatan. ~하다 menyelamatkan. ~작업 operasi penyelamatan.

구충(驅蟲) ~약, ~제 insektisida.

구치(拘置) penahanan; pengurungan; pemenjaraan. ~하다 menahan;mengurung;memenjarakan. ~소 penjara;sel;bui;rumah tahanan.

구타(毆打) pukulan; serangan. ~하다 menyerang; memukul.

구태여 dengan sengaja.

구토(嘔吐) muntah. ~하다 muntah.

~설사 muntah berak. ~제 obat muntah.

구하다(求 -)① (얻다) mendapat; membeli. ② mencari; meminta. 셋집을~ mencari rumah untuk disewa.

구하다(救-) menyelamatkan. 인명을 ~ menyelamatkan jiwa orang; menyelamatkan dari kematian.

구형(求刑) tuntutan.~하다 menuntut.

구호(口號) slogan; moto; semboyan. ...이란 ~를 내걸고 dengan slogan...

구호(救護) penyelamatan;bantuan. ~하다 menyelamatkan; memberikan bantuan. ~금 dana penyelamatan. ~물자 perbekalan penyelamat. ~소(所) pos pertolongan pertama.

구혼(求婚) pinangan;lamaran.~하다 meminang; melamar. ~을 승낙[거절]하다 menerima [menolak] pinangan orang.~자 peminang.

구획(區劃) bagian; batas. ~하다 membagi; membatasi. ~정리 pengaturan blok.행정~ daerah/wilayah batas pemerintahan.

국 kaldu; sup. ~을 먹다 [마시다] makan [minum]sup.~거리 bahan-bahan sup. ~말이 sup campur nasi.

국가(國家) negara;negeri.~적 nasional. ~공무원 pegawai negeri. ~과학기술 자문회의 Dewan Penasehat Ilmu Pengetahuan dan Teknologi Nasional. ~관념 semangat nasionalisme. ~관리 pengendalian/ pengawasan pemerintahan.~기관 alat negara.~보안법 Undang Undang Keamanan Nasional. ~사회 [자본]주의 sosialisme [kapitalisme] negara. ~ 시험 ujian negara ~주의 nasionalisme.

국가(國歌) lagu kebangsaan.

국경(國境) perbatasan nasional. 사랑엔 ~이 없다 Cinta tidak mengenal perbatasan.

국경일(國慶日)hari libur nasional.

국고(國庫) perbendaharaan (nasional); kas negara. ~금 dana nasional. ~보조 subsidi negara. ~수입 penerimaan negara.

국교(國交) hubungan diplomatik. ~를 맺다 mengadakan hubungan diplomatik(dengan). ~단절[회복] pemulihan [pemutusan] hubungan diplomatik.

국교(國敎) agama negara. 영국 ~회 ☞ 성공회.

국군(國軍) angkatan bersenjata negara. ~의 날 Hari Angkatan Bersenjata.

국권(國權) kedaulatan nasional. ~을 신장(伸張)하다 mengembangkan kedaulatan nasional.

국그릇 mangkuk sup.

국기(國技) olah raga nasional.

국기(國旗) bendera kebangsaan. ~를 게양하다 mengibarkan/menaikkan bendera nasional. ~게양식 upacara pengibaran/ penaikan bendera kebangsaan.미국~ bendera kebangsaan Amerika. 영국~ bendera kebangsaan Inggris Raya.

국난(國難) krisis nasional. ~을 구하다 menyelamatkan krisis nasional.

국내(國內) dalam negeri. ~의 dalam negeri. ~문제 urusan dalam negeri. ~법 Undang-Undang Negara.

국도(國道) jalan negara.

국력(國力) kekuatan nasional. ~을 기르다 [증진하다] membangun [meningkatkan]kekuatan nasional.

국립(國立) nasional. ~극장 [공원] teater[taman]nasional. ~묘지 pemakaman nasional.

국명(國名) nama negara.

국모(國母) permaisuri; ratu.

국무(國務) urusan negara.~성 departemen negara. ~위원 anggota kabinet. ~장관 Menteri Negara. ~총리 Perdana Menteri. ~회의 sidang kabinet.

국문(國文) kesusasteraan nasional; bahasa nasional. ~법 tata bahasa Korea. ~학과 jurusan sastra Korea.

국물 air sup.

국민(國民) bangsa; rakyat; publik; warga negara. ~의 nasional; kebangsaan; kerakyatan. ~감정[정신] rasa[semangat] kebangsaan. ~개병(주의) (sistem) wajib militer menyeluruh. ~군 milisi. ~대회 rapat umum. ~병 peserta milisi. ~소득 pendapatan nasional.~운동 gerakan/kampanye nasional. ~의례 upacara nasional. ~장 pemakaman negara. ~총생산 Produk Nasional Bruto (GNP). ~투표 referendum.

국민학교(國民學校) Sekolah Dasar. ~학생 murid Sekolah Dasar.

국방(國防) pertahanan nasional. ~부 Departemen Pertahanan dan Keamanan. ~비(費) pengeluaran pertahanan nasional. ~색 hijau tua. ~자원 sumber daya pertahanan nasional. 자주~ pertahanan nasional mandiri.

국법(國法) undang-undang nasional; undang-undang negara. ~으로 menurut hukum.

국보(國寶) pusaka nasional. ~적 존재 aset nasional; aset negara.

국부(國父) bapak negara.

국부(國富) kekayaan nasional.

국비(國費) biaya negara. ~로 atas biaya negara. ~유학생 mahasiswa penerima beasiswa dari pemerintah. ~장학생 siswa penerima beasiswa dari pemerintah.

국빈(國賓) tamu negara. ~대우를 하다 memperlakukan sebagai tamu negara.

국사(國史) sejarah nasional; sejarah Korea.

국사(國事) urusan nasional.~를 논하다 membahas urusan negara.

국산(國産) produksi dalam negeri. ~의 buatan dalam negeri.~자동차 mobil buatan dalam negeri.~품 barang buatan dalam negeri. ~품장려 menggalakkan pemakaian produk dalam negeri.

국상(國喪) perkabungan nasional.

국선변호인(國選辯護人) pengacara yang ditunjuk pengadilan. ~을 대다 menugaskan pengacara.

국세(國稅) pajak nasional; pajak negeri. ~청 Kantor Administrasi Pajak Negara.

국수 mi; bakmi.

국수주의(國粹主義) ultra nasionalisme.

국악(國樂) musik tradisional. 국립~원 Institut Musik Klasik Nasional.

국어(國語)bahasa nasional;bahasa kebangsaan. 2 개~berbahasa dua. ~교사 guru bahasa nasional. ~독본 buku bahasa nasional.

국영(國營) pengelolaan oleh negara; ~의 dikelola oleh negara. ~화하다 menasionalisasikan. ~기업 Badan Usaha Milik Negara (BUMN).

국왕(國王) monarki; kerajaan.

국위(國威) prestise nasional; citra nasional. ~를 떨치다 meningkatkan citra nasional; meningkatkan prestise nasional.

국유(國有) ~의(milik) negara/pemerintah. ~지 tanah negara.

국자 sibur; serok.

국장(局長) kepala biro.

국장(國葬) pemakaman negara.

국장(國章) lambang negara.

국적(國籍) kewarganegaraan/kebangsaan.~불명의 kapal yang tak diketahui kebangsaannya.~을 취득[상실]하다 mendapat [kehilangan] kewarganegaraan. ~불명 기(機) pesawat yang tidak dikenal. ~상실 denasionalisasi.

국전(國展) pameran seni nasional.

국정(國政) pemerintahan; masalah negara. ~에 참여하다 ikut serta dalam pemerintahan. ~감사 berada dalam pengawasan pemerintahan.

국정(國定) ~의 diwajibkan negara. ~교과서 buku pegangan; buku wajib.

국제(國際)~적(인) internasional.~적으로 secara internasional; secara universal. ~견본시 Pameran Dagang Internasional.~결제 은행 Bank International. ~수지 neraca pembayaran internasional.~어 [문제,정세] bahasa [masalah, situasi] internasional. ~연합 Perserikatan Bangsa-Bangsa (PBB). ~연합 안전보장이사회 Dewan Keamanan PBB. ~통화 기금 Dana Moneter Internasional (IMF)

국채(國債) utang negara; obligasi. ~를 모집[상환]하다 mengumpulkan [menebus] obligasi.

국책(國策) kebijakan nasional/negara. ~은행 bank yang dikelola pemerintah.

국체(國體) struktur nasional;konstitusi nasional; olah raga nasional.

국토(國土) tanah negara; wilayah negara. ~개발 계획 program pengembangan tanah negara. ~보전 integritas teritorial/wilayah.

국화(國花) bunga nasional.

국화(菊花) bunga krisan.

국회(國會) badan legislatif;Dewan Perwakilan Rakyat/DPR. ~도서관[법] perpustakaan [Undang Undang] Dewan Perwakilan Rakyat. ~사무처 sekretariat Dewan Perwakilan Rakyat. ~의사당 gedung

DPR. ~의원 anggota Dewan Perwakilan Rakyat.

군(軍) angkatan darat; angkatan; pasukan; tentara.

군(郡) kabupaten; daerah.

군가(軍歌) lagu tentara.

군경(軍警) militer dan polisi.

군고구마 ubi manis bakar.

군국(軍國) ~주의 militerisme. ~주의자 militeris.

군기(軍紀) disiplin militer. ~를 유지[문란하게]하다 mempertahankan [melanggar] disiplin militer.

군기(軍機) rahasia militer. ~누설 kebocoran rahasia militer.

군납(軍納) pemasokan barang dan jasa untuk tentara. ~업자 pemasok barang militer. ~ 회사 perusahaan yang di kontrak untuk memasok tentara.

군대(軍隊)tentara;angkatan darat; militer. ~에 입대하다 masuk tentara ~생활 kehidupan tentara.

군도(群島) kepulauan; nusantara. 인도네시아~ kepulauan Indonesia.

군모(軍帽) topi militer;baret militer.

군번(軍番) NRP militer.

군법(軍法) undang-undang/hukum militer. ~회의 mahkamah militer. ~회의에 회부하다 diadili di mahkamah militer.

군복(軍服) seragam dinas militer.

군부(軍部)ketentaraan; lingkungan tentara.

군비(軍備)kesiapan militer. ~경쟁 perlombaan senjata. ~철폐 perlucutan senjata.

군비(軍費) pengeluaran militer.

군사(軍事) urusan militer. ~상의 militer. ~상의 목적으로 untuk tujuan militer.~고문단 kelompok penasehat militer. ~기지 pangkalan militer.

군사령관(軍司令官) komandan militer.

군사령부(軍司令部) markas besar; markas komando.

군속(軍屬) pegawai sipil.

군수(軍需) ~공장 pabrik senjata. ~산업 industri militer. ~품[물자] perbekalan perang;amunisi;mesiu.

군악(軍樂) musik militer.

군용(軍用) penggunaan [tujuan] militer. ~견 anjing tentara. ~기 pesawat tempur. ~도로 jalan tentara. ~열차 kereta api tentara.

군의(軍醫) dokter militer. ~관 [장교] perwira kesehatan/ dokter.

군인(軍人) prajurit; tentara.~다운 seperti prajurit.~부양 가족 tanggungan personil militer.~생활 kehidupan militer.~출신 mantan prajurit.

군정(軍政) persyaratan militer.

군중(群衆) masa. ~심리 psikologi massa.

궁중요리(宮中料理) masakan istana raja.

궁핍(窮乏) ~한 miskin;papa;sengsara; melarat. ~한 생활 hidup miskin.

궁합(宮合) pencocokan jodoh. ~이 (안)맞다 cocok (tidak cocok).

권(勸) rekomendasi;anjuran;saran; dorongan.친구의 ~으로 atas nasehat dari teman.

권(卷) ① volume;jilid 제일~volume pertama;jilid pertama. ② (종이의) dua puluh lembar kertas Korea.

권고(勸告) nasihat; saran; anjuran; teguran; peringatan. ~하다 menasihati; memperingatkan; menganjurkan. 의사의 ~로 atas nasehat/anjuran dokter. ~문 nasihat tertulis. ~안(案) rekomendasi.

권내(圈內) ~에 dalam lingkungan/lingkaran. 당선~에 있다 dalam batas kemungkinan/pilihan.

권력(權力) kekuasaan; wewenang; pengaruh; kekuatan. ~있는 kuat; berpengaruh;berkuasa. ~가 orang yang berkuasa/berpengaruh. ~욕 keinginan/kehendak untuk berkuasa.

권리(權利) hak; tuntutan. ~를 행사[남용]하다 melaksanakan [menyalahgunakan] hak. ~가 있다 punya hak; berhak (atas). ~를 침해하다 melanggar hak; makan hak.

권모(權謀) tipuan; muslihat. ~에 능하다 penuh tipu muslihat. ~가 penipu ~술수 penipuan. ~술수를 쓰다 cara penipuan.

권선징악(勸善懲惡) pujian bagi kebajikan dan celaan bagi kejahatan.

권위(權威) wewenang; kekuasaan; kedudukan. ~있는 berwenang; berkuasa; otoriter.

권유(勸誘) bujukan; seruan; ajakan; undangan. ~하다 membujuk; mengajak;mengundang; menyeru. ~원(員) penjaja; pengundang.

권익(權益) hak dan kepentingan.

권총(拳銃) pistol; revolver. ~강도 perampok bersenjatakan pistol. 6 연발~ pistol/revolver berpeluru enam.

권태(倦怠) kejemuan. ~를 느끼다 merasa jemu. ~기(期) masa kejemuan.

권투(拳鬪) olah raga tinju.~계 dunia tinju. ~선수 petinju.~시합 pertandingan tinju. ~장 gelanggang tinju; ring.

권하다(勸-) ① menganjurkan; menyarankan. 책을~ menganjurkan buku. ② meminta; menasihati; membujuk. ...하지 않도록 ~ menasihati jangan... . 회에 들라고~ meminta masuk perkumpulan; meminta bergabung. ③ mengundang; menawarkan. 담배를 [술을]~ menawarkan rokok [minuman keras].

권한(權限) wewenang;kekuasaan; wibawa; kedaulatan. ~밖의 tidak berkuasa; tidak berwenang. ~내[외]에 didalam [luar] kekuasaan seseorang. ~을 부여하다 memberi kuasa; mewakilkan; melimpahkan kekuasaan.

궐기(蹶起) ~하다 bangkit. ~대회 rapat umum; rapat masa.

궤도(軌道) orbit; lingkaran; jalur. ~에 오르다 mengorbit; masuk ke orbit. ~비행 penerbangan orbit.

궤변(詭辯) paradoks. ~을 농하다 bicara paradoks. ~가 orang yang selalu berparadoks.

궤양(潰瘍) 「醫」 abses; borok. 위~ borok lambung.

귀 telinga; kuping;pendengaran.~에 손을 대고 dengan; tangan menutup telinga.~가 멀다[밝다] telinga pekak [tajam].~에 익다 kenal suara.

귀가(歸家) kembali ke rumah; pulang. ~하다 pulang. ~가 늦다 pulang terlambat.

귀감(龜鑑) model; pola.

귀걸이 anting-anting.

귀결(歸結)kesimpulan; hasil; konsekuensi/akibat.당연한 ~로서 sebagai konsekuensi alamiah. ~짓다 menyimpulkan.

귀고리 anting; subang kecil.

귀국(歸國)~하다 kembali ke tanah air; pulang ke kampung halaman. ~길에 오르다 berangkat pulang.

귀금속(貴金屬)logam mulia; permata;batu berharga.~상 pedagang logam mulia; tukang emas; toko emas dan permata.

귀담아듣다 mendengar dengan penuh perhatian.

귀두(龜頭)『解』ujung penis/zakar.

귀띔 isyarat; kode; tanda. ~하다 mengisyaratkan; memberi kode/isyarat.

귀로(歸路) perjalanan pulang. ~에 오르다 berangkat ke rumah; pulang.

귀머거리 orang tuli; tuna rungu.

귀빈(貴賓) tamu kehormatan;tamu agung. ~석[실] tempat duduk [kamar] yang disediakan untuk tamu istimewa; tempat duduk [kamar] VIP.

귀성(歸省)pulang kampung/mudik. ~하다 kembali ke kampung. ~객 orang-orang yang pulang kampung; pemudik.

귀순(歸順) pembelotan. ~하다 membelot. ~병 tentara pembelot; tentara pembelot. ~자 pembelot.

귀신(鬼神) roh yang gentayangan; hantu; memedi. ~같다 gaib; supernatural. ~도 모른다 tak seorangpun tahu.

귀염 rasa sayang.~받다 dicintai;di sayangi. ~성 pesona; daya tarik.

귀엽다 cantik lucu.

귀족(貴族) kebangsawanan. ~의 bangsawan;ningrat;berdarah biru. ~계급 kelas bangsawan. ~정치 keningratan.

귀중(貴重) ~한 berharga; terpandang; terhormat. ~품 barang berharga.

귀지 lilin telinga; lendir telinga.

귀찮다 merepotkan;menyusahkan

귀청 gendang telinga. ~이 터질 듯한 memekakkan telinga; memecahkan gendang telinga.

귀퉁이 pojok; sudut.

귀하(貴下) Bapak; Ibu; Tuan/Nyonya; Nona.

귀하다(貴 -) ① (드물다) jarang; tidak biasa/luar biasa; langka. ② (고귀) bangsawan; terhormat; mulia. ③ (귀엽다) cantik; manis; sayang;menimbulkan rasa sayang.

귀향(歸鄕) pulang/kembali ke rumah. ~하다 pulang. ~활동 kegiatan di daerah pemilihan.

귀화(歸化) naturalisasi; pewarganegaraan. ~하다 dijadikan warga negara.~인[민]warga negara yang telah menerima kewarganegaraan.

귓구멍 lubang telinga.

귓바퀴 daun telinga.

귓밥 (ketebalan) cuping telinga.

귓속말 ~로 dengan berbisik.

규격(規格) ukuran; standar. ~ 화하다 menstandardisasikan; membakukan.~통일 standarisasi;pembakuan; penstandaran.~품 barang standar.

규명(糾明)pemeriksaan yang teliti. ~하다 memeriksa dengan teliti. 죄상을~하다 memeriksa/menyelidiki kesalahan.

규모(規模)① struktur;skala;ruang lingkup. 대[소]~로 pada skala besar [kecil]. ② batas anggaran 돈을 ~ 있게 쓰다 membelanjakan uang dalam batas anggaran.

규범(規範) peraturan; norma; ketentuan. ~적 법칙 hukum adat.

규사(硅砂) 『鑛』 silika.

규산(硅酸) 『化』 asam silika. ~염 silikat.

규석(硅石) 『鑛』 silika.

규소(硅素) 『化』 silikon. ~수지 damar.

규약(規約) ① (규정) peraturan; aturan; regulasi. ② perjanjian; akad; fakta. ~을 맺다 mengadakan perjanjian dengan.

규율(規律) disiplin;peraturan;syariat. ~있는 berdisiplin; teratur; sistematis. ~없는 tidak teratur. ~있게 dalam urutan yang baik; dengan sistematis. ~을 지키다 [어기다] mematuhi[melanggar] peraturan.

규정(規定)peraturan.~하다 menetapkan peraturan. ~대로[에 따라] menurut peraturan; sesuai dengan peraturan. ~요금 biaya standar; biaya yang sesuai dengan peraturan. 통행~ peraturan lalu lintas.

규제(規制) pengaturan;pengendalian; pembatasan. ~하다 mengatur; mengendalikan; membatasi. 교통 ~ pengendalian lalu lintas.

규조(珪藻) 『植』 diatome.~토 (土) tanah diatome.

규칙(規則) peraturan; norma; tatanan. ~적(으로) dengan teratur. ~동사 kata kerja teratur. ~서 prospektus. ~위반 pelanggaran peraturan.

규탄(糾彈) celaan; ~하다 mencela. 정부를 ~하다 mencela pemerintah.

규합(糾合)~하다 berkumpul.동지를 ~하다 menghimpun semangat kekeluargaan.

균(菌) basil; bakteri; kuman. ~배양 kultur bakteri.

균등(均等) kesamaan;keseragaman. ~한 sama; seragam; sama rata. 기회~ kesamaan kesempatan.

균일(均一) keseragaman kesamaan. ~한 seragam; sama; rata; terbagi sama. 백원~ tarif yang seragam sebesar 100 won. ~요금[운임] ongkos seragam.

균형(均衡) keseimbangan. 세력의 ~ keseimbangan kekuatan. ~이 잡힌 seimbang.~을 유지하다[잃다] menjaga [kehilangan] keseimbangan.

귤(橘) jeruk. ~껍질을 벗기다 mengupas jeruk. ~밭 kebun jeruk.

그 orang itu (laki-laki); dia laki-laki). ~의 (punya) dia; ...nya.

그 itu. ~날 hari itu. ~때 waktu itu. ~같이 dengan demikian; dengan begitu.

그건그렇고 omong-omong.

그것 itu; yang itu.

그곳 tempat itu. ~에 di sana.

그글피 tiga hari setelah besok.

그까짓 begitu remeh;begitu sepele. ~일로 걱정 마라 Jangan khawatir pada hal yang begitu remeh.

그나마 bahkan itu. ~없다 Bahkan yang itu pun hilang.

그냥 sebagaimana adanya; biasa-biasa saja. ~ 두다 membiarkan sebagaimana adanya.

그네 ayunan; buaian. ~ 를 타다 berayun.

그네들 mereka (subyek); mereka (obyek). ~의 mereka (posesif).

그녀 dia (perempuan-subyek); ia. ~의[를, 에게] dia (perempuan) [obyek, posesif].

그늘 ① naungan;bayangan.나무~ bayangan pohon.② perlindungan. 부모~에서 자라다 besar di bawah naungan orang tua. ③ belakang (panggung).~에 숨어서 sembunyi di bayangan.

그늘지다 berbayang-bayang.

그다지 begitu banyak; sangat; begitu ~좋아하지 않다 tak terlalu suka.~춥지 않다 tak begitu dingin.

그대 anda. ~들 anda-anda; anda sekalian.

그대로 sebagaimana adanya;hanya. ~ 내버려 두다 membiarkan sebagaimana adanya

그동안 selama ini (itu). ~안녕하셨는지요? Apa kabar anda selama ini?

그득하다 penuh.

그들 mereka (subyek).~의 mereka (posesif).~에게 mereka (obyek).

그따위 yang demikian.~모자 topi yang demikian.

그라비아 『印』 gambar negatif. ~인쇄의 그림 gambar dari foto negatif.

그라운드 lapangan bola.

그랑프리 grandprix.

그래 ya; baiklah.

그래 baik. ~어떻단 말인가? Jadi apa?; Lalu bagaimana?.

그래도 walaupun; tetapi; akan tetapi.

그래서 jadi; lalu; nah; baiklah. ~어떻게 되었나? Jadi bagaimana?

그래야 harus begitu.

그래프 grafik.~용지 kertas grafik.

그랜드 ~오페라 opera akbar. ~피아노 piano besar.

그램 gram.

그러나 tetapi; namun; akan tetapi

그러나저러나 biar bagaimanapun juga

그러니까 jadi; untuk alasan ini; karena itu.

그러면 jika demikian; kalau begitu.

그러므로 karena itu; sehingga; maka sesudah.

그러하다 demikian; begitu.☞ 그렇게/그러한 사람.

그럭저럭 entah bagaimana.

그런 demikian;begitu. ☞ 그러하다.

그런고로 karena itu; oleh karena itu. ☞ 그러므로.

그런데 tetapi; namun; padahal.

그런즉 karena itu; maka.

그럴듯하다 ☞ 그럴싸하다.

그럴법하다 mungkin.

그럴싸하다 kedengarannya masuk akal.

그럼 tentu;kalau begitu.

그렇게 sebegitu (banyak); sebanyak itu; sebegitu. ~까지 sampai sebegitu.

그렇고말고 sungguh; tentu.

그렇다 begitu; demikian. ~고하더라도 sekalipun demikian. ~면 jika demikian; kalau begitu.

그렇듯이 begitu (banyak).

그렇지 ya; itu benar.

그로기 ~ 상태의 grogi. ~ 상태가 되다 menjadi grogi.

그로스 satu gros (12 lusin).

그루 tunggul; pohon. 한~의 소나무 satu pohon pinus.~터기 tunggul; tunggak.

그룹 kelompok. ~을 이루어 di dalam kelompok. ~활동 kegiatan kelompok.

그르다 ① (틀리다,옳지않다) salah. ② (무망) tiada harapan.

그르치다 merusak;menggagalkan. 계획을~ merusak rencana. 판단을 ~ membuat kesalahan dalam penilaian. 일생을~ gagal dalam hidup.

그릇 ① bejana; wadah; mangkok. 물 한~ secangkir air. ② kaliber; kemampuan.~이 크다[작다]orang berkemampuan besar [kecil].

그릇 secara salah.~생각하다 salah perhitungan; salah paham.

그릇되다 jadi salah; gagal.

그리 jadi. ☞ 그렇게.

그리다 menggambar;melukis.산수(山水)를 ~ melukis pemandangan. 마음에 ~ membayangkan. 지도를 ~ menggambar peta.

그리다 rindu. ☞ 그리워하다.

그리스 Yunani.~의 tentang Yunani. ~말 bahasa Yunani. ~사람 orang Yunani.

극작(劇作)penulisan naskah drama.~하다 menulis naskah drama. ~가 penulis drama.

극장(劇場) teater; gedung sandiwara.

극좌(極左) ekstrem kiri.~파 golongan ekstrem kiri.

극진(極盡) ~한 sangat ramah.~히 dengan ramah.~한 대접 penyambutan yang ramah. ~히 사랑하다 sangat mencintai.

극치(極致)puncak;pemuncak. 미의 ~ kecantikan yang sempurna.

극한(極限)batas; limit. ~에 달하다 mencapai batas/limit.~상황 situasi yang ekstrem. ~치 「數」 nilai pembatas. ~투쟁 berjuang sampai titik darah penghabisan.

극형(極刑) hukuman maksimum. ~

에 처하다 menjatuhi hukuman maksimum.

극히(極 -) sangat vital/penting.

근거(根據) dasar; landasan; basis. ~가 있는 berdasar. ~가 없는 tidak berdasar. ~지 pangkalan; basis (operasi).

근검(勤儉) hemat. ~한 berhemat. ~저축 penghematan dan tabungan.

근교(近郊) pinggiran kota; daerah pinggiran kota. ~에 di pinggiran kota; di luar kota.

근근이(僅僅-) dengan susah payah. ~살아가다 hidup dengan susah payah.

근대(近代) zaman modern/terbaru. ~의 modern; mutakhir. ~적인 modernistik. ~사[영어] sejarah [Inggris] modern. ~화 modernisasi

근래(近來) akhir-akhir ini; waktu belakangan.~의 belakangan; baru-baru ini; akhir-akhir ini. ~에 dalam waktu belakangan ini.

근로(勤勞)kerja;perburuhan.~하다 bekerja; memburuh. ~계급 [대중] kelas [massa] pekerja. ~기준법 Undang-Undang Standar Perburuhan. ~봉사 pelayanan buruh. ~소득 penghasilan yang di terima.

근면(勤勉) kerajinan; ketekunan. ~한 rajin; giat; tekun.

근무(勤務) tugas;pekerjaan; dinas. ~하다 bertugas;bekerja; berdinas. ~성적 kondite kerja. ~처 tempat bekerja. ~태도 kerajinan. 시간외 ~lembur.육상[해상]~dinas pantai (laut).

근무시간(勤務時間) jam kerja; waktu kerja.

근무연한(勤務年限) masa dinas.

근무자(勤務者) para pekerja; masa pekerja.

근무조건(勤務條件)kondisi/syarat-syarat kerja.

근방(近方) ☞ 근처.

근본(根本) dasar; asal mula; asal muasal; sumber; akar. ~적(으로) (secara) mendasar; (secara) menyeluruh. ~을 거슬러 캐다 menelusuri sampai ke asal. ~을 밝히다 sampai pada akarnya. ~문제 masalah yang mendasar.

근사(近似) ~한 mendekati; hampir sama. ~치(値) nilai/jumlah pendekatan.

근세(近世) zaman modern.☞ 근대. ~사 sejarah modern.

근소(僅少) ~한 sedikit; kurang. ~한 차로 이기다 menang tipis.

근속(勤續) dinas berkesinambungan.~하다 berdinas berkesinambungan. ~연한 lamanya berdinas seseorang. ~자(者) orang yang berdinas lama.

근시(近視) myopia; mata dekat; rabun senja; lamur.~의 menderita myopia; bermata dekat; bermata lamur.~안경(眼鏡) kacamata untuk penderita myopia.가성~ pseudomiopia.

근실(勤實) ~한 rajin.

근심 kekhawatiran;kegelisahan;kecemasan;kerisauan.~하다 mencemaskan; mengkhawatirkan; merisaukan.

근엄(謹嚴) keseriusan. ~한 sungguh-sungguh; serius. ~한 태도 sikap serius.

근원(根源)asal; sumber; lembaga; pokok; pangkal; tampang; permulaan.

근육(筋肉) otot; urat daging. ~의 mengenai otot/urat daging.~노동 kerja kasar. ~노동자 pekerja kasar.

근일(近日) segera.

근저당(根抵當) jaminan/kolateral tetap.

근절(根絶)pemberantasan;pembinasaan; pemusnahan. ~하다 memusnahkan; memberantas.~되다 diberantas; dimusnahkan.

근접(近接)pendekatan.~하다 men dekati. ~한 berdekatan.

근지럽다 ☞ 간지럽다.

근질거리다 merasa geli/gatal.

근처(近處) sekeliling; sekitar. ~에 disekitar; dekat.

근친(近親) hubungan dekat; kerabat dekat. ~결혼 pernikahan antara kerabat dekat. ~상간(相姦) pernikahan saudara sekandung; *incest.*

근태(勤怠) kerajinan dan/atau kemalasan.

근하(謹賀) ~신년 Selamat Tahun Baru.

근해(近海) perairan sekitar; laut yang berdekatan; pantai. ~항로 pelayaran pantai.

글 karangan; buah pena; prosa kalimat; gaya.쉬운 ~로 쓰다 menulis dalam gaya yang mudah. ~짓기 komposisi.

글라스 gelas.

글라이더 pesawat luncur.

글래머걸 gadis yang glamor.

글러브 「野」 sarung tangan.

글루타민산(-酸) asam glutamat. ~소다 monosodium glutamat;vetsin; moto; penyedap rasa.

글리세린 「化」 gliserin.

글리코겐 「化」 glikogen.

글썽글썽~하다 air mata menggenang; hampir menangis.

글씨 tulisan tangan. ~를 잘[못] 쓰다 menulis dengan baik [jelek] ~를 가르치다 mengajar menulis.

글월 kalimat; surat.

글자(- 字) huruf; aksara; abjad.

글재주 bakat sastra. ~가 있다 berbakat menulis.

글피 dua hari setelah besok; hari setelah lusa.

긁다①(피부를) menggaruk; menggores. ② (그러모으다) mengumpulkan. ③(감정 비위를) menjengkelkan; mengejek.

긁어먹다 ① (이로) menggerogoti. ② (재물을)menggerogoti;memeras. ☞ 착취.

긁적거리다 menggores; corat-coret.

긁히다 dicakar.

금 harga.적당한~ harga yang pantas.~보다,~을 놓다 menawar- kan harga. ~나다 (harganya) di setujui.

금 ① (접은 자국) lipatan; kerutan. ② garis; guratan. ~긋다 menggambar garis. ③ sumbing; retak. ~을 내다 takik. ~이 가다 retak. ~이 간 것 barang yang retak.

금(金) ① emas;(Au). ~의 (terbuat dari) emas.18~의 시계 jam emas 18 karat. ~을 입히다 melapisi emas. ~반지 cincin emas. ~종이 kertas sepuhan. ② (금속물) logam; perangkat keras.

금고(金庫) ①lemari besi;brankas; peti besi. ~털이 pembongkaran lemari besi;pembongkaran brankas. ② (국고금 취급소) perbendaharaan; kantor kas.

금고(禁錮) pengurungan; pemenjaraan. ~형에 처하다 memenjarakan; mengurung.

금관악기(金管樂器) alat musik tiup.

금광(金鑛) tambang emas; bijih emas.

금괴(金塊) emas batangan.

금권(金權) kekuasaan uang; pengaruh uang.

금기(禁忌) tabu; kontraindikasi.

금년(今年) tahun ini. ☞ 올해.

금단(禁斷) ~하다 melarang. ~의 terlarang; tabu. ~의 열매 buah larangan; buah khuldi.

금도금(金鍍金)penyepuhan.~하다 melapisi dengan emas;menyepuh. ~한 sepuhan emas.

금력(金力)kekuasaan uang. ~으로 dengan kekuasaan uang. ~ 만능 dengan uang semua bisa. ~ 정치 plutokrasi.

금렵(禁獵) larangan berburu. ~기 masa dilarang berburu. ~지구 (地區) suaka margasatwa.

금리(金利)bunga;suku bunga.~를 올리다 [내리다] menaikkan [menurunkan] suku bunga.

금맥(金脈) urat emas.

금메달(金-)medali emas.~을 따다 memenangkan medali emas.

금명간(今明間) dalam beberapa hari ini; hari ini atau besok.

금물(禁物)tabu;larangan; hal yang dilarang.

금박(金箔) tatahan emas. ~입히기 [박기] penyepuhan emas.

금발(金髮)rambut emas. ~의 pirang.

금방(今方) ☞ 방금(方今).

금방(金房) toko mas.

금번(今番) waktu ini; kini; akhir-akhir ini; belakangan ini.

금분(金粉) debu emas; emas urai.

금붕어(金 -)ikan mas koki. ~ 장수 pedagang ikan mas koki.

금색(金色) warna emas. ~의 keemasan.

금석(今昔) yang lalu dan yang sekarang. ~지감을 금할 수 없다 terpana dengan perubahan waktu.

금성(金星)① venus;bintang fajar; kejora. ② bintang emas.

금세공(金細工) kerajinan emas. ~ 장이 tukang/pande emas.

금속(金屬) logam. ~의 logam. ~가공 pengolahan/pemrosesan logam. ~공 pekerja logam.~공업 Industri logam. ~공학 keteknikan logam. ~원소 unsur logam.

금수(禁輸)embargo/larangan ekspor [impor]. ~하다 mengenakan embargo. ~품 barang gelap; barang selundupan.

금수(禽獸) burung dan binatang

buas. ~와 같은 seperti binatang buas. ~와 다를 바 없다 tidak lebih baik dari binatang buas.

금시(今始)~초문이다 belum pernah mendengar sebelumnya.~초견(初見) melihat untuk pertama kali.

금식(禁食)puasa;saum.~하다 berpuasa. ~일 hari puasa.

금액(金額)sejumlah uang.큰[적은] ~ sejumlah uang besar [kecil].

금언(金言) kata-kata mutiara;peribahasa.

금연(禁煙) larangan merokok. ~하다 melarang merokok; berhenti merokok.

금요일(金曜日) Jum'at.

금욕(禁慾) pemantangan;pengendalian nafsu. ~하다 berpantang; mengendalikan nafsu. ~주의자 orang yang berpantanganan. ~생활 hidup menjauhkan diri dari nafsu duniawi.

금월(今月) ☞ 이달.

금융(金融) keuangan; perbankan; peredaran/sirkulasi uang. ~공황 krisis keuangan.~기관 badan perbankan;lembaga keuangan. ~ 긴축 정책 kebijakan uang ketat.~ 시장 pasar uang. ~업 usaha perbankan; bisnis keuangan.

금융거래실명제(金融去來實名制)sistem transaksi keuangan dengan nama sebenarnya.

금은(金銀) emas dan perak. ~보배 uang dan barang berharga; harta.

금일(今日) ☞ 오늘.

금일봉(金一封) menghadiahi uang; memberi hadiah uang. ~을 주다 berhuruf emas.

금전(金錢) uang; duit. ~상의 moneter; keuangan. ~등록기 mesin hitung. ~출납계원 kasir. ~ 출납부 buku kas; buku keuangan.

금주(今週) minggu ini. ~ 중에 dalam minggu ini.

금주(禁酒) pantangan minum minuman keras.~하다 pantang/menjauhkan diri dari minuman keras. ~가(家) orang yang pantang minum (minuman keras).

금지(禁止) larangan; haram.~하다 melarang. ~구역 daerah larangan. ~령 perintah larangan; pelarangan. 상연~ larangan pertunjukkan. 판매~ larangan penjualan.

금치산(禁治産) ketidakmampuan. ~자 orang yang tidak cakap.

금품(金品)uang dan barang berharga. ~을 주다 memberi hadiah (sogokan/suap) dengan uang dan barang berharga.

금하다 ① ☞ 금지하다. ② (억제) menekan; menindas; mencegah; melarang; mengharamkan. ③ (절제) memantangkan. 술을 ~ memantangkan minuman keras.

금화(金貨) uang emas; mata uang emas.

금후(今後) setelah ini; kemudian; di masa datang. ~의 yang akan datang; mendatang. ~ 계속하여 dari sekarang seterusnya. ~ 5 년 내지 10 년은 selama lima atau sepuluh tahun dari sekarang.

급(急) bahaya; keadaan darurat; kritis. ~을 요하는 mendesak.

~을 알리다 membunyikan tanda bahaya; memberitahukan keadaan darurat.

급(級)kelas; tingkat; pangkat. 대사~회담 konferensi tingkat duta besar.1 년~ kelas tahun pertama. ~이 오르다 naik tingkat.

급강하(急降下) penurunan cepat/dengan tiba-tiba; menukik. ~하다 turun tiba-tiba; menukik. ~ 폭격 pengeboman dengan menukik. ~폭격기 pesawat pengebom.

급격(急激) ~한 cepat; tiba-tiba; radikal;tajam. ~히 dengan cepat; dengan tiba-tiba; dengan tajam. ~한 변화 perubahan tiba-tiba/radikal.

급격(急擊) serangan tiba-tiba. ~하다 menyerang dengan tiba-tiba.

급경사(急傾斜) lereng yang curam; lereng terjal.

급기야(及其也) akhirnya; pada akhirnya.

급등(急騰) kenaikan tiba-tiba; loncatan. ~하다 naik dengan tiba-tiba.

급락(急落) penurunan tiba-tiba; penurunan tajam; anjlok. ~하다 menurun dengan tiba-tiba.

급료(給料) bayaran;gaji;upah. (☞ 봉급, 임금). ~일 hari gajian.

급류(急流) arus yang cepat.

급박(急迫) ~하다 mendesak. ~한 mendesak. ~해지다 jadi kritis.

급변(急變) perubahan/belokan yang tiba-tiba. ~하다 berubah dengan tiba-tiba. ~하는 세계 정세 situasi dunia yang berubah dengan cepat.

급사(急死) kematian tiba-tiba;kematian mendadak. ~하다 mati dengan tiba-tiba; mati mendadak.

급사(給仕) ① ☞ 사환.② (호텔의) pelayan; pesuruh.

급상승(急上昇)kenaikan yang sifatnya tiba-tiba. ~하다 melesat ke atas; naik dengan tiba-tiba.

급선무(急先務) urusan yang amat mendesak.

급성(急性) ~의 gawat; akut. ~이 되다 menjadi akut/gawat. ~ 맹장염 radang usus buntu yang akut.

급성장(急成長) pertumbuhan cepat. ~하다 cepat tumbuh.

급소(急所) titik/bagian yang vital. ~를 맞다 terpukul di bagian yang vital. ~를 찌르다 memukul di bagian yang vital.

급속(急速) kesegaran. ~한 cepat; lancar; kencang; deras. ~히 dengan cepat; dengan segera.

급송(急送)~하다 mengirim dengan cepat; mengantar barang dengan cepat.

급수(給水) suplai air. ~하다 menyuplai/memasok air. ~관 [차] pipa [mobil tangki] air. ~전 [栓] hidran.시간~ suplai air berjangka.

급습(急襲)serangan tiba-tiba; razia. ~하다 menyerang tiba-tiba; menggeledah.

급승(急昇) ☞ 급상승.

급식(給食) persediaan makanan.~하다 menyediakan makanan; meransum.

급여(給與)tunjangan;pembayaran;

upah. ~하다 memberi tunjangan; memberi upah; membayar.

급우(級友) teman sekelas.

급유(給油) suplai minyak, pengisian bahan bakar. ~하다 mengisi bahan bakar. ~기 pesawat tanker. ~소 pompa/stasiun bensin.

급작스럽다 tiba-tiba; tidak terduga.

급전(急轉) perubahan tiba-tiba; perubahan mendadak.~하다 berubah dengan tiba-tiba. ~ 직하로 seketika.

급전(急錢) uang yang dibutuhkan sangat mendesak.

급전환(急轉換) perubahan tiba-tiba.

급정거(急停車) penyetopan tiba-tiba. ~하다 menghentikan tiba-tiba.

급조(急造) ~하다 membangun dengan segera.

급증(急症) penyakit yang tiba-tiba; penyakit mendadak.

급증(急增) ~하다 meningkat/naik dengan cepat. ~하는 교통량 lalu lintas yang meningkat cepat.

급진(急進) kemajuan cepat. ~하다 maju dengan cepat. ~적 radikal; ekstrem.~ 분자 unsur radikal. ~ 사상 gagasan radikal. ~파 aliran radikal/ekstremis.

급커브(急 -) lengkungan/belokan tajam; tikungan yang tajam. ~를 틀다 membelok dengan tajam.

급템포(急 -) tempo yang cepat. ~의 bertempo cepat. ~로 dengan tempo yang cepat.

급파(急派)pengiriman kilat. ~하다 mengirim (utusan).

급하다(急 -)(다급하다)mendesak; (바쁘다) sibuk; (빠르다) cepat; segera; (성급하다) tidak sabaran; (가파르다) curam; terjal (커브가) tajam;(병세가) gawat; kritis; (소변) kebelet. 시간이~ diburu waktu; waktu mendesak.

급행(急行) ekspres; segera; cepat. ~하다 buru-buru(ke); berangkat segera (ke). ~으로 가다 pergi dengan buru-buru. 현장으로 ~하다 buru-buru ke tempat kejadian. ~권 karcis ekspres. ~ 버스 bis cepat; bis ekspres. ~ 요금 ongkos /biaya ekspres.

긋다 menggambar;menarik (garis). 선을~ menggambar garis; menggaris.

긍정(肯定) pengesahan; penyetujuan. ~하다 mengiyakan; menyetujui; mengesahkan. ~적 bersifat menyetujui; afirmatif. ~도 부정도 않다 tak menyatakan setuju atau tidak setuju.

긍지(矜持) kebanggaan; harga diri.

기(氣) ① (정기) jiwa, intisari, roh. (원기.기력) kekuatan; tenaga. ③ (의기.기세) semangat; hati. ~가 나서 karena naik semangat. ~가 죽다 patah semangat; patah hati. ~를 못펴다. kurang semangat. ④ (온힘) segenap tenaga. ☞ 기쓰다. ⑤ (기미) rasa; sentuhan.시장 ~ rasa lapar. 익살 ~가 있다 ada sentuhan humor.

기(記) catatan.

기(期) tanggal, periode, angkatan.

2~생 siswa angkatan kedua.

기(旗) bendera; panji. ~를 올리다 [내리다]menaikkan [menurunkan] bendera.

기...(幾) beberapa. ~천의 ribuan; beberapa ribu

기각(棄却) penolakan. ~하다 menolak. 소(訴)를 ~하다 menolak gugatan.

기간(基幹)inti.~산업 industri kunci.

기간(既刊) ~의 sudah pernah diterbitkan.

기간(期間) termin; masa/kurun. 일정한 ~내에 dalam kurun waktu tertentu.

기갈(飢渴) lapar dan haus.

기갑부대(機甲部隊) unit panser.

기강(紀綱) disiplin pegawai. ~을 바로 잡다 meningkatkan/memperketat disiplin.

기개(氣概)semangat.~있는 bersemangat tinggi. ~를 보이다 memperlihatkan semangat. ~가 없다 tidak punya semangat.

기결(既決) ~의 diputuskan; dihukum.~수 narapidana yang sudah di putuskan hukumannya.

기계(器械) alat; peralatan; perkakas. ~ 체조 senam alat. 의료 ~ alat-alat kesehatan.

기계(機械) mesin; permesinan. ~적(인) mekanis. ~적으로 secara otomatis. ~로 만든 buatan mesin. ~공 montir; juru mesin. ~ 공업 industri mesin.~공장[제작소] pabrik [bengkel] mesin.

기계화(機械化) mekanisasi.~하다 memakai mesin; memekanisir. ~농업 pertanian yang dimekanisir.

기고(寄稿) sumbangan (tulisan). ~하다 menyumbang (tulisan).

기공(起工) ~하다 memulai konstruksi/ pembangunan.

기공(技工)teknisi; ahli.치과 ~ ahli gigi.

기관(汽管) pipa uap.

기관(汽罐) perebus uap;boiler.~실 ruang boiler.

기관(器官)organ tubuh.감각 ~ indera. 호흡 ~ organ pernapasan.

기관(機關) mesin; organ;lembaga; sarana; badan.~고 bangsal mesin. ~단총 senapan mesin. ~사(士) insinyur; ahli mesin; juru mesin. ~실 ruang mesin. ~장 kepala bagian mesin. ~지(紙) badan persurat-kabaran.~차(車) lokomotif; kepala kereta api. ~총(銃) senapan mesin.교육~ lembaga pendidikan.교통[운수]~ sarana angkutan. 증기 ~ mesin uap. 집행 ~ badan pelaksana.

기관지(氣管支) bronkus.~염 (醫) bronkhitis (radang cabang tenggorokan).

기괴(奇怪)~한 aneh.~망측한 luar biasa.

기교(技巧) seni; teknik; trik.

기구(氣球) balon terbang. ~를 띄우다 menerbangkan balon.

기구(崎嶇)~한 celaka;malang;sial; tidak menentu. ~한 생애 hidup yang tidak menentu.

기구(器具)peralatan; perlengkapan; perkakas; perabot. 전기~ alat bertenaga listrik.

기구(機構) struktur; mekanisme; sistem. ~를 개혁하다 mengorganisir kembali sistim. 국제~ organisasi internasional. 당(黨) ~ alat partai.

기권(棄權)abstensi (suara blanko). ~하다 memberi (memilih) suara blanko. ~율 tingkat abstens; angka abstens. ~자 orang yang abstain.

기근(氣根) 『植』 akar tunjang; akar bahar.

기근(飢饉)kelaparan; kekurangan; paceklik. 물 ~ kekurangan air.

기금(基金)dana;yayasan. ~을 모집(募集)하다 mendirikan dana. 공동 ~ dompet umum. 국제 통화~ Dana Moneter Internasional (IMF).

기꺼이 dengan senang hati. ~승낙하다 bersedia dengan senang hati.

기껏 ① terbanyak; paling banyak; se...múngkin.~ 애쓰다 berbuat sebaik-baiknya. ② sebanyak-banyak;paling-paling. ~해야 1 마일 paling jauh satu mil.

기념(記念)peringatan.~하다 memperingati.... ~으로 dalam memperingati. ~사진 foto tanda mata. ~식 upacara peringatan. ~ 우표 perangko peringatan. ~일(日) hari peringatan. ~제 peringatan; hari jadi.

기능(技能) keterampilan; kemampuan.~이 뛰어나다 sangat terampil.~공 teknisi.~ 교육[훈련]pendidikan [pelatihan] teknik.

기능(機能) fungsi. ~적 fungsional. ~을 하다 berfungsi.소화~ fungsi pencernaan.

기다 merayap; merangkak.

기다랗다 panjang.

기다리다 menunggu; mengharapkan; menantikan.기회를 ~ menunggu kesempatan.

기담(奇談) cerita aneh.

기대(期待)pengharapan; perkiraan. ~하다 mengharapkan; berharapan. …을 ~하고 dengan harapan... ~에 반하여 bertentangan dengan harapan.~에 부응하다 [어긋나다] memenuhi [tidak memenuhi] harapan.

기대다 ① bersandar (pada). ② menggantungkan (pada); mengandalkan pada;

기도(企圖) rencana;disain;proyek; rancangan. ~하다 merencanakan; merancang.

기도(祈禱) sembahyang. ~하다 bersembahyang.

기도(氣道) ventilasi; lubang angin.

기독교(基督敎) kekristenan;agama Kristen. ~의 bersifat kristen. ~를 믿다 menjadi orang Kristen. ~도 orang Kristen; kaum Nasrani; umat Kristen.~ 사회주의 sosialisme Kristen.~ 여자 청년회 Perhimpunan Pemudi Kristen (YWCA). ~ 청년회 Perhimpunan Pemuda Kristen(YMCA).~ 회 Gereja Kristen.

기동(起動)① ☞시동(始動). ② (운신) gerakan.~하다 menggerakkan.

기동(機動) ~ 경찰 polisi anti huru hara. ~력 kemampuan gerak cepat. ~부대 pasukan gerak cepat. ~성 mobilitas. ~연습[훈련] manuver.~작전 operasi gerak cepat. ~타격대(隊) pasukan siap tempur.

기둥 ① tiang; tonggak; pancang. ~을 세우다 memancangkan tiang; memancang. ② galati. ③tonggak; penyangga (orang). 나라의~ tiang negara.

기득(既得) ~의 sudah diperoleh. ~권 hak yang diperoleh.

기량(技倆) kemampuan;bakat; keterampilan. ~을 기르다 meningkatkan kemampuan.

기러기 「鳥」 angsa liar.

기력(氣力) ① energi; semangat; kekuatan.~이 왕성한 kuat;energik. ② tekanan udara.

기로(岐路) persimpangan jalan. 인생의 ~에 서다 berdiri di persimpangan jalan kehidupan.

기록(記錄) rekor; arsip; catatan; dokumen. ~하다 mencatat; mendaftarkan; menuliskan. ~을 깨뜨리는 (pemecahan) rekor. ~을 깨뜨리다 memecahkan rekor.(신)~을 세우다 membuat rekor (baru); menciptakan rekor. 득점을 ~하다 mempertahankan rekor. ~보유자 pemegang rekor. ~계원 pencatat skor. ~영화 film dokumenter.

기뢰(機雷) 「軍」 ranjau. ~를 부설하다 memasang ranjau.~밭 ladang ranjau. 부동 ~ ranjau terapung.

기류(氣流)arus udara;aliran hawa; angin.난(亂)~ turbulensi (udara). 악(惡)~ arus udara yang berbahaya.

기류(寄留) kediaman sementara. ~하다 tinggal sementara. ~계 laporan kediaman sementara. ~지 tempat kediaman sementara.

기르다 ① membesarkan; memelihara; membina. 모유로~ meneteki. 인재를 ~ membina orang yang berkemampuan. ② menanam; membudidayakan; membiakkan; memelihara. 가축을~ memelihara ternak; beternak. ③ menanamkan; membina.도의심을~ menanamkan rasa moral.④(버릇을) membentuk (kebiasaan). ⑤ (수염.머리) menumbuhkan; memelihara.

기름 minyak; lemak; gemuk. ~기 lemak; berminyak.

기름지다 ① berlemak;berminyak; bergajih. ② (땅이) subur; kaya; produktif.

기리다 memuji; mengagumi.

기린(麒麟) 「動」 jerapah. ~아(兒) orang yang bernasib amat bagus.

기립(起立) bangkit, Berdiri! ~하다 berdiri.~ 투표 pemungutan suara dengan berdiri.

기마(騎馬) naik kuda.~순경 polisi berkuda.

기막히다(氣 -)(숨막히다) merasa tercekik (놀랍다, 어이없다) tercengang; terpukau; terpana.

기만(欺瞞) penipuan; kecurangan; kebohongan;kedustaan.~하다 menipu;membohongi;mengakali; berkilah;mencurangi.~적 penuh tipuan.

기명(記名) tanda tangan; registrasi. ~하다 menandatangani; meregistrasi. ~ 날인하다 menandatangani dan mencap. ~(무~)투표 suara terbuka [tertutup].

기묘(奇妙) ~한 aneh; ganjil.
기물(器物) peralatan rumah tangga; perabotan.
기미 bintik-bintik hitam/tahi lalat. ~가 끼다 berbintik hitam; bertahi lalat.
기미(氣味)① bau dan rasa.②rasa; sentuhan.
기미(幾微) ☞ 낌새.
기민(機敏) ~한 cepat; segera. ~하게 dengan segera. ~한 동작 tindakan cepat.
기밀(氣密) ~의 kedap udara; kedap gas. ~실 ruang kedap udara.
기밀(機密) kerahasiaan; rahasia. ~의 rahasia. ~누설 kebocoran informasi rahasia.~서류[문서] dokumen rahasia. ~비 dana rahasia.
기반(基盤) dasar; landasan. ~을 이루다 membentuk dasar/landasan. ~을 굳히다 memadatkan tumpuan kaki.
기발(奇拔) ~한 cemerlang. ~한 도안 rancangan yang cemerlang. ~한 생각 pemikiran cemerlang.
기법(技法) teknik. ~을 배우다 belajar teknik.
기별(寄別) informasi; pemberitahuan. ~하다 memberitahu.
기병(起兵) ~ 하다 menyiagakan tentara.
기병(騎兵)pasukan berkuda;kavaleri.
기복(起伏) naik dan turun; menggelombang. ~하다 naik dan jatuh.
기본(基本) dasar; atas; prinsip. ~적인 dasar; mendasar. ~이 되는 것 dasar dasar. ~ 계획 rencana induk; master plan. ~급 upah dasar; gaji pokok. ~단위 unit standar. ~요금 tarif awal/dasar.
기부(寄附) sumbangan; derma.~하다 menyumbang; menderma; ~를 모으다 mengumpulkan sumbangan. ~금 sumbangan; sokongan. ~자 penyumbang; donatur.
기분(氣分) perasaan;suasana hati; mood. ~이 좋다 merasa sehat/baik; tenang; lapang dada. ~이 좋지않다 merasa tidak enak hati. ~상하다 merasa sakit hati.
기쁘다 senang; bahagia.
기쁨 kegembiraan; kesenangan. ~을 참을 수 없다 tidak dapat menahan kegembiraannya.
기사(技師) insinyur; teknisi. 건축 ~ arsitek. 토목 [광산] ~ insinyur sipil [pertambangan].
기사(記事) ① berita; kabar.~금지 larangan pers. 특종~berita istimewa.② (서술) uraian; artikel.
기사(騎士) ksatria berkuda; penunggang kuda.~도 moral ksatria.
기상(奇想) buah pikiran/gagasan yang hebat.
기상(起床) ~하다 bangun. ~ 나팔 terompet bangun pagi. ~시간 waktu bangun.
기상(氣象) cuaca. ~ 관측 pengamatan cuaca. ~관측 위성 satelit cuaca
기상(氣像)sifat;watak;tabiat;pembawaan.
기생(寄生) parasitisme.~하다 parasit (pada).~생물[충,식물] parasit.
기선(汽船)kapal uap.~으로 dengan

kapal uap.

기선(機先)~을 제하다[잡다] mendahului.

기성(既成) ~의 jadi; yang ada; mapan.~도덕 prinsip moral yang sudah mapan. ~복(服) pakaian jadi. ~세대 generasi yang sudah mapan. ~정당 partai politik yang ada.

기세(氣勢) semangat. ~가 오르다 bersemangat tinggi. ~를 올리다 membangkitkan semangat. ~를 꺾다 mematahkan semangat.

기소(起訴) tuntutan; tuduhan; gugatan.~하다 menuntut;menggugat. ~장 surat tuntutan. 불 ~ 처분 pencabutan perkara. 불~ 처분하다 mencabut perkara; membatalkan gugatan.

기소유예(起訴猶豫)『法』penundaan dakwaan. ~하다 menunda pendakwaan.

기수(旗手) pembawa bendera.

기수(機首) moncong/hidung (pesawat). ~를 남으로 돌리다 mengarah selatan; memutar hidung ke selatan.

기수(騎手) penunggang kuda; joki.

기숙(寄宿) ~하다 mondok; indekos. ~사 asrama.

기술(技術) teknik; teknologi; pengetahuan teknik; keterampilan. ~적인 teknis. ~상 secara teknis. ~상의 어려움 kesulitan teknis. ~원조 bantuan teknis. ~혁신 pembaruan teknis.

기술(記述) uraian; gambaran; deskripsi.~하다 menguraikan; menggambarkan. ~적 deskriptif.

기술개발(技術開發) pengembangan teknis.

기술도입(技術導入) introduksi teknis.

기술이전(技術移轉) alih teknologi.

기술인력(技術人力) tenaga teknis /terampil.

기술제휴(技術提携) kerjasama teknik.

기술축적(技術蓄積) akumulasi teknologi.

기슭 kaki/dasar; tepi.

기습(奇習) adat yang aneh.

기습(奇襲) serangan mendadak. ~하다 melancarkan serangan mendadak.

기승(氣勝)~한[스러운] tegar hati; tabah.

기실(其實) ~은 sebenarnya; kenyataannya; sesungguhnya.

기아(棄兒) meninggalkan anak; anak terlantar.

기아(飢餓)kelaparan.~에 허덕이다 terdesak oleh kelaparan.

기악(器樂) musik instrumentalia.

기안(起案) konsep. ~하다 membuat konsep.

기압(氣壓)tekanan atmosfir/udara. ~계 barometer. ~골 lembang di antara tekanan atmosfir.

기약(期約) janji; sumpah. ~하다 berjanji; bersumpah.

기어이(期於 -)dengan cara apapun; bagaimanapun.

기억(記憶) ingatan. ~하다 mengingat.~할 만한 yang dapat diperingati;dapat dikenang.내 ~으로는

sejauh saya dapat mengingat. 또렷이 ~하다 ingat dengan jelas. ~에 새롭다 segar dalam ingatan. ~력 daya ingat. ~력이 좋다[나쁘다] mempunyai ingatan yang baik [jelek]. ~법 seni mengingat. ~상실증(症) amnesia.

기업(企業) perusahaan; industri. ~의 합리화 rasionalisasi industri. ~화(化)하다 mengindustrialisasikan; mengkomersilkan.~가 pengusaha; usahawan. ~농 pertanian yang berorientasi pasar. ~ 연합 kartel.~ 진단 konsultasi manajemen. ~합동 trust. 부실~ perusahaan yang bangkrut.

기업공개(企業公開) penawaran saham untuk umum; go public. ~를 권장하다 mendorong (perusahaan) go public.

기업윤리(企業倫理) etika bisnis; etika perusahaan.

기여(寄與)sumbangan;iuran.~하다 menyumbang;menyumbangkan.

기염(氣焰) omongan besar. ~을 토하다 omong besar.

기온(氣溫)suhu atmosfer.~의 변화 perubahan suhu.

기와 genteng.~가마 dapur pembakaran genteng. ~공장 pabrik genteng. ~지붕 atap genteng. ~집 rumah beratap genteng.

기왕(既往) terlanjur. ~의 sudah terlanjur.

기용(起用) pengangkatan; penunjukan. ~하다 mengangkat; menunjuk.

기우(杞憂) kekhawatiran yang tak berdasar/beralasan.

기우(奇遇) pertemuan yang tidak terduga.~하다 bertemu secara tak terduga.

기운 ①kekuatan;tenaga. ~이 나다[줄다]mendapat [berkurang] kekuatan. ~내다 mengeluarkan kekuatan;mengerahkan tenaga. ~이 세다 kuat. ~이 빠지다 kehabisan tenaga. ② daya hidup; semangat; vitalitas; energi. ~찬 energetik. ~을 내다 membangkitkan semangat. ~을 북돋우다 menguatkan. ③ rasa; sentuhan. 감기~ rasa influenza.술 ~이 있다 dibawah pengaruh minuman keras; rasa mabuk.~이 돌다 bercorak merah. (약 따위) ~이 빨리 퍼지다 berpengaruh segera.

기운(氣運) kecenderungan. ...의 ~이 고조되다 menunjukkan kecenderungan kuat untuk (melakukan).

기울다① (경사) miring; mencondong (ke). ② menurun; jatuh. 운(運)이~ peruntungannya turun; bintangnya turun. ③ (해.달이) tenggelam;menurun. ④ cenderung (untuk); condong (ke). 공산주의로 ~ berpihak kepada komunisme.

기울어지다 ① miring; condong. 한쪽으로 ~ miring ke satu sisi. ② (해.달이) tenggelam. ③ (경향) cenderung.

기울이다 ① berkiblat; bengkok; miring. 고개를~ memiringkan kepala.술잔을~ minum minuman keras. 귀를~ mendengarkan.②mencurahkan (tenaga, pikiran,perhatian);berkonsentrasi (untuk). 공부에 정력을 ~ berkonsentrasi pada pelajaran/sekolah.

기원(技員) ahli mesin pembantu; operator.

기원(祈願) doa;permohonan.~하다 berdoa;memohon.~문 kalimat doa.

기원(紀元) zaman; era.~전 500 년 500 B.C lima ratus tahun sebelum masehi (500 SM). ☞ 서기. 신기원.

기원(起源) asal-usul; permulaan; pangkal. ~하다 berasal (dari).

기이(奇異) ~한 aneh; ganjil.

기인(奇人) orang aneh/eksentrik.

기인(起因) ~하다 disebabkan oleh.

기인(基因) sebab mendasar.~하다 pada dasarnya disebabkan (oleh).

기일(忌日) peringatan hari wafatnya (seseorang).

기일(期日)tanggal yang sudah ditetapkan;batas waktu.~을 지키다 menjaga batas waktu.

기입(記入) pengisian dalam buku; pembukuan. 장부에 ~하다 memasukkan kedalam buku kas. ~누락 tidak masuk buku.

기자(記者) wartawan. ~단[클럽] korps[klub]wartawan. ~석 galeri pers. ~ 회견 konferensi pers.

기장(記章) tanda jasa; lencana.

기장(記帳)~하다 masuk pembukuan.

기재(記載)pencatatan.~하다 mencatat.~사항 item yang dicatat. 허위 ~ catatan palsu.

기재(器材.機材) peralatan dan bahan.

기저귀 popok; bedong (bayi); gurita.~를 채우다 mengenakan popok pada bayi; membedong.

기적(汽笛) suara kereta api.

기적(奇蹟) keajaiban; keanehan; keganjilan;mukjizat. ~적(으로) secara ajaib/aneh/ganjil/luar biasa ~적으로 살아나다 lolos dari maut oleh keajaiban.

기절(氣絶) pingsan. ~하다 jatuh pingsan.

기점(起點) titik mulai.

기점(基點) titik kardinal.

기정(既定)~의 yang telah ditetapkan; yang telah mapan. ~ 방침 program/rencana yang telah di tetapkan.~사실 fakta yang mapan.

기조(基調) dasar pikiran; garis pokok;intisari/tema. ...의 ~를 이루다 membuat garis-garis pokok.

기존(既存) ~의 yang ada. ~ 시설 fasilitas yang ada.

기종(氣腫) 「醫」 empisema. 폐(肺) ~ empisema paru-paru.

기준(基準) standar; dasar. ~의 (upah) dasar.~가격 harga dasar.~량 norma.~시세 tarif dasar. ~점 [선,면] titik [garis, bidang] dasar.

기중기(起重機) derek; dongkrak.

기증(寄贈)pendermaan;pemberian sumbangan. ~하다 menyumbang; menghibahkan; berderma. ~자 penyumbang.~품 barang sumbangan.

기지(基地) pangkalan. ~촌 kota perkemahan militer.작전~ pangkalan operasi. 항공 ~ pangkalan udara.

기지개 geliat. ~켜다 menggeliat.
기질(氣質) sifat; tabiat; perangai; watak. 학생 ~ semangat siswa.
기차(汽車) kereta api. ~로 dengan kereta api. ~를 타다 naik kereta api.~에서 내리다 turun dari kereta api. ~를 놓치다 [시간에 대다] ketinggalan [mengejar] kereta api. ~시간표 jadwal kereta. ~ 운임 ongkos kereta api.
기체(氣體) gas; uap. ~의 bersifat gas. ~화하다 menjadikan gas; menguapkan. ~연료 bahan bakar gas.
기체(機體)badan pesawat;kerangka pesawat.
기초(起草) konsep.~하다 membuat konsep.~자 pembuat konsep.
기초(基礎) dasar; landasan. ~공사 kerja dasar.~ 산업 industri kunci. ~지식 pengetahuan dasar. ~훈련 latihan dasar.
기침 batuk.~하다(terserang)batuk. ~약 obat batuk.
기타(其他) yang lain; sisanya; dan sebagainya.
기타 gitar.~연주가 gitaris (pemain gitar).
기탁(寄託) penitipan.~하다 menitipkan. ~자 orang yang di titipi; penyimpan.
기탄(忌憚) kebimbangan; keragu-raguan. ~없는 tanpa ragu-ragu.
기통(氣筒) silinder. 6 ~ 엔진[차] mesin [mobil] 6 silinder.
기포(氣泡) gelembung.
기포(氣胞) 「動」 kantung udara.
기폭제(起爆劑) pemicu(revolusi). 혁명의 ~가 되다 menjadi pemicu revolusi.
기표(記票) pemungutan suara. ~하다 memberi suara. ~소 bilik pemberian suara.
기품(氣品) gengsi. ~ 있는 bergengsi.
기품(氣稟) sifat dan semangat.
기풍(氣風) sifat; watak. 국민의 ~ sifat/watak suatu bangsa.
기피(忌避) penolakan; penghindaran. ~하다 menghindar; menolak; mengelak. ~신청 mosi penolakan. ~ 인물 「外交」 persona non grata. ~자 orang yang menghindar dari dinas.
기필(期必) ~코 pasti.
기하(幾何) geometri; ilmu ukur. ~학적(으로) (secara) geometris. ~급수 deret ukur. ~학자 ahli geometri. 평면[해석]~ geometri bidang [analitis]
기한(期限) masa; jangka waktu; batas waktu. ~부의[로] dengan batas waktu. ~이 지나다 habis masa berlaku. ~만료 kadaluarsa; 지불 ~ waktu pembayaran.
기합(氣合)teriakan.~을 넣다 berteriak pada (seseorang). ~술 seni hipnotis dengan teriakan.
기행(紀行) catatan perjalanan.~문 uraian perjalanan.
기형(畸形) cacat rupa. ~ 의 cacat rupa. ~아 anak yang cacat rupa.
기호(記號) tanda; lambang; kode; simbol. ~를 붙이다 menandai.
기호(嗜好) selera.~에 맞다 sesuai /cocok dengan selera. ~품 ba-

rang-barang kesukaan.

기혼(既婚) ~의 sudah menikah. ~자 orang yang sudah menikah.

기화(氣化) penguapan.~하다 menguap. ~기 alat/mesin penguap. ~폭탄 bom peledak bahan bakar gas

기회(機會) kesempatan; peluang. 절호의~ peluang emas. ~ 균등주의 prinsip kesempatan sama. ~주의 oportunisme. ~주의자 oportunis.

기획(企劃) perencanaan; proyek; rancangan pekerjaan. ~하다 merancang; membuat rencana.~관리실 bagian perencanaan dan manajemen.

기후(氣候)iklim;cuaca. 온화한 [해양성,대륙성] ~ iklim sedang [bahari, benua].

긴급(緊急) darurat.~한 mendesak; urgen.~ 동의 gerakan yang mendesak.~ 명령 perintah darurat.

긴밀(緊密) ~한 akrab.

긴박(緊迫) ketegangan; kegentingan. ~한 정세 situasi tegang.

긴요(緊要) ~ 한 sangat penting.

긴장(緊張) ketegangan.~하다 tegang;genting.~한 tegang; genting. ~상태 situasi tegang.

긴축(緊縮) ekonomi ketat; pengurangan;penyusutan.~하다 menghemat; mengurangi. ~생활 hidup yang hemat.

긷다 mengisap; memompa. 우물 물을 ~ mengisap air dari sumur.

길 ① (윤) pemolesan; pengilapan. ②(숙련) ketrampilan.③(짐승 등의) kejinakan; penjinakan.

길 ① jalan. 가는 ~에 dalam perjalanan. ~을 잃다 kesasar. ~을 잘못 들다 ambil jalan salah. ~을 묻다 [가르쳐주다] menanyakan [menunjukkan]jalan. ~을 양보하다[터주다] memberi jalan. ~을 막다 menghalangi jalan. ② (여정(旅程)) perjalanan. ③ (방법) cara; jalan. 피할 ~ cara/jalan melarikan diri. ④ (도덕) prinsip moral.

길 kelas;tingkat.웃 ~ tingkat yang lebih tinggi.

길다 panjang.

길들다 ① (동물이) menjadi jinak. ② (윤나다) mengkilap. ③ (익숙) terbiasa.

길들이다 ① (동물을) menjinakkan. ② (윤나게) membuat mengkilap. ③ (익숙하게) membiasakan.

길목 ① (길모퉁이) sudut jalan. ② (요소) posisi penting; titik kunci.

길몽(吉夢) mimpi baik.

길이 panjang. 무릎 ~의 panjang sampai lutut. ~가 2 미터이다 dua meter panjangnya.

길일(吉日) hari mujur.

길조(吉兆) pertanda baik.

길흉(吉凶) nasib baik atau buruk; peruntungan. ~을 점치다 meramalkan nasib orang.

김 *gim* (sejenis rumput laut). ~양식 budidaya *gim*.

김 uap.~빠진 hambar. ~내다[나다] beruap.

김 gulma; rumput liar. ~매다 menyiangi gulma.

김 ① kesempatan....하는 ~에 saat; ketika; selagi. 온 ~에 ketika saya ke sini 생각난 ~에 selagi saya teringat hal itu. ② pengaruh. 홧~에 dalam pengaruh kemarahan. 술~에 dibawah pengaruh minum-an.

김치 sayuran yang diasamkan/acar; *gimchi*.

깁다 menjahit. 옷을 ~ menambal baju.해진 곳을~menjahit sobekan.

깁스 「醫」 gips.~를 하다 memakai gips.

깃 krah baju;leher baju.세운 [접은] ~ krah yang tegak[rebah]. (외투) ~을 세우다 menegakkan krah.

깃① bulu. ~이 난[달린] berbulu. ~솔 sikat bulu. ~펜 pena bulu. ② (살깃) bulu (anak panah).

깃대(旗 -) tiang bendera.

깃발(旗 -) bendera; panji.

깊다 ① (깊이가) dalam. ② (빽빽) tebal; lebat.③(정도가)dalam; kuat; (관계가) akrab. ④ (생각이) men-dalam.⑤(잠이) nyenyak.⑥ (밤이) larut.

깊숙하다 dalam.

깊이 kedalaman.~6 피트(이다)dalam enam kali. ~를 재다 menjajaki kedalaman.

까다① (껍질을) mengupas; menguliti. ② menetaskan; mengeramkan. 병아리를~ menetaskan anak ayam.

까다 (제하다) memotong.

까다롭다① (성미가) terlalu ber-pilih-pilih; tidak mudah puas; re-wel. ② (일.문제가) sulit; rumit; sukar; susah.

까닭 alasan;karena;lantaran. 무슨 ~으로 mengapa.~없이 tanpa ada alasan. 무슨 ~인지 untuk suatu alasan atau yang lainnya. ~이 있어 untuk alasan tertentu.

까딱 ~하면 nyaris.~하면 자동차에 칠뻔했다 nyaris tergilas mobil.

까마귀 「鳥」 burung gagak; gaok; sambangan.

까막눈이 orang buta huruf.

까맣다① (멀다) jauh. ② (빛깔이) hitam pekat.

까먹다 ① (까서 먹다) mengupas (kulit) dan makan. ② (밑천을) memboroskan/membuang-buang (waktu/uang).③ (잊다) melupakan.

까무러치다 pingsan. 놀라서 ~ pingsan karena kaget.

까발리다 membuka;membeberkan.

까불다 ① (행동) membanyol. ② (물건을) menampi.

까불이 anak yang suka memba-nyol.

까지①sampai;hingga.아침부터 저녁 ~ dari pagi sampai malam. 다음달 ~ sampai bulan depan. 그때 ~ sampai saat itu. 칠십~ 살다 hidup sampai umur tujuh puluh tahun. ② sejauh;sehingga.서울~ pergi sam-pai/sejauh Seoul. 제 5 장 ~ 읽다 membaca sampai bab lima. ③ sampai-sampai.빚 ~지다 sampai-sampai membuat utang. 도둑질 ~하다 sampai mencuri.

까치 「鳥」 burung beo. ~ 설날 ma-lam tahun baru.

깍듯하다 sopan.

깎다①(값을) memotong; mengor-ting (harga). ② memotong; me-mangkas. 머리를 짧게~ memotong pendek rambut.③ mengupas; menguliti;menajamkan. 사과[배]를 ~ mengupas apel [pir]. ④ (삭감) memotong/mengurangi (anggaran).

깐깐하다① (성질이) terlalu pilih-pilih; tak mudah puas; rewel. ② (차지다) rewel dan kaku.

깔개 sufrah; lambaran.

깔깔하다 ① (마음이) bersih dan suci. ② (감촉이) kasar.

깔끔하다 rapi dan bersih; apik dan teratur. 옷 맵시가~ berpakaian rapi.

깔다 ① membentangkan. 요를 ~ membentangkan selimut. 자갈을 ~ menyebarkan kerikil. ② (깔고 앉다) menduduki; menindas. ③ (돈 상품을) meminjam-minjamkan.

깔때기 corong.

깔리다① terbentang.② (밑에) tertindih; diduduki.

깔보다 memandang rendah.

깜깜하다 gelap katup.

깜박거리다 berkelap-kelip; berkedap- kedip.

깜박이다 ☞ 깜박거리다.

깜빡 sesaat.~ 잊다 lupa untuk sesaat.

깜짝 ~ 놀라다 heran;terkejut;terperanjat. 아이구 ~이야! Astagafirullah !; Astaga !.

깜찍스럽다 mungil.

깜찍하다 ☞ 깜찍스럽다.

깡그리 semua; keseluruhan.

깡통 kaleng kosong; kaleng. ~ 따개 pembuka kaleng.

깡패 perusuh; bajingan. ~의 세계 dunia bajingan.

깨① wijen. ☞ 참깨, 들께. ② biji wijen.~소금 wijen goreng/sangrai.

깨끗이① dengan bersih/ rapi. ~하다 membersihkan/merapikan. ②(dengan) bersih; (dengan) baik. ~지다 dihapus dengan baik. ~살다 menjalani kehidupan yang jujur. ③ bersih; seluruhnya. 빚을 ~갚다 membayar lunas utang.

깨끗하다① (청결함)bersih;murni. ② (결백)suci;bersih;tak berdosa. ③ (심신이) baik; segar.

깨나다 kembali sadar.

깨다 jaga/bangun;mendusin;sadar. 잠이~bangun dari tidur. ② (술이) sadar (dari mabuk). ③ (각성) membuka mata;sadar.④ ☞깨우다.

깨다 ① memecah; menghancurkan. 그릇[침묵]을~ memecahkan piring [kesunyian].② memutuskan; merusak;mengagalkan. 혼담을~ memutuskan tali perkawinan. 흥을~ merusak kegembiraan.

깨다 menetaskan; memecahkan.

깨닫다 menginsyafi; menyadari. 진리를 ~melihat kebenaran.제 잘못을 ~menyadari kesalahan.위험을 ~ menyadari bahaya. 제 결점을 ~ menyadari kekurangannya.

깨뜨리다 pecah. ☞ 깨다.

깨물다 menggigit; mengunyah.

깨알 biji wijen. ~ 같은 글씨로 (menulis) dengan huruf mikro.

깨우다 membangunkan.

깨우치다 terjaga; sadar.

깨지다 ① pecah; rusak; potong; belah;retak. ② (일이) gagal; putus. ③ (흥 따위) dirusak (kegembiraan). ④ (상처나다) luka.

깨치다 menguasai; memahami; mengerti.

꺼내다 ① mengeluarkan. 주머니에서...을~ mengeluarkan dari saku. ② mengemukakan. 문제를 ~ mengutarakan masalah.

꺼리다 ① tidak suka; tabu. ② menghindar; mengelakkan. 남의 눈을 ~ takut dilihat/ketahuan. ③ (주저) ragu-ragu; bimbang.

꺼림(칙)하다 keki; ketidakrelaan; udang dalam tangguk.

꺼멓다 hitam gelap.

꺼지다 ① (불이) mati; tidak menyala; sirap.② (거품이) memecah (buih). ③ tenggelam; memecah. 얼음이 ~ es memecah.

꺼풀 kulit; mantel; gelang. 눈 ~ kelopak mata.

꺾다① memetik; mematahkan.꽃을 ~ memetik bunga. 붓을 ~ berhenti menulis. 나뭇가지를~ mematahkan cabang. ②(접다) melipat. ③memutar.차의 핸들을~ memutar kemudi. ④ memecahkan; menghancurkan; mematahkan. 사기를~ mematahkan semangat.⑤ (고집을) menundukkan. ⑥ mengalahkan. 상대방을 ~ mengalahkan seseorang.

꺾쇠 paku siku.

꺾이다 ① (부러지다) pecah. ② (접히다) berlipat;terlipat. ③ (방향이) membengkok; membelok. ④ tunduk (pada).금력에~ tunduk pada uang.

껄껄~웃다 tertawa keras.

껄껄하다 kasar; kesat; bangkar.

껄끄럽다 kasar.

껌 permen karet. ~을 씹다 mengunyah permen karet.

껌껌하다 gelap gulita; gelap pekat; kelam (hati).

껍데기 kulit; selubung. ☞ 껍질.

껍질 kulit. 바나나 ~ kulit pisang. ~을 벗기다 menguliti; mengupas.

...껏 se...mungkin.

께 (에게) ke; kepada; untuk; oleh. 아버님~온 편지 surat untuk ayah saya.

...께 kira-kira; menjelang; dekat; sekitar.

껴안다 berpelukan. 꼭~ memeluk dengan kencang.

꼬다① menjalin;mengepang; memilin. 새끼를~ menjalin tambang jerami. ② (몸을) menggeliat.

꼬리 ekor;buntut.~가 잡히다 memberi petunjuk pada polis); terlacak.

꼬리표(- 票) etiket; label. ~를 달다 memasang etiket.

꼬마 anak lelaki; kanak-kanak; anak kecil.

꼬박꼬박 tanpa kegagalan; tanpa kelalaian.세금을~ 내다 membayar pajak secara teratur.

꼬부라지다 bengkok; bungkuk. 늙어 허리가~ bungkuk karena semakin tua.

꼬불꼬불 ~한 berbelit-belit; banyak seluk beluk.

꼬이다① (실.끈 등이) melilit;terjerat; terbelit. ②(일이) mengalami kemunduran/kemerosotan; salah angkah. ③ (마음이) menjadi tidak jujur/bengkok.

꼬집다 ① (살을)memberi cubitan; mencubit. ② (비꼼) menyindir; membuat ucapan sinis.

꼬챙이 tusuk;cocok.~에 꿰다 menusuk; mencocok.

꼬치 ① sate. ② ☞ 꼬챙이.

꼬투리① (깍지) kulit biji; polong. ② (꽁초)puntung rokok. ③(발단) asal muasal; pokok pangkal; penyebab.

꼭 ① kencang; rapat. 문을~닫다 menutup rapat pintu; menutup pintu rapat-rapat. ~쥐다 memegang erat. ② pas.~끼는 모자 topi yang pas. ③ tepat; pas. ~맞는 뚜껑 tutup yang kencang. (옷 등이) ~맞다 pas sekali (pakaian dan sebagainya). ④ (dengan) tepat; persis. ~세 시간 tepat tiga jam. ~같다 persis sama (saja); sembabat. ⑤ pasti; tentu; mesti. ~출석하다 hadir tanpa alpa. ~하다 yakin. ⑥ (흡사) persis seperti; seolah-olah. ☞ 마치.

꼭대기 puncak.

꼭두각시 wayang; boneka.

꼭두새벽 terbit fajar. ~에 pada waktu fajar.

꼭지① kran.수도 ~를 틀다[잠그다] membuka [menutup] kran air. ② (뚜껑의) tombol.③(식물의) batang; gagang; tangkai.

꼴 bentuk; penampilan; keadaan; kondisi. ~사나운 ceroboh; gegabah. 세모~ bentuk segitiga.

꼴불견(-不見)~이다 gegabah;ceroboh.

꼴찌 yang terakhir; paling buncit. ~에서 둘째 yang kedua dari terakhir. ~이다 yang paling akhir.

꼼꼼하다 teliti; rapi;cermat;sempurna.

꼼짝 ~도 않다 tetap tak bergerak; tak bergerak seincipun. ~못하다 tak dapat bergerak sama sekali; tak goyah.

꼽다 menghitung (dengan jari) 날짜를~ menghitung hari-hari.

꼽추 ☞ 곱사등이.

꽁무니 bagian belakang; pantat; ekor. ~빼다 mencoba lari; cabut ekor. 여자 ~를 따라다니다 membayangi seorang wanita; menguntit seorang wanita.

꽁지 ekor.

꽁초(- 草) puntung rokok.

꽂다 menancapkan; memancang; menempelkan.병에 꽃을~ menaruh bunga di vas.

꽂히다 terpancang; tertancap; ditancapkan; disisipkan.

꽃 ① bunga; puspa; kembang; kusuma.~의 tentang bunga.~다운 seperti bunga.~파는 아가씨 gadis penjual bunga. ~피다 mekar; berkembang.~가루 tepung sari. ~가지 tangkai berbunga.~구경 tamasya bunga.~나무 pohon yang berbunga. ~놀이 wisata bunga. ~다발 seikat bunga; bunga rampai; karangan bunga. ~동산 kebun bunga. ~무늬[시계]pola [jam] bunga. ~받침 kelopak bunga. ~봉 오리 tunas bunga; kuntum; kuncup. ~송이 bunga mawar. ~재배 budidaya bunga. ② (미인.명물) bunga;

kebanggaan.

꽃꽂이 merangkai bunga; tata puspa. ~회 perkumpulan merangkai bunga.

꽃밭 kebun bunga.

꽃병 vas (bunga); jambangan.

꽃샘 masa dingin tiba-tiba dalam musim bunga; dingin musim semi.

꽃술 benang sari.

꽃잎 daun bunga; petal.

꽉① ☞ 꼭.②dengan ketat;dengan rapat; dengan adat; degan penuh. ~차다 dipaksa sampai penuh;dijejali; berjejal-jejal; gembung. ③ ☞ 꾹.

꽝 berdebam. 문을 ~닫다 membanting pintu.

꽤 cukup; cukup baik. ~잘하다 melakukan cukup baik.~좋다[힘들다] cukup baik [keras].

꾀 akal;akal-akalan; trik;muslihat. ~많은 사람 orang yang panjang akal.

꾀다 menggoda; memperdayakan. 여자를~ menggoda wanita.

꾀병(-病)sakit pura-pura.~부리다 berpura-pura sakit.

꾀죄(죄)하다 acak-acakan;gembel; kotor.

꾀하다 ① merancang; mencoba; merencanakan; berkomplot. 반란을 ~ berkomplot untuk memberontak. ② mencari; bermaksud. 사리를~mencari kepentingan sendiri.

꾐 godaan. ~에 빠지다 jatuh dalam godaan.

꾸다 impian; mimpi. ☞ 꿈꾸다.

...꾸러기 orang yang berlebihan dalam....

꾸러미 bungkusan; paket; buntel; pak; bal.

꾸리다 membungkus;mengemasi; membenahi. 짐을 다시~ mengemasi kembali barang-barang. ② berbenah;berkemas-kemas; bersiap sedia.

꾸무럭거리다 berlengah-lengah; onyak-anyik; mengeluyur; membuang-buang waktu.

꾸물거리다 ☞ 꾸무럭거리다.

꾸미다① menghiasi; mendandani; mendekor. 얼굴을 곱게~ berdandan; bersolek. ② (가장) berpura-pura. ③ (조작) membuat-buat; mengarang-ngarang; merancang. ④ membentuk; mengorganisir; mendirikan. 가정을 ~ mendirikan rumah tangga. 정원을~ menata kebun. ⑤ membuat. (계약 서를)두통~ membuat duplikat kontrak.

꾸밈~없는 sederhana; naif; lugu;

꾸준하다 tekun.

꾸지람 teguran. ~하다 menegur. ~듣다 ditegur.

꾸짖다 menegur; memarahi. 되게 [가볍게]~ menegur dengan keras [ringan].

꿀 madu; manisan lebah. tawon madu.

꿀벌 lebah madu.

꿇다 berlutut. ...앞에 무릎을~ menekuk lutut dihadapan...

꿇어앉다 duduk di atas lutut; bersimpuh.

꿈 impian; khayalan; bayangan. 들

어맞는[개]~ impian nyata [remeh]. 불길한~ mimpi buruk. ~의 세계 dunia impian. ~자리가 좋다 [사납다] bermimpi bagus [buruk]... 을 ~에 보다 memimpikan (seseorang); mengkhayalkan.

꿈꾸다① (잠을 자면서) bermimpi. ② memimpikan. 미래의 작가를 ~ memimpikan jadi pengarang.

꿩 「鳥」 burung merak.

꿰다 meloloskan benda lewat. 바늘에 실을 ~ meloloskan benang lewat jarum.

꿰뚫다 ① (관통하다) menembus; menerobos; mendobrak; meresap. ② (정통) berpengalaman dalam.

꿰매다 ① menjahit. 해진[터진] 데를~ menjahit yang sobek; menisik. 상처를 두 바늘~ membuat dua jahitan pada luka. ② (깁다) menambal.

끄다① meniup padam;memadamkan. 불을 ~memadamkan api. 촛불을~ meniup padam lilin. ② mematikan. 엔진을~ mematikan mesin

끄덕거리다 mengangguk.

끄덕이다 ☞ 끄덕거리다.

끄르다 membuka (simpul/ikatan); melonggarkan;menguraikan. 단추를 ~ membuka kancing.

끄집어내다 membetot;mengungkit; mengeluarkan.

끈 tali; benang; tambang.

끈끈하다 ① (끈적임) lengket. ② (검질김) liat.

끈적거리다 lengket; lekat.

끈적끈적~한 lengket; berlekat; bergetah.

끈적이다 ☞ 끈적거리다.

끊다① (자르다) memotong; mengerat ② (중단.차단) menghentikan. ③ memutuskan. 교제(交際)를~ memutuskan persahabatan. ④ berhenti; mengharamkan. 술을 ~ berhenti minum. ⑤ (목숨을) bunuh diri. ⑥ (사다) membeli. ⑦ (발행) menarik cek.

끊어지다① (절단됨)potong;putus. ② (중단.차단됨)terputus. ③(관계 등이) putus dengan. ④ (기한이) kadaluarsa. ⑤ (목숨이)mati; habis.

끌다① merengkuh;menyentak;menarik; menyeret. 아무의 소매 를~ menarik lengan baju. ② (지연) menangguhkan. ③ memikat; menarik hati. 손님을~ memikat tamu/pelanggan; 주의를~ menarik perhatian. 인기를~ memperoleh popularitas. ④ memimpin; membimbing. 노인의 손을 ~ membimbing tangan seorang orang tua. ⑤ (끌어들이다) menyalurkan (air ke dalam); memasang.

끌리다①terjajar; terjajar. 치마 가 ~ rok terjajar ditanah. ② (연행) dibawa (ke polisi); diseret (ke kantor polisi). ③ (마음이) terpikat.

끌어당기다 menarik lebih dekat; menghela; menyeret; menjujut. ☞ 끌다.

끌어들이다 ① (안으로) menarik (ke dalam). ② (자기편에) menarik orang (ke pihaknya); melibatkan. 사업에 자본가를~ menarik pemilik modal; menarik investor.

끌어안다 memeluk; merangkul;

mengelut.

끓다 ① (물이) mendidih; menggelegak. ② (마음이) terbakar (hati). ③ (배가) bunyi kruyak-kruyuk. ④ (가래가) bersuara cegukan; menceguk. ⑤ dikerumuni. 파리가~ di kerumuni lalat.

끓이다 ① (끓게 하다) merebus (air); memanaskan. ② memasak; mengentim; merebus. 밥을~ memasak/merebus nasi. 국을~ memasak sup. ③ (속태우다) khawatir; cemas.

끔찍하다 ①(참혹) menggiriskan; menyilukan;mengerikan. ② (극진) sangat baik hati.

끝 ① ujung. 혀~ ujung lidah. ~에서 ~까지 dari ujung ke ujung. ② akhir; batas; ujung. ~없는 tiada akhir; tiada batas; abadi. ③ kesimpulan; akhir. ~의 terakhir. ~으로 akhirnya. ~까지 sampai akhir. ~이 나다 berakhir. akhirnya; akibatnya. 오랜 병~에 setelah sakit yang lama.

끝끝내 sampai akhirnya. ~반대 하다 tidak setuju sampai akhir.

끝내다 merampungkan; menyelesaikan;.

끝맺다 ☞ 끝내다.

끝장 akhir; kesimpulan; kesudahan. ~나다 berakhir. ~내다 mengakhiri; menyudahi.

끼니 makanan. ~때 waktu makan. ~를 거르다 melewatkan waktu makan.

끼다 ①menggantung (kabut); membungkus;meliputi. 구름이[안개가] ~ menjadi berawan [mengabut]. ② (때 따위가) mengumpul; menjadi kotor.

끼다 ① ☞ 끼이다. ② ☞ 끼우다. ③ memakai; mengenakan. 장갑을 ~ memakai sarung tangan. 안경을 ~ memakai kacamata. ④ 팔짱을) melipat (tangan). ⑤ (옆구리에) mengempit. ⑥ ikut serta. 일행에~ ikut pesta dalam kelompok. ⑦ (따라서) sepanjang. ⑧ dibantu oleh. 권력을~ ada orang yang berpengaruh dibelakang.

...끼리 diantara mereka sendiri; diantara kita sendiri. 저희~싸우다 bertengkar diantara mereka sendiri.

끼리끼리 masing-masing kelompok; kelompok demi kelompok.

끼어팔기 penjualan produk.

끼얹다 menuangkan; menyiramkan; memercikkan.

끼우다 menyisipkan. 창에 유리를 ~ mengisikan kaca jendela.

끼이다 menyelit; menyisip; ketat. 잇새에~ terselat di antara gigi.

끼치다 ① 소름이~ merinding. ② menyebabkan;menimbulkan. 폐를 ~ mengganggu; menyusahkan.

낌새 isyarat. ~를(알아)채다 mendapat isyarat.

ㄴ

ㄴ

나 saya; saya sendiri. ~의 ku; (kepunyaan)saya.~에게[를] saya (obyek). ~의 것 kepunyaan saya (posesif). ~로서는 bagi saya; menurut saya.

나가다 ① pergi keluar; keluar. 뜰로~ pergi ke kebun. ② menghadiri. 강의에 ~ menghadiri ceramah/kuliah. ③ bekerja(di). 신문사에~ bekerja di kantor surat kabar. ④ ikut serta;berpartisipasi. 올림픽에~ ikut serta dalam olimpiade. ⑤ mencalonkan diri (untuk).대통령선거에~ mencalonkan diri sebagai Presiden. ⑥ terjual. 잘~ laris terjual.⑦ (지출) dibayar.⑧ berharga; berbobot. 무게가 [값이] 55 파운드 ~ berbobot lima puluh lima pound. ⑨ meninggalkan. 집을~ meninggalkan rumah.⑩ memasuki; terjun(ke) 정계에~ terjun ke dunia politik. ⑪ rusak; usang; padam. 불이~ lampu (listrik) padam. 구두 뒤축이 ~ hak sepatu rusak.

나귀 keledai.

나그네 kelana;pelancong;pengembara; tamu.

나날이 setiap hari.

나누다① membagi.다섯으로~membagi jadi lima. ② (분배) membagibagikan.③menggolongkan; mengklasifikasi. 세 항목으로~ mengklasifikasi ke dalam tiga bagian. ④ membagi; berbagi. 점심을~ makan siang bersama. 기쁨을 ~ berbagi kesenangan.

나눗셈 pembagian; ~하다 membagi

나다① (출생) dilahirkan; lahir. ② tumbuh. 이가~ tumbuh gigi. ③ menghasilkan. 이익이~menghasilkan keuntungan. ④ (살림을) membangun keluarga terpisah. ⑤ (끝장이) berakhir. ⑥ 좋은 냄새가~ bau harumnya tercium. 매운 맛이~ pedasnya terasa. 이름이~ menjadi terkenal. 병이~ jatuh sakit. 성이~ menjadi marah. 눈물이~ keluar air mata 땀이~. berkeringat; keluar keringat.신문에 ~ muncul di surat kabar.새 길이 ~ jalan baru dibuka. 소문이 ~ kabar burung tersebar.

나들이 bepergian. ~옷 baju untuk bepergian.

나라 ① negara; kerajaan; negeri; tanah air;bangsa.~를 위하여 untuk negara; demi negara. ~님 raja. ② dunia. 꿈 ~ tanah impian 달 ~ dunia bulan.

나락(奈落)neraka. ~으로 떨어지다 jatuh ke lubang neraka.

나란히 berbaris; berderet; bersisian. ~서다 berdiri dalam barisan. ~앉다 duduk berdampingan.

나루 kapal penyeberangan.~터 penyeberangan.

나르다 membawa; mengangkut.

나리 tuan.

나머지① sisa; saldo.~의 yang tersisa. ~없이 keseluruhan. ② kelebihan; luapan.기쁜 ~dalam luapan kegembiraan.

나무 ① pohon. ~그늘 naungan pohon. ② kayu; balok. ~의[로 된] kayu (adjektif). ~못 paku kayu; pasak. ~ 상자 kotak kayu. ~ 토막 sepotong kayu. ~때기 serpihan kayu. ③ kayu api.~하다 mengumpulkan kayu api. ~꾼 penebang kayu ~ 장수 pedagang kayu api.

나무람 teguran; jeweran.

나물 lalapan; daun muda.

나방 「蟲」 laron.

나병(癩病) 「醫」 lepra; kusta. ~에 걸려 있다 sakit lepra. ~원 rumah sakit lepra. ~환 penderita lepra/ kusta.

나부끼다 berkibar 깃발이 바람에~ bendera berkibar di udara.

나비 kupu-kupu; rama-rama. ~넥타이 dasi kupu-kupu. ~매듭 kancing dasi.

나쁘다① jelek; jahat; buruk; tidak baik; membahayakan.눈에~ membahayakan bagi mata; tidak baik bagi mata. 기억력이~ mempuyai ingatan yang buruk. ② (모자라다) tidak cukup; tidak puas.

나사(螺絲) ① sekrup; baut. ~로 죄다 mengencangkan sekrup. ~를 돌리다[늦추다] memutar [melonggarkan] sekrup.~돌리개 obeng; pemutar sekrup.~송곳 penggerek. 수~ sekrup bagian luar. 암~ sekrup bagian dalam. ② (나선) spiral.

나상(裸像) gambar telanjang.

나서다① keluar; mengemukakan (diri); tampil; memasuki; terjun ke. 줄에서~ keluar garis. 교문을~ keluar kampus. 실업계에~ terjun ke dunia usaha.정계에~ memasuki karier politik. ② (간섭) nimbrung; ikut campur. ③ dapat; muncul. 일자리가 ~ dapat pekerjaan.

나신(裸身) ☞ 나체.

나아가다 ① maju.한 걸음 ~ maju selangkah.② maju;meningkat.영어 진도가 ~ ada kemajuan dalam bahasa Inggris .순조로이~ berjalan dengan lancar. ③ (좋아지다) berubah untuk yang lebih baik.

나아지다 menjadi lebih baik.

나약(懦弱)kelembekan;kelemahan. ~한 malas; lemah; lembek; kendur. ~한 국민 orang-orang yang lemah /kurang semangat.

나열(羅列) ~하다 mengatur barisan.

나오다 ① muncul; tampil; timbul; keluar.무대에~tampil diatas panggung. 나쁜 버릇이~ kebiasaan buruk muncul keluar. ② meninggalkan. 집을 ~ meninggalkan rumah. ③ (음식이) dihidangkan; disajikan. ④ (태도) mengambil (sikap).⑤ (생기다) mendapat (uang).⑥ (실리다) muncul dalam. ⑦ (출판되다)

diterbitkan.⑧ (흐르다) mengalir.⑨ (졸업) lulus; tamat (dari). ⑩ (싹이) keluar (tunas); bertunas. ⑪ (돌출) menonjol. ⑫ (문제가) keluar (dalam ujian). ⑬ menjulur keluar. 이불에서 발이~ kaki menjulur keluar dari selimut. ⑭ (산출) di hasilkan. ⑮ ikut serta; memasuki; terjun (ke). 정계에~ memasuki dunia politik. (16) (석방)dilepas; di bebaskan.

나이 umur; usia. ~지긋한 tua; usia lanjut.~탓으로 karena lanjut usia. ~순으로 menurut umur. ~에 비해 (tampak muda) untuk umurnya. ~를 먹다 menjadi lebih tua; dimakan umur.

나이배기 kelihatan lebih tua dari umurnya.

나이테 lingkaran tahunan.

나일론 nilon.

나잇값 tingkah laku yang selaras dengan umur.

나절 setengah hari. 반~ setengah hari.

나중 ~에 nanti; kemudian; dibelakang hari; kelak.

나지막하다 suara rendah.

나체(裸體) badan telanjang. ~의 telanjang; bugil. ~화(gambar) telanjang. 반 ~ setengah telanjang.

나침반(羅針盤) kompas;pedoman.

나타나다① keluar; muncul; timbul; tampil; kelihatan. 현장에~ muncul di tempat kejadian. ② terlihat. 얼굴에 ~ terlihat pada muka. ③ (시야에) kelihatan (dalam pandangan). ④ ketahuan. 본성이~ ketahuan sifatnya.⑤ (언급된) menyebutkan. ⑥ (알려지다) jadi terkenal.

나타내다① memperlihatkan; menunjukkan; menyatakan diri. 성격을~ memperlihatkan sifat.② (노출) menyingkapkan; memperlihatkan; membuka. ③ (표현) menyatakan. ④ (대표) mewakili. ⑤ (상징) melambangkan.두각을 ~ menonjolkan diri.

나태(懶怠) kemalasan; kelambanan. ~한 malas; lamban.

나팔(喇叭) terompet; klarinet; serunai. ~을 불다 meniup terompet ~수 peniup terompet.

나팔관(喇叭管) 「解」 oviduk (saluran telur). ~염 「醫」 salpingitis; radang saluran telur.

나포(拿捕) penangkapan. ~하다 menangkap; menawan; menahan. ~선 (船) kapal yang tertangkap; kapal rampasan.

나프타 nafta.~분해 degradasi nafta

나프탈렌 「化」 naftalen.

나흗날 tanggal empat bulan ini.

나흘 ① (네날) empat hari. ② ☞ 나흗날.

낙(樂) kegembiraan; kenikmatan; kebahagian;keenakan;kesenangan; harapan. ...을 ~으로 삼다 senang (pada); menggantungkan harapan pada.자식을 ~으로 삼다 hidup demi anaknya.

낙관(落款) tanda tangan si penulis [pelukis].~하다 menandatangani. ~이 없는 tidak ditandatangani.

낙관(樂觀) optimisme; pandangan

yang optimis. ~하다 optimis; berpandangan optimis. ~적 optimis. ~을 불허하다 tidak meyakinkan sedikitpun. ~론 optimisme. ~론자 orang yang optimistis.

ㄴ

낙농(酪農) peternakan sapi perah. ~가 peternak sapi perah. ~장 peternakan sapi perah. ~제품 produk sapi perah; susu.

낙담(落膽) kekecewaan.~하다 dikecewakan; kecewa. ~시키다 mengecewakan.

낙도(落島) pulau terpencil.

낙뢰(落雷) halilintar; petir; petus. ~하다 petir menyambar.

낙루(落淚) ~하다 menumpahkan air mata; menangis.

낙마(落馬) ~하다 jatuh dari kuda; terlempar dari kuda.

낙망(落望) putus asa; kecewa. ☞ 실망, 낙담.

낙방(落榜)~하다 gagal dalam ujian.

낙상(落傷) luka akibat jatuh.~하다 terluka karena jatuh.

낙서(落書) corat-coret. ~하다 mencorat-coret. 벽에~하다 mencorat-coret di dinding.

낙석(落石) ~주의 Awas Kejatuhan Batu.

낙선(落選) kekalahan (dalam pemilihan). ~하다 kalah (dalam pemilihan). ~자 calon yang tidak terpilih. ~작 karya yang ditolak.

낙성(落成) penyelesaian; perampungan. ~하다 dirampungkan. ~식 upacara inagurasi.

낙수물(落水 -)tetes hujan.~소리 bunyi tetesan hujan.

낙심(落心)kekecewaan. ~하다 kecewa; tawar hati.

낙엽(落葉)daun-daun yang gugur. ~이 지다 rontok daun-daunnya. ~색 coklat kekuningan.

낙오(落伍)kegagalan; ketinggalan. ~하다 tertinggal. ~자 orang yang gagal. 인생의 ~자가 되다 gagal dalam kehidupan.

낙원(樂園)surga; firdaus; nirwana. 지상의 ~ surga dunia.

낙인(烙印) cap; tanda. ~을 찍다 mengecap; memberi tanda. ~이 찍히다 dicap.

낙제(落第) kegagalan dalam ujian. ~하다 gagal dalam ujian; tak lulus; tinggal kelas.~생 siswa yang tidak lulus. ~점 nilai yang gagal.

낙조(落照) matahari tenggelam.

낙지 『動』 gurita.

낙진(落塵)jatuhan. 방사성~ jatuhan radioaktif.

낙찰(落札) kemenangan kontrak; penawaran yang berhasil. ~하다 mendapat kontrak. ~ 가격 harga penawaran. ~인 penawar yang berhasil.

낙천(樂天) ~적 optimistik. ~가 orang yang optimis. ~주의 paham optimis. ~주의자 penganut faham optimis.

낙타(駱駝) 『動』 unta. ~직 (織) mohair. ~털 bulu unta. 단봉~ unta Arab.

낙태(落胎) aborsi; pengguguran kandungan. ~하다 mengalami keguguran; menggugurkan kandungan. ~수술 operasi aborsi.

낙하(落下) kejatuhan;guguran.~하다 jatuh; merosot; turun; terjun.

낙하산(落下傘) parasut (payung). ~으로 내리다 terjun dengan parasut. ~병 penerjun. ~ 부대 pasukan para.

낙향(落鄕) perpindahan ke desa. ~하다 pindah ke desa; mudik.

낙화(落花) gugur bunga; bunga yang gugur. ~하다 bunga berguguran.

낙후(落後) ~하다 tertinggal di belakang.

낚다(고기를) memancing; mengail. (유혹) memikat; menggoda. 강에서 고기를 ~ memancing ikan di sungai. 여자를~ memikat seorang wanita.

낚시 kail; pancing.~가다 pergi memancing. ~꾼 pemancing; pengail. ~찌 pelampung. ~터 pemancingan; tempat mancing.

난(亂)perang; pemberontakan. ~을 일으키다 membangkitkan perang; memulai pemberontakan.

난(欄) ① kolom.가십~ kolom gosip. ② kolom; isian.

난(難) kesulitan;sulit;sukar. ~문제 soal yang sulit. 식량 ~ kesulitan bahan pangan. 주택~ kekurangan perumahan.

난간(欄干) jeruji.

난감(難堪)~하다 tidak tertahankan.

난공사(難工事) pekerjaan konstruksi yang sulit.

난관(難關) rintangan; kesulitan; hambatan. ~을 돌파하다 mengatasi kesulitan.

난국(難局) situasi yang sulit; krisis. ~에 봉착하다 dihadapkan pada situasi yang sulit. ~을 타개하다 memecahkan kebuntuan; mencari jalan keluar dari situasi yang sulit.

난기류(亂氣流) 『氣』 aliran udara

난대(暖帶) daerah subtropis; kawasan beriklim sedang.

난도질(亂刀 -) pencincangan. ~하다 memotong-motong menjadi berkeping-keping; mencincang.

난동(亂動) pergolakan.~을 부리다 menimbulkan pergolakan.

난로(煖爐) perapian. ~를 피우다 menyalakan perapian. ~를 쬐다 berdiang.석유 ~ pemanas minyak.

난류(暖流) arus hangat.

난리(亂離)perang;pemberontakan; pergolakan.

난립(亂立) ~하다 dibanjiri oleh (calon-calon).

난무(亂舞) ~하다 menari dengan liar.

난민(難民) korban bencana; pengungsi. ~수용소 pusat penampungan pengungsi.

난발(亂髮) rambut acak-acakan.

난방(煖房)① pemanasan;pemanas. ~장치 alat pemanas. ② (방) kamar yang dilengkapi pemanas.

난방시설(暖房施設) peralatan pemanas. ~을 하다 memasang pemanas.

난봉 percabulan. ~부리다 hidup cabul. ~나다 menjalani hidup cabul

난사(亂射)tembakan membabi buta.~하다 menembak dengan membabi buta.

ㄴ

난사람 orang yang terkemuka.

난산(難産) kelahiran yang sulit. ~하다 melahirkan dengan sulit.

난색(難色) ketidaksetujuan; ketidaksediaan. ~을 보이다 memperlihatkan ketidaksetujuan.

난생처음 pertama kali dalam hidup.

난세(亂世)masa pergolakan; masa kacau.

난세포(卵細胞)「生」sel telur.

난센스 omong kosong.

난소(卵巢) 「解」 indung telur; ovarium. ~염 「醫」radang indung telur. ~적출(摘出) pembuangan indung telur.

난시(亂時)masa kacau; masa bergolak.

난시(亂視)「醫」astigmatisme.~의 astigmatis (sejenis penyakit mata).

난이(難易) kesulitan/ kemudahan. ~도(度) tingkat kesulitan.

난입(亂入) satron. ~하다 menyatroni. ~자 penyatron; penyelonong.

난자(卵子) (난소) sel telur.

난잡(亂雜) kekacauan; huru-hara; kerusuhan.~한 kacau; kusut; campur aduk. ~하게 dalam kekacauan.

난장판(亂場 -) adegan kekacauan. ~이 되다 menjadi kacau.

난쟁이 orang kate; orang pendek; kerdil.

난점(難點) titik yang sulit.

난제(難題) masalah sulit.

난조(亂調) kekacauan;ketidakteraturan. ~ 를 보이다 kehilangan kendali. ~에 빠지다 jatuh dalam kesusahan/kekacauan.

난중(亂中) masa perang; tengah-tengah perang. ~에 dalam perang; ditengah-tengah perang. ~일기 Catatan Harian Perang (judul buku).

난처(難處) ~한 sulit; sukar; ~한 입장에 있다 dalam posisi sulit.

난청(難聽) kesulitan mendengar. ~ 지역(地域) daerah terhalang (untuk menangkap siaran televisi/ radio).

난초(蘭草) bunga anggrek.

난치(難治) kesukaran untuk disembuhkan. ~의 sukar disembuhkan; fatal.

난타(亂打) pukulan bertubi-tubi.~하다 memukul bertubi-tubi.

난투(亂鬪)pergulatan sengit; pergulatan; pergumulan. ~극 adegan kekerasan.

난파(難破)kecelakaan kapal.~하다 karam. ~선 kapal yang karam.

난폭(亂暴) kekerasan; kebuasan. ~하다 keras; kasar;buas. ~한 짓을 하다 melakukan kekerasan.

난필(亂筆) tulisan cakar ayam.

난해(難解)~한 susah di mengerti; berbelit-belit; sulit; rumit.

날~가리 timbunan jerami. ~알 butiran; biji-bijian.

날 ① hari; tanggal; waktu. 어느 ~ suatu hari. ~ 마다 setiap hari. ~로 ~로 hari demi hari. ~을 보내다 melewatkan hari-hari. ~을 받다 menetapkan tanggal. ~이 저물다 hari menjadi gelap ~이 밝다 terbit fajar. ② ketika; pada waktu. 성공하는 ~에는 ketika berhasil. 완성

하는 ~에는 pada waktu penyelesaian pekerjaan. ☞ 날씨.

날 pinggir; mata pisau. ~을 세우다 menajamkan. ~서다 ditajamkan.

날... mentah. ~것 makanan mentah. ~계란 telur mentah. ~고기 daging (ikan) mentah.

날강도(-强盜) pemeras.

날개 sayap; kepak. ~ 있는 [달린] bersayap; berkepak. ~돋치듯 팔리다 menjual dengan laris.

날다① terbang.높이~ terbang tinggi. ② (빨리 가다) pergi buru-buru.

날다 ① (색이) pucat; pudar. ② (냄새가) kehilangan bau.

날뛰다 melompat-lompat; melonjak-lonjak.좋아~melompat-lompat kegirangan.

날려보내다 menerbangkan; melepaskan.

날렵하다 cepat; gesit.

날로 ① hari demi hari. ~나아지다 semakin baik hari demi hari. ② mentah. ~ 먹다 makan mentah.

날름거리다 menjulurkan (lidah) keluar masuk. 뱀이 혀를~ lidah ular terjulur keluar masuk.

날리다① menerbangkan.연을~menerbangkan layangan. ② (재산을) ☞ 날려보내다,까불리다. ③ membuat terkenal; memasyhurkan. 이름을 ~ membuat nama jadi terkenal. ④ (일을) bekerja gagal.

날림 pekerjaan serampangan.~공사 pekerjaan buru-buru.

날밤새우다 begadang;berjaga sepanjang malam.

날벼락 kemarahan yang tidak beralasan.

날샐녘 fajar.

날쌔다 cepat; gesit; aktif; tangkas.

날씨 cuaca. 좋은~ cuaca bagus. 궂은~ cuaca buruk. ~가 좋으면 jika cuaca bagus.

날씬하다 langsing; ramping.

날인(捺印) segel; cap. ~하다 menyegel; mencap; membubuhkan. ~자 penyegel; pengecap.

날조(捏造) pemalsuan. ~하다 memalsukan. ~ 기사 laporan fiktif.

날짜 tanggal; tarikh. ~가 없는 tak bertanggal. ~를 매기다 memberi tanggal.

날치기 penjambretan, penjambret. ~하다 menjambret. ~를 당하다 dijambret; kena jambret.

날카롭다 tajam; runcing.

날품 pekerjaan harian. ~을 팔다 bekerja harian. ~ 팔이꾼 buruh harian.

낡다 tua; bekas; usang; aus; susut.

남 orang lain. 아무 관계 없는 ~ orang yang tidak ada hubungan apapun. ~ 모르는 secara rahasia.

남(男)① (사내) orang lelaki. ② (자식) anak lelaki; putra.

남(南)selatan.~의 (bagian) selatan. ~으로 ke selatan. ~으로 가다 pergi ke selatan.

남(藍) ~색[빛] biru tua.

남국(南國)negara-negara selatan.

남극(南極) kutub selatan. ~의 antartik; tentang kutub selatan. ~광(光) sinar kutub selatan.~ 대륙[권,해] benua [lingkaran,samudra] Antartika. ~성 bintang kutub selatan. ~탐험 ekspedisi Antartika.

남근(男根) zakar; pelir.

남기다 ① meninggalkan;menyisakan. 발자국을 ~ meninggalkan jejak kaki. 이름을 후세에~ meninggalkan nama pada keturunan. ② membuat/mendapat keuntungan. 천원~ mendapat keuntungan 1000 won. 많이 ~ untung besar.

남김없이 keseluruhan; tanpa kecuali.한 사람 ~ sampai orang terakhir.

남녀(男女) lelaki dan perempuan. ~ 노소 할 것 없이 tanpa memandang jenis kelamin maupun umur. ~공학 pendidikan anak lelaki dan perempuan bersama. ~동권 [관계] kesamaan [hubungan] antar jenis kelamin. ~ 유별 perbedaan antar jenis kelamin. ~추니 banci.

남녘(南-) selatan. ~에 di selatan.

남다 ① tinggal; sisa; tersisa. 집에 ~ tinggal di rumah. 이름이~ di kenang(nama). ② (이익이) menghasilkan keuntungan; mendatangkan laba.

남다르다 istimewa; khas; ganjil.

남단(南端) ujung bagian selatan.

남달리 secara luar biasa; secara istimewa. ~노력하다 bekerja lebih keras dari pada yang lain. ~키가 크다 sangat tinggi.

남대문(南大門) gerbang selatan (Seoul).

남동(南東) tenggara. ~풍 angin tenggara.

남동생(男同生) adik lelaki.

남루(襤褸)kain tua; kain rombeng. ~한 gembel; compang-camping.

남매(男妹) saudara laki-laki dan perempuan.

남모르다 tersembunyi; rahasia.

남미(南美) Amerika Selatan(Latin). ~의 berkenaan dengan Amerika Selatan.

남반구(南半球) belahan selatan bumi.

남발(濫發)pengeluaran yang berlebihan. ~하다 mengeluarkan berlebihan. 화폐의 ~ pengeluaran mata uang yang berlebihan.

남방(南方) selatan. ~ 의 bagian selatan. ~샤쓰 kemeja.

남부(南部) daerah bagian selatan. ~제주 Negara-negara Bagian Selatan.

남부끄럽다 merasa malu.

남북(南北)selatan dan utara.~경제 회담 Konferensi Ekonomi Korea Utara-Selatan. ~ 국회 회담 Konferensi Parlemen Utara-Selatan.~ 대화 dialog utara-selatan.~ 적십자 회담 pembicaraan/ konferensi Palang Merah Utara-Selatan. ~전쟁 perang saudara; perang utara-selatan. ~조절 위원회 Komite Koordinasi Utara-Selatan.~체육 회담 pertemuan olah raga antara Korea Utara dan Selatan. ~통일 reunifikasi (Korea) Utara dan Selatan. ~한 교차 승인 pengakuan timbal balik Korea Selatan dan Utara. ~협력 kerjasama Utara-Selatan. ~협상 perundingan Utara-Selatan.

남비 ☞ 냄비.

남상(男相) wajah yang tak keibuan; perempuan dengan raut wajah kelelakian.

남색(藍色) biru tua.

남서(南西) barat daya. ~풍 angin barat daya.

남성(男性) jenis kelamin laki-laki. ~적 jantan; berani; gagah. ~같은 kelelaki-lakian. ~미 cantik maskulin.

남성(男聲)suara laki-laki.~4 중합창 kuartet pria.~합창 paduan suara pria.

남아(男兒) anak lelaki; putera.

남아메리카(南 -) Amerika Selatan.

남아프리카(南-) Afrika Selatan. ~의 berkenaan dengan Afrika Selatan. ~ 공화국 Republik Afrika Selatan.

남양(南洋) laut selatan. ~군도 kepulauan laut selatan.

남용(濫用)penyalahgunaan. ~하다 menyalahgunakan; memakai tidak semestinya. 직권을 ~하다 menyalahgunakan jabatan.

남우(男優) aktor; pelaku.

남위(南緯)lintang selatan. ~ 20 도 30 분 상에 garis lintang selatan 20 derajat 30 menit.

남자(男子)laki-laki;pria;lelaki.~의 sifat laki-laki. ~다운 jantan. ~옷 pakaian lelaki. ~용 untuk lelaki.

남장(男裝)perhiasan pria;dandanan pria. ~하다 berdandan seperti pria. ~미인 keindahan dandanan pria.

남존여비(男尊女卑) dominasi kaum pria atas perempuan.

남진(南進) ekspansi ke selatan. ~하다 maju ke selatan; melakukan ekspansi ke selatan. ~ 정책 kebijakan ekspansi ke selatan.

남짓 ~한 sedikit lebih (di atas). 1 년~ sedikit lebih setahun.

남쪽(南-) bagian selatan; daksina. ☞ 남(南)

남침(南侵) ~하다 menyerbu ke arah selatan.

남탕(男湯) pemandian umum bagian pria.

남태평양(南太平洋) pasifik selatan

남편(男便)suami; laki. ~있는 bersuami.

남풍(南風) angin selatan.

남한(南韓) Korea Selatan.

남해(南海) laut selatan.

남해안(南海岸) pantai selatan.

남행(南行) ~하다 pergi ke selatan. ~열차 kereta api jurusan selatan.

남향(南向)~의 menghadap ke selatan.

남획(濫獲)penangkapan ikan yang berlebihan. ~하다 menangkap ikan secara sembarangan.

납 timah hitam.

납(蠟)lilin.~ 세공 kerajinan lilin. ~

납기(納期)tempo pembayaran. 세금의 ~ tempo pembayaran pajak.

납득(納得)pengertian;pemahaman. ~하다 mengerti; memahami. ~하기 어려운 tidak meyakinkan; sukar di pahami.~시키다 meyakinkan orang.

납땜 pateri; solderan. ~하다 memateri; menyolder. ~인두 besi

pateri/ solderan.
납량(納凉)~하다 menikmati udara sejuk. ~객 pencari udara sejuk.
납부(納付) pembayaran; penyetoran. ~하다 membayar; menyetor. ~자 pembayar; penyetor 분할~ pem-bayaran yang dicicil.
납북(拉北) penculikan ke utara. ~되다 diculik ke utara. ~어부 nelayan yang diculik ke Korea Utara.
납석(蠟石)「鑛」agalmatolit.
납세(納稅) pembayaran pajak.~하다 membayar pajak.~고지서 surat -surat pajak; dokumen pajak. ~액 jumlah pajak. (고액) ~자 pembayar pajak (tinggi).
납입(納入) ~하다 membayar. ~금 uang yang harus dibayarkan. ~품 persediaan.
납작 rata; datar; dengan gerakan cepat. ~코 hidung pesek.
납작하다 rata;kempis;pipih;pesek; tumpul; papak.
납치(拉致)penculikan;pembajakan. ~하다 menculik;membajak.~되다 di bajak; diculik.~범 pembajak; penculik.
납품(納品) pemasokan barang. ~하다 memasok. ~업자 pemasok.
낫 sabit; arit.
낫다 lebih baik; melebihi. 아버지보다 ~ melebihi ayahnya.
낫다 sembuh; pulih; sehat. 병이 ~ penyakit sembuh; sembuh dari sakit.감기가~ sembuh dari influensa.
낭군(郎君)suami (saya); sayangku.
낭독(朗讀)penyuaraan; deklamasi; pembacaan.~하다 melafalkan; mengucapkan. 시를 ~ 하다 membaca sajak.
낭떠러지 tebing.
낭랑(朗朗) ~한 nyaring; merdu.
낭만(浪漫)~적 romantis.~주의 romantisme. ~주의자 orang yang romantis.
낭보(朗報) berita baik.
낭비(浪費) keborosan; pemborosan; kemewahan; keroyalan. ~하다 membuang-buang;boros; menyia-nyiakan; memboroskan. ~적 terbuang (sia-sia); tersia-sia. 시간의 ~ menyia-nyiakan waktu. ~벽 kebiasaan boros. ~벽이 있다 punya kebiasaan boros;berkebiasaan boros. ~자 pemboros.
낭설(浪說) kabar burung; desas desus; kabar angin. ~을 퍼뜨리다 menyebarkan kabar burung. ~을 믿다 mempercayai kabar burung.
낭자(狼藉) kekacauan.~하다 kacau balau. 유혈이 ~하다 bergelimang darah.
낭패(狼狽)kegagalan.~하다 gagal; frustasi.
낭하(廊下) serambi; beranda; koridor; peron. ☞ 복도.
낮 siang; siang hari. ~에 di siang hari.
낮다 rendah; hina.
낮은음자리표「樂」kunci F.
낮잠 tidur siang. ~ 자다 tidur siang.
낮추 menurunkan; merendahkan; melorotkan. 값을~ menurunkan harga.정도를 ~ menurunkan standar.
낮추보다 memandang rendah;me-

remehkan.

낯춤말 bahasa kasar (bahasa yang digunakan kepada orang yang kedudukannya lebih rendah atau lebih muda)

낯① wajah; rupa; roman. 성난~ (으로) dengan roman marah. ~을 씻다 mencuci muka/wajah.②muka; kehormatan. ~을 세워 주다 menyelamatkan muka. ~이 깍이다 kehilangan muka/nama baik.

낯가죽 ~ 두꺼운 tebal muka.

낯간지럽다 malu.

낯두껍다 tebal muka; tidak tahu malu.

낯부끄럽다 malu.

낯설다 tidak kenal; asing.

낯없다 malu sendiri.

낯익다 kenal (dengan).

낱개 potongan. ~로 팔다 menjual dalam potongan.

낱낱이 satu demi satu. ~캐묻다 bertanya secara rinci. ~이름을 들다 menyebutkan nama satu demi satu.

낱말 kata; kosa kata.

낳다 ① melahirkan; beranak. 사내 아이를 ~ melahirkan anak lelaki. ② menghasilkan. 이자를~ menghasilkan bunga.

내 saya (posesif); saya (subyek); saya (resesif). ~것 (kepunyaan) saya.

내...(來) berikut; mendatang. ~주 minggu mendatang.

...내 sepanjang; keseluruhan. 하룻밤~ semalam suntuk. 일년 ~ sepanjang tahun.

...내(內) dalam. 기한 ~에 dalam masa ....

내가다 membawa.

내각(內角) 「幾」 sudut dalam.

내각(內閣) kabinet; pemerintahan. 처칠~ kabinet Churchill. ~을 조직하다 membentuk kabinet; menyusun kabinet. ~개편 perubahan kabinet. ~수반 perdana menteri. ~책임제 pemerintah/kabinet parlementer. ~총사직 pengunduran diri umum kabinet. 연립~ kabinet koalisi.

내걸다① mengibarkan; menggantung. 간판을~ menggantung papan nama. ② mempertaruhkan. 생명을 ~ mempertaruhkan jiwa.

내과(內科) bagian perawatan dalam; bagian internis. ~의(醫) ahli penyakit dalam; dokter spesialis penyakit dalam. ~치료 pengobatan dalam. ~환자 pasien bagian perawatan dalam.

내구(耐久)ketahanan. ~력(성)daya tahan. ~력 테스트 uji ketahanan. ~력이 있는 tahan lama; awet ~재 barang yang tahan lama.

내국(內國) dalam negeri. ~의 domestik; dalam negeri. ~세 pajak dalam negeri. ~우편 pos dalam negeri. ~인 pribumi. ~환(換) valuta dalam negeri. ~환 어음 rekening dalam negeri.

내규(內規) peraturan intern.

내근(內勤)tugas dalam.~하다 bertugas dalam (kantor) ~기자 wartawan tugas dalam. ~경관 polisi tugas dalam.

내기 perjudian; judi; pertaruhan; taruhan. ~하다 bertaruh (pada). ~에 이기다 menang taruhan. (돈) ~ 바둑을 두다 bermain *badug* dengan taruhan uang.

내내 sepanjang; suntuk. 1 년~ sepanjang tahun. 하룻밤 ~ semalam suntuk.

내년(來年) tahun depan; tahun mendatang. ~봄 musim semi yang akan datang. ~이 맘 때 kira-kira waktu ini tahun depan.

내놓다 memperlihatkan; mengeluarkan; mengemukakan; melepaskan; menyumbang; menyajikan ☞ (내다). 창 밖으로 머리를~ menjulurkan kepala keluar jendela. 죄수를 ~ melepaskan/membebaskan tawanan. 팔려고 ~menjajakan untuk dijual. 집을~ menjual rumah. 젖가슴을 ~ bertelanjang dada. 술(마실 것)을~ menghidangkan minuman. 생명을 ~ mempertaruhkan jiwa. (갇힌) 개를~ melepaskan anjing. 거액의 돈을 ~ menyumbang sejumlah besar uang

내다① mengeluarkan.호주머니에서 ~ mengeluarkan dari saku. ② mengerahkan; membangkitkan. 전속력을 ~ mengerahkan kecepatan penuh. 용기를 ~ membangkitkan keberanian. ③ memberi; mengeposkan; mengirimkan; membeberkan; menerbitkan; mengumumkan. 문제를~ memberi pertanyaan/soal. 편지를~mengeposkan surat.원서를 ~ mengirim surat lamaran. 신문에 ~ membeberkan (berita) kepada pers. ④ membuka. 가게를~ membuka toko. 길을~ membuka jalan. 구멍(창문)을 ~ memasang jendela. ⑤ menyajikan; menawarkan; menyuguhkan.차를~menawarkan teh. 한턱~ menjamu. ⑥ menghasilkan; menyebarkan. 인재(人材)를 ~ menghasilkan orang-orang pandai. 사상자를 ~ menderita kecelakaan. ⑦ (소리를) mengeluarkan (suara; sinar,dsb). ⑧ menanamkan (uang); membayar; menyumbangkan. 수업료를~ membayar uang sekolah. ⑨ (시간을) menyempatkan/meluangkan (waktu) ⑩ mengambil. 빚(여권)을 ~ mengambil pinjaman [paspor].⑪ menjual.곡식을~ menjual biji-bijian.

내다보다 melihat ke luar, memandang ke depan; meramalkan. 창 밖을~ memandang keluar jendela. 앞일을~ memandang masa depan; meramalkan masa depan.

내닫다 melejit kedepan.

내달(來-) bulan depan.

내던지다① (밖으로)melempar keluar; membuang. ② meninggalkan; menyerahkan.지위를~ menyerahkan jabatan/kedudukan. 사표를 ~ menyerahkan surat pengunduran diri.

내동댕이치다 ☞ 내던지다.

내디디다 melangkah ke depan; maju; mulai. 인생의 첫발을 잘못~ membuat permulaan yang salah dalam hidup.

내락(內諾) ijin informal/tak resmi. ~하다 memberikan ijin tak resmi.

~을 얻다 mendapat ijin pribadi.
내란(內亂) perang sipil. ~을 일으키다 membangkitkan pemberontakan.
내려가다 turun; menurun; merendah. 언덕을 ~ turun bukit.
내려놓다 meletakkan; membaringkan. 남비를~ mengangkat panci dari api.
내려다보다 ① (밑을) memandang ke bawah. ② (얕보다) memandang rendah; mengabaikan.
내려앉다 turun kedudukan; jatuh pangkat; runtuh; ambruk.
내려오다 turun.
내려치다 memukul ke bawah.
내력(來歷) ① riwayat; karir. ~을 캐다 merunut sampai ke asalnya. ② ☞ 내림.
내륙(內陸) pedalaman.~지방 daerah pedalaman.
내리 ① ke bawah. ~불다 bertiup ke bawah. ~차다 menendang ke bawah. ② terus menerus; berkesinambungan. ~사흘 selama tiga hari berturut-turut. 비가~오다 hujan terus.
내리다 ① turun;rontok;merontok; gugur; berjatuhan; lepas. 연단에서 ~ turun dari mimbar.② (먹은 것이) dicerna; turun. ③ (부기 따위가) susut; menyusut; berkurang; mengurus. ④ (신이) kemasukan (setan). ⑤ (뿌리가) berakar.
내리다 ① menurunkan. 선반에서 책을~ menurunkan buku dari rak. 커튼을~ menurunkan korden. 차에서 짐을~ mengambil bungkusan dari mobil. 불에서 냄비를 ~ mengangkat panci dari api. ② (하사) memberi; menganugerahi. ③ (판결을) memberi (keputusan).
내리막 ① lereng menurun; turunan. ~길 jalan menurun; turunan. ② surutnya;penurunan.~길의 복서 petinju yang popularitasnya turun. 인생의~ surutnya kehidupan; masa usia senja. 더위도 이제 ~이다 panasnya turun.
내림 pewarisan; penurunan.
내림세(- 勢) kecenderungan turun.
내막(內幕) fakta dari dalam. ~을 잘알고 있다 jadi diketahui.
내막(內膜) 『解』 selaput pelapis.
내면(內面) bagian dalam; batin. ~적(으로) secara batiniah. ~관찰 pandangan dari dalam.~묘사 uraian bagian dalam. ~생활 kehidupan batin.
내몰리다 diusir; dikeluarkan.
내무(內務)urusan dalam negeri. ~반 barak; markas. ~부(성) Departemen Dalam Negeri. ~장관 Menteri dalam Negeri.
내밀(內密) ~한 rahasia. ~히 dengan rahasia; secara rahasia.
내밀다① menonjol;menjulur; mencuat. ② menyodorkan; mengulur; mendorong.
내밀리다 didorong keluar.
내방(來訪) kunjungan. ~하다 mengunjungi.
내뱉다 meludah; membura.
내버려두다 membiarkan (sesuatu) sebagaimana adanya; meninggal-

kan sendiri.

내보내다 ① mengirim. 척후를 ~ mengirim pengintai. ② (해고) memecat.

내복(內服) ① ☞ 속옷 ② penggunaan dalam. ~하다 menggunakan untuk di dalam. ~약 obat dalam.

내부(內部) bagian dalam. ~의 dalam. ~에 di dalam. ~분열 perpecahan di dalam. ~사람 orang dalam. ~사정 urusan dalam.

내분(內紛) pertengkaran intern.

내분비(內分泌) sekresi bagian dalam. ~선 kelenjar bagian dalam. ~액 sekresi dalam.

내빈(來賓) tamu. ~석 tempat duduk untuk tamu. ~실(室) ruang resepsi; ruang untuk undangan.

내빼다 kabur; melarikan diri. ☞ 달아나다.

내뿜다 memancarkan; menyembur.

내사(內査) penyelidikan rahasia. ~하다 menyelidiki secara rahasia.

내색 penampakan emosi. ~하다 menunjukkan emosi. ~도 않다 tidak menunjukkan emosi.

내성(內省)mawas diri/ introspeksi diri. ~하다 bermawas diri; berintrospeksi. ~적 bersifat mawas diri.

내성(耐性)toleransi; resistensi. ~균 bakteri yang resisten.

내세(來世) kehidupan yang akan datang; dunia akhirat.

내세우다 ① memberi dukungan; mendukung.후보자를~ mendukung calon. ② mempertahan-kan. ...한 주장을~ mempertahankan bahwa ...

내수(內需) permintaan dalam negeri. ~용 원자재 bahan mentah untuk kebutuhan dalam negeri.

내수면(內水面) perairan darat. ~어업 perikanan darat; perikanan air tawar.

내쉬다 mengembuskan napas; menapaskan.

내습(來襲) serangan; penyerangan. ~하다 menyerang.

내습(耐濕)~의 tahan basah; tahan lembab.

내시경(內視鏡)「醫」 endoskop. ~검사(법) endoskopi.

내실(內室) kamar bagian dalam; ruang wanita.

내실(內實) ~을 기하다 mementingkan isi.

내심(內心) kata hati; lubuk hati. ~으로 secara batiniah.

내야(內野)「野」 lapangan dalam (bisbol). ~수 pemain lapangan dalam (base ball).

내약(內約) ~하다 membuat perjanjian pribadi.

내역(內譯) perincian; rincian.

내연(內緣) pernikahan di bawah tangan. ~의 처 isteri simpanan; isteri gelap.

내연(內燃)pembakaran dalam. ~기관 mesin pembakaran dalam.

내열(耐熱)~의 tahan panas. ~시험 uji ketahanan panas.

내오다 mengeluarkan; membawa keluar.

내왕(來往)kedatangan dan kepergian; lalu lintas. ~하다 datang dan pergi. ☞ 왕래.

내외(內外)suami isteri; pasangan.
내외(內外) ① dalam dan luar; dalam dan luar negeri. ~정세 kondisi dalam dan luar negeri. ② beberapa; kira-kira; sekitar; lebih kurang. 일 주일~ kira-kira seminggu.
내용(內容)isi; muatan; kandungan; volume. 편지~ isi surat. 형식과 ~ bentuk dan isi. ~증명 sertifikat isi.
내용연수(耐用年數) masa pakai; tahun pakai.
내우(內憂)kesulitan dalam negeri. ~외환 kesulitan baik dalam negeri maupun luar negeri; kesulitan dari dalam dan luar.
내월(來月) bulan depan.
내의(內衣)baju dalam; pakaian dalam; singlet.
내이(內耳) telinga bagian dalam. ~염 peradangan telinga bagian dalam.
내일(來日)besok. ~아침[밤]besok pagi[malam].~의 한국 masa depan Korea.
내자(內子) isteri saya.
내자(內資) modal dalam negeri. ~동원 pengerahan modal dalam negeri.
내장(內粧) dekorasi dalam; dekorasi interior. ~공사 「建」 pekerjaan bagian dalam.
내장(內障) 「醫」 katarak.
내장(內臟) organ dalam;usus. ~질환 penyakit dalam.
내전(內戰) perang saudara.
내정(內定) keputusan tidak resmi. ~하다 memutuskan secara tidak resmi. ~되다 diatur secara tidak resmi.
내정(內政)administrasi dalam negeri. ~간섭 campur tangan (asing) dalam urusan dalam negeri.
내정(內情) urusan dalam; urusan intern.
내조(內助) bantuan isteri. ~하다 membantu suami.~의 덕택[공]으로 dengan bantuan isteri.
내주(來週)minggu depan.~의 오늘 hari ini minggu depan.
내주다 memasrahkan; menyerahkan; mendaulatkan.
내주장(內主張)kekuasaan bawahan. ~하다 menguasai suami.
내지(內地) pedalaman; dalam negeri. ~인 pribumi; orang pedalaman.
내지(乃至) dari ... ke ...;antara ... dan ....
내진(內診) pemeriksaan dalam. ~하다 mengadakan pemeriksaan dalam.
내진(來診) ~을 청하다 memanggil dokter.
내진(耐震) ~의 tahan gempa. ~가옥 bangunan tahan gempa.
내쫓기다 dikeluarkan; dipecat.
내쫓다 ① (밖으로) mengeluarkan. ② (해고) memecat; menceraikan.
내출혈(內出血) 「醫」 pendarahan dalam. ~을 일으키다 berdarah di dalam.
내치(內治) ① (내정) administrasi dalam negeri. ②(내과 치료) pengobatan/ perawatan dalam.
내치다 menolak; mengeluarkan.

내키다 sudi; berkenan; mau; suka.
내통(內通) komunikasi rahasia; pengkhianatan. ~하다 berkomunikasi diam-diam dengan; berkhianat. ~자 pengkhianatan.
내포(內包) 「論」 konotasi. ~하다 berisi; melibatkan.
내피(內皮) 「解」 endotelium.
내핍(耐乏)~하다 hidup bersahaja; hidup sederhana ~생활 kehidupan yang sederhana. ~생활을 하다 menjalani hidup yang sederhana.
내한(耐寒)~의 tahan dingin. ~식물 tanaman kuat/keras.
내한(來韓) kunjungan ke Korea. ~하다 mengunjungi Korea.
내항(內港) pelabuhan dalam negeri.
내항(來航) ~하다 bepergian dengan pesawat.
내항선(內航船) pelayaran dalam negeri.
내향(內向) ~적인 사람 introvet. ~성 「心」 introversi.
내화(耐火) ~의 tahan api. ~벽돌 bata tahan api. ~재(材) bahan tahan api.
냄비 panci. ~뚜껑 tutup panci.
냄새 bau; aroma. ~나다 berbau; mengeluarkan bau.
냅다 berasap.
냅다 dengan keras; sekencang-kencangnya. ~달아나다 kabur sekencang-kencangnya.
냇가 tepi sungai.
냉(冷) ① (대하증) keputihan. ② (몸의) badan kedinginan.
냉...(冷) dingin. ~커피 kopi es; kopi dingin.
냉각(冷却) pendinginan. ~하다 mendinginkan. ~기 lemari es; mesin pendingin. ~기간 masa dingin.
냉기(冷氣) dingin; hawa dingin.
냉난방(冷暖房) pengaturan suhu udara,pengatur suhu udara. ~완비 ber-AC
냉담(冷淡) kedinginan; ketidakpedulian; ketidakacuhan. ~한 dingin; masa bodoh; tak acuh. ~하게 dengan dingin; dengan acuh tak acuh.
냉대(冷待) ☞ 푸대접.
냉동(冷凍) pembekuan; pendinginan. ~하다 membekukan; mendinginkan. ~기 lemari es; kulkas. ~선 perahu pendingin. ~어 ikan beku.
냉랭하다(冷冷-)dingin;tidak peduli; masa bodoh.
냉방(冷房) ruangan berpendingin. ~장치 pendingin udara; sistem pendingin.
냉소(冷笑) senyum dingin; cemoohan; cibiran; sinisme. ~하다 mencemoohkan.
냉수(冷水) air dingin. ~ 스럽다 hambar; tawar. ~마찰 dilap dengan handuk dingin/ basah. ~욕 mandi air dingin.
냉엄(冷嚴) ~한 kejam. ~한 현실 kenyataan hidup yang kejam.
냉장(冷藏) penyimpanan dingin; ruangan pendingin.~하다 menyimpanan dalam ruang pendingin. ~고 lemari es;lemari pendingin;kulkas.
냉전(冷戰) perang dingin.

냉정(冷情) ~한 tidak berperasaan; berhati dingin; kejam.

냉정(冷靜) ketenangan. ~한 tenang. ~히 dengan tenang. ~을 잃다 lupa diri.

냉차(冷茶) teh es; teh dingin.

냉철(冷徹) ~한 berkepala dingin.

냉큼 segera; seketika; dengan cepat.

냉하다(冷 -) dingin.

냉해(冷害)kerusakan akibat cuaca dingin.

냉혈(冷血) darah dingin; kesadisan;kekejaman.~의 berdarah (berhati) dingin. ~한(漢) orang yang berhati dingin.

냉혹(冷酷)kekejaman. ~한 kejam; berhati dingin.

너 kamu; anda; engkau. ~의 kamu (posesif). ~에게 kamu (obyek).

너구리 「動」 anjing musang.

너그러이 dengan murah hati. ~ 봐주다 mengabaikan (kesalahan orang).

너그럽다 murah hati. 너그럽게 ☞ 너그러이/ 너그러운태도.

너나없이 ~모두 semua; tiap orang.

너덜너덜 ~한 bekas; usang.

너덧 kira-kira empat.

너르다 lebar; luas.

너머 sisi yang berlawanan;sisi lain. 어깨 ~로 di atas bahu.

너무 terlalu (banyak); terlampau; kelewat; berlebihan. ~진하다 terlalu kental.

너비 lebar. ~가 넓[좁]다 lebar [sempit]. ~가 5 피트다 lebar lima kaki.

너울거리다 melambai-lambai;beralun-alun; mengombak.

너울너울 alunan; pengombakan.

너저분하다 kacau; berantakan.

너절하다 kacau berantakan.

너털웃음 tertawa terbahak-bahak.

너희 kamu; kalian.

넉넉하다 cukup. 살림이~ kaya. 시간이 ~ waktunya cukup.

넉살스럽다 ☞ 넉살좋다.

넉살좋다 tidak tahu malu; tebal muka.

넋 jiwa; nyawa; roh. ~을 위로하다 berdoa untuk ketenangan arwah yang pergi.

넋두리~하다 mengeluhkan; menggerutu.

넌더리 ~나다 muak; jemu. ~대다 membuat muak; membuat jemu.

넌지시 dengan menyindir. ~말하다 menyindir. ~경고하다 memberi peringatan dengan menyindir.

널 ① papan. ~다리 jembatan kayu. ~마루 lantai kayu. ~판장 pagar papan. ② (관) peti mati; keranda ③ (널뛰기의) papan jungkat-jungkit.

널다 membentangkan.

널따랗다 luas.

널뛰기 jungkat-jungkit.

널뛰다 bermain jungkat-jungkit.

널리 dengan luas; jauh dan luas. ~세상에 알려지다 di kenal di seluruh dunia.

널찍하다 ☞ 널따랗다.

넓다①(폭 넓이가)luas;lebar;lapang. ② (마음이) berhati lapang; berdada lapang.

넓이 lebar; ukuran luas; keluasan.
넓이뛰기 lompat jauh. 제자리 ~ lompat jauh tanpa awalan.
넓적다리 paha.
넓적하다 rata (dan luas).
넓히다 memperluas; memperkembangkan. 운동장을~ memperluas lapangan.지식을~ memperluas pengetahuan.
넘겨다보다 melihat dengan iri.
넘겨잡다 menduga; mengira.
넘겨주다 ☞ 넘기다.
넘겨짚다 menebak.
넘기다 ① menyerahkan. 범인을 경찰에~ menyerahkan penjahat ke polisi. ② (넘어뜨리다) melempar. ③ melewati. 기한을~ melewati masa tertentu. ④ (이월) memindah tuliskan.
넘다 ① menyeberangi; melintasi 산을 ~ melintasi gunung. ② (초과) melampaui; melebihi; melewati. ③ (범람) mengalir berlebihan.
넘보다 memandang rendah; meremehkan; menyepelekan.
넘실거리다 bergelombang;bergulung-gulung; beralun-alun.
넘어가다 ① (지나가다) melangkahi; melampaui; melalui; melewati. ② (해 달이) tenggelam. ③ (남의 소유로) jatuh ke tangan ...; jatuh ke.... ④ jatuh ke dalam. 계략에~ jatuh ke dalam perangkap. ⑤ (쓰러지다) rebah; jatuh. ⑥ (음식이) di telan.
넘어뜨리다① (넘어지게하다)menjatuhkan; menumbangkan; rebah; jatuh; runtuh. ② (지우다) mengalahkan. ③ (전복) menggulingkan.
넘어서다 melampaui; melintasi; melewati.어려운 고비를~ melewati masa sulit.
넘어오다 ① (오다) datang melintasi. ② (제 차지로) kembali ke tangan.
넘어지다 jatuh; merosot; roboh; runtuh. (돌에)걸려~ terantuk; kesandung batu.
넘치다 ① meluap; melimpah; melimpah ruah; penuh ruah. 기쁨에~ penuh kegembiraan; kegembiraan meluap. ② (초과) berlebihan.
넝마 kain tua; kain rombeng; baju bekas. ~장수 pedagang kain rombeng; pedagang pakaian bekas. ~주이 pemulung pakaian bekas.
넣다 ① memasukkan; mengisi. 커피에 우유를 ~ memasukkan susu ke dalam kopi.주머니에 손을~ memasukkan tangan ke dalam saku. 이불에 솜을~ mengisi kasur dengan kapas. ② mengirim; memasukkan. 학교에~ mengirim/memasukkan anak ke sekolah. ③ (포함) termasuk; terhitung.
네 ① kamu; anda. ~가 잘못했다 kamu yang salah. ② (kepunyaan) anda. ~아들 putra anda.
네 empat.
...네 우리~ kami (subyek). 그~ mereka (subyek).
네거리 perempatan jalan.
네까짓 ~놈[년] manusia sepertimu.
네댓 empat atau lima; beberapa. ~새 beberapa hari.
네모 persegi. ~난 empat sudut.

~꼴 bangun segi empat.
네온 「化」 neon (ne). ~사인 lampu neon.
네째 keempat.
네트 jaring; rajut; jaring-jaring. ~워크 jaringan.
네활개 ~치다 jalan berlagak.
넥타이 dasi. ~핀 peniti dasi. 나비 ~ dasi kupu-kupu.
넷 empat.
년(年) tahun.
녘 menjelang. 해뜰~menjelang fajar. 동~ arah timur.
노(櫓) dayung. ~를 젓다 mendayung; mengayuh.
노...(老) tua; kuno; lama. ~신사 pria tua terhormat.
노경(老境) lanjut usia. ~에 들다 mulai tua.
노고(勞苦) kerja keras.
노곤(勞困) ~한 lelah; lunglai; lemah.
노골(露骨)~적(的) (으로) (dengan) terus terang.
노구(老軀) tubuh tua. ~를 이끌고 walaupun umurnya tua.
노기(怒氣)rasa marah. ~ 등등하다 murka.
노끈 tali; tambang.
노년(老年) umur tua. ~ 기 masa tua.
노농(勞農) buruh tani. ~ 당 partai buruh tani.
노닐다 berjalan-jalan.
노다지 tambang emas kaya.
노닥거리다 terus mengobrol.
노도(怒濤) gelombang besar.
노독(路毒) kelelahan karena perjalanan.~을 풀다 melepaskan lelah setelah perjalanan.
노동(勞動) kerja kasar; kerja keras. ~하다 bekerja; bekerja keras. ~당(黨) partai buruh; serikat buruh. ~당원 anggota partai buruh. ~력 tenaga kerja. ~문제 masalah tenaga kerja. ~법 Undang-Undang Ketenagakerjaan. ~시간 jam kerja. ~시장 bursa tenaga kerja. ~자 buruh; pekerja. ~자계급 kelas /kaum buruh. 강제~kerja paksa 중~ kerja berat.
노랑 kuning.
노랑이 ① (노란 것) barang yang berwarna kuning. ② (인색한 이) orang pelit; kikir.
노랗다 kuning.
노래 nyanyian; lagu. ~하다 bernyanyi; menyanyi. ~를 잘하다 pintar menyanyi. 피아노에 맞춰 ~ 하다 menyanyi dengan diiringi piano.
노략질(擄掠-) perampasan; penjarahan;pencurian. ~하다 mencuri; merampas; menjarah.
노려보다 membelalak; melotot.
노력(努力) usaha keras; jerih payah.~하다 berusaha keras. 피눈물 나는 ~ berusaha keras. 끊임없이 ~하다 gigih/ tekun dalam berusaha. ~가 pekerja yang ulet. ~상 pemberian hadiah sebagai penghargaan atas usaha.
노력(勞力)kerja;usaha;upaya. ~하다 berusaha; bekerja. ~이 드는일 kerja yang membutuhkan banyak tenaga kerja. ~을 제공하다 menawarkan kerja.

노련(老鍊) ~한 berpengalaman; mahir; pandai; terampil. ~한 선수 pemain yang berpengalaman. ~한 솜씨 keterampilan yang tinggi. ~가 pakar; veteran; bekas prajurit.
노령(老齡) umur tua; umur lanjut.
노루 kijang.
노르스름하다 kekuning-kuningan
노른자(위) kuning telur.
노름 perjudian; pertaruhan. ~하다 berjudi; bertaruh. ~꾼 pejudi; pemain judi. ~판 tempat perjudian.
노릇 bagian; peranan; tugas;fungsi. 선생~ pekerjaan mengajar; mengajar. 간사 ~을 하다 berperan sebagai manajer.
노리개 perhiasan kecil; mainan; main-mainan.
노리다 ① (냄새가) menyengat. ② (다랍다) kikir; pelit.
노리다 mengincar. 기회를 ~ mengincar kesempatan. 이익을 ~ mengincar keuntungan. 목숨을 ~ mengincar nyawa.
노망(老妄) pikun. ~ 하다 menjadi pikun; menjadi lemah karena usia tua.
노면(路面) permukaan jalan.~포장 pengaspalan jalan.
노모(老母) ibu yang sudah tua.
노무(勞務) tenaga kerja; personalia.~관리 manajemen personalia. ~자 pekerja; buruh.
노발대발(怒發大發) ~하다 murka; marah besar.
노벨 ~상 hadiah Nobel. ~상 수상자 pemenang hadiah Nobel; penerima hadiah Nobel. ~평화상 hadiah Nobel untuk perdamaian.
노병(老兵) bekas tentara; veteran perang.
노병(老病) sakit uzur/ usia tua.
노부(老父) ayah yang sudah tua.
노부모(老父母) orang usia lanjut.
노비(奴婢) pelayan pria dan wanita; pelayan rumah.
노사(勞使) majikan dan pekerja; majikan dan buruh. ~관계 hubungan antara pekerja dan majikan. ~분쟁 pertengkaran majikan dan pekerja. ~협의회 perundingan antara majikan dan pekerja.
노상 selalu; sepanjang waktu.
노상(路上) ~에서 di pinggir jalan; di jalan. ~ 강도짓을 하다 melakukan perampokan di jalan raya.
노새 「動」 bagal.
노선(路線) rute; trayek; jurusan; garis. 강경~ garis keras; haluan keras. 버스 ~ rute pelayanan bus; trayek bus. 정치~ garis haluan politik.
노소(老少)muda dan tua; berumur dan remaja. ~를 막론하고 tanpa perbedaan usia.
노송(老松)pohon cemara tua; pohon pinus tua.
노쇠(老衰) tua renta; tua bangka. ~하다 menjadi tua renta. ~기(期) masa tua.
노숙(老熟) ~하다 mencapai kedewasaan; dewasa; matang; berpengalaman.
노숙(露宿) berkemah di alam ter-

buka.~하다 tidur di udara terbuka; berkemah.

노심초사(勞心焦思) ~하다 gelisah; khawatir.

노안(老眼) 「醫」 presbiopi; mata tua; rabun. ~의 presbiopis. ~이 되다 menjadi rabun karena usia tua. ~경 kacamata untuk orang tua; kacamata plus.

노약(老弱) ~자 orang tua.

노여움 kemarahan; kejengkelan. ~을 사다 membangkitkan kemarahan; memancing kemarahan.

노여워하다 merasa terluka; merasa tersinggung.

노역(勞役) kerja keras. ~하다 bekerja keras.

노염 marah; sakit hati. ~을 사다 membangkitkan kegusaran; membangkitkan kemarahan. ~타다 mudah tersinggung.

노엽다 tak enak perasaan; marah; terluka hati.

노예(奴隸) budak; sahaya; hamba. ~같은 seperti budak. ~근성 jiwa budak. ~매매 perdagangan budak. ~해방 pembebasan/ kemerdekaan budak.

노이로제 sakit saraf; neurosis. ~환자 penderita sakit urat saraf.

노익장(老益壯) ~을 자랑하다 membanggakan tenaga tua yang kuat.

노인(老人)orang tua;manula;orang lanjut usia. 대한 ~회 perhimpunan warga negara senior Korea. ~병 penyakit geriatrik; penyakit lanjut usia.

노인복지(老人福祉) kesejahteraan manula.

노임(勞賃) upah. ~인상[인하] kenaikan [penurunan] upah. ~투쟁 perjuangan (kenaikan) upah.기본~ upah dasar.실질[명목]~ upah bersih [nominal]. 최저[최고] ~ upah minimum [maksimum].

노장(老壯) ~파 kelompok tua; anggota lama.

노장(老將)veteran. ~선수 pemain veteran.

노적가리(露積-) tumpukan padi.

노점(露店) kios kaki lima; kios pinggir jalan. ~가(街) tempat pedagang kaki lima.

노점(露點) 「理」 titik embun.

노점상(露店商) pedagang kaki lima.

노조(勞組) serikat kerja; perkumpulan/serikat dagang(☞노동 조합). ~간부 para pimpinan serikat buruh. ~원 anggota serikat buruh.

노처녀(老處女) perawan/ gadis tua.

노천(露天) (udara)terbuka.~굴(掘) tambang terbuka. ~극장 teater terbuka. s

노총각(老總角) bujang tua.

노출(露出) pembukaan; pencahayaan. ~하다 membuka; menyenter. ~된 telanjang; bertelanjang. ~계 「寫」 meteran cahaya di alat pemotret.

노친(老親) orang yang lanjut usia.

노크 ketukan. ~하다 mengetuk.

노트 「海」 knot (ukuran kecepatan kapal).

노트 catatan; buku catatan. ~하다 mencatat.
노티(老-) tanda-tanda ketuaan; kelihatan tua. ~가 나다 kelihatan lebih tua dari usianya.
노파(老婆)wanita tua. ~심 kekhawatiran menjadi tua yang berlebihan.
노폐(老廢) kadaluarsa;tidak terpakai/ habis masa pakai. ~하다 di buang; tidak dipakai. ~물 barang yang kadaluarsa; barang bekas.
노폭(路幅) lebar jalan.
노하다(怒 -) menjadi marah; menjadi sakit hati; menggila.
노화(老化) penuaan. ~현상 gejala usia tua/ uzur.
노환(老患) kelemahan umur tua; sakit tua.
노획 penangkapan. ~하다 menangkap; merampas; menjarah; menawan. ~물 barang rampasan.
노후(老朽)~한 tua; kuno; usang; aus; barang yang tak berguna;kadaluarsa.~선박 [차량] kapal [mobil] tua. ~시설 peralatan yang sudah tua.
노후(老後) hari tua;masa tua. ~의 낙 pelipur di hari tua.
녹(祿) gaji.~을 먹다 menerima gaji; makan gaji.
녹(綠) tahi besi; karat; (☞ 동록). ~슨 karatan. ~슬다 berkarat.
녹각(鹿角) tanduk rusa/ kijang.
녹내장(綠内障) 「醫」 glaukoma.
녹다① (물체가) larut; hancur; luluh; menjadi cair;lebur. ②(주색.잡기에) kecanduan; kasmaran. ③ (좌절) patah hati; putus asa. ④ (몸이) menjadi hangat.
녹다운 *knock-down*. ~시키다 memukul jatuh.
녹두(綠豆)kacang hijau. ~묵 selai kacang hijau.
녹말(綠末) pati; kanji. ~질(質)의 yang mengandung zat tepung/ bersari pati.
녹색(綠色) hijau.
녹아웃 *knock-out*, KO. ~시키다 memukul roboh; memukul KO.
녹용(鹿茸) tanduk rusa muda.
녹음(綠陰) bayangan pohon.
녹음(錄音) ~하다 merekam;merekamkan.~방송하다 menyiarkan rekaman. ~기 tape recorder; alat perekam. ~실 ruang rekaman. ~재생 playback. ~테이프 pita rekaman. ~판 piringan hitam. 가두(街頭) ~ rekaman di jalan.동시~ rekaman langsung.
녹이다① (녹게함)mencairkan; melarutkan; meleburkan; meluluhkan. ② (뇌쇄하다) mempesonakan; memikat;menarik hati.③ (몸을)menghangatkan badan.
녹차(綠茶) teh hijau.
녹초 ~가 되다 terkuras; amat letih.
녹화(綠化)penghutanan (kembali). ~하다 menanam pohon.~운동 kampanye penanaman pohon.
녹화(錄畵)perekaman. ~하다 merekam di dalam video. ~방송 film siaran televisi.
논 sawah. ~도랑 selokan di sawah; tali air.
논(論) pendapat; diskusi; kritikan;

debat; karangan; risalat; pembicaraan. ☞ ...론(論), 논하다.

논갈이 membajak; menggembala. ~하다 membajak [meluku] sawah.

논객(論客)kritikus;kontroversialis

논거(論據) dasar pendapat (argumentasi). ~가 확실하다 (memiliki) dasar pendapat yang pasti. ...의 ~가 되다 memberikan pendapat untuk ... .

논고(論告) pidato jaksa/penuntut; penuntutan.김검사의 ~는 준엄했다 pidato jaksa Kim pedas dan tajam.

논공(論功)~하다 mempertimbangkan jasa; menilai dinas. ~ 행상 penghargaan atas jasa-jasa. ~행상하다 menghadiahkan sesuai dengan jasa; menganugerahkan dengan penghargaan.

논두렁 pematang sawah. ~길 jalan pematang.

논란(論難) kecaman; pengaduan; celaan; tuduhan. ~하다 mengecam; mencela; melaporkan; mengadukan.

논리(論理) logika. ~적(으로) (secara) logis.~학 ilmu logika. ~학자 ahli logika.

논문(論文)tesis; disertasi; artikel; paper/makalah.~집 kumpulan risalah. 박사~ disertasi doktor. 졸업~ tesis kelulusan; skripsi.

논문서(- 文書) sertifikat hak milik sawah.

논물 air sawah. ~을 대다 mengairi sawah.

논박(論駁)pembantahan;penyangkalan; pencelaan. ~하다 menyangkal; menyerang; membantah.

논법(論法) pemikiran; pertimbangan. 삼단 ~ silogisme.

논설(論說)artikel; karangan; tajuk rencana. ~란(欄) kolom editorial; kolom tajuk rencana. ~위원 pemimpin redaksi.

논술(論述) statemen; pernyataan. ~하다 memberikan statemen/ pernyataan; menyatakan.

논의(論議)diskusi; argumen; perdebatan. ~하다 membahas; mendiskusikan;memperdebatkan. ~중이다 dalam diskusi. ~할 여지가 없다 tidak perlu diperdebatkan.

논쟁(論爭)perselisihan;pertikaian; percekcokan; pertengkaran. ~하다 bertikai; berselisih; bercekcok; bertengkar.

논점(論點) pokok isu dalam permasalahan/dalam diskusi.

논조(論調) nada argumen.신문의~ komentar pers.

논죄(論罪) ~하다 mengecam.

논지(論旨) tema; dasar cerita;pokok pikiran; subyek; tajuk; topik. ~를 명백히 하다 menjernihkan pokok permasalahan.

논평(論評) kritikan; ulasan; tanggapan; komentar. ~하다 mengomentari; mengupas; membahas; mengkritik.

논픽션 kisah nyata; non fiksi. ~작가 pengarang non fiksi.

논하다(論 -) berdiskusi; berbicara (tentang); membahas.

놀 senja. 저녁~ senja kala.

놀다 ① (유희)bermain-main. ② (휴

식) beristirahat; berhenti bekerja. ③ (유흥) bersukaria; bergembira ria. ④ (움직임) longgar.

놀라다 ① (경악) terperanjat; terkejut; kaget. ② kagum. 아무의 용기에 ~ kagum pada keberanian/keteguhan hati.

놀라움 kekaguman; keheranan.

놀랍다 mengagumkan; mengejutkan; mengherankan.

놀래다 mengagetkan;mengejutkan; membuat heran.

놀리다① (조롱)mencemooh;memperolok; mengejek; mencibirkan; mengolok-olok.②(놀게하다) membiarkan bermain; (쉬게하다) memberi libur. 공장을~ membiarkan pabrik menganggur. ③ (움직임) menggerakkan; mengoperasikan; menjalankan.

놀림 ejekan; penghinaan.~감[거리] sasaran ejekan;bahan olok-olokan. ~감이 되다 ditertawakan;menjadi bahan olok-olokan; menjadi sasaran ejekan.

놀이 permainan; olah raga; liburan; rekreasi. ~꾼 orang yang bersuka ria; orang yang berpiknik. ~터 lapangan bermain; tempat beristirahat (liburan).

놈 orang laki-laki; pria (kata-kata makian).

놈팡이 gelandangan; orang yang bermalas-malasan; (건달) pacar.

농(弄) lelucon; senda gurau; olok-olok.(반)~으로 setengah bergurau.

농(膿) nanah. ☞ 고름.

농가(農家) rumah petani.

농간(弄奸)akal muslihat;kelicikan; tipu daya. ~(을)부리다 menggunakan akal muslihat pada yang lain; menjalankan rencana jahat.

농경(農耕) perkebunan/pertanian.

농공(農工) pertanian dan industri.

농과(農科) fakultas pertanian. ~대학 institut pertanian.

농구(農具) peralatan pertanian; perkakas pertanian.

농구(籠球) bola basket; bola keranjang.~선수 pemain bola basket.

농군(農軍) petani.

농기구(農機具) mesin dan peralatan pertanian.

농담(弄談) lelucon; senda gurau; canda. ~ 하다 membuat lelucon; bersenda gurau; berjenaka. ~으로 untuk melucu; untuk lelucon.

농도(濃度)kepekatan(warna); kekentalan (kuah); konsentrasi.

농땡이 pemalas; sedikit kerja.

농락(籠絡)~ 하다 menyandiwarakan; mempermainkan.

농민(農民) kaum petani; kaum tani. ~ 보조금 subsidi pertanian.

농번기(農繁期) musim tanam.

농부(農夫) petani; peladang; pesawah.

농사(農事)pertanian; perkebunan; penanaman; tanam-menanam. ~하다[짓다] bertani; bercocok tanam; mengerjakan lahan. ~시험장 balai percobaan pertanian; kebun percobaan.

농산물(農産物) hasil pertanian; hasil tani; hasil bumi. ~가격 harga hasil pertanian.

농수산(農水産) pertanian dan perikanan. ~물 hasil pertanian dan perikanan. ~부 departemen pertanian dan perikanan.
농아(聾啞) tuli dan bisu. ~학교 sekolah tuli bisu.
농악(農樂) instrumen musik petani. ~대 orkes petani.
농약(農藥) bahan kimia pertanian.
농어촌(農漁村) desa tani.
농업(農業) pertanian; usaha tani. ~국[정책]negara[kebijakan] agraris/ pertanian. ~기술 teknik pertanian. ~인구 populasi tani. ~학교 sekolah pertanian. ~협동조합 kerja sama masyarakat petani; rukun tani. 집약~ pertanian intensif. 보고르~연구소 Institut Pertanian Bogor.
농예(農藝) pertanian. ~화학 ilmu kimia yang berhubungan dengan pertanian; ilmu kimia pertanian.
농우(農牛) kerbau pembajak (sawah).
농원(農園) perkebunan.
농익다(濃 -) terlalu masak; terlalu matang.
농작(農作) usaha tani. ~물 hasil pertanian; panen.
농장(農場)lahan pertanian; kebun; ladang; usaha tani. 집단~ pertainan kolektif.
농정(農政) kebijakan pertanian.
농지(農地) tanah pertanian. ~개량 perbaikan tanah pertanian ~제도 sistem pertanian.
농지거리(弄 -) senda gurau.
농촌(農村)desa pertanian;pedesaan. ~개량 pembaruan pedesaan. ~문제 masalah pedesaan.
농축(濃縮)pengkonsentrasian;pemekatan.~하다 mengentalkan;memekatkan.
농토(農土)sawah;tanah pertanian; ladang; kebun; persawahan.
농학(農學)ilmu pertanian. ~과 fakultas pertanian. ~사[박사] sarjana [doktor] bidang pertanian.
농한기(農閑期) masa tidak bertani.
농후(濃厚)~한 kental (cairan,warna).
높낮이 tinggi rendah; keadaan tidak rata; bergelombang.
높다 ① (장소.높이) tinggi.② tinggi; luhur. 뜻이 ~ tinggi angan-angan. ③ (음성) tinggi (suara). ④ tinggi; mahal. 물가가~ Harga-harga mahal. ⑤ (비율.도수가) kuat; tinggi.
높다랗다 sangat tinggi.
높이 ketinggian.~가 5 미터이다 ketinggian lima meter;tinggi 5 meter. 하늘~ (날다) (terbang) tinggi di angkasa. ~ 쳐들다 mengangkat tinggi.
높이다(높이)meninggikan;(질) meningkatkan; memperbaiki. 질을~ meningkatkan mutu.
높이뛰기 loncat tinggi.장대~ lompat galah. 제자리~ loncat tinggi tanpa ancang-ancang.
높직하다 cukup tinggi.
놓다① meletakkan;menaruh; menempatkan. 책상 위에~ meletakkan di atas meja. ② melepaskan; membebaskan. 잡은 손을 ~ mele-

paskan pegangan. ③ membangun; mendirikan; memasang. 전화를 ~ memasang telepon. 강에 다리를~ membangun jembatan di atas sungai. ④ (총포를) menembakkan; mematikan. ⑤ (불을) membakar. ⑥ (마음을) menentramkan; membuat jadi merasa lega hati. ⑦ (주판을) menggunakan. ⑧ menyutikkan; memberikan suntikan. 침을 ~ menjarumi; menerapkan tusuk jarum. ⑨ (자수) menyulam. ⑩ (사람을) mengirim (orang). ⑪ membiarkan. 문을 열어~ membiarkan pintu terbuka.

놓아주다 melepaskan (burung); membebaskan (tawanan).

놓이다 ①(얹히다) di taruh; ditempatkan; diletakkan. ② (마음이) menjadi tenteram; merasa lega; merasa bebas.

놓치다 terlepas dari pegangan; jatuh; membiarkan pergi; membiarkan melarikan diri.

뇌(腦) otak; pemikiran. ~의 otak. ~의 손상 kerusakan otak. ~병원 rumah sakit jiwa.

뇌관(雷管) sumbu mesiu; detonator. ~장치 pasangan detonator.

뇌리(腦裡) ~에 떠오르다 terlintas dalam pikiran. ~에서 떠나지 않다 terbayang-bayang dalam ingatan.

뇌막(腦膜) 「醫」 selaput otak. ~염 radang selaput otak; penyakit otak.

뇌물(賂物)uang sogok; uang suap; uang semir. ~을 주다 (쓰다) menyogok; menyuap; memberi uang suap. ~을 먹다 makan sogokan.

뇌병원(腦病院) rumah sakit jiwa/RSJ.

뇌빈혈(腦貧血) 「醫」 serangan anemia otak.

뇌사(腦死) kematian otak.

뇌성(雷聲) suara guruh; halilintar; petir; geledek.

뇌쇄(惱殺) ~하다 mengagumkan; mempesonakan;menarik hati; memikat.

뇌수술(腦手術)pembedahan otak; bedah otak (saraf).~하다 melakukan operasi pada otak.

뇌신경(腦神經) saraf kepala (otak). ~ 의과 bagian bedah saraf.

뇌염(腦炎) radang otak; encephalitis.

뇌염경보(腦炎警報) peringatan terhadap berjangkitnya penyakit radang otak (Jepang).

뇌염모기(腦炎-) nyamuk culex.

뇌염증세(腦炎症勢) gejala-gejala radang pada otak.

뇌염환자(腦炎患者) penderita radang otak. ~로 확인되다 dikonfirmasikan kena radang otak.

뇌우(雷雨) hujan angin ribut disertai petir dan guruh.

뇌일혈(腦溢血) 「醫」 pendarahan otak. ~을 일으키다 mengalami pendarahan otak.

뇌장애(腦障碍) gangguan otak; kerusakan otak. ~를 일으키다 menderita gangguan otak

뇌종양(腦腫瘍) tumor otak.

뇌진탕(腦震蕩) 「醫」 gegar otak.

뇌척수(腦脊髓) ~막염 「醫」 radang cairan otak.

뇌출혈(腦出血) pendarahan otak.

뇌충혈(腦充血)『醫』penyumbatan aliran darah karena terjadi penyempitan pembuluh darah.

뇌파(腦波)『醫』gelombang otak. ~검사 tes gelombang otak.

뇌하수체(腦下垂體) kelenjar otak; kelenjar pituitari.

누(累) kesulitan;keterlibatan;kejahatan.~를 끼치다 membawa kesulitan (bagi); melibatkan.

누(壘)『野』bidai (dalam bisbol).

누각(樓閣) menara; kastil istana. 공중 ~ khayalan kosong.

누계(累計) jumlah; kumpulan; total. ~하다 menjumlahkan.

누구 ① (의문) siapa; siapa(punya); siapa (obyek). ② (부정(不定) seseorang; siapapun; barang siapa; apa saja.

누그러뜨리다 melembutkan; menyurutkan; meredakan.

누그러지다 lunak; melemah; mereda; berkurang; surut.

누글누글하다 lunak; lembek; liat.

누긋하다 lembut; tenang; kalem.

누기(漏氣) kelembaban. ~찬 basah; lembab.

누나 kakak perempuan.

누누이(屢屢 -)berkali-kali; berulang-ulang.

누다 mengosongkan isi perut;buang air.

누대(屢代) generasi turun temurun berturut-turut. ~에 걸쳐 dari generasi ke generasi.

누더기 kain buruk; sobekan kain buruk. ~를 걸친 사람 orang yang memakai kain compang-camping.

누드 bugil; telanjang. ~사진 foto telanjang.

누락(漏落) penghilangan; ~하다 menghilangkan (beberapa kata).

누란(累卵) ~의 위기 dekat dengan bahaya.

누렇다 kuning keemasan.

누룩 ragi; malt.

누룽지 kerak nasi; nasi hangus.

누르다 kekuning-kuningan; pucat.

누르다 ① (내리누름) menekan; menindih.돌로 ~ memakai batu sebagai pemberat. ② (억제) menekan; menguasai; menindas; mengalahkan; menundukkan.

누르스름하다 kekuning-kuningan.

누릇누릇하다 kuning; bintik kuning.

누리 dunia.

누리다 menikmati; dikaruniai. 건강을 ~ menikmati kesehatan yang baik. 장수를 ~ menikmati umur panjang.

누명(陋名) ~을 쓰다 dituduh keliru;dirusak nama. ~을 씻다 membersihkan nama baik.

누범(累犯) pelanggaran berulang. ~자 pelanggar lama.

누비 pelapisan. ~이불 selimut kapas. ~옷 pakaian yang dilapisi.

누설(漏泄) kebocoran; pembocoran. ~하다 membocorkan. 기밀을 ~하다 membocorkan rahasia. 군기 ~ pembocoran rahasia militer.

누수(漏水) tirisan air.

누습(漏濕) ~한 lembab; basah.

누에 ulat sutera. ~를 치다 memelihara/membudidayakan ulat sutera. ~ 고치 kepompong. ~ 나방 ngengat ulat sutera. ~똥[씨] telur ulat sutera.

누옥(陋屋)rumah yang sederhana; (pondok, gubuk).

누워떡먹기 tugas yang mudah.

누이 saudara perempuan; kakak perempuan; adik perempuan.

누이다 ① ☞ 눕히다. ② (대소변을) menyuruh (anak) kencing. ③ (피륙을) merebus (kulit).

누적(累積)penumpukan; pengumpulan; penghimpunan; penimbunan. ~하다 menumpuk; mengumpulkan; menghimpun; menimbun.

누전(漏電) hubungan pendek. ~하다 berhubungan pendek; konslet. ~에 의한 화재 kebakaran karena konslet.

누진(累進)kenaikan pangkat(tingkat)secara bertahap.~적(으로) secara bertahap. ~(과)세 pajak progresif.

누차(屢次)berulangkali; berulang-ulang.

누추(陋醜)~한 kotor; dekil; jorok.

누출(漏出) ~하다 bocor; tiris.

눅다 (값이) turun harga; (날씨가) menghangat (cuaca).

눅다 lunak dan encer;lembek (adonan); lunak (sifat).

눅이다 ① (부드럽게) melunakkan; memperlunak. ② (마음을) menenangkan; meredakan (kemarahan). ③ (촉촉이) membasahkan; melembabkan.

눈 ① 『解』 mata. ~이 큰[푸른] bermata[biru] besar.~깜짝할 사이 dalam sekejab mata. ~이 아프다 sakit mata. ~을 뜨다 [감다] membuka [menutup] mata. ~에 티가 들다 kemasukan debu di mata. ~에 선하다 terbayang-bayang di mata. ~에 들다 menyenangkan hati. ~밖에 나다 tidak menyenangkan hati. ② pandangan; mata. 부러운 ~으로 보다 elihat dengan pandangan iri. ③ penglihatan. ~이 좋다 [나쁘다] memiliki penglihatan yang baik [buruk].④perhatian; pengawasan. 을 속여[~에 띄지 않게] menyilap mata.~에 띄다[~을 끌다]menarik perhatian; atraktif. ⑤ sudut pandang. 서양 사람의 ~으로 보면 dari sudut pandang Barat. ⑥ mata(ahli);penilaian. 전문가의 ~ penilaian ahli; mata pakar. ~이 높은 selera tinggi. 사람을 보는 ~이 있다 ada mata untuk (menilai) sifat orang.

눈 ① skala; timbangan. 저울 ~을 속이다 menipu timbangan. ② (나무의 싹) tunas; pucuk; kecambah. ~트다 bertunas; berkuncup; berkecambah; bertaruk.③ mata rajut; jahitan/ tisikan. ~이 성긴 [촘촘한] mata rajut lebar [halus].

눈 salju; hujan salju. ~길 jalan bersalju. ~을 이고 있는 diselimuti salju. ~같이 흰 putih seperti salju. ~을 맞다 kena salju. ~이 온다 salju turun.

눈가리개 pembalut mata.~를 하다 membalut mata.

눈가림 penipuan;kecurangan;mus-

lihat. ~하다 memperdayakan; menyembunyikan; menutupi. ~으로 일하다 bekerja dengan curang.
눈감다① (눈을) memejamkan mata; menutup mata. ② (죽다) meninggal; menghembuskan napas terakhir.
눈감아주다 mengabaikan; membiarkan.
눈곱 tahi mata. ~이 끼다 bertahi mata.
눈금 skala (tanda). ~을 매기다 menandai dengan skala; menskala.
눈꺼풀 kelopak mata;pelupuk mata
눈꼴사납다 menjijikkan; tidak sedap dipandang mata.
눈높다 mata tinggi; selera tinggi.
눈대중 perkiraan kasar. ~하다 mengukur (memperkirakan) dengan mata.
눈독 ~을 들이다 mengincar.
눈동자(- 瞳子) pupil mata; anak mata.
눈두덩 alis. ~이 붓다 bermata bengkak.
눈뜨다 ① (눈을) membuka mata; bangun. ② (깨닫다) sadar; terbuka mata (akan).
눈뜬장님 orang yang buta huruf; tuna aksara.
눈망울 bola mata.
눈맞다 jatuh cinta satu sama lain.
눈맞추다 saling memandang satu sama lain; bermain mata.
눈매, 눈맵시 pandangan mata.사랑스런운~ mata yang mempesona.
눈멀다 menjadi buta; buta; kehilangan penglihatan; dibutakan oleh.
눈물 air mata. ~겨운 이야기 cerita yang menyedihkan. ~에 젖은 얼굴 wajah yang berlinang air mata. ~이 나다 air mata berlinang. ~어리다 air mata menggenang; mata berkaca-kaca. ~짓다 menangis; mengeluarkan air mata.~을 흘리다 berurai air mata. ~을 닦다 mengusap air mata. ~을 참다 menahan air mata.
눈바람 angin dan salju; badai salju.
눈방울 bola mata yang terbelalak.
눈병(- 病)penyakit mata;gangguan mata.
눈보라 topan/ badai salju.
눈부시다①menyilaukan;bersinar-sinar. 눈부시게 희다 putih menyilaukan. ② (빛나다) cemerlang;brilian.
눈빛 sinar mata; sorot mata. 애원하는 듯한 ~ sinar mata memohon.
눈사람 orang-orangan salju. ~처럼 커지다[불어나다] membesar seperti bola salju.
눈사태(- 沙汰) longsoran salju.
눈살 ~을 찌푸리다 mengernyitkan alis.
눈설다 tidak akrab; asing.
눈속이다 melemparkan abu di mata; menipu; memperdaya.
눈속임 penipuan; tipu daya.
눈송이 kepingan salju.
눈시울 ~이 뜨거워지다 (menjadi) panas di mata.
눈싸움 perang-perangan bola salju
눈썰미~가 있다[없다] cepat [lambat] belajar sesuatu.
눈썹 alis mata. 굵은 ~ alis mata

yang tebal. ~을 그리다 pensil alis.

눈알 bola mata; biji mata.

눈앞 depan mata. ~에서 di depan mata; dihadapan ... ~에 닥치다 dalam jangkauan.

눈어림 ☞ 눈대중.

눈엣가시 penyakit mata; nyeri di mata.

눈여겨보다 mengamati dengan cermat; memperhatikan dengan teliti.

눈요기(-療飢)~하다 cuci mata.

눈인사(-人事) ☞ 목례.

눈자위 lingkaran mata.

눈짓 kerdipan; kejapan. ~하다 mengedip (pada); mengejapkan mata (pada).

눈초리 ekor mata; sudut mata.

눈치~보다 mempelajari kesenangan (seseorang); membaca air muka orang; membaca situasi. ~ 채이다 menimbulkan(membangkitkan) kecurigaan; dicurigai. ~가 빠르다 cerdas; cepat tanggap. ~가 없다 tidak tanggap.

눈코뜰새없다 sangat sibuk.

눌리다 ditekan; dipaksa.

눌리다 terbakar; hangus.

눌변(訥辯) gagap dalam bicara.

눌어붙다① (타서) gosong dan melekat.② (한군데에) tetap tinggal

눌은밥 nasi yang hangus; nasi yang gosong.

눕다 merebahkan diri; berbaring. 자리에~ berbaring di tempat tidur.

눕히다 membaringkan. 자리에 ~ membaringkan di tempat tidur.

뉘 siapa (kepunyaan).

뉘앙스 nuansa. 말의 ~ bayangan perbedaan dalam makna/ungkapan.

뉘엿거리다① (해가)hampir tenggelam; hampir terbenam. ② (뱃속이) merasa mual/ nausea.

뉘우치다 menyesali. 잘못을 ~ menyesali kesalahan.

뉴스 berita. ~ 방송 siaran warta berita. ~ 밸류 nilai berita. ~영화 film warta berita. ~해설 komentar/ ulasan berita. ~해설자 komentator berita.

뉴트론 「理」 netron.

느글거리다 merasa mabok; merasa mual.

느긋하다 puas (dengan); merasa lega.

느끼다 ① merasa; menjadi tahu; sadar(akan). 고통 [공복]을 ~ merasa sakit [lapar].불편을 ~merasa menyusahkan. 어려움을 ~ merasa kesulitan. ② terkesan; tersentuh (oleh). 비애를 ~ merasa sedih. ③ ☞ 흐느끼다

느끼하다 terlalu berlemak.

느낌 kesan;perasaan;sentuhan. ...한 ~을 주다 memberi kesan; mengesankan. ☞ 감탄사, 감탄부호.

느닷없이 mendadak; tiba-tiba; tak terduga.

느리광이 orang yang terlambat.

느리다 ① (움직임이) lambat; telat mikir. ② (짜임새가) lepas; longgar; goyah.

느릿느릿 pelan-pelan;lambat laun.

느슨하다 kendur; longgar.

느지감치 lebih lambat dari biasa.

느지막이 ☞ 느지감치.

느지막하다 agak lebih lambat.
느티나무 「植」 pohon zelkova.
늑간(肋間) ~ 신경통 nyeri di-antara tulang rusuk.
늑골(肋骨) tulang rusuk; iga.
늑대 serigala; jakal.
늑막(肋膜)selaput paru-paru. ~염 birsam; radang selaput paru-paru.
늑장부리다 membuang-buang waktu. ~가 기회를 놓치다 menyia-nyiakan kesempatan.
늘 ☞ 언제나.
늘그막~에 tahun-tahun terakhir kehidupan; masa senja.
늘다 ① naik; bertambah; meningkat. 10 이 ~naik sepuluh. 회원이~ bertambah anggota. 체중이 ~ naik berat badan. ② maju; meningkat. 영어가 ~ membuat kemajuan dalam bahasa Inggris.
늘름 dengan cepat. ☞ 날름.
늘리다 menambah;memperbanyak; menaikkan; memperbesar. 인원을 ~ menambah personil. 복용량을 ~ menambah dosis.
늘비하다 dideretkan; dijajarkan.
늘씬하다 langsing; ramping. 키가 늘씬한 미인 gadis cantik; ramping bagai bunga bakung.
늘어가다 bertambah terus.
늘어나다① berkembang; memanjang.고무줄이 ~ gelang karet memuai. ② bertambah; naik.
늘어놓다① (배열) mengatur; menyusun; menjajarkan;memperagakan. ② (산란) berserakan; berantakan. ③ (열거) menyebutkan satu demi satu; mendaftarkan.
늘어서다 berdiri dalam barisan; berbaris.두 줄로 ~ berbaris dua-dua.
늘어지다① (길어지다) memperpanjang; memanjang. ② (처지다) menggantung; menguntai; menjuntai. ③ (몸이) terkulai; terkulai lesu. ④ (팔자가) hidup dalam kesenangan.
늙다 bertambah tua; menua.
늙다리 jompo; tua.
늙수그레하다 hampir tua; ketua-tuaan.
늙어빠지다 tua bangka.
늙은이 orang tua.
늠름하다(凜凜-) gagah; berwibawa; bermartabat.
능(陵) makam raja yang besar dan indah.
능가(凌駕) ~하다 mengungguli; mengalahkan; melewati; melebihi. 젊은이를 ~하다 melebihi yang muda.
능글능글하다 acuh tak acuh; tak peduli.
능금 apel.
능동(能動) ~적 aktif. ~태 「文」 bentuk aktif.
능란(能爛)~한 mahir; pandai; ahli; cakap. ~하게 dengan cerdik; dengan mahir. 말솜씨가 ~하다 fasih berbicara.
능력(能力)kemampuan;kecakapan; kesanggupan.~ 상실자 orang yang kurang cakap. ~자 ahli.
능률(能率)ketepatgunaan;efisiensi. ~적 efisien; tepat guna. 비 ~적 tidak efisien. ~을 올리다 [낮추다]

meningkatkan [menurunkan] efisiensi. ~급(給) pembayaran efisiensi.~저하[증진]penurunan [peningkatan; perbaikan]efisiensi.

능멸(凌蔑)~하다 mencela; menghina; memandang rendah.

능사(能事) pekerjaan yang cocok.

능수(能手) kemampuan; kesanggupan; kecakapan; ahli; veteran; pakar.

능숙(能熟) keterampilan; kecakapan. ~한 terampil; mahir; berpengalaman. ~해지다 menjadi terampil; memperoleh pengalaman.

능욕(凌辱)perkosaan.~하다 memperkosa;menggagahi. ~ 당하다 diperkosa; digagahi.

능청 penyembunyian; akal bulus; tipu muslihat. ~떨다[부리다] menyembunyikan;pura-pura tak berdosa. ~이 orang yang lihai; orang yang licik.

능청거리다 melentur.

능청스럽다 cerdik; lihai; pandai berpura-pura.

능통(能通) ~하다 mahir; pandai; cakap....에 ~하다 mahir; pakar; ahli.

능하다(能 -) mahir;pandai;pakar; ahli. 영어에 ~ mahir dalam bahasa Inggris; ahli dalam bahasa Inggris.

능히(能-) dengan baik; dengan apik.~할 수 있다 dapat melakuannya dengan baik.

늦... terlambat; telat. ~ 가을 musim gugur lanjut.

늦다 ① terlambat; telat; ketinggalan; lambat; keduluan. 열차에 ~ ketinggalan kereta api. 5 분~ terlambat lima menit. ② (느슨하다) longgar; kendur.

늦더위 panas menjelang akhir musim panas.

늦되다 terlambat dewasa; terlambat matang.

늦바람 ① (바람)angin sepoi-sepoi di sore hari.② pengumbaran nafsu di usia tua.~나다 mengumbar nafsu di usia tua.

늦잠 bangun pagi kesiangan; tidur pagi. ~자다 bangun terlambat; bangun siang. ~장이[꾸러기] orang yang sering bangun kesiangan.

늦장마 hujan diakhir musim panas.

늦추다① memperlambat;mengendurkan;menurunkan. 고삐를~ mengendurkan talikekang. 경계를 ~ mengendurkan kewaspadaan. 속도를 ~ menurunkan kecepatan. ② menangguhkan; menunda. 마감 날짜를 이틀~ menunda *deadline* selama dua hari.

늦추위 dingin setelah musim dingin.

늪 rawa; tanah berlumpur.

니스 pernis; minyak rengas. ~ 칠하다 mempernis.

니켈 nikel. ~입힌 dilapisi nikel; berlapis nikel.

니코틴 nikotin.~ 중독 nikotinisme.

니크롬선(-線)kabel nikrom.

니트웨어 pakaian hasil rajutan.

님 Tuan; Bapak; Nyonya. 사장 ~ Bapak Direktur.선생~ Pak; Guru. 임금 ~ Sribaginda.

닢 sekeping (koin).

ㄷ

다 semua; segalanya;setiap orang; 둘 ~ kedua-duanya.

다가붙다 menempel lebih rapat.

다가서다 berdiri lebih dekat.

다가오다 mendekat.종말이 ~ kiamat mendekat.

다각(多角)~적 bersegi banyak.~경영 menajemen ganda. ~무역 perdagangan multilateral. ~형 「數」 segi banyak.

다감(多感)~한 peka; perasa.~한 시인 penyair yang penuh gairah.

다과(多寡) banyak atau sedikit; jumlah.

다과(茶菓) teh dan kue. ~회 jamuan teh; seperangkat jamuan teh.

다국적(多國籍)~기업 perusahaan multinasional.

다국적군(多國籍軍) pasukan koalisi; pasukan multinasional.

다그다 mendorong; mendesak.

다그치다 ① ☞ 다그다. ② (감정.행동) menekan; memaksa.

다급하다 darurat; mendesak; urgen.

다난(多難) ~하다 penuh kesusahan;penuh kesulitan;penuh kesukaran. ~한 해 tahun kerusuhan.국가~한 때(에) krisis nasional.

다녀가다 mampir; singgah.

다녀오다 kembali; pulang.

다년(多年) bertahun-tahun. ~간 selama bertahun-tahun.~생 식물 tanaman tahunan.

다뇨증(多尿症) 「醫」 polyuria (komplikasi ginjal dan hipertensi).

다능(多能)~한 serba bisa; cakap dalam berbagai hal.

다니다 datang dan pergi; pulang pergi; menghadiri; mengunjungi. 자주 ~mengunjungi berulang kali. 학교에~ bersekolah.회사에~ bekerja di sebuah perusahaan.

다다르다 tiba; mencapai; sampai (pada; di).

다다미 matras jerami Jepang. ~를 깔다 menggelar matras jerami.

다다익선(多多益善) semakin banyak makin baik.

다닥다닥 berhimpitan;berdesak-desakan.

다달이 setiap bulan; bulanan.

다독(多讀) ~하다 banyak membaca. ~가 orang yang banyak membaca.

다듬다 ① menata. 머리를 ~ menata rambut. ② (관상수를) memangkas; menata (kebun). ③ (땅바닥을) meratakan (tanah).

다락 loteng; para-para.
다락같다 amat tinggi;amat mahal. 물가가 ~ Harga-harga sangat mahal.
다람쥐 「動」 tupai; bajing.
다랑어(-魚) ikan tuna.
다래끼 (바구니) keranjang ikan, (눈병) timbil (dimata).
다량(多量) jumlah besar. ~으로 berlimpah-limpah; dalam jumlah besar.
다루다 ① (처리.대우) menangani; mengurus;mengelola; memperlakukan.② (가죽을)menghaluskan.
다르다 berbeda (dari); berlainan; lain; tidak sama.
다름아닌 tidak lain hanya; tidak lebih dari.
다름없다 tidak berbeda; sama; serupa.
다리 kaki; tungkai.
다리 jembatan. ~를 놓다 membangun jembatan; memasang jembatan; menjembatani. 돌 ~ jembatan batu.
다리다 menyeterika.
다리미 seterikaan.~ 질하다 menyeterika.전기[증기]~ seterikaan listrik [uap].
다림질 penyeterikaan. ~하다 menyeterika.
다만 hanya; belaka; melulu; bagaimanapun; asalkan.
다망(多忙) kesibukan; tekanan kerja. ~하다 sibuk.
다모작(多毛作) tumpang sari
다목적(多目的) ~댐 bendungan serba guna.
다물다 mengunci; menutup. 입을 꼭~ tutup mulut.
다발 seikat.꽃 한 ~ seikat bunga.
다방(茶房)kedai teh;warung kopi. ~ 레지 pramusaji kedai teh.
다방면(多方面) ~의 serba bisa; beragam; berisi banyak; berbagai; serbaneka.
다변(多邊) ~적 multilateral. 수출 시장의 ~화 diversifikasi pasar ekspor. ~외교 diplomasi multilateral.
다변(多辯) kecerewetan. ~의 suka berbicara; cerewet.
다복(多福) ~하다 amat gembira; sangat bahagia.
다부지다 kukuh; tekun; tegas.
다분(多分) ~히 banyak; dalam jumlah besar.
다비(茶毘) 「佛」 pembakaran mayat; kremasi. ~하다 membakar mayat; mengkremasi.
다사(多事) ~한 sibuk; penuh kejadian.~스러운 suka ikut campur. ~다난 kesibukan.
다산(多産) ~의 produktif; subur. ~부 wanita yang subur.
다섯 lima.~째 kelima.~배(의) berlipat lima.
다소(多少) (많고 적음) jumlah; kuantitas, (얼마간) sedikit.
다수(多數)sejumlah besar;kebanyakan; mayoritas; sebagian besar. ~결 keputusan dengan suara terbanyak/mayoritas. ~결로 정하다 memutuskan dengan suara terbanyak. ~당 partai mayoritas. ~표 pluralitas. 절대 ~ mayoritas

mutlak.~ 대표제 sistim perwakilan mayoritas.

다수확(多收穫)~의 berhasil banyak; berproduksi tinggi. ~ 품종 varietas berproduksi tinggi.

다스 selusin. 12 ~ satu gross.5 ~ lima lusin. ~로 팔다 menjual per lusin.

다스리다 ① (통치) memerintah; mengurus; mengelola. ② (바로잡다) mengatur; menata. ③ (통제) mengawasi; mengendalikan; mengatur. ④ (병을) merawat; menyembuhkan. ⑤ (죄를) menghukum; membawa ke pengadilan; mengadili.

다습하다(多濕-) lembab.

다시 lagi; berulangkali;sekali lagi; berkali-kali; berulang-ulang; sekali-kali. ~없는 hanya; satu-satu nya.~없는 기회 kesempatan emas; kesempatan tiada duanya.

...다시피 seperti; sebagaimana; hampir; nyaris; hampir-hampir. 보시[아시] ~ sebagaimana yang kamu lihat [ketahui]. 멸망하 ~ 되다 hampir punah.

다신교(多神敎) politeisme. ~도 politeis; penganut politeisme.

다양(多樣)~하다 beragam; bermacam-macam; beraneka ragam. ~ 화하다; menganekaragamkan. ~성 keserbaragaman.

다염기산(多鹽基酸) 『化』 asam polibasa; asam berbasa banyak.

다우존스식(- 式) 『證』 ~평균 주가 rata-rata DowJones (di pasar bursa Seoul)

다운 『拳』 kejatuhan. ~되다 jatuh; menjadi jatuh. ~ 시키다 memukul jatuh; menjatuhkan.

다원(多元) pluralisme.~적 jamak. ~론 pluralisme. ~화 multipluralisme.

다음 berikut. ~의=다음/~날 hari berikutnya. ~달[해] bulan [tahun] berikutnya. ~ 월요일 Senin depan. ~가다 urutan kedua.

다음다음 setelah berikut. ~날 lusa.

다의(多義) polisemi; banyak arti. ~의 berarti banyak. ~어(語) kata yang berarti banyak.

다이너마이트 dinamit. ~로 폭파하다 meledakkan dengan dinamit.

다이빙 penyelaman.

다이얼 tombol penyetel. ~을 돌리다 memutar tombol penyetel. ~ 113 번을 돌리다 memutar no 113.

다이얼로그 dialog; percakapan

다잡다 mengawasi dengan teliti; menerapkan kontrol yang ketat.

다재(多才) ~한 serba bisa; berbakat banyak. ~한 사람 orang yang serba bisa; orang yang berbakat.

다정(多情) ~한 (berhati) hangat/ ramah; penuh kasih sayang; baik hati.

다지다① (단단하게) mengeraskan. ② (고기를) mengiris; mencincang;memotong-motong.③ (다짐받다)menekan orang untuk memberi jawaban yang pasti;memastikan.

다짐 jawaban yang pasti; janji;

ㄷ

sumpah;jaminan.~하다 menjamin; memberi janji; bersumpah; berjanji. ~받다 mendapat jaminan dari; mendapat jawaban yang pasti

다짜고짜로 tanpa pemberitahuan;dengan tiba-tiba.~사람을 치다 memukul orang dengan tiba-tiba.

다채(多彩)~롭다 beraneka warna; berwarna-warni. ~로운 행사 even beraneka warna.

다처(多妻) banyak istri. 일부 ~ poligami.

다치다 terluka. 다리를 ~ luka di kaki. 자동차에 ~ luka akibat kecelakaan mobil

다큐멘터리 ~영화 film dokumenter.

다투다 bersaing; berselisih; berlomba; bertengkar. 권력[우승]을 ~ bersaing mencapai kekuasaan [dominasi].

다툼 perselisihan; percekcokan; persaingan; pertengkaran.

다하다 (끝나다) habis; berakhir; selesai.

다하다 ① mengerahkan; menghabiskan; memakai habis. 최선을 ~ melakukan sebisa mungkin. 힘을~mengerahkan tenaga sepenuhnya. ② menyelesaikan; merampungkan; menuntaskan. 일을 ~ menyelesaikan pekerjaan.

다항식(多項式) 『數』 persamaan polinominal.

다행(多幸) nasib baik;nasib mujur.~하다 mujur; bahagia; beruntung.

다혈질(多血質)watak panas.~의 berdarah panas; berwatak panas.

다홍(- 紅) merah tua.~치마 rok merah tua.

닥닥 ~긁다 menggaruk-garuk.

닥치다 mendekat; menjelang.

닦다 ① mengkilapkan;mengasah; memoles; melicinkan. 구두를 ~ mengkilapkan sepatu.② mencuci; menyikat; menyapu. 이를 ~ menyikat gigi. 걸레로 ~ menyapu lantai. 눈물을 ~ menghapus air mata. ③ mengasah; melatih. 기술을 ~ melatih keterampilan. ④ meratakan; mendatarkan. 터를~ meratakan tanah. ⑤ (셈을) mengimpas; melunasi.

닦달질하다 memarahi; memberi pelajaran; mengintrogasi.

닦아세우다 ☞ 닦달질하다

단 bungkusan; ikat; berkas; bundel. ~짓다 membungkus; membundel; mengikat.

단(段) ① (지적 단위) satu *dan* (0.245 acres = 4072 m2).② kolom. 삼 ~ 표제 judul tiga kolom. ③ tingkat; kelas; peringkat; level. 바둑 9~ *dan* kesembilan *badug*. ~수가 틀리다 tidak sekelas. ④ (층계) tangga; lantai.

단(壇) mimbar; panggung; altar.

단(斷) keputusan; keputusan pengadilan. ~을 내리다 membuat putusan terakhir.

단(單) hanya (satu).~ 한번 hanya sekali.

단(但) tetapi; asalkan ...; bagaimanapun;.

단(團) badan;kesatuan;kelompok; partai; tim; pasukan; korps.외교~ korps diplomatik.관광~ kelompok wisatawan.

단가(單價) harga satuan.~50 원으로 50 won sepotong. 생산 ~ harga produksi satuan.

단거리(短距離) jarak pendek; jangkauan pendek. ~ 경주 perlombaan jarak pendek; lari jarak pendek. ~선수 pelari jarak pendek.

단검(短劍) golok pendek.

단견(短見) pandangan sempit; pandangan picik.

단결(團結)persatuan;solidaritas; kesatuan. ~하다 mempersatukan; menggabungkan. ~권 hak berorganisasi.

단결에 mumpung panas;sebelum kesempatan menghilang. 쇠뿔도 ~ 빼랬다 Tempalah selagi besinya masih panas.

단계(段階) tingkatan; langkah; taraf; tahap.최종~ tahap terakhir.

단골 langganan;pengunjung tetap/teratur; langganan tetap.

단과대학(單科大學) akademi; sekolah tinggi.

단교(斷交) pemutusan hubungan. ~하다 memutuskan hubungan.

단구(短軀) perawakan pendek.

단근질 penyiksaan dengan besi panas.

단기(短期)(waktu)jangka pendek. ~의 jangka pendek. ~강습 kursus jangka pendek; kursus kilat.

단내 bau hangus;bau terbakar;bau gosong.

단념(斷念) ~하다 melepaskan harapan; putus harapan. 출세를 ~하다 putus harapan untuk sukses.

단단하다 keras; padat; kuat; ketat; tegas.

단도(短刀) golok;pedang pendek.

단도직입(單刀直入) ~적(으로) terus terang; (secara) langsung; (secara) terus terang.

단독(單獨) ~적(으로) (secara) terpisah; (secara) perseorangan; (secara) bebas. ~강화 perdamaian terpisah. ~행위 tindakan independen (perseorangan). ~회견 wawancara eksklusif.

단두대(斷頭臺) alat pancung. ~의 이슬로 사라지다 mati di alat pancung.

단락(段落) akhir paragraf; pasal; penutup; kesimpulan. ~을 짓다 menyimpulkan; menyelesaikan.

단란(團欒) ~하다 bahagia; harmonis; rukun dan damai. ~한 가정 생활 kehidupan rumah tangga yang bahagia.

단량체(單量體) 「化」 monomer.

단련(鍛鍊) ①penempaan;pengerasan. ~하다 menempa besi. ② pelatihan;penempaan; penggemblengan. ~하다 melatih; menggemleng. 심신을 ~하다 menggembleng fisik dan mental.

단리(單利) 「經」 bunga uang sederhana.

단막(單幕)satu babak.~극 drama satu babak.

단말마(斷末魔) saat-saat akhir. ~의 고통 sekarat.
단맛 kemanisan; rasa manis.
단면(斷面) penampang; belahan, fase; bagian. 사회 생활의 ~ fase kehidupan sosial. ~도 pandangan satu penampang.수평[종,횡,수직] ~ belahan mendatar [memanjang, melintang, tegak].
단명(短命)kehidupan yang singkat. ~한 hidup singkat; berumur pendek.재사(才士) ~ orang jenius hidup singkat.
단모음(單母音) vokal tunggal.
단무지 acar lobak manis.
단문(短文) kalimat pendek.
단문(單文) 「文」 kalimat yang sederhana.
단물 ① (단수) air tawar.② (맛이 단) air manis. ③ saripati; yang terbaik. ~을 빨아먹다 mengisap saripati; mengambil yang terbaik. ④ (연수) air lunak.
단박 segera; dengan segera; dalam sekejab; seketika.
단발(單發)① satu tembakan.~에 dengan satu tembakan. ~총 pemuat tunggal. ② mesin tunggal. ~기 pesawat bermesin tunggal.
단발(短髮) rambut pendek;cepak.
단발(斷髮) rambut di bob. ~하다 memotong pendek rambut.
단방(單放)① ☞ 단발(單發). ② ☞ 단번(單番).
단백(蛋白) albumin; putih telur. ~뇨증 (尿症)albuminuria. ~석(石) 「鑛」 oval; bulat telur. ~질 protein;albumen. 동물성[식물성]~질 protein hewani [nabati].
단번(單番) ~에 dengan sekali...; dengan mudah.
단벌(單 -)pakaian satu-satunya. ~신사 orang yang tidak memiliki pakaian salin.
단본위제(單本位制) 「經」 monometalisme; sistim standar tunggal.
단봉낙타(單峰駱駝) 「動」 unta berpunuk satu.
단비 hujan yang dinanti-nanti.
단비(單比) 「數」 rasio/nisbah sederhana.
단비례(單比例) 「數」 perbandingan sederhana.
단산(斷産) ~하다 berhenti melahirkan.
단상(壇上) ~에 di mimbar. ~에 서다 berdiri di mimbar.
단색(單色) ~의 monokromatik; satu warna. ~광 sinar monokromatik.~화(畵) lukisan satu warna.
단서(但書) syarat; klausa; persyaratan. ~가 붙은 bersyarat.
단서(端緖) kelahiran; asal-usul; permulaan; langkah awal; kunci rahasia; petunjuk. 문제 해결의~ petunjuk [kunci] untuk pemecahan masalah. ~를 잡다 mendapat petunjuk/ kunci pemecahan masalah.
단선(單線)① (한 줄) garis tunggal. ② jalur tunggal. ~철도 kereta api jalur tunggal.
단성(單性) 「生」 1 jenis kelamin; uniseksualitas. ~생식 monogenesis. ~화(花) bunga sejenis.

단세포(單細胞)「生」bersel satu. ~동물[식물] hewan [tumbuhan] bersel satu.
단소(短小)~한 pendek dan kecil.
단속(團束) pengawasan; pimpinan; pengaturan; disiplin; pengendalian. ~하다 mengatur; mengurus; mengawasi; mengendalikan.
단속(斷續) ~적인 selang-seling. ~적으로 nyala dan mati. ~기 perintang.
단수(斷水) pemutusan suplai air. ~하다 memutus suplai air.
단수(單數) 「文」 tunggal. ~의 tunggal; singular.
단순(單純) kesederhanaan.~하다 sederhana.~히 belaka; hanya. ~하게[화]하다 menyederhanakan. ~개념 konsep sederhana.
단숨에(單 -) dengan sekali... ~ 마시다 minum sekali tenggak.
단시간(短時間) waktu singkat; jangka pendek.
단시일(短時日)~에 dalam waktu singkat; dalam sehari.
단식(單式)「數」persamaan sederhana;perhitungan sederhana.
단식(斷食)puasa.~하다 berpuasa. ~일[요법]hari [metode penyembuhan dengan] puasa.~투쟁 mogok makan.
단신(單身)sendiri.~여행하다 bepergian sendiri.
단신(短信) surat (catatan, pesan, berita) singkat.
단심제(單審制) sistem pengadilan tunggal.
단아(端雅) ~한 anggun; elegan.
단안(斷案) keputusan;kesimpulan; putusan akhir; kata putus. ~을 내리다 membuat putusan (akhir); mengambil keputusan.
단어(單語)kata; perbendaharaan kata. ~집(集) kumpulan kata; kamus kecil.
단언(斷言) pengesahan;deklarasi; pernyataan. ~하다 mengesahkan; mengumumkan; pengakuan; menyatakan.
단역(端役) figuran; peran kecil.
단연(斷然)dengan tegas; dengan pasti; secara positif; dengan mutlak ~제일이다 sejauh ini merupakan yang terbaik. ~ 유리하다 memiliki keuntungan yang pasti.
단원(單元) unit.
단원(團員) anggota.
단원제(單院制) sistem kamar tunggal.
단위(單位) satuan; unit; denominasi.기본 ~ satuan standar. 화폐 ~ unit moneter.
단음(短音) bunyi pendek; suara pendek. ~계 「樂」 skala minor.
단음(單音) bunyi tunggal.
단일(單一) ~의 tunggal; sendiri; unik; sederhana; satu-satunya. ~후보 calon tunggal.
단자(短資)pinjaman jangka pendek.~시장 pasar pinjaman jangka pendek. ~회사 lembaga pembiayaan jangka pendek.
단잠 tidur pulas/nyenyak.
단장(丹粧) ~하다 berdandan; mempercantik diri.

ㄷ

단장(短杖) tongkat.
단장(團長) komandan; pimpinan; kepala.
단적(端的) ~으로 secara terus terang; secara langsung. ~으로 말하면 terus terang saja.
단전(丹田)abdomen(perut bagian bawah). ~에 힘을 주다 mengencangkan perut.
단전(斷電)~하다 memutus hubungan listrik. ~일(日) hari tanpa listrik.
단절(斷絶)pemutusan; interupsi; pemusnahan.~하다 memisahkan; memutuskan. ~ 되다 menjadi musnah;menjadi terputus. 국교~ pemutusan hubungan diplomatik.
단점(短點) titik lemah;cacat;kekurangan; kelemahan.
단정(端正) ~하다 baik; pantas; rapi;tampan.~히 sepatutnya; dengan baik; dengan rapi; dengan sepantasnya.~치 못한 tidak rapi; berantakan.
단정(斷定)~하다 menyimpulkan; memutuskan; menimbang.
단조(單調)sifat yang monoton. ~롭다 menjemukan; membosankan; monoton. ~로운 빛깔 warna suram.
단조(短調) 『樂』 (kunci) minor.
단죄(斷罪) pengadilan atas kejahatan; penghukuman. ~하다 menghukum.
단지 kendi; periuk.
단지(團地) kawasan (perumahan, industri).공업 ~ kawasan industri.
단지(斷指) ~하다 memotong jari.
단지(但只) belaka; hanya.
단짝 teman intim; teman sekamar.
단청(丹青) ① (색채) warna biru dan merah. ② (그림) gambar (lukisan) dengan banyak warna dan disain.
단체(團體)kelompok;organisasi; perkumpulan; korps; team; badan. ~를 조직[해산]하다 mendirikan [membubarkan] organisasi.~경기 pertandingan kelompok; pertandingan tim. ~ 교섭(권) hak tawar menawar kolektif. ~생활 kehidupan kelompok. ~여행 wisata kelompok. ~정신 semangat kelompok; semangat korps. ~할인 potongan (pembelian) partai besar. ~행동 kegiatan kelompok/ gotong royong.
단총(短銃) pistol; revolver. 기관 ~ senapan semi otomatis.
단추 kancing baju; kancing kemeja. ~를 채우다 mengancingkan baju.~를 끄르다 melepaskan kancing baju. ~를 달다 menjahitkan kancin. 커프스 ~ kancing mansyet.
단축(短縮) pemotongan;pemendekan; pengurangan. ~하다 mengurangi; memendekkan; memotong; meringkaskan.시간을 ~하다 menghemat waktu. 학년을 ~하다 mempersingkat tahun ajaran.
단출하다 keluarga kecil; sederhana.
단층(單層)~의 berlantai satu;satu tingkat. ~집 rumah berlantai satu.

단칸(單－) kamar tunggal.
단파(短波) gelombang pendek.~방송 siaran gelombang pendek.~수신[송신] penerima [pengirim] gelombang pendek.
단판(單－) satu babak.~에 dalam satu babak.~승부 permainan satu babak.
단팥죽 bubur kacang merah manis
단편(短篇) ~소설 cerita pendek; cerpen.~ 소설집 kumpulan cerita pendek.
단편(斷片) potongan;kutipan.~적 bersifat kutipan.
단평(短評) komentar (pendapat, kritikan) pendek. 시사~ komentar singkat tentang kejadian terbaru.
단풍(丹楓)①(나무)(pohon)mapel. ②(잎)daun-daun (kuning) merah; warna-warni musim gugur.~들다 menjadi merah (kuning, merah tua). ~ 구경가다 pergi melihat-lihat pohon mapel.
단합(團合)persatuan;kesatuan.~하다 menyatukan; menggabungkan. ~대회 rapat akbar memperkuat persatuan. ☞ 단결.
단행(單行)~범『法』pelanggaran tunggal. ~법 peraturan khusus. ~본 buku sejilid.
단행(斷行)~하다 menyelesaikan; mengambil langkah pasti.
단호(斷乎) ~한 tegas; menentukan; pasti. ~히 dengan tegas; dengan pasti. ~한 조처(措處)를 취하다 mengambil tindakan tegas.
단화(短靴) sepatu.
닫다 menutup. 쾅 ~ membanting (pintu).
닫치다 menutup.
닫히다 tertutup; ditutup. (문이) 저절로~ tertutup dengan sendirinya. 잘 안 ~ sukar ditutup.
달 ① bulan. ~ 세계 dunia bulan. ~의 여신 Diana. ~ 없는 밤 malam tidak berbulan. ~이 차다 [이즈러 지다] bulan penuh [menyusut]. 전전 ~ dua bulan yang lalu. ~마다 tiap bulan; bulanan. 큰 [작은] ~ bulan ganjil [genap].
달걀 telur. ~ 모양의 berbentuk telur. ~의 흰자위 [노른자] putih [kuning] telur. ~ 껍질 kulit telur.
달견(達見) pandangan yang jauh ke depan.
달관(達觀)pandangan yang luas; pandangan yang filosofis. ~하다 berpandangan filosofis/panjang.
달구다 memanaskan.번철을~ memanaskan penggorengan/kuali.
달구지 pedati besar.
달다① manis; bergula. 맛이~rasa manis.② (입맛이) lezat; nikmat; manis.
달다① membara; menjadi sangat panas. 쇠가~ besi membara. 빨갛게 ~panas membara.② (너무익다) direbus kering.③ (마음타다) tidak sabaran.
달다① memasang. 문에 종을 ~ memasang bel di pintu.샤쓰에 단추를 ~ memasang kancing di baju. 전화를~ memasang telepon. ② (걸다)menggantung tanda. ③

mengenakan; memakai. 메달을 ~ mengenakan medali/tanda jasa.④ (올리다) memasang/mengibarkan (bendera).⑤ mencantumkan. 외상을 ~ mencantumkan ke dalam rekening kredit.

달다 menimbang. 저울로 ~ menimbang dengan neraca.

달라붙다 melekat; menggelayut; menempel.

달라지다 mengalami perubahan; berubah.

달랑거리다 gemerincing; berkelenting.

달래다 membujuk; menghibur; menghilangkan duka hati. 우는 어린애를~ membujuk anak yang menangis. 시름을 술로~ menghilangkan duka cita dengan minuman.

달러 dollar. ~ 박스 brankas.

달려들다 menyerang; menyerbu; menerkam.

달력(- 歷) kalender; almanak.

달로켓 roket bulan.~의 발사 meluncurkan roket bulan.

달리(다르게) secara berbeda,(특수하게) dalam cara yang berbeda; dengan cara lain, (따로) secara terpisah, (각별히) secara khusus. ~하다 berbeda.

달리기 perlombaan; balapan; pacuan. ~에서 이기다 menang perlombaan. ~ 선수 pelari; peserta perlombaan.

달리다 (부족) ☞ 딸리다.

달리다(기운이) loyo; lemah; letih, (눈이)kuyu; berat(mata).

달리다 (질주) berlari kencang,(몰다) melarikan;memacu;membalap.

달리다① (...에 걸려서) tergantung; menggantung.② terpasang; dipasangi.③ (여하에) tergantung pada.

달리아 「植」 bunga dahlia.

달맞이~하다 memandang bulan purnama pertama.

달무리 lingkaran disekeliling bulan; kandang bulan.

달문(達文)karangan yang di tulis dengan jelas.

달밤 malam terang bulan.

달변(達辯) kefasihan;kelancaran berbicara. ~의 fasih; lancar berbicara.

달빛 sinar bulan. ~을 받고 dalam sinar bulan.

달성(達成)pencapaian;penunaian. ~하다 mencapai; melaksanakan; mewujudkan;menunaikan. 목적을 ~하다 mencapai tujuan.

달아나다① lari; kabur; minggat; melarikan diri. ..을 가지고~ melarikan... ② (달려가다) lari; bergegas-gegas(ke).

달아매다 menggantung.

달아보다① (무게를) menimbang. ② (사람을) menguji.

달아오르다 meradang; merasa panas.

달음(박)질 lari. ~하다 berlari.

달이다 menggodok; merebus.약을 ~ menggodok obat.

달인(達人) ahli (dalam bidang); pakar (dalam bidang).

달콤하다 manis.

달팽이 「動」 keong;siput. ~ 걸음으로 dengan kecepatan keong.
달포 sedikit lebih sebulan.
달품 pekerjaan yang dibayar bulanan.
달필(達筆)tangan terampil.~이다 menulis dengan bagus.
달하다(達-)① (목적 등을) mencapai; mewujudkan.② mencapai; memenuhi. 수준에 ~ mencapai level.③ sampai; mencapai. 5 백만원에 ~ mencapai 5 juta won.
닭 ayam. ~을 치다 memelihara ayam. ~고기 daging ayam. ~(의)장...kandang ayam;sangkar ayam.
닮다 menyerupai; mirip. 많이 ~ sangat mirip (seseorang).
닳다① (마멸) usang; bekas. ② (국물이) direbus sampai kering.
닳리다 (해뜨리다) memakai sampai usang;(국물을) merebus sampai kering.
담 tembok;pagar.~을 두르다 mendirikan tembok; memagari.
담(痰) lendir; dahak; rahak.
담(膽) empedu;nyali.~이 큰 bernyali besar; berani. ~이 작은 bernyali kecil; penakut.
담결석(膽結石) ☞ 담석(膽石).
담그다① (물에) merendam; mencelupkan; memandikan.② (김치 등) mengasamkan (sayuran); mengasinkan; mengacar.③(술을) membuat minuman keras.
담낭(膽囊) 「解」 kandung empedu. ~관 saluran kantung cairan tubuh.
담다① memasukkan; mengisi. 광주리에 ~ memasukkan kedalam keranjang.② (입에)menggunakan bahasa kasar. ③ ☞ 담그다.
담담하다(淡淡-)tidak peduli;tidak tertarik (berminat); tak acuh.
담당(擔當)tugas.~하다 bertugas. ~ 검사 jaksa yang bertugas. ~구역 daerah tugas.~ 업무 [사무] urusan yang menjadi tugas. ~자 orang yang bertugas dalam... .
담대(膽大)~한 berani;tidak kenal takut.
담력(膽力) keberanian. ~이 있는 ada keberanian. ~없는 tidak ada keberanian. ~을 기르다 menanamkan keberanian.
담배 tembakau; rokok; sigaret. 씹는 ~tembakau sugi.~를 피우다 mengisap (rokok); merokok. ~꽁초 puntung rokok. ~쌈지 kantung tembakau.~설대 batang bambu pipa. 생~ rokok yang menyala sendiri. 파이프 ~ tembakau pipa.
담벼락 permukaan dinding.
담보(擔保) ① penjaminan; pertanggungan;asuransi.~하다 menjamin;mempertanggungjawabkan; mengasuransikan. ② jaminan; hipotek; gadai(an). ~로 넣다[잡히다] memberi jaminan. ~를 잡다 menerima jaminan. ~권 hak jaminan.~금 uang jaminan.~대부 pinjaman dengan jaminan. ~물 barang jaminan; tanggungan; gadaian.~물권 hak riil yang didapat dengan jalan pinjaman.
담비 「動」 musang kecil; keluai;

kukus.

담뿍 penuh; banyak. 물을 ~붓다 menuangkan air sampai penuh. ☞ 듬뿍.

담석(膽石) 「醫」 batu empedu. ~증 cholelithiasis.

담소(談笑) ~하다 mengobrol; mengoceh; berceloteh; bercengkerama.

담수(淡水)air tawar.~어[호]ikan [danau] air tawar.

담쌓다①(두르다)memagari;membangun tembok. ② (관계를 끊다) memutuskan hubungan (dengan).

담요 selimut.

담임(擔任)tugas;tanggung jawab. ~하다 bertugas; mengajar. ~교사 guru wali kelas. ~반 kelas dibawah tanggung jawab.

담쟁이 「植」 tanaman rambat.

담판(談判)perundingan;negosiasi; pembicaraan.~하다 berunding; bernegosiasi.

담합(談合) konsultasi (sebelum penawaran). ~하다 berkonsultasi dengan. ~에 의해 atas persetujuan bersama.입찰에 관해 ~하다 berunding pada saat penawaran.

담화(談話)percakapan;pembicaraan; pernyataan. ~하다 berbicara; bercakap-cakap; mengadakan pembicaraan. ~문(文) pernyataan resmi.

답(答)jawaban;solusi;pemecahan. (☞ 답하다). ~을 내다. memberi jawaban.

답곡(沓穀) gabah dari sawah.

...답다 seperti.

답답하다(沓沓 -)①menyesakkan; sesak; mencekik; rapat; ketat. 가슴이 ~ merasa sesak dalam dada.② (사람됨이)picik pandangan. ③ (속타다) tertekan.

답례(答禮) (반문에 대한) kunjungan balasan. (인사에 대한) penghormatan balasan.

답변(答辯) jawaban; penjelasan; pembelaan. ~하다 menjelaskan; menjawab; membela diri.

답보(踏步) jalan ditempat; kemandekan. ~하다 berjalan di tempat.

답사(踏査)survei;eksplorasi;penyelidikan lapangan. ~하다 mensurvei; mengeksplorasi; menyelidiki. 현지 ~ penyelidikan lapangan. ~대 rombongan penyelidik.

답서(答書) ☞ 답장(答狀).

답습(踏襲)~하다 mengikuti jejak (seseorang).

답안(答案) kertas kerja; kertas ujian. ~을 내다 menyerahkan kertas kerja.영어~ kertas kerja dalam bahasa Inggris.

답장(答狀) jawaban; balasan. ~하다 menjawab surat; membalas surat.

답지(遝至) ~하다 berduyun-duyun; membanjir; membludak.주문이 ~하다 mendapat pesanan yang membanjir.

답하다(答 -) menjawab (pertanyaan); membalas; menanggapi.

닷... lima. ~말 lima *mal*.

닷새 ① (닷샛날) hari kelima. ② (다섯날) lima hari.

당(黨) partai;fraksi;golongan. ~을 조직하다 membentuk partai.~간부 dewan pimpinan partai. ~기관 aparat partai. ~대회 rapat umum partai.

당...(當) ini; kini; sekarang; itu; yang dipermasalahkan.~역(驛) stasiun ini. ~ 20 세 berumur dua puluh tahun tahun ini.

당구(撞球)bilyar;bola sodok. ~를 하다 bermain bilyar.~대 meja bilyar. ~봉 tongkat bilyar. ~장 rumah bilyar.

당국(當局) yang berwenang;penguasa.~의 명에 의하여 atas perintah dari yang berwajib/berwenang. ~자 pejabat yang berwenang

당권(黨權) hegemoni partai.

당규(黨規) peraturan partai.

당근 『植』 wortel.

당기다 (끌어)menarik; menghela; mencabut.

당기다 (입맛) merangsang.

당나귀 keledai.

당년(當年) tahun ini.

당뇨병(糖尿病) 『醫』 penyakit kencing manis; penyakit gula; diabetes. ~환자 penderita kencing manis.

당당(堂堂) ~한 gagah; riah. ~히 dengan gagah; ~한 풍채 penampilan yang gagah. ~히 싸우다 bertanding dengan gagah.

당대(當代) (한평생) masa hidup.

당도(當到) ~하다 sampai (pada); mencapai; mendapat.

당돌(唐突) ~한 lancang; kasar. ~히 dengan kasar;dengan lancang.

당락(當落) hasil pemilihan; keberhasilan (atau kegagalan) dalam pemilihan.

당량(當量) 『理.化』 ekuivalensi.

당론(黨論) opini partai.

당류(糖類) gula; sakaroid.

당면(唐麵)mi cina;permiseli cina.

당면(當面)~하다 menghadapi. ~한 mendesak;penting. ~한 문제 masalah yang mendesak.

당밀(糖蜜) air gula; sirup.

당번(當番)yang sedang bertugas, (사람)orang yang bertugas.~하다 sedang bertugas.

당부(當否) benar atau salah; keadilan; kepantasan.

당부하다 beramanat; mengamanatkan.

당분(糖分)kandungan gula;kadar gula. ~을 함유하다 mengandung gula. ~ 측정기 sakarometer; alat pengukur kadar gula.

당분간(當分間) buat sementara; untuk beberapa lama.

당사(當事)~국 negara yang bersangkutan. ~자 orang yang bersangkutan.

당선(當選) ~하다 memenangi (pemilihan); terpilih; menang hadiah. ~ 권내에 있다 ada dalam lingkup kemenangan.~소설 novel pemenang hadiah.~자 calon yang terpilih.무투표~terpilih (menang) tanpa pemungutan suara.

당수(黨首) pemimpin partai.

당시(唐詩) syair zaman Tang.

당시(當時) pada masa itu; pada

saat itu; kala itu.

당신(當身) anda; kamu; engkau; di kau (kekasih).

당연(當然)~한 beralasan; wajar; masuk akal; pantas.~히 sewajarnya; sepantasnya; semestinya.

당원(黨員)anggota partai;pengikut partai.~이 되다 menjadi anggota partai.~명부 daftar anggota partai. 평 ~ anggota biasa.

당월(當月) ① ☞ 이달. ② (그달) bulan itu.

당일(當日) hari itu.

당일치기(當日-) ~ 여행을 하다 mengadakan perjalanan sehari.

당자(當者) orang yang bersangkutan.

당장(當場) segera; seketika; ditempat; waktu itu juga.

당좌(當座) ~를 트다 membuka rekening koran. ~ 계정 rekening koran. ~ 대부금 pinjaman rekening koran. ~예금 simpanan rekening koran. ~잔고 neraca rekening koran.

당직(當直) yang sedang tugas/jaga).~하다 sedang tugas (jaga). ~원 orang yang sedang bertugas. ~의사 dokter jaga.~장교 perwira jaga.

당직(黨職) jabatan dalam partai. ~개편 reorganisasi hirarki partai; reorganisasi jabatan dalam partai. ~자 eksekutif partai.

당차다 pendek tetapi kuat; pendek gempal.

당착(撞着) kontradiksi; konflik; pertentangan. ~하다 berlawanan; bertentangan. ☞ 자가당착.

당찮다 tak beralasan; tak pantas; tidak layak.

당첨(當籤) ~하다 menang (meraih) hadiah. ~ 번호 nomor yang keluar sebagai pemenang. ~자 pemenang (peraih) hadiah.

당초(當初)~의 awal;pertama.~에 pada awalnya; pada mulanya. ~부터 dari semula;sejak awal.

당하다(當-) ① (사리에) beralasan;masuk akal. ② kena; mengalami; menanggung; menderita; mendapat. 불행을 ~ mengalami bencana.~사고를~ mendapat kecelakaan. ③ dihadapkan (pada). 난국에~ dihadapkan pada situasi sulit. ④ (속다) ditipu; di perdaya.

당해(當該) yang berkompeten; yang terkait.~관청[관헌] instansi yang terkait.

당혹(當惑)~하다 gugup; bingung dan kaget; tercengang.

당황(唐慌) ~하다 gelagapan. ~하여 dengan gelagapan. ~케하다 membuat gelagapan.

닻 jangkar;sauh.~을 내리다 [주다] menurunkan sauh; melemparkan jangkar.

닿다① sampai(di).~무사히 sampai dengan selamat. ② mencapai; menjangkau;menyentuh.바닥에~ menyentuh lantai.

닿소리 konsonan; huruf mati.

대 「植」 bambu. ~로 만든 terbuat dari bambu. ~나무 세공 kerajinan bambu.

대① batang; tangkai; hulu. ~가 약

하다 berlutut lemah; berhati lemah. 저울~ batang timbangan. 펜~ tangkai pena. ② pipa (tembakau). 담배 한 ~ 피우다 mengisap pipa (rokok). ③ pukulan. 한 ~에 dengan sekali pukul.

대(大) keagungan; kebesaran; besar; agung. ~ 서울 Seoul Raya.

대(代) (시대) waktu; zaman;generasi;usia;(요금) biaya; bea 10~의 사람 anak belasan tahun. 제 2~왕 raja kedua.~를 잇다 menggantikan; melanjutkan; meneruskan.

대(隊) unit; kesatuan; kelompok; korps; badan.

대(對) ① ☞ 짝. ② lawan; lawan kata.③ lawan; versus; melawan; banding. 서울 ~ 부산 경기 pertandingan Seoul lawan Busan. ④ ~2의 스코어 kedudukan (skor) 4 lawan 2. ~ 전차포 senapan anti tank. ~미 정책(政策) kebijakan terhadap Amerika Serikat.

대(臺) ① (받침.걸이) penyangga; kiap; rak; meja kecil. ② 발동기 3~ tiga buah motor. ③ tingkat; level. 만원~에 달하다 mencapai tingkat 10.000 won.

...대(帶) zona; sabuk; kawasan. 한~ zona/kawasan dingin.

대가(大家) ① orang yang terkemuka. 음악의~ pemusik besar; musisi terkemuka. 문단의~ penulis terkemuka. ② (큰집안) keluarga terpandang.

대가(代價) imbalan;upah;ongkos. ~를 치르다 membayar ongkos. ☞ 값.

대가리 kepala.생선~ kepala ikan.

대가족(大家族) keluarga besar. ~제도 sistem keluarga besar.

대각(對角) 『幾』 sudut berlawanan.

대갈(大喝)~하다 berteriak. ~ 일성(一聲)하다 berteriak lantang.

대강(大綱) garis besar; secara umum; secara kasar; hampir.

대개(大概) pada umumnya;secara garis besar; praktis; hampir.

대개념(大槪念) 『論』 konsep utama.

대거(大擧) pada skala besar;dalam jumlah besar.

대검(帶劍) menyandang pedang.

대견하다 memuaskan; memberi kepuasan /kebahagiaan.

대결(對決) konfrontasi; perselisihan; pertikaian. ~하다 berkonfrontasi; berselisih; bertikai.

대경(大驚) ~하다 sangat kaget; sangat terkejut. ~실색하다 pucat pasi karena terkejut.

대계(大系) garis besar.

대계(大計) kebijakan jangka panjang.국가의 백년~ kebijakan negara jangka panjang.

대공(對空) anti (pesawat) udara. ~ 레이다 radar pelacak udara

대과(大過) kesalahan besar.

대과거(大過去) 『文』 waktu lampau selesai.

대관(戴冠) penobatan;pelantikan raja. ~식 upacara penobatan.

대관절(大關節) gerangan.

대구루루 ~ 굴리다 menggelindingkan.

대국(大局)situasi/keadaan umum. ~ 적으로는 secara keseluruhan. ~적 견지에서 보면 tinjauan secara keseluruhan.
대국(大國) negara besar;adidaya.
대국(對局) permainan; pertandingan. ~하다 bermain catur (dengan)
대군(大軍) (kekuatan) militer yang besar.
대굴대굴 ~ 구르다 bergelinding terus menerus.
대궐(大闕) istana raja; keraton; puri. ~같은 집 rumah besar seperti istana.
대규모(大規模) ukuran besar; skala besar. ~의 ukuran besar; ekstensif; luas. ~로 dalam ukuran besar; dalam skala besar.
대금(代金) harga; uang; biaya.
대금(貸金) pinjaman. ~업 usaha peminjaman uang.
대기(大氣) udara; angkasa. ~권 atmosfir. ~압(력) tekanan atmosfir; tekanan udara.
대기(大器)(그릇)mangkuk besar; (인재) bakat besar.
대기(待機) tunggu kesempatan.~하다 melihat dan menunggu kesempatan.
대기발령(待機發令) penempatan dalam daftar tunggu.
대기상태(待機狀態) dalam keadaan siap.
대기업(大企業) perusahaan besar.
대길(大吉) untung besar.
대꾸☞ 말대꾸.
대납(代納) penalangan. ~하다 menalangi.
대낮 siang hari; tengah hari.
대내(對內)~적 dalam negeri; domestik. ~ 정책 kebijakan dalam negeri.
대농(大農) pertanian skala besar.
대뇌(大腦) serebrum; otak. ~막 selaput/membran otak.
대다① mengenakan;memakaikan; menyentuh.상처에 가제를 ~ memakaikan perban pada luka. 손을 ~ menyentuh; meraba. 손을 안~ membiarkan utuh/tak tersentuh. ② membandingkan dengan. ③ campur tangan. 정치에 손을 ~ campur tangan dalam politik. ④ menyediakan dengan. 학비를 ~ menyediakan siswa dengan biaya sekolah. ⑤ menghela. 배를 해안에 ~ menghela perahu ke pantai. ⑥ memberi tahu. 증거를~ memberikan bukti. 핑계를~ memaafkan diri sendiri. ⑦ mengairi. 논에 물을 ~ mengairi sawah. ⑧ (연결.대면) menghubungkan dengan yang lain.
대다 떠들어~ gaduh ribut. 먹어~ melahap.
대다수(大多數)mayoritas;kebanyakan; bagian terbanyak.~를 점하다 mempertahankan mayoritas.
대단 ~한 jumlah besar;hebat;luar biasa; serius. ~히 sangat; amat; terlalu.
대담(大膽)~한 berani;tak gentar. ~하게 dengan berani. ~하게도... 하다 cukup berani untuk ...

대담(對談) percakapan; perbincangan. ~하다 bercakap-cakap; berbincang-bincang.
대답(對答)jawaban;respon;tanggapan. ~하다 menjawab.
대대(大隊)batalyon. ~장 komandan batalyon.
대대(代代) ~로 dari generasi ke generasi; turun-temurun.
대대적(大大的) besar-besaran; skala besar.
대도(大道) jalan raya, prinsip utama.
대도시(大都市) kota besar.
대독(代讀) pembacaan untuk orang lain.~하다 membaca untuk orang lain.
대동(大同)~소이하다 praktis sama;hampir sama.~단결 kesatuan; serikat.
대동(帶同) ~하다 mengajak (seseorang); ditemani.
대동맥(大動脈) 『解』 arteri utama; aorta. ~염 aortitis.
대두(大豆)kacang kedelai. ☞ 콩.
대들다 menentang; menyanggah.
대들보(大 -) kayu palang; penyangga.
대등(對等)kesamaan. ~한 sama; setaraf. ~하게 dengan sama.
대뜸 segera; seketika.
대란(大亂) kekacauan besar.
대략(大略) garis besar; ringkasan; nukilan. ~을 말하다 menjelaskan secara garis besar.
대량(大量) jumlah besar; massal. ~ 생산 produksi massal. ~소비 konsumsi massa. ~주문 pesanan besar
대령(待令) ~하다 menunggu perintah.
대령(大領)kolonel;kapten(udara).
대례(大禮) upacara perkawinan.
대로(大怒)kemurkaan; kemarahan. ~하다 marah besar; murka.
대로(大路) jalan besar;jalan raya.
대로 ① menurut; seperti; sesuai dengan. 예기한~ seperti yang di harapkan. 규칙~ menurut peraturan. 법률 ~ sesuai dengan hukum. ② segera. 도착하는 ~ segera setelah tiba; pada waktu datang. 형편이 닿는 ~ sesegera mungkin.
대롱 tabung bambu.
대류(對流) arus konveksi.
대륙(大陸)benua.~적 kontinental. ~성 기후 iklim benua;hawa darat.
대리(代理) kuasa penuh; wali. ~하다 bertindak untuk (atas); mewakili...의 ~로 atas nama ~인(人) juru kuasa; agen tunggal; wali. ~점(店) agen; perwakilan; kantor perwakilan. 독점~점 agen tunggal.
대리석(大理石) marmer; batu pualam; pelinggam.
대립(對立) oposisi; konfrontasi; pertentangan; konflik. ~하다 melawan; menentang; memusuhi. ~적인 lawan; rival; saingan.
대마(大麻) 『植』 ganja. ~로 만든 dari ganja.~유 minyak biji ganja.
대만원(大滿員) penuh sesak. ~이다 penuh sesak (dengan)···
대망(大望) ambisi besar; gairah;

aspirasi. ~을 품은 ambisius.
대망(待望) ~하다 sangat menantikan; sangat mengharapkan.
대매출(大賣出)penawaran khusus.
대맥(大麥) barlei. ☞ 보리.
대머리 kepala botak; gundul. ~지다 menjadi botak.
대면(對面) temu muka;tatap muka.~하다 bertemu muka; bertatap muka.
대명(待命) menunggu perintah.
대명사(代名詞) kata ganti. 관계[지시, 인칭, 의문] ~ kata ganti penghubung [penunjuk, orang, tanya].
대모집 (大募集) 남녀 공원 ~ di cari tenaga kerja dalam jumlah besar.
대목 (시기) periode yang paling sibuk/ramai, (부분) bagian. 섣달 ~ masa ramai pada akhir tahun. 어려운 ~ bagian yang sulit.
대목(大木) ☞ 목수.
대문(大門) gerbang utama.
대문자(大文字) huruf besar.~로 쓰다 menulis dalam huruf besar.
대물(代物)pengganti.~변제 pembayaran sebagai pengganti.
대물리다 (代-)mewariskan.손자에게 재산을 ~ mewariskan harta kepada cucunya.
대미(對美) ~무역 perdagangan dengan Amerika. ~정책 kebijakan terhadap Amerika.
대민(對民)~봉사 활동 pelayanan untuk kesejahteraan umum.~사업 proyek untuk rakyat.
대번(에) segera; selirik; sepintas lalu; sekali pandang.
대범(大凡) ~한 liberal; berjiwa besar; berdada lapang.
대법관(大法官) keadilan Mahkamah Agung.
대법원(大法阮) Mahkamah Agung. ~장 Ketua Mahkamah Agung.
대변(大便) tahi; najis besar. ~을 보다 berak; pergi ke jamban/kakus.
대변(代辯)~하다 berbicara (atas nama); mewakili bicara. ~자[인] juru bicara.
대변(貸邊) lajur kredit. ~에 기입하다 memasukkan kelajur kredit.
대변(對邊) 「數」 sisi yang berlawanan.
대병(大兵) ☞ 대군(大軍).
대보다 membandingkan(A dengan B).
대보름(大 -) tanggal 15 Januari penanggalan bulan.
대본(臺本) naskah sandiwara (film); skenario; naskah opera.
대부(代父) bapak baptis.
대부(貸付) peminjaman. ~하다 meminjamkan; memberi pinjaman. ~금 uang pinjaman.
대부분(大部分)kebanyakan;bagian terbanyak;mayoritas;sebagian besar; untuk sebagian besar.
대분수(帶分數) 「數」 pecahan.
대비(大妃) ibu suri.
대비(對比)perbandingan;kontras. ~하다 membandingkan.
대비(對備)persiapan.~하다 ber-

siap; membuat persiapan (untuk); menyediakan (untuk). 만일에 ~하다 bersiap untuk keadaan darurat. 적습에 ~하다 bersiap (berjaga-jaga) terhadap serangan musuh.

대사(大事) perkara penting,upacara pernikahan.

대사(大使) duta besar; utusan penting. 대리~kuasa.순회~ duta keliling. 주미 한국 ~ duta besar Korea untuk Amerika Serikat.

대사(大師) pendeta agung Budha.

대사(臺詞) pembicaraan (dalam skenario); bagian dialog untuk pemeran. ~를 말하다 berbicara bagiannya. ~를 잊다 lupa pembicaraan bagiannya; lupa dialog.

대사관(大使館) kedutaan besar. ~원 (anggota) staf kedutaan. ~참사관 anggota dewan kedutaan besar. 미국 ~ kedutaan besar Amerika. 주미 한국 ~ kedutaan besar Korea di Amerika.

대상(代償) ① ganti rugi; kompensasi. ..의 ~으로 sebagai ganti rugi.

대상(隊商) kafilah; karavan.

대상(對象) tujuan; sasaran.

대서(大書) ~ 특필하다 menulis dalam huruf yang besar.

대서(代書) ~하다 menulis untuk orang lain.

대서양(大西洋) 『地』 samudra Atlantik.~의 Atlantik. ~헌장 piagam Atlantik.

대설(大雪) salju lebat.

대성(大成) ~하다 memperoleh keagungan/kebesaran.

대성(大聲) suara keras; teriakan. ~ 질호(疾呼)하다 berpidato dengan berapi-api.

대성황(大盛況) kemakmuran; kesuksesan besar. ~을 이루다 makmur.

대세(大勢) situasi umum;kecenderungan umum. 세계의 ~situasi internasional.~에 좇다[역행하다] sesuai[berlawanan] dengan arus.

대소(大小) ukuran besar/kecil; ukuran. ~의 besar dan [atau] kecil; berbagai ukuran. ~에 따라 sesuai dengan ukuran.

대소(大笑) ~하다 tertawa terbahak-bahak.

대소동(大騷動)keributan;hiruk-pikuk; huru-hara; kekacauan.

대소변(大小便) air kencing dan tahi.

대손(貸損) hutang yang tidak dapat dibayar.

대수(大數)① (큰수)jumlah besar /banyak.② (대운) untung besar.

대수(代數) Aljabar.~식(式) persaman Aljabar. ~학자 ahli Aljabar.

대수롭다 penting; berharga.

대수술(大手術) operasi besar. 성공적인 ~ operasi yang berhasil.

대승(大勝) ~하다 mendapat kemenangan besar; menang besar.

대식(大食)~하다 makan banyak; makan besar. ~가 jago gembul; jago makan.

대신(代身)sebagai ganti ....~하다 mengganti; mengoper; mengambil alih. 자기~ 사람을 보내다

mengirim wakil.

대안(代案)rencana alternatif.~을 제시하다 membuat rencana (tindakan) alternatif.

대양(大洋)samudera; lautan; segara. ~의 Oseonik.~도(島) kepulauan oseanik. ~주(洲) Oseania. ~주의 berkenaan dengan Oseania. ~학 Oseanografi. ~ 항로선 kapal yang berlayar di samudra.

대어(大魚) ikan besar.

대어(大漁) tangkapan besar.

대여(貸與)pinjaman; peminjaman. ~하다 meminjamkan; meminjami. ~금 pinjaman. ~ 장학금 beasiswa pinjaman.

대역(大役) misi penting; tugas penting; peran penting. ~을 맡다 melaksanakan tugas penting.

대역(大逆) pelanggaran besar. ~죄(罪) dosa pelanggaran besar.

대역(代役) penggantian; substitusi; aktor (aktris) pengganti.~을 하다 memainkan peranan (orang lain).

대열(隊列) barisan; formasi. ~을 짓다 membentuk barisan.~을 지어 dalam barisan; dalam formasi.

대오(隊伍) ☞ 대열(隊列).

대왕(大王) raja agung;maha raja. 알렉산더~ Iskandar Agung.

대외(對外) ~의 luar negeri. luar. ~무역 perdagangan luar negeri. ~원조 bantuan luar negeri.

대요(大要) garis besar; prinsip umum; ringkasan. ~를 설명하다 menjelaskan garis besar.

대용(代用) penggantian. ~하다 menggantikan ...의~이 되다 berguna sebagai...~품 barang pengganti; ganti.

대용(貸用) ~하다 mengambil pinjaman; meminjam.

대우(待遇)penyambutan;resepsi; gaji/upah. ~ 하다 menyambut; menggaji/membayar upah.

대운(大運) peruntungan besar; nasib baik.

대웅전(大雄殿) candi/wihara utama.

대원수(大元帥) generalissimo.

대원칙(大原則) prinsip luas.

대위(大尉) kapten.

대응(對應)~하다 (맞먹다) sepadan (dengan);setanding (dengan).

대의(大意) ringkasan; ikhtisar; gagasan umum; garis besar.

대의(大義)tugas besar; kewajiban moral. ~를 위하여 untuk tugas besar.

대인(對人) ~관계 hubungan pribadi. ~방어 pertahanan orang ke orang.

대임(大任) tugas besar; misi penting. ~을 맡다 melaksanakan tugas besar.~을 맡기다 mempercayakan dengan tugas penting.

대자보(大字報) poster besar; poster dinding.

대자연(大自然) alam raya; alam semesta.

대작(大作) karya besar; karya agung.

대작(代作) ① ~하다 mengarang untuk orang lain. ~자 pengarang untuk orang lain.② ☞ 대파(代播).

대작(對酌)~하다 minum bersama; bertukar cangkir.
대장(大將) jenderal; marsekal; laksamana.
대장(大腸) usus besar. ~균 basilus usus besar; bakteri usus besar. ~ 염(炎) radang usus besar.~카타르 radang selaput lendir.
대장(隊長) komandan pasukan; kapten; pemimpin.
대장(臺帳) buku besar; buku kas induk; catatan untuk pertanahan.
대장간(-間)bengkel pandai besi.
대장부(大丈夫) pria pemberani/jantan. ~답게 굴라 bersikaplah jantan.
대장장이 pandai besi;tukang besi.
대적(對敵) ~하다 bermusuhan (dengan); bersaing; berlawanan (dengan), setanding.
대전(大全) karya lengkap.
대전(大典) upacara kenegaraan.
대전(大戰) perang besar; perang dunia.구라파~ perang besar Eropa 제 2 차 세계~ Perang Dunia Kedua.
대전(對戰) ~하다 bersaing; bertanding; bertempur. ~시키다 mempertandingkan. ~료 bayaran pertandingan.
대전제(大前提) dasar pemikiran utama.
대전차(對戰車) anti tank. ~포 meriam anti tank.
대점포(貸店鋪) toko untuk di sewakan.
대접 mangkuk sup.
대접(待接) resepsi; penjamuan; penyambutan. ~하다 menyambut; menghibur; menjamu; melayani; mentraktir.
대조(對照) perbandingan; pemadanan. ~하다 membandingkan; memadankan.
대좌(對坐) ~하다 duduk berhadapan; duduk berhadapan muka.
대죄(大罪) kejahatan/pelanggaran besar.
대죄(待罪) ~하다 menunggu kepastian resmi tentang hukuman.
대주(大酒) ~가 peminum berat.
대주(貸主) pemberi pinjaman; kreditor.
대주다 menyuplai; menyediakan; memasok; memberi.
대중 taksiran; perhitungan kasar; terkaan; standar. ~ 하다 [잡다] membuat perhitungan kasar.
대중(大衆) umum; massa; khalayak ramai.~문학 literatur populer. ~식당 rumah makan umum. ~요금 harga umum. ~운동 gerakan massal. ~작가[잡지] penulis [majalah] populer.
대증(對症) ~요법 pengobatan simtomatik.
대지(大地) bumi.
대지(垈地)situs bangunan; lokasi bangunan.
대지(貸地) tanah untuk sewa.
대진(對陣) ~하다 mempertandingkan. ~표 daftar pertandingan.
대질(對質) konfrontasi. ~ 시키다 memperhadapkan; mengkonfrontasi.
대짜(大 -)yang besar.~ 못 paku

yang besar.

대차(大差)perbedaan besar. ...과 ~ 없다 tidak banyak berbeda dengan...; hampir sama dengan ...

대차(貸借) pinjaman. ~계정 perkiraan debitor dan kreditor. ~관계 hubungan keuangan.~ 관계가 있다 ada perhitungan yang harus dibereskan (dengan). ~ 대조표 lembar perkiraan.

대책(對策) tindakan balasan.~을 강구하다 mempertimbangkan tindakan (rencana) balasan.

대처(帶妻) ~승 pendeta Budha yang menikah.

대처(對處)~하다 menanggulangi; mengatasi.

대첩(大捷)kemenangan besar. ~하다 menang besar.

대청소(大淸掃) pembersihan menyeluruh rumah.

대체(大體) (개요) ringkasan; garis besar; (요점) bagian penting; (도대체) gerangan. ~로 말하여 berbicara secara ringkas; berbicara secara umum.

대체(代替) ~하다 menggantikan. ~물 「法」 pengganti.

대체(對替) pemindahan; transfer. ~하다 memindahkan;mentransfer. ~ 계정 rekening transfer. ~ 전표 surat (slip) pemindahan.

대추 kurma Cina. ~나무 pohon kurma Cina.

대출(貸出) peminjaman,pinjaman. ~하다 meminjamkan. 책을 ~하다 meminjam buku dari perpustakaan. ~금 uang pinjaman. 부당~ pinjaman tidak syah.

대충(代充)~하다 melengkapi dengan pengganti.

대충 secara kasar; kira-kira; lebih kurang. ~어림하다 membuat taksiran kasar. ~ 설명하다 menjelaskan dengan singkat.

대취(大醉) ~하다 mabuk berat.

대치(對峙) ~하다 berdiri berhadapan muka dengan.

대타(代打) 「野」 pemukulan ganti (istilah dalam bisbol). ~로 나가다 memukul ganti untuk...~자 pengganti memukul.

대통령(大統領) presiden. ~의 presidensial.~ 관저 Istana Presiden. ~교서 Amanat Presiden. ~ 부인 ibu Negara.~선거[입후보자] pemilihan [calon] presiden.~특별 보좌관 Staf Ahli Presiden.

대퇴(大腿) 「解」 paha. ~골(骨) tulang paha; femur. ~부 daerah paha.

대파(大破) ~하다 rusak parah.

대판(大 -) ~싸우다 bertengkar sengit (dengan); berkelahi sengit.

대패 ketam; serut; penarah. ~ 질하다 mengetam; menyerut.

대패(大敗) ~하다 kalah habis-habisan.

대포(大砲) ① meriam. ② kebohongan (besar). ~를 놓다 menembakkan meriam, berbohong besar.

대폭(大幅) dengan tajam. ~적인 besar; substansial. ~삭감 pemotongan tajam. ~인상 kenaikan tajam.

대표(代表)wakil;delegasi;utusan. ~하다 mewakili; mengatas namakan. 무역~부 misi dagang.~를 보내다 mengirim delegasi.
대풍(大豊) panen raya.
대피(待避) ~하다 berteduh; berlindung; bernaung. ~선 jalan pinggir
대필(代筆) ☞ 대서(代書).
대하(大河) sungai besar. ~ 소설 buku hikayat.
대하(帶下) buangan (dari rahim). ~증(症) penyakit keputihan.
대하다(對 -) berhadaphadapan; menerima; menjamu. 밥상을 ~ duduk di depan meja makan.
대학(大學)universitas;perguruan tinggi. ~생 mahasiswa. ~원 sekolah pasca sarjana.~총장 rektor. ~ 출신 sarjana; lulusan perguruan tinggi. ~ 학장 dekan. 초급 ~ akademi.
대학자(大學者) sarjana besar.
대한(大韓)~무역 진흥 공사 Asosiasi Promosi Perdagangan Korea (KOTRA). ~민국 Republik Korea.~사람 orang Korea. ~상공회의소 Kamar Dagang dan Industri Korea.~ 적십자사 Palang Merah Nasional Korea. ~해협 Selat Korea.
대함(大艦) kapal perang besar
대합실(待合室) ruang tunggu.
대항(對抗) perlawanan; oposisi. ~하다 melawan; menentang. ~시키다 mengadu. ~경기 pertandingan; turnamen. ~책 tindakan balasan.
대해(大害) celaka besar.
대해(大海) samudra; lautan. ~의 일속(一粟) setetes air di samudra.
대행(代行) pelaksanaan untuk orang lain. ~하다 melaksanakan untuk orang lain. ~ 기관 Agen; badan perwakilan.
대형(大形) ukuran besar. ~의 berukuran besar.
대형(隊形) formasi; urutan. 전투 ~ formasi perang (pertempuran).
대화(大火) kebakaran besar.
대화(對話) percakapan; dialog. ~하다 bercakap-cakap.
대회(大會)rapat umum; ~를 열다 membuka rapat akbar.
댁(宅) rumah anda.
댄서 penari; gadis penari.
댄스 tari; tarian;dansa.~하다 menari; berdansa.~교습소 sekolah tari.~파티 pesta tari; pesta dansa.
댐 dam; bendungan; tanggul. ~을 만들다 membangun bendungan. 다목적 ~ bendungan serbaguna.
댓... kira-kira lima. ~ 번 kira-kira lima kaki.
댓돌(臺 -) batu sendi/tumpuan.
댕기 pita kuncir.
댕기다(불을) menyalakan; menghidupkan.
더 lebih. ~한층 lebih banyak. 그만큼 ~ sebanyak yang tadi. 조금만 ~ sedikit lagi.
더군다나 selain; lebih-lebih; lebih jauh.
더듬거리다 meraba-raba;menggerayang; mengganggu.
더듬다① (손으로)menggerayangi; merogoh-rogoh.② meraba-raba.

길을 ~ meraba-raba jalan (dalam gelap).기억을 ~ mencoba mengingat. ③ (말을) menggagap.

더듬이 「動」 sungut; tentakel.

더디다 lambat. 일손이 ~ lambat dalam pekerjaan.

...더라도 bahkan; walaupun. 설령 농담이라하 ~ bahkan dalam bergurau. 설령 그렇~ walaupun demikian.

더러 beberapa; agak; sedikit; kadang-kadang.

더러워지다 menjadi kotor; bercomot; bergelimang(an).

더럽다 kotor; hina; kikir; pelit. 돈에 ~ pelit dalam soal uang.

더럽히다 mengotori; mencemari; menodai.(여자가)몸을 ~kehilangan keperawanan/ kesucian.

더미 tumpukan; onggokan; timbunan. 쓰레기~ timbunan sampah.

더벅머리 rambut kusut.

더부룩하다 tebal; lebat. 수염이~ berjambang lebat.

더부살이 pembantu (pelayan) yang nginap (menumpang).

더불어 bersama; oleh; dengan. ~ 즐기다 menikmati bersama.

더블 ganda. ~되다 berganda. ~ 베드 tempat tidur ganda. ~ 플레 「野」 permainan ganda.

더빙 「映」, TV pengisian suara (TV); *dubbing.*

더욱 lagi; lebih.~중대한 것은 apa yang lebih penting.~ (더) 적어지다 semakin kurang (sedikit). ~ 좋다 [나쁘다] jauh lebih baik [buruk].

더욱이 selain;lebih jauh;lagi pula.

더위 panas; cuaca panas; gerah. ~를 식히다 menghilangkan/ meredakan gerah. ~먹다 kena panas. ~타다 peka terhadap panas.

더하다 menambah(kan); menaikkan. 3 에 4 를 ~ menambah 4 ke 3. 병세가 ~ sakit semakin parah. 추위가 ~ semakin dingin. 속력을 ~ mempercepat.

더하다 lebih banyak. 크기가~ lebih besar. 수에 있어서~ melebihi jumlah.

더할나위없다 sempurna.

덕(德) pribudi;kebaikan hati;budi. ~이 높은 사람 orang yang berpribudi tinggi. ..의 ~으로 atas kebaikan dari...; atas budi baik... .

덕망(德望) pengaruh moral. ~가 orang yang bermoral tinggi.

덕분(德分) ☞ 덕택.

덕택(德澤)dukungan. ...의 ~으로 terima kasih kepada ...; atas budi baik ... .

덕행(德行) amal baik; perilaku yang baik.

던지다 melempar;melontar;memberi (suara). 공을~ melempar bola. 깨끗한 한 표를 ~ memberi suara jujur.

덜 tidak lengkap, kurang. ~ 마른 setengah kering.~익은 setengah matang.

덜거덕거리다 berderik; bunyi gemeretak; menggerodak.

덜다① memperingan; menguangi; meredakan;menyelamatkan. 수고를 ~ menyelamatkan orang dari kesulitan.고통을~ meredakan rasa sakit.② mengurangi; mengurangkan. 세 개를 ~ mengurangi tiga.

덜덜~떨다 gemetar; menggigil.

덜되다① (미왕성) tidak lengkap; belum selesai, belum matang. ② (사람이) pelonco.

덜렁거리다 berdenting-denting; berkerontangan; berlaku sembrono.

덜미☞ 뒷덜미. ~ 잡이하다 memegang orang pada kuduknya.

덜컥① tiba-tiba; tidak terduga; mendadak. ~죽다 mati mendadak. ② (소리) berkeletukan.

덤 ①(추가) ekstra; tambahan. ② (바둑) halangan; rintangan.

덤덤하다 membisu.

덤불 semak; belukar.

덤비다 ① (달려들다) menerkam. ② (서둘다) buru-buru; tergesa-gesa.

덤핑 「經」 dumping. ~하다 mendumping. ~ 방지 관세 pajak anti dumping. ~전 perang penurunan harga; perang dumping.

덥다 panas; hangat;merasa panas. 몸이 ~ sakit demam; badan panas.

덥석 dengan cepat; dengan tiba-tiba; dengan ketat. 손을 ~ 쥐다 mencekal tangan orang dengan tiba-tiba. ~물다 mencaplok.

덧 waktu pendek/singkat. 어느~ sebelum orang tahu.

덧니 gigi berdempet.~가 나다 keluar gigi berdempet.~ 박이 orang gigi berdempet.

덧셈 penjumlahan.~하다 menjumlahkan angka. ~표 tanda tambah.

덩굴 sulur; julai. ~손 「植」 ujung sulur.

덩어리,덩이 bungkahan; potongan; keratan; bingkahan; gumpalan; bungkalan. 얼음 ~ sebungkah es. 흙 ~ gumpalan tanah.

덫 perangkap; jerat; jebakan. ~을 놓다 memasang perangkap; memasang jebakan. ~에 걸리다 terperangkap; kejeblos; terjebak.

덮개 tutup; tirai; cadar.

덮다 menutupi; menyelongsongi; menyelungkupi; meliputi; menyelubungi. 책을~ menutup buku.

덮어놓고 tanpa alasan.~치다 memukul tanpa alasan.

덮치다 ①(겹쳐누름) tumpang tindih. ② bertumpuk-tumpuk. 불행이~ kemalangan datang silih berganti.

데 tempat; kejadian; kasus.

데꺽 seketika. ~해결하다 menyelesaikan(membereskan) ditempat.

데다① terbakar. 손을 ~ terbakar tangannya. ② (혼나다) mendapat pengalaman pahit.

데드볼 「野」 bola mati.

데려가다 mengajak pergi.

데려오다 membawa serta.

데릴사위 menantu lelaki yang di bawa kedalam keluarga.

데모 unjuk rasa; demonstrasi. ~하다 berdemonstrasi;melakukan unjuk rasa. ~대 kelompok pengunjuk rasa/demonstran. 가두

~ unjuk rasa dijalan.

데모크라시 demokrasi.

데모행진(-行進) parade demonstrasi. ~을 하다 mengadakan parade demonstrasi.

데상 sketsa (kasar).

데우다 memeram; menghangatkan; memanasi.

데이터 data. ~처리 장치 mesin pengolah data.

데이트 kencan. ~하다 berkencan (dengan).

데치다 memasak setengah matang.

데크 dek; peron.

도(度) ① derajat. 60~ enam puluh derajat. ② tingkat; ukuran. ~를 지나치다 berlebih-lebihan. ③ (회수) kali.

도(道) propinsi. 경기~ propinsi Gyeonggi.~(립)의(dibangun oleh) propinsi. ~지사 gubernur.

도「樂」 do (nada do).

도① (및,...도...도) dan; juga; baik... maupun ...; tidak ... dan juga tidak ... ② bahkan; pun. 지금~ bahkan sekarang. 작별 인사~ 없이 mengucapkan selamat tinggalpun tidak. ③ (비록 ...이라도) walaupun; meskipun.

도가니 wadah peleburan logam; kui. 홍분의 ~로 변하다 berubah jadi sangat gembira.

도강(渡江) ~하다 menyeberang sungai.

도계(道界) batas propinsi.

도공(陶工) pembuat keramik; pengrajin tembikar.

도구(道具) ① (공구) perkakas; alat; perabot; perlengkapan. ② (방편)sarana;batu pijakan.③ alat; kaki tangan.사람을 ~로 사용하다 memperalat; menggunakan sebagai kaki tangan.

도굴(盜掘)~하다 menjarah kuburan. ~범 penjarah kuburan.

도금(鍍金) penyepuhan. ~하다 menyepuh. 동을 은으로 ~하다 menyepuh tembaga dengan perak.

도급(都給) kerja borongan.~맡다 memborong. ~주다 memberi borongan/kontrak.일괄~ 계약 kontrak dengan basis siap pakai.

도기(陶器) tembikar; porselen. ~상 toko keramik.

도깨비 hantu; setan; momok.

도끼 kapak; beliung. ~자루 tangkai kapak. ~질 pemakaian kapak. ~ 질하다 memakai kapak; mengapak.

도난(盜難) perampokan. ~당하다 dirampok; dicuri. ~경보기 tanda bahaya (alarm) pencuri. ~품 barang-barang curian.

도달(到達) kedatangan. ~하다 sampai (di); tiba (di) 결론에 ~하다 sampai pada kesimpulan.

도대체(都大體)gerangan; agaknya; barangkali.

도덕(道德) moralitas;kesusilaan; kesopanan; akhlak. ~상[적으로] secara moral.

도도하다 sombong; angkuh.

도둑 ~맞다 kena curi; kecurian. ~놈 perampok;pencuri. ~질 pen-

curian; perampokan. ~질하다 mencuri; merampok; menjarah.
도락(道樂) hobi;kegemaran. …을 ~으로 삼다 melakukan sebagai hobi (untuk kesenangan).
도란거리다 ☞ 두런거리다.
도랑 selokan; terusan; got. ~을 치다 menguras selokan. ~창 selokan; saluran pembuangan/ penguras.
도래(到來) kedatangan. ~하다 datang.
도래(渡來) ~하다 mengunjungi.
도량(度量) kemurahan hati. ~이 큰 murah hati. ~이 좁은 sempit hati; berjiwa sempit.
도량형(度量衡) berat dan ukuran. ~기 takaran; sukatan. ~표 tabel berat dan ukuran.
도려내다 menyayati; membuang.
도련님 anak muda (pemuda); pemuda yang belum menikah; adik ipar laki-laki.
도령 pemuda yang belum menikah.
도로(道路)jalan;jalan raya.~공사 perbaikan jalan. ~표지 rambu-rambu jalan. 유료 ~ jalan tol.
도로 mundur lagi.~주다 mengembalikan. ~ 가다[오다] pergi [datang] lagi.
…도록① kepada;agar;supaya…지 않~ (agar) supaya tidak. 나에게… 하~ 그가 말했다 Dianjurkan kepada saya bahwa saya boleh …② sampai.밤늦~ sampai jauh malam. ③ se… mungkin. 되~ 빨리 secepat mungkin.
도료(塗料)cat. ~분무기 penyemprot cat. 발광 ~ cat bersinar.
도르래 katrol; korek.
도리(道理) ① ☞ 사리 (事理). ② cara; sarana; rencana; tindakan. 딴 ~가 없다 tidak ada pilihan. ③ kewajiban. 자식의~ kewajiban selaku anak.
도리어 sebaliknya.
도리질 ① ~하다 menggoyang-goyangkan (anak). ~하다 menggelengkan kepala (menidakkan)
도립(倒立) berdiri pada kepala dan kaki. ~하다 berdiri di atas tangan (kepala).
도립(道立) ~의 provinsi. ~병원 rumah sakit proppinsi.
도마 papan potong; talenan.
도마뱀 「動」 cecak; tokek; kadal; bengkarung.
도망(逃亡) lari (dari dinas ketentaraan, penjara). ~치다[하다] melarikan diri; lari; kabur; melakukan desersi.
도맡다 melaksanakan sendiri.
도매(都賣) grosir;penjualan partai besar. ~하다 menjual dalam partai besar.~물가(지수) (indeks) harga grosir. ~상 perdagangan grosir. ~시세 harga grosir.
도면(圖面) gambar; sketsa (bangunan).건축 ~ cetak biru.
도모(圖謀) ~하다 ☞ 꾀하다.
도무지 sama sekali.~개의치 않다 tidak perduli sama sekali. ~알 수 없다 tidak dapat mengerti sama sekali.
도민(道民) penduduk pribumi; propinsi.

도박(賭博) perjudian; judi. ~하다 berjudi. ~꾼 penjudi. ~ 상습자 penjudi berat. ~장 rumah judi; kasino.

도발(挑發) ~하다 menimbulkan keingintahuan; merangsang kemarahan; sugestif. ~적인 provokatif; sugestif; sensasional.

도배(塗褙) penempelan kertas di tembok dan langit-langit. ~하다 menempelkan kertas di dinding. ~장이 tukang tempel kertas. ~지(紙) kertas dinding.

도벌(盜伐) ~하다 menebang pohon secara gelap; mencuri kayu.

도범(盜犯) pencurian.

도벽(盜癖) kebiasaan mencuri; kleptomania. ~이 있다 kleptomaniak,

도별(道別) ~의 per propinsi.~인구표 grafik penduduk perpropinsi

도보(徒步) jalan kaki; berjalan. ~로 dengan jalan kaki. ~경주 lomba jalan cepat. ~여행 berjalan-jalan.

도산(倒産)① kebangkrutan; kepailitan (☞ 파산). 그 회사는 ~했다 perusahaan itu bangkrut. ② 「醫」 keturunan silang.

도살(屠殺) penyembelihan; pemotongan;penjagalan. ~하다 menyembelih.~자 tukang jagal. ~장 rumah potong hewan.

도색(桃色)warna merah jambu.~의 merah jambu.~ 영화 film sex; film biru. ~유희 masalah cinta-cintaan. ~ 잡지 majalah porno.

도서(島嶼) pulau-pulau; kepulauan.

도서(圖書) buku-buku. ~관 perpustakaan. 국립 중앙 ~관 Perpustakaan Pusat Nasional. ~관장 kepala perpustakaan. ~관학 ilmu perpustakaan. ~목록 katalog buku.~실 ruang baca.대학~관 perpustakaan universitas. 신간 ~ buku-buku baru.

도선(渡船)kapal penyeberangan; feri. ~장 tempat penyeberangan (kapal).

도선(導船) pemanduan kapal.~하다 memandu.~사 pemandu kapal.

도선(導線) kawat penghantar.

도수(度數)① frekwensi.(전화의) ~요금 tarif pesan.~제 sistim tarif pesan. ② derajat (tingkat). ~가 높은 안경 kaca mata kuat (tebal). ③ kadar.~가 높은 위스키 wiski berkadar alkohol tinggi.

도수장(屠獸場) rumah potong hewan.

도시(都市) kota.~ 계획 perencanaan kota. ~ 국가 negara kota. ~ 생활 kehidupan kota. ~생활자 penduduk kota; orang kota.

도시(都是) ☞ 도무지.

도시(圖示) ~하다 menggambarkan; melukiskan.

도시락 kotak makan siang. ~을 먹다 makan siang.

도시재개발사업계획(都市再開發事業計劃) program pembaharuan penduduk kota padat.

도식(圖式)diagram;grafik;skema.

도심(都心) ~지대 daerah tengah kota.

도안(圖案) rancangan; sketsa; rangka.~을 만들다 merancang.~화하다 mendisain. ~가 perancang.
도야(陶冶)pengembangan; pembentukan; pembinaan.~하다 mengembangkan;membentuk; membina. 인격 ~ pembinaan sifat.
도약(跳躍) lompatan; loncatan.~하다 melompat. ~판 papan lompat.
도열(堵列) ~하다 berbaris.
도열병(稻熱病) hawar padi.
도예(陶藝) seni keramik. ~가 pembuat keramik. ~술 teknik keramik.
도와주다 membantu;memberikan pertolongan.
도외시(度外視) ~하다 mengacuhkan; mengabaikan.
도요(새) 『鳥』 burung berkik.
도용(盜用)~하다 mencuri; mencatut; menggelapkan (uang).
도움 bantuan. ~을 청하다 minta bantuan. ~이 되다 sangat membantu (berguna).
도읍(都邑) ibu kota.
도의(道義) moral. ~적 책임 kewajiban moral. ~심 rasa moral.
도입(導入) ~하다 memasukan (barang/modal dll).
도자기(陶瓷器)keramik.~공 tukang keramik.
도장(道場) gymnasium; gedung olah raga.
도장(塗裝) ~하다 melapisi dengan cat. ~공사 pengecatan.
도장(圖章)segel; perangko; cap; teraan; stempel. ~을 찍다 menyegel.~을 파다 mengukir stempel. ~포 toko mengukir stempel.
도저히(到底 -) (tidak dapat) bagaimanapun juga. ...은 ~있을 수 없다 Bagaimana juga tidak mungkin ... .
도적(盜賊) ☞ 도둑.
도전(挑戰) tantangan.~하다 menantang (seseorang). ~적 penuh tantangan; menantang.
도전(盜電) ~하다 mencuri lisrik.
도전(導電) konduksi listrik. ~체(體) konduktor listrik;penghantar listrik.
도주(逃走) ☞ 도망.
도중(途中) ~에 di perjalanan; di tengah jalan.~ 일박하다 menginap semalam di perjalanan. ~하차하다 berhenti di perjalanan.
도지다① (심하다) ekstrim; parah. ② (단단하다) keras.
도지다 menjadi lebih buruk; mem buruk.
도지사(道知事)gubernur;kepala pemerintahan tingkat propinsi.
도착(到着)~하다 sampai; tiba. ~순(順)으로 di urutan kedatangan.
도착(倒錯)penyimpangan.성 ~자 penyimpangan seksual.
도처(到處)~에(서) dimana-mana.
도청(盜聽)~하다 menyadap.~ 기(器)mikrofon tersembunyi. ~사건 skandal penyadapan. ~자 penyadap.
도청(道廳) kantor propinsi. ~소재지 kedudukan pemerintah propinsi
도체(導體) 『理』 medium; konduktor/ penghantar. 양[불량] ~

penghantar yang baik [buruk].
도축(屠畜)penyembelihan;rumah potong. ~업 usaha rumah potong.
도취(陶醉) kemabukan. ~하다 mabuk kepayang;tertarik hatinya. 자기~ kecintaan pada diri sendiri.
도크 dok (galangan kapal). ~에 넣다 memasukkan ke dok.부 (浮) [건(乾)] ~ dok terapung [kering].
도탄(塗炭) kesengsaraan.~에 빠지다 jatuh dalam kesengsaraan.
도태(陶汰) seleksi. ~하다 menyeleksi.자연[인위]~seleksi alam [buatan].
도토리 buah (biji) pohon ek. 개밥에 ~orang buangan.~깍정이 kulit buah ek.
도통(道通) ~하다 mendapat pencerahan.
도포(塗布) ~하다 mengoleskan; memakai (salep).
도표(道標) pos petunjuk.
도표(圖表) diagram; grafik; peta. ~로 나타내다 mendiagramkan; menyatakan dalam bentuk diagram.
도피(逃避) pelarian. ~하다 lari (dari); melarikan diri(dari). ~생활 kehidupan pelarian dari dunia. ~주의 pelarian. ~행 perjalanan melarikan diri. 현실 ~ lari dari kenyataan.
도합(都合) jumlah keseluruhan; jumlah total.
도해(圖解) diagram; ilustrasi. ~하다 melukiskan (dalam diagram).
도형(圖形) gambar;diagram.입체 ~ gambar jelas.
도화(圖畵) gambar. ~지 kertas gambar.
도화선(導火線) sumbu; tali api; pemicu,penyebab.~이 되다 menjadi pemicu, menjadi penyebab; menimbulkan.
도회(都會) ☞ 도시(都市).
독 kendi;tempayan; gentong; guci; gayung; bejana air; tajau. ~안에 든 쥐다 seperti tikus dalam perangkap.
독(毒) racun; bisa; bahaya. ~이 있는 beracun; berbisa; membahayakan.~을 마시다[먹이다]. Minum [memberi] racun.
독가스(毒 -)gas racun.~ 마스크 topeng gas. ~탄 bom gas racun.
독감(毒感)influensa; demam; flu; pilek; selesma. ~에 걸리다 kena influensa.
독과점(獨寡占) monopoli dan oligopoli. ~ 품목 barang-barang monopoli dan oligopoli.
독기(毒氣) sifat beracun/jahat. ~ 있는 beracun; jahat.
독나방(毒 -) ngengat berekor coklat.
독단(獨斷)keputusan sewenang-wenang; kesewenang-wenangan. ~적 sewenang-wenang.~(적)으로 dengan sewenang-wenang.
독려(督勵)dorongan.~하다 mendorong; memberi semangat.
독력(獨力) ~으로 dengan usaha sendiri.
독립(獨立) kemerdekaan; kemandirian;pemisahan.~하다 merdeka; bebas; mandiri. ~가옥 ru-

mah terpisah.~국 negara merdeka. ~기념일 hari kemerdekaan

독무대(獨舞臺) ~이다 menguasai medan; tanpa lawan.

독물(毒物) bahan beracun.

독방(獨房) kamar untuk seorang. ~ 감금 kurungan tersendiri.

독백(獨白) monolog. ~하다 berbicara sendiri.

독보(獨步)~적인 unik; tanpa padanan.

독본(讀本)bacaan;literatur.영어~ bacaan bahasa Inggris.

독부(毒婦) perempuan jahat.

독불장군(獨不將軍)orang yang keras kepala; pembangkang.

독사(毒蛇) ular berbisa.

독살(毒殺) peracunan.~하다 meracuni.~자 pembuat racun.

독생자(獨生者) Jesus Kristus; Isa Almasih.

독서(讀書) ~하다 membaca. ~를 즐기다 gemar membaca. ~가 orang yang banyak membaca. ~계(界) dunia bacaan.

독선(獨善) kebajikan diri. ~적 bajik diri.

독설(毒舌) lidah tajam.~가(家)다 orang yang berlidah tajam. ~을 퍼붓다 berbicara menyakitkan.

독성(毒性) sifat beracun. ~의 beracun.

독소(毒素) zat beracun. 항(抗) ~ anti racun.

독수공방(獨守空房)~하다 hidup kesepian karena suaminya jauh; hidup sendiri.

독수리(禿-)「鳥」elang; garuda; rajawali; burung buas.

독시(毒矢) anak panah beracun.

독식(獨食) ~하다 memonopoli.

독신(獨身) ~의 tidak menikah. ~으로 살다 hidup sendiri. ~생활 kehidupan sendirian;hidup membujang.~자 bujangan; orang yang hidup sendirian.

독실(篤實)~하다 lurus;setia; taat.

독액(毒液) bisa; cairan beracun.

독약(毒藥) racun; tuba; bisa.~을 먹다 minum racun.

독일(獨逸) negara Jerman. ~의 tentang Jerman. ~어(語) bahasa Jerman. ~인 orang Jerman. 서부[동부]~ Jerman Barat [Timur].

독자(獨子) satu-satunya putra; putra tunggal.

독자(獨自)~의 asli;khas;pribadi; unik. ~성 individualistis.

독자(讀者) pembaca; khalayak pembaca. ~가 많다 memiliki sirkulasi besar. ~난 kolom pembaca. ~층 kelas pembaca.

독재(獨裁) kediktatoran.~적 kekuasaan tanpa terbatas; dictatorial.~자 autokrat; diktator. ~정치 pemerintahan dictator.

독점(獨占) monopoli. ~하다 memonopoli. ~적 monopolistis; eksklusif. ~가격 harga monopoli.

독종(毒種) orang yang galak,binatang buas.

독주(毒酒) ① (독한) minuman keras yang kuat.② (독을 탄) minuman keras beracun.

독주(獨走) ~하다 meninggalkan yang lain jauh di belakang.

독주(獨奏) solo; tunggal. ~하다 bermain solo.~곡 lagu/ nyanyian solo. ~자 solois; penyanyi solo. ~회 pertunjukan solo.

독지(篤志)derma; amal; sedekah. ~가 penderma.

독직(瀆職) korupsi; penyuapan. ~ 공무원 pejabat korup. ~ 사건 skandal korupsi; kasus suap.

독차지(獨 -) ~하다 mengambil semua untuk sendiri;memonopoli. 아무의 사랑을 ~하다 memonopoli cinta seseorang.

독창(獨唱)nyanyian tunggal;lagu tunggal. ~하다 menyanyi solo. ~자 penyanyi solo. ~회 pertunjukan solo.

독창(獨創) orisinalitis.~적 orisinil;kreatif. ~력 bakat kreatif. ~력을 기르다 mengembangkan bakat orisinalitas.

독초(毒草) rumput beracun.

독촉(督促) pendesakan;penagihan. ~하다 mendesak; menagih. ~장 surat tagihan.

독충(毒蟲) serangga beracun.

독침(毒針)sengat beracun;jarum beracun.

독탕(獨湯) kamar mandi pribadi. ~하다 mandi di kamar mandi pribadi.

독특(獨特) ~한 khas; unik; istimewa.

독파(讀破)~하다 membaca sampai selesai.

독하다(毒-) ① (유독) beracun; berbisa.② (술.담배가) keras (minuman keras). ③ (모질다) keji; jahat. ④ (굳세다) tegar; kuat.

독학(獨學) belajar sendiri. ~하다 mengajar diri sendiri; belajar sendiri.~한 사람 orang yang belajar sendiri.

독학(篤學) gemar belajar.

독후감(讀後感) kesan tentang sebuah buku.

돈 uang; emas; uang tunai. ~ 있는 beruang. ~으로 살 수 없는 tiada ternilai. ~이 많이 들다 mahal. ~을 벌다 mencari uang. ~을 내다 membayar untuk; menyumbang uang kepada; menanamkan uang.

돈 ton ☞ 톤. ~수(數) tonase. 미터 ~ ton metrik.

돈놀이 usaha peminjaman uang. ~하다 menjalankan usaha peminjaman uang.

돈독(敦篤)ketulusan hati.☞ 돈후.

돈맛 ~ 알다 [들이다] tahu nilai uang.

돈벌이 cari uang. ~하다 mencari uang.~가 되는 일 pekerjaan yang menguntungkan.~를 잘하다 pandai mencari uang.

돈복(- 福) keberuntungan dengan uang.

돈육(豚肉) daging babi.

돈주머니 kantong uang.

돈줄 sumber uang. ~이 떨어지다 kehilangan dukungan keuangan.

돈지갑(- 紙匣) dompet.

돈피 kulit rase.

돋구다 merangsang; menggoda; membangkitkan. 미각[식욕]을 ~ mengoda/merangsang selera.

돋다① (해가) terbit.② (싹이) keluar; bertunas;. ③ (종기 따위가) muncul; keluar; tumbuh.

돋보기 kacamata untuk orang tua; kaca pembesar.

돋보이다 kelihatan lebih baik.

돋우다①(심지를)menaikkan(sumbu). ② menaikkan; meninggikan. 목청을~menaikkan; meninggikan) suaranya.③menjengkelkan; menyakitkan hati.남의 부아를~menjengkelkan seseorang. ④ (일으키다) menimbulkan (keingintahuan). ⑤ mendorong semangat. 사기를~ meninggikan moral (pasukan). ⑥ (충동이다) menghasut.

돋치다 tumbuh; bertunas. 날개가 ~tumbuh sayap; laku dengan laris.

돌① ulang tahun pertama seorang bayi. ② hari jadi. 해방 열~ 기념식 Ulang Tahun Kemerdekaan ke-10

돌 「鑛」 batu. ~을 깐 diratakan dengan batu ~많은 berbatu; berbatu-batu.

돌개바람 pusaran angin.

돌격(突擊) sergapan; penyergapan. ~하다 menyergap. ~대 pasukan buru sergap.

돌계단(- 階段) ☞ 돌층계.

돌고래 「動」 ikan lumba-lumba.

돌기(突起) tonjolan. ~하다 menonjol.

돌다① belok; berbelok; berkeliling; berputar; berpusar. 오른쪽으로~ belok kanan. 뺑뺑~ berputar-putar (berkeliling).② (순회) mengadakan tur; mengelilingi. 호남 지방을 ~ mengadakan tur di daerah Honam. ③ berkeliling. 곶을~ berkeliling semenanjung ④ (약. 술 따위가) berpengaruh. ⑤ (소문이) beredar. ⑥ (융통) beredar (uang). ⑦(눈이) merasa pening. ⑧ (소생) pulih. ⑨ (머리가) hilang ingatan/pikiran. ⑩ (전염병이) menular.

돌다리 jembatan batu. ~도 두드려 보고 건너다 sangat hati-hati.

돌담 dinding batu.

돌대가리 orang bodoh.

돌덩이 sepotong batu.

돌도끼 kapak batu.

돌돌 종이를 ~말다 menggulung selembar kertas.

돌려보다 mengedarkan.

돌려쓰다 meminjam.

돌려주다① (반환) mengembalikan; memulangkan. ② (융통함) meminjamkan.

돌리다 ① (고비.위기를 넘기다) melalui saat-saat kritis.② (회생) pulih. ③ (융통) meminjamkan; meminjam.

돌리다① merubah; mengalihkan. 눈을~ mengalihkan mata pandangan). 마음을 ~ merubah pikiran. 화제를~ merubah pokok pembicaraan.② memutar.핸들을~ memutar setir/kemudi. 팽이를~memutar gasing. ③ (넘기다.보내다) memindahkan; meneruskan; menyerahkan. 자동차를 사무실로 ~ mengirimkan mobil ke kantor. 행운의 편지를 ~ meneruskan surat berantai. ④ menggerakkan;menjalankan. 기계를 ~ menjalankan mesin. ⑤ 농담으로 ~ memperlakukan sebagai senda gurau. 백지로 ~ membawa ke nol.

돌리다 mengasalkan; menganggap berasal (dari); menghubungkan. 성공을 행운으로~ menganggap keberhasilan sebagai suatu kemujuran.

돌림① (교대) putar; giliran. ② ☞ 돌림병.

돌림감기(-感氣) influensa; flu (pilek).

돌림병(- 病) penyakit menular.

돌멩이 batu kecil. ~ 질하다 melemparkan batu.

돌무더기 setumpuk batu.

돌발(突發) wabah; ledakan (penyakit); ketiba-tibaan; ketidak terdugaan. ~하다 terjadi tiba-tiba. ~적(으로) secara tiba-tiba/ tidak terduga. ~ 사건 kecelakaan (kejadian) yang tak dapat diramalkan; kecelakaan tak terduga.

돌변(突變) ~하다 berubah tiba-tiba.

돌보다 menjaga; merawat; mengurus; membimbing. 환자를 ~ merawat pasien.

돌부리 batu sandungan; batu penarung.

돌부처 patung Budha dari batu.

돌아가다 ① kembali; berganti arah; pulang; balik. 온 길을 ~ kembali ke langkahnya. 제자리로 ~ kembali ke tempat duduk. ② (우회) mengambil jalan memutar (keliling). ③ kembali. 정상상태로 ~ kembali normal. ④ berakibat. 수포로 ~ menjadi gagal; berakibat gagal. ⑤ (책임 따위가) jatuh (ke dalam); menghubungkan dengan.⑥ (죽다) mati.⑦ (되어가다) berkembang.

돌아눕다 tidur menunggingi.

돌아다니다 ① berkeliling. 연설하며~ berkeliling mengadakan pidato(ceramah).② (퍼지다) menyebar.

돌아보다① (뒤를) menoleh kembali. ② (회상) melihat ke belakang (masa lampau); berefleksi. ③ ☞ 돌보다.

돌아서다①(뒤로) membelakangi; membalikan badan. ② (등지다) putus hubungan dengan. ③ (병세가) mulai pulih.

돌아앉다 duduk membelakang.

돌아오다① kembali;pulang. 회사에서~ pulang dari kantor.②datang lagi. 차례가~ giliran datang. ③ (책임 따위가) menimpakan. ④ (회복) pulih; sembuh.

돌연(突然)dengan tiba-tiba; secara tidak terduga; mendadak. ~한 tiba-tiba. ~변이 mutasi.

돌이키다① (고개를) menolehkan muka; melihat ke belakang; melihat ke masa lampau. ② (원상회복) kembali; sembuh. ③ (재고) menimbang kembali;memikirkan lagi.

돌입(突入)~하다 menghambur ke dalam.

돌잔치 perayaan hari lahir bayi yang pertama.

돌절구 penumbuk (ulekan) batu.
돌제(突提) dermaga.
돌진(突進) serangan. ~하다 menyerang.
돌출(突出) tonjolan. ~하다 menonjol keluar. ~부 bagian yang menonjol.
돌층계(-層階) tangga batu.
돌파(突破)~하다 lolos;lulus (ujian); melampaui; mengatasi. 천원대를 ~하다 memecah tingkat 1,000 *won*.난관을 ~하다 mengatasi kesulitan.
돌팔매 batu lemparan. ~ 질하다 melempar batu.
돌팔이 pedagang keliling. ~선생 guru yang jelek.~의사 dokter gadungan.
돌풍(突風) hembusan angin.
돕다① (조력) membantu; menolong; mendukung.② (구조) menyelamatkan.③(이바지)menyumbang (kepada).
돗자리 tikar. ~를 깔다 menggelar tikar.
동(東) timur. ~의 bagian timur. ~에 [으로] di [ke] timur.
동(洞) kelurahan. ~사무소 kantor kelurahan.
동(銅) tembaga; loyang.
동(同) yang sama; yang sehubungan.
동가식서가숙(東家食西家宿) pengembara; pengembaraan. ~하다 hidup sebagai pengembara.
동감(同感) pendapat yang sama; simpati; perasaan yang sama. ~이다 setuju; berperasaan sama.
동갑(同甲)~이다 sebaya; sepantaran.
동강 sekeping; sepotong. ~나다 pecah menjadi berkeping-keping. ~ 치마 rok pendek.
동거(同居)~하다 tinggal bersama; menumpang. ~인 orang yang menumpang.
동격(同格) pangkat sama.
동결(凍結) pembekuan. ~하다 membeku.~을 해제하다 mencairkan; melelehkan. 임금 ~ (정책) (kebijakan) pembekuan upah.자산 ~ pembekuan aset.
동경(憧憬) rindu; kangen. ~하다 merindukan.
동계(冬季) musim dingin. ~방학 [휴가] liburan musim dingin.
동계(同系)~의 kerabat; sanak keluarga. ~회사 perusahaan keluarga.
동고동락(同苦同樂) ~하다 membagi suka dan duka.
동공(瞳孔) pupil mata;anak mata. ~ 확대 [수축] pembesaran [pengecilan] pupil mata.
동굴(洞窟) gua. ~ 탐험 penjelajahan gua. ~학 ilmu tentang gua.
동권(同權) kesamaan; hak yang sama. 남녀 hak yang sama untuk lelaki dan perempuan. ~주의 feminisme.
동그라미 lingkaran. ~를 그리다 [만들다]menggambar [membuat] lingkaran. ~표 simbol lingkaran.
동그랗다 bulatan (bundaran).
동글다 ☞ 동그랗다.
동급(同級) kelas yang sama. ~생

teman sekelas.
동기(同氣) saudara lelaki; saudara perempuan. ~간 hubungan saudara kandung.
동기(同期)kurun waktu yang sama.~생이다 sekelas; tamat dalam tahun yang sama.
동기(動機)motif; motivasi; dorongan hati. 범죄의 ~ motif kejahatan. ~론 倫」 motifisme.
동나다 kehabisan (persediaan).석유가 ~ kehabisan minyak tanah.
동남(東南) tenggara. ~의 bagian tenggara.~아시아 Asia Tenggara. ~풍 angin tenggara.
동냥 ~하다 meminta; mengemis. ~아치 pengemis. ~질 perbuatan mengemis.
동네(洞-)desa. ~사람 orang desa.
동년(同年) tahun yang sama; umur yang sama; sebaya.
동녘(東 -) timur.
동댕이치다 membuang;mencampakkan.
동동 ① ~뜨다 terapung; terbawa arus. ② ~구르다 menghentakhentakkan kaki ke lantai.
동등(同等)~하다 kesamaan; terbagi sama; setara; sederajat; seimbang. ~히 dengan sama. ~히 하다 menyamakan.
동떨어지다 jauh terpisah; sangat berbeda.
동란(動亂) perang.
동력(動力) daya penggerak. ~계 dinamometer. ~선 kapal mesin. ~자원부 Kementrian Energi dan Sumber Daya.
동료(同僚)rekan; teman sekerja; konco; kolega; sejawat; sahabat.
동류(同類) kelas yang sama.
동리(洞里) desa. ☞ 동네.
동맥(動脈) 「解」 arteri (pembuluh nadi);urat nadi. ~의 mengenai arteri.~ 경화증 pengerasan arteri. ~류(瘤)anerisme.대~arteri utama.
동맹(同盟) persekutuan; aliansi; perserikatan;sekutu; liga; ikatan; Lini. ~하다 bersekutu (dengan); bersatu; bergabung. ~국 negara sekutu.
동메달(銅 -) medali perunggu.
동면(冬眠) keadaan tidur musim dingin; hibernasi. ~하다 tidur di musim dingin.
동명(同名)nama yang sama. ~이인(異人) orang yang berbeda dengan nama yang sama.
동명사(動名詞) 「文」 *gerund*; kata kerja yang dibendakan.
동무 teman; handai; kawan; sahabat. ☞ 친구. 길 ~ teman seperjalanan.
동문(同文)naskah yang sama. 이하~ dan seterusnya; dan sebagainya.
동문(同門)teman sekolah/kuliah; alumni. ~회 himpunan alumni.
동문서답(東問西答) jawaban yang tidak sesuai/tidak relevan. ~하다 memberi jawaban yang tidak sesuai/ tidak relevan.
동문수학(同門受學) ~하다 belajar pada guru yang sama.
동물(動物) binatang; satwa; hewan; fauna. ~적 [성의] hewani;

~계 dunia hewan; dunia fauna. ~성 식품 makanan hewani. ~원(園) kebun binatang.~학 ilmu hewan;zoology. 육식[초식]~ hewan karnivora [herbivora]. 태~ hewan vivivora.
동민(洞民)orang (penduduk) kelurahan.
동반(同伴) ~하다 pergi dengan; mengikutsertakan; diiringi(oleh); ditemani(oleh) ~자 pengiring.
동반자살(同伴自殺) bunuh diri bersama. 모자~ bunuh diri masal ibu dan anak-anaknya.
동방(東方) ketimuran.~의 timur.
동방(洞房) ~ 화촉 bermalam pengantin.
동병(同病) penyakit yang sama. ~ 상련(相憐)한다 ikut sedih jika teman mengalami kesedihan.
동복(冬服) pakaian musim dingin.
동복(同腹)~의 tentang kandungan/rahim. ~형제[자매] saudara [saudari] tiri seibu.
동봉(同封)~하다 melampirkan (surat). ~한 편지 surat terlampir. ~ 서류 lampiran.
동부(東部) daerah bagian timur.
동부인(同夫人)~하다 pergi dengan istri; membawa serta istri.
동분서주(東奔西走)~하다 menyibukkan diri (dengan).
동사(凍死) ~하다 mati beku.
동사(動詞)kata kerja. ~의 verbal. 규칙 [불규칙]~kata kerja teratur [tidak teratur]. 완전 [불완전] ~ kata kerja lengkap [tak lengkap]. ~자[타] kata kerja intransitif [transitif].
동사무소(洞事務所)kantor kelurahan.
동산 kebun. 꽃 ~ kebun bunga.
동산(動産) harta bergerak.
동상(銅像) patung perunggu.~을 세우다 mendirikan patung perunggu.
동색(同色) warna sama.
동생(同生)adik laki (perempuan).
동서(同書) buku yang sama.
동서(同壻)① (자매간의 남편)ipar lelaki.② (형제간의 아내) ipar perempuan.
동서(同棲)hidup bersama. ~하다 hidup bersama (dengan). ~하는 사람 orang yang hidup bersama.
동서(東西)timur dan barat.~고금 sepanjang masa dan semua negara. ~남북 (keempat) titik kardinal. ~남북도 가리지 못하다 tidak tahu tangan yang kanan dari yang kiri.
동석(同席)~하다 duduk bersama dengan(seseorang).우연히 ~하다 kebetulan hadir. ~자 hadirin.
동선(銅線) kawat tembaga.
동성(同性)① kelamin yang sama. ~의 homoseks.~(연)애 hubungan sejenis. ② homogenitas (persamaan jenis). ~의 sama jenis (seragam).
동성(同姓) nama keluarga yang sama. ~ 동본 nama keluarga dan asal keluarga yang sama.
동소체(同素體)『化』alotropi.
동수(同數) jumlah yang sama. ~의 sama banyak. 찬부 ~의 투표

mendapat suara yang sama.

동숙(同宿) ~하다 menginap di hotel yang sama.

동승(同乘) ~하다 naik bersama. ~자 teman seperjalanan.

동시(同時)waktu yang sama.~의 serentak; bersama-sama; sekalian. ~에 pada waktu yang sama; dengan serentak.~통역 penafsiran serentak. ~통역사 penterjemah simultan.

동시(同視) ①☞ 동일시.② ~하다 memperlakukan sama.

동시(童詩) syair anak-anak.

동시녹음(同時錄音)perekaman serentak.~하다 merekam serentak.

동시대(同時代) masa sama; sezaman. ~의 sebaya (dengan).~의 사람 orang sezaman. ~의 작가 penulis sezaman.

동식물(動植物)tanaman dan binatang; flora dan fauna.

동심(同心)① pikiran sama. 두 사람은 ~일체다 keduanya praktis berpikiran sama. ~협력 kerja sama yang harmonis. ② konsentrisitas. ~ 원 lingkaran pusat.

동심(童心) pikiran anak-anak. ~으로 돌아가다 kembali jadi anak-anak.

동아(東亞) Asia Timur.

동아줄 tambang tebal dan tahan lama.

동안 ① interval (selang). 일정한 ~을 두고 pada selang yang teratur. ② waktu; periode. 오랫 ~ waktu yang lama.잠깐~ sebentar.

동안(童顔) wajah kekanak-kanakan ~의 berwajah kekanak-kanakan.

동양(東洋) Timur; Ketimuran. ~문명[문화]peradaban [kebudayaan] Timur. ~사람 orang timur. ~사상 orientalisme. ~학 ilmu Ketimuran. ~학자 ahli Ketimuran. ~화 lukisan Timur.

동업(同業) ① usaha yang sama; profesi yang sama. ~자 orang dengan usaha yang sama.~조합 serikat dagang. ② ~하다 menjalankan usaha bersama/kemitraan. ~자 mitra/rekanan usaha.

동여매다 mengikat;mengencangkan.

동요(動搖) gemetaran;goncangan; huru-hara. ~하다 gemetar; bergoncang. 정계의~ kerusuhan politik.~하지 않고 dengan tenang.

동요(童謠) nyanyian anak-anak.

동원(動員) mobilisasi.~하다 memobilsasi. ~계획 rencana mobilisasi. ~령 perintah mobilisasi. 강제 ~ mobilisasi wajib.

동위(同位)~의 koordinat.~각 sudut yang sesuai. ~ 원소 isotop. 방사성 ~ 원소 radioisotop.

동음(同音)suara yang sama; homofoni. ~어 homonim; homopon. ~ 이의어(異議語) homonim.

동의(同意) perkenaan; kesepakatan; persetujuan.~하다 menyetujui; mengijinkan.~를 얻다 mendapat persetujuan.

동의(同議) sinonim; kesamaan arti. ~의 sama arti. ~어 sinonim.

동의(動議) mosi.~하다 mengajukan mosi. ~를 철회하다 menarik mosi. ~를 가결하다 menerima mosi
동이 kendi. 물 ~ kendi air.
동인(同人)① anggota; kolega. ~잡지 majalah anggota. ② (같은 사람) orang yang sama. ③ (그 사람) orang yang bersangkutan.
동인(動因) motif; penyebab.
동인도(東印度) Hindia Timur. ~의 berkaitan dengan India Timur.
동일(同一) kesamaan; identitas. ~한 sama; identik (dengan).
동일시(同一視) ~하다 mengidentifikasi A dengan B.
동자(童子) anak.
동작(動作) tindakan;langkah;gerak; tingkah; perbuatan.~이 빠르다[느리다] cepat [lambat] dalam tindakan.
동장(洞長) kepala kelurahan.
동적(動的) dinamis.
동전(銅錢) gepeng;kobang.~한푼 없다 tak punya uang satu sen pun.
동절(冬節) masa musim dingin.
동점(同點)~이 되다 menjadi seri. ~으로 끝나다 berakhir seri.
동정(同情) simpati; belas kasihan.~하다 bersimpati.~하여 karena simpati. ~심 perasaan simpatik. ~자 orang yang bersimpati.
동정(童貞)keperawanan;kesucian. ~을 지키다[잃다] menjaga [kehilangan] kesucian.~녀 perawan; Perawan Suci.
동정(動靜) perkembangan; gerakan; situasi. 정계의~ perkembangan politik.
동조(同調)~하다 mengikuti langkah; bersisian(dengan).~자 orang yang bersimpati.
동족(同族) sebangsa; senegeri; sedarah.~상잔(相殘) perang saudara. ~애 cinta persaudaraan.
동종(同宗)darah (keluarga) yang sama.
동종(同種) jenis yang sama.
동주(同舟) 오월(吳越) ~ musuh besar dalam kapal yang sama.
동지(冬至) titik balik matahari musim dingin.
동지(同志)kawan; teman; kawan seperjuangan.
동진(東進) ~하다 bergerak (berbaris) ke timur.
동질(同質) mutu yang sama; homogenitas.~의 homogen;bermutu sama.
동쪽(東-) bagian timur; timur.~의 timur. ~으로 ke timur.
동차(同次)「數」~의 homogen.~식 persamaan homogen.
동창(同窓) teman sekolah.
동체(胴體) badan (pesawat); ~착륙 pendaratan darurat.
동체(動體)「理」zat alir; cairan.
동치(同値)「數」ekuivalen.
동치미 acar lobak.
동침(- 鍼) jarum besar.
동침(同寢)~하다 tidur setempat tidur.
동태(凍太) ikan polak beku.
동태(動態) mutasi penduduk. ~통계 statistik mutasi penduduk.
동트다 terbit fajar; fajar.

동판(銅版) lempeng tembaga. ~ 인쇄 (cetakan) plat tembaga.
동편(東便) sisi bagian timur.
동포(同胞)saudara sebangsa;sekampung halaman.~애 cinta saudara sebangsa.
동풍(東風)angin timur.마이(馬耳) ~이다 menulikan telinga (terhadap nasehat).
동하다(動 -) ①(움직이다) bergerak; berguncang. ② (마음이) terpengaruh; tergoda; terhasut.
동학(同學) teman sekuliah.
동해(東海) laut timur.
동해안(東海岸) pantai timur.
동행(同行)~하다 pergi bersama; ikut serta; menemani. ~자 [인] teman seperjalanan.
동향(同鄕) ~인 orang dari kota yang sama.
동향(東向) menghadap ke timur. ~ 집 rumah yang menghadap ke timur.
동향(動向) kecenderungan. 여론의 ~cenderung pendapat masyarakat. 경제계의~ kecenderungan ekonomi.
동형(同型)jenis(pola)yang sama.
동화(同化)percampuran;asimilasi; pemaduan. ~하다 berasimilasi. ~ 작용=동화.
동화(動畵) animasi; film animasi.
동화(童話) dongeng anak-anak. ~극 permainan anak-anak.
동회(洞會) kantor kelurahan. ☞ 동사무소.
돛 layar; kanvas. ~을 올리다 [내리다] menaikkan [menurunkan] layar. ~(단) 배 kapal layar. ~대 tiang layar.
돼지① babi.~를 치다 memelihara babi. ~고기 daging babi.~ 우리 kandang babi. ② (사람) orang seperti babi.
되 *doe* = 2 liter. ~를 속이다 memberi timbangan kurang.
되... kembali; mundur. ~찾다 mendapatkan kembali. ~묻다 menanyakan kembali.
되는대로 secara serampangan. ~지껄이다 berbicara asal.
되다 ① (질지 않다) keras. ② (벅차다) keras. ③ (심하다) keras; berat; parah. ④ (켕기다) ketat; kencang.
되다 ukuran.
되다 ① menjadi; tumbuh. 부자가 ~ menjadi kaya.어른이 ~ tumbuh dewasa. 버릇이 ~ menjadi kebiasaan. 빨갛게 ~ menjadi marah. ② mulai; menjadi 좋아 하게 ~ mulai menyukai. ③ terdiri dari; berisi; terbuat dari. 활동의 원동력이~berisi pokok utama kegiatan seseorang. ④ tumbuh. 농사가 잘~mendapat panen yang baik.⑤ berlangsung; berjalan. 일이 잘 ~ berjalan dengan baik. 준비가 ~ siap. ⑥ terbukti; ternyata. 거짓말이~ ternyata palsu. 정말이~ ternyata benar. ⑦ (수 량이) berjumlah; berjumlah sampai. ⑧ bertindak sebagai;berguna sebagai. 걸상이 ~ berguna sebagai tempat duduk⑨ melewati. ...한지 5 년이 ~ sekarang sudah lima

tahun sejak ... ⑩ mencapai. 16 세가 ~ mencapai umur enam belas tahun. ⑪ (계 절이) datang. ⑫ (가능) dapat; bisa; mungkin.

되도록 se...mungkin. ~ 많이 sebanyak mungkin.

되돌아가다 kembali. 중간에서 ~ kembali setengah jalan.

되돌아오다 kembali.

되묻다 menanya balik.

되바라지다 ① (그릇따위) berpikiran sempit. ② (까지다) dewasa sebelum waktunya.

되새기다 (음식을) memamah; memamah biak.

되씹다 mengulangi bicara.

되어가다 ① berlangsung; berjalan. 잘~ berlangsung dengan baik. ② (물건이) diselesaikan; di rampungkan.

되지못하다 tidak berharga; remeh.

되짚어 balik; membalik.

되풀이하다 mengulangi.

된밥 nasi keras.

된소리 suara kuat (ㄲ, ㅆ, ㅃ, ㄸ, ㅉ dll).

된장(-醬) tauco. ~국 sop tauco; toenjang.

된장찌개 *toenjang cige*.

됨됨이 sifat seseorang; karakter; kepribadian.

됫박 *doe* (mangkuk takaran dari labu).

두(頭) 소 70~ 70 ekor sapi.

두 dua. ~가지 dua macam. ~배 ganda. ~번 dua kali.

두각(頭角) menonjolkan diri.

두개골(頭蓋骨) tengkorak kepala.

두건(頭巾) kerudung berkabung.

두견(杜鵑) ① ☞ 소쩍새. ② ☞ 진달래.

두고두고 selamanya; bertahun-tahun.

두골(頭骨) tengkorak kepala.

두근거리다 berdebar-debar; berdegup- degup.

두근두근 berdebaran. 가슴이 ~ 하다 hati berdebar-debar.

두꺼비 「動」 katak betung. ~집 kotak sekering.

두껍다 tebal; berat.

두께 ketebalan. ~가 5 인치다 lima inci tebalnya.

두뇌(頭腦) otak; benak. ~가 명석한 사람 orang yang berotak terang.

두뇌집단(頭腦集團) sekelompok pemikir.

두다 ①(놓다) menaruh; menyimpan; meletakkan. ② memelihara; mempekerjakan. 첩을~ memelihara gundik 하녀를~ mempekerjakan pembantu. 가정 교사를 ~ mempekerjakan guru privat. ③ menaruh; menempatkan. 보초를 ~ menempatkan penjaga. ④ (사이를) menyisakan. ⑤ menaruh; menyimpan. 마음을 ~ menaruh hati. 염두에 ~ menaruh dalam pikiran. ⑥ mengisi. 이불에 솜을~ mengisi selimut dengan kapas. ⑦ (바둑.장기를) main (catur). ⑧ mendirikan; membangun. 각 대학에 도서관을~ mendirikan perpustakaan di setiap universitas.⑨ (뒤에 남김) meninggalkan.

두더지 「動」 tikus mondok.

두둑하다 tebal; berat.

두둔하다 berpihak dengan; melindungi.

두드러지다① (내밀다) menonjol; mencuat. ② (뚜렷함) terkemuka.

두드리다 mengetuk; mengetok. 문을 ~ mengetuk pintu.가볍게 ~ mengetuk lambat-lambat. 세게 ~ mengetuk keras-keras.

두들기다 memukul; mengetuk.

두런거리다 saling berbisik; berbisik-bisik; kasak-kusuk.

두레박 ember sumur. ~질하다 menimba (menarik) air dengan ember. ~줄 tambang (tali) sumur.

두려움 rasa takut; kekhawatiran; ketakutan; kecemasan.~으로 [때문에] karena takut.

두려워하다 takut pada. 병날까 ~ takut jatuh sakit. 몹시 ~ sangat takut (pada).

두렵다 takut (akan).

두령(頭領) pemimpin; atasan.

두루 tanpa pengecualian; keseluruhan; secara merata

두루마기 jas Korea.

두루마리 segulung. ~구름 kumulus gulung.

두루미 「鳥」 burung bangau. 재~ bangau berkuduk putih. 흑~ bangau berjambul.

두르다① (둘러쓰기) mengelilingi; melingkupi. ② (돌리다) memutar. ③(손아귀에) mengendalikan;menguasai.④ (변통) berusaha untuk.

두리번거리다 melihat keliling.

두마음 perbuatan bermuka dua. ~을 품다 bermuka dua.

두말 ~할 것 없이 tentu saja. ~ 않다 tidak berkeberatan; tidak mengeluh.

두메 desa terpencil di gunung.~에 살다 tinggal di desa terpencil.

두목(頭目) kepala; atasan; pemimpin.

두문불출(杜門不出)~하다 tetap tinggal di rumah.

두발(頭髮) rambut (kepala).

두벌갈이 pengerjaan tanah yang kedua kali. ~하다 mengerjakan tanah yang kedua kali.

두부(豆腐) tahu.~한 모 sepotong tahu.

두부(頭部)kepala.~의 berkenaan dengan kepala.

두상(頭上) ~에 di atas kepala.

두서(頭書) tulisan di atas. ~의 seperti tersebut di atas.

두서(頭緖)~없는 tidak berurutan.

두서너,두서넛 dua atau tiga; beberapa.

두세,두셋 dua atau tiga; beberapa.

두어,두엇 kira-kira dua; sedikit.

두절(杜絶) ~하다 berhenti; terhenti; terputus.

두텁다 hangat; akrab.

두통(頭痛) sakit kepala; pening; pusing. ~거리 hal yang memusingkan.

두툴두툴하다 tidak rata; kasar.

두툼하다 agak tebal.

둑 penahan air; tebing. ~을 쌓다

membangun penahan air.
둔각(鈍角) 『幾』 sudut tumpul.
둔감(鈍感) ~한 dungu.
둔갑(遁甲)~하다 berubah wujud (menjadi); menjelma (jadi).
둔기(鈍器) senjata tumpul.
둔부(臀部) pinggul; panggul.
둔재(鈍才)kebodohan.~의 bodoh.
둔탁(鈍濁) ~하다 serak; parau; garau. ~한 소리 suara parau.
둔하다(鈍 -)bodoh;lambat berpikir; lamban berpikir.
둘 dua. ~도 없는 unik; tidak ada duanya. ~ 다 kedua-duanya. ~씩 dua-dua; sekali dua. ~씩 걸러 setiap tiga.
둘둘 ~ 감다 melilitkan tali.
둘러대다 ① (꾸며대다) membuat alasan; berdalih. ② (변통) memakai untuk sementara.
둘러보다 melihat-lihat;meninjau.
둘러서다 berdiri dalam lingkaran.
둘러싸다 mengelilingi; melingkupi;melingkungi; menyelubungi; melingkari.
둘러쓰다 ① (머리에) memakai di kepala; melilitkan di kepala. ② (몸에)memakai disekeliling badan. ③(변통) meminjam (uang,barang).
둘러앉다 duduk dalam lingkaran.
둘러치다 ① mengelilingi.담을 ~ mengelilingi dengan tembok. ② (내던지다) melempar dengan keras.
둘레 keliling. ~에 di sekitar. ~3 피트 keliling tiga kaki.
둘째 (tempat) kedua; nomor dua. ~로 di tempat kedua.
둥 자는 ~ 마는 ~ 하다 setengah tertidur.
둥그렇다 bulat; bundar.
둥그스럼하다 agak bulat.
둥글다 bulat; bundar.
둥글둥글 ~한 bundar, mulus, tulus hati; baik hati.
둥실둥실 menari-nari.
둥우리 keranjang.
둥지 sarang.
뒈지다 mati.
뒤 ① belakang; bagian belakang; bokong. ~의 belakang. ~에[로] di[ke]belakang. ~에서 di bagian belakang; di belakang, di belakang punggung, secara rahasia. ~로부터 dari belakang. ~로 물러나다 melangkah kebelakang. ~에 남다 tinggal di belakang. ~로 돌아 Balik kanan! ② (장래) masa depan. ③ ~에 nanti; kemudian; berikut. 사오일 ~에 setelah beberapa hari. ④ ~를 따르다 mengikuti;membayangi. ⑤ ~를 잇다 meneruskan;melanjutkan. ⑥ tahi; berak.~가 마렵다 mau buang hajat;mau ke belakang. ⑦ dukungan. ~를 밀어주다 memberi dukungan.
뒤꼍 kebun belakang; pekarangan belakang.
뒤꿈치 tumit.
뒤끓다 ① (끓다) mendidih. ② (소란) hiruk pikuk. ③ (여럿이) berkumpul.
뒤끝 hasil akhir; penutup.
뒤늦다 terlambat; telat.
뒤덮다 meliputi; menyelubungi.
뒤돌아보다 menoleh ke bela-

kang; membalik.
뒤떨어지다 tertinggal di belakang; terbelakang.문화가 ~ terbelakang dalam peradaban.
뒤뚱거리다 terhuyung-huyung.
뒤뚱뒤뚱 dengan terhuyung-huyung; dengan sempoyongan. ~걷다 berjalan sempoyongan.
뒤뜰 kebun (halaman) belakang.
뒤미처 segera setelah.
뒤바꾸다 membalikan; menyungsangkan.
뒤바뀌다 terbalik; sungsang.
뒤밟다. mengikuti jejak; membayangi.
뒤범벅~ 되다 bercampur aduk; kacau. ~을 만들다 mencampuradukkan.
뒤보다 kebelakang; buang hajat.
뒤보다 salah lihat; salah baca.
뒤보아주다 ☞ 돌보다.
뒤섞다 mencampur aduk; mengaduk.
뒤섞이다 bercampur aduk; tercampur aduk.
뒤숭숭하다 bingung; gelisah. 마음이 ~ merasa gelisah (bingung).
뒤엉키다 kusut.
뒤엎다 membalikkan.
뒤적거리다 mengaduk-aduk; membolak-balik.
뒤져내다 mengobrak-abrik; mengaduk-aduk; mencari-cari.
뒤주 peti beras.
뒤죽박죽 ~ 으로 kacau; kacau balau.
뒤지다 mencari; mengaduk-aduk; membolak-balik.
뒤지다 terbelakang;tertinggal. 유행에 ~ ketinggalan mode.
뒤집다 ① (겉을) membalikkan bagian dalam keluar, menjungkirbalikkan.② (순서를) membalikkan (urutan). ③ (혼란시키다) membingungkan; mengacaukan.
뒤집어쓰다①(온몸에) menuangkan air sendiri. ② (이불 따위를) menarik (selimut) ③ (죄,책임을) mengakui kesalahan orang lain.
뒤집어엎다 mengacaukan;membalikkan.
뒤쫓다 mengejar; memburu; melacak.
뒤처리(-處理)penyelesaian(suatu perkara); pemberesan.~하다 menyelesaikan (suatu perkara); membereskan.
뒤척거리다 golak-golek.
뒤축 tumit. ~이 높은[낮은] 신 sepatu bertumit tinggi [rendah].
뒤치다꺼리 ① penjagaan; perawatan. ~하다 menjaga; merawat. ② ☞ 뒤처리, 뒷수습.
뒤탈 kesulitan di belakang hari ~이 없도록 untuk mencegah kesulitan dibelakang hari. ~이 없도록하다 tidak meninggalkan benih kesulitan di belakang hari.
뒤통수 daerah belakang kepala.
뒤틀다 ① (비틀다) memutir; memelintir.② (일을) menggagalkan; merintangi; menghalangi
뒤틀리다① (비틀어지다) melintir; menjadi bengkok.② (일이) gagal; melenceng (rencana).

뒷간 jamban; kakus; kamar kecil.
뒷거래(-去來) perdagangan gelap.
뒷걸음치다 mundur (ketakutan).
뒷골목 jalan belakang;jalan pintas; gang.
뒷공론(-公論) fitnah; kabar burung; gosip. ~하다 memfitnah.
뒷구멍 pintu belakang; jalan belakang; cara tidak sah. ~으로 입학하다 masuk (perguruan tinggi) dengan cara tidak sah/lewat pintu belakang.
뒷굽 kuku belakang hewan.
뒷길 jalan belakang.
뒷날 hari-hari mendatang; kemudian hari.
뒷다리 kaki belakang.
뒷담당(-擔當)pemberesan (penyelesaian) perkara.~하다 membereskan.
뒷덜미 tengkuk belakang leher. ~를 잡다 memegang tengkuk.
뒷돈 uang suap; modal tambahan; dana taruhan.
뒷맛 rasa yang tertinggal; *after taste*. ~이 좋다[나쁘다] meninggalkan rasa enak [tidak enak].
뒷모습(-貌襲) ☞ 뒷모양.
뒷모양(-貌樣) pandangan belakang; bentuk dari belakang.
뒷물 ~하다 menyebok.
뒷바퀴 roda belakang.
뒷받침 dukungan. ~하다 mendukung.
뒷발① (발) kaki belakang. ② ~질하다 menyepak dengan tumit.
뒷보증(- 保證) ~하다 memberi bukti belakang.
뒷북치다 ribut-ribut setelah sesuatu terjadi.
뒷소문(-所聞) gosip tentang kejadian yang sudah lewat.
뒷손가락질 ~받다 menjadi sasaran cemoohan masyarakat.
뒷수습(-收拾) penyelesaian perkara.사건의 ~을 하다 menyelesaikan perkara.
뒷일 akibat suatu peristiwa.
뒷조사(-調査) penyelidikan rahasia. ~하다 menyelidiki secara rahasia.
뒷짐~지다 bertepuk tangan dibelakang punggung.~ 결박 지우다 mengikat tangan seseorang di belakang punggungnya.
뒹굴다① (누워서) menggelinding. ② (놀다) bermain-main.
듀스 [테니스]jus(*deuce*).~가 되다 menjadi jus.
듀엣 「樂」 duet.
드나들다 (출입) keluar masuk; sering mengunjungi.② (들쭉날쭉) bertakuk.
드넓다 luas menyolok.
드높다 tinggi menyolok.
드디어 akhirnya.
드라마 drama; sandiwara. 라디오 ~ sandiwara radio.
드라이 kering. ~아이스 es kering. ~ 클리닝 pencucian kering.
드라이버 sopir.
드라이브 berkendaraan. ~하다 berkendaraan (ke).
드러나다 ① terungkap; muncul. 표면에 ~ muncul ke permukaan.

② (발견) diketemukan; tersingkap.
드러내다 ① (나타내다) memperlihatkan; menunjukkan. ② mengungkap; membuka; menyingkapkan. 비밀을 ~ membongkar rahasia. 본성을 ~ menunjukkan sifat asli.
드러눕다 membaringkan diri.
드럼 drum; tong.
드레스 gaun; baju perempuan. ~메이커 pembuat gaun/baju perempuan.
드리다 (주다) memberi.
드리블 「競」 dribel.
드릴 mencekam. ~을 느끼다 merasa tercekam.
드문드문 ① sekali-kali;kadang-kadang.~찾아오다 datang sekali-kali.②berselang;berjarak. 나무를 ~ 심다 menanam pohon dengan berselang.
드물다 jarang; langka.
득(得) keuntungan; bunga; laba.~보다 mendapat keuntungan;mendapat laba.
득남(得男) ~하다 melahirkan anak lelaki.
득세(得勢) ~하다 mendapat pengaruh.
득실(得失)manfaat dan mudarat; keuntungan dan kerugian.
득의(得意) ①kebanggaan. ~만면하여 dengan bangga. ② kemakmuran; kejayaaan. ~의 시절에 masa jaya.
득점(得點) nilai; angka; ponten; skor. ~하다 mendapat nilai. ~표 papan skor.
...든 ...atau;apakah...atau☞ ...든지.
든든하다① (굳세다) kuat; tegar ② (미덥다) dapat dipercaya; meyakinkan/diandalkan; meyakinkan. ③ (배가) perut kenyang.
듣다 ① mendengar; mendengarkan. 연설을~ mendengarkan pidato. 잘못~ salah dengar. 무심코 ~ mendengar secara kebetulan. 강의를 ~ menghadiri kuliah. ② kena; mendapat. 꾸지람~ kena marah;dimarahi. ③ mematuhi;menaati. 충고를 ~ mematuhi nasihat. 부모의 말을~mematuhi orang tua. ④ (효험있다) mujarab; bekerja (rem).
들 ① (들판) tanah lapang; (전답) ladang; (평야) dataran.② tumbuh liar.~장미 mawar liar; mawar hutan.
...들 jamak. 여학생~ para siswi; siswi-siswi. 우리~ kami.
들것 usungan.
들국화(-菊花) 「植」 bunga krisan liar.
들기름 minyak perila.
들깨 「植」 *Perilla trutescens.*
들끓다① (떼지어) dikerumuni. ② (소란) hiruk-pikuk.
들녘 dataran; lapangan terbuka.
들다 ① (날씨가) terang; reda. ② (땀이) berhenti.
들다 (칼날이) memotong (baik).잘 ~ memotong dengan baik; tajam.
들다 (나이가) tumbuh; bertambah tua; berkembang.
들다① memegang.펜을~ menulis;

memegang pena. ② memberi (contoh); mengemukakan (fakta); mengutip. 이유를~ memberi alasan. 증거를~ memberi bukti. ③ mengangkat. 손을 ~ mengangkat tangan. ④ (음식을) makan; minum.

들다① masuk; tinggal. 자리에 ~ masuk peraduan. 새집에 ~ tinggal dirumah baru.② (가입.참여) masuk (klub). ③ datang. 풍년[흉년]이 ~ mendapat panen bagus [jelek]. 장마가 ~ musim hujan datang.④ (물이) diwarnai; di celup. ⑤ (버릇 등이) jadi (kebiasaan). ⑥ (마음에) puas (senang) dengan. ⑦ (포함) berisi; termasuk. ⑧(소요) memerlukan; membutuhkan.⑨(병이) menderita (sakit). ⑩ memasuki. 도둑이 ~ pencuri memasuki (rumah). ⑪ (햇빛이) bersinar. ⑫ 정신이 ~ sadar; siuman; mendusin.

들뜨다① (틈이) mengkerut lepas. ② (살이) pucat dan bengkak. ③ (마음이) gelisah.

들락날락하다 keluar masuk ber ulang kali.

들러리 (실랑의) pendamping pengantin pria; (신부의) gadis pendamping pengantin; pagar ayu. ~ 서다 berdiri sebagai pendamping pengantin.

들려주다 memberitahu; menceritakan; membacakan; bernyanyi (untuk).

들르다 mampir; berkunjung (di); melawat.

들리다① (소리가) terdengar; dapat didengar. ② (소문이) dikatakan; sampai ke telinga.

들리다① (올려지다) diangkat. ② (들게하다) menyuruh angkat.

들먹거리다① (움직이다)naik dan turun; menaikkan dan menurunkan. ② (마음이) menjadi gelisah.

들보「建」 balok penopang.

들볶다 mengganggu; kejam.

들소 sapi liar; banteng.

들썩거리다 ☞들먹거리다.

들어가다 ① masuk. 몰래 ~ menyelinap ke dalam (kamar). 앞[뒷]문으로 ~ masuk lewat pintu depan [belakang]② masuk 학교[회사]에 ~ masuk sekolah [perusahaan].실업계에~ masuk dunia usaha.③menerobos. 뚫고 ~ menembus.④ (비용이) dibelanjakan. ⑤ menjadi cekung. 배가 고파 눈이 ~ mata jadi cekung karena kelaparan.

들어내다 ① (내놓다) membawa keluar. ② (내쫓다) mengeluarkan; mengusir.

들어맞다 jadi kenyataan; kena; benar;pas.꼭 ~ pas dengan sempurna. 꿈이[예언이]~impian [ramalan] jadi kenyataan.

들어먹다 ① menghambur-hamburkan. 도박으로[술로] 전재산을 ~ menghambur-hamburkan harta untuk judi [minuman keras].② (남의 것을) mengantongi; menggelapkan.

들어붓다① (비가) turun dengan lebat.② (그릇에) menuangkan ke

dalam.③(술을) minum banyak.

들어서다 ① (안쪽으로) masuk.② (꽉 차다) penuh (dengan). ③ (자리에) menggantikan.

들어오다①(안으로) masuk; memasuki; melangkah masuk.② (수입이) menerima; mendapat. ③ (입사.입회) masuk; dipekerjakan.

들어주다 meluluskan; mengabulkan; mengijinkan; memperkenankan; menyetujui.

들여가다 ① (안으로) membawa masuk. ②(사다) membeli; mendapat.

들여놓다 ① (발을) melangkah (ke dalam); menginjakkan kaki (ke). ② (물건을) membawa masuk. ③ (사들이다) memasukkan; membeli.

들여다보다 ① (속을) mengintip; mengincar.② (자세히) menatap. ③ (들르다) menengok; mengunjungi.

들은풍월(-風月) belajar dengan mendengar.

...**들이** berisi. 2 병 ~ 상자 kotak berisi dua botol. 2 리터 ~ 병 botol dua liter.

들이다① (안으로) mengijinkan masuk.② (비용을)membelanjakan. ③ memakai; mempekerjakan. 가정 교사를~ mempekerjakan guru panggilan untuk anak. ④ (맛을) ada selera/keinginan (untuk). ⑤ (길을) menjinakkan; melatih. ⑥ (물감을) mewarnai.⑦ (땀을) menyejukkan diri; mengambil nafas.

들이닥치다 datang buru-buru.

들이대다 ① (대들다) menentang ② menodongkan.권총을 ~ menodongkan pistol. ③ mengemukakan;menunjukkan.증거를~ mengemukakan/ menunjukkan bukti (dihadapan orang).

들이마시다 menghirup; bernapas; mereguk.

들이받다 menabrak;kelanggar 차가 담을~mobil menabrak tembok.

들이붙다 memukul dengan keras.

들이붓다 menuang ke dalam.

들이쉬다 menghirup.

들이치다 menyapu ke dalam (di kamar).

들짐승 binatang liar.

들쩍지근하다 kemanis-manisan.

들쭉날쭉하다 bertakik;bertakuk.

들창코(-窓-)hidung mencuat ke atas.

들추다 ①(뒤지다) mencari-cari; mengaduk-aduk.② (폭로) membeberkan; mengungkap.

들추어내다 membuka;mengungkap. melucuti.

들치기 penjambretan,penjambret. ~하다 menjambret.

들키다 ketahuan; tertangkap basah.

들통(-筒) ember.

들판 lapangan; dataran; lapangan hijau.

듬뿍 banyak; penuh.

듯이 seperti; bagai; seolah-olah. 자기 아들 사랑하~ 사랑하다 menyayangi seperti anak sendiri.

듯하다 kelihatan/tampaknya.비가

올~ Kelihatannya akan hujan.

등 belakang; punggung. 의자의 ~ punggung kursi. ~을 보이다 membalikkan ekor;membalikkan punggung.

등(等) ① tingkat; peringkat. 1~ peringkat pertama. ☞ 등급. ② ☞ 따위.

등(燈) lampu; lentera.

등(藤) 「植」 rotan. ~의자 kursi rotan.

등골 garis tulang belakang. ~이 오싹하다 merasa dingin merayap di tulang punggung.

등교(登校) ~하다 bersekolah.

등급(等級)kelas;tingkat;pangkat; derajat;mutu;kualitas. ~을 매기다 menggolong-golongkan.

등기(登記) pendaftaran; pencatatan. ~하다 mendaftar; mencatat. ~ 우편으로 dengan pos tercatat. 미 ~의 belum tercatat. ~료 uang pendaftaran. ~부 register. ~소 kantor pendaftaran. ~ 편지 surat tercatat. ~필 terdaftar. 가~ pendaftaran sementara.

등나무(藤 -) 「植」 rotan. ~덩굴 sulur rotan.

등단(登壇)~하다 naik ke mimbar.

등대(燈臺)mercusuar; lampu laut. ~선 kapal suar. ~지기 penjaga mercusuar.

등덜미 bagian atas punggung.

등등(等等)dsb (dan sebagainya); dll (dan lain-lain)

등락(騰落) naik-turun; fluktuasi.

등록(登錄) pendaftaran; pembukuan; pencatatan; registrasi. ~하다 mendaftar. ~금 uang kuliah. ~료 [세] ongkos [pajak] pendaftaran. ~부 buku pendaftaran. ~상표 merk dagang terdaftar. ~인 pendaftar.~필 terdaftar.의장 ~ pendaftaran rancangan/disain. 주민~pendaftaran penduduk.금전 ~기 mesin kas.

등반(登攀)pendakian. ~하다 memanjat; mendaki.~대 kelompok pendaki gunung. 히말라야 ~대 ekspedisi Himalaya.

등본(謄本) salinan yang telah disahkan; duplikat.

등분(等分) ~하다 membagi sama. 2 ~ bagi dua.

등불(燈 -) lampu.

등비(等比) 「數」 perbandingan yang sama. ~ 급수 deret ukur.

등뼈 tulang belakang.

등사(謄寫)penyalinan;pembuatan stensilan. ~하다 menyalin; merekam. ~원지 kertas stensil. ~판 mimeografi.

등산(登山) pendakian gunung; naik gunung. ~하다 mendaki gunung. ~가 pendaki gunung. ~대 rombongan pendaki gunung. ~지팡이 tongkat untuk mendaki gunung. ~화 sepatu pendakian gunung.

등수(等數) tingkat; pangkat; peringkat; jumlah yang sama.

등식(等式) 「數」 persamaan.

등신(等神) orang tolol; orang bodoh. ~ 같은 ketololan; seperti bodoh.

등압선(等壓線) isobar; garis

isobar.
둥온(等溫) ~의 isotermal. ~선「地」 garis isotermal.
등외(等外) pelari yang kalah.~가 되다 gagal menang.
등용(登用) pengangkatan; penunjukan.~하다 mengangkat;menunjuk.
등용문(登龍門) gerbang keberhasilan.
등위(等位) pangkat; tingkat; peringkat.
등유(燈油) minyak tanah.
등잔(燈盞)tempat minyak lampu. ~불 sinar lampu.
등장(登場) kemunculan. ~ 하다 muncul/tampil (ke atas pentas). 신무기의 ~ kemunculan senjata baru. ~인물 peran. 리어왕 ~ Tampil King Lear.
등정(登頂)~하다 mencapai (menaklukkan) puncak.
등정(登程)keberangkatan. ~하다 berangkat; melakukan perjalanan.
등줄기 garis tulang belakang.
등지다① berbalik melawan;putus hubungan (dengan). 서로 ~ berselisih dengan.② (등 뒤에 두다) menyandarkan punggung pada.
등짐 gendongan. ~장수 penjaja.
등차(等差) ~수열 [급수]「數」 deret ukur [hitung].
등치다① (치다) menepuk (orang) pada punggungnya. ② (빼앗다) memeras uang dengan ancaman.
등피(燈皮) semprong lampu.
등한(等閑) ~히 하다 mengabaikan; meremehkan.
등화(燈火) sinar; penerangan. ~가친지절 musim yang baik untuk membaca. ~ 관제 pemutusan penerangan/ listrik. ~신호 memberi tanda dengan sinar senter.
디디다 menginjak; menapak; memijak. 외국 땅을 ~ menginjak tanah asing.
디딤돌 batu injakan (loncatan).
디럭스 mewah. ~판(版) edisi mewah. ~ 호텔 hotel mewah.
디스카운트 potongan harga;diskon.
디스크 piringan hitam.~ 자키 joki piringan hitam; DJ.
디스토마 distoma. 간(肝) ~ *Distoma hepatikum*; cacing hati.
디자이너 perancang; disainer. 공업[실내 장식]~ perancang industri [interior].
디자인 rancangan; pola; disain; perancangan. ~하다 merancang (pakaian).
디저트 pencuci mulut.
디젤~기관 mesin diesel.~ 기관차 lokomotif diesel (listrik).
디지털~시계[계산기] jam [kalkulator] digital.
디프테리아 dipteria.~혈청 serum anti dipteria.
디플레(이션) deflasi. ~정책 kebijakan deflasi.
딜레마 menjadi dilema.~에 빠뜨리다 memaksa (orang) ke dalam dilema.
따갑다 panas yang tak tertahankan; menusuk.
따귀~ 때리다 menampar pada pipi.

따끈따끈 ~한 panas.
따끔하다① (쑤시다) menusuk. ② (호되다) tajam; pedas.
따다 ① (잡아 떼다) memetik. ② (종기를) memencet; (깡통을) membuka (tutup). ③ (발췌) mengutip; mengikuti; mencontohi. ④ memenangkan; memperoleh; mendapat. 만점을 ~ mendapat nilai penuh (lulus).학위를~ memperoleh gelar.돈을~ memenangkan uang (dalam judi).
따뜻하다 (온도가) hangat; suam, (정이) hangat; ramah; baik hati.
따라가다 pergi bersama; mengiringi. ☞ 따르다.
따라붙다 menyusul; mengejar.
따라서 ① sesuai dengan. 국법에 ~ sesuai dengan hukum nasional. 관습에~ sesuai dengan kebiasaan. 지시에~ sesuai dengan perintah. ② menurut;begitu. 능력에~ menurut kemampuan. 문명이 발달함에 ~ menurut kemajuan peradaban. ③ sepanjang; dengan. 강둑을~ sepanjang tepian sungai. 아버지를 ~ dengan ayahnya. ④ (그러므로) karena itu; sehingga; dengan demikian.
따라오다 datang dengan;disertai; ditemani; menemani.☞ 따르다.
따로 terpisah; tambahan; khusus. ~ 두다 menyisihkan.~살다 hidup terpisah.
따르다 menuangkan.
따르르 ~ 구르다 menggulung dengan cepat. ~울리다 berdering.
따름 hanya;semata-mata.... 일[할] ~이다 hanya saja
따분하다 ① (느른함) lesu. ② (지루함.맥빠짐) membosankan.
따오기 「鳥」 burung ibis berjambul.
따옴표(-標) tanda kutip.
따위 ① ...dan semacamnya; semacam ... 네 ~ macam kamu. ② (등등) dan sebagainya; dan lain-lain.
따지다 ① (수를) mengkalkulasi; menghitung. ② (시비) membedakan; memperbedakan; menyelidiki.
딱① lebar. 입을 ~ 벌리고 dengan mulut terbuka lebar. ② tepat; ketat; pas. ~ 맞는 옷 jas luar yang pas. ③ dengan kuat (tegar). ~ 버티다 berdiri tegar; menentang (seseorang); bulat-bulat; mentah-mentah.~ 거절하다 menolak bulat-bulat (mentah-mentah).⑤ hanya.~한 번 hanya sekali. ⑥ (소리) gemeretak.
딱다구리 「鳥」 burung pelatuk.
딱딱하다 keras; padat; kaku; formal.
딱성냥 korek api gores.
딱정벌레 ① (갑충) kumbang. ② 「蟲」 kumbang tanah.
딱지 keropeng. ~가 앉다 bentuk-bentuk keropeng (pada).
딱지①(라벨)label;(우표)perangko; (꼬리표)etiket. ~가 붙은 terkenal jelek.②(놀이 딱지) kartu.③ (주차 위반의) stiker.
딱지 penolakan.~를 놓다 menolak. ~맞다 ditolak.

딱하다 ① (가엾다) mengibakan; menyedihkan.② (난처)sukar;sulit.

딴 lain; berbeda. ~것 yang lain. ~데 tempat yang lain. ~ 방법 cara lain.

딴마음 maksud lain; maksud tersembunyi. ~이 있다. punya motif tersembunyi. ~이 없다 tidak ada motif tersembunyi.

딴사람 (다른 사람) orang yang berbeda;orang lain,(새사람)orang yang sangat berubah.

딴살림하다 hidup terpisah.

딴생각 maksud lain.

딴소리 ucapan yang tidak selaras. ☞ 딴말.

딴은① sungguh-sungguh; betul-betul;memang.~옳은 말이오 memang anda benar.② bagi; menurut. 내~ menurut saya; bagi saya.

딴전부리다 membuat pernyataan yang tidak sesuai (relevan); berpura-pura tidak berdosa.

딴판 ~이다 sangat berbeda. ~이 되다 berubah seluruhnya.

딸 anak perempuan.

딸기 「植」murbei. ~밭 kebun murbei.

딸꾹질 kecegukan. ~하다 cegak-ceguk.

딸랑거리다 bunyi gemerincing.

딸리다① (부속) kepunyaan; terikat pada.② lebih lemah dari; tidak cukup. 돈이 ~ kekurangan dana.

땀 keringat;peluh. ~흘리는 berkeringat. ~흘리다 berkeringat. ~내다 berkeringat.~빼다 mengalami waktu sulit.

땀내 bau keringat. ~가 나는 옷 pakaian berbau keringat.

땀띠 biang keringat. ~약 obat biang keringat.

땅 ① tanah. ~을 파다 menggali tanah.~에 떨어지다 jatuh ke tanah. ② wilayah; lahan; tanah. ~을 갈다 menanami tanah (lahan). 한국 ~을 밟다 menginjak tanah Korea.이국 ~에서 죽다 mati di tanah asing.~임자 pemilik tanah; pemilik lahan.

땅 bunyi letusan; bang.

땅강아지 「蟲」orang-orang.

땅거미 「動」laba-laba tanah.

땅거미 senja kala. ~질 때 waktu senja. ~가 내리다 semakin gelap.

땅덩이 lahan;bumi;wilayah;tanah.

땅딸막하다 pendek; gemuk.

땅딸보 orang pendek gemuk.

땅땅거리다 ① (큰소리치다) bicara besar; omong besar. ② ☞ 떵떵거리다.

땅바닥 tanah gundul. ~에 앉다 berjongkok di atas tanah gundul.

땋다 mengepang; menganyam.

때① waktu; jam; saat; ketika.점심 ~ waktu makan siang. ~를 어기지 않고 tepat waktu; pada waktunya. ~ 늦은[늦게] terlambat; telat. (매일) 이맘~에 saat ini. ② peristiwa; kejadian. 위급 존망의 ~ krisis.③ kesempatan; peluang, musim; waktu; masa. ~아닌 (hujan) diluar musim. ~를 못 만난 영웅 jenius yang tidak dihargai. ~를 기다리다 menunggu waktu.

~를 놓치다 kehilangan kesempatan. ④ hari itu; waktu itu; masa itu. 그 ~ pada waktu itu. 학교에 다니던 ~에 pada masa sekolah. ⑤ makan. ~를 거르다 berpuasa.

때 kotoran;kecemaran;noda. ~(가) 묻다 menjadi kotor.~빼다 [씻다] mencuci kotoran (membuang kotoran).

때깔 bentuk dan warna.

때다 membakar. 불을 ~ membuat api. 석탄[장작]을 ~ membakar arang batu [kayu].

때때로 sekali-sekali;kadang-kadang; ada kalanya. ~ 방문하다 mengunjungi sekali-kali.

때때옷 pakaian berwarna-warni untuk anak-anak.

때리다 memukul;menampar;menepuk;menghantam. 얼굴을~menampar wajah.

때마침 tepat waktu.

때문~에 karena; disebabkan oleh; gara-gara; akibat; oleh karena. 부주의 ~에 karena kecerobohan.

때우다① (깁다) menambal; mematri.②(넘기다)mengganti; mensubsitusi.

땔나무 kayu bakar.

땜 ☞ 땜질.

땜납 solder; patri.

땜장이 tukang solder; tukang patri.

땜질 penyolderan; pematrian. ~하다 menyolder; mematri.

땡땡하다 penuh; ketat.

땡잡다 mendapat pukulan mujur; menang jackpot.

떠나다① berangkat; pergi; meninggalkan. 서울을 ~meninggalkan Seoul. 부산으로 ~ berangkat ke Busan. 세상을 ~ mati; wafat; meninggal. ② berhenti;mengundurkan diri; meletakkan. 직을 ~ meletakkan jabatan.

떠내다 mencakup; mencedok.

떠다니다 terombang-ambing; terapung-apung.

떠다밀다 ① (밀다) mendorong; menembus.② (넘기다) menggantikan tugas (kepada orang lain); menimpakan (kesalahan kepada orang lain).

떠돌다 mengapung; terapung-apung; terombang-ambing.

떠들다 ①(큰소리로)membuat kegaduhan; bergembar-gembor; geger. ②(술렁거리다) bertengkar.

떠들썩하다 gaduh; ribut.

떠들어대다 membuat kekacauan; membuat huru-hara.

떠름하다① (맛이) sedikit kelat. ② (내키지 않다) merasa seram.

떠맡기다 menyerahkan(masalah) kepada orang lain. 억지로 ~ memaksa.

떠맡다 mengoper;mengambil alih. 빚을 ~ memikul hutang. 책임을~ mengambil alih/ menerima tanggung jawab.

떠받들다 ① (쳐들다) mengangkat.② (공경) menyungkumkan; (추대) menghormati; memuja. ③ (소중히) sangat mengasihi.

떠받치다 mendukung;menyangga.

떠버리 pembual; pengoceh.
떠벌리다 ① (과장) omong besar. ② (크게 차리다)membuat sesuatu dalam ukuran besar.
떠보다 ①(무게를) menimbang. ② (속을) merasa; menduga. ③ (인품을) mengukur (orang).
떠오르다 ① (물위에) terapung; naik ke permukaan;timbul;mengambang.② (생각이) timbul dalam pikiran. ③ (얼굴에) terbayang di mata. ④ (수사선상에) kelihatan (seperti orang yang dicurigai).
떡 apam.가래~apam bulat panjang.
떡~버티다 berdiri tegak menantang. 입을 ~ 벌리고 dengan mulut terbuka lebar.
떡갈나무 「植」 pohon ek.
떡국 sup apam bulat.
떡밥 umpan pasta.
떡방아 penggilingan tepung beras. ~를 찧다 menumbuk beras menjadi tepung.
떡잎 daun bibit; tunas.
떨기 tandan. 한 ~ 꽃 bunga tunggal.
떨다① (붙은 것을)membersihkan; mengenyahkan debu.② (곡식을) merontokkan. ③ (몽땅) mengosongkan.④(팔다 남은 것을)menjual habis.⑤ memperlihatkan. 애교를~ obral senyum. 수다를 ~ menggoyangkan lidah. 엄살 ~ pura-pura kesakitan.
떨다 gemetar; bergidik; menggeletar; menggigil; gemeletuk.
떨리다①(떨어지다)disapu;disikat; digoyangkan.②(쫓겨나다) dipecat.
떨리다 gemetar; bergetar.
떨어뜨리다 ① menjatuhkan.컵을 ~ menjatuhkan cangkir.② mengurangi; menurunkan.값[속력]을 ~ mengurangi harga [kecepatan]. ③ menurunkan; menjatuhkan.(일이)인기를~ menurunkan popularitas.계급을~ menurunkan pangkat. ④ mengurangi; menurunkan. 품질을 ~ menurunkan mutu. ⑤ (함락) menduduki. ⑥ (해뜨리다) memakai sampai habis/usang. ⑦ lepas;turun.지갑을~ jatuh dompet. ⑧ (불합격) ditolak; tidak lulus.
떨어지다 ① terperosot;tersungkur; jatuh. 나무에서~ jatuh dari pohon. ② (붙은 것이) jatuh; ambruk.③ tertinggal;tersisa. 이문이 많이 ~ menghasilkan banyak keuntungan.④ tertinggal di belakang.경주에서~ tertinggal di belakang dalam perlombaan. 비행술이 서양에 ~ tertinggal dari Barat dalam teknik penerbangan. ⑤ jatuh; turun; berkurang. 값이 ~ turun harga. ⑥ berkurang; menurun. 가치가 ~ berkurang nilainya. 인기가~ kehilangan popularitas. ⑦ lebih rendah (buruk). 품질이~ lebih jelek mutunya.⑧ (해지다)usang;kadaluarsa.⑨ kehabisan.용돈이 ~ kehabisan uang saku.식량이~ kehabisan makanan. ⑩ (숨이) menghembuskan napas yang terakhir;mati.menghilangkan. 감기가~ menghilangkan influenza.⑫ (거리.간격) jauh (dari). ⑬ (갈라짐) terpisah.⑭ (함락) ja-

tuh ke tangan musuh.⑮ gagal. 3 표 차로~ kalah hanya tiga suara.

떨이 barang jualan habis.

떨치다① (명성을) menjadi terkenal; termashyur. 이름을~ mendapat nama; mendapatkan kemasyhuran.② (흔들어서) mengenyahkan; menyapu lepas.

떫다 kelat; kesat.

떳떳하다 adil; jujur.

떼 kumpulan; rombongan; gerombolan; kawanan.

떼 tanah rumput. ~를 뜨다 memotong rumput.

떼 (무리) rakit.

떼 tuntutan yang tidak mungkin. ~쓰다 meminta yang tak mungkin.

떼굴떼굴 ~ 구르다 menggelinding-gelinding.

떼다① (붙은 것을) menanggalkan. ② memisahkan;meluangkan.행간(行間)을~ memberi ruang antara garis-garis.③ (봉한 것을) membuka segel.④ mengurangi (dari); mengambil.봉급에서~mengurangi bayaran orang.⑤절연(絶緣) memutuskan hubungan dengan seseorang.⑥(거절) menolak. ⑦ (수표 따위를) menarik cek.

떼먹다 ☞ 떼어먹다.

떼어놓다 menarik terpisah;menceraikan; memisahkan; melerai.

떼어먹다 menggelapkan (uang).

떼어버리다 ☞ 떼다.

뗏목(- 木) rakit. ~꾼 tukang rakit.

뗏장 tanah rumput.

또 ①lagi;sekali lagi.~한 번 sekali lagi. ~ 하나의 yang lain. ② juga; maupun;begitupun. 나도 ~가지고 있다 begitupun saya.③dan;lebih-lebih; selain itu.

또는 maupun; barangkali; atau;

또다시 lagi; sekali lagi. ~하다 melakukan lagi.

또래 sebaya; seusia.

또렷하다 jelas; cerah; nyata. ☞ 뚜렷하다.

또한 juga;selain;lebih-lebih; pada waktu yang sama.

똑 berdetak.

똑 tepat.~같다 tepat sama; identik. ~같이 tepat seperti; sama; demikian pula.

똑딱선(- 船) perahu motor.

똑똑 ① ketukan. 문(門)을 ~ 두드리다 mengetuk pintu. ② (부러지는) derik/kertakan (jari tangan). ③ (물이) bunyi tik-tik.

똑똑하다① (영리) cerdik; pandai; cemerlang; cerdas.② (분명) jelas; kentara; terang.

똑똑히 dengan jelas; dengan terus terang. ~ 굴다 dengan bijaksana.

똑바로 dalam garis lurus; lurus; tegak; tepat.

똘똘하다 pandai; cerdik; cemerlang; tajam;.

똥 tahi; tinja; najis; kotoran. ~을 푸다 mencedok tinja. ~푸는 사람 orang yang mencedok tinja. ~ 마렵다 merasa mau buang hajat. 얼굴에 ~칠하다 menjelekkan nama orang.

똥값 harga murah. ~으로 팔다

menjual dengan harga miring.
똥거름 pupuk kandang; tinja.
똥구멍 dubur. ~이 찢어지게 가난하다 sangat miskin.
똥끝타다 merasa sangat cemas.
똥누다 buang hajat.
똥똥하다 montok; sintal.
똥싸개 bayi.
똥싸다 ① ☞ 똥누다.② (혼나다) takut sekali.
뙤약볕 sinar matahari yang mem bakar. ~을 쬐다 berjemur di terik matahari.
뚜껑 tutup; sumbat. ~을 덮다 menutup;memasang tutup. ~을 열다 membuka tutup.
뚜렷하다 menyolok; nyata; menonjol.
뚜장이 mucikari.
뚝 ① tiba-tiba.~ 그치다 berhenti tiba-tiba. ② (떨어지는 소리)berdebuk. ③ (꺾는 소리) berderik.
뚝딱거리다① (소리가)bunyi tik-tak. ② (가슴이) berdenyut.
뚝뚝 ① (물방울 소리) bunyi tik-tik; bunyi tetesan. ② (부러짐) bunyi meletik.
뚝뚝하다 ① (애교가 없다) tidak ramah; ketus. ② (굳다) kaku.
뚝배기 mangkok tanah.
뚝심 daya tahan.
뚫다 ① melubangi; menembus; mengebor; mencoblos.②menemukan (cara).
뚫리다 dibor; dilubangi; dicoblos; ditembus.
뚫어지다 berlubang;bolong;menjadi bolong.
뚱뚱보 orang gemuk.
뚱뚱하다 gemuk.
뚱보① (뚱한 사람) orang pendiam. ② ☞ 뚱뚱보.
뚱하다 pendiam; kalem.
뛰놀다 riang gembira.
뛰다 ☞ 튀다.
뛰다 ① melompat; melambung; melonjak-lonjak;melompat-lompat.좋아서 겅중겅중 ~ melonjak-lonjak (menari-nari) kegirangan. ② (거르다) meloncati; melewati (pada waktu membaca). ③ berjungkat-jangkit. 널을~ bermain jungkat-jangkit.
뛰어가다 kabur; pergi lari; melarikan diri.
뛰어나가다 melejit; lari keluar.
뛰어나다 lebih unggul; melebihi; melampaui.
뛰어내리다 melompat turun. 달리는 차에서~ melompat turun dari mobil.
뛰어넘다① melompati. 담장을 ~ melompati pagar. ② ☞ 뛰다.
뛰어다니다 melompat-lompat.
뛰어오다 lari; berlari datang.
뛰어오르다 melompat ke atas; melambung; menaik; meninggi.
뜀 lompat; jingkat.
뜀뛰기 「競」(olah raga) lompat tanpa awalan. ~ 선수 pelompat. ~운동 latihan melompat. ~ 판 papan lompat.
뜀틀 kuda-kuda. ~을 뛰어넘다 melompat di atas kuda-kuda.
뜨개질 rajut; perajutan. ~하다 merajut. ~ 바늘 jarum rajut.

뜨겁다 panas yang membakar; panas terik.
뜨끈뜨끈한 hangat; panas.
뜨끔거리다 ☞ 뜨끔하다.
뜨끔하다 menyengat.
뜨내기①pengembara,tenaga kerja tidak tetap. ~손님 pelanggan tidak tetap. ~장사 usaha tidak tetap/sewaktu waktu. ② (일) pekerjaan tidak tetap; pekerjaan sementara.
뜨다① (느리다)lambat;telat mikir; lamban.② (입이) pendiam.③ (칼날이) tumpul; tidak tajam. ④ (비탈이) landai.
뜨다 ① (물.하늘에) mengapung; terapung.② (해.달이) naik; membumbung; terbit. ③ (사이가) jauh. ④ (빌려준 것 따위) terlambat mengembalikan (barang-barang yang dipinjamkan).
뜨다① (썩다)menjadi basi;jamuran.② (얼굴이) menjadi pucat.
뜨다(뜸을) membakar luka untuk menghilangkan zat racun.
뜨다(자리를) meninggalkan (tempat duduk); pindah (dari).
뜨다(물 따위를) menyendok; menimba.
뜨다(눈을)membuka (mata);membelalak; bangun.
뜨다 (실로) merajut; menenun.
뜨다 (본을) menyalin; meniru.
뜨뜻하다 hangat; panas.
뜨물 air bekas cucian beras.
뜨이다 ① (눈이) terbuka; sadar. ② (발견) terlihat; menarik perhatian.
뜬구름 ~ 같은 인생 hidup yang fana.
뜬눈 ~으로 새우다 jaga semalam suntuk.
뜬소문(- 所聞) kabar angin.
뜯기다① (빼앗기다) dipaksa; diperas. ② (물리다) digigit. ③ (마소에 풀을 먹임) merumput.
뜯다① (분리.분해) memecahkan; melerai; menceraikan; mencabut. ② (악기를) memetik. ③ (얻다) minta uang; memaksa; memeras.
뜯어내다 ① (붙은 것을) melepas. ② (분해)menguraikan;membongkar mesin.③(금품 등을)memeras.
뜯어말리다 melerai.
뜯어보다① (살펴보다)mengamati dengan hati-hati. ②(읽다) membaca dengan terperinci. ③ (봉한 것을) membuka.
뜰 kebun halaman; pelataran; pekarangan.
뜸 pembakaran luka.~ 뜨다 membakar (kulit) dengan moksa.
뜸질 pembakaran moksa.
뜸하다 tidak sering.
뜻 ① (의지) maksud; kehendak; hasrat; tujuan; ambisi. 큰 ~ ambisi tinggi. ~대로 sebagaimana yang diharapkan. ~을 두다 bermaksud; berambisi. ~을 이루다 mencapai tujuan/maksud; mewujudkan ambisi. ② arti;makna.~이 통하지 않는 말 pembicaraan yang tidak berarti.~ 있는 눈짓 tatapan yang bermakna.
뜻맞다 sepikiran.
뜻밖~의 tidak terduga; tahu-tahu;

mengejutkan. ~에 dengan tidak terduga. ~에 하게 되다 berkesempatan untuk (melakukan).

뜻하다 berencana; bermaksud.

띄어쓰다 menulis dengan membuat spasi diantara kata-kata.

띄엄띄엄 selang-seling; dengan jarang.

띄우다 ① (물위에)mengapungkan (di air). ② memperlihatkan. 웃음을 ~ memperlihatkan senyuman. ③ (훈김으로) meragikan.④ (사이를) memberi ruang antara. ⑤ (편지 따위를) mengirim.

띠 ikat pinggang; sabuk; ikat. 가죽~ sabuk kulit. ~를 매다 mengikat sabuk. ~를 끄르다 melepaskan sabuk. 머리~ ikat kepala.

띠 『植』 semacam bambu.

띠다 ① mengenakan; memakai. 띠를 ~ memakai sabuk. ② (지니다) menyandang (senjata). ③ menyandang/memikul 중요한 사명(使命)을~ memikul tugas penting; dipercayakan untuk suatu tugas penting.

띵하다 머리가 ~ sakit kepala yang nyeri sekali.

ㄹ

...ㄹ것같다 ①(추측)kelihatan (seperti); tampak (seperti); agaknya. ②(막...할 것 같다)hampir-hampir; terancam.

...ㄹ망정 walaupun; meskipun demikian.

...ㄹ바에 jika ... sama sekali.

...ㄹ뿐더러 tidak hanya ... tetapi juga...

...ㄹ수록 semakin ... semakin ... .

...ㄹ수없다 tidak bisa; tidak dapat. ☞ 수 없다.

...ㄹ지 apa (... atau tidak).

...ㄹ지도모르다 barang kali; boleh jadi.

...ㄹ지라도 walaupun; bagaimanapun; sekalipun.

...ㄹ지어다 tentu saja; memangnya; memang demikian.

...ㄹ지언정 walaupun.

...ㄹ진대 seandainya.

라 「樂」 la (6).

...라고 들어오~ 해라 Suruh dia masuk.

라도 pun; walaupun ...어린애~ walaupun seorang anak. 어느 것이 ~ yang mana saja. 어디~ dimana pun.

라돈 「化」 radon (Rn).

듐 radium (Ra).~ 광천 [요법] penyemprotan [perlakuan] radium.

라디에이터 radiator.

라디오 radio.~를 틀다[끄다]menghidupkan [mematikan] radio. ~를 듣다 mendengarkan radio. ~방송 siaran radio. ~ 수신기 penerima (pesawat)radio.~중계 siaran langsung.~체조 senam radio. ~ 해설자 komentator radio.

라면 mie instant.

라야(만) hanya; sendiri. 너~ kamu sendiri (hanya kamu).

라운드 「拳」 ronde. 10 ~의 권투 시합 pertandingan tinju sepuluh ronde.

라이벌 lawan;saingan. ~ 의식 semangat bersaing.

라이선스 surat ijin; lisensi.

라이온 singa.

라이온스클럽 Lions Club.

라이터 pemantik api.~를 켜다 menyalakan korek. ~돌 batu korek.

라이트 lampu (mobil). ~를 켜다[끄다] menyalakan [mematikan] lampu.

라이트급(- 級)~선수(選手) 「拳」 kelas ringan.

라이트윙 「蹴」 sayap kanan.

라이트필더 「野」 penangkap dan pelempar bola kanan.

라이트필드 「野」 lapangan kanan.
라인 garis. ~을 긋다 menarik garis.
라조(- 調) 「樂」 D (musik).
라켓 raket.
라틴 Latin. ~어 bahasa Latin. ~민족 ras (bangsa) Latin.
...락말락 hampir-hampir tidak. 비행기가 보일 ~하다 pesawat itu hampir-hampir tidak kelihatan.
란제리 pakaian dalam wanita.
랑데부 rendevu; kencan. ~하다 berkencan (dengan).
램프 lampu. 석유 ~ lampu minyak.
랭킹 peringkat. ~ 1 위를 차지하다 mendapat peringkat pertama.
러너 pelari.
러닝 perlombaan lari.
러닝메이트 teman sepencalonan.
러버 karet.
러브 cinta. ~레터 surat cinta. ~신 adegan cinta.
러시아 Rusia. ~의 tentang Rusia. ~말 bahasa Rusia. ~ 사람 orang Rusia.
러시아워 jam-jam sibuk.
러키 keberuntungan. ~세븐 angka tujuh; angka keberuntungan.
럭비 Rugby.
런던 London. ~사람[나기] orang [pribumi]London.
레몬(jeruk)lemon.~수 pohon lemon. ~즙 [주스] sari lemon.
레벨 tingkat. ~이 높다[낮다] pada tingkat tinggi [rendah].
레스비언 lesbian.
레슨 pelajaran. 피아노~ pelajaran piano.
레슬링 gulat. ~선수 pegulat.
레이더 radar. ~장치 sistim (instalasi) radar.
레이디 wanita.~퍼스트 wanita duluan.
레이스 perlombaan.
레이스 renda. ~를 달다 menghiasi dengan renda.
레이저 laser. ~광선 sinar laser.
레인코트 jas hujan.
레일 rel; jalan kereta api. ~을 깔다 memasang rel.
레저 kulit; kulit hitam.
레저 pelesiran.~산업 industri pelesiran.
레지 pramusaji warung teh.
레지스탕스 perlawanan. ~운동 gerakan perlawanan.
레커차(- 車) mobil derek.
레코드 ① (기록) rekor.② rekaman gramapun;piringan hitam.~를 틀다 memainkan gramafon. ~ 콘서트 konser rekaman.
레크리에이션 rekreasi.
레테르 label. ~를 붙이다 melabel.
레퍼리 wasit.
레퍼터리 repertoire (daftar lagu-lagu, judul sandiwara, opera dsb yang akan disajikan oleh pemain musik, perbendaharaan lagu).
렌즈 lensa. ~를 맞추다 menyetel lensa. 오목[볼록] ~ lensa cekung [cembung].
렌치 kunci Inggris.
렌트카 mobil sewa.
...려고 untuk.책을 사~ untuk membeli buku.
로 ①karena;akibat. 부주의~ karena kecerobohan.② per; dengan. 다스

~ 팔다 menjual per lusin. 26 을 둘~ 나누다 membagi 26 dengan 2. ③ dari. 벽돌~ 지은 집 rumah yang dibuat dari bata. ④ dengan; pada; dalam. 기차~ dengan kereta api. 도보~ dengan jalan kaki. 영어 ~ dalam bahasa Inggris. ⑤ dengan;dari. 목소리~ 알다 mengenal dari suara. ⑥ ke; dalam; panda; untuk;ke arah. 여수~ 향하다 berangkat ke Yeoso. 프랑스~ 가다 pergi ke Perancis. ⑦ sebagai; untuk. 대표~ sebagai wakil. 맏이[천재] ~ 태어나다 dilahirkan sebagai yang paling tua [jenius].

로그 『數』 logaritma.

로드쇼 pertunjukan jalanan.

로드워크 pekerjaan jalan.

로마 Roma. ~는 하루 아침에 이루어진 것이 아니다 Roma tidak di bangun dalam sehari. ~ 가톨릭교 Katolik Roma. ~교황청 Vatikan. ~ 숫자 angka Romawi. ~자 huruf Romawi.

로맨스 roman; kisah cinta.

로맨티시즘 romantisme.

로봇 robot. ~조종의 dikendalikan robot. ~장관 menteri robot.

로비 lobi; lounge.

로서 sebagai; bagi;dalam kedudukan sebagai ... 학자~ sebagai seorang sarjana. 나~ 는 bagi saya.

로션 air pembersih; losion.

로스트 daging panggang.

로열티 royalti.

로이얼 복스 panggung kehormatan.

로컬 setempat (lokal). ~뉴스 berita setempat (lokal).

로케이션 lokasi. ~가다 pergi (ke) lokasi. ~ 중이다 berlokasi (di).

로켓 roket. ~포[탄, 비행기] senapan [bom, pesawat] roket.

로터리 rotari. ~클럽 Rotary Club.

로테이션 rotasi; perputaran.

로프 tali; tambang. ~ 웨이 jalan tali.

록 ROK (The Republic of Korea).

론 pinjaman.

...론(論) teori; opini/pendapat; esei. 문학 ~ esei sastra.

롤러 roda. ~ 스케이트 sepatu roda.

롱런 jangka panjang.

뢴트겐 sinar rontgen; sinar X. ~사진 radiograf; foto sinar X. ~ 사진을 찍다 mengambil foto sinar X.

루브르 (musium) Louvre.

루블 Rubel (mata uang Rusia).

루비 delima. ~반지 cincin batu delima.

루주 lipstik;gincu. ~를 바르다 memakai lipstik.

루트 rute;saluran. 판매[정상, 불법] ~rute penjualan [resmi;tak resmi].

룩색 ransel.

룰 peraturan.~에 어긋나다 melanggar peraturan.

룸 kamar. ~ 서비스 pelayanan kamar.

룸펜 petualang; gelandangan; penganggur. ~생활 hoboisme.

류머티즘 『植』 rematik (encok).

르네상스 Renaissance.

리골레토 『樂』 rigoleto.

리그 liga. ~전 turnamen liga.

리더 pemimpin.

리드 memimpin. ~하다 jadi pemimpin.
리듬 irama; ritme; tempo. ~에 맞추어 sesuai dengan irama.
리바이벌 kebangkitan kembali. ~붐 bom kebangkitan kembali.
리버티 kemerdekaan; bebas
리보핵산(-核酸) asam ribonukleat
리본 pita.
리사이틀 pertunjukan. ~을 열다 mengadakan pertunjukan piano.
리셉션 resepsi. ~을 열다 mengadakan resepsi.
리스트 daftar. ~에 올리다 memasukkan kedalam daftar.
리시버 penerima (radio).
리어카 kereta dorong.
리얼 ~한 nyata;riil.~리즘 realisme.
리치 ~가 길다 memiliki jangkauan panjang.
리터 liter.
리턴매치 pertandingan ulang.
리트머스 ~ 시험지 kertas litmus.
리포트 laporan.
리프트 lift.
리허설 gladiresik.
린스 bilasan.~로 헹구다 memakai pembilas.
린치 main hakim sendiri.
릴 katrol. ~ 낚싯대 pancing katrol.
릴레이 (perlombaan) estafet (400 meter).
립스틱 gincu bibir.
링 ① ring tinju. ~사이드 sisi ring. ② (반지) cincin.
링게르 ~ 주사 suntikan infus.
링크 『經』 mata rantai. ~제(制) sistem mata rantai. ~제로하다 memasukkan ke mata rantai.

ㅁ

마 「植」 ketela rambat; ubi jalar.
마(魔) setan; iblis; roh jahat. ~의 걸널목 simpangan maut; persimpangan jalan kereta api yang fatal. ~가 끼다 kemasukan setan.
마(碼) yard. ~로팔다 menjual per yard.
...마(魔) kesetanan; diabolis. 살인 ~ pembunuh yang kesetanan.
마가린 margarin; mentega.식물성 ~ mentega nabati.
마가복음(-福音) 「聖」 Injil Mark.
마각(馬脚) ~을 드러내다 ketahuan sifat aslinya
마감 penutupan. ~하다 menutup. ~날 hari penutupan; deadline. ~시간 jam tutup.
마개 sumbat; penyumbat; tutup.~를 뽑다 membuka sumbat. ~를 하다 menyumbat; menutup.~뽑이 pembuka botol.
마구(馬具)perlengkapan (perabot) kuda; pakaian kuda.
마구(馬廐) ☞ 마구간.
마구 dengan membabi buta; dengan boros; tanpa pikir panjang. ~지껄이다 berbicara tanpa arah.
마구간(馬廐間) kandang kuda;istal. ~에 넣다 mengandangkan kuda.
마구잡이 tindakan membabi buta, penangkapan ikan tanpa pandang bulu.
마굴(魔窟)① (마귀의) sarang setan. ② (악한의) sarang penjahat/penyamun.③ (창녀의) rumah bordil; rumah pelacuran.
마권(馬券)tiket pool (balapan kuda). ~을 사다 membeli tiket pool (balapan kuda).
마귀(魔鬼) iblis; setan; roh jahat. ~ 할멈 tukang tenung; nenek sihir.
마그나카르타 Magna Charta; Great Charter (piagam agung).
마그네사이트 「鑛」 magnesit.
마그네슘 「化」 magnesium (Mg).
마그네시아 「化」 magnesia. 황산~ magnesium sulfat.
마나님 nyonya tua;perempuan tua; nyonya.
마냥 sepenuhnya; sebanyak yang diinginkan;sepuasnya.~즐기다 menikmati sepenuh hati.
마네킹 manekin.~ 걸 gadis manekin.
마녀(魔女) tukang sihir.
마누라 isteri.
마늘 「植」 bawang putih. ~ 냄새가 나는 bau bawang putih.
마님 nyonya; madam.
마다 setiap; masing-masing; pada

selang ...; bilamana. 5분 ~ setiap lima menit; pada selang lima menit. 해 ~ setiap tahun.

마담 madam; hostes; pelayan bar wanita.

마당 halaman; pekarangan. 뒷 ~ halaman belakang. 앞 ~ halaman depan.

마당발 kaki datar; kaki bebek.

마대(麻袋) karung goni (karung dari jute).

마도로스 pelaut.~파이프 pipa tembakau.

마돈나 perawan suci.

마들다(魔-) dikuasai oleh setan; kesurupan.

마디① (뼈의)persambungan; persendian;(생긴 마디) tombol; sendi; ruas. ② (말 따위의) frase; bagian (buku atau pidato).

마디다 tahan lama; awet.

마땅하다 ① sesuai; patut; layak; wajar;masuk akal;rasional. 마땅한 집 rumah yang layak. ② pantas; patut (menerima); harus;seyogyanya; sepantasnya.벌을 받아~ patut menerima hukuman.

마뜩하다 memuaskan; dapat di setujui; dapat diter ima.

마라톤 lomba maraton.~ 선수 pelari maraton.

마력(馬力) daya kuda. 50 ~의 발동기 motor berdaya 50 h.p. ...의 ~이 있다 memiliki kapasitas ....

마력(魔力)kekuatan magis;tenung.

마련(磨鍊) ~하다 menyiapkan. 돈을 ~하다 mengusahakan uang.

마렵다 kebelet; merasakan desakan untuk buang air.

마로니에 「植」 berangan kuda(sejenis pohon).

마루 ① lantai.~방 ruang berlantai papan. ~를 놓다 memasang lantai (rumah). ② (산.지붕의) puncak.

마루터기,마루턱 puncak.

마르다① (물이) mengering;kering; (시들다) meranggas.우물이~sumur mengering.② menjadi kurus. 마른 사람 orang kurus.③ (목이) haus.

마르다 memotong(pakaian). 마르는 법 potongan; pemotongan.

마른걸레 kain pel kering.

마른기침 batuk kering.

마른버짐 psoriasis(sejenis penyakit kulit kronis).

마른옴 gatal; kudis.

마른일 menjahit dan menenun; pekerjaan rumah wanita (pekerjaan yang tidak membasahkan tangan).

마른하늘 langit cerah; langit biru.

마른행주 serbet; serbet meja.

마름모꼴 belah ketupat; bentuk intan.

마름질 pemotongan. ~하다 memotong (pakaian).

마리 ekor. 강아지 다섯~ lima ekor anak anjing 소 두~ dua ekor sapi.

마리화나 mariyuana.

마마(碼碼) Yang Mulia; Baginda.

마마(碼碼) cacar. 마맛자국 burik.

마멸(磨滅) pengikisan. ~하다 dikikis; usang.

마무르다① (일을) menyelesaikan; merampungkan; menyimpulkan. ② (가장자리를) mengelim.

마무리(sentuhan)akhir; kesudahan;

penghabisan. ~하다 mengakhiri; menyelesaikan.

마법(魔法) ☞ 마술(魔術).

마부(馬夫) kusir delman; sais.

마분(馬糞) tahi kuda; pupuk kandang. ~지 karton; kardus; kertas tebal.

마비(痲痺) anastesia; kekakuan; lumpuh. ~시키다 melumpuhkan. 소아~ lumpuh masa kanak-kanak.

마사지 pijitan; pemijatan. ~하다 memijat; mengurut; memijit. ~사 ahli pijat. 전기 ~ pijatan listrik.

마성(魔性) perihal kesetanan.

마수(魔手) tangan setan;pengaruh jahat. ~를 뻗치다 berusaha mengorbankan. ~에 걸리다 jatuh menjadi korban...

마수걸이 penjualan pertama pada hari itu; transaksi pertama. ~하다 menjual pertama kali; mendapat "penglaris".

마술(馬術) kepandaian menunggang kuda;seni menunggang kuda. ~ 경기 pacuan kuda.

마술(魔術) magis; ilmu hitam;sihir. ~을 쓰다 mempraktekkan ilmu hitam/sulap/sihir.

마스카라 maskara; penghitam alis.

마스코트 maskot(keberuntungan)

마스크 topeng; masker. ~를 쓰다 memakai masker; bertopeng. 산소 ~ masker oksigen.

마스터 penguasaan,ahli.~하다 menguasai.

마스터플랜 rencana induk; master plan; rencana utama..

마스트 tiang (kapal).

마시다① minum;mereguk;menelan. 물[술]을~ minum air[anggur].차를 ~ minum teh; mereguk teh. 우유를 ~ minum susu.② (기체를) menghirup (udara).

마약(痲藥) narkoba; obat perangsang.~ 단속 pemeriksaan narkoba/ obat terlarang; uji doping. ~단속법 Hukum Pengendalian Narkotik. ~중독[밀매]자 pecandu [pengedar]obat terlarang.

마왕(魔王) Setan; Pangeran Kegelapan.

마요네즈 mayonis (nama saos selada dari telor, minyak dan cuka).

마운드 『野』 bidai(bisbol).~에 서다 berdiri di bidai.

마을 desa;kampung;dukuh.~사람들 warga desa; warga kampung. ~가다 mengunjungi tetangga.

마음① hati; kalbu; rohani; batin. ~속으로 dalam hati. ~의 양식 santapan rohani. ~의 자세 sikap mental. ~이 넓은 murah hati; berpikiran luas. ~이 좁은 picik; berpikiran sempit. ~에 걸리다 membebani pikiran. ~을 합치다 menyatukan; bertindak selaras dengan ... ~이 맞다 sangat cocok satu sama lain; sehati. ② hati; perasaan.불안한~ perasaan khawatir/ cemas. ~이 변(變)하다 berubah hati. ~을 끌다 tertarik hati; terpikat.③pemikiran; pertimbangan; simpati. ~이 좋다 baik hati.~이 나쁘다 busuk hati. ④ pikiran; perhatian; minat; kepedulian. ~에 두다 mau; menghiraukan; perduli; memperhatikan. ~이 편

하다 tentram hati. ⑤ tertarik (dengan).~먹어서 안되는 일 없다 Dimana ada kemauan, disana ada jalan. ⑥ suasana hati; mood. ~에 드는 집 rumah yang dimaui. ~이 내키지 않다 tak berkeinginan (untuk melakukan);sungkan.

마음가짐 sikap mental; keadaan pikiran; tekad.

마음결 watak; pembawaan; sifat.

마음껏 sepuas-puasnya; sepuas hati. ~ 즐기다 menikmati sepuas-puasnya.

마음놓다 merasa lega.

마음대로 semaunya; dengan bebas; semau-maunya; sesuka hati ~하다 melakukan semaunya.

마음먹다 ① menetapkan; menentukan; berketetapan; memutuskan. 굳게 ~ ditetapkan dengan tegas. ② bermaksud untuk; berencana; berharap. 하려고~ merencanakan; bermaksud (untuk).

마음보 watak; sifat. ~ 고약한 berwatak buruk/jelek.

마음속 lubuk hati.~을 떠보다 menduga-duga isi hati seseorang.

마음씨 watak; sifat. ~ 고운 baik hati; berhati lembut.

마음에들다 puas (dengan);tertarik (dengan).

마음졸이다 khawatir (tentang); mencemaskan.

마이너스 kekurangan; minus. ~가 되다 merugi; mengalami kerugian/kehilangan.

마이동풍(馬耳東風) ~이다 berpura-pura tuli; menulikan telinga.

마이신 streptomisin.

마이크로 mikro...~ 버스 mini bus; mikrobus. ~ 필름 mikro film.

마이크(로폰)mikrofon;corong radio. ~공포증 penyakit ketakutan terhadap mikropon.

마일 mil. 1 시간에 4~ 가다 mencapai 4 mil dalam satu jam. 시속 60~로 달리다 memacu (dengan kecepatan) 60 mil per jam. ~수 jarak dalam mil; jumlah mil.

마작(麻雀) ~하다 bermain mahjong.

마장(馬場) (방목장) lahan merumput untuk kuda, (경마장)jalur balap.

마저 keseluruhannya;bahkan; juga; selama.

마적(馬賊) bandit berkuda.

마조(-調) 『樂』 nada E.

마조히즘 『醫』 Masokisme.

마주 berlawanan; berhadapan. ~대하다 berhadapan satu sama lain.

마주치다 ① ☞부딪치다. ②(만나다) bertemu tiba-tiba; berpapasan; berjumpa; berpapakan.

마중 resepsi; penyambutan. ~하다 menerima; menyambut. 역으로 ~ 나가다 pergi menjemput di stasiun.

마지막 akhir; kesimpulan. ~으로 akhirnya; pada akhirnya. ~까지 sampai pada akhirnya.~ 수단 cara terakhir.

마지못하다 terpaksa. 마지못하여 dengan enggan; dengan setengah hati.

마지않다 terima kasih yang tidak terhingga.감사해~ berterima kasih yang tidak terhingga.

마진 marjin (dari laba).
마차(馬車) kereta; bendi; delman.
마찬가지~의 sama; mirip. ~로 demikian pula; sama-sama; sama halnya.
마찰(摩擦) (문지름.비빔) penggosokan; penggesekan, (알력) perpecahan; perselisihan. ~하다 menggosokkan (pada); menggesek.
마천루(摩天樓) pencakar langit.
마추다 memesan (pakaian); menempah. 양복을 ~ menempah baju.
마춤~옷 pakaian tempahan.
마취(痲醉) pembiusan; narkotisme. ~하다 membius (dengan narkose).~약[제] anestetik; obat bius. ~전문의(醫) dokter ahli anastetik; ahli bius. 국부[전신]~ pembiusan lokal [umum].
마치 seolah-olah; tampak seperti; seakan-akan.
마치다 menyelesaikan; menamatkan.학업을 ~ menamatkan sekolah.
마침 tepat pada waktunya; untunglah. ~그때 sesaat kemudian; tepat pada saat itu.
마침내 pada akhirnya; akhirnya.
마침표(-標) titik; titik akhir.
마카로니 makaroni.
마케팅 pemasaran. ~ 리서치 riset pemasaran.
마켓 pasar. ~ 셰어 pangsa pasar.
마크 tanda; cap; label.
마파람 angin selatan;angin haluan.
마포(痲布) kain rami.
마하 『理』 kecepatan suara (mach). ~ 3 으로 날다 terbang dengan kecepatan 3 mach.
마호메트교 ☞ 회교.
마흔 empat puluh.
막(幕) ① tirai; layar. ~을 올리다 mengangkat layar; memulai pertunjukkan.~이 오르다[내리다]layar naik [turun]. ② adegan. 제 2 ~제 3 장 act 2, scene 3. ③ (작은 집) pondok.④akhir.전쟁의 ~을 내리다 mengakhiri perang.
막(膜) 『解』 selaput.~ 같은(모양의) berbentuk membran.
막 baru saja; barusan.~ ...하려 하다 baru saja akan ....
막간(幕間)intermisi; selingan. ~극 interlude [jeda].
막강(莫強) ~한 berkuasa; sangat besar; sangat kuat.
막걸리 makgeolri(sejenis minuman keras Korea).
막내 anak bungsu. ~ 아들 putra bungsu.
막노동(-勞動) ☞ 막일.
막다 ① menyumbat; menutup.쥐구멍을 ~ menyumbat lubang tikus. ② menghambat; menghalangi; memblokir. 길을~ memblokir jalan; menghalangi. 바람을~ menghalangi angin. ③ (방어) membela; menghentikan; melindungi; mencegah; melarang. 적을 ~ merintangi musuh. 전염을 ~ mencegah infeksi. ④menyekat; memisahkan. 칸을~ menyekat ruangan.
막다르다 sampai pada ujung jalan; sampai pada jalan buntu.
막대(莫大) ~한 besar; amat besar. ~한 비용 pengeluaran yang amat besar.

막대기 tongkat; galah.
막동이 putra bungsu.
막되다 kasar; tidak sopan;lancang.
막론(莫論) ...을 ~하고 tak pandang... 남여 노소를 막론하고 가야 한다 harus pergi tidak pandang bulu.
막료(幕僚) staf; perwira staff.
막막하다(寞寞-) sunyi sepi; suram.
막막하다(漠漠-) sangat luas; tidak terbatas.
막말 omongan kasar. ~하다 berbicara kasar (serampangan).
막무가내(幕無可奈) ~로 dengan keras kepala; dengan kukuh.
막바지 puncak (gunung); puncak (klimaks); saat terakhir.
막벌이 ~하다 bekerja sebagai buruh harian ~꾼 buruh harian.
막사(幕舍)barak; asrama sementara.
막살이 hidup pas-pasan.
막상 sesungguhnya; sebenarnya; memang.
막상막하(莫上莫下)~의 sepadan; seimbang; setanding. ~의 경기 permainan yang seimbang.
막심하다(莫甚-) sangat; bukan main. 후회가 ~ sangat menyesal.
막역(莫逆) ~한 intim; akrab. ~한 친구 teman akrab.
막연하다(漠然-) samar-samar; tidak jelas; kabur. 막연히 말하다 berbicara secara samar-samar.
막일 pekerjaan kasar (berat).~하다 bekerja kasar. ~꾼 buruh kasar.
막자 penumbuk obat.~사발 lumping.
막중(莫重) ~하다 sangat penting; sangat berharga.
막차(-車)kendaraan terakhir (bis, kereta api)
막판 putaran akhir; adegan akhir; saat terakhir [saat kritis].
막후(幕後) ~ 인물 orang dibelakang layar.
막히다 tersumbat; terhenti; terhalang. 말이~ terdiam. 길이~ jalan itu diblokir.
만(卍) lambang Budha; Swastika.
만(滿) penuh; keseluruhan. ~5 일간 selama lima hari penuh.
만(灣) teluk.
만(萬) sepuluh ribu; miriad. 수십~ ratusan ribu; beratus-ratus ribu.
만 setelah. 닷새 ~에 pada hari kelima; setelah hari kelima.
만 ①hanya saja;semata-mata;cuma. 한 번~ hanya satu. 한 번~ 더 cuma satu kali lagi .이번 ~은 untuk sekali ini. 밥~ 먹다 hanya makan nasi ② sama ...dengan. 내 키가 너~ 하다 saya sama tinggi dengan kamu.③ begitu remeh;sedemikian kecil. 그~ 일로 성낼 것은 없네 Jangan sakit hati dengan perkara remeh itu.
만감(萬感) luapan emosi.
만고(萬古)~ 불변의 abadi; kekal.~ 불후의 kekal; abadi. ~ 풍상(을 다 겪다) (mengalami) segala macam kesengsaraan. ~의 영웅 pahlawan segala jaman.
만곡(灣曲) ~하다 melengkung; membengkok.
만국(萬國) manca negara. ~박람회

pameran internasional. ~기(旗) bendera manca negara.

만기(滿期) ~가 되다 jatuh tempo; mature [masak]; habis masa berlaku. ~일 tanggal kadaluarsa; hari jatuh tempo.

만끽(滿喫)~하다 menikmati sepenuhnya; memiliki cukup.

만나다① bertemu;berjumpa.우연히 ~ berjumpa secara kebetulan.② mengalami; kena. 화를~ mengalami bencana. 소나기를 ~ terperangkap hujan.

만난(萬難) ~을 무릅쓰고 tak boleh tidak (biar berapa mahalpun); apapun resikonya.

만년(晩年)~에 dalam tahun-tahun terakhir; masa tua.

만년(萬年)sepuluh ribu tahun; keabdian. ~ 설(雪) salju abadi. ~필 pulpen.

만능(萬能) ~의 berkuasa besar. ~ 선수 pemain serba bisa. ~ 후보 kandidat yang selalu gagal.

만단(萬端)~의 준비가 되었다 segala sesuatunya tersedia.

만담(漫談) dialog komik. ~하다 bercakap-cakap (seperti dalam komik).~가(家)komedian; (pasangan) pedialog komik.

만대(萬代)segala zaman. ~에 untuk segala zaman; untuk selamalamanya.

만돌린 「樂」 mandolin.

만두(饅頭) gorengan tepung yang diisi dengan daging cincang.

만들다 ① membuat; menyiapkan (makanan); membikin. 나무로 책상을 ~ membuat meja belajar dari kayu. 쌀로 술을~ membuat anggur dari beras.② menyusun. 서류[계약서]를~ menyusun dokumen [surat kontrak].③ membuat; membangun.길을~ membangun jalan.공원을~ membangun taman.④mendirikan; membentuk. 회사를~ mendirikan perusahaan. 클럽을~ mendirikan klub.⑤membuat; mengarang. 만들어 낸 이야기 cerita yang dibuat-buat (dikarang-karang).⑥(창조) menciptakan. ⑦ membuat; mengumpulkan. 재산을~ mengumpulkan kekayaan. 기금을~ mengumpulkan dana.

만료(滿了) ~하다 habis waktunya; purna. 임기 ~ habis masa jabatan.

만루(滿壘) 「野」 fullbase (istilah dalam bisbol). ~ 홈런 grandslam.

만류(挽留) ~하다 menahan; menengah.소매를 잡고~ 하다 menahan pada lengan baju. 싸우지 말라고 ~를 하다 melerai dari bertengkar.

만리(萬里) ~장성 tembok besar Cina.

만만(滿滿) ~하다 penuh (dengan). 패기[자신] ~하다 penuh ambisi [kepercayaan diri].

만만하다 (다루기가) gampang;mudah.

만면(滿面) muka keseluruhannya; seantero wajah.~에 미소를 띠우고 tersenyum seantero wajah. 회색이 ~하여 dengan muka berseri-seri.

만무(萬無)~하다 tidak dapat; tidak mungkin; jangan ditanya lagi.

만물(萬物) segala benda; segala hal; semua mahluk. ~ 박사(博士) orang yang berpengetahuan luas. ~상 (商) warung serba ada.

만반(萬般)~의 semua; setiap. ~의 준비를 갖추다 menyiapkan sepenuhnya.

만발(滿發) ~하다 mekar sepenuhnya; menjadi mekar.

만방(萬方) segala arah.

만방(萬邦)negara-negara di dunia.

만백성(萬百姓) seluruh rakyat.

만병(萬病) segala jenis penyakit. ~ 통치약 obat untuk segala jenis penyakit; panacea.

만부당(萬不當) ~하다 tidak adil sama sekali; tidak benar.

만사(萬事)segala sesuatu; segalanya; semuanya. ~ 태평하다 masa bodoh. ~가 여의하다 segala sesuatunya berjalan lancar.

만사형통(萬事亨通) ~하다 segala sesuatunya berjalan lancar; semuanya memberikan harapan.

만석꾼(萬石-) tuan tanah kaya; jutawan.

만성(晩成) ~하다 terlambat jadi; lambat berkembang.

만성(慢性) 『醫』 kronisitas; keparahan. ~의(적) kronis. ~병[환자] penyakit kronis [invalid]

만세(萬世)sepanjang masa; semua generasi. (영겁) abadi.

만세(萬歲) ① ☞ 만세 (萬世). ~력(曆) almanak abadi② sorak;Hidup!. ~를 삼창하다 memberikan tiga kali sorak.

만수(萬壽) longevitas.~무강(無康) sehat dan berumur panjang. ~무강하다 menikmati usia panjang.

만시(晩時)~ 지탄(歎) penyesalan yang terlambat.

만신(滿身) sekujur tubuh. ~창이다 luka sekujur tubuh.

만심(慢心) kebanggaan diri. ~하다 bangga; sombong.

만약(萬若) jika; apabila; bila; kecuali. ~그것이 사실이라면 bila hal itu benar.

만연(漫然) ~한 acak; tidak tentu; serampangan. ~히 dengan acak.

만연(蔓延) ~하다 tersebar; terdapat; lazim terdapat.

만용(蠻勇)keberanian yang membabi buta; kenekatan.

만우절(萬愚節) Hari Bohong 1 April

만원(滿員)penuh.~이다 penuh sesak (dengan). ~ 버스 bus yang penuh sesak.

만월(滿月) bulan purnama.

만유(萬有) alam semesta. ~ 인력 gravitasi universal. ~ 인력의 법칙 hukum gravitasi.

만일(萬一)apabila; jika; dalam keadaan ... kalau; asalkan; jika kiranya.

만자(卍字)swastika; salib berkait; gammadia. ~창(窓) bingkai jendela berbentuk swastika.

만장(萬丈) ~의 기염을 토하다 omong besar; membual.

만장(輓章) nyanyian pada waktu pemakaman; elegi.

만장(滿場) hadirin keseluruhan; keseluruhan anggota dewan. ~일

치로 dengan suara; bulat.

만전(萬全) ~의 semua aman. ~을 기하다 mengamankan sepenuhnya.

만점(滿點)nilai sempurna. ~을 따다 mendapat nilai sempurna. ~이다 sempurna; memuaskan.

만져보다 menyentuh; merasakan; meraba.

만조(滿潮)pasang penuh;muka air tinggi. ~시에 pada pasang penuh.

만족(滿足) kepuasan. ~하다 puas (dengan); senang (dengan); jenuh; kenyang;puas;lega. ~할 만한 yang memuaskan; yang menyenangkan. ~히 dengan memuaskan; dengan sempurna. ~시키다 memuaskan; memberikan seseorang kepuasan; menyenangan. ~감 perasaan puas. 자기 ~ kepuasan diri.

만지다 meraba; menyentuh; memegang; merasa. 손으로 ~ menyentuh dengan tangan.

만지작거리다 menggeranyang; mengutak-atik.

만질만질하다 lunak; lembut.

만찬(晩餐) makan malam. ~회 jamuan makan malam.

만천하(滿天下) dunia keseluruhan. ~에 secara universal; di seluruh dunia; ke seluruh negara.

만초(蔓草) tanaman menjalar; tanaman yang memanjat.

만추(晩秋) musim gugur lanjut.

만춘(晩春) musim semi lanjut.

만취(漫醉.滿醉) ~하다 mabuk berat.

만큼 sedemikian; begitu banyak hingga; dari sudut.그~ sedemikian banyak sehingga (dengan). 얼마~ berapa banyak; sejauh mana. 때가 때인~ dari segi waktu.

만평(漫評) kritikan yang ngawur.

만하(晩夏) musim panas lanjut.

만하다① cukup.나이가 일하기 좋을 ~ cukup usia untuk bekerja secara efisien. ② berharga; pantas; patut. 칭찬할 ~ patut mendapat imbalan.

...만하다 seukuran dengan; sama besarnya (dengan).

만학(晩學)~하다 belajar pada usia lanjut. ~자 orang yang belajar pada usia lanjut.

만행(蠻行) kebuasan; kebrutalan; keganasan.

만혼(晩婚) perkawinan yang terlambat. ~하다 kawin terlambat.

만화(漫畵) kartun; komik; karikatur. ~가 karikaturis (pembuat karikatur); kartunis; pembuat komik. ~ 영화 film kartun; kartun animasi.~책[잡지] buku[majalah] komik. 불량 ~ buku komik murahan.

만화방창(萬化方暢)pertumbuhan yang rimbun dalam musim semi. ~하다 segalanya tumbuh dengan rimbun [dalam musim semi].

만회(挽回)pemulihan; restorasi. ~하다 menutupi;memulihkan;mengganti. ~할 수 없는 tidak dapat dipulihkan; tidak dapat disembuhkan. ~책(策) sarana pemulihan.

많다 banyak; memadai; seringkali; melimpah. 돈이~ memiliki banyak uang. 볼일이~ banyak hal untuk di lakukan.

맏 lahir pertama; yang tertua; sulung. ~아들 putra tertua; putra sulung. ~형 abang sulung.

맏사위 suami puteri tertua.

맏상제(- 喪制)putera tertua dari almarhum; orang yang berkabung pertama.

맏손자(-孫子)cucu laki-laki pertama.

맏이 putera tertua.

말 kuda. 마차 ~ kuda bendi; kuda delman. 수~ kuda jantan. 암~ kuda betina. 조랑~ kuda poni. ~을 타다 menunggang kuda.

말 mal (= 18 liter).

말① bahasa; pengucapan;kata; dialek. 서울 ~ dialek Seoul. 시골 ~ dialek lokal; dialek setempat. 표준~ bahasa baku. ② percakapan; pembicaran; pernyataan. ~ 없이 diam; tanpa sepatah katapun. ~이 많다 cerewet; banyak omong. ~이 적다 pendiam.~이 서투르다 berbicara gagap; menggugu. ~을 걸다 menyapa. ~을 잘하다 fasih.

말 「植」 sejenis gulma.

말 (장기.윷의) buah catur.

...말(末) (끝) akhir; penghujung; puncak; kesudahan.

말갛다 jernih; bersih; bening.

말경(末境) akhir; usia senja; penutup.

말고삐 tali kekang; kendali.

말공대(-恭待)pidato kehormatan. ~하다 berpidato sebagai (kehormatan).

말괄량이 anak perempuan yang kelaki-lakian; anak tomboy.

말굽 sepatu kuda;tapal kuda;ladam. ~소리 suara sepatu kuda. ~ 자석 magnit ladam; besi berani berbentuk tapal kuda.

말귀 makna dari apa yang dikatakan. ~를 못알아 듣다 tidak memahami apa yang dibicarakan orang.

말기(末期) tahap terakhir; akhir; penutup.

말꼬리 ~를 잡다 menangkap ujung kata.

말끔 secara lengkap; keseluruhannya; secara menyeluruh; secara total. 빚을 ~히 청산하다 melunasi hutang.

말끔하다 bersih; rapi; apik.

말끔히 dengan bersih;dengan rapi; dengan apik. 방을~ 치우다 membenahi kamar dengan rapi.얼굴을 ~ 씻다 membasuh muka dengan bersih.

말끝 ujung pembicaraan;ujung kata. (어미) akhiran. ~을 흐리다 menyamarkan ujung kata.

말내다① (얘기삼아) mulai berbicara tentang ...; membawa ke dalam percakapan; mulai membicarakan. ②(비밀을) mengungkapkan; mengemukakan; menyatakan.

말년(末年) ① (일생의) masa lanjut usia; tahun-tahun terakhir kehidupan.②(말엽) tahun-tahun terakhir; hari-hari terakhir.

말다 (둘둘) menggulungkan; melinting. 두루마리를 ~ menggulung kertas. 담배를 ~ melinting rokok.

말다 (물에) memasukkan(makanan) ke dalam sup; mencampur (maka-

ㅁ

nan) dengan kuah.

말다(그만두다) berhenti; tidak meneruskan; meninggalkan; menelantarkan. 일을 하다가 ~ meninggalkan pekerjaan; membiarkan pekerjaan terbengkalai.

말다① (금지) jangan; hindari.가지 말라 Jangan pergi! ② (필경...되다) mengakhiri; menyudahi.

말다툼 pertengkaran mulut; percekcokan; adu mulut. ~하다 bertengkar mulut (dengan);beradu mulut dengan; bercekcok dengan.

말단(末端) akhir; ujung; bawahan; yang paling rendah. ~의 terminal; akhir; rendahan. ~공무원 pegawai rendah.

말대꾸(-對-)sanggahan; sangkalan; timpalan. ~하다 membalas jawab; menyanggah; menyangkal.

말대답(-對答) sanggahan; sangkalan. ~하다 menyanggah; menyangkal; membalas jawab

말더듬다☞ 더듬다, 더듬거리다.

말더듬이 orang gagap. ~ 교정기 artikulator.

말똥말똥 dengan mata tak berkejap. ~쳐다보다 menatap dengan mata tidak berkejap.

말뚝 tiang; pancang; tonggak.

말라깽이 rangka hidup;orang yang kurus sekali.

말라리아 「醫」 malaria. ~열 penyakit malaria.

말라빠지다 menjadi kurus.

말랑말랑하다 lembut;lunak; elastis [lentur].

말려들다 tersangkut dalam; terlibat dalam. 전쟁[분쟁]에 ~ terlibat dalam perang (kesulitan).

말로(末路)hari terakhir;akhir (karir seseorang). 영웅의~ hari terakhir seorang pahlawan.

말리다 mengeringkan. 불에~ melayukan; mengeringkan diatas api.

말리다 mencegah(seseorang untuk melakukan); menghentikan. 싸움을 ~ melerai; menghentikan pertengkaran; mendamaikan.

말림 konservasi/perlindungan hutan. ~갓 hutan lindung.

말마디 frase; pembicaraan; ungkapan.

말몰이꾼 sais; kusir.

말문(-門) ~이 막히다 diam; terpukau; terpana; terdiam.

말미 cuti. ~를 얻다 mendapat cuti. ~를 주다 memberikan cuti.

말미(末尾) ujung.

말미암다 timbul dari; berasal dari; disebabkan oleh; akibat.

말미잘 「動」 anemon laut.

말버릇 cara berbicara; ungkapan favorit (seseorang).

말벌 「蟲」 lalat kerbau; lalat kuda; bangbung.

말벗 teman; teman berbincang.~이 되다 menemani.

말복(末伏) fase terakhir hari-hari panas.

말본 ☞ 문법.

말살(抹殺) penghapusan; pencoretan; pembasmian. ~하다 menghapus; mencoret.

말상(-相) muka yang sangat panjang.~이다 bermuka panjang; ber-

muka kuda.
말석(末席) kedudukan terendah.
말세(末世) abad degenerasi; akhir dunia.
말소(抹消) penghapusan; pencabutan; pembatalan. ~하다 menghapus;mencoret. 등기의 ~ pencabutan pendaftaran.
말소리 suara kata~가 들리다 mendengar pembicaraan.
말솜씨 kemampuan berbicara; kefasihan. ~가 좋다 fasih.
말수(-數)~가 적은 pendiam;kalem.
말실수(-失手) keseleo lidah. ~하다 keseleo lidah.
말썽 kesukaran; keluhan; pertengkaran. ~거리 sumber kesulitan/pertengkaran. ~ 꾸러기, ~꾼 orang yang menimbulkan pertengkaran.
말쑥하다 apik; rapih.
말씨 tutur kata; bahasa. 점잖은 ~ gaya bahasa yang baik. ~가 상스럽다 kasar; lancang mulut.
말없이 dengan diam;tanpa komentar; tanpa mengatakan apapun.
말일(末日) hari terakhir.
말재주 bakat berbicara; kefasihan. ~있는 fasih.
말조심(-操心)~하다 hati-hati bicara.
말주변 kefasihan. ~이 있는 fasih. ~이 좋다 silat kata; silat lidah; fasih lidah.~이 없다 pembicara yang buruk.
말직(末職)kedudukan rendah; kedudukan yang tak berarti; jabatan terendah.
말짱하다 sempurna; tak bercacat; tak bernoda. 정신이~ berpikiran jernih.
말참견(-參見)~하다 turut campur.
말채찍 cemeti kuda.
말초(末梢)~적 remeh;perkara kecil; 『解』 distal. ~ 신경 sistim syarat periferal; saraf periferal.
말총 surai; rambut kuda.
말캉말캉하다 lemah;lembut;lunak
말투 cara bicara; logat; gaya; aksen. 야비한~ gaya bicara kasar.
말판 papan permainan; *gameboard.*
말하다 berbicara (tentang); berhubungan; berbincang-bincang; mengatakan; mengemukakan; mengucapkan. 간단히[자세히]~ mengemukakan secara ringkas [rinci]. 좋게[나쁘게] ~ memuji [mencela; menjelek-jelekkan].
맑다① (물이) jernih; bersih; murni; bening (air).② (날씨가) baik; cerah (cuaca).③(마음이) murni; bersih; tulus (hati). ④ (청빈) bersih; jujur.
맙소사 Oh ,.. Tidak! Tuhan yang Maha Pengampun.
맛① cita rasa; rasa. ~이 좋은 enak; sedap; lezat.~없는 tidak enak; tak sedap. 아무 ~도 없는 tidak berasa. ~이 변하다 rasanya berubah;menjadi asam/basi. ② mencicipi; merasakan. ~을 알다 mengetahui; mengalami.
맛깔스럽다 membangkitkan selera.
맛나다① (맛있다) sedap;lezat;enak. ② (맛이 나다) enak; rasa.
맛들다 masak; bercita rasa; menjadi sedap.

맛들이다 ① (재미붙이다) memiliki rasa.. ②(맛들게 하다) menyedapkan; membubuhi.
맛맛으로 sesuai selera. ~골라 먹이라 Silahkan pilih sesuai selera.
맛배기 pesanan khusus.
맛보다 mencicipi; mencoba rasa; mengalami; mencobai.
맛없다① (맛이 없다) tidak terasa; hambar; tawar.② (재미 없다) kering; tidak menarik. 맛있다 enak; lezat.
망(望)①mengawasi; menjaga; mewaspadai. ~보다 berjaga-jaga. ② ☞ 망일.
망(網) ① (그물) jaring; jaringan. ② jaringan kerja. 철도[통신,방송] ~ jaringan rel kereta api [komunikasi; radio].
망각(忘却) ~하다 lalai; melalaikan (tanggung jawab).
망간 『化』 mangan [Mn].
망고 『植』 mangga.
망국(亡國) keruntuhan nasional; keruntuhan bangsa; negara yang runtuh. ~적(인) mengancam keutuhan negara.~지한(之恨) ratapan keruntuhan nasional.
망그러뜨리다 menghancurkan; merusakkan.
망그러지다 pecah; rusak; kacau; hilang bentuk.
망극(罔極) ~하다 tidak terhingga besarnya; tenggelam dalam kedukaan.
망나니 ① (사형집행인) algojo. ② (못된 사람) bandit; penjahat.
망년회(忘年會)pesta akhir tahun.
망대(望臺) ☞ 망루.
망동(妄動)tindakan ceroboh/sembrono. ~하다 bertindak ceroboh. 경거 ~ prilaku ceroboh/ sembrono.
망둥이 『魚』 ikan gobi.
망라(網羅) ~하다 melibatkan;terdiri dari; mengandung; menghimpun; mengumpulkan.
망령(亡靈)sukma orang yang meninggal.
망령(妄靈)kemamaian. ~되다 kekanak-kanakan; berlaku ketololan. ~ 부리다 berlaku seperti anak-anak
망루(望樓) menara pengawas.
망막(網膜) 『解』 retina. ~ 검시경 retinoskop; skiaskop/ ~염 『醫』 retinitis; radang retina.
망망(茫茫) ~하다 sangat luas; tidak terhingga luasnya; tidak terbatas. ~대해 keluasan air yang tidak terhingga.
망명(亡命) suaka politik. ~하다 mencari suaka. ~생활을 하다 hidup dalam pengungsian/suaka. 정치적 ~을 요구하다 minta suaka politik. ~객 pelarian; pelarian politik; pencari suaka.
망발(妄發) kata-kata yang ngawur; pernyataan yang ngawur. ~하다 berbicara asal bunyi; membuat pernyataan yang tidak berbobot.
망부(亡父) almarhum bapak.
망부(亡夫) almarhum suami.
망사(網紗) kain kasa tipis.
망상(妄想) khayalan yang fantastis; delusi; fantasi; angan-angan.

~에 빠지다 tenggelam dalam khayalan. 과대 ~광(狂)[증] megalomania. 피해~증 persekusimania [kegilaan merasa dikejar-kejar].

망설이다 ragu-ragu;bimbang;tidak dapat memutuskan dengan pasti.

망신(亡身) aib; malu; hina. ~하다 membuat aib diri sendiri. ~시키다 menghina; memberi malu.

망실(亡失)kehilangan.~하다 hilang.

망아지 anak kuda; kuda kecil.

망양지탄(望洋之歎) keluh kesah ketidak berdayaan; perasaan tidak berdaya.

망언(妄言)kata-kata yang ngawur. ~하다 membuat pernyataan yang naif.

망연(茫然)①~히 dengan bengong. ~히 bengong; bingung. ~ 자실하다 tertegun; terpana; tegak terdiam; heran. ② ☞ 아득하다.

망원경(望遠鏡) teleskop; kaca pembesar. ~으로 보다 melihat (bintang) melalui teleskop. 천체(天體)[반사] ~ teleskop astronomi [refleksi].

망원렌즈(望遠-) lensa telefoto.

망원사진(望遠寫眞)telefotograf. ~기 kamera telefoto.

망인(亡人) almarhum.

망일(望日) hari bulan purnama.

망종(亡種) manusia tak berguna.

망중한(忙中閑) istirahat sejenak dalam jam-jam sibuk.

망처(亡妻) almarhumah istri.

망측(罔測)~하다 hina;kurang ajar; jelek; buruk.

망치 palu;martil kecil.~질 pemaluan. ~질하다 memartil; memalu,memukul dengan palu.

망치다 merusak; menghancurkan; mencelakakan. 신세를 ~ membuat kegagalan dalam hidup; mencelakakan diri sendiri.

망태기(網-)tas jala(kantung jala).

망토 mantel;selubung; mantel pendek.

망하다(亡) ① (멸망) jatuh; rusak ② (어렵다) sukar ditangani; (좋지 않다) jelek; buruk.

망향(望鄕) kerinduan pada kampung halaman; nostalgia.

맞... ☞ 마주. ~보다 memandang satu sama lain.

맞고소(-告訴)aksi balas;tindakan balasan. ~하다 menggugat balik.

맞꼭지각(-角) 『數』 sudut tegak lurus.

맞다 ① benar;tepat. 꼭~ tepat benar; benar sekali. ② (어울림) cocok dengan; selaras dengan; sejodoh (dengan). ③ sesuai; cocok; pas; memenuhi. (몸에) 꼭 ~ amat pas. 마음에~ sesuai dengan selera. ④ sesuai dengan; setuju dengan; selaras. 사리에 ~ jelas dan masuk akal. 박자에~ [안~] selaras [tidak selaras]. ⑤ (적중함) mengenai; mengena; menjadi nyata.

맞다 ① menerima; menyambut; menjemput. 반가이~ menyambut; memberi salam. 정거에서~ menyambut di stasiun. ② mengundang; mempertunangkan; mempekerjakan. 아내를~ mengambil istri. 전문가를~ mempekerjakan pakar/

ahli. ③ 새해를~ menyambut tahun baru. 생일을~ memperingati ulang tahun. ④ (비바람 등) ber (hujan, angin-angin). ⑤ terpukul; dipukul; ditembak/tertembak. 머리를~ terpukul kepala; kena pukul kepala.⑥ mendapat;mengalami;kena. 도둑을 ~ kecurian; kena curi. 야단~ kena marah. 퇴짜를~ ditolak.⑦(주사를) mendapat; terkena.

맞닥뜨리다 dihadapkan(dengan); dikonfrontasikan.

맞당기다 (saling) menarik satu sama lain.

맞닿다 saling menyentuh; bersentuhan; bertamu.

맞대하다(-對-)berhadap-hadapan; bertemu satu sama lain.

맞돈 tunai;pembayaran tunai.~으로 사다[팔다] membeli[menjual] dengan tunai.

맞들다 mengangkat bersama-sama.

맞물다 makan satu sama lain (tentang gigi roda dsb).

맞물리다 menjadi segigi.

맞바꾸다 mempertukarkan; saling; barter.

맞바람 angin buritan; angin mati.

맞벌이~하다 bekerja mencari nafkah ~가정 keluarga pendapatan ganda.

맞보기 kacamata biasa; kacamata datar.

맞부딪치다 bertubrukan; bertumbukan. ☞ 충돌.

맞붙다 bergulat (dengan).

맞붙이다 merekat; menyatukan; menggabungkan; mempertemukan.

맞상대(-相對) perkelahian satu lawan satu.

맞서다 berhadapan satu sama lain; bertentangan.

맞선 ~보다 bertemu satu sama lain sebelum menikah.

맞소송(-訴訟) aksi balas; tindakan balasan.

맞수(-手) lawan setanding.

맞은편 sisi yang berlawanan;pihak yang berlawanan. ~에 berlawanan; pada sisi yang berlawanan.

맞이하다 ☞ 맞다.

맞잡다 memegang bersama-sama; bekerja sama; bergotong royong.

맞잡이 sebanding; sepadan; setara

맞장구치다 setuju dengan; sesuai dengan.

맞적수(-敵手) ☞ 맞수.

맞절하다 membungkuk satu sama lain.

맞추다 ①(짜맞춤) merakit; memasangkan. ② menyesuaikan; menyetel. 시계를 ~ menyetel jam. ③ (대조) membandingkan.

맞춤법(-法) sistem ejaan; ortografi.

맞히다 ①(알아맞히다)menerka dengan benar; memberikan jawaban yang benar. ② (명중) mengenai; kena.③mengekspos. 비를 ~ menempatkan dalam hujan. 주사를 ~ menginjeksi (kan).

맡기다① menitipkan; menyimpan; menyetorkan. 돈을 은행에 ~ menyimpa uangdi bank 짐을~ menyimpan barang-barang. ② mempercayakan; membebani. 임무를~

membebani (seseorang) dengan sebuah tugas. 운을 하늘에~ mempercayakan pada peluang [nasib baik, Tuhan].

맡다 ① dipercayakan; dititipi. ② memikul; menanggung; mengurus; memelihara. 5 학년반을 ~ bertanggung jawab atas kelas lima.③ memperoleh; mendapatkan; menerima

맡다 ① (냄새를)membaui;mencium. ② (김새를) mencium (adanya pemufakatan rahasia).

매 cambuk; cemeti (☞ 매맞다).~를 때리다 mencambuk; mendera; memukul dengan cambuk.

매 『鳥』 elang ~사냥 olah raga berburu dengan elang.

매...(每) setiap; tiap-tiap; masing-masing.

매가(賣家) rumah yang akan dijual.

매가(買價)harga pembelian; harga beli.

매가(賣價) harga jual.

매각(賣却) obral; penjualan obral. ~하다 mengobral; menjual dengan obral. ~공고 pemberitahuan pelelangan umum.

매개(媒介) mediasi; pelantaraan; pengantara. ~하다 mengantarai; memediasi; membawa (benih)....의 ~로 melalui...; oleh.~자 pembawa/carrier; perantara.

매거(枚擧)~하다 membilang; menyebutkan satu persatu. 이루다 ~할 수 없다 terlalu banyak untuk disebutkan satu per satu.

매관매직(賣官賣職) ~하다 jual beli jabatan.

매국(賣國) pengkhianatan terhadap negara. ~노 pengkhianat negara; penjual negara.

매기(每期) setiap masa (setiap periode).

매기(買氣) kecenderungan pembelian.

매기다 menghargakan;mengenakan (harga); memberi label (harga). mengklasifikasikan;menawar; menilai;

매끄럽다 mulus; licin.

매끈... ☞ 미끈...

매너 kebiasaan; cara; adat.

매너리즘 tingkah.

매년(每年) setiap tahun. ~의 tahunan.

매니저 manajer; pengelola.

매니큐어 cat kuku (manicure). ~하다 mengecat kuku; memakai cat kuku.

매다 mengikat; menalikan.구두끈을 ~ mengikat tali sepatu.

매다 mencabut; menyiangi.

매달(每 -) setiap bulan. ~의 bulanan.

매달다① (달아맴)menggantungkan. ② mengikat diri (pada pekerjaan); menggantungkan (hidup). 회사에 목숨을 ~ menggantungkan hidup pada perusahaan.

매달리다 ① (늘어짐) tergantung; menjuntai; berayun-ayun; bersenrunda;bergantung. ②(붙잡다) melekat;menggantung(pada tambang). ③ (의지) tergantung pada ...;

mengandalkan pada.
매도(罵倒)~하다 mencela terang-terangan; mengadukan.
매도(賣渡) ~하다 menjual; menawarkan; bernegosiasi. ~인 penjual. ~증서 daftar pembelian.
매독(梅毒)penyakit sipilis; penyakit raja singa.~성의 sipilitis.~환자 penderita sipilis; pasien sipilis.
매듭 simpul; ikatan; simpulan; bundelan. ~을 맺다[풀다] membuat [mengurai] simpul.
매듭짓다 menyelesaikan; menuntaskan;merampungkan; mengakhiri. 일을~ menyelesaikan pekerjaan/ tugas.
매력(魅力) daya tarik; keelokan; kecantikan; kemolekan.~있는 menarik; elok; molek.성적~daya tarik seks.
매립(埋立)pengurukan.~하다 menguruk. ~공사 pekerjaan pengurukan.~지 lahan urukan;tanah urukan
매만지다 melicinkan; membabat; memangkas.
매맞다 dipukul; dicambuk.
매매(賣買)perdagangan;perniagaan; jual beli. ~하다 berdagang; memperdagangkan;berjual-beli. ~계약을 맺다 membuat kontrak jual beli. 견본~ penjualan dengan contoh. 위탁~ jual beli konsinyasi.
매몰(埋沒) ~하다 menguburkan. ~되다 dikuburkan.
매몰스럽다 bengis; kejam; tidak berbelas kasihan.
매몰차다 ☞ 매몰스럽다.
매무시 dandanan.~하다 berdandan. ~가 단정하다 dandanan rapi dan apik.
매물(賣物) barang dagangan. ~로 내놓다 menawarkan untuk dijual.
매 jangkerik; riang-riang. ~소리 suara jengkerik.
매번(每番) tiap waktu; tiap saat; seringkali; selalu.
매복(埋伏)~하다 bersembunyi dalam semak.
매부(妹夫) ipar laki-laki; suami saudara perempuan.
매부리 pemiara burung elang.
매부리 paruh elang. ~코 hidung (bengkok seperti) paruh elang.
매사(每事) setiap hal; setiap perkara. ~에 dalam segala sesuatu; dalam segala hal.
매상(買上)~하다 membeli. ~ 가격 harga pembelian (pemerintah).
매상(賣上)penjualan.그날의~ penjualan hari itu. ~액 jumlah yang dijual; hasil penjualan; pendapatan (sebuah toko). ~ 장부[전표] buku penjualan [slip penjualan].
매석(賣惜) ketidakinginan untuk menjual. ~하다 tak ingin menjual; tidak mau dijual.
매설(埋設) ~하다 meletakkan dibawah tanah; memendam dalam tanah.
매섭다 hebat; tajam; parah; kasar; kejam.
매수(買收) ~하다 membeli; menyuap.
매수(買受) ~하다 membeli; mendapatkan dengan membeli. ~인 pembeli.

매스게임 pertunjukan massa; pertunjukan kelompok.
매시(每詩) setiap jam; per jam.
매식(買食) ~하다 makan di luar; makan di restoran.
매실(梅實) kimis; buah zahib.
매약(賣約)kontrak penjualan;perjanjian penjualan. ~하다 menyelesaikan tawar menawar; membuat kontrak penjualan; mencapai kesepakatan jual beli.
매약(賣藥) obat paten; obat bermerek. ~하다 menjual obat paten; menjual obat bermerek.
매양(每-) selalu; setiap waktu.
매연(媒煙) sulang; asap. ~이 많은 bersulang.~공해 polusi asap; pencemaran asap.
매우 sangat (banyak);sangat besar. ~ 덥다 sangat panas.
매운탕(-湯) gulai sempedas.
매월(每月) setiap bulan; bulanan.
매음(賣淫) pelacuran;prostitusi. ~하다 melacurkan diri; melakukan prostitusi/pelacuran. ~녀 pelacur.
매이다 terikat; tertambat.
매인(每人) setiap orang; tiap-tiap orang. ~당 per orang; per kepala; per kapita.
매일(每日) tiap hari.~의 tiap hari; harian;sehari-hari. ~의 일 pekerjaan sehari-hari.~같이 hampir tiap hari.
매일반 ☞ 매한가지.
매입(買入) pembelian; pengadaan. ~하다 membeli. ~원가 harga pembelian; harga beli.
매장(埋葬) ①pemakaman; penguburan. ~하다 menguburkan; mengebumikan; memakamkan. ~신고 laporan penguburan.~지 pekuburan;tempat pemakaman. ②(사회적) pengasingan dari masyarakat. ~하다 mengasingkan dari masyarakat.
매장(埋藏)~하다 terpendam dalam tanah. ~량 cadangan dalam tanah.
매장(賣場) kios; toko; kedai.
매점(買占) pemborongan barang; ~ 하다 memborong.
매점(賣店) kios; kedai kecil; kantin. 역의~ kantin stasiun. ~을 내다 mendirikan kios.
매정스럽다 tidak berperasaan; tawar hati; dingin; lalim.
매정하다 ☞ 매정스럽다.
매제(妹弟) suami adik perempuan; adik ipar.
매주(每週) setiap minggu; mingguan; per minggu.
매직 ilmu gaib; ilmu sihir. ~ 아이 mata yang memiliki kekuatan gaib; mata sihir/mata gaib.
매진(賣盡)penjualan habis. ~ 하다 menjual habis. ~되다 terjual habis.
매진(邁進)~하다 meneruskan;berusaha (terus); berjalan terus.
매질 penderaan; pencambukan. ~하다 mencambuk.
매질(媒質) 『理』 medium.
매체(媒體) media. 광고 ~ media periklanan. 대중 ~ media massa.
매축(埋築) pengurukan tanah. ~하다 menguruk. ~ 지 lahan urukan.
매춘(賣春) ☞ 매음.
매출(賣出) penjualan obral. ~하다 menjual (habis); mengobral. ~가격

harga penawaran.
매캐하다 berasap; berlumut.
매콤하다 agak pedas.
매큼하다 ☞ 매콤하다.
매트 tikar.
매트리스 kasur; tilam; matras.
매표(賣票)~ 구(口) jendela karcis. ~소 loket.
매품(賣品)barang dagangan; mata dagangan.
매한가지 sama saja; banyak kesamaan. ...나 ~다 sama seperti; tak lebih dari.
매형(妹兄)suami kakak perempuan; kakak ipar.
매호(每戶) setiap rumah (tangga)
매혹(魅惑) pemikatan. ~하다 memikat; menarik (hati); menawan. ~적 menarik; penuh daya tarik; mempesona; rupawan;merangsang. ~되다 terpikat; tertarik;jatuh hati.
맥(脈) denyut;pulsa. ~을 짚어 보다 merasakan denyut(nadi). ~이 뛰다 berdenyut.
맥락(脈絡)① (혈맥) (sistem)pembuluh vena. ② (사물의) pertalian; perhubungan; koherensi.
맥박(脈搏) denyutan; denyut nadi. ~계(計) pulsimeter (alat pengukur denyut); sfigrometer. ~수 frekwensi denyut.
맥빠지다(脈-) ① (기운없다) terkuras; habis tenaga. ② (낙심) kecewa.
맥아(麥芽)☞ 엿기름.~당 maltosa; gula malt.
맥없다(脈-) ① (기운없다) lemah; loyo; tidak bersemangat; lesu. ② (이유없다) tanpa alasan; tidak beralasan.
맥적다 ① (따분하다) menjemukan; mengesalkan. ② (낯 없다) dipermalukan; malu sendiri.
맥주(麥酒)bir.김빠진~ bir hambar; bir tawar. ~한 잔하다 minum (segelas) air. ~집[홀] gudang bir.
맥풀리다(脈-) ☞ 맥빠지다.
맨 penuh dengan ...; tidak ada apapun selain ...~ 꼴찌 (yang) terakhir sekali; (yang) paling akhir. ~ 먼저 pada awal sekali; pada awal-awal. ~거짓말이다 penuh kebohongan/ dusta.
맨... telanjang;kosong;polos. ~바닥 lantai telanjang. ~손 tangan kosong; tangan telanjang.
맨둥맨둥하다 gundul; telanjang.
맨몸 ① (알몸) badan telanjang. ② (무일푼) tangan hampa; bokek; tak punya uang sama sekali.
맨발 kaki telanjang. ~의 berkaki telanjang. ~로 dengan kaki telanjang; tanpa alas kaki.
맨션 apartemen kelas atas.
맨손 tangan kosong.
맨송맨송하다 tidak berambut; botak; gundul.
맨숭맨숭하다 ☞ 맨송맨송하다.
맨아래 yang paling dasar; dasar terbawah.~의 paling bawah; paling dasar.
맨입~ 으로 dengan perut kosong.
맨주먹 ☞ 맨손, 빈주먹, 매나니.
맨투맨 ~ 방어 pertahanan orang per orang.
맨홀 lubang got. ~뚜껑 penutup lu-

bang got.

맵다 pedas; tajam.

맵시 bentuk tubuh; potongan.~있는 gagah. 옷 ~ potongan pakaian.

맷돌 batu gilingan; gilingan tangan; cobek. ~ 질하다 menggiling biji-bijian dengan batu gilingan.

맹견(猛犬) anjing galak. ~ 주의 Awas Anjing Galak.

맹공격(猛攻擊) serangan yang ganas. ~하다 menyerang dengan ganas

맹금(猛禽)~류 burung pemangsa; burung buas.

맹꽁이 「動」 kodok bundar kecil, kepala/otak udang. ~ 자물쇠 kunci gantung.

맹도견(盲導犬) anjing penuntun.

맹독(猛毒)racun yang mematikan. ~이 있다 sangat beracun; beracun yang mematikan.

맹랑하다(孟浪-) keliru; tak beralasan; tidak berdasar.

맹렬(猛烈)~한 galak;keras;hebat; kasar. ~히 dengan keras; dengan galak. ~한 반대 lawan yang kuat; saingan yang kuat.

맹목(盲目) ~적(으로) (dengan) membuta. ~적인 사랑[모방] cinta buta.

맹물 ① (물) air tawar. ② (사람) orang dungu.

맹방(盟邦) sekutu.

맹성(猛省)refleksi yang sungguh-sungguh; pencerminan diri yang sungguh-sungguh. ~ 하다 merefleksikan (diri) dengan sungguh-sungguh. ~을 촉구하다 mendesak untuk mempertimbangkan kembali dengan sungguh-sungguh.

맹세 sumpah; ikrar; janji. ~하다 bersumpah; mengangkat sumpah; berikrar.~코 atas kehormatan saya. ~를 지키다[어기다] memegang [melanggar] sumpah.

맹수(猛獸) binatang buas. ~사냥 perburuan binatang buas.

맹습(猛襲) serangan yang ganas. ~하다 menyerang dengan ganas.

맹아(盲啞) ~학교 sekolah tuna netra dan tuna rungu.

맹연습(猛練習)~하다 berlatih dengan keras; melakukan latihan yang keras.

맹위(猛威)keganasan;kedahsyatan. ~를 떨치다 mengganas.

맹인(盲人) ☞ 소경.

맹장(盲腸) usus buntu; apendiks. ~ 수술을 받다 mendapat operasi usus buntu.~염 apendisitis;radang apendiks.

맹장(猛將) jenderal yang gagah berani; pejuang veteran.

맹점(盲點) celah/ lubang-lubang (hukum);kelemahan (hukum). 법의 ~을 찌르다 menembus celah hukum

맹종(盲從) ~하다 mengikuti (mematuhi) secara membuta.

맹주(盟主)pemimpin persekutuan; adidaya.

맹추 bebal; dungu; tebal kening.

맹탕 sup encer, orang dungu.

맹풍(猛風)angin keras;angin ribut.

맹학교(盲學校) Sekolah Tuna Netra

맹호(猛虎) macan/ harimau yang buas.

맹활동(猛活動) aktivitas penuh. ~하다 dalam aktivitas penuh.

맹휴(盟休)pemogokan; mogok sekolah. ☞ 동맹휴교.

맺다 ① (끈.매듭을) mengikat; menalikan; membuat simpul/ ikatan. ② (끝내다) menyelesaikan; mengakhiri; menyimpulkan (pidato). ③ mengikat; berhubungan. 관계를 ~ mengikat hubungan. 부부 인연을 ~ mengikat hubungan suami-istri. ④ (계약.흥정 따위)membuat (kontrak); menutup (tawar menawar). ⑤ (열매를) berbuah; berbiji. ⑥ (원한을) memupuk; memelihara (dendam).

맺히다① (매듭이) diikat. ② (열가) berbuah; berbiji. (원한이) terpendam (dendam). ④ terbentuk. 이슬이~ embun terbentuk; berembun.

머금다① (입에) menahan air dalam mulut.② (마음에)memendam (dalam hati). ③ 눈물을~ bergenang air mata.이슬을~berembun. 웃음을 ~ mengulum senyum.

머리 ① kepala; hulu. ~가 아프다 sakit kepala.② otak; kepala. ~를 쓰다 menggunakan otak. ~가 좋다 memiliki pikiran yang jernih. ③ rambut. ~를 감다 mencuci rambut. ~를 깎다 memotong rambut. ④ puncak. 기둥 ~ puncak tiang.

머리끝 mahkota kepala.~에서 발끝까지 dari ujung rambut sampai ujung kaki. ~이 쭈뼛해지다 tegak bulu roma; merasa takut yang sangat sangat.

머리띠 ikat rambut; ikat kepala; bondu.

머리말 kata pengantar; prakata.

머리맡~에 disisi tempat tidur.

머리채 kepang rambut.

머리카락 rambut.

머리털 bulu roma;bulu tengkuk.~이 곤두서게 하다 mendirikan bulu roma; membuat takut.

머리핀 jepitan rambut;tusuk konde

머릿기름 minyak rambut; pomade.

머릿수(-數) jumlah orang; hitungan kepala.

머무르다 tinggal;singgah;berdiam; tetap. 현직에~ tetap dalam jabatan sekarang.

머무적거리다 ☞ 머뭇거리다.

머뭇거리다 meragu;bimbang;berkata dengan gagap.

머슴 buruh tani. ~살이 kehidupan buruh tani.~살이(를) 하다 bekerja sebagai buruh tani.

머쓱하다 ①(키가) kurus dan tinggi. ② (기가 죽다) patah semangat; murung; tawar hati.

머큐로크롬 merkurokrom.

머큐리 merkuri; air raksa.

머플러 selendang leher yang tebal; penyegap suara.

먹구름 awan gelap (awan hitam).

먹다 ① makan; menyantap; bersantap.다~ menyantap habis. 약을 ~ makan obat. ② (생계 유지) hidup (dengan);mendapatkan nafkah (dengan).③ (담배를) merokok. ④ 뇌물을~ makan suap.⑤ (욕을) di marahi; mendapat marah; kena maki. ⑥ (마음을) memutuskan.⑦ (겁을) takut; gentar. ⑧ (나이를) menua; dimakan usia.⑨ (벌레가) dimakan ngengat. ⑩ (이문) menerima; memperoleh; mendapat. ⑪ (더위를) dipengaruhi oleh panas; dimakan panas. ⑫ (판돈. 상금을) memenangkan (hadiah).⑬ (한 대) mendapat pukulan; dipukul. ⑭ (녹을) makan gaji.

먹다① (귀가) menjadi tuli; menjadi sukar mendengar. ② (날이 들다) terpotong dengan baik. ③ (물감. 풀이) terwarnai dengan baik. ④ biaya;ongkos. 돈이 많이 ~ mahal; makan ongkos banyak.

먹먹하다 (귀가) ditulikan (oleh); tuli(oleh).시끄러운 소리에 귀가 tuli oleh suara yang gaduh.

먹성~이 좋다 berselera makan baik

먹음직스럽다 membangkitkan selera; nampak lezat; menggiurkan;

먹음직하다 ☞ 먹음직스럽다.

먹이 makanan;pakan; makanan ternak; umpan. ...의 ~가 되다 menjadi makanan bagi; menjadi mangsa (bagi). ~를 찾다 mencari mangsa; mencari makan.

먹이다①memberi makan (minum); mengumpani. 젖을~ menyusui. ② (가축을) memelihara; membesarkan. ③(부양) menyokong keluarga. ④(뇌물을) menyogok; menyuap.⑤ (때리다) memberikan (pukulan); memukul. ⑥ (겁 따위) menakuti; menakut-nakuti.⑦ (물감을) mencelup; menganji.

먹자판 pesta pora; pesta makan.

먹줄 benang peninta; benang arang.

먹칠(-漆)~하다 mencoreng arang di muka.

먹통(-筒) kotak tinta tukang kayu.

먹히다 dimakan; dirampas.

먼나라 negeri-negeri jauh.

먼눈 ① mata yang buta. ② pandangan jauh.

먼데 ① (변소) kamar kecil; kakus. ② (먼곳) tempat yang jauh; perjalanan panjang.

먼동 ~ 트다 terbit fajar. ~ 이 트기 전에 sebelum terbit fajar.

먼빛으로 dari kejauhan.

먼저① (앞서) pertama kali; lebih dahulu. ② (우선) pertama-tama; terutama sekali; diatas segalanya. ③ terlebih dahulu 돈을 ~치르다 membayar lebih dahulu. ④ sebelumnya. ~말한 바와 같이 sebagaimana yang dikemukakan sebelumnya.

먼지 debu;abu. ~투성이의 berdebu. ~를 털다 membersihkan debu. ~떨이 alat pembersih debu.

멀거니 dengan bengong; dengan ternganga-nganga.

멀겋다 encer.

멀다 ① (거리가) jauh (jarak).② (시간적으로) jauh; lama (waktu) ③ (관계가) jauh (hubungan).

멀다 kehilangan penglihatan; menjadi buta; dibutakan.

멀뚱멀뚱 dengan bengong.

멀리 jauh; dalam suatu jarak; panjang jaraknya. ~서 dari jauh; dari kejauhan.~하다 menjauhkan (diri); menjauhi.

멀미 ① (배.수레의)mual.~하다 merasa mual; merasa nausea. ② (넌더리남) tidak suka; muak; jemu. ~하다[나다] merasa muak; merasa jemu.

멀쑥하다 ① (키가)kurus dan tinggi. ② (묽다) encer. ③ ☞ 말쑥하다.

멀어지다 menjauhi; pergi jauh; menghindar.

멀쩡하다 ① (온전) tak tercela; tak ternoda; murni; sempurna; waras. ② (뻔뻔하다) kurang ajar; tidak bermalu;tak punya malu. ③ (부당) absurd;tak berdasar;tak beralasan.

멀찌막하다 cukup jauh; agak jauh.

멀찍하다 ☞ 멀찌막하다.

멈추다 berhenti;terhenti; kandas; menghentikan. 비가~ hujan berhenti; hujan reda.차를~ menghentikan mobil.

멈칫거리다 ragu-ragu; bimbang; mundur; menarik diri.

멈칫하다 berhenti dengan tiba-tiba; mengundurkan diri.

멋 ① kepesolekan.☞(멋지다,멋없다). ~ 있는 perlente; bergaya; apik. ~으로 untuk penampilan; untuk berlagak. ~ (을) 부리다[내다] berpakaian menurut mode; berpakaian dengan apik. ② selera; cita rasa; kesenangan. ~을 알다 menyenangi ...; menyukai ...; memiliki selera ...;menghargai. ~을 모르다 tidak berselera ...; tidak menyenangi...; tidak menghargai. ③ hal ikhwal; kondisi; keadaan; alasan. ~도 모르고 tidak tahu situasi; tak tahu mengapa.

멋대로 sesukanya; semaunya; sekehendak hati; seenaknya. ~ 굴다[하다] berbuat semaunya; berbuat sekehendak hati.

멋들어지다 manis; cakap; gaya; menarik; bagus; tampan.

멋없다 tidak menarik; tidak bercita rasa; tidak gaya; tidak cakap.

멋쟁이 orang yang pesolek; orang yang perlente.

멋적다 canggung; kikuk.

멋지다 (ber) gaya; cakap; gagah; perlente; apik; tampan.

멍 ① (맺힌 피) memar; luka memar; binjul; lebam. ~ 들다 menjadi biru lebam; lebam-lebam. ② (일의 탈) hambatan yang serius; kemunduran yang serius.~들다 mengalami hambatan yang serius; mengalami kemunduran yang serius; memburuk.

멍석 tikar jerami.

멍에 kuk.

멍청이 orang dungu; orang bebal; orang tolol.

멍청하다 bodoh; tolol.

멍텅구리 orang tolol; orang idiot.

멍하다 dengan bengong.

메 penggebuk; pendera.

메가사이클 megasikel (mc).

메가톤 megaton (mt).~ 급의 dalam kisaran megaton.

메가폰 megafon; alat pengeras suara.~을 잡다 mengarahkan produksi film.

메기 「魚」 ikan lele; limbat.

메기다 (화살을) memasang.

메뉴 menu; daftar makanan.

메다 tersumbat; terhalang;tercekik; 목이~ merasa tercekik. 코가 ~ hidung tersumbat.

메다 memanggul; memikul.

메달 medali.금 ~ 수상자 pemenang medali emas; peraih medali emas.

메들리 rampai-rampai; medlei.

메뚜기 「蟲」 belalang; walang.

메리야스 barang rajutan; baju rajutan. ~공장 pabrik perajutan. ~기계 mesin perajut; alat perajut.

메마르다 kering; tidak subur; gersang; mandul.

메모 memo;catatan.~를 적다 membuat memo; membuat catatan/nota. ~지 kertas memo. ~ 장 buku catatan kecil.

메밀 sejenis gandum. ~ 국수 mie gandum. ~묵 selei gandum.

메스 pisau bedah.~를 가하다 membedah (unsur yang jelek).

메스껍다① (역겹다) merasa mual (nausea). ② ☞ 아니꼽다.

메슥거리다 merasa mual; merasa mau muntah; merasa nausea.

메슥메슥하다 ☞ 메스껍다.

메시아 Isa Almasih.

메시지 pesan; wasiat; amanat. ~를 남기다 meninggalkan pesan.

메신저 pembawa pesan; utusan.

메아리 gema; kumandang. ~치다 bergema; membahana; berkumandang.

메우다 ①mengisi memenuhi; menimbun; menutup. 틈을 ~ mengisi celah.여백을~ mengisi ruang kosong. 결원을 ~ mengisi lowongan. ②menggantikan; mengimpas; menutupi. 결손을~ mengimpas kerugian; menutupi kerugian. ③ memberi lingkaran pinggir. 통에 테를 ~ memberi lingkaran pinggir tong.

메이커 pembuat (barang). (일류) ~제품 barang yang dibuat oleh pembuat yang terkenal; merek ternama.

메이크업 dandanan muka. ~하다 memakai dandanan muka.

메조소프라노 「樂」 mezzosoprano

메주 kedelai yang difermentasi. 재주가 ~다 kurang berbakat.

메질 ~하다 memalu; memukul dengan palu.

메추라기, 메추리 「鳥」 burung puyuh.

메카 Mekah; tanah suci Mekah.

메커니즘 mekanisme; cara kerja.

메타놀 「化」 metanol.

메탄 「化」 metan. ~가스 gas metan.

메탈 metal; logam.

메틸알코올 metil alkohol.

멘델 ~법칙 hukum Mendel.

멘스 haid; mens; datang bulan. ☞ 월경

멜로드라마 melodrama;sandiwara sedih.

멜로디 melodi.

멜론 melon.

멜빵 tali sandang; sabuk sandang.

멤버 anggota.

멥쌀 beras yang tidak lengket.

멧돼지 「動」 babi hutan; celeng.

멧부리 puncak.

멧새 「鳥」 meadow bunting (sejenis

burung padang rumput).

며느리 isteri anak laki-laki; menantu perempuan. ~를 보다 mengawinkan anak lelaki.

며칠 hari apa;berapa hari;beberapa hari. ~동안 selama beberapa hari.

멱 tenggorokan; kerongkongan. ~ 따다 menyembelih; memotong tenggorokan.

멱 ☞ 미역. kerongkongan; leher. ~ 잡다[들다] mencekam leher; memegang pada kerah baju.

면(面) ① (얼굴) muka. ② ☞ 체면. ③ (표면) permukaan; sisi; faset.④ aspek; fase; segi sisi. 재정~에서 dari segi keuangan. 모든~에서 dari segala segi. ⑤ 지면(紙面) halaman.

면(面) kecamatan.

면(綿) katun; kapas. ☞ 무명.

...면 jika; apabila; bila; seandainya. 비가 오~ bila hujan turun.

면경(面鏡) cermin tangan; cermin kecil.

면구스럽다(面灸 -)tersipu-sipu malu; merasa canggung/ kikuk.

면담(面談) wawancara; pembicaraan. ~하다 berwawancara; berbicara secara pribadi.

면도(面刀)cukur. ~하다 bercukur; mencukur muka sendiri; mencukur muka (di salon). (안전) ~칼 pisau cukur.

면류관(冕流冠) mahkota.

면면(綿綿)~한 berkesinambungan; tidak berakhir; terus menerus. ~히 tanpa berhenti; tanpa istirahat.

면모(面貌) muka; paras; wajah; penampakan. ~를 일신하다 merubah penampakan; berubah sama sekali.~를 되찾다 kembali ke kondisi terdahulu; kembali keadaan semula.

면목(面目) muka;paras;wajah;kehormatan. ~을 잃다 kehilangan muka. ~을 일신하다 berubah sama sekali; berubah secara radikal.

면밀(綿密) ~한 ketat;teliti;cermat; hati-hati.~히 dengan teliti; dengan cermat;dengan seksama.~한 검사 pemeriksaan yang teliti; penyelidikan yang ketat.

면박(面駁) ~하다 menuding muka (menyalahkan) orang.

면방적(綿紡績) pemintalan kapas. ~기 mesin pemintal.

면사(綿絲) benang katun.

면사무소(面事務所) kantor kecamatan.

면사포(面紗布)tudung pengantin. ~를 쓰다 menikah; memakai tudung pengantin.

면상(面上) muka.

면상(面相)air muka; wajah; paras.

...면서 ① sambil; dengan. 웃으~ dengan senyum; sambil tersenyum. 책을 읽으 ~ 걷다 berjalan sambil membaca. ② meskipun; walaupun; meskipun demikian. 나쁜 일인 줄 알~ meskipun saya tahu bahwa hal itu salah.

면서기(面書記) pegawai kecamatan.

면세(免稅) pembebasan pajak. ~하다 membebaskan dari pajak. ~점(點) batas pembebasan pajak. ~

품(品) barang bebas pajak.
면식(面識) perkenalan.~이 있다 diperkenalkan; berkenalan.
면양(緬羊)domba; biri-biri.
면역(免役)pembebas tugasan dari dinas pegawai negeri (militer).
면역(免疫)imunitas;kekebalan.~이 되다 menjadi kebal;menjadi immun. ~이 되게 하다 mengebalkan; mengimunisasi.
면장(免狀) surat izin/lisensi.수입~ surat izin impor.
면장(面長) camat.
면적(面積)area;luas. ~을 차지하다 meliputi area (luas). 경작~ area yang ditanami.
면전(面前)~에서 dihadapan;di depan; di muka 내~에서 di depan saya; di hadapan saya.
면접(面接) wawancara; tanya jawab. ~하다 berwawancara; mengadakan wawancara. ~시험 ujian lisan; test wawancara.
면제(免除) pembebasan; penghapusan.~하다 membebaskan; membebas tugaskan.입학금~ pembebasan uang masuk sekolah.
면제품(綿製品) barang-barang dari katun/ kapas.
면직(免職) pemecatan; pemberhentian (dari jabatan). ~하다 memecat; memberhentikan. ~되다 dipecat; diberhentikan.
면직물(綿織物) tenunan katun; kain kapas.
면책(免責)pembebasan/pelepasan dari tanggung jawab/kewajiban. ~조항 klausa pembebasan.
면책(面責) celaan di depan muka. ~하다 mencela di depan muka.
면포(綿布) kain katun; bahan katun.
면하다(免-)①(벗어남)bebas(dari); dibebaskan (dari); pulih (dari). ②(회피) menghindari; mengelakkan. ③(모면)terhindar(dari); lolos(dari); diselamatkan (dari)④ (면제) bebas (dari); dibebaskan (dari), kebal terhadap. 병역을~ bebas dari dinas militer.
면학(勉學) belajar; sekolah. ~하다 belajar; menuntut ilmu.
면허(免許)izin;lisensi.~있는[없는] berlisensi/berizin [tidak berizin]. ~를 얻다 mendapat lisensi; mendapatkan ijin. ~증(證) ijin mengemudi (SIM).
면화(棉花) ☞ 목화(木花).
면회(面會) wawancara; interview. ~하다 bertemu; berwawancara; bertatap muka; menghadap; menemui. ~를 사절하다 menolak menerima tamu.
멸공(滅共) pembasmian komunisme; penghancuran komunisme. ~정신 semangat pembasmian komunis.
멸구「蠛」 belalang daun.
멸균(滅菌) ☞ 살균(殺菌).
멸망(滅亡) keruntuhan; kejatuhan; kemusnahan; kematian. ~하다 hilang; hancur; runtuh; musnah; binasa; lenyap.
멸문(滅門) ~지화 (之禍) bencana yang melenyapkan semua anggota keluarga.

멸시(蔑視) pengabaian; cercaan; cibiran; pelecehan (☞경멸). ~하다 mengabaikan; memandang rendah; melecehkan. ~받다 diabaikan; dipandang rendah; dianggap sepi; dilecehkan.

멸족(滅族) ~하다 memusnahkan; menewaskan keseluruhan anggota keluarga.

멸종(滅種) ~하다 memusnahkan (bibit);dimusnahkan;menjadi punah.

멸치 「魚」 ikan teri (haring). ~젓 ikan teri asin.

명(命) ① ☞ 명령. 당국의 ~에 의하여 atas perintah yang berwenang. ② (jangka waktu) hidup seseorang; takdir. 제 ~에 죽다 meninggal secara alamiah.

명(名)orang. 20~ dua puluh orang.

명...(名) hebat; besar; terkemuka. ~배우 aktor bintang; aktor terkemuka.

명가(名家) keluarga terkemuka; keluarga terhormat, orang terkemuka.

명가수(名歌手)penyanyi terkenal.

명검(名劍) pedagang terkenal.

명경(明鏡) kaca yang jelas; kaca tak bernoda.

명곡(名曲) musik terkenal.

명공(名工)pengrajin terampil; seniman ahli.

명관 gubernur ternama.

명군(明君) raja yang bijaksana.

명궁(名弓) pemanah yang ahli.

명기(明記) ~하다 menyatakan dengan jelas; memerinci.

명년(明年) tahun depan.

명단(名單) daftar nama-nama.

명단(明斷) ~을 내리다 memberikan pengadilan yang adil.

명담(名談)ucapan yang bijaksana.

명답(名答) jawaban yang pintar (tepat).

명답(明答) jawaban yang pasti.

명당(名堂)① (대궐의) ruang pertemuan raja. ② (묏자리) tempat yang tepat untuk kuburan.

명도(明渡) evakuasi;pengosongan. ~하다 mengosongkan rumah. ~를 요구하다 meminta untuk mengosongkan rumah.

명랑(明朗) ~한 gembira; ceria. ~하게 하다,~해지다 menggembirakan

명령(命令) perintah; instruksi. ~하다 memberi perintah. ~적 (으로) (secara) perintah. ~조로 berbicara dengan nada memerintah. ~에 따르다 melaksanakan perintah.

명료(明瞭)~한[하게] dengan jelas. ~하게 하다 menjelaskan.

명리(名利) kemasyhuran dan kekayaan.

명마(名馬) kuda yang baik.

명망(名望) reputasi; popularitas; kemasyhuran; nama baik. ~가 orang yang mempunyai reputasi tinggi; orang termasyhur.

명맥(命脈)hidup; keberadaan. ~을 유지하다 mempertahankan hidup. 겨우 ~을 유지하다 hidup dengan susah payah.

명멸(明滅)~하다 berkelap-kelip.~신호(信號) tanda yang berkelip-kelip.

명명(命名) ~하다 memberi nama; menggelari; membabtis. ~식 upacara pemberian nama/pembabtisan.
명명백백(明明白白) ~한 sejelas siang hari; sangat jelas/ terang.
명목(名目) nama; gelar ~상의 nominal; nama saja.
명문(名文) sastra yang bernilai; karangan yang bagus.
명문(名門) keluarga yang terpandang. ~교 sekolah yang terkenal.
명문(明文) ketetapan tersurat. 법률에~화되어 있다 dinyatakan dengan jelas dalam undang-undang
명물(名物) (산물) hasil istimewa produk khas, kekhasan; khasiat; keistimewaan.
명백(明白)~하다 jelas;tampak kelihatan; nyata; terang; jernih.
명복(冥福) kebahagian di akhirat/ di dunia lain.
명부(名簿) daftar nama-nama.~를 만들다 membuat daftar nama. 선거인~ buku daftar pemilih.회원~ daftar anggota.
명부(冥府) dunia lain; akherat.
명분(名分)kewajiban moral; pembenaran moral. ~이 서는 dapat dibenarkan; dapat dipertanggung jawabkan secara moral. ~이 안서는 tak dapat dibenarkan; tidak dapat dipertanggung-jawabkan secara moral. ~을 세우다 membuat kewajiban moral.
명사(名士)orang yang terpandang; orang yang terkemuka.
명사(名詞) 「文」 kata benda.
명산(名山) gunung terkenal.
명상(瞑想) meditasi. ~하다 bermeditasi.~적인 yang bersifat meditasi.~에 잠기다 tenggelam dalam meditasi.
명색(名色) nama saja. ☞ 명목.
명석(明晳) ~하다 terang; jernih. 두뇌가 ~하다 pikiran yang jernih.
명성(名聲) kemasyhuran; popularitas. ~을 얻다 menjadi tenar/ terkenal. ~을 높이다 [더럽히다] menaikkan [merusak] reputasi/ nama baik seseorang.
명성(明星)① (샛별) bintang fajar; Lucifer.② (인기인) bintang (aktor).
명세(明細)rincian;uraian.~서 perhitungan terperinci; spesifikasi. 선적~ 서 spesifikasi pengiriman.지출 ~서 rekening pengeluaran.
명소(名所) tempat yang terkenal; tempat yang indah. ~를 구경하다 melihat-lihat pemandangan tempat yang terkenal.
명수(名手)ahli (dalam);mahir (dalam); pakar.
명수(命數) hidup seseorang; takdir.
명승(名勝) ~고적 monumen yang indah dan bersejarah. ~지 tempat yang bersejarah.
명승(名僧) imam besar; pendeta agung.
명시(明示) ~하다 menerangkan; menunjukkan dengan jelas. ~적 (으로) (dengan) tegas;secara eksplisit.
명실(名實) ~공히 baik nama maupun kenyataan. ~상부하다 sesuai

dengan namanya.
명심(銘心) ~하다 mengingat dengan baik; menyimpan dalam hati.
명안(名案) ide/ gagasan yang cemerlang; rencana yang bagus.
명암(明暗) cahaya dan kegelapan. 인생의 ~ 양면(兩面) sisi gelap dan terang kehidupan. ~법 metode bayangan.
명약관화(明若觀火) ~하다 jelas; terang.
명언(名言) pepatah yang bijak.
명언(明言) ~하다 mengemukakan secara tegas; menyatakan secara tersirat.
명연기(名演技) penampilan yang bagus; akting yang baik.
명예(名譽)kehormatan;keharuman nama; kemasyhuran. ~로운 yang terhormat. ~를 걸고 demi kehormatan.~를 얻다 mendapat kehormatan. ~로 여기다 menganggap sebagai suatu kehormatan. ~가 되다 menjadi kehormatan/kebanggaan. ~를 더럽히다 menimbulkan aib. ~교수 guru besar kehormatan. ~심민[직,회장]warga negara [kedudukan,ketua] kehormatan.
명왕성(冥王星) Pluto.
명우(名優) aktor besar; bintang terkenal.
명월(明月) bulan purnama.
명의(名義) nama. ~상의 pada namanya saja;nominal. ...의 ~로 atas nama (seseorang). ~변경 balik nama.
명의(名醫) dokter yang terkenal.
명인(名人) ahli; pakar.
명일(名日)hari libur nasional; hari besar nasional.
명일(明日) besok; esok.
명작(名作) karya besar; karya agung
명장(名匠) tukang; ahli; juru.
명장(名將)jenderal yang terkenal.
명저(名著) buku yang baik; karya yang baik.
명절(名節) hari raya nasional. ~기분 suasana hari raya.
명제(命題)「論」dalil; proposisi.
명조(明朝) ① besok pagi. ② 명조체.
명주(明紬) sutra; tenunan sutra; kain sutra. ~실 benang sutra.
명주(銘酒) minuman keras merek terkenal.
명중(命中) kena. ~하다 mengena; tepat sasaran. ~하지 않다 tak mengenai sasaran.
명찰(名札) pelat nama.
명창(名唱) penyanyi terkenal.
명철(明哲) kecerdasan; kebijaksanaan. ~하다 bijaksana; pintar.
명치 pusar.
명칭(名稱) nama; sebutan; panggilan; gelar; titel.
명콤비(名-)kombinasi yang ideal; pasangan yang serasi.
명쾌(明快) ~한 terang; jelas.
명태(明太)「魚」ikan polok Alaska.
명필(名筆) tulisan tangan yang baik.
명하다(命-) ①☞명령하다.②(임명) mengangkat; menugaskan; memerintah; menunjuk.

명함(名啣) kartu nama. ~을 내다 membuat kartu nama ~판(사진) pas photo.
명현(名賢) orang bijak.
명화(名畵) lukisan terkenal, film terkenal.
명확(明確)~한 nyata;jelas; akurat. ~하게 dengan jelas; dengan akurat.
몇 berapa; beberapa. ~개 berapa buah. ~년(年) berapa tahun. ~번 berapa kali. ~사람 berapa orang. ~살 berapa umur. ~시 jam berapa. ~번씩이나 sering.
몇몇 beberapa; berbilang.
모① sudut; penjuru; pojok. ~가 난 bersudut; bersiku. ② ☞모서리.③ kekakuan; angularitas. ~ (가) 나다 kaku; bersifat kasar. ~ 나지 않다 bersifat lembut. ④ sisi. 여러 ~로 dalam berbagai (banyak) jalan. ~로 눕다 berbaring menyisi.
모 bibit padi; semaian ☞ (모 내다). ~를 심다 memindah tanamkan bibit padi.
모(某) seseorang; orang tertentu ~처 suatu tempat; tempat yang tertentu. 김 ~ (金某) seseorang yang bernama Kim.
모 sepotong.
모가치 bagian seseorang.☞ 몫.
모개 ~로(membeli) secara borongan. ~흥정 jual beli borongan.
모계(母系) garis keturunan ibu; pihak ibu.
모골(毛骨) ~이 송연하다 ngeri; berdiri bulu roma.
모공(毛孔) pori-pori.
모관(毛管) tabung kapiler. ~작용 aksi kapiler. ~현상 gejala kapiler.
모교(母校) almamater.
모국(母國)tanah air; tanah tumpah darah; persada. ~어(語) bahasa ibu; bahasa sehari-hari.
모권(母權) otoritas ibu; hak ibu.
모근(毛根) akar rambut. ~이식 implantasi rambut.
모금(募金) pemungutan sumbangan; pengumpulan dana. ~하다 mencari dana. ~운동 gerakan pengumpulan dana.
모금 seteguk; seisap.
모기 nyamuk; rengit. ~ 소리로 dengan suara samar-samar. ~에 물리다 digigit nyamuk. ~장 kelambu. ~향 obat nyamuk.
모깃불 pengasapan nyamuk.
모내기 pindah tanam padi. ~철 musim menanam padi.
모내다 ① (벼의 모를) memindah tanamkan.② (각(角)을) membuat persegi; menyegikan.
모녀(母女) ibu & anak perempuan.
모노레일 kereta api rel tunggal.
모니터 pamantauan; monitor. ~제 sistem pemantauan.
모닥불 api di tempat terbuka; api unggun. ~을 피우다 menyalakan api unggun.
모던 modern. ~걸 gadis modern.
모데라토 『樂』 moderato; sedang.
모델 model. ~이 되다 menjadi model.사진~ fotomodel.패션~ peragawati.
모독(冒瀆) pemitnahan. ~하다 memfitnah.

모두 semuanya;bersama; seluruhnya; semesta; segenap; sekalian.
모두(冒頭) permulaan; pendahuluan. ~진술 kata pendahuluan.
모든 semua; seluruh; tiap; para.
모란(牡丹) pohon peoni.
모랄 moral.
모래 pasir. ~가 많은 berpasir. ~땅 tanah berpasir. ~ 먼지 debu pasir. ~채취장 galian pasir.
모래집 selaput yang membungkus bayi dalam kandungan; amnion. ~물 air ketuban.
모략(謀略) rencana jahat; tipu muslihat; strategi. ~을 꾸미다 merencanakan tipu muslihat.i.
모레 lusa.
모로 secara diagonal; dengan meminggir.
모롱이 jalan punggung bukit.
모르다 ① tidak tahu. 모른 체하다 pura-pura tidak tahu. 글을 ~ buta huruf. 할 바를~ tidak tahu apa yang mau dilakukan. 전혀~ tidak tahu menahu. ② tidak mengerti. 시를~ tidak mengerti puisi. 중요성을 ~ tidak mengetahui betapa pentingnya. 돈을~ tidak tahu nilai uang. ③ tidak sadar; tidak menyadari; tidak merasa. 창피를 ~ tidak tahu malu.④ (기억못함) tidak ingat. ⑤ tidak ada hubungan dengan;tidak berpengalaman. 세상을 ~ tidak mengetahui tentang dunia.
모르몬교(-教) Marmonisme. ~도 orang Mormon.
모르스 ~부호 kode morse.
모르핀 morfin.~중독 morfinisme.
모름지기 dengan sendirinya;sudah semestinya.
모리(謀利)pencatutan.~하다 mencatut. ~배 tukang catut; pencatut.
모면(謀免) ~하다 lolos dari (kematian). 위기를 ~하다 lolos dari krisis.
모멸(侮蔑) (menganggap) rendah. ☞ 경멸.
모모(某某) seseorang.
모모한(某某-) terkenal. ~인사 orang yang terpandang.
모물(毛物) pakaian bulu binatang. ~전 toko/ penjual pakaian bulu binatang.
모반(謀叛)pemberontakan;pengacauan.~하다 merencanakan pemberontakan. ~자 (者) pemberontak. ~죄 pengkhianatan.
모발(毛髮) rambut. ~ 영양제 obat penguat rambut/ penyubur rambut.
모방(模倣)tiruan; jadi-jadian; imitasi; palsu. ~하다 meniru; mencontoh; menjiplak.
모범(模範)model; contoh; teladan; standar. ~적 khas; corak. ...을 ~으로 삼다 meniru contoh.
모병(募兵) penerimaan tenaga baru.~하다 menerima tenaga baru.
모사(毛絲) ☞ 털실.
모사(模寫) peniruan; penyalinan; salinan. ~하다 menyalin; meniru.
모사(謀士) ahli siasat.
모사(謀事) ~하다 merencanakan siasat; merancang strategi.
모상(母喪) kematian ibu.
모색(模索) ~하다 meraba-raba. 암중 ~ meraba dalam kegelapan.

모서리 sudut; pojok. ~를 훑다 membulatkan sudut.
모선(母船) kapal induk.
모성(母性) keibuan. ~애 kasih sayang ibu.
모세 「聖」 Musa.
모세관(毛細管) pembuluh/pipa kapiler.~현상 aksi (fenomena) kapiler.
모세혈관(毛細血管) 「解」 pembuluh kapiler.
모션 gerakan.
모순(矛盾)kontradiksi. ~되다 berkontradiksi; bertentangan.
모스크바 Moskow.
모슬린 kain tipis untuk gorden/tirai; kain muslin.
모습(模襲) penampilan; citra; wajah. 걷는 ~ bentuk berjalan (dari). 옛~ wajah dulu. 어릴 때~ wajah dimasa kanak-kanak; wajah kanak-kanak. ~을 나타내다 muncul; menampilkan diri.
모시 kain rami. ~옷 pakaian dari kain rami.
모시다① melayani. 부모를 ~ melayani orang tua. ② menunjukkan; menyilahkan; membimbing; menemani. 손님을 방으로 ~ mengiring tamu ke ruangan.③(받들다) mengagungkan.④ (추대) memperlakukan seseorang) sebagai.
모시류(毛翅類) 「蟲」 serangga bersayap empat; *trichoptera*.
모시조개 「貝」 sejenis kerang.
모씨(某氏) orang tertentu; seseorang.
모양(模樣)bentuk; lagam; kondisi; penampilan. ~이 좋은 berbentuk bagus. ~사나운 tidak berbentuk; jelek....한 ~이다 tampak seperti...; kelihatan seperti ... ...할 ~이다 kelihatan akan ...
모어(母語)bahasa ibu; bahasa sehari-hari.
모여들다 berduyun-duyun masuk.
모역(謀逆) pemberontakan. ~하다 memberontak.
모욕(侮辱) ejekan; hinaan; fitnah; celaan. ~하다 mengejek; menghina; mengejikan; melecehkan. ~적인 언사 ucapan/perkataan yang mengejek. ~을 당하다 di ejek; di fitnah; di hina.
모유(母乳) air susu ibu (ASI). ~로 자란 아이 anak yang di besarkan dengan air susu ibu. ~로 기르다 menyusui; meneteki.
모으다 ① mengumpulkan; mengerahkan; menghimpun. 자금을 ~ mengumpulkan dan.재료를~ mengumpulkan bahan-bahan. ② memuaskan pada; mencurahkan pada. 주의를 ...에~ memusatkan perhatiannya pada ....③ mengumpulkan; menyisihkan.
모음(母音) huruf hidup; vokal. ~변화[조화] gradasi [harmoni] vokal. 기본~ huruf hidup yang pokok /utama.
모의(模擬) ~의 imitasi; tiruan. ~국회 parlemen gadungan. ~시험 ujian uji coba.
모의(謀議) komplotan.~하다 berkomplot.
모이 pakan; makanan hewan. ~를

주다 memberi makan (hewan).
모이다 ① (몰려듦) berkerubung; berkumpul; berkerumun; berhimpun; bergerombol. ② berkumpul/bertemu;berhimpun. 모두~ bertemu/berkumpul semuanya.③ (집중) berpusat pada; berkonsentrasi pada. ④ (축적) dikumpulkan; di himpun.
모인(某人) seseorang.
모일(某日) suatu hari.
모임 pertemuan; rapat; sidang.
모자(母子) ibu dan anak.
모자(帽子) topi; peci; kopiah; baret. ~를 쓰지않고 tidak bertopi. ~를 쓰다[벗다] memakai [melepaskan] topi.
모자라다 ① kekurangan; tak cukup; tak memadai. 원기가~ kurang energi/tenaga. ② (우둔) bodoh.
모자이크 mosaik; kepingan batu.
모정(母情) kasih sayang ibu.
모정(慕情)kerinduan;sayang;cinta.
모조(模造) tiruan; imitasi; reproduksi; palsu; salinan. ~하다 meniru. ~의 tiruan; palsu. ~품 barang tiruan; barang imitasi.
모조리 semua; serba; segala; keseluruhan; tanpa pengecualian. ~가져가다 membawa semuanya.
모조지(模造紙) kertas tebal.
모종 bibit. ~하다 [내다] menyemai [memindah-tanamkan]. ~삽 sekop.
모종(某種) jenis tertentu.~의 tertentu. ~의 이유로 karena alasan tertentu.
모주 pemabuk;peminum. ~꾼[망태] =모주.
모주(母酒) ampas minuman keras.
모지다 (모양새가) bersegi; bersiku-siku; tirus, (언행이) kaku; kasar, (일이) keras; sukar.
모직(毛織)~의 (terbuat dari)wool. ~물 barang wool. ~상 pedagang wool.
모진목숨 kehidupan yang keras.
모진바람 angin yang keras.
모질다 ① (독함) beku hati. ② (배겨냄) keras kepala. ③ (날씨 따위) tajam; menggigit; dingin sekali.
모집(募集) perekrutan; undangan, pengiklanan. ~하다 mengumpulkan, mengundang; merekrut. 회원을 ~하다 mengumpulkan anggota. ~광고 iklan lowongan kerja.
모처(某處) suatu tempat.
모처럼 ditunggu lama; ditunggu-tunggu. ~의 휴일 hari libur yang ditunggu-tunggu. ~찾아오다 datang setelah ditunggu lama.
모체(母體) tubuh induk. ~전염 perpindahan turun-temurun.
모친(母親) ibunda; mama; mami; ibu; inang; mak. ~상 kematian ibu.
모태(母胎) kandungan ibu.
모터 mesin motor. ~보트 kapal mesin. ~사이클 sepeda motor.
모토 semboyan; motto.
모퉁이 sudut; penjuru; pojok. ~집 rumah di pojok.
모티브 motif.
모판(-板) persemaian.
모포(毛布) selimut; kemul.
모표(帽標) lencana topi.
모피(毛皮)bulu binatang; kulit binatang.~상 pedagang pakaian bulu.

~외투 mantel bulu.
모필(毛筆) kuas; mopit. ~화 gambar/lukisan kuas.
모하메드 Nabi Muhammad. ~교 ☞ 회교.
모함(母艦) kapal induk. 잠수 ~ kapal induk pembawa kapal selam.
모함(謀陷) ~하다 memfitnah; mengumpat.
모항(母港) pelabuhan asal.
모험(冒險) petualangan; pengelanaan.~하다 bertualang; mengambil resiko. ~적인 berbahaya/beresiko; bersifat petualangan. 목숨을 건 ~을 하다 mempertaruhkan hidup. ~가 petualang. ~담 cerita petualangan. ~ 심 jiwa/semangat kepetualangan
모형(母型) 「印」 acuan; bentukan; cetakan.
모형(模型) model; patron; pola. ~ 비행기 pesawat model.
모호(模湖) ~한 kabur; tidak jelas; samar; tak nyata; tak terbedakan.
모회사(母會社) perusahaan induk.
목 ① leher;tengkuk.~이 굵은[가는] berleher besar [jenjang]. ~을 길게 늘이다 mengulurkan leher. ~을 조르다 mencekik leher. ② ☞ 목구멍. ③ (길 등의) leher; posisi kunci (di jalan).
목(目) hal; soal; item.
목가(牧歌) nyanyian lagu-lagu daerah. ~적 pedusunan.
목각(木刻) ukiran kayu.~인형 boneka kayu;golek. ~활자 huruf kayu.
목간(沐間) kamar mandi; mandi. ~하다 mandi.
목걸이 kalung.
목검(木劍) pedang kayu.
목격(目擊) ~하다 menyaksikan; melihat dengan mata kepala sendiri. ~자 saksi mata.
목고리 ban leher. ~를 달다 mengenakan ban leher; mengikat leher (anjing).
목골(木骨) ~구조 「建」 rangka kayu
목공(木工)tukang kayu.~소 kilang kayu; pertukangan.
목관(木管) ~악기 alat tiup dari kayu
목구멍 tenggorokan;kerongkongan. ~이 아프다 sakit tenggorokan/leher.
목금(木琴) 「樂」 sejenis gambang.
목기(木器) peralatan yang terbuat dari kayu; barang-barang kayu.
목다리(木-) penopang; tongkat ketiak.
목단(牧丹) ☞ 모란.
목대잡다 mengawasi;mengarahkan.
목덜미 tengkuk; kuduk. ~를 잡다 mencengkram tengkuk.
목도 pikulan. ~꾼 pembawa bawa pikulan.
목도(木刀) ☞ 목검(木劍).
목도(目睹) ☞ 목격(目擊).
목도리 sal; tutup leher; mafela.
목돈 uang dalam jumlah besar.
목돌림 penyakit tenggorokan yang menular.
목동(牧童) penggembala; tukang angon.
목로(木爐) stand minuman; kedai minum.~주점 kedai minuman keras.

목록(目錄) ① daftar; jadwal; tabel; katalog. ~을 만들다 membuat daftar ② (차례) daftar isi.

목마(木馬) kuda kayu; kuda-kuda lompat. ~를 뛰어넘다 melompati kuda-kudaan. 회전 ~ kuda putar (komidi putar).

목마르다 ① (갈증) haus; dahaga. ② (갈망) haus; ingin.

목말 ~ 타다 dibopong di bahu.

목매달다 menggantung; menggantung diri.

목메다 tercekik.

목면(木棉) 『植』 ① tanaman/tumbuhan kapas.② (목화) kapas mentah; bahan kapas. ③ (무명) kain katun.

목민(牧民) ~하다 memimpin orang. ~관 gubernur.

목발(木-) ☞ 목다리.

목불인견(目不忍見)~ 이다 tidak sanggup melihat;tak kuasa melihat.

목사(牧師)pendeta.김 ~님 pendeta Kim. ~가 되다 menjadi pendeta.

목상(木像) patung kayu.

목석(木石) pepohonan dan batu-batuan. ~같은 tanpa jantung/ hati; tak berperasaan.~이 아니다 terdiri dari daging dan darah.

목선(木船) kapal/ sampan kayu.

목성(木星) 『天』 Jupiter.

목세공(木細工) pertukangan; pekerjaan perkayuan; perkayuan.

목소리 suara. 큰[작은, 굵은, 가는] ~ suara keras [rendah, dalam, nyaring]. 떠는 ~로 dengan suara bergetar.

목수(木手) tukang kayu. ~일 pekerjaan perkayuan.

목숨 hidup; nyawa.~이 있는 한 selagi hidup. ~을 건 masalah hidup dan mati; taruhan nyawa.

목쉬다 menjadi serak/parau.

목양말(木洋襪) kaus kaki katun.

목요일(木曜日) (hari) Kamis.

목욕(沐浴) mandi. ~하다 mandi. ~시키다 memandikan (anak). ~물 air mandi. ~실 kamar mandi. ~탕 tempat mandi. ~통 bak mandi.

목자(牧者)① (목양자) gembala.② (성직자) gembala/ pendeta.

목자르다 ① (목베다) memenggal. ②(해고)memecat;memberhentikan.

목잠기다 menjadi parau; serak; terlalu serak untuk berbicara.

목장(牧場) padang rumput; ranch; padang penggembalaan. ~을 경영하다 mengelola peternakan; beternak.

목장갑(木掌匣) sarung tangan kerja dari katun.

목재(木材)kayu;kayu gelondongan. ~상(商) pedagang kayu gelondongan.

목적(目的) tujuan;sasaran;maksud. ~하다 bermaksud bertujuan (untuk) .... 할~으로 dengan tujuan (untuk) ....~을 정하다 menentukan tujuan; menetapkan tujuan. ~을 달성하다 mencapai tujuan.

목전(目前) ~의 depan mata. ...의 ~에서 di depan mata. ~ 에 닥치다 sudah di depan mata.

목정(木精) ☞ 메틸알코올.

목젖 anak tekak.

목제(木製)~의 (terbuat)dari kayu.

~품(品) barang-barang dari kayu.
목조(木造) ~의(dibangun dari) kayu. ~건물(建物) bangunan/ rumah kayu.
목질(木質) ~의 berkayu. ~부(部) bagian-bagian yang berkayu. ~섬유 serat kayu. ~소(素)「化」lignin. ~조직 lignum; jaringan kayu.
목차(目次) daftar isi.
목책(木柵) pagar kayu.
목청 suara. ~껏 suara yang paling keras. ~을 돋우다 meninggikan nada suara.
목초(牧草) rumput. ~지 lapangan rumput.
목축(牧畜)peternakan sapi. ~하다 berternak sapi. ~업 usaha peternakan sapi. ~업자 peternak.
목침(木枕) bantal kayu.
목타르(木-) getah kayu.
목탁(木鐸)kentongan,(교도자) penyuluh (masyarakat). 사회의~ pemimpin masyarakat.
목탄(木炭) arang; karbon. ~차(車) mobil bermesin karbon. ~화 lukisan/ gambar arang.
목판(木板) baki kayu.
목판(木版)ukiran kayu.~술 pengukiran kayu. ~화(畵) gambar dari ukiran kayu.
목표(目標)target; tujuan; sasaran; objek. ~하다 bertujuan (untuk); menargetkan: menuju ke. ~에 달하다 mencapai target (tujuan). ~연도 tahun sasaran.
목피(木皮) kulit kayu.
목하(目下)sekarang; kini. ☞ 현재.
목형(木型) pola kayu.
목화(木花) (tanaman) kapas; wool kapas.~씨를 빼다 memisahkan biji kapas.
몫 bagian; jatah; porsi; saham. 내~ bagian saya. 한 ~끼다 memiliki andil (dalam) 한 ~주다 memberikan bagiannya .
몫몫이 bagian masing-masing. ~나누다 membagi ke dalam bagian masing-masing.
몰골 ketidak-berbentukan.
몰다 ① (차.말 등을) mengendarai; menjalankan; mengemudikan; memacu (kuda).② (뒤쫓다) mengejar; menyusul; mencari.③ menyudutkan; memojokkan. 궁지에~ membuat orang terpojok; memojokkan orang. ④ (죄인 따위로) menuduh.
몰두(沒頭) ~하다 bertekun; asyik dalam ... .
몰라보다 tidak dapat mengenali.
몰락(沒落) kejatuhan; kerobohan; kebangkrutan.~하다 bangkrut; roboh; jatuh.
몰래 secara rahasia; diam-diam; sembunyi-sembunyi.
몰려가다① (떼지어) bergerombol (ke); berduyun-duyun (ke). ② (쫓겨) dihalau.
몰려나다 ①(쫓겨나다)dikeluarkan; diusir. ② (떼지어 나가다) keluar bergerombol.
몰려다니다 ① (떼지어) bergerak secara kelompok; berkerumun-kerumun.② (쫓겨) diusir; dibubarkan.
몰려들다① (쫓기어)dihalau masuk. ② (떼지어) bergerombol masuk.

몰려오다① (떼지어) berjubel masuk. ② (쫓겨) diusir balik.
몰리다 ① (쫓기다)dikejar.② (일에) dipaksa; ditekan. ③ (돈에) terdesak (uang).
몰리브덴 「化」 Molibdenum.
몰매 ☞ 뭇매.
몰사(沒死) ~하다 dibasmi; dimusnahkan.
몰살(沒殺)pembantaian; pembasmian sampai akar-akarnya. ~하다 memusnahkan; membantai secara total; membasmi.
몰상식(沒常識) ~한 tidak sesuai dengan akal sehat/ akal budi.
몰수(沒收)penyitaan; perampasan. ~하다 menyita; merampas;
몰아 semuanya sekaligus; keseluruhan; borongan; batangan. ~지불하다 membayar semuanya/ sekaligus. ~(서)사다 membeli borongan; memborong.
몰아(沒我) pengosongan diri. ☞ 무아 (無我).
몰아가다 menggiring.
몰아내다 mengusir.
몰아넣다 menggiring/ memaksa/ mendorong masuk; menyudutkan.
몰아대다 (막해댐) memaki-maki, (재촉) memaksa; menekan.
몰아받다 menerima/mendapat sekaligus.
몰아붙이다 menempatkan semua pada satu sisi.
몰아세우다 memaksa; menekan.
몰아주다 membayar sekaligus.
몰아치다① (한군데로) menempatkan semua pada satu sisi. ②(일을) mengerjakan dengan cepat; mengerjakan dengan terburu-buru.
몰염치(沒廉恥) ☞ 파렴치.
몰이 pengejaran;pemburuan. ~하다 mengejar;memburu.~꾼 penghalau.
몰이해(沒理解)~한 tidak pengertian.
몰인정(沒人情) ~한 tidak berprikemanusiaan.
몰입(沒入) ~하다 asyik (dalam); bertekun (dalam).
몰지각(沒知覺) ~한 tidak bijaksana.
몸 ① tubuh; raga; jasmani; fisik; badan; awak; jasad. ~이 큰[작은] berbadan/ bertubuh besar [kecil]. ~에 좋다[나쁘다]baik [jelek] bagi tubuh. ~을 녹이다 menghangatkan tubuh; berdiang. ~을 팔다 menjual diri.② (몸통) tubuh; badan.③ status; kedudukan. 종의 ~ status budak.
몸가짐 tingkah laku;perilaku;sikap. ~이 얌전하다 berkelakuan baik; bertindak pantas.
몸단속(-團束)~하다 mempersenjatai diri/ mempersiapkan diri.
몸단장(-丹粧) ~하다 berpakaian; berdandan.
몸뚱이 perawakan badan. ~가 크다 berperawakan besar.
몸매 bentuk badan.
몸부림~치다 meronta-ronta; bergerak sekuat-kuatnya; menggelepar-gelepar;
몸살 ~나다 menderita karena kelelahan.
몸서리~치다 gemetar; menggigil.

~쳐지는 [나는] mengerikan.
몸소 sendiri; secara pribadi.
몸수색(-搜索)penggeledahan badan. ~하다 menggeledah badan.
몸져눕다 terbaring di tempat tidur
몸조리(-調理) ~하다 memulihkan kesehatan.
몸조심(-操心) penjagaan kesehatan. ~하다 menjaga diri.
몸종 budak pribadi.
몸짓 gerak; isyarat. ~하다 membuat isyarat.
몸채 bagian utama rumah.
몸치장(-治粧) dandan diri. ~하다 mendandani diri; berhias diri.
몸통 jasad badan; jasmani; tubuh; fisik; raga.
몸풀다① (분만) melahirkan (bayi). ② (피로를) melepas lelah.
몹시 sangat; terlampau; terlalu; amat; kelewat; teramat.
몹쓸 kejahatan;jahat. ~놈 Si jahat. ~짓 perbuatan jahat
못 kolam; tebat; telaga; balong.
못 (박는) paku; susuk; pasak besi; pantek; paku semat.
못 bagian kulit yang tebal; ketuat; risu. 발바닥에 ~이 생기다 penebalan kulit pada kaki. 귀에 ~ 이 박히다 jemu/bosan/muak mendengar sesuatu.
못 (불가 불능)tidak bisa; tidak pernah; tidak akan. ~보다 tidak dapat lihat.
못걸이 rak pakaian.
못나다 ① (용모가) jelek. ② (어리석다) bodoh.
못내 tidak terkira-kira; tak terhitung; selalu.~그리워하다 rindu selalu.
못되다 ① (미달) dibawah; kurang dari. ② (악하다) jahat; keji.
못마땅하다 tidak memuaskan.
못박이다① (손 발에) kulit kapalan. ② (가슴속에)tertanam(dalam hati); terluka (hati). ③ (그 자리에) tertancap; terpancang.
못본체하다 pura-pura tidak melihat; mengabaikan.
못살게굴다 menggoda; mengusik.
못생기다 jelek; buruk rupa.
못쓰다 tidak berguna; buruk.
못자리 persemaian padi.
못지않다 sama baiknya dengan .... 누구~tak kurang dengan siapa pun.
못질 pemakuan. ~하다 memaku.
못하다 (질 양이) tidak sebaik ...; lebih jelek dari
못하다 (불능) tidak dapat; gagal. 가지 ~ tidak dapat pergi.
몽글몽글하다 lembut; lunak.
몽당비 sapu lusuh.
몽당치마 rok pendek.
몽둥이 tongkat; pentungan. ~찜(질) [세례] pementungan; pemukulan dengan tongkat/pentungan.
몽땅 seluruhnya;serba;semua(nya); segalanya.
몽똑하다 ☞ 뭉뚝하다.
몽롱(朦朧) ~한 remang-remang; samar-samar; suram. ~하게 secara samar.
몽매(蒙昧) ~한 biadab.
몽매(夢寐) ~간에도 잊지 못하다 stak lupa bahkan dalam mimpi.
몽상(夢想)mimpi;khayal; bayang-

an; angan-angan. ~하다 bermimpi; berkhayal.~가 pemimpi; penghayal.

몽실몽실 montok; sintal; padat. ~하다 jadi montok.

몽유병(夢遊病) tidur sambil berjalan. ~자 orang yang tidur sambil jalan.

몽진(蒙塵) ~하다 lari dari istana.

몽타주 montase ~사진 gambar montase.

몽탕몽탕 ~자르다 memotong dalam potongan-potongan.

몽혼(朦昏) ☞ 마취(痲醉).

뫼 kuburan; pusara. ~를 쓰다 menguburkan (di).

묘(墓) kuburan; pusara.

묘(卯) kelinci. ~년 tahun kelinci.

묘(妙) misteri; keanehan, ketrampilan; keahlian.

묘계(妙計) ☞ 묘책.

묘기(妙技) keterampilan yang bagus sekali. ~를 보이다 menampilkan prestasinya.공중~ akrobatik udara.

묘령(妙齡) masa muda; pubertas. ~의 anak muda.

묘목(苗木) pohon muda; anak pohon; bibit.

묘미(妙味) daya tarik; pesona ~를 맛보다 menikmati pesona (kecantikan) ... .

묘방(妙方) resep yang mujarab.

묘법(妙法)cara yang bagus sekali; cara rahasia.

묘비(墓碑) batu nisan.

묘사(描寫) deskripsi; gambaran; pelukisan; ilustrasi. ~하다 menggambarkan.

묘소(墓所) pekuburan.

묘수(妙手) (솜씨) ketangkasan yang bagus sekali; kemahiran.

묘안(妙案) gagasan yang cemerlang; ide yang bagus. ~을 생각해 내다 menemukan ide yang bagus.

묘약(妙藥) obat yang mujarab. 두통의~ obat yang mujarab untuk sakit kepala.

묘역(墓域) pekuburan.

묘연(杳然)~한 terpencil; jauh; tak diketahui. 그의 행방은 아직도 ~하다 tempatnya masih belum diketahui.

묘지(墓地)pekuburan; pemakaman. 공동~ pemakaman umum 공원~ taman makam.

묘지(墓誌) ~명(銘) tulisan di batu nisan.

묘지기(墓-)penjaga kuburan;kuncen.

묘책(妙策) rencana yang bagus.

묘판(苗板) ☞ 못자리.

묘포(苗圃) (tempat) penyemaian/pembibitan.

묘하다(妙-) aneh; misteri; ganjil; ajaib.

묘혈(墓穴) liang kubur.스스로 ~을 파다 menggali kuburan sendiri.

무 lobak. ~김치 *gimchi* lobak. ~채 irisan lobak.

무 「醫」 pembengkakan tulang.

무(武) seni bela diri; kekuatan militer; masalah militer.

무(無) tidak ada; nihil.

무가치(無價值) ~한 tidak berharga; tidak bernilai.

무간(無間) ~한 erat; dekat. ~하게

지내다 bersahabat erat dengan.
무간섭(無干涉) tidak campur tangan; non intervensi. ~주의 kebijakan non intervensi.
무감각(無感覺) ~한 tidak berperasaan; apatetik; tidak berasa; kebas.
무개(無蓋)~의 terbuka.~ 화차 gerobak terbuka.
무겁다 berat. 머리가 ~ merasa berat di kepala.
무게 (중량) berat; bobot; beban; (중요) arti penting; (위음) martabat. ~가 있는 berat; bermartabat. (사람이) ~가 없는 kurang martabat.
무결근(無缺勤) ☞ 무결석.
무결석(無缺席) kehadiran tetap.
무경쟁(無競爭) ~의 [으로] tanpa tandingan (saingan).
무경험(無經驗) ~의 / tidak berpengalaman; belum terlatih.
무계획(無計劃)~한 tanpa rencana.
무고(無故) ~하다 aman; tidak ada masalah.
무고(無辜) ~한 tidak bersalah; tidak berdosa. ~한 백성 yang tidak berdosa.
무고(誣告) tuduhan palsu; fitnah. ~하다 membuat tuduhan palsu. ~자 orang yang membuat tuduhan palsu.
~죄 fitnah.
무곡(舞曲) musik dansa.
무공(武功) jasa militer yang luar biasa. ~을 세우다 membuat jasa militer yang luar biasa.
무관(武官) perwira militer. 대사관부 ~ atase militer.
무관(無冠) ~의 제왕 (帝王) raja tanpa mahkota.
무관(無關) ☞ 무관계.
무관계(無關係) ~하다 tidak ada hubungan (dengan).
무관심(無關心) ketidakpedulian; ketidak acuhan. ~하다 tak peduli; tidak acuh; apati.
무교육(無教育)~의 tidak berpendidikan; tak berbudaya. ~자 orang yang tidak berpendidikan.
무구(無垢)~한 bersih;tanpa cacat; murni.
무국적(無國籍) kehilangan kewarganegaraannya. ~피난민 pengungsi yang kehilangan kewarganegaraan. ~자 orang yang didenasionalisasikan.
무궁(無窮) ~한 kekal; baka; tidak ada akhirnya. ~무진한 tidak terbatas.
무궁화(無窮花) 『植』 bunga raya sharon (bunga nasional Korea).
무궤도(無軌道)~의 tidak berjalur; tidak berencana/ sembrono. ~한 생활 hidup yang sembrono/ tidak berencana.
무균(無菌) 『醫』 keadaan bebas bakteri. ~의 bebas kuman/ bakteri.
무극(無極) 『化』 ~분자[결합] molekul [persenyawaan] non polar.
무근(無根) ~의 tidak berdasar. ~지설 kabar angin tak berdasar.
무급(無給)~의 tidak dibayar.~으로 일하다 kerja tanpa bayar. ~휴가 hari libur tanpa bayar.
무기(武器) senjata. ~를 들다

mengangkat senjata;memberontak. ~고 gudang senjata.
무기(無期) ~의 tidak terbatas. ~연기 penundaan yang tak terbatas. ~징역 hukuman seumur hidup. ~ 징역수(囚) narapidana seumur hidup.
무기(無機)~의 mineral; anorganik. ~물[화학] zat [kimia] anorganik. ~산(酸) asam mineral. ~화합물 senyawa anorganik.
무기력(無氣力) ~한 tidak ada semangat; letai.
무기명(無記名)~의 tidak bernama. ~식의 cara tanpa nama. ~예금 tabungan yang tidak bernama. ~투표 pemilihan secara rahasia.
무기한(無期限)~으로 batas waktu yang tidak ditentukan.
무난(無難) ~한 mudah; gampang; aman. ~히 dengan mudah; tanpa kesulitan. ~히 이기다 memenangkan pertandingan dengan mudah.
무남독녀(無男獨女) putri satu-satunya; putri tunggal.
무너뜨리다 memecahkan; menghancurkan; meruntuhkan; membongkar.
무너지다 hancur; runtuh; rusak; binasa; ambruk; roboh; rebah.
무능(無能) ~한 tidak ada kemampuan.
무능력(無能力) ketidakmampuan; ketidakcakapan.~자(者)orang yang tidak punya kemampuan.
무늬 pola;corak. ~없는 polos; tidak bercorak.
무단(武斷) ~정치 pemerintahan militer. ~주의 militerisme.
무단(無斷) ~히 tanpa pemberitahuan. ~결석 absen tanpa pemberitahuan. ~사용 pemakaian secara tidak sah.
무담보(無擔保) ~의 tanpa jaminan.~대부금 pinjaman tanpa jaminan.
무당(巫堂) dukun; tukang ramal. ~이 제굿 못하고 소경이 저 죽을 날 모른다 tukang ramal tak dapat meramal dirinya sendiri. ~서방 suami peramal/dukun.
무당(無糖) ~연유 susu kental.
무당벌레 『蟲』 kumbang kecil.
무대(舞臺)panggung pentas;ruang lingkup. ~인이 되다 naik ke panggung. 첫 ~를 밟다 manggung pertama kali. ~극[감독] drama [sutradara]panggung. ~장치 latar belakang panggung.
무더기 tumpukan; onggokan; timbunan. ~해고 pemberhentian massal. ~로 쌓이다 ditumpuk tinggi. 한 ~얼마로 팔다 menjual secara besar-besaran.
무더위 panas yang lembab.
무던하다 ① (사람이) dermawan; murah hati. ② (정도가) memuaskan.
무던히 dengan sungguh-sungguh. ~애를 쓰다 berusaha dengan sungguh-sungguh.
무덤 kuburan.
무덥다 panas dan pengab.
무도(無道) ~한 tidak berperikemanusiaan; kejam. ~한 짓을 하다 berlaku kejam.

무도(舞蹈)tarian;dansa.~하다 menari; berdansa. ~곡 musik dansa. ~실 ruangan dansa; tempat dansa. ~회 pesta dansa.

무독(無毒) ~한 tidak berbahaya; tidak beracun.

무두장이 tukang samak kulit.

무두질 penyamakan ~하다 menyamak.

무드 suasana hati; mood. ~를 조성하다 menciptakan suasana. ~음악 musik mood.

무득점(無得點) ~의 tanpa angka.

무디다 ① (성질 머리 따위) (otak) tumpul/ bebal. ② (말씨가) kasar (bicara).③ (칼날이) tumpul.

무뚝뚝하다 ketus; kasar.

무럭무럭 ① (빨리) dengan cepat/ pesat. ② (김 따위가) mengepul-ngepul.

무려(無慮) sebanyak; kira-kira; sekitar; tidak kurang dari.

무력(武力) kekuatan militer; kekuatan senjata. ~으로 dengan kekerasan;dengan kekuatan senjata. ~에 호소하다 menggunakan kekerasan.

무력(無力) ~한 tidak berdaya.

무렵(대) waktu; saat.(쯤) kira-kira; sekitar;mendekati. 해질 ~에 mendekati sore. 그 ~에 pada saat itu.

무례(無禮) ~한 kasar;lancang;kurang sopan; gegabah; kurang ajar.

무뢰한(無賴漢)bangsat; bajingan.

무료(無料)~의[로][dengan]gratis/ cuma-cuma. ~관람[입장]권 tiket gratis (bioskop dll). ~봉사 pelayanan gratis.~숙박소 [진료]penginapan[klinik] gratis. ~승차권 tiket gratis (pesawat,kereta api dll).

무료(無聊) rasa bosan; kejemuan. ~한 membosankan. ~함을 달래다 mengatasi kebosanan.

무르녹다① (익다) matang; masak. ② (녹음이) merindang;mendalam. ③(때가) matang(hingga waktunya).

무르다 ① (물건이) lembut; lunak. ② (약하다) lemah.

무르다 (돈.물품을) mengembalikan barang dan minta kembali uangnya; membatalkan pembelian.

무르익다 menjadi matang.

무릅쓰다 menantang; menghadapi; mempertaruhkan. 폭풍우를 ~ menantang badai. 생명의 위험을 ~ mempertaruhkan hidup.

무릇「植」sejenis bawang (bahan obat batuk).

무릇 secara umum; menurut biasanya; pada umumnya.~사람 이란 것 orang pada umumnya;semua orang.

무릎 lutut; keharibaan; pangkuan. ~깊이의 setinggi lutut. ~을 꿇다 berlutut. ~관절[마디] tulang sendi lutut.

무리(한패)kumpulan; golongan; kelompok; regu; rombongan.

무리(해 달의)lingkaran cahaya; korona.

무리(無理)①~한 tak masuk akal; tidak wajar; mustahil; muskil. ~한 요구 tuntutan yang tidak masuk akal. ~한 운동 latihan yang melewati batas. ~하게 dengan paksa; dengan memforsir.~가 없는 biasa; normal;wajar.~한 짓을 하다 mencoba sesuatu diluar kemampuan. 너무 ~를 하다 terlalu memforsir tenaga.② 『數』 ~의 irasional. ~수[식,방정식] bilangan [rumus persamaan] irasional.

무마(撫摩)① ~하다 menepuk-nepuk; membelai-belai.②~하다 menenangkan.

무면허(無免許)~의 tanpa ijin.~운전사[의사] pengemudi [dokter] tanpa ijin.

무명 katun; kain katun.~옷[실] pakaian [benang] katun.

무명(無名) ~의 tanpa nama. ~용사의 묘 Makam Pahlawan Tanpa Nama.~작가 penulis tidak terkenal.

무명조개 『貝』 kerang.

무명지(無名指) jari manis.

무모(無毛) ~의 tidak berambut; botak. ~증 『醫』 penyakit rontok rambut.

무모(無謀)~하다 kurang pikir; gegabah; ceroboh. ~하게 dengan ceroboh.

무미(無味) ~한 hambar. ~건조한 kering; membosankan/tidak menarik.

무반주(無伴奏) ~의 tidak diiringi.

무방(無妨) ~하다 tidak membahayakan; tidak masalah; tidak apa-apa; tidak ada halangan.

무방비(無防備) ~의 tanpa perlindungan;pertahanan;terbuka. ~도시 kota yang terbuka; kota tanpa benteng.

무배당(無配當)~의 tanpa deviden ~주(株) pembayaran tanpa dividen.

무벌점(無罰點) ~이다 bersih dari angka hukuman.

무법(無法) ~한 tak sah; tak menurut hukum. ~자 bandit; bajingan. ~천지 dunia (negara) tanpa hukum /anarkis.

무변(無邊)~의 tidak terbatas;tidak terhingga. ~대해(大海) samudera luas tak terhingga.

무병(無病) ~하다 sehat.

무보수(無報酬) ~의 tanpa bayar. ~로 dengan tanpa bayar.

무분별(無分別) ~한 tanpa pikir; sembrono.

무비(無比) ~한 tanpa bandingan; tanpa tandingan; tak berpadan. 당대 ~의 tidak berpadan diantara sebaya.

무비판(無批判)~적(으로)(secara) tidak kritis; (dengan) tanpa menilai/ menghakimi.

무사(武士) pahlawan; kesatria.

무사(無私) ~한 tidak mementingkan diri. 공평 ~한 adil dan benar.

무사(無事)keselamatan;kedamaian. ~한 selamat; aman; damai. ~히 dengan selamat/ aman. ~히 지내다 hidup dengan damai.

무사고(無事故) ~의 bebas kecelakaan. ~비행 terbang tanpa kecelakaan.

무사마귀 kutil.

무사안일(無事安逸) ~주의 prinsip mengutamakan keselamatan.

무사태평(無事泰平) ~하다 adem ayem; tenang; damai.

무산(無産) ~의 tanpa harta; jelata. ~계급 rakyat jelata; kaum marhaen. ~자 proletar.

무산(霧散) ~하다 menghalau.
무상(無上)~의 yang paling tinggi; perdana; terbaik; ideal.
무상(無常) kesementaraan; kefanaan. ~한 sementara; fana.
무상(無償) ~의[으로] (dengan) gratis/cuma-cuma. ~계약 kontrak sepihak. ~교부『證』 pengiriman tanpa kompensasi. ~대부 pinjaman tanpa bunga. ~배급 pembagian secara gratis. ~원조 hibah. ~주(株) deviden saham (tanpa konpensasi).
무상출입(無常出入)~하다 keluar masuk dengan bebas.
무색(- 色) warna celup. ~옷 pakaian yang dicelup.
무색(無色) ① ~의 polos; tanpa warna; akromatik. ② ~하다 malu; merasa malu. ~케 하다 mempermalukan (seseorang).
무생물(無生物) benda mati. ~계(界) alam benda mati (anorganik). ~학 ilmu tentang benda mati.
무서리 embun beku pertama.
무서 ketakutan; kecemasan. ~을 타다 gampang takut. ~을 모르다 tidak kenal rasa takut. ~을 참다 menahan ketakutan.
무서워하다 takut.
무선(無線)tanpa kabel.~기사 operator tanpa kabel. ~방송 penyiaran melalui radio. ~전신 telegraf; telegram. ~전신국 stasiun telegraf; kantor telepon. ~조종 pengontrol tanpa kabel.
무섭다①menakutkan; mengerikan. 무서운 병 penyakit yang mengerikan.② (사납다) ganas; buas.③ (두렵다) takut; ketakutan.
무성(茂盛) ~한 rimbun; lebat.
무성(無性) ~의 tanpa kelamin. ~생식 pembuahan aseksual.
무성(無聲)~의 diam; tak bersuara. ~영화 film bisu.
무성의(無誠意) ketidaksungguhan; ketidaktulusan.~한 tidak tulus.
무소득(無所得)~하다 tidak memperoleh apa-apa.
무소불능(無所不能) ~하다 Maha Kuasa.
무소속(無所屬) ~의 tidak terikat; netral. ~의원 anggota dewan non partai.
무소식(無消息)~이다 tiada kabar. ~이 희소식 tiada kabar adalah kabar baik.
무쇠 besi tua.
무수(無數)~한 tak terhitung; bertaburan. ~히 tanpa jumlah.
무수리『鳥』angsa marabon.
무숙자(無宿者) gelandangan.
무순(無順) ketidakteraturan. (단서로) "tidak dalam urutan".
무술(武術) seni bela diri.
무슨 apa; jenis apa; macam apa. ~일로 tentang apa. ~까닭에 mengapa;kenapa.~일이 있더라도 bagaimanapun.
무승부(無勝負) seri. ~가 되다 menjadi seri; berakhir seri.
무시(無視) ~하다 mengabaikan; melengahkan; menyia-nyiakan. ...을 ~하고 dengan mengabaikan...
무시로(無時-) kapan saja.
무시무시하다 mengerikan;menakutkan.

무시험(無試驗) tanpa ujian.

무식(無識) ketidaktahuan; kebodohan. ~한 buta huruf; tidak berpengetahuan.~장이 orang yang tak berpengetahuan.

무신경(無神經) ~한 tidak berperasaan; tidak sensitif; apatis.

무신론(無神論)atheisme. ~적(인) atheis.~자 orang yang atheis.

무실점(無失點)~으로 tanpa kehilangan angka.

무심(無心)~하다 tidak peduli;tidak acuh; apatis. ~코 dengan tak acuh; dengan tanpa pikir.

무심결(無心-) ~에 dengan tidak sengaja; dengan tidak disadari.

무쌍(無雙) ~한 tanpa tandingan; tanpa bandingan.

무아(無我) pengosongan diri. ~의 경지에 달하다 mencapai tingkat pengosongan diri yang sempurna.

무안(無顔) ~하다 malu. ~(을)주다 mempermalukan; memberi malu.

무어 ① Kenapa!; Mengapa!; Apa! ~동생이 죽었다고 Apa!, adik meninggal? ~괜찮아 tidak apa-apa. ② ya; apa. ③ ☞ 무엇.

무어라 ~하든 apapun yang dia katakan; bagaimanapun. ~말할 수 없다 tidak terlukiskan; tidak terucapkan.

무언(無言) kebisuan; keheningan. ~의 diam; membisu. ~중(에) diam-diam. ~극 pantomin; pertunjukan bisu.

무엄(無嚴)~한 lancang. ~하게 도...하다 dengan lancang.

무엇 apa. ~이든 apa saja; apapun. ~보다도 di atas semuanya. ~하러 untuk apa.

무역(貿易)perdagangan;perniagaan. ~하다 berdagang. ~경쟁국 saingan berdagang. ~상 pedagang. ~품(品) barang dagangan.~회사 perusahaan dagang. 대미~ perdagangan Korea dan Amerika.

무역관리(貿易管理) manajemen perdagangan.

무역마찰(貿易摩擦) friksi/ perselisihan perdagangan.

무역역조(貿易逆調)perdagangan yang tidak seimbang.

무역장벽(貿易障壁) hambatan perdagangan.

무역정책(貿易政策) kebijakan perdagangan.

무역항(貿易港)pelabuhan dagang

무연(無煙) ~의 tidak berasap. ~탄 antrasit. ~화약 mesiu tidak berasap.

무연(無鉛) ~가솔린 bensin tanpa asap.

무연고(無緣故) ~의 tanpa sanak saudara; sebatangkara. ~분묘 kuburan yang tanpa pemilik.

무예(武藝) ☞ 무술.

무욕(無慾) ~한 tidak mementingkan diri sendiri.

무용(武勇) keberanian; kepahlawanan. ~담 cerita tentang kepahlawanan/ keberanian.

무용(無用)~의 tidak berguna;tidak penting. ~지물 sesuatu yang tidak berguna.

무용(舞踊)tarian;dansa.~하다 berdansa; menari. ~단 kelompok dan-

sa. 민속~ tarian rakyat.
무우 ☞ 무.
무운(武運) nasib baik dalam perang.
무위(無爲) kemalasan. ~의 생활 kehidupan bermalas-malasan
무의미(無意味)~한 tidak berarti; tidak bermakna; kosong.
무의식(無意識) ketidaksadaran; ketidaksengajaan. ~적(으로) (secara) tak sadar; (secara) tak sengaja.
무의촌(無醫村)kampung yang tak ada dokternya.
무이자(無利子) ~의 [로] tanpa bunga ~공채 obligasi tanpa bunga.
무익(無益)~한 tidak berguna; siasia. 백해 ~하다 lebih banyak mudarat dari manfaat.
무인(武人) pemberani; tentara/serdadu.
무인(無人) ~비행기 pesawat tanpa pilot. ~위성 satelit tanpa manusia.
무인도(無人島)pulau kosong; pulau tak berpenduduk.
무인지경(無人之境)daerah tidak berpenduduk.
무일푼(無一) ~이다 tidak punya uang sepeserpun.
무임(無賃) ~으로 cuma-cuma; gratis. ~승차(乘車)를 하다 naik gratis. ~승차권 tiket gratis.
무임소(無任所) ~의 tanpa portfolio. ~장관(長官) menteri tanpa portfolio.
무자각(無自覺) ~한 tidak sadar; apatis; tidak peka.
무자격(無資格)diskualifikasi; ketidakcakapan. ~의 tidak memenuhi syarat.
무자본(無資本) ~으로 tanpa modal.
무자비(無慈悲) ~한 kejam; tanpa kasihan;kasar;garang;galak;ganas; bengis.
무자식(無子息)~하다 tidak punya anak; tidak punya keturunan.
무작위(無作爲) ~ (포본)추출 penarikan contoh secara acak.
무작정(無酌定) ~한 sembrono; gegabah. ~하고 secara sembrono.
무장(武將) jenderal.
무장(武裝) persenjataan. ~하다 mempersenjatai. ~한 bersenjata. ~간첩 mata-mata bersenjata. ~간첩선 kapal pengintai bersenjata. ~봉기 konflik bersenjata
무재(無才)~무능한 tidak sanggup; tidak cakap.
무저항(無抵抗) tak ada perlawanan; pasif. ~주의 prinsip tanpa perlawanan.
무적(無敵) ~의 tak terkalahkan. ~함대 armada yang tak terkalahkan.
무전(無電) telegrap; tanpa kabel. ~장치 peralatan telegrap. ~유도장치 sistem pembicaraan tanpa kabel.
무전(無錢) ~취식하다 makan dan minum tanpa bayar. ~여행 perjalanan tanpa uang.
무절제(無節制) ~하다 tanpa kontrol.
무정(無情) ~한 tidak berperasaan.
무정거(無停車) ~의 tanpa berhenti.

무정견(無定見) ~한 tanpa pendirian.
무정란(無精卵) telur yang tidak dibuahi.
무정부(無政府)anarki.~의 anarkis. ~상태에 있다 dalam kondisi rusuh (anarki). ~주의 anarkisme.
무제(無題) tanpa gelar.
무제한(無制限) ~의 tanpa batas. ~으로 tanpa pembatasan; dengan bebas.
무조건(無條件) ~의 tanpa syarat. ~으로 dengan tanpa syarat. ~항복 penyerahan tanpa syarat.
무족(無足) ☞ 무지(無肢).
무좀 「醫」 penyakit kutu air.
무죄(無罪)ketidakbersalahan. ~의 tak bersalah. ~를 선고하다 memutuskan tidak bersalah. ~석방 pembebasan.
무주의(無主義) ~의 tanpa tujuan tertentu.
무주택(無住宅) ~서민(층) massa yang tak punya rumah sendiri. ~자 orang yang tak punya rumah sendiri.
무중력(無重力) (keadaan) tanpa berat.
무지(無知) ketidaktahuan; kebodohan. ~한 tidak berpengetahuan.
무지(無肢) ~의 「動」 apoda; tidak berkaki.
무지개 pelangi;bianglala. ~빛 warna pelangi.
무지근하다 rasa capai.
무지렁이 bebal.
무지막지(無知莫知) ~한 kasar dan kejam.
무지몰각(無知沒覺) ~한 tidak punya pikiran dan tidak punya pengetahuan.
무직(無職) ~의 menganggur. ~자 penganggur.
무진장(無盡藏)~의 tidak ada habis-habisnya.
무질서(無秩序) huru-hara; kerusuhan; kisruh. ~한 rusuh; kalang kabut; kacau.
무찌르다 mengalahkan; menyerang.
무차별(無差別)indiskriminasi.~의[한] tanpa pembedaan; tanpa pilih bulu.
무착륙(無着陸) ~의 tanpa berhenti. ~비행을 하다 terbang tanpa berhenti.
무참(無斬) ~하다 merasa sangat malu.
무참(無慘) ~한 kejam; tanpa ampun; buas.
무채색(無彩色) warna akromatis.
무책임(無責任) ~한 tidak bertanggung jawab. ~하게 dengan tidak bertanggung jawab.
무척 sangat banyak.
무취(無臭) ~의 tidak berbau.
무취미(無趣味) ~한 tak menarik.
무치다 membumbui.나물을~ membumbui sayuran.
무탈(無脫) ~한 sehat.
무턱대고 dengan sembrono;awur-awuran.
무테(無-)~의 tanpa bingkai. ~안경 kacamata tanpa bingkai.
무통(無痛) ~의 tanpa rasa sakit. ~분만 kelahiran tanpa rasa sakit.

무투표(無投標) ~로 tanpa pemungutan suara.
무표정(無表情) ~한 tanpa ekspresi.
무풍(無風)~의 tidak ada angin.~대 daerah angin mati. ~상태 situasi tenang.
무학(無學) ketiadaan pendidikan. ~의 tidak ada pendidikan.
무한(無限) ketidak terhinggaan. ~한 tidak terhingga; tidak berakhir; kekal.~량의 tanpa batas; tak terhitung. ~정의 tanpa batas; tak terhingga.~궤도(차) traktor yang bannya bergigi. ~급수 deret tak terhingga. ~대[소] tidak terhingga.~책임(사원)anggota dengan tanggung jawab tidak terbatas.
무해(無害) ~한 tidak berbahaya. ~무익한 tidak berbahaya dan tidak berguna. 인축(人畜) ~ tak berbahaya untuk manusia dan hewan.
무허가(無許可)~의 tanpa izin;liar. ~건물[판자집] bangunan [gubuk] liar.
무혈(無血)~혁명[점령] revolusien dudukan tanpa pertumpahan darah.
무협(武俠) kekesatriaan; kepahlawanan.
무형(無形)~의(추상적)abstrak; tidak berwujud; maya; (정신적)jiwa; moral; ~문화재 warisan budaya yang tidak berwujud. ~재산 harta tak berwujud.
무화과(無花果) buah ara. ~나무 pohon ara.
무효(無效)ketidakberlakuan; ketidaksyahan. ~의 tak berlaku; batal; tidak syah.~가 되다 menjadi batal. ~로 하다 membatalkan.
무훈(武勳) jasa/ dinas militer istimewa. ☞ 무공(武功).
무휴(無休)~이다 tak ada hari libur. 연중(年中) ~ buka sepanjang tahun.
무희(舞姬) penari.
묵 selai (khas Korea).도토리~ selai dari buah atau biji pohon ek.
묵계(-契) tahu sama tahu. ~ 하다 setuju secara diam-diam.
묵과(默過)pengabaian. ~하다 mengabaikan.
묵념(默念)doa diam.~하다 berdoa dengan diam;mengheningkan cipta.
묵다① tinggal;menginap. 호텔에 ~ menginap di hotel. ② (오래되다) menjadi tua.
묵도(默禱) ☞ 묵념 1.
묵독(默讀) ~하다 membaca dalam hati.
묵례(默禮) anggukan. ~하다 menunduk; mengangguk.
묵묵(默默) ~한 diam; tenang. ~히 dengan tenang/ diam.
묵비권(默秘權) hak untuk berdiam diri.
묵살(默殺) ~하다 mengabaikan. 의안(議案)을 ~하다 mengabaikan/ menolak usulan.
묵상(默想)meditasi; semedi.~하다 bermeditasi.
묵시(默示) ① wahyu. ~하다 mewahyukan. ~록『聖』buku wahyu. ② (명시에 대한) implikasi. ~하다 menyatakan secara tak langsung; menyatakan secara tersirat. ~적 implisit; tersirat.

묵은해 tahun lalu.
묵인(黙認) persetujuan secara diam-diam. ~하다 mengijinkan secara diam-diam;menyetuju secara diam-diam.
묵주(黙珠) 「카톨릭」 tasbih;rosario. 「카톨릭」
묵지(墨紙) kertas karbon.
묵직하다 berat.
묵척(墨尺) garis penintaan tukang kayu.
묵화(墨畵) lukisan dengan tinta cina.
묶다 mengikat; memunjut; memaut; menambat(kan); mengebat.
묶음 ikat; kelompok; bundel; rangkaian; buntel ~으로 만들다 membundel; membuat dalam ikatan.
문(文)① 「文」 kalimat.② pengetahuan. ~은 무보다 강하다 pena lebih berkuasa daripada pedang.
문(門) ① gerbang; pintu; lawang. ② (분류상) filum; divisi.
문(問) ☞ 문제 제 1 ~ problema yang pertama.
문간(門間) pintu; tempat masuk.
문갑(文匣) lemari kecil.
문고(文庫)① (서류 넣는) rak buku. ② (서고) perpustakaan.
문고리(門 -) bel pintu.
문공부(文公部) ☞ 문화부.
문과(文科) jurusan sastra. ~대학 fakultas sastra.
문관(文官) pegawai sipil.
문교(文教) pendidikan; masalah pendidikan.~당국 yang berwenang dalam pendidikan. ~행정 administrasi pendidikan.
문구(文句) frase;kata-kata; ungkapan.
문구멍(門 -) lobang pintu.
문기둥(門 -)tonggak pintu pagar.
문단(文壇) dunia kesusasteraan; dunia tulis-menulis.
문단속(門團束) ~하다 mengunci pintu.
문답(問答) tanya jawab; dialog. ~하다 mengadakan tanya jawab. ~식으로 dalam bentuk tanya jawab. ~식 교수 katekismus.
문대다 menggosok. ☞ 문지르다.
문둥병(-病) kusta; lepra. ☞ 나병, 한센병.
문둥이 penderita kusta; lepra.
문드러지 memborok; menukak.
문득,문뜩 tiba-tiba; dengan tak terduga.
문란(紊亂) ketidakteraturan; kekacauan.~하다 tidak teratur; kacau. 관기~pelanggaran disiplin pegawai 풍기~ pelanggaran moral masyarakat.
문례(文例) contoh kalimat.
문리(文理) ①(문맥) konteks; jalan pemikiran. ② (문과와 이과) kesusasteraan dan ilmu pengetahuan. ~ 과대학 Fakultas Budaya dan Ilmu Pengetahuan.
문맥(文脈) konteks.
문맹(文盲) tuna aksara; sara; buta huruf.~율 angka buta huruf. ~퇴치 pemberantasan buta huruf; perang melawan buta huruf.
문면(文面) isi surat. ~에 의하면 sesuai dengan isi surat.
문명(文明)peradaban;kebudayaan.

~한 beradab; berbudaya. ~의이기 fasilitas peradaban. ~국 negara yang berbudaya.~시대 zaman beradab.

문무(文武) pengetahuan dan kekuatan; pena dan pedang. ~겸전(兼全)하다 menguasai pengetahuan dan kekuatan.~ 백관 pegawai sipil dan militer.

문물(文物)peradaban; kebudayaan. 서양의 ~ Peradaban Barat.

문밖(門-) ① (문의 바깥) luar rumah.~의 diluar.② luar kota; pinggiran kota. ~에 살다 tinggal diluar kota.

문방구(文房具) alat-alat tulis. ~점 toko alat-alat tulis.

문벌(門閥) garis keturunan; keluarga terkemuka.

문법(文法)tata bahasa; pramasastra; nahu; gramatika. ~적(으로) dipandang dari sudut tata bahasa. ~학자 ahli tata bahasa.

문병(問病) besuk; kunjungan ke-orang sakit. ~하다 mengunjungi/ menengok orang sakit; membesuk.

문부(文簿) dokumen.

문살(門 -) rangka pintu sorong kertas.

문상(問喪) ☞ 조상(弔喪).

문서(文書) dokumen; surat menyurat; tulisan; naskah; arsip. ~로 secara tertulis. ~과 bagian arsip.~위조 memalsukan dokumen.

문소리(門 -)suara pintu (dibuka); ketukan dipintu.

문수(文數) ukuran sepatu.

문신(文身) rajah; tato. ~하다 merajah; membuat tato.

문안(門-)①(문의 안) dalam ruang. ②(성내) dalam tembok kota;dalam kota.

문안(文案) konsep; draf; bagan. ~을 작성하다 membuat konsep.

문안(問安) penanyaan keamanan/ keadaan. ~하다 menanyakan tentang keamanan/ keadaan.

문어(文魚)「動」gurita.

문어(文語)bahasa tulisan.~체 gaya penulisan.

문예(文藝) seni dan sastra. ~기자[난] penulis [kolom] sastra. ~부흥 kebangunan kembali. ~비평 kritik sastra.

문외한(門外漢) orang awan.

문우(文友) sahabat pena.

문의(文義) arti/ makna tulisan; isi surat.

문의(問議)penyelidikan; penanyaan.~하다 menyelidiki;menanyakan; bertanya. ~체 referensi.

문인(文人)penulis;sastrawan; pujangga; pengarang; penyair. ~극 pertunjukan teater oleh penyair. ~협회 Asosiasi Sastrawan.

문자(文字)① (글자) huruf; aksara; abjad; alfabet.~그대로 secara harfiah. ~반(盤) lempeng jam; muka (arloji).② (구 숙어)ungkapan frase.

문장(文章) kalimat; tulisan; karangan. ~론 [구성법] sintaksis; ilmu kalimat.

문재(文才) bakat kesusasteraan.

문전(門前) ~에 di depan gerbang; dipintu.~걸식하다 keluar meminta-minta. ~성시를 이루다 penuh oleh tamu.

문제(問題) perkara; hal; urusan; masalah; pertanyaan; persoalan; topik. ~가 안되다 tidak perlu ditanya lagi; tidak mungkin; mustahil. ~아[작] anak [film, novel] berproblem.~점 hal yang diperkarakan. 금전~ masalah uang; perkara uang.

문제화(問題化) ~하다 menjadi isu/ pokok persoalan.

문조(文鳥) 「鳥」 burung pipit.

문중(門中)sanak saudara; marga; keluarga.

문지기(門 -) penjaga pintu.

문지르다 menggosok; mengaruk; membarut.

문지방(門地枋) ambang pintu.

문집(文集) kumpulan karya sastra pilihan; antologi; bunga rampai.

문짝(門 -) daun pintu.

문채(文彩) ① ☞ 무늬. ② (광채) warna yang indah.

문책(文責)tanggung jawab penyusunan kata pada artikel; paramasastra.

문책(問責) ~하다 menanyakan tanggung jawab.

문체(文體) gaya bahasa; gaya penulisan. 간결[화려]한 ~ gaya ringkas [berbunga-bunga]. 쉬운 ~로 dengan gaya biasa/datar. 독자적인 ~를 만들어내다 membuat gaya sendiri.

문초(問招) penyelidikan. ~하다 menyelidiki; memeriksa. ~를 받다 diperiksa (oleh polisi).

문턱(門-) ambang pintu. ~이 닳도록 (mengunjungi) berulang kali; sering kali.

문틀(門 -) kusen pintu.

문패(門牌) pelat nama (dipintu).

문필(文筆) seni sastra; kesusasteraan. ~로 먹고 살다 hidup dari mengarang; hidup dari pena. ~가 penulis; pengarang; sastrawan.~업 profesi penulis; profesi kepengarangan.

문하(門下) ~생 murid (pengikut).

문학(文學) kepustakaan; literatur. ~의[적] berkenaan dengan kesusasteraan;tulis menulis.~계 dunia kesusasteraan; dunia tulis menulis. ~박사 Doctor of Literature. ~사 Bachelor of Arts (BA). ~자(者) penulis; sastrawan. ~작품 karya sastra.

문헌(文獻)pustaka/ buku; booklet; selebaran; catatan; dokumen. ~을 조사하다 merujuk pada dokumen. 참고 ~ daftar pustaka; bibliografi.

문형(文型) pola kalimat.

문호(文豪) penulis besar; sastrawan besar.

문호(門戶)pintu. ~ 개방주의 prinsip (kebijakan) pintu terbuka.

문화(文化)kebudayaan;peradaban. ~적 kultural; budaya. ~유산 pewarisan budaya. ~재(財) aset/ kekayaan budaya.~협정 kesepakatan /perjanjian budaya.

묻다 menguburkan; menanam; memendam; menguruk.

묻다 ternoda; tercemar.

묻다 menanyakan;menyelidiki; menanyai.

묻히다 mengotori; menodai; mencemari.옷에 흙을~ mengotori baju dengan tanah. 신발에 흙을~ kena lumpur pada sepatu.

묻히다 dikubur/ditimbun.

물① air.화초에 ~을 주다 menyirami bunga (tanaman). ~을 타다 mengencerkan; mencampur dengan air. ~에 빠져 죽다 mati tenggelam.② banjir; genangan. ~이 나다 digenangi; dibanjiri.

물 warna celupan ☞ (물들다,물들이다). 검정 ~을 들이다 mencelup (jadi) hitam; mewarnai/ mencat hitam. ~이 날다 warna memudar.

물 ☞ 첫물.

물가 sisi/ tepi perairan; pantai.

물가(物價) harga (mata dagangan/ komoditas).~가 오르다 harga naik. ~가 내리다 harga turun; harga jatuh. ~상승[하락] naik [turun] harga. ~수준 tingkat harga.~ 통제 kendali harga.

물가대책(物價對策) kebijakan harga komoditi.

물가안정(物價安定) stabilisasi harga; kestabilan harga komoditi. ~ 선 zona stabilisasi harga.

물가지수(物價指數)indeks harga.

물감 zat pewarna; bahan celupan.

물개「動」anjing laut.

물거품 buih; gelembung; busa. ~이 되다 berakhir bagai asap; terbukti gagal; berakhir sia-sia.

물건(物件)benda; barang-barang; benda mati.

물걸레 kain pel basah.~질하다 mengepel dengan kain pel basah.

물것 serangga penggigit.

물결 ombak; ombak besar; gelombang; alun. ~에 떠다니다 hanyut di atas gelombang;terombang-ambing

물결치다 bergerak bergelombang; bergulung-gulung; berombak-ombak.

물경(勿驚) mengejutkan; mencengangkan; mengherankan

물고기 ikan.

물고늘어지다 ① 입으로) menggigit. ② (끝까지) berpegang teguh (pada).

물구나무서다 berdiri bertumpu pada tangan (dan kepala).

물구덩이 kolam; genangan (lumpur).

물굽이 belokan aliran; belokan aliran sungai.

물권(物權) hak riil. ~법 hukum riil.

물귀신 siluman air;hantu air; setan air. ~이 되다 mati tenggelam.

물기 cairan; air. ~있는 basah; lembab.

물기름 minyak rambut.

물길 aliran air (terusan; anak sungai; sungai).

물까마귀「鳥」sejenis burung air.

물꼬 pintu air; pintu pengaman banjir.

물끄러미 menatap (dengan mata tidak berkedip). 얼굴을~ 쳐다보다 menatap muka orang dengan tidak berkedip.

물난리(-亂離) ① bencana banjir. ~를 겪다 mengalami bencana banjir.②(식수단) kekurangan air.

물놀이 ① (물결침) ~하다 beriak; merenyuk;meriak. ② liburan pantai. ~가다 pergi berenang; pergi berliburan ke pantai.

물다 membayar; mengganti rugi.

물다 membusuk; menjadi rusak.

물다 ① (깨물다) menggigit; mencatuk;memagut;mematuk. ② (입에) mengulum; menggondol (dengan mulut). ③ (벌레가) menggigit; menyengat. ④ (톱니 바퀴 등이) menyangkup (roda gigi).

물들다 ① (빛깔이) dicelup;diwarnai. ② (감염(感染)) dipengaruhi; dicemari.

물들이다 mencelup; meninta; mengecat; mengelir. 검게 ~ mencelup (jadi) hitam; mengelir hitam.

물때 (물의) daki air.

물때(조수의) waktu pasang; pasang naik.

물량(物量) jumlah materi/kekayaan ~ 작전으로 dengan keunggulan materi/ kekayaan.

물러가다 cuti; pensiun; mengambil cuti.

물러나다 mengundurkan diri; pensiun; berhenti.

물러서다 mundur; menarik kembali; menghela surut; meninggalkan; meletakkan (jabatan).

물러앉다 ① (뒤에 앉다) menggeser tempat duduk ke belakang. ② (지위에서) pensiun; berhenti;bebas tugas (meletakkan jabatan).

물러오다 mengundurkan diri; menarik diri.

물렁물렁하다 lunak; lembut; empuk.

물렁하다 ① (푹 익어서) terlampau matang/ masak; lunak. ② (성질이) berhati lemah.

물레 roda pemintal.

물레방아 kincir air; gilingan air.

물레새 「鳥」 sejenis burung hutan.

물려받다 mewarisi; mengambil alih; mendapatkan dengan pemindahan hak; mendapat pusaka.

물려주다 mewariskan;memusakakan; menurunkan.

물력(物力) kekuasaan harta; kekuatan materi.

물론(勿論) tentu saja; apalagi; jangan dikatai (lagi).

물리(物理) ① (이치) hukum alam ② ☞ 물리학 ~적인 fisik. ~요법 fisioterapi. ~화학 kimia fisik.

물리다(싫증나다)jemu;bosan;muak; kesal; kesal hati; dongkol.

물리다 ① (연기) menunda; menangguhkan;mengundurkan. ② (옮기다) memindahkan; mengalihkan; memundurkan. ☞ 물려주다.

물리다(치우다) membersihkan;menyingkirkan.

물리다 (푹 익힘) memasak lunak (empuk).

물리다 ① (동물,벌레에) digigit. ② (재갈을) mengekang (kuda); menyumbat mulut (dengan).

물리다 (돈을) mengkompensasi; mengganti rugi.

물리다(치우다) mengangkat; membereskan; menyingkirkan. 상을~ menyingkirkan meja.

물리치다 menolak; menggagalkan; menampik;mengatasi;menahan serangan; mencegah.
물리학(物理學) (ilmu) fisika; ilmu alam. ~자 ahli fisika. 핵~ fisika nuklir. 지구 geofisik.
물만두(-饅頭) ravioli rebus.
문망(物望)harapan umum; harapan khalayak. ~에 오르다 diharapkan secara luas; diharapkan oleh khalayak.
물매 penderaan keras. ~맞다 di dera/dicambuk dengan keras.
물목(物目) daftar barang; katalog.
물물교환(物物交換)barter (tukar menukar barang).~하다 melakukan barter; mempertukarkan barang.
물방아① (방아) penggilingan air; kincir air; lesung air. ② (방아두레박) gayung kincir air.
물방울 tetesan air; setetes air.
물뱀 ular laut; ular air.
물벼락~맞다 tersiram.
물벼룩 「動」 kutu air.
물병(- 甁) botol air.
물보라 percikan air.
물불 ~을 안 가리다 melintasi api dan air; menempuh segala macam rintangan.
물비누 sabun cair; sabun lunak.
물산(物産)produk;hasil bumi;hasil. ~의 집산지 pusat pendistribusian hasil bumi.~이 풍부하다 kaya dalam produk. ~회사 perusahaan (penghasil) produk.
물살 arus air. ~이 세다 arus air deras sekali.
물상(物象)① (사물) obyek; benda. ② (현장) fenomena materi. ③ (교과) pelajaran ilmu alam.
물새① (수금(水禽) burung air;unggas air. ② ☞ 쇠새.
물색하다(物色-) mencari; memburu; memilih; memilih dengan teliti.
물샐틈없다 ① (틈이 없다) kedap air. ② (완벽) kedap air; kedap udara; ketat/ rapat.
물세례(- 洗禮) ① pembabtisan dengan efusi. ② ☞ 물벼락.
물소 「動」 kerbau; munding.
물수건(-手巾) (h) anduk basah.
물시계(-時計) ① (시계) jam air; klepsidra② (수도 계량기) meteran air.
물심(物心) ~양면으로 baik secara materi maupun moral.
물싸움 pertengkaran hak pemakaian air; pertengkaran saluran air. ~하다 bertengkar tentang hak atas air.
물쓰듯하다 membelanjakan uang seperti air; menghambur-hamburkan uang.
물씬하다 lunak; lembut; berbau menyengat/ amis.
물안경(-眼鏡) kaca mata renang.
물약(-藥) obat cair.
물어내다 ① (퍼뜨리다) membuka rahasia dapur. ② (변상) membayar; mengganti (kerugian); mengimpaskan; mengganti rugi.
물어떼다 menyobek dengan gigi; menggerogoti; menggigit lepas.
물어뜯다 menyobek dengan gigi; menggerogoti;

물어보다 menanyakan; menyelidiki; melakukan penyelidikan.

물어주다☞ 물어내다.

물엿 selai barlei.

물오르다 merembes naik; keluar dari kemiskinan; menjadi lebih baik dari sebelumnya.

물오리 『鳥』 itik liar; belibis.

물욕(物慾) nafsu duniawi; hasrat/ keinginan duniawi.

물음 pertanyaan. ~표 tanda Tanya.

물의(物議) gugatan umum; celaan umum; kecaman publik. ~를 자아내다[일으키다] menimbulkan kecaman publik.

물자(物資) barang-barang; mata dagangan; komoditi; bahan (baku); sumber daya.~공급 suplai barang-barang. 생활~ keperluan sehari-hari.

물자동차(-自動車) ① (살수차) (mobil) penyiram jalan. ② ☞ 급수차 (給水車).

물장구 sepak-sepakan air. ~치다[질하다] menyepak-nyepak air.

물장난~치다 bercimpang-cimpung dalam air; barbur.

물적(物的)fisik;materi.~증거 bukti fisik; bukti nyata.

물정(物情) perasaan umum. 세상~을 모르다 mengabaikan dunia di sekeliling.

물주(物主)penyandang dana/pemberi modal; bandar.

물줄기 aliran air; semburan air.

물질(物質) zat; substansi. ~적(인) materi fisik.~계 dunia materi;dunia fisik;dunia kebendaan.~대사 『生』 metabolisme. ~명사 kata benda nyata

물집 lepuh (air); pupuk. ~잡히다 mengalami lepuh; melepuh.

물차(-車) mobil tangki; mobil penyiram jalan.

물체(物體) tubuh; benda; jasad; bahan; materi.

물컹이 orang yang lembek/ lemah.

물컹하다 lembek; lunak.

물통 ember air.

물표(物標)tiket;resi barang/etiket.

물품(物品) barang-barang; komoditi. ~세(稅) pajak komoditi.

묽다 ① (농도) encer. ② (사람이) (berhati) lemah.

뭇(묶음) buntalan; bungkusan; bundel.

뭇 banyak;jumlah besar.~사람 khalayak ramai; orang banyak.

뭇매 pemukulan bertubi-tubi; pengeroyokan.~맞다 mendapat hujan pukulan dan tendangan.

뭇소리 banyak suara; cemoohan dan olok-olokan.

뭇시선(- 視線) tatapan umum; mata khalayak.

뭉개다 ① (으깨다) meremukkan; melumatkan. ②(일을) tak mengetahui apa yang harus dilakukan.

뭉게구름 awan kumulus.

뭉게뭉게 padat; tebal; dalam awan tebal.

뭉그러지다 ambruk;runtuh;roboh; jatuh.

뭉긋하다 lemah lembut; ramah; baik; mudah; gampang.

뭉뚝하다 tumpul; majal.

뭉뚱그리다 membungkus dengan serampangan/ ceroboh.
뭉실뭉실하다 montok; padat; sintal.
뭉치 segumpal;sebungkah; seikat; serangkai; setumpuk; segepok.
뭉치다① (덩이지다) menggumpalkan.② membuat gumpalan. 눈을 ~ membuat bola salju. ③ (단결) menyatu;bersatu; bergabung. 굳게 ~ bersatu dengan kuat.
뭉클하다①(먹은 것이)merasa kekenyangan; merasa berat di perut. ② (가슴이) merasa ada gumpalan di kerongkongan.
뭉툭하다 tumpul; majal; dempak; tidak runcing.
뭍 darat; daratan.
뭐☞ 무어.
...므로 (di) karena (kan); karena. 몸이 약하 ~ dikarenakan kesehatan yang rapuh.
미(美) kecantikan; keelokan; keindahan; kemolekan; kebagusan. 자연의~ keindahan alam.
미가(米價) harga beras.~정책 kebijakan harga beras.
미가공(未加工)~의 mentah;baku; kasar; belum diproses/ diolah.
미각(味覺) cita rasa selera. ~신경 saraf pengecap.
미간(眉間) alis; kening. ~을 찌푸리다 menggerakkan alis.
미개(未開)~한 tidak beradab; biadab;liar;barbar.~민족 suku bangsa yang (masih) biadab. ~지 area terbelakang.
미개간(未開墾) ~의 belum diusahakan; belum ditanami.
미개발(未開發)~의 belum dikembangkan; belum diusahakan; belum ditanami.
미개척(未開拓)~의 belum dikembangkan; belum diusahakan; liar. ~분야 ladang yang belum dieksplorasi/ diselidiki. ~지 lahan yang belum dikembangkan/ diusahakan; tanah perawan.
미결(未決) ~의 belum diputuskan; belum pasti/tetap; belum diselesaikan.~감 rumah tahanan sementara. ~구류 penahanan sementara sebelum keputusan pengadilan.
미결산(未決算) ~의 belum tetap; belum diselesaikan; berubah-ubah.
미결제(未決濟) ~의 belum di lunasi; belum selesai.
미곡(米穀) beras. ~보유량 beras vzs3 dalam stok/persediaan. ~상 pedagang beras. ~연도 tahun panen; musim panen.
미골(尾骨) 『解』 tulang tunging/ sulbi.
미관(美觀)pemandangan yang indah; tontonan yang indah. ~을 이루다 menyuguhkan tontonan yang menarik. ~을 해치다 merusak keindahan.
미관(微官)jabatan rendah;pejabat/ pegawai rendah.
미교육(未敎育)~의 tidak terlatih; belum terlatih.
미구(未久)~에 tidak lama; segera.
미군(美軍) Angkatan Bersenjata Amerika (US Army). ~점령지 area yang diduduki oleh Amerika.

미궁(迷宮) misteri; susunan yang membingungkan;labirin.~에 빠지다 diselimuti misteri.
미그 jet tempur MIG.
미급(未及)~하다 tidak mencukupi; mengecewakan; tidak memenuhi; bukan tandingan (dari).
미꾸라지 ikan lumpur.
미끄러지다 meluncur; tergelincir; menyelusuh; gagal dalam ujian.
미끄럼 peluncuran. ~(을)타다 meluncur. ~대 tempat meluncur.
미끄럽다 licin; mulus; halus.
미끈미끈 ~한 licin; berlanyau.
미끈하다 halus; cakap; mulus.
미끼① umpan. 낚시에 ~ 를 달다 mengumpani mata kail. ② umpan; pemikat; iming-imingan. ~에 걸려 들다 terpikat; terbujuk.
미나리 「植」 peterseli (daun sup) Jepang.
미남(美男) orang tampan/cakap; adonis.
미납(未納) ~의 menunggak. ~금 (jumlah) tunggakkan.~자 orang yang menunggak;penunggak.~처분 hukuman/denda untuk kelalaian membayar.
미네랄 mineral. ~워터 air mineral.
미녀(美女) wanita cantik; gadis cantik. 절세의 ~ wanita dengan kecantikan tiada tara; wanita yang sangat jelita.
미니 mini.~스커트 rok mini.~카메라 kamera mini.
미니어처 miniatur; bentuk kecil.
미닫이 pintu geser/ sorong.
미담(美談) cerita yang bagus; anekdot yang bagus.
미덕(美德) kebajikan; kebaikan; sifat baik; sifat terpuji.
미덥다 dapat diandalkan; dapat dipercaya.
미동(微動)getaran;goyangan kecil. ~도 않다 tidak goyang sedikitpun; berdiri teguh seperti batu karang.
미등(尾燈) lampu belakang.
미들 ~급의(kelas) menengah; (kelas) ringan utama. ~급 선수 (petinju) kelas menengah.
미라☞ 미이라.
미래(未來)masa datang; masa depan. ~의 mendatang; yang akan datang. ~에 di masa datang.
미량(微量) sejumlah yang sangat kecil; mikro. ~분석 analis mikro; analisis renik. ~측정기 mikrodetektor (alat pendeteksi renik).
미력(微力) kemampuan yang rendah/kurang. ~을 다하다 melakukan apa yang dapat dikerjakan.
미련 kebodohan;ketololan. ~한 tolol;bebal;bodoh.~퉁이[장이] orang bebal; orang bodoh.
미련(未練) kasih sayang yang tetap hidup. ~이 있다 sesal yang tiada putus-putusnya.
미로(迷路) jaringan jalan yang ruwet; simpang siur; labirin.
미루다① (연기)menunda;menangguhkan;mengulur waktu; mengundurkan.② (전가) menimpakan (kesalahan pada seseorang). ③ (헤아리다) menduga; mengambil kesimpulan; menilai (dari).
미루적거리다 memperpanjang;

menunda; memanjangkan.
미리 sebelumnya; dimuka; terdahulu; terlebih dahulu.
미립자(微粒子) sel darah. ~의 korpuskuler;berbentuk sel darah. ~필름 selaput halus.
미만(未滿) ~의 dibawah; kurang dari ... .
미망인(未亡人) janda. ~이 되다 menjadi janda. 전쟁 ~ janda perang (wanita yang suaminya meninggal dalam perang).
미명(未明) ~에 pada waktu fajar.
미명(美名) 의 ~아래 dengan berdalih.
미모(美貌)kecantikan; kemolekan; keelokan.~의 cantik; elok; tampan.
미목(眉目) paras; roman.~이 수려하다 memiliki paras yang tampan; berparas tampan
미묘(美妙) ~한 bagus sekali; baik sekali; elok; elegan.
미묘(微妙) ~한 halus (tidak kentara).
미문(美文) prosa yang elegan.
미물(微物) ① (하찮 것) barang yang sepele. ② (미생물) mikroorganisme/jasad renik; mikroba/kuman.
미미(微微) ~한 sedikit; enteng; kecil; tidak berarti; ringan.
미발표(未發表)belum diterbitkan.
미복(微服)penyamaran. ~으로 dengan menyamar; dalam penyamaran.
미봉(彌縫) ~하다 bertindak sementara. ~책 tindakan sementara.
미분(微分) 「數」 kalkulus diferensial.~하다 memperbedakan; membedakan; menurunkan (dalam; kalkulus). ~방정식 persamaan diferensial; persamaan turunan.
미불(未拂) ~의 belum dibayar. ~잔금 tunggakan.
미불(美拂) dollar Amerika.
미불입(未拂-)~의 belum dilunasi. ~주(株) [자본금] saham [modal] yang belum dibayar.
미비(未備) ~한 tidak mencukupi; tidak memenuhi; tidak sempurna; cacat. ~한 점 kecacatan.
미사(美辭) kata-kata berbunga; kata-kata (bahasa) yang muluk-muluk.~어구를 늘어놓다 menyusun segala macam kata-kata berbunga/muluk.
미사 misa. ~를 올리다 mengucapkan (membaca) misa.진혼 ~ misa do'a (untuk orang yang meninggal).
미사일 peluru kendali. 공대공 ~ peluru kendali udara ke udara. 지대공 ~ peluru kendali darat ke darat.
미산지(米産地) daerah penghasilan beras; daerah beras.
미상(未詳)~한[의]tidak diketahui; tidak dikenal. 작자 ~의 anonim; tidak dikenal.
미상불(未嘗不) sesungguhnya; memang; tentu saja.
미상환(未償還) ~의 belum kembali (uang). ~액(額) jumlah yang tidak dapat dipertanggung-jawabkan.
미색(米色) kuning muda.
미색(美色) perempuan cantik.

미생물(微生物) mikroorganisme; jasad renik; mikroba. ~학 mikrobiologi. ~학자 ahli mikrobiologi.
미성(未成) ~의 tidak selesai; belum selesai; tidak rampung.
미성(美聲) suara yang merdu.
미성년(未成年) yang belum dewasa. ~이다 dibawah umur; belum dewasa. ~범죄 kenakalan remaja. ~자 orang yang belum dewasa; anak dibawah umur.
미세(微細) ~한 halus; rinci; kecil.
미세스 perempuan yang sudah menikah; nyonya.
미션스쿨 sekolah misi; sekolah pengabar Injil.
미소(美蘇) ~의 Amerika-Soviet.
미소(微小)~한 sangat kecil; halus; renik; mikroskopis.
미소(微少) ~한 sangat sedikit; tak berarti; hampir tidak ada.
미소(微笑)senyuman; senyum. ~하다 tersenyum. ~를 띄우고 dengan tersenyum.
미소년(美少年) anak muda yang tampan; adonis.
미수(未收) ~의 tagihan. ~금 uang tagihan.
미수(未遂) ~의 percobaan. ~로그치다 gagal dalam usaha percobaan. ~범(犯) kejahatan berupa usaha percobaan (pembunuhan dll). 살인~ usaha percobaan pembunuhan. 자살~ usaha percobaan bunuh diri.
미수교국(未修交國)negara tanpa ada hubungan diplomatik.
미숙(未熟) ① (덜익음) ~한 belum masak; hijau; belum matang. ② (익숙지 못함)~한 belum berpengalaman; tidak terampil; masih hijau; pelonco.
미숙련(未熟鍊)~의 tidak terampil tidak mahir. ~공 pekerja tidak terampil.
미술(美術) seni. ~적인 artistik (bernilai seni). ~가 seniman. ~관 museum seni/galeri seni. ~전람회 pameran seni. ~품 karya seni.
미술공예(美術工藝) barang-barang kerajinan bernilai seni; seni kerajinan.
미스① (호칭) nona.② (미혼녀) perempuan yang belum menikah; gadis.
미스 kekeliruan;kesalahan. ~프린트 salah cetak.
미스터 tuan.
미스터리 (cerita) misteri.
미스테이크 kekeliruan; kesalahan
미식(米食) makanan beras. ~하다 makan beras.
미식(美食) epikurisme. ~하다 makan makanan yang terpilih. ~가 orang yang pemilih.
미식축구(美式蹴球) sepak bola Amerika.
미신(迷信)takhyul/ tahayul; ketahayulan.~적인 bertakhayul; fanatik. ~가 orang yang percaya pada tahayul.
미심(未審) ~한[쩍은] meragukan; dapat dipertanyakan; menyangsikan; mencurigakan.
미아(迷兒) anak yang tersesat; anak yang hilang. ~가 되다 hilang; tersasar.

미안(未安)~하다 menyesal; penuh sesal. ~한 생각이 들다 merasa menyesal; menyesal.
미안(美顔) ~수 lulur kecantikan. ~술(術) perawatan kecantikan.
미약(微弱) ~한 lemah.
미어지다 sobek.
미역 mandi; renang; berenang; turun ke air.~감다 berenang; mandi dalam air.
미연(未然) ~에 sebelum terjadi; sebelumnya. ~에 방지하다 mencegah sebelum terjadi.
미열(微熱) demam; kurang enak badan; demam puyuh.
미온(微溫) ~적인 hangat-hangat tahi ayam; suam-suam kuku; setengah hati.
미완(未完),미완성(未完成) ~의 belum selesai; belum lengkap; tidak selesai. ~교향악 simfoni yang belum selesai.
미용(美容) ~사 ahli kecantikan. ~술 pemeliharaan kecantikan; pijat muka. ~식 menu untuk kecantikan. ~원 salon kecantikan. ~체조 senam kecantikan;senam kebugaran.
미움 kebencian; rasa benci. ~(을) 받다 dibenci.
미워하다 benci; membenci; merasa benci.
미음(米飮) bubur beras.
미이라 mumi (mayat yang diawetkan/dibalsem). ~로 만들다 menjadi mumi.
미인(美人) ① (가인) gadis cantik. ~계 muslihat dengan perempuan cantik sebagai umpan;siasat bunga. ~계를 쓰다 bermuslihat dengan perempuan cantik sebagai umpan; memakai siasat bunga.~대회 kontes kecantikan. ② (미국인) orang Amerika (Yankee).
미작(米作) panen beras; budidaya padi. ~지대 daerah/ distrik penghasil beras.
미장(美粧) pemeliharaan kecantikan; perawatan kecantikan. ~원 salon kecantikan.
미장(美裝) baju bagus; pakaian bagus. ~하다 berpakaian bagus/ rapi.
미장이 tukang plester.
미적(美的) esteti; estetis. ~ 감각 rasa estetis; perasaan estetika.
미적거리다①(밀다) bergerak maju sedikit demi sedikit. ② (연기) menunda dari hari ke hari; menangguhkan.
미적분(微積分) perhitungan diferensial dan integral.
미적지근하다 hangat-hangat kuku; setengah hati.
미전(美展) ☞ 미술관람회.
미정(未定) ~의 belum diputuskan; belum tetap/pasti; belum diselesaikan. ~이다 tidak diputuskan.
미제(未濟) ~의 belum diselesaikan; belum dilunasi.
미제(美製) ~의 buatan Amerika.
미주(美酒) anggur yang amat baik.
미주(美洲) benua Amerika.
미주알고주알 dengan selidik.
미증유(未曾有)~의 belum pernah terjadi sebelumnya; belum pernah terdengar.

미지(未知) ~의 tidak diketahui. ~수 jumlah yang tidak diketahui.
미지근하다 ☞ 미적지근하다.
미진(未盡) ~하다 tidak lengkap; tidak selesai/ belum selesai; tidak memuaskan.
미착(未着)~의 belum sampai; belum dikirim/diantarkan. ~품 barang-barang yang belum diantar.
미착수(未着手)~의 belum mulai.
미처 sejauh ini; sampai sekarang; sampai kini.
미천(微賤)~한 rendah; hina; tidak jelas; dina.
미취학(未就學) ~의 pra sekolah. ~아동 anak pra sekolah; anak usia pra sekolah.
미치광이 orang gila; maniak. ~의 gila; sinting; sakit ingatan.
미치다 ① (정신이) gila; menjadi gila. ② gila; tergila-gila. 계집에 ~ tergila-gila dengan seorang wanita.
미치다 ① (이르다) mencapai; memenuhi (standar); berjumlah...; berkisar (sekitar); meliputi; mencakup. ② (영향을) menimbulkan (pengaruh); menyebabkan.
미터① meter. ~법 sistem metrik.② (계량이) meteran.
미투리 sepatu rami.
미풍(美風) adat/ kebiasaan yang baik. ~양속 adat istiadat; moral umum.
미풍(微風) angin sepoi-sepoi; angin silir semilir; angin siliran.
미필(未畢) ~의 belum selesai; belum terpenuhi.
미필적고의(未必的故意)「法」 kelalaian yang disengaja; pengabaian yang disengaja.
미학(美學) estetika. ~의 estetik; estetis. ~자 ahli estetika.
미해결(未解決)~의 belum terpecahkan; belum pasti/ tentu; belum diputuskan.
미행(尾行) ~하다 membayangi; membuntuti; menguntit. ~자 penguntit.
미행(微行) perjalanan menyamar. ~하다 melakukan kunjungan dengan menyamar.
미혹(迷惑) (미망) angan-angan; ilusi; delusi; (헤맴) kebingungan; keraguan.~하다 (그릇된 길에) kesasar; (여자에게) lupa diri; tergila-gila; (헤맴) bingung.
미혼(未婚)~의 tidak kawin; belum kawin; gadis/ bujang. ~모(母) ibu yang tidak menikah. ~자 orang yang tidak menikah.
미화(美化) pencantikan;pemolekan; pengelokan. ~하다 mempercantik; membuat cantik/ indah.
미화(美貨) [mata] uang Amerika; dollar Amerika.
미확인(未確認) ~보도 berita dari sumber yang tidak dapat dikonfirmasikan.
미흡(未洽) ~한 tidak mencukupi; tidak memadai; tidak memuaskan.
미희(美姬)gadis jelita;gadis cantik
믹서 alat pencampur; adukan; mixser.
민가(民家) rumah pribadi.
민간(民間) ~의 pribadi; swasta;

sipil.~기업[사업]perusahaan [usaha] pribadi. ~방송 siaran komersil (swasta).~외교 diplomasi orang ke orang;diplomasi antar pribadi. ~인 orang swasta; sipil.

민감(敏感) ~한 peka (terhadap) sensitif (terhadap). 열~ peka terhadap panas. ~한 사람 orang yang peka.

민권(民權)hak sipil; hak-hak rakyat. ~을 옹호[신장]하다 mempertahankan [mengembangkan] hak-hak rakyat.

민단(民團)kerja sama pemukiman; perhimpunan penduduk Korea di Jepang.

민둥민둥하다 gundul; tandus; tidak berpohon.

민둥산(- 山) bukit tandus; bukit yang gundul; bukit yang gersang.

민들레 「植」 dandelion

민란(民亂) kerusuhan; huru-hara; keributan; pemberontakkan.

민망(憫罔)~하다 malu; menyesal; menyedihkan.

민며느리 seorang gadis yang di besarkan dalam rumah seseorang sebagai calon isteri anak laki-laki nya.

민물 air segar; air tawar. ~의 limnetis. ~고기 ikan air tawar.

민박(民泊)~하다 menginap dirumpeng. ~집 rumpeng (rumah pribadi yang sewaktu-waktu menerima tamu/berfungsi sebagai penginapan).

민방(民放) ☞ 민간방송.

민방위(民防衛) pertahanan sipil (HANSIP). ~대 satuan/korps pertahanan sipil. ~훈련 pelatihan pertahanan sipil.

민법(民法) hukum sipil; hukum perdata.~학자 sarjana hukum perdata.

민병(民兵)milisi; wamil (wajib militer). ~대 korps wajib militer.

민본주의(民本主義) demokrasi.

민사(民事) ~소송 gugatan sipil (pengaduan perkara sipil). ~재관 pengadilan sipil.

민생(民生) kehidupan umum.

민선(民選)~의 dipilih oleh rakyat. ~의원 wakil yang dipilih oleh rakyat (melalui pemilu); wakil rakyat.

민속(民俗) adat istiadat daerah. ~박물관 museum daerah. ~촌 taman mini budaya daerah. ~학 ilmu tentang adat-istiadat daerah.

민속무용(民俗舞踊) tarian daerah. ~가 penari tarian daerah.

민속(敏速) ☞ 민활.

민수(民需) permintaan swasta. ~산업 industri swasta; perusahaan swasta.

민숭민숭하다 gundul; tandus; botak.

민심(民心) perasaan umum. ~의 동요 keresahan masyarakat.

민영(民營) ~의 swasta; dikelola oleh swasta. ~으로 하다 menyerahkan pada badan usaha swasta.

민예(民藝) kerajinan rakyat; seni rakyat. ~품 barang-barang kerajinan rakyat.

민요(民謠) lagu rakyat; balada. ~가수(가락) penyanyi lagu rakyat.

민요(民擾) ☞ 민란.
민원(民怨) kemarahan [keluhan] umum. ~을 사다 mengundang kemarahan umum.
민원(民願) permohonan sipil. ~사무 administrasi urusan sipil ~상담소 saluran untuk petisi sipil.
민의(民意) kehendak rakyat; opini publik.
민정(民政)pemerintahan sipil. ~을 펴다 menempatkan di bawah pemerintahan sipil.
민정(民情)① (정상) kondisi (kehidupan) rakyat. ② ☞ 민심.
민족(民族)ras; rakyat; bangsa.~성 karakteristik rasial; ciri-ciri rasial. ~운동 gerakan nasional.~자본 modal nasional. ~정신 semangat nasional; semangat kebangsaan.
민족감정(民族感情) sentimen nasional.
민족문제(民族問題)masalah rasial.
민족문화(民族文化) kebudayaan nasional.
민주(民主) demokrasi. ~적 demo kratis.~화하다 demokratisasi. ~당 partai demokrasi. ~주의 demokrasi.~주의자 demokrat.~회복 pemulihan demokrasi.
민주공화국(民主共和國)republik demokrasi.
민주국(民主國)negara demokrasi
민주제도(民主制度) sistim yang demokratis.
민중(民衆)massa; khalayak ramai. ~화하다 mempopulerkan. ~심리 psikologi massa. ~예술 seni populer. ~운동 gerakan rakyat.
민첩(敏捷) ~한 cepat; cekatan; gesit; tangkas. 행동이 ~하다 gesit dalam tindakan.
민폐(民弊) gangguan umum. ~를 끼치다 menimbulkan gangguan umum.
민활(敏活) ~한 cepat; aktif; laju; segera.
믿다①percaya; mempercayai; menerima sebagai kebenaran. 남의 말을 그대로~ percaya apa yang di katakan orang lain.②(신불을) percaya; iman.
믿음 kepercayaan; keimanan; keyakinan.~이 두터운 taat; beriman; saleh. ~이 없는 ingkar; kafir; tak beriman.
믿음성(-性)keandalan; ketergantungan. ~있는 dapat diandalkan; dapat dipercaya.
믿음직하다 dapat diandalkan; dapat dipercaya; meyakinkan; penuh harapan; menjanjikan.
밀 (소맥) gandum.
밀 (밀랍의) lilin kuning; lilin tawon; malam. ~로 만든 dari lilin.~을 먹이다 melilinkan; memberi lilin.
밀가루 tepung gandum; terigu.
밀감(蜜柑)『植』jeruk mandarin.
밀고(密告) informasi (rahasia). ~하다 memberi informasi; menghianati. ~자 informan; pemberi informasi.
밀국수 mi terigu.
밀기울 antah gandum.
밀다① (떠다밀다) mendorong; menyorong; mendorong; menyodok;

menolak. ② menarah; mengetam; mencukur.수염을~mencukur kumis. ③ ☞ 미루다.

밀담(密談) pembicaraan rahasia.

밀도(密度) kepadatan; densitas. ~측정 densimeter.인구 ~ kepadatan penduduk.

밀도살(密屠殺) penyembelihan gelap. ~하다 menyembelih (sapi) secara gelap.

밀랍(蜜蠟) lilin tawon malam.

밀렵(密獵) pemburu gelap. ~하다 berburu tanpa ijin.~자 pemburu gelap.

밀리 ~그램 miligram.~리터 mililiter ~미터 milimeter.

밀리다① (일이) tertunda. ② (지불이) ditunggak. ③ (때밀 리다) di gosok keluar④ (내밀리다) didorong kebelakang; didesak mengundurkan diri.

밀림(密林)hutan yang lebat; rimba raya.

밀매(密賣) penjualan gelap. ~하다 menjual secara gelap; menyelundupkan.

밀매매(密賣買) perdagangan gelap; jual beli gelap.

밀매음(密賣淫) ~하다 melakukan prostitusi secara gelap. ~녀(女) pelacur liar.

밀무역(密貿易)penyelundupan. ~하다 menyelundup.

밀물 pasang naik.

밀보리 gandum hitam; gandum dan jelai.

밀봉(密封) ~하다 menyegel; menutup rapat-rapat; merekatkan. ~교육 latihan rahasia.

밀봉(蜜蜂) tawon; lebah madu.

밀사(密使) utusan rahasia; agen rahasia.

밀서(密書) surat (pesan) rahasia.

밀선(密船) kapal penyelundup.

밀수(密輸) penyelundupan. ~하다 menyelundupkan. ~단 kelompok penyelundup. ~선 kapal penyelundup. ~자 penyelundup. ~품 barang selundupan.

밀수입(密輸入) penyelundupan (ke dalam negeri). ~하다 menyelundupkan; mengimpor secara illegal.

밀수출(密輸出) penyelundupan (keluar negeri). ~하다 menyelundupkan ke luar negeri.

밀실(密室) ruang (kamar) rahasia.

밀약(密約)kesepakatan/perjanjian rahasia.

밀월(蜜月) ~여행 bulan madu.

밀입국(密入國) ~하다 masuk secara tidak sah.

밀접(密接)~한 akrab; rapat; intim. ~한 관계가 있다 berhubungan akrab

밀정(密偵)mata-mata; agen rahasia; penyelidik.

밀주(密酒) minuman keras gelap.

밀집(密集)~하다 berkerumun;berkerubung.

밀짚 jerami gandum (jelai). ~모자 topi jerami.

밀착(密着) ~하다 melekat. ~인화「寫」 percetakan kontak.

밀치다 mendorong.

밀크 susu;susu kental.~셰이크 susu

kocok. ~홀 warung susu.

밀탐(密探) ~하다 memata-matai; menyelidiki (secara rahasia).

밀통(密通)① komunikasi rahasia. ~하다 berkomunikasi secara rahasia; berkhianat. ~자 pengkhianat. ② hubungan gelap;perselingkuhan. ~하다 berhubungan gelap; berselingkuh.

밀폐(密閉) ~하다 menutup dengan rapat-rapat.

밀항(密航) penyelundupan; naik kapal secara gelap. ~하다 menyelundup masuk. ~자 penyelundup (naik kapal).

밀행(密行) ~하다 aksi rahasia.

밀회(密會)randevu;pertemuan rahasia. ~하다 bertemu secara rahasia. ~장소 tempat randevu.

밉다 menjijikkan; penuh benci.

밉살스럽다 menimbulkan benci; menjengkelkan.

밋밋하다 panjang dan ramping; lurus dan mulus.

밍밍하다 hambar; tawar; encer.

밍크「動」cerpelai; bulu; cerpelai. ~ 외투 mantel bulu cerpelai.

및 baik ... maupun ...; dan juga.

밑① bawah; dasar; pangkal; kaki. ~의 bawahan; rendahan. ~에(의) bawah; dibawah. ~으로(의) arah bawah. ~으로부터 dari bawah. ② (근본) akar; asal. ③ (음부) kemalu-an; urat. ④ (바닥) dasar.

밑동 akar; pangkal; dasar.

밑면(- 面) alas.

밑바닥 dasar; alas; telapak.

밑바탕 (근저) landasan; dasar; (본성) watak asli.

밑받침 tatakan untuk menulis.

밑변(- 邊)「數」alas; basis

밑지다 rugi; menderita kerugian.

밑창 tapak; telapak.

밑천 modal; dana; kapital; pokok. ~을 들이다 menyimpan modal.

ㅂ

…ㅂ시다 mari. 갑시다 Mari kita pergi

바가지① (그릇) gayung ② menjual terlalu mahal. ~를 쓰다 membayar melebihi yang biasa; membayar terlalu mahal. ~씌우다 menghargai terlalu tinggi ~요금 harga yang melebihi biasa; harga yang terlalu tinggi.

바가지긁다 mengomel.

바겐세일 penjualan tawar menawar.

바구니 keranjang; keruntung; bakul. 장 ~ keranjang belanjaan.

바구미 「蟲」 kumbang penggerek padi.

바글바글 ~끓다 mendidih; menggelegak.

바깥 luar; bagian luar.~의 luar; bagian luar.~에(서) di udara terbuka; di luar. ~양반 suami.

바께쓰 ember; timba; gayung.

바꾸다①mengganti; memperbaharui; menukarkan.물건을 돈으로 ~ menukarkan barang kedalam uang ②merubah; mengubah. 방향을 ~ merubah arah.

바뀌다 dirubah; direvisi. ☞ 변하다.

바나나 pisang. ~껍질 kulit pisang.

바느질 jahit menjahit. ~하다 menjahit. ~품을 팔다 menjual barang jahitan.

바늘 jarum; jarum jam. ~방석에 앉은 것 같다 merasa sangat gugup. ~에 실을 꿰다 memasang benang pada jarum.

바다 laut; samudra. ~로 나가다 melaut; berlayar. 불~ lautan api.

바다표범 「動」 anjing laut.

바닥 ① lantai; dasar. 마룻 ~에서 자다 berbaring di atas lantai. ② dasar;alas;tapak. ③ akhir; penutup. ☞ 바닥나다. ④ kawasan yang padat; daerah yang ramai sekali. 장 ~ pasar yang ramai. 종로~ distrik Jongno.

바닥나다 habis; habis dari persediaan.

바닥보다 ☞ 바닥나다.

바닷가 pantai; pinggir laut.

바닷물 air laut. ~고기 ikan laut.

바동거리다 meronta-ronta; mengais-ngais; menggelepar; menggeliat.

바둑 *baduk*. ~을 두다 bermain *baduk*. ~돌 biji *baduk*. ~ 판 papan *baduk*.

바둑무늬~의 belang.

바둑이 anjing belang putih dan hitam.

바라다 ① (예기.기대) mengharapkan. ② (소원함) ingin; mau; berharap; menginginkan; ③ (간원.부탁) memohon; meminta.

바라보다 melihat; menatap; memandang; menyaksikan.

바라보이다 terlihat; kelihatan.

바락바락 mati-matian; dengan susah payah.~기를 쓰다 melakukan usaha mati-matian.

바람① angin. ~이 있는[없는] berangin [tidak berangin]. ~방향이 바뀌다 arah angin berubah. ~이 잘 통하다 banyak udara masuk; berventilasi baik. 저녁 ~을 쐬다 menikmati kesejukan malam.~에 쐬다 berangin-angin; makan angin. ~이 일다(자다) angin bertiup [reda]. 찬~ angin dingin. ② penyelewengan.~나다 menyeleweng.~장이 penyeleweng; pria [wanita] yang gonta-ganti pasangan; mata keranjang. ③ (풍) bualan.

바람 ~에.① bersama dengan; sehubungan dengan; sebagai akibat dari. 일어나는 ~ 에 karena berdiri. 떠드는 ~에 karena hiruk-pikuk.② 샤쓰 ~으로 memakai kemeja berlengan pendek; tidak memakai jas.

바람개비 baling-baling;gada-gada (penunjuk arah angin).

바람결 kabar angin; selentingan; desas-desus.

바람둥이 ①(풍장이) penyombong; pembual. ② (바람잡이) pencangak.

바람막이 kasa angin; pelindung dari angin.

바람맞다 dibodohi; dibohongi.

바람벽(- 壁) dinding; tembok.

바람직하다 diinginkan;dianjurkan; dikehendaki.

바래다① (변색) pudar; memudar; luntur (hilang warnanya).② (표백) memutihkan; memucatkan; menggelentang.

바로① dengan benar; dengan jujur; dengan tepat; langsung. ~말하다 mengatakan kebenaran. ~집으로 가다 pulang langsung ke rumah. ~알아맞추다 menerka dengan benar. ~이웃에 살다 tinggal berdekatan. ~이 근처에서 그를 보았다. Saya melihat dia tepat di sekitar sana. ② (구령) Lihat depan!

바로미터 barometer.

바로잡다 ① (굽은 것을) meluruskan. ②(교정) membenarkan;membetulkan; memperbaiki.

바륨 「化」 barium (Ba).

바르다 ① (곧다) lurus. ② (정당.참되다) benar; adil; jujur; tulus.

바르다 ① (붙이다) menempelkan; merekatkan; memplester; melekatkan. ② (칠하다) mengecat;memakaikan; menggosokkan; memoleskan.고약을~ mengoleskan salep.

바르다 (발라내다) mengupas; menguliti; melepaskan; menulangi; membuka.

바르샤바 Warsawa. ~조약 Pakta Warsawa.

바른길 jalan yang lurus; jalur yang benar.

바른말 kata yang masuk akal (benar); pembicaraan yang jujur/ apa adanya. ~하다 berbicara secara

rasional; berbicara apa adanya.
바리캉 jepitan rambut.
바리케이드 barikade; rintangan. ~를 치다 membuat barikade. ~를 돌파하다 menerobos barikade.
바리콘 kondensor variabel.
바리톤 「樂」 bariton; penyanyi bariton; suara bariton.
바바리코트 mantel bulu burberry.
바베큐 barbecue.
바벨 「聖」 ~탑 Menara Babel.
바보 tolol; bodoh; idiot; dungu. ~같은 ketololan.
바쁘다 sibuk; repot. 시험 준비에 ~ sibuk mempersiapkan untuk ujian.
바삐 dengan repot/ sibuk; dengan tergesa-gesa; dengan seketika.
바삭거리다 desir; desau; gercik; gersak.
바스락거리다 desir;gersik; gersak.
바스러뜨리다 menghancurkan; meremukkan; memecahkan.
바스러지다 pecah; remuk; hancur.
바싹 ① (바삭) getas. ☞ 바삭... ② (mengering) sama sekali. ~ 말라붙은 우물 sumur yang mengering sama sekaii. ~마른 입술 bibir yang kering.③ erat; dengan rapat; dengan ketat/erat; dengan kencang. 나사를 ~죄다 menyekrup dengan kencang.
...바에야 sama sekali; daripada. 이왕 그만둘~ jika engkau menyerah sama sekali.
바위 batu; tebing batu. ~가 많은 berbatu-batu. ~너설 tepi/ pinggir batu yang tajam.
바이러스 「醫」 virus. ~병의 bersifat virus. ~가 원인인[에 기인하는] disebabkan oleh virus.
바이올린 biola. ~주자 pemain biola.
바자 bazaar (amal).~를 열다 membuka bazar; mengadakan bazar.
바조(- 調) 「樂」 F mayor;F minor.
바주카포(- 砲) bazoka.
바지 celana panjang; pantalon; sarwal.
바지저고리 baju dan celana panjang, orang udik.
바짝 ☞ 바싹.
바치다 memberikan;menyerahkan; mengabdikan;membaktikan.일생을 ~mengabdikan hidup (pada).
바치다 (즐기다) kecanduan.
바캉스 liburan; prei.
바퀴 「蟲」 coro; lipas; kecoa.
바퀴 roda; putaran. 한 ~돌다 berputar satu kali. ~살 jari-jari; ruji. ~자국 bekas roda; jejak roda. 앞[뒷] ~ roda depan [belakang].
바탕 dasar; landasan; basis; watak; (keadaan) jasmani.
바터 barter; tukar menukar. ~무역(貿易) perdagangan barter/ tukar menukar. ~제(制) sistem barter/ tukar menukar.
바텐 (더) bartender.
바통 tongkat komando; baton. ~을 넘기다 menyerahkan tongkat komando. ~을 넘겨받다 menerima tongkat komando; mengambil alih tugas.
박격포(迫擊砲) mortir; meriam kecil. tomong;
박다(못 따위를) menancapkan; me-

ㅂ

macak; memalu.
박다(찍다,인쇄) mengambil (gambar); mencetak.
박다 menjahit. 재봉틀로~ menjahit dengan mesin jahit.
박대(薄待) ☞ 냉대.
박덕(薄德) kurang berperibudi.
박두(迫頭) ~하다 mendesak; sebentar lagi; dekat.
박람(博覽) ~회 pameran; pekan raya. ~회장 area pameran; arena pekan raya.
박력(迫力)daya; kekuatan; intensitas. ~있는 kuat meyakinkan.
박론(駁論) sangkalan; pembuktian kesalahan. ☞ 반박.
박리(薄利)keuntungan kecil.~다매 keuntungan yang kecil dan pengembalian yang cepat
박멸(撲滅) ~하다 memusnahkan; membasmi;menyapu habis; menghapuskan.
박명(薄命) ~한 tidak beruntung; sial; malang.
박물(博物) ~관 museum. ~군자 orang yang berpengetahuan luas. ~학 sejarah alam. (~학자 naturalis; penyelidik alam).
박박 dengan keras; dengan kuat.
박복(薄福)kemalangan;kesedihan; nasib malang.~한 malang; sial; tak mujur.
박봉(薄俸) gaji yang kecil; upah yang kecil.
박사(博士) doktor (Dr). ~논문 desertasi. ~학위 gelar doktor. (~학위를 따다 mengambil gelar doktor). 만물~ orang berpengetahuan luas.
박살(璞殺)~하다 memukul sampai mati. ~내다 menghancur kan; meremukkan; memecahkan; merusakkan.
박색(薄色) paras yang jelek; roman yang tidak cakap.
박수 dukun sihir laki-laki.
박수(拍手) tepuk tangan. ~하다 bertepuk tangan. 우뢰 같은 ~ tepuk tangan yang gemuruh. ~갈채 sorakan; tepuk tangan. (~갈채하다 memberikan tepuk tangan dan sorakan).
박식(博識) pengetahuan. ~한 terpelajar;berpengetahuan luas; berilmu.
박애(博愛)filantropi; kedermawanan kecintaan terhadap sesama manusia;perikemanusiaan.~의 murah hati; dermawan; suka menderma; cinta sesama manusia.
박약(薄弱) ~한 lemah. 의지~한 tekad/ keinginan yang lemah.
박음질 jahit menjahit; jahitan; jahitan mesin jahit.
박이다 ① (찍게 하다) mencetakkan; dipotret. ② (속에) terlekat; tertanam; terpatri. ③ (배다) menjadi kebiasaan; kecanduan.
박자(拍子) tempo; ritme; irama; derap; matra. ~를 맞추다 menempokan; memberi tempo/irama. ~를 맞추어 seirama.
박작거리다 penuh sesak; ramai berjalan).
박장대소(拍掌大笑) tepuk tangan bercampur tawa; tempik sorak.~하다 tertawa sambil bertepuk

ㅂ

tangan; bertempik sorai.
박재(薄才) tidak berkemampuan; tidak cakap.
박절(迫切) ☞ 박정(薄情).
박정(薄情)~한 berhati dingin; tak berperasaan;acuh tak acuh; kejam.
박제(剝製) burung (hewan) isian/ sumpalan. ~하다 menyumpal; mengisi (kulit hewan). ~한 disumpal; diisi. ~사(師) ahli taksidermi; pakar taksidermi.~술(術) taksidermi (kepandaian mengisi kulit binatang dengan kapas sehingga tampak seperti hidup).
박쥐 「動」 kelelawar; kalong; keluang; kampret.
박진(迫眞) keadaan/ sifat seperti yang sebenarnya. ~감 있는 berasa seperti sebenarnya.
박차(拍車)penggertak;sungga.~를 가하다 memacu (kuda).
박차다 menendang pergi; menolak mentah-mentah.
박치기 tandukan; sundulan. ~하다 menanduk; menyundul.
박탈하다(剝奪 -) ☞ 빼앗다.
박테리아 bakteri; kuman; baksil.
박토(薄土)tanah yang tandus; tanah yang tidak subur; tanah gersang.
박하(薄) 「植」 pepermin.~담배 rokok bermentol.
박하다(薄-) picik;kikir;pelit;tidak berperasaan. 인심이~ hati tidak ramah.
박학(博學)pengetahuan yang luas. ~의 terpelajar; berpengetahuan luas.
박해(迫害) penyiksaan; penganiayaan; penindasan.~하다 menganiaya; menyiksa; menindas.
박히다 terpatri; terpancang; tercetak.
밖① ☞ 바깥.② yang lainnya; sisanya; kecuali.그 ~에 lagi pula; tambahan;disamping itu.그 ~의 사람들 orang-orang yang lainnya.
반(半)①setengah; separuh; perdua. 1 다스 ~ satu setengah lusin; satu lusin setengah. 3 시 ~ pukul 3 lewat 30 menit; pukul setengah empat. ~ 병 setengah botol. ~시간 setengah jam. 1 시간 ~ satu jam setengah; satu setengah jam. ~ 마일 setengah mil. ~으로 가르다 membagi dua; memarokan; memaruhkan. ...의 ~쯤 setengah dari; separuh dari. ② sebagian;separuh. ~숙의 direbus setengah masak. ~은 농으로 setengah bergurau; setengah berolok-olok.
반(班) kelas;partai;tim;seksi;regu; perangkat.
반...(反) anti; melawan; memusuhi. ~제국주의 anti inferial isme.
반가공품(半加工品) barang setengah jadi.
반가워하다 gembira; senang.
반가이 dengan gembira; dengan senang; dengan girang.
반감(反感)antipati;perasaan benci. ~을 품다 memendam rasa benci. ~을 사다 mengundang kebencian/ antipati.
반감(半減) ~하다 mengurangi separuh.

ㅂ

반갑다 gembira; senang; bahagia; girang; riang.
반값(半 -) setengah harga; separuh harga. ~으로 pada separuh harga; dengan setengah harga.
반격(反擊) serangan balasan. ~하다 melakukan serangan balasan menyerang balik.
반경(半徑)radius;garis tengah...의 ~내에 dalam radius...
반골(叛骨) ~의 pantang mundur. ~정신 semangat pantang mundur.
반공(反共) anti komunisme. ~의 (bersifat) anti komunis. ~운동 gerakan anti komunis.
반관반민(半官半民) ~의 semi pemerintah.
반구(半球) hemisfir; belahan bumi.
반군(叛軍) tentara pemberontak.
반기(反旗) ~를 들다 memberontak; mengangkat senjata.
반기(半旗)bendera setengah tiang. ~를 걸다 menaikkan bendera setengah tiang.
반기(半期)~의 semi tahunan; semester. 4~ kuartal. 상[하] ~ semester pertama [kedua].
반기다 senang; gembira; girang.
반나절(半 -) setengah hari.
반나체(半裸體) ~의 etengah telanjang.
반납(返納) ~하다 mengembalikan; memulangkan.
반년(半年) setengah tahun. ~마다 setengah tahunan;tiap enam bulan.
반달(半 -) ① (반개월) setengah bulan. ② (달의) bulan separuh.
반대(反對)①perlawanan; pertentangan; oposisi. ~하다 menentang; melawan; menyangkal.~의 berlawanan; bertentangan. ...에~하여 melawan;menentang; bertentangan. ...에 ~이다 ditentang; dilawan. ~당 partai oposisi. ~신문 「法」 pemeriksaan silang. ~운동 gerakan perlawanan.~자 saingan;lawan; oponen; penentang. ② kebalikan; lawan. ~의 berlawanan; bertentangan. ~로 sebaliknya...; bertentangan dengan itu...; jalan lainnya. ~급부 balas budi. ~어 antonim; lawan kata.
반도(半島) semenanjung; jazirah. 의 berupa semenanjung.
반도체(半導體) semi konduktor.
반동(反動) reaksi; rekoil; usaha melawan menentang). ~하다 bereaksi; memberi reaksi.
반드르르 ~한 licin; mengkilap.
반드시 tentu saja; bagaimanapun; selalu; dengan sendirinya; tidak dapat dihindari. ~ ...하다 yakin (untuk).
반들거리다 mengkilap.
반듯하다 lurus; persegi dan rata; tidak bercacat; terhormat.
반등(反騰) kenaikan yang reaksioner. ~하다 melambung (dalam harga) 주가의 급~ kenaikan reaksioner harga saham.
반딧불 cahaya kunang-kunang.
반락(反落) penurunan yang reaksioner(dalam harga saham). ~하다 turun (jatuh) sebagai reaksi. 급~ kemerosotan yang tajam.
반란(反亂) pemberontakan.~을 일

ㅂ

으키다 memberontak; mengangkat senjata. ~군 tentara pemberontak. ~자 pemberontak.

반려(伴侶) teman; rekan; sahabat. 인생의 ~자 teman hidup (isteri/suami).

반려(返戾) ~하다 mengembalikan; memulangkan.

반론(反論)argumen balasan;sangkalan; bantahan. ~하다 menyangkal; membantah; mendebat; membahas.

반말(半-)bahasa kasar/pergaulan.

반면(半面)satu sisi; setengah wajah; profil; raut muka. ~상(像) siluet.

반모음(半母音) semi vokal.

반목(反目) antagonisme; perseturuan;permusuhan; pertikaian; perselisihan;percekcokan. ~하다 berseteru; bermusuhan; bertikai.

반문(反問) ~하다 menanya balik.

반문(斑紋)bintik; selekeh; bercak; noda.

반미치광이(半-) orang yang setengah sinting.

반바지(半 -) celana tanggung.

반박(反駁)bantahan;pertentangan; sangkalan;kontradiksi.~하다 membantah; menyangkal.

반반(半半) ~(으로) setengah-setengah; separo-separo.

반반하다 ① (바닥이) mulus; rata; halus; tarah; licin.②tampang yang bagus, tampan. 얼굴이 ~ memiliki muka yang tampan (cantik).③ (지체가) terhormat; baik-baik. 집안이 ~berasal dari keluarga terhormat/baik-baik.

반발(反撥) penolakan. ~하다 menolak; memukul mundur. ~력 kekuatan/ daya penolakan.

반백(半白)~의 beruban; berambut ubanan.

반벙어리(半-) setengah bisu.

반병신(半病身)① (불구자) setengah pincang; setengah lumpuh. ② ☞ 반편이.

반복(反復)perulangan;pengulangan.~하다 mengulang. ~하여 dengan berulang kali; bolak-balik.

반분(半分) ~하다 membagi dua; memaro/memaruh.

반비례(反比例) ~하다 berbanding terbalik.

반사(反射) pencerminan; refleksi; pemantulan;refleks.~하다 memantulkan. ~경 cermin pemantul; reflektor. ~광[열] sinar [panas]pantul. ~운동 gerakan refleks. ~작용 (tindakan) refleks.

반사회적(反社會的)anti sosial. ~집단[행위] kelompok [tindakan] anti sosial.

반색하다 menunjukkan kegirangan yang besar; sangat riang.

반석(盤石)batu sendi. ~같은[같이] sekeras batu sendi.

반성(反省) refleksi/ pencerminan diri; penelaahan diri. ~하다 bercermin; mempertimbangkan kembali; menelaah kembali. ~을 촉구하다 meminta untuk mempertimbangkan kembali.

반세기(半世紀) setengah abad.

반소매(半 -)setengah lengan;se-

paruh lengan.
반송(返送) ~하다 mengembalikan; memulangkan.
반송장(半 -) orang yang separuh mati.
반수(半數) setengah dari jumlah.
반숙(半熟) ~의 setengah masak; separuh matang.~란(卵) telur separuh masak.
반시간(半時間) setengah jam.
반식민지(半植民地) ~국가 negara semi kolonial; negara setengah terjajah.
반신(半身) separuh badan. ~상 (potret) setengah badan.~불수 hemiplegia.
반신(返信) jawaban; sahutan; balasan. ~료 perangko balasan.
반신반의(半信半疑) ~하다 bimbang; ragu-ragu.
반액(半額) setengah jumlah (total; harga; ongkos). ~으로 pada setengah harga; dengan separuh harga. ~으로 하다 membuat potongan 50 persen.
반역(叛逆) pemberontakan; pengkhianatan; pembangkangan. ~하다 memberontak; membangkang. ~자 pemberontak; pengkhianat; pembangkang.
반영(反映) refleksi; pencerminan; bayangan; gambaran. ~하다 mencerminkan; tercermin.
반영구적(半永久的)semi permanen; setengah beton.
반올림(半 -) ~하다 menggenapkan; menggenapi.
반원(半圓) setengah lingkaran. ~(형)의 berbangun setengah lingkaran.
반월(半月) bulan separuh. ~(형)의 (berbentuk) sabit.
반음(半音) 『樂』 setengah ketukan. ~올리다[낮추다] meninggikan [merendahkan] setengah ketukan.
반응(反應) reaksi; respon; efek. ~하다 bereaksi (terhadap); beres pon (terhadap).~을 보이다 menunjukkan reaksi/ respon.
반의반(半 -半)seperempat; satu perempat.
반의식(半意識) 『心』 kebawahsadaran. ~적 bawah sadar; setengah sadar.
반의어(反意語) antonim; lawan kata.
반일(反日) ~의 anti Jepang.
반입(搬入) ~하다 memasukkan; membawa masuk.
반작용(反作用)reaksi. ~하다 bereaksi (terhadap).
반장(班長) ketua RT; mandor/ pengawas; ketua kelas.
반전(反戰) ~의 anti perang. ~론[주의] pasifisme (faham anti perang).~론[주의]자 orang yang anti perang.~운동 gerakan anti perang.
반전(反轉) ~하다 berbalik.
반절(半折) pelipatan dua. ~하다 melipat dua. ~지 sehelai kertas yang dilipat dua.
반점(斑點) bintik; becak; bercak; noda;belang. ~이 있는 berbintik; berbecak; berbercak.
반정부(反政府) ~의 anti pemerintah.

ㅂ

반제국주의(反帝國主義) anti penjajahan; anti imperialis. ~적 anti imperialistis.
반제품(半製品) barang setengah jadi.
반주(伴奏) pengiringan. ~하다 mengiringi. ...의 ~로 dengan di iringi(oleh).피아노 ~로(bernyanyi) dengan iringan piano. ~자 pengiring.
반주(飯酒) minuman (keras) yang dikonsumsi pada waktu makan.
반죽 ~하다 mengadoni; menguli; meremas; meramas.
반증(反證) bukti sangkalan. ~을 들다 menyangkal; mengemukakan bukti sangkalan.
반지(斑指) cincin.
반지르르 dengan mengkilap; secara mengkilap.
반지름(半 -) ☞ 반경(半徑).
반짇고리 kotak jarum.
반질거리다 ①mengkilap;halus;licin. ② lihai;licin;licik;pintar busuk.
반질반질 ~한 mengkilap; halus; licin.
반짝거리 bercahaya;berkilau; bergemerlap;bersinar-sinar; berbinar.
반쪽(半-) setengah; separuh; separo.
반찬(飯饌) lauk; lauk-pauk.~가게 toko bahanmakanan; toko pangan.
반창고(絆瘡膏) plaster; plester. ~를 붙이다 menempelkan plester.
반체제(反體制)anti kemapanan.~인사 orang yang anti kemapanan; disiden (orang yang berbeda pendapat).
반추(反芻)pemamah biakan;ruminansi.~하다 memamah biak. ~동물 hewan yang memamah biak.
반출(搬出) ~하다 membawa keluar; mengeluarkan.
반칙(反則) kecurangan; pelanggaran peraturan (hukum). ~하다 melanggar hukum. ~이다 bertentangan dengan peraturan.
반타작(半打作)「農」pembagian hasil panen paroan dengan pemilik tanah. ~하다 berbagi hasil sama rata.
반투명(半透明) ~의 setengah tembus cahaya.
반편(半偏),**반편이**(半偏-) tolol; bego.
반포(頒布) ~하다 mengedarkan; menyebarluaskan; menyebarkan; (공포) mengumumkan; memaklumatkan.
반품(返品) barang-barang yang dikembalikan. ~하다 mengembalikan (barang). ~사절 barang yang telah dibeli tak dapat dikembalikan.
반하다 jatuh cinta; jatuh hati, terpesona.
반항(反抗) perlawanan;resistensi; penentangan; oposisi. ~하다 menentang;melawan; memberontak. ~적인(sikap) menentang/ memberontak.
반향(反響)gema; gaung; kumandang. ~하다 bergema; menggema; berkumandang.~을 일으키다 menimbulkan gaung; menimbulkan sensasi.
반혁명(反革命) kontra revolusi.

ㅂ

~적 anti revolusioner.

반환(返還) pengembalian; pemulangan;pemulihan. ~하다 mengembalikan; memulangkan.

받다 ① menerima; mendapat; beroleh;mencapai. 교육을 ~ mendapatkan pendidikan; dididik (di).환영을~ mendapat sambutan/ucapan selamat datang. ② mendapat; mengalami; menderita. 손해를 ~ menderita/ mengalami kerugian. 혐의를 ~ menderita kecurigaan; dicurigai.③ mendapat; menjalani; mengalami.치료를~ mendapat perawatan medis. 문초를~ mendapat pemeriksaan. ④ menangkap; menerima. 공을 ~ menangkap bola. ⑤ (우산을) memasang (payung).⑥ (뿔.머리로) menunduk; menyundul. ⑦ bermandikan. 햇볕을 ~ bermandikan sinar matahari. ⑧ (아기) melahirkan. ⑨ (응답) menjawab.전화를~ menjawab panggilan telepon.

받들다 ① (추대) mengangkat (seseorang sebagai...).② (지지) mendukung; menyokong; membantu; mematuhi. ③ (공경) menghormati; menghargai.④ (받쳐듦) mengangkat.

받들어총 angkat senjata.

받아들이다 menerima; menyetujui; memenuhi; mengabulkan.

받아쓰기 pendiktean; pengimlaan.

받아쓰다 mencatat (apa yang di diktekan).

받을어음 「商」 bilyet.

받치다 ① (괴다) menyangga; menopang; mengganjal. ②(먹은 것이) mengganjal di perut. ③ (우산따위를) memegang di atas kepala.

받침대 topangan; penyangga.

받히다 ditanduk; disundul.

발 kaki. ~을 멈추다 berhenti. ~을 맞추다 menyesuaikan lang- kah. ~을 헛디디다 salah langkah.

발 kerai bambu.

발(發) ① 오전 10 시~열차 [급행] kereta api [ekspres] pukul 10.00 pagi. 6 월 10 일 목포~의 배 kapal yang meninggalkan Moppo pada tanggal 10Juni. ② berondongan; tembakan. 탄약 1 만 ~ berondongan 10.000 peluru.

발가락 jari kaki.

발가벗다 ☞ 벌거벗다.

발가숭이 ☞ 벌거숭이.

발각(發覺) ~되다 tersingkap; ketahuan; kelihatan.

발간(發刊) penerbitan; publikasi. ~하다 mempublikasi; menerbitkan.

발갛다 merah terang.

발개지다 memerah;menjadi merah. 얼굴이 ~ muka menjadi merah; muka memerah.

발걸음 langkah; gaya berjalan ~을 재촉하다 mempercepat langkah.

발견(發見) penemuan.~하다 menemukan. ~자 penemu.

발광(發光)radiasi;pemancaran sinar/penyinaran. ~하다 bersinar; memancarkan cahaya.

발광(發狂) ~하다 menjadi gila; menjadi sinting. ~케 하다 mendorong (menjadi) gila.

발구르다 menghentak-hentakkan

ㅂ

kaki (dengan tidak sabar).

발군(拔群)~의 istimewa;luar biasa.

발굴(發掘) penggalian. ~하다 menggali.

발급(發給) ~하다 mengeluarkan; menerbitkan.

발긋발긋 ~한 berbintik-bintik merah.

발기(勃起) ereksi; penegangan. ~하다 tegang;mengaku; menegang ~가 안되다 tidak bisa ereksi. ~력 감퇴 impotensi/ lemah syahwat.

발기(發起) proyeksi; saran; usul/ proposal.~하다 mengusulkan; menyarankan; mengajukan usulan. ...의 ~로 atas saran. ~인 promotor.

발길 ~이 잦다 mengunjungi berulangkali. ~을 돌리다 berbalik; memutar langkah.

발길질 tendangan; sepakkan.~하다 menendang; menyepak.

발꿈치 tumit.

발끈 ☞ 불끈.

발끝 ujung jari kaki; jari kaki.

발단(發端) awal; permulaan; asal mula;pangkal. 사건의~asal muasal perkara.

발달(發達)perkembangan;pertumbuhan; kemajuan. ~하다 berkembang; tumbuh; maju.

발돋움 ~하다 berdiri pada ujung jari kaki.

발동(發動) operasi; pelaksanaan; pemberlakuan.~하다 memberlakukan(hukum/undang-undang);menjalankan; melaksanakan.

발동기(發動機) motor;mesin.~선 motor boat; kapal motor.

발뒤꿈치,발뒤축 tumit.

발등 punggung kaki.

발딱 ~일어나다 melompat bangun. ~ 자빠지다 jatuh pada punggung.

발라내다 menguliti;membersihkan; menulangi. 생선 뼈를 ~ menulangi ikan.

발랄(潑剌)~한 segar; lincah; bersemangat.

발령(發令) pemberitahuan pengangkatan resmi.~하다 memberitahukan pengangkatan.

발매(發賣) ~하다 menjual. ~중 dijual.

발명(發明) penemuan; ciptaan. ~하다 menemukan; menciptakan; merancang.

발목 pergelangan kaki. ~잡히다 terikat pergelangan kaki.

발밑 ~에 di bawah kaki. ~에도 못따라가다 bukan tandingan.

발바닥 telapak kaki.

발버둥이치다 mencakar-cakar; menendang-nendang; melakukan usaha yang sia-sia.

발버둥질치다 ☞ 발버둥이치다.

발병(發病) ~하다 jatuh sakit.

발본(拔本) pencabutan. ~하다 mencabut. ~색원(塞源)하다 mencabut sampai ke akar-akarnya.

발부리 ujung jari kaki.~를 돌에 채다 tersandung pada batu.

발뺌 penghindaran;pengelakan;pemaafan diri sendiri.~하다 memaafkan diri sendiri.

발사(發射)penembakan;peluncuran. ~하다 menembak; meluncurkan.

발산(發散)pemancaran;penyinaran.

~하다 memancar; menyorot; bersinar.

발상지(發祥地) tempat kelahiran (agama dll).

발생(發生) kejadian; kemunculan; pertumbuhan; pembangkitan.~하다 terjadi;berkembang;berawal;muncul.

발설(發說) ~하다 membuka rahasia; mengungkapkan; membocorkan.

발성(發聲)ucapan;ungkapan.~하다 berucap;mengucapkan; melahirkan (perasaan).

발소리 (suara) langkah kaki. ~를 죽이고 dengan langkah mengendap-endap.

발송(發送) ~하다 mengirimkan; mengirim;. ~역 stasiun pengirim. ~인 pengirim.

발신(發信) ~하다 mengirimkan. ~국 kantor pengirim.~음 nada pilih.

발아(發芽)~하다 bertunas;berkecambah.

발악(發惡)~하다 menyumpah dan mengutuk;mencerca;memaki-maki. 최후의 ~ pertempuran terakhir.

발안(發案) saran; proposal; mosi. ~하다 menyarankan;mengusulkan; mengajukan mosi.

발암(發癌) ~성의 karsinogenik/penyebab kanker. ~물질 karsinogen; zat penyebab kanker.

발언(發言) ucapan;pembicaraan. ~하다 berbicara;berucap; menyebutkan; mengatakan; menyatakan. ~자 pembicara.

발열(發熱) ①pembangkitan panas. ~하다 membangkitkan/menghasilkan panas. ~량 nilai kalori. ② ~하다 terserang demam.

발원(發源)~하다 bersumber (dari); berhulu (dari); berasal (dari); muncul (dari); timbul (dari).

발원(發願) ~하다 memanjatkan do'a.

발육(發育) pertumbuhan;perkembangan.~하다 bertumbuhkembang. ~이 빠르다 [늦다] tumbuh dengan pesat [lambat]. ~기 periode pertumbuhan.

발음(發音) pengucapan; pelafalan. ~하다 mengucapkan; melafalkan. 잘못 ~하다 salah melafalkan.

발의(發議) saran;usulan;proposal; mosi. ~하다 menyarankan; mengusulkan;mengajukan mosi.

발인(發靷) ~하다 membawa peti jenazah keluar rumah.

발자국 jejak kaki; tanda telapak kaki. ~을 남기다 meninggalkan jejak kaki.

발자취 ① ☞ 발자국. ② jejak; jalur (bekas roda).

발작(發作) kejang; setip; sawan. ~하다 terserang sawan; kena setip /kejang.

발장단(- 長短) ~치다 memberi tempo dengan hentakan kaki.

발전(發展) perkembangan; pertumbuhan.~하다 berkembang; maju;tumbuh. 공업의 ~ pertumbuhan industri. ~성 kemungkinan.

발전(發電) pembangkitan tenaga listrik. ~하다 membangkitkan tenaga listrik. ~기 pembangkit tenaga listrik; generator.

발정(發情) ketertarikan seksual; birahi. ~하다 dalam (masa) birahi. ~기 masa pubertas; musim kawin.

발족(發足)pembukaan. ~하다 memulai; membuka.

발주(發住) pemesanan. ~하다 (memberi) pesanan.

발진(發疹) 「醫」 erupsi. ~하다 memekar. ~성의 eruptif. ~티푸스 tipus eruptif; serangan tipus yang berkembang sangat cepat.

발진기(發振器) 「電」 oscilator.

발차(發車) pemberangkatan.~하다 berangkat. ~계원 juru lepas kereta api.~시간 waktu pemberangkatan.

발착(發着)keberangkatan dan kedatangan.~하다 berangkat dan datang.~시간표 jadwal keberangkatan dan kedatangan.

발췌(拔萃) penyarian; pemilihan/seleksi; petikan; nukilan; kutipan; ikhtisar. ~하다 memilih; menyarikan; mengikhtisarkan.

발치 arah kaki (tempat tidur).

발칙하다 ①(버릇없다) kasar; bertabiat buruk. ② (괘씸하다) tidak dapat diampuni; membangkitkan benci.

발칵 tiba-tiba saja.

발코니 balkon.

발탁(拔擢)~하다 memilih; menyeleksi.

발톱 kuku jari kaki; cakar; talon.

발파(發破)~하다 meledakkan.~공 peledak; bahan peledak.

발판(-板)①(비계의) pemijak kaki; pedal;injakan;anak tangga.② (기반 거점) pijakan. ~을 얻다 mendapat pijakan. ③ (수단) batu pijakan; batu loncatan.

발포(發布) pengumuman; penyebaran;penyebarluasan.~하다 mem beritahukan;mengumumkan; memproklamirkan.

발포(發泡)pembusaan.~하다 buih; busa. ~스티롤 busa stirol (styropocim). ~제 zat pembusa.

발포(發砲) ~하다 menembak. ~사건 insiden penembakan.

발표(發表) pengumuman; pernyataan; publikasi; pemberitahuan. ~하다 mengumumkan; memberitahukan; mempublikasikan; memaklumatkan. 미 ~작품 karya yang belum dipublikasikan.

발하다(發 -) ① (빛열 등을) memancarkan;menyinarkan. ② (명령 등을) mengeluarkan;menerbitkan; mempublikasi; memaklumatkan. 명령을 ~ mengeluarkan perintah. ③(출발) berangkat;pergi.④ (기원) berasal (dari);timbul/muncul (dari).

발행(發行) ①publikasi;penerbitan. ~하다 mempublikasi; menerbitkan. 매월[월 2 회]~의 잡지 majalah bulanan[setengah bulanan]. ~금 pelarangan publikasi. ~부수 sirkulasi. ~소 kantor penerbitan. ~인 penerbit. ② (어음등) penarikan; pengeluaran; penerbitan. ~하다 menarik rekening. ~인 penarik rekening. ~일 tanggal penerbitan. ③ pengedaran.~하다 mengedarkan. ~가격 harga edaran. ~고 jumlah edaran.

발화(發火) ~하다 menyalakan. ~장치 perangkat penyala. ~점 titik nyala.자연 ~ pembakaran spontan.

발효(發效) pemberlakuan; efektifasi.~하다 menjadi berlaku/efektif.

발효(發酵) peragian; fermentasi. ~하다 beragi. ~시키다 meragikan. ~소 ragi.

발휘(發揮)~하다 mempertunjukkan;memperagakan. 수완을 ~하다 menunjukkan kemampuan.

밝기 kekilauan; luminositas.

밝다 ① (환하다) terang;bercahaya; cerah. ② familier dengan; banyak tahu (tentang). 미국 사정에 ~ banyak tahu hal-hal tentang Amerika. ③ tajam. 귀가~ bertelinga tajam. ④ (성격. 사정이) cerah; riang. ⑤ (공명) bersih; jujur.

밝을녘 fajar menyingsing.

밝히다 ① (불을) menyoroti; menyinari; menerangi; menyuluhi. ② (분명히) memperjelas/menjernihkan (masalah). 신불을 ~ membuktikan jati diri. ③(밤새움) begadang sepanjang malam.

밟다 ① menginjak; merencah; menginjak-injak. 보리를~ merencah barlei. ② menginjakan kaki. 이국 땅을~ menginjakkan kaki di tanah asing. ③ (경험) naik panggung; bermain sandiwara. ④ melengkapi (persyaratan); menyelesaikan. 무대를~ menyelesaikan kursus reguler. 정규 과정을 ~ ⑤ (뒤를) mengikuti; membayangi; mengekor.

밟히다 diinjak.

밤 ① malam hari. ~에 di malam hari. ~의 서울 Seoul malam hari. ~거리의 여인 kupu-kupu malam; perempuan jalanan.~마다 setiap malam. ~늦게(까지) (sampai) jauh malam; semalam suntuk. 얘기로 ~을 새우다 bercakap-cakap semalam suntuk. ~경치 adegan malam.② malam.모짜르트의 ~ malam Mozard

밤 「植」 berangan.~나무 pohon berangan. ~색(의) coklat berangan.

밤길 perjalanan dimalam hari.

밤낚시 mancing malam hari. ~하다 pergi mancing di malam hari

밤낮 siang malam; selalu; setiap saat.

밤눈 ~이 어둡다 buta malam.

밤사이 pada malam hari.

밤새도록 sepanjang malam.

밤새(우)다 jaga semalam suntuk.

밤새움하다 begadang semalam suntuk.

밤손님 maling di malam hari.

밤송이 buah berangan.

밤안개 kabut malam.

밤알 biji berangan.

밤이슬 embun malam.

밤일 kerja malam.

밤잠 tidur malam.

밤중(- 中) tengah malam.~에 pada tengah malam.

밤차(- 車) kereta api malam.

밤참 makan malam.

밤톨 ~만하다 sebesar biji berangan.

밤하늘 langit malam.

밥 ① nasi.~을 짓다 memasak nasi; bertanak.② makan; makanan. ~을 먹다 makan malam. ③ pakan; mangsa; korban.돼지~ pakan babi. ...의 ~이 되다 menjadi mangsa...
밥값 biaya makanan.
밥그릇 mangkok nasi.
밥맛 cita rasa nasi; nafsu makan.
밥상(-床)meja makan.~을 치우다 [차리다] membereskan [menyiapkan] meja makan.
밥솥 periuk nasi. 전기 ~ panci nasi listrik.
밥술 beberapa sendok nasi; sendok nasi.
밥알 butiran nasi.
밥장사하다 berjualan nasi; mengusahakan rumah makan.
밥장수 orang yang jualan nasi.
밥주걱 centong nasi.
밥줄 mata pencaharian. ~이 끊어지다 kehilangan kerja; kehilangan mata pencaharian.
밥집 rumah makan.
밥짓다 menanak nasi; menyiapkan makanan; bertanak.
밥통(-桶) ① (그릇) wadah nasi. ② ☞ 위(胃). ③ ☞ 밥벌레, 바보.
밥투정하다 menggerutu tentang makanan.
밥풀 ① (풀) lem nasi. ② (바알) butiran nasi.
밧줄 tambang/ tali.세 가닥으로 꼰~ tambang tiga pilin.~로 당기다 menarik dengan tambang. ~을 당기다 menarik (menghela) tambang.
방(房) kamar; bilik. 자기~ kamar sendiri.양지바른~ kamar yang banyak kena sinar matahari. ~이 셋 있는 집 rumah berkamar tiga
방(榜) daftar calon yang berhasil, pemberitahuan umum.
방갈로 bungala; bungalow.
방값 sewa kamar.
방계(傍系)~의 turunan; subsidier. ~ 회사 anak perusahaan.
방공(防空) pertahanan udara. ~연습[훈련] latihan anti serangan udara [pertahanan udara]. ~호 lubang perlindungan.
방과(放課)bubaran kelas.~후 setelah (jam) sekolah;habis sekolah.
방관(傍觀) ~하다 duduk sebagai penonton. ~적 태도를 취하다 mengambil sikap sebagai penonton.
방광(膀胱) kandung kencing. ~염(炎) 「醫」 radang kandung kencing.
방귀 kentut; buang angin. ~뀌다 kentut.
방그레 ~웃다 tersenyum.
방글[방긋]거리다 tersenyum (bayi).
방금(方今) barusan; baru saja.
방놓다(房 -) membangun kamar.
방뇨(放尿)kencing;buang air kecil. ~하다 buang air kecil; kencing.
방담(放談) pembicaraan bebas.
방대(尨大) ~한 besar. ~한 계획 rencana skala besar.
방도(方途) cara; tindakan; jalan.
방독(防毒) ~ 마스크[면] topeng anti gas; topeng gas.
방랑(放浪) ~하다 mengembara;

bertualang. ~객[자] pengembara; musafir; pengelana. ~벽 kebiasaan mengembara. ~생활 hidup mengembara.

방류(放流) ~하다 menyalurkan (air); menanami (sungai) dengan (ikan).

방망이 pentungan; tongkat pemukul; kayu pemukul.

방면(方面) ① arah; wilayah. 제주 ~ wilayah Jeju. ② (분야) bidang.

방면(放免) ~하다 membebaskan; meloloskan; melepaskan. 훈계(訓戒)~ membebaskan setelah di tegur.

방명(芳名) nama anda (yang terhormat). ~록 daftar nama-nama; buku tamu.

방목(放牧) ~하다 menggembalakan;membawa ke padang rumput. ~지(地)padang pengembalaan; padang rumput.

방문(房門) pintu kamar.

방문(訪問) kunjungan; lawatan. ~하다 mengunjungi; bertandang; berkunjung; melawat.~받다 menerima kunjungan; dikunjungi. ~객 tamu; pengunjung; pelawat. 공식~ kunjungan resmi..

방문단(訪問團) rombongan pengunjung.

방물장수 penjaja barang hiasan.

방미(訪美) kunjungan ke Amerika Serikat. ~ 길에 오르다 berangkat ke Amerika.

방바닥(房 -) lantai kamar.

방방곡곡(坊坊曲曲) ~에서 segala penjuru negeri.

방범(防犯) penanggulangan kejahatan.~대원 penjaga (malam). ~주간 pekan penanggulangan kejahatan.

방법(方法) cara; strategi; metode; upaya; ikhtiar; sistem; langkah; jalan; tindakan. 교육~ metode mengajar.

방부(防腐) antiseptis. ~제 antiseptis; bahan pengawet.

방불(彷佛) ~하다 sangat mirip.~케 하다 mengingatkan akan.

방비(防備) pertahanan. ~하다 mempertahankan. 무~ 도시 kota terbuka; kota tanpa pertahanan.

방사(房事) hubungan kelamin.~를 삼가다 mengendalikan nafsu nafsu syahwat.

방사(放射) radiasi; emisi; penyinaran. ~하다 memancar. ~성 radioaktivitas. ~성 물질 zat radio aktif. ~선 sinar radial; sinar X.

방사능(放射能) radioaktivitas. ~낙진[비,구름] jatuhan[hujan,awan] radioaktip.인공~radio aktif buatan.

방생(放生) 「佛」 pelepasan hewan-hewan tangkapan.

방석(方席) bantal kursi.

방세(房貰) sewa kamar. ~를 올리다 menaikkan sewa kamar.

방송(放送)siaran;penyiaran.~하다 menyiarkan; mencorongkan; memancarkan. ~극 drama radio (TV). ~기자 wartawan radio (TV).~방해 gangguan siaran. ~통신 대학 universitas terbuka.~프로 acara radio (tv). 생 ~ siaran langsung.

방수(防水)~의 tahan air;kedap air.

~제[포] barang [kain] tahan air. ~화(靴) sepatu karet.
방수로(放水路) saluran pembuangan.
방습(防濕) ~의 tahan lembab.
방식(方式) formula; pola; acuan; model; gaya; metode. 사고 ~ cara berfikir. 생활 ~ gaya hidup.
방실거리다 tersenyum (manis).
방심(放心)~하다 lengah; lalai; ceroboh; tidak siap.
방아 penggilingan. 물~ kincir air.
방아쇠 pelatuk; picu. ~를 당기다 menarik picu/pelatuk.
방안(方案) rencana; skema; program. ~을 세우다 menggambar rencana.
방어(防禦) pertahanan. ~하다 mempertahankan; bertahan. 선수권을 ~하다 mempertahankan gelar
방언(方言) dialek; logat; aksen; gaya. ~ 연구[학] dialegtologi.
방역(防疫) pencegahan epidemik/wabah. ~대책 tindakan anti epidemik.
방열(防熱) ~복(服) baju tahan panas.
방영(放映)penyiaran melalui televisi (TV). ~하다 menyiarkan melalui televisi.
방울 ① genta; klenengan. ~소리 gemerincing klenengan. ② setetes. ~ ~ (떨어지다) (jatuh) dalam tetesan.
방울새 『鳥』 kutilang hijau.
방위(方位) arah; penjuru angin; mata angin; pedoman. ~각 sudut asimut.
방위(防衛) perlindungan; pertahanan; pembelaan. ~하다 mempertahankan; membela. ~세 pajak pertahanan.
방음(防音) ~의 kedap suara. ~실 kamar kedap suara. ~장치(裝置) peredam suara.
방임(放任) ~하다 membiarkan sendiri; tidak campur tangan. ~주의 kebijakan membiarkan sendiri; kebijakan tak campur tangan.
방자(放恣) ~한 sombong.
방적(紡績) pemintalan; pintal. ~견사 sutera pintal. ~공 pemintal. ~공업 industri pemintalan. ~공장[기계, 회사] pabrik [mesin, perusahaan] pemintalan.
방전(放電) pembuangan muatan listrik. ~하다 membuang muatan listrik.
방점(傍點) titik (tanda) samping.
방정(方正) ~하다 baik; lurus. 품행이 ~한 사람 orang yang berkelakuan baik.
방정식(方程式)persamaan.1[2,3]차 ~persamaan sederhana [kuadrat; pangkat tiga].
방제(防除) pencegahan perkembangbiakan dan pemberantasan.
방조(幇助) bantuan/pertolongan (dalam kejahatan) .~하다 membantu (dalam kejahatan). ~자 penolong dalam kejahatan.
방조제(防潮堤) tanggul air pasang.
방종(放縱)percabulan.~한 jangak; pujur; cabul.
방주(方舟) bahtera; kapal. 노아의

~ bahtera Nabi Nuh.

방중(傍證) bukti tidak langsung.

방지(防止) pencegahan. ~하다 mencegah; menangkal. ~책 tindakan pencegahan. ~책 kebijakan anti inflasi.

방직(紡織) pintal dan tenun. ~(공)업 industri tekstil. ~공장 pabrik pemintalan.

방책(方策) rencana; skema; akal; upaya; ikhtiar; kebijakan. 최선의 ~ kebijakan terbaik.

방책(防柵) pagar pancang; barikade; palang.

방첩(防諜) anti (kontra) spionase. ~부대 Korps Kontra Intelijen.

방청(傍聽) ~하다 menghadiri; mengunjungi. ~권(券) tiket masuk. ~석 tempat duduk hadirin. ~인 hadirin; pengunjung.

방축가공(防縮加工)~한 anti kerut.

방출(放出) pengeluaran; pelepasan.~하다 mengeluarkan.정부(보유)미의~pelepasan beras pemerintah. ~ 물자 barang yang dikeluarkan.

방충제(防蟲劑) insektisida.

방치(放置) ~하다 membiarkan sendiri; mengabaikan.

방침(方針) kebijakan; pedoman; petunjuk; ancer-ancer; rencana; prinsip. 시정[영업] ~ kebijakan administrasi [usaha].

방탄(防彈)~의 tahan peluru.~조끼[유리] rompi [kaca] tahan peluru.

방탕(放蕩) perbuatan menjangak. ~하다 jangak; cabul. ~생활 hidup menjangak. ~자 penjangak

방파제(防波堤) tembok pemecah gelombang; cerucuk.

방패(防牌) tameng; perisai. ...을 ~삼아 bertamengkan...

방편(方便)upaya; akal; ikhtiar. 일시적~ upaya sementara.

방학(放學)liburan sekolah. ~하다 libur/pakansi sekolah.

방한(防寒) perlindungan terhadap hawa angin. ~모 topi musim dingin. ~복 pakaian musim dingin. ~화(靴) sepatu musim dingin.

방한(訪韓) kunjungan ke Korea. ~하다 mengunjungi Korea. ~경제사절단 misi ekonomi ke Korea.

방해(妨害) halangan; gangguan; rintangan; interupsi. ~하다 menghalangi; menahan; merintangi; menghalang-halangi.

방향(方向) arah; tujuan; haluan; jurusan. ~을 전환하다 mengubah arah. ~감각 rasa arah. ~탐지기 alat pendeteksi arah.

방향(芳香)wewangian;bau harum; keharuman. ~제(劑) aromatik.

방형(方形) segi empat. ~의 persegi empat.

방화(防火)penanggulangan kebakaran. ~시설 sarana penanggulangan kebakaran.

방화(邦畵) film nasional.

방화(放火) pembakaran rumah. ~하다 membakar (rumah). ~광(狂) maniak api. ~범(犯) pembakar; tukang sundut.

방황(彷徨) pengembaraan. ~하다 mengembara; berpetualang; berkelana; merantau.

밭 ladang; kebun; tegal; huma. 배추 ~ ladang kobis. 옥수수 ~ ladang jagung. 채소 ~ kebun sayur.
밭갈이 pengerjaan tanah; cocok tanam. ~하다 mengerjakan tanah; bercocok tanam.
밭고랑 alur.
밭곡식(-穀食)bijian lahan kering.
밭농사(-農事) pertanian lahan kering.
밭도랑 selokan di antara kebun.
밭벼 padi ladang.
밭은기침 batuk kering.
밭이랑 galengan di kebun.
밭일 berkebun. ~하다 berkebun.
배 ① perut.~가 나온 perut buncit. ~가 아프다 sakit perut. 재 ~만 불리다 mengenyangkan perut sendiri; memperkaya diri sendiri. ② (맘속) hati. ③ ~가 아프다 iri hati. ④ peranakan;kandungan ~가 부르다 mengandung; hamil.
배 kapal; perahu; sampan. ~로 dengan kapal.~를 타다 naik kapal. ~에서 내리다 turun kapal.
배 buah pir.
배(倍) ① penggandaan.~의 ganda. ~로 하다[되다] menggandakan.② kali; lipat. 한 ~ 반 satu setengah kali. ...의 3~의 양 tiga kali sebanyak...3~ tiga kali. 4~ empat kali.
배가(倍加) ~하다 menggandakan; melipatgandakan. 노력을 ~하다 menggandakan usaha.
배갈 minuman keras Cina.
배겨나다 menahan dengan tabah.
배격(排擊)~하다 menolak; mengusir.
배경(背景) ① latar belakang. ② setting; dekor; latar belakang. ~음악 musik latar belakang (pengiring). ③ dukungan; pendukung. 유력한 ~ dukungan yang kuat.
배고프다 lapar.
배곯다 perut kosong.
배관(配管) pemasangan pipa. ~공(工) tukang ledeng.
배교(背敎)murtad.~자 orang murtad.
배구(排球)「競」bola voli.
배금(拜金) ~주의 Mammonisme. ~주의자 Mammonis (penganut Mammonisme).
배급(配給) distribusi; pencatuan. ~하다 mendistribusikan; mencatukan;merangsum. ~소 pusat distribusi.~쌀[품] beras [barang] jatah /ransum.
배기(排氣) ~가스 gas buangan. ~관 pipa pembuang gas. ~량 kapasitas buang(mesin).
배기다 menderita; menanggung.
배기다 (마치다) mengganjal; rasa terganjal.
배꼽 pusar. ~이 빠지도록 웃다 tertawa terpingkal-pingkal.
배낭(背囊) ransel.
배내옷 bedong bayi.
배냇니 gigi susu.
배냇병신(-病身) pincang sejak lahir.
배뇨(排尿)kencing.~하다 kencing; buang air kecil.
배다 hamil; mengandung. 애를 ~ mengandung anak. 새끼를 ~ bun-

ting.

배다 ① (스미다) merembes. ② (익숙) terbiasa. 일이 손에 ~ terampil.

배다르다 lahir dari ibu berbeda.

배달(倍達) ~민족 ras Korea.

배달(配達)pengantaran; pengiriman. ~하다 mengantar; mengirim; menyampaikan. ~료 ongkos antar; biaya kirim. ~부[원] pengantar; pembawa.

배당(配當) pembagian deviden. ~하다 membagikan deviden. ~금 dividen; untung sero. (특별 ~금 bonus; dividen khusus).

배드민턴 badminton; bulu tangkis

배란(排卵) ovulasi. ~하다 berovulasi.

배려(配慮) pertimbangan. ~하다 mempertimbangkan.세심한 ~ pertimbangan yang bijaksana.

배례(拜禮) ~하다 bersoja; membungkuk hormat.

배면(背面) belakang. ~공격 serangan belakang.

배반(背反, 背叛) pengkhianatan; pendurhakaan; pembelotan. ~하다 berkhianat; mengkhianati.

배반(胚盤) 「動」 cakram kuman.

배부(配付)pengedaran; penyebaran.~하다 menyebarluaskan; mengedarkan;.

배부르다 perut kenyang.

배분(配分) pembagian. ~하다 membagi-bagikan; menjatahi.

배상(賠償) penggantian kerugian; pampasan.~하다 mengganti rugi; memampas; membayar denda.

배색(配色) pencampuran warna.

배서(背書) pengesahan; penandatanganan; pengabsahan. ~하다 menandatangani; mengabsahkan; mengesahkan.

배석(陪席) ~하다 mendampingi (atasan). ~자 pendamping. ~판사 hakim anggota.

배선(配船) ~하다 menempatkan (menugaskan) kapal (dalam jalur pelayaran).

배선(配線) pemasangan kawat/kabel. ~하다 memasang kawat rumah. 전기 ~ kawat listrik.

배설(排泄) pembuangan kotoran; ekskresi. ~하다 buang kotoran ~기관 organ pembuangan

배속(配屬) penugasan.~하다 menugaskan.~되다 ditugaskan.~ 장교 perwira militer yang ditugaskan (di sekolah).

배수(配水)~하다 memasok air.~관(管) pipa saluran.~지(池) reservoir distribusi.

배수(倍數) 「數」 perkalian. 공 ~ perkalian biasa.

배수(排水) pembuangan (air); pengurasan.~하다 membuang;menguras. ~관(管) pipa pembuangan; pipa kuras.

배수진(背水陣)~을 치다 bertempur dengan punggung menghadap tembok (laut); membakar jembatan di belakang.

배신(背信) pengkhianatan. ~하다 berkhianat; menghianati kepercayaan. ~자 pengkhianat.

배심(陪審) pengadilan oleh juri. ~원 juri. ~원석 tempat duduk juri.

~제도 sistim juri.
배알(拜謁) audensi; temu muka. ~하다 beraudensi; bertemu muka.
배앓이 mulas (perut).
배액(倍額) menggandakan jumlahnya (harganya).
배양(培養) pembiakan. ~하다 membiakkan. 세균을 ~하다 membiakkan bakteri. ~기(基) media biakan; media kultur. ~액(液) cairan biakan.
배역(配役)para pelaku.~을 정하다 menetapkan peran.
배열(排列) ~하다 mengatur; menyusun.
배영(背泳) renang gaya punggung.
배우(俳優) aktor;pelaku;pemeran; pelakon. ~가 되다 menjadi aktor (aktris). ~ 학교 sekolah peran.
배우다 belajar;mempelajari.철저히 ~ belajar menyeluruh. 피아노를 ~ belajar piano.
배우자(配偶者) teman hidup; jodoh; pasangan. ~공제 potongan pajak untuk isteri.
배움 belajar. ~의 길 belajar. ~터 sekolah.
배웅 pelepasan. ~하다 melepaskan. ~나가다 pergi melepaskan.
배율(倍率) pembesaran.
배은망덕(背恩忘德) ~하다 tak tahu terima kasih; tidak bersyukur. ~한 사람 orang yang tidak tahu terimakasih.
배임(背任) pelanggaran kepercayaan/tugas. ~행위 tindakan pelanggaran tugas.
배전(倍前) ~의 digandakan lagi; lebih dari sebelumnya.
배전(配電)~하다 menyalurkan listrik; mendistribusikan daya. ~반(盤)papan tombol;papan hubungan.
배점(配點) ~하다 memberi nilai.
배정(配定) penugasan. ~하다 menugaskan.
배제(排除) peniadaan;penyingkiran; penghapusan. ~하다 menyingkirkan; meniadakan; menyisihkan; mengesampingkan.
배지 lencana; lambang. ~를 달다 memakai lencana.
배짱 keberanian. ~센 berani kuat. ~없는 malu; takut; berhati lemah; berhati anak ayam.
배차(配車) alokasi mobil. ~하다 mengalokasikan mobil. ~계[원] orang yang mengalokasikan mobil. (택시의) ~사무소 kantor alokasi mobil.
배척(排斥) pemboikotan; penolakan;boikot.~하다 menolak;memboikot. 일본 상품에 대한 ~ boikot terhadap barang-barang Jepang.
배추 kobis. ~김치 acar kobis.
배출(排出)~하다 membuang; mengeluarkan; keluar.~관 pipa pembuangan asap (knalpot).
배출(輩出) ~하다 menghasilkan dalam jumlah banyak.
배치(背馳)~하다 berlawanan;bertentangan.
배치(配置) pengaturan;penempatan; penyusunan. ~하다 mengatur; menempatkan.~계획 rencana blok. ~도「機」 rencana pengaturan.
배타(排他)penyingkiran. ~적 eks-

klusif. ~주의 eksklusivisme.
배탈 gangguan perut. ~나다 menderita sakit perut.
배태(胚胎) ~하다 berasal dari; hamil.
배터리 batere.
배트 『野』 pemukul bisbol.
배팅 『野』 pemukulan bola. ~오더 perintah memukul.
배편(- 便) jasa pengapalan (pengiriman). ~으로 dengan kapal; melalui laut.
배포(配布) distribusi; pembagian; penyebaran. ~하다 membagikan; menyebarkan.
배포(排布) angan-angan.~가 크다 angan-angan besar.
배필(配匹) pasangan hidup. 천생 ~ pasangan suami isteri serasi.
배합(配合) pemaduan; kombinasi; penggabungan.~하다 memadukan; menggabungkan.
배회(徘徊) ~하다 bergelandang.
배후(背後) belakang; dukungan. ~에서 조종하다 mendalangi. ~인물[조종자] dalang;orang di belakang layar.
백(白) putih.
백(百)seratus. ~번 seratus kali.~번째(의) ke seratus. 수 ~명 ratusan orang.
백계(白系) ~러시아인 (人) orang Rusia putih.
백계(百計) segala usaha. ~무책 ketidakberdayaan; tumpat.
백곡(百穀) segala macam bijian.
백골(白骨) tengkorak. ~난망이다 tak dapat dilupakan; sangat bersyukur.
백곰(白 -) beruang putih (kutub).
백과사전(百科辭典)ensiklopedia. ~적(인) ensiklopedik.
백관(百官) semua pejabat pemerintah.
백구(白鷗) burung camar putih.
백군(白軍) tim putih.
백금(白金)emas putih;platina;mas kodok; logam putih.
백기(白旗)bendera putih.~를 들다 mengibarkan bendera putih.
백내장(白內障) 『醫』 katarak.
백년(百年) seratus tahun. ~제(祭) ulang tahun ke seratus. (국가)~대계 kebijakan jangka panjang.
백년가약(百年佳約) ikatan pernikahan. ~을 맺다 menjadi suami isteri dalam kesenangan atau kesengsaraan.
백년해로(百年偕老) ~하다 menua bersama dalam pernikahan.
백대하(白帶下)『醫』 keputihan.
백로(白鷺) 『鳥』 bangau putih; kuntul.
백마(白馬) kuda putih.
백만(百萬) sejuta. ~분의 sepersejuta. ~장자 jutawan; milyuner.
백모(伯母) tante; bibi.
백묵(白墨) ☞ 분필(粉筆).
백문불여일견(百聞不如一見) melihat lebih baik dari mendengar seratus kali.
백미(白米) beras sosoh (gosok).
백미러 kaca spion.
백반(白飯) nasi putih.
백발(白髮) rambut putih;uban.~의 beruban.~이 되다 menjadi ubanan.

백발백중(百發百中) ~하다 tidak pernah meleset sasaran.
백방(百方)segala cara.~으로 노력하다 melakukan segala cara.
백배(百拜)~사죄(謝罪)하다 mohon maaf sebesar-besarnya.
백배(百倍) seratus kali. ~하다 meningkat seratus kali lipat.
백병전(白兵戰)perkelahian satu lawan satu. ~을 벌이다 berkelahi satu lawan satu.
백부(伯父) paman.
백분(白粉) bedak muka; pupur.
백분(百分)~하다 membagi bagian ~의 십 sepuluh persen. ~율[비] persentase; perseratus.
백사(白沙) pasir putih. ~장 pantai pasir putih.
백삼(白蔘) ginseng putih.
백색(白色) warna putih.~인종 ras kulit putih. ~테러 teror di siang bolong.
백서(白書) buku putih. 경제[외교] ~ buku putih ekonomi [diplomatik].
백설(白雪)salju.~같을 seperti salju.~로 덮인 산 gunung yang terliput salju.
백설탕(白雪糖) gula putih.
백성(百姓) rakyat.
백수(百獸) ~의 왕 raja binatang buas.
백수건달(白手乾達) gelandangan; pengangguran.
백숙(白熟) sup daging.
백신 「醫」 vaksin. ~ 주사 injeksi vaksin. (~주사를 놓다 vaksinasi). 생~ vaksin hidup.
백씨(伯氏) kakak lelaki sulung; abang sulung.
백안시(白眼視)~하다 melihat dengan dingin; meremehkan;mengerutkan alis.
백야(白夜) malam putih.
백약(百藥)segala macam obat.~이 무효하다 segala macam obat tidak mujarab.
백양(白羊) domba putih.~궁 「天」 Aries.
백연(白鉛) timah putih.~광 timah karbonat.
백열(白熱) nyala putih. ~전 perkelahian sengit. ~(전)등 lampu pijar.
백옥(白玉) jade putih.
백의(白衣) pakaian (jubah) putih. ~민족 bangsa berpakaian putih (orang Korea). ~천사 malaikat berpakaian putih.
백인(白人) orang kulit putih. ~에 의한 지배 dominasi kulit putih. ~여자 wanita kulit putih. ~종 ras kulit putih.
백인(白刃) pedang telanjang.
백일(百日) ulang tahun bayi ke seratus hari. ~기도 sembahyang seratus hari.
백일몽(白日夢) lamunan; mimpi siang bolong; khayalan; fantasi.
백일장(白日場) perlombaan mengarang. 주부~ perlombaan mengarang untuk ibu rumah tangga.
백일해(百日咳) batuk kering.
백일홍(百日紅) 「植」 pacar Belanda.
백작(伯爵)gelar bangsawan lelaki.

~부인 gelar bangsawan wanita.
백장 tukang daging.
백전노장(百戰老將) veteran.
백전백승(百戰百勝) ~하다 memenangkan tiap pertempuran.
백절불굴(百折不屈) ~의 tak kenal lelah.~의 정신 semangat yang tidak kenal lelah.
백점(百點) nilai seratus. 영어에서 ~받다 mendapat nilai penuh (A) untuk bahasa Inggris.
백조(白鳥) angsa.
백주(白晝) ~에 pada siang hari.
백중(伯仲) ~하다 hampir sama dengan; sebanding.
백지(白紙) kertas kosong; blanko. ~답안을 내다 menyerahkan kertas kerja blanko.
백지도(白地圖) peta buta.
백차(白車) mobil patroli (polisi).
백출(百出) ~하다 timbul beraneka ragam. 의견이 ~하다 timbul beraneka ragam pendapat.
백치(白痴) idiot.
백토(白土) tanah liat putih.
백포도주(白葡萄酒) minuman anggur putih.
백합(百合) bunga lili.
백해무익(百害無益) ~하다 amat berbahaya; lebih banyak mudarat dari pada manfaat.
백혈(白血) ~구 sel darah putih. ~병 leukemia.
백형(伯兄) abang sulung.
백화(百花)aneka jenis bunga. ~가 만발한 penuh dengan berbagai jenis bunga.
백화점(百貨店) toko serba ada.
밴드 ① (혁대) ikat pinggang; sabuk.② band musik; kelompok musik. ~마스터 pimpinan band. ~ 맨 pemain band. 재즈~ kelompok musik jazz.
밴조「樂」 banjo.
밴텀급(-級) kelas bantam. ~선수 petinju kelas bantam.
밸런스 keseimbangan. ~가 잡힌 seimbang.
밸브klep; katup; pentil. ~ 장치 piranti katup. ~콕 klep kran.
뱀 ular. ~가죽 kulit ular. ~허물 kelongsong kulit ular.
뱀장어(- 長魚)「魚」belut; ikan moa; lindung.
뱃고동 bunyi pluit kapal.
뱃길 jalan kapal. ~로 가다 pergi dengan kapal.
뱃노래 nyanyian kelasi (pelaut).
뱃놀이~하다 bersampan-sampan ~가다 pergi bersampan-sampan.
뱃머리 haluan kapal. ~를 돌리다 mengarahkan haluan (ke).
뱃멀미 mabuk laut. ~하다 menderita mabuk laut.
뱃사공(-沙工) tukang perahu.
뱃사람 pelaut; kelasi; marinir.
뱃삯 ongkos kapal/pelayaran.
뱃속 ① (복부) perut. ② pikiran; hati; maksud. ~이 검은 berhati jahat.
뱃심 ~좋다 tidak tahu malu dan tamak.
뱃전 sisi perahu; lambung kapal.
뱅뱅 berputar-putar.
뱉다 ① meludah. 가래를 ~berbatuk dahak. ② (물건을) muntah.

버겁다 terlalu besar untuk ditangani; diluar kendali.

버글버글 ~끓다 mendidih; menggelegak.

버금 ~가다 kedua dari; ditempat kedua.

버너 pembakar. 가스 ~ pembakar gas.

버드나무 pohon willow.

버들 wilow.

버럭 dengan tiba-tiba. ~소리를 지르다 berteriak (menjerit) dengan tiba-tiba.

버릇 ① kebiasaan. 고치기 힘든 ~ kebiasaan yang mendarah daging. ~이 되다 sudah jadi kebiasaan. ~이 생기다 menjadi kebiasaan.~을 고치다 menghilangkan (memperbaiki) kebiasaan. ...하는 ~이 있다 mempunyai kebiasaan melakukan....②keganjilan; kekhasan. 말 ~ cara berbicara seseorang yang ganjil/khas. ③ sikap; tingkah laku. ~없다 berkelakuan buruk; beradat buruk. ~없이 dengan kurang adat. ~ 없는 아이 anak yang tidak tahu adat. ~을 가르치다 mengajar adat.

버릇하다 membiasakan.술을 먹어 ~ membiasakan minum minuman keras. 일찍 일어나 ~ membiasakan diri bangun pagi-pagi.

버리다 ① melempar; membuang 음식[폐물]을~membuang makanan [sampah]. ② meninggalkan; menelantarkan. 지위를~ meninggalkan kedudukan. 처자를 ~ menelantarkan anak dan istri. ③ memanjakan; merusak. 아이를~ memanjakan anak. 위장을 ~ melukai perut.

버리다 menghabiskan; meludeskan. 다 읽어~ membaca sampai habis. 다 써~ membelanjakan uang sampai habis

버무리다 mencampur. 나물을 ~ mencampurkan selada.

버선 kaos kaki Korea (yang lama).

버섯 『植』 jamur; cendawan. ~을 따다 memetik jamur.

버스 bis.~로 가다 pergi naik bis.~노선 rute bis. ~안내양 kondektur bis perempuan. ~ 운전사 supir bis. ~요금 ongkos bis; tarif bis. 관광 ~ bis pariwisata.

버젓하다 jujur dan lurus hati.

버짐 kurap; kadas.

버클 gesper; timang; ketimang.

버터 mentega. 빵에 ~를 바르다 mengoleskan mentega diatas roti.

버티다① menunjang; menyangga; menopang. 기둥으로 ~ menopang dengan tonggak. ②bertahan; berkukuh. 끝까지 ~ bertahan sampai akhir.③ (견뎌내다) menahan; menanggung.

버팀목(-木) penopang; topangan; penyangga

벅적거리다 berkerumun (penuh sesak).

벅차다 ① diluar kemampuan. 이 일은 내게 ~ tugas ini diluar kemampuan saya. ② (가슴이) terlalu penuh.

번(番) ① (숙직) tugas malam; jaga malam.② kali.여러~ berkali-kali.

번갈아 berselang-seling; bergiliran; berganti-ganti.

번개 kilat.~같이 secepat kilat;dalam sekejap.~가 번쩍하다 cahaya kilat; pancaran kilat.

번거롭다 menyusahkan; rumit.

번뇌(煩惱) kesengsaraan; hasrat duniawi; nafsu. ~에 시달리다 tergoda oleh hasrat duniawi.

번데기 pupa; kepompong.

번득거리다,번득이다 berkilau; mengilau; bercahaya.

번듯하다 rata; seimbang.

번민(煩悶)kesengsaraan;penderitaan;kecemasan. ~하다 sengsara; cemas/khawatir.

번번이(番番-)tiap waktu; kapan pun; selalu.

번복(飜覆)~하다 berubah; berbalik; merubah.

번성(蕃盛) ~하다 tumbuh subur; berkembang biak.

번성(繁盛)kemakmuran; kejayaan. ~하다 makmur; berjaya.

번식(繁殖) pembiakan; perkembangbiakan. ~하다 berkembang biak.~기 musim kawin;musim berbiak.

번역(飜譯) penerjemahan; interprestasi;penafsiran.~하다 menterjemahkan. 틀린~ salah terjemah.

번영(繁榮)kemakmuran; kesejahteraan. ~하다 berkembang; makmur; sejahtera. 국가의~ kesejahteraan nasional.

번의(飜意)~하다 merubah pikiran (keputusan).

번잡(煩雜) ~하다 ramai; rumit; sukar; menyusahkan; penuh sesak. ~한 거리 jalan yang penuh sesak.

번적거리다 berkilau.

번지(番地) nomor rumah.

번지다 ① (잉크 등이) menyebar; menyelekeh; mengembang. ② (확대) berkembang. ③ (옮아가다) menyebar; menular.

번지르르 ~한 mengkilap.

번쩍 ① dengan mudah; dengan gampang. 큰돌을 ~ 들어올리다 mengangkat batu besar dengan mudah. 상대자를 ~ 들어올리다 mengangkat lawan dengan mudah. ② (빛이) dengan kilatan. ~하다 berkilat. ③ tiba-tiba. 귀가~ 뜨이다 sangat tertarik (oleh).

번쩍거리다,번쩍이다 berkilau; mengeridip; mengikat; berkelip-kelip; berkilauan.

번창(繁昌)kemakmuran;kejayaan; kesejahteraan;kemajuan.~한 makmur; sejahtera; maju.

번호(番號)nomor;angka.~순(으로) dalam urutan nomor. ~를 매기다 [달다] menomori.

번화(繁華) ~한 ramai. ~ 해지다 menjadi ramai.~가(街) pusat pertokoan; pusat hiburan.

번대다 menahan; melawan. ☞ 버티다.

벌 dataran; lapangan.황량한 ~ alam liar; padang belantara.

벌 「蟲」 tawon;lebah. ~(의) 떼 sekawanan lebah. ~에 쏘이다 di sengat lebah.

벌 setelan; perangkat. 찻잔 한 ~ seperangkat alat minum teh.

벌(罰)hukuman. ~하다[주다]menghukum. ~로서 sebagai hukuman. ~을 받다 dihukum; menerima hukuman.

벌개지다 berubah merah;memerah.

벌거벗다 telanjang; membuka pakaian.

벌거숭이 badan telanjang. ~의 telanjang. ~산 gunung gundul.

벌겋다 merah.

벌그스름하다 kemerahan.

벌금(罰金)denda.~을 과하다 mendenda; menjatuhkan denda. ~을 물다 didenda; kena denda.

벌노랑이 「植」 tumbuhan berdaun tiga.

벌다 memperoleh;mendapat. 돈을~ mendapat uang. 생활비를[용돈을] ~ mendapat nafkah [uang saku].

벌떡 tiba-tiba. ☞ 발딱.

벌떡거리다 ①(가슴이) berdebar-debar.②(물을)mereguk; meneguk; menenggak; mengelogok.

벌렁거리다 bertindak dengan tangkas.

벌레 ① ulat;ngengat;kutu. ~먹은 이 gigi berulat. ~ 먹은 berulat. ~ 먹은 사과 apel berulat. ~가 먹다 dimakan ulat. ②공부~ siswa yang rajin. 책 ~ kutu buku.

벌룩거리다,벌름거리다 kembang kempis.

벌리다 ① membuka. 입을 딱~ membuka mulut lebar-lebar; menganga.② merenggangkan; memperlebar;merentangkan. 다리를 ~ merenggangkan kaki. 팔을~ merentangkan lengan.

벌목(伐木)penebangan.~하다 menebang. ~기(期)[작업] musim[operasi] penebangan. ~꾼 penebang kayu.

벌벌 ~떨다 gemetar.

벌써 ① (이미) sudah; telah. ② (오래전) dahulu kala.

벌쓰다(罰 -) dihukum; disetrap.

벌어먹다 mencari nafkah.

벌어지다 ① melebar. 틈이~ senjang melebar. ② tumbuh besar dan kuat. 어깨가 딱~ berbahu lebar. ③ (일.싸움 등이) terjadi;berlangsung.

벌이 pencaharian; pekerjaan.~하다 bekerja; mencari nafkah. ~하러 가다 pergi bekerja.~가 좋다 [나쁘다]berpenghasilan baik[rendah].

벌이다 ①mulai; memulai; mengadakan. 사업을 ~ memulai usaha. 전쟁을 ~ memulai perang. 잔치를 ~ mengadakan pesta/jamuan. ② (물건을)mengatur; menyusun; menata.

벌점(罰點) nilai kurang/hukuman.

벌주(罰酒) anggur hukuman.

벌집 sarang lebah/tabuhan. ~을 건드리지 말라 Jangan pukul sarang tabuhan.

벌채(伐採)penebangan.~하다 menebang. 산림을 ~하다 menebang hutan.~면적 daerah terbuka.

벌초(伐草) ~하다 membersihkan makam; mencabuti rumput diatas makam.

벌충하다 melengkapi; mencukupi; menokok; menebus (kerugian).

벌칙(罰則) aturan hukuman. ~

규정 pasal-pasal hukuman.
벌통(- 桶) sarang lebah/tabuhan.
벌판 lapangan;dataran;alam bebas. 눈~ dataran salju; padang salju.
범 harimau; macan. 새끼~ anak harimau. 자는 ~ 코침 주기 Jangan ganggu harimau yang sedang tidur.
범...(汎) seluruh; Pan. ~ 민족대회 musyawarah nasional.
...범(犯)pelanggaran.파렴치~ penjahat biadab.
범나비 「蟲」 kupu-kupu macan.
범람(氾濫)~하다 banjir.~하기 쉬운 강 sungai rawan banjir.
범례(凡例) uraian pendahuluan; catatan penjelasan.
범벅 campuran; urut-urutan.~(이) 되다 bercampur aduk.
범법(犯法) pelanggaran hukum. ~하다 melanggar hukum. ~자 pelanggar hukum. ~행위 melanggar hukum.
범부(凡夫) orang biasa; orang awam.
범사(凡事)① (모든 일) semua hal. ② (평범사) hal biasa.
범상(凡常) ~한 biasa; rata-rata. ~치 않은 luar biasa.
범선(帆船) kapal layar.
범속(凡俗)kekasaran; kerendahan. ~한 kasar; rendah; vulgar.
범위(範圍)ruang lingkup;cakupan; kisaran;batasan. ~내[외]에 dalam [diluar] batas/ruang lingkup. 활동[세력] ~ ruang lingkup kegiatan [pengaruh].
범의(犯意)niat jahat.~를 인정하다 menyadari niat jahat.
범인(凡人) orang biasa.
범인(犯人)penjahat;pelanggar.~을 은닉하다 menyembunyikan penjahat. ~수색 pemburuan penjahat.
범절(凡節) etiket.
범죄(犯罪)kejahatan. ~의 tentang kejahatan; kriminal. ~를 저지르다 melakukan kejahatan. ~수사 penyelidikan kejahatan.~조직 sindikat kejahatan. 소년~ kejahatan (kenakalan) remaja.
범주(範疇) kategori. ~에 들다 termasuk kategori ... .
범칙(犯則)pelanggaran.~하다 melanggar. ~물자 barang-barang tak sah; barang selundupan.
범하다(犯 -) melakukan (kejahatan); melanggar; menggagahi; memperkosa. 죄를 ~ melakukan kejahatan (dosa).
범행(犯行)kejahatan; pelanggaran. ~을 자백[부인]하다 mengakui [mengingkari] kejahatan ~ 현장 adegan kejahatan.
법(法) ① hukum; kode; peraturan. ~의 정신 semangat hukum.~에 어긋난 tak sah; ilegal. ~을 지키다 [어기다] mematuhi [melanggar] hukum. ~에 호소하다 memohon keadilan; memohon penyelesaian secara hukum. 특별~ hukum khusus. ② metode; cara; teknik; seni. 교수 ~ metode mengajar; seni mengajar. 수영~ cara berenang; teknik berenang.③ (도리) pembenaran;alasan,(예법)etiket.④ 「文」 mood kata kerja. 가정 ~ mood pengandaian.

법과(法科) fakultas hukum. ~대학 sekolah tinggi hukum. ~출신 lulusan fakultas hukum. ~ 학생 mahasiswa fakultas hukum.

법관(法官) aparat hukum.

법규(法規)peraturan hukum 현행 ~ (를 무시하다) (mengabaikan) hukum yang berlaku.

법랑(琺瑯) email (porselin). ~을 입힌 dilapisi email. ~철기 barang logam yang diberi lapisan email.

법령(法令) ordonansi; undang-undang; hukum.

법률(法律) undang-undang UU); hukum.(☞법). ~의 legal; yuridis. ~상 secara hukum. ...~을 제정하다 memberlakukan hukum/undang-undang. ~가 aparat hukum. ~고문 penasehat hukum.~위반 pelanggaran hukum. ~학 juris prudensi; ilmu hukum.

법리(法理) prinsip hukum; kaidah hukum. ~학 juris prudensi; ilmu hukum.

법망(法網) jaringan hukum. ~에 걸리다 jatuh ke dalam jaringan hukum.

법명(法名) 「佛」 nama Budha.

법무(法務) perkara hukum. ~관 petugas hukum; aparat hukum. ~부[장관] Departemen [Menteri] Kehakiman.

법석 kegaduhan; keributan. ~하다 gaduh; ribut.~떨다 membuat suara ribut (gaduh).

법안(法案) rancangan undang-undang. ~을 제출[가결,부결]하다 mengajukan [menerima, menolak] rancangan undang-undang

법어(法語) ujar-ujar Budha.

법원(法院) pengadilan. 고등 ~ pengadilan tinggi. 대~ Mahkamah Agung. 민사[형사]~ pengadilan perdata [pidana].지방~ pengadilan negeri.

법의(法衣) ☞ 법복.

법의학(法醫學) juris prudensi medis; kedokteran forensik. ~의 tentang kedokteran forensik. ~자 ahli forensik.

법인(法人)badan hukum. ~조직으로하다 menjadikan badan hukum. ~세 pajak badan usaha. ~소득 penghasilan perusahaan.

법적(法的) menurut hukum. ~ 근거(根據)dasar hukum.~으로는 secara hukum.~하자 cacat hukum.

법전(法典) kode hukum.

법정(法廷) pengadilan. ~에서 di pengadilan. ~투쟁 perjuangan di pengadilan.

법정(法定) ~의 legal; sah; resmi. ~ 가격[전염병] harga [epidemik] resmi. ~ 대리인 wakil resmi. ~상속인 pewaris secara hokum.

법제(法制) sistim perundang-undangan; sistim hukum.

법조(法曹) petugas hukum. ~계 dunia hukum.

법치(法治) pemerintahan konstitusi. ~국가 negara konstitusi. ~사회 masyarakat hukum.

법칙(法則)hukum;peraturan.자연~ hukum alam.

법하다 mungkin; boleh jadi. 그런 일도 있을 ~ Hal itu juga mungkin.

법학(法學)ilmu hukum.~도 mahasiswa hukum. ~박사 doktor ilmu hukum. ~사 sarjana hukum (SH). ~자 ahli hukum.
법회(法會)misa (kebaktian) Budha.
벗 teman; kawan. 책을 ~삼다 berteman buku.
벗겨지다 melepaskan.
벗기다 ① (껍질 따위를) mengupas. ② melepaskan; menanggalkan. 옷을 ~ menanggalkan pakaian. ③ menyingkap; membuka. 위선자의 가면을 ~ membuka kemunafikan.
벗다 melepaskan; membuka; menanggalkan. 모자를[안경을]~ melepaskan topi [kaca mata]. 옷을 ~ melepaskan pakaian.
벗다 (벗어짐) mengupas.
벗어나다 ① keluar dari kesulitan; lolos dari; lepas dari. 가난 에서~ mengatasi kemiskinan. 질곡 에서 ~ lolos dari kesulitan.② berlawanan dengan. 예의에~ bertentangan dengan etika; menyimpang (dari). ③ (눈밖에나다) tidak disenangi.
벗어던지다 ☞ 벗어버리다.
벗어버리다 menanggalkan; melepaskan.
벗어지다 ① (옷.신 따위가) lepas; tanggal; terkelupas. ② (머리가) menjadi botak.
벗하다 berteman dengan;bersahabat dengan. 자연을~ hidup dengan alam; bersahabat dengan alam.
벙거지 topi laken; topi.
벙글거리다,벙긋거리다 tersenyum; berseri-seri.
벙벙하다 bengong.어안이~ sangat bengong.
벙실거리다 tersenyum.
벙어리 ① orang bisu tuli.~의 bisu. ② (저금통) celengan.
벚꽃 bunga ceri. ~놀이 가다 pergi melihat-lihat bunga ceri.
벚나무 『植』 pohon ceri.
베 kain rami (삼베).
베개 bantal. 팔 ~를 베다 membuat bantal lengan.
베갯머리 arah kepala tempat tidur.
베끼다 menyalin; membuat salinan. (공)책을 ~ menyalin buku (tulis).
베니어판(- 板) kayu lapis.
베다 (베개를) meletakkan kepala di atas bantal.
베다 (날붙이로)memotong;mencincang; mengiris; menetak; membabat; menggergaji.
베드 tempat tidur. ~신 adegan di tempat tidur.
베란다 beranda.
베레모(- 帽) peci baret.
베를린 Berlin.~봉쇄[장벽] blokade [tembok] Berlin.
베링 ~해[해협] laut[selat] Bering.
베스트 terbaik.~셀러 buku terlaris.
베어내다 memotong lepas.
베어링 『機』 bantalan poros. 볼~ gotri; pelor.
베어먹다 memotong dan memakan. 케이크를 ~ mengiris kue untuk di makan.
베어버리다 memotong buang.
베옷 baju rami.
베이비 bayi. ~카메라 kamera mini.
베이스 『樂』 bas.

베이스 ① bidai (base). ~를 밟다 menginjak base. ~볼 bisbol. ② dasar. 임금~ upah dasar (pokok).
베이스캠프 「登山」 pangkalan (base camp).
베이컨 lemak babi.
베이킹파우더 bubuk pengembang roti.
베일 cadar. ~을 벗기다 membuka cadar. ~을 쓰다 memakai cadar.
베타 beta; (β). ~선 [입자] sinar [partikel] beta.
베테랑 veteran; pakar.
베트남 Vietnam. ~어 bahasa Vietnam.
베틀 perkakas tenun.
베풀다① memberi.은혜를 ~ memberi pertolongan (pada seseorang) 자선을 memberi sumbangan. ② (잔치 등을) mengadakan (pesta).
벤젠 「化」 benzen; benzol.
벤진 「化」 bensin.
벤치 bangku.
벨 bel; bel pintu. ~을 울리다 [누르다] membunyikan [memencet] bel.
벨벳 beludru.
벨트 sabuk. ~를 매다 menalikan sabuk. ~콘베이어 ban berjalan. 안전 ~ sabuk pengaman.
벼 tanaman padi. ~를 심다 menanam padi. ~베기 penuaian padi.
벼농사(-農事) pertanian padi. ~하다 bercocok tanam padi.
벼락 halilintar; petir. ~같은 bergemuruh. ~맞다 disambar geledek.
벼락감투 jabatan/kedudukan dikatrol.
벼락부자(-富者)orang kaya baru (OKB). ~가 되다 menjadi kaya mendadak.
벼락치기 persiapan buru-buru. ~의 disiapkan dengan buru-buru.
벼락치다 disambar petir.
벼랑 tebing.
벼룩 kutu.~에 물리다[시달리다] digigit [disiksa] kutu.
벼르다 ① (분배) membagi sama rata. ② (꾀하다) bertekad kuat; merencanakan. 기회를 ~ menanti (menunggu) kesempatan.
벼슬 kedudukan/jabatan di pemerintahan.~하다 memasuki dinas pemerintahan; mendapat jabatan. ~아치 pegawai negeri.
벽(壁)dinding;tembok. ~을 바르다 menambal dinding. ~에 부딪치다 terbentur tembok; buntu. ~ 시계 jam dinding.
벽(癖) ☞ 버릇.
벽난로(壁煖爐) tempat perapian.
벽돌(壁 -) bata. ~을 굽다 membakar bata. ~을 쌓다 memasang bata. ~공장 pabrik bata. ~집[담] rumah [tembok] bata.
벽두(劈頭) pembukaan;permulaan. ~에 pada permulaan. ~부터 dari permulaan; sejak semula.
벽력(霹靂) ☞ 벽락. 청천 ~ petir di siang bolong.
벽보(壁報) poster; plakat. ~를 붙이다 memasang poster.
벽시계(壁時計) jam dinding.
벽안(碧眼) ~의 bermata biru.
벽옥(碧玉) permata jasper.
벽장(壁欌) lemari dinding.
벽지(僻地)daerah terpencil. ~교육

pendidikan daerah terpencil.
벽지(壁紙) kertas dinding.
벽창호(碧昌-) orang yang keras kepala.
벽촌(僻村) desa terpencil.
벽해(碧海) laut biru.
벽화(壁畵) lukisan dinding. ~가 pelukis lukisan dinding.
변 (곁말) jargon.
변(便) berak; tahi. 된[묽은] ~ tahi keras [lembek].
변(邊) ① 「數」 sisi. ② (가장자리) pinggir; sisi; tepi.
변(變) (재앙) kecelakaan; bencana. ~을 당하다 mendapat kecelakaan.
변경(邊境) daerah perbatasan.
변경(變更) perubahan; modifikasi. ~하다 merubah.
변고(變故) kecelakaan.
변기(便器) pispot.
변덕(變德) perubahan pikiran yang tiba-tiba. ~스러운 mudah berubah pikiran. ~부리다 bertingkah laku selalu berubah.
변동(變動) perubahan; fluktuasi; naik turun. ~하다 merubah. 물가의 ~ naik turun harga.
변두리(邊-) ① daerah pinggiran. 서울 ~에 di daerah pinggiran kota Seoul. ~에 살다 tinggal dipinggir kota. ② (가장자리) perbatasan.
변란(變亂) kerusuhan masyarakat.
변론(辯論) pembahasan; perdebatan; pembelaan. ~하다 membahas; berdebat; membela. ~가 pendebat.
변류기(變流器) 「電」 pengubah; konverter.
변명(辨明) alasan. ~하다 mencari alasan; beralasan.
변모(變貌) transfigurasi. ~하다 mengalami perubahan menyeluruh.
변박(辯駁) penyangkalan. ~하다 menyangkal.
변방(邊方) ☞ 변경(邊境).
변변하다 ganteng; tampan.
변복(變服) penyamaran. ~하다 menyamar. ~으로 dalam samaran
변비(便秘) sembelit. ~에 걸리다 mengalami sembelit. ~증=변비.
변사(變死) kematian yang tidak alamiah. ~하다 mati secara tidak alamiah. ~자 orang yang mati kecelakaan.
변상(辨償) kompensasi; penggantian kerugian. ~하다 memberi kompensasi/ganti rugi; mengganti rugi
변색(變色) perubahan warna. ~하다 berubah warna.
변성(變性) kemerosotan. ~하다 merosot.
변성(變聲) ~하다 perubahan suara. ~기 pubertas.
변소(便所) toilet. ~에 가다 pergi ke toilet. 바깥 ~ kamar kecil di luar rumah.
변수(變數) 「數」 perubah; variabel.
변신(變身) ~하다 menyamar; menyaru.
변심(變心) perubahan pikiran. ~하다 merubah pikiran.
변압(變壓) 「電」 transformasi. ~하다 mentransformasi. ~기 alat yang dapat merubah arus listrik; transformer.

변위(變位) 「理」 pemindahan. ~ 전류(電流) pemindahan arus.

변이(變異) 「生」 variasi. 돌연 ~(설) teori mutasi.

변장(變裝) samaran. ~하다 menyamar. ...으로 ~하고 dengan menyamar.

변전(變轉) perubahan; mutasi. ~하다 berubah. ~ 무상한 selalu berubah.

변전소(變電所) sub stasiun transformer.

변절(變節) pengkhianatan; pembelotan. ~하다 berkhianat; membelot. ~자 orang yang membelot; pengkhianat.

변제(辨濟) pembayaran kembali. ~하다 membayar kembali.

변조(變造) pengubahan; pemalsuan. ~하다 mengubah; memalsukan. ~ 어음 cek palsu. ~자 pemalsu. ~ 지폐 uang palsu.

변종(變種) varitas; mutasi.

변주곡(變奏曲) 「樂」 variasi.

변죽(邊-) pinggiran. ~을 울리다 memberi isyarat.

변증법(辨證法) dialektika. ~적 dialektis. ~적 유물론 meteriolisme dialektis.

변질(變質) perubahan mutu, kemerosotan (akhlak). ~하다 berubah mutu; memburuk; merosot.

변천(變遷) perubahan; transisi; naik turun (kehidupan). ~하다 berubah; mengalami perubahan.

변칙(變則) ketidakteraturan; anomali. ~적 tidak teratur; ireguler.

변칭 (바꿈) perubahan nama; penggantian nama, (이름) nama yang diganti.

변태(變態) ① ketidaknormalan; abnormalitas; anomali. ~적인 tidak normal. ~ 심리[성욕] mentalitas [seksualitas] abnormal. ② 「生」 metamorfosis. ③ (변형) transformasi; perubahan bentuk.

변통(變通) keserbagunaan; keserbabisaan; adaptabitas; fleksibilitas; penyesuaian. ~하다 mengatur; menyesuaikan; mengakomodasi. ~ 임시 ~수 penyesuaian/pergantian sementara.

변하다(變 -) berubah. 태도가 아주 ~ mengalami perubahan sikap yang menyeluruh. 마음이 ~ berubah pikiran/hati.

변함없다(變 -) tidak berubah; tidak menunjukkan perubahan.

변혁(變革) perubahan; reformasi; revolusi. ~하다 berubah; berevolusi.

변형(變形) perubahan; modifikasi. ~하다 merubah bentuk barang; memodifikasi.

변호(辯護) pembelaan. ~하다 membela. ~료 ongkos pembela/ pengacara. ~의뢰인 klien. ~인 pembela; penasehat hukum. (~인단 dewan penasehat hukum.

변호사(辯護士) pengacara. ~의 자격을 따다 mendapat pengakuan sebagai pengacara; diakui sebagai pengacara. ~ 개업을 하고 있다 berpraktek sebagai pengacara. 고문 ~ penasehat hukum.

변화(變化) perubahan. ~하다 me-

rubah. ~없는 tidak ada perubahan. ~가 많은 penuh perubahan.
변환(變換) ~하다 mengubah; merubah.
별 bintang. ~빛 cahaya bintang. ~같은 seperti bintang. ~이 반짝이다 bintang berkelap-kelip.
별개(別個) ~의 lain; beda; khusus.
별거(別居) pisah ranjang. ~하다 berpisah ranjang. ~중인 아내 istri yang pisah ranjang.
별것(別 -) sesuatu yang ganjil; sesuatu yang lain.
별고(別故) sesuatu yang salah; masalah; kecelakaan. ~없다 baik. ~없이 지내다 baik-baik saja.
별관(別館) ruangan tambahan; perluasan.
별궁(別宮) istana yang terpisah; istana tambahan.
별기(別記) ~와 같이 seperti di sebutkan pada bagian lain.
별꼴(別 -) hal/orang yang menjijikkan.
별나다(別 -) aneh; ganjil.
별다르다(別-) janggal; tak biasa.
별당(別堂) rumah tambahan.
별도(別途) ~의 khusus. ~지출 pembiayaan khusus.
별도리(別道理) cara yang lebih baik; pilihan; alternatif. ~없다 tak ada pilihan lain.
별똥 meteor; bintang jatuh.
별로(別-)secara khusus.
별말(別-)~다 한다 tidak apa-apa, jangan bicara seperti itu (kepada bawahan)
별말씀(別-) ~다 하십니다. tidak apa-apa; Jangan bicara demikian (kepada atasan).
별명(別名) nama lain. ~을 붙이다 memberi nama kecil.
별문제(別問題) soal lain;masalah yang berbeda. ...은 ~로 하고 di samping itu, diluar itu.
별미(別味) rasa yang istimewa.
별별(別別) berbagai macam; beraneka ragam.~사람 segala macam orang.
별사람(別-) orang aneh.~다 보겠다 saya belum pernah lihat orang yang seaneh itu.
별세(別世) kematian. ~하다 mati; meninggal.
별세계(別世界) dunia lain.
별수(別數) keberuntungan yang istimewa; cara yang istimewa.
별스럽다(別 -) ☞ 별나다.
별식(別食) menu khusus.
별실(別室)kamar yang lain; kamar terpisah.
별안간(瞥眼間)tiba-tiba; mendadak. ~죽다 mati secara tiba-tiba; mati mendadak.
별일(別 -)sesuatu yang salah;sesuatu hal; kecelakaan. ~없이 dengan selamat; tanpa sesuatu hal.
별자리 「天」 konstelasi (perbintangan).
별장(別莊) villa; rumah peristirahatan.
별종(別種) jenis istimewa.
별지(別紙) ☞ 별첨.
별차(別差) perbedaan.~없다 tidak ada perbedaan.
별찬(別饌) hidangan istimewa.

별책(別冊) buku lampiran. ~부록 penambahan buku lampiran.
별천지(別天地) ☞ 별세계.
별첨(別添) lembaran tambahan; lampiran. ~과 같이 seperti terlampir.
별칭(別稱) atas nama.
별표(- 標) tanda bintang.
별표(別表)daftar yang terlampir. ~양식 formulir yang terlampir.
별항(別項) paragraf terpisah.
별호(別號) nama samaran/panggilan.
볍씨 biji padi.
볏 balung; jengger.
볏가리 tumpukan padi.
볏단 seikat padi.
볏섬 segoni padi.
볏짚 jerami padi.
병(病)penyakit;gangguan.~난 sakit; tidak sehat. ~때문에 karena sakit.가벼운[불치의]~ penyakit yang ringan [tidak tersembuhkan]. ~들다[에 걸리다] jatuh sakit.~에 걸리기 쉽다 mudah terkena penyakit. ~이 낫다 sembuh; pulih. ~으로 죽다 mati sakit.
병(甁) botol. 맥주 한 ~ sebotol bir. ~에 담다 membotolkan. ~에 담은 botolan.
병가(病暇) cuti sakit.
병결(病缺) absen karena sakit.
병고(病苦)penderitaan akibat penyakit. ~에 시달리다 menderita karena penyakit.
병구완(病 -) perawatan; pemeliharaan. ~하다 merawat.
병권(兵權) kekuasaan militer.
병균(病菌)virus;benih penyakit.... 의 ~을 발견하다 mengisolasi virus.
병기(兵器) persenjataan; senjata. ~고 gudang persenjataan. ~창 pabrik senjata.
병나다(病 -) ① ☞ 병들다. ② (탈이) memburuk; kacau; rusak.
병동(病棟) bangsal. 격리~ bangsal isolasi.
병들다(病 -) jatuh sakit.
병란(兵亂) perang; pergolakan.
병력(兵力) kekuatan militer. 10만의 ~ kekuatan militer 100.000 orang.
병렬(竝列)~하다 berderet; berbaris. ~회로 rangkaian paralel.
병리(病理) ~학 patologi; ilmu penyakit. ~학상의 patologis. ~학자 patolog; ahli patologi.
병립(竝立)~하다 berdiri berdampingan.
병마(兵馬) urusan militer; ketentaraan.
병마(病魔)~가 덮치다 jatuh sakit; terserang penyakit. ~에 시달리다 menderita penyakit.
병마개(甁 -) tutup botol; sumbat botol; gabus botol. ~를 뽑다 mencabut sumbat; membuka botol. ~로 막다 menutup botol.
병명(病名) nama penyakit.
병무(兵務) urusan militer/ketentaraan.~소집 panggilan wajib militer. ~청 Dinas Tentara.
병법(兵法) strategi; taktik; siasat. ~가 ahli strategi (taktik).
병사(兵士) prajurit; serdadu; tentara.

병사(兵舍) barak; asrama tentara.
병사(兵事) urusan militer. ~계원 sekretaris eksekutif urusan militer.
병사(病死) kematian akibat sakit. ~하다 mati sakit.
병살(倂殺) 「野」 double play (istilah bisbol).
병상(病床)tempat tidur orang sakit;ranjang pasien. ~일지 catatan harian klinis.
병상(病狀) kondisi pasien.
병색(病色) ~이 보이다 kelihatan sakit.
병서(兵書) buku tentang taktik (strategi) perang.
병석(病席)tempat tidur/orang sakit. ~에 있다 sakit di tempat tidur.
병선(兵船) kapal perang.
병세(病勢) keadaan penyakit (pasien). ~가 악화[호전]하다 kondisi memburuk [membaik].
병신(病身)orang cacat.~을 만들다 mencacatkan;membuat cacat. ~이 되다 menjadi cacat. ② (물건) barang yang cacat. ③ orang bodoh. ~ 노릇을 하다 berlaku seperti orang tolol.
병실(病室) kamar sakit; ruangan rumah sakit.
병아리 anak ayam; pitik. ~를 까다 menetaskan anak ayam.
병약(病弱) ~한 sakit-sakitan.
병역(兵役) dinas militer. ~기피자 orang yang menghindari dinas militer.~면제 pembebasan dari dinas militer.
병영(兵營) barak; asrama.
병용(倂用) ~하다 memakai bersamaan; menggunakan serentak.
병원(病院) rumah sakit. ~에 입원하다[시키다] masuk [memasukkan ke] rumah sakit. ~에 다니다 berobat jalan. ~선 kapal rumah sakit; rumah sakit terapung. ~장 direktur rumah sakit. ~차(車) ambulans.
병원(病源) penyebab penyakit. ~균 kuman penyakit; baksil; virus. ~체 organ patogenik.~학 etiologi.
병인(病因) penyebab penyakit; faktor etiologis.
병자(病者) orang sakit; pasien.
병적(兵籍) catatan dinas militer. ~부 buku catatan dinas militer.
병적(病的) tidak waras; kelainan. ~으로 secara tidak waras.
병졸(兵卒) prajurit; tentara.
병중(病中)selama sakit; pada saat sakit. ~이다 terbaring sakit.
병증(病症) sifat suatu penyakit.
병참(兵站)perbekalan;logistik.~감 jenderal intendan. ~기지 markas perbekalan.~부 bagian perbekalan.
병충해(病蟲害) rusak akibat hawar dan serangga berbahaya.
병폐(病弊) praktek kejahatan/penyelewengan.
병풍(屛風)tirai lipat. 여섯폭 ~(을 치다) (memasang) tirai lipat enam.
병합(倂合) ☞ 합병.
병행(竝行)~하다 bergandengan.
병화(兵火) ~에 파괴되다 dibumihanguskan; dimusnahkan dengan api (dalam perang).
병환(病患) penyakit.
병후(病後) ~의 sesudah sembuh.

~의 조섭 setelah dirawat.

볕 sinar matahari; sinar surya.~이 들다 sinar matahari masuk. ~에 말리다 menjemur; mengeringkan di sinar matahari.~에 타다 terbakar sinar matahari.

보(保) jaminan;keamanan;pemberi jaminan. ~서다 menjamin. ~를 세우다 dijamin; mendapat jaminan.

보(步) langkah; jangkah.

...보(補) asisten;pembantu. 서기 ~ asisten sekretaris; juru tulis bantu. 차관 ~ Asisten Menteri Muda.

보강(補强) ~하다 memperkuat. ~공사 pekerjaan memperkuat.

보강(補講)kuliah pelengkap;kuliah tambahan.

보건(保健) (pemeliharaan) kesehatan; sanitasi. ~사회부 Departemen Kesehatan dan Sosial ~소 balai kesehatan; PUSKESMAS. 세계 ~ 기구(機構) Organisasi Kesehatan Sedunia (WHO).

보검(寶劍) pedang pusaka.

보결(補缺) pelengkap; pengganti. ~의 pelengkap.

보고(報告) laporan;informasi; berita; kabar. ~하다 melaporkan; mewartakan. ~서 surat laporan. ~자 wartawan; pelapor.

보고(寶庫) gudang harta.

보관(保管) penitipan; perwalian. ~하다 menyimpan (benda untuk). ~물 barang yang dititipkan. ~료 ongkos penitipan.

보국(報國) jasa patriotik; kepahlawanan; patriotisme.

보궐(補闕)~선거 pemilihan khusus.

보균자(保菌者) pembawa kuman; penular.

보글보글 ~끓다 merebus.

보금자리 sarang; sangkar. 사랑의 ~ sarang cinta.

보급(普及) penyebaran; populerisasi.~하다 menyebarkan; mempopulerkan. ~소 agen distribusi. ~판 edisi populer (murah).

보급(補給) pemasokan; suplai. ~하다 memasok; menyuplai.

보기 contoh; umpama; ibarat.

보기 cara memandang. ~에 따라서는 menurut cara pandang tertentu.

보내다 ① mengirim;mengeposkan; memberi. 책을~ mengirim buku (kepada). 편지를~ mengirim surat 찬사를~ memberi pujian. ② mengutus. 심부름 ~ mengirim utusan. 부르러~ memanggil (dokter). ③ (이별) mengantar/melepaskan (tamu).④시간을~ melewatkan waktu.

보너스 bonus.

보다① melihat;memandang (kepada); menyaksikan. 얼핏~ melirik; memandang selayang. 뚫어지게 ~ menatap. 잘~ memandang dengan baik. 몰래 ~ mencuri pandang; mengintip. ②(관찰) mengamati. ③ menonton. 텔레비전을~ menonton televisi. ④ membaca; melihat. 신문을 ~ membaca surat kabar. ⑤ memeriksa. 답안을~ memeriksa kertas ujian.. 환자를 ~ memeriksa pasien.⑥ membaca; meramalkan. 손금을 ~ membaca garis tangan; meramalkan nasib. ⑦ menaksir menawarkan harga. 손 해를 만 원으로 ~ menaksir kerugian sekitar 10.000 won. ⑧ merawat. 아기를 ~ merawat bayi; mengasuh bayi. 집을 ~ menjaga rumah. 사무를 ~ menjalankan usaha (bisnis). ⑨ mencoba 양복을 입어 ~ mencoba jas (pakaian) baru. 자전거를 타~ mencoba naik sepeda. ⑩ menempuh (ujian). ⑪(대소변을) memenuhi hajat. ⑫ mendapat (anak). 사위를 ~ mengambil menantu. ⑬ mengalami; menderita 손해를 ~ menderita kerugian. 이익을 ~ mendapat keuntungan. 재미를 ~ bersenang-senang.

보다 sepertinya; tampaknya; saya kira. 그 사람이 아픈가 ~ Dia kelihatannya sakit.

보다 daripada; lebih (baik); lebih...daripada... ~ 정확하게 말하면 lebih tepatnya; bicara lebih tepatnya. ~낫다[못하다] lebih unggul [buruk].

보다못해 tidak bisa tinggal diam.

보답(報答) balas budi; imbalan; ganjaran. ~하다 membalas budi; membalas kebaikan.

보도(步道) trotoar. 횡단 ~ (tempat) penyeberangan pejalan kaki.

보도(報道) laporan; berita; informasi. ~하다 melaporkan; memberitahu; menginformasikan. ~관제 larangan surat kabar.
~기관 media massa

보도(輔導) bimbingan;pengarahan. ~하다 memimpin; membimbing; mengarahkan. 직업[학생] ~ bimbingan kejuruan [siswa].

보드랍다 lembut; halus; mulus.

보드카 vodka.

보들보들하다 lembut; lunak.

보따리(褓 -) bungkusan. ~ 장수 penjaja keliling.

보라 ☞ 보랏빛.

보람 guna; manfaat; hasil. ~있는 berguna. ~없는 tidak berguna; sia-sia. ~있는 생활 hidup yang bermanfaat. ~없이 dengan sia-sia. ~이 있다 berguna.

보랏빛 warna ungu; lembayung. 연 ~ ungu muda.

보료 kasur Korea.

보루(堡壘) benteng; kubu.

보류(保留) penangguhan. ~하다 menangguhkan.

보름 ① (15 일) lima belas hari. ② tanggal lima belas (penanggalan bulan). ~달 bulan purnama.

보리 barlei. ~ 타작하다 mengirik barlei. ~농사 pertanian barlei. ~밥 nasi barlei. ~밭 ladang barlei. ~차 teh barlei.

보모(保姆) pengasuh anak-anak. 유치원의 ~ guru taman kanak-kanak.

보무(步武) ~당당히 dalam barisan teratur.

보물(寶物) harta benda. ~선(船) [섬] kapal [pulau] harta karun.

보배 harta; barang berharga.

보병(步兵) infantri; pasukan jalan. ~연대 [학교] resimen [sekolah] infanteri.

보복(報復) pembalasan dendam. ~하다 membalas dendam. ~적 balas

dendam.

보사위원회(保社委員會) Komite Urusan Sosial Majelis Nasional.

보살(菩薩) 「佛」 bodhisatwa; orang suci Budha.

보살피다 merawat; menjaga; melindungi; mengurus.

보상(報償) ganti rugi; penebusan; penggantian.~하다 mengganti rugi.

보상(補償) ganti rugi; kompensasi. ~하다 mengganti rugi; mengkompensasi. ~금 uang ganti rugi; uang kompensasi.

보석(保釋) ~하다 membebaskan atas jaminan. ~ 중이다 atas jaminan. ~되다 dibebaskan dengan jaminan. ~금 uang jaminan.

보석(寶石)permata;batu berharga; mustika; intan; manikam; ratna; geliga; gemala. ~류[세공] jenis-jenis [kerajinan] permata. ~상 pedagang toko permata.

보선(保線)pemeliharaan jalan.~공 tukang pelihara jalan ~공사 pekerjaan pemeliharaan jalan.

보세(保稅) pajak tangguhan kontrak olah. ~가공 (수출) (ekspor) pengolahan kontrak. ~공장[창고] pabrik [gudang] kontrak olah

보수(保守) konservatisme. ~적 konservatif. ~당 (黨) partai yang konservatif. ~세력 kekuatan konservatif. ~주의 faham konservatif ~진영 kubu konservatif.

보수(報酬)pembayaran gaji/imbalan. ...의 ~로 sebagai imbalan. 무 ~로 tanpa upah; tanpa imbalan. ~를 주다 membayar upah; mengimbali.~를 받다 menerima imbalan.

보수(補修)~하다 memperbaiki. ~공사 pekerjaan perbaikan.

보스 pemimpin (atasan); bos.

보슬보슬 rintik-rintik.

보슬비 gerimis; hujan rintik-rintik.

보시(布施) derma.

보신(保身) bela diri.

보신(補身)~하다 menguatkan badan dengan minum tonikum. ~탕 sop daging anjing.

보쌈김치(褓-) *gimchi* yang di bungkus dalam daun kol seperti bundel.

보아란듯이 untuk pamer; untuk penampilan.

보아주다 menjaga;membantu;merawat.

보안(保安)pemeliharaan keamanan masyarakat. ~과 bagian keamanan masyarakat. ~관 kepala polisi daerah.

보안사범(保安事犯) gerombolan pengacau keamanan .

보안요원(保安要員) personil penjaga keamanan.

보약(補藥) tonikum.

보양(保養)pemeliharaan kesehatan. ~하다 menjaga kesehatan.~소 rumah sakit pemulihan. ~지 wilayah kesehatan.

보양(補陽) ~하다 memperkuat daya kejantanan.

보얗다 ① keputih-putihan.살결이~ mempunyai kulit seputih mutiara. ② (연기. 안개가) kabut.

보어(補語) 「文」 pelengkap. 목적격 ~ pelengkap penderita

보여주다 memperlihatkan; memunculkan; menampakkan.
보온(保溫) ~하다 menjaga hangat. ~병 termos.
보완(補完) pelengkap. ~하다 melengkapi.
보유(保有) ~하다 memegang; menyimpan; mempertahankan; mencadangkan.금 ~고 cadangan emas. 기록 ~자 pemegang rekor. 정부~미 beras cadangan pemerintah.
보육(保育) ~하다 merawat. ~원 sekolah perawat.
보은(報恩)balas budi.~하다 membalas kebaikan orang; membalas budi.
보이 pelayan. ~장 pelayan kepala.
보이다 memperlihatkan;menunjukkan;memperagakan;memamerkan.
보이다 ① (눈에) terlihat. ② kelihatan; tampak. 슬퍼~ kelihatan sedih.
보이스카우트 pramuka.
보이콧 (gerakan) boikot. ~하다 memboikot.
보일러 「機」perebus; boiler.
보자기 kain pembungkus.
보잘것없다 ☞ 하치않다.
보장(保障) jaminan; tanggungan. ~하다 menjamin. 사회 ~ jaminan sosial. 상호 안전 ~조약 perjanjian jaminan bersama.
보전(保全) integritas; keutuhan; pelestarian. ~하다 melestarikan. 영토~ integritas teritorial; keutuhan wilayah.
보조(步調) langkah. ~를 맞추다 bertindak selaras dengan. ~가 맞지 않다 bertindak tidak selaras dengan.
보조(補助) bantuan; tunjangan. ~하다 membantu;memberi tunjangan. ~의 pelengkap. ~금 uang subsidi/bantuan. ~원 anggota pelengkap. ~자 pendukung; asisten; penolong. ~ 탱크 tangki cadangan
보조개 lesung pipit. ~있는 berlesung pipit.
보존(保存) pengawetan; penyimpanan.~하다 mengawetkan;melestarikan; memelihara; melindungi; menyelamatkan.
보좌(補佐) bantuan; pembantu; asisten; wakil. ~하다 membantu. ~인[관] asisten (pembantu).
보증(保證) jaminan; tanggungan; garansi; cagaran; boroh; beban. ~하다 menjamin; mengasuransikan. ~서다 memberi jaminan.~금 uang jaminan. ~부(付) dijamin.~서 surat jaminan.~수표 cek bersertifikat. ~인 penjamin; pemberi referensi.
보지 vulva; kemaluan wanita.
보직(補職)penugasan untuk suatu posisi. ~되다 ditugaskan untuk suatu posisi.
보채다 jengkel; gusar.
보청기(補聽器)alat bantu pendengaran.
보초(步哨) penjagaan;pengawalan. ~서다 berjaga. ~를 세우다 menempatkan penjagaan. ~병 pengawal. ~선 garis penjagaan.
보충(補充) pelengkap; tambahan; penggenap. ~하다 mengisi; mengganti; melengkapi; mengkonversi.

~대 cadangan. ~병 tentara cadangan.

보태다 ① menokok; melengkapi. 모자람을~ menambahi kekurangan. ② (가산) menambah.

보통(普通) biasanya;lazimnya.~의 biasa; umum; awam; wajar;lumrah. ~교육 pendidikan umum. ~명사 kata benda umum. ~선거 pilihan umum. ~우편 pos biasa. ~예금 tabungan biasa.

보통내기 orang biasa.

보퉁이(褓 -) bungkusan; paket.

보트 perahu, boat. ~ 레이스 perlombaan perahu; lomba dayung. ~선수 atlet dayung.

보편(普遍)~적(으로) (secara) universal; (secara) umum. ~성 kemutlakan; universalitas. ~타당성 berlaku secara universal.

보폭(步幅) langkah.

보표(譜表) 「樂」 tangga nada.

보풀 ~이 인 kusut.

보필(輔弼) asistensi (ke atasan) ~하다 membantu; memberikan asistensi.

보합(保合) 「經」 kestabilan;kemantapan; keseimbangan. ~하다 stabil. 시세는 ~ 상태이다 harga-harga stabil.

보행(步行) ~하다 berjalan kaki. ~자 pejalan kaki.

보험(保險) ① (보증) tanggungan jaminan. ② asuransi;pertanggungan. ~에 들다 masuk asuransi; di asuransikan. ~을 해약하다 membatalkan pertanggungan. ~ 계약자 orang yang diasuransikan. ~금 uang asuransi. (~금 수취인 orang (ahli waris) yang menerima uang asuransi). ~료 premi. ~업자 penjamin (penanggung). ~외무원 pegawai pencari nasabah (klien). 생명[상해, 실업, 화재,해상,자동차] ~ asuransi jiwa [kecelakaan, pengangguran, kebakaran, kecelakaan kenderaan).~가격 nilai asuransi; nilai pertanggungan. ~물 barang yang diasuransikan.

보혈(補血) ~제 Haematik.

보호(保護)perlindungan; naungan; suaka; perwalian; penghindaran. ~하다 melindungi; menjaga; menaungi; menyelamatkan; merawat; membela. ~무역 perdagangan yang dilindungi. ~자 pelindung;penaung; pengasuh; pembimbing; pamong; pendidik; pemelihara; pembela.

보훈(報勳) ~병원 Rumah Sakit Tentara. ~처 Badan Urusan Pejuang dan Veteran.

복 「魚」 ikan buntel. ~의 독 tetrotoksin.

복(伏) pertengahan musim panas (hari-hari terpanas).

복(福) kebahagiaan; berkat; restu. ~된 bahagia. ~을 받다 diberkati; direstui.새해에 ~ 많이 받으십시오 selamat Tahun Baru.

복강(腹腔) rongga perut. ~임신 kebuntingan abdominal.

복고(復古) restorasi; kebangkitan kembali (gaya kuno).

복교(復校) pengembalian ke sekolah. ~하다 dikembalikan ke sekolah.

복구(復舊)perbaikan; rehabilitasi; pemugaran. ~하다 dipulihkan ke kondisi normal; direhabilitasi; di pugar.

복권(復權) pemulihan kembali hak; rehabilitasi hak. ~하다 dipulihkan kembali haknya.

복권(福券) karcis lotre; karcis undian.~에 당첨되다 menang lotre; menang undian. ~추첨 lotre; undian.

복귀(復歸)~하다 mengembalikan; memulangkan.

복더위(伏 -) gelombang panas selama pertengahan musim panas.

복덕(福德) ~방 usaha makelar tanah dan bangunan.

복도(複道) koridor.

복리(福利) ☞ 복지.

복리(複利)bunga majemuk; bunga berbunga. ~법 metode bunga majemuk

복막(腹膜)peritonium;selaput perut. ~염 radang selaput perut.

복면(覆面) cadar; topeng; kedok. ~하다 memakai topeng; bertopeng. ~의 bertopeng.~을 벗다 membuka topeng.

복명(復命)~하다 melaporkan (hasil tugas). ~서(書) laporan.

복무(服務) dinas. ~하다 berdinas ~규정 peraturan dinas.~연한 masa dinas.

복문(複文) kalimat kompleks; kalimat majemuk.

복받치다 penuh (emosi).

복병(伏兵) penghadangan (perangkap). ~을 두다[만나다] memasang [jatuh ke dalam] penghadangan.

복부(腹部)perut.~수 operasi perut.

복사(複寫) reproduksi; salinan. ~하다 mereproduksi; menyalin. ~지 duplikator. ~용 잉크[종이] tinta [kertas] kopi/penyalin. ~지 kertas karbon.

복사(輻射)radiasi;pancaran.~하다 beradiasi; memancar. ~선 sinar radiasi. ~열 panas radiasi. ~체 radiator (pemancar panas).

복사뼈 tulang pergelangan.

복서 petinju.

복선(複線)(jalan) dua jalur. ~으로 하다 memakai jalur ganda. ~공사 penjaluran ganda.

복수(復讐) pembalasan dendam; tuntutan darah. ~하다 membalas dendam. ~심(에 불타다) (terbakar dengan) pikiran balas dendam.~자 orang yang balas dendam; pembalas dendam.

복수(服水) 「醫」 busung perut.

복수(複數)angka jamak.~의 jamak. ~명사 benda jamak.

복숭아 persik.

복스 kotak.

복습(復習) pengulangan pelajaran. ~하다 mengulangi pelajaran.

복식(服飾) pakaian dan perhiasannya.

복식(複式) ~의 ganda; rangkap; jamak. ~부기 pembukuan sistim rangkap. ~투표 pemberian suara ganda. ~펌프 pompa ganda.

복식호흡(腹式呼吸)pernapasan perut.

복싱 tinju. 섀도~ tinju bayangan.
복안(腹案) gagasan; ide.
복어(-魚) ☞ 복.
복역(服役) hukuman penjara. ~하다 menjalani hukuman. ~기간 masa hukuman.
복용(服用) hal minum obat, penggunaan dalam. ~하다 minum obat. ~량 dosis.
복원(復元) pemulihan. ~하다 dipulihkan kembali seperti keadaan semula. ~력『機』daya stabilisasi.
복위(復位) pemulihan; pengembalian; perbaikan; restorasi. ~하다 dikembalikan (ke tahta).
복음(福音) berita gembira dari Isa Almasih. ~교회(敎會) gereja Injil. ~서 ke empat kitab Injil.
복음(複音) suara majemuk.
복작거리다 ☞ 북적거리다.
복잡(複雜) komplikasi; keruwetan; kerumitan. ~하다 rumit; ruwet. ~기괴한 rumit dan sulit dilayani.
복장(服裝) pakaian; kostum. ~은 자유 pakaian bebas. ~검사 pemeriksaan pakaian.
복제(複製) reproduksi; pencetakan kembali; duplikasi, (복제물) salinan; duplikat. ~하다 mereproduksi
복종(服從) kepatuhan; kepasrahan; ketaatan. ~하다 mematuhi; menuruti.
복지(福祉) kesejahteraan masyarakat. ~국가 negara yang sejahtera. ~사업 pekerjaan kesejahteraan. ~시설 fasilitas kesejahteraan.
복직(復職) penjabatan kembali. ~하다 diangkat kembali.
복창(復唱) ~하다 mengulangi; menghapal.
복채(卜債) ongkos tukang ramal.
복첨(福籤) lotere; undian. ~을 뽑다 mencabut lotere/undian.
복통(腹痛) menderita sakit perut; mulas.
복판 pertengahan; pusat; jantung. ~의 tengah; pusat.
복합(複合) ~의 senyawa; komposit; kompleks. ~개념 konsep yang kompleks. ~어 kata majemuk.
복합비료(複合肥料) pupuk senyawa.
복합체(複合體) badan kompleks.
볶다 ① (불에) menggoseng; menggongseng; menggoreng; menyelarkan. ② (들볶다) mengejek; menggoda; mengganggu.
볶아대다 terus mengganggu.
볶음 ① (볶으기) pemanggangan; pembakaran. ② makanan panggang. ~밥 nasi goreng. 닭 ~ ayam panggang yang dipotong-potong.
볶이다 digoda; diganggu.
본(本) ① (본보기) contoh; model; teladan. ② pola. 종이로 ~을 뜨다 membuat pola dari kertas. ③(본관) asal muasal keluarga.
본...(本) ini; sekarang; utama; sejati; biasa.
본가(本家) ①(본집) keluarga utama. ② (친정) rumah gadang.
본건(本件) urusan ini.
본격(本格) ~적 sebenarnya. ~적으로 dengan sungguh-sungguh. ~적인 여름 musim panas yang sebenarnya.

본견(本絹) sutera; sejati.
본고장(本 -) tempat asal; pusat; habitat.
본과(本科) kursus reguler. ~생 siswa reguler.
본관(本官) pejabat yang sekarang.
본관(本貫) asal muasal keluarga.
본관(本管) (pipa) utama.
본교(本校) sekolah ini (kami).
본국(本局) kantor pusat.
본국(本國) tanah tumpah darah. ~정부 pemerintahan dalam negeri.
본남편(本男便) mantan suami; suami secara hukum.
본능(本能)naluri.~적(으로) secara naluri.
본대(本隊)badan utama; kekuatan utama.
본댁(本宅) ① rumah induk.② isteri tua.
본드 perekat.
본디(本 -) asalnya; asal mulanya; secara alami.
본뜨다(本 -) mengikuti contoh; mencontoh dari model.
본뜻(本-) maksud sebenarnya; makna asli. ~을 이루다 mencapai tujuan.
본래(本來) asalnya;terutama;pada hakekatnya; pada dasarnya. ~의 asli; penting; wajar; sebagaimana adanya; sejati.
본론(本論)masalah pokok (utama). ~으로 들어가다 meneruskan ke masalah pokok.
본루(本壘) pangkalan operasi.
본류(本流) arus utama; ibu sungai.
본명(本名) nama sejati.
본문(本文) pokok (surat); warkat; induk karangan; naskah.
본밑천(本 -) dana; modal.
본바닥(本 -) tempat asal; pusat.
본바탕(本 -) inti; dasar; esensi; watak asli. ~이 정직한 jujur dari pembawaannya.
본받다(本 -) mengikuti contoh; meneladani; mencontoh; meniru.
본보기(本 -) contoh. ~로 삼다 memakai contoh.
본봉(本俸) gaji tetap; gaji pokok.
본부(本部) markas besar; kantor pusat.
본분(本分) tugas; peranan; kewajiban; fungsi. ~을 다하다 melaksanakan tugas seseorang.
본사(本社) kantor pusat.
본색(本色) watak asli. ~을 드러내다 menunjukkan watak asli.
본서(本署) kantor polisi pusat.
본선(本船) kapal ini; kapal induk. ~ 인도(引導) (harga) barang sampai diatas kapal.
본선(本線) jalur utama.
본성(本性) sifat asli; perangai; kodrat;tabiat;tingkah laku.☞ 본색.
본시(本是) asalnya; memangnya.
본심(本心) maksud/kehendak sebenarnya; isi hati. ~으로는 yang sesungguhnya.
본안(本案) usul (rencana) ini.
본업(本業)pekerjaan utama/pokok.
본연(本然) ~의 alami;wajar;inhern.
본위(本位) standar; baku; dasar. 자기 ~의 mementingkan diri sendiri. ~화폐 uang standar. 금~ standar emas.

본의(本意) kemauan; maksud sebenarnya; niat sesungguhnya.
본인(本人) orang yang bersangkutan.
본적(本籍) kampung halaman.
본전(本錢) modal; pokok.
본점(本店) kantor (toko) pusat.
본지(本紙) makalah ini (kami).
본지(本誌) jurnal (majalah) ini.
본직(本職) ① (본업) pekerjaan (profesi) tetap; usaha pokok. ② (관리의 자칭) saya; punya saya; saya sendiri.
본질(本質) hakekat;substansi. ~적 esensial; hakiki. ~적으로 pada hakekatnya.
본집(本-) rumah sendiri.
본처(本妻) istri syah.
본체(本體) bentuk asli, anasir; substansi. ~론 ontologi.
본초자오선(本初子午線)khatulistiwa.
본토(本土) daratan utama. ~박이 penduduk asli; aborigin. 중국~ daratan Cina.
본회담(本會談) konferensi utama.
본회의(本會議) sidang utama.
볼 ① (뺨의 복판) pipi. ② (넓이) lebar.
볼 bola.
볼기 pantat. ~를 때리다[치다] menepuk pantat.~맞다 ditepuk pantat.
볼록 ~거리다 kembang kempis. ~하다 cembung. ~ 거울[렌즈, 면] cermin [lensa; permukaan] cembung.
볼륨 volume; isi. ~이 있는 kamba; mengambil tempat banyak. ~을 높이다 membesarkan volume.
볼링 bowling; bola gelinding. ~장 tempat bowling.
볼만하다 ① (방관) tinggal sebagai penonton. ② (볼가치가 있다) tontonan bagus.
볼멘소리 ucapan yang ketus. ~로 dengan nada marah; dengan ketus. ~로 대답하다 menjawab dengan ketus.
볼모 ① (물건) jaminan;tanggungan; boroh. ② sandera; tawanan. ~로 잡다 menahan sebagai sandera. ~로 잡히다 ditahan sebagai sandera.
볼썽사납다 canggung; jelek.
볼일 urusan; bisnis, (심부름) suruhan. ~이 있다 ada urusan. ~이 없다 tak ada urusan; tak ada yang harus dilakukan. ~을 다 마치다 menyelesaikan semua urusan.
볼장 ~다 보다 berakhir dengan gagal.
볼트 「電」 volt; voltase; tegangan listrik. ~미터 volt meter; alat pengukur tegangan listrik.
볼트 「機」 baut;mur;pasak;sekrup.
볼펜 bolpoin; pena.
볼품 penampilan; rupa. ~이 좋다 berpenampilan bagus/baik.
봄 ① musim semi.~의 musim semi (bunga). 이른[늦은] ~에 awal [akhir] musim semi. ~ 농사(農事) tanaman musim semi. ~누에 ulat sutera musim semi. ~아지랑이 kabut musim semi. ~옷 pakaian musim semi. ② (청춘) masa puncak (dalam hidup).

봄갈이 pengolahan tanah musim semi.
봄날 hari musim semi; cuaca musim semi.
봄내 seluruh (seantero) musim semi.
봄눈 salju musim semi.
봄바람 angin musim semi.
봄비 hujan musim semi.
봄빛 ① pemandangan musim semi. ② suasana musim semi.
봄철 musim semi.
봄타다 menderita demam musim semi.
봇물(洑 -) air waduk (reservoir).
봇짐(褓 -) bungkusan; buntelan. ~장수 penjaja; pedagang asongan.
봉(封) pembungkus kertas. 약 한~ sebungkus obat.
봉(鳳) ① ☞봉황.②(만만한) korban.
봉건(封建)feodalisme;sistem feodal. ~적 feodal. ~사상 gagasan/ide feodalistis. ~시대 jaman feodal. ~주의 feodalisme; faham feodal.
봉급(俸給) gaji; bayaran; upah. ~이 오르다 [내리다] naik [turun] gaji. ~이 많다 [적다] gaji besar [kecil]. ~을 올리다 menaikkan gaji. ~일 hari gajian.
봉기(蜂起) pemberontakan. ~하다 memberontak.
봉납(奉納) ~하다 mengabdi.
봉돌 bandulan pemberat jala (pancing).
봉두난발(蓬頭亂髮) rambut kusut.
봉변(逢變) ① ~하다 dihina;mendapat pengalaman pahit. ② ~하다 mendapat kecelakaan.
봉사(奉仕)pelayanan. ~하다 melayani; mengabdi. ~가격으로 제공 dijual dengan harga murah sekali. ~료 persenan. ~품 penawaran.
봉서(封書) surat yang disegel.
봉선화(鳳仙花) bunga balsam.
봉쇄(封鎖) pemblokiran; blokade; rintangan; hambatan. ~하다 memblokade (pelabuhan); menghalangi(jalan); membekukan (aset).
봉숭아 ☞ 봉선화.
봉양(奉養) ~하다 menyokong orang tua; melayani orangtua.
봉오리 tunas. (☞ 꽃봉오리). ~가지다 bertunas.
봉우리 puncak.
봉인(封印) segel; penyegelan. ~하다 menyegel. ~한 disegel; tersegel.
봉제(縫製) jahit menjahit. ~공 tukang jahit; penjahit. ~공장 pabrik pakaian.
봉지(封紙)kantong kertas. 약 한~ sebungkus jamu.
봉착(逢着)~하다 dihadapkan pada. 난관에 ~하다 dihadapkan pada kesulitan.
봉토(封土) tanah timbunan.
봉투(封套) amplop; sampul; pembungkus. 편지~ amplop surat.
봉하다(封 -) ① (붙이다) mengelem; menutup rapat-rapat. ② (다물다) menutup (mulut seseorang). ② (봉토를) menimbuni. ④ (작위를) menganugerahkan gelar kebangsawanan.
봉함(封緘) segel; penyegelan. ~

하다 menyegel (surat). ~엽서 kartu surat (kartu pos).
봉합(縫合) 「醫」 jahitan (luka). ~하다 menjahit.
봉화(烽火) api tanda/sinyal bunga api; kembang api; mercusuar. ~를 올리다 menyalakan sinyal api.
봉황(鳳凰) burung merak Cina.
봐하니 sejauh yang saya amati.
뵙다 menyambangi.
부(否) tidak; bukan.
부(部) ① (부분) bagian. ② (분과 내각의) departemen; biro. ③ (서적의) salinan (buku) jilid.
부(富) kekayaan.
부...(副) pembantu (asisten); wakil. ~시장 wakil wali kota. ~영사 wakil konsul. ~주장 wakil kapten (olah raga). ~지배인 asisten manajer. ~지사 pembantu gubernur (residen). ~통령 wakil presiden.
...부(附) ① (날짜) tertanggal. ② termasuk ke dalam. 대사관 ~ 육[해]군무관 atase militer untuk kedutaan.
부가(附加) ~하다 menambah; melampirkan. ~적 tambahan. ~가치세 pajak pertambahan nilai (PPn). ~물 tambahan; lampiran. ~세(稅) pajak tambahan.
부각(浮刻) ~하다 timbul. ~되다 menjadi timbul. ~시키다 menimbulkan.
부강(富强) kekayaan dan kekuasaan.
부결(否決) penolakan. ~하다 menolak.
부계(父系) garis ayah.
부고(訃告) berita duka cita.
부과(賦課) ~하다 mengenakan/membebani pajak. ~금 uang pajak. ~액 taksiran pajak. 자동 ~제(制) perpajakan dengan sistim penjadwalan.
부관(副官) ajudan. 고급~ ajudan jenderal. 전속 ~ ajudan pribadi.
부교(浮橋) jembatan ponton.
부교재(副敎材) buku pegangan pelengkap.
부국(富國) negara kaya. ~ 강병책 tindakan untuk mensejahterakan dan memperkuat negeri.
부군(夫君) suami.
부권(父權) hak ayah.
부권(夫權) hak suami.
부귀(富貴) kekayaan dan kemasyhuran. ~영화 kekayaan dan kemakmuran. (~영화를 누리다 hidup bergemerlapan).
부근(附近) daerah sekitar. ~의 yang berdekatan. ~에 di dekat.
부글거리다 mendidih; menggelembung; membusa.
부금(賦金) cicilan; premi.
부기(附記) catatan tambahan; apendiks. ~하다 menambahkan.
부기(浮氣) pembengkakan (kulit). ~가 빠지다 bengkak mengempas.
부기(簿記) tata buku. 단식[복식] ~ tata buku tunggal [rangkap].
부끄럼 ① malu.~을 알다[모르다] [tidak] punya malu. ② rasa malu. ~타다 malu-malu.
부끄럽다 memalukan.
부나비 「蟲」 ngengat.
부녀(父女) ayah dan puterinya.

부녀자(婦女子) perempuan.
부농(富農) petani kaya.
부닥치다 kena; menghadapi; dihadapkan pada.
부단(不斷) ~한 terus menerus; berkesinambungan. ~한 노력 usaha yang berkesinambungan.
부담(負擔) beban; tanggung jawab. ~하다 menanggung (biaya); memikul (beban).
부당(不當) ~한 tidak adil; tidak jujur; curang. ~한 값 harga yang tak pantas.~이득 keuntungan yang berlebihan.
부대(附帶) ~의 insidental; sekunder; serap. ~결의 resolusi pelengkap. ~사업 perusahaan sekunder.
부대(負袋) kantong goni; karung. 밀가루 한~ sekarung terigu.
부대(部隊) unit; kesatuan; korps; legiun. ~장 komandan. 기동~ satuan tugas. 외인~ legiun asing. 전투 ~ satuan tempur; unit tempur.
부대끼다 diganggu; dirundung; dibengkengi. 빚쟁이 에 ~ diganggu oleh pemberi utang.
부덕(不德)tidak berperibudi. 모두 내 ~의 소치이다 Semua ini salah saya.
부덕(婦德) kepribudian wanita.
부도(不渡) ditolak; tidak berlaku (cek). ~를 내다 menolak cek. ~어음[수표] bilyet [cek] kosong.
부도(婦道) tugas perempuan.
부도덕(不道德) immoralitas. ~한 tidak bermoral. ~한 행동 kelakuan tidak bermoral.
부도체(不導體) non konduktor.
부동(不動) ~의 tegar; kuat. ~자세 postur yang kokoh.
부동(浮動) ~하다 mengambang; berfluktuasi.~주(株) saham mengambang.
부동산(不動産) harta tidak bergerak. ~(소개) 업자 makelar tanah dan bangunan.
부동액(不凍液) anti beku.
부두(埠頭) pelabuhan; dermaga; pangkalan. ~인부 kuli bongkar muat; kuli pelabuhan.
부드럽다 lembut. 마음씨가~ mempunyai hati lembut.
부득부득 dengan keras kepala.
부득불(不得不) tak terelakkan; terpaksa. ...~하다 dipaksa (melakukan).
부득이(不得已) bertentangan dengan kemauan seseorang. ~한 tak dapat dihindari. ~...하다 berkewajiban/terpaksa (melakukan).
부들부들~떨다 gemetar;menggigil.
부듯하다 ①(꼭 맞다)kencang;erat; ketat. ②(꼭 차다) penuh;ketat. ③(가슴이) meluap (kebanggaan).
부등(不等)ketidaksamaan. ~의 tak sama. ~식 pertidaksamaan. ~호 tanda pertidaksamaan.
부디 ① dengan segala cara (jalan); apapun caranya; bagaimanapun caranya. ~오십시오 Datanglah, bagaimanapun caranya. ②(바라건대) (jika anda) sudi.
부딪다 mendampar.
부딪치다 menabrak; bertumburan; menerjang; melanggar.
부딪히다 terbentur; tertabrak;

tertumbur.

부뚜막 api (pembakaran) dapur.

부라리다 menatap.

부락(部落) desa; kampung. ~민 orang desa.

부랑(浮浪) ~아 bajingan; perisau. ~자 bajingan.

부랴부랴 sangat buru-buru. ~ 달려가다 buru-buru ke (tempat kejadian).

부러 dengan sengaja.

부러뜨리다 memecahkan.

부러워하다 iri hati; cemburu.

부러지다 pecah; rusak.

부럽다 mengirikan.

부레 kantong udara.

부려먹다 ☞ 부리다. 막~ mempekerjakeraskan.

부력(浮力) 「理」 daya apung. ~계(計) pengukur daya apung.

부록(附錄) tambahan; lampiran; pelengkap (untuk majalah).

부루퉁하다 muka muram; masam; agak marah; merengus; geram.

부류(部類) kelas; jenis; golongan; kategori. ...의 ~에 들다 termasuk golongan ... .

부르다 ①(배가) kenyang. ② (임신하여) hamil. ③ (증배가) gendut.

부르다 ① memanggil; menyuruh datang; mengajak; menghimbau. 이름을~ memanggil nama. ② menyebut;menamai;mengistilahkan.... 라고 ~ disebut ... ③ (청하다.소환) mengundang; meminta. ④ menawarkan (harga). 값을 싸게~ memasang harga rendah. ⑤ (노래를) menyanyikan (lagu). ⑥ (외치다) berteriak. 만세를 ~ berteriak "Hidup!"

부르르 ~떨다 gemetar (karena takut); menggigil (kedinginan).

부르짖다 ① (외치다) berteriak. ② (창도(唱導)) menuntut. 개혁을~ menuntut reformasi/pembaruan.

부르트다 melepuh.

부릅뜨다 mendelik; melotot.

부리 ① (새의) paruh; catok; sudu. ② (물건의) ujung runcing.

부리나케 dengan buru-buru. ~ 도망가다 kabur (lari) dengan buru-buru.

부리다 ① mempekerjakan. 사람을 심하게 ~ mempekerjakan orang dengan keras; mempekerjakeraskan orang. ② mengoperasikan; menjalankan. 기계를 ~ menjalankan (mengoperasikan) mesin. ③ melaksanakan;menggunakan. 권력을 ~ melaksanakan/ menggunakan kekuasaan.④(꾀 재주를) memainkan; memperagakan.

부리다 membongkar (muatan).

부리부리하다 besar dan cemerlang.

부마(駙馬) suami puteri; menantu raja.

부모(父母) orang tua (ayah ibu). ~의 (cinta kasih) orang tua.

부목(副木) belat. ~을 대다 membelat lengan.

부복(府伏) ~하다 bertiarap.

부본(副本) salinan; rangkap dua.

부부(夫婦) suami isteri; pasangan; sejoli. ~의 pasangan. ~가 되다 menjadi suami isteri.

부분(部分) bagian;porsi;potongan; penggalan; panggu; pecahan. ~적 sebagian; terbatas. ~품 perhiasan.
부빙(浮氷) es terapung.
부사(副詞) 「文」 kata keterangan; kata tambahan. ~적(으로) adverbial. ~구 frase keterangan.
부산물(副産物)hasil sampingan; hasil ikutan.
부산하다 ribut (gaduh).
부삽 sekop api.
부상(負傷)luka;cedera;lecet.~하다 terluka. ~병[자] tentara [orang] yang luka.
부상(浮上) ~하다 muncul/naik ke permukaan; timbul; terbit; menyembul.
부상(副賞) hadiah ekstra.
부서(部署) seksi. ~를 지키다 menjaga seksi.
부서(副署) keikutsertaan dalam penandatanganan. ~하다 ikut serta menandatangani.
부서지다 pecah; putus; reyot; rusak; patah.
부설(附設) ~하다 menambah. ~도서관 perpustakaan tambahan.
부설(敷設)~하다 memasang (ranjau;kabel). ~권 hak konstruksi. (철도 ~권 hak pemasangan rel). ~기뢰 ranjau kapal selam.
부성애(父性愛)kasih sayang ayah.
부속(附屬) ~하다 termasuk (ke); berafiliasi dengan; menginduk ke. ~ 국민학교 sekolah dasar yang menginduk.~품 perlengkapan tambahan (mobil).
부수(附隨) ~하다 menyertai; disertai (dengan). ~적 ditambahkan kepada. ~사실 fakta tambahan. ~서류 surat lampiran.
부수(部數) jumlah salinan; sirkulasi; lembaran.
부수다 memecah; merusak; membantingkan; meruntuhkan.
부수입(副收入) penghasilan tambahan (sampingan).
부스러기 sisa-sisa; rimah; ampas.
부스러뜨리다 memecahkan; merusak; menghancurkan.
부스러지다 pecah berkeping-keping.
부스럭거리다 berkeresek; menggerisik.
부스럼 bengkak;tumor;benjol;bentol; jendol.
부슬부슬 (비가) ~ 내린다 hujan gerimis.
부시 potongan logam (untuk menyalakan api). ~치다 membuat percikan api (dengan logam dan batu api).
부시다 (눈이) menyilaukan.
부시다 (그릇을) mencuci (mangkok).
부시장(副市長) wakil pembantu wali kota. 제 1[2] ~ pembantu senior [junior] wali kota.
부식(副食) ☞ 부식물(副食物).
부식(腐蝕) pengkaratan. ~하다 berkarat. ~제 benda korosif; kaustik.
부식물(副食物) lauk pauk.
부식성(腐食性) ~의 saprofagus; pemakan bangkai.
부신(副腎) kelenjar adrenal.

부실(不實) ~하다 ① tidak setia; tidak jujur; tidak dapat dipercaya. ~기업 perusahaan bangkrut/pailit. ② (부족.불충실) tidak lengkap; tidak memadai. ③ lemah; rapuh.

부심(副審) wasit pembantu.

부심(腐心) ~하다 resah.

부아 ① (허파) paru-paru. ② rasa marah. ~ 가 나다, ~를 내다 menjengkelkan; membuat marah.

부양(扶養)pemeliharaan;dukungan. ~하다 memelihara; mendukung. ~가족 keluarga yang masih bergantung (belum bisa mandiri). ~(가족)수당 tunjangan keluarga. ~(가족)공제 pengurangan pajak untuk tanggungan.

부양(浮揚) ~하다 terapung;mengambang. 경기를 ~시키다 menggalakkan usaha. ~력(力) daya apung.

부언(附言) perkataan tambahan. ~하다 menambahkan (bahwa ...).

부업(副業)pekerjaan sampingan/sambilan.

부엉이 「鳥」 burung hantu.

부엌 dapur. ~데기 pelayan dapur. ~세간 alat-alat dapur. ~일 pekerjaan dapur.

부여(附與) ~하다 menganugerahkan; memberi; menghadiahi.

부여(賦與) ~하다 menganugerahi (dengan).

부역(賦役)kerja paksa.~을 과하다 mengenakan kerja paksa.

부연(敷衍) ~하다 mengeraskan (memperkuat) (suara).

부영사(副領事) wakil konsul.

부옇다 keputih-putihan; keabuabuan.

부예지다 kusam; kabur.

부원(部員) anggota; staf.

부유(浮遊)~하다 terapung; mengambang. ~기뢰 ranjau terapung. ~물 benda-benda terapung. ~생물 plankton.

부유(富裕) ~하다 kaya; makmur. ☞ 유복(裕福).

부음(訃音) berita kematian; berita duka cita.

부응하다(副應-) memenuhi.

부의(附議) ~하다 menyerahkan (untuk dimusyawarahkan).

부의(賻儀) sumbangan duka cita. ~금 uang duka.

부의장(副議長) wakil ketua.

부익부빈익빈(富益富貧益貧) yang kaya makin kaya; yang miskin makin miskin.

부인(夫人) istri; nyonya.

부인(否認) penyangkalan; pengingkaran. ~하다 mengingkari; tidak mengakui; mungkir.

부인(婦人) nyonya. (☞ 여성). ~과 gineakologi. (~과 의사 ginekolog). ~병 penyakit perempuan. ~회 perkumpulan wanita.

부임(赴任) ~하다 mendapat jabatan baru. ~지(地) tempat penempatan; jabatan baru.

부자(父子) ayah dan anak.

부자(富者) orang kaya;orang mapan; orang mampu; hartawan. (큰) ~가 되다 menjadi kaya.

부자연(不自然) ~한, ~스러운 tak alami; buatan.

부자유(不自由) tak ada kebebasan. ~하다 tidak bebas; terkekang.

부작용(副作用)reaksi merugikan; efek sampingan.~을 일으키다 menimbulkan efek sampingan.

부장(部長) kepala bagian.

부장품(副葬品) barang yang ikut dikubur.

부재(不在) ketidakhadiran. ~하다 tidak hadir. ~자 orang yang tidak hadir. (~자 투표 pemberian suara orang yang tidak hadir). 현장 ~ 증명 alibi.

부적(符籍) jimat.

부적격(不適格) ~의 tidak memenuhi syarat. ~이다 tak memenuhi syarat sebagai.~이 되다 didiskwalifikasi.

부적당(不適當) ~한 tidak sesuai; tidak layak.

부적임(不適任)~의 tidak sesuai; tak memadai; tidak kompeten. ~자 orang yang tidak kompeten.

부적절(不適切)~한 tidak cocok. ~하게 dengan cara yang tidak cocok.

부전승(不戰勝) kemenangan tanpa tanding.~하다 mendapat kemenangan tanpa tanding. ~이 되다 mendapat bye.

부전자승(父傳子承) ~하다 pewarisan dari ayah ke anak lelaki.

부전자전(父傳子傳) ☞ 부전자승.

부절제(不節制) berlebihan.~하다 melampaui batas.

부정(不正) kecurangan; ketidakadilan. ~한 tidak adil; curang. ~을 하다 berbuat curang.

부정(不定) ~한 tidak tentu; tidak tetap. ~관사 kata sandang tidak tentu.

부정(不貞) ketidaksetiaan. ~한 tidak setia.

부정(不淨) ~한 kotor; haram. ~한 돈[재물] uang [kekayaan] haram. ~타다 menderita kemalangan.

부정(否定) pengingkaran; penindakan; penyangkalan. ~하다 menyangkal;mengingkari;menidakkan.

부정기(不定期)~의 tidak teratur; ireguler. ~선(船) kapal ireguler.

부정당(不正當)~한 tidak pantas.

부정대부(不正貸付) peminjaman yang tidak sah.

부정맥(不整脈) 「醫」 detak nadi yang tidak teratur (arithia).

부정직(不正直) ketidakjujuran. ~한 tidak jujur.

부정확(不正確) ketidaktepatan. ~한 tidak tepat.

부조(父祖) nenek moyang.~전래의 mengenai nenek moyang.

부조(不調) kekacauan; keadaan yang buruk. ~하다 tidak teratur; kacau; dalam kondisi buruk.

부조(扶助) ① bantuan. ~하다 membantu. 상호~ saling bantu. ② (금품) hadiah ucapan selamat.

부조리(不條理) kemusykilan.

부조화(不調和)ketidakharmonisan. ~한 tidak harmonis.

부족(不足) kekurangan;defisiensi; paceklik. ~하다 kurang; tak cukup; kekurangan. 천원 ~하다 kurang seribu won. 중량~ bobot yang kurang.

부족(部族) suku bangsa.

부존(賦存) ~하다 dikaruniai (dengan).~자원 sumber daya alam. (~자원이 많다 dikaruniai dengan sumber daya alam).
부주의(不注意) ketidakhati-hatian; kecerobohan. ~하다 tidak hati-hati; ceroboh (dalam).
부증(浮症) edema; pembengkakan.
부지(扶支)~하다 menabahkan diri.
부지(敷地) tempat; situs.
부지기수(不知其數) ~이다 tidak terhitung.
부지깽이 pengorek api.
부지런하다 rajin.
부지불식간(不知不識間) ~에 dengan tidak sadar; dengan tidak sengaja.
부지하세월(不知何歲月) ~이다 tidak tahu kapan akan selesai.
부진(不進) ~하다 tidak ada kemajuan.
부질없다 sia-sia; tidak berguna; remeh.
부쩍 dengan kentara/mencolok.
부차적(副次的) kedua; sekunder.
부착(附着) ~하다 menempel; merekat. ~력 daya rekat.
부채 kipas.~질하다 berkipas-kipas, (선동) mengipas-ngipasi.
부채(負債) hutang;tanggung jawab. ~가 있다 berhutang. ~자 orang yang berhutang.
부처 Budha; patung Budha. ~ 같은 사람 orang suci.
부처(夫妻)suami isteri.김씨~Tuan dan Nyonya Kim.
부총리(副總理) wakil perdana menteri. ~겸 경제기획원 장관 Wakil Perdana Menteri merangkap Menteri Badan Perencanaan Ekonomi.
부추 「植」 ganda (sejenis sayuran).
부추기다 menghasut.
부축하다 memayang; mengampu; memapah; menyanggah.
부치다 (힘에) diluar kemampuan.
부치다 (부채로) mengipasi (api).
부치다 ① (보내다) mengirim. ② mengirim; mengajukan. 인쇄에 ~ mengirim untuk dicetak. 재판에 ~ mengajukan ke pengadilan. ③ (심정을) menyampaikan (perasaan).
부칙(附則) aturan tambahan.
부타놀 「化」 butanol.
부탁(付託) permintaan;permohonan. ~하다 membuat permohonan; memohon; meminta. ~을 들어주다 [거절하다] memenuhi [menolak] permohonan.
부탄 「化」 butan.
부터 ① dari; melalui. 친구로~ 온 편지 surat dari teman. ② dari. 서울~ 인천까지 dari Seoul ke Incheon.③ dari; sejak. 세시 ~다섯 시까지 dari pukul 3 sampai pukul 5. 그 때 ~ sejak saat itu. 지금 ~ mulai dari sekarang. ④ dari; dengan. 이러한 사실로~ 판단하면 menilai dari fakta-fakta ini. ⑤ (berkisar) dari ...ke... 대체로 2 만원 ~3 만원 사이 semua berkisar dari 20.000 won sampai 30,000 won. ⑥ mulai dengan; bermula dari. 무엇 ~할까 Apa yang harus saya mulai dulu?.
부통령(副統領) wakil presiden

(wapres).

부패(腐敗) dekomposisi; pembusukan.~하다 menjadi busuk/buruk; membusuk. ~한 busuk;rusak;basi; tengik. ~하기 쉬운 mudah rusak (busuk). 정치의~ kebusukan politik. ~공무원 pejabat busuk (korup). ~균 baksil saprogen.

부표(否票) suara "tidak"; suara menentang. ~를 던지다 memberi suara "tidak".

부표(浮漂) ~하다 mengapung; mengambang.

부풀다 ① (팽창) membengkak; memuai; membesar; melembung. ☞ 보풀다.

부풀리다 ① (팽창) menggelembungkan; mengembangkan; membuncitkan.②(보풀을) mengusutkan.

부품(部品) bagian; komponen; elemen; onderdil.

부피 ukuran isi; volume. ~있는 berukuran besar.

부하(負荷) ① (짐) beban; muatan. ② muatan listrik. ~ 전류 [율,시험] arus [faktor, uji] muatan.

부하(部下)bawahan; anak buah. ~ 사병(士兵) tentara dibawah komando. ~3,4 명을 거느리고 dengan tiga atau empat orang di bawah komando.

부합(符合)kesesuaian;kecocokan; pertepatan. ~하다 sesuai dengan; klop/cocok (dengan). ...의 말과 ~하다 cocok dengan cerita (seseorang).

부형(父兄) orang tua dan saudara-saudara lelaki.

부호(符號)tanda; lambang; simbul; isyarat; kode; sandi.

부호(富豪) orang kaya; jutawan; milyarder.

부화(孵化) pemeraman; penetasan. ~하다 menetaskan; mengeramkan. ~기 inkubator. ~장 penetasan buatan. 인공~(법) inkubasi buatan.

부활(復活) ~하다 lahir kembali; bangkit kembali. ~절 Paskah.~절 전야 malam Paskah.

부회장(副會長) wakil ketua.

부흥(復興) rekonstruksi;pengembalian; pemulihan; rehabilitasi; pemugaran.~하다 merekonstruksi; menyusun kembali; mengatur kembali;memugar. (☞ 복구).~사업 (事業) pekerjaan rekonstruksi (rehab). 경제~ rehabilitasi ekonomi. 문예 ~ renaisance.

북「樂」genderang; tamtam; rebana; tambur. ~을 치다 memukul genderang. ~치는 사람 drumer (pemukul genderang).

북 (베틀의) kumparan; gelendong.

북 (흙) tanah yang ditimbun sekitar tanaman. ~(을) 주다 menimbun tanah sekitar tanaman.

북(北)utara.~의 utara;bagian utara. ~으로 ke arah utara. ...의 ~에 di sebelah utara (dari).

북극(北極) kutub utara. ~의 tentang kutub utara. ~곰 beruang kutub. ~광 ☞ 북광. ~권 lingkaran Artika. ~성(星) bintang kutub. ~양 laut kutub utara. ~지방 daerah kutub utara. ~탐험 ekspedisi Artika; ekspedisi kutub utara.

북녘(北-) ke arah utara; bagian utara.
북단(北端) ujung bagian utara; ujung utara.
북대서양(北大西洋) (samudra) Atlantik Utara. ~조약 기구 Pakta Pertahanan Atlantik Utara (NATO).
북더기 jerami buangan.
북돋우다 ① (북주다) menimbun tanah di sekitar tanaman. ② menyoraki; memberi semangat. 사기를~ meningkatkan moral/semangat pasukan.
북두칠성(北斗七星) Beruang Besar.
북미(北美) Amerika Utara. ~의 berkenaan dengan Amerika Utara.
북반구(北半球) belahan bumi utara.
북방(北方)utara;daerah utara. ~의 bagian utara. ~에, ~으로 ke arah utara.
북부(北部) bagian utara.
북북 menggaruk dengan keras.
북상(北上) ~하다 pergi ke utara.
북새 keramaian; kehiruk pikukan. ~놓다 hiruk pikuk. ~통에 kacau dalam kegaduhan.
북서(北西) barat laut. ~풍 angin barat laut.
북슬개 anjing berbulu lebat; anjing pudel.
북슬북슬 ~한 berewok.
북안(北岸) pantai utara.
북양(北洋) laut utara.
북어(北魚) ikan polak kering.
북위(北緯) garis lintangutara. ~ 37 도 30 분 37^0 30' LU.
북적거리다 ramai; penuh sesak; galau.
북적북적 gaduh; ramai.
북쪽(北-) bagian utara; paksina. (☞ 북). ~의 utara. ~으로 ke arah utara. ~ 에 di utara.
북채 tongkat pemukul genderang.
북풍(北風) angin utara; angin kelambu. 살을에는 ~angin utara yang menggigit (beku).
북한(北韓) Korea Utara.
북해(北海) laut utara
북향(北向) ala utara. ~집 rumah yang menghadap utara.
북회귀선(北回歸線) garis balik utara.
분(分) ① menit (1/60 jam; 60 detik). 15~ seperempat (jam); lima belas menit. ☞푼수. ② (1의 1/10) persen; 0,1 %. (☞ 푼). 1할5~ lima belas persen.
분(憤) rasa berang.~이 나다berang.
분(盆) pot bunga.
분(粉) bedak; pupur; puyer; bubukan; tepung. ~을 바르다 membedaki wajah. ~내 aroma bedak. 물~ bedak cair.
…분(分) ① bagian. 3~의 1 sepertiga bagian. ② porsi; bagian. 2 일~의 양식 makanan untuk dua hari. 식사 5 인~ makanan untuk lima orang. ③ bahan; komponen. 알코올~kadar (persentase) alkohol.
분가(分家) keluarga baru. ~하다 membentuk keluarga baru.
분간(分揀)pembedaan;diskriminasi. ~ 하다 membedakan; memilih bulu.

분개(分介) pembukuan;pencatatan dalam jurnal. ~하다 membukukan; mencatat dalam jurnal. ~ 장 jurnal.
분개(憤慨) perasaan berang; kedongkolan. ~하다 sangat marah; mendendamkan; mendongkol.
분계(分界)(한계)penentuan perbatasan; (지계) perbatasan; demarkasi. ~하다 menentukan batas; mendemarkasi.
분골쇄신(粉骨碎身) ~하다 berbuat sebaik-baiknya.
분공장(分工場) pabrik cabang.
분과(分科) bagian; cabang. ~위원회 sub panitia; sub komite.
분광(分光) spectrum; prisma. ~기 spektroskop. ~사진 spectrogram. ~학 spektroskopi.
분교(分校) sekolah cabang.
분국(分局) kantor cabang.
분권(分權) desentralisasi (kekuasaan). ~주의 desentralisme.
분규(紛糾) kerumitan; kekacauan; komplikasi; kebingungan, perselisihan; pertengkaran.
분극(分極) polarisasi.
분기(分岐) ~하다 bercabang. ~점 titik percabangan; persimpangan jalan.
분기(奮起) ~하다 memberanikan diri;tampil kemuka.~시키다 memberanikan; menyemangati; membesarkan nyali(orang).
분김(憤-) ~에 dalam luapan amarah; karena dendam.
분납(分納) pembayaran cicilan. ~하다 mencicil.
분노(憤怒)kemarahan; kegusaran; kemurkaan. ~하다 marah; murka; gusar; berang.
분뇨(糞尿) tahi; tinja. ~차 truk tinja.
분단(分斷) ~하다 membagi. ~국 negara yang terbagi.
분담(分擔) pembagian kerja (tanggung jawab); ikut andil (dalam).~시키다membagi kerja (tanggung jawab).
분대(分隊) regu; skuad. ~장 pimpinan skuad.
분란(紛亂) kekacauan. ~을 일으키다 mengacaukan; merumitkan masalah.
분량(分量) jumlah; dosis. ~이 늘다[줄다] bertambah [berkurang] dalam jumlah.
분류(分類) penggolongan; klasifikasi;. ~하다 menggolong-golongkan;mengklasifikasi. ~번호 nomor kelas. ~표 daftar klasifikasi. ~학 taksonomi.
분리(分離) pemisahan;penceraian; segregasi. ~하다 memisahkan (benda) dari; menceraikan. ~할 수 없는 tidak dapat dipisahkan.
분리수거(分離收去) pengumpulan terpisah. 쓰레기~ pengumpulan sampah terpisah.
분만(分娩) kelahiran anak. ~하다 melahirkan (bersalin). ~실 ruang (kamar) bersalin.
분말(粉末) bubuk; puyer; tepung; serbuk. ~의 (berbentuk) bubuk.
분망(奔忙) kesibukan. ~하다 sibuk.
분명(分明) kejelasan. ~하다 jelas;

terang; nyata. ~히 dengan jelas; dengan terang.~히 하다 memperjelas.
분모(分母) penyebut.
분묘(墳墓) kuburan; makam.
분무 ~하다 menyemprot.~기 semprotan; alat penyemprot. ~고장 pengecatan semprot.
분바르다(粉-) membedaki (wajah).
분발(奮發) ~하다 berdaya upaya. ~심 semangat berupaya keras.
분방(奔放) ~하다 bebas dan tidak terkekang.
분배(分配) pembagian; distribusi; penjatahan. ~하다 membagi-bagikan;mendistribusikan;menjatahkan.
분별(分別) ① (구별) pembedaan; diskriminasi; klasifikasi. ~하다 membedakan.② (분변) kebijaksanaan. ~있는 bijaksana.~없는 tidak bijaksana.
분부(吩咐) perintah;suruhan; aba-aba; komando. ~하다 menyuruh; memerintah; memberi instruksi.
분분하다(紛紛-) 제설이~ Ada beragam pendapat.
분비(分泌) sekresi; pengeluaran. ~하다mengeluarkan;mengekskresikan. 기관 organ sekresi.
분사(分詞) waktu selesai. ~구문 susunan (konstruksi) kalimat partisipel.
분사(憤死) ~하다 mati karena kemarahan yang berlebihan.
분사(噴射) ~하다menyembur;memancar. ~추진식의 (berbaling-baling) jet.
분산(分散)pemencaran;penyebaran. ~하다 memecah;memencarkan. 인구를 ~하다 menyebarkan penduduk.
분석(分析) analisa; penyelidikan; pemeriksaan; penelitian; kajian; penelaahan; ujian. ~하다 menganalisa; menguraikan; mengupas; mengulas; menafsirkan; meneliti; menyelidiki; menguji.
분성(分性) divisibilitas; kemampu bagian.
분손(分損) kerugian sebagian.
분쇄(粉碎) ~하다melumatkan;menumbuk; menggiling. ~기 penumbuk (gilingan).
분수(分數) ① kebijaksanaan; kepantasan. ~없다 tidak bijaksana; tidak pantas. ② kedudukan (status); status sosial. ~를 지키다 menjaga batas sesuai dengan status. ~를 모르다 tidak dapat mengenal diri sendiri.
분수(分數) pecahan; bilangan pecahan. ~의 pecahan. ~식 persamaan pecahan.
분수(噴水) air mancur. ~기 alat pemancar air.
분수령(分水嶺) gunung batas air.
분식(扮飾) perhiasan; dekorasi. ~하다 mendekorasi; menghiasi.
분식(粉食) makanan tepung.
분신(分身) ① inkarnasi Budha.② (제2의 나) diri yang lain; anak; alter ego.
분신(焚身) ~하다 membakar diri sampai mati. ~자살하다 =분신하다. ~자살 pembakaran diri sampai

mati.

분실(分室) kantor tambahan; kantor terpisah.

분실(紛失) kehilangan. ~하다 hilang. ~물 barang-barang yang hilang. ~(물)신고 laporan barang-barang yang hilang.

분야(分野) bidang; lapangan. ~가 다르다 berbeda bidang. 연구~ lapangan penelitian.

분양(分讓) ~하다 menjual (tanah) per kapling. ~주택 rumah petak. ~지 tanah kapling.

분업(分業) pembagian kerja; spesialisasi. ~하다 membagi pekerjaan.

분연(憤然) ~히 dengan marah.

분연(奮然) ~히 dengan berani.

분열(分列) ~하다 memancarkan barisan. ~식 parade; baris-berbaris.

분열(分裂) pembagian; pemecahan; pemencaran. ~하다membagi; memecah-mecahkan. 세포~ segmentasi. 핵~ fisi nuklir.

분위기(雰圍氣) suasana. 자유 ~에서dalam suasana kebebasan. ~를 조성하다 [깨뜨리다] menciptakan [merusak] suasana.

분유(粉乳) susu bubuk. 탈지~ susu bubuk tanpa lemak.

분자(分子) ① molekul. ~량 berat molekul. ~생물학 biologi molekuler. ~식 rumus molekul.② orang ; unsur. 불평~ orang yang mengeluh; unsur yang tidak puas.

분잡(紛雜) kekacauan. ~한 kacau; penuh sesak.

분장(扮裝) penyamaran; samaran; dandanan; make up. ~하다 berperan sebagai; menyamar sebagai. ~실 kamar rias.

분재(盆栽) tanaman pot. ~하다 menanam (tanaman) di dalam pot.

분쟁(紛爭) percekcokan;pertengkaran;permusuhan;sengketa; perpecahan; pertikaian. ~의 씨 bibit pertengkaran. 국제~ perselisihan internasional.

분전(奮戰) perkelahian sengit. ~하다 berkelahi (bertempur) dengan sengit.

분점(分店) toko cabang.

분주(奔走) ~하다 sibuk. ~하게 dengan sibuk; dengan buru-buru.

분지(盆地) basin.

분지르다 pecah.

분첩(粉貼) pengoles bedak.

분출(噴出) ~하다 memancur; menyemprot; melesat; muncrat; mengucur. ~물 letusan; erupsi.

분침(分針) jarum panjang.

분탄(粉炭) bubuk batu bara.

분통(憤痛) kemarahan; kedongkolan;kejengkelan.~터지다 marah; dongkol; jengkel.

분투(奮鬪) perjuangan keras. ~하다 berjuang dengan keras; berusaha dengan keras.

분파(分派) sekte; golongan; kelompok;faksi.~활동kegiatan faksi; kegiatan golongan.

분패(憤敗) ☞ 석패.

분포(分布) distribusi; penyebaran; pemencaran. ~하다 terdistribusi; tersebar. ~도 peta distribusi; peta

penyebaran.
분풀이(憤-) ~하다 melepaskan kemarahan (dendam); melampiaskan kemarahan.
분필(分筆) kapur tulis.
분하다(憤-) ① (원통) menjengkelkan; mengesalkan. ② (아깝다) (patut) disesalkan; menyesalkan.
분할(分割) pembagian; pembelahan; pencicilan. ~하다 membagi; mencicil. ~상환 pembayaran dengan mencicil; pembayaran kredit. ~지배 membagi dan menguasai.
분할(分轄) ~하다 membagi untuk tujuan administratif.
분해(分解) analisis; resolusi; dekomposisi;penguraian;disintergrasi;pembagian. ~하다 menganalisis; memisah-misahkan; menguraikan.
분향(焚香) ~하다 membakar kemenyan.
분홍(粉紅) warna merah jambu.
분화(分化) diferensiasi; spesialisasi/pengkhususan. ~하다 mengkhususkan;membedakan/mendiferensiasi.
분화(噴火) erupsi; letusan; aktivitas gunung berapi. ~하다 meletus; mengeluarkan lahar.
붇다 ① (물에 젖어) basah kuyup. ② meningkatkan; bertambah. 강물이~ sungai itu meluap.
불 ① api; nyala; jago merah. ~붙기 쉬운 mudah terbakar. ~(이) 붙다 terbakar. ~을 붙이다 menyalakan;membakar. ~을 일으키다 membuat api; menyalakan api. ~을 끄다 memadamkan api;memadamkan kebakaran. ② lampu; lampu listrik. ~을 켜다 menyalakan/menghiupkan lampu. ~을 끄다 mematikan lampu. 전깃~ lampu listrik.③ kebakaran.~을 내다 menimbulkan kebakaran; menyebabkan kebakaran.~이 나다 kebakaran. ~조심하다 Hati-hati terhadap kebakaran; Awas api!. ~ 바다 lautan api.
불(弗) dollar. ☞ 달러.
불(佛) (부처님) Budha, (프랑스) Negeri Perancis.
불(不) … tidak …; bukan …
불가(不可) ~하다 salah; keliru; buruk; tidak patut.
불가(佛家) ① (불문) kependetaan (Budha), pendeta Budha. ② (절) kuil Budha.
불가결(不可缺) ~하다 sangat di perlukan; esensial.
불가능(不可能) ketidakmungkinan;kemustahilan.~한 tak mungkin; tidak dapat dicapai; tidak dapat di laksanakan.
불가분(不可分) indivisibilitas;ketidakmampuan bagian. ~의 tidak dapat dibagi; tak dapat dipisahkan.
불가불(不可不) tidak terhindarkan; mau tidak mau; tidak terelakkan. ~해야(만) 하다 tidak ada pilihan; mau tidak mau.
불가사리 bintang laut; tapak-tapak.
불가사의(不可思議) misteri; keajaiban; mukjijat. ~한 misterius; aneh; ajaib.
불가침(不可侵)nonagresi;inviola-

bilitas. ~의 tidak dapat diganggu gugat. ~권 hak yang tak dapat di ganggu gugat.

불가피(不可避) ~한 tak terhindarkan; tak dapat dielakkan; tak terelakkan.

불가항력(不可抗力) kekuatan yang tak dapat ditahan; force majeure. ~의 tidak terkendalikan; tidak terkontrol.

불간섭(不干涉) nonintervensi. ~하다 tak ikut campur; tak campur tangan. ~주의 kebijakan non intervensi.

불감증(不感症) frigiditas; ketiadaan napsu birahi; hati dingin. ~의 여자 wanita yang frigid/dingin. ~이 되다 menjadi frigid.

불개미 semut merah; semut abang.

불개입(不介入) non intervensi (tidak campur tangan). ~정책 kebijakan non intervensi/tak campur tangan.

불거지다 ① (비어지다) menonjol keluar; menyembul. ② (숨겼던 것이) muncul; tampil; tampak kelihatan.

불건전(不建全) ~한 tak sehat; tidak waras. ~한 정신 jiwa yang tidak sehat.

불결(不潔) ~하다 kotor; tidak bersih; tidak sehat. ~물 kotoran; najis.

불경(不敬) ~한 kurang ajar; kasar; tidak sopan; lancang.

불경(佛經) kitab-kitab suci agama Budha; sutra.

불경기(不景氣) masa-masa sulit; kemerosotan/kemunduran usaha/bisnis; depresi; masa kesempitan.

불계승(不計勝) permainan satu pihak;pertandingan yang berat sebelah. ~하다 menang dengan selisih yang besar; menang mutlak.

불고(不顧) ~하다 mengabaikan; melecehkan; tidak mengacuhkan.

불고기 daging bakar; daging panggang; *bulgogi.*

불공(不恭) ~한 kurang ajar; kasar; tidak sopan.

불공(佛拱) sembahyang agama Budha.

불공정(不公正) ~하다 tidak adil; tidak jujur; memihak; berat sebelah.

불공평(不公平) ~하다 memihak; tidak adil; berat sebelah. ~한 짓을 하다 berlaku tidak adil. ~하게 다루다 memperlakukan tidak adil.

불과(不過) hanya; tidak lebih dari; tidak lain hanya. 동창에 ~하다 tidak lebih hanya teman sekolah.

불교(佛教) Budhisme (agama Budha). ~의 budhistis (bersifat Budhisme).~믿다 mengimani agama Budha. ~문화 peradaban [kebudayaan] Budha. ~청년회 Perhimpunan Pemuda Budha.

불구(不具) ~의 cacat; buntung; pincang; lumpuh; cacat bentuk. ~자 orang yang cacat (lumpuh, buntung).

불구(不拘) ~하고 meskipun; walaupun; kendatipun.

불구속(不拘束) non penahanan. ~으로 tanpa penahanan. ~입건

pencatatan tanpa detensi/penahanan.

불굴(不屈) ~의 gigih; berani; sukar dikekang/ditundukkan;kokoh. ~의 정신 semangat yang gigih. 불요~ kegigihan.

불귀(不歸) ~의 객이 되다 mangkat; meninggal.

불규칙(不規則) ketidakteraturan; iregularitas; ketidakberesan.~하다 tak teratur; tidak sistematis. ~하게 secara tidak teratur; secara tidak sistematis. ~한 생활을 하다 menjalani hidup yang tidak teratur.

불균형(不均衡) ketidakseimbangan; ketimpangan. ~하다 tidak seimbang; tak proporsional; timpang.경제적인 ~을 시정하다memperbaiki ketimpangan ekonomi.

불그레하다 kemerah-merahan.

불그스름하다 ☞ 불그레하다.

불급(不急)) ~한 tak sangat penting; tidak mendesak. 불요 ~한 산업 industri non esensial (tidak menguasai hajat hidup orang banyak).

불긋불긋 ~하다 berbintik-bintik merah.

불기(-氣) rasa api. ~없는 tidak di panaskan; tak dihangatkan. ~없는 방 kamar yang tidak dipanaskan/dihangatkan.

불기소(不起訴) nonprosekusi.~로 하다 membatalkan perkara/kasus. ~가 되다 dibebaskan (dari tuntutan). ~처분 disposisi untuk tidak melakukan penuntutan.

불길 lidah api; jilatan api. ~에 휩싸이다 terkurung dalam jilatan api. ~을 잡다memadamkan kebakaran; mengendalikan/mengatasi api.

불길(不吉) ~한 malang; celaka; sial;nahas. ~한 예감 firasat yang tidak menyenangkan; firasat yang tidak baik. ~한 전조 pertanda buruk.

불꽃 nyala api; cetusan/percikan bunga api; kembang api. ~이 튀다 mencetuskan api. ~놀이 pertunjukan kembang api.

불끈 dengan tiba-tiba; dengan cepat.~화내다 menjadi marah; marah hati. 주먹을 ~쥐다 mengepalkan tinju.

불나다 terjadi kebakaran.

불나방 ngengat macan.

불난리(-亂離) dalam kekacauan kebakaran.

불놀이 permaian dengan api. ~하다 bermain dengan api.

불놓다 membakar.

불능(不能) ☞ 불가능, 무능(력). 지급~ketidakmampuan (untuk membayar); keadaan bangkrut.

불다 (바람이) berhembus; bertiup; bernapas.

불다 ① (입으로) menghembus; meniup; (숨을) menghembuskan napas. ② (악기를) meniup (suling). ③ (죄를) mengaku (dosa).

불덩어리 bola api, (고열) demam yang tinggi.

불도(佛徒) penganut agama Budha; orang Budha.

불도(佛道) ajaran Budha; Budhisme.

불도저 buldoser. ~로 땅을 밀다 meratakan tanah dengan buldoser.
불때다 membuat api.
불똥 bunga api; lelatu.
불량(不良) ~하다 buruk; hina; rendah (mutu). ~화하다 menjadi rusak. ~도체 non konduktor/bukan penghantar; insulator. ~배 bajingan; bangsat; penjahat; bandit.
불러내다 memanggil keluar; memanggil (lewat telepon); memancing keluar (dari).
불러오다 memanggil; menyeru.
불러일으키다 membangkitkan; menimbulkan. 여론을~ meminta perhatian.
불려가다 diminta; diperintahkan. 사장에게~dipanggil/diminta menghadap pimpinan.
불로(不老) awet muda;keawetmudaan. ~불사 keawetmudaan dan kekekalan. ~장생 rahasia awet muda.
불로소득(不勞所得) penghasilan /pendapatan yang diterima tanpa bekerja. ~생활자 orang yang hidup dari penghasilan tanpa bekerja.
불룩하다 membengkak.
불륜(不倫) pelanggaran susila; perbuatan asusila. ~의 (perbuatan yang) asusila.
불리(不利) keadaan yang merugikan; keadaan yang tidak menguntungkan. ~한 merugikan; tidak menguntungkan.
불리다 (배를)mengenyangkan (perut sendiri), (사복을 채우다) memperkaya diri sendiri.
불리다 (부름받다) dipanggil; di minta (diperintahkan).
불리다 (바람에) bertiup; meniup.
불리다 ① (물에) merendam; mencelupkan; melunakkan; membasahi. ② (늘리다) meningkatkan; menambahkan.
불만(不滿) ketidakpuasan; ketidaksenangan; pengaduan; keluhan. ~의 tidak memuaskan; tak memenuhi harapan; tak menyenangkan.
불만스럽다(不滿-) tak memuaskan.
불매운동(不買運動) mogok/boikot konsumen; kampanye untuk memboikot sejumlah produk.
불면증(不眠症) imsonia (penyakit tidak bias tidur). ~환자 pasien imsonia.
불멸(不滅) kekekalan; keabadian; kelestarian; kebakaan. ~의 kekal; abadi.
불명(不明) ① kurang kecerdasan. ~하다 bodoh; dungu; tolol. ② ☞불명료. 원인 ~이다 tidak diketahui; tidak terjelaskan; merupakan misteri.
불명예(不名譽) aib; malu; noda; cela; cacat; nista. ~한 memalukan.
불모(不毛) ~의 tandus; gersang; tidak subur. ~지 tanah yang tandus; tanah gurun; tanah kosong.
불문(不問) …을 ~하고 tak menghiraukan; terlepas dari.~에 부치다 mengabaikan; melewatkan.
불문(佛門)kependetaan;Budhisme. ~에 들다 menjadi seorang Budhis;

masuk kependetaan.

불문가지(不問可知) ~하다 tidak menimbang benar atau salah.

불문율(不文律) hukum yang tidak tertulis; hukum adat.

불미(不美) ~한[스러운] buruk; menjijikan;memalukan. ~스러운 일 skandal; kasus yang memalukan.

불발(不發) ~하다 macet; gagal. 계획은 ~로 끝났다 rencana gagal. ~탄 granat yang tidak meledak.

불법(不法) ilegalitas; ketidaksahan;hal melanggar hukum. ~의 ilegal; gelap; tidak sah; melanggar hukum. ~소지 pemilikan ilegal; pemilikan tidak syah. ~입국자 imigran gelap; pendatang gelap. ~집회 perakitan ilegal; perakitan gelap.

불벼락 ① (번갯불) ledakan petir. ② (비유적) titah (perintah) tirani.

불변(不變) ~의 tak dapat dirubah; tetap; kekal; abadi; konstan. ~색 warna permanen.

불볕 sinar matahari yang membakar.

불복(不服) ketidaktundukan; ketidakpatuhan; pengingkaran; keberatan; protes. ~하다 tak mematuhi (peraturan); mengingkari kesalahan; berkeberatan; memprotes.

불복종(不服從) ketidakpatuhan; ketidaktundukan.

불분명(不分明) ~한 tidak jelas; samar; kabur.

불붙다 terbakar.

불붙이다 menyalakan;menghidupkan.

불비(不備) ~한 tidak lengkap; defisien/kurang. ☞ 미비.

불빛 sinar.

불사(不死) ~의 kekal; abadi; baka. ~조 burung foenik.

불사(佛事) kebaktian Budha.

불사르다 membakar;memanggang; memanaskan.

불사신(不死身) ~의 kebal; tidak dapat di kalahkan.

불사하다(不辭-) tidak menolak; tidak kuasa menolak. … 하기를 ~ (sangat) ingin untuk (melakukan).

불상(不祥) ~사 perkara yang memalukan; skandal.

불상(佛象)patung Budha;arca Budha.금속~ arca Budha dari logam; arca Budha dari kuningan.

불서(佛書) kitab-kitab agama Budha.

불성실(不誠實) ketidaktulusan. ~한 tidak tulus.

불세출(不世出) kelangkaan. ~의 luar biasa; istimewa; tiada tandingan.

불소(拂素) fluor (F).

불손(不遜) kesombongan; keangkuhan; keangkaraan. ~한 angkuh; sombong; besar kepala.

불수(不隨) lumpuh; kelumpuhan; paralisis. 반신[전신]~ lumpuh sebagian [total].

불순(不純) ~하다 tidak murni; kotor; busuk; curang. ~한 동기 motif yang tidak jujur.

불순(不順) ~하다 (일기가) berubah-ubah; tidak teratur; tidak tetap.

불승인(不承認) pencelaan; ketidaksetujuan.

불시(不時) ~의 sebelum waktunya; tidak diduga-duga; tidak di kira-kira.~의 공격serangan mendadak.

불시착(不時着) pendaratan darurat.

불식(佛拭) ~하다 menghilangkan; menyapu bersih; menyingkirkan.

불신(不信) ketidakpercayaan; kehilangan kepercayaan; kecurigaan. ~하다 tidak mempercayai. ~풍조 kecenderungan saling percaya.

불신감(不信感) ketidakpercayaan; kecurigaan. ~을 품다 menaruh kecurigaan.

불심(不審) ~검문 pemeriksaan tiba-tiba.

불쌍하다 malang; menyedihkan; kasihan.

불쏘시개 penyala api; ranting-ranting kayu kecil.

불쑥 dengan tiba-tiba; tiba-tiba saja; tahu-tahu.

불씨 menyalakan arang untuk membuat api. 분쟁의~ benih perselisihan.

불안(不安) rasa gelisah; kekhawatiran; kegelisahan; kecemasan. ~하다 gelisah; khawatir; cemas; risau.

불안정(不安定) ketidakstabilan; ketidakmantapan. ~한 tidak stabil; tidak mantap; goyah; tidak aman.

불알 buah pelir; biji kemaluan.

불야성(不夜城) kawasan(kota) tanpa malam.

불어(佛語) bahasa Perancis.

불어나다 naik;bertambah;meningkat; berkembang biak. 냇물이~ air sungai naik.

불연(不然) ~이면 sebaliknya; jika tidak demikian.

불연성(不燃性)inkombustibilitas; hal tahan api. ~의 tahan api; tak terbakar; tidak dapat menyala. ~물질 bahan tahan api.

불연속선(不連續線)「氣」 garis ketidaksinambungan.

불온(不穩)keresahan;kegelisahan; ketidaktenangan; kerusuhan ~문서 surat edaran/sirkuler yang menghasut; dokumen yang berbahaya (subversif). ~분자 unsur-unsur pengganggu; unsur- unsur yang meresahkan.

불완전(不完全) ketidaksempurnaan; ketidaklengkapan; kekurangan. ~한 tidak sempurna; tidak lengkap.

불요불굴(不橈不屈) ~의 gigih; keras hati; keras; berani; sukar dikekang.

불요불급(不要不急) ~의 tidak mendesak; tidak (sangat) penting; tidak penting

불용(不用) ~의 tidak berguna/ bermanfaat; tidak penting. ~물[품] barang tidak di pakai.

불용성(不溶性) ketidaklarutan/ insolubilitas. ~의 tidak larut.

불우(不遇) kemalangan; ketidakberuntungan. ~한 malang; tidak beruntung; tidak menentu. ~하게 지내다 mengalami kehidupan yang tidak menentu.

불운(不運) kemalangan; ketidakberuntungan; ketidakmujuran; kesialan.~한 malang; tidak beruntung; bernasib jelek; sial; apes.

불원(不遠) tidak jauh; tidak lama lagi. ~천리하고 meskipun jauh.

불응(不應) ~하다 tidak mengikuti/memenuhi (tidak menyetujui).

불의(不意) ~의 tidak terduga; tiba-tiba; mendadak. ☞ 불시.

불의(不義) immoralitas; pelanggaran susila; hubungan gelap; penyelewengan. ~의 asusila; tidak pantas; gelap; tidak sopan; melanggar aturan.

불이익(不利益) mudarat;kerugian. ☞ 불리.

불이행(不履行)pelanggaran janji; kegagalan memenuhi kontrak. ~자(者) pelanggar kontrak.

불일치(不一致) ketidaksesuaian; ketidakcocokan; ketidakselarasan. ~한 tidaksesuai; tidak selaras.

불임증(不姙症) sterilitas/pemandulan.

불입(拂入)pembayaran;penyetoran. ~하다 membayar. ~금 uang pembayaran. ~자본 modal.

불자동차(-自動車) mobil pemadam kebakaran.

불장난 ~하다 bermain api; bermain cinta. 사랑의~ petualangan cinta.

불전(佛典) kitab Agama Budha.

불전(佛殿) tempat suci agama Budha.

불조심(-操心) tindakan pencegahan terhadap bahaya kebakaran. ~하다 waspada terhadap api.

불종(佛鐘) lonceng kuil.

불지르다 membakar.

불지피다 membuat api.

불질하다 menyalakan api (untuk memasak), menembakkan (senapan).

불집 ~을 건드리다 menepuk sarang tabuhan (menimbulkan keributan).

불집게 ☞ 부집게.

불쬐다 berdiang (menghangatkan diri dekat api); menghangatkan (sesuatu).

불착(不着) ketidakdatangan.

불찰(不察) kesembronoan; kealpaan; pengabaian; kelalaian.

불참(不參) ketidakhadiran; kemangkiran. ~하다 tidak hadir; tidak muncul; mangkir; absen. ~자 orang yang tidak hadir.

불철주야(不撤晝夜) ~로 (bekerja) siang dan malam; (bekerja) dua puluh empat jam.

불청객(不請客) tamu tak diundang.

불초(不肖) tidak berbakti. ~자식 anak yang tidak berbakti.

불출(不出) orang bodoh; orang tolol.

불충(不忠)ketidaksetiaan;ketidakpatuhan; kedurhakaan. ~의 tidak setia; tidak patuh; durhaka.

불충분(不充分) ketidakcukupan; kekurangan. ~한 tidak cukup; kurang; tanggung; kurang sempurna; tidak memadai.

불측(不測)~하다 tak terkira-kira; tidak terduga.

불치(不治) ~의 tidak tersembuhkan; fatal; mematikan. ~의 환자 pasien yang tidak ada harapan.~병 penyakit yang tidak tersembuhkan.

불친절(不親切) ketidakbaikan; ketidakramahan. ~한 tidak baik; tidak ramah; tidak bersahabat.

불침번(不寢番) jaga malam, penjaga malam. ~을 서다 berjaga sepanjang malam.

불켜다 menyalakan;menghidupkan.

불쾌(不快) ketidaksenangan;ketidaknyamanan; kegelisahan; perasaan tidak senang. ~하다 merasa tidak senang (tidak nyaman).

불타(佛陀) Budha.

불타다 terbakar;menyala;melalak; berapi.

불통(不通) ① (교통 통신의) interupsi; pemutusan; penyetopan; penghentian. ~하다 diputuskan; dihentikan; diinterupsi; dihambat. ② (모르다) ketidakmengertian;ketidakpahaman;ketidaktahuan.~하다 tidak mengerti; tidak paham; tidak mengetahui. 언어~ kesulitan bahasa.

불투명(不透明)keburaman;kekusaman. ~한 buram; suram; keruh; kental.

불퉁불퉁 ①(표면) ketidakrataan; kekasaran.~하다 tidak datar; tidak rata. ② (퉁명스럽게) kekasaran; kekakuan; keterusterangan. ~하다 kasar; terus terang; kaku.

불퉁하다 menonjol; mengembung.

불티 percikan bara api; nyala terbang;kembang api. ~같다[나다] menjual dengan laris.

불편(不便) ①(몸 따위가) ketidaknyamanan; ketidakenakan. ~하다 merasa tidak enak; merasa ketidaknyamanan. ② (편리치 않음) kesusahan; ketidakenakan. ~하다 tidak menyenangkan;susah; sukar. ~을 느끼다 merasa tidak enak; merasa terganggu; merasa gelisah. ~을 끼치다 menyebabkan kesusahan; menyusahkan.

불편부당(不偏不黨) sikap/sifat tidak memihak. ~의 adil; tidak memihak; netral.

불평(不平)ketidakpuasan;keluhan; keluh kesah; ketidaksenangan. ~하다 mengeluh;mengomel;menggerutu; mencomel;

불평등(不平等) ketidaksamaan; ketaksamaan; ketidakadilan; ketidakmerataan. ~한 tidak sama; tidak adil; tidak merata.

불포화(不飽和) tidak jenuh. ~기(基) radikal tidak jenuh. ~화합물 senyawa tidak jenuh; campuran tidak jenuh.

불피우다 membuat api.

불필요(不必要) ~한 tidak diperlukan; tidak esensial.

불하(拂下)pelelangan.~하다 melelang. ~품 barang-barang yang di lelang oleh pemerintah.

불학무식(不學無識) kebutahurufan. ~한 buta huruf; tuna aksara.

불한당(不汗黨) kelompok penjahat; gangster; bangsat.

불합격(不合格) kegagalan; penolakan. ~하다 gagal; ditolak; tidak memenuhi standar.~자 calon yang tidak berhasil; calon yang gagal.

불합리(不合理) ~한 tidak masuk akal; tidak logis; tidak rasional.

불행(不幸) ketidakbahagiaan; kesengsaraan; nasib buruk; kesialan; kemalangan. ~한 tidak bahagia; tidak beruntung; malang; gagal; sial; nahas; apes; sengsara. ~히(도) sayang sekali; malang benar; sangat disayangkan.

불허(不許) ~하다 tidak mengijinkan; tidak menyetujui. ~복제(複製) "Dilarang mencetak kembali".

불현듯이 (dengan) tiba-tiba; seketika.

불협화(不協和) ketidakselarasan; perselisihan/faham; pertentangan. ~의 tidak selaras; penuh pertentangan.

불협화음(不協和音) 『樂』 ketidakselarasan; bunyi sumbang.

불호령(-號令) ~을 내리다 mengeluarkan perintah yang keras/garang.

불혹(不惑) umur empat puluh.

불화(不和) perselisihan; pertentangan; pertengkaran; ketidakrukunan;perseteruan. ~하다 berselisih; berselisih faham; berseteru. ~하게 되다 bertengkar; bersengketa. 가정~ perselisihan keluarga; pertengkaran keluarga.

불화(弗化) 『化』 fluoridasi. ~수소(水素)[칼슘] hidrogen fluorida [kalsium fluorida].

불화(弗貨) dollar.

불화(佛畵) lukisan Budha.

불확실(不確實) ~한 tidak pasti; tidak dapat diandalkan. ☞ 확실.

불환지폐(不換紙幣) uang kertas yang tidak dapat dikonversi/ditukar.

불활성(不活性)~가스 gas lembam.

불황(不況) depresi; kemerosotan; resesi. ~의 tidak aktif; lamban; stagnan/mandek. ~시대 masa depresi; masa-masa sulit.

불효(不孝) ketidakpatuhan. ~한 tidak patuh; membangkang; tidak menurut. ~자 anak yang tidak patuh/tidak menurut; anak tak berbakti.

불후(不朽) ☞ 불멸.

붉다 merah; merah tua; (사상이) komunis.

붉디붉다 merah sekali.

붉히다 menjadi merah padam; terangsang kemarahan; menjadi merah muka (karena malu).

붐 ① bum (sangat laku). ② bom (perintang pelabuhan).

붐비다 penuh sesak; ramai; berjejal-jejal; berdesak; berjubel.

붓 kuas; pena celup; mopit.~을 들다 menulis; mengarang; mengangkat pena (membuat tulisan/karangan). ~을 놓다 berhenti menulis; berhenti mengarang. ~집 kotak kuas (pena). ~통 tempat kuas (pena).

붓꽃 『植』 bunga iris.

붓끝 ①(붓의) ujung kuas/pena celup. ② (필봉) goresan pena; manipulasi pena.

붓다 ① (살이) membengkak; sembab. 얼굴이~ muka sembab. ② (성나서) mendongkol; merajuk; merongseng.

붓다 ①(쏟다) menuangkan; mengisi; mencurahkan. ② (씨앗을) menabur (benih). ③ (돈을) mencicil.

붕괴(崩壞)keruntuhan; keambrukan;kerobohan. ~하다 ambruk; runtuh; roboh; gugur; hancur.

붕긋하다 ① (언덕.산봉우리가) sedikit tinggi; agak tinggi.② (들뜨다) sedikit longgar; agak longgar. ③ (배가) gendut; buncit.

붕당(朋黨) faksi; kelompok; klik/golongan kecil.

붕대(繃帶) kain pembalut;balutan; perban; pembebat. ~를 감다 membalut; memperban; memalut.

붕붕거리다 dengungan; deruman.

붕사(硼砂) boraks.

붕산(硼酸) 「化」 asam boraks.

붕소(硼素)「化」 unsur boron (B).

붕어 「魚」 ikan karper.

붕어(崩御) kematian.

붕장어(- 長魚) 「魚」 ikan sidat (sejenis belut laut).

붙다 ①melekat; menempel; bergabung; berdekatan/berhampiran. 철썩~ melekat dengan kuat. ② (딸리다) digabungkan; ditempelkan. ③ 이자가~ menghasilkan bunga; berbunga. 버릇이~ menjadi kebiasaan. 별명이~ bernama panggilan; memiliki nama panggilan. 살이~ bertambah gemuk. 취미가~ memiliki menjadi mahir dalam bahasa Inggris. ④ (좇아 따르다) mengikuti;menyertai;menemani; (편들다) menyeberang;membelot. 적에게~ menyeberang/membelot ke musuh. ⑤(의지하다) tergantung kepada. ⑥ (불이) dihidupkan; dinyalakan; dibakar. ⑦ (시험) lulus ujian. ⑧ (싸움이) mulai; di mulai; berkembang menjadi.⑨(마귀가) dirasuki; keranjingan.⑩(교미) menjantan. ⑪ ☞ 간통하다.

붙들다 ① ☞ 잡다. ② (만류) melerai;menahan.③ (도와 주다) menolong; membantu.

붙들리다 ditangkap; ditahan; ditawan.

붙박이 peralatan tetap;barang tetap. ~의 terpasang tetap; imbo.

붙박이다 dipasang tetap; (집에) di kurung (dalam kamar).

...붙이 ① handai taulan dan sanak keluarga. 일가~ kerabat; sanak keluarga. ② barang-barang terbuat dari ... 쇠~ barang dari besi.

붙이다 ① menempatkan; memasang;melekatkan;mengencangkan; melekatkan; menempelkan; mencantumkan. 우표를~ menempelkan perangko. 꼬리표를~ memasang etiket.책상을 벽에~ menempatkan meja didekat dinding. ② menambah; memberi. 의견을~ membuat komentar selera;berminat. 영어 실력이~ tambahan. 조건을~ memberikan persyaratan.③ (몸을) mengandalkan pada; menggantungkan pada. ④ (불을) menghidupkan; menyalakan.⑤(두 사이를) menjadi perantara; mengantarai; menengahi. 싸움을~ membuat bertengkar. 흥정을~ mengadakan tawar menawar. ⑥ (이름 따위를) memberikan nama; menamai; memberi judul. ⑦ menyertai; menemani. 감시를~ menempatkan di bawah penjagaan. ⑧ (memberikan) tamparan; menampar. (빰)따귀를~ meninju telinga. ⑨ mengawinkan. ⑩ 재미를~ menemukan kesenangan (dalam); tertarik/senang (dengan). 취미를~ memiliki selera (akan); memiliki minat (dalam); berminat (dengan).

붙임성(-性) keramah-tamahan; kebaikan hati; kesopanan. ~있는 ramah tamah; baik hati; bersahabat.

붙잡다 ① meraih;merenggut; menangkap; merebut; mengeduk; mencengkam;menjawat; mencekal. ☞ 잡다. ② (일자리를) mendapat pekerjaan. ③ (돕다) membantu; menolong.

붙잡히다 ditangkap; ditahan.

브라운관(-管) 「TV」 tabung gambar; tabung katoda; kineskop. ~에 등장하다 muncul di televisi; tampil di televisi.

브래저 kutang; bra; beha.

브랜디 brendi; jenewer.

브러시 sikat.

브레이크 rem; kendali; pekam.~를 걸다 mengerem.

브레이크 「拳」 pisah (dalam tinju).

브로치 bros; peniti dada.

브로커 broker; pialang; makelar.

브롬 「化」 bromin (a). ~칼리 potasium bromida. ~화 brominasi (reaksi dengan bromin). ~화(化)하다 mereaksikan dengan bromida. ~화물(化物) senyawa bromida.

브라우스 blus; baju wanita.

블랙리스트 daftar hitam.

블록 blok. ~경제 blok ekonomi. 달러[금]~ blok dollar [blok emas].

블루진 celana blue jean.

비 hujan. ~가 많은 banyak hujan. ~가 많이 오는 계절 musim hujan. ~가 오다[멎다] hujan turun [reda].

비 sapu.

비(比) nisbah/rasio; proporsi; perbandingan. ☞ 비(比)하다.

비(妃) permaisuri; isteri putra mahkota.

비(碑) batu nisan; monumen/tugu peringatan.

비...(非) bukan; tidak; anti.

비가(悲歌) elegi; syair ratapan; nyanyian/lagu penguburan.

비감(悲感) perasaan sedih; suka cita; nestapa.

비걱거리다 berciut;berbunyi; berdecit (pada waktu membuka pintu).

비겁(卑怯) ~한 (bersifat) pengecut; hina; curang. ~한 자 pengecut; orang yang pengecut.

비견(比肩) ~하다 setingkat;sama; sebanding.

비결(秘訣) rahasia; kunci (untuk); kiat. 성공의~ kiat sukses.

비경(秘境) kawasan yang belum pernah dijelajahi.

비경(悲境) kesengsaraan; penderitaan. ~에 빠지다 jatuh dalam kesengsaraan/penderitaan.

비계 lemak; lemak babi.

비계 「建」 perancah; tangga-tangga.

비계(秘計) rencana rahasia; kartu truf.

비고(備考) catatan; referensi; keterangan.~난 kolom referensi/keterangan.

비곡(悲曲) nyanyian sedih/lagu sedih.

비공개(非公開) ~의 pribadi; informal; tertutup.

비공식(非公式) ~적(으로) (secara) tidak resmi.

비공인(非公認) ~의 tidak resmi; tidak sah; tidak diakui. ~세계 기록 rekor dunia yang belum diakui.

비과세(非課稅) pembebasan pajak. ~품 barang bebas pajak.

비과학적(非科學的) tidak ilmiah.

비관(悲觀)pesimisme;kekecewaan. ~하다 pesimis;memiliki pandangan yang suram;kecewa. ~적 pesimistis. ~론자 orang pesimis.

비교(比較) perbandingan. ~하다 membandingkan; memperbandingkan.~적(으로) (secara) komparatif; secara perbandingan. ...와 ~하면 jika dibandingkan dengan... . ~가 안 되다 lebih dari (sekedar) tandingan. ~급 『文』 (tingkat) komperatif.

비구니(比丘尼) biarawati; rahib wanita.

비구승(比丘僧) biksu; pendeta Budha.

비국민(非國民) orang yang tidak patriotik.

비굴(卑屈) ~한 bersikap merendahkan diri.

비극(悲劇) drama tragedi; sandiwara sedih. ~적 tragis. 가정의~ tragedi keluarga; drama keluarga. ~배우 artis drama.

비근(卑近) ~한 umum;lazim;biasa; (평이) datar; sederhana.

비금속(非金屬)bukan logam; metaloid.

비금속(卑金屬) logam dasar.

비기다 ① (무승부) berakhir seri. ② (상쇄) mengimbangi; memperseimbangi; menutup (kekurangan); mengimpas.

비기다 (비유.견줌) menyamakan (dengan);membandingkan (dengan).

비꼬다 ① (끈을) memelintir; memilin. ② (말을) membuat ucapan yang sinis.

비끗거리다 ① (잘 안되다) berjalan salah. ② (어긋나다) bekerja longgar.

비난(非難) penyalahan; kecaman; celaan;dakwaan; tuduhan; gugatan. ~하다 menyalahkan; menuduh; menimpakan kesalahan; mencela; mengeritik.

비너스 venus.

비녀 jepit rambut hiasan.

비논리적(非論理的) tidak logis; tidak sesuai dengan jalan pikiran yang sehat.

비뇨기(泌尿器) organ uriner. ~과 bagian uriner.

비누 sabun.~로 씻다 mencuci dengan sabun dan air. 얼굴에 ~질을 하다 menyabuni muka. 가루~ sabun bubuk. 세수[빨랫]~ sabun toilet [sabun cuci].

비늘 sisik. ~이 있다 bersisik. ~을 벗기다 menyisiki ikan. ~구름 sirokomulus.

비능률(非能率) inefisiensi; ketidak-efisienan. ~적 tidak efisien.

비닐 vinil.~수지 resin vinil.~하우스 rumah kaca plastik vinil.

비닐론 vinilon.

비다 kosong; hampa; lowong. 뱃속이 ~ lapar.

비단(緋緞) tenunan sutra; kain sutra. ~결 같다 lembut seperti sutra.

비단(非但) tidak hanya... tetapi juga...

비대(肥大) ~한 gemuk; tambun; buntal; gembrot. 심장~ pembesaran jantung.

비동맹(非同盟) ~국 negara non blok. ~국 회의 konferensi negara non blok.

비둘기 merpati; burung dara. ~장 kandang merpati. ~파(派) aliran garis lunak (dalam partai).

비듬 sindap; ketombe; kelumumur. ~투성이의 머리 rambut yang berketombe.~약 obat anti ketombe.

비등(比等) ~하다 hampir sama; sebanding; setara.

비등(沸騰) ~하다 menindih; mengelegak. ~점 titik didih.

비디오 ~카셋트 kaset video. ~테이프 video tape. ~테이프에 녹화하다 merekam pada video tape.

비뚜로 miring; mencong; mencondong.

비뚜름하다 miring; mencong.

비뚤다 mencong; miring.

비뚤어지다 ① (사물이) menjadi mencong; menyimpang; serong; miring; sendeng; kelok; mengsol. ② (마음 등이) menjadi kusut (pikiran).

비럭질 ~하다 meminta-minta; mengemis.

비련(悲戀) cinta yang tragis.

비례(比例) proporsi; nisbah/ rasio. ~하다 sebanding (dengan)....에 ~하여 dalam perbandingan dengan... 정[반] ~하다 berbanding lurus [terbalik].

비로소 baru (setelah sesuatu terjadi); tidak...sampai...

비록(秘錄) catatan rahasia.

비록 meskipun; sekalipun; biarpun; walaupun. ~비가 오더라도 sekalipun turun hujan.

비롯하다 memulai;mengawali;bertolak; berpangkal.

비료(肥料) pupuk; rabuk; kompos. ~를 주다 memupuki; merabuk. ~공장 pabrik pupuk.

비루(鄙陋) ~한 vulgar; hina.

비리(非理) irasionalitas;kemustahilan.

비리다 (생선이) amis; (피가) bau darah; (아니 꼽다) menjijikkan.

비린내 bau amis; bau darah; anyir. ~나다 berbau amis.

비릿하다 agak amis.

비만(肥滿) ~하다 gemuk; gendut;

montok. ~아 anak yang terlalu gemuk. ~형 tipe gemuk.
비망록(備忘錄) memorandum; memo.
비매품(非賣品)barang yang tidak untuk dijual.
비명(非命)~에 죽다[가다]mati tak wajar.
비명(悲鳴) jeritan. 지르다 menjerit.
비명(碑銘) tulisan/ukiran di batu nisan (monumen).
비몽사몽(非夢似夢) ~간에 antara tidur dan jaga.
비무장(非武裝) ~의 didemiliterisasi; terbuka. ~화(化)하다 mendemiliterisasi; mengosongkan dari pasukan militer.
비문(碑文) inskripsi; prasasti.
비밀(秘密) kerahasiaan, rahasia; misteri.~의 rahasia pribadi. 다아는 ~ rahasia yang terbuka. ~로 하다 merahasiakan; menyembunyikan. ~을 지키다 menjaga rahasia. ~을 밝히다 membuka rahasia; membocorkan rahasia.
비바람 hujan dan angin; hujan badai. ~을 무릅쓰고 menempuh hujan dan badai.
비방(秘方) metode/resep rahasia; rumus rahasia/simpanan.
비방(誹謗) umpat; makian; fitnah; jujat. ~하다 mengumpat; memaki; memfitnah; mempergunjingkan.
비번(非番) ~이다 perai;tidak berdinas; tidak bertugas. ~날 hari tidak berdinas; hari perai.
비범(非凡) ~한 luar biasa; istimewa; tidak biasa; langka.
비법(秘法) metode rahasia.
비보(悲報)berita duka;berita duka cita.
비복(婢僕) pelayan (rumah);pembantu (rumah tangga).
비본(秘本) kitab pusaka.
비분(悲憤) kemarahan; kedongkolan; kejengkelan; kesebalan. ~강개하다 mendongkol.
비비(拂拂) 「動」 babon (sejenis kera).
비비꼬다 ① memilin-milin; membelit-belit; memutar-mutar. ② ☞ 비꼬다.
비비꼬이다 dibelit-belit; dijalin-jalin; diputar-putar; dipilin.
비비다 ① (문지르다) goleskan; menggosok-gosok. ② (둥글게) membuat gulungan; menggulung. ③(뒤섞다) mencampur.④ (송곳을) membor; mengebor.
비비적거리다 menggosok-gosok.
비비틀다 memutar dengan keras.
비빈(妃嬪) ratu dan keluarga kerajaan.
비빔국수 mi campur.
비빔밥 nasi campur.
비사(秘史) sejarah rahasia.
비사교적(非社交的) tidak dapat bermasyarakat; tidak sosial.
비산(飛散) ~하다 menyebarkan; menyerakkan.
비산(砒酸) 「化」 asam arsenik.
비상(非常) ① keluarbiasaan; keistimewaan. ~하다 tidak umum; luar biasa; istimewa. ~한 인물 orang yang istimewa.~한 솜씨 ke-

terampilan istimewa. ② darurat; bencana. ~시에는 dalam (kasus) darurat. ~경보 sinyal bahaya; tanda bahaya. ~계단 tangga darurat. ~구 pintu keluar darurat. ~소집 panggilan darurat. ~수단 tindakan darurat. ~시국에 situasi darurat.

비상(砒霜) racun arsenik.

비상(飛翔) ~하다 terbang; membubung.

비상근(非常勤) ~의 paruh waktu. ~직 jabatan paruh waktu.

비상사태(非常事態) keadaan darurat. ~를 선포하다 pernyataan keadaan darurat.

비상선(非常線) barisan penjagaan; garis patroli. ~을 펴다 menempatkan barisan penjagaan; membuat barisan penjagaan.

비상시(非常時) darurat; krisis.

비상장주(非上場株) 「證」 saham tak terdaftar.

비생산적(非生産的) tidak produktif.

비서(秘書) ①(책) buku pusaka. ② sekretaris (pribadi). ~실 kantor sekretariat.

비석(碑石) tugu batu; monumen; tugu peringatan; nisan. ~을 세우다 mendirikan monumen.

비속(卑俗) ~한 vulgar; rendah.

비수(匕首) pisau belati.

비술(秘術) seni rahasia; muslihat.

비스듬하다 miring; tidak rata; tidak datar; tidak tegak; tidak lurus; mencong; condong.

비스름하다 agak serupa; sedikit mirip.

비스킷 biskuit; kue kering.

비슬거리다 terhuyung-huyung; limbung.

비슷비슷하다 berjenis sama; sangat mirip; banyak kesamaan.

비슷하다 serupa; mirip; tidak ubah dengan; semacam; seperti; seiras.

비시지 BCG (Bacillus Colmette Guerin). ~접종 suntikan BCG.

비신사적(非紳士的) tidak jentelmen. ~행위 perilaku yang tidak jentelmen.

비싸다 mahal. 비싸게 사다 membeli dengan harga mahal.

비아냥거리다 sinis;membuat ungkapan yang sarkastik/sindiran kasar.

비애(悲哀) duka cita; kesedihan; belasungkawa; kesengsaraan; kenestapaan; penderitaan. ~를 느끼다 merasa sedih.

비애국적(非愛國的) tidak patriotik.

비약(秘藥) obat ajaib/ langka.

비약(飛躍) lompatan; loncatan. 논리의~ lompatan dalam argumen.

비어(卑語) slang; ungkapan kasar; ungkapan sehari-hari.

비업무용(非業務用) tujuan non bisnis. ~토지를 백만 평이나 소유하다 memiliki satu juta *pyong* lahan menganggur.

비열(比熱) 「理」 panas jenis.

비열(卑劣) ~한 rendah;hina;kotor; jorok; mesum; cabul; nista. ~한 놈 pengecut; berhati tungau.

비영리(非營利) nirlaba; tak mencari keuntungan.~법인[사업] perusahaan [usaha] nirlaba.

비옥(肥沃) ~한 subur; kaya; biak.

비옷 jas hujan; mantel hujan.

비용(費用) biaya; ongkos; belanja; bea.~이 드는 mahal. ~에 관계없이 berapapun biayanya.

비용절감운동(費用節減運動) gerakan penghematan biaya.

비우다 mengosongkan;melenggangkan; meluangkan.

비우호적(非友好的)tidak ramah; tidak bersahabat.

비운(悲運) kemalangan; nasib buruk.

비웃다 sinis; tertawa dengan mencemooh; tertawa mengejek; mencemoohkan; mencibirkan.

비웃음 tertawaan; ejekan; olok-olok; cemoohan; sindiran; lelucon.

비원(秘苑) taman istana Korea; *biwon.*

비위(脾胃) ① cita rasa; selera; kesukaan; kegemaran. ~에 맞다 sesuai dengan selera. ② tabiat/keadaan marah. ~를 거스르다 [건드리다] membuat menjadi marah; menjengkelkan hati.

비위생적(非衛生的) tidak memenuhi syarat kesehatan.

비유(比喩.譬喩)kata kiasan;tamsil(an); kiasan; metafora; perumpamaan;ibarat. ~하다 mengibaratkan; mengiaskan; mentamsilkan.

비육우(肥肉牛) sapi pedaging.

비율(比率)proporsi; tingkat/kadar; nisbah; presentase. ...의 ~로 pada tingkat (rasio).

비음(鼻音) suara hidung; bunyi sengau.

비인간적(非人間的) tidak manusiawi.

비인도(非人道) ~적 tak berperikemanusiaan; brutal; kejam.

비일비재(非一非再) ~하다 banyak kasus yang demikian; tidak jarang terjadi.

비자 visa. ~를 얻다 mendapat visa.

비장(秘藏) ~하다 menghargai; menjaga dengan perhatian penuh. ~의 berharga; favorit. ~품 harta; barang berharga.

비장(悲壯) ~한 menyentuh;tragis; heroik.

비장(脾臟) 「解」 limpa (kecil); anak limpa.

비전(秘傳) pusaka resep rahasia.

비전 bermasa depan.~이 있는 사람 orang yang bermasa depan (cerah).

비전략물자(非戰略物資) barang-barang non strategis.

비전투원(非戰鬪員) anggota militer yang tidak ikut perang.

비정(非情) ~한 berhati dingin; tidak berperasaan; kejam.

비정(秕政) politik yang jahat.

비정규군(非正規軍) tentara ireguler.

비정상(非正常) ketidaknormalan; ketidakteraturan. ~의 tidak normal; tidak biasa; istimewa. ~아(兒) anak yang abnormal. ~자 「心」 orang yang tidak normal.

비좁 sempit dan rapat/terkurung; kesempitan; sesak; bertumpuk-

tumpuk.
비종교적(非宗教的) non religius.
비주류(非主流) bukan kelompok utama; kelompok sisi/pinggiran.
비죽거리다 mencibir.
비죽비죽 ~한 penonjolan.
비준(批准) ratifikasi; persetujuan; pengesahan. ~하다 meratifikasi (perjanjian) mengesahkan; mengakui; menyetujui. ~의 교환 pertukaran ratifikasi.
비중(比重) 「理」 gravitas jenis. ~계(計) keseimbangan hidrostatis.
비지 ampas tahu.
비지땀 ~을 흘리다 berkeringat banyak.
비질 penyapuan. ~하다 menyapu; membersihkan.
비집다 ① (틈을) membelah;membuka;mendorong terbuka; menyeruakkan.②(눈을) menggosok mata terbuka.
비쭉 ~내밀다 mencibir.
비쭉거리다 mencibir.
비참(悲慘) ~한 menyedihkan;tragis; sengsara; melarat; hina; mendukakan.~한 생활 kehidupan yang menyedihkan; kehidupan yang celaka. ~광경 tontonan yang menyedihkan.
비책(秘策) rencana rahasia. ~을 짜다 melaksanakan rencana rahasia.
비척거리다 ☞ 비틀거리다.
비천(卑賤) ~한 rendah; hina dina. ~한 몸 orang dengan kelahiran yang rendah.
비철금속(非鐵金屬) logam non fero.
비추다 ① (빛이) menyinari;menerangi. ② (그림자를) mencerminkan. ③(비교.참조) membandingkan. ④ mengisyaratkan. 사직할 뜻을~ mengisyaratkan pengunduran diri.
비축(備蓄) pencadangn; tumpukan persediaan; cadangan. ~하다 mencadangkan. ~미(米) cadangan beras.
비취(翡翠) ① 「鳥」 burung pekakak. ② 「鑛」 nefrit; jade lumut. ~색 hijau jade; hijau lumut.
비치(備置) ~하다 melengkapi; menyediakan; menyiapkan.
비치다 ① (빛이) bersinar;memancar; menyorotkan. ② (그림자가) tercermin; terpantul. ③ (통해 보이다)menunjukkan;memperlihatkan.
비켜나다 menyingsut ke sisi; menyisi; minggir.
비켜서다 melangkah ke sisi; melangkah minggir.
비키니 Bikini. ~스타일로 dengan gaya bikini. ~수영복 bikini.
비키다 menyisikan; menghindari; menolak; menangkal; menampik; pergi menjauh.
비타민 vitamin; zat makanan. ~결핍증 vitaminosis. 종합~ multivitamin.
비타협적(非妥協的) ~인 tak kompromi.~태도 sikap tanpa kompromi.
비탄(悲嘆) duka cita; belasungkawa; perkabungan; ratap tangis. ~하다 berduka cita;berbela sungkawa; berkabung; meratap.

비탈 lereng; kemiringan; dakian.
비통(悲痛) duka cita; belasungkawa; perkabungan; kedukaan.~한 menyedihkan; menyentuh; memilukan.
비틀거리다 limbung; terhuyung-huyung; gelayaran; terseok-seok.
비틀다 memuntir; memelintir; memutar; memulas; memilin. 팔을~ memelintir tangan.
비틀리다 ☞ 비틀어지다.
비틀어지다 dipelintir.
비파(琵琶) mandolin Korea.
비판(批判) kritikan; tanggapan; komentar; bahasan; diskusi; ~하다 mengeritik; mengomentari; membahas; membicarakan. ~적(으로) (secara) kritis.~력 daya kritis.~안(眼) mata yang kritis; pandangan yang kritis. ~자 kritikus. 자기~ kritik diri.
비평(批評)kritikan;tanggapan; komentar; ulasan; pendapat; teguran. ~하다 mengeritik; mengomentari; mengkritik; mengusik; mendebat. ~가 kritikus; komentator peninjau. 문예~ kritik sastra.
비폭력(非暴力) ahimsa; non kekerasan. ~의 bersifat non kekerasan.
비품(備品)perabot;perabotan;perlengkapan; perkakas; alat.
비하(卑下)~하다 menghinakan diri sendiri; merendahkan diri sendiri.
비하다(比-) membandingkan; memperbandingkan. ☞ 비교.
비학술적(非學術的) tidak ilmiah; tidak akademis.
비합법적(非合法的) tidak sah; ilegal; haram; melanggar hukum.
비핵(非核) ~무장국 negara yang tidak memiliki kekuatan nuklir. ~무장 지대 zona bebas nuklir. ~화(化) denuklirisasi. ~화하다 membebaskan dari nuklir.
비행(非行) perbuatan jahat; perilaku jahat/buruk. ~소년 kenakalan remaja.
비행(飛行) penerbangan. ~하다 terbang; berpergian dengan pesawat terbang. ~복 seragam penerbangan. ~사[가] penerbang; pilot; juru terbang.
비행기(飛行機) pesawat udara; pesawat terbang; kapal terbang. ~로 dengan pesawat terbang. 단엽[복엽] ~ pesawat sayap tunggal [ganda].
비행선(飛行船) kapal udara.
비행정(飛行艇) aeroboat; perahu sayap.
비현실적(非現實的) tidak nyata; khayal.
비호(庇護) perlindungan;proteksi; patronase. ~하다 melindungi; menutupi; memayungi; mengasuh; menjaga.
비호(飛虎) macan terbang. ~같이 secepat kilat.
비화(秘話) cerita rahasia.
비화(悲話)cerita sedih;kisah sedih.
빅수(- 手) berakhir seri.
빈객(賓客) tamu kehormatan;tamu terhormat; orang datang; tetamu.
빈곤(貧困),빈궁(貧窮) kemiskinan;kemelaratan;kepapaan;keseng-

saraan.~한 miskin; melarat; papa. ~에서 벗어나다 keluar dari kemiskinan; bangkit dari kesengsaraan.

빈농(貧農) petani miskin; petani gurem.

빈대 kutu busuk; bangsat.

빈도(頻度) frekuensi; keseringan. 높은[낮은] ~수 frekuensi tinggi [rendah].

빈둥거리다 luntang-lantung; bermalas-malasan;berlengah-lengah; menganggur; berkeliaran.

빈들거리다 ☞ 빈둥거리다.

빈말 pembicaraan kosong; omong kosong; janji kosong. ~하다 berbicara kosong; membuat janji kosong; menjual petai hampa.

빈민(貧民) orang miskin; kaum miskin. ~굴 pemukiman kumuh. ~ 복지 사업 usaha kesejahteraan sosial bagi kaum miskin.

빈발(頻發) kejadian berulang; kemunculan berulang.~하다 terjadi berulang kali; muncul berulang kali.

빈방(-房) ruang/kamar kosong.

빈번(頻繁) ~한 sering. ~히 sering kali.

빈병(- 甁) botol kosong.

빈부(貧富) kekayaan dan kemiskinan; kaya dan miskin. ~의 차 kesenjangan antara kaya dan miskin.

빈사(瀕死) ~의 sekarat. ~상태에 있다 dalam keadaan sekarat.

빈소(殯所) tempat dimana peti jenazah disemayamkan sebelum pemakaman.

빈속 perut kosong.~에 술을 마시다 minum minuman keras dengan perut kosong.

빈손 tangan kosong; tangan hampa. ~으로 dengan tangan kosong.

빈약(貧弱) ~한 miskin; lemah.

빈자리 lowongan; kekosongan.

빈정거리다 sinis;membuat perkataan/ungkapan yang sarkastik.

빈주먹 ☞ 빈손.

빈집 rumah kosong;rumah yang tak dihuni.

빈차(-車) mobil kosong; taksi kosong.

빈촌(貧村) desa miskin.

빈축(嚬蹙) ~하다 memandang dengan muka suram; tidak menyukai. (남의) ~을 사다 dipandang dengan muka masam; tidak disukai.

빈털터리 orang yang tidak punya uang;orang bokek. ~가 되다 menjadi bokek.

빈틈 ① (간격) celah; gap. ~없이 dengan rapat; dengan padat. ② (불비) ketidaksiapan; sisi buntu. ~없는 사람 orang yang tak bercela.

빈한(貧寒) ☞ 가난.

빈혈(貧血) anemia. ~증에 걸리다 menderita anemia. 악성~ anemia pernisius.

빌다 ① (차용) meminjam; menyewa. ② (힘을) mendapat bantuan.

빌다 ① (구걸) memohon; meminta dengan sangat.② (간청) meminta; memohon.③ (기원) berdoa. ④ (사죄) minta maaf; mohon maaf.

빌딩 bangunan kantor; gedung.

빌로도 beludru; beludu.

빌리다 ① (대여) meminjam. 이름 [힘]을~meminjam nama [bantuan]. ② (임대 부동산을) menyewa.
빌미 sebab penyakit. ~붙다 mengutuk. ~잡다 melantarkan (kepada); menganggap berasal dari.
빌붙다 merayu; menyobatkan.
빌어먹다 hidup meminta-minta.
빗 sisir.~살 gigi sisir.~솔 sikat; sisir.
빗각(- 角) 『數』 sudut miring.
빗금 ☞ 사선(斜線).
빗기다 menyisiri.
빗나가다 menyimpang;nyasar;melenceng; tidak mengenai sasaran.
빗다 menyisir; bersisir.
빗대다 ① (비꼬다) menyindir. ② (틀리게) bersumpah palsu; membuat pernyataan yang palsu.
빗맞다 ① (빗나가다) luput. ② (뜻한 일이) gagal; keliru.
빗물 air hujan.
빗발 ~치듯하다 jatuh seperti hujan. ~같이 쏟아지는 총알 hujan peluru.
빗방울 tetesan hujan. ~소리 tetes hujan.
빗변(- 邊) 『幾』 hipotenusa; sisi miring segitiga.
빗장 palang. 문에 ~을 걸다 memalang gerbang; memalang pintu.
빗질하다 menyisir.
빙 ~돌다 berputar berkeliling; berayun.
빙과(氷菓) es krim; es.
빙그레 ~웃다 tersenyum; berseri-seri.
빙그르르 berputar-putar.
빙글거리다 tersenyum; berseri-seri.
빙부(聘父) ☞ 장인.
빙벽(氷壁) puncak es.
빙빙 ~돌다 berputar-putar; beredar; berkeliling.
빙산(氷山) gunung es. ~의 일각 bongkah es terapung.
빙상(氷上) ~에서 di atas es. ~경기 ski es.
빙설(氷雪) es dan salju.
빙수(氷水) air es.
빙원(氷原) padang es.
빙자(憑藉) ~하다 berdalih;berbuat dalih;membuat alasan yang dicari-cari. ...을 ~하여 dengan berdalih...
빙점(氷點) titik beku.
빙초산(氷醋酸) 『化』 asam asetat glasial; biang cuka.
빙탄(氷炭) ~ 불상용(不相容)이다 seperti anjing dan kucing; tidak dapat didamaikan; bagai minyak dan air.
빙판(氷板)jalan ber es; jalan beku.
빙하(氷河) glasier. ~시대 zaman es. ~작용 glasiasi.
빚 hutang; pinjaman; sangkut paut. ~을 지다 berhutang. ~을 갚다 melunasi hutang. ~장이 pemungut hutang; kolektor.
빚내다 meminjam uang; mendapat pinjaman.
빚놀이 peminjaman uang.
빚다 ① (술, 만두, 송편 따위를) membuat minuman keras. ② ☞ 빚어내다.
빚어내다 menimbulkan; mengakibatkan; menyebabkan. 분쟁을~ menimbulkan kesulitan; menim-

bulkan pertengkaran.

빚쟁이 pemberi pinjaman.

빚주다 meminjamkan uang.

빚지다 berhutang.

빛 ① (광명) sinar; cahaya; kilatan; seri; semarak; kilau gemerlap; nur. ② (색채) warna; corak. ③ (안색 따위) roman;warna; rupa; air muka. 피곤한 ~을 나타내다 menunjukkan tanda-tanda kelelahan.

빛깔 pewarnaan.☞빛. ☞색채(色彩).

빛나다①(광선이) bersinar;memancar. ② (광휘가) bercahaya; berkilau; berkilap; gemerlap.③ (영광스럽게) cemerlang; terang; cerah.

빛내다 mengkilapkan; menerangkan/menjadikan terang; memarakkan. 이름을~ termasyhur; mendapatkan kemasyhuran.

빛살 sinar cahaya.

빠개다 ① membelah; memotong; menetak. 장작을~ membelah kayu bakar. ② merusak; menggagalkan. 계획을 ~ menggagalkan rencana (orang).

빠개지다 terbelah.

...빠듯 sedikit kurang dari; sedikit di bawah. 두자~ sedikit di bawah dua kaki (panjang).

빠듯하다 ① (겨우 미침) hampir-hampir cukup. ② (꼭낌) ketat; sempit.

빠뜨리다 ①(누락) menghilangkan; tidak memasukkan; mengeluarkan. ② (잃다) menjatuhkan; kehilangan. ③ (물속 따위에) menjatuhkan/melemparkan (ke dalam sungai); (함정에) memerangkap; menjerat; (유혹 등에) menggoda.

빠르다 ① cepat; pesat; segera; lekas.발이~ cepat berjalan. 진보가 ~ membuat kemajuan yang pesat; maju pesat. ② (시간이) dini; prematur; lebih awal.

빠지다 ① (허방 따위에) jatuh; (물에) tenggelam;karam. ② (탐닉) tenggelam dalam...; (어떤 상태에) menyerahkan diri (kepada); jatuh (ke dalam). 주색에~ kecanduan nafsu syahwat; tenggelam dalam minuman keras dan wanita. 위험 상태에~ jatuh ke dalam bahaya. ③ rontok; menipis. 털이~ rambut rontok; rambut menipis. ④ (탈루) dikeluarkan; dihilangkan; hilang. ⑤(살이) menjadi kurus; mengurus. ⑥(물 등이) mengering; menyusut. ⑦ (빛.힘.김 따위가) dibuang; di keluarkan. ⑧ lewat; melalui. 골목으로~ lewat jalan setapak. ⑨ (탈출) terhindar dari; lolos dari; lari; menghindari; mengelak; menyingkiri. ⑩ (탈퇴) meninggalkan; menarik diri dari.⑪ (...만 못하다) inferior;tertinggal. ⑫ (제비뽑히다) menarik/memenangkan (undian).

빠짐없이 tanpa penghilangan; secara penuh; secara menyeluruh; satu dan seluruhnya.

빡빡하다 ① (꽉차다) rapat; di kemas rapat. ② (두름성이) kaku; rigid. ③ (음식 따위가) kering dan keras.

빤들거리다 licin; lihai.

빤들빤들 dengan licin dengan mengkilap.

빤작거리다 berkelap-kelip.

빤히 ① (분명히) dengan jelas; dengan terus terang. ② (뚫어지게) dengan tajam; dengan roman menyelidik.

빨간 kentara. ~거짓말 kebohongan yang kentara.

빨강 merah; merah tua.

빨강이 ① (물건) benda yang berwarna merah. ② (공산당원) orang komunis; kaum komunis.

빨갛다 merah tua.

빨개지다 memerah.

빨그스름하다 kemerah-merahan.

빨다 menghisap; mereguk; mencucup; menyedot; mengulum; mengemut.

빨다 mencuci; mendobi.

빨대 penyedot.

빨딱거리다 berdebar-debar; berdetum-detum; berdenyut.

빨랑빨랑 dengan cepat; dengan segera; dengan tergesa-gesa.

빨래 cuci; pencucian. ~하다 mencuci; membersihkan. ~감 cucian. ~집게 jepit pakaian. ~통 tempat cucian. ~터 tempat mencuci. ~판 papan cucian.

빨리 segera; dengan segera/seketika; dengan cepat; dengan tergesa-gesa. 걸음을 ~하다 mempercepat langkah. ~가라 pergi cepat. ~해라 Cepatlah! .

빨리다 ① (흡수당함) dihisap; di serap; dihirup. ② (착취당하다) di peras. ③ (빨아먹이다) meneteki.

빨아내다 menghirup; menghisap; menyerap; merembes; meresap. 연기를~ menghirup asap rokok.

빨아먹다 ① (음식을) menghirup; minum. ② (우려내다) memeras.

빨치산 gerilya.

빳빳하다 kaku; lurus dan kaku; kejang; tegang.

빵 roti. 버터[잼] 바른~ roti dan mentega. ~한 조각 sepotong roti.

빵집 toko roti.

빻다 menumbuk;menggiling;menggerus;membubuk; menggilas; melumatkan. 가루를~ menggiling tepung.

빼기 「數」 pengurangan. ~를 하다 mengurangi.

빼내다 ① (골라내다,뽑다) memilih; mengeluarkan; menghunus; mencabut; melucutkan; meloloskan; melepaskan. ② (돌려내다) mencuri; mencopet. ③ (매인 몸을) melepas; membebaskan.

빼놓다 ①(젖혀 놓다) menghilangkan; tidak memasukkan; mengeluarkan. ② (뽑아 놓다) menarik keluar;mencabut;mengeluarkan. ③ (골라 놓다) memilih; mengambil satu.

빼다 ①(빼내다) menghunus; mencabut. ② (얼룩을) menghilangkan; menghapus;men-cuci; mengeluarkan. ③(생략)menghapus;meniadakan; mengeluarkan. ④ (감산) mengurangi; memotong. 10 에서 5 를 ~ sepuluh dikurangi lima. ⑤ menghindari; menyingkir (dari); mengelakkan; mengingkari. 꽁무니를~ mengelak tanggung jawab. ⑥ (차려입다) berdandan.

빼먹다 ① (빠뜨리다) menghilangkan; tidak memasukkan. ② (돌려내다)mencuri;mencopet. ③ 학교를~ bolos; mangkir.

빼앗기다 ①(탈취) kecurian; kehilangan; kecopetan; kemalingan. ② (정신을) tenggelam (dalam); asyik; khusuk.

빼앗다 ① (탈취) merampas; merampok; menjarah; menggarong; menyamun; membegal; mencuri. ② (정신을) menarik (perhatian).

빼어나다 melebihi; mengatasi; lebih unggul (dari); mengungguli; melampaui.

빽 pendukung; patron; tulang punggung; patronase.

빽 ~소리지르다 berteriak; menjerit.

빽빽이 dengan ketat;dengan padat; dengan rapat.

빽빽하다 rapat;padat;dikemas penuh; munjung.

빈둥거리다 melengahkan waktu.

뺄셈 pengurangan. ~하다 mengurangi.

뺑 berkeliling; mengelilingi. ~둘러싸다 mengelilingi seluruhnya.

뺑소니 pelarian. ~치다 melarikan diri; pukul dan lari.

뺨 pipi. ~을 때리다 menampar pipi; menempeleng; menggaplok. ~을 맞다 ditampar; digaplok; ditempeleng.

뺨치다 ① (때리다)menampar pipi; menggaplok.② (무색케 하다) melebihi.

뻐근하다 merasa berat; pegal-pegal.

뻐기다 menyombong;membanggakan diri; omong besar.

뻐꾸기 「鳥」 cuko.

뻐드렁니 gigi tonggos.

뻑뻑하다 ☞ 빡빡하다.

뻑적지근하다 merasa pegal dan nyeri. 어깨가~ merasa kaku di bahu; merasa pegal di bahu.

뻔하다 hampir; mendekati. (하마터면) 죽을~ hampir mati.

뻔히 ☞ 빤히.

뻗다 ① memanjangkan;menyebarkan;mengembangkan; merentangkan.뿌리가[를]~menyebarkan akar. ② memanjang; merentang. 동서로 ~ memanjang sejauh... ③ membentangkan;merentangkan; mengulurkan. 손을~ merentangkan tangan; mengulurkan tangan. ④ (발전) memajukan; mengembangkan; memperluas. ⑤ (죽다) mati.

뻗대다 berkeras;bersikeras;mempertahankan.

뻗치다 ☞ 뻗다.

뻣뻣하다 kaku; keras; teguh; gigih. 목이~ menderita leher kaku.

뻥① letusan. ~하고 dengan letusan. ② ~뚫어지다 melobangi. ③ ☞ 거짓말.

뻥글거리다 tersenyum berseri-seri.

뻥긋거리다 ☞ 뻥글거리다.

뻥뻥하다 bingung; kehilangan akal.

뼈 ① tulang; abu; sisa. 생선 ~를 바르다 menulangi ikan. ~가 부러지다 memecahkan tulang. ② makna yang tersembunyi; makna tersirat. ~있는 말 kata-kata yang penuh

dengan makna tersirat.
뼈다귀 sepotong tulang.
뼈대 rangka; fisik;bentuk;kerangka; bangun. ~가 단단한 kekar.
뼈저리다 mengiris hati; melukai hati.
뼘 jengkal. ~으로 재다 menjengkal.
뽀얗다 keputih-putihan.
뽐내다 sombong; menyombong; membangga-banggakan diri.
뽑다 ① (박힌 것을) mencabut; menghunus. ② (선발) memilih. ③ (모집) merekrut.
뽕 (daun) mulberi. ~나무 pohon mulberi.
뾰로통하다 murung; muram.
뾰족하다 tajam; runcing; lancip.
뿌리 akar. ~깊은 berakar dalam. ~를 박다 mengakar; berakar. ~를 빼다 mengakari.
뿌리다 memercikkan;menaburkan; menebarkan; menyemaikan; mencipratkan.
뿌리치다 menolak;mencampakkan; membuang. 손목을~ menepis tangan.
뿌옇다 keputih-putihan; keabuabuan.
뿐 melulu; hanya; saja. 이름 ~인 의사 namanya saja dokter. ...할 ~만 아니라 tak hanya... tapi juga...
뿔 tanduk;cula.~로 받다 menanduk; menyundul.~세공 kerajinan tanduk.
뿔뿔이 berserakan;terpisah-pisah; tersebar. ~흩어지다 disebarkan; di serakkan.
뿜다 menghembuskan; memuntahkan; mengeluarkan. 연기(煙氣)를 ~ menghembuskan asap. 용암을 ~ memuntahkan lava.
삐걱거리다 berkeretak.
삐다 mengalihkan; memuntir; memutar-balikkan.
삐딱거리다 lemah; lunglai.
삐딱하다 agak miring; membelok; menyimpang.
삐라 selebaran. ~를 뿌리다 menebarkan selebaran. ~를 붙이다 menempelkan selebaran.
삐악삐악 ~울다 ciak-ciak (bunyi anak ayam).
삐죽거리다 merajuk. 성이 나서~ cemberut. 울려고~ merengek.
뻥 keliling. ~둘러싸다 mengelilingi.

ㅅ

사(巳) shio Ular.
사(四) empat; ke empat.~차원 dimensi ke empat.
사(私) kerahasiaan; kepentingan pribadi. ~가 있는 mementingkan diri sendiri. ~가 없는 tidak mementingkan diri sendiri.
사(社) perusahaan; firma; kantor.
...사(史) sejarah. 국(세계) ~ sejarah Korea (dunia).
...사(辭) pidato. 환영~pidato sambutan.
사가(史家) sejarawan; ahli sejarah.
사가(私家) kediaman pribadi; rumah sendiri.
사각(四角)persegi empat.~의 persegi empat. ~형 tetragon; bangun segi empat.
사각(死角) sudut mati.
사각(斜角) 「植」 sudut miring.
사각사각 ~먹다 memamah.
사감(私憾) dendam; benci.
사거리(四 -) perempatan jalan.
사거리(射距離) jarak tembak.
사건(事件) (큰) kejadian; peristiwa; (사소한) insiden; (사고) kecelakaan; (소송) perkara; urusan; kasus.~을 떠맡다 menangani kasus.간통~ skandal penyelewengan.
사격(射擊)penembakan.~하다 menembak. ~대회 pertandingan menembak. ~술(術) seni menembak. ~연습 latihan menembak. ~장 lapangan tembak.
사견(私見) pendapat pribadi. ~으로는 menurut pendapat saya.
사경(死境)situasi yang berbahaya; situasi krisis.
사계(四季) empat musim.
사고(社告)pengumuman dari suatu instansi
사고(事故) kecelakaan; peristiwa; kejadian; perkara. ~를 일으키다 menyebabkan kecelakaan;menimbulkan kecelakan
사고(思考) pemikiran; pertimbangan. ~하다 memikirkan; mempertimbangkan;menganggap ~력 daya pikir; daya tanggap.
사공(沙工) tukang perahu;pendayung; awak kapal.
사과(沙果)apel. ~나무 pohon apel. ~산(酸) asam malat; asam apel. ~술 anggur apel
사과(謝過)permintaan maaf. ~하다 meminta maaf.~장(편지)surat permintaan maaf.
사관(士官) perwira militer. ~학교 akademi militer. ~후보생 kadet;

calon perwira; taruna.

사관(史觀) segi sejarah.

사교(社交) interaksi sosial; pergaulan. ~적인 sosial. ~가 orang yang mudah bergaul. ~계 dunia pergaulan.

사군자(四君子) 『美術』 Empat Tanaman Bernilai (plum, anggrek, krisan, dan bambu).

사권(私權) 『法』 hak pribadi.

사귀다 bergaul (dengan); berteman (dengan); berhubungan

사귐성 afiliasi; sosiabilitas; kemudahan bergaul. ~있는 simpatik; mudah bergaul.

사그라지다 mencair; larut.

사극(史劇) drama sejarah.

사근사근하다 ramah-tamah; menyenangkan.

사금(砂金)debu emas; emas pasir. ~채집 penambangan emas pasir.

사금융(私金融) pinjaman swasta (utang pribadi).

사기(士氣) semangat (tempur); moral; keyakinan. ~가 떨어지다 patah semangat. ~를 고무하다 membangkitkan semangat.

사기(史記) buku sejarah; karya sejarah; babad.

사기(沙器)tembikar; porselin; keramik; barang pecah belah.

사기(詐欺)tipu;penipuan;tipu daya. ~하다 menyilap; mengecoh; menipu.~를 당하다 tertipu;terpedaya; kena tipu. ~꾼 penipu.

사기업(私企業)perusahaan swasta; perusahaan pribadi.

사나이 ① (남자) pria; laki-laki.② (남성)kelakian; jenis kelamin laki-laki. ③ kejantanan. ~다운 jantan; bersifat laki-laki; perkasa. ~답게 secara jantan.

사날 tiga atau empat hari; beberapa hari.

사납다 buas; liar; kasar; ganas.

사내① ☞사나이. ~아이.anak laki-laki.~종 budak laki-laki.② (남편) suami.

사내(社內) ~의(에) (di) perusahaan (kantor).

사냥 perburuan.~하다 berburu. ~가다 pergi berburu. ~감 hewan buruan. ~개 anjing pemburu ~꾼 pemburu.

사념(邪念) pikiran jahat; pikiran keji.

사농공상(士農工商) pelajar, petani, seniman dan pedagang.

사다 ① membeli. 싸게 (비싸게) ~ membeli murah (mahal). 외상 (현금)으로~ membeli dengan berhutang(tunai/kontan)② mengundang; mendatangkan. 환심을~ mengundang simpati.미움을~ mengundang kebencian.③ (인정하다) menghargai; mengakui.

사다리 ☞사닥다리. ~꼴 『幾』 trapezoid. ~소방차(車) mobil pemadam kebakaran bertangga; truk dengan kait dan tangga.

사단(社團) yayasan. ~법인 badan hukum yayasan.

사단(事端) asal muasal perkara. ~을 일으키다 menimbulkan kesulitan; menimbulkan masalah.

사단(師團)divisi(tentara).~사령부

ㅅ

markas divisi.~장 komandan divisi.

사담(私談) pembicaraan pribadi/ rahasia. ~하다 berbicara secara pribadi.

사대(事大) ~사상(주의) paham menjilat. ~주의자 penjilat; peleceh.

사대부(士大夫) keturunan bangsawan.

사도(私道) jalan pribadi.

사도(使徒) Rasul; utusan;pesuruh; mursal.~행전(行傳)『聖』Kisah Para Rasul.

사돈(査頓)besan.~의 팔촌 kerabat jauh. ~집 rumah besan.

사들이다 memasukan barang-barang; menyetok (toko dengan barang-barang); membeli.

사라지다 menghilang; raib; gaib; lenyap. 어둠속으로~ lenyap dalam kegelapan.

사람① manusia;orang;insan.~의 떼 kerumunan; keramaian. ~의 일생 waktu hidup manusia; usia. ~을 보내다 mengirim utusan. ~은 만물의 영장 Manusia adalah khalifah dimuka bumi.② karakter; sifat; kepribadian.~이 좋은 (나쁜) tabiat baik (buruk). ~들 앞에서 울다 menangis dihadapan orang banyak.

사람답다 manusiawi.

사랑 cinta; kasih sayang. ~하다 mencintai; menyukai; tertarik.~스러운 menarik; molek; cantik; 순결한~ cinta sejati. 불의의~ cinta terlarang. ~하는 이 kekasih. ~의 표시 tanda cinta. ~을 고백하다 menyatakan cinta.~에 빠지다 jatuh cinta.

사랑니 geraham bungsu.

사랑싸움 pertengkaran asmara.

사레 ~들리다 terceguk.

사려(思慮) pertimbangan kebijaksanaan; pemikiran.~깊은 bijaksana; penuh pertimbangan.

사력(死力) ~을 다하다 melakukan usaha mati-matian.

사력(社歷) riwayat perusahaan.

사령(司令) komando. ~관 komandan.~부 markas besar;markas komando. ~선 kapal komando. ~탑 menara komando.

사령(辭令)① diksi. 외교~ bahasa diplomasi. ② (사령장) pengangkatan tertulis (perintah tertulis).

사례(事例) contoh;kasus;preseden. ~연구 studi kasus.

사례(謝禮) terima kasih;penghargaan; imbalan. ~하다 mengimbali; memberi penghargaan.

사로잡다 menangkap hidup-hidup hewan; menangkap tawanan; menawan.

사로잡히다 ditangkap; ditawan.

사론(私論) pendapat pribadi

사료(史料) bahan-bahan sejarah.

사료(飼料)pakan;makanan ternak; rumputan.

사르다 (불을)membakar; menyalakan.

사리 (국수.새끼 등의) gulungan mi.

사리(私利) kepentingan pribadi; keuntungan pribadi. ~를 꾀하다 mementingkan diri sendiri.

사리(舍利)sarira; abu jenazah.~탑 stupa abu. ~함 keranda abu.

ㅅ

사리(事理) alasan; fakta. ~에 닿다 beralasan; masuk akal; logis. ~에 밝다 bijaksana; peka.
사리다 ① (말다) menggulung;melingkar;menggelung;melilit. ②(몸을 아끼다) menjauhkan diri dari bahaya.
사립(私立) ~의 swasta; partikelir. ~탐정 detektif swasta. ~학교(대학) perguruan tinggi swasta.
사립문(- 門) pintu bilah.
사마귀 kutil; bintil.
사막(砂漠) gurun/ padang pasir.
사망(死亡) kematian. ~하다 mati; meninggal; wafat ~신고서 pengumuman kematian; berita duka cita. ~률 mortalitas;angka kematian.
사면(四面) ke empat sisi; segala arah.~팔방에 pada semua sisi. ~체 tetrahedron.
사면(赦免) amnesti; pengampunan. ~하다 mengampuni; memberikan amnesti.
사면초가(四面楚歌)~이다 dikelilingi oleh musuh; terkepung oleh musuh.
사멸(死滅) ~하다 punah; musnah; rusak.
사명(社命) perintah perusahaan; tugas perusahaan.
사명(使命) misi; tugas. ~을 띠다 mengembang tugas/misi;dipercaya untuk suatu tugas/ misi. ~감 rasa tanggung jawab pada tugas.
사모(思慕) ~하다 rindu; mencinta.
사모(師母) ~님 ibu; nyonya.
사무(事務) urusan/pekerjaan kantor. ~를 보다 berdinas; bertugas. ~를 처리하다 melaksanakan urusan/pekerjaan. ~에 쫓기다 sibuk dengan urusan. ~관 sekretaris; juru tulis ~당국 pejabat yang berwenang. ~실 ruang kantor ~용품 alat kantor/ keperluan kantor. ~장 pegawai kepala.
사무치다 berkesan; membekas di dalam pikiran.
사문(死文) ~화(化)되다 undang-undang yang sudah tidak berlaku lagi tetapi belum dicabut; surat mati.
사문서(死紋書) dokumen pribadi. ~위조 pemalsuan dokumen pribadi.
사물(私物) barang pribadi; milik pribadi.
사물(事物) kerja dan barang.
사물놀이(四物-) *Samulnori* kuartet perkusi tradisional Korea.
사뭇 sangat banyak.
사바(娑婆) saba; sabha; dunia ini. ~의 keduniawian; duniawi. ~세계 kehidupan duniawi.
사바사바하다 menyogok;menyuap.
사반(四半) seperempat. ~기(期) kuartal. ~세기 seperempat abad.
사발(沙鉢) mangkuk (porselin). ~시계 jam mangkok.
사방(四方) semua arah; keempat sisi.~에(으로) di semua sisi;di tiap sisi; dalam semua arah. ~ 2 피트 dua kaki persegi.
사방(砂防) pengendalian erosi. ~공사 konstruksi pengendali erosi; pekerjaan pengendalian erosi.
사배(四倍) empat kali. ~하다 mengalikan dengan empat. ~의 empat

ㅅ

kali lipat.
사범(事犯)pelanggaran; kejahatan. 경제~ pelanggaran ekonomi. 선거 ~ pelanggaran pemilihan (ilegalitas pemilihan).
사범(師範) guru; master; pelatih. ~ 교육학 대학 Institut Keguruan dan Ilmu Pendidikan (IKIP).~학교 sekolah guru. 검도~ guru anggar.
사법(司法) kehakiman; peradilan. ~의 judisial; peradilan. ~경찰 polisi peradilan. ~관 pejabat kehakiman. ~관(官) 시보(試補) pengawas terhukum dalam masa percobaan. ~권 kekuatan judisial; kekuatan hukum. ~서사 panitera.
사법고시(司法考試)ujian jabatan profesi hukum.
사변(事變) kecelakaan; peritiwa; kejadian; insiden; bencana.
사별(死別) ~하다 bercerai mati.
사병(士兵) tamtama; prajurit.
사보타주 sabotase. ~하다 melakukan sabotase;menghalang-halangi; merintang-rintangi.
사복(私服) baju sipil. ~형사 (경찰관)detektif(polisi)berbaju preman.
사복(私腹) ~을 채우다 memperkaya diri sendiri.
사본(寫本) duplikat; salinan; transkrip.~을 만들다 membuat salinan.
사부(四部)empat bagian.~작 kuadrilogi. ~합주 「樂」kuartet. ~합창 kuartet paduan suara.
사부(師父) guru; guru dan ayah.
사분(四分) ~하다 membagi empat. ~의 일 seperempat. ~면(面)「數」 kuadran. ~음표 「樂」 not seperempat.
사분오열(四分五裂)~하다 pecah/ hancur berkeping-keping.
사비(私費) pengeluaran pribadi; biaya sendiri. ~로 dengan biaya sendiri.
사뿐사뿐 dengan lemah gemulai.
사사(私事) masalah pribadi.
사사(事事) ~건건(件件) dalam segala hal.
사사(師事) ~하다 menjadi murid.
사사롭다(私私-)사사로이 pribadi; personal.
사사오입(四捨五入)~하다 membulatkan (angka).
사산(死産)lahir mati.~하다 melahirkan anak yang telah mati dalam kandungan.
사살(射殺)~하다 menembak mati.
사상(史上)dalam sejarah. ~유례가 없는 tidak ada bandingan dengan sejarah.
사상(死傷) ~자 yang mati & luka; korban.
사상(思想) pemikiran; pendapat; gagasan;buah pikiran. ~가 pemikir besar; filosof; ahli filsafat. 근대~ pemikiran modern. 신~ gagasan baru. 정치~ ide/ gagasan politik.
사색(四色) empat warna; keempat faksi.~당쟁 pertengkaran di antara keempat faksi.
사색(思索) perenungan; tafakur; meditasi. ~하다 merenung; bermeditasi; berspekulasi; memikirkan. ~적인 spekulatif; meditatif.
사생(死生) hidup dan (atau) mati. ~결단하고 dengan taruhan nyawa.

ㅅ

사생(寫生) sketsa.~하다 membuat sketsa. ~대회 kontes sketsa.
사생아(私生兒) anak haram;anak jadah. ~로 태어나다 anak lahir di luar perkawinan.
사생활(私生活) kehidupan pribadi. ~에 참견하다 mencampuri kehidupan pribadi.
사서(私書) dokumen pribadi; surat pribadi. (우편) ~함 kotak pos.
사석(私席) ~에서 pada pertemuan pribadi.
사선(死線) deadline; krisis hidup dan mati.~을 넘고 melewati deadline, bertahan hidup setelah krisis.
사선(斜線) 『幾』 garis miring.
사설(私設) ~의 swasta; pribadi. ~학원 kursus swasta.
사설(社說) tajuk rencana; induk karangan. ~란 kolom editorial.
사세(事勢) situasi;keadaan. ~부득이 tak terhindar; tak terelakkan.
사소(些少) ~한 remeh; tidak berarti; kecil; ringan; sepele.
사수(死守)~하다 mempertahankan sampai mati.
사수(射手)penembak.명(名)~ jago tembak.
사슬 rantai. ~에서 풀려나다 membebaskan diri dari rantai. ~고리 mata rantai.
사슴 rusa; menjangan. ~가죽 kulit rusa. ~고기 daging rusa. ~뿔 tanduk rusa (tanduk menjangan). ~사육장 peternakan rusa.
사시(斜視) juling; mata juling. ~의 bermata juling; bermata sipit. ~수술 『醫』 strabatomi (bedah mata juling).
사시장춘(四時長春) musim semi abadi. ~하다 (mengalami) musim semi sepanjang tahun.
사식(私食) makanan yang diberikan secara pribadi pada tahanan; antaran.
사신(私信) surat pribadi.
사신(使臣) duta; utusan.
사실(私室) ruang pribadi; kamar pribadi.
사실(事實)fakta; kenyataan sebenarnya; kebenaran. ~상 sebenarnya; sesungguhnya; dalam kenyataannya. ~상의 aktual; praktis. ~무근의 tak beralasan; tak berdasar; menyalahi fakta. ~조사 penyelidikan atas fakta. ~주의자 realis; menganut realisme.
사심(私心) kepentingan sendiri; motif kepentingan pribadi. ~이 없는 tak mementingkan diri sendiri; tulus.
사십(四十) empat puluh. 제~ ke empat puluh.~전의 dibawah empat puluh. ~이 넘은 diatas empat puluh.
사십구재(四十九齋) peringatan pada hari ke empat puluh sembilan setelah kematian.
사악(邪惡) kejahatan; kekejian; kebusukan. ~한 keji; jahat; busuk; curang. ~한 사람 orang keji.
사안(私案) ide pribadi.
사약(賜藥) ~을 내리다 memberi racun sebagai hukuman mati.
사양(斜陽) di usia senja (kiasan dalam tahap menurun). ~산업 in-

dustri yang menurun.
사양(辭讓)~하다 menampik; menolak secara halus.~하지 않고 (말고) tidak menampik.
사업(事業) usaha; bisnis; perusahaan; aktifitas; proyek. ~에 성공(실패)하다 berhasil/ gagal usaha/ bisnis.~가 pengusaha. ~연도 tahun bisnis. ~자금 modal usaha.
사역(使役) ~하다 mempekerjakan menggunakan. ~동사 『文』 kata kerja kausatif.
사연(事緣) hal ikhwal; perkara.
사열(四列)empat jalur (empat baris). ~로 행진하다 berbaris empat-empat.
사열(査閱) inspeksi; pemeriksaan. ~하다 menginspeksi; memeriksa. ~관 pemeriksa; inspekstur. ~식 parade; ~식을 갖다 mengadakan pasrade.
사옥(社屋)bangunan perusahaan.
사욕(私慾) kepentingan sendiri/ keuntungan pribadi.~있는 mementingkan diri sendiri.
사용(私用) penggunaan pribadi. ~하다 memakai untuk diri sendiri.
사용(使用)penggunaan;pemakaian. ~하다 menggunakan; memakai. ~료 ongkos pemakaian. ~법 bagaimana menggunakan.
사용(社用) ~으로 untuk kantor.
사우나 mandi; sauna; mandi uap.
사운(社運) ~을 걸다 mempertaruhkan masa depan perusahaan.
사원(寺院) kuil Budha.
사원(私怨)dendam pribadi. ~을 품다 memendam dendam. ~을 풀다 membalas dendam.
사원(社員)karyawan; staf;pegawai. ~이 되다 menjadi anggota/ staf. ~식당 kantin karyawan. 신입(퇴직) ~ karyawan yang masuk (keluar).
사월(四月) April.
사위 menantu laki-laki.
사유(私有) ~의 pribadi. ~물(제산, 지(地)) milik (harta,tanah) pribadi.
사유(事由) alasan;sebab;prasyarat. 다음과 같은 ~로 untuk alasan tersebut di bawah; dengan alasan berikut.
사유(思惟)pertimbangan;spekulasi.~하다 mempertimbangkan; berspekulasi.
사육(飼育) peternakan; pemeliharaan;pembudidayaan.~하다 memelihara ternak; membudidayakan; ~자 peternak; pemelihara.
사은(謝恩) ~(대)매출 penjualan syukur. ~회 pesta syukur; pesta penghargaan.
사의(謝意)① terima kasih; penghargaan;apresiasi. ~를 표하다 menyatakan terima kasih. ② (사죄의 뜻) permintaan maaf.
사의(辭意) keinginan mengundurkan diri. ~를 비추다 mengisyaratkan untuk mengundurkan diri.
사이① selang; jarak; ruang. ~에 di antara; ditengah-tengah. ~를 두다 meluangkan; memberi selang. ② selang waktu. ~에 dalam; selama. 외출한 ~에 ketika keluar.어느 ~에 tak terasa.③ hubungan. 정다운~ hubungan yang harmonis.~가 벌어지다 renggang satu sama lain. ~에

들다 mengantarai antara (dua kelompok); bertindak sebagai penengah. ~를 가르다 merenggangkan. ~가 좋다(나쁘다) hubungan baik (buruk).
사이렌 sirine; peluit. ~을 울리다 membunyikan sirine.
사이비(似以非) pura-pura;palsu; gadungan.~학자 sarjana gadungan; ahli gadungan.
사이사이① (공간) ruang; interval; selang. ② (시간) kadang-kadang.
사이클 「電」 siklus.
사인(死因) sebab kematian.
사인(私印) stempel pribadi.
사인 ① (부호.암호) tanda.② tanda tangan; autograf. ~하다 menandatangani; membubuhi tanda tangan. ~을 받다 mendapat tanda tangan. ~좀 부탁합니다 Mohon tanda tangan. Tolong ditandatangani. ~북 buku otograf.
사임(辭任) pengunduran diri; peletakan jabatan (☞ 사직(辭職). ~하다 mengundurkan diri; meletakkan jabatan.
사자(死者) orang yang mati; almarhum.
사자(使者) utusan.
사자(獅子) singa.
사자(寫字) salinan; transkripsi.
사장(死藏) ~하다 menimbun; menyimpan (stok).
사장(社長)direktur; pimpinan; kepala. 부~ wakil direktur.
사재(私財)dana/ kekayaan pribadi. ~를 털어 dari kantong sendiri; dengan biaya sendiri. ~를 투자하다 menanamkan modal pribadi.
사적(史的) historis/ bersifat sejarah. ~고찰 penelitian sejarah.
사적(史蹟) tempat bersejarah.
사적(史籍) buku sejarah.
사적(私的) personal; pribadi. ~감정 perasaan sendiri.~생활 kehidupan pribadi.
사전(事前)~에 terlebih dahulu;sebelum kenyataan;dimuka.~에 알리다 memberitahukan terlebih dahulu. ~검열 penyensoran awal. ~선거 운동 kampanye prapemilihan. ~통고 pemberitahuan awal; pemberitahuan dimuka.
사전(辭典) kamus. ~을 찾다 mencari kata dalam kamus.
사전편집자(辭典編集者)penyusun kamus.
사전협의(事前協議) konsultasi awal.
사절(四折) ~의 empat kali lipat. ~판 edisi kuarto.
사절(使節) misi; duta; utusan. ~단 delegasi. (방한)문화 ~단 misi kebudayaan (ke Korea).
사절(謝絶)penyangkalan;penolakan. ~하다 menyangkal; menolak. 외상~ besok boleh hutang; tidak boleh hutang.
사정(司正)audit dan inspeksi.
사정(私情) perasaan pribadi; bias pribadi;sentimen pribadi. ~을 두다 dipengaruhi sentimen pribadi.
사정(事情) ① keadaan; kondisi; alasan. 자세한~ rincian; keadaan keseluruhan. ~이 허락하는 한 sepanjang situasi memungkinkan. 부

ㅅ

득이한 ~이 있어 untuk alasan yang tidak terhindarkan. 식량~ situasi pangan. ② ~하다 mohon pertimbangan. ~없다 tidak kenal ampun; tanpa ampun.

사정(査定) penaksiran; taksiran; revisi. ~하다 menaksir; merevisi. ~가격 nilai (harga) taksiran. ~액 jumlah taksiran. 세액~ taksiran pajak.

사정(射程) jangkauan (tembak). ~안(밖)에 didalam (diluar) jangkauan. 유효~ jangkauan efektif.

사정(射精)ejakulasi.~하다 mengeluarkan sperma.

사제(司祭) pendeta; pastur.

사제(私製)~의 buatan sendiri. ~엽서(葉書) foto pribadi. ~품 barang buatan sendiri.

사제(師弟) guru dan murid.~관계 hubungan guru dan murid.

사조(思潮) kecenderungan pemikiran; arus pendapat umum. 문예~ kecenderungan literatur/sastra.

사족(四足)~의 berkaki empat. ~못쓰다 tergila-gila (akan).

사죄(死罪) pelanggaran hukum dengan ancaman hukuman mati.

사죄(赦罪) ~하다 mengampuni.

사죄(謝罪)permintaan maaf. ~하다 minta maaf; mengakui kekeliruan.

사주(四柱) ~쟁이 peramal nasib; tukang ramal. ~팔자 nasib; takdir.

사주(社主) pemilik (sebuah perusahaan).

사주(使嗾) hasutan. ~하다 menghasut. ...의 ~로 terhasut (oleh); atas hasutan (dari).

사중(四重) ~주(창) kuartet.

사증(査證) visa. 입국(출국)~ visa masuk (keluar).

사지(四肢) anggota badan; badan kaki dan tangan.

사지(死地)rahang kematian; posisi yang fatal. ~로 들어가다(를 벗어나다) masuk (lolos dari) mulut buaya.

사직(司直)pejabat pengadilan; hakim. ~당국 = 사직(司直).

사직(辭職) peletakan jabatan; pengunduran diri. ~하다 meletakkan jabatan; mengundurkan diri.~을 권고하다 menganjurkan untuk meletakkan jabatan.

사진(寫眞) potret; gambar; fotografi; foto. ~을 찍다 mengambil gambar;memotret.~을 인화(印畵)(확대)하다 mencetak (memperbesar) foto. ~관 studio foto. ~기 kamera; alat memotret. ~첩 album. 전(반)신~ foto penuh (foto setengah badan).컬러~ foto berwarna. 흑백~ foto hitam putih.

사차(四次) ke empat. ~원 dimensi keempat.

사차선도로(四車線道路) jalan empat jalur.

사찰(寺刹) ☞ 절.

사찰(査察) pemeriksaan; penyelidikan. ~하다 memeriksa; menyelidiki. 세무~ penyelidikan pajak.

사창(私娼) pelacuran liar;pelacur jalanan. ~굴 rumah pelacuran; rumah bordir.

사채(私債) utang pribadi (pinjaman pribadi); liabilitas swasta.~놀이 usaha peminjaman swasta. ~동결

pembekuan pinjaman.
사채(社債) obligasi/ surat utang. ~권(券)bon; obligasi; surat utang. ~발행 penerbitan obligasi/ surat utang. ~상환 tebusan surat utang /obligasi.
사철(四-) empat musim; musim-musim dalam setahun.
사철나무 「植」 pohon spindel (tumbuhan dengan batang yang panjang dan kecil).
사초(莎草) ① 잔디.~하다 ② merumputi makam (menutupi dengan lempengan tanah berumput).
사촌(四寸) sepupu. ~형 saudara sepupu tua.
사춘기(思春期) masa remaja;masa pubertas. ~의 puber. ~의 남녀 anak laki-laki dan perempuan pada saat pubertas.~에 달하다 mencapai masa puber.
사출(射出) ~하다 memancarkan; mengemisi; menuang. ~기(機) mesin tuangan.
사취(詐取) kecoh; dusta; bohong; tipu. ~하다 mendapatkan (uang) dengan menipu; mencatut; membuayai; mengumbuk.
사치(奢侈)kemewahan.~하다 bermewah-mewah. ~스러운 mewah. ~에 흐르다 tenggelam dalam kemewahan.
사칙(社則) peraturan perusahaan.
사칭(詐稱) memakai nama orang lain/jabatan palsu (pegawai negeri). ~하다 memakai nama samaran orang lain/ jabatan palsu.
사카린 「化」 sakarin.
사타구니 selangkangan; lipat paha.
사탄 setan; iblis.
사탕(砂糖) ① gula.☞ 설탕.~무 bit gula. ~수수 tebu. 모~ gula batu; gula petak. 얼음~ kembang gula ② (과자) gula-gula; kembang gula.
사탕발림(砂糖-) bujukan; rayuan. ~하다 membujuk; merayu.
사태(沙汰) (산 따위의) longsoran; tanah longsor. ② banjir; banyak. 사람~ kerumunan.
사태(事態) situasi;keadaan;posisi. 비상~ keadaan darurat.
사택(社宅) markas perusahaan.
사토(沙土) tanah berpasir.
사퇴(辭退)①(사양)penolakan; penampikan. ~하다 menolak (tawaran);menampik.② (사직) peletakan jabatan; pengunduran diri. ~하다 meletakkan jabatan.자진~pengunduran diri sukarela.
사투(死鬪) perjuangan hidup dan mati.~하다 berjuang sampai mati; bertempur sampai mati.
사투리 dialek; aksen; logat.
사파리 safari. ~대(隊) kelompok safari.
사파이어 「鑛」 safir; batu nilam; nila kandi.
사팔눈 juling. ~의 bermata juling.
사팔뜨기 orang bermata juling.
사표(辭表)pengunduran diri tertulis; surat pengunduran diri. ~를 제출하다 mengajukan pengunduran diri.
사푼사푼 berjalan dengan ringan /santai.
사필귀정(事必歸正)~하다 kebe-

naran akan menang pada akhirnya.
사하다(赦 ―) pengampunan.
사학(史學) sejarah; ilmu sejarah. ~자 ahli sejarah.
사학(私學) sekolah swasta.
사항(事項) masalah;subyek;pokok bahasan; item; artikel.주요~ pokok pikiran utama.
사해(四海) keempat laut; tujuh samudera; dunia keseluruhannya. ~동포 persaudaraan umat manusia.
사행(射倖)spekulasi.~심 jiwa spekulatif.
사향(麝香)kesturi.~노루 rusa kesturi. ~수 air kesturi. ~초 bunga kesturi.
사형(死刑) hukuman mati; hukum kisas. ~선고 ancaman hukuman mati.~수 terpidana vonis mati. ~장 lapangan eksekusi. ~집행인 algojo.
사화(士禍)pembunuhan para cendekiawan secara besar-besaran.
사화(史話) cerita sejarah; roman sejarah.
사화(私和)rekonsiliasi; kerujukan. ~하다 rujuk (dengan); berdamai (dengan).
사화산(死火山)gunung api tidak aktif (mati).
사환(使喚) pesuruh kantor.
사활(死活) hidup dan mati. ~문제 masalah hidup dan mati.
사회(司會)kedudukan sebagai ketua/pembaca acara.~하다 memimpin (rapat); membawa acara. ~봉(捧) palu (ketua rapat). ~자 ketua; pemimpin upacara;pembawa acara.
사회(社會) masyarakat;komunitas; publik. ~적 bersifat sosial (kemasyarakatan). ~과학 ilmu sosial. ~문제(면) masalah (kolom) sosial. ~사업 pekerjaan sosial;pelayanan masyarakat.~사업가 pekerja sosial. ~장(葬) pemakaman umum. ~학 sosiologi (ilmu kemasyarakatan). ~학자 ahli sosiologi. 상류(중류, 하류)~kelas atas,menengah,bawah. 일반~ masyarakat umum.
사회기강(社會紀綱) disiplin disiplin masyarakat; sosial.
사회복지(社會福祉)kesejahteraan sosial ~을 꾀하다 melakukan aksi kesejahteraan sosial.~를 증진하다 memajukan kesejahteraan sosial.
사회정화(社會淨化) purifikasi sosial. ~운동 kegiatan purifikasi sosial. ~위원회 komisi reformasi sosial.
사회풍조(社會風潮) kecenderungan pendapat umum; arus pendapat umum.
사회현상(社會現狀) fenomena sosial (fase sosial).
사회환경(社會環境) lingkungan sosial.
사후(死後) ~의 setelah kematian; pasca mati. ~에 setelah meninggal. ~강직(强直) kekakuan setelah kematian; rigor mortis.
사후(事後) ~의 kenyataan yang lalu. ~에 setelah kenyataan.
사흘 tiga hari. ~째 hari ketiga. ② ☞ 사흗날.
삭감(削減) reduksi; pemotongan;

pengurangan. ~하다 mengkorting; memotong; mengurangi. 예산을 ~하다 memotong anggaran.

삭다 ① (소화) mencerna;tercerna. ② (옷 따위가) lusuh. ③ (종기가) mengempes (bisul). ④ (마음이) menjadi tenang. ⑤ (익다) mengembangkan aroma ⑥ (묽어지다) menjadi jelek; menjadi becek; menjadi encer.

삭막(索莫) ~한 samar-samar (dalam ingatan);(황야 등이) hana; luas dan hampa.

삭발(削髮) ~하다 potong rambut.

삭월세(朔月貰)sewa bulanan.~방(집) kamar (rumah) sewaan.

삭이다 mencernakan.

삭제(削除)~하다 menghapus;mencoret. 명부에서 ~하다 mencoret dari daftar.

삭탈관직(削奪官職) pemecatan pegawai negeri dari jabatan/tugas. ~하다 memecat dari jabatan.

삭풍(朔風) angin utara musim dingin.

삭히다 mencerna;memeram;membuat matang.

삯~전 upah; bayaran; ongkos; gaji; harga; sewa; biaya pengangkutan. ~품 upah buruh.

삯바느질 pekerjaan jahit-menjahit untuk mendapatkan upah.

산(山)gunung.~이 많은 bergunung-gunung.

산(酸) asam-asaman. ~의 asam.

...산(産) produksi;produk; buatan. 외국~ buatan luar negeri.

산간(山間) ~의(에) diantara (di) pegunungan.~벽지 tempat terpencil di pegunungan.

산고(産苦) sakit waktu melahirkan.

산골짜기(山 -) ngarai; jurang.

산과(産科)bagian bersalin. ~병원 rumah bersalin. ~의사 dokter bagian bersalin; bidan.

산기(産氣)sakit melahirkan. ~가 돌다(있다) mulai melahirkan (keluarnya janin).

산기슭(山-)kaki pegunungan; dasar pegunungan.

산길(山-) jalan pegunungan; sela gunung.

산꼭대기(山-) puncak; tertinggi.

산나물(山-)tanaman liar yang bisa di makan.

산더미(山 -) tumpukan; onggokkan. ~같이 쌓인 setumpuk ...; seonggok ...; segunung ...

산돼지(山 -) 「動」 babi hutan; celeng.

산들거리다 bertiup nyaman dan lembut; bersilir-silir.

산들바람 angin sepoi-sepoi basah.

산들산들 dengan lembut; dengan bersilir-silir.

산등성이(山 -) punggung pegunungan.

산뜻하다 (선명) cerah; terang; jelas; (보기 좋다) rapi; apik; bagus.

산란(産卵) ~ 하다 bertelur. ~기 musim bertelur.

산란(散亂)~하다 berserakan.

산림(山林)hutan.~보호 konservasi hutan. ~업 industri kehutanan. ~청(廳) Kantor Kehutanan.

산마루(山-) punggung gunung. ~터 puncak gunung.
산만(散漫) ~한 kusut; kacau; tak beres; terserak; cerai-berai.
산맥(山脈) kawasan pegunungan. 알프스~ pegunungan Alpia.
산모(産母) wanita bersalin.
산모롱이(山-), 산모퉁이(山-) belokan di punggung gunung.
산목숨 kehidupan.
산문(散文)prosa(tulisan;karangan). ~적인 berbentuk prosa. ~시 puisi prosa.
산물(産物) produk;produksi. 주요~ produk utama; produk pokok.
산발(散發) terjadi secara sporadis. ~하다 sporadis. ~적인 sewaktu-waktu.
산발(散髮) rambut kusut masai. ~하다 berambut kusut masai.
산보(散步) ☞ 산책.
산봉(山峰),**산봉우리**(山-) puncak; bagian paling atas.
산부(産婦) wanita yang bersalin.
산부인과(産婦人科) bagian kebidanan dan masalah kewanitaan. ~의사 dokter penyakit wanita.
산불(山-) kebakaran hutan.
산비탈(山-)lereng curam;lereng terjal.
산사람(山-) orang gunung.
산사태(山沙汰) tanah longsor.
산산이(散散-)berkeping-keping; hancur berkeping-keping.
산산조각(散散-) ~나다 hancur berkeping-keping; pecah berkeping-keping.
산삼(山蔘) ginseng gunung.
산새(山-) burung pegunungan.
산성(山城) benteng pegunungan; puri di atas bukit.
산성(酸性) asiditas; keasaman. ~의 asam. ~화하다 mengasamkan. ~반응 reaksi asam. ~산화물 asam oksida.
산소(山所) kubur nenek moyang.
산소(酸素) oksigen; zat asam; zat pembakar.~봄베(통) tabung oksigen. ~요법 perlakuan oksigen. ~용접(땜) pengelasan oksiasitilen.
산속(山-) ceruk pegunungan.
산송장 bangkai hidup. ~이다 hidup segan mati tak mau.
산수(山水) pemandangan alam. ~화 lukisan pemandangan. ~화가 pelukis pemandangan.
산수(算數) aritmatik; ilmu hitung. ~의 aritmatis (berhubungan dengan aritmatika).
산술(算術) aritmatik; ilmu hitung.
산신령(山神靈) dewa gunung.
산아(産兒) bayi yang baru lahir; orok merah. ~제한(조절) keluarga berencana.
산악(山岳)pegunungan.~병(病)(전) sakit(perang)pegunungan.~부 klub pendaki gunung.
산야(山野)medan dan pegunungan.
산양(山羊) ① (염소) kambing gunung. ② (영양) kijang.
산업(産業) industri. ~의 Indusrial (berhubungan dengan Industri). ~계 dunia industri. ~별 노조 perserikatan buruh industri. ~스파이 mata-mata industri.
산울림(山-) ☞ 메아리.

산월(産月) ☞ 산삭(産朔).
산유국(産油國) negara penghasil minyak.
산장(山莊) villa pegunungan.
산재(散在)~하다 berserakan; bertebaran; berpencar; berpencaran.
산적(山賊) penyamun.
산적(山積) ~ 하다 menggunung; menumpuk.
산전(産前)~에 sebelum kelahiran anak.~산후의 휴가 cuti melahirkan.
산전수전(山戰水戰) ~다 겪다 merasakan manis pahit kehidupan.
산정(山頂) puncak gunung.
산정(算定)~하다 menghitung; menaksir.
산줄기(山-) gugus pegunungan.
산중(山中) ~에(서) di gunung.
산증(疝症) 「醫」 lumbago (sakit pinggang). ~을 앓다 menderita sakit pinggang.
산지(山地) daerah bergunung-gunung.
산지(産地) tempat produksi; (동식물이) habitat.
산지기(山-)penjelajah hutan;penjaga malam.
산책(散策) jalan-jalan.~하다 berjalan-jalan.~길 jalan-jalan;melancong.
산천(山川) gunung dan sungai. ~초목 alam; pemandangan.
산촌(山村) desa pegunungan.
산출(産出) ~하다 menghasilkan; memproduksi.~고(량) jumlah hasil produksi; output.
산출(算出) ~하다 memperhitungkan; menghitung;
산탄(霰彈) mimis. ~총 senapan mimis.
산토끼(山-) 「動」 kelinci.
산토닌 「藥」 santonin;asam santonat.
산통(産筒) ~ 깨뜨리다 menggagalkan.
산파(産婆) bidan; dukun beranak; paraji (☞조산원). ~역을 맡다 berperan dalam (pembentukan kabinet); jadi perantara/ penengah.
산판(山坂) hutan cadangan.
산포(散布) ☞ 살포(撒布).
산표(散票) suara yang terpencar.
산하(山河) gunung dan sungai.
산하(傘下)~의(에)dibawah pengaruh.
산학협동(産學協同) kerjasama pendidikan industri. ~체 kawasan pendidikan industri.
산해(山海) ~진미 segala macam kelezatan.
산허리(山-) sisi pegunungan.
산호(珊瑚) (batu) karang. ~섬 pulau karang.~수 karang.~초(충) bunga (serangga) karang.
산화(山火) kebakaran hutan.
산화(散華) kematian yang heroik dalam pertempuran; kepahlawanan. ~하다 mati sebagai pahlawan.
산화(酸化) 「化」 oksidasi; kombusi; pembakaran.~하다 mengoksidasi; membakar. ~물 oksida.
산회(散會) penutupan sidang. ~하다 menutup sidang.
산후(産後)~의(에)pasca kelahiran; postpartum;habis kelahiran anak.
살(몸의) daging; otot kulit. ~이 많은

berdaging; berotot.~이 오르다 (빠지다)bertambah (berkurang) bobot.
살 (벌이) sengat.
살 (뼈대) jari-jari roda; rangka payung.
살 (어살.화살) panah; lembing.
살 (나이) usia; umur.
살가죽 kulit.
살갑다 ① (속이) berpikiran luas. (다정함) berhati hangat.
살갗 kulit; warna muka (air muka). ~이 곱다 memiliki air muka jujur.
살결 tekstur kulit. ~이 고운 tekstur yang rapat (halus).
살구 buah aprikot.
살균(殺菌) sterilisasi; penyucihamaan. ~하다 mensterilkan; mempasteurisasi (susu).
살그머니 dengan rahasia; diam-diam; sembunyi-sembunyi.
살금살금 dengan mengendap.
살기(殺氣) nafsu membunuh; haus darah. ~를 띤 bernafsu membunuh.
살길 jalan hidup; mata pencaharian. ~을 찾다 mencari jalan untuk mendapat nafkah (bertahan hidup).
살다① hidup....을 먹고~hidup mengandalkan pada ... ② hidup; bertahan hidup. 잘~berada;beruntung. ③ (거주) tinggal; menetap; menghuni; mendiami. ④ (생동) hidup (gambar dsb).
살대(화살대) tangkai panah; batang panah.
살뜰하다 hemat; irit. ☞ 알뜰하다.
살래살래 머리를 ~흔들다 menggelengkan kepala.
살려주다 menyelamatkan;memberikan pertolongan.
살륙(殺戮) ☞ 살육.
살리다 ① (목숨을)menyelamatkan; mempertahankan hidup; menyadarkan seseorang dari pingsan; mensiumankan. ② (활용) menggunakan (uang) dengan baik.③ (생기를 주다) menghidupi.
살림 rumah tangga; kehidupan; rejeki; nafkah; mata pencaharian; pendapatan. ~하다 berumah tangga; mengelola rumah tangga. ~이 넉넉하다(넉넉지 못하다)hidup berkecukupan (kekurangan).
살림꾼 ibu rumah tangga yang hemat.
살림맡다 mengurus rumah tangga.
살며시 ☞ 슬며시.
살무사 ular biludak; ular kepak.
살벌<殺伐>~하다 berlumur darah; haus darah; buas; brutal; ganas.
살별 「天」 komet.
살붙이 sanak saudara.
살빛 warna daging. ~의 berwarna daging.
살살 dengan diam-diam; dengan lembut.
살상(殺傷) pertumpahan darah. ~하다 menumpahkan darah.
살생(殺生) ~하다 membunuh; menyembelih;menjagal;membantai.
살수(撒水) ~하다 menyiram; menyemprot. ~기(장치) penyemprot (spinkler). ~차(車) mobil penyiram jalan.
살신성인(殺身成仁)~하다 menjadi suhada bagi kemanusian.
살아나다 ①(소생) menghidupkan

kembali (menyadarkan). ② (구명) tertolong; terselamatkan; bertahan hidup.③ (곤경에서) luput dari (kematian, bahaya); terhindar; lolos dari (bahaya).

살아생전(-生前) ~에 selama hidup.

살얼음 es tipis;lapisan es tipis.~을 밟는 것 같다 merasa bak berjalan di titian lapuk.

살육(殺戮) ~하다 menyembelih; menjagal;membantai. ~을 자행하다 membunuh dengan membabi buta; membantai secara brutal.

살의(殺意) nafsu membunuh.

살인(殺人)pembunuhan.~하다 melakukan pembunuhan; membunuh. ~적인 mematikan;maut.~광선 sinar maut. ~범 pembunuh. ~사건 kasus pembunuhan.

살점(-點) seiris daging.

살짝 ☞ 슬쩍.

살찌다 bertambah gemuk; naik berat badan; (땅위) bertambah subur (bertambah kaya).

살찌우다 menggemukkan.

살촉 kepala panah.

살충제(殺蟲劑)insektisida; bubuk serangga/ obat serangga.

살코기 daging merah tak bergajih.

살판나다 dalam keberuntungan.

살펴보다 melihat-lihat;memeriksa; menyelidiki; memantau; menilik.

살포(撒布)~하다 menabur; menaburkan; memercikkan. ~약 bubuk.

살풍경(殺風景) ① ~한 kering; tandus pemandangan.②(정취 없는) seram (situasi).

살피다 ① ☞ 살펴보다 ② 헤아리다 mengira-ngira.

살해(殺害)~하다 membunuh; mematikan. ~자 pembunuh.

삵괭이 kucing hutan; lynx (sejenis harimau di Afrika).

삶 hidup; hayat; perikehidupan. ~을 영위하다 menjalani hidup.

삶다① merebus;memasak.달걀을~ merebus telur. ② ☞ 구슬리다.③ (논밭흙을) menyisir;menggaruk.

삼 rami; kain rami. ~씨 biji rami. ~으로 만든 (dari) rami.

삼 (태아의) amnion dan tali pusat.

삼(눈동자의) sejenis penyakit mata.

삼(三) tiga. 제~ (의) yang ketiga.

삼(蔘) ginseng. ☞ 인삼.

삼가 dengan penuh hormat; dengan rendah hati.~말씀드립니다 dengan hormat saya beritahukan.

삼가다 ① bijaksana; berhati-hati. 언행을~ bijaksanan dalam perkataan dan perbuatan. ② berpantangan; mengendalikan diri. 술을~ berpantang minum minuman keras.

삼가르다 memotong tali pusar.

삼각(三角)persegi tiga. ~의 berbentuk segitiga; bersudut tiga. ~건 pembalut segitiga. ~관계 hubungan (cinta) segitiga. ~근(筋) otot deltoid.~기 kalimantang; bendera segitiga.

삼각형(三角形) segitiga; persegi tiga. ~의 tringular.

삼간초옥(三間草屋) pondok ilalang; rumah pondok jerami.

삼강(三綱) tiga ikrar. ~오륜 tiga ikrar dan lima disiplin moral dalam hubungan manusia.

삼거리(三-) pertemuan (persimpangan) tiga jalan; pertigaan.

삼경(三更) tengah malam.

삼계탕(蔘鷄湯) sup ayam ginseng; sup ayam muda dengan ginseng (dan bahan lain).

삼국(三國) ~동맹 persekutuan 3 negara. 제~인 negara ketiga.

삼군(三軍) angkatan bersenjata; ketiga angkatan.~을 지휘하다 mengomandoi angkatan bersenjata.

삼권분립(三權分立) pemisahan ketiga kekuasaan.

삼년(三年) 3 tahun; triwarsa. ~생(학생) pelajar tahun ketiga.

삼다 ① membuat (sesuatu) dari ...; mengangkat sebagai ...; menggunakan.그녀를 며느리로~ mengambil jadi menantu perempuan. ② 책을 벗~ berteman dengan buku. ③(짚신을) membuat sepatu jerami.

삼단 ~같은 머리 rambut panjang.

삼단논법(三段論法) silogisme.

삼대(三代) tiga generasi.

삼동(三冬) 3 bulan musim dingin; musim dingin.

삼두정치(三頭政治)pemerintah; kekuasaan tiga serangkai.

삼등(三等) kelas 3; tempat ketiga. ~차표(석) karcis (tempat duduk) kelas tiga.

삼등분(三等分) ~하다 membagi jadi 3 bagian sama; membelah tiga.

삼라만상(森羅萬象) segala sesuatu di alam semesta; seluruh makhluk.

삼류(三流)~의 tingkat ketiga (kelas ketiga).

삼륜차(三輪車) kendaraan beroda tiga.

삼림(森林) ☞ 산림, 숲.

삼매(三昧) kekhusukan. ~경(에 들다) (mencapai) keadaan pemusatan spiritual yang sempurna; amat khusuk.

삼면(三面) tiga sisi;tiga muka; (신문의) halaman ketiga. ~기사 berita kota/berita lokal; berita halaman ketiga.

삼모작(三毛作) panen tiga kali dalam setahun.

삼목(杉木)pohon adas;kriptomeria.

삼민주의(三民主義) Tiga Dasar Rakyat; Sam Min Jui.

삼박자(三拍子) 『樂』 tiga tempo.

삼발이 tripoid (kaki tiga); trivet.

삼배(三倍) tiga kali.~하다 mengalikan dengan tiga. ~의 3 kali lipat.

삼베 kain rami.

삼복(三伏)periode terpanas dalam musim panas; pertengahan musim panas.

삼부(三部)tiga bagian;tiga salinan; tiga volume; tritunggal. ~작 trilogi. ~합창 trio paduan suara.

삼분(三分) ~하다 membagi menjadi tiga bagian; membelah tiga bagian; membelah tiga.~의 sepertiga.

삼분오열(三分五裂)~하다 pecah berkeping-keping.

삼삼오오(三三五五)~로 dua-dua dan tiga-tiga; dalam kelompok.

삼삼하다 (맛이) tak asin tapi berasa; (눈에) segar (dalam ingatan).

삼색(三色) 3 warna. ~의 3 warna. ~기 bendera tiga warna.
삼승(三乘) ☞ 세제곱.
삼시(三時) tiga waktu makan harian; (때) pagi,siang dan malam.
삼십(三十) ketiga puluh; XXX. 제~(의) (yang) ketiga puluh. ~대이다 dalam usia tiga puluhan.
삼십육계(三十六計)~놓다 mengambil langkah seribu.
삼엄(森嚴)~하다 berjaga-jaga dengan ketat.
삼원색(三原色) 3 warna pokok.
삼월(三月) Maret.
삼위일체(三位一體) Trinitas (Tritunggal); kosubstansialitas.
삼인(三人) 3 laki-laki/orang. ~조 trio. ~칭 orang ketiga.
삼일(三一)~운동 Pergerakan Kemerdekaan 1919 (Korea). ~절 Peringatan Pergerakan Kemerdekaan Samil.
삼일(三日) tiga hari; (hari) ketiga.~동안 untuk 3 hari.~천하 pemerintahan singkat/tiga hari.
삼중(三重) ~의 tiga kali lipat;terlipat. ~주(창) trio.
삼지사방(-四方) ~으로 dalam semua arah.
삼차(三次) (yang) ketiga; kubik. ~산업 industri tersier. ~식 persamaan kubik (persamaan pangkat tiga).~원 tiga dimensi. ~원의 berdimensi tiga.
삼창(三唱)3 sorakan.~하다 memberikan 3 kali sorakan.
삼촌(三寸)paman;mamang.
삼총사(三銃士) trio; 3 serangkai.
삼층(三層) tingkat tiga.~집 rumah bertingkat tiga.
삼키다 ① menelan; menggelogok. 통째~menelan (biskuit) sekaligus. ② menahan.눈물을 ~ menahan air mata.③ (횡령) menggelapkan uang.
삼태기 keranjang bawaan.
삼투(滲透) peresapan;penjenuhan. ~하다 meresap;menjenuhkan; menembus.
삼파전(三巴戰) pertandingan segitiga (pertempuran tiga kubu). ~을 벌이다 berkobarnya pertempuran tiga pihak.
삼팔선(三八線) garis 38^0 derajat LU (garis yang memisahkan Korea Utara dengan Korea Selatan).
삼포(蔘圃) ladang ginseng.
삼한사온(三寒四溫) bergiliran 3 hari dingin dan 4 hari panas.
삼항식(三項式) 「數」 rumus trinominal; persamaan pangkat tiga.
삽 sekop;sodok.~질하다 menyekop; menyodok.
삽시간 ~에 dalam sekejap mata; dengan seketika; sekelebat.
삽입(挿入)~하다 menyisipkan;menyelakan. ~적으로 dengan menyisipkan.
삽화(挿畵)ilustrasi; gambar.~화가 ilustrator.
삿갓 topi bambu (berbentuk kerucut); topi cetok.
삿대 ☞ 상앗대.
상(上) (윗부분) atas; (등급) yang pertama; terbaik; superior; (상권) jilid pertama.
상(床)meja (makan); meja kecil. 밥

한~ hidangan di atas meja. ~을 차리다 menyiapkan meja (untuk makan). ~을 치우다 membereskan meja.

상(相)aspek;fase;wujud; citra; rupa. ~을 찌프리고 dengan mengerutkan dahi.

상(商) 「數」 hasil bagi.

상(喪) berduka cita; berkabung; bela sungkawa. ~을 입다 berkabung. ~중이다 sedang berkabung.

상(賞) hadiah; penghargaan; imbalan. 1 등~ hadiah pertama.~타다 memenangkan juara.

상가(商家) toko; kedai.

상가(商街) pusat kota (pusat bisnis; kawasan bisnis).

상가(喪家) rumah duka.

상각(償却)~하다 membayar kembali;melunasi;menebus.~자금 dana penebusan; dana cadangan untuk membayar hutang atau mengganti aktiva tertentu.

상감(上監) Baginda Yang Mulia.

상감(象嵌) tatahan; penatahan. ~하다 menatah.

상객(上客) tamu kehormatan; tamu terhormat.

상객(常客) pelanggang tetap; pengunjung tetap.

상거래(商去來) transaksi dagang.

상견(相見) ~하다 bertemu satu sama lain; berwawancara;tukar pandang.

상경(上京) ~하다 pergi ke(Seuol) ibukota.

상고(上古)Zaman Kuno.~의 kuno; antik. ~사 sejarah kuno.

상고(上告) ① 「法」 permohonan banding. ~하다 memohon banding ke pengadilan yang lebih tinggi); petisi untuk revisi (tinjauan ulang). ~를 기각하다 menolak pemohonan banding. ~인 pemohon banding. ② laporan. ~하다 melapor.

상고(尙古) ~주의 klasisisme; aliran klasik.

상고(祥考) ~하다 merujuk dengan teliti pada ... .

상공(上空)udara atas; langit. ... 의 ~을(에) (di) atas; (di) udara.

상공(商工) perdagangan dan industri. ~부 Departemen Perdagangan dan Industri. 대한 ~회의소 Kamar Dagang dan Industri.

상과(商科) jurusan niaga. ~대학 Sekolah Tinggi Niaga; Fakultas Niaga.

상관(上官)pegawai tinggi; kepala.

상관(相關) ① (상호관계) korelasi; hubungan timbal balik. ~하다 berkorelasi; berhubungan (dengan). ② (관련) relasi; koneksi; (관여) keikutsertaan; ketertiban; (관심.개의) kepedulian. ~하다 mengambil bagian; ikut serta; terlibat (dalam). ~않다 tidak berkeberatan; tidak peduli dengan. ~없다 tak ada hubungan dengan; tak masalah. 네가 ~할 게 아니다 Ini bukan urusanmu. ③ (남녀의) hubungan seksual. ~하다 berhubungan seksual dengan ...

상관습(商慣習) praktek dagang; kebiasaan bisnis.

상궁(尙宮)dayang-dayang.

상권(上卷) volume satu (vol: 1); jilid satu.
상권(商權)supremasi dagang;hak dagang.
상규(商規) aturan-aturan yang mapan.
상그레웃다 tersenyum berseri-seri.
상극(相剋) ketidakcocokan; persaingan;pertentangan.~이다 saling bertentangan; tak cocok (dengan).
상근(常勤) waktu penuh. ~자 pekerja waktu penuh.
상금(賞金)hadiah;uang hadiah.~을 타다 (내걸다) memenangkan (menawarkan) hadiah.
상급(上級) pangkat tinggi;peringkat atas.~의 atas; tinggi; superior; senior; pejabat tinggi. ~생 pelajar kelas lanjut.~학교 sekolah dengan peringkat tinggi; sekolah top.
상긋거리다 tersenyum berseri-seri.
상기(上氣)~하다 malu.
상기(上記) ~의 (yang) telah dikemukakan sebelumnya.
상기(想起)~하다 mengingat.…을 ~시키다 mengingatkan akan …
상기(詳記) ~하다 mengemukakan secara rinci; menguraikan; menjelaskan.
상납(上納) ~하다 menyogok; menyuap.
상냥하다 sopan; baik; manis budi; baik hati; ramah.
상념(想念)gagasan; ide; konsepsi.
상놈(常-)orang kasar; orang yang berselera rendah.
상단(上端)pucuk; ujung atas.
상담(相談)konsultasi. ~에 응하다 memberikan konsultasi/ nasihat (pada). ~난 kolom konsultasi (bagian konsultasi). 결혼~소 kantor penasihat perkawinan.
상담(商談)pembicaraan bisnis.~을 매듭 짓다 menyelesaikan pembicaraan bisnis.
상당(相當) ~한(적당한) cocok;pas; sesuai; patut; (어울리는) selaras; pantas; (훌륭한) terhormat; (합당) masuk akal; wajar. ~히 lumayan; cukup. ~한 인물 orang terhormat; ~한 값 harga yang masuk akal; harga yang wajar.
상대(相對) ① (마주 대함) berhadapan satu sama lain. ~하다 bertentangan (dengan); berhadapan (dengan). ~하여 앉다 duduk berhadap-hadapan; beradu muka. ② teman; rekan. ~하다 berteman (dengan). ③ (상대방) tandingan; seteru; oposisi; penentang. ~하다 bersaing dengan. ~가 안되다 tiada tandingan. ④ (절대에 대한) relativitas; kenisbian. ~성원리(이론) prinsip (teori) relativitas.
상대역(相對役) pasangan main; (춤의) rekan. ~을 하다 berperan antagonis.
상도(常道)arah reguler.
상도(想到)~하다 mempertimbangkan.
상도덕(商道德) moralitas dagang (moralitas bisnis)
상도의(商道義)☞ 상도덕.
상등(上等)kelas utama; kelas satu

(terbaik). ~품 barang kelas satu.
상등병(上等兵) ☞ 상병
상량(上樑)~하다 membangun kerangka rumah;meletakkan balok bubungan.
상례(常例)reguler;biasa;kebiasaan. …을 ~로하다 terbiasa; membuat sebagai kebiasaan.
상록(常綠) ~의 selalu hijau. ~수 pohon yang selalu hijau.
상류(上流)(강이)hulu; (사회에서의) kelas atas. ~의(에) hulu sungai. ~사회 masyarakat kelas atas; kalangan atas.
상륙(上陸)pendaratan.~하다 mendarat; berlabuh. ~부대(지점) titik pandaratan. ~작전 operasi pandaratan.
상말(常-)kata-kata kasar (tidak sopan, cabul).
상면(相面)~하다 bertemu untuk pertama kali; bertatap muka.
상무(尙武)~의 기상 semangat kepahlawanan; semangat jihad.
상무(常務)bisnis reguler; (회사간부) direktur pengelola.
상무(商務)urusan dagang. ~관 atase perdagangan
상민(常民)orang awam; rakyat jelata.
상반(相反) ~하다 bertentangan; konflik.
상반기(上半期) pertengahan pertama (dari setahun); semester pertama.
상반신(上半身)separuh atas dari tubuh; setengah badan. ~을 벗고 melucuti sampai pinggang. ~을 내밀다 menyandarkan ke depan.
상벌(賞罰) imbalan dan hukuman. ~없음 tidak ada imbalan dan hukuman.
상법(商法)hukum dagang.
상병(上兵) Kopral.
상보(床褓)alas meja; taplak meja.
상복 pakaian berkabung. ~을 입고(있다) memakai pakaian berkabung.
상봉(相逢) ~하다 bertemu; berjumpa.
상부(上部)bagian atas;(기관.직위) atasan. ~구조 struktur atasan/kepemimpinan.
상부상조(相扶相助) saling ketergantungan (interdependensi); gotong royong.
상비~하다 mencadangkan;menyiagakan.~군 tentara siaga.~약 obat persediaan keluarga.
상사(上士) Sersan Satu. 특무 ~ Sersan Mayor.
상사(上司) atasan; pejabat tinggi.
상사 ~의 serupa; mirip.
상사(相思)saling cinta.~병 penyakit cinta. ~병에 걸린 mabuk cinta; mabuk kepayang. ~병을 앓다 merindukan cinta.
상사(商社)perusahaan(komersial); perusahaan dagang.
상사(商事)~회사 perusahaan dagang; usaha dagang.
상상(想象) imajinasi; khayalan. ~하다 membayangkan;mengkhayalkan; menduga; mengandaikan. ~의 imajiner; imajinatif (bersifat khayalan). ~이 맞다 sesuai perkiraan; menduga tepat; sesuai dengan

dugaan. ~력 daya khayal. ~임신 kehamilan imajiner.

상상봉 (上上俸)puncak tertinggi.

상서(上書)surat untuk atasan. ~하다 mengirim surat ke atasan; menyurati atasan.

상서(祥瑞) pertanda baik. ~로운 pertanda menguntungkan.

상석(上席) senioritas; empat duduk kehormatan; kedudukan atas.

상선(商船) kapal dagang; kapal niaga. ~대 armada niaga.

상설(常設)~하다 mendirikan permanen. ~의 permanen; tetap.

상설(詳說) ~하다 memperinci.

상세(祥細) ~한 mendetil; terperinci; lengkap. ~히 secara rinci; secara lengkap.

상소(上訴)permohonan (naik banding). ~하다 memohon banding (ke peradilan yang lebih tinggi). ~를 포기(취하)하다 membatalkan permohonan banding. ~권 hak mohon naik banding.

상속(相續)suksesi; pewarisan. ~하다 mewarisi; menggantikan. ~세 pajak warisan. ~인 pengganti; pewaris. ~재산 warisan.

상쇄(相殺)~하다 saling menutupi; (mengimbangi). ~계정 anggaran berimbang.

상수(上手)unggul; superior. ~이다 bukan tandingan (bagi seseorang).

상수도(上水道)pelayanan air;penyediaan air.

상수리나무 「植」 pohon ek.

상순(上旬)sepuluh hari pertama dari sebulan; suku bulan pertama.

상술(商術) seni berdagang; kemampuan bisnis.

상술(祥述)~하다 menjelaskan secara rinci/lengkap); memerincikan.

상스럽다(常-)vulgar; cabul; rendah; tidak sopan; kasar.

상습(常習) ~적인 kebiasaan. ~범 kejahatan kebiasaan.

상승(上昇) ~하다 naik membumbung;memanjat. ~기류 aliran udara yang naik.

상승(相乘) ~하다 mengalikan. ~비 nisbah geometri; rasio geometri.

상승(常勝) ~의 tak terkalahkan.

상시(常時) ① ☞ 평상시(平常時). ② ☞ 항시(恒時).

상시고용(常時雇用) pekerjaan tetap; penggunaan tetap.

상식(常識) akal sehat; pikiran sehat. ~적인 berpikiran sehat;praktis. ~을 벗어난 eksentrik; tak berakal sehat. ~적으로 생각하여 berdasarkan akal sehat,menurut akal sehat.

상신(上申) ~하다 melaporkan (ke atasan). ~서 laporan tertulis.

상실(喪失) ~하다 kehilangan; kematian; rugi.

상심(傷心) ~하다 merasa suram; masgul; murung; berlarut.

상아(象牙)gading. ~세공 kerajinan gading.~질 benda gading. ~탑 menara gading. ~조각 ukiran gading.

상앗대 dayung.

상어 ikan hiu. ~가죽 kulit ikan hiu.

상업(商業) perdagangan; usaha; bisnis; perniagaan. ~의 bersifat (ada hubungannya dengan) dagang. ~미술 seni berdagang. ~어음 giro dagang. ~화하다 mengkomersialkan; memperdagangkan.

상업방송(商業放送)siaran niaga; siaran komersial. ~을 개시하다 memulai/ membuka siaran niaga. ~ 국 stasiun radio (TV) komersial.

상여(喪與) usungan(jenazah); keranda. ~를 메다 memikul keranda. ~꾼 pembawa keranda.

상여금(賞與金) bonus;hadiah;imbalan; uang jasa.연말 ~을 타다 mendapatkan bonus akhir tahun.

상연(上映) pertunjukan; pemanggungan; pementasan. ~하다 mementaskan (drama).

상오(上午) sebelum pukul 12 siang; sebelum tengah hari. ☞ 오전.

상온(常溫) temperatur normal.

상용(商用) ~으로 dalam bisnis; untuk urusan bisnis (dinas kantor dll). ~으로 방문하다 melakukan kunjungan bisnis; melakukan kontak bisnis (dengan). ~문 surat-menyurat komersial; surat bisnis.

상용(常用) penggunaan umum; pemakaian sehari-hari.~하다 memakai sehari-hari. ~어 perkataan sehari-hari; kata-kata umum. ~영어 bahasa Inggris sehari-hari.

상원(上院) Majelis Perwakilan Tinggi; Senat. ~의원 anggota Majelis; senator (di Amerika).

상위(上位) pangkat tinggi; kedudukan tinggi. ~에 있다 berpangkat lebih tinggi (dari). ~를 차자하다 menduduki pangkat tinggi.

상위(相違)perbedaan; variasi; kelainan. ~하다 berbeda (dengan); bervariasi; tidak sama (dengan). ~점 titik perbedaan; tikah.

상응(相應)① ~하다 bertindak sesuai (dengan);memberikan respon; menanggapi. ② ~하다 menjawab; berkenaan dengan;menanggapi. ③ ~한 sesuai; cocok; pantas.

상의(上衣) jaket;baju luar;pakaian atas.

상의(上意) ~하달하다 membawa keinginan dan ide yang memerintah pada yang diperintah.

상의(相義·商議) konsultasi (konferensi). ~하다 berkonsultasi; berunding dengan; bernegoisasi; berbicara; berapat; berembuk;

상이(傷痍) ~의 cacat; terluka. ~군인 serdadu yang terluka/cacat.

상인(商人) pedagang;pemilik toko; orang dagang; saudagar.~근성 semangat berdagang;jiwa dagang.

상임(常任)~의 tetap;reguler.~위원(회)(anggota)komite tetap.~지휘자 pelaksana reguler.

상자(箱子)peti; kotak.포도주 한~ satu peti anggur.

상잔(相殘) ~하다 bertempur (satu sama lain); bermusuhan. 동족~ dendam kesumat; permusuhan.

상장(上場) ~하다 mendaftarkan (saham). ~되다 terdaftar. (비)~주 saham terdaftar (tidak terdaftar). ~폐지 penghapusan dari daftar.

상장(賞狀)sertifikat penghargaan; sertifikat kehormatan.

상재(商才) kemampuan bisnis.

상적(商敵) saingan dagang.

상전(上典) majikan; orang yang mempekerjakan.
상전(相傳)~하다 mewariskan;memindahkan; menurunkan.
상전(桑田) ladang mulberi. ~벽해 perubahan-perubahan di alam.
상점(商店) toko. ~가 jalan pertokoan.
상접(相接) kontak persentuhan. ~하다 bersentuhan.
상정(常情) tabiat manusia; sifat manusia.
상제(上帝) ☞ 하느님.
상제(喪制) orang yang berduka cita.
상조(尙早)~의 terlalu dini;prematur; terlalu awal. 시기 ~다 terlalu dini untuk melakukan (hal itu sekarang).
상조(相助) bantuan timbal balik; saling bantu. ~하다 membantu sama lain; saling membantu; bekerja sama. ~적인 bersifat kerja sama.
상종(相從) ~하다 bergaul; berteman; berhubungan (dengan).
상종가(上終價)nilai tertinggi harian yang diijinkan (saham).
상좌(上座) kedudukan tertinggi; kedudukan atas.
상주(常住) ~인구 penduduk yang bermukim.
상주(常駐) ~하다 ditempatkan (di).
상주(喪主) orang yang berduka cita.
상주(詳註) menjelaskan secara detail .
상중(喪中) ~이다 dalam perkabungan; dalam suasana berkabung.
상중하(上中下) kelas utama kedua dan ketiga; tiga tingkat kualitas (baik, sedang dan jelek).
상지상(上之上) yang terbaik.
상징(象徵) simbol; lambang; emblem. ~ 하다 menyimbolkan; melambangkan; simbol (dari). ~적의 simbolis. ~주의 simbolisme; perlambangan.
상찬(賞讚)kekaguman. ~하다 mengagumi; menghargai. ~할 만한 mengagumkan; pantas dihargai.
상찰(詳察) ~하다 meneliti dengan cermat; membahas secara mendetil; mempertimbangkan dengan teliti.
상책(上策) rencana utama; kebijakan terbaik.
상처(喪妻) ~하다 kehilangan istri; ditinggalkan istri.
상처(傷處) luka; memar; parut luka. ~를 입히다 menyebabkan luka. ~가 남다 meninggalkan parut luka.
상체(上體) bagian atas tubuh.
상추 『植』 selada.
상춘(常春) menikmati musim semi. ~객 orang yang menikmati musim semi.
상층(上層)(지층 따위)lapisan atas; (하늘) udara atas; (건물의) tingkat atas (bangunan); (사회) kelas atas. ~기류 aliran udara atas.
상쾌(爽快) ~한 menyegarkan; segar.
상큼상큼 dengan langkah ringan.
상태(狀態)kondisi;keadaan;situasi. 현~ 로는 pada kondisi sekarang.

건강~ kondisi kesehatan; keadaan kesehatan. 생활~ kondisi kehidupan. 정신~ kondisi mental. 재정~ kondisi keuangan.

상통(相通) ①(연락) ~하다 berkomunikasi. ② (의사 소통)~하다 saling memahami. 의사가 ~하다 memahami satu sama lain;saling mengerti. ③ (공통) ~하다 memiliki kesamaan (dengan).

상투 sanggul.~를 틀다 bersanggul; menggelung rambut.

상투(常套) ~적(인) konvensional; sudah basi; lazim. ~수단 trik yang sudah basi. ~어 ekspresi basi; ekspresi yang sudah lazim.

상팔자(上八字) nasib sangat baik.

상패(賞牌) medali.

상표(商標) merek dagang; label; etiket. ~를 도용하다 membajak merek dagang.~권 hak atas merek dagang. ~도용 pembajakan merek dagang.

상품(上品)barang kualitas terbaik; barang kelas satu.

상품(商品) komoditas; mata dagangan; barang dagangan; ~견본 sampel; contoh; pola. ~권 sertifikat hadiah/pemberian. ~목록 katalog. ~진열실[진열장] ruang pamer. ~학 ilmu dagang; ilmu niaga.

상품(賞品) hadiah; imbalan; ganjaran.

상피병(象皮病) penyakit kaki gajah.

상하(上下) ① (위의 아래) atas dan bawah; puncak dan dasar. ② (귀천) kelas atas dan bawah; atasan dan bawahan. ③ (책) jilid pertama dan kedua. ④ ☞ 관민.

상하다(傷-) ① (다치다) terluka; rusak; (썩다) busuk; menjadi masam. ② (마음이) terluka; khawatir (tentang); resah; cemas. ③ (야윔) menjadi kurus.

상학(商學) ilmu dagang; ilmu niaga.

상한선(上限線) maksimum; tertinggi. ~을 두다(정하다) menetapkan nilai maksimum; menentukan batas.

상항(商港) pelabuhan komersial; pelabuhan dagang; bandar dagang.

상해(傷害) luka badan; kerugian jasmani cedera. ~하다 melukai. ~보험 asuransi kecelakaan. ~죄 penganiayaan.~치사 luka badan yang berakibat kematian; luka fatal.

상해(詳解)~하다 menjelaskan secara terperinci.

상행(上行) ~의 arah atas; arah ke kota. ~선(열차) (kereta api) arah atas.

상행위(商行爲) transaksi bisnis.

상현(上弦) kuartal pertama. ~달 bulan muda.

상형문자(象形文字) huruf lambang.

상호(相互) timbal balik; satu sama lain. ~의 saling; balas-berbalas. ~의 합의로 dengan persetujuan kedua belah pihak. ~관계(작용) hubungan (aksi) saling berbalasan. ~부조 saling bantu. ~의존 saling ketergantungan.~조직 sistim kerjasama; sistem koperatif.

상호(商號) nama perusahaan (nama toko).
상혼(商魂) jiwa dagang. ~이 악착 같은 gigih dalam bisnis.
상환(相換) pembayaran kembali; pelunasan. ~하다 membayar kembali; melunasi (hutang). ~금 bayaran kembali; uang yang dibayarkan kembali.~기한 jangka waktu pelunasan.
상황(狀況) keadaan; situasi; hal ihwal; peristiwal perihal; kejadian. 현 ~으로는 pada kondisi sekarang. ~판단 penilaian menurut keadaan.
상황(商況) kondisi pasar; keadaan pasar. ~은 부진(활발)하다 Perdagangan (pasar) lesu (ramai).
상회(上廻)~하다 lebih dari;di atas dari; melebihi.
상회(商會) perusahaan firma.
샅 selangkangan; kunci paha.
샅파 ikat paha pada pegulat.
샅샅이 semua penjuru; segala arah.
새 burung unggas. ~의 똥 tahi unggas (guano)
새 ☞ 사이.
새 baru; terbaru; segar.
새가슴 ~의 berdada busung.
새근거리다 (뼈마디가) merasa ngilu di persendian; (숨을) mengap-mengap; dengkur (bayi).
새기다 ① mengukir; memahat. 도장을 ~ mengukir stempel. ② (마음에) menanggung (sesuatu) dalam pikiran; memasukkan ke dalam hati. ③ (해석함) menafsirkan; menerjemahkan.④(반추)memamah biak.
새기어듣다 mendengar dengan penuh perhatian; menyimak.
새김 (뜻의) penafsiran; penjelasan; interpretasi;(조각)pengukiran; pemahatan.~칼 pisau pengukir; pahat ukir.
새김질(조각) pengukiran; pemahatan; (반추) pemamahbiakan.
새까맣다 hitam pekat/ legam.
새끼 tambang jerami (kasar). ~를 꼬다 menjalin tambang.
새끼 ① anak hewan.~를 낳다 beranak; melahirkan anak.~를 배다 bunting. ②(자식) anak; putra; putri. ③ (욕) anak binatang (memaki).
새끼발가락 kelingking jari kaki.
새끼손가락 kelingking jari tangan.
새노랗다 kuning cerah; kuning terang.
새다 ① (날이) fajar menyingsing. ② (기채.액체 따위가) bocor; mengalir keluar. ③ (비밀이) bocor (rahasia); terungkap.
새달 bulan berikut; bulan mendatang.
새댁 ☞ 새색시
새들다 bertindak sebagai perantara/comblang.
새로 lagi; baru-baru ini; yang baru.
새롭다 baru; terbaru; segar.
새마을 ~금고(사업) Dana (Proyek) Masyarakat Baru Saemael. ~운동 gerakan Saemael;gerakan masyarakat baru.
새물 ① (과일.생선 따위) produk pertama dari musim. ② (옷) baju yang baru dicuci.
새벽 waktu subuh; dinihari; waktu

fajar. ~같이 pagi-pagi sekali. ~에 pada waktu fajar.
새봄 awal musim semi.
새빨갛다 merah tua; krimson.
새사람 ① (신인) figure baru (muka baru). ② (신부) pengantin baru. ③ manusia baru. ~ 이 되다 memulai kehidupan yang baru; menjadi manusia baru.
새삼스럽다 ingat dengan tiba-tiba hal yang sudah lama.
새색시 pengantin perempuan; anak dara.
새알 telur burung gereja.
새앙 jahe; halia.
새앙쥐 mencit.
새옹지마 인간 만사~Kemisteriusan adalah jalan surga; Hidup bagai roda pedati.
새우 udang. ~로 잉어를 낚다 memancing gurami dengan udang (mengorbankan sesuatu yang kecil untuk mendapatkan yang lebih besar.
새우다(밤을)berjaga/ begadang semalam suntuk.
새우등 punggung udang. ~의 (seperti) punggung udang.
새우잠 ~자다 tidur meringkuk.
새장(-欌) sangkar burung. ~에 갇힌 새 burung dalam sangkar.
새집 (가옥) rumah baru.
새집 (새의) sarang burung.
새총(-銃) senapan angin; ketapel.
새출발(-出發) awal baru. ~하다 membuat awal baru.
새치 ubanan dini. ~가 나다 tumbuh/ keluar uban.
새치기 ① (일) ~하다 melakukan pekerjaan tidak tetap. ② (차례) ~하다 menyelonong; memintas antrian.
새치름하다 muram dengan dingin.
새침하다 ☞ 새치름하다
새카맣다 hitam legam/ pekat.
새큼하다 asam; masam
새털 bulu burung.
새파랗다 biru tua; (안색이) pucat pias; pucat pasi; seputih kertas.
새하얗다 putih murni; putih salju.
새해 tahun baru. ~복많이 받으십쇼 Selamat Tahun Baru.~문안 ucapan Selamat Tahun Baru.
색 warna; ragam; corak; rupa. 진한 [흐린]~warna gelap (terang).
색골(色骨) hidung belang; buaya darat.
색광(色狂) erotomaniak(penderita erotomania);seksual maniak (penderita seksual-mania).
색다르다(色-) baru; segar; tidak biasa.
색도(色度) kromatisitas; tingkat warna. ~측정 pengukur warna.
색동(色-) ~저고리 jaket dengan lengan bersetrip warna-warni.
색마(色魔)petualang seks; hidung belang; buaya darat.
색맹(色盲) kebutawarnaan. ~이다 buta warna.적~ buta warna merah. 전~ akromatopsia; buta warna total.
색소 saksofon.
색시 (신부) pengantin perempuan; mempelai wanita;(아내) istri;(처녀) gadis; (술집의) pelayan bar; pra-

muria
색실(色−) benang celupan.
색안경(色眼鏡) kacamata berwarna. ~으로 보다 memandang melalui kacamata berwarna; memandang dengan penuh prasangka.
색연필(色鉛筆) pensil berwarna.
색옷(色−) ☞ 무색옷.
색욕(色慾) nafsu birahi.
색유리(色流璃) kaca berwarna.
색인(索引)indeks (penunjuk); daftar petunjuk. ~을 달다 memberi indeks (buku).
색정(色情)cinta birahi; kegairahan. ~광. ☞ 색광.
색조(色調) tingkat warna; corak; warna; kelir. 갖가지 ~의 푸른색 berbagai tingkatan warna biru.
색종이(色−) kertas berwarna.
색주가(色酒家) warung remang-remang.
색채(色彩)warna;corak;kelir. …한 ~를 띤 dengan sentuhan warna… 종교적 ~를 띠다 bercorak religius.
색출(索出) ~하다 mencari; memburu;melacak.간첩(의) ~작전 operasi pencarian agen spionase.
색칠(色漆)perwarnaan; pengecatan. ~하다 mewarnai; mengecat.
샌드위치 sandwich (roti lapis keju, daging,dll). ~맨 orang yang disewa untuk membawa papan reklame.
샌들 sandal; terompah; selop.
샐녘 (여명) (pada) waktu munculnya fajar.
샐러드 salad (salada). ~유 minyak selada.
샐러리 gaji. ~맨 orang gajian.
샘 (물) mata air; sumber air.
샘 ☞ 새암.
샘물 air mata air; air sumber.
샘솟다 memancar keluar; keluar/ berupa mata air. 눈물이~ air mata bercucuran.
샘터 tempat sumber air; kawasan sumber air.
샘플 contoh; sampel.
샛길 jalan sempit; jalan kecil; jalan lintas.
샛밥 makanan pekerja di sawah.
샛별 bintang pagi; bintang kejora.
샛서방(−書房)kekasih gelap;gendak.
생(生) kehidupan; hidup. ~을 받다 hidup; terlahir.
생(生) aku.
생…(生) (조리하지 않은) mentah; belum dimasak; (자연 그대로의) kasar; mentah; (신선한) segar; (익지않은) hijau; (살아왔는) mentah. ~고무 karet mentah.
생가(生家) rumah tempat lahir; rumah orang tua.
생가죽(生−) kulit mentah; kulit yang belum masak.
생각 ① (사고) pikiran; perasaan; pemikiran; konsepsi; gagasan. ② opini pandangan);kepercayaan.내 ~으로는 menurut pendapat saya. ③maksud; keinginan; tujuan; rencana; motif. 좋은~ gagasan yang baik.그렇게할~은 없다 tidak bermaksud untuk melakukan. ④ harapan; pengharapan; kehendak; keinginan. ~밖의 tak diharapkan;

tak terduga. ~이 어그러지다 mengecewakan harapan. ⑤ pertimbangan; kebijaksanaan. ~있는 bijaksana;arif.⑥ imajinasi;khayalan; pengandaian. ~도 못할 tidak dapat dibayangkan; tak dapat dikhayalkan. ⑦ pertimbangan; pemikiran; penenggangan. ~에 넣다(안넣다) mempertimbangkan.⑧ (숙고) konsiderasi;deleberasi;refleksi; (추억) restropeksi. ⑨ (각오) resolusi. ☞ 생각하다.

생각나다 terlintas;terkenang; teringat.

생각컨대 Menurut saya…;Tampak bagi saya bahwa …; Saya pikir …

생각하다 ①berpikir tentang;mempertimbangkan;memikirkan. 다시~ memikirkan kembali; mempertimbangkan kembali.②(믿다) percaya; meyakini. 옳다고~ meyakini hal itu adalah benar.③(간주) menganggap (sebagai); mengelirukan (sesuatu) sebagai 명예로~ menganggap sebagai kehormatan. ④ (의도) bermaksud; merencanakan. ⑤ (예기) mengharapkan; menduga. ⑥ (상상) membayangkan; menganggap; memperkirakan. ⑦ (회상) mempertimbangkan kembali; mengingat; memikirkan kembali. ⑧ (희망) ingin; mau; berharap; berkeinginan. ⑨ (관심) berpikir (tentang); (사랑) tertarik (dengan); (사모) rindu (akan). ☞ 생각.

생각해내다 merencanakan; merancang; menyusun; mengingat.

생강(生薑) ☞ 새앙.

생것(生-) ☞ 날것.

생견(生絹) sutera kasar.

생경(生硬) ~하다 mentah; kasar.

생계(生計) hidup; nafkah; rezeki. ~를 세우다 mencari nafkah. ~비 biaya hidup.

생과부(生寡婦) istri yang terabaikan; istri yang ditinggal suami.

생굴(生-)tiram mentah (tiram segar).

생기(生氣) daya hidup; vitalitas. ~있는 hidup; vital; penuh semangat. ~를 주다 menyemangati; menghidupkan;menyemarakkan;meramaikan.

생기다(발생)berlangsung;terwujud; terjadi.(야기함) menimbulkan; menyebabkan; (유래함) berasal dari; (얻다)menghasilkan; mendapatkan; (얼굴이) ada rupa.

생김새 penampilan; penampilan pribadi.

생나무(生-) kayu hijau; kayu basah.

생남(生男) kelahiran anak laki-laki. ~하다 melahirkan anak laki-laki. ~턱 perayaan kelahiran anak laki-laki.

생녀(生女)kelahiran anak perempuan. ~하다 melahirkan anak perempuan.

생년(生年) ~월일(시) tanggal (dan jam) kelahiran.

생니(生-) gigi sehat.

생담배(生-) puntung yang masih menyala.

생도(生徒) 사관~ kadet; taruna.

생돈(生-) uang yang dihamburkan

tanpa tujuan.

생동(生動) ~하다 bergerak hidup.

생떼 (거리)~쓰다 bersikeras; berkukuh; berkeras kepala.

생략(省略) penyingkatan;penghapusan sebagian; peringkasan. ~하다 meringkas;menghapus sebagian; menyingkatkan; memendekkan.~한(된) disingkatkan;diringkas.

생리(生理) fisiologi (ilmu tentang fungsi dan proses organisme hidup). ~적(的)인 fisik; fisiologis. ~학(學) fisiologi.

생리일(生理日)periode haid.

생매장(生埋葬)~하다 menguburkan hidup-hidup.

생맥주(生麥酒) bir tahang; bir kran.

생면(生面) ~하다 bertemu untuk pertama kali.

생명(生命)hidup; jiwa; nyawa. ~을 걸고 dengan taruhan nyawa. ~을 희생으로 하여 dengan pengorbanan jiwa.~을 내던지다 mengorbankan hidup (untuk). ~을 노리다 mengincar nyawa. ~보험 asuransi jiwa; pertanggungan jiwa. ~보험에 들다. mengasuransikan jiwa. ~선 garis kehidupan. ~수 air kehidupan; maul-hayat.

생모(生母) ibu kandung.

생목숨(生 -) ① (산) kehidupan; hidup. ② (죄없는) kehidupan yang lugu.

생물(生物) benda hidup; makhluk hidup.~계(界)dunia kehidupan; dunia flora dan fauna. ~학 biologi. ~학자 ahli biologi.

생방송(生放送) siaran langsung. ~하다 menyiarkan langsung.

생부(生父) bapak kandung.

생불(生佛) Budha hidup.

생사(生死) hidup dan (atau) mati; keselamatan. ~에 관계되는 vital; amat penting. ~불명의 hilang tak tentu rimbanya. ~를 같이하다 sehidup semati.

생사람(生-) orang yang tak bersalah.~잡다 membunuh orang yang tak berdosa.

생산(生産) produksi; pengolahan. ~하다 menghasilkan; memproduksi. ~고(액) output (keluaran). ~과잉 kelebihan produksi.~관리 pengendalian produksi. ~물 (物) produk. ~비 biaya produksi.~자 produsen; pembuat.~자 가격 harga produsen.

생살여탈(生殺與奪) ~권을 쥐다 berkuasa atas hidup dan mati (seseorang).

생색(生色) ~나다 bertindak sebagai dewa penolong; berbuat budi.

생생하다(生生-) segar; hidup; penuh semangat.

생석회(生石灰) kapur mentah.

생선(生鮮) ikan segar. ~가게 toko ikan. ~ 구이 ikan bakar. ~ 장수 penjual ikan.

생소(生疎) ~한 tak terbiasa; tak berpengalaman (dalam).

생시(生時)① (난 시간) waktu kelahiran.② (생전) waktu hidup;usia.

생식(生食) ~하다 makan mentah; makan makanan mentah.

생식(生殖) perkembangbiakan; reproduksi. ~하다 bereproduksi;

melahirkan; beranak. ~기 organ-organ seksual; organ kelamin. ~력 daya generatif.
생신(生辰) ☞ 생일(生日).
생안손 jari sakit bengkak.
생애(生涯) hidup; karir; waktu hidup/ kehidupan.
생약(生藥) obat-obatan dari tumbuhan. ~학 farmakognosi.
생억지(生 -) ~쓰다 mengatakan hal-hal yang amat tak masuk akal; berpegang pada pendapat yang tidak benar.
생업(生業) pekerjaan. ...을 ~으로 하다 mencari nafkah dengan ...; hidup dengan (mengerjakan). ~자금 dana rehabilitasi.
생으로(生-) ① (날짜로) mentah. ~먹다. makan mentah-mentah. ② (억지로) secara paksa; dengan paksa.
생이별(生離別) ~ 하다 berpisah terpaksa.
생일(生日)hari ulang tahun. ~케이크 kue ulang tahun.
생전(生前) (masa) hidup/kehidupan. ~에 dalam masa hidup.
생존(生存) eksistensi; keberadaan; kehidupan. ~하다 hidup; ada; hayat. ~경쟁 perjuangan untuk eksistensi; berjuang untuk mempertahankan kehidupan.
생죽음(生-) kematian akibat kekerasan; kematian berdarah.~하다 mati akibat kekerasan; mati akibat kecelakaan.
생지옥(生地獄) neraka dunia.
생질(甥姪) kemenakan laki-laki; keponakan laki-laki.
생짜(生-) makanan yang tidak di masak; buah mentah (buah hijau).
생채(生菜) selada sayur.
생철(- 鐵) ☞ 양철.
생체(生體) makhluk hidup; jasad hidup.~공학 bionik.~해부 pembedahan makhluk hidup (untuk tujuan ilmiah).
생태(生態) mode hidup. ~변화 adaptasi ekologi. ~학(學) ekologi.
생트집(生-) tuduhan/dakwaan yang keliru. ~하다 keliru menuduh.
생판(生板) sama sekali; sangat. ~다르다 berbeda sama sekali.
생포(生捕) penangkapan. ~하다 memenjarakan;menangkap (hidup-hidup); menawan.
생화(生花)bunga alami (bunga segar).
생화학(生化學) biokimia. ~자 ahli biokimia.
생환(生還) ~ 하다 kembali hidup. ~자 survivor; orang yang bertahan hidup.
생활(生活) kehidupan; eksistensi, nafkah; rezeki. ~하다 hidup; menjalani hidup. ~이 안정되다 menyelamatkan hidup. ~고 pahit getirnya hidup; kesulitan hidup. ~ 난 hidup (kehidupan) yang keras. ~력 vitalitas; daya hidup. ~보호 perlindungan hidup. ~보호를 받다 hidup sejahtera. ~비 biaya hidup. ~상태 kondisi hidup.~수준 standar hidup.
생후(生後)sejak lahir; setelah kelahiran. ~ 3 개월의 아이 bayi usia 3 bulan.

샤워 mandi.
샴페인 sampanye.
샴푸 langir; keramas.
서(西) barat.
서(序) pendahuluan; pembukaan; kata pegantar.
서(署) ① ☞ 관서. ② ☞ 경찰.
서가(書架) lemari buku; rak buku.
서가(書家) pelukis kaligrafi.
서간(書簡) surat. ~문 penulisan surat.
서거(逝去) kematian; kewafatan. ☞ 사망.
서경(西經)bujur barat(BB). ~20 도 20 derajat BB.
서고(書庫) gudang buku.
서곡(序曲) musik pengantar; musik pembuka.
서관(書館) toko buku.
서광(曙光) fajar. 평화의 ~ fajar perdamaian.
서구(西歐) Eropa Barat; barat. ~문명 peradaban Barat.
서글서글하다 berhati terbuka; murah hati; suka bergaul; ramah.
서글프다 sedih dan sendu.
서기(西紀) sanat masehi (SM).
서기(書記)sekretaris. ~국 sekretariat. ~장(長) sekretaris kepala. (일등) ~관 sekretaris (pertama).
서기(瑞氣) pertanda baik; pertanda keberuntungan.
서까래 kaso; kasa.
서남(西南) barat daya.~의 (arah/bagian) barat daya. ~풍 angin barat daya.
서낭 3 dewa pelindung. ~당 tempat pemujaan dewa pelindung.
서너 tiga atau empat; sedikit.
서너너덧 tiga/empat;sejumlah kecil ... .
서느렇다 ☞ 서늘하다.
서늘하다 ① (온도가) sejuk; menyegarkan;agak dingin.② (마음이) kedinginan.
서다 ① (기립) berdiri; bangkit; bangun. ② (정지) berhenti. 갑자기~ berhenti tiba-tiba.③ (건립)didirikan; dibangun.④ (장이) dibuka; diadakan. ⑤ (칼날이) ditajamkan; diasah. ⑥ (명령이) dipatuhi; diikuti; dilaksanakan; (질서 가) teratur; tertata. ⑦ (조리가) diperbaiki; dibuat baik; (이유가) lulus; dapat diterima. ⑧ (계획이) disusun. ⑨ (위신.체면이) menyelamatkan muka. ⑩ (잉태함) 아이~ menjadi hamil. ⑪ (결심이) memutuskan; membuat keputusan.
서당(書堂) sekolah desa.
서도(書道) kaligrafi; seni tulis indah.
서독(西獨) Jerman Barat; Rep. Federal Jerman.
서두르다(급히)buru-buru;terburu-buru; tergesa-gesa; (재촉) memburu-buru. 일을~ memburu-buru kerja.
서랍 laci meja.
서러워하다 bersedih; berduka cita.
서럽다 sedih; berduka cita; bermuram durja.
서력(西曆) ☞ 서기(西紀).
서로 saling; satu sama lain; silih.
서론(序論)pendahuluan;kata sambutan; (kata) pengantar.

서류(書類) dokumen; surat-surat (penting). ~가방 tas kantor/dokumen. ~함 *filing cabinet*. 관계~ dokumen terkait; surat-surat yang dibutuhkan.

서류전형(書類銓衡) penyaringan /seleksi kandidat (calon) dengan memeriksa surat-surat.

서른 tiga puluh.

서리 embun beku.~가 내리다 embun beku turun. 된~ embun beku berat.

서리(署理) jabatan sebagai wakil direktur. ~하다 menjabat wakil direktur.국무총리~ wakil perdana menteri.

서리다 ① (김이) menjulang tinggi; naik; mengabut.② (기가) kecewa; putus asa.

서리다 (새끼 따위를) melingkar-lingkar; (뱀이) membelit.

서리맞다 ① (내리다) kena embun beku. ② (기운이) dikecewakan.

서막(序幕) adegan pembuka.

서머타임 pemendekan waktu siang hari pada musim panas.

서먹서먹하다 merasa canggung.

서면(書面) surat; surat menyurat; dokumen. ~으로 melalui surat; dengan tulisan.

서명(書名) judul buku.

서명(署名) tanda tangan. ~하다 menandatangani; memberi tanda tangan; meneken. ~날인하다 me-nandatangani dan mencap. ~운 동 kampanye pengumpulan tanda ta-ngan.

서모(庶母) ibu tiri.

서몽(瑞夢) mimpi firasat.

서무(庶務)(bagian) masalah umum.

서문(序文) kata pengantar; pembukaan.

서민(庶民) orang awam. ~적 populer;umum. ~금융 pinjaman untuk kaum lemah.

서반구(西半球) belahan bumi bagian barat.

서반아(西班牙) ☞ 스페인.

서방(西方)bagian barat. ~의 berhubungan dengan barat. ~에 disebelah barat dari.~세계 dunia Barat.

서방(書房) ① suami. ~맞다 dapat suami. ② (호칭) tuan (Kim).

서방질(書房-) penyelewengan. ~하다 menyeleweng.

서법(書法) (gaya) tulisan tangan.

서부(西部) (bagian) barat; barat. ~의 berhubungan dengan barat. ~극 film barat.

서북(西北) ① (서와 북) utara dan barat.② barat laut.~의 barat laut. ~풍 angin barat laut.

서브 테니스 servis; pukulan pertama.

서비스 pelayanan;servis.~가 좋다 (나쁘다) memberikan servis yang baik (buruk). ~료 tip; persenan. ~업 industri jasa.

서사(敍事)narasi/cerita;deskripsi/ penggambaran.~적 deskriptif; naratif. ~문 deskripsi. ~시 epik.

서사(書寫) ~하다 menyalin.

서산(西山) pegunungan barat. ~에 지는 해 matahari yang tenggelam di pegunungan barat.

서생(書生) pelajar; siswa; murid.

서서히(徐徐－) dengan lambat; dengan perlahan; dengan berangsur-angsur.
서설(序說) ☞ 서론(序論).
서설(瑞雪) salju.
서성거리다 mondar-mandir dengan gelisah.
서술(敍述) deskripsi; penggambaran. ~하다 menguraikan; menceritakan;menggambarkan.~적(인) deskriptif; naratif. ~어 『文』 predikatif.
서스펜스 ketegangan;keadaan tegang. ~에 넘치는 menegangkan; penuh tegangan.
서슬 ① (칼날) mata pisau yang tajam.② (기세 따위) semangat tinggi.
서슴다 ragu-ragu; bimbang.
서슴없다 tidak ragu-ragu.
서식(書式) formulir.~에 따라 menurut formulir.
서식(棲息) ~하다 hidup (dalam). ~에 적합한 layak ditempati; dapat dihuni.~지 habitat (tempat hidup).
서신(書信) (편지 왕래) surat menyurat; (편지) surat.
서악(序樂) musik pembuka.
서약(誓約)sumpah; janji; kaul; niat. ~하다 bersumpah; bernazar; berkaul; berjanji. ~을 지키다(어기다) menepati (mengingkari) janji. ~서 sumpah tertulis.
서양(西洋) Barat. ~의 berkenaan dengan Barat. ~화하다 membaratkan; menjadi seperti barat. ~문명(사상] peradaban [paham] barat. ~사 sejarah Eropa.
서언(序言)pembukaan; kata pengantar.
서열(序列) ranking; peringkat.
서운하다 mengecewakan; patut di sesalkan.
서울 Seoul; ibukota;metropolis.~내기 orang Seoul.
서원(書院) auditorium; ruang kuliah.
서원(署員)anggota staf.세무~ pegawai kantor pajak.
서인도제도(西印度諸島) India barat.
서자(庶子) anak dari istri kedua; anak haram.
서장(書狀) surat.
서장(署長) komandan. 경찰~ komandan polisi.
서재(書齋) taman pustaka; taman bacaan.
서적(書籍) buku-buku; terbitan (majalah dll); buku. ~상 penjual buku; toko buku.
서점(書店) toko buku.
서정(庶政)administrasi; pelayanan sipil.~쇄신(刷新) pembaruan administrasi.
서정(敍情.抒情) lirisisme. ~시인 pencipta lirik (puisi).
서쪽(西－) barat. ~의 berkenaan dengan barat. ~으로 kearah barat.
서책(書冊) buku; karya.
서체(書體) gaya tulisan tangan; gaya kaligrafi.
서출(庶出)~의 haram;dilahirkan di luar ikatan perkawinan sah; jadah.
서치라이트 lampu sorot.
서캐 telur kutu.

서커스 sirkus.
서클 kelompok (kecil). ~활동 kegiatan kelompok. 독서~ kelompok membaca.
서투르다 tak terampil; canggung; kaku; kagok. ...이~ tidak terampil dalam ...; tidak baik dalam ... .
서평(書評) tinjauan buku; ulasan buku; resensi.
서풍(西風) angin barat.
서한(書翰) ☞ 서간.
서해(西海) laut bagian barat; Laut Kuning.
서해안(西海岸) pantai barat. ~간선도로 jalan raya di pantai barat.
서행(徐行) ~하다 melambat.
서향(西向) menghadap ke barat.
서화(書畵) lukisan dan tulisan.
석(石)① batu (jewel). 15~의 시계 jam 15 batu.② (섬) satu seog (= 4.9629 gantang).
석 ☞ 세. ~달 tiga bulan.
석가(釋迦) ☞ 석가모니.
석가모니(釋迦牟尼) Sakyamuni; Budha.
석각(石刻) batu pahatan; batu ukir. ~하다 mengukir batu.
석간(夕刊) surat kabar sore; edisi sore.
석고(石膏)gipsum; plaster; dempul. ~세공 karya dempul; kerajinan dempul.
석공(石工) ☞ 석수(石手).
석광(錫鑛) pertambangan timah.
석굴(石窟) gua karang; gua batu.
석권(席捲) ~ 하다 menaklukkan; menundukkan.
석기(石器) perkakas batu. ~시대 zaman batu. 구(신) ~시대 zaman batu awal (baru).
석류(石榴) 「植」 pohon delima. ~석(石) 「鑛」 garnet (batu delima).
석면(石綿) 「鑛」 asbes.
석문(石門) gerbang batu.
석물(石物) pahatan batu yang di letakkan didepan kuburan; nisan berukir.
석방(釋放) pembebasan;pelepasan. ~하다 membebaskan; memerdekakan; melepaskan.
석벽(石壁) ① (절벽) dinding karang. ② (벽) dinding batu.
석별(惜別)~하다 enggan berpisah. ~의 정 keengganan berpisah; kasih sayang perpisahan.
석불(石佛)patung Budha dari batu.
석비(石碑) tugu batu.
석사(碩士) master. ~과정(학위) program studi master. 이학 ~ MS (master sains).
석상(石像) arca batu; patung batu.
석상(席上) ~에서 dipertemuan; di rapat. 회의 ~에서 dikonferensi.
석쇠 panggangan; salaian.
석수(石手) pemahat batu; tukang batu.
석양(夕陽) matahari terbenam.
석연(釋然)~하다 puas;memuaskan. ~치 않다 tidak puas.
석영(石英) 「鑛」 kwarsa. ~암(岩) batu kwarsa.
석유(石油) minyak; minyak bumi; minyak tanah (kerosin).~갱 sumur minyak. ~난로 pemanas minyak. ~생산국 negara penghasil minyak; negara produsen minyak. ~시추

pengeboran minyak.
석유수출국기구(石油輸出國機構) Organisasi Negara-Negara Pengekspor Minyak (OPEC).
석유안정기금(石油安定基金) dana untuk membuat stabil harga minyak bumi.
석유자원(石油資源)sumber daya minyak bumi; kekayaan minyak bumi. ~을 개발하다 mengeksploitasi sumberdaya minyak.
석유제품(石油製品) produksi minyak.
석유화학(石油化學) petrokimia. ~공업 industri petrokimia. ~제품 barang-barang petrokimia. ~콤비나트 kawasan petrokimia.
석재(石材) bangunan batu.
석조(石造) ~의 (dibangun dari) batu. ~건물 bangunan batu; rumah batu.
석존(釋尊) Budha; Sakyamuni.
석차(席次) (자리의) urutan kedudukan; (성적의) peringkat kelas. ~가 오르다 (내리다) naik (turun) peringkat kelas.
석탄(石炭) batu bara; batu arang. ~을 캐다 menambang batu bara. ~가스 gas batu bara. ~갱(광) tambang batu bara; galian batu bara. ~갱부 penambang batu bara; pekerja tambang batubara. ~산 asam karbolat.
석탑(石塔) pagoda batu.
석판(石板) batu tulis.
석판(石版)litografi (seni membuat tulisan atau gambar di atas batu atau logam).
석패(惜敗) ~하다 kalah tipis.
석필(石筆) pensil batu tulis; anak batu tulis.
석학(碩學) orang yang terpelajar.
석화(石火) percikan api, sangat cepat.
석회(石灰)kapur.~질의 kalsik (sehubungan dengan kapur). ~석 batu kapur. ~수 air kapur.
섞갈리다 bingung; kusut pikiran.
섞다 bercampur.
섞이다 tercampur.
섟 marah; curiga. ~삭다 agak marah /curiga.
선 temu muka dengan tujuan untuk menikah; temu ahad. ~보다 bertanya jawab dengan calon pengantin wanita (pria); bertemu ahad.
선(先) langkah pertama (di permainan catur).
선(善)kebajikan;kebaikan;peribudi. ~과 악 kebajikan & kejahatan.
선(腺)『解』kelenjar.
선(線) jalur; rute. ~을 따라 sejalur dengan.~을 이루어 dengan berbaris. 38 도~ garis lintang utara 38 derajat.
선(選) seleksi; pemilihan. ~에(못) 들다 terpilih (tidak terpilih).
선(禪) meditasi religius; *Dhyana.*
선각자(先覺者) perintis; pionir.
선객(船客) penumpang kapal. ~명부 daftar penumpang. 1(2)등 ~ penumpang kelas satu (kelas dua).
선거(選擧)pemilihan umum;pemungutan suara. ~하다 memberikan suara; memilih. ~를 실시하다 mengadakan pemilihan.~에 이기다

menang dalam pemilihan. ~권 hak memilih; hak pilih. ~방해 hambatan pemilihan.~운동하다 berkampanye.~유세 kampanye/tour mencari suara. ~인 pemilih. ~인 명부 daftar pemilih. 공명 ~pemilihan yang jujur/ adil. 보궐~ pemilihan lanjut.

선거법(選擧法) undang-undang pemilihan. ~개정 pembaruan pemilihan. ~위반 pelanggaran undang-undang pemilihan. ~위반자 pelanggar hukum pemilihan.

선거위원(選擧委員) anggota komite pemilihan. ~장 ketua komite pemilihan; ketua kampanye. ~회 komite pemilihan.

선견(先見) pandangan masa depan; ramalan. ~지명이 있는 berpandangan jauh ke depan.

선결(先決) ~문제 prasyarat.

선경(仙境)negeri peri; negeri dongeng.

선고(宣告)hukuman; vonis; keputusan pengadilan; putusan. ~하다 menjatuhkan hukuman; memvonis; menghukum.

선공(先攻)~하다 menyerang pertama kali.

선광(選鑛) bijih besi bersih. ~하다 membersihkan bijih besi. ~부 mesin pembersih bijih besi.

선교(宣教) pekerjaan misionaris. ~사 misionaris.

선교(船橋)① ☞ 배다리. ② jembatan.

선구(先驅) ☞ 선구자.

선구자(先驅者) pelopor; pionir; perintis jalan.

선구(船具) tali temali kapal; perlengkapan kapal.

선글라스 kaca mata warna (untuk melindungi dari sinar matahari).

선금(先金) uang muka; persekot; panjar. ~을 치르다 memberikan uang muka; mempersekoti; memberi panjar.

선급(先給) pembayaran di muka.

선급(船級)klasifikasi kapal. ~증서 sertifikat klasifikasi. ~협회 masyarakat klasifikasi.

선남선녀(善男善女)orang saleh; orang alim.

선납(先納) pembayaran dimuka. ~하다 membayar dimuka.

선녀(仙女) peri; bidadari; dewi.

선다형(選多型) sistem pilihan ganda. ~문제 soal pilihan ganda.

선단(船團)armada; kesatuan kapal.

선대(先代) pendahulu.

선도(先導) ~하다 memandu; memimpin. ~자 pemandu.

선도(善導) bimbingan yang baik. ~하다 membimbing dengan baik.

선도(鮮度) kesegaran. ~가 높은 sangat segar.~ 가 낮은 tak segar. ~가 떨어지다 menjadi kurang segar.

선동(煽動) penghasutan; agitasi. ~하다 menghasut; mengagitasi; merangsang emosi. ~적 berapi-api; terhasut.

선두(先頭) posisi terdepan. ~에 서다 berdiri di posisi terdepan; memimpin; mempelopori. ~부대 satuan terdepan. ~자 pelopor.

선두(船頭) bagian depan kapal;

busur kapal.

선득하다 dingin; merasa dingin; menggigil.

선뜩하다 ☞ 선득하다.

선뜻 (가볍게) dengan ringan; dengan mudah;dengan segera; (쾌히) dengan senang hati.

선뜻하다 ☞ 산뜻하다.

선량(善良)~한 baik; baik hati; jujur. ~한 사람 orang baik. ~한 시민 warga negara yang baik.

선량(選良) wakil rakyat.

선례(先例) presenden (sesuatu yang terjadi lebih dahulu yang di jadikan ibarat). ☞ 전례.

선로(線路) jalur kereta api. ~공사 konstruksi jalan kereta api.

선린(善隣) persahabatan; ketetanggaan. ~관계 hubungan bertetangga yang baik. ~정책 kebijakan ketetanggaan yang baik.

선망(羨望) iri. ~하다 mengiri.~의 대상이 되다 menjadi keirian dari.

선매(先賣) penjualan dimuka.

선매권(先買權) hak praemsi (hak untuk membeli lebih dahulu).

선명(鮮明) ~하다 jelas; terang ~한 영상 gambar yang jelas/ terang. ~도 tingkat kejelasan.

선무(宣撫)penenangan. ~공작 ope rasi penenangan.

선물(先物) barang yang akan datang. ~거래 future trading; perdagangan spekulasi.

선물(膳物) buah tangan; hadiah; souvenir; cindera mata; oleh-oleh.

선박(船舶) kapal; perkapalan; pelayaran. ~사용료 ongkos carter kapal. ~업 industri pengangkutan dengan kapal.

선반 rak. ~에 얹다 menempatkan di atas rak.

선반(旋盤) mesin bubut; bubutan. ~공 orang yang membubut;tukang bubut. ~공장 pabrik pembubutan.

선발(先發) ~하다 mendahului.~대 kelompok depan. ~투수 pelempar bola awal.

선발(選拔)pemilihan;pilihan.~하다 memilih; menyeleksi. ~시험 pemeriksaan yang selektif. ~팀 tim terpilih; tim semua bintang.

선배(先輩) senior; kawakan; lebih tua. 3 년 ~이다 (kakak) yang lebih senior 3 tahun. ~티를 내다 berlagak sebagai senior.

선별(選別) penyortiran; pemilihan. ~융자 peminjaman selektif.

선봉(先鋒) barisan depan (tentara).

선분(線分) 「幾」~ AB garis bagi AB.

선불(先拂) pembayaran di muka. ~하다 membayar di muka.운임(運賃) ~ ongkos angkut di bayar di muka.

선비 cendekiawan; orang intelek.

선사(善事)~하다 memberikan hadiah; mengirimkan hadiah/ kado.

선사시대(先史時代) prasejarah. ~의 berkenaan dengan prasejarah.

선산(先山) perkuburan nenek moyang.

선생(先生) (교사) guru; dosen; pengajar, (의사) dokter; (호칭) Tuan; Nona. 음악~ guru musik. 김

~님 Tuan (Nona) Kim.

선서(宣誓) sumpah; ikrar; janji. ~하다 bersumpah; berikrar. ~시키다 mengambil sumpah. ~문 sumpah tertulis; ikrar tertulis. ~식 upacara pengambilan sumpah.

선선하다① (날씨가) sejuk;nyaman. ② (성질이) terus terang; berdada terbuka.

선수(先手) ~쓰다 mengawali; memulai.

선수(選手)atlit; pemain; regu; kesebelasan. ~권 gelar juara. ~권 보유자 pemegang gelar juara; juara bertahan. ~권 시합 pertandingan memperebutkan gelar juara.

선술집 bar; kedai minum; warung minum.

선실(船室)kabin.3 등~ kabin kelas 3. ~을 예약하다 memesan tempat (di kapal; di kereta api dll.).

선심(善心) ① (착한 마음) kebajikan.② (큰 마음) kemurahan hati; kedermawanan. ~쓰다 melakukan kebaikan; bermurah hati.

선심(線審) 『競』 penjaga garis.

선악(善惡) baik dan buruk; benar dan salah. ~을 가릴 줄 알다 tahu membedakan antara yang baik dan buruk.

선약(先約) janji sebelumnya; perjanjian sebelumnya.

선양(宣揚) ~하다 menaikkan;meningkatkan.

선언(宣言) deklarasi; proklamasi; pernyataan (secara resmi).~하다 memproklamirkan; mengumumkan secara resmi; memaklumatkan.
~서 surat deklarasi.

선열(先烈) martir; syuhada. 순국~ martir bagi negara; syuhada bagi tanah air.

선외(選外)~의 tak terseleksi;tak terpilih. ~가작 karya baik yang tidak terseleksi.

선용(善用) ~하다 mendayagunakan dengan baik; memanfaatkan dengan bijaksana.

선웃음 senyum yang terpaksa. ~치다 memaksakan tersenyum.

선원(船員) awak kapal; pelaut; kelasi. ~수첩 buku saku pelaut. ~실 markas kru; geladak awak kapal. 고급~ perwira kapal. 하급~ pelaut.

선율(旋律) melodi;nyanyian;lagu.

선의(善意) makna yang baik; itikad baik.~로 dengan maksud baik; tanpa prasangka. ~로 해석하다 menanggapi tanpa prasangka;berprasangka baik.

선인(仙人) pertapa.

선인(先人) ① ☞ 선친. ② (전대 사람) pendahulu; leluhur.

선인(善人)orang baik;orang yang berbudi luhur.

선인선과(善因善果) pahala;buah dari amal baik; imbalan.

선인장(仙人掌) 『植』 kaktus.

선임(先任) senioritas; kesenioran. ~의 senior. ~순 dalam urusan senioritas. ~자 anggota senior.

선임(船賃) ☞ 뱃삯.

선임(選任)~하다 memilih; menunjuk; mengangkat; melantik.

선입감(先入感) ☞ 선입견.

선입견(先入見) prasangka; praduga;purbasangka. ~을 품다 berprasangka; berpraduga. ~을 버리다 menghilangkan prasangka.

선입관(先入觀) ☞ 선입견.

선잠 ngaso; tidur ayam.

선장(船長) kapten kapal;nahkoda.

선적(船積) pengapalan; pengangkutan dengan kapal. ~하다 mengkapalkan (muatan);memuati kapal (dengan).

선적(船籍) kebangsaan dari kapal. ~항 pelabuhan register.

선전(宣傳) pengiklanan; propaganda;publisitas; pariwara. ~하다 mempropagandakan; mengiklankan.자기~을하다 mengiklankan diri sendiri. ~부 bagian publikasi; departemen publikasi. ~업자(業者) agen publikasi. ~효과 dampak iklan; dampak propaganda; efek propaganda.

선전(宣戰) ~하다 menyatakan/mengumumkan perang (terhadap). ~포고 pernyataan perang; pengumuman perang.

선전(善戰) ~하다 bertempur dengan baik; bertanding dengan baik.

선점(先占)pendudukan awal. ~취득 penguasaan melalui jalan pendudukan.

선정(善政) pemerintah(an) yang baik; aturan yang adil. ~을 베풀다 memerintah dengan bijaksana.

선정(煽情) ~적 sensasional; sugestif; menggairahkan; menarik.

선정(選定) ~하다 memilih; menyeleksi.

선제(先制) skor pertama. ~점을 올리다 mendapat skor pertama.

선제공격(先制攻擊) serangan pertama; serangan lebih dahulu. ~하다 menyerang lebih dahulu; menyerang pertama kali.

선조(先祖) ☞ 조상.

선종(禪宗) sekte seon.

선주(船主) pemilik/juragan kapal.

선지 darah hewan segar; getih segar.

선진(先陳) barisan depan.

선진(先進) ~의 maju. ~국 negara maju.

선집(選集) karya pilihan.

선착(先着) ~순(順)으로 berdasarkan urutan kedatangan.

선창(先唱) ~하다 memimpin paduan suara; (비유적) memimpin penyerbuan.

선창(船艙)(부두의)dermaga;palka; (배의) limbungan kapal. ~에 대다 meminggirkan kapal ke dermaga.

선책(善策)rencana yang baik; kebijakan yang baik.

선처(善處) ~하다 mengambil tindakan (langkah) yang tepat.

선천(先天) ~적 inheren; yang menjadi sifat asli; dibawa sejak lahir; herediter. ~설「哲」apriorisme (faham apriori).

선철(銑鐵) besi gubal; besi lunak.

선체(船體) lambung kapal; badan bahara; kapal.

선출(選出) pemilihan. ~하다 memilih.

선취(先取) ~하다 mengambil pertama kali. ~득점을 올리다「野」

membuat skor pertama. ~특권 「法」 hak preferensial.

선취권(先取權) hak pra pendudukan.

선측(船側) ~인도 bebas bongkar muat disisi kapal.

선친(先親) almarhum ayahanda.

선탁(宣託) wahyu Allah; Firman Tuhan.

선택(選擇) pemilihan; seleksi. ~하다 memilih; pilihan.~의 자유 kebebasan memilih;opsi. ~에 갈팡거리다 bingung untuk memilih. ~과목 pilihan; opsional. ~권(權) opsi (hak memilih).

선편(船便) jasa pengapalan; jasa pengangkutan dengan kapal. ~으로 dengan kapal.

선포(宣布)proklamasi;pengumuman resmi; maklumat. ~하다 memproklamirkan;mengumumkan; memaklumatkan.

선풍(旋風) topan; angin puyuh. ~을 일으키다 menimbulkan sensasi.

선풍기(扇風機) kipas angin.

선하(船荷) muatan; kargo. ~증권 konosemen; surat angkutan; surat muatan.

선하다 masih terbayang-bayang. 그 광경이 눈에~ Pemandangan itu masih terbayang-bayang di mata.

선행(先行) ~하다 mendahului. ~조건 prasyarat hakiki.

선행(善行) perbuatan yang baik; perilaku yang baik.

선험(先驗) 『哲』 ~적 transendentalisme; apriori. ~론 transendental (faham transendental).

선현(先賢) orang-orang bijak jaman dahulu.

선혈(鮮血) darah segar. ~이 낭자하다 bergelimang darah; tertutup oleh darah.

선형(扇形)bentuk kipas. ~의 berbentuk kipas.

선호(選好) preferensi. ~하다 lebih suka; berkenan. 남아 ~사상 pendapat lebih suka anak laki-laki dari pada anak-anak perempuan.

선화(線畵) penarikan garis.

선회(旋回) revolusi; perkisaran; perputaran; perubahan; pergerakan; pertukaran; pergantian; peredaran.~하다 berputar; berkisar; berpusar; beredar.

선후(先後) (앞과 뒤) depan dan belakang; (순서) urutan; sekuen.

선후책(善後策) usaha/ tindakan pemulihan. ~을 강구하다 melaksanakan tindakan pemulihan.

섣달 bulan ke-12; Desember.

섣불리 dengan canggung/kikuk/ janggal; (부주의하게) dengan ceroboh.

설(새해) Hari Tahun Baru. ~ 쇠다 merayakan Hari Tahun Baru.

설(說) (의견) opini; teori; doktrin; pandangan; pendapat. ~을 굽히다 berubah pendapat.

설겆이 cuci piring. ~하다 mencuci piring; membasuh piring.

설경(雪景) pemandangan salju.

설계(設計) rencana; rancangan; disain; kerangka; tata ruang.~하다 merencanakan; merancang.

설교(設敎)khotbah;wejangan; kuliah.~하다 berkhotbah; menasehati. ~단 mimbar; podium. ~사 khotib; pengkhotbah.

설기 kue lapis beras kukus.

설날 Hari Tahun Baru.

설다~(서투르다) tidak terampil; tidak terbiasa; tidak mahir. (덜익다) setengah matang;tak diasamkan sepenuhnya.

설다루다 keliru tangani;salah urus.

설득(說得) persuasi; bujuk rayu. ~하다 membujuk; mendesak; meyakinkan.

설렁탕(-湯)sup tulang dan jeroan sapi (dan nasi).

설렁하다 agak dingin; sedikit dingin.

설레다 (가슴이) berdebar-debar keras; (움직이다) merasa gelisah; mondar-mandir dengan gelisah.

설레설레 ~ 흔들다 menggeleng-gelengkan kepala.

설령(設令) sekalipun; meskipun; bahkan jika. ~어떤 일이 있더라도 apapun yang mungkin terjadi.

설립(設立) pendirian; pembentukan.~하다 mendirikan; membentuk; mengorganisir. ~자 pendiri; pembentuk; pembangun.

설마 masa; masakan; mana boleh; tidak mungkin.

설맹(雪盲) buta salju; 「醫」nifablesia.

설명(說明) penjelasan; gambaran; uraian; paparan. ~하다 menjelaskan; menggambarkan; menguraikan; memaparkan. ~적 (bersifat) penjelasan.~도(圖)diagram; bagan.

설문(說問)pertanyaan;soal.~하다 mengajukan pertanyaan; mengemukakan soal.

설법(說法) khotbah; wejangan. ~하다 berkhotbah.

설복(說服) ☞ 설득(說得).

설봉(舌鋒) 날카로운~으로 dengan lidah yang tajam; dengan ungkapan yang menyinggung perasaan.

설비(設備)perlengkapan; fasilitas; akomodasi. ~하다 melengkapi dengan; menyediakan. ~가 좋은 di lengkapi dengan baik.

설빔 baju baru; baju lebaran; baju yang dipakai pada Hari Tahun Baru.

설사(泄瀉)mencret; murus; diare; berak air; moncor. ~하다 menderita diare; mencahar; memurus.

설사(設使) ☞ 설령(設令).

설산(雪山) gunung yang diliputi salju.

설상가상(雪上加霜)~으로 memperburuk; memperparah.

설설 hangat-hangat kuku; suam-suam kuku. 물이~끓다 air mendidih dengan perlahan-lahan.

설설기다 dibawah ketiak; dibawah kekuasaan;dibawah pengaruh.

설암(舌癌) kanker lidah.

설염(雪炎)「醫」glossitis.

설왕설래(說往說來) ~하다 berbantah-bantahan; bersilang kata.

설욕(雪辱)~하다 membalas kekalahan;menebus malu. ~전 pertandingan balas dendam.

설움 duka cita; kesedihan; kema-

langan.
설원(雪原) padang salju.
설원(雪冤) ~하다 membersihkan diri dari tuduhan palsu.
설음(舌音) suara lidah.
설익다 setengah matang; separuh masak.
설전(舌戰) perang kata; perang mulut. ~하다 berperang kata; berperang mulut.
설정(設定) ~ 하다 menetapkan; membuat. 기금을 ~하다 menetapkan dana.저당권 ~ penetapan hak hipotek.
설중(雪中)~에 didalam salju. ~행군 baris berbaris/ perjalanan di salju.
설치(設置) pendirian;pembentuan; pembukaan;pemasangan;pengadaan.~하다 mengadakan; mendirikan; membentuk.
설치다(못마침) mengerjakan setengah-setengah;meninggalkan setengah jadi; (날뜀) mengamuk.
설치류(齧齒類) hewan pengerat.
설탕(雪糖) gula. ~물 air gula; air yang digulai.정제(백)~ gula murni (putih). 흑~ gula kasar.
설태(舌苔) 「醫」 sariawan. ~가 낀 혀 lidah sariawan.
설파(說破) ① (명시) ~하다 menjelaskan; menguraikan. ② (논파) ~하다 menyangkal; membantah.
설퍼제(-劑) 「藥」 obat sulfa.
설해(雪害) rusak akibat salju; kerusakan salju.
설형(楔形)~의 (tulisan kuno)berbentuk baji. ~문자 huruf baji.
설혹(設惑) ☞ 설령.
설화(舌禍) keseleo lidah yang patut disayangkan.
설화(雪花 ① (눈송이) bunga salju. ② (나뭇가지의) salju cair yang berwarna keperakan.
설화(說話) cerita; kisah; hikayat; dongeng. ~적 bergaya cerita; naratif. ~문학 sastra hikayat.
섬 (용기)jas jerami;kantong jerami; (용량) *som* (= 5-12 gang-tang).
섬 pulau.~의 yang berhubungan dengan pulau. 외딴~ pulau terpencil. ~사람 orang pulau.
섬게 「動」 babi laut.
섬광(閃光) sinar; cahaya; kilat; kilatan. ~전구 lampu kilat (lampu potret).
섬기다 melayani; meladeni.
섬나라 negara pulau. ~근성 semangat/ jiwa pulau.
섬돌 tangga batu; undak-undakan batu.
섬뜩하다 tercengang; kaget; terperanjat; kecut hati.
섬멸(殲滅) ~하다 menghancurkan; membinasakan; membasmi; menghapuskan. ~전 operasi pembasmian; operasi penghancuran.
섬섬(纖纖) ~옥수 tangan yang lembut; tangan yang halus.
섬세(纖細) ~한 lembut; lampai; halus; renik-renik; lemah lembut.
섬유(纖維) serat; serabut. ~질의 berserat; berserabut. ~공업 Industri tekstil. ~소 selulosa; 「動」 fibrin. ~제품 barang-barang tekstil. 인조~ serat buatan.

섭금류(涉禽類) 「鳥」 burung-burung penjelajah.

섭렵(涉獵)~하다 membaca secara luas.

섭리(攝理)Firman Tuhan. ~에 맡기다 percaya Firman Tuhan.

섭섭하다 menyesal; sedih; kecewa; remuk hati; masgul. 헤어지기가 ~ sedih/ menyesal berpisah (dengan seseorang).

섭씨(攝氏) celsius (C). ~온도계 thermometer berskala 100 derajat. ~15 도 lima belas derajat celcius; 15^0.

섭외(涉外) hubungan masyarakat/ humas.~계원 pegawai humas; perwira penghubung.

섭정(攝政) bupati; regen. ~하다 menjabat sebagai bupati.

섭취(攝取) ~하다 mengasimilasi.

성(姓) nama keluarga.

성(性)seks; jenis kelamin.~적 seksual. ~에 눈뜨다 kesadaran secara seksual. ~교육 pendidikan seks. ~도덕 moralitas seksual. ~문 제 masalah seks. ~행위 hubungan seksual; hubungan kelamin; persetubuhan; senggama; jimak.

성(城) benteng; kastil; puri.

성(省) (내각) departemen; kementerian; (행정구역) propinsi. 국무~ Departemen Luar Negeri. 산동~ propinsi Shantung.

성(聖) ~스러운 suci; kudus; keramat; muharram. ~바울 St. Paul.

성가(聖歌) lagu kudus; himne.~대 paduan suara(di gereja). ~집 buku nyanyian pujian.

성가(聲價) reputasi;kemasyhuran; nama baik; ketenaran. ~를 높이다 (잃다) meningkatkan (kehilangan) popularitas.

성가시다 menjengkelkan; menyusahkan; mengganggu.

성감(性感) rasa berahi.~을 높이다 membangkitkan berahi. ~대(帶) daerah erogen (daerah yang peka terhadap rangsangan seksual).

성격(性格) watak; karakter; kepribadian; individualitas. 강한 ~의 사람 orang berkarakter kuat.

성결(聖潔) ~한 suci dan murni. ~교(敎) gereja suci.

성경(聖經)Injil Bibel; Kitab Suci; Alkitab. 구약[신약] ~ Perjanjian Lama [Baru].

성공(成功) keberhasilan; kesuksesan; prestasi/pencapaian.~하다 berhasil; sukses; terlaksana; tercapai; berjaya; lulus; menang.

성공회(聖公會) 「宗」 gereja ang likan.

성과(成果) hasil; perolehan; pendapatan. ~를 올리다 mendapatkan hasil yang baik.

성곽(城郭)(성)kastil; benteng; (곽) tembok kastil; (성채) kubu.

성교(性交)senggama;persetubuhan; hubungan seksual. ~하다 bersenggama;bersetubuh;berhubungan seksual; menyetubuhi; menggauli; menjimak.

성교육(性敎育) pendidikan (penerangan) seks.

성군(星群) 「天」 asterisme; kumpulan bintang.

성금(誠金)kontribusi; sumbangan; derma. 방위~ sumbangan bagi dana pertahanan nasional.

성급(性急)~한 tergesa-gesa; terburu-buru; tak sabar; tergopoh-gopoh.

성기(性器)kelamin;organ kelamin; kemaluan.

성기다 tipis; jarang; longgar.

성깔 watak yang tajam;lekas marah; tipis telinga. ~을 부리다 hilang kesabaran; menjadi marah; murka; naik pitam.

성나다 menjadi marah; hilang kesabaran; marah kepada ....

성내다 ☞ 성나다.

성냥 korek api; geretan; pematik api. ~을 긋다(켜다) mengores (menyalakan) korek api. ~갑 kotak korek api. ~개비 batang korek api; anak korek api.

성년(成年) usia penuh; dewasa. ~이 되다 menjadi dewasa; mencapai kedewasaan. ~자 orang dewasa.

성능(性能)kemampuan; kapasitas; efisiensi; kinerja. ~이 좋은 efisien; berhasil guna. ~검사 uji kinerja; uji efisiensi; uji kemampuan.

성단(星團)「天」kelompok bintang; kumpulan bintang; rasi.

성당(聖堂) gereja.

성대「魚」ikan gurnet.

성대(盛大) ~한 meriah;megah.~히 dengan meriah.

성대(聲帶) pita suara. ~모사 cara menirukan suara (seseorang). ~모사를 하다 menirukan suara; memimikkan.

성도(聖徒) orang suci; Rasul; utusan.

성량(聲量) volume suara. ~이 풍부하다 memiliki suara yang kaya.

성력(誠力)pengabdian yang tulus.

성령(聖靈) roh kudus; arwah suci. ~강림절 hari-hari Pantekosta.

성례(成禮) ~하다 mengadakan upacara pernikahan.

성루(城樓) menara kecil; benteng menara kecil di tembok kastil.

성루(城壘) benteng; kubu.

성립(成立) ① (실현) perwujudan; realisasi;penjelmaan. ~하다 menjelma; diwujudkan; direalisir. ② (조성) pembentukan; pengorganisasian. ~하다 dibentuk; diorganisir. ③ (체결)kesimpulan;penyelesaian; konklusi; pemecahan. ~하다 diselesaikan; disimpulkan.

성명(姓名)nama lengkap. ~미상의 tak beridentifikasi; tak bernama.

성명(盛名)kemasyhuran; ketenaran; reputasi. ~을 떨치다 membuat nama terkenal.

성명(聲明) deklarasi; proklamasi; pernyataan; statemen; maklumat; permakluman. ~하다 menyatakan; mengumumkan; memberitahukan secara resmi; memproklamasikan.

성모(聖母)Bunda Maria; Ibu Suci. ~ 마리아 Bunda Maria; Perawan Suci; Siti Mariam.

성묘(省墓) ~하다 berziarah; mengunjungi makam leluhur. ~객 penziarah; peziarah.

성문(成文) ~의 tertulis; tersurat.

~화하다 mengkodifikasi;mengundang-undangkan.~법 undang-undang tertulis.
성문(城門) gerbang kastil/istana/benteng.
성문(聲門) 「解」 celah suara; glotis.~폐쇄음 hamzah; hambat glotal.
성미(性味)watak; sifat; pembawaan; temperamen. ~급한 lekas marah; lekas naik darah. ~가 못된 keji; jahat; sempit hati. ~에 맞는 pekerjaan menyenangkan.
성범죄(性犯罪) pelanggaran seks.
성벽(性癖) watak asli; kebiasaan mental; pembawaan alami; kecenderungan.
성벽(城壁) tembok benteng; tembok kastil.
성별(性別) pembedaan jenis kelamin.
성병(性病) penyakit kelamin/penyakit kotor.
성복(成服)~하다 berkabung; berduka cita.
성부(成否)keberhasilan (atau kegagalan); hasil akhir.
성분(成分)bahan;komponen; unsur /elemen; ramuan.
성불(成佛) ~하다 mencapai surga.
성불성(成不成) keberhasilan/kegagalan); hasil akhir.
성사(成事) kesuksesan; keberhasilan. ~하다 berhasil sukses.
성산(成算) peluang sukses; keyakinan sukses. ~이 있다(없다) berpeluang/ tidak berpeluang sukses.
성상(星霜) kurun; masa. 십개~ masa sepuluh tahun.
성상(聖上) Yang Mulia; Baginda.
성상(聖像) ikon; ukiran suci; perlambangan suci.
성상학(性相學) fisiognomi/ilmu firasat.
성서(聖書) ☞ 성경(聖經).
성선(性腺) 「解」 kelenjar kelamin; gonad.
성선설(性善說) ajaran etika bahwa watak asli manusia adalah baik.
성성이(猩猩-) 「動」 orang utan.
성성하다(星星-) beruban; (berambut) tipis.
성쇠(盛衰) naik turun; keatas dan kebawah; pergantian/perubahan.
성수(星宿) 「天」 konstelasi; perbintangan.
성수(聖水) air suci. ~반 mangkuk untuk air suci.
성수기(盛需期) musim permintaan tinggi. ~를 맞다 sangat diminati/sangat laris.
성숙(成熟) ~하다 mencapai pertumbuhan penuh; mencapai kematangan; menjadi masak (matang). ~한 matang; masak; dewasa. ~기 umur pancaroba; usia puber.
성스럽다(聖-) suci; kudus; keramat; muharam.
성시(城市) kota benteng; kota yang dikelilingi tembok benteng.
성신(星辰) bintang-bintang. ~숭배 pemujaan bintang.
성신(聖神) roh kudus.
성실(誠實) ketulusan; ketulusan hati; kejujuran; keikhlasan. ~한 tulus; jujur; lurus hati; setia. ~성

kejujuran; ketulusan; kesetiaan; ketulus-ikhlasan.

성심(誠心) ketulusan hati; keikhlasan hati; ketaatan.~껏, ~성의 dengan tulus; dengan ikhlas; dengan sepenuh hati.

성싶다 kelihatan;tampak;rupanya. 비가 올 ~tampaknya seperti akan turun hujan; mungkin akan turun hujan.

성악(聖樂) musik kudus.

성악(聲樂) musik vokal. ~가 vokalis; penyanyi vokal. ~과(科) jurusan musik vokal.

성악설(性惡說) ajaran etika bahwa tabiat asli manusia adalah jahat.

성안(成案) rencana yang pasti.

성애(性愛) cinta birahi.

성야(星夜) malam penuh bintang.

성업(成業) penyelesaian pekerjaan; perampungan pekerjaan.

성업(盛業) ~중(中)이다 menjalankan perdagangan yang berkembang dengan baik.

성에 (lapisan) embun beku; gumpalan es yang terapung. 냉장고의 ~를 없애다 menghilangkan bekuan es dalam kulkas.

성역(聖域) tempat suci; daerah suci.

성연(盛宴) pesta akbar; pesta besar/ meriah.

성염(盛炎) panas pertengahan musim panas.

성외(城外) ~에 diluar (tembok) benteng; diluar kastil.

성욕(性慾) nafsu birahi; hasrat seksual. ~도착(倒錯) perbuatan seks yang tak wajar. ~도착자 hubungan seksual menyeleweng.

성우(聲優) aktor radio.

성운(星雲) ~(모양)의 nebula (sekelompok bintang di langit yang nampak seperti kabut bercahaya).

성원(成員)kuorum. ~이 되다 men capai kuorum. ~미달 tak mencapai kuorum.

성원(聲援) dorongan; dukungan moril. ~하다 mendorong; mendukung.

성은(聖恩) anugerah kerajaan.

성음(聲音) suara vokal. ~학 fonetik.

성의(誠意) ketulusan; keikhlasan. ~있는 tulus; setia; ikhlas. ~가 없는 tidak ikhlas; tidak tulus. ~를 보이다 menunjukkan keikhlasan.

성인(成人)(orang) dewasa.~교육 pendidikan masyarakat (untuk orang dewasa). ~관람용 영화 film orang dewasa. ~병 penyakit-penyakit geriatrik.

성인(聖人)orang suci;orang bijak.

성자(聖者) orang suci.

성장(成長)pertumbuhan; perkembangan. ~하다 tumbuh; berkembang; bertumbuh. ~이 빠르다 tumbuh dengan pesat. ~률 laju pertumbuhan; tingkat pertumbuhan. ~호르몬 hormon pertumbuhan.

성장(盛裝)~하다 berpakaian lengkap.

성적(成績) hasil; nilai; rekor. ~순으로 dalam urutan nilai. ~이 좋다 (나쁘다) mendapat nilai yang baik [jelek] di sekolah; menunjukkan hasil usaha yang baik (buruk). ~표 daftar nilai siswa. 학교~ nilai sekolah; angka rapor sekolah.

성적(性的)seksual. ~매력 ketertarikan seksual. ~충동 dorongan seks.

성전(聖典) ☞ 성경.

성전(聖戰) perang suci.

성전환(性轉換)perubahan kelamin; ~수술 operasi ganti kelamin.

성조기(星條旗) bendera Amerika Serikat.

성좌(星座) konstelasi; kedudukan bintang. ~도(圖) peta bintang.

성주 dewa penjaga rumah.

성중(城中) ~에 dalam benteng; dalam kastil.

성지(城址) reruntuhan benteng.

성지(聖地) tanah suci; Mekkah. ~순례 naik haji ke Tanah Suci.

성직(聖職) kependetaan; sistim kependetaan. ~자 pendeta; pastur; penghulu agama.

성질(性質) (기질) perangai; kelakuan; tingkah laku; (특성) ciri; (소질) kodrat.~이 좋은 (못된) 사람 orang baik (jahat). 문제의 ~상 karena sifat masalah.

성찬(盛饌) makan malam mewah.

성찬(聖餐) Jamuan Suci. ~배(杯) piala yang dipakai dalam misa suci.

성찰(省察) refleksi; introspeksi; mawas diri.

성채(城砦) benteng; kubu.

성충(成蟲) 『動』 imago.

성취(成就) pencapaian; prestasi. ~하다 mencapai (hasil akhir); mewujudkan (keinginan); berhasil.

성층(成層) ~광맥 urat tambang. ~권 stratosfir. ~권 비행기 pesawat strato. ~암 batu bertingkat-tingkat; batu berundak. ~화산 stratovolkano.

성큼성큼 dengan langkah-langkah panjang.

성탄(聖誕) kelahiran orang suci. ~목(木) pohon natal. ~절 ☞ 크리스마스.

성토(聲討)~하다 mengecam;mencela; menyalahkan. ~대회 rapat umum.

성패(成敗) kena atau luput; berhasil atau gagal.

성폭행(性暴行) pelecehan seksual; pelanggaran seksual.

성품(性品) sifat; watak; karakter; tabiat.

성하(盛夏) pertengahan musim panas.

성하다 ① (온전하다) utuh; tidak cacat; tidak rusak. ② (탈없다) sehat; dalam kesehatan yang baik.

성하다(盛-)① (초목이) padat; tebal; rimbun.② (사회.국가 따위가) maju; berkembang dengan baik.

성함(姓銜)gelar; nama kehormatan; julukan.

성행(性行) watak dan kelakuan.

성행(盛行) ~하다 berlaku; lazim; umum; merata.

성향(性向) kecondongan (disposisi); kehendak hati; inklinasi; kecenderungan. 소비(저축)~ kecenderungan untuk mengkonsumsi (menghemat).

성현(聖賢) orang suci; orang bijaksana. ~ 의 가르침 ajaran dari orang suci.
성형(成形) 「醫」 perbaikan kelainan-kelainan bentuk/ cacat; (얼굴의) pengangkatan kulit.~병원 rumah sakit bedah plastik. ~수술 operasi/ bedah plastik. ~외과 bagian bedah plastik.
성혼(成婚)perkawinan;pernikahan.
성홍열(猩紅熱) penyakit jengkering.
성화(星火) ① ☞ 운성(隕星). ② (불빛) cahaya meteor; cahaya bintang jatuh. ③ ~같다 mendesak; amat penting.~같이 재촉하다 mendesak (untuk ...); menekan dengan sangat.
성화(聖火)api suci;obor olimpiade. ~대 kaldron.~주자 pembawa obor.
성황(盛況) ~을 이루다 ramai di hadiri/ dikunjungi.
섶(옷의) pinggir baju.
섶,섶나무 hutan belukar.
세(稅) pajak (kewajiban), bea; cukai. ~를 거두다 memungut pajak. ~를 과하다 mengenakan pajak.
세(貰) sewa menyewa; penyewaan. ~놓다 menyewakan. ~들다 menyewa.
세 tiga; tri.
세간 perabot rumah tangga; perlengkapan rumah tangga; alat rumah tangga.
세간(世間) dunia rakyat.
세간나다 berpisah rumah setelah menikah.
세간내다 mendirikan rumah yang terpisah (untuk).
세거리 jalan bercabang tiga; jalan bersimpang tiga.
세계(世界) dunia; bumi; alam semesta.~적 seluruh dunia; universal; internasional; global. 온 ~에 (의) diseluruh dunia. ~각지에서 dari semua penjuru dunia. ~를 일주하다 mengelilingi dunia. ~관(觀) pandangan tentang dunia. ~기록 rekor dunia.~사 sejarah dunia. ~어 bahasa universal. ~연방 federasi dunia. ~은행(銀行) Bank Dunia.~일주 여행 perjalanan keliling dunia.~주의 kosmopolitanisme (faham kosmopolitan). ~지도 peta dunia.
세공(細工) karya; kerajinan.~하다 mengerjakan; membuat. ~품 hasil karya; barang kerajinan. ~인 seniman; pengrajin. 금속~ kerajinan logam.
세관(稅關)pabean; kantor pabean. ~원 pegawai bea cukai; petugas pabean. 인천~ kantor pabean Incheon.
세균(細菌) bakteri; kuman; basil. ~검사 pemeriksaan bakteriologis. ~병기 senjata bakteriologis; senjata kuman.~성 질환 penyakit kuman.~전 perang kuman.~학 bakteriologi. ~학자 ahli bakteriologi.
세금(稅金)pajak;cukai;bea(☞ 세). ~공제급료 membayar setelah pajak
세기(世紀)abad; zaman.20~ abad ke-20. ~말 akhir abad. ~말적인 seperti akhir zaman. 몇 ~동안 se-

lama berabad-abad yang lampau.
세나다 menjual laris; amat di sukai/ laris.
세납(稅納) pembayaran pajak. ☞ 납세 (納稅).
세내다(貰 -) menyewakan.
세뇌(洗腦) cuci otak.
세다 (강력) kuat; perkasa; berotot; kekar.
세다(머리털이) beruban;mulai ubanan.
세다 (계산) menghitung;menjumlah; mengkalkuasi. 잘못~ salah hitung; keliru hitung.
세단 (mobil) sedan.
세대(世代)generasi;angkatan.젊은 ~ generasi muda;angkatan muda. ~교체 alih generasi. ~차 kesenjangan antar generasi.
세대(世帶) ☞ 구(家口).
세도(勢道) kekuasaan; pengaruh (politik); wewenang. ~하다 meraih kekuasaan politik. ~부리다 menggunakan wewenang; melaksanakan wewenang. ~싸움(다툼) perjuangan untuk meraih kekuasaan; perjuangan kekuasaan.
세레나데「樂」serenande; rayuan musik.
세력(勢力)pengaruh;kekuatan;kekuasaan; energi; tenaga. ~있는 berpengaruh; berkekuatan; kuat; berkuasa. ~없는 tak berpengaruh; tidak berkuasa; lemah. ~이 강해지다 menjadi kuat; meningkat kekuasaan. ~을 부리다 menggunakan kekuasaan. ~을 펴다 mengembangkan pengaruh. ~권 lingkungan pengaruh.~균형 keseimbangan kekuatan.
세련(洗練) ~하다 memperhalus (budi pekerti); memoles; menghaluskan. ~된 halus; mengkilap; halus (budi pekerti).
세례(洗禮) pembabtisan; pemandian; pengkristenan. 포화의~ berondongan tembakan.~를 받다 di babtis. ~명 nama babtis; nama kristen. ~식 upacara pembaptisan.
세로 panjang; ketinggian; secara vertikal. ~2 피트 가로 30 피트 dua kali tiga puluh kaki.
세론(世論) pendapat umum; opini publik. ☞ 여론.
세루(世累) perhatian duniawi.
세륨「化」serium.~금속 logam serium.
세리(稅吏) pegawai pajak/petugas pajak.
세말(歲末) ☞ 세밑.
세면(洗面)~하다 membasuh muka. mencuci muka. ~기 tempat cuci muka;wastafel.~대 meja cuci muka. ~소 kamar kecil; kamar mandi.
세모(歲暮)☞ 세밑.
세목(細目)perincian; rincian;seluk beluk; fakta-fakta; keterangan-keterangan.~으로 나누다 merincikan; memperbaiki.
세목(稅目) item-item perpajakan.
세무(稅務) urusan perpajakan.~사 akuntan pajak berlisensi.~서 kantor pajak. ~서원 pegawai kantor pajak. ~서장 inspektur kantor pajak.
세미(細微) ~한 halus;kecil;lembut.

세미나 seminar.
세미다큐멘터리 semi dokumenter.
세미콜론 titik koma.
세밀(細密) ~한 terperinci; teliti; mendetail. ~히 dengan teliti; dengan seksama; secara terperinci; dengan hati-hati. ~한 검사 pemeriksaan yang teliti.
세밑(歲 -) akhir tahun.
세발(洗髮) cuci rambut. ~하다 mencuci rambut; berlangir; melangir. ~제 shampo; pencuci rambut; langir; keramas.
세배(歲拜) soja pada hari Tahun Baru. ~하다 bersoja pada hari Tahun Baru.
세법(稅法) hukum perpajakan.
세별(細別)~하다 membagi-bagi; memerinci.
세부(細部) rincian; perincian; seluk-beluk.
세부득이(勢不得已)terpaksa karena keadaan.
세분(細分) ~하다 membagi-bagi; memerincis.
세비(歲費)pembelanjaan tahunan.
세상(世上)dunia; kehidupan; masyarakat. ~에 di dunia. ~일 urusan /masalah duniawi. ~일에 훤하다 mengetahui banyak tentang dunia; banyak *makan* asam garam kehidupan. ~을 모르다 tak mengetahui tentang dunia.
세상살이(世上-)kehidupan.~하다 hidup; menjalani kehidupan.
세상없어도(世上-)dalam kondisi apapun; dengan cara bagaimanapun; apapun yang terjadi.
세세하다(細細-) terperinci;teliti; mendetil.
세속(世俗)adat istiadat/ kebiasaan umum, keduniawian. ~적 duniawi. ~을 떠난 tidak mementingkan soal-soal duniawi.
세수(洗手) ~하다 mencuci muka. ~대야 wastafel; mangkok cuci; baskom. ~수건 handuk muka.
세수(稅收) penerimaan pajak.
세슘「化」sesium (Cs).
세습(世襲) ~의 turun menurun; patrimonial;pewarisan.~재산 harta pusaka.
세심(細心) ~하다 cermat; teliti; seksama; hati-hati. ~한 주의를 기울이다 memberi perhatian penuh; memberikan perhatian seksama.
세쌍동이(-雙童-) kembar tiga. ~를 낳다 melahirkan anak kembar tiga.
세안(洗眼) ~하다 mencuci mata. ~약 obat cuci mata.
세액(稅額) jumlah pajak. ~을 정하다 menaksir/menetapkan jumlah pajak.
세우다 ① (일으키다) menegakkan; mendirikan. ②(정지)menghentikan; menghalangi; menahan. ③ (건조) menegakkan; membangun; mendirikan (bangunan).④(설립) membentuk;mendirikan.⑤(조직) mengorganisir;mengadakan;membentuk. ⑥ (정하다) menetapkan;membuat; menyusun. ⑦ (공훈 등을) melakukan; berbuat.⑧(날을) menajamkan; mengasah (gergaji). ⑨ (체

면을) menyelamatkan (muka). ⑩ (생계를) memperoleh/mendapat (nafkah).

세원(稅源) sumber pajak; obyek pajak.

세월(歲月) waktu;waktu dan musim. ~이 감에 따라 dengan berjalannya waktu; dengan berlalunya waktu. ~없다 berlangsung buruk.

세율(稅率)tingkat pajak;tarif. ~을 올리다(내리다) menaikan (menurunkan) tarif.

세인(世人) khalayak ramai; orang banyak; publik.

세일러~복 gaun pelaut (untuk wanita).

세일즈맨 wiraniaga; salesman.

세입(稅入) penerimaan pajak.

세입(歲入) pendapatan tahunan. ~세출 pendapatan dan pembelanjaan; penerimaan dan pengeluaran.

세자(世子) putra mahkota.

세정(世情) tabiat manusia.

세정(稅政)administrasi pajak.pencucian; pembilasan; pembersihan. ~하다 mencuci; membersihkan.

세제(洗劑) bahan pembersih; deterjen. 합성(중성)~ bahan pembersih buatan (alami).

세제(稅制) sistim perpajakan.

세제곱 『數』 pangkat tiga.~하다 memangkatkan tiga. ~근 akar pangkat tiga.

세존(世尊) Budha; Sakyamuni.

세주다(貰-)mengkontrakkan;menyewakan.

세째 ketiga; yang ketiga.

세차(洗車) ~하다 mencuci mobil.

세책(貰冊) buku sewaan. ~집 taman bacaan.

세척(洗滌) ~하다 mencuci;membersihkan. ~기(器) alat pencuci; mesin cuci. ~약 losion; air pembersih.

세출(歲出) pembelanjaan/pengeluaran tahunan.

세칙(細則) peraturan-peraturan rincian. 시행~ aturan pelaksanaan.

세탁(洗濯) cuci; pencucian. ~하다 mencuci; membinatu; menerima cucian.~기 mesin cuci. ~물 cucian. ~비누 sabun cuci. ~소 binatu.~솔 sikat cuci.~업자 tukang binatu.

세태(世態) kondisi masyarakat; kondisi sosial.

세트① perangkat.응접실~ perangkat ruang tamu. 커피~ perangkat (penyajian) kopi. ② (영화의) latar.③ (수신기) pesawat penerima; perangkat penerima. ④ (퍼머의) set (rambut). 머리를 ~하다 mensetkan rambut. ⑤ (테니스 따위의) babak dalam permainan.

세파(世波) badai kehidupan; pahit getir kehidupan. ~에 시달리다 mengalami pahit getir kehidupan.

세평(世評) pendapat umum; opini publik. ~에 오르다 diperbincangkan; menjadi buah bibir.

세포(細胞)① sel.~의 seluler/berkenaan dengan sel. ~분열 pembelahan sel. ~조직 jaringan sel. ~질 sitoplasma; cairan luar inti sel. ~학 ilmu tentang sel (sitologi). ② (조직의) sel komunal.

세표(稅表) ☞ 관세율표.

섹스(남녀별의) seks; (성교) hubungan kelamin.
센머리 uban; rambut putih.
센물 air keras.
센세이션 sensasi;kegemparan;kegegeran. ~을 일으키다 menimbulkan kegemparan;menggemparkan; menggegerkan.
센스 perasaan. ~있는 peka. ~가 없다 tidak peka.
센티미터 sentimeter.
셀로판 (kertas) selofan.
셀룰로이드 ~(제품)의 seluloid.
셀프서비스~식(式) toko swalayan.
셈 ① (계산)kalkulasi;perhitungan; penghitungan (☞ 셈하다). ~이 빠르다(느리다) cepat/ lambat dalam berhitung. ② (지불) pembayaran rekening (☞ 셈하다).③ (분별) kebijaksanaan; kearifan. ~이 나다 menjadi dewasa/ arif. ④ (의도) maksud; harapan. ...할 ~으로 dengan maksud; dengan harapan ... ⑤ ☞ 셈판.
셈본 ☞ 산수.
셈속 keadaan/ duduk perkara sebenarnya.
셈하다 menghitung;mengkalkulasi. ☞ 셈.
셋 tiga; tri.
셋돈(貰-) uang sewa.
셋방(貰房) kamar sewaan; kamar untuk disewakan.~살이하다 tinggal dikamar sewaan.~을 얻다 menyewa kamar.
셋집(貰-) rumah sewaan; rumah untuk disewakan. ~을 얻다 menyewa rumah.

셔츠 pakaian dalam; rompi; baju kaos/dalam. ~바람으로 dengan baju harian.
소「動」sapi.
소(小) kecil; sedikit; minor; lebih kecil; miniatur.
소(少) kecil; sedikit; muda.
소각(燒却)~하다 membakar; memusnahkan dengan membakar.
소갈머리 ~없는 tidak bijaksana; sembrono; berpikiran sempit.
소감(所感)pendapat; kesan-kesan (tentang); opini.
소강(小康) ~상태가 되다 mereda.
소개(紹介) pengenalan; rekomendasi.~하다 memperkenalkan; merekomendasikan. 자기를 ~하다 memperkenalkan diri. ~자 orang yang memperkenalkan.
소견(所見) pandangan; opini tentang.
소경 orang buta; tuna netra. ☞ 장님.
소계(小計)total; jumlah.~...가 되다 berjumlah; jumlah keseluruhan
소곡(小曲) cuplikan pendek (musik).
소곤거리다 berbisik; berbicara berbisik-bisik.
소관(所管)kewenangan.~사항 (項) hal-hal yang berada dalam kewenangan. ~청(廳) pejabat yang berwenang.
소관(所關)yang terkait. ~사 hal-hal yang terkait.
소굴(巢窟)liang; gua; sarang;tempat persembunyian. 범죄~ sarang kejahatan.

소권(訴權)「法」hak untuk memperkarakan.

소규모(小規模)skala kecil; kecil-kecilan. ~의 berskala kecil. ~로 pada skala kecil; secara kecil-kecilan.

소극(消極) ~적(으로)(secara) negatif (secara) konservatif; (secara) pasif. ~성 pasifitas; ketidak pedulian;ketidakacuhan.~주의 negatifisme (faham yang meninjau segala sesuatunya dari sisi negative/ segi buruknya.

소극(笑劇) pertunjukan jenaka; sandiwara pelawak/lelucon.

소금 garam. ~에 절이다 mengasinkan; mengacar. ~기 rasa asin.

소금물 air asin; air garam.

소급(遡及) ~하다 berlaku surut. ~법 hukum yang berlaku surut.

소기(小朞) 소상(小祥).

소기(所期) ~의 diperkirakan; di duga; diharapkan; diperkirakan. ~의 성적을 올리다 mencapai hasil yang diharapkan.

소꿉질 main rumah-rumahan. ~하다 bermain rumah-rumahan.

소나기 hujan tiba-tiba; hujan mendadak. ~를 만나다 kehujanan. ~구름 awan komulonimbus.

소나무 pohon pinus,pohon cemara/eru.

소나타「樂」sonata (biola).

소녀(少女) anak gadis; perawan, pelayan wanita/dayang; dara. ~시절에 dalam masa gadis/masa remaja putri.

소년(少年) anak laki-laki, bujang; pelayan laki-laki. ~시절에 dalam masa kanak-kanak; dalam masa remaja putra.~단(團) kepanduan; kepramukaan. ~단원 pramuka; pandu.

소농(小農)petani kecil; petani gurem.

소농가(小農家) petani kecil; petani lahan sempit.

소뇌(小腦)「解」serebellum; otak kecil.

소다 soda. ~공업 industri soda. ~수 air soda; air belanda. 세탁용~ soda cuci; soda abu.

소담스럽다 ☞ 소담하다.

소담하다 menggiurkan; tampak lezat.

소대(小隊) peleton. ~장 komandan peleton.

소독(消毒) desinfeksi; pencucihamaan; sterilisasi; pasteurisasi. ~하다 mendesinfeksi/mensucihamakan;mensterilkan. ~기 alat sterilisasi. ~액 larutan antiseptik; larutan anti kuman

소독저(消毒箸) sumpit bebas kuman.

소동(騷動) gangguan; kerusuhan; kekacauan; kemelut; keributan; keonaran; kebisingan.

소두(小斗) ukuran 1/2 mal.

소득(所得) pendapatan;perolehan; nafkah; penghasilan. ~세 pajak pendapatan; pajak penghasilan. (종합)~세 pajak pendapatan komposit. 국민~pendapatan nasional. 근로(불로)~ pendapatan hasil kerja.

소등(消燈) ~하다 memadamkan; mematikan (lampu).

소라「貝」 barai; siput. ~게「動」 kumang-kumang. ~고둥「貝」trifon; keong terompet.

소란(騷亂)kekacauan; kerusuhan; gangguan; agitasi; keributan; kegegeran. ~한 gegap gempita; ramai sekali; riuh rendah; hiruk pikuk.

소량(少量)sejumlah kecil; sedikit; sekutil. ~의 sedikit ...; sejumlah kecil.

소련(蘇聯) Uni Soviet; Rusia. ~사람 orang Soviet.

소령(少領) mayor; perwira menengah; komandan skuadron.

소로(小路) jalan sempit; jalan kecil; jalan setapak.

소론(所論) pendapat; pandangan; opini.

소름 tegak bulu roma; tegak bulu kuduk; seram kulit.~이 끼치는 menyeramkan; mengerikan; menakutkan.

소리 ① bunyi;suara.~가 나다 berbunyi; bersuara. ~를 내다 membuat gaduh. ② suara; teriakan; jeritan. 맑은~ suara yang jernih (nyaring). 큰(작은) ~로 dengan suara keras rendah.③percakapan; perbincangan;pembicaraan. 이상한 ~같지만 memang kedengarannya aneh tapi… ④ desas-desus; kabar angin; selentingan. 터무니 없는~ desas-desus yang tak berdasar. ⑤ lagu; nyanyian. ~하다 menyanyikan lagu.

소리(小利)keuntungan kecil.눈앞의 ~에 눈이 어두워지다 dibutakan oleh keuntungan kecil.

소리개「鳥」burung layang-layang.

소리결 ☞ 음파(音波).

소리지르다 berteriak; menjerit; memekik; bergembar-gembor.

소리치다 ☞ 소리지르다.

소망(所望)harapan; karsa; hasrat; cita-cita; keinginan; kehendak. ~스럽다 dikehendaki; diinginkan; di hasratkan.

소매 lengan baju.~가 긴 berlengan panjang. ~가 없는 tak berlengan. ~를 걷어붙이다 menggulung lengan baju;menyingsingkan lengan baju. ~를 끌다 menarik lengan baju; memohon.

소매(小賣) penjualan eceran;penjualan ketengan. ~하다 mengecer; mengeteng.~로 diecer; di keteng. ~상인 pengecer; retailer; pedagang eceran. ~점 toko pengecer.

소매치기 copet; pencopet. ~하다 mencopet; merogoh. ~당하다 kecopetan; kena copet.

소맥(小麥) ☞ 밀.

소멸(消滅)~하다 menghilang; lenyap; hangus; hapus; punah. ~시키다 menghilangkan; menghapus; meniadakan;menghanguskan. 자연 ~하다 punah dengan sendirinya.

소멸(燒滅) ~ 하다 membumihanguskan.

소멸시효(消滅時效) masa berlaku habis; masa kadaluarsa.

소명(召命) panggilan kerajaan.

소모(消耗) konsumsi; pemakaian.

~하다 mengkonsumsi; menghabiskan; memakai. ~된 menjadi habis. ~전 perang/bertempur dengan menghabiskan tenaga lawan.

소몰이 penggembalaan ternak, penggembala.

소묘(素描) sketsa kasar; bagan kasar.

소문(所聞) kabar angin; desas-desus;kasak-kusuk;selentingan; 사실 무근한 ~ laporan yang tidak berdasar. ~을 퍼뜨리다 menyebarkan desas-desus. ~을 내다 menghembuskan kabar angin.

소문만복래(笑門萬福來) tertawa mendatangkan bahagia

소박(素朴) ~한 sederhana; bersahaja; naif.

소박(疎薄) perlakuan yang buruk terhadap istri. ~하다 memperlakukan istri dengan buruk; menyianyiakan istri.

소반(小盤) meja makan kecil.

소방(消防) pemadam kebakaran; dinas pemadam kebakaran. ~대 pasukan pemadam kebakaran. ~사 anggota pemadam kebakaran. ~서 stasiun pemadam kebakaran.

소변(小便) air seni; air kencing; urine. ~보다 kencing; buang air kecil.

소복(素服) pakaian putih (berkabung).

소비(消費) konsumsi; pemakaian; penggunaan.~하다 mengkonsumsi; menggunakan; memakai membelanjakan. ~경제 penghematan konsumsi. ~량 jumlah konsumsi.

소비에트 Soviet.

소비자보호법(消費者保護法) hukum perlindungan konsumen.

소비자보호협회(消費者保護協會) organisasi perlindungan konsumen.

소사(燒死) ~하다 dibakar sampai mati.~자 orang yang dibakar sampai mati.

소산(所産) hasil; produk; buah; perolehan.

소산(消散) ~하다 menghilang;lenyap; raib; menguap; meruap.

소상(小祥)peringatan tahun pertama kematian.

소생(小生) aku;saya;saya sendiri.

소생(所生) anak; keturunan.

소생(蘇生)hidup kembali;penyadaran; reanimasi; kebangkitan. ~하다 siuman; hidup kembali; sadar; bangun kembali.

소석고(燒石膏) gips kapur; batu tahu.

소석회(消石灰) kapur mati.

소선거구(小選擧區)daerah pemilihan kecil.~제(制) sistim konstitusi anggota tunggal.

소설(小說)cerita;novel;fiksi.~적인 romantis; khayalan. ~가 penulis novel; novelis. 단편~ cerita pendek (cerpen); novelet. 역사 (심리, 신문, 통속) ~novel sejarah (psikologi, surat kabar, popular). 현상 ~ cerita pilihan.

소소하다(小小-)tak penting;remeh; sepele.

소속(所屬) ~하다 masuk bilangan. ~의 termasuk. ~시키다 memasukkan.

소송(訴訟)tuntutan perkara; gugatan.~하다 memperkarakan; menuntut; menggugat;. ~을 일으키다 berperkara;bersengketa. ~대리인 pokrol bambu.

소수(小數) 「數」 pecahan desimal; pecahan persepuluhan.

소수(少數)minoritas; bagian kecil; golongan kecil.~당(파) partai aliran minoritas. ~민족 ras minoritas. ~의견 pendapat minoritas.

소수(素數) 「數」 bilangan pokok.

소스 saus. ~를 치다 menuangkan saus.

소승(小乘) 「佛」 *Hinayana*; Wahana kecil. ~적 berpandangan sempit.

소시민(小市民) ~계급 kelas menengah bawah.

소시지 sosis.

소식(少食.小食) ~하다 tak makan banyak. ~가 orang yang makan sedikit.

소식(素食) makanan tanpa daging; hidangan sederhana.

소식(消息)berita; warta;informasi; kabar. ~이 있다(없다) mendengar (tidak mendengar) khabar (dari).

소신(所信) keyakinan;kepercayaan; pandangan; opini. ~을 밝히다 menyatakan pendapat; mengemukakan pandangan.

소실(小室) gundik; kekasih gelap.

소실(消失) ~하다 menghilang; lenyap; raib.

소실(燒失) ~하다 terbakar habis. ~가옥(家屋) rumah yang habis terbakar.

소심(小心)~한 penakut; pengecut; tidak berani; gamang; nyali kecil.

소아(小我) 「哲」 ego;kedirian.

소아(小兒)bayi; anak-anak. ~마비 kelumpuhan anak-anak;poliomyelitis.

소아과(小兒科) bagian penyakit anak-anak. ~의사 dokter spesialis anak. ~의원 rumah sakit anak-anak.

소액(少額) jumlah kecil (uang). ~지폐 uang kertas receh; uang kecil.

소야곡(小夜曲) serenade; rayuan musik.

소양(素養)pengetahuan;pencapaian; pendidikan. ~이 있는 terdidik; berbudaya. ...의 ~이 있다 memiliki pengetahuan tentang ...

소염제(消炎劑) antiflogistik.

소외(疎外)~당하다 diasingkan; dijauhi; diabaikan. ~감 rasa terasing.

소요(所要)~의 dibutuhkan; diperlukan.

소요(逍遙) ~하다 jalan-jalan; melancong; makan angin.

소요(騷擾) ☞ 소동, 소란.

소용(所用) keperluan; kebutuhan. ~되는 perlu; dibutuhkan; penting; berguna. ~없다 tak berguna; tak diperlukan.

소용돌이 pusaran air; kolam berpusar; olakan air. ~치다 berpusar; berolak.

소원(所願) keinginan; kehendak; kemauan; karsa; hasrat; maksud. ~이 성취되다 mewujudkan keinginan. ~을 들어 주다 memenuhi keinginan seseorang.

소원(疎遠) ~하다 asing. ~해지다 terasing; terkucil.
소원(訴願)petisi;permohonan naik banding. ~하다 mengajukan petisi; mengajukan permohonan.
소위(少尉) Letnan Dua (Letda).
소위(所爲) perbuatan; tindakan; kelakuan.
소위(所謂) biasa disebut;apa yang disebut ... ; apa yang anda sebut; tersebut.
소위원회(小委員會) sub komite.
소유(所有) milik; kepunyaan; kekagungan. ~하다 memiliki; mempunyai; memegang. ... ~의 milik ...; dimiliki oleh ...; kepunyaan .... ~격 hal posesif/ milik (tata bahasa).
소유욕(所有慾) keinginan untuk memiliki.
소음(騷音)suara; bunyi; ribut. ~방지의 anti suara; anti bunyi. ~공해 polusi suara; polusi bunyi.
소음기(消音器) peredam suara; peredam bunyi.
소이(所以) (alasan) mengapa.
소이탄(燒夷彈) bom pembakar.
소인(小人)kerdil; cebol; anak kecil; orang yang berpikir sempit; saya; saya sendiri.
소인(消印) setempel pos; cap pos. ~이 찍힌 dicap pos.
소일(消日) ~ 하다 melengahkan waktu; menghabis-habiskan waktu. ~거리 pelengah waktu; perintang-rintang waktu.
소임(所任) tugas; kewajiban. ~을 다하다 memenuhi tugas; melaksanakan tugas.~을 맡다 memikul tugas/kewajiban.
소입자(素粒子) partikel elementer; partikel unsur.
소자(素子) 『電子』 elemen;(listrik). 발광 ~ dioda pemancar cahaya.
소작(小作) sewa menyewa lahan; pertanian bagi hasil. ~하다 menyewakan lahan garapan. ~농 usaha tani dengan lahan yang di sewa; usaha tani bagi hasil.
소장(小腸) usus kecil; usus halus.
소장(少壯)~의 muda; pemuda. ~파 aliran pemuda.
소장(少將) (육군) Mayor Jendral; (해군) Marsekal Madya; (공군) Laksamana Madya.
소장(所長) kepala cabang.
소장(所藏) ~의 kepunyaan / milik (dari). …씨 ~의 kepunyaan Mr...
소장(訴狀) petisi; keluhan tertulis.
소재(所在)letak; kedudukan; tempat. ~를 감추다 menghilang; menyembunyikan diri. ~불명이다 hilang. ~지 tempat; kedudukan.
소재(素材) materi; bahan.
소전제(小前提) 『論』 minor premise.
소정(所定) ~의 tertentu; ditetapkan; telah pasti; mapan.~의 절차를 밟다 berlangsung sesuai tata cara yang telah digariskan.
소제(小題) sub judul; anak judul.
소제(掃除) ☞ 청소.
소주(燒酒) arak; minuman keras yang disuling; soju.
소중(所重) ~한 penting; berharga; bernilai.~히 dengan hati-hati; dengan cermat. ~히 여기다 meng-

hargai. ~히 하다 menjaga; memelihara; memperhatikan; merawat.
소지(所持)barang milik; milik; kepunyaan; pemilikan. ~하다 memiliki; mempunyai; membawa. ~금 uang di tangan (dalam saku). ~자 pemilik; pemegang.
소진(消盡) ~하다 lenyap;menghilang; raib.
소진(燒盡) ~하다 terbakar habis.
소질(素質)bakat. ~이 있다 erbakat (dalam).
소집(召集)panggilan;seruan; himbauan. ~하다 memanggil; menyeru; mengumpulkan; menghimpunkan; mengerahkan.~나팔 panggilan dengan terompet.~령(令) panggilan wajib militer. ~영장 maklumat wajib militer.
소쩍새 「鳥」 burung terkukur; burung elang malam.
소찬 menu sederhana
소채 sayur-sayuran. ~밭 kebun dapur.
소책자 selebaran; brosur; pamflet; surat selebaran; poster.
소철 pohon sagu.
소청 permintaan; permohonan. ~을 들어주다 memenuhi permohonan.
소총 senapan; senjata ringan. ~탄 peluru; pelor; anak bedil. 엠원~ senapan M-1. 카빈 ~ karaben.
소추(訴追) penuntutan;pendakwaan; dakwaan; pengusutan. ~하다 menuntut; mendakwa; menuduh; mengusut.
소출(所出)hasil panen;produk.~이 많은 amat produktif; berproduksi tinggi.
소치(所致) akibat; hasil; konsekuensi; efek. ...의 ~이다 disebabkan oleh ...; diakibatkan oleh ...; akibat ... .
소켓 「電」 ~에 까우다 stop kontak. 쌍~ stop kontak dua jalur; stop kontak dua arah.
소쿠리 keranjang bambu.
소크백신 「藥」 vaksin polio.
소탈(疏脫) ~하다(watak)sewajarnya.
소탐대실(小貪大失)~하다 menderita rugi besar setelah memperoleh sedikit keuntungan.
소탕(掃蕩) ~하다 menyapu bersih; mengganyang; membersihkan. ~(작)전 operasi sapu bersih.
소통(疏通) ~하다 memahami satu sama lain; sampai pada kesalingpahaman.
소파 (긴 의자) sofa.
소포(小包)bingkisan;paket. ~우편 pos paket; bingkisan pos.
소품(小品) barang-barang kecil/remeh. ~ 담당원 pemelihara alat.
소풍(消風)jalan-jalan;piknik; darmawisata; tamasya; pelesir. ~하다 berjalan-jalan; berpiknik; melancong; berdarmawisata.
소프라노 「樂」 soprano.
소프트 lunak; ringan. ~드링크 minuman ringan. ~볼 soft ball. ~웨어 「電」 perangkat lunak. ~칼라 kerah lunak.
소피(所避)~보다 kencing; mengeluarkan air seni.
소하물(小荷物) ☞ 소화물.

소해(掃海) penyapuan ranjau. ~하다 menyapu ranjau. ~작업 operasi penyapuan ranjau. ~정(艇) kapal penyapu ranjau.

소행(所行) tindakan; perbuatan.

소행(素行)perilaku;kelakuan;tingkah laku. ~이 못되다 orang yang berkelakuan buruk.

소형(小型.小形) ukuran kecil; ukuran kantong. ~의 berukuran kecil; mungil; mini. ~권총 pistol mini; pistol kantong.

소홀(疏忽) ~하다 lalai;sembrono; alpa; ceroboh; sembarangan; serampangan; gegabah. ~히 하다 melalaikan; mengabaikan.

소화(消火) ~ 하다 memadamkan api; memadamkan kebakaran. ~기 alat pemadam api; pemadam kebakaran; racun api. ~전(栓) kran kebakaran; hidran. ~호스 selang pemadam kebakaran.

소화(消化) pencernaan; konsumsi. ~하다 mencerna; mengkonsumsi; menyerap;menelan;menghancurka nmelembutkan. ~하기 쉬운(어려운) mudah (susah) dicerna.

소화물(小貨物) bingkisan; paket; hadiah. ~로 부치다 mengirim melalui pos. ~취급소 kantor titipan; kantor paket.

소환(召喚) panggilan;seruan;himbauan.~하다 memanggil; menyeru. ~되다 dipanggil. ~장 surat panggilan.

소환(召還) pemanggilan kembali. ~하다 memanggil kembali; menarik kembali. 본국(本國)에 ~되다 dipanggil pulang (diperintahkan pulang).

속①interior; bagian dalam; tengah-tengah. ~에 di dalam; di tengah-tengah. ~에서 dari dalam. ② isi; pengisi. 요에 ~을 넣다 mengisi kasur. ③ inti; teras; hati. ~까지 썩다 busuk sampai ke teras. ④ inti; dasar; hati. ~검은 jahat; keji. ~으로(는) dihati.~을 떠보다 menduga (hati). ⑤ isi perut; jeroan. ~이 비다 lapar. ~이 거북하다 merasa berat di perut.

속(屬)「生」genus.

속(續) kelanjutan;terusan; seri kedua.

속간(續刊) ~하다 meneruskan publikasi.

속개(續開) pembukaan lagi; penerusan. ~하다 melanjutkan; meneruskan; memulai lagi.

속결(速決) ☞ 즉결.

속계(俗界) kehidupan duniawi.

속곳 rok dalam; pakaian dalam.~바람으로 tanpa mengenakan apapun selain rok dalam.

속공(速攻) serangan yang cepat. ~하다 menyerang dengan cepat.

속구(速球)「野」bola cepat. ~투수 pelempar bola cepat.

속국(屬國) negara jajahan; negara taklukan.

속기(速記)stenografi;tulisan cepat. ~하다 menulis cepat; menulis steno. ~록 catatan stenografis. ~사 penulis cepat; stenografer. ~술 stenografi; seni menulis cepat.

속눈썹 bulu mata.인조 ~ bulu mata

palsu.

속다 ditipu; dicurangi; dikerjai; di bodohi.

속닥… ☞ 숙덕… .

속단(速斷)~하다 memutuskan dengan tergesa-gesa.

속달(速達)pengiriman khusus;pengiriman kilat.~하다 mengirim surat dengan kilat.~료 bea kirim kilat; biaya pengiriman kilat. ~우편 surat kilat.

속달다 cemas; khawatir; gelisah.

속담(俗談) pepatah; peribahasa; bidal; pemeo. ~에도 있듯이 seperti kata pepatah.

속도(速度) kecepatan; laju;tempo; derap. ~를 내다 mempercepat; menambah kecepatan. ~를 줄이다 melambat; mengurangi kecepatan.

속독(速讀)baca cepat.~하다 membaca dengan cepat.

속돌 「鑛」 batu apung.

속되다(俗-) vulgar; kasar; biasa; populer; duniawi.

속등(續騰) kemajuan yang berkesinambungan/ berkelanjutan.~하다 terus naik; terus maju.

속락(續落) kejatuhan yang terus menerus/berkelanjutan. ~하다 terus jatuh; terus merosot.

속력(速力) ☞속도.~이 빠른[느린] pesat [lambat] dalam kecepatan. 전 ~으로 dengan kecepatan penuh. 최대~ kecepatan maksimum; kecepatan tertinggi.

속령(屬領) tanah jajahan; negeri jajahan. ~지 dominion.

속마음 hati kecil; hati sanubari. ~을 꿰뚫어 보다 melihat melalui hati; membaca pikiran orang; menyelami.

속말 pembicaraan rahasia.

속명(俗名) ① (통속적인) nama umum; nama lazim. ② (법명에 대한) nama duniawi.

속명(屬名) 「生」 nama generik.

속물(俗物) orang awam. ~근성 jiwa keduniawian.

속박(束縛)kekangan; kendali; bekuk; belenggu. ~하다 mengekang; membelenggu; mengikat; menambat. ~을 받다 dikendalikan; di kekang.

속병(-病) penyakit dalam yang kronis; penyakit dalam yang akut.

속보(速步)langkah cepat.

속보(速報) laporan cepat; berita kilat; warta kilat; siaran kilat. ~하다 membuat laporan kilat. ~판 papan warta kilat.

속보(續報) berita lebih lanjut; tindak lanjut; laporan lanjutan.

속보이다 terselami.

속사(速射) penembakan cepat. ~하다 menembak dengan cepat. ~포 meriam penembak cepat.

속삭이다 berbisik-bisik. 귀에 대고 ~ berbisik di telinga.

속살 bagian kulit yang ditutupi baju.

속상하다(-傷-) merasa jengkel; mendongkol.

속설(俗說) pepatah; peribahasa umum; (전설) adat istiadat.

속성(速成) penguasaan yang cepat; penguasaan kilat. ~하다 merampungkan dengan cepat; memberi latihan kilat. ~과 kursus kilat. ~법 metode kilat.

속성(屬性)『論』 atribut;lambang.

속세(俗世)duniawi; kehidupan duniawi; alam fana. ~를 떠난 akherat. ~를 버리다 meninggalkan hal-hal duniawi.

속셈 ① pikiran dalam; hasrat terpendam. ② ☞ 암산.

속속들이 keseluruhan;secara menyeluruh. ~썩다 busuk sampai ke dalam; busuk hingga ke inti. ~젖다 basah sampai ke kulit; basah kuyup.

속수무책(束手無策) ~이다 tak berdaya; tak satu pun yang dapat dilakukan.

속아넘어가다 tertipu; terpedaya. 감쪽 같이~ tertipu mentah-mentah.

속앓이 ☞ 속병.

속어(俗語) bahasa pasaran;bahasa pergaulan.

속옷 pakaian dalam.

속이다 memperdaya; membodohi; menipu; mencurangi; mengibuli. 사람의 눈을~ menyilap; mengelabui mata. 감언으로 ~ memperdaya dengan kata-kata manis. 나이를 ~ menipu umur. 대학생이라고 ~ menyaru sebagai mahasiswa.

속인(俗人) orang awam.

속인(屬人) ~의 pribadi; individu. ~특권 hak-hak pribadi. ~주의 『法』 prinsip pribadi.

속임수 tipuan; tipu daya; tipu muslihat. ~를 쓰다 menipu; memperdayai; mengecoh; mengelabui mata.

속전속결(速戰速決) rencana perang sinar. ~전법 taktik pencet tombol.

속절없다 tak berdaya; tak ada harapan; mati kutu; sia-sia.

속죄(贖罪)taubat; tobat; penebusan; penyelamatan; minta ampun. ~하다 bertobat;menebus (dosa); menyesal; mengaku salah. ~할 수 없는 tak terampuni; tak tertebus.

속지(屬地) jajahan; tanah jajahan; wilayah kekuasaan. ~주의 『法』 prinsip kewilayahan.

속출(續出) kejadian yang berturut-turut.~하다 muncul berturut-turut.

속치마 rok dalam.

속칭(俗稱) nama umum; nama populer. ~하다 dikenal secara luas sebagai ...; biasa disebut ... .

속타다 khawatir; dongkol; jengkel; cemas; sedih.

속탈 gangguan perut.

속태우다 ① (남을) mengesalkan; menyakiti;mendongkolkan; mengganggu; mengesalkan. ② (스스로) kesal; dongkol; terganggu.

속편(續篇.續編) sambungan; volume kedua; jilid kedua; terusan; lanjutan.

속필(速筆) penulisan cepat.

속하다(屬 -)termasuk (ke dalam).

속행(續行)~하다 melanjutkan;meneruskan; melangsungkan terus.

숚다 memperjarang; menjarangkan.

손 ① tangan lengan.바른~ tangan kanan.~을 마주잡고 bergandengan tangan.~으로 만든 buatan tangan; manual. ~을 들다 mengangkat tangan;menyerah. ~을 잡다 menggenggam tangan. ~을 불에 쬐다 menghangatkan tangan di atas api; mendiangkan tangan. ~을 뻗치다 membentangkan tangan.② tangan; bantuan. ~을 빌리다 membantu; memberikan pertolongan; menolong. ~이 비다 bebas tugas. ~이 모자라다 kekurangan tenaga. ③ ketrampilan; kecakapan tangan; kemahiran. ~에 익다 menguasai; terampil (dalam).④ gangguan; kesulitan. ~이 많이 가는 rumit. ~을 덜다 mengurangi tenaga. ⑤ milik. ~에 넣다 memenangkan;memperoleh; mendapatkan. ~에 들어 오다 menjadi milik. 남의 ~에 넘어 가다 jatuh ke tangan orang lain. ⑥ 남의 일에~을 대다 campur tangan urusan orang lain. ...에서 ~을 떼다 cuci tangan. ...와 ~을 끊다 putus hubungan. ⑦ ~을 거쳐서 melalui perantara. 아무의 ~을 거쳐(서) 사다 beli lewat tangan kedua.

손 ☞ 손님.

손(損) rugi; hilang; rusak; susut.

손가락 jari tangan. ~에 끼다 memakai cincin di jari. 엄지~ ibu jari; jempol. 집게[가운뎃, 약, 새끼]~ jari telunjuk [jari tengah, jari manis, jari kelingking].

손가락질 ~하다 menunjuk; menuding; menyalahkan. ~받다 dituding.

손가방 tas tangan;tas kantor;kopor kecil.

손거울 kaca tangan.

손겪다 (대접함) menjamu tamu; bertindak sebagai tuan rumah.

손곱다 kaku; kebas.

손금 garis-garis tangan; suratan tangan; rajah tangan. ~을 보다 membaca garis-garis tangan; membaca rajah tangan. ~쟁이 peramal nasib; pembaca garis tangan.

손금(損金) kerugian uang.

손길 bantuan tangan, jangkauan. 따뜻한 구원의~ bantuan; pertolongan. ~이 닿는 곳에 dalam jangkauan.

손꼽다 (셈하다) membilang jari tangan. 손꼽아 기다리다 menunggu-nunggu dengan membilang jari tangan.

손끝 ujung jari.~(이) 여물다 hemat; irit.

손녀(孫女) cucu perempuan.

손놓다 menelantarkan pekerjaan.

손님 ① tamu. 사업상의~ tamu bisnis. ~을 대접하다 menjamu tamu. ~을 맞다 menerima tamu. ~이 있다 mendapat tamu;ada tamu. ~ 접대가 좋다[나쁘다] penjamuan baik [buruk]. ② pelanggan; konsumen; patron. 단골~ langganan; pelanggan.~이 없다 tak punya langganan. ~이 늘다[줄다]bertambah [berkurang] langganan. ~을 끌다 menarik pelanggan; menarik konsumen. ~서비스가 좋다[나쁘다] memberikan pelayanan yang baik [buruk]. ③ (승객) menumpang.

손대다 ① (건드리다) menyentuh;

memegang; menjamah; meraba. ② ikut campur; campur tangan; turut serta. 정치에 ~ turut serta dalam gerakan politik. ③ (손찌검) memukul; menampar.

손대중 pengukuran tangan; penimbangan tangan. ~으로 menurut ukuran tangan.

손도끼 kampak tangan; beliung.

손도장(-圖章) cap jempol; cap ibu jari. ~찍다 mencap dengan jempol.

손독(-毒) ~이 오르다 terinfeksi akibat sentuhan; rusak akibat di sentuh.

손들다 mengangkat tangan; menyerah.

손등 punggung tangan.

손때 noda tangan; pengotoran oleh tangan. ~묻은 ternoda tangan; bercap tangan.

손떼다 cuci tangan; menarik diri.

손목 pergelangan tangan. ~을 잡다 memegang pergelangan tangan; mencekal pergelangan tangan.

손바느질 jahit tangan.

손바닥 telapak (tangan). ~을 뒤집듯이 tanpa kesulitan sedikitpun; seperti membalikkan telapak tangan. ~으로 때리다 menampar; menempeleng.

손발 tangan kaki; anggota badan.

손버릇 ~(이) 나쁜 panjang tangan; sifat suka mencuri.

손보다(돌보다) memelihara; mengurus; merawat;(수리) memperbaiki.

손봐주다 memberikan bantuan; mengulurkan tangan.

손빌다 mendapat pertolongan; menerima bantuan.

손뼉치다 bertepuk tangan.

손상(損傷) kerusakan;luka-luka; kecederaan. ~하다 merusak; melukai. ~을 주다=손상하다/~을 입다 dirusaki; dilukai; mengalami kerugian; cacat.

손색(遜色)inferioritas; kebawahan. ~없다 sebanding; setara.

손수 dengan tangan sendiri; secara pribadi.

손수건(-手巾) sapu tangan; selampai.

손수레 gerobak tangan; gerobak dorong.

손쉽다 mudah; sederhana.

손실(損失) kerugian; kehilangan. 국가 적인~ kerugian nasional. ~을 주다 [입다] menimbulkan [mengalami] kerugian.

손쓰다 mengambil tindakan; mengambil langkah-langkah. 미리 ~ mengambil tindakan pencegahan.

손아귀 ~에 넣다 menguasai. ~에 들다 jatuh ke tangan (seseorang); dikuasai.

손아래 ~의 yunior; (yang) lebih muda; adik. 세살 ~이다 yunior dengan selang tiga tahun; yang lebih muda 3 tahun.

손어림 ukuran tangan.~하다(membuat) taksiran dengan tangan.

손위 ~의 kakak; abang; yang lebih tua.

손익(損益) laba dan rugi; keuntungan dan kerugian.~계산서 lembaran pernyataan laba dan rugi.

손익다 mahir; terbiasa; familier.

손일 pekerjaan tangan; kerajinan tangan.

손자(孫子) cucu laki-laki.

손잡이 pegangan; tangkai gagang; engkol. ~끈 tali pegangan; ambin.

손재주 ~있는 cekatan; bertangan terampil; tangkas.

손질 ~(을)하다 memelihara; merawat (pohon, taman dll), memperbaiki. ~이 잘 된[되지 않은] terpelihara [tidak terpelihara].

손짓 isyarat tangan. ~하다 (memberi) isyarat tangan.

손찌검하다 memukul; menampar; menempeleng.

손크다 royal;murah hati;dermawan.

손톱 kuku tangan. ~을 깎다 memotong kuku.~으로 할퀴다 menggaruk dengan kuku; menggores dengan kuku; mencakar.

손풍금(-風琴) akordion; harmonika tangan.

손해(損害) kerusakan; kerugian. ~를 주다 merusak; merugikan; melukai; membahayakan.~를 입다 mengalami rugi (besar). ~배상 ganti rugi; kompensasi untuk kerusakan.

솔 (터는) sikat; sol; berus. ~로 털다 menyikat.

솔(나무) pohon pinus;cemara.~가지 cabang pinus. ~방울 kerucut pinus. ~밭 hutan cemara. ~잎 daun cemara; daun jarum.

솔기 kelim;pelipit;setik balik.~없는 tanpa kelim.

솔깃하다 tertarik (dengan).

솔다 ① ☞ 좁다. ② gatal tetapi terlalu sakit untuk di garuk.

솔로「樂」solo; nyanyian tunggal; tunggal. ~가수 penyanyi solo. 피아노 ~ piano solo.

솔선(率先) ~하다 mengambil inisiatif; mempelopori; memberi contoh pada yang lain.

솔솔 dengan lembut;dengan ringan; secara lunak.

솔직(率直) ~한[히](dengan) terus terang; jujur; tulus; polos. ~한 대답 jawaban yang terus terang. ~한 사람 orang yang berterus terang; orang yang terbuka/jujur.

솔질 penyikatan. ~하다 menyikat; memberus; menguas; menggosok; menyerit.

솜 kapuk;kapas pengisi. ~타기 pemukulan kapas. ~을 두다 mengisi (bantal) dengan kapuk. ~을 타다 memukul kapas.

솜사탕 gula-gula kapas; gulali.

솜씨 kemahiran; keterampilan; keahlian;kecekatan;kecakapan. ~있는 mahir; terampil; cekatan; mampu; cakap.

솜옷 pakaian yang diisi (dengan kapas); pakaian yang diberi lapisan empuk.

솜저고리 baju yang diisi kapas.

솜털 bulu kalong; remang.

솜틀 mesin pemisah biji kapas.

솟구다 melompat; meloncat; berjingkat.

솟다 ① membumbung; menjulang tinggi; naik; memuncak. 구름 위로 (치)~ menjulang di atas awan.

② (샘 등이) memancar; menyembur. ③ (불길이) menyala.

솟아나다 ①(샘이) memancar; menyembur;menyimbah.② (여럿에서) menyolok mata.

솟을대문(-大門) gerbang yang tinggi; gapura yang tinggi.

송가(頌歌) lagu pujian; lagu gereja.

송골매 『鳥』 rajawali kelabu besar.

송곳 gerek kayu; bor kayu. ~으로 구멍을 뚫다 membor; membuat lubang dengan bor.

송곳니 gigi taring.

송구(送球) ① ☞ 핸드볼. ② (던지다) ~하다 melempar bola.

송구(悚懼)~스럽다 amat menyesal.

송구영신(送舊迎新) Tahun lama berakhir dan tahun baru datang.

송금(送金) pengiriman uang. ~하다 mengirim uang. ~수수료 biaya kirim uang. ~수취인 penerima (kiriman).~수표 cek pengiriman. ~액 jumlah kiriman. ~인 pengirim.

송기(送氣)suplai udara;persediaan udara. ~하다 menyediakan udara; menyuplai udara.~관(管) pipa udara.

송년(送年) tahun lama berakhir.

송달(送達) pengantaran;pengiriman. ~하다 mengirim; mengantar; mengirimkan; meneruskan.~부(簿) buku bon.

송덕(頌德)eulogi(pidato/kata-kata pujian tentang seseorang yang sudah meninggal). ~비(碑) tugu peringatan.

송독(誦讀) ~하다 menceritakan (dari ingatan).

송두리째 keseluruhan; utuh; akar dan cabang; secara keseluruhan. ~없애다 mencabut; menumbangkan; membasmi. 배를 ~먹다 memakan habis buah pir.

송료(送料)bea kirim;perangko.~선불 bea kirim dibayar dimuka. ~포함 1,000 원 1000 won termasuk bea kirim.

송림(松林) hutan cemara.

송별(送別) melepas keberangkatan;memberangkatkan. ~사(辭) pidato perpisahan; pidato pemberangkatan. ~회 pesta perpisahan; pesta pelepasan.

송부(送付)~하다 mengirim;mengantar.

송사(訟事)perkara hukum; gugatan; tuntutan hukum.

송사(頌辭) eulogi (= pidato pujian tentang seseorang yang telah meninggal).

송송 ~썰다 mencincang ke dalam potongan-potongan kecil; memotong menjadi kepingan-kepingan.

송수(送水)~하다 menyediakan air. ~관 pipa air.

송수신기(送受信機) (라디오) pengirim (sinyal); pemancar.

송수화기(送受話機) gagang telepon.

송신(送信) trasmisi; pengiriman; pengantaran; penghantaran. ~하다 mengirimkan;menghantar.~국[탑] stasiun [menara] pemancar. ~기 transmitter; pemancar.

송아지 anak sapi. ~를 낳다 melahirkan anak (sapi). ~가죽 kulit anak sapi.~고기 daging sapi muda.

송어 ikan trout.

송유 persediaan minyak;suplai minyak. ~하다 menyediakan/menyuplai minyak.~관 pipa suplai minyak.

송이 (꽃.과실의)serangkaian; sekelompok;(눈의)seikat;setandan; sesisir. 포도 한 ~ setandan buah anggur.

송이 jamur *songi*.

송장 jenazah; mayat; bangkai. 산~ mayat hidup.

송장(送狀) faktur; pengiriman.~을 작성하다 membuat faktur. ~대장 buku faktur. 내국 [수출, 수입]~ pengiriman lokal [ekspor; impor].

송전(送電) ~하다 menghantar listrik; mentransmisi arus listrik.~선 saluran listrik; kawat listrik; kabel listrik. ~소 kawasan transmisi; tempat transmisi. ~탑 menara listrik.

송죽(松竹) pinus dan bambu; cemara dan bambu.

송진(松津) resin tusan; getah kayu pinus.

송축 ~하다 memuja dan memuji; memuliakan; memberkahi.

송충이 ulat cemara; ulat pinus; ulat pohon.인간~ orang yang hidup seperti ulat (suka menggerogoti orang lain).

송치 ~하다 mengirim (tersangka). 검찰에 ~하다 mengirim (berkas perkara) ke kantor jaksa.

송판 papan eru; papan kayu pinus.

송편(松-)kue beras yang diisi dengan selai kacang; putu kacang.

송풍(送風) ventilasi; peranginan; peredaran hawa. ~관 pipa udara; lubang angin. ~기 ventilator; kipas angin.

송화 transmisi; penghantaran; pengiriman. ~하다 mengirimkan; menghantar.~구(口) corong bicara. ~기 pemancar.

송환 pemulangan;repatriasi;pengiriman pulang.~하다 memulangkan; merepatriasi.

솥 periuk; dandang besar.한~ 밥을 먹다 hidup dari periuk. ~뚜껑 tutup periuk.

쇄골(鎖骨) 「解」tulang selangka.

쇄광기(碎鑛機) mesin penghancur.

쇄국(鎖國)isolasi/ pemisahan nasional; pemencilan nasional. ~하다 menutup pintu (bagi orang asing). ~시대 periode isolasi. ~정책 kebijakan isolasi nasional.~주의 sekluisionisme-isolasionisme (faham pemencilan/pemisahan).

쇄도(殺到)banjir; kelimpahruahan; keramaian.~하다 membanjir;membludak masuk; berjubel; berjejal. 주문이~하다 menerima order yang membanjir; order membanjir.

쇄빙선(碎氷船) pemecah batu es, kapal pemecah es.

쇄신(刷新) perbaikan; renovasi; pembaharuan. ~하다 memperbaiki; memperbarui; merenovasi; memperbaharui. 정계의~ pembaharuan politik. 일대 ~을 단행하다 meng-

adakan pembaharuan yang radikal.
쇄편(碎片)pecahan; serpih; penggalan; fragmen.
쇠 ① besi (Fe); logam. ~로 만든 dari besi. ~갈고리 kait besi; kail besi; cantelan besi. ② kunci. ~ 채우다 mengunci.
쇠가죽 kulit sapi.
쇠고기 daging sapi.
쇠고랑 belenggu; borgol. ~ 채우다 membelenggu.
쇠고리 cincin besi; simpai/ gelindingan besi.
쇠귀 ~에 경읽기 berkhotbah ketelinga tuli.
쇠기름 lemak daging sapi; gemuk.
쇠꼬리 ekor/buntut sapi. 닭벼슬이 될 망정 ~는 되지 마라 Lebih baik jadi kepala keledai dari pada jadi ekor kuda.
쇠꼬챙이 tusuk besi.
쇠다 ① memperingati; merayakan. 명절을 ~ memuliakan hari raya; merayakan hari raya. 설을~ merayakan Tahun Baru. ② (채소가) menjadikan liat (dan berserabut); menjadi keras/kasar. ③ (병이 덧나다) memarah; memburuk.
쇠똥 (소의 똥) tahi sapi; kotoran sapi.
쇠똥 (쇳부스러기) terak; ampas bijih.
쇠망(衰亡) ~하다 jatuh; mundur; turun negara.
쇠망치 martil/ palu besi.
쇠몽둥이 batang(an) besi; batang logam; balok besi.
쇠뭉치 massa besi.
쇠버짐 sejenis kurap/ kadas.
쇠붙이 barang-barang logam.
쇠뼈 tulang sapi; tulang jawi.
쇠뿔 ~도 단김에 빼랬다 pukullah besi ketika masih panas.
쇠사슬 rantai. ~로 매다 merantai. ~을 풀다 membuka rantai.
쇠스랑 『農』 penggaru; canggah.
쇠약(衰弱) pelemahan;pengurusan. ~한 lemah. 병으로 ~해지다 tumbuh lemah akibat sakit. 전신~ pelemahan total.
쇠잔(衰殘) ~하다 menjadi lemah; kehilangan kekuatan; melemah.
쇠줄 kawat besi; kabel; rantai.
쇠진(衰盡) kelelahan; keletihan; kepayahan. ~하다 lelah.
쇠톱 gergaji logam/besi.
쇠퇴(衰退.衰頹) ~하다 ambruk.
쇠푼 sejumlah kecil uang; sedikit tuang.
쇠하다(衰-) menjadi lemah;hilang kekuatan; melemah.
쇳내 rasa logam.~가 나다 merasai logam.
쇳물 tahi besi; karat besi.
쇳소리 bunyi logam.
쇳조각 sepotong besi.
쇳줄 pembuluh mineral.
쇼 pertunjukan;tontonan; peragaan; demonstrasi. ~를 보러 가다 pergi melihat pertunjukan. ~걸 gadis panggung. 퀴즈~ pertunjukan kuis.
쇼룸 ruang pameran; kamar pajangan.
쇼맨 pemain sandiwara/pertunjukan. ~십[기질] kecakapan memainkan pertunjukan.

쇼윈도 jendela pamer; jendela pajangan; etalase. ~를 장식하다 menata etalase.

쇼케이스 lemari kaca/ kodok (untuk pameran).

쇼크 "shock" (☞ 충격). ~를 받다 mengalami"shock".~를 주다 memberi "shock".

쇼핑 perbelanjaan. ~하다 berbelanja. ~가다 pergi belanja. ~백 [센터] kantong belanjaan [pusat perbelanjaan].

숄 selendang; syal; mafela. ~을 걸치다 memakai selendang.

숄커트 potongan pendek.

수(手) ① langkah (catur). 나쁜 ~ langkah yang jelek. 한 ~두다 memainkan langkah. ② trik; tipuan; muslihat. ~에 넘어가다 terpedaya; jatuh ke dalam perangkap; terperangkap.

수(壽) (나이) usia; umur; usia panjang;usia lanjut; (장수) dirgahayu. ~를 누리다 menikmati usia panjang.~를 다하다 meninggal secara alamiah.

수(數) ① bilangan; nomor; angka. ~많은 sejumlah besar; banyak. ~없는 tak terhitung; tak terkira banyaknya; banyak sekali. ~를 세다 menghitung; membilang. ~에 넣다 terhitung; terbilang. ② ☞ 운수,행운. ~사납다 tak beruntung; sial; nahas.

수(繡) sulaman; bordil; tekat. ~실 benang sulam. ~놓다 menyulam.

수 ① sarana; cara; sumber daya; perangkat/alat. 가장 좋은 ~ cara terbaik (metode terbaik). 무슨 ~를 써서라도 dengan cara apapun; dengan resiko apapun; apapun resikonya. ...하는 ~밖에 없다 tidak dapat berbuat apa-apa; tak punya pilihan kecuali ... 별 ~ 없다 hal itu tidak bisa dicegah lagi. ② (가능성.능력) kemungkinan;kecenderungan; kemampuan.

수(首) kepala, pertama, gagang, muncul, bait.

수...(數) beberapa. ~일 beberapa hari.

...수(囚) 미결~ tahanan luar.사형~ narapidana vonis mati.

수감(收監) pemenjaraan.~하다 memenjarakan; memasukkan ke dalam bui; mengeram.

수갑(手匣) belenggu; borgol. ~을 재우다 membelenggu; memborgol.

수강(受講)~하다 kuliah;mengikuti kuliah. ~생 siswa; peserta latihan.

수개(數個) ~의 beberapa. ~월 beberapa bulan.

수건(手巾) (h)anduk; tuala. ~걸이 rak/gantungan handuk.세수~ handuk muka.

수검(受檢)~자 orang yang di periksa.

수고(手苦)susah payah;daya upaya;kerja keras. ~하다 bekerja keras; bersusah payah; berpenat-penat.~스러운 sukar; susah; keras; sulit. ~를 아끼지 않다 tidak keberatan bekerja.

수공(手工)kerajinan/pekerjaan tangan; pertukangan. ~업 usaha kerajinan tangan; usaha pertukangan.

~업자 pengrajin; pekerja tangan. ~품 barang kerajinan.
수괴(首魁) pemimpin (gerombolan); biang keladi.
수교(手交) ~하다 mempertukar; bertukar. 각서(覺書)를 ~하다 mempertukar memorandum; bertukar nota.
수교(修交) persahabatan; hubungan baik (☞ 수호(修好)). ~훈장(勳章) Bintang Jasa Kwanghwa Agung.
수구(水球) 「競」 polo air.
수구(守舊) ☞ 보수(保守).
수국(水菊) 「植」 hidrangea.
수군거리다 berbisik-bisik; kasak-kisik.
수군수군 berbisik-bisik; dengan suara rendah; dengan rahasia/diam-diam.
수굿하다 agak terkulai; menggantung.
수그러지다 ①(머리가) merendah; jatuh; terkulai; turun. ② (바람 따위가) turun; surut; reda. ③(병세가) mereda; memulih (sakit).
수그리다 ☞ 숙이다.
수금(收金) pemungutan utang. ~하다 memungut utang. ~원 kolektor utang; penagih utang.
수급(需給) permintaan dan penawaran. ~계획 program permintaan dan penawaran. ~조절 penyesuaian permintaan-penawaran.
수긍(首肯) persetujuan; pengabulan. ~하다 menyetujui; mengabulkan; mengiakan.
수기(手記) nota; laporan; memorandum; catatan pendek; surat peringatan.
수기(手旗) bendera. ~신호 pemberian isyarat bendera (semafor).
수꽃 「植」 bunga jantan.
수난(水難) bencana banjir.
수난(受難) penderitaan; cobaan berat; siksaan; kesusahan. ~을 겪다 menderita; mengalami cobaan hidup. ~일 「聖」 Jum'at berkah.
수납(收納) penerimaan. ~하다 menerima; mendapat. ~계원 penerima.
수납(受納) ~하다 menerima(baik); menyetujui. ~자 penerima.
수냉식(水冷式) ~의 didinginkan air.
수녀(修女) biarawati; rahib wanita. ~가 되다 masuk biara; menjadi biarawati. ~원 biara.
수년(數年) beberapa tahun.
수뇌(首腦) pimpinan; pemimpin. ~부 badan pengelola; manajemen puncak. ~회담 konferensi puncak; pembicaraan tingkat atas.
수다 ocehan; obrolan; omong kosong. ~ 스럽다 banyak omong; bawel; cerewet; gatal mulut. ~떨다 mengobrol; mengoceh; beromong-omong. ~쟁이 pengoceh; pembual; tukang ngobrol.
수단(手段) cara; jalan; langkah; tindakan; perbuatan. 목적을 위한 ~ langkah-langkah ke tujuan akhir; cara mencapai tujuan. 부정한 ~ cara-cara yang curang.
수달(水獺) 「動」 berang-berang air; anjing air. ~피(皮) kulit berang-berang.
수당(手當) tunjangan; bonus; uang

jasa. ~을 주다[받다] memberi [mendapat] tunjangan. 연말~bonus akhir tahun. 출산~ tunjangan bersalin.

수더분하다 bersahaja; sederhana; wajar.

수도(水道) penyediaan air bersih; pelayanan air. ~국 Perusahaan Air Minum. ~꼭지 kran;keran. ~료 bea air; harga/ tarif air. ~관 pipa air. ~물 air kran (air pipa); air ledeng.

수도(首都) ibu kota; metropolis; kota besar; megapura.~의 metropolitan (berkenaan dengan kota besar). ~경찰 polisi ibu kota.

수도(修道) ~하다 menjalani kehidupan biarawan. ~생활 kehidupan biarawan/monastik. ~승 biarawan; pendeta; rahib. ~원 biara.

수도권(首都圈) Ibu kota. ~방위 pertahanan kota besar. ~ 전철화 elektrifikasi kereta api ibu kota.

수동(手動) ~의 dioperasi tangan; dijalankan dengan tangan. ~펌프 pompa tangan.

수동(受動) ~적(으로) dengan pasif. ~태 『文』 bentuk pasif.

수두(手痘) 『醫』 cacar air.

수두룩하다 melimpah; banyak sekali; berlimpah ruah; berlebih-lebihan. 할 일이 ~ memiliki setumpuk pekerjaan yang harus di selesaikan; banyak kerja yang harus diselesaikan.

수라(水刺) makanan mewah; menu mewah.

수라장(修羅場) porak poranda; berantakan.~이 되다 menjadi porak poranda; menjadi berantakan.

수락(受諾) penerimaan; persetujuan. ~하다 menerima (baik); menyetujui.

수량(水量) volume/isi air.~계 meteran air.

수량(數量) kuantitas/ jumlah isi/ volume.~이 늘다 bertambah dalam jumlah.

수렁 tanah berbencah/becek; tanah berlumpur.

수레 kereta; gerobak. ~바퀴 roda kereta.

수려(秀麗) ~한 indah;cantik; elok; molek; permai.

수력(水力) tenaga air. ~발전 pembangkitan listrik tenaga air. ~발전소 stasiun hidroelektrik. ~터빈 turbin hidrolik.

수련(修練) praktek. ~하다 berpraktek. ~의(醫) dokter praktek.

수련(睡蓮) 『植』 (bunga) bakung; teratai; padma; seroja.

수렴(收斂) ① ☞ 추렴. ② 『理』 konvergensi; penciutan; 『醫』 pemusatan. ~하다 memusat; menciut. ~렌즈 lensa konvergen. ~제 zat penciut.

수렴청정(垂簾聽政) memerintah dari balik tirai.

수렵(狩獵) berburu (☞ 사냥). ~가 pemburu. ~금지[해제]기 musim di larang berburu.~기 musim berburu. ~지 kawasan perburuan.

수령(受領) ~하다 menerima; menyetujui. ~인 penerima; resipien.

수령(首領) pimpinan;kepala;ketua; bos.

수령(樹齡) umur pohon.
수로(水路) jalan air; terusan; anak sungai; saluran. ~도(圖) peta hidrografi.
수로안내(水路案內) pemanduan kapal; pemandu/pilot. ~하다 memandu kapal. ~료 (iuran) pemanduan. ~선 kapal pemandu.
수록(收錄) ~하다 menghimpun; mencatat.
수뢰(水雷) (어뢰) torpedo; (기뢰) ranjau; bom kambang. ~정 kapal torpedo; kapal nyamuk.
수료(修了) ~하다 menamatkan; menyelesaikan; merampungkan. 3 학년 (과정)을 ~하다 menyelesaikan kuliah tiga tahun.
수류(水流) arus (air); aliran.
수류탄(手榴彈) granat tangan.
수륙(水陸) darat dan air. ~양서(兩棲) 의 bersifat ampibi; hidup di 2 alam. ~양서 동물 ampibi; hewan yang hidup di 2 alam.~양용 비행기 [전차] pesawat [tank] ampibi. ~양용(지동)차 mobil/kendaraan ampibi.
수리 『鳥』 elang.
수리(水利) suplai air; pengairan; pengangkutan air.~시설[사업] fasilitas [proyek] irigasi.~조합 perkumpulan pengairan.
수리(水理)~학 hydrolik; hidrolis.
수리(受理) ~하다 menerima; menyetujui;meluluskan. 원서[사표]를 ~하다 menerima lamaran [pengunduran diri].
수리(修理)perbaikan;reparasi;pemugaran.~하다 memperbaiki; mereparasi. ~중이다 sedang direparasi; sedang diperbaiki. ~할 수 없다 tidak bisa direparasi. ~공 tukang reparasi; tukang perbaiki. ~공장 bengkel reparasi.~비 biaya reparasi.
수리(數理)prinsip matematik/ilmu pasti.~적(으로) (secara) matematis. ~경제학 ekonomi matematika.
수림(樹林) hutan; rimba.
수립(樹立) ~하다 mendirikan; mem-bentuk.
수마(水魔) banjir; penggenangan.
수만(數萬) puluhan ribu.
수매(收買) pembelian; pengadaan. ~하다 membeli. 정부의 쌀 ~ 가격 harga beli beras pemerintah.
수맥(水脈) pembuluh air.
수면(水面) permukaan air. ~에 떠오르다 naik ke permukaan.
수면(睡眠) tidur. ~을 (충분히) 취하다 tidur(dengan cukup).~을 방해하다 mengganggu tidur.~병[시간] sakit [jam] tidur. ~부족 kurang tidur. ~제 obat tidur (pil tidur).
수명(壽命)umur;usia;jangka waktu hidup. 기계의 ~ umur mesin. 현정부의~ umur pemerintahan sekarang. 평균~ umur rata-rata.
수모(受侮) keaiban; kehinaan. ~하다 dihina; dicemooh.
수목(樹木) pohon-pohonan (dan semak-semak); punjung/anjang-anjang; tumbuhan besar; pokok kayu.
수몰(水沒) ~하다 tergenang;banjir. ~지역 daerah yang tergenang; daerah banjir.
수문(水門) pintu air.

수미(首尾)awal dan akhir;alfa dan omega.
수밀도(水蜜桃) (buah) persik.
수박 semangka. ~겉 핥기 pengetahuan yang dangkal.
수반(首班) kepala; ketua. 내각의~ kepala kabinet; perdana menteri.
수반(隨伴)~하다 mengiringi; menyertai; menemani.
수배(手配) ~하다 mencari pelaku kejahatan. ~사진 foto pelaku kejahatan yang dicari.
수백(數百)~의 beberapa ratus;ratusan; beratus-ratus.~마일 beberapa ratus mil.
수법(手法) teknik;gaya;cara; laku; metode. 새 ~의 사기 penipuan gaya baru.
수병(水兵) pelaut. ~복 seragam pelaut.
수복(收復) ~하다 mendapatkan kembali wilayah yang hilang.~지구 daerah yang diperoleh kembali.
수복(壽福)umur panjang dan kebahagiaan. ~강녕 umur panjang; kebahagiaan dan kesehatan.
수부(水夫)pelaut; anak kapal; kelasi. ~장 kepala kelasi; mandor kapal; serang. ☞ 선원.
수부(首府) ibu kota; kota besar.
수북하다 bertumpuk; bertimbun; bengkak/membengkak.
수분(水分)air;cairan;jus. ~이 많은 berair;encer; mengandung banyak air. ~을 흡수하다 menyerap air.
수분(受粉.授粉) 「植」 penyerbukan/ polinasi.~하다 menyerbuki.
수비(守備)pertahanan;pembelaan; penjagaan; perlindungan. ~하다 mempertahankan; menjaga; melindungi. ~대 pasukan pengawal; penjaga. ~병 tentara pengawal.
수사(修士) pendeta; rahib; biarawan.
수사(修辭) kata kiasan seperti metafora. ~학 retorik; kepandaian berbicara/berpidato.
수사(搜査)penyelidikan kejahatan; pengusutan. ~하다 menyelidiki;; mencari keterangan; mengusut; memeriksa. ~과 seksi penyelidikan kejahatan. ~망 jaring (polisi). ~본부 markas penyelidikan.
수사납다(數 -) sial; malang; nahas; tidak beruntung.
수산(水産) ~국 negara perikanan. ~대학 Sekolah Tinggi Perikanan; Akademi Perikanan. ~물 produk perairan; hasil perairan.~업 industri perikanan penangkapan ikan.
수산(蓚酸) 「化」 asam oksalat.~염 oksalat.
수산화(水酸化) 「化」 hidrasi. ~나트륨 sodium hidroksida. ~물 hidroksida.
수삼(水蔘) ginseng hijau; ginseng basah.
수상(水上) ~경기 olah raga air; olah raga bahari. ~경찰 polisi perairan. ~(비행)기 pesawat terbang air. ~스키 ski air. ~스키를 하다 main ski air.
수상(手相)~술 seni meramal berdasarkan rajah tangan.

수상(受像) ~하다 menerima siaran. ~기 perangkat penerima TV; televisi.

수상(受賞) ~하다 memenangkan hadiah. ~소설 novel terpilih.

수상(首相) perdana menteri; konselor.~서리 wakil perdana menteri; pejabat perdana menteri (Pj. PM).

수상(殊常) ~한 meragukan; mencurigakan. ~하게 여기다 mencurigai; merasa curiga.

수상(授賞) ~하다 menghadiahi; memberikan hadiah. ~식 upacara pemberian hadiah.

수상(隨想) pikiran yang kadang-kadang timbul. ~록 karangan/esei.

수색(搜索) penyelidikan; pemburuan penjahat investigasi. ~하다 mencari; menggeledah; menggerayangi; menggerebek.

수색(愁色) roman murung; roman khawatir.

수생(水生)~의 akuatik.~식물 tumbuhan air.

수서(水捿) ~의 akuatik; hidup dalam air. ~동물 hewan air.

수석(首席) (사람) pimpinan; ketua; kepala; (석차) peringkat teratas. ~의 memimpin; mengepalai. ~을 차지하다 mendapat peringkat teratas.

수선 pertengkaran; keributan; percekcokan;perselisihan.~스럽다 ribut;gaduh;ramai;riuh.~장이 tukang ribut.

수선(修繕) perbaikan; reparasi. ~하다 memperbaiki; mereparasi. ~중 sedang diperbaiki. ~이 안되다 belum diperbaiki. ~비 biaya perbaikan; biaya reparasi.

수선화(水仙花) 「植」 bunga bakung.

수성(水性) ~가스[도료] gas [cat] air.

수성(水星) Merkuri.

수성(獸性) kebuasan; kebrutalan; kebinatangan.

수성암(水成岩) batu berair.

수세(守勢) sikap bertahan; pembelaan diri. ~적인 bertahan.

수세공(手細工)pekerjaan tangan; kerajinan tangan. ~의 buatan tangan. ~품(品) barang buatan tangan; barang kerajinan tangan.

수세미 penggosok dari sepon. ~외 ketola.

수세식(水洗式)~변소 kakus; sistim pengaliran air.

수소 sapi jantan.

수소(水素) hidrogen; zat air. ~의 hidrik; berhidrogen. ~가스 gas hidrogen.~산(酸) hidrasi.~폭탄 bom hidrogen; bom-H. ~ 이온 ion hidrogen.

수소문(搜所聞) ~하다 bertanya keliling.

수속(手續) ☞ 절차.

수송(輸送) transportasi;pengangkutan.~하다 mengangkut; membawa. ~기[선(船)] pesawat [kapal] angkut.~량 volume pengangkutan; daya angkut.

수수 「植」 milet India.

수수(授受)pengiriman dan penerimaan. ~하다 memberi (mengantar)

dan menerima.

수수께끼 teka-teki;tebakan;cangkriman; terkaan. ~같은 membingungkan;misterius; seperti teka-teki. ~의 인물 orang misterius.

수수료(手數料) bea; komisi.

수수방관(袖手傍觀) ~하다 memandang sambil berpangku tangan.

수수하다 sederhana; bersahaja; seadanya; datar; biasa.

수술 「植」 benang sari;serbuk sari.

수술(手術) operasi; pembedahan. ~하다 mengoperasi; melakukan operasi/pembedahan. ~을 받다 di operasi; mengalami pembedahan. 대~ operasi besar.

수습(收拾)kontrol; kendali; pengawasan. ~하다 mengendalikan; mengatasi; menangani.

수습(修習) masa percobaan; magang. ~하다 mendapat pelatihan/training; berpraktek. ~간호사 perawat dalam masa percobaan; perawat prabosioner.

수시(隨時) ~로 setiap saat; sepanjang waktu.

수식(修飾) ~하다 menghias; mendandani; memperindah. ~어 modifier; modifikasi.

수신(水神) peri;bidadari;dewa air; peri air.

수신(受信) penerimaan pesan; resepsi.~하다 menerima (pesan). ~국[안테나] stasiun [antene] penerima. ~기 pesawat/perangkat penerima. ~인 orang/ alamat yang dituju.

수신(修身)pembinaan moral.~제가 하다 menata diri dan rumah tangga.

수심(水深)kedalaman air.~계 hidrobarometer/alat pengukur tekanan air.

수심(垂心) 「數」 ortosenter.

수심(愁心) kecemasan; kekhawatiran. ~에 잠기다 tenggelam dalam kecemasan.

수십(數十) puluhan; berpuluh-puluh. ~년간 berpuluh-puluh tahun.

수압(水壓) tekanan air. ~기[계] kempa [meteran] air.

수액(樹液) getah pohon. ~을 채취하다 menyadap; mengambil getah.

수양(收養) adopsi; pengangkatan anak. ~하다 mengadopsi; mengangkat anak. ~부모(父母) orang tua angkat.~아들[딸] anak angkat.

수양(修養) pemupukan/pembinaan (budi pekerti). ~하다 membina; memperbaiki (diri sendiri). ~을 쌓은 사람 orang yang telah terbina (budi pekertinya).

수업(修業) sekolah; studi; kuliah. ~하다 bersekolah; menuntut ilmu. ~연한 lama sekolah; lama kuliah. ~증서 ijazah; Surat Tanda Tamat Belajar.

수업(授業) pengajaran; instruksi; pelajaran. ~하다 mengajar; memberikan instruksi;memberikan pelajaran. ~을 받다 diajarkan;belajar /mendapat pelajaran.~료 uang sekolah. ~시간 jam sekolah. ~일수 jumlah hari sekolah/belajar.

수없다 (불가능) tidak mampu;tidak dapat; (힘겹다) tak sanggup.

수없이(數 -) tidak terhitung ba-

nyaknya; bertaburan.
수에즈운하(-運河)Terusan Suez.
수여(授與) ~하다 memberikan; menghadiahi; menganugerahkan.
수여식(授與式)upacara penganugerahan. 상품~ pemberian (pembagian) hadiah.졸업 증서~ upacara kelulusan; wisuda.
수역(水域) perairan. 경제~ zona ekonomi (lepas pantai). 중립~ perairan bebas; perairan netral.
수역(獸疫) penyakit ternak.
수염(鬚髥) cambang; jenggot; janggut.~이 있는 [난] berjenggot; bercambang. ~이 텁수룩한 berjenggot lebat. ~을 깎다 mencukur cambang/jenggot.
수영(水泳)renang. ~하다 berenang. ~하러 가다 pergi berenang. ~을 잘하다 mahir berenang.~경기 perlombaan renang. ~선수 perenang. ~장 tempat berenang; kolam renang. ~팬츠 celana renang.
수예(手藝) seni menyulam/bordir. ~품 barang sulaman.
수온(水溫) temperatur/suhu air.
수완(手腕)kemampuan;kecakapan; talenta/bakat.~있는 mampu;cakap; berkemampuan;berbakat.~을 발휘하다 menunjukkan kemampuannya. ~가 orang yang mempunyai kemampuan. 외교(적) ~ kemampuan diplomasi.
수요(需要) permintaan; tuntutan; keperluan. ~가 있다 dibutuhkan; di minta; laris; laku. ~를 채우다 memenuhi permintaan.~공급 permintaan dan penawaran.
수요일(水曜日) Rabu.
수용(水溶) ~성의 larut air (dapat larut dalam air). ~액 larutan.
수용(收用) ekspropriasi (hak negara untuk mengambil alih tanah atau milik swasta lainnya terutama untuk kepentingan umum dengan memberi ganti rugi kepada pemiliknya).~하다 mengambil alih (untuk kepentingan umum/ negara).
수용(收容) penampungan. ~하다 menampung. 수재민을 ~하다 menampung korban banjir.~력 kapasitas penampungan. ~소 barak-barak penampungan.
수용(受容) penyambutan. ~하다 menerima; menyambut.~태세 persiapan-persiapan penyambutan.
수용(需用) konsumsi; pemakaian. ~자 konsumen;pemakai/pengguna; pelanggan.
수운(水運) transportasi/angkutan air.
수원(水源)hulu sungai;sumber air. ~지(池) waduk.
수월찮다 tidak mudah; tidak sederhana; sukar.
수월하다 mudah;sederhana; ringan. 하기가 ~ tidak sukar untuk ... .
수월히 dengan mudah.
수위(水位) tinggi permukaan air. ~표(標) tanda muka air. 위험~ tinggi permukaan yang berbahaya.
수위(守衛) penjaga; penjagapintu; Satpam. ~실 kantor penjaga. ~장 kepala penjaga.
수위(首位) posisi memimpin;tempat pertama. ~를 차지하다 ber-

ada di peringkat pertama. ~타자 「野」 pemukul terbaik (baseball).

수유(授乳)~하다 menyusui;meneteki.~기(期)laktasi;masa menyusui.

수유관(輸乳管)「解」 saluran air susu.

수유자(受遺者) 「法」 ahli waris.

수육(獸肉) daging.

수은(水銀)air raksa; merkuri. ~등 lampu merkuri. ~주[온도계] kolom [termometer] air raksa. ~중독 keracunan air raksa.

수음(手淫)masturbasi; onani; rancap.

수의(壽衣) kain kafan.

수의(隨意) ~의 sukarela. ~로 dengan sukarela; secara sukarela. ~계약 kontrak pribadi. ~근(筋) otot reflek.

수의(獸醫)dokter hewan.~과 대학 Fakultas Kedokteran Hewan/FKH. ~학 ilmu kedokteran hewan.

수익(收益) perolehan;laba;untung. ~을 올리다 membuat laba. ~세 pajak keuntungan.

수인(囚人) tahanan; narapidana; orang hukuman.

수인성(水因性) ~지병 penyakit-penyakit yang ditularkan/berasal dari air.

수임(受任) ~하다 dinominasikan; diangkat sebagai calon. ~자 orang yang dinominasikan/dicalonkan.

수입(收入)pendapatan; perolehan; penerimaan;hasil;pemasukan. ~과 지출 penerimaan dan pengeluaran. ~이 많다[적다]berpendapatan besar [kecil].

수입(輸入) impor; pemasukan. ~하다 mengimpor;memasukkan barang. ~가격 harga impor. ~감시 품목 item-item yang diimpor. ~결제 어음 Impor Settlement Bill (I.S.B.) ~계약 kontrak impor; perjanjian impor. ~ 과징금 bea tambahan impor barang. ~국 negara pengimpor; negara importir. ~금지 pelarangan impor.~담보율 persentase jaminan impor. ~대리점 agen impor. ~대체산업 Industri substitusi impor. ~량 volume impor; jumlah impor.~면장 surat izin impor. ~무역 perdagangan impor. ~상[업자] importir;pedagang pengimpor.~상사 perusahan pengimpor. ~성향(性向)kecenderungan mengimpor. ~세 pajak impor; pajak barang-barang impor. ~쇠고기 daging impor. ~수속 prosedur impor. ~신고(서) (surat) pemberitahuan impor barang. ~신용장 L/C [letter of credit]. ~액 jumlah impor; jumlah barang yang di impor. ~어음 impor bill. ~억제[금지] 품목 barang yang dibatasi [dilarang] untuk di impor. ~의존도 tingkat ketergantungan terhadap impor.

수입절차(輸入節次) proses impor; prosedur pengimporan.

수자원(水資源)sumber daya perairan. ~개발 pengembangan sumber daya perairan.

수작(酬酌) ~하다 bertukar kata rahasia; bertukar cangkir. 허튼 ~을 하다 berhandai-handai; membual.

수잠 tidur sejenak; tidur ayam. ~들다 tidur sejenak.

수장(水葬) penguburan di laut. ~하다 menguburkan di laut.

수장(收藏) ~하다 mengumpulkan; mengoleksi.

수장(綏章) barisan penjaga. 대~ Pengawal Agung.

수재(水災) banjir; bencana banjir. ~민 korban banjir.

수재(秀才) jenius;orang berbakat; siswa yang sangat cerdas. ~교육 pendidikan anak berbakat.

수저 sendok; sendok makan; sendok dan sumpit.

수전(水田) sawah.

수전(水戰) pertempuran laut. ☞ 해전.

수전노(守錢奴) orang kikir;orang pelit.

수전증 「漢醫」 kelumpuhan pada tangan; gemetaran pada tangan.

수절(守節)~하다 mempertahankan kesetian (janda).

수정(水晶) kristal; hablur. ~같은 seperti kristal. ~시계 jam kristal. ~체 lensa kristal; lensa hablur; kanta. 자~ ametis.

수정(受精) 「生」 pembuahan; fertilisasi; 「植」 penyerbukan. ~하다 dibuah; diserbuki. ~ 시키다 membuahi; menyerbuki. ~란(卵) telur yang dibuahi. 인공~ pembuahan buatan. 체외~ pembuahan luar.

수정(修正) modifikasi;revisi; perbaikan. ~하다 merubah; memodifikasi; merevisi; mengoreksi. ~신고 laporan yang di revisi. ~안 rancangan yang direvisi. ~예산 anggaran yang direvisi.

수정(修整) ~하다 menyesuaikan; mencocokkan. 사진 원판을 ~하다 mengoreksi foto negatif.

수정관(輸精管) 「解」 saluran sperma; tali sperma/mani.

수제(手製)~의 buatan tangan;buatan sendiri.~품 barang buatan tangan; kerajinan tangan.

수제비 *sujebi* (sejenis mi pangsit).

수제자(首弟子) murid terbaik.

수조(水槽) tangki air; wadah penampungan air.

수조(水藻) rumput laut.

수족(手足) tangan dan kaki; anggota badan. (남의) ~ 처럼 일하다 melayani tanpa kenal lelah.

수족관(水族館) akuarium. 해양~ oseanorium.

수주(受注)~하다 menerima order/pesanan. ~고[액] jumlah pesanan yang diterima.

수준(水準) tingkat permukaan; standar. 지적~ tingkat kecerdasan. ~에 (도)달하다 [을 높이다] mencapai [menaikan] level/standar. ~이상[이하]이다 di atas [di bawah] tingkat rata-rata. ~기(器) alat pengukur tinggi muka air. 문화~ tingkat budaya.

수줍다 malu; segan.

수중(水中) ~의 bawah air; dalam air. ~에 di bawah permukaan air.~안경 kacamata renang; hidroskop.

수중(手中)~에 들어가다 jatuh ke tangan seseorang. ~에 넣다 menjadikan milik.

수증기(水蒸氣) uap.
수지(收支)pendapatan dan pengeluaran; penerimaan dan pembelanjaan;laba.~맞는 menguntungkan. ~가 맞다 mencapai impas; beruntung.
수지(樹脂) resin; rosin; getah damar. ~(질)의 berresin; bergetah. ~가공 plastisisasi; pengolahan resin. 합성~ plastik.
수지(獸脂) lemak/gemuk hewan.
수직(手織) ~의 tenunan tangan. ~기 alat tenun tangan.
수직(垂直) ~의 tegak lurus; vertikal. ~선 [강하 (비행기의)] garis [penurunan] tegak lurus.
수질(水質) mutu air; kualitas air. ~검사 analisa (pengujian) air. ~오염 pencemaran/polusi air.
수집(蒐集) koleksi; pengumpulan. ~하다 mengoleksi; mengumpulkan. ~가 kolektor;pengumpul.~벽 mania koleksi.
수차(水車) kincir air; penggilingan tenaga air.
수채 saluran buang; selokan pembuangan.
수채화(水彩畵) lukisan cat air. ~가 pelukis cat air. ~물감 cat air.
수척(瘦瘠) ~한 kurus kering .
수천(數千) ribuan; beribu-ribu.
수첩(手帖) buku catatan; buku saku; buku memo.
수초(水草)tanaman air; rumput air.
수축(收縮) pengerutan; pemendekan;kontraksi.~하다 mengkerut; mengerut; memendek. 통화의 ~ kontraksi kurs. ~근(筋) 「解」 kontraktor.
수출(輸出) ekspor; pengiriman barang dan jasa ke luar negeri. ~가격 [면장, 장려금, 항] harga [izin, premi, pelabuhan] ekspor. ~공업단지 kawasan industri ekspor. ~세 pajak ekspor; cukai ekspor. ~업 usaha (perdagangan) ekspor.
수출경쟁력(輸出競爭力) daya saing ekspor.
수출국(輸出國) negara pengekspor.
수출금융(輸出金融) pembiayaan ekspor.
수출금지(輸出禁止) embargo; hambatan/larangan ekspor. ~하다 mengenakan embargo.
수출상[업자](輸出商[業者]) pedagang ekspor; eksportir.
수출송장(輸出送狀) surat pemberitahuan ekspor.
수출신용보험(輸出信用保險) pertanggungan kredit ekspor.
수출신용장(輸出信用狀) L/C eskpor.
수출실적(輸出實績) kinerja ekspor; jumlah ekspor sebenarnya.
수출액(輸出額) jumlah ekspor dalam nilai uang. 총~ ekspor total.
수출입(輸出入) impor dan ekspor. ~의 차액 keseimbangan perdagangan. ~은행 bank ekspor impor.
수취(受取)penerimaan. ~하다 menerima. ~인 penerima; resipien.
수치(羞恥) malu; aib; noda; nista; cela. ~스런 memalukan.~를 당하다 dipermalukan; kena malu.

수치(數値)nilai numerik;nilai angka. ~를 구하다 menilai; mengevaluasi.
수캉아지 anak anjing jantan.
수캐 anjing jantan.
수컷 pejantan. ~의 jantan.
수코양이 kucing jantan.
수탁(受託) penerimaan titipan. ~하다 dititipi.~금 uang titipan. ~물 barang titipan.~인 penerima titipan.
수탈(收奪) eksploitasi. ~하다 mengeskploitasi.
수탉 ayam jago.
수태(受胎)kehamilan; kebuntingan. ~하다 hamil; bunting. ~고지(告知) anunsiasi.~조절 kontrol kehamilan.
수통(水筒) termos; botol minum tentara.
수퇘지 babi jantan.
수틀(繡 -) bordir bersulam.
수펄 lebah jantan.
수평(水平) ~의 mendatar; horizontal. ~으로 secara mendatar; secara horizontal. ~으로 하다 ketinggian; level; tingkat.~면 bidang datar; permukaan datar. ~ 비행 terbang mendatar. ~선 garis ufuk.
수포(水泡) buih; gelembung. ~로 돌아가다 gagal; berakhir seperti asap.
수포(水疱) 『醫』 lepuh; pupuk.
수폭(水爆)수소폭탄. ~실험 uji termonuklir (bom-H).
수표(手票) cek. ~로 지불하다 membayar dengan cek. ~를 떼다 menarik cek. ~를 현찰로 바꾸다 menguangkan cek; menukarkan cek. ~장 buku cek.부도~ cek yang ditolak.
수풀 hutan; rimba.
수프 sup. ~접시 piring sup.
수피(樹皮) kulit pohon.
수피(獸皮) kulit hewan.
수피둘기 merpati jantan.
수필(隨筆)esei; karangan singkat; buah pena. ~가 penulis esei. ~집 kumpulan esei.
수하(手下) bawahan.
수하(受荷) penerimaan barang-barang. ~인 penerima barang.
수하(誰何)① teguran penjaga. ~하다 menegur. ② ~를 막론하고 setiap orang; siapa (pun).
수하다(壽 -) hidup lama; menikmati usia panjang.
수하물(手荷物) barang-barang; bagasi.~을 맡기다 memeriksa bagasi. ~ 취급소 kantor bagasi.
수학(修學) ~하다 belajar; studi. ~여행 wisata sekolah.
수학(數學)matematika;ilmu pasti. ~의 matematis. ~자 ahli matematika; pakar matematika. 고등~ matematika lanjut.
수학능력시험(修學能力試驗)uji bakat.
수해(水害) kerusakan akibat banjir;bencana banjir.~를 입다 mengalami bencana banjir; menderita akibat banjir. ~지[가옥] kawasan [rumah] yang terkena banjir.
수행(修行)pelatihan;latihan;praktek; training. ~하다 mendapat pelatihan; melatih diri sendiri.
수행(遂行) ~하다 melaksanakan;

melangsungkan;menjalankan; mewujudkan.

수행(隨行) ~하다 mengikuti; menemani; mengiringi.~원 pengiring.

수험(受驗) ~하다 ikut ujian. ~준비를 하다 mempersiapkan diri untuk ujian. ~과목 mata pelajaran yang di uji; bahan ujian. ~료 biaya ujian. ~번호 nomor ujian. ~생 peserta ujian.

수혈(輸血)~하다 mentransfusi darah. ~을 받다 menerima transfusi darah.

수형(受刑) ~하다 menjalani hukuman. ~자 narapidana.

수호(守護)~하다 melindungi;menjaga; membela; mengawasi. ~신 dewan pelindung.

수호(修好) persahabatan. ~조약 perjanjian persahabatan.

수화기(受話器) pesawat penerima; alat penerima telepon. ~를 놓다[들다] meletakkan [mengangkat] alat penerima telepon.

수화법(手話法) bahasa isyarat. ~으로 이야기하다 berkomunikasi dengan jari tangan/bahasa isyarat.

수확(收穫)(일)pemanenan (수확물) panenan; hasil panen. ~하다 memanen; menuai.

수회(收賄) korupsi. ~하다 menerima suap/sogokan. ~공무원 pegawai yang korup.~혐의로 dengan tuduhan menerima suap/ sogokan; dengan tuduhan korupsi.

수효(數爻) nomor.

수훈(殊勳) jasa luar biasa. ~을 세우다 membuat jasa. ~타(打)「野」 pukulan kemenangan. 최고 ~ 선수 pemain yang paling dian-dalkan.

숙고(熟考)pertimbangan;pemikiran;peninjauan. ~하다 mempertimbangkan (dengan teliti). ~한 끝에 setelah dipertimbangkan.

숙군(肅軍) restorasi disiplin militer.

숙녀(淑女) nyonya. ~다운 seperti nyonya.

숙다 ☞ 수그러지다.

숙달(熟達) ~하다 menjadi mahir; menguasai.~되어 있다 mahir; ahli; terlatih.

숙덕거리다 berbisik-bisik.

숙덕이다 ☞ 숙덕거리다.

숙독(熟讀)pembacaan dengan teliti. ~하다 membaca dengan teliti.

숙련(熟練)kecakapan;ketrampilan; kepiawaian;kemahiran. ~된 cakap; mahir;ahli;pakar; terlatih; piawai.

숙맥(菽麥) tolol; dungu; pandir.

숙면(熟眠) tidur nyenyak. ~하다 tidur dengan nyenyak.

숙명(宿命) takdir; nasib; suratan tangan. ~적인 sudah takdir. ~론 fatalisme (kepercayaan kepada takdir). ~론자 orang yang percaya kepada takdir.

숙모(叔母) bibi; tante.

숙박(宿泊)penginapan;pemondokan.~하다 menginap; mondok (di); tinggal(di). ~료 biaya hotel; biaya peginapan. ~부 buku tamu hotel. ~소 penginapan; pesanggrahan; hotel. ~인 tamu; penginap.

숙부(叔父) paman; mamak.

숙사(宿舍) asrama. ~를 마련하다

menyediakan asrama.

숙성(夙成) ~한 prematur; terlalu dini.

숙소(宿所) tempat tinggal; alamat pondokan. ~를 잡다 dapat tempat tinggal/pondokan.

숙식(宿食) ~하다 makan dan menginap. ~비 ongkos makan dan penginapan.

숙어(熟語) ungkapan; idiom. ~집 buku frase; buku ungkapan.

숙연(肅然) ~한 ketenangan; kekaleman. ~히 dengan tenang; dengan kalem; diam-diam.

숙영(宿營)~하다 diasramakan.~지 tempat menginap.

숙원(宿怨) dendam kesumat;permusuhan yang mendalam.

숙원(宿願)keinginan yang didamba-dambakan.

숙의(熟議)~하다 mempertimbangkan;merundingkan. ~(한) 끝에 setelah dirundingkan.

숙이다 menundukkan (kepala).

숙적(宿敵) musuh lama; musuh bebuyutan.

숙정(肅正) regulasi; pemaksaan; pemurnian; pembersihan; pemberantasan; perbaikan. ~하다 meregulasi; memperbaiki; membereskan; membersihkan.

숙정작업(肅正作業) tindakan pembersihan/pemberantasan korupsi.

숙제(宿題) pekerjaan rumah (PR); tugas rumah. 오랜~ pertanyaan yang sukar; masalah yang tidak terpecahkan.~를 내다 memberikan pekerjaan rumah.

숙주(宿主) 「生」 inang. 중간~ inang perantara.

숙주 (나물) tauge.

숙지(熟知) ~하다 mengetahui dengan baik;mengenali baik;menginsafi; menyadari.

숙직(宿直) tugas malam; ronda. ~하다 berjaga malam; berdinas malam; bertugas malam; meronda. ~실 ruang dinas malam; pos ronda.

숙질(叔姪) paman dan kemenakan /keponakan.

숙청(肅淸)perbaikan;pemberesan; pembersihan; pemberantasan. ~하다 membereskan; memperbaiki; membersihkan; memberantas.

숙취(宿醉) keterawang-awangan; agak mabuk; agak pening.

숙환(宿患)penyakit kronis;penyakit yang sudah parah.

순(旬) (10 일) (jangka waktu) sepuluh hari; (10 년) dasa warsa (jangka waktu 10 tahun).

순(筍) (싹) tunas; kecambah.

순(純) murni; asli; sejati; bersih. ~거짓말 bohong sama sekali.~수입 pendapatan bersih.~ 한국식 gaya asli Korea.

...순(順)urutan;giliran;order.가나다[번호]~ urutan abjad [angka]. 성적[나이]~ urutan nilai [umur].

순간(瞬間)sesaat;sedetik;sekejab; seketika; sekelebat. ~적 sekejab mata; tak lama; sejurus lamanya. 그를 본~ saat(ketika) aku memandangnya. ~최대 풍속 kecepatan angin sesaat maksimum.

순검(巡檢) perjalanan pemeriksaan/inspeksi.

순견(純絹)sutra murni; sutra tulen.

순결(純潔)kemurnian;kesucian. ~한 murni; suci; bersih. ~한 사랑 cinta platonik (cinta sejati). ~한 처녀 perawan suci.

순경(巡警) polisi.

순교(殉教)kesyahidan;mati syahid. ~하다 mati syahid; mati sebagai syuhada.~자 syuhada; orang yang mati syahid.

순국(殉國) ~하다 mati/gugur untuk negara; gugur demi tanah air. ~선열 syuhada tanah air; pahlawan.

순금(純金) emas murni.

순대 sosis usus babi.

순도(純度) tingkat kemurnian; karat.

순라(巡邏) patroli; ronda. ~돌다 meronda; berpatroli. ~꾼 orang yang berpatroli/meronda.

순량(純良) ~한 murni; asli; sejati.

순량(順良) ~한 baik; jujur; taat.

순례(巡禮) pergi naik haji. ~하다 berziarah; naik haji. ~자 peziarah; orang yang naik haji. ~지 tempat berziarah.

순록(馴鹿)『動』 rusa kutub.

순리(純理)logika;jalan pikiran.~적(인) rasional;logis; masuk akal.~론 rasionalisme (paham rasionalis).

순리(順理) ~적 masuk akal;rasional; wajar; benar. ~적으로 secara rasional; menurut akal sehat.

순면(純綿)katun murni;katun tulen. ~의 murni dari kapas; murni katun.

순모(純毛)wool murni; wool sejati. ~의 murni dari wool; murni wool. ~제품 barang-barang dari wool murni.

순무『植』 sejenis lobak.

순문학(純文學) literatur sejati.

순박(淳朴.醇朴) ~한 bersahaja dan jujur.

순방(巡訪) perjalanan/kunjungan keliling.~하다 beranjangsana; melakukan kunjungan keliling.

순배(巡杯) ~하다 mengedarkan cangkir.

순백(純白) ~의 putih murni (putih salju).

순번(順番) urutan; giliran. ~으로 secara berurutan; menurut urutan. ~을 기다리다 menunggu giliran.

순산(順産) kelahiran yang mudah. ~하다 melahirkan dengan mudah.

순서(順序) urutan; prosedur/langkah-langkah; deretan; susunan.~바르게 dalam urutan yang baik; dalam urutan yang ter akhir; sistematis. ~를 밟다 mengikuti prosedur/formalitas.

순수(純粹) kemurnian; kesejatian; keaslian. ~한 murni; tulen; sejati; tak bercampur.~한 동기 motif sebenarnya.

순순하다(順順-) lembut; lemah lembut; taat; patuh.

순시(巡視) ~하다 melakukan inspeksi/pemeriksaan; berpatroli.공장 내부를 ~하다 menginspeksi pabrik. ~선 kapal patroli. ~인 orang yang berpatroli.

순식간(瞬息間) ~에 sekejab; seketika; sekejab mata.

순양(巡洋) ~하다 berlayar; menjelajah. ~전함 kapal perang. ~함 kapal penjelajah; kapal pesiar.

순열(順列) 『數』 permutasi; penyusunan linier.

순위(順位)peringkat;tingkat;order. ~를 정하다 memutuskan peringkat. ~ 결정전 play-off.

순은(純銀) perak murni.

순음(脣音) 『音聲』 kalium.

순응(順應) ~하다 menyesuaikan diri;beradaptasi.시대에 ~하다 mengikuti arus zaman. ~성(性) adaptasi; daya menyesuaikan diri.

순(이)익(純(利)益) keuntungan bersih. 연간 1 만 달러의 ~을 올리다 keuntungan bersih 10.000dollar per tahun. ~금 = 순(이)익.

순일(旬日)(jangka waktu) sepuluh hari.

순잎(筍-) daun yang menyulur.

순전(純全)~한 mutlak; sempurna; paripurna; lengkap; utuh. ~히 dengan sempurna; sama sekali; secara murni.

순정(純正) ~한 murni; sejati.

순정(純情) hati yang murni (pikiran yang murni).~의 berhati murni; naif.~을 바치다 memberikan hati yang murni.

순조(順調) ~로운 menguntungkan; baik;memuaskan;mulus;normal. ~롭게 dengan menguntungkan; dengan baik; dengan mulus; dengan lancar.

순종(純種) ~의 berdarah murni; turunan sejati.

순종(順從) ~하다 menurut; patuh/tunduk; pasrah; nerimo.

순직(純直) ~한 murni dan jujur; sederhana dan lurus.

순직(殉職) ~하다 gugur dalam tugas. ~경찰관 polisi yang gugur dalam tugas. ~자 orang gugur dalam tugas.

순진(純眞)~한 naif; murni; polos; tidak berdosa; lugu. ~한 어린아이 anak yang tidak berdosa. ~한 처녀 perawan yang murni.

순차(順次)urutan;giliran. ~ 적으로 dalam urutan yang teratur.

순찰(巡察) patroli; perondaan. ~하다 berpatroli; meronda.~대 kelompok patroli;rombongan patroli. ~대원 anggota patroli; peronda. ~차 mobil patroli.

순치(馴致) ① ~하다 menjinakkan. ② ~하다 mengakibatkan; menimbulkan; melahirkan.

순탄(順坦) ~한 rata; datar. ~한 길 jalan yang datar dan lebar.

순풍(順風) angin yang menguntungkan. ~에 돛을 달다 berlayar mengikuti angin.

순하다(順-)①(성질이) taat;patuh; penurut; lemah lembut. ② (맛이) lemah; ringan (rasa).③ (일이) mudah; lancar (kerja).

순항(巡航) pelayaran; penjelajahan. ~하다 berlayar;berpesiar (dengan naik kapal); menjelajah.

순화(醇化) ~하다 membersihkan; memurnikan. 국어~운동 kampanye untuk memurnikan bahasa Korea.

순환(循環)peredaran; perputaran; sirkulasi; daur; rotasi.~하다 beredar; berputar; berotasi. 혈액 ~을 좋게 하다 memperbaiki peredaran darah. ~곡선 kurva perputaran.

순회(巡廻) patroli; ronda; perjalanan inspeksi. ~하다 berkeliling; meronda; berpatroli. ~강연 tur kuliah. ~공연 pertunjukan keliling. ~구역 daerah patroli. ~대사 duta besar keliling.

숟가락 sendok.한 ~의 설탕 sesendok penuh gula. ~으로 뜨다 menyendok. 밥~ sendok makan. 찻~ sendok teh.

술 ☞ 숟가락.

술 minuman keras; anggur. 독한 [약한]~ anggur keras [lunak]. ~김에 karena pengaruh minuman. ~김에 하는 싸움 pertengkaran karena mabuk. ~을 만들다 membuat minuman keras. ~을 마시다 minum minuman keras. ~을 끊다 berhenti minum.

술(戌) tanda zodiak anjing; sio anjing. ~년 tahun anjing.

술꾼 peminum berat; pecandu minuman keras; pemabuk.

술래 orang yang main petak umpet.

술래잡기 pat-pat gulipat; petak umpet.

술렁거리다 bising; gaduh; mengganggu.

술망나니 pemabuk;peminum berat.

술법(術法) ilmu hitam; tenung; sihir; teluh.

술병(-瓶) botol minuman.

술상(-床)meja minum. ~을 차리다 menyiapkan meja untuk minum.

술수(術數) ① ☞ 술법. ② ☞ 술책.

술술 dengan lancar; tanpa tersendat-sendat; dengan mulus.

술어(述語) 「文」 predikat.

술어(術語) ☞ 학술어. 의학상의 ~ istilah medis.

술자리 pesta minum.

술잔(-盞) cangkir (gelas) anggur. 이별의~ cangkir perpisahan. ~을 권하다 [받다] menawarkan minum /cangkir [menerima cangkir]. ~을 비우다 meminum habis isi cangkir.

술집 bar;rumah minum.~여자[여급] pelayan bar. ~주인 pemilik rumah minum.

술책(術策) taktik;strategi;trik;tipu daya. ~을 부리다 menggunakan taktik. ~에 걸리다 jatuh ke dalam perangkap; terperangkap.

술청 tempat minuman keras.

술추렴하다 berbagi biaya minuman.

술타령(- 打令)~하다 tidak minta apapun kecuali minuman.

술통(- 桶) tong anggur.

술회(述懷) ~하다 berbicara masa lalu/ isi hati.

숨 napas; bernapas. ~을 헐떡이며 terengah-engah; kehabisan napas. ~을 거두다 menghembuskan napas terakhir; meninggal. ~을 죽이다 menahan napas. ~(을) 돌리다 mengambil napas; menghirup udara.

숨 (야채 따위의) daya kesegaran.

숨결 napas; pernafasan.~이 가쁘다 terengah-engah. 봄의 ~을 느끼다 merasakan napas musim bunga.

숨구멍 batang tenggorok; trakhea.
숨기다 menyembunyikan; melindungi; merahasiakan; menutupi fakta;menyamarkan. 나이를~ merahasiakan umur.
숨김없다 terus terang;berhati terbuka.
숨다 ① (피신) menyembunyikan diri; menghilang; berlindung (dalam). ② (은둔) mengasingkan diri (dari dunia).
숨막히다 tercekik.
숨바꼭질 petak umpet.
숨소리 napas; debas. ~를 죽이고 menahan napas.
숨숨 ~ 얽은 bopeng.
숨쉬다 bernapas; mengambil napas.
숨지다 menghembuskan napas terakhir; meninggal dunia.
숨차다 terengah-engah; kehabisan nafas.
숨통 batang tenggorok; trakhea.
숫구멍 「解」 ubun-ubun.
숫기(-氣)~없는 malu;tersipu-sipu; malu-malu. ~좋은 lancang; tidak malu-malu.
숫돌 batu gerinda;batu canai.가죽~ asahan kulit.
숫되다 polos; lugu; naif; berpikiran sederhana.
숫자(數字)angka; bilangan; nomor. 세자리~ tiga angka. 천문학적~ angka astronomis. ~적으로 secara numerik.~상의 착오 galat numerik.
숫제 lebih baik; alih-alih; sama sekali.
숫지다 sederhana dan jujur; naif; polos; lugu.
숫처녀(-處女)perawan yang lugu.
숫총각(-總角) bujang.
숭고(崇高) ~한 mulia; terhormat; luhur. ~한 이상 ide yang mulia.
숭늉 minuman air kerak.
숭덩숭덩 ~ 자르다 memotong-motong agak tebal.
숭배(崇拜) pemujaan. ~하다 memuja.~자 pemuja. 영웅[조상]~ pemujaan pahlawan [nenek moyang].
숭상(崇尙) ~하다 menghormati; menghargai.
숭숭 ① ☞ 숭덩숭덩. ② (바느질) dengan tisikan kasar (jahitan).
숭어 「魚」 sejenis ikan.
숭엄(崇嚴) ~한 luhur; mulia; akbar.
숯 arang.~을 굽다 membakar arang. ~불을 피우다 menyalakan api arang. ~가마 tungku arang.
숯내 ~맡다 menghirup gas karbon.
숯장수① penjual arang.② (얼굴 이 검은) orang bermuka arang.
숱 ketebalan; kepadatan. ~이 많은 머리 rambut yang tebal. (머리) ~이 적다 berambut tipis.
숱하다 banyak.
숲 ☞ 수풀. 소나무~ hutan cemara; hutan pinus. ~길 jalan hutan cemara.
쉬 (미구에) segera; tidak lama; dengan cepat; dengan mudah.
쉬다 (상하다) basi; busuk; masam.
쉬다 (목이) menjadi parau/serak; memarau; menyerak.
쉬다 ① (결석.결근) libur; absen. 병으로 하루~ libur sehari karena sakit. ② istirahat.잠시~beristirahat sejenak. 누워서~ mengaso. 조용히

~ beristirahat dengan tenang. ③ (중지) menunda;menangguhkan. ④ (취침) tidur; masuk keperaduan. 일찍~ tidur lebih awal;tidur siang-siang.

쉬다 (숨을) bernapas; menghirup napas.

쉬쉬하다 merahasiakan (sesuatu); menutupi(fakta); menyembunyikan.

쉬엄쉬엄 bekerja santai.

쉬하다 kencing; mengeluarkan air seni.

쉰 lima puluh.

쉼표 「樂」 istirahat; jeda. 온[2 분, 4 분] ~ tanda istirahat penuh [setengah, seperempat].

쉽다 ① mudah; sederhana; ringan. 깨지기~ mudah pecah. ② cenderung (untuk). 잘못을 저지르기 ~ cenderung khilaf;cenderung membuat kesalahan. 감기 들기~ mudah terserang demam.

쉽사리 dengan mudah; tanpa kesulitan.

슈미즈 rok/baju dalam perempuan.

슈즈 sepatu.

슈퍼마켓 supermarket; toko serba ada.

스냅사진(-寫眞) snap (shot).~을 찍다 mengambil potret.

스님 ① (사승(師僧) guru pendeta Budha.②(중)pendeta Budha;biksu.

...스럽다 seperti;tampak;memberi kesan... 바보~ ketololan; seperti orang tolol. 촌~ kampungan.

스르르 dengan mulus; dengan mudah; dengan lembut.

스마트 ~한 bergaya;tampan;baik; gagah.

스매시하다 (테니스)memukul;menyemes.

스매싱 (테니스) smes; pukulan.

스멀거리다 gatal; gatal-gatal.

스모그 asbut; kabut; asap.

스모킹 merokok. ~룸 ruang merokok.

스무 dua puluh; ke-20.

스물 dua puluh; skor.

스미다 menembus;menyerap; meresap.

스스럼 ~없이 dengan tanpa takut dan malu-malu.

스스로 sendiri.~의 pribadi; sendiri.

스승 guru.~의 은혜 utang budi pada guru. ~으로 받들다 menghormati sebagai guru.

스웨터 baju rajutan.

스위스 negara Swiss. ~제(製)의 buatan Swiss. ~사람 orang Swiss.

스위치 alat pemindah aliran;saklar. ~를 넣다[끄다] menyalakan [mematikan] saklar.

스윙 ① 「樂」 (musik) lenggang. ② ayunan. ~하다 berayun.

스쳐보다 melirik (kepada);melihat dari sudut mata; mengerling.

스치다 menyerempet.

스카프 syal; selendang.

스카우트 pembajakan (manajer, pemain dsb).~하다 membajak (pemain).

스카이다이빙 terjun payung.~(을) 하다 (melakukan) terjun payung.

스카치 ~위스키 wiski scoth. ~ 테이프 pita isolasi; isolasi ban.

스캔들 skandal; perkara keji.

스커트 rok. ~를 입다 [벗다] mengenakan [membuka] rok. 롱 [플레어]~ rok panjang [kembang]. 타이트 ~ rok ketat.

스컹크 「動」 tengkorak.

스케이트 (olah raga) skate. ~타다 bermain skate. ~타러 가다 pergi bermain skate.~장 lapangan skate.

스케일 skala.~이 큰[작은]berskala besar [kecil].

스케줄 jadwal; rancangan;rencana; program.~대로 sebagaimana yang dijadwalkan; menurut jadwal. 꽉 짜인 ~ jadwal yang padat (ketat).

스케치 sketsa; bagan; sket. ~하다 menyeket;membuat sket.~북 buku sketsa.

스코어 skor; angka; nilai. 2 대 1 의 ~로 dengan skor 2 lawan 1.~보드 papan skor.

스쿠터 sepeda motor;otoped; skuter.

스쿨 sekolah. ~버스 bis sekolah.

스크랩북 buku tempel;buku kliping.

스크린 layar. ~테스트 uji layar.

스키 ski. ~타다 main ski. ~타러 가다 pergi bermain ski. ~복 pakaian ski. ~장 kawasan bermain ski.

스키어 pemain ski.

스킨다이빙 terjun ski.

스타 bintang film; bintang layar perak. ~가 되다 menjadi bintang. 일류~ bintang kelas satu.

스타디움 stadium; tahap.

스타일 gaya; perawakan ~이 좋다 [나쁘다]memiliki perawakan badan yang baik[jelek]. 최신(유행의) ~ gaya terbaru. ~북 buku mode.

스타카토 「樂」 staccato.

스타킹 kaus kaki panjang; stoking.

스타트 awal;permulaan.~하다 memulai. ~가 좋다[나쁘다] memulai dengan baik [buruk]; membuat awal/start yang baik [buruk]. ~라인 garis awal; garis start.

스태미나 stamina;ketahanan tubuh. ~를 기르다 membina stamina.

스탠드 ① (관람석) bangku stadion. ② (전등) lampu meja.

스탬프 stempel; cap; cap pos. ~를 찍다 membubuhi stempel; mencap.

스테레오 ~의 stereo. ~로 듣다 mendengarkan dengan stereo ~레코드 rekaman stereo (cakram stereo). ~전축 stereofon.

스테이지 panggung.

스텝 langkah. ~을 밟다 melangkah; menari.

스토리 cerita; kisah.

스토브 tungku pemanas; perapian.

스토아 ~주의 Stoikisme.~학파 aliran Stois.

스톱 berhenti. ~워치 jam henti (stop watch).

스튜디오 studio; sanggar.

스튜어디스 pramugari.

스트라이크 pemogokan kerja. ~중이다 (sedang) mogok kerja. ~를 중지하다 menghentikan pemogokan.

스트레스 stres;tekanan.~가 쌓이다 stress meningkat. ~를 해소하다 menghilangkan stres; meredakan stres.

스트레이트 「拳」 pukulan lurus.

스트렙토마이신 「藥」 strepto-

misin.
스트로 penyeruput.
스트립쇼 pertunjukan tarian telanjang; striptis.
스팀 uap;pemanasan uap;kukus.~을 넣은 dipanasi uap.
스파게티 spagheti.
스파링 「券」 latih tanding.~파트너 lawan latih tanding.
스파이 ☞ 간첩. ~노릇을 하다 memata-matai; bertindak sebagai agen rahasia. 산업~ mata-mata perusahaan.~망 jaringan mata-mata; jaringan spionase.
스파이크 sepatu berduri.
스파크 percikan; cetusan; bunga api.~하다 mencetuskan bunga api.
스패너 kunci inggris; kunci pas.
스페어 serap; serep. ~타이어 ban serap; ban serep.
스펙터클 tontonan yang spektakuler.~영화 film yang spektakuler.
스펠(링) (peng)ejaan.
스포츠 olah raga;sport. ~를 좋아하는 gemar berolah raga. ~계(界) dunia olah raga. ~난 kolom olah raga.~맨 olahragawan.~신문 kolom olah raga.
스포트 spot. ~뉴스 [방송] warta [siaran] spot.~라이트 lampu sorot.
스폰서 sponsor. ~가 되다 mensponsori; menjadi sponsor.
스폰지 sepon; bunga karang.~고무 karet spon.
스푼 sendok.
스프링 pegas; per. ~보드 papan loncat.
스프링코트 jas luar yang panjang.
스프링클러 alat penyemprot.
스피드 kecepatan (☞ 속도, 속력). ~광 maniak kecepatan.~시대 abad kecepatan.
스피커 pengeras suara.
스핑크스 Sphinx (patung singa berkepala manusia).
슬개골(膝蓋骨) tempurung lutut.
슬그머니 diam-diam; sembunyi-sembunyi.
슬금슬금 diam-diam; sembunyi-sembunyi.
슬기 kebijaksanaan; kecendekiaan. ~로운 bijak; bijaksana; cendekia; berakal; cerdik.
슬라이드 slide lentera; gambar sorot. 칼라~ slide warna.
슬라이딩 「野」 sliding (dalam olah raga).
슬럼프 ~에 빠지다[에서 벗어나다] jatuh ke dalam [ke luar dari] kemerosotan.
슬레이트 (atap) batu tulis. ~로 지붕을 이다 membuat atap dengan batu tulis.
슬로 lambat. ~모션 gambar gerak lambat. ~볼 bola lambat.
슬로건 slogan; motto; semboyan. …라는 ~을 내걸고 dengan semboyan.
슬리퍼 sandal; terompah; sandal jepit.
슬며시,슬몃슬몃 dengan rahasia; diam-diam; dengan sembunyi-sembunyi.
슬슬 ① (가볍게)dengan lunak; dengan ringan; dengan lembut. ② dengan membujuk-bujuk. ~달래다

membujuk-bujuk.

슬쩍 ①(몰래) dengan rahasia; diam-diam.②(쉽게) dengan ringan; dengan mudah.

슬프다 menyedihkan; mendukakan; patetik.

슬픔 kedukaan; kesedihan. ~에 잠기다 tenggelam dalam kedukaan.

슬피 dengan menyedihkan.

슬하(膝下) lindungan orang tua. 부모 ~에서 자라다 tumbuh dibawah lindungan orang tua.부모 ~를 떠나다 lepas dari tanggungan orang tua.

습격(襲擊) serangan;serbuan.~하다 menyerang; menyerbu; memerangi.

습관(習慣) kebiasaan; adat kebiasaan.평소의~kebiasaan yang lazim. ~을 들[붙]이다 membentuk kebiasaan (yang baik). ~성 의약품 obat-obatan yang membentuk kebiasaan.

습기(濕氣)kelembaban;kebasahan udara.

습도(濕度) kelembaban (udara). ~계 higrometer; alat pengukur kelembaban udara.

습득(拾得) ~하다 memungut;mendapatkan.~물 barang pungutan.

습득(習得) ~하다 belajar.

습성(習性) kebiasaan; cara-cara seseorang.

습성(濕性)basah;lembab. ~늑막염 radang selaput dada basah.

습속(習俗) adat; kebiasaan; adat istiadat.

습자(習字)kaligrafi.~책 buku kaligrafi.

습작(習作) latihan menulis/mengarang.

습지(濕地)rawa-rawa; paya; pandau; tanah berbencah.

습진(濕疹) 『醫』 eksim basah.

습하다(濕 -) lembab; basah.

승(勝) kemenangan. 3~1 패 menang 3 lawan 1.

...승(乘)tempat duduk.5 인~비행기 pesawat dengan 5 tempat duduk. 9 인~ 자동차 mobil sembilan penumpang.

승강(昇降) ~하다 naik dan turun. ~구 pintu elevator. ~기 elevator.

승강이 pertengkaran kecil. ~하다 bertengkar.

승객(乘客) penumpang.

승격(昇格) ~하다 dipromosikan; naik status.

승계(承繼) pewarisan. ☞ 계승.

승급(昇級) promosi; kenaikan pangkat. ~하다 dipromosikan; naik pangkat.

승급(昇給) kenaikan gaji. ~시키다 menaikkan gaji.

승기(勝機) peluang kemenangan.

승낙(承諾) persetujuan; izin; perkenaan. ~하다 setuju (dengan); menyetujui.

승냥이 「動」 anjing liar.

승단(昇段) kenaikan dan (taekwondo, baduk dll). ~하다 naik dan.

승려(僧侶) ☞ 중.

승률(勝率)persentase kemenangan; peluang berhasil.

승리(勝利) kemenangan. ~하다 menang; meraih kemenangan. 최

후의 ~를 얻다 meraih kemenangan akhir. ~자 pemenang; sang pemenang.

승마(乘馬) tunggang kuda. ~하다 menunggang kuda. ~바지 celana joki. ~복 pakaian joki. ~술 seni menunggang kuda.

승무(僧舞) tarian Budha.

승무원(乘務員) awak kereta api; awak bis; kondektur.

승방(僧房) biara rahib.

승법(乘法) 「數」 perkalian; penggandaan.

승복(承服)~하다 tunduk;menyerah.

승복(僧服) jubah pegawai [jubah pendeta].

승부(勝負) kemenangan atau kekalahan; pertandingan; permainan. 단판~ permainan satu ronde. ~를 짓다 bertempur sampai akhir. ~에 이기다[지다] menang[kalah] dalam pertandingan.~는 끝났다 permainan telah usai.

승산(勝算) prospek kemenangan; peluang berhasil. ~없는 tidak ada harapan menang.

승상(丞相) ☞ 정승(政丞).

승선(乘船) embarkasi. ~하다 naik kapal.

승소(勝訴) ~하다 memenangkan perkara.

승수(乘數) bilangan pengganda.

승승장구(乘勝長驅)~하다 kemenangan terus menerus.

승압기(昇壓器)transformeter penaik (tegangan).

승용차(乘用車) mobil; mobil penumpang. 4 인승 ~ mobil empat penumpang. 고급~ mobil mewah.

승원(僧院) biara Budha.

승인(承認)pengakuan;persetujuan. ~하다 mengakui; menyetujui. ~을 얻다 mendapat persetujuan. ~서 pengakuan tertulis.

승자(勝者) pemenang.

승적(僧籍) silsilah pendeta.

승전(勝戰) ~하다 memenangkan perang (pertempuran). ~고 (鼓) gendang kemenangan.

승제(乘除) 「數」 perkalian dan pembagian.

승직(僧職) kependetaan; jabatan pendeta.

승진(昇進) kenaikan pangkat/peringkat.~하다 naik pangkat/jabatan.

승차(乘車)~하다 menumpangi;naik mobil. ~구 jalan masuk mobil. ~권 tiket; karcis. ~권 매표소 loket.

승천(昇天)kenaikan.~하다 naik ke surga.

승패(勝敗) kemenangan atau kekalahan. ~를 다투다 berebut kemenangan.

승하(昇遐) kemangkatan. ~하다 mangkat; wafat; tutup usia; berpulang.

승하다(乘-) ☞ 곱하다.

승합(乘合) ☞ 합승.

승화(昇華) 「化」 sublimasi; penguapan (untuk memperhalus). ~ 하다 menguapkan (untuk memperhalus); mensublimasikan.

시(市) kota.~당국 pemerintah kota praja; penguasa kota.

시(時) jam; waktu; pukul. 8~ pukul 8. 3~15 분 pukul 3.15. 2~20 분

이다 dua puluh menit lewat dari pukul dua (pukul 2 lewat 20 menit).

시(時) puisi; sajak; syair.

시가(市街) jalanan kota. ~전(戰) pertempuran jalanan. ~지 daerah kota.

시가(市價)harga pasar (harga sekarang). ~변동 fluktuasi/ turun naiknya harga.

시가(時價) harga sekarang (harga pasar). ~로 쳐서 (taksiran) dalam harga sekarang.

시가(媤家) ☞ 시집(媤-).

시가(詩歌) puisi; puisi dan lagu. ~선집 antologi.

시각(時刻) waktu; jam.

시각(視角) sudut pandang.

시각(視覺) (indra) penglihatan; pandangan;visi. ~교육 pendidikan visual. ~기관 organ penglihatan; organ visual

시간(時間) waktu; jam. 영어~ jam pelajaran bahasa Inggris. ~에 늦다 telat; terlambat. ~을 벌다 mengulur waktu. ~을 지키다 menepati waktu.~강사 pengajar/dosen paruh waktu.~외 근무[수당]kerja [upah] lembur. ~외 근무를 하다 bekerja lembur. ~표 daftar waktu. 소요~ waktu yang dibutuhkan.

시경찰국(市警察局) Biro Kepolisian Kota. ~장 Kepala Polisi Kota.

시계(時計) jam; arloji. ~를 맞추다 menyetel jam; mencocokkan jam. ~를 보다 melihat jam. ~탑 menara jam.자동~ jam otomatis.탁상~ jam meja.

시계(視界)medan/jangkauan penglihatan. ☞ 시야.

시골 kampung; pedesaan; pinggir kota;pedusunan. ~서 자라난 besar di kampung. ~구석 desa terpencil. ~길 jalan desa. ~내기 orang desa. ~뜨기 orang udik; orang canggung /kikuk.

시공(施工) ~하다 membangun; membuat konstruksi. ~자 『建』 pemborong.

시구(市區) daerah kota praja.

시구(詩句) baris sajak;ayat;stanza.

시구(始球) ~하다 melempar bola pertama. ...의 ~로 dengan bola pertama dilempar oleh ... .

시국(時局) situasi; keadaan. ~의 추의 perkembangan situasi. ~을 수습하다 membereskan situasi.

시굴(試掘) ~하다 memprospek (pertambangan); membor (untuk menyelidiki kandungan minyak). ~권 hak prospeksi. ~자 prospektor (pertambangan). ~정(井) sumur uji.

시궁창 parit; got; selokan; saluran.

시그널 rambu-rambu.

시극(詩劇) drama puitis.

시근거리다 (숨을) engah-engah; kembang kempis napasnya. (뼈마디가) ngilu tulang.

시금(試金) uji emas. ~석 batu uji.

시금떨떨하다 keasam-asaman dan kecut.

시금치 bayam.

시금털털하다 ☞ 시금떨떨하다.

시급(時急) ~한 mendesak; amat perlu; darurat.

시기(時期) musim; masa; periode;

ketika.이 중대한 ~에 pada periode yang genting ini.

시기(時機) peluang; kesempatan; ketika. ~에 적합한 pas waktunya. ~를 기다리다 menunggu peluang yang baik. ~를 포착하다 meraih peluang. ~ 상조이다 terlalu dini.

시기(猜忌) iri hati; cemburu; jelus. ~하다 iri; cemburu; beriri hati. ~심 = 시기.

시꺼멓다 hitam pekat;hitam legam.

시끄럽다①(소란함) ribut; riuh; ramai; gaduh; hingar-bingar. ② (여론이) banyak dibahas. ③ (귀찮다) parah; keras; sukar; mengganggu.

시나리오 skenario. ~작가 penulis skenario.

시나브로 lambat laun.

시내 anak sungai; terusan; selokan.

시내(市內) (dalam) kota. ~ 거주자 penduduk kota. ~배달 pengiriman dalam kota. ~버스 bis kota. ~판 edisi kota.

시네마 bioskop. ~스코프 Sinema Skop.

시녀(侍女) pewara; dayang-dayang.

시누이(媤-) saudari suami; ipar perempuan.

시늉 mimikri; penyamaran; penyaruan; peniruan. ~하다 menyaru; menyamar; berpura-pura; berlagak; berpura-pura; meniru. 죽은 ~을 하다 berpura-pura mati.

시다 ① (맛이)masam;kecut;sepat; asam. ② (뼈마디가) ngilu tulang.

시달(示達) ~하다 menginstruksikan; memberikan pengarahan.

시달리다 diganggu (oleh); diusik (oleh);menderita. 가난에~ menderita kemiskinan.

시대(時代) periode; masa; abad; era;jaman.~의 총아 anak emas dari jaman.~에 뒤떨어진 ketinggalan jaman. ~감각 rasa waktu. ~상(相) [정신] fase [semangat] jaman.

시도(試圖)usaha;percobaan;upaya. ~하다 berusaha; berupaya; mencoba.

시동(始動) pengawalan; starting. ~하다 menghidupkan (mesin kendaraan); menyetater. ~을 걸다 menghidupkan mesin.

시동생(媤 -)adik laki-laki suami; ipar laki-laki.

시들다 ① (초목이) layu; kering; mengering; meluyut; melelai; melayu. ② melemah; menurun; memudar. 인기가~ memudar kemasyuran.

시들하다 tidak memuaskan; setengah hati; tidak tertarik; remeh.

시디시다 sangat asam.

시래기 daun lobak ~국 sup daun lobak.

시럽 sirup.

시력(視力) daya lihat; penglihatan. ~이 좋다[약하다] memiliki penglihatan yang baik [buruk]. ~감퇴 amblyopia. ~검사 uji penglihatan; pemeriksaan mata. ~(검사)표 peta uji mata.

시련(試鍊) ujian; cobaan. 가혹한~ cobaan berat; cobaan yang pahit. ~을 겪은 teruji. ~에 견디다 menahan cobaan.

시론(時論) komentar tentang kejadian/peristiwa terbaru; opini umum (tentang peristiwa hari tersebut).

시론(詩論) esei tentang puisi; kritik puisi.

시루 periuk/tanah; belanga. ~떡 kue beras yang ditanak.

시류(時流) arus zaman; mode (terbaru). ~에 따르다 mengikuti mode; mengikuti arus zaman.

시름 kecemasan;kekhawatiran. 한~놓다 pulih dari kecemasan; lega.

시름없이 dengan bengong; ternganga-nganga.

시리다 merasa kedinginan.

시리즈 seri; rangkai. ~로 출판하다 menerbitkan dalam bentuk serial. ~물 cerita bersambung. 월드~ Seri Dunia.

시립(市立) ~의 (didirikan oleh) kota. ~ 도서관 perpustakaan kota. ~병원 rumah sakit kota.

시말서(始末書) permintaan maaf secara tertulis.

시멘트 semen.~를 바르다 menyemen.~공장[기와,벽돌]pabrik [genteng, bata] semen.

시모(媤母) ☞ 시어머니.

시무(時務) masalah mendesak.

시무(視務) ~하다 bekerja.

시무룩하다 muram; rongseng;merengut.

시무식(始務式) upacara pembukaan kerja.

시문(試問) pertanyaan; ujian; wawancara. ~하다 menanyai; mewawancarai; menginterview.

시민(市民) warga negara; warga. ~권 kewarganegaraan.~대회 rapat massal warga.

시발(始發) ~역 stasiun pemberangkatan.

시범(示範) model/contoh untuk yang lainnya;teladan. ~하다 memberi contoh;menjadi teladan (bagi).

시보(時報) ① (시간의 알림) tanda waktu; pengumuman waktu. ② (보도) berita hangat; buletin; tinjauan.

시보(試補) probasioner (orang yang berpraktek dalam masa percobaan).사법관~ orang yang praktek hukum (masa percobaan).

시부(媤父) ☞ 시아버지.

시부렁거리다 ocehan; gerutuan.

시부모(媤父母) orang tua suami; mertua.

시비(市費) pembelanjaan kota; pengeluaran kota.

시비(是非) baik dan [atau] buruk; benar dan [atau] salah. ~하다 bertengkar mulut.

시비(詩碑) monumen bersurat.

시뻘겋다 merah tua.

시사(示唆) isyarat.~하다 memberi isyarat. ~적 sugestif.

시사(時事) kejadian-kejadian terbaru; peristiwa terakhir. ~문제 [영어] topik [bahasa Inggris] terbaru.

시사(試寫) pertunjukan perdana. ~하다 mempertunjukkan pertama kali; melakukan pertunjukan perdana.~회 komite pertunjukan perdana.

시산(試算) uji coba (trial). ~표

neraca uji coba.

시삼촌(媤三寸)paman dari suami; paman luar.

시상(施賞) ~하다 memenangkan hadiah. ~식 upacara pemberian hadiah.

시상(詩想) khayalan puitis.

시선(視線) mata; tatapan; pandangan. ~을 돌리다 mengalihkan pandangan. ~을 피하다 menghindari tatapan mata;membuang muka.

시선(詩選)antologi;kumpulan puisi terpilih.

시설(施設) sarana; perlengkapan; fasilitas. ~하다 memberikan fasilitas.~투자 investasi dalam peralatan. 공공~ fasilitas umum. 군사~ fasilitas militer. 산업[항만]~ fasilitas [pelabuhan] industri.

시성(詩聖) pujangga besar.

시세(詩世) waktu; hari; masa; jaman.

시세(時勢)①(그때의 형세) kecenderungan waktu. ② harga sekarang; harga pasar. ~의 변동 fluktuasi dalam pasar.~가 오르다[내리리다] naik [turun] harga. 개장 [폐장]~ penentuan harga buka [tutup]. 달러~ nilai tukar dolar.

시소 papan ungkit. ~를 타고 놀다 bermain papan ungkit. ~게임 permainan papan ungkit.

시속(時俗) kebiasaan/adat istiadat jaman itu.

시속(時速) kecepatan per jam. ~ 24 마일 24 mil per jam.

시스템 sistem. ~공학 rekayasa sistem.

시승(試乘) uji coba kendaraan. ~하다 menguji-cobakan kendaraan.

시시(時時) ~로 kadang-kadang.

시시각각(時時刻刻)~으로 setiap jam.

시시덕거리다 ngobrol sambil ketawa.

시시비비(是是非非) ~하다 menyatakan yang putih adalah putih, yang hitam adalah hitam.

시시콜콜 dengan selidik. ~캐묻다 menanyakan secara rinci.

시시하다 membosankan; menjemukan; tidak menarik; sepele; remeh; tidak berharga.

시식(試食) ~하다 mencicipi. ~회 panel pencicip makanan.

시신경(視神經) saraf mata.

시아버지(媤-) mertua laki-laki (ayah suami).

시아주버니(媤 -) abang ipar (kakak suami).

시야(視野) medan penglihatan; jangkauan penglihatan. ~에 들어오다 masuk jangkauan penglihatan. ~를 벗어나다 keluar dari jangkauan penglihatan. ~를 넓히다 memperluas jangkauan penglihatan.

시약(施藥) ~하다 memberi obat dengan gratis.

시약(試藥) 『化』 reagen; bahan reaksi.

시어(時語) kata puitis.

시어머니(媤 -) ibu mertua.

시역(市域) daerah kota.

시역(弑逆) kejahatan membunuh raja. ~하다 membunuh.

시연(試演) pertunjukan perdana.
시영(市營) tata letak kota. ~의 (di bawah tata letak) kota. ~으로 하다 menempatkan dibawah pengelolaan pemerintahan kota.~주택 rumah yang dikelola oleh pemerintah kota.
시온 Israel.
시외(市外) pinggiran kota; luar kota. ~의 di luar kota. ~거주자 orang yang tinggal di luar kota. ~전화 interlokal.
시용(試用)~하다 mencoba; mengujicobakan.
시운(時運) peruntungan waktu.
시운전(試運轉) uji coba kendaraan/mesin.
시원섭섭하다 merasakan campuran emosi kegembiraan dan kesedihan.
시원스럽다 terus terang; berhati terbuka.
시원시원하다 ☞시원수럽다.
시원찮다 ①(기분이) tidak senang/enak. ② (언행 따위가) tidak terang. ③ (형세) tidak menguntungkan.
시원하다 ①(온도가) merasa nyaman(segar). ② (상쾌) merasa lega. ③ ☞ 시원스럽다.
시월(十月) Oktober.
시위 (활의) tali panah.
시위(示威) (운동) demonstrasi;unjuk rasa. ~하다 berdemonstrasi; melakukan unjuk rasa.~적 demonstratif.~자 demonstran; pengunjuk rasa.
시위(侍衛)~하다 pengawal; pengiring.~대 kelompok pengawal raja.
시유(市有)~의 (dimiliki) kota. ~로[화]하다 mengkotakan; menjadikan milik kota. ~재산 kekayaan kota. ~지 tanah kota.
시음(試飮) ~하다 mencicipi minuman.~회 panel pencicip minuman.
시읍면(市邑面) kota kecamatan dan kelurahan.
시의(時宜) ~에 맞는 tepat pada waktunya. ~에 맞다 tepat waktu.
시의회(市議會)dewan kotamadya. ~의사당 balai kota. ~의원선거 pemilihan dewan kotamadya.
시인(是認)perkenaan; persetujuan. ~하다 menyetujui.
시인(詩人) penyair.
시일(時日) waktu; tanggal; hari. ~문제 masalah waktu. ~과 장소[를 정하다] [menetapkan] waktu dan tempat. ~이 걸리다 memerlukan banyak waktu; makan waktu.
시작(始作)permulaan; awal. ~하다 memulai. 사업을 ~하다 memulai bisnis/usaha.
시작(試作) produksi percobaan. ~하다 memproduksi untuk percobaan.
시작(詩作) penggubahan/pengarangan syair. ~하다 menulis puisi; mengarang puisi.
시장 ~하다 lapar. ~기 rasa lapar. ~기를 느끼다 merasa lapar.
시장(市長) wali kota. 서울 ~ wali kota Seoul.보고르~Walikota Bogor. ~직 jabatan wali kota.
시장(市場)pasar;pekan.~에 나오다[나와 있다] masuk pasar [sudah

dipasarkan].~을 개척하다 mencari pasar (untuk).~분석[점유율] analisa [pangsa] pasar. ~성 marketabilitas; daya pasar. 공설~ pasar umum.

시재(詩在) ~돈[액] uang tunai di tangan.

시적(詩的) puitis. ~감정 perasaan puitis.

시절(時節) musim; masa.~에 맞지 않는 tak sesuai musim. 그 ~에(는) pada waktu itu; pada masa itu.젊은 ~에 sewaktu masih muda.학생 ~에 semasa sekolah.

시점(時點) ketika. 이 ~에서 pada ketika ini; pada akhir-akhir ini.

시정(市政) pemerintahan tingkat kota madya.

시정(是正) koreksi. ~하다 mengkoreksi.

시정(施政) pemerintahan. ~방침 kebijakan pemerintahan.~연설 pidato tentang politik pemerintahan.

시정(詩情) perasaan puitis.

시조(始祖) pendiri; pemula; nenek moyang. 인류의 ~ nenek moyang manusia.

시조(時調) syair pujian Korea.

시종(始終) dari permulaan sampai akhir.

시종(侍從) pengurus rumah tangga raja.

시주(施主) persembahan. ~하다 memberikan persembahan/derma; mempersembahkan.

시중 pelayanan;perawatan;pemeliharaan. ~하다 melayani; merawat; memelihara; membantu; menolong. ~꾼 pelayan; perawat.

시중(市中) di dalam kota. ~금리 tingkat bunga pasar terbuka.~은행 bank kota.

시즌 musim. ~이 아닌 tidak musim. 야구~ musim bisbol.

시집(媤 -)keluarga dari suami. ~가다 menikah. ~(을)보내다 menikahkan.

시집(詩集) kumpulan sajak.

시차(時差) perbedaan waktu.

시찰(視察) inspeksi; penilikan. ~하다 melakukan inspeksi. ~단 rombongan inspeksi.

시책(施策) tindakan. ~을 강구하다 bertindak tegas.

시청(市廳) kantor kota madya.

시청(視聽)melihat dan mendengar. ~각 indra penglihatan dan pendengaran. ~각 교육[교재] [alat bantu] pendidikan pandang dengar. ~율 tingkat pemirsaan. ~자 pemirsa TV.

시청(試聽) ruangan percobaan bagi penyanyi/pemusik.

시체(屍體) mayat; jenazah. ~로 발견되다 ditemukan sudah jadi mayat. ~부검(剖檢) otopsi.

시체(時體) gaya puisi.

시초(始初) permulaan; pokok;asal mula; awal.

시추(試錐) pengeboran. ~선 anjungan pengeboran minyak. 해저(海底) 석유 ~ pengeboran minyak lepas pantai.

시치미떼다 pura-pura tidak tahu.

시침(時針) jarum pendek (jam).

시커멓다 hitam pekat.

시큼시큼하다 keasam-asaman.
시키다 memesan. 잡채를~ memesan capcai.
시트 ① (침대의) sprei; alas. ② (우표의) lembar.
시판(市販) pemasaran. ~하다 memasarkan. ~되고 있다 sedang di jual. ~품 barang-barang yang dipasarkan. 공동~ pemasaran bersama.
시퍼렇다 biru tua.
시편(詩篇) 「聖」 kitab Zabur.
시평(時評) komentar tentang kejadian/peristiwa terbaru. ~난(欄) kolom editor. 문예~ kolom sastra.
시하(侍下) (부사적) tinggal bersama orang tua serta kakek-nenek (perempuan setelah menikah).
시하(時下)sekarang;kini;pada masa ini.
시하다(視-)menganggap;memandang.위험~menganggap berbahaya.
시학(詩學) seni puisi.
시한(時限) batas waktu. ~부 파업 pemogokan dengan batas waktu. ~폭탄 bom waktu. 법적~ batas waktu resmi/syah.
시할머니(媤 -) nenek dari suami.
시할아버지(媤-) kakek dari suami.
시합(試合) ☞ 경기(競技).
시해(弑害) ☞ 시역(弑逆).
시행(施行) pemberlakuan. ~하다 memberlakukan. ~되고 있다 berlaku. ~령 Peraturan Pelaksanaan. ~세칙 peraturan pelaksanaan secara rinci.
시행착오(試行錯誤) coba-coba.
시험(試驗)ujian;tes;pengujian. ~하다 memeriksa; menguji; mengetest. ~삼아 sementara; percobaan. ~을 치다 mengikuti ujian. ~관(管) tabung percobaan; tabung kimia. ~관 아기 bayi tabung. ~답안지 kertas ujian.~대(臺) meja ujian.~발사[비행] peluncuran [penerbangan] uji coba.
시현(示現) ~하다 menyatakan.
시호(諡號) nama/pangkat anumerta.
시화(詩畵) puisi dan gambar.~전 pertunjukan ilustrasi puisi.
시황(市況) keadaan pasar. ~보고 laporan pasar. 주식~ pasar bursa.
시효(時效) 「法」 masa berlaku. ~에 걸리다 terkena masa berlaku. ~기간 jangka waktu berlaku.~정지 [중단] penangguhan [pemutusan] ketentuan.
시흥(詩興) inspirasi membuat puisi.
식(式) ① (식전) upacara. 장례~ upacara penguburan. 결혼~ upacara perkawinan. ② bentuk; tipe; model.한국 ~의 model gaya Korea. ③ 「數.化」 rumus. ~으로 나타내다 merumuskan; menunjukkan dengan rumus.
식간(食間)~에 diantara jam makan.
식객(食客) orang yang menumpang. ~노릇을 하다 menumpang hidup.
식견(識見) pandangan pengetahuan.
식곤증(食困症) ngantuk setelah makan.

식구(食口) keluarga; anggota keluarga. 많은[적은]~ keluarga besar [kecil].
식권(食券) karcis makan.
식기(食器) perlengkapan makan.
식다 ① (냉각) jadi dingin. ② (감퇴) berkurang. 열의가 ~ berkurang minat.
식단(食單) daftar makanan; tarif makanan; menu.
식당(食堂)rumah makan;restoran; kafetaria. ~차 kereta makan.
식도(食道) 「解」 kerongkongan; lekum.~암 「醫」 kanker esopagus. ~염 「醫」 radang esopagus.
식도락(食道樂)kegemaran makan enak. ~가 penggemar makanan.
식량(食糧) pangan. ~부족[통제] kekurangan[pengendalian] pangan.
식료(食料) makanan. ~품 bahan makanan. ~품상(商) penjual bahan makanan. ~품점 toko penjual bahan makanan.
식모(食母) pembantu (di dapur) (☞ 가정부). ~살이(하다) kehidupan (hidup sebagai) pembantu.
식목(植木) penanam pohon. ~하다 menanam pohon. ~일 Hari Penghijauan.
식물(植物)tanaman.~(성)의 nabati. ~계 dunia tumbuhan. ~성 단백질 albumin nabati. ~원 kebun raya. ~지(誌) majalah flora.
식민(植民)pendudukan;penjajahan. ~하다 menduduki; menjajah. ~지 daerah jajahan. ~지 정책 politik penjajahan. ~지화(化)하다 kolonialisasi. 구(舊) ~지 bekas jajahan.
식별(識別)diskriminasi;perbedaan. ~하다 membedakan; menilik.~ 할 수 있는[없는] [tidak] dapat dibedakan.
식비(食費) ongkos makan; biaya makan.
식빵(食-) roti. ~한 개[조각] [sepotong] roti.
식사(式辭) pidato pembuka.
식사(食事) makanan. ~하다 bersantap; makan. 가벼운 ~ makanan ringan. ~중이다 sedang makan. ~시간 waktu makan. ~예법 tata krama waktu makan.
식상(食傷) ~하다 bosan; jemu; muak.
식생활(食生活) kehidupan (yang berkaitan dengan) makanan.~을 개선하다 memperbaiki menu makanan.
식성(食性) makanan yang disenangi dan yang tidak disenangi. ~에 맞다 sesuai dengan selera.
식수(食水) air minum.
식수(植樹) ☞ 식목.
식순(式順) susunan acara.
식식거리다 mengap-mengap;terengah-engah.
식언(食言) ~하다 tidak menepati janji; mengingkari pembicaraan; menelan kembali kata-kata.
식염(食鹽) garam dapur. ~수(水) larutan garam. ~주사 suntikan air garam.
식욕(食慾) napsu makan.~이 있다 [없다]bernapsu makan baik [buruk].~을 잃다 hilang napsu makan.
식용(食用)~의 untuk dimakan. ~으

로 하다 menggunakan untuk makanan. ~개구리 kodok betung. ~유 minyak makan.

식육(食肉) daging (yang dapat di makan). ~류 『動』 pemakan daging.

식은땀 keringat dingin. ~을 흘리다 berkeringat dingin.

식음(食飲)~을 전폐하다 tidak makan dan minum.

식이(食餌) ~요법(을 하다)(berdiet.

식인(食人) ~의 pemakan manusia. ~종 suku pemakan manusia.

식자(識者) cendekiawan.

식자우환(識者憂患) ketidaktahuan adalah kebahagiaan.

식장(式場) gedung upacara.

식전(式典) upacara; ritual.

식전(食前) ~에 sebelum makan; sebelum sarapan. ~30 분에 복용 Diminum 30 menit sebelum makan.

식중독(食中毒) keracunan makanan.~에 걸리다 teracuni makanan.

식지(食指) ☞ 집게손가락.

식체(食滯) salah cerna; gangguan pencernaan.

식초(食醋) cuka; asam asetat.

식충(食蟲) ① 「生」 ~류(類) pemakan serangga; insektivora. ② (사람) orang rakus; pelahap.

식칼 pisau dapur.

식탁(食卓) meja makan. ~에 앉다 duduk di meja makan. ~보 taplak meja; alas meja.

식탈(食脫) penyakit karena kelebihan makan.

식품(食品) bahan makanan. ~공업 industri makanan. ~위생 kebersihan makanan.

식혜(食醯) minuman manis dari beras yang difermentasi.

식후(食後) ~에 setelah makan.

식히다 mendinginkan. 머리를~ mendinginkan kepala.

신 (신발) sepatu; lapik kaki; pembungkus kaki. ~을 신은 채로 dengan memakai sepatu.~을 신다[벗다] memakai [membuka] sepatu.

신 (신명) semangat besar; antusias.

신(申) (십이지) tanda kesembilan dari12 macam waktu; shio monyet.

신(神) Tuhan. ~의 가호[은총] perlindungan [berkat] Tuhan.

신 adegan drama. 러브 ~ adegan cinta.

신간(新刊)terbitan baru. ~의 baru; baru terbit. ~서적 buku yang baru terbit

신개발지(新開發地) tanah yang baru dibuka.

신격화(神格化) pendewaan.~하다 mendewakan.

신경(神經) syaraf. ~성(의) berhubungan dengan syarat. ~이 예민한 peka syaraf.~이 둔한 tidak peka syaraf.~이 굵다 berani. ~계통 sistem syaraf.~과민 kegugupan. ~과(전문)의사 ahli syaraf. ~병 penyakit syaraf. ~세포 sel syaraf. ~질 berwatak gugup.

신경지 ~를 개척하다 membuka tanah (lahan) baru.

신경향(新傾向) kecenderungan baru.

신고(申告)laporan; pemberitahuan.

~하다 memberitahukan; melaporkan.~서 surat laporan. ~자 pembawa laporan.~제 sistem pelaporan. 소득세~ laporan pajak pendapatan.

신고(辛苦) kesukaran.~하다 menderita kesukaran.

신곡(新曲) lagu baru.

신곡(新穀) tanaman baru.

신관(信管)sumbu.~을 끊다[장치하다] memotong[memasang] sumbu. 시한[격발]~ bom waktu.

신관(新館) bangunan baru.

신교(新教) aliran protestan. ~도 protestan.

신구(新舊) ~의 lama dan baru. ~사상의 충돌 pertentangan antara ide yang lama dan baru.

신국면(新局面) fase baru; aspek baru.

신권(神權) hak Tuhan. ~정치 teokrasi.

신규(新規) ~의 baru. ~로 dengan baru.~로 채용하다 mempekerjakan pegawai baru. ~사업[예금] perusahaan [tabungan] baru.

신극(新劇) drama modern. ~운동 gerakan drama modern.

신기(神技) keahlian yang mengagumkan.

신기(神奇) ~한 luar biasa. ~하게 secara luar biasa.

신기다 memakaikan sepatu.

신기록(新記錄) rekor baru.

신기루(蜃氣樓) fatamorgana.

신기원(新紀元) zaman baru. ~을 이루는 사건 kejadian yang membuka zaman baru.

신나 bahan pengecer.

신나다 semangat tinggi; gembira sekali.

신년(新年) tahun baru. 근하(謹賀) ~ Selamat Tahun Baru.

신념(信念)kepercayaan;keyakinan. 정치적 ~ keyakinan politik. ~이 없다 tidak ada keyakinan.

신다 memakai. 구두를[양말을] ~ memakai sepatu [kaos kaki].

신당(新黨) partai politik baru.

신대륙(新大陸)Benua baru; Dunia baru.

신도(信徒) ☞ 신자(信者).

신동(神童) anak ajaib; anak jenius.

신뒤축 hak sepatu.

신랄(辛辣) ~한 tajam; pedas. ~한 풍자 sindiran yang pedas.

신랑(新郞) pengantin pria; mempelai pria. ~감 calon pengantin pria.~신부 pengantin pria dan wanita; pasangan baru.

신력(神力)kuasa ketuhanan;kuasa yang hebat.

신력(新曆) kalender baru.

신령(神靈)①(신성한) roh rohaniah. ② (죽은 이의) jiwa orang yang meninggal.

신록(新綠) hijau segar.

신뢰(信賴)kepercayaan;keyakinan. ~하다 percaya (pada); mempercayai. ~할 만한 layak dipercaya; dapat dipercaya

신망(信望) kepercayaan. ~을 잃다 hilang kepercayaan. ~이 있다 menikmati kepercayaan dari.

신명(身命) hidup; nyawa. ~을 바치다 mengorbankan hidup.

신명(神明) Tuhan; Allah. ~의 가호 perlindungan Tuhan.
신묘(神妙) ~한 yang bersifat misteri.
신문(訊問)pemeriksaan;interogasi. ~하다 memeriksa;menginterogasi; menguji.~조서 『法』 BAP.
신문(新聞) surat kabar;koran; harian.헌~ surat kabar bekas; koran bekas.~에 나다 muncul dalam koran. ~에서 얻어맞다 diserang dalam surat kabar. ~배달(을) 하다 mengantar surat kabar. ~ 가 판대 kios surat kabar.~광고 iklan dalam koran. ~구독료 biaya langganan surat kabar. ~구독자 pembaca/pelanggan surat kabar. ~기사 artikel surat kabar. ~기자 wartawan surat kabar; kuli tinta. ~기자단 asosiasi pers. ~ 스크랩 kliping/guntingan surat kabar; kliping koran. ~용지 kertas koran. 조간[석간] ~ surat kabar pagi [sore].
신물 ~(이) 나다 jemu dan muak.
신바닥 tapak sepatu; sol.
신바람 kegembiraan.
신발명(新發明) penemuan baru. ~의 baru ditemukan.
신방(新房) kamar pengantin.
신변(身邊)~의 위험 ancaman pribadi. ~을 걱정하다 mencemaskan keselamatan.~잡기 kisah pribadi.
신병(身柄) badan. ~의 구속 pengekangan/penahanan fisik.
신병(身病) penyakit.
신병(新兵) rekrut; tentara baru. ~훈련(訓練) latihan tentara yang baru masuk. ~훈련소 pusat latihan tentara.
신봉(信奉) ~하다 percaya (pada).
신부(神父) pastor; paderi.
신부(新婦)pengantin wanita.~의상 pakaian pengantin wanita. ~학교 sekolah calon pengantin wanita.
신분(身分)status sosial;kedudukan sosial; jati diri; identitas. ~증(명서) kartu tanda pengenal (KTP).
신비(神秘) misteri; kegaiban; rahasia. ~한 mistik; penuh rahasia; misterius. ~경 tanah dengan pemandangan yang sangat bagus. ~주의 paham kebatinan.
신빙(信憑) ~하다 mempercayai; percaya (kepada). ~성 kredibilitas. ~성이있다 otentik; dapat dipercaya.
신사(神祠) biara; tempat suci.
신사(紳士)pria;lelaki. ~적 sopan. ~적으로 secara pria sejati; dengan cara yang sopan. ~복 pakaian pria. ~협정 perjanjian yang jentelman.
신상(身上) tubuh; badan. ~문제 masalah pribadi. ~상담난 kolom konsultasi pribadi.
신생(新生) hidup baru; kelahiran kembali. ~국(가) negara yang baru bangkit.~대 『地』 era Cenozoic.
신생아(新生兒) bayi; anak yang baru lahir.
신생애(新生涯) hidup baru.
신생활(新生活) kehidupan baru. ~운동 gerakan hidup baru.
신석기(新石器)~시대 zaman batu baru.
신선(神仙) pertapa sakti di atas gunung; pertapa suci. ~경 tanah peri.

신선(新鮮) ~한 segar; sejuk; nyaman. ~하게 하다 menyegarkan; menyejukkan.~한 공기[채소]udara [sayuran] segar. ~도가 떨어 지다 berkurang kesegaran.

신설(新設)~하다 membangun baru. ~의 baru dibangun. ~학교[공장] sekolah [pabrik] yang baru dibangun.

신설(新說)teori/doktrin yang baru.

신성(神性) Ketuhanan.

신성(神聖) kesucian; kekudusan. ~한 suci; kudus; keramat; sakral. ~불가침이다 tak dapat diganggu gugat.

신세 utang budi. ~를 지다 berhutang budi; menerima bantuan. ~를 갚다 membalas kebaikan; membalas budi.

신세(身世) kondisi nasib. 가련한~ hidup yang merana/celaka. ~타령을 하다 mengeluhkan nasib.

신세계(新世界) dunia baru.

신세대(新世代) generasi baru.

신속(迅速) ~한 cepat; lekas; laju; pesat. ~히 dengan cepat.

신수(身手) rupa; penampilan. ~가 훤하다 berpenampilan bagus.

신수(身數)keberuntungan; bintang. ~를 보다 meramalkan nasib (ke dukun).

신시대(新時代) era baru/zaman baru. ~를 이루는 yang membuka zaman baru.

신식(新式) gaya (metode; tipe, cara) baru. ~의 baru; modern.

신신부탁(申申付託) ~하다 meminta dengan sungguh-sungguh.

신심(信心) iman. ☞ 믿음.

신안(新案) mode baru; rancangan baru.~특허(를 신청하다) (meminta) hak paten atas rancangan baru.

신앙(信仰) kepercayaan;keimanan. ~이 두터운 tebal iman. ~이 없는 tidak beriman.~의 자유 kebebasan beragama. ~생활 kehidupan yang religius (soleh). ~요법 penyembuhan oleh iman. ~자 orang yang percaya.

신약(神藥) obat yang ajaib/sangat mujarab.

신약(新藥) obat yang baru.

신약성서(新約聖書) Perjanjian Baru.

신어(新語) kosakata yang baru.

신여성(新女性) gadis modern.

신열(身熱) suhu badan; demam.

신예(新銳) ~의 baru. ~기(機) pesawat yang baru keluar.

신용(信用)kepercayaan; keandalan;reputasi. ~하다 mempercayakan; mengandalkan; berkeyakinan pada. ~있는 dapat dipercaya; bonafide. ~없는 tak dapat dipercaya; tak dapat diandalkan. ~장 letter of credit (L/C). ~조사[상태] penyelidikan [kondisi] kredit.

신용도(信用度)angka kredit. 그의 ~는 높다[낮다] Dia memiliki angka kredit yang tinggi [rendah].

신우(腎盂) 『解』 pelvis ginjal. ~염(炎) 『醫』 radang ginjal.

신원(身元) identitas; jati diri; ciri-ciri pribadi. ~불명의 yang tidak di kenal; yang tak teridentifikasi.

신음(呻吟) ~하다 mengerang;me-

rintih. ~소리 erangan; rintihan.
신의(信義) kesetiaan.~있는 setia; taat. ~를 지키다[깨다] mempertahankan [memecahkan] kesetiaan.
신의(神意) kehendak Ilahi/Tuhan.
신의(神醫) dokter ahli.
신인(神人) Allah dan manusia. ~공노할 죄 kejahatan yang menentang Tuhan dan kemanusiaan.
신인(新人)penampilan baru; wajah baru; orang baru; aktor baru.
신임(信任) kepercayaan. ~하다 percaya. ~이 두터운 dipercayai. ~장 surat kepercayaan. ~투표 suara kepercayaan.
신임(新任) ~의 baru dipilih. ~자 orang yang baru dipilih.
신입(新入) ~의 baru masuk. ~생 siswa baru.~자 orang yang baru masuk.
신자(信者) orang yang percaya; penganut. 기독교 ~가 되다 menganut agama kristen;menjadi penganut agama kristen.
신자(新字) huruf baru.
신작(新作)karya baru.~소설 novel karya baru.
신작로(新作路) jalan baru; jalan raya.
신장(-櫥) rak sepatu.
신장(身長) postur; tinggi. ~이 5 피트 6 인치다 tinggi 5 kali 6 inci.
신장(伸張)~하다 mengembangkan; memperpanjang. ~성 daya pengembangan; ekspansibilitas.
신장(腎臟) ginjal; buah pinggang. ~결석(結石) batu ginjal. ~병 penyakit ginjal; gangguan ginjal. ~염(炎) pembengkakan ginjal.
신저(新著) karya baru.
신전(神殿) rumah Tuhan.
신접살이(新接-) kehidupan rumah tangga baru. ~하다 mendirikan rumah tangga baru.
신정(新正) tahun baru.
신정(新訂) ~판 edisi yang baru direvisi.
신정권(新政權) penguasa baru.
신제(新製) ~의 baru dibuat. ~품 produk baru.
신조(信條) prinsip; ajaran; paham; kredo. 생활~ prinsip hidup.
신조(新造) ~하다 membuat baru. ~의 baru dibuat. ~어(語) kata baru.
신종(新種)(종류)jenis baru; varietas baru; (수법) gaya baru. ~사기 penipuan gaya baru.
신주(新株) saham baru. ~를 공모하다 menawarkan saham untuk umum.
신중(愼重) perhatian; kebijaksanaan. ~한 hati-hati; bijaksana. ~한 태도를 취하다 berlaku/bertindak hati-hati.
신지식(新知識) ide-ide baru; pengetahuan baru/maju.
신진(新進)~의 baru muncul. ~기예의 yang muda dan bersemangat. ~작가 penulis baru.
신진대사(新陳代謝) pembaruan; regenerasi; 『生』 pertukaran zat; metabolisme. ~하다 diperbarui.
신참(新參) ~의 baru; hijau. ~자 pendatang baru; orang baru.
신창 sol sepatu.
신천지(新天地) dunia baru. ~를

개척하다 membuka dunia baru.
신청(申請)permohonan; pelamaran; mosi; petisi. ~하다 melamar; meminta; memohon. ~서(書) surat lamaran.~인 orang yang melamar; pelamar.
신청마감[기한] batas waktu untuk melamar.
신체(身體) tubuh; badan; jasmani; raga; jasad; awak; fisik. ~의 jasmaniah; badaniah. ~의 결함 cacat tubuh.
신체제(身體制) orde baru.
신축(伸縮) ~하다 elastis. ~자재의 elastis; fleksibel. ~성 keelastisan.
신축(新築)~하다 membangun baru. ~가옥 rumah baru.
신춘(新春)tahun baru;musim semi baru.~문예 sayembara mengarang pada musim semi.
신출귀몰(神出鬼沒) ~하는 seperti siluman.
신출내기(新出-) orang baru; pemula.
신코 ujung sepatu.
신탁(信託) titip; penitipan. ~하다 menitipkan.~물 barang titipan.~업 usaha penitipan. ~자 orang yang di titipi.~재산 harta yang dititipkan. ~증서[화사] akta [perusahaan] penitipan.~통치 (dibawah) perwalian(PBB).~통치 지역 wilayah perwalian.
신탁(神託) Wahyu; Firman Tuhan.
신통(神通) ~한 aneh;ajaib.~력(力) kejadian.
신트림 bersendawa.
신파(新派) aliran baru; faksi baru. ~극[배우] drama [aktor] aliran baru.
신판(新版) terbitan baru. ~의 baru diterbitkan.
신편(新編) edisi (versi) baru.
신품(新品) barang baru.~의 merk baru.
신하(臣下) bawahan raja.
신학(神學)teologi.~교[생]Sekolah [siswa] Teologi. ~자 ahli ilmu agama.
신학기(新學期) semester baru.
신학문(新學問) ilmu pengetahuan modern.
신형(新型) gaya/tipe baru.
신호(信號) tanda; rambu-rambu; sinyal.~하다 memberi tanda;memberi sinyal.~기[등] bendera [lampu] tanda/sinyal. ~수 orang yang memberi tanda/sinyal. 경계[위험] ~ tanda bahaya [peringatan]. 적[청] ~ lampu merah [hijau]. 조난 ~ isyarat darurat (SOS).
신혼(新婚) ~의 baru menikah. ~부부[생활] [kehidupan] pengantin baru. ~여행 bulan madu. ~여행자 orang yang berbulan madu.
신화(神化) ~하다 mendewakan; menuhankan.
신화(神話)dongeng;mitologi.~적인 dongengan.~시대 zaman/era mitologi.
신흥(新興)~의 baru naik/ muncul. ~계급 kelas yang baru muncul.~국 bangsa/negeri yang baru muncul. ~도시(都市) kota yang sedang berkembang pesat.
싣다 ① (적재) memuat; mengapal-

kan. ② menerbitkan; mencantumkan. 신문에 소설을 ~ menerbitkan cerita roman di surat kabar. ③ (논에 물을) mengairi (sawah).

실 benang. 바늘귀에 ~을 꿰다 membenangi jarum. ~을 실패에 감다 menggulung benang. ~을 잣다 memintal benang.

실(實) bersih. ~중량 berat bersih.

실가(實價)① (진가) nilai hakiki.② ☞ 원가.

실각(失脚) kehilangan jabatan. ~하다 hilang jabatan. ~한 정치가 politikus yang kehilangan jabatan.

실감(實感) perasaan sebenarnya. ~하다 merasa sebenarnya. ~이 나다 rasa alami.

실감개 gulungan benang.

실개천 selokan; tali air.

실격(失格) ~하다 didiskualifikasi. ~자 orang yang didiskualifikasi.

실고추 cabe iris.

실과(實果) ☞ 과실(果實).

실과(實科) mata pelajaran praktis.

실권(失權)~하다 kehilangan haknya.

실권(實權) kekuasaan sebenarnya. ~을 쥐다 memegang kendali pemerintahan; memegang kekuasaan. ~파 partai berkuasa.

실기(失期) ~하다 gagal menepati waktu.

실기(失機) ~하다 hilang kesempatan.

실기(實技) ketrampilan praktis. ~시험 ujian praktek.

실기(實記) sejarah; catatan sebenarnya.

실꾸리 gulungan benang.

실낱 seutas benang.

실내(室內) ~의 dalam ruangan. ~에서 di dalam ruangan. ~를 장식하다 mendekorasi kamar/ruangan. ~악 ruangan musik.

실농(失農) ~하다 gagal panen.

실눈 mata sipit.

실랑이질 ~하다 bertengkar mulut.

실력(實力) kesanggupan; kemampuan,kekuasaan.어학~ kemampuan bahasa. ~있는 sanggup; cakap; mampu. ~을 기르다 membina kemampuan.~자(者) orang yang kuat /berpengaruh. ~행사 penggunaan kekuasaan.

실례(失禮) kekasaran; perilaku yang jelek; pelanggaran etiket. ~되는 kasar; tidak hormat. ~되는 말을 하다 berbicara kasar.

실례(實例) contoh; teladan

실로(實 -) sungguh sebenarnya.

실로폰 『樂』 gambang.

실록(實錄)sejarah/ catatan otentik.

실룩거리다 menggerenyet.

실리(實利) keuntungan sebenarnya/bersih. ~적 berfaedah; bermanfaat. ~외교 diplomasi yang bermanfaat.

실리다 muncul (di koran).

실리콘 『化』 silikon. ☞ 규소.

실린더 silinder.

실링 shilling.

실마리 permulaan. ...의 ~를 찾다 [놓치다] menemukan [kehilangan] jawaban untuk ... .

실망(失望)kekecewaan; kesesalan. ~하다 kecewa; berkecil hati; menyesal;hancur hati; kecele; patah hati. ~하여 dengan kecewa.

실명(失名)~의 tanpa nama;tidak di kenal. ~씨 orang yang tidak di kenal.

실명(失明) ~하다 kehilangan penglihatan; menjadi buta. ~자 orang buta.

실명제(實名制) sistim transaksi finansial dengan nama asli/sebenarnya.

실무(實務) urusan/ masalah praktis. ~적 praktis. ~에 종사하다 melaksanakan urusan praktis. ~에 어둡다 tidak mahir dengan urusan praktis. ~가 pegawai pelaksana. ~자(급)회담 pembicaraan pada tingkat pelaksana.

실물(實物) barang asli;barang sebenarnya. ~크기 ukuran sebenarnya. ~거래 transaksi di tempat.

실밥 sisa benang; benang sisa.

실비(實費) harga pokok; ongkos sebenarnya.~로 팔다 menjual dengan harga pokok.~제공 penjualan dengan harga pokok.

실사(實査) ~하다 memeriksa secara nyata.

실사(實寫) gambar yang diambil di lokasi.

실상(實狀) kondisi sebenarnya; duduk perkara sebenarnya.

실상(實相) kenyataan sebenarnya. 사회의~ gambaran hidup sebenarnya.

실생활(實生活)hidup sebenarnya; realitas kehidupan.

실성(失性) ~하다 menjadi gila.

실소(失笑) ~하다 ketawa terbahak-bahak.~를 금치못하다 tak dapat menahan ketawa.

실속(實-)~있는 berisi;substansial; berbobot.~없는 tidak substansial; tidak berisi; kosong.

실수(失手) kesalahan; kekeliruan. ~하다 membuat kesalahan. 큰 ~ kesalahan besar.

실수(實收)pendapatan bersih;hasil bersih.

실수(實數)angka/jumlah sebenarnya.

실수요(實需要)permintaan sebenarnya. ~자 pemakai akhir. ~자 증명 surat bukti pemakai akhir.

실습(實習) praktek; latihan. ~하다 berpraktek;latihan.~생 siswa prak tek. ~시간 jam praktek.

실시 pelaksanaan;pemberlakuan. ~하다 memberlakukan; melaksanakan.

실신(失神) ~하다 pingsan; tidak sadar.

실액(實額) jumlah yang sebenarnya.

실어증(失語症)aphasia.~환자 pasien/penderita aphasia.

실언(失言)keseleo lidah. ~을 사과하다 meminta maaf atas keseleo lidah.

실업(失業) pengangguran. ~하다 hilang pekerjaan. ~ 구제 [보험] bantuan[asuransi] kehilangan pekerjaan.~수당 tunjangan kehilangan pekerjaan.~율 angka pengangguran.~자 penganggur;tuna karya; tidak bekerja.

실업(實業) bisnis; usaha. ~에 종사하다 berusaha terjun ke bisnis. ~가 wiraswastawan; pengusaha. ~계(界) dunia usaha. ~교육 pendidikan ketrampilan. ~(고등)학교 Sekolah Menengah Ekonomi Atas (SMEA).

실없다 tidak sungguh-sungguh.

실연(失戀)kekecewaan;patah hati. ~하다 kecewa dalam bercinta.~한 patah hati.

실연(實演) pertunjukan panggung. ~하다 berakting di panggung.

실외(室外)~의 luar ruangan.~에서 di luar ruangan.

실용(實用) penggunaan praktis. ~적 praktis; berguna. ~신안 model penggunaan. ~주의 「哲」 aliran/faham pragmatis. ~품(品) barang-barang yang berguna; barang-barang kebutuhan.

실의(失意) kekecewaan.

실익(實益)keuntungan bersih.

실재(實在) realitas; kenyataan; wujud. ~하다 nyata; benar. ~적(인) nyata. ~론 「哲」 realisme.

실적(實績)hasil nyata. ~을 올리다 memberikan hasil yang memuaskan. ~제(制) sistim penilaian jasa.

실전(實戰) perang sebenarnya. ~에 참가하다 ikut perang yang sebenarnya.

실정(失政) kesalahan politik.

실정(實情) keadaan yang sebenarnya.

실제(實際) (사실) kebenaran; kenyataan;(실정) praktek; (현실) keadaan. ~로 sebenarnya; sesungguhnya.이론과~teori dan praktek.

실족(失足)~하다 mengambil langkah yang keliru.

실존(實存)~주의 eksistensialisme. ~ 주의자 eksistensialis.

실종(失踪) hilang; kehilangan. ~하다 hilang. ~ 신고 laporan orang hilang. ~자 orang yang hilang.

실증(實證) bukti nyata. ~하다 membuktikan. ~적(으로) (secara) positif. ~론[주의] positivisme.

실지(失地) wilayah yang hilang. ~를 회복하다 mendapatkan wilayah yang hilang.

실지(實地) praktek; kenyataan; realitas; aktualitas. ~의 praktis; nyata; aktual.~로 dalam praktek; secara praktis. ~경험 pengalaman praktis. ~조사 survei nyata (survei di tempat).

실직(失職) ☞ 실업(失業).

실질(實質) isi; bobot; kualitas.~적(으로) secara substansial; pada hakekatnya. 비~적 tidak penting; tidak berisi. ~소득[임금] pendapatan [upah] nyata.

실쭉하다 cemberut.

실책(失策) kesalahan;galat. ~하다 membuat kesalahan;membuat galat.대~kesalahan besar;galat kasar.

실천(實踐) praktek. ~하다 mempraktekkan. ~적 praktis. ~이성[도덕] alasan [moralitas] praktis.

실체(實體) anasir; substansi; sari pati. ~화(化) substansialisme. ~론 「哲」 doktrin realitas nyata yang menjadi dasar keadaan.

실추(失墜) ~하다 kehilangan

prestis/harga diri.

실측(實測) survei nyata. ~하다 memeriksa; mengadakan survei.

실컷 sepuas hati. ~먹다[울다] makan [menangis] sepuas hati.

실탄(實彈) peluru. ~을 발사하다 menembakkan peluru. ~사격 penembakan peluru.

실태(失態) kesalahan besar. ~를 부리다 membuat kesalahan besar.

실태(實態) realitas; keadaan sebenarnya. ~조사 penelitian terhadap kondisi sesungguhnya.

실토(實吐) ~하다 mengakui.

실파 bawang berserat.

실팍지다 kuat.

실패 gelondongan; kumparan; gulungan. ~에 감다 menggulung.

실패(失敗) kegagalan.~하다 gagal. ~자 orang yang gagal.

실하다(實-) ① (실팍) kuat. ② (재산 등이) kaya. ③ (내용이) lengkap; penuh.

실행(實行) praktek; pengerjaan; pelaksanaan;penunaian;pengamalan;perbuatan.~하다 mempraktekkan; melaksanakan; melakukan. ~상의 praktisi; eksekutif.

실험(實驗) percobaan; uji; test; eksperimen. ~하다 membuat percobaan.~적(으로) secara percobaan/eksperimen. ~단계 masa percobaan.~대(臺) bangku percobaan; kelinci percobaan. ~식 『化』 rumus empiris. ~실 laboratorium. ~주의 『哲』 ekperimentalisme. ~주의자 eksperimentalis. 핵~ percobaan nuklir. 화학 ~ percobaan kimia.

실현(實現) realisasi;perwujudan.~하다 memujudkan;merealisir.~(불)가능한 tak dapat direalisasikan.

실형(實刑) hukuman tanpa percobaan.

실화(失火) kebakaran yang tidak disengaja.

실화(實話) kisah nyata.

실황(實況) kondisi nyata. ~녹음 rekaman langsung.~녹화 rekaman televisi secara langsung. ~방송 siaran langsung.

실효(實效) akibat; efek. ~있는 efektif.

싫다 tidak menyenangkan; menjijikkan; enggan; tidak suka.

싫어하다 tidak suka; sungkan; tak mau.

싫증(-症) tidak enak; kelelahan; kejemuan.~나다 jemu;lelah;capek; memegalkan; bosan. ~나게 하다 membosankan; menjemukan.

심 (심줄) urat daging sapi.

심(心) ① (핵심)inti, (나무의) teras. ② (양초의) sumbu. ③ (사람의) hati; kalbu.

심(審)pengadilan. 제 1~pengadilan pertama.

심각(深刻) ~한 serius; berat. ~해지다 menjadi serius. ~한 얼굴을 하다 kelihatan serius.

심경(心境) keadaan pikiran. ~의 변화를 가져오다 berubah pikiran. ~을 토로하다 mengungkapkan perasaan.

심계항진(心悸亢進) 『醫』 debaran jantung; akselerasi jantung.

심근(心筋) 「解」 otot jantung. ~경색 「醫」 kematian otot jantung karena tidak adanya suplai darah.
심금(心琴) hati sanubari;perasaan hati. ~을 울리다 menyentuh hati sanubari.
심기(心氣) perasaan.
심기(心機) ~일전(一轉)하다 berubah hati.
심낭(心囊) 「解」 selaput jantung.
심다 menanam (pohon); menabur (benih); membudidayakan.
심대(甚大) ~하다 sangat banyak/besar.
심덕(心德) kepribadian; watak moral.
심도(深度) (mengukur) kedalaman. ~계 ukuran kedalaman.
심드렁하다 tidak segera; enggan; tidak tertarik.
심란(心亂) kebuncahan;kekusutan pikiran.~해서 karena kusut pikiran.
심려(心慮) kekhawatiran. ~하다 khawatir (tentang). ~를 끼치다 menyusahkan (orang); membuat khawatir.
심려(深慮) kebijaksanaan.
심령(心靈) jiwa; roh. ~술 spiritualisme. ~현상 gejala kejiwaan.
심리(心理) mentalitas; psikologi; keadaan batin. ~적(으로) (secara) psikologis (kejiwaan).범죄자의 ~ psikologi kejahatan.~상태 keadaan mental.~소설[현상] novel [gejala] psikologi. ~작용 proses mental. ~전[묘사] perang [gambaran] psikologi. ~학 psikologi; ilmu jiwa. ~학자 ahli ilmu jiwa.
심리(審理) pengadilan; pemeriksaan. ~하다 memeriksa; mengadili. ~ 중이다 sedang diadili.
심마니 pencari ginseng liar.
심문(審問)pengusutan;pemeriksaan; pengadilan. ~하다 mengusut; memeriksa. ~을 받다 kena usut; kena periksa.
심방(心房) 「解」 serambi atas jantung.
심방(尋房) kunjungan. ☞ 방문.
심벌 simbol.
심보(心 -) ☞ 마음보.
심복(心腹) orang kedua; acang-acang. ~부하 orang yang dipercaya; tangan kanan.
심부름 suruhan;pesan. ~하다 pergi untuk suruhan;mengerjakan suruhan.~보내다 mengirim suruhan. ~꾼 pesuruh.
심사(心思) ~부리다 merintangi; menghalangi.~사나운 dengki; jahat.
심사(深謝) ~하다 berterima kasih dengan setulus hati; meminta maaf dengan setulus hati.
심사(審査) inspeksi; pemeriksaan; penyelidikan; penelitian;penelaahan.~하다 memeriksa; menyelidiki; menelaah;mengkaji. ~위원 anggota komite penilai. ~제도 sistem penyaringan.
심사숙고(深思熟考)~하다 mempertimbangkan dengan cermat. ~끝에 setelah pertimbangan yang cermat.
심산(心算) maksud. ...할 ~이다 bermaksud untuk melakukan ... .
심산(深山) jantung gunung. ~유곡

gunung yang terpencil dan lembah yang gelap.

심상(尋常) ~한 biasa.~치 않은 tak biasa.

심성(心性) sifat; watak.

심술(心術) usil; usik.~궂은 usilan. ~부리다 mengusik. ~꾸러기 peng-usik. ~내기 anak yang pengusik.

심신(心身) pikiran dan tubuh; jiwa dan raga; mental dan fisik. ~의 피로 lelah fisik dan mental. ~을 단련하다 melatih tubuh dan jiwa. ~장애자[아] orang yang cacat mental dan fisik.

심실(心室) 「解」 bilik jantung.

심심(深甚)~한(terima kasih yang) dalam. ~한 사의를 표하다 menyatakan terima kasih yang dalam.

심심소일(- 消日) ☞ 심심풀이.

심심풀이 pengisi waktu.~하다 mengisi waktu; melewatkan waktu. ~로 untuk mengisi waktu.

심심하다 bosan; merasa jemu.

심심하다 kurang asin.

심안(心眼) mata hati.

심야(深夜) tengah malam. ~까지 sampai larut malam. ~방송[작업] siaran [kerja] tengah malam.

심약(心弱) ~하다 takut-takut; malu-malu.

심연(深淵) lubuk;tempat yang dalam; palung.

심오(深奧) ~한 dalam dan rumit. ~한 뜻 arti yang dalam dan rumit.

심의(審議) pertimbangan;kupasan; bahasan. ~하다 mempertimbangkan; merundingkan; membahas. ~중이다 dalam pertimbangan; sedang dipertimbangkan. ~회 dewan pertimbangan.

심이(心耳) 「解」 serambi jantung.

심장(心臟) jantung. 서울의 ~부 jantung kota Seoul. ~의 고동(鼓動) detak jantung. ~이 강한 berani. ~이 약하다 lemah jantung. ~ 마비(痲痺)serangan jantung; gagal jantung. ~병(病) sakit jantung.~염 radang jantung. ~외과 bagian bedah jantung.

심장(深長) ~한 dalam. 의미 ~하다 arti yang dalam.

심적(心的) mental ~현상[작용] fenomena [aksi] mental.

심전계(心電計) 「醫」 elektrokardiograf.

심전도(心電圖) 「醫」 grafik debar jantung.

심정(心情) perasaan.~을 헤아리다 [이해하다] merasakan perasaan orang lain; bersimpati dengan.

심줄 urat daging.

심중(心中) hati. ~에 di hati; dalam hati. ~을 털어놓다 mengungkapkan isi hati.

심증(心證) 「法」 keyakinan. ~을 얻다 mendapatkan keyakinan. ~을 굳히다 kuat dalam keyakinan bahwa ... .

심지(心-)sumbu. ~를 돋우다 [내리다] menaikkan [menurunkan] sumbu.

심지어(甚之於) pun; bahkan.

심취(心醉)~하다 sangat bertekun; sangat tertarik dengan.~자 penggemar berat; pemuja.

심판(審判) perwasitan; penjurian.

~하다 mewasiti; menjadi juri.~관[원] wasit; juri.
심포니 simfoni.
심포지엄 simposium.
심하다(甚-)parah;keras;berlebih-lebihan.
심해(深海)laut dalam.~어 ikan laut dalam. ~어업(漁業) usaha penangkapan ikan laut dalam.
심혈(心血)~을 기울여 dengan segenap hati. ~을 기울인 작품 pekerjaan yang butuh banyak ketekunan.
심호흡(深呼吸) bernapas dengan dalam. ~하다 mengambil napas yang dalam.
심화(心火) api kemarahan.
심화(深化) ~하다 memperdalam.
심황(- 黃) 『植』 kunyit; koma-koma.
심히(甚 -) sangat; keras; parah.
십(十) sepuluh.
십각형(十角形) segi sepuluh. ~의 bersegi sepuluh.
십계명(十誡命) 『聖』 Sepuluh Firman Tuhan.
십년(十年) sepuluh tahun; dasa warsa. ~간의 sepuluh tahunan.
십대(十代)belasan tahun.~의 아이 remaja; anak belasan tahun.
십만(十萬) seratus ribu.
십면체(十面體) 『幾』segi sepuluh.
십분(十分)① (시간) sepuluh menit. ② (충분히) cukup. ③ (십등분) bagi sepuluh. ~의 일 sepersepuluh.
십사(十四) empat belas. 제(第) ~ ke-14.
십삼(十三) tiga belas. 제(第)~ ke-13.
십상 tepat; (dengan) sempurna.
십억(十億) satu milyar.
십이월(十二月) Desember.
십이지(十二支) dua belas tanda zodiak.
십이지장(十二指腸) 『解』 usus dua belas jari. ~궤양 borok pada usus dua belas jari. ~충 cacing tambang.
십인십색(十人十色) 10 orang 10 warna; rambut sama hitam pendapat berbeda-beda.
십일(十一) sebelas. 제 ~ ke-11.
십일월(十一月) November.
십자(十字)tanda silang.~형의 berbentuk silang. ~형으로 menyilang; bersilang. ~를 긋다 membuat tanda salib. ~가(架) salib. ~가를 지다 memikul salib. ~군 tentara salib. ~로(路)persilangan;prapatan; simpang empat.~포화 tembakan bersilangan.
십자매(十姉妹) 『鳥』burung nuri.
십장(什長) mandor.
십종경기(十種競技) dasa lomba.
십중팔구(十中八九) sembilan di antara sepuluh.
십진(十進) ~의 desimal. ~법 sistem desimal.
십칠(十七) tujuh belas.
십팔(十八)delapan belas.~금 emas 18 karat.
싱겁다 ① kurang garam; kurang berasa. 간[맛]이~ kurang garam; tidak digarami merata. ② (언행이) bebal; tumpul hati.

싱그래 ~웃다 tersenyum lebar.
싱글 tempat tidur untuk satu orang.
싱글거리다 meringis.
싱글벙글 ~하다 tersenyum; berseri-seri.
싱긋 ~웃다 meringis.
싱긋거리다 ☞ 싱글거리다.
싱긋벙긋 ☞ 싱글벙글.
싱숭생숭하다 gelisah; kebat-kebit; risau.
싱싱하다 segar.
싱크로트론 『理』 sinkrotron.
싶다 ingin; mau; berharap.
싸개 pembungkus.
싸구려 barang murah.~시장 pasar murah.
싸늘하다 ☞ 써늘하다.
싸다 membungkus;mengepak. 한데 ~ menempatkan dalam satu bungkus.
싸다 buang air. 바지에 오줌을 ~ ngompol.
싸다 ① (입이) gatal mulut. ② (걸음이) tangkas. ③ (불이) berkobar-kobar (api).
싸다 ① murah. 아주~ amat murah. ② pantas; patut; layak. 벌받아 ~ kamu layak dihukum.
싸다니다 jalan kemana-mana;berkeluyuran.
싸라기 lemukut; menir; busi-busi; recak. ~눈 salju recak.
싸우다 berkelahi; bertengkar; bercedera; bercekcok; berperang.
싸움 perang;pertempuran;pertengkaran. ~하다 (☞ 싸우다).
싸움꾼 orang yang suka berkelahi /bertengkar.
싸움터 arena pertempuran; medan perang.
싸움판 adegan pertempuran.
싸움패 gerombolan.
싸전(-廛) toko beras.
싹 ① pucuk; tunas; bakal cabang; taruk; semi; kuntum bunga. ~트다 bertunas; bertaruk; berkecambah. ② ☞ 싹수.
싹 sekali pukul; seluruhnya;sekaligus. ~베다 sekali potong.~변 하다 berubah tiba-tiba.~쓸다 menyapu bersih.
싹독거리다 mengiris-iris;mencincang; menggunting-gunting.
싹수 pertanda baik. ~가 노랗다 tidak ada harapan.
싹싹 ~빌다 memohon maaf dengan menggosok-gosokkan tangan.
싹싹하다 ramah.
쌀 beras. ~가게 toko beras. ~가루 tepung beras.~겨 kulit padi. ~밥 nasi. ~알 sebutir beras. ~장수 pedagang beras. ~풍작 panen padi yang melimpah ruah.
쌀보리 gandum hitam.
쌀쌀 ~ 아프다 mulas-mulas.
쌀쌀하다 ① (냉정) dingin; berhati dingin;tak acuh. ② (일기가) dingin.
쌈 lalap; ulam. 상치 ~ lalap daun selada.
쌈지 kantong tembakau. ~담배 tembakau pipa.
쌉쌀하다 rasa kepahit-pahitan.
쌍(雙)sepasang;sejoli;seperangkap ~의 kembar. 잘어울리는 한 ~의 부부 pasangan yang serasi. ~을 만들다 menjodohkan.

쌍곡선(雙曲線)「幾」hiperbola.
쌍꺼풀(雙 -) kelopak mata yang dobel.
쌍동이(雙童-) anak kembar. ~를 낳다 melahirkan anak kembar. 세 ~ kembar tiga.
쌍두(雙頭) ~의 berkepala dua. ~ 마차 kereta yang ditarik oleh dua kuda.
쌍무계약(雙務契約) kontrak yang disetujui oleh kedua belah pihak.
쌍발(雙發) ~의 bermesin ganda. ~ 비행기 pesawat bermesin ganda.
쌍방(雙方) kedua belah pihak.
쌍벽(雙璧) kedua penguasa yang terbesar.
쌍분(雙墳) kuburan yang berisi dua mayat.
쌍생(雙生) ~의 kembar. ~아 anak kembar.
쌍수(雙手) kedua tangan.~를 들어 찬성하다 menyokong dengan segenap hati.
쌍시류(雙翅類) 「蟲」 serangga yang bersayap dua.
쌍심지(雙-) bersumbu dua. ~(가) 나다 terbakar/dibakar nafsu amarah.
쌍쌍이(雙雙-) dua-dua; berpasang-pasangan.
쌍안(雙眼) ~의 teropong. ~경(鏡) meneropong.
쌍자엽(雙子葉)~식물 dikotiledon.
쌓다 ① (포개다) menumpuk (bata, jerami). ② (구축) membangun; mendirikan (tembok, menara,dsb). ③ (축적) menimbun; menimba (pengalaman).
쌓이다 bertumpuk;menimbun;bertambun; membukit.
쌔고쌨다 melimpah ruah.
써늘하다 ① (차다) dingin. ② (놀라서) takut.
써다 surut; susut.
써레 sisir tanah; garu; penggaruk. ~질하다 menyisir tanah;menggaru; menyisir; menyikat.
썩 ① segera.~물러나라 Keluar segera.②sangat. ~좋은 기회 kesempatan yang sangat menguntungkan.
썩다 ① (부패) membusuk; lapuk; rusak;usang. ② (활용안된) berkarat.
썩이다 ① (부패) membiarkan busuk; membusukkan. ② mengkhawatirkan; mencemaskan. 남의 속을 ~ menyusahkan orang lain.
썰다 memotong; menetak; mencincang; membacok; memenggal.
썰매 papan luncur. ~를 타다 main papan luncur. ~타기 permainan papan luncur.
썰물 air surut.
쏘개질하다 menjelek-jelekkan.
쏘다 ① (발사함) menembak; menjepret. ② (말로) mengeritik.③ (벌레가) menggigit; menyengat.
쏘다니다 berkeliaran kesana kemari.
쏘삭거리다 menghasut.
쏘아올리다 meluncurkan. 인공 위성을~ meluncurkan satelit buatan ke angkasa.
쏜살같다 secepat anak panah.
쏟다 ① (물건을) menumpahkan;

mencurahkan. ② memusatkan (pikiran); berkonsentrasi. 마음을 ~ menekuni; bertekun dalam. 전력을 ~ mencurahkan tenaganya.

쏟아지다 mencurah; tumpah. 비가 ~ hujan turun lebat.

쏠리다 ① (기울다) condong. ② (경향이 있다) condong; cenderung (untuk).

쐐기 paji; tangsel; pating; pasak; paku kayu. ~를 박다 menangsel; memasang pasak; memating.

쐬다 ① (바람 따위를) berangin-angin. ② (벌레 따위에) disengat.

쑤다 memasak (bubur).

쑤석거리다 ①(쑤시다) menyolok-nyolok; menusuk-nusuk. ② (선동) menghasut.

쑤시개 tusuk; tusukan. 이~ tusuk gigi.

쑤시다 menusuk. 이를~ menusuk gigi.

쑤시다 (아프다) linu; ngilu; nyeri.

쑥 「植」 ssuki; mugwort.

쑥 ~뽑다 mencabut dengan sentakan; menyentak. ~ 들어가다 membenamkan; memasukkan. ~ 내밀다 menonjol; mencuat.

쑥대밭 ~이 되다 menjadi hancur total.

쑥덕거리다 ☞ 숙덕거리다.

쑥덕공론(-公論) pembicaraan rahasia. ~하다 berbicara secara rahasia.

쑥스럽다 canggung; kikuk.

쓰다 menulis; menyurat;mengarang. 잉크로 ~ menulis dengan tinta. 잘 ~ menulis dengan baik.

쓰다 ① memakai; menggunakan. 너무~ memakai berlebihan. 약으로 ~ menggunakan untuk obat.수단을 ~ mengambil tindakan. ② (고용) mempekerjakan.③ memakai;membelanjakan.돈을 ~ membelanjakan uang. 다~ habis terpakai. ④ (술법 따위) mempraktekkan. ⑤ (약을) memberi (obat). ⑥ menggunakan. 머리를~ menggunakan otak.폭력을 ~ menggunakan kekerasan;mengedarkan. 가짜돈을~ mengedarkan uang palsu. ⑧ (색을) berhubungan seks. ⑨ berbicara. 영어를 ~ bicara bahasa Inggris.

쓰다 ① (머리에) memakai (topi). ② (안경을) memakai (kacamata). ③ (들쓰다) menyiram (tubuh). ④ (우산) berpayung. ⑤ (이불을) menarik (selimut).⑥(누명 등을) dituduh (secara keliru).

쓰다 (맛이) pahit.

쓰다 뫼를 ~ menggali kuburan.

쓰다듬다 mengelus-elus; mengurut; meraba-raba.

쓰디쓰다 pahit sekali.

쓰라리다 sakit;pahit;menyakitkan.

쓰러뜨리다 merobohkan; menumbangkan; menebang; membunuh.

쓰러지다 ① (전도.도괴)rubuh; roboh; runtuh; rebah; jatuh; kalah. ② (죽다) mati;tergeletak; terkapar. ③ (도산.몰락) hancur; gagal.

쓰레기 sampah; buangan; kotoran; sempelan.~버리는 곳 tempat pembuangan sampah.~분리수거 memisah-misahkan tumpukan sampah. ~차 truk sampah; gerobak sampah.

~통 keranjang sampah; tong sampah. 부엌~ sampah makanan; sampah rumah tangga.
쓰레받기 pengki; sedokan debu/sampah.
쓰레질하다 menyapu.
쓰르라미 『蟲』 jengkerik.
쓰리다 menusuk;pedih;sakit;perih. 가슴이 ~ nyeri ulu hati.
쓰이다 (글씨) menuliskan.
쓰이다 ①(사용) dipakai;digunakan. ② (소용) dibutuhkan; dikonsumsi; dibelanjakan.
쓴맛단맛 인생의 ~을 다 보다 merasakan pahit manisnya kehidupan.
쓴웃음 senyum getir. ~을 짓다 tersenyum getir.
쓸개 empedu; nyali. ~빠진 사람 orang yang tidak bernyali.
쓸다 (쓰레질) menyapu bersih.
쓸다 (줄로) mengikir.
쓸데없다 tidak penting; sepele; tidak ada guna; sia-sia; tawar.
쓸만하다 berguna.
쓸모 guna;faedah; manfaat; maslahat.~가 있다 berguna; dapat di pakai; bermanfaat; praktis. ~없다 tidak berguna/terpakai.
쓸쓸하다 sepi;terpencil;terisolasi; terasing; sunyi.
쓸어버리다 membersihkan; menyapu; memupuskan; menghilangkan; menghapuskan.
씀씀이 ~가 헤프다 menghambur-hamburkan uang.
씁쓸하다 kepahit-pahitan.
씌우다①(덮다) memakai;menutupi; melingkupi; menekapi. ② (죄를) menimpakan kesalahan; menuduh secara keliru.
씨 ① biji;bibit.~뿌릴때 masa penyemaian; masa penaburan bibit. ~없는 tanpa biji. 밭에 ~를 뿌리다 menabur benih di kebun. ~를 받다 mengumpulkan biji. ~가 생기다 berbiji. ~장수 pedagang bibit. ② benih; bibit. ~가 좋다 berbibit baik. ③ darah pihak ayah.불의의~ anak haram. ④ penyebab; sumber. 불평의 ~ sumber keluhan.
씨 ☞ 품사(品詞).
씨 (피륙의)pakan.~와 날 pakan dan bujur.
씨(氏) tuan; nona; nyonya.
씨근 ~거리다 megap-megap.~벌떡 dengan megap-megap.
씨름 gulat.~하다 bergulat; bermain gulat dengan; bergumul; bergelut. ~꾼 pemain gulat; pegulat.
씨암탉 induk; ayam pembibit.
씨앗 biji/bibit. ☞ 씨 ①.
씨족(氏族) keluarga; kaum; suku; marga; kerabat; sanak saudara. ~정치 politik kesukuan. ~제도 sistem kekeluargaan.
...씩 조금 ~ sedikit demi sedikit. 하나 ~ satu demi satu. 두 사람 ~ dua-dua; sekali dua. 1주 2회 ~ dua kali seminggu.
씩씩하다 berani; jantan; gagah.
씹 ① (음부) rahim; vagina. ② berhubungan seks. ☞ 씹하다.
씹다 mengunyah; memamah; menyepah; menggayem.
씹하다 berhubungan seks dengan.
씹히다 dikunyah.

씻가시다 membersihkan; mencuci.
씻기다 dibersihkan; mencucikan.
씻다 ① cuci; mencuci; mengosek; mengumbah; mengurah; membilas. 손과 얼굴을 ~ mencuci tangan dan muka.(잔)등을~ menggosok punggung. ② membersihkan (dosa). 치욕을~mengembalikan nama baik. ③ 이마의 땀을~mengusapkan keringat dari dahi.
씻은듯이 keseluruhannya; semua.
씽 ~불다 berkesiur.

ㅇ

아 Astaga; Ah!; Oh!.
아(亞) Asia. ~주(洲) 의 benua Asia.
아(阿) Afrika. ~아(亞)블록 blok Asia-Afrika.
아가 ☞ 아기.
아가미 insang.
아가씨 gadis; nona.
아교(阿膠)lem; perekat.~질의 koloid. ~로 붙이다 menempel dengan lem; merekat.
아국(我國) negara kita.
아군(我軍) tentara kita.
아궁이 tungku perapian; tanur.
아귀 ① sela; sudut; celah. 입~ celah mulut. ② 씨가~트다 bibit bertunas; bibit merekah. ③ (옷의 터놓은 것) belah samping (pada baju).
아귀(餓鬼) 『佛』 orang yang tamak. ~다툼 perselisihan.
아귀세다 teguh; kukuh; gigih.
아그레망 agrimen; persetujuan; penerimaan.
아기① (어린애) bayi; orok. ② (딸) panggilan sayang kepada anak/menantu perempuan.
아기서다 menjadi hamil. ☞ 임신.
아기자기하다 menarik; mempesona; penuh daya tarik.
아기작거리다 tertatih-tatih.
아기집 rahim; kandungan.
아까 sesaat yang lalu; tadi. ~부터 dari tadi.
아깝다 sayang sekali.
아끼다① irit. 비용(費用)을 ~ irit biaya.② menghargai; menyayangi. 시간을 ~ menghargai waktu.목숨을 ~ menyayangi kehidupan.
아낌없이 tidak irit; royal. ~주다 memberikan dengan royal.
아나운서 penyiar.
아낙 kamar rias wanita.~네 wanita; ibu. ~네들 kaum wanita; kaum ibu.
아내 istri. ~를 얻다 beristeri; mendapat istri. 훌륭한~가 되다 menjadi istri yang baik.
아녀자(兒女子) ibu dan anak.
아뇨 tidak; bukan.
아늑하다 menyenangkan; enak.
아는체하다 sok tahu.
아니 ① tidak; bukan; tidak sama sekali.~라고 대답하다 menidakkan; menjawab tidak. ~그렇지 않다 Bukan, bukan demikian. ② apa; astaga.~이게 웬 일이냐 Astaga,apa yang terjadi?~또 늦었니 Apa,kamu terlambat lagi?
아니 tidak ~하다 tidak (melakukan). ~가다 tidak pergi.
아니꼽다 muak;membosankan;me-

muakkan;menjijikkan; menjemukan.
아니나다를까 seperti yang diduga.
아니다 bukan; tidak. 그는 바보가 ~ Dia tidak bodoh.
아니면 kalau tidak.
아닌게아니라 sungguh, betul, benar.
아닌밤중 ~에 홍두깨 내미는 격으로 tiba-tiba.
아다지오 「樂」 adagio; perlahan-lahan.
아담(雅淡) ~한 mungil.
아데노이드 「醫」 amandel.
아동(兒童) anak-anak; remaja. ~ 취학 전의 ~ anak pra sekolah. ~ 교육 pendidikan anak-anak. ~문학 bacaan anak-anak. ~심리학 psikologi anak-anak. 국민 학교 ~ anak sekolah dasar. ~ 병원 rumah sakit anak-anak.
아둔하다 bodoh; lamban.
아득하다 jauh. 갈 길이~ perjalanan masih jauh.
아들 anak laki-laki; putra.
아랑곳 ~하다 mencampuri; ikut campur. ~없다 tidak ikut campur.
아래 ① bagian bawah; dasar. ~의 bawah. ~에(서) dibawah. ~로 내려가다 [내려오다] pergi [datang] ke bawah. ~와 같다 seperti di bawah. ② ~의 bawahan; di bawah. ...의 지휘[지도]~ dibawah perintah [arahan]...
아래위 atas dan bawah.
아래쪽 arah ke bawah; di bawah.
아래채 pavilyun (ruma.h).
아래층 (-層) lantai bawah.
아래턱 rahang bawah.
아랫니 gigi bagian bawah.
아랫도리 bagian bawah dari tubuh.
아랫목 bagian ruangan rumah dekat perapian (rumah gaya Korea).
아랫방(-房) kamar terpisah.
아랫배 perut bagian bawah.
아랫사람 bawahan.
아랫수염(-鬚髥) jenggot.
아랫입술 bibir bawah.
아량(雅量) kemurahan hati; toleransi;kesabaran. ~있는 murah hati; sabar; toleran.
아련하다 samar-samar; hilang timbul.
아령(啞鈴) dumbel. ~체조 latihan dengan dumbel.
아로새기다 mengukir. 마음에 ~ mengukir dalam hati.
아롱아롱하다 bercorak ragam.
아뢰다 melaporkan.
아류(亞流) pengikut.
아르바이트 pekerjaan sambilan.
아른거리다 ☞ 어른거리다.
아름 serangkul kayu bakar (sepikul kayu bakar).
아름답다 cantik; indah.
아름드리~나무 pohon yang ukurannya lebih dari serangkul.
아리다 ① (맛이) pedas; menyengat lidah. ② (상처 따위) nyeri; pedih.
아리땁다 cantik; manis; menarik.
아리송하다 kabur;lupa-lupa ingat.
아리아 「樂」 nyanyian tunggal; Aria.
아릿하다 pedas; menyengat lidah.
아마(亞麻) 「植」 rami halus. ~의 terbuat dari rami. ~사(絲) benang

rami. ~유 minyak biji rami. ~천 linan.

아마 barangkali;boleh jadi;rupanya; kelihatannya.

아마존강(- 江) sungai Amazon.

아마추어 orang yang tidak berpengalaman; amatir. ~의 amatir.

아말감 『化』 logam campuran.

아메바 amuba.

아멘 amin!.

아명(兒名)nama waktu anak-anak, nama kecil.

아무 ① siapa saja; siapapun. ~라도 할 수 있다 Siapa saja bisa melakukan itu. ② tidak seorangpun. ~도 ...이라는 것은 의심할 수 없다. Tidak seorangpun yang meragukan bahwa...

아무개 seseorang; si anu. ~ seseorang yang bernama Kim.

아무것 apa saja. ~이나 좋아하는 것 apa saja yang disukai. 할 일이 ~도없다 tidak ada yang dikerjakan.

아무데 disuatu tempat.~나 dimana saja. ~도 tidak ada dimanapun.

아무때 ~나 setiap waktu; kapan saja.

아무래도 ① walaupun demikian. ~그것은 해야 한다 Walaupun demikian saya harus melakukan itu. ② (결국) pada akhirnya. ③ dalam segala segi. ~부부라고 밖에 볼 수 없다 Mereka, dalam segala segi adalah suami dan isteri. ④ (싫건 좋건) suka tidak suka. ⑤ (결코) bagaimanapun; apapun caranya. ⑥ 그까짓 일은 ~좋다 Itu tidak apa-apa.

아무러면 tidak menjadi soal; itu tidak membuat perbedaan; apapun itu.

아무런 sedikitpun. ~사고 없이 tanpa kecelakaan sedikitpun.

아무렇거나 bagaimanapun. ~해 보세 Bagaimanapun,mari kita coba.

아무렇게나 dengan sembarangan; dengan seenaknya.

아무렇게도 tidak sedikitpun; tidak apa-apa. ~생각 안하다 tidak ragu-ragu; tidak mempedulikan.

아무렇든지 bagaimanapun juga.

아무렴 tentu saja.

아무리~...해도 entah bagaimanapun.~돈이 많아도 entah bagaimana pun kayanya.

아무말 bicara sepatahpun. ~없이 tanpa bicara sepatah katapun.

아무일 sesuatu hal. ~없이 tanpa sesuatu hal.

아무짝 ~에도 못 쓰겠다 sesuatu yang tidak berguna.

아무쪼록 semaksimal mungkin;sebaik-baiknya,silahkan,dengan senang hati.

아물거리다 berkedip.

아물다 sembuh; bertaut; menutup kembali (luka).

아뭏든지 bagaimanapun juga.

아미노산(-酸) 『化』 asam amino

아버지 bapak; ayah. ~다운 kebapakan. ~를 닮다 mirip bapak. ~를 잃다 anak yatim.

아베마리아 Bunda Maria.

아베크 dua sejoli.~하다 berkencan.

아부(阿附) ~하다 menjilat; menyanjung.

아비 bapak.
아비규환(阿鼻叫喚) jerit tangis yang mengenaskan. ~의 참상(慘狀) pemandangan yang mengenaskan.
아비산(亞砒酸)「化」asam arsenik. ~염 racun arsenik.
아빠 papa; papi.
아뿔싸 astaga!.
아사(餓死) mati kelaparan. ~하다 mati karena lapar. ~시키다 membiarkan mati kelaparan.
아삭아삭 ~씹다 mengunyah-ngunyah.
아서라 Berhenti!; Jangan!.
아성(牙城) benteng.
아세테이트「化」asam cuka.
아세톤「化」aseton.
아세틸렌「化」gas karbit (asetilen).
아쉬워하다 kurang puas; merasa kekurangan.
아쉰대로 meskipun tidak cukup; sebagai ganti sementara.
아쉽다 kurang puas; merasa kekurangan.
아스파라거스「植」asparagus.
아스팍 Dewan Asia dan Pasifik (ASPAK)
아스팔트 aspal. ~길 jalan aspal. ~를 깔다 mengaspal.
아스피린「藥」aspirin.
아슬아슬~한 menegangkan. ~하게 hampir saja; nyaris. ~한 승부 pertandingan yang menegangkan. ~한 때에 saat-saat yang menegangkan. ~하게 이기다 menang dengan menegangkan.
아시아 Asia. ~의 tentang Asia. ~개발 은행 Bank Pembangunan Asia (ADB).~경기대회 pertandingan se-Asia; Asean Games. ~사람 orang Asia.
아씨 nyonya.
아아① Aduh!; Oh!; Wahai!; Amboi!; Alangkah. ~기쁘다 Aduh senang sekali. ~그렇군 Oh saya tahu; Oh begitu. ② Yah... . ~이제 다 왔군 Yah, sudah sampai.
아악(雅樂) musik klasik.
아야 aduh.
아양 penjilatan; rayuan. ~떨다[부리다] menjilat; merayu; memuji-muji.
아역(兒役)peran anak;aktor anak-anak.
아연(亞鉛)seng. ~을 입힌 berlapis seng.~도금 pelapisan dengan seng ~판(板) pelat seng. ~화 연고(軟膏) salep timah sari.
아연(啞然) ternganga; tertegun. ~케 하다 menakjubkan.
아열대(亞熱帶) subtropis. ~식물 tanaman subtropis.
아예 dari permulaan.
아옹다옹하다 berselisih dengan.
아우 adik.
아우성 teriak; hiruk pikuk. ~을 치다 membuat keributan; berteriak
아욱「植」mallow.
아이 anak.~보는 이 pengasuh anak. ~를 가지다 [배다] mengandung; hamil.~를 보다 menjaga/mengasuh anak.
아이고 aduh; ah!; oh!.
아이디어 ide; pendapat. ~를 모집하다 mengumpulkan ide (pendapat)
아이러니 ejekan; ironi.

아이론 seterika.
아이스 es.~링크 gelanggang es.~캔디 es mambo. ~케이크 es loli. ~하키 hoki es.
아이스크림 es krim.~제조기 mesin pembuat es krim.
아이오시 Komite Olimpiade Internasional (IOC).
아이큐 angka intelegensi; tingkat kecerdasan.
아장거리다 bertatih; bertatah (bayi).
아전(衙箭) bawahan.
아전인수(我田引水) ~격의 mementingkan diri sendiri.
아주 seantero; belaka; sama sekali; serba; seluruhnya; semuanya. ~피곤하다 kelelahan sekali; capek sekali.
아주까리 「植」 jarak.~기름 minyak jarak.
아주머니 tante; etek.
아주버니 ipar (saudara ipar).
아지랑이 uap (dari tanah waktu musim bunga). ~가 끼었다 beruap.
아지작거리다 mengunyah; memamah.
아지트 sarang penjahat; tempat persembunyian
아직① (아직...(않다)) belum;masih; belum pernah. ② (더) masih; lagi. ③ hanya. ...한 지~3 년밖에 안 된다 hanya tiga tahun sejak...
아질산(亞窒酸) asam sendawa; asam nitrit. ~염 nitrit.
아집(我執) mementingkan diri; egois.
아찔하다 pusing; mabuk.
아차 aduh!; Cialat!.~속았구나 Aduh, saya telah ditipu.
아첨(阿諂) bujukan; penjilatan. ~하다 memelet;memikat;membujuk; memuji-muji; mengalem. ~꾼 perayu; pemuji; penjilat.
아치 busur; lengkung. ~형의 membusur; melengkung.
아침① pagi. ~에 diwaktu pagi. ~나절 sebelum tengah hari. ~안개 kabut pagi. 오늘~ pagi ini.~일찍 pagi sekali. 3 일날~ pagi yang ketiga. ~부터 밤까지 dari pagi sampai malam. ② sarapan. ~을 먹다 makan pagi.
아침저녁 pagi dan sore.
아카시아 「植」 pohon akasia.
아코디언 akordion.
아크등(-燈) lampu bulat.
아킬레스건(-腱) otot achilles.
아파트 apartemen; rumah suun. ~군(群) blok apartemen; blok rumah susun. 임대[분양] ~ apartemen yang disewakan (dijual).
아편(阿片)opium; madat; candu. ~굴[상용자] rumah madat [pemadat] ~중독 keracunan opium/candu. ~전쟁 perang candu.
아폴로 「希神」 apolo. ~계획 rencana apolo.
아프다 rasa sakit.이[머리]가 ~ sakit gigi [kepala].배가~ cemburu;iri hati.
아픔 sakit;nyeri. 상처의~ luka yang terasa sakit. 이별의~ sedih berpisah. 격심한~ rasa sakit sekali. ~을 참다 menahan rasa sakit.
아하 Oh!; Aha!. ~이제 생각이 나는군

Oh! Sekarang saya ingat.
아한대(亞寒帶) wilayah bawah kutub.
아호(雅號) nama samaran.
아홉 sembilan. ~째 ke-9.
아흐레① (아흐렛날) hari yang ke-9 (didalam bulan). ② (아홉 날) sembilan hari.
아흔 sembilan puluh.
악① teriakan. ~쓰다 berteriak. ② rangsangan kemarahan.~이 바치다 menjadi marah sekali.
악(惡) kejahatan; kedurjanaan; keburukan. ☞ (악하다). ~에 물(이) 들다 menjadi jahat.
악 astaga; oh!.
악곡(樂曲) melodi lagu.
악공(樂工) musisi; pemusik.
악귀(惡鬼)roh jahat; perdom; setan; jembalang; iblis.
악극(樂劇) opera. ~단 rombongan opera.
악기(樂器) instrumen musik. ~점 toko penjual alat musik.관[현,건반,타]~ alat musik tiup (petik,pencet, pukul).
악녀(惡女)wanita jahat; perempuan jahanam.
악다구니하다 menyanggah.
악단(樂團) orkestra. 교향 ~ orkes simponi.
악담(惡談) makian;seranak;kutuk; serapah; sumpah. ~하다 memaki; memarahi.
악대(樂隊) orkes alat musik tiup. ~원 pemain orkes.
악덕(惡德) kecurangan. ~기업주 pengusaha yang curang. ~기자 wartawan korup. ~상인[업자] pedagang yang curang.
악독(惡毒) ~한 kejam.
악랄(惡辣) ~한 buruk; kejam; jahat; rendah; hina.
악력(握力) kekuatan memegang. ~계 dinamo pengukur kekuatan memegang.
악마(惡魔) roh jahat; iblis; setan. ~같은 seperti setan. ~파 aliran setan.
악명(惡名) reputasi yang jelek. ~높은 terkenal akan reputasi yang jelek.
악몽(惡夢)mimpi buruk. ~같은 seperti mimpi buruk.
악물다 menggertakkan gigi.
악바리 orang yang gigih.
악보(樂譜) not lagu; titi nada. ~를 보고 [안 보고] 연주하다 bermain musik sambil lihat [tidak lihat] not lagu.
악사(樂士) pemain musik.
악서(惡書) buku yang membahayakan.~를 추방하다 melarang beredar buku-buku yang membahayakan.
악선전(惡宣傳)propaganda palsu; kabar bohong. ~하다 menyebarkan berita bohong; menyebarkan propaganda palsu.
악성(惡性)~의 ganas; jahat. ~감기 pilek yang ganas.
악성(樂聖) musisi ternama.
악센트 aksen; tekanan suara. ~를 붙이다 memberi tekanan suara.
악수(握手)jabat tangan.~하다 berjabat tangan; bersalaman. 굳은 ~

jabat tangan yang erat. ~를 청하다 mengulurkan tangan.
악순환(惡循環) lingkaran setan. 물가와 임금의 ~ lingkaran setan harga dan gaji.
악습(惡習) kebiasaan jelek.
악어(鰐魚) 「動」 buaya; bajul. ~가죽 kulit buaya. ~핸드백 tas ta-ngan kulit buaya.
악업(惡業) karma.
악역(惡役) peran penjahat. ~을 맡(아하)다 memainkan peran penjahat.
악연(惡緣) takdir yang buruk; perkawinan yang tidak bahagia.
악영향(惡影響) pengaruh yang jelek; bahagia. ~을 미치다 menimbulkan pengaruh yang jelek.
악용(惡用) ~하다 menyalahgunakan. 권력을~하다 menyalahgunakan kekuasaan.
악운(惡運) nasib malang; nasib buruk.
악의(惡意) maksud jahat. ~있는 bermaksud jahat; dengki. ~없는 tidak bermaksud jahat.
악인(惡人) orang jahat; durjana.
악장(樂長) konduktor; pemimpin orkestra.
악장(樂章) 「樂」 bagian simfoni. 제 1~ bagian pertama.
악전고투(惡戰苦鬪) pertempuran sengit. ~하다 bertempur dengan sengit.
악조건(惡條件) keadaan yang merugikan.
악종(惡種) bajingan.
악질(惡疾) penyakit yang jahat.
악질(惡質) ~의 jahat; jelek. ~분자 unsur jahat.
악착(齷齪) ~같이 dengan gigih. ~같이 일하다 bekerja dengan gigih.
악처(惡妻) isteri yang jelek.
악천후(惡天候) cuaca buruk. ~를 무릅쓰고 walaupun cuaca buruk.
악취(惡臭) bau tidak sedap. ~가 나는 berbau tidak sedap.
악취미(惡趣味) selera rendah.
악평(惡評) reputasi yang jelek, kritikan yang merugikan. ~하다 menjelek-jelekkan; mengkritik tajam; mengkoreksi tajam.
악필(惡筆) tulisan yang jelek. ~가 penulis yang jelek.
악하다(惡-) jahat.
악한(惡漢) bajingan; bandit; penjahat.
악행(惡行) perbuatan yang buruk.
악화(惡化) perubahan menjadi buruk. ~하다 memburuk.
악화(惡貨) uang buruk. ~는 양화를 구축한다 Uang buruk mendesak habis yang baik.
안 ① dalam. ~으로부터 dari dalam. ② ~에 [으로] didalam. 그날 ~으로 dalam hari itu. 기한 ~에 dalam batas waktu. ③ (이면) sisi yang salah; sisi lain. ④ puring (pelapis dalam pakaian). ~을 대다 memberi puring; melapisi. ⑤ (내실) kamar pribadi; kamar wanita. ⑥ (아내) isteri. ⑦ ~부모 ibu. ~손님 tamu wanita. ~주인 nyonya rumah.
안(案) rencana; usul; anjuran; konsepsi; rancangan. 결의~ resolusi.

정부~ rancangan pemerintah.
안간힘쓰다 berusaha keras.
안감 pelapis dalam; puring.
안개 kabut. 짙은 ~ kabut tebal. ~가 짙은 berkabut. ~에 싸이다 diselubungi kabut. ~가 끼다[걷히다] kabut menyelubung[menyingsing].
안건(案件) masalah;perkara.주요~ hal yang penting.
안경(眼鏡) kacamata. ~을 쓰다[벗다] memakai [membuka] kaca mata. ~을 쓰고 dengan memakai kaca mata. ~다리 gagang kaca mata. ~방(房) toko kaca mata. ~알 lensa kaca mata.~장이 orang yang berkaca mata. ~집 tempat (wadah) kacamata.
안계(眼界) ☞ 시계(視界).
안공(眼孔) rongga mata.
안과(眼科) 『醫』 rumah sakit bagian mata; klinik mata. ~병원 rumah sakit mata. ~의사 dokter ahli mata.
안광(眼光) mata yang cemerlang; cahaya mata; kecemerlangan mata.
안구(眼球) bola mata. ~은행 bank bata.
안기다 ① (팔에) dipeluk. ② (알을 닭에) dieramkan.
안기다① (물건을) mengoper.② (책임을) menyerahkan tanggung jawab. 빚을 ~ membebani utang.
안내(案內) tuntunan; bimbingan; panduan; petunjuk. ~하다 menuntun; memimpin;membimbing;mendorong; menjuruskan.
안녕(安寧)① kesejahteraan umum. ~질서 kedamaian dan ketenteraman. ② kesehatan yang baik. ~하다 baik; dalam kesehatan yang baik. ~ 하십니까 Bagaimana(apa) kabar? ③ selamat tinggal. ~히 가십시오 selamat jalan.
안다 ① merangkul; memondong. ② (새가 알을) mengerami. ③ (떠맡다) memikul (tanggung jawab). 남의 부채를 ~ memikul hutang orang lain.
안단테 『樂』 andante.
안달하다 tidak sabaran; resah. 가지 못해 ~ resah karena tak bisa pergi; tidak sabaran mau pergi.
안대(眼帶) penutup mata.
안도(安堵) kelegaan. ~하다 merasa lega. ~의 한숨을 쉬다 menghela napas kelegaan.
안되다 ① (금지) seharusnya tidak. ② (불성공) tidak berhasil.③ (유감) menyayangkan.
안뜰 halaman dalam rumah. ☞ 안마당.
안락(安樂) kenyamanan; ketentraman; kesenangan. ~한 nyaman; tentram. ~하게 dalam kenyamanan. ~사(死) tindakan mengakhiri hidup seseorang untuk meringankan penderitaannya. ~의자 kursi malas; kursi goyang.
안력(眼力)penglihatan;daya penglihatan.
안료(顔料) pewarna; pigmen.
안마(按摩) urut; pijit. ~하다 mengurut; memijat. ~장이 tukang urut; tukang pijat.
안마당 halaman dalam rumah.
안면(安眠) tidur nyenyak. ~하다

tidur dengan nyenyak.~방해 gangguan tidur. ~ 방해하다 mengganggu tidur.

안면(顔面)① muka; wajah; paras. ~의 yang berhubungan dengan muka. ~ 신경통 sakit muka; nyeri muka.② perkenalan. ~이 있다 berkenalan dengan; kenal dengan.

안목 luas ruangan (ukuran ruangan).

안목(眼目) mata yang selidik. ~이 있다 bermata selidik.

안무(按舞)penataan tarian;koreografi. ~하다 menata tarian.

안방(- 房) kamar orangtua.

안배(按排) ~하다 membagi rata.

안보(安保)☞ 안전보장.집단 ~ keamanan bersama. 한미 ~조약 Perjanjian Keamanan antara Korea dan Amerika serikat.

안부(安否)keadaan kesehatan(seseorang). ~를 묻다 menanyakan keadaan kesehatan. ..에게 ~전해주십시요 Sampaikan salam saya kepada...

안색(顔色) ① warna muka; corak muka.~이좋다 [나쁘다]corak muka yang buruk[jelek].~이 변하다 berubah warna muka.② air muka; roman muka. ~에 나타내다 muncul pada air muka.

안성맞춤(安城-)~의 cocok. 그것이면 나에게 ~이다 Itu cocok sekali untuk saya.

안손님 tamu wanita.

안식(安息)~하다 beristirahat. 종교에서 마음의 ~을 찾다 menemukan ketenangan dalam agama.~일 Hari Sabat. ~처 tempat yang damai.

안식향(安息香)「化」kapur barus

안심(安心) kelegaan. ~하다 merasa lega.~시키다 melegakan; menyenangkan; melapangkan; mengenakkan

안아맡다 menanggung; memikul.

안약(眼藥) obat mata. ~을 넣다 memakai obat mata.

안염(眼炎)「醫」radang mata.

안온(安穩) perdamaian. ~한 [히] (dengan) damai.

안위(安危) keamanan; ketentraman. 국가의 ~ krisis nasional.

안이(安易) ~한 mudah; gampang. ~하게 dengan mudah. ~하게 생각하다 menggampangkan;menganggap mudah.

안일(安逸) kelambanan. ~한 lamban; malas-malas; segan-segan

안장(安葬) ~하다 mengubur. ~지 kuburan; makam.

안장(鞍裝) pelana. ~을 지우다 mempelanai kuda.

안전(安全) keamanan; kesentosaan; ketentraman. ~한 aman; sentosa. ~히 dengan aman. ~등 (燈) lampu pengaman (lampu tambang). ~지대 daerah aman. ~책 rencana yang aman.

안전(眼前) ~에서 didepan mata.

안전보장(安全保障) keamanan. (유엔) ~이사회 Dewan Keamanan. ☞ 안보(安保).

안전점검(安全點檢) pemeriksaan keamanan.

안절부절못하다 resah; gelisah.

안정(安定) kestabilan; tabilisasi.

~하다 menjadi stabil. ~을 유지하다 [잃다]mempertahankan [kehilangan] keseimbangan. 통화를 ~시키다 menstabilkan nilai uang. ~감 rasa kestabilan.~도[성] keseimbangan; stabilitas.

안정(安靜) istirahat. ~을 유지하다 beristirahat; berbaring dengan tenang. ~요법 penyembuhan dengan cara istirahat; tetirah. 절대~ istirahat total (penuh).

안주(安住) ~하다 hidup dengan damai.

안주(按酒) makanan kecil.

안주머니 saku dalam.

안주인(-主人) nyonya rumah; induk semang.

안중(眼中) ~에 없다 diluar perhitungan (pertimbangan).

안질(眼疾) penyakit mata. ~을 앓다 sakit mata.

안집 rumah induk.

안짝① ~의 tak lebih dari. 만원 ~의 수입 pendapatan yang tak lebih dari sepuluh ribu won. ② (글귀의) baris pertama (dari satu bait).

안짱다리 pengkar keluar. ~로 걷다 berjalan dengan pengkar.

안쪽 dalam; bagian dalam. ~의 dalam. ~에서 dari arah dalam.

안착(安着) kedatangan yang selamat. ~하다 tiba dengan selamat.

안치(安置) ~하다 membaringkan dengan tenang.

안치다 menyiapkan beras untuk memasak.

안타깝다 sayang;malang;kasihan;

안테나 antene; kabel udara.

안팎 ① bagian dalam dan luar. ~으로[에] (di) ke dalam dan luar. ② (표리) yang benar dan yang salah;kedua pihak. ③ kira-kira ...; sekitar.열흘~ kira-kira sepuluh hari.

안하무인(眼下無人)keangkuhan; kesombongan. ~의 sombong; angkuh. ~으로 dengan sombong; dengan angkuh.

앉다 ① duduk. 의자에 ~ duduk di kursi.편히~ duduk dengan tenang. 바로 ~ duduk dengan lurus. 책상다리하고 ~ bersila. ② (지위에) di lantik. ③ (새 따위가) bertengger; hinggap.

앉은뱅이 lumpuh.

앉은자리 ~에서 dengan segera; di tempat.

앉은저울 timbangan duduk; timbangan kecil.

앉은키 tinggi duduk.

않다 tidak.

알 ① telur. ~을 낳다 menetaskan telur; memijah.

알① (낟알) butir; bijian. ② manik; butir kecil-kecil. 눈 ~ bola mata.

알... telanjang. ~몸 tubuh telanjang.

알거지 orang melarat.

알곡(-穀) serealia; bijian (yang telah dikupas).

알다① mengetahui; menyaksikan. 신문을 보고~mengetahui dari surat kabar. ② mengerti; memaklumi. 잘못 ~ memaklumi kesalahan. 음악을~ mengerti musik. ③ (인지) mengakui.④ (낯이 익다) mengenal. ⑤ menyadari. 위험을~ menyadari

ㅇ

bahaya. ⑥ (기억) mengingat. ⑦ (관여) berhubungan; berkaitan dengan. ⑧ mengalami. 여자를~ mengenal perempuan.

알뜰하다 hemat.

알라 Allah.

알랑거리다 menyanjung; memuji-muji; menjilat. 웃사람에게~ menjilat atasan.

알량하다 remeh.

알레그로 「樂」 Alegro.

알레르기 「醫」 alergi. ~성의 berhubungan dengan alergi. 항(抗) ~(의) anti alergi.

알려지다 diketahui; terungkap.

알력(軋轢) pertengkaran; permusuhan; perpecahan; ketidakrukunan; perselisihan. ~을 초래하다 [피하다] menimbulkan (menghindari) perpecahan.

알록달록 ☞ 얼룩덜룩.

알록알록 ☞ 알록달록.

알루미늄 aluminium. ~새시 kusen jendela yang terbuat dari aluminium. ~제품 barang-barang aluminium.

알리다 memberitahukan; mengumumkan; mengabarkan. 넌지시 ~ memberitahu diam-diam; mengisyaratkan.

알리바이 alibi. ~를 입증하다 membuktikan alibi. ~를 깨다[꾸미다] memecahkan [memalsukan] alibi.

알맞다 sedang; pantas; cocok; sesuai; layak; patut.

알맹이 isi; inti; pokok; sari. ~없는 tak berisi; kosong.

알몸~의 telanjang bulat. ~으로 dengan telanjang. ~이 되다 menjadi telanjang.

알몸뚱이 tubuh telanjang. ☞ 일몸.

알밤 buah berangan.

알배기 ikan yang penuh telur.

알부민 「生化」 albumin;putih telur.

알선(斡旋)perantaraan; rekomendasi. ~하다 merekomendasi. ...의 ~으로 dengan perantaraan...

알슬다 meletakkan telur; bertelur.

알싸하다 sedikit pedas.

알쏭달쏭 ① ~한 beraneka ragam model. ② ~한 samar-samar; meragukan; tidak dapat dipahami.~한 말을 하다 berbicara samar-samar; mengelak dari pokok masalah.

알아듣다 mengerti; memahami.

알아맞히다 menerka dengan benar.

알아보다 mencari tahu; menanyakan; menyelidik.

알아주다 ① menghargai. 진가를 ~ menghargai nilai yang sebenarnya. ② (이해) memaklumi.

알아차리다 menyadari sebelumnya.

알아채다 menyadari.

알아하다 melakukan tanpa disuruh

알은체 ① keikutcampuran. ~하다 ikut campur; mencampuri. ② pengenalan. ~하다 mengenali.

알짜 inti; sari pati.

알칼리 「化」 alkali.~성의 berhubungan dengan alkali.

알코올 alkohol. ~성의 bersifat alkohol. ~중독 alkoholisme. ~중독자 pecandu alkohol.

알토 「樂」 nada suara alto. ~ 가수

penyanyi alto.

알파 alfa.~선[입자] sinar [partikel] alfa.

알파벳 abjad; alfabet. ~순의[으로] menurut abjad.

알파카 「動」 alpaka.

알현(謁見)temu muka dengan raja ~하다 menghadap raja.

앓는소리하다 mengeluh; mengerang; berpura-pura sakit.

앓다 ① (병을) sakit. ② pusing. 골치를 ~ menderita pusing.

암 betina.

암 Tentu saja; Mengapa tidak?.

암(癌) ① 「醫」 kanker. ~의 tentang kanker. 위[폐]~kanker perut (paru-paru). ② (화근) sumber penderitaan.

암거래(暗去來) transaksi gelap; pencaturan; perdagangan gelap. ~하다 berjual beli secara gelap.

암굴(岩窟) gua.

암기(暗記)~하다 menghafal. ~하고 있다 hafal. ~과목 pelajaran hafalan. ~력(力) daya ingat. ~력이 좋다[나쁘다]daya ingat yang baik [buruk]

암꽃 「植」 putik bunga (bunga betina).

암나사 (- 螺絲) mur.

암내① (겨땀내) bau ketiak (badan). ② bau betina yang birahi. ~ (가) 나다 memasuki masa birahi. ~ (를) 내다 sedang birahi.

암달러(暗 -) dollar pasar gelap. ~상인 pedagang dollar dipasar gelap.

암담(暗澹) ~한 suram; muram.

암만해도 dari segala sudut pandang; dalam segala hal.

암매상(暗賣商) pedagang gelap; pedagang di pasar gelap.

암매장(暗埋葬) ☞ 암장(暗葬).

암모늄 「化」 amonium.

암모니아 「化」 amonia. ~수(水) amonia cair.

암묵(暗默) ~의 diam-diam. ~리에 persetujuan dengan diam-diam.

암반(岩盤) tebing.

암벽(岩壁) tebing; dinding karang. ~등반 pemanjatan tebing.

암산(暗算) hitung luar kepala. ~하다 menghitung di luar kepala.

암살(暗殺) pembunuhan. ~하다 membunuh. ~을 기도하다 usaha pembunuhan.

암석(岩石)wadas; cadas. ~이 많은 bercadas; berbatu-batu.

암송(暗誦) hafalan. ~하다 menghafalkan.

암수 jantan dan betina.~를 가려내다 menentukan jenis kelamin.

암수(暗數) ☞ 속임수. ~에 걸리다 terjebak; terpancing; terpikat.

암술 「植」 putik; bakal buah.

암시(暗示)isyarat;bisikan;sugesti; ilham. ~하다 mengisyaratkan. ~적 sugestif. ~를 주다 memberi isyarat. 자기~sugesti pada diri sendiri.

암시세(暗時勢)harga pasar gelap

암시장(暗市場) pasar gelap.

암실(暗室) kamar gelap.

암암리(暗暗裡) ~에 secara rahasia.

암염(岩鹽) 「鑛」 garam batu.

암영(暗影) bayangan yang sangat

gelap....의 전도에 ~을 던지다 mem beri bayangan masa depan yang gelap.
암운(暗雲)kabut (awan)hitam. ~이 감돌고 있다 Awan hitam menyelubungi.
암자(庵子) candi kecil.
암장(暗葬)~하다 mengubur secara diam-diam (sembunyi).
암죽(-粥) bubur nasi encer.
암중(暗中) ~ 모색하다 meraba-raba dalam kegelapan.
암초(暗礁)batu karang.~에 걸리다 membentur batu karang.
암치질(-痔疾) pendarahan di dalam.
암캐 anjing betina.
암컷 betina.
암탉 ayam betina.
암퇘지 babi betina.
암투(暗鬪) permusuhan rahasia.
암펄 lebah betina; ratu lebah.
암범 harimau betina.
암페어 amper. ~계 alat pengukur amper.
암평아리 anak ayam betina.
암표상(暗票商) calo karcis.
암행(暗行) ~하다 melakukan perjalanan secara diam-diam.
암호(暗號) sandi; tanda; isyarat; kode.~를 풀다 membaca sandi.~장 buku sandi. ~전보 telegram sandi. ~통신 sinyal. ~해독 pemecahan kode/ sandi.
암흑(暗黑) kegelapan. ~의 gelap. 사회의 ~면 sisi gelap dari masyarakat. ~가 dunia penjahat. ~시대 zaman kegelapan.
압도(壓倒) ~하다 mengungguli; melebihi; mengatasi. ~적 sangat unggul.~적 승리 menang sapu bersih; menang mutlak.
압력(壓力)tekanan.~을 가하다 menekan; memberi tekanan. ~계 manometer.
압록강(鴨綠江) Sungai Yalu.
압류(押留) penyitaan. ~하다 menyita. ~를 당하다 kena sita harta. ~영장 surat perintah penyitaan. ~품 barang sitaan.
압박(壓迫) tekanan; tindasan. ~하다 menekan;menindas;memaksa. 생활의~ tekanan hidup. ~감 perasaan tertekan. 피~ 민족 orang-orang yang tertindas.
압사(壓死) ~하다 mati tertimpa. 축대가 무너져~하다 mati tertimpa dinding yang roboh.
압송(押送) ~하다 mengirim dalam kawalan.
압수(押收) penyitaan; ~하다 menyita. ~물(物) barang sitaan. ~수색 영장 surat keputusan penggeledahan dan peyitaan.
압승(壓勝) kemenangan yang gemilang. ~하다 menang dengan gemilang.
압정(押釘) paku payung; paku rebana.
압정(壓政) tirani; pemerintahan yang lalim.
압제(壓制) penindasan; kelaliman. ~하다 menindas; melalimi. ~적 lalim; kejam. ~자 penindas. ~정치 politik penindasan rakyat.
압착(壓搾)tekanan.~하다 menekan

~기 alat penekan.
압축(壓縮)pemampatan.~하다 memampatkan.~가스[공기] gas [udara] mampat.
앗다 ① ☞ 빼앗다. ② (씨빼다) memisahkan biji kapas.
앗아가다 menjambret.
앗아라 Jangan!; Hentikan!.
앙갚음 balas dendam. ~하다 membalas dendam.
앙금 endapan; ampas; sempelah.
앙금앙금 ~기다 merangkak.
앙등(昻騰) kenaikan; apresiasi. ~하다 naik; membubung.~하는 생활비 biaya hidup naik. 땅값[집세]의~ kenaikan harga tanah [sewa rumah].
앙망(仰望)~하다 berharap; mengharapkan.
앙상블 ensembel.
앙상하다 kurus kering. ☞ (엉성하다). 말라서 뼈만 ~ kurus tinggal tulang.
앙숙(怏宿)~이다 hidupnya seperti anjing dan kucing.
앙심(怏心)dendam kesumat.~먹다 menanggung dendam kesumat.
앙증스럽다 mungil.
앙증하다 ☞ 앙증스럽다.
앙칼스럽다 judes.
앙칼지다 ☞ 앙칼스럽다.
앙케트 kuisioner;daftar pertanyaan angket. ~를 내다 menyebarkan angket.
앙코르 nyanyian ulang. ~를 청하다[받다]meminta [menerima]nyanyian ulang.
앙탈부리다 ☞ 앙탈하다.
앙탈하다 meronta.
앞 masa depan; masa datang. ~으로 di masa depan. 이~으로 setelah sekarang; nanti; kemudian. ② depan.~으로[에] didepan. ③ hadapan. (아무가 있는) ~에 dihadapan ④ yang utama (pertama).~에 서다 berdiri di depan; memimpin. ☞ 앞. ⑤ (먼저) bagian terdahulu. ⑥ (편지) dialamatkan (ditujukan) ke... ⑦ bagian; jatah. 한사람~에 2 개 masing-masing dua.
앞가슴 dada.
앞길 (가길)jalan yang harus ditempuh; (전도) masa depan.
앞날 masa depan. ~을 염려하다 cemas tentang masa depan.
앞니 gigi depan; gigi seri; gigi pengiris; gigi manis.
앞다리 kaki depan.
앞대문(-大門) pintu gerbang depan.
앞뒤 depan dan belakang; urutan; konsekuensi. ~가 맞지 않는 tidak konsisten; tidak konsekuen.
앞뒷집 tetangga.
앞뜰 taman depan.
앞못보다 buta.
앞문(-門) pintu gerbang depan.
앞바다 laut lepas. ~에 dilaut lepas; lepas pantai.
앞바퀴 roda depan.
앞발 kaki depan.
앞 ① sebelumnya. ~에서 말한 바와 같이 seperti yang dikatakan sebelumnya. ② mendahului. 남보다 ~가다 pergi mendahului yang lainnya.
앞서다 mendahului.

앞세우다 mendahulukan.
앞앞이 ① (각 사람의 앞) di depan setiap orang. ② (몫몫이) masing-masing.
앞에총(-銃) Angkat senjata!
앞이마 dahi; kening.
앞일 hal yang akan datang. ~을 생각하다 berpikir akan masa depan.
앞잡이① (선도자) penunjuk jalan; pemandu. ② kaki tangan. 경찰의 ~ kaki tangan polisi. ~로 쓰다 menggunakan sebagai kaki tangan.
앞장 kepala; pemimpin. ~서다 berdiri di depan; memimpin.
앞지르다 mendahului yang lain.
앞집 rumah di depan.
앞차(-車) mobil di depan.
앞치마 rok kerja; celemek.
애 (수고) kerja keras; daya upaya; usaha; (걱정) kekhawatiran; kecemasan.
애 ☞ 아이. ~밴 hamil.
애가(哀歌) elegi.
애개 (개) Astaga.
애걸(哀乞)~하다 meminta; memohon.
애걸복걸(哀乞伏乞) ~하다 meminta dengan sungguh-sungguh.
애견(愛犬) anjing peliharaan; anjing kesayangan. ~가 pecinta anjing.
애고머니 Masya Allah!.
애교(愛嬌) keatraktifan; daya tarik. ~있는 atraktif; menarik; menawan hati.~를 떨다 menarik; memikat.
애교심(愛校心) cinta almamater.
애국(愛國) cinta tanah air. ~적 patriotik. ~선열 patriot yang gugur. ~심 semangat patriotik. ~자 patriot; pecinta tanah air.
애국가(愛國歌) lagu kebangsaan; lagu patriotik.
애꾸 (눈이) orang bermata satu; orang picak.
애끓다 khawatir; resah.
애달프다 sakit hati.
애도(哀悼) duka cita; bela sungkawa. ~하다 berkabung; berduka cita. ~의 뜻을 표하다 menyatakan bela sungkawa.
애독(愛讀) ~하다 membaca dan menikmati.~서[작가] buku [pengarang] favorit. ~자 pembaca setia (tetap).
애드벌룬 balon reklame. ~을 띄우다 menerbangkan balon reklame.
애련(哀憐) keharuan. ~하다 kasihan; mengharukan.
애로(隘路) masalah. ~를 타개하다 mengatasi masalah.
애마(愛馬) kuda kesayangan.
애매(曖昧)~한 samar-samar; meragukan. ~한 태도를 취하다 bersikap meragukan.
애매하다 dikeliru sangkakan; dituduh/dicurigai secara keliru; bersikap meragukan.
애먹다 diganggu.
애모(愛慕)~하다 merindukan cinta
애무(愛撫) ~하다 membelai.
애벌 pertama kali.~갈이 pembajakan tanah yang pertama.
애벌레 larva.
애사(哀史) cerita sedih;kisah sedih; sejarah sedih.

애사(愛社) ~정신 semangat cinta perusahaan.
애석(哀惜) ~하다 berduka dan sayang.
애송(愛誦) ~하다 gemar bersyair/berpantun. ~시집 kumpulan sajak yang digemari.
애송이 pemuda yang belum berpengalaman. ~시절 masa belum pengalaman.
애수(哀愁) kesedihan dan kekhawatiran. ~를 느끼다 merasa sedih dan khawatir.
애쓰다 berdaya; berpayah-payah; berjerih payah; berikhtiar.
애연가(愛煙家) perokok.
애완(愛玩)~하다 menyayangi (binatang).~동물 binatang peliharaan.
애욕(愛慾) cinta dan nafsu.
애용(愛用) ~하다 menggunakan selalu; memakai secara tetap. ~하는 kegemaran; favorit. ~자[가] pemakai tetap; pelanggan.
애원(哀願)permohonan.~하다 memohon. ~자 pemohon.
애인(愛人) kekasih; pacar. 그의 ~ kekasihnya (kekasih dari pria). 그녀의 ~ kekasihnya (kekasih dari wanita).
애절하다(哀切-) mengharukan; menyentuh; mendukakan.
애정(愛情) cinta; muhibah; kasih sayang. ~이 있는 rasa cinta. ~이 없는 tanpa rasa cinta.
애제자(愛弟子) siswa kesayangan.
애조(哀調) melodi sedih.
애족(愛族) 애국~ cinta kepada nusa dan bangsa.
애주(愛酒) ~하다 suka minuman keras.~가 orang yang suka minum.
애증(愛憎) cinta dan benci.
애지중지(愛之重之)~하다 sangat menyayangi.
애착(愛着) kasih sayang. ...에 ~을 느끼다 mengasihi; tertambat hati.
애창(愛唱) ~하다 suka menyanyikan. ~곡 lagu kesayangan.
애처(愛妻) isteri yang disayangi. ~가 suami yang setia.
애처롭다 mengharukan; mendukakan; menyedihkan.
애첩(愛妾)istri simpanan yang disayangi.
애초 yang pertama. ~에 pada awal; pada mulanya.
애칭(愛稱) nama kesayangan.
애타다 khawatir; cemas.
애태우다① (스스로) khawatir; cemas (akan). ② mengkhawatirkan; membuat khawatir. 부모를~ membuat khawatir orang tua.
애통(哀痛) ~하다 meratapi; menyesali. ~할 patut disesalkan; patut diratapi.
애티 ~가 나다 kekanak-kanakan.
애프터서비스 pelayanan purna jual.
애향(愛鄕)~심 kecintaan terhadap kampung halaman.
애호(愛好) gemar; suka (akan) ~하다 menggemari. ~가 pecinta; penggemar.
애호박 labu muda.
애화(哀話) cerita sedih.
애환(哀歡) suka dan duka.

액(厄) malang.
액(液) cairan.
...액(額) jumlah. 생산[소비]~ jumlah produksi [konsumsi].
액때우다(厄-) meloloskan diri dari nasib buruk.
액때움(厄 -) lolos dari nasib buruk.
액땜(厄-) ☞ 액때움.
액막이(厄-) pangkah; tepung tawar. ~하다 menepung tawari; memangkah
액면(額面) nilai nominal. ~이하로 [이상으로] di bawah [di atas] nilai nominal.
액세서리 perhiasan. ~를 달다 memakai perhiasan.
액셀러레이터 pedal gas. ~를 밟다 menginjak pedal gas.
액수(額數) jumlah.
액운(厄運) nasib buruk; kesialan.
액자(額子) bingkai foto.
액자(額字) gentel.
액체(液體)cairan.~공기[연료]udara [bahan bakar] cair.
액화(液化) 『化』 pencairan. ~하다 mencairkan. ~가스 gas yang dicairkan.
앨범 album (buku poto).
앵두 buah ceri. ~ 같은 입술 bibir merah seperti ceri. ~나무 『植』 pohon ceri.
앵무새(鸚鵡 -) nuri.
앵앵거리다 suara mengaung.
야 Astaga!; Masya Allah!; Hui!.
야(野) ~에 있다 dalam kehidupan pribadi; dalam oposisi.
야간(夜間)waktu malam. ~에 pada malam hari. ~경기[비행] pertandingan [penerbangan] malam hari. ~근무 ☞ 야근/ ~부 kelas malam. ~부 학생 murid sekolah malam. ~영업 buka malam hari (dagang).
야경(夜景) pemandangan pada malam hari.
야경(夜警)jaga malam.~하다 menjaga pada malam hari. ~꾼 penjaga malam.
야광(夜光) ~의 kilau malam hari. ~도료 cat berkilau (bercahaya). ~시계 jam berkilau (bercahaya). ~충(蟲) kunang-kunang.
야구(野球) bisbol. ~시합을 하다 bertanding bisbol.~선수[부,팬]pemain [klub,penggemar] bisbol.~장 lapangan bisbol.
야근(夜勤) kerja malam; tugas malam. ~하다 bekerja pada malam hari;lembur. ~수당 tunjangan kerja malam; tunjangan lembur.
야금(冶金)metalurgi. ~학[술] ilmu (teknik) metalurgi. ~학자 ahli metalurgi.
야금야금 sedikit demi sedikit.
야기(惹起) ~하다 menyebabkan; mengakibatkan.
야뇨증(夜尿症) 『醫』 mengompol (waktu tidur).
야단(惹端) ① kegemparan; kegaduhan; huru-hara. ~하다 membuat kegemparan; membuat kegaduhan. ②teguran.~하다 menegur.~을 맞다 ditegur;menerima teguran. ③ permasalahan; kesulitan. ~나다 dalam kesulitan/kesusahan.
야담(野談) versi cerita sejarah

yang tidak resmi. ~가 orang yang bercerita.
야당(野黨) partai oposisi. ~당수 [기관지]pemimpin [organ] oposisi. 제 1~ oposisi utama.
야드 yard.
야료(惹鬧) ~하다 menginterupsi; memotong pembicaraan; meneriaki; mencemooh.
야릇하다 aneh; ganjil.
야만(野蠻) ~적 biadab. ~인 orang biadab. ~행위 tindakan biadab.
야말로 sungguh-sungguh. 그~ memang; sungguh.
야망(野望) ambisi. ~이 있는 berambisi; ambisius. ~을 품다 mempunyai ambisi (akan).
야맹증(夜盲症) 「醫」 rabun senja.
야멸스럽다 hati dingin.
야멸치다 ☞ 야멸스럽다.
야무지다 teguh; kuat; tegas.
야바위 kelicikan; tipu daya. ~치다 menipu; mengelabui. ~꾼 orang yang licik; penipu; pembohong.
야박(野薄)~하다 kejam;tidak berperasaan; tidak acuh; dingin hati.
야반(夜半) ~에 ditengah malam. ~도주하다 melarikan diri ditengah malam.
야밤중(夜-) ☞ 한밤중.
야비(野卑)~한 kasar; tidak sopan.
야사(野史) sejarah yang tidak resmi.
야산(野山) bukit; bukit kecil.
야생(野生) ~의 liar; tidak jinak; buas; jalang. ~식물[동물] tumbuhan [hewan] liar.
야성(野性) sifat liar. ~적 liar; kasar;buas.~미(美) kecantikan alami.
야속(野俗)~하다 tidak berperasaan; berhati dingin.
야수(野獸) binatang buas; satwa liar. ~같은 seperti binatang; bengis; kejam. ~성 kebuasan.
야습(夜襲) serbuan di malam hari. ~하다 menyerbu/menyerang di malam hari.
야시(夜市) pasar malam.
야식(夜食) makan tengah malam; sahur.
야심(夜深) ~하다 larut malam; tengah malam.
야심(野心) ambisi; hasrat; cita-cita. ~있는 berambisi; bercita-cita. ~가 orang yang berambisi.
야영(野營) perkemahan. ~하다 berkemah. ~지 bumi perkemahan.
야옹 ngeong; meong. ~하고 울다 mengeong.
야외(野外)lapangan;lapangan terbuka; halaman yang luas. ~의 luar rumah; terbuka. ~에서 diluar rumah; di lapangan terbuka. ~극장 teater terbuka.
야위다 ☞ 여위다.
야유(野遊)piknik. ~회 rombongan piknik. ~회를 가다 berpiknik; pergi piknik.
야유(揶揄) cemoohan; ejekan. ~하다 mencemoohkan; mengejek; meneriaki.
야음(夜陰) ~을 틈타 di bawah lindungan kegelapan.
야인(野人) ① (시골 사람) orang desa; orang kampung. ② (재야의) warga netral (tidak masuk partai).

야자(椰子) 『植』 pohon kelapa; pohon nyiur; kerambil. ~기름 minyak kelapa. ~열매 buah kelapa.

야전(野戰) operasi lapangan/medan.~군[병원] tentara [rumah sakit] lapangan/ medan.

야조(夜鳥) burung malam.

야채(野菜) sayur-mayur; sayur-sayuran yang hijau. ~를 가꾸다 menanam sayur-sayuran. ~가게 kedai sayur.

야틈하다 agak dangkal.

야포(野砲) artileri medan. ~대(隊) satuan artileri/bantuan tempur.

야하다(冶 -) ① (난하다) (pakaian yang) menyolok; menor. ② (속되다) rendah; vulgar; kasar.

야학(夜學) sekolah malam; kelas malam. ~에 다니다 sekolah malam. ~생(生) siswa sekolah malam.

야합(野合) hubungan gelap; penyelewengan. ~하다 melakukan hubungan gelap; menyeleweng.

야행(夜行) ~하다 berjalan malam hari. ~성(性)『動』kebiasaan nocturnal.

야회(夜會) pesta malam. ~복 gaun pesta malam.

약(藥) ① obat. ~을 먹다 [바르다] minum [mengoles] obat. ~을 주다 [먹이다] memberi [meminumkan] obat. ~을 조제하다 memberi resep. ② kebaikan; manfaat. ~이 되다 menjadi obat ③ suap; sogokan. uang pelicin. ~을 쓰다 memakai uang pelicin.

약(約) kira-kira; hampir; lebih kurang. ~ 5 마일 kira-kira lima mil.

...약(弱) ☞ ...빠듯. 5 마일 ~ kurang lebih lima mil.

약간(若干) beberapa; sedikit; sejumlah. ~의 돈 sedikit uang.

약값(藥-) ongkos obat.

약골(弱骨) ~이다 berkesehatan rapuh.

약과(藥菓) ① ☞ 과줄. ② perkara mudah/sepele. 그것쯤은 ~다 Itu perkara gampang.

약관(約款) surat persetujuan; klausa.

약관(弱冠) umur dua puluh tahun; masa muda. ~에 pada masa muda.

약국(藥局) apotik; toko obat; farmasi.

약다 cerdik; lihai.

약도(略圖) denah; peta sketsa; denah; rancangan kasar.

약력(略歷) riwayat singkat; riwayat hidup.

약리(藥理) ~작용 tindakan medis. ~학 ilmu tentang obat-obatan.

약물(藥物)obat-obatan. ~요법 perawatan medis. ~중독 keracunan obat.

약밥(藥 -) penganan nasi pulut.

약방(藥房) apotik; toko obat.

약방문(藥方文) resep.사후 ~ tindakan yang terlambat.

약병(藥甁) botol obat.

약봉지(藥封紙) bungkus obat.

약분(約分) 『數』 penyederhanaan; penjabaran. ~하다 menyederhanakan;mempermudah pecahan; menjabarkan.

약빠르다 ☞ 약삭빠르다.

약사발(藥沙鉢)~을 내리다 mem-

beri racun sebagai hukuman mati.
약사법(藥事法) Undang-Undang tentang Obat, Kosmetik dan Peralatan Medis.
약삭빠르다 cerdik; lihai.
약소(弱少) ~한 kecil dan lemah. ~국(가) negara (kekuasaan) yang lemah. ~민족 bangsa yang berkekuasaan kecil dan lemah.
약소(略少) ~한 sedikit; tidak berarti.
약속(約束) janji; akad; persetujuan; kontrak. ~하다 membuat janji; menyanggupkan.~시간[장소]waktu [tempat] yang dijanjikan (tempat yang ditetapkan).
약속어음(約束-) janji. ~발행인 orang yang membuat janji.
약손가락(藥-) jari manis.
약솜(藥-) ☞ 탈지면.
약수(藥水) air mineral. ~터 sumur mineral.
약술(略述) ~하다 membuat garis besar; membuat sketsa kasar.
약시(弱視)「醫」penglihatan yang lemah. ~의 berpenglihatan lemah.
약식(略式) ~의 tidak formal. ~으로 tanpa formalitas.
약오르다(藥-) tersinggung;pedas hati.
약올리다(藥-) menyinggung perasaan.
약용(藥用) ~의 medis. ~에 쓰다 memakai untuk tujuan medis.~비누 sabun untuk pengobatan. ~식물 tumbuhan obat.
약육강식(弱肉强食) ~하다 Yang lemah menjadi mangsa yang kuat.
약자(弱者) kaum lemah. ~의 보호 perlindungan bagi kaum lemah.
약자(略字) huruf yang di sederhanakan.
약장(藥欌) lemari obat.
약재(藥材) bahan-bahan obat.
약저울(藥-) timbangan obat.
약전(弱電) arus listrik lemah. ~기기(器機) alat-alat listrik arus lemah.
약전(藥典)buku daftar obat-obatan dan cara pemakaiannya;farmakope.
약점(弱點)kelemahan; cela; cacat; titik lemah. ~을 찔리다 terkena pada titik lemah. ~을 잡히다 menunjukkan titik lemah.
약정(約定) ~하다 berjanji; membuat persetujuan/kontrak. ~서 surat perjanjian.
약제(藥劑) obat-obatan. ~사 ahli obat; pandai obat.
약조(約條) ~하다 berjanji; bersumpah berikrar. ~금 simpanan berdasarkan kontrak.
약종(藥種) obat-obatan. ~상 penjual obat; toko obat.
약주(藥酒)① (약용) minuman keras untuk obat. ② (술) anggur.
약진(躍進) ~하다 membuat terobosan.
약질(弱質) orang yang lemah.
약체(弱體) ~의 lemah. ~화하다 menjadi lemah;melemah.~내각 kabinet yang lemah.
약초(藥草)tumbuh-tumbuhan obat. ~밭 kebun obat-obatan.
약칭(略稱) penyingkatan.

약탈(略奪) penjarahan;perampasan; pencurian. ~하다 merampas; menjarah. ~자 perampok; pencuri.

약탕관(藥湯罐) ceret belanga untuk merebus obat-obatan.

약품(藥品)obat-obatan;jamu. 불량 ~ obat-obatan yang jelek.

약하다(弱-) lemah. 몸이 ~ badan lemah/sakit-sakitan. 술에~ mudah mabuk.

약학(藥學) farmasi; ilmu tentang obat-obatan. ~과 jurusan farmasi. ~대학 akademi farmasi. ~사 [박사] sarjana [dokter] farmasi. ~자 ahli obat-obatan.

약혼(約婚) pertunangan. ~하다 bertunangan. ~반지 cincin pertunangan ~선물 hadiah pertunangan. ~식 upacara pertunangan. ~자 tunangan.

약화(弱化) ~하다 melemah; menjadi lemah.

약효(藥效)efek obat. ~를 나타내다 menunjukkan efek.

얄따랗다 agak tipis.

얄밉다 menjijikkan; menimbulkan benci.

얄타 ~협정 persetujuan (deklarasi) Yalta.

얄팍하다 agak tipis.

얇다 tipis.

얌전하다① (단정.침착)sopan; beradab; tahu adat.② (솜씨.모양) rapi; baik; bagus.

얌치 rasa malu.

양(羊) biri-biri; domba. 길잃은~ biri-biri/domba yang kesasar. ~가죽 kulit biri-biri (domba). ~ 고기 daging biri-biri/domba. ~떼 kawanan domba. ~털 wol. ~같이 순한 jinak seperti domba.

양(良) baik; B (peringkat).

양(洋) samudra; lautan.

양(量)① jumlah; banyaknya; kuantitas. ~적 kuantitatif. ~적으로 menurut banyaknya; secara kuantitatif. ~이 적다[많다] sedikit [banyak] jumlahnya. ~보다 질 Mutu lebih penting dari pada jumlah. ② kesanggupan makan. ~껏 sekenyangnya. ~이 크다 pelahap; orang yang makan banyak.

양(陽) positif. 음으로 ~으로 secara terbuka dan tertutup; secara tersurat dan tersirat.

양...(洋)asing; barat; Eropa. ~요리 makanan asing.

...양(孃) nona; encik.

양가(良家) keluarga terhormat.~태생이다 lahir dari keluarga baik-baik.

양가(兩家) keluarga kedua belah pihak.

양각(陽刻) pahatan; gambar timbul; relif. ~하다 membuat relif/gambar timbul.

양계(養鷄)peternakan ayam.~하다 memelihara ayam; beternak ayam. ~업자 peternak ayam. ~장 tempat beternak ayam.

양곡(糧穀) bahan makanan; biji-bijian.~도입 pengimporan biji-bijian.

양과자(洋菓子) kue-kue barat.

양국(兩國) kedua negara.

양군(兩軍) kedua angkatan.

양궁(洋弓) panah ala barat.

양귀비(楊貴妃) 『植』 pohon apium.

양극(兩極)kedua kutub; kutub positif dan negatif. ~의 dwi kutub. ~지방 daerah kutub. ~화(化) bipolarisasi.

양극(陽極) 『電』 kutub positif; anoda

양기(陽氣) ① (햇볕) sinar matahari. ② (남자의) vitalitas; daya hidup.

양날(兩 -) ~의 bermata dua (pedang).

양녀(養女) anak angkat perempuan.

양념 penyedap rasa; bumbu. ~을 한 berbumbu. ~을 치다 membumbui; memberi bumbu.

양다리(兩 -) ~걸치다 membunglon;bermuka dua.~(를) 걸치는 사람 orang yang bermuka dua.

양단(兩斷)pembelahan dua. ~하다 membelah dua.

양단(洋緞) kain satin.

양단간(兩端間) bagaimanapun.

양달(陽-) tempat yang banyak kena sinar matahari. ~쪽 bagian yang banyak kena sinar.

양담배(洋-) rokok asing.

양당(兩當)dua partai politik.~정치 [제도] politik [sistim] dua partai.

양도(糧道) suplai kebutuhan; penyediaan kebutuhan. ~를 끊다 memotong suplai musuh.

양도(讓渡)penyerahterimaan; pemindahan; timbang terima; transfer.~하다 menyerahterimakan;menimbangterimakan; mentransfer. ~소득 keuntungan dari penyerahterimaan; keuntungan transfer. ~소득세 pajak keuntungan transfer. ~인 orang yang mengadakan serah terima/ transfer.

양도체(良導體) penghantar yang baik.

양돈(養豚)peternakan babi.~하다 memelihara babi; beternak babi. ~가 peternak babi. ~장 tempat peternakan babi.

양동이(洋-) ember.

양동작전(陽動作戰) taktik purapura.

양두(兩頭) ~의 dua kepala (pemimpin). ~정치 pemerintahan dua kepala.

양떼구름(羊-) awan altokomulus.

양력(陽曆) kalender matahari.

양력(揚力) daya angkat.

양로(養老) ~보험 asuransi masa tua. ~연금 pensiun masa tua. ~원 rumah jompo.

양론(兩論) kedua argumen; argumen kedua belah pihak.

양륙(揚陸)pendaratan.~하다 mendarat; bongkar muatan. ~비 biaya bongkar muat.~장(場) tempat pendaratan; tempat bongkar muat.

양립(兩立)~하다 berdiri bersama. ~할 수 없다 tidak bisa berdiri bersama.

양말(洋襪)kaus kaki; sarung kaki.

양면(兩面)kedua muka; kedua sisi. ~의 bermuka dua; bersisi dua. ~작전 taktik dari dua sisi.

양모(羊毛)wol; bulu domba.~ 제품

barang-barang wol ~의 (dari) wol.
양모(養母) ibu angkat.
양모제(養毛劑) penyubur rambut; obat penguat rambut.
양미간(兩眉間)~을 찌푸리다 mengerutkan dahi.
양민(良民) rakyat (warga) yang baik. ~학살 pembunuhan orang yang tidak bersalah.
양반(兩班) kebangsawanan; (사람) bangsawan/ priyayi; (자기 남편) suami saya.
양배추(洋 -) kol; kubis.
양변(兩邊) kedua sisi.
양병(養兵) pembinaan angkatan bersenjata.~하다 membina angkatan bersenjata.
양보(讓步) pengalahan; konsesi; kerelaan; kompromi.~하다 mengalah; berkompromi. 서로~하다 saling mengalah.
양복(洋服) pakaian ala barat. ~을 마추다 menampah/menjahitkan pakaian. ~감[지] kain untuk pakaian ala barat.~걸이 gantungan pakaian. ~장 lemari pakaian. ~점(店) toko penjahit pakaian.
양봉(養蜂) peternakan/ budidaya lebah. ~하다 membudidayakan/ beternak lebah. ~가 peternak lebah.
양부(養父) ayah angkat; bapak angkat.
양부모(養父母) orang tua angkat.
양분(兩分) ~하다 membelah dua; mengeping.
양분(養分) gizi. ~이 있다 bergizi.
양산(陽傘)payung. ~을 펴다 [접다, 쓰다] membuka [menutup, memakai] payung.
양산(量産) produksi skala besar. ~하다 memproduksi secara besar-besaran.
양상(樣相)segi;aspek;fase. 새로운 ~을 띠게 되다 memasuki fase baru.
양상군자(梁上君子) perampok; pencuri.
양생(養生) pemeliharaan kesehatan. ~하다 menjaga kesehatan. ~법 peraturan kesehatan; hygiene.
양서(良書) buku bagus; karya yang baik.
양서(洋書) buku berbahasa asing.
양서동물(兩棲動物) hewan ampibi.
양서류(兩棲類) 『動』 ampibi; hidup di dua alam.
양성(兩性) dua jenis kelamin (bunga). ~의 berjenis kelamin ganda (biseksual). ~생식 gemogenesis.
양성(陽性) kepositifan. ~의 positif. ~이다 terbukti positif. ~화 pengesahan. (정치 자금의 ~화 pengesahan dana politik).
양성(養成) pelatihan; pembinaan. ~하다 mendidik; melatih; membina. ~소 sekolah pelatihan.
양속(良俗)adat istiadat yang baik; kebiasaan yang baik.
양손(兩-) kedua tangan. ~에 꽃 bunga di kedua tangan.
양송이 jamur merang. ~재배 budidaya jamur merang.
양수(羊水) 『醫』 air ketuban.
양수(揚水) ~기 pompa air.

양수(陽數)「數」angka positif.
양수(讓受) perolehan dengan pemindahtanganan. ~하다 memperoleh dengan memindah-tangankan; mewarisi. ~인 pewaris; penerima pemindah-tanganan.
양순(良順) ~한 patuh; taat. ~한 백성 rakyat yang taat hukum.
양식(良識) pengetahuan yang baik.
양식(洋式) ~의 gaya Barat; gaya Eropa.
양식(洋食) makanan atau masakan Eropa. ~집 restoran Eropa.
양식(樣式) bentuk; gaya; model. 건축 ~ model (gaya, bentuk) bangunan.
양식(養殖) pembudidayaan; pemeliharaan. ~하다 beternak; memelihara; membudidayakan. ~장 tempat pembudidayaan. ~진주 mutiara piaraan. 굴~ budidaya tiram; pemeliharaan tiram; peternakan tiram.
양식(糧食) makanan; santapan; perbekalan; sangu. 마음의~ santapan rohani.
양식기(洋食器)barang pecah belah gaya barat.
양심(良心) kesadaran; kata hati. ~적 dengan suara hati. ~이 없는 tidak ada kesadaran. ~의 소리 kata hati/ suara. ~의 가책 penyesalan kata hati. 일편의~ secercah kata hati. ~에 어긋나다 bertentangan dengan kata hati.
양심수(良心囚) tahanan kata hati (orang yang ditahan karena mengungkapkan kecurangan/penyimpangan yang terjadi).
양아들(養-) anak angkat.
양아버지(養-) ayah angkat.
양악(洋樂) musik aliran Barat; musik Barat.
양약(良藥) obat mujarab. ~은 입에 쓰다 obat yang mujarab rasanya pahit.
양약(洋藥) obat Barat.
양양(洋洋) ~한 luas; lapang. ~한 전도 masa depan yang cerah (gemilang).
양양(揚揚) ~한 gagah berani.
양어(養魚)budidaya ikan. ~가 peternak ikan; orang yang menternakkan ikan. ~장 tempat peternakan ikan.
양어머니(養-) ibu angkat.
양여(讓與) transfer; konsesi; pemindah-tanganan. ~하다 memindah-tangankan; mentransfer.
양옥(洋屋) rumah gaya Barat; rumah model Barat.
양요리(洋料理) ☞ 양식(洋食).
양용(兩用) fungsi ganda.
양원(兩院) kedua dewan. ~의원 anggota kedua dewan. ~제도 sistem dua kamar.
양위(讓位) turun tahta. ~하다 melepaskan tahta.
양유(羊乳)susu domba; susu biri-biri.
양육(養育) ~하다 membesarkan; memelihara; mengasuh. ~비 biaya pemeliharaan (anak). ~원 rumah yatim piatu; panti asuhan. ~자 orang yang memelihara yatim-

piatu.
양은(洋銀) nikel.
양의(洋醫)dokter gaya Barat(modern).
양이온(陽-) 「理」 ion positif.
양일(兩日) dua hari.
양자(兩者) kedua (orang, pihak dsb).~택일 pemilihan diantara dua.
양자(陽子) 「理」 proton (+).
양자(量子) 「理」 kwantum.~물리학 fisika kwantum. ~역학 mekanika (dinamika) kwantum.
양자(養子) pengangkatan anak; pemungutan anak; adopsi; anak pungut; anak angkat.~로 삼다 mengangkat anak. ~로 가다 diadopsi/diangkat ke dalam keluarga.
양잠(養蠶) pemeliharaan ulat sutera.~하다 memelihara ulat sutera. ~농가 peternakan ulat sutera. ~업 usaha pemeliharaan ulat sutera.
양장(洋裝)① pakaian model asing (Barat). ~하다 memakai pakaian model Barat.~한 여성 wanita berpakaian asing/ barat. ~점 toko penjahit gaya Barat.② jilidan bergaya asing. ~한 책 buku bergaya asing.
양재(洋裁) membuat (menjahit) pakaian. ~사 tukang jahit; orang yang menjahit pakaian. ~학원 kursus menjahit; sekolah menjahit.
양재기(洋-) barang-barang porelin.
양잿물(洋-) soda api.
양전기(陽電氣) arus positif.
양전자(陽電子) 「理」 positron.
양젖(羊-) ☞ 양유(羊乳).
양조(釀造) pembuatan minuman keras. ~하다 membuat minuman keras. ~업자 orang yang membuat minuman keras. ~장 tempat pembuatan minuman keras.
양주(洋酒) minuman keras buatan luar negeri; minuman keras impor.
양지(陽地) daerah yang kena sinar matahari. ~에 di bawah sinar matahari.
양지(諒知)~하다 mengetahui; memahami.
양지바르다(陽地-)banyak sinar; cerah.
양지쪽(陽地-) sisi yang kena sinar.
양진영(兩陣營) kedua kubu; kedua pihak yang bertentangan. 동서(東西) ~ pihak barat dan timur.
양질(良質) ~의 bermutu baik.
양쪽(兩 -) kedua-duanya; kedua belah pihak.
양차(兩次) dua kali. ~대전 kedua perang dunia.
양처(良妻) istri yang baik.
양철(洋鐵) kaleng. ~가위 gunting seng. ~공(工) tukang kaleng.~깡통 kaleng; belek.
양초(洋 -)lilin. ~심지 sumbu lilin.
양측(兩側) dua belah pihak; pihak yang mana saja. ~의 사상자 kerugian kedua belah pihak.
양치(養齒)~하다 menggosok gigi; membersihkan mulut; berkumur. ~물 air kumur.
양치기(羊-) pengembala biri-biri (domba).
양치류(羊齒類) 「植」 pakis; paku.

양친(兩親)orang tua;ayah dan ibu. ~슬하에서 dibawah pengawasan orang tua.

양키 orang Amerika; Yankee.

양탄자(洋-) karpet; permadani; tikar; alas lantai. ~를 깔다 meng-gelar karpet di lantai.

양토(養兎) pemeliharaan kelinci; budidaya kelinci. ~하다 memeliha-ra (beternak) kelinci.~장(場) tem-pat peternakan kelinci.

양파(洋-) bawang merah.

양팔(兩-) kedua lengan.

양편(兩便) kedua belah pihak.

양푼 mangkok kuningan.

양품(洋品) barang perhiasan ala barat. ~점 toko barang-barang ala barat.

양풍(良風) kebiasaan yang baik. ~미속 kebiasaan yang baik dan terpuji.

양풍(洋風) gaya Eropa Barat.

양피(羊皮) kulit biri-biri. ~구두 sepatu kulit biri-biri. ~지 sampul kulit biri-biri; kertas kulit.

양해(諒解)persetujuan. ~하다 se-tuju dengan. 상호 ~하에 dengan persetujuan kedua belah pihak. ~를 얻다 mendapat persetujuan.

양행(洋行) ① ~하다 pergi ke luar negeri; berpergian ke luar negeri. ② (점포) toko gaya barat.

양형(量刑) penilikan perkara.

양호(良好) ~하다 baik; memuas-kan; baik sekali.

양호(養護) ~교사 guru perawat. ~시설 sarana perawatan kesehatan.

양화(良貨) uang baik. 악화는 ~를 구축한다 Uang buruk mendesak habis yang baik.

양화(洋靴) ☞ 구두. ~점 toko se-patu.

양회(洋灰) semen putih.

얕다① (깊이가) dangkal; datar; ce-per;piring ceper.② (생각이) dang-kal (pikiran). ③ (정도가) sedikit; enteng; dangkal; ringan. ④ ren-dah. 지위가 ~ berkedudukan ren-dah.

얕보다 merendahkan; memandang rendah.

얕잡다 ☞ 얕보다.

얘 Anakku!; Nak!

어(감탄) Oh!; Aduh!; (대답) Baik!.

어간(語幹) akar kata.

어감(語感) rasa bahasa.

어구(語句) kata dan frase.

어구(漁具) alat-alat penangkapan ikan.

어군(魚群) kawanan ikan. ~탐지기 alat penemu ikan.

어군(語群) 「文」 kelompok kata.

어귀 mulut; jalan masuk.강의~ mu-lut sungai.

어그러지다 berlawanan dengan; bertentangan dengan (hukum). 기대에~ bertentangan dengan ha-rapan.

어근(語根) kata dasar.

어금니 geraham.

어긋나다 ① (엇걸리다) menyilang satu sama lain. ② (길이) berseli-sih jalan.③ luput; gagal; menyim-pang. 계획이~ gagal dalam ren-cana. ④ (틀리다.위반되다) berla-wanan; bertentangan dengan hukum/undang-undang.⑤ (뼈 따위가) salah tempat (tulang); terkilir.

어긋물리다 saling bersilangan.

어기(漁期)musim menangkap ikan

어기다 tidak menurut; melanggar; menentang. 명령을~ bertindak menyalahi perintah. 규칙을~ melanggar peraturan.

어기적거리다 berjalan dengan menyeret kaki.

어기차다 kuat; kokoh; berani.

어김 ~없는; pasti; tidak mungkin salah. ~없이 pasti. ~없이...하다 pasti melakukan...

어깨 bahu. ~가 넓은[떡벌어진] orang yang berbahu lebar[bidang]. ~에 메다 memanggul; memikul.~를 으쓱하다 mengangkat bahu. ...과 ~를 나란히 하다 bersendel bahu; sederajat.

어깨동무 ~하다 saling memeluk bahu.

어깨뼈 tulang belikat.

어깨춤 ~을 추다 berdansa dengan bahu naik dan turun.

어깻죽지 bahu.

어느 ① satu; suatu; sesuatu. ~날 suatu hari. ~정도 tingkat tertentu ②yang mana;apa.~날[책]hari [buku]yang mana.③ yang mana saja; apa saja. ~모로 보아도 dari segala sudut pandang.

어느것 yang mana; apa saja; mana saja.~이든지 mana saja.~이나 yang mana saja. ~이나 하나 apakah ini atau... ~도 ...하지 않다 kedua-duanya tidak.

어느덧 tidak sadar; tak disadari.

어느때 kapanpun.

어느새 ☞ 어느덧.

어느쪽 yang mana; mana saja. ~이든 간(間)에 dalam setiap perkara. ~이라도 좋다 salah satu bisa; yang mana saja bisa.

어두컴컴하다 gelap;malam gelap.

어둑 (어둑)하다 kabur; buram; remang-remang.

어둠 kegelapan.~속에(서) di tempat yang gelap; di kegelapan. ~을 틈타 dibawah lindungan malam.

어둠침침하다 kabur; tidak jelas; suram.

어둡다 ① (암흑) kabur; samar-samar. ② kurang jelas; kurang paham; kurang peduli. 국제 사정에 ~ kurang paham mengenai masalah internasional. 세상 일에 ~ sedikit mengetahui mengenai masalah dunia. 이곳 지리에 ~ (saya) kurang paham daerah sini. ③ 눈이~mempunyai penglihatan yang kabur; buta senja. 귀가 ~ sedikit tuli; sukar mendengar.

어디 (장소) kemana; dimana. ~까지 seberapa jauh; sejauh mana. ~에나 dimana saja. ~에서 dari mana.

어디(감탄사)Yah!; Ayo!. ~ 산책이나 할까 Yah; boleh kita jalan?

어디까지나 sampai akhir; dalam segala hal; keseluruhannya.

어딘가, 어딘지 bagaimanapun. ~ 이상하다 Bagaimanapun juga, hal itu tampak aneh.

어떠한, 어떤 ① apa; bagaimana. ~...이라도 apa saja;apapun.~이유로 mengapa; untuk alasan apa; untuk apa.~사람 siapa; apa. ~사람 (이라) 도 siapa saja. ~일이 있어도 dalam segala hal; dalam kondisi apapun. ② suatu; sesuatu. ~날 suatu hari. ~마을 suatu desa.~사람 seseorang. ~곳에서 disuatu tempat. ~ 의미로 dalam makna; dalam artian.

어떻게 bagaimana. ~ 보아도 dalam segala hal. ~ 해서라도 bagaimanapun.~되겠지 Sesuatu akan terjadi.

어떻든(지) walaupun demikian; bagaimanapun. ~간에 =어떻든.

어란(魚卵) telur ikan.

어련하다 tidak mungkin keliru; masuk akal; pasti; tentu.

어련히 tentu saja. 내버려 둬. ~ 알아서 할라구 Biarkan Ia sendiri. Ia bisa menjaga diri.

어렴풋하다 samar-samar; tidak jelas; lamat-lamat.

어렴푸이 secara samar-samar; lupa-lupa ingat.

어렵다 ① sulit; sukar. 믿기~ sulit untuk dipercaya. ② (가난) miskin ③ (거북하다) merasa canggung.

어로(漁撈) penangkapan ikan; perikanan. ~과(科) jurusan perikanan. ~보호 구역 daerah konservasi perikanan. ~전관 수역 perairan perikanan/ penangkapan ikan.

어록(語錄) biografi. 처칠 ~ biografi dari Winston Churchill.

어뢰(魚雷) terpedo. ~발사관 tabung terpedo. ~정(艇) kapal terpedo.

어루더듬다 meraba-raba; mencari-cari.

어루만지다 ① (쓰다듬다) mengusap; mengelus. ② (위무하다) menenangkan.

어류(魚類) jenis ikan; ikan. ~학 ilmu tentang ikan. ~학자 ahli ikan.

어른 ① dewasa.~의 dewasa; besar. ~답지 않은 kekanak-kanakan. ~이 되다 menjadi dewasa. ② (웃사람) yang lebih tua.

어른거리다 terbayang-bayang; menghantui. 눈앞에 ~ terbayang-bayang di depan mata; menghantui pikiran.

어른스럽다 kedewasaan.

어름거리다① (언행을) berbicara putar balik; berbicara serampangan. ② (일을) sembrono; ceroboh.

어리광~부리다 berkelakuan seperti anak manja.

어리다 muda; kekanak-kanakan; remaja; hijau; belum berpengalaman.

어리다① (눈물이) (air mata)menggenang di mata. ② (눈에) menghantui; dihantui. ③ (엉기다) menggumpal; mengental. ④ (눈이) silau.

어리둥절하다 bingung; ling-lung; kalut.

어리벙벙하다 bengong.

어리석다 bodoh; tolol.

어린것 anak.

어린애 anak-anak; balita ~같은 seperti anak-anak; kekanak-kanakan. ~가 없는 tanpa anak. ~장난 permainan anak-anak. ~장난 같은 kekanak-kanakan. ~취급을 하다 memperlakukan seperti anak-anak

어린이 anak-anak (☞ 어린애). ~공원 taman untuk anak-anak. ~

교육 pendidikan anak. ~날 Hari Anak-anak. ~방 kamar anak-anak. ~시간 acara untuk anak-anak. ~은행 bank anak-anak.

어림 perkiraan anak-anak; taksiran kasar. ~하다[잡다]mengira; menduga-duga; menaksir.

어림없다 jauh dari perkiraan.

어릿광대 badut.

어마 Astaga!; Oh!; Ya, ampun!

어마어마하다 agung; akbar.

어망(漁網) jala untuk menangkap ikan.

어머(나) Astaga!; Ya, Tuhan!; Ya, ampun; Aduh!.

어머니 ① ibu; emak; mama; mami; bunda.~의 사랑 kasih ibu. ~다운[같은] keibuan. ~ 날 hari ibu. ② sebab;motivasi. 필요는 발명의 ~ Kebutuhan adalah ibu dari penemuan.

어멈 pembantu rumah tangga yang sudah tua; amah.

어명(御命) perintah raja; titah.

어물(魚物) ikan kering. ~전 toko penjual ikan kering.

어물(쩍)거리다 berdalih; berbicara putar balik.

어미 induk; indung; biang. ~새 induk burung.

어미(語尾)akhiran kata. ~변화 perubahan/ nada suara; infleksi.

어민(漁民)nelayan.~조합 himpunan koperasi nelayan.

어버이 orang tua.

어법(語法) tata bahasa.

어부(漁夫) nelayan; pemukat; penangkap ikan.

어불성설(語不成說) perkataan yang tidak masuk akal. ~이다 tidak masuk diakal; tidak logis.

어사(御史) inspektur rahasia kerajaan yang mengadakan perjalanan secara menyamar.

어색(語塞) ~하다 kaku; canggung.

어서 ① (빨리) Cepat; Cepatlah. ② silakan. ~ 들어오십쇼 Silakan masuk!

어선(漁船)perahu/ kapal penangkap ikan. ~단[대(隊)] armada penangkapan ikan.

어설프다① (성기다)kasar; longgar. ② (탐탁찮다) keengganan.

어수룩하다 lugu.

어수선하다 tidak teratur; kacau; porak poranda.

어순(語順) 『文』 susunan kata yang teratur.

어슬렁거리다 berkeliling-keliling; keluyuran.

어슴푸레하다 samar-samar; tidak jelas; kabur.

어슷비슷하다 hampir sama.

어시장(魚市場) pasar ikan.

어안이벙벙하다 terpesona; tercengang.

어언간(於焉間) tanpa disadari.

어업(漁業) perikanan. ~권 hak menangkap ikan. ~전관 수역 batas penangkapan ikan. ~협정 persetujuan perikanan.

어여차 hiaat!

어엿하다 terhormat; baik-baik.

어용(御用) ~신문 pers yang dikontrol/dikendalikan; corong pemerintah. ~조합 serikat yang dikendalikan.

어울리다 ① cocok; sejodoh; sepadan; serasi; sesuai; setuju; seimbang; setakar; setanding. (옷이) 잘~ cocok dengan baik; sangat sepadan. ② bergabung; bergaul. 불량 소년의 무리에~ bergaul dengan kelompok anak-anak jahat.

어원(語源) asal kata. ~을 찾다 mencari asal kata. ~학(學) ilmu asal kata; etimologi.

어유(魚油) minyak ikan.

어육(魚肉) daging ikan.

어음 「商」 nota.3 개월 불(拂)~ nota tiga bulanan. ~으로 지급하다 dibayar dengan cek.~ 교환소 tempat penyelesaian cek cekantar bank. 상업~ cek komersil/dagang. 약속 ~ nota perjanjian.

어의(語義) arti kata.

어이 hai; hoi; wahai; wah.

어이구 wah!; wow!

어이없다 terkejut.

어장(漁場) kawasan penangkapan ikan. 정치(定置)~tempat menangkap ikan bagi penangkapan dengan jala tetap.

어정거리다 berjalan santai.

어정쩡하다 tanggung.

어제 kemarin. ~아침 kemarin pagi.

어조(語調) intonasi; aksen; logat; nada. ~를 누그러뜨리다 melunakkan suara.

어조사(語助辭) 「文」 partikel.

어족(魚族) bangsa ikan.

어중간(於中間) ~하다 setengah jalan; tanggung-tanggung.

어중되다(於中-) terlalu kecil atau terlalu besar (tanggung).

어중이떠중이 siapa saja dan semuanya.

어지간하다 cukup.

어지럽다 ① pusing; pening. 머리가 ~ kepala pusing. ② (어수선) tidak teratur; kacau.

어지르다 menyerakkan; membiarkan berserakan.

어질다 bijaksana.

어질어질하다 merasa pening. 머리가 ~ Kepala saya pening.

어째서 mengapa; untuk alasan apa.

어쨌든 walaupun demikian; setidak-tidaknya; sekurang-kurangnya; biar bagaimanapun.

어쩌다 kebetulan.

어쩌면 bagaimana; barangkali; boleh jadi.

어쩐지 ① entah bagaimana; entah kenapa. ~무섭게 느껴지다 mengalami ketakutan yang tidak diketahui sebab-sebabnya. ② tak heran. ~ 기쁜 얼굴을 하고 있더라 Tidak heran dia gembira sekali.

어쭙지않다 hina; pantas dicela.

어찌나 begitu; demikian. ~기쁜지 begitu gembira sehingga...

어찔 (어찔)하다 pusing; pening.

어차피(於此彼) bagaimanapun juga; walau bagaimana.

어처구니없다 terperanjat;terkejut.

어촌(漁村) kampung nelayan.

...어치 seharga; senilai.달걀을 천원 ~ 사다 membeli telur seharga seribu won.

어투(語套) cara berbicara.

어폐(語弊) ~가 있다 (bicara) menyesatkan.

sakit.

얻어듣다 dengar dari orang lain.

얻어맞다 menerima pukulan; dipukul.

얻어먹다 ① (음식을) meminta; ditraktir; mengemis. ② (욕 따위를) dimaki; mendapat makian.

얼 ① goresan; cakaran. ~이 가다 tercakar; tergores.② jiwa; semangat. 한국의~ semangat Korea.

얼간 (간의) acar sedikit asin; (사람) orang bodoh. ~고등어 ikan mackarel yang sedikit asin.

얼간이 orang bodoh.

얼결 ☞ 얼떨결.

얼굴 ① wajah; muka; paras. ~이 잘나다 wajah yang tampan. ~을 내밀다 menampilkan diri; menampakkan wajah. ② raut wajah; air muka 실망한 ~ penampilan yang mengecewakan. ③ muka; kehormatan; harga diri. ~이 깎이다 kehilangan muka.~에 똥칠하다 mempermalukan diri sendiri; mencoreng arang dimuka. ④ kenalan; berkenalan. ~이 잘 알려져있다 terkenal.

얼근하다 ① (술이) mabuk.② (매워서) kepedasan.

얼기설기~ 얽히다 menjadi rumit; menjadi kusut.

얼다 membeku; kebas karena dingin ...에 얼음이~ es terbentuk di...

얼떨결 ~에 dalam kebingungan sesaat.

얼떨떨하다 bingung.

얼뜨기 bodoh; tolol.

얼렁뚱땅 ~하다 berbicara putar balik; bekerja serampangan/asal jadi.

얼레 rol; gulung; kumparan; gelendong; gulungan.

얼레빗 sisir besar.

얼룩 noda; lumuran; coreng; telau; karah. ~진 bernoda; bercoreng; berlumur. ~을 빼다 menghilangkan noda. ~고양이 kucing belang. ~말 zebra.

얼룩덜룩 ~한 berbintik; belang-belang.

얼룩얼룩 ☞ 얼룩덜룩.

얼룩지다 kena noda.

얼른 dengan cepat; seketika. ~해라 Cepatlah!; Segeralah!.

얼리다 pembekukan 얼음을~ membekukan 생선을~membekukan ikan.

얼마 ① berapa. 이게~요 berapa harganya ini? ② seberapa banyak. ~든지 원하는 대로 sebanyak yang diinginkan. ③ beberapa saat; berapa. ~있다가 setelah beberapa saat. ~되지 않는 곳에 tidak jauh. 몸무게가 ~냐 Berapa beratmu?

얼마나① (값.금액) berapa banyak. ②. (정도) berapa (jauh, besar, dalam, tinggi, panjang, umur dsb).③ betapa ~기쁠까 Betapa senangnya saya!.

얼마만큼 berapa (banyak, berat, panjang, jauh, tinggi).

얼마쯤 ☞ 얼마만큼.

얼버무리다 berdalih; berbicara putar balik.

얼빠지다 kesemaran; kasmaran.

얼싸안다 berpelukan.

얼씨구 Hore!

얼씬 ~하다 tampil. ~거리다 sering muncul. ~(도)아니하다 sedikitpun tidak muncul. ~못하다 tidak bisa muncul/tampil.
얼어붙다 membeku.
얼음 es; air beku. ~같은 seperti es. ~이 언 beku; membeku. ~으로 차게하다 mendinginkan dengan es. ~에 채우다 mengemas dalam es. ~장 같다 sedingin es. ~물 air es. ~ 주머니 kantong es. ~집 depot es.
얼추 hampir.
얼추잡다 membuat perkiraan kasar
얼치기 setengah-setengah; diantara. ~의 setengah jalan; setengah terlatih.~로 dengan setengah jalan.
얼토당토않다 tidak relevan; jauh sekali; jauh panggang dari api.
얽다① (엮다) mengikat.② (꾸미다) mengarang-ngarang; memalsukan.
얽다 (얼굴 등이) bopeng.
얽매다 mengikat dengan kencang.
얽매이다 diikat; terikat. 규칙에 ~ terikat oleh peraturan.
얽히다 kusut; berbelit-belit; bersaur.
엄격(嚴格) ~한[히] tegas; keras. ~한 부친 ayah yang tegas. ~한 규칙 peraturan yang keras.
엄금(嚴禁) larangan keras. ~하다 melarang keras. 소변~ Dilarang Kencing.
엄동(嚴冬)musim dingin yang parah.
엄두 ~를 못 내다 terpikirpun tidak.
엄마 mama; ibu; ema.
엄명(嚴命) perintah yang keras/ ketat. ~하다 memberi perintah yang keras/ketat.
엄밀(嚴密) ~한[히] secara rahasia; secara sembunyi-sembunyi.
엄벌(嚴罰) hukuman yang keras. ~하다 menghukum dengan keras. ~주의 disiplin ketat; tindakan keras/tegas.
엄벙덤벙 acak-acakan;dengan ceroboh. ~하다/부리다 bertindak semena-mena/ceroboh.
엄부(嚴父) ayah yang tegas; ayah.
엄살 ~하다 melebih-lebihkan. ~꾸러기 orang yang suka melebih-lebihkan.
엄선(嚴選)pemilihan yang cermat. ~하다 memilih dengan cermat.
엄수(嚴守) ~하다 menjaga dengan ketat (peraturan, janji dsb). 시간을 ~하다 tepat waktu; menjaga waktu dengan ketat.
엄숙(嚴肅) ~한[히] dengan) khidmat.
엄습(掩襲) ~하다 menyerang secara tiba-tiba/ mendadak.
엄연(嚴然)~한 tidak dapat di bantah. ~히 dengan sungguh-sungguh ~한 사실 secara tidak terbantah; fakta yang tidak dapat dibantah.
엄정(嚴正)~한[히][dengan]ketat/ tegas/keras. ~중립 netralitas yang tegas.
엄중(嚴重) ~한[히] secara keras/ ketat. ~한 경계 pengawasan yang ketat.
엄지 (가락) jempol; ampu tangan; ibu jari. ~ 발가락 ibu jari kaki. ~발톱 kuku ibu jari. ~ 손가락 jem-

pol. ~손톱 kuku jempol.
엄청나다 hebat; luar biasa.
엄친(嚴親) bapak saya.
엄폐(掩蔽) ~하다 menyembunyikan. ~호(壕) parit perlindungan yang tetutup.
엄포 gertakan; ancaman.~놓다 mengancam; menggertak.
엄하다(嚴-) ketat; tegas; keras.
엄한(嚴寒) sangat dingin.
엄호(掩護)~하다 mendukung; melindungi. ~사격 tembakan perlindungan.
업(業) pekerjaan; profesi; usaha. 의사를~으로 하다 berprofesi dokter.
업(業)『佛』karma.
업계(業界) perindustrian; perdagangan. ~지 warta perdagangan.
업다 menggendong.
업무(業務) kerja. ~에 힘쓰다 bekerja dengan rajin. ~관리 pengelolaan kerja. ~시간 jam-jam kantor; jam kerja. ~용(用) untuk keperluan usaha.
업보(業報)『佛』pahala atas kebajikan dalam kehidupan lampau.
업신여기다 menganggap hina/rendah.
업어치기 ~로 넘기다 membanting.
업자(業者) pedagang; perdagangan. ~단체 serikat perdagangan.
업적(業績) keberhasilan pencapaian; prestasi.
업종(業種) jenis usaha /industri. ~별 penggolongan/klasifikasi industri. ~별로 하다 menggolongkan jenis usaha.
업히다 digendong.
없다 ① (존재하지 않다) tidak ada; hilang. ② (갖지 않다) tidak punya; tidak memiliki.③ (가난하다) miskin.
없애다 melepaskan; membuang; menghilangkan. 장애물을~ menghilangkan rintangan.
없어지다 hilang.
없이살다 hidup dalam kemiskinan.
엇가다 menyimpang; kesasar.
엇갈리다 berselisih. 길이~ berselisih di jalan. 희비가~ perasaan sedih campur senang.
엇대다 memakai dengan serong.
엇바꾸다 menukar satu dengan yang lain.
엇비슷하다 hampir sama;hampir serupa.
엉거주춤하다 ① (자세) setengah berdiri;setengah duduk. ② (주저) ragu-ragu.
엉겅퀴『植』tumbuh/tanaman berduri; jeruju.
엉금엉금 merangkak.
엉기다 mengental; menggumpal.
엉덩방아 ~를 찧다 jatuh pada pantat.
엉덩이 pantat; pinggul. ~짓 하다 menggoyangkan pantat/pinggul.
엉덩춤 tari pinggul.
엉덩판 bokong; pantat; pinggul.
엉뚱하다 berlebihan; gila-gilaan; fantastis; keliru.
엉망(진창) ~이 되다 rumit; berantakan; campur aduk; kacau. ~을 만들다 mencampur adukkan; mengacaukan.
엉성하다① (여위다) kurus; ceking.

② (째이지 않다) longgar; kedodoran. ③(탐탁잖다) tak memuaskan; jelek; asal jadi.

엉엉거리다 menangis sejadi-jadinya.

엉클어지다 dibelit; terbelit; kusut.

엉큼스럽다 ☞ 엉큼하다.

엉큼하다 pikiran kotor; curang; culas.

엉터리 ① kepalsuan; kepura-puraan. ~의 palsu; tiruan; gadungan. ~의사 dokter palsu; dokter gadungan. ~회사 perusahaan palsu; perusahaaan gadungan. ②kerangka kerja; rencana kerja. 일의 ~가 잡히다 rencana kerja secara keseluruhan dipaparkan.③ ~없는 tanpa dasar; tak beralasan. ~없는 짓 tindakan yang bodoh.

엊그저께 beberapa hari yang lalu. ~아침 pagi dua hari yang lalu.

엊저녁 tadi malam; semalam.

엎다 menangkupkan; membalikkan; menggagalkan.

엎드러지다 jatuh tertelungkup.

엎드리다 tengkurap; telungkup; menelungkup; tiarap.

엎어지다 jatuh tersungkur; jatuh tiarap; roboh; runtuh; rebah.

엎지르다 menumpahkan; menggelogok; memburai.

엎치락뒤치락 ~하다 guling ke kiri ke kanan; gelisah, jungkat-jangkit. ~하는 경기 permainan jungkat-jangkit.

엎친데덮치다 menambah persoalan; memperburuk persoalan.

에 ① di; pada; dalam. 2 시 5 분~ pada pukul dua lewat dua puluh menit. 1 주일~dalam satu minggu. 8 월 10 일~ pada tanggal 10 bulan Agustus. ②pada; dalam; di. 50 페이지~ di halaman 50.용산 ~있는 학교 sekolah di Yongsan. 한국~ di Korea. 10 번지~ 살다 tinggal di nomor 10. ③ ke; dalam; di; untuk. 학교 ~ 가다 pergi sekolah. ④ dengan (harga); pada (harga). 백 원~ dengan harga 100 won; seharga 100 won.⑤ pada; di. 20 대~ pada umur dua puluh. 30~ pada umur30 ⑥ sebuah; satu; per; untuk; tiap. 한 다스 ~ 5 백 원 500 won perlusin. 백원 ~ 팔다 menjual dengan harga 100 won. ⑦ karena; sebab. 추위~ 떨다 menggigil karena kedinginan. ⑧ dengan; pada; ke; dalam. 물~ 담그다 mencelup dalam air. ⑨ dengan; oleh; ke; di; pada. 시계를 시보 ~ 맞추다 mencocokkan jam dengan standar waktu. ⑩ ke; dengan; pada; dari. 어떤 일~ 관계하다 berhubungan dengan hal tertentu.

에게 ke;untuk;dengan;dari;kepada; pada. 아무 ~말을 걸다 berbicara dengan seseorang.

에게로 ke; kepada; untuk. ☞ 에게.

에게서 dari;sampai.먼 데 있는 친구 ~ 온 편지 surat dari teman yang jauh.

에고이즘 mementingkan diri.

에끼 Aduh!; Teganya kamu!.

에끼다 saling hapus. (= 에기다)

에나멜 enamel. ~을 칠하다 melapisi enamel.~ 가죽[구두]kulit [sepatu] yang dienamel.

에너지 tenaga; energi. ~가 많은 berenergi.~불멸의 법칙 hukum kekekalan energi. 열~ energi panas. 운동 ~energi kinetik. 잠재~ energi laten.

에네르기 ☞ 에너지.

에누리 potongan harga; diskon; reduksi. ~하다 memotong harga. 이야기를~해서 듣다 mendengarkan cerita yang disangsikan kebenarannya.

에다 (가) kepada; dengan; pada; di. 5 ~ 6 을 보태라 Tambahkan 6 dengan 5.

에덴동산 taman Eden; taman Firdaus.

에도(까지도) rata; (...도 또한) genap.

에로 erotisme. ~책 buku cabul/porno.

에서① di; pada; di atas. 부산 ~ di Busan. 서울역~ di stasiun Seoul.② dari; lepas. 서울 ~ 부산까지 dari Seoul ke Busan. ③ dari; karena. 호기심~ dari keingintahuan.④ menurut; dari. 사회적 견지~보면 dari sudut pandang sosial. ⑤ dari 대략 2 만 원 ~ 3 만 원 사이 dari 20.000 won menjadi 30.000 won. 한 시 ~ 네 시 사이에 antara pukul satu dan empat.

에세이 karangan; risalat; artikel.

에스컬레이터 tangga berjalan; eskalator.

에스키모 Eskimo. ~의 tentang Eskimo.

에어컨 alat pendingin udara; AC.

에어컴프레서 alat kempa udara.

에워싸다 mengelilingi;mengepung. 요새를 ~ membentengi.

에이커 *acre* (= 0,4646 ha).

에이프런 rok kerja; baju masak.

에잇 Puah!. ~빌어먹을 Jahanam!.

에테르 「化」 eter.

에티켓 tata cara; etiket; basabasi; etika. 식사의 ~ etika di meja makan.

에틸렌 「化」 etilene.

에틸알코올 「化」 etil alkohol.

에페 「펜싱」 pedang tuk olah raga anggar.

에프엠 ~방송 siaran FM.

에피소드 petilan; episode.

에필로그 bagian terakhir; epilog.

에헴 dehem; daham.

엑스 jumlah yang tidak diketahui. ~ (광)선 sinar X; sinar ronsen. ~선 사진 gambar sinar X; gambar hasil ronsen.

엑스트라(bagian) extra; tambahan.

엔간하다 sesuai; cocok.

엔들 juga; bahkan. 명공~실수가 없으랴 Sepandai tupai melompat kadang-kadang jatuh juga.

엔지니어 insinyur.

엔진 mesin.

엔트로피 「理」 entropi.

엔트리 pintu masuk. ~를 마치다 masuk kedalam;mendaftarkan diri;

엘레지 syair ratapan.

엘리베이터 lift; tangga berjalan; elevator. ~로 올라(내려)가다 naik [turun] dengan lift.

엘리트 elite; kalangan atas. ~ 의식 elitisme.

엘피지 bahan bakar gas alam cair; elpiji.

...여(餘) diatas; lebih dari. 3 마일 ~ lebih tiga mil.

여가(餘暇)waktu senggang; waktu luang. ~에 pada waktu senggang. ~가 없다 tidak ada waktu luang.

여각(餘角) 「幾」sudut komplementer.

여간(如干) ~아니다 tidak biasa; luar biasa; bukan tugas (perkara) mudah

여감(女監) ruangan penjara wanita; sel wanita.

여객(旅客) penumpang. ~열차[기] penumpang kereta api [kapal terbang].

여걸(女傑) pahlawan wanita; wanita pemberani.

여겨듣다 mendengar dengan penuh perhatian.

여겨보다 memperhatikan dengan seksama.

여공(女工) buruh wanita (di pabrik).

여과(濾過)penyaringan.~하다 menyaring; menapis. ~기 saringan; alat penyaring. ~성 daya saring.

여관(旅館)hotel; losmen; pesanggerahan; pondokan; penginapan. ~에 묵다 menginap di hotel. ~손님 tamu hotel. ~주인 pemilik hotel.

여광(餘光) sisa cahaya yang tertinggal; sisa sinar yang tertinggal.

여교사(女教師) guru wanita.

여권(女權) hak wanita. ~확장론자 pendukung gerakan yang memperjuangkan hak-hak wanita.

여권(旅券)paspor. ~을 신청[발부]하다 meminta[mengeluarkan] paspor.

여권법(旅券法) hukum tentang paspor.

여권사증(旅券査證)visa pasport. ~을 받다 mendapat visa pasport.

여급(女給) pelayan.

여기 sini. ~에(서) di sini; di tempat ini. ~서부터 dari sini. ~로 kesini.

여기다 menganggap; memandang; meyakini. 진실로~ menganggap serius.

여기자(女記者) wartawati.

여기저기 mondar-mandir; hilir-mudik; kian kemari.

여남은 lebih dari sepuluh. ~ 사람 kira-kira selusin orang.

여념(餘念) (...에) ~이 없다 tekun; tenggelam (dalam); asyik (dalam).

여닫다 membuka dan menutup.

여담(餘談)penyimpangan (bicara). ~은 그만두고 kembali kepada masalah semula; kembali kepada pokok semula.

여당(與黨)partai pemerintah; partai yang berkuasa. ~(측)의 (pihak) partai pemerintah.

여대(女大) perguruan tinggi/universitas wanita. ~생 mahasiswi.

여덟 delapan. ~째 kedelapan.

여독(餘毒) efek sisa dari racun.

여동생(女同生) adik perempuan.

여드레 delapan hari.

여드름 jerawat. ~난 berjerawat; jerawatan.

여든 delapan puluh. ~째 kedelapan puluh.

여러 banyak; beberapa; berbagai. ~달 beberapa bulan. ~사람 banyak orang;beberapa orang. ~해 beberapa tahun. ~사람 앞에서 dihadapan orang banyak.

여러가지 berjenis-jenis; berbagai jenis; serbaneka. ~로 berbagai cara.

여러번(-番) beberapa kali; berulang-ulang; lagi dan lagi.

여러분 hadirin; saudara-saudara.

여럿 banyak; banyak orang.

여력(餘力) cadangan energi.

여로(旅路) perjalanan.

여론(與論) pendapat umum; konsensus; anggapan umum. ~에 호소하다[을 불러 일으키다] meminta [membangkitkan] pendapat umum. ~ 조사 survei pendapat umum.

여류(女流) ~(의) (penerbang, penulis, reporter) wanita.

여름 musim panas. ~용(用)의 untuk musim panas. ~날 hari musim panas

여름내 sepanjang musim panas.

여름타다 kena musim panas.

여리다 ① (안질기다)l embut; lembek; lemah. ② (부족) tidak cukup; kurang; kekurangan.

여망(輿望) kepopuleran; kepercayaan. ~을 짊어지다 dipercayai.

여명(餘命) hari-hari terakhir dalam hidup; sisa hidup.

여명(黎明) fajar. ~에 pada waktu fajar.

여무지다 cerdas; cerdik; lihai; kukuh.

여물 sekam; dedak; pakan sapi. ~통 palung; palungan.

여물다 ① (열매가) matang; masak. ② (일이)berlangsung dengan baik; berjalan lancar. ③ (사람이) kokoh; tetap; tidak mudah goyah.

여미다 mematut-matut. 옷깃을~ mematut-matut pakaian.

여반장(如反掌) ~이다 pekerjaan yang mudah;pekerjaan yang gampang. ~으로 tanpa susah; dengan mudah.

여배우(女俳優) wanita pemain film; aktris. ☞ 여우.

여백(餘白) spasi; jalur-jalur kosong;pias;kelonggaran kelapangan. ~을 남기다 menyisakan ruang. ~을 메우다 mengisi yang kosong.

여벌(餘 -) sisa; kelebihan; cadangan. ~옷 pakaian ganti; pakaian cadangan.

여보 ① hallo; hai.② (부부간) panggilan antara suami-isteri.

여보세요 ① hallo; hai. ☞ 여보. ② (전화) hallo; kamu disana?.

여부(與否) ya atau tidak. 성공 ~ sukses atau gagal. ~없다 tidak diragukan; sudah tentu.

여북 betapa; alangkah. ~좋을까 Alangkah senangnya!; Betapa senangnya!.

여분(餘分)kelebihan; ekstra; sisa; kelebihan; bekas; restan.

여비(旅費) biaya perjalanan.

여사(女史) nyonya.

여사무원(女事務員)pegawai wanita.

여상(女相) tampang seperti wanita; kewanita-wanitaan.

여색(女色) kecantikan wanita; daya tarik wanita. ~에 빠지다 jatuh ke dalam pelukan wanita.
여생(餘生) sisa hidup.
여섯 enam. ~째 keenam.
여성(女性) kewanitaan; perempuan; wanita. ~적(인) feminim. ~관 pandangan tentang wanita. ~미 kecantikan feminin. ~해방론 feminisme.
여성(女聲) ~합창 paduan suara wanita.
여세(餘勢) tenaga lebih; daya gerak; momentum. ~를 몰아 menghabiskan sisa tenaga.
여송연(呂宋煙) rokok; cerutu; serutu; lisong.
여수(女囚) tahanan wanita.
여수(旅愁) kejenuhan perjalanan. ~를 달래다 mengatasi kejenuhan dalam perjalanan dengan.
여승(女僧) biarawati.
여식(女息) anak perempuan; putri.
여신(女神) dewi; batari. 자유의 ~ Dewi Kebebasan.
여신(與信) piutang; kredit. ~을 주다 memberikan kredit. ~등급 angka kredit. ~상태 keadaan piutang; kondisi kredit.
여신관리(與信管理) pengelolaan kredit. ~를 받다 di bawah pengawasan bank (kredit).
여신규제(與信規制) pengawasan kredit. 엄격한~ mengetatkan pengawasan kredit.
여신업무(與信業務) urusan kredit.
여실(如實) ~하다 sungguh; benar. ~히 sebenarnya; seperti sebenarnya.
여아(女兒) anak perempuan.
여야(與野) yang masuk dan yang keluar.
여염(閭閻) kawasan pemukiman; komunitas klas menengah. ~집 keluarga terhormat. ~집 여자 wanita dari keluarga terhormat.
여왕(女王) raja wanita; maharani. ~벌[개미] lebah [semut] ratu.
여우 ① rubah. ~굴 lubang rubah. ~목도리 sal bulu rubah. ② penipu; orang yang memiliki akal bulus. ~ 같은 licik; lihai; seperti rubah.
여우(女優) pemeran wanita (dalam film); aktris.
여운(餘韻) gaung. ~있는 bergaung.
여울 arus yang deras; jeram.
여위다 menjadi kurus;kurus kering
여유(餘裕)kelebihan;surplus; sisa; marjin. ~가 있다 memiliki cadangan; punya persediaan; ada sisa.
여의(女醫) dokter perempuan.
여의(如意) ~하다 berakhir sesuai keinginan.~치(가)않다 bertentangan dengan keinginan.
여의다 ① kematian; kehilangan. 아버지를~ ditinggal mati Bapak; kehilangan Bapak. ② (출가) menikahkan putri.
여인(女人) wanita; perempuan. ~금제(禁制) Wanita dilarang masuk.
여인숙(旅人宿) penginapan.
여자(女子) wanita; anak gadis. ~다운 seperti wanita; kewanita-wanitaan. ~답지 않은 tidak seperti

wanita. ~용의 untuk perempuan. ~같은 kewanita-wanitaan.
여장(女裝)dandanan wanita.~하다 berdandanan seperti wanita.
여장(旅裝)perlengkapan perjalanan. ~을 챙기다 persiappan untuk perjalanan. ~을 풀다 menginap (di).
여장부(女丈夫) ☞ 여걸(女傑).
여전(如前) ~하다 seperti semula; tetap tidak berubah. ~히 sebagaimana biasanya; seperti sebelumnya.
여점원(女店員) pramuniaga wanita; wanita penjaga toko.
여정(旅情) kejenuhan perjalanan.
여정(旅程) jarak yang harus ditempuh; (hari) perjalanan.
여존(女尊) ~남비 mengutamakan wanita.
여죄(餘罪) kejahatan lainnya. 다른 ~도 있을 것 같다 dicurigai terlibat kejahatan lainnya.
여지(餘地) celah. 개량 [발전]의~ celah untuk perbaikan [peningkatan]. ~가 있다[없다] ada [tak ada] tempat untuk (keragu-raguan).
여진(餘震)sisa syok;siasa kejutan.
여쭈다 menanyakan.
여차(如此) ~하다 seperti ini. ~한 seperti ini. ~(즉)하면 pada saat terakhir; jika terpaksa; dalam keadaan terdesak.
여차여차(如此如此) ~한 begini-begitu. ~한 이유로 untuk alasan begini-begitu.
여치「蟲」tonggeret.
여탈(與奪) 생살~권을 쥐다 memegang kuasa (hidup dan mati).
여탕(女湯) (pemandian) bagian wanita.
여태(까지) sampai sekarang; namun; masih; pula. ~없(었)던 belum pernah terjadi sebelumnya.
여파(餘波) efek sisa.
여편네 ① (아내) istri. ② (기혼녀) wanita yang telah menikah.
여필종부(女必從夫) Istri mesti tunduk kepada suami.
여하(如何)apa; bagaimana.~한 jenis apa; apa. ~히 bagaimana; dengan jalan apa. ~한 이유로 mengapa; untuk alasan apa. ~한 경우에도 setiap waktu; selalu. ~한 일이 있더라도 apapun yang terjadi; dalam keadaan apapun.
여하간(如何間) walaupun demikian.
여하튼(如何一) ☞ 여하간.
여학교(女學校) sekolah wanita; sekolah putri.
여학생(女學生) murid wanita;pelajar putri.
여한(餘恨) sesal berkepanjangan.
여행(旅行)perjalanan; pelancongan; perlawatan; turne; darma wisata. ~하다 mengadakan perjalanan; melancong; berwisata. ~중에 sewaktu (mengadakan) perjalanan; dalam perjalanan. ~ 가방 tas untuk perjalanan. ~기 catatan perjalanan. ~사 agen perjalanan; informasi turis. ~일정 jadwal perjalanan; rencana perjalanan.
여호와 Tuhan.
역(逆) perlawanan; pertentangan. ~으로 sebaliknya. ~은 반드시 진

(眞)이 아니다 Hal-hal yang bertentangan tidak selamanya benar.

역(驛) stasiun kereta api. 서울~ stasiun Seoul.

역(役) peran. 어린이 ~ peran anak muda. 햄릿의 ~을 하다 berperan sebagai Hamlet.

역(譯) penerjemahan.

역겹다(逆一) merasa muak/ jijik.

역경(逆境)kesengsaraan;kesulitan. ~에 있다 [빠지다] berada dalam [jatuh ke dalam] kesengsaraan. ~을 이겨내다 mengatasi situasi yang sulit.

역광선(逆光線) melawan sinar; mengarah ke sinar. ~으로 melawan arah sinar. ~사진 foto bayangan.

역군(役軍)pekerja terampil; orang yang mampu; tokoh.

역기(力技) ☞ 역도(力道).

역대(歷代) ~의 berturut-turut.

역도(力道) angkat besi. ~ 선수 atlet angkat besi.

역도(逆徒) para pemberontak.

역량(力量) kesanggupan; kapasitas; kekuatan; kemampuan; kecakapan. ~있는 sanggup; cekatan; mampu.

역력하다(歷歷一) nyata; jelas; tidak dapat disangkal.

역력히 dengan jelas; dengan nyata.

역류(逆流) arus yang berlawanan; arus balik. ~하다 mengalir ke arah hulu; mengalir berlawanan arah.

역마차(驛馬車) kereta kuda.

역모(逆謀)rencana pemberontakan. ~하다 merencanakan pemberontakan.

역무원(驛務員) pegawai kereta api, tukang angkat.

역반응(逆反應) reaksi yang berlawanan.

역병(疫炳) wabah.

역비례(逆比例)perbandingan terbalik.

역사(力士) orang yang kuat.

역사(役事)pekerjaan pembangunan; pekerja umum.

역사(歷史) ① sejarah; abad; riwayat. ~상의 [적인] bersejarah. 한국의 ~ sejarah Korea. ~이전의 yang berhubungan dengan prasejarah. ~에 남다 tinggal sejarah. ~를 더듬다 menelusuri sejarah(dari).~가 ahli sejarah; sejarawan. ~소설 novel sejarah.② sejarah; tradisi. ~있는 학교 sekolah yang bersejarah panjang.

역산(逆産)① 「醫」 kelahiran sunsang.② (재산) harta/ milik seorang pengkhianat.

역산(逆算) ~하다 menghitung mundur.

역선전(逆宣廛) propaganda tandingan. ~하다 membuat propaganda tandingan.

역설(力說)~하다 menekankan;menitik beratkan.

역설(逆說) paradoks; lawan asas. ~적 berlawanan asas. ~적으로 말하면 pembicaraan yang berlawanan asas.

역성 kepemihakan; parsialitas. ~하다[들다] memihak kepada.

역수입(逆輸入) pengimporan

kembali. ~하다 mengimpor kembali; memasukkan kembali.
역수출(逆輸出) pengeksporan kembali. ~하다 mengekspor kembali; mengirim kembali.
역습(逆襲)serangan balasan.~하다 mengadakan serangan balasan.
역시(亦是) juga; biarpun begitu; biar begitupun.
역어(譯語) terjemahan.
역용(逆用) ~하다 membalik gunakan.
역원(役員) pegawai.
역원(驛員) pegawai stasiun.
역임(歷任) ~하다 memegang jabatan secara bergantian. 여러 관직을 ~하다 memegang beberapa jabatan di pemerintahan.
역자(譯者) penterjemah.
역작(力作) karya besar.
역작용(逆作用) reaksi; aksi berlawanan.
역장(驛長) kepala stasiun. ~실 ruang kepala stasiun.
역저(力著)karya sastra yang baik.
역적(逆賊) pembangkang; pengkhianat; pendurhaka.
역전(逆轉) ~하다 berbalik (situasi). ~승하다 menang secara tidak terduga.
역전(歷戰) ~의 용사 pejuang veteran.
역전경주(驛傳競走) lari beranting jarak jauh; perlombaan estafet jarak jauh.
역점(力點) penekanan, titik dinamika. .... 에~을두다 menekankan pada ... .
역정(逆情) ☞ 성나다, 성내다.
역조(逆調) keadaan yang merugikan. 무역의~ keseimbangan perdagangan yang merugikan.
역주(力走) ~하다 berlari dengan cepat.
역청(歷清)「鑛」 aspal. ~탄 batu bara muda.
역투(力投) ~하다「野」melempar dengan keras.
역풍(逆風) angin yang berlawanan.
역하다(逆-) mabuk; mual; muak.
역학(力學)「理」dinamika.
역할(役割)bagian;peranan. 중대한 ~을 하다 memainkan peranan penting/utama.
역행(逆行) ~하다 membalik.
역효과(逆效果) akibat yang berlawanan/ merugikan.
엮다 ① (얽어서) menjalin; merajut; menganyam;mengikat.②(편찬)menyusun; mengedit.
연(年) setahun; satu tahun. ~1회 satu kali setahun. ~수입 pendapatan per tahun.
연(鳶) layangan; layang-layang. ~을 날리다 bermain layangan; menerbangkan layangan.
연(鉛) timah hitam. ☞ 납.
연(連) teratai; padma; tunjung; seroja. ~꽃 bunga teratai.
연(連) satu rim (kertas).
연(延) jumlah. ~인원 jumlah orang. ~일수 jumlah hari.
연가(戀歌) nyanyian cinta.
연간(年間) ~계획 program tahunan; acara tahunan. ~생산량 hasil

per tahun; hasil tahunan.

연감(年鑑)buku tahunan; almanak.

연거푸(連 -) berturut-turut.

연결(連結) hubungan; pertalian; ikatan; kaitan; sambungan. ~하다 menghubungkan; mengikat; mengkaitkan.

연고(軟膏) salep; boreh; param.

연고(緣故)① (까닭) alasan; sebab. ② hubungan; kenalan. ~채용하다 mempekerjakan (seseorang) melalui seorang kenalan. ~자 kerabat.

연골(軟骨) 「解」 tulang rawan;tulang halus; tulang muda.

연공(年功)dinas lama; pengalaman kerja yang panjang. ~을 쌓다 mempunyai pengalaman kerja/ dinas yang lama. ~가봉(加俸) tunjangan dinas lama. ~ 서열 senioritas.

연관(沿管) pipa. ~공 tukang pipa; tukang ledeng.

연관(聯關) ☞ 관련.

연구(硏究) studi; penelitian; riset; kajian. ~하다 mempelajari; menelaah; meneliti.~가(자) peneliti; periset. ~논문 karangan ilmiah. ~비 dana penelitian. ~생 siswa peneliti. ~소 lembaga penelitian. ~실 laboratorium; seminar.

연구개발(硏究開發) penelitian dan pengembangan. ~자금 dana untuk penelitian dan pengembangan.

연구활동(硏究活動)kegiatan penelitian.

연극(演劇)① pertunjukan; sandiwara; tonil; drama. ~을 하다 bermain sandiwara. ~을 상연하다 menyuguhkan pertunjukan/sandiwara. ~계 dunia sandiwara. ~비평 kritik drama/sandiwara. ~애호가 penonton sandiwara; penggemar sandiwara. ~학교 tempat pendidikan drama; sekolah drama.토막~ lakon pendek dan lucu.② kepura-puraan. 꾸민~ sandiwara palsu. ~을 꾸미다 [부리다] bermain sandiwara; membuat tipuan.

연금(年金) tunjangan hidup; pensiun. ~을 받다 menerima tunjangan hidup tahunan. ~수령자 penerima tunjangan.

연금(軟禁) tahanan rumah. ~하다 mengenakan tahanan rumah.

연금술(鍊金術) alkimia. ~사 ahli alkimia.

연기(延期)penundaan;pengunduran; penangguhan; pertangguhan; tempo. ~하다 menunda; menangguhkan. ~되다 ditunda; ditangguhkan.

연기(煙氣)asap. ~가 나는 berasap. ~를 (내)뿜다 mengeluarkan asap; berasap. ~에 숨이 막히다 sesak karena asap.

연기(演技) penampilan; akting. 훌륭한 ~를 보이다 mempertunjukkan akting yang baik. ~자 pelakon; pelaku

연내(年內) ~에 dalam tahun ini.

연년(年年) tiap tahun; dari tahun ke tahun.

연년(連年) tahun berturutan. ~생이다 kakak beradik lahir dalam dua tahun yang berturutan.

연놈 jantan dan betina (bicara kasar).

연단(演壇) mimbar; tribun; panggung. ~에 오르다 [에서 내려가다] naik [turun] mimbar.

연달다(蓮-) bersambung-sambung; berturutan.

연대(年代) zaman; masa; abad. ~순의(으로) (secara) kronologis.~기 sejarah; tarikh; tambo. ~표 tabel kronologis.

연대(連帶) kesetiakawanan; kekompakan;solidaritas.~의(로) (dengan) bersama-sama. ~보증 penjaminan bersama. ~보증인 penjamin bersama.

연대(聯隊) resimen. ~병력 tentara resimen. ~장(본부, 기) komandan [markas, bendera] resimen.

연도(年度) tahun; periode. 회계~ tahun pembukuan.

연도(沿道) ~의(에) sepanjang jalan; di sisi jalan.

연동(聯動)perseneling; sambungan; hubungan. ~하다 berhubungan; bersambungan. ~기 kopling. ~장치 alat perangkai.

연두(年頭) awal tahun; kepala tahun. ~교서 pidato tahunan. ~사 pidato tahun baru; nasehat di tahun baru.

연두(軟豆) hijau muda.

연락(連絡) ① hubungan; perhubungan. ~하다 berhubungan (dengan). ~을 유지하다 menjaga hubungan. ~병 satuan penghubung. ~사무소 kantor penghubung. ~선 kapal feri; kapal penghubung. ~장교 perwira penghubung.② (통신) perhubungan; komunikasi. ~하다 berkomunikasi.~을 끊다 memutuskan hubungan/komunikasi.

연래(年來) bertahun-tahun.

연령(年齡) umur; tahun; usia. ~에 비해 untuk umur. ~을 불문하고 tidak memandang umur.

연례(年例) ~의 tiap tahun; tahunan. ~보고 laporan tahunan. ~행사 peristiwa/ upacara/acara tahunan.

연로(年老) ~한 tua; berumur lanjut.

연료(燃料)bahan bakar. ~보급 pengisian bahan bakar. ~비 ongkos bahan bakar. ~소비량 pemakaian bahan bakar.

연루(連累) ~하다 terlibat (dalam); terembet; tersangkut (dalam). ~자 sekongkol; sekutu; makar; komplotan; kawan berbuat.

연륜(年輪) cincin tahunan; umur.

연리(年利) bunga pertahun.

연립(聯立) koalisi; persekutuan; aliansi. ~내각 kabinet gabungan; kabinet koalisi.

연마(硏磨.鍊磨)① ~하다 menyemir; mengkilapkan; menggosok; mengasah. ~기 penggosok; pengasah; penyemir; asahan; gerinda. ~분 bubuk penggosok; pengampelas. ② ~하다 mengasah otak.

연마(鍊磨)~하다 melatih; meningkatkan. 기술을 ~하다 melatih keahlian/ketrampilan.

연막(煙幕) tabir asap. ~을 치다 menurunkan tirai asap.

연만(年滿) ~한 tua.

연말(年末) akhir tahun. ~의 berkenaaan dengan akhir tahun. ~에 diakhir tahun. ~보너스 bonus akhir tahun.

연맹(聯盟) perserikatan; persekutuan; perhimpunan; persatuan; pergabungan; liga.

연명(延命) ~하다 hidup pas-pasan.

연명(連名) penandatanganan bersama. ~하다 menandatangani bersama.

연모 peralatan;bahan; material.

연모(戀慕) kasih sayang; rindu dendam. ~하다 merindukan.

연못(連 -) kolam; tambak; empang; tebat; lupak.

연무(烟霧) kabut.

연무(演武) latihan tentara/militer. ~하다 ikut latihan militer. ~장 lapangan latihan militer.

연무(鍊武) latihan tentara/militer. ~하다 melaksanakan latihan militer.

연문(戀文) surat cinta.

연미복(燕尾服) jas malam pria; jas berekor/ berbuntut; bajang.

연민(憐憫) belas kasihan;keibaan. ~의 정을 느끼다[일으키다] merasa iba [kasihan].

연발(延發) keberangkatan yang terlambat. ~하다 berangkat terlambat.

연발(連發) ~하다 memberondong/ menghujani (dengan tembakan, pertanyaan). ~총 senapan mesin. 6 ~총 pistol berpeluru enam. 2 ~총 senapan berlaras dua.

연방(聯邦) federal; persekutuan; perserikatan; persemakmuran. ~정부 pemerintah federal. ~주의 federalisme.

연방 ☞ 연해(連 -).

연변(年邊) bunga per tahun.

연변(沿邊) daerah sepanjang (sungai, jalan, dsb.).

연병(練兵) latihan tentara; latihan militer. ~하다 mengadakan latihan. berparade.

연보(年報) laporan tahunan.

연보(年譜) sejarah yang dicatat sesuai dengan urutan tahun; sejarah kronologis; catatan biografis.

연보(捐補) sumbangan; derma. ~하다 menyumbang; berderma.

연봉(年俸) gaji tahunan.

연봉(連峰) jajaran gunung;barisan gunung; puncak...

연부(年賦), **연불**(年拂) cicilan per tahun; angsuran tahunan.

연분(緣分) ikatan sebelum ditasbiskan; hubungan sebelum diberkati. 천생~ pasangan yang sejodoh; pasangan yang serasi.

연분홍(軟粉紅) merah muda.

연불(年拂) pembayaran yang ditangguhkan. ~방식으로 berdasarkan pembayaran yang ditangguh.

연사(演士) pembicara; penceramah.

연산(年産) hasil per tahun; hasil produksi pertahun.

연상(年上) ~이다 lebih tua (dari). ~의 lebih tua; senior.

연상(聯想) asosiasi. ~하다 mengingatkan akan; mengasosiasikan

(A)dengan (B). ...을~시키다 mengingatkan.
연서(連署) tanda tangan bersama. ~하다 menanda tangani bersama. ~로 dibawah tanda tangan bersama.
연석(宴席) perjamuan; pesta. ~을 베풀다 mengadakan pesta; mengadakan perjamuan.
연설(演說) pidato; ceramah; kuliah. ~하다 berpidato; berbicara; berceramah. ~자 operator; pembicara. ~회 pertemuan pidato. 즉석 ~ pidato yang mendadak.
연세(年歲) umur; usia. ☞ 나이.
연소(年少) ~한 muda; remaja. ~자 anak muda.
연소(延燒) ~하다 menyebar; terbakar.
연소(撚燒) pembakaran. ~하다 membakar; menyalakan. ~물(物) barang mudah terbakar. (불)완전~ pembakaran sempurna (tak sempurna).
연속(連續) kelanjutan; kesinambungan; susulan; turutan;rentetan; seri. ~하다 meneruskan; melanjutkan.~적(으로)dengan terus menerus; berangkaian; berendeng-rendeng. ~만화 buku komik serial. ~물(物) untaian; rantaian; rangkaian; deretan; rentetan.
연속상연(連續上演) ~하다 bersambung sampai sekarang.
연속상영(連續上映) ~하다 terus menampilkan/ mempertunjukkan.
연쇄(連鎖)rantai; rangkaian.~반응 reaksi berantai. ~상구균 bakteri streptokokus. ~ 점(店) toko berantai; toko yang mempunyai banyak cabang.
연쇄충돌(連鎖衝突) tabrakan beruntun.
연수(年收) pendapatan pertahun.
연수(年數) jumlah tahun.
연수(軟水) air lunak.
연수(硏修) ~하다 meneliti. ~생 orang yang dilatih. ~원 lembaga pelatihan
연습(演習) perang-perangan; latihan. ~하다 berlatih; mengadakan latihan. ~림(林) perkebunan percontohan.
연습(練習) praktek; latihan. ~하다 berlatih. ~을 쌓았다 terlatih baik. ~부족이다 kurang latihan. ~기[선] pesawat [kapal] latih. ~ 문제 soal latihan. ~생 peserta latihan.
연승(連勝)kemenangan terus menerus. ~하다 menang berturut-turut.
연시(年始) permulaan tahun.
연시(軟柹) kesemek yang matang dan lembut.
연식(軟式) ~비행선 kapal balon. ~야구 bisbol bola lunak. ~정구 tenis.
연안(沿岸) pantai; pesisir. ~의 di (sepanjang) pantai.~국[항]negara [pelabuhan] pantai. ~무역[어업] perdagangan [perikanan] pantai.
연애(戀愛) cinta; kerinduan; asmara; cinta kasih; mahibah.~하다 jatuh cinta dengan;mengasihi;berkasih-kasihan. 정신적~ cinta persaudaraan. ~ 결혼 perkawinan

cinta. ~결혼하다 kawin atas dasar cinta. ~사건 perkara cinta. ~소설 cerita roman.

연약(軟弱) ~한 lemah; melanjai; rapuh.~외교 diplomasi yang lemah.

연어(蓮魚) ikan salem.

연역(演繹) deduksi. ~하다 mengembangkan; mendeduksi. ~ 적(으로) (secara) deduktif.

연연(戀戀) ~하다 terbayang-bayang.

연예(演藝) hiburan. ~계 dunia hiburan. ~난 kolom hiburan. ~방송 program hiburan. ~인 penghibur; penyenang; entertainer.~장 panggung hiburan; tempat hiburan.

연옥(煉獄) neraka.

연월일(年月日) hari, bulan dan tahun; tanggal.

연유(煉乳) susu kental.

연유(緣由) asal; sumber; alasan. ~하다 berasal dari; bersumber dari.

연인(戀人) kekasih; pacar. 한쌍의 ~ sepasang kekasih.

연일(連日) tiap hari; dari hari ke hari. ~연야 siang malam; siang dan malam.

연임(連任) ~하다 diangkat kembali; dipilih kembali.

연잇다(連 -) menggabungkan;mengikat bersama; melanjutkan.

연장 peralatan; alat-alat; perabot; perkakas; perlengkapan.

연장(年長) ~의 yang lebih tua; yang lebih senior. ~자 orang yang lebih dihormati (tua).

연장(延長) pemanjangan; perpanjangan. ~하다 merentangkan; meregangkan; mengulur;memperpanjang. ~선 garis perpanjangan; meregangkan. ~전 permainan yang di perpanjang.

연재(連載) penerbitan bersambung. ~하다 menerbitkan secara bersambung. ~되다 terbit secara bersambung.

연적(戀敵) saingan dalam cinta.

연전(年前) ~에 beberapa tahun lalu.

연전(連戰) ~하다 bertempur dalam serangkaian pertempuran. ~연승하다 memenangkan pertempuran demi pertempuran.

연접(連接) ~하다 menghubungkan; mempertalikan; menyatukan.

연정(戀情) perasaan cinta/ sayang. ~을 느끼다 menyayangi/mencintai.

연좌(連坐) ~하다 terlibat (dalam). ~데모 demonstrasi duduk.

연주(演奏) pertunjukan/ pagelaran musik. ~하다 mengadakan pertunjukan.~곡목 program musik.

연주창(連珠瘡) penyakit kelenjar; semacam penyakit TBC.

연줄(緣-) koneksi; hubungan. ~ ~ melalui koneksi yang satu ke koneksi yang lain. ...의 ~로 melalui pengaruh (dari).

연중(年中) setahun penuh; sepanjang tahun. ~무휴 Buka Sepanjang Tahun. ~행사 even tahunan.

연지 pemerah pipi/pemerah bibir; gincu. ~를 찍다[바르다] memakai alat pemerah pipi/ bibir; bergincu; memakai lipstik.

연차(年次) ~의 tahunan. ~적으로

sesuai dengan urutan tahun; secara kronologis. ~계획 program/ rencana tahunan.~보고 laporan tahunan. ~총회 pertemuan umum tahunan.

연착(延着) tiba terlambat; ketertundaan; keterlambatan.~하다 tiba terlambat. ~될 예정이다 diperkirakan tiba terlambat.

연착(軟着) pendaratan yang mulus. 달에~하다 mengadakan pendaratan yang mulus di bulan.

연체(延滯) penunggakan; penundaan; kelambatan. ~하다 ditunggak. ~금(金) uang tunggakan.

연체동물(軟體動物) moluska; binatang lunak.

연초(煙草) ☞ 담배.

연출(演出) pementasan; pemanggungan; penyutradaraan. ~하다 mementaskan; memanggungkan; menyutradarai. ~자 sutradara. ~효과 efek panggung.

연충 cacing.

연탄(煉炭)briket batu bara. ~가스 중독 keracunan gas briket. ~가스 중독으로 죽다 mati akibat keracunan gas briket. ~난로pemanas briket.

연탄공장(煉炭工場) pabrik briket.

연탄불(煉炭-) nyala briket.

연탄재(煉炭-) briket sisa.

연통(煙筒) corong asap; cerobong asap.

연판(連判) penandatanganan bersama. ~하다 menandatangani bersama.~장 surat perjanjian dibawah tanda tangan bersama.

연판(鉛版) klise; stereotip; tiruan. ~을 뜨다 meniru; membuat tiruan. ~공 peniru; orang yang suka meniru. ~인쇄 gambar tiruan.

연패(連敗) kekalahan yang berturut-turut; kekalahan beruntun. ~하다 menderita kekalahan yang beruntun.

연표(年表) susunan yang diatur sesuai dengan urutan tahun; daftar kronologis.

연필(鉛筆) pinsil; pensil; potlot. ~로 쓰다 menulis dengan pensil. ~을 깎다 menajamkan pensil. ~심 isi pensil. 색~ pensil warna.

연하(年下)~이다 lebih muda dari.

연하(年賀) ucapan Selamat Tahun Baru.~우편 취급 pelayanan pengiriman khusus untuk kartu natal dan Tahun Baru. ~장 kartu ucapan Selamat Tahun Baru.

연하다(軟-) ① (안질기다) lembut; halus.

연하다(連-) berhubungan; berkaitan dengan.

연한(年限)masa;periode. ~을 채우다 memenuhi masa dinas. 수업[복무]~ masa belajar [jabatan].

연합(聯合) ~하다 bersekutu; berserikat; bergabung; berasosiasi. ~국[군] negara [tentara] sekutu.

연해(沿海) laut sepanjang pantai. ~어업 perikanan/penangkapan ikan di dekat pantai. ~항로 pelayaran di sepanjang pantai.

연해주(沿海州) 「地」 Propinsi Maritim.
연행(連行) ~하다 membawa (ke kantor polisi).
연혁(沿革) sejarah; kisah; cerita; riwayat. ~지(誌) buku; sejarah.
연호(年號) sanat; nama era.
연화(軟化) ~하다 menjadi lembut; melembut.
연회(宴會) pesta; perjamuan.
연후(然後) ~에 setelah itu; sesudah itu.
연휴(連休) hari libur yang berurutan/berturut-turut.
열 sepuluh.
열(列)baris;sap; lapis; deret; jejer; lajur; larik; banjar. ~을 짓다 membentuk barisan/ antrian; berbaris; mengantri.
열(熱) ① panas; kalor. ~의 termal; kalorik. ~을 가하다 memanaskan. ~을 발생하다 menimbulkan panas. ~교환기 penukar panas. ~기관 musim panas. ~오염 polusi termal. ~팽창[전도] perambatan [penghantaran] panas. ② temperatur/ suhu badan. 높은[낮은]~ suhu badan tinggi [rendah]. ~을 재다 mengukur suhu badan. ~이 있다 demam. ~이 내리다 panas badan turun. ③ antusiasme; semangat besar;kegairahan. ...~이 식다 bergairah terhadap... ...에 ~을 올리다 tergila-gila akan... . ~이 없다 tidak berantusias. 야구~ demam bisbol; gila bisbol.투기~ maniak spekulasi.
열가소성(熱可塑性) 「理」 termoplastisitas. ~의 termoplastis. ~재료 bahan termoplastik.
열강(列强) negara adidaya.
열거(列擧)perincian;uraian. ~하다 mendaftarkan; menguraikan; memerinci.
열광(熱狂) semangat besar; semangat yang berapi-api; kepanatikan; kegila-gilaan. ~하다 tergila-gila; fanatik (dengan). ~적(으로) (dengan) semangat yang berapi-api; (dengan) fanatik.
열기(列記) ~하다 menyebut satu demi satu; mendaftarkan.
열기(熱氣) panas; udara panas; kalor.
열나다(熱-) ① (신열이) menjadi panas; mendapat demam. ② (열중 열심) menjadi bersemangat. ③ (화나다) menjadi panas hati/marah; meradang.
열녀(烈女) istri teladan.
열다 ① membuka. 비틀어 [부숴]~ memutar buka [mendobrak]. ② membuka; memulai; mendirikan. 가게를 ~ membuka toko. ③ mengadakan; membuka.운동회를 ~ mengadakan perlombaan atletik. ④ membuka. 길을 ~ membuka jalan.
열대(熱帶) daerah khatulistiwa; daerah tropis; daerah beriklim panas. ~의 tropis. ~어 ikan daerah tropis.
열댓 lebih kurang/ kira-kira lima belas.
열도(列島) gugusan pulau-pulau; nusantara; kepulauan.
열등(劣等) keadaan/ sifat yang rendah; inferioritas. ~한 inferior.

~감 perasaan rendah diri. ~생 siswa terbelakang. ~품 barang-barang yang bermutu rendah.

열락(悅樂) kegembiraan; kesenangan.

열람(閱覽) pembacaan; penelaahan. ~하다 membaca...; menelaah. ~권 tiket masuk; karcis masuk. ~실 ruangan/ kamar baca.

열량(熱量) kalori. ~계 alat pengukur kalori; kalori meter.

열렬(熱烈) ~한[히](dengan) bernafsu; (dengan) berahi; (dengan) bersemangat.

열리다 ① (닫힌 것 잠긴 것이) dibuka; terbuka. ② diadakan; berlangsung; mulai....주최로~ diadakan atas bantuan dari... ③ (개화 발전) dimodernisir; diperbarui. ④ diberi kesempatan; terbuka (kesempatan). 승진의 길이~ diberikan kesempatan untuk naik pangkat. ⑤ (열매가) berbuah.

열망(熱望) keinginan yang kuat; hasrat yang kuat. ~하다 menginginkan dengan sungguh-sunguh; mendahagakan.

열매 buah; biji. ~를 맺다 menghasilkan buah; berbuah.

열변(熱辯) pidato yang bersemangat (berapi-api).

열병(閱兵) pemeriksaan pasukan. ~하다 memeriksa pasukan.~식 pawai barisan tentara; parade.

열병(熱病) demam; sakit panas. ~에 걸리다 mendapat demam.

열분해(熱分解) 「化」 pirolisis.

열사(烈士)pecinta tanah air;orang yang mempunyai pendirian yang teguh; patriot.

열사병(熱射病)stroke karena panas.

열선(熱線) sinar panas.

열성(熱誠) kesetiaan; minat/ semangat besar. ~적인 setia; sangat berminat/ bersemangat. ~을 담아 dengan semangat.

열세(劣勢) kekuatan lemah.

열쇠 kunci. 사건의~ kunci pemecahan masalah. ~를 채우다 mengunci. ~로 열다 membuka dengan kunci. ~구멍 lubang kunci.

열심(熱心)ketekunan; kesungguhan; antusiasme. ~인 bersemangat; tekun; antusias. ~히 dengan sungguh-sungguh; dengan tekun.

열십자(- 十字) salib. ~의 berbentuk silang/ salib. ~로 dengan bersilang; dengan potong memotong.

열악(劣惡) ~한 inferior.

열애(熱愛) ~하다 mencintai yang penuh gairah.

열없다① (열적다) canggung; malu. ② (성질이) tidak bersemangat/ bergairah.

열연(熱演)penampilan/akting yang bergairah. ~하다 tampil dengan bergairah.

열용량(熱容量)kapasitas panas.

열의(熱意) hasrat yang besar; kesetiaan. ~있는 berhasrat; bersemangat; antusias. ~없는 tidak bersemangat.

열전(列傳) biografi/riwayat hidup.

열전(熱戰) pertarungan yang sengit, pertandingan yang ketat.

열전도(熱傳導) konduksi panas; penghantaran panas.

열정(熱情) nafsu/ hasrat yang besar. ~적인 bernafsu; bersemangat. ~가 orang yang bersemangat tinggi; orang yang bernafsu; orang yang berdarah panas.

열중(熱中) ~하다 mencurahkan perhatian; bersungguh-sungguh; bertekun.

열차(列車) kereta api. ☞ (기차). ~자동 정지 장치 peralatan kontrol otomatis kereta api. ~사고 kecelakaan kereta api. ~시간표 jadwal kereta api. 급행~kereta api ekspres; kereta api cepat.

열탕(熱湯) air mendidih/panas. ~소독을 하다 mensucihamakan dengan air mendidih.

열풍(烈風) angin kencang; angin topan.

열풍(熱風) angin panas; samun.

열하루 sebelas hari,hari kesebelas

열학(熱學) 「理」 termotika.

열핵(熱核) ~반응[융합] reaksi [fusi] termonuklir. ~병기 senjata nuklir. ~전쟁 perang nuklir.

열혈(熱血) ~아(兒), ~한(漢) orang yang berdarah panas.

열화(烈火) api yang besar. ~같이 노하다 mengamuk marah.

열화학(熱化學) termokimia.

열흘 sepuluh hari.

엷다 ① (두께가) tipis. ☞ 얇다. ② (빛이) redup; lembut.

염(鹽) garam.~류 garam-garaman.

염가(廉價) harga murah; harga bantingan. ~로 dengan harga murah. ~로 팔다 menjual dengan harga murah.

염광(鹽鑛) tambang garam.

염기(鹽基) 「化」 basa. ~성의 bersifat basa.

염두(念頭) ~에 두다 mempedulikan (diri). ~에두지 않다 tak perduli. ~에 떠오르다 mengingat; ingat.

염라대왕(閻羅大王) Yama; malaikat maut.

염려(念慮) kecemasan; kekhawatiran; kemasygulan.~하다 mencemaskan; mengkhawatiri.

염료(染料) bahan pencelup; celupan.

염료공업(染料工業) industri pencelupan.

염모제(染毛劑) cat rambut.

염문(艶聞) perkara cinta.

염병(染病) ① ☞ 장티푸스. ~할 Persetan!. ② ☞ 전염병.

염분(鹽分) kegaraman; salinitas. ~있는 bergaram.~을 없애다 menghilangkan kegaraman.

염불(念佛) do'a (orang Budha). ~하다 berdo'a (kepada Budha).

염산(鹽酸) 「化」 asam garam; asam hidroklorat.

염색(染色) pencelupan.~하다 mencelup. ~집 rumah pencelupan. ~체 kromosom.

염서(炎暑) panas terik.

염세(厭世) pesimisme. ~적 pesimistis; bersifat pesimis. ~가 orang yang pesimis. ~관(觀) pandangan hidup yang pesimis. ~자살 bunuh diri oleh karena pesimis. ~주의

pesimisme.
염소 kambing. ~가 울다 kambing mengembik. ~가죽 kulit kambing. ~수염 janggut kambing.
염소(鹽素) 「化」 klorin. ~산 asam klorat (muriatat).
염수(鹽水) air asin.
염습(殮襲)~하다 memandikan dan mengkafani mayat.
염원(念願)keinginan hati; kemauan; ambisi. ~하다 ingin; mau.
염전(鹽田) ladang garam. ☞ 염밭.
염주(念珠) rosari; tasbih. ~알 biji tasbih. ~알을 굴리다 menggelindingkan biji tasbih.
염증(炎症) pembengkakan; peradangan. ~을 일으키다 membengkak; meradang.
염증(厭症) kemuakan; ketidaksenangan; kejemuan; keengganan. ~이 나다 muak (dengan);jemu (dengan); enggan (dengan).
염직(染織) ~하다 mencelup dan menenun.
염천(炎天) cuaca panas; matahari yang membakar.
염출(捻出)~하다 (berusaha untuk) mendapatkan uang.
염치(廉恥) rasa kehormatan; rasa malu. ~없는 tidak bermuka; tebal muka; tidak tahu malu. ~를 모르다 [가 없다] tidak punya rasa malu.
염탐(廉探) ~하다 memata-matai; mengintai. ~꾼 mata-mata; agen rahasia.
염통 jantung.
염화(鹽化) khloridasi. ~하다 proses khloridasi. ~나트륨 sodium khlorida.~물 khlorida; bahan campuran khlor.
엽기(獵奇) ~적인 petualangan.~소설 cerita petualangan.~심 keingintahuan.
엽록소(葉綠素) 「植」 zat hijau daun khlorofil.
엽맥(葉脈) 「植」 tulang/ pembuluh daun.
엽색(獵色) penyelewengan. ~가 penyeleweng.
엽서(葉書)kartu pos. 그림 ~ kartu pos bergambar.
엽전(葉錢) koin kuningan.
엽초(葉草) daun tembakau.
엽초(葉稍) 「植」 liang peranakan.
엽총(獵銃) senapan angin.
엿 enam.
엿듣다 menguping;menyadap pembicaraan.
엿보다 (기회를) mengintai; (안을) mengintip;(슬쩍) mencuri pandang.
엿새 hari keenam.
영(令)perintah. ~을 내리다 memerintahkan. ~을 어기다 tidak mematuhi perintah.
영(零)nol; kosong.~점을 맞다 mendapat nol.
영(嶺) punggung bukit.
영(靈) jiwa; roh; nyawa. ~적 batin; rohani; spiritual.
영감(令監)tuan; bapak; orang tua; suami saya.
영감(靈感) inspirasi; ilham. ~을 받다 mendapat ilham.
영걸(英傑)orang besar; pahlawan. ~스럽다, ~하다 gagah; perkasa; heroik

영겁(永劫) ☞ 영원(永遠).

영결(永訣) perpisahan terakhir. ~하다 berpisah selamanya.~식 upacara penguburan.

영계(-鷄)ayam muda.~백숙 ayam rebus.

영계(靈界)dunia rohani;dunia spiritual.

영공(領空) wilayah; udara. ~을 날다 terbang di atas wilayah udara ~침범 pelanggaran wilayah udara.

영관(領官)perwira menengah. ~급 장교 pangkat perwira menengah

영광(榮光) kehormatan; kemuliaan; kebesaran; kemegahan; kejayaan; adikara. ~스러운 mulia; berjaya; agung; hormat;.

영구(永久) ☞ 영원(永遠). ~성 ketetapan; keabadian;kepermanenan; kelanggengan; kekekalan. ~치 (齒) gigi permanen; gigi tetap; gigi sejati. ~자석 magnet permanen.

영구(靈柩) peti mayat; peti mati. ~차(車) mobil jenazah; kereta jenazah.

영내(營內) ~의[에] [di]dalam barak. ~거주 tinggal di barak. ~근무 pelayanan di barak. ~생활 kehidupan di dalam barak.

영농(營濃) pertanian. ~하다 bertani. ~기계화 mekanisasi pertainan. ~인구 penduduk yang bertani. ~자금 dana pertanian.

영단(英斷)langkah yang pasti. ~을 내리다 mengambil langkah yang pasti.

영달(榮達) kemajuan. ~을 바라다 mendambakan kemajuan.

영도(零度) titik beku. ☞ 영하.

영도(領導) kepemimpinan. ~하다 memimpin; mengepalai.... 의~하에 dibawah pimpinan... .~자 pemimpin

영락없다(零落-)sempurna; tidak salah sedikitpun.

영령(英靈)jiwa yang agung. ~이여 고이 잠드소서 Semoga jiwamu yang agung dapat istirahat dengan damai.

영롱(玲瓏) ~한 cemerlang; jelas dan terang.

영리(怜利) ~한 bijaksana; pintar; pandai; cerdik; cakap; cerdas; arif; bestari; cendekia.

영리(營利) laba; perolehan. ~적(인) komersial; bersifat mencari untung.~사업 perusahaan komersil. ~주의 komersialisme.

영림(營林) kehutanan. ~서 kantor kehutanan daerah. (~서원 pegawai kehutanan).

영마루(嶺 -) puncak gunung.

영매(靈媒) cenayang; media (fisik).

영면(永眠) kematian;kemangkatan. ~하다 mati; meninggal; mangkat; wafat.

영명(英明) ~한 pintar; cerdas.

영묘(靈妙)~한 ajaib dan misterius.

영문 ① keadaan; hal ikhwal. 무슨 ~인지 모르다 tidak tahu apa-apa. ② sebab musabab; alasan.~도없이 tanpa alasan.

영문(英文) tulisan bahasa Inggris; kalimat bahasa Inggris. ~으로[의] dalam bahasa Inggris.~을 잘 쓰다 menulis bahasa Inggris yang baik.

~타자 ketikan bahasa Inggris. ~편지 surat dalam bahasa Inggris. ~학 bahan bacaan (dalam) bahasa Inggris. ~(학)과 jurusan/ departemen bahasa Inggris. ~한역 terjemahan dari bahasa Inggris ke bahasa Korea.

영문(營門) pintu barak.

영물(靈物) mahluk gaib.

영미(英美) negara Inggris/ Britania dan negara Amerika.

영민(英敏) ~한 pintar; cerdas.

영별(永別) ~하다 berpisah selamanya.

영봉(靈峰) gunung keramat.

영부인(令夫人) istrimu/istrinya yang terhormat/mulia; nyonya yang dihormati.

영사(映寫) proyeksi; penyorotan. ~하다 menyorot. ~기 proyektor. ~막 layar. ~시간 waktu putar film.

영사(領事)konsul. ~관원 staf konsulat. 총 ~konsul jendral. (총) ~관 konsulat.

영상(映像)bayangan;refleksi;citra.

영상(領相) perdana menteri.

영생(永生) keabadian; kekekalan. ~하다 hidup kekal.

영선(營繕)perbaikan. ~과(課) bagian perbaikan. ~비 ongkos perbaikan.

영세(永世) kekekalan; keabadian. ~불망하다 ingat selamanya. ~중립 kenetralan yang permanen. ~중립국 negara yang netral secara permanen.

영세(零細)~한 kecil; remeh. ~기업 usaha kecil. ~농(農) petani kecil; petani gurem. ~민 kaum miskin. ~업자 pengusaha kecil.

영속(永續) ~하다 bertahan lama; bertahan secara permanen. ~적(인) abadi; kekal; permanen.

영송(迎送) ~하다 menjemput dan mengantar.

영수(領收.領受) penerimaan. ~하다 menerima. 일금 1 만원정 확실히 ~함 Diterima sejumlah 10.000 won. ~증 kwitansi; tanda terima. ~필 Lunas.

영수(領袖) pemimpin; ketua; bos.

영시(零時) pukul 0.00.

영식(令息) putramu; putranya.

영아(嬰兒) anak bayi. ~살해 pembunuh anak bayi.

영악(獰惡) ~한 sengit; buas; galak; hebat.

영악하다 pintar; cerdas.

영안실(靈安室)kamar mayat; kamar mati. ~에 안치하다 menempatkan mayat di kamar mayat (di rumah sakit).

영애(令愛) putri (mu); putri (nya).

영약(靈藥) obat ajaib; obat yang sangat mujarab.

영양(令孃) anak perempuan (mu); anak perempuan (nya).

영양(羚羊) antelop.

영양(營養) nutrisi; gizi. ~상태가 좋은[나쁜] bergizi baik [buruk]. ~가 nilai gizi. ~물 makanan bergizi. ~사 ahli gizi. ~실조 buruk gizi. ~학 ilmu gizi.

영어(囹圄) penjara. ~의 몸 badan dibalik jeruji. ~의 몸이 되다 dipenjarakan; dikurung dalam penjara.

영어(英語)bahasa Inggris. ~로 dalam bahasa Inggris. ~ 의 실력 pengetahuan bahasa Inggris. ~를 하다 dapat berbahasa Inggris. ~로 쓰다 menulis dalam bahasa Inggris. ~교사 guru bahasa Inggris. ~국민 orang yang berbahasa Inggris. ~학 ilmu bahasa Inggris. 시사 ~ bahasa Inggris yang digunakan sekarang. 일상~ bahasa Inggris sehari-hari.

영어(營魚) perikanan. ~자금 dana perikanan. ~자금을 방출하다 mengeluarkan dana perikanan (untuk)

영업(營業) usaha; perdagangan; bisnis. ~하다 berusaha; membuka usaha.~중 Buka.~과목 bidang usaha. ~방식 metode-metode usaha. ~방해 hambatan usaha. ~소 tempat usaha. ~시간 waktu kegiatan usaha. ~정지 penundaan kegiatan usaha. ~허가 surat izin usaha.

영업권(營業權) hak untuk berdagang. 상점의~을 넘기다 menghibahkan hak berdagang. ~을 팔다 menjual hak berdagang.

영역(英譯) terjemahan dalam bahasa Inggris. ~하다 menterjemahkan ke dalam bahasa Inggris.

영역(領域) ① ☞ 영토. ② bidang lingkungan; lapangan. 전문 ~이 아닌 diluar bidang. ...의~이다 berada dalam bidang.

영역(靈域) tanah suci; tempat yang keramat.

영영(永永) selama-lamanya.

영예(榮譽) kemuliaan; kehormatan; harga diri; kejayaan; kebesaran. ~로운 berjaya; terhormat.

영웅(英雄) pahlawan. ~적인 wirawan; gagah berani.

영원(永遠) kelestarian; kebakaan; keabadian; kekekalan.~한[히] selama-lamanya; abadi; kekal; baka. ~성 sifat abadi.

영위(營爲) ~하다 menjalankan; mengoperasikan.

영유(領有) ~하다 memiliki.

영육(靈肉) jiwa dan raga. ~일치 persatuan antara tubuh dan jiwa.

영일(寧日) ~이 없다 sibuk setiap waktu.

영자(英字) huruf bahasa Inggris. ~신문 surat kabar bahasa Inggris.

영장(令狀) surat perintah; surat penahanan. 구속 ~ surat perintah penahanan. 소집 ~ surat panggilan.

영장(靈長) 만물의~ khalifah dimuka bumi. ~류 『動』 primata.

영재(英才)jenius;orang yang berbakat. ~교육 pendidikan khusus untuk orang berbakat.

영전(榮轉) ~하다 dipromosikan kejabatan yang lebih tinggi; dinaik pangkatkan.

영전(靈前) ~에 dihadapan roh orang yang meninggal.

영점(零點) nilai nol; nilai kosong.

영접(迎接) ~하다 menyambut.

영정(影幀) potret almarhum.

영제(令弟) adik laki-lakimu yang terhormat.

영존(永存) ~하다 tetap selamanya; ada selamanya. ~성 sifat kekal; kekekalan.

영주(永住) tempat tinggal tetap.

~하다 tinggal secara permanen; tinggal menetap. ~권 hak tinggal secara permanen/tetap. ~지 tempat tinggal permanen.
영주(英主) penguasa yang bijaksana
영주(領主) sultan.
영지(領地) wilayah kesultanan.
영차 Holopis kontul baris!;Tuwaga!
영창(營倉) kerpus; rumah tutupan bagi serdadu.
영치(領置) ~하다 menitipkan barang. ~물 barang titipan tahanan.
영토(領土) wilayah; teritorial. ~권(權) hak-hak wilayah. ~확장 perluasan wilayah. ~확장 정책 politik perluasan wilayah.
영특하다(英特-) bijaksana; cendekia.
영판 ① (맞힘) peramalan nasib yang benar. ② (꼭) mirip;cocok; pas.
영하(零下) dibawah nol; dibawah titik beku.
영합(迎合) rayuan; bujukan. ~하다 merayu; membujuk; menjilat.~주의 faham; oportunis.
영해(領海) perairan teritorial; laut tertutup.
영향(影響) pengaruh; akibat ...의 ~으로 dibawah pengaruh... ~을 미치다 mempengaruhi; menimbulkan pengaruh (terhadap).
영혼(靈魂) jiwa; arwah; nyawa; roh; sukma. ~불멸(설) kekekalan jiwa; keabadian jiwa.
영화(映畵) bioskop; gambar hidup; film. ~보러 가다 pergi ke bioskop;menonton bioskop. ~화 하다 memfilmkan. ~각본 skenario. ~감독 sutradara. ~검열 penyensoran film. ~계 dunia perfilman. ~관 gedung bioskop; theater. ~배우 pemain film. ~제 festival film. ~촬영소 studio film. ~팬 penonton/penggemar film.
영화(榮華) kemakmuran;kejayaan; kemuliaan. ~롭다 makmur; mulia; jaya.
옆 sisi; pinggir; samping;tepi;belah; hadap. ~에(서) di pinggir; di samping. ~으로 ke sisi; arah sisi. ~방 ruangan sebelah. ~모습 raut muka. 길 ~의 집 rumah di pinggir jalan. ~을 지나가다 lewat samping.
옆구리 lambung; lambungan.
옆집 rumah sebelah.~사람 tetangga.
옆쪽 sisi.
옆찌르다 menyikut kesisi.
옆폭 lebar sisi.
예 zaman dulu; waktu dulu; masa lampau. ~나 지금이나 dulu ataupun sekarang.
예 ① ya, betul. ~알았읍니다 Ya, baik. ② (반문) Maaf?; Apa?.
예(例) ① contoh;tiru teladan;tamsil; misal; umpama. ~를 들면 sebagai contoh.~를 들다 memberikan contoh; mencontohkan.② (경우) hal; masalah;perkara. 유사한~ masalah yang serupa. ③ (관례) kebiasaan; prosedur (cara) pemakaian. ~의 건 urusan-urusan yang kamu tahu.
예(禮) ① (경례)hormat; salut; soja; tabik.② (예법)etiket; tatacara; kesopansantunan; kepantasan. ~를 다하다 menunjukkan rasa hormat.

예각(銳角)『幾』sudut lancip.
예감(豫感) alamat; pertanda; firasat. ~하다 mempunyai firasat.
불길한~ firasat buruk.
예견(豫見) ~하다 meramalkan.
예고(豫告)peringatan; pemberitahuan sebelumnya. ~하다 memperingatkan; memberi tahu sebelumnya.~없이 tanpa peringatan; tanpa pemberitahuan. ~편 cuplikan film mendatang; preview.
예과(豫科)jurusan/ kelas persiapan. ~생 siswa kelas persiapan.
예광탄(曳光彈) peluru berapi.
예규(例規) peraturan yang mapan.
예금(預金) simpanan; tabungan; deposito. ~하다 menyimpan uang; menabung uang. ~을 찾다 mengambil uang simpanan; menarik tabungan. ~계 kasir.~액 jumlah simpanan/tabungan.~이자 bunga uang simpanan. ~통장 buku tabungan.
예기(銳氣)kekuatan;semangat.~를 꺾다 menggoyahkan semangat
예기(豫期) harapan; cita-cita; asa. ~하다 mengharapkan; menantikan
예납(豫納) pembayaran dimuka. ~하다 membayar dimuka.
예년(例年)tahun biasa. ~보다 2할 감하다 dua puluh persen dibawah normal. ~대로 sebagaimana biasanya; seperti dalam tahun-tahun lainnya.
예능(藝能) seni. ~과(科) jurusan seni. ~인 seniman.
예니레 enam atau tujuh hari.
예닐곱 enam atau tujuh.
예단(豫斷) ☞ 예측(豫測).
예령(豫令) (구령의) aba-aba.
예리(銳利) ~한 tajam.
예매(豫買) pembelian di muka. ~하다 membeli dimuka.
예매(豫賣)penjualan dimuka; booking. ~하다 menjual di muka. ~권 tiket yang dijual dimuka; tiket pesanan.
예명(藝名)nama panggung; julukan.
예문(例文) kalimat contoh.
예물(禮物) hadiah; pemberian.
예민(銳敏) ~한 tajam; peka.
예바르다(禮 -) sopan; santun.
예방(禮訪) kunjungan kehormatan. ~하다 mengadakan kunjungan kehormatan (kepada).
예방(豫防) pencegahan; penangkalan. ~하다 mencegah; menankal. ~의 preventif;bersifat pencegahan. ~약 obat penangkal. ~ 의학 ilmu pencegahan penyakit. ~접종 pencacaran; vaksinasi. ~주사 suntikan pencegah.
예배(禮拜) penyembahan; pemujaan; perbaktian; ibadah. ~ 하다 menyembah; mengagungkan. ~당 gereja; tempat ibadah. ~자 penyembah; orang yang berbakti. 아침~ kebaktian pagi.
예법(禮法)kesopan-santunan; tatakrama;etiket.~에 맞다[어긋나다] sesuai[bertentangan]dengan etika.
예보(豫報) peramalan; ramalan; prakiraan. ~하다 meramal. 일기~ ramalan cuaca; prakiraan cuaca.
예복(禮服) pakaian lengkap; pakaian upacara.

예봉(銳鋒) ujung tombak; ujung pena. ~을 꺾다 mematahkan ujung tombak; menumpulkan serangan.

예비(豫備) ~하다 mempersiapkan; menyediakan; mencadangkan. ~공작 persiapan.~군 pasukan cadangan. 향토 ~군 pasukan cadangan daerah.~병 tentara cadangan.~선거 pemilihan awal. ~역 (perwira) dinas cadangan.~타이어 ban serep.

예쁘다 cantik; menarik; molek.

예쁘장하다[스럽다] agak cantik; manis.

예사(例事) kebiasaan sehari-hari; kejadian sehari-hari. ~롭다 biasa. ~가 아닌 luar biasa; tidak biasa.

예산(豫算) anggaran. ~을 짜다 membuat anggaran. ~을 초과하다 melebihi anggaran. ~ 위원회 komite anggaran. ~편성 penyusunan anggaran. 본 ~ anggaran dasar.

예상(豫想) pengharapan; ramalan; perkiraan. ~하다 mengharapkan; meramalkan.~외의[로] diluar dugaan;tak diharapkan. ~수확고 hasil panen yang diharapkan. ~액 taksiran.

예선(豫選) eliminasi;pertandingan /pemilihan awal. ~하다 mengadakan pertandingan pendahuluan. ~대회 pertandingan eliminasi.

예속(隷屬) ~하다 dibawah pengawasan (kekuasaan). ~국 negara jajahan.

예수 Yesus (Kristus); Isa Almasih. ~교 agama Kristen; kaum Kristen; Kekristenan. ~교 신자 orang Kristen. ~ 그리스도 Yesus Kristus.

예순 enam puluh.

예술(藝術)seni; kesenian. (비)~적 artistik [tidak artistik]. ~가 artis; seniman.~작품 benda/ barang seni.

예습(豫習) persiapan untuk belajar. ~하다 mempersiapkan untuk belajar; mengulang pelajaran. ~시간 jam mengulang pelajaran; jam belajar di rumah.

예시(例示) ilustrasi; pemberian contoh; penjelasan. ~하다 menjelaskan;memberikan gambaran.

예시(豫示) ~하다 menyiratkan; mengindikasikan; menunjukkan.

예식(例式) bentuk yang mapan.

예식(禮式) perbasaan; upacara. ~장 gedung upacara.

예심(豫審) pemeriksaan awal.

예약(豫約) (좌석 배 따위) pemesanan. (출판물) perlangganan. ~하다 memesan. 좌석을 ~하다 memesan tempat duduk. ~금 uang pemesanan. ~모집 undangan untuk berlangganan. ~석 tempat duduk yang telah dipesan. ~자 pemesan; orang yang memesan.

예언(豫言) ramalan; nubuat; nujum; nujuman. ~하다 meramalkan; bernubuat. ~자 Nabi; Rasul.

예외(例外) pengecualian. ~의 luar biasa; istimewa. ~없이 tanpa kecuali. ...은~로 하고 dengan pengecualian...

예우(禮遇) pesta ramah tamah. ~하다 menerima dengan ramah tamah; menyambut dengan ramah.

예의(禮儀) kesopansantunan; rasa hormat; sila; adab; akhlak; kelakuan; sopan santun; etiket. ~바른 sopan; beradab.

예인망(曳引網) jala seret; pukat; jaring besar.

예인선(曳引船) kapal penyeret/penarik.

예전 masa lampau. ~부터 dari dulu; dari zaman dulu.~에는 dahulu; dahulu kala. ~대로 sebagaimana biasanya; seperti dahulu.

예절(禮節) kesopanan; etiket; kelakuan; tata krama; adat; adab; santun. ~을 중히 여기다 mengutamakan etiket.

예정(豫定) rencana; jadwal. ~하다 merencanakan. ~한 시간에 pada waktu yang telah di rencanakan/dijadwalkan. ~액 jumlah yang diperkirakan. ~일 tanggal/waktu yang telah direncanakan/ditetapkan. (졸업)~자 (lulusan) yang diperkirakan. ~표 jadwal.

예제(例題) contoh.

예증(例證) ilustrasi; contoh; penjelasan; teladan; gambaran. ~하다 menjelaskan; memberi contoh.

예지(豫知) ~하다 meramalkan.

예지(叡智) kebijaksanaan.

예찬(禮讚) kekaguman. ~하다 mengagumi. ~자(者) pengagum; orang yang mengagumi.

예측(豫測) ramalan;dugaan;perkiraan; terkaan; taksiran. ~하다 meramal; menduga; menaksir.

예치금(預置金) setoran;simpanan.

예치물(預置物) barang yang dititipi.

예탁(預託) ~하다 menyetor; menyimpan; menabung. ~금 setoran; simpanan.

예편(豫編) ~하다 memindahkan/mentransfer ke cadangan. ~되다 ditempatkan (dimasukkan) dalam daftar cadangan.

예포(禮砲) tembakan kehormatan. ~를 쏘다 memberikan tembakan penghormatan.

예행연습(豫行演習) gladiresik. ~하다 mengadakan gladiresik.

옛 lama; dulu. ~상처 luka lama. ~친구 sahabat lama; teman lama.

옛날 zaman purbakala; zaman tandun; zaman dahulu; kuno; baheula. ~에 pada zaman dulu. ~옛적 dahulu kala.

옛말 ① (고어) kata yang tidak dipakai lagi. ② (격언) pepatah lama.

옛모습 wajah dulu.

옛사람 manusia purbakala.

옛이야기 hikayat/kisah/cerita lama

옛일 kejadian/peristiwa yang telah berlalu; kejadian di masa silam.

옛추억(- 追憶) kenangan lama.

오(五) lima. 제~ kelima. ~ 배(의) lima kali lipat. ~분의 seperlima.

오(午) kuda. ~년 tahun kuda. ~시 siang.

오 Oh!; Kok!; Aha!; Wah!.

오가다 datang dan pergi;lalu lalang

오각형(五角形) segi lima.

오개년(五個年) ~계획 rencana 5 tahun.

오곡(五穀) kelima jenis biji-bijian. ~밥 nasi dicampur dengan empat jenis biji-bijian lainnya.

오관(五官)lima indra; panca indra.

오그라들다 menggulung; menciut; mengerut; mengkeret; mengkerat; mengecut.
오그라뜨리다 ☞ 오그리다.
오그라지다① (오그라들다) menggulung; mengerut. ② (찌그러지다) diremas; diremukkan.
오그리다 ① (몸 발을) membungkuk; meringkuk; mendekam. ② (물건을)mematahkan;menghancurkan; meremukkan.
오글거리다 ☞ 우글거리다.
오금 lekuk lutut; lekukan lutut.
오금뜨다 berkeluyuran.
오기(傲氣) semangat yang pantang menyerah. ~ 부리다 maju terus; pantang menyerah; berusaha menyaingi.
오기(誤記) kesalahan penulisan. ~하다 salah tulis.
오나가나 selalu; setiap saat.
오냐 ya; boleh.
오뇌(懊惱) cemas; susah; sedih; khawatir.~하다 merasa susah;merasa cemas.
오누이, 오뉘 saudara-saudari.
오뉴월(五大月) bulan lima dan bulan enam; bulan Mei dan Juni. ~ 긴긴해 musim panas yang panjang.
오는 yang akan datang; mendatang. ~ 일요일에 pada hari Minggu/mendatang.
오늘 hari ini; sekarang. ~부터 dari hari ini. ~까지 sampai/hingga hari ini; sampai sekarang. ~안에 sewaktu-waktu pada hari ini. ~저녁 sore ini. ~밤 malam ini.
오늘날 saat ini;sekarang ini;dewasa ini; jaman sekarang. ~의 청년 anak muda masa kini.
오다 ① datang. 가지러[데리러] ~ datang mengambil [menjemput].② (도착) datang; tiba; sampai. ③ (방문) mengunjungi; berkunjung.④ datang; turun. 비가 [눈이] ~ hujan [salju]turun.⑤ (다가)menghampiri; mendatangi.⑥(되다)menjadi; bertambah; berkembang.⑦ (전래) datang dari; berasal dari. ⑧ (유래함 원인) bersumber/ berasal dari; disebabkan oleh.
오다가다 sekali-sekali; kadang-kadang.~만난 부부 pasangan kumpul kebo. ~들르다 kadang-kadang mampir.
오대양(五大洋) Lima Samudra.
오대주(五大洲) Lima Benua.
오독(誤讀) ~하다 salah baca;salah membaca.
오동나무(梧桐-) 『植』 pohon polonia.
오동통하다 montok; gemuk padat; sintal.
오두막(-幕), **오두막집** pondok; gubuk. ~을 짓다 mendirikan/membuat pondok.
오들오들떨다 menggigil.
오뚝 ☞ 우뚝.
오뚝이 otugi (boneka yang bisa bangun sendiri).
오라 tali pengikat penjahat. ~지다 diikat tangan di belakang.
오라버니 abang.
오락(娛樂) hiburan; rekreasi; pelesiran; pengisi waktu. ~가(街)

pusat hiburan.~ 기관[시설] sarana hiburan; fasilitas rekreasi. ~잡지 majalah hiburan. ~ 산업 usaha hiburan.

오락가락하다 datang dan pergi; mondar-mandir. 비가 ~ Hujan sebentar-sebentar; Hujan hilang timbul. 정신이 ~ menerawang.

오랑캐 orang biadab/liar.

오래 lama; jangka waktu yang lama. ~전 dahulu kala. ~ 전부터 sejak lama. ~된 lama. ~가다 tahan lama. ~끌다 berlarut-larut.

오래간만~에 sudah lama. ~일세 Sudah lama sekali kita tidak bertemu.

오래다 lama; waktu yang lama.

오래도록 lama sekali; selamanya.

오래오래 selamanya; kekal.

오랫동안 cukup lama.

오레오마이신 「藥」 obat anti biotik.

오렌지 jeruk. ~주스 air jeruk.

오려내다 memotong pola.

오로라 aurora.

오로지 sendiri; satu saja; jua; pun; hanya; cuma; belaka. ~너 때문에 demi kamu saja.

오류(誤謬) kesalahan; kekeliruan ~ 를 범하다 membuat kesalahan; melakukan kekeliruan.

오륜(五倫)kelima azas pokok mengenai moralitas/ kesusilaan.

오륜대회(五輪大會) ☞ 올림픽.

오르간 organ; orgel. 리드 ~ organ bambu; hormonium. 파이프~ organ pipa. ~ 연주가 pemain organ.

오르내리다 ① (고저) naik turun; berfluktuasi. ② dibicarakan; digosipkan. 남의 입에 ~ dibicarakan orang; menjadi buah bibir.

오르다① naik; mendaki; memanjat. 산에~ naik gunung; mendaki gunung.지붕에 ~ naik keatap.기세가~ naik semangat.② (상륙) mendarat. ③ dipromosikan; naik (pangkat). 지위가~ naik pangkat.④ bertambah baik; naik; meningkat. 성적이 ~ angka rapor sekolah naik. ⑤ (효과가) menghasilkan; mencapai. ⑥ dihadapkan (kepada);disajikan; disuguhkan. 생선이 상에~ ikan di sajikan di atas meja.⑦ (입에) dibicarakan; menjadi bahan pembicaraan. ⑧ (값이) naik (harga). ⑨ (출발) berangkat. 귀로에~ berangkat pulang.⑩ (즉위) naik (tahta). ⑪ didaftarkan; dimasukkan. 요시찰인 명부에~ dimasukkan daftar hitam.⑫naik; menunggang. 기차에 ~ naik kereta api. ⑬ terjangkit. 옴이~ kena penyakit gatal; terjangkit penyakit gatal.⑭ (살찌다) naik (berat badan).⑮ naik; mumbul. (16) merambat naik. 나무에 물이~ air dalam batang pohon merambat naik.(17) (약이) memedas; menjadi pedas, (성이) naik pitam; meradang.

오르락내리락 kenaikan dan penurunan.

오르막 pendakian. ~길 jalan mendaki.

오른 kanan. ~손 tangan kanan.

오름세 kecenderungan untuk naik; kecendrungan kenaikan. ~를 보이

다 menunjukkan kecenderungan naik.
오리 「鳥」 itik/ angsa liar.
오리(汚吏) pegawai negeri yang korup.
오리나무 「植」 pohon alder.
오리다 memotong (pola).
오리무중(五里霧中) ~이다 tidak tahu arah karena kabut tebal.
오리발 kaki itik.
오리엔탈 Oriental.
오리온자리 「天」 gugusan bintang orion.
오리지날 asli; buku asli; karya asli
오막살이 pondok; gubuk.
오만(五萬) ① (수) lima puluh ribu ② banyak sekali; tidak terkira banyaknya. ~걱정 banyak sekali kecemasan (kesusahan).
오만(傲慢) ~한 sombong; angkuh; congkak; marwah; bangga; pongah
오매불망(寤寐不忘) ~하다 melekat dalam ingatan siang dan malam.
오면체(五面體) 「數」 pentahedron; segi lima.
오명(汚名) ☞ 누명. ~을 남기다 meninggalkan nama buruk; meninggalkan aib.
오목 ~거울 [렌즈] cermin [lensa] cekung.
오목 (오목)하다 cekung; kimpus.
오묘(奧妙) ~한 dalam dan pelik.
오물(汚物) kotoran; sampah; tahi; tinja; cemar; noda.~ 수거인 tukang sampah.
오물거리다① (벌레 등이) mengeriap. ② (입을) komat-kamit; mengunyah-ngunyah; memamah.
오므라들다 menggulung; menciut; mengerut;
오므라지다 menyempit.
오므리다 menutup; mengatup.
오밀조밀하다(奧密稠密-) ① (면밀) sangat teliti; sangat rinci. ② (솜씨가) halus; rumit.
오발(誤發) tembakan yang nyasar. ~하다 menembak tanpa disengaja; salah tembak.
오버 ① (외투) mantel. ② ~하다 melampaui; melebihi.
오보(誤報) kesalahan informasi. ~하다 salah melaporkan; salah memberikan informasi.
오붓하다 lumayan; memadai.
오븐 kompor; tungku; perapian.
오빠 kakanda; kangmas; abang.
오산(誤算)kesalahan hitung.~하다 salah hitung.
오색(五色) lima warna.
오선지(五線紙) 「樂」 lembaran musik.
오손(汚損) noda; cemaran; kotoran.~하다 menodai; mengumuhkan; mencemari; mencemarkan.
오솔길 jalan setapak. 숲속의 ~ jalan setapak di hutan.
오수(午睡) tidur siang. ☞ 낮잠.
오수(汚水) air comberan; air selokan. ~관 pipa comberan.
오순도순 dengan ramah; dengan bersahabat; dengan rukun.
오심(誤審) kesalahan perwasitan. ~하다 salah mewasiti.
오십(五十) lima puluh. ~대에 dalam usia lima puluhan.

오싹오싹하다 menggigil; kedinginan.
오아시스 oasis.
오얏 pohon prem.
오역(誤譯) kesalahan penerjemahan. ~하다 salah menerjemahkan.
오열(五列) mata-mata; agen rahasia. (제)~ 대원 anggota agen rahasia.
오열(嗚咽) sedu-sedan; isak tangis. ~하다 tersedan-sedan; terisak-isak.
오염(汚染) ~하다 mencemarkan; menularkan; mengkontaminasi. 콜레라 ~지구 daerah yang terjangkit kolera. 방사능~ kontaminasi radio aktif.
오욕(汚辱)aib; malu. ~을 참다 menanggung aib.
오용(誤用)penyalahgunaan. ~하다 menyalahgunakan.
오월(五月) Mei; bulan lima.
오이 ketimun; mentimun.~를 거꾸로 먹어도 제멋 Lain orang lain selera. ~생채 lalap ketimun.
오인(誤認) ~하다 mengkelirukan.
오일(五日) lima hari, hari kelima.
오일 minyak, bensin.~ 스토브 kompor minyak.
오입(誤入)perzinahan. ~하다 berzinah. ~장이 penjangak; penzinah.
오자(誤字) ralat; salah cetak.
오장(五臟) organ dalam rongga perut (hati, jantung, limpa, usus, ginjal).
오전(午前) pagi hari.
오점(汚點) noda; coreng; pecak; percik; cacat; bintik; titik; kurik; seleleh.
오정(午正) tengah hari.
오존 ozon. ~의 ozonik. ~계(計) alat pengukur kadar ozon.~발생기 peralatan penghasil ozon.
오종경기(五種競技) panca lomba. 근대~ panca lomba modern.
오죽 sangat; sungguh.
오줌 air kencing; air seni; kemih; ompol.~을 누다 kencing; buang air kecil.~싸개 pengompol. ~통 tempat untuk kencing.
오지(奧地)daerah pedalaman; pelosok; udik; desa; dusun.
오직 hanya; semata-mata; melulu; sekedar; saja; cuma; melainkan; hanya saja. ~ 돈벌이만 생각하다 semata-mata untuk mencari uang.
오진(誤診) diagnosis yang keliru. ~하다 membuat diagnosis yang keliru.
오징어 ikan sotong; cumi-cumi. ~포 ikan sotong kering.
오차(誤差) galat; error.
오찬(午餐) makan siang.
오체(五體) seluruh tubuh; sekujur tubuh.
오케스트라 orkestra;panca ragam.
오토메이션 otomatisasi. ~ 화하다 otomatisasi (pabrik).
오토바이 sepeda motor.
오톨도톨~한 tidak rata; kasar.
오판(誤判) perkiraan yang salah; perhitungan yang keliru, kekeliruan pengadilan. ~하다 salah hitung; salah menilai; salah mengadili.
오팔「鑛」mata kucing; opal.

오퍼 「商」 penawaran.~상 agen komisi. 구매[판매]~ tawaran pembelian [penjualan].
오페라 opera; komidi bangsawan. ~가수 penyanyi opera.
오펙 Organisasi Negara-negara Pengekspor Minyak (OPEC).
오프셋 「印」 offset. ~인쇄 cetakan offset.
오픈게임 pertandingan terbuka.
오한(惡寒)meriang. ~이 나다 merasa meriang.
오합지졸(烏合之卒) kawanan yang kacau balau.
오해(誤解) kesalahfahaman; kesalahmengertian; kesalahterimaan. ~하다 salah mengerti; salah faham; salah terima; keliru faham.
오후(午後)sore; petang.오늘[어제] ~ sore ini [kemarin].
오히려① (차라리) malah; alih-alih. ② dari pada (sebaliknya). ~해가 되다 menjadi lebih banyak mudarat daripada manfaat.
옥(玉) jade; nefrit/ lumut.
옥(獄) ☞ 감옥. ~에 가두다 memasukkan ke dalam penjara.
옥고(獄苦) kesengsaraan hidup dalam penjara. ~를 치르다 menjalani hukuman dalam penjara.
옥내(屋內) ~의 dalam ruangan. ~에서 di dalam ruangan. ~경기 permainan dalam ruangan. ~배선 「電」 pemasangan kawat di dalam rumah.
옥니 gigi yang bengkok ke arah dalam. ~박이 orang yang bergigi bengkok ke dalam.
옥답(沃畓) persawahan yang subur.
옥도(沃度) yodium.(☞ 요드) ~정기 larutan yodium.
옥돌(玉 -) batu jade; batu nefrit/ lumut.
옥동자(玉童子) anak yang dikasihi.
옥바라지(獄 -) ~하다 mengirimi tahanan (dengan kebutuhan pribadi).
옥사(獄死) ~하다 meninggal di penjara.
옥상(屋上) atap; puncak gedung. ~정원 taman gantung; taman di puncak gedung. ~주택 rumah di puncak gedung.
옥새(玉璽)segel raja; materai kerajaan.
옥색(玉色) hijau lumut.
옥석(玉石)① ☞ 옥돌. ② batu jade dan batu-batuan; baik atau buruk.~구분(俱焚) penghancuran secara keseluruhan; penghancuran tanpa pilih bulu.
옥쇄(玉碎) kematian yang terhormat.~하다 mati terhormat; mati demi kehormatan.
옥수(玉手) ① (임금의 손) tangan raja; tangan yang berkuasa; tangan bangsawan.② (고운 손) tangan wanita; tangan yang cantik dan halus.
옥수수 jagung.
옥신각신하다 bertengkar; berselisih; bercekcok; adu mulut.
옥신거리다 ① (움직이다) saling mendorong; berdesak-desakan. ②

(쑤시다) berdenyut-denyut; rasa sakit yang menusuk.
옥양목(玉洋木) kain belacu; kain mori mentah; kain keci.
옥외(屋外) ~의 luar rumah; udara terbuka. ~에서 di luar rumah; di udara terbuka.
옥좌(玉座) tahta; kursi kerajaan.
옥죄이다 terlalu ketat; mengetat.
옥중(獄中)~의[에] dalam penjara. ~기 catatan harian dalam penjara.
옥체(玉體) badan raja; raga terhormat; badan anda.
옥타브 「樂」 satu oktaf. 한 ~ 올리다[내리다] menaikkan [menurunkan] satu oktaf.
옥토(沃土) tanah yang subur.
옥토끼(玉 -) kelinci putih.
옥편(玉篇) kamus bahasa Cina-Korea.
온 seluruh; semua; segenap; sekalian; sekujur. ~ 세계(에) seluruh dunia. ~몸 sekujur tubuh. ~백성 sekalian orang; semua rakyat.
온감(溫感) rasa hangat.
온갖 semua; setiap; bermacam-macam; rupa-rupa; berjenis-jenis. ~수단 segala kemungkinan; setiap langkah.
온건(穩健) ~한 sedang-sedang; cukupan; moderat. ~주의 sikap yang tidak berlebih; moderatisme. ~파(派) aliran moderat.
온고지신(溫古知新) belajar dari pengalaman; membawa pengetahuan yang didapat kedalam bidang baru.
온기(溫氣) kehangatan.
온난(溫暖) ~한 hangat. ~ 전선 「氣」 muka massa hawa panas.
온당(穩當) ~한 cocok;tepat;benar; pantas;wajar. ~치 않은 tak pantas; tidak cocok; tidak wajar.
온대(溫帶) daerah beriklim sedang. ~식물[동물] flora [fauna] daerah beriklim sedang.
온도(溫度) temperatur; suhu. ~를 재다 mengukur suhu/temperatur. ~ 조절 장치 alat pengontrol panas; termostat.
온도계(溫度計) thermometer. 섭씨[화씨] ~ thermometer berkala 100 derajat [Fahrenhaeit].
온돌(溫突)sistem pemanas bawah lantai ala Korea.
온라인 ~방식 sistem pemrosesan informasi langsung.
온상(溫床) tempat tidur hangat; kamar anak-anak/ruang perawatan yang hangat.악의~ tempat yang rawan kejahatan.
온수(溫水) air panas/ hangat.
온순(溫順) ~한 sopan; lembut; lemah hati.
온스 ons.
온실(溫室) rumah kaca. ~식물 tanaman rumah kaca. ~재배 pertumbuhan di rumah kaca. ~재배하다 menanam/ memelihara tanaman di rumah kaca.
온아(溫雅) ~한 halus; lembut; sopan; ramah.
온유(溫柔)~한 sopan;lembut; manis.
온음(-音) 「樂」 nada penuh. ~계 kunci G. ~표 not penuh.

온장고(溫藏庫) lemari pemanas.
온전(穩全) ~한 utuh.
온정(溫情) perasaan yang hangat/ ramah. ~있는 berhati hangat.
온종일(-終日) sepanjang hari.
온집안 seluruh keluarga.
온천(溫泉) air panas. ~요법 pengobatan dengan mandi air panas/ belerang. ~장 pemandian air panas.
온통 seluruhnya; semuanya.
온화(溫和) ~한 lembut; sedang. ~한 기후 cuaca yang sedang.
온후(溫厚) ~한 sifat yang baik; orang yang perasa.
올 serat; lapis; tekstur; pilin; untai ~이 고운 직물 tenunan/ tekstur yang rapat.
올 ☞ 올해. ~여름 musim panas tahun ini.
올... dini. ~벼 panenan (padi) dini.
올가미 ① tali jerat; lasso. ~를 씌우다 menjerat dengan tali. ② perangkap; jebakan. ~를 놓다 memasang perangkap.③(꾀) tipu;akal busuk; muslihat.
올곧다① (정직) jujur. ② (줄이) lurus.
올되다 ① (피륙의 올이) ketat; rapat; halus. ② (조숙하다) dewasa dini.③ (곡식이) matang/masak dini
올드미스 perawan tua.
올라가다 ① naik;menaiki;memanjat; mendaki. 산 [나무]에 ~ mendaki gunung [memanjat pohon]. 연단에 ~ naik ke mimbar/ podium. 지붕에~naik ke atap; memanjat ke atap.② (상경) pergi (ke ibu kota). ③ naik(pangkat); dipromosikan. 지위가~ naik pangkat.④ naik. 성적이 ~angka rapor naik.⑤ naik (harga). ⑥ (강을)memudiki (sungai).
올라서다 naik ke tempat yang lebih tinggi; menjejak naik.
올라오다 naik/ datang (ke Seoul).
올리다① mengangkat; mengerek; menaikkan. 손을~ mengangkat tangan. 기를 ~ mengerek bendera. ② menaikkan. 값을[세율을,온도를] ~ menaikkan harga [tarif, temperatur].③ memanjatkan. 기도를 ~ memanjatkan do'a. ④ (기록) mendaftarkan;mencatatkan (rekor). ⑤ (병을) dijangkiti oleh (penyakit). ⑥ (점수 성과 효과를) memperoleh; mendapatkan (nilai). ⑦ (칠 도금) melapisi (cat dll). ⑧ menaikkan (suara). 환성을 ~ berteriak gembira. ⑨ menyelenggarakan; merayakan. 결혼식을 ~ menyelenggarakan pesta perkawinan; merayakan pernikahan.
올리브 buah zaitun. ~유 minyak zaitun.
올림 persembahan; penyerahan.
올림픽 olimpiade. 국제 기능 ~ Olimpiade Keterampilan Internasional. 한국 ~위원회 Komite Olimpiade Korea (KOC).
올바로 dengan sebenarnya;dengan jujur; dengan baik.
올벼 padi yang masak dini.
올빼미 burung hantu; kukuk beluk.
올차다 kekar; padat.
올챙이 berudu; cebong.~기자 wartawan baru.

올케 ipar perempuan.
올콩 kacang yang matang dini.
올팥 kacang merah yang matang dini.
올해 tahun ini.
옭다 ① (잡아매다) mengikat. ② (올가미씌우다) menjerat; memasang ban leher. ③ menjebak.
옭매다 mengikat kencang.
옮기다 ① memindahkan; pindah. 교외로 ~ pindah ke daerah pinggiran kota. ② (그릇 따위에) mengosongkan; menuangkan. ③ meneruskan; membawa. 사건을 대법원으로~ membawa/ meneruskan perkara kepada Mahkamah Agung. ④ (감염) menjangkitkan (penyakit).⑤ menyampaikan; meneruskan. 말을 남에게 ~ menyampaikan ke orang lain. ⑥ (번역) menerjemahkan. ⑦ mengalihkan; membelokkan;mengarahkan. 집으로 발을 ~ mengarahkan langkah ke rumah.
옮다 ① (이전) pindah ke. ② (전염) dijangkiti; terjangkit.
옮아가다 ① (이사 전근하다) pindah dari.② (퍼져가다) meluas;menyebar. ③ (넘어감) lewat; melintas.
옳다① (정당) benar. ② (정의) adil. ③ (정직) jujur. ④ (적절) pantas.⑤ (틀림없음)tepat; akurat. ⑥ (합법적) syah; berhak.
옳다 Benar!; Baik! ~됐다 Baiklah.
옳은길 jalan yang benar.
옳은말 perkataan yang benar.
옳지 baik!; benar.
옴 「醫」 gatal; kudis; kurap; kadas. ~딱지 keropeng kudis.~장이 orang yang menderita gatal.
옴 lingkaran cahaya.
옴 「理」 ohm (satuan tahanan listrik).~의 법칙 hukum ohm. ~계 alat pengukur tahanan listrik(ohm meter).
옴쭉달싹 ~않다 tidak mau mengalah sedikitpun.
옴츠리다 mengkerut. ☞ 움츠리다.
옷 pakaian. ~ 한 벌 setelan pakaian.
옷가슴 penutup dada.
옷감 kain; bakal; bahan pakaian.
옷걸이 gantungan pakaian.
옷고름 tali dada baju perempuan.
옷깃 kerah baju; kerah mantel.
옷단 baju luar; baju kurung.
옷자락 rok bawah.
옷장(- 欌)lemari pakaian; rak pakaian.
옷차림 pakaian.
…옹(翁) orang yang sudah tua. 도산(島山) ~ pak tua Tosan.
옹고집(壅固執) sifat keras kepala; kekukuhan; orang yang keras kepala. ~ 부리다 berkeras kepala; berkukuh.
옹기(甕器) ☞ 오지그릇. ~장수[전] penjual [toko] keramik. ~장이 pembuat/pengrajin keramik.
옹기종기 kelompok kecil.
옹달… kecil dan dangkal. ~샘 sumur yang kecil.
옹립(擁立)~하다 mendukung; menyokong.
옹벽(擁壁) 「土」 tembok tanah.
옹색(壅塞)① (비좁다) sempit; se-

sak. ② terdesak; kesulitan. 돈이 ~하다 kesulitan uang; terdesak uang.
옹이 bonggol; mata kayu. ~있는 monggol; berkenjal-kenjal.
옹졸(壅拙) ~한 picik; berpikiran sempit.
옹주(翁主) putri selir.
옹호(擁護) perlindungan; bantuan sokongan. ~하다 menyokong; melindungi. ~자 pelindung; pembela; penyokong.
옻 rengas. ~오르다 diracuni dengan rengas. ~나무 pohon rengas.
옻칠(-漆) ~하다 membubuhi pernis; melapisi dengan pernis. ~한 dilapisi pernis.
와(및) dan; dengan; seperti.
와글거리다 berdesak-desakan, hiruk pikuk.
와니스 pernis; minyak rengas.
와당탕(통탕) berdentang-dentang; dengan gaduh.
와들와들 ~떨다 gemetar; menggigil.
와병(臥病)~하다 terbaring sakit di tempat tidur.
와신상담(臥薪嘗膽) ~하다 mengalami berbagai kesukaran dan kemelaratan yang tak terlukiskan.
와이셔츠 kemeja.
와이어로프 tali kawat.
와이프 istri; bini.
와인 minuman anggur.
와전(訛傳) informasi yang keliru; laporan palsu;salah informasi. ~하다 salah menginformasikan; memberikan laporan palsu.
와중(渦中)pusaran air; olakan air; pusaran. ...의 ~에 휩쓸려 들다 tenggelam dalam pusaran.
와지끈 dengan berderak. ~거리다 berderak.
와트「電」 watt.
와해(瓦解) ~하다 rubuh; ambruk; runtuh; hancur; berkeping-keping.
왁스 lilin; malam.
왁자 (지껄) 하다 riuh rendah; ribut.
완강(頑强)~한 keras kepala; bandel; kukuh. ~한 저항 perlawanan yang keras.
완결(完結) ~하다 menyelesaikan; merampungkan; menyempurnakan. ~되다 diselesaikan; dirampungkan.
완고(頑固) kekukuhan; kefanatikan. ~한 kukuh; fanatik.
완곡(婉曲) ~한 tidak langsung; sindiran. ~히 secara tidak langsung; dengan menyindir.
완구(玩具) mainan.~점 toko mainan.
완급(緩急) ① (늦고 빠름) gerakan yang cepat dan lambat. ② (위급) darurat.
완납(完納)~하다 membayar lunas/tunai.
완두(豌豆) kacang polong.
완력(腕力) kekerasan; paksaan; kekuatan. ~으로 dengan cara kekerasan. ~을 쓰다 menggunakan paksaan.
완료(完了) ~하다 menyelesaikan; menyempurnakan. ~시제 bentuk kata kerja selesai.
완만(緩慢)~한 lambat; tidak aktif; landai. ~한 경사 lereng landai.

완벽(完璧) kesempurnaan. ~한 sempurna; tanpa cacat. ~을 기하다 menuju kepada kesempurnaan.

완비(完備) ~하다 menyempurnakan; melengkapkan; membuat sempurna (tentang kesiapan). ~된 sempurna; lengkap. 냉난방 ~ dilengkapi alat pendingin.

완성(完成)penyelesaian; penyempurnaan; perampungan (tentang buat). ~하다 menyelesaikan; menyempurnakan; menyiapkan. ~품 barang jadi.

완수(完遂) ~하다 menuntaskan; menyelesaikan (tentang tugas).

완승(完勝) ~하다 menang sapu bersih.

완역(完譯) terjemahan lengkap.

완연하다(宛然-) jelas; nyata; kentara.

완장(腕章)ban lengan. ~을 두르다 memakai ban lengan.

완전(完全) kesempurnaan; kelengkapan. ~한 menyempurnakan; melengkapi. ~무결한 sempurna tanpa cacat.~히 dengan sempurna.

완주하다(完走-)berlari menempuh jarak seluruhnya.

완충(緩衝) ~국 negara penyangga. ~기 bamper.~장치 alat penyangga; piranti peredam kejut. ~ 지대 daerah netral; zona penyangga.

완치(完治) ~하다 menyembuhkan secara keseluruhan. ~되다 sembuh total; pulih total.

완쾌(完快) ~하다 sembuh secara keseluruhan.

완행(緩行) ~하다 berjalan lambat. ~열차 kereta api lambat.

완화(緩和)kelonggaran; keringanan; dispensasi; peredaan. ~하다 melonggarkan; meringankan; meredakan.

왈가닥 wanita kelaki-lakian.

왈가왈부(曰可曰否) ~하다 berdebat setuju tidak setuju.

왈츠 irama waltz.~ 곡(曲) lagu berirama waltz.

왈칵 tiba-tiba; seketika. ~ 성내다 marah seketika.

왈패(曰牌) orang yang kasar.

왔다갔다하다 datang dan pergi; mondar-mandir; bergelandangan.

왕(王) raja; sultan; baginda.

왕가(王家) keluarga kerajaan.

왕개미 「蟲」 semut raksasa; semut raja.

왕거미 laba-laba raksasa.

왕겨 sekam; kulit padi.

왕관(王冠) mahkota.

왕국(王國) kerajaan; kesultanan.

왕궁(王宮) istana raja; puri; keraton.

왕권(王權)kekuasaan raja; wewenang raja.

왕년(往年)tahun-tahun yang lampau; masa lalu.

왕눈이 orang yang bermata besar.

왕대 bambu besar.

왕대비(王大妃) ibu suri.

왕도(王都) ibu kota kerajaan.

왕도(王道) undang-undang raja.

왕래(往來)① lalu lalang; lalu lintas. ~하다 datang dan pergi; berlalu lalang. ~가 잦은 거리 jalanan ramai.~를 금하다 menghambat lalu lintas.② korespondensi/surat menyurat.~하다 berhubungan dengan; berkorespondensi.

왕릉(王陵) makam kerajaan.

왕림(枉臨) ~하다 datang berkunjung.

왕명(王命) perintah kerajaan.

왕모래 pasir kasar.

왕밤 buah berangan yang besar.

왕방울 lonceng yang besar. ~눈 mata yang besar.

왕벌 「蟲」 tawon besar; tabuhan.

왕복(往復) kepergian dan kedatangan. ~하다 pergi dan kembali; pulang pergi; bolak-balik; pulang balik; berulang-alik. ~엽서 kartu pos balasan.

왕복운동(往復運動) 「機」 gerakan berbalasan/ bolak-balik.

왕봉(王蜂) 「蟲」 lebah ratu.

왕비(王妃) permaisuri.

왕새우(王 -) 「動」 udang besar.

왕성(旺盛)~한 bersemangat; berkobar-kobar; meluap-luap. 혈기 ~한 청년 pemuda yang bersemangat.

왕세손(王世孫) putra sulung dari putra mahkota.

왕세자(王世子) putra mahkota. ~비 istri putra mahkota.

왕손(王孫) cucu raja; keturunan raja.

왕실(王室) ruangan raja.

왕업(王業) kekuasaan raja.

왕왕(往往) sering; seringkali.

왕위(王位) tahta; mahkota; singgasana; keprabuan; kiani. ~에 오르다 naik tahta. ~를 물러나다 turun tahta. ~계승 pewarisan singgasana.

왕자(王子) pangeran.

왕자(王者) raja.

왕정(王政)kerajaan; pemerintahan yang berbentuk kerajaan.

왕조(王朝) dinasti. ~의 yang berhubungan dengan dinasti.

왕족(王族) keluarga bangsawan; keluarga raja.

왕좌(王座)tahta; singgasana; gita; kiani.

왕지네 lipan besar.

왕진(往診) kunjungan dokter ke rumah pasien. ~하다 mengunjungi pasien di rumahnya. ~료 biaya/ pembayaran untuk dokter yang berkunjung. ~시간 jam berkunjung ke orang sakit; waktu besuk.

왕통(王統) keturunan bangsawan/ raja.

왕후(王后) isteri raja; permaisuri.

왕후(王候) raja dan raja muda.

왜(倭) Jepang; orang Jepang.

왜 mengapa; bagaimana; untuk apa; sebab apa; apa sebabnya.~냐 하면 oleh karena.

왜가리 「鳥」 burung bangau; burung ranggung.

왜간장(倭艮醬) kecap asin Jepang.

왜곡(歪曲) ~하다 memutar balikkan; menyampaikan dengan keliru. ~된 해석 pandangan yang keliru; penafsiran yang bias.

왜구(倭寇) perampok/ pembajak Jepang.

왜색(倭色) tata cara Jepang. ~을 일소하다 menyapu bersih tata cara

Jepang.
왜소(矮小) ~한 kecil dan pendek; kerdil.
왜식(倭式) gaya Jepang.
왜식(倭食)makanan/menu Jepang. ~집 restoran Jepang.
왜인(倭人) orang Jepang.
왜인(矮人) orang kerdil/ kate.
왜정(倭政) penjajahan Jepang.
왱왱 dengungan.
외 ☞ 오이.
외(外)① kecuali; diluar; selain; disamping. ~에는 kecuali. 그 ~ selebihnya; lainnya. ② diluar; luar; asing. 시 ~ 에 di luar kota. 전문 ~이다 di luar bidang.
외... hanya; tunggal; satu saja. ~눈(박)이 orang yang bermata satu.
외가(外家) rumah ibu; rumah nenek di pihak ibu.
외각(外角)「幾」sudut luar.
외견(外見) ☞ 외관.
외겹 ~의 tunggal; satu lapis; satu lipat.
외경(畏敬) ~하다 memuja-muja; mentakzimkan.
외계(外界) dunia luar; angkasa luar.
외고집(-固執) ~의 keras kepala; kepala batu; bandel. ~장이 orang yang keras kepala; orang yang bandel.
외곬 ~으로 dengan tekad yang bulat.
외과(外科) bagian bedah. ~ (술)의 yang berhubungan dengan pembedahan. ~ 병원 rumah sakit bagian bedah.
외곽(外廓) garis bentuk/luar; ling karan/cincin luar; blok luar. ~단체 badan ekstra departemen; asosiasi gabungan.
외관(外觀) penampilan luar; pandangan luar; semu. ~상 dari luar; nampaknya; rupanya; kelihatannya.
외교(外交) diplomasi; hubungan diplomatik. ~상의 diplomatik. ~관 diplomat.~문서 dokumen diplomat. ~ 사절단 misi diplomat. ~ 정책 [방침] kebijakan luar negeri.~특권 hak istimewa diplomatik.
외구(外寇) musuh luar.
외국(外國) luar negeri; negeri seberang; negara asing. ~의 asing; luar negeri. ~ 제의 buatan luar negeri. ~무역 perdagangan luar negeri. ~시장 pasar luar negeri. ~어 bahasa asing. ~인 orang asing.
외근(外勤) tugas luar. ~하다 melaksanakan tugas luar.~ 기자 wartawan; reporter. ~자 orang yang bertugas luar.
외기(外氣) upacara terbuka. ~권(圈) angkasa luar.
외기노조(外機勞組) Serikat Pekerja Perusahaan Asing.
외길 jalan tunggal.
외나무다리 jembatan dari sebatang kayu.
외다 menghafal; mengingat-ingat.
외도(外道) ① ☞ 오입(誤入). ② (나쁜 길) jurusan yang salah; arah yang keliru. ~하다 kesasar; tersasar; tersesat.
외등(外燈) lampu luar.

외따로 sendirian; terpencil.
외딴 terpencil; terisolir; terasing. ~집 rumah yang terasing. ~섬 pulau terpencil.
외람(猥濫)~한[된]sombong; angkuh.
외래(外來) ~의 asing; luar negeri. ~어 kata pinjaman; kata asing. ~품 barang-barang impor.
외로이 sendirian; sebatangkara; kesepian. ~ 지내다 hidup sendiri; menjalani hidup sendirian.
외롭다 kesepian; sepi; sunyi; terpencil.
외마디소리 suara yang nyaring/melengking; jeritan.
외면(外面) penampilan luar; eksterior.
외면하다(外面-) buang muka.
외모(外貌) penampilan luar; tampang; raut muka; bentuk muka; ciri-ciri luar.
외무(外務)urusan luar negeri. ~부 Departemen Luar Negeri. ~부 장관 Menteri Luar Negeri. ~(분과) 위원회 Sub Komite Luar Negeri.
외박(外泊)~하다 menginap di luar (hotel dll).
외방(外方) daerah asing; tanah asing.
외벽(外壁) dinding sebelah luar.
외부(外部)sebelah luar; permukaan; latar. ~의 luar; ekstern.~사람 orang luar.
외분비(外分泌) 「醫」 sekresi luar ~선 kelenjar sekresi luar.
외빈(外賓) tamu asing; wisatawan asing.
외사(外事) masalah (urusan) luar. ~과 bagian urusan luar.
외사촌(外四寸) saudara sepupu (dari pihak ibu).
외삼촌(外三寸) mamak; paman (dari pihak ibu).
외상 kredit; utang. ~으로 dengan berhutang. ~거래 transaksi kredit; jual beli dengan berhutang. ~사절 tidak diberikan kredit. ~판매 penjualan kredit.
외상(外相) Menteri Luar Negeri. ~회의 Konferensi Menteri Luar Negeri.
외상(外傷) luka luar.
외설(猥褻) ~하다 cabul; mesum; porno. ~문학 bacaan porno. ~죄 kejahatan cabul. ~행위 perbuatan cabul.
외세(外勢) pengaruh (kekuatan) asing/luar. ~에 의존하다 bergantung kepada kekuasaan negara asing.
외손 ~의 satu tangan.
외손(外孫)cucu dari anak perempuan.
외숙(外叔) mamak; paman (dari pihak ibu). ~모(母) isteri paman.
외식(外食) ~하다 makan di luar; makan di restoran. ~자 orang yang makan di luar.
외신(外信) berita (kawat, telefon) dari luar negeri; berita luar negeri. ~부(장) (editor) bagian berita luar negeri.
외심(外心) 「幾」 lingkungan luar. ~점(點) metasenter.
외아들 putra tunggal.

외양(外洋) laut lepas; samudra; laut bebas.
외양(外樣) penampilan luar. ~을 꾸미다 berdandan; mematut-matut diri.
외양간 kandang. 소 잃고 ~ 고친다 Bagaikan membuat pintu kandang setelah sapi dicuri.
외연기관(外然機關)「幾」 mesin pembakaran diluar.
외용(外用)penggunaan luar. ~하다 menggunakan untuk bagian luar. ~약 obat luar.
외우(外憂) ☞ 외환(外患).
외유(外遊) ~하다 mengadakan perjalanan keluar negeri; melawat keluar negeri.
외유내강(外柔內剛) orang yang keras tetapi berperangai lembut; tangan besi dalam sarung beludru (kiasan).
외인(外人) orang asing. ~부대 legiun asing.
외자(外資)dana/bantuan luar negeri; modal asing.~도입 penanaman modal asing.
외적(外的) luar; sebelah luar.
외적(外敵) musuh luar.
외전(外電) kabar luar negeri; berita luar negeri.
외제(外製)~의 buatan luar negeri; produksi luar. ~차 mobil luar negeri; mobil buatan luar. ~품 barang-barang impor.
외조모(外祖母)nenek dipihak ibu.
외조부(外祖父)kakek dipihak ibu.
외종(外從) sepupu dari pihak ibu.
외지(外地) negara asing; luar negeri; negeri seberang.~근무 tugas/dinas luar negeri.
외지다 terpencil; terisolasi.
외채(外債) pinjaman luar negeri; utang luar negeri. ~를 모집하다 mencari pinjaman luar negeri.
외척(外戚)hubungan keluarga dengan pihak ibu; kerabat dari pihak ibu.
외출(外出) keluar. ~하다 keluar (rumah). ~ 중이다 sedang keluar. ~금지 pengurungan; penahanan. ~날 hari keluar.~복(服) pakaian keluar. ~시간 waktu keluar.
외치다 berteriak; berseru; bersorak; menjerit; memekik; berkoar.
외탁(外-) ~하다 menuruni sifat/ciri ibunya.
외토리 orang yang kesepian.
외투(外套) mantel; baju luar; jas luar.
외판원(外販員) pramuniaga.
외풍(外風) (바람) angin luar, (외둗풍) gaya asing.
외피(外皮)kulit luar; sekam; kutikula.
외할머니(外 -) ☞ 외조모.
외할아버지(外-) ☞ 외조부.
외항(外港) pelabuhan luar negeri.
외항선(外航船) kapal untuk pelayaran luar negeri.
외해(外海) lautan bebas.
외향성(外向性) 「心」 keceriaan. ~의 ceria. ~의 사람 orang yang ceria.
외형(外形)bagian luar;bentuk luar; tampang; bangun. ~(상)의 keadaan luar; luar.~은 dalam keadaan yang

baik.

외화(外貨) mata uang asing. ~가득 율(率) tingkat pendapatan devisa. ~보유고 simpanan devisa. ~준비 cadangan devisa.

외화(外畵) film asing.

외환(外換)devisa. ~은행 bank devisa.

외환(外患)ketakutan terhadap serangan luar/gangguan luar negeri.

왼 kiri.

왼손 tangan kiri. ~잡이 orang kidal. ~잡이 투수 pelempar kidal.

왼쪽(sebelah) kiri. ~에 sebelah kiri (dari).

왼편(- 便) pihak kiri.

요(要)~는 [컨대]yang penting adalah; secara singkat; singkat kata.

요 alas tidur; tikar; kasur. ~를 깔다 [개다] mempersiapkan [membereskan] alas tidur.

요 ① yang kecil ini. ~까짓 ... sekecil ini. ~놈 orang ini. ② ini; dekat. ~근처에 dekat sini; tidak jauh dari sini.

요가 yoga. ~의 수련자 orang yang mempraktekkan yoga; yogi.

요강 bejana tempat air kencing; pispot.

요강(要綱) garis besar; prinsip utama.

요건(要件) faktor terpenting; faktor yang esensial.

요격(邀擊) ~하다 serangan tibatiba. ~기(機) (pesawat) penyerang cepat. ~ 미사일 peluru kendali anti peluru kendali.

요괴(妖怪) hantu; sesuatu yang aneh dan muncul tiba-tiba. ~스러운 jahat; misteri; aneh.

요구(要求)permintaan;penuntutan; gugatan;sanggahan;tuntutan.~하다 meminta;menuntut.~에 따라 sesuai dengan permintaan; atas permintaan. 시대의 ~ kebutuhan zaman.

요구르트 susu asam.

요귀(妖鬼) hantu; sesuatu yang muncul tiba-tiba.

요금(料金) pembayaran; ongkos biaya; tarif ~표 daftar harga.

요기(妖氣) suasana yang menyeramkan.

요긴(要緊)~한 penting; vital; berbobot.

요녀(妖女) kuntilanak; peri.

요다음 yang berikut. ~의 berikut; selanjutnya. ~에 nanti.

요담(要談) ~하다 berbicara mengenai hal-hal penting.

요도(尿道) 「解」 perkencingan; uretra.~관 saluran kencing.~염(炎) radang saluran kencing.

요독증(尿毒症) 「醫」 keracunan air kencing.

요동(搖動) ~하다 berayun; terombang-ambing; jungkat-jungkit; berombak-ombak; ungkat-angkit.

요란(擾亂) ~한, ~스런 ribut; onar; keras; gaduh; gempar. ~하게 dengan ribut; dengan gaduh.

요람(要覽) garis besar; pedoman.

요람(搖籃) (흔드는) ayunan;buaian. ~지 tempat lahir; tanah tumpah darah.

요략(要略) ringkasan.

요량(料量) maksud; niat; rencana;

~하다 merencanakan.

요런 seperti ini; macam ini.

요령(要領) (요점) intisari; (개략) ringkasan; garis besar; (비결) kiat; kunci/rahasia.~있는 berpikiran sehat; bijaksana.

요령(搖鈴) lonceng tangan.

요로(要路) (길) jalan utama; (요직) kedudukan penting; (당국) yang berwenang. ~에 있는 사람들 orang yang berwenang.

요리(料理) ① masak-memasak. ~하다 memasak. ~를 잘[못]하다 memasak dengan baik [jelek]. ~기구 peralatan masak-memasak. ~대 meja dapur.~법 seni masak memasak. ~사 juru masak. ~책 buku masak. ~학원 sekolah memasak. 고기[야채] ~ hidangan daging[sayur-sayuran].중국[서양]~masakan/makanan Cina [Barat].②pengelolaan;penanganan.~하다 mengelola; menangani.

요리조리 disana-sini; cara ini dan itu.~핑계를 대다 mencari alasan ini dan itu.

요만 begitu sedikit (remeh). ~큼 yang sedikit ini.~ 것[일] yang kecil ini; yang remeh ini.

요망(妖妄) ~ 스러운, ~한 (perempuan yang berkelakuan)seperti siluman.

요망(要望) keinginan; hajat; kehendak; niat; maksud; keperluan; kebutuhan; pengharapan. ~하다 ingin; mengingini; berkehendak.

요면(凹面) kecekungan. ~경 cermin cekung.

요목(要目) hal-hal penting; pokok pikiran. 교수~ silabus.

요물(妖物) hantu; setan; jin; peri; siluman.

요법(療法) pengobatan; perawatan; terapi; penyemburan. 가정[정신] ~ pengobatan di rumah [fisik].민간 ~ pengobatan tradisional.

요부(妖婦) wanita penggoda.

요부(腰部) pinggang.

요사(夭死) ☞ 요절(夭折).

요사(妖邪) ~스럽다 (perempuan yang berkelakuan) seperti siluman. ~떨다, ~부리다 berlaku seperti siluman.

요사이 ☞ 요새.

요산(尿酸) 「化」 asam urat.

요새 baru-baru ini; akhir-akhir ini.

요새(要塞) benteng; pertahanan; perkubuan. ~화하다 membentengi. ~지대 zona strategis.

요소(尿素) 「化」 urea.

요소(要所) posisi penting; titik kunci.

요소(要素) unsur; bahan asal; zat asal; inti; komponen; anasir. ...의 ~를 이루다 diperlukan; esensial.

요술(妖術)sulap; sihir. ~을 부리다 bermain sulap.~장이 pemain sulap.

요식(要式)~의 resmi. ~계약[행위] perjanjian [tindakan] resmi.

요식업(料食業) usaha restoran. ~자 (者) pemilik restoran.

요약(要約) ~하다 menyingkatkan; meringkaskan; mengikhtisarkan. ~해서 말하면 secara singkat; secara ringkas.

요양(療養) penyembuhan; pemulihan; tetirah. ~하다 memulihkan diri. ~소 sanatorium; petirahan.

요업(窯業) industri keramik/tembikar. ~미술 seni keramik. ~소 pabrik keramik. ~제품 barang-barang keramik.

요연(瞭然) ~한 jelas; nyata. 그것은 일목 ~하다 Hal itu jelas sekali pandang.

요염(妖艶) ~하다 mempesona; menggoda; menarik hati; memikat. ~한 모습 bentuk badan yang mempesona.

요원(要員) personil yang diperlukan. 기간~ anggota dinas rahasia.

요원(燎原) padang rumput yang terbakar. ~의 불길처럼 퍼지다 menyebar seperti kebakaran yang ganas.

요원(遼遠) ~한 jauh; panjang. 전도 ~하다 masa depan panjang.

요인(要人) orang penting.

요인(要因) faktor; unsur; sebab utama.

요일(曜日) hari. 오늘 무슨 ~ 이지 Hari apa sekarang?

요전(-前) ① (요전날) baru-baru ini. ② (전) yang lalu; waktu yang lalu; kemarin-kemarin. ~일요일 hari minggu yang lalu.

요절(夭折) kematian dini. ~하다 mati muda.

요절나다 ① (못쓰게 되다) hancur; rusak; kacau. ② (일이) sia-sia.

요절내다 menghancurkan; merusakkan.

요점(要點) maksud utama; pangkal pokok; pokok; ikhtisar; bagian isi; penting.

요정(妖精) peri; bidadari; dewi.

요정(料亭) warung remang-remang.

요조(窈窕) ~숙녀 wanita baik-baik; wanita suci.

요즈음 akhir-akhir ini; baru-baru ini; barusan ini; kini dewasa ini; saat ini.

요지(要地) tempat yang penting; pangkal pokok.

요지(要旨) sari pati; intisari; pati; isi.

요지경(瑤池鏡) kaca wasit.

요지부동(搖之不動) ~하다 teguh; tabah; tegar.

요직(要職) jabatan penting. ~에 있다 memegang jabatan penting.

요처(要處) tempat strategis.

요철(凹凸) ~있는 lekak-lekuk.

요청(要請) permintaan. ~하다 meminta; menuntut.

요충(要衝) tempat strategis. ~지 = 요충.

요충(蟯蟲) cacing pita; cacing kremi.

요컨대(要-) ringkasnya; secara singkat.

요통(腰痛) 「醫」 sakit pinggang.

요트 kapal pesiar.

요하다(要 -) membutuhkan; memerlukan; menghendaki.

요항(要項) hal-hal yang penting; pokok-pokok.

요항(要港) pelabuhan angkatan laut strategis.

요행(僥倖) nasib baik; keberuntungan. ~으로 oleh nasib baik. ~을

바라다 mengharapkan nasib baik.
요혈(尿血) 「醫」 kencing darah.
욕(辱)① makian; ejekan. ☞ 욕하다. ② (치욕) penghinaan; penistaan. ③ (고난) kesukaran; kesulitan.
욕(慾) keinginan; kemauan; hasrat.
욕구(欲求) keinginan; hasrat; kemauan; kehendak; harapan; maksud; aspirasi;. ~하다 menginginkan; berkehendak; berhasrat. 생의 ~ kemauan hidup. ~불만 「心」 frustasi.
욕되다(辱-) penghinaan.
욕망(慾望) keinginan; cita-cita; kemauan; hasrat; kehendak; hawa nafsu; aspirasi; syarah; rindu; selera. ~을 채우다 [억제하다] memuaskan [mengendalikan] hawa nafsu.
욕먹다(辱-)① (욕설당하다) dihina. ② (악평을 듣다) dijelek-jelekkan.
욕보다(辱-) ① (곤란을 겪다) melalui keadaan yang sukar. ② (치욕당하다)dipermalukan.③ (겁간) diperkosa; digagahi.
욕보이다(辱 -)① memperkosa,di muka ② mempermalukan; ③ mencoreng arang.
욕설(辱說)kutukan; umpatan; makian; damprat; omong kasar.~하다 mengutuki; mengumpat; memaki.
욕실(浴室) kamar mandi. ~이 있다 ada kamar mandi; dilengkapi kamar mandi.
욕심(慾心) keserakahan;kerakusan; ketamakan; hawa nafsu. ~많은 rakus; tamak. ~ 꾸러기 orang yang rakus.
욕쟁이(辱-)orang yang suka bicara kotor.
욕정(慾情) nafsu syahwat.
욕조(浴槽) bak mandi; kulah.
욕지거리(辱 -)makian.~하다 memaki.
욕지기 mual; muak; nausea. ~나다 merasa mual; merasa nausea.
욕하다(辱 -) memaki.
용(龍) ular naga.
...용(用)untuk digunakan di ... 가정 ~ untuk digunakan di rumah.
용감(勇敢) keberanian;kegagahan; keperkasaan;keperwiraan; kepahlawanan.~한 berani;gagah perkasa.
용건(用件) urusan; perkara.
용공(容共)~의 pro-komunis.~정책 kebijakan prokomunis.
용광로(鎔鑛爐)tanur tinggi; relau
용구(用具) alat; perabot; instrumen; perkakas; perabot; perlengkapan.
용궁(龍宮) istana naga.
용기(用器) alat; perkakas. ~화 penggambaran alat/ mesin.
용기(勇氣)keberanian;kegagahan; keperkasaan; keperwiraan. ~있는 berani. ~없는 pengecut; tak berani.
용기(容器) wadah.
용꿈(龍 -) ~ 꾸다 bermimpi melihat naga (bermimpi baik).
용납(容納) ~하다 mengizinkan; memperkenankan; memperbolehkan.
용단(勇斷) keputusan yang berani.~을 내리다 membuat keputusan yang pasti/ berani.
용달(用達)pelayanan pengantara-

an. ~하다 mengantarkan barang. ~사 (社) agen pengantar. ~업 bisnis/ usaha pengantaran. ~차 mobil pengantar.

용도(用途) faedah; manfaat; guna; ~가 많다 serbaguna.

용돈(用-) uang saku; uang jajan.

용두사미(龍頭蛇尾) awal yang bagus dan akhir yang jelek. ~로 끝나다 naik seperti roket dan jatuh seperti tongkat.

용두질 masturbasi; onani; rancap. ~하다 melakukan masturbasi; merancap.

용량(用量) dosis; takaran.

용량(容量) muatan; isi; kapasitas.

용력(用力) ~하다 ① (마음을) memusatkan pikiran.② (힘을)mengerahkan tenaga.

용례(用例)contoh. ~를 들다 memberi contoh.

용마루(龍 -) bubungan; bubung; perabung(an); karpus; wuwungan.

용매(溶媒) 「化」 pelarut; pencair.

용맹(勇猛) ~한, ~스런 berani; gagah berani; jantan. ~심 semangat yang berani.

용명(勇名) kemasyhuran oleh karena keberanian. ~을 떨치다 tersohor/ terkenal karena keberanian.

용모(容貌) rupa; wajah; paras; air muka; durja.

용무(用務) urusan. ~를 띠고 sedang berurusan. ~를 마치다 menyelesaikan urusan.

용법(用法) pemakaian; penggunaan; cara pakai.

용변(用便) ~보다 buang air.

용병(用兵) taktik; strategi.

용병(傭兵) tentara bayaran; serdadu bayaran.

용사(勇士) pemberani; pahlawan; ksatria; jagoan.

용상(龍床) tahta kerajaan.

용서(容恕)pengampunan; pemaafan.~하다 mengampuni; memaafkan. ~ 없이 tanpa ampun.

용선(傭船)pencarteran;kapal carteran. ~하다 mencarter (menyewa) kapal. ~계약(서) perjanjian carter kapal. ~료 biaya/ tarif carter kapal.

용솟음 ~치다 menggelegak; bersemburan; menyembur.

용수(用水) air; air irigasi; air hujan. ~로(路) saluran air. ~지(池) waduk. ~통 tangki air.

용수철(龍鬚鐵) pegas; per; bilah baja.

용심부리다(用心-) mendengki.

용쓰다 mengerahkan tenaga.

용안(龍顔) muka raja.

용암(熔岩) 「地」 batuan cair; lava.

용액(溶液) pelarutan; pelarut.

용어(用語) istilah; terminologi; penyusunan kata-kata; diksi. 관청 ~bahasa resmi.전문~ istilah teknis. 학술~ istilah ilmiah.

용언(用言) 「言」 tasrif.

용역(用役)pelayanan;tugas. (민간) ~ 단(團) kesatuan tugas.

용왕(龍王) raja naga.

용의(用意)kesediaan; kesanggupan; kesiapan.~ 주도한 berhati-hati ~가 있다 bersedia.

용의자(容疑者) orang yang di-

curigai;si tersangka.유력한 ~ yang paling dicurigai; tersangka kunci.
용이(容易) ~한 mudah; gampang; sederhana. ~하지 않은 sulit; sukar. ~하게 dengan mudah.
용인(容認) ~하다 mengakui; menyetujui.
용장(勇將) prajurit yang hebat, jenderal yang gagah berani.
용적(容積) kapasitas; isi; volume. ~량 ukuran kapasitas. ~톤 ukuran ton.
용점(熔點) titik leleh; titik lebur.
용접(鎔接) las. ~하다 mengelas. ~공 pengelas; tukang las. ~기 mesin las. 전기[가스] ~ pengelasan listrik [gas].
용제(溶劑) cairan/ bahan pelarut; pencair.
용지(用地)situs; tanah.건축~ situs bangunan.주택~ tanah perumahan. 철도~ tanah untuk rel kereta api.
용지(用紙) kertas formulir. 시험~ kertas ujian. 신청[주문] ~ formulir lamaran [pesanan]. 전보~ formulir telegram.
용퇴(勇退) pengunduran diri atas kemauan sendiri/sukarela. ~하다 mengundurkan diri secara sukarela.
용트림 ~하다 bersendawa keras.
용품(用品)barang persediaan/ keperluan.가정~ barang-barang keperluan rumah tangga. 사무 ~ barang-barang kantor.
용하다① (재주가) mahir.② (장하다) membanggakan.③(특출)luar biasa.
용해(溶解) pelarutan; pencairan; pengenceran. ~하다 mencairkan; melarutkan. ~력 daya larut.~액 larutan.
용해(鎔解) peleburan. ~하다 melebur. ~로(爐) pembakaran untuk peleburan. ~성 keleburan.
용호상박(龍虎相搏)pertempuran naga dan harimau.
우(右)kanan. ~회전 금지 dilarang belok kanan.
우(優) Baik; B.
우각(牛角) tanduk lembu.
우거(寓居) ① gubuk. ② tempat tinggal sementara. ~하다 tinggal untuk sementara.
우거지 daun luar kol.
우거지다 tumbuh lebat/ subur.
우거지상(-相) muka mengerut.
우겨대다 bersikeras; bersikukuh. 콩을 팥이라고 ~ bersikukuh yang putih adalah hitam.
우격다짐 ~하다 memaksa. ~으로 dengan sewenang-wenang; dengan paksa.
우견(愚見) pendapat saya (yang rendah).
우경(右傾) ~하다 berpihak kepada kelompok kanan; condong ke kanan. ~파(派) aliran sayap kanan.
우국(憂國) patriotisme; kecintaan pada tanah air.~지사 patriot.~지심 jiwa patriot; semangat juang.~충정 patriotisme yang kuat.
우군(友軍) angkatan bersenjata kawan/sekutu.
우그러뜨리다 mengerunyutkan.
우그러지다 dikerunyut.
우글거리다 ① (물이) menggelem-

bung; meluap-luap; mendidih. ② (생물) berkeriapan; mengeriap.

우글우글① dalam kerumunan;berkerumun. ~하다 mengerumuni. ② ☞ 우글쭈글.

우글쭈글 ~하다 kusut; keriput; berkerut.

우기(右記) ~의 tersebut di atas.

우기(雨氣)tanda-tanda hujan mau turun.

우기(雨期) musim hujan.

우기다 bersikeras; berkukuh.

우는소리 keluhan. ~하다 mengeluh; mengomel.

우단(羽緞) beludu; beludru.

우당탕 dentang; dentuman. ~하다 [거리다] berdentum; berdentang-dentang.

우대(優待) perlakuan khusus.~하다 memperlakukan secara khusus. ~권 tiket preferensial.

우두(牛痘)vaksin cacar. ~를 놓다 mencacar; memberi vaksin. ~를 맞다 divaksin; dicacar.

우두머리 kepala; pemimpin; bos.

우두커니 kosong; hampa; linglung. ~ 바라보다 melihat dengan pandangan hampa.

우둔(愚鈍) ~한 bodoh; lamban; pandir.

우등(優等)peringkat atas/tertinggi. ~상(賞) hadiah peringkat tertinggi.

우뚝 bentuk yang tinggi menjulang. ~하다 tinggi; agung; menjulang.

우라늄「化」 uranium. 천연[농축] uranium alami [diperkaya].

우락부락하다 kasar.

우람스럽다 mengesankan; agung; megah.

우량(雨量) curah hujan. ~계 alat pengukur curah hujan.

우량(優良) ~한 unggul; superior; pilihan. ~도서 buku pilihan. ~아(兒) bayi sehat. ~아 선발 대회 perlombaan bayi sehat.

우러나다 menyerap (seperti rasa daging ke dalam air waktu dimasak).

우러나오다 keluar dari hati (tentang ucapan).

우러러보다 ① (쳐다보다) melihat ke atas; menengadah.② (존경하다) memandang tinggi; menghormati.

우러르다 memandang ke atas; menengadah.

우렁이 siput.

우레 ☞ 천둥. ~같은 bergemuruh. ~와 같은 박수 tepuk tangan bergemuruh.

우레탄「化」 uretan.

우려(憂慮) cemas; prihatin; khawatir. ~하다 khawatir tentang; mencemaskan sesuatu.

우려내다 menyerkai, memeras.

우려먹다 ☞ 우려내다.

우롱(愚弄) ejekan; cemoohan. ~하다 mengejek; mencemooh.

우루과이 Uruguay. ~사람 orang Uruguay.

우르르 ① berdesak-desakan. ~몰려오다 datang bergerombol. ② (우뢰소리) bergemuruh.

우리(동물의) sangkar; kurung; kandang; kerangkeng.

우리 kita; kami. ~의 kita/kami (kepunyaan).~에게 kami/kita (obyek)

~나라 negara kita.
우리다 ① (물에 담가서) meresap keluar. ② ☞ 우려내다.
우마(牛馬)sapi dan kuda. ~ 차 kereta kuda; pedati.
우매(愚昧) ~한 bodoh; bebal.
우모(羽毛) bulu burung.
우무 agar-agar.
우묵우묵하다 berlobang sana-sini.
우묵하다 cekung; berlobang.
우문(愚問) pertanyaan yang bodoh. ~ 우답 pembicaraan yang tidak berguna. ~현답 jawaban yang bijak atas pertanyaan yang bodoh.
우물 sumur; perigi; luak; sendang. ~안개구리 katak dalam tempurung.
우물거리다 berkeriapan; mengeriap. 벌레들이 ~ ulat-ulat mengeriap.
우물거리다(씹다 말하다) komat-kamit; mengomel;.
우물우물 berkeriapan; mengeriap. ~ 말하다[씹다] [mengunyah-ngunyah] berkomat-kamit.
우물지다 ① (보조개가 팸) lesung pipit.② (우묵패다) melesak ke dalam; berlubang kecil.
우물쭈물 dengan ragu-ragu.~하다 ragu-ragu;bimbang.~하다가 기회를 놓치다 membuang kesempatan.
우뭇가사리 『植』 agar-agar.
우미(優美) ~한 anggun.
우민(愚民)rakyat jelata. ~정치 politik rakyat jelata.
우박(雨雹) hujan batu;hujan beku; hujan es.~이 온다 Hujan batu turun.
우발(偶發)kebetulan.~하다 terjadi secara kebetulan. ~적(으로) (secara)kebetulan.~사건 kecelakaan.
우방(友邦) bangsa yang bersahabat; negara sekutu.
우범(虞犯) ~소년 anak muda yang cenderung berbuat jahat. ~지대 daerah yang rawan kejahatan.
우비(雨備)pelindung terhadap hujan.
우비다 menggali; mengorek; mencungkil.
우비적거리다 mengorek-ngorek.
우산(雨傘) payung. ~쓰다 memakai payung. ~살 kerangka payung.
우상(偶像) berhala; patung; arca; reca.~화하다 memberhalakan; memuja.~숭배 penyembahan berhala; pemujaan berhala.
우생(優生)perbaikan turunan; pemuliaan. ~결혼 perkawinan yang bertujuan untuk memperbaiki keturunan. ~학 ilmu pemuliaan turunan.
우선(于先) ① (첫째로) pertama-tama; pertama sekali; terlebih dahulu. ② (좌우간) bagaimanapun juga.
우선(優先) prioritas;pengutamaan. ~하다 mengutamakan. ~의 istimewa. ~적으로 secara istimewa. ~권(權) hak prioritas. ~배당 devidens preferens.
우성(優性)dominasi; karakter dominan. ~의 dominan. ~유전 prepotensi. ~형질 karakter dominan.
우세 ~하다 dipermalukan. ~ 스럽다 memalukan.
우세(優勢)keunggulan;keutamaan;

kemenangan; keistimewaan. ~한 unggul. ~를 차지하다 mengungguli. ~를 유지하다 menguasai. ~ 해지다 mendapat kekuasaan (pengaruh).

우송(郵送) ~하다 mengirim lewat pos. ~료 bea kirim.

우수(牛手) tangan kanan.

우수(偶數) ☞ 짝수.

우수(憂愁) sifat pemurung.

우수(優秀)~한 bagus;memuaskan; istimewa. ~한 학생 siswa yang mampu/pandai.

우수리 ① kembalian. ~를 내주다 [받다] memberikan [mendapat] kembalian. ② pecahan. ~를 버리다 menghilangkan pecahan.

우수수 berguguran. ~하다 mendesir; mengersik; berdesau. ~ 떨어지다 jatuh berguguran.

우스개 lelucon.

우스꽝스럽다 lucu; menggelikan.

우습게보다[여기다]① (경멸) memandang rendah/menganggap. ② (경시) meremehkan; menganggap enteng; menyepelekan.

우습다 ① (재미있다) lucu; menggelikan. ② (하찮다) sepele; kecil; remeh. ③ (기이하다) ganjil; aneh dan langka.

우승(優勝) kemenangan. ~하다 memenangkan pertandingan. ~기 bendera kemenangan. ~자 juara; pemenang.

우시장(牛市場) pasar sapi.

우아(優雅) keanggunan; keelokan. ~한 anggun; molek; elok; bagus sekali. 몸가짐이 ~하다 mempunyai pembawaan yang anggun.

우악(愚惡) ~스러운 [한] tak berpendidikan dan kasar.

우애(友愛) kasih sayang persaudaraan. ~결혼 perkawinan yang serasi.

우엉 「植」 sejenis tumbuhan liar dengan daun yang lebar.

우여곡절(迂餘曲折) liku-liku; jatuh bangun.~끝에 setelah banyak liku-liku.

우연(偶然) hal yang kebetulan. ~한 kebetulan. ~히 secara kebetulan.~의 일치 (-致)kebersamaan yang kebetulan. ~론 aksidentalisme.

우열(優劣) superioritas dan inferioritas.~을 다투다 berjuang untuk superioritas/keunggulan.

우왕좌왕(右往左往) ~하다 kebingungan; mondar-mandir.

우울(憂鬱) kemurungan jiwa; semangat rendah. ~한 murung;kesal; sedih; patah hati. ~증 hipokondria.

우월(優越) keistimewaan; keunggulan ~한 unggul; tertinggi. ~감 rasa tinggi hati.

우위(優位)keunggulan; keulungan. ~에 서다 berada dalam keadaan menguntungkan.

우유(牛乳) susu lembu. 상한 ~ susu asam. ~로 기르다 memberi susu lembu (kepada bayi).~를 짜다 memerah susu lembu. ~가게 toko susu.

우유부단(優柔不斷) ~한 bimbang; ragu-ragu. ~한 사람 orang yang ragu-ragu.

우육(牛肉) daging sapi.

우의(友誼) persahabatan.~를 돈독하게 하다 mempererat persahabatan.
우의(雨衣) mantel hujan.
우이(牛耳) ~잡다 menjadi pemimpin; memimpin. ~독경 [송경] berkhotbah kepada orang yang tuli.
우익(右翼) ① (열) sayap kanan. ② sayap kanan; lapangan sebelah kanan. ~수 pemain sayap kanan.③ kelompok kanan; sayap kanan. ~단체 organisasi sayap kanan. ~운동 pergerakan kelompok kanan.
우자(愚者) orang bodoh.
우장(雨裝) mantel hujan; jas hujan. ☞ 우비.
우정(友情) persahabatan. ~있는 ramah tamah; bersahabat; baik hati. ~을 맺다 mengikat persahabatan.
우정(郵政) pelayanan pos.
우주(宇宙)alam semesta; kosmos; angkasa luar. ~의 semesta; sedunia; keseluruhan; seluruh dunia. ~ 개발 계획 proyek pengembangan ruang angkasa. ~공항 pelabuhan angkasa luar. ~ 과학 ilmu angkasa luar. ~복 pakaian angkasa luar. ~선(線) sinar kosmik. ~선 pesawat angkasa luar.
우중(雨中) ~에 pada waktu hujan. ~에도 불구하고 walaupun hujan.
우중충하다 muram; suram.
우지(牛脂) gemuk; lemak.
우직(愚直) ~한 lugu.
우짖다 menjerit; berteriak.
우쭐거리다 berjalan dengan congkak.
우쭐하다 congkak; sombong; angkuh.
우차(牛車) pedati.
우천(雨天)cuaca mendung/hujan.~순연(順延) Bila hujan ditunda sampai hari cerah pertama.
우체(郵遞) ~국 kantor pos. ~ 국장 kepala kantor pos. ~국원 pegawai kantor pos.~부 ☞ 우편 집배원/~통 kotak surat.
우측(右側) sebelah kanan. ~통행 Selalu Jalur kanan.
우툴두툴하다 tidak rata; kasar.
우파(右派) sayap kanan. ~ 사회당 partai sosialis sayap kanan.
우편(右便) sebelah kanan.
우편(郵便) pos surat; pelayanan surat.~으로 보내다 dikirim melalui surat/pos.~낭 kantong surat.~번호 kode pos. ~ 사서함(函) kotak surat di kantor pos. ~요금 bea kirim.
우편물(郵便物)benda-benda pos. 제일종 ~ benda pos kelas satu.
우편환(郵便換) pos wesel.
우표(郵票) perangko; materai surat. ~수집 koleksi perangko. ~수집가 kolektor perangko.~ 수집광 gila perangko.
우피(牛皮) kulit lembu.
우향(右向) ~우(右) Hadap kanan! ~ 앞으로 가 Belok kanan!
우현(右舷) 「海」 Haluan kanan.
우호(友好) persahabatan. ~적 ramah tamah;bersahabat.~관계(關係) hubungan baik. ~조약 perjanjian persahabatan. ~ 협력조약 perjanjian kerjasama persahabatan.
우화(寓話) dongeng perumpama-

an. ~작가 penulis dongeng perumpamaan/fabel.

우환(憂患) penyakit; gangguan; musibah. 집안에 ~이 있어서 dikarenakan ada musibah dalam keluarga.

우회(迂回) ~하다 mengambil jalan memutar. ~로(路) jalan (rute) memutar.

우회전(右回轉) ~하다 belok kanan. ~금지 dilarang belok kanan.

우후(雨後) sesudah turun hujan. ~ 죽순처럼 나오다 Muncul bagai rebung sesudah hujan.

욱신거리다 sakit yang menusuk-nusuk/berdenyut-denyut.

운(運) untung; nasib; rejeki. ~(이) 좋은 beruntung; bernasib baik. ~나쁜 tidak beruntung; bernasib jelek. ~좋게 mujurlah; untunglah. ~나쁘게 malang sekali; sayang sekali. ~이 좋으면 kalau nasib mujur. ~이 다하다 kemujuran menjauh.

운(韻) bait sajak. ~을 맞추다 menyajakkan.

운동(運動) ① gerakan; gerak. ~하다 bergerak. ~의 법칙 hukum gerak. ~량 momentum. ② olah raga. ~하다 berolah raga. ~가[선수] atlit; olahragawan. ~경기 olah raga atletik. ~구 peralatan olah raga. ~복 pakaian olah raga. ~ 부족 kurang olah raga. ~신경 syaraf pergerakan. ~장 lapangan olah raga. ~화 sepatu olah raga. ~회 pertemuan atletik. 실내~ pertandingan di ruang tertutup. 옥외 [야외] ~ olahraga luar ruangan [lapangan]. ③ usaha; kegiatan; aksi; krida; kampanye; lobi. ~하다 berusaha; melakukan kegiatan/kampanye/lobi. ~을 하다 berusaha tuk mendapatkan jabatan. ~원 orang yang berkampanye.

운명(運命) takdir; suratan; kodrat; peruntungan. ~의 장난 liku-liku kehidupan; ironi kehidupan. ...과 ~을 같이하다 berbagi nasib dengan ... .

운명(殞命) ~하다 kiamat; berakhir; mati.

운모(雲母) 「鑛」 mika. 백 ~ mika putih. 흑 ~ mika hitam.

운무(雲務) awan dan kabut.

운문(韻文) bait sajak/puisi/syair/pantun.

운반(運搬) pengangkutan; pengiriman. ~하다 mengangkut. ~비 ongkos angkut. ~인 pengang-kut barang; kuli angkut.

운석(隕石) batu bintang; tahi bintang.

운송(運送) pengangkutan. ~하다 mengangkut. ~료 ongkos angkut. ~비(費) biaya transport/pengangkutan. ~업 usaha pengangkutan. ~업자 agen pengangkutan. 해상[육상]~ pengangkutan melalui laut [darat].

운수(運數) bintang seseorang (kiasan); keberuntungan; untung ☞ 운(運). ~가 좋은 [나쁜] untung baik [buruk].

운수(運輸) angkutan; pengangkutan. ☞ (운송). ~ 노조(勞組) serikat buruh angkutan. ~(사)업

usaha pengangkutan.

운신(運身) ~도 못하다 tidak dapat bergerak.

운영(運營) pengelolaan; pengusahaan; manajemen. ~하다 mengelola; mengusahakan. 호텔을 ~하다 mengelola hotel. ~비 [자금] biaya [dana] pengelolaan. ~ 위원회 komite pengelolaan.

운용(運用) pemakaian; penggunaan; aplikasi. ~하다 memakai; menggunakan. ~자본 modal kerja.

운운(云云) dan seterusnya. ~하다 memperbincangkan; mengeritik.

운율(韻律) irama; matra. ~에 맞다 berirama.

운임(運賃) tarif barang-barang; ongkos angkutan. ~표 daftar tarif. 여객 ~ ongkos penumpang. 초과 ~ ongkos kelebihan.

운전(運轉) pengoperasian (mesin); pengemudian ~하다 menjalankan; mengoperasikan; mengemudikan. 자동차를 ~하다 mengemudikan mobil. ~대 tempat duduk sopir. ~ 자본 modal kerja.

운집(雲集) ~하다 berkumpul; berkerumun; mengerumun.

운치(韻致) kesyahduan; kesedapan; keanggunan. ~있는 syahdu; anggun.

운하(運河) terusan; kanal. ~를 파다 menggali terusan. ~ 통과료(料) bea terusan.

운항(運航) pelayanan kapal; pelayanan udara; pelayaran. ~하다 berlayar.

운행(運行) (천제의) revolusi; peredaran. (차량의) operasi (kendaraan). ~하다 berevolusi; beredar; beroperasi.

울 pagar; pembatas. ~을 치다 memagari; membentengi.

울긋불긋하다 berwarna-warni.

울다 ① menangis; meratap. 아파서 ~ menangis karena kesakitan. 비보에 접하여 ~ meratapi kabar sedih. 마음속으로 ~ menangis dalam hati. ② (동물이) melolong (suara-suara binatang). ③(종 따위) berdering. ④ (귀가) mendengung. ⑤ (옷 장판 따위가) mengkerut.

울대 (조류의) tembolok.

울렁거리다 (가슴) berdebar-debar; dag-dig-dug; (메슥 거림) merasa mual; (물결이) mengombak.

울리다 ① membuat menangis; mendukakan hati. 아이를 ~ membuat menangis anak. ② (소리를 내다) membunyikan. 경적을 ~ membunyikan klakson. ③ (들리다) bergema; bergaung. ④ bergema (nama). 명성이 전국에 ~ bergema ke seluruh tanah air.

울림 suara; bunyi; getaran; echo.

울보 cengeng; penangis.

울부짖다 menggerung.

울분(鬱憤) kemarahan; dendam; kebencian. ~을 풀다 melampiaskan marah (pada). ~을 참다 menahan amarah.

울상(-相) muka mau menangis. ~을 하다[짓다] membuat muka mau menangis.

울음 ratapan; tangisan. ~을 터뜨리다 meledak tangisan. ~을 참다 menahan air mata.

울음소리 tangis; suara tangisan.
울적(鬱寂) ~한 bermuram durja. ~한 기분으로 dengan hati yang berat.
울창(鬱蒼) ~한[하게] [dengan] rimbun; [dengan] lebat.
울타리 pagar (penyekat, pendinding, pembatas).
울퉁불퉁하다 tidak rata; kasar.
울화(鬱火) amarah yang tertahan. ~가 치밀다 merasakan gelora amarah yang tertahan. ~병 penyakit karena menahan amarah.
움 tunas; kecambah; pucuk. ~이 돋다[트다] bertunas; berkecambah.
움 (땅속광) lobang galian. ~묻다 membuat liang.
움막(-幕) gubuk tanah. ~살이 hidup di gubuk tanah.
움직이다 ① (변동하다 변경시키다) berubah; beralih.② (이동하다) pindah; (기계등이) beroperasi; jalan. ③menyentuh hati. 청중을 ~ menyentuh hati pemirsa. ④ terpengaruh.감정에 ~ terbawa emosi. 돈에 ~ dipengaruhi oleh uang. ⑤ menggerakkan; mengoperasikan; menjalankan. 기계를 ~ mengoperasikan mesin.
움직임 pergerakan; operasi; (동향) kecenderungan; arus.
움집 gubuk tanah.
움츠러들다 meringkuk; mengkeret.
움츠리다 목을 ~ memengkeretkan leher. 몸을 ~ mengukulkan badan.
움켜잡다 memegang; mencengkeram; meraih.
움켜쥐다 menggenggam; mengepal; menguasai.
움큼 segenggam; sejumpluk.
움푹하다 cekung; melesak ke dalam.
웃기다 menggelikan;membuat tertawa.
웃녘 bagian/sisi atas.
웃니 gerigi atas.
웃다 ① tertawa; ketawa; gelak. 하하 [허허] ~ ha-ha. 킥킥 ~ terkikih-kikih. ② (비웃다) menertawakan; mencemooh.
웃도리 badan bagian atas.
웃돈 uang ekstra; premium.
웃돌다 lebih dari;melebihi.평년작을 ~ melebihi hasil rata-rata.
웃목 tempat di atas lantai jauh dari perapian.
웃물 (상류) hulu.
웃사람 atasan; senior.
웃옷 baju.
웃음 tawa; gelak; (미소) senyum; (조소)seringai; cemooh.~을 띄우고 dengan senyum.
웃음거리 bahan tertawaan. ~가 되다 menjadi bahan tertawaan.
웃자리 (높은 지위) pangkat yang tinggi, (상좌) tempat duduk kehormatan.
웃통 bagian atas badan. ~을 벗다 membuka baju atas; bertelanjang dada.
웅거(雄據) ~하다 mempertahankan daerah kekuasaan.
웅그리다 berjongkok.
웅담(熊膽) empedu beruang.
웅대(雄大) ~한 agung; besar; he-

bat. ~한 구상 gagasan besar.
웅덩이 genangan air.
웅변(雄辯) kepandaian berpidato; kefasihan. ~을 토하다 berbicara dengan fasih. ~가 pembicara yang mahir.
웅비(雄飛)~하다 menonjolkan diri; memainkan peran yang penting.
웅성거리다 ribut; gaduh.
웅얼거리다 komat-kamit; bergumam.
웅자(雄姿) bentuk/gaya yang megah.
웅장(雄壯)~한 agung; megah. ~한 건물 bangunan yang megah.
웅크리다 merangkang; berjongkok; berlangkung; menggerumuk.
워낙 pada awalnya;sungguh-sungguh; memang; tentu saja.
워밍업 pemanasan badan. ~하다 melakukan pemanasan.
워키토키 walkie-talkie.
워터 air. ~탱크 tangki air.
원(員) anggota.
원(圓) lingkaran; keliling; bulatan; bundaran; lingkungan; kalangan. ~운동 gerakan melingkar.
원(願) keinginan; kemauan. 평생의 ~ keinginan seumur hidup.
원 *won* (mata uang Korea).
원...(元.原) asalmula; permulaan; sumber.
원가(原價) harga pokok.~로 [이하로]팔다 menjual pada [di bawah] harga pokok. ~계산 perhitungan biaya.
원거리(遠距離) jarak jauh. ~에 pada jarak jauh.
원격(遠隔) ~한 jauh.~조작 [조종] alat pengontrol jarak jauh. ~측정 pengukuran jarak jauh.
원경(遠景) pandangan jauh; perspektif.
원고(原告) penuntut; penggugat; penuduh.
원고(原稿) naskah; tulisan; artikel; skrip. ~료 pembayaran untuk naskah; honor naskah.강연 ~ naskah pidato.
원군(援軍) bala bantuan. ~을 보내주다 mengirimkan bala bantuan.
원근(遠近) ~의 [에] jauh dekat; jauh dan dekat. ~법 (法) metode (penyajian) perspektif.
원금(元金) uang pokok; modal.
원기(元氣) kekuatan; tenaga; semangat. ~ 왕성한 giat; penuh semangat. ~부족 kurang semangat.
원기둥(圓 -) ☞ 원주(圓柱).
원내(院內) ~의[에서] [di] dalam Dewan Perwakilan Rakyat. ~총무 ketua fraksi.
원년(元年) tahun pertama.
원대(原隊) kesatuan (seseorang). ~복귀하다 kembali ke kesatuan.
원대(遠大)~한 besar; berjangkauan jauh; ambisius. ~한 계획 rencana besar; rencana berjangkauan jauh.
원동(原動)penyebab gerakan;motif aksi. ~기 motor penggerak.
원동력(原動力) daya penggerak. 활동의~ daya penggerak aktivitas.
원두막(園頭幕) dangau/ gubuk jaga dikebun.

원둘레(圓 -) ☞ 원주(圓周).
원래(元來.原來) pada mulanya; sedianya; sebetulnya; sesungguhnya; pada hakekatnya.
원로(元老) negarawan kawakan, usahawan kawakan. 문단의~ sastrawan kawakan.
원로(遠路) jarak yang jauh; jalan yang panjang. ~의 여행 perjalanan panjang.
원론(原論) teori; prinsip. 경제학~ prinsip-prinsip ekonomi.
원료(原料)bahan-bahan; material; bakal.
원리(元利) pokok dan bunga. ~금 jumlah pokok dan bunga.
원리(原理) prinsip; azas; pokok. 근본 ~ prinsip dasar.
원만(圓滿) keserasian; kerukunan; keselarasan; kesempurnaan. ~한 harmonis; rukun; selaras. ~히 dengan serasi; dengan rukun. ~한 가정 keluarga yang harmonis.
원망(怨望)penyesalan. ~하다 menyesalkan; menyesali. ~스러운 sesal; penuh sesal. 하늘을 ~하다 menyesali langit.
원맨쇼 pertunjukan tunggal; penampilan tunggal.
원면(原綿) katun/ kapas kasar.
원명(原名) nama asli.
원모(原毛) bahan wool; wool yang belum diolah.
원목(原木) kayu gelondongan.
원무(圓舞)tarian melingkar; wals. ~곡 『樂』 irama wals.
원문(原文) teks; karangan asli; naskah.(번역이)~에 충실하다 hampir menyerupai aslinya.
원반(圓盤) cakram. ~던지기 lempar cakram.
원병(援兵) bala bantuan. ☞ 원군.
원본(原本) tulisan asli; naskah.
원부(原簿) 『簿』 buku besar; buku kas induk.
원불교(圓佛敎) Won Budhism.
원뿔(圓 -) ☞ 원추.
원사이드게임 pertandingan sepihak.
원산물(原産物) produksi utama.
원산지(原産地) negara asal; habitat; tempat asal. ~증명(서) surat keterangan asal.
원상(原狀) kondisi semula; keadaan semula. ~으로 복구[회복] 되다 dipulihkan ke kondisi semula.
원색(原色) warna dasar. ~사진 foto berwrna. 3 ~ tiga warna dasar.
원서(原書) karya asli. ~로 읽다 membaca dalam karya asli.
원서(願書) surat lamaran kerja; formulir lamaran kerja. ~를 내다 memasukkan surat lamaran kerja; melamar kerja.
원석(原石) batu yang belum diasah; permata tulen; bijih kasar. 다이아몬드~ intan yang belum diasah; intan tulen.
원성(怨聲) keluhan; gerutuan.
원소(元素) 『化』 unsur; anasir; elemen.~기호 simbol unsur kimia.
원수(元首) penguasa; kepala negara.
원수(元帥) (육군) jenderal; (해군) laksamana; (공군) marsekal.

원수(怨讐) musuh. ~지간 saling bermusuhan. ~를 갚다 membalas dendam (terhadap).

원수(員數) jumlah orang.

원숙(圓熟)~하다 dewasa, matang. ~해지다 tumbuh dewasa.

원숭이 monyet.

원시(原始)asal mula; genesis. ~적(인) asli; primitif. ~림 hutan perawan; hutan purba. ~ 시대 jaman purbakala. ~인(人) manusia purba.

원시(遠視)pandangan jauh; terang jauh (rabun dekat). ~경 kacamata rabun dekat (plus).

원심(原審) putusan semula. ~을 파기하다 berbalik dari putusan semula.

원심(圓心) pusat lingkaran.

원심력(遠心力) 「理」 gaya sentryfugal.

원아(園兒)taman kanak-kanak.

원안(原案) rancangan awal.

원앙(鴛鴦) 「鳥」 itik mandarin. 한 쌍의~ sepasang kekasih; dua sejoli. ~금침 pelaminan.

원액(元額.原額) jumlah semula.

원액(原液) larutan asli; larutan yang tidak diencerkan.

원양(遠洋) lautan; samudra; laut dalam. ~어선 kapal samudra.

원어(原語) bahasa asli.

원예(園藝) berkebun; hortikultur. ~가(家) pembudidaya tanaman. ~식물 tanaman kebun. ~학교 sekolah perkebunan.

원외(員外) ~의 cadangan. ~자 bukan anggota.

원외(院外) ~의 diluar Dewan Perwakilan Rakyat. ~투쟁 di luar perjuangan majelis.

원유(原油)minyak mentah; minyak kasar. ~가격 harga minyak mentah.~ 생산국 negara penghasil minyak mentah.

원음(原音) suara asli.

원의(原意) maksud sebenarnya; niat semula.

원의(原義) arti dasar; arti semula.

원인(原因)sebab; kausa; lantaran; bibit; sumber. ~과 결과 sebab dan akibat.~불명의 tidak diketahui penyebabnya. ~을 따지다[규명하다] menyelidiki sebab.실패의 ~ sebab kegagalan.

원자(原子) atom; zarah. ~가 nilai atom; valensi. ~량 berat atom. ~로 reaktor atom. ~병 (환자) penyakit (yang disebabkan oleh) nuklir. ~설[론] teori atom. ~전 perang nuklir.

원자력(原子力)tenaga atom/nuklir. ~ 국제관리 pengendalian tenaga nuklir internasional. ~발전소 pabrik nuklir. ~시대 zaman nuklir.

원자재(原資材) bahan baku.

원작(原作) karya asli. ~자 pengarang.

원장(元帳) buku besar; buku kas induk.

원장(院長) direktur (rumah sakit, sekolah pelatihan, dan lain-lain).

원장(園長) kepala (kebun binatang, taman kanak-kanak).

원저(原著) karya asli.

원적(原籍) tempat tinggal asal.

원전(原典) naskah; buku sumber.
원점(原點) titik awal.
원정(遠征) ekspedisi; perlawatan. ~하다 melakukan ekspedisi. ~경기 pertandingan keluar kandang.
원조(元祖)pendiri negara/ kerajaan; nenek moyang.
원조(援助) bantuan; pertolongan. ~하다 menolong; membantu. ~를 요청하다 meminta bantuan. ~국 negara yang membantu.재정 ~ bantuan keuangan.
원족(遠足)darmawisata; pesiar. ☞ 소풍.
원죄(原罪) dosa asal.
원주(圓柱)kolom; silinder; tabung. ~상(狀)의 berbentuk kolom; berbentuk silinder/tabung.
원주(圓周)keliling. ~율 『數』 konstanta lingkaran (pi).
원주민(原住民) pribumi; penduduk asli; bumi putera.
원지(原紙) kertas stensil; kertas telor.
원지점(遠地點) 『天』 titik terjauh dari bumi dalam peredaran satelit.
원천(源泉) sumber; asal. ~과세 pemajakan atas pendapatan asal. ~소득세 pajak pendapatan asal.
원추(圓錐) kerucut. ~형의 berbentuk kerucut.~ 곡선 (irisan) kerucut.
원추리 『植』 bunga bakung.
원칙(原則)aturan/prinsip dasar. ~적으로 secara prinsip.~을 세우다 menetapkan dasar/asas.
원컨대(願 -) saya harap.
원탁(圓卓) meja bundar. ~회의 konferensi meja bundar.
원통(寃痛) ~한 patut disesali; patut diratapi.
원통(圓筒) silinder; tabung.
원판(原版) film/plat negatif; klise.
원폭(原爆)bom atom. ~기지 pangkalan (bom) atom. ~실험 percobaan bom atom.
원피스 baju terusan.
원하다(願 -)keinginan; kemauan; harapan. 평화를 ~ keinginan akan kedamaian.
원한(怨恨) dendam kesumat; kasam; dendam (hati). ~에 의한살인 pembunuhan balas dendam. ~을 품다 menanggung dendam. ~을 사다 menyebabkan sakit hati.
원항(遠航) pelayaran laut. ~하다 berlayar; mengadakan pelayaran laut.
원형(原形) bentuk asli.~을 보존하다 mempertahankan bentuk asli.
원형(原型) model; percontohan; prototipe.
원형(圓形) lingkaran; bundaran. ~의 bundar; bulat. ~극장 amphiteater.
원형질(原形質) 『生』 protoplasma.
원호(援護) bantuan; sokongan. ~하다 membantu; mendukung; menyokong.~대상자 penerima bantuan. ~처 kantor veteran.
원혼(寃魂) arwah gentayangan.
원화(- 貨) *won* (uang Korea).
원화(原畵) gambar asli.
원활(圓滑) ~한 harmonis; lancar. ~히 dengan lancar. (일이) ~하게

되어 가다 berjalan lancar.
원흉(元兇) pemimpin gerombolan; biang keladi.
월(月) bulan. ~평균 rata-rata perbulan.
월간(月刊) terbit tiap bulan.~의 perbulan; bulanan. ~잡지 majalah bulanan.
월경(月經)haid; mens; datang bulan. ~이 있다 dapat haid. ~중이다 sedang haid. ~기 masa haid. ~대 pembalut wanita.
월경(越境) penyeberangan perbatasan. ~하다 menyeberangi peratasan. ~비행 penerbangan diatas wilayah asing. ~사건 perselisihan perbatasan.
월계(月計) perhitungan jumlah perbulan.
월계(月桂)pohon salam. ~관 mahkota daun salam.승리의 ~관을 쓰다 dimahkotai dengan daun salam sebagai tanda kemenangan.
월광(月光)sinar bulan.~곡 "Sonata Sinar Bulan".
월권(越權) tindakan diluar wewenang. ~ (행위를) 하다 bertindak diluar wewenang.
월급(月給) gaji perbulan. ~을 받다 menerima gaji. ~이 오르다 naik gaji. ~날 hari gajian. ~봉투 amplop gaji.
월남(越南) negara Vietnam. ~의 (사람) tentang Vietnam; (orang Vietnam).
월남(越南) ~하다 melintasi garis perbatasan (dari Korea Utara ke Korea Selatan).
월내(月內) ~에 dalam bulan.
월동(越冬) kehidupan musim dingin.~하다 melewati musim dingin.
월등(越等) ~한 luar biasa; istimewa. ~히 dengan luar biasa; secara istimewa. ~히 낫다 jauh lebih bagus.
월례(月例) ~의 bulanan; perbulan. ~회 pertemuan bulanan.
월리(月利) bunga perbulan.
월말(月末) ~에[까지]di akhir bulan; habis bulan. ~계산(計算) pembayaran di akhir bulan.
월변(月邊) bunga perbulan.
월부(月賦)~로 dengan cicilan bulanan. 피아노의 ~ cicilan bulanan untuk pembelian piano.
월북(越北) ~하다 pergi ke Korea Utara.
월산(月産) hasil produksi perbulan.
월색(月色)sinar bulan; terang bulan.
월세(月貰) sewa perbulan. ~가 5 십만 원이다 menyewa 500.000 *won* perbulan.
월세계(月世界)dunia bulan.~여행 perjalanan ke bulan.
월수(月收) ① pendapatan perbulan. ~가 900.000 원이다 berpenghasilansebanyak 900.000 *won* sebulan. ② (빚) pinjaman cicilan perbulan.
월식(月蝕) 『天』 gerhana bulan. 개기[부분] ~ gerhana bulan total [sebagian].
월요일(月曜日) Senin.
월일(月日)tanggal; hari dan bulan.

월정(月定) ~의 perbulan; bulanan. ~구독료 [구독자] uang langganan [pelanggan] perbulan.
월초(月初) ~에 pada awal bulan.
월하(月下) ~에서 dibawah sinar bulan.
웨딩 pesta pernikahan. ~ 드레스 [마치]gaun [lagu] pesta pernikahan.
웨이터 pelayan; bujang; pembantu; kacung.
웨이트리스 pelayan wanita; pramusaji.
웬 apa. ~ 까닭으로 mengapa. ~ 사람이냐 Siapa pria itu?, Untuk apa dia disini?
웬걸 Astaga!; Ya, ampun!
웬만큼 sedang; hampir; agak baik. (음식이) ~익다 hampir matang.
웬만하다 agak baik; boleh juga.
웬일 apa (masalahnya);apa urusannya.~인지 untuk suatu alasan(yang tidak jelas).
웰터급(- 級) kelas welter. ~선수 petinju kelas welter.
웽웽 mendengung.
위 ① atas; bagian atas; permukaan. ~의 atas; bagian atas. ~에 di atas. ~에 말한 바와 같이 seperti yang disebutkan di atas. ~를 쳐다보다 melihat ke atas. 머리 ~를 날다 terbang di atas kepala. ② puncak; kepala. 맨 ~의 paling atas; puncak tertinggi.~에서 아래까지 dari atas kebawah; dari puncak ke dasar. ~에서 다섯째 줄(에) (pada) baris kelima dari atas. ③ ~의 lebih tinggi; lebih dari. 제일 ~의 누나 kakak perempuan yang tertua.훨씬 ~이다 jauh lebih atas. 한 학년 ~다 satu kelas lebih tinggi. ~를 쳐다보면 한이 없다 Jangan ban-dingkan dirimu dengan yang di-atasmu.④ ~의 atas (an). ~로부터의 명령 perintah dari atas(an). 남의 ~에서다 memimpin yang lain; atasan dari yang lainnya.
위(位) ① pangkat; kedudukan. 2~ orang kedua. ② 영령 9 ~ sembilan roh agung.
위(胃)perut; lambung.~가 튼튼[약]하다 memiliki perut yang kuat [lemah].
위경련(胃痙攣) 「醫」 kejang perut. ~을 일으키다 terserang kram perut.
위계(位階) pangkat; kedudukan.
위계(僞計)rencana yang memperdayakan. ~를 쓰다 menggunakan rencana yang licik.
위관(尉官) perwira pertama.
위국(危局) situasi krisis.
위국(爲國)~하다 membaktikan diri kepada negara.
위궤양(胃潰瘍) 「醫」 borok perut.
위급(危急) masa gawat/genting; darurat. ~한 genting; krisis; gawat. ~시에 disaat darurat. ~ 존망지추 saat darurat; saat kritis.
위기(危機)krisis; kemelut; kegentingan; ketegangan; darurat; bahaya; bencana. ~에 처해 있다 di saat bahaya. ~일발 saat genting/krisis.
위난(危難) berbahaya.
위대(偉大) kebesaran; keagungan.

~한 besar; agung; akbar.~한 국민 bangsa yang besar.

위도(緯度) garis lintang. 고[저]~ garis lintang tinggi [rendah].

위독(危篤) ~하다 parah; kritis; gawat. ~ 상태에 빠지다 jatuh kedalam kondisi yang parah.

위락시설(慰樂施設) sarana hiburan.

위력(威力) kekuasaan; wewenang. ~있는 berkuasa. 돈의 ~ kekuasaan uang/ kekayaan.

위력(偉力) kekuasaan yang besar; pengaruh yang besar.

위령(慰靈) ~제 upacara penghiburan arwah. 합동 ~제 upacara penghiburan arwah bersama. ~탑 tugu penghiburan arwah.

위로(慰勞) ① ~하다 menghargai jasa-jasa. ~회를 열다 mengadakan pesta penghargaan atas jasa-jasa. ~금 uang duka; uang jasa. ② penghiburan; pelipur lara. ~하다 menghibur.~의 말 kata-kata penghiburan. 불행을 ~하다 menghibur kedukaan. 환자를 ~하다 menghibur pasien.

위막(胃膜) selaput lambung.

위무(慰撫) ~하다 menenangkan; menghibur.

위문(慰問) kunjungan ke orang sakit;kunjungan bela sungkawa. ~하다 menjenguk/berkunjung pada orang sakit;berbela sungkawa. ~문[편지] surat penghiburan; surat ucapan semoga lekas sembuh.

위반(違反) pelanggaran; ketidakpatuhan; pengingkaran. ~하다 melanggar; mengingkari. ...에 ~하여 pelanggaran terhadap... . 선거법 ~으로 atas pelanggaran terhadap undang-undang pemilihan. ~자 pelanggar; orang yang melanggar.

위배(違背) pertentangan; pelanggaran; kesalahan. ☞ 위반.

위법(違法) pelanggaran hukum; ketidaksyahan. ~의 melanggar hukum; tidak syah. ~자 pelanggar hukum.

위벽(胃壁) selaput lambung.

위병(胃病) sakit perut; gangguan perut.

위병(衛兵) prajurit jaga. ~근무 tugas jaga. ~소 gardu jaga.

위산(胃散) puyer untuk sakit perut.

위산(胃酸) asam lambung.~과다증 kelebihan asam lambung. ~ 결핍증 kekurangan asam lambung.

위상(位相) harkat; martabat.

위생(衛生) kesehatan;sanitasi. ~적 bersih;sehat. ~상 untuk alasan kesehatan/kebersihan; demi kesehatan/kebersihan. ~병 tentara bagian kesehatan. ~시설 sarana kesehatan.

위선(胃腺) 『解』 kelenjar peptik.

위선(僞善) hipokrasi;kemunafikan. ~적 munafik; hipokrit. ~자 orang yang hipokrit.

위성(衛星) satelit. ~국 negara satelit. (소련 ~국 negara satelit dari Soviet). ~도시 kota satelit.

위세(威勢) pengaruh; kekuasaan. ~를 부리다 menggunakan pengaruh (atas).

위막(胃膜) selaput lambung.

위세척(胃洗滌) 「醫」 cuci perut.

위수(衛戍) garnisun. ~령 Dekrit Garnisun. ~사령관 komandan garnisun. ~지 kota garnisun.

위스키 wiski. ~소다 soda wiski.

위시(爲始) ~하다 mulai dari; bermula (dari). 대통령을 ~하여 Presiden mulai dari.

위신(威信) harga diri; gengsi; martabat; perbawa; pengaruh. ~에 관계되다 mempengaruhi harga diri/kehormatan.

위안(慰安) hiburan; pengobat hati; pelipur lara. ~하다 terhibur. 다소의 ~ sedikit hiburan. ~을 주다 menghibur. ~부 wanita penghibur.

위암(胃癌) kanker lambung.

위압(威壓) paksaan; penindasan. ~하다 memaksa; menindas. ~적(으로) (secara) paksa.

위액(胃液) 「解」 getah lambung. ~선(腺) kelenjar getah lambung.

위약(違約) pelanggaran janji kontrak. ~하다 melanggar janji ko-

위약(違約) pelanggaran janji kontrak. ~하다 melanggar janji kontrak. ~금 denda pelanggaran kontrak.

위엄(威嚴) martabat; kemuliaan; keagungan. ~있는 mulia; agung; bermartabat. ~없는 orang yang tidak mempunyai martabat.

위업(偉業) karya besar; prestasi besar. ~을 이루다 menghasilkan karya besar.

위염(胃炎) 「醫」 radang lambung.

위용(偉容.威容) penampilan yang berwibawa.

위원(委員) panitia; komite; anggota; komisi. ~장(長) ketua panitia. 여성 ~ anggota komite wanita.

위원회(委員會) komite; badan; rapat; sidang. 7 인 ~ komite tujuh orang. ~를 열다 membuka siding/rapat. ~에 회부되다 dibawa ke sidang.

위인(偉人) orang besar; pahlawan. ~전 buku riwayat orang besar.

위임(委任) mandat. ~하다 memberi mandat; melimpahkan wewenang. ~장 surat kepercayaan. ~통치 pemerintahan mandataris.

위임권(委任權) kuasa; kuasa usaha.

위임권한(委任權限) batas mandat.

위임제도(委任制度) sistem mandat.

위자료(慰藉料) uang penghibur; uang penggantian. ~를 청구하다 meminta uang penggantian.

위장(胃腸) lambung dan usus. ~이 튼튼하다[약하다] mempunyai pencernaan yang kuat [lemah]. ~병 penyakit usus besar. ~약 obat sakit perut.

위장(僞裝) penyamaran. ~하다 menyamar. ~수출 eksport gelap.

위정자(爲政者) negarawan.

위조(僞造) pemalsuan. ~하다 memalsukan. ~단 jaringan pemalsuan. ~ 지폐 uang kertas palsu.

위주(爲主) ~로 하다 membuat sebagai tujuan utama. 남성 ~의 법질서 aturan yang mengutamakan

laki-laki.
위중(危重) ~한 parah.
위증(僞證) bukti palsu; kesaksian palsu. ~하다 memberikan kesaksian palsu. ~자 saksi palsu. ~죄 kejahatan kesaksian palsu.
위촉(委囑) amanat. ~하다 mengamanatkan;meminta.~에 의해[따라] sesuai amanat.
위층(-層) lantai/tingkat atas. ~에[에서,으로]di [dari; ke] lantai atas
위치(位置) posisi; letak; situasi; kedudukan. ~하다 bertempat; terletak(di). ~가 좋다 [나쁘다] letak baik [jelek].
위탁(委託)titipan; penitipan; konsinyasi. ~하다 menitipkan. ~가공 pengolahan titipan.~금 dana titipan. ~ 수수료 biaya penitipan. ~자 orang yang menitipkan; penitip.
위태(危殆) ~한[로운] berbahaya. ~롭게 하다 membahayakan.생명이 ~롭다 Jiwa terancam maut.
위통(胃痛) sakit perut.
위트 lelucon. ~있는 lucu; jenaka.
위폐(僞幣) uang palsu. ~범 pemalsu uang.
위풍(威風) kewibawaan. ~ 당당한 berwibawa.
위필(僞筆) tulisan tangan palsu, lukisan palsu.
위하다(偽-) berbakti. 부모를 ~ berbakti pada orang tua. 조상을 ~ berbakti pada nenek moyang.
위하수(胃下垂) 『醫』 (penyakit) lambung turun.
위하여(爲-) ① demi; untuk. 조국을 ~ demi tanah air; demi ibu pertiwi. 나라를 ~ 죽다 berkorban demi negara; mati untuk negara. ② demi; untuk; supaya. ...하기 ~ supaya... . ...하지 않기 ~ agar tidak... . 경고하기 ~ dengan cara memperingatkan. 사업을 ~ untuk usaha.
위해(危害) celaka; bahaya. ~를 가하다 mencelakakan; menyakiti.
위헌(違憲) pelanggaran undang-undang. ~이다 melanggar hukum/undang-undang.
위험(危險) bahaya; resiko. ~한 berbahaya. 직업상의 ~resiko kerja. ~부담 beban resiko. ~사상 pemikiran yang berbahaya. ~상태 kondisi yang berbahaya.
위협(威脅)ancaman; gertakan; intimidasi. ~하다 mengancam. ~적(으로) secara mengancam. ~하여 dengan ancaman.
위화감(違和感)rasa keterasingan.
위확장(胃擴張) 『醫』 pengembungan lambung.
윗니 gigi atas.
윙 『蹴』sayap(tentang sepak bola).
윙크 kerdipan; kerjap.~하다 mengerdip; mengerjap.
유(有) keberadaan. 무(無)에서 ~는 생기지 않는다 tak ada yang datang dari yang tidak ada.
유(類) ① (종류) jenis; macam. ② (유례) kasus sebanding; bandingan.
유가(有價) ~의 berharga. ~물 barang-barang berharga. ~증권 surat-surat berharga.
유가족(遺家族) keluarga yang tersisa. 전몰자 [군경] ~ keluarga

yang tersisa setelah perang.

유감(遺憾) kemenyesalan; sesalan; penyesalan; perasaan tak senang. ~없이 sepenuh hati; tak ada yang disesalkan. ~으로 생각 하다 merasa menyesal. ~의 뜻을 표(명)하다 menunjukkan penyesalan.

유감지진(有感地震) 「地」 gempa bumi yang terasa.

유개(有蓋) ~의 tertutup. ~화차 mobil boks.

유개념(類概念) 「論」 genus.

유격(遊擊) serangan gerilya. ~대 pasukan gerilya. ~병[대원] gerilyawan. ~전 perang gerilya.

유고(有故) musibah. ~하다 mengalami musibah. ~시에 dalam waktu musibah.

유고(遺稿) surat wasiat.

유곡(幽谷) lembah yang dalam.

유골(遺骨) abu pembakaran mayat.

유공(有功) jasa. ~한 berjasa. ~자 orang yang berjasa. ~장(章) medali atas jasa-jasa.

유곽(遊廓) tempat bersenang-senang; daerah pelacuran.

유괴(誘拐) penculikan. ~하다 menculik. ~범 penculik. ~사건 kasus penculikan.

유교(儒教) Kong Hu Cu. ~사상 ide-ide konfusius.

유구(悠久) ~한 kekal; abadi.

유구무언(有口無言) ~이다 tidak ada alasan sepatah katapun.

유권자(有權者) pemilih.

유권해석(有權解釋) afsiran; autoritatif.

유급(有給) ~의 bergaji; digaji; dibayar. ~휴가 cuti yang dibayar.

유급(留級) ~하다 tinggal kelas. ~생 siswa yang tinggal kelas.

유기(有期) ~의 terbatas; berjangka. ~공채 pinjaman berjangka. ~징역 hukuman berjangka.

유기(有機) ~의 organik. (☞ 유기적) ~물 zat-zat organik. ~체 organisme. ~화학 kimia organik.

유기(遺棄) penelantaran; hal menelantarkan. ~하다 menelantarkan. ~물 barang yang ditelantarkan.

유기(鍮器) barang kuningan

유기음(有氣音) 「音聲」 bunyi aspirasi.

유기적(有機的) sistematis; tidak terpisah. ~으로 secara tidak terpisah; secara utuh. ~ 세계관 pandangan terhadap dunia secara utuh.

유난스럽다 luar biasa.

유네스코 UNESCO (Badan PBB yang menangani Bidang Pendidikan, Ilmu Pengetahuan dan Kebudayaan).

유년(幼年) masa kanak-kanak. ~기[시대]에 dalam masa kanak-kanak.

유념하다(留念-) mengingat; ingat.

유뇨증(遺尿症) 「醫」 ketidaksanggupan mengatur kencing.

유능(有能) ~한 mahir; mampu; cekatan. ~한 사람 orang yang sanggup/mampu.

유니버시아드 「競」 pertandingan antar universitas.

유니폼 seragam; pakaian dinas. ~을 입은 berseragam.

유단자(有段者) pemegang *dan*.
유당(乳糖) gula susu; laktosa.
유대(紐帶) ikatan; hubungan. 국가 간의 ~ hubungan antar negara.
유대 Yahudi. ~(인)의 orang Yahudi; tentang Yahudi. ~계 asal Yahudi. ~교 agama Yahudi.
유도(柔道) judo; jujitsu. ~가 ahli judo. ~사범 pelatih judo.
유도(誘導) pengarahan; pengendalian. 『電 pengimbasan[induksi]. ~하다 mengarahkan; mengendalikan;mengimbas.~전류 arus imbasan.
유도신문(誘導訊問) pertanyaan yang mengarahkan. ~하다 mengajukan pertanyaan yang mengarahkan.
유독(有毒)~한 beracun. ~가스 gas beracun.
유독(唯獨) hanya; satu-satunya.
유동(流動) ~하다 mengalir; beredar. ~식 makanan cair.~자본 modal yang berputar.
유두(乳頭) puting susu. ~염(炎) radang puting susu.
유들유들 ~한 tebal muka.
유람(遊覽)tamasya; rekreasi; pelancongan; darmawisata. ~하다 bertamasya; berdarmawisata; melancong. ~객 wisatawan; orang yang bertamasya.
유랑(流浪) pengembaraan. ~하다 mengembara.~민(民) pengembara; ~ 생활 hidup mengembara.
유래(由來)asal; permulaan; pangkal; asal-usul; riwayat; sejarah; tradisi; galur. ~하다 berasal (dari); bermula (dari); diturunkan (dari).
유량(流量) 『理』 fluks. ~계 pengukur fluks.
유러달러 dollar Eropa.
유럽 Eropa. ~사람 orang Eropa.
유려(流麗) ~한 lancar dan bagus.
유력(有力) ~한 berpengaruh; terkemuka; kuat.~자 orang yang berpengaruh; tokoh terkemuka. ~지(紙) surat kabar yang terkemuka.
유령(幽靈) hantu; siluman. ~같은 seperti hantu.~의 집 rumah hantu.
유례(類例) kasus yang sebanding; kasus bandingan. ~없는 tidak ada bandingan.
유료(有料) ~의 dibayar; kena bea. ~도로 jalan tol. ~변소 kamar kecil yang dibayar.
유류(油類) berbagai jenis minyak.
유류절약운동(油類節約運動) gerakan penghematan BBM.
유류파동(油類波動) krisis bahan bakar minyak.
유류품(遺留品) barang peninggalan; barang-barang yang hilang.
유리(有利) ~한 menguntungkan; bermanfaat. ~하게 secara menguntungkan.
유리(有理) ~의 rasional. ~식[수] 『數』 persamaan [bilangan] rasional.
유리(琉璃) gelas; beling; kristal; kaca.흐린~ kaca buram. 색~ kaca berwarna. ~가게 toko kaca. ~공장 pabrik kaca. ~그릇 barang pecah belah. ~장수[장이] pedagang [tukang] kaca.
유리(遊離) pemisahan;penyendi-

rian; isolasi; pemencilan. ~하다 memisahkan; mengisolasi.

유린(蹂躪)~하다 menginjak-injak; melanggar; memperkosa. 인권~ pelanggaran atas hak seseorang.

유림(儒林) pengikut Konfusius.

유망(有望) ~한 memberi harapan; menjanjikan;cemerlang.~주 saham yang penuh harapan.

유머 humor.~를 알다 memiliki rasa humor. ~소설 [작가] novel [pengarang] humor.

유명(有名) ~한 terkenal; termasyhur; ternama. ~ 해지다 menjadi terkenal.

유명(幽明) ~을 달리하다 meninggal dunia.

유명무실(有名無實) ~하다 pada namanya saja; nominal; tituler. ~한 회장 ketua hanya nama.

유모(乳母) ibu susu; emban-emban; pengasuh. ~차 kereta bayi.

유목(遊牧) pengembaraan. ~하다 mengembara. ~민 suku pengembara.

유물(唯物) 『哲』~적 materiallistis; kebendaan. ~론(論) materialisme; faham kebendaan.

유물(遺物) barang peninggalan; pusaka; warisan.

유민(流民) orang terlantar.

유발(誘發) ~하다 menyebabkan; menimbulkan; melahirkan.

유방(乳房) payudara; buah dada; susu. ~염 radang payudara.

유배(流配) pengasingan. ~하다 mengasingkan.

유백색(乳白色) ~의 putih susu.

유별(有別) ~난 berbeda; ganjil; luar biasa. ~나게 secara berbeda; khususnya.

유별(類別) penggolong-golongan; klasifikasi. ~하다 mengklasifikasi; menggolong-golongkan.

유보(留保) penangguhan. ~하다 menangguhkan.

유복(有福)~한 diberkati; bahagia; beruntung.

유복(裕福) ~한 kaya; mampu. ~한 집안에 태어나다 lahir dikeluarga kaya.

유복자(遺腹子) anak yang lahir setelah ayahnya meninggal.

유부(油腐)tahu goreng. ~국수 mie dengan tahu goreng.

유부녀(有夫女)wanita yang telah menikah.

유비무환(有備無患)bersiap-sedialah, maka kamu tidak akan menyesal.

유사(有史)~ 이전의 prasejarah. ~이래(의) sejak fajar sejarah; dalam sejarah.

유사(類似) persamaan; padanan; imbangan; persesuaian. ~하다 menyerupai; sepadan (dengan). ~한 sama; serupa.

유사시(有事時) ~에 pada saat darurat. ~에 대비하다 mempersiapkan untuk keadaan darurat.

유산(有産) ~의 kaya. ~계급 kaum kaya. ~자 orang kaya.

유산(乳酸) 『化』 asam laktat. ~균 bakteri asam laktat; laktobasillus. ~균 음료 minuman asam laktat.

유산(流産)pengguguran kandung-

an; aborsi. ~하다 menggugurkan kandungan.
유산(遺産) harta warisan; harta peninggalan.~ 상속 pewaris harta.
유상(有償) kompensasi; konsiderasi. ~ 원조 bantuan yang berupa pinjaman.
유색(有色) ~의 berwarna. ~인종 bangsa kulit berwarna.
유생(儒生) sarjana Konfusius.
유서(由緖)sejarah. ~깊은 bersejarah. ~깊은 곳 tempat yang bersejarah.
유서(遺書) surat wasiat. ~를 쓰다 [작성하다] menulis [menyusun] surat wasiat.
유선(有線) kawat; kabel. ~방송 [전신,전화]penyiaran [telegraf;telepon] kabel.
유선(乳腺) 「解」 kelenjar susu. ~염(炎)「醫」radang kelenjar susu.
유선텔레비전방송(有線-放送) siaran televisi melalui kabel.
유선통신(有線通信) komunikasi menggunakan kabel.
유선형(流線型) model langsir. ~자동차 mobil langsir.
유성(有性) ~의 seksual. ~생식 reproduksi seksual.
유성(流聲) ~의 suara; bunyi. ~영화 film bersuara. ~음 [자음] bunyi bersuara [bunyi konsonan].
유성(油性) ~의 berminyak. ~ 페니실린 minyak penisilin. ~페인트 cat minyak.
유성(流星) meteor; bintang jatuh. ~우(雨) hujan meteor.
유성(遊星) 「天」 planet. 대[소] ~ planet yang besar [kecil].
유성기(留聲機) ☞ 축음기.
유세(有勢) ① ☞ 유력(有力). ② (세도부림) ~하다 menggunakan kekuasaan.
유세(遊說) tur kampanye. ~하다 melakukan perjalanan kampanye.
유속(流速)kecepatan arus.~계(計) alat pengukur kecepatan arus.
유수(流水)aliran. 세월은 ~와 같다 waktu berlalu bagaikan anak panah.
유숙(留宿) ~하다 menginap di. ☞ 숙박.
유순(柔順) ~한 penurut; taat; patuh;
유스호스텔 asrama pemuda.
유시(幼時) masa kanak-kanak.
유시(諭示) instruksi; amanat; pesan. ~하다 memberi amanat.
유식(有識)~한 terpelajar; terdidik. ~한 사람 orang yang terpelajar; cendikiawan.
유신론(有神論) aliran Ketuhanan. ~자 orang yang menganut aliran Ketuhanan.
유실(流失) ~하다 hanyut. ~가옥 rumah-rumah yang hanyut dibawa banjir.
유실(遺失) ~하다 hilang. ~ 물 barang yang hilang.~물 신고 laporan barang yang hilang.
유심(唯心)~히 cermat;penuh perhatian. ~히 듣다 mendengarkan dengan penuh perhatian.
유심론(唯心論) 「哲」 spritualisme;idealisme.~자 idealis;spritualis.
유아(幼兒) bayi. ~ 사망율 tingkat kematian bayi.

유아(乳兒) bayi yang masih menyusu. ~식(食) makanan bayi
유암(乳癌) kanker payudara.
유압(油壓) tekanan minyak. ~계 alat pengukur tekanan minyak.
유액(乳液) ①「植」getah; lateks. ② (화장품) susu pembersih.
유야무야(有耶無耶) ~가 되다 menjadi sia-sia. ~로 덮어버리다 mendiamkan masalah.
유약(幼弱) ~한 muda dan lemah.
유약(柔弱) ~한 lemah.
유약 lapisan; enamel. ~을 칠하다 melapisi.
유어(幼魚)anak ikan;burayak. ~사육조(槽) tangki pemeliharaan anak ikan.
유언(遺言) wasiat. ~하다 berwasiat. ...의 ~ 에 의해sesuai wasiat. ~자 orang yang berwasiat. ~장 surat wasiat.
유언(비어) (流言(蜚語)) kabar yang tidak berdasar; kabar angin.
유업(乳業) perusahaan susu.
유업(遺業) pekerjaan yang belum terselesaikan. ~을 잇다 mewarisi pekerjaan yang belum terselesaikan.
유엔 PBB (Perserikatan Bangsa-Bangsa). ~군 tentara PBB. ~군사령부 komando PBB.
유역(流域) lembah sungai. ~한강 lembah sungai Han.
유연(柔軟) ~한 lembut; lentur; fleksibel.
유연(悠然) ~한 pendiam; tenang; kalem.~히 dengan tenang; dengan kalem.
유연탄(有煙炭) batu bara muda.
유영(遊泳) ~하다 berenang. ~동물 hewan yang berenang (nektor). ~술(術) seni berenang.
유예(猶豫)penundaan waktu; pertangguhan; penangguhan; tempo. ~하다 memberi tempo.
유용(有用)~한 berharga; berguna; bermanfaat.국가에~ 한 인물 orang yang berguna bagi negara.
유용(流用)penyalahgunaan. ~하다 menyalahgunakan; menyelewengkan.
유원지(遊園地) taman hiburan.
유월 Juni; bulan ke 6.
유유(悠悠)~한 tenang; kalem. ~히 dengan tenang; dengan kalem.
유유상종(類類相從) "Burung sejenis berkumpul bersama".
유유자적(悠悠自適) ~하다 hidup yang tenang pada saat pensiun.
유의(留意) ~하다 menjaga diri; memperhatikan. ~ 해서 듣다 mendengarkan baik-baik. ~사항 masalah/hal yang membutuhkan perhatian khusus.
유익(有益) ~한 menguntungkan; berfaedah; berguna; bermanfaat. ~하게 dengan bermanfaat; secara berguna.
유인(有人) ~의 dikemudikan; berpilot. ~위성 satelit berpilot.
유인(誘引)rayuan; bujukan. ~하다 merayu; membujuk.
유인(誘因)penyebab; perangsang; insentif; pendorong.
유인물(油印物) selebaran.
유인원(類人猿) antropoid.

유일(唯一) ~의 hanya; esa; tunggal. ~ 무이한 satu-satunya; hanya satu.
유임(留任) ~하다 tetap dalam jabatan. ~운동 lobi supaya tetap dalam jabatan.
유입(流入) pemasukan; pengaliran masuk.~하다 mengalir masuk.외자 ~ pemasukan modal asing.
유자(柚子) 「植」 jeruk sitrun.
유자격자(有資格者) orang yang berkompeten. 교원 ~ guru berizin.
유자녀(遺子女)anak almarhum. K 씨의 ~ anak almarhum bapak "K".
유작(遺作) karya yang penciptanya telah meninggal.
유저(遺著) karya yang penulisnya telah meninggal.김 박사의~ tulisan /karangan dari almarhum Dr. Kim.
유적(遺跡) sisa; peninggalan; reruntuhan.
유전(油田) ladang minyak. ~ 탐사 [개발] pencarian [eksplorasi] minyak.
유전(流轉) pengembaraan. ~하다 mengembara.
유전(遺傳) pewarisan; penurunan. ~하다 diturunkan. ~성의 turun temurun. ~ 적으로 bawaan; diturunkan.
유정(有情) kasih sayang sesama manusia; perikemanusiaan.
유정(油井) sumur minyak.
유제(乳劑) 「化」 emulsi.
유제(油劑) obat gosok; (연고) salep.
유제품(乳製品) produk susu.
유조(油槽) tangki minyak. ~선 tangker; kapal minyak. 대형 ~선 kapal tangker induk; kapal tangker raksasa.
유족(遺族) keluarga yang tertinggal; keluarga yang tersisa. 전사자 ~ keluarga yang tertinggal setelah perang.
유종(有終)~의 미를 거두다 mengakhiri dengan baik.
유종(乳腫) 「醫」 radang payudara.
유죄(有罪) kesalahan;kebersalahan. ~의 bersalah.
유증(遺贈)warisan; pusaka. ~하다 meninggalkan warisan; mewariskan. ~물 harta warisan. ~자 pewaris; orang yang mewariskan. 피 ~자 orang yang mewarisi.
유지(有志)orang yang terkemuka. ~일동 semua orang yang terkemuka (dalam masyarakat). 지방 ~ orang yang terkemuka setempat.
유지(油紙) kertas minyak.
유지(油脂) minyak dan lemak. ~공업 industri minyak dan lemak.
유지(維持) pemeliharaan; penjagaan; penegakan. ~하다 memelihara; mempertahankan; menjaga; menegakkan. ~비 biaya pemeliharaan. ~책 tindakan pemeliharaan.
유지(遺志) keinginan/kemauan sebelum meninggal; wasiat.
유징(油徵) indikasi adanya minyak; tanda/petunjuk adanya minyak.
유착(癒着) penggabungan; perapatan.~하다 menggabung;merapat; bersatu.
유창(流暢)~한 lancar; fasih.~하게

dengan lancar; dengan fasih.

유체(流體) 『理』 cairan; fluida. ~역학 hidrodinamika.

유추(類推) persamaan; tamsilan; analogi; kias. ~하다 menganalogikan; mengetahui secara perbandingan. ~적 analogis. ~해석 penafsiran analogi.

유출(流出)aliran keluar; pancaran. ~하다 mengalir keluar; memancar.

유충(幼蟲)larva;tempayak;jentik-jentik. ~기 tahap larva.

유층(油層) lapisan minyak.

유치(幼稚) ~한 kekanak-kanakan. ~한 생각 pemikiran kekanak-kanakan.

유치(乳齒) gigi susu.

유치(留置) ① (억류) penahanan; pengurungan.~하다 menahan; mengurung. ~장 tahanan; kurungan; penjara. ② (우편의) ~하다 dibiarkan/ditinggalkan sampai dipanggil.

유치(誘致) ~하다 mengundang; menarik. 관광객을 ~하다 menarik wisatawan.

유쾌(愉快) ~한 suka hati; senang; riang; gembira; girang. ~히 [하게] dengan senang [gembira].

유탄(流彈) peluru yang nyasar; periuk api.

유태(猶太) ☞ 유대.

유택(幽宅) makam; kuburan; peristirahatan terakhir.

유토피아 negara idaman/impian; utopia. ~의 bersifat khayalan.

유통(流通)①sirkulasi; perputaran; peredaran. ~하다 berputar; beredar. ~기구[구조] perlengkapan [struktur] distribusi. ~성 negosiabilitas.~자본 modal yang berputar. ~증권 saham yang beredar. ~화폐 uang yang beredar. ② (공기의) ventilasi; sirkulasi. ~하다 bersirkulasi.

유폐(幽閉)penahanan;pemenjaraan.~하다 menahan;memenjarakan.

유포(流布) ~하다 menyebarluaskan; mengedarkan. ~되고 있다 sedang beredar.

유품(遺品) peninggalan.

유풍(遺風)kebiasaan lama; tradisi.

유피 kulit yang disamak. ~업 usaha penyamakan kulit.

유하다(柔-)halus; lemah lembut.

유하다(留-) menginap (di); tinggal (di).

유학(留學) belajar di luar negeri. ~하다 pergi belajar ke luar negeri. ~생 mahasiswa/ pelajar yang belajar di luar negeri.

유학(遊學) ~하다 belajar jauh dari rumah.

유학(儒學) ~자 pengikut Konfusius.

유한(有限)~한 terbatas. ~급수 deret terbatas.

유한(遺恨) dendam. ~을 풀다 membalas dendam.

유해(有害) ~한 beracun; berbahaya. ~ 무익하다 lebih banyak mudarat dari pada manfaat.

유해(遺骸) abu jenazah; sisa mayat;

유행(流行) mode. ~하다 sedang mode.~시키다 memperagakan mode. 최신 ~의 mode terakhir;mode mutakhir. ~을 따르다 mengikuti mode. ~가 lagu populer. ~성 감기 pilek; salesma. ~성 뇌염 wabah penyakit otak. ~어 ungkapan populer. ~형 bentuk populer.

유혈(流血)pertumpahan darah.~의 참극을 빚다 menciptakan adegan pertumpahan darah.

유형(有形) ~의 nyata. ~무형의 lahir dan batin;nyata dan tak nyata. ~무역 perdagangan nyata.

유형(琉型) pembuangan; pengasingan; pengusiran. ~지 tempat pembuangan.

유형(類型) tipe; jenis; corak; ciri; model; tanda keistimewaan; kekhususan. ~적 khas.

유혹(誘惑)godaan;rayuan;bujukan; pancingan. ~하다 merayu; membujuk; menggoda.

유화(油畵)lukisan cat minyak. ~가 pelukis cat minyak. ~채료 cat minyak.

유화(柔和)~한 lemah lembut;lembut;

유화(有和) penentraman. ~하다 menentramkan. ~론자 orang yang menentramkan. ~정책 kebijakan penentraman.

유황(硫黃) 「化」 ☞ 황(黃). ~천 sumber/mata air belerang;

유회(流會)penundaan rapat. ~되다 ditunda.

유효(有效) keabsahan; kesahihan; keberlakuan. ~하다 berlaku; sahih; absah. ~하게 dengan syah; dengan sahih. ~기간 masa berlaku. ~증명 tanda keabsahan; sertifikat keabsahan.

유휴(遊休) ~의 menganggur; tidak digunakan; tidak diusahakan.~시설 sarana yang menganggur.

유흥(遊興) main; senang-senang; hiburan. ~하다 bersenang-senang. ~가 kawasan/ tempat bersenang-senang. ~비 biaya hiburan.

유희(遊戱)main; permainan. ~하다 bermain.

육(肉)daging; raga.영과 ~ jiwa dan raga.

육(六) 6 (enam).

육각(六角)persegi enam. ~의 bersegi enam. ~형 bangun segi enam.

육감(六感) indera keenam. ~ 으로 알다 mengetahui melalui indera ke enam/ intuisi.

육감(肉感)sensualitas.~적 sensual. ~적인 미인 Si Cantik yang sensual yang menggairahkan.

육교(陸橋) jembatan penyeberangan.

육군(陸軍)angkatan darat; militer. ~무관 atase militer. ~병원 rumah sakit tentara. ~장교 perwira angkatan darat.

육대주(六大洲) ke enam benua.

육로(陸路) jalan/ rute darat. ~로 melalui jalan darat.

육류(肉類)bermacam-macam daging.

육면체(六面體) sisi enam.

육모(六-) ☞ 육각. ~방망이 pentung yang bersisi enam. ~정(亭) paviliun yang bersudut enam.

육미(肉味) rasa daging. ~붙이 daging.

육박(肉薄)~하다 menekan dengan keras; mendesak dengan keras. ~전 pertempuran jarak dekat.
육발이(六-) orang berjari kaki enam.
육배(六培) enam kali.
육법(六法) enam undang-undang. ~전서 Kitab Enam Undang-Undang.
육상(陸上) darat. ~근무 tugas darat. ~경기 olah raga lintasan.~수송 pengangkutan darat.
육서(陸棲) ~동물 binatang darat.
육성(肉聲) suara alami (manusia).
육성(育成) pemeliharaan. ~하다 memelihara; membesarkan. ~재배 pemeliharaan dan pembudidayaan.
육손이(六-) orang yang berjari enam.
육송(陸送) pengangkutan darat.
육수(肉水) sup daging; kuah daging.
육순(六旬) umur enam puluh tahunan. ~노인 orang yang berumur enam puluh tahunan.
육시(戮屍) pemenggalan leher. ~처참(處斬) =육시.
육식(肉食) makan daging. ~하다 memakan daging.~가 pemakan daging. ~조 burung buas. ~충 serangga pemakan binatang.
육신(肉身) tubuh; raga.
육십(六十) 60 (enam puluh). 제~ ke enam puluh. ~분의 일 seperenam puluh.
육아(育兒)pemeliharaan anak;pengasuhan anak. ~하다 memelihara anak; mengasuh anak. ~원 panti asuhan.
육안(肉眼) mata telanjang. ~으로 보이는 [안 보이는] 곳에 dalam [di luar]jangkauan penglihatan. ~으로 보다 melihat dengan mata telanjang.
육영(育英)pendidikan.~하다 mendidik. ~사업 usaha pendidikan. ~회 kalangan terpelajar.
육욕(肉慾) nafsu hewani; nafsu kelamin. ~ 주의 sensualisme.
육우(肉牛) sapi pedaging.
육종(肉腫) sarkoma.
육종(育種) pembibitan; pemuliaan.
육중(肉重) ~하다 bertubuh besar; besar; berbobot.
육즙(肉汁) kuah daging; kaldu.
육지(陸地) daratan; tanah; bumi. ~ 쪽으로 menuju ke darat; ke arah daratan. ~의 동물 binatang darat.
육체(肉體) tubuh; jasmani; badan; raga; jasad. ~의[적] badaniah. ~관계 hubungan badan; bersetubuh. ~미 kecantikan badaniah; kecantikan lahir.
육촌(六寸) saudara dua pupu.
육친(肉親) hubungan darah.
육탄(肉彈) peluru manusia (bom manusia). ~십용사(十勇士) sepuluh bom manusia. ~전(戰) pertempuran satu lawan satu.
육포(肉脯) dendeng.
육풍(陸風) angin darat.
육필(肉筆) tulisan tangan langsung.
육해공(陸海空) darat, laut dan udara.~군(軍) angkutan darat, laut dan udara.

육해군(陸海軍) angkatan darat dan laut.
육회(肉膾) makanan daging cincang mentah.
윤(潤) permukaan yang halus/ mengkilat; polesan. ~나다 mengkilat. ~내다 mengkilatkan; memoles; melicinkan.
윤간(輪姦) perkosaan ramai-ramai.~하다 memperkosa wanita secara bergilir.
윤곽(輪廓) garis bentuk;raut. 얼굴의~ raut muka.~을 파악하다 mendapat gambaran umum (tentang).
윤기(潤氣) ☞ 윤. ~ 도는 머리 rambut yang mengkilat. ~가 돌다 [흐르다] mempunyai kulit yang bagus.
윤년(閏年) tahun kabisat.
윤달(閏-) bulan kabisat.
윤락(淪落) pelacuran. ~하다 melacur.~가 daerah pelacuran. ~여성 wanita tuna susila; .
윤리(倫理) etika; tata susila; akhlak. ~적 etis. ~학(學) ilmu etika. ~학자 ahli etika.
윤번(輪番) pergantian; pergiliran. ~으로 secara bergantian; dengan bergiliran. ~제 sistim perputaran; sistim pergiliran.
윤일(閏日) hari kabisat.
윤전(輪轉) perputaran; rotasi. ~하다 memutar. ~기 mesin pemutar.
윤택(潤澤) ① ☞ 윤. ② (살림이) ~한 kaya;berada; mampu.③ (풍부) ~한 berlimpah; banyak. 자금이 ~하다 memiliki dana yang melimpah.
윤허(允許) izin kerajaan. ~하다 mengizinkan; memberikan persetujuan.
윤화(輪禍) kecelakaan lalu lintas. ~를 입다 mengalami kecelakaan lalu lintas.
윤활(潤滑) pelumasan; pemberian pelumas. ~한 licin; lancar. ~유 minyak pelumas.
윤회(輪廻) 『佛』 *samsara*; pemindahan jiwa.
율(律)① hukum; undang-undang; peraturan. 도덕 ~ hukum moral.② (시의) irama.
율(率) angka; tingkat; nisbah; perbandingan; 『理』 indeks. ...의 ~로 pada tingkat ... 굴절 ~ indeks refraksi.
율동(律動) irama; gerak berirama. ~적인 berirama; ritmis. ~미 kecantikan ritmis. ~체조 senam irama.
율법(律法) hukum; peraturan.
융기(隆起)jendol; bengkak; tonjol; jenggul.~하다 menjendol; menojol; menjenggul.
융단(絨緞) karpet; permadani; hamparan; ambal. ~을 깔다 menggelar karpet; mengkarpet (lantai).
융성(隆盛)kemakmuran. ~한 makmur.
융숭(隆崇)~한 baik; sopan; ramah tamah; pemurah. ~한 대접을 받다 menerima sambutan yang hangat.
융열(融熱) panas peleburan.
융자(融資)peminjaman. ~하다 meminjami. ~신청 permohonan pinjaman.단기~ pinjaman jangka pen-

dek.

융점(融點) ☞ 융해점.

융통(融通) ① peminjaman. ~하다 meminjami. ~력(力) kemampuan peminjaman ② adaptasi; penyesuaian. ~성 있는 fleksibel. ~성 없는 tidak fleksibel.

융합(融合) peleburan; perpaduan; peluluhan. ~하다 bercampur; melebur; berasimilasi.

융해(融解) peleburan; leburan. ~하다 melebur; meleleh. ~열 panas peleburan.

융화(融化) pelunakan. ~하다 melunakkan.

융화(融和) keselarasan; kerukunan; kesepakatan; harmoni. ~하다 menyelaraskan; merukunkan.

윷 permainan *yut*. ~놀이하다 bermain *yut*.

으깨다 meremas; melumatkan .

으드득 ~깨물다 mengerkah. ~이를 갈다 menggertakkan gigi.

으뜸 ① (첫째) (tempat) pertama; utama. ~가는 yang utama/terbaik. ② (근본) dasar; akar.

으레 ① (응당) sudah tentu; tentu saja. ② (어김없이) selalu; tanpa gagal.

으로 (☞ 로) ① dengan. 500 원권 ~ dengan uang lima ratus won. ② karena; dikarenakan; oleh karena. 병 ~ 누워 있다 terbaring di tempat tidur karena sakit. ③ per. 홉 ~ 팔다 menjual per *hob* (hob = 0,2 l). ④ dari. 헌 궤짝 ~ 책상을 만들다 membuat meja dari peti bekas. ⑤ melalui dengan. 배편 ~ dengan kapal. ⑥ dari; melalui. 안색 ~ dari penglihatannya. ⑦ ke; menuju; untuk. 부산 ~가는 차 kereta api ke Busan. ⑧ ☞ 으로서.

으로서 sebagai; dalam kapasitas sebagai. (☞ 로서). 통역 ~ sebagai penterjemah.

으로써 dengan; dengan (jalan).

으르다 mengancam; mengintimidasi; menakut-nakuti.

으르대다 menggertak; mengintimidasi.

으르렁거리다 mengeram; menggarung.

으름장 intimidasi; gertakan; ancaman. ~놓다 menggertak; mengancam; menakut-nakuti.

으리으리하다 megah; agung.

...으면 (☞ ...면). 천만원 있 ~ Seandainya saya punya sepuluh juta won.

...으면서 (☞ ...면서) ① sambil. 생긋 웃 ~ sambil tersenyum. ② walaupun; meskipun. 돈이 있 ~ walaupun punya uang.

으스러뜨리다 melumatkan; meremukkan.

으스러지다 remuk; hancur.

으스름달 bulan yang redup. ~밤 malam dengan sinar bulan yang redup.

으스스 ~한 dingin. ~춥다 kedinginan.

으슥하다 lengang; sunyi.

으슬으슬 ~한 dingin. ~춥다 merasa dingin.

으슴푸레하다 sedikit gelap; redup.

으썩 ~ 깨물다 menggerogot.

욱박지르다 menggertak; mengancam; mengintimidasi.
은(銀)perak. ~(제)의 dari perak. ~같은 keperak-perakan. ~그릇 barang-barang dari perak; alat makan dari perak.
은거(隱居)pengasingan diri.~하다 mengasingkan diri.
은공(恩功) jasa.
은광(銀鑛) tambang perak, bijih perak.
은괴(銀塊) perak batangan.
은근(慇懃) ① ~한[히] (dengan) sopan; (dengan) hormat. ② ~한[히] (secara) pribadi; diam-diam; (secara) rahasia.
은기(銀器) bejana perak.
은닉(隱匿) penyembunyian; perahasiaan. ~하다 menyembunyikan; merahasiakan.~처 tempat persembunyian.
은덕(恩德)kebaikan;kebajikan.~을 베풀다 berbuat kebajikan (kepada).
은덕(隱德)kebajikan dengan sembunyi-sembunyi.
은도금(銀鍍金) pelapisan dengan perak. ~하다 melapisi dengan perak.
은둔(隱遁) pengasingan diri; khalawat. ~하다 mengasingkan diri; berkhalawat.
은막(銀幕) layar perak.
은메달(銀-) medali perak.
은밀(隱密) ~한 rahasia; tersembunyi; pribadi. ~히 secara rahasia. ~히 조사하다 menanyakan/menyelidiki secara rahasia.
은박(銀箔) tatahan perak. ~지 kertas perak.
은반(銀盤) ① (쟁반) piring perak. ② (스케이트장)gelanggang es. ~의 여왕 ratu skating.
은발(銀髮) rambut yang berwarna perak.
은방(銀房) toko perak.
은배(銀杯) piala perak.
은백(銀白) ~(색의) putih perak.
은분(銀粉) bubuk perak.
은붙이(銀-)barang-barang perak.
은빛(銀-) ~의 warna keperak-perakan.
은사(恩師) mantan guru.
은세계(銀世界) pemandangan salju yang luas.
은세공(銀細工) kerajinan perak. ~인(人) pengrajin perak.
은수저(銀-) sendok dan sumpit perak.
은신(隱身)~하다 menyembunyikan diri. ~처 tempat persembunyian.
은실(銀-) benang perak.
은어(隱語) bahasa kiasan.
은연(隱然) ~중 secara rahasia; secara diam-diam.~중 ...하기를 바라다 mengharapkan secara diam-diam.
은옥색(銀玉色) hijau muda.
은유(隱喩)「修」metafora; kiasan. ~적(으로) secara kiasan.
은은하다(隱隱-) ① (아련함) remang-remang; samar-samar; kabur.②(소리가) sayup-sayup;sesayup sampai.
은인(恩人) penolong;dewa penolong; penyelamat.
은인(隱忍)~하다 menahan; meng-

alami. ~자중하여 dengan sabar dan tekun.
은자(隱者) pertapa.
은잔(銀盞) cangkir perak; piala perak.
은장도(銀粧刀) pisau bertatah perak.
은저울(銀-) timbangan permata.
은전(恩典) hak istimewa.
은전(銀錢) mata uang perak.
은정(恩情) kasih sayang penuh kebajikan.
은종이(銀-) kertas perak.
은총(恩寵) karunia; rakhmat. 하느님의 ~ karunia/rahmat Tuhan. ~을 입다 mendapat karunia.
은테(銀-) ~안경 kacamata yang bergagang perak.
은퇴(隱退) pengunduran diri; pensiun. ~하다 mengundurkan diri; pensiun dari. ~경기 pertandingan perpisahan.
은폐(隱蔽) penyembunyian;perahasiaan. ~하다 menyembunyikan; merahasiakan.
은하(銀河) galaksi. ~계(係) sistem galaksi. ~수 = 은하.
은행(銀行) bank. ~과 거래를 트다 [끊다] membuka [menutup] rekening bank. ~가 bankir. ~권 cek bank. ~ 금리 suku bunga bank.~원 pegawai bank. ~ 이자 bunga bank. ~장 [총재] direktur bank. ~주 saham bank.
은혜(恩惠) karunia; berkat; pemberian; kasih; anugerah; kebajikan. 어버이의~ kasih sayang orang tua. 스승의 ~ kebajikan guru. ~를 입다 berhutang budi (kepada).
은혼식(銀婚式) kawin perak.
은화(銀貨) mata uang perak.
을(乙) yang ke 2; B. 을러메다 mengancam; menggertak.
...을망정 walaupun; sekalipun.
을씨년스럽다 ① (가난) kelihatan miskin. ② (쓸쓸하다) sengsara.
을종(乙種) kelas B; kelas dua.
...을지언정 ☞ ...을망정.
읊다 berdeklamasi; membacakan sajak.
읊조리다 membacakan (puisi).
음(音) ① (소리) bunyi; intonasi; suara. ② (한자의) pengucapan.
음(陰) negatif; kerahasiaan; kegelapan.
음각(陰刻) ukiran yang dikorek. ~하다 mengukir dengan mengorek.
음경(陰莖) zakar; batang pelir; batang kemaluan laki-laki.
음계(音界) 『理』 medan suara/ bunyi.
음계(音階)『樂』 tangga nada. 온 [장,단]~ not penuh [mayor,minor].
음곡 pagelaran musik.
음극(陰極) kutub negatif; katoda. ~선 sinar katoda.
음기(陰氣) rasa dingin.
음낭(陰囊) kantung buah pelir; kantung kemaluan.
음녀(淫女) wanita cabul.
음담패설(淫談悖說) pembicaraan kotor/ cabul.
음덕(陰德) perbuatan amal yang tidak diketahui orang lain. ~을 베풀다 melakukan kebajikan dengan diam-diam.

음덕(蔭德) kebajikan nenek moyang. (조상의) ~을 입다 berhutang budi kepada (nenek moyang).
음독(飮毒) ~하다 minum racun. ~자살 bunuh diri minum racun.
음란(淫亂) ~한 cabul.
음량(音量) volume (suara).
음력(陰曆)kalender bulan (komariah). ~8 월 보름 tanggal 15 bulan Agustus.
음료(飮料) minuman. ~수 air minum. 알콜 [비알콜성] ~ minuman beralkohol [ringan].
음률(音律) irama; nada.
음모(陰毛) rambut kemaluan.
음모(陰謀) komplotan; sekongkol; kongkalikong; makar; gerombolan; komplotan; femupakatan. ~하다 bersekongkol; berkomplot; bermufakat; bersekutu.
음미(吟味)penikmatan. ~하다 menikmati.
음반(音盤) piringan hitam; plat gramapon.
음복(飮福) ~하다 makan sesajen.
음부(音符) ☞ 음표.
음부(陰部) daerah kemaluan.
음부(淫婦) ☞ 음녀(淫女).
음부기호(音部記號) 「樂」 ☞ 음자리표.
음산(陰散) ~한 mendung dan dingin.~한 묘지 kuburan yang suram.
음색(音色) warna bunyi. ~이 좋다 memiliki warna bunyi yang bagus.
음서(淫書) buku cabul.
음성(音聲)suara. ~기관 alat pembentuk suara. ~터스트 uji suara. ~학 Ilmu fonetik.
음성(陰性) ~의[적] 「電」 negatif; 「醫」 pasif; (거래 따위) gelap. ~수입 penghasilan tambahan yang gelap.
음속(音速) kecepatan suara.~이하의 dibawah kecepatan suara. 초~ (kecepatan) supersonik.
음수(陰數) angka minus.
음습(陰濕) ~한 terlindung/gelap dan lembab.
음식(飮食)makanan.~에 손도 대지 않다 membiarkan makanan tak disentuh; tidak makan sedikitpun. ~점 restoran; rumah makan.
음악(音樂) musik; seni musik. ~적 musikal.~가 musisi. ~계 dunia musik. ~당 gedung konser. ~회 pagelaran; konser.
음양(陰陽) (음과 양) gaya ganda semesta; (남성과 여성) prinsip laki-laki dan wanita; (소극과 적극) positif dan negatif; aktif dan pasif; (태양과 달) matahari dan bulan. ~가 peramal; tukang ramal.
음영(陰影) bayangan; penggelapan.
음욕(淫慾)hawa nafsu. ~을 채우다 memuaskan hawa nafsu.
음용(飮用)~의 untuk diminum;dapat diminum. ~수 air minum.
음운(音韻) suara vokal. ~학 fonologi; ilmu yang mempelajari bunyi suara. ~학자 ahli fonologi.
음울(陰鬱) ~한 murung; bersedih.
음자리표(音-標) 「樂」 kunci musik.
음전기(陰電氣) arus negatif.
음전자(陰電子) elektron negatif.

음절(音節) suku kata. ~로 나누다 membagi kedalam suku kata; menguraikan kedalam suku kata.
음정(音程) interval (musik). ~이 맞다 [틀리다] seirama [tidak seirama].
음조(音調) nada; lagu; laras; not; suara;
음주(飮酒)minuman. ~하다 minum. ~가 peminum. ~벽 kebiasaan minum alkohol.
음지(陰地) ☞ 응달. ~가 양지된다 setelah hujan datanglah cuaca yang cerah.
음질(音質) mutu suara. ~ 조정기 pengatur suara.
음충맞다 ☞ 음충하다.
음치(音痴) buta nada. ~이다 tidak dapat mengikuti pola titi nada;buta nada.
음침(陰枕) ~한 mendung; gelap.
음탕(淫蕩) ~한 tidak senonoh;cabul. ~한 계집 perempuan cabul.
음파(音波) gelombang bunyi. ~ 탐지기 sonar.
음표(音標)「樂」not (musik).2 [4, 8, 16, 32]분 ~ not 1/2 [1/4, 1/8, 1/16, 1/32].
음표문자(音標文字) tanda fonetis. 만국~ abjad fonetik internasional.
음해(陰害) ~하다 menikam dari belakang.
음핵(陰核)「解」kelentit; klitoris; itil.
음향(音響) suara; bunyi. ~ 조절 kontrol suara. ~학 ilmu suara. ~ 효과 efek suara.
음화(陰畫) gambar porno.
음흉(陰凶) ~한 licik; lihai; akal bulus; khianat.
읍(邑) kecamatan. ~사무소 kantor kecamatan.
읍민(邑民) warga kecamatan.
읍소(泣所) ~하다 memohon dengan air mata di pipi; memohon dengan sangat.
읍장(邑長) camat.
읍하다(揖-) bersojah.
응 ya; baik. ~꼭 갈께 Ya, Saya pasti datang.
응결(凝結) pembekuan; pengentalan; penggumpalan.~ 하다 membeku; mengental; menggumpal.
응고(凝固) pengerasan; pemadatan;penggumpalan.~하다 memadat; mengeras;menggumpal. ~제 pembeku/pengental.
응급(應急) ~의 pertolongan pertama pada saat kecelakaan; darurat.~수리 perbaikan sementara.
응낙(應諾)persetujuan; penerimaan; izin. ~하다 menerima; mengizinkan.
응달 naungan; tempat bayangan. ~에서 ditempat teduh.~이 지다 dinaungi; diteduhi.
응답(應答) jawaban; sambutan; balasan; sahutan.~하다 menjawab; menyahut. ~ 자 orang yang menjawab; responden.
응당(應當) ☞ 으레, 마땅히.
응대(應對) ① (응답) balasan; jawaban; tanggapan. ~하다 membalas; menjawab; menanggapi. ② (면담) wawancara; tanya jawab. ~

하다 berwawancara. ③ (응접) penyambutan. ~하다 menyambut.
응모(應募) langganan; abonemen; lamaran. ~하다 berlangganan; melamar. ~가격[액]harga langganan. ~원고 pemasukan naskah.
응분(應分)~의 layak;sesuai;pantas ~의 대우 perlakuan yang pantas.
응사(應射) tembakan balasan. ~하다 membalas tembak.응석 ~받다 manja.~부리다 memanjakan (anak) ~ 받이로 기르다 mengasuh dengan memanjakan. 응소(應召) ~하다 mematuhi pang-gilan. ~자[병] tentara yang di- panggil.
응수(應手) ~하다 langkah balasan.
응수(應酬) jawaban; tanggapan; balasan. ~하다 menanggapi; menjawab;
menggumpal; membeku (darah).
응시(凝視)tatapan.~하다 menatap.
응시(應試) ~하다 mendaftar untuk ujian. ~자 peserta ujian.
응아응아 rengekan. ~울다 merengek.
응어리 (근육의) otot yang kejang; (맺힌 감정)rasa dendam kesumat.
응얼거리다 menggerutu; berkomat-kamit.
응용(應用)penerapan;praktek;pemakaian. ~하다 mempraktekkan; menerapkan. ~적 terapan; praktis. ~문제 soal terapan.
응원(應援)dukungan; pertolongan; sorakan; bantuan. ~하다 mendukung; membantu; menolong; menyorak.
응응 ~ 울다 menangis keras.
응전(應戰) ~하다 menerima tantangan.
응접(應接) wawancara; penyambutan. ~하다 mengadakan tanya jawab/ wawancara; menyambut. ~실 kamar tamu.
응집(凝集) ~하다 memadu; mengkohesi. ~력 kepaduan; daya kohesi. ~소 「醫」aglutinin.
응징(膺懲) pembalasan. ~하다 membalas.
응축(凝縮)kondensasi. ~하다 mengalami kondensasi. ~기(器) kondensor.
응하다(應-) menjawab;menyahut; menimpali; menerima; memenuhi.
응혈(凝血) darah yang beku;gumpalan darah. ~하다 darah yang menggumpal.
의 (소유.소속) kepunyaan; dari; (장소) di; di atas; (...에 대한) untuk; (...에 의한) oleh; (사이의) antara. 아버지 ~ 모자 topi ayah. 총리 ~ 비서 sekretaris pribadi perdana menteri. 강변 ~ 집 rumah di atas sungai.
의(義) (정의) keadilan; kebenaran; (결연) hubungan; ikatan; (뜻) makna; arti.
의(誼) hubungan; keintiman.~ 좋은 부부 pasangan yang intim. ~ 좋게 serasi; seperti berteman; akrab. ~가 좋다 berteman baik dengan; akrab dengan.
의거(依據)~하다 berdasar (pada); bergantung (pada). ...에 ~ 하여 sesuai dengan...; berdasarkan....

의거(義擧) perbuatan yang mulia/ agung.
의견(意見) pendapat;pertimbangan; buah pikiran; konsepsi. ~의 대립[충돌] pertentangan pendapat. ~이 같다 sependapat; satu pandapat dengan ...
의결(議決) keputusan. ~하다 memutuskan. ~권(權) hak memilih. ~기관 badan legislatif.
의과(醫科) bagian kedokteran. ~대학 fakultas kedokteran. ~ 대학생 mahasiswa kedokteran.
의관(衣冠) pakaian dan topi. ~을 갖추다 berpakaian lengkap.
의구(依舊)~하다 tetap seperti keadaan semula; tidak berubah.
의구심(疑懼心) was-was; syak wasangka; keraguan.~을 품다 menaruh syak wasangka.
의기(意氣) akal; jiwa; semangat. ~ 양양한 semangat tinggi. ~왕성[소침] 하다 bersemangat tinggi [ren- dah].
의기(義氣) jiwa yang berani; jiwa pahlawan.~있는 berjiwa pahlawan.
의논(議論) konsultasi; musyawarah. ~하다 berkonsultasi; bermusyawarah.
의당(宜當)tentu saja. ~하다 biasa. ~ ...해야 하다 tentu saja harus.
의도(意圖) tujuan; maksud; kehendak; hasrat. ~하다 bertujuan (untuk). ...할 ~로 dengan maksud. ….dengan tujuan...
의례(依例) ~하다 mengikuti pendahulu. ~히 ☞ 으레. ~건 praktek yang biasa.
의례(儀禮) upacara. ~적 bersifat upacara; seremonial. 외교적 ~ etika diplomasi.~적 방문 kunjungan kehormatan.
의롭다(儀-) adil.
의뢰(依賴) ① permohonan; kepercayaan.~하다 memohon; mempercayakan.변호사에게 ~하다 menyerahkan (masalah) kepada pengacara. ~서[장]permohonan tertulis. ~인 orang yang dibela. ② ketergantungan; keandalan. ~하다 bergantung kepada. ~심 sifat ketergantungan. ~심이 강하다 mengandalkan terlalu banyak kepada orang lain.
의료(醫療) pengobatan; perawatan.~기관 lembaga kesehatan. ~기구 alat kedokteran; alat-alat medis. ~반(班) tim kesehatan. ~보험 asuransi kesehatan. ~비 biaya kesehatan.
의류(衣類) pakaian; aneka ragam pakaian.
의리(義理) ① keadilan; kebenaran; kesetiaan. ~가 있다 adil; setia. ~가 없다 tidak memiliki rasa keadilan. ② hubungan;ikatan.친구간의 ~ ikatan persahabatan.
의모(義母) ☞ 의붓어미, 양어머니.
의무(義務) kewajiban; tanggung jawab; tugas. ~적 wajib. ...할 ~가 있다 berkewajiban untuk... . ~감[관념] rasa tanggung jawab.
의무(醫務)perkara kesehatan. ~실 ruang medis; klinik.
의문(疑問) pertanyaan; keraguan. ~의 diragukan; dipertanyakan. ~의

죽음 kematian yang aneh/misterius.
의뭉스럽다 busuk pikiran.
의미(意味)arti; makna. ~하다 berarti. ~있는 [심장한] penting; penuh arti; berarti. ~없는 tak berarti.
의법(依法) ~ 처리하다 menangani sesuai dengan hukum.~처단 penghukuman sesuai dengan hukum.
의병(義兵)tentara sukarela; sukarelawan.
의복(衣服) pakaian; busana.
의부(義父) ☞ 의붓아비, 양아버지.
의분(義憤) kemarahan atas ketidakadilan. ~을 느끼다 merasa marah atas ketidakadilan.
의붓딸 putri tiri.
의붓아들 putra tiri.
의붓아비 ayah tiri.
의붓어미 ibu tiri.
의붓자식(-子息) anak tiri.
의사(義士) syuhada tanah air; martir.
의사(意思)maksud;pandangan;kehendak. ~표시 pernyataan kehendak.
의사(擬似) ~증[환자] kasus yang mencurigakan/ dicurigai. ~ 콜레라 kolera semu.
의사(醫師) dokter. ~ 노릇을 하고 있다 praktek dokter. ~의 치료를 받다 mendapat pengobatan dari dokter. ~면허 surat izin praktek.
의사(議事)persidangan. ~당 ruang sidang. 국회 ~당 gedung DPR. ~록 laporan sidang. ~봉 palu sidang. ~일정 agenda sidang.~진행 kemajuan persidangan.
의상(衣裳) pakaian; busana.
의석(議席) kursi parlemen. ~을 보유하다 mendapat kursi .
의성(擬聲)pembentukan kata yang meniru suara. ~어 bentuk kata yang meniru suara.
의수(義手) tangan palsu.
의술(醫術) keahlian kedokteran. ~을 업으로 하다 praktek dokter; praktek medis.
의식(衣食) pangan dan sandang. ~ 주(住) pangan, sandang dan perumahan.
의식(意識) kesadaran. ~하다 sadar. ~적(으로) secara sadar. ~을 잃다 hilang kesadaran.
의식(儀式) upacara.
의심(疑心) keraguan; kecurigaan; kesangsian; syak wasangka. ~하다 ragu; curiga; sangsi. ~없는 tak diragukan. ~없이 tanpa keraguan.
의아(疑訝) ~하다 [스럽다] mencurigakan; meragukan.
의안(義眼) mata palsu.
의안(議案) rancangan undang-undang. ~을 제출하다 menyerahkan rancangan undang-undang.
의약(醫藥) obat. ~분업 pemisahan apotik dengan praktek dokter. ~품 obat-obatan; persediaan obat.
의업(醫業) profesi medis.
의역(意譯) terjemahan bebas. ~하다 menterjemahkan secara bebas.
의연(依然) ~히 seperti semula. 구태 ~하다 tetap tidak berubah.
의연(義捐) ~금 sumbangan.
의연히(毅然-) dengan berani.
의예과(醫豫科)jurusan paramedis.
의옥(疑獄) skandal.

의외(意外) ~의 tak diharapkan;tak terduga; kejutan. ~로 berlawanan dengan yang diharapkan. ~의 일 kejutan.

의욕(意慾)kemauan;semangat.~적 ambisius. 생활 ~ kemauan hidup.

의용(義勇) keberanian berkorban. ~병[군] tentara sukarela,sukarelawan.

의용(儀容) sikap; pembawaan.

의원(依願) ~면직 berhenti atas kemauan sendiri.

의원(醫院) tempat praktek dokter, rumah sakit. Y ~ ruangan dokter Y.

의원(醫員) dokter.

의원(議院) Dewan Perwakilan Rakyat; parlemen. ~ 내각제 sistim pemerintahan parlementer.

의원(議員)anggota Dewan Perwakilan Rakyat; anggota parlemen.

의의(意義)arti; makna. ~있는 berarti; bermakna.

의인(擬人)personifikasi. ~ 화하다 mempersonifikasi. ~법『修』 의인.

의자(椅子) kursi; bangku. 긴 ~ kursi panjang. ~에 앉다 duduk di atas kursi.

의장(意匠)rancangan. ~가 perancang. ~등록 pendaftaran rancangan.

의장(議長) ketua; kepala; pemimpin.~이 되다 menjadi ketua. ~직권 wewenang ketua.

의장대(儀仗隊) pengawal kehormatan.

의적(義賊) maling budiman.

의전(儀典)protokol. ~비서 sekretaris protokol.~ 실 ruang protocol.

의절(義絶)~하다 memutuskan hubungan.

의젓하다 berwibawa

의정(議定) ~하다 berunding dan menyetujui. ~서 surat perjanjian.

의제(義弟) adik angkat.

의제(議題) topik pembicaraan; pokok perbincangan; agenda.

의족(義足) kaki palsu; kaki buatan.

의존(依存) ketergantungan.~ 하다 bergantung kepada; mengandalkan kepada; bersandar kepada.

의중(意中) ~의 인물 pilihan hati; orang yang ada di hati. ~을 떠보다 menjajaki hati.

의지(依支) (기댐) ketergantungan, (의뢰) kepercayaan; keandalan. ~하다 bergantung pada. ~할 만한 친구 teman yang dapat diandalkan.

의지(意志) kemauan; kehendak; tekad.~가 강[약]하다 berkemauan kuat [lemah]. ~력 daya kemauan.

의지가지없다 tidak ada tempat bergantung.

의처증(疑妻症) kecurigaan terhadap kesucian istri.

의치(義齒) gigi palsu.

의탁(依託) ~하다 bergantung kepada. ~할 곳 없다 tanpa bantuan; tidak ada tempat meminta tolong.

의하다(依-) bergantung pada; berdasarkan pada...

의학(醫學) ilmu kedokteran; ilmu medis. ~적(으로) (secara) medis. ~도 mahasiswa kedokteran. ~계의 큰 업적 prestasi besar dalam dunia medis.

의향(意向)maksud; niatan; tujuan;

hasrat. ~이 있다 bermaksud.

의협(義俠) keberanian;kesatriaan; keperwiraan; kepahlawanan. ~심 jiwa ksatria.

의형제(義兄弟) saudara angkat. ~를 맺다 mengangkat jadi saudara

의혹(疑惑) kecurigaan; keragu-raguan. ~을 품다 menaruh kecurigaan; mencurigai.

의회(議會) Dewan Perwakilan Rakyat; parlemen. ~정치 sistem pemerintahan parlementer.

이① gigi.~없는 tidak ada gigi;tanpa gigi. ~를 닦다 menyikat gigi. ~가 나다 tumbuh gigi. ~를 빼다 mencabut gigi. ~를 쑤시다 menusuk/mencungkil gigi. ~가 좋다[나쁘다] gigi bagus [jelek]. ~가 아프다 gigi sakit. ② sumbing. ~빠진 찻잔 cangkir yang sumbing.

이 「蝨」 kutu. ~가 꾀다 berkutu. ~잡듯 하다 menisik kutu.

이(利) ① untung; keuntungan. ~가 있는 menguntungkan. ~를 보다 beruntung. ~가 박하다 menghasilkan sedikit untung.② (이자) bunga (uang).

이(里) ① (거리) *ri* (= 0,4 km). ② (행정구역) desa.

이(理) sebab; alasan; dasar. ~에 닿지 않는 말을 하다 berbicara bertentangan dengan akal.

이 ini; kini. ~달 bulan ini. ~같은 seperti ini. ~같이 oleh sebab itu.

이(二) dua; kedua.

이가(二價) ~의 「化」 dwi atom.

이간(離間) perenggangan; pemisahan;pengasingan.~하다 [붙이다] memisahkan [merenggangkan].

이갈다 menggertakkan gigi.

이것 ① ini;yang ini. ~으로 dengan ini. ② ~좀 봐 lihat sini (waktu memanggil).

이것저것 ini dan itu; satu lain hal. ~ 생각한 끝에 setelah memikirkan baik-baik.

이견(異見) pandangan yang berbeda; keberatan.

이골나다 terbiasa. 일에 ~ menjadi terbiasa dengan pekerjaan.

이곳 tempat ini; disini. ~에(서) di tempat ini. ~으로 (부터) dari sini.

이공(理工) ilmu pengetahuan dan rekayasa. ~ 과[학부] jurusan [fakultas] ilmu pengetahuan alam dan rekayasa.

이과(理科) jurusaan ilmu pengetahuan alam.

이관(移管) pemindahan. ~하다 memindahkan.

이교(異教) keingkaran; kekafiran. ~의 ingkar. ~도 orang yang ingkar; kafir.

이구동성(異口同聲) ~으로 dengan suara bulat.

이국(異國)negara asing.~의 asing. ~인 orang asing. ~정취 suasana asing.

이권(利權) konsesi.~운동 lobi untuk mendapatkan konsesi. ~운동자 orang yang melobi untuk konsesi.

이글이글 ~하다 berkobar;menyala. ~타는 불 api yang berkobar.

이기(利己) hal mementingkan diri sendiri. ~적 mementingkan diri sendiri; egois. ~심 jiwa egois. ~

주의 egoisme; faham mementingkan diri sendiri.

이기(利器) kemudahan fasilitas. 문명의 ~ kemudahan peradaban; fasilitas peradaban.

이기다 menang; mendapat kemenangan. 논쟁에 ~ menang perdebatan. 자기를 ~ menaklukkan diri sendiri. 겨우 ~ menang tipis.

이기다 ① (반죽) meramas;mengadoni. ② (칼로) mencincang-cincang.

이까짓 demikian sepele; begitu remeh. ~것 yang sepele ini.

이끌다 membimbing; mengepalai; memimpin; mempelopori; merintis; menggiring; memandu.

이끌리다 dipimpin; dikepalai; dipandu; dibimbing.

이끼 「植」 lumut. ~가 끼다 lumut tumbuh. ~낀 berlumut; ditumbuhi lumut.

이나① (그러나) namun; tetapi; walaupun; mending (an).② sebanyak. 다섯 번 ~ sebanyak lima kali. ③ (선택) atau; apakah ini atau itu; apakah begini atau begitu.

이나마 ☞ ..나마.

이날 ① hari ini. 작년[내년]의 ~ tahun yang lalu [akan datang] hari ini. ② (당일) hari itu.

이날저날 hari ini dan hari itu; dari hari ke hari.

이남(以南) Korea Selatan.

이내(以內) tidak lebih dari. 500 원 ~ 의 금액 harga yang tidak lebih dari 500 won.

이내 (곧) segera.

이냥 seperti ini.

이네,이네들 mereka; orang-orang ini.

이년(二年)dua tahun. ~생(生) murid tahun kedua; murid kelas dua.

이념(理念) ideologi; doktrin. ~ 적(으로) (secara) ideologis. ~분쟁 pertentangan ideologi.

이농(離農) ~하다 berhenti bertani.

이다 (머리에) menjunjung.

이다 (지붕을) mengatapi.

이다지 sebanyak ini; banyak sekali. ~도 오래 sepanjang ini; selama ini.

이단(異端) kekafiran; keingkaran. ~적 kafir; ingkar.~자 orang ingkar.

이달 bulan ini. ~10 일 pada tanggal 10 bulan ini. ~호(號) (잡지 따위의) nomor sekarang.

이대로 seperti ini. ~가면 kalau terus seperti ini.

이데올로기 ideologi.~의[적인] ideologis.~논쟁 pertengkaran ideo logis. ~대립 pertentangan ideologi.

이동(移動)perpindahan;pergerakan. ~하다 pindah;berpindah. ~식 sistim pindah.~경찰 polisi patroli.

이동(異動) pergantian jabatan.

이득(利得) untung; laba. 부당 ~ untung yang berlebihan. 부당 ~자 orang yang mengambil untung berlebihan.

이든 (지) apakah..., atau. 정말 ~ 거짓말 ~ apakah itu benar atau tidak.

이듬 berikutnya.~해 tahun berikutnya.

이등(二等) kelas kedua, peringkat kedua. ~을 타고 여행하다 bepergian naik kelas dua. ~병 prajurit dua. ~상 hadiah kedua; hadiah nomor dua.

이등변삼각형(二等邊三角形) segitiga sama kaki.

이등분(二等分) ~하다 membagi dua sama. ~선 garis bagi dua.

이따금 kadang-kadang.

이때 saat ini.

이란성(二卵性) ~ 쌍생아 kembar tidak identik.

이랑 (밭의) galengan dan alur. ~을 짓다 membuat alur.

이랑 (조사) dan; atau. 기쁨 ~ 부끄러움으로 dengan gembira dan malu; dengan gembira bercampur malu.

이래(以來)sejak; mulai; semenjak; sesudah; sehabis. 그 때~ sejak itu.

이래저래 dengan ini dan itu. ~ 바쁘다 Saya sedang sibuk dengan ini dan itu.

이랬다저랬다 ~하다 plin-plan.

이러구저러구 tidak terasa. ~10 년의 세월을 보냈다 Tidak terasa sudah sepuluh tahun.

이러나저러나 bagaimanapun juga.

이러니저러니 ~하다 mengatakan sesuatu; memberi komentar; mengomentari.

이러이러하다 begini begitu.

이러쿵저러쿵 ☞ 이러니저러니.

이러하다 seperti ini; begini. 사실은 ~ kenyataannya begini; terus terang saja.

이런 ① (이러한) semacam ini; seperti ini. ~책 buku semacam ini. ~때에 seperti waktu ini; saat seperti ini. ② (놀람) Ya, ampun!

이렇게 begini. ~많은 begini banyak.

이렇다 ☞ 이러하다. ~할 tertentu. ~ 할이유 alasan tertentu.

이레 hari yang ketujuh; tujuh hari.

이력(履歷)riwayat hidup.~이 좋다 [나쁘다] reputasi baik [buruk]. ~서 surat riwayat hidup.

이례(異例) pengecualian. ~적 luar biasa.

이론(異論) keberatan; perbedaan pendapat (☞ 이의(異議)). ~없이 dengan suara bulat. ~을 제기하다 menyatakan keberatan.

이론(理論) teori. ~적 teoritis. ~상 [적으로] dalam teori; secara teoritis. ~가 teorisi; ahli teori. ~투쟁 pertentangan teori.

이롭다(利-)menguntungkan; bermanfaat.

이루(耳漏) 「醫」 congek.

이루 tidak dapat di... . ~ 말할 수 없는 tak terlukiskan. ~헤아릴 수(도) 없는 tak terhitung. ~ 형용할 수 없다 sukar sekali melukiskan.

이루다 menyelesaikan;melaksanakan;mewujudkan;mendirikan. 뜻을 ~ mewujudkan keinginan.

이루어지다 diwujudkan;dicapai;di selesaikan.

이룩하다 mendapatkan; mencapai; mendirikan; membangun.

이류(二流) ~ 의 kelas dua. ~호텔 hotel kelas dua.

이륙(離陸) lepas landas; tinggal landas. ~하다 mengudara; tinggal landas.~시간 waktu tinggal landas.

이륜(二輪)roda dua. ~차 kendaraan roda dua.

이르다 (시간적) pagi sekali; pagi-pagi buta.

이르다 (도착) sampai; tiba; mencapai. 결론에 ~ sampai pada kesimpulan.

이르다 ① (...라고 하다) berkata; mengatakan.② (알리다) memberitahukan; mengatakan; menyarankan; mengadukan. 공부를 열심히 하라고~ menyarankan untuk belajar keras.아버지한테~ mengadukan kepada ayah.

이른바 biasa disebut. 이것이야말로 ~ 민주주의다 Inilah yang disebut demokrasi.

이를테면 boleh dikata; dapat disebut. 그는 ~ 산 사전이다 Dia boleh dikata kamus berjalan.

이름 ① nama. ...의 ~ 으로 atas nama.~을 부르다 memanggil nama. ~짓다 membuat nama; menamai. ~을 대다 menyebutkan nama. ~을 속이다 menipu nama. ② sebutan; gelar. ~만의 pada gelarnya saja. 그 ~대로 seperti yang dinyatakan oleh gelarnya.③ nama baik; nama yang terkenal.~난 terkenal. ~없는 tanpa nama; tak dikenal. ~을 얻다 mendapat nama. ~을 남기다 meninggalkan nama.④ dalih. 자선이라는 ~아래 dengan dalih beramal.

이름씨 「文」 kata benda.

이름표(- 標) plat nama.

이리 (짐승) serigala.

이리 ① (이렇게) dengan cara ini; seperti ini; begini. ② (이곳으로) jalan ini; arah ini.

이리저리 sana-sini; atas bawah; ini itu; maju mundur; kian kemari; pulang balik.

이마 dahi; kening; jidat.

이만 sekian. 오늘은 ~ 합시다 Cukup sekian hari ini.

이만저만 tidak sedikit. ~ 놀라지 않다 sangat kaget.

이만큼 sebanyak ini; segini; segini besarnya; sekian. ~이면 된다 sebanyak ini cukup.

이만하다 sebanyak ini; sebesar ini

이맘때 saat seperti ini; waktu seperti ini.

이맛살 ~을 찌푸리다 mengerutkan kening.

이면(二面)① (두 면) dua muka.② halaman kedua. ~기사 artikel/ berita di halaman (yang ke) dua.

이면(裏面) bagian belakang; sebalik; sisi lain; (내막) cerita dalam; latar belakang. ~에 di dalam; di sisi lain. ~사 cerita dalam.

이면 (조사) jikalau; seandainya. 내가 당신~seandainya saya kamu; jika saya kamu.

이명(異名) nama lain; nama samaran.

이모(姨母) bibi; tante.

이모부(姨母夫) paman (suaminya bibi).

이모작(二毛作) dua kali panen pertahun. ~지대 daerah dua kali musim tanam.

이모저모 tiap sudut.

이목(耳目) mata dan telinga; perhatian. ~을 끌다 menarik perhatian umum.

이목구비(耳目口鼻) tampang; muka. ~가 반듯한 얼굴 muka yang tampan.
이무기 ular sanca.
이문(利文) keuntungan. ☞ 이익.
이미 ① sudah; telah. 그것은 ~ 끝났다 Sudah selesai. 수업은 ~ 시작됐나? Sudahkah masuk sekolah? ② sebelumnya; semula. ~ 언급한 바와 같이 seperti yang telah dikemukakan.
이미지 kesan.
이민(移民)perpindahan; pengungsian; pengungsi. ~하다 berpindah-pindah; mengungsi. ~선 [알선자] kapal [agen] imigran.
이바지하다 membaktikan diri.
이반 peralihan hati. ~하다 beralih hati.
이발(理髮) pemangkasan rambut. ~하다 memangkas rambut; memotong rambut. ~기 alat potong rambut. ~사 tukang potong rambut; tukang cukur. ~소 salon; tempat potong rambut.
이방인(異邦人)orang asing;orang pendatang.
이배(二倍) dua kali; dua kali lipat. ~하다 menduakalikan; menggandakan.
이번(-番)sekarang;saat ini;kali ini. ~의 baru; berikut; mendatang.
이번(二番)nomor dua;kedua.~저당 penggadaian kedua.
이변(異變) perubahan luar biasa; bencana.기후의~ perubahan cuaca yang tidak normal.
이별(離別) perpisahan;perceraian. ~하다 berpisah; bercerai. ~가 nyanyian perpisahan.
이병(二兵) prajurit dua (PRADA).
이병(罹病) ☞ 이환(罹患).
이보다 dari pada ini. ~앞서 sebelum ini.
이복(異腹) ~형제 [자매] saudara [saudari] seayah.
이부(二部) (두부분) dua bagian; (제이부)bagian II. ~수업 sistim sekolah pagi petang. ~제 sistem dua giliran. ~합창 duet.
이부(異父)beda ayah. ~형제 saudara beda ayah.
이부자리 sprei dan selimut.
이북(以北) Korea Utara. 그는 ~ 사람이다 Dia orang Korea Utara.
이분(二分) ~하다 membagi dua; memaruh. ~의 일 setengah. ~음표 「樂」 setengah nada; not setengah.
이불 selimut dan sprei. ~속에서 활개치는 사람 Hulubalang dalam selimut; pengecut. ~을 덮다 menarik selimut kapas.
이비(耳鼻) ~ 인후과 bagian THT (Tenggorokan, Hidung dan Telinga).
이사(理事) direktur; komisaris. ~관 pegawai negeri pangkat penata.~장 komisaris kepala. ~회(會) dewan direktur.
이사(移徙) pindah rumah. ~하다 pindah. ~비용 ongkos pindah rumah. ~턱 selamatan memasuki rumah baru.
이삭 bulir. ~이 나오다 keluar bulir. 벼~ bulir padi.
이산(離散)~하다 berserakan; ter-

cerai-berai. ~가족 keluarga yang terpencar.

이산화(二酸化)「化」~물 dioksida. ~탄소 karbondioksida.

이상(以上) ① lebih; melebihi. 2 마일 ~ lebih dari dua mil. 6 세 ~의 소아 anak diatas umur 6 tahun. 3 분의 2 ~의 다수 mayoritas paling sedikit dua per tiga. ② ~과같이 seperti yang disebutkan di atas (s.d.a). ③ sejak. 살고 있는 ~은 selama masih hidup.④ (끝) sekian.

이상(異狀) kecelakaan; kekacauan; perubahan.~이 있다 tidak normal; kacau. ~없다 normal; waras. 정신~ penyakit jiwa/ gila; kekacauan mental.

이상(異常) keanehan; ketidaknormalan; keganjilan. ~스러운[한] aneh; ganjil; tidak normal. ~건조 kemarau yang tidak normal. ~아 (兒) anak yang cacat.

이상(理想) idaman; cita-cita. ~적(으로) menurut idaman/cita-cita; secara ideal.높은 ~ cita-cita yang tinggi.~을 품다 mempunyai cita-cita.~향 idaman.

이색(異色)corak/warna yang berbeda. ~적 unik; khas; khusus. ~작가 [작품] pencipta [karya] yang unik.

이서(裏書) ☞ 배서(背書).

이성(異性) lain jenis; lawan jenis. ~간의 hubungan antar jenis kelamin.~을 알다 kenal lawan jenis.

이성(理性)daya nalar; rasionalitas. ~적 masuk akal;rasional;beralasan. ~을 잃다 hilang daya nalar.

이세(二世)yunior; generasi kedua. ~국민 anak-anak dari generasi berikut. 제임스 ~ James II.

이송(移送) pemindahan perkara. ~하다 memindahkan perkara. 사건의 ~ perkara yang dipindahkan.

이수(履修)~하다 menamatkan sekolah.

이스트 (효모) ragi.

이슥하다 larut (malam).

이슬 embun. ~맺힌 (꽃) (bunga) yang berembun.

이슬람 Islam. ~교 agama Islam. ~교도 orang Islam; muslim. ~문화 kebudayaan Islam.

이슬비 hujan rintik-rintik; hujan gerimis; hujan renai.

이슬점(-點)「理」titik embun.

이승 dunia ini; kehidupan ini. ~의 괴로움 cobaan kehidupan ini.

이식(利息) ☞ 이자(利子).

이식(移植) pencangkokan; transplantasi.~하다 mencangkok. ~수술 operasi pencangkokan.

이신론(理神論)「哲」mempercayai adanya Tuhan tapi tak beragama.

이심(二心) ~있는 bermuka dua; khianat.~을 품다 bermuka dua.

이심(異心) maksud khianat.

이심전심(以心傳心) mengetahui isi pikiran orang lain; telepati. ~으로 secara telepati.

이십(二十) dua puluh. ~번째 keduapuluh. ~세기 abad keduapuluh.

이쑤시개 tusuk gigi.

이앓이 sakit gigi.

이앙(移秧) pindah tanam padi.

~하다 memindahkan padi dari persemaian.

이야기① pembicaraan. ~하다 berbicara; melakukan pembicaraan. 장사~ pembicaraan bisnis. ~를 잘 하다[못하다] pembicara yang baik [buruk].② cerita. ~하다 bercerita. 꾸민~ cerita yang dikarang-karang; fiksi.③ pokok(pembicaraan). ~를 바꾸다 mengalihkan pokok pembicaraan. ④ kabar angin; desas-desus; selentingan; isu. ~하다 membicarakan; menggosipkan. 이렇게들 ~한다 didesas-desuskan bahwa.⑤ konsultasi; perundingan. ~하다 membicarakan mengenai; membahas tentang.~가 되다 sampai pada kesepakatan. ⑥ pernyataan. ~하다 menyatakan. 의견을 ~하다 menyatakan pendapat. ~꾼 juru dongeng. ~책 buku cerita.

이야말로 (부사) memang ini.

이야말로(조사) sungguh; tepat sekali.

이양(移讓) ~하다 mengoper; memindahtangankan. 정권을 ~하다 mengoper kendali pemerintahan.

이어서 berikut; setelah; kemudian.

이어폰 alat pendengar; earfon.

이언정 walaupun; sekalipun.

이에 dalam hal ini.

이에서 dari ini.

이역(二役) peran ganda.

이역(異域) negara asing; luar negeri.

이열(二列) dua baris. ~로 dalam dua baris.

이열치열(以熱治熱) Keras dilawan keras ,Lunak dilawan lunak.

이염(耳炎) radang telinga. 중(中) ~ radang telinga tengah.

이염화물(二鹽化物) 『化』 biklorida.

이온 『化』 ion. ~층 ionosfir. 양[음] ~ ion positif [negatif].

이완(弛緩) pengendoran; relaksasi. ~하다 rileks; mengendorkan otot.

이왕(已往) kalau demikian halnya. ~지사(之事) yang sudah-sudah.

이외(以外) kecuali. 일요일 ~에는 kecuali Minggu.

이욕(利慾) tamak. ~을 떠나서 tidak memperhitungkan keuntungan pribadi.

이용(利用) pemakaian; penggunaan;penerapan.~하다 menggunakan; memakai.~가치 nilai guna.~자 pemakai.

이용(理容) ~사 tukang cukur; penata rambut. ~업 usaha salon. ~학원 sekolah penata rambut.

이웃 tetangga. ~돕기 운동 kampanye tuk menolong tetangga (yang memerlukan/miskin). ~집 rumah/tetangga sebelah.

이원(二元) 『哲』 rangkap dua. ~적 secara ganda/rangkap dua. ~론 dualisme.

이원제(二院制)sistem dua kamar.

이월(二月) bulan dua; Februari.

이월(移越) pemindahan saldo. ~하다 memindahkan/mentransfer saldo. 전기 ~금 saldo yang dipindahkan.

이유(理由) alasan;sebab musabab;

lantaran;kausa. ~없이 tanpa alasan.

이유(離乳) ~하다 menyapih. ~기 masa penyapihan. ~식 makanan bayi.

이윤(利潤) keuntungan; laba. ☞ 이익.

이율(利率)suku bunga;bunga.법정 ~ suku bunga resmi. 은행 ~ suku bunga bank.

이율배반(二律背反) dikotomi yang mempertentangkan.

이윽고 tidak lama; sejurus; baru-baru ini.

이음매 sambungan. ~가 없는 tanpa sambungan.

이의(異意) opini/ pendapat yang berbeda.

이의(異義) arti yang berbeda.

이의(異議)sanggahan; protes; keberatan;bantahan; perbedaan pendapat. ~없이 dengan suara bulat. ~신청 keberatan resmi.

이익(利益) ① keuntungan; laba. ~이 있는 menguntungkan. 많은 ~을 올리다 dapat untung yang besar. ~금 keuntungan. 총 ~금 keuntungan kotor. 순 ~금 keuntungan bersih. ~배당 pembagian keuntungan; deviden.② (편익) faedah; maslahat; guna; kepentingan. ~ 있는 berfaedah; menguntungkan. ...의 ~을 위하여 demi kepentingan dari; demi kemanfaatan dari.

이인(二人) dua orang.~삼각(三脚) balap kaki tiga. ~조 pasangan; dua.

이인(異人) orang yang berbeda; orang yang istimewa.동명 ~ orang yang berbeda dengan nama yang sama.

이입(移入)~하다 memasukkan.

이자(利子) bunga. 1 할의 ~로 dengan bunga 10 persen. 비싼 [싼] ~로 dengan bunga tinggi [rendah].

이자택일(二者擇一) ~하다 memilih diantara dua.

이장(里長) kepala kampung.

이장(移葬) ~하다 memindahkan kuburan.

이재(理財) keuangan;ekonomi.~에 밝다[능하다] mahir dalam mendatangkan uang. ~국 biro (pengelolaan) keuangan.

이재(罹災) bencana; malapetaka. ~구호 기금 dana bantuan kemanusiaan. ~민 korban bencana.

이적(利敵) ~하다 menguntungkan musuh. ~행위 tindakan yang menguntungkan musuh.

이적(移籍)~하다 mentransfer. ~료 biaya transper.

이적(離籍) ~하다 memindahkan nama dari kartu keluarga.

이전(以前) ~의 sebelumnya; dahulu. ~에 yang lalu; dahulu. ~대로 seperti semula; seperti dahulu.

이전(移轉)pemindahan; kepindahan. ~하다 pindah; memindahkan. ~처 (處) alamat baru.

이점(利點) segi keuntungan; kelebihan; keunggulan.

이정(里程)jarak mil. ~표(表) daftar jarak tempuh. ~표(標) pal; batu pancang.

이제 sekarang. ~막 baru saja; barusan.

이조(李朝) dinasti Yi.
이종(二種) ~ 우편물 surat kelas dua.
이종(姨從) sepupu dari pihak ibu.
이종(異種) jenis lain. ~ 교배 perkawinan silang; hibridisasi.
이주(移住) transmigrasi; imigrasi; perpindahan; emigrasi. ~하다 pindah; mengungsi; bertransmigrasi.
이죽거리다 ☞ 이기죽거리다.
이중(二重) ~의 dobel;ganda;jamak. ~으로 dua kali; dengan ganda. ~으로 하다 menggandakan. ~결혼 kawin dua kali.~과세 (課税) pajak ganda. ~생활 kehidupan ganda.~인격자 orang yang bermuka dua.
이중고(二重苦)penyiksaan ganda.
이즈음, 이즘 ☞ 요즈음.
이지(理智) intelek; kecerdasan; daya nalar. ~적 intelektual. ~주의 intlektualisme.
이지러지다 sumbing.
이직(離職) ~하다 pindah jabatan; meletakkan jabatan; berhenti kerja ~ 율 tingkat perpindahan jabatan.
이질(姨姪) kemenakan dari pihak istri.
이질(異質) keanekaragaman. ~의 beraneka ragam; berbeda-beda.
이질(痢疾)disentri;sariawan usus; mejan; berak darah.
이쪽 ① arah ini; pihak kita. ~저쪽 arah ini dan itu. ~으로 오십시오 mari kesini. ② kelompok kita; kita. ~저쪽 kita dan mereka.
이차(二次) ~의 kedua; sekunder; 『數』 kwadrat. ~방정식 persamaan kwadrat. ~산품 hasil sekunder/tambahan. 제 ~ 세계 대전 Perang Dunia II.
이착륙(離着陸)tinggal landas dan mendarat.
이채(異彩) kecemerlangan;kemenonjolan.~를 띠다 cemerlang; menonjol.
이처럼 seperti ini; sebegini; sekian ini. ~많이 banyak sekali; sebegini banyaknya.
이첩(移牒) ~하다 menyampaikan ke yang berwenang.
이층(二層) tingkat dua; lantai dua. ~에서 di atas; di lantai atas. ~버스 bis bertingkat. ~집 rumah yang berlantai dua; rumah yang bertingkat dua.
이치(理致) alasan; prinsip. 자연의 ~ hukum alam. ~에 맞다 masuk akal; beralasan.
이칭(異稱) nama samaran; nama lain; alias.
이탈(離脫) ~하다 berpisah dari; menyimpang; lari (dari); memencilkan diri. ~자 orang yang memisahkan diri.
이탓저탓 ~하여 dengan alasan ini itu.
이태 dua tahun.
이토(泥土) ☞ 진흙.
이토록 begini banyak; seperti ini. ~ 부탁(을) 하는데도 Sudah demikian bermohon, tapi...
이튿날 hari berikutnya; besoknya.
이틀 ① (초이틀) hari kedua; (이틀째) tanggal dua.② (두날) dua hari. ~마다 setiap dua hari; dua hari sekali.

이틀 gip gigi.
이팔(二八) enam belas. ~청춘 remaja umur 16 tahun.
이편 ① pihak kita. ~의 잘못 kesalahan pihak kita.② (이쪽) arah ini; sebelah sini.
이핑계저핑계 ~하여 dengan alasan ini-itu.
이하(以下) ~의 kurang dari; dibawah.10 세 ~의 어린이 anak berumur di bawah 10 tahun. ~ 동문(同文) dan seterusnya.
이학(理學) ilmu alam.~박사 (博士) doktor ilmu alam. ~부 fakultas IPA. ~사 sarjana ilmu alam.
이합(離合) pertemuan dan perpisahan. 정당의 ~ 집산 perubahan jajaran partai.
이항(二項)「數」~(식)의 binominal. ~ 방정식 persamaan binominal.
이항(移項) perubahan. ~하다 mengubah.
이해(利害) keuntungan dan kerugian; kepentingan; kepedulian. ~의 충돌 pertentangan kepentingan. ~관계자 orang yang berkepentingan.
이해(理解)pemahaman;pengertian. ~하다 mengerti; memaklumi; memahami. 음악을 ~하다 menghargai musik.
이행(履行) ~하다 melaksanakan; menunaikan; melakukan; melunasi; memenuhi. 약속을 ~ memenuhi janji. 채무를 ~ melunasi hutang. ~자 pelaksana.
이향(離鄕) ~하다 meninggalkan kampung halaman.
이혼(離婚)perceraian.~하다 menceraikan; bercerai (dengan). ~소송 perkara perceraian. ~신고 pemberitahuan perceraian. ~절차 proses perceraian.
이화학(理化學)fisika dan kimia. ~ 연구소 Lembaga Penelitian Fisika dan Kimia.
이환(罹患) ~하다 dijangkiti penyakit. ~율(率) tingkat kejangkitan. ~ 자(者) penderita; orang yang di jangkiti.
이회(二回)dua kali. 월 ~ dua kali satu bulan. 연 ~ dua kali setahun.
이후(以後) setelah ini; kemudian; kelak; sedari. 그 ~ setelah itu; sejak itu.
익년(翌年) tahun depan; tahun berikutnya.
익다 ① (과실.기회 등이) matang; tua; masak; menguning (tentang buah dll) ② masak; matang (tentang makanan).너무 ~ terlalu matang. ③ (익숙) menjadi terbiasa; menjadi terampil; (tentang pekerjaan).④ (장.술이) matang (tentang tapai, anggur dll).
익명(匿名) tanpa nama; anonim; anonimitas. ~으로 dengan tanpa membubuhi nama; dengan cara tidak bernama. ~투고 [투서] surat kaleng.
익사(溺死) mati karena tenggelam. ~하다 mati tenggelam; mati hanyut. ~할 뻔하다 nyaris mati tenggelam. ~자 orang yang mati tenggelam.

익살 humor; lelucon; banyolan. ~(을) 떨다 [부리다] membuat lelucon; membanyol; berkelakar; berogak-ogak. ~ 스럽다 [맞다] lucu. ~꾼 orang yang jenaka; pelawak.

익숙하다 terlatih; telah biasa; mahir; paham.

익일(翌日) hari berikut.

익조(益鳥) burung yang berguna.

익충(益蟲) serangga yang berguna/menguntungkan.

익히다 ① (익숙하게 하다) membiasakan diri; belajar; melatih diri. ② (음식을) memasak; menggodok; merebus (tentang makanan). ③ (과실을) mematangkan; memeram (tentang buah). ④ (술.장을) memeram; mematangkan (tentang tapai dll).

인(仁) kebaikan; kebajikan.

인(印) cap; stempel. ☞ 도장.

인(寅) shio Harimau.

인(燐) fosfor. ~의 posforik.

...인(人) 문화 ~ orang yang berbudaya. 한국 ~ orang Korea.

인가(人家) tempat tinggal; pemukiman. ~가 드문 berpenduduk jarang; berpemukiman yang jarang.

인가(認可) perizinan; perkenan. ~하다 mengizinkan; mengesahkan; membenarkan.

인각(印刻) ~하다 mengukir.

인간(人間) manusia;insan.~의 tentang manusia. ~다운 생활 nilai hidup manusia. ~개조 pembaharuan kemanusiaan.~미 perikemanusiaan. ~ 폭탄 [어뢰] bom [torpedo] manusia.

인감(印鑑) cap pribadi.~을 등록하다 mengesahkan cap pribadi. ~도장 cap pribadi resmi.~증명[등록] sertifikat [registrasi/pengesahan] cap pribadi.

인건비(人件費) biaya tenaga kerja.

인걸(人傑) orang penting; orang besar; pahlawan.

인격(人格) kepribadian; karakter; sifat.~을 함양[도야]하다 membina kepribadian/karakter.

인견(人絹)☞ 인조견 (人造絹). ~사 benang rayon.

인견(引見) ~하다 bertatap muka; mengadakan temu wicara.

인계(引繼) ~하다 mengoper; memindahtangankan.~받다 mengambil alih (tugas seseorang).

인공(人工) karya manusia; buatan manusia. ~의 buatan; tidak alami. ~ 강우 hujan buatan. ~영양 gizi buatan. ~호흡 pernapasan buatan.

인과(因果) sebab dan akibat; kausalitas. 피할 길없는 ~ retribusi yang tidak dapat dihindari.

인광(燐光) fosforesensi.

인구(人口) penduduk.~가 조밀 [희박]한 곳 daerah yang berpenduduk padat [jarang].~가 많다[적다] penduduk banyak [sedikit]. ~과잉 penduduk yang terlalu padat. ~정책 kebijakan kependudukan. ~조사 sensus penduduk. ~폭발 ledakan penduduk.

인권(人權) hak azasi manusia. 기본적~ hak azasi yang mendasar. ~ 문제 masalah hak azasi manusia. ~유린 penindasan hak azasi.

인근(隣近) kedekatan; sekitaran. ~ 주민들 penghuni sekitar.

인기(人氣)kemasyhuran; kepopuleran; ketenaran. ~없는 tidak terkenal. ~를 얻다 mendapatkan popularitas. ~ 배우 aktor yang terkenal.~소설 novel termasyhur;novel terkenal.

인기척(人 -) ~이 있다 [없다]ada [tidak ada] tanda-tanda kehadiran manusia.

인내(忍耐) ketabahan; kesabaran; ketahanan. ~하다 bersabar; bertekun; menempuh dengan tabah. ~심이 강한 sabar; tabah; tahan.

인덕(人德)~이 있다 mendapat kebajikan dari orang lain.

인덕(仁德) kebajikan; pribudi.

인도(人道) ① kemanusiaan. ~ 적 견지에서 dari segi kemanusiaan. ~주의 humanisme. ~ 주의자 humanis; penganut paham humanisme. ~문제 masalah kemanusian ② trotoar. ~교(橋) jembatan penyeberangan.

인도(引渡) ~하다 memindah tangankan; menyerahkan. 본선(本船) ~ FOB (Free On Board). 선측 (船側) ~ FAS (Free Alongside Ship). 화차 ~ FOR (Free On Rail).

인도(引導) pemanduan;bimbingan; pengarahan. ~하다 membimbing; memandu; mengarahkan. ~자 pemandu; pembimbing.

인도네시아 Indonesia.~사람 orang Indonesia. ~어 bahasa Indonesia.

인두 sejenis seterika kecil. ~질 penyeterikaan.

인두(咽頭) pangkal kerongkongan. ~염 「醫」radang tenggorokan.

인두겁(人 -) bentuk manusia. ~을 쓴 악마 setan berwujud manusia.

...인들 sungguhpun demikian; sekalipun demikian.

인디언 orang Indian.

인력(人力) tenaga manusia; kemampuan manusia; tenaga kerja. ~감사 inspeksi tenaga kerja. ~수출 pengiriman tenaga kerja keluar negeri.

인력(引力) grafitasi/daya tarik. 만유 [지구] ~ gaya tarik bumi.

인력거(人力車)becak; bendi hela. ~꾼 penarik becak.

인류(人類) manusia;umat manusia. ~사회 masyarakat manusia. ~애 perikemanusiaan.~학(學)ilmu yang mempelajari tentang manusia; antropologi.

인륜(人倫) moralitas; prinsip moral; kewajiban kemanusian. ~ 도덕 etika dan moralitas.

인마(人馬) manusia dan kuda.

인맥(人脈) jalur hubungan pribadi.

인면수심(人面獸心) setan berwujud manusia.

인멸(湮滅)pemusnahan.~하다 memusnahkan. 증거를 ~하다 memusnahkan bukti.

인명(人名)nama orang. ~록 daftar nama; apa dan siapa. ~사전 kamus orang terkenal.

인명(人命) hidup manusia; nyawa manusia.~의 손실 kerugian nyawa.

인문(人文) peradaban;kebudayaan.

~과학 ilmu budaya. ~주의 faham kemanusiaan. ~지리 geografi deskriptif. ~학파 aliran humanis.

인물(人物) ① (사람) orang; pribadi; tokoh; pelopor. 큰 ~ orang besar; orang terkemuka. 세계적 ~ tokoh dunia. 위험한 ~ tokoh berbahaya. ~을 보다 menelaah karakter orang. ~시험 [고사] tes/uji karakter. ~평 kritik pribadi. ~화 potret pribadi.② air muka; wajah; rupa. ~이 못생긴 사람 orang yang berwajah jelek.

인민(人民) rakyat. ~의, ~에 의한, ~을 위한 정치 pemerintahan dari rakyat, oleh rakyat dan untuk rakyat. ~공사 komuni rakyat. ~공화국 republik rakyat. ~ 위원회 dewan rakyat. ~전선 front rakyat. ~재판 pengadilan rakyat.

인박이다 ketagihan; kecanduan.

인복(人福) keuntungan memiliki kenalan yang baik.

인본주의(人本主義) faham kemanusian; humanisme.

인부(人夫)pekerja kasar; kuli; tukang angkat.

인분(人糞) kotoran manusia; tinja. ~비료 pupuk kandang.

인사(人士) orang yang berpendidikan; cendekiawan. 재야 [야당] ~ oposan [partai oposisi]. 정계 ~ tokoh politik.

인사(人事) ① masalah manusia; hal ikhwal manusia. ~를 다하다 mencoba segala kemungkinan.~과 bagian personalia. ~난(欄) kolom personalia. ~이동 perubahan personalia. ~행정 administrasi personalia. ② hormat; salut; tabik; salam. ~하다 memberi hormat; bertabik; memberi salam. ~를 주고 받다 saling memberi hormat. ~시키다 memperkenalkan. ~성 keramah-tamahan; kesopan-santunan. ~성(性)이 밝다 memiliki sopan santun yang baik. ~장(狀) kartu ucapan selamat.

인사교류(人事交流) pertukaran personil. 부처간의 ~ pertukaran personil antar departemen kabinet.

인사불성(人事不省) ~의(인) tak sadar. ~이 되다 hilang kesadaran; menjadi tidak sadar.

인산(燐酸) 「化」 asam posfat. ~비료(肥料) pupuk posfat. ~석회 posfat kapur.

인산인해(人山人海) kerumunan orang.

인삼(人蔘) ginseng; jinsom; kolesom.

인상(人相) roman; ciri-ciri. ~이 좋지 않은 roman jelek.~서(書) diskripsi orang. ~학 ilmu firasat.

인상(引上)① ~하다 naik; meningkat. 운임을 ~하다 menaikkan ongkos transport. 물가 [임금] ~kenaikan harga [gaji].② (끌어 올림) ~하다 mencabut.

인상(印象)kesan;impresi.~적 mengesankan. ~파 aliran impresionis. 첫~ kesan pertama.

인색(吝嗇) ~한 kikir; pelit. ~한 사람 orang yang kikir.

인생(人生) hidup; kehidupan manusia. ~관 pandangan hidup. ~철학

filsafat hidup. ~항로 jalan hidup seseorang.

인선(人選)pemilihan orang (yang tepat). ~하다 memilih orang (yang tepat).

인성(人性)kemanusiaan; sifat manusia. ~학(學) ethologi (ilmu tentang sifat manusia).

인세(印稅) royalti.

인솔(引率) ~하다 memimpin; mengepalai. ~자(者) pemimpin;kepala.

인쇄(印刷)percetakan;pencetakan. ~하다 mencetak. ~ 중이다 sedang dicetak.~공 orang yang mencetak; pencetak. ~기 mesin cetak. ~물 barang cetakan.

인수(人數) jumlah orang.

인수(引受) pengambil alihan; penerimaan. ~하다 mengambil alih; menerima .~인(人) penerima.

인수(因數) 「數」 faktor. ~분해 penguraian ke dalam faktor.~분해 하다 menguraikan ke dalam faktor. 소~ faktor pokok.

인술(仁術)seni penyembuhan; kepandaian mengobati.

인슐린 「藥」 insulin.

인스턴트 instan. ~식품 makanan instan.

인습(因襲) kelaziman; tata cara. ~적(으로) (secara) yang biasa/lazim.

인식(認識) pemahaman; pengertian; penghargaan. ~하다 memahami; mengerti; menyadari.

인신(人身)tubuh manusia.~공격을 하다 menyerang pribadi. ~매매 perdagangan budak.

인심(人心) hati orang. ~이 좋은 berhati baik. ~이 나쁜 berhati jelek.

인심(仁心) kemurahan hati; kedermawanan. ~쓰다 bermurah hati.

인애(仁愛) prikemanusiaan; cinta kasih; belas kasihan.

인양(引揚) pengangkatan; penyelamatan. ~하다 mengangkat; menyelamatkan; mengambangkan.

인어(人魚) puteri laut; puteri duyung.

인연(因緣)sebab dan akibat; karma; hubungan. ~을 맺다 menjalin hubungan.~이 깊다 hubungan erat.

인용(引用) kutipan; petikan; pungutan; nukilan. ~하다 mengutip; memetik; menukil; mencuplik.

인원(人員) jumlah orang/ staf.~부족이다 kekurangan staf/ pegawai. ~점호 apel. ~정리 pengurangan pegawai.

인위(人爲) buatan manusia. ~적(으로) (secara) buatan. ~도태 seleksi buatan.

인의(仁義) perikemanusiaan dan keadilan.

인자(仁者)orang yang penuh kebaikan/ kebajikan.

인자(仁慈)(kasih sayang dan) kebajikan. ~한 penuh kebaikan.

인자(因子)faktor. 결정적 ~ faktor penentu. 유전~ gen; plasma pembawa sifat.

인장(印章) stempel; cap; tanda. (☞ 도장). ~위조 pemalsuan stempel. 위조 ~ stempel palsu.

인재(人材) orang yang berbakat.

~를 등용하다 membuka pekerjaan bagi orang yang berbakat. ~주의 paham yang mendasarkan kepada kemampuan.

인적(人的) ~손해 kerugian tenaga kerja. ~자원 tenaga kerja; sumber daya manusia.

인적(人跡)jejak manusia.~ 미답의 belum diselidiki. ~이 드문 jarang ditempuh manusia.

인접(隣接) ~한 berdekatan; berdampingan. ~지 tanah yang bersebelahan.

인정(人情) kemanusiaan; simpati; kebaikan. ~의 기미(機微) rahasia sifat alami manusia. ~이 있다 baik hati.

인정(認定) pengakuan; pengesahan; pembenaran. ~하다 mengakui; membenarkan; mengesahkan. ~서 pengakuan tertulis.

인제 (이제) sekarang; (앞으로) setelah ini.

인조(人造) ~의 tiruan; imitasi; buatan. ~고무 karet buatan. ~비료 pupuk buatan.~빙 es buatan. ~섬유 serat buatan.

인조견(人造絹) rayon; sutera tiruan. ~사 benang rayon.

인종(人種) ras;bangsa;kaum; suku. ~적 편견 prasangka rasial. ~적 차별 diskriminasi rasial; pembedaan warna kulit. ~학 ilmu bangsa-bangsa; etnologi.

인주(印朱) bantalan stempel. ~합 kotak bantal stempel.

인증(認證) pembuktian pengesahan. ~하다 membuktikan; mengesahkan.

인지(印紙) perangko. ~를 붙이다 membubuhi perangko; menempelkan perangko.

인지(認知) pengakuan;pengenalan. ~하다 mengakui; mengetahui; mengenal; memahami.

인지상정(人之常情)sifat alamiah manusia.

인질(人質)sandera. ~로 잡다 menyandera.~로 잡히다, ~이 되다 disandera.

인책(引責) ~하다 memikul tanggung jawab. ~사직하다 berhenti bekerja karena tanggung jawab.

인척(姻戚) hubungan (saudara) oleh karena perkawinan; keluarga semenda.

인체(人體) tubuh manusia. ~구조 susunan tubuh manusia. ~모형 anatomi (ilmu urai/susunan tubuh). ~해부 anatomi tubuh manusia.

인출(引出) pengambilan; penarikan. ~하다 menarik. 은행에서 예금을 ~하다 mengambil/menarik uang dari bank.

인치 inci.

인칭(人稱) 『文』 orang. 제 1 [2,3] ~ orang pertama [kedua, ketiga].

인터뷰 tanya jawab; wawancara. ...와 ~하다 mengadakan tanya jawab dengan...; berwawancara dengan...

인터체인지 jalan belokan/simpangan.

인터폰 interpon.

인터폴 Polisi Internasional; Interpol.

인토네이션 intonasi; tekanan.

인파(人波) kerumunan orang.
인편(人便) ~으로 melalui orang.
인품(人品) penampilan orang; karakter; kepribadian. ~이 좋다 berpenampilan baik.
인플레(이션) 『經』 inflasi. ~경향 kecenderungan inflasi. ~대책 kebijakan/tindakan anti inflasi. 악성 ~ inflasi yang tinggi.
인플루엔자 『醫』 pilek; salesma; flu.
인하(引下)~하다 memotong; menurunkan; mengurangi. 물가~ pengurangan harga. 임금 ~ pemotongan gaji.
인하다(因 -) oleh karena.
인해전술(人海戰術) taktik gelombang manusia; taktik tameng manusia.
인허(認許) ~하다 mengizinkan; membenarkan; mengakui.
인형(人形) boneka; anak-anakan; golek. ~같은 seperti boneka. ~극 pertunjukan boneka.
인형(仁兄) anda; sahabatku.
인화(人和) keharmonisan sesama manusia. ~를 도모하다 meningkatkan kerukunan sesama manusia.
인화(引火) pengapian; penyalaan. ~ 하다 menyalakan. ~성(性)의 mudah menyala/ terbakar. ~물질 barang/ benda yang mudah terbakar.
인화(印畵)cetakan. ~하다 mencetak. ~지(紙) kertas cetakan.
인화물(燐化物) fosfida,
인후(咽喉) tenggorokan; kerongkongan. ~ 염(炎) radang tenggorokan.
일 ① masalah; kejadian; hal. 좋은 ~ hal yang baik; peristiwa bahagia. 무슨 ~이 있어도 dalam hal yang bagaimanapun. 위급한 ~이 있을 때에는 dalam keadaan darurat. 아무 ~없이 tanpa masalah; dengan lancar. ~을 저지르다 mendatangkan masalah. 내가 관여할 ~이 아니다 Itu bukan urusan saya. ② kerja; pekerjaan; tugas; usaha. ~하다 bekerja.~하는 시간 jam kerja. 나날의 ~ pekerjaan rutin; pekerjaan sehari-hari. 하루치의 ~ pekerjaan satu hari. 힘든~ pekerjaan yang sukar; tugas yang sukar. ~자리를 구하다 mencari pekerjaan. ~하러 가다 pergi bekerja. ~을 시작하다 mulai bekerja. ~에 몰리다 terdesak oleh pekerjaan. 할 ~이 있다 ada urusan. ~이 없다 tak ada urusan.③ urusan. 회사 ~로 dalam urusan kantor. 무슨 ~인가 묻다 menyelidiki urusan. ④ (계획) rencana;program;(음모) muslihat. ~을 꾀[도모]하다 membuat muslihat; merencanakan. ~을 진행시키다 menjalankan program. ⑤ pengalaman. ...한 ~이 있다 pernah melakukan. ...한 ~이 없다 tak pernah melakukan.⑥ (hasil) pencapaian; jasa. 훌륭한 ~을 하다 melakukan jasa yang istimewa.
일(一) satu; pertama.
일가(一家)① (가정)rumah tangga; keluarga. ② kerabat; sanak saudara. 먼 ~kerabat jauh. ③ marga. ~를 이루다 membentuk marga sendiri.

일가견(一家見) pandangan pribadi.
일가족(一家族) satu (se)keluarga.
일각(一刻) sejurus; sesaat. ~이 여삼추다 merasa sedetik seolah-olah tiga tahun.
일간(日刊) terbitan harian; warta harian. ~신문 surat kabar harian.
일간(日間) suatu hari.
일갈(一喝) ~하다 berteriak sekali.
일개(一介) hanya; saja; cuma. ~상인 cuma pedagang.
일개(一個) satu. ~년 satu tahun. ~월 satu bulan. 만 ~년 setahun penuh.
일개인(一個人) perorangan; individu. ~의 pribadi; individual.
일거(一擧) ~에 sekaligus.~양득이다 membunuh dua burung dengan satu batu.
일거리 pekerjaan; tugas; hal yang harus dilakukan. ~가 있다 mempunyai pekerjaan/tugas. ~가 없다 tidak ada yang mau dikerjakan.
일거수일투족(一擧手一投足) segala sesuatu yang dilakukan seseorang.
일거일동(一擧一動) setiap gerakan seseorang.
일건(一件) perkara; masalah; hal; kasus. ~서류 dokumen yang berhubungan dengan perkara.
일격(一擊) sekali pukul. ~에 dengan sekali pukul.
일견(一見) sekilas; sepintas lalu. ~하다 melihat sekilas. ~하여 dengan sekilas; dengan sepintas lalu.
일계(日計) pengeluaran sehari-hari. ~표 saldo pengeluaran harian.
일고(一考) ~하다 mempertimbangkan. ~의 여지가 있다 ada kesempatan mempertimbangkan.
일고(一顧) perhatian. ~의 가치도 없다 tak perlu diperhatikan. ~도 않다 tidak memperhatikan.
일곱 tujuh. ~번째 ketujuh.
일과(日課) pekerjaan sehari-hari. ~를 주다 memberikan pekerjaan sehari-hari (pada seseorang).
일관(一貫) ~하다 konsisten; konsekwen; tetap. ~하여 secara konsisten. ~성 kekonsistenan; konsistensi; ketetapan.
일관작업(一貫作業) proses terus (an); sistim alir.
일괄(一括) ~하다 memaket; membuat dalam satu paket. ~하여 dalam satu paket. ~구입 pembelian borongan.
일광(日光) sinar matahari. ~에 쬐다 menjemur di bawah sinar matahari. ~소독 pensucihamaan dengan menjemur.
일구이언(一口二言) lidah yang bercabang. ~하다 bercabang lidah; mendua kata.
일그러지다 kerut merut.
일급(一級) kelas satu; kelas pertama. ~의 mutu yang terbaik; kelas satu.
일급(日給) upah harian. ~으로 일하다 bekerja dengan upah harian. ~ 노동자 pekerja harian.
일기(一期) ① (기간) satu periode. ② seumur hidup. 50 세를 ~로 죽다 meninggal pada umur lima

puluh tahun.
일기(日記) catatan harian. ~를 쓰다 menulis catatan harian. ~장 buku harian.
일기(日氣) cuaca (☞ 날씨). ~개황 kondisi/keadaan cuaca global. ~예보 prakiraan cuaca.
일깨우다 membangunkan; menyadarkan.
일껏 dengan segala daya upaya.
일꾼 ① (품팔이) pekerja kasar; kuli; buruh. ② (역량있는 사람) orang yang cakap.
일년(一年) setahun. ~(에 한번)의 tahunan; pertahun. ~중 sepanjang tahun. ~걸러 dua tahun sekali; setiap dua tahun.
일년생(一年生) ① (학생) murid tahun pertama. ② 『植』 ~식물 tanaman semusim; tanaman setahun.
일념(一念) tekad yang bulat; pikiran terpusat.
일다 ① naik; melambung; mengepul. 물결이 ~ ombak melambung. 먼지가 ~ debu mengepul naik. ② berkobar (☞ 일어나다). 불길이 ~ api berkobar.
일다 (쌀 따위를) mengayak.
일단(一端) satu ujung;satu bagian.
일단(一團) sekelompok; serombongan. ~의 관광객 serombongan wisatawan.
일단(一旦) untuk sesaat; untuk sementara. ~ 유사시엔 pada saat darurat.
일단락(一段落)penyelesaian satu tahapan.~짓다 menyelesaikan satu tahapan.
일당(一黨) ① (동류) kelompok; gang; grup;komplotan;gerombolan. ② partai; golongan. ~국회 badan legislatif satu partai. ~독재 kediktatoran satu partai.
일당(日當) upah harian. ~으로 일하다 kerja harian.
일당백(一當百)lawan seimbang untuk seratus.
일대(一代) satu generasi; jangka waktu hidup. ~기 riwayat hidup; biografi.
일대(一帶) seluruh area;sekeliling. 서울 ~에 seluruh Seoul.
일대(一大)besar. ~ 성황을 이루다 sukses besar.
일도(一刀) ~ 양단하다 mengambil tindakan yang menentukan/memutuskan.
일동(一同) semua; seluruh. 가내 ~ seluruh keluarga. 회원 ~ semua anggota.~(이) 모두 semuanya; seluruhnya.
일득(一得)satu keuntungan; suatu manfaat. ~일실 keuntungan dan kerugian.
일등(一等)peringkat pertama; kelas utama. ~국 negara adidaya.~상 hadiah pertama. ~ (승)객 penumpang kelas utama.~품 barang kelas satu.
일란성(一卵性) ~의 satu telur; monovular. ~ 쌍생아 kembar dari satu telur; kembar identik.
일람(一覽) ikhtisar; rangkuman. ~하다 mengikhtisar;merangkum.~불(拂) dibayar atas unjuk.
일러두기 catatan penjelasan; kata

pengantar/pembukaan.

일러두다 mengarahkan;menyuruh; meminta.단단히~memberi perintah keras; meyakinkan.

일러바치다 mengadu.

일러주다 ① (알려주다) memberitahukan;menyampaikan.② (가르치다) mengajar; menginstruksikan; menunjukkan.

일렁거리다 berombak-ombak; terapung-apung; terombang-ambing.

일력(日曆) kalender harian.

일련(一連)① serangkaian; serentetan. ~의 사건(事件) serentetan kejadian;serangkaian kejadian.~의 실험 serangkaian test. ~번호 nomor yang berurut.②(종이)satu rim.

일렬(一列) sebaris; sebanjar; sederet; selajur. ~로 dalam satu barisan/ berbaris. ~로 줄서다 membentuk antrian; mengantri.

일례(一例) satu contoh. ~를 들면 sebagai contoh; contohnya.

일루(一縷)~의 희망 secercah harapan.~의 희망을 품다 bergantung pada harapan satu-satunya/terakhir.

일류(一流) ~의 kelas utama; kelas satu; peringkat atas. ~가수 penyanyi top.~교 sekolah ternama. ~극장 bioskop kelas satu. ~병 maniak yang terbaik.

일률(一律) ~적 seragam; sama rata. ~적으로 secara seragam; secara menyeluruh.

일리(一理) ada benarnya. 그의 말에는 ~가 있다 Apa yang dia bilang ada benarnya.

일리일해(一利一害) ☞ 일득일실.

일막(一幕) satu adegan; adegan pertama.

일말(一抹)~의 sedikit. ~의 불안을 느끼다 merasa sedikit kurang aman.

일망타진(一網打盡) ~하다 melakukan penahanan secara besar-besaran; menggulung (kawanan perampok).

일맥(一脈) ...과 ~상통하는 점이 있다 memiliki kesamaan dengan...

일면(一面) ① satu sisi; satu segi. 시대상(相)의 ~ satu sisi jaman. 성격의 ~ satu sisi karakter. ~에 있어서는 pada satu sisi. 또 ~에 있어서는 pada sisi lain;sebaliknya. ② (신문의) halaman pertama; halaman depan.

일면식(一面識) kenalan sepintas. ~도 없는 사람 orang yang asing sama sekali.

일명(一名) seseorang; nama samaran; nama panggilan.

일모작(一毛作) satu kali musim tanam.

일목(一目)sepandangan.~요연하다 jelas sekali pandang.

일몰(日沒) senja.~후[전] setelah [sebelum] matahari terbenam. ~에서 일출까지 dari senja sampai fajar.

일문(一門) ① (일족) sekeluarga; satu marga. ② (집안) satu kerabat.

일문일답(一問一答) prosedur tanya dan jawab. ~하다 bertanya dan menjawab.

일미(一味) rasa paling lezat.
일박(一泊) ~하다 menginap semalam. ~여행 perjalanan satu malam.
일반(一般) ① ~의 lazim; umum; kebiasaan. ~ 적으로 secara umum; pada galibnya. ~적 교양 sopan santun yang lazim; budaya yang lazim. ~적으로 말하면 berbicara secara umum.~화하다 melazimkan; menggeneralisir. ~교양과목 pengetahuan budaya yang lazim. ~대중 masyarakat umum. ~독자 pembaca umum. ~의(醫) dokter umum. ~회계 perhitungan umum. ② ~의 biasa; lumrah. ~ 사람들 orang biasa. ③ (같음) sama. ☞ 한가지.
일반사면(一般赦免) amnesti; pengampunan umum.
일발(一發) satu tembakan.
일방(一方) satu sisi; satu pihak; satu kelompok. ~적 sepihak. ~적 승리 kemenangan sepihak. ~통행 jalan satu arah.
일번(一番) pertama; nomor satu; nomor wahid. ~의 pertama; top; utama.
일벌 「蟲」 lebah pekerja.
일변(一邊)① (한쪽) satu sisi; sebelah. ② (일방) satu tangan.
일변(一變) perubahan secara keseluruhan. ~하다 berubah secara keseluruhan.
일변도(一邊倒) mengabdi sepenuhnya pada.대미 ~이다 sepenuhnya pro Amerika.
일별(一瞥) pandangan sekilas. ~하다 melihat sekilas.
일병(一兵) ☞ 일등병.
일보(一步)selangkah;satu langkah. ~~ langkah demi langkah. ~전진[후퇴]하다 maju [mundur] selangkah.
일보(日報) laporan harian; berita/warta harian.
일보다 menjalankan tugas.
일본(日本) Jepang. ~국민 bangsa Jepang. ~말 bahasa Jepang. ~인 orang Jepang.
일봉(一封) satu amplop uang.
일부(一夫)satu suami. ~일처 monogami.~다처 poligami;permaduan.
일부(一部)sebagian.~의 sebagian; parsial. ~의 사람들 sebagian orang.
일부(日賦) pencicilan harian. ~금 cicilan harian. ~판매 penjualan berdasarkan cicilan harian.
일부러 disengaja; memang diniatkan; memang dikehendaki.
일부분(一部分) sepenggal; sebagian;sekerat;.
일사(一事) satu hal. ~부재리(不再理)의 원칙 prinsip satu keputusan.
일사병(日射病) kelengar matahari. ~에 걸리다 mengalami kelengar matahari.
일사분기(一四分期) triwulan pertama.
일사불란(一絲不亂)~하다 dalam tatanan yang sempurna.
일사천리(一瀉千里) ~로 dengan cepat. ~로 일을 처리하다 mengerjakan pekerjaan dengan cepat.
일산(日産) hasil produksi sehari, produk Jepang; buatan Jepang.
일산화(一酸化) ~물 monoksida.

~질소 nitrogen monoksida. ~탄소 karbon monoksida.

일삼다 membuat jadi urusan;melibatkan diri. 술마시기를~ tak melakukan apa-apa kecuali minum.

일상(日常)tiap hari; biasanya. ~의 harian; biasa; lazim; wajar. ~하는 일 pekerjaan sehari-hari. ~생활 kehidupan sehari-hari. ~업무 pekerjaan harian.

일색(一色) ① (한빛) satu warna. ② (미인) kecantikan yang langka. ③ ~으로 dengan semata-mata; secara eksklusif. 공화당 ~ 이다 hanya diduduki oleh anggota partai republik.

일생(一生) seumur hidup. ~의 사업 pekerjaan seumur hidup. ~ 일대의 좋은 기회 kesempatan seumur hidup. ~에 한 번sekali seumur hidup.

일석이조(一石二鳥) ~이다 sekali lempar kena dua.

일선(一線) garis depan. ~근무 dinas lapangan.

일설(一說) ~로는[에 의하면] menurut satu pendapat.

일세(一世) ① waktu; jaman. ~를 풍미하다 memerintah jaman.② generasi; abad. 헨리 ~ Hendri yang pertama; Hendri I.

일소(一掃) ~하다 membersihkan; menghapuskan; menghilangkan; meniadakan.

일손 ① (하고있는 일) pekerjaan yang ditangani. ② (일솜씨) ketrampilan dalam pekerjaan. ~이 오르다 meningkat dalam ketrampilan. ③ (일하는 사람) tenaga kerja. ~이 모자리다 kekurangan tenaga kerja. ~이 필요하다 membutuhkan tenaga kerja.

일수(日收)pinjaman (yang dikembalikan dengan) cicilan harian.

일수(日數) ① (날수) jumlah harihari. ② (날의 운수) keberuntungan sehari. ☞ 일진(日辰).

일순간(一瞬間) segera; sekejab; sejenak; sebentar; sekilas. ~의 sebentar.

일습(一襲) seperangkat; satu stel.

일승일패(一勝一敗) satu kemenangan dan satu kekalahan.

일시(一時) pada satu waktu; satu ketika; untuk sementara. ~적 sebentar. ~에 pada waktu yang sama. ~적 방편 tindakan semen-tara.

일시(日時) waktu; tanggal; tanggal dan jam.

일시금(一時金) jumlah uang sekaligus; jumlah bulat. ~을 받고 퇴직하다 pensiun dibayar sekaligus.

일식(日蝕) 「天」 gerhana matahari.

일신(一身) diri sendiri. ~ 상의 사정(事情)으로 karena alasan pribadi.

일신(一新)~하다 memperbaharui; merenovasi; merubah seluruhnya.

일심(一心)① satu jiwa; satu hati. ~동체 sehati sebadan; ikatan batin yang kuat. ② sepenuh hati. ~으로 dengan sepenuh hati. ~으로 ...하다 mengabdi dengan sepenuh hati kepada...

일심(一審)pengadilan tingkat pertama. ~에서 패소하다 kalah dalam pengadilan tingkat pertama.

일쑤 kebiasaan. 그는 남을 비웃기 ~다 Dia selalu mencemooh orang lain.

일약(一躍) dengan sekali loncat. ~유명해지다 menjadi terkenal dengan sekali loncat. 평사원에서 ~ 사장이 되었다 menjadi kepala dari pegawai biasa dengan sekali loncat.

일어(日語) bahasa Jepang.

일어나다 ① (기상) bangun. ② (일어서다) bangkit; berdiri. 간신히 ~ berdiri dengan sulit. ③ (자지 않고 있다) jaga. ④ (발생) terjadi; berlaku; timbul; pecah. ⑤ (발흥) makmur; maju. 경제적으로 다시 ~ bangkit kembali secara ekonomi. ⑥ (불이) dinyalakan; dikobarkan. ⑦ (열.전기가) dibangkitkan (listrik). ⑧ (기인) timbul (dari); berasal (dari).

일어서다 ① berdiri; tegak. 벌떡 ~ berdiri tiba-tiba. ② bangun; bangkit. 무기를 들고~ angkat senjata. 단결하여 ~ bangkit bersatu.

일언(一言) satu kata; sepatah kata. ~지하에 거절하다 menolak mentah-mentah.

일없다 tidak perlu. 이렇게 많이는 ~ Saya tidak perlu sebanyak ini.

일엽편주(一葉片舟) kapal kecil.

일요(日曜), 일요일(日曜日) hari Minggu. ~판(版) edisi hari Minggu.

일용(日用) penggunaan seharihari. ~품 barang keperluan seharihari.

일원(一元) ~적 sendiri; tunggal. ~론 yang bersifat tunggal. ~화 penyatuan. ~화하다 menyatukan.

일원(一員) anggota; satu anggota.

일원(一圓) ☞ 일대(-帶).

일원제(一院制) sistim kamar tunggal.

일월(一月) bulan Januari.

일월(日月) matahari dan bulan.

일위(一位) peringkat pertama; tempat pertama.

일으키다 ① (세우다) mendirikan. ②(깨우다)membangunkan. ③ memulai; membentuk; mendirikan. 새로운 사업을 ~ mendirikan perusahaan baru. 반공 운동을 ~ memulai gerakan anti komunis. ④ menyebabkan;menimbulkan. 말썽을 ~ menimbulkan kesulitan. 분쟁을 ~ menyebabkan pertengkaran. 폭동을 ~ menimbulkan kerusuhan. ⑤ naik; bangkit. 비천한 처지에서 몸을 ~ bangkit dari kedudukan yang rendah. ⑥ (불) menyalakan (api). ⑦ (발생)menghasilkan;membangkitkan. 전기를 ~ membangkitkan listrik. ⑧ (송사를) 소송을 ~ menggugat. ⑨ jatuh sakit. 뇌빈혈을 ~ terserang anemia otak.

일익(一翼) bagian; peranan. ~을 담당하다 memainkan peranan.

일익(日益) harian; dari hari kehari.

일인(一人) satu orang. ~ 독재 kediktatoran satu orang. ~이역 peran ganda. ~자 tokoh utama.

일인(日人) orang Jepang.

일인당(一人當) per orang; perkapita. 국민 ~ tiap penduduk; per penduduk.

일일(一日) satu hari; (초하루) hari pertama (dari satu bulan).

일일이 (일마다) segala sesuatu; segala hal.

일일이(一一-) ① (하나씩) satu persatu. ② (상세히) secara detail/ terperinci. ~ 보고하다 melaporkan secara detail/terperinci.

일임(一任) ~하다 menyerahkan semuanya (kepada).

일자(日字) ☞ 날짜.

일자리 posisi; pekerjaan; jabatan. ~가 없는 tidak bekerja; nganggur. ~를 주다 memberi pekerjaan. ~를 찾다 mencari pekerjaan.

일자무식(一字無識) ketidaktahuan; kebodohan; buta huruf. ~꾼 orang yang buta huruf.

일장(一場) ① (연극의) satu adegan; adegan pertama. ② sekaligus.~의 연설을 하다 berpidato sekaligus.

일장일단(一長一短) bermanfaat dan bermudarat.

일장춘몽(一場春夢)mimpi hampa.~이 되다 menjadi mimpi hampa.

일전(一戰)satu pertempuran; satu perkelahian. ...와 ~을 겨루다 melakukan satu pertempuran dengan.

일전(日前) beberapa hari yang lalu; kemarin-kemarin. ~부터 sejak beberapa yang lalu.

일절(一切) seluruhnya; semuanya. ~ ...하지 않다 tidak sekali-kali.

일점홍(一點紅) ☞ 홍일점.

일정(一定) ~한 tertentu; pasti; tetap. ~불변의 tak berubah; konstan; tetap.

일정(日程) program sehari. ~표 jadwal.

일제(一齊) ~히 sekaligus; secara serempak.~검거 penangkapan sekaligus. ~사격 berondongan.

일조(一朝) ~에 dalam sehari. ~ 유사시에 dalam keadaan darurat. ~일석에 sehari penuh.

일족(一族) sanak saudara; marga.

일종(一種) sejenis...; satu jenis. ~의 sejenis...

일주(一周) satu ronde; satu putaran.~하다 mengelilingi.(세계)~여행(旅行) perjalanan keliling dunia.

일주(一週)① ☞ 일주(-周).~기(忌) peringatan tahun pertama kematian. ~년(年) setahun penuh. ~년 기념일 ulang tahun pertama (dari). ② seminggu. ~일회(의) seminggu sekali.

일지(日誌) catatan harian; buku harian.

일직(日直)tugas harian. ~하다 sedang bertugas harian.

일직선(一直線)garis lurus. ~으로 dalam garis lurus.

일진(一陣)①(군사의) perkemahan militer. ② (선봉) rombongan terdepan untuk menjaga serangan tiba-tiba. ③~광풍(狂風) hembusan angin keras. ~청풍 hembusan angin sepoi-sepoi.

일진(日辰) keberuntungan sehari. ~이 좋다[사납다] hari baik [sial].

일진월보(日進月步) ~하다 maju dengan cepat.

일진일퇴(一進一退) ~하다 maju dan mundur; naik dan turun. ~의 접전 pertandingan kejar mengejar skor.

일찌감치 lebih awal; dini.~ 떠나다 berangkat lebih awal.

일찍이 ① (이르게) dini; (아침일찍) pagi-pagi. ② suatu kali; dulunya; pernah.그 여자는 ~ 여배우 노릇을 한 일도 있다 Dulunya dia adalah seorang aktris. 이러한 일은 ~ 들어본 일[적]이 없다 Saya tidak pernah mendengar hal seperti itu... .

일차(一次) (한번)suatu kali; suatu ketika; 『數』 linier; (첫번)pertama. ~방정식 persaman linier.

일차원(一次元) ~의 berdimensi satu; satu dimensi.

일착(一着)① (경주의) kedatangan pertama. ~하다 datang pertama. ② (옷의) ☞ 벌.

일책(一策) satu rencana.

일체(一切) semuanya; segala sesuatu. ~의 semua.~의 관계를 끊다 memutuskan semua hubungan (dengan).

일체(一體)satu tubuh; satu raga. ~가 되어 seperti satu tubuh. ~화 penyatuan.

일촉즉발(一觸卽發)situasi genting.

일축(一蹴) ~하다 menendang; (거절) menolak mentah-mentah.

일출(日出) matahari terbit.

일취월장(日就月將) ~하다 maju dengan pesat. ☞ 일진월보.

일층(一層)①lantai satu.~집 rumah bertingkat satu. ② (한결) lebih.

일치(一致)kerukunan; kesesuaian; persepakatan; persetujuan; solidaritas; keselarasan. ~하다 berkenaan; bertepatan; sesuai dengan. ~하여 dengan bersatu. ~점 titik temu. ~협력 usaha gabungan.

일탈(逸脫) ~하다 menyimpang; menyeleweng.

일터 tempat kerja. ~로 가다 pergi bekerja.

일파(一派) satu aliran; satu faksi.

일편(一片) sedikit; sepotong; secercah. ~단심 ketulusan.

일편(一篇) sepenggal (sajak).

일평생(一平生) ☞ 한평생.

일폭(一幅) segulung.

일표(一票) satu suara. 1 인 ~주의 prinsip satu orang satu suara.

일품(一品) barang satu-satunya. 천하 ~의 unik; satu-satunya.~요리 masakan paling lezat.

일품(逸品) barang yang istimewa; karya istimewa.

일필휘지(一筆揮之) ~하다 menulis dengan kuas.

일하다 bekerja; berkarya; berusaha. ☞ 일.

일할(一割) sepuluh persen.

일행(一行) ① rombongan. 한씨 ~ Bapak Han dan rombongan. ~에 끼다 bergabung dengan rombongan. ② (한줄) sebaris.

일화(逸話) anekdot; episode. ~집 buku anekdot.

일확천금(一攫千金)~하다 membuat keuntungan dalam sekejap. ~을 꿈꾸다 berkhayal memperoleh

keuntungan dalam sekejab.
일회(一回) suatu kali; satu kali. 주 ~ sekali seminggu. ~전 ronde pertama.
일흔 tujuh puluh.
일희일비(一喜一悲) ~하다 senang dan sedih silih berganti.
읽다 membaca; mengucapkan; melapalkan.다~ membaca seluruhnya. 급히 ~ membaca dengan cepat.
읽히다 menyuruh bacakan.
잃다 hilang; kehilangan. ..의 신용을 ~ hilang kepercayaan.기회를 ~ hilang kesempatan. 길을~ hilang jejak; menyasar.
임 kekasih.
임간(林間) ~학교 sekolah di perkemahan; sekolah di udara terbuka.
임검(臨檢) inspeksi resmi; pemeriksaan resmi. ~하다 menginspeksi; memeriksa.
임계(臨界) ~의 kritis; batas. ~각 [온도,압력] sudut [temperatur, tekanan] kritis.
임관(任官) pengangkatan; wisuda; pelantikan.~하다 diangkat;ditunjuk dilantik.
임균(淋菌) gonokokus.
임금 raja; kepala negara; penguasa
임금(賃金) upah.~생활자 penerima upah. ~인상 kenaikan upah. ~인하 penurunan upah.기준 ~ upah dasar.
임기(任期) masa dinas;masa kerja. ~를 끝내다[채우다]menyelesaikan masa dinas.
임기응변(臨機應變) ~하다 bertindak sesuai dengan keadaan.
임대(賃貸) ~하다 menyewakan. ~가격 harga sewa. ~료 uang sewa. ~인 orang yang menyewakan.~(차) 계약 kontrak sewa.
임대아파트(賃貸―) rumah susun sewa.
임면(任免) ~하다 mengangkat dan memberhentikan. ~권 kekuasaan untuk mengangkat dan memberhentikan.
임명(任命) pengangkatan; penunjukan. ~하다 mengangkat; mencalonkan. ~권 kekuasaan pengangkatan.
임무(任務) tanggung jawab; pekerjaan;peranan;tugas; kewajiban; misi. 특별 ~를 띠고 dalam misi khusus.
임박(臨迫) ~하다 mendekati. ~한 mendekat; hampir.죽을 때가 ~하다 mendekati ajal.
임부(姙婦) ibu hamil. ~복 baju hamil.
임산물(林産物) hasil hutan.
임산부(姙産婦)ibu hamil dan paraji/ bidan.
임상(臨床) ~의 klinis.~강의 kuliah klinis. ~의(醫) dokter klinik. ~일지 catatan dokter.
임석(臨席) ~하다 menghadiri; hadir.아무의 ~하에 dengan kehadiran seseorang. ~경관 polisi hadir.
임시(臨時) ~의 khusus; tambahan; luar biasa; sementara. ~로 secara khusus; secara sementara/temporer. ~비 pengeluaran insidentil; pengeluaran tak terduga. ~예산

anggaran belanja sementara.~정부 pemerintahan sementara. ~총회 rapat umum luar biasa.

임시변통(臨時變通) ~하다 melakukan tindakan sementara. ~의 방책 tindakan sementara.

임신(姙娠)kehamilan. ~하다 hamil. ~중이다 sedang hamil/berbadan dua. ~시키다 menghamili.

임야(林野) hutan dan ladang.

임업(林業) kehutanan. ~ 시험장 Balai Percobaan Kehutanan.

임용(任用) penugasan; pengangkatan. ~하다 menugaskan.

임원(任員)pegawai; staf; eksekutif. ~석 kedudukan pegawai. ~회 rapat staf/ pegawai.

임의(任意) ~의 bebas; sukarela; sengaja. ~로 secara bebas; secara sukarela.~선택 pilihan bebas; opsi.

임자① pemilik. ~없는 tanpa pemilik; tidak dimiliki siapapun. ~없는 집 rumah kosong;rumah tanpa pemilik. ② (당신) anda.

임전(臨戰) ~하다 pergi perang; maju bertempur. ~태세 persiapan untuk pertempuran.~태세를 갖추다 bersiap sedia.

임정(臨政) ☞ 임시정부(臨時政府). ~요인 tokoh kunci dari pemerintah sementara.

임종(臨終) ① ajal; batas hidup. ~의 말 wasiat terakhir. ~이 다가오다 diambang kematian; mendekati ajal. ② (임종의 배석) ~하다 hadir disaat orang tua menghembuskan napas terakhir.

임지(任地) tempat tugas. ~로 떠나다 berangkat ke tempat tugas (yang baru).

임질(淋疾) 「醫」 kencing nanah. ~에 걸리다 menderita kencing nanah.

임차(賃借) penyewaan. ~료 sewa. ~인(人) penyewa.

임파(淋巴) 「解」 limfa. ~선(염) (radang) kelenjar getah bening. ~액 getah bening.

임하다(臨一) ① menghadap. 바다에 ~ menghadap ke laut. ② (당하다)menghadap(i). ③ (임석)menghadiri.

임학(林學) ilmu kehutanan. ~자 ahli kehutanan.

임해(臨海) ~의 tepi laut; pesisir. ~공업 지대 kawasan industri di pesisir.

입① mulut. ~이 큰 besar mulut. 한 ~에 sesuap; satu gigitan. ~에서 구린 내가 나다 mulut berbau busuk. ~을 다물다 menutup mulut.② lidah; pembicaraan; kata-kata.~이 무거운 sedikit berbicara; pendiam; berat mulut. ~이 가벼운 ringan mulut.~이 험하다 mulut kotor. ~을 열다 membuka mulut; mulai bicara. ~밖에 내다 membuka rahasia. ~밖에 내지 않다 menjaga rahasia;menutup mulut.(욕설을)~에 담다 mengatangatai.③ (미각) rasa; selera. ~에 맞다 sesuai dengan selera. ④ (부리) paruh (tentang burung). ⑤ (식구) tanggungan.

입가 ~에 sekitar mulut.~에 미소를 띄우고 dengan senyum simpul.

입가심 ~하다 menghilangkan sisa

rasa. ~으로 untuk menghilangkan sisa rasa di mulut.

입각(入閣) ~하다 masuk kabinet.

입각(立脚) ~하다 berdasarkan; berlandaskan pada....에 ~하여 dengan dasar... .

입건하다(立件一) menjadikan perkara.

입경(入京) ~하다 masuk ibu kota.

입고(入庫) penggudangan. ~하다 menggudangkan.

입관(入棺) pemasukan ke peti jenazah. ~하다 memasukkan ke peti jenazah.

입교(入教) ~하다 masuk agama.

입구(入口) pintu masuk. ~에서 di pintu masuk; di ambang pintu. ~를 막다 menutup pintu masuk.

입국(入國) masuk ke suatu negara. ~하다 memasuki satu negara. ~사증 visa masuk. 불법 ~ masuk tanpa izin (ke suatu negara).

입궐(入闕) ~하다 masuk istana raja.

입금(入金) penerimaan uang; uang masuk. ~하다 menerima uang. ~전표 slip penerimaan.

입길 gosip; pergunjingan. 남의 ~에 오르내리다 digosipkan orang; dipergunjingkan orang.

입김 napas.

입납(入納) Kepada. 김씨댁 ~ Kepada Tuan Kim.

입다 ① memakai; melekatkan; mengenakan. 저고리를 ~ mengenakan baju. ② berhutang (budi). 은혜를~berhutang budi. ③menderita; mengalami. 상처를 ~ mengalami luka/cedera. ④ 상을 ~ sedang berkabung; dirundung malang.

입담 kemahiran berbicara.~이 좋다 mahir dalam berbicara/berpidato.

입당(入黨) ~하다 bergabung dengan partai; masuk partai.

입대(入隊) ~하다 masuk tentara. ~자 orang yang baru masuk tentara.

입덧 mual (waktu mulai hamil). ~나다 merasa mual.

입도(立稻) ~ 선매(先賣) penjualan padi sebelum panen.

입동(立冬) kedatangan musim dingin.

입맛 selera; nafsu makan. ~이 있다 [없다] selera baik [kurang]. ~떨어지다 hilang selera makan.

입맛다시다 menjilat bibir; mengecap.

입맛쓰다 pahit selera.

입맛추다 mencium; mengecup.

입목(立木) pohon yang bertumbuh.

입문(入門) ① ~하다 menjadi murid ② petunjuk; penuntun; pedoman. 골프~ petunjuk untuk bermain golf. 문학~ pendahuluan kesusasteraan.

입밖 ~에 내다 membuka;mengungkapkan (rahasia). ~에 내지 않다 menyimpan; menutupi (rahasia).

입방(立方) 「數」 pangkat tiga; kubik. 3 미터 ~ kubus sisi 3 meter. 1~미터 satu meter kubik. ~근(根) akar pangkat tiga. ~체 kubik.

입방아찧다 membuat komentar yang sembrono; berbicara tidak karuan.

입버릇 kebiasaan bicara. ~처럼 말

하다 selalu menyatakan.
입법(立法) penyusunan undang-undang. ~하다 menyusun undang-undang. ~자 pembuat undang-undang.
입사(入社)~하다 masuk suatu perusahaan;bergabung dengan suatu perusahaan.~시험 ujian masuk perusahaan.
입산(入山)『佛』~하다 (산에)naik gunung; mendaki gunung; (절간에) menjadi pendeta Budha.
입상(入賞) menang hadiah. ~하다 memenangkan hadiah. ~자 pemenang hadiah.
입상(立像) patung; arca.
입상(粒狀) ~의 butiran; berbutir.
입선(入選) ~하다 dipilih. ~자 pemenang. ~작 karya terpilih/pemenang.
입성 pakaian. ☞ 옷.
입성(入城) ~하다 masuk benteng (sesudah menang perang).
입소(入所) masuk penjara.
입수(入手)~하다 mendapat; memperoleh.
입술 bibir. 윗[아랫] ~ bibir atas [bawah]. ~을 깨물다 menggigit bibir.
입시(入試) ☞ 입학시험.
입신(立身)~양명[출세] kesuksesan dalam hidup.
입심 kesukaan berbicara. ~이 좋다 suka berbicara
입씨름 pertengkaran;percekcokan. ~하다 bertengkar; cekcok.
입아귀 sudut mulut
입안(立案) ~하다 merencanakan; merancang.~자 perancang; perencana.
입양(入養) adopsi; pengangkatan anak. ~하다 mengangkat anak.
입영(入營) ~하다 masuk tentara.
입욕(入浴) pemandian. ~하다 mandi.
입원(入院) ~하다 masuk rumah sakit.~중이다 sedang di rumah sakit. ~료 biaya rumah sakit. ~환자 pasien inap/ opname.
입자(粒子)『理』partikel.
입장(入場) ~하다 masuk. ~권 tiket/karcis masuk. ~권 매표소 loket karcis masuk. ~금지 Dilarang masuk. ~료 biaya masuk.
입장(立場)posisi; kedudukan; keadaan; situasi. 괴로운 ~에 있다 berada dalam posisi/keadaan yang menyulitkan.
입장단 ~을 맞추다 meningkahi.
입적(入籍) ~하다 masuk dalam kartu keluarga.
입정(入廷) ~하다 memasuki ruang pengadilan. ~ 시키다 mengizinkan masuk keruang pengadilan.
입주(入住) ~하다 tinggal di rumah majikan. ~자 penghuni baru. ~점원 karyawan toko yang menginap.
입증(立證) ~하다 membuktikan.
입지(立地) lokasi; tempat. ~조건 kondisi lokasi; keadaan tempat/letak.
입지(立志) ~하다 menetapkan tujuan dalam hidup. ~전(傳) kisah orang yang sukses.
입질 gigitan; tarikan. ~하다 menggigit; menarik umpan.

입짧다 nafsu makan buruk; selera makan kurang.
입찰(入札) penawaran; tender. ~하다 menawar;mentenderkan. ~로 dengan tender; melalui penawaran. ~ 보증금 surat obligasi penawaran. ~자 penawar.
입천장(- 天障) langit-langit.
입체(立體)benda tiga dimensi. ~감 rasa perspektif. ~교차 jembatan layang. ~방송 siaran radio streofon. ~영화 film tiga dimensi. ~음악 musik stereo.
입초(立哨) penjagaan berdiri. ~서다 menjaga. ~병 tentara penjaga berdiri.
입추(立秋) hari pertama musim gugur.
입추(立錐) ~의 여지도 없다 di padati; di isi penuh.
입춘(立春) hari pertama musim semi.
입하(入荷) kedatangan bahan-bahan.
입하(立夏) hari pertama musim panas.
입학(入學) masuk sekolah. ~하다 masuk sekolah. ~금(金) uang pendaftaran; biaya masuk.~시험 ujian masuk. ~식 upacara masuk.~원서 formulir masuk. ~ 지원자 pelamar.
입항(入港) kedatangan (kapal). ~하다 masuk pelabuhan; berlabuh. ~신고 pemberitahuan masuk/ kedatangan. ~절차 prosedur masuk.
입헌(入憲) konstitusionalisme. ~적 konstitusional. ~정체 pemerintahan konstitusional.
입회(入會) masuk anggota; penggabungan.~하다 bergabung;masuk; menjadi anggota. ~금 uang masuk. ~ 신청자 pelamar masuk anggota. ~자 anggota baru.
입회(立會) ☞ 참여(參與).
입후보(立候補) ~하다 mencalonkan diri. ~를 신고하다 mendaftarkan diri untuk pencalonan.
입히다① (옷을) memakaikan baju. ② (올리다) melapisi; menutupi ③ (해 따위를) mencelakakan;menciderai.
잇 sarung. 베갯 ~ sarung bantal.
잇다① menghubungkan;mempertalikan memperhubungkan;menyambung; menalikan. 줄을~ menyambung tali. ② (계승) mewariskan. ③ (목숨을) mempertahankan (hidup).
잇달다 berkesinambungan; terus menerus.
잇닿다 disambungkan;dihubungkan ; digabungkan.
잇대다① (계속) meneruskan; melanjutkan.② menghubungkan; menempatkan bersama; merapatkan. 두 책상을 ~ merapatkan dua meja.
잇따르다 ☞ 잇달다.
잇몸 gusi.
잇속 sebaris gigi.
잇속(利-) keuntungan pribadi.~이 밝다 tanggap terhadap keuntungan.
잇자국 bekas gigitan.
있다 ① ada. 그것은 지금도 ~ Masih ada. ② ada; terletak; berada. 한국은 중국의 동쪽에 ~ Korea

terletak di sebelah timur Cina. ③ memiliki; punya. 명성이 ~ memiliki nama baik. ④ (부속) diperlengkapi (dengan). 그 집에는 목욕탕이 ~ rumah itu diperlengkapi dengan kamar mandi. ⑤ berisikan; termasuk. 이 책엔 재미있는 얘기가 많이~ Buku ini berisikan banyak cerita-cerita yang menarik. ⑥ jumlah. 학생이 2 천명 이상 ~ jumlah lebih dari 2000 orang. ⑦ pernah. 거기 가본 일이 있는가 Pernahkah kamu disana? ⑧ (발생) ada; terjadi. 경부선에서 열차의 충돌이 있었다 Terjadi tabrakan kereta api di jalur Gyeongbu. ⑨ di laksanakan; diadakan. 내일 영어 시험이~ Besok ada ujian bahasa Inggris.

잉꼬 「鳥」 burung nuri; kesturi.

잉어 「魚」 ikan gurami. 보리 밥알로 ~를 낚다 memberikan yang kecil untuk mendapatkan yang besar.

잉여(剩餘) surplus; sisa; saldo. ~가치(설) (teori) nilai surplus.

잉크 tinta; dawat. ~병(甁) botol tinta. ~ 스탠드 tempat tinta. 활판[등사]용 ~ tinta cetak [salin].

잉태(孕胎) ☞ 임신(姙娠).

잊다 ① lupa. 잘~ pelupa. ② melupakan; membebaskan dari pikiran. 술로 슬픔을~ melupakan (sesuatu) dengan minum. ③ (놓고 오다) kelupaan; ketinggalan.

잊히다 dilupakan.

잎 ① daun. 새 ~ daun muda. ~이 우거진 berdaun rimbun. ~이 없는 tidak berdaun. ~이 나(오)다 berdaun; keluar daun. ~이 지다 kehilangan daun. ② (단위) keping.

잎담배 tembakau daun.

잎사귀 daun.

ㅈ

자 ① 1 *ja* (= 0.994 kaki). ~를 재다 mengukur. ② penggaris; mistar. ~로 재다 mengukur dengan mistar. 삼각~ penggaris segi tiga; siku-siku. T~penggaris berbentuk T. ③ (척도.표준) standar.

자(子) (shio) Tikus.

자(字) ① ☞ 글자. ② (이름) alias.

자(者) orang. ...이라는~ seseorang bernama...

자 ayo. ~빨리 가십시다 Ayo, mari kita cepat pergi.

자...(自) dari. 집무시간, ~오전 9 시 지 오후 4 시 Jam kerja, dari pukul 9 pagi sampai pukul 4 sore.

...자 segera setelah; ketika; pada saat. 소식을 듣~ pada saat mendengar kabar.

...자 ayo. 이젠 가 ~ Ayo, mari kita pergi.

자가(自家) (집) rumah sendiri; (자기)pribadi.~시설 fasilitas pribadi. ~중독 meracuni diri sendiri.

자가당착(自家撞着) pertentangan/penyangkalan sendiri. ~하다 bertentangan sendiri.

자가용(自家用)pemakaian pribadi, mobil pribadi.

자각(自覺) kesadaran diri; keinsyafan diri.~하다 sadar; insyaf. ~증상 gejala yang subyektif.

자갈 kerikil; koral.~을 깔다 memberi koral; mengkerikilkan. ~밭 tempat yang berkerikil.

자갈색(紫褐色) coklat ke ungu-unguan.

자개 hiasan kulit kerang. ~를 박다 menatah hiasan kulit kerang.

자객(刺客)pembunuh bayaran.~의 손에 쓰러지다 menjadi korban pembunuh bayaran.

자격(資格) persyaratan;kapasitas; hak. ...의 ~으로 dalam kapasitas... ~심사 pemeriksaan persyaratan. 입학~syarat-syarat untuk diterima masuk sekolah.

자격지심(自激之心) rasa bersalah; rasa berdosa.

자결(自決) ①(자기결정) penentuan sendiri. ~하다 memutuskan/menentukan sendiri.②(자살) bunuh diri. ~하다 membunuh diri sendiri.

자고로(自古-)dari dulu; dari dulu kala.

자국 tanda;jejak;tapak;bekas. 긁힌 ~ bekas garutan/goresan.물린 ~ bekas gigitan. 손가락 ~ sidik jari. ~이 나다 berbekas; meninggalkan bekas.

자국(自國) tanah air. ~민 saudara

setanah air.

자궁(子宮) 「解」 rahim;peranakan; kandungan. ~구(口) leher rahim. ~병 penyakit rahim. ~암 kanker leher rahim.

자귓밥 serpih kayu.

자그마치 ① (적게) agak kecil;kecil-kecilan.② (반어적(的)) tak lebih kecil dari; tidak kurang dari.

자그마하다 berukuran agak kecil.

자극(刺戟)perangsang;pendorong; motivasi.~하다 merangsang; mendorong; memotivasi. ~이 없는 tak menggairahkan;monoton. ~을 찾다 mencari rangsangan.

자극(磁極) 「理」 kutub magnet.

자금(資金) modal; pokok; dana. ~이 있다(끊기다) ada (putus) modal. ~난 kesulitan modal. ~부족 kurang dana. ~ 동결 pembekuan aset.

자급(自給) pemenuhan sendiri. ~하다 memenuhi sendiri.~자족 swasembada.

자긍(自矜) memuji diri sendiri; berbangga diri.

자기(自己) diri; ego. ~스스로 secara pribadi. ~본위의 egois; egosentris. ~만족(선전, 소개, 반성, 도취,변호) pemuasan (pengiklanan, pengenalan, perenungan, pencerminan,pembenaran)diri.~유도 「電」 pengimbasan/induksi sendiri. ~최면 hipnotis diri (sendiri).

자기(磁氣)kemagnetan.~를 띤,~의 magnetik; bermagnet. ~권 medan magnet. ~녹음 perekaman magnetik. ~측정 magnetometer. ~학 ilmu tentang magnet.

자기(瓷器) porselin; keramik.

자기부상열차(磁氣浮上列車) kereta api magnet.

자기유도(磁氣誘導) induksi magnet.

자꾸 (여러번) seringkali; (끊임없이) terus menerus; (몹시) sangat.

자나깨나 siang malam; jaga dan tidur; selalu.

자네 kamu.

자녀(子女) anak; putra dan putri.

자다 ① tidur. 잘(잘못)~ tidur nyenyak (tidak nyenyak). 너무~ kebanyakan tidur. ② merata. 머리가 ~ rambut (diset) merata. ③ (가라앉다) reda; turun; tenggelam. ④ (시계가) berhenti (jam).

자당(自黨) partai sendiri.

자당(慈堂) ibu anda.

자동(自動) aksi otomatis. ~ 적인 bergerak sendiri; otomatis. ~ 문 pintu otomatis.~소총 senjata otomatis. ~전화 telepon otomatis. ~판매기(機) mesin jual otomatis (mesin swalayan).

자동변속장치(自動變速裝置) pemindah gigi otomatis (kendaraan).

자동사(自動詞)kata kerja intransitif.

자동식(自動式) ~의 otomatis. 반~의 semi otomatis. ☞ 자동.

자동조작(自動操作)operasi otomatis.

자동조종장치(自動操縱裝置) 「航空」 autopilot.

자동차(自動車)mobil;oto.~로가다

pergi dengan mobil. ~를 타다 naik mobil. ~ 공업 industri otomotif. ~ 도로 jalan mobil. ~ 번호판 plat nomor mobil. ~운전사 pengemudi; sopir.~정비공 montir mobil. ~차고 garasi.

자동차보험(自動車保險) asuransi kecelakaan mobil.

자동차부품(自動車部品) komponen mobil; bagian-bagian mobil.

자동차사고(自動車事故) kecelakaan mobil.

자동차학원(自動車學院) sekolah mengemudi.

자두 「植」 prem. ~ 나무 pohon prem.

자디잘다 sangat kecil. ☞ 잘다.

자라 「動」 penyu penggigit. ~보고 놀란 가슴 소댕 보고 놀란다 Anak yang pernah terbakar takut terhadap api.

자라다 ① bertumbuh; dibesarkan. 빨리~ bertumbuh dengan cepat. ② (증가) bertambah; meningkat.

자라다 ① (충분) cukup; memadai. ② (미치다) mencapai; sampai.

자락 bawahan; ujung kain.☞ 옷자락.

자랑 kebanggaan.~하다 membanggakan. 제 ~을 하다 membanggakan diri sendiri.

자랑스럽다 bangga;bermegah hati.

자력(自力) ~으로 dengan upaya sendiri; swadaya.~ 갱생(更生)하다 memperbaiki diri dengan upaya sendiri.

자력(磁力) 「理」 gaya magnet;kemagnetan.~의 bermagnet.~계 (計) alat pengukur kekuatan magnet.

자료(資料) bahan-bahan; data.

자루 karung;sak.쌀~ karung beras. ~에 담다 mengisi ke karung.

자루 (손잡이)pegangan;gagang;hulu.

자루 (단위) sepotong;sepasang;sebatang; sepucuk. 분필 한~ sepotong kapur. 소총 세~ tiga pucuk senapan.

자르다 memotong; memenggal; mengerat; mengiris; mencencang.

자리 ① tempat duduk; bangku.~에 앉다 duduk di bangku. ~에서 일어나다 berdiri dari tempat duduk. ~를 뜨다(양보하다) meninggalkan (menawarkan) tempat duduk. ~를 잡아두다 mencadangkan tempat duduk. ② (여지) ruang. ~를 내다 menyediakan ruang untuk. ③ (현장) tempat kejadian. 그 ~에서 di tempat kejadian. ④ (위치) letak; kedudukan; tempat. ~가 좋다(나쁘다) letak baik (buruk). ⑤ (지위) kedudukan; jabatan; posisi. 중요한 ~ posisi yang penting; kedudukan yang baik/penting. 장관~ jabatan menteri.⑥ (깔개) tikar. ⑦ tempat tidur. ~를 깔다(펴다) menyiapkan tempat tidur. ⑧ (계수의) bilangan (satuan, puluhan, ratusan, dst).

자리끼 air minum persediaan di malam hari.

자리옷 pakaian/gaun tidur;piyama.

자리잡다 mengambil tempat duduk; memapankan diri; mengambil ruang.

자립(自立)kemandirian.~하다 berdiri sendiri; mandiri.~하여 dengan mandiri.

자릿자릿하다 gelenyar; kesemutan; rasa kesetrum; rasa tersengat lebah.

자막(字幕) tulisan di bawah gambar. 대화~ dialog terjemahan.

자만(自慢) keangkuhan; kecongkakkan. ~하다 congkak; angkuh.

자매(姉妹) saudara perempuan; saudari. ~의(같은) (seperti) bersaudari.

자매결연(姉妹結緣) pembentukan hubungan saudara angkat. ~을 하다 membentuk hubungan saudara angkat.

자멸(自滅) penghancuran sendiri. ~하다 menghancurkan diri sendiri.

자명(自明) ~하다 aksiomatis; terbukti sendiri.

자명종(自鳴鍾)jam beker/weker.

자모(字母) abjad.

자모(慈母) ibu yang penuh kasih sayang.

자모음(字母音) huruf hidup dan huruf mati.

자못 sangat; sungguh. ~놀라다 sangat kaget.

자문(自問)~하다 bertanya kepada diri sendiri.~자답 percakapan seorang diri.

자문(諮問) ~하다 berkonsultasi; menanyakan;meminta nasehat;berunding. ~위원 dewan penasehat.

자물쇠 gembok; induk kunci;kunci. ~를 채우다(열다) mengunci (membuka) kunci.

자바 Jawa. ~사람 orang Jawa.

자반 ikan asin.

자발(自發) ~적 spontan; sukarela. ~적으로 secara spontan; dengan sukarela. ~성 spontanitas.

자백(自白) pengakuan. ~하다 mengakui.

자본(資本) modal; dana;pokok.~가 kapitalis. ~과세 pajak/retribusi modal. ~금 uang pokok. 총 ~금 modal seluruhnya.~재 barang-barang modal. ~주(主) pemilik modal.

자본회전율(資本回轉率) tingkat perputaran modal.

자봉틀(自烽-) ☞ 재봉틀.

자부(子婦) menantu perempuan.

자부(自負) kebanggaan diri. ~하다 bangga; percaya diri.

자부심(自負心) rasa bangga diri. ~이 강한 percaya diri; harga diri yang tinggi.

자비(自費) ~로 dengan biaya sendiri. ~생 siswa yang bersekolah atas biaya sendiri.

자비(慈悲) kebajikan;kerahiman.~로운 rahim; penyayang; pengasih. ~심 hati yang rahim; hati yang pemurah.

자빠뜨리다 menjatuh telentangkan; memukul jatuh.

자빠지다 ① (넘어지다) jatuh telentang. ② (눕다) menelentang.

자산(資産) harta; modal; kapital; aset. 유동~ aset lancar.~평가 penaksiran aset.

자살(自殺)bunuh diri.~하다 membunuh diri. ~자 orang yang bunuh diri.

자상스럽다(仔詳-) lengkap; penuh; terperinci.

ㅈ

자상하다(仔詳-) ☞ 자상스럽다.
자새 gelondongan; kumparan. ~질 penggulungan; pengumparan.
자색(姿色) kecantikan wanita.
자색(紫色) ungu.
자생(自生)pertumbuhan liar.~하다 tumbuh liar.~식물 tanaman liar.
자서(自序) kata pengantar; kata pendahuluan (dari penulis).
자서(自署) ☞ 서명(署名).
자서전(自敍傳) riwayat hidup; autobiografi.~작자 penulis riwayat hidup sendiri.
자석(磁石)magnet; besi berani. 막대(말굽) ~ magnet batang (tapal kuda).
자석영(紫石英) ☞ 자수정.
자선(慈善) kebajikan;amal;derma. ~의 murah hati. ~가 orang yang suka berderma; orang yang pemurah.~남비 kotak amal.~단체(심) badan (semangat) amal.
자성(自省) ☞ 반성(反省).
자성(磁性)「理」kemagnetan. ~의 magnetik.~을 주다 memagnetkan; memberi magnet. ~체(體) benda bermagnet.
자세(仔細) ~한 terperinci; teliti. ~히 dengan teliti/ seksama.
자세(姿勢) sikap; gaya; postur; tingkah laku. ~를 취하다 berpose; bergaya.
자손(子孫) keturunan; anak cucu.
자수(自手) ~성가하다 sukses atas usaha sendiri.
자수(自首) penyerahan diri. ~하다 menyerahkan diri.
자수(刺繡)sulaman;jaruman;tekat; bordir;suji.~하다 menyulam; membordir; menekat.
자수정(紫水晶) 「鑛」batu nilam lembayung.
자숙(自肅) ~하다 mengendalikan diri sendiri.
자습(自習)~하다 belajar sendiri.~문제 pekerjaan rumah (PR). ~시간 jam belajar. ~실 kamar/ruang belajar.
자습서(自習書) buku pedoman belajar sendiri.
자승(自乘) ☞ 제곱.
자승자박(自繩自縛)~하다 masuk ke perangkap yang dibuat sendiri.
자시(子時) tengah malam.
자식(子息)(자녀) anak;putra;putri; (욕) anak jadah (maki).
자신(自身) sendiri; aku; seorang diri. ~의 milik pribadi. ~이 하다 mengerjakan sendiri.
자신(自信)kepercayaan diri.~하다 mempercayai diri. ~있는 percaya diri. ~만만한 penuh kepercayaan diri.
자실(自失)~하다 hilang kesadaran.
자아(自我) diri; ego. ~가 센 mementingkan diri sendiri; egois. ~의식 kesadaran diri.
자아내다 ① (실을) memintal. ② (느낌을) membangkitkan; menimbulkan. 눈물을~ menimbulkan tangis.
자애(慈愛) kasih sayang; cinta. ~깊은 penuh kasih sayang.
자양(滋養) gizi; nutrisi; zat makanan. ☞ 영양.
자업자득(自業自得)konsekuensi

ㅈ

alami perbuatan sendiri (karma).

자연(自然) alam.~의 spontan; alamiah;spontan. ~히 secara alamiah; secara spontan.~계 dunia alamiah. ~ 공원 cagar alam. ~ 과학 ilmu alam. ~미 kecantikan alamiah. ~ 보호 pelestarian alam. ~현상 fenomena alam.

자영(自營) ~ 하다 berwiraswasta; berusaha sendiri. ~의 berdikari; independen. ~으로 atas usaha sendiri.

자오선(子午線) 「天」 garis bujur.

자외선(紫外線) sinar ultraviolet/ ultra ungu.~요법 perawatan ultraviolet.

자욱하다 tebal (kabut).

자웅(雌雄) laki-laki dan perempuan; kelamin; (승패) kemenangan atau kekalahan.

자원(自願) ~하다 bersukarela. ~하여 dengan sukarela. ~자 sukarelawan.

자원(資源)sumberdaya.~이 풍부한 penuh sumberdaya.인력~ sumberdaya manusia.

자원봉사자(自願奉仕者) pekerja sukarela.

자위(自慰) ① penghiburan diri. ~하다 menghibur diri sendiri. ② merancap. ☞ 수음(手淫).

자위(自衛) pembelaan diri. ~하다 membela diri. ~권 hak bela diri.

자유(自由)kebebasan;kemerdekaan. ~로(이) dengan bebas. ~경쟁 persaingan bebas. ~노동자 buruh lepas. ~방임 aktifitas pribadi tanpa kontrol pemerintah. ~선택 pemilihan bebas. ~세계 dunia bebas. ~의사 keinginan bebas. ~인 manusia bebas. ~재량 keleluasaan. ~주의 faham liberal. ~항 pelabuhan bebas. ~형 renang gaya bebas.

자유왕래(自由往來) perjalanan bebas melewati perbatasan.

자유자재(自由自在) ~한 bebas; tak terkekang. ~로 dengan bebas.

자유화(自由化) liberalisasi.~하다 meliberalkan. ~조처 tindakan liberalisasi.

자율(自律) otonomi; pengawasan sendiri.~적 otonom. ~신경 syaraf otonom.

자음(子音) huruf mati.

자의(自意) keinginan sendiri.

자의(恣意)~로 sesuai dengan keinginan.

자의식(自意識) kesadaran diri. ~이 강한 kesadaran diri kuat.

자이로스코프 giroskop.

자인(自認) ~하다 mengakui.

자인력(磁引力) 「理」 daya tarik magnet.

자임(自任) ~하다 menganggap diri (sebagai); menghayalkan diri (sebagai).

자자(藉藉)~하다 tersebar luas; di bicarakan orang.명성이 ~하다 sangat terkenal.

자자손손(子子孫孫) keturunan.

자작(子爵) gelar kebangsawanan di Inggris (pria). ~부인 gelar kebangsawanan di Inggris (wanita).

자작(自作) karya sendiri. ~농 petani mandiri. ~시 sajak karangan sendiri.

자작(自酌)~하다 minum minuman keras dengan melayani sendiri.
자작나무 「植」 sejenis pohon putih.
자잘하다 kecil.
자장(磁場)「理」medan magnet.
자장가(-歌) nina bobok; nyanyian penidur.
자장면 mi kuah kacang (ala cina).
자재(自在) ~의 bebas; tak terkekang. ~로 dengan bebas.
자재(資材) bahan; materi. ~과(課) bagian pengadaan. 건축~ bahan bangunan.
자전(自轉)rotasi;perputaran.~하다 berputar; berotasi.
자전거(自轉車) sepeda; kereta angin. ~타기 bersepeda. ~를 타다 naik sepeda. ~경기 balap sepeda.
자정(子正) tengah malam.
자제(子弟) anak-anak.
자제(自制)pengendalian diri.~하다 mengendalikan diri. ~력 daya pengendalian diri.
자조(自助) ~하다 berdikari. ~정신 semangat berdikari.
자조(自嘲) pencemoohan diri. ~하다 mencemoohkan diri sendiri.
자족(自足) swasembada.경제 ~을 이루다 mencapai ekonomi mandiri; mencapai swasembada.
자존(自尊) kehormatan diri.
자존심(自尊心) bangga diri.~있는 punya harga diri. ~을 상하다 melukai harga diri.
자주(自主) otonomi;independensi. ~적 independen; otonom.~ 적으로 secara independen. ~ 국 negara yang berdaulat.
자주(紫朱),자줏빛(紫朱-) merah jingga.
자주 sering; berulang-kali; kerap; acap;. ~오다(가다) datang (pergi) berulangkali.
자중(自重) ~하다 menghargai diri sendiri.
자중지난(自中之亂)perang saudara.
자지 zakar; kontol; kemaluan laki-laki.
자진(自進) ~하여 secara sukarela
자질(資質)pembawaan;kecakapan; kemampuan. 공무원의 ~을 향상시키다 meningkatkan kemampuan pegawai negeri.
자질구레하다 kecil merata.
자찬(自讚) pengaguman diri sendiri. ~하다 mengagumi diri sendiri.
자책(自責)penyalahan diri;penyesalan diri. ~하다 menyalahkan diri sendiri; menyesali diri.
자처(自處) ① ☞ 자살(自殺).② ~하다 menganggap diri (sebagai); berlagak (seperti).
자천(自薦)~하다 memuji diri sendiri; mengajukan diri sendiri.
자철(磁鐵) besi sembrani;magnet.
자청(自請) ~하다 bersukarela. ~해서 힘든 일을 맡다 mengerjakan tugas yang sukar dengan sukarela.
자체(自體) diri sendiri; sendiri. ~감사 penilikan sendiri.~사업 usaha pribadi.~조사 penyelidikan sendiri.
자초지종(自初至終) rincian; cerita secara rinci.
자축(自祝) ~하다 rayakan sendiri.

ㅈ

자취 bekas; tanda; runut; jejak. 진보의 ~ tanda-tanda kemajuan. ~를 감추다 menutupi jejak; menghilangkan jejak.

자취(自炊) ~하다 masak sendiri.

자치(自治) otonomi; pemerintahan sendiri.~하다 memerintah sendiri. ~의 swatantra; otonom. ~권 hak otonom; otonomi. ~(단)체 badan otonom.~령 dominion. ~회 senat (mahasiswa).

자치기 main gatrik.

자친(慈親) ibu.

자침(磁針) jarum magnet.~검파기 pendeteksi magnet.

자칭(自稱)berlagak sendiri. ~하다 menganggap diri sebagai; berlagak (seperti). ~시인 berlagak penyair.

자크 ☞ 지퍼.

자켓 ☞ 재킷.

자타(自他) diri sendiri dan orang lain. ~가 모두 baik diri sendiri maupun orang lain.

자탄(自嘆) ~하다 menyesali diri. 신세를 ~하다 menyesali nasib.

자태(姿態) potongan badan.요염한 ~ potongan badan yang mempesona.

자택(自宅)rumah sendiri.~에 있다 (없다) ada (tidak ada) di rumah. ~요법(療法) pengobatan rumah.

자퇴(自退) ~하다 meletakkan jabatan secara sukarela; meninggalkan bangku sekolah dengan sengaja.

자투리 sisa kain; perca.

자파(自派) partai sendiri; aliran sendiri.

자포자기(自暴自棄)keputusasaan. ~하다 berputus asa. ~가 되어 karena putus asa.

자폭(自爆)~하다 meledakkan dengan diri sendiri.

자필(自筆) tulisan tangan sendiri. ~의 ditulis sendiri. ~로 dengan tulisan sendiri. ~이력서 riwayat hidup yang ditulis sendiri.

자학(自虐) penyiksaan diri. ~하다 menyiksa diri sendiri.~행위 kekejaman terhadap diri sendiri.

자해(自害) ① ☞ 자살. ② ~하다 menyakiti diri sendiri.

자행(恣行) ~하다 bertindak sesuka hatinya; bertindak semaunya.

자형(姉兄) ☞ 매형(妹兄).

자혜(慈惠) amal;derma.~병원 rumah sakit amal.

자화(磁化) 『理』 magnetisasi. ~하다 memagnetkan.

자화상(自畵像) potret diri.

자화수정(自花受精) 『植』 pembuahan sendiri.

자화자찬(自畵自讚)pemujian diri sendiri. ~하다 memuji diri sendiri.

자활(自活)berdikari;mandiri.~하다 berdiri sendiri; hidup berdikari.

자획(字畫) sapuan dalam tulisan Cina.

작(作)produksi; hasil kerja.☞ 작품.

작가(作家) penulis; pengarang; seniman.

작고(作故) ~하다 mati; meninggal dunia. ~한 almarhum.

작곡(作曲) gubahan musik. ~하다 mengubah lagu. ~가(자) pengarang

ㅈ

lagu; penggubah; komponis.
작금(昨今) baru-baru ini; belum lama ini. ~의 baru; belakangan.
작년(昨年) tahun lalu. ~봄 musim semi lalu.
작다 kecil; mungil.
작달막하다 agak pendek.
작당(作黨) ~하다 membentuk komplotan/kelompok. ~하여 dalam satu grup/kelompok.
작대기 tiang; tongkat.
작도(作圖) rancangan konstruksi. ~하다 menggambar; merancang.
작동(作動) ~하다 menjalankan; mengoperasikan.
작두(斫-) pemotong iris.
작렬(炸裂)ledakan.~하다 meledak.
작명(作名) ~하다 menamai.
작문(作文)karangan;komposisi. 영(자유)~ karangan bahasa Inggris (bebas).
작물(作物) hasil pertanian.
작법(作法) cara menanam.
작별(作別) perpisahan; pamitan; mohon diri. ~의 (인사)말 ucapan perpisahan; kata perpisahan.
작부(酌婦) pelayan bar wanita.
작부면적(作付面積) area yang ditanami.
작사(作詞) ① lirik lagu. K 씨 ~ L 씨 작곡 lirik oleh K dan musik oleh L.
작살 tombak; seruit; sanggamara.
작성(作成)penyusunan.~하다 menyusun.
작시(作詩)~하다 menulis/mengarang syair(sajak).~법 seni pengubahan syair.
작심(作心) ~하다 memutuskan; menentukan; menetapkan. ~ 삼일 keputusan yang bertahan 3 hari.
작약(芍藥) 「植」 pohon peoni.
작약(雀躍) ~하다 menari-nari kegirangan; melompat-lompat kegirangan.
작업(作業) kerja; pekerjaan.~하다 bekerja. ~능률 efisiensi kerja.~량 volume kerja. ~복 pakaian kerja. ~시간 jam kerja.~장 tempat kerja.
작열(灼熱) panas yang membara/marak. ~하는 memarak.
작용(作用) daya; fungsi; faal; aksi. ~하다 beraksi; beroperasi; bekerja.
작은곰자리 「天」 Beruang Kecil.
작은아버지 paman; om.
작은어머니 bibi; tante.
작은집 ① (분가) keluarga cabang. ② ☞ 적은집.
작자(作者)① (저작자)penulis; pengarang.② (살 사람) pembeli. ~가 없다 tidak ada pembeli.
작작 tidak terlalu banyak; cukupan saja.농담 좀~해라 Jangan bercanda keterlaluan.
작전(作戰)operasi militer;strategi; taktik.~을 짜다 menguraikan rencana operasi. ~계획 rencana operasi.
작정(作定) (결정.결심) keputusan; ketetapan; (의향) maksud;rencana; (목적) tujuan; (예기) harapan. ~하다 memutuskan; merencanakan; menetapkan; menentukan.
작폐(作弊) ~하다 membuat keributan.
작품(作品) komposisi; gubahan;

ㅈ

karangan; karya; ciptaan.
작풍(作風) gaya penulisan.
작황(作況) hasil panen.
잔(盞)gelas;cangkir;piala.포도주 한 ~ segelas anggur. ~을 돌리다 mengedarkan cangkir (anggur).
잔걸음 ~치다 mondar-mandir.
잔고(殘高)saldo;sisa.~표 lembaran saldo. 이월~ saldo yang dipindahkan (ke bulan berikutnya).
잔글씨 huruf yang kecil. ~로 쓰다 menulis dengan huruf yang kecil-kecil.
잔금 kerut yang halus/kecil; garis-garis kecil.
잔금(殘金) uang sisa/saldo.
잔기침 batuk-batuk kecil.
잔당(殘黨) sisa gerombolan.
잔돈 uang kembalian; uang kecil; uang receh; uang pecah.
잔돈푼 ① (소소하게 쓰이는) uang saku.② (소액) sejumlah kecil uang.
잔돌 batu kerikil; koral.
잔디 lapangan rumput. ~깎는 기계 mesin pemotong rumput. ~밭 halaman berumput.
잔뜩 ①sepenuhnya;sekenyangnya; sepuasnya. ~먹다(마시다) makan sekenyangnya(minum sepuasnya). 빚을 ~지다 berhutang banyak sekali. ② sangat; dengan kuat; dengan teguh. ~찌푸린 날씨 langit yang sangat mendung. ...을 ~믿다 percaya dengan teguh bahwa...
잔루(殘壘) 「野」 pelari yang tinggal di bidai. ~하다 tertinggal di bidai.
잔류(殘留)~하다 tertinggal;tersisa.
~물 sisa; ampas.
잔말 keluhan. ~하다 mengeluh.
잔명(殘命) sisa hidup.
잔무(殘務) tunggakan/sisa pekerjaan. ~를 정리하다 menyelesaikan permasalahan/urusan.
잔물결 riak. ~이 일다 beriak.
잔병(-病) sakit ringan. ~치레 sering mendapatkan penyakit. ~이 잦다 sakit-sakitan.
잔상(殘像) bayang-bayang sisa.
잔서(殘署)musim panas yang masih terasa.
잔설(殘雪) salju yang tersisa.
잔소리 ① ☞ 잔말. ② omelan;damprat; hardikan. ~하다 mengomel; memarahi; mendamprat.
잔손 kerja rinci; penanganan rinci. ~이 많이 가는 pekerjaan rumit.
잔술집(盞-) rumah minum (yang menjual minuman per gelas).
잔심부름 suruhan yang kecil-kecil.
잔악(殘惡) ~한 kejam; buas.
잔액(殘額) uang saldo/sisa.
잔업(殘業) kerja lembur. ~하다 bekerja lembur. ~수당 upah kerja lembur.
잔여(殘餘) sisa; yang tertinggal. ~의 sisa; bekas.
잔월(殘月) bulan waktu pagi;bulan sabit.
잔인(殘忍) ~한 kejam;lalim;sadis; berdarah dingin; bengis.~무도 kekejaman; kebengisan;kesadisan.
잔잔하다 tenang; reda.
잔재(殘滓)sisa-sisa.봉건주의의 ~ sisa-sisa feodalisme.

잔재미 ~있는 사람 orang yang disenangi kehadirannya. ~를 보다 mendapat keuntungan lumayan.

잔재주 taktik; tipuan kecil.~부리다 menggunakan cara/taktik; memainkan tipuan kecil.

잔적(殘敵) sisa-sisa musuh. ~을 소탕하다 menyapu bersih sisa-sisa musuh.

잔존(殘存) ~하다 bertahan hidup.

잔주름 garis-garis halus; kerutan halus.

잔챙이 tangkapan yang kecil; ikan kecil.

잔치 pesta.~를 베풀다 mengadakan pesta.

잔학(殘虐)~한 kejam;buas;bengis.

잔해(殘骸) sisa-sisa; reruntuhan.

잔혹(殘酷) ☞ 잔인(殘忍).

잘 secara keseluruhan; secara memuaskan; dengan baik; dengan cermat; dengan seksama; dengan benar; sering kali; biasanya. ~되다 berjalan dengan baik. ...을 ~하다 terampil dalam... ~모르다 tidak mengetahui dengan baik. ~살다 hidup berkecukupan. ~생각하다 mempertimbangkan dengan baik. ~보다 melihat dengan cermat. ~맞다 cocok.

잘강잘강 ~씹다 mengunyah.

잘나다 ① (사람됨이) terpandang; terkemuka. ② (잘생김) ganteng; tampan.

잘다 ① (크기가)kecil; mungil (tentang ukuran). ② (인품이) rewel dan kikir.

잘라먹다 ① (음식을) memotong dan memakan. ② (갚을 것을) mengemplang (hutang).

잘록하다 ramping (pinggang).

잘리다 ① (절단) dipotong;diputuskan. ② (떼어먹히다) dikemplang (hutang).

잘못 ① kesalahan;kekeliruan;dosa. ~하다 berbuat kesalahan. 큰~ kesalahan besar.문법상의~ kesalahan tata bahasa. 판단을 ~하다 salah mempertimbangkan. ~을 인정하다 mengakui kesalahan.② oleh karena kesalahan. ~ 보다 salah mengenali. ~알다 salah mengerti.

잘생기다 ganteng; tampan.

잘잘 ① dengan tergopoh-gopoh. ~거리다, ~쏘다니다 berkeliling dengan tergopoh-gopoh.② menggelegak. 방바닥이~끓다 lantainya dialiri pipa panas/pemanas.③ menyeret. 치맛 자락을 ~끌다 berjalan dengan rok menyeret.

잘잘못 benar dan salah.~을 가리다 membedakan antara yang benar dan yang salah.

잘하다 ahli (dalam); mahir (dalam). 말을~ pembicara yang baik.영어를 ~ mahir dalam bahasa Inggris.

잠 tidur. ~ 을 못 이루다 tidak bisa tidur. ~이 쉽게 들다 gampang tidur.

잠결 ~에 ketika tidur; dalam tidur. ~에 듣다 mendengar dalam tidur.

잠귀 ~밝다 mudah terbangun. ~가 어둡다 susah dibangunkan; penidur lelap.

잠그다 mengunci; mengencangkan. 문을 ~ mengunci pintu.

잠그다 (물에) merendam; membasahi.
잠기다 ① (물 따위에) dibasahi;direndam.② (골똘) tenggelam. 생각에 ~ tenggelam dalam pikiran. 비탄에~ tenggelam dalam kedukaan. ③ (빠짐) tenggelam. 술에~ tenggelam dalam minuman.
잠기다 ① (자물쇠 등이) dikunci; terkunci. ② (목이) menjadi serak.
잠깐 sebentar; sejenak; sejurus. ~있으면 sebentar saja.
잠꼬대 igauan. ~하다 mengigau; meracau; mengelindur.
잠꾸러기 orang yang bangun kesiangan; penidur; tukang tidur.
잠들다 tertidur. 깊이 ~ tertidur nyenyak.
잠망경(潛望鏡) periskop.
잠바 jaket; baju sweater.
잠복(潛伏) penyembunyian diri. ~하다 mengumpat; menyembunyikan diri. 기~ masa inkubasi.
잠사(蠶絲)benang sutera.~업 usaha pemintalan sutera.
잠수(潛水)penyelaman.~하다 menyelam. ~모함 induk kapal selam.
잠시(暫時) sebentar; sementara; beberapa lama. ~동안 untuk sementara; sebentar saja.
잠식(蠶食) ~하다 menggerogoti.
잠업(蠶業) budidaya ulat sutera.
잠입(潛入) ~하다 menyelinap;menyelusup; menyelundup.
잠자다 tidur; tertidur. ☞ 자다.
잠자리 「蟲」 capung. 고 ~ capung merah.
잠자리 ① tempat tidur. ~에 들다 masuk ke peraduan; naik ke tempat tidur. ~를 보다 mempersiapkan tempat tidur.② tidur bersama. ~를 같이 하다 tidur (dengan).
잠자코 tanpa sepatah katapun; dengan diam. ~있다 berdiam.
잠잠하다(潛潛-) hening; senyap; tenang.
잠재(潛在)~하다 tersembunyi;potensial. ~세력 tenaga yang tersembunyi. ~실업자 pengangguran tak kentara.~의식 bawah sadar.
잠정(暫定)~적인(으로) (untuk) sementara waktu. ~예산 anggaran sementara.
잠투세하다 merengek sebelum tidur.
잠투정하다 ☞ 잠투세하다.
잠항(潛抗)pelayaran di dasar laut. ~하다 menjelajahi dasar laut. ~정(艇) kapal selam.
잠행(潛行) ~하다 mengadakan perjalanan secara sembunyi-sembunyi.
잡것(雜-) (물건) aneka barang; barang-barang remeh;(사람)orang yang hina.
잡곡(雜穀) biji-bijian; serelia. ~밥 nasi campur biji-bijian. ~ 상(商) penjual bijian.
잡귀(雜鬼) roh-roh jahat.
잡기(雜技) aneka permainan judi.
잡년(雜-) wanita cabul.
잡념(雜念) pikiran-pikiran keduniawian.
잡놈(雜-) laki-laki cabul.
잡다 ① memegang; mencengkram; menggenggam. 손목을~ meceng-

kram pergelangan. ② menangkap; menawan; meringkus. 도둑을 ~ menangkap pencuri. ③ mendapat; menangkap. 고기(쥐)를~ menangkap ikan (tikus). 많이~ mendapat tangkapan yang banyak. ④ memegang; meraih. 권력을 ~ memegang kekuasaan. 기회를 ~ meraih kesempatan.⑤ (증거를) mendapat bukti.⑥ (담보로) mengambil (sebagai jaminan).⑦ menilai; menaksir. 대충~ menilai secara kasar. ⑧ menduduki;menempati.장소를~ menempati ruang.⑨ (정하다) menetapkan; menentukan; memutuskan; memilih. 날을 ~ menentukan tanggal. 방향을~ menentukan arah. ⑩ memerlukan; membutuhkan. 시간을~ memerlukan waktu.⑪membunuh; menyembelih. 돼지를~ menyembelih babi.⑫ (모해) memasang perangkap; menjebak. ⑬ (불을) memadamkan (kebakaran). ⑭ (주름 따위) melipat; membuat lipatan. ⑮ (마음을) menahan diri. mencari-cari. 탈을~ mencari-cari kesalahan.

잡다(雜多) ~한 bermacam-mcam.

잡담(雜談)omong-omong;obrolan. ~하다 mengobrol.

잡동사니 campuran; rampai.

잡되다(雜-) hina; rendah; kotor.

잡목(雜木) belukar.~숲 hutan belukar.

잡무(雜務) urusan yang beraneka ragam. ~ 에 쫓기다 sibuk dengan segala urusan.

잡문(雜文) varia; puspa ragam; kumpulan berbagai tulisan. ~가 penulis serba bisa; penulis puspa ragam.

잡물(雜物) serba-serbi.

잡배(雜輩) orang kelas teri.

잡병(雜病) berbagai penyakit ringan.

잡부금(雜賦金) biaya yang kecil-kecil. ~을 거두다 mengumpulkan biaya yang kecil- kecil.

집비(雜費) pengeluaran lain-lain. ~계정 rekening pengeluaran lain-lain.

잡상인(雜商人) pedagang kelontong; pedagang aneka barang.

잡색(雜色) warna campuran.

잡소리(雜-)pembicaraan yang tidak berguna.

잡수다,잡숫다 ☞ 먹다.

잡수입(雜收入) penghasilan dari berbagai sumber; pendapatan kecil-kecilan.

잡스럽다(雜 -) ☞ 잡되다.

잡식성(雜食性) 「動」 pemakan segala-galanya.

잡신(雜神) roh-roh jahat.

잡아가다 menyerahkan (seseorang ke kantor polisi).

잡아내다 ① ☞ 꺼내다.② (잘못을) mencari kesalahan.

잡아당기다 (끌다) menarik; (팽팽하게) merentang. 귀를 ~ menarik telinga. 책 ~ menyentak.

잡아들이다 menangkap(penjahat).

잡아떼다 ① (손으로) memisahkan; menarik terpisah. ② (부인) menyangkal mentah-mentah.

잡아매다 mengikat.

잡아먹다 ① (먹다) menyembelih; (짐승이) memangsa. ② (괴롭히다) menyiksa.

잡역(雜役) pekerjaan tidak tetap. ~부(夫) pekerja tidak tetap; buruh. ~부(婦) pembantu.

잡음(雜音) ① (라디오) bising. ② (방해) suara yang mengganggu.

잡인(雜人) orang luar.

잡일(雜一) masalah/hal-hal yang kecil-kecil. ☞ 잡무(雜務).

잡종(雜種) turunan silang; peranakan.

잡지(雜誌)majalah. ~를 보다 melihat-lihat majalah. ~에 기고하다 menyumbangkan artikel di majalah.

잡지출(雜支出)pengeluaran lain-lain.

잡채(雜菜) capcai.

잡초(雜草)rumput;gulma.~를 뽑다 mencabut rumput; menyiangi rumput.

잡치다 gagal; jatuh; kalah.

잡화(雜貨) aneka barang.~상 pedagang aneka barang. ~점 toko rupa-rupa; toko aneka.

잡히다① diambil;dipegang;ditangkap;dicengkeram. 경찰에~ ditangkap oleh polisi.② bentuk. 모양이~ mengambil bentuk.③ (불이) dipadamkan. ④ menjaminkan;menggadaikan. 토지를~menggadaikan tanah. ⑤ 균형이 ~ seimbang; cocok. 트집~dicari-cari kesalahan.주름이 ~ dilipat-lipat; dikerutkan.

잣 biji cemara.~나무 pohon cemara. ~죽 bubur biji cemara.

잣다 ① (물을)memompa; mengisap. ② memintal. 솜에서 실을 ~ memintal benang dari kapas.

잣송이 buah cemara.

장(長) ① (우두머리) pemimpin;kepala; ketua. ② ☞ 장처, 장점. 일~일단이 있다 memiliki kemanfaatan maupun kemudaratan.

장(章) babak; era; pasal. 새로운 ~ era baru; zaman baru. 새로운 ~을 열다 membuka era baru.

장(場) (시장) pasar; pekan. 대목 ~ pasar waktu malam lebaran. ~거리 tempat jual beli; pasar.

장(場) (장소) tempat; lokasi.

장(腸)usus; perut.~이 나쁘다 mengalami gangguan usus. ~결석 penyakit batu usus.

장(醬) (간장) kecap asin.

장(欌) lemari pakaian.

장(丈) ① (척도) 10 *jang* (= 9,904 kaki). ② (경칭) orang yang dihormati.

장(張) selembar; sehelai. 종이 한 ~ selembar kertas.

장가 perkawinan; sunting. ~ 가다 [들다] mempersunting. ~ 들이다 mengawinkan anaknya (kepada seorang wanita).

장갑(掌甲) sarung tangan.

장갑(裝甲)~부대 satuan lapis baja.

장거리(長距離) jarak jauh. ~경주(선수) perlombaan lari [pelari] jarak jauh. ~버스 bis jarak jauh.

장검(長劍) pedang panjang.

장골(壯骨) badan kekar.

장관(壯觀) pemandangan yang bagus sekali.

장관(長官) Menteri. 문교부~ Men-

teri Pendidikan.
장광설(長廣舌) pidato yang panjang waktunya.
장교(將校) perwira. 육군(해군)~ perwira angkatan darat [angkatan laut].
장구 *anggu* (sejenis gendang Korea).채 tongkat pemukul gendang.
장구(長久) kekekalan. ~한 kekal. ~한 시일을 요하다 membutuhkan jangka waktu yang lama.
장구(裝具) perlengkapan.
장구대가리:장구머리 kepala menonjol/ benjol.
장구벌레 jentik-jentik nyamuk.
장국(醬-) sup yang dibumbui kecap. ~밥 nasi dengan sup daging sapi.
장군(將軍) jendral.
장군풀 「植」 tanaman semacam kelembak.
장기(長技)keahlian seseorang...을 ~로 하다 ahli/mahir (dalam)...
장기(長期) jangka waktu panjang. ~근속 dinas lama.~대부(거래) pinjaman (transaksi) jangka panjang. ~신용은행 bank kredit jangka panjang. ~전 perang berkepanjangan.
장기(將棋) catur. ~를 두다 main catur. ~짝 rekan main catur. ~판 papan catur.
장꾼(場-) para penjual dan pembeli.
장끼 ayam pegar.
장난 permainan; olok-olok;lawakan. ~하다 bermain; mengolok-olok; mempermainkan.
장난감 mainan.
장남(長男) putra sulung.
장내(場內) ~에서 di dalam ruang (sidang).
장녀(長女) putri sulung.
장년(壯年) usia matang. ~이 되다 mencapai usia matang.
장뇌(樟腦) kapur barus. ~유(油) minyak kapur barus.
장님 orang buta; buta.눈뜬~ orang yang buta huruf/ tuna aksara.~이 되다 menjadi buta.
장단(長短) ① (길이의) panjang relatif; (장점 단점) manfaat. ② tempo;ritme. ~을 맞추다 membuat tempo.손 ~을 치다 membuat tempo dengan pukulan tangan.
장담(壯談)penjaminan.~하다 menjamin; meyakinkan.
장대(長-) galah; tiang. ~ 높이뛰기 loncat galah.
장대(壯大)~하다 besar dan kekar. 기골이 ~ 한 사람 orang yang kuat dan tegap.
장도(壯途) kepergian yang gagah berani.
장도(粧刀) pisau berukir.
장도리 palu;(노루발) kuku kambing. ~로 치다 memalu; memukul dengan palu. ~로 못을 박다 memaku dengan palu. ~로 못을 뽑다 mencabut paku dengan palu bercagak.
장독대(醬-臺) tempat pajangan guci.
장딴지 betis.
장래(將來) masa depan; belakang hari; hari depan. ~가 있는 masa depan yang cerah. ~성 kemung-

kinan-kemungkinan; prospek.
장려(壯麗) ~한 semarak; megah.
장려(勵) dorongan.~하다 memberi semangat;mendorong.~금 subsidi; bantuan.
장력(張力)「理」tegangan. ~계 pengukur tegangan. ~시험 uji tegangan.
장렬(壯烈) ~한 gagah berani; heroik.
장렬(葬列) pawai pemakaman.
장례(葬禮) upacara pemakaman. ~를 거행하다 mengadakan upacara pemakaman.
장롱(欌籠) lemari yang berlaci.
장마 hujan berkepanjangan. ~지다 datang musim hujan. ~가 걷히다 musim hujan telah berlalu/berakhir.
장막(帳幕)tirai.철(죽)의~tirai besi (bambu).~을 치다 memasang tirai; menggantungkan tirai.
장만하다 menyiapkan;mendatangkan; mencari; mendapatkan. 돈을 ~하다 mencari uang.
장면(場面) lokasi; adegan. 연애 ~ adegan cinta.
장모(丈母) ibu mertua; ibu istri.
장문(長文) tulisan yang panjang. ~의 기사 artikel yang panjang.
장물(贓物) barang curian. ~아비 penadah barang curian. ~취득 penadahan barang curian.
장미(薔薇) mawar;ros.~빛의 berwarna mawar.들~ mawar hutan.
장발(長髮)~의 berambut panjang. ~족 orang yang berambut panjang.
장벽(腸壁) dinding usus.
장벽(障壁) tembok;pagar;alangan; hambatan. ~을 쌓다 membangun/membuat pagar.
장병(將兵) serdadu; tentara.
장복(長服) ~하다 minum obat secara terus menerus.
장본(張本) penyebab utama. ~인 biang keladi.
장부(丈夫) laki-laki dewasa.
장부(帳簿) buku kas induk. ~를 속이다 memalsukan pembukuan. ~계원 pemegang buku.
장비(裝備) peralatan; perangkat; perlengkapan.~하다 memperlengkapi.
장사 perdagangan; usaha; perniagaan. ~하다 berdagang; berusaha; berniaga.~가(안)되다 usaha menghasilkan (tidak menghasilkan).
장사(壯士) orang kuat; Herkules. 힘이 ~ 다 sekuat Herkules.
장사(葬事) penguburan. ~지내다 menguburkan; memakamkan.
장사(아)치 pedagang.
장사진(長蛇陣) antrian panjang. ~을 이루다 membentuk antrian panjang.
장삿속 semangat dagang; motif mencari untung.
장서(藏書)koleksi buku.3 만의~가 있다 memiliki koleksi 30.000 buku.
장성(長成) ~하다 tumbuh dewasa.
장성(長城) tembok panjang.만리~ tembok besar China.
장성(將星) jendral.
장소(場所) ① tempat; posisi; kedudukan. ~가 좋다(나쁘다) letak

yang baik (jelek). ② ruang. ~를 차지하다 menempati(banyak)ruang.
장손(長孫) cucu laki-laki yang tertua.
장송곡(葬送曲) arak-arakan penguburan; prosesi pemakaman.
장수 pedagang.생선~pedagang ikan.
장수(長壽) umur yang panjang. ~하다 berumur panjang.~법 rahasia umur panjang.
장수(將帥)panglima.~벌 lebah ratu.
장승(長 -)tonggak setan;(키다리) laki-laki yang tinggi besar. ~같다 tinggi seperti tiang listrik.
장시간(長時間) berjam-jam.
장시세(場時勢) harga pasar.
장시일(長時日) waktu yang panjang. ~에 걸치다 diperpanjang sampai waktu yang lama.
장식(裝飾) dekorasi.~하다 menghias;mendekor. ~적(的)인 hiasan; dekoratif. ~용의 untuk hiasan.
장신(長身) ~의 tinggi; jangkung.
장신구(裝身具) perhiasan; aksesori.
장아찌 acar.
장악(掌握) ~하다 menguasai; memerintah; menggenggam; memegang.실권을~하다 memegang tampuk kekuasaan.
장안(長安) ibu kota. 서울~ Seoul; ibu kota.온 ~에 di seluruh ibu kota.
장애(障碍) batu sandungan; rintangan; aral; hambatan; kendala. ~물 halang; rintang. ~물 경주 lari halang rintang; lari gawang.
장어(長魚) 「魚」 belut.~구이 belut salai.
장엄(莊嚴) ~하다 agung; mulia; megah.
장염(腸炎) 「醫」 radang usus.
장외(場外) ~의[에] [di] luar ruangan (gedung, parlemen) ~정치 politik di luar parlemen.
장원(壯元) juara pertama.
장유(長幼) muda dan tua; tua muda.
장음(長音) suara yang panjang.
장음계(長音階) 「音」 tangga nada mayor.
장의(葬儀) ☞ 장례.~사(社) usaha jasa pemakaman.
...장이 tukang.구두~ tukang sepatu.
장인(丈人) mertua; bapak istri.
장자(長子) putra sulung. ~ 상속권 hak warisan putra sulung.
장자(長者)① (덕망가) orang berpengaruh/disegani.② (부자) orang kaya.
장작(長斫) kayu bakar. ~을 패다 memotong kayu bakar.
장장추야(長長秋夜) malam panjang musim gugur.
장전(裝塡) pengisian senjata. ~하다 mengisi peluru di senjata.
장점(長點) keunggulan; titik kuat.
장정(壯丁) laki-laki dewasa,wajib militer.
장조(長調) 「樂」 kunci mayor.
장조림(醬-) semur daging.
장조카(長-) putra sulung dari abang sulung.
장족(長足)~의 진보를 하다 membuat kemajuan yang besar/ pesat.
장졸(將卒)perwira dan anak buah.
장죽(長竹) pipa rokok yang pan-

jang; cangklong.
장중(莊重)~한 hikmat.~한 어조로 dengan suara hikmat.
장지(長指) jari tengah.
장지(葬地) tempat pemakaman.
장질부사(腸窒扶斯) ☞ 장티푸스.
장차(將次) kelak; suatu hari.
장차다(長-) ① (길다) lurus dan panjang. ② (멀다) jauh.
장창(長槍) tombak yang panjang.
장총(長銃) senapan laras panjang.
장치(裝置) peralatan; perlengkapan;perkakas;piranti.~하다 memperlengkapi (dengan). 스테레오~ peralatan stereo. 안전 ~ alat pengaman.
장침(長針) ☞ 분침.
장쾌(壯快) ~한 menyegarkan sekali.
장탄(裝彈)~하다 mengisi/memuati (senapan).
장탄식(長嘆息)napas yang dalam. ~하다 menghela napas yang dalam.
장터(場-) pasar; tempat jual beli.
장티푸스(腸-)demam tipus.~예방주사 suntikan anti tipus.
장파(長波) gelombang panjang.
장판(壯版) lantai yang ditempeli kertas. ~방 kamar yang lantainya di tempeli kertas.
장편(長篇) (karya) yang panjang. ~소설 buku cerita yang panjang. ~영화 film yang panjang.
장하다(壯-)(훌륭하다) besar; megah; agung. (갸륵함) terpuji; membanggakan.
장학(學) ~금 bea siswa. ~금을 만들다(타다) mendanai (mendapat) beasiswa.
장해(障害) ☞ 장애(障碍).
장화(長靴) sepatu bot.
장황(張皇)~한 panjang lebar.~한 설명 penjelasan yang panjang lebar/membosankan.
잦다 (물이) mengering.
잦다 (빈번) sering.
잦아지다 mengeringkan.
잦은걸음 langkah yang cepat.
잦혀놓다① (뒤집다) membalikkan; menelungkupkan. ② (열다) membiarkan terbuka.
잦혀지다 ① (뒤집히다) dibalikkan; terbuka. ② (열리다) terbuka.
잦히다 ① (뒤집다) membalikkan. ② (열다) membuka. ③ (몸을) menarik diri ke belakang.
잦히다 mematangkan nasi dengan api kecil.
재 (타고남은) abu.~같은 seperti abu. ~가 되다 menjadi abu.
재 (고개) pendakian.
재(齋) upacara (misa) pemakaman Budha.
재...(再) lagi.
재가(再嫁) ~하다 kawin lagi; menikah lagi (wanita).
재가(裁可) persetujuan; ratifikasi; pengakuan.~하다 menyetujui; mengesahkan; mengakui.
재간(才幹) kemampuan; bakat. ☞ 재능.
재간(再刊) cetak ulang. ~하다 mencetak ulang.
재갈 kekang. ~먹이다(물리다) menyumpal (mengekang).
재갈매기 「鳥」 camar laut.

재감(在監) ~하다 berada di penjara.~자(者) narapidana;orang hukuman; tahanan.

재감염(再感染) penjangkitan ulang (kembali). ☞ 잠염.

재개(再開) pembukaan kembali. ~하다 membuka kembali.

재개발(再開發) pembangunan kembali.

재건(再建) pembangunan ulang; rekonstruksi. ~하다 membangun kembali; mendirikan kembali; merekontruksi.~비 biaya untuk membangun ulang.

재검사(再檢查) pemeriksaan ulang.~하다 mengecek ulang; memeriksa ulang.

재검토(再檢討) penilaian ulang; peninjauan ulang. ~하다 menilai kembali; meninjau ulang.

재결(裁決)keputusan; penilaian. ~하다 memberikan keputusan/penilaian.

재결합(再結合) penyatuan kembali. ~하다 bersatu kembali.

재경(在京) ~하다 berada di Seoul.

재경기(再競技) pertandingan ulang.

재계(財界) dunia bisnis. ~의 거물 usahawan terkemuka. ~인 usahawan.

재계(齋戒) 목욕~wudu.목욕~하다 berwudu).

재고(再考)peninjauan ulang.~하다 meninjau ulang/kembali.

재고(在庫) persediaan; cadangan. ~량 jumlah cadangan/persediaan.

재고정리(在庫整理) cuci gudang. ~대매출 penjualan cuci gudang. ~품 barang-barang yang diobral.

재교부(再交付) perpanjangan; pembaruan. ~하다 memperpanjang (paspor).

재교육(再敎育) pendidikan ulang; pelatihan ulang. ~하다 mendidik kembali; melatih ulang.

재구속(再拘束) pengiriman kembali (ke penjara). ~하다 mengirim kembali (ke penjara).

재군비(再軍備) ☞ 재무장.

재귀(再歸) ~ 대명사 (동사) kata ganti (kata kerja) refleksi. ~ 열「醫」demam yang kambuh kembali.

재근(在勤) ☞ 재직(在職).

재기(才氣) kepintaran; talenta; bakat. ~있는 pintar; berbakat.

재기(再起) pemulihan;kebangkitan kembali. ~하다 pulih;bangkit kembali.

재깍 klik-klik (suara jam beker); dengan segera.

재깍거리다 berbunyi klik-klik.

재난(災難) bencana; musibah; celaka; malang; sial.~을 당하다 mengalami kecelakaan; kena musibah.

재능(才能)kemampuan;kesigapan; ketangkasan; kelihaian;kecakapan; bakat. ~ 있는 berbakat; mampu; sigap; cakap.

재다 ①(길이.용량 따위) mengukur; mengajuk; mendacing; menakar(i); menimbang; mengeti; menjengka (kan). ② (장탄하다) memuat; mengisi (senapan). ③ (앞뒤를) mempertimbangkan; memperhitungkan

sepenuhnya.④ (재우다) memadatkan.⑤ (으스대다) berlagak/angkuh.
재다 ① (재빠르다) cepat; tangkas; cekatan. ② (입이) cerewet; suka bicara.
재단(財團) yayasan. ~법인 badan hukum yayasan. 록펠러~ Yayasan Rockefeller.
재단(裁斷) ① keputusan; pengadilan. ~하다 memutuskan; mengadili. ② pemotongan (pola). ~하다 memotong pola. ~사 tukang potong pola.
재담(才談) kelucuan; kelakar; banyolan.
재덕(才德) kemampuan dan pribudi.
재두루미 「鳥」 burung bangau bertengkuk putih.
재떨이 asbak; tempat abu rokok.
재래(在來) ~의 biasa; konvensional.~식 tipe yang lajim/biasa.
재래(再來) penitisan. ~하다 menitis.
재량(裁量) kebijaksanaan; keleluasaan. ...의 ~으로 atas kebijaksanaan.
재력(財力) kekuasaan harta/kekayaan.
재롱(才弄) ~부리다 berlucu-lucu.
재료(材料) bahan; bekal; material.
재림(再臨) ~하다 datang kembali. 그리스도의~ kedatangan Kristus yang kedua kali.
재목(材木) kayu. ~상 pedagang kayu.
재무(財務) masalah keuangan. ~감사 pemeriksaan keuangan. ~관 komisaris keuangan.
재무장(再武裝) remiliterisasi; persenjataan kembali. ~하다 memiliterkan kembali; mempersenjatai kembali.
재물(財物) milik; harta; sarana; barang.
재미 ① kegembiraan; kesenangan. ~(가) 있다(나다) menarik (menyenangkan). ~없다 tidak menarik. ~를 보다 bergembira; bersenang-senang. ~있어 하다 menyenangkan diri (dengan). ...에 ~를 붙이다 tertarik (dengan). ② kesenangan; kepuasan; keuntungan. ...으로 ~를 보다 mendapat keuntungan (dengan).
재미(在美) ~의 di Amerika. ~교포 pemukim Korea di Amerika.
재민(災民) korban; penderita.
재발(再發) kekambuhan. ~하다 kambuh.
재발급(再發給) ~ 하다 mengeluarkan; menerbitkan.
재발족(再發足) memulai kembali.
재방송(再放送) penyiaran kembali; penayangan kembali. ~하다 menyiarkan kembali; menayangkan kembali.
재배(再拜)~하다 bersoja dua kali.
재배(栽培) pembudidayaan; penanaman. ~하다 menanam; membudidayakan.
재배치(再配置) penempatan kembali; pengalokasian kembali. ~하다 mengalokasikan kembali; menempatkan kembali.
재벌(財閥) multimilyarder; kelompok keuangan. 삼성(三星) ~ ke-

lompok keuangan Samseong.
재범(再犯) pelanggaran kembali.
재보험(再保險) reasuransi. ~하다 mengasuransikan kembali.
재복무(再服務)pendaftaran kembali (militer). ~하다 mendaftar kembali (militer).
재봉(裁縫) jahit menjahit. ~하다 menjahit. ~사 penjahit.
재봉틀(裁縫-) mesin jahit. ~로 박다 menjahit dengan mesin jahit.
재분배(再分配) pembagian kembali. ~하다 membagikan kembali.
재빠르다 cepat; sigap; tangkas.
재산(財産) harta; milik;kepunyaan. ~가 hartawan. ~목록 daftar kekayaan. ~상속 pewarisan harta. ~세 pajak kekayaan.
재삼(再三) ~재사(再四) berulangkali; lebih dari satu kali.
재상(宰相) perdana menteri.
재상영(再上映)pengulangan; pemutaran kembali. ~하다 mengulangi; memutar kembali.
재색(才色) ~이 겸비한 cantik dan pintar.
재생(再生) ① (소생) kehidupan kembali.~하다 hidup kembali. ② (다시 태어남) kelahiran kembali. ~하다 lahir kembali. ③ (폐품의) pengolahan kembali.~하다 mengolah kembali. ~고무 karet yang di olah kembali. ~품 barang-barang yang diolah kembali.
재생산(再生産) reproduksi.~하다 memproduksi kembali; mereproduksi.
재선(再選)~하다 memilih kembali. ~되다 dipilih kembali; terpilih lagi; terpilih kembali.
재소자(在所者) narapidana; tahanan.
재수(再修)~하다 belajar keras untuk masuk perguruan tinggi. ~생(生) tamatan SMA yang sedang menunggu kesempatan ulang untuk masuk perguruan tinggi.
재수(財數) nasib;peruntungan;kemujuran.~(가) 있다(좋다) bernasib (baik); mujur.
재수입(再輸入)~하다 mengimpor kembali. ~품 barang-barang yang diimpor kembali.
재수출(再輸出) ~하다 mengekspor kembali. ~품 barang-barang yang diekspor kembali.
재시험(再試驗) ujian kembali. ~하다 menguji kembali.
재심(再審)pengadilan ulang.~하다 mengadili ulang.~을 청구하다 memohon pengadilan ulang.
재심사(再審査) ☞ 재심(再審).
재앙(災殃) bencana; bahaya; kerama; malapetaka; kesusahan; kemalangan. ~을 초래하다 menimbulkan bencana; mendatangkan kesengsaraan.
재액(災厄) ☞ 재난, 재앙.
재야(在野) ~의 di luar kekuasaan; dalam oposisi. ~인사 orang terkemuka di luar birokrasi.
재연(再演) ~ 하다 mementaskan kembali; menayangkan kembali; merekontruksi (kejahatan).
재연(再燃)~하다 mengungkit kem bali.문제의~ pengungkitan kembali

permasalahan.

재외(在外)~의(di tempatkan/tinggal) di luar negeri. ~공관 pembukaan hubungan diplomatik luar negeri.

재우다 ① (숙박) menyilahkan menginap. ② (잠을) menidurkan.

재원(才媛) wanita yang berbakat.

재원(財源) sumber penghasilan.

재위(在位) ~하다 berkuasa. ~시에 selama berkuasa; pada saat berkuasa.

재음미(再吟味) ~하다 menikmati kembali; menelaah kembali.

재인식(再認識) pemahaman baru; pengertian baru.~하다 mempunyai pemahaman/pengertian yang baru.

재일(在日) ~의 (ditempatkan) di Jepang. ~교포 penduduk Korea di Jepang.

재임(在任) ~하다 memegang jabatan. ~중에 selama memegang jabatan.

재임(再任) pengangkatan kembali. ~하다 mengangkat kembali

재입국(再入國)masuk kembali ke suatu negara. ~하다 memasuki kembali suatu negara.

재입학(再入學) masuk sekolah kembali. ~을 허락하다 menerima masuk kembali.

재작년(再昨年) tahun yang baik.

재잘거리다 berceloteh; berkicau; mengobrol.

재재거리다 ☞ 재잘거리다.

재적(在籍) ~하다 terdaftar ~자 (학생) orang (siswa) yang terdaftar. ~자 수 jumlah siswa yang terdaftar.

재전환(再轉換)perombakan ulang

재정(再訂) ~하다 merevisi kembali. ~판 edisi revisi kedua.

재정(財政) keuangan;masalah keuangan; ekonomi. ~(상)의 tentang keuangan/ekonomi.

재정(裁定) keputusan. ~하다 memutuskan. ~안 naskah keputusan.

재정규모(財政規模) neraca keuangan.

재정난(財政難)kesulitan keuangan.

재제(再製) ~하다 memproduksi kembali; membuat kembali.☞ 재생.

재조사(再調査) pemeriksaan ulang;penyelidikan kembali. ~하다 memeriksa/menyelidiki kembali.

재주 kemampuan; talenta; kecerdasan; kemahiran; ketrampilan.

재주꾼 orang berbakat tinggi; orang yang cakap/mahir.

재주넘다 berjungkir balik.

재주문(再注文)pembaharuan pesanan; pesanan ulangan. ~하다 memperbaharui pesanan.

재중(在中) ~의 berisi. 견본~ berisi contoh. 사진(寫眞) ~ ada foto.

재즈『樂』jazz; musik jazz.~밴드 orkes jazz.

재직(在職) ~하다 memegang jabatan. ~중에 selama menjabat.

재질(才質) bakat alami; talenta; fitrah; pembawaan. ~이 풍부(豊富)하다 berbakat besar.

재차(再次) dua kali; kembali; berulang kali; lagi.

재채기 bersin. ~하다 bersin.

재천(在天) ~의 di langit; di surga. 인명(人命)은 ~이라 Hidup dan mati sudah ditakdirkan Tuhan.
재청(再請) permintaan kedua. ~하다 meminta kedua kali.
재촉 pendesakan;pemburu-buruan; penekanan.~하다 mendesak;memburu-buru; menekan.
재출발(再出發) ~하다 memulai kembali.
재취(再娶) ~하다 kawin lagi; menikah lagi; beristeri lagi.
재치(才致) kepintaran; kecerdasan; kecerdikan; kelihaian. ~있는 cerdas; pintar; cerdik.
재침(再侵) penyerangan kembali. ~하다 menyerang kembali.
재킷 jaket; sweter.
재탕(再湯) ~하다 menggodok kembali; mengulangi.
재투자(再投資) penanaman modal kembali. ~하다 menanamkan modal kembali.
재투표(再投票) pemilihan ulang. ~하다 memilih kembali.
재판(再版) pencetakan ulang. ~하다 mencetak ulang.
재판(裁判) pengadilan.~하다 mengadili.~을 받다 diadili.~에 부치다 membawa (kasus) ke pengadilan.
재판소(裁判所) ☞ 법원.
재편성(再編成) pengorganisasian kembali. ~하다 mengatur kembali.
재평가(再評價) penilaian kembali; penaksiran kembali. ~하다 menilai kembali;menaksir kembali.
재학(在學) ~하다 di sekolah. ~중(에) selama berada di sekolah. ~생 siswa; mahasiswa.~증명서 ijazah.
재합성(再合成) sintesa ulang. ~하다 mensintesa kembali.
재해(災害) bencana; bahala; penderitaan; kecelakaan. ~를 입다 mengalami bencana.
재향군인(在鄕軍人)mantan tentara.
재현(再現) ~하다 kemunculan kembali; kebangkitan.
재혼(再婚) perkawinan kedua. ~하다 kawin lagi. ~자 orang yang kawin lagi.
재화(災禍) kemalangan; kecelakaan; bencana.
재화(財貨) barang-barang; komoditi.
재확인(再確認) ~하다 menegaskan kembali.
재회(再會) ~하다 bertemu kembali. ~를 기약하다 berjanji untuk bertemu kembali.
잭나이프 pisau lipat yang besar.
잼 selei. ~(을) 바른 빵 roti selei.
잽 「拳」 jab (dalam tinju).
잽싸다 cepat; tangkas; cekatan.
잿더미 gumpalan abu. ~가 되다 menjadi abu.
잿물 soda abu.
잿밥(齋-) nasi yang dipersembahkan kepada Budha.
잿빛 warna abu-abu; abu-abu.
쟁강,쟁그랑 dentingan;bunyi dentingan. ~거리다 berdenting.
쟁기 bajak; luku; tenggala. ~질하다 membajak; meluku.
쟁론(爭論) perselisihan; percekcokan;pertengkaran. ~하다 berse-

lisih; bertengkaran.
쟁반(錚盤) baki; talam; tatakan; nampan.
쟁의(爭議) perselisihan; pertengkaran; pertikaian; pemogokan. ~를 일으키다 melakukan pemogokan.
쟁의권(爭議權) hak-hak untuk mengadakan pemogokan.
쟁쟁(爭爭) ~하다 mendengung (dalam telinga).
쟁쟁(錚錚)~하다 terkemuka; terpandang.
쟁점(爭點) pokok perselisihan.
쟁탈(爭奪)~하다 bertanding; bersaing. ~전(戰) pertandingan; perebutan.
저(著) karya tulisan.
저(箸) (젓가락) penjepit; sumpit/supit.
저 ① (나) saya; aku; beta; hamba. ~로서는 bagi saya. ② (자기) diri sendiri. ③ (지칭으로) itu. ~사람 orang itu. ~따위 orang seperti itu.
저개발(低開發)~국 negara terbelakang. ~지역 daerah yang masih terbelakang.
저간(這間) waktu itu; belakangan ini. ~의 사정 keadaan waktu itu.
저것 itu; yang itu.
저격(狙擊) penembakan gelap. ~하다 menembak secara gelap. ~병 (兵) penembak gelap.
저고리 jaket; baju luar (ala Korea).
저공(低空) ketinggian yang rendah. ~비행 penerbangan rendah.
저금(貯金) penyimpanan; penabungan; tabungan; simpanan. ~하다 menyimpan uang. ~이 있다 mempunyai simpanan (di bank).
저금리(低金利) bunga yang rendah. ~정책 kebijakan keuangan yang longgar.
저급(低級) ~하다 (mutu) rendah.
저기 tempat itu; sana; situ.
저기압(低氣壓) tekanan rendah.
저널리스트 wartawan.
저널리즘 kewartawanan.
저녁 ① sore; senja. ~(때)에 pada waktu senja. ~놀 sinar matahari senja. ② (식사) makan malam.
저능(低能) ~한 kecerdasan rendah. ~아(兒) anak dengan kecerdasan yang rendah.
저다지 sebanyak itu; begitu banyak.
저당(抵當) hipotik; gadai; tanggungan. ~하다 menggadaikan; menjadikan sebagai tanggungan.
저돌(猪突) ~하다 maju dengan nekat. ~적(인) nekat. ~적(的)으로 secara nekat.
저따위 (orang) semacam itu. ~는 처음 본다 Saya tak pernah melihat orang semacam itu.
저러하다 seperti itu!
저런 semacam itu; seperti itu. ~책 buku seperti itu.
저런 (감탄사) Astaga!; Busyet!
저력(底力) energi laten; kekuatan tersembunyi. ~있는 kuat; penuh energi.
저렴(低廉) ~한 murah.
저리(低利) bunga rendah. ~대부 pinjaman dengan bunga rendah. ~자금 dana yang berbunga rendah.
저리 (저쪽으로)sana;arah sana;arah

itu.
저리 (저렇게) seperti itu; cara itu.
저리다 (마비되다) kesemutan; merasa nyeri.
저마다 masing-masing.
저만큼 sebanyak itu; sejauh itu.
저만하다 sebegitu banyak; sebegitu besar.
저맘때 kala itu; masa itu. 내 나이 ~에는 Ketika saya seumur dia.
저명(著名) ~한 ulung; terkemuka; terkenal. ~인사 tokoh terkemuka.
저물가(低物價) harga yang murah. ~정책 kebijakan harga murah.
저물다 menjadi gelap.해가~ malam turun.
저미다 menyayat; mengiris; memotong tipis-tipis.
저버리다 (신의.기대.약속 따위를) berlawanan; (돌보지 않음) mengingkari; mengelak.
저벅 ~거리다 berjalan dengan langkah yang berat.
저번 waktu yang lalu.
저변(底邊) ☞ 밑변.
저서(著書) buku hasil karya.
저속(低俗) ~한 vulgar;rendah;kasar. ~한 취미 selera rendah; hobi yang rendah.
저속도(低速度) kecepatan rendah. ~로 dalam kecepatan rendah. ~기어 gigi rendah.
저수(貯水) ~지 waduk. ~량 kapasitas waduk.
저수위(低水位) permukaan air yang dangkal.
저술(著述) ☞ 저작(著作). ~가 penulis; pengarang. ~업 profesi penulis/pengarang.
저습(低濕) ~하다 rendah dan lembab. ~지(地) tempat/daerah yang tergenang.
저승 akhirat. ~으로 가다 meninggal. ~길 perjalanan ke akhirat.
저압(低壓) tegangan rendah.~전류 arus tegangan rendah.
저액(低額) jumlah yang kecil. ~소득층 golongan berpenghasilan rendah.
저열(低劣) ~한 rendah;kasar;hina; vulgar.
저온(低溫) temperatur yang rendah. ~공학 rekayasa kriogenik. ~살균 pasteurisasi.
저울 timbangan; skala. ~에 달다 menimbang. ~을 속이다 menipu timbangan.
저율(低率) harga/tingkat/laju yang rendah.
저음(低音) nada rendah;suara rendah.
저의(底意) maksud tersembunyi; motif yang mendasari. ~를 알아채다 memahami maksud tersembunyi.
저이 orang itu; dia. ~들 mereka.
저인망(底引網) pukat; jala tarik. ~어업 usaha penangkapan dengan pukat.
저임금(低賃金) gaji rendah. ~근로자(정책) buruh (kebijakan) gaji rendah.
저자 ☞ 장(場).
저자(著者) penulis; pengarang.
저자세(低姿勢) ~를 취하다 merendahkan diri
저작(著作) penulisan buku. ~하다

menulis buku. ~권 hak cipta. ~권 침해 pembajakan buku.~권을 침해하다 membajak buku. ~자 penulis.

저장(貯藏) penyimpanan; penggudangan. ~하다 menyimpan. ~고 gudang penyimpanan. ~미 beras gudang.

저절로 sendiri; secara spontan.

저조(低調) ~한 tidak aktif; tidak mencapai sasaran; lemah; sepi (dagang).

저주(咀呪) kutukan;sumpah;tulah; laknat.~하다 mengutuk; menyumpahi. ~받은 terkutuk.

저주파(低周波) frekwensi rendah.

저지(低地) dataran rendah,

저지 ~하다 menghalangi; menghambat; merintangi.

저지르다 melakukan (kesalahan).

저쪽 seberang sana; sebelah sana. ~에 있는 집 rumah di seberang sana.

저촉(抵觸) ~하다 bertentangan dengan.

저축(貯蓄) tabungan; simpanan; penyimpanan. ~하다 menyimpan; menyisihkan; menabung. ~운동 kampanye penabungan.

저탄(貯炭) persediaan batu bara. ~소[장] ladang/depot batu bara.

저택(邸宅) istana; kediaman.

저편 ☞ 저쪽.

저하(低下) ~하다 jatuh;turun;menyusut. 능률이 ~하다 ~ efisiensi turun.

저학년(低學年)kelas rendah;mutu yang jelek.

저항(抵抗)penahanan;perlawanan; pertentangan; resistensi;hambatan. ~하다 melawan; menahan; menghambat.

저혈압(低血壓) tekanan darah rendah; hipotensi.

저희(들) kita. ~들의 kepunyaan kita. ~들을 kita (objek).

적(敵) musuh; seteru; lawan. ~을 만들다 membuat musuh.~에게 등을 보이다 membelakangi musuh.

적(積)「數」 hasil kali; luas.

적(籍) daftar keluarga; kartu keluarga; keanggotaan.

적 waktu; kesempatan; (경험) pengalaman. ...할 ~에 ketika; pada waktu itu.

적갈색(赤褐色) coklat kemerah-merahan.

적개심(敵愾心) rasa permusuhan. ~을 불러일으키다 mengobarkan rasa permusuhan.

적격(適格)kwalifikasi;persyaratan. ~의 memenuhi syarat/kompeten. ~자 orang yang memenuhi syarat.

적국(敵國) negara musuh.

적군(亦軍) tentara Merah.

적군(敵軍)tentara/pasukan musuh.

적극(積極) ~적(인) konstruktif; aktif.~적으로 secara positif. ~성이 없다 tidak memiliki semangat positif.

적금(積金) tabungan cicilan.~하다 menabung secara cicilan.

적기(赤旗) bendera merah.

적기(適期)waktu tepat/cocok. ~의 tepat waktu.

적기(敵機) pesawat musuh.

적꼬치(炙-) sate daging.

적나나(赤裸裸) ~한 telanjang. ~한 사실 kenyataan telanjang.~하게 secara nyata.
적다 (기입) mengarang; mencatat; menulis.
적다 sedikit; jarang; langka.
적당(適當) ~한 cocok/pantas; patut;layak;sesuai. ~히 dengan pantas/layak.
적대(敵對)~하다 bermusuhan dengan. ~행위 permusuhan.
적대시(敵對視) ~하다 menganggap musuh.
적도(赤道) garis lintang tengah; ekuator. ~를 횡단하다 melewati/melintasi khatulistiwa.
적령(適齡) umur yang cocok.결혼~ umur yang cocok untuk kawin.
적립(積立) ~하다 mencadangkan; menyimpan;menyisihkan. ~금 dana cadangan.별도~금 cadangan khusus.
적막(寂寞)~한 kesepian.~감 rasa sepi.
적반하장(賊反荷杖)anjing membawa penggebuk.
적발(摘發) pengungkapan;pembeberan. ~하다 menelanjangi; mengungkapkan; membeberkan.
적법(適法) ~의 sah. ~행위 tindakan yang sah.
적병(敵兵) tentara musuh.
적부(適否)kecocokan;kesesuaian; kelayakan.~를 결정(판단)하다 memutuskan/mempertimbangkan kelayakan.
적분(積分) 「數」 kalkulus integral. ~하다 mengintegralkan. ~법 metode integral.
적산(敵産) harta musuh.
적색(赤色) warna merah; Merah (komunis).~분자 unsur-unsur Merah.~테러 teroris Merah; pengacau komunis.
적서(嫡庶) anak istri pertama dan anak istri kedua.
적선(敵船) kapal musuh.
적선(積善)~하다 memupuk kebajikan.
적선구역(赤線區域)daerah pelacuran.
적설(積雪) salju yang turun. ~이 120cm 에 달했다 salju setebal 120 cm.
적성(適性) bakat.~을 보이다 menunjukkan bakat. ~검사 uji bakat.
적성(敵性) permusuhan ~국(가) negara yang bermusuhan.
적세(敵勢) kekuatan musuh.
적소(適所) tempat yang cocok. ☞ 적재.
적송(赤松) 「植」 ☞ 소나무.
적송(積送) ~하다 mengirimkan; mengapalkan. ~인 pengirim. ~품 barang kiriman.
적쇠(炙-) alat pemanggang.
적수(敵手)penyanggah;penentang; lawan; oposisi. 호~ lawan yang setanding.
적수공권(赤手空拳) tangan kosong; modal dengkul. ~으로 dengan tangan kosong; dengan modal dengkul.
적시(適時)~의 tepat pada waktunya.
적시(敵視)~하다 menganggap se-

bagai musuh.
적시다 membasahi; merendam.
적신호(赤信號) lampu merah.
적실(嫡室) istri sah.
적십자(赤十字) Palang Merah. ~병원 Rumah Sakit Palang Merah. ~사 Kantor Palang Merah.
적약(適藥) obat yang cocok; obat yang mujarab.
적어도 paling sedikit; sedikitnya.
적역(適役) peran yang cocok; kedudukan yang sesuai.
적역(適譯) terjemahan yang baik.
적외선(赤外線) sinar infra merah. ~사진 pemotretan infra merah. ~요법 terapi infra merah.
적요(摘要) ringkasan; rangkuman; ikhtisar; persarian.
적용(適用) penerapan. ~하다 menerapkan. ~할 수 있는(없는) dapat diterapkan (tak dapat diterapkan).
적은집 istri simpanan; gundik.
적응(適應) ~하다 menyesuaikan diri. ~시키다 menyesuaikan; menyelaraskan.
적응성(適應性) penyesuaian; keselarasan; kesesuaian. ~이 있는 dapat menyesuaikan diri.
적응증(適應症) penyakit untuk mana suatu obat berkhasiat; indikasi.
적의(敵意) permusuhan;rasa dendam. ~있는 bermusuhan.
적이 agak; sedikit.
적임(適任) ~의 cocok; tepat. ~자 orang yang tepat. 부 ~자 orang yang tidak cocok.
적자(赤字)kerugian; defisit; angka merah. ~를 내다 menunjukkan kerugian.
적자(嫡子) anak istri pertama.
적자(適者)orang yang tepat/cocok. ~생존 kelangsungan hidup dari yang paling cocok.
적장(敵將) komandan musuh.
적재(摘載) ~하다 membuat ringkasan dari.
적재(適才)orang yang tepat untuk tugas/jabatan. ~적소 orang yang tepat dalam tempat yang tepat.
적재(積載) ~하다 memuat; membawa; mengangkut.~량 daya angkut. ~톤수 tonasi muatan.
적적하다(寂寂-) kesepian.
적전(敵前) ~상륙하다 mendarat di hadapan musuh.
적절(適切) ~한 cocok;tepat;layak. ~히 dengan pantas/ layak
적정(適正)~한 tepat; cocok; pantas. ~가격 harga yang pantas.
적정(敵情) gerakan musuh. ~을 살피다 memata-matai gerakan musuh.
적중(的中)~하다 mengenai sasaran; menerka dengan tepat; menjadi kenyataan.
적지(敵地) daerah musuh; wilayah musuh.
적진(敵陣)pangkalan musuh; garis pertahanan musuh. ~을 돌파하다 melintasi garis pertahanan musuh.
적처(嫡妻) istri sah/pertama.
적철광(赤鐵鑛) 「鑛」 bijih besi; hematif.
적출(摘出) ~하다 memilah.
적출(嫡出)lahir dari istri pertama.

적출(積出) ~하다 mengirim; mengapalkan. ~통지서 surat pemberitahuan pengiriman. ~항 pelabuhan pengiriman.

적치(積置) ~하다 menumpuk; menyimpan (dalam tumpukan). ~장(場) lapangan/tempat penumpukan.

적탄(敵彈) peluru musuh.

적폐(積弊) kebiasaan buruk.

적하(積荷) (적재) pemuatan; pengapalan; (짐) muatan; kargo. ~량 berat muatan.

적함(敵艦) kapal musuh.

적합(適合)~한 cocok; pantas; sesuai. 기질에 ~하다 cocok dengan watak.

적혈(赤血) ~구(球) sel darah merah. ~구 침강속도 laju pengendapan darah.

적화(赤化)~하다 menjadi komunis. ~를 방지하다 mencegah penyebaran komunisme.

적화(積貨) ☞ 적하(積荷).

적히다 dicatat; tercantum.

전 (그릇 따위) pelebaran bibir (setoples dll).

전(前) ① (시간적) sebelum; (과거) lalu; sejak.~에 dahulu. 오래 ~부터 sejak dulukala.열시 15 분전~ (pukul) 10 kurang 15 menit. ~에 말한 바와 같이 seperti yang disebutkan sebelumnya. 3 일 ~의 신문 3 hari yang lalu.~처럼 seperti sediakala. ~처럼 건강해지다 menjadi sehat seperti sediakala. ② sebelum; lebih dahulu; lebih awal dari. 이틀 ~에(미리) dua hari sebelumnya. 그가 도착하기 ~에 sebelum kedatangannya. 출발하기 ~에 sebelum keberangkatan.

전(煎) semacam martabak.

전(廛) toko.

전(錢) (단위) *jeon* (= 1/100 *won*).

전...(全) semua; seluruh; segenap. ~한국 seluruh Korea. ~세계 seluruh dunia.

전...(前) (이전의) mantan; eks; (앞부분의) bagian muka/depan. ~남편 mantan suami.

...전(傳) (전기)buku riwayat hidup; biografi. 위인~ biografi orang-orang besar.

전가(轉嫁) ~하다 menyalahkan; mengalihkan (tanggung jawab).

전각(殿閣) istana raja.

전간(癲癎) 「醫」 ayan; epilepsi. ☞ 지랄(병).

전갈 「蟲」 kalajengking. ~ 자리 「天」 bintang scorpio.

전갈(傳喝) pesan; berita; amanat. ~하다 mengirim pesan.

전개(展開)~하다 membentangkan; membeberkan.

전거(轉居)perpindahan.~하다 pindah alamat. ~지 alamat baru.

전격(電擊) kejutan listrik. ~요법 terapi kejutan listrik.~전 serangan kilat.

전경(全景) pemandangan keseluruhan; panorama.

전곡(田穀) hasil ladang; hasil kebun.

전곡(錢穀) uang dan biji-bijian.

전골(煎-) tumis daging dan sayur.

전공(前功) jasa yang dulu.

전공(專攻) jurusan; bidang studi.

~하다 mengambil bidang studi. ~분야 bidang studi utama/pokok.

전공(電工) tukang listrik.

전공(戰功) jasa perang yang istimewa. ~을 세우다 berjasa dalam perang.

전과(全科)mata kuliah keseluruhan.

전과(前科) catatan kriminal. ~3 범(犯) orang yang memiliki catatan kriminal 3 kali.

전과(戰果) hasil perang.

전과(轉科) ~하다 pindah jurusan.

전관(前官) (전임자) pendahulu; (자기의 전직) jabatan sebelumnya. ~예우 hak istimewa jabatan sebelumnya.

전관(專管) ~수역 zona ekonomi ekslusif.

전광(電光) cahaya listrik; kilat. ~석화와 같이 secepat kilat. ~뉴스 papan berita neon.

전교(全校) sekolah keseluruhannya. ~생 semua murid sekolah itu.

전교(轉交) melalui perantaraan; dengan alamat (d/a). 한국 대사관 ~ 김선생 귀하 Mr.Kim, d/a kedutaan Korea.

전교(轉校) ~하다 pindah sekolah.

전구(電球) lampu pijar.백열~ bola lampu pijar.

전국(全國) seluruh negeri; seantero negeri. ~적 secara nasional. ~에 di seluruh tanah air. ~적으로 dalam skala nasional. ~중계 siaran langsung ke seluruh negeri.

전국(戰局) aspek peperangan; situasi perang.

전국(戰國) ~시대 masa perang.

전국민(全國民) rakyat keseluruhan. ~의 nasional.

전군(全軍) seluruh angkatan darat.

전권(全卷) seluruh (isi) buku.

전권(全權)kekuasaan penuh;mandat penuh.~을 위임하다 memberi mandat.~대사 duta besar berkuasa penuh.

전권(專權) hak eksklusif.

전극(電極) elektroda.

전근(轉勤) pindah tugas. ~하다 di pindah tugaskan.

전기(前記)~의 yang disebut diatas /sebelumnya.

전기(前期) semester pertama. ~결산 penyelesaian rekening semester pertama.

전기(傳奇) ~적 romantis.

전기(傳記)biografi; riwayat hidup. ~작가 penulis biografi.

전기(電氣) listrik.~가 오르다 menerima kejutan listrik. ~공업 perusahaan listrik. ~기관차 lokomotif listrik. ~기구 perangkat listrik; perkakas listrik. ~난로 pemanas listrik. ~분해 elektrolisa. ~세탁기 mesin cuci listrik. ~스탠드 lampu meja; lampu duduk. ~역학 elektro dinamika. ~요금 biaya listrik. ~용접 las listrik. ~자석 magnet listrik. ~장치 peralatan listrik. ~철도 rel kereta api listrik.

전기(電機) mesin dan peralatan listrik.~공업 industri mesin listrik.

전기(戰機) situasi perang; waktu perang.

전기(轉記)~하다 memindah tulis-

kan; membukukan.
전기(轉機) titik balik.
전깃불(電氣-) lampu listrik.
전깃줄(電氣-)kawat listrik; kabel listrik.
전나무「植」pohon eru.
전날(前-)beberapa hari lalu; suatu hari yang lalu.
전남편(前男便) mantan suami.
전년(前年) tahun sebelumnya; tahun kemarin.
전념(專念)~하다 menekankan diri; bertekun (dalam).
전능(全能)~의 maha kuasa.~하신 하나님 Tuhan Yang Maha Kuasa.
전능력(全能力) kapasitas penuh.
전단(傳單)selebaran; surat siaran. ~을 돌리다 membagikan selebaran. ~을 뿌리다 menghamburkan selebaran.
전단(戰端) permusuhan; perang. ~을 열다 membuka permusuhan.
전달(前-)bulan sebelumnya; bulan kemarin.
전달(傳達) komunikasi; pemberitaan. ~하다 mengirimkan; memberitakan.
전담(全擔)~하다 bertanggung jawab sepenuhnya (atas).
전담(專擔) ~하다 bertanggung jawab eksklusif (atas).
전답(田畓) sawah dan ladang.
전당(全黨)~대회 musyawarah nasional partai.
전당(典當) gadai; gadaian. ~잡다 menerima gadaian.~잡히다 menggadaikan. ~물 barang gadaian.
전당(殿堂) istana.
전대(前代) jaman dulu.~미문의 tidak pernah terdengar; belum pernah terjadi.
전대(戰隊) kesatuan; armada.
전대(轉貸)penyewaan ulang.~하다 menyewakan kembali. ~인 penyewa ulang.
전대협(全大協) Dewan Perwakilan Siswa Tingkat Nasional.
전도(全島) seluruh pulau.
전도(全圖) peta lengkap; peta keseluruhan.
전도(前途) masa depan.~유망하다 mempunyai masa depan cerah.
전도(前渡) pembayaran di muka. ~금 uang muka.
전도(傳道)penyiaran agama.~하다 menyiarkan agama. ~사 penyiar agama.
전도(傳導)「理」konduksi; penghantaran. ~ 하다 menghantarkan; mentransmisikan. ~력(율) daya konduksi; daya hantar. ~체 konduktor.
전도(顚倒) pemutarbalikan; pembalikan. ~하다 membalikkan; memutarbalikkan.
전동(電動)pergerakan tenaga listrik.~의 bertenaga listrik.~기 motor listrik. ~력(力) tenaga listrik.
전두(前頭) 「解」 kepala bagian depan. ~골 tulang wajah. ~부 bagian wajah. ~엽(葉) lobus depan.
전등(電燈) lampu listrik. ~을 켜다 (끄다) menyalakan (mematikan) lampu listrik.
전라(全裸) ~의 telanjang bulat.
전락(轉落) kemerosotan. ~하다

merosot.
전란(戰亂) perang. ~ 의 도가니 adegan maut.
전람(展覽) pertunjukan; tontonan; peragaan. ~하다 memperagakan; memamerkan. ~중이다 sedang dalam pameran/pertunjukan.
전래(傳來) pemindahan;penurunan. ~하다 dipindahkan; diturunkan.
전략(前略) bagian yang terdahulu dihilangkan.
전략(戰略) strategi; siasat; taktik; muslihat.~상 secara strategis; dari sudut strategis. ~적인 strategis. ~가 ahli strategi. ~무기 senjata strategis. ~무역 정책 kebijakan perdagangan strategis. ~물자 barang-barang strategis.~수립자(가) perancang strategi. ~이론 teori strategi.
전략공군(戰略空軍) angkatan udara strategis.
전략산업(戰略産業)industri yang strategis.~으로서 집중적으로 육성되다 dibina secara intensif sebagai industri strategis.
전략수출품목(戰略輸出品目) barang-barang ekspor strategis.
전량(全量) jumlah seluruhnya.
전량계(電量計) alat pengukur voltase.
전력(全力) segenap kekuatan; segenap kemampuan.~을 다하여 dengan seluruh kekuatannya.
전력(前歷) riwayat hidup.
전력(電力)tenaga listrik.~계 meteran listrik. ~공급 suplai tenaga listrik. ~요금 (biaya) pembayaran listrik; tarif listrik.
전력(戰力) potensi perang. ~증강 penguatan potensi perang.
전령(傳令) (사람) pembawa berita; utusan; (명령) pesan resmi.
전령(電鈴) bel listrik.
전례(前例) teladan.~없는 yang tidak ada teladan. ~가 있다 ada teladan. ~를 만들다(깨뜨리다) membuat (melanggar) contoh.
전류(電流) arus listrik.~를 통하다 mengalirkan arus listrik. ~를 끊다 memutuskan arus listrik.
전리(電離) 「理」 ionisasi. ~하다 mengionisasikan. ~층(層) ionosfir.
전리품(戰利品) tanda kenang-kenangan (waktu perang).
전립선(前立腺) 「解」 kelenjar prostat. ~비대(肥大) bengkakkan kelenjarprostat. ~염(炎) radang kelenjar prostat.
전말(顚末) keterangan lengkap; kejadian seluruhnya; rincian. ~서 laporan rincian.
전망(展望) pemandangan;tinjauan; pandangan; prospek; pengawasan. ~하다 meninjau; memandang. ~이 좋다 masa depannya bagus; pemandangannya bagus. ~대 observatorium.
전매(專賣) monopoli;monopolisasi. ~하다 memonopoli. ~권 hak monopoli.
전매(轉賣) penjualan kembali. ~하다 menjual kembali. ~할 수 있는 dapat dijual kembali.
전매특허(專賣特許) hak paten. ~를 얻다 mendapat hak paten. ☞

특허.

전면(全面) seluruh permukaan. ~적인 keseluruhan; umum; skala penuh. ~적으로 secara umum. ~강화 perdamaian umum.

전면(前面) bagian depan;hadapan; muka. ~에 di depan (dari).

전멸(全滅) penghancuran total; pemusnahan.~하다 dihancurkan; di musnahkan.

전모(全貌) aspek keseluruhan; gambar keseluruhan…의 ~를 밝히다 memberikan gambaran secara keseluruhan; menerangkan aspek keseluruhan.

전몰(戰歿) kematian di medan pertempuran. ~하다 tewas dalam perang. ~장병 orang yang mati dalam perang.

전무(全無) ~하다 tidak ada sama sekali.

전무(專務) (사무) tugas khusus; (사람) direktur pengelola; wakil presiden eksekutif/pelaksana.

전무후무(全無後無) ~하다 yang pertama dan terakhir. ~한 대발견 penemuan besar yang pertama dan terakhir.

전문(全文) seluruh pernyataan; naskah lengkap.

전문(前文) kalimat yang diatas; pembukaan.

전문(專門) spesialisasi; kejuruan. ~으로 하다 mengambil spesialisasi (dalam). ~밖이다 bukan dalam bidangnya. ~가 ahli; pakar.

전문(電文) telegram.

전문(傳聞) ~하다 mendengar selentingan.~한 바에 의하면 menurut kabar angin; dari apa yang saya dengar.

전반(全般) seluruhnya;keseluruhan. ~의(적인) seluruh; umum.

전반(前半) pertengahan pertama. ~기 pertengahan pertama dari satu tahun; semester pertama. ~전 pertengahan pertama pertandingan.

전반사(全反射) 「理」 pemantulan total; refleksi total.

전방(前方)(garis) depan. ~의 depan; muka. 100 미터 ~에 seratus meter di depan.~기지 pangkalan terdepan.

전번(前番) beberapa waktu yang lewat. ~의 lalu; lampau. ~에 sebelum ini; di waktu yang lalu.

전범(戰犯) (죄) kejahatan perang; (사람) penjahat perang. ~ 용의자 tersangka penjahat perang.

전법(戰法) taktik; strategi.

전별(餞別) pelepasan. ~하다 melepas keberangkatan.

전보(電報) telegram; surat kawat. ~로 dengan telegram. ~료 biaya telegram. ~용지 blanko telegram.

전보(轉補) ~하다 memindahkan; mentransfer.~되다 dipindahkan; di transfer.

전복(全鰒) 「貝」 tiram;kerang laut.

전복(顚覆) penggulingan. ~하다 menggulingkan; membalikkan.

전봇대(電報-) ☞ 전주(電柱).

전부(全部) semuanya; segala; sekalian;seluruh;segenap;ke semuanya; lingkup.

전부(前夫) mantan suami.

전분(澱粉) zat tepung; pati. ~질 kepatian.

전비(戰費) biaya perang.

전사(戰士) pejuang; prajurit;pemberani. 산업~ pekerja industri.

전사(戰史)sejarah militer(perang). ~에 남다 tercatat dalam sejarah perang.

전사(戰死) kematian dalam pertempuran. ~하다 mati dalam peperangan. ~자 orang yang mati dalam peperangan.

전사(轉寫) ~하다 menyalin.

전상(戰傷)luka perang. ~하다 terluka dalam peperangan.~병 tentara yang luka. ~자 orang yang luka dalam perang.

전생(前生) kehidupan yang lampau keberadaan sebelumnya. ~의 인연(연분) karma.

전생애(全生涯)hidup seluruhnya.

전서(全書) karya lengkap; koleksi lengkap. 요리(料理)~ buku masak lengkap.

전선(前線) ① garis depan. ~기지 pangkalan terdepan.② muka massa (hawa).강우~ muka masa hujan. 한랭(온난)~ muka masa hawa dingin (panas).

전선(電線) kabel; kawat.

전선(戰線) garis pertempuran; front pertempuran. 서부~에 di garis depan barat. 공동~ front bersatu.

전설(傳說)legenda; abad; hikayat. ~적 bersifat legenda. ~시대 masa legenda.

전성(全盛) puncak kemakmuran/ kejayaan. ~하다 berada pada puncak kemakmuran/ kejayaan. ~기 (시대) masa jaya.

전세(前世) ① (전생) keberadaan sebelumnya; kehidupan yang lampau. ② (전대) generasi sebelumnya; abad lampau.

전세(專貰) ~내다 mencarter; menyewa; mengontrak.~버스(비행기) bus (pesawat) carteran/ sewaan.

전세(傳貰) penyewaan rumah dengan menyimpan uang. ~놓다 menyewakan rumah dengan menyimpan uang. ~금 uang simpan untuk sewa rumah (kamar).

전세(戰勢) perkembangan perang; situasi perang.

전세계(全世界)seluruh dunia;seantero dunia;sedunia. ~에 di seluruh dunia.

전세기(前世紀) abad sebelumnya.

전소(全燒) pembumihangusan. ~하다 hancur luluh terbakar.

전속(專屬) ~하다 milik eksklusif (dari).~의 eksklusif; khusus.~가수 penyanyi khusus. ~ 악단 orkestra khusus.

전속(轉屬) pemindahan. ~하다 di pindahtugaskan.

전속력(全速力) kecepatan penuh. ~으로 dengan kecepatan penuh. ~을 내다 mengerahkan kecepatan penuh.

전송(傳送) ~하다 mengantarkan; mengirimkan; meneruskan.

전송(電送) penghantaran listrik; transmisi listrik. ~하다 mengirimkan; mentransmisikan.~사진 telefoto.

전송(餞送)mengantar (seseorang) pergi.

전송(轉送) ~하다 mengirimkan; meneruskan.

전수(全數) keseluruhan; jumlah total.

전수(專修)~하다 mengambil spesialisasi (dalam).~과 bidang studi khusus.

전수(傳受)~하다 mewarisi.

전수(傳授) mewariskan;menurunkan.

전술(前述)~한 tersebut di atas. ~한 바와 같이 seperti yang tersebut di atas; sebagaimana yang telah dikemukakan.

전술(戰術) taktik;seni perang;siasat. ~상의 taktis.~가 ahli siasat.

전술핵무기(戰術核武器)senjata nuklir taktis.

전승(全勝) ~하다 menang sapu bersih.

전승(傳承)~하다 mewariskan;menurunkan; memindahkan.

전승(戰勝) kemenangan perang. ~하다 memenangkan perang. ~국 negara pemenang.

전시(全市) seluruh kota.

전시(展示)~하다 mengadakan pameran;memamerkan; mempertontonkan; memperagakan.

전시(戰時) masa perang. ~중(에) (pada) masa perang. ~경제 ekonomi masa perang. ~내각 kabinet perang.

전시대(前時代) zaman lampau.

전신(全身) tubuh keseluruhannya. ~에 di sekujur tubuh.~의 힘 segenap kekuatan/tenaga. ~마취 pembiusan total.

전신(前身) cikal bakal.

전신(電信) telegraf; surat kawat. ~으로 dengan telegraf. ~국 kantor telegram. ~약호 singkatan telegrafis.

전실(前室) mantan istri. ~자식 anak mantan istri.

전심(全心) sepenuh hati.~을 기울여 dengan sepenuh hati.

전압(電壓) tegangan listrik; voltase. ~을 높이다(낮추다) menaikkan (menurunkan) tegangan listrik.

전액(全額) jumlah seluruhnya. ~담보 jumlah jaminan penuh. ~보험 asuransi penuh.

전야(前夜) malam sebelumnya. ~제(祭) pesta malam (Tahun Baru, dsb). 크리스마스~ malam Natal.

전언(前言) ucapan sebelumnya.

전언(傳言) kabar; berita. ~하다 memberi kabar.

전업(專業) spesialisasi; keahlian. ...을~으로하다 mengambil spesialisasi (dalam).

전업(電業) perusahaan listrik.

전업(轉業)~하다 beralih pekerjaan/usaha. ~자금 dana peralihan pekerjaan/usaha.

전역(全域) seluruh daerah.

전역(戰役) perang; pertempuran.

전역(戰域) zona perang; wilayah operasi.

전역하다(轉役-) bebas tugas

(dari ketentaraan).

전연(全然) ☞ 전혀.

전열(電熱) pemanasan listrik. ~기 alat pemanas listrik.

전열(前列) baris depan.

전열(戰列) garis pertempuran.~에 참가하다 bergabung dengan barisan tempur.

전염(傳染)penularan;penjangkitan. ~하다(병이) menular; menjangkit; (사람이)kejangkitan.~성의 menular. ~계통 asal wabah.

전염병(傳染病)penyakit menular. ~환자 pasien penyakit menular.

전와(轉訛) ~하다 berubah dari mulut ke mulut.

전용(專用) penggunaan sendiri/ khusus.~의 pribadi; eksklusif;khusus.

전용(轉用) pengalihan. ~하다 menggunakan untuk tujuan lain.

전우(戰友) kawan seperjuangan.

전운(戰雲) awan peperangan.

전원(田園)daerah luar kota;pedesaan; pedusunan. ~도시 kota pedesaan.~생활 kehidupan pedesaan.

전원(全員) seluruh anggota.~일치(- 致)로 dengan suara bulat.

전원(電源) sumber tenaga. ~개발 pengembangan sumber tenaga.

전월(前月) bulan yang lalu.

전위(前衛) penjaga terdepan; pemain depan. ~를 맡아보다 main di depan.

전위(傳位) ~하다 turun tahta.

전위(電位) potensial listrik. ~강하 penurunan potensial listrik.~계(計) alat pengukur tenaga listrik.

전유(專有) ~하다 memonopoli; mendapat hak kepemilikan sendiri. ~권 hak monopoli.

전율(戰慄)~하다 gemetar ketakutan; bergidik. ~할(만한) mengerikan.

전음(顫音)『樂』bunyi bergetar.

전의(戰意)semangat berjuang.~를 잃다 hilang semangat berjuang.

전의(轉義) arti kiasan.

전이(轉移)pertukaran; perubahan. ~하다 menukar; merubah.

전인(全人) ~교육 pendidikan manusia seutuhnya.

전인(前人) leluhur; nenek moyang. ~미답의 belum terjamah;perawan.

전일(前日) hari sebelumnya.

전임(前任) ~자 pendahulu.~지(地) tempat tugas sebelumnya.

전임(專任) kerja penuh.~교사 guru penuh/tetap.

전임(轉任) ~하다 dipindahkan ke tempat tugas lain. ~지 tempat tugas yang baru.

전입(轉入) ~하다 pindah.~생 siswa pindahan.~신고 pemberitahuan pindah.

전자(前者) pendahulu; pertama.

전자(電子) elektron.~계산기(두뇌) mesin hitung (otak) elektronik. ~(공)학 elektronika. ~오르간 organ elektronik. ~ 전기제품 상가 pusat penjualan barang elektronik.

전자(電磁) elektromagnetik. ~기(氣) kemagnetan listrik. ~석(철) magnet listrik.

전자(篆字) huruf stempel.

전작(前酌) ~이 있다 telah minum

sedikit.

전장(全長)panjang seluruhnya.~백피트이다 panjang keseluruhannya 100 kaki.

전장(前章) bab sebelumnya.

전장(電場) 「理」 medan listrik.

전장(戰場) medan pertempuran; kancah peperangan. ~의 이슬로 사라지다 tewas dalam peperangan.

전재(戰災)kerusakan perang;bencana perang. ~민 pengungsi perang.

전쟁(戰爭) perang;konflik;pertentangan; perselisihan; pertikaian; pertempuran. ~하다 mengadakan peperangan.~에 이기다(지다) menang (kalah) perang. ~상태 keadaan perang. 전면~ perang total; perang habis-habisan. 침략~ perang yang agresif.

전적(全的) semuanya; seluruhnya; sepenuhnya; selengkapnya; segenap. ~으로 secara keseluruhan.

전적(戰跡) pemandangan sisa/bekas perang.

전적(戰績) keberhasilan militer; prestasi militer; (경기의) hasil; rekor.

전적(轉籍) ~하다 memindahkan daftar keluarga.

전전(轉轉) ~하다 berpindah-pindah (alamat).

전전긍긍(戰戰兢兢) ~하다 gemetar ketakutan.

전전일(前前日) dua hari sebelumnya; dua hari yang lalu.

전정(剪定) ~하다 menggunting; memangkas. ~가위 gunting pemangkas.

전제(前提) 「論」 dasar pikiran. ~조건 prasyarat. 대(소)~ dasar pemikiran utama (minor).

전제(專制) kesewenangan; kelaliman;otokrasi.~적 lalim;sewenang-wenang;otokrat.~국 monarki absolut. ~군주 raja lalim.

전조(前兆) pertanda;alamat;gejala. ~가 되다 menjadi pertanda/alamat.

전조(前條) artikel sebelumnya.

전조(轉調) 「樂」 transmisi; modulasi.

전조등(前照燈) lampu besar.

전족(纏足) pembalutan kaki.~하다 membalut kaki.

전죄(前罪) kejahatan sebelumnya.

전주(前奏) 「樂」 musik pembuka. ~곡 melodi pembuka.

전주(前週) minggu lalu. ~의 오늘 hari ini minggu lalu.

전주(電柱) tiang listrik; tiang telegraf.

전주(錢主) penyandang dana;kreditor.

전지(全知) ~의 maha mengetahui. ~전능한 Maha Kuasa.

전지(全紙) selembar penuh.

전지(剪枝) ~하다 menggunting; memangkas.

전지(電池) sel aki; batere.건(축)~ batere kering (penyimpan).광(光)~ sel foto. 태양~ sel surya.

전지(轉地) ~하다 pindah untuk pergantian suasana. ~요양 pergantian suasana untuk kesehatan.

전직(前職) jabatan sebelumnya. ~장관 mantan menteri.

전직(轉職) ~하다 ganti pekerjaan.
전진(前進) ~하다 maju; bergerak maju ~기지 pangkalan terdepan.
전질(全帙)set yang komplit(buku).
전집(全集) karya lengkap. ~물 seri karya lengkap.
전차(電車) trem.
전차(戰車) tank; mobil lapis baja. ~병(兵) sopir tank.~부대 satuan mobil lapis baja; satuan tank. ~포 meriam tank. 대 ~포 meriam tank besar.
전차(轉借) ~하다 meminjam dari tangan kedua. ~인(人) penyewa melalui tangan kedua.
전처(前妻) mantan istri.
전천후(全天候) ~기(전투기) pesawat terbang (pesawat tempur) segala cuaca. ~농업(農業) pertanian untuk semua iklim.
전철(前轍)~을 밟다 mengikuti teladan; mengulangi kekeliruan yang sama seperti...
전철(電鐵) rel kereta api listrik.
전체(全體)keseluruhan; kesemuanya; keseutuhan. ~의 semua; seluruh; total. ~적으로 secara keseluruhan.
전초(前哨) pangkalan/ pos yang terdepan. ~부대 tentara barisan depan.
전축(電蓄) gromafon listrik. 스테레오~ gramafon stereo.
전출(轉出) ~ 하다 pindah. ~ 신고 pemberitahuan keluar/pindah.
전치(全治) ~하다 sembuh total.
전치사(前置詞)「文」kata depan.
전통(傳統) tradisi; adat;kebiasaan. ~적(으로) (secara) tradisional. ~을 따르다 (깨뜨리다) mengikuti (melanggar) tradisi.
전투(戰鬪) pertempuran;bentrokan senjata; peperangan; pertarungan. ~하다 berkelahi; bertempur; bertarung. ~기 pesawat tempur. ~준비 persiapan untuk bertempur. ~훈련 latihan perang.
전파(全破)penghancuran total. ~하다 menghancurleburkan;memusnahkan. ~가옥 rumah yang hancur total.
전파(電波) gelombang listrik. ~에 실리어 melalui radio. ~를 타다 disiarkan melalui radio.
전패(全敗) kekalahan total. ~하다 dikalahkan secara total; kalah total.
전편(全篇) buku seluruhnya.
전편(前篇) jilid pertama; volume pertama.
전폐(全廢) penghapusan total;pengenyahan; pembatalan. ~ 하다 menghapus seluruhnya.
전폭(全幅) ~적인 penuh. ~적으로 secara penuh.
전폭기(戰爆機) pembom tempur.
전표(傳票) slip. ~를 떼다 memberikan slip.
전하(電荷)「理」muatan listrik.
전하(殿下)Yang Mulia;Sripaduka.
전하다(傳 -)① memberitahukan; menyampaikan; meneruskan. 비보를 ~ menyampaikan kabar buruk. ② mengajar; menurunkan. 지식을 ~ menurunkan ilmu (ke). ③ menurunkan; mewariskan. 후세에 ~

menurunkan kepada anak cucu. ④ menghantarkan; menyebarkan. 진동을 ~ menyebarkan getaran. ⑤ (도입) memperkenalkan.

전학하다(轉學-) pindah sekolah.

전함(戰艦) kapal perang; kapal meriam.

전항(前項) paragraf sebelumnya.

전해(前-) tahun sebelumnya; tahun lalu.

전해(電解) elektrolisis. ~하다 mengelektrolisis.

전향(轉向) ~하다 beralih; berganti. ~자 orang yang beralih.

전혀(全-) semuanya; seluruhnya; (조금도 ...않다) sama sekali; sekali-kali.

전형(典型) tipe; model; ciri; pola; kekhasan. ~적인 khas.

전형(銓衡) pilihan;pemilihan.~하다 memilih. ~시험 ujian saringan.

전호(前號) nomor/terbitan sebelumnya.

전화(電化) elektrifikasi. ~하다 mengelektrifikasi. ~사업 pekerjaan elektrifikasi.

전화(電話) telepon. ~로 melalui telepon; dengan telepon. ~를 걸다 menelepon. ~번호 nomor telepon. 공중~ telepon umum. 시외~ telepon antar kota.

전화(戰火) perang; api peperangan.

전화(戰禍) bencana perang. ~를 입은 terlanda bencana perang.

전화위복(轉禍爲福) ~하다 kemalangan berubah menjadi keberuntungan.

전환(轉換) ~하다 merubah;mengubah;mengganti; mengalihkan. ~기(期) titik perubahan/peralihan.

전황(戰況) perkembangan pertempuran; keadaan pertempuran. ~뉴스 berita perang.

전회(前回) waktu/kesempatan yang lalu.~의 terakhir;sebelumnya.

전회(轉回) ~하다 berputar; berotasi; berkisar.

전횡(專橫) kesewenang-wenangan; kelaliman. ~하다 bertindak dengan semena-mena/sewenang-wenang.

전후(前後) ① urutan. ~의 생각도 없이 dengan serampangan. ~의 관계 konteks;hubungan kata-kata. ② (앞과 뒤) muka belakang. ~하여 kira-kira pada waktu yang sama. 대전~ sebelum dan sesudah perang dunia.③ kira-kira;sekitar. 40(대) ~의 남자 orang yang berumur sekitar 40-an. 7 시~ sekitar jam tujuh.

전후(戰後) ~의 pasca perang.~파 generasi pasca perang.

절(사찰) kuil/Budha;biara;klenteng-klenteng; rumah berhala.

절 (인사) penghormatan (dengan membungkukkan badan); soja. (☞ 절하다). 큰~ soja besar.

절(節) 「文」 bagian; alinea; ayat; bait.

…절(折)8~의 책 perdelapan (tentang lembaran kertas). 12~ per duabelas.

…절(節) musim; perayaan. 성탄~ Hari Natal.

절감하다(切感-) merasakan sungguh-sungguh.
절감(節減) pengurangan; pemotongan. ~하다 mengurangi; memotong.
절개(切開) pembedahan. ~하다 membedah.~수술 operasi pembedahan.제왕 ~수술 operasi caesar.
절개(節概)kesetiaan;kesucian.~를 지키다 menjaga kesetiaan; menjaga kesucian.
절경(絶景) pemandangan yang bagus.
절교(絶交) pemutusan persahabatan; keretakan persahabatan. ~하다 memutuskan persahabatan.
절구 alu. ~질하다, ~에 찧다 menumbuk biji-bijian dengan alu. ~통 lesung.
절규(絶叫) teriakan; pekikan; jeritan; seruan.~하다 berteriak; memekik; berseru.
절기(節氣) bagian dari musim.
절다 (소금에) diasinkan; diacarkan.
절다 (발을) berjalan timpang.
절단(切斷.截斷) ~하다 memotong;mengamputasi.~기 mesin pemotong. ~면 irisan; potongan.
절대(絶對) kemutlakan. ~의(적인) mutlak; tanpa syarat. ~로 dengan mutlak; secara positif.
절도(節度) ~를 지키다 menjaga tidak berlebihan.
절도(竊盜) pencuri. ~범 (죄) pencurian.
절뚝거리다 berjalan timpang.
절뚝발이 orang timpang/lumpuh.
절량농가(絶糧農家) petani yang kekurangan pangan.
절레절레 menggelengkan kepala.
절륜(絶倫) ~한 tanpa tandingan.
절름거리다 pincang; timpang.
절름발이 orang pincang/ timpang.
절망(絶望) keputusasaan. ~하다 berputus asa; berpatah hati. ~적인 putus asa; patah hati.
절명(絶命)~하다 menghembuskan nafas yang terakhir; meninggal.
절묘(絶妙) ~한 indah sekali; bagus sekali.
절미(節米) penghematan beras. ~하다 menghemat beras.
절박(切迫)~하다 ① (급박) mendesak; menekan. ~한 mendesak; urgen. ② (정세.사태) dalam keadaan terjepit; serius.
절반(折半) sebelah; separuh; setengah; seperdua. ~하다 membelah dua; memaruh.
절벅거리다 mencebur-ceburkan.
절벽(絶壁) ngarai; tebing yang curam.
절삭(切削) pemotongan.~공구 alat pemotong.
절색(絶色) wanita yang cantik sekali.
절세(絶世) ~의 tanpa tandingan. ~의 미인 kecantikan yang langka.
절손(絶孫)~하다 membiarkan garis keturunannya hilang; tak punya keturunan.
절수(節水) penghematan air.~하다 menghemat air.
절승(絶勝) pemandangan yang permai. ☞ 절경.
절식(節食)penghematan makanan;

pertarakan.~하다 menghemat makanan; bertarak.

절실(切實) ~한 penting; serius; mendesak. ~히 dengan mendesak/serius.

절약(節約) penghematan. ~ 하다 menghemat. 시간(비용)~ penghematan waktu (biaya).

절연(絶緣)① 「理」 isolasi; penyekatan. ~하다 mengisolasikan; menyekat. ~기 alat penyekat. ~선 kabel isolator. ~체 isolator. ~테이프 isolasi ban. ② (관계의) ~ 하다 memutuskan hubungan.

절이다 mengacarkan;mengasinkan.

절전(節電) penghematan listrik. ~하다 menghemat listrik.

절절 ① (끓는 모양) mendidih; mengelegak. ② (흔드는 모양) menggeleng.

절절이(節節-) kata demi kata; setiap kata.

절정(絶頂) puncak.

절제(切除) 「醫」 pembedahan ulang. ~하다 membedah; memotong. 폐~ pembedahan paru-paru.

절제(節制)pertarakan. ~하다 bertarak. ~가(家) orang yang bertarak.

절주(節酒) pertarakan minum minuman keras.~하다 bertarak minum minuman keras.

절차(節次) prosedur; urutan. ~를 밟다 mengikuti prosedur. ~법 kaidah urutan.

절찬(絶讚)~하다 memuji.~을 받다 dipuji.

절충(折衷) kompromi;persetujuan; jalan tengah. ~하다 mengadakan kompromi. ~안 rencana kompromi. ~주의, ~설 faham kompromi.

절충(折衝) negosiasi;perundingan. ~하다 bernegosiasi (mengenai). ~중이다 sedang dinegosiasikan.

절취(竊取)pencurian. ~하다 mencuri.

절취선(切取線) garis titik-titik.

절치부심(切齒腐心) ~하다 geregetan dengan kesal.

절친하다(切親-) kerab; akrab; erat.

절통(切痛) ~한 paling disesalkan.

절판(絶版) ~되다 sudah tidak dicetak lagi.

절품(絶品) barang langka.

절필(絶筆) tulisan yang terakhir.

절하(切下) pengurangan;devaluasi. ~하다 memotong; menurunkan; mengurangi.

절하다 (dengan menundukkan kepala); bersoja.

절해(絶海) ~의 고도 pulau yang terpencil.

절호(絶好) ~의 terbaik; terbagus.

절후(節候) ☞ 절기.

젊다 muda;masa muda.나이에 비해 ~ terlihat muda dari umurnya.

젊은이 anak muda; muda-mudi.

점(占) peramalan. (☞ 점치다). ~장이 peramal.

점(點) ① noda; bintik-bintik. 검은 ~ noda hitam.② titik; noktah. ~을 찍다 menitik; menandai dengan titik. ③ ponten; nilai. ~을 매기다 menilai; memberi angka.④ (경기의 득점) nilai; skor (olahraga).⑤

sudut pandang. ...한 ~에서 보면 dari sudut pandang...⑥ titik. 출발 ~ titik awal. ⑦ helai;potong. 의류 10~ sepuluh potong pakaian. ⑧ koma desimal;koma desimal. 4~65 4,65 (empat koma enam puluh lima). ⑨ titik. 비등(융해)~ titik didih(lebur). ⑩ (바둑의) batu (dalam permainan baduk). ⑪ (피부의) tanda lahir;tahi lalat. ⑫ 시(時).

점거(占據) pendudukan. ~하다 menduduki. 불법(不法)~ pendudukan tidak sah.

점검(點檢)~하다 memeriksa; menginspeksi.

점괘(占卦) tanda peramalan.

점도(粘度) kekentalan; viskositas.

점등(點燈)penerangan. ~하다 menerangi; menyalakan lampu. ~시간 waktu penerangan.

점령(占領) pendudukan. ~하다 menduduki. ~하에 있다 dibawah pendudukan.

점막(粘膜) 「生」 selaput lendir; mukosa.

점멸(點滅) ~하다 mematihidupkan (lampu sen). ~기 knop/tombol.

점박이(點-)orang yang ada tanda lahirnya.

점선(點線) garis titik- titik.

점성(占星) perbintangan; ramalan bintang. ~가 ahli perbintangan. ~술(학) ilmu perbintangan; astrologi.

점성(粘性) kekentalan; viskositas.

점수(點數) nilai;ponten;angka.~를 매기다 memberi ponten. 좋은 ~를 따다 mendapat ponten yang baik.

점술(占術) seni peramalan.

점심(點心) makan(an) siang. ~을 먹다 makan siang.

점안(點眼) ~하다 memakai pembersih mata. ~기 obat tetes mata. ~수(水) air pembersih mata.

점액(粘液) lendir. ~성(性)의 berlendir.

점원(店員) pramuniaga.

점유(占有)pendudukan; penempatan. ~하다 menduduki. ~자 orang yang menduduki.

점입가경(漸入佳境) ~하다 semakin menarik.

점자(點字) huruf Braille. ~서(書) buku huruf Braille.~읽기 membaca huruf Braille.

점잔부리다 ☞ 점잔빼다.

점잔빼다 bersikap jentelman.

점잖다 jentel.

점점(漸漸) sedikit demi sedikit; lambat laun; semakin.

점점이(點點-) disana-sini.

점주(店主) pemilik toko.

점진(漸進) ~하다 maju sedikit demi sedikit.~적인 bertahap.~주의 paham moderat.

점차(漸次) secara bertahap; berangsur-angsur; perlahan-lahan; sedikit demi sedikit.

점착(粘着) kohesi; adhesi; viskositas. ~하다 melekat; berkohesi.

점철(點綴) ~하다 menatah.

점치다(占-) meramal nasib.

점토(粘土) tanah liat; lempung. ~질의 terbuat dari tanah liat. ~세공 kerajinan tanah liat.

점포(店鋪) toko.

점호(點呼) apel. ~하다 mengadakan apel. 일조(일석) ~ 「軍」 apel pagi [malam].

점화(點火) pencetusan; penyulutan; penyalaan. ~하다 menyalakan; menyulut; memasang api; menghidupkan. ~약 bubuk mesiu.

접(接) pencangkokan; okulasi. ~붙이다 mencangkok; mengokulasi.

접 (과일.채소의) seratus buah.

접객(接客) ~하다 menerima; menjamu; menyambut (tamu).

접객업(接客業) usaha penyambutan tamu; usaha hotel dan restoran. ~자 pemilik hotel dan restoran.

접견(接見) resepsi; penerimaan. ~하다 menerima; melayani.

접경(接境) garis perbatasan; daerah perbatasan. ~하다 berbatasan (dengan).

접골(接骨) pemulihan letak tulang. ~하다 mengembalikan tulang pada letak semula. ~사 tukang urut.

접근(接近) ~하다 menuju; mendekati; menghampiri; mengakrabi; mengarah. ~한 dekat; rapat; akrab.

접다 melipat; menggulung; menekuk; menguncup. 우산을~ menguncup payung.

접대(接待) resepsi perjamuan; penyambutan; pelayanan. ~하다 menjamu; memperbasakan; menjamui.

접두어(接頭語) 「文」 awalan.

접때 beberapa hari yang lalu.

접목(接木) cangkokan; pencangkokan. ~하다 mencangkok; mengokulasi.

접미어(接尾語) 「文」 akhiran.

접선(接線) ① 「幾」 garis singgung garis tangen. ② (접촉) persinggungan; persentuhan. ~하다 bersentuhan; bersinggungan.

접속(接續) hubungan; pertambatan; koneksi; pertalian. ~하다 menyambung (dengan); menghubungkan (dengan).

접수(接收) ~하다 mengambil alih. ~가옥 rumah yang diambil alih.

접수(接受) penerimaan. ~하다 menerima. ~계원 penerima tamu; resepsionis. ~구(口) loket.

접시 ① piring. 굴 한~ sepiring tiram. ② (저울의) piring timbangan.

접안(接岸) ~하다 berlabuh; merapat ke dermaga. 동시 ~ 능력 kapasitas pelabuhan.

접어들다 mendekat; datang. 장마철에 ~ musim hujan tiba.

접어주다 ① (못한 사람을) mengabaikan. ② merintangi; menghalangi. 다섯 점~ memberikan handikap lima batu (main *baduk*).

접의자(摺倚子) kursi lipat.

접전(接戰) perkelahian jarak dekat. ~하다 berkelahi jarak dekat.

접점(接點) 「幾」 titik singgung.

접종(接種) 「醫」 inokulasi; vaksinasi; suntikan. ~하다 menginokulasi; mencacar. ~요법 suntikan vaksin.

접종(接鍾) ~하다 terjadi secara berurutan/beruntun.

접지(接地) 「電」 tanah; bumi. ~선 konduktor (dalam) tanah.

접지(接枝) cangkokan.

접질리다 keseleo.
접착제(接着劑) perekat.
접촉(接觸) persentuhan; kontak; persinggungan. ~하다 menyentuh; menyinggung.
접하다(接-) ① (접촉) menyentuh; menjamah; bersentuhan. ② (인접) bersebelahan; berbatasan. ③ mendapat. 부고에 ~ mendapat berita duka. ④ (부닥침) bertemu; bertabrakan. ⑤ (결합) menghubungkan.
접합(接合) ① (접속) ~하다 menyatukan; menggabungkan; menghubungkan; merekatkan. ~제 lem; perekat. ② (생식 세포의) ~하다 mentasrifkan; menkonjugasikan. ~자(子) (체) 『植』 janin.
접히다 (접어지다) terlipat; dilipat. ② (하수가) mendapat handikap (golf, main, dsb).
젓 ikan yang diacar.
젓가락, 젓갈 sumpit.
젓다 ① (배를) mendayung.② (휘젓다) mengocok.③ (손을) melambaikan; menggoyang.
정 (연장) pahat.
정 『醫』 bisul.
정(情)kasih sayang. 부부간의~ kasih sayang suami istri. ~이 많다 hati yang penuh kasih sayang.
정 sungguh-sungguh; memang. ~그렇다면 kalau (kamu) sungguh-sungguh.
정...(正) ① naskah asli. ~부 2 통 asli dan salinan. ② (자격의) biasa; tetap. ~회원 anggota tetap. ③ (올바름) benar.
...정(整) jumlah bersih 5 만 원 ~ 50.000 won bersih.
...정(錠) tablet.
정가(正價) harga bersih.
정가(定價) harga baku; harga mati. ~에 (menjual) dengan harga mati. ~표 daftar harga.
정각(正刻) waktu yang tepat. ~에 tepat waktu. ~ 5 시에 tepat pukul lima.
정각(定刻) waktu yang telah di tetapkan. ~에 도착하다 tiba pada waktunya.
정간(停刊)penghentian penerbitan. ~하다 menghentikan penerbitan.
정갈스럽다 ☞ 정갈하다.
정갈하다 rapi dan apik.
정강이 garis; tulang kering. ~를 까다 menyepak tulang kering. ~뼈 tulang kering.
정객(政客) politikus.
정거(停車) ~하다 berhenti. 5 분간 ~ berhenti selama 5 menit. ~장 stasiun; tempat pemberhentian; halte.
정견(定見) pandangan yang pasti/tertentu.
정견(政見) pandangan politik. ~발표회 kampanye politik.
정결(貞潔) ~한 suci; murni.
정결(精潔.淨潔)~한 bersih; apik; rapi.
정경(政經) ~분리 정책 kebijakan pemisahan ekonomi dan politik.
정경(情景) pemandangan yang menyedihkan/mengerikan.
정계(政界) dunia politik. ~의 거물 tokoh politik terkemuka.~의 움직

임 kecenderungan politik.

정곡(正鵠) sasaran. ~을 찌르다 mengenai sasaran; menerka dengan benar.

정공법(正攻法)serangan dari depan.

정관(定款) anggaran dasar.

정관(精管) 「解」 saluran mani. ~ 절제술 vasektomi.

정관사(定冠詞) 「文」 kata sandang tertentu.

정교(正教) ortodoksi; kekolotan; sifat ortodok. ~회 gereja ortodok.

정교(政教) ① agama dan politik. ~일치(분리) penggabungan (pemisahan) agama dan politik. ②(정치와 교육) politik dan pendidikan.

정교(情交) ①(친교) persahabatan. ② (육체 관계) hubungan gelap/haram. ~하다 berhubungan gelap (dengan).

정교(精巧) ~한 rinci dan rumit.

정교사(正教師) guru tetap.

정구(庭球)tenis.~장 lapangan tenis.

정국(政局) situasi politik.~의 위기 krisis politik. ~을 수습하다 (안정시키다) mengamankan (menstabilkan) situasi politik.

정권(政權) kekuasaan politik. ~을 잡다 meraih kekuasaan politik.

정규(正規) ~의 tetap; biasa; normal; reguler. ~군 tentara reguler.

정근(精勤) kerajinan; kehadiran tetap. ~하다 rajin; hadir terus.

정글 hutan; rimba; belantara.

정기(定期)waktu tertentu.~의 tetap; reguler; teratur; berkala. ~적으로 pada selang tertentu.

정기(精氣) intisari; semangat; roh.

정나미(情-) ~떨어지다 jijik.

정남(正南) tepat selatan.

정낭(精囊) 「解」 kantong sperma.

정년(停年)batas umur; umur pensiun.~으로 퇴직하다 pensiun pada batas umur.

정녕(丁寧)tentu saja; yakin. ~(코) 그러냐 Apakah kamu yakin?.

정담(政談) pembicaraan politik.

정담(情談) pembicaraan cinta.

정담(鼎談) pembicaraan di antara tiga orang.

정답다(情-) penuh kasih sayang; baik hati; bersahabat.

정당(正當) ~한 benar; tepat; sah. ~히 secara tepat; secara sah. ~화하다 membenarkan;mensahkan. ~방위 「法」 pembelaan diri yang sah.

정당(政黨) partai politik. ~에 적을 두다 menjadi anggota partai politik. ~정치 politik partai; kebijakan partai.

정대(正大) ~한 benar; adil.

정도(正道) jalan yang benar; (jalan) kebenaran. ~에서 벗어나다 menyimpang dari jalan yang benar.

정도(程度) tingkat; derajat; kadar; taraf; mutu; ukuran; standar. ~ 가 높은(낮은) standar tinggi (rendah).

정독(精讀) ~하다 membaca dengan teliti.

정돈(整頓) pembenahan; pengaturan; penyusunan. ~하다 mengapikkan; membenahi; menyusun.

정동(正東) tepat timur.

정들다(情-) menjadi intim; menjadi akrab.
정들이다(情-) mengakrabi;membiasakan diri.
정떨어지다(情-) jijik.
정략(政略) politik; strategi politik; siasat politik. ~적 politis. ~가(家) ahli siasat politik.
정량(定量) jumlah yang tepat. ~분석 analisa kwantitatif.
정력(精力) tenaga; gaya; energi; daya; semangat. ~이 왕성한 bersemangat; energik.
정련(精鍊)~하다 memurnikan.~소 pabrik pemurnian.
정렬(整列) ~하다 berdiri dalam barisan; berbaris.
정령(政令) susunan kabinet.
정령(精靈) jiwa; roh.
정례(定例) pemakaian; kebiasaan. ~의 biasa; tetap. ~에 의하여 sesuai dengan pemakaian.~국무 회의(기자 회견) pertemuan kabinet (konferensi pers) reguler.
정론(正論)argumentasi yang tepat.
정론(定論)teori yang mapan;pandangan yang mapan.
정론(政論) diskusi/pembicaraan politik.
정류(停留) ~하다 berhenti. ~소 tempat berhenti; halte.
정류(精溜)pemurnian;penyulingan. ~하다 memurnikan;menyuling.주정 minuman keras yang dimurnikan.
정률(定率) tingkat yang tetap.~세 perpajakan proporsional.
정리(整理) pembenahan; pemberesan; pengaturan; penyesuaian. ~하다 menyesuaikan; membereskan; mengatur; mengapikkan; menertibkan; membenahi.
정립(鼎立) ~하다 berdiri bersama 3 orang.
정말(正-) sungguh; benar.
정맥(精麥) pembersihan gandum.
정맥(靜脈) vena; pembuluh balik. ~류(瘤) varises; urat darah yang membengkak. ~주사 suntikan ke dalam pembuluh darah.
정면(正面) bagian depan; yang di depan. ~의 depan; muka. ~에 di depan.~공격 serangan dari depan.
정모(正帽) topi resmi.
정묘(精妙) ~한 halus.
정무(政務)masalah politik/negara. ~차관 wakil menteri parlementer.
정문(正門) gerbang depan; gapura.
정물(靜物) benda mati.~사진 potret benda mati. ~화 lukisan benda mati.
정미(精米)penggilingan beras,beras putih.~하다 menggiling beras; melepas kulit ari beras.
정밀(精密)ketepatan;keseksamaan. ~한(히) tepat; teliti;cermat.~검사 pemeriksaan secara cermat.~공업 industri ketelitian. ~과학(科學) ilmu eksakta.
정박(碇泊) perlabuhan.~하다 berlabuh;membuang sauh;berjangkar. ~기간 hari berlabuh.
정박아(精薄兒) anak yang terhambat mental. ~수용 시설 rumah penampungan anak yang terhambat mental.
정반대(正反對) lawan langsung.

~의 berlawanan.~로 secara langsung berlawanan.
정방형(正方形) ☞ 정사각형.
정벌(征伐) ~하다 menaklukkan.
정변(政變) perubahan politik/pemerintahan, kudeta.
정병(精兵) orang pilihan; tentara pilihan.~3천 tentara pilihan 3,000 orang.
정보(情報) informasi; laporan; keterangan; kabar. ~기관 dinas rahasia. ~산업 bisnis informasi. ~원(源) sumber berita/informasi.~처리 산업 industri pemrosesan data. ~활동 kegiatan mata-mata.
정복(正服) pakaian formil/lengkap pakaian seragam.~경찰관 olisi dengan pakaian lengkap.
정복(征服) penaklukan;penundukan.~하다 menaklukkan;menundukkan. ~욕 nafsu untuk menaklukkan. ~자 penakluk.
정본(正本) asli.
정부(正否) benar atau salah.
정부(正副) kepala dan bawahan; asli dan salinan. ~의장 pembicara utama dan tambahan; ketua dan wakil ketua.
정부(政府) pemerintahan; kabinet. ~(측)의 (pihak) pemerintah/kabinet. ~보조금 subsidi pemerintah.
정부(情夫) kekasih gelap (laki-laki).
정부(情婦) kekasih gelap; isteri piaraan.
정북(正北) utara tepat.
정분(情分) persahabatan yang intim; keintiman. ~이 두텁다 sangat intim.
정비(整備) perbaikan;pelengkapan. ~하다 melengkapi; memperbaiki. 자동차 ~공 montir mobil.
정비례(正比例) 「數」 perbandingan lurus.~하다 berbanding lurus.
정사(正史) sejarah otentik.
정사(政事) masalah politik.
정사(情死) bunuh diri sepasang kekasih. ~하다 melakukan bunuh diri bersama.
정사(情事) masalah cinta. 혼외~ hubungan seks diluar pernikahan.
정사각형(正四角形) bentuk bujur sangkar. ~의 berbentuk bujur sangkar.
정사면체(正四面體) tetrahedron sama sisi.
정사영(正射影) 「幾」 projeksi ortogonal.
정사원(正社員) anggota tetap.
정산(精算) perhitungan tepat; pemberesan rekening. ~하다 melakukan perhitungan tepat; membereskan rekening.
정삼각형(正三角形) segitiga sama sisi.
정상(正常) keadaan normal/biasa; kegaliban. ~의 biasa; normal. ~화하다 menormalkan.
정상(政商) usahawan yang berafiliasi politik. ~배(輩) politikus.
정상(頂上) puncak.~에 pada puncak; di puncak. ~회담 pertemuan puncak.
정상(情狀) hal-hal;hal ikhwal. ~을 참작하여 dengan pertimbangan hal-hal yang meringankan.

정색(正色) roman muka serius/sungguh-sungguh.~하다 memperlihatkan roman muka yang serius.

정서(正西) barat tepat.

정서(正書) ~하다 menulis dengan gaya persegi; menulis dengan baik.

정서(淨書)~하다 membuat Salinan yang baik.

정서(情緖) emosi; perasaan; suasana hati. ~교육 pendidikan emosi. 이국~ suasana asing.

정석(定石) rumus; bentuk yang mapan. ~대로 menurut teksbuk.

정선(停船) penghentian kapal. ~하다 menghentikan kapal.~을 명하다 memerintahkan untuk berhenti.

정선(精選) ~하다 memilih dengan teliti. ~된 pilihan.

정설(定說) teori yang sudah mapan. ~을 뒤엎다 menggulingkan teori yang sudah mapan.

정성(精誠) keikhlasan.~껏 dengan ikhlas.~들이다 mengabdi dengan ikhlas.

정성분석(定性分析)「化」 analisa kualitatif.

정세(情勢) keadaan; situasi; kondisi. 국내(국제)~ situasi dalam negeri (internasional).

정수(正數)「數」 bilangan positif.

정수(定數) ① angka/jumlah yang ditetapkan; kuorum; konstanta. ~비례「理.化」 perbandingan yang konstan. ② (운명) takdir.

정수(淨水) air bersih. ~장 tempat penyaringan air bersih.

정수(精粹) ~의 tulen; asli.

정수(精髓) ① (뼈속의) sum-sum. ② (사물의) intisari; pokok; isi; biang.

정수(靜水) air tenang.

정수(整數)「數」 bilangan bulat.

정수리(頂 -) ubun-ubun.

정숙(貞淑) kesucian. ~한 suci.

정숙(靜肅) ketenangan;keheningan. ~한 hening;tenang. ~히 dengan tenang.

정시(正視) ~하다 melihat dengan mata kepala; melihat langsung.

정시(定時) jam-jam yang telah ditetapkan; waktu yang dijadwalkan.

정식(正式) formalitas; bentuk mapan. ~의 formal; resmi. ~으로 secara formal. ~결혼 perkawinan yang sah.

정식(定式) bentuk yang mapan.

정식(定食) makan biasa/tetap.

정식(整式)「數」 persamaan integral.

정신(精神) jiwa; semangat; mental; moral. ~(적)으로 secara mental; secara kejiwaan. ~(을) 차리다 pulih kesadaran. ~감정 tes psikiater. ~교육 pendidikan moral.~력(力) kekuatan mental. ~연령 umur mental. ~요법 psikoterapi.

정신기능(精神機能) fungsi mental. ~의 쇠퇴 penurunan fungsi mental.

정신병(精神病) penyakit jiwa.

정신분열증(精神分裂症)「醫」 penyakit jiwa berupa suka mengasingkan diri; schizofrenio. ~환자 penderita schizofrenia.

정신이상(精神異狀) gangguan

mental. ~자 ☞ 정신병자.

정실(正室) istri sah.

정실(情實) pertimbangan pribadi. ~에 흐르다 dipengaruhi oleh pertimbangan pribadi. ~인사(人事) perubahan personalia dengan pertimbangan pribadi.

정액(定額) jumlah yang tetap. ~소득 pendapatan tetap. ~제(制) sistem jumlah tetap.

정액(精液) ①「生」sperma; mani. ~사출 pemancaran sperma. ②(엑스) intisari; esensi.

정양(靜養) istirahat. ~하다 beristirahat.

정어리「魚」ikan sardencis.

정연(整然)~한 teratur; rapi; baik; apik; tertib; cermat. ~히 secara teratur; dengan rapi.

정열(情熱)antusiasme;gairah;nafsu.~적인 bernafsu; bergairah; antusias.

정염(情炎) kobaran asmara.

정예(精銳) pilihan; elite. ~부대 tentara pilihan; unit pilihan.

정오(正午)tengah hari; batang hari. ~에 pada tengah hari.

정온(定溫) temperatur tetap; suhu tetap. ~동물 binatang yang bersuhu badan tetap.

정욕(情慾) nafsu; gairah.~의 노예 budak nafsu.

정원(定員) (직원의) staf tetap; (수용력) kapasitas (tempat duduk); (정원수) jumlah yang ditetapkan; kuorum. ~외(外)의 cadangan; figuran; ekstra.

정원(庭園) kebun; taman; ladang. ~사(師) tukang kebun; tukang taman. ~석 batu taman.

정월(正月) Januari.

정위치(定位置) posisi tetap.

정유(精油) penyulingan minyak; perminyakan. ~공장 kilang minyak.

정육(精肉) daging segar. ~상 tukang daging. ~점(店) toko penjual daging.

정육면체(正六面體) kubus.

정의(正義) keadilan; kebenaran. ~의 adil; benar.~를 위해서 싸우다 berjuang demi keadilan. ~감 rasa keadilan.

정의(定義) definisi; batasan.~하다 mendefinisikan.~를 내리다 memberi definisi.

정의(情意)perasaan dan keinginan. ~가 상통하다 memiliki perasaan dan keinginan yang sama.

정의(情誼) keramahtamahan; rasa bersahabat; kasih sayang. ~가 두텁다 ramah; penuh kasih sayang.

정의(精義) arti yang sebenarnya.

정자(正字)huruf sebenarnya/tidak disederhanakan.

정자(亭子) paviliun; rumah musim panas. ~나무 pohon yang rindang.

정자(精子) sperma. ~낭 spermatogenesis. ~은행 bank sperma.

정자형(丁字形) bentuk T. ~자 penggaris bentuk T.

정작 sebenarnya; tepat.

정장(正裝) pakaian lengkap.~하다 berpakaian lengkap.

정장(艇長) kapten kapal.

정쟁(政爭)persaingan politik;perjuangan politik. ~의 도구로 삼다

membuat issu politik.
정적(政敵) lawan politik; saingan politik.
정적(靜的) statis; pasif.
정적(靜寂) ketenangan;keheningan.~을 깨뜨리다 memecahkan keheningan.
정전(正殿) ruang perjamuan kerajaan.
정전(停電) pemutusan arus listrik. ~하다 memutuskan arus listrik.
정전(停戰) gencatan senjata. ~하다 mengadakan gencatan senjata. ~회담 perundingan gencatan senjata.
정전(靜電) ~감응 imbasan elektrostatik. ~계 medan elektrostatik. ~용량 kapasitansi.
정전기(靜電氣) 「電」 listrik statis.
정절(貞節) kesucian. ~을 지키다 menjaga kesucian.
정점(定點) titik yang pasti.
정점(頂點) titik puncak.
정정(訂正) perbaikan;revisi.~하다 memperbaiki; merevisi.
정정(政情) keadaan politik.~의 안정(불안정) kestabilan [ketidakstabilan] politik.
정정당당(正正堂堂)~한 jujur dan terus terang. ~히 secara terbuka; dengan jujur.
정정하다(亭亭-) masih kuat (dalam usia lanjut).
정제(精製) penghalusan; penyaringan; pengurangan.~하다 menghaluskan;menyaring;memurnikan.
정제(整除) 「數」 kemampuan pembagian; divisibilitas.~되는 dapat di bagi. ~수 hasil bagi yang tepat.
정제(錠劑) tablet; pil.
정조(貞操) kesucian; kemurnian; keperawanan.~를 바치다 menyerahkan kesucian.
정족수(定足數) kuorum. ~미달로 유회되다 ditunda karena tak mencapai kuorum.
정종(正宗) sake.
정좌(正坐) ~하다 duduk tegak.
정좌(靜坐) ~하다 duduk dengan tenang.
정중(鄭重) ~한 sopan santun. ~히 dengan sopan.
정지(停止) penghentian; penyetopan;pelarangan;pemutusan.~하다 menghentikan; melarang; memutuskan. ~선 garis pemberhentian.
정지(靜止) ~하다 stop; terhenti.
정지(整地) penyiapan tanah.~하다 menyiapkan tanah/kebun. ~작업 pekerjaan meratakan tanah.
정직(正直) kejujuran. ~한(하게) jujur.
정직(停職) pemberhentian dari jabatan.
정진(精進) ketekunan untuk maju. ~하다 bertekun untuk maju.
정차(停車) ☞ 정거(停車). ~시간 waktu berhenti.
정착(定着)permukiman;penetapan. ~하다 menetap; bermukim.
정찰(正札)label harga.~을 붙이다 menempel label harga; melabeli harga.
정찰(偵察)pengintaian; pengintipan; perondaan. ~하다 mengintai;

mengawasi; memata-matai; berpatroli; mengamati; meronda. ~기 pesawat pengintai.

정채(精彩) kecemerlangan.

정책(政策)kebijakan; program politik. ~강령 prinsip umum kebijakan.

정처(定處) ~없이 돌다 mengembara dari satu tempat ke tempat lain.

정체(正體) sifat alami; watak asli. ~모를 aneh;misterius.~를 드러내다 menunjukkan sifat asli.

정체(停滯)penumpukan; pengumpulan; stagnasi. ~하다 menumpuk; stagnan; macet.

정초(正初) sepuluh hari pertama bulan Januari; awal tahun baru.~에 di awal tahun baru.

정초(定礎)~하다 meletakkan batu pertama.

정충(精蟲) ☞ 정자(精子).

정취(情趣) suasana hati; keadaan hati; sentimen.

정치(定置)~하다 memasang tetap. ~의 tetap;stasioner.~망 jala tetap. ~망 어업 penangkapan ikan jala tetap.

정치(政治) politik. 밝은 ~ politik yang bersih. ~가 politikus; negarawan. ~문제 isu politik. ~사찰 pengawasan politik. ~ 자금(資金) (헌금) dana (sumbangan) politik.

정치깡패(政治-)penjahat politik.

정치풍토(政治風土) suasana politik; iklim politik. ~쇄신 pembaharuan iklim politik.

정치활동(政治活動) kegiatan politik. ~을 하다 terjun ke politik.

정칙(正則) sistem reguler; sistem yang teratur.

정칙(定則) undang-undang; peraturan yang mapan.

정탐(偵探) ~하다 memata-matai; mengintai. ~꾼 mata-mata.

정토(淨土) sorga.

정통(正統) ortodoksi. ~의 ortodoks. ~주의 legitimisme. ~(학)파 aliran ortodoks.

정통(精通) ~하다 mengetahui dengan sebaik-baiknya;benar-benar mengetahui (tentang).

정평(定評) reputasi yang dikenal baik. ~있는 dikenal dengan baik.

정표(情表) tanda cinta.

정풍(整風) ~운동 gerakan pembaruan.

정하다(定-) menentukan; memutuskan;menetapkan; memilih; memecahkan.

정하다(淨 -) bersih; murni.

정학(停學) pengeluaran dari sekolah; pemecatan dari sekolah. ~당하다 dikeluarkan dari sekolah.

정해(正解) jawaban yang tepat/benar. ~하다 memberikan jawaban yang benar.

정해(精解) keterangan lengkap; penjelasan lengkap. ~하다 menerangkan secara lengkap.

정해지다(定-) diselesaikan;diputuskan; ditetapkan.

정형(定形) bentuk tetap.

정형(定型) gaya yang khas. ~적 khas;tipikal.~시 sajak dengan gaya khas.

정형(整形) ~수술 operasi plastik. ~외과 bagian bedah plastik. ~외과의(醫) ahli bedah plastik; ahli bedah kecantikan.
정혼(定婚) ~하다 mengurus perkawinan.
정화(淨火) api suci.
정화(淨化) pembersihan;pemurnian. ~하다 membersihkan; membeningkan; memurnikan.~기(장치) pemurni.
정화(情火) ☞ 정염(情炎).
정화수(井華水) air sumur yang jernih.
정확(正確) kebenaran; ketepatan; ketelakan. ~한 benar; persis; tepat.~히 말하면 bicara sesungguhnya.
정확(精確) ketelitian; kecermatan; keseksamaan. ~한 teliti; seksama; tepat; cermat; sempurna.
정황(情況) ☞ 상황. ~증거 『法』 bukti tidak langsung.
정회(停會) penundaan rapat.~하다 menunda rapat.
정회원(正會員) anggota tetap; anggota penuh.~의 자격 keanggotaan penuh.
정훈(政訓) informasi dan pendidikan tentara.
정휴일(定休日) liburan rutin.
정히(正-)sungguh-sungguh;amat; sangat.
젖 susu.~빛의 warna susu.~을 빨다 menetek; menyusui.~을 짜다 memerah susu (sapi).~가슴 payudara. ~꼭지 puting susu; pentil susu.
젖내나다 bau susu.
젖다 basah.비에~ basah kena hujan. 땀에 ~ basah oleh keringat.
젖몸살 pembengkakan susu. ~을 앓다 menderita pembengkakan susu.
젖혀지다 dibalikkan.
젖히다 membalikkan.
제 ①diri sendiri;sendiri. ~마음대로 atas kemauan sendiri. ~생각만 하다 hanya memikirkan diri sendiri. ② saya; saya sendiri. ~생각으로는 menurut pendapat saya; bagi saya.
제(弟) saya; saya (objektif); adik.
제(帝) kaisar.
제(祭) upacara peringatan nenek moyang/leluhur. 기념~ perayaan; peringatan. 백년~ ulang tahun ke seratus; peringatan 100 tahun.
제...(第) ke. ~일 yang pertama; kesatu.
...제(制) sistem; institusi. 8 시간~ sistem delapan jam.
...제(製) buatan. 외국~ buatan luar negeri.
제(劑) obat-obatan.
제각기(-各其) masing-masing. ~방이 있다 masing-masing memiliki kamar sendiri; ada kamar masing-masing.
제강(製鋼) pembuatan baja. ~소 pabrik baja. ~업 industri baja.
제거(除去) ~하다 menyingkirkan; menghilangkan.
제것 milik/harta. ~으로 만들다 membuat menjadi milik; menjadikan milik.
제격(-格) sesuai untuk kedudukan. 그일엔 그가 ~이다 Dialah orang

yang tepat untuk pekerjaan itu.
제고하다(提高-) mengangkat; mengungkit.
제곱 kuadrat; pangkat dua. ~하다 mengkuadratkan.~근 akar kuadrat.
제공(提供) penyediaan;penawaran. ~하다 menyediakan;menawarkan.
제공권(制空權)penguasaan udara. ~을 장악하다 menguasai angkasa/ udara.
제과(製菓) kue-kue.~업자 penjual aneka kue. ~점 toko aneka kue.
제관(帝冠) mahkota.
제관(製罐) pengalengan. ~ 공장 pabrik pengalengan.
제구실 tugas; kewajiban; fungsi. ~하다 melaksanakan tugas.
제국(帝國) kerajaan; kekaisaran. ~주의 imperialisme.~주의적 imperialis.
제국(諸國) semua negara.
제군(諸君) saudara.
제기 (유희) *jegi* (semacam shuttle cock Korea).
제기 (제기랄) Sial!; Sial kamu!.
제기(祭器) wadah yang digunakan untuk upacara keagamaan.
제기(提起) ~하다 mengemukakan; memaparkan; mengungkit.
제꺽 denting; dengan cepat.
제단(祭壇) mimbar; altar.
제당(製糖) pembuatan gula. ~공장 pabrik gula.~업 industri pembuatan gula.
제대(除隊)pemberhentian/pembebasan dari dinas militer.~하다 bebas dari dinas militer. 만기~ pemberhentian dengan hormat.
제대로 (사실대로) seperti semula; utuh; belum disentuh;(잘 순조로이) baik;lancar;(변변히) cukup.~잘되다 berjalan lancar.
제도(制度) sistem. ~상의 kelembagaan.의회~sistem parlementer.
제도(製圖)gambaran;denah. ~하다 membuat denah/gambaran. ~가 pembuat denah/gambaran.
제도(諸島) gugusan pulau; kepulauan; nusantara.
제도(濟度) penebusan; penyelamatan. ~하다 menebus; menyelamatkan.
제독(制毒) ~하다 menghilangkan pengaruh racun; menawarkan racun.
제독(提督) Laksamana.
제동(制動) pengereman. ~을 걸다 mengerem;menghentikan; menyetop. ~기 rem.
제등(提燈) lentera kertas; lampion.
제때 waktu yang dijadwalkan.
제라늄 「植」 geranium (semacam bunga).
제련(製錬) pelelehan/ pemurnian logam. ~하다 melelehkan/ memurnikan logam.~소 pabrik pemurnian logam.
제례(祭禮) upacara keagamaan; kenduri arwah.
제로 nol; kosong.
제마(製麻) pakaian dari kain rami.
제막(除幕) ~하다 membuka; meresmikan.~식 upacara pembukaan /peresmian.
제멋 selera sendiri. 오이를 거꾸로

먹어도~ lain orang lain selera.
제멋대로 sesukanya; semaunya; terserah diri. ~굴다 bertindak semaunya.
제면(製麵)~하다 membuat mi.~기 mesin pembuat mi.
제명(除名)penghapusan (dari daftar). ~하다 mengeluarkan/menghapus (dari daftar).
제명(題名)pangkat; gelar; sebutan.
제모(制帽) topi seragam.
제목(題目) judul; subyek; tema; pokok pikiran. ~을 붙이다 memberi judul.
제문(祭文)syair/lirik penguburan.
제물(祭物) sedekah; selamatan.
제물에 secara spontan; dengan sendirinya.
제반(諸般) ~의 berjenis-jenis; rupa-rupa.
제발 sudilah kiranya;harap; mohon.
제방(堤防) tanggul; pematang;galengan; tebing. ~공사 pekerjaan tanggul.
제법 lebih (baik;bagus;kuat;hangat). ~덥다 (cuaca) agak panas.
제법(製法) proses/ metode pembuatan.
제복(制服) seragam; pakaian seragam.
제복(祭服) jubah waktu pemujaan.
제본(製本) penjilidan buku. ~하다 menjilid buku.~중이다 dalam penjilidan. ~소 tempat penjilidan.
제분(製粉) penggilingan. ~하다 menggiling. ~기 mesin giling.
제비 lotere; undian. ~를 뽑다 menarik undian; menarik lotere.
제비 「鳥」 burung layang-layang.
제비꽃 「植」 bunga violet.
제비족(-族) pelacur pria; gigolo.
제비추리 daging has dalam...
제빙(製氷) pembuatan es. ~공장 pabrik es. ~기 mesin pembuat es. ~회사 perusahaan es.
제사(第四) ke empat. ~계급 kaum murba.
제사(祭祀) upacara peringatan leluhur. ~를 지내다 mengadakan upacara peringatan leluhur.
제사(製絲) pemintalan sutera. ~하다 memintal sutera. ~공장 pabrik pemintalan sutera.
제살붙이 kerabat; sanak saudara.
제삼(第三) ke tiga. ~계급 kaum borjuis; lapis ketiga. ~국 negara dunia ketiga. ~자 orang ketiga.
제상(祭床) meja upacara peringatan leluhur.
제설(除雪) ~하다 membersihkan salju. ~기(관차) mobil pembersih salju.
제세(濟世) penyelamatan dunia. ~하다 menyelamatkan dunia.
제소(提訴)~하다 memperkarakan; membawa ke pengadilan;mendakwa.
제수(弟嫂) adik ipar; isteri adik.
제수(祭需) ① sesajen.② ☛ 제물.
제스처 (gerak) isyarat. ~에 불과하다 hanya isyarat.
제습(除濕) ~하다 menghilangkan lembab. ~기(器) mesin penghilang lembab.
제시(提示) presentasi;pembeberan; penyajian; pengemukakan. ~

하다 mempresentasikan; menyajikan; mengetengahkan mengemukakan; mengedepankan; membeberkan.

제시간(-時間) waktu yang tepat; waktu yang dijadwalkan. ~에 tepat waktu; sesuai jadwal.

제씨(諸氏) tuan; saudara.

제안(提案)proposal; usul; anjuran; saran. ~하다 mengusulkan; mengajukan; menganjurkan. ~자 pengusul.

제안설명(提案說明) pengajuan proposal; mengajukan usulan.

제압(制壓) ~하다 mengendalikan; mendominasi.

제야(除夜) malam tahun baru.

제약(制約)pembatasan; pelarangan. ~하다 membatasi.

제약(製藥) farmasi; pembuatan/peracikan obat. ~공장(회사) pabrik (perusahaan) obat.

제어(制御) ~하다 mengatur; mengurus;memimpin;mengendalikan.

제염(製鹽) pembuatan garam. ~소 pabrik garam.

제오(第五) yang kelima. ~열 pasukan kelima (mata-mata).

제왕(帝王) kaisar; raja. ~ 절개술「醫」seni operasi kaisar.

제외(除外) ~하다 mengecualikan; mengeluarkan.

제요(提要) ringkasan; ikhtisar.

제우스「希神」Dewa Zeus.

제위(帝位) ☞ 왕위(王位).

제위(諸位) tuan; saudara.

제유(製油) pengilangan minyak. ~소 pabrik minyak; kilang minyak.

제육 daging babi.

제의(提議)usulan; saran; anjuran. ~하다 mengusulkan; menyarankan (☞ 제안). (...의) ~로 atas usulan (dari)...

제이(第二) kedua; sekunder. ~로 tempat kedua. ~인칭 orang kedua. ~종 우편물 barang pos kelas dua.

제일(第一)pertama. ~먼저 pertama-tama. ~류의 kelas satu. ~당 partai yang memimpin.~보 langkah pertama. ~위 peringkat pertama; ranking pertama. ~인자 penulis terkemuka. ~착 nomor satu dalam perlombaan.

제자(弟子) murid; pengikut. ~가 되다 menjadi murid.

제자리걸음하다 jalan di tempat. 평사원으로 ~ tetap pegawai biasa.

제작(製作) produksi; pembuatan; fabrikasi;pembikinan.~하다 memproduksi; membuat; menghasilkan.

제재(制裁) hukuman; sanksi.~하다 menghukum. 경제적 ~를 가하다 mengenakan sanksi ekonomi.

제재(製材) penggergajian. ~하다 menggergaji. ~소 pabrik gergajian.

제적(除籍)~하다 menghapus nama (dari daftar); mengeluarkan (dari sekolah).

제전(祭典) perayaan.

제정(制定) ~ 하다 mengundang-undangkan;memberlakukan hukum.

제정(帝政) pemerintahan kerajaan. ~시대 masa kerajaan.

제정(祭政) ~일치 kesatuan agama dan negara.

제정신(-精神)kesadaran.~의 sadar; siuman. ~이 아니다 tak sadar. ~이 들다 menjadi sadar.

제조(製造) pengolahan;pembuatan; produksi. ~하다 membuat; menghasilkan;memproduksi.~법 proses produksi. ~업 industri pembuatan. ~자(인)produsen;pembuat. ~(공)장 pabrik.

제주(祭主) orang yang berkabung pertama.

제주(祭酒) anggur suci; anggur perkabungan.

제주도(濟州島) pulau Jeju.

제지(制止) kontrol; kendali. ~하다 mengontrol; mengendalikan. ~할 수 없다 diluar kontrol.

제지(製紙) pembuatan kertas. ~공장(업자) pabrik (pembuat) kertas. ~업(業) (회사) usaha (perusahaan) pembuatan kertas. ~ 원료(原料) pulp; bubur kertas.

제차(諸車) ~통행 금지(通行禁止) Mobil Dilarang Masuk.

제창(提唱) (제의) proposal;usulan; (창도)pembelaan.~하다 mengusulkan; membela. ~자 pengacara.

제창(齊唱) paduan suara. ~ 하다 menyanyi dengan paduan suara.

제척(除斥)~하다 menolak;mengeluarkan; menentang.

제철 musim yang cocok.

제철(製鐵) pembuatan besi. ~ 소 pabrik besi. ~업 industri logam. 종합 ~공장 pengerjaan besi terpadu.

제쳐놓다 menyisihkan; mengesampingkan.

제초(除草) ~하다 menyiangi;mencabuti. ~기 alat penyiang rumput.

제출(提出) presentasi; penyajian. ~하다 menyodorkan; menyajikan; menganjurkan; mengusulkan.

제충(除蟲) ~하다 membasmi ulat. ~분 bubuk/obat pembasmi serangga. ~제 obat pembasmi serangga; insektisida.

제충국(除蟲菊) 『植』 bunga pyrethrum (yang bisa untuk membasmi serangga).

제트~여객(전투,폭격)기 penerbangan (pesawat tempur,pengebom) jet.

제판(製版) 『印』 pembuatan plat. ~하다 membuat plat. ~소 pembuat plat.

제패(制覇) penaklukan; dominasi; penguasaan. ~ 하다 menaklukkan; menguasai; mendominasi.

제폐(除弊) ~하다 menghapus kebiasaan buruk.

제풀 ~로(에) dengan spontan; dengan sendirinya.

제품(製品)barang buatan; produk.

제하다(除-)① (제외) mengeluarkan; mengecualikan. ② (나누다) membagi.

제한(制限) pembatasan. ~하다 membatasi; memperhinggakan. ~ 없이 tanpa batas. ~전쟁 perang terbatas. 군비~ pembatasan persenjataan.

제해권(制海權) penguasaan laut; supremasi laut. ~을 장악하다(잃다)memegang(kehilangan) komando atas laut.

제헌(制憲)~국회 dewan konstitusi. ~절 hari konstitusi.

제혁(製革)penyamakan.~소 pabrik penyamakan kulit.
제호(題號) judul buku.
제화(製靴)~공장 pabrik sepatu. ~업 industri sepatu.
제후(諸侯) sultan; raja; baginda.
제휴(提携) koalisi; konsersium; persekutuan. ~하다 bekerja sama; bersekutu; berkoalisi
젠장 Sialan!; Diamput!
젤라틴 「化」 agar-agar.
젤리 selai; sele.
젯밥(祭 -) nasi sesajen.
젱그렁 gemerincing. ~거리다 bergemerincing.
조 「植」 millet Itali.
조(條) pasal. 제 5 ~ Pasal 5.
조(組) kelompok; gerombolan; kawanan.3 인~강도 kawanan 3 orang perampok.
조(調) ① lagu. 장(단)~ kunci mayor (minor). ② nada suara. 비난~로 dengan nada keras/mencela.
조(朝) dinasti, pagi. 이~ dinasti Yi.
조(兆) trilyun.
조 yang kecil itu. ~놈 orang kecil itu; sekecil itu.
조가(弔歌) lagu pemakaman.
조가비 kulit kerang. ~세공 pekerjaan/kerajinan kulit kerang.
조각 pecahan kecil-kecil; potongan-potongan; serpihan. ~달 bulan sabit. ~보 kain dari perca.
조각(彫刻) pemahatan;pengukiran. ~하다 mengukir; memahat. ~가 pemahat; pengukir. ~도 pahat; alat ukir.
조각(組閣) pembentukan kabinet. ~하다 membentuk kabinet.
조각나다 pecah berkeping-keping hancur lebur.
조각조각 berkeping-keping.
조간(朝刊) surat kabar pagi.
조갈(燥渴) haus; dahaga.~이 나다 merasa haus.
조감도(鳥瞰圖) pandangan dari atas.
조강(糟糠) ~지처 isteri pertama; istri tua.
조개 kerang-kerangan. ~탄 briket oval.
조객(弔客) orang yang turut berkabung.
조건(條件)ketentuan;kondisi;syarat.~부로 dengan bersyarat. ~반사 「生」 respon terkondisi.~법 「文」 bentuk pengandaian.
조경(造景) arsitektur pertamanan. ~사(師) arsitek pertamanan.
조공(朝貢) upeti. ~하다 memberi upeti. ~국 negara yang dijajah.
조광권(粗鑛權)hak (konsesi) penambangan; royalti pertambangan.
조교(助教) asisten dosen.
조교수(助教授) asisten profesor.
조국(祖國) tanah air; tanah tumpah darah;persada.~애 cinta tanah air.
조그마하다 kecil; lemah.
조그만큼 sedikit saja.
조금 ~씩 sedikit demi sedikit; sedikit-sedikit; barang sedikit. ~더 sedikit lagi. ~ 떨어져 sedikit jauh. ~도 (tidak) sedikitpun.
조금(潮-) 「地」 air perbani; air pasang surut.

조급(躁急) ~한 tidak sabar; tergesa-gesa. ~히 dengan tergesa-gesa.

조기 「魚」 ikan kuning.

조기(弔旗) bendera setengah tiang; bendera berkabung.

조기(早起) bangun pagi-pagi. ~회 klub olahraga pagi-pagi.

조기(早期)tahap dini.~발견 deteksi dini. ~진단(치료) diagnosis (pengobatan) dini.

조끼 rompi.

조끼 guci. 맥주 한~ seguci bir.

조난(遭難)kecelakaan kapal.~하다 mengalami kecelakaan; karam.~선 kapal yang kena bencana.~신호 sinyal darurat; SOS.

조달(調達)pengadaan;penyediaan; penyiapan. ~하다 menyediakan; menyiapkan; mengadakan.

조도(照度) daya penerangan.

조동사(助動詞) 「文」 kata kerja bantu.

조락(凋落) pelapukan.~하다 layu; busuk; lapuk. ~의 길을 걷다 menuju kehancuran.

조력(助力) penyelamatan;bantuan; pertolongan. ~하다 menyelamatkan;meringankan; membantu; menolong. ~자 penolong.

조력(潮力) ~발전소 pembangkit listrik tenaga gelombang.

조련(調練) latihan militer. ~하다 melatih.

조령모개(朝令暮改) arah tindakan yang berubah-ubah;tak punya prinsip.

조례(弔禮) tatakrama belasungkawa.

조례(條例) peraturan; undang-undang. 시~ peraturan kotamadya. 신문~ undang-undang pers.

조례(朝禮) apel pagi.

조로(早老) ~의 tua lebih awal. ~현상 gejala usia tua lebih awal.

조롱(嘲弄) ejekan; olok-olokan; olok. ~하다 mengejek; mengolok; berolok-olok.

조롱박 ① 「植」 labu. ② (바가지) gayung labu.

조루(早漏) ejakulasi dini.

조류(鳥類) unggas; burung. ~학 ilmu (yang mempelajari mengenai) burung. (~학자 ahli burung).

조류(潮流) arus; kecenderungan. 시대 ~를 따르다 mengikuti arus zaman.

조류(藻類) 「植」 alga; ganggang. ~의 tentang alga. ~학 ilmu mengenai alga.

조르다 ① (죄다) mengetatkan; mencekik.② (요구)menyegerakan; mendesak; memohon.

조르르 물이 ~나오다 air keluar bercucuran.~따라다니다 mengekor.

조리 saringan bambu; ayak-bambu; tapisan.

조리(條理) logika; alasan. ~가선 masuk akal; beralasan; logis.

조리(調理) ① (조섭(調攝)) pemeliharaan kesehatan; penjagaan kesehatan. ~하다 menjaga kesehatan. ② (요리) masak-memasak. ~하다 memasak; menyiapkan makanan. ~대(臺) meja dapur; bufet.

조리 disana. ☞ 저리.

조리개 ① (끈) tali pengikat. ② (사진기의)selaput pelangi; diafragma.
조리다 merebus sampai sangat matang.
조림 makanan yang direbus sampai sangat matang.
조림(造林)penghutanan;penanaman hutan. ~하다 menanami hutan; menghutankan.
조립(組立) perakitan. ~하다 merakit.~공 perakit. ~공장 pabrik perakitan.
조마(調馬)pelatihan kuda.~사 pelatih kuda.
조마조마하다 resah; rusuh.
조막손이 orang kikir.
조만간(早晚間)cepat atau lambat (akan datang).
조망(眺望) pandang. ~하다 memandang; meninjau. ~이 좋다 pemandangan indah.
조명(照明) penerangan; penyuluhan; penyinaran; penyorotan. ~하다 memancarkan cahaya pada; menerangi; menyinari; menyoroti.
조모(祖母) nenek.
조목(條目) pasal; klausa; item.
조무래기(물건)barang-barang kecil; (아이) anak-anak kecil.
조문(弔文) surat tanda bela sungkawa.
조문(弔問)kunjungan belasungkawa. ~하다 melawat; mengunjungi; bertakziah.
조문(條文) pasal; bab; artikel;.
조물주(造物主) Pencipta; Khalik.
조미(調味)~하다 membumbui. ~료 bumbu; rempah-rempah; rencoh.
조밀(稠密) kepadatan. ~한 padat; penuh sesak; penuh tumpat.
조바심하다 khawatir; gelisah; resah; tidak sabaran.
조반(朝飯) sarapan pagi. ~을 먹다 sarapan.
조변석개(朝變夕改) ☞ 조령모개.
조병창(造兵廠) gudang senjata.
조복(朝服) toga.
조부(祖父)kakek; engkong; datuk.
조부모(祖父母) kakek dan nenek.
조사(弔辭) pidato perkabungan.
조사(助詞) kata bantu.
조사(照射) penyinaran. X 선을 ~하다 memberi sinar X.
조사(調査) penyelidikan; penjajakan; pemeriksaan; penelaahan. ~하다 menyelidiki; menjajaki. ~관 penyelidik; pemeriksa.
조산(早産)kelahiran dini/prematur. ~하다 melahirkan bayi prematur.
조산(助産) kebidanan. ~부(원) bidan; paraji; dukun beranak. ~술 ilmu kebidanan.
조상(弔喪) bela sungkawa. ~하다 turut bela sungkawa.
조상(祖上)nenek moyang; leluhur; pitarah.
조색(調色) warna campuran.
조서(詔書) dekrit raja.
조서(調書) 「法」 berita acara pemeriksaan (BAP). ~의 작성 penyusunan berita acara.
조석(朝夕) pagi dan sore.
조선(造船)pembuatan kapal.~하다 membuat kapal. ~기사 insinyur kelautan. ~대 tempat peluncuran

kapal.

조성(助成)~하다 menolong; membantu; menyokong; berderma. ~금(金) subsidi; bantuan.

조성(造成) produksi; konstruksi. ~하다 membuat; memproduksi; menyiapkan. 택지를 ~하다 menyiapkan lahan perumahan.

조성(組成) pembentukan; penyusunan.~하다 menyusun; membentuk. ~분 komponen.

조세(租稅) pajak; perpajakan. ~를 부과하다 mengenakan pajak (kepada).

조소(彫塑) pemahatan dan pemodelan, model tanah liat.

조소(嘲笑) cemoohan; cela.~하다 mencemooh;mencela.~거리가 되다 menjadi bahan celaan.

조속(早速) ~히 secepat mungkin; segera.

조수(助手) asisten;wakil;pembantu; kernet. ~ 석 tempat duduk di samping sopir. 외과(의) ~ asisten ahli bedah.

조수(鳥獸) burung dan binatang buas.

조수(潮水) air pasang. ~의 간만 pasang dan surutnya air. ~처럼 밀려들다 menggelombang.

조숙(早熟)kedewasaan dini. ~하다 dewasa dini. ~한 prematur; dini.

조식(粗食) makanan sederhana. ~하다 makan makanan sederhana.

조신(操身) sikap yang berhati-hati. ~하다 bersikap hati-hati.

조실부모(早失父母)~하다 kehilangan orang tua saat masih kecil.

조심(操心) kehati-hatian. ~하다 berhati-hati; waspada.

조심성(操心性)sifat berhati-hati. ~이 없다 tidak hati-hati; ceroboh.

조아리다 menunduk dalam-dalam.

조악(粗惡) ~한 kasar; bermutu rendah. ~품 barang bermutu rendah; barang kasar.

조야(朝野)pemerintah dan rakyat.

조약(條約)persetujuan; perjanjian; kesepakatan; pakta. ~국 negara yang membuat pakta.

조약돌 batu kerikil; batu koral; batu-batu kecil.

조어(造語) penciptaan kata baru.

조언(助言)saran; nasehat; petuah; pendapat; fatwa; pelajaran; peringatan. ~하다 menyarankan; menasehati;berpetuah.~자 penasehat.

조업(操業)kerja; pengoperasian.~하다 menjalankan;mengoperasikan. ~단축 pengurangan jam kerja.

조역(助役) pembantu; asisten.

조연(助演) ~하다 memainkan peran pembantu;pendukung.~자 pemain pembantu/figuran.

조예(造詣) pencapaian;kesarjanaan;keahlian. ...에 ~가 깊다 memiliki pengetahuan yang dalam (tentang)...

조용하다 tenang; diam; tidak bergerak; reda; teduh; sunyi; senyap; lengang; hening.

조우(遭遇) ~하다 bertemu; berjumpa; bersua.

조위(弔慰) ☞ 조의(弔意). ~금(金) uang duka.

조율(調律) penyetelan; penalaan.

~하다 menyetel; menala; menyetalakan. ~사 penyetel (piano).

조의(弔意) belasungkawa; perkabungan. ~를 표(表)하다 turut berduka cita; menyatakan belasungkawa.

조인(調印) penandatanganan. ~하다 menandatangani; mengecap. ~국 negara penandatangan. ~식 upacara penandatanganan.

조작(造作) pembuatan. ~하다 membuat.

조작(操作) operasi; penanganan. ~하다 mengerjakan; memanipulasi; menangani. 금융(시장)~ manipulasi (pasar) moneter.

조잡(粗雜) ~한 kasar; bermutu rendah.

조장(助長) ~하다 mendorong; menyokong. 악폐를 ~하다 mendorong kejahatan.

조장(組長) kepala regu.

조전(弔電) telegram belasungkawa.

조절(調節) pengaturan; penyesuaian; penyelarasan; pengendalian. ~하다 mengatur; mengendalikan; menyelaraskan. ~기(器) pengatur; regulator; modulator.

조정(朝廷) istana raja.

조정(漕艇) mendayung. ~경기 perlombaan mendayung.

조정(調停) pengantaraan; perantaraan; peleraian; penengahan. ~하다 melerai; menengahi.

조정(調整) penyesuaian; pengaturan; regulasi; modulasi. ~하다 menyesuaikan; mengatur; mengendalikan; memodulasi.

조제(粗製) pembuatan barang-barang kasar. ~품 barang-barang kasar.

조제(調製) pembuatan; produksi. ~하다 membuat; memproduksi.

조제(調劑) peracikan obat. ~하다 meracik obat. ~실 kamar peracikan obat.

조조(早朝) pagi sekali.

조종(弔鐘) lonceng kematian.

조종(祖宗) nenek moyang raja.

조종(操縱) pengelolaan; manajemen; pelaksanaan; operasi. ~하다 mengelola; mengurus; menjalankan; mengoperasikan.

조준(照準) pembidikan. ~하다 membidik. ~기(器) alat pembidik.

조지다 ① (사개 따위) mengencangkan; mengetatkan. ② (단속함) mengontrol ketat.

조직(組織) organisasi; formasi; sistim; struktur. ~하다 membentuk; menyusun; mengadakan; mengorganisasikan.

조짐(兆朕) tanda; gejala; alamat; pertanda.

조차(租借) penyewaan wilayah. ~하다 menyewakan wilayah; mengkontrakkan. ~권 hak penyewaan wilayah.

조차(操車) 「鑛」 kordinasi; pengkordinasikan. ~원 orang yang mengatur pemberangkatan (kereta api).

조차 bahkan; pun.

조찬(朝餐) makan pagi; sarapan.

조처(措處) tindakan; langkah; gerakan; aksi. ~하다 bertindak; meng-

ambil tindakan.
조청(造淸) sirup bijian.
조촐하다 rapih; apik; mungil.
조총(弔銃) tembakan penghormatan/salvo.
조총련(朝總聯) federasi penduduk Korea di Jepang yang pro Pyongyang.
조치(措置) ☞ 조처.단호한 ~를 취하다 mengambil tindakan yang drastis.
조카 keponakan; kemenakan. ~ 딸 kemenakan perempuan.
조타(操舵) ~하다 mengemudikan kapal.~기(실) roda(rumah) pengemudian. ~수 juru mudi.
조퇴(早退)~하다 pulang lebih cepat.
조판(組版) penyusunan huruf. ~하다 menyusun huruf. ~공(工) penyusun huruf; tukang seter.
조폐(造幣) percetakan uang.
조포(弔砲)tembakan penghormatan (meriam).
조합(組合)① persatuan; perserikatan; organisasi; perhimpunan; perkumpulan.~간부 para pimpinan perserikatan/perkumpulan.~비(費) iuran organisasi/perkumpulan. ~원 anggota perkumpulan. ② 「數」 kombinasi (matematik).
조항(條項) fatsal; pasal; klausul.
조혈(造血) pembentukan darah; hematolisis.~하다 membuat/membentuk darah.
조형(造形) pencetakan;penuangan. ~미술 seni percetakan; seni tuang.
조혼(早婚) perkawinan dini.~하다 kawin muda.
조화(弔花) karangan bunga berkabung.
조화(造化) ciptaan; alam. ~의 묘 keanehan/keajaiban alam.~의 장난 permainan alam.
조화(造花) bunga tiruan; bunga palsu.
조화(調和)kecocokan;kesesuaian; kepantasan; kepatutan; kelayakan; keselarasan. ~하다 cocok dengan; sepadan; serasi; sesuai; setuju.
조회(朝會) rapat pagi; pertemuan pagi.
조회(照會) pemeriksaan; verifikasi; penyelidikan. ~하다 memeriksa; menyelidiki.
족(足) ① (발) kaki; betis. ② (켤레) sepasang kaos kaki.
...족(族)suku; marga; klan; bangsa. 티베트 ~ bangsa Tibet.
족두리 kerudung pengantin.
족발(足-) kaki babi rebus.
족벌(族閥) keluarga.~정치 pemerintahan keluarga.~주의 nepotisme.
족보(族譜) silsilah keluarga; setambuk; asal-usul keluarga.
족생(簇生) ~하다 tumbuh mengelompok.~식물 tanaman yang tumbuh mengelompok.
족속(族屬)kerabat;sanak saudara.
족쇄(足鎖) belenggu; pasung; pengikat; borgol.
족자(簇子) gambar gulung (ala Cina).
족장(族長) penghulu; kepala adat; kepala suku.
족적(足跡) jejak kaki. ~을 남기다

meninggalkan jejak kaki.
족제비 「動」 cerpelai.
족족 (마다) tiap saat/waktu;kapanpun. 오는~ setiap kali datang.
족집게 catut; pencabut uban/duri.
족치다 ① (자름) memotong;menetak. ② (결딴냄) menghancurkan; memusnahkan. 살림을 ~ memusnahkan harta benda.③ ☞족대기다.
족친(族親) kerabat.
족하다(足-) ①cukup;alakadarnya. 2 천원이면 ~ dua ribu won sudah cukup. ② (만족) puas (dengan).
족히(足-)cukup;memadai.~2 마일 cukup dua mil.
존 zona. ~디펜스 pertahanan zona. 스트라이크~ 「野」 zona serangan.
존경(尊敬) keseganan; penghormatan; pemujaan; penghargaan. ~하다 menghormati; mempermuliakan.
존귀(尊貴) ~한 tinggi dan agung.
존대(尊待) ~하다 memperlakukan dengan hormat. ~어 sebutan hormat; istilah penghormatan.
존득존득하다 elastis; kenyal.
존망(存亡) hidup mati;keberadaan. 국가~ 지추에 pada saat krisis nasional seperti ini.
존비(尊卑) kelas atas dan bawah. ~귀천 kaya miskin; yang terhormat dan yang hina.
존속(存續)bertahan; berdiri; tetap hidup. ~하다 bertahan; berdiri; tetap hidup.
존속(尊屬) 「法」 turunan segaris. ~살해 pembunuhan turunan satu garis.
존엄(尊嚴) martabat.~한 bermartabat. 법의 ~(성) martabat hukum. 인간의~ martabat manusia.
존장(尊長) yang lebih tua; senior.
존재(存在)keberadaan; eksistensi. ~하다 ada; berdiri; hidup.
존중(尊重) kehormatan; penghormatan;penyanjungan.~하다 menghormati; menjunjung tinggi; menyanjung.
존칭(尊稱) gelar kehormatan; sebutan kehormatan.
존폐(存廢) kelangsungan;keberadaan; keberlakuan.
존함(尊銜) nama anda.
졸(卒) pion; bidak.
졸고(拙稿) karya saya (yang tidak berharga).
졸깃졸깃하다 kenyal; liat.
졸다 (졸려서) terkantuk-kantuk.
졸다 (줄다) mengkerut; mengecil. (끓어서) direbus (sampai airnya) kering.
졸도(卒倒) pingsan. ~하다 jatuh pingsan; kelenger.
졸때기 ① (작은 일) kerja kecil-kecilan. ② (사람) orang picik.
졸라대다 ☞ 조르다.
졸라매다 mengikat dengan kencang. 허리띠를 ~ mengencangkan tali pinggang.
졸렬(拙劣) ~한 picik.
졸리다 (남에게) didesak-desak; di paksa; disegerakan.
졸리다 (매어지다) diketatkan.
졸리다 (잠오다) rasa ngantuk.
졸망졸망 ① ~한 kasar; tidak rata. ② ~한 kecil dan tak sama bentuk

/ ukurannya.
졸문(拙文) karangan yang jelek.
졸병(卒兵) prajurit.
졸부(猝富) kaya mendadak.
졸아들다 mengerut; mengecil; (끓어서) direbus (sampai airnya) kering.
졸업(卒業) kelulusan; penamatan. ~하다 tamat (dari); lepas sekolah. ~생 tamatan; lulusan. ~시험 ujian kelulusan. ~식(式) upacara kelulusan.
졸음 antuk. ~이 오다 mengantuk.
졸이다 ① (마음을) cemas; gelisah; khawatir. ② (끓여서) merebus (sampai airnya) kering.
졸작(拙作)① (졸렬한) karya yang jelek. ② ☞ 졸저(拙著).
졸장부(拙丈夫) orang yang berkaliber kecil/rendah; orang yang picik.
졸저(拙著) karya saya yang rendah.
졸졸 suara aliran air; gemercak.
졸지에(猝地-) tiba-tiba.
졸책(拙策) rencana (kebijakan) yang kurang baik.
졸필(拙筆) ① (악필) tulisan tangan yang jelek. ② (악필가) penulis yang jelek. ③ (자기 필적) tulisan tangan saya.
좀 「蟲」 ngengat; kutu baju/ buku. (...하고 싶어) ~이 쑤시다 gatal; ingin sekali; tidak sabar (untuk).
좀 (그 얼마나) berapa; berapa banyak.
좀 ①(조금) sedikit; agak.~피로하다 agak capek. ② (제발) tolong (tolong jangan pergi).
좀더 sedikit lagi; sedikit lama lagi.
좀도둑 pencuri/maling kecil. ~질 pencurian kecil-kecilan; maling kecil-kecilan.
좀먹다①(벌레가)dimakan ngengat; digerogoti. ② (비유적으로) menggerogoti. 동심을 ~ menggerogoti hati anak.
좀스럽다 ① (마음이) berpikiran sempit. ② (규모가) kecil; remeh.
좀약 kapur barus.
좀처럼 ~...하지 않다 jarang.
좀팽이 orang picik.
좁다 (폭 범위가) sempit; (면적이) kecil; terbatas; (갑갑하게) ketat; (도량 소견 따위가) picik.
좁다랗다 sempit dan rapat; agak sempit.
좁쌀 biji juwawut. ~뱅이 orang picik; orang yang berpikiran sempit. ~영감 orang tua berpikiran sempit.
좁히다 mempersempit; membatasi; memperpicik.
종 (노비) babu; jongos; budak.
종 (마늘 따위의) tangkai (bawang putih).
종(種) ①「生」 spesies. ~의 기원 Asal Usul Spesies. ② ☞ 종류. 3 ~우편 pos kelas tiga. ③ bangsa; turunan; bibit. 몽고 ~의 말 kuda keturunan Mongolia.
종(鐘) bel; bel pintu; lonceng. ~을 울리다(치다) membunyikan (memukul) lonceng. ~소리 bunyi lonceng.
종가(宗家) keluarga utama.

종각(鐘閣) menara lonceng.
종견(種犬) anjing turunan/blesteran.
종결(終結) penutupan; penyelesaian.~하다 menutup; mengakhiri; berakhir.
종곡(終曲) 「樂」 musik penutup.
종교(宗教)agama; kepercayaan. ~상의 berhubungan dengan agama. ~가 orang yang beragama. ~개혁 pembaharuan; reformasi. ~계(界) dunia keagamaan.
종국(終局) akhir; penutupan; kesimpulan. ~의 akhir; final; terakhir. ~을 고하다 berakhir; sudah selesai.
종군(從軍) ~하다 mengikuti tentara; maju ke garis depan. ~ 기자 (기장) wartawan (medali) perang.
종극(終極)penutupan;pengakhiran. ~의 akhir; terakhir.
종기(終期) akhir; penghabisan.
종기(腫氣) pembengkakan; bisul.
종내(終乃)pada akhirnya;akhirnya.
종다래끼 keranjang penangkap ikan; tangguk.
종단(宗團) golongan keagamaan.
종단(縱斷) ~하다 memotong memanjang/vertikal; melintasi. ~면 irisan memanjang.
종당(從當) pada akhirnya.
종대(縱隊) kolom. 4 열 ~로 dengan empat kolom.
종돈(種豚) babi bibit.
종두(種痘) ☞ 우두(牛痘).
종래(從來) ~의 yang lalu; biasa. ~에는 sejauh ini.~대로 seperti biasa; seperti yang sebelumnya.
종렬(縱列) kolom.
종료(終了) penghabisan;penutupan;kesimpulan;pengakhiran. ~하다 habis;putus;selesai;berakhir;tamat.
종루(鐘樓) menara lonceng.
종류(種類)macam; bangsa; ragam; jenis; corak; rupa; keadaan; kategori. 이런 ~의 사건 kejadian semacam ini.
종마(種馬) kuda pejantan.
종막(終幕) adegan terakhir;penutup. ~이 다가오다 mendekati akhir.
종말(終末)penghabisan; penutupan; kesimpulan; penyudahan; penyelesaian.
종목(種目) event; item.
종묘(宗廟) kuil leluhur raja.
종묘(種苗)tanaman bibit.~장 kebun pembibitan.
종반전(終盤戰) permainan terakhir; tahap terakhir.
종발(鐘鉢) mangkuk kecil.
종배(終-) seperindukan terakhir.
종범(從犯) ikut serta dalam kejahatan.
종별(種別)klasifikasi.~하다 mengklasifikasikan.
종복(從僕) pembantu; pengiring.
종사(從事) ~하다 ikut serta; bertekun; mengejar; mengikuti.
종산(宗山) kuburan keluarga; gunung keluarga.
종서(縱書)~하다 menulis vertikal.
종선(縱線) garis vertikal; garis tegak.
종성(鐘聲) bunyi lonceng.
종속(從屬) sub-ordinasi. ~하다 tergantung (pada); sub-ordinat

(pada).~구(절) frase kalimat (anak kalimat). ~국 negara sub-ordinat.
종손(宗孫) cucu laki-laki tertua.
종손(從孫) cucu kemenakan laki-laki.
종손녀(從孫女) cucu kemenakan perempuan.
종시(終是) ☞ 끝끝내.
종식(終熄) penghentian (perang). ~하다 berhenti; berakhir. ~시키다 menghentikan.
종신(終身) ① seumur hidup. ~의 seumur hidup. ~연금 pensiun seumur hidup. ~직(職) pejabat seumur hidup. ~징역(형) pemenjaraan seumur hidup. ~회원 anggota seumur hidup. ② (임종) ~하다 melayani orang tua sampai wafat.
종실(宗室) keluarga raja.
종씨(宗氏) saudara semarga.
종씨(從氏)kemenakan saya(kamu; dia/nya) yang paling tua.
종아리 betis. ~를 맞다 dicambuk pada betis. ~를 때리다 mencambuk betis.
종아리뼈 tulang betis.
종아리채 cambuk.
종알거리다 merenyeh;bersungut; berkomat-kamit.
종양(腫瘍) 「醫」 tumor.뇌~tumor otak. 악성(양성) ~ tumor ganas (jinak).
종언(終焉)penghabisan;penutupan. ~을 고하다 sampai bagian akhir.
종업(從業) ~하다 dipekerjakan; bekerja. ~시간 jam-jam kerja. ~원 pekerja; karyawan.
종업(終業) perampungan kerja; akhir kerja. ~하다 menyelesaikan pekerjaan.~시간 jam terakhir; jam penghabisan.
종연(終演) akhir pertunjukan. ~하다 berakhir; selesai; tamat.
종용(慫慂) ~하다 menganjurkan; menasehati; menekankan; menyarankan.
종우(種牛) lembu pejantan.
종유동(鐘乳洞) gua stalaktit.
종유석(鐘乳石) 「鑛」 stalaktit.
종이 kertas. ~한 장(연) selembar (segulung) kertas. ~로 만든 dari kertas.
종일(終日) sepanjang hari; sehari penuh.
종자(宗子) putra tertua dari keluarga batang.
종자(從者) pengikut; pengiring; penganut; pengekor.
종자(種子) benih; bibit. ☞ 씨.
종잡다 memahami secara kasar; mengerti pokok-pokok (dari).
종장(終場) 「證」 penutupan pasar. ~가격(시세) harga (kecendrungan harga) penutupan.
종적 ~을 감추다 menghilang; menutupi jejak.
종전(從前) ~의 yang dahulu. ~에 dahulu; sebelum. ~과 같이 seperti biasa; seperti dulu.
종전(終戰) akhir dari perang;akhir dari permusuhan. ~후의 sesudah perang; pasca perang.
종점(終點) terminal; perhentian. 버스 ~ terminal bis.
종제(從弟) adik sepupu.
종조(宗祖) pendiri (sekte).

종족(種族) (인류의) bangsa; suku bangsa; (동식물의) famili; genus. ~보존 pelestarian spesies.

종종(種種) ① (가지가지) jenis yang berbeda.② (가끔) sekali-sekali; kadang-kadang; sering; berulangkali; acapkali; kerap kali; ada kalanya.

종종걸음 langkah pendek dan cepat; langkah yang terburu-buru. ~치다 berjalan dengan terburu-buru.

종주(宗主) Yang Dipertuan Agung. ~국 negara pertuanan. ~권 pertuanan.

종중(宗中) keluarga dari marga yang sama.

종지 mangkok kecil.

종지(宗指) arti mendasar.

종지부(終止符) ☞ 마침표.~를 찍다 mengakhiri; memberi titik akhir.

종지뼈 tempurung lutut.

종질 perbudakan. ~ 하다 menjadi budak.

종질(從姪) anak kemenakan (laki-laki).

종질녀(從姪女) anak keponakkan (perempuan).

종착역(終着驛) terminal; stasiun akhir.

종축(種畜)pembibitan ternak; ternak bibit. ~장 tempat pembibitan ternak.

종친(宗親) keluarga raja.

종탑(鐘塔) menara bel.

종파(宗派) mazhab; sekte. ~ 심 sekterianisme. ~싸움 perselisihan antar sekte.

종피(種皮) 「植」 kulit biji.

종합(綜合) generasisasi; penyamarataan; sintesis. ~하다 menyamaratakan. ~ 적으로 secara sama rata. ~병원 rumah sakit umum. ~예술 seni sintetik. ~ 잡지(雜誌) majalah umum.

종횡(縱橫)~으로 arah panjang dan arah lebar; semua arah; dalam segala arah.

좇다 ① (뒤를)mengejar.② (따르다) mengikuti; meneladani. ③ mematuhi; memenuhi; mengikuti. 남의 뜻을~ memenuhi kehendak orang lain.

좋다 ① (양호) bagus; baik (fenomena). ② (날씨.경치 따위가) bagus;baik(cuaca dan pemandangan). ③ (적당) sesuai; cocok; pas; sedang. ④ (귀중) berharga (tentang barang). ⑤ (운) mujur; beruntung; baik. 운이~ bernasib baik.⑥(효능) baik/menguntungkan (bagi). 몸에~ baik untuk kesehatan. ⑦ (용이) mudah (di baca).⑧ (친밀) akrab; karib; intim. 사 이가~ berteman akrab (dengan).⑨ (...해도 괜찮다) boleh; dapat. 가도~ kamu boleh pergi. ⑩ (소원) saya harap.

좋다 Bagus!; Baik!; Baiklah!

좋아지다 ①(상태가) menjadi lebih baik; membaik ② (좋아하게되다) menjadi suka; menjadi gemar.

좋아하다 ① senang;riang;gembira. 뛰며~ menari-nari kegirangan. ② (사랑)mencintai;menyayangi;(기호) menggemari;(선택) lebih menyukai.

좋이 cukup. ~ 10 마일 cukup se-

puluh mil.
좋지않다 ① jelek, buruk. 품질이 ~ bermutu jelek. 머리가~ bodoh. ② (도덕상) mesum; buruk. ③ (악하다) jahat. ④ berbahaya; merusak; buruk. 눈에~ berbahaya untuk mata. ⑤ tidak sehat. 위가~ memiliki perut yang lemah. 기분이 ~ merasa tidak sehat. ⑥ (불길) sial; tidak beruntung; nahas.
좌(左) kiri. ~향~ Hadap kiri!
좌(座) jabatan; kedudukan. 권력의 ~에 있는 사람들 orang yang berkedudukan.
...좌(座) 「天」 perbintangan.
좌경(左傾) kecenderungan ke kiri; radikalisasi. ~하다 memihak ke kiri; cenderung ke kiri.~적(인) pemihakan ke kiri; radikal; Merah.
좌골(坐骨) 「解」 tulang pinggul. ~신경통 encok pinggul.
좌기(左記) ~의 yang berikut ini.
좌담(座談) pertukaran pikiran; sarasehan.~하다 bertukar pikiran.
좌불안석(坐不安席) ~하다 gelisah; tidak tentram; resah.
좌상(坐像) patung duduk.
좌상(座上) senior dalam kelompok; tertua dalam golongan.
좌석(座席) tempat duduk; bangku. ~을 양보하다 menawarkan tempat duduk. ~권 karcis. ~만원 tempat duduk penuh.
좌선(坐禪) meditasi. ~하다 bermeditasi.
좌시(坐視)~하다 tak peduli; tinggal diam.차마 ~할 수 없다 tak bisa tinggal diam.
좌약(坐藥) obat yang dimasukkan ke dubur. ~을 넣다 menggunakan obat yang dimasukkan ke dubur.
좌우(左右) kanan dan kiri. ~하다 menguasai; mengendalikan; menentukan.
좌우간(左右間) bagaimanapun.
좌우명(座右銘) motto; semboyan.
좌우익(左右翼) sayap kiri kanan.
좌익(左翼) sayap kiri. ~분자 unsur sayap kiri. ~수 「野」 pemain sayap kiri. ~운동 gerakan haluan kiri.
좌절(挫折) keputusasaan; kegagalan. ~하다 gagal; putus asa; jatuh.
좌정(坐定) ~하다 duduk.
좌지우지(左之右之) ~하다 memerintah dengan amat berpengaruh.
좌천(左遷)~하다 turun kedudukan.
좌초(坐礁) ~하다 kandas (kapal).
좌충우돌(左衝右突) ~하다 menyerang kanan-kiri.
좌측(左側)sebelah kiri. ~통행 tetap di sebelah kiri.
좌파(左派) sayap kiri; kaum merah. ~의 kekiri-kirian; sayap kiri.
좌판(坐板) papan tempat duduk.
좌편(左便) samping kiri.
좌표(座標) 「數」 koordinat.
좌향(左向) ~좌 Hadap kiri! ~앞으로 가 Belok kiri!.
좌현(左舷) sisi kiri kapal. ~으로 기울다 condong ke sisi kiri; oleng ke kiri.
좌회전(左回轉) belok kiri. ~하다 membelok ke kiri. ~금지 Dilarang

belok kiri.
좍 ① secara luas. 소문이 ~퍼지다 desas-desus menyebarluas.② lebar-lebar. 문을 ~ 열다 membuka pintu lebar-lebar.
좍좍 ① (비가 내림) dengan lebat. ② (글을) dengan lancar.
좔좔 bunyi aliran anak sungai.
죄(罪) kejahatan; dosa. ~(가) 있는 bersalah; berdosa.
죄과(罪科) kejahatan;pelanggaran.
죄과(罪過) kejahatan; dosa; maksiat.
죄다①mengencangkan.나사를(바싹) ~ mengencangkan baut.② merasa gelisah/resah. 결과가 어찌 될까 마음을 ~ cemas tentang hasil.
죄다 seluruhnya; semua. ~자백하다 mengakui semuanya.
죄명(罪名) nama kejahatan; tuduhan.
죄목(罪目) ☞ 죄명.
죄받다(罪-) menerima hukuman.
죄상(罪狀)kejahatan.~을 조사하다 menyelidiki kejahatan.
죄송(罪悚) ~하다 menyesal. ~합니다 Mohon maaf.
죄수(罪囚)narapidana; orang yang terhukum.
죄악(罪惡) dosa; kejahatan. ~감 rasa berdosa.
죄어들다 menyempit; mengetat.
죄어치다(바싹) mengetatkan; memaksa;(재촉) memburu-buru; menekan.
죄업(罪業) 「佛」 dosa.
죄이다 diketatkan; (마음이) merasa sempit.
죄인(罪人) penjahat; kriminal.
죄짓다(罪-) berbuat kejahatan; berbuat dosa.
죄책(罪責) pertanggungjawaban terhadap kejahatan.
주(主) ① (주인) majikan. ② yang terpenting/utama. ~되는 utama; prinsip.
주(州) propinsi; negara bagian.
주(洲) benua.
주(株) ① saham. 은행~ saham bank. 인기~ saham aktif. ② 나무 한~ sebatang pohon.
주(註)catatan;keterangan.~를 달다 membubuhi keterangan.
주(週) seminggu; satu minggu.
주가(株價) harga saham.~가 오르다 harga saham naik. ~지수(指數) indeks bursa.
주간(主幹) editor kepala.
주간(週刊) terbitan mingguan.
주간(週間) minggu; pekan. 교통안전~ Pekan Keselamatan Lalu Lintas.
주간(晝間) siang hari. ~에 pada siang hari.
주객(主客) tuan rumah dan tamu. ~을 전도하다 bertukar tamu jadi tuan rumah; melakukan sesuatu yang menyalahi kebiasaan.
주객(酒客) peminum.
주거(住居)kediaman; tempat tinggal.
주걱 centong nasi.
주검 mayat; bangkai; jenazah.
주격(主格) 「文」 kasus nominatif.
주견(主見) pandangan diri.
주경야독(晝耕夜讀) ~하다 kerja

siang hari belajar malam hari.
주고받다 saling tukar.
주공(鑄工) tukang besi.
주관(主管)~하다 menyelenggarakan. ~사항 masalah penyelenggaraan.
주관(主觀)subyektivitas.~적(으로) (secara) subyektif. ~론 subyektifisme.
주광(酒狂) pemabuk berat.
주광색(晝光色) ~전구 lampu siang hari.
주교(主敎)uskup.대~ uskup agung.
주구(走狗) alat; kaki tangan. 공산당의~ kakitangan komunis.
주권(主權) kedaulatan.~재민(在民) kedaulatan rakyat. ~ 국 negara berdaulat.
주권(株券) sertifikat saham. 기명 ~ saham yang terdaftar. 무기명 ~ saham tidak terdaftar.
주근깨 bintik-bintik hitam.
주금류(走禽類)「鳥」burung pelari.
주급(週給) upah mingguan.
주기(酒氣) rasa mabuk. ~가 있다 ada rasa mabuk.
주기(週期) waktu berkala; periodisitas. ~적 berkala. ~율 hukum periodisitas.
주기도문(主祈禱文) 「基」 do'a pujaan ajaran Kristus; do'a Bapa Kami.
주년(周年) ulang tahun. 5~ ulang tahun ke-5.
주눅들다 malu-malu; takut-takut.
주눅좋다 tanpa takut-takut; tanpa malu-malu.
주다 (일반적으로) memberi; mengasih. 타격을~ memberi pukulan.
주다 (해주다) melakukan (untuk). 책을 사 ~ membelikan buku.
주도(主導) ~하다 memimpin. ~권 kepemimpinan. ~권을 잡다 mengambil kepemimpinan.
주도(周到) ~한 berhati-hati.
주독(酒毒) alkoholisme; keracunan alkohol.
주동(主動) kepemimpinan; kepeloporan. ~하다 memimpin. ~자 pelopor; pemimpin.
주둔(駐屯) penempatan. ~하다 di tempatkan. ~군 pasukan yang ditempatkan dalam satu daerah.
주둥이 mulut; moncong; paruh.
주량(酒量)kemampuan minum.~이 크다 peminum berat.
주렁주렁 bertandan-tandan; berkelompok-kelompok.
주력(主力) kekuatan utama. ~을 집결하다 memusatkan kekuatan utama (pada). ~부대 unit kekuatan utama.
주력(注力) ~하다 mencurahkan tenaga (untuk).
주렴(珠簾) tirai manik-manik.
주례(主禮) memimpin upacara pernikahan. ~목사 pendeta yang memimpin.
주로(主 -) terutama.
주로(走路) lintasan.
주룩주룩 ① ~주름진 kusut. ② ~ 오는 비 hujan yang mencurah.
주류(主流) arus utama. ~파 faksi terkemuka.
주류(酒類) aneka minuman keras.

주르륵 mengucur.

주름 keriput; kerut; kisut; pelisir; kerimut. ~잡다 melipat. ~잡히다 menjadi keriput.

주름잡다 ① ☞ 주름. ② (지배) mendominasi; menguasai.

주리다 lapar.

주리틀다 menyiksa dengan alat pemilin.

주립(州立) ~의 (didirikan oleh) negara bagian.

주마등(走馬燈) kaladoskop; lentera berputar. ~같은 senantiasa berubah dengan cepat.

주막(酒幕) rumah minum kecil.

주말(週末)akhir pekan. ~여행 tamasya akhir pekan.~여행자 orang yang berakhir pekan.

주머니 kantong; saku, dompet.~에 넣다 mengantongi; menaruh dalam saku.

주머니칼 pisau saku.

주먹 kepalan tangan; bogem. ~ 을 쥐다 mengepalkan tinju. ~밥 bola nasi.

주먹구구(-九九) kaidah ibu jari; perhitungan kasar.

주먹다짐 ~하다 meninju.~으로 dengan kekerasan.

주먹질하다 saling meninju;bertukar pukulan.

주모(主謀)~하다 memimpin; mendalangi. ~자 penggerak utama; dalang; biang keladi.

주모(酒母)ragi; (작부) pemilik bar.

주목(注目) perhatian. ~하다 memperhatikan; menanggap; menggubris; memperdulikan; mengindahkan; menghiraukan.

주무(主務) ~장관(관청) Menteri (dinas) yang terkait.

주무르다 ① (물건을) meremas-remas; memijit. ② (농락) mempermainkan; menyandiwarakan.

주문(主文) teks; induk kalimat.

주문(注文) ① pesanan;pemesanan; order. ~하다 memesan. ~을 받다 menerima pesanan. ~에 따라 만들다 membuat untuk pesanan. ...의 ~이 많다 pesanan banyak. ~서(書)(장) surat (buku) pesanan. ~품 barang-barang yang dipesan; pesanan; bestelan. ② (요구) permohonan; permintaan.

주문(呪文) mantera; jampi; sihir; kaji; guna-guna; daya tarik; teluh; tenung; ajian.

주물(鑄物) barang-barang logam tuang; penuangan. ~공장 pabrik penuangan/pengecoran logam.

주물럭거리다 meremas-remas.

주미(駐美)~의 bermukim di Amerika. ~한국 대사 Duta Besar Korea untuk Amerika Serikat.

주민(住民) penduduk. ~등록 pendaftaran penduduk. ~등록증 kartu tanda penduduk (KTP). ~세 pajak penduduk.

주밀(周密) ~한 cermat;teliti;seksama.

주발(周鉢) mangkuk nasi kuningan.

주방(廚房) dapur.~장 koki kepala; juru masak kepala.

주번(週番) tugas mingguan. ~사관 perwira jaga minggu.

주범(主犯) pelanggar utama;biang keladi.
주법(走法) cara berlari.
주법(奏法) gaya bermain musik.
주벽(酒癖) ~이 나쁘다 kebiasaan mabuk buruk.
주변 fleksibelitas. ~이 있는 사람 orang yang fleksibel.
주변(周邊) selingkung;keliling;sekitar; seputar. ...의 ~에 di sekeliling ... ; di seputar...
주병(駐兵) ~하다 menempatkan pasukan.
주보(週報) laporan mingguan; buletin mingguan; koran mingguan.
주보(酒保) 「軍」kantin tentara.
주봉(主峰) puncak tertinggi.
주부(主部) 「文」subyek; pokok kalimat.
주부(主婦) ibu rumah tangga.
주부코 hidung yang bulat dan merah.
주빈(主賓) tamu agung; tamu kehormatan.
주사(主事) pegawai muda; pegawai rendah.
주사(注射) suntikan; penyuntikan. ~하다 menyuntik; menjarum; menginjeksi. ~기(器) alat suntik. ~약 obat suntik.~침(바늘)jarum suntik.
주사(酒邪)~가 있다 berkebiasaan buruk waktu mabuk.
주사위 dadu. ~를 던지다 melempar dadu. ~놀이 permainan dadu.
주산(珠算) perhitungan dengan sipoa/dekak-dekak.~경기 perlombaan sipoa.
주산물(主産物) produk utama; hasil utama.
주산지(主産地) daerah penghasil utama; sentra produksi.
주상(主上) raja.
주색(酒色) ~에 빠지다 tenggelam dalam kenikmatan hawa nafsu.
주서(朱書) ~하다 menulis dengan tinta merah.
주석(主席) ketua; kepala.
주석(朱錫) kaleng; timah; belik. ~을 입히다 melapisi timah. ~박(箔) tatahan timah.
주석(酒席) pesta minum.
주석(註釋)catatan.~을 달다 memberi catatan.
주선(周旋) perantaraan; pengantaraan. ~하다 bertindak selaku perantara.~인 agen; perantara.
주섬주섬 ~줍다(입다) memungut (mengenakan) satu persatu.
주성분(主成分) bahan utama; bahan dasar.
주세(酒稅) pajak minuman keras.
주소(住所) ① tempat tinggal; kediaman.~가 일정치 않다 tidak memiliki tempat tinggal tetap. ② alamat. ~록 buku/daftar alamat. ~불명 alamat tidak diketahui. 현 ~ alamat sekarang.
주스 jus; sari buah.
주시(注視)pengamatan secara dekat. ~하다 mengamati lekat-lekat.
주식(主食) makanan pokok.쌀을 ~으로 하다 makanan pokok beras.
주식(株式)saham;andil.~발행 menerbitkan saham. ~배당 keuntungan saham.
주식(晝食) makan siang.

주식공개(株式公開) penawaran saham untuk umum.
주식거래(株式去來)perdagangan saham.
주심(主審)「野」 wasit ketua.
주악(奏樂) ~하다 bermain musik.
주안(主眼) tujuan utama. ...에 ~을 두다 menempatkan tujuan utama (pada); menekankan (pada)... . ~점 titik tujuan utama.
주야(晝夜) siang malam. ~교대로 dengan bergilir siang dan malam.
주어(主語) 「文」 pokok kalimat; subyek.
주역(主役) tokoh utama; pemeran utama.
주연(主演) ~하다 memainkan peran utama. ~자 pemeran utama.
주연(酒宴) pesta minum. ~을 베풀다 mengadakan pesta minum.
주영(駐英) ~의 bermukim (ditugaskan) di Inggris.
주옥(珠玉)permata.~같은 글 permata sastera.
주요(主要) ~한 penting;utama;pokok; kunci. ~도시 kota utama. ~산물 produk/hasil utama. ~산업 industri kunci.
주워담다 memungut dan memasukkan.
주워듣다 mendengar selentingan.
주워모으다 mengumpulkan.
주워섬기다 menceritakan semua yang didengar dan yang dilihat.
주위(周圍) sekeliling; sekitar; selingkung. ~에 di sekeliling; di sekitar.
주유(注油) penyediaan minyak; suplai minyak/bahan bakar. ~하다 mengisi bahan bakar.
주유(周遊) ~하다 berkelana; berkeliling.
주의(主意) arti yang terpenting. ~론 「哲」 voluntarisme.
주의(主義) doktrin; ajaran; teori; pokok; dasar; dasar tindakan; prinsip.
주의(注意) ① perhatian; kepedulian. ~하다 mengindahkan; memperhatikan; menghiraukan; memperdulikan. ~를 게을리 하다 melalaikan; tak mengindahkan. ~를 환기하다 meminta perhatian. ~를 딴데로 돌리다 mengalihkan perhatian (dari). ~사항 masalah yang memerlukan perhatian khusus. ~인물 orang yang diwaspadai. ② kewaspadaan; kehati-hatian.~하다 berhati-hati; memperingatkan; berwaspada; mewaspadai. ~깊은 hati-hati; waspada. ~하여 dengan hati-hati; dengan waspada.
주인(主人) (가장) kepala keluarga induk semang; (고용주) junjungan; juragan; majikan. 가게 ~ pemilik toko.
주인(主因) sebab utama; alasan pokok.
주일(主日) hari Minggu; Ahad. ~학교 sekolah minggu.
주일(週日) (se)minggu. 이번(지난, 오는) ~ minggu ini (lalu, datang).
주일(駐日)~의 bertugas di Jepang. ~한국 대사관 Kedutaan Republik Korea untuk Jepang.
주임(主任)penanggung jawab uta-

ma. ~교수 guru besar utama.
주입(注入)①(부어넣기.고취) pengisian;pemasukan. ~하다 memasukkan (kedalam); mengisi. ② (공부 따위) pemasukan secara paksa; penjejalan.~하다 memasukkan dengan paksa; menjejalkan.~식 교육 pendidikan dengan menjejalkan.
주자(走者)『野』 pelari.
주장(主張) tuntutan; gugatan; penyanggahan.~하다 menggugat;menuntut;menyanggah. 권리를 ~하다 menuntut hak.
주장(主將) kapten. 야구팀~ kapten tim bisbol.
주재(主宰)~하다 menyelenggarakan;memimpin.~자 penyelenggara; pemimpin.
주재(駐在)~하다 berdomisili; bermukim/ditugaskan (di). ~국 negara domisili.
주저(躊躇) keragu-raguan; kebimbangan. ~하다 ragu-ragu;bimbang.~하면서 dengan ragu- ragu. ~없이 tanpa ragu-ragu;tak segan-segan.
주저앉다 duduk; terdampar; menetap/tinggal.
주저앉히다 memaksa duduk;mendudukkan.
주전(主戰)~론 pembelaan perang; pendapat properang. ~론자 pendukung perang.
주전부리 ~하다 makan penganan antar waktu makan; "ngopi".
주전자(酒煎子) ceret; teko; ketel. 물~ teko air.
주절(主節)『文』 kalimat pelaku.
주점(酒店) bar; rumah minum.
주접들다 kerdil.
주접스럽다 rakus.
주정(酒酊) kegila-gilaan dalam mabuk.~하다 berlaku kegila-gilaan dalam mabuk.
주정(酒精) alkohol. ~계 pengukur kadar alkohol.~음료 minuman beralkohol.
주제 penampilan yang lusuh; jembel. ~사납다 sangat jembel.
주제(主題) pokok; subjek; tema. ~가 lagu tema.
주제넘다 tidak sopan; lancang. 주제넘게 secara tidak sopan; dengan lancang.
주조(主調)『樂』 kunci utama.
주조(主潮) arus utama.
주조(酒造) penyulingan minuman keras.
주조(鑄造) pencetakan logam; penuangan. ~하다 menuang; mencetak (logam). ~소 pabrik penuangan logam.
주종(主從) tuan dan pelayan. ~관계 hubungan antara tuan dan pelayan.
주주(株主) pemegang saham. ~배당금 dividen untuk pemegang saham. 대(소) ~ pemegang saham mayoritas (minoritas).
주지(住持) pendeta kepala.
주지(周知) ~의 terkenal; termasyur. ~하는 바와 같이 seperti yang umum diketahui.
주지육림(酒池肉林) pesta pora.
주차(駐車) parkir.~하다 memarkir. ~금지 dilarang parkir. ~위반 pe-

langgaran parkir. ~장 tempat parkir.
주창(主唱) penganjuran;peloporan. ~하다 menganjurkan;mempelopori; mempromotori. ~자 penganjur; pelopor;penegak pendapat; promotor.
주철(鑄鐵) besi cor; pengecoran besi. ~소 pabrik pengecoran besi.
주청(奏請) ~하다 memohon ke raja.
주체 ~하다 dapat ditangani. 그는 ~못할 만큼 돈이 많다 Dia punya banyak uang sehingga tidak dapat ditangani.
주체(主體) pokok; inti. ~성 identitas. ~세력 aliran utama.
주체(酒滯) gangguan pencernaan akibat minuman keras.
주체스럽다 sukar ditangani.
주최(主催) ...의(공동) ~로 dengan sponsor... . ~국 negara tuan rumah/sponsor.
주축(主軸) poros utama.
주춤거리다 ragu-ragu; bimbang.
주춤주춤 dengan ragu-ragu; dengan bimbang.
주춧돌 ☞ 주추.
주치(主治) ~의(醫) dokter pribadi; dokter langganan.
주택(住宅) tempat tinggal; rumah; domisili. ~난 masalah/ kekurangan perumahan. ~지(地) kawasan perumahan. 공영~ rumah yang dibangun oleh pemerintah.
주택가(住宅街) jalan perumahan.
주택문제(住宅問題)masalah perumahan.
주파(走破) ~하다 lari.
주파(周波) 『電』 siklus. ~계 pengukur frekuensi. ~변조 modulasi frekuensi (FM). ~수 frekuensi.
주판(籌板.珠板) sempoa; sipoa; dekak-dekak; abakus. ~을 놓다 menghitung sempoa. ~알 biji sipoa.
주피터 『羅神』 jupiter.
주필(主筆) editor kepala.
주필(朱筆) ~을 가하다 memperbaiki; merevisi.
주한(駐韓) ~의 bertugas di Korea. ~외교 사절단 korps diplomatik di Korea.
주해(註解)catatan;keterangan. ~하다 membubuhi keterangan. ~서(書) buku kunci.
주행(走行) ~하다 menjalani; melalui;menempuh. ~거리 jarak tempuh.
주형(鑄型) acuan; bentukan; cetakan.
주홍(朱紅) merah tua.
주화(鑄貨) koin; uang logam.
주화론(主和論) penganjuran perdamaian;penyokongan perdamaian. ~자 penganjur perdamaian.
주황(朱黃) warna oranye.
주효(奏效) ~하다 mujarab.
주효(酒肴) makanan kecil dan minuman.
주흥(酒興) bersuka ria waktu minum anggur. ~에 겨워 dirangsang oleh minuman keras.
죽(粥) bubur. 식은 ~먹기다 tugas yang gampang.
죽 ①dalam barisan. ~늘어놓다 membuat deretan;menderet. ② sepanjang; terus. 아침부터~ terus sejak pagi. 일년 동안~ sepanjang tahun.

죽기(竹器) barang-barang dari bambu.

죽는소리 ① bicara yang melebih-lebihkan. ~하다 berbicara melebih-lebihkan.~좀 그만 해라 jangan bicara melebih-lebihkan②teriakan. ~를 지르다 berteriak.

죽다 ① meninggal; menemui ajal; mati; wafat; gugur. 병으로~ meninggal karena sakit. 철도 사고로 ~ meninggal dalam kecelakaan kereta api. ② (초목이) gugur;mati (tumbuhan). ③ (기(氣)가) patah semangat. ④ (풀기가) habis kanji (pakaian). ⑤ (정지) berhenti; mati (jam). ⑥ (불이) mati; padam (api). ⑦ (장기 바둑 등) mati (buah catur, dll).

죽도(竹刀) pedang bambu.

죽림(竹林) belukar bambu.

죽마(竹馬) kuda bambu. ~고우(故友) teman dimasa kecil; sahabat kandung.

죽순(竹筍)rebung;anak buluh.우후~ 같이 seperti rebung sesudah hujan.

죽어지내다 hidup tertindas.

죽을둥살둥 mati-matian.

죽을병(-病) penyakit yang mematikan.

죽을상(-相) muka seperti mayat.

죽을힘 ~을 다하여 mati-matian.

죽음 kematian; kemangkatan; kewafatan; ajal. ~의 재 debu radioaktif.

죽이다①membunuh; menyembelih. 때려~ memukul mati.독약을 먹여~ membunuh dengan racun; meracuni mati. ② (잃다) kehilangan (anak). ③ mengekang; menahan. 숨을~ menahan napas.

죽일놈 bangsat. 이 ~아 Bangsat!.

죽장(竹杖) tongkat bambu.

죽죽 ☞ 쭉쭉.

죽지 날갯~ sendi sayap. 어깻~ persendian lengan/bahu.

죽창(竹槍) bambu runcing.

죽책(竹柵) benteng bambu.

죽치다 mengurung diri dalam rumah.

준...(準) semi. ~회원 anggota luar biasa.

준거(準據) ~하다 berdasarkan (pada); berpatokan (pada). ...에 ~하여 sesuai (dengan).

준걸(俊傑) orang besar; pahlawan.

준결승(準決勝) (pertandingan) semi final. ~에 진출하다 masuk semi final.

준결승전(準決勝戰) ☞ 준결승.

준공(竣工) penyelesaian; perampungan. ~하다 selesai; rampung. ~식(式) perayaan untuk perampungan.

준교사(準敎師) guru bantu.

준금치산(準禁治産) ☞ 한정치산.

준급행(準急行) kereta api semi ekspres.

준동(蠢動)pergolakan. ~하다 bergolak; aktif.

준령(峻嶺)puncak yang tinggi dan curam.

준마(駿馬) kuda yang cepat.

준말 kependekan; singkatan.

준법(遵法)kepatuhan hukum. ~정신 semangat kepatuhan hukum.

준봉(峻峰) puncak yang curam.

준비(準備)persiapan;kesiapsediaan;kesiagaan.~하다 bersiap; mempersiapkan; berancangan-ancang; bersiap sedia.

준설(浚渫) ~하다 mengeruk. ~선 kapal keruk. 대한~공사 Perusahaan Pengerukan Korea.

준수(俊秀) ~한 terkemuka; berwibawa.

준수(遵守) ketaatan; kepatuhan. ~하다 menaati; mematuhi.

준엄(俊嚴)~한 tegas; kaku; keras.

준용(準用) ~하다 menerapkan sesuai (dengan).

준우승(準優勝) kemenangan di semi final.~자 pemenang pada semi final.

준위(准尉) letnan muda.

준장(准將) brigadir jendral (brigjen).

준족(駿足) ① (말) kuda cepat. ② (사람) pelari cepat.

준준결승(準準決勝) (pertandingan) perempat final.

준치 「魚」 sejenis ikan haring. 썩어도~ Seekor elang tua lebih baik dari pada gagak muda.

준칙(準則) kriteria.

준하다(準-) mengikuti;sesuai dengan; sebanding dengan.

준험(峻險) ~한 curam; tinggi.

준회원(準會員)anggota luar biasa.

줄 ① tali; tambang; senar; kabel. ~을 치다 merentangkan tali. ~에 걸리다 terjerat tambang. 전화 ~ kabel telepon. ② garis. ~을 긋다 menarik garis. ③ baris. ~을 지어 dalam barisan. ④ baris (tulisan). ~을 바꾸다 mengganti baris.

줄 kikiran. ~질하다 mengikir.

줄 ① bagaimana cara (melakukan). 사진 찍을 ~(을) 모르다 tidak tahu cara memotret.② pengiraan. 여기서 너와 만날 ~은 몰랐다 Saya tak mengira bertemu ditempat ini.

줄거리 ① (가지) cabang; tangkai. ② (얘기의) garis besar; ringkasan.

줄걷다 (줄타다) berjalan diatas tambang.

줄곧 sepanjang waktu.

줄기 ① (식물의) batang tangkai.② garis. 한 ~의 광선 seberkas cahaya.③(물 등의) arus;aliran;vena. ④ (산의) deretan pegunungan. ⑤ (비 따위의) curah hujan.

줄기차다 terus menerus; kukuh.

줄넘기 lompat tali. ~하다 bermain lompat tali.

줄다 ① berkurang; merosot; menyusut; susut. 체중이~ susut berat badan. ② (축소) mengkerut; memendek.

줄다리기 tarik tambang.

줄달다 sambung menyambung; terus menerus.

줄달음질~하다(치다)berlari cepat; tergesa-gesa.

줄담배 ~를 피우다 merokok sambung-menyambung. ~피우는 사람 perokok berat.

줄대다 meneruskan; melanjutkan.

줄무늬 belang; strip; barik-barik; coreng;corak;loreng.~진 bercoret; bersetrip; berbarik- barik.

줄사닥다리 tangga tali.

줄어들다 ① (감소)berkurang; meluak; menyusut. ② (축소) mengecil; menyusut.
줄어지다 ☞ 줄어들다.
줄이다 menyusuti; mengurangkan; menipiskan; menurunkan; mengecilkan; mengurangi.
줄자 meteran tali.
줄잡다 menaksir rendah.
줄줄 ☞졸졸. ~흐르다 mengalir keluar. 땀을 ~ 흘리다 berkeringat banyak.
줄줄 dengan lancar.
줄짓다 mengantri;membuat antrian.
줄치다 menarik garis; menggarisi.
줄타다 berjalan diatas tambang.
줄행랑(-行廊) ~을 치다 kabur; melarikan diri.
줌 (분량) segenggam; sekepal.
줍다 memungut; mengumpulkan.
줏대(主-)prinsip yang pasti; pendapat yang pasti.~없는 tanpa prinsip yang pasti.
중 pendeta Budha.
중(中) ① rata-rataan;medium.~의 sedang;rata-rata.~이상[이하]이다 di atas (di bawah) rata-rata. ② (중앙부) pertengahan; pusat. ③ selama. 전시~ selama perang. ④ dalam proses; sedang. 건축~ sedang dibangun.식사 ~이다 sedang makan. ⑤ diantara;dari. 십 ~팔구 sembilan dari sepuluh. ⑥ (내내죽) seluruhnya.
...중(重) ① lipat. 2~의 dua kali lipat. ② (무게) berat; bobot.
중간(中間) pertengahan;sementara; tengah; antara. ~보고 laporan sementara.~시험 ujian pertengahan semester.
중간(重刊) ~하다 mencetak kembali; menerbitkan kembali.
중간자(中間子) 「理」 mesotron.
중간치(中間 -) barang medium.
중갑판(中甲板) dok tengah.
중개(仲介) perantaraan; keagenan. ~하다 mengantarai. ~자(者) perantara; pialang.
중거리(中距離) ~경주(선수) perlombaan (pelari); jarak sedang. ~탄도탄(彈) peluru kendali jarak sedang.
중견(中堅)tulang belakang; tulang punggung. ~수 pemain tengah. ~인물 pemimpin; tokoh terkemuka. ~작가 penulis ternama.
중계(中繼) ~하다 menyambung pancarkan; merelai; menyiarkan secara nasional.~무역 perdagangan transit.
중고(中古) ~의 bekas pakai; tangan kedua.~차 mobil bekas. ~품 barang bekas; rongsokan; barang rombengan.
중공업(重工業) industri berat.
중과(衆寡)~부적이다 kalah dalam jumlah.
중구(衆口) ~ 난방이다 sulit untuk menghentikan suara rakyat.
중국(中國) Cina; Tiongkok. ~인 orang Cina; orang Tionghoa. ~어 bahasa Tiongkok.
중궁(中宮) ratu; permaisuri.
중궁전(中宮殿) ☞ 중궁(中宮).
중금속(重金屬) logam berat.
중급(中級) nilai menengah;tingkat

menengah.~품 kualitas menengah.
중기관총(重機關銃) senjata mesin berat.
중길(中-) barang berkualitas menengah.
중년(中年) umur pertengahan.~의 setengah baya.~을 넘은 여자 wanita tua. ~기 masa setengah baya. ~신사 pria setengah baya.
중노동(重勞動) kerja berat.
중농(中農) petani kelas menengah.
중농(重農) ~정책 kebijakan yang mengutamakan pertanian. ~ 주의자 penganut doktrin fisiokrasi.
중뇌(中腦)「解」otak bagian tengah; mesenfalon.
중늙은이(中 -) orang setengah baya.
중단(中斷) ~하다 menginterupsi; menghentikan.시효~「法」penghentian masa berlaku.
중대(中隊) kompi.~장(長) komandan kompi.
중대(重大) ~한 penting; serius. ~한 과실 kesalahan besar.~화하다 menjadikan serius. ~사건 masalah yang serius.
중대시(重大視) ~하다 menganggap penting.
중도(中途) ~에서 di tengah jalan; di pertengahan.
중도(中道) ~정책 kebijakan jalan tengah. ~파 aliran jalan tengah.
중독(中毒) keracunan. ~되다 keracunan. ~성 beracun.식~ keracunan makanan. 아편~ keracunan ganja. 알콜~ keracunan alkohol.
중동(中東) Timur Tengah.
중등(中等) ~의 menengah. ~교육 pendidikan menengah. ~품 barang mutu menengah.
중략(中略) penghilangan kata. ~하다 menghilangkan; mengabaikan.
중량(重量) berat; bobot.~급 kelas berat.~톤 tonasi berat mati. 총(總) ~ berat kotor.
중력(重力)「理」gravitasi; gaya tarik bumi. ~의 법칙(중심) hukum (pusat) gravitasi.
중령(中領) letnan kolonel.
중론(衆論) opini publik.
중류(中流) ①(강의) tengah sungai. ② kelas menengah.~가정 keluarga kelas menengah. ~계급 kalangan menengah.
중립(中立)keadaan netral;netralitas. ~적 netral; tak berpihak; sama tengah. ~지대(국) zona (negara) netral. ~화 netralisasi.
중매(仲買)perantaraan.~하다 bertindak sebagai perantara.~인 perantara; makelar.
중매(仲媒) penjodohan. ~하다 menjodohkan. ~결혼 perkawinan yang dijodohkan oleh perantara.
중문(中門) gerbang dalam.
중문(重文)「文」kalimat majemuk.
중미(中美) Amerika Tengah.
중반전(中盤戰)permainan di pertengahan; fase pertengahan.
중벌(重罰) hukuman berat. ~에 처하다 menghukum berat.
중범(重犯) kejahatan besar.
중병(重病) sakit keras; sakit pa-

rah. ~환자 pasien gawat.

중복(中伏) periode pertengahan dari hari-hari terpanas dalam musim panas.

중복(中腹) lereng tengah gunung. ~에 ditengah lereng.

중복(重複) ~하다 tumpang tindih.

중부(中部) bagian tengah. ~지방 distrik tengah.

중사(中士) sersan satu.

중산계급(中產階級) kalangan kelas menengah.

중상(中傷) fitnah; gunjing; umpat; penghinaan; hujat; hasut. ~하다 menggunjing; mengumpat; memfitnah.

중상(重傷) luka parah. ~을 입다 kena luka parah. ~자 orang yang mendapat luka parah.

중생(衆生) duniawi; kemanusiaan.

중생대(中生代) zaman Mesozoik.

중서부(中西部) Barat Tengah.

중석(重石) 「鑛」 tungsten.

중성(中性) ① 「文」 jenis netral. ② 「化」 kenetralan. ~의 netral. ~반응 reaksi netral. ~자(子) neutron.

중세(中世) abad pertengahan; zaman madya. ~기 zaman pertengahan. ~사 sejarah zaman pertengahan.

중세(重稅) pajak yang berat.

중소(中蘇) Cina-Soviet.

중소기업(中小企業) perusahaan kecil dan menengah. ~은행 Bank Industri Menengah.

중소상공업자(中小商工業者) pedagang dan pemproduksi kecil dan menengah.

중수(重水) 「化」 air berat.

중수(重修) perbaikan. ~하다 memperbaiki.

중수소(重水素) 「化」 hidrogen berat; deuterium.

중순(中旬) pertengahan bulan. ~에 dipertengahan bulan.

중시(重視) ~하다 memandang penting; menganggap penting.

중신(重臣) negarawan senior.

중심(中心) tengah; pusat; sentral; inti; teras; poros; sumbu. ~인물 tokoh sentral. ~점 titik sentral. ~지 pusat.

중심(重心) 「理」 pusat gravitasi; titik berat. 몸의 ~을 잡다(잃다) mempertahankan (kehilangan) keseimbangan badan.

중압(重壓) tekanan berat. ~을 가하다 memberi tekanan (pada). ~감 perasaan tertekan; perasaan tertindas.

중앙(中央) pusat; sentral. ~의 pusat. 도시 ~에 di pusat kota; di jantung kota. ~냉난방 pusat pendingin dan pemanas udara. ~선 garis tengah jalan raya. ~정부 pemerintah pusat.

중앙집권(中央集權) sentralisasi kekuasaan. ~제 sistem sentralisasi. ~제로 하다 mensentralisasikan.

중언부언(重言復言) ~하다 mengulangi pernyataan.

중얼거리다 bersungut-sungut.

중역(重役) direktur; pimpinan. ~회(會) dewan direktur. ~회의 pertemuan para direktur.

중역(重譯) penerjemahan kembali. ~하다 menerjemahkan kembali.

중엽(中葉) pertengahan jangka waktu. 19 세기~pertengahan abad ke sembilan belas.

중외(中外) ~에 dalam dan luar negeri.

중요(重要) ~한 penting; bernilai; berbobot. ~서류 surat-surat penting.

중요시(重要視) ☞ 중시.

중용(中庸) sikap moderat. ~의 moderat. ~을 지키다 bersikap moderat.

중용(重用)~하다 mempromosikan (jabatan yang penuh tanggung jawab). ~되다 dipercayakan.

중위(中尉) letnan satu.

중유(重油) minyak mentah.

중의(衆意) pendapat umum; opini publik.

중의(衆議)pembahasan umum.~에 의하여 결정하다 memutuskan berdasarkan suara terbanyak.

중이(中耳) telinga tengah. ~염(炎) radang telinga tengah.

중인(衆人) publik; rakyat. ~앞에서 di depan publik.

중임(重任)①tanggung jawab yang berat.~을 맡다 menerima (memikul) tanggung jawab yang berat. ② (재임) pemilihan kembali;pengangkatan kembali. ~하다 terpilih kembali; diangkat kembali.

중장(中將) (육군) letnan jendral; (해군) laksamana madya; (공군) marsekal madya.

중장비(重裝備) alat berat.

중재(仲栽)pengantaraan;penengah. ~하다 mengantarai;menengahi.~인 penengah;mediator.~재판 arbitrasi.

중전(中殿) ☞ 중궁전(中宮殿). ~마마 Sang permaisuri.

중절(中絶)pengguguran;pemutusan. ~하다 menggugurkan; memutuskan. 임신~ pengguguran kandungan.

중절모(中折帽) topi.

중점(重點) penekanan; titik berat; prioritas.~ 적으로 secara prioritas.

중조(重曺) 『化』 tepung soda pengembang kue; soda bikarbonat.

중죄(重罪) kejahatan/pelanggaran berat. ~인 pelanggar berat.

중증(重症) penyakit parah.

중지(中止)penghentian.~하다 berhenti (melakukan). ~되다 dihentikan; diberhentikan.

중지(中指) jari tengah.

중지(衆智) kebijaksanaan umum. ~를 모으다 meminta nasehat umum.

중진(重鎭)pemimpin;tokoh terkemuka.

중진국(中進國) negara sedang berkembang.

중창(中-) sol sepatu bagian dalam.

중책(重責) tanggung jawab yang berat; tugas (misi) penting. ~을 맡다 memikul tanggung jawab yang berat.

중첩(重疊) ~하다 bertumpuk; menumpuk.

중추(中樞) pusat;poros;tulang belakang/punggung. ~적 pusat; sentral. ~산업 industri poros. ~신경(神經) saraf pusat.

중추(仲秋) pertengahan musim rontok. ~의 명월 bulan panen.

중축(中軸) poros; sumbu.

중치(中 -) ☞ 중간치.

중크롬산(重-酸) 「化」 asam dikromat. ~염(鹽) dikromat.

중키(中 -) tingginya sedang.

중탄산(重炭酸)~소다 sodium bikarbonat. ~염(鹽) bikarbonat.

중태(重態) kondisi serius; kondisi kritis.~에 빠지다 jatuh dalam kondisi kritis.

중턱(中-) pertengahan lereng gunung. ~에 di pertengahan lereng gunung.

중토(重土) 「化」 barium oksida.

중퇴(中退) ~하다 putus sekolah. ~자 orang yang putus sekolah/drop out.

중파(中波) 「無電」 gelombang medium.

중판(中判) 「寫」 ukuran medium (foto).

중판(重版) cetakan berikutnya.

중편(中篇) ① (제 2 권) bagian (jilid) kedua. ② cerita setengah panjang. ~소설 novelet.

중평(衆評) opini publik; pendapat umum.

중포(重砲) senjata berat. ~병(兵) tentara artileri berat.

중폭격기(重爆擊機)pesawat pengebom berat.

중품(中品) kualitas pertengahan.

중풍(中風)penyakit lumpuh; kelumpuhan.~에 걸리다 terkena kelumpuhan.

중하(重荷) beban berat; muatan berat.

중하다(重-) serius; kritis; parah; berat.

중학교(中學校) Sekolah Menengah Pertama.

중학생(中學生) siswa Sekolah Menengah Pertama.

중합(重合) 「化」 polimerisasi. ~체 polimer.

중형(中形.中型) ukuran sedang. ~의 berukuran sedang/medium.

중형(仲兄) abang kedua.

중형(重刑) hukuman berat.~에 처하다 mengenakan hukuman berat.

중혼(重婚) kawin dua kali. ~하다 menikah kedua kali. ~자 orang yang kawin dua kali.

중화(中和)~하다 menetralkan;menawarkan. ~제 obat penawar.

중화(中華) ~민국 Republik Rakyat Cina (RRC).

중화기(重火器) senjata api berat.

중화학공업(重化學工業)industri kimia berat.

중환자(重患者) pasien gawat.

중후(重厚) ~한 sifat serius dan baik hati.

중흥(中興) perbaikan; pemulihan. ~하다 memperbaiki; memulihkan.

중히(重-) ☞ 소중히.~여기다 menilai tinggi; menghargai.

쥐 「動」 tikus;mencicit. ~잡기 운동 kampanye anti tikus.

쥐 (경련) kram; kejang. 다리에 ~가 나다 kena kram pada kaki.

쥐구멍 lobang tikus. ~을 찾다 mencari lobang tikus.

쥐꼬리 ekor tikus. ~만한 월급 gaji

yang kecil.
쥐다 menggenggam;mencengkram; mengepal; menangkap.
쥐덫 perangkap tikus.
쥐뿔같다 sepele; remeh; tak berharga.
쥐약(- 藥) racun tikus; tuba tikus.
쥐어뜯다 merobek; mengoyak; merenggut; merabak.
쥐어박다 meninju.
쥐어주다 menyelipkan/memberi uang ke dalam tangan(seseorang); menyogok; memberi persen.
쥐어지르다 ☞ 쥐어박다.
쥐어짜다 meremas; memulas.
쥐어흔들다 memegang dan menggoyang.어깨를 ~ menggoncangkan bahunya.
쥐잡듯이 satu per satu; semua.
쥐젖 kutil kecil.
쥐죽은듯 ~하다 sangat sepi; sepi seperti kuburan.
즈음 waktu (ketika).요 ~은 akhir-akhir ini; belakangan ini.
즉(卽) ① (곧) yaitu; yakni. (바로) tegasnya; jelasnya; terangnya. ③ (그러할 때는) kemudian.
즉각(卽刻) dengan segera;seketika; ditempat.
즉결(卽決) keputusan yang segera; pengadilan di tempat/pengadilan kilat. ~하다 mengadili ditempat.
즉답(卽答) jawaban yang segera. ~하다 menjawab dengan cepat.
즉사(卽死) kematian di tempat. ~하다 mati di tempat (kecelakaan).
즉석(卽席)~의 segera;seketika. ~에서 di tempat; dengan segera.
즉시(卽時) sekaligus;segera;serta merta; kontan; selekas; spontan. ~불(拂) pembayaran kontan.
즉위(卽位) naik tahta; penobatan. ~하다 menaiki tahta; menobatkan. ~식 upacara penobatan; upacara pelantikan.
즉응(卽應) ~하다 setuju dengan serta merta;memenuhi. ...에 ~하여 sesuai (dengan); sebagai respon terhadap...
즉일(卽日) (pada) hari yang sama.
즉효(卽效) efek yang segera. ~가 있다 menghasilkan efek dengan segera.
즉흥(卽興) ~의[적] improvisasi; mendadak.~곡 『樂』 musik improvisasi.
즐거움 kegembiraan;suka cita;kegirangan; kesenangan; lega hati; suka ria; senda gurau.
즐거이 dengan gembira; dengan suka cita.
즐겁다 gembira; senang; suka hati. 즐겁 ☞ 즐거이.
즐기다 menikmati; bersuka-suka. 인생을 [자연을]~ menikmati hidup [alam].
즐비(櫛比) ~하다 berdiri berdekatan satu sama lain; berbaris.
즙(汁) sari buah;jus.~이 많은 berair banyak. ~을 내다 memeras sari buah.
증(症) gejala; tanda-tanda. 허기 ~이 나다 merasa lapar.
증(證) bukti;tanda;sertifikat. 학생~ kartu siswa.
증가(增加)kenaikan;pertambahan;

peningkatan. ~하다 naik; meningkat. ~액 jumlah kenaikan. ~율 tingkat kenaikan.

중간(增刊) nomor khusus; nomor ekstra (majalah).

중감(增減)kenaikan dan penurunan. ~하다 naik dan (atau) turun.

중강(增强) penguatan; bala bantuan.~하다 menguatkan; memperkuat.

중거(證據) bukti; tanda; kesaksian. 결정적인(확실한)~ bukti yang memutuskan (pasti). 물적인 ~ bukti materi; bukti nyata. ~물 barang bukti.~보전 penjagaan bukti;pengamanan bukti.

중권(證券) saham; obligasi. ~거래소 pasar bursa.~시세 harga bursa. 국고 ~ surat obligasi perbendaharaan negara.

중권투자(證券投資) penanaman modal obligasi/saham.

중기(蒸氣) uap. ~기관 mesin uap. ~기관차 lokomotif uap.~난방 장치 sistem pemanasan dengan uap. ~선 kapal uap.

중대(增大) ~하다 memperbesar; memperluas. ~판(版) edisi yang di perluas.

중류(蒸溜) penyulingan; distilasi. ~하다 menyuling; menguapkan; mendistilasi. ~기(器) alat penyulingan; distiler. ~수 air sulingan.

중명(證明) bukti; keterangan; kesaksian;verifikasi. ~하다 membuktikan; menunjukkan; mendalilkan; menyungguhkan.~서 sertifikat;ijazah; surat keterangan; surat tanda bukti.

중발(蒸發) penguapan. ~하다 menguap. ~성 sifat menguap.

중발(增發) (열차의)pengoperasian kereta api tambahan; ~하다 mengeluarkan uang kertas tambahan; mengoperasikan kereta api tambahan.

중배(增配)peningkatan keuntungan saham. ~하다 menyatakan peningkatan keuntungan saham; menaikkan jatah.

중보(增補) ~하다 melengkapi; memperbesar.

중빙(證憑)bukti.~서류 surat bukti.

중산(增産) peningkatan produksi. ~하다 meningkatkan produksi. ~계획 program peningkatan produksi.

중상(症狀) gejala-gejala; simtom.

중서(證書)akta; surat ijazah; sertifikat tambera; diploma. 예금 ~ sertifikat deposito.

중설(增設) ~하다 meningkatkan; mendirikan lebih banyak; memasang lebih banyak.

중세(症勢) gejala-gejala (kondisi pasien) ...의 ~를 나타내다 menunjukkan gejala...

중세(增稅) peningkatan pajak. ~하다 meningkatkan pajak.

중손(曾孫) cicit laki-laki.

중손녀(曾孫女) cicit perempuan.

중수(增水) ~하다 naik (air). ~기(期) periode banjir tahunan.

중수(增收)peningkatan pendapatan; peningkatan hasil. ~하다 meningkat (pendapatan).

증식(增殖) ~하다 membiakkan. ~로(爐) reaktor pembiak; tabung pembiak.
증액(增額) peningkatan; penambahan;perbanyakan; penggandaan; tambahan (uang). ~하다 meningkat; memperbesar.
증언(證言) saksi; (pen)tegasan; bukti saksi. ~하다 bersaksi; meneguhkan; menandaskan; menegaskan.~대(臺) kedudukan saksi.
증여(贈與) sumbangan; infak; donasi;hibah;pemberian.~하다 memberikan;menghibah; mendermakan.
증오(憎惡) kebencian;dendam kesumat; antipati. ~하다 membenci; dendam kepada.
증원(增員)~하다 menambah personil.
증원(增援) ~하다 memperkuat. ~대(隊) unit bala bantuan.
증인(證人) saksi. ~이 되다 menjadi saksi. ~석 bangku saksi.
증자(增資) peningkatan modal. ~하다 meningkatkan modal. ~주 saham tambahan.
증정(增訂) revisi dan perlengkapan. ~하다 merevisi dan melengkapi. ~판 edisi yang direvisi dan dilengkapi.
증정(贈呈) presentasi; persembahan; penganugerahan. ~하다 mempersembahkan; menghadiahkan. ~품 barang persembahan.
증조모(曾祖母) buyut perempuan.
증조부(曾祖父) buyut laki-laki.
증진(增進) ~하다 meningkatkan; memajukan; mendorong.
증축(增築) perluasan bangunan. ~하다 memperbesar bangunan.
증파(增派) ~하다 mengirim lebih banyak (tentara; kapal perang).
증폭(增幅) pengerasan. ~하다 memperkeras (suara).~기 pesawat pengeras.
증표(證票) tanda bukti.
증회(贈賄) ~하다 menyuap; menyogok.~사건 kasus penyuapan. ~자 pemberi suap. ~죄 penyuapan.
증후(症候) gejala-gejala.
지 sejak;dari;setelah. 떠난~두 시간 dua jam setelah keberangkatan.
지...(至) ke; sampai.
...지 ① 어떻게 하는 것인~가르쳐 주세요 Beritahukan kepada saya bagaimana melakukan itu.②오늘은 누가 오겠 ~ Seseorang mungkin menemui saya hari ini. ③ 저 배엔 사람이 타고 있~ 않다 Kapal uap itu tidak ada penumpang.
지가(地價) harga tanah.
지가(紙價) harga kertas.
지각(地殼) kulit bumi; kerak bumi.
지각(知覺) ① persepsi;perasaan. ~하다 merasa. ~기관 alat perasa. ~력 daya persepsi.~신경 saraf perasa.②kebijaksanaan;kedewasaan. ~하다 mencapai usia yang dapat memberi pertimbangan/alasan (☞ 철들다,철없다). ~있는 bijaksana. ~망나니 orang yang tidak bijaksana.
지각(遲刻)~하다 terlambat. 학교에 ~하다 terlambat ke sekolah.
지갑(紙匣) dompet; pundi; kantong kecil; tempat uang.
지게 jangki gaya Korea. ~를 지다

membawa jangki gaya Korea. ~꾼 pembawa jangki.

지겹다 muak.

지경(地境) ① (경계) batas; perbatasan. ② situasi;hal ikhwal. ...할 ~에 있다 hampir; nyaris.

지고(至高) ~의 tertinggi.

지골(指骨.趾骨) 「解」 tulang jari; ruas jari.

지공(至公) ~무사(無私)하다 sangat adil.

지관(地官) ahli letak kubur.

지구(地球) mayapada; bumi;dunia; jagad. ~물리학 geofisika. ~의(儀) [본] bola dunia.

지구(地區) distrik;wilayah;daerah; kawasan. 경인~ distrik Seoul Incheon.

지구(地溝) 「地」 lembah yang renggang.

지구(持久) ~력 ketahanan; daya tahan. ~전 perjuangan (perang) panjang.

지국(支局) kantor cabang.

지그시 ① pelan-pelan. 눈을 ~감다 menutup mata dengan perlahan. ② (참는 모양) dengan sabar; dengan tabah.

지극(至極)~하다 paling; ekstrim; berlebihan. ~히 sangat.

지근거리다①(귀찮게 굴다) mengganggu; menjengkelkan;menggoda. ② (머리가) sakit kepala. ③ (씹다) mengunyah perlahan.

지근덕거리다 ☞ 지근거리다.

지글거리다 mendesis.

지글지글 desis;dengan mendesis.

지금(只今) ① sekarang;waktu ini; kini; saat ini. ~까지 sampai sekarang;hingga kini.~부터 dari sekarang. ② (지금 막) baru saja; barusan. ③ (지금 곧) segera; seketika.

지금(地金) logam.

지급(支給) pembayaran. ~하다 membayar; memberikan. ~기일 tanggal pembayaran. ~능력 kesanggupan melunaskan hutang.

지급(至急)~의 segera; mendesak; kilat.~전보 [전화] telegram [telepon] segera.

지긋지긋하다① (넌더리나다)muak. ② (지겹다)memuakkan;menjijikkan.

지기(地氣) penguapan dari bumi.

지기(知己) teman dekat.

지기지우(知己之友)☞지기(知己).

...지기 petak sawah yang siap di tanami. 닷마 ~ petak sawah yang cukup untuk penaburan 5 *mal* benih.

...지기 penjaga. 문~ penjaga gerbang.

지껄거리다 bercakap-cakap; berомong-omong.

지껄이다 ☞ 지껄거리다.

지끈지끈 ① (부러지는 소리) berderak. ② 골치가 ~ 아프다 sakit kepala.

지나(支那) Cina.~해(海) Laut Cina.

지나가다 ① lewat. 문 앞을~ lewat pintu. ② ☞ 지나다.

지나다 ① (기한이) kadaluwarsa. ② lewat; melintasi. 숲 속을~ melewati hutan.③ (경과) lewat; berlalu (waktu).

지나새나 selalu; setiap waktu.

지나오다 melewati.
지나치다 ① (과도) berlebihan. ② (통과) melewati; melampaui; melalui; melintas.
지난(至難) ~한 sangat sukar; paling sukar.
지난 lalu; lampau; sudah-sudah. ~가을 musim rontok yang lalu. ~날 hari-hari yang lalu.~번 waktu yang lalu.
지남철(指南鐵) magnet.
지남침(指南針) jarum magnet.
지내다 ① melewatkan waktu; hidup. 독서로 ~ melewatkan waktu dengan membaca.행복하게~ hidup bahagia. ②melangsungkan. 장사를 ~ melangsungkan upacara penguburan. ③ (겪다) menjalani karir; mengalami.
지내듣다 tak memperhatikan;tak memperdulikan.
지내보다 berhubungan dengan; berteman dengan.
지네 「動」 lipan; kaki seribu.
지느러미 sirip. 등 [가슴, 꼬리] ~ sirip punggung [perut, ekor].
지능(知能)kepintaran;kecerdasan; intelejensi. ~적 intelektual. ~검사 uji kecerdasan.
지니다(보전) memelihara; menjaga, (품다) memendam, (가지다) mengenakan; membawa. 몸에 ~ mengenakan di badan.
지다 ① kalah; dikalahkan; ditaklukkan;ditundukkan. 경쟁에~kalah dalam pertandingan.경주에~ kalah dalam perlombaan. 논쟁에~ kalah argumentasi. 선거에~ kalah dalam pemilihan. 소송에 ~ kalah dalam pengadilan; kalah dalam perkara. ② menyerah. 유혹에~ menyerah pada godaan.
지다 ① (등에) memikul; menanggung (beban). ② (빚을) menanggung (hutang). ③ (책임을) memegang/menanggung (tanggung jawab). ④ (신세 따위를) berhutang budi; menanggung (budi).
지다 ① (해 달이) tenggelam (matahari; bulan). ② (잎 꽃이) gugur (bunga, daun).③ (때 따위가) keluar; hilang; bersih (daki). ④ (숨이) meninggal; menghembus napas terakhir.
지다 그늘이 ~ diteduhi; dinaungi; teduh. 얼룩이 ~ menjadi bernoda. 장마가 ~ musim hujan telah tiba.
지다 menjadi. 좋아[나빠,추워,더워] ~ menjadi baik [buruk, dingin, panas].
지당(至當)~한 layak;benar;masuk akal.
지대(至大) ~한 sangat; hebat; besar; penting.
지대(地代)sewa tanah.
지대(地帶) daerah; wilayah; kawasan; zona. 공장 ~ kawasan pabrik.안전[위험,중립]~zona aman [berbahaya, netral].
지대공(地對空) ~미사일 peluru kendali darat ke udara.
지대지(地對地) ~미사일 peluru kendali darat kedarat.
지덕(智德) pengetahuan dan pribudi.
지도(地圖) map; peta; atlas. 거는

~ peta dinding. 5 만 분의 1 ~ peta dengan skala 1 : 50.000.~를 그리다 [보다] menggambar [melihat] peta.
지도(指導) bimbingan; kepemimpinan; arahan; penuntunan. ~ 하다 membimbing;memimpin;menuntun; mempelopori; mengarahkan. ~교사 guru pembimbing. ~교수 dosen pembimbing. ~자 pengetua; pemimpin; pengarah.
지독(至毒) ~하다 ① ganas;kejam; sadis. ~한 모욕 penghinaan yang kejam. ② parah; ganas; mengerikan. ~한 추위 dingin yang parah.
지동(地動) ~설 teori Copernicus.
지둔(遲鈍) ~한 bodoh; bebal.
지라 「解」 kura limpa;limpa kecil.
지랄 ① ~하다 histeris.② ☞지랄병(病). ~하다 jatuh sawan. ~장이 penderita ayan.
지랄병(-病) epilepsi;ayan;sawan.
지략(智略) ~이 풍부하다 banyak akal. ~이 풍부한 사람 orang yang banyak akal.
지렁이 「動」 cacing tanah. ~도 밟으면 꿈틀거린다 semut juga akan menggigit bila diinjak.
지레 (물건 움직이는) pengungkit; pengungkil; pengumpil; tuas.
지레(미리) terlebih dulu; sebelumnya.
지레짐작하다 mengambil kesimpulan yang tergesa-gesa.
지력(地力) kesuburan (tanah).
지력(智力) kekuatan pikiran; daya intelektual.
지령(指令) perintah; instruksi. ~하다 memerintahkan; memberi instruksi.
지론(持論)pendapat yang selalu di pegang.
지뢰(地雷) ranjau darat. ~를 묻다 menanam ranjau.~밭[지대] ladang ranjau.
지루하다 membosankan.
지류(支流) anak sungai; simpang sungai.
지르다 ① (발로) menendang; menyepak; memukul.② (꽂아 넣다) menusuk. ③ 불을~ membakar. ④ (자르다) menyingkatkan;memotong. ⑤ (질러가다) mengambil jalan pintas; memintas; melintas. ⑥ (돈을) bertaruh.
지르다 menjerit. 고함을~ berteriak.
지르르① (물기.기름기가) mengkilap dengan minyak. ②(뼛마디가) ngilu (di persendian).
지르콘 「化」 zirkon.
지름 diameter; garis tengah.
지름길 jalan pintas; jalan terdekat; jalan singkat. ~로 가다 mengambil jalan pintas; memintas.
지리(地利) keuntungan geografi.
지리(地理) topografi; geografi. ~(학)상의 geografis. ~책 buku geografi; ilmu bumi.
지리다 bau kencing; hancing.
지리다 terkincit.
지리멸렬(支離滅裂)~하다 kacau. ~이 되다 menjadi kacau.
지린내 bau kencing; hancing.
...지마는 tetapi; meskipun.
지망(志望) pilihan; penuju. ~하다 memilih;menujui.~자 pelamar; ca-

lon. ~학과 jurusan yang dipilih; jurusan pilihan.

지맥(地脈) lapisan bumi.

지면(地面) permukaan tanah/bumi.

지면(紙面) (신문의) surat kabar; (여백) ruang.~관계로 dikarenakan ruang yang terbatas.

지면(誌面) kolom di majalah. ~을 통해 melalui majalah.

지명(地名)nama tempat.~사전 kamus geografis; kamus ilmu bumi.

지명(知名) ~의 terpandang; ternama. ~인사 orang yang ternama.

지명(知命)① (천명을 앎) mengetahui kehendak Langit. ② (50 세) umur lima puluh tahun.

지명(指名) penunjukan; pengangkatan.~하다 menunjuk;mengangkat.

지모(知謀) kepintaran; kecerdikan.

지목(地目) klasifikasi lahan/tanah. ~변경 klasifikasi kembali lahan; perubahan kategori lahan.

지목(指目) ~하다 menunjukkan.

지문(指紋) sidik jari; bekas jari; cap jari. ~날인 문제 masalah sidik jari.

지물(紙物)barang kertas.~포 toko kertas.

지반(地盤) ① (토대) dasar; landasan. ② tempat berpijak. 확실한 ~ tempat berpijak yang pasti. ~을 닦다 membentuk/meratakan tempat berpijak. ③ lingkungan pengaruh. (선거의) ~을 닦다 memelihara lingkungan pengaruh.

지방(地方) daerah; wilayah. ~의, ~적인 lokal;kedaerahan. ~의 사람 orang daerah. ~적인 편견 kedaerahan. 이~ wilayah ini. ~에 가다 pergi ke daerah.~검사 jaksa wilayah. ~관청 pemerintah daerah. ~기사 berita daerah. ~법원 pengadilan wilayah.~사투리 logat daerah. ~의회[의원] DPRD (anggota DPRD).~장관 gubernur.~재정 keuangan daerah.~판(版) warta daerah.

지방(脂肪)lemak.~과다 kelebihan lemak. ~질 lemak. ~조직 jaringan lemak.

지배(支配) pemeriksaan; pengawasan pengendalian; penguasaan. ~하다 memerintah;mengendalikan; menguasai; mengawasi; memeriksa. ~권 hak pengawasan/penguasaan.

지배인(支配人) manajer; pengelola; pemimpin usaha; pengurus; penyelenggara. ~대리 pejabat manajer.

지번(地番) nomor petak (tanah).

지변(地變) 천재 ~ bencana alam.

지병(持病)penyakit kronis;penyakit menahun.

지보(至寶) harta yang paling berharga.국가의 ~ aset nasional yang paling besar.

지부(支部) kantor cabang. ~장 manajer cabang/pemimpin cabang.

지분(脂粉) pemerah dan bedak.

지불(支拂) pembayaran. ~하다 membayar. ☞ 지급.

지불보증(支拂保證) jaminan pembayaran. ~수표 cek yang di jamin.

지불청구(支拂請求) penagihan

pembayaran. ~를 하다 menagih pembayaran.
지붕 atap.~을 이다 mengatapi. 기와 ~ atap genteng. 둥근~ kubah.
지사(支社) kantor cabang.
지사(志士) 우국 ~ patriot; pencinta Tanah Air.
지사(知事) gubernur (propinsi).
지상(地上) tanah; darat; bumi.~의 tentang darat/bumi.~의 낙원 surga di dunia. ~부대 unit darat. ~전(戰) perang darat.
지상(至上)~의 tertinggi. ~권 kekuasaan tertinggi.~명령 perintah tertinggi.
지상(紙上)~에 di surat kabar. ~의 논전 polemik. ~으로 melalui pers.
지상(誌上) ~에 dalam majalah.
지새다 fajar menyingsing.
지새우다 tidak tidur sepanjang malam.
지서(支署) kantor polisi cabang.
지성(至誠) kesungguhan. ~으로 jiwa dan raga; dengan segala kesungguhan.
지성(知性) kecendekiawanan. ~인 cendekiawan; intelektual.
지세(地貰) sewa tanah.
지세(地稅) pajak tanah.
지세(地勢) topografi.
지속(持續) ~하다 meneruskan; melangsungkan; melanjutkan. ~기간 lamanya; jangka waktu. ~성 daya tahan.
지수(指數) indeks. 물가[불쾌] ~ indeks harga [ketidaknyamanan].
지시(指示)petunjuk; perintah; suruhan; aba-aba; komando. ~하다 menunjukkan; menyuruh; menandakan; menerangkan; memerintahkan.
지식(知識)pengetahuan;pelajaran; penyelidikan. 전문적 ~ keahlian. 해박한 ~ pengetahuan yang luas. ~욕 keinginan belajar. ~인 cendekiawan.
지심(地心) pusat bumi.
지아비 suamiku.
지압요법(指壓療法) metode pengobatan dengan mengurut.
지어내다 membuat-buat; mengarang-ngarang.
지어미 istriku.
지엄(至嚴) ~하다 sangat keras/tegas.
지엔피 produk nasional kotor/GNP.
지역(地域) daerah;wilayah;rayon; zona.~적 lokal; kedaerahan. ~별로 dengan pengelompokan wilayah. ~대표 utusan daerah.
지연(遲延)penundaan;penangguhan.~하다 menangguhkan;menunda; mengulur-ulur waktu.
지연단체(地緣團體) organisasi kedaerahan.
지열(池熱) panas bumi.
지엽(枝葉) ① (가지와 잎) cabang dan daun. ② ~적인 tidak penting; minor.
지옥(地獄) neraka. ~에 떨어지다 jatuh ke neraka. 생~ neraka dunia.
지용(智勇) kebijaksanaan dan keberanian.
지우(知友) teman dekat.
지우개 penghapus; setip.
지우다 ① membebani.무거운 짐을

~ memberi beban yang berat. ② (부담) membebani tanggung jawab.
지우다 (없어지게) menghapus.
지우다 ① membentuk. 그늘~ menaungi; membentuk bayangan. ② menumpahkan. 눈물~ menumpahkan air mata. ③(물 따위) menuang sedikit.
지우다 (아이를) keguguran; (숨을) meninggal.
지원(支援) sokongan; tunjangan; bantuan;dukungan. ~하다 memberi dukungan; menyokong. ~부대 unit pendukung. ~자 pendukung; penunjang.
지원(志願)pelamaran;permohonan. ~하다 melamar; memohon. ~병 sukarelawan. ~서 lamaran tertulis; surat lamaran. ~자 pelamar; pemohon.
지위(地位) posisi; status; kedudukan. 좋은 ~를 얻다 mendapat kedudukan yang baik.
지은이 ☞ 저자(著者).
지인(知人) kenalan.
지자기(地滋氣) kemagnetan bumi.
지장(支障) kesukaran;rintangan; halangan;gangguan; kesulitan. ~이 없으면 jika tidak mengganggu...
지장(指章) cap jempol. ~을 찍다 membubuhi cap jempol; mencap dengan jempol.
지저귀다 menyanyi;berkicau;mencicit; menciap; mengoceh.
지저분하다 kotor; kacau.
지적(地積)luas tanah.~측량 pengukuran luas tanah.
지적(地籍) pendaftaran tanah.~도 peta pendaftaran tanah.
지적(知的) intelektual. ~능력 kemampuan intelektual. ~ 재산권 hak properti karya intelektual.
지적(指摘)~하다 mensinyalir;menyatakan;memperingati;menjelaskan.
지전(紙錢) uang kertas.
지절거리다 beromong-omong; mengobrol; berceloteh.
지점(支店)kantor/toko cabang.~장 kepala cabang.해외(海外)~ cabang luar negeri.
지점(支點) ① 「理」 titik tumpu. ② 「建」 pembebanan.
지점(地點) tempat; posisi.
지정(指定) penentuan; penetapan. ~하다 menentukan; menetapkan. ~한 대로 seperti yang dinyatakan. ~석 tempat duduk yang dipesan. ~일 tanggal yang ditentukan.
지정학(地政學) geopolitik. ~자 ahli geopolitik.
지조(地租) pajak bumi/tanah.
지조(志操) ketetapan; kesetiaan. ~를 굳게 지키다 menjaga teguh kesetiaan.
지족(知足)~하다 puas (dengan).
지존(至尊) Baginda; Yang Mulia.
지주(支柱) sandaran; tumpangan; tonggak; topang; pilar; tiang penyangga; tugu.
지주(地主) tuan tanah; pemilik tanah. ~계급 golongan pemilik tanah. 대~ pemilik tanah yang luas.
지주(持株) saham seseorang. 종업원 ~제도 sistim pembagian saham untuk karyawan.

지중(地中) ~의 bawah tanah. ~에 di bawah tanah.

지중해(地中海) laut tengah.

지지(支持)dukungan. ~하다 mendukung.국민의 ~를 얻다 didukung oleh rakyat. ~자 pendukung.

지지난달 dua bulan lalu.

지지난밤 dua malam yang lalu.

지지난번 dua kali yang lalu.

지지난해 dua tahun yang lalu.

지지다 (끓이다) mendidih.

지지리 sangat;ngeri. ~못나다 tampak sangat jelek.~(도) 고생하다 mengalami kesukaran yang parah.

지지부진(遲遲不進) ~하다 maju dengan lambat.

지지하다 (부진)tidak berguna; sepele; remeh.

지진(地震)gempa bumi; tanah goyang; lindu. ~계 seismograf. ~대 daerah gempa bumi. ~학 ilmu gempa bumi.

지진아(遲進兒) anak cacat mental.

지질(地質) geologi. ~분석 analisa tanah. ~조사 survei geologi. ~학 geologi. ~학자 ahli geologi.

지참(持參) ~하다 membawa serta. ~금 mas kawin; mahar; uang di kantong. ~인 pembawa. ~인불 dapat dibayar kepada pembawa.

지참(遲參)~하다 datang terlambat. ~자 orang yang datang terlambat.

지척(咫尺) jarak yang amat dekat. ~에 있다 ada di dekat.

지척거리다 tertatih-tatih.

지청(支廳) kantor wilayah.

지체 keturunan; kelahiran. ~가 높다[낮다] keturunan bangsawan [rakyat jelata].

지체(肢體) anggota badan dan tubuh. ~ 부자유아 anak cacat.

지체(遲滯) penundaan;kelambatan. ~하다 terlambat; tertunda.

지축(地軸) poros bumi. ~을 뒤흔드는 듯한 굉음 suara gemuruh seperti menggoncangkan bumi.

지출(支出) pengeluaran; pembelanjaan.~하다 membiayai; membelanjakan; mengeluarkan.예산외 ~ pengeluaran tidak direncanakan. 수입과 ~ pendapatan dan pengeluaran. ~액 jumlah pengeluaran.

지층(地層) lapisan bumi; strata; petala.

지치다 (피로하다) lelah;capek; kehabisan tenaga. 일에 ~ lelah bekerja.

지치다(미끄름을)menggelincir;meluncur; bermain sepatu es. 얼음을 ~ meluncur di atas es.

지친(至親) sanak saudara dekat.

지침(指針)(자석의) jarum kompas; (시계의) jarum jam; (기계의) jarum penunjuk; (길잡이) pemandu.

지칭(指稱) ~하다 menyebut; menamakan; memanggil.

지키다① membela;mempertahankan.나라를 ~ membela negara. ② mewaspadai. 엄중히~ mewaspadai dengan cermat. ③ (고수) berpegang teguh (pada). ④ menjaga. 충성을~menjaga kesetiaan. ⑤ menepati;mentaati. 약속을~ menepati janji. 법을~ mentaati undang-undang/hukum. ⑥memelihara;mempertahankan; menjaga. 신용을 ~ menjaga kepercayaan.

지탄(指彈) ~하다 menyalahkan; mengkritik; menyesalkan; mengutuk. ~을 받다 disalahkan; dikritik; disesali.

지탱(支撐)~하다 menjaga; memelihara. 건강을 ~하다 menjaga kesehatan.

지통(止痛) ~하다 menghilangkan/meredakan rasa sakit.

지팡이 tongkat. ~를 짚고 bertongkat.

지퍼 resleting. ~를 채우다 mengatupkan resleting. ~를 끄르다 membuka resleting.

지편(紙片) selembar kertas.

지평(地平) permukaan tanah. ☞ 수평.

지평선(地平線) ufuk; kaki langit; horizon. ~상에 di atas horizon; di atas ufuk.

지폐(紙幣) uang kertas.~발행 penerbitan uang kertas. 태환 ~ uang yang dapat ditukar.

지표(地表) permukaan bumi.

지표(指標) indeks; indikasi; barometer. 경기 ~ barometer perdagangan. 선행~ 「經」 indikator utama.

지푸라기 jerami.

지피다 menyalakan; membuat api. 난로에 불을 ~ menyalakan api di kompor.

지필묵(紙筆墨) kertas, pulpen dan tinta.

지하(地下)~의[에, 에서] di bawah tanah. ~이층 lantai dua bawah tanah.~도 jalan bawah tanah. ~수 air di bawah tanah. ~실 ruangan bawah tanah.

지학(地學) geografi fisik.

지함(紙函) karton.

지핵(地核) inti bumi.

지향(志向) tujuan; maksud. ~하다 bertujuan untuk; bermaksud untuk.

지향(指向) ~하다 menunjuk (ke); mengarah (ke).~성 안테나 antena pengarah.

지혈(止血) ~하다 menghentikan pendarahan.~대(帶) balutan/ikatan untuk menghentikan pendarahan.

지협 tanah genting.

지형(地形)bentuk geografis;topografi. ~도 peta topografi.~학 ilmu topografi.

지혜(智慧) kearifan; kepandaian; kebijaksanaan. ~있는 bijaksana; arif.

지휘(指揮) perintah; arahan; instruksi; pimpinan. ~하다 memerintahkan;mengarahkan; membimbing; memimpin.

직(職) pekerjaan; tugas; jabatan.

직각(直角) sudut tegak lurus. ...과 ~으로 pada sudut tegak lurus terhadap... ~삼각형 segitiga sikusiku.

직각(直覺) intuisi; naluri. ~하다 mengetahui secara intuisi. ~적으로 secara intuisi; secara naluriah.

직간(直諫) ~하다 menyarankan langsung.

직감(直感) intusi; naluri. ~하다 mengetahui secara intuisi.

직거래(直 -) transaksi langsung /ditempat; jual beli di tempat.

직격(直擊) kena langsung. ~탄 bom kena langsung.

직결(直結) hubungan langsung. ~하다 menghubungkan langsung.

직경(直徑) diameter; garis tengah. ~ 1 미터 garis tengah satu meter.

직계(直系) ~의 langsung. ~가족 keluarga garis keturunan langsung. ~회사 perusahaan yang berafiliasi langsung.

직고(直告) ~하다 memberitahu langsung.

직공 9 pekerja; buruh.

직교역(直交易)perdagangan barter langsung.

직구(直球)『野』 bola lurus.

직권(職權) wewenang; kekuasaan. ~으로써 dengan wewenang dari jabatan. ~을 행사[남용]하다 melaksanakan [menyalahi] wewenang. ~남용 penyalahgunaan wewenang/kekuasaan.

직녀(織女) ① (사람) penenun wanita. ② ☞ 직녀성.

직녀성(織女星)『天』 Vega (satu diantara 20 bintang yang paling terang).

직능(職能) fungsi. ~급(給) upah berdasarkan evaluasi kerja. ~대표 utusan fungsi.

직답(直答)jawaban segera;jawaban langsung. ~하다 menjawab langsung.

직렬(直列)『電』 (rangkaian) seri. ~회로[변압기] rangkaian [transformer] seri.

직류(直流) 『電』 arus searah (D.C). ~전동기 [발전기] motor [dinamo] arus searah.

직립(直立) ~하다 berdiri tegak. ~의 tegak lurus.

직매(直賣) penjualan langsung. ~하다 menjual secara langsung.~소[점] toko [depot] yang menjual secara langsung.

직면(直面) ~하다 menghadapi; berhadapan (dengan).

직무(職務) tanggung jawab;tugas; dinas. ~를 수행하다 melaksanakan tanggung jawab/ tugas.~규정 peraturan dinas.~집행 kinerja pelaksanaan tugas. ~태만 pengabaian tugas.

직물(織物) kain;tekstil. ~공업 industri tekstil. ~류 bahan tekstil. ~상 penjual kain.

직분(職分) tanggung jawab; tugas. ~을 다하다 melaksanakan tanggung jawab.

직사(直射) tembakan langsung. ~하다 menembak langsung; menyinari langsung.

직사각형(直四角形) empat persegi panjang.

직삼각형(直三角形) segitiga siku-siku.

직선(直線) garis lurus. ~으로 dalam garis lurus.~거리 jarak lurus. ~거리로 dalam jarak garis lurus.

직설법(直說法) 『文』 indikatif.

직성(直星)~ 풀리다 merasa puas. ~이안 풀리다 tidak puas; merasa tidak puas.

직소(直訴) petisi langsung; per-

mohonan langsung.
직속(直屬)~하다 di bawah pengawasan langsung (dari). ~부하 bawahan langsung.
직송(直送) pengiriman langsung. ~하다 mengirim langsung.
직수입(直輸入) pengimporan langsung; impor langsung. ~하다 mengimpor langsung. ~상 importir langsung.
직수출(直輸出) pengeksporan langsung; ekspor langsung. ~하다 mengekspor barang langsung. ~품 barang ekspor langsung.
직시(直視) ~하다 menatap langsung.
직언(直言) ~하다 berbicara terus terang; berbicara tanpa tedeng aling-aling.
직업(職業) pekerjaan; usaha; profesi. ~적(인) professional. ~경력 karir profesi. ~교육 pendidikan kejuruan. ~병 penyakit (yang berhubungan dengan) pekerjaan. ~보도 pelatihan kerja.
직역(直譯) terjemahan harfiah. ~하다 menterjemahkan secara harfiah.
직영(直營) ~하다 mengelola langsung. 정부의 ~사업 perusahaan di bawah pengelolaan pemerintah.
직원(職員) pegawai; staf; karyawan. ~실 ruang staf. ~회의 rapat staf.
직유(直喩) kiasan; ungkapan.
직인(職印) cap/materai resmi.
직임(職任) tugas/tanggung jawab resmi.
직장(直腸)「解」anus.
직장(職場) tempat kerja. ~을 지키다 tetap pada tempat kerja. ~을 이탈하다 meninggalkan tempat kerja.~대회 rapat umum lokakarya.
직재(直裁) keputusan langsung. ~하다 memutuskan langsung; memutuskan sendiri.
직전(直前) ~에 segera sebelum.
직접(直接) (secara) langsung; tangan pertama. ~의 segera; langsung. ~듣다 mendengar langsung. ~매매 penjualan langsung. ~선거 pemilihan langsung. ~세 pajak langsung.
직제(職制) organisasi jabatan.~를 개편하다 mengorganisir kembali jabatan.
직조(織造) tenun menenun. ~하다 bertenun; menenun.
직종(職種) jenis pekerjaan; kategori pekerjaan. ~별(로) (mengklasifikasikan) menurut pekerjaan.
직직 (신발을 끎) suara seretan kaki; (찢음) suara merobek kertas; (긁힘) suara menggaruk.
직진(直進) ~하다 pergi terus.
직책(職責) tanggung jawab; tugas.
직통(直通) ~하다 berkomunikasi langsung. ~전화[열차] pelayanan telepon [kereta api] langsung.
직필(直筆)~하다 menulis apa adanya.
직할(直轄) pengawasan langsung. ~이다 dibawah kontrol langsung (dari).
직함(職銜) pangkat/gelar/titel resmi.

직항(直航) ~하다 berlayar langsung. ~로[선] pelayaran langsung.
직행(直行) ~하다 pergi langsung; melantas. ~버스 bus patas.
직후(直後) ~에 segera setelah.
진(辰) (shio) Naga. ~년[시] tahun [jam] Naga.
진(津) (나무의) resin; damar; (담배의) nikotin; ter.
진(陣) formasi tempur. ~을 치다 mengambil posisi. 교수 ~ staf dosen.
진가(眞假) ☞ 진위(眞僞).
진가(眞價) nilai sejati. ~를 발휘하다 menunjukan kemampuan yang sebenarnya.
진갑(進甲) ulang tahun ke-61.
진개(塵芥) abu; kotoran; sampah.
진객(珍客) tamu tak terduga.
진걸레 kain pel basah.
진격(進擊) penyerangan; penyerbuan.~하다 menyerang; menyerbu. ~령 perintah untuk maju; perintah menyerbu.
진공(眞空) hampa udara; vakum. ~관 tabung hampa udara. ~방전 pemuatan hampa udara.
진구렁 lumpur. ~에 빠지다 terperosok kedalam lumpur.
진국(眞-) ① (사람) orang yang sungguh-sungguh.②☞전국 (全 -).
진군(進軍) barisan maju. ~하다 berbaris maju. ~중이다 baris maju.
진귀(珍貴) ~한 langka; bernilai tinggi.
진급(進級) promosi; kenaikan pangkat.~하다 dipromosikan; naik pangkat. ~시험[상신] ujian [rekomendasi] kenaikan pangkat.
진기(珍奇)~한 langka;tidak biasa; aneh; ganjil.
진날 hari yang berhujan.
진노(震怒) kemarahan;kemurkaan. ~하다 murka.
진눈 radang mata.
진눈깨비 hujan bersalju. ~가 내린다 Hujan bersalju turun.
진단(診斷)diagnosis; pemeriksaan. ~하다 memeriksa; mendiagnosis. ~서 surat keterangan dokter.
진달래 「植」 azalea.
진담(眞談)pembicaraan serius. 농담을 ~으로 듣다 menganggap serius gurauan.
진도(進度) kemajuan.학과의~ kemajuan belajar. ~표 jadwal mengajar.
진도(震度) intensitas gempa.
진동(振動) getaran. ~하다 bergetar. ~계(計) ukuran getaran. ~자 alat pembuat getaran. ~파 gelombang getaran.
진동(震動) goncangan; gegaran. ~하다 bergoncang. ~계 visroskop. ~수 jumlah getaran.~시간 lamanya goncangan.
진두(陣頭)~에 서다 berdiri di depan.~지휘하다 mengomando di depan.
진드기 kutu; sengkenit.
진득거리다 lengket.
진득이 dengan sabar;dengan tabah.
진득하다 sabar; tabah.
진디 「蟲」 kutu daun.
진땀(津-) keringat dingin. ~나다 berkeringat dingin. ~빼다 meng-

alami saat yang sulit.
진력(盡力)~하다 berusaha keras; berdaya upaya; berjerih payah. ...의 ~으로 atas upaya dari...
진력나다 jemu; bosan.
진로(進路) jalan; arah; jurusan. ~를 열어 주다 memberi jalan.
진료(診療) pemeriksaan dan perawatan medis (☞ 진찰, 치료). ~소 klinik; balai pengobatan. ~실(室) ruang konsultasi.
진리(眞理)kebenaran. 일면(一面)의 ~ ada benarnya. ~의탐구 pencarian kebenaran. ~를 탐구하다 mencari kebenaran.
진맥(診脈) ~하다 merasakan denyut nadi.
진면목(眞面目) tabiat sebenarnya. ~을 발휘하다 menunjukkan tabiat sebenarnya.
진무르다 memborok.
진문진답(珍問珍答) pertanyaan yang tidak dipahami dan jawaban yang putar balik.
진물 luka yang berair.
진미(珍味) makanan yang lezat.산해 ~ segala macam makanan yang lezat.
진미(眞味) cita rasa sejati. 음악의 ~ cita rasa sejati dari musik.
진발 kaki berlumpur.
진배없다 sebaik; seperti. 새거나 ~ seperti baru.
진버짐 kadas.
진범(眞犯) penjahat yang sebenarnya.
진보(進步) kemajuan; peningkatan. ~하다 membuat kemajuan; maju; meningkat. ~적(인) maju;progresif. 장족의~ kemajuan besar. ~주의 progresifisme. ~파(派) aliran progresif; kelompok berpikiran maju.
진본(珍本) buku yang langka.
진본(眞本) buku asli; karya asli.
진부(眞否) kebenaran atau kepalsuan; fakta sebenarnya; akurasi.
진부(陳腐) ~하다 basi; lumrah.
진사(陳謝) permintaan maaf.~하다 meminta maaf;menyatakan penyesalan.
진상(眞相) kebenaran. ~을 구명하다 menyelidiki duduk perkara sebenarnya.
진상(進上) ~하다 mempersembahkan hasil daerah sebagai upeti.
진선미(眞善美) yang benar; yang baik dan yang cantik.
진성(眞性) tabiat yang sebenarnya; sifat asli; kesejatian. ~의 benar; asli; sejati.
진세(塵世) dunia yang kotor ini.
진솔 baju baru.
진수(珍羞) masakan yang enak. ~성찬 makanan mewah.
진수(眞髓) intisari; hakekat.
진수(進水) peluncuran. ~하다 di luncurkan. ~대 landasan peluncuran. ~식 upacara peluncuran.
진술(陳述)pernyataan. ~하다 menyatakan; mengutarakan; mengetengahkan. ~서 pernyataan tertulis.
진실(眞實) kebenaran; kenyataan; kesejatian; hakiki; kesungguhan. ~한 benar; sejati; asli; sungguh; benar.
진실성(眞實性) kebenaran;kredi-

bilitas. ~을 의심하다 meragukan kebenaran.
진심(眞心) kesungguhan hati. ~으로 dengan sesungguhnya.
진압(鎭壓)penekanan; penindasan. ~하다 menekan; menindas; mendesak.
진액(津液) getah; resin.
진언(進言) nasehat; saran; bimbingan. ~하다 memberi nasehat; menasehati; menyarankan.
진열(陳列)pemajangan.~하다 memajangkan. ~관 galeri museum. ~품 pajangan; barang yang dipamerkan.
진영(陣營) kubu.동서 양~kubu timur dan barat. 보수 ~ kubu konservatif.
진용(陣容) formasi tempur. ~을 갖추다 bersiap untuk bertempur.
진원(震源) pusat gempa. ~지 =진원.
진위(眞僞)kebenaran;kesungguhan; keseriusan.
진의(眞意) maksud yang sebenarnya.
진의(眞義) arti yang sebenarnya.
진입(進入) ~하다 memasuki. 고속도로로 ~하다 masuk jalur cepat.
진자(振子)『理』bandul;pendulum.
진작(振作) ~하다 membangkitkan semangat; mendorong;.
진작 dahulu; suatu waktu; dulu-dulu.
진저리 ~나다 muak; jijik. ~치다 gemetar; menggigil; bergidik.
진전(進展) perkembangan; kemajuan. ~하다 maju; berkembang.
진절머리 ☞ 진저리.
진정(眞正) ~한 sejati. ~한 사랑 cinta sejati.
진정(眞情) kesungguhan hati; ketulusan hati. ~의 serius; sungguh-sungguh; benar-benar.
진정(陳情) pernyataan;permohonan; petisi; memorandum. ~하다 membuat pernyataan; mengajukan petisi.
진정(進呈) ☞ 증정(贈呈).
진정(鎭靜) ~하다 menenangkan. ~제 obat penenang.
진종일(盡終日) sepanjang hari.
진주(眞珠) mutiara. ~빛 abu-abu mutiara. ~조개 tiram mutiara. 흑~ mutiara hitam.
진주(進駐) ~하다 menduduki. ~군 tentara pendudukan.
진중(珍重) ~하다 menilai tinggi; menghargai.
진중(陣中) di gugus depan; dalam kamp; di front. ~생활 kehidupan di kamp.
진중(鎭重) ~하다 serius.
진지 makan (bentuk hormat).
진지(陣地) posisi; kedudukan pasukan;steling. ~를 사수하다 mempertahankan posisi sampai akhir. ~전(戰) posisi dalam perang.
진지(眞摯) ~한 serius; sungguh-sungguh; benar-benar. ~하게 dengan sungguh-sungguh.
진짜 benda asli; barang asli. ~의 asli; murni; tulen.
진찰(診察) pemeriksaan medis. ~하다 memeriksa (pasien).~을 받다 mendapat pemeriksaan. ~권 tiket

konsultasi.

진창 lumpur; tanah belek; lunau; jeblok; lumur; bencah. ~길 jalan berlumpur.

진척(進陟) ~하다 maju; berlangsung. ~되고 있다 sedang berlangsung.

진출(進出) ~하다 bergerak maju.

진취(進取) ~적(인) maju. ~의 기상 semangat maju.

진치다(陣-) mengambil posisi.

진탕 gegar; goncangan. 뇌~ 「醫」 gegar otak.

진탕(-宕) sepenuh hati; sepuas hati.~먹다[마시다] makan[minum] sepuasnya.

진통(陣痛) sakit melahirkan. ~중 sedang sakit mau melahirkan.

진통(鎭痛)penghilangan rasa sakit; peredaan rasa sakit. ~제 obat penghilang rasa sakit; obat pemati rasa.

진퇴(進退) pergerakan; maju dan mundur; gerak-gerik; sikap. ~를 같이하다 bertindak selaras (dengan).

진퇴양난(進退兩難)dilema.~이다[에 처하다] berada dalam dilema.

진퇴유곡(進退維谷) ☞ 진퇴양난.

진펄 tanah berlumpur.

진폐증(塵肺症) 「醫」 sakit paru-paru karena menghirup abu; pneumokoniosis.

진폭(振幅) amplitudo (getaran).

진품(珍品) barang yang langka.

진품(眞品)benda asli;barang tulen.

진필(眞筆) tulisan asli.

진하다 ① (색이) tua; gelap; pekat (tentang warna).②(국물따위) kental (tentang masakan dll).

진학(進學) ~하다 melanjutkan ke jenjang pendidikan yang lebih tinggi.

진항(進航) ~하다 maju; berlayar. ~ 속도 kecepatan maju.

진행(進行) kelangsungan; kemajuan. ~하다 membuat kemajuan; melanjut; terus berlangsung.~성의 maju; progresif. ~중 sedang berlangsung. ~(계)원 pegawai pelaksana.~형(形) 「文」 bentuk progresif.

진형(陣形) formasi perang.

진혼(鎭魂) ketenangan arwah.~곡 lagu kematian.

진홍(眞紅) warna merah tua. ~의 merah tua.

진화(進化) evolusi. ~하다 berevolusi. ~적인 evolusional. ~론 teori evolusi.

진화(鎭火) ~하다 padam (kebakaran).

진흙 lumpur; lanau; jeblok. ~의, ~투성이의 berlumpur; becek; lecak; beluk; berluluk.

진흥(振興) ~하다 membangkitkan; mendorong; memajukan. ~책(策) tindakan untuk memajukan.

질(質) zat;bahan;kadar;mutu;martabat; taraf. ~이 좋은[나쁜] mutu tinggi [rendah].

질(膣) vagina.~구(口)[벽(壁)] liang [dinding] vagina.~염(炎) 「醫」 radang vagina.

질겁하다 terperanjat ngeri.

질경질경 ~씹다 mengunyah-ngunyah.

질곡(桎梏) belenggu. ~에서 벗어나다 membebaskan diri (dari); mematahkan belenggu.

질권(質權) 「法」 hak gadai. ~설정자 penggadai.~자 penerima gadaian.

질그릇 barang tembikar.

질근질근 ① ~꼬다 memilin tambang dengan longgar. ② (씹는 모양) mengunyah.

질금거리다 hujan hanya sebentar-sebentar.

질급하다(窒急 -) ☞ 질겁하다.

질기다 kuat; tahan lama; ulet; gigih.

질기와 genteng yang tidak diglasir.

질깃질깃하다 kuat; ulet; gigih.

질녀(姪女) kemenakan perempuan.

질다 (반죽.밥이) lunak; lembek; (땅이) berlumpur; becek.

질동이 guci tanah liat.

질량(質量) 「理」 massa. ~불변의 법칙 hukum kekekalan massa.

질러 ~가다 mengambil jalan pintas; memintas; melintas. ~오다 datang dengan memintas.

질리다 ① (채이다) ditendang;tertendang. ② (기가) terperanjat;kaget;pucat pasi. ③ (싫증남) muak; jemu; bosan.

질문(質問) pertanyaan;penyelidikan. ~하다 bertanya; mengajukan pertanyaan; menanyai. ~서 daftar pertanyaan; kuisioner.

질박(質樸) ~한 sederhana; lugu.

질벅거리다 ☞ 질척거리다.

질병(疾病) penyakit.

질빵 ambung; ambin.

질산(窒酸) 「化」 asam nitrat;asam sendawa. ~염 garam nitrat. 아(亞) ~ asam bernitrat.

질색(窒塞) ~하다 jijik;benci (akan).

질서(秩序) tatanan; disiplin;sistem. ~있는 (dengan) teratur; (dengan) sistematis.~없는 tidak teratur; tidak sistematis.

질소(窒素) nitrogen. ~공해 pencemaran nitrogen.~비료 pupuk nitrogen.

질시(嫉視) ~하다 mengiri; mendengki.

질식(窒息) ~하다 lemas; tercekik. ~시키다 mencekik;membuat lemas. ~사(死) mati lemas/tercekik.

질의(質疑) pertanyaan;penyelidikan. ~하다 menanyai; menyelidiki.

질적(質的) kualitatif. ~으로 dalam kualitas/mutu.

질주(疾走) ~하다 berlari kencang.

질질 ~끌다 menunda-nunda; menyeret; menghela; menarik.

질책(叱責) teguran;sentilan.~하다 menegur (seseorang); mengkritik; menyentil.

질척거리다 berlumpur;becek; basah.

질타(叱咤) (꾸짖음) hardikan; teguran; (격려) dorongan.~하다 memarahi; mendorong; menghardik.

질투(嫉妬) kecemburuan; keirian; kedengkian. ~하다 mencemburui; beriri hati. ~한 나머지 karena cemburu. ~심 rasa cemburu.

질펀하다 ① (넓다) datar; rata. ② (게으르다) lamban; melempem.

질풍(疾風) angin kencang; angin

topan. ~같이 dengan cepat; seperti angin topan.
질항아리 guci tanah liat.
질환(疾患) penyakit; gangguan; keluhan.
질흙 ① (진흙) lumpur. ② (질그릇 만드는) tanah liat.
짊어지다 ① (짐을) memikul; menyandang; memanggul; membahu. ② menanggung. 빚을~ berhutang; menanggung hutang. 책임을 ~ memikul tanggung jawab.
짐 ① beban; muatan; bagasi; gotongan.~을 싣다 memuati;menaikkan muatan. ~을 부리다 menurunkan muatan. ② beban. ~이 되다 menjadi beban. ~을 벗은 기분이다 merasa lega; merasa lepas dari beban.
짐꾸리기 pengepakan;pengemasan.
짐꾼 tukang angkat; kuli angkut.
짐마차(-馬車) pedati; gerobak; kereta beban.
짐바리 muatan.
짐스럽다 membebani; menyusahkan.
짐승 binatang;hewan;marga satwa.
짐작 terkaan; tebakan; rabaan; dugaan; taksiran; kiraan. ~하다 mengira;menerka; meraba; menduga; menebak.
짐짓 dengan sengaja.
짐짝 bungkusan; bingkisan; bundel.
집 ① rumah; wisma; pondokan; tempat tinggal; rumah tangga. ~ 없는 사람들 tuna wisma. ~에 있다 ada di rumah. ~에 없다 tidak ada di rumah.② (동물의) sarang; kandang.③ (물건의) sarang; kotak.
집게 penjepit; tang; kepitan.
집게발 capit.
집게손가락 jari telunjuk.
집결(集結) ~하다 mengumpulkan; menghimpun. ~지 tempat pertemuan; ruang rapat.
집계(集計) jumlah keseluruhan. ~하다 menjumlahkan. ~표 tabulasi.
집권(執權)perebutan kekuasaan.~하다 meraih kekuasaan;mengambil kendali pemerintahan. ~당 partai yang berkuasa.
집기(什器)alat; perkakas; perabot. 사무(실)용 ~ peralatan kantor.
집념(執念) ketekunan; kegigihan; keuletan. ~이 강한 gigih kemauan.
집다 mengambil; memungut.
집단(集團)group; kumpulan; rombongan;golongan;umat; kelompok; regu; massal. ~적인 kolektif. ~을 이루다 membentuk kelompok. ~노동 kerja kelompok. ~ 발생 ledakan massal.~수용소 kamp konsentrasi. ~의식 kesadaran kelompok. ~이민 emigrasi massal.
집단농장(集團農場) pertanian kolektif.
집달리(執達吏) juru sita.
집대성(集大成) ~하다 membuat himpunan secara luas/umum.
집도(執刀) pelaksanaan operasi/pembedahan. ~하다 melaksanakan operasi (terhadap).
집들이 kenduri/selamatan rumah baru.
집무(執務) ~하다 kerja; berdinas. ~시간 jam kerja; jam dinas.

집문서(- 文書) akte rumah. ~를 잡히고 돈을 차용하다 meminjam dengan jaminan akte rumah.

집물(什物) peralatan; perabot. ☞ 집기.

집배(集配) ~하다 mengumpulkan dan mengantar. 우편 ~원 tukang pos (pak pos).

집비둘기 merpati; burung dara.

집사(執事) pengurus rumah/wisma.

집산(集散) ~하다 mengumpulkan dan menyalurkan. ~지 pusat penyaluran; pusat pendistribusian.

집성(集成) ~하다 mengumpulkan; menghimpun; mengoleksi.

집세(-貰) sewa rumah. ~가 밀리다 menunggak sewa rumah.

집시 ① (서양의) Gypsi. ② (방랑자) pengembara.

집안 ① keluarga; rumah tangga; sanak saudara; kedudukan sosial keluarga.~이 좋다[나쁘다] keturunan bangsawan [rendah]. ~식구 anggota keluarga. ~싸움 pertengkaran keluarga.②(옥내) dalam rumah. ~에(서) di dalam rumah.

집약(集約) ~하다 melakukan secara intensif. ~적인 intensif. ~농업 pertanian intensif.

집어넣다 ① ☞ 넣다. ② (투옥) memasukkan ke penjara; memenjarakan.

집어먹다 ambil dan makan. 손으로 ~ makan pakai tangan. 젓가락으로 ~ makan pakai sumpit.②(착복하다) mengantongi; menggelapkan uang.

집어삼키다 ① (음식을)menelan.② (남의 것을) mengantongi;menggelapkan uang; makan suap.

집어주다 ①(주다) memberi;mengasihkan.② (뇌물을) menyuap; menyogok.

집어치우다 menyerah; membiarkan; berhenti.

집오리 bebek; itik.

집요(執拗)~한 gigih.~하게 dengan gigih.

집장사 usaha perumahan. ~의 집 rumah jualan.

집적(集積)akumulasi;penimbunan; penumpukan. ~하다 mengakumulasi; menumpuk; menimbun. ~회로 sirkuit terpadu.

집적거리다 ① (손대다) campur tangan. ② (건드리다) menggoda; menjengkelkan.

집주인(- 主人) ① (임자) pemilik rumah. ② (가장) kepala keluarga.

집중(集中) pemusatan; konsentrasi.~하다 memusatkan (pikiran); mengumpulkan/memusatkan pada.

집집 ~마다[이] dari pintu ke pintu; setiap rumah.

집착(執着) perpautan; anutan; kegigihan. ~하다 berpaku; tetap melekat; bertekun; bergigih.

집채 ~만하다 sebesar rumah.

집치장(-治粧) ~하다 menghias rumah; menata rumah.

집터 situs rumah.

집필(執筆) penulisan. ~하다 menulis. ~료 honor tulisan. ~자 penulis.

집하(集荷) pengumpulan muatan.

집합(集合)perhimpunan;pertemuan; pengelompokan;penghimpunan. ~하다 berkumpul; berhimpun; berkelompok.

집행(執行)pelaksanaan.~하다 melaksanakan. 형을 ~하다 melaksanakan hukuman. ~기관 badan pelaksana. ~부 eksekutif; pelaksana. ~위원 anggota komite eksekutif.

집회(集會) pertemuan; rapat. ~하다 mengadakan pertemuan. ~의 자유 kebebasan berkumpul. ~신고 pemberitahuan pertemuan. 옥외 ~ pertemuan di lapangan terbuka; rapat massal.

집히다 dipungut.

짓 (행위) tindakan; perbuatan; aksi; laku; gerakan.

짓궂다 nakal; badung.

짓다 ① mendirikan; membangun. 집을~ mendirikan rumah.② membuat;memproduksi. 구두를~ membuat sepatu. 새옷을~ menjahitkan pakaian. ③ menulis; mengarang; menggubah. 작문을~ menulis karangan. ④ merebus;masak. 밥을~ masak nasi. ⑤ (약을) meracik; meramu. ⑥ membentuk; membuat. 줄을~ membentuk/membuat barisan. ⑦ memelihara; menanam. 보리 농사를 ~ menanam gandum. ⑧ melakukan. 죄를 ~ melakukan kejahatan. ⑨ (꾸며냄) membuat-buat; mengarang-ngarang.⑩ menunjukkan; memperlihatkan. 미소를~ tersenyum; memperlihatkan senyuman. ⑪ (결정.결 말을) memutuskan; menetapkan.

짓다 (유산) keguguran.

짓밟다 menginjak-injak.

짓밟히다 diinjak-injak.

짓부수다 menghancurkan; merobohkan.

짓씹다 mengunyah hancur.

짓이기다 meremas-remas;mengadon; mencincang-cincang.

짓찧다 menggiling; menggerus.

징 (악기) gong.

징검다리 batu loncatan.

징계(懲戒) hukuman disipliner. ~하다 menghukum; mendisiplinkan. ~동의 mosi untuk tindakan disipliner. ~처분 tindakan disipliner.

징그럽다 menjijikkan.

징발(徵發) ~하다 mengambil alih. ~ 당하다 diambil alih (oleh pemerintah). ~ 대 badan pengambil alih.

징벌(懲罰)disiplin; hukuman; setrap; siksaan. ~하다 mendisiplin; menghukum; menghajar; menyiksa.

징병(徵兵)wajib militer.~검사 pemeriksaan untuk wajib militer. ~기피 penghindaran wajib militer.

징세(徵稅) pemungutan pajak. ☞ 징수.

징수(徵收)pemungutan.~하다 memungut (pajak); membebani (bea). ~액 jumlah pungutan.

징악(懲惡)~하다 menghukum kejahatan.

징역(懲役)hukuman penjara.~살다 menjalani hukuman penjara. ~에 처해지다 dipenjarakan.

징역살이(懲役-) pemenjaraan. ~하다 menjalani hukuman dalam penjara.

징용(徵用) rodi;pengerahan.~하다

mengerahkan.피 ~자 pekerja rodi; orang yang dikerahkan.

징조(徵兆) tanda;gejala;isyarat. ...의 ~가 있다 menunjukkan gejala...

징집(徵集) perekrutan wajib militer; pengerahan. ~하다 merekrut; mengerahkan. ~령 perintah untuk pengerahan.

징크스 hal yang membawa sial.

징후(徵候) tanda; gejala.

짖다 menggonggong;melolong;menyalak; meraung.

짙다 (색이) gelap;tua;pekat; (안개) tebal.

짚 jerami; merang. ~으로 싸다 membungkus dengan jerami. ~을 깔다 menebarkan jerami. ~단, ~뭇 seikat jerami. ~신 sepatu jerami.

짚가리 tumpukan jerami.

짚다 ① (맥을) meraba/merasakan (denyut nadi). ② bertopang/bertumpu pada.지팡이를~ menggunakan tongkat.③ menduga;mengira-ngira. 잘못 ~ salah duga.

짚이다 (마음에) teraba.

짜개다 membelah.

짜다 ① (피륙을)menjalin;melapih; menganyam; mengepang; meyusun; (뜨개질) menenun.② (상투를) memakai (jambul).

짜다 ① membuat. 나무로 책상을~ membuat meja dari kayu. ② membentuk. 클럽을~ membentuk klub.③ (활자를) menyusun. ④ (계획) mempersiapkan (rencana). ⑤ (공모) berkomplot.⑥ memeras. 수건을~memeras handuk.⑦ (머리를) memeras otak.

짜다 asin. 간이 ~ rasa asin.

짜증 perangsangan; kejengkelan. ~을 내다, ~이 나다 jengkel; kesal.

짜하다 (소문이) tersebar luas.

짝 (쌍을 이루는) pasangan; sekutu; rekan. ~이 맞다 cocok satu sama lain; serasi.

짝①(갈비의) seiris tulang rusuk/iga. ② 아무 ~에도 쓸모가 없다 tidak berguna.

짝 (찢는소리) bunyi merobek.

짝사랑 cinta sebelah pihak; cinta bertepuk sebelah tangan. ~하다 mencintai sebelah pihak; bertepuk sebelah tangan.

짝수(-數) angka genap. ~의 genap. ~날 tanggal genap.

짝없다 tiada tara; tidak terkira 기쁘기 ~ senang tak terkira.

짝짓다 menjodohkan.

짝짜꿍 tepuk tangan bayi.

짝짝 ~다시다(입맛을) menjilat bibir. ~달라붙다 (makan) enak sekali. ~찢다 merobek.

짝짝이 pasangan yang tidak cocok. ~가 되다 menjadi pasangan yang ganjil.

짝채우다 memasangkan; menjodohkan.

짝하다 menjadi pasangan; berpasangan (dengan).

짠물 air asin; air garam.

짤그랑거리다 berdenting.

짤막하다 agak pendek; singkat.

짧다 singkat; pendek.

짬 ① (겨를) waktu; waktu luang. ~나다 bebas. ~이 없다 tidak ada waktu. ~을 내다 meluangkan waktu.② (기회) kesempatan; peluang. ③ (틈) celah; sela.

짭짤하다 ① (맛 따위가) enak dan gurih. ② (값지다) mahal berharga.

…째① semuanya;seluruhnya. 배를 통 ~먹다 makan buah bersama kulitnya; makan buah per seluruhnya.뿌리 ~뽑다 mencabut bersama akar-akarnya. ② ke. 두번~ 결혼 perkawinan kedua. 닷새 ~에 pada hari yang kelima.

째다 (칼로) memotong; mengerat; melukai.

째다 (꼭끼다) ketat.

째(어)지다 belah; robek; sobek.

짹소리 ☞ 찍소리.

짹짹거리다 berciak.

쨍 berdenting.

쨍쨍 terang;cerah. ~쬐다 bersinar; menyorot.

쩡쩡 ① ~울리다 tenar; termashur. ② (갈라지는 소리) suara pecah.

쪼개다 membelah; mengeping.

쪼그리다 ☞ 쭈그리다.

쪼글쪼글 ☞ 쭈글쭈글.

쪼다 (부리 따위로)mematuk;mematcuk;mencotok; (정 따위로) memahat.

쪼들리다 sangat butuh;kekurangan. 돈에 ~ sangat membutuhkan uang. 빚에 ~ dikejar hutang.

쪼아먹다 mematuk; mencotok.

쪽 「植」 tanaman nila. ~빛 biru gelap; nila.

쪽 arah; jurusan; sebelah. 서 ~ 에 disebelah barat. 맞은 ~에 di sisi yang sebelah.

쪽 (여자의) sanggul; gelungan rambut. ~찌다 menyanggul/menggelung rambut.

쪽 (조각) sepotong; sehelai.

쪽 ① ☞죽 ② suara merobek. 종이를~찢다 merobek sehelai kertas. ③ ~고르다 merata; rata; seragam.

쪽마루 teras; beranda.

쪽박 gayung kecil.

쪽지 catatan kecil.

쫀득쫀득 ~ 한 lengket.

쫄깃쫄깃 ~한 kenyal.

쫄딱 seluruhnya; semuanya. ~ 망하다 bangkrut total.

쫓기다 ① (일에) tertekan. ②(뒤쫓기다) diburui; dikejar.③ (내쫓기다) diusir; dipecat.

쫓다 ①mengusir;menghalau.파리를 ~ menghalau lalat. ② (뒤쫓다) mengejar;memburu;(따르다)mengikuti.

쫓아가다 ① mengejar; memburu; menguber.②(함께 가다)menemani; mengikuti. ③ (따라잡다) menyusul.

쫓아내다 mengeluarkan;mengusir; mengenyahkan.

쫓아오다 mengikuti; mengejar.

쫙 (소문이) (secara) luas.

쬐다 menghangatkan tubuh. 불을 ~ berdiang; menghangatkan tubuh di perapian.

쭈그러뜨리다 menghancurkan; meremukkan.

쭈그러지다 diremukkan.

쭈그렁이①(늙은이) orang tua yang sudah keriput.②(물건)barang yang remuk.

쭈그리다 ① ☞ 쭈그러뜨리다.②

(몸을) berjongkok; mengkeret.

쭈글쭈글 ~한 peot; keriput.

쭈뼛쭈뼛 dengan ragu-ragu; dengan takut-takut.

쭈뼛하다 mengerikan; ngeri.

쭉 ① (늘어선 모양) ☞ 죽 ①. ② (내내) ☞죽 . ③ (곧장) langsung; lurus. ④ seluruhnya; sama sekali; sepenuhnya. 기운이 ~빠지다 terkuras sama sekali. 물이 ~빠 졌다 air terkuras habis. ⑤ (찢는 모양) suara robek.

쭉정이 padi hampa.

쭉쭉 ① baris demi baris;bergaris-garis. 줄을 ~긋다 menarik garis demi garis. ② (비가) dengan lebat. ③ dengan tanpa takut-takut; dengan cepat. ~나아가다 pergi duluan dengan langkah cepat. 나무를 ~훑다 menggunduli (daun) dengan cepat. ④ (찢다) beserpihan.

...쯤 lebih kurang; kira-kira; sekitar.네 시 ~에 sekitar pukul empat.

찌그러... ☞ 쭈그러...

찌긋거리다①(눈을) mengerdipkan /mengerlipkan mata. ② (당기다) menarik pada lengan baju.

찌꺼기,찌끼 sisa remah-remah; ampas; kerdak; sempelan; renceh.

찌다 (살이) menjadi gemuk; tambah gemuk.

찌다 (더위가) panas menguap.

찌다 (음식을) mengukus.

찌들다 ① (물건이) ternoda; menjadi kotor. ② (고생으로) prihatin.

찌르다 ①(날붙이로) menusuk; menonjok; menikam; membacok. ② (비밀을) melaporkan; memberitahukan. ③(냄새가) tajam; menusuk (bau).④(마음 속을) menusuk (hati). ⑤ menyerang.적의 배후를~ menyerang musuh dari belakang.

찌부러뜨리다 menghancurkan; meremukkan.

찌뿌드드하다 merasa kurang enak; merasa sakit.

찌푸리다 ① (얼굴을) mengerutkan dahi; menyeringai meringis. ② (날씨) mendung.

찍다 (도끼 따위로) membelah; mengampak.

찍다 ① (도장을) membubuhi cap; mencap.② (인쇄) mentak.③ (틀에) menuang ke cetakan.④(점을) menandai; memberi tanda.⑤(뾰 족한 것으로) menusuk; mencoblos.

찍다 ① (사진을) memotret. ② (묻히다) mencelupkan.

찍소리 ~못하다 diam; membisu. ~못하게 하다 mendiamkan. ~없이 tanpa berkata-kata.

찐빵 bakpau; cunyen.

찔끔거리다 menetes (air mata).

찔끔하다 kaget; terkejut.

찔레나무 「植」 mawar liar.

찔리다 (가시.날붙이에) tertusuk.

찜 masakan yang dikukus.

찜질 pengkompresan.~하다 mengkompres; mendemah.

찡그리다 merengut;mengerenyutkan dahi; meringis.

찡긋거리다 (눈을) mengedipkan mata.

찡얼거리다 ①(불평함) bersungut-sungut.② (애가) rewel;merengek-

rengek.
찢기다 robek; sobek.
찢다 merobek;mencobek;mencabik; mengoyak. 갈가리~ mencabik-cabik;menyerpih menjadi potongan-potongan kecil.
찢어지다 robek;sobek;cabik;carik; koyak; serpih; terbelah.
찧다 menumbuk; melumatkan; menumbuk halus-halus.

ㅊ

차(車) kendaraan; mobil. ~를 타다 naik mobil. ~로 가다 pergi dengan mobil.

차(茶) teh. 진한[묽은] ~ teh kental [encer]. ~를 (새로) 끓이다 menyiapkan teh (segar).

차(差) perbedaan;keragaman; kesenjangan. ~가 있다 ada perbedaan (antara); berbeda (dengan).

차(次) ① (순서)urutan.②(다음의) berikut. ③ (...김에) sambil.

...차(次) ① (하기 위하여) dengan tujuan...; dengan maksud ... 연구 ~ dengan tujuan belajar.② 「數」 pangkat.

차감(差減) ~하다 mengurangi. ~잔액 saldo.

차갑다 dingin.

차고(車庫) garasi.

차곡차곡 dengan rapih/ teratur; satu demi satu.

차관(次官)menteri muda.~보 asisten menteri muda.

차관(借款) pinjaman. ~을 얻다 memperoleh pinjaman.

차광(遮光) ~하다 menabiri; menaungi. ~막 tirai. ~장치 penaung.

차근차근 secara metodis; tahap demi tahap.

차기(次期) waktu berikut. ~정권 pemerintahan berikut.

차남(次男) putra kedua.

차내(車內) ~에서 dalam kendaraan.

차녀(次女) putri kedua.

차다 penuh. 꽉(빽빽이)들어 ~ padat/penuh sekali; berjejal. 마음에 (안) ~ puas (tidak puas) (dengan).

차다 ① (발로) menyepak;menendang; menerjang. ② mengecap. 혀를 ~ mengecapkan lidah.

차다 memakai; mengenakan. 훈장을 ~ mengenakan atribut.

차다 dingin; dingin (hati). 얼음장 같이 ~ sedingin es.

차단(遮斷) ~하다 memutuskan; memencilkan; menghambat. ~기 pemutus rangkaian(listrik);palang pintu/ lintasan.

차대(車臺) kasis.

차도(車道) jalan kendaraan.

차도(差度) kepulihan; kemajuan (kesehatan).~가 있다 ada kemajuan (kesehatan); memulih.

차등(差等) tingkat; pertingkatan; perbedaan.~세율 tarif bertingkat.

차디차다 sangat dingin.

차라리 lebih baik. 이렇게 사는것 보다, ~죽는것이 낫다 Lebih baik mati dari pada hidup seperti ini.

차량(車輛) kendaraan. ~검사 pemeriksaan/pemeliharaan kendaraan. ~고장 kerusakan mobil; gangguan mobil.
차례(次例)① urutan; giliran; aturan. ~로 dengan berurutan. ~를 기다리다 menunggu giliran. ~가 뒤바뀌다 tidak teratur.② kali.몇~ berulang kali.
차례(茶禮) upacara peringatan nenek moyang.
차례차례(次例次例)teratur; satu persatu.
차륜(車輪) roda.
차리다 ① (장만,갖춤)menyiapkan; membuka. 가게를~ membuka toko. 밥상을~ menyiapkan meja makan. ② (정신을) sadar;siuman. ③menjaga 인사를~ menjaga etika/kepantasan. 체면을 ~ menjaga penampilan. ④ (입다) berdandan.
차림새 pakaian;dandanan;penampilan.
차림표 menu; daftar makanan.
차마 ~볼 수 없는 menjijikkan. ~ ... 할 수 없다 tak sanggup (untuk); tidak tega (untuk).
차멀미(車 −) mabuk kendaraan. ~하다 menderita mabuk kendaraan.
차반(茶盤) baki; talam.
차버리다 menolak.
차변(借邊) debet;lajur debet/piutang. ~에 기입하다 mempiutangi; mendebet.
차별(差別) pembedaan; diskriminasi. ~하다 membeda-bedakan.
차분하다 tenang; kalem.
차비(車費) ongkos; mobil.
차석(次席) posisi berikut. ~검사 wakil jaksa.~자 pejabat di bawah.
차선(車線) jalur. 6 ~ 고속 도로 jalan bebas hambatan 6 jalur.
차압(差押) ☞ 압류.
차액(差額) selisih; sisa.
차양(遮陽)pinggir pelindung; pet.
차용(借用) ~하다 meminjam;berhutang. ~ 증 surat hutang.
차원(次元)『數』 dimensi. ~의 tiga dimensi.
차월(借越)penarikan hutang berlebihan.~하다 menarik hutang terlalu banyak.
차위(次位) posisi kedua; kedudukan kedua.
차이(差異) perbedaan; selisih. 연령 (신분)의 ~ perbedaan umur (kedudukan sosial).
차익(差益) keuntungan marjinal.
차일(遮日) pelindung dari sinar matahari; tenda peneduh.
차일피일(此日彼日) ~하다 menunda dari hari ke hari.
차입(差入) ~하다 mengirim kepada tahanan.~물 barang yang di kirim kepada tahanan.
차자(次子) putra kedua.
차장(次長) asisten manajer.
차장(車掌) kondektur. 버스의 여 ~ kondektris bis.
차점(次點) rangking kedua. ~이 되다 mendapat ranking kedua. ~자 pemenang kedua.
차지다 lengket; pulen.
차지하다 menduduki; menjabat; memangku; menempati. 수석을 ~ menduduki juara satu dalam kelas.

차질(蹉跌) kegagalan; kemunduran. 일에 ~이 생기다 gagal dalam usaha.
차차(次次) sedikit demi sedikit; berangsur-angsur; tahap demi tahap; pada waktunya.
차창(車窓) jendela mobil.
차체(車體)kerangka/badan mobil.
차축(車軸) as; gandar; poros.
차츰차츰 sedikit demi sedikit; bertahap; berangsur-angsur.
차표(車票) karcis/tiket (mobil, kereta api). ~파는 데 loket karcis/tiket.
차회(次回) kali berikut;waktu berikut. ~에 pada kali berikut.
차후(此後) setelah ini; selanjutnya.
착 rapat;kencang;ketat.~붙다 menempel rapat (pada).
착각(錯覺)ilusi; tipuan mata; halusinasi.~하다 mengalami halusinasi.
착공(着工)~하다 memulai pekerjaan. ~식(式) upacara peletakan batu pertama.
착란(錯亂)kebingungan; gangguan. ~하다 bingung/terganggu. ~ 상태 kondisi terganggu mental.
착륙(着陸)pendaratan.~하다 mendarat. ~장 lapangan pandaratan. 연~ pendaratan yang mulus.
착복(着服)penggelapan;pencatutan.~하다 menggelapkan;mencatut.
착상(着想) ide; gagasan. ~ 하다 mendapat gagasan.
착색(着色)~하다 mewarnai. ~유리 kaca berwarna.~제 bahan pewarna.
착석(着席)~하다 duduk; berduduk. ~ 시키다 mendudukkan.
착수(着手) ~하다 memulai pekerjaan; bermula.~금 uang panjar.
착실(着實) ~하다 rajin dan jujur. ~히 dengan rajin dan jujur.
착안(着眼)~하다 mendapat ilham. ~이 좋다 ilham baik. ~점 fokus ilham.
착오(錯誤) kesalahan; kekeliruan. 시대~ penempatan kejadian pada waktu yang salah.
착용(着用)~하다 memakai; berpakaian; berbaju.
착유기(搾油機) alat pemeras minyak.
착유기(搾乳機) mesin pemeras susu.
착잡(錯雜) ~한 ruwet; berbelit-belit; berseluk-beluk. ~한 표정 ekspresi perasaan yang ruwet.
착착(着着) langkah demi langkah; bertahap.~진척하다 membuat kemajuan bertahap.
착취(搾取) penghisapan; eksploitasi;pemerasan.~하다 menghisap; mengeksploitasi; memeras.
착탄(着彈) ~거리 jarak (tembak). ~지점 titik tubrukan.
착하(着荷) kedatangan barang-barang. ~인도(불) pengambilan (pembayaran) waktu kedatangan.
착하다 baik hati.
찬(饌) ☞ 반찬. ~거리 bahan untuk lauk pauk.
찬가(讚歌) lagu/syair pujian.
찬동(贊同) persetujuan; dukungan. ~하다 setuju; mendukung; mem-

beri persetujuan.
찬란(燦爛) ~한(히) berkilau; cemerlang; bersinar-sinar; semarak; gemilang.
찬물 air dingin. 남에게 ~을 끼 얹다 memercikkan air dingin; merusak suasana.
찬미(讚美) pemuliaan; pemujian; penyanjungan. ~하다 memuliakan; memuji-muji; menyanjung. ~자 pengagum; pemuji.
찬반(贊反) ~양론 yang menyetujui dan yang tidak menyetujui.
찬사(讚辭) pujian; pidato pujian. ~를 보내다 memuji.
찬성(贊成) dukungan;persetujuan. ~하다 menyetujui; mendukung. ~자 orang yang menyetujui/merestui. ~ 투표 suara setuju.
찬송(讚頌) ☞찬미. ~가 lagu pujian; nyanyian gereja.
찬스 peluang;kesempatan. ~를 잡다 (놓치다, 만들다, 얻다) meraih (kehilangan,membuat,mendapat) kesempatan.
찬양(讚揚) ~하다 mengagumi;memuji. ~할 만한 patut dipuji; patut dikagumi.
찬장(饌欌) bufet; lemari makan.
찬조(贊助) dukungan;sokongan. ~하다 mendukung; menyokong. ~금 konstribusi; sumbangan. ~연설 pidato dukungan.
찬찬하다 penuh perhatian; waspada; metodis; cermat.
찬탄(讚歎) ~하다 mengagumi; menghargai.
찬탈(簒奪) ~하다 merampas/merebut (tahta). ~자 orang yang merebut (tahta).
찬합(饌盒) kotak makanan.
찰... lengket; melekat.
찰거머리 「動」 pacet; lintah. ~같다 lengket bagaikan pacet.
찰과상(擦過傷) goresan; parut.
찰나(刹那) sekejapan mata. ~적(인) sekejap mata; sekelebatan. ~주의 paham mementingkan kesenangan sementara.
찰떡 kue beras ketan.
찰랑거리다 riak.
찰밥 nasi ketan.
찰벼 padi ketan; padi pulut.
찰싹 ☞ 철썩.
찰찰 ☞ 철철.
찰흙 tanah liat. ☞ 점토(粘土).
참 kebenaran; realitas; kenyataan; keaslian. ~사람 orang jujur. ~사람이 되다 menjadi manusia baru.
참 sungguh; sangat; benar-benar. ~좋다 sungguh bagus.
참가(參加) partisipasi;keikutsertaan. ~하다 ambil bagian; ikut serta; turut serta; hadir.
참견(參見) campur tangan. ~하다 mencampuri; turut campur; nimbrung. ~잘하는 suka mencampuri urusan orang.
참고(參考) referensi;rujukan. ~하다 merujuk pada. ~로 untuk rujukan. ~가되다 berguna sebagai rujukan. ~서 buku rujukan.
참관(參觀) ~하다 mengunjungi. ~이 허용되다 (되지 않다) terbuka (tertutup) bagi pengunjung. ~인 pengunjung.

ㅊ

참극(慘劇) bencana; malapetaka; tragedi.
참기름 minyak wijen.
참깨 「植」 wijen.
참나무 pohon oak.
참다 menahan; bertanggung; menanggung; menekang. 웃음을 꾹 눌러 ~ menahan ketawa.
참담(慘憺) ~하다 tragis; menimbulkan kasihan; menyedihkan.
참답다, 참되다 benar; sejati; asli benar; ikhlas; tulus hati.
참뜻 arti sebenarnya; maksud sebenarnya.
참말 cerita sebenarnya; fakta; kebenaran.~로 dengan sebenarnya/ sungguh-sungguh.
참모(參謀) staf;perwira staf; penasehat. ~(총) 장 kepala staf. 합동 ~본부 kepala staf gabungan.
참배(參拜) ☞ 참예(參詣).
참변(慘變)bencana; kejadian yang tragis.~을 당하다 mengalami bencana; mengalami kejadian yang tragis.
참사(參事) sekretaris. (대사관)~관 konselor (kedutaan).
참사(慘死) kematian yang tragis. ~하다 mati dalam kecelakaan; meninggal secara tragis.
참사(慘事) bencana; kecelakaan; malapetaka; tragedi.
참상(慘狀) pemandangan yang menyilukan. ~을 드러내다 menyuguhkan pemandangan yang menyilaukan.
참새 burung gereja/ pipit.
참석(參席) kehadiran; keikutsertaan.~하다 menghadiri; menyertai; mengikut.
참선(參禪)~하다 melakukan meditasi Zen.~자 orang yang bermeditasi Zen.
참수(斬首)~하다 memenggal (kepala).~를 당하다 dipenggal.
참숯 arang yang keras/bagus.
참신(斬新) ~한 baru; orisinil.
참여(參與) partisipasi; keikutsertaan. ~하다 berpartisipasi; ikut serta. ~인 orang yang berpartisipasi; pengikut; peserta.
참외 melon.
참으로 dengan sungguh-sungguh.
참을성(- 性) kesabaran;keuletan. ~있는 sabar; telaten; teliti; keras hati. ~있게 dengan sabar.
참의원(參議院) ☞ 상원(上院).
참작(參酌) ~하다 mempertimbangkan; mengingatkan; memperhitungkan. ~하여 dengan pertimbangan.
참전(參戰) ~하다 ikut perang.
참정(參政) ~하다 ikut serta dalam pemerintahan.~권 hak pilih. ~권을 주다 memberi hak suara.
참조(參照) perbandingan;rujukan. ~하다 membandingkan; merujuk (pada). ~하라 lihat rujukan.
참패(慘敗) kekalahan yang menghancurkan. ~하다 menderita kekalahan yang menghancurkan.
참하다 cantik dan bagus.
참호(塹壕) parit; selokan. ~ 생활(전) kehidupan parit perlindungan (perang).
참혹(慘酷)~하다 mengerikan;tra-

gis; buas.
참화(慘禍) bencana yang mengerikan; bahaya. 전쟁의~ kengerian perang.
참회(懺悔) pengakuan; taubat. ~하다 mengakui dosa/ kesalahan; bertaubat. ~의 눈물 air mata pengakuan.~자 orang yang bertaubat.
찹쌀 beras ketan; pulut.
찻길(車 -) jalan kendaraan.
찻삯(車 -) ongkos mobil.
찻잔(茶盞), 찻종(茶鍾) cangkir teh.
찻집(茶 -) kedai minum; kedai kopi.
창 tapak sepatu; sol sepatu. ~을 갈다 mengganti sol sepatu. ~을 대다 mengesol sepatu.
창(窓)jendela. ~밖을 보다 melihat keluar jendela. ~유리 kaca jendela.
창(槍) tombak; lembing.~끝 mata tombak. ~으로 찌르다 menombak. ~던지기 lempar lembing.
창가(唱歌) menyanyi; lagu.
창간(創刊) ~하다 mulai terbit.~호 edisi/nomor pertama.
창건(創建) ~하다 mendirikan; membuat.
창고(倉庫) gudang;bangsal;barak; lumbung.~에 넣다 menggudangkan. ~업 usaha pergudangan.
창공(蒼空) langit biru; cakrawala; angkasa biru.
창구(窓口) loket.매표~ loket karcis. 출납(出納)~ loket pembayaran.
창궐(猖獗) ~하다 mengganas.
창극(唱劇) opera klasik Korea.
창기(娼妓)wanita penghibur kelas tinggi.
창기병(愴騎兵) ksatria bertombak; langsir.
창녀(娼女) pelacur; perempuan cabul.
창달(暢達)~하다 berkembang;meningkat; maju.
창당(創黨)~하다 membentuk partai (politik). ~정신 semangat yang mendasari pembentukan partai.
창립(創立) pendirian; pembentukan. ~하다 mendirikan; membentuk. ~ 기념일 hari berdiri.
창문(窓門) ☞ 창(窓).
창백(蒼白)~한 pucat;layu;merana; kucam; suram; muram. ~ 해지다 memucat; jadi pucat.
창부(娼婦) ☞ 창녀.
창살(窓 -) kisi-kisi; terali;kasa; jeruji.~이 달린 berkisi-kisi.~없는 감옥 penjara tanpa jeruji.
창상(創傷) luka.
창설(創設) ☞ 창립(創立).
창세(創世) 『聖』 penciptaan dunia. ~기(記) Kejadian.
창시(創始) pendirian; pemulaian; pembukaan.~하다 mendirikan;memulai. ~자 pendiri.
창안(創案) ide orisinil. ~하다 menemukan. ~자 penemu.
창업(創業) ~하다 memulai usaha. ~이래 sejak pendirian. ~비(費) modal dasar. ~자 pendiri.
창연 ~히 dengan sedih;dengan putus asa.
창의(創意) kekreatifan;ide orisinil. ~가 풍부한 kreatif. ~를 발휘 하다

menggunakan kekreatifan.

창자 usus; jeroan. ~를 빼다 membersihkan isi perut (ikan).

창작(創作) ciptaan; hasil ciptaan; kreasi;karya asli. ~하다 menghasilkan karya; menciptakan; pengarang cerita. ~력 daya cipta.

창조(創造)penciptaan.~하다 menciptakan; membuat. ~적 memiliki daya cipta; kreatif.~력 daya cipta. ~물 ciptaan;makhluk.~자 pencipta; Sang Pencipta.

창졸(倉卒)~간에 tiba-tiba; sertamerta.

창창(蒼蒼) ~하다 biru tua; cerah (masa depan).~한 장래 masa depan yang cerah.앞길이 ~하다 masih muda; memiliki masa depan yang cerah.

창파(滄波) ombak yang besar.

창포(菖蒲) 『植』 jerangan.

창피(猖披) rasa malu; penghinaan. ~하다, ~스럽다 memalukan; hina; buruk; rendah. ~ 해하다 malu.

창호(窓戶) jendela dan pintu. ~지 kertas jendela.

찾다 ① mencari;meraih-raih. 일자리를~ mencari pekerjaan. 거리를 샅샅이~ menyisiri jalanan.② (찾아내다) menemukan;mendapat.③ (저금을) menarik; mengambil (uang dari bank).④(전당물 등을) menebus (gadaian).⑤(방문) mengunjungi; mendatangi. 이군을 ~ mengunjungi Lee. 사무소를~ mendatangi kantor.

채 (북.장구의) tongkat pemukul genderang.

채 (야채의) sayur-sayuran yang di iris.

채 (집의) bangunan. 본 ~ bangunan utama.

채 (그대로 그냥) apa adanya. 신을 신은 ~ dengan memakai sepatu.

채 (미처) masih; belum.

채광(採光) penyinaran. ~이 잘 된 (잘안 된) cukup [kurang].~ 창(窓) jendela sinar; atap kaca; tingkap atap.

채광(採鑛) penambangan. ~하다 menambang. ~권 hak penambangan.

채굴(採掘) penambangan; eksploitasi; penggalian.~하다 mengeksploitasi; menambang; menggali. ~권(權) hak penambangan.

채권(債券)surat hutang; surat obligasi. ~을 발행하다 menerbitkan surat obligasi.

채권(債權)kredit; tagihan; piutang. ~이 있다 memiliki piutang. ~국 negara pemberi pinjaman; negara kreditor.

채다 (알아채다) merasa; membaui; mencurigai.

채다 (당기다)merenggut;merampas. ☞ 채우다.

채독(菜毒) racun sayuran.

채마(菜麻) ~밭 kebun sayur (di belakang rumah).

채무(債務) (h)utang; kewajiban. ~가 있다 berhutang.~를 청산하다 melunasi hutang.

채비(-備) persediaan; persiapan; perlengkapan.~하다 menyediakan; memperlengkapkan; menyiapkan.

채산(採算) keuntungan; laba. ~이 맞다 (맞지 않다) menguntungkan [tidak menguntungkan]. 독립~제 sistim akuntansi mandiri.

채색(彩色) pewarnaan.~하다 mengelir; memberi warna; mewarnai. ~화 gambar berwarna;lukisan.

채석(採石) ~하다 menggali. ~장 tempat penggalian.

채소(菜蔬) ☞ 야채, 푸성귀.

채송화(菜松花) 「植」 lumut merah.

채식(菜食) ~하다 makan sayur-mayur; makan tumbuh-tumbuhan. ~ 동물 hewan pemakan tumbuh-tumbuhan.

채용(採用) ① pilihan.(☞ 채택).② pengkerjaan; penerimaan. ~하다 mempekerjakan; menerima. 임시 ~하다 mempekerjakan sementara. ~시험 pemeriksaan penerimaan. ~조건 persyaratan penerimaan. ~통지 pemberitahuan penerimaan.

채우다 (자물쇠를) mengunci; mengencangkan. ② (단추 따위) mengancingkan.

채우다 (물에) mendinginkan; merendam dalam air.

채우다 mengisi; memenuhi; menjejali. 사복을 ~ mengisi kantong sendiri.

채유(採油) pengeboran minyak. ~하다 mengebor minyak. ~권 hak (konsesi) penambangan minyak.

채점(採點) penilaian. ~하다 menilai; memonten; memberi nilai. ~자 penilai. ~표 daftar nilai.

채집(採集) ~하다 mengumpulkan; mengoleksi; menghimpun. 곤충~ pengkoleksian serangga. 약초~ pengumpulan tanaman obat.

채찍 cemeti; cambuk; pecut. ~질 pencambukan; pemecutan; penderaan.~질하다 mencambuk;melecut; mendera; memecut.

채취(採取) ~하다 mengambil; mengumpulkan (contoh).

채치다(재촉) mendorong;mendesak.

채치다(썰다) mengiris.

채칼(菜 -) pisau iris.

채탄(採炭)penambangan batu bara. ~하다 menambang batu bara. ~량 hasil batu-bara. ~부 penggali/penambang batu bara.

채택(採擇)pilihan.~하다 memilih; memprarasa.

책(冊) buku; pustaka; kitab.~으로 내다 menerbitkan dalam bentuk buku.~꽂이 rak buku.~뚜껑 sampul buku. ~받침 alas buku.

책(責) ① ☞ 책임. ② ☞ 책망.

책동(策動)kasak kusuk.~하다 mengerahkan; mengatur siasat; berkasak-kusuk.

책략(策略) tipu daya; muslihat; akal kancil.~을 쓰다 mengadakan tipu daya; berkilah(-kilah) ~가 orang yang mengatur muslihat.

책력(冊曆) almanak buku.

책망(責望) celaan;kecaman;sesalan; sanggahan; omelan; umpatan. ~하다 menyesalkan; mencela; mengecam.

책무(責務) tugas;kewajiban;tanggung jawab.

책방(冊房) ☞ 서점.

책보(冊褓)①(책 싸는)pembungkus buku. ②(싼 보퉁이) kemasan buku.
책사(策士) orang yang penuh tipu muslihat.
책상(冊床) meja.~에 앉다 duduk di meja. ~보 taplak meja; kain meja.
책상다리(冊床-) kaki meja.
책상물림(冊床-) kutu buku semata.
책임(責任) tanggung jawab;kewajiban. ~을 묻다 meminta pertanggungjawaban.~을 다하다 melaksanakan tanggung jawab. ~을 지다 menerima tanggung jawab. ~이 있다 bertanggung jawab. ~자 orang yang bertanggung jawab; penanggung jawab.
책자(冊子) brosur; buku kecil; pamflet; selebaran.
책장(冊欌)rak buku; lemari buku.
책정(策定) penyesuaian; penetapan;.~하다 menetapkan; menyesuaikan.가격을 ~하다 menetapkan harga.
챙 ☞ 차양(遮陽).
챙기다 menyusun; mengatur; mengemas; membenahi.
처(妻) istri; bini. ☞ 아내.
처(處) tempat; departemen. 근무~ tempat kerja; departemen seseorang.
처가(妻家) rumah istri.
처결(處決) ~하다 memutuskan; menetapkan.
처남(妻男) ipar.
처넣다 menjejali; memadati.
처네 (아이 업는) gendongan bayi.
처녀(處女) gadis; anak dara; perawan; (처녀성) keperawanan. ~의 perawan.~지(림) tanah (hutan) perawan.
처단(處斷) pemutusan; penghukuman. ~하다 memutuskan;menghukum.
처량하다(凄凉-) sepi; sunyi; sedih; muram.
처럼 seperti; sebegitu; bak; bagai; sebagaimana.여느때~sebagaimana biasanya.
처리(處理) pengelolaan;pengaturan; perlakuan; transaksi; keputusan. ~하다 mengelola; mengatur; mengerjakan; menyiapkan. 미~의 belum selesai.
처마 cucuran atap. ~밑에 dibawah cucuran atap.
처먹다 makan dengan rakus.
처방(處方) resep. ~하다 memberi resep.~대로 seperti yang dianjurkan. ~전(箋) kertas resep.
처벌(處罰) hukuman.~하다 menghukum.
처분(處分) penyelesaian. ~하다 menyelesaikan; melepaskan. 토지를 ~하다 melepaskan tanah dengan menjual.
처사(處事) pelaksanaan;tindakan.
처세(處世) tingkah laku/sikap hidup.~하다 menjalani hidup; bersikap (baik) dalam hidup. ~술 seni pergaulan.
처소(處所) tempat; kediaman; lokasi.
처신(處身) tingkah laku; perilaku. ~하다 bertingkah laku; bertindak.

ㅊ

처우(處遇)perlakuan.~하다 memperlakukan. 근로자의 ~개선 perbaikan kondisi pekerja.
처음 permulaan;asal;pokok;pangkal; ~의 awal; mula-mula; pertama. ~부터 dari semula; terlebih dahulu. ~으로 untuk pertama kali. ~은 mula-mula.
처자(妻子)keluarga; istri dan anak.
처절(悽絶)~한 amat menyedihkan.
처제(妻弟) saudari ipar.
처지(處地)situasi; keadaan; kedudukan. 곤란한 ~ situasi yang sulit.
처지다 ① (늘어지다) tergantung; terkulai; melentur; melontai. ② (뒤처지다) tertinggal. ③ (못하다) tidak bagus; kurang bagus.
처참(悽慘)~한 memilukan;menyedihkan.
처치(處置)① (처리) tindakan;penyelesaian.~하다 menyelesaikan; mengambil tindakan. ② (살인) ~하다 menghabiskan; membunuh.
처하다(處-)①dihadapkan(dengan). 위기에~ menghadapi krisis. 곤란한 처지에~ dalam kesulitan. ② (형에) menghukum; memvonis.
처형(妻兄)kakak ipar perempuan.
처형(處刑)penghukuman; penghukuman mati. ~하다 menghukum; menghukum mati.
척(隻) satuan kapal. 배 한 ~ satu kapal.
척 ① rapat;ketat;lekat. ~들러붙다 melekat kuat. ②(선뜻) tanpa ragu.
척골(脊骨) tulang punggung/belakang.
척도(尺度) ukuran; standar; tolak ukur. ..의 ~가 되다 menjadi ukuran ...; menjadi tolak ukur ... .
척수(脊髓) urat saraf tulang belakang. ~마비 kelumpuhan tulang belakang.
척주(脊住) 「解」ruas tulang belakang. ~만곡 lengkungan tulang punggung.
척척① dengan cepat; dengan segera.~박사 kamus berjalan.~일을 하다 bekerja dengan cekatan. ~대답하다 menjawab dengan cepat. ② rapat; ketat. ~들러붙다 lengket; melekat erat. ③ lipatan demi lipatan; tumpukan demi tumpukan; lapis demi lapis; dengan rapi. 이불을 ~ 개키다 melipat selimut. ~ 쌓다 menumpuk-numpukkan.
척척하다 basah; lembab.
척추(脊椎)tulang belakang; tulang punggung. ~동물 hewan bertulang belakang; vertebrata.
척출(剔出) ~하다 memilah;menyisihkan.
척후(斥候) pengintaian;tugas patroli. ~대 kelompok pengintai.
천 kain.
천(千)seribu.~배의 seribu kali lipat. ~분의 일 seperseribu. 몇 ~ 씩 ribuan;beribu-ribu. 수~ beberapa ribu.
천거(薦擧) rekomendasi; anjuran. ~하다 merekomendasi; menganjurkan. ...의 ~로 atas rekomendasi (dari) ... .
천계(天界) dunia langit; surga.
천고마비(天高馬肥) ~의 계절 musim gugur dengan langit yang

ㅊ

cerah dan biru dan kuda-kuda bertambah gemuk.

천국(天國) ☞ 천당.지상 ~ surga dunia.

천군만마(千軍萬馬) kuda dan tentara dalam jumlah yang besar; serangkaian pertempuran.

천금(千金)~으로도 바꿀 수 없는 tak ternilai.

천기(天氣) ☞ 일기(日氣), 날씨.

천기(天機) rahasia alam yang sangat dalam.

천단(擅斷) keputusan sewenang-wenang. ~하다 memutuskan dengan sewenang-wenang. ~으로 dengan sewenang-wenang.

천당(天堂) surga. ~에 가다 masuk surga; wafat.

천대(賤待) perlakuan merendahkan/menghina. ~하다 memperlakukan dengan hina.

천더기(賤 -) orang yang hina.

천도(遷都) ~하다 memindahkan ibukota.

천동설(天動說) teori Ptolemy.

천둥 guruh; guntur; geledek; petir; gluduk.

천둥벌거숭이 orang yang berani tapi ceroboh.

천둥지기 sawah tadah hujan.

천렵(川獵) penanggukan ikan. ~하다 menangguk ikan.

천륜(天倫) kaidah moral. ~에 어그러지다 melanggar kaidah moral.

천리(千里) seribu li; jarak yang jauh sekali.~마 kuda yang larinya cepat. ~안(眼) ahli ramal.

천막(天幕)kemah; tenda. ~을 치다 (걷다) memasang (membongkar) tenda. ~생활 kehidupan perkemahan.

천만(千萬) sepuluh juta; banyak sekali.~ 뜻밖에 tidak diharapkan sama sekali. ~의 말씀입니다 tak sama sekali.

천만년(千萬年) waktu yang tidak terhitung.

천만다행(千萬多幸) kemujuran; keberuntungan. ~으로 untunglah. ~이다 sangat beruntung.

천만뜻밖(千萬-) ~의 tidak di sangka-sangka. ~에 dengan tidak disangka-sangka.

천만부당(千萬不當) ~하다 amat tidak masuk akal. ~한 말 komentar yang tak beralasan sama sekali.

천명(天命) ① (수명) hidup.② kehendak Tuhan; takdir. ~으로 알다 pasrah terhadap nasib.

천명(闡明) ~하다 menerangkan; menjelaskan.

천문(天文) ilmu perbintangan; astronomi; ilmu falak. ~학적 astronomis. ~대 observatorium.

천민(賤民) rakyat jelata; kaum marhaen.

천박(淺薄)~하다 dangkal; cetek; rendah.

천방지축(天方地軸) dengan ceroboh/ sembarangan.

천벌(天罰) ~을 받다 menerima kutukan; dikutuk.

천변(川邊) tepi sungai; pinggir sungai. ~ 에 di tepi sungai. ~에서 dari pinggir sungai.

천복(天福) berkat/rahmat Tuhan.
천부(天賦) ~의 alamiah; alami. ~의 재능 bakat alami.
천분(天分) ~이 있다 mempunyai bakat ... ~이 있는 bertalenta; berbakat.
천사(天使) malaikat; pesuruh Allah.
천생(天生) ~의 alamiah. ~ 배필 pasangan yang ditakdirkan.~연분 perkawinan yang sudah jodoh.
천성(天性)pembawaan; tabiat. ~의 alamiah.
천수(天水) air hujan. ~답(畓) ☞ 천둥지기.
천시(賤視) ~하다 menganggap hina; memandang rendah.
천식(喘息)「醫」 penyakit asma; bengek. ~ 환자 penderita asma.
천신(天神) dewa-dewi.
천신만고(千辛萬苦) ~하다 mengalami berbagai kesukaran hidup.
천심(天心)① (하늘 뜻) kehendak Tuhan. ② (하늘 복판) Zenith.
천애(天涯) ① (하늘 끝) kaki langit; ufuk; horison.② negeri yang jauh; tempat yang jauh. ~의 고아 orang asing di negara asing; orang yang sebatang kara.
천양지차(天壤之差) ☞ 천양지판.
천양지판(天壤之判) perbedaan besar. ~이다 berbeda sama sekali.
천업(賤業) pekerjaan yang tidak layak.
천역(賤役)tugas/ pekerjaan/ yang rendah.
천연(天然) alam. ~의(적인) alami. ~ 적으로 secara alami. ~ 기념물 monumen alam.
천연(遷延)penundaan. ~하다 menunda.
천연두(天然痘) campak; cacar.
천연색(天然色) warna asli; warna alami.~사진 foto warna. ~영화 film warna.
천연스럽다(天然-) tidak terpengaruh; tidak peduli.
천왕성(天王星) 「天」 Uranus.
천우신조(天佑神助) karunia Tuhan.
천운(天運) nasib; takdir.
천은(天恩) rahmat Tuhan.
천의(天意) kehendak Tuhan.
천인(天人) ~공노(共怒)할 죄 dosa terhadap Tuhan dan manusia.
천인(賤人) orang rendahan.
천일염(天日鹽) garam asli.
천자(千字)1000 huruf.~문 naskah seribu huruf (huruf cina).
천자(天子) kaisar.
천자만홍(千紫萬紅) berjenis-jenis bunga.
천장(天障) langit-langit; plafon. 반자 ~ langit-langit papan.
천재(千載) ~일우의 호기 kesempatan emas.
천재(天才) genius. ~적인 berbakat; bertalenta.
천재(天災) bencana. ~지변(地變) bencana alam.
천적(天敵) musuh alami; musuh bebuyutan.
천정(天井)☞ 천장. ~부지의 membumbung tinggi; melangit. ~ 시세 harga yang melangit.
천주(天主) Tuhan.

천주교(天主教) Katolik Roma. ~교회 gereja Katolik Roma. ~도 orang Katolik.

천지(天地) ① alam semesta; dunia; langit dan bumi; jagat. ~의 차 (☞ 천양지판). ~의 진동 ledakan alam semesta. ~만물 semua ciptaan; seluruh alam semesta; makhluk. ② daratan; tanah. 자유의~ tanah kebebasan. ③ (많음) ...~다 melimpah; ada di mana-mana.

천지개벽(天地開闢)penciptaan. ~하다 menciptakan langit dan bumi.

천지신명(天地神明) Tuhan semesta alam.

천직(天職) misi; panggilan.

천진(天眞) ~한 lugu; tak berdosa; naif.

천진난만(天眞爛漫)kenaifan.~한 naif.

천차만별(千差萬別)~의 bermacam ragam.

천천히 pelan-pelan.~하다 berlenalena.

천체(天體) bintang di langit.~관측 observasi bintang.~도 peta angkasa.

천추(千秋)seribu tahun;bertahun-tahun. ~의 한이되는 일 masalah yang sangat disesalkan.

천치(天癡) idiot.

천태만상(千態萬象) ☞ 천차만별.

천편일률(千篇一律) ~적 ketunggalnadaan; setereotif; monoton.

천품(天稟) pembawaan; tabiat.

천하(天下)dunia; alam semesta. ~에 dibawah kolong langit. ~일품의 tidak ada duanya; unik. ~명창 penyanyi yang tiada tandingannya.

천하다(賤 -)①(신분이) rendahan. ② kasar; sumbang; tidak sedap di dengar.말씨가~ gaya bicara kasar. ③ (지천) melimpah.

천행(天幸) nasib baik.

천혜(天惠) berkat; rahmat; karunia.

철 musim.~아닌 diluar musim.~지난 lewat musim.

철 akal sehat. ☞ 철나다,철들다,철모르다, 철없다.

철(鐵) besi; logam; baja. (☞ 쇠). ~을 함유한 mengandung besi.

...철(綴) arsip; berkas (☞ 철하다). 서류~ berkas surat. 신문~ berkas surat kabar.

철갑(鐵甲) baju besi; baju zirah. ~선 kapal lapis besi.

철강(鐵鋼) baja.~업 industri besi dan baja.

철거(撤去)pengosongan;evakuasi; penarikan mundur. ~하다 mengosongkan; mengevakuasi; menarik mundur.

철골(鐵骨) kerangka besi.

철공(鐵工) pekerja besi. ~소 pabrik besi.

철관(鐵管) pipa besi.

철광(鐵鑛) bijih besi.

철교(鐵橋) jembatan besi; jembatan kereta api.

철군(撤軍)~하다 menarik mundur (tentara); mengevakuasi.

철권(鐵拳) tinju; kepalan tangan; jotos.

철근(鐵筋) besi beton. ~콘크리트 beton bertulang.

철기(鐵器) barang besi. ~시대 zaman besi.
철꺽 ☞ 찰깍.
철나다 ☞ 철들다.
철도(鐵道)jalan kereta api;rel kereta api;jalan sepur.~를 놓다 memasang jalan kereta api. ~ 자살하다 bunuh diri di rel kereta api. ~망 jaringan rel.~사고 kecelakaan kereta api. ~선로 jalur kereta api. ~운임 ongkos kereta api. 광궤(협궤)~ rel lebar (sempit).
철두철미(徹頭徹尾) dari awal sampai akhir; setiap inci; secara rinci.
철들다 tumbuh pemahaman; sudah berakal sehat.
철렁거리다 ☞ 찰랑거리다.
철로(鐵路)rel kereta api;jalan kereta api.
철리(哲理) falsafah.
철망(鐵網) ① kasa kawat. ~을 치다 memasang kawat kasa.② ☞ 철조망.
철면(凸面) permukaan cembung.
철면피(鐵面皮) kelancangan; kekurangajaran. ~한 tidak tahu malu; tebal muka.
철모(鐵帽) topi baja.
철모르다 tidak mempunyai pengertian/ akal sehat.
철문(鐵門) pintu besi.
철물(鐵物) barang besi. ~상(商) toko besi; tukang besi.
철바람 angin musim.
철버덕거리다 berkecipak.
철벽(鐵壁) tembok besi. ~같은 진(陣) benteng yang tidak bisa di tembus.
철병(撤兵) ☞ 철군(撤軍).
철봉(鐵捧)batang besi;palang besi.
철부지(- 不知) orang yang tidak punya pengertian/akal sehat.
철분(鐵分)zat besi. ~이 있다 mengandung bahan mineral.
철사(鐵絲) pemasangan kawat, kawat. 가시 ~ kawat berduri.
철새 burung pengembara.
철석(鐵石) ~같은 kukuh; keras. ~간장(肝腸) tekad yang keras.
철선(鐵線) kawat besi.
철수(撤收) penarikan mundur; evakuasi;pengosongan.~하다 menarik mundur; menghijrahkan; mengevakuasi. ~자 pengungsi.
철시(撤市) ~하다 menutup toko; menghentikan usaha.
철썩 ① (물소리) berdeburan.~하다 berdebur.② (때림) ~하다 menempeleng.
철야(徹夜) ~하다 jaga sepanjang malam; bergadang. ~작업 kerja sepanjang malam.
철없다 ☞ 철모르다.
철인(哲人)orang bijaksana; filsuf.
철자(綴字) ejaan; sepelan. ~하다 mengeja; menyepel. ~법 sistim ejaan.
철재(鐵材) bahan besi.
철저(徹底) ~한 seksama; teliti. ~히 sepenuhnya.
철제(鐵製) ~의 besi; baja.
철제(鐵劑) pembuatan besi.
철조망(鐵條網) jalinan kawat berduri.
철주 ~하다 mengekang.

철쭉「植」 bunga azalia.
철창(鐵窓) jendela yang berjeruji besi; penjara. ~생활 kehidupan penjara.
철책(鐵柵) pagar besi.
철천지한(徹天之恨)penyesalan panjang; dendam yang mendalam. ~을 품다 menaruh dendam yang mendalam; memendam penyesalan panjang.
철철 ~넘치다 melimpah-limpah. ~넘도록 sampai melimpah.
철추(鐵推) ☞ 철퇴.
철칙(鐵則) aturan yang keras.
철퇴(撤退) penarikan mundur. ~하다 menarik mundur.
철퇴(鐵槌)palu besi. ~를 내리다 memerintah dengan keras.
철판(凸板) ~인쇄 cetakan timbul.
철판(鐵板)plat besi;lempeng besi.
철편(鐵片) sepotong besi.
철폐(撤廢) ~하다 menghapus.
철필(鐵筆) pena;kalam.~대 tangkai pena.
철하다(綴-) membundel. 서류를~ membundel surat-surat.
철학(哲學) filsafat. ~적(으로) (secara) filosofis.~박사 doktor filsafat.
철회(撤回) penarikan.~하다 menarik mundur; menarik kembali.
첨가(添加) ~하다 menambah. ~물 tambahan.
첨단(尖端) puncak; kesudahan; modern; ujung tombak. ~적인 ekstrim; ultra modern.
첨벙 berdeburan.
첨병(尖兵) satuan perintis/pengintai.
첨부(添附) ~하다 melampirkan. ~서류 dokumen lampiran.
첨삭(添削) ~하다 memperbaiki; mengoreksi.
첨예(尖銳)~화하다 menjadi radikal. ~분자 orang yang radikal.
첨탑(尖塔) puncak menara.
첩(妾) gundik; bini muda. ~을 두다 memelihara gundik.
첩(貼) sebungkus (obat).
...첩(帖)album. 견본~ album percontohan.
첩경(捷徑)①(지름길) jalan potong; pintasan.②(부사적) dengan mudah; paling mungkin.
첩보(捷報) kabar kemenangan.
첩보(諜報) intelijen. ~기관 dinas rahasia.~망 jaringan kerja intelijen. ~부 biro intelijen.
첩약(貼藥) sebungkus jamu/obat.
첩첩(疊疊) ~산중 pelosok pegunungan.
첫 perdana; pertama; baru. ~ 공연 pertunjukan perdana.~글자 huruf awal. ~아이 anak sulung.
첫걸음 langkah pertama; ABC.
첫길 perjalanan pertama.
첫날 hari pertama.
첫날밤 malam pengantin; malam pertama.
첫눈 pandangan pertama.~에 pada pandangan pertama. ~에 반하다 cinta pada pandangan pertama.
첫눈 salju pertama.
첫돌 ulang tahun pertama.
첫마디,첫말 kata sambutan.
첫머리 awal; pendahuluan.
첫무대(-舞臺) penampilan per-

tama;debut. ~를 밟다 mengadakan penampilan pertama;membuat debut.
첫물 ① ~옷 baju baru. ② ☞ 만물.
첫배 anak seperindukan pertama.
첫사랑 cinta pertama.
첫새벽 subuh;fajar.~에 pada waktu subuh.
첫선 pengenalan pertama; penampilan pertama. ~을 보이다 tampil pertama kali; memperkenalkan pertama kali.
첫술 sendok pertama.~에 배부르랴 jangan terlalu banyak pada percobaan pertama.
첫여름 awal musim panas.
첫인상(-印象)kesan pertama.~이 좋다 memberikan kesan pertama yang baik.
첫정(- 情) kasih sayang pertama.
첫째 nomor satu. ~로 mula-mula. ~가 되다 menjadi nomor satu. ~를 차지하다 mendapat juara satu.
첫추위 dingin pertama musim dingin.
첫출발(-出發) permulaan; awal 인생의 ~ awal kehidupan.
첫판(경기 따위의) ronde pertama.
첫판(- 版)(초판)terbitan pertama; edisi pertama.
첫해 tahun pertama.
청 selaput.
청(請) permintaan;permohonan.~에 의하여 atas permintaan. ~을 넣다 meminta melalui.
청각(聽覺) indra pendengaran. ~신경 saraf pendengaran.
청강(聽講)~하다 menghadiri (kuliah). ~료 (uang) masuk. 무료 ~ bebas hadir.
청개구리(靑-) 「動」 kodok pohon.
청결(淸潔) kebersihan; kesucian; kejernihan. ~하다 bersih; rapi. ~히 하다 membersihkan.
청과(靑果) sayur-sayuran dan buah-buahan. ~시장 pasar buah dan sayuran. ~점 toko sayur dan buah.
청구(請求)permintaan; klaim; tuntutan.~하다 meminta; mengklaim; menuntut. ~서 surat tuntutan. ~액 jumlah yang dituntut. ~인 orang yang menuntut.
청기와(靑 -) genteng biru.
청년(靑年) anak muda; jejaka; teruna; remaja; pemuda. ~단(團) persatuan pemuda. ~시절 masa muda.
청동(靑銅) perunggu; kuningan; kangsa. ~기 barang perunggu. ~시대 zaman perunggu.
청둥오리 「鳥」 bebek liar.
청량(淸凉) ~한 sejuk;nyaman;segar. ~음료 minuman segar.
청력(聽力) daya pendengaran.~검사 tes pendengaran.~계 alat pengukur pendengaran. ~측정 pengukuran pendengaran.
청렴(淸廉) kejujuran. ~한 jujur. ~결백=청렴.
청명(淸明) ~한 cerah.
청바지(靑 -) blue jean.
청백(淸白) ~한 jujur dan bersih.
청병(請兵) ~ 하다 meminta bala bantuan.
청부(請負) ☞도급(都給). ~ 살인

pembunuhan kontrak. ~ 업 kerja borongan.~업자 kontraktor;pemborong. ~인 orang yang memborongkan pekerjaan.

청빈(清貧) kemiskinan jujur.

청사(青史) sejarah. ~에 길이 남다 tertulis dalam sejarah.

청사(廳舍) bangunan pemerintah.

청사진(青寫眞) cetak biru; gambaran bagan. ~을 제시하다 mengemukakan rencana.

청산(青酸) 「化」 asam prusik; asam hidroksianat. ~염 racun sianida. ~칼리 potasium sianida.

청산(淸算) pembubaran; penghapusan; penutupan. ~하다 membubarkan; menghapuskan. ~서 lembaran saldo.

청산유수(青山流水) kefasihan. ~같다 berbicara dengan fasih.

청상과부(青孀寡婦) janda muda; janda kembang.

청색(青色) biru.

청소(淸掃) pembersihan. ~하다 membersihkan. ~기 alat pembersih. ~부 tukang sapu jalan. ~차 gerobak sampah; truk sampah.

청소년(青少年) remaja. ~ 범죄 kenakalan remaja.

청순(淸純) kemurnian;kebersihan; kesucian.~하다 murni; bersih; suci.

청승 sengsai.~떨다 berlaku sengsai.

청승맞다,청승스럽다 sengsai.

청신(淸新) ~한 baru dan segar.

청신호(青信號) lampu hijau.

청아(淸雅) keanggunan. ~한 anggun.

청약(請約) pemesanan di muka; berlangganan.~하다 berlangganan. ~ 순으로 dalam urutan langganan.

청어(青魚) 「魚」 ikan haring. ~알 telur ikan haring.

청와대(青瓦臺) istana presiden Korea.

청우계(晴雨計) barometer.

청운(青雲) ~의 뜻 ambisi waktu muda; ambisi yang tinggi.

청원(請援) ~하다 meminta bantuan; memohon bantuan.

청원(請願) permohonan; petisi. ~하다 mengajukan petisi;memohon. ~경찰(관) polisi dengan tugas pengawalan khusus. ~자 pemohon; pengaju petisi.

청음기(聽音機) pelacak suara.

청자(青瓷) porselin seladon.~색의 warna seladon.

청정(淸淨) kemurnian;kebersihan. ~한 murni; bersih. ~야채 sayur-sayuran yang bersih.

청주(淸酒) sake. 특급~ sake bermutu istimewa.

청중(聽衆) hadirin; pemirsa. 많은 (적은) ~ hadirin yang banyak (sedikit). ~석 auditorium.

청진(聽診) 「醫」 pendengaran dengan alat. ~하다 mendengarkan (dengan alat). ~기 stetoskop. ~기를 대다 menggunakan stetoskop.

청천(青天) langit biru.~벽력 petir di siang bolong.

청천(晴天) cuaca baik; hari cerah.

청첩(請牒) surat undangan.

청청하다(青青-)segar dan hijau.

청초(淸楚) ~한 rapi dan bersih.

청춘(青春)(masa) muda.~의 muda;

remaja. ~기 masa puber. ~시대 masa muda.

청출어람(青出於藍) lebih cemerlang dari gurunya.

청취(聽取) ~하다 mendengarkan; mendengar. ~율 penilaian pemirsa. 라디오 ~자 pendengar radio.

청컨대(請-) sudikah kiranya ... .

청탁(淸濁) ~을 가리지 않다 tidak pilih bulu.

청탁(請託)permohonan;permintaan.~하다 meminta; memohon. ~을 거절하다 menolak permohonan.

청풍(淸風) angin sepoi-sepoi basah. ~명월 angin sepoi-sepoi dan bulan yang terang.

청하다(請 -) ① (부탁) meminta/memohon (untuk melakukan). ② (달라다) meminta (sesuatu). ③ (초빙) mengundang.

청혼(請婚) lamaran untuk menikah; peminangan. ~하다 melamar; meminang. ☞ 구혼.

체 ayakan; saringan. ~로 치다 menyaring; mengayak.

체(滯) gangguan pencernaan.

체(體) badan; rangka; rancangan; bagian.

체 (거짓태) pura-pura; sok aksi.☞ 체하다.

체 (경멸) bah!; cih!.

체감(遞減) penyusutan berturut-turut. ~하다 menyusut secara berturut-turut.수확 ~의 법칙 kaidah penyusutan.

체감(體感) rangsangan tubuh. ~온도 temperatur yang efektif.

체격(體格)perawakan; bentuk tubuh;sikap;sosok. ~이 좋은 perawakan yang bagus.

체결(締結)kesimpulan; keputusan. ~하다 memutuskan (kontrak).

체경(滯京)~하다 tinggal di Seoul.

체경(體鏡) cermin panjang.

체계(體系) sistim. ~적(으로) (secara) sistematis. ~화하다 mensistematiskan.

체공(滯空)~하다 tinggal di udara /angkasa.~비행(기록) (rekor) ketahanan di angkasa.

체구(體軀) ☞ 체격.

체기(滯氣) rasa terganggu pencernaan.

체납(滯納) penunggakan. ~하다 menunggak. ~금 tunggakan. ~자 penunggak. ~처분 penagihan paksa.

체내(體內)~의(에) (di) dalam tubuh/badan. ~의 당분 gula badan.

체념(諦念) ① pemahaman kebenaran; pencerahan rohani. ~하다 memahami kebenaran;melihat dengan jelas. ② pemasrahan. ~하다 pasrah. 없어진 것으로 ~하다 pas-rah dengan apa yang hilang.

체능(體能)kecakapan (kemampuan) fisik.~검사 uji kecakapan fisik

체득(體得)~하다 menyadari; mengetahui; memahami; menguasai.

체력(體力) kekuatan fisik;stamina. ~을 기르다 membina kekuatan fisik. ~이 떨어지다 kekuatan menurun.

체류(滯留) ~하다 berdiam;tinggal; menetap; bertempat tinggal; ber-

domisili; bermukim.
체리 buah ceri.
체면(體面) (명예) kehormatan; (명성) kewibawaan; harga diri; (외관) penampilan; (위신) kebanggaan. ~상 demi kehormatan.
체모(體貌) ☞ 체면(體面).
체벌(體罰) hukuman jasmani (badani).
체불(滯拂) penangguhan dalam pembayaran; pembayaran dengan menunggak.~임금 upah tunggakan.
체스 catur.
체신(遞信) pos dan telekomunikasi. ~부 Departemen pos dan telekomunikasi.~업무 pelayanan pos dan telegram.
체언(體言) 『文』 kata benda.
체온(體溫) suhu panas badan.~을 재다 mengukur suhu tubuh. ~계 termometer klinik.
체위(體位) sikap badan; postur tubuh.
체육(體育) latihan fisik; keolahragaan; pendidikan jasmani. ~과 urusan pendidikan jasmani; jurusan olah raga. ~관 gimnasium.
체재(滯在) ☞ 체류(滯留).~객 tamu; penginap. ~비 biaya hotel. ~일수 lama kunjungan.
체재(體裁) bentuk;gaya.~가 좋은 pantas;selaras.~가 나쁜 tak pantas.
체적(體積) kapasitas; volume.
체제(體制) organisasi; struktur; sistim;orde.경제~struktur ekonomi. 신(구) ~ orde baru (lama).
체조(體操) senam.~기구 peralatan senam. 기계~ senam alat.
체중(體重) berat; bobot. ~이 늘다 (줄다) bertambah (kehilangan) berat. ~을 달다 menimbang badan.
체증(滯症) gangguan pencernaan. 교통 ~ kemacetan lalu lintas.
체질 penyaringan; pengayakan. ~하다 menyaring; mengayak.
체질(體質) keadaan jasmani. ~적 (으로) secara jasmaniah. ~이(허) 약하다 keadaan jasmani lemah.
체취(體臭) bau badan.
체통(體統) harga diri; kehormatan; muka. ~을 잃다 kehilangan muka. ☞ 체면.
체포(逮捕) penahanan;penangkapan.~하다 menangkap; membekuk; menahan.
체하다(滯-) terganggu pencernaan.
체하다 berpura-pura; berbuat seolah-olah. 모르는~ berpura-pura tidak tahu.
체험(體驗) ~하다 mengalami. ~담 riwayat pengalaman.
체형(體刑) hukuman badan/jasmani.
체화(滯貨) penimbunan muatan.
첼로 selo. ~ 연주가 pemain selo.
쳐가다 mengumpulkan dan mengangkut (sampah).
쳐내다 membuang;menyingkirkan.
쳐다보다 memandang;mendongak; menjelengak.
쳐들다 ① (올리다) mengangkat. ② (초들다) menunjukkan; menyebutkan.
쳐들어가다 menyerbu;menyerang.
쳐주다 ① (값을) menaksir; menilai.

②(인정)mengakui/berterima kasih.
쳐죽이다 memukul mati.
초 lilin.~를 켜다(끄다) menyalakan (memadamkan) lilin.~심지 sumbu lilin.
초(秒) ☞ 초록(秒錄).
초(草)☞ 기초. ~를 잡다 mengonsep; membuat konsep.
초(醋) cuka. ~를 치다 mencukai.
초(秒) detik.
초(初) permulaan; tahap awal.
초...(超) super; ultra; adi.~자연적 super natural; adi kodrati.
초가(草家) gubuk beratap jerami.
초가을(初-) musim gugur awal.
초강대국(超强大國) adidaya; negara adi daya.
초개(草芥)sehelai jerami;hal yang tak berguna. 죽음을 ~같이 여기다 menganggap nyawa tidak berarti (untuk membela negara).
초겨울(初-) musim dingin awal.
초경험(超經驗) ~적 berdasarkan kerokhanian.
초계(哨戒) ~하다 berpatroli. ~기(정) pesawat (kapal) patroli.
초고(草稿) konsep; naskah. ~를 작성하다 membuat konsep; mengkonsep.
초고속도(超高速度) kecepatan maksimum (ultra tinggi). ~촬영기 kamera berkecepatan ultra tinggi.
초고주파(超高周波) frekwensi super tinggi (ultra tinggi).
초과(超過) kelebihan. ~하다 melebihi; melecar; bersisa. ~근무수당 tunjangan (bayaran) lembur. ~액 surplus.
초급(初級) kelas pemula. ~영문법 tata bahasa Inggris untuk pemula.
초기(初期)tahap awal. ~의 awal; permulaan.
초년(初年)①(첫해) tahun pertama; tahun-tahun pertama. ~병 tentara baru masuk. ~생 pemula; plonco. ② (인생의) masa muda.
초단(初段)tingkat pertama;tingkat *dan* (dalam taekwondo).
초단파(超短波) gelombang ultra pendek.
초당파(超黨派) ~적 (konsesus) suprapartai. ~외교 diplomasi suprapartai.
초대(初代) pendiri; generasi pertama. ~의 pertama.
초대(招待)undangan.~하다 mengundang. ~에 응하다 (를 사절하다) menerima (menolak) undangan. ~권 karcis undangan. ~석 tempat duduk undangan.
초대작(超大作) super produksi; produksi kolosal.
초대형(超大型)~의 ekstra besar; ukuran super.~여객기 pesawat super.
초두(初頭)permulaan; awal.
초등(初等)~의 dasar.~과 jurusan untuk sekolah dasar. ~교육 pendidikan dasar.
초라하다 gembel;lusuh;kotor. 옷이 ~ berpakaian gembel.
초래(招來) ~하다 menyebabkan; menimbulkan; mengakibatkan. 결과를 ~하다 menimbulkan akibat.
초로(初老)awal masa tua.~의 신사 jentelmen awal masa tua.

초로(草露) embun di atas rumput. ~같은 인생 kehidupan yang fana.
초록(秒錄) ekstrak; abstrak; sari. ~하다 menyarikan.
초록(草綠),초록색(草綠色) warna hijau. ~의 hijau.
초롱 kaleng. 석유~ kaleng minyak tanah.
초롱(-籠) lentera tangan;lampion.
초립(草笠) topi jerami.
초립동(草笠童) anak muda (pria).
초막(草幕) gubuk jerami.
초만원(超滿員)~이다 terisi penuh.
초면(初面) ~이다 bertemu untuk pertama kali.
초목(草木) tanaman & pepohonan; vegetasi.산천~alam; pemandangan alam.
초미(焦眉) ~의 mendesak;penting. ~지급(急) kebutuhan mendesak.
초반(初盤) bagian pembukaan (permainan).
초밥(醋-) nasi dan ikan yang di beri cuka.
초배(初褙) lapisan pertama kertas dinding.
초벌(初-) ☞ 애벌.
초범(初犯) pelanggaran pertama; pelanggar pertama.
초병(哨兵) pengawal; penjaga. ~근무 tugas mengawal (menjaga).
초보(初步) dasar-dasar;tahap dasar. ~의 dasar.
초복(初伏) permulaan hari-hari terpanas.
초본(抄本) abstrak; ekstrak.
초본(草本), 초본경(草本莖) tunas.
초봄(初-) awal musim semi.
초봉(初俸) gaji permulaan.
초빙(招聘) undangan. ~하다 mengundang. ..의 ~으로 atas undangan (dari).
초사(焦思)노심~하다 berkhawatir.
초사흗날(初-) tanggal tiga.
초산(初産)kelahiran anak pertama. ~부 perempuan yang sudah melahirkan anak pertama.
초산(醋酸) 「化」 asam asetat; asam sendawa. ~염(鹽) asetat.
초상(初喪) perkabungan. 아버지의 ~을 당(當)하다 berkabung untuk ayah.
초상(肖像)potret.~화 lukisan potret. ~화가 pelukis potret. ~ 화를 그리게 하다 dilukis potret.
초생(初生) ☞ 초승.
초서(草書) gaya penulisan cepat (huruf Cina).
초석(硝石) 「化」 sendawa. 칠레 ~ sendawa Chili.
초석(礎石)batu pondasi;batu sendi.
초속(秒速) kecepatan per detik.
초속도(超速度) kecepatan super (ultra) tinggi.
초순(初旬) ~에 diawal;pada permulaan.
초승(初 -) awal bulan. ~달 bulan muda. ~달 모양의 seperti bulan sabit.
초식(草食) pemakan rumput; herbivora. ~동물 hewan pemakan rumput.
초심(初心)① (처음 마음)hati yang masih pelonco.②(미숙) ~의 masih hijau; tak berpengalaman.③ (사람)

pelonco; orang baru; pramadara. ~자(者)=초심.

초아흐렛날(初-) hari ke sembilan; tanggal sembilan.

초안(草案) konsep; naskah; rancangan. ~을 기초하다 membuat konsep/rancangan.

초야(草野) tempat terpencil. ~에 묻혀 살다 hidup di tempat terpencil.

초여드렛날(初-) hari ke delapan; tanggal delapan.

초여름(初-) awal musim panas.

초역(抄譯) ~하다 membuat terjemahan ringkas.

초연(超然)~하다 menyisihkan diri; menjauhkan diri. ~히 dengan menyisihkan diri.

초열흘날(初-) hari ke sepuluh; tanggal sepuluh.

초엽(初葉)permulaan; masa-masa awal. 20 세기 ~에 awal abad kedua puluh.

초엿샛날(初-)hari ke enam tanggal enam.

초옥(草屋) gubuk jerami.

초원(草原) padang rumput.

초월(超越) ~하다 menjauhkan diri (dari urusan dunia).

초유(初有) ~의 pertama; awal.

초음속(超音速)kecepatan supersonik. ~비행 penerbangan supersonik.

초음파(超音波)gelombang supersonik.

초이렛날(初-)① (아기의) hari ke tujuh setelah lahir.② (그달의) hari ke tujuh; tanggal tujuh.

초이튿날(初-)hari kedua; tanggal dua.

초인(超人) manusia super. ~주의 supermanisme.

초인종(招人鐘) bel pintu.

초일(初日)hari pertama/hari pembukaan.

초읽기(秒-) hitungan mundur; hitungan detik-detik terakhir. ~하다 menghitung mundur.

초임(初任) pengangkatan pertama. ~급(給) gaji permulaan; gaji awal.

초입(初入) ① (어귀) pintu masuk. ② (처음들어감) pintu masuk pertama.

초자연(超自然) ~적 adi kodrati; supernatural. ~주의 supernaturalisme.

초잡다(草-) membuat konsep/rancangan; mengkonsep.

초장(初章) bagian pertama; bait pertama.

초장(醋醬) saus ala Korea.

초저녁(初-)~에 menjelang malam.

초점(焦點) titik api;fokus. ~을 맞추다 mengambil focus/titik api. ~거리 jarak (panjang) titik api.

초조(初潮) haid pertama.

초조(焦燥)~하다 resah;tak sabaran. ~해하다 resah; tidak sabar; gugup; tidak tenang.

초주검되다(初-) setengah mati; hampir mati.

초지(初志) maksud/niat semula. ~를 관철하다 melaksanakan niat semula.

초진(初診)pemeriksaan kesehatan pertama. ~환자 pasien baru.

초창(草創)~기 masa pioner; jaman awal. 인류의 ~기 jaman awal kemanusiaan.
초청(招請)undangan.~하다 mengundang. ~경기 pertandingan undangan.~장 surat undangan; kartu undangan.
초췌(憔悴) ~하다 kurus dan cekung; kerempeng.
초침(秒針) jarum detik.
초콜릿 coklat.
초토(焦土)~화하다 dibumihanguskan; musnah jadi abu. ~ 전술 taktik bumi hangus.
초특가(超特價) penawaran khusus.
초특급(超特急) kereta super cepat.
초판(初版) edisi pertama.
초하다(抄-) menyalin; (초록하다) menyarikan; membuat abstrak dari.
초하룻날(初 -) hari pertama; tanggal satu.
초행(初行) perjalanan pertama. ~길 jalan yang pertama ditempuh.
초현실주의(超現實主義) surealisme. ~자 surealis.
초혼(初婚) pernikahan pertama.
초혼(招魂) kebaktian untuk memanggil arwah. ~ 제(祭) kebaktian (doa) peringatan untuk orang yang gugur dalam perang.
초회(初回) ronde pertama; masa pertama.
촉(화살촉) kepala panah;mata panah.
촉(燭) ☞ 촉광(燭光). 60 ~짜리전구 bola lampu berdaya 60 lilin.
촉각(觸角) 「蟲」 sungut; antena.
촉각(觸覺) indera peraba.
촉감(觸感) rasa rabaan. ~이 좋다 terasa lembut.
촉광(燭光) 「電」 kekuatan (daya) lilin; kekuatan cahaya.
촉구(促求) ~하다 mendesak (melakukan); memaksa; meminta. 주의를 ~하다 meminta perhatian.
촉망(囑望) pengharapan;harapan. ~하다 menaruh harapan. ~되는 청년 pemuda harapan masa depan.
촉매(觸媒) 「化」 katalis; katalisator. ~반응 katalisis. ~법 proses kontak (katalitik).
촉박(促迫) ~하다 mendesak. 시간이 ~하다 terdesak waktu; diburu waktu.
촉발(觸發)detonasi kontak;peledakan kontak.~장치 peralatan detonasi kontak.
촉성재배(促成栽培)kultur paksa; budidaya paksa. ~하다 mengkulturpaksakan; membudidayapaksakan.
촉수(觸手)① 「動」 sungut; antena. ② (손을 댐) perabaan. ~엄금 tak boleh disentuh.
촉수(觸鬚) peraba;sungut;palpus.
촉진(促進) ~하다 mempercepat; mendorong. ~제 pemercepat.
촉진(觸診) 「醫」 palpasi. ~ 하다 memeriksa dengan rabaan.
촉촉하다 lembab.
촉탁(囑託)kerja paruh waktu; pekerja paruh waktu.
촌(寸) ① ☞치. ② derajat kekerabatan (tentang hubungan keke-

luargaan). 삼 ~ paman.
촌(村) desa; pedesaan; kampung.
촌각(寸刻)saat.~을 다투다 perlu perlakuan segera.
촌극(寸劇)pertunjukan drama kecil.
촌놈(村-)orang desa; orang kampung; orang udik.
촌뜨기(村-) ☞ 촌놈.
촌락(村落)dusun; kampung; udik; dukuh.
촌민(村民)penduduk dusun;warga kampung.
촌보(寸步) beberapa langkah.
촌부(村婦) perempuan desa.
촌사람(村-) orang desa.
촌수(寸數) derajat kekerabatan (tentang hubungan kekeluargaan).
촌스럽다(村-)udik; seperti orang udik.
촌음(寸陰) ☞ 촌각. ~을 아끼다 hati-hati setiap menit.
촌지(寸志) hadiah tanda terima kasih.
촌충(寸蟲) cacing pita.
촌평(寸評) tinjauan singkat; komentar singkat.
촐랑거리다 ① ☞ 찰랑거리다. ② (행동을) berlaku semberono.
촐랑이 orang yang berlaku sembrono.
촐랑촐랑 ① dengan sembrono. ~ 돌아다니다 berkeluyuran dengan sembrono. ② ☞ 찰랑찰랑.
촐싹거리다 bertindak sembrono.
촐촐~하다 agak lapar.~굶다 sangat kelaparan.
촘촘하다 rapat; lebat.
촛농(-膿) lilin yang meleleh turun.
촛대(-臺) tempat lilin. ~에 초를 꽂다 memasang lilin di tempat lilin.
촛불 cahaya lilin. ~을 켜다(끄다) menyalakan (memadamkan) lilin.
총(말총) rambut kuda.
총(銃) senapan; bedil.
총...(總) keseluruhan; total; kotor. ~소득 penghasilan kotor.
총각(總角) bujangan; jejaka.
총검(銃劍) senapan dan pedang; sangkur; bayonet. ~술 teknik bayonet.
총격(銃擊) tembakan senapan. ~전 (戰) pertarungan senjata.
총결산(總決算)penyelesaian total rekening. ~하다 menyelesaikan rekening seluruhnya.
총경(總警) inspektur polisi senior.
총계(總計)jumlah total;banyaknya; keseluruhan. ~하다 menjumlahkan; mentotalkan.
총공격(總攻擊) serangan umum.
총괄(總括) ~하다 meringkaskan; mengikhtisarkan. ~적인 ringkasan; ikhtisar.
총구(銃口) moncong senapan.
총기(銃器)senjata ringan.~고(실) gudang senjata ringan.
총기(聰氣) kecemerlangan;kecerdasan.~가 있다 cemerlang; cerdas.
총대(銃 -) laras senapan.
총독(總督) gubernur jendral. ~부 pemerintahan gubernur jendral.
총동원(總動員) mobilisasi umum. 국가~ mobilisasi nasional.
총량(總量)jumlah total;berat kotor.
총력(總力) segenap tenaga. ~안보

keamanan nasional secara total.
총론(總論)pernyataan umum;garis besar; pendahuluan.
총리(總理) ① (내각의) perdana menteri. ② (총관리) pengawasan umum. ~하다 mengawasi.
총망(悤忙) ~하다 buru-buru;tergesa-gesa.
총명(聰明)~한 bijaksana;intelektual; cerdik.
총반격(總反擊) serangan balik total. ~하다 menyerang balik secara total.
총본산(總本山) candi pusat.
총부리(銃 -) moncong senapan. ~를 들이대다 menodongkan moncong senapan.
총사냥(銃-) ☞ 총렵(銃獵).
총사령관(總司令官) komando tertinggi.
총사령부(總司令部) 「軍」 markas besar.
총사직(總辭職) pengunduran diri umum. ~하다 mengundurkan diri secara umum.
총살(銃殺) penembakan mati. ~하다 menembak mati.
총상(銃傷) luka peluru (tembak).
총서(叢書) seri buku.국문학~ seri kesusasteraan Korea.
총선거(總選擧) pemilihan umum; Pemilu. ~하다 menyelenggarakan pemilihan umum.
총성(銃聲),총소리(銃-) suara tembakan.
총수(總帥) 「軍」 panglima;komando tertinggi; (재) presiden komisaris.
총수(總數)jumlah total;seluruhnya. ~ 500 이 되다 total berjumlah lima ratus.
총수입(總收入) penghasilan total.
총신(銃身) ☞ 총열(銃 -).
총아(寵兒)favorit.문단의 ~pengarang populer; favorit dunia sastra.
총알(銃-) peluru;pelor. ~구멍 lubang peluru.
총애(寵愛) perlakuan (cinta) istimewa. ~하다 memperlakukan secara istimewa.
총액(總額) jumlah total; jumlah keseluruhan.
총열(銃 -) laras senapan.
총영사(總領事)konsul jendral.~관 konsulat jenderal.
총원(總員) personil seluruhnya.~ 50 명 semuanya lima puluh (anggota).
총장(總長) ① (학교의) rektor. ② (사무총장) sekretaris jendral.
총재(總裁) presiden; ketua. 부~ wakil presiden/ketua.
총점(總點)jumlah nilai; nilai total; skor total.
총지배인(總支配人) manajer umum; general manager.
총지출(總支出)pengeluaran kotor (total).
총지휘(總指揮)komando tertinggi. ~하다 memegang komando tertinggi (angkatan darat).
총질(銃 -)penembakan.~하다 menembakkan senjata.
총채 penyapu debu; kemoceng. ~질하다 menyapu debu.
총총(悤悤)~히 dengan buru-buru.

~걸음 langkah-langkah cepat.

총총(葱葱) ~히 dengan lebat; dengan rapat.

총총하다(叢叢-) bertaburan.

총출동(總出動) mobilisasi umum. ~하다 dimobilisasi secara umum.

총칙(總則)peraturan umum;pasal-pasal umum.

총칭(總稱)nama umum; istilah generik. ~하다 menamakan secara umum.

총칼(銃-)senapan dan pedang.~로 다스리다 memerintah dengan senapan dan pedang.

총탄(銃彈) peluru; pelor.

총톤수(總-數) tonase kotor.

총파업(總罷業)pemogokan umum. ~으로 돌입하다 mengadakan pemogokan umum.

총판(總販) agen tunggal. ~하다 menjadi agen tunggal.

총평(總評) survei umum; tinjauan umum.

총포(銃砲) senapan.

총할(總轄)~하다 menyelia; mengawasi.

총화(總和) konsesus keseluruhan. ~정치 politik integrasi.

총회(總會) rapat umum.정기(임시) ~rapat umum biasa (luar biasa).

촬영(撮影)syuting;fotografi. ~하다 memotret/mengambil gambar. ~기 kamera.

최...(最) paling; maksimum. ~우수품 barang pilihan; barang paling bagus.

최강(最强) yang paling kuat. ~의 terkuat. ~팀 tim terkuat.

최고(最高) maksimum. ~의 tertinggi. ~기록 rekor terbaik. ~도 tingkat tertinggi; puncak.

최고(催告) pemberitahuan; permintaan; panggilan. ~하다 memanggil.

최고봉(最高峰) puncak tertinggi.

최근(最近) mutakhir; modern. ~에 baru-baru ini; belakangan ini; akhir-akhir ini.

최다수(最多數) jumlah terbesar/maksimum.

최단(最短)~거리(시일) jarak terpendek (waktu tersingkat).

최대(最大) terbesar;paling besar; maksimum. ~량 jumlah terbesar/maksimum.

최루(催淚) ~가스 gas air mata. ~탄 bom gas air mata.

최면(催眠)hipnotis.~상태 keadaan hipnotis; hipnotisme. ~요법 penyembuhan hipnotis; terapi hipnotis.

최면술(催眠術)seni hipnotis.~의 hipnotis. ~을 걸다 menghipnotis. ~사 juru hipnotis.

최상(最上)~의 terbaik;paling baik; kelas satu. ~급 「文」 tingkat superlatif.

최상등(最上等)~의 yang terbaik; yang terbagus.

최상층(最上層) lapisan teratas.

최선(最善) yang terbaik.~의 노력 usaha maksimal.~을 다하다 melakukan sebaik-baiknya.

최소(最小)terkecil; paling kecil. ~공배수 「數」 faktor persekutuan terkecil. 공분모 「數」 pembagi

umum terkecil. ~한도 minimum.
최소(最少)paling sedikit;minimum; terkecil. ~량 jumlah minimum.
최신(最新)~의 terbaru; mutakhir. ~식 mode mutakhir;gaya terbaru.
최악(最惡) terburuk; paling buruk. ~의 terburuk.~의 경우에는 kasus terburuk.
최음제(催淫劑)obat perangsang.
최장(最長) ~의 terpanjang. ~거리 jarak terpanjang.
최저(最低) ~의 terendah; paling rendah; minimum; dasar. ~가격 harga terendah.~생활 standar hidup minimum.
최적(最適)optimum.~의 optimum; yang paling cocok. ~온도 suhu optimum.
최전선(最前線) garis depan.
최종(最終) terakhir; penghabisan. ~의 terakhir.~결정(안) keputusan (rencana) terakhir.
최초(最初)pertama;permulaan.~에 mula-mula; pada mulanya.
최하(最下)~의 terendah. ~급 nilai (tingkat) terendah.
최혜국(最惠國) negara yang di istimewakan. ~대우 perlakuan terhadap negara yang di istimewakan.
최후(最後) ① yang terakhir; kesimpulan; kemudian; belakang; akibat; hasil; penghabisan. ~의 terakhir; dibelakang sekali; kemudian sekali; nomor buncit. ~로 akhirnya; kesimpulan; kesudahannya.② saat-saat terakhir. ~의 말 wasiat. 비참한 ~를 마치다 berakhir tragis.
최후수단(最後手段) cara terakhir.
최후통첩(最後通牒) ultimatum.
추(錘) anak timbangan; batu timbang; pemberat.
추가(追加) tambahan; pelengkap; lampiran; susulan; tampalan. ~하다 menambah; melengkapi.
추격(追擊) perburuan; pengejaran. ~하다 memburu; mengejar.
추경(秋耕) ☞ 가을갈이.
추경예산(追更豫算) anggaran tambahan (untuk tahun ini).
추계(秋季) musim gugur. ~운동회 pertemuan atletik musim gugur.
추계(推計) ~하다 memperkirakan; menaksir. ~학 statistik induktif.
추고(推敲) ☞ 퇴고(推敲).
추곡(秋穀) bijian musim gugur. ~수매(가격) (harga) beli beras pemerintah.
추구(追求)pengejaran;pemburuan; pencarian. ~하다 mengejar; memburu; mencari.
추구(追究)~하다 menyelidiki dengan teliti;menyelidiki secara menyeluruh.
추구(推究) ~하다 menarik kesimpulan.
추궁(追窮) ~하다 menekan keras. 책임을 ~하다 meminta pertanggung-jawaban.
추기(追記) tulisan tambahan.
추기경(樞機卿) Kardinal. ~회의 Rapat Dewan Gereja.
추기다 ☞ 부추기다.
추남(醜男) laki-laki buruk/jelek.
추녀(醜女) wanita buruk/jelek.

추념(追念) ~하다 mengenangkan yang telah wafat. ~사(辭) pidato pengenangan yang telah wafat.

추다 menari.

추대(推戴) ~하다 mengangkat.

추도(追悼) perkabungan. ~ 하다 berkabung. ~가(歌) nyanyian pemakaman.

추돌(追突)~하다 menabrak di belakang. ~사고 tabrakan sisi belakang.

추락(墜落)jatuh. ~하다 jatuh. ~사(死) mati jatuh.

추레하다 jembel; lusuh; kotor.

추려내다 memilah; menjeniskan.

추렴 patungan.~하다 berpatungan. 소풍가는 비용을 ~하다 berpatungan untuk piknik.

추리(推理) penalaran. ~하다 bernalar. ~력 daya nalar. ~소설 buku cerita dedektif (misteri).

추리다 memilih.

추모(追慕)~하다 mengenang yang meninggal.

추문(醜聞) skandal; nama buruk; aib;cela.~이 돌다 skandal tersebar.

추물(醜物) (물건) noda; kotoran; (사람) orang cacat rupa.

추방(追放) pengusiran;deportasi; pembuangan. ~하다 membuang; mengusir; menyingkirkan; mengasingkan; mengeluarkan.

추분(秋分)waktu siang dan malam musim gugur yang sama.

추산(推算) perhitungan; perkiraan. ~하다 memperkirakan; memperhitungkan.

추상(抽象) abstraksi;keniskalaan. ~적(으로) setara abstrak. ~론(에 빠지다) (terlibat dalam) argumenttasi abstrak. ~명사 kata benda abstrak.

추상(秋霜) ① (가을 서리) embun beku musim gugur. ② kekerasan. ~ 같은 keras.

추상(追想) kenangan kembali. ~하다 ingat kembali. ~록(錄) buku kenang-kenangan.

추상(推想) ~하다 menebak; mengira-ngira; membayangkan.

추색(秋色) pemandangan musim gugur.

추서(追書) catatan tambahan.

추서(追敍) ~하다 memberi penghargaan anumerta (pada).

추석(秋夕) (Perayaan) Hari Bulan Panen.

추세(趨勢) kecenderungan; arus. 세상 ~에 따르다 mengikuti arus zaman.

추수(秋收) panen. ~하다 menuai; memanen; mengetam.

추스르다 meluruskan (karung beras).

추신(追伸) catatan tambahan; notabene (NB).

추심(推尋)kliring. ~하다 mengkliring.~료(料) ongkos/biaya kliring.

추악(醜惡)~한 buruk; cemar; keji; cabul; lacur.

추앙(推仰)~하다 memuja; memuji; menghormati.

추어올리다 ① (위로) mengangkat. ② ☞ 추어주다.

추어주다 membujuk; menjilat; memuji; menggula.

추억(追憶) ingatan; kenang-kenangan; pikiran.~하다 mengenang.

추워하다 merasa dingin; peka terhadap dingin.

추월(追越)~하다 menyalip; mendahului.

추위 kedinginan.심한~ amat dingin. 살을 에는 듯한~ dingin yang menggigit.

추이(推移)perubahan; pengisaran; runtunan; perobahan. ~하다 berubah; mengalami perubahan; beralih.

추잡(醜雜) ~하다 kotor; mesum; lacur. ~한 말 perkataan kotor.

추장(酋長) kepala suku.

추적(追跡) pengekoran; pemburuan;penguberan.~하다 mengejar; menyusul; memburu.

추접스럽다 kotor;mesum;rendah.

추정(推定) anggapan; perkiraan; dugaan;perhitungan. ~하다 menganggap; menyanakan; mengira-ngira; menduga. ~량 volume taksiran.

추종(追從) ~하다 mengikuti; meneladani. ~을 불허하다 tiada tara.

추진(推進) ~하다 mendorong. ~기 baling-baling. ~력 daya dorong.

추징(追徵) ~하다 melakukan pemungutan tambahan. ~금 uang pungutan .

추천(推薦) rekomendasi; penganjuran. ~하다 merekomendasikan; menganjurkan. ~자 yang memberi rekomendasi.

추첨(抽籤) pengundian, undian. ~하다 memperundi;mengundi. ~으로 dengan mengundi.~에 뽑히다 memenangkan undian. ~권(券) karcis undian.

추축(樞軸) poros; sumbu; pasak. ~국 kekuatan sumbu.

추출(抽出) penyarian; ekstraksi. ~하다 menyarikan; ekstraksi. ~물 sari; ekstrak.

추측(推測) terkaan;tebakan;dugaan;taksiran;perkiraan.~하다 menduga; menyangka; menaksir; mengira.

추켜들다 mengangkat;menaikkan.

추태(醜態) tingkah laku yang memalukan. ~부리다 bertingkah memalukan.

추파(秋波) kerlingan; juling. ~를 던지다 mengerling mata.

추하다(醜 -) ① (못생김) jelek; buruk. ② (더러움)kotor. ③ (비루) rendah; kotor; hina.

추행(醜行) hubungan menyeleweng.

추호도(秋毫-) sedikit pun; sama sekali.

추후(追後)~에 berikutnya; nantinya. ~통고가 있을 때까지 sampai pemberitahuan berikut.

축(丑)shio Sapi. ~년(시) tahun Sapi.

축(祝) ☞ 축문(祝文).

축(軸) poros; sumbu; gendar roda.

축(무리)partai;kelompok; kalangan.

축(맥없이) dengan lesu; lunglai; lemah; dengan terkulai.

축가(祝歌) nyanyian untuk pesta. 결혼~nyanyian untuk perkawinan.

축객(逐客) 문전 ~하다 mengusir tamu (di depan pintu).

축구(蹴球) sepak bola. ~선수(팀) pemain (kesebelasan) sepak bola.
축나다 berkurang; merugi; mengurus.
축내다(縮 -)mengurangi jumlah.
축농증(蓄膿症) 「醫」 empyema.
축대(築臺) teras;tanggul. 위험 ~ tanggul bahaya.
축도(縮圖) lukisan yang di kecilkan. 인생의~ lambang kehidupan.
축문(祝文) tulisan doa untuk arwah nenek moyang.
축배(祝杯) sulang. ~를 들다 bersulang.
축복(祝福) berkat; restu; berkah. ~하다 merestui. ~받은 di berkati; direstui.
축사(畜舍) kandang.
축사(祝辭) ucapan selamat; pidato ucapan selamat. ~를 하다 mengucapkan selamat.
축산(畜産) peternakan hewan. ~시험장 Balai Penelitian Ternak.
축소(縮少.縮小)pengurangan;pemotongan;pengecilan.~하다 memperkecil;mengurangi; memotong.
축연(祝宴) pesta; perjamuan.~을 베풀다 mengadakan pesta.
축열(蓄熱) ~식의 regeneratif.
축원(祝願) do'a. ~하다 berdoa untuk ... .
축이다 membasahi.목을~ membasahi kerongkongan.
축일(祝日) hari libur umum; hari raya.
축재(蓄財) penimbunan kekayaan. ~하다 menimbun kekayaan; mengumpulkan uang. ~자 penimbun uang; pencari harta.
축적(蓄積)pengumpulan;penghimpunan; penimbunan. ~하다 mengumpulkan harta.
축전(祝典) perayaan. 기념~ perayaan peringatan.
축전(祝電) telegram ucapan selamat.
축전기(蓄電器)alat penerima dan penyimpan strom listrik; penghimpun listrik.
축전지(蓄電池) baterai; aki.
축제(祝祭) perayaan; perjamuan; sukaria; resepsi. ~일 hari raya.
축제(築提) tambak; tanggul. ~하다 membangun tanggul.
축조(逐條) ~심의하다 membahas pasal demi pasal.
축조(築造) bangunan; konstruksi. ~하다 membangun; mendirikan.
축척(縮尺)skala.~천 분의 일 skala 1 - 1,000.
축첩(蓄妾)~하다 memelihara gundik.
축축 terkulai.
축축하다 lembab; agak basah; demek.
축출(逐出) pengeluaran secara paksa; pengusiran. ~하다 mengenyahkan; mengusir.
축하(祝賀) selamat; restu; berkat. ~하다 mengucapkan selamat. ~의 말씀 ucapan selamat. ...을 ~하여 dalam merayakan.
축항(築港)~하다 membangun pelabuhan.~공사 pekerjaan pelabuhan.
춘경(春景) pemandangan musim

semi.
춘궁(春宮) putra mahkota.
춘궁기(春窮期) (보릿고개) kurang makanan di musim semi.
춘기발동기(春機發動期) masa puber.
춘몽(春夢) mimpi dimusim semi. 인생은 일장 ~이다 kehidupan adalah mimpi kosong.
춘부장(春府丈) ayahmu.
춘분(春分) siang dan malam yang waktunya sama dalam musim semi.
춘삼월(春三月)bulan Maret. ~ 호시절(好時節) masa paling menyenangkan pada musim semi.
춘색(春色) pemandangan musim semi.
춘설(春雪) salju di musim semi.
춘정(春情) keinginan sex; gairah seksual. ☞ 욕정, 정욕.
춘추(春秋)musim semi dan musim gugur; umur. ~복 pakaian musim semi dan musim gugur.
춘풍(春風) angin sepoi-sepoi di musim semi.
춘하(春夏) ~추동 empat musim; sepanjang tahun.
춘화도(春畵圖) gambar cabul.
춘흥(春興) keriangan pada musim semi.
출가(出家)~하다 menjadi pendeta Budha.
출가(出嫁) ~하다 menikah dengan (seorang pria). 딸을~시키다 menikahkan putri.
출간(出刊) ☞ 출판.
출감(出監)bebas/keluar dari penjara.~하다 dibebaskan. ~자 narapidana yang dibebaskan.
출강(出講)~하다 mengajar; memberi kuliah.
출격(出擊)serangan mendadak/tiba-tiba.~하다 menyerang tiba-tiba.
출고(出庫) ~하다 mengeluarkan barang dari gudang. ~가격 harga pabrik; harga gudang.
출구(出口)jalan keluar;jalan lepas; pintu keluar.
출국(出國) ~하다 meninggalkan negara; merantau keluar negeri. ~허가서 izin keluar/keberangkatan.
출근(出勤) kehadiran. ~하다 berdinas; masuk kerja. ~이 늦다 terlambat masuk kerja.
출금(出金)pembayaran.~전표 slip pembayaran.
출납(出納) penerimaan dan pengeluaran.~계원 kasir; pemegang kas; bendahara.~부 buku rekening.
출동(出動) mobilisasi. ~하다 di mobilisasi.~명령 perintah mobilesasi.
출두(出頭)~하다 hadir. ~명령 perintah hadir.자진(임의)~ kehadiran sukarela.
출렁거리다 menggelombang;menggelora; terombang-ambing.
출력(出力)daya pembangkitan tenaga.
출마(出馬) ~하다 mengajukan diri menjadi calon; mencalonkan diri.
출몰(出沒) ~하다 timbul tenggelam; menghantui.
출발(出發) kepergian; keberangkatan. ~하다 berangkat dari; melangkah; bertolak; pergi berlayar;

membuka; memulai.

출범(出帆)pelayaran.~하다 mengadakan pelayaran; berlayar.

출병(出兵)~하다 mengirim tentara.

출산(出産) kelahiran anak. ~하다 melahirkan; beranak. ~율 angka kelahiran.

출생(出生)lahir;kelahiran.~하다 di lahirkan.~신고 laporan kelahiran.

출석(出席)kehadiran.~하다 menghadiri; mengunjungi; menghadapi. ~부(簿) daftar nama.

출세(出世) sukses dalam hidup. ~하다 meningkat di dunia; kesuksesan dalam hidup.~한 사람 orang yang sukses/berhasil.

출신(出身)tempat lahir; kelahiran; tamatan. ...의 ~이다 tamat dari; berasal dari.

출애굽기(出-記) 「聖」 Kitab Keluaran.

출어(出漁) ~하다 berlayar menangkap ikan. ~구역 daerah penangkapan ikan.

출연(出捐) ~하다 menyumbang; menderma. ~금 sumbangan.

출연(出演)penampilan dipanggung. ~하다 tampil di panggung. ~료(料) bayaran untuk penyanyi/aktor.

출옥(出獄)~하다 dibebaskan dari penjara. ~자 ☞ 출감자(出監者).

출원(出願) lamaran; permohonan. ~하다 melamar; memohon (hak cipta). ~자 pelamar; pemohon.

출입(出入) kedatangan dan kepergian; keluar dan masuk.~하다 masuk dan keluar; datang dan pergi. ~구 pintu masuk.

출자(出資) penanaman modal; investasi.~하다 menanamkan modal.

출장(出張) perjalanan dinas/bisnis. ~하다 mengadakan perjalanan dinas/bisnis.

출전(出戰)~하다 ambil bagian;ikut serta; berangkat ke garis depan.

출정(出廷) ~하다 hadir di pengadilan.

출정(出征) ~ 하다 berangkat ke garis depan.

출제(出題) ~하다 memberi soal.

출중(出衆)~하다 luar biasa; istimewa; menonjol.

출처(出處) sumber; asal.

출출하다 merasa sedikit lapar.

출타(出他)~하다 keluar.~중에 ketika keluar; pada waktu tidak hadir.

출토(出土)~하다 digali.~품 barang galian.

출판(出版)penerbitan; pencetakan. ~하다 menerbitkan;mengeluarkan; mencetak.~계(界)dunia penerbitan.

출품(出品) ~하다 mempertunjukkan; memamerkan; memperagakan. ~목록 daftar barang yang di pamerkan.

출하(出荷)pengapalan;pengiriman. ~하다 mengirim (barang-barang); mengapalkan.~자 pengirim.

출항(出航) ~하다 meninggalkan pelabuhan; mengangkat sauh; berlayar.

출항(出港) keberangkatan. ~하다 meninggalkan pelabuhan; berlayar. ~선 kapal yang akan berangkat.

출현(出現) penampilan;kehadiran; pemunculan;kedatangan.~하다 hadir;tampil;maju; menampakkan diri.

출혈(出血)pendarahan;penumpahan darah. ~하다 berdarah; mengalami pendarahan.~과다로 pandarahan berlebihan.

춤 tarian; joget.~추다 menari; berjoget; berdansa.

춥다 dingin.

충(蟲) ① ☞ 벌레. ② ☞ 회충.

충격(衝擊) goncangan; kejutan. ~적(인)menggoncangkan;mengejutkan.~을 받다 tergoncang.~을 주다 memberi kejutan.

충견(忠犬) anjing yang setia.

충고(忠告) nasehat;anjuran;saran; peringatan. ~하다 menganjurkan; menyarankan; memperingatkan.

충당(充當) ~하다 memenuhi.

충돌(衝突) tabrakan; bentrokan; pertengkaran; pertentangan; perselisihan; pertikaian. ~하다 bertabrakan; bertubrukan; membentur; beradu; bentrok; menentang.

충동(衝動)① gerak hati;dorongan hati. ~적으로 atas dorongan hati. ~에 이끌리다 dibimbing oleh dorongan hati. ..하고 싶은 ~을 느끼다 merasa terdorong ingin...② (교사 선동) hasutan. ~하다 menghasut.

충만(充滿)~하다 penuh (dengan).

충복(忠僕) abdi yang setia.

충분(充分) ~한 cukup; lengkap; genap;paripurna. ~히 memuaskan; memadai; mencukupi.

충성(忠誠) kesetiaan; kebaktian; ketaatan. ~스러운 setia; berbakti; taat.

충신(忠臣) kawulanegara yang setia.

충실(充實)~한 utuh;lengkap. 내용 ~ kekayaan isi/materi.

충실(忠實) ~한 setia; taat; tetap dan teguh hati. ~히 dengan setia.

충심(衷心) hati yang tulus. ~으로 dengan hati yang tulus.

충언(忠言)nasehat yang sungguh-sungguh; saran yang sungguh-sungguh.~하다 memberi nasehat yang sungguh-sungguh.

충원(充員)tambahan pegawai;bala bantuan.~하다 menambah pegawai.

충의(忠義) kesetiaan; loyalitas.

충전(充電) pemuatan listrik/arus. ~하다 mengisi (aki) dengan arus.

충전(充塡) pengisian.~하다 mengisi.

충절(忠節) kesetiaan.

충정(衷情) hati yang tulus. ~을 털어놓다 membuka hati.

충족(充足)~하다 penuh; memadai; cukup. ~시키다 mengisi; memadai; mencukupi; memenuhi;melengkapi.

충직(忠直) ~한 setia; jujur.

충천(衝天) ~하다 naik tinggi ke langit; membumbung; melangit.

충치(蟲齒) gigi yang membusuk/berlobang. ~가 먹다 gigi membusuk.

충해(蟲害) hama serangga. ~를 입다 rusak oleh serangga; kena hama serangga.

충혈(充血)kemacetan aliran darah. ~하다 macet aliran darah. ~한 눈 mata merah.

충혼(忠魂) jiwa yang setia. ~ 비

monumen yang didedikasikan untuk prajurit setia.

충효(忠孝) kesetiaan & kebaktian.

췌액(膵液) getah pankreas.

췌장(膵臟) 「解」 pankreas. ~ 염 「醫」 radang pankreas.~절개(술) operasi/bedah pankreas.

취객(醉客) peminum; pemabuk.

취급(取扱) (사람등의) perlakuan; (물건의) penanganan.~하다 memperlakukan; menangani.~소 agen.

취기(醉氣) rasa mabuk. ~가 돌다 menjadi mabuk.

취득(取得) pendapatan; perolehan. ~하다 memperoleh;mendapatkan; menemukan.~물 barang perolehan.

취락(聚落)pemukiman; komunitas; koloni.

취로(就勞)~하다 mendapat pekerjaan. ~사업 proyek padat karya; pembukaan lapangan kerja.

취미(趣味) kegemaran;kesenagan; hobi;selera.~가 있는 bercita rasa. ~에 맞다 sesuai selera;sesuai kesenangan.

취사(炊事) masak-memasak; pekerjaan dapur. ~하다 memasak.

취사(取捨)~선택 pemilihan;penerimaan atau penolakan. ~선택하다 memilih.

취소(取消) pembatalan;peniadaan; penghapusan; pencabutan. ~하다 membatalkan;menghapuskan; menarik kembali; mengurungkan; menganulir.

취약(脆弱)~한 rawan.~지역(지점) daerah rawan.

취업(就業)kerja; pekerjaan. ~하다 dapat kerja. ~중이다 sedang bekerja. ~규칙 peraturan kerja.

취임(就任) pelantikan; pengangkatan; penobatan. ~하다 dilantik; diangkat; dinobatkan.

취입(吹入) ~하다 merekam lagu.

취재(取材)pemilihan materi/bahan. ~하다 mengumpulkan bahan (dari).

취조(取調) ☞ 문초(問招).

취중(醉中) ~에 dibawah pengaruh minuman keras; dalam mabuk.

취지(趣旨) (생각) pendapat; ide; (목적) tujuan; maksud. 질문의 ~ maksud pertanyaan.

취직(就職) ~하다 mendapat pekerjaan. ~시켜주다 mencarikan pekerjaan. ~난 kesulitan mendapatkan pekerjaan.

취침(就寢)~하다 tidur. ~중 sedang tidur. ~나팔 terompet tidur.

취태(醉態) kemabukan.~를 부리다 berlaku mabuk.

취하(取下)~하다 menarik. 소송을 ~하다 menarik perkara hukum.

취하다(取-)①mengambil. 강 경한 태도를 ~ mengambil sikap yang tegas. ② memilih. 여럿 가운 데서 하나를~ memilih satu dari yang banyak. ③ (섭취) menyerap (zat makanan). ④ (꾸다) meminjam; meminjamkan.

취하다(醉-) ① mabuk. 곤드레 만드레~ sangat mabuk; mabuk berat. 거나하게 ~ setengah mabuk. ② teracuni. 담배에 ~ teracuni rokok. ③ mabuk (kesenangan, kesuksesan). 성공에~ mabuk kesuksesan. 환희에~ mabuk kesenangan.

④ mabuk (waktu perjalanan). 배에 ~ mabuk laut.

취학(就學) ~하다 masuk sekolah. ~시키다 menyekolahkan; memasukkan sekolah.~률(率)persentase bersekolah.

취한(取汗)~하다 berkeringat saat sakit.

취한(醉漢) pemabuk.

취항(就航) ~하다 melayani; beroperasi; berlayar. 유럽 항로에 ~하다 melayani jalur Eropa.

취향(趣向)selera.~에 맞다 sesuai dengan selera.

취흥(醉興) senang-senang sambil mabuk. ~에 겨워 dibawah pengaruh minuman keras.

...측(側)sisi;pihak.양~ kedua belah pihak. 유엔 ~ pihak PBB.

측근(側近)~에 sekitar; dekat. ~자 orang yang dekat (dengan presiden).

측량(測量) pengukuran; survei. ~하다 mengukur; mensurvei; menjangkakan.

측면(側面) sisi; samping; pinggir; tepi; rusuk; raut; bidang; segi; garis tepi. ~의 tentang sisi.

측백나무(側柏-) 「植」 pohon tuja.

측심(測深) pengukuran kedalaman laut. ~하다 mengukur kedalaman laut.

측우기(測雨器)ukuran curah hujan.

측은(惻隱)~한 kasihan;menyedihkan. ~한 마음이 들다 merasa kasihan.

측전기(測電器) alat pengukur arus listrik; elektrometer.

측정(測定) ukuran; jangka;takaran. ~하다 mengukur;menera;menakar; menimbang.

측지(測地) survei tanah. ~ 하다 mensurvei tanah. ~학 ilmu yang mempelajari keadaan tanah/bumi.

측후(測候) observasi meteorologi; pengamatan cuaca. ~하다 mengadakan observasi meteorologi.

층(層) (사회계급) kelas; kategori; jenis; bagian; golongan; pangkat; kalangan.

층계(層階)tangga; undak-undakan. ~를 오르다 naik tangga. ~참 undak-undakan perhentian.

층나다(層 -)digolong-golongkan; dikelaskan; dirangkaikan.

층대(層臺) ☞ 층층대.

층돌(層 -) batu tangga.

층운(層雲) lapisan awan paling rendah.

층지다(層 -) ☞ 층나다.

층층다리(層層-) anak tangga; undak-undakan.

층층대(層層臺) ☞ 층층다리.

층층시하(層層侍下) melayani orang tua dan kakek-nenek yang masih hidup.

치 ① bagian; jatah; ransum. 이틀 ~의 식량 makanan jatah dua hari. ② si. 그 ~ si itu.

치가떨리다(齒-) menggertakkan gigi dengan marah.

치경(齒莖) gusi.

치고 그것은 그렇다~ jika demikian adanya.

치골(恥骨) 「解」 tulang kemaluan

/pubis.

치과(齒科) bagian gigi. ~기공 ahli gigi. ~대학 Fakultas Kedokteran Gigi. ~의(사) dokter gigi ~의원 klinik gigi.

치국(治國) pemerintahan. ~책(策) kebijakan pemerintahan.

치근(齒根) akar gigi.

치근거리다 mengganggu; menggoda.

치기(稚氣)sifat kekanak-kanakan. ~넘친 kekanak-kanakan.

치기배(-輩) perampok, pencuri & penjambret.

치다 ① (때리다) memukul; mengelepak; meninju; menggebuk; menampar. ② memukul (gong/paku); memencet (piano); bertepuk tangan.피아노를 ~ memencet piano; bermain piano. ③ (맞히다) memukul kena; mengenai. 배트로~ memukul dengan batu.④ menumbuk. 떡을~ menumbuk nasi untuk adonan.⑤ (벼락 따위) menyambar (petir).

치다 ① (공격 토벌) menaklukkan; menyerang.② (베어내다) memotong; memangkas. ③ (채를) mencincang;mengiris-iris.④(비난하다) menuduh.

치다 membersihkan; membuang. 똥을 ~ membuang kotoran.

치다 ①(체로) mengayak;menyaring. ② (장난을) bermain-main; iseng. ③ (소리를) berteriak.

치다 ① (셈) menilai; menghargai; menaksir; menghitung. 100 원으로 ~ menaksir 100 won. ② (여김) mempertimbangkan; mengingat.

치다 (액체 가루를) menambahkan; menuangkan; menaburkan (garam).

치다 ①(대님 따위를)mengikat (kaki celana). ② (장막 따위를) menggantungkan (tirai);memasang (kelambu; tenda).③ (줄을) membatasi tali.

치다 ① (사육) memelihara. ② (새끼를) membiakkan. ③ 벌이 꿀을~ lebah membuat madu.④ (손님을) menjamu tamu. ⑤ (가지가 뻗다) bertunas; bercabang.

치다 (그물 등을) memasang jala.

치다 ①(전보를)mengirim telegram. ② (시험을) ikut (ujian).

치다 (화투를) mengocok (kartu).

치다꺼리 ① (일처리)pengelolaan; pengaturan. ~하다 mengatur; mengelola.②(조력) pertolongan; bantuan. ~하다 menolong;membantu.

치닫다 naik.

치대다 menggilas (cucian).

치뜨다 mendelik (mata).

치렁거리다 ① (드린 물건이) berayun. ② (시일이) tertunda dari hari kehari.

치레 pendandanan; penghiasan. ~하다 mendandani; menghias.

치료(治療)pengobatan medis; penyembuhan; penyehatan. ~하다 mengobati; menyembuhkan.

치르다 ① membayar; melunasi; menebus. 값을~ membayar harga. ② mengalami; menjalani. 시험을~ menjalani ujian. ③ (접대) menjamu (tamu).

치를떨다(齒 -)① (인색) sangat

kikir. ② (격분) menggertak gigi.
치마 rok.
치매 「醫」 dimentia.
치명(致命) ~적 fatal; mematikan; maut.~적으로 secara mematikan.
치밀(緻密)~한 tepat; rinci; cermat. ~한 계획 rencana yang cermat.
치밀다 bergelora; menggelora. 분노가 ~ amarah bergelora.
치받치다 menggelora.
치부(致富)~하다 menimbun harta.
치부(恥部) bagian rahasia/ kemaluan.
치부(置簿) ~하다 memegang buku. ~책 buku keuangan.
치사(致死) ~의 fatal; mematikan; letal. ~량 dosis yang mematikan.
치사(致謝)~하다 berterima kasih; menyatakan terima kasih.
치사스럽다(恥事-) memalukan; hina; rendah; kotor.
치사하다(恥事-) ☞ 치사스럽다.
치산(治山) konservasi (perlindungan) hutan.~하다 melestarikan hutan.
치석(齒石) karang gigi;tahi gigi.
치성(致誠) pengabdian yang tulus; kebaktian yang ikhlas.
치세(治世) pemerintahan; rejim; (태평한 세상)masa-masa damai.
치수(- 數)ukuran; dimensi. ~대로 sesuai dengan ukuran. ~를 재다 mengukur.
치수(治水) penanggulangan banjir. ~하다 menanggulangi banjir; mengendalikan banjir.
치아(齒牙) ☞ 이.
치안(治安)keamanan & ketertiban umum. ~을 유지(維持)하다 menjaga keamanan. ~경찰 polisi keamanan.
치약(齒藥) pasta gigi; tapal gigi; obat gosok gigi.
치열(齒列) jajaran gigi; gigi geligi.
치열(熾烈) ~한 ketat; tajam. ~한 경쟁 persaingan yang ketat.
치외법권(治外法權) hak ekstra teritorial.
치욕(恥辱) noda; aib; cela; cacat; keaiban; kehinaan.
치우다 ① (정리) membereskan; membenahi; (제거) menyingkirkan; menjauhkan.② (딸을) menikahkan; mengawinkan.
치우치다 memihak kepada; berat sebelah; cenderung kepada.
치유(治癒) penyembuhan; penawaran. ~하다 menyembuhkan.
치음(齒音) suara gigi/dental.
치이다(덫에) terperangkap.
치이다 (수레바퀴에) tergilas; tergiling.
치이다 (값이) membutuhkan; memerlukan biaya; berharga.
치자(梔子) bibit bunga kaca piring. ~나무 pohon bunga kaca piring.
치장(治粧) perhiasan; dekorasi; dandanan; pemantas; rias. ~하다 menghiasi;mempersolek;mendekor.
치적(治績)prestasi pemerintahan.
치정(痴情) cinta nafsu. ~에 의한 범죄 kejahatan hawa nafsu.
치조(齒槽) 「解」 lobang gigi di rahang. ~농루(膿漏) 「醫」 paradentosis.
치죄(治罪) ~하다 mengusut.

치중(置重)~하다 menekankan;menitikberatkan (pada).
치즈 keju.
치질(痔疾) 「醫」 bawasir; puru sembilit; ambaein.
치켜세우다 menjunjung setinggi langit; mencongakan; menjengkit.
치키다 menaikkan; mengangkat; mendorong.
치킨 daging ayam.~수프(라이스)sup ayam (nasi).
치하(治下)~의 dibawah kekuasaan ... 공산당 ~의 berpemerintahan komunis.
치하(致賀) ucapan selamat. ~하다 mengucapkan selamat.
한(痴漢)buaya darat;pengganggu wanita.
칙령(勅令) titah raja.
칙명(勅命) perintah raja.
칙사(勅使) utusan raja. ~대접을 하다 memperlakukan dengan amat hormat.
칙칙하다 suram; muram.
친...(親) ①darah daging;sedarah. ~형제 saudara darah daging; saudara sedarah.②berpihak; pro. ~여 후보 calon pro-pemerintah.
친가(親家) ☞ 친정(親庭).
친고(親告) ~죄 kejahatan yang perlu pelaporan.
친교(親交) keakraban; keintiman. ~를 맺다 berteman akrab.
친구(親舊) teman; kawan;sahabat; taulan; rekan; sejawat; sekutu; sobat. 학교~ teman sekolah.
친권(親權) hak darah daging; kekuasaan orang tua. ~자 orang yang memiliki hak darah daging.
친근(親近) ~한 akrab;mesra;erat. ~한 사이이다 akrab diantara sahabat.
친남매(親男妹) saudara laki-laki dan perempuan sedarah.
친목(親睦) persahabatan; kesosialan. ~회 pertemuan sosial.
친밀(親密) ~한 akrab; intim; erat; dekat; rapat; karib; teguh. ~ 한 벗 teman dekat.
친부모(親父母) orang tua kandung.
친분(親分)persahabatan. ~이 있다 saling mengenal.
친상(親喪) perkabungan untuk orang tua. ~을 당하다 meninggal orang tua; berkabung untuk orang tua.
친서(親書) surat pribadi.
친선(親善) hubungan persahabatan. 국제적~ persahabatan internasional.
친손자(親孫子) cucu kandung.
친숙(親熟)~하다 akrab (dengan).
친아버지(親 -) ayah kandung.
친아우(親 -) adik kandung.
친애(親愛) ~하는 yang terhormat. ~하는 여러분 Saudara-saudara sekalian; Bapak-bapak dan ibu-ibu!
친어머니(親-) ibu kandung.
친우(親友) teman akrab.
친일(親日) ~의 pro-Jepang; berpihak pada Jepang.~파 aliran pro-Jepang.
친자식(親子息) anak kandung.
친전(親展) Rahasia; Pribadi.
친절(親切) kebaikan; simpati.~한

baik hati; lembut hati; murah hati.
친정(親政)kekuasaan raja secara langsung.
친정(親庭) rumah waktu gadis.
친족(親族)kerabat;sanak saudara; karib;sepersukuan.~관계 kerabatan.
친지(親知)kenalan;sejawat;rekan.
친척(親戚)sanak saudara;kerabat; keluarga; dusanak; karib.
친필(親筆) tulisan sendiri.
친하다(親-)①(가깝다)akrab.②(사귀다) bersahabat; berakrab (dengan).
친할머니(親-) nenek kandung.
친할아버지(親-)kakek kandung.
친형(親兄) abang kandung.
친화(親和) ~력 「化」 afinitas.
친히(親-)①(친하게) dengan akrab. ② secara pribadi. ~방문하다 berkunjung secara pribadi.
칠(七) tujuh. 제 ~(의) ketujuh.
칠(漆) cat; pelitur; pengilap. ~조심 awas cat basah.
칠기(漆器) barang-barang yang di pernis.
칠면조(七面鳥)kalkun; ayam Belanda.
칠보(七寶) 「佛」 tujuh harta (emas, perak, lapis, kristal, koral, akik, mutiara).
칠석(七夕) hari yang ketujuh dari bulan ketujuh.
칠순(七旬) ① (70 일) tujuh puluh hari. ② (70 살) umur 70 tahun.
칠십(七十)tujuh puluh.제 ~(의) ke tujuh puluh.
칠월(七月) Juli.
칠장이(漆匠-) tukang pernis/cat.
칠전팔기(七顚八起) tabah dalam kesukaran.
칠칠하다 칠칠치 못하다 ceroboh.
칠판(漆板) papan tulis hitam. ~을 지우다 membersihkan papan tulis; menghapus papan tulis.
칠하다(漆-) mengecat;memelitur; mewarnai; mengoles; mengulas.
칠흑(漆黑)~같은 hitam pekat; hitam legam. ~같은 (어둔)밤 malam yang hitam pekat.
칡 「植」 ararut. ~덩굴 akar jalar ararut.
침 air liur; air ludah. ~을 뱉다 meludah.
침(針) ① (가시)duri;onak.② (바늘) jarum jahit; jarum jam.
침(鍼) jarum (akupuntur). ~을 놓다 menusuk jarum.
침공(侵攻) penyerangan; invasi. ~하다 menyerang; menginvasi.
침구(寢具) sprei; tikar bantal.
침구(鍼灸) akupuntur dan moksibusi. ~술 seni akupuntur dan moksibusi.
침낭(寢囊) kantong tidur.
침노하다(侵擄-) ① (침공) menyerang; menginvasi. ② (빼앗다) menaklukkan.
침대(寢臺)tempat tidur;pelaminan; ranjang; peraduan. ~권 tiket tempat tidur (kereta api).
침략(侵略) agresi; penyerangan; penyerbuan. ~하다 menyerang; menyerbu;menginvasi.~적 agresif.
침례(浸禮) 「宗」 pembabtisan;pemandian. ~교도 orang yang di

babtis.

침목(枕木)「鐵」bantalan rel.

침몰(沈沒)tenggelam. ~하다 tenggelam; kelelap; terbenam; karam.

침묵(沈默) ketenangan; kebisuan; keheningan. ~하다 menahan lidah; diam.

침범(侵犯) penyerangan; agresi; penyerbuan; pelanggaran. ~하다 menyerang; melakukan agresi; melanggar.

침삼키다 ①(침을) menelan; mereguk. ② (먹고 싶어) meneteskan air liur. ③ (욕정으로) bernafsu.

침상(針狀) ~의 berbentuk jarum; meruncing. ~엽(葉) daun jarum.

침상(寢牀) ☞ 침대.

침소(寢所) ruang tidur; kamar tidur.

침소봉대(針小棒大)~하다 melebih-lebihkan; membesar-besarkan.

침수(浸水) penggenangan; pembanjiran; tenggelam. ~하다 di banjiri; digenangi; tergenang.

침술(鍼術) akupuntur; seni tusuk jarum. ~사 ahli akupuntur.

침식(浸蝕)erosi;pengikisan. ~하다 mengikis. ~작용 erosi; aksi pengikisan.

침식(寢食) ~을 잊고 tanpa makan dan tidur. ~을 같이하다 hidup selapik seketiduran.

침실(寢室) kamar tidur.

침엽(針葉) 「植」 daun jarum. ~수 pohon yang berdaun jarum.

침울(沈鬱) kemurungan.~한 murung;muram. ~한 얼굴 wajah yang murung. ~해 있다 merasa murung.

침입(侵入) penyerbuan; invasi; penerobosan; penyusupan. ~하다 menyerbu;mengadakan penyerbuan; menyerang; menyelundup; menyatroni; masuk secara gelap.

침쟁이(鍼-) ① ☞ 침의(鍼醫). ② (아편장이) pecandu opium.

침전(沈澱) pengendapan. ~하다 mengendap.~농도 densitas endapan. ~물 endapan.

침착(沈着)ketenangan.~한 tenang. ~하게 dengan tenang; dengan kalem.

침체(沈滯) stagnasi;kemandekan. ~된 시장 pasar yang mati; pasar yang tidak maju.

침침하다(沈沈-) sayu; kuyu; suram; temaram; kelam kabut.

침통(沈痛) ~한 sedih; sayu. ~한어 조로 dengan nada yang sedih.

침투(浸透) ~하다 merembes; meresap;menembus;menyerap; menyelusup.

침팬지 「動」 simpanse.

침하(沈下) ~하다 surut.

침해(侵害) pelanggaran. ~하다 melanggar. ~자 pelanggar; orang yang melanggar.

침흘리개 anak yang ileran.

침흘리다 mengeluarkan air liur; meneteskan air liur.

칩거(蟄居)~하다 tinggal dirumah saja.

칫솔(齒 -) sikat gigi

칭병(稱病) ☞ 꾀병.

칭송(稱頌) pemujian; pujian; penyanjungan. ~하다 mengagumi;

memuji; menyanjung.
칭얼거리다 rewel.
칭찬(稱讚) penyanjungan;pemujian. ~하다 mengagumi; menyanjung; menghargai; memuji. ~의 말 kata-kata pujian.
칭하다(稱-) ①(일컫다) menamai. ② (속이다) berpura-pura.
칭호(稱號) nama; pangkat; gelar; nama kehormatan. 박사 ~ gelar doktor.

ㅋ

카나리아 「鳥」 burung kenari.
카네이션 「植」 anyelir.
카누 kanu; sampan.
카니발 karnaval; kirab; pesta.
카드 kartu. ~놀이 main kartu.
카라반 kafilah; karavan.
카랑카랑하다 (날씨가) jernih dan dingin; (목소리가) jernih dan jelas (suara).
카레 ~가루 bubuk kari. ~라이스 nasi kari.
카르텔 kartel (gabungan perusahaan perusahaan yang bertujuan monopoli dalam mengatur harga-harga).
카리에스 「醫」 kebusukan pada tulang. 척추~ TBC tulang belakang.
카메라 kamera. ~맨 juru kamera. ~앵글 sudut kamera.
카멜레온 「動」 bunglon.
카바레 kabaret.
카바이드 「化」 karbit.
카본 karbon. ~복사 salinan karbon. ~지(紙) kertas karbon.
카빈 karaben.
카세트 kaset. ~녹음기 tip rekorder kaset. ~테이프 pita kaset.
카스텔라 kue bolu.
카우보이 koboi.
카운슬링 penyuluhan.
카운터 juru hitung.
카운트 hitungan. ~하다 menghitung.
카이제르수염(-鬚髥)kumis kaisar.
카지노 kasino; tempat berjudi.
카키색(- 色) warna keper.
카타르 「醫」 (penyakit) radang selaput lendir.
카탈로그 katalog.
카테고리 「論」 kategori; kelompok.
카톨릭교(-敎) gereja Katolik Roma. ~의 Katolik. ~도(徒) orang Katolik.
카투사 tambahan tentara Korea ke tentara Amerika.
카페 kedai kopi; bar.
카페인 「化」 kafein.
카펫 karpet; permadani.
칵칵거리다 batuk-batuk (untuk membersihkan tenggorokan).
칵테일 cocktail. ~파티 pesta cocktail.
칸 ① kan (= 36 kaki persegi). 두~방 kamar yang berukuran 72 kaki persegi. ② kamar (satuan hitung). 네~ 집 rumah 4 kamar. ③ ☞ 칸살.
칸나 「植」 bunga kanna.
칸막이 pembagian; penyekatan. ~

하다 membagi; menyekat.

칸타빌레 「樂」 musik yang bermelodi.

칸타타 「樂」 nyanyian untuk paduan suara.

칸트 Immanuel Kant (1724-1804) ahli filsafat Jerman.

칼 pisau; pedang; rencong; parang; kelewang; kanjal; mandau. ~을 차다 membawa pedang. ~날 mata pedang.

칼 kuk; tiang penghukuman. ~을 씌우다 menghukum di tiang penghukuman.

칼국수 mi tiaw.

칼라 kerah baju; leher baju.

칼로리 kalori. ~가(價) nilai kalori.

칼륨 kalium.

칼리 「化」 potasium.

칼리지 sekolah tinggi.

칼맞다 ditusuk; kena pisau.

칼부림 perkelahian dengan pisau. ~하다 menggunakan pisau; menusuk orang. ~ 으로 번지다 menjadi pertumpahan darah.

칼슘 kalsium.

칼자국 bekas kena pisau.

칼자루 gagang pisau.

칼잡이 tukang jagal.

칼질 pemotongan. ~하다 memotong.

칼춤 tari pedang; pencak.

칼칼하다 ☞ 컬컬하다.

칼판(- 板) telenan.

캄캄하다 gelap; legam; hitam legam; bodoh.

캐다 ① menggali;menambang.금을~ menggali emas ②menyelidiki. 철저히~ menyelidiki (masalah) sampai ke dasar.

캐디 「골프」 caddy; kacung permainan golf.

캐러멜 karamel; gula bakar.

캐럿 karat. 18 ~의 금 emas 18 karat.

캐묻다 menyelidiki dengan seksama.

캐비닛 kabinet.

캐비지 kol; kubis.

캐빈 kabin.

캐스터네츠 「樂」 kastenyet.

캐스트 para pelaku.

캐스팅보트 pemberian suara.

캐시미어 Kasmir.

캐처 「野」 penangkap bola.

캔디 permen; bonbon.

캔버스 kanvas.~틀 rangka kanvas.

캠퍼 kamper. ~주사 suntikan kamper.

캠퍼스 kampus. ~에서 dikampus.

캠페인 kampanye.

캠프 tenda. ~생활 kehidupan tenda.

캠핑 berkemah. ~가다 pergi berkemah.

캡 topi.

캡슐 kapsul.

캡틴 kapten.

캥거루 「動」 kangguru.

커녕 jauh dari; jangankan; jangan dikata; alih-alihkan.

커닝 penyontekan pada saat ujian. ~하다 nyontek pada saat ujian.

커다랗다 sangat besar.

커다래지다 bertambah besar.

커미션 komisi; panitia.

커버 pembungkus; selubung; sampul; tekapan; penutup; penudung.

ㅋ

커버하다 menutupi; menyelungkupi.
커브 tikungan; lingkungan; bola lengkung.
커지다 bertambah besar; membesar.
커트 ① 「映」 pemotongan;penyensoran ② (판화 목판화) (gambar) ukiran kayu. ③ (절단) potongan; pemotongan. ~하다 memotong.
커튼 tirai; gardin; sading; tabir.
커피 kopi. ~를 끓이다 membuat kopi.
컨덕터 kondektur.
컨디션 kondisi; keadaan. ~이 좋다 (나쁘다) berada dalam kondisi baik [buruk].
컨베이어 sabuk berjalan; konveyor. ~시스템 sistem sabuk berjalan; sistim konveyor.
컨트롤 kontrol. ~타워 menara kontrol.
컬 keriting. ~이 풀리다 lurus/ habis keriting.
컬러 warna. ~방송 penyiaran berwarna (TV). ~사진 foto warna.
컬컬하다 haus; dahaga.
컴컴하다 gelap; muram; suram.
컴퍼스 kompas; kompas laut.
컴퓨터 komputer. ~화(化)하다 (로 처리하다) mengkomputerisasi.
컴프레서 kompresor; pemampat.
컵 cangkir; cawan; gelas; piala.
케이블 kabel. ~카 kereta kabel.
케이스 kotak; peti.
케이에스 standard Korea (KS). ~마크 cap standard Korea (KS).
케이오 KO (knock out).
케이크 kue.
케임브리지 Cambridge.
케첩 kecap. 토마토 ~ saus tomat.
케케묵다 antik;tua;dimakan waktu.
켕기다 ① tegang. 힘줄이~ tegang otot. ② (마음이) tegang (hati). ③ (팽팽하게 함) menegangkan; mengetatkan.
켜 lapisan.
켜다 ① menyalakan; memasang (lampu). 성냥을~ menyalakan korek api. ② (잔을) minum; mengeringkan; mengosongkan.③(톱으로) menggergaji. ④ (누에고치를) memintal. ⑤(기지개를) meregangkan otot.⑥ (악기를) memainkan (biola).
켤레 한~ sepasang;sejodoh. 구두두 ~ dua pasang sepatu.
코 ① hidung.~가 막히다 hidung tersumbat. ~를 우비다 mengorek hidung. ② ingus. ~를 흘리다 beringus; ingusan. ~를 풀다 membuang ingus; mengesang; melesit hidung.
코 (편물(編物)의) jahitan.
코감기(- 感氣) flu; pilek.
코골다 mendengkur; ngorok. 드르렁드르렁~ mendengkur dengan keras.
코끼리 gajah.수[암] ~ gajah jantan [betina].
코냑 konyak.
코너 sudut; pojok; penjuru; pelosok.
코넷 「樂」 semacam terompet.
코대답(- 對答) ~하다 menjawab dengan acuh tak acuh.
코드 ①(줄) tali.②kode. 자동 검사

~「콤퓨터」 kode pengecek otomatis.
코딱지 upil.
코떼다 dipermalukan.
코뚜레 cincin hidung.
코르덴 kodurai. ~양복 pakaian kodurai.
코르셋 korset.
코르크 gabus; kayu gabus.
코뮤니스트 orang komunis.
코뮤니즘 komunisme.
코뮤니케 komunike. 공동~ komunike bersama.
코뮤니케이션 komunikasi. 매스 ~ komunikasi massa.
코미디 komedi.
코미디언 pelawak; badut.
코믹 komik.
코바늘 jarum sulam.
코발트 kobalt. ~(색)의 warna kobalt. ~폭탄 bom kobalt.
코방귀뀌다 menjengek; mendengusi.
코방아찧다 jatuh tengkurap.
코브라 「動」 kobra; ular sendok.
코사인 「數」 kosinus (cos).
코스 jalur (balap).
코스모스 「植」 bunga kosmos.
코웃음치다 menyeringai; mencibirkan.
코일 gulungan; lingkar (gelung).
코치 pelatihan; pelatih. ~하다 melatih.
코카인 kokain. ~중독 keracunan kokain; kecanduan kokain.
코카콜라 coca cola; coke.
코코넛 「植」 kelapa; nyiur.
코코아 coklat.
코크스 kokas; batu arang; arang besi.
코탄젠트 「數」 kotangen (cot).
코털 bulu hidung. ~을 뽑다 mencabut bulu hidung.
코트 ① (옷) mantel; baju jas. ② (테니스 따위의) lapangan (tenis).
코프라 kopra.
코피 pendarahan hidung; mimisan. ~를 흘리다 hidung berdarah.
코피 salinan.
코흘리개 anak yang ingusan.
콕 바늘로 ~ 찌르다 menusuk dengan jarum.
콘덴서 「電」 kondensor.
콘돔 kondom.
콘서트 konser.
콘크리트 beton; semen beton. ~믹서 pencampur semen.
콘택트렌즈 lensa kontak.
콜걸 wanita panggilan.
콜드크림 krem pendingin.
콜레라 kolera. 진성 ~ kolera yang menular/berbahaya.
콜록거리다 batuk-batuk.
콜타르 pelangkin; ter.
콤마 koma.
콤바인 mesin panen.
콤비 kombinasi. ...와 ~가되다 berpasangan dengan.
콤비나트 kompleks industri.
콤팩트 bedak padat.
콤플렉스 rasa rendah diri.
콧구멍 lubang hidung; rongga hidung; liang hidung.
콧김 napas dari hidung.
콧날~이 선 hidup mencuat.
콧노래 ~를 부르다 bersenandung.

콧대 ~가 높다 angkuh; harga diri tinggi.
콧등 ☞ 콧마루.
콧마루 punggung hidung; batang hidung.
콧물 ingus. ~을 흘리다 ingusan.
콧소리 suara hidung; sengau. ~로 말하다 berbicara melalui hidung.
콧수염 kumis. ~을 기르다 memelihara kumis.
콩 「植」 kacang soya; kacang kedelai. ~가루 tepung kedelai; tepung
soya.
콩과(-科) 「植」 kacang-kacangan; keluarga kacang.
콩국 sop kedelai.
콩나물 tauge. ~교실 ruangan kelas yang padat. ~국 sup tauge.
콩밥 nasi campur kacang. ~(을) 먹다 makan nasi campur kacang; masuk penjara.
콩버무리 kue beras campur kacang.
콩새 「鳥」 burung finch Korea.
콩자반 kacang direbus dengan kecap.
콩쿠르 kontes.
콩튀듯하다 mencak-mencak marah.
콩트 cerita pendek.
콩팥 ginjal; buah pinggang.
콸콸 menyembur-nyembur. ~흘러나오다 mengalir keluar terus menerus; menyembur-nyembur.
쾅 bang; bunyi pintu yang ditutup dengan keras.
쾌감(快感)perasaan yang nyaman/ menyenangkan.
쾌거(快擧) perbuatan besar yang gemilang.
쾌남아(快男兒) orang yang gagah dan periang.
쾌락(快樂) kenikmatan; kesukaan; kesenangan. 육체적 ~ kesenangan jasmani.
쾌보(快報) kabar baik.
쾌속(快速) ~한 cepat; segera. ~선 kapal yang cepat.
쾌유(快癒) ☞ 쾌차.
쾌재(快哉) ~를 부르다 bersorak gembira.
쾌적(快適) ~한 menyenangkan; nyaman; sedap.
쾌조(快調) kondisi yang prima. ~이다 berada dalam kondisi yang paling bagus.
쾌주(快走) ~하다 berlayar cepat.
쾌차(快差) ~하다 pulih total; sehat seperti semula.
쾌청(快晴) cuaca yang cerah.
쾌하다(快 -) ① (쾌차함) sembuh kembali; sehat seperti sediakala. ② ☞ 유쾌.
쾌활(快活) ~한 gembira; riang. ~하게 dengan gembira; dengan riang.
쾌히(快-)dengan senang hati;suka rela; rela hati. ~승낙하다 menyetujui dengan senang hati.
쾨쾨하다 bau menyengat; hancing.
쿠데타 kudeta; ambil alih kekuasaan; kup. 군비 ~ kudeta militer.
쿠션 bantal.
쿠폰 kupon. ~권 (제)karcis (sistim) kupon.

쿡 ☞ 콕.
쿡 (요리인) koki; tukang masak.
쿨롬 「電」 satuan/unit pengukur listrik.
쿨룩거리다 batuk-batuk.
쿨쿨 dengkur; zzz. ~자다 tidur mendengkur.
쿵 berdentum; berdebam; berdebum.
퀭하다 (눈이) cekung.
퀴즈 kuis. ~프로 acara kuis.
퀴퀴하다 bau busuk.
큐 tongkat bilyar; kiu.
큐피드 dewi asmara.
크기 ukuran; dimensi; volume.
크나크다 besar sekali.
크낙새 「鳥」 burung pelatuk kepala merah.
크다(모양이) besar; kuat; luas.
크다(자라다) bertumbuh.
크라운 mahkota.
크래커 biskuit yang tidak manis; krekers.
크랭크 engkol. ~ 인하다 「映」 mulai membuat film.
크레디트 kredit. ~카드 kartu kredit.
크레용 krayon.
크레인 derek.
크레졸 kresol. ~ 비눗물 larutan sabun kresol.
크레파스 pastel krayon.
크렘린 Kremlin.
크롤 「水泳」 gaya bebas (renang). ~로 헤엄을 치다 berenang gaya bebas.
크롬 khrom (Cr).
크리스마스 Hari Natal. ~이브 malam natal. ~카드 (선물) kartu [hadiah] natal. ~트리 pohon natal.
크리스천 orang Kristen.
크리스트 (Jesus) Kristus; Isa Almasih. ~교 agama Kristen.
크리켓 jengkerik.
크림 krem; krim; sari susu; kepala susu. ~빛의 warna krem.
큰곰자리 「天」 Beruang Besar.
큰기침하다 mendehem.
큰길 jalan utama.
큰누이 kakak perempuan sulung.
큰달 bulan panjang.
큰댁(- 宅) ☞ 큰집.
큰돈 jumlah yang banyak. ~을 벌다 mendatangkan / menghasilkan banyak uang.
큰딸 putri sulung.
큰마음 ~먹고 ...하다 memberanikan diri; memaksakan diri.
큰물 banjir; penggenangan. ~나다 dilanda banjir; tergenang.
큰불 kebakaran besar.
큰비 hujan lebat. ☞ 호우.
큰사랑(- 舍廊) kamar tamu yang luas.
큰상(- 床) meja makan yang besar; meja prasmanan.
큰소리 ① suara yang keras. ~로 dengan suara yang keras. ② teriakan; bentakan. 아무한테 ~치다 membentak; berteriak. ③ omong besar. ~치다 beromong besar.
큰아기 putri sulung.
큰아버지 uwak; kakak Bapak.
큰어머니 bibi; isteri uwak.
큰언니 kakak laki-laki (perempuan).

큰오빠 abang sulung.
큰일 ① (큰사업)usaha besar; kerja besar.~을 계획하다 merencanakan usaha yang besar. ② (중대사) urusan besar; masalah yang serius. ~나다 menjadi urusan besar. ③ (대사) pesta besar; perhelatan besar.
큰절 soja yang dalam.
큰집① (종가) keluarga batang; keluarga utama. ② (맏형의) rumah abang sulung. ③ (넓은) rumah yang besar; rumah gadang.
큰칼 tiang hukuman/gantungan yang besar.
큰코다치다 mendapat pengalaman pahit.
큰형 abang sulung.
클라리넷 klarinet. ~주자(奏者) pemain klarinet.
클라이맥스 klimaks; puncak.
클라이밍 memanjat.
클래식 klasik.
클랙슨 klakson.
클러치 「機」 kopling.
클럽 klub;perkumpulan. ~활동 kegiatan klub.~회비 iuran klub.
클레임 「經」 tuntutan. ~을 제기하다 menuntut; mengajukan tuntutan /klaim.
클로로마이세틴 「藥」 kloromisetin.
클로로포름 「藥」 kloroform.
클로르 「化」 klorida. ~산(酸) asam klorida.
클로버 cengkeh.
클로즈업 「映」 pengambilan gambar jarak dekat; *close-up*.
클리닝 pencucian. 드라이 ~ cuci kering.
클린히트 「野」 pukulan yang bagus.
클립 jepitan.
큼직하다 sangat besar; (마음이) sangat pemurah.
키(까부민) penampi;terampah;nyiru.
키(배의) kemudi (kapal). ~를 잡다 mengemudikan (kapal).
키 tingginya; ketinggian. ~가 크다 (작다) tinggi (pendek).
키 kunci. ~ 스테이션 [포인트] pos (titik) kunci.
키네마 bioskop.
키니네 「藥」 kina.
키다리 orang yang tinggi.
키순(-順) ~으로 dalam urutan tinggi. ~으로 서다 berdiri dalam urutan tinggi.
키스 ciuman; kecupan. ~하다 mencium; mengecup.
키우다 membesarkan; memelihara; menghidupi; menumbuhkan. 음악
키퍼 penjaga.골 ~ penjaga gawang.
킥 「蹴」 tendangan.
킥오프 「蹴」 tindakan pembukaan.
킥킥거리다 tertawa terkikih-kikih.
킬로 kilo. ~그램 kilogram (kg). ~리 kiloliter (kl). ~미터 kilometer (km)
킬킬거리다 tertawa terkikih-kikih.
킹사이즈 ukuran besar.
킹킹거리다 menangis; merengek; mendengking; melolong;memekik.

ㅌ

타(他) yang lainnya. ~의 추종을 불허하다 tanpa lawan; tiada tara.

타(打) selusin; dua belas. ☞ 다스.

타개(打開) pemecahan; solusi. ~하다 mencari jalan keluar; memecahkan.

타격(打擊) pukulan; kerugian. ~을 주다 memberi pukulan; memberi kerugian.

타결(妥結) persetujuan; kesepakatan. ~을 보다 mencapai persetujuan.

타계(他界)~하다 mati; meninggal; mangkat.

타고나다 dilahirkan (dengan); di anugerahi dari lahir (dengan).

타관(他官) ☞ 타향(他鄕).

타구(打球) 「野」 bola yang di pukul.

타구(唾具) tempat ludah tempolong.

타국(他國) luar negeri; negara asing. ~의 asing.

타내다 memperoleh; mendapat.

타닌 「化」 tanin.

타다 ① (불에) terbakar. ② (눋다) hangus;gosong. 밥이~nasi gosong. ③(별에) terbakar (matahari).④ (격정으로)terbakar (emosi). ⑤ (목이) terbakar (kehausan).

타다 mencampurkan;menambahkan. 술에 물을 ~ mencampurkan air ke minuman keras.

타다 ① naik; naik (kendaraan). 이등을 ~ naik kelas dua. ② naik; meraih. 줄을~ naik tambang; berjalan di atas tambang. 산을~ naik gunung. 기회를 ~ meraih kesempatan.

타다 menerima; mendapat; di hadiahi. 노벨상을~ menerima hadiah nobel.

타다 ① mudah merasa. 부끄럼을 ~ mudah merasa malu.간지럼을~ mudah merasa geli.② sensitif;peka;alergi (terhadap). 추위를~ peka terhadap dingin.

타다 ① memainkan;memetik.가야금을~ memainkan/memetik kecapi Korea.② (솜을) menguraikan (kapas).

타당(妥當) ~한 benar; layak; masuk akal; sejamaknya.

타도(打倒) ~하다 menggulingkan; menjatuhkan.

타동사(他動詞) kata kerja transitif.

타락(墮落) kemerosotan;sumbang langkah;dikadensi.~하다 merosot; mengalami dikadensi.

타래 segulung. 실 한~ segulung benang.
타력(打力) 「野」 tenaga pemukulan.
타령(打令) (곡조의 하나) balada.
타르 ter; aspal; pelangkin. ~를 칠하다 mengecat ter.
타박~하다 mengeluhkan;mengomeli. 음식~ mengomel tentang makanan. ~장이 pengomel.
타박(打撲) ~상 lecet; memar.
타박거리다 berjalan tertatih-tatih.
타봉(打棒) 「野」 pemukul (bat); pemukulan.
타산(打算)kepentingan diri perhitungan;. ~하다 berhitung.
타산지석(他山之石) suri teladan. ~으로 삼다 mengambil hikmah; menjadikan sebagai suri teladan.
타살(他殺) pembunuhan.
타살(打殺) ~하다 memukul mati.
타성(惰性) kelembaman; inersia; momentum.~으로 dengan inersia; dari (oleh) kebiasaan.
타수(舵手) pengemudi/juru mudi kapal.
타순(打順) 「野」 urutan pemukulan.
타악기(打樂器) tabuh-tabuhan; alat perkusi.
타액(唾液) ludah;air liur;saliva. ~분비 salivasi; pengeluaran saliva/air liur.
타원(楕圓) bujur telur; oval; elips. ~의 berbentuk elip. ~궤도 orbit bujur telur.
타월 handuk.
타율(他律) heteronomi. ~적 sifat heteronomi.
타율(打率) 「野」 rata-rata pukulan.
타이 ① (넥타이)dasi. ② seri.~기록 rekor sama. ~기록을 세우다 menyamai rekor dunia.~스코어 angka seri.
타이르다 menyabarkan; menasehati. 잘못을~ menasehati atas kekeliruan.
타이밍 ketepatan waktu.~이 좋다(나쁘다) tepat [tak tepat] waktu.
타이어 ban.
타이츠 kaos kaki panjang.
타이트스커트 rok ketat.
타이틀 gelar; titel. ~매치 pertandingan perebutan gelar.
타이프 ① (형(型)) tipe; bentuk. ② (활자) huruf cetak. ③ ☞ 타이프라이터. ~용지 kertas ketikan.
타이프라이터 mesin ketik. ~로 찍은 diketik. ~를 치다 mengetik.
타이피스트 tukang ketik; pengetik.
타인(他人) orang lain.
타일 ubin. ~을 깐 di ubin.
타임 waktu. ~을 재다 menghitung waktu.
타자(打者) 「野」 pemain yang memukul. 강~ pemukul yang kuat.
타자기(打字機) mesin ketik; mesin tulis.
타자수(打字手) juru ketik;tukang ketik.
타작(打作) penggirikan;perontokkan gabah; .~하다 menggirik; merontokkan gabah.
타전(打電) ~하다 menelegram;

mengirim telegram.
타조(駝鳥)「鳥」burung unta.
타종(打鐘) ~하다 memukul genta /lonceng. ~식 upacara pemukulan genta.
타진(打診)① 「醫」~하다 memeriksa dengan mengetuk-ngetuk. ~기 pleksor. ② ~하다 menduga-duga;menjajaki. 의향을~하다 menduga pendapat seseorang.
타처(他處)daerah lain.~사람 orang asing. ~에서 di tempat lain.
타파(打破) ~하다 mencampakkan; membuang; menghapus.
타합(打合) kesepakatan sebelumnya.~하다 bersepakat sebelumnya.
타향(他鄕) rantau; daerah lain.
타협(妥協)kompromi; persetujuan; kata sepakat; musyawarah. ~하다 berkompromi; bermusyawarah.
탁견(卓見) gagasan yang cemerlang; ide yang bagus.
탁구(卓球) pingpong; tenis meja. ~대 meja pingpong.
탁류(濁流) sungai yang berlumpur.
탁마(琢磨)peningkatan;pembinaan. ~하다 membina;memupuk;meningkatkan;.
탁발(托鉢) ~하다 berkeliling mengumpulkan derma.
탁본(拓本) ☞ 탑본(榻本).
탁상(卓上) di atas meja. ~계획 (공론) rencana (teori) diatas kertas/ meja.
탁송(託送) pengiriman; penitipan; konsingasi. ~하다 mengirim; menitip. ~품 kiriman; titipan.
탁아소(託兒所)tempat penitipan anak.
탁월(卓越) ~한 bagus sekali;terutama; luar biasa; terbaik; istimewa.
탁자(卓子)meja. ~에 둘러앉다 duduk di sekeliling meja.
탁주(濁酒) ☞ 막걸리.
탁하다(濁-) keruh; tidak jernih.
탄갱(炭坑)lobang galian batubara. ~부(夫) pekerja/kuli di penggalian batubara.
탄광(炭鑛) tambang batubara.~업 industri pertambangan batubara.
탄내 bau gosong. ~나다 mencium bau gosong.
탄도(彈道) lintasan peluru.~계수 koefisien lintasan peluru. ~곡선 kurva balistik.
탄도탄(彈道彈) peluru kendali balistik. 대륙간(間) (중거리)~ peluru kendali antar benua (jarak menengah).
탄두(彈頭) hulu ledak. 핵~ hulu ledak nuklir.
탄띠(彈-) isi peluru yang dilingkarkan di pinggang.
탄력(彈力) elistisitas;fleksibilitas.
탄로(綻露) ~나다 ketahuan; terungkap.
탄복(歎服)~하다 mengagumi.~할 만한 mengagumkan; patut dipuji.
탄산(炭酸)「化」asam karbonat. ~가스 gas asam arang.
탄생(誕生) kelahiran. ~하다 lahir; dilahirkan. ~일☞ 생일.~지 tempat lahir.
탄성(彈性) keelastisan;kekaretan; kelentingan(☞탄력).~고무 permen

karet.

탄성(歎聲) seruan takjub. ~을 발하다 berseru takjub.

탄소(炭素) 「化」 karbon;zat arang. ~봉(棒) batang karbon.

탄수화물(炭水化物) 「化」 karbohidrat; hidrat arang.

탄식(歎息) keluh-kesah; napas panjang;penyesalan.~하다 mengeluh; menarik napas panjang.

탄신(誕辰) hari lahir.

탄알(彈 -) peluru; pelor.~이 다할 때까지 싸우다 bertempur sampai peluru terakhir.

탄압(彈壓) penekanan; pemaksaan; memaksa. ~하다 menekan; menindas; memaksa.

탄약(彈藥) amunisi; mesiu; obat bedil; isi senapan.

탄원(歎願) petisi; permohonan. ~하다 mengajukan petisi;memohon.

탄저병(炭疽病) 「醫」 penyakit antrak.

탄전(炭田) ladang batu bara.

탄젠트 「數」 garis singgung;tangen.

탄질(炭質) mutu batubara. ~이 좋다 (나쁘다) mutu batubara baik (buruk).

탄차(炭車) gerobak batubara.

탄착(彈着) pengenaan; hal kena sasaran. ~거리 jarak tembak.

탄창(彈倉) 「軍」 tempat peluru; magazin.

탄층(炭層) lapisan batubara.

탄탄(坦坦) ~대로 jalan raya yang lebar.

탄탄하다 teguh;kokoh;tetap;kuat hati; kukuh. ☞ 튼튼하다.

탄피(彈皮)selongsong;kelongsong.

탄핵(彈劾)pendakwaan.~하다 menuduh; mendakwa.

탄화(炭化)~하다 mengkarbonisasi. ~물 karbit. ~수소 hidrokarbon.

탄환(彈丸) pelor; peluru; peluru meriam.

탄흔(彈痕) bekas peluru.

탈 (가면) topeng; kedok. ~을 쓰다 memakai topeng.

탈 ① (사고.고장) masalah;gangguan. ~없이 tanpa masalah; dengan lancar. ② (병) kesakitan; penyakit. ~없이 sehat; dalam kondisi sehat. ③ (흠) cacat. ☞ 탈잡다.

탈각(脫却) ~하다 bebas dari.

탈각(脫殼) ~하다 menanggalkan kulit.

탈것 kendaraan.

탈고(脫稿) ~하다 menyelesaikan tulisan.

탈곡(脫穀) ~하다 merontokkan gabah; menggirik.~기 mesin perontok.

탈나다(사고) terjadi kecelakaan; rusak; jatuh sakit.

탈당(脫黨) penarikan diri. ~하다 menarik diri (dari keanggotaan).

탈락(脫落) ~하다 tidak terpilih; tertinggal. ~자 orang yang tak terpilih/tertinggal.

탈모(脫毛) ~하다 hilang rambut.~제(劑) obat menghilangkan rambut.

탈모(脫帽) buka topi.~하다 membuka topi.

탈법행위(脫法行爲) pengelakan dari hukum.

탈상(脫喪)~하다 mengakhiri masa berkabung.
탈색(脫色) ~하다 memutihkan; memucatkan. ~제 obat pemucat.
탈선(脫線)penyimpangan dari rel. ~하다 keluar dari rel;menyimpang; menyeleweng.
탈세(脫稅) penghindaran dari pajak. ~하다 menghindari pajak.
탈속(脫俗) ~하다 menghindar dari (urusan) duniawi. ~적 tidak mementingkan soal-soal duniawi.
탈수(脫水) 「化」 dehidrasi;pengeringan. ~하다 kering; mengalami dehidrasi. ~기 pengering.
탈싹 terhenyak. ☞ 털썩.
탈영(脫營) desersi (dari barak). ~하다 lari dari barak.
탈옥(脫獄) pembobolan penjara. ~하다 membobol penjara.
탈의(脫衣) ~하다 membuka baju; menanggalkan pakaian.
탈잡다 mencari-cari kesalahan.
탈장(脫腸) hernia; turun berok; kondor;burut. ~이 되다 mengidap hernia/burut.
탈적(脫籍) ~하다 dicoret nama dari daftar.
탈주(脫走) desersi;pelarian.~하다 melarikan diri; kabur; minggat; meloloskan diri.
탈지(脫脂) ~하다 menghilangkan lemak (dari).~면 kapas penyerap /penghisap.
탈출(脫出)pembebasan diri; pelarian diri. ~하다 membebaskan diri (dari); meloloskan diri.
탈춤 tari topeng.
탈취(脫臭) ~하다 menghilangkan bau busuk.
탈취(奪取) ~하다 merampas; merebut; mengambil dengan paksa; menjambret.
탈퇴(脫退) penarikan diri. ~하다 menarik diri.~자 orang yang menarik diri.
탈피(脫皮)penggantian kulit.~하다 berganti kulit; berubah pendirian.
탈항(脫肛) 「醫」 keluar dubur.
탈환(奪還)~하다 menduduki kembali; mendapat kembali (wilayah).
탈황(脫黃) 「化」 penghilangan sulfur.~하다 menghilangkan sulfur dari; memurnikan.
탐관오리(貪官汚吏) pegawai yang korupsi.
탐구(探究)penelitian;penyelidikan; kejadian; riset. ~하다 mengkaji; meneliti; mencari; menyelidiki.
탐나다(貪-) menginginkan;mengiri;.
탐닉(耽溺) ~하다 tenggelam; kecanduan;menyerahkan diri (pada).
탐독(耽讀)~하다 membaca dengan sungguh-sungguh; tenggelam dalam membaca.
탐문(探問)~하다 menanya-nanyakan; mencari dengan bertanya-tanya.
탐문(探聞) ~하다 mencari dengan informasi.
탐미(耽美) ☞ 심미(審美).
탐방(探訪)kunjungan;penyelidikan. ~하다 mengadakan penyelidikan pribadi.
탐방 dengan ceburan.~거리다 men-

cebur-cebur.
탐사(探査)~하다 mengadakan penyelidikan; menyelidiki.
탐색(探索)~하다 mencari;menyelidiki.
탐스럽다 menarik; menggoda selera.
탐식(貪食) ~하다 makan dengan rakus.
탐욕(貪慾) kerakusan;ketamakan; keserakahan.~스런 tamak;rakus; serakah.
탐정(探偵) penyelidikan;pematamataan,detektif;mata-mata. ~하다 memata-matai.
탐조등(探照燈) lampu sorot.
탐지(探知)~하다 melacak;mendeteksi.~기 detektor; alat pendeteksi.
탐측(探側) pengukuran dalamnya air. ~기구 balon pemandu.
탐탁스럽다 ☞ 탐탁하다.
탐탁하다 disukai; memuaskan.
탐하다(貪 -) tamak; rakus.
탐험(探險)penelitian;penjelajahan; ekspedisi. ~하다 meneliti; mengeksploitasi.~가(家) penjelajah; peneliti.
탑 menara.
탑본(榻本)jiplakan.~을 뜨다 menjiplak.
탑승(搭乘) ~하다 naik (kapal dll). ~원 awak. ~자 penumpang.
탑재(搭載) ~하다 membebani;memuat;mengangkut.~량 daya angkut.
탓 alasan; kekeliruan; pengaruh. 나이 ~으로 dengan alasan umur.
탓하다 mempersalahkan; menimpakan kesalahan pada.
탕 ① bang; bum. ~하다 berdebum. 문을 ~닫다 membanting pintu. ② ~빈 kosong; lowong.
탕(湯) ① (국) sop;kaldu. ② (목간) pemandian air panas. 남~ pemandian umum laki-laki. 여~ pemandian umum wanita.
탕감(蕩減)~하다 menghapus (hutang). 빚을 ~해 주다 mengampuni hutang.
탕아(蕩兒) orang yang sesat.
탕진(蕩盡) ~하다 menghabiskan dengan sia-sia;melenyapkan; menandaskan; memboroskan.
탕치다(蕩 -) ① (재산을) menghambur-hamburkan/menyia-nyiakan.② (탕감) menghapuskan.
탕탕 dentuman suara keras; omong besar. ~거리다 berdentum-dentum.
태(胎)ari-ari; tali pusar. ~를 가르다 memotong tali pusar/ari-ari.
태고(太古)dahulu kala;zaman tandun. ~부터 sejak dahulu kala.
태교(胎教) pendidikan pra natal.
태권도(跆拳道) taekwondo.
태극기(太極旗) bendera kebangsaan Korea.
태극선(太極扇) kipas rancangan *taegeuk*.
태기(胎氣) tanda-tanda kehamilan.
태내(胎內)~의(에)dalam kandungan.
태도(態度) sikap; perbuatan; budi pekerti;tingkah;tabiat;akhlak; watak; tingkah laku; perangai; gaya.
태독(胎毒)「醫」 sipilis bawaan.
태동(胎動) kemunculan tanda-tanda; gerakan janin. ~하다 me-

nunjukkan tanda-tanda kehamilan.

태만(怠慢) kelalaian;kelengahan; kemalasan;keteledoran.~한 lalai; malas.

태몽(胎夢) mimpi kehamilan.

태반(太半)sebagian besar; mayoritas. ~은 kebanyakan; untuk sebagian besar.

태반(胎盤) 「解」 ari-ari; tembuni.

태부리다(態-) mengambil sikap.

태부족(太不足) ~하다 butuh sekali; sangat kekurangan.

태산(泰山) gunung yang tinggi, tumpukan menggunung; jumlah yang besar.

태생(胎生)①kelahiran;tempat kelahiran; asal....~이다 datang dari; berasal dari. ② 「生」 viviparitas; melahirkan anak. ~동물 hewan yang melahirkan anak.

태세(態勢)sikap; kesiapan.~를 갖추다 bersedia; siap-siap.

태아(胎兒)janin; mudigah; embrio. ~의 yang berhubungan dengan janin.

태양(太陽)matahari;mentari;surya. ~계 tata surya.~력 kalender matahari.

태어나다 lahir; muncul di dunia. 다시~ memulai hidup baru; lahir kembali.

태업(怠業) sabotase;penghalang-halangan.~하다 melakukan sabotase;menghalang-halangi; merintangi.

태연(泰然)~한(히)(dengan) tenang.

태연자약(泰然自若)~하다 tenang dan percaya diri.

태엽(胎葉) per;pegas. ~이 풀리다 per melonggar.

태우다 ① (연소) membakar.② (그슬리다) menghanguskan; menggosongkan. ③ (애태우다) khawatir; cemas.

태우다(탈것에) menaikkan; mengangkut (penumpang).

태우다(분배) membagi-bagikan; (상금 등을) menghadiahi; (노름. 내기에) bertaruh.

태음(太陰) bulan. ~력(시(時)) kalender (jam) bulan.

태자(太子) ☞ 황태자.

태조(太祖) raja pertama.

태초(太初) permulaan/ asal mula dunia.

태클 tackle. ~하다 mentackle.

태평(泰平.太平)① ketenangan; kedamaian.~한 tenang;damai. ~가 lagu perdamaian. ~성대 dunia yang damai. ② ~한 damai (hati). 마음이 ~한 사람 orang yang berhati damai.

태평양(太平洋) Samudera Pasifik. ~전쟁(함대) Perang (Armada) Pasifik.

태풍(颱風) angin topan. ~경보(를 발하다) (memberi) peringatan angin topan.

태형(笞刑) penderaan; hukuman dera. ~을 가하다 mendera; menghukum dengan penderaan.

태환(兌換) penukaran uang;konversi.

태후(太后) ☞ 황태후.

택시 taksi.~로 가다 pergi dengan

taksi.
택일(擇日) ~하다 memilih hari baik; menetapkan tanggal.
택지(宅地)lokasi perumahan;tanah untuk perumahan.
택하다(擇 -) memilih.
탤런트 aktor (TV).
탬버린 「樂」rebana.
탭댄스 dansa tap.
탯줄 tali pusar.
탱고 「樂」tango; dansa tango.
탱자 「植」jeruk purut.
탱커 kapal tanker; tanker. 오일 ~ tanker minyak.
탱크 (전차) tank (kendaraan lapis baja); (기름통) tangki (minyak, dll).
탱탱하다 ketat; mengencang.
터 ① (집터) tempat;lokasi;situs. ② dasar pondasi.~를 다지다 meratakan pondasi.~를 닦다 menyiapkan pondasi.
터 rencana;jadwal. ..할 ~이다 bermaksud; berencana.
터널 terowongan. ~을 뚫다 menggali terowongan.
터놓다 ① (막힌 것을) mengangkat (pintu air); membuka. ② (마음을) membuka (hati).
터다지다 mempersiapkan/meratakan tanah; mengeraskan tanah.
터닦다 ①(집터를) mempersiapkan lokasi bangunan.② (토대를) memperkuat landasan/dasar.
터덕거리다 ① (걸음을) berjalan tertatih-tatih. ② (살림이) hidup melarat/susah. ③ (일을) bergulat dengan kerja keras.
터덜거리다 ① (걸음을) berjalan dengan susah payah. ② (소리가) tergoncang-goncang (sepanjang jalan berbatu).
터득(攄得) ~하다 menjadi faham.
터뜨리다 meledakkan;meletuskan; meletupkan. 종기를~ memecahkan bisul.
터럭 rambut. ☞ 털.
터무니 ~없는 tidak masuk akal; tak berdasar.
터미널 terminal; stasiun.
터밭 kebun pekarangan.
터벅거리다 berjalan dengan susah payah.
터벅터벅 dengan lambat dan berat; dengan tertatih-tatih.
터부 tabu.~시(視)하다 menganggap tabu.
터빈 turbin.
터울 senjang umur.~이 잦다 sering melahirkan anak; senjang umur singkat.
터잡다 memilih lokasi.
터전 lokasi; tempat; lahan.
터주(-主) dewa pelindung rumah.
터주다 menghapus larangan.
터지다 ①(폭발) meledak;meletus; pecah (perang).② hancur;pecah; roboh. 둑이~ tanggul roboh. ③ (탄로) dibeberkan; diungkapkan; terungkap. ④ ☞ 얻어맞다.
터프 ~한 tegap; kekar; keras.
턱 dagu; rahang. ~이 내민 dagu menonjol.
턱(높은데) ketinggian; puncak.
턱(대접)penjamuan;traktir(☞ 한턱). ~을 하다 mentraktir; menjamu.

턱 ① (까닭) alasan.② (정도) tahap; tingkat.그저 그 ~이다 begini-begini saja; biasa-biasa saja.
턱걸이 angkat dagu dipalang.~하다 mengangkat badan di palang.
턱받이 oto.
턱수염 jenggot.
턱없다 tidak masuk akal; sangat kurang.
턱짓하다 membuat isyarat dengan dagu.
턱턱 ☞ 탁탁.
턴테이블 piring putar (pada gramofon).
털 ① bulu.~이 있는 berbulu. ~이 많은 berbulu banyak. ~을 뽑다 mencabut bulu. ~구멍 pori-pori. ② (짐승의) bulu binatang; wol. ~을 댄 berlapis bulu. ~내의 baju dalam dari wool. ~옷 pakaian wool. ~샤쓰 kemeja wool. ~외투 mantel bulu.③ (깃) bulu burung.④ (보풀) bulu kain.
털가죽 kulit binatang. ☞ 모피(毛皮).
털갈다 berganti bulu.
털갈이 ~하다 ☞ 털갈다.
털끝 ujung rambut. ~만큼도 (tidak) seujung rambutpun.
털다 ① (먼지를) mengenyahkan debu; mengebaskan. ② (내다) mengosongkan. ③ (도둑이) merampok.
털보 orang yang berewokan.
털북숭이 benda yang berbulu.
털실 benang wool. ~양말 kaus kaki wool.
털썩 terhenyak.
털어놓다 ① (속의 것을)membuka; membeberkan. ② (마음속을) menyatakan terus terang; mengungkapkan; mengeluarkan isi hati.
털털거리다 ☞ 터덜거리다.
털털이 ① ☞ 빈털터리. ② (차량) (mobil) berguncang-guncang.
털털하다 bebas dan lepas; cuek.
텀벙 deburan. ~거리다 berdebur-debur.
텁석부리 orang yang berjenggot/berewokan.
텁수룩하다 (jenggot yang) tidak terpelihara; brewok; bulu lebat; randuk.
텃세(-貰) sewa tanah.
텃세(-勢) ~하다 berbuat seolah berkuasa atas pendatang baru.
텅 ~빈 kosong; hampa; lowong.
텅스텐 「化」 tungsten. ~전구 bola lampu tungsten.
텅텅 (빈 모양)amat kosong(bentuk).
테 ① (둘린 언저리) kerangka; simpai;bingkai.~를 두르다 menyimpai. ② ☞ 테두리.
테너 「樂」 tenor.
테니스 tenis. ~코트 lapangan tenis.
테두리 ① (윤곽)garis besar;garis luar. ② kerangka kerja; batas; limit. ~ 안에서 dalam limit.
테라마이신 「藥」 antibiotika teramisin.
테라스 teras; beranda.
테러 terorisme. ~단 kelompok teroris. ~ 리스트 teroris.
테마 tema. ~음악 musik tema.
테스트 ujian; tes. ~하다 menguji.
테이블 meja. ~매너 tata cara ma-

kan (diatas meja).~보 taplak meja.
테이프 pita. ~를 끊다 memotong pita. ~녹음(錄音) perekaman.
텍스트 teks; buku pegangan.
텐트 tenda. ~를 치다(걷다) memasang (membongkar) tenda.
텔레비전 televisi (TV). ~을 보다 menonton TV. ~에 출연하다 muncul di TV. ~뉴스 berita TV.
템포 ~가 빠른(느린) irama cepat (lambat).
토건(土建) tehnik sipil dan bangunan.~업자 kontraktor bangunan.
토관(土管) pipa dari tanah liat.
토굴(土窟) gua; galian.
토기(土器)barang-barang dari tanah liat; tembikar.
토끼 kelinci; terwelu. ~굴 lobang kelinci; sarang kelinci.
토닉 penyubur;tonik. 헤어~penyubur rambut.
토닥거리다 menepuk-nepuk dengan perlahan.
토담(土 -)dinding tanah. ~집 gubuk yang berdinding tanah.
토대(土臺)fondasi; landasan; alas; dasar; pangkal; pokok; basis.
토라지다 (me)ngambek.
토란(土卵) 「植」 taro.~국 sop taro
토로(吐露) ~하다 mengemukakan (ide); mengutarakan (maksud).
토론(討論) ~하다 berdebat;bertukar pikiran. ~회 forum perdebatan.
토마토 tomat. ~케첩 saus tomat.
토막 potongan;keratan.~치다 memotong; mengerat.
토목(土木)pekerjaan umum.~건축(업) teknik (industri) sipil dan bangunan.~공학 keteknikan sipil.
토박(土薄)~하다 mandul; tandus.
토박이(土 -) ~의 pribumi. 서울~ pribumi Seoul.
토벌(討伐) ~하다 membasmi. ~대 pasukan pembasmi.
토벽(土壁) dinding tanah.
토사(土沙)tanah dan pasir. ~붕괴 longsoran.
토사(吐瀉) ~하다 muntah. ~곽란(霍亂) muntah berak; muntaber.
토산물(土産物) produksi lokal.
토색(討索)~하다 memeras; melakukan pemerasan. ~질=토색.
토성(土星) 「天」 Saturnus.
토성(土城) benteng/kubu dari tanah.
토속(土俗) adat istiadat setempat; adat istiadat daerah.
토스트 (sepotong) roti panggang.
토시 ban tangan yang panjang (untuk kerja di meja).
토신(土神) dewa tanah.
토실토실 ~한 montok; sintal.
토악질(吐-) ① (구토) ~하다 memuntahkan. ②(부정 소득의) ~하다 mengganti/mengembalikan (uang haram).
토양(土壤) (mutu) tanah. ~조사 penelitian agronomi.~학 pedologi.
토요일(土曜日) Sabtu.
토의(討議) diskusi; musyawarah; perdebatan; perundingan. ~하다 berdiskusi; membicarakan;berembuk;memperundingkan;membahas; memusyawarahkan; bermufakat.
토인(土人) penduduk asli; pribumi.
토일렛 ruangan toilet. ~ 페이퍼

(kertas) tisu.
토장(土醬) tauco.
토지(土地) tanah; wilayah; bumi; darat. ~개량(사업) (usaha) perbaikan tanah.
토질(土疾) (penyakit) endemik.
토질(土質) keadaan tanah; mutu tanah.
토착(土着) ~의 pribumi; asli. ~민 orang pribumi; penduduk asli.
토큰 koin. 버스 ~ koin bis.
토템 totem; gambar yang melambangkan suku. ~숭배 totemisme.
토픽 pokok bahasan; topik.
토하다(吐 -) ① (뱉다) muntah. ② (토로) mengutarakan; mengemukakan.
토혈(吐血) ~하다 muntah darah.
톡 ☞ 툭.
톡탁 adu pukul. ~거리다 beradu pukul; berbaku hantam. ☞ 탁거리다.
톡톡하다 ① (액체가) kental.② (피륙이) rapat.
톡톡히 cukup banyak/besar. ~벌 yang cukup besar.
톤 ton. 미터 ~ metrik ton.총(배수, 적재, 중량) ~수 tonase kotor (pengurasan; pengangkutan; berat mati).
톨(낟) butiran.
톱 gergaji. ~ 질하다 menggergaji. ~날 bilah/mata gergaji. ~날을 세우다 mengikir gergaji.
톱 puncak; penting; utama. ~기사 artikel utama.~뉴스 berita utama.
톱니 gigi gergaji; gerigi (☞ 톱날). ~모양의 bergerigi.
톱니바퀴 roda gigi .
상어(- 魚) 「魚」 hiu gergaji.
통 gerombolan penjahat.한~ 이되다 bersekongkol dengan.
통 lebar lengan baju; kaliber.
통(桶) tong; tahang.
통(筒) (대통 등) pipa; tabung; (깡통 따위) kaleng.석유~kaleng minyak tanah.
통(統)rukun warga (RW).~장 ketua RW.
통 ... ~에 ditengah-tengah.
통(通) (서류의) salinan (surat).
통 ① ☞ 온통.② (전혀) samai; sedikitpun.
...**통**(通)(전문가) ahli;pakar. 소식~ nara sumber.
통감(痛感)~하다 menyadari sepenuhnya.
통계(統計) statistik. ~(상)의 statistis.~를 내다 mengumpulkan data statistik.
통고(通告) pemberitahuan; pengumuman. ~하다 memberitahukan.
통곡(痛哭) ~하다 meratap.
통과(通過)pelulusan;pelewatan. ~하다 lulus; lewat; melewati.
통관(通關)pabean;bea cukai.~하다 melewati pabean. ~ 베이스 dasar pabean. ~사무소 kantor bea cukai.
통괄(統括)~하다 menggeneralisir.
통권(通卷) nomor volume yang berurutan.
통근(通勤) ~하다 masuk kantor; masuk kerja.~수당 biaya transportasi.~시간 waktu masuk kantor.
통금(通禁) ☞ 통행금지.~시간 jam malam. ~위반 pelanggaran jam

malam.
통기공(通氣孔) ☞ 환기공(孔).
통김치 *gimchi* dari kol yang tidak diiris.
통나무 log; batang kayu. ~다리 jembatan batang kayu.
통념(通念)pendapat yang diterima secara umum.
통달(通達)~하다 mahir (dalam).
통닭(구이) ayam panggang.
통독(通讀) ~하다 membaca semuanya.
통람(通覽)~하다 mengikhtisarkan.
통렬(痛烈)~한 keras; tajam. ~히 dengan keras; dengan tajam.
통례(通例) praktek sehari-hari; kebiasaan. ~로 biasanya.
통로(通路) terusan; gang; lorong.
통론(通論)garis besar;pendahuluan.
통마늘 siung bawang putih.
통발(筒 -) bubu; lukah.
통보(通報)pemberitahuan;laporan; maklumatpengumuman.
통분(通分) 『數』~하다 menyederhanakan pecahan.
통사정(通事情)~하다 menyatakan pikiran dengan terus terang; memohon dengan sangat.
통산(通算) ~하다 menjumlahkan; mentotalkan.
통상(通常) ~의 biasa; reguler; umum; sehari-hari.
통상(通商) perdagangan; perniagaan; jual beli. ~하다 berdagang (dengan).
통상(筒狀) ~의 berbentuk tabung; silindris.
통설(通說) pendapat umum; pandangan yang lazim.
통성명(通姓名) ~하다 saling memperkenalkan diri.
통속 ① (단체) komplotan rahasia. ② (밀약)rencana rahasia;mufakat rahasia.
통속(通俗) ~적 populer;biasa.~적(的)으로 secara populer.
통솔(統率) bimbingan; komando; arahan. ~하다 memberi komando; memimpin; memberi aba-aba; membimbing.
통수(統帥)komando tertinggi. ~권 hak istimewa komando tertinggi.
통신(通信) komunikasi; pemberitahuan; surat menyurat; informasi. ~하다 berkomunikasi; mengadakan surat menyurat.
통역(通譯)penerjemahan; alih bahasa.~자 juru bahasa;penterjemah;. ~하다 menterjemahkan; menafsirkan; bertindak sebagai penterjemah;bertindak sebagai juru bahasa.
통용(通用)~하다 berlaku;beredar; lazim digunakan. ~기한 masa berlaku.
통운(通運) transportasi;pengiriman. ~회사 agen transportasi; agen pengiriman.
통으로 semua; keseluruhan.
통일(統 -) penyatuan; penggabungan. ~하다 menggabungkan; menyatupadukan; mempersatukan.
통일천하(統一天下)~하다 mempersatukan negeri-negeri dibawah satu pemerintah.
통장(通帳) buku (bank). 예금 ~

buku tabungan. 절(痛切)~한 pedih; perih; pedih hati. ~히 dengan pedih; dengan tajam.

통정(通情) ① ☞ 통심정. ②☞ 통사정. ③ (간통) perjinahan; penyelewengan.

통제(統制) pengontrolan; pengekangan; pengendalian; pengaturan. ~하다 mengontrol; mengendalikan.

통제부(統制府) stasiun pengawasan laut; pangkalan angkatan laut

통조림(桶 -) makanan kaleng. ~한 kalengan. ~으로 하다 mengalengkan.

통증(痛症) rasa sakit; sakit beranak; nyeri.

통지(通知) pemberitahuan; laporan; uraian; informasi; pengumuman; pernyataan; permaklumatan. ~하다 memberitahukan; mengemukakan; mengutarakan; mewartakan; mengabarkan; menyampaikan.

통째 semuanya; keseluruhan. ~로 먹다 makan semuanya; memakan habis.

통찰(洞察) penembusan; penyelaman. ~하다 menembus; menyelami.

통첩(通牒) instruksi; peringatan; edaran. ~하다 menginstruksikan; memperingatkan.

통촉(洞燭) ~하다 memahami; mempertimbangkan.

통치(統治) penguasaan; pemerintahan; pengendalian. ~하다 memerintah; menguasai.

통칙(通則) peraturan yang lazim.

통칭(通稱) nama lazim; sebutan umum.

통쾌(痛快) ~한 amat menyenangkan; sangat menggetarkan.

통탄(痛嘆) ~하다 menyesali. ~할 disesalkan.

통통하다 montok.

통틀어 semuanya.

통풍(通風) ☞ 환기(換氣).

통풍(痛風) 『醫』 encok.

통하다(通 -) ① (길.통로.교통) menuju (ke); mengarah (ke); terbuka (untuk). ② (잘 알다) kenal baik (dengan); mengetahui dengan baik. ③ di mengerti; dipahami. 서로 기맥이 ~ tahu sama tahu; saling mengetahui. ④ (...로 알려지다) dikenal sebagai. ⑤ (통용) berlaku; beredar. ⑥ berhubungan; berhubungan intim (dengan). 정을~ mengadakan hubungan gelap dengan. ⑦mengalir. 공기가 잘~ udara mengalir baik. ⑧ (거치다) melewati; lewat. ⑨ (매개) melalui (Bapak Kim); atas budi baik.

통학(通學) ~하다 bersekolah. ~생 siswa yang tidak mondok.

통한(痛恨) penyesalan yang dalam.

통할(統轄) pengawasan umum. ~하다 mengawasi.

통합(統合) kesatuan; persatuan; penyatuan. ~하다 mempersatukan; menyatukan; menggabungkan.

통행(通行) pelintasan; lalu lintas. ~하다 lewat; melintasi. ~ 금지된 tidak dapat dilewati.

통화(通貨) mata uang; uang lancar. ~의 안정 stabilisasi mata uang.

~정책(위기) kebijakan (krisis) moneter.

통화(通話) pembicaraan telepon. ~하다 berbicara melalui telepon. ~중 telepon sedang dipakai.

퇴각(退却) pengunduran; penarikan diri. ~하다 mundur dari; surut dari.

퇴거(退去) pengosongan; pemindahan. ~하다 mengosongkan; memindahkan; pindah.

퇴골(腿骨)「解」tulang kaki.

퇴교(退校) ☞ 퇴학.

퇴근(退勤) ~하다 pulang kantor/kerja. ~시간 jam pulang kantor; jam pulang kerja.

퇴락(頹落) ~하다 bobrok.

퇴로(退路) jalur mundur. ~를 차단하다 memutus jalur mundur.

퇴물(退物) ① (물려 받은) barang bekas.② (거절된) barang yang di tolak. ③ orang yang pensiun; mantan.

퇴박맞다 ditolak.

퇴박하다 menolak.

퇴보(退步) kemunduran. ~하다 mundur. ~적인 mundur; terbelakang.

퇴비(堆肥) pupuk kandang; kompos.

퇴사(退社) ①~하다 berhenti kerja dari sebuah perusahaan. ② ☞ 퇴근.

퇴색(褪色) ~하다 luntur; pudar.

퇴역(退役) ~하다 bebas tugas. ~군인 pensiunan; veteran; mantan tentara.

퇴원(退院) ~하다 keluar dari rumah sakit.

퇴위(退位) turun tahta. ~하다 turun tahta.

퇴임(退任)~하다 berhenti dari jabatan.

퇴장(退場) ~하다 meninggalkan; keluar (dari). ~을 명하다 menyuruh keluar.

퇴적(堆積) penumpukan; penimbunan; gundukan; longgokan; unggukan; timbunan.~하다 menumpuk; menimbun; menonggok.

퇴직(退職)peletakan jabatan. ~하다 berhenti; meletakkan jabatan; bebas tugas.

퇴진(退陣)~하다 keluar dari;mundur dari (jabatan).

퇴짜(退 -) ~놓다 menolak. ~맞다 ditolak.

퇴청(退廳) ~하다 pulang kantor.

퇴치(退治) ~하다 memusnahkan; membasmi; memberantas.

퇴폐(頹廢) ~한 rusak/busuk moral. ~적인 merosot (moral).

퇴학(退學) ~하다 keluar dari sekolah;putus sekolah. ~시키다 mengeluarkan dari sekolah.

툇마루(退 -) beranda; serambi.

투(套) (버릇) kebiasaan;cara;(법식) bentuk; gaya.

투견(鬪犬) (싸움) adu anjing, (개) anjing aduan.

투계(鬪鷄) (닭싸) sabung ayam; (쌈닭) ayam adu; ayam sabungan.

투고(投稿) kontribusi;sumbangan artikel.~하다 menyumbangkan artikel.

투구 helm; topi wajah.

투구(投球) 「野」 pelemparan. ~하다 melemparkan.
투기(妬忌) kecemburuan. ~하다 cemburu; jelus.
투기(投機) spekulasi. ~하다 mengadu untung; berspekulasi.
투기(鬪技) pertandingan.
투덜거리다 menggerutu; mencomel; bersungut-sungut; merajuk; memberengut; meruntuk.
투망(投網) jala lempar.
투매(投賣) dumping. ~하다 mendumping. ~품 barang dumping.
투명(透明) ~한 bening; tembus pandang; jernih; transparan.
투박하다 (사람이) kasar; vulgar; (물건이) kasar dan tebal (benda).
투베르쿨린 「醫」 tuberkulin. ~반응(검사) reaksi (uji) tuberkulin.
투병(鬪病) perang melawan penyakit.
투사(投射) proyeksi. ~하다 memproyeksi; menyorot. ~각 sudut proyeksi.
투사(透寫) ~하다 menjiplak. ~지(紙) kertas jiplak.
투사(鬪士)pejuang;pendekar. 자유(노동 운동)의~ pejuang kebebasan (gerakan kerja).
투서(投書)surat tanpa nama; kontribusi.~하다 mengirim surat tanpa nama. ~함 kotak saran.
투석(投石)~하다 melempar bantu; menyelakan.
...투성이 penuh (dengan); tertutup (oleh). 먼지 ~다 tertutup debu.
투수(投手) pelempar. ~전(戰) duel pelempar.
투숙(投宿) ~하다 menginap. ~객 tamu; penginap.
투시(透視)terus/tembus pandang. ~하다 menerus pandang.
투신(投身) ① (자살) ~하다 menceburkan diri; menenggelamkan diri. ② (종사) ~하다 ikut serta; terlibat (dalam).
투약(投藥) ~하다 memberi obat.
투영(投影) bayangan; proyeksi. ~하다 merefleksikan; memantulkan.
투옥(投獄) ~하다 memenjarakan.
투우(鬪牛) adu sapi;sapi adu.~사 matador.~장 gelanggang adu sapi.
투원반(投圓盤) lempar cakram. ~선수 atlit lempar cakram.
투입(投入)①~하다 menanam (modal). ~자본 modal yang ditanamkan; investasi. ② (던져 넣기) ~하다 melempar (sesuatu); melontarkan. ③ 「化」 ~하다 memproyeksikan (pada).
투자(投資) penanaman modal; investasi. ~하다 menanam(kan); memasukkan.
투쟁(鬪爭) perjuangan;pertarungan; perkelahian. ~하다 berjuang; berkelahi; berjuang; bertarung.
투전(鬪錢)perjudian.~꾼 penjudi.
투정(질) ~하다 bersungut-sungut; merengek-rengek.
투지(鬪志)semangat bertarung. ~만만하다 penuh semangat bertarung.
투창(投槍) lempar lembing. ~선수 atlit lempar lembing.
투척(投擲)~하다 melontarkan;melantingkan; melempar; melembing.

투철(透徹) ~한 jelas dan gamblang. ~한 사람 orang yang jelas dan gamblang.
투포환(投砲丸) lempar peluru. ~선수 atlit lempar peluru.
투표(投票) suara; pemungutan suara; kartu pemilihan; votum. ~하다 memberi suara.
투피스 setelan/baju dua pasang.
투하(投下) ~하다 menjatuhkan (bom); menanamkan modal.
투하(投荷) ~하다 mengeluarkan barang dari kapal.
투항(投降) ~하다 menyerah. ~자 orang yang menyerah.
투혼(鬪魂) semangat bertarung.
툭 ① (튀어나온 모양) menonjol; menjendol. ② suara tepukan. 어깨를 ~치다 menepuk bahu. ③ suara putus.
툭탁거리다 saling memukul; beradu pukul.
툭툭하다 tebal (kain).
툭하면 tanpa alasan;selalu.~사람을 치다 gampang memukul; sering memukul tanpa alasan.
툰드라 「地」 tundra.
툴툴거리다 bersungut-sungut; mengomel; menggerutu.
툼벙 ☞ 텀벙.
퉁명스럽다 kaku; kasar.
퉁소(-簫) seruling bambu.
퉁탕 ① (발소리) suara injakan. ~거리다 menginjak-injak. ② (총성) letusan. ~ 거리다 meletus terus-terusan.
퉁퉁 ①~붓다 membengkak. ②~한 gemuk; montok.
튀기 darah campuran; blasteran; silangan; hibrid.
튀기다 (손가락으로) menjentikkan.
튀기다 menggoreng; menggongseng.
튀김 makanan yang digoreng; gorengan. 새우 ~ udang goreng.
튀다 ① (뛰어오르다) melenting; melambung;mengambul. ② (물이) memercik; menyembur; memancar (air).③ (불꽃이)memercikkan (api). ④ (달아나다) kabur.
튀밥 pop corn.
튜너 tukang setem.
튜브 benen; ban dalam.
튤립 「植」 bunga tulip.
트다 ① (싹이) bertunas.② (먼동이) menyingsing (fajar) ③ (피부가) pecah (kulit).
트다 membuka (jalan). 거래를 ~ membuka jual beli.
트라이앵글 「樂」 kerincing.
트랙 trek. ~경기 olah raga trek.
트랙터 traktor.
트랜스 「電」 alat pengubah arus; transformer.
트랜지스터 「電」 radio transistor.
트랩 tangga belalai; tangga. ~을 올라(내려)가다 naik (turun) tangga belalai.
트러블 pertengkaran.~을 일으키다 bertengkar; berselisih.
트러스 「建」 tiang penopang.
트럭 truk; lori; oto; gerobak; prahoto. ~운송 pengangkutan truk.
트럼펫 terompet; serunai; sangkakala.
트렁크 kopor.

트레이너 pelatih.
트레이닝 pelatihan. ~샤쓰 jaket pelatihan.
트레일러 kereta gandengan.
트로이카 kereta tiga kuda.
트로피 piala; trofi.
트롤 pukat harimau. ~ 그물 jala pukat harimau. ~ 선 kapal pukat.
트롬본 「樂」 trombon.
트리오 「樂」 trio; tiga serangkai.
트릭 akal muslihat; kiat; rahasia; trik. ~을 쓰다 memakai muslihat.
트림 sendawa. ~하다 bersendawa.
트위스트 dansa twist.
트이다 ① dibuka; terbuka. 운이 ~ nasib mulai baik. 길이~ jalan di buka.② (마음이) (hati) terbuka.
트집 perpecahan; perselisihan; kesalahan.~잡다 mencari kesalahan.
특가(特價) harga khusus. ~판매 jual obral.
특공대(特攻隊)komando pasukan khusus.
특과(特科) jurusan khusus.
특권(特權) hak istimewa;hak prerogatif. ~계급 klas yang menikmati hak istimewa.
특근(特勤) ~하다 bekerja lembur. ~수당 tunjangan lembur;upah lembur.
특급(特急) kereta api cepat (khusus).
특급(特級) mutu istimewa; mutu unggul. ~주 minuman keras mutu istimewa.
특기(特技) kemampuan khusus; bakat istimewa.
특기(特記)~하다 menyatakan secara khusus.
특대(特大)~의 ukuran ekstra besar. ~호 edisi khusus yang diperbesar.
특대(特待) ~하다 memperlakukan secara khusus.
특등(特等) klas khusus; mutu tertinggi. ~석 tempat duduk khusus.
특례(特例) kasus khusus; pengecualian.~로서 sebagai pengecualian.
특매(特賣) penjualan khusus;penjualan obral.~하다 menjual dengan harga khusus.
특명(特命) perintah khusus; penunjukan khusus.~을 띠고 dengan misi khusus.
특무(特務) dinas khusus; tugas khusus. ~기관 dinas rahasia.
특배(特配) ransum ekstra. ~하다 membagikan ransum secara khusus
특별(特別)~한 khusus; istimewa; spesial; luar biasa; khas; spesifik; tersendiri; tertentu. ~히 secara khusus.
특보(特報) berita khusus.
특사(特使) utusan khusus. 대통령 ~ utusan khusus presiden.
특사(特赦) pengampunan; amnesti. ~하다 memberi pengampunan/amnesti.
특산(물)(特産(物)) produk khusus; hasil khusus.
특상(特上) ~의 yang terbaik. ~품 barang mutu ekstra.
특상(特賞) hadiah khusus.
특색(特色) ☞ 특징.

특선(特選) pilihan khusus. ~품 barang pilihan.
특설(特設) ~하다 memasang secara khusus. ~의 dipasang secara khusus.
특성(特性) ☞ 특징. ~을 살리다 mendayagunakan bakat khusus.
특수(特殊)~한 khusus; istimewa; spesial;tidak biasa. ~강 baja khusus.
특수경기(特需景氣) ledakan pembelian khusus.
특약(特約)kontrak khusus;perjanjian khusus. ~점 agen khusus; toko cabang.
특용(特用) ~작물 tanaman khusus.
특유(特有) ~의 khusus; istimewa; khas. ~성 kekhususan; keistimewaan.
특이(特異)~한 unik; khusus; aneh; ganjil. ~성 keunikan; kelainan; keganjilan.
특전(特典)hak istimewa;previlege.
특전(特電) pengiriman khusus.
특정(特定) ~의 khusus;khas;spesifik. ~인 orang tertentu.
특제(特製) ~의 diproduksi secara khusus. ~품 barang-barang yang dibuat secara khusus.
특종(特種) ① (종류) jenis khusus. ② (기사의) berita khusus; berita eksklusif.
특진(特進)naik pangkat luar biasa. 2 계급~ naik pangkat dua tingkat.
특질(特質) kwalitas khusus; sifat khusus; kodrat. ☞ 특성.
특집(特輯) edisi khusus. ~하다 membuat edisi khusus. ~기사 artikel utama.
특징(特徵)kekhasan;ciri-ciri khusus; tanda khusus.
특채(特採) pengangkatan khusus. ~하다 mempekerjakan secara khusus.
특출(特出)~한 terkenal; ternama; istimewa.
특파(特派)~하다 mengirim secara khusus. ~대사 duta besar luar biasa.
특필(特筆) ~하다 menyebutkan secara khusus.
특허(特許)hak paten.~를 출원하다 memohon hak paten. ~권[료] hak (bea) paten.
특혜(特惠) preferensi. ~를 주다 memberi preferensi.
특효(特效) khasiat khusus. ~약 obat yang berkhasiat khusus.
특히(特-) secara khusus; terkhusus; lebih-lebih; istimewa lagi.
튼튼하다 ① (건강) kuat; sehat. ② (견고) tahan lama; awet.
틀 ① (모형) cetakan;model;bentuk; acukan.② formalitas;rumus.③(테) kerangka kerja. ④ (기계) mesin; perkakas.
틀니 gigi palsu; gigi buatan.
틀다 ① menyetel; menghidupkan. 라디오를~ menghidupkan radio. ② (비틂) memutar; menyekrup.③ (일을) mengalihkan (rencana); menghambat. ④ (상투.머리를) mengikat rambut. ⑤ (솜을) menguraikan (kapas).
틀리다 ① (비틀림)bengkok. ② (잘못되다) salah; keliru. ③ ☞ 틀어

지다. ④ (다르다) berbeda; bersimpang; berlainan.⑤ (볼장 다봄) bobrok.

틀림 kesalahan; kekeliruan. ~없이 dengan benar; pasti; tentu; niscaya; tidak boleh tidak; keruan saja; salah satu; jelas-jelas.

틀어넣다 memadatkan; menjejal.

틀어막다 ① (구멍을) menyumbat; menyumpal. ② (입을) menyumpal (mulut).

틀어박히다 mengurung diri dalam rumah.

틀어지다 ① (일이) berbuat keliru; gagal. ② (사이가) berselisih. ③ (빗나가다) meleset; tidak kena. ④ (꼬이다) bengkok.

틈 ① lubang; celah; belah; lekah; retak. 바위의 ~ retak pada batu. ~이 생기다 retak; meretak; berselisih.②ruang; sela. ~이 없다 tidak ada ruang.③ kesempatan; peluang. ~을 노리다 menunggu kesempatan. ☞ 틈타다. ④ ketidaksiapan; ketidakwaspadaan. 빈~이 없다 dijaga seluruhnya. ⑤ waktu luang; jam santai. ~ 이 있다 ada waktu luang. ~을 내다 meluangkan waktu.

틈새기 celah; retak.

틈입 ☞ 침입(侵入).

틈타다 mengambil keuntungan; memanfaatkan.

틈틈이 ① (여가마다) pada waktu luang. ② (구멍마다) di setiap lubang.

티 ① (이질물) debu. ② (흠) cela; cacat; lecet. 옥 에 ~ cacat pada permata (jade).

티 sentuhan ...; ada roman ... 군인 ~가 나는 ada roman tentara.

티 ① teh. ~룸 tea room. ~스푼 sendok teh.~파티 pesta teh. ② huruf T. ~셔츠 kaos oblong. ~자 penggaris bentuk T. ③ (골프의) (golf) tee.

티격태격하다 bertengkar; berbantah; bercekcok.

티끌 debu; abu. ~만큼도 ...없다 sedebupun tidak.

티눈 mata ikan; katimumul. ~이 나다 bermata ikan; berkatimumul.

티켓 karcis; tiket.

티크재(- 材) kayu jati.

티타늄 「化」 titanium (Ti).

티푸스 tipus; demam tipus.

팀 tim; regu; rombongan; kelompok; kumpulan; kesatuan. ~워크 kerja tim.

팁 persenan; tip. ~을 주다 memberi persenan.

ㅍ

파 「植」 kucai; daun bawang.
파(派) (족벌) marga; (학파) aliran; (당파) golongan;partai;kelompok.
파 「樂」 fa.
파격(破格) ~적 khusus; istimewa. ~적인 대우를 받다 mendapat perlakuan khusus.
파견(派遣) pengiriman; pengutusan. ~하다 mengirim; mengutus.
파경(破鏡) perceraian.~에 이르다 hampir bercerai.
파계(破戒) ~하다 melanggar hukum (Budha). ~승(僧) biksu yang tersesat.
파고들다 menyelidiki; menyelidiki dengan cermat; terkesan dalam (dengan).
파괴(破壞)penghancuran; penumpasan; kebinasaan; pemecahan; pengrusakan; pemusnahan. ~하다 menghancurkan; memusnahkan; membinasakan; memecahkan; menumpas;mengobrak-abrik.
파국(破局) malapetaka; bencana besar.
파급(波及)~하다 menyebar;mempengaruhi.
파기(破棄) ~하다 menghancurkan; memusnahkan; menghapus.
파김치 asinan bawang; *kimchi* daun bawang.
파내다 menggali.
파노라마 pemandangan; panorama. ~같은 panoramik.
파다① (땅.구멍을) menggali;menggeruk;mencangkul.② (새기다)memahat; mencungkil. ③ (이치.진상 등을) menyelidiki; meneliti; menelaah.
파다하다(播多-) tersebar luas.
파닥거리다 mengepakkan sayap; meleting.
파도(波濤) gelombang; ombak; riak. ~소리 bunyi gelombang.
파동(波動) gerak gelombang; undulasi. ~설 teori gelombang.
파라솔 payung panas;parasol. 비치~ payung pantai.
파라슈트 parasut.
파라티온 paration.
파라티푸스 「醫」 paratipus.
파라핀 parafin. ~지(유) kertas (minyak) parafin.
파란(波瀾)pergolakan; badai; naik turun. ~많은 penuh kejadian.
파랑 biru. ~새 burung biru; kebahagiaan.
파랗다 biru; hijau; pucat.
파래 selada laut.
파래지다 menjadi hijau(biru);men-

jadi pucat.
파렴치(破廉恥) ~ 한 keji; tidak tahu malu.~ 범(犯) kejahatan yang keji; penjahat yang keji.
파릇파릇하다 hijau segar.
파리 lalat; lalat rumah. ~를 쳐 잡다 memukul lalat.
파먹다 menggerogoti.땅을 ~ hidup dengan bertani.
파면(罷免) pemecatan; pemberhentian. ~하다 mengusir; mengeluarkan; memberhentikan.
파멸(破滅)kehancuran; kebinasaan. ~하다 dihancurkan; hancur; binasa.
파문(波紋) riak; olak. ~을 일으키다 menimbulkan riak; menciptakan pergolakan (dalam politik).
파묻다(땅속에) menguburkan; menguruk.
파묻다(물어보다) bertanya-tanya dengan selidik.
파벌(派閥) faksi; klik; golongan. ~다툼(싸움) perselisihan antar fak-si.
파병(派兵) pengiriman tentara. ~하다 mengirimkan tentara.
파삭파삭 ~한 garing; keresek.
파산(破産) keadaan bangkrut; kebangkrutan. ~하다 bangkrut.
파상(波狀) ~적 menggelombang. ~공격 serangan bergelombang.
파상풍(破傷風)「醫」tetanus.
파생(派生) ~하다 menurunkan (dari); membentuk (darzi). ~적인 turunan; bentukan.
파선(破船) kecelakaan kapal. ~하다 menjadi terdampar.
파손(破損) kerusakan; kehancuran. ~하다 rusak; hancur. ~부분 bagian yang rusak.
파쇼 fasisme. ~의 (gerakan) fasis. ~화하다 memfasiskan.
파수(把守) pengawalan; penjagaan. ~보다 berjaga. ~꾼 penjaga.
파스텔「美術」pastel.
파시(波市)pasar ikan pinggir pantai.
파시즘 fasisme.
파악(把握)pemahaman. ~하다 mengerti; memahami; mengetahui.
파안대소(破顔大笑) ~하다 tertawa besar; terkekeh-kekeh; terbahak-bahak; terpingkal-pingkal; gelakak.
파업(罷業)pemogokan.(☞ 총파업). ~하다 mogok. ~중(中)이다 sedang mogok. ~권 hak mogok.
파열(破裂) ~하다 meledak; pecah. ~음 suara ledakan.
파운드(화폐단위) pound; (무게) pon. ~지역 daerah bermata uang pound.
파울「競」pelanggaran; foul. ~하다 melanggar.
파이 pastel (kue). 애플 ~ pastel apel.
파이버 serat (yang divulkanisir). ~글라스 serat kaca; fiberglass.
파이프 ① pipa; selang. ~ 오르간 organ pipa.②(담배피는) pipa rokok.
파인애플 nanas.
파일(八日)hari lahir Budha; tanggal 8 April kalender bulan.
파일럿 pilot.
파자마 piyama; pakaian tidur.
파장(波長) panjang gelombang.

~을 맞추다 menyetel gelombang (radio).
파장(罷場)~하다 penutupan pasar. ~시세 harga penutupan.
파종(破腫) ~하다 menusuk bisul.
파종(播種) ~하다 menebar (kan); menaburkan. ~기(期) masa penaburan. ~기(機) mesin penabur.
파죽지세(破竹之勢) kekuatan yang tidak tertahankan. ~로 나아가다 menyapu bersih;maju dengan tak tertahankan.
파지(破紙) sampah kertas; carik kertas.
파출(派出)~하다 mengutuskan. ~부 pramuwisma paruh waktu. ~소 pos polisi.
파충(爬蟲) 「動」 reptil. ~류 reptilia.
파치(破-) barang yang cacat; barang buangan.
파킨슨 ~병(의 법칙) penyakit (hukum) parkinson.
파탄(破綻) kebangkrutan; kegagalan. ~이 일어나다 gagal; bangkrut; jatuh.
파트너 mitra; partner.
파티 pesta.
파편(破片) pecahan; penggal; potongan; bongkah; bingkah; gumpal; serpih; belahan.
파피루스 「植」 papirus.
파하다(罷-)tutup; bubar; selesai; usai. 일을 ~ selesai kerja.
파행(爬行) ~하다 merangkak.
파행(跛行) ~하다 berjalan dengan susah payah; berjalan dengan timpang.
파혼(破婚) ~하다 membatalkan pertunangan; memutuskan pertunangan.
팍팍하다 ① (물기가 없어) kering dan garing. ② (다리가) kaki berat/penat.
판 ① tempat; pemandangan. 노름~ tempat berjudi.②situasi; saat; kesempatan. 막 ~에 pada saat terakhir.③ permainan; pertandingan.
판(板) papan kayu; palang. 철~ lempengan besi.
판(版)① (판목) blok cetakan; plat. ② pencetakan; terbitan; cetakan. ~을 거듭하다 mencetak berulang kali. ③ ~에 박은(듯한) (seperti) pinang dibelah dua.
판(判.版) ukuran; format.
판가름 ~하다 mengadili;memutuskan. ~나다 diputuskan.
판각(板刻) ukiran kayu. ~하다 mengukir kayu.
판검사(判檢事) hakim dan penuntut umum.
판결(判決) vonis; putusan hakim; putusan;dekrit.~하다 memutuskan; memvonis; mendekritkan.
판공비(辦公費) ☞ 기밀비.
판국(-局) situasi; duduk perkara. ☞ 판.
판권(板權) hak cipta. (☞ 저작권). ~을 소유하다 memegang hak cipta.
판금(板金) lempengan logam. ~공 pekerja logam.
판단(判斷)pertimbangan;penilaian. ~하다 mengadili; mempertimbangkan; menilai.
판도(版圖) wilayah; wilayah ke-

kuasaan.
판독(判讀) ~하다 menguraikan sandi.
판돈 uang taruhan; uang bandar.
판례(判例) kasus bandingan. ~ 법 hukum kasus.
판로(販路) pasar; jalan dijual.
판막(瓣膜) 「解」 katup; pentil. ~증(症) 「醫」 penyakit katup jantung.
판막다 mengakhiri dengan kemenangan.
판매(販賣) penjualan. ~하다 menjual. ~ 중이다 sedang dijual. ~가격 harga jual.
판명(判明) ~되다 diidentifikasikan (sebagai); terbukti adalah ... .
판박이 ① (책) buku cetak. ② (모양) klise.
판별(判別) ☞ 식별.
판사(判事) hakim; keadilan; peradilan. ~석 kursi hakim. 부장~ hakim senior.
판세(-勢) situasi; keadaan; prospek.
판소리 drama opera solo klasik Korea; pansori.
판수 petenung yang buta.
판연(判然) ~한 jelas; terang; nyata; kentara.
판유리(板琉璃) lempeng kaca; kaca lembaran.
판이(判異) ~한 sangat berbeda.
판자(板子) papan. ~를 대다 memasang papan.
판정(判定) pemutusan; keputusan. ~하다 memutuskan.
판지(板紙) kertas papan; kardus.
판초 mantel terusan.
판치다 mengendalikan/menguasai keadaan.
판판이 setiap permainan.
판판하다 rata; datar.
판화(版畵) gambar cetakan kayu.
팔 lengan. ~을 끼고 berjalan bergandengan.
팔(八) delapan; kedelapan.
팔각(八角) segi delapan. ~의 persegi delapan.
팔걸이 sandaran tangan. ~의자 lengan kursi.
팔꿈치 siku. ~를 펴다 merentangkan siku.
팔난봉 pencangak; playboy.
팔다 ① menjual. 싸게(비싸게) ~ menjual murah (mahal). 이익을 보고(손해를 보고) ~ jual untung (rugi) 정조를~ menjual diri. ② mengkhianati. 나라를~ mengkhianati negara. ③ mengalihkan; menyimpangkan. 한 눈(을)~ mengalihkan mata. 정신을~ mengalihkan perhatian. ④ (이름을) memanfaatkan; menjual (nama orang lain).
팔다리 tangan dan kaki; anggota badan.
팔도강산(八道江山) tanah Korea; seluruh Korea.
팔등신(八等身) wanita yang cantik sekali.
팔딱팔딱 ~뛰다 berdebar-debar; berdenyut-denyut.
팔뚝 lengan. ~시계 jam tangan.
팔랑개비 mainan baling-baling kertas.
팔랑거리다 berkibar-kibar.
팔레트 「美術」 palet.
팔리다 ① (...이) terjual. ② asyik;

keasyikan. 계집에게 마음이 ~ keasyikan dengan perempuan.③ (얼굴,이름이) menjadi terkenal (nama dan muka).

팔매질하다 melempar; melontarkan.

팔면체(八面體) segi delapan.

팔목 pergelangan tangan. ☞ 팔뚝.

팔방(八方) semua jurusan; segala segi. ~미인 orang yang serba bisa.

팔베개 ~를 베다 membuat bantal tangan.

팔불출(八不出) orang bodoh.

팔삭둥이(八朔-) bayi lahir dini.

팔심 kekuatan otot tangan.

팔십(八十) delapan puluh. ~노인 orang tua umur 80 tahun.

팔씨름 (bermain) panco.

팔월(八月) Agustus. ~ 한가위 hari kelima belas bulan kedelapan (kalender bulan).

...팔이 pedagang asongan. 신문~ penjual koran.

팔자(八字) nasib; takdir.~가 좋다 bernasib baik.~가 사납다 bernasib buruk.

팔자걸음(八字-)~으로 걷다 berjalan dengan jari kaki ke arah luar.

팔죽지 lengan atas.

팔짓하다 melambaikan tangan.

팔짱 ~끼다 melipat tangan; bergandengan tangan. ~을 끼고 dengan tangan terlipat.

팔찌 gelang.

팔촌(八寸) saudara sebuyut (delapan derajat kekerabatan). 사돈의 ~ orang yang berkerabat jauh.

팔팔 ☞ 펄펄.

팔팔하다(성질이) tidak sabar; cepat marah; (발랄함) segar.

팜플릿 pamplet; brosur; surat selebaran; surat siaran.

팡파르 musik terompet(waktu olah raga).

팥 kacang merah.

팥고물 lumatan kacang merah.

팥밥 nasi campur kacang merah.

팥죽 bubur nasi dan kacang merah.

패(牌)① (푯조각) label;etiket. 나무 ~ label dari kayu.② (화투 따위의) kartu. ③kelompok;grup;tim. ~거리 gerombolan. ~를 짓다 membentuk kelompok.

패가(敗家)~하다 hancur keluarga. ~망신하다 merusak diri sendiri.

패군(敗軍) tentara yang kalah.

패권(霸權) keunggulan;kepemimpinan; supremasi; hegemoni.~을 다투다 berjuang untuk supremasi.

패기(霸氣) semangat ambisius; ambisi. ~있는 berambisi.

패널「建」panel.

패다 ① (장작을) memotong; membelah kayu. ② (때리다) memukul dengan keras.

패다 (이삭이) berbulir.

패덕(悖德) immoralitas; kebejatan moral. ~한(漢) orang yang tidak bermoral.

패랭이 topi bambu.

패러다이스 surga.

패러독스 paradoks.

패류(貝類) kerang-kerangan. ~학 ilmu yang mempelajari tentang kerang-kerangan.

패륜(悖倫) immoralitas; kebejatan

moral.~의 tidak bermoral; bejat.
패망(敗亡)penaklukan;pembasmian. ~하다 ditaklukkan; dibasmi.
패물(佩物) perhiasan pribadi;asesori.
패배(敗北) kekalahan.~하다 dikalahkan.
패색(敗色) tanda-tanda kekalahan. ~이 짙다 tanda kekalahan sudah jelas.
패석(貝石) karang fosil.
패션 mode.
패소(敗訴) ~하다 kalah perkara.
패스 ①(무료 입장권 승차권) tiket bebas;pas; (정기권) abonemen; (여권) paspor.② (통과 합격) kelulusan. ~하다 lulus. ③「球技」operan. ~하다 mengoper.
패쌈(牌-) perkelahian kelompok.
패인(敗因) sebab kekalahan.
패자(敗者) orang yang kalah.
패자(覇者) juara.
패잔(敗殘) ~병(군) sisa tentara yang kalah.
패잡다(牌-) membagi kartu;menjadi bandar.
패장(敗將) jendral yang kalah.
패전(敗戰) kekalahan perang. ~하다 kalah perang.
패주(敗走) ~하다 lari; ngacir.
패총(貝塚) tumpukan kerang.
패퇴(敗退)penarikan mundur; kekalahan. ~하다 menarik diri; kalah.
패트롤 patroli. ~카 mobil patroli.
패하다(敗-) dikalahkan; kalah; di taklukkan; dihancurkan; hancur.
패혈증(敗血症)「醫」keracunan darah.
팩시밀리 faksimil.
팬 penggemar; fan. ~레터 surat penggemar.
팬츠 celana pendek; celana dalam.
팬터마임 pantomim. ~배우 aktor pantomim.
팬티 celana dalam ketat. ~ 스타킹 stoking ketat.
팽~돌다 berkunang-kunang.머리가 ~돌다 kepala pening.
팽개치다① (던지다) mencampakkan; melontarkan.(일을)② menyerah; meninggalkan; mengabaikan.
팽그르르 ~돌다 berputar; berpusar; berkisar.
팽글팽글 berputar-putar.
팽배(澎湃) ~하다 meluap; menggelombang.
팽이 gasing.
팽창(膨脹) pengembangan; kenaikan; pemuaian. ~하다 mengembang; memuai; naik; bertambah.
팽팽하다 ① (켕기어서) ketat;kencang; erat; tegang.② (성질이)berpikiran sempit; kaku; tidak elastis. ③ (세력이) setara; setanding;amat ketat.
퍼내다 menimba keluar; memompa keluar.
퍼덕거리다 ① (새가) mengibasngibaskan sayap; mengepak-ngepakkan sayap.② (물고기가)meloncat-loncat;melompat-lompat; melentik-lentik.
퍼뜨리다 menyebarluaskan; menyebarkan; mengedarkan; memperbanyak.
퍼뜩 dalam sekejap; sekelebat.

ㅍ

퍼렇다 biru (hijau) tua.
퍼레이드 parade.
퍼먹다① (퍼서)mengeduk dan melahap. ② (많이) makan dengan lahap.
퍼붓다① (비 눈이) mencurah; turun lebat. ② (물을) menuangkan (air)ke.③ (욕을) menimpakan (kesalahan) pada; (포화를) menghujani tembakan (pada).
퍼석퍼석 ~한 rapuh; mudah hancur.
퍼센트 persen.
퍼지다① (벌어지다) meluas; menyebar;melebar.② (소문등이) menyebar; beredar; (유행이) menjadi mode. ③ (자손.초목이) tumbuh subur; melebat. 가지가 ~ cabang-cabang tumbuh subur; cabang-cabang memanjang.④ (삶은 것이) mengembang; terkukus dengan baik.⑤ (병이) mewabah; terjangkit luas. ⑥ (구김살이) menjadi licin.
퍽① (힘있게) dengan kuat. ② (넘어지는 꼴) berdebum; bergedebuk.
퍽 (매우) sangat.
퍽석 (앉는 꼴) bergedebuk.
펀치① (구멍 뚫는) pons; alat pembuat lubang. ② pukulan. ~를 맞다 mendapat pukulan.
펀펀하다 datar; rata; luas.
펄 bentangan tanah yang luas.
펄떡거리다 ① (맥이) berdenyut; berdebar.② (동물 등이) meloncat; melompat-lompat.
펄럭거리다 berkibar-kibar; terkepak-kepak.
펄렁거리다 ☞ 펄럭거리다.
펄썩 ① (먼지 따위가) naik bergumpal-gumpal. ② terhenyak.
펄쩍뛰다 melompat tiba-tiba; melonjak tiba-tiba.
펄펄~끓다 mendidih;menggelegak.
펄프 pulp; bubur.~를 만들다 membuburkan; membuat jadi pulp. ~재 (材) bubur kayu.
펌프 pompa.~질(을)하다 memompa; menjalankan pompa. ~우물 sumur pompa.
펑 letupan; letusan. ~하다 meletup; meletus. ~하고 dengan meletup.
펑퍼짐하다 lebar dan bulat.
펑펑① (폭음 소리) bang! bang!; letusan; letupan. ② menyembur-nyembur. ~흐르다 mengalir menyembur-nyembur.
페널티킥 「蹴」 tendangan pinalti tendangan dua belas pas.
페니실린 「藥」 penisilin. ~연고 (주사) salep (suntikan) penisilin.
페달 pedal; kayuhan.~을 밟다 mengayuh pedal.
페더급(-級)~의 kelas bulu. ~선수 petinju kelas bulu.
페리보트 kapal peri; kapal penyeberang.
페미니스트 feminis.
페미니즘 feminisme.
페스트 pes; wabah pes.
페이스 langkah. 자기 ~를 지키다 jangan melangkah terlalu cepat; menjaga langkah.
페이지 halaman. 5 ~에 pada halaman lima.~를 매기다 memberi halaman.

퍼렇다 biru (hijau) tua.
퍼레이드 parade.
퍼먹다① (퍼서)mengeduk dan melahap. ② (많이) makan dengan lahap.
퍼붓다① (비 눈이) mencurah; turun lebat. ② (물을) menuangkan (air)ke.③ (욕을) menimpakan (kesalahan) pada; (포화를) menghujani tembakan (pada).
퍼석퍼석 ~한 rapuh; mudah hancur.
퍼센트 persen.
퍼지다① (벌어지다) meluas; menyebar;melebar.② (소문등이) menyebar; beredar; (유행이) menjadi mode. ③ (자손.초목이) tumbuh subur; melebat. 가지가 ~ cabang-cabang tumbuh subur; cabang-cabang memanjang.④ (삶은 것이) mengembang; terkukus dengan baik.⑤ (병이) mewabah; terjangkit luas. ⑥ (구김살이) menjadi licin.
퍽① (힘있게) dengan kuat. ② (넘어지는 꼴) berdebum; bergedebuk.
퍽 (매우) sangat.
퍽석 (앉는 꼴) bergedebuk.
펀치① (구멍 뚫는) pons; alat pembuat lubang. ② pukulan. ~를 맞다 mendapat pukulan.
펀펀하다 datar; rata; luas.
펄 bentangan tanah yang luas.
펄떡거리다 ① (맥이) berdenyut; berdebar.② (동물 등이) meloncat; melompat-lompat.
펄럭거리다 berkibar-kibar; terkepak-kepak.
펄렁거리다 ☞ 펄럭거리다.
펄썩 ① (먼지 따위가) naik bergumpal-gumpal. ② terhenyak.
펄쩍뛰다 melompat tiba-tiba; melonjak tiba-tiba.
펄펄~끓다 mendidih;menggelegak.
펄프 pulp; bubur.~를 만들다 membuburkan; membuat jadi pulp. ~재 (材) bubur kayu.
펌프 pompa.~질(을)하다 memompa; menjalankan pompa. ~우물 sumur pompa.
펑 letupan; letusan. ~하다 meletup; meletus. ~하고 dengan meletup.
펑퍼짐하다 lebar dan bulat.
펑펑① (폭음 소리) bang! bang!; letusan; letupan. ② menyembur-nyembur. ~흐르다 mengalir menyembur-nyembur.
페널티킥 「蹴」 tendangan pinalti tendangan dua belas pas.
페니실린 「藥」 penisilin. ~연고 (주사) salep (suntikan) penisilin.
페달 pedal; kayuhan.~을 밟다 mengayuh pedal.
페더급(-級)~의 kelas bulu. ~선수 petinju kelas bulu.
페리보트 kapal peri; kapal penyeberang.
페미니스트 feminis.
페미니즘 feminisme.
페스트 pes; wabah pes.
페이스 langkah. 자기 ~를 지키다 jangan melangkah terlalu cepat; menjaga langkah.
페이지 halaman. 5 ~에 pada halaman lima.~를 매기다 memberi halaman.

편력(遍歷) ~ 하다 mengadakan perjalanan; berkeliling - keliling/ berkelana. ~자 peziarah.

편리(便利) kemudahan; fasilitas; keuntungan. ~ 한 berguna; memudahkan. ~상 demi kemudahan.

편린(片鱗)pandangan sekilas. ~을 엿보다 memandang sekilas.

편모(偏母) ibu yang menjanda.

편물(編物)☞ 뜨게질. ~기계 mesin perajut.

편법(便法)cara/ metode yang lebih mudah; jalan pintas.

편벽(偏僻) ~된 eksentrik; parsial.

편성(編成) (peng)organisasi(an) pembentukan; formasi;penyusunan. ~하다 mengorganisir; membentuk; menyusun.

편수(編修) ~하다 mengedit; menyunting. ~관 penyunting; editor.

편승(便乘)~하다①mendapat tumpangan.② (기회를) mengambil keuntungan dari; menggunakan kesempatan; memanfaatkan.

편식(偏食) menu yang tidak seimbang.

편쌈(便-) perkelahian antara dua kelompok. ~하다 berkelahi , antar dua kelompok.

편안(便安)~한 tenang;hening;damai; sentosa.~히 dengan tenang; dengan damai.

편애(偏愛) kepemihakan; parsialitas; favoritisme. ~하다 memihak; menunjukkan favoritisme.

편육(片肉) irisan daging rebus.

편의(便宜) kemudahan;fasilitas. ~상 demi kemudahan; untuk memudahkan semata.

편이(便易) ~ 한 mudah; menyenangkan; memudahkan.

편익(便益)keuntungan; kemudahan; faedah.

편입(編入)pendaftaran; penyertaan; pemasukan. ~하다 memasukkan; menyertakan; menugaskan.

편자(編者) editor;penyunting; penyusun.

편재(偏在) distribusi yang tidak merata. ~하다 terbagi secara tidak merata.

편제(編制) ☞ 평성(編成). 평시(전시) ~ pengorganisasian pada masa damai (perang).

편주(片舟.扁舟) perahu; sampan.

편중(偏重) ~하다 mengandalkan pada; menilai terlalu tinggi.

편지(便紙)surat.~의 사연 isi surat. ~를 내다 mengirim surat; menulis surat.

편집(偏執) kefanatikan. ~광(狂) mononamia.

편집(編輯) penyuntingan; editing; kompilasi. ~하다 mengedit; menyunting. ~자 editor; penyunting.

편짜다(便-) membentuk tim (kelompok).

편차(偏差)「理」keragaman; variasi; penyimpangan; deviasi.

편찬(編纂)kompilasi; penyusunan. ~하다 mengkompilasi; menyusun; menyunting.

편찮다(便-)tidak menyenangkan; tidak nyaman; tidak sehat.

편취(騙取) ~하다 menipu; memperdaya.

편친(偏親)orang tua satu-satunya.

편파(偏頗) ~적 sepihak; satu sisi; tidak adil; bias.

편평(偏平) ~한 datar; rata.

편하다(便 -) ① (편리) menyenangkan; memudahkan. ②nyaman; bebas dari khawatir.마음이~ bebas dari kekhawatiran; tidak ada yang dikhawatirkan. ③ (수월함) mudah; ringan; sederhana.

편향(偏向) penyimpangan; kecenderungan;penyelewengan;defleksi. ~하다 menyimpang.

편협(偏狹) ~한 berpikiran sempit; tidak toleran; cupat pikiran; picik.

펼치다 membentangkan;membuka; menggelar.

폄하다(貶 -)menghina;merendahkan; meremehkan.

평(坪) *pyeong* (= 3.954 yard persegi). ~수 luas; area; ruang lantai.

평(評) kritikan; komentar; tinjauan; reputasi; popularitas. (☞ 평하다).

평...(平) biasa. ~교사 guru biasa. ~당원 anggota biasa.

평가(平價) 「經」 persamaan; kesamaan; tingkat yang sama. ~로 sama harga. ~절상 revaluasi (kearah atas). ~절하 devaluasi.

평가(評價) penilaian; penaksiran; penghargaan.~하다 menaksir; menilai; menghargakan.

평각(平角) 「數」 sudut lurus.

평균(平均) ① rata-rata; rataan. ~하다 merata-ratakan. ~의 rata-rata. 한 사람 ~ perkepala; rata-rata satu orang.~하여 secara rata-rata.~이상(이하)이다 di atas (bawah)rata-rata.~을 잡다(내다) mengambil (mencari) rata-rata.~연령(점, 수명) usia (nilai, jangka waktu hidup) rata-rata. ~치 nilai rata-rata. 연(월) ~ rata-rata tahunan (bulanan). ② keseimbangan. ~이 잡힌 seimbang dengan baik. ~대(臺) balok keseimbangan.

평년(平年) tahun normal (rata-rata); tahun biasa. ~작 hasil panen normal (rata-rata).

평등(平等) kesamaan; kesamarataan. ~한(히) (secara) sama; (secara) sama rata.

평론(評論)kritikan; tinjauan.~하다 mengkritik; meninjau. ~가 kritikus; peninjau; pengulas.

평면(平面) bidang; latar. ~교차 persimpangan.

평민(平民) orang biasa; rakyat biasa. ~적인 demokratik.

평방(平方) ☞ 제곱.

평범(平凡) ~한 biasa; umum; datar; monoton.

평복(平服) pakaian biasa; pakaian sehari-hari.

평상(平床) bale-bale.

평상(平常) ~의 biasa. ~상태 kondisi biasa. ~시(時) waktu biasa.

평생(平生) seumur hidup (☞일생). ~을 두고 untuk seumur hidup.

평소(平素) ① biasanya (kata keterangan). ~의 sehari-hari; biasa. ~대로 seperti biasa. ~와는 달리 tidak biasanya.~의 행실 perbuatan sehari-hari. ② (지나간날) di masa lampau. ~의 keinginan yang di-

damba-damba.
평시(平時)masa normal; masa damai.
평안(平安) kedamaian; keamanan; ketentraman; ketenangan. ~한 damai; tentram; tenang.
평야(平野) dataran;medan terbuka. 호남 ~ dataran *Honam*.
평온(平溫) ① (평균 온도) temperatur rata-rata. ② ☞ 평열.
평온(平穩) ketenangan; kedamaian. ~한 tenang; damai.
평원(平原) dataran; padang rumput.
평의(評議) perundingan; konsultasi; pembahasan. ~하다 membahas; berunding; berkonsultasi.
평이(平易)~한 mudah; sederhana.
평일(平日) ① hari kerja. ~에(는) pada hari kerja. ② hari biasa. ~에는 pada hari biasa.
평전(評傳) biografi kritis.
평점(評點) nilai ujian.
평정(平定) ~하다 menekan; menundukkan; mengatasi.
평정(平靜) ~한 tenang. (마음의) ~을 유지하다 tetap tenang.
평정(評定) penilaian; evaluasi. ~하다 menilai; mengevaluasi. 근무(勤務) ~ tingkat efisiensi.
평주(評註) tanggapan; komentar.
평준(平準)kesamarataan;kesamaan.~점 titik kesamaan; titik datar.
평지(平地)dataran;tanah rata. ~풍파를 일으키다 menimbulkan gangguan/kesulitan yang tidak perlu.
평탄(平坦) ~한 datar; rata. ~하게 하다 mendatarkan; meratakan.
평토(平土)~하다 meratakan tanah.
평판(平版) litograf; tulisan/ gambar yang dilukis pada batu yang rata.
평판(評判)reputasi; kemasyhuran; popularitas; keterkenalan.
평평(平平) ~한 datar; rata.
평하다(評-)mengkritik; meninjau; menanggapi.
평행(平行)~하다 sejajar (dengan); bersejajar (dengan).
평형(平衡) keseimbangan. ~을 유지하다(잃다) mempertahankan (hilang) keseimbangan.
평화(平和) perdamaian. ~스럽다(롭다) tenang; damai. ~적인 cinta damai. ~적으로 dengan damai; secara damai. ~적 해결 penyelesaian damai.
평활(平滑) ~하다 licin; rata; datar. ~근(筋) otot licin.
폐(肺)paru-paru. ~가 나쁘다 paru-paru lemah. ~기종「醫」paru-paru basah. ~암 kanker paru-paru.
폐(弊)① ☞ 폐단. ② gangguan.~를 끼치다 mengganggu.
폐가(廢家) ① (버려둔 집) rumah yang ditinggalkan. ② (절손) keluarga yang musnah.
폐간(廢刊) ~하다 berhenti terbit. ~되다 dihentikan terbit; tidak dilanjutkan.
폐갱(廢坑) ☞ 폐광(廢鑛).
폐결핵(肺結核) tuberkulosis paru-paru. ~에 걸리다 menderita tuberkulosis paru-paru.
폐경기(閉經期) masa menopause.
폐광(廢鑛) tambang mati. ~하다

menelantarkan tambang.

폐교(廢校)~하다 menutup sekolah.

폐기(廢棄) pencabutan; pembatalan; penghapusan; pengabaian. ~하다 mencabut; membatalkan; mengabaikan; menghapus.

폐농(廢農) ~하다 berhenti bertani.

폐단(弊端) kebiasaan buruk. ~을 시정하다 memperbaiki kebiasaan buruk.

폐렴(肺炎) 「醫」 pneumonia; radang paru-paru. 급성~ pneumonia akut.

폐막(閉幕) ~하다 berakhir; selesai; usai; tamat.

폐문(肺門) hilum paru-paru. ~임파선염 adinitis hilum paru-paru.

폐물(廢物)barang bekas; sampah; rongsokan; barang buangan; limbah.

폐백(幣帛) persembahan pengantin wanita untuk mertuanya.

폐병(肺病) ☞ 폐결핵.

폐부(肺腑) ①☞ 폐(肺). ② ~를 찌르는 듯한 menusuk. ~를 찌르다 menusuk hati.

폐사(弊社) perusahaan kami.

폐색(閉塞) ~하다 memblokade; memblok.

폐선(廢船)kapal tua; kapal bekas/rongsokan.

폐쇄(閉鎖) penutupan. ~하다 menutup. 공장 ~ penutupan pabrik.

폐수(廢水)air buangan; air limbah. ~처리 penanganan air buangan.

폐습(弊習) kebiasaan buruk; perbuatan tercela.

폐어(肺魚) 「魚」 ikan paru-paru.

폐업(廢業) ~하다 menutup toko; mengakhiri usaha.

폐원(閉院) ~하다 membubarkan dewan;menutup rumah sakit/ kursus/ taman kanak-kanak.

폐위(廢位) ~하다 menurunkan dari tahta; turun tahta.

폐인(廢人) orang yang cacat.

폐일언하고(蔽-言-) secara singkat.

폐장(閉場) ~하다 tutup; bubar; usai (pasar, bioskop, sidang dll).

폐점(閉店) ~하다 menutup; tutup (toko). ~시간 waktu tutup.

폐점(弊店) toko kami.

폐정(閉廷) ~하다 menunda/menangguhkan sidang pengadilan.

폐지(廢止) penghapusan; abolisi. ~하다 menghapus; tak melanjutkan.

폐질(廢疾) penyakit yang tidak dapat disembuhkan. ~자 penderita penyakit yang tidak bisa sembuh.

폐차(廢車) mobil rongsokan; mobil bobrok.

폐품(廢品) barang rongsokan; barang bekas. ~을 회수하다 mengumpulkan barang bekas.

폐하(陛下) Baginda; Yang Mulia.

폐하다(廢-) (그만두다) meninggalkan (bangku sekolah); (철폐) menghapus; (군주를) menurunkan dari tahta; turun tahta.

폐합(廢合) ~하다 menghapus dan menyusun kembali. ~정리 penyusunan kembali.

폐해(弊害) efek buruk; pengaruh buruk/jahat.

폐허(廢墟) reruntuhan. ~ 가 되다 menjadi reruntuhan.
폐활량(肺活量) kapasitas pernapasan (paru-paru). ~계(計) spirometer; alat pengukur kapasitas paru-paru.
폐회(閉會) ~하다 menutup (rapat/persidangan).
폐회로(閉回路) 「電」 rangkaian tertutup.
포(砲) meriam; keahlian memakai meriam.
포(脯) ☞ 포육(脯肉).
포개다 menumpuk.
포격(砲擊) bombardir. ~하다 menembak. ~을 받다 ditembak; dibombardir.
포경(包莖) fimosis. ~수술 bedah fimosis; khitanan.
피경(捕鯨)penangkapan ikan paus. ~선(船)kapal penangkap ikan paus.
포고(布告) dekrit; maklumat; pengumuman.~하다 memaklumatkan; mengumumkan.
포괄(包括)~하다 melibatkan;mencakup; mengandung.~적(으로) secara keseluruhan.
포교(布敎) pekerjaan misionaris; penyiaran agama. ~하다 berkhotbah; menyiarkan agama.
포구(浦口)teluk kecil;ceruk;kuala.
포구(砲口) moncong meriam; kaliber.
포근포근하다 ☞ 포근하다.
포근하다①(폭신) nyaman dan menyenangkan. ② (날씨가) lembut; hangat.
포기 bungkul; bongkol. 배추 두~ dua bungkul kubis.
포기(抛棄)penyerahan. ~하다 menyerahkan; mencampakkan; meninggalkan; mengabaikan.
포대(砲臺) deretan meriam; kubu; benteng.
포대기 bedong bayi.
포도(葡萄) anggur; buah anggur. ~당 gula anggur; glukosa. ~밭 kebun anggur. ~즙 sari anggur.
포도(鋪道) jalan aspal; jalan semen.
포동포동하다 montok;sintal;padat.
포로(捕虜) tawanan perang. ~가 되다 ditawan; jadi tawanan perang.
포르노 pornografi; porno.
포르말린 formalin.~소독 disinfeksi formalin.
포름아미드 「化」 formamid.
포말(泡沫) buih; busa; gelembung.
포만(飽滿) ~하다 kenyang (dengan); jenuh (dengan).
포목(布木) linen dan katun; bahan tekstil; kain-kain baju.
포문(砲門) tingkapan; mulut senjata api.~을 열다 memulai tembak menembak.
포물선(抛物線) 「數」 parabola.
포박(捕縛) ~하다 menahan; menawan.
포병(砲兵)tentara artileri; artileri. ~감 inspektur artileri. ~대(단) satuan (korp) artileri.
포복(匍匐)~하다 merangkak; bergerak pelan-pelan.
포복절도(抱腹絶倒) ~하다 tertawa terbahak-bahak; meledak dengan tertawa.

포부(抱負) ambisi; aspirasi. ~를 품다 berambisi (untuk).
포상(褒賞) hadiah.~하다 memberi hadiah. ~을 받다 dihadiahi.
포석(布石) langkah-langkah awal; susunan strategis buah badug. ~하다 menempatkan buah dalam posisi strategis; melancarkan jalan untuk masa depan.
포석(鋪石) batu ubin.
포섭(包攝) ~하다 menarik di pihaknya.
포성(砲聲) suara tembakan; dentuman meriam.
포수(砲手) penembak; pemburu.
포수(捕手) 「野」 penangkap bola.
포스터 poster. ~를 붙이다(떼다) menempel (membuka) poster.
포승(捕繩) tambang polisi.
포식(飽食) ~하다 makan sampai kenyang.
포신(砲身) laras senapan.
포악(暴惡)~한 zalim; kejam; kasar; bengis.
포연(砲煙) asap meriam.
포옹(抱擁) pelukan; rangkulan. ~하다 memeluk; merangkul.
포용(包容) ~하다 bermurah hati. ~력(力) kemurahan hati. ~력이 큰 berjiwa besar; murah hati.
포위(包圍) pengepungan. ~하다 mengepung. ~를 풀다 membuka kepungan.
포유(哺乳) ~동물 mamalia; hewan pemamah biak. ~류 Mamalia.
포육(脯肉) dendeng.
포의(布衣) cendekiawan yang tidak memegang jabatan; orang sipil. ~한사(寒士) cendekiawan malang yang tidak memegang jabatan.
포인트 ① (소수점) titik desimal (koma). ② (전철기) titik peralihan kereta api. ③ (활자) poin (ukuran huruf). ④ (득점) nilai; skor; biji; angka. ⑤ (요점) maksud; pokok.
포장(布張)kerai linen;gorden linen. ~을 씌우다(걷다)mengangkat (menurunkan) kerai.
포장(包裝) pengemasan; pengepakan; pembungkusan. ~하다 mengemas; mengepak; membungkus.
포장(鋪裝) pengaspalan. ~하다 mengaspal. ~이 안된 도로 jalan yang tidak diaspal.
포주(抱主) germo; mucikari.
포즈 pose; sikap badan.~를 취하다 berpose; bersikap (badan).
포진(布陣) barisan; pembarisan. ~하다 berbaris; mengambil posisi; membariskan pasukan untuk pertempuran.
포착(捕捉)~하다 menangkap; mengejar; meraih. 기회를 ~하다 meraih kesempatan.
포커 (main) poker. ~ 페이스 muka poker.
포켓 saku; kantong. ~ 에 들어가는 dapat disakukan. ~ 에 넣다 mengantongi. ~ 머니 uang saku.
포크 garpu.
포크댄스 tarian rakyat.
포크송 nyanyian/ lagu rakyat.
포탄(砲彈) peluru meriam.
포탈(逋脫) penghindaran pajak (☞탈세). 세금 ~자 penghindar pajak.

포탑(砲塔) kupel senapan; kupel meriam. 선회 ~ kupel berputar.
포터블 portabel.
포플린 popelin.
포피(包皮) 「解」 kulup;kulit khitan
포학(暴虐) ~한 lalim; lazim; kejam.
포함(包含) ~하다 mengandung; melibatkan.
포함(砲艦) kapal meriam.
포화(砲火) tembakan senapan. ~세례를 받다 dihujani tembakan.
포화(飽和) penjenuhan. ~하다 jenuh (dengan). ~상태다 dalam penjenuhan. ~용액 larutan jenuh.
포획(捕獲)~하다 menangkap. ~고 tangkapan. ~물 rampasan perang.
포효(咆哮) ~하다 mengaum; meraung.
폭(幅) lebarnya; kelebaran. ~이 넓은 lebar; lapang.~이 좁은 sempit.
폭거(暴擧) kekerasan; kerusuhan; pelanggaran;huru-hara.
폭격(爆擊) pemboman. ~하다 mengebom; membom. (중)~기 pesawat pengebom berat.
폭군(暴君) penguasa lalim; tiran.
폭도(暴徒) perusuh; pemberontak.~의 무리 gerombolan perusuh.
폭동(暴動) pemberontakan; kerusuhan; huru-hara.
폭등(暴騰)kenaikan tiba-tiba; kenaikan tajam. ~하다 naik tiba-tiba; membumbung; bum.
폭락(暴落) penurunan tiba-tiba; penurunan tajam. ~ 하다 menurun dengan tajam; jatuh tiba-tiba.
폭력(暴力) kekerasan. ~으로 dengan kekerasan.
폭로(暴露) pembukaan; pengungkapan; pembeberan. ~하다 membuka;membeberkan; mengungkapkan.
폭리(暴利) pengambilan untung berlebihan; pencatutan. ~를 단속하다 mengendalikan pengambilan untung berlebihan.
폭발(爆發) peledakan; ledakan; letusan. ~하다 meledak; meletus; meledakkan.
폭사(爆死) ~하다 mati kena bom.
폭서(暴暑) panas terik.
폭설(暴雪) salju yang tebal.
폭소(爆笑) ~하다 meledak dalam tawa.
폭신폭신하다 lembut; berongga.
폭약(爆藥) bahan peledak; bubuk mesiu.
폭양(曝陽) matahari yang membakar.
폭언(暴言) bicara kasar.~하다 ber bicara dengan kasar.
폭우(暴雨) hujan lebat; curahan hujan.
폭음(暴飮) ~하다 minum banyak; minum seperti ikan.
폭정(暴政) tirani; depotisme; kelaliman; kezaliman. ~을 펴다 bersimaharajalela atas suatu negara); memerintah dengan sewenang-wenang.
폭주(幅輳)kepadatan berlebihan. ~하다 padat (dengan); ramai (dengan).
폭죽(爆竹) mercon; petasan.
폭탄(爆彈) bom. ~선언 deklarasi

bom. ~투하 penjatuhan bom.
폭파(爆破) peledakan. ~하다 meledakkan.~작업 operasi peledakan.
폭포(瀑布) air terjun; riam; jeram.
폭풍(暴風) badai; angin keras. ~경보[주의보] peringatan [sinyal] badai.
폭풍우(暴風雨) badai hujan. ~를 만나다 dilanda badai hujan.
폭한(暴寒) bajingan; bangsat.
폭행(暴行) (tindak) kekerasan; kekejaman; pemerkosaan. ~하다 menyerang; memperogol; memperkosa.
폴라로이드 ~ 카메라 kamera polaroid.
폴리에스터 「化」 poliester.
폴리에틸렌 「化」 polietilen.
폴카 polka; tari-tarian.
표(表) daftar; tabel. ~를 만들다 mendaftarkan; mentabulasikan.
표(票)① tiket; kupon; kartu; label; etiket. ~파는 곳(☞ 매표구,매표소). ~를 붙이다 merekatkan label; melabeli. 번호~ tiket nomor; plat nomor.② suara.한 ~를 던지다 memberi suara.
표(標) tanda;tanda mata;bukti;cap; merk. (☞ 표하다). 말 ~ cap Kuda.
표결(表決) ☞ 의결(議決).
표결(票決) suara; pemungutan suara. ~하다 memberi suara.
표고 「植」 Lentinus edodes.
표고(標高) ☞ 해발(海拔).
표구(表具) ~하다 membingkai gambar. ~사 toko bingkai kertas.
표기(表記)~의(금액) (jumlah)yang tertera. ~의 주소 alamat yang tertera.
표기(標記) penandaan; tanda.
표독(慓毒) ~하다 kejam; garang; galak; buas.
표류(漂流) ~하다 terombang-ambing; hanyut. ~물 barang yang terombang-ambing.
표리(表裏) dalam dan luar; kedua sisi. ~부동한 bermuka dua.
표면(表面) permukaan. ~적인 superfisial; luar; eksternal. ~상의 변화 perubahan permukaan.
표면적(表面積) area permukaan; luas permukaan.
표명(表明) ekspresi; manifestasi; perwujudan;pernyataan.~하다 menyatakan; mewujudkan
표박(漂泊) ~하다 berkeluyuran.
표방(標榜) ~하다 membela; berdiri (untuk).
표백(漂白)~하다 memutihkan. ~분 serbuk pemutih. ~액 larutan pemutih. ~제 bahan pemucat.
표범(豹 -) 「動」 macan tutul.
표변(豹變) ~하다 berubah seketika; berganti baju.
표본(標本) spesimen; sampel; teladan; contoh. 학자의~ cendekiawan teladan.
표상(表象) simbol; lambang; penyajian.
표시(表示) petunjuk; tanda; indikasi. ~하다 menyatakan; mengemukakan; menunjukan. 감사의 ~로 sebagai tanda terima kasih.
표어(標語) slogan; semboyan.
표연(飄然) ~히 secara tidak bertujuan; secara kasual; dengan ti-

dak mengarah.
표음문자(表音文字) alfabet fonetik.
표의문자(表意文字)ideograf; tulisan/ huruf gambar.
표적(表迹) tanda; bukti.
표적(標的) sasaran; tanda. ~을 벗어나다 jatuh disamping sasaran. ~함 kapal sasaran.
표절(剽竊)pembajakan; plagiarisme.~하다 membajak;memplagiat. ~자 pembajak; plagiator.
표정(表情) ekspresim muka; air muka. ~이 풍부한 ekspresif.
표제(表題.標題)judul. 작은~anak judul. ~를 달다 memberi judul. ~어 kata kepala.
표주(標註) catatan pinggir.
표주박(瓢 -) gayung kecil.
표준(標準) standar; norma; tolok ukur; kriteria. ~(인) standar; normal; rata-rata. ~에 달하다 memenuhi standar.
표지(表紙)sampul.~를 씌우다 menyampul. ~커버 sampul buku.
표지(標識) tanda; rambu; menara api; mercusuar. ~등 lampu mercusuar.
표징(表徵)tanda; simbul; lambang.
표착(漂着) ~하다 terdampar.
표창(表彰) penghargaan (resmi). ~하다 menghargai;memberi penghargaan. ~식 upacara pemberian penghargaan.
표피(表皮)「解」kutikula; epidermis. ~조직 jaringan epidermis.
표하다(表 -) menunjukkan; menyatakan; mengemukakan. 사의를 ~ menyatakan terima kasih.조의를 ~ menyatakan belasungkawa.
표하다(標 -) menandai; memberi tanda.
표현(表現)ekspresi;ungkapan perasaan. ~하다 mengekspresikan; menyatakan; mengungkapkan (perasaan).
푯말(標 -)pal;tonggak tanda arah.
푸가「樂」fuga.
푸근하다 ☞ 포근하다.
푸념 keluhan; gerutuan. ~하다 mengeluh; menggerutu.
푸다① (물을) menimba; memompa. ②(음식을)mengisi (mangkok); menyendok.
푸대접(- 待接) perlakuan dingin; perlakuan tidak bersahabat. ~하다 memperlakukan dengan dingin. ~받다 mendapat penyambutan yang dingin.
푸딩 puding; podeng.
푸르다① (색이) biru langit; hijau. ② (서슬이) (bermata) tajam; (bersisi) tajam.
푸르스름하다 kebiru-biruan; kehijau-hijauan.
푸른곰팡이「植」kapang hijau.
푸릇푸릇 ~한 hijau segar.
푸석푸석~한 rapuh.
푸성귀 sayur-sayuran.
푸주(-廚) toko daging. ~한(漢) tukang daging.
푸지다 melimpah; banyak.
푸짐하다 limpah mewah; murah hati.
푹 cukup; memadai; baik; pulas. ~삶다[끓이다] merebus dengan baik.

~ 잠들다 tertidur pulas.
폭신하다 lembut; halus; empuk; lunak.
폭폭~쓰다 memboros-boroskan. ~ 찌르다 menikam berulangkali. ~ 썩다 jadi busuk keseluruhannya.
푼① (돈 한닢) peni Korea (1/100 won). ② persentase; persen (%). 3 ~ 이자 bunga 3 %. ③ sepersepuluh inci Korea (=*chi*). ④ berat peni Korea (= 0,375 gram).
푼거리~나무 kayu bakar yang dijual per ikat.~질 pembelian kayu bakar per ikat.
푼돈 sejumlah kecil uang; kas kecil.
푼푼이 sen demi sen; sedikit demi sedikit.
풀 rumput; tumbuhan pengganggu; gulma.~베는 기계 mesin pembabat rumput.~을 뜯다 merumput. ~뿌리 akar rumput.
풀 lem; pati; kanji. ~먹이다 menganji (pakaian). ~먹인 옷 pakaian yang dikanji.
풀 (수영장) kolam renang.
풀~ 스피드로 (pada) kecepatan penuh. ~가동 operasi penuh.
풀기(- 氣)kepatian.~있는 berpati.
풀다① (끄르다) membuka (simpul); mengurai; mengendorkan.② (문제를) memecahkan; menjawab. 수수께끼를 ~ memecahkan teka-teki. 암호를 ~ memecahkan sandi. ③ (의심,오해,원한,울적함등을) menghilangkan; mengentaskan;membalaskan. 오해를 ~ menghilangkan kesalahpahaman. ④ (용해) melarutkan. ⑤ (코를) meniup (hidung). ⑥ (파견) mengutus (orang). ⑦ (논을)mengubah;mengkonversikan (tentang tanah).⑧ (해제) melucuti (senjata); (구속을) membebaskan (tahanan); mencabut larangan. 봉쇄를~ mencabut blokade. ⑨ mewujudkan. 소원을 ~ mewujudkan keinginan.⑩ (긴장 피로) memulihkan; mengendorkan. ⑪ menenangkan; meredakan; menawarkan. 노염을~ menenangkan/meredakan kemarahan. 갈증을 ~ menawarkan dahaga.
풀리다 ① (매듭이) lepas; terurai; melonggar; terbuka.② (노여움)dilucuti; tenang; reda. ③ (문제가) dipecahkan; terpecahkan. ④ (의혹 오해가) dihilangkan; dientaskan.⑤ (피로가) pulih dari ... ⑥ menghangat.추위가~ cuaca yang dingin menghangat. ⑦(해제) dihilangkan; dicabut. ⑧ (용해) larut; melebur. ⑨ diedarkan; beredar.
풀무 embusan/ puputan. ~ 질하다 mengembus api.
풀밭 padang rumput.
풀썩 naik dalam gumpalan.
풀쐐기 「蟲」 ulat bulu.
풀쑤다 ① (풀을) membuat lem/ pasta.② (재산을) menghamburkan (harta).
풀어놓다 ① (놓아줌) melepaskan; membebaskan.② mengirim;mengutus. 탐정을 ~ mengirim detektif.
풀어지다① (국수.죽이) melembut; melunak. ② (눈이) mengabur. ☞ 풀리다.

풀잎 daun rumput.

풀죽다 tawar hati; cabar hati; hilang semangat.

풀칠 ① (칠하기) ~하다 mengelem; merekat.②(생계) ~하다 hidup melarat.

품 ① (옷의) lebar; lingkar.앞 ~ lebar dada; lingkar dada. ② dada. 자연의~에 안기어 dalam rangkulan dada alam.

품 kerja; pekerjaan. 하루 ~ kerja sehari. ~이 들다 membutuhkan (banyak) kerja.

품격(品格)keelokan;kerapian; keanggunan;kebanggaan. ~있는 elok; anggun; rapi; elegan.

품계(品階) pangkat; peringkat.

품귀(品貴)kelangkaan (kekurangan) barang-barang (persediaan). ~ 상태다 langka (barang-barang)

품다 ① (가슴에) memangku; memeluk; mendekap. ② (마음에) menaruh (pengharapan); menanggung; memendam (kecurigaan). ③ (알을) mengerami.

품등(品等) mutu; kualitas.

품명(品名) nama barang-barang.

품목(品目) daftar barang; item. ~별로 item demi item.

품사(品詞)『文』pembagian kata (menurut jenis) 팔~ delapan pembagian kata.

품삯 upah tenaga kerja. ~을 치르다 membayar upah.

품성(品性)karakter; tabiat; watak. ~이 훌륭한[비열한] 사람 orang yang bertabiat baik [rendah].

품성(稟性) ☞ 천성(天性).

품속 dada. ~에 di dada.

품앗이 gotong royong. ~하다 bergotong royong.

품위(品位)① kehormatan; kemuliaan. ~있는 mulia; terhormat. ~를 지키다 [떨어뜨리다] menjaga [kehilangan] kehormatan.② (금속의) kemurnian; karat.

품의(稟議) ~하다 berkonsultasi; berunding (dengan); meminta persetujuan.

품절(品切) tidak ada persediaan/stok; semua terjual. ~되다 habis persediaan; terjual habis.

품종(品種) jenis; varitas; turunan. ~개량 perbaikan turunan;pemuliaan turunan.

품질(品質) mutu; kualitas. ~이 좋다 [나쁘다] berkualitas baik [buruk]; bermutu baik [buruk]. ~관리 kendali mutu.

품팔다 bekerja untuk upah; menguli.

품팔이~하다 (☞ 품필다). ~꾼 buruh lepas; tenaga kerja harian.

품평(品評) ~하다 mengeritik; menanggapi; mengomentari. ~회 pameran mutu.

품행(品行)perilaku; tingkah laku; kelakuan.

풋... baru; segar; muda; hijau; belum matang; mentah.

풋것 hasil pertama suatu musim.

풋곡식(- 穀食) biji-bijian yang belum masak.

풋과실(-果實)buah hijau/muda.

풋김치 *gimchi* yang dibuat dari sayuran muda.

풋나물 daun muda; lalapan.
풋내 bau buah muda. ~나다 belum berpengalaman; tidak mahir.
풋내기 orang baru. ~의 baru; hijau; mentah. ~기자 wartawan yunior.
풋볼 「競」 sepakbola.
풋사랑 cinta monyet.
풍(風) bualan; omongan besar; bicara tinggi.
풍(風) ☞ 풍병(風病).
...풍(風) (외양) penampilan; (양식) gaya; (풍습) adat kebiasaan.
풍각쟁이(風角-) pengamen jalanan; penyanyi jalanan.
풍경(風景) pemandangan; panorama. ~화(가) (pelukis) gambar pemandangan.
풍광(風光)pemandangan;keindahan panorama.~ 명미(明媚) pemandangan yang permai.
풍금(風琴) organ. ~을 치다 memainkan organ.
풍기(風紀) moral umum; moralitas umum; disiplin masyarakat. ~를 단속하다 menekankan disiplin.
풍기다 mewangikan; mengeluarkan aroma; berbau; beraroma.
풍년(豊年) tahun panen raya. ~이다 mendapat panen raya. ~잔치 pesta panen raya.
풍덩 gedebur; dengan deburan. ~거리다 tetap berdebur.
풍뎅이 kumbang Mei.
풍랑(風浪) ombak dan badai; laut yang ganas.
풍력(風力)kecepatan angin~계(計) alat pengukur kecepatan angin. meteran angin.
풍로(風爐)kompor masak portabel. 석유 ~ kompor minyak portabel.
풍류(風流) ① sikap flamboyan. ~있는 bersikap flamboyan. ~를 알다 memiliki kecintaan puitis. ~를 모르다 selera rendah. ~가[객] orang yang bercita rasa tinggi. ② (음악) musik.
풍만(豊滿)~한 montok; sintal; gemuk padat; berdada montok.
풍모(風貌) penampilan; tampang; roman; muka.
풍문(風聞)kabar angin; selentingan; desas-desus. 항간의 ~ pembicaraan orang sekota.
풍물(風物)panorama;hal-hal yang berbau.한국의~ hal-hal yang berbau Korea.
풍미(風味) cita rasa; aroma.
풍부(豊富) ~한 kaya; berlimpah-limpah; banyak; luas. ~한 지식 kaya pengetahuan. 내용이 ~한 substansial.
풍비박산(風飛雹散) ~하다 terbang bertebaran.
풍상(風霜)angin dan embun beku; (고생) kesukaran; cobaan; penderitaan.
풍선(風船) balon. ~을 불다 [띄우다] meniup [menerbangkan] balon. ~껌 permen karet balon.
풍설(風雪) badai salju.
풍설(風說) ☞ 풍문.
풍성(豊盛) ~하다 kaya; melimpah; banyak.
풍속(風俗)adat istiadat; kebiasaan moral masyarakat; tata susila.
풍속(風速) kecepatan angin. ~계

anemometer.순간 최대~kecepatan angin sesaat maksimum.
풍수(風水) *fengshui.*~지리설 teori peramalan berdasarkan topografi.
풍수해(風水害) kerusakan akibat hujan lebat dan angin.
풍습(風習)adat istiadat; kebiasaan moral. ~에 따르다 sesuai dengan adat istiadat.
풍식(風蝕) erosi angin; kerusakan kena hujan dan angin; kehancuran iklim. ~된 dimakan cuaca.
풍신(風神) ① dewa angin; dewa bayu. ② ☞ 풍채.
풍악(風樂)musik. ~을 잡히다 menyuruh mainkan musik.
풍압(風壓) tekanan angin. ~계(計) anemometer tekanan.
풍어(豊漁) tangkapan besar.
풍요(豊饒) ~한 kaya; subur; melimpah ruah. ~한 사회 masyarakat yang makmur.
풍우(風雨) hujan badai.☞ 비바람.
풍운(風雲) angin dan kabut; situasi. ~아 orang yang lahir ke dunia dengan nasib baik.
풍월(風月) angin yang bagus dan bulan yang terang; kecantikan alam; keindahan alam; puisi. ~하다 menikmati (keindahan) alam.
풍유(諷喩) kiasan; sindiran.
풍자(諷刺) satire;ironi;sarkasme; sindiran tajam. ~하다 menyindir; mengecam dengan sindiran. ~가 penyindir; pengarang satire.
풍작(豊作) hasil panen yang banyak.
풍장(風葬) sepultura (kuburan) udara.
풍전등화(風前燈火) telur di ujung tanduk. ~이다 menggantung dengan rambut; sangat genting.
풍조(風潮) kecenderungan; arus. 세상 ~를 따르다 [거스르다] sesuai [bertentangan]dengan arus zaman
풍족(豊足) ~한 melimpah ruah; banyak; kaya. ~ 하게살다 hidup mapan.
풍차(風車) kincir angin; kitiran angin.
풍채(風采) penampilan (pribadi). ~가 초라한 사람 orang yang berpenampilan buruk.
풍치(風致) panorama. ~림 hutan panorama. ~지구 kawasan berpanorama indah.
풍토(風土) iklim. 문화[정신]적 ~ iklim budaya [spiritual]. ~기 (記) topografi.
풍파(風波) ① (파도와 바람) angin dan gelombang; (거친파도) laut yang ganas.② (불화) pertengkaran; perselisihan; (고초) badai; kesengsaraan hidup. ~를 겪다 mengalami kesukaran/ penderitaan. 가정~pertengkaran keluarga. 세상 ~ badai kehidupan.
풍해(風害) kerusakan angin.
풍향(風向)arah angin. ~이 바뀌다 berganti arah; berubah arah.
풍화(風化) 「地」 pelapukan oleh cuaca. ~하다 melapukkan.
퓨즈 sekering. ~를 갈다 mengganti sekering. ~를 달다 memasang sekering.

퓰리처상(-賞) hadiah pulitzer.
프라이 gorengan. ~하다 menggoreng. ~팬 penggorengan; kuali; wajan.
프라이드 harga diri; kebanggaan. ~가센 bangga; harga diri tinggi.
프라이버시 rahasia pribadi.
프라임레이트 「經」 suku bunga dasar.
프랑 Franc (mata uang Perancis).
프레스① (누르기) menekan.② pers. ~ 복스 kotak pers.
프레젠트 hadiah; oleh-oleh.
프로① ☞ 프로그램. ~를 짜다 menyusun program/acara.~에 올리다 memasukkan ke program/acara.② ☞ 프롤레타리아. ~문학 literatur proletar. ③ ☞ 프로페셔널. ~선수 [야구]pemain [bisbol] profesional.
프로그래머 programer; pembuat program.
프로그래밍 pemograman.
프로그램 program; rancangan.
프로덕션 produksi film;studio film.
프로듀서 produser.
프로모터 promotor.
프로세스 proses.
프로젝트 proyek.
프로테스탄트 protestan.
프로판가스 gas propan.
프로페셔널 profesional.
프로펠러 baling-baling.
프로포즈 lamaran.~하다 melamar.
프로필 profil; tampang/raut muka.
프론트 meja depan (resepsi).
프롤레타리아 proletariat; kaum marhaen. ~독재 kediktatoran proletar.
프리마돈나 primadona.
프리미엄 premium. ~을 붙이다 menambah premium.
프리즘 「理」 prisma.
프리패브 ~주택 rumah jadi.
프린트 cetakan; mimeograf; salinan. ~하다 mencetak. ~합판 kayu lapis cetak.
플라스마 plasma.
플라스크 「化」 botol; labu (di laboratorium kimia).
플라스틱 plastik. ~제품 barang-barang plastik.
플라이급(-級) kelas terbang.
플라타너스 「植」 platanus.
플라토닉러브 cinta platonik.
플랑크톤 plankton.
플래시 kilat.~를 터뜨리다 menyalakan lampu kilat. ~ 세례를 받다 dihujani jepretan lampu kilat.
플래카드 plakat.
플래티나 platinum (Pt).
플랜 rencana; skema; rancangan. ~을 짜다 membuat rencana.
플랜트 pabrik.~수출 ekspor pabrik.
플랫폼 peron.
플러그 「電」 steker.~를 꽂다 mencolok steker.
플러스 plus; tambah. ~하다 menambah.
플레어스커트 rok panjang.
플레이트 「野」 plat pelempar bola. ~를 밟다 mencapai plat.
플루토늄 「化」 plutonium (Pu).
피 ① darah. ~바다 lautan darah. ~묻은 berdarah;bernoda darah.~를 흘리다 menumpahkan darah. ~를 뽑다 mengambil darah.~를 토하다

muntah darah. ~를 보다 berakhir dengan pertumpahan darah. ② (hubungan) darah. ~를 나눈형제 saudara sedarah;saudara kandung. ③ ~에 굶주린 haus darah. ~가 끓다 darah mendidih.

피 「植」 rumput pekarangan.

피 phuih!; cih!; bah!. ~하다 mencemooh.

피...(被) ~압박 계급 [민족] kelas [ras] yang tertindas.

피검(被檢) ~되다 ditahan. ~자 orang yang ditahan.

피겨스케이트 skat indah.~를 하다 bermain skat indah. ~선수 pemain skat indah.

피격(被擊) ~되다 diserang; dibunuh; terbunuh.

피고(被告)tergugat (perdata);terdakwa (tindak pidana).

피고름 nanah berdarah.

피고용자(被雇傭者)pekerja; pegawai; karyawan.

피곤(疲困) kelelahan; keletihan. ~한 lelah; capek; letih.

피골(皮骨) ~이 상접하다 tinggal kulit pembungkus tulang.

피나무 「植」 pohon limau.

피난(避難) pengungsian. ~하다 mencari perlindungan; mengungsi.

피날레 final; penutup.

피납(被拉) ☞ 납치(拉致).

피눈물 air mata kepedihan;air mata darah.

피닉스 fonik.

피다① mekar; berkembang; berbunga. 활짝~ mekar semerbak. ② (불이) mulai membakar; menyala. ③ (얼굴이)tampak bagus; berseri-seri. ④ ☞ 펴이다.

피대(皮帶) sabuk kulit.

피동(被動)~ 적(으로) (secara)pasif. ~사(詞) kata kerja pasif.

피둥피둥① ~한 montok; sehat.② ~한 keras kepala; bandel; tidak patuh.

피땀 darah dan keringat.~흘려 번돈 uang yang didapat dengan cucuran keringat.

피똥 berak darah.

피라미 「魚」 minnow (semacam ikan yang amat kecil).

피라미드 piramid.~형의 berbentuk piramid.

피란(避亂) pengungsian; pelarian. ~하다 mengungsi. ~민 pengungsi.

피력(披瀝) ~하다 mengemukakan (pendapat).

피로(披露) pengumuman. ~하다 mengumumkan; memperkenalkan.

피로(疲勞) kelelahan; keletihan; keausan. ~한 lelah; letih. 눈의~ kelelahan mata.

피뢰침(避雷針) 「理」 konduktor/ penangkal petir.

피륙 barang-barang sandang.

피리 suling; seruling. ~를 불다 meniup seruling.

피리새 「鳥」 burung finch.

피리어드 titik.

피마자 ☞ 아주까리.

피막(皮膜) lapisan tipis; selaput.

피맺히다 memar.

피보험물(被保險物)barang/harta yang diasuransikan.

피보험자(被保險者) orang yang

di asuransi.

피보호자(被保護者) anak yang diwalikan.

피복(被服)pakaian;busana.~비(費) biaya pakaian. ~창(廠) depot pakaian.

피복(被覆) pelapisan; pembungkusan.~선(線) kawat yang dibungkus.

피부(皮膚) kulit.~가 거칠다 [약하다] berkulit kasar [halus]. ~과(科)bagian kulit.~병 penyakit kulit.

피사 ~의 사탑 menara Pisa.

피살(被殺)~되다 dibunuh;terbunuh. ~된 시체 tubuh orang yang terbunuh.

피상(皮相) ~적 dangkal.

피상속인(被相續人) pewaris.

피서(避署)pakansi musim panas. ~하다 melewatkan musim panas di.

피선(被選) ~되다 dipilih.

피선거권(被選擧權) sifat memenuhi syarat. ~이 있다 memenuhi syarat (untuk dipilih).

피선거인(被選擧人) orang yang memenuhi syarat (untuk dipilih).

피스톤 piston; torak.

피스톨 pistol; revolver.

피습(被襲) ~ 당하다 diserang.

피승수(被乘數)『數』pengali.

피신(避身) ~하다 melarikan diri; menyembunyikan diri; mengungsi.

피아(彼我) diri dan orang lain; dia dan saya; mereka dan kita; kedua pihak.

피아노 piano. ~를 치다 bermain piano. ~를 배우다 belajar piano (dari).

피아니스트 pemain piano; pianis.

피아르 humas/P.R. ~하다 mempublikasikan; mengiklankan. ~활동 kegiatan humas.

피안(彼岸)①*Paramita.* ② ☞ 대안(對岸).

피압박(被壓迫) ~민족 rakyat (bangsa) tertindas.

피앙세 tunangan.

피어나다 ① (불이) terbakar lagi. ② (소생) hidup kembali; pulih kembali.③(꽃이) berkembang;mekar.④ (형편이) menjadi lebih baik; membaik.

피에로 pelawak; badut.

피엘오 Organisasi Pembebasan Palestina (P.L.O)

피우다 ① (불을) menyalakan api; membuat api.② merokok; mengepulkan asap; membakar (kemenyan) 한 대~ menghisap sebatang rokok. ③ (재주를) menggunakan (trik). ④ (냄새를) mengeluarkan (bau).

피의자(被疑者) tersangka; orang yang dicurigai.

피임(被任) ~되다 ditunjuk; diangkat. ~자 orang yang diangkat.

피임(避妊)pencegahan kehamilan; kontrasepsi. ~하다 mencegah kehamilan.

피장파장 ~이다 serba sama.

피제수(被除數)『數』pembilang.

피지(皮脂)『生』bahan berminyak. ~루(漏) seborihea. ~선 kelenjar minyak.

피차(彼此) ini dan itu; kedua pihak;satu sama lainnya.~의 mutual;

saling.

피처 「野」 pelempar bola.~플레이트 plat pelempar bola.

피청구인(被請求人) orang yang dituntut.

피치 ① ter; aspal; pelangkin. ② kecepatan pendayung. ③ 급 ~로 dengan kecepatan tinggi.

피침(被侵) ~하다 dilanggar; diserbu.

피켈 「登」 kapak es.

피크 puncak. ~시(時)에 pada jam-jam puncak.~시 전력량(量) jumlah energi listrik pada puncak pemakaian.

피크닉 piknik; tamasya; darmawisata.

피킷 barisan penjagaan. ~라인 barisan penjaga para pemogok.

피타고라스 Pythagoras. ~의 정리 teori Pythagoras.

피투성이~의 berdarah. ~가 되어 berlumuran dengan darah.

피트 kaki (= 12 inci).

피폐(疲弊)~하다 ludes; habis terpakai; terkuras.

피폭(被爆) ~되다 dibom. 원폭의 ~자 korban bom atom.

피피엠 ppm (bagian per sejuta)

피하(皮下)~의 hipodermik. ~주사 injeksi hipodermik.

피하다(避 -) menghindar; mengelak; menjauhkan diri dari.

피한(避寒)~하다 melewatkan musim dingin (di). ~지 tempat melewatkan musim dingin.

피해(被害) kecelakaan; kerusakan. ~를 입다 mengalami kecelakaan;dirusakkan (oleh).

피험자(被驗者) orang yang diuji/ditest.

피혁(皮革) kulit. ~공업 industri kulit. ~상(商) pedagang kulit.

픽~ 쓰러지다 terkulai. ~웃다 mencibirkan; menyeringai.

픽션 fiksi.

픽업 truk pickup.

핀 penjepit; jepitan; jepitan rambut. ~을 꽂다 [지르다] menjepit.

핀둥... ☞ 빈둥...

핀셋 pinset.

핀잔~주다 mencerca; memarahi di depan muka; mencomeli. ~먹다 di cerca; dimarahi.

핀트 ① fokus. ~가 맞다 [안 맞다] dalam [diluar] fokus. ~를 맞추다 memfokus kamera (pada).② maksud; pokok.

필(匹) ekor.말 세~ tiga ekor kuda.

필(疋) gulungan kain.

필(畢)lunas;selesai;OK (☞ 필하다). 지불(支拂) ~ Lunas.

필경(畢竟) ☞ 결국.

필경(筆耕) penyalinan. ~료 bea penyalinan. ~생 penyalin.

필공(筆工) tukang kuas.

필기(筆記)pencatatan.~하다 mencatat. ~시험 ujian tertulis; ujian tulisan.

필담(筆談) ~하다 berbicara melalui tulisan.

필답(筆答) jawaban tertulis.~하다 menjawab secara tertulis.

필독(必讀)baca wajib.~의 서 buku wajib.

필두(筆頭) yang pertama dalam

daftar. ...의 ~에 dibagian atas.
필라멘트「電」 filamen.
필력(筆力) kekuatan pena.
필름 filem. ~에 담다 memfilemkan.
필마(匹馬) kuda tunggal. ~단창(單槍) menunggang sendirian dengan bertombak.
필멸(必滅) ~의 fana; mortal. 생자(生者) ~ semua makhluk hidup pasti mati.
필명(筆名) nama samaran.
필묵(筆墨) pena dan tinta; alat-alat kantor.
필법(筆法)(운필법) keahlian menulis indah; (문체) gaya penulisan.
필봉(筆鋒)~이 날카롭다 tajam dalam argumen.
필부(匹夫) pria biasa.
필사(必死) ~의 [적] mati-matian. ~ 적으로 dengan mati-matian; secara mati-matian.
필사(筆寫)penyalinan. ~하다 menyalin. ~료 bea penyalinan.
필산(筆算)kalkulasi dengan angka-angka. ~하다 menghitung pada sehelai kertas.
필살(必殺) ~의 일격(-擊) pukulan yang mematikan.
필생(畢生)~의 seumur hidup. ~의 사업 pekerjaan seumur hidup.
필생(筆生) penyalin.
필설(筆舌)~로 다할 수 없다 tidak tergambarkan; tidak terlukiskan; tidak terucapkan.
필수(必須) ~의 wajib; sangat diperlukan; esensial (bagi). ~과목 mata pelajaran wajib.
필수품(必需品) kebutuhan; keperluan. 생활 ~ kebutuhan hidup/sehari-hari.
필승(必勝)kemenangan yang pasti. ~의 신념 keyakinan kemenangan yang pasti.
필시(必是) tentu;tak ada keraguan.
필연(必然) keharusan; tentu saja. ~적 perlu; tidak dapat dielakkan.
필요(必要) kebutuhan; keperluan. ~한 perlu. ~한 경우에는 bilamana perlu.
필유곡절(必有曲折) Tentunya ada alasan untuk itu.
필자(筆者) penulis; pengarang.
필적(匹敵) ~하다 sebanding; setara. ~할 만한 사람[것]이 없다 tiada ada bandingan.
필적(筆跡) tulisan tangan. 남자[여자]의 ~ tulisan tangan yang maskulin [feminin].
필주(筆誅) ~를 가하다 mencela melalui tulisan.
필지(必至) ~의 tidak terelakkan.
필지(必知) pengetahuan yang diperlukan.~사항 hal-hal yang harus diketahui.
필지(筆地) petak tanah.
필진(筆陣) staf penyuntingan.
필치(筆致) gaya; goresan pena; sentuhan.
필터 filter.~(달린)담배 rokok filter.
필통(筆筒) kotak pensil.
필하다(畢 -)menyelesaikan; merampungkan.
필화(筆禍) ~를 입다 dituntut karena tulisan/artikel.
핍박(逼迫) ① ~하다 diketatkan. 금융의~ pengetatan uang.② (박해)

~하다 menekan; memaksa.
핏기☞ 혈색(血色). ~없는 seputih kertas; pucat pasi.
핏대 urat darah. ~를 올리다 menjadi biru karena marah.
핏덩어리,핏덩이 bayi merah; orok baru lahir.
핏발서다 naik darah.
핏줄① ☞ 혈관.② hubungan darah. ~이 같은 berhubungan darah.
핑① (도는 꼴) berputaran (barang). ② (어찔한 꼴) berputaran; pusing.
핑계 dalih; alasan. (☞ 구실)、~를 대다 berdalih; mencari alasan.
핑그르르 berputar-putar.
핑크 ~색의 jingga. ~무드 suasana jingga.
핑퐁 pingpong; tenis meja. ☞ 탁구.
핑핑 berputar-putar.

하(下)① (하급)kelas [tingkat]rendah; inferioritas.② (하권) volume terakhir; jilid terakhir.③ di bawah

하강(下降)~하다 turun; jatuh; menurun. 경기의~ penurunan usaha.

하객(賀客) pemberi selamat; pengucap selamat; tamu.

하계(下界)dunia yang hina ini;dunia.~를 굽어보다 memandang rendah keduniawian.

하계(夏季) ☞ 하기(夏期).

하고 dan;dengan; beserta (dengan).

하고많다 banyak; tak terhitung; berlimpah-limpah.

하곡(夏穀) bijian musim panas.

하관(下棺)~하다 menurunkan peti mati kedalam kuburan.

하관 dagu; rahang. ~이 빨다 berdagu meruncing.

하교(下敎) perintah; instruksi.

하구(河口) muara sungai; mulut sungai. ☞ 강어귀.

하권(下卷) jilid terakhir [kedua, ketiga].

하극상(下剋上)yang bawah mendominasi yang atas; ekor mengibasi badan.

하급(下級) kelas/ tingkat rendah. ~의 rendah; yunior; bawahan. ~공무원 pegawai rendah.

하기(下記) ~의 berikut; tersebut dibawah. ~사항 item-item berikut.

하기(夏期) musim panas. ~ 학교 [강습회] sekolah [kuliah] musim panas.

하기는 sungguh;benar-benar; memang.~네 말이 옳다 memang anda benar.

하기식(下旗式)upacara penurunan bendera.

하나 ① satu.~의 satu; se; sama; identik. ~씩 satu per satu; satu demi satu; masing-masing. ② ~걸러 secara bergantian; secara berurutan. 단 ~뿐인 친구 teman satu-satunya.

하녀(下女)pembantu;pelayan;babu

하느님 Tuhan;Tuhan sekalian alam

하늘 ① langit; udara; angkasa. ~빛(의) biru langit; azura. 갠[흐린] ~ langit cerah [mendung]. ~의 용사 pahlawan udara. ~을 날다 terbang di udara (di angkasa). ② langit; surga; Tuhan. ~이 주신 pemberian Tuhan. ~을 두려워하다 takut pada Tuhan/ taqwa.

하늘거리다 ayunan; goyangan; getaran.

하다 ① melakukan; mengerjakan; mencoba; memainkan.일을 ~ melakukan pekerjaan. 연설을 ~ berpidato.나쁜 짓을~ melakukan kejahatan.잘 ~ mengerjakan dengan baik. 문학을 ~ berkecimpung dalam sastra; bersastra. ② belajar; mempelajari; memahami. 불어를~ memahami bahasa Perancis. ③ (연기) memainkan; mempertunjukkan. ④ makan; minum; merokok; mengambil. 한잔 더~ minum segelas lagi.⑤ mengalami;menjalani. 고생을~ bersusah-susah; mengalami kesukaran-kesukaran.⑥bekerja sebagai; mengelola/menjalankan; bertindak sebagai. 책방을 ~ mengelola toko buku. 중매장이 노릇 을~ bertindak sebagai perantara. ⑦ berharga; bernilai. ⑧ (착용) mengenakan;memakai. ⑨ bernama.

하다못해 sampai-sampai.못된 짓을 ~나중에는 도둑질까지 했다 Dia berbuat jahat terus menerus sampai-sampai mencuri.

하단(下段)① (글의) kolom bawah. ②(계단의) tahapan terbawah; anak tangga terbawah.

하달(下達) ☞ 전달. 상의(上意)를 ~하다 menyampaikan kehendak dan ide para pemimpin kepada yang dipimpin.

하대(下待) ~하다 merendahkan; tidak ramah; memanggil orang dengan nama belaka.

하도 kebanyakan; berlebihan; terlalu. ~ 기뻐서 karena terlalu senang.

하드웨어 『電子』 perangkat keras.

하등(下等)~의 rendah; kasar; vulgar. ~동물[식물] hewan [tumbuhan] tingkat rendah.

하등(何等)sedikitpun. ~의 apapun. ~의 이유도 없이 tanpa alasan apapun.

하락(下落) penurunan; kejatuhan; kemerosotan.~하다 jatuh;menurun; merosot (harga).

하략(下略)lainnya diabaikan;sisanya diabaikan. ~하다 mengabaikan sisanya.

하례(賀禮) pesta selamatan; perayaan; pengucapan selamat.~하다 mengucapkan selamat.

하루① ☞ 하룻날. ② satu hari. ~종일 sepanjang hari; seharian. ~일 kerja satu hari. ~에 perhari; sehari.~걸러 selang satu hari. ③ ~는 suatu hari.

하루거리 demam malaria tertier.

하루바삐 sesegera mungkin; tanpa menunda seharipun.

하루살이 『蟲』 serangga yang hidup dan mati dalam sehari.

하루아침~에 dalam satu hari; dalam sehari.

하루하루 hari ke hari; hari demi hari. ~ 연기하다 menunda dari hari ke hari.

하룻강아지 ~범 무서운 줄 모른다 Bagai laron terjun ke api.

하룻날 hari pertama (setiap bulan).

하룻밤 satu malam. ~ 사이에 dalam satu malam. ~ 묵다 menginap satu malam.

하류(下流)①hilir sungai. 한강 ~에 hilir sungai Han. ② (사회의) lapisan sosial yang rendah. ~계급 kelas-kelas yang lebih rendah. ~생활 kehidupan yang hina.

하릴없다 tak terelakkan; tak dapat dihindarkan.

하릴없이 secara tak terelakkan; dengan enggan.

하마(下馬) ~하다 turun dari kuda; turun dari tahta.

하마(河馬) 「動」 kuda nil.

하마터면 nyaris. ~ 익사할[죽을] 뻔했다 nyaris tenggelam [mati].

하명(下命) teguran;perintah.~하다 memerintahkan.

하모니카 harmonika.

하문(下問) ~하다 menanyakan; meminta.

하물(荷物) ☞ 짐, 화물.

하물며 apalagi; jangan dikata.

하박(下膊) 「解」 lengan bawah. ~골(骨) tulang lengan bawah.

하반(下半)~기(期) setengah tahun terakhir; semester kedua.

하복(夏服) pakaian musim panas.

하복부(下腹部) perut bawah.

하부(下部) bagian bawah. ~기관 kantor cabang.

하사(下士) kopral.~관 bintara.

하사(下賜) ~하다 memberi; melimpahkan; menganugerahi; mendermakan.

하산(下山)① (산에서) ~하다 turun gunung. ② (절에서) ~하다 keluar biara.

하상(河床) dasar sungai.

하선(下船)~하다 turun dari kapal; naik ke darat.

하선(下線) garis bawah.

하소연 keluhan. ~하다 mengeluh.

하수(下水)air kotor;air limbah.~관 pipa kuras; pipa air limbah. ~구(溝) pelimbahan; pecomberan.

하수(下手) (솜씨) ketidak terampilan; (바둑 장기의) pemain tingkat rendah.

하수(下手)(살인) ~하다 membunuh. ~인 pembunuh.

하숙(下宿)indekos. ~하다 indekos. ~을 치다 menerima indekos; mengindekoskan. ~비 biaya indekos.

하순(下旬) bagian akhir bulan; akhir bulan. 5 월 ~에 akhir bulan Mei; Mei akhir.

하야(下野) ~하다 turun jabatan.

하얗다 putih murni; putih salju.

하얘지다 memutih. 머리가 ~ rambut memutih.

하여간(何如間) ☞ 하여튼.

하여튼(何如-) bagaimanapun; bagaimana juga.

하역(荷役) pekerjaan bongkar muat. ~하다 memuat dan membongkar.

하염없다 melamun; bengong; tak henti-henti.

하오(下午) sore hari. ☞ 오후.

하옥(下獄) ~하다 memenjarakan; menjebloskan ke dalam penjara.

하원(下院) Majelis Rendah. ~의원 anggota Majelis Rendah.

하위(下位) rangking rendah. ~의 bawahan.

하의(下衣) celana.

하이칼라 kepesolekan.

하이킹 gerak jalan. ~하는 사람 pejalan kaki.

하이포 「化」 hipo; hiposulfit.
하인(下人)pembantu;khadam; pelayan.
하인(何人)~을 막론하고 siapa saja
하자(瑕疵) 「法」 cacat hukum. ~없는 tidak ada cacat hukum.
하자마자 segera; serta merta.
하잘것없다 sepele; dapat diabaikan; kecil; tak penting.
하절(夏節) musim panas.
하정(賀正) salam tahun baru; selamat tahun baru.
하주(荷主) pengirim barang; pemilik barang.
하중(荷重)muatan.~시험 uji muatan/ uji petik. 안전 ~ muatan yang aman.
하지(下肢) anggota bawah; kaki; tungkai bawah.
하지(夏至) titik balik matahari musim panas.
하지만 meskipun; kendatipun; walaupun;.
하지않을수없다 tidak dapat menahan; tidak dapat tidak; tidak dapat membantah.
하지하(下之下) yang terendah dari jenisnya.
하직(下直) ~하다 mengucapkan selamat tinggal.
하차(下車) ~하다 turun (dari kereta, mobil).
하찮다 tidak penting;dapat diabaikan; sepele.
하천(河川) kali. ~공사 pekerjaan konservasi kali. ~ 부지 tanah penyusutan kali.
하청(下請) subkontrak. ~을 맡다 menerima subkontrak. ~을 주다 mensubkontrakan.
하체(下體) bagian bawah badan.
하층(下層) lapisan bawah; alas; landas. ~계급 kelas bawah.
하치(下-)barang-barang bermutu rendah.
하치장(荷置場) lapangan tempat penyimpanan; ruang penyimpanan.
하키 「競」 permainan hoki.
하퇴(下腿) kaki bawah; betis. ~골 tulang kaki. ~동맥 pembuluh nadi bawah.
하편(下篇) ☞ 하권(下卷).
하품 kuap.~하다 menguap.~을 참다 menahan kuap.
하품(下品) ☞ 하치(下-).
하프 樂」 kecapi; harpa.
하필(何必) dari semua yang ada; mengapa harus.
하하 ha..! ha..!. ~ 웃다 tertawa keras.
하학(下學)bubaran sekolah. ~하다 sekolah bubar;sekolah usai. ~시간 waktu bubaran.
하한(下限) batas paling rendah.
하항(河港) pelabuhan sungai.
하행(下行) ~열차 kereta dari ibukota.
하향(下向) arah bawah. ~세(勢) kecenderungan menurun.
하향(下鄕) ~하다 mudik; pulang kampung.
하현(下弦) suku akhir bulan. ~달 bulan sabit.
하혈(下血) ~하다 mengalami pendarahan.
학(學) ☞ 학문, 학술, 학업.

ㅎ

학(鶴) burung bangau.
학감(學監) dekan.
학계(學界) lingkungan akademis; dunia akademik.
학과(學科) mata pelajaran; pelajaran sekolah; kurikulum.
학과(學課) pelajaran; pekerjaan sekolah.~ 시간표 daftar pelajaran; jadwal pelajaran.
학관(學館) lembaga pendidikan swasta.영수 ~ lembaga pendidikan matematika dan bahasa Inggris.
학교(學校)sekolah.~에서 di sekolah. ~가 파한 후 sepulang sekolah. ~에 들어가다 masuk sekolah.
학교교육(學校教育) pendidikan sekolah. ~을 받다 mendapat pendidikan sekolah.
학구(學究) ~적 terdidik; berilmu; terpelajar. ~정신 semangat mencari ilmu.
학구(學區)(sistem) rayon sekolah.
학급(學級) kelas. ~회 pertemuan kelas.
학기(學期) semester. ~(말)시험 ujian semester.
학년(學年) tahun sekolah; kelas. ~말 시험 ujian akhir.
학당(學堂) ① ☞ 글방. ② ☞ 학교.
학대(虐待) kekejaman; perlakuan buruk; penganiayaan; penyiksaan. ~하다 menganiaya; menyiksa; menyakiti.
학도(學徒) siswa; pelajar; mahasiswa.~병 tentara pelajar. ~호국단 resimen mahasiswa (menwa).
학동(學童) anak sekolah.
학력(學力) prestasi akademis.대학 출신 이상의 ~이 있다 melampaui lulusan perguruan tinggi dalam prestasi.
학력(學歷) latar belakang pendidikan. ~이 없는 사람 orang yang tidak punya latar belakang pendidikan.
학령(學齡) usia sekolah. ~ (미만) 아동 anak-anak (dibawah) usia sekolah.
학리(學理) teori; prinsip ilmiah; asas. ~적(으로) (secara) teoritis.
학명(學名)nama ilmiah.~을 붙이다 memberi nama ilmiah.
학무(學務) urusan sekolah.
학문(學問) belajar; studi; pelajaran; pengetahuan. ~하다 belajar.
학벌(學閥) kelompok akademis; strata pendidikan.
학보(學報) surat kabar kampus.
학부(學部) Fakultas.
학부모(學父母) orang tua murid. ~회 perkumpulan orang tua murid.
학비(學費) biaya sekolah; uang sekolah. ~에 곤란을받다 mendapat kesulitan biaya sekolah.
학사(學士) lulusan universitas; sarjana. ~호(號) gelar sarjana.
학사(學事) persekolahan. ~보고 laporan pendidikan.
학살(虐殺)~하다 membantai; menyembelih.
학생(學生) siswa.~소요 huru-hara siswa. ~시절 masa sekolah. ~증 kartu siswa.
학설(學說) teori; dokrin.
학수고대(鶴首苦待) ~하다 menanti-nanti; menunggu-nunggu.

학술(學術)seni dan ilmu; ilmu pengetahuan ~상의 ilmiah; akademis.
학습(學習) belajar; kuliah. ~지도 요령 metode belajar.
학식(學識)kecendekiawan; kesarjanaan.~있는 [없는]terpelajar [tidak terpelajar].
학업(學業) pelajaran; pekerjaan sekolah. ~에 힘쓰다 belajar keras.
학예(學藝) seni dan ilmu. ~난(欄) kolom majalah. ~부 unit kegiatan.
학용품(學用品)peralatan sekolah.
학우(學友) teman sekolah; kawan sekolah. ~회 himpunan alumni.
학원(學院) lembaga pendidikan. 입시 ~ kursus bimbingan belajar.
학원(學園) kampus. ~ 분쟁 pertengkaran kampus. ~사찰 inspeksi aktivitas kampus.
학위(學位) gelar; doktorat. ~논문 disertasi.~ 수여식 upacara wisuda.
학자(學者)ilmuwan; sarjana.~다운 kesarjanaan.
학자금(學資金) ☞ 학비.
학장(學長) dekan.
학적(學籍) daftar ulang.
학점(學點)kredit. ~을 따다 mengambil 30 kredit. ~이 모자라다 tidak memenuhi kredit.
학정(虐政) pemerintah yang menindas; tirani.
학제(學制) sistim pendidikan.
학질 malaria. ~로 떨다 mendapat serangan malaria.
학창(學窓)☞ 학교. ~을 떠나다 lulus sekolah. ~생활 kehidupan sekolah.
학칙(學則) peraturan sekolah.
학파(學派) aliran; sekte. 헤겔 ~ aliran Hegel.
학풍(學風) tradisi akademis. ~을 세우다 menegakkan tradisi akademis.
학회(學會)lembaga;akademi. 한글 ~ Lembaga (Penelitian) Bahasa Korea.
한(恨)① (원한)rindu dendam; dendam. ~을 품다 menanggung dendam.~을 풀다 melampiaskan rindu dendam.②(한탄) penyesalan; hasrat yang terpendam/ tidak terpenuhi. ~많은 penuh sesal. ~이 없다 tak ada yang di sesalkan.
한(限)① batas. ② se... mungkin; sejauh. 될 수 있는 ~ sejauh (sebanyak,secepat) mungkin;semampu mungkin.③ 이달 15 일 ~ tidak sampai hari ke-15 bulan ini.
한① satu;tunggal. ~마디 satu kata. ② (대략) sekitar; kira-kira; beberapa.
한... ① (큰) besar; luas; hebat. ② (가장. 한창) terbaik (dari); terbanyak (dari). ③ (같은) sama. ~집에 dalam satu rumah.
한가(閑暇) ~하다 tak sibuk; senggang; kosong; nganggur. ~롭다 한가하다.
한가운데 ditengah-tengah.
한가위 hari ke-15 bulan Agustus (kalender bulan).
한가을 pertengahan musim gugur.
한가지 ① (일종) sejenis. ② (동일) hal yang sama; barang yang sama (☞ 마찬가지).죽은 거나 ~다 sama saja dengan mati.

한갓 belaka; hanya.
한갓지다 tenang; tentram.
한거(閑居)kehidupan yang tenang /tidak sibuk.
한걸음 setindak; selangkah. ~에 dalam selangkah. ~ ~ tahap demi tahap.
한겨울 pertengahan musim dingin.
한결 menyolok; jauh lebih; khususnya.
한결같다 selaras;tak berubah; selamanya.
한겻 seperempat hari.
한계(限界) batas; batas waktu; perhinggaan. ~를 정하다 membatasi; menentukan limit. ~속도 kecepatan kritis; kecepatan maksimum.
한계(韓系)~ 미국인 warga negara Amerika turunan Korea.
한고비 saat yang sangat serius; klimaks; puncak.
한교(韓僑) penduduk Korea yang di luar negeri.
한구석 satu sudut.~에 di satu sudut.
한국(韓國) Republik Korea. ~의 [어] tentang [bahasa] Korea. ~국민 rakyat Korea.
한군데 satu (suatu) tempat; tempat yang sama.
한글 alfabet Korea; Hangeul.~전용 penggunaan tersendiri alfabet Korea.
한기(寒氣)rasa dingin;kedinginan.
한길 jalan utama; jalan raya.
한꺼번에 sekali; suatu saat.
한껏① sejauh (banyak) mungkin. ~일하다 bekerja semampu mungkin.② sampai batas atas. ~ 잡아당기다 menarik sepanjang mungkin. ③ sepuas mungkin. ~먹다 makan sepuas mungkin. ~ 즐기다 bersenang-senang sepuas mungkin.
한끼 satu kali makan. ~를 거르다 luput satu kali makan.
한나절 setengah hari.
한낮 tengah hari; siang hari; waktu lohor.
한낱 hanya; belaka; cuma.
한눈팔다 memalingkan mata.
한담(閑談) obrolan; celoteh.~하다 berbincang-bincang santai; mengobrol (dengan); bercengkerama; berkecek-kecek; kongko.
한대(寒帶)daerah dingin; zona dingin.~동[식]물 binatang [tumbuhan] kutub.
한더위 panas pertengahan musim panas.
한데 ☞ 한군데.
한데 udara terbuka; luar.~서 di luar; di luar ruangan.
한도(限度)batas; limit. ...의 ~내에서 dalam batas; dalam limit. 신용~ batas kredit.
한동안 beberapa lama/waktu.
한되다(恨 -) disesalkan; menjadi penyesalan.
한두 satu atau dua. ~번 satu atau dua kali.
한때 suatu waktu; suatu ketika.
한란(寒暖)panas dan dingin; suhu. ~의 차 perbedaan suhu.
한란계(寒暖計) ☞ 온도계.
한랭(寒冷)~한 dingin.~전선 『氣』

muka massa hawa dingin.
한량(限量)limit; batas; batas-batas. ~없는 tak terbatas; tak berakhir.
한량(閑良)hidung belang playboy; mata keranjang; pencangak.
한류(寒流) arus dingin.
한마디 sepatah kata; satu kata. ~하다 berbicara sepatah kata. ~로 말하면 pendek kata; singkatnya.
한마음 hati/ pikiran yang sama. ~으로 dengan pikiran yang sama.
한모금 sereguk; seteguk.
한목 sekaligus.
한몫 bagian; kuota; andil. ~끼다 memiliki andil (dalam).
한문(漢文) huruf China.
한물 musim (terbaik). ~가다 lewat musim; lewat masa terbaik.
한미(韓美) ~의 (hubungan) Amerika-Korea. ~상호 방위 협정 persetujuan pertahanan bersama Amerika-Korea.
한밑천 jumlah modal yang cukup besar. ~잡다 mendapat keuntungan yang cukup besar.
한바닥 kawasan paling sibuk.
한바퀴 seputaran. ~돌다 mengitari satu keliling.
한발(旱魃) kemarau.
한발짝 selangkah; setinda ☞ 한걸음.
한밤중(-中) tengah malam. ~까지 sampai larut malam.
한방(漢方) obat-obatan Cina. ~의(醫) sinse.
한방울 setetes. ~씩 tetes demi tetes.
한배 ① (동물) seperanakan. ②~의 seibu.
한번 sekali...; satu waktu.~에 pada waktu yang sama.다시~ sekali lagi.
한벌 satu setel; seperangkat. 가구 ~ satu set mebel.
한복(韓服) pakaian Korea. ~으로 갈아입다 bersalin pakaian Korea.
한복판 tengah-tengah; pusat; jantung.
한사코(限死-)sampai akhir;mati-matian. ~ 반대하다 menyangkal mati-matian;menentang mati-matian.
한사람 seorang; satu orang. ~ seorang demi seorang. ~도 남김없이 setiap orang; semua orang.
한산(閑散) ~한 sepi; tidak ramai. ~한 시장 pasar yang sepi. ~기 masa sepi.
한서(寒暑)panas dan dingin; suhu.
한서(漢書) buku bahasa Cina.
한선(汗腺)『解』kelenjar keringat
한세상(-世上) ① (한평생) masa hidup. ② (한창때) masa kejayaan; masa terbaik.
한센병(- 病)penyakit kusta/lepra.
한속 ~이다 sependapat; sekomplot.
한수(- 手) satu langkah (catur, badug).
한숨① (잠) sejenak (tidur). ~자다 tidur sejenak.②(탄식) rintih; keluh kesah. ~쉬며 dengan keluhkesah. ~쉬다[짓다] berkeluh kesah; merintih.③ (호흡 휴식) napas; istirahat. ~쉬다 beristirahat; mengambil napas.

한시(-時) ~도 sesaat pun. ~도 잊지 않다 tidak lupa sesaat pun.
한시(漢詩) syair Tionghoa; puisi Cina.
한시름 kekhawatiran besar. ~놓다 pulih dari kekhawatiran.
한식(韓式) ~의 gaya Korea. ~집 rumah gaya Korea.
한심(寒心)~하다 patut dikasihani; mengibakan; memilukan; menyedihkan;.
한쌍(- 雙)sepasang; sejoli; pasangan. 좋은 ~을이루다 membentuk pasangan yang baik; menjadi pasangan yang baik.
한아름 sepemeluk; serangkulan (kayu bakar).
한약(漢藥) obat-obatan Cina. ~방[국]apotik/toko obat-obatan Cina.
한없다(限 -)tidak terbatas; tidak terhingga; tak ada ujung pangkalnya; berlarat (larat) melarat.
한여름 pertengahan musim panas.
한역(漢譯) terjemahan bahasa Cina. ~하다 menterjemahkan ke dalam bahasa Cina.
한역(韓譯)terjemahan bahasa Korea. ~하다 menterjemahkan ke dalam bahasa Korea.
한영(韓英) ~의 Korea-Inggris. ~사 전 kamus Korea Inggris.
한옆 satu pihak. ~에 di sebelah; di tepi.~으로 비키다 minggir;menyisi.
한옥(韓屋) rumah gaya Korea.
한움큼 segenggam.
한의(漢醫) ☞ 한방의(醫).
한인(閑人)orang yang mempunyai banyak waktu senggang. ~물입(勿入) Dilarang masuk kecuali yang berkepentingan.
한일(韓日) ~의 Korea-Jepang.~회담[각료 회담]pembicaraan [konferensi menteri]Korea Jepang.
한입 sesuap; segigit.
한잔 ① (분량) secangkir; segelas. ② sekali minum.~하다 minum sekali.
한잠 sejenak (tidur). ~자다 tidur sejenak.
한재(旱災) kekeringan; kemarau. ~를 입다 menderita kekeringan.
한적(閑寂) ~한 sepi; terpencil; sunyi; tidak ramai. ~한 곳 tempat yang sunyi.
한정(限定) pembatasan. ~하다 membatasi; memperhinggakan; memperbataskan.
한조각 sepotong; sekelomet; secomot; sekubit; seunting; sekutit.
한족(漢族) suku bangsa Han.
한종일(限終日) sepanjang hari.
한줄 segaris. ~로 berbaris; berendeng; berjejer.
한줄기① seberkas; secercah. ~의 희망 secercah harapan. 비 ~하다 hujan sekali turun. ② (같은줄기) keturunan yang sama.
한줌 segenggam; segemal; sejemput.
한중(寒中) ~의 tengah musim dingin. ~훈련 latihan tengah musim dingin.
한중(韓中) ~의 Korea-Cina.
한증(汗蒸) mandi uap. ~막 kamar mandi uap.
한지(寒地) daerah dingin. ~식물

ㅎ

tumbuhan daerah dingin.
한직(閑職) jabatan tidak penting.
한집안 sekeluarga; sekerabat.
한쪽 satu pihak; pihak lain; salah satu dari pasangan.
한참 untuk beberapa waktu; untuk beberapa lama.
한창 puncak;klimaks; mekar penuh. 겨울이~일 때 dalam puncak musim dingin.
한창때 masa puncak kehidupan; masa muda remaja.~이다 naik marak; berada dalam masa puncak kehidupan.
한촌(寒村) desa miskin.
한추위 sangat dingin.
한층(-層) lebih; lebih banyak; lebih besar.
한치 inci. ~도 물러서지 않다 satu inci pun tidak mundur.
한칼 ① setebasan pedang. ~에 베다 menebang satu kali tebas. ② (고기의) seiris (daging).
한탄(恨歎) keluhan; kesah; rintih. ~하다 berkeluh-kesah; menyesali; menyesalkan.
한턱 traktir;penjamuan.~하다 mentraktir; menjamu.
한테 ☞ 에게.
한통속 teman sekomplotan.
한파(寒波)gelombang hawa dingin.
한판 sebabak; seronde. 바둑을 ~ 두다 main baduk sebabak.
한패(-牌) sekelompok; sekongkol; sekutu.
한편 ① satu pihak. ~에 치우치다 berpihak;memihak.② (자기편) sekutu;pendukung;konco. ③ (부사적) di lain pihak; sebaliknya; sementara itu.
한평생(-平生) seumur hidup; sepanjang hayat.
한푼 seperak;sesen;sepeser. ~없다 tak punya uang sepeserpun.
한풀꺾이다 lindap (udara); reda (angin, hujan).
한풀다(恨-)mewujudkan keinginan; melampiaskan rindu dendam.
한풀이하다(限-)membalas dendam.
항풍(寒風) angin dingin.
한학(漢學) kesusasteraan Cina. ~자 sarjana bahasa dan kesusasteraan klasik Cina.
한해(旱害) kerusakan akibat kemarau. ~지구 daerah yang menderita kekeringan.
한해(寒害) kerusakan akibat dingin.
한화(韓貨) uang Korea.
할(割) persentase. 1~ 10 persen.
할거(割據)~하다 mempertahankan tanah/ wilayah.
할당(割當) pembagian; pencatuan; penjatahan. ~하다 memberikan; memberi jatah;menjatahkan;membagi.
할듯할듯하다 terlihat seakan-akan mau.
할뚱말뚱하다 ragu-ragu;bimbang
할례(割禮)「宗」 sunat rosul; khitanan; sunatan.
할말 ① (하고싶은) yang mau dibicarakan; tuntutan. ② (불평) keluhan; keluh kesah; keberatan.
할머니 nenek; embah; perempuan

tua.

할멈 wanita tua; perempuan tua; mbah.

할복(割腹) ~하다 membelah perut sendiri; harakiri.

할부(割賦) ~하다 mencicil; menjatahkan; mengangsur; menetapkan kuota.

할아버지 ① (조부) kakek; eyang; datuk; aki. ② (노인) orang tua.

할아범 orang tua.

할애(割愛) ~하다 membagi; berbagi.지면을~하다 menyediakan ruang (untuk).

할인(割引) potongan harga; korting; reduksi; pengurangan. ~하다 memotong; memurahkan; memberi diskon/ korting.

할일~이 많다 berhal yang banyak. ~이 없다 tidak ada yang harus dilakukan.

할증(割增) ekstra/ tambahan; bonus; premi; uang jasa.~금 premi. ~ 배당금 diveden tambahan; bonus.

할퀴다 mencakar;menggores; memarut. 얼굴을 ~mencakar wajah.

핥다 menjilat. 깨끗이~ menjilat bersih.

핥아먹다 ① makan atau minum dengan menjilat.깨끗이 ~ menjilat (piring) sampai bersih. ② (남의 것을) menipu; membujuk.

함(函) kotak; peti.

함구(緘口)~하다 tetap diam; tutup mulut. ~령 perintah tutup mulut. ~령을 내리다 melarang berbicara; memerintahkan tutup mulut.

함께 bersama; berdampingan; serempak. 모두 ~ bersama-sama.

함대(艦隊) armada. ~ 사령관 komandan armada.

함락(陷落) ~하다 merebut; menduduki.

함량(含量) kadar. 알콜 ~ kadar alkohol.

함몰(陷沒)~하다 tenggelam; jatuh.

함미(艦尾) buritan kapal perang. ~닻 jangkar buritan.

함박꽃 peoni.

함박꽃나무 「植」pohon magnolia.

함박눈 kepingan salju yang besar.

함부로(허가없이) tanpa izin (alasan);(마구) secara sembarang; secara acak; secara ceroboh.

함상(艦上)~의[에] [di]atas kapal.

함석 seng. ~지붕 atap seng. ~판 lempengan seng. 골~ lembar/lempengan seng bergelombang.

함선(艦船) kapal perang dan kapal-kapal lainnya.

함성(喊聲) teriakan (perang).

함수(含水) ~의 「化」mengandung air. 탄소~ hidrat arang.

함수(函數) 「數」fungsi.~관계 hubungan fungsional. ~식 rumus fungsi.

함수(鹹水)air garam; air asin. ~어(魚) ikan laut. ~호(湖) danau air asin.

함수초(含羞草) 「植」puteri malu; mimosa.

함양(涵養)~하다 mengembangkan; membina.

함유(含有) ~하다 mengandung; berisi.~량 jumlah isi/ kadar.~성분

komponen.
함자(銜字) nama anda.
함장(艦長)komandan kapal perang
함재기(艦載機) pesawat kapal perang.
함정(陷穽) jebakan; pelubangan; perangkap; jerat; aring.
함정(艦艇) kapal angkatan laut.
함지 mangkok kayu besar; pasu.
함지박 pasu kayu.
함축(含蓄) ~하다 menyiratkan; berkonotasi. ~성 있는 sugestif; bersifat menyiratkan.
함포사격(艦砲射擊) pemboman dari kapal perang.
함호(鹹湖) danau air asin.
함흥차사(咸興差使) utusan yang raib.
합(合)①(합계) jumlah;total.②☞ 홉.
합격(合格) ~하다 lulus (dalam ujian). ~자 calon yang lulus. ~점 nilai kelulusan.
합계(合計)jumlah;total; banyaknya. ~하다 menjumlahkan. ~하여 secara total.
합금(合金) logam campuran.~하다 mencampurkan logam.
합당(合當) ~한 cukup; memadai; pantas; serasi.
합당(合黨) penggabungan (peleburan) partai politik.
합동(合同)① kombinasi; gabungan; koalisi; uni; serikat; ikatan; satuan. ~하다 mempersatukan; menggabungkan.~의 bersatu; bergabung. ~결혼 perkawinan masal. ~관리 pengawasan (manajemen) bersama. ~ 위령제 upacara peringatan arwah bersama. ~ 위원회 komite gabungan. ~회의 perundingan bersama. ② 「數」 kongruensi.
합력(合力) usaha bersama; kekuatan gabungan; resultan. ~하다 menggabungkan kekuatan; bekerja sama.
합류(合流) ~하다 bergabung; ikut serta; berpadu; bersatu; merapat; berserikat.
합리(合理)~적 masuk akal; rasional. ~주의 rasionalisme. ~ 주의자 rasionalis.
합반(合班) penggabungan kelas; kelas gabungan. ~수업 pengajaran gabungan.
합방(合邦) ☞ 합병(合倂). ~하다 menganeksasi (suatu negara).
합법(合法) legalitas; keabsahan. ~ 적(으로) (secara) sah; (secara) legal.
합병(合倂)penggabungan; penyatuan; persatuan; peleburan; kombinasi. ~하다 menggabungkan diri; menyatukan.
합본(合本) volume ganda; jilid ganda. ~하다 menjilid ganda.
합산(合算) ☞ 합계(合計).
합석(合席) ~하다 duduk bersama; duduk dengan.
합성(合成) 「化」 sintetis; persenyawaan.~하다 mensintesis; mensenyawakan.
합세(合勢) ~하다 menggabungkan kekuatan.
합숙(合宿)~하다 menginap bersama; tinggal di asrama. ~소 asrama

latihan (T.C).

합심(合心) ~하다 bersatu hati.

합의(合意) kesepakatan bersama; persetujuan bersama. ~하다 bersetuju; bersepakat; berpadanan.

합의(合議) ~하다 berunding; bermusyawarah. ~재판 pengadilan musyawarah; sistim musyawarah.

합일(合一) ~하다 bersatu; bergabung; berpadu.

합자(合資) perkongsian. ~하다 berkongsi (dengan). ~회사(會社) perseroan komanditer.

합작(合作) kerja sama; produksi bersama; join venture; manajemen bersama. ~하다 bekerja sama.

합장(合掌) ~하다 mengatupkan tangan untuk berdo'a.

합장(合葬) ~하다 mengubur bersama.

합주(合奏) konser. ~하다 bermain dalam konser.

합죽이 orang yang ompong.

합중국(合衆國)(Amerika) Serikat

합창(合唱) paduan suara. ~하다 bernyanyi bersama-sama. ~대[단] kelompok paduan suara (gereja).

합치(合致)~하다 setuju; sepakat. ☞ 일치(一致).

합치다(合-)① (하나로)menyatukan; mengumpulkan. ② (섞다) mencampurkan; mengadon.③ (셈을) menambahkan;menjumlahkan.

합판(合板)kayu lapis; papan triplek; papan vinir.프린트~ kayu lapis cetak.

합판화(合瓣花) 「植」 bunga majemuk.

합하다(合 -) ① (하나로 하다) menyatukan; menggabungkan. ② (하나가 되다) disatukan;digabungkan.

합헌(合憲)~적 konstitusional;menurut undang-undang. ~성 perundang-undangan.

합환주(合歡酒) tukar cangkir waktu menikah.

핫 ~도그 ☞ 핫도그. ~라인 hotline. ~ 케이크 panekuk.

핫도그 hot dog.

핫바지 celana kapas, orang kampung.

항(項)paragraf; bagian; bab; pasal; alinea. 1 조 2~ Pasal 1 Ayat 2.

항거(抗拒) ~하다 melawan; menentang.

항고(抗告) 「法」 permohonan (banding); protes.~하다 memohon banding; memprotes.

항공(航空)penerbangan.~의 aeronautik; aerial. ~가 pilot; penerbang. ~사진 foto udara. ~수송 transportasi udara. ~우편 pos udara.

항구(恒久) ~적 abadi; kekal. ~화(化) pengabadian. ~하다 mengabadikan.

항구(港口) pelabuhan. ~도시 kota pelabuhan.

항균성(抗菌性) antibiotik. ~물질 bahan antibiotik.

항내(港內) ~설비 fasilitas pelabuhan.

항도(港都) ☞ 항구도시.

항독소(抗毒素) antitoksin; anti racun.

항등식(恒等式)「數」persamaan identitas.

항렬(行列) tingkat persaudaraan.

항례(恒例) kebiasaan/ adat yang mapan. ~의 kebiasaan.

항로(航路)rute laut; rute pelayaran; haluan; trayek.

항만(港灣) pelabuhan; dermaga. ~공사 pekerjaan pembangunan pelabuhan.

항명(抗命) ketidakpatuhan; pengabaian. ~하다 tidak menuruti; mengabaikan.

항목(項目)bab; pasal; ayat. ~으로 나누다 membagi dalam bab.

항문(肛門)「解」dubur; anus.

항법(航法)navigasi.무선~ navigasi radio.

항변(抗辯) protes; permohonan; bantahan.~하다 memprotes; membantah.

항복(降伏,降服) penyerahan. ~하다 menyerah. ~문서 surat penyerahan. 조건부[무조건] ~ penyerahan bersyarat [tanpa syarat].

항상(恒常) selalu; setiap saat.

항생(抗生) ~물질 antibiotika. ~ 물질학 ilmu antibiotika.

항성(恒星) bintang tetap. ~시[일, 년] waktu [hari, tahun] bintang tetap.

항소(抗訴) 「法」naik banding; permohonan banding. ~하다 naik banding. ~심 pengadilan kasus/ perkara banding.

항속(航續) ~거리 jangkauan pelayaran (penerbang). ~시간 waktu pelayaran (penerbangan).

항시(恒時) ☞ 항상(恒常).

항아리(缸 -) kendi; jambangan; guci; tempayan; gentong; buyung.

항암(抗癌) ~의 anti kanker.

항용(恒用) ☞ 항상(恒常).

항원(抗原,抗元)「生」antigen.

항의(抗議) keberatan; sanggahan; protes; penentangan; perlawanan; gugatan. ~하다 memprotes; menyanggah; melawan.

항일(抗日)~운동 gerakan anti Jepang.

항쟁(抗爭) perselisihan; pertengkaran; perlawanan; perjuangan. ~하다 berselisih; bertengkar.

항전(抗戰)perlawanan. ~하다 melawan.

항정(抗程) jangkauan pelayaran (penerbangan).

항체(抗體)「生」antibodi.

항해(航海)pelayaran;penjelajahan. ~하다 berlayar; menjelajah. ~일지 buku pelayaran. ~자 pelaut; navigator.

항행(航行) pelayaran; penjelajahan. ~하다 berlayar; menjelajah.

항히스타민(抗-) ~의 anti histamik. ~제 (agent) bahan anti histamik.

해 matahari. ~가 진후 setelah turun matahari.

해 ① tahun.지난 ~ tahun lalu. ② (낮동안) siang hari.

해(亥) (shio) Babi. ~년(年) tahun Babi.

해(害) kerusakan; kecelakaan; cedera. ...에~를 주다 menimbulkan kecelakaan.

해갈하다(解渴-) menawarkan dahaga;kerongkongan;membasahi.

해결(解決) penyelesaian; pemecahan. ~하다 memecahkan; menyelesaikan.

해고(解雇) pemberhentian; pemecatan.~하다 memberhentikan; memecat.

해골(骸骨) ① (전신) rangka. ② (머리) tengkorak.

해괴(駭怪) ~한 ganjil; aneh; keji. ~ 망측하다 sangat keji.

해구(海拘) ☞ 물개. ~신 zakar anjing laut.

해구(海溝) palung laut.

해군(海軍) angkatan laut.~의 tentang angkatan laut.~기지 pangkalan angkatan laut.

해금(解禁) pencabutan larangan. ~기(期) musim boleh berburu.

해기(海技) ~ 면(허)장 sertifikat pelaut.

해난(海難) bencana laut; kecelakaan kapal. ~구조 penyelamatan di laut. (~구조선 kapal/ perahu penyelamat).

해내다① (수행 성취) menyelesaikan; merampungkan; mencapai. ② (이겨내다) menang debat.

해넘이 tenggelam.

해녀(海女) penyelam wanita. 진주 캐는 ~ penyelam mutiara wanita.

해다리(海-),해달(海獺) 「動」 singa laut.

해답(解答) jawaban; pemecahan. ~하다 menjawab; memecahkan.

해당(該當) ~하다 termasuk. ~사항 data yang relevan.

해도(海圖) peta laut.

해독(害毒) racun; pengaruh jahat. ~을 끼치다 meracuni; menimbulkan pengaruh jahat.

해독(解毒)~하다 menawarkan racun. ~제(劑) anti racun.

해독(解讀) ~하다 menguraikan kode/ sandi.

해돋이 matahari terbit.

해동(解凍) pelelehan; pencairan. ~하다 melelehkan; mencairkan.

해득(解得)~하다 memahami; mengerti.

해뜨리다 ☞ 해어뜨리다.

해로(海路)jalur laut;rute laut. ~로 melalui laut.

해로(偕老)~하다 tumbuh bersama-sama. 백년~의 가약을 맺다 berjanji hidup bersama selamanya.

해롭다(害 -)membahayakan; buruk (bagi).

해롱거리다 ☞ 희롱거리다.

해류(海流)arus. ~도(圖) peta arus laut.

해륙(海陸) darat dan laut. ~공의 입체전 perang tiga dimensi.

해리(海里) knot; mil laut.

해리(海狸) 「動」 berang-berang.

해마(海馬) 「魚」 kuda laut.

해마다 setiap tahun; tahunan.

해머 martil. ~던지기 lempar martil.

해먹다 menggelapkan.은행의 돈을 ~ menggelapkan uang bank.

해면(海面) permukaan laut.

해면(海綿) bunga karang; spons. ~질[모양]의 [bentuk] bunga karang; berongga.

해명(解明) ~하다 memperjelas;

menjelaskan; menguraikan.

해몽(解夢) ~하다 mentakbirkan; menafsirkan (mimpi). ~가 penafsir mimpi.

해묵다(물건의)berumur satu tahun,

해묵히다 membiarkan berlarut sampai satu tahun.

해물(海物) ☞ 해산물.

해바라기 「植」 bunga matahari.

해박(該博) ~한 dalam/luas pengetahuan.

해발(海拔)di atas permukaan laut.

해방(解放)kebebasan;emansipasi; kemerdekaan. ~하다 membebaskan; memerdekakan.

해법(解法) kunci pemecahan.

해변(海邊)pantai;tepi laut;pesisir.

해병(海兵) marinir.~대 korps marinir. ~대원 anggota marinir.

해보다 mencoba; menjajal; membuat percobaan.

해부(解剖) anatomi; pembedahan; otopsi; penguraian. ~하다 membedah; menganalisis; mengurai

해빙(解氷) pelelehan; pencairan. ~하다 meleleh; mencair. ~기 musim meleleh.

해산(海産), 해산물 (海産物) hasil laut.

해산(解産) kelahiran anak. ~하다 melahirkan anak; lahir.

해산(解散) pembubaran. ~하다 membubarkan.

해삼(海蔘) 「動」 teripang; mentimun laut.

해상(海上) ~의 laut; maritim. ~에(서) di laut. ~근무 dinas laut; pelayanan laut.

해상(海床) dasar laut.

해석(解析) analisis. ~하다 menganalisis. ~ 기하학 geometri/ilmu ukur analitik.

해석(解釋)penafsiran; penjelasan; eksposisi.~하다 menafsirkan; menginterpretasi; menjelaskan.

해설(解說) penjelasan; tanggapan; ulasan. ~하다 menanggapi; menafsirkan; menjelaskan.

해소(解消) ① (소멸) ~하다 membatalkan; menghapuskan.② (해결) ~하다 dipecahkan; diselesaikan.

해손(海損) kerusakan laut. ~ 계약 [계약서] perjanjian [surat perjanjian] kerusakan laut.

해수(咳嗽) batuk. ☞ 기침.

해수(海水) air laut (asin).

해수욕(海水浴) mandi laut. ~하다 mandi di laut.

해시계(- 時計) jam matahari.

해신(海神) dewa laut.

해쓱하다 pucat; pucat pasi.

해악(害惡)pengaruh buruk;bahaya

해안(海岸)pantai; pesisir. ~에(서) di pantai; di pesisir. ~ 경비 pertahanan pantai.

해약(解約) ~하다 membatalkan (kontrak).

해양(海洋) samudra; lautan. ~경찰대 Polisi Maritim Nasional. ~성 기후 iklim samudra. ~소설 buku cerita tentang laut. ~식물 tumbuhan laut. ~학 ilmu kelautan.

해어뜨리다 melusuhkan.

해어지다 lusuh.

해역(海域) area laut; daerah laut.

해열(解熱) ~하다 meredakan panas; menghilangkan demam. ~제 obat antifebril.

해왕성(海王星) 「天」 Neptunus.

해외(海外) ~의 luar negeri; asing. ~로 ke luar negeri. ~ 로부터 dari luar negeri. ~무역[각국] perdagangan [negara-negara] luar negeri. ~방송 siaran luar negeri.

해운(海運)pengangkutan laut; pengapalan. ~업 usaha angkutan laut. ~업자 agen pengapalan; agen pengangkutan laut.

해원(海員)pelaut; anak kapal; kru. ~ 숙박소 asrama pelaut.

해이(解弛) pengenduran; pelonggaran. ~하다 mengendur; melonggar; berkurang.

해일(海溢) gelombang pasang.

해임(解任) ~하다 membebas tugaskan; memecat; memberhentikan.

해장~하다 menghilangkan rasa sakit perut pada waktu bangun pagi karena terlalu banyak minum minuman keras.

해저(海底) dasar laut; bawah laut. ~유전 ladang minyak bawah laut.

해적(海賊) bajak laut; perompak laut. ~선 kapal bajak laut. ~판 edisi bajakan.

해전(海戰) pertempuran laut; perang di laut.

해제(解除) ~하다 membatalkan; mencabut (larangan); menghapus; melucuti.

해조(害鳥)burung yang berbahaya

해조(海鳥) burung laut. ~분 guano.

해조(海藻) rumput laut; tumbuhan laut.

해주다 melakukan (sesuatu) untuk orang lain; membantu (dengan).

해중(海中) ~의 di laut; dalam laut. ~으로 ke dalam laut.

해지다 ☞ 해어지다.

해직(解職)~하다 memberhentikan; mempensiunkan; memecat; mem PHK. ~수당 tunjangan pemberhentian; tunjangan PHK.

해질녘 waktu senja; waktu terbenam matahari. ~에 menjelang malam; pada waktu senja.

해체(解體)~하다 mengurai; memisah-misahkan;mencerai-beraikan (해산) membubarkan.

해초(海草) ☞ 해조(海藻).

해충(害蟲) serangga berbahaya; hawar.

해치다(害 -) mencederai; mencelakakan; membahayakan; melukai; merusak.

해치우다 menyelesaikan; menuntaskan; menghabiskan; (죽이다) membunuh.

해탈(解脫) ~하다 bebas dari nafsu duniawi.

해태(海苔) ☞ 김.

해파리 「動」 ubur-ubur; medusa.

해하다(害 -) ☞ 해치다.

해학(諧謔)lelucon;kelakar; humor. ~적인 bersifat kelakar.~가 pelucu; humoris. ~소설 buku cerita humor.

해해거리다 tertawa riang gembira; tertawa cekikikan.

해협(海峽) selat;terusan. ~을 건너다 menyeberangi terusan/selat. 대한 ~ Selat Korea.

해후(邂逅) ~하다 bertemu secara kebetulan; kebetulan bertemu.
핵(核) ① inti; biji; teras; mata. ② inti; nukleus. ~의 nuklir. ~가족 keluarga inti. 비~무장 지대 zona bebas nuklir. ~반응 reaksi nuklir; reaksi inti. ~실험(금지조약) uji [perjanjian pelarangan] nuklir. ~안전 협정 persetujuan pengamanan nuklir. ~전쟁 perang nuklir. ~폭발(실험) ledakan [uji] nuklir. ~폭탄 bom nuklir.~협정 persetujuan senjata nuklir.
핵과(核果) buah berbiji tunggal.
핵산(核酸) asam nukleat. 리보 ~ asam ribonukleat (RNA).
핵심(核心) inti; intisari;pokok. 문제의 ~ pokok masalah.
핵우산(核雨傘) payung nuklir.
핵질(核質) nukleoplasma; plasma inti.
핵폐기물(核廢棄物)limbah nuklir.~처리 pembuangan limbah nuklir. ~처리장 kawasan pembuangan limbah nuklir.
핸드백 tas tangan.
핸드볼 「競」 bola tangan. ~하다 bermain bola tangan.
핸들 pegangan; gagang; setang; kemudi; engkol.
핸디캡 rintangan;handikap. ~을 주다 merintangi; memberi handikap.
핼쑥하다 kelihatan pucat (tidak sehat); roman muka kuyu.
햄 ham. ~ 샐러드 ham dan salad.
햄버거스테이크 hamburger steak
햅쌀 beras baru. ~밥 nasi beras baru.
햇... baru. ~곡식 hasil panen baru (tahun ini).
햇무리 lingkaran cahaya matahari.
햇볕 panas matahari. ~에 타다 terbakar panas matahari.
햇빛 sinar surya; sinar matahari. ~에 쬐다 menjemur.
햇살 sinar matahari.
햇수(-數) jumlah tahun.
행(幸) kebahagiaan; keberuntungan. ~인지 불행인지 untuk kebaikan atau keburukan(!?); untuk keberuntungan atau kemalangan(!?).
...행(行) ... ~의 jurusan; ke.
행각(行脚) ~하다 bepergian jalan kaki; berziarah jalan kaki. 사기~을 하다 melakukan kecurangan; berbuat curang.
행간(行間) spasi/ ruang antar baris/ garis.
행군(行軍) baris berbaris. ~하다 berbaris.강~ baris berbaris paksa.
행낭(行囊) kantong surat; kantong pos.
행동(行動) tindakan; perilaku; kelakuan; tingkah laku; perbuatan. ~하다 bertindak; berlaku.~을 같이 하다 bertindak sesuai (dengan).
행동거지(行動擧止) tabiat; pembawaan.
행동대(行動隊) kesatuan aksi. 청년 ~ kesatuan aksi pemuda.
행락(行樂) pesiar; darmawisata; piknik. ~객(客) orang yang berpiknik/ pesiar; pelancong. ~지(地) kawasan wisata [piknik].
행렬(行列) arak-arakan; parade; pawai; antrian.

행로(行路)jalan;perjalanan; jurusan. 인생 ~ jalan kehidupan.
행방(行方) arah pergi. ~을 감추다 menutupi jejak.
행방불명(行方不明) ~의 hilang; lenyap. ~이 되다 menghilang. ~자 orang yang hilang.
행복(幸福) kebahagiaan; keberuntungan; keselamatan; kesejahteraan.~한 berbahagia; beruntung. ~하게 살다 hidup yang bahagia.
행불행(幸不幸) baik dan buruk; bahagia dan sengsara.인생의~ terang dan gelap kehidupan.
행사(行使) ~하다 menggunakan; memanfaatkan;melaksanakan(hak)
행사(行事) kejadian; fungsi.
행상(行商) penjajaan; pedagang keliling. ~하다 berjaja; berjualan keliling; menjaja.
행색(行色)penampilan; sikap. ~이 초라하다 kelihatan jembel/ lusuh.
행선지(行先地)tujuan perjalanan.
행세(行世)~하다 berlaku; bertindak; bersikap; bergaya. 백만 장자로 ~하다 bergaya seperti jutawan.
행세(行勢) ~하다 menggunakan (melaksanakan) kekuasaan. ~하는 집안 keluarga terkemuka.
행수(行數) jumlah baris.
행실(行實)perilaku;tabiat; kelakuan.~이 나쁜 사람 orang yang berkelakuan buruk.
행여(幸 -), 행여나 (幸 -) kalau-kalau. 그에게 물어봐라 ~알고 있을지도 모른다 Tanyalah dia, kalau-kalau dia tahu.
행운(幸運) keberuntungan; kemujuran. ~의 beruntung; mujur. ~아 orang yang beruntung.
행원(行員) pegawai bank.
행위(行爲) tindakan; perbuatan; perilaku.~능력 kapasitas legal. ~자 pelaku. 법률 ~ tindakan hukum.
행인(行人) orang lewat.
행장(行裝)perlengkapan (pakaian) bepergian. ~을 차리다 bersiap untuk bepergian; mempersiapkan (perlengkapan) untuk bepergian.
행적(行蹟) karya dalam hidup.
행정(行政) administrasi; pemerintahan; tata usaha negara/ ketatanegaraan.~각부 cabang administrasi ~관 administrator; pamong praja. ~관청 kantor pemerintah.
행정(行程) perjalanan; jarak.
행주 serbet; kain lap. ~치다 mengelap dengan serbet. ~치마 rok kerja dapur; celemek.
행진(行進) arak-arakan; pawai; iring-iringan; parade; taptu. ~하다 berpawai; berarak-arakan; berparade;
행차(行次) ~하다 pergi; mengunjungi.
행패(行悖)kelakuan buruk; kebiadaban. ~를 부리다 melakukan kebiadaban/ kelakuan buruk.
행하다(行 -) bertindak; melaksanakan; mengadakan.
향(香) dupa; setanggi. ~을 피우다 membakar dupa.
향교(鄕校)aliran Konfisius di desa.
향군(鄕軍)① ☞ 재향 군인. ② ☞ 향토 예비군.
향긋하다 harum; semerbak.

향기(香氣)aroma;harum-haruman; bau harum.~롭다 harum;beraroma.

향나무(香 -) 『植』 kelembak.

향내(香 -) ☞ 향기.~나는 harum; beraroma.

향년(享年) umur kematian. ~칠십세 meninggal pada umur 70 tahun.

향도(嚮導) pemimpin; pengarah; pemandu.

향락(享樂)kesenangan;kenikmatan. ~하다 menikmati. ~적 pecinta kenikmatan. ~주의 hedonisme (faham pencarian kesenangan hidup semata-mata). ~ 주의자 hedonis.

향로(香爐) pedupaan.

향료(香料) ① (식품의) rempah-rempah; bumbu.② (화장품 따위의) parfum; harum-haruman.

향리(鄕里) tanah tumpah darah; tempat kelahiran.

향미(香味)citarasa;flavor. ~료 penyedap rasa.

향방(向方) arah; jurusan; tujuan.

향배(向背) pro dan kontra; kawan atau lawan.

향불(香-) api dupa. ~을 피우다 membakar dupa.

향상(向上) peningkatan; kenaikan; kemajuan. ~하다 meningkat; naik; maju.

향수(享壽) ~하다 menikmati usia panjang.

향수(香水)parfum; harum-haruman.~를 뿌리다 menyemprot parfum.

향수(鄕愁) kerinduan kampung halaman;nostalgia.~를 느끼다 merasa rindu pada kampung halaman.

향연(饗宴)pesta. ~을 베풀다 mengadakan pesta.

향유(享有) ~하다 menikmati; ikut serta.

향유(香油)① (참기름) minyak wijen. ② (머릿기름) minyak rambut harum.

향응(饗應) pesta; traktir; perjamuan. ~하다 menjamu.

향토(鄕土) kampung halaman. ~문학[음악] sastra [musik] rakyat. ~색(짙은) (kental) warna kedaerahan.

향하다(向-)① menghadap.바다를 ~ menghadap laut. (가다) ② pergi ke; menuju.③(지향)cenderung(ke).

향학심(向學心) cinta pengetahuan. ~에 불타다 meluap kemauan untuk belajar.

향후(向後) kemudian.

허(虛) titik lemah; ketidaksiapan. 적의~를 찌르다 menyerang pada titik lemah. ~를 틈타다 memanfaatkan ketidaksiapan.

허가(許可) izin/ ijin; persetujuan; lisensi. ~하다 mengijinkan; menyetujui; memberi lisensi. ~를 얻어 atas ijin dari.

허겁지겁 ☞ 허둥지둥.

허공(虛空) udara kosong; ruang hampa.

허구(虛構)karang-karangan; fiksi; kebohongan; kepalsuan.~의 membohong; mengarang-ngarang.

허구하다(許久 -) sangat lama.

허기(虛飢)kelaparan. ~지다 lapar; haus; ingin sekali.

허깨비 hantu.

허니문 bulan madu.
허다(許多) ~하다 banyak.
허덕거리다① (숨이차) mengap-mengap; terengah-engah. ② (애쓰다) berusaha mati-matian; berjuang.
허둥거리다 tergesa-gesa; tergopoh-gopoh.
허둥지둥 dengan tergesa-gesa; dengan tergopoh-gopoh.
허들 lari gawang. ~ 레이스 lomba lari gawang.
허락(許諾)persetujuan; ijin. ~하다 menyetujui; mengijinkan. ~을 얻어 dengan seijin. ~없이 tanpa ijin.
허랑방탕(虛浪放蕩)~하다 jangak.
허례(虛禮) formalitas. ~를 없애다 menghapus formalitas. ~허식(虛飾) formalitas dan keangkuhan.
허름하다① (낡아서) jembel; lusuh. ② (싸다) murah.
허리 ① pinggang. ~가 날씬하다 berpinggang langsing. ② (옷의) pinggang (pakaian).
허리띠 sabuk; ikat pinggang.
허리통 ukuran pinggang.
허릿매 garis pinggang.
허망(虛妄) ~한 sia-sia.
허무(虛無)kesia-siaan;kehampaan. ~한 sia-sia; hampa. ~감 rasa kehampaan. ~주의 nihilisme. ~주의자 penganut nihilisme.
허무맹랑(虛無孟浪) ~한 tidak berdasar; tidak dapat dipercaya.
허물 (살꺼풀) kulit; kelongsong.
허물(과실) kekeliruan;kesalahan. ~을 용서하다 memaafkan kekeliruan (seseorang).
허물다 menghancurkan.
허물벗다(뱀 따위가) membuka kulit/ selongsong.
허물벗다 (누명 벗다) membersihkan diri dari tuduhan palsu.
허물어지다 hancur; jatuh.
허물없다 akrab; tanpa basa-basi (karena terlalu akrab).
허방짚다 salah hitung.
허벅다리 paha.
허벅지 bagian dalam paha.
허비(虛費) pemborosan. ~하다 memboros-boroskan.
허사(虛事) kegagalan; usaha yang sia-sia.~로 돌아가다 berakhir dengan kegagalan.
허상(虛像) 「理」 bayangan sejati.
허세(虛勢)aksi; lagak. ~를 부리다 beraksi; berlagak.
허송세월(虛送歲月)~하다 memboroskan waktu.
허수(虛數) 「數」 bilangan imajiner
허수아비 orang-orangan disawah.
허수하다 ☞ 허전하다.
허술하다 ① (초라하다) jembel; lusuh. ② (헛점이 있다) longgar; lemah; tidak waspada.
허스키 suara serak/ parau.
허식(虛飾)keangkuhan; penampilan.~적 angkuh.~없는 tidak angkuh. ~을 좋아하다 gemar penampilan.
허실(虛實) kebenarandan kekeliruan.
허심탄회(虛心坦懷) ~하게 dengan pikiran terbuka;dengan terus terang.
허약(虛弱)~하다 lemah;rapuh.몸이 ~하다 berbadan lemah/ rapuh.

허언(虛言) kebohongan.
허영(虛榮) keangkuhan. ~ 때문에 demi keangkuhan. ~심(心) jiwa angkuh. ~심이 강한 angkuh.
허욕(虛慾) kerakusan; ketamakan. ~많은 rakus; tamak.
허용(許容) ijin; toleransi. ~하다 mengijinkan. ~량 jumlah yang dijinkan. ~오차 galat yang diijinkan.
허울 penampilan (luar).~만 좋은 물건 barang yang bagus diluar saja.
허위(虛僞) kebohongan; kepalsuan.~의 bohong; palsu.~보고 laporan palsu. ~진술 pernyataan palsu.
허위적거리다 menggelepar.
허장성세(虛張聲勢)menggertak.
허전하다 merasa hampa.
허점(虛點)titik lemah. ~을 노리다 menunggu saat lengah; mencari titik lemah.
허탕 kerja/ usaha yang sia-sia. ~치다 berkerja sia-sia.
허튼맹세 sumpah palsu.
허튼소리,허튼수작(-酬酌) omong kosong.
허파 paru-paru.
허풍(虛風)bualan; omong besar. ~떨다 membual. ~선이 pembual.
허하다(許) menyetujui; mengijinkan;
허하다(虛) kosong; hampa.
허행(虛行) ☞ 헛걸음하다.
허허벌판 dataran yang luas; lapangan yang luas.
허혼(許婚) ~하다 merestui perkawinan.
헌 bekas; usang. ~물건 barang bekas.
헌것 barang-barang bekas.
헌계집 wanita yang pernah menikah.
헌금(獻金) sumbangan; uang derma; sedekah. ~하다 menyumbang; berderma; bersedekah. ~자 penderma; penyumbang.
헌납(獻納) ~하다 menyumbang. ~자 penyumbang. ~품(品) barang sumbangan.
헌데 pembengkakan; abses.
헌법(憲法) undang-undang dasar; konstitusi. ~(상)의 konstitusional. ~상으로 secara konstitusional;menurut undang-undang.~을 제정[개정]하다 menyusun [merevisi] undang-undang dasar.
헌병(憲兵) polisi militer. ~사령관 komandan polisi militer. ~ 파견대 detasemen polisi militer.
헌상(獻上) ~하다 menyumbang; mempersembahkan.~물 sumbangan; persembahan.
헌신(獻身)pengabdian; pengorbanan diri; kebaktian. ~하다 membaktikan diri; mengabdikan diri; berkorban (untuk). ~적인 bersifat pengabdian.
헌신짝 sepatu tua; sepatu bekas. ~같이 버리다 membuang seperti sepatu tua.
헌옷 pakaian bekas.
헌장(憲章) konstitusi; piagam. 대서양~ Piagam Atlantik. 대~ Magna Charta.어린이~Piagam Anak-Anak
헌정(憲政) pemerintahan konstitusional.
헌정(獻呈) ~하다 menyembahkan.

헌책(-冊) buku bekas. ~방 toko buku bekas.
헌칠하다 tinggi dan tampan.
헌혈(獻血) penyumbangan darah. ~하다 menyumbang darah. ~자 pendonor darah.
헐값(歇-) harga murah.
헐겁다 longgar; tidak kencang.
헐다 (물건이) menjadi tua; menjadi usang. (피부가) menjadi bernanah.
헐다① (쌓은 것 등을) merobohkan; meruntuhkan; menghancurkan. ② (남을) menghina; menjelek-jelekkan; memfitnah; mengumpat. ③ (돈을) menukar; memecahkan; merecehkan.
헐떡거리다 mengap-mengap;terengah-engah.
헐뜯다 memfitnah;menjelek-jelekkan; mengumpat; mengejikan.
헐렁거리다 ① (행동을) bertindak gegabah/ sembrono. ② (물건이) longgar; tidak kencang.
헐렁이 orang yang gegabah/ sembrono.
헐렁하다 longgar; loloh.
헐레벌떡 terengah-engah; kehabisan napas.
헐리다 dirobohkan; diruntuhkan; di hancurkan.
헐벗다 berpakaian compang-camping.
헐하다(歇 -)①(값이) murah;tidak mahal (tentang harga). ② (쉽다) ringan; mudah; sederhana (tentang pekerjaan).③ (가벼운) ringan (tentang hukuman).
험구(險口) ~하다 memfitnah;menjelek-jelekkan; mengumpat; mencaci-maki.~가 tukang umpat;orang yang bermulut kotor.
험난(險難) ~ 한(험준한) curam; terjal; (어려운) sukar.
험담(險談) fitnah; fitnahan. ~하다 memfitnah; mengumpat.
험상(險狀)~ 궂다, ~스럽다 seram; menakutkan. ~ 스러운 얼굴 roman seram; roman menyeringai.
험악(險惡) ~한 berbahaya; kritis; gawat.
험준(險峻) ~한 curam; terjal.
험하다(險 -)① (산길 따위가) curam; terjal. ② (날씨 따위) keras; buruk (tentang cuaca). ③ (표정 따위) seram; kejam; kasar. ④ (상태가) gawat; kritis; enting.
협수룩하다 kusut; kelihat mudah.
헛간(-間) lumbung; gudang.
헛걸음하다 kembali dengan tangan kosong.
헛구역(- 嘔逆) 「醫」 vomiturisi; perasaan mual.
헛기침하다 batuk-batuk kambing; berdehem-dehem.
헛다리짚다 salah perhitungan;salah kira.
헛되다 sia-sia; hampa; kosong.
헛듣다 salah dengar;salah tanggap
헛디디다 salah langkah; mengambil langkah yang keliru;tergelincir.
헛물켜다 melakukan usaha yang sia-sia.
헛배부르다 mengalami kekenyangan semu.
헛소리하다 meracau; mengigau; membual.

헛소문(- 所聞) kabar angin yang tidak berdasar.
헛손질하다 mengais udara.
헛수 langkah yang keliru.
헛수고 usaha yang sia-sia; pemborosan tenaga. ~하다 melakukan usaha yang sia-sia.
헛웃음 senyum pura-pura; senyum dibuat-buat.
헛일 usaha yang sia-sia; pemborosan tenaga. ~하다 melakukan usaha yang sia-sia.
헝겊 sehelai kain; secarik kain.
헝클다 mengusutkan.
헝클어지다 kusut; dikusutkan.
헤게모니 hegemoni.
헤드라이트 lampu depan.
헤딩 tandukan; sundulan.~하다 menanduk; menyundul.
헤로인 heroin.
헤매다① (돌아다니다) berkeliling-keliling, (이리저리) mondar-mandir; terkatung-katung. ② (어쩔줄 모르다) bingung.
헤모글로빈「生」hemoglobin.
헤벌쭉 ~하다 terbuka lebar.
헤비급(-級)kelas berat.~선수 petinju kelas berat.
헤아리다 ① (용량) menimbang; mempertimbangkan.② (가늠 짐작) menduga.③ (셈) menaksir; menghitung.
헤어나다 lolos (dari krisis); melewati (kesulitan).
헤어지다① (이별) berpisah; bercerai. ② (해산) bubar.
헤어핀 penjepit rambut; jepitan rambut.
헤엄 renang.~치다 berenang. ~치러 가다 pergi berenang.
헤적이다 menggeledah; mengaduk-aduk; membolak-balik.
헤집다 menggali;menguis;mengais.
헤치다 ① (속을) menggali. ② (흩뜨리다) membubarkan; menceraiberaikan. ③ (좌우로) menyeruak; mendorong kanan kiri.
헤프다① (쓰기에)tidak tahan lama; cepat usang. ② (씀씀이가) tidak ekonomis; boros.③ (입이) banyak omong; cerewet.④ (몸가짐이)murahan.
헥타르 hektar.
헬레니즘 Helenisme(aliran Yunani kuno).
헬륨 helium (He).
헬리콥터 helikopter.
헬멧 topi baja; helm.
헷갈리다① (마음이) bingung; galau. ② (뜻이) bingung; berganduh.
헹가래 ~치다 melambung-lambungkan.
헹구다 membilas; menggurah. 빨래를 ~ membilas cucian.
혀 lidah. ~를 내밀다 menjulurkan lidah.~를 차다 mengecap-ngecapkan lidah; mencapak.
혀끝 ujung lidah.
혁대(革帶) sabuk kulit; ikat pinggang.
혁명(革命) revolusi. ~적인 revolusioner.~을 일으키다 mencetuskan revolusi. ~ revolusionis. ~군 [정부] tentara [pemerintah] revolusioner. ~운동 gerakan revolusi. 산업~ revolusi industri. 평화[무력,

무혈] ~revolusi damai[bersenjata, tak berdarah].반 ~ 세력 kelompok (angkatan) anti revolusi.

혁신(革新) pembaruan; reformasi; renovasi.~하다 memperbarui; mengadakan reformasi (renovasi). ~운동 gerakan pembaruan. ~정당 partai reformis/ pembaharu. ~파 aliran pembaharu.

혁혁하다(赫-) gemilang; cemerlang.

현(弦)①(활시위) tali busur.② 『幾』 busur lingkaran. ③ (달의) bulan sabit.

현(絃) tali; senar.

현(現) sekarang. ~내각 kabinet yang sekarang.

현가(現價) harga sekarang.

현격(懸隔) ~하다 berbeda sekali; terpisah jauh. ~한 차 perbedaan besar.

현관(玄關)serambi; beranda. 자동차를 ~에 대다 memarkir di serambi.

현군(賢君) raja yang bijaksana.

현금(現今) ~의 sekarang; kini. ~에는 saat ini; dewasa ini.

현금(現金)uang kontan;uang tunai. ~으로 치르다 membayar kontan. ~으로 팔다[사다] menjual [membeli] kontan. 수표를~으로 바꾸다 menguangkan cek. ~거래[매매] transaksi [jual beli] tunai. ~상환인도 bayar tunai waktu antar. ~지불 pembayaran kontan. ~출납원 kasir.

현기(眩氣), 현기증(眩氣症) kepusingan; kepeningan.

현대(現代) jaman sekarang; masa kini. ~의 modern; mutakhir. ~적인 modern. ~극 drama modern. ~문 kesusasteraan masa kini ~어 bahasa modern.~여성 gadis modern. ~인 orang modern. ~작가 sastrawan modern. ~화 modernisasi. ~화하다 memodernisasi;memodernkan; memperbarukan.

현란(絢爛)~하다 terang temerang.

현명(賢明)kebijaksanaan;kearifan. ~한 bijaksana; pandai; cerdik; arif.

현모(賢母) ibu yang bijaksana. ~양처 ibu yang bijaksana sekaligus istri yang baik.

현몽(現夢) ~하다 muncul dalam mimpi.

현묘(玄妙)~한 halus; dalam; misterius; rumit.

현물(現物) barang yang ada; persediaan. ~로 지급하다 membayar dengan barang. ~거래 [매매] jual beli di tempat. ~급여 gaji dalam bentuk barang. ~세 pajak dalam bentuk barang. ~출자 investasi dalam bentuk barang. ~출자하다 menanam modal dalam bentuk barang.

현미(玄米) beras kasar.

현미경(顯微鏡) mikroskop. 백배의~ mikroskop dengan pembesaran 100 kali.

현상(現狀)keadaan sekarang;kondisi yang ada. ~을 유지하다 mempertahankan status quo. ~을 타파하다 merubah keadaan sekarang.

현상(現象) fenomena; gejala. ~론(論) fenomenalisme. 사회[자연] ~

gejala sosial [alami].
현상(現像) pencucian film. ~하다 mencuci film. ~액 cairan pencuci film. ~지(紙) kertas foto.
현상(懸賞)hadiah. ~을 걸다 memberi hadiah. ~금 uang hadiah. ~ 당선자 pemenang hadiah.~모집광고 iklan untuk sayembara berhadiah. ~ 소설 novel pemenang hadiah.
현상태(現狀態)keadaan sekarang (☞현상). ~대로 놔두다 membiarkan seperti apa adanya. ~로는 sebagaimana adanya; seperti keadaan sekarang.
현세(現世) dunia ini; keduniawian. ☞이승.
현수(懸垂)gantung.~막(幕) plakat.
현숙(賢淑)~한 bijaksana dan berbudi.
현시(現時) saat sekarang; dewasa ini.
현시(顯示)~하다 memperlihatkan; mengungkapkan.
현실(現實) realitas;kenyataan.~의 sebenarnya; nyata.~ 적으로 secara nyata. ~화하다 mewujudkan; merealisasi. ~성(性) realitas.~주의 realisme. ~주의자 realis.
현악(絃樂) musik petik. ~기 alat musik petik.~사중주 kuartet petik.
현안(懸案) masalah yang belum di putuskan/ terpecahkan.
현양(顯揚)~하다 menyanjung;memuji setinggi langit.
현역(現役)dinas aktif. ~군인 tentara dinas aktif. ~선수 pemain dalam daftar. ~장교 perwira dinas aktif.
현인(賢人) orang bijaksana.
현임(現任) jabatan sekarang. ~자 pejabat sekarang.
현장(現場) tempat kejadian ~에서 di tempat kejadian. ~에서 잡히다 menangkap basah.~감독 pengawas lapangan. ~검증 pemeriksaan di tempat kejadian. ~부재 증명 alibi.
현재(現在) waktu kini; dewasa ini. ~의 sekarang; kini. 10 월 1일 ~ 1 Oktober ini. ~완료 waktu sekarang selesai.
현저(顯著)~한 menyolok; mencolok mata; menonjol. ~하게[히] dengan mencolok mata.
현존(現存) ~하다 ada. ~의 yang ada. ~작가 pengarang yang masih hidup.
현주(現住)~민 penduduk sekarang ~소(所) alamat sekarang.
현지(現地) tempat kejadian.~방송 siaran di tempat kejadian. ~조사 [보고]survei [laporan] lapangan. ~ 특파원 koresponden tentang kejadian.
현직(現職)kedudukan sekarang. ~ 대통령 presiden yang menjabat.
현찰(現札) uang kontan/ tunai.
현충일(顯忠日) hari pahlawan.
현판(懸板) papan gantung.
현품(現品) barang sesungguhnya. ☞ 현물.
현행(現行)~의 yang berlaku; yang sekarang.~ 교과서 buku pegangan yang sekarang dipakai. ~맞춤법 sistim ejaan yang berlaku. ~범 pelanggar dalam aksi. ~범으로 잡히다 tertangkap dalam perbuatan;

tertangkap basah.

현혹(眩惑) ~하다 silau; buta; menyilaukan.

현황(現況)kondisi yang sekarang.

혈거(穴居) ~하다 tinggal di gua. ~시대 zaman hidup di gua. ~인 orang gua.

혈관(血管) pembuluh darah; urat darah. ~이식 transplantasi pembuluh darah. ~파열 pecah pembuluh darah.

혈기(血氣) darah panas. ~ 왕성한 젊은이 pemuda berdarah panas. 젊은 ~ semangat muda. ~에 이끌리다 terdorong oleh semangat muda.

혈뇨(血尿) 『醫』 hematuria.

혈담(血痰) lendir berdarah.

혈로(血路) ~를 열다 menerobos musuh; membuka jalan darah.

혈맥(血脈)pembuluh darah; (혈통) hubungan darah.

혈변(血便) berak darah.

혈색(血色) warna muka; air muka. ~이 좋다[나쁘다] air muka baik [buruk].~이 좋아[나빠]지다 menjadi baik [buruk] warna muka.

혈색소(血色素) hemoglobin.

혈서(血書) ~를 쓰다 menulis dengan darah.

혈세(血稅) pajak yang sangat berat.

혈안(血眼)mata kemerah-merahan. ~이되어 찾다 mencari matimatian.

혈압(血壓)tekanan darah.~을 재다 mengukur tekanan darah.~이 높다[낮다] tekanan darah tinggi [rendah]. ~계 sphygmomanometer.

혈액(血液) darah. ~검사 [형] tes [golongan] darah. ~은행 bank darah.

혈연(血緣) hubungan darah (☞ 혈족). ~관계 pertalian darah.

혈육(血肉) hubungan darah; anak kandung; darah daging.

혈장(血漿) plasma darah; serum.

혈전(血戰) pertempuran berdarah.

혈족(血族) hubungan darah; keluarga dan kerabat.

혈청(血淸) 『醫』 serum. ~간염(肝炎) serum hepatitis. ~주사 injeksi serum.

혈통(血統)silsilah; garis keluarga. ~서 sertifikat keturunan/asal-usul.

혈투(血鬪) perkelahian berdarah.

혈판(血判) ~하다 mengecap dengan darah. ~서[장]petisi yang di cap dengan darah.

혈혈(孑孑) ~단신 sebatangkara. ~단신이다 sebatangkara.

혈흔(血痕) noda darah.

혐기(嫌氣) ~성의 anaerobik. ~성식물 organisme anaerobik.

혐오(嫌惡) kebencian; keengganan; kejijikan. ~하다 benci; jijik. ~할 menjijikkan. ~감을 품다 merasa jijik (terhadap).

혐의(嫌疑) kecurigaan; syak wasangka. ...의~로 atas kecurigaan (dengan tuduhan)... . ~자 orang yang dicurigai.

협객(俠客) pendekar.

협격(挾擊) ☞ 협공.

협곡(峽谷) jurang; lurah; ngarai; lembah.

협공(挾攻) ~하다 menyerang dari kedua sisi.~작전 operasi penjepitan (musuh).

협궤(狹軌)ukuran sempit (rel kereta).

협기(俠氣) semangat ksatria.

협동(協同)usaha bersama; koperasi.~하다 berkoperasi. ~하여 secara koperasi. ~기업 usaha koperasi. ~정신 semangat koperasi.

협동조합(協同組合) himpunan (masyarakat) koperasi.

협력(協力) kerjasama. ~하다 bekerja sama (dengan). ...와 ~하여 dalam kerjasama (dengan). ~자 mitra; kolaborator.경제~ kerjasama ekonomi.

협박(脅迫) ancaman kekerasan; perkosaan; todongan; paksaan. ~하다 mengancam;menggertak; menakut-nakuti; menggugat; memeras. ~자 intimidator. ~장 surat ancaman(pemerasan). ~죄 intimidasi

협상(協商) perundingan; permusyawaratan. ~하다 berunding; bermusyawarah.

협소(狹小) ~한 sempit; terbatas; picik.

협심(協心) ~하다 bergabung; bersatu. ~하여 일하다 bekerja sama.

협심증(狹心症) 「醫」 gangguan jantung; penyakit dada.

협약(協約)perjanjian; persetujuan; ikrar (☞ 협정). ~하다 bersetuju; membuat persetujuan. 노동[단체] ~ kesepakatan kerja [kelompok].

협의(協議)perundingan;musyawarah; permufakatan. ~하다 merembukkan; mendiskusikan; bermufakat.~사항 pokok pembicaraan. ~이혼 perceraian dengan persetujuan. ~회 konferensi.

협의(狹義)arti sempit; makna terbatas.

협잡(挾雜) penipuan; pencurangan.~하다menipu; mencurangi. ~꾼 penipu. ~선거 pemilihan yang curang.

협정(協定)perjanjian; persetujuan; akad; kontrak; persepakatan; perikatan. ~하다 bersetuju (pada); bersepakat. ~가격 harga yang disetujui. ~ 관세율 tarif persetujuan. ~서 surat persetujuan. ~운임 biaya transport yang disetujui. 잠정~ modus vivendi.

협조(協調) kerjasama; kolaborasi; konsorsium. ~하다 bekerjasama (dengan). ~적 koperatif. ~심 semangat kerjasama.

협주곡(協奏曲) konserto.

협죽도(夾竹桃)「植」oleander.

협착(狹搾)「醫」kontraksi.요도 ~ kontraksi uretra.

협찬(協贊)persetujuan; dukungan. ~하다 mendukung;membantu; menyetujui;

협화(協和) ~음 「樂」konsonansi.

협회(協會) himpunan; organisasi; asosiasi; perkumpulan. 농구 ~ Liga Bolabasket.

혓바늘 ~이 돋다 kena sariawan pada lidah.

혓바닥 sisi pipih lidah.

혓소리 「音聲」 suara lidah.

형(兄)① (동기간) kakak lelaki; kakanda; abang. ② (친구간)saudara (panggilan antara teman).

형(刑) hukuman. ~ 을 받다 di hukum; menerima hukuman. ~을 선고하다 memutuskan hukuman.

형(形) bentuk.

형(型) gaya; pola; model; ragam. 1981 년~의 자동차 mobil model 1981.

형광(螢光) 『理』 perpendaran. ~도료(塗料) cat berpendar. ~등[판] lampu [lempengan] berpendar.

형기(刑期) masa hukuman. ~를 마치다 menjalani masa hukuman.

형무소(刑務所) ☞ 교도소.

형벌(刑罰) hukuman; siksa. ~을 가하다 menghukum; menyiksa.

형법(刑法) hukum pidana. ~상의 pidana.

형부(兄夫)ipar lelaki;suami kakak perempuan.

형사(刑事) (사건) kasus pidana; (사람) detektif; reserse. ~상의 pidana. ~문제 [사건]perkara pidana. ~범(犯) pelanggaran pidana. ~ 소송 tindak pidana. ~소송법(訴訟法) hukum pidana. ~재판 pengadilan pidana. ~ 피고인 tertuduh tindak pidana.

형상(形狀) bentuk.

형상(形象)bentuk; perawakan; figur; sosok.

형설(螢雪) ~의 공을 쌓다 belajar keras; belajar dengan tekun.

형성(形成) pembentukan; perwujudan. ~하다 membentuk; mewujudkan.~기(期) masa pembentukan.

형세(形勢) ① situasi; keadaan. 지금 ~ 로는 sebagaimana adanya. ~를 관망하다 mengamati perkembangan keadaan. ~를 지켜보다 melihat keadaan. ② keadaan; hal ikhwal. ~가 넉넉[곤란]하다 keadaan baik [buruk].

형수(兄嫂) istri kakak lelaki.

형식(形式) bentuk; model; pola; formalitas; gaya. ~적인 formil; resmi. ~ 적으로 dengan resmi.~을 차리지 않고 tanpa formalitas. 논문~으로 dalam bentuk risalah. ~에 구애되다 terikat dengan formalitas. ~논리 logika formal. ~주의 formalisme. ~ 주의자 formalis.

형언(形言) ~하다 menerangkan; menjelaskan; melukiskan; menguraikan.~할 수 없다 tidak terperikan.

형용(形容) metafora; modifikasi; deskripsi. ~하다 menjelaskan secara metaforis.~할 말이 없다 tidak dapat dijelaskan; tidak terperikan. ~사『文』 ajektif (kata sifat/ keadaan).

형이상(形而上) ~의 metafisis; abstrak.~학(學) metafisika; filsafat metafisika.

형이하(形而下)~의 fisik; konkrit; materi. ~학 ilmu konkrit (fisik).

형장(刑場) tempat pelaksanaan hukuman mati. ~의 이슬로 사라지다 mati di atas panggung hukuman mati.

형적(形迹) tanda; petunjuk; bukti.

형정(刑政) administrasi hukuman.

형제(兄弟)saudara lelaki; saudara perempuan; sanak kandung. ~의 secara persaudaraan.~의 사랑 kasih sayang saudara. ~자매 saudara-saudara; sanak.

형질(形質) bentuk dan sifat. 유전 ~ sifat yang diwariskan (diturunkan).

형체(形體) bentuk; badan; perwujudan; sosok.

형태(形態) bentuk; bangun; raut; roman. ...의~를 취하다 berbentuk ... ~소(素) morfem. ~학 morfologi.

형통(亨通)~하다 berlangsung dengan baik. 만사가~하다 semuanya berlangsung baik.

형편(形便)① situasi; keadaan; hal ikhwal; kondisi. ~에 의해 untuk alasan tertentu. ~이 닿는 대로 sesegera mungkin. 재정(財政) ~ keadaan keuangan. ② ☞ 형세.

형편없다(形便-) sangat buruk.

형평(衡平)~의 원칙 prinsip pemerataan.

형형색색(形形色色) ~의 berbagai; panca rona; bermacam-macam.

혜성(彗星) komet. ~과 같이 나타나다 muncul tiba-tiba (dari kegelapan).

혜안(慧眼) mata yang tajam.

혜택(惠澤) keuntungan; manfaat; kegunaan; faedah. ~을 입다 di untungkan. ~을 주다 memberi manfaat. 문명의 ~을 받다 mendapat manfaat peradaban.

호(戶) pintu (dalam penghitungan rumah).

호(號) gelar; nama pena; nomor; ukuran.

호가(呼價) ~하다 menawarkan harga; memberi harga.

호각(呼角) peluit; semprit.

호감(好感) simpati; kesan yang baik; nuraga. ~을 주다 bersimpati; memberi kesan baik. ~을 가지다 merasa simpati.~을 사다 mendapat simpati.

호강~하다 hidup dalam kemewahan.~ 스럽다 mewah; menyenangkan.

호객(呼客) memikat. ~하다 memikat langganan.

호걸(豪傑) pahlawan; pejuang. ~ 풍의 kepahlawanan.

호경기(好景氣) kemakmuran.

호구(戶口) ~조사 sensus; cacah jiwa.~조사(를)하다 mencacah; menyensus.

호구(虎口)~를 벗어나다 lolos dari bahaya.

호구(糊口.瑚口) ~하다 mencari nafkah. ~지책 mata pencaharian.

호국(護國) membela tanah air (ibu pertiwi).~의 영령 arwah pahlawan.

호기(好機)kesempatan baik(emas). ~를 포착하다 [잡다]meraih [mendapat] kesempatan. ~를 놓치다 kehilangan kesempatan.

호기(豪氣) (기상) semangat kepahlawanan;(선심) kemurahan hati. ~롭다 gagah berani; murah hati. ~(를) 부리다 menunjukkan keberanian;menunjukkan kemurahan hati.

호기심(好奇心) keingintahuan.

~이 많은[강한] ingin tahu. ~으로 karena keingintahuan.

호남아(好男兒) laki-laki yang baik; lelaki ganteng.

호도(糊塗)~하다 menutupi (kesalahan).

호되다 keras; pedas; tajam. 호되게 dengan keras; dengan tajam.

호두(胡 -) 「植」 kenari. ~를 까다 memecah kenari.

호들갑떨다 berlaku cerewet dan ceroboh.

호들갑스럽다 cerewet dan ceroboh.

호떡(胡 -) penekuk isi.

호락호락 dengan mudah; dengan gampang. ~하다 mudah; gampang.

호랑나비 kupu-kupu macan.

호랑이① harimau;macan. ~도 제말 하면 온다 Bicara tentang harimau dan dia akan muncul. ② (사람) orang galak.

호령(號令)①aba-aba.~하다 memberi aba-aba.② bentakan. ~하다 membentak.

호르몬 hormon.

호리다 menggoda; memikat; merayu.

호리병(葫-甁) kelalang; gamuh; labu tanah.~박 「植」 kundur; kubu.

호리호리하다 langsing; (tinggi dan) ramping.

호명(呼名)~하다 memanggil nama. mengabsen.~ 점호를 하다 upacara dengan nama.

호미 cangkul.

호밀(胡-) 「植」 gandum hitam.

호박 「植」 labu kundur. 굴러온 ~ durian runtuh; rejeki nomplok. ~씨 biji labu.

호박(琥珀) 「鑛」 ambar; kahrab. ~색의 berwarna ambar. ~산 asam sucsinat.

호반(湖畔)pantai danau. ~의 호텔 hotel pinggir danau. ~시인 penyair danau.

호방(豪放) ~하다 berpikiran luas; berhati bebas (terbuka).

호별(戶別) ~로 dari rumah ke rumah; dari pintu ke pintu. ~방문[조사]하다 berkunjung [menyelidik] dari rumah ke rumah.

호봉(號俸) tingkat upah.

호사(豪奢) kemewahan. ~하다 hidup mewah. ~ 스러운 mewah. ~바치 pesolek.

호사가(好事家) orang yang berselera tinggi.

호사다마(好事多魔) hal yang baik biasanya diikuti oleh hal yang buruk.

호상(護喪) orang yang mengurus penguburan. ~소 kantor yang mengurus penguburan.

호색(好色) ~의 gangsang; mata keranjang; rambang mata; hidung belang. ~가 orang yang mata keranjang; sensualis.

호선(互選) pemilihan bersama. ~하다 memilih dengan suara bersama.

호소(呼訴)permohonan;panggilan; petisi; keluhan. ~하다 naik banding; mengapel; membanding; memohon. 법[여론]에 ~하다 memohon pada hukum [publik]. 아픔을

~하다 mengeluh kesakitan.

호송(護送) pengiring; pengawal. ~하다 mengawal; mengiring. ~선 kapal pengiring. ~차 mobil patroli.

호수(戶數) jumlah rumah (keluarga).

호수(湖水) danau; telaga; situ; tasik.

호수(號數) nomor pendaftaran (seri).

호스 selang. 소방 ~ selang pemadam kebakaran.

호스텔 asrama (anak muda).

호스티스 pelayan bar.

호시절(好時節) musim baik.

호시탐탐(虎視眈眈) ~하다 menunggu kesempatan.

호신(護身) ~용의 untuk perlindungan (pembelaan) diri. ~술 seni bela diri.

호언(豪言) ~하다 omong besar.

호연(好演) pertunjukan bagus.

호연지기(浩然之氣) ~를 기르다 menyegarkan diri sendiri; membangkitkan semangat.

호열자(虎列刺) ☞ 콜레라.

호외(戶外) ~의 udara terbuka; di luar.

호외(號外) (edisi) ekstra (surat kabar).

호우(豪雨) hujan lebat. ~ 주의 peringatan hujan besar. 집중~ hujan lebat setempat.

호위(護衛) penjaga; pengawal; pengiring. ~하다 menjaga; mengawal; mengiringi; mengikuti. ~병 pengawal pribadi.

호응(呼應) ① (기맥상통) ~하다 bertindak selaras dengan; bersimpati (dengan). ② 「文」 persesuaian (tata bahasa).

호의(好意) itikad baik; budi baik; kebaikan. ~적 baik hati. ...의 ~로 atas jasa baik... .~를 가지다 cenderung (kepada).

호의호식(好衣好食) ~하다 hidup mewah.

호인(好人) orang yang bersifat baik.

호적(戶籍) daftar keluarga. ~에 올리다 memasukkan nama kedalam daftar keluarga. ~등[초]본 salinan [ringkasan] daftar keluarga.

호적(好適) ~한 cocok; sesuai; serasi. ~지(地) tempat yang sesuai (untuk).

호적수(好敵手) pasangan yang baik; tandingan yang seimbang.

호전(好戰) ~적 suka perang. ~적인 국민 orang yang suka perang.

호전(好轉) perubahan yang baik. ~하다 berubah lebih baik; mengelok.

호젓하다 sunyi; sepi; terpencil.

호정(瑚精) 「化」 dekstrin.

호조(好調) ~의 baik; menguntungkan; memuaskan. ~를 보이다 berlangsung dengan baik.

호주(戶主) kepala keluarga. ~상속 pewarisan kepala keluarga. ~ 상속인 pewaris.

호주머니 saku; kantong. ~에 넣다 menaruh ke dalam saku. ~에 손을 넣고 dengan tangan dalam saku.

호출(呼出) panggilan; penyeruan. ~하다 memanggil ke; menarik ke pengadilan;menuntut; mendatangkan. ~부호[신호] tanda panggilan. ~장 surat panggilan.

호치키스 stapler; hekter.

호칭(呼稱) panggilan; penamaan; sebutan.~하다 memanggil; menyebutkan; menggelari.

호크 kancing jepret. ~를 채우다 [풀다] mengatupkan [membuka] kancing jepret.

호탕(豪宕) ~하다 murah hati; berpikiran luas; berhati terbuka.

호텔 hotel. ~에 묵다 tinggal di hotel. ~을 나오다 keluar hotel. ~보이 pesuruh hotel.

호통치다 membentak;bertengking.

호평(好評) tanggapan yang mendukung. ~을 받다 mendapat tanggapan yang menguntungkan.

호프 harapan; pemuda harapan.

호피(虎皮) kulit harimau.

호헌운동(護憲運動) gerakan perlindungan undang-undang dasar.

호형(弧形) lengkungan.

호혜(互惠) saling menguntungkan. ~무역[통상] perdagangan timbal balik. ~조약[관세율] perjanjian [tarif] timbal balik.

호호백발(－白髮) ubanan.

호화(豪華)~ 스러운[로운] mewah. ~선 kapal mewah. ~주택 rumah mewah. ~생활 hidup mewah. ~판 edisi luks.

호황(好況) kemakmuran. ~을 보이다 memperlihatkan tanda-tanda kemakmuran.~시대 masa makmur.

호흡(呼吸)pernapasan. ~하다 bernapas; menarik napas. ~곤란 sulit bernapas. ~기 organ pernapasan. ~기병 penyakit organ pernapasan. 인공 ~ pernapasan buatan.

혹① bengkak; benjol; tonjolan; daging lebih. ~이 나다 mendapat benjol.~떼러 갔다~붙여 오다 pergi mencari wol,pulang dicukur. ②(나무마디) bonggol.

혹 (입김 소리) menghirup.

혹(或) ① ☞ 간혹. ② ☞ 혹시.

혹간(或間) ☞ 간혹.

혹독(酷毒)~한 kejam; bengis; pedas; tajam; zalim. ~한 비평 kritik yang pedas.

혹부리 orang yang berdaging lebih di wajah.

혹사(酷使)~하다 mempekerja keraskan.몸을~하다 bekerja berlebihan; memaksa diri.

혹서(酷暑) panas terik.

혹설(或說) pandangan tertentu.

혹성(惑星)『天』planet. 대[소] ~ planet besar [kecil].

혹세무민(惑世誣民) ~하다 menipu dunia.

혹시(或是) ① jika; kalau-kalau; misalnya. ~비가 오면 jika hujan; kalau-kalau hujan.②mungkin; barangkali; boleh jadi. ~그가 올지도 모르겠다 Dia boleh jadi datang.

혹심(酷甚) ~한 sangat; terlalu; ekstrim.

혹자(或者) orang tertentu.

혹평(酷評) kritik yang pedas. ~하다 mengkritik dengan pedas.

혹하다(惑－) ① (반함) terpikat; terjerat.②(...에 빠지다) tenggelam

(dalam).

혹한(酷寒) dingin sekali.

혹형(酷刑) hukuman keras.

혼(魂) roh; jiwa; nyawa; sukma.

혼기(婚期) usia/ masa nikah. ~가 되다 berumur masa nikah. ~를 놓치다 lewat umur masa nikah.

혼나다(魂 -) ① (놀라다) takut; terkejut. ② (된통 겪다) mendapat pengalaman pahit; menelan pil pahit.

혼내다(魂 -) ① (놀래다) mengejutkan; menakuti. ② (따끔한 맛) memperlakukan dengan buruk.

혼담(婚談) penjodohan. ~이 있다 sedang dijodohkan. ~에 응하다[을 거절하다] menerima [menolak] penjodohan. ~을 매듭짓다 memutuskan perjodohan. ~을 꺼내다 mengajukan penjodohan.

혼돈(混沌)~한 kacau balau; kalut; ruwet; kisruh; rusuh; kusut; ricuh. ~ 상태에 있다 dalam keadaan kacau.

혼동(混同) ~하다 mencampuradukan; mengkelirukan; mengkalutkan. 공사(公私)를~하다 mencampuradukan urusan dinas dengan urusan pribadi.

혼란(混亂)kekacauan; keruwetan; kekalutan;kerusuhan. ~하다 kacau; terserak;rusuh;semrawut. ~시키다 mengacaukan.

혼령(魂靈) ☞ 영혼.

혼례(婚禮) upacara pernikahan.

혼미(昏迷) ~하다 bingung; kalap; kalut; merencam; kacau; kusut. (정신이) ~ 해지다 kehilangan kesadaran.

혼방(混紡) pemintalan campuran. ~사 benang campuran.

혼백(魂魄) roh; sukma; arwah.

혼비백산(魂飛魄散) ~하다 takut sekali; ngeri.

혼사(婚事) urusan pernikahan.

혼색(混色) warna campuran.

혼선(混線) kekusutan kawat. ~하다 kusut (kawat).

혼성(混成) ~의 campuran; jamak. ~물 benda campuran.~팀 tim gabungan.

혼성(混聲)suara campuran. ~합창 paduan suara campuran.

혼수(昏睡) koma. ~상태에 빠지다 jatuh dalam koma.

혼수(婚需) barang (biaya) untuk upacara perkawinan.

혼식(混食) makanan campuran.

혼신(渾身)sekujur tubuh.~의 힘을 다해 dengan segenap kekuatan.

혼신(混信) 「電」 usikan; gangguan; inferensi.

혼약(婚約) pertunangan. ☞ 약혼.

혼연(渾然) ~일체 (一體)가 되다. bersatu/bergabung bersama;membentuk keseluruhan yang utuh.

혼욕(混浴) mandi campur (laki-laki dan perempuan).

혼용하다(混用-) memakai bersama dengan (yang lain);mencampurkan

혼인(婚姻)pernikahan; perkawinan; naik pelamin (☞ 결혼). ~신고 pendaftaran pernikahan. ~ 신고를 하다 mendaftarkan pernikahan.

혼자 sendiri. ~살다 tinggal sendiri.

~하다 melakukan sendiri; bekerja sendiri.

혼잡(混雜) kekacauan; keramaian; kesibukan; kehebohan; kongesti; kemacetan. ~한 kacau; ramai; macet; sibuk; centang perenang. ~속에서 dalam kekacauan. 교통 ~ kemacetan lalu lintas.

혼잣말 monolog. ~하다 berbicara sendiri.

혼전(婚前) ~의 sebelum menikah. ~관계 hubungan kelamin sebelum menikah.

혼전(混戰)perkelahian bebas/ kacau. ~하다 berkelahi dengan bebas/ kacau.

혼처(婚處) calon pasangan nikah; calon jodoh.

혼탁(混濁) ~한 keruh; kiruh; berlumpur.

혼합(混合) ~하다 mencampur; mengaduk; mengarau; mengocok. ~물 campuran; perpaduan. ~비료 pupuk komposit. ~주 minuman campuran; cocktail.

혼혈(混血) darah campuran. ~의 berdarah campuran.~아 anak berdarah campuran.

홀 gedung. 댄스 ~ gedung tarian.

홀... tunggal.

홀가분하다 ringan; bebas dan mudah.

홀딱① ☞ 홀떡.② ~반하다 tergila-gila; jatuh cinta; kasmaran. ③ ~속다 tertipu mentah-mentah.

홀랑 telanjang bulat. 옷을 ~ 벗다 bertelanjang bulat.

홀로 sendiri; seorang diri. ~살다 tinggal sendiri; hidup sendiri.

홀리다① (이성에게) terpikat; tertarik; tertawan; terpesona. ② (여우 귀신 등에) kesurupan; terobsesi; keselapan.

홀몸 bujangan; duda/janda.

홀소리 ☞ 모음(母音).

홀수(- 數) bilangan ganjil. ~의 ganjil. ~일 tanggal ganjil.

홀씨 『植』 spora. ☞ 포자(胞子).

홀아비 duda. ~살림 kehidupan menduda.

홀어미 janda.

홀연(忽然) tiba-tiba.

홀짝거리다 ☞ 홀쩍거리다.

홀쭉하다 tinggi dan ramping;langsing.

홀태바지 celana ketat.

홀태질하다 menampi.

홈 alur; lurah.

홈 rumah; 野』 bidai.

홈스펀 tenunan sendiri (rumah).

홈인 ~하다 『野』 sampai di bidai.

홈질하다 menjahit dengan setik besar.

홈통(-桶) ① (물끄는) talang. ② (창틀 장지의) alur; parit; lekuk; lurah.

홉 『植』 buah hob.

홉 *hob* (=0,18 liter).

홍당무(紅唐-) wortel; lobak merah. ~ 가 되다 muka menjadi merah (karena malu).

홍두깨 kayu pelicin cucian. 아닌 밤중에 ~ petir di siang bolong.

홍등가(紅燈街) daerah lampu merah; tempat bersenang-senang.

홍보(弘報)informasi (umum);pub-

lisitas. ~활동(活動) kegiatan publisitas (informasi).
홍삼(紅蔘) ginseng merah.
홍수(洪水) banjir; bah. ~가 나다 [지다]menderita banjir; kebanjiran. ~경보 peringatan banjir. ~지역 daerah yang kebanjiran.
홍시(紅) kesemak lewat matang.
홍안(紅顏) ~의 berpipi kemerah-merahan; bermuka merah segar. ~의 미소년 pemuda cakap (gagah).
홍어(洪魚) ikan pari.
홍역(紅疫) 「醫」 penyakit campak.
홍엽(紅葉) daun-daun merah.
홍옥(紅玉) 「鑛」 batu delima; batu merah; mirah.
홍익인간(弘益人間) pengabdian pada kesejahteraan umat manusia
홍인종(紅人種) ras kulit merah.
홍일점(紅一點) satu-satunya perempuan dalam kelompok.
홍조(紅潮) merah muka; haid. ~를 띠다 bersemu merah.
홍차(紅茶) teh.
홍합(紅蛤) 「貝」 kijing.
홍해(紅海) laut merah.
홑... tunggal; lipat satu.
홑겹 lapisan tunggal.
홑몸 ① ☞ 단신(單身).② (임신하지 않은) perempuan yang tidak hamil.
홑실 benang pilin tunggal.
홑옷 pakaian tanpa lapisan.
홑이불 alas kasur; kemul; selimut.
홑치마 rok tanpa lapisan.
화(火) ① (불) api.② (노염) kemarahan.
화(禍) bencana; kemalangan; kejahatan. ~를 당하다 mengalami bencana (kemalangan).~를 부르다 bawa sial; mengundang bencana.
화가(畵架) kuda-kuda.
화가(畵家)pelukis. 동양 ~ pelukis ketimuran. 서양~ seniman lukisan barat.
화간(和姦) zinah suka sama suka. ~하다 berzinah suka sama suka.
화강석(花崗石) ☞ 화강암.
화강암(花崗岩) granit.
화공(火攻) serangan api. ~하다 menyerang dengan api/ membakar.
화공(畵工) pelukis; seniman.
화관(花冠)☞「植」 mahkota bunga ② (여자의) mahkota kecil untuk upacara perempuan.
화광(火光) cahaya api.
화교(華僑) penduduk Cina di luar negeri.
화구(火口) ① (아궁이) lubang api. ② kepundan. ~원(原) kawah. ~원호(湖) danau kawah.
화근(禍根)sumber (akar) kejahatan (bencana). ~을 없애다 membuang (menghilangkan) sumber bencana.
화급(火急) ~한 penting sekali; mendesak.
화기(火氣) ① ☞ 화(火). ② api. ~엄금 Awas Mudah Terbakar; Awas Api.
화기(火器) senjata api. 소(小) ~ senjata api ringan. 자동(自動) ~ senjata api otomatis. 중(重)~ senjata berat.
화기(和氣) kedamaian; keharmonisan.~ 애애한 가정 keluarga yang

bahagia.

화끈거리다 merasa panas; terbakar.

화끈달다 marah; murka.

화나다(火-) marah; murka; jengkel; geram.

화내다(火-) marah; palak; gusar; geram.

화냥년 perempuan cabul.

화냥질 ☞ 서방질.홧김에~하다 menyeleweng karena marah (isteri).

화농(化膿)pernanahan.~하다 bernanah. ~성의 nanah. ~균 kuman nanah.

화단(花壇)persemaian bunga (kebun).

화단(畵壇) dunia pelukisan.

화대(花代) bayaran untuk layanan pramuria.

화덕 tungku perapian; tanur; kompor.

화독내(火毒 -) bau gosong.

화동(和同) (dalam) keharmonisan.

화락(和樂) harmonis. ~하다 harmonis; damai.

화랑(畵廊) galeri lukisan.

화려(華麗) ~한 cemerlang; serba baik; berseri.

화력(火力)daya panas.~발전 pembangkit tenaga uap (panas). ~발전소 stasiun tenaga panas.

화로(火爐) anglo; perapian.

화류(樺榴) kayu sandal merah. ~장 lemari yang dibuat dari kayu sandal merah.

화류계(花柳界) dunia pramuria. ~여자 perempuan dari dunia pramuria.

화류병(花柳病) penyakit kelamin.

화면(畵面) adegan.(영화의) ~에서 dalam adegan.~이 넓은 layar lebar

화목(和睦)keharmonisan; keakuran; keselarasan. ~하다 harmonis; damai; runtut; akur.

화문(花紋) rancangan bunga; disain bunga. ~석(席) tikar berdisain bunga.

화물(貨物)muatan; barang; beban. ~보관증 surat muatan. ~선(船) kapal barang; kapal muatan. ~열차(列車) kereta barang. ~요금 tarif angkutan. ~자동차 truk; mobil gerobak; prahoto. ~ 취급소 kantor muatan. 철도 ~ muatan kereta.

화백(畵伯)pelukis besar. 김~ pelukis besar Kim.

화법(話法)『文』penceritaan.

화법(畵法) seni lukis.

화병(花甁) vas; jambangan.

화보(畵報)berita bergambar. 시사 ~ berita dalam gambar.

화복(禍福) kemujuran dan kemalangan; baik atau buruk.

화부(火夫) stoker.

화분(花盆)pot bunga; tempat bunga.

화분(花粉) serbuk sari.

화불단행(禍不單行) kemalangan tidak pernah datang sendirian.

화사(華奢) ~한 mewah; indah.

화산(火山) gunung api. ~대(帶) sabuk (zona) gunung api. ~맥 rantai (barisan) gunung api. ~학 volkanologi. ~학자 ahli gunung api (vulkanis).~회(灰) abu gunung api. 활[휴,사]~ gunung api aktif [tidur, mati].

화살 anak panah; anak busur. ~을 먹이다 memasang anak panah.~을 쏘다 menembakkan anak panah; melepaskan anak panah. ~처럼 빠르다 cepat seperti anak panah. ~대 batang anak panah. ~촉 mata panah. ~표 tanda panah.

화상(火傷) luka bakar. ~을 입다 terbakar.

화상(華商) pedagang luar negeri Cina.

화상(畵商) pedagang lukisan.

화상(畵像) lukisan/ gambar muka.

화색(和色) air muka damai.

화생방전(化生放戰) 「軍」 perang kimia, biologis dan radiologi.

화석(化石)fosilisasi; fosil.~학 ilmu tentang fosil. ~학자 ahli fosil.

화섬(化纖) serat sintetis; serat buatan. ~직물 kain sintetis.

화성(化成)perubahan kimia. ~하다 berubah secara kimia.

화성(火星) Mars. ~인 penghuni planet Mars.

화성(和聲) 「樂」 keselarasan;harmoni. ~학 pengetahuan tentang bunyi musik.

화성암(火成岩) 「地」 batu karang yang terbentuk oleh panas yang besar dari gunung berapi.

화수회(花樹會) reuni marga.

화술(話術)seni bertutur/ berbicara. ~에 능한 사람 orang yang pandai bertutur kata.

화식(火食) ~하다 makan makanan yang dimasak. ~조 「鳥」 burung kasuari.

화신(化身) penjelmaan; inkarnasi; penitisan. 악마의 ~ jelmaan setan.

화실(畵室) studio gambar.

화씨(華氏)Fahrenheit. ~ 75 도 75 derajat Fahrenheit.~온도계 termometer Fahrenheit.

화약(火藥)serbuk mesiu; obat bedil. ~고 gudang mesiu. ~공장 pabrik mesiu.~취급인 penangan mesiu

화열(火熱) panas; kalori.

화염(火焰) nyala; kobaran api; lidah api.~에 휩싸이다 terkurung kobaran api. ~방사기 penyemprot api. ~병 granat api.

화요일(火曜日) hari selasa.

화원(花園) kebun bunga.

화음(和音) paduan suara harmonis.기초~ dasar paduan suara harmonis. 5 도 ~ suara kelima.

화의(和議)①perundingan perdamaian;konferensi perdamaian; rekonsiliasi. ~하다 mengadakan perdamaian.②komposisi. ~하다 membuat komposisi. ~법 hukum komposisi.

화인(火因) asal api; sebab kebakaran. ~ 불명의 화재 kebakaran yang tak diketahui sebabnya. ~을 조사하다 menyelidiki penyebab kebakaran.

화장(- 長) panjang lengan baju.

화장(化粧) dandanan; make up. ~하다 berdandan;berhias;bersolek. 엷은[짙은] ~ make up tipis [tebal] ~을 고치다 menata wajah; memperbaiki make up. ~대 meja rias; meja dandan. ~도구 alat-alat rias. ~도구 상자 kotak rias. ~실(室)

kamar rias, kamar kecil. ~품 kosmetik; pemanis. ~품가게 toko kecantikan; toko kosmetik.

화장(火葬) pembakaran mayat. ~하다 membakar mayat. ~장[터] tempat membakar mayat.

화재(火災) kebakaran. ~ 경보기 alarm kebakaran. ~보험 asuransi kebakaran.~보험에 들다 mengasuransikan terhadap kebakaran. ~보험 회사 perusahaan asuransi kebakaran.

화전(火田) ladang yang dibakar untuk penanaman. ~민(民) peladang berpindah.

화제(畵題) tema lukisan.

화제(話題) topik/ tema/ pokok pembicaraan 오늘의~ topik hangat; topik hari ini. ~에 오르다 menjadi pokok pembicaraan.

화주(貨主) pemilik barang.

화차(貨車) kereta api barang.

화창(和暢)~한 terang; cerah; jernih. ~한 날씨 cuaca yang cerah.

화채(花菜) es buah campur.

화첩(畵帖) album foto.

화초(花草) tanaman yang berbunga.~밭 taman bunga.~장이 tukang bunga. ~재배 budidaya bunga. ~전시회 pameran bunga.

화촉(華燭)~을 밝히다 merayakan perkawinan. ~동방 kamar pengantin.

화친(和親) hubungan bersahabat. ~하다 membuat/ mengadakan perdamaian (dengan).~조약 perjanjian damai.

화톳불 api unggun.

화통(火筒) cerobong asap.

화투(花鬪) kartu bunga ala Korea. ~치다 bermain kartu bunga.

화판(畵板) papan gambar.

화평(和平) perdamaian. ~하다 damai; tenang.

화폐(貨幣) uang; mata uang; valuta. ~가치 nilai uang. ~단위 unit moneter.~본위[제도]standar [sistem] monener.법정~ tender resmi. 위조(僞造) ~ uang palsu.

화포(畵布) kanvas.

화폭(畵幅) gambar; lukisan.

화풀이(火-) ~하다 melepaskan amarah.

화풍(畵風) gaya lukisan. 라파엘의 ~ gaya lukisan Rafael.

화필(畵筆) kuas gambar; potlot.

화하다(化 -) berubah (menjadi); menjelma (menjadi).

화하다(和 -) ① (섞다) mencampur. ② (온화) lembut; ramah.

화학(化學) kimia. ~적(으로) (secara) kimia. ~공업 industri kimia. ~기호[식(式), 방정식] lambang [rumus, persamaan]. ~변화[반응] perubahan [reaksi] kimia. ~병기[전] senjata [perang] kimia. ~비료 pupuk kimia. ~섬유 serat sintetis. ~약품 senyawa kimia. ~자 ahli kimia. ~조미료 bumbu kimia. 유기[무기]~ kimia karbon [bukan karbon].

화합(化合) campuran kimia. ~하다 bersenyawa (dengan). ~물 persenyawaan kimia; campuran kimiawi.

화합(和合)keselarasan; keserasian; persatuan; penggabungan; ke-

satuan. ~하다 harmonis; selaras.
화해(和解) perdamaian; penyelesaian damai; perujukan. ~하다 berkompromi;berdamai; di damaikan.
화형(火刑) pembakaran hidup-hidup. ~ 당하다 dibakar hidup-hidup.
화환(花環) karangan bunga. ~을 바치다 meletakkan karangan bunga.
화훼(花卉) tanaman yang berbunga. ~ 산업 usaha budidaya bunga. ~원예 budidaya bunga.
확(빨리) dengan cepat; seketika.
확고(確固) ~한 kukuh; teguh; tetap;tahan; tangguh; mantap; tegap; tegas.
확답(確答) jawaban yang tegas.
확대(擴大) pembesaran. ~하다 memperbesar. ~경(鏡) kaca pembesar.~기 alat pembesar. ~율 daya pembesaran. ~ 재생산 reproduksi dengan skala diperbesar.
확률(確率)kemungkinan; probabilitas.
확립(確立)pendirian; penegakkan; pemantapan. ~하다 mendirikan; menegakkan.
확보(確保) ~하다 memelihara; mempertahankan; mengamankan.
확산(擴散)penyebaran; penyebarluasan. ~하다 menyebarkan; menyebarluaskan. 핵~ penyebaran senjata nuklir; proliferasi senjata nuklir. 핵 ~ 금지 조약 perjanjian nonproliferasi nuklir.
확성기(擴聲器) pengeras suara; alat pengeras suara.
확신(確信)keyakinan/kepercayaan yang kuat. ~하다 yakin; percaya benar.~하여 dengan yakin; dengan keyakinan yang kuat. ~을 얻다 mendapat kepercayaan.
확실(確實) ~한 pasti; yakin; percaya; maklum; handal. ~히 dengan pasti; tentu saja. ~치 않은 tidak yakin; tidak pasti; tidak dapat dipercaya; merasa ragu-ragu. ~한 증거 bukti yang pasti. ~한 대답 jawaban yang pasti. ~한 사업 [투자] usaha [investasi] yang pasti. ~성 kepastian; kepercayaan; kehandalan.
확약(確約) janji yang pasti. ~하다 berjanji; memberi janji yang pasti.
확언(確言)pernyataan yang tegas. ~하다 menyatakan dengan tegas; menegaskan.
확연(確然) ~한 jelas; pasti; tepat; positif; tegas.
확인(確認)penegasan; pengesahan; penentuan. ~하다 membenarkan; menegaskan; mengesahkan; memastikan; menentukan. 미~의 tidak dikukuhkan; tidak dikuatkan.
확장(擴張) perluasan; pengembangan; pelebaran; ekspansi. ~하다 memperluas; mengembangkan; memperbesar. 도로를 ~하다 melebarkan jalan. 사업을[점포를] ~하다 memperluas usaha [toko]. ~기(器) alat pembesar. 군비~ pengembangan persenjataan.
확전(擴戰) perluasan perang. ~하다 memperluas (perang).
확정(確定) keputusan; penentuan; penetapan. ~하다 memutuskan;

menentukan; memastikan; menetapkan. ~적(으로) (secara) memutuskan.~된 diputuskan; ditetapkan. ~신고(를 하다) laporan keputusan. ~안 konsep akhir. ~ 판결 keputusan pengadilan terakhir.

확증(確證)bukti positip. ~을 잡다 mendapat bukti positif.

확충(擴充) pengembangan; peningkatan. ~하다 mengembangkan; meningkatkan.

확확(바람이) menderu-deru; (불길이) berkobar-kobar.

환(丸) pulung; pil. ☞ 환약(丸藥).

환(煥)『經』valuta.~시세 nilai kurs ~차손(差損)[투기] kerugian [spekulasi] nilai tukar. 외국 [국내] ~ valuta asing [dalam negeri]. 우편~ wesel. 전신~ uang yang dikirim melalui telegraf.

환가(換價) konversi; penukaran. ~하다 mengkonversi; menukar.

환각(幻覺) halusinasi; ilusi. ~을 일으키다 melihat atau mendengar yang sebenarnya tidak ada. ~제 halusinogen; LSD.(~제 중독자 pecandu LSD).

환갑(還甲) ulang tahun ke-60. ~노인 orang tua yang berusia 60 tahunan. ~잔치(를 베풀다) pesta ultah ke-60.

환경(環境) lingkungan; alam sekeliling.~공해 ancaman lingkungan. ~보호 perlindungan lingkungan. ~오염[위생] pencemaran [kesehatan] lingkungan. ~처 Mentri Lingkungan Hidup. ~파괴 kerusakan lingkungan.

환국(還國) ☞ 귀국(歸國).

환금(換金) ① penukaran; penguangan. ~하다 menguangkan. ② ☞ 환전(換錢).

환급(還給)~하다 mengembalikan; menyerahkan kembali;memulihkan.

환기(換起) ~하다 membangunkan; membangkitkan 주의를~하다 membangkitkan perhatian.

환기(換氣) ventilasi; penukaran udara. ~하다 mengedarkan udara. ~가 잘(안) 되다 berventilasi baik [buruk]. ~공(孔) lubang udara. ~장치[통(筒)] ventilator. ~창 jendela untuk ventilasi.

환난(患難) kemalangan;kesukaran.

환담(歡談) obrolan. ~하다 mengobrol.

환대(歡待)sambutan hangat.~하다 memberi sambutan yang hangat; menjamu dengan hangat; menerima dengan ramah tamah.

환도(還都) ~하다 kembali ke ibu kota.

환등(幻燈) slide film. ~기 slide proyektor.

환락(歡樂) kesenangan; hiburan. ~가(街) pusat hiburan.

환류(還流) arus balik.

환매(換買) barter. ~하다 melakukan barter.

환매(還買) pembelian kembali. ~하다 membeli kembali.

환멸(幻滅) kekecewaan. ~을 느끼다 dikecewakan; kecewa.~의 비애를 느끼다 merasakan pahitnya kekecewaan.

환부(患部) bagian yang terkena

penyakit.

환부(還付) ~하다 menyerahkan kembali; mengembalikan.~금 uang yang dikembalikan.

환불(還拂) pembayaran kembali. ~하다 mengembalikan; membayar kembali.

환산(換算)~하다 merubah; mengkonversi.~율 nilai kurs; nilai konversi. ~표 tabel konversi.

환상(幻想) ilusi; khayalan; angan-angan; maya.~적 bersifat khayalan. ~곡(曲) gubahan sastra atau musik.

환상(幻像) fantasi; khayalan.

환상(環狀)~의 berbentuk lingkaran; bundar; melingkar. ~도로 jalan melingkar. ~선 jalur putar/lingkar.

환생(還生) ~하다 dilahirkan kembali; menjelma kembali.

환성(歡聲) teriakan gembira; sorak-sorai. ~을 올리다 berteriak gembira.

환송(還送) ~하다 mengembalikan.

환송(歡送)pemberangkatan; pelepasan. ~하다 memberangkatkan; melepaskan. ~회 pesta pelepasan.

환심(歡心)~을 사다 mendapat dukungan; meraih simpati; memenangkan hati (seorang gadis).

환약(丸藥) tablet; tengkel; until.

환영(幻影)khayalan;angan-angan.

환영(歡迎)penyambutan; resepsi. ~하다 menyambut; menerima dengan hangat.~ 만찬회 resepsi makan malam.~ 사 pidato sambutan. ~회 pesta penyambutan; resepsi.

환원(還元) ①(복귀) pemulihan. ~하다 memulihkan.② 『化』 reduksi; deoksidasi. ~하다 mereduksi. ~제 agen produksi.

환율(換率)nilai kurs. ~변동 fluktuasi/ turun naik nilai kurs. ~인상 kenaikan dalam nilai kurs. 대미 ~ nilai kurs dalam dolar.

환자(患者)pasien;penderita. ~명부 daftar orang sakit; daftar pasien. 입원[외래] ~ pasien rawat inap [berobat jalan].

환장(換腸) ~하다 menjadi gila.

환전(換錢) penukaran uang. ~하다 menukarkan uang. ~상 tempat penukaran uang; money changer. ~수수료 komisi penukaran.

환절(換節) ~기 masa pergantian musim.

환초(環礁) atol; pulau laguna.

환표(換票) perubahan kartu suara. ~하다 mengubah kartu pemungutan suara.

환풍기(煥風機) kipas ventilasi.

환하다① (밝다) cemerlang;terang. ② terbuka;jelas.길이~ jalan terbuka lebar. ③(얼굴이)terang (muka). ④ kenal (dengan); kenal baik (dengan);mengetahui dengan baik. 법률에~ terpelajar dalam bidang hukum.

환형(環形)~의 berbentuk lingkaran. ~동물 cacing gelang.

환호(歡呼) sorak sorai; sambutan meriah. ~하다 bertempik sorak; bersorak-sorai. ~속에 di tengah sorak sorai. ~성을 울리다 menimbulkan sorak-sorai.

환희(歡喜)kegembiraan;kegairahan.~하다 bergembira; sangat gembira.

활 panah; panahan. ~을 쏘다 melepaskan anak panah.

활개① (사람의 두 팔) lengan;tangan. ~치다 mengayunkan lengan. ② (새의) sayap. ~치다 mengepak-ngepakkan sayap; mengibaskan sayap.

활갯짓하다 berlenggang lengan.

활공(滑空) ~하다 meluncur. ~기(機) pesawat terbang layang.

활극(活劇) film aksi. 서부 ~ film Barat; film koboi.

활기(活氣)~있는 giat; aktif; hidup. ~를 띠다 memperlihatkan aktivitas

활달(豁達) ~한 murah hati; berpandangan luas.

활동(活動)kegiatan; aktivitas; kesibukan;aksi; keaktifan.~하다 memainkan peranan aktif; bergerak; berusaha; beraksi. ~적인 cegak; lincah; cekatan; gesit; giat; tangkas; sigap; tekun. ~가 orang yang aktif. ~력 aktifitas; vitalitas. ~범위 ruang lingkup aktivitas. 정치~ aktivitas politik.

활력(活力) vitalitas; daya hidup; semangat hidup. ~소(素) sumber semangat hidup.

활로(活路) ~를 열다[찾다]membuka [mencari] jalan keluar.

활발(活潑) ~한 giat; lincah; penuh semangat; bersemangat. ~히 dengan giat; dengan lincah; dengan bersemangat.

활보(闊步) ~하다 berjalan dengan semangat. 거리를 ~하다 berjalan-jalan sepanjang jalan.

활석(滑石) 「鑛」 batu kapur yang halus dan berlemak; talek.

활성(活性) ~의 aktif. ~ 비타민제 preparasi vitamin yang diaktifkan.

활시위 tali busur.

활약(活躍) kegiatan; aktivitas. ~하다 aktif (dalam); memainkan peranan aktif (dalam).

활엽수(闊葉樹) pohon berdaun lebar.

활용(活用) ① (응용) penerapan; aplikasi. ~하다 menerapkan. ② 「文」 perubahan bentuk kata kerja (infleksi);perubahan bentuk kata benda (deklensi). ~하다 mengkonjugasikan.

활자(活字)huruf cetak. 7 호~ tipe no. 7. ~ 화하다.

활주(滑走) ~하다 meluncur; melayang. ~로 landasan untuk peluncuran.

활집 kotak busur.

활짝① (secara) luas. ~ 트이다 terbuka; ternganga. ~열다 membuka lebar. (dengan) berseri; (dengan) cerah. ~갠 하늘 langit yang cerah.

활촉 mata panah.

활터 lapangan panahan.

활판(活版) papan cetak. ~소 percetakan. ~인쇄 percetakan tipe.

활화산(活火山) gunung api aktif.

활활 berkobar-kobar.

활황(活況) ledakan; bum. ~을 보이다 menunjukkan tanda-tanda aktifitas.

홧김~에 dalam kemarahan.

황(黃)①(색)warna kuning.② 「鑛」 mineral berwarna kuning cerah;

belerang. ~의 bersulfur.
황갈색(黃褐色) coklat kekuningan.
황겁(惶怯) ~하다 ketakutan.
황고집(- 固執) sifat keras kepala; orang keras kepala.
황국(黃菊) bunga krisan kuning.
황금(黃金) emas; uang. ~의 keemasan. ~만능 mamonisme. ~ 만능주의자 mamonis. ~빛 warna keemasan. ~숭배 paham pengejaran kekayaan.~시대[분할]masa [pembagian] keemasan.
황급(遑急) ~히 tergopoh-gopoh; tergesa-gesa; terburu-buru.
황달(黃疸) sakit kuning. ~환자 penderita sakit kuning.
황당(荒唐) ~ (무계)한 bualan. ~객(客) pembual.
황도(黃道) 「天」 lintasan orbit matahari tahunan. ~대(帶) zodiak.
황동(黃銅) kuningan; loyang. ~색 kuning loyang.
황량(荒凉) ~한 sunyi; sepi; hana; lengang.
황린(黃璘) 「化」 fosfor kuning.
황마(黃麻) 「植」 rami; yute.
황막(荒漠)~하다 sunyi;sepi; hana.
황망(遑忙) ~히 tergopoh-gopoh; terburu-buru.
황망(慌忙) ~히 tergopoh-gopoh; terburu-buru.
황무지(荒蕪地) tanah gurun; tanah mati; persawangan.
황산(黃酸) 「化」 asam belerang; asam sulfur.~동[철,암모니아]tembaga [besi,amonium] sulfat. ~염 sulfat. ~지 kertas sulfat.
황새 「鳥」 burung bangau.
황새걸음 langkah panjang.
황색(黃色) kuning. ~인종 ras kuning.
황석(黃石) 「鑛」 kalsit kuning.
황성(皇城) ibukota kerajaan.
황소(黃 -) sapi jantan. ~같이 일하다 bekerja seperti sapi jantan. ~걸음 langkah lambat.
황송(皇悚) ~한 sangat sungkan dan berterimakasih.
황실(皇室) keluarga kerajaan.
황야(荒野) gurun; padang pasir; persawangan.
황옥(黃玉) 「鑛」 batu permata berwarna kuning; topas.
황인종(黃人種) ras kuning.
황제(皇帝) kaisar; maha raja.
황진(黃塵) debu di udara; badai debu.
황천(黃泉) alam baka. ~객 orang yang meninggal. ~객이 되다 menuju alam baka. ~길 jalan ke alam baka. ~길을 떠나다 berpulang ke alam baka.
황체(黃體) ~ 호르몬 hormon progesteron.
황태자(皇太子) putra mahkota; tengku mahkota. ~비(妃) isteri putera mahkota. 영국 ~ Pangeran Wales.
황태후(皇太后) ibu suri.
황토(黃土) tanah kuning. ~빛 kuning lumpur.
황통(皇統) keturunan raja.
황폐(荒廢) kekersangan; kehancuran. ~하다 rusak sama sekali; hancur; gersang; tandus; tersaruk;

gundul. ~한 rusak; gersang.

황하(黃河) sungai Kuning; sungai Hwang Ho.

황해(黃海) laut Kuning.

황혼(黃昏) senja kala;senja.인생의 ~기 masa senja kehidupan. ~ 이지다 [깃들다] senja turun.

황홀(恍惚)~한 menarik; mempesona; memikat. ~히 dalam keterpesonaan. ~ 해지다 menjadi terpesona.~경 keadaan seperti mimpi

황화(黃化) 「化」 sulfurasi. ~고무 karet vulkanisir. ~물 sulfida. ~수소[은] hidrogen [perak] sulfida.

황후(皇后) kaisar wanita; ratu.

홰 (새의) tempat bertengger.

홰 (횃불의) obor.

홰치다 mengepak-ngepakkan sayap; mengibaskan sayap.

홱① ☞ 홱홱. ② (갑자기) tiba-tiba; (힘차게) dengan sentakan; (잽싸게) dengan cepat. ~ 잡아당기다 menarik dengan sentakan. ~ 던지다 melontarkan dengan cepat. ~열다 mementangkan (pintu).

홱홱 ① (빠르게) dengan cepat. ② (던짐) melontar berulang-ulang.③ (때리다) pukulan demi pukulan.

횃불 obor; suluh; suar. ~을 들다 membawa obor di tangan;bersuar; bersuluh.

횅댕그렁하다 kosong;sepi;hampa

횅하다①(통효) menguasai; benarbenar mengetahui (tentang); mengenal baik.② (공허)kosong; sepi; hampa.

회(灰) ☞ 석회(石灰). ~를 바르다 memplaster.

회(蛔) cacing gelang. ☞ 회충.

회(會) pertemuan; perhubungan; asosiasi; gabungan. ~를 열다 mengadakan pertemuan.

회(膾)irisan ikan mentah. ~를 치다 mengiris ikan mentah.

회(回)waktu; kali; babak. 1 ~ sekali. 2 ~ dua kali.

회갑(回甲) ☞ 환갑.

회개(悔改) taubat; tobat; penyesalan. ☞ 뉘우치다.

회견(會見) wawancara; interview; tatap muka. ~하다 bertemu; bertatap muka;mewawancarai; menginterview. ~기[담] wawancara.~자 pewawancara. 공식[비공식]~ wawancara resmi [tidak resmi].

회계(會計) akuntansi; tata buku; keuangan; catatan/rekening. ~하다 menatabukukan.~감사 auditing;pemeriksaan keuangan. ~과 bagian keuangan. ~(장)부 buku akuntansi. ~연도 tahun fiskal. ~원 pemegang buku; bendahara. ~학 akuntansi. 공인~사 akuntan publik.일반[특별] ~ akuntan umum [khusus].

회고(回顧)refleksi. ~하다 mengenang masa lalu; mereflesikan. ~록(錄) (buku) kenang-kenangan.

회고(懷古) penglihatan kebelakang; retrospeksi. ~하다 mengenang kebelakang. ~담 pembicaraan kenang-kenangan. (~담을 말하다 membicarakan masa lalu).

회관(會館) ruangan; ruang sidang. 학생 ~ ruang siswa.

회교(回教) agama Islam. ~교당 mesjid. ~도 mukminin; muslimin;

penganut agama Islam.

회군(回軍) ~하다 menarik mundur tentara.

회귀(回歸)~열 demam yang kambuh. 남[북]~선 garis balik selatan [utara].

회기(會期)masa sidang.~중에 dalam masa sidang. ~를 연장하다 memperpanjang masa sidang.

회담(會談) pembicaraan; perundingan; konferensi. ~하다 berbicara; memperbincangkan; merundingkan.

회답(回答) jawaban; tanggapan; balasan; sambutan. ~하다 menjawab; menanggapi.

회당(會堂) (예배당) gereja; kapel; (공회당) ruang sidang; balai sidang.

회동(會同)~하다 bertemu; rapat.

회람(回覽) peredaran; sirkulasi; pengedaran. ~하다 mengedarkan; beredar.~잡지[판] majalah [surat] edaran.

회랑(回廊)gang; geladeri; koridor.

회로(回路)①(귀로) perjalanan pulang. ② 「電」 sirkuit; rangkaian. 고정[집적] ~ rangkaian stasioner [terpadu]. 병렬[직렬] ~ rangkaian paralel [seri].

회반죽(灰 -)plaster semen;plasteran.

회백(灰白) ~색 abu-abu terang. ~질(質) 「生」 materi abu-abu; otak kecerdasan.

회벽(灰壁) dinding yang diplester.

회보(回報) jawaban; balasan; laporan. ~하다 memberi jawaban; melaporkan (tentang).

회보(會報)laporan; buletin. 동창회 ~ buletin alumni.

회복(回復.恢復) pemulihan; kepulihan; penyembuhan. ~하다 memulihkan; pulih; sembuh. 명예를 ~하다 memulihkan nama baik. ~기 tahap pemulihan(~기의 환자 orang yang dalam tahap pemulihan).

회부(回附) ~하다 mengirim; meneruskan.

회비(會費) iuran anggota. ~를 거두다[내다] memungut [membayar] iuran. 클럽 ~ iuran klub.

회사(會社) perusahaan; perkongsian; perkumpulan; persekutuan; maskapai; perseroan; firma. ~를 만들다 membuka perusahaan;mendirikan perusahaan. ~에 근무하다 bekerja di perusahaan. ~원 pegawai perusahaan. 모(母) ~ perusahaan induk. 자(子) ~ perusahaan anak angkat.

회상(回想)pengingatan/ kenangan masa lalu. ~하다 mengenang masa lalu. ~록 buku kenangan.

회색(灰色) ~(의) abu-abu; kelabu. ~을 띤 keabu-abuan. ~분자 orang yang tidak tetap pendirian; orang yang bersifat bunglon. ~ 차일구름 awan abu-abu.

회생(回生) ☞ 소생(蘇生).

회석(會席) tempat pertemuan.

회선(回線)「電」 sirkuit. 전화 ~ sirkuit telepon.

회송(回送)~하다 mengirim (ke).☞ 환송(還送).

회수(回收)pemungutan;penarikan; pendaurulangan. (폐품의) ~하다

mengumpulkan; menarik; mendaur ulang.외상돈~ pemungutan hutang. 폐품~ pendaurulangan limbah.

회수(回數) keseringan; frekuensi; kekerapan. ~권 buku tiket.

회식(會食) ~하다 makan (malam) bersama.

회신(回信) ☞ 회답(回答).

회심(會心) ~의 memuaskan. ~의 미소 senyum kepuasan. ~작 pekerjaan yang memuaskan.

회오리바람 angin puyuh; angin puting beliung; angin selembubu.

회원(會員) anggota; keanggotaan. ~이 되다 menjadi anggota. ~명부[배지,증] daftar [badge, kartu] anggota. 정[준,특별,명예,종신] ~ anggota tetap [tidak tetap, istimewa, kehormatan, seumur hidup].

회유(懷柔) ~하다 mendamaikan. ~책(을 쓰다) (mengambil) tindakan perdamaian.

회의(會議) pertemuan; rapat; sidang; dewan; kongres; konferensi; musyawarah.~하다 bersidang;bermusyawarah; berapat. ~를 열다 membuka siding/musyawarah. ~록 notulen. ~실 ruang dewan. ~장 balai sidang.국무~ Dewan Kabinet. 국제 ~ konferensi internasional. 본~ sidang paripurna. 비밀 ~ sidang tertutup.

회의(懷疑) keraguan. ~적(인) skeptis. ~론 skeptisisme. ~론자 peragu; orang yang skeptis.

회자(膾炙) ①~하다 menjadi bahan pembicaraan; menjadi buah bibir. ② irisan ikan mentah dan ikan bakar.

회자정리(會者定離) Orang yang bertemu pasti akan berpisah; Ada pertemuan pasti ada perpisahan.

회장(會長) pimpinan; pengarah; ketua; pemuka.

회장(會場) tempat pertemuan.

회전(回戰) 『野』 babak.

회전(回轉.廻轉) (per) putaran; (per). edaran. ~하다 mengelilingi; mengedari; memutari. ~계단 tangga putar. ~그네 kincir raksasa. ~도어 pintu putaran. ~목마 komidi putar. ~무대 panggung berputar. ~수(數) putaran per menit. ~의자 kursi putar. ~자금 dana yang berputar.

회중(會衆) hadirin; audiens; jemaah.

회중(懷中) ~시계 jam saku. ~전등 senter; lampu baterai.

회진(回診) kunjungan keliling (ke pasien).~하다 mengunjungi pasien.

회초리 cambuk; cemeti.

회춘(回春) peremajaan kembali; pemulihan; kepulihan.~하다 di remajakan; pulih.

회충(蛔蟲) cacing gelang; biarbiar; cacing karawit. ~이 생기다 cacingan. ~약 obat cacing.

회칙(會則)peraturan perkumpulan.

회포(懷抱) isi hati. ~를 풀다 mengeluarkan isi hati.

회피(回避)pengelakan; penolakan; penghindaran; penampikan. ~하다 mengelak; menghindar; menolak; menampik. ~할 수 없는 tak terelakkan. 책임을 ~하다 mengelak tanggung jawab.

회한(悔恨) penyesalan;taubat. ~의 눈물 air mata penyesalan.

회합(會合) pertemuan; konvensi; perkumpulan; rapat; perserikatan. ~하다 bertemu; bersidang; berkumpul; berkonvesi; bermufakat. ~장소 tempat pertemuan.

회항(回航) ~하다 membawa kembali kapal.

회향(茴香) 「植」 adas.

회화(會話) percakapan; dialog (☞대화). 영어 ~에 익숙하다 mahir dalam percakapan bahasa Inggris. ~책 buku percakapan.

회화(繪畵)gambar;lukisan. ~전(展) pameran lukisan.

획(劃)sapuan.5 ~의 한자 huruf dengan lima sapuan.

획득(獲得)pendapatan; pemilikan; perolehan. ~하다 mendapatkan; menerima; memperoleh; memiliki; mencapai. ~물 perolehan.

획수(劃數)jumlah sapuan/ goresan (dalam huruf Cina).

획연(劃然) ~하다 jelas; tegas. ~히 dengan jelas; dengan tegas.

획일(劃 一) ~적 seragam; standar. ~적 교육 pendidikan yang seragam. ~주의 [화] standarisasi.

획정(劃定)~하다 membatasi; menentukan demarkasi.

획책(劃策) ~하다 merancang; merencanakan.

횟돌(灰 -) batu kapur.

횡격막(橫隔膜) 「解」 diafragma. ~의 yang berhubungan dengan diafragma.

횡단(橫斷) ~하다 menyilang; melintasi. ~로 jalan lintas. ~면 irisan silang; pembelahan melintang. ~보도 penyeberangan.

횡대(橫隊) baris. ~가 되다 berbaris. 이열 ~ baris ganda.

횡령(橫領) penyerobotan; perampasan; pencatutan; penggelapan. ~하다 menyerobot; merebut; merampas; menggelapkan.~죄 tuduhan penggelapan.

횡사(橫死) kematian kecelakaan/ kekerasan. ~하다 mati kecelakaan /kekerasan.

횡서(橫書)~하다 menulis berjajar/ datar.

횡선(橫線)garis sejajar. ~수표 cek garis sejajar.

횡설수설(橫說竪說) piuh-pilin; pembicaraan yang bertele-tele. ~하다 bertele-tele; melantur.

횡액(橫厄) kecelakaan yang tidak disangka-sangka;kecelakaan yang tak terduga. ~을 만나다 menderita bencana yang tak terduga.

횡재(橫財) rejeki nomplok; durian runtuh. ~하다 mendapat rejeki nomplok; menang undian.

횡포(橫暴)tirani penindasan;kelaliman; kebengisan; kekejaman. ~한 lalim; bengis; kejam; tidak adil.

횡행(橫行) ~하다 berbuat sewenang-wenang.

효(孝) bakti (kepada orang tua).

효과(效果)efek; kemujaraban; keefektifan. ~있는 efektif; berguna; efisien; mempan; mujarab; manjur; makbul; ampuh.~없는 tidak efektif;

tidak berguna; tawar. ~가 없다 tidak menimbulkan efek.
효녀(孝女) putri yang berbakti.
효능(效能) kegunaan; efek. 약의 ~ kemanjuran obat. ~있는 [없는] manjur [tidak manjur].
효도(孝道) bakti. ~를 다하다 berbakti kepada orang tua.
효력(效力) kegunaan efek; kekuatan; daya; keteguhan. ~있는 [없는] [tidak] efektif. ~을 발생(發生)하다 [잃다] menimbulkan [hilang] efek.
효모(酵母) ragi; biang roti.~균(菌) fungi.
효부(孝婦)mantu perempuan yang berbakti.
효성(孝誠) bakti (sifat). ~ 스러운 berbakti. ~을. 다하다 berbakti kepada orang tua.
효성(曉星) ☞ 샛별.
효소(酵素) enzim.
효수(梟首) ~하다 memenggal dan menggantung.
효시(嚆矢) perintis; pionir.
효심(孝心) bakti (hati). ~이 있는 berbakti.
효용(效用) kegunaan; kemanfaatan. ~이 있다[없다] berguna/ bermanfaat [tidak berguna]. 한계 ~ utilitas marjinal.
효율(效率) 「理」 efisiensi; ketepatgunaan.
효자(孝子) putra yang berbakti.
효행(孝行) bakti (perbuatan).
효험(效驗) kemujaraban; kemustajaban.~이 있다 manjur; mujarab; mustajab; berkhasiat; makbul.
후(後) ① setelah; sesudah.한 이틀 ~에 sesudah dua tiga hari. 지금부터 10 년 ~에 sesudah sepuluh tahun dari sekarang. 흐린 ~에 맑음 Sesudah berawan; cerah. ② setelah; kemudian. 그 ~에 setelah itu; sejak itu.
후 pengepulan; penghembusan. ~불다 mengepulkan; menghembuskan.
후각(嗅覺) indra penciuman. ~이 예민하다 peka indra penciuman.
후견(後見) 「法」 perwalian. ~하다 mewakilkan; bertindak sebagai wali. ~인 wali; pemangku.
후계(後繼) suksesi. ~하다 menggantikan; mewarisi. ~내각 kabinet pengganti.~자 pengganti; pewaris.
후골(喉骨) 「解」 lekum; halkum.
후광(後光) aureola; halo; nimbus; korona.
후굴(後屈) 「醫」 자궁~ uterus terbalik.
후궁(後宮) harem (gundik) raja.
후기(後記)catatan tambahan. 편집 ~ catatan tambahan editorial.
후기(後期) semester kedua; periode kedua. ~대학 kelompok universitas kedua.~ 인상(주의)파(派) 「美術」 aliran pascaimpresionis.
후끈거리다 merasa panas.
후끈하다 panas.
후닥닥 dengan meloncat; tiba-tiba. ~거리다 tergesa-gesa; meloncat-loncat.
후대(後代) generasi masa depan; anak cucu.
후대(厚待) ~하다 menyambut dengan hangat.

후두(喉頭) laring; pembuluh kerongkongan. ~결핵 tuberkulosis kerongkongan.~염[카타르] radang [kararak] kerongkongan.

후두부(後頭部) luka pada kepala bagian belakang.

후딱 dengan cepat; dengan segera.

후레아들 anak turunan rendah.

후련하다 merasa lega; merasa segar.

후렴(後斂) refrain (ulangan).

후루루(호각을) siulan. ~불다 bersiul.

후리후리하다 tinggi dan kurus (ramping).

후림 godaan; rayuan; bujukan.

후면(後面) bagian belakang; bokong.

후문(後門)gerbang belakang;pintu belakang.

후문(後聞) pembicaraan lanjutan.

후물거리다 mengunyah.

후미(後尾) bagian belakang; ekor; buntut.

후미지다 ① (물가가) membentuk teluk kecil. ② (장소가) terpencil.

후반(後半) pertengahan kedua. ~기 setengah tahun terakhir. ~전 setengah permainan terakhir. ~전에 들어가다 masuk ke pertengahan kedua.

후방(後方) belakang; garis belakang. ~의 bagian belakang. ~에 di garis belakang. ~근무 tugas di garis belakang.~기지 pangkalan di belakang. ~부대 tentara di belakang; barisan belakang.

후배(後輩)yunior; generasi muda; orang muda. 학교의 ~ adik kelas. ~를 돌보다 melindungi yunior.

후보(候補) ① pencalonan; calon/ kandidat. ~지 tempat yang diusulkan (untuk). 간부 ~생 taruna.공천 ~자 calon resmi.② pengganti; cadangan. ~선수 pemain cadangan.

후부(後部)pungkur;punggung; belakang;

후불(後拂) pembayaran yang ditunggak/ ditunda.

후비다 mengorek; mencungkil; mencolet.

후비적거리다 mengorek-ngorek.

후사(後事) permasalahan setelah kematian; perkara di kemudian hari.~를 부탁하다 mempercayakan (seseorang) dengan masalah dikemudian hari.

후사(後嗣)pengganti; pewaris.~가 끊어지다 putus turunan.

후사(厚謝)~하다 berterima kasih/ menghargai sepenuh hati.

후생(厚生) kesejahteraan sosial. ~과(課) bagian kesejahteraan. ~사업(事業) usaha kesejahteraan sosial. ~시설 fasilitas kesejahteraan; sarana kesejahteraan.

후세(後世) generasi mendatang. 이름을 ~에 남기다 meninggalkan nama di dunia.

후속(後續)~의 berikut; lanjutan. ~부대 bala bantuan; penguatan. ~조치 tindak lanjut.

후손(後孫) keturunan. ...의 ~이다 keturunan dari; diturunkan dari...

후송(後送) ~하다 memulangkan dari garis depan; mengevakuasi

(ke garis belakang);mengungsikan. ~되다 dipulangkan ke garis belakang; diungsikan. ~병원 rumah sakit pengungsian.

후실(後室) ☞ 후취. ~자식 anak dari istri kedua. ~을 맞아들이다 mengambil sebagai istri kedua.

후안(厚顔) ~무치 tebal muka.

후열(後列) garis belakang.

후예(後裔) ☞ 후손.

후원(後苑.後園) kebun belakang; halaman belakang.

후원(後援) dukungan; sokongan; sanggahan; topangan; tunjangan; bantuan.~하다 mendukung;menyokong; memperkuat; menyanggah; menunjang; membantu. ...의 ~하에 atas sokongan... .~자 penyokong; pemuka; pembantu; pendorong; penunjang.~회 asosiasi pendukung.

후위(後衛) 「競」 pemain belakang; sayap belakang;bek.~가 되다 memimpin di belakang.~를 보다 main di belakang.

후유증(後遺症) 「醫」 efek lanjut.

후의(厚意) kebaikan; itikad baik; budi baik. ...의 ~로 atas kebaikan; atas budi baik.

후의(厚誼) persahabatan yang kental/ dekat. ~를 입다 menerima budi baik anda.

후일(後日) kemudian; hari depan; masa datang; belakang hari. ~에 di masa mendatang. ~담 pembicaraan masa lalu/ ingatan.

후임(後任) pengganti. ...의 ~으로 sebagai pengganti. ...~이 되다 menggantikan.

후자(後者) yang terakhir. 전자와 ~ yang terdahulu dan terakhir.

후장(後場) 「證」 penjualan sore.

후조(候鳥) burung yang bermigrasi. ☞ 철새.

후주곡(後奏曲) 「樂」 musik penutup.

후줄근하다 basah dan lembek.

후진(後陣) pengawal belakang.

후진(後進)① (후배) yunior; orang muda; generasi muda.② keterbelakangan. ~의 terbelakang. ~국 negara yang belum maju; negara terbelakang. ~성 keterbelakangan; kekolotan. ③~하다 mundur kebelakang.

후처(後妻) ☞ 후취.

후천적(後天的) pasca kelahiran. ~으로 secara aposteriori

후추 lada. ~를 치다 memberi lada; meladai.

후취(後娶) pernikahan kembali; istri kedua. ~를 얻다 mengambil istri kedua; menikah lagi.

후탈 komplikasi pasca kelahiran; efek lanjutan.

후텁지근하다 pengap;pengap dan panas.

후퇴(後退) pengunduran; masa sepi; kemunduran; resesi. ~하다 mundur; menyerahkan kembali; menarik diri. 경기~ masa sepi dalam usaha.

후편(後便) (뒤쪽) sisi belakang; (나중 인편) utusan kedua.

후편(後篇) volume kedua (terakhir) terusan;sambungan;lanjutan.

후하다(厚 -) ① (인심이) ramah-

tamah; bersahabat. ② dermawan; murah hati. 점수가 ~ murah hati dalam memberi nilai.
후학(後學) yunior; muda; siswa muda.
후환(後患) kesulitan di kemudian hari.~을 남기다 menebarkan benih kesulitan. ~을 없애다 menghilangkan sumber kesulitan.
후회(後悔) penyesalan; perasaan menyesal. ~하다 menyesal; merasa menyesal atas (kejahatan).
후후년(後後年) tiga tahun kemudian.
훅 ① huk (dalam tinju). ~을 넣다 memberi huk.② (갈고리 단추)kancing jepret; cantelan.
훅 dengan sekali teguk.
훈(訓) pengajaran moral.
훈감하다 beraroma baik; lezat; harum.
훈계(訓戒)nasehat;peringatan; teguran; petuah; fatwa; pelajaran. ~하다 menasehati; berpetuah.
훈기(薰氣)① (훈훈한 기운)suasana hangat. ② ☞ 훈김.
훈김(薰 -) ① ☞ 훈기(薰氣). ② (세력) pengaruh; kekuasaan; kekuatan; wewenang.
훈도(薰陶) ~하다 mendidik; mengajar; melatih.
훈련(訓練) pelatihan; latihan; tata tertib; kepatuhan; disiplin. ~하다 melatih; memberikan latihan ketrampilan; mendisiplinkan; menertibkan. ~교관 pelatih. ~교본 buku latihan; pedoman latihan. ~소 pusat latihan.육군 신병~소 pusat pelatihan calon tentara.
훈령(訓令) pengarahan; instruksi. ~하다 menginstruksikan; mengeluarkan perintah; mengarahkan.
훈민정음(訓民正音) ☞ 한글.
훈방하다(訓放-) membebaskan dengan peringatan.
훈사(訓辭) perkataan yang bersifat menegur; teguran.
훈수(訓手) ~하다 nimbrung (dalam permainan).
훈시(訓示) pengajaran; nasehat dan peringatan;perintah; instruksi; fatwa.~하다 mengajar;memberikan pengajaran; memfatwakan.
훈육(訓育) pendidikan moral.
훈장(訓長) guru.
훈장(勳章) bintang jasa; medali. ~을 수여하다 menganugerahi bintang jasa.
훈제(燻製) ~의 di asapi; asapan. ~연어 ikan salem yang diasapi.
훈풍(薰風) angin musim panas pertama.
훈훈하다(薰薰-) hangat.
훌떡 dengan cepat;dengan cekatan; dengan gesit; seluruhnya. ~벗다 bertelanjang bulat.담을~ 뛰어넘다 melompat ke atas pagar dengan gesit.
훌라댄스 hula-hula (tarian Hawaii).
훌륭하다① (멋지다) baik; tampan; elok. ② (존경할 만함) terhormat; sopan.③(칭찬할 만함) mengagumkan; patut dipuji; terpuji.④(고상함) mulia; agung; luhur. ⑤ (위대함) terkemuka; terkenal; termasyhur;

terbilang.⑥ (공정함) jujur; adil. ⑦ (충분함) cukup; memadai.

홀쩍① (날쌔게) dengan cepat; dengan cekatan.② dengan sekali teguk.~마시다 meneggak.③ 콧물을 ~ 들이마시다 menghisap ingus. ④ (표연히) dengan tanpa tujuan.

홀쩍거리다 (액체를) menyeruput; mengisap; (울다) menangis tersedusedu; (콧물을) mendengus-dengus.

홀홀(불탐) berkobar-kobar; (뛰다) melompat-lompat; (날다) terbang berkepakan.

홅다 melerai; menebah.

홅어보다 ① (일독) membaca sepintas lalu.②menatap lekat-lekat. 아무의 위아래를 ~ memeriksa dengan teliti; memandang (orang) dari kepala sampai kaki.

홅이다 dilerai; ditebah.

훔쳐내다 ① (닦아내다) mengepel; mengelap. ② (도둑질) mencuri; mencopet.

훔치다 ① (절도) mencuri; menyolong;menggasak; merampas; mencilok. ② (닦다) menghapuskan; membersihkan. 먼지를~ membersihkan debu.

훔켜잡다 menggenggam; merebut; meraih.

훗날(後 -) ☞ 후일.

훤칠하다 tinggi dan tampan.

훤하다①(흐릿하게 밝다) putih keabu-abuan. ② ☞ 환하다.

훨씬 jauh lebih besar; sangat banyak. ~ 이전에 dahulu kala. ~낫다 jauh lebih baik.

훨훨①~날아가 버리다 terbang jauh. ② 옷을 ~ 벗다 melepas pakaian dengan cepat. ③ ☞ 활활.

훼방(毁謗)①fitnahan;pemfitnahan; umpat. ~하다 memfitnah; mengumpat.②gangguan; hambatan; rintangan.~하다 mengganggu; mencampuri; menghalangi.

훼손(毁損) kerusakan. ~하다 merusak; melemahkan; memfitnah. 명예 ~ fitnah nama baik.

휘감기다 berbelit; menggulung.

휘감다 membelitkan; melingkarkan.

휘날리다 berkibar-kibar.

휘늘어지다 menggantung; menjuntai.

휘다 merunduk; melentur; merengkeh; meledung.

휘돌리다 memutarkan.

휘두르다①(돌리다)mengocok;memutar-mutarkan.② (얼빠다) membingungkan.③ (뜻대로)menggunakan (kekuasaan atas).

휘둥그래지다 membelalak.

휘말리다 menggulung; bergulung.

휘몰다 mengemudi dengan cepat; mendorong; memaksa.

휘발(揮發) ~하다 menguap. ~성 volatilitas. ~성의 mudah menguap; volatik. ~유 bensin; minyak gas.

휘석(輝石) 『鑛』 piroksin.

휘어잡다 ① (잡다) menggenggam. ② (사람을) menguasai.

휘어지다 membengkok.

휘장(揮帳) tirai; tedeng; gardin; langsai.

휘장(徽章) lencana.

휘젓다① (뒤섞다) mengaduk; mengocok. ② (어지럽게) mengacau-balaukan; mengacaukan. (팔등을) mengayunkan lengan.

휘주근하다 ① (맥이 없다) letih; lelah; terkuras. ② ☞ 후줄근하다.

휘지비지(諱之秘之) ~하다 mendiamkan; menyembunyikan.

휘청거리다 terhuyung-huyung; sempoyongan; bergoyang.

휘파람 siulan; suitan. ~불다 bersiul.

휘하(麾下) (pasukan)di bawah komando/ pimpinan; anak buah.

휘호(揮毫) (글씨) tulisan; tulisan tangan; (그림) lukisan; gambar. ~하다 menulis; melukis; menggambar;

휘황찬란하다(輝煌燦爛-) cemerlang; berkilauan; gemerlapan.

휘휘 bergulung-gulung. ~감다 membelitkan; menggulung.

휘휘하다 sunyi; sepi; terasing.

휙 ① (돌아가는 꼴) dengan cepat; dengan sentakan.② (바람이) berdesing; berkesiuran.③ (던지는 꼴) gesit dan cekatan.

휠체어 kursi roda.

휩싸다 ① (싸다) membungkus. ② (뒤덮다) menutupi; menyelimuti; menyelubungi.③ (비호하다)melindungi.

휩싸이다 ditutupi; tertutup; di selimuti.불길에~ di selimuti kobaran api.

휩쓸다 menyapu habis; menghilangkan; menghanyutkan;.

휴가(休暇)hari libur; liburan; cuti; vakansi. ~를 얻다 mendapat cuti. ~를 주다 memberikan cuti. ~여행 darmawisata; perjalanan liburan. ~원(을내다) (meminta) surat istirahat. 동 ~ liburan musim dingin. 병~ cuti sakit.유급~ libur yang dibayar.

휴간(休刊) penghentian penerbitan. ~하다 berhenti terbit.

휴강(休講) ~하다 tidak memberikan kuliah.

휴게(休憩) istirahat; reses. ~하다 beristirahat. ~소 tempat istirahat; pengasoan; balai; istirahat. ~시간 waktu beristirahat.~실 ruang istirahat.

휴관(休館) ~하다 menutup (bioskop). 금일 ~ Hari Ini Tutup.

휴교(休校) penutupan sekolah. ~하다 menutup (sekolah) untuk sementara waktu.

휴대(携帶)~하다 membawa. ~용의 dapat dibawa; dapat di tenteng. ~용 라디오 radio yang dapat di tenteng. ~식량 ransum lapangan. ~품 barang bawaan/ tentengan. ~품 보관소(保管所) tempat penitipan barang.

휴등(休燈) ~하다 memutus pemakaian listrik.

휴머니스트 penganut faham humanisme.

휴머니즘 perikemanusiaan; humanisme.

휴머니티 umat manusia; sifat-sifat manusia.

휴식(休息) istirahat; reses; masa pengangguran; cuti; jeda. ~하다 beristirahat. 5 분간의~ istirahat 5 menit. ~시간 reses; waktu beristirahat.

휴양(休養) tetirah; penghiburan. ~하다 bertetirah. ~시설 sarana rekreasi. ~지 pusat rekreasi.

휴업(休業) penutupan; penangguhan usaha; penutupan (pabrik); pemberhentian buruh.~하다 istirahat dari pekerjaan; tutup (kantor; pabrik). 금일~ Hari Ini Tutup. 임시~(일) hari libur istimewa. ~일 hari tutup (usaha).

휴일(休日) hari libur. ~수당 tunjangan tidak dinas. 법정[임시] ~ hari libur resmi [khusus].

휴전(休電) penghentian aliran listrik. ~일 hari pemutusan listrik.

휴전(休戰) gencatan senjata.~하다 mengadakan gencatan senjata. ~기념일 Hari Gencatan Senjata ~선(線) garis perbatasan gencatan senjata. ~조약 perjanjian gencatan senjata. ~협정[회담] perjanjian [konferensi] gencatan senjata.

휴정(休廷) ~하다 tidak mengadakan sidang. ~일 hari tidak ada pengadilan.

휴지(休紙) tisu; kertas toilet. ~통 keranjang sampah.

휴직(休職) pemberhentian sementara dari jabatan/tugas. ~하다 menghentikan dari jabatan untuk sementara waktu. ~급(給) separuh gaji.

휴진(休診) ~하다 tidak menerima pasien. 금일 ~ Tidak Ada Konsultasi Hari Ini.

휴학(休學) ~하다 menangguhkan sekolah.동맹 ~ pemogokan siswa.

휴화산(休火山) gunung api yang tidur.

휴회(休會) penundaan;pengunduran. ~하다 menunda; mengundurkan. ~중이다 dalam masa reses. ~를 선언하다 mengumumkan reses.

휼계(譎計) muslihat; tipuan. ~에 빠지다 jatuh dalam muslihat.

흉 ① parut luka. ~이 있는 얼굴 wajah yang berparut.② (결점) cacat; kelemahan; kekurangan.

흉가(凶家) rumah hantu.

흉계(凶計) rencana jahat; muslihat

흉골(胸骨) 「解」 tulang dada.

흉곽(胸廓) dada; rongga dada.

흉금(胸襟) ~을 터놓다 mengeluarkan isi hati.

흉기(凶器) senjata yang mematikan. 달리는~ pembunuh jalan raya (mobil).

흉내 peniruan; peniruan gerak-gerik sebagai lelucon; imitasi. ~내다 meniru;menirukan; menjiplak; mengimak.~장이 peniru (yang mahir).

흉년(凶年) tahun paceklik.

흉노(匈奴) 「史」 anggota salah satu masyarakat Asia yang memporak-porandakan benua Eropa pada abad 4 dan 5; bangsa Hun.

흉도(凶徒) perusuh; pengacau.

흉몽(凶夢) mimpi buruk.

흉물(凶物) orang yang licik; sifat licik.~스럽다 penuh tipu daya; licik.

흉보(凶報) berita yang menyedihkan; berita duka.

흉보다 menjelek-jelekkan; merusak nama baik; mengumpat.

흉부(胸部) dada.
흉사(凶事) kemalangan; bencana; malapetaka.
흉상(凶相) wajah yang jahat.
흉상(胸像) patung dada.
흉악(凶惡) ~한 jahat; kejam; jelek. ~범 penjahat yang kejam.
흉어(凶漁) tangkapan ikan yang sedikit.
흉위(胸圍) lingkar dada. ~를 재다 mengukur lingkar dada.
흉일(凶日) hari sial.
흉작(凶作) hasil panen yang buruk; kegagalan panen.
흉잡다 menjelek-jelekkan; mengumpat.
흉잡히다 diumpat; dijelek-jelekkan.
흉조(凶兆) pertanda buruk.
흉중(胸中) isi hati; perasaan hati. ~을 밝히다 mengeluarkan isi hati.
흉측스럽다(凶測-) sangat mengerikan (jahat, keji); sangat jelek (kasar).
흉측하다(凶測-) ☞ 흉측스럽다.
흉탄(凶彈)pembunuh orang-orang terkenal dibidang politik. ~에 쓰러지다 jatuh korban karena peluru pembunuh.
흉터 codet. ~를 남기다 meninggalkan codet.
흉포(凶暴)~한 sadis; buas; kejam.
흉하다(凶 -)① (사악) jahat; bertabiat buruk. ② (불길함) celaka; malang; sial; buruk; jahat. ③ (보기에) jelek; buruk; tidak sedap dipandang.
흉한(凶漢)bangsat;bajingan; pembunuh; orang buangan.
흉행(凶行) kekerasan; kekejaman. ~을 저지르다 melakukan kekerasan; melakukan kekejaman.
흉허물 cacat; cela. ~없다 tidak ada cacat. ~없는 사이다 bersahabat kental.
흐너뜨리다 menghancurkan; meruntuhkan; merusak.
흐느끼다 menangis tersedu-sedu.
흐느적거리 berayun-ayun; menggelepai; meloyo.
흐늘흐늘 ~한 loyo; lepai.
흐들갑스럽다 berlebih-lebihan.
흐려지다(날이) memendung; (눈이) menjadi buram.
흐르다 ① (액체) mengalir. ② (물결에 떠내려감) hanyut. ③ (세월 등이) berlalu (tahun).④ tenggelam. 사치에~ tenggelam dalam kemewahan.
흐르다 (홀레) mengawinkan (hewan).
흐리다① (혼탁) keruh; berlumpur. ②(날이) mendung; berawan.③ (희미) buram; kabur; remang-remang. ④ (눈이) buram; kabur.
흐리다 ① (지우다) menghapus. ② (혼탁하게 함) mengeruhkan. ③ (불분명케 함) mengaburkan.대답을 ~ mengaburkan jawaban. ④ (더럽힘) menodai.
흐리멍덩하다① (기억 따위가)samar-samar; kabur.② tidak jelas; membingungkan.생각이~ ide yang membingungkan.
흐릿하다 agak mendung; kurang terang; suram; tak jernih; tak jelas.

호무러지다 ① (푹 익어서) terlalu matang; lewat matang. ② (물에 불어서) mengembang; melunak.
호물호물~한 terlampau masak/ matang.~하게 삶다 memasak sampai menjadi bubur.
호뭇하다 puas; senang.
호지부지①~ 끝나다 berakhir siasia. ② (없앰.없어짐) tidak ada hasilnya.
흐트러뜨리다 menyerakkan; menebarkan; memberaikan;.
흐트러지다 berserak-serakan; bertebaran.
흑(黑)① ☞ 흑색.②batu hitam (dalam permainan badug). ~으로 두다 melangkah pertama.
흑단(黑檀)『植』kayu arang;eboni
흑막(黑幕) ① (내막) kenyataan rahasia. ② (배후 인물) dalang.
흑맥주(黑麥酒) bir hitam.
흑발(黑髮) rambut hitam.
흑백(黑白) hitam dan putih; salah dan benar. ~을 가리다 memutuskan mana yang benar; membedakan yang benar dari yang salah. ~논리 logika benar dan salah. ~사진 [영화] foto [film] hitam putih.
흑사병(黑死病)『醫』sampar;penyakit pes.
흑사탕(黑死糖)gula mentah; gula sakar.
흑색(黑色)warna hitam.~의 hitam. ~인종 ras kulit hitam.
흑수(黑穗) ☞ 깜부기. ~병 jamur hangus. ~병에 걸린 밀 gandum yang terserang jamur hangus.
흑수정(黑水晶)『鑛』morion.
흑심(黑心) maksud jahat.~을 품은 berhati jahat.
흑연(黑鉛)『鑛』grafit.
흑요석(黑曜石)『鑛』batu granit hitam dari kawah gunung.
흑운모(黑雲母)『鑛』biotite.
흑인(黑人)orang negro; orang kulit hitam. ~문제 masalah rasial. ~분리정책 politik pemisahan ras kulit hitam. ~여자 perempuan negro. ~종 orang negro; suku bangsa kulit hitam.
흑자(黑字)untung. ~를 내다 [유지하다] beruntung [tetap beruntung]
흑점(黑點)bintik hitam.태양~ noda hitam pada matahari.
흑조(黑潮) 地 Arus Hitam.
흑탄(黑炭) batu bara hitam.
흑토(黑土) tanah hitam.
흑판(黑板) papan tulis hitam.
흑해(黑海) laut hitam.
흑흑~울다 menangis tersedu-sedu.
흔덕거리다 tidak kokoh; gemetar; bergoyang; berayun; tidak stabil.
흔덕이다 ☞ 흔덕거리다.
흔드렁거리다 bergoyang; menggetarkan; berayun.
흔들거리다 ☞ 흔드렁거리다.
흔들다 mengayun; mengibas-ngibaskan; menggoyang-goyang.
흔들리다 bergoncang; berdebar; bergoyang.이가 ~ gigi goyang. 결심이 ~ goncangan hati.
흔들의자(-椅子)kursi goyang.
흔들이 pendulum.
흔들흔들하다 bergoyang; berayun; goal-gail; kontal-kantil.
흔연(欣然) ~히 dengan gembira;

dengan senang hati; dengan suka rela.
흔적(痕跡) jejak; tanda; bukti; tapak. ~을 남기지 않다 tidak meninggalkan jejak.
흔전만전 dalam jumlah banyak; secara berlebih-lebihan.
흔쾌(欣快) ~한 menyenangkan; bahagia.
흔하다 biasa; lumrah; umum.
흔히 biasanya; kebanyakan; sebagian besar; acapkali. ~ 쓰이는 말 kata yang sering digunakan. ~있는 peristiwa biasa.
흘겨보다 memandang tajam ke samping; mengerling; menjeling.
흘금거리다 larak-lirik; langak-longok.
흘긋거리다 ☞ 흘금거리다.
흘기다 menatap tajam.
흘끗 sekilas.~보다 memandang sekilas.
흘러들다 mengering.
흘레 perkawinan (hewan);kopulasi. ~하다 kawin. ~붙이다 mengawinkan.
흘리다① (떨어뜨림) menumpahkan (sup); mencucurkan (airmata). ② (빠뜨리다) jatuh. ③ (글씨를) menulis dengan tulisan kursif.
흘림 gaya kursif. (☞ 초서). ~으로 쓰다 menulis dengan gaya kursif.
흙 (토양) bumi; (지면) tanah; (진흙) tanah liat.~을 덮다 menguruk tanah. ~으로 돌아가다 kembali jadi tanah; mati.
흙구덩이 lubang dalam tanah.
흙덩이 bongkahan tanah.
흙먼지 awan debu.
흙무더기 gundukan tanah.
흙받기① (미장이의) papan adukan semen. ② (자동차 등의) alat penahan recik lumpur.
흙비 kotoran berpasir yang beterbangan kena angin.
흙빛 ~의 warna tanah.
흙손 sendok semen; cetok; kulir; sodok.
흙손질 ~하다 memplester.
흙일 pekerjaan tanah.
흙칠~하다 mengotori dengan lumpur.
흙탕물 air berlumpur. ~을 뒤집어 쓰다 terpecik air lumpur.
흙투성이 ~가 되다 tertutup oleh lumpur.
흠(欠) ① ☞ 흉. ② retak; cacat; memar. ~있는 bercacat. ~없는 tidak bercacat.③ (결점) cacat; cela; noda.
흠(비웃는 소리) (jengekan) heung!.
흠내다 merusak; mencacati; menodai.
흠뜯다(欠-)memfitnah; mengumpat.
흠모(欽慕)~하다 mengagumi; memuja; mencintai.
흠뻑 dengan sepenuhnya. ~젖다 basah kuyup.
흠씬 cukup; secukupnya; sepenuhnya. ~패주다 memukul bertubi-tubi. 고기를~삶다 merebus secukupnya.
흠잡다(欠 -) mencari-cari kesalahan; merendahkan.
흠지다(欠-) mendapat luka;rusak.

흠집(欠-) parut; codet.
흠칫~하다 mengkirik;tersentak kaget.
흡사(恰似) ~하다 mirip; hampir sama.
흡수(吸水) ~관(管) sifon; pipa pemindah zat cair. ~펌프 pompa pengisap.
흡수(吸收)penyerapan; pengisapan. ~하다 menyerap; menghisap. ~성의 dapat menyerap. ~력 daya serap; daya isap.~제(劑) penyerap.
흡습성(吸濕性)sifat higroskopis. ~의 higroskopis.
흡연(吸煙) ~하다 merokok; mengudut. ~실 ruang merokok. ~자 perokok; pengudut.
흡인(吸引) ~하다 menyerap; mengisap. ~력 daya hisap; daya serap.
흡입(吸入) ~하다 menarik napas; menghisap; menghirup. (산소) ~기 alat penghisap zat asam.
흡족(洽足) ~한 cukup; penuh; banyak; memuaskan. ~히 secukupnya; dengan sepenuhnya.
흡착(吸着)~하다 menyerap;menghisap. ~성의 sifat menyerap. ~제 penyerap; absorben.
흡혈(吸血) ~귀(鬼) hantu penghisap darah.
홍(興) kejenakaan; kelucuan; kegembiraan; hiburan. ~이나다 menyenangkan diri. ~을 더하다 menambah kegembiraan. ~을 깨다 merusak kegembiraan.
홍 heung!
홍감 ~ 스러운 berlagak sakit berlebihan.~ 스럽게 dengan berlebih-lebihan. ~부리다 melebih-lebihkan rasa sakit.
홍건하다 penuh sampai ke tepi.
홍겹다(興-) riang gembira.
홍김(興-) ~에 dalam luapan kegembiraan.
홍망(興亡) kejayaan dan keruntuhan. ~성쇠=홍망.
홍미(興味)minat hati; kecenderungan; kepentingan; niat; keinginan. ~있는[없는] [tidak] menarik. ~본위의 읽을 거리 bacaan yang menarik; bacaan ringan. ~를 느끼다 tertarik. ~ 진진하다 penuh daya tarik. ~를 잃다 kehilangan minat (dalam).
홍분(興奮) perangsangan;kerecokan; kehebohan. ~하다 merangsang; meradang; panas hati; geram; gusar.~ 시키다 menggembirakan; mendorong; menghebohkan; menyibukkan; meriangkan. ~을 가라앉히다 meredakan amarah. ~상태 keadaan yang merangsang ~제 perangsang; stimulans. (~제를 먹다 [먹이다] minum [memberi] obat perangsang).
홍성(興盛)~하다 menjadi makmur.
홍얼거리다 bersenandung.
홍업(興業)pengembangan/peningkatan industri.
홍정 tawar menawar. ~하다 melakukan tawar-menawar. 정치적 ~ politik tawar menawar. ~붙이다 bertindak sebagai pialang/perantara. ~이 많다 banyak tawar menawar/ jual beli. ~이 없다 sedikit

tawar-menawar/ jual beli.

홍청거리다 boros dan royal.

홍청망청 dengan boros.

홍취(興趣) daya tarik. ~가 있다 menarik. 아무 ~도 tidak menarik.

홍패(興敗) ☞ 홍망.

홍하다(興 -) makmur; berjaya.

홍행(興行)dunia pertunjukan; dunia hiburan. ~하다 mempertunjukkan; membuat pertunjukan. ~가치 [수익] nilai [untung] pertunjukan. ~권 hak pertunjukan. ~물 barang yang dipertunjukkan. ~사 penyelenggara pertunjukan. ~성적 rekor nilai pertunjukan. ~장 tempat pertunjukan. ~주 penyelenggara; promotor. 순회~ pertunjukan keliling. 야간 ~ pertunjukan malam hari.

홍홍거리다 bersenandung; menggerutu; merengek.

흩날리다 meniup jauh; tertiup-tiup.

흩다 berserakan; bertaburan; berhamburan.

흩뜨리다 menyerakkan; menaburkan; menghamburkan.

흩어지다 berpencar; tersebar; terpencar.

희곡(戲曲)drama;sandiwara. ~ 화하다 mendramakan; melakonkan. ~작가 penulis drama.

희구(希求) ~하다 berhasrat; bercita-cita.

희귀(稀貴) ~한 langka; aneh; jarang. ~조 burung langka.

희극(喜劇) komedi; lawakan.~적 lucu; menggelikan; sangat lucu. ~배우 aktor komedi; badut; pelawak. ~영화 film komedi.

희끄무레하다 agak putih; keputih-putihan.

희끗거리다 merasa pusing; menjadi pusing; pening.

희끗희끗 ~한 beruban.

희노애락(喜怒哀樂) ☞ 희로애락.

희다 putih. 살빛[얼굴]이~ berkulit [bermuka] putih.

희대(稀代) langka; jarang; tidak ada tandingan. ~의 영웅 pahlawan tiada tandingannya.

희디희다 putih murni; sangat putih

희뜩거리다 merasa pening.

희뜩희뜩 ~한 beruban.

희로애락(喜怒哀樂) kegembiraan dan kemarahan bercampur dengan kesedihan dan kesenangan. ~을 얼굴에 나타내지 않다 tidak menunjukkan perasaan.

희롱(戲弄)~하다 mempermainkan; mengganggu.

희맑다 putih dan bersih.

희망(希望) harapan; keinginan; impian; maksud; hasrat;~하다 menginginkan; mengharapkan; mencita-citakan;memimpikan; mengasakan.~적인 penuh ke inginan atau kehendak. ~에 찬 젊은 이들 pemuda penuh harapan. 절실한 ~ hasrat yang kuat. ~에 살다 hidup dalam harapan. ~을 걸다 menggantungkan harapan (pada). ~자 orang yang mau; pelamar; bakal; calon. ~조건 syarat yang dikehendaki. ~직명 kedudukan yang dilamar.

희망봉(喜望峰) 『地』 Tanjung Harapan.

회멀쑥하다 cerah dan bersih.
회미(稀微) ~한 samar-samar; guram; suram; muram. ~하게 dengan samar-samar.
회박(稀薄)~한 jarang. 인구가 ~한 berpenduduk jarang.
회번덕거리다 membelalak-belalakkan mata.
회번덕이다 membelalakkan mata.
회보(喜報) berita gembira; khabar baik.
회비(喜悲) kegembiraan dan kesedihan. ~가 엇갈리다 kegembiraan dan kesedihan bercampur aduk. ~극 drama komedi tragis.
회사(喜捨)amal; sumbangan; derma.~하다 beramal; berderma. ~금 uang sumbangan.
회색(喜色) muka gembira; muka berseri-seri. ~이 만면하다 berseri-seri.
회생(犧牲) pengorbanan. ~하다 mengorbankan. ~적 (semangat) pengorbanan. ...을 ~하여 dengan mengorbankan... . ...의~이 되다 menjadi korban (bagi). ... ~자 korban.
회서(稀書) buku langka.
회석(稀釋) 「化」 pengenceran. ~하다 mengencerkan (dengan).~액 larutan encer. ~제 pengencer.
회소(稀少) ~한 langka; sukar didapat. ~가치 nilai kelangkaan. ~물자 benda langka.
회소식(喜消息) berita baik; berita gembira. ~을 전하다 menyampaikan berita baik.
회열(喜悅) kegembiraan.
회염산(稀鹽酸)「化」asam hidroklorat encer.
회원소(稀元素)「化」unsur langka.
회유(稀有) ~한 langka; jarang didapat; tidak biasa.
회질산(稀窒酸) 「化」asam sendawa encer.
회한(稀罕)~한 aneh; langka; ganjil
회화(戲畫)gambar komik; karikatur.
회황산(稀黃酸)「化」asam belerang encer.
회회낙락(喜喜樂樂) ~하다 riang gembira; gembira ria.
흰개미 「蟲」rayap; anai-anai.
흰나비 「蟲」kupu-kupu kubis.
흰자위 ① (눈이) putih mata. ② (달걀의) putih telur.
횡하다 merasa pening.
히로뽕 「藥」 pilopon. ~ 환자 pecandu pilopon.
히말라야산맥(-山脈)pegunungan Himalaya.
히스타민「化」histamin.
히스테리 「醫」 histeris. ~를 일으키다 menjadi histeris.
히아신스「植」sejenis bunga bakung yang harum baunya.
히터 alat pemanas.
히트「野」pukulan. ~치다 memukul. sukses; jasa. ~하다 mendapat kesuksesan.
히피 hippie.
힌두교(- 敎) agama Hindu.~신자 orang Hindu; penganut agama Hindu.
힌트 petunjuk; isyarat. ~를 얻다

mendapat petunjuk (dari).

힐난(詰難) ~하다 menyalahkan; mencela.

힐문(詰問) ~하다 memeriksa dengan teliti; memeriksa kembali; mengusut.

힐책(詰責) ~하다 memarahi; memaki-maki; memaki.

힘① tenaga; kekuatan. ~있는 kuat. ~없는 lemah; letih; lesu; loyo. ~껏 dengan sekuat tenaga. ~이 지치다 sangat lelah; terkuras. ~을 내다 mengerahkan kekuatan. ② semangat. ~없는 murung hati; sedih; hilang harapan. ~없는 목소리로 dengan suara lemah. ③「理」daya; tenaga; energi. ④ kemampuan; kesanggupan. ~이 자라는 한(限) semampu mungkin. 어학의 ~ kemampuan bahasa. ⑤ usaha; daya upaya. 자기~으로 dengan usaha sendiri. ~을 합하여 dengan bekerja sama; dengan gabungan usaha. ⑥(효력) pengaruh; kekuasaan; efek. ⑦ (조력) bantuan; dukungan; sokongan. ...의 ~으로 dengan bantuan (dukungan) dari… ⑧ (어세) penekanan; tekanan. ~을 주어 dengan tegas. ~이 있는 글 kalimat yang kuat. ⑨ (위력) kekuasaan; wewenang; pengaruh; kewibawaan; kekuatan. 돈의 ~ kekuasaan uang. ~의 정치 politik kekuasaan. 여론의~ kekuatan pendapat umum. ⑩ (작용) aksi. 눈에 보이지 않는 ~ aksi yang tidak kelihatan.

힘겨룸 perlombaan kekuatan.

힘겹다 ☞ 힘부치다.

힘들다 sukar; melelahkan; menyusahkan; runyam.

힘들이다 berusaha; bersusah-payah. 일에 ~ bersusah payah dalam pekerjaan.

힘부치다 melebihi kekuatan (kemampuan); diluar kekuasaan.

힘세다 angat kuat; kuat hati; tahan menderita; tangguh; tabah; ulet.

힘쓰다 ① (노력) berusaha keras; mengupayakan; mengikhtiarkan. ② bertekun. 학업에 ~ bertekun dalam belajar. ③ (고심) bersusah-payah. ④ (조력) menolong; membantu; memberikan bantuan.

힘입다 berhutang budi (pada).

힘줄① otot; urat. ~ 투성이의 berotot. 고기 ~ serat daging.

힘차다 sangat kuat; bersemangat; penuh semangat. 힘차게 일하다 bekerja dengan bersemangat; bekerja keras.

A

aba (=aba-aba) 명령, 지휘, 신호; ⓢ seruan, perintah, tanda; Ia memberi ***aba - aba*** untuk memulai pertunjukkan. 그는 쇼를 시작하라고 신호를 주었다;

abad ① 일세기,100년;ⓢ kurun; Umur orang itu sudah mencapai setengah ***abad***. 그 사람의 나이는 이미 반세기에 이른다; Di ***abad*** ke-21 ini masih banyak orang yang punya pandangan kuno. 이 21세기에도 아직 많은 사람들이 낡은 시각을 갖고 있다; ② 영원, 영구; ⓢ kekal; **abad** kedua puluh 20세기; **abad** emas황금기;**abad** pertengahan 중세기;

berabad-abad 수 세기 동안;

abadi 영원한, 영구의, 무한의; ⓢ kekal, selamanya; Hanya kebaikan dialah yang akan menjadi kenangan ***abadi***.그의 선(善)만이 영원한 추억이 될것이다;

abai 게으른, 태만한, 중요시 않는; ⓢ lalai, lupa, lengah;

mengabaikan ① 무시하다, 소홀히 하다,마음에 두지 않다;Jangan ***mengabaikan*** peraturan jika tidak ingin celaka. 사고를 원치 않으면 법규를 무시하지 말아라;

abang 형(兄),누나,친구,(친밀한 호칭으로); ⓢ kakak, saudara tua; Ia punya dua orang ***abang***. 그는 두명의 형을 갖고 있다;

abdi 하인,노예,종;ⓢ budak,hamba, pelayan; **abdi** negara 공무원;

mengabdi 봉사하다;ⓢ melayani; Berapa lama kamu ***mengabdi*** pada keluarga ini? 너는 몇 년 동안이나 이 가족을 모셨는가?

mengabdikan 헌신하다;ⓢ setia; Ia ***mengabdikan*** diri pada bangsanya. 그는 그의 민족을 위해 헌신하였다;

pengabdian 봉사, 헌신; Jangan sia-siakan ***pengabdian*** itu. 그 헌신을 헛되이 하지 말아라;

abjad 문자,자모(子母),알파벳; ⓢ alfabet; Tugas pertamanya menyusun daftar hadir siswa menurut ***abjad***. 그의 첫번째 의무는 출석한 학생 명단을 알파벳 순으로 정리하는 것이다;

abnormal 비정상적인, 이상한; Secara medis, pertumbuhan anak itu ***abnormal***. 의료적으로 그 애의 성장은 비정상적이다;

abolisi 폐지, 폐기;

abon 고기튀김,반찬; Ayah membawa oleh-oleh ***abon*** untuk kami semua. 아버지가 우리 모두를 위해

A

아본을 가져오셨다;

abonemen (예약)구독, 구독료, 정기권; ⓢ uang langganan;

absah 합법적인,유효한,정당한; ⓢ sah, resmi; Surat kontrak ini sudah ***absah*** secara hukum.이 계약은 법적으로 이미 유효하다;

absen 결석한,부재의, 불참한; ⓢ tidak hadir, mangkir;

mengabsen 출석을 부르다;Tiap hari guru ***mengabsen*** siswa.선생님은 매일 학생의 출석을 확인하신다;

absorpsi 흡수, 흡착, 병합;

abstrak추상적인,관념적인,무형의; ⓢ mujarad, niskala;

abu ① 재;air **abu** 잿물;tempat **abu** rokok 담배 재떨이; Jangan membuang ***abu*** rokok sembarangan. 담뱃재를 아무데나 버리지 말아라; ② 먼지;

abu-abu 회색,쥐색;Bajunya berwarna ***abu-abu***;그의 옷은 회색이다.

acak, **mengacak-acak** 거치르게 행동하다; Siapapun dilarang ***mengacak-acak*** pekerjaan di kantor ini. 이 사무실에서는 누구든 일을 무질서하게 해서는 안된다;

acap (=**acap-acap**, **acap kali**) 자주, 흔히; ⓢ kerap kali,sering; Ia ***acap*** kali berbohong kepada orangtuanya. 그는 부모에게 자주 거짓말을 하였다;

acar (소금과 식초에 절인 식품) 야채나 고기;

acara ① 일정, 의제, 행사, 주제; Kalau nanti malam tak ada ***acara*** lebih baik beristirahat saja. 오늘 밤에 일정이 없다면 쉬는게 좋을 것같다; ② 소송, 사법상의 절차; ③ 사법권,재판권;④ 의식; berita **acara** 공문서; pokok **acara** 논재, 주제; tata **acara** 프로그램; tertib **acara** 의사 규칙;

pengacara 사회자, 변호인; ⓢ advokat;

acuh 돌보다, 시중들다,정성을 들이다; ⓢ menaruh perhatian,peduli; **tak acuh** 무관심한;

acuh tak acuh 주의를 기울이지 않다, 무관심하게 행동하다;Perempuan itu ***acuh tak acuh*** saat lelaki itu menyatakan cinta kepadanya. 그녀는 남자의 구애에도 무관심했다.

mengacuhkan돌보다,~에 주의를 기울이다; ⓢ menghiraukan, peduli, mengindahkan; Ia selalu ***mengacuhkan*** perkataan orang tuanya. 그는 항상 부모의 말씀에 주의를 기울였다;

acung ① (=**mengacungkan**) 손을 들다,거수하다;ⓢ menunjuk ke atas, mengangkat tangan; Dengan serentak mereka ***mengacungkan*** tangan. 그들은 동시에 손을 들었다; ② 지시하다;

mengacungkan (표적을) 겨냥하다; ⓢ mengacukan, menunjukkan, menodongkan; Orang itu ***mengacungkan*** senjatanya pada kami. 그 사람이 우리들에게 그 무기를 겨누었다;

ada ① 있다,존재하다; ② 머무르다, 체류하다; ③ 소유하다;ⓢ mempunyai; Saya ***ada*** sedikit waktu untuk berdiskusi denganmu. 나는 너와 토론할 시간이 조금 있다; ④ (~에)

있다; Ia tidak *ada* di rumahnya. 그는 집에 없다; ⑤ 존재하는; ⑥ 우연히 있다;*Ada* orang disini?여기 사람 있는가? ⑦ 출석하다; ⓢ ya, hadir; Ia *ada* di pesta itu. 그는 그 연회에 참석해 있다;

ada-ada 믿을 수 없는;

berada ① 살다, 있다, 체류하다; ⓢ berdiam, tinggal; Ia *berada* di Surabaya. 그는 수라바야에 있다; ② 유복한, 부유한; ⓢ kaya; Keluarganya termasuk orang yang cukup *berada*.그의 가족은 충분히 있을 만큼 있는 부유층에 속한다;

berada-ada 있는 채하다; Mereka hanya *berada-ada* agar orang percaya.그들은 단지 사람들이 믿도록 있는채한다;

mengada-ada ① 만들다, 발명하다,창작하다;ⓢ membohong; Jangan suka *mengada-ada*, tak baik. 거짓말하기 좋아하지 말아라 좋지 않다; ② 허풍떨다,과장하다;ⓢ melebih-lebihkan; Orang itu amat suka *mengada-ada* keadaan keluarganya supaya orang kagum padanya. 그 사람은 그를 사람들이 존경하도록 그의 가족 상태에 대해 과장을 잘 한다;

mengadakan ① 거행하다, 개최하다; Ia *mengadakan* jamuan makan malam dengan rekan bisnisnya yang baru.그는 그의 새 사업 파트너와 저녁 만찬을 하였다; ② 주다, 열다,행하다; ⓢ melakukan; ③ 창조하다, 만들다; ⓢ menciptakan; Tuhanlah yang *mengadakan* bumi dan langit. 하느님이 천지를 창조했다; Tuhanlah yang *mengadakan* alam ini. 이 세상을 창조한 것은 하느님이다;④ 제기하다,논쟁하다,나서게 하다; Ia *mengadakan* bantahan. 그는 반론을 제기 했다; ⑤ ~을 야기시키다;⑥ 세우다,짓다; ⓢ mendirikan;

keadaan ① 사정,상태, 정세; ⓢ situasi, suasana, hal; Kita harus berusaha agar *keadaan* ekonomi negara ini membaik. 우리는 이 나라의 경제를 살리기 위해 노력해야 한다; ② 상황,형편; ⓢ kondisi; **keadaan** bahaya 위험 수위; keadaan terpaksa 비상 상태;

pengadaan 존재, 있음;

seadanya 있는 그대로, 있는 것 모두; Silahkan menikmati hidangan ini *seadanya*. 변변치 않지만 맛있게 드십시오;

adakah ~입니까?; *Adakah* jalan untuk kita meraih impian itu? 그 꿈을 이루기 위한 방법이 있습니까?

adab ① 공손함, 정중한; ⓢ budi bahasa, kesopanan; *Adab* terhadap orang tua itu merupakan kewajiban. 부모에게 공손해야 하는 것은 의무이다; ② 교양,예절;ⓢ kebudayaan, tamadun;

beradab ① 공손한, 정중한; ⓢ sopan; ② 예절바른, 교양있는; ⓢ berkebudayaan; Anak itu sungguh kurang *beradab!* 그 아이는 정말로 예절이 없다;

Adam ① 아담; ② 지구,세상; ⓢ bumi, tanah;

adat ① 습관,예사,보통일;ⓢ kebiasaan;*Adat*nya 예사로, 습관적으로;

Bangun terlambat adalah *adat* anak itu. 늦잠자는 것은 그 아이의 습관이다; ② 관습, 풍습, 전통; ⓢ peraturan; Menurut *adat* bangsa Indonesia, tidak baik bertamu larut malam. 인도네시아 전통에 따르면 깊은 밤에 손님을 받는 것은 좋지 않은 것이다; **adat** bahasa 바른 예의 범절; **adat** istiadat 풍습,관습; hukum **adat** 관습 법; menurut **adat** 금언; **adat** lembaga 관례;

adegan 장면, 막; Dia melakukan kesalahan saat mementaskan *adegan* itu. 그는 그 장면에서 잘못을 행하였다;

adik 동생; ⓢ saudara muda; adik sepupu 사촌 동생;Ia amat menyayangi *adik*nya. 그는 그의 동생을 아주 아낀다;

adil 올바른, 공정한, 합법적인; ⓢ benar, lurus, jujur; Hakim senior itu selalu berlaku *adil* dalam tiap persidangan. 그 원로 판사는 모든 재판에서 공정하다;

mengadili 판결하다, 조사하다; ⓢ memeriksa; Siapa hakim yang *mengadili* dalam kasus penipuan itu?그 사기 사건을 재판할 판사는 누구인가?

keadilan 정의,공정;ⓢkebenaran; *Keadilan* sosial sungguh sulit di terapkan dalam kondisi seperti ini. 이런 상황에서 진정한 사회정의를 수용하기란 정말로 어려운 일이다;

ketidakadilan 불의, 부정; *Ketidakadilan* banyak terjadi di dunia ini.이 세상엔 많은 불공정한 일이 일어난다;

pengadilan ① 법정,법원;ⓢmahkamah; ② 사법부,사법권; ③ 개정; *Pengadilan* menjatuhkan vonis 5 tahun penjara pada terdakwa kasus pembunuhan berantai itu. 법정은 그 연쇄 살인 사건의 피고를 5년 감옥형에 처했다;**Pengadilan** negeri 지방법원;**Pengadilan** tentara 군사 재판소;**Pengadilan** tinggi 고등 법원.

peradilan 사법 사무; Di butuhkan banyak waktu untuk membenahi dunia *peradilan* di negara ini. 이 나라의 법조계를 바로잡기 위해서는 많은 시간이 필요하다;

adinda ① 동생(서간 용어로쓰임); ② 아내, 애인, 왕후의 비;

administrasi 행정,경리,서무; Ia bekerja sebagai pegawai *administrasi* di perusahaan asing. 그는 외국 회사에서 사무직원으로 일한다.

administratif 행정상의,경영상; Kota Depok dulunya termasuk salah satu kota *administratif.* 이전에 데뽁시는 행정 도시 중의 하나였다;

administratur 행정관, 사무관;

adu, beradu ① 충돌하다,경쟁하다; ⓢ sabung,tubruk,langgar; Ia menjadi juara dalam *adu* debat tahunan di kalangan pelajar. 그는 학생들의 년(年) 토론 대회에서 챔피언이 되었다; Mobilnya rusak parah ketika *beradu* dengan bus. 버스와 충돌하는 바람에 차가 심하게 부숴졌다; kena **adu** 소송을 당하다; **adu** ayam 투계(鬪鷄); **beradu** lari 경주하다; **beradu** kuat 힘 겨루기를 하다; ② 쉬다;

mengadu 불평하다; Anak kecil

itu *mengadu* pada ibunya sambil menangis tersedu-sedu. 그 아이는 심하게 울며 엄마에게 호소하였다; **mengadu** tuah 기회를 잡다;**mengadukan** 고소(告訴)하다; Dia *mengadukan* penipuan itu ke kantor polisi. 그는 그 사기를 경찰 서에 고소하였다;

mengadudomba싸우다,시합하다. Ia sengaja berbuat itu dengan tujuan *mengadudomba.* 그는 일부러 싸움을 붙이려 그렇게 했다;

mengadudombakan 싸움을 붙이다, 싸움을 시키다; Ia *mengadudombakan* kedua saudaranya dengan tujuan menguasai warisan orang tua.그는 부모 유산을 장악할 목적으로 두 형제 간에 싸움을 붙였다;

pengadu 소송인; Karena perbuatannya, ia dijuluki si *pengadu.* 그런 그의 행위 때문에 고발쟁이라 불렸다;

pengaduan 소송, 고소;

peraduan 침실; Ketika malam tiba, ia kembali ke *peraduan*nya. 그는 밤이되었을 때 그의 침대로 돌아왔다;

aduh 아아! 아듀(감탄);

mengaduh 슬퍼하다, 애도하다;

aduhai ⓢ aduh;

aduk, mengaduk ①뒤섞다,휘젓다; Semua bahan baku itu harus di *aduk* sampai rata.모든 재료가 골고루 잘 섞여야 한다; ② 치다,두드리다, 난타하다 ③ 섞다; ⓢ campur, kocok, kacau; Ia *mengaduk* semua bahan makanan itu untuk mendapat hasil yang optimal. 그녀는 맛이 아주 좋도록 모든 음식 재료를 잘 혼합하였다;

mengaduk-aduk ① 상하로 돌리다; ② 꼬깃꼬깃하게 하다,난잡하게 하다; Dilarang *mengaduk-aduk* makanan ini! 이 음식을 섞지마라;

pengadukan semen 시멘트 혼합기;

adukan 믹서, 교반기 (攪拌機), 혼합기(混合機);

advokat 변호사;

afal 암기(暗記) ☞ hafal, apal;

agak *agak* sedikit 약간, 좀, 다소; ⓢ kira,sedikit;Pekerjaan ini butuh waktu *agak* lama. 이 일은 다소 시간이 필요합니다;

agama 종교;

beragama ① 종교를 믿다;Sebagai umat yang *beragama,* kita wajib menghormati orang lain. 종교인으로서 우리가 타인을 존중하는 것은 의무이다; ② 종교적이 되다;

keagamaan 신앙; **keagamaan** kristen 기독교 (신교); **keagamaan** Nasrani 기독교 (구교);

agar ~하기 위하여;ⓢsupaya,hendaklah; Saya akan berusaha *agar* pekerjaan ini cepat selesai.내가 이 일을 빨리 끝내도록 노력하겠다;

agar supaya ~하기 위하여; Tiap orang harus selalu berusaha *agar supaya* mendapat hasil yang optimal.모든 사람들은 좋은 결과를 얻을 수 있도록 항상 노력한다;

agen ① 지점,대리점; ② 대리인; **agen** tunggal 총 대리점;

agenda 의제, 협의사항, 비망록;

Ⓢ acara, buku catatan; Catatlah tiap tugas yang diberikan di dalam buku *agenda.* 비망록에 맡겨진 의미 하나하나를 적어라;

agitasi 동요,흥분,선동;Ⓢhasutan; Jangan termakan *agitasi* murahan itu!그 싸구려 선동에 당하지 말아라.

agraria 농업,토지문제;Ⓢ pertanian,urusan tanah; Perusahaan itu bergerak di bidang *agraria*.그 회사는 농업관련 분야에서 활동한다;

agresi 침략, 침해, 공격, 침범; Ⓢ penyerangan,penyerbuan, aksi; Kita harus membina hubungan baik dengan negara lain supaya tidak terjadi *agresi*. 우리는 침략을 받지 않기 위해서 다른 나라와 좋은 관계를 맺어야 한다;

agresif 공격의,침략적인; Ⓢ galak, ganas, liar, genit;

agung 위대한, 고귀한, 당당한, 중요한;Ⓢ besar,mulia,tinggi; Gedung Putih terlihat sangat *agung*. 흰 건물은 매우 당당했다; Jaksa **agung** 검찰총장;tiang **agung** (배의)큰 돛대, 메인 마스트;tamu **agung** 귀빈;

mengagungkan ① 찬미하다; ② 칭찬하다; **mengagungkan** diri 자랑하다, 뽐내다, 자만하다;

agustus 8월.

ahad 일요일; Ⓢ hari Minggu; *ahad* palem종교상의 일요일,주일;

ahli ① 전문가,숙련가; ② 정통한, ~에 숙련된;Ⓢ menguasai bidang pekerjaannya; **ahli** waris 유산 상속인; **ahli** hukum 법률가; **ahli** bedah 외과 의사; Ayahnya seorang *ahli* bedah terkenal di Jakarta. 그의 부친은 자카르타에서 유명한 외과 의사였다; **ahli** sejarah 역사가;

aib ① 수치, 창피, 불명예, 추문; Ⓢ cela, hina, nama buruk; memberi *aib* 비난하다;menaruh *aib* 부끄럽게 생각하다; ② 실수, 잘못; Janganlah kita memberi *aib* pada keluarga. 우리가 가문에 수치를 주지 말자;

mengaibkan ① 창피를 주다; Jangan suka *mengaibkan* orang. 남을 창피하게 하는 것을 좋아하지 말라; ② 비난하다, 더럽히다; Kelakuan itu dianggap *mengaibkan* keluarganya.그 행위는 가족의 체면을 훼손시키는 것으로 생각된다;

air ① 물;② 즙(汁),액체;Ⓢ cairan, zat cair; ③ 강; Ⓢ sungai ④ 음료수; **air** teh 차(茶); **air** api 염산; **air** bah, **air** banjir 홍수; **air** batu, **air** beku 얼음; **air** kencing 오줌, 소변; **air** keras 산(酸); **air** ledeng 수도(관); **air** ludah 침; **air** mani 정액; **air** mata 눈물; **air** mentah 생수; **air** mancur 분수; **air** murni 깨끗한 물; **air** muka 안색; **air** raksa 수은; **air** sembahyang 성수(聖水); **air** susu 우유; **air** terjun 폭포수; buang **air** besar 똥누다; buang **air** kecil 오줌 누다; cacar **air** 수두;gelembung **air** 거품,기포(氣泡); mata **air** 샘,원천; pintu **air** 수문; tahan **air** 방수; tanah **air** 조국, 고향;

berair 수분이 있는;Ⓢbasah,mengadung air; Di musim panas, hewan-hewan pindah ke daerah yang lebih *berair*. 건기에는 동물들이 물이 더 많은 지역으로 이동

한다;
mengair ① 물이 되다, 액체로 변하다;② 물과 같이,물처럼(맑은);
mengairi 관개(灌漑)하다; Di musim kering para petani *mengairi* sawahnya. 건기에 농민들은 논에 물을 대준다;
keairan ① 수해를 입은,물에 잠긴, 물을 뒤집어쓴; ② (물이) 새는;
pengairan 관개,용수;Sistem *pengairan* di Bali sangat terkenal. 발리의 관개 체계는 아주 유명하다;
perairan 영해(領海),수역(水域); Batas *perairan* negara ini diatur dalam Undang-Undang. 이 나라의 수역경계는 법으로 정해져 있다;
aja 단지, 오직, 다만.
ajak, mengajak 대려 가다; Ayah *mengajak* kami untuk berlibur ke Bali. 아버지는 휴가에 우리들을 발리애 대려갔다;
ajaib 이상한, 놀라운, 별난, 기적적인; ⓢ aneh, ganjil, luar biasa;
mengajaibkan 놀랄만한, 기적적인; Orang-orang *mengajaibkan* kejadian saat Musa berdoa. 사람들은 모세가 기도할 때 일으난 일에 놀라워했다;
keajaiban 경이,기적;ⓢ keanehan, mukjizat; Candi Borobudur termasuk salah satu *keajaiban* dunia. 보로부드르 사원은 세계 불가사의 중 하나에 들어간다;
ajak,mengajak ① 초대하다,청하다; ⓢ anjur,undang; Ayah *mengajak* kami semua berlibur ke Bali. 아버지는 우리 모두를 발리로 놀러 가도록 초대했다; ② 권유하다; ③ 충동하다, 격려하다; ④ 도전하다;
pengajak 권유,유인, 권유자;
ajakan ① 초대; ② 도전; ③ 격려, 고무, 자극; Rasanya sulit untuk menolak *ajakan* itu. 나도 그 초대를 거절하기가 어려울 것 같다;
ajal 수명, 죽음, 임종; ⓢ batas hidup, mati, meninggal; *Ajal* itu yang menentukan adalah Tuhan. 인명을 결정하는 것은 하느님이다; **ajal** samar 예측할 수 없는 죽음; tiba **ajal**nya,menemui **ajal**nya 죽다; sedang menghadapi **ajal** 임종에 이르다;
ajar 교수,교육,지도, 훈육; ⓢ didik, latih, nasihat; kurang **ajar** 무험한, 예의를 모르는; Ia tumbuh menjadi anak yang kurang *ajar*.그가 성장해서 예의를 모르는 아이가 되었다;
belajar 공부하다,배우다;ⓢ berlatih, menuntut; Sekarang sudah tiba waktunya *belajar*. 이제는 공부해야할 시간이다;
mengajar 가르치다, 강의하다, 훈련하다, 교훈을 주다; ⓢ memberi tahu, memberi pelajaran; Ia *mengajar* bahasa Indonesia bagi murid-murid asing. 그는 외국인 학생들에게 인도네시아어를 가르친다;
mengajari ① 가르치다, 훈련시키다; ⓢ melatih; Dia *mengajari* teknik bernyanyi yang baik. 그는 노래를 잘하기 위한 방법을 가르친다; ② 비난하다, 책망하다;
mengajarkan 가르치다;
mempelajari 배우다, 연구하다, 연습하다; ⓢ menelaah, menyeli-

A

diki, studi; Ia sedang *mempelajari* teknik bermain musik yang benar. 그는 제대로 음악하는 방법을 배우고 있는 중이다;

pelajar 학생, 생도; ⓢ murid, siswa, penuntut; Hari ini ia resmi sebagai *pelajar* sekolah ini. 오늘 정식으로 그는 이 학교의 학생이 되었다.

pelajaran 학과, 과정 ⓢ latihan, sesuatu yang dipelajari; Ia menemui kesulitan dalam *pelajaran* berhitung.그는 계산 과목에서 어려움을 겪고 있다;

pengajar 선생,지도 교사;ⓢ guru, dosen; Orang itu adalah salah satu *pengajar* terbaik di sekolah ini.그 사람은 이 학교에서 가장 좋은 선생님 중 한 분이다;

terpelajar 교육받은; Anak itu termasuk golongan orang-orang yang *terpelajar*. 그 아이는 교육받은 계층에 들어간다;

ajaran ① 강의; ② 이론, 학설; ③ 교리,주의; ④ 신조; *Ajaran* itu telah tertanam di hatinya sejak kecil. 그 신조는 어릴 때부터 그의 마음 속에 심어져 있었다;

aju, **mengajukan** ① 제기하다, 제의하다, 항의하다; Ia *mengajukan* naik banding atas keputusan hakim dalam persidangan itu.그는 그 재판에서 내린 판사의 결정에 항소하였다; ② 제출하다, 신청하다; Dalam kasus pembunuhan itu, Jaksa *mengajukan* bukti sebuah benda tajam. 검사는 그 살인 사건에서 날카로운 물건 하나를 증거로 제출하였다; ③ 보내다; ④ 제안하다;ⓢ mengemukakan, menyodorkan, menampilkan;

ajudan ① 부관(副官), 조수; ② 하사관의 우두머리;ⓢ penjaga, pengawal, pengiring; Pamannya adalah seorang *ajudan* jenderal. 그의 아저씨는 장군의 참모이다;

akad ① 계약, 협정, 약속; ⓢ janji, kontrak; ② 동의,합의; **akad** bawah tangan 비밀 계약; **akad** jual beli 매매 계약;

berakad 계약하다; **berakad** nikah 혼약(婚約); Besok ia akan *berakad* nikah disini. 그는 내일 이곳에서 결혼식을 거행한다;

akademi ① 학당(學堂),학교; ② 단과대학; ⓢ perguruan tinggi, sekolah tinggi; Ia tercatat sebagai mahasiswi *akademi* tersebut. 그녀는 예의 전문대학의 학생으로 등록되었다;

akademis 대학의, 학문적으로; Ia termasuk orang yang pintar dalam hal *akademis*.그는 학술적인 면에서 뛰어난 사람에 속한다;

akal ① 지혜, 기지, 사고; ⓢ alat berpikir, daya pikir; Jika mengerjakan suatu hal harus pakai *akal*. 어떤 일을 하려면 지혜를 사용하여야 한다; ②수단,방법,책략; ⓢ jalan, cara; Kita harus menemukan *akal* untuk keluar dari masalah ini. 우리가 이 문제에서 벗어나기 위한 방책을 찾아야 한다; ③ 간계(奸計),허위; ⓢ muslihat, kelicikan; tidak masuk **akal**. 용납되지 않는, 논리적이 아닌; kurang **akal**

사려가 깊지 못한; tahu **akal** 충분히 생각한;panjang **akal** 사려깊은; **akal** pendek 어리석은, 바보스런; **akal** budi 상식,지능; **akal** bulus (kancil) 간계, 계략; **akal** geladak 사악한 책략; **akal** melintas 영감, 인스피레이션; habis (hilang, putus) **akal** 당황하다, 허둥대다;

berakal 영리한, 지적(知的)인; ⓢ pintar,pandai; Orang itu adalah orang yang ***berakal.*** 그 사람은 지적인 사람이다;

akan ① ~할 것이다; ⓢ bakal; Saya ***akan*** ke rumahmu nanti sore. 내가 이따 오후에 너희 집에 가겠다; ② ~에 대한; ⓢ mengenai; Ia masih memegang teguh ***akan*** janjinya dulu. 그는 아직도 전의 그 약속을 굳게 믿고 있다; ③ ~를 위한; ⓢ untuk, bagi;

akan tetapi ① 그러나; Anak itu kecil ***akan tetapi*** ia kuat. 그 아이는 어리지만 강하다; ② 아직, 여전히; Walaupun badannya kecil ***akan tetapi*** ia sangat kuat. 몸은 작지만 그러나 매우 강하다;

seakan-akan 마치 ~인 것처럼; ⓢ seolah-olah, seperti; Bertobatlah kamu ***seakan-akan*** kamu mati besok. 내일 죽는 것처럼 생각하고 회개하라;

akar ① 뿌리; Pohon ini ***akar***nya sangat kuat.이 나무의 뿌리는 매우 강하다; ② 시작,기원,근원;③ (akar kata) 어근(語根);

akbar 위대한, 장대한; ⓢ agung, besar, raya; kongres **akbar** 총회; mesjid **akbar** 거대한 회교사원;

akhir 끝,종말,최후; ⓢ belakang, kesudahan, akibat, hasil; **akhir-akhir** ini, pada **akhir** ini 최근에;

berakhir 끝나다,끝마치다;ⓢ habis, selesai, tamat; Rapat itu ***berakhir*** pada jam 12. 그 회의는 12시에 끝났다;

berakhirkan ~으로 끝나다, 결국 ~이 되다; Penantian ini ***berakhirkan*** dengan sia-sia. 이 기다림은 헛되이 끝났다;

mengakhiri 끝내다, 귀결되다; ⓢ menghabisi; Ia akan ***mengakhiri*** kunjungannya di kota ini minggu depan.그는 이 도시의 방문 일정을 다음 주에 끝낼 것이다;

terakhir 마지막의,최후의,최종의, 최근의; ⓢ dibelakang sekali,kemudian sekali; Ini adalah kereta ***terakhir*** menuju Yogyakarta untuk hari ini. 이 기차가 오늘 족자카르타로 가는 마지막 기차이다;

akhiran 접미사; Sebutkan beberapa jenis ***akhiran!*** 몇 가지 접미사를 말해 보아라!;

akhirnya 드디어, 결국; ***Akhirnya*** pengorbanannya memperlihatkan hasil sepadan. 결국에는 그 희생이 걸맞는 결과를 보여 주었다;

akhirat 내세(來世), 저승; dunia akhirat 현세와 내세, 영원한; ilmu akhirat 종말론; Janganlah kita melupakan kehidupan di ***akhirat*** kelak. 내세의 생을 잊지 말라;

akhlak 성격,성질,도덕,윤리;krisis **akhlak** 도덕의 붕괴; pendidikan **akhlak** 도덕 교육; berakhlak **tinggi** 좋은 성품을 갖다; Orang itu adalah seseorang yang punya ***akhlak*** baik. 그 사람은 좋은 성품을 지니고 있는 사람일 것이다;

akibat 결과, 결말, 끝; ⓢ akhir, hasil, kesudahan, risiko; sebagai akibat ~의 결과로서; akibat besar 결과,결말; Hal ini akan memberi ***akibat*** yang buruk di masa yang akan datang. 이 일은 향후 나쁜 결과를 줄 것이다;

berakibat~로 끝나다;ⓢ berakhir dengan; Tidak mengikuti peraturan lalu lintas bisa ***berakibat*** fatal. 교통법규를 지키지 않는 것은 치명적인 결과가 될수 있다;

mengakibatkan 귀착하다, 초래하다, 귀결되다; Membuang sampah di aliran air dapat ***mengakibatkan*** banjir.수로에 쓰레기를 버리는 것은 홍수를 일으키게 한다;

akibatnya결과적으로,마지막으로; ⓢ akhirnya, hasilnya; Beginilah ***akibatnya*** jika tak mendengar nasehat orangtua.부모의 충고를 듣지 않으면 결과는 이렇다;

akomodasi 출장비; ***Akomodasi*** ditanggung oleh perusahaan. 모든 출장비는 회사에서 책임진다;

akrab 친밀한,가까운 사이의;Berteman ***akrab***. 우리는 절친한 친구이다;

aku ① 나는, 저는; ⓢ saya, beta, kami; ② 자신;***Aku*** ingin pergi dari tempat ini. 나는 여기서 떠나가고 싶다;

mengaku ① 자인하다, 고백하다; ⓢ membenarkan,menyatakan; Dia ***mengaku*** salah telah membohongi orang tuanya. 그는 부모들에게 거짓말한 것을 고백하였다; ② 자기 것으로 간주하다; ⓢ menganggap; Jangan ***mengakui*** sesuatu yang bukan milikmu! 네 소유가 아닌 것을 네 것인양 하지 말아라;③ ~임을 주장하다; Ia ***mengaku*** tak bisa melanjutkan pekerjaan itu lagi. 그는 그 일을 다시 계속할 수 없다고 주장했다;

mengakui ① ~을 시인하다; Ia ***mengakui*** bahwa masalah itu di sebabkan oleh kesalahan pegawainya. 그는 그 문제는 그의 직원 잘못이라는 것을 시인하였다; ② 자백하다; ③ 승인하다, 공인하다;

alam 자연,국토, 우주; ⓢ daerah, dunia, lingkungan; ***Alam*** di kota ini sangatlah bersahabat. 이 도시의 자연 환경은 아주 자연 친화적이다;

mengalami ~을 경험하다;ⓢ merasa, menanggung; Saya tidak mau ***mengalami*** hal seperti ini lagi. 나는 이런 일을 다시 경험하고 싶지 않다;

alamat ① 주소; ⓢ tempat tinggal; si alamat 수신인; dengan alamat 전교(轉交), ~씨 댁; Dimanakah ***alamat*** tempat tinggal Anda? 당신이 살고 있는 주소는 어디입니까? ② 표시, 방향; ⓢ tanda; Itu ***alamat***nya bahwa dia telah berbohong. 그게 그가 거짓말했다는 표시이다; ③ 목적,목표; ⓢ tujuan, sasaran; Surat ini salah ***alamat***.. 이 편지는 잘못 배달되었다; ④ 제목;

beralamat ① 주소를 갖다; Surat itu tidak ***beralamat*** di Jakarta.

그 편지의 주소는 자카르타에 없다; ② 가리키다,지시하다;Awan gelap, *alamat* akan turun hujan. 검은 구름은 비가 올 징조다; ③ 이름이 붙여지다;

mengalamatkan ①주소를 쓰다; ② 예고하다, 징조를 나타내다;

alamiah 자연적인, 자연에 관한.

alang 대각선(의),가로의,열십자로; ⓢ lintang, rintang, hambat;

mengalang ① 괴롭히다, 막다; Akibat tersambar petir, pohon besar itu kini *mengalang* di jalan. 그 큰 나무가 벼락을 맞아 길을 가로 막고 있다; ② 방해하다,저지하다; Ia *mengalang* saya untuk bertemu dengan orang tuanya. 그는 내가 그의 부모를 만나는 것을 막고 있었다;

mengalangi~을 방해하다;Jangan *mengalangi* karir saya untuk maju! 내 발전을 위한 경력을 방해하지 말아라;

pengalang 방해;Jangan biarkan aku menjadi *penghalang* kepergianmu.너와의 이별에 내가 장애가 되지 않도록 해라;

alang-alang 잡초;Disana banyak tumbuh *alang-alang*.거기는 잡초가 많이 자란다;

alas ① 안받침,(책)상보,알맹이; ⓢ lapik; Tolong ambilkan *alas* meja ini. 이 책상보를 좀 가져다 주시오; ② 기초,근거,토대;ⓢ dasar,pondamen; ③ 시트 (침대)보; **alas** rumah 집의 토대;**alas** baju 옷의 안감; **alas** kata 서언; **alas** perut 조반, 아침식사; alas cangkir 컵의 받침;

beralasan 근거를 둔,튼튼한; ⓢ berdasar, berpondamen; Pernyataannya tidak *beralasan* kuat. 그 진술은 확고한 근거가 없다;

mengalasi 덮다,깔다; Ia *mengalasi* tempat tidurnya dengan kain. 그는 침대에 천을 깔았다;

mengalaskan ① 받침을 놓다;② ~에 근거를 두다;

alasan ① 이유,동기; Apalagi *alasan*mu kali ini? 이번에는 또 무슨 핑계인가? ② 기초, 기본;

alat ① 도구,용구,수단;ⓢ perabot, instrumen;② 기구,조직체,기관(器官,機關);**alat** tukang kayu목수의 연장; **alat** pertanian 농기구; **alat** bicara 마이크로폰; **alat** kantor 사무용품; **alat** kekuasaan, **alat** negara 국가권력; **alat** kelamin 성기(性器); **alat** napas 호흡기;**alat** olahraga 운동구; **alat** pemanas 라디에이터, 방열기; **alat** pembayaran 통화(通貨); **alat** pengajaran 교재(教材);**alat** pembayaran luar negeri 외환(外換); **alat** pencernaan 소화기 (消化器); **alat** perang, **alat** senjata 병기 (兵器); **alat** pengeras suara 스피커,확성기;

memperalat 이용하다,조종하다; Dia *memperalat* semua orang untuk mendapatkan keinginannya. 그는 그의 욕심을 위해 모든 사람들을 이용했다;

memperalati 갖추다, 장비(裝備)하다; Ia *memperalati* anggotanya dengan peralatan tempur. 그는 모든 대원들을 전투 장비로 무장시켰다;

peralatan장비,장치; ⓢperbekalan,

perlengkapan; Semua ***peralatan*** sudah disiapkan untuk pendakian besok.내일 등반을 위해 모든 장비가 이미 준비되어 있다;

album 앨범,사진첩; Semua kenangan itu ia simpan di dalam ***album.*** 그는 모든 추억을 사진첩에 보관하고 있다; ⓢ buku foto;

algojo 집행자, 잔인한 사람; Dalam peristiwa itu, ia bertindak sebagai ***algojo.*** 그 사건에서 그는 행동대원으로 움직였다; ⓢ penghukum, pembunuh;

alhamdulillah 신께 감사하나이다;

alhasil 궁극적으로, 결국; Karena kecerobohannya,***alhasil*** malah berantakan. 그의 부주의로 인해 결국 엉망이 되었다;ⓢ akibatnya, akhirnya, jadinya;

alias 별명~,일명(一名)~;Namanya Ali ***alias*** Samin. 알리 일명 사민;

alibi 알리바이, 현장 부재 증명; Ia tidak memiliki ***alibi*** dalam perkara itu.그는 그 사건에 알리바이가 없다.

alih 이전하다, 바꾸다, 옮기다; ⓢ pindah, tukar, mengambil **alih** 대신 들어서다, 떠맡다; Mulai hari ini, ia mengambil ***alih*** tugas itu. 오늘부터 그는 그 임무를 맡게 되었다;

alihkan 주의를 환기시키다; Karena kecewa,ia ***alihkan*** perhatiannya pada orang lain.실망 스러워서 그는 다른 사람에게 주의를 돌렸다;

beralih 옮기다, 바꾸다; Jaman sekarang modus kejahatan sudah ***beralih*** menjadi lebih canggih.지금 시대에는 범죄 유형이 더욱 정교해졌다; **beralih** pada acara yang baru 새로운 계획으로 바꾸다; **beralih** rumah 이사하다; angin **beralih** 방향이 바뀌다; **beralih** akal 생각을 바꾸다;bintang **beralih** 유성; jaman **beralih** 시대 변천; **beralih** laku 행동을 바꾸다; **beralih** pikiran 사고를 바꾸다;

mengalihkan 바꾸다,옮기다,변경시키다; Jaksa ***mengalihkan*** tuduhan pada tersangka lain.검사는 죄목을 다른 용의자로 변경시켰다; **mengalih nama** 이름을 바꾸다; **mengalih** langkah 일을 바꾸다;

peralihan 변천,변환; Pada masa ***peralihan*** cuaca seperti sekarang ini,banyak orang yang sakit. 지금 같은 환절기에는 많은 사람들이 아프다;aturan **peralihan** 임시 대책; jaman **peralihan** 변천 시기; pajak **peralihan** 과도기; pemerintah **peralihan** 임시 정부; **peralihan** pemerintahan 정부 이양;

alim ① 학식있는, 현명한; ⓢ pintar dalam hal agama; ② 종교를 가진, 신앙심이 있는; Ayah adalah orang yang sangat ***alim.*** 아버지는 매우 종교적인 분이다; **alim** ulama 종교 학자;

kealiman 경건,경신(敬神),신앙심; ⓢkepandaian,kesalehan,kesucian; ***Kealiman*** orang itu terkenal sampai ke negeri seberang. 그 사람의 신앙심은 이웃나라에까지 유명하다;

alinea 절(節); Penulisannya telah sampai ke ***alinea*** terakhir. 그의 저술은 이미 마지막 절까지 갔다; ⓢ garis baru, ganti garis;

alir 흐르다, 다른 장소로 이동하다;

mengalir ① 흐르다; ⓢ meleleh; Akibat tidak segera ditangani, darah masih terus *mengalir* dari hidungnya신속히 조치를 취하지 않아 코피가 계속 흐르고 있다; ② 흘러 나오다;Air matanya terus *mengalir* dipipinya. 눈물이 계속 뺨을 흐르고 있다; ③ 넘쳐흐른다; Ucapan bela sungkawa masih terus *mengaliri* keluarga itu. 아직도 조의문이 계속 오고 있다;

mengaliri ~로 흐르다; Sungai Han *mengaliri* Seoul. 한강은 서울을 가로질러 흐른다; Air sungai itu dapat *mengaliri* beratus-ratus hektar sawah.이 강물은 수백 헥타르의 논으로 흘러들어 갈 수 있다;

mengalirkan ①수로를 트다,물을 흐르게 하다;ⓢ melelehkan, menghanyutkan,melimpahkan;Pemerintah terus *mengalirkan* dana bantuan kemanusiaan ke daerah rawan pangan.정부는 계속해서 식량이 부족한 지역에 인도적인 지원금을 보내고 있다; ② 짜내다, 흡수하다;

pengaliran① 흐름, 유출, 표류; Karena dokumennya belum lengkap maka Pemerintah menahan *pengaliran* dana ke perusahaan itu. 정부는 아직 서류가 불충분해서 그 회사의 자금 흐름을 통제하고 있다; ② 경향, 대세;

aliran ① 흐름, 순환; ⓢ lelehan, limpahan; ② 동향, 이념; ⓢ ideologi;③ 도관,수도; ④ 학파; ⓢ golongan; ⑤ 수송관로; ⑥ 시내(물); **aliran** darah 혈액 순환;aliran hawa 기류; **aliran** hulu (hilir) 강의 상류(하류); **aliran** listrik 전류; **aliran** masyarakat 사회풍조;**aliran** zaman 시대 변천;

beraliran 경향을 띠다; **beraliran** garis keras. 강경파 노선;

alis 눈썹; Bentuk *alis*nya sangat indah. 눈썹 모양이 매우 아름답다. ⓢ bulu diatas mata;

aljabar 대수학;ⓢ ilmu hitung;Ia menemui kesulitan dalam pelajaran *aljabar*. 그는 대수 과목에서 어려움을 만났다;

Al-kitab 코란,(이슬람교의)경전;

alkohol 알콜, 주류(酒類);

Allah 알라신; **Allah** azza wajallah 전지 전능의신; **Allah** subhanahu taala 최고의 신 알라신; demi **Allah** 신의 이름으로; hamba **Allah** 인간; insya **Allah** 신의 뜻이라면; karena *Allah* 신의 뜻으로;

almanak 달력,연감;Sesuai dengan *almanak* Jawa, malam 1 Suro jatuh pada malam Jum'at besok. 자바 달력에 따르면 수로 첫 밤은 오는 목요일 밤에 해당된다; ⓢ kalender, penanggalan;

almarhum 고(故)~,고인; ⓢ arwah, mendiang; *Almarhum* Soekarno adalah figur presiden yang tepat untuk memimpin Indonesia. 고 수까르노 대통령이야말로 인도네시아 통치를 위해 꼭 맞는 대통령상이다;

almarhumah 고(故)~(여자에게 쓰임); *Almarhumah* ibunya tentu amat bahagia melihat keadaannya sekarang. 돌아가신 어머니도 현재

상태를 보시면 매우 좋아하실 것이다; ⓢ almarhum (wanita);

almari 찬장,옷장,양복장;ⓢlemari; Koleksi bajunya terletak di *almari* sebelah kanan. 옷들은 옷장의 오른쪽에 정리되어 있다;

alokasi 1산, 배당, 배급, 배치; *Alokasi* dana untuk pengadaan buku sekolah telah disalahgunakan oleh pihak yang terkait.교과서 조달 자금을 관련자들이 유용하였다. ⓢ jatah,pembagian;

alot ① 질긴, 단단한; ② 무거운, 강인한; ③ 결렬; Rapat tadi ini berlangsung *alot* karena masing-masing pihak tidak mau mengalah. 조금 전 회의는 어느 측도 양보하지 않으려하여 바로 결렬이 되었다;

alpa 게으른,부주의한,무관심한; ⓢ lalai, lupa, khilaf; Janganlah *alpa* dalam menjalankan tugas. 근무시 태만하지 말아라;

mengalpakan ~을 무시하다, ~을 게을리하다;

kealpaan ① 생략, 결점, 단점; Saya minta maaf jika ada *kealpaan* yang saya lakukan dalam melaksanakan tugas. 일하는 과정에 내가 잘못한 점이 있다면 용서해 주십시오; ② 무시, 태만;

Al-qur'an코란,(이슬람교의)경전.

altar 제단; Akhirnya kedua orang itu bersanding di *altar*. 결국 그 두사람은 교회 제단 앞에서 결혼하였다;

alu 방아, 절굿대; ⓢ penumbuk;

alumunium 알루미늄; Sendok ini terbuat dari *alumunium*. 이 숟가락은 알미늄으로 만들어져 있다;

alumni 졸업생, 학생, 생도; Saya adalah *alumni* sekolah ini. 나는 이 학교 졸업 동문이다;

amal ① 행위,행동,실행; ⓢ perbuatan,praktek; banyak **amal** sedikit bicara 말을 적게 실천은 바르게; ② 선행(善行); ⓢ kebaikan, perbuatan baik; Ia telah melakukan begitu banyak *amal* perbuatan baik semasa hidupnya 그는 생전에 많은 선행을 행하였다; ③ 사랑,자선,자비;ⓢ sumbangan,dana; **amal** baik 좋은 행동; **amal** soleh 경건한 행위;

beramal ① 선하게 행동하다; Jangan lupa sisihkan rejekimu untuk *beramal* pada orang lain 타인에게 자비를 베풀기 위해 네 복을 나누는 것을 잊지 말아라; ② 기도하다;

mengamalkan ① 실행하다,적용하다; Ia *mengamalkan* ilmunya untuk membantu petani di desanya. 그는 그 마을 농민을 돕기 위해 그의 지식을 활용하였다; ② 수행하다, 실천에 옮기다;

pengamalan ① 선행을 행함;② 실시, 수행,구현; ③ 이행, 실행; Hal itu termasuk *pengamalan* Pancasila. 그 일은 빤짜실라 정신의 구현에 속한다;

amalan ① 선행; ② 습관;

aman ① 평화로운; ⓢ sentosa, tentram, terjaga baik, damai; ② 안전한; **aman** dan sentosa 안녕(安寧)한 **aman** dari ~로부터 도피하다; pasak *aman* 안전장치; **aman** sejahtera 평온한, 평안한;

mengamankan ① 안전을 지키다,평화를 회복하다; Polisi *mengamankan* daerah ini dari kerusuhan massal. 경찰은 군중의 소요로부터 이 지역을 지켰다;② 보관시키다, 넘겨주다; Dia *mengamankan* perhiasannya di dalam kotak deposit di bank. 그녀는 장신구를 은행의 안전상자에 보관시 켰다; ③ 안심시키다;

keamanan ① 치안(治安), 안전; *Keamanan* lingkungan adalah tanggung jawab kita bersama. 주변 치안을 지키는 것은 우리 모두의 의무이다; ② 무사,평온,평안; Dewan *keamanan* 안전보장이사회;

pengaman ① 보호,보호물; ② 조정자;Gunakanlah barang itu sebagai *pengaman* jika terjadi sesuatu. 그 물건은 무슨 일이 일어났을 때 보호 도구로 써라;

pengamanan 강화, 화해; Pemerintah melakukan *pengamanan* dalam rangka menjelang pemilu Presiden. 정부는 대통령 선거에 즈음한 안전차원에서 검문 검색을 강화하였다;

amanat ① 신탁통치(령), 명령; ② 위임,위탁,임명; ③ 평화; ⓢ damai;④ 메시지,전갈,교서(教書),훈시; ⓢketerangan;*Amanat* Penderitaan Rakyat 국민의 고난에 대한 메시지.

beramanat 명령하다, 지령하다; Menjelang Pemilu, Presiden *beramanat* agar masyarakat tak mudah terprovokasi hal apapun. 선거에 즈음하여 대통령은 국민들에게 어떤 일에도 쉽게 동요하지 않도록 메세지를 전했다;

mengamanatkan ① 지시하다, 명령하다;② 헌신하다,바치다; Ayah *mengamanatkan* saya untuk menjaga keharmonisan keluarga ini. 아버지는 이 가족의 화목을 지키도록 말씀하셨다; ③ 위탁하다, 위임하다;

amarah 화난, 분노, 격노;ⓢ berang, gusar; ⓢ marah; Ia berusaha meredam *amarah* yang sudah memuncak itu. 그는 극에 달한 화를 진정하려고 노력했다;

amat ① 매우, 몹시; ⓢ sangat, sekali, terlampau, terlalu; amat mahal 매우 비싼; Sakit hatinya *amat* mendalam. 마음의 상처가 몹시 깊은; Rumah itu *amat* besar. 그 집은 매우크다; ② 지나치게; tinggi amat 지나치게 높은; malas amat 지나치게 게으른;

mengamat-amati ① 관찰하다, 면밀히 살피다; ⓢ memperhatikan, meneliti; Semakin *diamat-amati* lukisan ini semakin indah. 이 그림은 자세히 보면 볼수록 더 아름답다. ② 주의하다, 감시하다, 감독하다; ⓢ mengawasi; Setelah *diamat-amati,* gerakan orang itu semakin aneh.자세히 보니 그 사람의 행동은 점점 더 이상하다;

pengamat 관찰자, 검사관, 검열관. ⓢ pengawas;

pengamatan 관찰, 조사, 검사; pengamatan pembaca 독자 조사;

teramat 매우, 몹시;

ambang ① 문지방,문턱;ⓢdepan, hadapan; ② 창문턱; ③ (철로의)

침목; ⓢ kayu palang; ***ambang* pintu** 문틀;

ambil, **mengambil** 취하다, 얻다, 잡다; **ambil** langkah seribu 달아나다; **ambil** bagian 나누어 갖다; ① 갖다; Siapa yang ***mengambil*** uang saya? 누가 내돈을 가져 갔는가? ② 얻다,불러오다;③ 빼다,공제하다;

ambisi 대망, 염원,포부, 야망; Ia punya ***ambisi*** yang besar untuk memenangkan pertandingan. 그는 시합에 이기기 위한 큰 야망이 있었다;

ambruk 무너지다, 좌절되다;

amnesti 특사(特赦), 대사(大赦); Terdakwa kasus penipuan itu mendapat ***amnesti*** dari Presiden. 그 사기 사건의 피고는 대통령의 사면을 받았다;

amplop 편지 봉투; ⓢ sampul surat; Semua bukti yang mengarah kepadanya ada di dalam ***amplop*** itu. 그에 대한 모든 증거는 그 봉투 안에 있다;

ampuh 강력한, 마법의, 효력있는; ⓢ manjur, mujarab, mustajab; senjata **ampuh** 마법의 총; ***Ampuh*** untuk mengobati penyakit malaria. 키니네는 말라리아 병치료에 강력한 효과가 있다;

keampuhan 초자연력, 마력, 효력. ***Keampuhan*** kina untuk mengobati penyakit malaria sudah popular di kalangan masyarakat. 키니네의 말라리에 대한 특효는 이미 많은 사람들이 알고 있다;

ampun ① 용서, 사면(赦免); ⓢ maaf; minta **ampun** (=minta maaf) 용서를 빌다; Ia minta ***ampun*** kepada orang tuanya.그는 부모에게 용서를 빌었다;② 자비;ⓢ kasihan; ③ 사과;

mengampuni ~를 용서하다; Semoga ia ***mengampuni*** kesalahanku. 그가 내 잘못을 용서해 주기를 바란다;

mengampunkan ~을 용서하다; Sesungguhnya kamu harus ***mengampunkan*** kesalahannya. 진심으로 당신은 그의 잘못을 용서하셔야만 합니다;

keampunan 용서, 사면;

pengampun 이해심이 많은 사람; Sesungguhnya ia adalah orang yang sangat ***pengampun.***그는 이해심이 많은 사람이다;

pengampunan 용서; Dia sangat mengharapkan ***pengampunan*** dari orang tuanya.그는 진정으로 부모님이 용서해 주기를 바랬다;

ampunan ① (=keampunan)용서, 은사(恩赦); ② (=pengampunan) 방면(放免); Akhirnya orang tuanya memberikan ***ampunan*** atas kesalahannya dimasa lalu.결국 그의 부모님이 그의 지난 날 잘못을 용서해 주셨다;

amuk, **beramuk** 미친듯이 날뛰다, 싸우다; Akhirnya bangunan itu menjadi sasaran ***amuk*** massa yang sudah gelap mata. 결국 그 건물은 눈이 멀은 성난 군중의 목표가 되었다;

mengamuk 미친듯이 날뛰다, 발광하다; ⓢ berkecamuk, menjadi-jadi, menghebat; Karena selalu di ganggu, orang itu akhirnya *me-ngamuk*. 항상 방해를 받드니 결국 에는 그 사람이 화를 내었다;

anai-anai 흰개미; ⓢ rayap;

anak ① 신생아,어린 아이; Ia *anak* kedua dari keluarga itu. 그는 그 가족의 두번 째 아이이다; ② 어린, 젊은; ③ 자손; ④ 같은 부류에 속하는 사람; ⑤ 출신, 태생; Ia *anak* Kalimantan. 그는 깔리만딴 태생이다; ⑥ 어떤 물건의 일부분; **anak** ajaib 천재,신동(神童); **anak** angkat 양자; **anak** bangsawan 귀족; **anak** bawang둘러리,대수롭지 않은 사람; Ia menjadi *anak* bawang dalam permainan itu. 그는 그 놀이에서 둘러리가 되었다; **anak** bedil 소총탄, 총알; **anak** belasan 10대 청소년; **anak** istri 처자(妻子); **anak** buah 부하,직원,구성원; *Anak* buah Prabu Siliwangi dikenal sebagai pasukan berani mati쁘라부 씰리왕의 부하는 죽음을 두려워하지 않는 부대로 유명하였다; **anak** bungsu 막내둥이; **anak** cucu 손자; **anak** gadis 처녀, 미혼녀, 미혼여자; **anak** haram 사생아;**anak** kalimat 종속절; **anak** kandung 혈육,피붙이; **anak** kembar 쌍동이; **anak** laki-laki 아들, 소년; **anak** muda 청소년; **anak** murid 학생, 생도; **anak** negeri 백성, 국민; **anak** orang 다른 사람의 아이;**anak** bayi 아기; **anak** panah 화살; **anak** perempuan 딸, 소녀; **anak** perusahaan 방계 회사; **anak** yatim-piatu 고아; **anak** pungut 양자, 수양아들; **anak** rambut **anak** semang 하숙인, 기숙인; **anak** setan 젠장, 제기랄, (욕)개자식!; **anak** sulung 장자(長子), 맏아들; **anak** sungai 지류(支流); **anak** tiri 의붓 자식; **anak** tunggal 외아들; **anak** terbelakang otaknya 발육 지진아;

anak-anak 아이들; Janganlah kau perlakukan dia seperti *anak-anak* lagi. 너는 그를 더 이상 아이 취급하지 말아라;

anak-beranak ① 여러 세대에 걸쳐서; ② 아이들 전부를 데리고;

beranak 아이를 낳다;ⓢ melahirkan;

peranakan 자궁;

analisa, **analisis** 분석, 분해; ⓢ penelitian, penguraian;

menganalisa 분석하다, 해부하다, 분해하다;

anasir ① 요소(要素), 실체, 본체, 성분; ⓢ zat ahli, bahan, unsur. Pada zaman dahulu kala orang menyangka bumi ini terdiri dari empat *anasir* yaitu air, api, tanah dan hawa.옛날에 사람들은 이 지구상에 네가지 요소, 즉 물, 불, 땅 그리고 공기가 있었다고 생각했다; ② (지구상의)창조물; ③ 원소, 분자;

anatomi 해부, 분해, 해부학;

ancam, **mengancam** 협박하다, 위험이 닥치다; ⓢ menakut-nakuti;Ia *mengancam* akan memanggil polisi. 그는 경찰을 부르겠다고 위협하였다.

diancam 면할 수 없는; Ia *diancam* dengan kekerasan oleh pihak lawan. 그는 반대측의 협박을 받았다;

pengancam 협박자, 위협자;

pengancaman 협박, 으럼장;

ancaman bahaya 위험의 징조; Sebaiknya kita berhati-hati terhadap *ancaman* bom dari teroris. 우리가 테러리스트의 폭탄 위협으로부터 주의를 하는 것이 좋겠다;

terancam 위협을 당하다, 위험이 다가오다; ⓢ akan tertimpa, dalam bahaya; Karena merasa *terancam,* ia jadi gelap mata.위험이 다가오는 것을 느끼자 그는 눈에 보이는게 없었다;

ancang-ancang ① 달리다, 뛰다; Ia mengambil *ancang-ancang* sebelum melompati tembok itu. 그는 그 담을 넘기 전에 탄력을 받기 위해 조금 뛰었다;

anda 신; ⓢ saudara,tuan,engkau; Apakah *Anda* ingin menambah pesanan lagi? 당신은 주문 량을 더 늘리시기를 원합니까?

andai,seandainya, andaikan, andai kata 예를 들어, 아마도;

andil 주(株),주식(株式); ⓢ saham, sero, bagian; Orang tuanya pasti punya *andil* di perusahaan itu! 그의 부모는 분명히 그 회사에 지분이 있다;

aneh 기묘한,이상한,불가사의한; ⓢ ajaib, ganjil, luar biasa; Rasanya kejadian ini amat *aneh.* 느낌에 이 일은 아주 이상한 일이다;

keanehan기묘,불가사의;Di rumah ini sering terjadi *keanehan.* 이 집은 아주 이상한 일이 많이 일어난다;

aneka 다양한,여러종류의; ⓢ banyak; aneka warta 여러가지 소식; serba aneka (=bermacam-macam) 여러 종류의;

beraneka 다색(多色)으로 되다; *Beraneka* model baju terdapat di toko itu.그 가게에서 각종 다양한 모델의 옷을 구할 수 있다;

keaneka-ragaman다종다양(의), 각양각색(의); *Keanekaragaman* budaya menjadikan Indonesia tempat yang menarik untuk di kunjungi. 각양각색의 문화가 인도네시아를 방문 매력지로 만든다;

angan ① 사고, 의향; ⓢ pikiran, ingatan; ② 의도,목적; ⓢ maksud; ③ 환상, 공상;

angan-angan ① 열망,포부,동경; ② 생각,이상(理想); Pemikiran itu hanya ada dalam *angan-angan* saja.그 생각은 그냥 희망 사항이다; ③환상,공상; Menjadi pintar bukan ada dalam *angan-angan* saja. 똑똑하게 되는 것은 그저 망상이 아니다. angan-angan di dalam hati 양심;

berangan-angan ① 공상에 잠기다; Bagaimana bisa sukses jika setiap hari kerjanya hanya *berangan-angan* saja. 그저 매일 그렇게 공상만하면 어떻게 성공을 할 수가 있겠는가? ② 희망하다, 원하다; Ia *berangan-angan* pergi keliling dunia. 그는 세계 일주 여행하기를 원한다;

anggap,menganggap 믿다,여기다, 생각하다, 판단하다; Mereka *menganggap* hal itu sebagai sesuatu yang mudah.그들은 그 일을 아주 쉬운 일로 여기고 있다; anggap remeh 무시하다; Duta besar itu *anggap* remeh duta besar yang lain.

그 대사는 다른 대사를 무시하였다;
anggapan 의견,믿음,생각;**angga-pan** umum 여론;pada **anggapan** nya 생각컨대, 생각으로서는;
beranggapan의견을 갖다;Awal-nya ia ***beranggapan*** bahwa anak itu bodoh tetapi ternyata ia sangat pintar. 처음에 그는 그 아이가 바보라고 생각했었는데 실제로는 아주 똑똑했다;
anggar 계산하다,예산을 세우다, ⓢ rancangan, perhitungan;
anggaran ① 계산,예산, 평가; ⓢ perkiraan; ***Anggaran*** dasar itu harus di buat agar bisa kita perhitungkan dengan jelas.그 예산은 우리가 아주 명확하게 계산할 수 있도록 작성되어야 한다; **anggaran** belanja 예산; ② 규정; ⓢ aturan; **anggaran** dasar 법령, 정관(定款); **anggaran** rumah tangga 규칙,규정.
anggar 칼싸움 놀이; bermain anggar 칼싸움 놀이하다; Ia adalah pelatih atlet ***anggar*** nasional Indonesia.그는 인도네시아 펜싱 대표 코치이다;
anggun ① 청초한,깨끗한,우아한; Dia terlihat amat ***anggun*** dengan gaun baru itu. 그 새 까운으로 그녀는 매우 우아하게 보였다; ② 거만한, 오만 불손한;
keanggunan 오만, 거만; ***Keang-gunannya*** tampak pada pancaran wajah tiap orang yang melihatnya. 그를 보는 사람마다 그의 얼굴에서 풍겨나오는 오만함을 보았다;
angin ①바람;ⓢ aliran udara,gerakan udara;②공기;ⓢ hawa,udara; ③기회; ⓢkemungkinan,kesempatan; ④ 방귀; ⓢ kentut; (=**angin-angin**); ⑤ 소문;desas-desus;**angin** badai 폭풍;ⓢ angin ribut, topan; **angin** gunung 태풍; **angin** laut 해풍; **angin** pancaroba 변하기 쉬운 바람; **angin** puyuh, **angin** puting-beliung 회오리 바람; ⓢ kisaran angin; **angin** silir semilir 미풍; atas **angin** 바람이 불어 오는 쪽,바람 머리,외국풍의; kabar **angin** 거짓,루모; kereta **angin** 자전거; masuk **angin** 감기 들다; mata **angin** 방위, 나침반의 포인트;
angin-angin 소문, 풍문;
berangin ① 통풍이 되다, (바람이)불다; Kamar ini hampir tidak ***berangin.***이 방은 거의 통풍이 되지 않는다; ② 바람이 있는;③ (비밀이) 새어나오다;
berangin-angin 신선한 바람을 쏘이다;
menganginі~에 공기를 쏘이다;
mengangin-anginkan ① ~을 공기에 노출시키다; Ia ***mengangin-kan*** cucian supaya lekas kering. 그는 빨리 말리기 위해서 세탁물에 바람을 쏘였다;②설명하다,묘사하다;
angkara ①잔인한,거칠은,사나운; ⓢ perbuatan sewenang-wenang; Jangan lagi ada ***angkara*** diantara kita. 우리 사이에 더 이상 잔인한 짓을 하지말자; ② 욕심 많은; ⓢ angkara murka; ③ 거만한, 오만한; ⓢ sombong;④ 이기적인,질투하는; ⓢ egois, dengki;
keangkaraan ① 욕심, 탐욕;
keangkara-murkaan ① 욕심,

탐욕; ② 거만;
angkasa ① 하늘,창공,공간,우주; ② 대기,대기층; ⓢ awang-awang, langit,udara,antariksa;**angkasa** luar 외계; ruang **angkasa** 대기, 공간;
mengangkasa 하늘로 날아 오르다; Setelah dipompa, balon itu ***mengangkasa.*** 펌프질을 하자 그 풍선은 하늘로 날아 올랐다;ⓢ mengawang-awang, melangit;
keangkasaan, **keangkasaan** luar 외계(外界);
angkat 들다;***Angkat*** barang,Pak? 당신 짐을 드시겠읍니까?; **angkat** bicara 연설하다; Dalam rapat kali ini siapa yang akan ***angkat*** bicara? 이번 회의에서는 누가 연설할 것인가? **angkat** hakim 판결,기소; **angkat** kaki 도망하다; Orang itu langsung ***angkat*** kaki pada saat polisi datang.그 사람은 경찰이 오자 바로 도망갔다; **angkat** rumput 잡초를 뽑다; **angkat** senjata! 겨누어 총!, 거총; **angkat** tangan! 손들엇!;
berangkat 떠나다,출발하다,~가 되기 시작하다;ⓢ pergi;Besok malam ia ***berangkat*** ke Korea. 내일 밤 그는 한국으로 출발한다;
berangkatnya 출발;
mengangkat ① 들어올리다;Mereka ***mengangkat*** lemari itu beramai-ramai. 그들 여럿이 그 장을 들어 올렸다; ② 지명하다,임명하다; Dia ***diangkat*** menjadi ketua perkumpulan itu. 그는 그 단체의 의장으로 추대되었다; ③ (계급·지위를) 승진시키다; Guru bahasa itu ***diangkat*** menjadi kepala sekolah.그 언어 선생님은 교장이 되었다; ④ 가져가 버리다; Setelah ***mengangkat*** semua barangnya, ia pun segera meninggalkan ruangan. 모든 물건을 옮긴 후 그도 서둘러서 방을 나갔다; **mengangkat** bahu 어깨를 으쓱하다; **mengangkat** tangan untuk menyembah 경의를 표시하다; **mengangkat** senjata 총을 겨누다; **mengangkat** sumpah ① 맹세하다; Setelah ***mengangkat*** sumpah, ia di persilahkan memberi keterangan. 선서를 한후에야 그에게 해명 기회가 주어졌다; ② 취임시키다; Dalam acara serah terima jabatan tadi, Presiden ***mengangkat*** sumpah menteri baru. 대통령은 그 취임식에서 새 장관의 선서를 행하였다;
mengangkat-angkat 칭찬하다; ⓢ memuji-muji,menjilat; Tak baik ***mengangkat-angkat*** seseorang. 타인을 너무 추켜 세우는 것은 좋지 않다;
mengangkati 반복해서 들어올리다; Kerja kuli itu ***mengangkati*** batu sungai. 그 노동자의 일은 강의 돌을 계속적으로 골라내는 일이다;
mengangkatkan ① ~을 위로 들어 올리다; ② 말아 올리다;
memberangkatkan 급파하다, 보내다; ⓢ membiarkan pergi, menyuruh pergi; Sesudah mendengar kabar tentang tsunami, negara-negara di dunia ***memberangkatkan*** tim dokter. 해일 피해 소식이 알려지자 세계 각국에서 의료진이 급파되었다;
keberangkatan출발;***Keberang-***

katan pesawat ditunda karena ada badai.폭풍으로 비행기 출발이 연기되었다;

pengangkat ① 받침대, 지지자; Tuas ini sebagai ***pengangkat*** barang yang berat. 이 지레는 중량물을 드는 도구이다;② 기회주의자;

pengangkatan 임명, 지정;

seperangkat 한 벌; Toko itu menjual ***seperangkat*** alat-alat tulis lengkap. 그 가게는 모든 학용품 셋트를 판다;

angkatan ① 군대, 조(組); ② 군대의 분대; ③ 임명, 지명; ④ 세대(世代); ⓢ bara tentara, generasi; **angkatan** 60년 세대; Kakek ialah salah satu dari pejuang ***angkatan*** 60. 할아버지는 60년 창설군 투사 중의 한 분이다; **angkatan** darat 육군; **angkatan** laut 해군; **angkatan** muda 젊은 세대 **angkatan** negara 공직; **angkatan** perang 전투 부대; **angkatan** udara 공군;

angker 무서운, 소름이 돋는; ⓢ berhantu, berpusaka, berbahaya; rumah **angker** 유령이 나오는 집; Daerah ini termasuk daerah yang terkenal ***angker***. 이 지역은 으시시한 곳으로 유명한 지역에 속한다;

angkut, mengangkut ① 나르다, 운반하다; ⓢ antar,bawa; Kapal itu ***mengangkut*** bahan makanan untuk korban bencana alam.그 배는 이재민을 위한 식량을 운반하였다; Darah ***mengangkut*** sari makanan untuk proses metabolisme tubuh. 혈액은 신체 신진대사를 위해 영양소를 나른다; ② 휩쓸어 가다; Air sungai itu ***mengangkut*** sampah. 강물은 쓰레기를 휩쓸어 가버렸다; ③ 모으다; **mengangkut** sampah 쓰레기를 모으다;④ 포함하다, 내포하다; ⓢ mengandung;

pengangkut ① 운반,운송;Pemerintah telah menerbangkan 2 pesawat ***pengangkut*** massal ke daerah konflik.정부는 분쟁지역에 대형수송기 두 대를 출발시켰다;② 운반자;

pengangkutan 운반, 운송, 수송; ⓢ pengiriman, transportasi; **pengangkutan** antar pulau 도서(島嶼)간 운송;

angkutan ① 운수, 수송, 운송; ② 수하물, 수송품; Pemerintah mengupayakan penambahan ***angkutan*** pedesaan didaerah rawan pangan. 정부는 식량난을 겪고 있는 그 마을에 운송 시설을 추가하기 위해 노력하였다;

angsur 적게하다,줄이다,감퇴하다;

berangsur-angsur ① 점차,점진적으로,조금씩;ⓢ perlahan-lahan, sedikit demi sedikit;Keadaan ekonomi ***berangsur-angsur*** pulih kembali. 경제 상황이 서서히 조금씩 회복되었다;②월부로,분할 지급으로; Saya tak bisa membayar kontan, bolehkah saya membayar ***berangsur-angsur***? 분할로 지불해도 됩니까?;

mengangsur ① 월부로 지급하다; Ia harus ***mengangsur*** pembayaran rumah itu setiap bulan. 그는 그 집을 매달 할부로 지불해야 한다; ② ~을 점차적으로 행하다;

③ ~을 움직이다;④ 지불하다; Saya tak dapat *mengangsuri* pinjaman saya.나는 빌린 돈을 낼 수가 없다; ⑤ 분할로 지불하다; ⑥ (~일을)천천히 진행시키다;

angsuran 분할(지급);Sekolah telah menetapkan jumlah *anggaran* minimum siswa.학교는 분할 납입금 최소액을 규정했다;

aniaya ① 부정, 불의, 불공평; ② 압제,억압, 전제정치; ③ 거친 대우; ④ 부정한, 불의의; ⑤ 폭군의, 압제적인, 포악한;

menganiaya 고문하다, 혹사하다, 학대하다; Jaman sekarang banyak majikan *menganiaya* pembantunya. 요즈음 많은 집주인이 하인들을 학대한다;

penganiaya 압제자, 폭군;

penganiayaan 압제,잔혹; Pelaku *penganiayaan* itu sudah dijebloskan ke penjara. 그 고문 담당자는 이미 감옥으로 보내졌다;

teraniaya 학대 받는; Wanita itu perlahan mati karena jiwanya *teaniaya* oleh keadaan rumah tangganya. 그 여자는 가정형편에 따른 고통으로 서서히 죽어갔다;

animisme 애니미즘, 정령 숭배; Jaman dahulu nenek moyang kita menganut aliran *animisme.* 예전 우리 조상들은 애니미즘을 믿었다;

animo 열망, 의욕, 의도;

anjak, **beranjak** 움직이다,떠밀다, 옮기다;ⓢ beringsut,bergeser,berpindah; Jangan *beranjak* dulu karena masih ada acara berikutnya. 다음 순서가 있으니 자리를 뜨지 말아라;

anjing 개;**anjing** betina 암캐; **anjing** jantan 수캐;**anjing** galak 맹견; **anjing** gila미친개,광견;**anjing** hutan 들개; **anjing** laut 바다 표범, 물개; **anjing** pemburu 들개 사냥꾼;

anjur, **menganjur** 튀어나오다, 돌출하다; ⓢ menjorok, menjulur;

menganjurkan ① 제안하다,제기하다, 조언하다, 충고하다; ② 암시하다; Ia *menganjurkan* bahwa lebih baik saya beristirahat saja. 그는 내가 쉬는 것이 더 좋을 것이라고 충고했다;③ 돌출하다; ④ 넘겨주다;

anjuran ① 제안, 제언; ⓢ usul, pendapat; ② 추천, 천거; ⓢ rekomendasi; *Anjuran* ini sangat berguna sekali untuknya. 그의 제안은 그에게 매우 유용하였다;

anoa 아노아(사슴과);

antar, **mengantarkan** ① 소개하다; Ketua *mengantarkan* pembicara itu. 그 우두머리는 대변인을 소개하였다. ② 데려가다; Tiap hari Ibu *mengantar* anak-anak ke sekolah. 어머니는 매일 아이들을 학교에 데려다 준다;ⓢ bawa; ③ 전송하다; Saya *mengantar* ibu ke lapangan terbang. 나는 어머니를 공항에서 전송하였다; ④ 인도하다, 동반하다; Ayah *mengantar* tamu-tamunya ke pintu. 아버지는 손님들을 문으로 안내하셨다;⑤~을 집으로 배달하다; ⓢ kirim; ⑥ ~사이; **antar** benua 대륙 간의; **antar** individu 사람과 사람 사이의; **antar** golongan 인종 간의; **antar** jawatan 사무실 내의; **antar** negara 국가 간의; **antar** planet 혹성 간의, 태양계 내의; **antar** pulau 도서(島嶼) 간의; **antar** waktu 중간의, 임시의;

mengantarkan ~을 보내다; Semua orang ***mengantarkan*** keepergiannya untuk yang terakhir kali. 모든 사람들이 그의 마지막 가는 길을 배웅하였다;

pengantar ① 동반자, 동료; ② 안내원, 사회자; ③ 호위자; ④ 입문, 소개; ⓢ pendahuluan; **pengantar** ekonomi 경제학입문; kata **pengantar** 서문,서언; **pengantar** koran 신문 배달부;**pengantar** surat우체부; ⑤ 전도체, 도체 (導體);

antar-mengantar서로 보내다;

terlantar 방치하다;ⓢ terbiar, tidak terpelihara, terhantar; Banyak anak-anak ***terlantar*** karena kurangnya perhatian dari orang tua. 많은 아이들이 부모의 무관심 때문에 방치되어 있다;

antaran 배달;ⓢ bawaan,kiriman; **antaran** pos 우편 배달;

antara ① ~사이, 간격, 차이; ⓢ jarak; ***Antara*** sekolah dan rumah jaraknya 2km. 학교와 우리집 사이의 거리는 2km이다; ② ~사이의; Nina yang tercantik di***antara*** teman-temannya. 니나는 친구들 중에서 가장 예쁘다; ③ 거리,틈; Berapa meter ***antara*** dari rumah ke sekolah? 집과 학교까지의 거리는 얼마나 되는가?; ④ ~내에,대략; ⓢ kira-kira, lebih kurang; Dia akan datang ***antara*** tiga hari lagi. 그는 대략 3일 후에 올것이다; ⑤ 반면에, 한편;

antara lain 다른 것들 사이에, 그 가운데; Di antara sekian banyak pengunjung, ***antara lain*** adalah murid-murid sekolah. 많은 군중들 가운데 학생들도 있다;

diantara ~사이에,~하는 동안에; Nita terdapat ***diantara*** salah satu pengunjung toko buku ini. 니따는 이 책방의 고객 중에서 만난 사람이다;

perantara ① 중개자;② 대리인;

antena 안테나; ***Antena***nya harus dipasang dengan benar agar gambar yang muncul di televisi juga bagus. 테레비에 나오는 화면이 좋도록 안테나를 올바로 달아야 한다;

antik 구식의,시대에 뒤진,고풍의; ⓢ kuno, klasik; Pria itu adalah kolektor barang ***antik*** yang terkenal. 그 남자는 유명한 골동품을 수집하는 사람이다;

antre ① 줄,행렬;② 줄지어 서다; ⓢ berdiri berjajar menunggu giliran; **antre** beras 쌀을 타려고 줄서다; **antre** karcis kereta api. 기차표를 사기 위해 줄지어 서다; **antre** minyak tanah 등유를 사기 위해 줄서다; Untuk mendapatkan tiket kereta api, kita harus ***antre*** dulu. 기차표를 사기 위해서 우리는 줄을 서야 한다;

anus 궁둥이;

anyam,menganyam 주름잡다, 땋다,(천을)짜다; ⓢ membuat,menjalin; **anyam** tikar 멍석을 짜다;

anyaman ① 땋은(끈)줄, 끈; ② 머릿단;③ 세공품; Kalimantan terkenal sebagai tempat pengrajin *anyaman* tikar bambu. 깔리만딴은 대나무 자리 공예로 유명하다; anyaman rambut 땋은 머리, 돼지 꼬리;

anyir ① 비린내; ② 불쾌한,냄새; Di tempat ini tercium bau *anyir* yang menyengat hidung.이 장소는 코를 찌르는 불쾌한 냄새가 나는 곳이다;

apa 무엇,어떤 것; apa ini? 이것은 무엇입니까?

tidak apa-apa 전혀~하지 않다, 천만에; Saya *tidak apa-apa*. 나는 상관없다;

tidak mengapa 전혀~하지 않다;

berapa 얼마; *Berapa* harga ayam ini? 이 닭은 얼마입니까?; *Berapa* jam lamanya ke Surabaya naik kereta api? 수라바야까지 기차로 얼마나 걸립니까?

mengapa 왜, 어찌하여; *Mengapa* ia terlihat sedih hari ini? 그는 오늘 왜 슬퍼보이나? *Diapakan* adikmu sampai ia menangis? 너는 동생에게 무슨 짓을 하였길래 그가 울고 있느냐?;

apa apaan 도대체 무슨 일인가? *Apa apaan* ini! Perempuan itu mati! 이게 도대체 무슨 일인가! 그녀가 죽다니!;

apabila ~할 때; Beritahu saya *apabila* dia sudah bangun. 당신이 잠에서 깰 때 나에게 알려주세요;

apakah 의문사의 강조; *Apakah* sungguh mencintai perempuan itu? 장말 진실로 그녀를 사랑합니까?;

apalagi ① 특히; Saya gembira saat naik tingkat, *apalagi* istri saya. 내가 진급으로 기쁜할 때 특히 아내가 좋아했다; ② ~조차도; *Apalagi* ibu juga ragu-ragu pada saya. 어머니 조차도 나를 의심했다; ③ 더우기, 게다가, 그 위에; ④ 하물며 ~은 아니다;

apapun, *apapun* juga 부주의한, 무관심한, 고려하지 않고;

apel 사과;

apel ①애원,간청,호소;②출석 조사;

api ①불; ⓢnyala,kebakaran;Kayu itu *api*nya bagus. 그 나무에는 불이 잘 붙는다; ② 빛,밝음; ⓢ 햇불; api unggun 캠프 화이어;

api-api ① 성냥; ⓢ korek api; ② 개똥벌레; ⓢ kunang-kunang;

berapi ① 불을 갖다, 불이 있는; Di dalam goa itu sudah *berapi*. 그 동굴 속에 불이 있었다;② 불타다; Rumah itu menjadi abu karena *berapi*. 그 집은 불에 타서 재가 되었다; ③ 맹화(猛火)의, 화염의,타오르는;

berapi-api 격렬한, 몹시 화난; ⓢ bersemangat, marah sekali; Pidatonya *berapi-api*.그의 연설은 불을 뿜는 듯한 열변이었다;

memperapikan ~을 굽다, 불에 쬐다; ⓢ memanggang;

perapian ① 찜통, 오븐, 가마; ② 아궁이, 용광로, 노(爐);

apik 예쁜, 멋진; ⓢ rapi, beres, teratur; Baja itu sangat *apik*. 그 옷은 정말 멋지다;

apit 물린,죄어진, 꼬집힌; ⓢ impit, jepit, sempit;

berapit ① ~에게 가까이 있다; ⓢ berimpit, berdekatan; Ketiga

orang itu duduk ***berapit*** pada dua bangku karena tak ada bangku lagi. 좌석이 없어 세 사람이 두 사람용 의자에 끼어 앉았다; ② 둘 사이에 존재하는;

mengapit ① ~의 측면에 서다; Kedua lelaki itu berdiri ***mengapit*** wanita itu. 두 남자들은 그녀의 양측에 섰다; ② 누르다,짜내다; ③ 지니다, 유지하다; Ia ***mengapit*** buku di lengannya. 그는 책을 겨드랑이 사이에 끼웠다;④ ~을 철하다; Karyawatinya ***mengapit*** dokumen.여직원은 서류를 철했다;

pengapit ① 종이 끼우개;② 둘러싼것,신랑 신부의 둘러리;ⓢ pengiring, ajudan;

apkir 허가를 취소당하다,부인되다; ⓢ ditolak;

mengapkir ① 거절하다, 불합격시키다; ② 비난하다;

apkiran 거절, 실격;

aplus ① 교대하다,바꾸다;ⓢ berganti,bergilir; ② 도로 찾은,만회한;

mengaplus 구조하다 교대하다, 쉬게하다; Dia kerja sampai datang orang yang ***mengaplus*** malamnya. 그는 야근 교대조가 올 때까지 일했다;

apotek, apotik 약국, 약방; ⓢ rumah obat,toko obat; Tolong belikan obat di ***apotik***! 약국에서 약을 좀 사주세요;

apoteker 약제사;ⓢ ahli obat;

apung ① (물에)뜨다; ⓢ timbul, mengambang;② 떠다니는,표류하는, 뜨는;

apung-apung ①구명 부대(浮袋); ② 부유물;

mengapung뜨다,떠다니다;Daun-daun ***mengapung*** di danau.호수에는 낙엽이 떠 있다;

mengapungkan ~을 띄우다; Anak-anak ***mengapungkan*** perahunya di sungai. 아이들이 강물에 배를 띄우고 있다;

pengapung 부이, 부표(浮標);

terapung 표류하는; ⓢ melayang, terkatung-katung; Banyak kotoran ***terapung*** di sungai ini. 이 강에는 많은 오물이 떠 있다;

arah ① 방향,진로;ⓢ jurusan,tujuan;Semua jalan ***arah***nya ke Roma. 모든 길은 로마로 향한다; ② 목적, 의도; ⓢ maksud; Kemana ***arah*** pembicaraannya itu? 그 토론의 목적은 무엇이냐?; **arah** ke, **arah** tujuan, ke **arah** ~방향으로, ~향하여;

mengarah ① 의도하다, 정하다; ② 겨누다,노리다; ③ 다루다, 처리하다; Kalau kerja merasa terpaksa semakin lama akan ***mengarah*** pada kesulitan. 만약 일을 무리하게 하면 점점 어려운 방향으로 갈 것이다;

mengarahkan ① 겨누다; Tentara itu ***mengarahkan*** senjatanya pada musuh.그 군인은 적을 향하여 총을 겨누었다;②의미하다,의도하다;

pengarah 관리자, 국장, 지배인; **pengarah** laku 무대감독, 연출가;

searah 같은 방향의, 같은 목적의; ⓢ sehaluan, setujuan;

terarah 목적된,의도된; ⓢ tertuju, dimaksudkan; Politik ekonomi pemerintah sangat ***terarah***. 그 경제정책은 정부의 의도된 방향이다;

arang 숯, 목탄;

arloji 시계(時計); ⓢ jam; **arloji saku** 회중 시계; **arloji tangan** 손목 시계;Pengantin wanitanya memberi oleh-oleh ***arloji*** pada pengantin pria sebagai kado perkawinan. 신부는 결혼 예물로 신랑에게 시계를 선물했다;

arsitek 건축가;ⓢ ahli bangunan, perencana; Pembagunan gedung itu ditangani oleh ***arsitek*** terkenal dari Amerika. 그 건물의 건축은 미국의 유명한 건축가에 의해 주관되었다;

arti 뜻, 의미; ⓢ makna; Itu apa ***artinya***? 그 뜻이 무엇입니까? Uang sebanyak itu ada ***artinya*** bagi orang kaya seperti dia. 그 사람처럼 부유한 사람에게 그 정도의 돈은 의미가 없다;dalam arti sempit 좁은 뜻에서; arti kiasan 비유적 의미;

berarti ① 의미하다,의미를 갖다; ② 중요한;

mengerti 이해하다; Dia rupanya tidak ***mengerti*** maksud perkataan ini. 아마도 그는 이말의 의도를 이해하지 못하는 것 같다;

pengertian 이해, 관념 생각;

artis 예술가; ⓢ seniman (남), seniwati (여);

asah 갈다; ⓢ gosok;

mengasah ① 갈아서 날카롭게 하다; ⓢ tajamkan; Dia ***mengasah*** pisau. 그는 칼을 날카롭게 갈았다; ② ~을 윤나게 하다; Sopir ***mengasah*** mobilnya supaya berkilau. 운전기사는 차를 윤이나게 닦았다; ③ (머리를) 쓰다; Dia ***mengasah*** otak mencari jawaban atas teka-teki itu. 그는 그 수수께기를 풀기 위하여 머리를 썼다;

pengasah ① 연마자; ② 분쇄기, 연마기;

pengasahan ① 제분(製粉); ② 갈기, 빻기;

asahan ① 대팻밥, 분말; **kayu asahan** 나무 깎은 부스러기; Kayu ***asahan*** itu kayu jati. 이 대팻밥은 자띠 나무에서 나온 것이다;② 연마기; batu **asahan** 숫돌;

asal ① 기원,근원, 어원(語源); ⓢ permulaan,pangkal, yang semula; Apa ***asal*** bahasa ini?이 말의 어원은 무엇입니까? ② 출생, 출신(지); ***Asal***nya lahir dimana? 출생지가 어디입니까?; Darimana ***asal*** usul orang itu? 그 사람의 출신은 어디인가?; **asal** kata 어원, 어근; **asal** mula 시초, 태초; **asal** usul 기원, 원인, 경력;

berasal ①~에서 오다,~출신이다; Mobil yang ***berasal*** dari Korea bagus fungsinya. 한국산 자동차는 성능이 우수하다;Darimana dia ***berasal***? 그는 어디 출신입니까? ② 유복한 가정에서 태어난;

asal-berasal훌륭한 가문 출신의;

asam ① 시큼한,신맛의; ⓢ kecut; **asam** cuka. 초는 시다; ② 언짢은, 상쾌하지 않은; Wanita itu sepanjang hari bermuka ***asam*** saja. 그녀는 하루 종일 언짢은 표정을 하고 있다; **asam** jawa 열대산 콩과의 상록수; **asam** arang 이산화탄소; **asam** belerang 황산; **asam** garam 염산; **asam** limau 구연산; **asam** se-

mut 개미산;zat **asam** 산소; kurang asam ⓢ kurang ajar 몰상식한;
mengasami (소금에) 절이다;
mengasamkan 절임, 피클;
asam-asaman ①산(酸);② 절임;

asap 연기; **asap** membubung tinggi 연기가 피어오르다; daging **asap** 그슬린 고기; tabir **asap** 연막(煙幕); cerobong **asap** 마이크,수화기; Orang-orang mengetahui adanya kebakaran setelah melihat ada *asap* hitam keluar dari cerobong itu.사람들은 그굴뚝에서 검은 연기가 나서야 불이 난줄 알았다;
berasap 연기를 내다, 김이 나다; ⓢ berkepul; Pancinya sudah *berasap* tanda air sudah matang. 남비에 물이 끓어서 김이 난다;
mengasapi 연기를 피워 쫓아버리다; Ia *mengasapi* nyamuk. 그는 연기를 피워 모기를 쫓았다;**mengasapi** kemenyan 칭찬하다;
pengasapan 훈증(燻烝), 훈증 소독장; Pemerintah sedang melakukan *pengasapan* di daerah-daerah untuk memerangi nyamuk demam berdarah. 정부는 뎅기열 모기를 퇴치하기 위해 여러지역을 연막소독하고 있다;

asas (= azas) ① 원칙, 기본; ⓢ alas,pokok,prinsip; ② 기초,토대;
berasas 기초가 잘된;
berasaskan ① ~에 근거를 두다; ⓢ berdasar; Negara Indonesia *berasaskan* Pancasila.인도네시아는 빤짜실라에 기초를 두고 있다;② 원칙을 갖다;Undang-undang itu *berasaskan* moral. 법은 도덕에 바탕을 둔다;

asasi 기본적인,근본적인; hak-hak asasi 기본법, 법적 권리; Jangan melakukukan hal-hal yang melanggar *hak* asasi manusia. 인권을 침해하는 일들을 하지 말아라;

asbak 재떨이; ⓢ tempat abu;

asbes(mineral yang tahan bakar) 석면; Atap rumah itu terbuat dari *asbes.* 그 집의 지붕은 스레트로 되어있다;

asin ① 짠;ⓢ payau; Masakan ini terlalu *asin.* 이 음식은 너무 짜다; ② 소금물의;
mengasini ① 소금을 치다; ② 절이다;
mengasinkan 소금에 절이다; Pembantu itu *mengasinkan* sawi untuk membuat kimchi. 그 식모는 김치를 담기 위해 배추를 소금에 절였다;
asinan 절임;

asing ① 외국의, 낯선; ⓢ yang dari luar; Saya sudah lama tinggal sebagai orang *asing.* 나는 낯선 땅에 산지가 오래되었다; ② 이상한, 기묘한; ⓢ aneh, ganjil; Orang itu memakai aksesori rambut yang agak *asing.* 그 사람은 이상한 머리 핀을 하고 있었다;③ 고립된,격리된; ⓢ terpisah; Gunung tempat tinggalnya amat *asing.*그가 사는 산속은 아주 외딴 곳이다;④ 유별난, 보통이 아닌; Di saat mabuk dia melakukan hal-hal yang *asing.* 그는 술만 취하면 유별난 행동을 한다; orang **asing** 외국인; bahasa **asing** 외국어; agak **asing** (=agak lain) 좀

이상한, 약간 다른;

mengasingkan 추방하다, 격리하다; ⓢ membuang, menyendirikan; Pemerintah ***mengasingkan*** para pemberontak itu ke suatu tempat terpencil. 정부는 그 반란 자들을 고립된 지역으로 격리시켰다;

pengasingan ① 유배지; ② 억류, 수용; ③ 고립, 유배; **pengasingan** suatu virus. 병원균의 격리;

terasing ① 고립된; Dia merasa ***terasing*** tinggal di tempat itu. 그 남자는 그 곳에서 고립된 채 살았다. ② 외래의, 이국적인;

asisten 조수, 보조자, 조교; ⓢ pembantu, penolong;

asli ① 원본(原本); ⓢ orisinil; Surat ini adalah L/C yang ***asli***. 이 서류가 L/C 원본이다; ② 진짜의, 인증된; ⓢ murni, tulen; Ini ialah barang jaminan ***asli*** yang diminta oleh bank. 이것이 은행에서 요구하는 담보 물건의 원본이다;③토착의; ⓢ sejati; bahasa yang **asli** 토착어; bangsa **asli**, orang **asli** 원주민; karangan **asli** 원서, 원문; naskah **asli** 원본; penduduk **asli** 원주민; sifat **asli** 선천적 특성;

keaslian ① 원형; ② 확실성,믿을 수 있음; Barang ini tak bisa diragukan ***keasliannya***. 이 물건의 진성은 의심할 수 없다;

asma 천식; ⓢ penyakit bengek, sesak napas; Ibu sudah dua tahun mengidap penyakit ***asma***. 어머니는 2년 째 천식을 앓고 계시다;

asmara 사랑, 연애, 애정; ⓢ hal mengenai cinta kasih; panah **asmara** 큐피드의 화살; Kedua orang itu terlibat hubungan ***asmara*** sesaat. 그 두 사람은 한때 연애하던 관계였다;

aso, mengaso 휴양을 하다, 쉬다; ⓢ beristirahat,melepaskan lelah: Marilah ***mengaso*** sebentar. 잠시 휴식을 취하자;

asosiasi 협회,연합;ⓢ gabungan, perhimpunan, perkumpulan; Selamat bergabung di ***asosiasi*** ini. 이 협회에 가입한 것을 축하합니다;

berasosiasi 연합하다, 합동하다; Sebagai manusia kita harus bisa ***berasosiasi*** dengan orang lain. 인간으로서 우리는 다른 사람과도 어울릴 수 있어야 합니다;

aspal 아스팔트;

mengaspal 아스팔트로 길을 포장하다;

aspirasi 포부,야망; ⓢ cita-cita, maksud, niat;

aspirin 아스피린;

asrama ① 기숙사;② 병사(兵舍);

mengasramakan 입주시키다;

astrologi 점성학,점성술;ⓢ ilmu bintang, ilmu falak;

astronomi 천문학;ⓢ ilmu bintang; Ia senang membaca buku ***astronomi***. 그는 천문학 책을 읽기 좋아한다;

astronot 우주 비행사;

asuh, mengasuh 돌보다,간호하다, 가르치다;ⓢ membimbing,mendidik, menjaga; Suster itu ***mengasuh*** pasien dengan baik. 그 간호원은 환자를 잘 보살핀다;

pengasuh 간호원,훈련자;ⓢpem-

bimbing, pendidik, penjaga;
asuhan 교육, 간호, 양육, 지도;
asuransi 보험,보증;ⓢ pertanggungan jiwa, jaminan; asuransi jiwa 생명보험; asuransi kebakaran 화재보험;
mengasuransikan 보험에 넣다;
asyik ① 열정적인,매료된; Ia sedang ***asyik*** bermain dengan anak-anaknya. 그는 지금 아이들과 노는데 빠져있다; ② 분주한, 바쁜; ⓢ sibuk; Para karyawannya bekerja dengan ***asyik***. 직원들이 분주하게 일한다; ③ 열중하고 있는; ⓢ nikmat; Perempuan itu belakangan ini ***asyik*** latihan menyanyi. 요즈음 그녀는 노래 연습에 열중이다;
mengasyikkan 매혹적인; Permainan ini sungguh amat ***mengasyikkan***. 이 놀이는 정말로 재미있다;
keasyikan ① 매우 열정적인;② 열망하는; Karena ***keasyikan*** bermain, ia sampai lupa waktu. 그는 노는데 빠져서 시간도 잊어버렸다;
atap 지붕; ⓢ penutup rumah; atap seng 함석 지붕; ***Atap*** rumah itu terbuat dari genteng. 그 집 지붕은 기와로 되어있다;
beratapkan지붕을 한,~로 덮힌;
mengatapi ~에 지붕을 잇다; Dia ***mengatapi*** rumah barunya dengan genteng.그는 새 집에 기와로 지붕을 이었다;
atas ① ~위에,~의 꼭대기에; Saya menyanyi di ***atas*** gunung. 그는 산 위에서 노래를 불렀다; ② 위쪽의, 상류의; Jam dindingnya di pasang di ***atas*** dinding. 시계는 벽 위쪽에 걸어야 한다; ③ ~에 대해; Saya memberikan uang ini ***atas*** usaha Anda. 이 돈은 당신의 노력에 대한 대가이다; ④ ~때문에, 덕택에; Tim kita menang ***atas*** usaha Anda. 우리 팀은 당신 덕택에 이겼다; ⑤ ~(으)로; Rumah itu terdiri ***atas*** 5 kamar.그 집은 방이 셋으로 되어 있다;⑥~에 의하여; Kandidat Presiden itu dipilih ***atas*** kehendak rakyat.그 대통령 후보자는 국민에 의해 뽑혔다; Masalah ini tak bisa di***atasi*** sendiri.이 문제는 혼자서 해결할 수 없다; ***Atas*** nama perkumpulan, saya ucapkan terima kasih. 모임의 이름으로 감사의 말씀을 드립니다;
di atas ① ~위에, 꼭대기에; ***Di atas*** meja ada alat-alat tulis. 책상 위에는 필기도구가 있다; ② 보다 위에; Tinggi ***di atas*** bukit terletak istana raja Pagaruyung. 그 언덕 높은 곳에 빠가루융 성이 위치해 있었다;③ 위에,~을 넘어서; Burung elang itu terbang tinggi ***di atas*** langit biru.그 매는 파란 하늘 위로 높이 날고 있다; ④ ~라기 보다는, ~넘어서;
ke atas ① ~이상의, 위로; Film ini untuk usia 17 tahun ***ke atas***. 이 영화는 17세 이상을 위한 것이다; ② 위로 향한; Bulu-bulu burung itu berterbangan ***ke atas*** tertiup angin. 그 새의 깃털들이 바람에 불려 위로 날리고 있다;
mengatasi 극복하다,이겨내다; Ia dapat ***mengatasi*** masalah itu de-

ngan baik. 그는 그 문제를 좋게 해결할 수 있었다;

mengatasnamakan 허가하다, 권한을 부여하다, 인정하다; Dalam masalah ini, janganlah ***mengatasnamakan*** orang lain!이 문제를 다른 사람에게 전가하지 마라;

atasan 상류의, 상관; Lelaki tua itu adalah ***atasan*** di perusahaan ini. 그 늙은 남자는 이 회사의 상관이다.

atase 수행원,대사 관원;

atau ① 또는,혹은; ⓢ baik, entah, maupun; ② 여럿 가운데 하나; Kau mau ikut dengan kami ***atau*** pergi sendiri? 너는 우리를 따라 오고 싶은가 아니면 혼자 가고 싶은가?

atlas 지도서(指導書),지도; ⓢ peta bumi,buku peta;Coba kita lihat di ***atlas*** dimana letak Korea? 우리가 지도로 가보자,한국이 어디있는가?

atlet, atlit 운동가, 경기자; ⓢ olahragawan; Christian Hadinata ialah mantan ***atlet*** nasional bulutangkis Indonesia. 끄리스띠나 한다나따는 전 인도네시아 배드민턴 국가 대표이다;

atom 원자(原子);ⓢsenyawa terkecil; bom atom 원자 폭탄;

atraksi 매력, 끌어 당기는힘; Semua orang mengagumi ***atraksi*** grup sirkus itu. 모든 사람이 그 서커스 단의 공연에 매료되었다;

atur, beratur 정돈(된), 배열(된); Coba kau ***atur*** letak lemari itu! 그 장의 위치를 정돈해 보아라!

mengatur ① 정돈하다; ⓢ menjajarkan,merapikan;Saya akan ***mengatur*** posisi kursi itu.내가 의자들 위치를 조정할 예정이다;②조정하다, 통제하다; Salah satu tugas Polisi adalah ***mengatur*** lalu lintas. 경찰 임무 중의 하나는 교통을 통제하는 것이다; ③ 정리하다,조정하다; Saya harus ***mengatur*** jadwal saya dulu. 내 일정을 먼저 조정해야 한다;mengatur sikap 자세를 단정히 하다;

mengaturkan 정리하다,규정하다;

pengatur조정자,주선자;Siapa ***pengatur*** dana kegiatan itu? 그 활동 자금 담당자가 누구인가? Pengatur lalu lintas 교통 경찰관;

pengaturan 정리,배열,분류; pengaturan langkah 보조(步調);

peraturan 규칙,법령,법규;ⓢ hukum,undang-undang;**peraturan** pemerintah 정부법령; **peraturan** penguasa perang 전쟁수행법규; ***Peraturan*** itu dibuat untuk di laksanakan.법규는 시행되기 위해 만들어 졌다;

teratur ①규칙적인,정돈된;Murid-murid memasuki ruang belajar dengan ***teratur***. 학생들이 정해진대로 교실에 들어갔다; ② 정규의,규정된; Perusahaan itu sistem kerjanya ***teratur***. 그 회사는 규정대로 일을 시킨다;

aturan ① 정돈, 배열; Mebel-mebel di rumah itu bagus ***aturannya***. 그 집의 가구들은 정돈이 잘 되어있다; ② 규정; ③ 예의; Anak itu benar-benar tak tahu ***aturan***. 그 아이는 정말로 예절을 모른다; ④ 정해진 일과, 나날의 일; tertib aturan 행동 규칙;

beraturan 정돈된, 배열된, 예의

바른; Mereka melakukan gerakan itu dengan sangat ***beraturan.*** 그들은 정말로 그 행위를 정연하게 행하였다;

aurat ① 나체, 벌거숭이; ⓢ telanjang; ② 생식기;

autobiografi 자서전, 자전(自傳);

awak ① 몸,신체(身體) 사람;Salah satu ***awak*** kapal itu menjadi korban kejahatan diatas kapal.그 배의 선원 중 한 사람이 선상 범죄의 희생자가 되었다;ⓢ badan, tubuh; ② 나,우리; ***Awak*** tak bisa datang untuk memenuhi janji. 나는 약속을 지키기 위해 올 수가 없었다;

perawakan 모습, 자태;

awal ① 시초의; ⓢ mula-mula, asal;awal tahun ini 금년 초(初); ② 처음의,최초의;③ 먼저,일찍;Usahakan untuk datang lebih ***awal*** agar tidak terlambat. 늦지 않도록 조금 일찍 오도록 하여라;

mengawali ① ~의 선두에 서다; Ia ***mengawali*** tahun ini dengan hal yang baik.그는 금년에 행운의 선두에 섰다; ② ~에 앞서다, 선행하다; Pembacaan puisi itu ***diawali*** dengan musik. 그 시 읽기 행사는 먼저 음악으로 시작되었다;

pengawal 경호원; Ia bertindak sebagai ***pengawal*** ayahnya. 그는 그의 아버지의 경호원으로 행동하였다;

awalan 접두사;

awam ①일반적인,보통의;ⓢumum, biasa; ② 대중, 일반인; ⓢ orang biasa; Bagi orang ***awam*** hal itu sulit dimengerti.일반적인 사람으로서는 그 일을 이해하기가 쉽지 않다.

awan 구름, ⓢ mega, kabut;

berawan 구름 낀,흐린; Menurut prakiraan cuaca, hari ini Jakarta ***berawan.*** 일기 예보에 의하면 오늘 자카르타는 흐린 날씨이다;

awang,mengawang ① 공중으로 올라가다,오르다; ⓢ melangit, naik tinggi-tinggi; ② 환상에 빠지다; Jangan ***mengawang*** terlalu tinggi jika tak ingin kecewa. 실망하지 않으려면 너무 환상에 빠지지 말아라;

awas ① 주의하다, 조심하다; ⓢ hati-hati,ingat-ingat,waspada;Kita harus ***awas*** kalau naik kendaraan umum. 대중교통 수단을 이용하면 주의를 해야한다; ***Awas,*** jika besok kau tidak datang! 너 내일 안오면 혼날 줄 알아! ② 명확하게보다,예의 주시하다; Dokternya ***awas*** terhadap keadaan pasiennya. 의사는 환자의 상태를 주시하였다; ③ 마법의, 예리한; Pesulap itu punya keahlian yang ***awas.*** 그 요술장이는 마법의 힘이 있다; **awas** waspada 방심하지 않다, 주의하다;

mengawasi ① 감독하다; Siapa yang ***mengawasi*** kegiatan ini?누가 그 활동을 감시할 것인가?; Kalau ada sesuatu yang mencurigakan, jangan ditegur,***awasi*** saja.의심되는 어떤 것이 있으면 알려주지 말고 감시만 하라; ② 돌보다;

pengawas ① 감독자; Sudah 3 tahun ia menjadi ***pengawas*** perkebunan. 그는 3년 동안 농장 감독자로 재직 중이다;② 관리인,문지기,

수위;
pengawasan 감독;pengawasan tertinggi 총감독;
awet 오래 견디는,튼튼한; ⓢ kuat, tahan lama; Sepatu ini ***awet*** sekali. 이 구두는 매우 질기다; **awet** muda 젊음을 유지하다;ⓢ tidak lekas tua, tetap muda; Walaupun tua, orang itu jiwanya ***awet*** muda. 그 사람은 비록 늙었지만 마음만은 젊다;
mengawetkan 오래 유지시키다, 보존하다,통조림으로 하다; Bagaimana cara ***mengawetkan*** bahan makanan ini? 이 음식을 보존하기 위한 방법은 무엇인가?
pengawet 방부제; Makanan itu dicurigai mengandung bahan ***pengawet***. 그 음식은 방부제가 섞인 것으로 의심되고 있다;
pengawetan 보존, 보호, 관리;
ayah 아버지; ⓢ bapak,papa,pak, orangtua lelaki; **ayah** bunda 부모; **ayah** tiri 의붓 아버지;
ayak, ayakan 조리, 여과기;
mengayak 체로 치다,거르다;Kakak sedang ***mengayak*** tepung. 누나는 밀가루를 체로 받쳤다;
pengayakan 체, 체질하는 사람;
ayam 닭,병아리; ⓢ unggas, jago; **ayam** aduan 투계(鬪鷄); **ayam** itik 양계, 가금(家禽); **ayam** jago, **ayam** jantan 수탉;**ayam** sabungan 싸움용 수탉;
ayam-ayaman ① 풍향계; ② 도요새;
ayan 간질병; ⓢ penyakit pitam, epilepsi; Orang itu terjangkit penyakit ***ayan***. 그 사람은 간질병에 걸렸다;
ayat ① 절,구; ⓢ artikel,bait;② 단락, 절(節), 문장; ⓢ kalimat;
ayun,berayun-ayun 흔들리다,흔들거리다,흔들흔들하다;ⓢ bergoyang; Ranting pohon ***berayun-ayun*** terkena angin.나무가지가 바람에 흔들거린다;
mengayun ① 흔들리다;② (해가) 지다, 내려가다;
mengayunkan ① 흔들다;② (걸음을)옮기다; Sekejab kemudian, ia ***mengayunkan*** langkah entah menuju kemana.잠깐 사이에,그는 어디로 가는지 모르지만 걸음을 옮기기 시작했다;
azab 고통, 고뇌, 벌; ⓢ hukuman, sengsara; ***Azab*** Allah 하느님의 벌; **azab** sengsara 고통과 불행;Di hari kiamat nanti tiap orang yang berdosa akan mendapat ***azab***. 나중에 올 지구의 종말 때는 모든 죄를 지은 사람이 벌을 받을 것이다;
azan기도 신호;ⓢ seruan sholat;

B

bab 서론,장(章); Setiap ***bab*** dalam buku itu mempunyai nilai-nilai kebudayaan yang menarik.그 책의 각 장마다 흥미로운 문화적 가치가 내포되어있다;

babak ① 희곡 중의 한 절;② (경기의)한 회전,라운드; Budi mampu mengalahkan lawannya di ***babak*** ke-10. 부디는 10 회전에서 상대를 이길 수 있었다;③ 국면(局面); Pertandingan itu telah mencapai ***babak*** terakhir.그 시합은 벌써 마지막 라운드에 돌입했다; Ia menyerah di ***babak*** kelima. 그는 5 회전에서 패하였다;

babi 돼지;

babu 하녀, 여급;

baca 읽다, 낭독하다; ruang **baca** 독서실; tanda **baca** 구둣점; kaca mata **baca** 독서용 안경;

membaca 읽다, 낭독하다; Ia suka ***membaca*** buku ilmu pengetahuan. 그는 지식에 관한 책을 읽기 좋아한다; ⓢ mengucapkan,melafalkan; **membaca** dalam hati 묵독하다;

membacakan 읽어주다; Ia ***membacakan*** surat itu untuk nenek. 그는 할머니에게 그 편지를 읽어드렸다;

pembaca 독자(讀者);Sapaan itu di tujukan kepada para ***pembaca*** majalah yang setia.그 인삿말은 잡지 구독 고객을 위한 것이다;

pembacaan ① 강의,강연; ② 독서, 낭독;③ 문학,읽을거리; Besok akan dilakukan ***pembacaan*** surat wasiat di kantor pengacara. 내일 변호사 사무실에서 유서가 발표될 것이다;

terbaca 읽기 쉬운; Tulisannya tak ***terbaca*** semua orang. 그 필체는 누구도 읽을 수 없었다;

bacaan ① 문학,강독;ⓢ teks,buku; ② 읽기,글; ***Bacaan*** di atas gedung itu jelas sekali. 그 건물 위의 글자는 아주 선명하다;

bacot 입; ⓢ mulut;

badai 폭풍, 돌풍, 태풍; ⓢ angin ribut, taifun, topan, tornado;

badak 코뿔소;

badan ① 몸,신체; ⓢ jasad; Hari ini saya merasa tidak enak ***badan***. 오늘 몸 상태가 좋지않다; ② 집단, 떼,단체;ⓢ lembaga; **badan** pengawas 감독 단체; ③ 위원회; **badan** pekerja 노동위원회; **badan** pemeriksa 조사 위원회; ④ 법인, 사단 법인; **badan** hukum 법인 (法人);

berbadan (~한) 신체를 가진; **berbadan** dua 임신한; Orang itu ***berbadan*** tegap seperti tentara.

그 사람은 군인같이 건장한 몸을 갖고 있다;

badminton 배드민턴; ⓢ bulu tangkis; Ayah suka olahraga ***badminton.*** 아버지는 배드민턴을 좋아하신다;

badung 짓궂은, 버릇없는, 개구장이의;

badut 어릿광대,익살;ⓢ pelawak;

membadut 광대가 되다, 광대의 역(役)을 하다;

bagai ① 종류;② 동등한, 대등한; ⓢ banding; ③ ~와 같은; ⓢ seperti; Dia sedih ***bagai*** ayam kehilangan induknya. 그는 어미 잃은 병아리처럼 슬퍼했다;

berbagai 여러 종류의,각양 각색의; ⓢ berjenis-jenis, berupa-rupa; Di dunia ini terdapat ***berbagai*** macam budaya.전 세계에는 각종의 문화가 있다;

bagaikan 마치~처럼; Ia sangat cantik ***bagaikan*** bidadari.그는 인어처럼 매우 아름답다;

sebagai ① ~처럼, ~와 같은; ⓢ berlaku seperti, semacam, serupa; Disini ia diperlakukan ***sebagai*** keluarga. 그는 가족같이 대우 받고 있다;

bagaimana 어떠한, 어떻게; ***Bagaimana*** keadaannya sekarang? 지금 상황이 어떤가? ***Bagaimana*** kabarnya? 어떻게 지내십니까?;

bagaimana (pun) juga 어쨌든; ***Bagaimana pun juga*** tak boleh ia tak boleh berbuat seperti itu terhadap orang tuanya. 어쨌든 부모에게 그렇게 행동하면 안된다;

sebagaimana ~처럼, ~바와같이; ⓢ seperti; Lakukanlah ***sebagaimana*** saya jelaskan tadi. 조금 전 내가 설명한대로 행하라;

bagasi ① 수하물, 짐; ⓢ barang muatan; ② 수하물차; **bagasi** lebih 초과 수하물; **bagasi** cuma-cuma 무료 수하물 휴대량;

bagi ① ~를 위한; ⓢ buat, untuk, guna; ② ~에 관한; ③ 일부, 부분; Semoga ia tumbuh menjadi anak yang berguna ***bagi*** semua orang. 그 애가 자라서 모든 사람에게 필요한 사람이 되기를 바란다;

membagi ① 나누다; ② 나누어지다,쪼개지다; ⓢ memisah; ③ 분배하다;ⓢ memberi; Ia ***membagi*** kebahagiaannya dengan orang lain. 그는 그 기쁨을 다른 사람과 함께 나눴다;

membagikan ① 나누다, 자르다; Ia ***membagikan*** daging itu dalam beberapa potong. 그는 그 고기를 몇 개의 조각으로 잘랐다; ② 할당하다, 분배하다;

membagi-bagikan 주다, 분배하다; Ia ***membagi-bagikan*** makanannya kepada teman-temanya. 그는 친구들에게 그의 음식을 나누어 주었다;

pembagi 젯수(除數);**pembagi** persekutuan terbesar 최대 공약수;

pembagian ① 분배,배급;②나눗셈, 제법(除法); ③ 할당,몫; Kita harus membuat ***pembagian*** waktu kerja dengan baik.우리는 근무시간 할당을 잘 해야한다;

terbagi 나뉘는;

bagian ① 부분, 일부; ② 몫, 분배; ⓢ hasil membagi; Berapa ***bagian*** saya dalam keuntungan ini? 이 이익금 중에서 나의 몫은 얼마입니까? ③ 관여, 참여, 참가; Ia tidak mengambil ***bagian*** dalam kegiatan itu.그는 그 활동에 역할을 맡지 않았다;④ 부문(部門), 과(課); ⓢ cabang sesuatu pekerjaan; Bagian Ilmu Komunikasi 통신 기술과;

kebagian 몫을 얻다;Banyak orang tidak ***kebagian*** tiket pertunjukkan itu. 많은 사람들이 그 쇼의 표를 얻지 못했다;

bagus 좋은, 멋진; ⓢ baik; Lukisan pemandangan desa itu tampak ***bagus*** sekali.그 마을 풍경화는 아주 좋아 보였다;

membagus-baguskan 아첨하다, 알랑거리다; Ia terlalu ***membagus-baguskan*** karyanya.그는 그의 작품을 너무 좋게 칭찬하고 있다;

memperbagus ① 즐겁게 하다;② 보기 좋게 하다, 아름답게 하다; Ia sudah ***memperbagus*** penampilannya. 그는 그의 스타일을 개선시켰다; ③ 수정하다, 가필하다;

bahagia ① 행운 (幸運); ② 행복, 만족;③ 복지(福祉); ④ 운좋은,좋은, 행복한; ⓢ beruntung,makmur, senang; kabar **bahagia** 좋은 소식; Ia merasa ***bahagia***. 그는 행복하다;

berbahagia ① 행복한; Dia orang yang ***berbahagia***. 그는 행복한 사람이다; ② 운좋은;

membahagiakan ~를 행복하게 하다; Cinta yang murni ***membahagiakan*** orang. 순수한 사랑은 사람을 행복하게 만든다;

kebahagiaan 행복,복지,안녕(安寧). Ia tak akan bisa melupakan ***kebahagiaan*** ini selamanya.그녀는 이 행복을 영원히 잊을 수 없을 것이다;

bahan ① 원료, 재료; ⓢ bakal; Pakaian ini terbuat dari ***bahan*** yang kurang baik.이 옷은 별로 좋지 않은 재료로 만들어져 있다;② 물질(物質); ⓢ materi, material; ③ 성분, 요소; **bahan** bakar 연료; **bahan** baku 원자재; **bahan** buangan 폐기물(廢棄物); **bahan** hidup 양식, 식량; **bahan** makanan 음식물; **bahan** mentah 원료; **bahan** peledak 폭발물; **bahan** pengajaran 교육 자료; **bahan** pokok 필수품; **bahan** bangunan 건축 자재; **bahan** tahan api 방화물질;

bahas ① 연구,조사; ② 비평,비판, 토론; ⓢ kritik, diskusi; ilmu **bahas** 토론법 (討論法);

membahas ① ~을 토의하다; ⓢ membicarakan; Mereka ***membahas*** rencana kegiatan akhir tahun. 그들은 회의에서 연말 활동에 대해서 토의할 것이다; ② 비판하다; ③ 연구하다, 조사하다; ⓢ mempelajari.

pembahas 토론자, 연사;

bahasa ① 말,언어; Jaman sekarang banyak orang yang tidak tahu ***bahasa***.요즘 사람들 말이 안 통하는 사람이 많다; ⓢ bicara; ② 국어, 지방어;ⓢ bahasa kebangsaan, dialek; **bahasa** Korea.한국어; **bahasa** Jawa 자와어; ③ 예절 바름, 좋은

B

태도; ⓢ adat, sopan santun; Dia selalu baik budi ***bahasa**nya*.그는 항상 예의 바르게 말한다; **bahasa** daerah 지방어; **bahasa** dunia 국제 언어;**bahasa** kawi 고대 자와어; **ba-hasa** kebangsaan 민족어,국어; **ba-hasa** pengantar, **bahasa** peranta-raan 매개어; juru **bahasa** 대변인; Ia bertindak sebagai juru ***bahasa*** dalam perdamaian itu. 그는 그 평화회의에서 대변인으로 활동한다;

berbahasa ① 말하다,이야기하다; Ia pandai ***berbahasa*** Korea. 그는 한국어를 잘 한다; ② 예절 바른,겸손한; Ia seorang yang apik ***berba-hasa***. 그는 겸손한 사람이다;

membahasakan ① 표현하다;ⓢ mengatakan, menuturkan; Orang itu tak dapat ***membahasakan*** pe-mandangan yang sangat indah itu. 그 사람은 그 아름다운 경치를 말로 표현할 수 없었다; ② ~라 부르다; ⓢmemanggil; ③ 존경을 나타내다;

bahaya ① 위험; ② 위협;ⓢ an-caman;③ 위기;ⓢ bencana; **bahaya** api, **bahaya** kebakaran 화재 위험; **bahaya** kelaparan 기아의 위기;**ba-haya** maut 죽음의 위험;**bahaya** rugi 위험 부담; mara **bahaya** 여러가지 위험; tanda **bahaya** 위험 신호;

berbahaya ① 위험한, 모험적인; Lebih baik kita lewat jalan lain karena jalan ini terlalu ***berbahaya***. 이 길은 너무 위험하니까 다른 길로 가는 것이 좋겠다;② 상처입기 쉬운, 약점이 있는;

membahayakan ① 위험에 빠뜨리다; Pernyataannya bisa ***memba-hayakan*** diri sendiri. 그의 진술은 스스로를 위험에 빠뜨릴 수 있다; ② (목숨을)걸다, 모험하다;

bahkan ① 더우기,특히;ⓢ lebih-lebih;② 반면에,뿐만아니라 사실은; ⓢ malahan, malah; Ani murid ter-pandai di kelasnya ***bahkan*** di se-kolahnya. 아니는 학급 뿐만이 아니라 전교에서도 가장 뛰어나다;

bahu 어깨; ⓢ pundak;

membahu ① 짊어지다; ⓢ me-nyangga; ② 어깨로 나르다;

bahu-membahu ① 협동하여,어깨동무를 하고; ⓢ bersama-sama; Mereka ***bahu-membahu*** memba-ngun jembatan. 그들은 협동하여 그 다리를 만들었다; ② 지지하다, 상부상조하다;ⓢ bantu-membantu;

bahwa ① ~한다는 것;Ia menga-takan ***bahwa*** uangnya hilang. 그는 그 돈을 잃어버렸다고 얘기했다; ② ~이라는 것; Setiap orang tahu bahwa mobil itu mahal. 그 차가 비싸다는 것은 누구나 안다;

baik ① 좋은,멋진; ⓢ bagus, elok, patut; Cuaca hari ini ***baik*** untuk bertamasya. 오늘 날씨는 소풍가기 좋은 날이다; Semoga dia mendapat kedudukan yang lebih ***baik***. 그가 더 좋은 위치를 얻기를 바란다; ② 유용한,효과있는;ⓢ berguna, man-jur; ada ***baik**nya* 쓸모있다; Kea-daan ini tak ***baik*** untuk perkem-bangan mentalnya. 이 상태는 정신 발달에 좋지 않다; ③ 착한, 정직한; ⓢ tidak jahat, jujur; Ia termasuk orang yang penampilannya ***baik***. 그는 스타일이 좋은 사람에 속한다;

④ 잘,좋게; Saya tidak bisa mencerna personalannya dengan ***baik***. 나는 그 문제를 잘 소화할 수가 없다; ⑤ 잘 대하는; Para guru telah berlaku amat ***baik*** pada saya. 모든 선생님들이 나를 아주 잘 대하여 주셨다;⑥ 네, 좋다; ⓢ ya; ***Baik*** pak. 좋습니다;

berbaikan ① 적의가 없는, 평화로운; ⓢ tak bermusuhan, berdamai; ② 다시 친해지는; ⓢ damai kembali;Kedua orang itu ***berbaikan*** lagi setelah bertengkar. 그 두 사람은 싸운 뒤에 다시 친해졌다;

memperbaiki ① 수정하다,고치다; Penduduk beramai-ramai ***memperbaiki*** jalan yang rusak.주민들은 함께 망가진 길을 고쳤다; ② 개량하다, 개선하다; ③ 개편하다;

kebaikan 선량(善良),호의;ⓢ perbuatan baik; Jangan kau sia-siakan ***kebaikan*** yang telah diberikan padamu.너에게 베푼 호의를 헛되게 하지 말아라;

perbaikan ① 수선,복구; **perbaikan** jalan 도로 복구(復舊); ② 개선, 진보; Di Jakarta sedang ada proyek ***perbaikan*** jalan. 자카르타는 현재 많은 도로 보수 공사가 진행중이다;

sebaik ① ~만큼 좋은; Jaman sekarang rasanya sulit cari orang ***sebaik*** dia. 요즘같은 세상에 그처럼 좋은 사람 찾기는 힘들 것으로 본다;② ~하자마자,곧; ⓢ sepatutnya, selayaknya;

sebaik-baiknya ① 가장 좋은; Kita harus menggunakan kesempatan ini ***sebaik-baiknya***.우리는 이 기회를 최상으로 이용하여야 한다; ② 가능하다면;

terbaik 가장 좋은; Harus kita akui bahwa dia adalah siswa ***terbaik***. 우리는 그가 가장 좋은 학생임을 인정하여야 한다;

baja 강철;ⓢ besi keras; Ayahnya ialah eksportir ***baja*** kualitas tinggi. 그의 부친은 가장 질이 좋은 강철 수출업자이다;

bajik 좋은, 건강에 좋은;

kebajikan ① 복지, 풍요; ② 선량, 은혜; ⓢ kebaikan,amal;Kita harus melakukan ***kebajikan*** di dalam kehidupan.우리는 살면서 자선을 해야 한다;

baju 웃옷,블라우스;ⓢ blus,keméja, pakaian; **baju** besi 갑옷; **baju** blus 블라우스; **baju** dalam 속옷; **baju** jadi 기성 상의; **baju** jas 코트; **baju** kaos 속옷; **baju** tidur 잠옷; Ibu membelikan adik ***baju*** tidur yang baru. 어머니는 동생의 새 잠옷을 사주셨다;

berbaju 옷을 입다, 착용하다; Pimpinannya adalah orang yang ***berbaju*** hitam itu. 그 검은 옷을 입은 사람이 우두머리이다;

bak ~처럼,~로서; ⓢ bagai,seperti, sebagai; Wajahnya cantik ***bak*** putri raja.그녀의 얼굴은 공주처럼 예쁘다;

baka 영원한, 변치않는; ⓢ abadi, kekal;

bakal ① 재료,원료; ⓢ bahan; ② 후보자; ⓢ calon; Ia jadi ***bakal*** presiden dari partai Demokrat.

B

그는 민주당의 대통령 후보가 되었다; ③ ~을 위한; ⓢ untuk; Alat ini *bakal* membuat makanan. 이 도구는 요리 용이다;

bakar, bahan **bakar** 연료; kayu **bakar** 장작; luka **bakar** 화상; minyak **bakar** 연료;

membakar ① 태우다,불붙이다; ② 굽다,불에 쬐다;ⓢmemanaskan,memanggang; **membakar** bata 벽돌을 굽다; **membakar** hati 화나게 하다;

membakari 태워 없애다; Ia sibuk *membakari* semua foto bersama kekasihnya.그는 그의 애인과 찍은 모든 사진을 태웠다;

membakarkan ~를 위하여 굽다, ~에게 구워주다; Ia *membakarkan* daging untuk adiknya. 그는 동생을 위해 고기를 구웠다;

kebakaran ① 불타는; ② 불에 탄, 불에 타서 망한;Ia jatuh miskin karena mengalami *kebakaran*. 그는 화재를 당해 가난뱅이가 되었다;**kebakaran** janggut 당황하다;

pembakar 점화물, 불쏘시개; Jangan pakai minyak yang mahal untuk *pembakar*. 비싼 기름을 불쏘시개로 사용하지 마라!

pembakaran ① 연소,소각; *Pembakaran* jenazah di Bali sangat terkenal; 발리의 화장의식은 매우 유명하다; ② 점화,발화; ③ 난로,솥;

terbakar ① 화재난; Rumahnya habis *terbakar*. 그 집은 화재가 나서다 타버렸다; ② 타서 없어지다; ⓢ hangus;

bakat ① 자국,흔적; ⓢ bekas; ② 신호; ③ 재능,소질;Ia punyai *bakat* untuk menjadi seorang penyanyi. 그는 가수가 될 소질이 있다;

baki 쟁반, 음식 접시; ⓢ dulang, talam; Ia sedang mendulang beras dengan *baki*. 그녀는 쌀을 키질하고 있다;

bakteri 박테리아;

bakti ① 존경, 헌신; Kita harus berbuat bakti pada negara. 우리는 국가에 헌신하여야 한다; ② 충성, 효도; Anak itu tidak tau *bakti* kepada orang tuanya. 그 아이는 부모에게 효도할 줄 모른다;

berbakti 충성하는, 봉사하는; ⓢ setia, khidmat, menghormat; Tiap lelaki di Korea masuk tentara untuk *berbakti* kepada negaranya. 한국 남자는 군에서 국가를 위해 충성한다;

membaktikan 바치다,헌신하다; Ia *membaktikan* dirinya kepada tanah air dan bangsa.그는 조국과 민족을 위해 헌신하였다;

pembaktian ① 숭배; ② 헌신; **pembaktian** kepada tanah air. 조국에 헌신; ③ 충성;

kebaktian ① 헌신, 숭배; ② 충성, 헌신;ⓢ kesetiaan; Mereka mengikuti proses *kebaktian* dengan serius. 그들은 경건하게 예배 행사를 따랐다;

baku ① 자격을 갖춘,정식 자격의; ② 표준의;bahan **baku** 원자재; harga **baku** 정가, 표준 가격; Semua orang harus mematuhi prosedur *baku* perusahaan ini.모든 사람들은 이 회사의 규정을 준수해야 한다;

balai ① 홀, 방; **balai** lelang 경매

소(所); ② 건물; ⓢ gedung; **balai** perguruan tinggi 대학 (본부)건물; ③ 사무소,관청, 국(局); **balai** penerangan 정보국; **balai** dagang 상업 회의소; **balai** desa 마을 위원회; **balai** istirahat 휴게소; **balai** kesehatan 의료 진료소; Tiap bulan diadakan pertemuan di ***balai*** desa. 매달 마을 회관에서 모임을 가졌다;

balap 질주,경주(競走)하기;ⓢpacu; Di Senayan tersedia arena ***balap*** mobil.스나얀에는 자동차 경주 장이 있다;

membalap 경주하다, 질주(疾走)하다;ⓢ berlari kencang-kencang;

balapan ① 경주, 질주; ⓢ pacuan, perlombaan;② 경주로(競走路); **balapan** kuda 경마 (競馬); Ayah sangat suka menonton ***balap*** mobil. 아버지는 자동차 경기 보기를 아주 좋아하신다;

pembalap 주자(走者);

balas, berbalas ① 응답하다, 응수하다; ⓢ dijawab, terjawab; Nyanyiannya ***terbalas*** dengan tepuk tangan penonton.그의 노래를 관중들의 박수로 응답 받았다;② 반향하다,울려 퍼지다; Suara anak-anak ***berbalas*** riuh di gunung.아이들의 고함 소리는 산 속으로 울려 퍼졌다.

berbalas-balasan 교신하다,(서신) 왕래하다; ⓢ bersambutan;

balas-berbalas 상호간에;

membalas ① 대답하다,답장하다; ⓢmenjawab;***membalas*** surat Tuan. 당신의 편지에 답하여~; ② 보답하다; Dia ***membalas*** orang yang telah bekerja keras itu dengan uang. 그는 열심히 일한 사람의 노고에 돈으로 보답했다;③ 복수하다; Dia ***membalas*** kepada musuhnya. 그는 원수에게 복수했다; **membalas** dendam 복수하다; **membalas** guna 봉사하다;

balas-membalas ① 서로 응수하다; Kedua petinju itu saling ***balas-membalas*** dengan kuat. 두 권투 선수는 강한 주먹으로 서로 응수했다; ② 복수하다;

pembalas ① 복수자;② 대응,보답; Ia berbuat begitu sebagai ***pembalas*** atas semua kebaikan temantemannya. 그의 그런 행동은 모든 친구들의 호의에 보답하는 것이다; ③ 답하는 사람; Murid itu ***pembalas*** pertanyaan gurunya. 그 학생은 선생님의 질문에 대답했다;

pembalasan ① 대답; ② 응수;

balasan ① 대답, 응답; ② 반응;

balik ① 역(逆)하여, 반(反)하여; ② 반대쪽에, 뒤에; Ia berdiri di ***balik*** pintu;③ 돌아오다;ⓢ kembali, pulang; Belum lama ia ***balik*** dari Eropa. 그는 얼마되지 않아서 유럽에서 돌아왔다; ④ 다시, 재차; **balik** mata 알지 못하는 체하다; **balik** sadar 의식을 회복하다;

berbalik ① 되돌리다,뒤집히다; Dia ***berbalik*** arah pulang karena ada yang ketinggalan. 그는 두고 온 물건 때문에 되돌아갔다; ② 바뀌다, 되돌리다; Perkataannya ***berbalik*** pada dirinya sendiri. 그의 말은 그 자신에게로 돌려졌다; ③ 돌다,방향을 바꾸다; ⓢ berpaling; Ia ***berbalik*** melihat anaknya. 그는 돌아서

서 아이를 보았다;④ 되돌아오다,되돌아가게하다; Jika memaki orang lain itu akan ***berbalik*** pada diri sendiri. 남에게 욕을하면 자신에게 돌아온다; ⑤ 돌아오다;

berbalik-balik (잠자리에서)몸을 뒤척이다; ⓢ berputar-putar;

membalik ① 돌다; Perempuan itu ***membalik*** kepada kekasihnya. 그녀는 사랑하는 사람을 향하여 돌아섰다; ② ~을 뒤집다; Dia ***membalik*** ikan itu agar tidak hangus; 그는 생선이 타지 않도록 뒤집었다; ③ 튕겨나온 것에 당하다; Kepalanya kena bola yang ***membalik*** dari dinding. 그의 머리는 벽에서 튕겨나온 공에 맞았다;

membalik-balikkan ① 뒤집어 보다; Ia ***membalik-balikkan*** buku yang sedang dibacanya itu. 그는 지금 읽고 있는 그 책을 자꾸 뒤적거렸다; ② 계속해서 바꾸다;

membalikkan ① 향하게 하다;② 거꾸로 놓다, 뒤집어 놓다; Ia ***membalikkan*** botol itu diatas meja.그는 책상 위에 병을 뒤집어 놓았다; ③ 되돌아오다, 반향하다; Kami ***membalikkan*** serangan malam dengan keras.우리는 야간 기습에도 강하게 반격했다; ④ 바꾸다, 변경하다;

kebalikan 반대의, 역(逆)의; Musim di Selandia Baru ***kebalikan*** dari musim di Korea. 뉴질랜드의 계절은 한국과 정 반대이다;

sebaliknya 반면에, 한편;

terbalik ① 뒤집히다,전복되다; Di dalam film, mobil pemain utamanya itu jatuh ***terbalik***. 영화에서 주인공의 차는 전복되었다; ② 뒤집어진; Anak kecil itu membaca buku dengan ***terbalik***. 그 어린아이는 책을 거꾸로 들고 읽는다; ③ 거꾸로, 뒤바뀐; Karena tergesa-gesa ia memakai baju dengan ***terbalik***. 너무 서두른 나머지 그는 옷을 뒤집어 입었다;

balok ① 나무의 그루터기; ② 계급장;

balon 풍선;

balon-balonan 비눗 방울;

balut 붕대, 두루마리; ⓢ barut; balut luka 붕대;

membalutkan ① 싸다, 감다; ⓢ membarut, membungkus; ② (담배 등을) 말다; Suster sudah ***membalut*** lukanya dengan benar. 간호원은 상처를 잘 감쌌다;

pembalut ① 붕대; ② 포장; Ini kertas ***pembalut*** yang kau minta. 이게 네가 요구한 포장지이다;

pembalutan 부대 (負袋);***Pembalutan*** luka itu harus dilakukan dengan segera.그 상처를 속히 감싸줘야 한다;

balutan ① 붕대; ② 꾸러미;

bambu 대나무;

ban 타이어;

banci 양성인;

bandar 물주;ⓢ pemegang uang; ***Bandar*** narkotika itu akhirnya tertangkap juga.그 마약 물주는 결국 체포되었다;

membandar ① 장사하다, 매매하다; ② 물주가 되다;

bandel ***membandel*** 완고한, 고집센;ⓢ kepala batu; Anak itu ***bandel*** sekali.그 아이는 아주 고집이 세다;

banding ① 비교되는, 같은, ~에 상당하는; ⓢ imbangan, kesamaan, padanan; Dalam hal kepandaian, ia tak ada ***banding***nya. 영리함에 있어서는 그를 대적할 사람이 없다;② 숙고,고려; Ia meminta naik ***banding*** kepada ketua Majelis Hakim. 그는 재판장에게 재심을 요구했다;

berbanding 균형잡힌,합당한; Hukuman itu ***berbanding*** dengan perbuatan selama ini. 그 형량은 그 동안의 그의 행위에 합당하다;

membandingkan 호소하다, 상고(上告) 하다;

membandingi 동등하게 하다, 균형을 맞추다;

membandingkan 비교하다; Keadaan sekarang sudah berbeda ***dibandingkan*** waktu krisis.
지금 상태는 그 위기 때와는 아주 먼 상태이다;

perbandingan ① 비교; **perbandingan** berat 비중(比重);② 예(例); ⓢ ibarat,misal,contoh; Jangan kau jadikan peristiwa itu sebagai ***perbandingan!*** 너는 그 사건을 비교 예로 삼지 말아라;

sebanding 비례하는,필적하는; ⓢ seimbang, setolok, sama; Omongannya ***sebanding*** dengan kekuatan yang dimilikinya. 그의 말은 그가 소유하고 있는 실력과 같다;

bandingan 호소,간청;ⓢ imbangan;

berbandingan ① 어울리는, 조화하는; ② 일치하는,부합하는; Bicara dan perbuatannya tidak ***berbandingan***. 그의 말과 행동은 부합하지 않는다;

bandit ① 산적,도둑; ⓢ pencuri; ② 악한(惡漢); ⓢ penjahat; Dalam setahun belakangan dia berubah menjadi seorang ***bandit***. 최근 일 년 사이에 그는 변해서 이미 도둑이 되어버렸다;

bangga ① 자랑, 자존심; ② 거만한;ⓢ berbesar hati,merasa gagah; Ia ***bangga*** sekali atas penghargaan yang diperoleh anaknya. 그는 아이가 받은 상을 매우 자랑하였다;

membanggakan 자랑하다; Pria itu selalu ***membanggakan*** kehebatan diri sendiri. 그 남자는 항상 자신의 우월함을 자랑하였다;

bangkang,terbangkang 게을리 하는; Ia sudah dicap sebagai ***pembangkang*** di kelasnya. 그는 그의 학급에서 골치덩이로 낙인 찍혔다;

bangkir 은행가. Ayahnya adalah salah seorang ***bankir*** terkemuka di kota itu.그의 아버지는 그 도시에서 유명한 은행가 중의 한 사람이다;.

bangkit 일어서다;ⓢ bangun;Karena sakitnya ia tak dapat ***bangkit*** dari duduk; 그는 아파서 앉은 자리에서 일어날 수 없었다;Karena kejadian itu, ***bangkit*** semangat dalam dirinya untuk terus maju.그 사건은 그에게 계속 진행할 마음을 일어나게 하였다;

membangkit①~을 들어 올리다; ⓢ mengangkat; ② 자극하다, ~을 불어 넣다; ⓢ membangunkan;

membangkitkan① 들어 올리다, 부활시키다; Pernyataannya di depan forum telah ***membangkitkan*** emosi para petinggi lembaga itu. 그 포름에서의 발언은 그 재단의 고위직들의 감정을 일으키게 하였다; ② 불러 일으키다; Pernyataan itu ***membangkitkan*** semangat bersatu. 그 성명은 단결심을 고취시켰다; ③ 용 기를 북돋 우다;

kebangkitan ① 소생,재기, 부활; Sekarang ini jaman telah berubah menjadi era ***kebangkitan*** negeri-negeri Asia. 지금의 시대는 이미 변해서 아시아 국가들의 번성시대가 되었다; ② 재현;

pembangkit 발전기; ***pembangkit*** tenaga listrik 발전기;

bangkrut 파산, 도산; Setelah perusahaannya ***bangkrut,*** ia tidak punya apa-apa lagi. 회사가 망한 후 그는 아무것도 갖고 있지 않았다.

bangku 좌석,의자; bangku taman 공원의 의자; Adik senang ***duduk*** di bangku taman itu. 동생은 정원의 의자에 앉기를 좋아한다;

bangsa ① 나라, 국민; ② 종족; ③ 국적; Hewan itu satu ***bangsa*** dengan macan. 그 동물은 호랑이와 같은 종류이다;Ia bukan dari ***bangsa*** kita. 그는 우리 민족이 아니다;

berbangsa ① 고귀한,귀족의; ⓢ bangsawan, mulia; ② 국적을 갖다; ③ 친척이다, 이어져있다;

kebangsaan ① 국적,국민;Orang itu mempunyai ***kebangsaan*** Belanda. 그 사람은 화란 국적을 갖고 있다;② 국가의;③ 국가주의,민족주의;

bangsal ① 창고, 임시 가옥; ⓢ barak; ② 방, 홀; ⓢ balai, rumah; Pimpinan akan mengumunkan sesuatu di ***bangsal*** pertemuan. 지도자가 임시 회의소에서 발표할 예정이다; ③ 임시 수용소;

bangsawan ① 고상한,고귀한; ② 귀족; ③ 극장, 무대; komidi ***bangsawan*** 오페라;

kebangsawanan 귀족,귀족 사회, Di dalam dirinya telah tertanam jiwa ***kebangsawanan*** yang tinggi. 그의 내부에는 이미 귀족 정신이 박혀있었다;

bangun ① 일어나다; Karena badannya sakit, ia tak dapat ***bangun*** dari tempat tidur. 몸이 아파서 그는 침대에서 일어날 수 없었다; ② (잠이)깨다; ⓢ bangkit; Karena terdengar suara amat bising, ia ***bangun*** dari tidurnya. 시끄러운 소리가 들려 그는 잠에서 깨어났다; ③ (빵이) 부풀다;

membangun ① 세우다,짓다; ⓢ membuat; Ayah sedang terlibat dalam proyek ***membangun*** gedung perkantoran di Bandung. 아버지는 반둥에 사무용 건물을 짓고 계신다; ② 발전시키다; ***membangun*** Industri nasional. 국가 산업을 발전시키다; ③ 일어나다, 올라가다; Asap ***membangun*** ke langit. 연기가 하늘로 피어 오른다;

membangunkan① ~를 깨우다; ⓢ menjagakan; Ibu ***membangunkan*** adik yang sedang tidur.어머니는 동생을 께웠다; ② 세우다; ③ 들다, 들어 올리다; ④ 복원하다; ⑤ 형성하다;ⓢ membina;⑥ 건설하다; Kita harus ***membangun*** hubungan baik dengan klien.우리는 고객들과 좋은 관계를 만들어야 한다;

pembangun 건축자, 설립자;

pembangunan ① 건축; ② 발전; ③ 설립; Para pemuda ikut mempelopori ***pembangunan*** perkumpulan itu. 젊은이들은 그 모임의 설립에 앞장 섰다;

bangunan ①건물;ⓢ perumahan; ② 시설; **bangunan** militer 군사 시설;

bangun-bangunan 부속 건물;

banjir ① 범람하다, 넘치다; Karena hujan semalaman, air sungai itu menjadi ***banjir***. 어제 밤 비로 그 강은 범람했다;② 홍수(洪水);ⓢ air bah; Ada ***banjir*** besar melanda wilayah Surabaya. 수라바야에 큰 홍수가 났다;

membanjiri 쇄도하다;ⓢmenggenangi; Air luapan sungai Ciliwung ***membanjiri*** Jakarta dalam waktu semalam.하룻밤 사이에 찔리웅강의 범람으로 자카르타에 홍수가 났다;

kebanjiran 홍수로 범람하다;ⓢdiserang banjir; Tahun 2001 banyak daerah di Jakarta yang ***kebanjiran***. 2001 년도에 자카르타의 많은 지역에 홍수가 났다;

bantah 다툼, 논쟁, 싸움;

membantah①논의하다,논쟁하다; Dia selalu ***membantah*** perkataan kedua orang tuanya. 그는 항상 부모의 말에 반항한다; ② 반대하다, 저항하다; ⓢ melawan; Ia ***membantah*** keinginan orang tuanya untuk menjadi seorang dokter. 그는 의사가 되라는 부모의 희망을 거역했다; ③ 반론하다, 부인하다; Lelaki itu ***membantah*** kejahatan itu. 그 남자는 범행을 부인했다;

bantahan ① 항의,항변,이의; Penduduk itu mengadakan ***bantahan*** terhadap politik transmigrasi pemerintah. 그 주민들은 국가의 이주 정책에 항의했다;②반박(反駁); Perintahnya sudah tidak dapat ***dibantah*** lagi.그 명령을 더 이상 거역할 수 없다;

bantai 도살된 고기;

membantai 도살하다,잘라 나누다. ⓢ menyembelih, memotong;

pembantai 도살 업자;

pembantaian ① 도살, 살육; ② 도살장, 푸주간; Kasus ***pembantaian*** paling sadis di Kamboja dikenal dengan The Killing Field. 캄보디아에서의 학살 중 가장 잔악했던 학살은 "킬링필드"로 알려져있다;

bantal 베개; **bantal** guling, peluk **bantal** 죽부인 (껴안고 자는 베개); **bantal** pipih 베개; **bantal** sandar 기대는 베개; sarung **bantal** 베갯잇; Anak itu terbiasa tidur tanpa ***bantal***. 그 아이는 베개 없이 자는 것에 익숙해 있다;

bantal-bantal, **bantalan** ① 받침, 토대, 지주; ② 철로 침목(枕木);

berbantalkan ① 베개를 베다; Ia tidur dengan ***berbantalkan*** lengannya. 그는 팔베개를 하고 잤다; ② 아무데에서나 자다; ③ 애인과 동침하다;

banteng 들소; ⓢ kerbau hutan, lembu liar;

banting ①물소;②소;☞ banteng;

bantu ① 도움, 원조; ⓢ tolong, sokong; ② 구조(救助); kata kerja *bantu* 조동사;

membantu ① 돕다, 원조하다; Saya akan *membantu* dengan senang hati. 기쁜 마음으로 내가 도와주겠다;② 지지하다,진전시키다; Kita harus *membantu* korban bencana kebakaran itu. 우리는 그 화재 참사의 희생자를 도와야 한다; ③ 기여하다,기고(寄稿)하다; Sudah dua tahun belakangan ini, saya *membantu* menuliskan karangan-karangan pendek di surat kabar itu. 나는 이미 최근 2 년 동안 그 신문에 짧은 문장들을 기고하여 왔다;

memperbantukan ~의 봉사를 제안하다; Pemerintah *memperbantukan* pangan kepada korban kebakaran itu.정부는 그 화재 희생자들의 식량 원조를 주관하였다;

pembantu ① 원조자,조수;Ia ialah seorang *pembantu* yang rajin. 그는 부지런한 하인이다; ② 기고자(寄稿者), 특파원; **pembantu** surat kabar 신문 주재원;

bantuan ① 지원, 지지; **Bantuan** uang 금융 지원; ② 원조, 도움; Ia amat mengharapkan *bantuan* dana dari Pemerintah. 그는 정부의 자금 지원을 크게 기대했다;

banyak ① 많은; Di sini ada *banyak* buku. 여기에 많은 책이있다; ② 다량의, 많은; Orang Indonesia *banyak* makan ayam. 인도네시아 사람들은 닭고기를 많이 먹는다; ③ 총계, 총액(總額); *Banyak*nya uang adalah 180 dolar. 돈의 합계가 180 달러이다; ④ 많이, 상당히; Hari ini ia *banyak* tertawa. 오늘 그는 많이 웃었다;⑤ 수,총수 (總數); *Banyak*nya orang di ruangan ini kira-kira 15 orang. 이 방안의 사람 총수는 대략 15 명이다;**banyak** duit 부유한; **banyak** sekali 자주, 종종; **banyak** mulut 말을 많이 하는; Daripada *banyak* mulut, lebih baik kau selesaikan saja pekerjaan itu sekarang. 말만 많이 하지 말고 지금 그 일을 마치는 것이 좋겠다; **banyak** sedikitnya 정도; Karena tabrakan itu, mobilnya sedikit *banyak* mengalami kerusakan. 그 충돌로 자동차가 다소 고장났다;

memperbanyak ① 배가하다,늘다,증가하다;② 증가시키다, 늘리다; ⓢ menambah jumlah; Menjelang Natal pabrik cokelat itu *memperbanyak* produksinya.성탄절에 즈음하여 그 쵸콜렛 공장은 생산을 증가켰다;③ 재생하다,재현하다; Dapatkah dokumen itu *diperbanyak?* 그 서류를 여러부 만들 수 있는가?

kebanyakan ① 대부분, 대다수; ⓢ bagian terbanyak; *Kebanyakan* orang Korea sifatnya buru-buru.대부분의 한국 사람은 성격이 급하다; ② 너무 많이, 과하게; *Kebanyakan* makan itu tidak baik. 과식은 좋지 않다; ③ 보통의, 일반의; ⓢ biasa; Arloji itu seperti *kebanyakan.* 그 시계는 평범하다;

sebanyak 와 같은 정도의, ~만큼의; Akan kau gunakan untuk apa uangnya *sebanyak* itu? 무얼하려고

그 많은 돈이 필요한가?

sebanyak-banyaknya 가능한한 많이; Ambillah ***sebanyak-banyaknya*** mana yang kau suka! 네가 좋을 만큼 많이 가져가라;

terbanyak ① 더 한층 많은; ② 대부분; ***Terbanyak*** dari penduduk kota itu. 그 도시 인구의 대부분; ③ 대다수, 과반수; Ia terpilih menjadi pemimpin lembaga dengan suara ***terbanyak***. 그는 가장 많은 득표로 재단의 우두머리가 되었다;

banyaknya ① 양(量), 총액; ⓢ jumlahnya; ② 수(數), 총수(總數); ⓢ bilangan; ***Banyaknya*** korban dalam tabrakan itu ialah 15 orang. 그 충돌 사고의 희생자 총수는 15 명이다;

bapak ① 아버지; ⓢ ayah; Ia adalah seorang ***bapak*** ekonomi negara kita. 그는 우리나라 경제의 아버지이다; ② 남자에 대한 존칭; **bapak** angkat 양부(養父); **bapak** tiri 계부; **bapak** tua 백부;

berbapak ① 아버지가 있다; Kasihan sekali nasib anak itu, ia tak ***berbapak*** lagi. 그 아이는 참 불쌍하게 되었다.이젠 아버지가 없어;② 아버지라 부르다; Anak panti asuhan itu ***berbapak*** siapa saja. 그 고아는 아무에게나 아버지라고 불렀다.

baptis 침례,세례,영세;ⓢ pemandian;

membaptiskan (~에게) 세례를 베풀다;ⓢmemandikan,menamakan;

pembaptisan ① 침례; ② 세례, 세례식; Banyak orang hadir pada acara ***pembaptisan*** anaknya. 그 애의 세례식에 많은 사람들이 참석했다;

bara 연소물, 탄화(炭火); **bara** api 연소 중인 석탄; batu **bara** 석탄; ⓢ arang batu;

membara ① 열화처럼 분노하다; ② 숯으로 만들다;

barang ① 물건,상품; ② 짐,수화물; ⓢ bagasi;③ 대략,대충; ⓢ lebih kurang;Saya hendak pergi kesana ***barang*** tiga hari lagi. 나는 대략 3 일 후에 거기에 가고 싶다; **barang** bahari 고물(古物); **barang** bacaan 읽을 거리;**barang** besi 철기, 철물;**barang** buatan baja 철재 물건; **barang** cair 액체; **barang** cetakan 인쇄물;**barang** dagangan 상품,품목; **barang** jadi 기성품; **barang** gelap 암거래품; **barang** kelontong 가정용품;**barang** kodian 대량 생산 품목; **barang** kuno 골동품;**barang** mewah 사치품; **barang** muatan 화물; **barang** pecah-belah 식기류; **barang** pecahan 식기류; **barang** pusaka 상속 물건; **barang** sedikit 조금,작은; **barang** seni 예술품; **barang** tambang 광물(鑛物); **barang** tangkapan 압수품; Sudah ***barang*** tentu ia anak yang pintar 사실이지 분명히 그는 똑똑한 아이이다;**barang** tenun 직물;

sembarang 누구나, 아무나; ⓢ apa saja; Lelaki itu suka ***sembarang*** perempuan. 그 남자는 아무 여자나 좋아한다;

baring, **berbaring** 눕다;ⓢ tiduran; Ia ***berbaring*** di bawah pohon yang besar itu. 그는 그 큰 나무

밑에 누웠다;

membaringkan 내려놓다,눕히다; Ibunya *membaringkan* anaknya tidur. 어머니는 잠든 아이를 눕혔다; membaringkan diri 눕다;

pembaringan 눕는 장소, 쉬는 장소; Ia berdiam diri diatas *pembaringan*.그는 침대 위에서 가만히 있었다;

terbaring 내뻗다, 길게 눕다; ⓢ terletak merata; Dia *terbaring* di hadapan dokter. 그는 의사 앞에서 다리를 뻗었다;

baris ① 줄, 열(列); Anak yang tinggi kecil duduk *di baris* depan. 키 작은 아이는 앞줄에 앉았다; ② 행,선(線); Di jalan-jalan ada *baris-baris* putih. 아스팔트 길에는 흰 선이 그어져 있다; ③ 행렬; ⓢ deret, jajar;

berbaris ① 줄을 서다, 열을 서다; Mereka *berbaris* di lapangan untuk membeli karcis. 그들은 표를 사기 위해 줄을 섰다; Orang yang mau mudik *berbaris* di depan bus. 귀성객들은 버스 앞에 줄지어 섰다; ③ 훈련하다;

membariskan ① 줄을 세우다; Wasit *membariskan* para pemain di lapangan.심판은 선수들을 운동장에 줄 세웠다; ② 훈련하다,훈련시키다; Guru itu *membariskan* muridnya di depan kelas. 그 선생은 교실앞에서 학생들을 훈련시켰다;

barisan 줄, 열;ⓢ banjar, jajaran, barisan belakang 후방 부대; barisan depan 전방 부대; barisan kehormatan 의장대(儀仗隊); barisan pengawal 경호단(警護團);

baru (baharu) 오래되지 않은; Ia baru saja membeli baju *baru*. 그는 막 새 옷을 샀다; Ia masih tergolong orang *baru* di daerah ini. 그는 아직 이 지역에서는 새로운 사람에 속한다; ④ 최근의, 현대의; ⑤ 처음 시작되는;tahun *baru* 신년;⑥ 방금; *Baru* saja ia berangkat. 그는 방금 떠났다;

memperbaharui ① 수선하다, 고치다;② 혁신하다, 쇄신하다;③ 개혁하다; ④ 현대화하다; Masyarakat menuntut Pemerintah untuk *memperbaharui* kebijakan tentang perburuhan. 국민들은 정부에게 노동법에 대해 개정을 요구했다;

pembaruan ① 새롭게 하기,갱신; *Pembaruan* sistem pendidikan mulai berlaku efektif pada 1 Januari tahun depan. 내년 1 월부터 신교육체계가 적용된다; ② 혁신, 쇄신; ③ 개혁;④ 현대화;ⓢ modernisasi;

basah ① 젖은; Bajunya *basah* tersiram air.물을 맞아 옷이 젖었다;② 축축한,습기가 있는;ⓢ lembab;Hawanya *basah*.날씨가 습하다; ③ 현행범인, ~현장에서; Kawanan perampok itu tertangkap *basah* saat beraksi.그 도둑들은 도둑질하다가 현장에서 잡혔다;

membasahi 축이다, 적시다; Air matanya jatuh *membasahi* pipinya. 눈물이 떨어져 그의 뺨을 적셨다;

basahan 젖은 것; pakaian basahan 젖은 옷;

basi ①썩은,부패한,상한;ⓢ busuk; Ikannya sudah *basi*.생선이 썩었다;

② 뒤떨어진,오래된;ⓢ lama; Kabar bercerainya pasangan artis itu sudah *basi*. 그 연예인의 이혼에 대한 소식은 이미 오래된 얘기이다;
membasikan 부패시키다;
basmi 근절하다; ⓢ binasakan, hancurkan;
membasmi ① 근절시키다; ⓢ membinasakan,menghancurkan;② 일소하다; Kepolisian sedang gencar *membasmi* peredaran narkotika di Indonesia.지금 경찰은 인도네시아의 마약 소탕에 힘을 쏟고 있다;③ 태워 없애다;ⓢ membakar; Mereka *membasmi* tempat-tempat yang diduga lokasi maksiat.그들은 유곽지역 이라 생각되는 곳을 소탕했다; ④ 소각하다, 화장하다;
pembasmi 근절자, 제초기;
pembasmian ① 근절, 절멸; Pemerintah menggalakan *pembasmian* hama di sawah-sawah. 정부는 논의 해충 박멸에 힘을 쏟고 있다; ② 소각;
basuh (물로)씻다;ⓢ cuci, bersihkan;
membasuh ①씻다;Ia *membasuh* mukanya dengan air pancuran.그는 솟아 오르는 물로 입을 씻었다; ② 설겆이 하다;
pembasuh ① 씻기 위한것; air *pembasuh* tangan 손 씻는 물; ② 씻는 사람, 세척기; **pembasuh** desa 재앙을 쫓기 위한 제물; **pembasuh** tangan 뇌물(賂物); Mereka menggunakan air sungai sebagai *pembasuh* tangan mereka yang kotor. 그들은 부정한 그들의 손을 씻는 행사에 강물을 사용하였다;
pembasuhan 씻기, 수세(水洗); *Pembasuhan* kaki dalam upacara adat itu dilakukan oleh calon istrinya.그 전통 발 씻기 행사에서 그의 정혼녀가 발을 씻어줬다;
batal ① 취소된; ⓢ tidak jadi; Perjalanannya terpaksa *batal* karena ia sakit. 그는 아파서 할 수 없이 여행을 취소하였다; ② 헛되이, 헛된, 쓸모없는, 무효의; ⓢ sia-sia, tidak berlaku;
membatalkan ① 취소하다, 폐기하다; Ia *membatalkan* liburan itu karena anaknya sakit. 그는 아이가 아파서 그 휴가를 취소하였다;② 폐지하다, 무효로 하다; ⓢ Dia *membatalkan* kontrak jual-beli. 그는 매매 계약을 취소했다; ③ 포기하다, 단념하다, 철회하다; Akhirnya mereka *membatalkan* tuntutan itu. 결국그들은 그 요구를 철회하였다;
pembatalan ① 취소,폐기; *Pembatalan* pemesanan barang dilakukan paling lambat akhir bulan. 물품 주문의 취소는 아무리 늦어도 월말까지이다;② 말소 (抹消),전폐; ③ 포기, 단념; ④자격 박탈, 실격;
batang ① 줄기,대,엽병(葉柄); ⓢ tangkai; **batang** padi 벼(대); **batang** pisang 바나나 나무;② 막대기,장대; ③ 잎, 엽편; **sebatang** rumput 풀 한 잎; ④ ~자루; 2 **batang** pulpen 두 자루의 연필; ⑤ 막대기, 방망이; ⑥ 자루, 손잡이대; **batang** dayung 노(櫓);**batang** hari 정오(正午); **batang** kaki 다리; **batang** kayu 나무줄기; **batang** penggerak 지렛대;

batang tubuh 몸통; Ia mengangkat ***batang*** pohon pisang yang terendam itu. 그는 잠겨있는 그 바나나 나무 줄기를 들어올렸다;

sebatang kara ① 홀로,외로이;② 친척이 없는;Sekarang ia hidup ***sebatang kara***.그는 천하에 홀로 살게 되었다;**sebatang** sabun 비누 한개;

batangan ① 대들보; ② 울타리, 방벽, 장벽; ③ 골격, 구조;

batas ① 한계, 제한; **batas** kecepatan 속도 제한;②경계(境界); Mobil itu dikendarai melebihi ***batas*** kecepatan yang diperbolehkan. 그 차는 제한 속도를 넘어 달리고 있다.

berbataskan ① 제한된; ② ~와 접하는, ~와 경계인; Desa ini ***berbataskan*** dengan sawah yang luas. 이 마을은 넓은 논과 면해 있다;

berbatasan dengan ~과 인접한; Kalimantan ***berbatasan*** langsung dengan Malaysia. 깔리만딴은 말레이시아와 직접 국경을 이루고 있다;

membatasi ① ~에 테를 두르다, ~에 울타리를 두르다; Ia ***membatasi*** halamannya dengan tanaman merambat.그는 덩굴 식물로 정원에 경계를 만들었다;② 제한하다, 한정하다; Sejak tidak bekerja, ia mulai ***membatasi*** pengeluarannya. 그는 지출을 제한하였다;

pembatasan 제한, 한정; Negara China memberlakukan ***pembatasan*** kelahiran warganya. 중국은 국민 산아 제한을 실시하였다;

perbatasan 경계, 분할; Gerbang itu merupakan daerah ***perbatasan*** perburuan.그 문은 수렵 지역 경계이다;

terbatas 제한된, 한정된; Jumlah barang diskon itu ***terbatas***.그 할인 상품의 수량은 한정되었다;

batasan ① 경계, 한계; ② 제한, 한정; ⓢ perhinggaan; definisi;

baterai 건전지(乾電池); lampu ***baterai*** 회중 전등;

batu ① 돌, 바위; ② 이정표 (里程標); **batu** kali 자갈; **batu** akik 마노(瑪瑙); **batu** arang 석탄; **batu** asahan 숫돌; **batu** bara 석탄; **batu** bata 벽돌; **batu** baterai 회중 전등 전지; **batu** empedu 담석; **batu** gamping 석회석;**batu** geretan 부싯돌; **batu** ginjal 신장 결석; **batu** kapur 석회석; **batu** karang 산호; **batu** kawi 유연탄;**batu** kerikil 자갈; **batu** kepala 두개골, 머리; **batu** kolar 조약돌; **batu** ladung 낚시대의 추; **batu** loncatan 징검돌; **batu** pengasah 숫돌; **batu** pualam 대리석; **batu** tulis 비문,석문;**batu** ubin 타일;

membatu ①굳어지다;tanah liatnya telah ***membatu***.진흙이 돌처럼 단단해졌다;② 얼다; Di musim dingin, air di sungai ***membatu***.겨울엔 그 강물이 언다;③돌이 되다,돌처럼 굳어지다; ④ 흔들리지 않는,완강한;

batuk ① 기침,헛기침; Anak kecil rentan akan penyakit ***batuk***. 그 건강이 약한 아이는 기침을 하게 될 것이다; ② 기침을 하다; **batuk** kecil 헛기침하다; **batuk** kering 마른 기침; **batuk** lelah 천식; **batuk** rejan 백일해;

terbatuk-batuk 계속하여 기침하다; Saat menghirup asap rokok,

putih 마늘; makan **bawang** 성난; pemakan **bawang** 성 잘내는 사람;

bawel 남을 헐뜯기 좋아하는,말이 많은; ⓢ cerewet; Perempuan tua itu *bawel* sekali. 그 늙은 여자는 정말로 잔소리가 많다;

baya 나이, 연령; Dia adalah seorang yang telah *baya*. 그는 늙은 사람이다; setengah **baya** 중년의;

sebaya 동년배의, Umurnya *sebaya* dengan ayah saya.나이가 우리 아버지와 동년배 쯤이다;

bayang,**bayang-bayang** ① 영상; Kalau tutup mata muncul *bayang-bayang* perempuan itu. 눈을 감으면 그녀의 영상이 떠올랐다; ② 그림자; Anak-anak bermain *bayangan* dengan jari tangan. 아이들은 손가락으로 그림자 놀이를 했다; ③ 투영(投影); Dia melihat *bayang-bayang* dirinya di permukaan air. 그는 물위에 비친 자신을 보았다; ④ 환상, 상상; Semua ini hanyalah *bayang-bayang* semata.이 모든 것은 단지 환영이다; menangkap **bayang-bayang** 부질없는; serasa **bayang-bayang** 의욕을 잃은; singkat **bayang-bayang** 단명의 징조; **bayang-bayang** sepanjang 몸, 신체;

terbayang-bayang ① 투영된; Peristiwa itu terus *terbayang-bayang* di ingatanku. 그 사건이 그의 기억 속에서 자꾸 떠올랐다;② 아련히 떠오르는;Selama ia sakit, ayahnya selalu *terbayang-bayang* di dalam pikirannya. 그가 아팠을 때 아버지의 모습이 그의 뇌리에서 어른거렸다;

membayangi ① 덮다, 가리다; Kejadian itu terus *membayangi* hidupnya. 그 사건은 그의˙인생을 따라 다녔다;② 그늘지게 하다,가리다;

bayangan ① 그림자; Selamanya ia hanya jadi *bayangan* saudaranya. 그는 영원히 그의 형제의 그늘 속에 살게 되었다; ② 추측, 상상;

beasiswa 장학금;ⓢ danasiswa; Karena pintar, dia mendapat *beasiswa* di sekolahnya. 그는 공부를 잘해서 학교에서 장학금을 받았다;

beban ① 짐, 화물(貨物); ② 책임, 보증; ⓢ kewajiban, tanggungan; Setelah ayahnya tiada, ia menanggung *beban* hidup keluarganya. 아버지가 돌아가신 후 그는 가족의 생계를 책임져야 했다;③부담(負擔);

membebani ① 짐을 싣다, 짐을 꾸리다;② 짐을 지우다,부담을 주다; Pemerintah *membebani* rakyat dengan bermacam-macam pajak. 정부는 각종 세금을 국민에게 부과하였다;

membebankan(책임 등을)지우다. Ia *membebankan* kewajiban itu pada kami. 그는 우리에게 그 의무를 지도록 했다;

pembebanan 부담을 지우는 행위. *Pembebanan* pajak itu dilimpahkan kepada kami. 그 세금 부담을 우리에게 전가했다;

bebas ① 자유로운,구속되지 않은, ⓢlepas;Mereka boleh bertamasya dengan *bebas*.. 그들은 자유롭게 여행 갈 수 있다; ② 독립한,자주의; Timor-timur *bebas* dari Indonesia. 동 띠무르는 인도네시아로부터 독립

했다;③ 방면된, 석방된,풀려진; Setelah menjalani masa hukuman, kini ia kembali *bebas*. 그는 형기를 채운 후 다시 자유의 몸이 되었다; ④ 면해주다,면제하다;Karena anggota diplomatik ia *bebas* dari bea masuk.그는 외교관이기 때문에 관세를 면제 받는다; ⑤ 방면된, 무죄로된; ⑥ (빚 등을)다 갚은;

membebaskan ①풀어놓다,자유롭게 하다; Kapten telah melakukan perjanjian *membebaskan* para tahanan.대위는 포로들의 석방 협정을 마쳤다;② 해방하다,자유를 주다; Tentara sekutu akhirnya *membebaskan* Asia. 연합군은 마침내 아시아를 해방시켰다; ③ 면제해 주다; Pemerintah *membebaskan* bahan makanan dari pajak. 정부는 식품재료에 대한 세금을 면제하였다;

membebas-tugaskan 면제하다. Komandan sudah *membebas-tugaskan* dirinya dari kesatuan. 사령관은 이미 군에서 물러났다;

kebebasan 자유(自由);Di sini *kebebasan* mengeluarkan pendapat sangatlah dihargai.여기서 자유롭게 의견을 내 주시를 바랍니다;

pembebasan ① 자유; ② 해방; ③ 방면,석방;④ 면제; ⑤ 이탈,노예해방; **pembebasan pajak** 조세의 날;

bebek 오리; ⓢ itik;

beber,**membeber** 펼치다;ⓢmembeberkan;

membeberkan ① 펴다, 펼치다; ⓢ mengembangkan, membuka; ② 설명하다; Dia akan *membeberkan* rencananya pada rapat malam ini. 그는 오늘 밤 회의에서 그의 계획을 설명할 것이다;

pembeberan 설명,폭로,제시,논술; *Pembeberan* rencana perampokan itu dilakukan oleh salah seorang anggotanya sendiri.그 강도 계획의 폭로는 그 강도 자신들 중 한 사람이 했다;

beberapa ① 몇몇의, 몇개의; **beberapa** buku 몇권의 책;② 약간의, Ia menutup mata selama *beberapa* menit.그는 몇 분동안 눈을 감았다;

becus **tidak becus** ① 맵시 없는; ② 불만족스러운; Melakukan pekerjaan ringan saja ia *tidak becus.* 간단한 일 하나도 그는 제대로 못했다;

beda 차이,차이점;ⓢ lain,tak sama, selisih; Ginseng yang palsu sangat *beda* dengan yang asli.가짜 인삼은 진짜와 많이 다르다;

berbeda 다른,상이한;Kenapa kedua saudara itu bisa *berbeda* sifatnya? 왜 그 두 형제의 품성이 서로 다른가?

membeda-bedakan,①구별하다, 판별하다; Ia tak pernah *membeda-bedakan* anak tiri dan anak kandungnya. 그는 한번도 친 자식과 의붓 자식의 차이를 두지 않았다; ③ 식별하다;

pembedaan ① 차별;**pembedaan ras** 인종차별(人種差別);②차이,구분; Di Australia dulu pernah ada *pembedaan* Ras.호주는 한때 인종 차별 정책을 한 일이 있다;③ 분류, 분배; Di beberapa negara masih ada

pembedaan golongan masyarakat berdasarkan warna kulit.
아직도 몇몇 나라는 피부색에 의해 국민 차별을 두고 있다;
perbedaan ① 차이; **perbedaan** paham 의견의 차이; ② 구분; **perbedaan** warna 색상의 차이; ***Perbedaan*** ini bukanlah sesuatu yang halangan bagi kita untuk bersatu. 그 차이는 우리 통일에 어떤 장애가 아니다;

bedah 수술,집도(執刀);ⓢ operasi,
membedah 수술하다, 집도하다;
pembedahan ① 수술; ② 해부, 절개,해체; **pembedahan** mayat 시체해부, 검시; Dokter yang akan melakukan ***pembedahan*** itu ialah seorang ahli bedah terkenal. 그 수술을 시행할 의사는 매우 유명한 외과 의사이다;

bedebah ① 불행, 정신적 고통; ⓢ celaka; ② 가엾은, 불쌍한;

bedil 총(銃); ⓢ senapan, senjata api; Ia membawa ***bedil*** untuk berburu.그는 사냥을 위해 총을 가져왔다;
membedil ① ~을 쏘다,사격하다; ② 총을 사용하다;

beduk 큰북 ⓢ gendang, tabuh;

begini 이렇게, 이런식으로;ⓢ demikian ini, seperti ini; ***Begini*** ceritanya. 이야기는 이렇다; ***begini*** besarnya. 크기는 이만하다;
sebegini 이처럼, ~처럼; ⓢ sebanyak ini,sekian ini; **sebegini** banyaknya 이처럼 많은;

begitu ① 그렇게,그처럼; ⓢ demikian itu; ***Begitulah*** keadaannya setelah ditinggal orang tua. 부모가 남겨둔 뒤 상황이 그렇다; Jangan ***begitu*** jika membutuhkan bantuan orang lain. 남의 도움이 필요하면 그러지 말아라; ② 매우,그정도까지, 그렇게나, Dia tak ***begitu*** kaya. 그는 그렇게 부자가 아니다; ③ (감탄문에서) 정말 ~하다, 그리 ~하다니; ***Begitu*** bagus rumahnya! 집이 정말 좋구나; ***Begitulah*** kira-kira. 아마 그럴거야; **begitu** saja 그러한, 그저 그러한;
dibegitukan 그렇게 취급하다; ⓢ dilakukan begitu;Istrinya ***dibegitukan*** orang itu. 그의 아내는 그 사람을 그렇게 취급했다;
sebegitu 그처럼, 그렇게, ~처럼; ***Sebegitu*** sombongnya dia, sampai tidak mengenali kawan lamanya. 그가 그렇게 건방져서 옛 친구 조차도 모른 체한다; ***sebegitu*** banyak uangnya sampai ia terus menghamburkannya! 그렇게 많은 돈을 그는 계속 탕진하였다;
begitu pun ① 똑같이, 또한, 게다가; ⓢ demikian juga; Walau sudah diperlakukan ***begitu pun*** ia tetap menghormati temannya.그렇게까지 했는데도 그는 계속 친구를 존중했다;② 그럼에도 불구하고,~임에도 불구하고;ⓢ meskipun begitu;

bejana ① 통, 그릇; ⓢ jambang; ② (물)탱크, 수조(水槽); ⓢ bak; ③ 쟁반, 푼주; **bejana** pasir 모래통, 모래상자; Isilah air ke dalam ***bejana*** yang sudah disiapkan itu!
그 준비된 물통에 물을 넣어라;

bekal 도시락,식량; ⓢ persediaan,

cadangan;

berbekal 양식을 가져가다; Ia mencari pekerjaan dengan ***berbekal*** pengalaman yang ada. 그는 경험이 쌓인대로 직업을 찾았다;

membekali 공급하다, 주다, 지급하다;ⓢmemperlengkapi;Ibu ***membekali*** sejumlah makanan untuk tamasya. 어머니는 여행을 위해 몇 가지 음식을 싸 주셨다; membekali obat-obat 의료품을 공급하다;

membekalkan 양식을 공급하다; Orang kaya itu ***membekalkan*** makanan untuk tentara dengan gratis. 그 부자는 군대에 식량을 무상으로 공급했다;

perbekalan 양식,식량; Orang itu sedang mempersiapkan ***perbekalan*** yang cukup untuk perjalanan jauhnya. 그는 먼 여행을 위해 충분한 식량을 준비 중이다;

pembekalan (식량의) 공급, 지급;

bekas ①자국,인상,흔적;ⓢtanda-tanda; Di dasar lantai kamar ada ***bekas*** tapak kaki pencuri. 방바닥에 도둑의 발자국 흔적이 있었다; ② 중고의, 다 쓴; ③ 결과, ~의 결과로서;ⓢ akibat dari; ④ 이전의, 전의; Ia merupakan salah satu dari ***bekas*** gurunya di sekolah dasar dulu.그는 그 초등학교의 전직 선생님 중의 한 분이다; bekas presiden 전(前)대통령; ⑤ 나머지,여분; Anak itu mempunyai ***bekas*** luka yang cukup besar di wajahnya.그 아이의 얼굴에는 큰 흉터가 있다;

berbekas, membekas ① 흔적이 있다,자국이 있다; Cepat obati luka itu supaya tidak ***berbekas.*** 흉터가 남지 않게 그 상처를 빨리 치료해라. ② 흔적을 남기다, 자국을 남기다; Ketampanannya masih ***berbekas*** pada parasnya.그의 용모에는 아직 잘 생겼던 흔적이 있다;Semua usahanya kemarin tiada ***berbekas*** hari ini. 어제의 모든 노력이 오늘에는 흔적이 없다;

membekaskan 불러 일으키다, ~의 원인이 되다; Kegiatan itu telah ***membekaskan*** perasaan kebersamaan yang kuat dalam diri mereka. 그 활동은 그들 내부에 있던 일체감을 회박하게 하였다;

beku ①얼은,단단한;Airnya sudah ***beku.*** 물이 얼었다;② 굳은, 불굴의, 완고한; ⓢ kaku; Pikirannya ***beku.*** 그의 생각은 굳어 있다; ③ 둔감한, 활기없는; ④ 응고된, 굳어진;

membeku ① (꽁꽁)얼다; Sungai Han telah ***membeku*** pada musim dingin. 한강은 겨울에 언다;② 엉기다; Darahnya ***membeku*** ketika mendengar peristiwa kecelakaan itu. 그 사고 소식을 들었을 때 피가 얼어 붙었다; ③ 얼다, 굳다, 응결시키다; Agar-agarnya ***membeku.*** 젤리가 굳었다;

membekukan ~을 얼리다, 동결시키다; Kulkas ***membekukan*** es batu. 냉장고에서 얼음을 얼렸다; Pemerintah ***membekukan*** semua aset perusahaan itu. 정부는 그 회사의 모든 자산을 동결하였다;

kebekuan 얼림, 동결; Orang itu mencoba mencairkan ***kebekuan*** di antara kami.그 사람은 우리 사이의

딱딱한 관계를 풀려고 노력하였다;
pembekuan 얼림, 동결; Pemerintah mengeluarkan surat perintah ***pembekuan*** aset perusahaan keluarga itu. 정부는 그 일가의 재산 동결 명령서를 발급하였다;

bel 종(鐘);ⓢgiring-giring,lonceng; ***Bel*** telah berbunyi,tanda dimulainya pelajaran. 학과 시작의 종이 울렸다;

bela,membela ① 돌보다,보살피다; ⓢ menolong,merawat;②보호하다; ⓢ melindungi;
pembela ① 보호자,후원자; ② 지지자,옹호자;ⓢ advokat; Ia menyewa seorang ***pembela*** bagi teman. 그는 친구의 변호사를 선임하였다;
pembelaan ① 돌봄, 보살핌; ② 후원, 옹호; Ia telah mengeluarkan ***pembelaan*** yang kurang kuat. 그는 튼튼하지 못한 후원자들을 내보냈다.

belah 갈라진 금, 틈,터진 곳;
sebelah 반절, 반쪽; ⓢ arah, setengah, sesisi;
bersebelahan ① 나란히, 병행하여; Rumah saya ***bersebelahan*** dengan rumah makan. 우리 집은 식당과 붙어있다;② 이웃,이웃에 있는; Rumah kami ***bersebelahan***. 우리들의 집은 이웃이다;③ 양쪽에;ⓢ kedua pihak,kedua sisi;④반대쪽으로;
terbelah 쪼개진, 부서진, 찢어진, 균열된; Gagang sapu itu patah ***terbelah*** 2.그 빗자루 손잡이가 두개로 부러졌다;
belahan ① 잘라진 틈, 잘라진 금; ***belahan*** di tembok 벽의 갈라진 틈; ② 조각, 파편; belahan gelas 유리 조각; belahan buah semangka 수박 조각; ③ 반, 절반; di belahan utara 북반구에 belahan diri 연인, 아내, 부인; belahan jiwa 아내,연인,애인;

belai 달램,아첨,; ⓢ bujuk, usap;
membelai ① ~에게 아첨하다;② (머리를)쓰다듬다,달래다; Ibu ***membelai*** rambut adik yang terurai. 어머니는 동생의 풀어진 머리를 쓰다듬었다;
belaian 아첨; ⓢ bujukan;

belajar 배우다; ☞ ajar;

belakang ① 뒤, 뒤쪽의, 등; ② 뒤에,배후에,이면에;**belakang** rumah 집의 뒤곁; Penjamret menarik tas perempuan itu dari ***belakang***. 노상강도는 등뒤에서 그녀의 가방을 채어갔다; ③후에,나중에;ⓢ kemudian, nanti; Bicara masalah mainannya urusan ***belakang***, sekarang bisnis dulu. 노는 문제는 나중에 의논하고, 지금은 비즈니스가 먼저다;**belakang** tangan 손등;
berbelakangan (서로)등을 맞대고; Murid-murid duduk ***berbelakangan***.학생들은 등을 맞대고 앉아 있다;
di belakang ① 뒤에; ⓢ dibalik; Ia berdiri ***di belakang*** meja. 그는 책상 뒤에 서 있었다;② ~후에, ~한 뒤에;***Di belakang*** perkataannya itu tentu ada maksud yang tersimpan. 그 얘기 뒤에는 물론 다른 숨겨진 의도가 있다; ③ 나중에, 다음의; ④ 반대편에, (손)등에; Ia luka ***di belakang*** tangannya. 그는 손등을 다쳤다;
ke belakang ① 뒤로; Ia pindah

ke belakang tempat duduknya. 그는 앉은 자리를 뒤로 옮겼다; Ia pergi *ke belakang* rumah. 그는 집 뒤로 갔다; ② 화장실로;

membelakangi ① 등을 돌리다; ⓢ marah kepada; Lelaki itu *membelakangi* kekasihnya.그 남자는 애인에게 등을 돌렸다;②등을 기대다; ⓢ menghadap punggung kepada; Ia berbicara *membelakangi* papan tulis.그는 칠판에 기대어 얘기했다; ③ 무시하다, 경시하다, 소홀히하다; ⓢ meninggalkan,

terbelakang ① 뒤의,마지막의; ⓢ terakhir; Ia memang anak yang agak *terbelakang* mental. 그는 정신연령이 좀 뒤떨어진 아이이기는 하다; ② 최근의, 근래의;

keterbelakangan 미개,미개발,후진; *Keterbelakangan* mental membuat lambat laju pertumbuhannya. 정신지체가 성장도를 늦게 만들었다.

belakangan ① 후에,나중에;Saya pergi *belakangan* saja. 나는 뒤에 곧 가겠다; *Belakangan* ia baru mengaku bahwa ia bersalah atas kejadian itu. 그 후에 그는 그 건에서 그가 잘못했다고 시인했다;② 결국, 마침내;ⓢ akhirnya; Mula-mula tak ada harapan tapi *belakangan* usahanya berhasil. 처음에는 희망이 없었지만 마침내 그의 사업이 성공했다; **belakangan** ini 최근에,근래에; *Belakangan* ini perekonomian dunia sangat susah. 최근에 세계 경기는 아주 힘들어 졌다;

belalai ① (코끼리와 같이 긴) 코; ② 주둥이; **belalai** gajah 코끼리 코;

belenggu 수갑,쇠고랑, 족쇄; ⓢ pengikat kaki, pengikat tangan;

membelenggu ~에게 수갑을 채우다, 족쇄를 채우다; Ia berusaha melepaskan aturan-aturan yang *membelenggu* dirinya. 그는 자신을 구속하고 있는 규칙들을 풀려고 노력했다;

terbelenggu 구속된; Ia merasa *terbelenggu* dengan peraturan yang banyak itu.그는 그 많은 규정이 그를 구속하고 있다고 느꼈다;

beli ① 구매, 구입; ⓢ belanja; ② 구매 행위;

membeli ① 사다,구입하다; Saya sudah *membeli* sepasang sepatu baru.이미 나는 새 신발을 구입했다. ② 댓가를 치르다; Harga *membeli*nya tak seimbang dengan usahanya. 노력의 댓가로는 너무 보잘것 없다;

membelikan 사주다, 사서주다, Ayah *membelikan* adik mainan yang baru. 아버지는 동생의 새 장난감을 사셨다;

pembeli 구매자, 구입자;

pembelian 구매, 사들임; *Pembelian* barang itu harus dilakukan secara resmi. 그 물건의 구입은 합법적으로 해야 한다;

terbeli ① 팔려고 내놓은; Mobil baru itu akhirnya *terbeli* juga. 결국 그 차는 (남에게)매수되었다; ② 구매 된, 뇌물을 받은;

belia 젊은; muda **belia** 아주 젊은, 청춘의; Sesungguhnya dia masih sangat muda *belia*. 정말로 그는 아직 아주 젊다;

beliau ① 그분; ⓢ ia, dia; Ketua tidak dapat datang, ***beliau*** sakit. 의장은 올 수가 없다, 그분은 병 중이시다; ② 귀한 사람, 고위 인사;

beliau-beliau 그분들, 그들; ⓢ mereka; Selaku anak muda kita harus menghormati ***beliau-beliau*** ini. 젊은이로서 우리는 그분들을 존경해야 한다;

belimbing ① 긴 모양을 한; ② 과수의 일종;Adik sangat suka buah ***belimbing***. 동생은 블림빙 과일을 좋아한다;

belok 곡선,구비;ⓢbengkok,kelok;

berbelok 돌다, 회전하다;ⓢ berputar,berganti arah; Setelah lampu merah, mobil itu ***berbelok*** ke kiri. 빨간 신호가 끝나자 그 차는 왼쪽으로 돌았다;

berbelok-belok ① 굴곡이 있는, 구부러진; Jalan di desa itu ***berbelok-belok***.그 마을 길은 구불구불 나있다; ② 지그자그의, 꾸불꾸불한;

membelokkan① 돌리다, 회전시키다;ⓢ mengganti arah,mengubah haluan; Ia ***membelokkan*** mobilnya ke kiri. 그는 차를 좌회전시켰다; ② (주의·관심을)돌리다; Ia ***membelokkan*** tema pembicaraan untuk me ngalihkan perhatian orang-orang. 그는 사람들의 주의를 분산시키기 위해 화제를 돌렸다;

pembelokan ① 굴곡, 곡선, 구부러짐; ② 비틂, 꼬임;

belokan 구부러진 각(角);

belukar 수풀,덤불;ⓢ hutan kecil, semak;

belum 아직 ~하지 않은; Sudah makan ***belum***? 식사를 했습니까 않했습니까? **belum** lagi 아직 ~하지 않은; Masih ***belum*** makan. 아직 식사를 하지 않았다; **belum** lama ini 작금,바로 얼마전; Saya melihat dia di pasar ***belum*** lama ini. 나는 방금 시장에서 그를 보았다; **belum** pernah 아직 ~해보지 않은;Saya ***belum*** pernah melihat film karyanya. 나는 아직 그의 영화 작품을 본일이 없다; **belum** tahu 결코 ~하지 않다; Saya ***belum*** tahu lokasi penyelenggaraan acara itu. 나는 그 행사 장소를 아직 모른다;**sebelum** 이전에, ~하기 전에; **sebelum** perang 전쟁 전에;***Sebelum*** pergi sebaiknya makan dulu. 출발 전에 식사를 하는 것이 좋겠다; ***Sebelum*** dan sesudahnya saya ucapkan terima kasih. 이전과 이후에 감사의 말을 했다;

sebelumnya 사전에, 전에;

benah 정리하다; ⓢ kemas, siap;

berbenah 정리하다, 정돈하다, 준비하다;ⓢ bersiap-siap; Ia sedang ***berbenah***, tidak bisa diganggu. 그는 지금 정리 중이라 방해할 수 없다;

membenahi 준비하다, 정리하다; Ibu sedang ***membenahi*** pakaian yang kotor untuk dicuci. 어머니는 빨래감의 지저분한 옷을 정리 중이시다;

benalu ① 기생식물(寄生植物); ⓢ pasilan,parasit; ② 기식자 (寄食者), 식객; Ia selalu menjadi ***benalu*** di keluarganya. 그는 항상 그 가족의 식객이 되었다;

benang 실, 피륙 짜는 실, 털실;

membenangi ① (바늘에)실을 꿰다; **membenangi** jarum. 바늘에 실을 꿰다;

benar ① 올바른, 곧은,공정한; ⓢ betul, lurus, adil; ***Benar*** juga perhitunganmu ini. 네 계산이 맞구나; Semoga ia menempuh jalan yang ***benar***. 그가 진정으로 올바른 길을 가도록 원한다; Sebagai seorang hakim,ia wajib menjalankan hukum yang ***benar***. 판사로서 그는 올바른 법 집행을 해야할 의무가 있다; ② 진실된,거짓이 아닌;ⓢ sungguh,tidak bohong,sah sejati;Sebenarnya mana yang ***benar***, kabar ini atau berita di media massa?실제로 어떤 것이 맞는가, 그 소식인가 아니면 매스콤의 뉴스인가? Surat keterangan ini adalah ***benar***. 이 진술서가 맞는 것이다;③ 물론,사실은;ⓢ sesungguhnya;***Benar*** yang salah polisi itu.사실은 그 경찰의 실수다; ④ 매우,꽤;ⓢ sangat,sekali; Di lapangan banyak ***benar*** orang berkumpul.운동장에는 매우 많은 사람이 모였다;

benar-benar 옳게,진지하게, 진정으로; Kejadian itu ***benar-benar*** tak masuk akal.그 사건은 정말이지 이해가 안간다;

membenari 구슬리다,달래다,충고하다;

membenar-benari 진지하게 행동하다;

membenarkan ① 바로잡다; ⓢ membetulkan,memperbaiki;② 확인하다,확증하다; ⓢ mengakui; Penjahat itu ***membenarkan*** prilaku kejahatannya. 그 범인은 범죄 사실을 인정하였다;③승인하다,찬성하다; ⓢ meluluskan; Ayahnya ***membenarkan*** anaknya belajar diluar negeri. 아버지는 아들의 해외 유학을 허락하였다; ④ 인정하다, 용인하다; ⓢ mengaku; Polisi ***membenarkan*** hasil penyelidikannya itu salahnya sendiri. 경찰은 자신의 잘못된 수사 내용을 인정하였다;

kebenaran ① 정확함, 단정; ⓢ kebetulan;②진실,진리;ⓢ kesungguhan; ③ 정직,절실, 충실; ⓢ kejujuran; ④ 우연히; ⓢ kebetulan; ***Kebebaran*** saya juga akan pergi ke rumah Ibu. 우연히 나도 어머니 집에 갈 작정이다; ⑤ 증명,증거; ⓢ keterangan; Surat ini adalah ***kebenaran*** tentang surat warisan itu. 이 서류가 상속권에 대한 증거이다;

sebenarnya 사실은, 실제에 있어서; ⓢ sesungguhnya, sebetulnya; ***Sebenarnya*** saya tidak ingin tinggal di tempat itu. 사실은 나는 이 장소에 살고 싶지 않다;

bencana 재앙,재난;ⓢkesusahan, kecelakaan; **bencana** alam 자연재해; Dalam hidupnya, dia sudah mendapat begitu banyak ***bencana***. 살아오면서 그는 이미 많은 재난을 당했다;

benci ① 싫어하다, 미워하다; ⓢ tak suka; Saya ***benci*** orang yang sombong. 나는 거만한 사람을 싫어한다; ② 혐오, 반감;

membenci 싫어하다, 경멸하다; Ia ***membenci*** temannya yang suka merendahkan orang lain.그는 다른

사람을 얕보는 친구를 경멸하였다;

kebencian① 싫어함, 미워함; ② 반감, 혐오; Kasih sayang itu telah merubah menjadi sebuah ***kebencian***.그 사랑은 이미 변해서 미움이 되었다;

pembenci 미워하는 사람,싫어하는 사람; Ia tumbuh menjadi seseorang yang ***pembenci***. 그는 성장해서 쉽게 남을 미워하는 사람이 되었다;

benda 물건,물품,재료; ⓢ barang, harta, bahan; **benda** hidup 가축(家畜); **benda** mati 상품, 물건; **benda** padat 고체(固體); Candi Borobudur merupakan salah satu ***benda*** peninggalan nenek moyang bangsa Indonesia. 보로부두르 사원은 인도네시아 민족의 선조들이 남긴 유물 중의 하나이다;

berbenda 부유한, 풍족한;

membendakan 상품화하다, 물건으로 만들다;

kebendaan ① 물체, 물질; ⓢ harta; ② 물질주의; Ia tidak peduli dengan masalah ***kebendaan***. 그는 물질에는 관심이 없다;

bendahara 회계원, 출납관; ⓢ kasir, pengurus keuangan; Ia bertugas sebagai ***bendahara*** di kantornya.그는 사무실에서 출납원으로 일한다;

perbendaharan ① 국고, 기금, 자금; ② 금융의, 재정의; soal **perbendaharaan** 재정 문제; ③ 장비, 설비; **perbendaharaan** negara 국가 재정,국고(國庫); Kantor Pusat **perbendaharaan** 재무부 출납국; **perbendaharaan** kata 어휘; Ia berusaha untuk memperbanyak ***perbendaharaan*** kata dalam bahasa Korea. 그는 한국어 어휘력을 늘리기 위해 노력했다;

bendaharawan 회계원, 출납관; Ayah bertindak sebagai ***bendaharawan*** kelompok ini. 아버지는 이 단체에서 회계 담당으로 일하신다;

bengkak ① 부은,부푼; ⓢ benjol; Kakinya ***bengkak*** akibat tertusuk paku.못에 찔려서 발이 부었다; ② 종창(腫脹), 종기;

membengkak 부풀다,부어 오르다; Akibat tertancap pecahan kaca kakinya jadi ***membengkak***. 유리 조각이 박혀 발이 부었다;

bengkok 굽은, 바르지 않는;

bengong 당황한, 난처한;

benih ① 씨앗, 종자; ⓢ biji,bibit; **benih** padi 볍씨; ② 정액(精液); ③ 세균, 병원균; **benih** penyakit cacar 마마균; ④ 원인,이유;ⓢ asal; Pernyataannya itu merupakan ***benih*** perselisihan mereka.그 진술은 그들의 분쟁의 원인이 되었다;⑤ 기원, 가계, 혈통; ⓢ turunan; Ia adalah ***benih*** tanaman yang unggul. 그는 우등한 혈통이다;

membenihkan 싹트다,발아하다;

pembenihan 묘상(苗床),세균 배양소(培養所); Warga desa itu banyak yang menggalakkan ***pembenihan*** ikan mujair. 많은 마을 사람들이 무자이르 치어 수정에 실패하였다;

bening 맑은, 깨끗한, 투명한; ⓢ jernih, jelas, terang; Gelas ini ***be-***

ning bak tak berkaca.이 잔은 유리가 없는 것처럼 투명하다;
membeningkan 정화하다, 정수하다;
benjol 혹,부스럼; ⓢ bentol, jendol; Kepala raja ada ***benjol.*** 임금님의 머리에는 혹이 있다;
bensin 가솔린, 휘발유;
bentak, **membentak** 호통치다; ⓢ teriak, ancam; Orang itu ***membentak*** kurir. 그 사람은 심부름꾼에게 야단을 쳤다;
bentakan 호통; ***Bentakan*** yang nyaring itu nyaris membangunkan adik yang sedang tidur. 그 날카롭게 부딪히는 소리가 자고 있는 동생을 거의 깨울뻔했다;
bentang, **membentang** 펼치다;ⓢ membeber, membuka;
membentangkan ① 펼치다, 펴다; ⓢ membeberkan; ② 설명하다, 해설하다;ⓢ menjelaskan;③ 늘리다, 계속되다; Orang-orang ***membentangkan*** kain putih itu sampai ke ujung jalan. 사람들은 그 흰 천을 길 끝까지 펼쳤다;
terbentang ① 펼쳐진, 전개된; Hamparan sawah ***terbentang*** sepanjang jalan ini. 이 길 내내 논이 전개되어있다; ② 확장하는, 넓히는;
bentangan 펼쳐진 물건;***bentangan*** langit 창공, 하늘;
bentar,**sebentar** ① 잠깐,잠시동안, 한동안; Mari pergi istirahat ***sebentar*** dulu. 잠깐 쉬었다 가자! ② 순간, 잠시; Tunggu ***sebentar,*** saya ambil uang dulu. 잠깐 기다려, 돈을 가져오겠다; ③ 조만간에, 잠시후에; ***Sebentar*** lagi bioskop akan buka. 잠시 후에 영화가 상영된다; ⓢ sebentar ini. 방금, 조금 전에; Saya berjumpa dengan dia ***sebentar*** lagi; 나는 조금 있다 그를 만난다,
sebentar lagi 잠시 동안, 잠시 후; Orang itu ***sebentar lagi*** akan muncul. 그 사람은 잠시 후에 나타날 것이다; **sebentar** sore, **sebentar** malam 오늘 밤;
sebentar-sebentar ① 자주, 종종, 번번히; Anak itu ***sebentar-sebentar*** muncul di hadapan kami. 그 아이는 자주 우리 앞에 나타났다; ② 잠시 동안(만); Tiap kali datang ia hanya ***sebentar-sebentar*** saja. 매번 그가 올 때는 잠시만 있었다;
bentrok,**bentrokan** 충돌하다, 부딪치다; ⓢ berlaga,berselisih; Dalam demonstrasi itu terjadi ***bentrokan*** antara aparat dengan mahasiswa. 그 시위에서 경찰과 대학생의 충돌이 일어났다;
membentrokkan ① 들이받다, 충돌하다; Sapinya ***membentrokan*** orang itu dengan tanduk.소는 뿔로 사람을 들이 받았다;② 충돌을 일으키다, 다투게 만들다;
bentrokan **(dengan)** ① ~와 충돌하다; Kemarin terjadi ***bentrokan*** antara mobil sedan dengan sebuah bus di ujung jalan ini. 어제 이 길 끝에서 승용차와 버스의 충돌이 일어났다; ② 다툼, 싸움, 논쟁;
bentuk ① 형상, 모양 유형; ⓢ bangun, rupa, ragam; ***bentuk*** baju itu khas jawa. 그 옷 모양은 자와식

이다; ② 굽음, 굴곡, 구부러진 곳;

berbentuk ① ~한 형태를 가진; Gedung ini ***berbentuk*** lingkaran. 이 건물은 원형이다; ② ~한 모습을 한; Kapal itu ***berbentuk*** ikan. 그 배는 물고기 모양이다;

membentuk ① 만들다;ⓢ mem-bangun,membuat, membina; cobalah ***membentuk*** kapal dengan kayu ini! 이 나무로 배 모양을 만들어 보아라! ② 형성하다, 구성하다; Para calon presiden mulai ***membentuk*** tim sukses masing-masing.대통령 후보들은 각각 선거 진영을 구성하였다;

pembentukan 형성, 설립, 설치; ***Pembentukkan*** kelompok ini didasari oleh adanya perbedaan pendapat didalam masyarakat. 국민들 간의 의견 차이로 이 단체를 조직하게 되었다;

bentukan ① 모양, 형상, 외형; ② 형성된 어떤 물체;

benua ① 대륙,본토; ② 나라,국가, 땅, 영토; Indonesia berada dalam kawasan ***benua*** Asia. 인도네시아는 아시아 대륙에 있다;

berak 배설물, 대변; ⓢ najis, buang air besar; **berak** air 설사; **berak** darah 이질, 적리(赤痢); ⓢ disentri; Dia ***berak*** sambil tidur karena sakit. 그는 병으로 누워서 용변을 보았다;

memberaki ① ~에 배설하다; Burung itu ***memberaki*** mobil saya. 그 새는 내 차에 배설을 했다; ② 명예를 손상시키다, 창피를 주다; Ia ***memberaki*** nama keluarganya. 그는 가문의 명예를 손상시켰다;

beranda ① 베란다, 툇마루; ⓢ serambi; ② 승강장, 플랫포옴;

berang ① 화난, 격분한; ⓢ kemarahan, sangat marah; ② 화, 성화; Mendengar pernyataan itu ia menjadi ***berang***. 그 설명을 듣고 그는 격분하였다;

pemberang 성급한 사람; Anak itu sungguh ***pemberang***. 그 아이는 정말로 성급하다;

berani 용감한,용기있는,용맹스런; ⓢ tidak penakut, gagah; Anak itu sungguh ***berani*** melawan orang tuanya. 그 아이는 부모에게 감히 대들었다; Laki-laki itu tidak ***berani*** terhadap perempuan. 그 남자는 여자 앞에서는 용기가 없다; **berani** sumpah 맹세코, 맹세하여; ***Berani*** sumpah saya tidak bohong. 맹세코 나는 거짓말이 아니다;

memberanikan 고무(鼓舞)하다, 용기를 북돋우다; Ia ***memberanikan*** diri masuk ke dalam goa sendirian. 그는 동굴에 혼자 들어갈 용기를 내었다;**memberanikan** diri 용기를 내다,

keberanian 대담, 용기, 용맹; Ia sudah memperlihatkan sebuah ***keberanian*** yang tinggi. 그는 이미 강한 용기를 보여주었다;

pemberani ① 용감한 사람; Ia tumbuh menjadi anak yang sangat ***pemberani***. 그는 자라서 매우 용감한 아이가 되었다;

berapa 얼마,몇; Mobil itu harganya ***berapa***? 이 차의 가격은 얼마입니까? ② (정도)얼마나, 얼마만큼;

Berapa jauh sekolahnya dari rumahnya? 학교는 집에서 얼마나 먼가; ③ 꽤 되더라도 (=berapapun); Saya akan bayar *berapapun* harganya. 가격이 얼마라도 나는 지불하겠다; **berapa** lagi 더우기, 특히; **berapa** saja 몇몇 뿐인; tidak **berapa** 많지 않은, 적은; Ternyata bedanya tidak *berapa* jauh; 그런데 차이가 얼마나지 않았다;

beberapa 몇몇의, 약간의; Saya menunggu gadis itu selama *beberapa* menit. 나는 몇분 동안 그녀를 기다렸다; **beberapa** 얼마만큼;

seberapa ~만큼 많이; Gadis itu tak *seberapa* cantik. 그녀는 그렇게 예쁘지 않다;

beras 쌀, 백미(白米); **beras** giling 도정한 쌀; **beras** ketan 찹쌀;

berat ① 무거운; Kewajibannya *berat*. 그의 책임은 무겁다. ② 심한, 심각한, 위독한; Sakitnya sekarang sudah *berat*. 그의 병세는 심각한 상태이다; Semoga dia mendapat hukuman yang *berat*. 그가 중형을 받기를 바란다; ③ 어려운, 까다로운; ④ 중량, 무게; **berat** bersih 순중량(純重量); **berat** muatan 선적 중량(船積重量); **berat** jenis 비중(比重); **berat** hati 무거음; Dengan sangat *berat* hati ia tinggalkan semua kenangan manis itu. 그는 아주 무거운 마음으로 모든 그 달콤한 추억들을 버렸다; **berat** kaki 게으른; **berat** kepala 둔한, 멍청한; **berat** kotor 총량(總量); **berat** mulut 과묵한; **berat** sebelah 치우친, 편견의; **berat** tangan 게으른; ⑤ 딱딱한, 단단한;

memberati ① 짐을 싣다; ② 짐이 되다, 압박하다; ⓢ menyulitkan; Masalah itu bisa *memberati* kerjamu. 그 문제는 너의 일에 짐이 된다;

memberatkan ① 무겁게 만들다 가중하다; ⓢ menguatkan; Kabar buruk itu lebih *memberatkan* hatinya. 그 나쁜 소식은 그의 마음을 더 무겁게 했다; ② 강조하다, 비중을 두다; ⓢ mengutamakan; Belajar saya lebih *memberatkan* pelajaran matematika. 나는 수학 시험에 더 비중을 두고 공부했다;

keberatan ① 과중하게 짐을 실은, Polisi lalu-lintas mengawasi *keberatan* muatan mobil. 교통 경찰이 과적 차량을 단속한다; ② 이의(異議), 반대; ③ 짐지워진, 부과된; ④ 너무 무거운; Kalau diisi 200kg tentu *keberatan*. 만일 200kg 이 실린다면 너무 무겁다;

berkeberatan 이의가 있는, 반대하는; Dia *keberatan* dengan pendapat saya. 그는 나의 의견에 이의를 달았다;

beratnya 중량, 무게;

berenang 수영하다, 헤엄치다; ☞ renang;

beres ①정리된, 잘된; ⓢ rapi; Hutangnya sudah *beres*. 그의 채무는 잘 정리되었다; ② 제거된, 없애진, 끝난; ⓢ selesai; sudah **beres**; 이미 끝났다, 해결되었다;

membereskan ① 진압하다, 해결하다; Tentara *membereskan* para demonstran. 군인들이 데모대를 진압했다; ② 정리하다, 정돈하다;

berhenti 멈추다, 그만두다; Jangan pernah ***berhenti*** berharap datangnya sesuatu yang indah. 뭔가 좋은 일이 온다는 희망을 버리지 말아라;

beriak 잔물결이 일다, 구기다; ☞ riak.; Air ***beriak*** tanda tak dalam. 잔물결이 이는 물은 깊지 않다는 표시이다;

berisik ① 시끄러운,떠들썩한; ⓢ ramai, riuh; ② 소란, 소동; Jangan ***berisik***, adik sedang tidur. 시끄럽게 하지 마라, 동생이 자고 있다;

berita ① 소식; ⓢ kabar, warta; ② 계획,보고; ⓢ rencana, laporan; ③ 공고,발표, 통지; ⓢ pemberitahuan; **berita** bulanan 월간 소식; **berita** dalam negeri 국내 소식;**berita** kilat 고시 (告示),공보,회보;**berita** negara 정부 간행물; **berita** rapat 의사록(議事錄); **berita** sepekan 주간 소식; **berita** angin 일기 예보; Wanita itu adalah salah seorang pembaca ***berita*** di TV swasta. 그녀는 민간 테레비 방송의 뉴스 앵커이다;

memberitakan 전하다, 알리다;

pemberitaan ① 공고,발표, 통지; ② 전달, 통신; Ia menyatakan bahwa ***pemberitaan*** tentang dirinya di media massa adalah fitnah. 그는 방송과 언론의 그에 대한 보도가 중상 이라고 말했다;

berkah 축복 ⓢ karunia; Hal ini adalah ***berkah*** dari Tuhan. 이 일은 신의 축복이다;

berkas 묶음,꾸러미,다발; ⓢ ikat, bundel,arsip;**berkas** cahaya 빛줄기; **seberkas** kayu bakar 한 다발의 장작; Semua ***berkas*** itu disimpan di satu tempat.그 모든 서류 파일은 한 장소에 보관되었다;

berkat ① 축복, 행복, 천은(天恩); Korea adalah negara yang mendapat ***berkat*** dari Tuhan. 한국은 신의 축복을 받은 나라이다; ② ~덕택으로; ③ ~때문에; ⓢ akibat dari, oleh karena; Semua keberhasilan ini ***berkat*** usaha kerasnya; 이 모든 성공은 그의 큰 노력의 결과이다;

memberkati ① 행복하게 하다 즐겁게 하다; Semoga Tuhan ***memberkati*** kita semua. 하느님이 우리 모두를 행복하게 해주시기를 바랍니다; ② ~를 축복하다;

pemberkatan 축복,행운; Upacara ***pemberkatan*** itu akan dilaksanakan pada hari Minggu. 그 축복 행사는 일요일에 행해질 예정이다;

berontak 반란, 폭동; ⓢ durhaka, lawan;

memberontak 모반하다, 반역하다,저항하다; ⓢ mendurhaka, tidak menurut perintah;

pemberontak 폭도, 반란자; Kaum ***pemberontak*** sudah mulai menjalankan aksi gerilya. 반군은 이미 게릴라 전을 시작하였다;

pemberontakan 반란,폭동,봉기; Golongan sayap kiri memang sudah merencanakan ***pemberontakan*** ini sejak lama. 좌익 세력들은 물론 이미 오래 전부터 반란을 계획하고 있었다;

bersih ① 깨끗한,청결한; ② 결백한, 맑은; ⓢ jernih; Air sungai ini amat ***bersih*** dan menyegarkan. 이

강물은 아주 깨끗하면서 신선하다; ③ 순수한, 순전한; ⓢ suci, murni; Pemikiran anak-anak ini masih amat *bersih*. 이 아이들의 생각은 아직 천진무구하다;④산뜻한,깔끔한, 장연한; ⑤ 순(純); ⓢ tulen; penghasilan *bersih* 순수입;

membersihkan 깨끗이 하다, 청소하다, 닦다;

kebersihan ① 청결,단정;② 맑음, 청렴,청순; Kita harus menjaga *kebersihan* hati masing-masing. 우리는 각각의 마음을 깨끗하게 지켜야 한다;

pembersihan ① 깨끗이 함,청소; **pembersihan** rumah 집안 청소; ② 정화,정수;③ (정치적)숙청,추방; ④ 소탕(掃蕩); gerakan **pembersihan** 소탕 운동; ⑤ 박멸(撲滅);

bersin 재채기하다;Sepanjang hari dia *bersin* terus. 그는 하루 종일 계속 재채기했다;

beruntun 줄지어; ⓢ bersambung;Orang itu mengalami kecelakaan *beruntun*. 그 사람은 연쇄 사고를 당했다;

beruntung 이익을 얻다;☞ untung; Ia sungguh sangat *beruntung* memiliki keluarga yang bahagia. 그는 행복한 가족이 있어 매우 다행이었다;

besar ① 큰, 커다란; Kapal itu sangat *besar*. 그 배는 매우 크다; *Besar* juga penghasilannya 수입이 많구나; Dia merupakan salah satu orang yang *besar*. 그는 몸집이 큰 사람에 들어간다; Itu bukanlah masalah yang *besar*. 그것은 큰 문제가 아니다; ② 성숙한, 어른의, 성년의; ⓢ dewasa; Anak itu tahun ini berumur *besar*. 그 아이는 올해 성년이 되는 나이이다; **besar** hati 뽐내는,자랑하는,즐거운; ⓢ bangga, girang hati, gembira; Ia *besar* hati menerima kabar itu.그는 그 소식을 받고 즐거웠다;③ 거만한, 자만하는; ⓢ sombong; **besar** kepala 완고한, 고집센; ⓢ keras kepala, sombong, melawan; Itulah akibatnya kalau *besar* kepala.교만하면 결과가 그렇다; **besar** lengan 힘센, 영향력있는; **besar** mulut 교만한, 자부심있는; ⓢ banyak cakap; **besar** omong 뽐내는, 자랑하는, 허풍 떠는; buang air **besar** 똥을 누다; bahaya **besar** 큰 위험; bencana **besar** 큰 재앙; orang **besar** 높은 사람, 성인;

besar-besaran 큰, 커다란; Ia menyelenggarakan pesta pernikahan anaknya secara *besar-besaran*.그는 자식의 결혼 피로연을 아주 성대하게 열었다;

membesar① 크게 보이다,부풀다; Perutnya *membesar* karena terlalu banyak makan. 너무 많이 먹어서 배가 커졌다; ② 거만하게 굴다;

membesarkan ① 과장하다,증대시키다;Bicaranya terlalu *membesar*.그의 말은 과장이 심하다;② (국위를) 선양하다; Pemain itu *membesarkan* nama negara. 그 선수는 국위를 선양하였다; ③ 평창시키다, 증가시키다; Petani itu *membesarkan* produksi berasnya. 그 농부는 쌀 생산을 증대시켰다; Dia *dibesarkan* dikota kelahirannya Malang.

그는 출생지인 말랑에서 성장하였다. **membesarkan** diri 허풍떨다,뽐내다; ⓢ menyombongkan diri; **membesarkan** hati 용기를 북돋우다; ⓢ menggembirakan;

membesar-besarkan ~을 과장하다; ⓢ melebih-lebihkan;

memperbesar ① 늘리다, 확장하다; Dia ***memperbesar*** tokonya. 그는 가게를 확장시켰다;②인상하다, 증액하다; Majikannya ***memperbesarkan*** gajinya.그의 사장은 월급을 인상해 주었다;③ 늘리다, 확대하다, 뻗치다; ④ 양육하다, 기르다;

kebesaran ① 너무 큰;Sepatu itu ***kebesaran***.이 구두는 너무 크다; ② 총액,합계; Kita tidak punya anggaran untuk biaya yang ***kebesaran*** ini. 우리는 이 방대한 비용의 예산이 없다;③ 의식(儀式),행렬; ④ 장엄, 유명한; ***Kebesaran*** kerajaan Roma telah dikenal di dunia.로마왕국의 큰 영토는 세계에 알려져 있다. ⑤ 권력,힘; **kebesaran** hati 자부심;

pembesar ① 공무원, 당국; ② 고관(高官),거물,주요 인물;ⓢ orang berpangkat, penjabat tinggi; Dia masih keturunan salah satu ***pembesar*** negara. 그는 아직 국가 공신의 자손이다;

pembesaran ①확대,증대;② 팽창, 증가;Ketua menyetujui ***pembesaran*** dana yang diajukan bagian keuangan. 의장은 경리과에서 제출한 자금 확대안에 동의하였다;

biadab ① 거칠은, 버릇없는, 불손한; ⓢ kurang ajar; ② 원시적인, 미개한; ⓢ belum maju; Perbuatannya kali ini sungguh sangat ***biadab***. 이번의 행위는 정말로 미개한 짓이다;

kebiadaban ① 무례,버릇없음;② 원시인, 미개함; ***Kebiadabannya*** itu akan berbalik padanya. 그 야만 적인 행위는 그에게 되돌아갈 것이다;

biar ① (=**biarlah**) 괜찮다,허락하다, Sekarang ***biar*** istirahat. 지금 휴식을 주세요; ***Biar*** semuanya hanya menjadi kenangan. 전부 그냥 추억으로 남기자; ② ~하도록; ⓢ agar; ***Biar*** saja,supaya anaknya pintar. 아이가 자도록 내버려 두어라; Beri kucing itu makanan yang banyak ***biar*** lekas besar. 그 고양이가 빨리 크도록 먹이를 많이 주어라;③ 비록 ~일지라도;***Biarpun*** masih kecil tapi dia sangat berani. 아직 어리기는 하지만 아주 용감하다; ④ 더 나은; ⓢ lebih baik; Kalau harganya sama, ***biar*** beli sepatu biasa saja daripada sepatu olahraga. 같은 값이면 운동화보다 구두를 사는 것이 낫다; ⑤ 어쨌든; ⓢ baik~maupun; ***Biar*** bagaimana dia tetap saudara kita.어쨌든 그는 우리의 형제이다; **biar** begitu, **biar**pun begitu 그럼에도 불구하고, 여전히, 역시;

membiarkan ①허락하다;ⓢ melepaskan saja; Ia ***membiarkan*** anaknya pergi begitu saja. 그는 아이가 그렇게 가도록 내버려 두었다; ② 게을리하다; ⓢ tak mengindahkan;Ia ***membiarkan*** orang lain mengambil haknya.그는 다른 사람이 자기 것을 가져가도 그냥 놓아 두었다; ③ 괜찮다,묵인하다; Ia ***mem-***

biarkan orang mendiktenya. 그는 그의 얘기를 하는 사람을 그냥 내버려 두었다;

bias, membias 표류하다, 헤메다;
membiaskan 방향을 변화시키다, 굴절시키다;
terbias 표류된;
pembiasan 탈선, 항로외 항해; Sinar pelangi mengalami *pembiasan* pada permukaan kaca. 무지개빛은 유리면에 반사되었다;

biasa ① 숙달된,익숙한; *biasa* hidup diluar negeri. 그는 해외 생활에 익숙해졌다; ② 일상의, 평소의; ⓢ lazim; ③ 보통의, 평범한; ⓢ umum; Itu **biasa** saja 보통 있는 일이다; Kejadian hari ini sungguh luar *biasa*.오늘 일은 정말 특별하다.
membiasakan ① ~에 익숙해지다; Mereka harus *membiasakan* diri terhadap peraturan baru ini. 그들은 이 새로운 법규에 익숙해져야만 했다; **membiasakan** diri pada ~에 순응하다, 적응하다; ② 익숙하도록 애쓰다; Dia sangat berusaha untuk *membiasakan* hidup di Indonesia.그는 인도네시아 생활에 적응하려고 무척 애쓴다;
kebiasan ① 사용법,취급; ② 관습, 관례, 습관; Hal itu sudah menjadi *kebiasaan* baru orang-orang di kota ini. 그런 일은 이 도시의 사람들에게 새로운 습관이 되었다;
terbiasa 습관적인, 습관적으로; Lama-lama ia akan *terbiasa* dengan keadaan ini. 시간이 흐르면 이런 상황이 보통이 될 것이다;
biasanya 일반적으로, 보통, 평소; Pada jam ini *biasanya* ia sudah datang.보통은 이 시간이면 그가 이미 와 있다;

biaya 비용, 요금, 경비; **biaya** perang 전쟁 경비; **biaya** perjalanan 여비; Sungguh mahal *biaya* pendidikannya sekarang. 지금 교육비는 정말로 비싸다;
membiayai 지출하다,경비를 쓰다, Jaman sekarang rasanya berat *membiayai* anak-anak bersekolah. 요즘은 애들 학비가 정말로 힘에 버겁다; ⓢ ongkos; **biaya** makelar 중개료,구전; **biaya** penundaan 예선료;
pembiayaan 자금 공급; *Pembiayaan* semua pendidikan ini ditanggung pemerintah.이 교육비 전체를 국가가 부담한다;

bibir ① 입술; ⓢ tepi mulut; ② 모서리,가장가리;**bibir** atas 윗 입술; **bibir** bawah 아랫 입술; **bibir** hutan 숲의 변두리; **bibir** mata 눈꺼풀; Sungguh mengerikan melihatnya berdiri di *bibir* jurang. 절벽 끝에 그가 서있는 것이 정말 끔찍하다; **bibir** sumbing 언청이;Janjinya pada saya hanya ada di *bibir*. 나한테 한 약속은 입으로만 한 것이다; berat **bibir**, tebal **bibir**. 과묵한; panjang **bibir** 말이 많은;

bibit ① 묘목;ⓢ semaian; ② 종자, 씨;ⓢ benih;③ 배(胚),세균;④ 근거, 원인;⑤ 장차의,후보자; Ia merupakan *bibit* guru yang teladan. 그는 이상적인 미래의 교육자이다;

bicara ① 말;② 지능,생각; ③ 회의, 상담; ⓢ perundingan; Hal itu

tak perlu ***dibicarakan*** lagi dalam rapat. 그 일은 회의에서 더 얘기할 필요가 없다;④ 업무,사건,문제,사정; ⓢ perkara, soal, urusan; Dengarkan saja dulu, ***bicara***nya belum tuntas. 먼저 들어봐라 아직 얘기가 안끝났다; ⑤ 말하다, 얘기하다; ⓢ berbahasa,berkata; Sebaiknya sedikit ***bicara*** banyak bekerja. 말을 적게 하고 일을 많이 하는 게 좋다; ⑥ 통화중인; juru **bicara** 대변인; Ia bertindak sebagai juru ***bicara*** dalam pertemuan itu. 그는 그 집회에서 대변인이었다;

berbicara ① 말하다,이야기하다; ⓢ berkata; Orang itu sedang ***berbicara*** dengan orang asing. 그 사람은 외국인과 대화 중이다; ②논의하다,토의하다; Ia ***berbicara*** tentang hak asasi manusia dalam pidatonya.그는 연설에서 인권에 대하여 말을 했다; ③ 언론,연설; Kemerdekaan ***berbicara*** itu sangatlah penting.언론의 독립성은 매우 중요하다;

membicarakan 토의하다,숙의(熟議) 하다; Dalam rapat itu mereka ***membicarakan*** tentang kemajuan perusahaan.그 회의에서 그들은 회사의 발전에 대해 얘기하였다;

pembicara ① 화자(話者); ② 연설자,대변자,충고자; Pemimpin berlaku sebagai ***pembicara*** dalam seminar itu. 그 세미나에서 사장이 연사였다;

pembicaraan ① 숙의(熟議),토의, ② 회화; Keputusannya harus dibuat melalui ***pembicaraan*** dengan semua pihak dahulu. 결정은 모든 당사자들 과의 대화를 통해 만들어 져야 한다;

bidang ① 표면,평면, 평지; ② 광활한,드넓은; ⓢ lebar, luas; Bahunya ***bidang***.그의 어깨는 떡벌어졌다. ③ (토지 등의)필지; Ia punya se***bidang*** tanah di kampung halamannya yang cukup luas. 그는 고향에 아주 넓은 필지를 소유하고 있다; ④ 부문(部門), 분야; ⓢ jurusan; Di perguruan tinggi nanti ia akan memilih ***bidang*** jurnalistik. 그는 나중에 고등 교육자 과정에서 저널리즘 분야를 선택할 것이다; **bidang** pengajaran 교육계; ⑤ 관점, 측면; ⓢ segi;

bidik, **membidik** ① 자세히 들여다보다,응시하다;Ia sanggup ***membidik*** keadaan dalam gelap gulita. 그는 칠흙같은 어둠에서도 응시를 할 수 있었다;②조준하다,겨누다; Ia harus ***membidik*** dengan tepat. 그는 정확히 조준해야 한다;

membidikkan 조준하다; Mereka ***membidikkan*** senapannya ke arah rusa itu. 그들은 그 사슴을 향해 총을 겨냥했다;

pembidik 조준기; Ia dikenal sebagai ***pembidik*** jitu. 그는 저격수로 유명했다;

pembidikkan 사격 연습장;

bijak ① 경험이 있는, 유능한; ② 유창한, 재치있는;

kebijakan 지혜,지능; Pemerintah membuat ***kebijakan*** baru tentang lalu-lintas. 정부는 교통에 관한 새 정책을 만들었다;

biji ① 씨앗, 종자; ⓢ butir; Awas, jangan sampai termakan *biji* jeruk! 귤의 씨까지 먹지 않도록 주의해라;
biji-bijian 곡류(穀類), 곡식;

bikin ~하게 하다, ~하다; ⓢ buat, kerjakan; **bikin** basah 젖게 하다, 적시다;**bikin** besar 크게 하다, 확대하다; **bikin** lembek 녹이다; **bikin** sembuh 낫게 하다;**bikin** takut 놀라게 하다;
bikin-bikin 위장하다,꾸미다; Jangan mencari alasan yang *dibikin-bikin*. 거짓 핑계를 찾지 말아라;
bikinan ① 제품,상품; barang *bikinan* Korea bagus. 한국 제품은 우수하다;② 위조,모조,거짓말; Uang ini *bikinan*nya palsu. 이 돈은 위조지폐이다;

bila ① 언제; ⓢ kapan; *Bila* ada waktu,mainlah ke rumahku. 시간이 있을 때 우리집에 놀러 오거라; ② ~할 때; ⓢ kalau, waktu, masa; *Bila* tidur jangan makan. 잠잘 때는 먹지 마라; **bila** saja 언제든지, 아무때라도; Datanglah ke rumah *bila* kau perlu sesuatu. 네가 무엇이 필요할 때는 집으로 오거라;
bilamana ~할 때; *Bilamana* belajar, diam saja. 공부할 때는 조용히 해라;

bilah ① 조각;② 칼날;③ (칼 등을 셀 때) 자루;

bilang ① 말하다; Tolong jangan *bilang* siapa-siapa tentang hal ini. 이일에 대해 아무에게도 얘기하지 말아 주세요;②(=se**bilang**) 매(每)~, ~마다; **bilang** hari 매일;
berbilang ① 말하다; ② 몇몇의, 약간의;
dibilang ① 말하다,언급하다; Negeri itu boleh *dibilang* tidak ada pencuri.그 나라에는 도둑이 없다고 말할 수 있다; ② 셈하다, 세다; ⓢ menghitung;Anak berumur 2 tahun bisa *membilang*. 두 살짜리 아이가 셈을 할줄 안다; ③ 숙고하다, 고려하다;
sebilang 매(每)~, ~마다; **sebilang** hari 매일; **sebilang** waktu ~할 때마다, 매번;
terbilang ① 계산이 되는, ~에 달하는; ⓢ terhitung; Orang-orang tak *terbilang* banyaknya keluar ke pinggir laut. 헤아릴 수 없이 많은 사람이 바닷가로 나왔다; ② 여겨지다, ~으로 간주되다; Dia *terbilang* bodoh bagi kami. 그는 우리를 바보로 여겼다;③ 훌륭한,저명한,탁월한; ⓢ masyhur;
bilangan ① 양, 수;Anak kecil itu dapat menghitung *bilangan* besar. 그 아이는 큰 수를 셀 수 있다; ② 숫자;ⓢ angka; ③ 영역,지역, 영토; ⓢ daerah; Pondok Indah terletak di *bilangan* Jakarta Selatan.그 예쁜 뽄독은 남부 자카르타 지역에 있다; ④ 진술, 언급; ⑤ 발음; **bilangan** ganjil 홀수; **bilangan** persepuluhan 십진산(十進算); **bilangan** pecahan 분수(分數);

bimbing ① (손을) 맞잡고 가다; ②협력하다,서로 돕다;③ 길을 찾다, 안내자를 찾다;④안내하다,인도하다;
membimbing① 안내하다,이끌다; Para orang tua harus *membimbing* anak-anak dengan benar. 부모는

자식들을 올바르게 인도해야 한다; ② 주재(主宰)하다,지도하다;③ 해설하다, 설명하다, 소개하다; Kegiatan olahraga itu *dibimbing* oleh Pak Ali.그 운동 행사는 알리씨 지도에 의해 주관되었다;

pembimbing ① 안내인, 안내; Para *pembimbing* ikut hadir dalam pembukaan acara kesenian itu. 그 예술 행사의 개막에 원로들도 참가했다; **pembimbing** pembaca 독자 안내;② 지도자(指導者); ⓢ pendidik, pemimpin; ③ 서언(序言); kata **pembimbing** 머릿말, 서언;

bimbingan 지휘,안내, 서언(序言); Ia harus mendapat *bimbingan* dari orang-orang terdekat.그는 가장 가까운 사람들로부터 충고를 구해야 했다;

binantu 며느리, 사위;

binasa 일소된,훼손된, 파괴된; ⓢ rusak, hancur; Hutan itu pasti sudah *binasa* karena perbuatan manusia. 그 산림은 인간들의 행위로 분명히 이미 파괴되었을 것이다;

membinasakan ① 폐기하다, 파괴하다; ② 일소하다, 근절시키다;

kebinasaan 일소(一掃),파괴,훼손;

pembinasa 근절자, 파괴자;

pembinasaan 근절,절멸; *Pembinasaan* hewan buas itu dibenarkan oleh Pemerintah. 그 야생 동물의 멸종은 정부에 의해 확인되었다;

binatang 가축,짐승,동물;ⓢ hewan; **binatang** berkantong 캉가루; **binatang** buas 맹수(猛獸); **binatang** jinak 유순한 동물; **binatang** melata 양서(兩棲) 동물; **binatang** menyusui 포유 동물; Ikan lumba-lumba termasuk *binatang* mamalia. 돌고래는 포유류 동물에 속한다;

kebinatangan 야만, 잔인성; Naluri *kebinatangan*nya masih tetap ada. 야생성이 아직 남아 있다;

bincang 논의, 토의; ⓢ bicara, cakap;

berbincang 논의하다, 토의하다; Mereka terlihat *berbincang* dengan akrabnya. 그들은 절친하게 얘기하는 것처럼 보였다;

berbincang-bincang 토론하다; ⓢ bercakap-cakap;

memperbincangkan 논의하다, 회담하다;

perbincangan ① 토론,논의,토의, ⓢpembicaraan,percakapan;②상의, 회의,협의; Mereka terlibat dalam *perbincangan* yang seru. 그들은 흥미로운 대화에 동참하였다;

bingkai 테두리, 끝, 가장자리; **bingkai** mata 눈 언저리;**bingkai** roda 바퀴의 테두리; Ia membeli *bingkai* foto yang sangat indah. 그는 아주 아름다운 사진틀을 구입하였다;

membingkaikan 틀을 만들다, 짜 맞추다; Ia *membingkaikan* foto keluarga.그는 가족 사진의 틀을 만들었다;

bingkisan 선물, 선물 꾸러미; Kakak membawa *bingkisan* untuk Ibu. 형은 어머니 선물을 가져왔다;

bingung 당황하는, 혼동되는; ⓢ hilang akal; Dia *bingung* sekali menghadapi masalah itu. 그는 그 문제에 대해 매우 당황하고 있다;

membingungkan ① 당황하게 만들다,혼동하게 하다; ② 우왕좌왕하는, 어리둥절하게 하는;
kebingungan 당혹, 당황, 혼동되는; Orang tuanya ***kebingungan*** menghadapi tingkah lakunya selama ini.그 부모는 지금까지의 그의 행동에 어찌할 바를 모르고 있다;

bintang ① 별,항성(恒星);② 성좌(星座);ⓢ rasi;③ 운,운명;ⓢ nasib; ***Bintang***nya tampak bersinar dengan indah.그 별이 아름답게 빛나고 있다; ④ 훈장(勳章); **bintang** beralih 운석(隕石),유성(流星); **bintang** beredar 유성(遊星); **bintang** berekor,**bintang** berkotek 혜성 (彗星); **bintang** biduk 큰 곰자리; **bintang** corat-coret 유성(流星), 운석(隕石); **bintang** jadi 산양좌(山羊座); **bintang** jasa 공로 훈장; **bintang** johar 금성(金星); **bintang** jung 큰 곰자리;**bintang** gugur 유성(流星); **bintang** keberanian 무공 훈장;**bintang** kejora 금성(金星); **bintang** kehormatan 명예 훈장;**bintang** film 영화의 배우; **bintang** sandiwara 연극의 배우;**bintang** sapu 혜성(彗星); **bintang** siang 샛별,금성;**bintang** siarah 유성(流星); **bintang** timur 금성(金星); **bintang** tohok 남십자성; **bintang** utara 북극성;**bintang** waluku 오리온 좌;
bintang-bintang ① 별들; ② 반점이 있는, 얼룩덜룩한;
berbintang ① 별이 많은, 별이 반짝이는; malam **berbintang** 별이 빛나는 밤; ② 행운의, 운좋은; **berbintang** gelap 운이 나쁜,불운의, 비운의;**berbintang** terang 행운의,운이 좋은;
berbintang-bintang ① 별이 많은; ② 공상적인, 비현실적;
membintangi 스타가 되다, 주연하다; Ia ***membintangi*** film terbaru itu. 그녀는 그 새 영화의 주연을 맡았다;
perbintangan ① 천문학;ⓢ ilmu bintang; ② 점성술;
sebintang 동의하다;

bintang-bintangan 모조품별, 가짜별;

bintik 반점(班点), 주근깨, 오점(汚點); ⓢ titik, kurik; Di tangannya terdapat banyak ***bintik*** kemerahan. 그의 손에는 붉으스레한 반점들이 많이 보였다;
berbintik-bintik 얼룩덜룩한, 반점이 있는;

biografi 전기,일대기;Peluncuran ***biografi*** artis itu akan dilaksanakan pada minggu depan. 그 배우의 자서전 발매는 다음 주로 예정되어 있다;

biola 바이올린; Adik gemar memainkan ***biola*** di depan orang-orang. 동생은 사람들 앞에서 바이올린 연주하기를 좋아한다;

bioskop 영화; ⓢ gambar hidup, film; Saya hendak pergi ke ***bioskop*** bersama teman-teman. 나는 친구들과 영화관에 갈 것이다;

birahi 사랑에 빠진;

biri-biri 양(羊); ⓢ domba; Di bukit itu banyak ***biri-biri*** yang sedang merumput. 그 언덕에는 많은 양들이 풀을 뜯어 먹고 있다;

bisa~할 수 있는,~할 능력이 있는; ⓢ dapat, boleh, mungkin: **bisa** jadi 있음직한, 가능한;

kebisaan 가능성; Dia punya banyak ***kebisaan*** yang jarang dimiliki orang lain.그는 다른 사람이 갖고 있지 않은 많은 능력이 있었다;

sebisanya 가능한 대로,가능하면; Dia akan lakukan itu ***sebisanya***. 그는 그가 할 수 있는 최대로 할 것이다;

sebisa-bisanya ① 가능한한, 가능하다면; ② 최대한도로;

bisik, berbisik-bisik ① 속삭이다; Kedua orang ***berbisik-bisik***. 두 사람은 귓속 말을 하고 있다; ② 음모를 꾸미다, 공모하다;

membisiki 속삭이다;

membisikkan ① 조용히 알리다; ②격려하다,촉구하다,암시하다; Ada yang ***membisikkan*** saya harus melakukan ini. 내가 이렇게 해야 한다고 암시하는 사람도 있었다.

pembisik 고무자,격려; Ia bertindak sebagai ***pembisik*** dalam pengambilan keputusan itu. 그는 그 결정의 후견자였다;

bisikan ① 속삭임;② 속삭이는 것; ③ 고무,암시,격려; ⓢ ilham; Ia harus mendengar ***bisikan*** hatinya. 그는 자신의 마음 속의 속삭임을 들었어야 했다;

bising ① 소동,소음,소란; ⓢ bunyi ramai; Ia berbuat ***bising*** untuk meramaikan suasana. 그는 분위기를 활발하게 하기 위해 법석을 부렸다; ② 어리둥절한, 귀가 멍멍한; Ketika kecelakaan itu terjadi terdengar suara ***bising*** yang memekakkan telinga. 그 사고가 일어날 때 귀를 멍하게 하는 큰 소음이 들렸다;

membisingkan 어리둥절하게 하다,귀를 멍하게 하다; Bunyi decitan ban mobil itu ***membisingkan*** telinga. 그 차의 타이어 멈추는 소리(끼이익!!)가 귀를 멍하게 만들었다;

kebisingan 소동, 소란 피움;

bisu ① 벙어리; ⓢ kelu, gagu; **bisu** tuli 농아(聾啞); ② 우둔한; Ia adalah seorang anak yang menderita ***bisu***. 그 아이는 벙어리이다;

membisu 아무말도 하지 않는, 조용히 있는; ⓢ berdiam diri, diam saja;Dalam pertemuan itu,ia hanya diam ***membisu*** saja.그는 그 모임에서 아무말도 하지 않고 있었다.

bius ① 인사불성의,기절한; ⓢ tak sadar, pingsan; ② 실신한, 마취된; Akibat pengaruh obat ***bius***, ia masih belum sadarkan diri. 그 마취 약으로 그는 정신을 차리지 못하고 있었다;

membiuskan ① 마취시키다; ② 진정시키다, 완화시키다;

pembiusan 마취; Dalam operasi itu, ***pembiusan*** ditangani oleh ahli anestesi. 그 수술에서 마취는 마취 전문 의사에 의해 행하여졌다;

blangko ① 빈, 백지의, 텅빈; ⓢ belum diisi; Surat itu ditandatangani diatas kertas ***blangko***. 그 서류는 백지 위에 싸인되어져 있다; ② 서식, 용지; ⓢ surat isian, formulir; ③ (투표의) 기권; **blangko** wesel 우편환 서식 용지;

blokir, memblokir 봉쇄(封鎖)하다; ⓢ merintangi;

pemblokiran 봉쇄; Tindakan ***pemblokiran*** rekening bank dilakukan oleh pejabat yang berwenang. 은행 구좌의 봉쇄는 관련 관리에 의해 조치되었다;

bobok 잠자다; ⓢ tidur;

membobokkan 재우다;

bobol, terbobol 뚫린,부서진,파괴된,

bobot ① 무거운; ⓢ berat; ② 가치, 등급, 점수; ***Bobot*** tubuhnya mencapai 80kg. 몸무게가 80 킬로에 달한다;

berbobot 점수를 얻다; Hasil pemikirannya dinilai sangat ***berbobot*** oleh orang banyak. 그의 생각은 많은 사람들에게 매우 비중이 있다고 평가 받았다;

bocah 소년, 아이,젊은이;ⓢ anak, budak; Perkataannya jangan terlalu diambil hati, ia hanyalah seorang ***bocah***. 그 말에 너무 심려하지 말아라; 그는 한갓 어린 소년이 아닌가;

bocor ①새는 구멍,누출구;Ia menambal atap yang ***bocor***.그는 새는 지붕을 때웠다; ② 새다; ⓢ berlubang; Atapnya ***bocor***. 지붕이 샌다; ③ 오줌을 자주 누다; Mungkin terlalu banyak beban makanya ***bocor***. 너무 하중이 많이 걸려서 새는 모양이다;④ (=**bocor mulut**) 새는, 누설되는; Rahasianya ***bocor*** karena perbuatan mereka yang tak bertanggung-jawab. 무책임한 그들의 행동 때문에 비밀이 노출되었다;

membocorkan 새게하다, 구멍을 뚫다; Orang itulah yang ***membocorkan*** rencana ini kepada orang luar.그 사람이 바로 외부인에게 이 비밀을 누설한 사람이다;

kebocoran ① 누출되는, 새는; Berita tentang ***kebocoran*** rahasia itu sudah menyebar luas.그 비밀의 누설 소식은 벌써 널리 퍼졌다; ② 누설되는;

bocoran ① 새는 구멍;② 샘,누설; air **bocoran** 누수(漏水);Hampir setiap murid menerima ***bocoran*** soal ujian itu. 거의 모든 학생들이 그 시험 문제 유출 답안을 받았다;

bodoh ① 변변치 못한, 어리석은; ⓢ dungu, tolol; ② 무지한, 개의치 않는; Masa ***bodoh*** bagaimana nasibnya kelak.나중에 운명이 어떻게 되든 신경 안쓴다;

membodohkan 바보 취급을 하다, 속이다;

memperbodoh 속이다; Kadang-kadang atasan mencoba ***memperbodoh*** bawahannya. 가끔 상사는 부하를 속이려 한다; **memperbodoh diri** 바보처럼 행동하다;Ia ***memperbodoh*** diri dengan kejadian itu. 그는 그 일을 모르는 체했다;

kebodohan 어리석음; Ia tak menyadari ***kebodohan*** yang telah dilakukannya.그는 그가 행한 어리석음을 모르고 있었다;

bohong ① 허위,거짓말;ⓢ dusta; ② 거짓말하는;

berbohong 거짓말하다; Tak baik ***berbohong*** pada orang tua. 부모에게 거짓말하는 것은 좋지 않다;

membohongi 거짓말하다;

kebohongan 허위,거짓; Ia mela-kukan semua ***kebohongan*** itu de-ngan santai. 그는 그 모든 거짓을 태연하게 행하였다;

pembohong 거짓말장이; Ia telah dikenal sebagai ***pembohong*** kelas kakap. 그는 이미 큰 거짓말장이로 유명하다;

bolak-balik ①왕복(往復);Un-tuk menyelesaikan masalah itu ia harus ***bolak-balik*** ke beberapa tempat untuk mendapatkan data. 그는 그 문제를 해결하기 위한 자료를 얻기 위해 여러 장소를 왔다갔다해야 했다;② 종종,자주;Ia ***bolak-balik*** pergi ke kantor imigrasi untuk mengurus visanya. 그는 비자를 얻기 위해 여러번 이민 국에 들락거려야 했다; ③ 자가당착 의, 모순된; Tolong foto copy doku-men ini ***bolak-balik.***이 서류의 앞뒷면을 복사해 주세요;

membolak-balikkan ①(책신문 등을)뒤적거리다; Ia ***membolak-ba-likkan*** korannya.그는 신문을 뒤적거렸다;② 꼬다,뒤틀다,(말을)돌리다;

boleh ① 허용되는,가능한; ⓢ di-izinkan; Mereka ***boleh*** tinggal di-sini tetapi jangan terlalu lama. 그들이 여기 살아도 되는데 너무 오래는 안된다;② 아마,모르긴 해도; ***boleh*** jadi ia orang kaya. 모르긴 해도, 그는 부자일 것이다;

boleh juga ① 어지간한, 나쁘지 않은; Makan ayam bakar ***boleh juga.*** 구운 닭도 괜찮다; ⓢ agak baik; ***Boleh juga*** penampilanmu malam ini. 오늘 밤 너 괜찮게 보인다; ② 안될 것 없는, 아마; Anda ***boleh juga*** datang di rapat pantai itu.당신이 그 파티에 참석해서 안될 것 없다;Siapa pun juga tidak ***boleh*** tidak mengerjakan perintahnya. 누구도 그의 지시를 이행하지 않을 수 없다;

membolehkan 허가하다, 허락하다; Peraturan di tempat ini ***mem-bolehkan*** kita membaca buku ini. 이 장소의 규칙은 우리가 이 책 읽는 것을 허용하고 있다;

memperbolehkan 허락하다,~을 허가하다;Ia ***memperbolehkan*** orang itu masuk ke dalam ruangannya. 그는 그의 방에 그 사람을 들어오라고 허락하였다;

seboleh-bolehnya 가능한 한, 가능하다면;

bolehlah 좋다, 훌륭하다; Kalau begitu ***bolehlah*** kita membuat per-janjian 그렇다면 약정서를 만들어도 좋다;

bolong 뚫린,꿰 뚫은; **bolong** me-lompong 완전히 빈, 실없는,하찮은; Bola golf tidak ***bolong*** dalamnya. 골프 공은 속이 비지 않았다;tengah hari **bolong** 정오(正午); Ia datang ke rumah di tengah hari ***bolong.*** 그는 정오에 집에 왔다; siang hari **bolong** 한낮, 대낮;

bolos ① 관통하다,뚫리다;② 결석하다; Anak itu sering sekali ***bolos*** dari sekolah. 그 아이는 자주 결석하였다; ③ 도망치다, 탈옥하다;

membolos 무단 결석하다; ***mem-boloskan*** diri 탈옥하다, 도망치다;

pembolos 무단 결석자, 게으름

뱅이;

bolu, kue **bolu** 밀가루로 만든 과자; Adik senang makan kue ***bolu*** buatan Ibu. 동생은 어머니가 만든 스폰지 케익을 좋아하였다;

bom 폭탄; **bom** atom 원자 폭탄; bom pembakar 소이탄(燒夷彈);**bom** laut 수중 폭탄, 어뢰; **bom** waktu 시한 폭탄; Masalah ini bagai ***bom*** waktu yang sudah siap meledak. 이 문제는 언제든지 터질 수 있는 시한 폭탄같다;

membom 폭격하다,폭탄을 던지다;

membomi 폭탄으로 공격하다;

mengebom 폭격하다;

pemboman, **pengeboman** 폭격(爆擊); Peristiwa ***pemboman*** itu dicurigai sebagai gerakan terorisme. 그 폭탄 사건은 테러 행위로 의심된다;

pengebom 폭격기;Kelompok teroris mengakui sebagai ***pengebom*** di gedung itu. 테러 집단이 그 건물의 폭파자라고 인정하였다;

bonceng 동승(同乘), 편승(便乘);

membonceng ① 동승하다, 합승하다; ⓢ ikut serta naik; Setiap hari ia selalu ***membonceng*** motor ayahnya. 매일 그는 항상 아버지의 오토바이에 편승한다; ② 의지하다, 빌붙다, 폐를 끼치다;

pembonceng 기식자(寄食者), 식객(食客);

boneka ① 인형;ⓢ anak-anakan golek; ② 꼭두각시; Adik senang bermain ***boneka*** bersama temantemannya. 동생은 친구들과 인형놀이하는 것을 좋아한다;

bongkah, **sebongkah** 조각,덩어리. ⓢ gumpal;**sebongkah** emas 한 덩어리의 금; Ia sangat gembira bagai menemukan ***sebongkah*** emas. 그는 그 금덩이를 찾아서 매우 기분이 좋았다;

bongkar, **membongkar** ① (짐을) 풀다, (기계를) 분해하다; Montir itu ***membongkar*** mesin mobil saya. 그 정비사는 내 차의 엔진을 분해했다; ② 난입하다,침입하다; Para pencuri masuk ke dalam rumah dengan cara ***membongkar*** kunci rumah. 도둑들은 집 자물쇠를 부수고 집안으로 들어갔다; ③ 분쇄하다,파괴하다,헐다;**membongkar** rumah 집을 헐다; ④ 누설하다; Ia ***membongkar*** rahasia dirinya di masa lalu. 그는 자신의 과거에 대한 비밀을 털어놓았다; ⑤ 짐을 내리다, 하역하다; Para buruh sedang ***membongkar*** muatan kapal. 노무자들이 뱃짐을 하역하고 있다; ⑥ (땅을)파다, 파헤치다; Orang-orang ***membongkar*** tanah untuk membuat selokan. 사람들이 하수로를 만들기 위해 땅을 파고 있다;

kebongkaran 난입된, 침입된;

pembongkar 짐꾼,파괴자;Pelaku ***pembongkar*** kuburan di Jawa Tengah itu sudah berhasil diringkus. 그 중부 자바의 묘지 훼손 범인이 잡혔다; **pembongkar** kapal 뱃짐 내리는 사람; Ia bekerja di pelabuhan sebagai ***pembongkar*** muatan kapal. 그는 부두에서 뱃짐 하역자로 일한다;

pembongkaran ① 헐린 것,파괴

된 물건; ② 내려진 짐; *Pembongkaran* gedung ini akan dilakukan secepatnya.이 건물의 해체 작업은 빨리할 것이다;

terbongkar 벗겨진, 노출된 Peristiwa bejat itu ***terbongkar*** setelah para korban melaporkan ke kepolisian. 그 부패한 사건은 피해자들이 경찰에 고소하여 밝혀졌다;

bontot 막내; Ia ialah anak ***bontot*** keluarga itu. 그는 그 가족의 막내이다;

bonus 보너스, 상여금; Ia mendapatkan ***bonus*** akhir tahun. 그는 연말 상여금을 받았다;

bordir, membordir 수놓다;

bordiran 수예, 수; Baju itu berhiaskan ***bordiran*** yang amat indah. 그 옷은 아주 아름다운 자수로 장식되어 있었다;

borgol 수갑;ⓢ belenggu,pasung; Polisi memasang ***borgol*** di kedua tangannya. 경찰은 그의 두손에 수갑을 채웠다;

memborgol 수갑을 채우다;

borong 완전히,함께, 모두, 도매;

memborong ① 모두 사다, 매점(買占)하다; Ia ***memborong*** semua barang-barang di toko itu. 그는 그 도시에 있는 모든 물건을 매점하였다; ② (공사를)청부(請負)맡다;

memborongkan ①도매로 팔다; ② 청부(請負)시키다;

pemborong ① 청부인(請負人),계약자; ② 공급자; Ayahnya bekerja sebagai ***pemborong***. 그의 아버지는 도급자로 일한다;

pemborongan ① 청부(請負); ② 매점매석(買占賣惜); ***Pemborongan*** pekerjaan itu dilakukan oleh salah seorang kontraktor besar. 그 일은 큰 도급자 중의 한 사람에 의해 행하여졌다;

borongan ①도매;②모두 맡는 것;

boros ① 달아나는,풀린; Kudanya ***boros***. 말이 달아났다; ② 사치스런, 낭비하는; ⓢ berlebih-lebihan;

memboroskan 함부로 쓰다,낭비하다; Ia ***memboroskan*** uang pemerintah untuk hal-hal yang tak berguna. 그는 쓸데 없는 일에 정부의 돈을 낭비하였다;

keborosan 낭비;

pemboros 낭비하는 사람;

pemborosan 낭비; Ia banyak melakukan ***pemborosan*** di perusahaan ini. 그는 이 회사에서 많은 자금 낭비를 하였다;

bosan 따분한,지친,싫증난; ⓢ tak suka lagi;

membosankan 지치게 만들다, 따분하게 만들다;

kebosanan 따분함,지루함; Ia dilanda ***kebosanan*** yang luar biasa. 그에게 아주 지루한 시간이 왔다;

pembosan 쉽게 지치는; ⓢ lekas jemu;

botak 대머리, 머리가 벗어진; ⓢ gundul; Kepalanya ***botak*** seperti bola. 그의 머리는 공처럼 벗겨져 있다;

botol 병(甁); Minuman itu disimpan di dalam ***botol***. 그 음료는 병에 담겨져 있다;

boyong 나르다,옮기다; ⓢ bawa, angkut;

berboyong ① 옮기다, 이사하다; ② 이민하다, 이주하다;
pemboyongan 이민, 이주(移住);
boyongan 이사,이주, 이동; Apakah sudah kau ***boyongan*** ke tempat yang baru? 새 거주지로 벌써 옮겼는가?

brosur 소책자, 팜플렛; Segala keterangan itu terdapat di dalam ***brosur***. 모든 설명이 소책자 안에 있다;

buah ① 열매,과실; ② 결과, 성과; ⓢ akibat, hasil, pendapatan; **buah** perundingan 토의의 결과; ③ (수단위)~개, ~채 se***buah*** rumah 집 한 채;
berbuah ① (열매가)열리다, 맺다; Pohon ini sudah masanya ***berbuah***. 이 나무는 이제 열매가 열릴 때가 되었다; ② 성과가 있는,결실을맺는, 성공적인;
membuahi 수정시키다,수태시키다; ⓢ menghamilkan;
membuahkan 초래하다,낳다,산출하다, 생산하다; Belajar ***membuahkan*** kepandaian. 공부는 능력을 낳는다;
pembuahan ① 수정,수태; ② (토질을)기름지게 함; Sekarang sudah melewati masa ***pembuahan***. 이제 수태기를 지났다;
buah-buahan 과일, 여러 종류의 과일; Adik sangat suka makan ***buah-buahan***. 동생은 과일류를 잘 먹는다; **buah-buahan** campur 과일 칵테일;

buai 흔들리다; ⓢ ayun;
buaian ① 그네, 요람; ② (시계 등의)추, 흔들리는 것; Anak kecil itu terlena dalam ***buaian*** ibunya. 그 아기는 어머니의 품안에서 흔들리며 깊히 잠이 들어 있다;

bual ① 솟아남,거품이 일어남;**bual** sumber 샘물이 솟아남;②허풍,과장해서 말함; ⓢ banyak omong kosong; Orang itu terlalu banyak ***bual***. 그 사람은 허풍이 심하다;
berbual ① 거품이 일다,부글부글 끓다;② 허풍떨다;ⓢ beromong kosong; Ia ***berbual*** di depan teman-temannya.그는 친구들 앞에서 허풍을 떨었다;
membual ① 거품이 일다;② 허풍떨다;Ia sering sekali ***membual*** tentang apa saja. 그는 자주 무엇이든지 허풍을 떨었다;
membualkan ① 분출하다,내뿜다, ② 말을 퍼붓다, 거침없이 말하다; ③ 허풍떨다,자랑하다; ④ 과장하다;
pembual 허풍쟁이; Anak itu dikenal sebagai seorang ***pembual***. 그 아이는 허풍쟁이로 유명하다;

buang, membuang ① 던지다; ⓢ melemparkan;② 팽개치다, 버리다; ③ 지우다,없애다;Pakaian yang sudah jelek ini sebaiknya di***buang*** saja. 이 낡은 옷은 버리는 것이 좋겠다; ④ 추방하다, 유형(流刑)에 처하다; ⓢ mengasingkan; Sebagai hukuman, pemerintah ***membuang*** orang itu ke pulau Nusa Kambangan.형벌로 정부는 그를 누사 깜방안 섬으로 유배시켰다; ⑤ (membuang-buang) 허비하다, 낭비하다; Pekerjaan macam itu hanya ***membuang-buang*** waktu kita saja. 그런

종류의 일은 우리 시간만 버리게 하는 것이다;

membuang adat 버릇이 없는; Anak itu ***membuang*** adat.그 아이는 버릇이 없다; **membuang** air 배변(排便)하다, 소변보다; **membuang** air besar 배변(排便)하다; **membuang** air kecil 소변보다;**membuang** angin 방귀를 뀌다; **membuang** janin 유산시키다; **membuang** hidup 유배시키다; **membuang** ingus 코를 풀다; **membuang** lelah, **membuang** letih 잠깐 쉬다,휴식을 취하다;**membuang** malu 할례 (割禮)를 행하다;**membuang** muka 외면하다, 눈을 돌리다; Dia pergi sambil ***membuang*** muka tanpa memberi salam kepada orang tuanya. 그는 어른에게 인사도 없이 외면하고 지나갔다; **membuang** nama 명예를 손상시키다,이름을 더럽히다; Ia sengaja ***membuang*** nama keluarga untuk kebaikan sendiri. 그는 자신의 영달을 위해 집안의 명예를 손상시켰다;**membuang** pandang 바라보다,응시하다;**membuang** sikap ~한 자세를 버리다; Semoga ia bisa ***membuang*** sikapnya yang sombong itu. 그가 그 건방진 성질을 버리기를 바란다; **membuang** waktu 시간을 허비하다; Janganlah ***membuang*** waktu dengan memikirkan hal yang tidak berguna. 쓸데없는 생각으로 시간을 낭비하지 말아라;

membuang-buang 낭비하다, 허비하다; Janganlah ***membuang-buang*** kemudahan.젊음을 낭비하지 마라;

pembuangan 추방, 유형(流刑); Jaman dahulu tempat ini adalah tempat ***pembuangan*** mayat korban penindasan.예전에 이 장소는 억압받은자들의 시신을 버리던 곳이었다.

terbuang 추방된, 쫓겨난; Pemerintah harusnya memikirkan nasib orang-orang ***terbuang***.정부는 추방된 사람들의 운명을 생각해야 한다;

buangan ① 폐기된; Limbah ini ***buangan*** dari pabrik kertas itu. 이 폐수는 그 제지 공장의 폐기물이다; ②유배자,추방자; Australia dulunya negara ***buangan*** Inggris. 호주는 옛날 영국의 유배지였다;③ 유형(流刑), 추방; Dimana tempat ***buangan*** sampah ini? 이 쓰레기 하치 장이 어디인가?

buas 사나운,야성적인,난폭한,거친; Itu adalah perbuatan binatang ***buas***. 그것은 사나운 동물의 행위이다;

membuas 사나워지다,난폭해지다, 거칠어지다; Perilaku binatang itu makin ***membuas***. 그 동물의 행동이 점점 사나워졌다;

kebuasan 흉악성, 잔인함;

buat ① ~하다, 만들다; ⓢ bikin, kerjakan;② ~을 위하여; ⓢ untuk, bagi; Saya bikin kue ***buat*** Ibu. 나는 어머니를 위해 과자를 만들었다; Ini khusus ***buat*** kamu.; 이것은 특별히 너를 위한 것이다; Ia datang ***buat*** menyelesaikan masalah itu. 그는 그 문제를 해결하기 위해 왔다;

berbuat ① 수행하다,행하다; Dalam keadaan terjepit,ia tak mampu ***berbuat*** apa-apa. 어려운 상태에서 그는 아무 것도 할 수 없었다; Dia yang *berbuat* mengapa saya yang disalahkan? 그가 그랬는데 왜 나를 잘못했다고 하는가?; ② 만들다, 세우다,짓다; berbuat jahat 나쁜 짓을 하다;

dibuat-buatnya 거짓의, 허위의; ⓢpura-pura;Bicaranya terlalu *dibuat-buat*. 그의 말은 과장스럽다;

membuat ① 만들다; Kami yang *membuat* kesalahan ini. 우리가 이 잘못을 만들었다;② ~하다, 행하다; ⓢ mengerjakan, melakukan; ③ ~하게 하다, ~하도록 만들다; Dengan suara itu, ia *membuat* anaknya takut. 그 소리로 그는 아이를 무섭게 만들었다;

pembuat ① 생산자;② 구성자,입안자(立案者), 기획자;

pembuatan ①생산(生産);②제작, 제품, 제조;

perbuatan ① 행동; ② 이행, 실행; ③ 태도,행위; Ia sudah melakukan *perbuatan* melanggar hukum. 그는 법을 위반하는 행위를 하였다;

buatan ① ~품질, 상표, ~제(製); Tas ini *buatan* luar negeri. 이 가방은 외제이다; ② 성과,결과,산출물; Sepatu *buatan* mereka modelnya bagus.그들의 신발제품은 모델이 좋다; ③ 인조의, 인공적인; gigi buatan 틀니;

buaya ① 악어; ② 악한, 호색한; buaya katak 작은 악어;ⓢ bicokok; buaya darat 불량배; buaya pasar 소매치기; Jangan percaya katakatanya, ia hanyalah *buaya* darat. 그의 말을 믿지 말아라, 그는 불량배에 불과하다;

membuayai ①속이다, 사취하다; Pedagang itu *membuayai* pembeli. 그 상인은 손님을 속였다;② 괴롭히다, 위협하다;

bubar ① 퍼진,분산된, 흩어진; ⓢ bercerai-berai; Mereka langsung *bubar* karena tiba-tiba polisi datang menghampiri. 그들은 경찰이 다가오자 바로 해산하였다; ② 마친, 끝난; ⓢ selesai; ③ 사직하다,그만두다;

membubarkan ① 해산시키다, 분산시키다, 흩어지게 하다; Polisi *membubarkan* demonstran yang berkumpul di halaman kantor itu. 경찰은 그 사무실 앞에 모인 시위대를 해산시켰다;② 폐기하다, 풀다, 해제하다;Mereka memutuskan untuk *membubarkan* perusahaannya. 그들은 회사 문을 닫도록 결정하였다;

pembubaran ① 해산; ② (내각의)사퇴,사직; ③ 해제, 제대; *Pembubaran* lembaga itu didasari oleh memburuknya situasi ekonomi dalam negeri. 그 재단의 해체는 국내 경제 상황 악화에 근거를 둔 것이다. ④ 폐기(廢棄);

bubuk ① 분(粉),가루;② 나무 좀; **bubuk** besi 철가루;**bubuk** kopi 커피 가루; **bubuk** sabun 비누 가루;

membubuk 부수다, 찧다, 가루로 만들다;

bubur 죽, 잡탕; Adik paling suka sarapan *bubur* ayam. 동생은 닭죽 아침 식사를 가장 좋아한다; **bubur** beras 쌀죽; **bubur** ketan 찹쌀 죽;

membubur ①죽이 되다; ② 죽을

쑤다;

bubut 새의 일종;

budaya ① 문화(의),문화적인;antropologi **budaya** 문화 인류학; ② 문명화한, 교화된, 교양있는; Ia memiliki jiwa ***budaya*** yang tinggi. 그는 높은 문화 정신을 갖고 있다;

kebudayaan 문화; ⓢ peradaban, adat istiadat, kesenian; Indonesia adalah negeri yang kaya akan ***kebudayaan*** daerah. 인도네시아는 지방 문화가 풍부한 국가이다;

budek 벙어리의, 익명의;

budha 불교;

budi ① 통찰력,정신,마음; ⓢ akal; ② 지혜(智慧); ③ 성질, 기질, 인격, 품성; ⓢ perangi, tabiat; Ia orang yang baik ***budi*** bahasanya. 그는 성품이 좋은 사람이다;④ 계교, 책략, 꾀; **budi** bicara 상식 (常識); **budi** manusia 인지(人智); **budi** pekerti 특질, 기질, 특성;

berbudi ① 분별이 있는,이성적인, 현명한; ⓢ berakal, bijaksana; ② 정직한, 올바른, 공정한; ③ 고상한, 좋은, 품위있는;

bugil 발가벗은; telanjang **bugil** 발가벗은, 나체의;

bui ① 교도소,감옥,형무소;ⓢ penjara,kurungan; ② 부표(浮標);

dibui 수감된,감금된; ⓢ dipenjara;

buih 포말(泡沫), 거품, 물거품; ⓢ busa;

berbuih 거품이 일다; Mulutnya ***berbuih***.그의 입에는 거품이 일었다.

membuih 거품을 내뿜다;

bujang ① (bujangan) 독신의, 결혼하지 않은; ② 미혼남자; ③ 하인, 하녀; ⓢ budak, jongos, pembantu, pelayan; ④ 홀아비, 과부;

membujang ①독신 생활을 하다; Ia masih ***membujang*** sampai saat ini. 그는 지금까지 아직 독신이다; ② 하인으로 일하다; Karena tak berjodoh, terpaksa dia ***membujang*** sampai tua. 상대가 없으서 어쩔 수 없이 그는 늙을 때까지 독신 생활을 했다;

bujangan 미혼남자;ⓢbelum kawin, jejaka;

bujuk 담수어의 일종;Jangan sampai ***terbujuk*** rayuan manisnya. 그 달콤한 유혹에 현혹되지 말아라;

buka ① 열다; Tunggulah disana sampai toko itu ***buka***. 그 가게 열 때까지 거기서 기다려라;② 폭,넓이, 나비;

membuka ① 열다; Ia ***membuka*** pintu.그는 문을 열었다; ② 착수하다,시작하다; ⓢ memulai; Musuh mulai ***membuka*** serangan balik secara terbuka. 적은 공개적으로 반격을 시작하였다;③ 개간하다;Para petani mulai ***membuka*** tanah garapannya. 농부들은 할당된 땅의 개간을 시작하였다;④벗다,제거하다; Ia ***membuka*** kaca matanya. 그는 안경을 벗었다; Sebelum masuk ke rumah, ia terlebih dahulu ***membuka*** sepatu.집에 들어가기 전에 그는 먼저 신발을 벗었다; ⑤ 폭로하다, 노출시키다;ⓢ menyingkap; Ia siap ***membuka*** rahasia masa lalunya. 그는 지난 과거의 비밀을 폭로할 준비를 하였다;⑥ 출발하다, 시작하다; ⓢ memulai;Istrinya mulai ***membu-***

ka pembicaraan tentang permasalahan yang dialami keluarganya.그의 아내는 가족이 겪고 있는 문제에 대한 얘기를 시작하였다; Ia ***membuka*** kata. 그는 말을 하기 시작했다;⑦ 개척하다,길을 닦다; Ia ***membuka*** jalan bagi yang lain. 그는 다른 사람들을 위해 길을 열었다; ⑧ 설립하다, 창시하다; **membuka** mulut 말하다;**membuka** puasa 단식 기간을 끝내다;

membukakan ① 뜨다, 열다; ② ~을 위하여,~을 열다;Ia tak pernah ***membukakan*** perasaannya kepada siapapun. 그는 다른 어느 누구에게도 자기의 감정을 드러내지 않았다,

pembuka ① 여는 사람; Ia bertindak sebagai ***pembuka*** jalan.그는 개척자 역할을 했다; ② 여는 도구; **pembuka** akal 지혜의 도구; **pembuka** kata 머리말,서문(序文),서언;

pembukaan ① 서문, 개시, 개장, 개방; Apa judul lagu yang dibawakan pada malam ***pembukaan*** acara ini? 이 행사의 밤 개막 때 불려질 노래의 제목이 무엇인가? ② 머리말, 서론, 서문;

terbuka ① 열린; Pintunya ***terbuka*** berarti ia ada di rumah. 문이 열려 있으니까 그가 집에 있다는 표시이다; Kami semua menerima Anda di rumah ini dengan tangan ***terbuka.***우리 모두는 양손을 벌리고 당신이 우리 집에 오는 것을 환영합니다; ② 공공의, 대중의, 공개의; ⓢ tak tertutup, untuk umum; Kami akan menghadiri rapat ***terbuka*** di perusahaan itu.우리는 그 회사의 공개 회의에 참석할 것입니다;

bukan (명사나 대명사를 부정하는 부정사) ~이 아니다; Dia kaya, ***bukan*** miskin.그는 가난뱅이가 아니라 부자이다;② (부가 의문문으로 사용) 그렇지 않습니까;**bukan** karena ~이 아니라; Wanita itu cantiknya ***bukan*** kepalang. 그 여자는 정말로 아름답다; **bukan** main 여간 아닌,비상한; Tas ini beratnya ***bukan*** main.이 가방은 매우 무겁다;**bukan** pada tempatnya 부적당한,부당한; Ia ***bukan*** saja cantik tapi juga pintar. 그녀는 예쁠 뿐 아니라 똑똑하다; **bukan** tak 사실은 ~이 아닌; Ia ***bukan*** tak mau pergi, akan tetapi ia sedang tak enak badan.그는 가기 싫어하는 게 아니라 지금 몸이 아프다;

bukan-bukan ① 헛소리, 무의미한 말;② 불가능성, 불가능한 일; Ia membicarakan hal yang ***bukan-bukan.*** 그는 쓸데 없는 소리만 하였다;③부적당한;ⓢ tak patut;④ 매우;

bukankah(강조)~이 아니냐?그렇지 않느냐?;***Bukankah*** hari ini kalian ada acara kebaktian? 너희들 오늘 예배가 있는 날이 아니냐?

bukannya ~이 아닌;

bukit ① 구릉,동산,언덕; ② 산; ⓢ gunung,pegunungan;**bukit-bukit** 황무지, 황야;

berbukit-bukit 산지의,작은 산이 많은; Anak-anak suka bermain di tempat yang ***berbukit-bukit*** itu. 아이들은 그 동산에서 놀기를 좋아한다;

membukit ① 쌓이다,언덕을 만들다;Sampahnya ***membukit*** di pinggir jalan. 길가에 쓰레기가 산더미 처럼 쌓여 있다; ② 언덕을 오르다, 등산 하다;

membukit-bukit 언덕이 많은, 구릉이 많은;

bukti 증거, 입증, 증명; ⓢ tanda, kesaksian; Mereka memiliki ***bukti*** bahwa mereka tidak bersalah. 그들은 그들이 잘못하지 않았다는 증거를 갖고 있다; **bukti** nyata diri 신분 증명서;

berbukti 증거가 있는;

membuktikan 확인하다,~을 증명하다;ⓢ menyatakan; Tak mudah ***membuktikan*** bahwa kita tak bersalah. 우리가 무죄라는 것을 입증하기는 쉽지 않다;

terbukti 확인되는, 증명되는; Dia ***terbukti*** bersalah dalam kasus penyalahgunaan narkotika. 그는 마약 남용 사건에서 유죄로 증명되었다;

buku ① 책, 서적; ⓢ kitab; **buku** susunan acara 프로그램,예정표;**buku** bacaan 읽을 거리; **buku** catatan 메모철; **buku** gereja 기도서; **buku** harian 일기장; **buku** hitam 블랙리스트;**buku** hukum siksa 형법(刑法); **buku** kas 원장(元帳); **buku** nilai 성적 기입부; **buku** peta 지도; ⓢ atlas; **buku** petunjuk telepon 전화번호부; **buku** tahunan 연감(年 鑑); **buku** telaah 주해(註解), 해석; **buku** tulis 공책;

membukukan ① 책에 집어넣다; ② 책으로 만들다; ⓢ menjadikan kitab; Ia ***membukukan*** semua puisi yang pernah dibuatnya sendiri. 그는 자신이 지어놓은 모든 시를 책으로 만들었다;

membuku-hitamkan ~를 블랙리스트에 올리다;

pembukuan ① 등장, 기입, 등록; ⓢ pencatatan; ② 부기(簿記);

bulan ① 달(月); ② 일개월(個月); ③ (=**hari bulan**) 날짜; ⓢ tanggal; **bulan** madu 허니문,밀월;**bulan** muda 초순; **bulan** purnama 보름달, 만월(滿月); **bulan** sabit 초승달, 조각달; habis **bulan** 월말;

berbulan-bulan 수개월 동안,몇달 동안; Ia tinggal ***berbulan-bulan*** di sana. 그는 그곳에서 몇 달 동안 살았다;

bulanan 월간(月刊); majalah **bulanan** 월간 잡지; .

bulat ① 원형(圓形), 원; Semua bola bentuknya ***bulat***. 모든 공은 원형이다; ② 둥근; ⓢ bundar; Kolamnya ***bulat***.그 연못은 둥글다; ③ 완전한; ⓢ sempurna, lengkap; ④ 전부, 전채의; Semua yang hadir bersuara ***bulat***.참가자 전원이 찬성했다;⑤ 일치하는;ⓢsepakat benar; Rapat sudah membuat keputusan ***bulat*** untuk menolak rencana itu. 회의에서 그 계획은 만장일치로 부결되었다; pendapat **bulat** 만장일치의 의견; rencana **bulat** 마스터 플랜; **bulat** bujur 타원형의; **bulat** bumi 지구,지구의;**bulat** cekung 오목한, 요면형(凹面形)의; **bulat** cembung 볼록한; **bulat** mata 눈알; **bulat** panjang 타원형(의); **bulat** pipi 둥글고 평편한; **bulat** telur 달걀꼴의, 타원 형의;dengan suara **bulat** 만장일치로;

bulat-bulat ① 둥근; ② 완전히; ⓢ bersatu, utuh, sama sekali;
membulat ① 둥글게 되다; ② 일치하게 되다;
membulati 모두 채택하다;
membulatkan①~을 완성하다;② 둥글게 하다, 원형으로 하다; **membulatkan** hati ① 전력을 기울이다, ~에 전념하다;② 결심하다,결정하다, 확정하다; Dia sudah ***membulatkan*** hati untuk tak terjerumus di permainan itu. 그는 그 놀이에 빠져 들지 않기로 결심하였다;**membulatkan** ingatan 전념하다, 집중하다; **membulatkan** mufakat 동의하다, 합의에 이르다; **membulatkan** pikiran 집중하다, 전염하다; **membulatkan** tinju 주먹을 부르쥐다;
pembulatan ① 완성, 둥글게 함; ② 통합; **pembulatan** pikiran 결정; **pembulatan** suara 동의;
bulatan 원;ⓢ bundaran,lingkaran;
bulu ① 몸의 털; ② 깃, 깃털, (새의) 솜털; **bulu** babi 돼지 털; **bulu** domba 양모(羊毛), 털실; **bulu** kambing 양모(羊毛); **bulu** kapas 부드러운 털;**bulu** kening 눈썹; **bulu** ketiak 겨드랑이 털; **bulu** lebat 텁수룩한, 털이 많은; **bulu** mata 속눈썹; **bulu** remang, **bulu** roma 몸의 털; **bulu** suak 목덜미 털; **bulu** tangkis 배드민턴;
bulu-bulu 깃털, 깃;
berbulu 털이 많은;
membului 털을 뜯다;
buluh 대나무; ⓢ bambu, petung; **buluh** sasak 울타리용 대나무;
buluh-buluh 호스, 튜브, 관(管);
pembuluh 도관(導管), 튜우브; ⓢ saluran;**pembuluh** darah 혈관;**pembuluh** kencing 오줌관, 뇨관; **pembuluh** kerongkongan 후두(喉頭); **pembuluh** makanan 소화관(消化管); **pembuluh** mekar 정맥(靜脈); **pembuluh** nadi 동맥;**pembuluh** napas 기관지, 기관(氣管); Dia mengalami penyempitan di ***pembuluh*** darah. 그는 그의 혈관 내부가 좁아지는 병을 앓고 있다;
bumbu 향료, 양념, 조미료; ⓢ rempah-rempah;
bumbu-bumbu 조미료, 양념;
membumbui 양념을 넣다;ⓢ merempah,menambahi;Ia ***membumbui*** mienya sesudah airnya mendidih. 그는 라면이 끓은 후에 양념을 넣었다;
bumerang 부메랑;Pernyataannya menjadi ***bumerang*** bagi dirinya sendiri. 그의 선언은 자기 자신에게 부메랑이 되었다;
bumi ① 지구,땅;ⓢ tanah;② 세상, 세계; ⓢ dunia; **bumi** hangus 초토(焦土);
membumi 정착하다; Kegiatan itu sudah ***membumi*** di sana.그 활동은 거기에서 이미 정착되었다;
membumi-hanguskan 초토화(焦土化)하다,해체하다;ⓢ merusakkan, membakar; Pemerintah sudah ***membumihanguskan*** gedung itu. 정부는 그 건물을 해체했다;
mengebumikan 묻다,매장(埋葬)하다;ⓢmenguburkan;Menurut berita keluarganya akan ***membumikan***nya sore ini juga.소식에 따르면

가족은 오늘 오후에 바로 그를 매장할 예정이라 한다;

bundar 원형의, 둥근; ⓢ bulat; Buminya ***bundar***. 지구는 둥글다; Meja **bundar** 원탁(圓卓); **bundar** telur 타원형;

membundar ① 원을 이루다,원을 형성하다; ⓢ membulat; ② 둘레를 돌다, 선회(旋回)하다;

membundarkan 회전시키다;

bundaran ① 원; ⓢ bulatan; ② 환대(環帶),테; ⓢ lingkaran; Ia sudah masuk ke dalam ***bundaran*** setan. 그는 이미 마귀의 소굴에 들어가 있다;

bunga 꽃;ⓢ puspa,kembang **bunga** api 불꽃, 봉화; **bunga** bakung 백합, 나리; **bunga** bibir 아첨하는, ⓢ kata-kata manis; **bunga** desa 마을의 미인, 가인(佳人); **bunga** karang 산호(珊瑚)초; **bunga** kaca piring 치자나무 꽃; **bunga** latar 매춘부,창녀; **bunga** mawar 장미꽃; **bunga** matahari 해바라기; **bunga** melati 재스민; **bunga** melur 재스민; **bunga** sanggul 머리 장식; **bunga** sedap malam 월하향(月下香);**bunga** teratai 연(蓮);

berbunga ① 만발하다,꽃이 피다; ② 성공하다, 들어맞다;

berbunga-bunga 성장(盛裝) 하다, (기쁨으로) 울렁거리다; Hatinya ***berbunga-bunga*** menunggu kekasih datang. 그녀는 애인의 도착을 기다리며 마음이 기쁨으로 울렁거렸다;

bunga-bungaan ① 꽃들, 여러 종류의 꽃;② 조화(造化);③ 꽃장식; ⓢ perhiasan;

bungalow 방갈로, 별장;

bungkam 조용한,말없는; Ketika ditanya tentang hal itu dia hanya ***bungkam*** seribu bahasa. 그 일에 대해 물었을 때 그는 그저 침묵을 지켰다; ⓢ diam;

membungkam 침묵을 지키다,입을 막다,조용히 하다;Mereka ***membungkam*** mulutnya dengan uang. 그들은 돈으로 그의 입을 막았다;

membungkamkan 조용히 하게 하다, 입을 막다;

bungkuk 등이 굽은,휜, 구부러진, ⓢ bengkok,tunduk; Badannya sudah berubah menjadi ***bungkuk***. 몸도 이미 변하여 등이 굽었다; **bungkuk** sabut 늙어서 꼬부라진; **bungkuk** udang 구부린 자세;

membungkuk 웅크리다, 구부리다;

membungkuk-bungkuk ① 여러번 절하다; ② 자신을 낮추다;

membungkukkan 구부리게 하다; ⓢ membengkokkan;Mereka mencoba berjalan dengan ***membungkukkan*** badan. 그들은 몸을 구부리고 걸으려 해 보았다;

terbungkuk-bungkuk 구부린; Nenek berjalan dengan ***terbungkuk-bungkuk***.할머니는 꼬부랑 걸음을 걸으신다;

bungkus ① 봇짐,짐, 꾸러미; ⓢ balut,bundel;② 갑,포장,상자; Ayah beli ***sebungkus*** rokok.아버지는 담배 한 갑을 사셨다; **bungkus** bingkisan 여러 종류의 짐꾸러미;

berbungkus 포장된, 꾸려진;

membungkus 싸다,포장하다, 꾸리다; ⓢ membalut, merahasiakan; Ia ***membungkus*** kado dengan pita yang sangat indah. 그녀는 선물을 아주 예쁜 리본으로 포장했다;

pembungkus ① 포장함, 싸는것; Gunakanlah kertas ini sebagai ***pembungkus*** kado. 이 종이를 선물 포장지로 사용해라; **pembungkus** mayat 수의(壽衣);② 보자기,포장지; ③ 싸는 사람,짐꾼;

pembungkusan 포장함, 꾸러미로 만듦;

bungkusan 짐,소포,꾸러미; ⓢ paket; Seluruh hadiah terdiri atas tiga ***bungkusan*** besar. 모든 상품은 큰 포장으로 세 개였다;

bunglon① 카멜레온;② 변덕장이, ③ 기회주의자;

membunglon 양다리를 걸치다;

bungsu 막내의;Anak ***bungsu*** pada umumnya manja. 막내는 보통 너무 귀여워하여 철이 없다;

buntu 막힌, 제한된, 편협한, 교착상태에 빠진; ⓢ tertutup, gagal; **buntu** akal 막힌, 당황하는; Jangan lewat sana, itu jalan ***buntu.*** 거기로 가지 마세요, 그 길은 막혔습니다;

membuntukan ① 난관에 빠지게 하다; ② 막다, 방해하다; Hal itu telah ***membuntukan*** jalan pikirannya. 그 일은 생각을 방해하였다;

kebuntuan 정돈(停頓),막다른 목; Akhirnya ***kebuntuan*** itu berakhir. 결국에는 그 교착 상태가 끝이 났다.

buntung ① 잘린, 잘려 나간; ⓢ terpotong; ② 불운의, 불행한;

buntut ① 끝, 마지막,후반; ② 영향,여파,결말; ③ 뒤에 처지는; **buntut** anjing 개의 꼬리; **buntut** kapal 선미(船尾); **buntut** kuda 말 꼬리;

berbuntut 꼬리가 있다,꼬리를 갖다; Kejadian ini pasti akan ***berbuntut*** panjang. 그 사건은 반드시 복잡하게 될 것이다;

berbuntut-buntut 줄지어, 차례차례로;

membuntut ① 따르다, 쫓다; Ia selalu ***membuntut*** ayahnya. 그는 항상 그의 아버지를 따른다;② 뒤에서 따라가다, 뒤에 붙다; anjing itu ***membuntut*** orang. 그 개는 사람을 따라갔다;

membuntuti ① 추적하다, 따라가다,뒤쫓다; ⓢ mengikuti jejak; ② 꼬리를 붙이다, 꼬리를 달다; ⓢ mengekor;

bunuh 죽이다; ⓢ matikan, memadamkan; **bunuh** diri 자살하다;

membunuh ① 살해하다, 죽이다; ② 말살하다, 삭제하다;

pembunuh 살해자, 살인자;

pembunuhan 살해, 살인;

bunyi ①소리,음성,어조; ⓢ nada; ② 소리;ⓢsuara;③ 내용;Apa ***bunyi*** kabar itu?그 소식의 내용이 무엇인가?**bunyi** janggal 불일치, 불협화음; **bunyi** geser 마찰음(摩擦音); **bunyi** kerap 삐걱거리는 소리;**bunyi** letusan 파열음(破裂音); **bunyi** sengau 비음(鼻音);

berbunyi 들리다,소리나다;

membunyikan ① 울리다, 소리내다; Siapa ***membunyikan*** lonceng itu?누가 그 종을 울렸느냐?② 혀를 차다; **membunyikan** lidah 혀를

차다;③ 치다,두드리다; **membunyikan** tong kosong 빈통을 두드리다;

bunyi-bunyian ① 음악;② 교향악단; Tabuhan itu membuat ***bunyi-bunyian*** yang amat khas. 그 타악기는 아주 독특한 소리를 발생시켰다;

burik ① 얽은, 마마 자국이 있는; ⓢ bopeng; ② 얼룩덜룩한, 점이 있는; ⓢ kurik;

buritan 선미(船尾);

buron ① 도망가다;② (=buronan) 도망자; Jaman dahulu ia adalah seorang ***buron*** yang sangat dicari. 예전에 그는 일등급 수배자였다;

bursa 증권 거래소;Ini adalah hari pertama pembukaan ***bursa*** kerja di Jakarta.오늘이 자카르타 증권 거래소 개업 첫날이다;

buruh 근로자, 노동자; ⓢ karyawan, pekerja; **buruh** kasar 미숙련공; **buruh** tani 농장 노동자; hari **buruh** 노동절; kaum **buruh** 노동자 단체; partai **buruh** 노동당; serikat **buruh** 노동 조합;

memburuh 노동자로 일하다;

perburuhan 노동,노동 문제,노동계(勞動界); Ia menangani urusan ***perburuhan*** di Malaysia. 그는 말레이시아에서 노동 문제를 다루고 있다;

buruk ① 오래된, 낡은 초라한; ⓢ kurang baik jelek; Bajunya tampak ***buruk*** sekali. 옷이 아주 남루해 보였다; ② 부패한, 썩은; ⓢ busuk; Giginya kelihatan ***buruk***. 치아 상태가 좋지 않아 보인다; ③ 좋지않은, 나쁜; ⓢ jahat, jelek; Ia terlalu banyak berbuat ***buruk*** semasa muda. 그는 젊은 시절에 나쁜 짓을 많이 했다; Ia mempunyai nama yang ***buruk***.그는 평판이 좋지 않다; ④ 부정한,반칙적인,더러운, 불결한; ⓢ salah;

memperburuk ① 악화시키다, 악화하다;Hal itu hanya akan ***memperburuk*** situasi ini. 그 일은 이 상황을 악화시킬 뿐이다; ② 중상(中傷)하다, 명예를 훼손하다;

tidak ada buruknya 좋은, 결점 없는, 괜찮은; ***Tidak ada buruknya*** jika kau terlebih dahulu meminta maaf padanya. 그에게 우선 사과를 한다 해서 나쁠게 없다;

keburukan 불선(不善), 악, 사악;

burung ① 새; ⓢ unggas; ② (남자의)성기; **burung** bangau 해오라기;**burung** buas 맹금(猛禽); **burung** dara 비둘기; **burung** dewata 극낙조; **burung** jalak 찌르레기; **burung** elang 매;**burung** gereja 참새; **burung** hantu 올빼미; **burung** kenari 카나리아; **burung** kepodang 꾀꼬리; **burung** kesturi 잉꼬; **burung** layang-layang 제비; **burung** manyar 산까치;**burung** merak 공작새; **burung** nilam 꾀꼬리; **burung** pelatuk 딱다구리; **burung** puyuh 메추라기; **burung** unta 타조;

burung-burungan 장난감 새;

busa 물거품, 포말(泡沫), 거품; ⓢ buih; **busa** sabun 비누 거품;

berbusa 거품이 일다; sabun **berbusa** 비누 거품이 인다;laut **berbusa** 거품이 이는 바다;

busana (아름다운) 의상; Ia menampilkan peragaan *busana* terbaiknya. 그녀는 가장 좋은 의상을 출연시켰다;

busuk ① 지독한, 고약한, 더러운; ⓢ berbau tidak sedap; Dari mana datang bau *busuk* itu? 그 고약한 냄새는 어디서 나는가? ② 부식; ③ 불량한,사악한,타락한; ⓢ jahat, jelek; Hatinya *busuk*. 그의 마음은 사악하다; Niatnya sudah *busuk*. 그의 의도는 나쁘다;

membusuk 썩다; Daging itu mulai *membusuk*.그 고기는 이미 썩기 시작했다;

membusukkan ① 욕보이다, 명예를 훼손하다;② 중상하다;③ 곪게 하다, 썩히다;

kebusukan 썩음,부식,부패, 타락; *Kebusukan* hatinya telah diketahui semua orang. 그의 썩은 마음을 이미 모든 사람이 알고 있다;

pembusukan ① 썩게 함;② 치욕, 불명예; Bangkai tikus itu telah mengalami *pembusukan*. 그 쥐의 사체는 이미 썩었다;

busung ① 부풀은; ⓢ gembung; Di masa perang banyak orang yang menderita *busung* lapar. 전쟁 때 많은 사람들이 영양실조에 걸렸다; ② 사구, 솟아오른 땅; ⓢ gosong; ③ 불룩한, 채워진; **busung dada** 자만하는, 자랑하는, 뽐내는; **busung lapar** 영양 부족;

membusung 부풀다,팽창되다, 부르다; Dadanya *membusung*. 그는 자만심을 느꼈다;

membusungkan ① 자랑하다,뽐내다; ② 부풀게 하다, 불어 넣다;

busur ① 궁형(弓形), 아아치; ⓢ lengkung;② 호(弧),호형(弧形),원호; ③ 조면기(繰綿機); ④ 활; **busur cahaya** 호광(弧光), 아아크;

membusur ① 활을 쏘다, 시위를 당기다; ② 굽다,구부러진; Alisnya *membusur*. 그의 눈썹은 곡선 모양이다; ③ 솜을 트다, 조면하다;

buta ① 눈먼, 장님인; ② 문맹인; **buta ayam** 근시안의; **buta hati** 가혹한, 잔인한; **buta huruf** 문맹(文盲); **buta picak** 장님이 됨; **buta sebelah** 애꾸눈; **buta warna** 색맹(色盲);

membuta 장님처럼 행동하다; Hal itu telah *membutakan* hatinya. 그 일은 그의 마음의 눈을 멀게 하였다.

butir ① 곡류,입자(粒子),곡물,작은 알; **butir padi** 나락, 벼; ② (둥글고 작은 물체를 셀 때 사용); **tiga butir telur** 세 개의 달걀; **empat *butir* mangga** 네 개의 망가;③ 작은 물체; Di malam Natal semua orang berharap ada *butir-butir* salju di halaman rumah. 모든 사람들이 성탄 밤에는 집 뜰에 눈이 내리기를 기대 한다;

butuh ① 필요로 하다, 필요하다; ⓢ perlu,ingin, mau; Keadaan ekonomi negera itu *butuh* pertolongan. 그 나라의 경제 상태는 도움이 필요하다; ② 필요한 것;

membutuhkan 필요로 하다,부족하다; Perusahaan ini masih *membutuhkan* tenaga-tenaga ahli. 이 회사는 아직 전문가들을 필요로 한다;

kebutuhan 결핍, 부족, 필요;

buyar (구름 등이) 흩어지다, (잉크가 종이에) 배어들다,퍼지다; Semua angannya ***buyar*** karena kesalahan kecil. 사소한 실수로 모든 희망이 사라져버렸다;

C

C

cabai 고추; ⓢ lombok, lada; **cabai** rawit 작고 매운 고추; mendapat **cabai** rawit 심하게 야단맞다; Jangan makan cabai ***rawit*** jika tidak suka pedas. 매운 것을 싫어하면 라윗 고추를 먹지 마라;

cabang 지사,가지,지점;ⓢdahan, simpangan; **cabang** atas 고위층, 상류 계급;kantor **cabang** 지사,지점; ***cabang*** pohon 나뭇 가지;

bercabang ①지점을 갖다; Kantor itu ***bercabang*** dari perusahaan Korea.그 사무실은 한국회사의 지점이다;②갈라지다,가지를 내다; Jalan itu ***bercabang*** tiga. 그 길은 세 갈래이다;Hatinya masih ***bercabang*** sehingga sulit menentukan pilihan.그녀는 마음이 갈려있어 선택을 하기가 어려웠다;Orang itu lidahnya ***bercabang***, omongannya tak bisa di percaya. 그 사람은 혀가 갈려있다,(그의 말은 믿을 수가 없다);

bercabang-cabang 가지가 많은;

percabangan 갈래, 분기점; **percabangan** jalan 교차로; **percabangan** sungai 강의 분기점;

cabik 갈기난, 찢어진; ⓢ koyak, sobek; cobak **cabik** 갈갈이 찢긴;

cabik-cabik 갈갈이 찢긴; Bajunya ***tercabik-cabik*** karena berkelahi. 그의 옷은 싸워서 갈갈이 찢겨져 있었다;

mencabik 갈갈이 찢다; **mencabik** arang, **mencabik** mulut 소리치다;

cabikan 쥐어 뜯음,찢음;ⓢ carik sobekan; Disana-sini terlihat ***cabikan*** Koran. 여기 저기에 찢겨진 신문지들이 보인다;

cabul ① 추잡한,도색의;ⓢ kotor, asusila,buruk;sikap **cabul** 점잖지 못한 태도; wanita **cabul** 매춘부; gambar **cabul** 도색 사진;

mencabuli범하다,위반하다,추행하다;Ia diperiksa kepolisian karena diduga ***mencabuli*** anak di bawah umur. 그는 미성년 아이를 추행한 혐의로 조사 받았다;

pencabulan 추행,불법,폭행;Ia di vonis bersalah dalam kasus ***pencabulan*** terhadap anak di bawah umur.그는 미성년 아이 추행 사건에서 유죄 판결을 받았다;

cabut 끌어당기는,뽑아내는,끌어내는; **cabut** lari 달아나다;

mencabut ① 끌다,빼다,당기다; ⓢ menarik; **mencabut** pistol 권총을 빼다; **mencabut** kartu 카드를

빼내다;② 뽑아내다;mencabut gigi 이를 뽑다; mencabut rumput 풀을 뽑다; mencabut untung 이익을 얻다; ③ 폐지하다,무효로하다,취소하다; mencabut undang-undang lama 구법을 폐지하다;

mencabuti잡아당기다,잡아뜯다; Pekerjaannya sehari-hari ialah tukang *mencabuti* rumput. 그의 일상 직업은 풀을 뽑는 인부였다;

mencabutkan 뽑아 주다;

pencabutan 말소, 취소, 폐지; *Pencabutan* kasus penipuan itu di lakukan tanpa ada campur tangan lainnya. 그 사기 사건의 취소는 다른 사람의 손을 거치지 않고 행하여 졌다;

tercabut 뽑혀진;

cacah bercacah 문신(文身)하다;

mencacah ① (바늘로)구멍을 내다; ② 문신하다; ③ 주사하다;

cacar 천연두; cacar air 수두창(水痘瘡); cacar benih 우두창 (牛痘瘡);Adik sedang menderita penyakit *cacar* yang sedang mewabah. 동생은 지금 돌고 있는 수두에 걸렸다;

cacat 불구자;penderita cacat 신체 장애자;Para sukarelawan setia merawat para penyandang *cacat* di tempat itu. 성실한 자원봉사자 들이 그 장소의 신체 장애자들을 돌보고 있다;

caci 경멸, 조롱, 비난; ⓢ celaan, cercaan, nistaan, dampratan; caci maki 조롱, 빈정댐, 경멸;

mencaci 비웃다, 경멸하다; mencaci maki 빈정대다,경멸하다,조롱하다; Tak baik *mencaci* maki orang di depan umum. 사람들 앞에서 경멸하는 것은 좋지 않다;

cacian 비난함, 비웃음, 경멸함; *Cacian* itu masih melekat dalam pikirannya. 그 모멸은 아직 그의 마음 속에 있었다;

cacing 지렁이, 환형동물, 벌레, 구더기; Hewan *cacing* dipercaya bisa sembuhkan penyakit thypus. 지렁이가 티푸스에 효과가 있다고 믿어졌다; cacing bulat 선충; cacing daun 디스토마;cacing gelang 지렁이,회충; cacing kremi 요충; cacing perut 회충,거위;cacing pipih, cacing pita 촌충; cacing tanah,cacing kalung 지렁이; cacing tambang 십이지장충; obat cacing 구충제;

cacingan횟배가 아프다;Di daerah pedalaman banyak anak sakit *cacingan*. 오지의 아이들은 회충이 많다;

cadang, 보존하다, 준비하다;

cadangan ① 준비, 비축, 보존, 예비품;ⓢ persediaan, simpanan; Ayah mulai membuat *cadangan* uang untuk biaya sekolah adik. 아버지는 동생의 학비를 저축하시기 시작했다; ban cadangan 스페어 타이어; uang cadangan 적립금; pasukan cadangan 예비군; ② 제의, 제안;

pencadangan ① 제안, 제의; ② 지명, 추천; Peristiwa *pencadangan*nya membuat heran orang-orang disekitarnya. 그 자신 스스로의 천거는 주위 사람들을 의아

C

하게 만들었다;

cadar ① 장막,베일; ⓢ penutup muka; ② 시이트, 커버;

bercadar 장막을 덮은, 베일을 친; Mukanya tak kelihatan karena tertutup *cadar*. 그녀의 얼굴은 차도르로 덮여 보이지 않았다;

cahaya ① 광채, 광명, 발광 (發光); ⓢ seri,semarak;② 광택, 빛; ⓢ sinar, suar, kilat; *Cahaya* matahari telah menyembul di sela-sela jendela. 햇빛이 창틈으로 스며들었다; **cahaya** mata 안광(眼光); Dia punya *cahaya* mata yang kuat. 그는 강렬한 눈빛을 갖고 있다; **cahaya** muka 안색;

bercahaya 번쩍이다,빛나다, 번득이다;

mencahayai ~을 비추다, ~을 조명하다;

mencahayakan 빛을 방출하다, 빛나게 하다;

pencahayaan 조명, 감광; Fotonya terlihat indah karena *pencahayaan* yang pas. 그 사진은 정확한 노출로 아름답게 보인다;

cair ① 유체,액체;ⓢ encer; benda **cair** 유동체; ② 묽은, 희박한; Minuman itu termasuk benda *cair*. 그 음료는 액체에 속한다;

mencair 액체가 되다,물이 되다; Segera minum semuanya jika tak ingin *mencair*. 녹지 않기를 원하면 빨리 전부 마셔라;

mencairkan 녹이다, 용해하다; Ia sengaja mengeluarkan pernyataan itu untuk *mencairkan* suasana. 그는 상황을 풀기 위해 일부러 그 성명을 발표하였다;

pencair 용매, 용제, 용해;

cairan 액화, 액체; **cairan** malam 액화, 밀랍;

cakap ① 유능한, 능력있는; ⓢ bisa,pandai, mahir; Ia amat *cakap* menangani masalah itu. 그는 그 문제를 담당하는데 매우 유능했다; ② 잘생긴, 예쁜; ⓢ elok, cantik; Wajahnya *cakap* dan rupawan. 그녀는 얼굴이 예쁘고 미녀이다; ③ 멋있는, 세련된; ⓢ bagus;

bercakap 유능한, 과감한, 힘이 있는; ⓢ berkuasa,mampu; Ia *bercakap* untuk menyelesaikan masalah itu dengan baik. 그는 그 문제를 잘 해결하기 위해 얘기했다;

mempercakap 능력있게 하다, 유능하게 하다;

kecakapan ① 능력; ② 숙달; *Kecakapan*nya dalam bidang hukum sungguh tak bisa diragukan lagi. 그의 법률 분야의 능력은 더 의심할 여지가 없다;

cakar (동물이나 새의) 발톱; ⓢ kuku,garuk; (tulisan) **cakar** ayam 난필, 졸필; **cakar** bara 온 몸의 할퀸 자국;

bercakar-cakaran 서로 할퀴다,싸우다; ⓢ berkelahi,bercekcok, berperang pena; Kedua kucing itu sedang *bercakar-cakaran*. 그 두 고양이는 지금 서로 할퀴며 싸우고 있다;

mencakar 할퀴다;

pencakar 긁는 기구; **pencakar** langit, **pencakar** awan 마천루;

cakram 원반; lempar cakram

원반 던지기,투원반; Ia dikenal sebagai atlit lempar *cakram*. 그는 투원반 선수로 알려져 있다;

cakra ① 원반; ② 바퀴; ⓢ roda, jentera;

cakup, mencakup ① 푸다, 퍼내다,떠내다; ② 다루다, 채택하다; ⓢ meliputi,merangkum;

mencakupkan ~으로 퍼내다;

cakupan 떠냄,퍼냄; Hal itu sudah termasuk di dalam *cakupan*. 그 일은 이미 채택안에 들어있다;

calo,calok 암표상; profesinya sebagai *calo* diterminal. 그의 직업은 터미널의 암표상이다;

calon ① 지원자, 후보자; ⓢ bakal, yang akan menjadi kandidat; ② 신청자,희망자; ③ 보충병,신병; ④ 장래의; **calon** guru 교생; **calon** opsir 사관 후보생; **calon** penerbang 풋나기 비행사; Kakak mengenalkan *calon* suaminya pada keluarga kami. 누나는 우리 가족에게 남편될 사람을 소개하였다;

mencalonkan 임명하다,후보자로 추천하다; Dia *mencalonkan* diri sebagai ketua harian pelaksana lembaga itu. 그는 자기 자신을 그 재단의 일일 수행 의장으로 천거하였다;

pencalonan ① 추천,임명; ② 입후보; *Pencalonan* dirinya sebagai ketua senat menimbulkan kontroversi. 그의 상원 의장 추천은 논쟁을 일으켰다;

campak 투척, 던짐; ⓢ lémpar, buang;**campak** buang 투창,던지는 창; penyakit **campak** 천연두; Di desa itu banyak orang terserang penyakit *campak*. 그 마을의 많은 사람들이 천연두에 걸렸다;

mencampakkan ① 던지다; ② 투척하다; **mencampakkan** jala 그물을 던지다; Setelah tidak dibutuhkan lagi, mereka *mencampakkan* dia begitu saja. 더 이상 필요가 없어지자 그들은 그를 그냥 그렇게 내던졌다;

tercampak 던져진; Ia merasa dirinya seperti orang *tercampak*. 그는 자신이 버려진 사람이라고 느끼고 있다;

campur 혼합한, 섞인; ⓢ kumpulkan, aduk; logam **campur** 합금; turut **campur** 참견하다, 간섭하다;

bercampur aduk 엉망인, 혼란한; Makanannya itu *bercampur* baur dengan kotoran. 그 음식은 이미 오물이 섞여 있었다; **bercampur** bicara 대화에 끼다; **bercampur** gaul 교제하다 제휴하다; **bercampur** tangan 간섭하다, 방해하다; **bercampur** mulut 대화에 끼다;**bercampur** 섞은,혼합한; Susu *bercampur* air 물을 섞은 우유; Lukanya sudah *bercampur* dengan darah. 상처는 이미 피와 섞여 있었다;

mencampur 섞다, 혼합하다;

mencampur-adukkan, mencampur baurkan 섞다, 혼합하다, 혼동하게 하다;

mencampuri ① 참여하다, 교제하다,간섭하다; Jangan suka *mencampuri* urusan orang lain. 다른 사람 일에 참견하는 것을 좋아 하지 마라; **mencampuri** perdebatan 토

C

론에 참여하다; ② 섞다,혼합 하다;

mencampurkan 혼합하다,섞다 Jangan ***mencampurkan*** apapun ke dalam makanan itu. 이 음식에 다른 아무 것도 혼합하지 말아라;

percampuran 교제, 간섭,섞음; **percampuran** tangan 개입, 참여, 간섭;

tercampur 혼합된, 섞인;

campuran 잡동사니, 혼합; ⓢ adukan; Anak itu ***campuran*** Jawa dengan Menado.그 아이는 자바와 머나도 혼합 혈통이다; usaha modal **campuran** 공동 투자;

canda 익살,농담; ⓢ kelakar,gurauan;

bercanda 농담하다; Anak itu sangat senang ***bercanda***. 그 아이는 농담하기를 아주 좋아한다;

candi 힌두교 사원; ***Candi*** Borobudur merupakan salah satu dari tujuh keajaiban dunia. 보로부두르 사원은 세계 7대 불가사의 중의 하나이다;

canggih 복잡한, 정밀한;

kecanggihan 정밀한,현대적인; ⓢkemoderenan;***Kecanggihan*** alat itu sudah terkenal di seluruh dunia. 그 도구의 정밀성은 세계적으로 유명하다;

canggung ① 위험한, 불안한; ⓢ janggal, kaku; Ia merasa ***canggung*** berada diantara orang-orang asing. 그는 모르는 사람들 사이에 있는 것이 불안하다고 느꼈다; ② 서투른,덜 숙달된; ③ 수줍어하는;ⓢ malu-malu; ④ 저속한, 버릇없는; Kata-katanya terdengar sangat ***canggung***.그의 말은 아주 저속하게 들렸다; ⑤ 부족한; Penghasilan yang ***canggung*** tidak bisa memenuhi kebutuhan rumah tangganya. 그의 불충분한 소득은 가족의 생활비를 채울 수 없었다;

kecanggungan 미숙달,서투름; Ia berhasil mengatasi semua ***kecanggungan***nya. 그는 모든 미숙함을 개선할 수 있었다;

cangkir ① 잔,컵;ⓢ mangkuk; satu ***cangkir*** kopi 커피 한 잔; ***cangkir*** piring 도자기, 사기 그릇;

cangkul 괭이; ⓢ pacul;

mencangkuli 경작하다, 일구다, 파다; ***mencangkuli*** tanah 땅을 경작하다;

cantik 아름다운, 매력적인; ⓢ indah, elok; Sungguh ***cantik*** rupa anak itu.그 아이는 정말로 예쁘다;

kecantikan 미, 아름다움; ⓢ keelokan, kemolekan; Semua orang mengagumi ***kecantikan***nya yang tiada tara. 모든 사람이 그녀의 비교할 수 없는 아름다움에 감탄했다;

canting 작은 국자;

cantol 훅, 갈고리; ⓢ kait, pengait;

mencantoli 갈고리 걸다;

cap ① 인지,우표; **cap** pemerintah 정부 인지; **cap** pos (우편의) 소인(消印); ⓢ stempel,tera; ② 판(判); **cap** batu 석판 인쇄; ③ 도장; **cap** jari 지문; **cap** jempol 무인(拇印); **cap** lak 밀랍인; ④ 상표; ⓢ mérék; **cap** singa 사자(상)표; ⑤ 낙인,특징; Di mata warga, ia sudah mendapat *cap* yang kurang baik. 주민들 눈에는 그는 이미 좋지 않은 사람으로 낙인 찍혔다;

mencap ① 우표를 붙이다,인지를 붙이다; ② 누명을 씌우다, 낙인을, 찍다; Ia *mencap* gurunya cerewet. 그는 선생님이 잔소리가 많다고 단정했다;

pengecapan(pencapan) 인쇄소;

capai, mencapai ① 이르다, 이기다,잡다; ⓢ memperoleh, sampai;Ia mulai sakit-sakitan setelah *mencapai* usia lanjut. 그는 노년기가 되면서 여러가지 병을 앓기 시작했다; Mereka pernah *mencapai* puncak gunung itu. 그들은 그 산의 정상까지 올라가 본 일이 있다; ② 얻다,이루다; **mencapai** maksud 목적을 달성하다;

pencapaian 목적 달성;

tercapai 이른, 도달한; Hampir semua cita-citanya telah *tercapai*. 그의 모든 희망이 성취되었다;

capai 피곤한, 지친, 피로한; Badannya terasa *capai* setelah seharian bekerja di lapangan. 그는 현장에서 하루 종일 일하고 피곤했다;

capek 피곤한, 피로한; ⓢ lelah; Buat apa *cape-cape* menulis? 무엇 때문에 지치도록(글을)씁니까?

capung 잠자리; pesawat **capung** 경비행기;

cara 방식, 방법;

secara ① ~방법으로; **secara** damai 평화적으로; ② ~한 규모로; **secara** besar-besaran 대규모로; ③ ~로서, ~처럼; ④ ~과 일치하여, ~에 따라; Mereka merayakan pernikahan itu *secara* berlebihan. 그들은 그 결혼식을 분수에 넘치게 거행하였다; ⑤ ~으로; **secara** anumerta 유복자로,사후로; Mereka memutuskan hubungan kerja *secara* sepihak. 그들은 일방적으로 해고를 당했다; **secara** tak merata 불공평하게; **secara** resmi 공식적으로; Ayahnya telah dilantik *secara* resmi sebagai pimpinan baru. 그의 부친은 공식적으로 새 지도자에 임명되었다;

cari 찾다;

mencari 탐구하다,찾다,찾아내다; Ia hanya *mencari* kesalahan orang lain saja. 그는 다른 사람의 잘못만을 찾고 있다;Anda sedang *mencari* apa? 당신은 지금 무엇을 찾고 계십니까?; Lebih baik kita *mencari* akal agar bisa menyelesaikan masalah ini secepatnya. 이 문제를 가장 빨리 해결 하기 위해 방안을 찾는 것이 좋겠다; **mencari** hitungan 풀다, 계산 하다; **mencari** kutu 이를 잡다;**mencari** jalan 길을 찾다; **mencari** nafkah 밥벌이 하다; **mencari** nama 명예를 구하다; **mencari** uang 돈을 벌다;

mencari-cari 흠을 들추다, 흠잡다; Ia hanya *mencari-cari* alasan saja. 그는 그냥 핑계 거리만 찾고 있다;

mencarikan ① ~을 찾아주다; ② 찾다, 모색하다, 구하다;

pencari 수색자; Dia adalah *pencari* nafkah utama dalam keluarga itu. 그는 가족의 주 소득원을 찾는

C

사람이다;

pencarian 소득,수입;mata pencarian 소득원, 수입원;

carter 임대, 임차;

mencarter 세내다;Kali ini mereka berangkat dengan *mencarter* mobil. 이번에 그들은 자동차를 임대하여 출발한다;

cat 칠, 도료, 페인트; cat air 수채화 물감; cat alis 눈썹 화장품; cat bibir 립스틱;cat dasar초벌 칠; cat minyak 유화물감;

bercat 칠한,색을 입힌; Rumahnya adalah yang pagarnya *bercat* biru. 그의 집은 파란색 칠 담장을 한 집이다;

mengecat 물들이다, 칠하다, 채색하다; Ayah menyuruh kakak *mengecat* ruangan.아버지는 형에게 방을 칠하라고 하셨다;

pengecatan물들임,칠함,채색함; *Pengecatan* ruang kelas akan di lakukan pada saat liburan sekolah. 교실의 칠은 방학 기간에 행하여 질 것이다;

catat,mencatat ① 적어두다,필기하다; ⓢ menulis; Ia *mencatat* hal yang penting. 그는 중요한 일은 수첩에 적었다; ② 등록하다, 기록하다, 등기하다; ⓢ mendaftar;

mencatatkan diri 등록하다, 등기하다; Ia *mencatatkan* diri sebagai sukarelawan di lembaga itu. 그는 그 재단의 자원 봉사자로 등록하였다;

pencatat 등록자; Lelaki berbaju biru itu ialah *pencatat* notulen di dalam rapat. 그 파란 옷을 입고 있는 사람이 회의의 서기이다;

pencatatan ① 등기,기재; *Pencatatan* jiwa di Indonesia dilakukan tiap lima tahun sekali.인도네시아의 인구 조사는 매 5년 마다 시행된다; ② 시세, 시가;

tercatat 등기의, 기재된,등록된; surat tercatat 등기 편지; Dia *tercatat* sebagai pemegang suara terbanyak di pemilihan ini. 그는 그 선거에서 가장 많은 득표를 한 사람으로 기록되었다;

catatan ① 노우트,메모; ② 주해, 주석; Pernikahannya terdaftar di catatan sipil. 그의 혼인은 호적등기소에 등재되었다; dengan catatan ① 이서(裏書)로; ② 주석으로;

catur 장기; Di malam hari ayah suka bermain *catur*.밤에 아버지는 장기 두시기를 좋아하신다; buah catur 장기알, 장기; papan catur 장기판;

bercatur ① 장기를 두다;②체크무늬의, 바둑판 무늬의; kain bercatur 체크무늬 옷감;

percaturan ① 장기 놀이;② 정쟁(政爭); Lelaki itu adalah salah satu tokoh dalam *percaturan* politik di Indonesia. 그 남자는 인도네시아 정치판 인사 중 한 사람이다;

catut 족집게, 핀셋;

mencatut ① 뽑다, 추출하다; mencatut gigi 이를 뽑다; ② (못을) 빼다; ③ 사취(詐取)하다, 속이다;

mencatutkan ① 암거래하다, 암시장에 내다 팔다; ② 횡령하다, 도용하다, 착복하다; Ia selalu *men-*

catutkan bagian orang lain untuk dirinya. 그는 다른 사람의 몫을 자신을 위해 착취하는 사람이다;

pencatut ① 사기꾼; ② 암상인, 암거래인;

pencatutan ① 사기; ② 착복, 도용, 횡련; Hal tentang *pencatutan* itu telah diadukan pada polisi. 그 착복 사건은 경찰에 고발되었다.

cebok 용변후 물로씻음;

bercebok 배변후 물로 씻다;

mencebok 물을 뜨다, 배변 후 물로 씻다;

cebol 난장이, 키작은 사람; ⓢ orang pendek; Si *cebol* ialah julukan bagi anak itu. 그 아이의 별명은 난장이였다;

cebur(=cebar-cebur), **mencebur** ① 물을 튀기다;② 물로 뛰어들다;

menceburkan ① 물에 ~을 던져넣다; Sesudah dianiaya sampai mati,mayatnya *diceburkan* kelaut. 죽을 때까지 학대한 후 바닷물에 사체를 던져 넣었다; ② 불행에 빠지다; **menceburkan** diri (일·공부 등에)빠지다, 투신하다; Akhirnya dia *menceburkan* diri ke bidang hukum. 결국 그는 법 분야로 투신하였다;

tercebur 빠져든, 말려든; Hati-hati jangan sampai *tercebur* ke dalam persengketaan itu. 그 분쟁에 말려들지 않도록 조심해라;

cecak 도마뱀의 일종; ☞ cicak; Adik selalu menangis bila melihat *cecak*. 동생은 도마뱀을 보면 항상 운다;

cecer 조금씩 붓다; ⓢ tumpah; **berceceran** 흩어 놓은, 뿌려 놓은; ⓢ berhamburan, bertaburan;

mencecerkan ① ~을 엎지르다; ② 뿌리다;

tercecer 엎질러진; Darahnya *tercecer* di lantai dapur. 그의 피가 부엌 바닥에 흩어져 떨어졌다;

cekcok 분쟁하다,싸우다;ⓢperselisihan; Jangan sampai terlibat *cekcok* dengan kedua saudara itu. 그 두 형제의 투닥거림에 끼어들 지 않도록 조심해라;

cedera ① 불일치,논쟁,충돌; ⓢ selisih, pertengkaran; ②약점,결점; ③ 배신,불신; ⓢ khianat; ④ 상처, 상해; ⓢ rusak,luka; Pemain sepak bola itu kena *cedera* lutut pada pertandingan kualifikasi zona Asia. 그 축구 선수는 아시아 지역 예선전 시합에서 무릎 부상을 입 었다; ⑤ 손해,손상; ⓢ rusak,rugi;

tercedera 상처를 입은; ⓢ kena luka;

cegah, **mencegah** ① 억제하다, 제한하다,금하다; ⓢ melarang,menahan; Ia *mencegah* anaknya bermain dengan senjata tajam; 그는 아이가 날카로운 흉기를 갖고 노 는 것을 금하였다; ② 막다, 보호 하다; Pakailah kain ini untuk *mencegah* agar baju anda tetap bersih.옷이 더러워지는 것을 막기 위해 이 천을 사용하십시오;

pencegah방지자,예방약,예방책; Ia menggunakan pil untuk *pencegah* kehamilan. 그녀는 피임약으로 알약을 사용했다;

pencegahan ① 방지, 예방; ②

논쟁,전투,투쟁; ⓢ penolakan; Sebagai ***pencegahan*** dari serangan penyakit, kita harus hidup sehat. 병의 예방책으로 건강하게 살아야 한다;

cegat, **mencegat** 저지하다,불러세우다; ⓢ hadang,tahan,hambat;

pencegatan 저지, 차단, 초소(哨所);

cek 수표; **cek kosong** 공수표; Mereka akan melakukan pembayaran dengan ***cek***. 그들은 수표로 지불하였다;**cek perjalanan** 여행자수표;

cekal, **mencekal** 붙잡다,붙들다; ⓢ memegang, menangkap, mencekal (pencuri);

cekatan 숙련된,영리한, 유능한; ⓢ lincah,cepat; Wanita itu sungguh ***cekatan*** menangani tugasnya. 그 여자는 일이 정말 숙련되어있다;

kecekatan 숙련, 유능, 민첩; ⓢ kelincahan; ***Kecekatan***nya dalam mengatasi masalah itu haruslah kita akui. 문제 해결에 있어서 그의 민첩함은 우리가 인정해야 한다;

cekcok 싸움, 논쟁, 분쟁;

bercekcok 분쟁하다, 논쟁하다; ⓢ berbantahan, bertengkar;

mempercekcokan ~에 대하여 논쟁하다; Mereka ***mempercekcokkan*** soal harta warisan orang tuanya. 그들은 부모의 유산 문제를 놓고 서로 싸우고 있다;

percekcokkan 논쟁,싸음,다툼; ⓢ pertengkaran, perselisihan; Bicaranya menjadi pemicu ***percekcokan***.그의 발언은 논쟁의 불씨가 되었다;

ceker, **menceker** ① (닭이 발톱으로)후벼파다,일구다; ⓢ mengais-ngais; ② 인색한;

cekik, **bercekik** 다투다,분쟁하다, 싸우다; Mayat itu di duga tewas karena ***cekik***an di lehernya.그 시체는 목이 졸려 죽은 것으로 의심된다;

mencekik ① 목을 조르다,죽이다; ⓢmencengkam, menjerat, memeras; ② 없애다,소멸시키다; Harga bahan pokok sekarang sudah ***mencekik*** leher rakyat. 현재 생필품의 가격은 이미 서민의 목을 조르고 있다; **mencekik napas** 숨을 막다, 질식시키다;

tercekik 질식하여; Mayat itu di duga mati karena ***tercekik***. 그 시체는 질식하여 숨진 것으로 추정된다;

cekikan 압제, 교살;

ceking 좁히다; ⓢ genting,kurus kering; Anak itu ***ceking*** sekali bak mayat hidup. 그 아이는 살아있는 시체처럼 말라 있었다;

cekung ① (눈이나 뺨이)움폭한; ⓢ lekuk, lengkung; **mata cekung** 움폭 패인 눈; ② 오목한;

cela ① 흠, 단점, 결점; ⓢ cacat, cedera; ② 실패, 부족; ③ 오명, 치욕, 불명예, 망신; ⓢ aib, noda; ④ 비판, 비평;

mencela ① 불찬성하다, 비난하다; **mencela** politik pemerintah 정부의 정책을 비난하다; ② 비평하다; ③ 꾸짖다; ④ 반박하다, 논박

하다; mencela teori 이론을 반박 하다;

pencela 비평가,비난자;

pencelaan ① 비난, 비평; ② 불찬성, 힐난;③ 꾸짖음, 논박; Dia memang terkenal sebagai ***pencela*** orang lain. 그는 다른 사람을 비난하는 것으로 유명하다;

tercela 과실이 있는,책잡을 만 한; Namanya menjadi ***tercela*** karena peristiwa itu. 그 사건으로 그의 이름은 불명예스럽게 되었다;

celah 사이,간격; ⓢ sela,jurang, antara; **celah** gigi 잇새; **celah** gunung 협곡; **celah** jari 손가락 사이; **celah** kening 눈썹 사이; **celah** pintu 문설주; Sinar matahari masuk ke dalam ruangan melalui ***celah*** pintu.햇빛이 문틈으로 비쳐 방으로 들어왔다;

bercelah 틈이 있다, 사이가 벌어지다; Ruangan ini sangat rapat bagai tak ***bercelah***. 이 방은 틈이 없이 비좁다;

celaka ① 사고, 재난, 불행; ⓢ malang,sial, susah; ② 큰 변동,큰 재앙; ③ 제기랄! 빌어먹을; Jika tak mematuhi rambu-rambu lalu lintas kita bisa ***celaka*** di perjalanan. 만약 교통신호 표지판을 지키지 않으면 운행 중에 사고를 당할 수 있다; ④ 재수없는, 불길한; ⑤ 치명적인; Kejadian itu merupakan ***celaka*** besar bagi keluarganya. 그 사건은 그의 가족에게 커다란 재앙이 되었다;

mencelakakan ① 불행에 빠뜨리다,몰락시키다;ⓢ membawa sial; ② 굴욕감을 느끼게 하다, 창피를 주다; Kebiasaanya itu bisa ***mencelakakan*** orang lain disekitarnya. 그 그의 습관은 주위 사람들에게 재앙을 일으킬 수 있다;

kecelakaan 불상사,사고, 재난; Telah terjadi ***kecelakaan*** beruntun di persimpangan jalan itu. 그 사거리에서 연쇄 사고가 발생하였다;

celana 바지; ⓢ pantalon; **celana** berenang 수영복; **celana** dalam 팬티, 속바지; **celana** jengki 블루진; **celana** kolor 짧은 바지, 반바지; Adik gemar sekali memakai ***celana*** pendek. 동생은 반바지 입기를 아주 좋아한다;

celeng 멧돼지, 산돼지; ⓢ babi, nangoi; sakit **celeng** 간질, 지랄병 ⓢ sawan babi, sakit ayam;

celengan ① 금고; ② 저축, 예금; ⓢ tempat untuk menabung uang; Ibu membelikan adik ***celengan*** binatang. 어머니는 동생에게 동물 모양의 저금통을 사주셨다;

celoteh, berceloteh 한담하다, 잡담하다, 담소하다; ⓢ obrolan, ocehan; Sungguh menyenangkan mendengarkan ***celoteh*** anak-anak yang sedang bermain. 그 노는 아이들의 재잘거림이 듣기에 아주 좋다;

celup, mencelupkan ① 착색하다, 물들이다; ② 가라앉히다, 담 그다;

pencelup ① 물감,염료; ② 염색업자; ⓢ tukang celup;

celupan ①물들인 것,착색한 것; ② 염색업; Warna di baju ini ada-

C

lah warna hasil *celupan* yang kemarin. 이 옷의 색은 어제 염색한 것이다;

cemar ① 불결한,더러운;ⓢ kotor; ② 부정한, 추악한; ⓢ buruk, keji, cabul, lacur; Pernyataan itu telah membuat *cemar* nama baik orang tuanya. 그 폭로는 그 부모님의 명예를 훼손 시켰다;

mencemari, mencemarkan ① 더럽히다, 불결하게 하다; Limbah produksi tersebut telah *mencemari* sungai kota. 예의 공장 오수는 도시의 강을 오염시켰다; ② 손상시키다, 오손(汚損)하다;

cemara ① (=pohon cemara) 전나무; ② 가발, 인조모발; Di daerah Puncak banyak terdapat pohon *cemara* di pinggir jalan. 뿐짝 지역의 길가에서 전나무를 많이 볼 수 있다;

cemas ① 우려하는, 염려하는 ⓢ gelisah, resah, risau; Orang-orang *cemas* mengenai apa yang akan terjadi setelah perang ini. 사람들이 이 전쟁 후에 일어날 일에 대해 걱정하고 끝났다; ② 놀란; ③ 염세적인; ④ 낙담한, 용기를 잃은;

mencemaskan ① 놀라게 하다; Kabar mengenai hama padi *mencemaskan* para petani di Jawa Tengah. 벼 병충해 소식은 중부 자바 농민들을 걱정스럽게 하였다; ② 걱정하다, 근심하다; Dia *mencemaskan* temannya yang sedang sakit. 그는 앓고 있는 친구를 걱정하고 있다; ③ 무서워하다, 두려워하다;

kecemasan ① 불안함; ② 걱정, 근심; ③ 염려,관심; ④ 두려움,공포, 무서움;

pencemas ① 염세주의자;② 걱정하는 사람;

cemberut 샐쭉한, 심술이 난; ⓢ masam, agak marah; Dia *cemberut* sepanjang hari setelah teman-temannya membatalkan rencana pergi. 그는 친구들와의 외출 계획이 취소된 후 종일 뾰루퉁하다;

cembung ① 토실토실 살찐,통통한; ② 볼록한 모양의; ⓢ kembung, bulat; Barang ini akan terlihat besar dengan kaca *cembung*. 이 물건은 돋보기로 보면 크게 보인다;

cemburu ① 시샘하는,질투하는; ⓢ iri hati,dengki; Ia *cemburu* akan tetangganya membeli mobil baru. 그는 이웃이 새차를 산 것에 대해 시기하였다; ② 선망하는, 부 러워하는; ③ 의심 많은; ⓢ curiga, kurang percaya; Dia selalu *cemburu* pada setiap pendatang baru di tempat ini. 그는 이곳에 새로온 사람들을 항상 시기하였다; ④ 선망하다;

mencemburui ① ~을 의심하다, 믿지 못하다; Ia *mencemburui* temannya yang cantik itu. 그녀는 그 예쁜 친구를 의심하였다; ② ~을 부러워하다, 선망하다;

kecemburuan ① 질투, 시샘; ⓢ keirihatian,kedengkian; ② 부러움, 선망; ③ 의심,의구; ⓢ kecurigaan;

cemerlang ① 번쩍이다, 빛나다; ② 밝은, 화창한, 청명한; ⓢ

bagus, cerah, indah; Sungguh *cemerlang* warna baju itu. 그 옷 색은 정말로 화사하다;

kecemerlangan ① 빛남; ② 영예, 명예;

cemeti 채찍; ⓢ cambuk, pecut, tongkat; Kusir itu memegang *cemeti* untuk melecut kudanya. 그 마부는 말을 채찍질하기 위해 채찍을 쥐고 있다;

mencemeti 채찍으로 때리다; ⓢ mencambuk, memecut.

cemooh, **cemoohan** 조롱, 경멸, 모욕; ⓢ ejekan, hinaan, celaan; Jangan kau dengarkan *cemoohan* itu. 너는 그 조롱을 듣지 말아라;

mencemoohkan 조롱하다, 비웃다;Tak pantas baginya *mencemoohkan* teman di depan umum. 사람들 앞에서 친구를 조롱하는 것이 그는 적절하지 않다고 생각했다;

cemplung 뛰어들다,돌진하다;

mencemplung 뛰어들다;

mencemplungi ~에 뛰어들다;

cendana ***kayu cendana*** 백단(白檀); ⓢ gaharu; Ayah memiliki tongkat yang terbuat dari kayu *cendana*. 아버지는 백단 나무로 만든 지팡이를 갖고 계신다;

cendawan 버섯, 곰팡이; ⓢ jamur;

bercendawan 곰팡내 나는, 곰팡이가 핀;

cendekia ① 박식한,학식있는; ② 영리한, 슬기로운; ⓢ berakal, cerdik, cerdas; Mereka itu ialah orang-orang yang termasuk dalam kaum cerdik *cendekia*. 그들은 학식있는 사람들에 속한다;

cendekiawan ① 식자, 지식인; ⓢ intelektual, cerdik pandai; ② 지식(계층),교양인; Para *cendikiawan* sedang mengadakan pertemuan untuk membahas masalah itu. 식자들이 그 문제를 검토하기 위해 회의를 하고 있다;

cenderung ① 마음이 기우는, 마음이 내키는;Hatinya *cenderung* berpihak kepada satu keyakinan saja. 그의 마음은 한가지 확신 쪽으로 기울었다; ② 비스듬한, 기울어진, 경사진; ⓢ condong, menjurus, mirip; Tiangnya agak *cenderung* karena sering tertiup angin. 그 기둥은 자주 바람을 받아 다소 기울어져 있다;

kecenderungan 동정,호의,공감, 의향; Anak itu memiliki tingkat *kecenderungan* yang tinggi terhadap barang-barang antik. 그 아이는 골동품에 대해 높은 관심을 갖고 있다;

cengang 어리둥절하는;ⓢ heran, kagum;

tercengang 어쩔줄 모르는,어리둥절하는; ⓢ heran, kagum, takjub; Ia *tercengang* melihat indahnya pemandangan di pegunungan ini.그는 그 산악 지역의 아름다운 경치에 감탄하였다;

cengar-cengir 마구 울다;

cengeng ① 잘 우는, 울보; ⓢ penangis; Karena dimanja orang tuanya,anaknya jadi *cengeng* sekali. 부모의 방종 탓에 그 아이는

울보가 되었다; ② 어리광이 심한; ⓢ kolokan, manja;

cengkeram ① 쥠, 잡음; ⓢ pegang; ② 계약금, 증거금;

mencengkeram 붙들다, 잡다; ⓢ mencengkam, menggenggam;

cengkeraman 잡음,쥠; Adik tak melepaskan ***cengkeraman***nya karena ketakutan melihat hewan itu. 동생은 그 짐승을 보고 무서 워서 손을 꽉잡고 놓지 않았다;

cengkerama ① 여행;② 한담, 잡담, 담소;

bercengkerama ① 여행하다; ② 한담하다, 잡담하다; ⓢ bergurau; Beberapa remaja itu asyik ***bercengkerama*** di taman kota. 몇몇 청소년들이 도시 공원에서 한담을 즐기고 있다;

cengkeh 정향(丁香)나무; Orang tuanya berprofesi sebagai petani ***cengkeh*** di kampungnya. 그의 부모는 고향에서 정향 나무 재배하는 농부로 일하고 있다;

centil (손가락으로)딱 소리를 내다.

centong 국자; **centong** nasi 밥주걱;

mencentong 푸다,떠내다, 주걱으로 푸다; Dia sibuk ***mencentong*** nasi untuk orang-orang. 그녀는 사람들 밥을 푸느라 바쁘다;

cepat ① 빨리, 빠른; ⓢ deras, laju, lancar; Dia berjalan ***cepat***. 그는 빨리 걷는다; ② 급히, 황급히; ⓢ lekas; Ia ***cepat*** pulang. 그는 급히 돌아갔다; ③ 일찍, 먼저; ⓢ terdahulu; Siapapun yang lebih ***cepat*** sampai ke tempat ini, dialah yang menjadi juaranya. 누구든 이 장소에 먼저 오는 사람이 승자 가 될 것이다; ④ 속도, 속력; **cepat** lidah, **cepat** mulut 성급한, 조급한; **cepat** reaksi 반동 속력;

mempercepat 속력을 내다,재촉하다;

mencepatkan 속력을 내게하다;

kecepatan ① 속력,속도; ② 너무 빠른, 너무 일찍, 먼저; Mereka datang ***kecepatan*** dari pada yang lain. 그 들은 다른 사람보다 더 먼저 왔다; Hari ini dia berangkat ke sekolah ***kecepatan***. 오늘 그는 너무 일찍 학교에서 출발했다; **kecepatan** jelajah 순항 속도;

ceper (접시 등이)낮은, 탁반(托盤) ⓢ dangkal,rendah;Pakailah sendal yang ***ceper*** supaya tak lekas capai. 빨리 피곤하지 않도록 굽이 낮은 샌들을 신어라;

cerah 밝은,맑은,청명한; ⓢ bersinar, berseri, jernih, terang; ***cerah*** cuaca 화창한 날씨; Mukanya sangat ***cerah*** setelah menerima kabar itu. 그 소식을 들은 후 그의 얼굴이 매우 밝았다;

mencerahkan 환하게하다,밝게하다, 맑게하다;

kecerahan 광명, 맑음, 빛남;

cerai, **bercerai** ① 헤어지다,갈라지다; ⓢ pisah, lerai, putus, pecah; Akhirnya kedua orang itu harus ***bercerai***. 결국 그 두 사람은 이혼해야만 했다; ② 이혼하다, 이별하다; Mereka telah ***bercerai*** 6 bulan yang lalu. 그들은 6개월 전에 이혼했다;

menceraikan ① 나누다, 분리하다; Dia *menceraikan* uraian benang itu supaya tidak kusut. 그는 그 실을 엉키지 않도록 분리하였다; ② 이혼시키다, 이혼하다; ③ 분해하다, 분석하다; **menceraikan** kalimat 문장을 분석하다; ④ 가르다, 떼다;

penceraian ① 이탈,분류,분리; ② 구획, 분할;

penceraian 이별, 이혼; ⓢ perpisahan, perpecahan; *Perceraian* kedua orang tuanya membawa dampak buruk terhadap anak-anaknya.그의 부모의 이혼은 아이들에게 나쁜 영향을 가져왔다;

tercerai 나누어진,분리된,헤어진.

ceramah ① 수다스러운;②강의, 강연,연설;ⓢ pidato,kuliah; Ia rajin mendengarkan *ceramah*. 그는 강의를 열심히 들었다;

berceramah 연설하다,강연하다.

menceramahkan ~에 관하여 강연하다; Ia *menceramahkan* pengalamannya hidup di negeri orang.그는 다른 나라에서 살았던 경험담에 대해 강연하였다;

penceramah 강사, 연사;

cerca ① 견책,책망; ② 조소,경멸, 멸시;

mencerca ① 조소하다, 비웃다; ② 비난하다; ⓢ memaki,mencaci, menghina; Jangan suka *mencerca* orang lain, tak baik. 다른 사람을 책망하지 말아라, 좋지않다;

pencercaan ① 견책, 비난; ② 비웃음, 조소; ③ 경멸, 멸시;

cerdas ① 지적인, 교육 받은; Ia tak hanya *cerdas* tapi juga cantik jelita. 그녀는 지적일 뿐아니라 아주 우아하고 예쁘다; ② 영리한, 재주있는; ⓢ cekatan, cerdik, pandai, pintar; Dia punya otak yang *cerdas* dalam berdagang. 그는 장사에 비상한 머리를 갖고 있다; **cerdas** tangkas 퀴즈 컨테 스트;

mencerdaskan교육하다,정신을 개발하다; Kegiatan ini ditujukan untuk lebih *mencerdaskan* pikiran. 이 활동은 정신 개발을 하기 위한 것이다;

kecerdasan ① 사고력,지능; ② 교육; ③ 재치, 재주;

cerdik ① 재치있는, 영리한; ⓢ banyak akal, pintar; ② 교활한, 약삭빠른, 교묘한; ⓢ licik, licin; **cerdik** pandai, **cerdik** cendekia; 지적인, 빛나는; Anak itu besok pasti menjadi anak yang *cerdik*. 그 아이는 분명히 곧 영리한 아이 가 될 것이다;

kecerdikan ① 영리, 재치; ② 교묘, 교활;

ceret 주전자;

cerewet 잔소리를 잘하는,말이 많은; ⓢ bawel, ketus, mengomel; Istrinya cerewet sekali.그의 아내는 잔소리가 많다;

mencereweti 잔소리하다, 불평하다;

ceria 순수한, 깨끗한; ⓢ bersih, suci, murni; Mukanya tampak *ceria* sekali setelah mendengar berita itu. 그의 얼굴은 그 소식을 들은 후 환해졌다;

menceriakan 행복하게 하다, 기

뻐게 하다; membuat ceria; Berita itu *menceriakan* tentang banyak orang. 그 소식은 많은 사람들을 기뻐게 하였다;

ceriwis 말이 많은, 수다스러운;

cermat ①정확한;ⓢ teliti,seksama; Membaca buku dengan *cermat* 책을 정독하다; ② 정연한, 깔끔한, 말끔한; Ia pandai mengatur keuangannya dengan *cermat*. 그는 돈 문제를 깔끔하게 정리하는 것에 유능하다;③ 검약하는, 아끼는; ⓢ hemat;

mencermat경제적으로 사용하다, 절약하다;

mencermati 주의를 기울이다, 집중하다;

kecermatan ① 정연함, 깔끔함, 말끔함; ② 주도면밀, 정확; ⓢ ketelitian,kesaksamaan; *Kecermatan*nya dalam mengamati hal ini patut dipuji. 이 일을 검토하는데 그의 면밀함은 칭찬 받아 마땅하다;

cermin ① 반사경,거울; ⓢ kaca,gelas; melihat di**cermin** 거울을 보다; ② 표본,모범; ⓢ contoh; Ia menjadi *cermin* masyarakat. 그는 사회에 모범이 되었다; **cermin** mata 안경;

bercermin ① 거울을 보다; ② 거울이 있다; ③ ~을 표본으로 삼다, 본보기로 삼다; *bercermin* dalam hatinya 반성하다;

mencermini ① 거울에 비추어 보다, 거울을 들다; Ia *mencermini* sifat lembut ibunya.그녀는 어머니의 부드러운 성품을 비추어 보았다;

mencerminkan 반영하다,반사하다;Sikapnya sudah *mencerminkan* keadaannya yang sebenarnya. 그의 행동은 실제 상황을 그대로 반영하고 있다;

tercermin 반영되는, 반사되는; Kesedihan itu begitu *tercermin* di wajahnya. 그녀의 슬픔이 얼굴에 그대로 나타나있다;

cerminan 나타냄, 반영, 반사; ⓢ bayangan,gambaran; Keadaan ini adalah *cerminan* masa lalunya yang kurang baik.이 상황은 좋지 않았던 과거를 반영하는 것이다;

cerna ① 소화하는; ② 풀리는;

mencerna ① 용해시키다, 소화시키다, 풀다; ⓢ menghancurkan, melembutkan,meluluhkan; Perutnya belum dapat *mencerna* segala bagian makanan yang keras. 그의 위는 단단한 음식을 소화할 능력이 아직 없었다;

pencernaan 동화, 소화, 소화기;

tercerna ① 소화된, 용해된; ② 숙고된;

ceroboh ① 타당치 않은, 부적당한; Jangan melakukan tindakan yang *ceroboh*, nanti bisa berakibat fatal. 성급하게 행동하지 말아라, 나쁜 결과가 될 수 있다; ② 서투른, 어색한; ③ 무정한,무자비한, 잔인한; ⓢ tidak sopan, tidak senonoh, kasar; sikap yang *ceroboh* 잔인한 마음; ④ 너절한, 단정치 못한; Pekerjaannya *ceroboh* sehingga semuanya menjadi berantakan. 그의 주의 깊지 못한

일처리로 모두 엉망이 되었다; ⑤ 되는대로의, 부주의한; ⓢ tidak hati-hati;

mencerobohi부당하게 행동하다;

kecerobohan ① 버릇 없음; ② 어색함, 졸렬함; ③ 부주의함; Peristiwa ini terjadi karena ***kecerobohan***nya sendiri. 이 사건은 그 자신의 졸렬함 때문에 발생한 것이다;

cerobong 굴뚝,공장의 굴뚝;ⓢ pipa asap, corong; Terlihat gumpalan asap keluar dari ***cerobong*** asap. 굴뚝으로부터 연기가 나오는 것이 보였다;

cerpen (cerita pendek) 단편 소설; Dia adalah seorang penulis ***cerpen*** terkenal. 그는 단편 소설 작가로 유명하다;

cet 페인트, 물감; ⓢ cat;

cetak, mencetak ① 인쇄하다, 출판하다; ⓢ menerbitkan; ② 상(傷)을 만들다, 주조하다; ⓢ menuang; **mencetak** kue 과자를 찍어서 만들다; **mencetak** roda 바퀴를 주조하다; ③성취하다, 초래하다; ⓢ menghasilkan; Tim kita berhasil ***mencetak*** kemenangan gemilang. 우리 팀은 빛나는 승리를 이룰 수 있었다; Ia berhasil ***mencetak*** gol penentu kemenangan bagi timnya. 그는 팀의 승리를 결정짓는 골을 넣었다; barang **cetak** 인쇄물; huruf **cetak** 인쇄체 문자, 활자; kantor **cetak** 인쇄소; ongkos **cetak** 인쇄비; tukang **cetak** 인쇄공; **cetak** batu 석판 인쇄; **cetak** ulang 재판; **cetak** tambahan 재판;

mencetakkan 출간하다,출판하다, 인쇄하다;

mencetak-ulang 재판하다; Ia membuat rencana untuk ***mencetak ulang*** buku biografinya. 그는 그의 자서전을 다시 펴내기로 계획을 세웠다;

pencetak 인쇄업자;

pencetakan 인쇄업, 인쇄술; ***Pencetakan*** buku biografi itu amat mahal. 그 전기를 인쇄하는 것은 비용이 많이 들어간다;

percetakan 인쇄소; Percetakan Negara 정부 인쇄소, 인쇄국;

cetakan ① 발간, 발행; Buku ini ***cetakan*** toko buku Gramedia. 이 책은 그라메디아에서 발행했다; ② 출판, 인쇄; ⓢ terbitan; Buku ini ialah ***cetakan*** pertama yang siap diluncurkan awal minggu depan. 이 책은 다음 주 초에 시판될 책 의 초판이다; ③ 인쇄물,인쇄; **cetakan** biru 청사진; ④ 모형,틀,주형,주조; ⓢ acuan,bentukan; **cetakan** kue 과자 모형; **cetakan** roda 바퀴틀.

cetek ① 얕은; ⓢ dangkal; Adik senang bermain disungai yang ***cetek***. 동생은 얕은 강물에서 노는 것을 좋아한다; ② 천박한, 피상적인; Pengetahuan yang ***cetek*** tak mampu menyaingi para pendatang baru. 피상적인 지식으로는 새로운 사람들과 경쟁할 수 없었다;

cetus, ***cetus*** api 부싯돌;ⓢ teker;

mencetus ① 할퀴다, 긋다, 긁다; Saya ***mencetus*** korek api tapi mati karena angin. 나는 성냥을 그었으나 바람에 꺼졌다; ② 번쩍 거리다; Kilat petir ***mencetus*** datangnya hujan. 천둥이 번쩍거 리드니 비가 왔다; ③ 흠을 들추다, 트집을 잡다;

mencetuskan 발화시키다, 불을 붙이다; ⓢ memancarkan, menjelmakan, mengeluarkan, memutuskan; **mencetuskan** keluar 불을 붙이다, 발화시키다; Mahasiswa ***mencetuskan*** reformasi sebagai langkah menuju Indonesia Baru. 대학생들은 새로운 인도네시아를 위한 개혁에 불을 붙였다;

pencetus 불꽃,불티, 섬광; Pemuda ialah golongan ***pencetus*** gerakan Sumpah Pemuda. 청년들이 "청년선 언운동"을 위한 불씨가 되었다;

pencetusan 발화, 점화; ***Pencetusan*** ide ini dilakukan secara spontan oleh mereka. 이 구상의 발현은 그들에 의해 자연스럽게 행하여졌다;

cewek 소녀, 계집애;

cibir, mencibir (경멸하여) 입을 비쭉거리다;ⓢ menista, mengejek, mencemooh; Dia selalu saja ***mencibir*** bila melihat temannya beraksi. 그녀는 친구가 어떤 행동을 하면 항상 입을 삐죽거렸다;

mencibirkan ① ~을 멸시하다, 코웃음치다; Dia ***mencibirkan*** orang miskin. 그는 가난한 사람을 멸 시했다; ② 놀리다, 조롱하다, 비웃다; Dia sering ***mencibirkan*** nasehat kakaknya. 그녀는 언니의 충고를 자주 무시한다;

cibiran 경멸,멸시,조롱; ***Cibiran*** itu sangat tepat mengena di hatinya. 그 조롱은 그의 마음 속에 아주 박혔다;

cicak 도마뱀의 일종;

cicil, mencicil 분납하다, 분할 지급하다; ⓢ angsur; Ia sudah ***mencicil*** hutang selama setahun ini. 그는 벌써 일년 동안 빚을 분할 상환해 왔다;

pencicilan 분할 불입금;ⓢ angsuran; ***Pencicilan*** rumah ini sudah dilakukan selama 10 tahun. 이 집을 10년 동안 분할 지불해 오고 있다;

cidera ① 투쟁, 논쟁; ② 단점, 결점; ☞ cedera; Karena perkelahian itu, dia jadi menderita ***cidera*** di bahunya. 그 싸움으로 그는 어깨에 부상을 입었다;

cina 중국; ⓢ tiongkok; seperti cina karam 시끄러운, 떠들썩한;

cincang 자르다, 찍다; Ibu memasak daging ***cincang*** untuk adik. 어머니는 동생을 위해 다진 고기를 요리하고 계시다;

cincin 가락지,고리, 반지; **cincin** kawin 결혼 반지; **cincin** pertunangan 약혼 반지; Kakak memakai ***cincin*** yang indah. 누나는 아름다운 반지를 끼고 있었다;

cingcong ① 구실, 변명, 해명; Jangan banyak ***cingcong*** lebih baik kau diam saja. 변명 많이하지 말고 조용히 해라; ② 법석,소동; banyak **cingcong** 야단 법석;

cinta 사랑, 애정; ⓢ kasih,sayang, birahi, belas; **cinta** yang dalam

깊은 사랑; **cinta** tanah air 조국애; Dia berjuang dengan segenap jiwa raganya karena ***cinta*** pada tanah airnya.그는 조국에 대한 사랑으로 모든 몸과 마음을 바쳐 투쟁했다; **cinta** akan 열망하다; **cinta** birahi 사랑의 욕망, 몹시 좋아함; **cinta** monyet 심취;

bercintakan ① 좋아하다, 사랑하다;

mencinta 슬퍼하다, 애도하다; Mereka saling ***mencinta*** jadi jangan coba-coba kau pisahkan.서로 사랑하는 그들을 떨어지게 하려고 하지 마라;

mencintai ①사모하다,사랑하다; Saya ***mencintai*** kamu.나는 당신을 사랑한다;② 그리워하다, 동경하다, 간절히 바라다; Ia terlalu ***mencintai*** kampung halamannya hingga tidak ingin meninggalkannya. 그는 고향을 너무 아끼는 나머지 고향을 떠나고 싶지 않았다;

kecintaan ① 애정, 사모, 사랑; ② 사랑하는 사람, 귀여운것; Karena ***kecintaan***nya terhadap keluarganya, dia rela melakukan apa saja untuk mereka. 그는 가족을 너무 사랑해서 그들을 위해서라면 무엇이라도 할 수 있다; ③ 근심, 걱정; ④ 한탄하다, 슬퍼하다;

pecinta ① 애인,연인; ② 애호가, 찬미자; Dia memang seorang ***pecinta*** tenis sejati. 그는 정말로 테니스를 좋아하는 사람이다; Kakak adalah anggota ***pecinta*** alam. 형은 자연보호주의자 회원이다; **pecinta** tanah air 애국자;

percintaan ① 사모, 사랑; ② 연애 사건; ③ 동경, 그리워함;

tercinta 친애하는,사랑하는; Lukisan ini akan dipersembahkan pada Ibu yang ***tercinta***. 이 그림은 가장 사랑하는 어머니에게 바칠 것이다;

ciplak, **menciplak** 투사하다, 복사하다,표절하다; Dari pada ***menciplak***, lebih baik kau mencari ide untuk lukisanmu! 표절하기 보다는 네 자신의 그림 구상을 찾는 것이 좋다;

ciprat,**bercipratan**끼얹다,뿌리다;

menciprat ① 끼얹다, 뿌리다; ② (물 등을)튀기다;

mencipratkan 뿌리다,튀기다; Ia sengaja ***mencipratkan*** air dari mantelnya pada orang-orang di sekitarnya.그는 일부러 외투의 물기를 사람들에게 뿌렸다;

cipta 창조력, 창작;ⓢ pikiran, khayal, angan-angan,;

menciptakan 창작하다, 창조하다;ⓢ menjadikan,membuat; Yang ***menciptakan*** dunia adalah Tuhan. 세상을 창조하신 분은 하느님이다;

pencipta ① 제작자, 창조자; ② 저자,작자; Dia telah berpulang kepada Sang ***Pencipta***. 그는 세상을 떠나 창조주의 품으로 돌아갔다;

penciptaan 저작,창조,창작,작곡; ***Penciptaan*** lagu itu dilakukan oleh anak-anak muda yang berbakat. 그 작곡은 재능있는 아이들 에 의해 만들어졌다;

tercipta 고안된, 창조된, 창작된; Tempat ini memang ***tercipta*** untuk tempat hiburan. 이 곳은 물론 위락을 위해 만들어진 곳이다;

ciptaan 창조,창작,산물;ⓢ kreasi, pikiran, rekaan, karya; Sungguh agung *ciptaan* Tuhan. 정말로 신의 창조는 경이롭다;

ciri 특징, 유형, 전형; ⓢ khas;

menciri ~의 전형을 이루다, 특징 지우다, ~의 특색을 이루다;

cita ① 느낌, 감각, 감정; ⓢ rasa; Dia memiliki *cita* rasa yang tinggi dalam hal makanan. 그는 음식에 관해 탁월한 미각을 갖고 있다; ② 사고(력);ⓢ angan-angan,pikiran; ③ 사랑, 그리움; ⓢ rindu, cinta; ④ 이상; ⓢ ide, gagasan;

cita-cita① 전형, 이상; ② 욕구, 욕망; ⓢ keinginan, hasrat,kemauan; ③ 생각,관념; ⓢ angan-angan, niat;

bercita-cita ~을 이상으로 갖다, 이상으로 삼다; Dia *bercita-cita* menjadi seorang pilot pesawat tempur. 그는 전투기 조종사가 되고 싶은 희망을 갖고 있다;

mencita-citakan원하다,간절히 바라다; ⓢ menginginkan,mengharapkan, menghendaki; Dia mendapat segala apa yang *dicita-citakan*. 그는 그가 바라던 모든 것을 얻었다;

cium 키스, 입맞춤;

mencium ① 입맞추다,키스하다; ⓢ mencucup,mengecup; ② 냄새 맡다; ⓢ membaui; Dia suka *mencium* bunga karena baunya amat harum.그녀는 향기로워서 꽃 내음 맡기를 좋아했다; ③ 알아채다, 자각하다; Dia *mencium* kabar yang menyedihkan itu. 그는 그 슬픈 소식을 접하였다;

menciumi 계속해서 입맞추다,키스를 퍼붓다; Dia *menciumi* pacar yang lama tidak bertemu. 그는 오랫만에 만난 애인에게 키스를 퍼부었다;

pencium 후각(嗅覺), 후감;

tercium ① 무의식 중에 입맞춘; ② 알아챈; Telah *tercium* kabar buruk dari keluarga itu. 그 가족으로부터 나쁜 소식을 알아채고 있었다;

ciuman 키스, 입맞춤; Dia tak kan pernah melupakan *ciuman* itu seumur hidup. 그녀는 평생 그 키스의 기억을 잊지 않을 것이다;

ciut 협소한,좁은; ⓢ sempit, picik; Hatinya langsung *ciut* saat melihat lawannya. 상대를 보고는 바로의 기소침해 졌다; ② 가는,굵지 않은;

coba ① 해봐, 제발; *Coba* makan buah ini. 이 과일을 먹어봐!; ② 자! 어때!; Sekarang *coba* bagaimana harus menghadapi orang-orang? 자, 이제 어떻게 사람들을 상대해야 되는가? *Coba* lihat, apa yang sudah kau perbuat? 네가 어떻게 했어? 결과를 좀 봐라;③ 만약;*Coba* kalau ayahnya tak ada, siapa yang akan menolongnya? 봐, 아버지가 없으면 누가 도와줄 것 같아?

coba-coba ① 힘쓰다,시도하다. Jangan pernah *coba-coba* untuk membohongi saya! 앞으로 나를 속이려 하기만 해봐라! ② 그저 시험해 보다;

mencoba ① 시험해보다;② 입어보다; ③ 힘쓰다, 시도하다; Ia ***mencoba*** membuat sebuah tas dari bahan pakaian itu. 그녀는 그 옷의 재료로 가방을 만들려고 하였다; ④ 시험하다, 검사하다; ⓢ mencicip, mengetes, menguji; Ia ***mencoba*** kepandaian temannya dalam memasak. 그녀는 친구의 요리 솜씨를 시험하였다;

percobaan ① 테스트, 검사; ② 시험, 사용; Kegiatan ini hanyalah proyek ***percobaan*** saja.이 활동은 시험용일 뿐이다; ③ 표본,견본; nomor **percobaan** 견본; ④ 미수, 시도,기도; Dia di tuduh melakukan ***percobaan*** pembunuhan terhadap dua orang itu. 그는 그 두사람의 살해 미수 혐의를 받고 있다; ⑤ 고난, 시련;

cobaan ① 테스트,검사; ② 시도, 시험; ⓢ godaan, uji; Kita haruslah tabah dalam menghadapi ***cobaan*** ini. 우리는 이런 시련 앞에 강해야 한다;

cobek (양념을 빻는) 도기, 절구;

coblos, mencoblos ① 뚫다, 구멍을 내다;② (투표용지에 구멍을 내어)투표하다; Penduduk taat dan tenang ***mencoblos*** partai pilihan mereka. 주민들은 질서 정연하고 평온하게 그들이 선택한 정당을 찍었다;

cocok ① 부합하다, 일치하다; ⓢ akur,sepakat,setuju; Nyanyiannya tidak ***cocok*** dengan iramanya. 그의 노래는 박자와 맞지 않다;② 정확한; ⓢ betul, tepat; Janjinya selalu tidak ***cocok***. 그의 약속은 항상 정확하지 않다; ③ 들어맞다, 사실이 되다; Ramalannya sangat ***cocok*** dengan kejadian ini. 그 예상은 이 사건과 아주 일치한다; ④ 조화하다, 어울리다 ⓢ sesuai, serasi, seimbang; Lukisan itu ***cocok*** sekali dengan ruangan ini. 그 그림은 이 방에 잘 어울린다; ⑤ 알맞다; Tumbuhan ini tidak ***cocok*** di tanam ditempat ini. 이 식물을 이 장소에 심는 것은 적당 하지 않다; ⑥ 마음 내키다,좋아하다; Kalau kau merasa ***cocok*** dengan baju itu boleh ambil.그 옷이 맞다고 느끼면 가져가도 좋다;

mencocokkan ① 비교하다, 대조하다; Mereka mencoba ***mencocokkan*** hasil hitungan.그들은 계산 결과를 맞추어 보았다; ② 순응하다,적합시키다, 맞추다; Kita harus ***mencocokkan*** diri dengan iklim di sini. 우리는 이 곳 풍토에 자신을 맞추어야 한다;③ 수정하다, 정정하다;

cokol, bercokol ① 쪼그리고 앉다, 웅크리다; ② 옹기종기 모여 앉다; ⓢ duduk-duduk berkumpul. ③ 거주하다, 살다; ⓢ bertempat, bersarang, tinggal; Orang-orang itu sudah lama ***bercokol*** di tempat ini. 그 사람들은 이 곳에 벌써오래 모여 앉아 있었다;

colek ① 약간, 조금; ② 손톱 만큼의 양;

mencolek① (손끝으로)조금 가져다주다; ⓢ mencubit; ②(손끝으로) 후비다, 파다; ⓢ mencungkil; ③

긁다; ⓢ menggorés;
secolek 손끝으로 집힌 양;
comel 잔소리가 심한, 투덜거리는;
comelan 책망, 꾸짖음;
compang-camping 누더기가된, 헐은, 갈기갈기 찢어진;
condong ① 경사진, 기우는, 비스듬한; Menara pisa yang condong. 피사의 사탑; ② 편향하는; ⓢ cenderung, memihak; Ia *condong* ke pihak lawan. 그는 상대 편으로 기울었다; ⓢ turun; Matahari telah *condong* di tepi barat. 태양이 서편으로 기울었다; ④ 미친, 제정신이 아닌;
mencondongkan ① 구부리다, 휘다;② 향하다, ~의 경향이 있다;
kecondongan ① 편애, 좋아함; ② 기호, 경향;
congkak 뽐내는, 자만하는, 거만한, 교만한; ⓢ angkuh, pongah, sombong;
kecongkakan 건방짐, 교만, 오만; *Kecongkakan*nya memang sudah dikenal banyak orang. 그의 오만함은 사실 이미 많은 사람들에게 알려져있다;
congkel 식별하다, 골라내다, 분간하다; ☞ cungkil;
contek, **mencontek** 컨닝하다;
contoh ① 표본, 견본; ⓢ pola; ② 모형, 모델; ⓢ model; ③ 원형, 패턴; ④ 보기, 예; ⓢ teladan;
mempercontohkan 보기를 들다, 예시하다;
mencontoh ① 흉내내다, 모방하다; ⓢ meniru; Dia sering *mencontoh* kelakuan teman-temannya. 그는 자주 친구들의 행동을 흉내냈다; ② 베끼다, 카피하다, 복사하다; ⓢ menyalin; Ia membuat gambar dengan *mencontoh* dari buku. 그는 책의 그림을 표본 삼아 그림을 그렸다; Jangan suka *mencontoh* karangan orang lain. 다른 사람의 글을 표절하기를 좋아하지 마라;
mencontohi 보기를 들다, 예시하다;
mencontohkan ① 흉내내다, 모방하다; ② 예를 들어 보이다; Ia *mencontohkan* kepada anaknya cara membuat masakan itu그녀는 아이에게 요리 시범을 보였다;
percontohan ① 샘플, 견본; nomor *percontohan* 견본 번호; ② 모형, 모델; Adik bersekolah di sekolah *percontohan*. 동생은 시범학교에 다니고 있다;
copet tukang copet 소매치기; ⓢ curi, jambret; Awas hati-hati di sini banyak *copet*. 여기 소매치기가 많으니 조심해라;
mencopet 소매치기 하다; Memang orang itulah yang *mencopet* dompet ibu. 그 사람이 정말 어머니의 지갑을 훔쳤다;
kecopetan 소매치기를 당한;Dia *kecopetan* di pasar.그는 시장에서 소매치기를 당했다;
pencopet 좀도둑, 소매치기; Aksi *pencopet* itu akhirnya berakhir di penjara. 그 소매치기 행각은 결국 감옥행으로 끝났다;
pencopetan 소매치기를 함; Peristiwa *pencopetan* itu terjadi dini

hari tadi. 그 소매치기 사건은 오늘 아침 일찍 발생하였다;

copot ① 제거된;② 풀린,분리된; ⓢ lepas, tercabut;

mencopoti ① 벗다; **mencopoti** sepatu 신발을 벗다; ② 빼다, 뽑다;ⓢ menanggalkan; Ibu ***mencopoti*** pakaian adik untuk dicuci. 어머니는 옷을 빨기위해 동생의 옷을 벗기셨다; ③ 풀다; ④ 분해하다; ⑤ 제거하다, 박탈하다; ⓢ melepas; Usahanya ***mencopoti*** semua kekuasaan dari penguasa belum juga menampakkan berhasil. 사업가로부터 모든 권 한을 박탈시키려한 노력이 아직 실효를 거두지 못한 것으로 보인다;

pencopotan 제거, 분해, 분리; Usaha ***pencopotan*** jabatan tertinggi di lembaga itu tampaknya tidak berhasil. 그 재단의 최고위직을 박탈시키기 위한 노력이 실패한 것으로 보인다;

corak ① 무늬, 도안, 디자인; ⓢ pola; corak batik 바띡 무늬; ② 색상,빛깔,색깔; ⓢ gambar,warna, nuansa; ***Corak*** bajunya semuanya merah. 그 옷의 무늬는 모두 붉은 색이다; ③ 줄,줄무늬; ④ 형,유형; ⓢ model; ⑤ 성격, 특징, 특색;

bercorak ① ~한 무늬의; ⓢ bergambar, berwarna; Ibu mengenakan kain yang ***bercorak*** bunga. 어머니는 꽃무늬 천을 두르셨다; ② 줄무늬가 있는;③ ~한 성격을 지닌, ~한 특징이 있는;

coreng ① 줄무늬; ⓢ coret, garis; ② 얼룩,오점; **coreng-moreng** 줄로 가득찬, 줄이 많은;

bercoreng ① 줄무늬가 있는, 줄이 있는; macan **bercoreng** 줄무늬 호랑이; ② 문신을 새긴;

mencoreng 줄을 그어 지우다, 줄을 긋다;ⓢ mencoret, menggaris, menghapus;

mencorengkan ~으로 줄을 긋다, 선을 긋다; Dia ***mencorengkan*** hal yang penting dengan pulpen merah. 그는 중요한 내용에 붉은 볼펜으로 줄을 그었다;

tercoreng 줄이 그어진;

corengan 줄무늬; Di tembok ini banyak terdapat ***corengan*** anak-anak. 이 벽에는 아이들의 낙서가 많이 보인다;

coret 줄, 선; ⓢ coreng, garis panjang, **coret** moret 줄이 많은;

bercoret ① 밑줄을 그은; ② 줄이 있는, 줄무늬 진;

mencoret ① 줄을 그어 지우다. ② 줄을 긋다, 줄을 만들다; Adik suka sekali ***mencoret*** dinding kamarnya. 동생은 자신의 방의 벽에 낙서하기를 아주 좋아한다;

coretan ① 선, 줄, 줄무늬; ② 펜화; Di tempat itu banyak sekali ***coretan*** tangan orang-orang. 그 장소에는 사람들의 낙서가 많 이 있었다;

coro 바퀴(벌레); ⓢ lipas,kecoa; Di tempat yang kotor itu banyak ***coro*** berkeliaran. 그 지저 분한 곳에는 많은 바퀴벌레가 기어 다니고 있었다;

cuaca ① 기후, 기상, 날씨,일기; ⓢ udara, hawa, iklim; ② 맑은,

밝은; ilmu cuaca 기상 상태,기상학; terang cuaca 날씨가 맑은; Indah *cuaca* hari ini. 오늘 날씨 참 좋다;

cubit, mencubit 쥐어 짜다, 꼬집다; ⓢ menggetil; cubit getil 살짝 꼬집음; Ibu *mencubit* adik karena tak mau mendengar nasehatnya. 어머니는 말을 안듣는 동생을 꼬집으셨다;

mencubiti 계속 꼬집다;Ia *mencubiti* pipinya. 그는 자신의 뺨을 계속 꼬집었다;

cubitan 쥐어 짬, 꼬집음; Di kulitnya terdapat luka bekas *cubitan* orang tuanya.그의 피부에는 부모가 꼬집어 생긴 흉터가 있었다;

cuci, mencuci ① 감다, 씻다; ⓢ membasuh; mencuci rambut 머리를 감다; mencuci tangan 손을 씻다;② 세탁하다,빨래하다; ⓢ membersihkan; Ibu sedang *mencuci* baju di belakang. 어머니는 지금 뒷편에서 옷세탁 중이시다;

mencucikan ① ~을 빨아주다; Pembantu itu *mencucikan* baju. 그 식모는 옷을 빨았다; ② ~을 세탁소에 맡기다;

pencuci 세탁기,세탁부,세탁업자; Mereka makan pudding sebagai hidangan *pencuci* mulut. 그들은 디저트로 푸딩을 먹었다;

pencucian film 사진의 현상;

cucian 빨래, 세탁; Dia pergi dengan meninggalkan *cucian* baju yang amat kotor. 그는 아주 지저분한 빨래감을 남기고 나갔다;

cucur, mengucur 똑똑 떨어지다, 졸졸 흐르다; ⓢ curah,limpah; Darahnya *mengucur* dari keningnya akibat pukulan itu. 그 타격으로 눈썹에서 피가 흘러내렸다;

bercucuran 흘러내리다,흐르다; ⓢ berpancaran,mengalir; Air matanya *bercucuran* menangisi kepergian kekasihnya. 애인을 떠나보내고 그녀는 눈물이 흘러내렸다;

mencucuri 넘쳐흐르다, 흘러나오다; Karena iritasi, dia *mencucuri* matanya dengan obat tetes mata. 눈이 가려워서 그는 안약을 눈에 흘려 넣었다;

mencucurkan 흘리다,방울방울 떨어뜨리다, 흘리다; *Mencucurkan* air di bajunya. 옷에 물을 떨어뜨리다;

cucuran 수채,배수관,배수로,방수로; cucuran atap 처마;

cucut 상어; ⓢ ikan hiu;

cuka 초, 식초;

cukai ① 관세,세금,조세; ⓢ bea, pajak; cukai tembakau 연초 세금; ② 삯, 요금;

mencukai 세금을 부과하다;

cukup ① 족한,충분한;ⓢ genap, lengkap; Pelajaran hari ini *cukup* sampai disini dulu. 오늘 공부는 여기까지이다; Kita masih punya persediaan makanan yang *cukup*. 우리는 아직 충분한 식료품이 있다; ② 꼭, 정확하게; ③ 유복한, 부유한, 부자인; Keluarganya itu termasuk keluarga yang *cukup* kaya. 그 가족은 부유한 축에 속한다; ④ 완전한; ⓢ sempurna; ⑤ 적당한, 알맞은; ⓢ lumayan,sedang, lebih dari; Dia *cukup* bicara minta maaf.

그의 사과 발언은 적당했다;

mencukupi ① 증보하다, 보충하다; Dia *mencukupi* kebutuhan sehari-hari dengan bekerja sambilan. 그는 부업으로 일상용품을 채웠다; ② 충족시키다; Ia *mencukupi* semua syarat-syarat yang kita ajukan. 그는 우리가 제시한 모든 조건을 충족시켰다; ③족하다, 만족시키다; Gajinya tak *mencukupi* kebutuhan hidup di Jakarta. 그의 급료는 자카르타 생활하기엔 불충분하다;

mencukupkan①충분히 챙기다; Dia ambil *mencukupkan* bagiannya. 그는 몫을 충분히 챙겼다; ② 충족시키다, 충만시키다; Ia *mencukupkan* gajinya sampai dengan bulan depan. 그는 다음 달까지 급료를 준비하였다;

kecukupan 충만, 충분;

berkecukupan 형편이 좋은; Sekarang hidupnya sudah sangat *berkecukupan.* 이제 생활은 아주 넉넉하다;

secukupnya 충분한, 적당한; Ambillah makanan itu *secukupnya* saja. 음식을 필요한 만큼 가져가라;

cukur 면도;pisau cukur 면도칼;

bercukur 면도하다; Ia sedang *bercukur* di depan rumah. 그는 집 앞에서 면도하고 있다;

mencukur 면도를 해주다; Kakak *mencukur* rambut sampai pendek. 형은 머리를 짧게 깎았다;

pencukur ① 면도사; ⓢ tukang cukur ② 면도기;

cula 무소 뿔;

culas 느린, 게으른; Orang itu sungguh *culas* sekali. 그 사람은 정말로 느리다;

culik, menculik 아이를 훔치다, 유괴하다; Ia divonis satu tahun penjara karena telah *menculik* anak kecil. 그는 어린아이를 유괴하여 1년의 형을 언도받았다;

penculik 유괴자; Ternyata *penculik* anak kecil itu adalah salah seorang anggota keluarganya sendiri. 알고보니 그 어린아이의 유괴범은 그 가족 중의 한사람이었다;

penculikan 유괴; Kasus *penculikan* itu kini ditangani kepolisian setempat. 그 유괴 사건은 이제 지역 경찰서에서 관할하게 되었다;

cumbu ① 감언, 아첨; ⓢ bujuk, belai; ② 애무; ⓢ rayu; ③ 농담; ⓢ senda gurau,kelakar, lucon; cumbu dan belai 감언이설;

bercumbuan ① 농을 걸다,농담하다; ② 애무하다;

mencumbui ① 부추기다, 아첨하다; ② 애무하다,귀여워하다; Dia paling suka *mencumbui* anjing daripada hewan peliharaan lainnya. 그는 애완 동물 중에 개를 가장 귀여워한다;

cumbuan ①농,농담; ②감언,아첨;

cumi-cumi 오징어; ⓢ ikan tinta ,sotong, gurita; Kakak gemar memasak *cumi-cumi.* 누나는 오징어 요리하기를 좋아한다;

cundang ① ☞ pecundang; ②

말썽을 일으키는,분쟁을 야기하는;
mencundang 분쟁을 야기하다, 말썽을 일으키다;
cungkil, mencungkil ① 들다, 들어 올리다; ⓢ menguit,mengupil; Dia *mencungkil* kotoran di badannya dengan jarinya. 그는 손가락으로 몸에 있는 오물을 집었다; ② 후벼내다; Buah kelapa itu telah *dicungkil* dari tempatnya. 그 야자 과육은 열매에서 파내어 졌다; ③ 후비다; ⓢ mengeluarkan; **mencungkil** gigi 이를 쑤시다; ④ 접종하다;
pencungkil 쑤시개, 송곳; **pencungkil** gigi 이쑤시개;
cungkilan 파내진 것;
curah, mencurahi ① 퍼붓다, (비가)내리다, 붓다; ⓢ melimpahi, menghujani; Langit banyak *mencurahi* hujannya. 하늘에서 비가 억수로 퍼부었다;② 수여하다,증여하다; Anak itu *dicurahi* kasih sayang semua anggota keluarganya. 그 아이는 온가족으로부터 사랑을 받았다;
mencurahkan ① 붓다,퍼붓다; Perempuan itu *mencurahkan* air di badan untuk mandi. 그녀는 목욕을 하려고 몸에 물을 퍼부 었다; ② 쓰다,소비하다; Ia *mencurahkan* segala perhatiannya untuk menyelesaikan masalah ini. 그는 이 문제를 해결하기 위해온 정성을 쏟 았다; Dia *mencurahkan* isi hatinya padaku. 그는 그의 마음을 나에게 털어놓았다; Dia *mencurahkan* perhatian istimewa kepada temanku. 그는 내 친구에게 특별한 관심을 쏟았다;
pencurahan ① 유출; ② 증여, 기증; ③ 표현; ④ 퍼부음;
curam 가파른, 경사가 급한; ⓢ terjal, sangat menurun; Hati-hati mengendarai mobil disaat melewati jalan yang *curam*. 경사가 급한 길을 운전할 때는 조심해라;
mencuram ① 비스듬한, 비탈진, 경사진; ② 깎아지른 듯한, 험한;
curang 부정한; ⓢ culas, licik, lihai; Dia memang sudah dikenal sebagai orang yang *curang*. 그는 이미 부당한 사람으로 유명하다;
mencurangi 기만하다,속이다,사기치다; ⓢ menipu, mengakali; Dia berniat *mencurangi* teman-temannya.그는 친구들을 속이려는 의도를 갖고 있다;
kecurangan ① 기만,사기,속임; ② 반칙,파울; *Kecurangan*nya ini akan berakibat fatal. 그 반칙은 결정적인 결과를 가져올 것이다;
curi,kecurian 잃어버린,도둑맞은; ⓢ copet, rampok, maling; Semalam mobilnya *kecurian* maling. 어젯 밤 자동차를 도둑맞았다;
mencuri 훔치다, 도둑질하다; Dia selalu *mencuri* kesempatan untuk bertemu kekasih. 그녀는 애인을 만나기 위해 항상 기회를 틈탔다;
mencuri-curi 은밀하게, 비밀리에; Mata-mata itu masuk gedung dengan *mencuri-curi*.
그 스파이는 은밀하게 건물에 들어갔다;
pencuri 도적, 강도, 약탈자; ⓢ

maling; ***Pencuri*** itu akhirnya tertangkap. 그 도둑도 결국 잡혔다;

pencurian 절도;Ⓢperkara mencuri; Kasus ***pencurian*** ini sudah dilaporkan kepada pihak kepolisian. 이 도난 사건은 이미 경찰에 보고되었다;

curian 장물; Jam antik itu ialah barang ***curian***. 그 오래된 시계는 장물이다;

curiga 의심하는; Tak baik jika terlalu ***curiga*** dengan kebaikan orang. 사람의 호의를 너무 의심하는 것은 좋지 않다;

cuti 휴가;Ⓢ istirahat,libur;Ia sedang ***cuti*** selama 1 bulan. 그는 현재 한달 간 휴가 중이다; cuti dinas 정식 휴가, 공식 휴가; cuti tahunan 연가;

cuwil 부스러기; Ⓢ rampok;

mencuwil 부스러 뜨리다;

secuwil 작은 조각,조금,약간; Ⓢ sepotong kecil, sedikit; Adik memakan ***secuwil*** roti dengan lahap. 동생은 작은 빵 조각을 게걸스럽 게 먹었다;

D

dada 가슴 흉부;**dada** bidang 넓은 가슴; buah **dada** 젖; **dada** lega 안심이 되는; ***Dada***nya lega setelah mendengar kabar itu. 그 소식을 듣고는 안심이 되었다;

dadak, **mendadak** 돌연,갑자기 ⓢ serta-merta, tiba-tiba; Mobil itu berhenti dengan ***mendadak***. 그 자동차는 갑자기 멈췄다;

dadu ① 입방체,주사위; main **dadu** 주사위 놀이를 하다; Ayo kita undi dengan ***dadu*** siapa yang akan menang.우리 누가 이기는지 주사위로 뽑자;

berdadu주사위를 던지다;②분홍빛, 핑크빛;

daerah ① 지역, 영토; ⓢ kawasan, lingkungan, propinsi; ② 부근, 주위, 근교; ③ 영역, 범위; **daerah** antar 지역간의;**daerah** baca 독서계(讀書界); **daerah** istimewa 특수지역;**daerah** jajahan 식민지;**daerah** katulistiwa적도 지대;**daerah** minus 과소 생산 지역;**daerah** negara국토, 영토;**daerah** pedalaman 오지(奧地); **daerah** sungai 강유역;bahasa **daerah** 지방어;

kedaerahan 지역적인, 지방의;

sedaerah 지역의, 지방의, 동일지역; ⓢ sekampung, setempat; Kami ialah orang-orang ***sedaerah***. 우리는 같은 지역 출신이다;

daftar 색인,목록,시간표; ⓢ perincian, susunan; Ini ***daftar*** buku yang akan kita beli.이것이 우리가 살 책들의 목록이다; Di buku ini terdapat ***daftar*** gaji seluruh karyawan.이 책에서 전체 직원의 급료 명세를 알 수 있다; Semua yang hadir harap mengisi ***daftar*** hadir. 참석하신 모든 분은 이 출석 명부에 기재하여 주시기 바랍니다; **daftar** harga 가격표; **daftar** hitam 블랙리스트;Namanya masuk dalam ***daftar*** hitam sekolah ini. 그의 이름은 이 학교의 블랙리스트에 올라있다;**daftar** kali-kalian 구구표; **daftar** makanan 메뉴, 식단표; **daftar** nama 출석부; Nama anaknya ada dalam ***daftar*** korban kecelakaan lalu lintas itu. 그의 아이의 이름이 그 교통 사고자의 명단에 들어있었다; **daftar** petunjuk 색인(索引); **daftar** perjalanan 스케쥴, 계획표;

mendaftarkan ① 기록하다;ⓢ mencatat; ② 등록하다; ⓢ membukukan; **mendaftarkan** diri 명부에 등록하다; Saya ***mendaftarkan*** diri di sekolah baru itu. 나는 그 새 학교에 등록하였다;

pendaftaran 기록,등록;ⓢ penca-tatan; Kantor ***pendaftaran*** tanah. 토지 등기소; Saat ini sudah mulai dibuka ***pendaftaran*** bagi masyara-kat.이제 일반 주민을 위한 등록이 시작되었다;

terdaftar 등록된, 기록된;

dagang ① 장사, 무역, 통상; ⓢ jual-beli, niaga;

berdagang 통상하다, 장사하다; ⓢ berniaga, berjual-beli; Ia ***berdagang*** buah dan sayuran di pasar. 그는 시장에서 과일과 야채 장사를 하고 있다;

pedagang 소매상인,상인;ⓢ saudagar; Orang tuanya adalah seorang ***pedagang*** baju.그의 부모는 옷 장사이다;

perdagangan 교역, 거래, 무역; Kegiatan ***perdagangan*** terlihat sepi karena ada isu teroris. 테러 소식 때문에 시장활동이 한산해 졌다;

dagangan 상품; ⓢ jualan;

daging ① 고기; ② 살점, 살; **daging** ayam 닭고기;**daging** babi 돼지고기; **daging** domba 양고기; **daging** sapi 쇠고기; **daging** sapi panggang 구운 쇠고기;

berdaging ① 살찐,뚱뚱한; Banyak orang suka makanan ***berdaging***.많은 사람들이 육식을 좋아한다; ② 부유한, 부자인, 풍부한;

mendarah-daging ① 체중이 늘다; ② 습관이 되다;Sifat itu memang sudah ***mendarah-daging*** di keluarganya. 그 성질은 이미 그 가족의 습관이 되어 버렸다;

dagu 턱; Anak itu punya bentuk ***dagu*** yang indah. 그 아이는 턱이 아름답다;

dahaga 열망하는, 목마른, 갈증나는;ⓢ haus;Minumlah dulu untuk hilangkan ***dahaga***. 갈증을 풀려면 우선 좀 마셔라;

berdahaga 열망하는;

mendahagakan 열망하다,갈망하다; Ia sangat ***mendahagakan*** kasih sayang kedua orang tuanya. 그는 두 부모로부터의 사랑을 매우 갈망하였다;

kedahagaan 열망, 갈증.

dahak 담(痰), 침, 타액;ⓢ lendir, lender; Jangan mengeluarkan ***dahak*** dengan sembarangan. 가래를 아무 곳에나 뱉지 말아라;

berdahak 내뱉다, 토하다;

dahan 나뭇가지; ⓢ cabang; Di ujung ***dahan*** itu ada buah yang sudah ranum. 그 나뭇가지 끝에는 이미 너무 익은 과일이 보인다;

dahlia 다알리아; Ibu menanam bunga ***dahlia*** di taman. 어머니는 정원에 다알리아꽃을 심으셨다;

dahsyat ① 두려운, 무서운; ⓢ menakutkan; Kabar perang itu membuat orang gemetar ***dahsyat***. 전쟁 소식은 모든 사람을 두려움에 떨게 했다; ② 웅장한,거대한; Lukisan karyanya kali ini amat ***dahsyat***. 그의 이번 그림 작품은 아주 웅장하다;

mendahsyat 거세지다, 무서워지다, 두려워지다; Suara petir bersama dengan hujan angin semakin ***mendahsyat***. 비바람과 함께 천둥 번개소리는 점점 거세졌다;

D

mendahsyatkan ~을 놀라게 하다;
memperdahsyat 악화되다;
kedahsyatan 공포, 두려움; *Kedahsyatan* karya-karyanya memang sudah dikenal sejak dahulu kala.그의 작품들의 웅장함은 이미 예전부터 유명하다;

dahulu ① 이전에는, 전에는; ⓢ mula-mula;*Dahulu* pernah ke tempat ini. 그전에 이곳에 와본 적이 있다;② 먼저의, 전의, 이전의; Pada zaman *dahulu* belum ada begitu banyak orang yang memiliki mobil. 이전 시대에는 차를 갖고 있는 사람들은 그렇게 많지 않았다; ③ 먼저, 우선; Makanlah *dahulu* supaya tidak masuk angin. 몸살 걸리지 않도록 우선 좀 먹어라; ④ (일정한 때 보다)전에; *Dahulu* dia membuat contoh ini, sebelumnya contoh yang lain. 그가 이 견본을 만들기 전에 처음 만든 것이 있다; ⑤ 잠시, 당분간; Duduklah *dahulu* baru kita bisa bicara.우선 좀 앉아라, 그래야 얘기를 할 수 있다; Tunggu *dahulu* barang sejenak saja. 먼저 아주 잠깐만 기다려라; ⓢ dulu; *dahulu* kala 이전에, 옛날에;

mendahului ①~보다 앞서 있다, 진보해 있다; Ia berbicara kepada atasan *mendahului* saya. 그는 나를 빼고 먼저 윗사람에게 얘기했다; ② 앞장 선,앞서 있는; kata yang *mendahului* 상기(上記), 전술 (前述); ③ 만회하다;ⓢ melampaui, melewati;
mendahulukan 상석(上席)을 주다; Dia *mendahulukan* tempat duduk untuk atasannya. 그는 상관에게 상석을 내주었다;
kedahuluan ① 출처, 기원; ② ~에 뒤지다, 늦다; ⓢ dilalui, terlambat;Anak itu kedahuluan dari pada temannya dalam semua kepintarannya. 그 아이는 모든면에서 친구들 보다 뒤진다;
pendahuluan①머리말,서언,서문; ⓢ pembukaan, permulaan; kata **pendahuluan** 머리말,서문;② 예비의, 임시의; pemeriksaan-pemeriksaan **pendahuluan**예비 조사;
terdahulu ①으뜸의, 맨 먼저의; Inggrislah yang *terdahulu* melakukan revolusi industri. 산업혁명을 가장 먼저 행한 나라는 영국이다;② 일찍의, 우선의, 이른;

daki 먼지, 때, 오물;

daki, mendaki 오르다, (산을) 타다;
pendakian ① 등산,등반; ② 고개, 언덕; ③ 계단, 층게;
pendaki, pendaki gunung 등산가, 산악인;

dakwa ① 고소, 고발; ⓢ tuduh; ② 요구, 청구; ⓢ tuntut;
mendakwa ~를 고발하다, 고소하다; Mereka *mendakwa* pria itu melakukan penipuan. 그들은 그 남자를 사기로 고소하였다;
mendakwakan 제소하다;
pendakwa 원고;
terdakwa 피고;ⓢ tertuduh; Hakim memvonis 3 tahun penjara pada *terdakwa* kasus pencurian kendaraan bermotor itu. 판사는 그 자동차 절도 사건의 피의자에게 징역 3년을 언도했다;

dakwaan 고소,고발; ⓢ tuduhan; Dalam **dakwaannya**, jaksa menuntut 3 tahun penjara bagi tersangka. 공소장에서 검사는 피의자에게 징역 3년을 구형했다;

dakwah 설교자,성직자;Ayah seorang juru ***dakwah*** terkenal di kampungnya. 아버지는 마을에서 유명한 회교 성직자였다;

dalam ① 안,속,깊은;② 뜻 깊은, 속 깊은, 의미있다; ③ ~때, ~할 때;④ 관하여;⑤ ~을 위하여;

mendalam ① 안으로 스며들다 Kebudayaan Korea mulai ***mendalam*** di Asia. 한국 문화가 아시아에 깊이 스며들기 시작했다; ② 악화되다, 심해지다; Di Indonesia perbedaan kaya dan miskin makin ***mendalam***. 인도네시아에 빈부 격차는 점점 심해진다; ③ 친근한, 매우 가까운;Kedua orang itu bersahabat ***mendalam***. 그 두 사람은 친밀한 사이다; ④ 넓어지다; Industri teknologi informasi Korea amat ***mendalam***. 한국의 IT 산업은 굉장히 발전되었다; ⑤ 뿌리가 깊이 내리다; Kebenciannya kepada mereka terlihat semakin ***mendalam***.그들에 대한 그의 증오는 더욱 깊어졌다; ⑥ 구체적인;ⓢ terperinci; Masalah itu akan di bahas secara ***mendalam*** di rapat besok malam. 그 문제는 내일 밤 회의에서 심도있게 검토될 것이다;

mendalami 전념하다, ~에 열중하다; Sudah lama ia ***mendalami*** ilmu genetika. 그는 이미 오래 유전자 연구에 몰두해 왔다;

memperdalam, **menda**... 깊게 만들다; **mendalamkan** p... 도랑을 깊게 하다;

pedalaman 내부, 내륙, 배후지구; Mereka tinggal didaerah ***pedalaman*** Kalimantan. 그들은 깔리만딴 섬 내륙에 살고 있다;

dalaman 창자; **dalamnya** 깊이, 깊은 정도;Danau itu ***dalamnya*** 10 meter. 그 호수는 수심이 10 미터이다;

dalang 배후자, 주모자, 주동자; Polisi menangkap ***dalang*** demonstrasi itu.경찰은 데모의 주동자를 잡았다;

mendalangi 주동하다, 주모하다; Orang itu yang ***mendalangi*** perampokan di bank.그는 은행 강도 주모자이다;

mendalangkan 수행하다, 연출하다;

dalih 핑계,변명,속임수; ⓢ alasan; Mereka menolak bayar hutang dengan ***dalih*** perusahaan sedang pailit. 그들은 파산 중인 회사의 상황을 핑계삼아 채무 지불을 거부했다;

berdalih 속이다, 얼버무리다;

mendalihkan ~인 체하다, 가장하다;

dalil 진술, 증명;

berdalil 증명된, 확인된; Pendiriannya itu tak ***berdalil*** dengan resmi. 그 설립은 공식적으로 증명되지 않았다;

mendalilkan 확인하다, 증명하다;

damai ① 평안,평화;② 일치,동의; ③ 평안한, 평화스러운; ⓢ tenang,

aman;
berdamai ① 화해하다; Kedua sahabat itu langsung *berdamai* setelah bertengkar. 그 두 친구는 싸운 뒤에 금방 화해했다;② 동의하다, 합의하다; Mereka *berdamai* tentang harga jual barang antik itu. 그들은 그 골동품에 대한 거래 가격을 합의하였다;
mendamaikan 진정시키다,달래다. Kita wajib mencoba *mendamaikan* kedua negeri yang sedang bertikai itu.분쟁 중인 두 국가를 화해시키려 노력하는 것이 우리의 의무이다;
kedamaian rohani 마음의 평화;
perdamaian 평화, 화해; Tiap manusia berharap adanya *perdamaian* yang abadi di atas muka bumi ini. 전 인류는 이 지구 상에 영원한 평화가 있기를 바란다;

damba 그리워하다, 원하다; ⓢ rindu, ingin; Saya *damba* kasih sayangnya. 나는 그의 사랑을 간절히 원한다;
mendamba 얼싸안다,포옹하다.
mendambakan 열망하다,바라다; Dia sangat *mendambakan* hadiah pertama. 그는 1등 상을 몹시 바랐다;
dambaan 열망, 갈망; Menjadi sukses ialah *dambaan* setiap orang. 성공이란 모든 사람의 열망이다;

dampak 충돌하다;

dampar ① (파도가)부서지다; ② 부딪다, 때리다;
mendamparkan 좌초시키다; ⓢ menghempaskan, melemparkan; Pesawat itu *mendamparkan* kapal musuh dengan bom. 그 비행기는 적의 배를 폭격으로 차초시켰다;
terdampar ① 해안에 밀리다; Sampahnya *terdampar* di pinggir laut karena terbawa ombak. 쓰레기가 파도에 밀려 해변에 널려 있다; ② 좌초된; ⓢ kandas, terhempas; Kapal itu *terdampar* di sebuah pulau terpencil. 그 배는 밀려서 외딴 섬에 좌초되었다;

damprat 악담,욕설,욕지거리;
mendamprat 욕지거리하다, 꾸짖다; ⓢ memaki,mencaci; Dia *mendamprat* saya tanpa alasan jelas. 그는 분명한 이유없이 나를 힐난하였다;
dampratan 비난,욕설;ⓢ makian; Amir terkena *dampratan* guru karena bersikap tak sopan. 아미르는 예절없다는 이유로 선생님으로부터 꾸중을 들었다;

damping 친한, 절친한;
berdampingan 협력하여,함께;
mendampingi 동행하다,따라가다;

dan 그리고,또,및;ⓢ serta,dengan; Atas anjuran bapak *dan* ibu maka saya meneruskan sekolah di sini. 아버지와 어머니의 제안으로 여기에서 학교를 다니고 있다;

dana ① 기부,증여,기증; ⓢ modal, pemberian berupa uang; ② 구호금, 기부금,의연금; **dana** piatu perang 전쟁 고아 구호금;Mereka menggalang *dana* untuk keperluan kampanye besok. 그들은 내일의 캠페인을 위해 자금을 지원한다;

danau 호(湖),호수; ⓢ telaga, tasik; Sungguh indah pemandangan di *danau* itu sore hari. 오후에는 그 호수의 경치가 정말로 아름답다;

dandan 치장, 옷, 의복; Ia anak yang suka *dandan*.그는 치장하기를 좋아한다;

berdandan ① 정장하다; ⓢ berhias, berpakaian; Ia sedang *berdandan* di kamarnya.그녀는 방에서 치장 중이다; ② 차려입은, ~으로 치장한; Dia *berdandan* dengan indahnya. 그녀는 아름답게 차려입었다;

mendandani 치장하다, 장식하다; ⓢ menghiasi; Ibu *mendandani* kakak agar terlihat lebih cantik di pesta nanti. 어머니는 나중에 축하연에서 누나를 더 예쁘게 보이도록 치장시켰다;

dandanan ① 의류, 옷, 의복; ② 장식,치장; *Dandanan* orang itu terlihat seperti badut.그 사람의 치장은 광대처럼 보였다;

dandang 솥;

dangau 감시소, 오두막집; ⓢ pondok, gubuk,;

dangkal ① 깊지 않은,물이 얕은; Sungai itu terlihat cukup *dangkal*. 그 강은 아주 얕게 보인다;② 수준이 낮은,천박한; ⓢ cetek; Pengetahuannya tentang otomotif sangat *dangkal*. 그의 자동차에 대한 지식은 아주 낮다;

mendangkalkan ①얕게 만들다; ②사소하게 생각하다,하찮게 여기다.

kedangkalan ① 여울, 물이 얕은 곳; ② 피상,천박; *Kedangkalan* pikirannya mudah ditebak orang lain. 그의 피상적인 생각은 다른 사람에게 쉽게 노출된다;

dapat ① ~이 가능하다, ~할 수 있다; ⓢ bisa, boleh; Ia *dapat* mengemudikan mobil itu dengan baik. 그는 그 차를 잘 운전할 수 있다; ② 괜찮다, ~해도 좋다; *Dapat*kah saya datang ke rumahmu sore ini? 오후에 너희 집에 가도 괜찮은가?③ 받다, 갖다, 얻다; Saya harap kau *dapat* jawaban yang memang kau harapkan. 나는 네가 원하는 답을 줄 수 있기를 바란다; ⓢ berhasil; **dapat** kenaikan pangkat 승진하다; **dapat** perbesar modalnya 자본금을 늘리다; **dapat** penghinaan 창피를 당하다; ④ 발견하다; Dia *dapat* korupsi karyawan dari catatan buku besar. 그는 장부속에서 직원의 부정을 발견했다; ⑤ 낚다, 잡다, 붙들다; ⑥ 달성하다,성취하다,이루다; Semoga kau *dapat* apa yang selama ini kau perjuangkan.지금까지 네가 노력한 것이 이루어지기를 바란다; **dapat** balik 뒤집을 수 있는; Zat ini tak *dapat* larut dalam air. 이 물질은 물에 녹지 않는다; tak **dapat** tidak 자명한,분명한; Kami tidak *dapat* tidak menang. 우리는 승리가 자명하다; Sudah *dapat* segalanya pun tidak akan membuat hidupnya bahagia. 모든 것을 다 얻는다 해도 그의 인생을 행복하게 만들지 않을 것이다;

mendapat ① 수령하다, 받다; ⓢ beroleh; Ia *mendapat* teguran dari atasan. 그는 상관으로부터 경고를 받았다; Ia sudah *mendapat* kabar dari keluarganya. 그는 가족으로

부터 연락을 받았다; ② 찾아내다; ③ 만나다, 마주치다; ④ ~을 겪다, 당하다; Ia ***mendapat*** kecelakaan parah sepulang dari bekerja. 그는 일에서 돌아오는 중에 심각한 사고를 당하였다;Semoga kita ***mendapat*** rezeki di tempat ini. 우리가 여기서 복을 받을 수 있기를 빈다;

mendapati ① 찾아내다,발견하다; Kami ***mendapati*** jalan di dalam hutan.우리는 숲 속에서 길을 발견했다;② 만나다; Ia ***mendapati*** adiknya menunggu di stasiun. 그는 역 대합실에서 동생을 만날 수 있었다;

mendapatkan ① 획득하다, ~을 얻다; ② 찾아가다,방문하다; ③ (편지에)~에게; ④ 조금 전에,~직전에; **mendapatkan** jam lima 다섯시 조금 전에; ⑤ 발명하다, 고안하다;

pendapat 판단,견해,의견;ⓢ anggapan,pikiran; Menurut ***pendapat*** saya sebaiknya kita jangan pergi malam ini.내 의견으로는 오늘 밤에 가지 않는 것이 좋게 생각된다;

pendapatan ① 소득, 수입; ② 견해, 의견; ③ 해결 방법; ④ 고안, 발명; ⑤ 찾아 냄,발견; **pendapatan yang menggelikan** 결과,성과, 신비로운; ⑥ 수확,산출, 산출고, 생산량; ⓢ penghasilan;Berapa ***pendapatan*** petugas keamanan dalam sebulannya? 경비원의 수입은 얼마인가? ⑦ 잡힌것, 획득, 소득;

kedapatan 발각된,알려진,발견된, 찾아낸; ⓢ diketahui; Komplotan pencuri itu tertangkap polisi setelah ***kedapatan*** saat beraksi di Blok M. 그 절도단은 블록엠 지역에서 절도 행각 중에 발각되어 경찰에 체포되었다;

sedapatnya ~를 받은 후에;Belilah benda itu ***sedapatnya*** uangmu. 그 물품을 네 돈이 되는 만큼까지 사거라;

sependapat 같은 의견의; Saya ***sependapat*** dengan pernyataan itu. 나는 그 설명과 같은 의견을 갖고 있다;

terdapat 발견되는;

daptar ☞ daftar;

dapur ① 주방, 부엌; ② 아궁이, 노; ⓢ tungku;

dara ① 동정녀,처녀; anak **dara** 처녀;② 미혼 여자,소녀; ⓢ gadis, anak perempuan; ③ 동정, 순결, 처녀성;

darah 혈액,피;**darah** daging 혈족; **darah** dingin 냉혈; Orang itu adalah seorang pembunuh ber***darah*** dingin. 그 사람은 냉혈 살인마이다; **darah** mati 응고된 피; **darah** nifas 산후 출혈(産後出血); **darah** panas 격하기 쉬운, 성급한; **darah** putih 백혈구;

berdarah ① 출혈하다; Hidungnya ***berdarah*** kena tonjokan pria itu. 그는 그 남자에게 맞아 코피가 나고 있다; ② ~의 혈통을 가지다; Ia ***berdarah*** campuran Indonesia dan Belanda. 그는 인도네시아와 네덜란드의 혼합 혈통이다; ③ 피투성이의; Tangannya yang ***berdarah*** mengotori bajunya. 피 묻은 그의 손이 그의 옷을 피로 오염시켰다; ④ 혈통의; **berdarah** campuran 혼혈의; **berdarah** dingin 냉혈의;

mendarah,mendarah daging 습성 화하다, 습관이 되다;

mendarahi 피로 물들이다;

pendarahan 출혈;

darat ① 땅, 토지, 육지; ⓢ bumi, tanah; ② 해안지방, 물가; ③ 내지, 내륙; ⓢ pendalaman;

mendarat 닿다, 상륙하다, 착륙하다; ⓢ turun,berlabuh; Pasukan PBB *mendarat* di Incheon untuk operasi militer.유엔군이 인천 상륙 작전을 감행했다;

mendarati ~에 닿다,짓밟다,정복하다; Genghis Khan *mendarati* dunia. 징기스 칸은 세계를 정복했다;

mendaratkan ~을 해변에 두다, ~을 해변에 내리다; Kapal itu *mendaratkan* barang impor di pelabuhan. 배는 수입된 물건을 부두에 내려놓았다;

pendarat 상륙 수단;

pendaratan ① 양륙,상륙;② 양륙 장소, 상륙 장소; ③ 잔교 (棧橋), 부두; Tim terjun payung telah melakukan *pendaratan* dengan sempurna. 낙하팀은 완벽하게 착지하였다; Karena ada sedikit kerusakan mesin mereka melakukan *pandaratan* darurat. 다소의 엔진 결함이 있어 그들은 비상 착륙을 하였다;

daratan ① 대륙, 본토; ② 상륙, 착륙;

dari ① ~로부터, ~에서; Dia orang *dari* negara mana? 어느 나라 사람입니까? ②~보다(도); Truk lebih besar *dari* mobil.트럭은 승용차보다 크다; ③ ~의; 9 *dari* 10 orang tersangka dinyatakan bebas oleh majelis hakim. 열명 중 아홉 명의 용의자가 재판장에 의해 석방되었다; Maka *dari* itu saya tidak ingin merepotkan Anda.그래서 내가 당신에게 번거로움을 끼치지 않으려고 합니다; Legenda itu turun *dari* mulut sudah sejak lama. 그 전설은 옛날부터 구전으로 내려 왔다;

dari mana ~에서, ~로부터; *dari mana* kau tahu tentang berita itu? 이 소식을 너는 어디서 알았는가?

daripada ~보다(도),~에 비하여; Ia memang lebih pandai *dari pada* saya. 그는 나보다 더 영리하다;

darmawisata 여행, 유람,소풍; Sekolah akan *darmawisata* ke Bali. 학교에서 발리로 소풍 갈 예정이다;

berdarmawisata 여행하다,유람하다,소풍가다; Anak sekolah akan *darmawisata* ke pantai. 학교 아이들이 해변으로 소풍 갈 예정이다;

darurat 비상 사태, 위급; Jika kau berada dalam keadaan *darurat* segera hubungi polisi. 위급한 비상 상황이 닥치면 경찰에 연락해라;Undang-Undang *Darurat* Sipil 비상 계엄령;

mendaruratkan 억지로 ~시키다, 강요하다;

dasa 10의; **dasa** lomba 10종 경기; Banyak sekali partisipan *dasa* lomba besok. 내일 10종 경기에 참가자가 아주 많다; **dasa** sila 10개 원칙; **dasa** warsa 10년 간의, 10 년제;

dasawarsa 10년,10주년; Hari ini adalah peringatan *dasawarsa* berdirinya sekolah kami. 오늘은 우리 학교 개교 10주년 일이다;

dasar ① 바탕, 배경; ⓢ alas; Hal itu *dasar*nya ada maksud politik. 그 일의 배경에는 정치적 목적이 있다; ② 근거, 근본, 기초; Saling menghormati ialah salah satu *da-sar* dalam menjalin persahabatan. 우정을 돈독히 하는 기본의 하나는 서로 상대를 존중하는 것이다; ③ 원칙,원리; Tanpa *dasar* tak ada peraturan. 원칙 없는 규정은 없다; ④ 밑(바닥),근저(根底);ⓢ pangkal; pada *dasar* laut 바다 밑 바닥에; Pada *dasar*nya ia memang orang yang kurang sopan. 근본적으로 원래 그는 예절이 없는 사람이다;⑤ 바탕, 바닥; ⓢ lantai; *Dasar* rumah itu memang hanya tanah. 그 집 바닥은 맨땅이다;⑥ 천성,성질,본바탕; Dia sifat *dasar*nya pemalas. 그는 천성이 게으른 사람이다; ⑦ 건물의 기초; *Dasar* kepandaian yang dia miliki sudah cukup untuk menjadi profesional. 뛰어난 그의 실력을 기반으로 그는 이미 프로가 되기에 충분하다;

berdasar ① ~한 바탕을 가진; Gambar itu tak *berdasar* warnanya. 그 그림은 바탕색이 없다; ② 근거 있는, 기초있는;

berdasarkan ~에 기초를 두고 있다; Pendidikan di Indonesia *ber-dasarkan* jiwa Pancasila. 인도네시아 교육은 반짜실라 정신에 두고 있다;

mendasar 기초가 되는; Hal itu merupakan hal *mendasar* dari apa yang akan kita mulai. 그 일은 우리가 시작하려는 것의 근간이다;

mendasari 근거로 준비하다, 기초로 사용하다;Gagasan yang *men-dasari* malam sastra datang dari ketua senat. 문학의 밤 행사는 학생회장의 아이다어를 근거로 준비했다;

mendasarkan기초를 두다,기초로 하다; Agama Islam *mendasarkan* hukum di Indonesia. 이슬람 종교는 인도네시아 법의 기초가 되었다;

data 데이타,자료;

mendatakan ① 데이타를 얻다; ② 데이타를 입력시키다;

datang ① 오다; ② 도착하다; tiba, sampai; Sudah lama saudara *datang*? 온지가 오래 되었습니까? Ayo kita lihat film yang akan *datang*! 무슨 영화가 개봉될 것인지 보자;

datang-datang ① 갑자기, 불현듯이; *Datang-datang* tadi ia lang-sung menyalahkan saya. 조금 전 오자마자 그는 나를 힐난하였다; ② 들르다; ③ 재차 오다,계속 오다;

mendatangi 자주오다, 왕래하다; Kemarin ia *mendatangi* rumah itu. 어제 그가 그 집에 왔었다;

mendatang ①나타나다,다가오다; Malam minggu *mendatang* kami akan mengadakan pesta.오는 토요일 밤에 우리는 연회를 열 것이다; ② 갑자기 생각나다; ③ 다가올; minggu **mendatang** 내주(來週);

mendatangi①방문하다,내방하다; Polisi *mendatangi* tempat kejadian perkara untuk keperluan penyidikan. 경찰은 조사를 위해 그 사건이 발생한 곳을 방문하였다; ② 침략하다,공격하다;Amerika ***didatangi*** teroris. 미국은 테러리스트에 의해 공격 당했다;

mendatangkan ① 들여오다,~를 수입하다;ⓢ membawa;② 초래하다, 일으키다;ⓢ menyebabkan, menjadikan; Kelalaiannya ***mendatangkan*** rugi besar bagi orang tuanya. 그의 부주의함은 그의 부모에게 큰 손해를 초래하게 했다; ③ 호출하다, 소환하다; Polisi ***mendatangkan***nya. 경찰이 그를 소환했다; ④ 데려오다, 가져오다;

kedatangan ① 도착,출현;②침략당한, 공격을 받은; Kemarin rumah itu ***kedatangan*** banyak tamu. 어제 그 집에 많은 손님들이 방문했다;③ 질병에 시달리다; **kedatangan** maut 죽다;

pendatang 내방자, 방문자;

pendatangan 소환, 방문;

datar

① 평탄한,평평한; ⓢ rata, papar;Petani membuat tanah ***datar***.농부는 땅을 평탄하게 만들었다; ② 깊이가 없는, 피상적인, 경박한; Pengetahuannya tentang masalah ini amat ***datar***.이 문제에 대한 그의 지식은 아주 피상적이다;

mendatar①매끄럽게 되다,평평해지다; Jalan ini mulai terlihat ***mendatar***. 이 길은 이제 평평해 졌다; ② 수평의;

mendatarkan 평평하게 만들다; Petani ***mendatarkan*** tanah untuk menanam padi. 농부는 벼를 심기 위하여 땅을 평평하게 했다;

dataran ① 광장, 평지; **dataran** rendah 저지(低地); **dataran** tinggi 고원(高原); ② 물이 얕은 곳; Kami akan berlibur ke daerah ***dataran*** tinggi Dieng. 우리는 디엥 고원으로 여행 갈 예정이다;

datuk

① 조부,할아버지;ⓢ kakek; ② 족장, 우두머리, 수령; ③ 고관의 직함;

daun

① 잎,나뭇잎; bentuk **daun** 엽형; **daun** pintu 문짝;

berdaun잎을 가진; Bunga mawar itu ***berdaun*** indah sekali.그 장미는 아주 아름다운 잎을 가지고 있다;

daunan 잎(전부), 군엽(群葉);

daun-daunan 여러종류의 잎;

daya

① 능력,힘; ⓢ kekuatan,tenaga; ***Daya*** angkat alat itu hanya 100 kg.그 도구가 들수 있는 무게는 단지 백 킬로그램이다; ***Daya*** angkut kendaraan itu hanya tujuh orang penumpang. 그 차의 승차 인원은 단 7명이다; ② 작용,감화력,영향; Daya kebudayaan barat. 서구 문명의 영향;③ 노력,수고,분투;Jika mau sukses harus berusaha dengan segala ***daya*** upaya.성공하려면 노력을 다하여야 한다; ④ 수완, 재치, 기지(機智);ⓢ pikiran; **daya** kerja 작업 능력; **daya** beli 구매력; **daya** berat 중력;**daya** tahan 인내력,끈기; **daya** gerak 추력(推力),생산력;**daya** hisap 흡수력;**daya** kerja 능률,능력; **daya** kuda 마력(HP); **daya** listrik 전력; **daya** magnit 자력; **daya** tarik 인력 (引力);Kita harus mengakui ***daya*** tariknya yang luar biasa. 우리는 그의 특출한 매력을 인정해

D

야 한다; **daya** penggerak 원동력; **daya** pikul 적재량; **daya** tahan 저항하는; **daya** tembus 투명도; **daya** tempuh 정력,스태미너;

berdaya 애쓰다, 최선을 다하다; Saya sudah sangat tak ***berdaya*** lagi untuk menghadapi masalah ini. 나는 이 문제에 관해서는 정말로 힘이 없다;

berdaya-guna 유효한, 효과가 있는;

memperdayai ~을 배반하다,~을 속이다,~을 유혹하다;Kawanan penipu itu telah ***memperdayai*** korbannya.그 사기꾼들은 그들의 사기 대상자를 이미 유혹하였다;

memperdayakan 꾀다,속이다;

mendayakan 노력하다;

mendaya-upayakan노력하다;

pedayaan ① 기만, 속임수; ② 영향; ③ 방편, 수단;

perdayaan 기만, 사기;

sedaya-upaya 최대한도로;

terperdaya 사기당한,속은; Banyak orang telah ***terperdaya*** oleh kata-katanya yang manis itu. 많은 사람들이 그 달콤한 말에 속아 넘어갔다;

dayang ① 소녀; ⓢ dara,gadis; ② 시녀, 궁녀(宮女);

dayang-dayang 궁중의 시녀들; ⓢ abdi perempuan;

dayung ① 노; ⓢ pengayuh; ② 지느러미; Kakaknya seorang atlet ***dayung*** nasional. 그의 형은 조정 국가대표 선수이다;

berdayung 노를 젓다; Anak itu dapat ***berdayung***. 그 아이는 노를 저을 수 있다;

mendayung ① 배를 젓다; ② 페달을 밟다;

pendayung ① 노; ② 노젓는 사람;

debar, debar jantung 맥박;

berdebar 맥박이 뛰다; Hati saya ***berdebar***. 내 가슴이 뛰고 있다;

berdebar-debar 두근 거리다; Hatinya ***berdebar-debar*** ketakutan menunggu kepastian tentang berita itu. 그의 마음은 그 소식의 진의를 기다리며 마구 뛰고 있었다;

debaran 가슴 설레임;

debat 토론, 논의, 논쟁;

berdebat 논의하다, 논쟁하다; Kami ***berdebat*** tentang kebudayaan Indonesia. 우리는 인도네시아의 문화에 대하여 논쟁을 하였다;

mendebat 반론하다,토론하다;ⓢ membahas, membantah;

memperdebatkan ~에 관하여 논의하다; ⓢ membantahkan;

pendebat 논쟁자;

perdebatan 토의, 논쟁, 논의;

debet 차변(기입);

debu 티끌, 먼지; ⓢ abu, lebu;

berdebu 먼지 투성이의;Gedung lama amat ***berdebu***. 오래된 창고는 먼지 투성이로 가득하다;

mendebu 몽글게, 먼지같이;

definisi 명확, 한정, 정의(定義); ⓢ batasan;

dekan 학장;

dekap포옹하다,껴앉다;ⓢ peluk;

dekat ① 이웃하여,가까이; ⓢ sudah hampir; ② (때가) 가까워지다; ⓢ menjelang; ③ 친한, 가까운; ⓢ

akrab, rapat;
berdekat 가까이 있다;
berdekatan 인접한, 이웃의; ⓢ berhampiran; Mereka duduk ***berdekatan*** di meja makan. 그들은 식탁에 서로 가까이 앉았다;
mendekat (때가)가까워지다; Wanita itu kembali di waktu yang ***mendekat***.그녀가 돌아올 때가 가까워졌다;
mendekati ~에 다가가다, ~에 접근하다;Kami sudah ***mendekati*** kota tujuan kami berlibur. 우리는 이미 우리가 휴가 보낼 목적지 도시에 가까이 왔다;
mendekatkan가까이 놓다,가까이 가져가다; Taruhlah remote kontrol itu ***mendekatkan*** TV. TV 가까이에 리무콘을 놓아 두아라;
kedekatan 접근, 가까움; Sekolahnya ***kedekatan*** dari rumah. 집에서 학교는 가깝다;
terdekat 가장 가까운;
terdekati 다가온, 가까워진; Kepandaiannya sulit sekali ***terdekati*** lawan-lawannya.그의 기술은 적수들이 범접하기에 아주 어려웠다;

deklamasi 연설, 낭독; Kakak menjadi juara dalam lomba ***deklamasi*** di sekolahnya.형은 그의 학교 웅변대회에서 일등을 하였다;

deklarasi ① 포고,발표,선언; ⓢ proklamasi; ② 노자, 노비;

dekor 배경, 무대 장치;
dekorasi 장식,꾸밈새; ⓢ hiasan, bintang jasa; Mereka sibuk membuat ***dekorasi*** untuk acara malam nanti. 그들은 오늘 밤 행사를 위해 장식하기에 바빴다;

dekrit 명령, 판결, 법령; ⓢ keputusan, perintah;
mendekritkan 판결하다, 명하다, 포고하다;

delapan 8, 팔;

delegasi 대표 파견단; ⓢ wakil, utusan;

demam 열병, 열, 발열; Ia terserang ***demam*** yang tinggi. 그는 높은 열병에 걸렸다; **demam** selesma 인플루엔자, 유행성감기;

demi ① ~의 이름으로, ~에 의하여; ⓢ atas; ***Demi*** Tuhan saya tak bersalah. 네가 잘못이 없음을 신의 이름으로 맹세한다; ② ~ 하자 마자, ~할 때; ⓢ serta, ketika; ***Demi*** burungnya terbang, buahnya jatuh.새가 날자 마자 과일이 떨어졌다; ③ 차례로; satu **demi** satu 하나씩; seorang **demi** seorang 한 사람씩; Ia menekuni buku itu halaman ***demi*** halaman. 그는 그 책을 한장 한장 열심히 읽었다; ④ 때문에,~을 위하여; ⓢ karena, untuk kepentingan; Semua ini saya lakukan ***demi*** kelangsungan hidup keluarga. 이 모든 나의 노력은 내 가족의 생계를 위해서이다;⑤~처럼; ⓢ sebagai;
demikian ① 이와 같이, 이렇게; ⓢ begitu, seperti itu; Nasib mereka berakhir ***demikian***. 그들의 운명은 이렇게 끝나버렸다; ② 이러한,그러한; Ia mau membuat rumah yang ***demikian***. 그는 그러한 집을 짓기 원한다;
demikian juga 같이, 마찬가지로;

Ayah, ***demikian*** juga kami, setuju menonton film. 아버지도 우리와 마찬가지로 영화 구경을 동의했다; dengan **demikian** 그러므로;

sedemikian 그와같은;Orang yang ***sedemikian*** itu kanker masyarakat. 그같은 사람은 사회의 암이다;

demokrasi 민주제,민주주의;

mendemokrasikan 민주화하다;

demontrasi ① 데모,시위; ⓢ peragaan, pameran; ② 시범을 보이다;

mendemontrasi 시위하다; Pedagang itu ***mendemonstrasikan*** barang jualannya. 그 상인은 그의 물건에 대한 사용 시범을 보였다;

demonstran 데모 참가자, 시위운동자; Para ***demonstran*** mulai berkumpul di halaman kantor itu untuk berunjuk rasa.그 시위자들은 시위를 하기위해 사무실 앞에 모이기 시작했다;

denah ① 스켓치,초벌그림; ② 상세한 계획,청사진;ⓢ bagan;③ 개요, 기초 계획;

denda 과료(科料),벌금;

mendendai 벌금을 과하다;

dendaan (=pendendaan) 벌금에 처함;

dendam ① 복수,앙갚음,보복; ② 원한, 악의; Mereka menaruh ***dendam*** besar pada keluarga saya. 그들은 우리가족에 대해 큰 원한을 갖었다; **dendam** benci 사무치는 원한; **dendam** berahi 열정적인 사랑; **dendam** kesumat 앙심,적의; Saya ingin membalas ***dendam*** pada keluarga itu. 나는 그 가족에게 앙갚음을 하고 싶다;

mendendam ~에게 원한을 품다;

mendendamkan 분개하다, 원망하다; Ia ***mendendamkan*** kata-kata saya di dalam hatinya.그는 내말을 그의 마음 속에 원한으로 품고 있었다;

pendendam 원한을 품은 사람; Anak itu tumbuh sebagai orang yang ***pendendam.***그 아이는 남에게 원한을 쉽게 품는 사람으로 자랐다;

dendang 음율, 리듬; ***Dendang*** lagu itu amat terkenal sampai ke pelosok daerah. 그 노래의 음율은 작은 시골에까지 유명하다;

dendeng 편육; **dendeng** babi 돼지 편육; **dendeng** balado 맵게 만든 편육;

dengan ① ~과 같이, ~과함께; Mereka pergi keluar ***dengan*** keluarga lain. 그들은 다른 가족과 함께 외출을 했다; ② ~및, ~와; ⓢ dan; Besok Siti datang ***dengan*** Bidi. 시띠와 비디는 내일 올 것이다; ③ ~을 타고, ~으로; Dia berangkat kerja ***dengan*** bus. 그는 버스로 출근을 한다;④ ~안에,~속에,~으로; **dengan** nama Tuhan신의 이름으로; **dengan** begitu 그렇게; **dengan** jalan ① ~에 의하여,~으로; Ia mencapai kedudukan tinggi ***dengan*** jalan menipu. 그는 속임수로 높은 위치에 도달했다; ② ~을 경유하여, ~을 지나서; Dia datang ke Indonesia ***dengan*** jalan Singapura.그는 싱가풀을 경유하여 인도네시아에 왔다; **dengan** hormat 배계(拜啓) (편지의 첫머리 인사); **dengan** kadarnya 최선을 다하여; **dengan** lisan 언어로,말로;**dengan** sendirinya 저절로, 자동적으로; Di tengah malam api arang itu mati ***dengan*** sendirinya.그 숯불은 밤 사이에 저절로 꺼졌다; **dengan** sepatutnya 당연히; Teman yang sedang sakit sudah ***dengan*** sepatutnya dijenguk. 아픈 친구에게 당연히 문병을 해야 한다; **dengan** sepertinya 당연히; **dengan** tiada (**dengan** tidak) ~없이, ~없는; Dia pergi ***dengan*** tak izin kepada orang tuanya. 그는 부모의 동의없이 가버렸다; **dengan** cara bagaimana 어떻게; Kita tidak tahu ***dengan*** cara bagaimana kita bisa sampai di gunung ini.우리는 어떻게 해서 이 산까지 왔는지 모르겠다; **dengan** tulisan 서면으로;

dengar 듣다;

memperdengarkan 들려주다, 소리를 내다, 듣게 하다; Penyanyi itu ***memperdengarkan*** suaranya yang merdu. 그 가수는 아름다운 목소리를 들려주었다;

mendengar 듣다, 들리다; Ia tak pernah mau ***mendengar*** omongan orang lain.그는 다른 사람의 얘기를 한번도 들으려 하지 않았다;

mendengarkan 귀기울여 듣다, 청취하다;ⓢ memperhatikan; ***Mendengarkan*** radio. 라디오를 듣고 있다; ① 귀 기울이다; ② 건성으로 듣다, 일부만 듣다; Ia sedang ***mendengarkan*** saja pembicaraan orang lain. 그는 남의 말을 건성으로 듣고 있다;③ 청취하다,청강하다; Banyak orang ***mendengar*** pidato presiden. 많은 사람들이 대통령의 연설을 청취하고 있다;

kedengaran들리는,들을 수 있는;

pendengar ① 듣는 사람,청취자; Ia adalah seorang ***pendengar*** yang baik. 그는 말을 잘 경청하는 사람이다; ② 청강생; ③ 소화기;

pendengaran 청취, 청각, 듣기; Sejak sakit, ***pendengaran***nya kurang berfungsi dengan baik. 아픈 이래로 그는 잘 들을 수가 없었다;

dengar-dengar ① 고분고분한, 순종하는; ② 풍문, 소문;

dengki 시샘하는,질투가 많은; ⓢ benci;

berdengki 싫어하다, 질투심을 갖다;

mendengki 시기하다, 질투하다;

kendengkian 시기, 질투; ***Kedengkian*** itu telah tertanam di hatinya. 그 질투는 이미 마음 속에 심어져 있었다;

pendengki 시기하는 사람, 질투하는 사람; Ia berubah jadi orang yang amat ***pendengki***. 그가 변해서 아주 시기를 잘하는 사람이 되었다;

dengkur 코골음;

berdengkur,mendengkur코 고는 소리를 내다,코를 골다; Ia sering ***mendengkur*** di saat tidur. 그는 잠잘 때 자주 코를 곤다;

dengung 윙윙대는 소리,반향음; ⓢ gema, gaung;

berdengung①윙윙 소리를 내다; Suara kapal terbang itu ***berdengung*** di udara. 그 비행기 소리가 하늘에서 윙윙 울렸다; ② (사이렌 등이)울부짖듯 윙윙대다; Terdengar suara sirene ***berdengung*** di kejauhan. 멀리서 사이렌 울리는 소리가 들렸다; ③ 반향하다,되울리다;

mendengungkan 울려퍼지게 하다; ① 큰 소리를 내다, 포효하다; Sekumpulan nyamuk ***mendengungkan*** suaranya di hutan. 한떼의 모기들이 숲속에서 윙윙거리고 있다; ② 자랑하다, 허풍떨다;

dengungan ① 윙윙대는 소리; Suara ***dengungan*** sekelompok lebah itu terdengar di kejauhan. 벌때들의 윙윙대는 소리가 멀리에서 들려 왔다. ② 선전; ③ 울부짖는 소리;

denting, **dencing** 땡땡,땡그랑.

berdenting 딸랑딸랑 소리나다;

denyut 떨림, 진동, 고동; ⓢ debaran; **denyut** jantung 심장의 고동; ***Denyut*** nadinya berdetak dengan kencang karena takut.공포로 그의 맥박이 세게 고동치고 있다;

berdenyut진동하다,두근거리다;

depak 차기,걷어 차기;ⓢ sepak;

mendepak ① 차다, 걷어차다; Ia ***mendepak*** pantat perempuan itu. 그는 여자의 엉덩이를 걷어찼다; ② 파면하다,해고하다; Pimpinan ***mendepak*** banyak pegawai.사장은 많은 직원을 해고했다;

depan ① 정면,앞, 전방; ⓢ muka, hadapan; Di ***depan*** sekolah ada toko buku. 학교 앞에 서점이 있다; ② 앞 쪽에; Itu dia di ***depan*** dekat panggung. 무대 앞 가까운 곳에 있는 게 바로 그다; ③ 다음의; Bulan ***depan*** ia akan mengakhiri masa tugasnya di tempat ini. 그는 다음 달에 이곳 임무기간을 끝낼 것이다; Menabunglah untuk hari ***depan*** 미래를 위해 저축해라; Kita harus mempersiapkan semua hal untuk masa ***depan*** kita sendiri.우리 자신의 미래를 위해 모든 것을 준비해야 한다;

mengedepankan 제시하다,~을 앞에 놓다; Ia ***mengedepankan*** meja. 그는 책상을 앞에 놓았다;

terdepan 주요한, 으뜸되는, 맨처음의; Di bagian ***terdepan*** buku itu ada nama penulisnya. 그 책의 맨 앞에 저자의 이름이 있다;

depresi 불경기, 억압;

derai(물 등이)뚝뚝떨어지는 소리;

derajat ① 도(度), 정도; Musim dingin di Korea biasanya minus 10 ***derajat***. 한국의 겨울은 보통 영하 10도이다; ② 수준;ⓢ pangkat; **derajat** pengetahuan 지식 수준; ③ 표준,기준;**derajat** penghidupan생활 표준; ④ 위세, 위신; **derajat** busur 굽은 정도;**derajat** panas 온도,기온;

sederajat 같은 수준의; Derajat hidup anak itu ***sederajat*** dengan temannya.그 아이의 생활 수준은 친구와 같은 수준이다;

derap 빠른 걸음; ***Derap*** langkah kaki kuda itu terdengar indah sekali. 빠른 말발굽 소리가 아름답게 들린다;

berderap (말·개 등이) 빠른 걸음으로 가다;

deras 신속한,매우 빠른; ⓢ cepat, lebat; Air terjun itu sangat ***deras***. 그 폭포는 아주 빠르게 떨어진다;

menderas 빨리 달리는;

derit, **berderit**, **menderit** 삐걱거리는; Pintu rumah itu terdengar ***berderit*** ketika di buka. 그 집의 문은 열때 삐걱거렸다;

derita, **menderita** 당하다, 겪다, 앓다; ⓢ menanggung, mengalami; Ia ***menderita*** sesak napas sejak kecil.그는 어릴 때부터 숨이 가빴다. **menderita** kekalahan 패배하다; **menderita** kemiskinan가난을 겪다;

penderita 환자,수난자;ⓢ pasien; Dia ***penderita*** penyakit jantung. 그는 심장병 환자다; Ini ialah tempat perawatan orang-orang ***penderita*** cacat. 여기는 지체 장애인들을 돌보는 장소이다;

deritaan 인내;

derma ① 의연금, 보시(布施); ⓢ sedekah; ② 기부금,기증; ⓢ sumbangan; ③ 자금, 기금;

berderma ① 의연금을 주다; ② 기증하다, 기부하다;

mendermakan기부하다;Ia ***mendermakan*** sebagian hartanya untuk kaum fakir-miskin.그는 가난한 사람들을 위해 재산 일부를 기부하였다;

penderma ① 관대한, 자비로운; Ajaran ayah kepada saya supaya keras terhadap diri sendiri tetapi ***penderma*** terhadap orang lain. 아버지의 가르침은 자신에게 엄격하고 남에게는 관대하라는 것이다; ② 시주, 기증자; **penderma** darah 급혈자(給血者);

pendermaan 시주물, 헌혈;

dermawan기부자;Ayahnya orang yang amat ***dermawan***. 그의 부친은 아주 박애정신이 강한 분이다;

kedermawanan 박애(주의),자선; Sifat ***kedermawan*** yang ia miliki itu diturunkan dari ayahnya. 그의 박애정신은 그의 부친으로부터 물려받은 것이다;

dermaga 부두, 선창, 방파제; Di sore hari banyak orang bercengkrama dipinggir ***dermaga***.오후에는 많은 사람들이 부두가에서 얘기를 나눈다;

desah,**mendesah** 휙 소리가나다;

desak, **berdesak** 붐비다,군집하다;

berdesak-desakan서로 밀치다.

mendesak ① 밀다, 밀어붙치다; Di pasar yang ramai, seseorang ***mendesak*** saya ke pojok. 복잡한 시장에서 어떤 사람이 나를 구석으로 밀어붙쳤다; ② 몰다, 강권하다; Istri saya ***mendesak*** saya supaya berhenti merokok. 나의 아내가 나에게 금연하라고 몰아세웠다; ③ 긴급한; Waktunya sudah sangat ***mendesak***. 시간이 벌써 촉박하다; Ini adalah persoalan yang amat ***mendesak*** bagi kami. 이것은 우리들로서는 아주 시급한 문제이다;

mendesakkan떠맡기다;Ia ***mendesakkan*** kemauannya pada tiap orang. 그는 모든 사람에게 그의 욕구를 강요했다;

pendesakan 강요;

terdesak 강요당하는, 떠맡겨진; Karena merasa ***terdesak*** maka dia mengambil keputusan itu. 그는 강요를 받아서 그렇게 결정을 내렸다;

desakan 압력,강제,압박; Karena

desakan berbagai pihak ia terpaksa menyetujui tindakan itu. 그는 여러 계층으로부터 압력을 받아 그 행위를 할 수 없이 인정하였다;

desas-desus ① 소문, 유언비어, 풍문; ⓢ kabar angin; ② 속삭임; Beredar ***desas-desus*** yang menyatakan ada peredaran narkotika di lingkungan ini.이 지역에 마약이 거래된다는 풍문이 돌고 있다;
mendesas-desuskan 풍문이 돌다, 소문이 퍼지다; ⓢ menyebar isu;

desember 12월; Bulan ***Desember*** nanti kami akan berlibur ke Korea. 우리는 오는 12월에 한국으로 휴가 갈 것이다;

desentralisasi 분산;

detak 진동, 고동; **detak** jantung 심장의;

devaluasi 평가절하;
mendevaluasi가치를 떨어뜨리다, 평가를 절하하다;

devisa 외환(外換); Pariwisata ialah salah satu sektor penghasil ***devisa*** negara. 관광은 국가 외화 벌이의 한 분야이다;

dewa 신(神), 우상;
mendewakan 우상화하다,신격화하다; Orang-orang desa itu ***mendewakan*** pohon besar. 그 마을 사람들은 큰 나무를 우상화했다;
kedewaan신의,성스러운,신성한; kekuatan **kedewaan** 신의 능력;
pendewaan 우상화,맹목적 숭배; pendewaan diri 자신 숭배;

dewan, Dewan Keamanan 안전보장 이사회; **dewan** menteri 각료회의; **dewan** penasihat 자문 위원회; **Dewan** pengawas 감독 위원회, 감사 위원회; **Dewan** Perwakilan Rakyat Daerah. 지방의회; **Dewan** Perancang 기획 위원회; **Dewan** Pimpinan 이사회; Ayahnya ialah salah satu anggota ***dewan*** redaksi. 그의 아버지는 편집국의 위원이시다.

dewasa ① 시대,시,때;ⓢ masa, waktu; **dewasa** ini 요즈음;② 어른, 성년;

dewata ☞ dewa; burung **dewata** 극락조; Pulau ***dewata*** ialah sebutan pulau Bali. 극락조의 섬이란 발리 섬을 이르는 말이다;
kedewataan ① 신(神)들의 집; ② 신성의, 신과 같은;

dewi ① 미녀(美女); ② 여신; **Dewi** Sri 쌀의 여신,다산 (多産)의 여신; **Dewi** pertiwi 땅의 여신;

di ① 장소를 나타내는 전치사; ② 수동 접두사; **diminum** 마셔지다; **di baca** 읽혀지다;

dia ① 그, 그녀; ⓢ ia; ***Dia*** sedang makan di rumah. 그는 집에서 식사 중이다; ② 그를, 그녀를; Saya lihat ***dia*** makan di restoran.나는 그녀가 식당에서 식사 중인 것을 보았다; ③ 저것,그것;ⓢ itu;④ 그의,그녀의; nama ***dia*** 그의 이름;

diagnosa 진단;ⓢ pemeriksaan; Hasil ***diagnosa*** itu menyatakan penyakitnya makin parah. 그 진단 결과는 그의 병이 더 심해진 것을 보여줬다;

dialek 방언, 사투리; ⓢ logat; Orang itu pastilah dari Medan karena ***dialek***nya sangat kentara.

그의 방언으로 보아 그는 분명히 메단 사람이다;

dialog 대화,회화;ⓢ percakapan.

diam ① 과묵한, 말없는, 조용한; ⓢ tak berbicara; Orang itu berdoa dengan *diam* saja.그 사람은 조용히 기도만 했다; *Diam*! 조용히! ② 침묵을 지키다; ③ 정지한, 움직이지 않는; Kami tak tinggal *diam* melihatnya begitu. 우리는 그런 것을 보고 가만히 있지 않을 것이다; ④ 한가한, 나태한, 게으른; Dia benar-benar tak pernah bisa *diam*. 그는 정말 한가해 본 적이 없다;

diam-diam아무도 모르게,조용히, 비밀스럽게; Mereka kawin *diam-diam* tanpa seijin orang tuanya. 그들은 부모의 동의 없이 혼인하였다;

berdiam diri 침묵을 지키다; Ia *berdiam* diri selama beberapa waktu. 그는 한동안 가만히 있었다;

mendiamkan ① 조용하게 하다; ② 침묵을 지키다; Anak itu *mendiamkan* omelan ayahnya그 아이는 아버지의 꾸지람에 침묵을 지키고 있었다; ③ 모르는 체하다,무시하다; ⓢ membiarkan; Wanita itu lewat dengan *mendiamkan* saya.
그 여자는 나를 무시하고 지나갔다.

terdiam ① 정숙한, 아주 조용한 ② 말이 없어지다;Ia *terdiam* beberapa saat waktu mendengar berita itu. 그는 그 소식을 들은 후 한동안 말이 없었다;③말문이 막힌;

pendiam 과묵한 사람;

dian ① 양초; ⓢ lilin; ② 등(燈); ⓢ lampu;

didih, berdidih, mendidih ① 끓이다,끓다; Air itu sudah *mendidih*. 물이 이미 끓었다;② 분노하다,격앙(激昂)하다;Darahnya *mendidih* ketika mendengar perlakuan kurang ajar itu. 그는 그 못된 행동에 대해 들은 후 피가 끓었다;

didik 양육,교육; ⓢ bimbing, ajar;

mendidik ① 교육하다, 육성하다; ⓢ mengajar,membimbing; ② 양육하다,기르다; Memang sudah seharusnya orang tua *mendidik* anak dengan baik dan benar.물론 부모는 자식들을 곧고 올바르게 교육을 시켰어야 했다;

pendidik 교사, 교육자; Orang tua ialah *pendidik* paling tepat bagi anak-anaknya. 부모는 아이들에게 가장 좋은 교육자이다;

pendidikan 도야, 교육;

berpendidikan 교육을 받은,교육을 받고 있는; ⓢ bersekolah; Keluarganya ialah orang-orang yang *berpendidikan* cukup tinggi. 그의 가족들은 고학력자들이다;

terdidik 교양있는,교육 받은;Mereka ialah orang-orang yang *terdidik* dengan baik. 그들은 교육을 잘 받은 사람들이다;

didikan ① 양육; ② 교육,훈육; ③ 제자, 학생; Mereka menerapkan *didikan* yang keras terhadap siswa agar mereka disiplin. 그들은 학생들이 규율을 지키도록 엄격한 교육 노선을 적용하였다;

dikit 적은, 근소한;

berdikit-dikit ①점차로,조금씩; ⓢ berangsur-angsur; ② 아끼는,

절약하는;ⓢ berhemat; Kebijaksanaan hidupnya yang miskin ialah dengan ***berdikit-dikit***. 가난의 지혜는 절약이다;

sedikit 약간,조금; Karena sakit ia hanya makan ***sedikit*** saja. 그는 아파서 조금만 먹었다; **sedikit demi sedikit** 서서히, 조금씩;

sedikitnya 최소한, 적어도; ⓢ sekurang-kurangnya; Kau harus belajar ***sedikitnya*** 1 jam sehari. 당신은 적어도 하루에 한 시간은 공부해야 한다;

diktat 필기: ⓢ catatan;

diktator 독재자;

dikte 받아 쓰기, 구술; ⓢ imla;

mendikte 지시하다, 받아 쓰게 하다;

mendiktekan 명령하다, 받아 쓰게 하다; ⓢ memerintahkan;

diktean ① 받아 쓰기, 구술; ② 받아 쓰는;

dilema 궁지, 진퇴 양난;

dimensi 길이, 크기, 치수;

dinamika 활력, 역학;

dinamis 동적인, 동력의;

dinamo 발전기;

dinas ① 과(課),부(部), 성(省), 국(局);ⓢ jawatan; ② 직무 기간,봉사 기간; Ayah sudah 10 tahun ***dinas*** di luar kota. 아버지는 10년째 지방에서 근무하신다; ③ 근무 중인, 당번인; Ia sedang ***dinas***. 그는 지금 근무 중이다; ④ 직무상의,공(公)의; untuk ***dinas*** 공용(公用); **dinas pemerintah** 관청; **dinas penerangan** 정보국; **dinas tentara** 병무청;

dinasti 왕조;

dinda ⓢ adik; (애인에게)동생;

dinding 장벽,간막이,벽;ⓢ pagar, tembok;

berdinding ① 벽이 있는; ② 분할된, 간막이를 한;

mendinding 벽을 만들다;

mendindingi 벽으로 막다,벽으로 둘러싸다, 성벽을 두르다; Dia ***mendindingi*** kamarnya. 그는 정원을 벽으로 둘러쌓았다;

mendindingkan~을 벽으로 이용하다;

pendindingan 벽을 쌓는 일;

terdinding 벽으로 가려진,분할된.

dingin 냉정한, 찬, 추운, 차거운, 쌀쌀한; ⓢ sejuk; ***Dingin*** sekali hari ini. 오늘은 매우 춥다; Ia di terima di rumah itu dengan ***dingin***. 그는 그 집에서 냉대를 받았다; **dingin hati** 냉정한, 냉담한; **dingin hingga menusuk tulang** 뼈속까지 추운; Cobalah berpikir dengan kepala ***dingin***.냉정하게 생각해 봐라; demam panas **dingin** 말라리아;

berdingin-dingin 추위에 떨다, 추워하다;

mendingin 쌀쌀해지다,추워지다; Di atas gunung anginnya ***mendingin***. 산 위에는 바람이 쌀쌀해졌다;

mendinginkan 오싹하게 하다, 냉각시키다, 냉장하다;

pendingin 냉장고,냉각기; Sistem ***pendingin*** ruangan ini kurang berfungsi dengan baik. 이 방의 냉방장치는 잘 작동이 되지 않고 있다;

pendinginan 냉장,냉각,냉동;

dinihari 여명,이른새벽; ⓢ pagi-pagi benar; Dia datang ke rumah *dinihari* tadi.그는 오늘 아침 새벽에 왔다;

dipan 소파, 긴 안락의자;

diploma증서,졸업증서;ⓢijazah.

berdiploma 졸업증서를 받다; Ia berhasil memperoleh gelar *diploma* di salah satu universitas di Jakarta.그는 자카르타의 한 대학에서 학위를 받을 수 있었다;

direksi 기업가,경영자;ⓢpimpinan,pengurus; Ayahnya adalah salah satu anggota *direksi* di perusahaan itu. 그의 아버지는 그 회사의 이사회 중의 한 사람이다;

direktorat 중역회, 이사회;

direktur 사장,이사,단장,교장; ⓢ kepala;Ia adalah seorang presiden *direktur* salah satu perusahaan di Jakarta.그는 자카르타에 있는 회사의 대표이사이다;

dirgantara 공기, 대기; Besok adalah hari pembukaan pameran *dirgantara* Indonesia.내일은 인도네시아 항공 박람회가 열리는 날이다;

diri 자기,자아,자신; Dia melakukan percobaan bunuh *diri*. 그는 자살을 시도하였다; Jagalah *diri*mu baik-baik. 너 자신을 잘 지켜라; Membunuh **diri** 자살하다; Ia tinggal di sini hanya seorang *diri*. 그는 여기에 혼자 살고 있다; **diri** sendiri 자신, 자기; Karena sudah malam lebih baik kami segera minta *diri*. 밤이 되었으니 우리가 빨리 간다는 실례 인사를 하는 것이 좋겠다;menyembunyikan **diri** 은폐하다, 숨다;

berdiri sendiri자력으로,스스로; Ia tak mampu *berdiri sendiri*. 그는 자립할 능력이 없다;

sendirian 외로이, 홀로;

dirigen (음악)지휘자;

disiplin① 규율,훈련;ⓢ aturan, jurusan; ② 질서;

berdisiplin 단련하다, 훈련하다;

diskusi 토의,토론;ⓢ membahas;

mendiskusikan 상의하다, 심의하다, 토론하다;

dispensasi 분배, 제외;

distribusi 배당, 배포, 배급; ⓢ pembagian; *Distribusi* hasil panen ini harus jelas dan adil. 이 추수의 분배는 명확하고 공평하여야 한다;

mendistribusikan 분배하다; Para petani *mendistribusikan* hasil panennya ke koperasi unit desa. 농민들은 그들의 수확물을 마을 협동조합에 납부하였다;

doa 기원,기도; ⓢ sembahyang; **doa** selamat 감사의 기도;

berdoa, **mendoa** 기원하다,기도하다;

mendoakan 간절히 바라다, 간구하다; Sebelum tidur jangan lupa *mendoakan* kedua orang tua. 자기 전에 부모를 위해 기도하는 것을 잊지마라;

dobel 곱절의,이중의;ⓢ rangkap, kembar; **dobel** putra 남자 복식; **dobel** putri 여자 복식;**dobel** campuran 남녀 혼합 복식;

mendobel 곱절로하다, 겹치다;

dobrak 파손된, 쪼개진;

mendobrak 쳐부수다, 두들겨 찌그리다; ⓢ merusakkan; Mereka *mendobrak* pintu dengan sengaja. 그들은 일부러 문을 부쉈다;

pendobrak 박멸자,파괴자,파손자;
pendobrakan 파괴, 파손; Peristiwa ***pendobrakan*** itu terjadi kemarin pukul 11 malam. 그 파손 행위는 어제 밤 11시에 일어났다;

dokter 의사;ⓢ tabib,sinse; **dokter anak** 소아과 의사; **dokter jaga** 당직 의사;**dokter jiwa** 정신과 의사; **dokter gigi** 치과 의사;**dokter hewan** 수의사;**dokter mata** 안과 의사.
kedokteran 의료의, 의사의; Ia kuliah di fakultas ***kedokteran***. 그는 의과대학에 다닌다; **kedokteran gigi** 치과 의술;

doktor 박사; **doktor** sastra 문학 박사; **doktor** ekonomi 경제학 박사;

dolar 달러;

dongeng ① 이야기, 우화, 동화; ⓢ cerita; ② 전설;
mendongeng 동화를 들려주다, 이야기해 주다;
mendongengkan 말하다,이야기하다; Ia ***mendongengkan*** semua cerita itu pada kami. 그녀는 우리에게 그 모든 얘기에 대해 말했다;
pendongeng 화자(話者),설화자(說話者); Ia adalah seorang ***pendongeng*** sejati. 그는 뛰어난 설화자이다;
dongengan ① 과장된 말,허풍, 거짓말; ⓢ cerita bohong; Itu ***dongengan*** belaka. 그것은 허풍일 뿐이다; Itu hanya ***dongengan*** saja. 그것은 너무 과정된 말이다;②신화; **dongengan** sangsakala 전설;

dongkol 지루한,싫증나는;ⓢ sebal hati, bosan; Ia ***dongkol*** hidup di Indonesia. 그는 인도네시아에서 지루하게 살았다;
mendongkol 노한,불쾌한;
mendongkolkan 지루한; Menunggu lama ialah hal yang amat ***mendongkolkan*** hati.오래 기다리는 것은 마음을 아주 지루하게 하는 일이다;
kedongkolan 고통,고뇌; ***Kedongkolan*** hatinya terlihat di wajahnya. 그의 고뇌가 얼굴에 나타났다;

dorong, mendorong ① 밀다; ⓢ tolak, sorong; Ia ***mendorong*** mobil. 그는 자동차를 밀었다; ② 재촉하다, 강요하다; Anak itu ***mendorong*** ibunya pergi nonton film. 그 아이는 영화 구경을 가자고 어머니를 재촉했다;
pendorong ① 조장자,후원자; ② 촉진, 동기, 자극;
pendorongan 요청, 자극;
terdorong ① 밀린, 밀쳐진; ⓢ tersorong; ② 급한, 절박해진; ③ 경솔한, 무분별한;
dorongan ① 밀어붙침; ② 강요; ③ 자극, 유인; ⓢ anjuran;

dosa 죄악, 범죄; ⓢ kesalahan;
berdosa ①죄악을 거듭하다,죄를 짓다; Orang itu ialah orang yang banyak ***berdosa*** di kehidupan sebelumnya. 그 사람은 전생에 죄를 많이 지은 사람이다; ② 죄를 범한, 유죄의; Dia tak ***berdosa***. 그는 죄를 짓지 않았다;

dosen 교수;

doyan 원하는, 좋아하는; ⓢ suka, gemar; Saya ***doyan*** daging sapi. 나는 소고기를 좋아한다;

drama 연극, 극; Ia terlibat dalam

pementasan ***drama*** 5 babak di kampusnya. 그는 교내에서 5막의 연극 무대에 출연하였다;

pendramaan 극화, 각색;

dua 2, 둘; **dua** mingguan 격주로; **dua** puluh 20; dua sejoli 결혼한 부부; **dua-dua** 쌍방,양자; **berdua** 쌍방, 둘다, 양자; Mereka ***berdua*** pergi dari pagi tadi. 그들 둘이 오늘 아침부터 나갔다;

berdua-dua 둘씩;***Berdua-dua*** kami pergi mencari ke tempat itu. 우리 둘이 그 장소를 찾으러 갔다;

berduaan 두 사람 만의;

mendua ①두 동강나다,둘로 되다; ② 두 배로;

mendua-hatikan 의심이 일게 하다, 의구심을 나게 하다;

menduai 둘이 되다;

menduakan두배로 하다,이중으로 하다; ***Menduakan*** Allah ialah perbuatan dosa.신을 둘로 만드는 것은 죄악이다; **menduakan** istri 첩을 얻다;

kedua ① 둘째번의,제2의;Itu adalah buku cetakan ***kedua.*** 그것은 두 번째(재판) 인쇄된 책이다; ② 2(개, 사람)의; ***Kedua*** buku itu akan saya pinjam.그 두 책을 내가 빌릴 것이다; **kedua belah** 양자, 쌍방, 둘(다); **kedua belah** tangan 양손;

kedua-duanya 둘 모두; **kedua-kalinya** 두번째로;

seperdua 반의,절반의; **seperdua** umur 중년의;

duda 홀아비; ⓢ janda kembang; Ayahnya sudah lama menjadi seorang ***duda.*** 그의 부친은 이미 오래 전부터 홀아비이다;

duduk ① 착석하다,앉다; Ia ***duduk*** di atas kursi goyang. 그는 흔들의자에 앉았다; ② 위치, 정세, 형세; ⓢ keadaan; Rumah orang itu ***duduk*** ke arah barat.그 사람의 집은 서쪽에 위치해 있다; ③ 앙금, 침전물; **duduk** berjuntai 걸터 앉다;**duduk** bersanding 바싹 붙어 앉다; **duduk** bersila 양반 다리로 앉다;**duduk** bersimpuh 꿇어 앉다;

berkedudukan ① 살다, 있다, 위치하다; Ia ***berkedudukan*** di Incheon.그는 인천에 있다;② 직책 이 ~이다; Ia ***berkedudukan*** sebagai redaktur surat kabar ternama di kota ini. 그는 이 도시의 가장 유명한 신문 발행인의 위치에 있다;

menduduki ①차지하다,점령하다; Dia ***menduduki*** kursi itu. 그는 그 의자를 차지했다; ② 거주하다,살다; Kampungnya tak ***diduduki*** banyak orang. 시골에는 많은 사람이 살지 않는다;

mendudukkan 두다, 놓다;

kedudukan ① 상황,정세; ⓢ situasi;***Kedudukan*** ekonomi Jepang makin lama makin gelap. 일본의 경제 상황은 갈수록 암울하다; ② 입장,처지,위치; ***Kedudukan*** kedua negara itu sangat penting. 그 두 나라의 위치는 매우 중요하다;**kedudukannya** dalam pemerintahan sangat terancam.그 정부에서 그의 위치는 아주 위태롭다; **kedudukan** penyangga 완충 지역;③ 신분,지위;

penduduk 주민;ⓢ penghuni,populasi; Jumlah ***penduduk*** kota ini sangatlah besar. 이 도시의 인구는 매우 많다;

kependudukan ① 거류, 거주; Bagian **kependudukan** 거류국; ② 공민권, 시민권;

pendudukan 점령지, 점령, 점유; ***Pendudukan*** tentara Belanda di Indonesia sangatlah lama. 네덜란드의 인도네시아 점령은 아주 오래 지속되었다;

duit ① 돈, 화폐, 통화; ⓢ uang, fulus; ② 동전;

berduit 부자인, 부유한; Mereka termasuk golongan orang-orang ***berduit*** di kota ini. 그들은 이 도시에서 돈 많은 사람 계층에 속한다;

duka 비애, 비탄, 슬픔; ⓢ susah hati, sedih hati; **duka** nestapa 비애; Sungguh sedih ***duka*** cita yang ia alami. 그녀가 겪은 것은 정말로 슬프다;

berduka ① 슬퍼하다,비탄하다; Ia jatuh ***berduka*** karena bisnisnya hancur. 그는 사업이 망해서 비탄에 빠졌다; ② 한탄하다, 애도하다;

mendukakan ①괴롭히다,슬프게 하다; Anak itu sering ***mendukakan*** orang tuanya. 그 아이는 늘 부모 속을 썩인다; ② 비참한, 괴로움을 주는;

mendukacitakan ~을 애도하다, 가슴 아퍼하다;

kedukaan; ① 고통,근심; ② 슬픔, 비통, 비탄; ③ 근심하는, 슬퍼하는;

dukacita ☞ duka; Kami semua amat sedih saat mendengar berita ***duka cita*** itu.우리는 그 비통한 소식을 들었을 때 모두 아주 슬퍼했다;

dukuh 작은 촌락;

pendukuhan 마을, 촌락;

dukun점장이,무당,마법의(魔法醫); ⓢ tabib; Ada seorang ***dukun*** beranak terkenal di daerah ini.이 지역에 유명한 임신 전문 무당이 있다;

dukung, **berdukung** 업힌;

mendukung ① 업다;② 지원하다, 지지하다;

pendukung 지지자;

dulu ☞ dahulu;

duluan 먼저; Ayolah kita pergi ***duluan*** saja daripada menunggu lama. 오래 기다리느니 우리 먼저 출발하자;

dungu 우둔한,어리석은;ⓢ bodoh;

mendungukan 백치로 만들다,바보로 만들다;

kedunguan 우매, 우둔;

dunia ~사회, ~세계, ~계, 지구;ⓢ jagat, alam, lingkungan; **dunia** akhirat 내세; **dunia** luar 바깥 세계; ***Dunia*** perdagangan ramai karena masalah kelangkaan minyak. 상업계가 유류 파동으로 소란하다;

menduniakan 세속화하다;

sedunia ① 전세계; ② 국제간의; Federasi mahasiswa kedokteran ***sedunia***. 세계 의과 대학생 연합;

keduniaan ① 세상의,현세의;② 이승의,속세의; kesenangan **keduniaan** 속세의 쾌락;

durhaka ① 반란하는, 반항하는; ⓢ tidak setia, melawan; ② 반항, 폭동,반란; ⓢ khianat;③ 죄가 있는, 죄많은,;

berdurhaka ① 배신하다, 반역하다; Orang yang ***berdurhaka*** terhadap tanah air patut mendapat kecaman. 조국을 배반한 사람은 지탄 받아 마땅하다;② 반란을 일으키다; ③ 대들다,반항하다;

mendurhaka ① ~을 저버리다, 속이다, 배반하다;ⓢ memberontak; ② 순종치 않다, 죄를 짓다;

mendurhakai모반하다,반역하다;

kedurhakaan 반란을 일으킴;

pendurhaka ① 매국노, 역적; ② 반역자;Jangan menjadi ***pendurhaka*** bagi kedua orang tuamu.네 부모를 거역하는 사람이 되지 말아라;

pendurhakaan ① 변절, 배반, 반역; ② 폭동, 반란, 모반;

duri

duri ① 가시;② 물고기 뼈;③ 바늘; Bunga itu penuh ***duri*** di sekujur batangnya. 그 꽃은 줄기에 가시가 꽉 차있다;

berduri 가시가 돋친,가시가 있는; Jangan memetik tanaman ***berduri*** jika tak ingin terluka.다치지 않으려면 가시있는 나무를 꺾지 말아라;

berduri-duri 어려움이 많은,가시가 많은;

menduri 악의가 있는;

durian

durian (과일)두리안;

dusta

dusta 허위,사기,속임; ⓢ bohong;

berdusta 거짓말하다;

mendustai속이다;Ia pintar ***mendustai*** orang lain. 그는 남을 잘 속인다;

mendustakan부정하다,부인하다; Dia ***mendustakan*** kesalahannya. 그는 자신의 과오를 부인했다;

kedustaan 허위, 속임, 거짓말;

pendusta 거짓말장이; Ia adalah seorang ***pendusta*** yang hebat. 그는 대단한 거짓말장이이다;

pendustaan 속이는,거짓말하는.

dusun

dusun촌락,마을;ⓢdesa,kampung;

pedusunan 전원, 지방, 시골;

duta

duta ① 대사; ② 외교, 대사관원, 사절(使節); ⓢ utusan,wakil; **duta besar** 대사;**duta keliling**순회 대사; **duta** pribadi 특사; Ia menjadi salah seorang ***duta*** bangsa di bidang pariwisata dan kebudayaan. 그는 관광및 문화 분야의 순회 대사가 되었다;

kedutaan공사관(公使館)대사관;

kedutaan besar 대사관;

duyun

duyun, berduyun-duyun 우글거리다,떼를 지어 모이다, 모여들다; ⓢ berbondong-bondong; Mereka datang ***berduyun-duyun*** ingin melihat atraksi itu. 그들은 그 볼거리를 위해 떼를 지어 모여 들었다;

dwi

dwi 2 (개,사람)의;ⓢ dua;**dwi** bahasa 두 나라 말을 쓰는; **dwi** fungsi 두 개의 기능이 있는; **dwi** guna 이중 목적의; **dwi** kewarganegaraan 이중 국적; **dwi** warna 인도네시아 국기(적백기);ⓢ Sang Merah Putih;

E

ecer 소매;
mengecer 소매하다;ⓢ jual ketengan;
eceran 산매,소매; ⓢ ketengan; Ia hanya seorang penjual *eceran* biasa. 그는 보통의 소매 상인일 뿐이다;
pengecer 소매업자, 소매상인;
edar 싸이클,원; ⓢ keliling,putar;
beredar, mengedar ① 회전하다, 돌다; ⓢ berjalan berkeliling; Bumi *beredar* mengelilingi matahari. 지구는 태양을 공전한다; ② 표류하다, 떠돌아 다니다; Kapal nelayan itu *beredar* di lautan. 그 어부의 배는 바다에 표류했다; ③ 순환하다, 유통하다; ⓢ berkisar, berputar;
mengedari 선회하다, 순환하다, 회전하다; Bumi *mengedari* matahari. 지구는 태양 주위를 돈다; Bulan *mengedari* bumi. 달은 지구 주위를 돈다; ② 가로지르다; ⓢ menjajah;
mengedarkan 분배하다,돌리다; Dia mengedarkan oleh-oleh pada teman-temannya.그는 친구들에게 선물을 돌렸다;
pengedar 배급자,배달자; *Pengedar* narkotika itu akhirnya tertangkap. 그 마약 유통자는 결국 체포되었다;
peredaran ① 순환,유통;ⓢperputaran; ② 자전,선회; ③ 회전;④ 활동 범위,궤도; *Peredaran* darahnya kurang bagus. 그는 혈액 순환이 좋지 않다; **peredaran** dunia 시세의 변천, 성쇠; **peredaran** udara 통풍, 공기의 유통;
edaran ① 회전, 주기; Putaran bumi ada *edaran*nya. 지구의 회전에는 주기가 있다;② 간행물; Kami sudah terima surat *edaran* itu. 우리는 이미 그 회람을 받았다; ⓢ sebaran;
edisi (인쇄의)판(版); ⓢ cetakan; keluaran;Apakah sudah ada yang beli majalah *edisi* yang baru?신판 잡지를 산 사람이 있는가?
editor 편집장,편집자; ⓢ redaktur; Dia adalah seorang *editor* majalah bulanan yang terkenal. 그는 유명한 월간 잡지의 편집인 이다;
efek 영향,효과; ⓢ akibat, kesan; Kita akan menempatkan lampu di sebelah sana untuk memberi *efek* terang di panggung. 우리는 저쪽에 무대를 밝게하는 효과를 주기위해 등을 놓을 것이다;

efektip 효력있는,유효한;ⓢ berhasil, manjur; Carilah cara yang *efektif* untuk menyelesaikan masalah ini. 이 문제를 해결하기 위한 효과적인 방법을 찾아라;

efisien 유요한, 유능한, 효과가 있는; ⓢ cermat; Peraturan yang baru membuat *efisien* disiplin lalu lintas. 그 새로운 규정은 교통 질서에 효과가 있다;

efisiensi 능률, 능력; *Efisiensi* tenaga kerja sangatlah dibutuhkan dalam waktu resesi ini. 이런 불황기에는 우리의 인력 효율성이 필요하다;

egoisme 자기 본위, 이기주의;

eja 철자;

mengeja 철자를 말하다; Bagaimana cara untuk meng*eja* kata-kata ini? 이 단어들은 어떻게 한 글자 한 글자를 읽는가?

ejaan 철자법. Kata-kata ini bukanlah *ejaan* yang baku. 이 단어들은 표준 철자가 아니다;

ejek 우롱, 조롱;

mengejek 우롱하다, 조롱하다, 비웃다; ⓢ mengolok, menghina; Tidak baik suka *mengejek* orang lain. 다른 사람을 조롱하는 것은 좋지 않다;

mengejekkan ① 조소하다,비웃다; ② 업신여기는, 경멸하는;

ejekan 조롱, 비웃음; Kata-kata *ejekan* itu masih terus terngiang ditelinga. 그 조롱의 말들이 그의 귓가에 계속 웅웅거리고 있다;

ekologi 생태학;

ekonomi ① 절약경제; ② 경제의, 경제학의; ③ 경제학; Politik *ekonomi* Korea menjadi contoh dunia. 한국의 경제정책은 세계의 표본이 되었다; **ekonomi berencana** 계획 경제;

berekonomi 절약하다; ⓢ berhemat;

perekonomian ① 검약, 절약; ② 경제에 관한일; *Perekonomian* Negara semakin membaik berkat adanya kepercayaan pada kinerja pemerintah. 정부의 효율적인 정책 시행에 대한 믿음에 힘입어 국가 경제가 점점 좋아지고 있다;

ekor 꼬리; Kambingnya pendek *ekor*nya. 염소는 꼬리가 짧다; ② 후미, 뒤; ③ 결말, 결과; ⓢ akibat, buntut; ④ 마리; dua *ekor* kuda 말 두 마리; ⑤ 추종자; ⓢ pengikut, penganut; **ekor kuda** 말의 꼬리;

berekor 꼬리가 있는; ⓢ bersambung;

mengekor ① 꼬리처럼 달아매다; Ia selalu *mengekor* kemana saya pergi. 그는 내가 어디를 가도 따라다닌다;② (=mengekori) (고분고분)따르다;

mengekori 따라가다, 뒤따르다;

pengekor 수행원; ⓢ penganut;

eks 전의, 이전의, 전~;ⓢ bekas; Indonesia adalah *eks* negara jajahan Belanda.인도네시아는 전에 화란의 식민 국가이였다;

eksentrik 정상을 벗어난,괴벽스러운; ⓢ aneh, tidak biasa, ganjil; Sifatnya *eksentrik*. 그의 성격은 정상을 벗어났다;

E

ekses 초과, 과잉; ⓢ keterlaluan; *Ekses* pertanian Amerika dikirim ke negara terbelakang.미국 농산물의 과잉 생산은 저개발 국가로 보낸다;

eksibisi 박람회 전람회; ⓢ pameran; Kami akan melihat *eksibisi* pendidikan Pusat Pameran di Jakarta.우리는 자카르타 컨베션센터에서 박람회를 볼 것이다;

eksistensi 생활, 존재; ⓢ keberadaan, kehidupan; *Eksistensi*-nya dalam dunia musik patut di acungi jempol. 음악 세계에서 그의 존재는 엄지 손가락을 들어 올릴 만하다;

eksklusif ① 배타적인;② 독점적인; Ini adalah berita *eksklusif* dari seorang bintang terkenal. 이것은 유명한 배우에 대한 특종 뉴스이다;

ekspansi 신장(伸長),팽창,확장; ⓢ perluasan; Sekarang dengan politik *ekspansi* ekonomi negara maju, yang menjadi korban adalah negara terbelakang. 지금은 선진국의 경제 평창 정책으로 저개발 국가가 희생되고 있다;

ekspedisi 군대의 파견, 원정, 탐험;ⓢ pengiriman; Sebentar lagi tim *ekspedisi* Kutub Selatan berangkat.잠시 후 남극 탐험대가 출발할 예정이다;

ekspor 수출,수출품; Persaingan *ekspor* banyak negara makin lama makin mendalam. 모든 나라의 수출 경쟁은 점점 심화되었다;

mengekspor 수출하다;

pengekspor 수출업자;Indonesia adalah negara *pengekspor* karet terbesar setelah Malaysia.인도네시아는 말레이시아 다음으로 큰 고무 수출국이다;

ekspres 급행; ⓢ cepat,segera, pesat; kereta api *ekspres* 급행열차;

ekspresi 표시,표정,표현; Saya tidak melihat *ekspresi*nya saat dengar berita itu. 나는 그 소식을 들었을 때 그의 표정을 보지 않았다;

ekstra 임시 고용인;ⓢtambahan,

ekstrem 극단적인, 과격한, 극도의; ⓢ radikal; Jangan gunakan cara yang *ekstrim* untuk menyelesaikan masalah ini 이 문제를 해결하기 위해 극단적인 방법을 사용하지 말아라;

elak, mengelak 모면하다, 면하다, 피하다,회피하다; Korea *mengelak* krisis nuklir. 한국은 핵위기를 모면했다;

mengelakkan 면하다, 피하다; ⓢ menolak, menjauhkan, menghindarkan; Ia berhasil *mengelakkan* pukulan itu. 그는 그 가격을 피할 수 있었다;

terelakkan 피할 수 있는; Insiden ini memang tak dapat *terelakkan* lagi. 이 사건은 더 이상 피할 수 없다;

elang ① 매; ② 독수리;

elastis 신축성이 있는,탄력 있는,

elektroteknik 전기공예;

elok ① 아름다운, 예쁜, 멋진; ⓢ

E

cantik,molek; ② 좋은, 훌륭한; ⓢ bagus; Lukisan itu kurang ***elok***. 그 그림은 별로 아름답지 않다;
mengelokkan 훌륭하게 하다;
keelokan 미,훌륭함,아름다움; ⓢ kebaikan, kecantikan;
seelok 훌륭한, 좋은; ⓢ sebaik;
elus,mengelus ① 애무하다, 쓰다듬어주다; ⓢ mengusap-usap, membelai-belai; ② 양보하다; ⓢ memperlakukan baik-baik; Dia selalu ***mengelus*** kamu, maksudnya tak lain agar kamu menjadi kaki tangannya. 그는 항상 네게 잘 대하는데, 그 이유는 다름이 아니라 네가 그의 오른 팔이 되게 하려는 것이다;
email 에나멜;
emak ☞ Ibu;
emansipasi 이탈, 해방;
emas (=mas) ① 금; ② 돈, 뇌물, 재산; **emas** kertas 금박지; **emas** lantak 금괴; **emas** pasir 사금; **emas** putih 백금; **emas** urai 금분;
beremas 금을 소유하다;
mengemas ① 금빛으로 되다; Padinya kelihatan mulai kuning ***mengemas***. 벼가 황금빛으로 변하기 시작했다; ② 뇌물을 받다;
mengemasi ① 도금하다,금박을 입히다; ② 뇌물을 주다; ③ (짐,선물 등을)싸다; Mereka sibuk ***mengemasi*** barang-barang karena sebentar lagi akan pindah.그들은 곧 이사를 해야 하기 때문에 이삿짐을 싸기에 바쁘다;
keemasan ① 도금한, 금박을 입힌; ② 황금의,금빛의; Tahun ini ialah periode ***keemasan*** bagi perusahaan itu. 올해는 이 회사의 황금기였다;
peremasan 보석, 금도금 제품;
emban ① (말의)가슴걸이; ② 허리끈, 허리띠;
mengemban ① 등으로 져나르다, (아이를)업다; Ia siap ***mengemban*** tugas yang diberikan kepadanya. 그는 임무를 짊어질 준비가 되어있다; ② 수행하다;
embargo 봉쇄,재재,억류; Keputusan ***embargo*** ekonomi terhadap Cuba sudah diputuskan oleh Perserikatan Bangsa-Bangsa. 쿠바에 대한 경제 제재 조치는 유엔에서 결정되었다;
embel 습지, 수렁, 늪;
ember 물통, 양동이; Tampunglah air hujan di dalam ***ember***! 빗물은 양동이에 받아라;
embun ① 이슬;② 수증기,증기; **embun** pagi 아침 이슬; **embun** rintik 작은 이슬 방울;kertas **embun** 압지;
berembun ① 증기가 있는,수증기가 있는; ② 이슬이 맺힌; ③ 노숙하다, 밖에서 잠자다;
mengembun 응축하다,농축하다,
mengembuni 젖다,적시다; Mukanya ***diembuni*** air mata. 그의 얼굴에 눈물이 방울방울 맺혔다;
pengembun 농축, 응축;
emigran 이주자, 이민;
emosi 정서, 감격, 감동;
empal 튀김고기;
empang ① 연못, 양어장; ⓢ kolam ikan; ② 방축, 댐;

E

mengempang 댐을 쌓다, 막다; ⓢ membendung, menahan;
terempang 제한된,막힌,봉쇄된;
pengempang 방축,댐;ⓢ penebatan,pembendungan,penahanan;
empangan ① 연못, 양어장; ② 방축; **empangan** jalan 바리케이드, 방책 (方柵);

empat 넷,4; **empat** dasawarsa 40 주기; **empat** puluh 40;
berempat 넷이 되는;Kami *berempat* akan pergi jalan-jalan.우리 넷이 외출 나갈 예정이다;
berempat-empat 넷씩,4 열로; Mereka main golf dengan membuat kelompok *berempat-empat*. 그들은 네 명씩 조를 짜서 골프를 했다;
seperempat 1/4, 4 등분한 한개, 15 분; **seperempat** jam 15 분;
perempatan 교차, 교차로;

empedu 담즙; batu *empedu* 담석;

emper 현관,낭하,베란다; **emper** jalan 길가; ⓢ serambi, depan; Terlihat banyak pedagang berdagang di *emper* jalan. 많은 상인들이 길가에서 장사를 하는 것이 보인다;

empuk ① 보들보들한,부드러운; ⓢ lunak; Kulit perempuan itu *empuk* sekali. 그 여자의 살결은 아주 부드럽다; ② 연한, 유연한; ⓢ enak; Daging sapi produk Korea *empuk*. 한국산 소고기는 아주 연하다; ③ 닳아서 해어진, 낡은; Di sini ada pakaian yang sudah *empuk*.여기 닳아 해어진 옷가지가 있다; ④ 맑은, 명랑한; ⓢ merdu; Suaranya *empuk* enak kedengarannya. 그 소리가 부드럽고 좋게 들린다; bikin **empuk** 연하게 하다, 연하게 만들다;
mengempukkan 부드럽게 하다;
keempukan 연함,부드러움;Makanannya *keempukan* bagi kita. 그 음식은 우리에겐 너무 연하다;

emulsi 유상액, 유제;

enak ① 맛이 좋은, 맛있는; ⓢ nyaman,sedap; Makanan ini *enak* sekali. 이 음식은 맛이 아주 좋다; ② 좋은, 괜찮은; Ia bersenandung nyayian yang *enak*.그녀는 달콤한 노래를 흥얼거렸다; ③ 멋진, 훌륭한; Sudah lama saya tidak mendengar cerita yang *enak*. 좋은 이야기를 들어본지 오래됐다; ④ 즐거운; ⓢ senang, suka; Entah mengapa perasaan saya tak *enak*. 왜 내 느낌이 안 좋은지 모르겠다;
berenak-enak 즐거운; ⓢ bersenang-senang;
mengenakkan 안심시키다; ⓢ menjadikan enak;
keenakan 좋아하는, 마음껏, 충분히; ⓢ kesenangan; Kamu *keenakan* jika saya yang mengerjakan tugas ini untukmu. 이 일을 내가 네 대신 해주면 너만 좋다;
seenak 맛이 같은;ⓢsama enaknya dengan; Masakan Ibu *seenak* masakan di restoran mahal. 어머니의 음식은 비싼 식당 요리만큼 맛이 있다;
seenaknya 유쾌한,기분이 좋은;

ⓢ sesuka hati,sesenang hati; Jangan ***seenaknya*** memperlakukan orang lain.다른 사람을 마음대로 부려 먹기를 좋아하지 마라;

enak-enakan 진미,맛있는 음식. ⓢ sedap-sedapan;

enam 6, 여섯; **enam puluh** 60;

berenam 여섯을 이루다, 여섯 모두; Kumpul orang ***berenam*** berdiskusi. 여섯 사람이 모여 의논을 했다;

enau 사탕 야자;

encer ① 액체; ② 물 같은,묽은; ⓢ cair, tidak kental; Tolong buatkan kopi yang ***encer***. 묽은 커피를 만들어 주세요; ③ 눈치 빠른, 재치있는, 영리한; ***Encer*** sekali otaknya. 머리가 영리하다;

mengencerkan 희박하게 하다, 묽게 하다, 희석하다; Kita harus ***mengencerkan*** gula ini dahulu sebelum dicampur dengan bahan makanan yang lain. 우리는 이 설탕을 다른 요리 재료들과 섞기 전에 먼저 묽게 해야 한다;

pengenceran 희석, 묽게 함;

enceran 희석,액체,액화;

encok ① 경직된,딱딱한,빳빳한; ⓢ kejang; ②류우머티즘; ⓢ sengal, sakit tulang; ③ 통풍(痛風);

endap 침전;

endap-endap 찌꺼기, 잔재;

mengendap 가라앉다,침전하다; Didalam cairan obat ada sebuah benda yang ***mengendap***. 그 물약 속에는 어떤 침전 물질이 있다;

endus,**mengendus** (사건의)냄새 맡다, 눈치 채다, 낌새를 알다; ⓢ mencium bau;

enek 속이 좋지 않은, 메스꺼운; ⓢ mual, muntah; Jalan yang berkelok-kelok ini membuat perut jadi ***enek***. 이 꾸불꾸불한 길은 내 속을 안좋게 만든다;

energi 정력, 힘,에너지; ⓢ daya, tenaga; Kita harus menghemat ***energi*** untuk acara malam nanti. 우리는 오늘 밤 행사를 위해 힘을 아껴야 한다;

engah, **terengah-engah** 숨이 가쁘다,헐떡 거리다; Ia menghampiri orang tuanya dengan ***terengah-engah***. 그는 헐떡거리며 부모에게 다가왔다;

enggak ~이 아니다,~하지 않다; ⓢ tidak;

enggan 좋아하지 않다,싫어하다. ⓢ tak mau,tak sudi, tak suka; Saya ***enggan*** bertemu dengannya. 난 그와 만나기 싫다; ② 반대하다, 이의를 제기하다; Malam ini saya ***enggan*** pergi ke manapun. 오늘 밤 나는 아무데도 가고 싶지 않다; ③ ~을 반대하여, ~을 싫어하여; **enggan jikalau** ~하지 않는다면, ~하지 않게;

berengan-engan 게으름을 피우다, 주의를 기울이지 않다; ⓢ acuh tak acuh, bermalas-malas;

keengganan ①혐오,싫어함; ② 마음 내키지 않음; ③ 완고함,고집셈; ***Keengganan*** itu tersirat jelas di wajahnya. 완고함이 그의 얼굴에 감춰져 있다;

engsel ① 경첩;② 핸들,손잡이; Pintunya rusak karena ***engsel***nya

E

hampir lepas. 경첩이 거의 떨어질려고 해서 문이 고장 났다;

ensiklopedi 백과사전;

entah ① ~도 ~도, ~인지 ~아닌지;ⓢ baik~,baik (~maupun); ***Entah*** betul atau salah, saya tidak tahu. 옳은지 그른지 난 모르겠다; ② 알지 못하다,모르다; ⓢ mungkin tidak tahu; ③ ~해도 괜찮고 ~안해도 괜찮다; ⓢ boleh jadi; ***Entah*** datang atau tidak. 올지 안올지 모르겠다;

entar ①잠시동안;②나중에,후에; ***Entar*** malam boleh saya main ke rumahmu?이따 밤에 너희 집에 놀러가도 되니?;

ente 당신, 너; ⓢ kamu; ***Ente*** jangan sembarangan bicara! 너 함부로 말하지 마라;

enteng ①가벼운, 중량이 안나가는; ⓢ ringan; ② 용이한, 쉬운;

mengentengkan ① 완화하다, 덜다;② 가볍게 하다; Jangan suka ***mengentengkan*** keadaan yang rumit ini!이 복잡한 상황을 가벼히 여기지 말아라;

keentengan ① 가벼움;② 쉬움, 용이함;

entok 오리; ⓢ itik,bebek; Ayah memiliki peternakan ***entok*** di kampung. 아버지는 고향에 오리 농장을 갖고 계시다;

enyah 떠나다, 도망치다, 달아나다; ⓢ lari,pergi; Banyak orang ***enyah*** ke kampung halaman. 많은 사람들이 고향을 떠났다;

mengenyahkan 축출하다,쫓아내다;ⓢ mengusir,menyuruh pergi;Mereka berusaha ***mengenyahkan*** musuhnya satu demi satu. 그들은 그들의 적을 최후 한 사람까지 몰아 내려고 했다;

pengenyahan ① 도피,도망; ② 전폐, 폐지;

episode 에피소우드,삽화(揷話); Hari ini adalah ***episode*** terakhir dari cerita cinta itu. 오늘은 이 사랑 이야기의 마지막 회이다;

epos 사시,서사시;ⓢ wira cerita;

era 시기, 시대,연대; ⓢ masa, zaman, waktu; ***Era*** dulu jarang ada orang yang berani tinggal di daerah ini.전 시대에는 이 지역에 살려하는 사람이 없었다;

eram, mengeram ① 부화하다, 알을 품다; Ayamnya ***mengeram*** sampai lahir. 닭이 알을 픔었다; ② 집에 머무르다, 숨다; Perempuan itu sering ***mengeram*** di rumah.그 여자는 항상 집에만 있다;

mengerami 알을 품다;

mengeramkan 부화하다; ⓢ menetas;

pengeraman 부화;

erang, mengerang 앓는 소리; Karena terlalu sakitnya,ia ***mengerang*** dengan kuat. 너무 아파서 그는 심하게 앓는 소리를 냈다;

erat ① 굳은, 단단한, 견고한; ⓢ kuat, teguh; ② 친한,친밀한, 가까운; Persahabatan kami terjalin dengan sangat ***erat.***우리의 우정은 강하게 엮어졌다; Peganglah tas ini ***erat-erat*** 이 가방을 단단히 잡아라;

mempererat, mengeratkan ①

견고히 하다, 단단하게 만들다; ② 가깝게 하다,친밀하게 하다; Acara ini bertujuan untuk ***mempererat*** persahabatan di antara kita. 이 행사는 우리 사이의 우정을 돈독히 하기 위한 것입니다;

eropa 구주, 유럽;

erosi 침식 작용,침식,부식; Daerah ini mengalami ***erosi***. 이 지역은 침식 작용을 받았다;

es 얼음; **es** batu 각(角)얼음; **es** kopi 냉커피; **es** krim 아이스크림; **es** lilin 빙과; **es** teh 냉차; lemari **es** 냉장고; ⓢ lemari pendingin;

esa ① 유일, 하나; ⓢ satu, wahid ② 유일한,하나의; Yang Maha **Esa** 유일신, 신(神);

mengesakan Allah 유일신으로 인정하다;

keesaan 합일, 통일, 유일;

esa-esaan 외로이,홀로; ⓢ merasa lengang;

eselon 계층, 편성; ⓢ tingkat; Ayahnya pejabat ***eselon*** satu di Departemen Luar Negeri. 그의 부친은 외무부 1급 공무원이다;

esensi 본질, 사실, 진실; ⓢ hakikat;

esok 내일; ☞ besok; **esok** hari 내일; **esok** lusa 모레;

beresok 내일; ⓢ besok;

mengesokkan 연기하다;

esoknya 다음날 아침;

keesokannya, ***keesokan*** harinya mereka melakukan berbagai persiapan menjelang pesta.그들은 다음날 연회에 대비하여 여러 가지 준비를 하였다;

estafet 릴레이 경주, 이어 달리기, 계주; Mereka menjadi juara lomba ***estafet*** tingkat propinsi. 그들은 주 대항 계주 경기에서 우승하였다;

etalase ① 진열,전시;② 진열장, 전시장; ⓢ perkedaian;

etika 윤리,윤리학,도덕; ⓢ moral, sopan santun;Kita harus gunakan ***etika*** dalam pergaulan. 우리는 사교시 윤리를 지켜야 한다;

etikad 믿음,신앙,신뢰;☞ itikad; Segala sesuatu jika diawali dengan etikad baik maka hasilnya juga akan baik. 모든 일을 신뢰로 시작하면 결과 또한 좋게 된다;

etiket 예의, 예절; Gunakanlah ***etiket*** dalam pergaulan. 사교 예절을 지켜라;

evakuasi 철수,명도(明渡);***Evakuasi*** korban kebakaran berlangsung dengan lancar. 희생자들의 철수는 원활하게 진행되었다;

evaluasi 값을 구함, 평가; Kita harus mengadakan ***evaluasi*** atas hasil kerja kita selama setahun ini. 우리는 지난 1 년간의 일한 결과에 대해 평가를 해야 한다;

evolusi 진화, 진전, 발전, 전개;

eyel, **mengeyel** 말대꾸하다, 말대답하다;

F

faal ① 행실, 품행, 행위; ⓢ perbuatan, kerja; Orang Korea itu *faal*nya bagus. 그 한국 사람은 품행이 단정하다;② 작용; ⓢ fungsi; ilmu faal alat tubuh 생리학;

faedah 유익,효용,용도; ⓢ guna, manfaat; Salah satu *faedah* dari tumbuhan kina adalah obat untuk penyakit malaria. 키니네 용도 중 한 가지는 말라리아 치료약이다; bagi faedah 이익을 위하여; ⓢ untuk kepentingan;

berfaedah 유용한, 이로운, 유익한; Peraturan semacam ini akan sangat *berfaedah* di masa yang akan datang; 이런 종류의 법은 미래에 아주 쓸모가 있을 것이다; Tanaman lidah buaya banyak *berfaedah* untuk rambut. 알로에는 머리카락에 효과가 있다;

kefaedahan 이익, 유용, 유익;

faham 이해하다,이해;ⓢ paham;

sefaham 동조하는, 견해가 같은;

fajar 새벽,여명; ⓢ dini hari, subuh; *fajar* merekah 여명,새벽; Kita berangkat setelah *fajar* menyingsing.우리는 여명이 밝은 후에 출발한다; fajar sidik 새벽, 여명; harian fajar 조간 신문;

fakir ① 빈곤한, 궁핍한, 가난한; ⓢ miskin, pengemis; Ia hanyalah seorang *fakir* yang tinggal di pinggir kota. 그는 변두리에 사는 가난한 사람일 뿐이다; ② 빈궁자, 가난한 사람; ③ 금욕 주의자; fakir miskin 궁핍하고 가난한 사람;

kefakiran 빈곤,궁핍,가난; *Kefakiran* adalah salah satu bagian dari kehidupan ini. 가난도 이 인생의 한 부분이다;

fakta 사실; ⓢ kenyataan, kebenaran; Jangan kau sembunyikan *fakta* yang penting itu! 너는 그 중요한 사실을 숨기지 마라;

faktor ① 요인,요소; Uang adalah salah satu *faktor* penting dalam kehidupan ini.금전은 인생에 있어 중요한 부분의 하나이다; ② 인수, 인자;

faktur 계산서,송장,청구서;Tolong dibuatkan juga *faktur* penjualannya! 판매에 대한 계산서도 함께 만들어 주세요;

fakultas 학부,단과 대학; fakultas hukum 법학부, 법과 대학; fakultas sastra 문과 대학, 문학부;

falsafah 철학 ☞ filsafat; Hal itu sudah menjadi *falsafah* hidupnya sejak lama. 그것은 오래 전부터 그의 삶의 철학이었다;

berfalsafat 철학적으로 사고하다, 숙고하다, 깊이 생각하다;

famili 가구, 가족; ⓢ kaum keluarga; Ia masih satu *famili* dengan kami.그는 아직 우리와 친척 이다;

fana ① 덧없는,일시적인; ⓢ tidak kekal; Sungguh-sungguh hidup manusia hanyalah *fana* belaka. 참으로 인생이란 덧없는 것이다; Kita hanya sebentar hidup di dunia yang *fana* ini. 우리는 이 덧없는 세상에 그저 잠시 살다 갈 뿐이다; ② 슬픔에 빠진, 고민하고 있는;

kefanaan 무상함, 덧없음;

fanatik 광신적인, 열광적인;

kefanatikan 광신, 열광; *Kefanatikan*nya terhadap grup musik itu sudah dimulai sejak ia masih belia. 그 음악 그룹에 대한 그녀의 열광은 그녀가 어릴 때부터였다;

fantasi 환상, 공상; ⓢ khayal, angan-angan; Semua itu hanya ada dalam *fantasi*nya saja. 그 모든 것은 그저 환상 속에 있었다;

berfantasi 공상하다; ⓢ berkhayal;

fardu 책임,의무; ⓢ kewajiban; Jangan lupa mengerjakan sholat *fardu*. (이슬람교의) 예배를 잊지 말아라;

farmasi 제약업, 약학, 조제술; Ia sudah lama bekerja di bidang *farmasi*. 그는 제약업에 오랫 동안 종사하고 있다;

fase 형세, 상태, 단계, 국면; ⓢ tahap, tingkat; Akhirnya ia berhasil melalui *fase* terakhir dalam ujian itu. 결국 그는 그 시험의 마지막 단계를 통과할 수 있었다;

fasih ① 말 잘하는, 유창한; ② 입심 좋은, 거침없이 말하는; **fasih lidah** 능변의, 유창하게 말하는;

memfasihkan 유창하도록 연습하다; Mereka berusaha *memfasihkan* bahasa Koreanya. 그들은 한국말을 유창하게 하기 위해 노력했다;

memperfasih 유창하게 하다;

kefasihan 능변, 유창;

fasilitas ① 쉬움,용이함;② 설비, 시설;

fatwa ① 종교적 지도, 권고, 충고; ⓢ nasihat, ajaran; ② 훈령,지시, 훈시;Presiden memberi *fatwa* baru. 대통령은 새로운 훈령을 내 렸다;

berfatwa (종교적인) 충고하다, 지도하다;

memfatwakan 훈령하다,권면하다, 훈시하다; Beliau *memfatwakan* agar seluruh warga menjaga persatuan dan kesatuan bangsa.그분은 모든 국민에게 민족의 단합과 통일을 지키토록 충고하셨다;

februari 2월;

federal 연방의,동맹의,연합의; negara **federal** 연방국가; pemerintah **federal** 연방정부;

federasi 연방정부, 연합, 동맹; ⓢ sekutu,bon; *Federasi* karyawan menuntut perusahaan untuk membayarkan sejumlah santunan. 직원 조합은 회사에게 일정액의 보조금을 지불해 달라고 요구했다;

fenomena 현상; ⓢ gejala; *Fenomena* yang berkembang di masyarakat menunjukkan adanya kemunduran dalam pola pikir umum.

F

국민 사이에 나타나고 있는 현상은 대중의식 구조의 퇴보를 나타내고 있다;

feodal 봉건 제도의,영지의,봉토의; ⓢ bangsawan, ningrat;

fihak 측면, 쪽 ☞ pihak;

fiksi 소설, 허구, 꾸며낸 이야기; ⓢ cerita rekaan. Ia adalah seorang penulis ***fiksi*** yang terkenal. 그는 유명한 소설가이다;

film ① 감광막, 필름; ② 영화업, 영화; **film** bisu 무성 영화; **film** berwarna 총천연색 영화;

perfilman 촬영,영화 촬영; Dunia ***perfilman*** lesu karena meninggalnya seorang sutradara ternama. 유명한 감독의 죽음으로 영화계가 침울하다;

filosofis 철학적인, 철학의;

filsafat 철학, 형이상학; ⓢ pemikiran;

berfilsafat 이론을 세우다,사색하다;

filter 여과기,필터; ⓢ tapisan, saringan; Gunakanlah ***filter*** itu untuk menyaring kotoran. 오물을 거르려면 필터를 사용해라;

final 종국, 끝장, 결승 시합; ⓢ babak terakhir; Akhirnya ia melangkah kebabak ***final*** pertandingan bergengsi itu. 결국 그는 그 명성있는 시합의 결승까지 나 아갈 수 있었다;

firasat, 인상, 용모; ahli **firasat** 관상장이; ilmu **firasat** 관상학; dapat **firasat** (**memfirasatkan**) 관상을 보다, 점치다; Saat musibah itu berlangsung, dia tidak merasakan firasat apapun. 그 사고가 난 날 그는 아무런 사전 예감도 없었다;

firaun 파라오;

firdaus 낙원,극락,천국; ⓢ surga, nirwana. Tempat ini indah sekali bagaikan ***firdaus***. 이 곳은 천국처럼 아름다운 곳이다;

firman 섭리, 신의 뜻; ⓢ kata, titah; **firman** Allah 계율, 계명;

berfirman 천명하다, (신이나 왕이) 명하다;

difirmankan 명령받다;

fisik, **fisika** 물질의,육체의,물리; ⓢ jasmani, badan, jasad; ilmu ***fisika*** 물리학; ⓢ ilmu alam.

fitnah 모략, 비방, 중상; ⓢ hasut, umpat; ***Fitnah*** lebih kejam dari pada pembunuhan.모략은 살인보다 나쁘다;

memfitnah 모략하다, 중상하다, 비방하다; ⓢ menghina, merugikan;

pemfitnahan 모략, 비방, 중상;

fitrah자선품,공물;(회교의 금식이 끝난 후 내놓는);

berfitrah 공물을 내다, 공물을 주다;

memfitrahkan 공물을 주다;

fokus 초점; ⓢ titik api; ***Fokus*** rapat dewan direksi kali ini adalah keadaan ekonomi perusahaan.이번 이사회의 촛점은 회사 경제 상황에 관한 것이다;

folio 2절판, 2절표지(종이의규격);

fondasi 토대,기초;***Fondasi*** rumah ini terbuat dari beton. 이 집의 기초는 콘크리트로 만들어져 있다;

fonem 음운, 음소(音素);

fonetik 음성학의, 음성의;
fonologi 음성학;
formasi 편제,조직,구성; ⓢ susunan, bangunan;
formulasi 공식 표시, 공식화;
formulir 신청서, 법식, 서식; ⓢ surat isian; Sebelumnya kita harus mengisi ***formulir*** pendaftaran dulu. 그전에 먼저 등록 양식에 기입해야 한다;
fosil 화석(火石); Penemuan ***fosil*** hewan purbakala itu membuat gempar penduduk.그 선사 시대의 동물 화석 발견은 주민들을 환호하게 하였다;
foto 사진; ⓢ potret, gambar; Kami mempunyai koleksi ***foto*** saat tamasya. 우리는 여행할 때 찍은 사진들을 갖고 있다;
fotokopi 사진 복사; Tolong ***fotokopi*** surat ini sebanyak lima lembar. 이 문서를 5장 복사해 주세요;
foya, berfoya-foya 기분 전환하다,쉬다,긴장을 풀고 쉬다,향락하다 ⓢ bersenang-senang, bersuka-suka; Dia makin lama makin jatuh ***berfoya-foya***. 그는 점점 향락에 빠졌다;
frasa 숙어, 관용구(慣用句);
fungsi ① 직능, 작용, 기능; ② 직책, 직무, 임무; ⓢ jabatan, tugas, kerja; Apa ***fungsi*** peralatan ini? 이 도구들의 기능은 무엇인 가?;

F

G

gabah 벼, 낟벼; ⓢ antah;

gabung ① 묶음; ② 떼, 군집;

bergabung ① 모이다; Orang-orang telah ***bergabung*** untuk melihat pertunjukan wayang kulit di balai kota. 사람들은 시청에 와양 꿀릿 그림자 인형극을 보기위해 모였다; ② 연합하다; Akhirnya kedua perusahaan itu memutuskan untuk ***bergabung***. 결국 그 두 회사는 합병을 결정하였다;

menggabungkan ① 한데 묶다, 통합시키다; Pemerintah ***menggabungkan*** semua unsur politik guna menyukseskan jalannya Pemilu. 정부는 선거를 무사히 치르기 위해 모든 정치 단체들을 통합시켰다;

menggabungkan diri 가입하다; Dia ***menggabungkan*** asuransi hidupnya. 그는 생명 보험에 가입하였다;

penggabung 합병; Kabar ***penggabungan*** kedua perusahaan milyuner itu mengagetkan seluruh dunia. 그 두 재벌 회사의 합병 소식은 전 국민에게 충격을 주었다;

pergabungan ① 합병, 제휴; ② 연맹, 동맹; ③ 연합;

gabungan ① 연합, 합병, 동맹;② 단합; ⓢ kumpulan, ikatan, perhimpunan; ***Gabungan*** perusahaan produsen makanan akan melakukan pertemuan malam ini.오늘 밤 식품 제조 연합이 모여 회의를 할 예정이다;

gabus, kayu **gabus** 코르크 나무; Dalam tutup botol terdapat kayu ***gabus***.병마개 속에는 코르크 나무가 있다;

gaco ① 챔피언, 선수; ② 지도자; ⓢ jagoan; Dia pergi belajar keluar negeri di Eropa untuk belajar jadi ***gaco*** sepak bola.그는 축구 지도자 교육을 받기 위해 유럽으로 유학을 갔다;

gadai, gadaian 담보(물), 보증; ⓢ cagar,jamin;Dia meminjam uang dari bank dengan rumah sebagai ***gadai***nya. 그는 집을 담보하고 은행에서 돈을 빌렸다;

menggadaikan 저당 잡히다; Ia ***menggadaikan*** cincin emas itu untuk biaya sekolah anaknya. 그는 아이의 학비를 위해 금반지를 저당 잡혔다;

pegadaian 전당포;

penggadai 담보를 맡기는 사람;

penggadaian ① 저당을 맡기는 일; ② (=pegadaian) 전당포;

tergadai 저당 잡히다;

gadaian 담보;

G

gading ①코끼리의 엄니;② 상아; *Gading*nya menjadi sasaran pemburu gelap.상아는 밀렵꾼의 표적이 된다; ③ 상아색;

gadis ① 소녀;② 미혼녀,숙녀; ⓢ perawan, anak perempuan, putri, dayang; **gadis** besar 숙성한 처녀; **gadis** kecil 어린 소녀; **gadis** tua 노처녀;

bergadis 처녀성을 가진;

menggadis 미혼으로 지내다;Biasa *menggadis* sifatnya jadi keras kepala. 독신 여자는 보통 고집이 세다;

kegadisan 동정,순결,처녀성; *Kegadisan*nya terenggut secara mengenaskan. 그녀의 순결이 무자비하게 짓밟혔다;

kegadis-gadisan소녀티를 내다.

gado, menggado (밥없이)먹다;

gaduh 시끄러운, 소란한; Mereka terus membuat *gaduh* sepanjang hari. 그들은 하루 종일 계속 시끄럽게 만들었다;

menggaduh 소작하다;

menggaduhkan 소작시키다;

penggaduh 소작자;

gaet 갈고리; ⓢ gait, penggait;

menggaet ①끌다,당기다;② 유혹하다;

gagah ①힘센;ⓢ bertenaga,kuat; Walaupun saya tua, *gagah*nya tak kalah dengan pemuda. 나는 늙었지만 근력만은 젊은이 못지 않다; ② 건장한; Karmen mencintai pemuda yang *gagah*. 칼멘은 건장한 젊은이를 사랑했다; ③ 멋진,위풍당당한; ⓢ megah; Bentuk *gagah* tentara itu membuat puas rakyat. 그 군인들의 위풍당당한 모습은 국민들의 마음을 뿌듯하게 했다; ④ 완강한,불굴의; Dia melawan musuh dengan *gagah*nya.그는 적에게 완강하게 버티었다; ⑤ 용감한; ⓢ perkasa, berani; Dia adalah prajurit yang *gagah* berani. 그는 용감한 군인이다;**gagah** berani, **gagah** perkasa, **gagah** perwira; 매우 용감한, 용감 무쌍한;

bergagah-gagahan ① 강압적으로 행동하다; ② 위풍당당하게 행동하다;

menggagahi ① 무력으로 지배하다,제압하다; ⓢ memaksa; Tentara Napoleon *menggagahi* banyak musuh. 나폴레옹의 군대는 많은 적을 제압하였다;② 강간하다; Ia dituduh *menggagahi* seorang gadis.그는 한 어린 소녀를 강간하여 고발 당했다;

menggagahkan diri 용기를 내다.

kegagahan ① 용기; Dia setiap kali mendapat kesulitan tak pernah hilang *kegagahan*nya. 그는 난관에 처할 때마다 용기를 잃지 않았다; ② 불굴; *Kegagahan* seseorang sungguh tak dapat dipungkiri daya tariknya. 불굴의 용기에 대한 매력을 부정할 수 없다;

gagak 까마귀;

gagal 실패하다; ⓢ batal,urung; Ia *gagal* berangkat karena hujan. 그는 비가 와서 출발하지 못했다;

menggagalkan좌절시키다,물리치다;*Menggagalkan* semua serangan musuh. 모든 적의 공격을 물리치다;

G

kegagalan 실패; ***Kegagalan*** ini dapat menjadi pelajaran bagi kita. 이 실패는 우리에게 교훈이 되었다;

gagang ① 손잡이; ⓢ hulu; ② 줄기,꼭지;ⓢ tangkai,batang;**gagang** bunga 화경(花梗); **gagang** kaca mata 안경다리; **gagang** pena 펜대; **gagang** senapan 소총의 개머리판; **gagang** telepon 송수화기;

gagap (menggagap)말을 더듬다;

bergagap, **tergagap (-gagap)** ① 말을 더듬다; ② 허겁지겁, 황급히; ⓢ gugup, terbata-bata; Ia menjawab pertanyaan itu dengan ***tergagap-gagap***. 그는 그 질문에 어눌하게 대답했다;

gagas, menggagas 기획하다,생각하다;

gagasan ① 이상, 생각; ⓢ ide, pemikiran; ② 개념;

gagu 벙어리의, 소리없는; ⓢ bisu; Ia sudah ***gagu*** sejak kecil. 그는 어릴 때부터 벙어리이다;

gaib ① 신비로운, 불가사의한; ⓢ ajaib, aneh, ganjil; Dalam legenda ada banyak cerita ***gaib***. 전설에는 불가사의한 이야기가 많다;②보이지 않는, 은밀한; ⓢ tidak kelihatan, tersembunyi; perkataan yang **gaib** 속 뜻을 지닌말; ③ 사라지다;ⓢ hilang; Sekonyong-konyong ia ***gaib***. 그는 갑자기 사라졌다;

gairah ① 정욕,욕망;ⓢ nafsu,keinginan,hasrat;② 시샘,질투; ⓢ kecemburuan;

menggairahkan ① 발생시키다, 유발하다,고혹스럽다;Perempuan itu terlihat amat ***menggairahkan***. 그 여자는 아주 고혹스럽게 보였다; ② 즐겁게 하다;Anaknya ***menggairahkan*** ayahnya. 아이는 아버지를 즐겁게 해준다; ③ 매혹적인,유혹적인; mata yang **menggairahkan**유혹적인 눈;

kegairahan ① 육욕,색정;② 환희, 황홀경;

gajah 코끼리; nyamuk **gajah** 큰 모기; **gajah** ladang 길들인 코끼리; **gajah** mina 고래;

gaji 급료, 임금, 봉급; ⓢ upah; **gaji** bulanan 월급; **gaji** kotor 총액의 봉급; **gaji** awal 초봉; **gaji** pokok 기본급, 본봉;

menggaji 고용하다; Ia hanya bisa ***menggaji*** lima orang pekerja. 그는 단지 5명의 근로자를 고용할 수 있는 능력이 있다;

gajian ① (=orang **gajian**) 봉급자, 근로자; ② (=hari **gajian**) 월급날; Minggu depan ialah hari ***gajian*** karyawan. 다음 주는 직원 봉급날이다;

gajih ① 기름진,뚱뚱한;ⓢ gemuk; ② 부유한;

bergajih ① 뚱뚱한; ② 부유한; Makanan ini terlalu banyak ***gajihnya***. 이 음식은 너무 기름지다;

galah ① 장대, 막대기; ② 삿대;

bergalah ① 장대를 사용하다; ② 삿대로 젓다;

menggalahkan ① 장대로 따다; ② 삿대로 젓다; Ia ***menggalah*** perahunya ke pantai.그는 해변쪽으로 배의 삿대를 저어 갔다;

galak ① 사나운; ⓢ buas, ganas; anjing **galak** 사나운 개; ② 매서운;

G

ⓢ kejam; ③ 무자비한, 잔인한; ⓢ judes;
menggalak 날뛰다;
menggalakkan자극하다,부추다; ⓢ menghasut; Negarawan ***menggalakkan*** demonstran. 위정자는 데모대를 부추기었다;
galang 대들보; ⓢ bantal, ganjal; **galang** atap 도리;
bergalang 받침목으로 사용하다;
menggalangi 받치다,지탱하다; Ia ***menggalangi*** kesehatannya dengan obat. 그는 약으로 건강을 지탱하고 있다;
menggalangkan 얹다;ⓢ menopang, mengganjal;
penggalang중심 인물,기둥;**penggalang** masyarakat 사회의 기둥;
galangan ① 조선소; ⓢ dok; ② 논둑,제방,둑; ⓢ pematang sawah; ③ 물길, 도랑;
galau, bergalau 북적거리는, 번잡한;
kegalauan 헷갈림, 북적거림;
gali, menggali 채굴하다, 파다;
penggali ① 삽, 가래; ② 광부;
penggalian땅파기,채굴(광);***Penggalian*** makam itu di lakukan polisi untuk mengotopsi. 그 무덤은 부검을 위해 경찰에 의해 파헤쳐졌다;
galian 채광물, 채굴물; air **galian** 지하수;barang **galian** 채광물;Jalannya agak ke tengah saja karena di pinggir banyak ***galian*** kabel. 길가가 선로공사를 위해 파헤쳐져 있으니 길 가운데 편으로 가자;
galib ① 이로운,승리하는; ② 보통의,정상의;ⓢ biasanya,lazim,umum; pada **galib**nya 대개, 보통;
menggalibkan 습관화하다;
kegaliban 습관화, 보통;
galon 갈론 (용량의 단위);
gambar ① 그림;ⓢ lukisan;② 회화,삽화,소묘,스케치;**gambar** angan-angan 상상도;**gambar** bagan스케치, 소묘; **gambar** bumi 지도; **gambar** cermin 영상; **gambar** coret 펜화, 스케치; **gambar** hidup 활동사진, 영화; **gambar** mati 정물화, 초상화; **gambar** sindiran 시사만화; **gambar** tempel 포스터; **gambar** timbul 입체화;
bergambar 그림있는; Adik senang membaca buku cerita ***bergambar***. 동생은 그림 이야기 책 읽기를 좋아한다; majalah **bergambar** 사진 잡지;
menggambar 그림을 그리다;
menggambari 삽화를 집어 넣다; Ia ***menggambari*** majalah itu. 그는 그 잡지에 삽화를 그린다;
menggambarkan ① 설명하다; Ia ***menggambarkan*** masa kecilnya yang penuh kebahagiaan.그는 행복했던 유년시절에 대해 설명했다; ② 묘사하다,말하다; Penulis itu ***menggambarkan*** ekspresi tokoh utamanya dengan baik. 그 작가는 주인공의 표정을 잘 묘사했다;
penggambaran ① 도안,제도; ② 서술, 묘사; ***Penggambaran*** situasi di daerah konflik menjadi begitu nyata. 분쟁 지역 상황에 대한 묘사가 그렇게 실감났다;
tergambar 마음 속에 담긴; Dalam diri perempuan itu masih *ter-*

G

gambar impiannya sewaktu gadis dulu.그녀는 소녀 적의 꿈이 아직도 마음 속에 담겨있다;

tergambarkan 상상하다; Tidak *tergambarkan* betapa indah pemandangan di daerah pegunungan. 산악지방의 경치가 얼마나 아름다운지 상상이 안갔다;

gambaran ① 그림, 삽화; ⓢ citra, lukisan,bayangan; ② 묘사;ⓢ ilustrasi; Ia memberi *gambaran* tentang apa yang terjadi pada saat kecelakaan itu; 그는 그 사고가 났을 때 일어난 일을 설명하였다;

gambir 덩굴 식물의 일종;

gamelan 자바 특유의 관현악단; **gamelan** slendro 자바의 관현악단;

gampang 용이한,쉬운;ⓢmudah;

menggampangkan ① 경감시키다; Memakai alat ini akan lebih *menggampangkan* pekerjaanmu. 이 도구를 이용하면 네 일을 경감시켜 줄 것이다;② 쉽게 만들다;Perkembangan ilmu pengetahuan *menggampangkan* kehidupan manusia. 과학의 발달은 사람의 생활을 편하게 한다; ③ 손쉽게 여기다; Lelaki itu terlalu *menggampangkan* perempuan itu. 그 남자는 그 여자를 너무 쉽게 생각했다;④ 얕잡아 보다, 깔보다; Ia *menggampangkan* senjata musuhnya. 그는 적의 무기를 얕보았다;

kegampangan 너무 쉬운;

gampangan 보다 쉬운;

ganas ① 야성의; ⓢ buas, galak; Lelaki itu punya daya tarik yang *ganas*. 그 남자는 야성미가 있다; ② 격렬한; Harimau itu berkelahi dengan *ganas*. 그 호랑이가 격렬히 싸우고 있다; ③ 무자비한, 잔인한; Ia membunuh musuh-musuh dengan *ganas*.그는 무자비하게 적들을 살해했다;

mengganas 창궐하다,날뛰다;Penyakit menular itu semakin *mengganas* di seluruh dunia. 전염병이 전 세계에서 점점 창궐했다;

keganasan ①사나움,만행;②극성, 잔인함; Keganasan harimau Afrika sangatlah dikenal *keganasan*nya di dunia. 아프리카 호랑이의 사나움은 세계에 알려져 있다;

ganda이중,두배,곱,배(倍);ⓢ dobel, jamak, majemuk; Chandra Wijaya adalah pemain badminton *ganda* putra Indonesia. 짠드라 위자야는 인도네시아 남자 복식 배드민턴 선수이다; berlipat **ganda** 수배의;

berganda 두배가 되다; Dalam 8 tahun belakangan ini hasil keuntungan perusahaan telah *berganda*. 최근 8년 사이에 회사 이윤이 배로 늘었다;

menggandakan 두배로 증가시키다,배가(倍加)시키다;ⓢ memperbanyak;Mereka telah *mempergandakan* hasil tanaman itu demi meraih keuntungan.그들은 이윤을 더 늘이기 위해 그 작물 수확을 배로 늘렸다;

penggandaan 공정과정, 가짜; Pelaku *penggandaan* kertas itu akhirnya tertangkap juga. 결국 그 가짜 서류를 여러장 만든 범인이 잡혔다;

ganda 향내, 냄새;
gandeng, bergandengan ① 나란히; Dengan ***bergandengan*** kedua orang yang pacaran itu menapaki jalan di hutan. 그 두 애인은 나란히 팔장을 끼고 숲속을 걸었다; ② 팔짱낀; ③ 연결되다;ⓢ berangkaian; Jalan tol yang baru ***bergandengan*** dengan yang lama. 새 고속도로는 기존도로와 연결되었다; ④ 관계가 있다; ⓢ berhubungan; Kecemburuan ini di duga ***bergandengan*** dengan wanita itu. 이 질투는 그 여자와 관련이 있는 것으로 보여진다; **bergandengan** tangan 손에 손을 잡고; Teman-temanku berjalan ***bergandengan*** tangan. 내 친구들은 손에 손을 잡고 걸어간다;
menggandengkan①연결시키다; Pertemuan ini untuk lebih ***menggandengkan*** persahabatan kita. 이 만남은 우리의 우정을 더 공고히 다지기 위해서다; ② 결합시키다; Jiwa nasionalisme ***menggandengkan*** telah seluruh rakyat Indonesia. 애국심은 전체 인도네시아 국민을 결합시켰다;
menggandeng 잡아 이끌다;
menggandengi 동반하다;
pergandengan 병행;
gandengan 연결; ***Gandengan*** antara kedua tali itu kurang kuat. 두 줄의 연결은 튼튼하지 못하다;
gandum ① 밀; ⓢ terigu, roti **gandum** 밀빵;tepung **gandum** 밀가루; ② 곡물;
ganggu, mengganggu ① 괴롭히다; ⓢ usik; Murid yang jahat itu sering ***mengganggu*** temannya. 그 나쁜 학생은 항상 친구들을 괴롭힌다; ② 해친다; ⓢ kacau, rusuh; Para perampok itu telah ***mengganggu*** keamanan sekitar. 그 도둑들은 근처 지역의 안전을 해친다;③ 방해하다;Adik yang nakal ***mengganggu*** kakaknya belajar. 장난꾸러기 동생은 형의 공부를 방해했다; ④희롱하다;ⓢ goda;Ia suka ***mengganggu*** gadis yang berjalan sendirian. 그는 혼자 가고 있는 소녀를 희롱하기 좋아했다; ⑤ 가로막다,중단시키다; Polisi ***mengganggu*** pekerjaan bangunan yang ilegal.경찰은 불법 건축 공사를 중단시켰다;
terganggu ① 교란된, 어수선한; Sesudah anal-anaknya pergi tempat bermainnya jadi ***terganggu***. 아이들이 놀고 간 자리는 어수선하다;② 애먹다; Usahanya selalu ***terganggu*** karena kekurangan uang. 그는 사업 자금력 부족 때문에 항상 애를 먹는다; ③ 중단되다,방해되다; Semua pekerjaan di kantor itu jadi ***terganggu*** karena bangkrut. 그 회사는 도산으로 모든 일이 중단되었다; Ia memerlukan bantuan seorang ahli jiwa karena jiwanya ***terganggu***. 그는 정신이 이상해서 전문가의 도움이 필요했다;
ganjal 버팀목, 버팀 기둥; ⓢ penahan, penghalang;
mengganjal 지탱시키다; Dia ***mengganjal*** semua kesulitan dengan agama. 그는 현재의 난관을 종교의 힘으로 지탱하고 있다;
terganjal 굳은, 완강한, 받쳐진;

G

lidah **terganjal** 말할 수 없는, 혀가 굳은;

ganjalan ① 버팀대,지주;② 부담; Setelah mendengar kabar baik itu, hilang sudah ***ganjalan*** di hatinya. 그 좋은 소식을 들은 후 마음 속에 있던 부담이 없어졌다;

ganjar,mengganjari보상하다; Negara ***mengganjar*** pahlawan itu dengan bintang tanda jasa. 국가는 그 애국자에게 훈장으로 보상했다;

terganjar ① 보상받다; Banyak orang tak ***terganjar*** setelah perang. 많은 사람이 전후 보상을 받지 못했다; ② 축복받은;

ganjaran 보답, 보상; ⓢ hadiah, imbalan, balasan;

ganjil ①홀수의; ②이상한,괴이한; ⓢ ajaib,aneh; Keterangan itu ***ganjil.*** 그 설명은 이상하다;

mengganjilkan①홀수로 만들다; ② 이상한; ③ 이채로운;

keganjilan 기이함,괴이함;***Keganjilan*** kelakuannya itu di mulai sejak terjadi kecelakaan. 그 기이한 행동은 사고 이후부터 시작되었다;

G

ganteng 멋진, 잘생긴; ⓢ bagus, tampan, gagah; Wajah pria itu ***ganteng*** sekali. 그 남자의 얼굴은 아주 잘 생겼다;

ganti ① 대용품,대신;ⓢ salin,ubah, tukar; Ini ***ganti*** buku yang saya hilangkan. 이것은 내가 잃어 버린 책의 보상이다; **ganti** kerugian perang 전쟁배상; **ganti** rugi 손해배상; Rumah ini sebagai ***ganti*** rugi atas musibah itu. 이 집은 그 재난에 대한 손해 배상이다; ② 대리인;

berganti갈아타다,변경하다,바꾸다; ⓢ bertukar, berubah, beralih; Kita harus ***berganti*** supaya lekas sampai tujuan. 우리는 행선지에 빨리 도착하기 위해 갈아타야 한다; Saya harus ***berganti*** kereta api tujuan Jakarta. 나는 자카르타로 향하기 위해 기차를 바꿔 타야 한다; **berganti** kemeja 셔츠를 갈아 입다;

berganti-ganti ① 교대로; ***Berganti-ganti*** mereka datang rumah itu. 그들은 교대로 그 집에 왔다; ② 계속 바뀌다; Pimpinan perusahaan itu ***berganti-ganti*** terus. 그 회사의 사장은 계속 바뀌기만 한다;

mengganti ① 대신하다, 바꾸다; Ia ***mengganti*** namanya supaya lebih mudah diingat. 그는 쉽게 기억될 수 있도록 이름을 바꿨다; ② 교체하다,대체하다; Pelatih ***mengganti*** pemain sepak bola yang kena kartu kuning. 그 축구 팀 코치는 선수를 교체했다; Ia ***mengganti*** kedudukan ayahnya di perusahaan itu. 그는 그 회사의 아버지 직책을 맡았다; ③ 대용하다; Ia ***mengganti*** salam dengan senyum.그는 미소로 인사를 대신했다; ④ 배상하다,보상하다; Pemilik mobil yang menabrak mobil saya ***mengganti*** ongkos perbaikan. 내 차를 드리받은 그 차의 주인이 수리비를 배상했다; ⑤ 교대시키다; **mengganti** pengawal 보초를 교대시키다; **mengganti** tanaman 윤작하다;

pengganti ① 대체,대신;②대리인, 승계인;**pengganti** raja 왕위 승계자; ③ 예비역,후보; ④ 대역(代役);

penggantian ① 개편; **penggantian** pemerintahan 개각(改閣); ② 보상,배상;③ 교체,대체;*Penggantian* pimpinan perusahaan itu tak memuaskan kita. 그 회사의 임원 교체는 만족스럽지 못하다;

pergantian 교체,변경,변모,변화; ⓢ peralihan, pertukaran, perubahan; **pergantian** alamat 주소 변경; **pergantian** nada suara 조음(調音); **pergantian** pimpinan지도층의 교체;

gantung 걸이, 걸리는 것; **gantung** diri 목 매달다;Jembatan gantung 구름다리;Telah terjadi kecelakaan di sekitar jembatan *gantung*. 구름다리 근처에서 사고가 났다; menghukum **gantung** 교수형을 내리다;

bergantung ① 매달리다,걸리다; Baju perempuan itu *bergantung* di gantungan baju. 그녀의 옷은 옷걸이에 걸려있다; ② 결정되다, ~에 달려있다; Keputusan itu amat *bergantung* pada perkembangan keadaan.그 결정은 상황 전개에 전적으로 달려있다;

bergantungan달려있다,매달리다;

mempergantungi의존하다,의지하다;

menggantung ① 걸다; Saya *menggantung* baju di lemari. 나는 옷장에 옷을 걸었다; ② 교수형에 처하다;

menggantungi 매달다,~에 걸다;

menggantungkan ① 걸다,매달다; Ia *menggantungkan* topinya di dinding. 그는 벽에 모자를 걸었다; ② 위임하다; Ia *menggantungkan* haknya pada saya. 그는 나에게 권한을 위임했다; ③ 중지하다, 보류하다; Perusahaan *menggantungkan* proyek baru. 그 회사는 새로운 프로젝트를 보류했다;

tergantung ① 걸리다, 매달리다; Buahnya *tergantung* pada cabang pohon. 과일이 나무가지에 매달려 있다; ② 달려있다; Nasib saya *tergantung* pada hasil rapat sore ini. 내 운명은 오후 회의에 달려있다; **tergantung** dari 의존하다; Langkah kita selanjutnya *tergantung* hasil akhir rapat ini.앞으로 우리의 행보는 이 회의의 마지막 결과에 달려있다;

ketergantungan 매달림,의존; Ia hidup dengan *ketergantungan* pada orang lain. 그는 다른 사람에 의존하여 살고 있다;

gantungan 옷걸이, 갈고리;

penggantungan 교수대, 교수형;

ganyang, **menggayang** 부수다, 파괴하다;

penggayangan 이행, 과정, 실행, 진행;

gapai, **bergapaian** 손을뻗치다; ⓢ capai,raih, ulur; Ia *bergapaian* memetik buah yang tergantung pada cabang pohon. 그는 나무가지에 매달린 과일을 따려고 손을 뻗었다;

menggapai 손을 뻗치다; Ia mau *menggapai* buah di pohon tapi tangannya tak sampai. 그는 과일나무에 손을 뻗으려 하였지만 닿치않았다;

menggapaikan 손을 뻗다;

garam 소금; **garam** bata 덩어리

소금, 돌소금; **garam** dapur 식염; **garam** hancur 고운 소금;

bergaram ① 소금기가 있는; ② 소금처럼 되다;

menggarami 짜게 되다;

menggaramkan 소금이 되게 하다;

penggaraman 염전, 소금 생산;

garang ① 무자비한, 난폭한; ⓢ galak,ganas,buas,pemarah; Ia terlihat amat ***garang*** di pertandingan itu. 그는 그 경기에서 아주 거칠게 보였다; ② 의욕적인,발랄한,선명한;

menggarang ① 난리를 치다, 난폭해지다; ② 의욕적이다; ⓢ menghebat;

kegarangan 무자비,잔인,난폭함; ***Kegarangan*** orang itu memang amat terkenal. 그 사람의 난폭함은 유명하다;

garansi 담보, 보증; ⓢ jaminan, tanggungan; Televisi itu memiliki ***garansi*** dua tahun. 그 물품은 2년 보증이 있다;

garap, menggarap 해내다, (계획을)세우다; ⓢ mengerjakan, menangani, menyelesaikan; Ia ***menggarap*** proyek besar. 그는 큰 프로젝트를 세우고 있다;**menggarap** tanah 땅을 갈다;

garapan 임무,과제; Selesaikanlah ***garapan*** itu baru kerjakan yang lain lagi. 그 임무를 먼저 마치고 다른 일을 해라;

garasi 차고;

gardu 초소, 위병소;

garis 선(線); **garis** akhir 결승선; **garis** bagi 등분선; **garis** belakang 후방(後方); **garis** bujur 수직선, 자오선, 경도(經度); **garis** demarkasi 분계선; **garis** depan 전방(前方); **garis** haluan 지침; **garis** katulistiwa 적도(선);**garis** lintang 위도(선); **garis** silang 교차선; **garis** singgung 접선; **garis** tegak 수직선; **garis** tengah 지름; **garis** tinggi 수직선, 등고선; **garis** titik 점선;

bergaris 줄이 그어진; Hapallah kalimat yang ***bergaris*** merah. 붉은 줄이 그어져있는 문장을 암기하여라.

menggarisi ① 줄을 긋다; Dia ***menggarisi*** kalimat itu. 그는 그 문장에 줄을 그었다; ② 밑줄을 긋다; Ia ***menggarisi*** kalimat yang bagus. 그는 좋은 문장에 밑줄을 그었다;

penggaris, garisan 자; ⓢ belebas, mistar; Adik minta dibelikan ***penggaris*** oleh Ibu. 동생은 어머니에게 자를 사달라고 했다;

penggarisan ①줄 긋기;② 낙서;

garpu 포오크; ⓢ porok, tala;

bergarpu 포오크를 사용하다;

menggarpu 포오크로 찍어들다;

garuda ① 독수리; ② 인도네시아 공화국의 문장(紋章);

garuk, bergaruk(-garuk) 긁다, 긁적거리다;

menggaruk ① 긁다, (땅을)파다; ⓢ mengais, mengorek, mencakar; ② 문지르다, 긁어내다; Dia ***menggaruk*** karat itu. 그는 녹을 긁어냈다; ③ 횡령하다;

menggarukan ~로 파다, 긁어주다; Ia ***menggarukan*** cangkul itu ke tanah. 그는 호미로 땅을 팠다;

penggarukan 문지르기, 할퀴기;

G

penggaruk 긁는 도구, 써레;
garukan 긁힌 자국;
gas 기체, 가스; ⓢ hawa, uap; **gas** air mata 최루가스; **gas** alam 천연가스; **gas** karbit 아세틸렌 가스; lampu **gas** 가스등; minyak **gas** 휘발유; Di dasar sumur ini mengandung ***gas*** yang beracun. 이 우물의 바닥은 유독가스를 함유하고 있다;
menggas 증발되다,기화(氣化)되다; Bensin itu mudah ***menggas***. 그 휘발유는 쉽게 증발한다;
gatal 가려운,건질거리는;Kaki saya ***gatal***. 나의 발이 가렵다;
gaul,bergaul 교제하다, 사귀다; ⓢ bercampur,berteman, berkawan, bersahabat; Ia hanya mau ***bergaul*** dengan orang yang kaya saja.그는 부자들하고만 어울리려 하였다;
menggauli 성교(性交)하다; ⓢmenyetubuhi; Dilarang ***menggauli*** perempuan saat sedang berpuasa. 금식 기간에는 여자와 성합하는 것이 금지되어 있다;
mempergauli 끼어들다,관여하다;
mempergaulkan 끼어들게 하다, 관계하게 하다;
pergaulan ① 사귐,교제;②사교계;
gaun 가운, 긴 겉옷; **gaun** rumah 실내복; **gaun** tidur 잠옷;
gawat ① 아슬아슬한,위험스러운; ② 위급한,위독한; ⓢ bahaya, kritis, genting, serius, sulit, rumit, ruwet; Masalah ini menjadi ***gawat*** karena kecerobohannya. 이 문제는 그의 소홀함으로 위급하게 되었다;
menggawat 위태롭게 하다, 위독해지다; Masalah ini makin ***meng-gawat*** karena pernyataannya. 이 문제는 그의 진술로 인해 점점 더 위태롭게 되었다;
gaya ① 세력,힘,정력,기운;ⓢdaya; ② 모양,형식; ⓢ cara; ③ 매력적인; **gaya** bahasa 문체,말씨;**gaya** bebas (수영의)자유형; **gaya** berat 중력(重力);**gaya** pegas 원상회복력,탄력; **gaya** punggung 배영(背泳); **gaya** tarik 견인력;
bergaya 형식의; Di Jakarta banyak terdapat gedung yang ***bergaya***. 자카르타에는 많은 스타일의 건물들이 있다;
bergaya-gaya ①허례허식을 꾸미다; ② 체하다;
menggaya (잘난)체하다;
gayung (물)바가지; Ibu membeli ***gayung*** di pasar.어머니는 시장에서 물바가지를 샀다;
bergayung 물바가지를 사용한다; Ia mandi ***bergayung***. 그는 물바가지를 사용하여 목욕한다;
gebuk ① 뭉치, 꾸러미, 다발; ② 단, 필, 통;
menggebuk (지팡이 등으로) 때리다; Ia ***menggebuk*** anjing itu. 그는 지팡이로 개를 때렸다;
gebyur,menggebyur 물을 퍼붓다, 물을 뿌리다; Ia ***menggebyur*** air di halaman. 그는 마당에 물을 뿌렸다;
gede 큰; ⓢ besar;
kegedean 나무 큰;
gedebuk 쿵쿵소리;
gedor,menggedor 세게 두드리다; ⓢ ketuk,mengetuk;Di tengah malam seseorang ***menggedor*** pintu rumah saya. 한밤중에 어떤 사람이

G

우리집 문을 세게 두드렸다;
gedoran (문을)세게 두드리다; *Gedoran* pintu terdengar sampai ujung jalan sana. 문을 두드리는 소리가 저 길끝까지 들렸다;

gedung 빌딩, 건물; ⓢ bangunan, rumah, balai; **gedung** acara 법원; **gedung** pemerintah 정부 청사; **gedung** Putih 백악관; Di tempat ini akan di bangun *gedung* perkantoran yang mewah. 이곳에는 고급 오피스 빌딩이 세워질 것이다;

geger ① 난리, 법석; ⓢ gempar, heboh,ribut; Seluruh dunia **geger**. 온 세상이 난리이다;② 어수선함,소란;③ 떠드는; Anak-anak membuat *geger* di dalam kamar. 아이들이 방안을 난장판으로 만들어 놓았다; **geger** otak 뇌진탕;
menggegerkan수라장을 만들다; Peristiwa pemboman itu *menggegerkan* seluruh dunia. 그 폭탄 사건은 세계를 흔들어 놓았다;
kegegeran 소란, 법석;

gejala 징조,증상; Pasien itu kelihatannya mempunyai *gejala* kanker. 그 환자는 암 증상을 보인다; ② 징후, 징조;

gejolak, bergejolak 타오르다;

gelak 웃다, 웃음소리; ⓢ tertawa; **gelak** senyum 미소; **gelak** tawa 웃음꽃;
menggelakkan 놀리다,비웃다;Ia *menggelakkan* kebaikan saya. 그는 나의 호의를 비웃기만 했다;

gelang 밝은;

gelanggang (격투기)경기장; ⓢ lapangan; ② 전시회, 활동무대, ~계(界);③ 전장, 싸움터; ⓢ medan; ④ (해·달의)무리;ⓢ lingkaran; **gelanggang** tinju 권투장;
bergelanggang 원을 만들다;

gelap ① 어두운;ⓢ hitam, kelam; Hari masih *gelap*.날이 아직 어둡다;② 암울한;ⓢ kabur; masa depan Indonesia masih *gelap*. 인도네시아의 미래는 암울하다; ③ 불법의, 비밀의;ⓢ rahasia;**gelap** gulita 깜깜한, 칠흑같이 어두운; **gelap** mata, **gelap** pikiran 미친듯이 날뛰다;
bergelap-gelap 어둠속에 죽치다; Karena marah, anak itu *bergelap-gelap* sendiri di dalam kamar tanpa nyala lampu. 그 아이는 화가 나서 불도 켜지 않고 자기방에 죽치고 있다;
menggelapkan①어둡게 만들다; ② 횡령하다, 착복하다; ⓢ menghilangkan, mencuri, korupsi;
kegelapan ① 불투명, 암흑; ② 노여운; Tak bisa melihat di *kegelapan*. 어둠 속에서는 볼 수 없다;
penggelapan ① 소등, 등화관제; ② 횡령, 착복;

gelar ① 명칭,직함; ⓢ sebutan, titel;② 학위; Saya ingin mencapai *gelar* doktor.나는 박사학위 취득을 원한다;

gelar 펼치다;
menggelar 펼치다;ⓢ menghamparkan, membentangkan;
gelar-gelar, *gelar-gelar* tikar 돗자리를 펴다;
tergelar 뻗치다, 펴지다;
gelaran 돗자리;

gelas ① 유리 ② 술잔;

gelatak 말 많은, 수다스러운; ⓢ cerewet;

geledah,menggeledah 찾다,급습하다,수색하다; Polisi ***menggeledahi*** tempat hiburan untuk mencari narkotika.경찰은 마약을 찾기 위해 유흥가를 급습했다;

penggeledahan 급습, 수색;

gelegar 천동소리; ⓢ gemuruh;

menggelegar(천동이)우릉거리다;

gelembung ① 거품,기포(氣泡), 물방울; ⓢ bola-bola air; ② (gelembungan) 기구(氣球); ⓢ balon; **gelembung** 거품; **gelembung** air 물거품; **gelembung** paru 페포(肺胞); **gelembung** sabun 비누 거품; **gelembung** udara 기포(氣泡);

bergelembung, menggelembung 팽팽해지다; Kulit wanita itu ***menggelembung***. 그녀의 살결이 팽팽해졌다;

menggelembungkan 팽팽하게 만들다, 부풀리다; Anak itu ***menggelembungkan*** balon. 그 아이는 풍선에 바람을 불어 넣었다;

gelepar,menggelepar-gelepar① 버둥거리다; Nelayan sedang melihat ikan yang dia tangkap ***menggelepar***.어부는 잡은 고기가 버둥거리는 것을 보고 있다;②퍼덕거리다; Burung yang tertembak itu ***menggeleparkan***.그 총에 맞은 새가 퍼덕거리고 있다;

menggeleparkan 날개치다,퍼덕이다; Burung itu ***menggeleparkan*** sayapnya.그 새는 날개를 퍼덕였다;

geletar (가슴이)두근거리다, (공포에)떨다;

menggeletar 부들부들 떨다; ⓢ menggigil; (가슴이)두근거리다; ⓢ berdebar-debar;

geli ①불쾌한,소름끼치는;Dia merasa ***geli*** setelah dihina. 그는 비난을 받고 나서 몹시 불쾌했다; ② 우스운; ⓢ rasa lucu; Pelawak bikin ***geli*** banyak orang.코메디안은 많은 사람을 우습게 만든다; ③ 간지러운; ⓢ rasa tergelitik; Telapak kakinya ***geli***. 그의 발바닥이 간지러웠다;

menggelikan ① 웃기다; ⓢ lucu, kocak; Ceritanya sungguh ***menggelikan***. 그 얘기 정말로 우습다; ② 소름끼치다; Tumpukan sampah di pinggiran Jakarta sungguh ***menggelikan***. 자카르타 변두리에 쌓인 쓰레기 더미는 정말 소름끼친다; ③ 간질거리다; Teman ***menggelikan*** telapak kaki saya. 친구가 내 발바닥을 간지렵혔다;

kegelian ① 간지러운; ② 우스운;

gelimpang,bergelimpangan쓰러지다; Adanya perang itu membuat orang mati ***bergelimpangan***. 그 전쟁으로 인하여 많은 사람이 희생되었다;

gelincir, menggelincir (기차가) 탈선하다;

menggelincirkan 탈선시키다; Mereka ***menggelincirkan*** kereta api tentara musuh. 그들은 적의 군용 기차를 탈선시켰다;

tergelincir빠져나가다,미끄러지다 ; ⓢ terpeleset, terperosok, kalah; Ia ***tergelincir*** di jalan yang beku. 그는 빙판 길에서 미끄러져 넘어졌

다; **tergelincir** lidah 실언하다; Ia *tergelincir* lidahnya karena sedang mabuk.그는 취하여 실언을 하였다;

gelindingan 바퀴; ⓢ roda;

menggelinding회전하다,(바퀴가) 돌다;

gelisah ① 신경이 과민한,불안한; Kelakuannya selalu membuat saya *gelisah*. 그가 하는 행동은 항상 나를 불한하게 만든다; ② 들떠있는, 침착하지 못한; ⓢ tidak tenang, resah;Semalaman tidurnya *gelisah* saja. 어젯밤 잠을 설쳤다; ③ 걱정하는, 불안한; ⓢ cemas, khawatir; Sang suami *gelisah* karena penyakit istrinya. 그 남편은 아내의 병 때문에 걱정이 많다;

menggelisahkan ① 걱정하다; Ia *menggelisahkan* penyakit anaknya. 그는 자식의 병을 걱정했다; ② 걱정시키다;

kegelisahan ① 신경과민;②불안; ③ 걱정; *Kegelisahan* itu terpancar di wajahnya. 그의 얼굴에 근심이 스며있다;

gelitik, menggelitik ① 간질이다; ⓢkitik-kitik;② 자극하다;ⓢ menghasut, mendorong, memberanikan; ③ 두근거리다; ⓢ berdebar-debar; Hatiku *menggelitik* saat dengar kabar lulus ujian itu. 그 시험에 합격 소식을 듣자 나는 가슴이 두근거렸다;

gelombang 기복,전파, 파도; ⓢ ombak,riak,rombongan, kelompok; **gelombang** samudra 대양(大洋)의 파도;**gelombang** radio 라디오 전파; Tentara kita kehilangan semangat karena serangan *gelombang* musuh. 적의 파상 공격으로 인하여 아군의 사기가 떨어졌다;**gelombang** getaran 충격파;

bergelombang ① 일어나다,물결치다; Laut sedang *bergelombang* dengan kuat. 바다는 파도가 무섭게 치고 있다;② 변동하다, 오르내리다; Dengan *bergelombang* harga barang,rakyat banyak menjadi susah. 물가의 변동으로 서민생활이 어려워졌다; **bergelombang** 소용돌이치다, 벌어지다;

gelondong ① 나무 토막; ② 송이, 다발;

gelora ① 격랑의; ⓢ gelombang hebat, banjir; **gelora** laut 격랑의 바다;② 열광적인,감동적인; ③ 난폭한, 거친; **gelora** hati 정열;

bergelora ① 격노하다,발광하다; ⓢ membual, berkobar; Ayahnya sedang *bergelora*. 아버지가 크게 격노하고 있다;② 감동적인; ⓢ bersemangat; Nyanyian wanita itu amat *bergelora*.그녀의 노래는 아주 감동적이다;

menggelora 고취하다; semangat yang **menggelora** 고취된 의욕;

menggelorakan 고무하다, 자극하다; ⓢ mengobarkan, menyemangatkan; **menggelorakan** semangat 의욕을 고취시키다;

gelut, bergelut ① 레슬링을 하다; ⓢ gulat,gumul;②엉클어지다,까불며 놀다; ⓢ bercanda;

menggelut 붙잡다, 끌어 안다;

pergelutan 레슬링;

gema 반향(음), 메아리; ⓢ gaung;

bergema메아리치다;Suara panggilan teman-temannya ***bergema*** di lembah. 친구들이 부르는 소리가 계곡에 메아리쳤다;

menggemakan 메아리치게 하다, 반영하다; Ia ***menggemakan*** politiknya ke hati rakyatnya. 그는 국민들의 염원을 정책에 반영했다;

gemar 좋아하다; ⓢ suka,senang; Ia ***gemar*** membuat gambar pemandangan laut. 그는 바다 경치 그리기를 좋아한다;

menggemari 좋아하다; Ia ***menggemari*** petualangan. 그는 여행을 좋아한다;

kegemaran 오락,취미;ⓢkesukaan,kesenangan,hobi;Anggur adalah buah ***kesukaan***nya. 포도는 그가 좋아하는 과일이다;

penggemar ① 도락가, 애호가; Ia ***penggemar*** makanan yang baik. 그는 식도락가이다; ② 취미로 하는 사람; Ia ***penggemar*** makanan Korea.그는 한국 음식 도락가이다; ③ 수집가, **penggemar** perangko 우표 수집가;

gemas 화나는,기분 나쁜;ⓢ jengkel; Ia ***gemas*** pada anaknya. 그는 아이에게 화를 냈다;

menggemaskan 화나게 만들다;

gembala 지도자,사육사; ⓢ penjaga, pemelihara; ***Gembala*** yang baik ialah orang yang baik. 좋은 지도자는 정직한 사람이다;**gembala** domba 목자,양치는 사람;**gembala** kambing 염소 키우는 사람;**gembala** sapi 소치는 사람;

menggembalakan 사육하다, 돌보다; Ia ***menggembalakan*** sapinya. 그는 소를 사육하였다;

penggembala 목동;

gembira ①기쁜;ⓢ senang,suka ria; ② 명랑한,즐거운; ⓢ riang, girang,meriah; Anak itu selalu ***gembira*** tak pernah dia terlihat susah. 그 아이는 항상 명랑하여 어렵게 보인 적이 없다; ③ 열광적인;

bergembira즐거워하다,기뻐하다; Dia ***bergembira*** sesudah menerima oleh-oleh. 그는 선물을 받고 기뻐했다;**bergembira** ria 행복에 겹도록 즐거워하다;

menggembirakan ① 용기를 북돋우다, 즐겁게 하다; Ia mencoba ***menggembirakan*** saya dengan kado itu. 그는 그 선물로 나를 즐겁게 하려 했다;② 기쁘게 하다; ③ 기쁜, 즐거운; Kabar yang ***menggembirakan.*** 기쁜 소식; ④ 흐뭇하게 하다, 만족시키다;

kegembiraan기쁨;***Kegembiraan***nya bukan karena uang. 그의 기쁨은 돈 때문이 아니다;

gembleng,menggembleng ①긴장시키다;② 강화하다; ⓢ menempa;③ 훈련시키다;ⓢ memperteguh; ④ 이끌다; Ketua regu itu ***menggembleng*** anak buahnya dengan baik.그 부대장은 부하들을 잘 훈련시켰다;

gemblengan ① 잘 훈련된, 잘 연마된; ② 교화(敎化);

gembok 자물쇠;

menggembok 자물쇠를 채우다;

tergembok 잠겨진, 잠긴;

gembul 많이 먹는; juara **gembul**

대(大)식가;

gembur (흙이) 푸석푸석한; ⓢ berderai-derai; Tanah itu ***gembur***. 이 땅은 푸석푸석하다;

menggemburkan 푸석푸석하게 만들다; Harus ***menggemburkan*** tanah di dalam pot. 화분의 흙은 푸석푸석하게 해야 한다;

gemeletuk ① 떨다;Ia ***gemeletuk*** kedinginan.그는 추워서 덜덜 떨었다; Ia ***gemeletuk*** ketakutan. 그는 무서워서 벌벌 떨었다; ② (이를)덜덜거리다; Giginya ***gemeletuk*** kedinginan. 추워서 이가 덜덜 떨렸다;

gemercik (물이) 떨어지는 소리;

bergemercik 물이 튀기다; Terdengar bunyi air ***bergemericik*** ke sekitarnya. 주위로 물이 떨어지는 소리가 들렸다;

gemerisik ① (나뭇잎이)쏴하는 소리; **gemerisik** daun 나뭇잎 소리; ② 바스락 거리는 소리;

bergemerisik쏴하는 소리가나다; Angin bertiup dengan suara ***bergemerisik***. 바람이 쏴아하는 소리와 함께 지나간다;

gemerlap, gemerlapan 반짝이는, 번쩍거리는;ⓢ berkilauan,berkilapan, bercahaya-cahaya;

gemetar 벌벌 떨다; Ia ***gemetar*** karena ketakutan. 그는 무서워서 벌벌 떨었다;

gemetaran 떨림, 전율;

gempar 혼비백산하다; ⓢ huru-hara, geger, gaduh, onar; Mereka ***gempar*** mendengar isu bom di tempat itu.그들은 그 장소에 폭탄이 있다는 소문을 듣고 혼비백산하였다.

menggemparkan ① 수라장을 만들다; ② 물의를 일으키는;

kegemparan ① 법석, 소란; ② 물의(物議);

gempur, menggempur ① 치다, (쾅쾅)두드리다;ⓢ merusak, menghancurkan; Dia ***menggempur*** pintu. 그는 문을 두드렸다; ② 공격하다; ⓢ membinasakan,menyerbu; Tentara kami ***menggempur*** malam.아군은 야간 공격을 했다; ③ 일축하다; Jaksa ***menggempur*** balik pernyataan yang menyudutkannya.검사는 그를 궁지로 몰았던 진술을 반론하기 시작했다;

penggempur 공격자;

penggempuran 공격;

gemuk ① 건장한,뚱뚱한;ⓢ gendut, tambun; Orang yang ***gemuk*** itu teman saya. 그 뚱뚱한 사람은 내 친구이다;② 기름기 있는,비계의; Akhir-akhir ini perempuan itu jadi ***gemuk***. 요즈음 그 여자는 살쪘다; ③ 기름; Sopir memberi ***gemuk*** di mobil. 운전수는 자동차에 구리스를 쳤다; ④ (땅이)기름진,비옥한; ⓢ subur; Tanah itu ***gemuk***.그 땅은 비옥하다;⑤ 비료; ⓢ pupuk, baja; Ia memberi ***gemuk*** pada sawahnya. 그는 논에 비료를 주었다;

menggemukkan 기름을 치다; Ia ***menggemukkan*** mesin itu. 그는 그 기계에 기름을 쳤다;

menggemukkan① 체중을 늘리다; Atlet dilarang ***menggemukkan*** badan. 운동 선수는 채중을 늘리지 말아야 한다; ② 기름지게 하다; ⓢ

memupuk;

kegemukan 너무 기름진, 너무 뚱뚱한;

gemulai ① 나긋나긋한, 유연한; ⓢ lemah lembut; Gerak-geriknya terlihat amat lemah *gemulai.*그녀의 행동은 아주 나긋나긋하였다; ② 흔들흔들하다; ⓢ berayun;

gemuruh 천둥처럼 울리는;Tepuk tangan para penonton amat *gemuruh* ditempat itu. 관객들의 박수 소리가 그 장소를 아주 크게 울렸다;

bergemuruh천둥치다;Suara meriam *bergemuruh.* 대포들이 쾅쾅거렸다;

genang, menggenang 흐르지 않는,괴어있는; Air matanya *menggenang* membasahi pipi. 그의 눈물이 고여 뺨을 적셨다;

menggenangi 물에 잠기게 하다, 충만시키다; Ia *menggenangi* sawahnya. 그는 논에 물을 댔다;

penggenangan 저수지;

tergenang 범람한, 물이 넘친; ⓢ terendam, terhenti;

genangan 못, 물 웅덩이;

genap ① 정확히,가득한; ⓢ utuh, lengkap,cukup,penuh;Semua kelas sudah *genap.* 학급 전체가 벌써 다 찼다; Surat persyaratannya sudah *genap.* 서류상의 조건은 충족했다; pikirannya **genap** 그의 생각은 온전하다; **genap** bulannya (해산) 달이 차다; ② 짝수의;

menggenapi 지키다, 이행하다;

menggenapkan ① 끝내다;Anak itu sudah *menggenapkan* pekerjaan rumahnya. 그 아이는 숙제를 끝냈다; ② 짝수로 만들다; Ia *menggenapkan* jumlah pesanannya. 그는 주문 수량을 짝수로 만들었다;

penggenap 보완,보충; Peraturan baru ini ialah *penggenap* peraturan lama.새 규칙은 기존의 규칙을 보완한 것이다;

segenap 전체의, 모든; ⓢ seluruh, semua,segala; **segenap** warga negara 모든 시민; *Segenap* tubuhnya gemetar ketakutan. 공포로 온몸이 떨렸다;

gencar ① 끊임없이,계속해서; ② 매우 빠른, 더욱; Belakangan ini aparat keamanan *gencar* melakukan razia untuk keamanan menjelang pemilihan presiden.최근 보안 당국은 대통령 선거에 즈음하여 보안 검문 검색을 강화하고 있다;

gencat 중단되다; ⓢ hentikan; Produksinya *gencat* karena kurang modal. 자금 부족으로 생산이 중단되었다;

menggencat 중지시키다, 멈추다; ⓢ menghentikan;

gencatan 중지;ⓢberhenti berperang;**gencatan** senjata 휴전(休戰);

gencet,menggencet ① 꽉 쥐다; ⓢ mengimpit; Tanpa sengaja dia *menggencet* tanganku.그는 고의가 아니게 내 손을 꽉 쥐었다; Dengan sekuat tenaga ia *menggencet* kepala ular dengan batu. 그는 돌로 뱀의 머리를 힘껏 으깼다; ② 평정하다, 진압하다; ⓢ menekan, menindas; Polisi *menggencet* demonstran itu. 경찰은 그 데모대를 진압

했다; ③ 흠을 잡다,구박하다; Entah kemengapa bapak guru itu selalu *menggencet* saya.
그 선생님은 왜 나를 항상 구박하는지 모르겠다;

tergencet ① 으깨진, 쥐어짠; ② 평정된, 진압된; ③ (문에 손이)끼다, 부딪히다; Ketika terjadi kepanikan, dia *tergencet* orang sekitar.
그 혼란이 일어났을 때 그 자신은 근처의 사람에 의해 부딪혔다;

gencetan ① 압착, 쥐어짜기; ② 억압, 진압;

gendang 장고,북;ⓢbeduk,tabuh, tambur; **gendang** hati 영감(靈感), 고취,고무;**gendang** pendengar고막; **gendang** raya 큰 북;

gendangan 엷은 막;

gendut ① 임신한;② 비대한,뚱뚱한;ⓢ gemuk,tambun;③이익을 많이 얻는, 배가 볼록 나온;

menggendutkan perut 배가 튀어 나오게 하다; Bir dipercaya dapat *menggendutkan* perut.맥주는 배가 나오게 한다고 알려져 있다;

generasi 세대; ⓢ angkatan, turunan; Kita adalah *generasi* ke-7 dari keluarga ini. 우리는 이 가족의 7세대이다;

geng 집단, 갱, 강도;

genggam (한)줌,(한)웅큼;ⓢ kepal, cengkram; beras beberapa **genggam** 몇 줌의 쌀; **genggam** tangan 째째한, 인색한;

menggenggam 장악하다, 움켜쥐다; ⓢ menguasai, menyimpan; Ia *menggenggam* surat cinta itu erat-erat. 그는 그 연애 편지를 강하게 움켜쥐었다; Ia *menggenggam* kekuasaan tertinggi di kantor ini. 그는 그 회사의 최고 권한을 움켜쥐었다;

segenggam 한 줌, 한 웅큼; nasi **segenggam** 한 줌의 밥;

tergenggam 장악된, 움켜쥔;

genggaman ①손아귀,수중(手中); Dalam *genggamanm*ya di temukan sebuah kunci; 그의 손안에서 열쇠 하나가 발견되었다; Pencuri itu jatuh dalam *genggaman* seorang polisi. 그 도둑은 경찰 한 사람에게 걸려들었다;

gengsi ① 명성, 위신; si *gengsi* putih 출신이 좋은 사람; ② 친척, 인척; ③ 후손, 자손; ⓢ kehormatan, nilai, martabat;

bergengsi 위신을 차리다; Hotel ini ialah salah satu tempat *bergengsi* di Jakarta.이 호텔은 자카르타에서 명성이 있는 호텔 중의 하나이다;

genit 교태부리는,요염한; ⓢ lincah, bergaya, banyak tingkah;

kegenitan 요염, 교태; Anak itu terlalu *kegenitan*. 그 아이는 너무 이성의 관심끌기에 신경을 쓴다;

genjot,**menggenjot** ① (노를)젓다, 페달을 밟다; ② 공격하다;

gentar 두려운; ⓢ takut,gelisah; Orang yang banyak *gentar* dalam bekerja tidak akan sukses. 모든 일에 두려워하는 사람은 성공할 수 없다; tak **gentar** 용기있는, 대담한;

bergentar,**menggentar** 떨다;Mereka bahkan tak *bergentar* ketakutan melihat aksi lawan tandingnya. 그들은 심지어 상대 적수의 행위를 보고도 두려움에 떨지 않았다;

menggentarkan ① 키타 줄을 튕기다;② 경악시키다; ⓢ mengacau, menakutkan; Berita perang itu ***menggetarkan*** semua orang. 그 전쟁 소식은 많은 사람들을 경악시켰다;

kegentaran ① 진동; ② 두려움; Dalam ***kegentaran*** mereka tak dapat pergi. 그들은 두려워서 갈 수가 없었다;

penggentar 테러리스트;

gentaran 떨림, 진동;

genteng 기와;

genting ①좁은;ⓢ sempit,tipis;

bagian ***genting*** dari jam pasir 모래시계의 목이 좁은 부분;Tanah ***genting*** Kra ada di Malaysia. 말레이시아에 건떵 끄라 지역이 있다;② 위태로운, 위급한; ⓢ tegang, kritis, berbahaya,; Keadaan yang sangat ***genting***. 위급한 상태;

menggenting 위태로워지다; Keadaan makin ***menggenting*** dengan kehadiran orang tuanya. 그의 부모가 나타나서 상태가 더욱 위태롭게 되었다;

menggentingkan 위태롭게 만들다;

kegentingan ① 위기; ⓢ krisis, kemelut ② 긴장; ③ 비상사태;

gentong 항아리, 물독;

geogerafi 지리(학);

gepuk 튼튼한, 건장한, 뚱뚱한; ⓢ gemuk;

menggepuk (고기 등을) 두들겨 연하게 하다; Ibunya ***menggepuk*** daging sapi. 어머니는 소고기를 두들겨 연하게 한다; **menggepuk** es 얼음을 깨다;

gerabah 뚝배기, 오지 그릇.

gerah 더운,후덕지근한; ⓢ panas;

geraham 어금니;**geraham** bungsu 사랑니;

gerak ① 동작,움직임; ⓢ goyang;

Gerak berjalan bayi itu masih belum lancar. 그 애기의 걷는 동작은 아직 서툴다; ② 경련; **gerak** badan 신체 단련; **gerak** bangkitnya 상향이동; **gerak** batin 충동,직관; **gerak** gerik 동작; **gerak** jalan 경보대회; **gerak** hati 충동, 직관;

bergerak ① 움직이다; ⓢ bergoyang, berpindah; Kereta api itu mulai ***bergerak*** meninggalkan stasiun.그 기차는 역을 뒤로하고 움직이기 시작했다; ②활동하다; ⓢ berusaha,beraksi; Usahanya ***bergerak*** di bidang fashion. 그는 패션계통의 일을 하고 있다;

menggerakkan ①움직이다;Karena sakit, ia tak mampu ***menggerakkan*** badan lagi. 그는 아파서 더 몸을 움직일 수 없었다;② 시동걸다, 시작하다; Ia ***menggerakkan*** mobil itu.그는 그 차에 시동을 걸었다; ③ 움직이게 하다; **menggerakkan** hati 감동시키다; Buku cerita itu ***menggerakkan*** hati perempuan itu. 그 소설은 그녀를 감동시켰다;

penggerak ① 원동력;***Penggerak*** mesin itu adalah listrik. 그 기계의 원동력은 전기이다;

pergerakan 활동, 운동; ⓢ aksi, kegiatan,aktivitas; **pergerakan** politik 정치 활동;

tergerak동요되다,옮겨지다;Mobil itu tak sengaja ***tergerak*** olehnya. 본의 아니게 그가 그 차를 옮겼다; Saat melihat penderitaannya hati saya ***tergerak*** untuk membantunya. 그가 고통받는 것을 보고 내 마음은 그를 돕기 위해 움직였다;

gerakan동작;***Gerakan*** tari wanita itu punya daya tarik. 그녀의 춤추는 동작은 매력적이다; **gerakan** bawah tanah 지하운동;**gerakan** kaum buruh 노동운동; **gerakan** pemberantas buta huruf 문맹퇴치운동;

geram 화난,노여운;ⓢ kesal,marah,dongkol,jengkel; Sungguh ***geram*** melihat perilakunya yang seperti itu! 그의 그와 같은 행동을 보고 정말로 속상했다.

menggeram 화내다, 야단치다;

menggeramkan 화나게 만들다;

kegeraman 화, 노여움;

geranat 수류탄; **geranat** tangan 수류탄;

menggeranat 수류탄을 던지다;

gerangan 정말,대관절, 도대체; ⓢ agaknya,barangkali; Bagaimana ***gerangan*** penjahat itu dapat meloloskan diri? 도대체 어떻게 그 범인이 도망칠 수 있었는가?;

gerbang, **menggerbang** 헝크러지다, 풀어헤치다;

menggerbangkan헝크러뜨리다;

tergerbang-gerbang 헝크러진.

gerbong (기차의)연결칸; ⓢ wagon; kereta api; **gerbong** barang 화물칸; **gerbong** penumpang 객차;

gerebek (경찰의)급습; Semalam tempat hiburan itu kena ***gerebek*** aparat keamanan.어젯밤 그 유흥업소는 경찰의 급습을 받았다;

gereget 의욕; ⓢ nafsu;

geregetan 화난, 노여운;

gereja ① 교회;burung **gereja** 참새;hukum **gereja** 교회의 법규; ② 교파, 교회조직; **gereja** Injil 감리교회; **gereja** Rum(=Katolik) 천주교회; **gereja** Protestan 신교 교회;

gerek, **bergerek-gerek** 구멍이 많이 난; ⓢ bor; Atap rumah itu ***bergerek-gerek***. 그 집의 지붕은 구멍이 많이 나있다;

menggerek 구멍을 파다;Tukang kayu ***menggerek*** papan. 목수는 판자에 구멍을 팠다;

penggerek, **gerekan** 송곳, 나사;

gergaji 톱; **gergaji** besi 쇠톱; **gergaji** mesin 기계톱; **gergaji** tangan 손톱;

menggergaji 톱질하다;

penggergaji 톱장이;

penggergajian 제재업, 제재소;

gerhana (달 또는 해의) 식(蝕); **gerhana** bulan 월식;**gerhana** matahari 일식; **gerhana** mutlak 개기식; Semalam terjadi peristiwa ***gerhana*** matahari di sebagian wilayah Indonesia. 어젯밤 인도네시아 일부 지역에서 일식 현상이 발생했다;

gerik 운동,움직임; ☞gerak-gerik.

gerilya 유격대, 게릴라; pasukan **gerilya** 유격대; **gerilyawan** 유격대원; Mereka melakukan perang ***gerilya*** melawan penjajah. 그들은 점령자들에게 게릴라 전을 펼쳤다;

gerimis 이슬비,보슬비; ⓢ hujan

rintik-rintik; *Gerimis* kecil mulai turun membasahi bumi. 작은 이슬비가 내리기 시작하여 땅을 적신다;
bergerimis 이슬비가 내리다;
gerlap,menggerlap 불꽃이 일다, 번뜩이다; ⓢ kilau, cahaya, kilat;
gerombolan ① 도당(徒黨), 집단;ⓢ kelompok,kawanan; ②도적떼;ⓢ pengacau; Bank itu di rampok oleh *gerombolan* itu.그 은행은 그 때 강도들에 의해 돈을 털렸다; *Gerombolan* orang-orang bersenjata menyerang pusat kota. 무장한 일당이 시내 중심가를 공격했다;
gersang ① (나무가)마른; ⓢ kering; ② (땅이)건조한, 황폐한; ⓢ tandus, gundul; Tanah *gersang* tanda musim kemarau telah tiba. 건조한 땅은 건기가 왔음을 알리는 표시이다;
gertak ① 고함,호통; Suara *gertak* ayahnya menakutkan anaknya. 아버지의 호통 소리는 아이를 겁먹게 했다; ② 허세; Itu hanya *gertak* kosong saja. 그것은 단지 공연한 허세일 뿐이다;③ 협박,위협; **gertak** gerantang, **gertak** sambal 허세;
menggertak ① 야단치다, 호통치다;ⓢ membentak; Bapak *menggertak* saya. 아버지는 나를 야단치셨다;② 협박하다; ⓢ menakut-nakuti; ③ 허세를 부리다;
menggertakkan ① 박차를 가하다;ⓢ memacu; Pemimpin *menggertakkan* semangat pekerjaan itu kepada semua pegawai. 사장은 모든 직원에게 그 일에 박차를 가하도록 격려했다;② 악물다; Ia *menggertakkan* giginya. 그는 이를 악물었다;
penggertak ① 협박자, 호통치는 사람; ② 박차, 협박;
gertakan ① 고함, 호통; ② 허세; ③ 협박; ④ 박차(拍車);
gerutu 불만이 있는, 투덜거리는;
menggerutu불평하다,투덜거리다;
gesek, bergesek 윤나게 하다, 문지르다; ⓢ bergosok, bergeser;
bergesekan ① 비비다,비벼대다; ② 스치다, 서로 닿다;
menggesek; Adik gemar *menggesek* biola. 동생은 바이올린 켜기를 좋아 한다;
pergesekan 문지름, 마찰;
geser bergeser ① 이동하다; ⓢ pindah, sorong; Cangkirnya dia *bergeser* menghadap perempuan itu. 그는 컵을 그녀 앞으로 옮겼다; ② 닿다,스치다; ⓢ bergesek; Lelaki itu tangannya *bergeser* di leher perempuan itu. 그 남자의 손이 그녀의 목을 스쳤다;③ 의견 충돌이 일어나다; Kedua pasangan itu berpisah karena *bergeser* pendapat. 그 두 연인는 의견 다툼으로 헤어졌다;
menggeserkan ① 비벼대다, 문지르다; Ia *menggeserkan* tangannya pada panci sulap. 그는 요술냄비에 손을 문지렀다; ② 옮기다;
penggeseran 압력, 마찰;
pergeseran ① 문지름, 마찰; ⓢ pergesekan; ② 불화,알력; ⓢ perselisihan, percekcokan; ③ 이전, 변경, 인사이동;
tergeser ① 마찰된, 문질러진;

② 변경된, 옮겨진; Cangkir itu ***tergeser*** ketika mereka bertengkar. 그 컵은 그들의 싸움통에 밀쳐졌다; ③ 해고된, 파면된;

gesit ① 재빠른,날쌘; ⓢ aktif,cekatan; Pemain sepak bola menggiring bola dengan ***gesit***. 그 축구 선수는 잽싸게 공을 몰고 갔다; ② 재치있는, 빈틈없는; pendebat yang **gesit** 재치있는 토론자;③ 비호같은, 날랜; kuda yang **gesit** 날랜 말; ④ 약빠른;ikan yang **gesit** 약빠른 고기.

kegesitan 재빠름, 날램, 민활함;

getah ① 수액(水液);② (고무나무 등의)유액;ⓢ karet; **getah** burung (새잡는)끈끈이; **getah** karet 고무(나무의)액; **getah** lambung 위액;

bergetah ① 액즙을 지니다; ② 끈적끈적한; ⓢ pekat-lekat; Madunya ***bergetah***. 꿀은 끈적끈적하다; ③ 고무액을 채집하다;

getar, bergetar 흔들리다, 떨다; ⓢ guncang;Tanah ***bergetar*** karena gempa bumi. 지진으로 땅이 흔들린다;

menggetar 흔들리다, 떨리다;

menggetarkan 떨게하다;

penggetar 폭군;

getaran ① 진동; ② 전율, 떨림;

getir 쓴맛의; ⓢ pahit; Obat yang bagus terasa ***getir*** di mulutnya. 좋은 약은 입에 쓰다;

menggetirkan 고생시키다; Kelakuanmu yang malas akan ***menggetirkan*** hidupmu. 너의 게으른 행동은 너의 인생을 어렵게 할 것이다,

kegetiran 쓴맛,괴로움; ***Kegetiran*** hidupnya terpancar diwajahnya. 인생의 고뇌가 그의 얼굴에 나타나 있다;

giat ① 열심인; ⓢ aktif,rajin, bersemangat, tangkas; Ia harus bekerja dengan lebih ***giat*** lagi. 그는 더욱 더 열심히 일해야 했다; ② 적극적으로; Mereka dengan ***giat*** memerangi kejahatan. 그들은 적극적으로 범죄와 맞섰다;

bergiat 극성을 부리다, 적극성을 보이다; Ia ***bergiat*** olahraga golf. 그는 골프 운동에 극성을 부린다; Nyamuk-nyamuk mulai ***bergiat*** dalam kamar saya. 모기 떼들이 또 내 방에서 극성을 부리기 시작했다;

mempergiatkan 북돋우다, 격려하다;Ia ***menggiat*** para pemuda untuk meneruskan perjuangan kemerdekaannya. 그는 청년들에게 독립 투쟁을 계속하도록 격려하였다.

mengiatkan kembali 부활시키다, 다시 가동시키다;

kegiatan ① 활력, 열정; ⓢ aktivitas; ② 활동; ③ 근면; ***Kegiatan*** ini akan lebih mempererat persahabatan kita. 이 활동은 우리의 우정을 더욱 강화시킬 것이다;

penggiatan 격려, 활성화;

gigi 치아, 이; **gigi** anak 유치; **gigi** asli 영구치; **gigi** palsu 의치; **gigi** bungsu 사랑니; **gigi** geligi 치열; **gigi** manis 앞니; **gigi** sejati 영구치; **gigi** seri 앞니; **gigi** sulung 젖니; **gigi** taring 송곳니; dokter **gigi** 치과 의사; tukang **gigi** 치과 기공사;

bergigi 이가 있는;

gigih ① 험상궂은; ② (=menggigih) 전율하는, 떠는;

gigil, **menggigil** 전율하다, 몸서리 치다, 떨다;

gila ① 미친; ⓢ sinting, edan; Dia sudah ***gila*** karena mendengar kabar anaknya meninggal. 그는 아이의 사망 소식을 듣고 미쳐버렸다; ②홀딱 반한,광기,심취한; ⓢ gemar; Saya benar-benar ***gila*** padamu. 나는 말로 할 수 없도록 너를 좋아한다; gila mancing 낚시광; **gila** golf 골프광;

bergila-gila 미친듯이; Dia menangis ***bergila-gila***. 그는 미친듯이 울부짖었다;

menggila 미쳐 버리다;Harga bahan makanan semakin ***menggila***. 식품재료의 가격이 점점 미친듯이 올라간다;

menggilai ① 무척 좋아하다; Dia ***menggilai*** olah raga golf. 그는 골프 운동을 무척 좋아한다;② 홀딱 반하다; Lelaki itu ***menggilai*** pacarnya.그 남자는 애인에게 빠졌다;

menggilakan ① 정신을 나가게 하다; Kemiskinan telah ***menggilakan*** nya. 그는 가난 때문에 정신이 나갔다;

kegilaan 광기,정신병; Dia sangat ***kegilaan*** dengan olah raga. 그는 운동에 대한 광기가 대단하다;

bergila-gilaan (사랑에 빠져) 놀아나다; Jika ***bergila-gilaan*** dengan perempuan maka tidak bisa kerja. 여자한테 너무 빠지면 일을 할 수 없다;

tergila-gila 흠뻑 빠지다; Ia ***tergila-gila*** dengan golf. 그는 골프에 빠졌다;

gilang, **gilang** gemilang ① 밝은; ⓢ bercahaya,terang; Bulan purnama sangat ***gilang***. 보름달은 아주 밝다; ② 훌륭한; Ia lulus ujiannya dengan hasil ***gilang*** gemilang. 그는 아주 훌륭한 성적으로 시험에 합격하였다; ③ 찬란한; Mereka berhasil meraih kemenangan dengan ***gilang*** gemilang. 그들은 찬란한 승리를 거두었다;

gilas, **menggilas** ① 부수다, 빻다; ⓢ menindih;

menggilas; Mesin itu ***menggilas*** biji beras. 그 기계는 쌀을 빻는다; ② 치다, 깔아뭉개다; ⓢ melanggar; Mobil ***menggilas*** orang. 차가 사람을 치었다;

penggilas 쇄석기(碎石機),분쇄기; **penggilas** es 얼음 분쇄기;

giling, **bergiling** 회전하다, 돌다; Mesin itu ***bergiling*** setelah diperbaiki. 그 기계는 수리 후에 잘 돌아간다;

menggiling ①갈다,빻다; ⓢ menggilas; **menggiling** tebu 사탕수수를 찧다; Pembantu itu ***menggiling*** beras. 그 식모는 쌀을 갈았다; ② 평평하게 하다; ③ 치다,깔아뭉개다; ⓢ melanggar; Truk itu telah ***menggiling*** seorang anak. 그 트럭이 한 아이를 치었다;

penggiling, ***penggiling*** jalan 땅 다지는 기계, 로울러;

penggilingan, **gilingan** 제분소; **gilingan** beras 정미소(精米所); **gilingan** padi 정미소, 정미; **gilingan** 빻기; **gilingan** air 물레방아;

tergiling 치인, 깔린;

gimbal (머리 등이)헝클어진;
ginjal 콩팥, 신장(腎臟); ⓢ buah pinggang; anak **ginjal** 부신(副腎); batu **ginjal** 신장 결석(結石); peyakit batu **ginjal** 신장 결석증;
ginseng 인삼;
girang ① 기쁜, 즐거운; ⓢ suka hati,gembira, riang, senang; Ia ***girang*** karena ketemu pacar. 그는 애인을 만나 즐거웠다; ② 명랑하게, 흥겹게; Ia bernyanyi dengan ***girang*** karena memiliki baju baru. 그녀는 새옷을 사고 기뻐서 노래를 불렀다;
bergirang, ***bergirang*** (hati) 기뻐하다;
menggirangkan ① 기쁘게 하다. ② 흥겹게 하다; ③ 격려하다; Dia ***menggirangkan*** orang yang sulit hidupnya. 그는 힘들게 살아가는 사람을 격려했다;
kegirangan ① 즐거움, 기쁨; ② 기뻐하는; Ia bersorak ***kegirangan*** saat dinyatakan sebagai pemenang dalam lomba itu.그는 그 경주의 승자로 선언되었을 때 기뻐서 소리를 질렀다;
giring, **mengiring** ① (소 등을) 몰다; ⓢ menghalau; ② 데려가다, 이끌다; ⓢ mengantar, mengarahkan; Polisi ***mengiring*** penjahat itu ke penjara. 경찰은 그 범죄자를 감옥에 넣었다;
giro 어음; membuka **giro** 어음장을 개설하다;
gitar 기타;
giwang 진주조개, 자개;
gladiator 검투사(劍鬪士);
glamor 마력, 매력; **keglamoran** 아름다움, 매력; Hidup penuh dengan ***keglamoran*** adalah impiannya. 매혹적인 삶으로 가득찬 인생이 그녀의 꿈이었다;
global ① 구형의,구(球)의;② 세계적인;
globe 지구본;
glondong 원통형 나무; ☞ gelondong;
glukosa 포도당;
gocek,**mengocek** 혼란시키다; Dia pintar ***menggocek*** orang lain dengan bicaranya.그는 말로서 남을 잘 혼란시킨다;
goda 꼬임,유혹; Perempuan itu kena ***goda*** orang kaya. 그 여자는 부자를 유혹했다;
menggoda ① 유혹하다; ⓢ menguji,menarik hati; ② 정조를 유린하다; Ia ***mengoda*** gadis itu. 그는 그 소녀의 정조를 유린했다; Kecurigaan itu telah lama ***menggodai*** hatinya. 그 의심은 오래 전부터 그의 마음을 유혹하여 왔다;
penggoda ① 유혹하는 사람; ② 색마,호색가; Dirinya memang terlahir sebagai seorang ***penggoda***. 그는 유혹하는 데는 소질이 있는 사람이다;
penggodaan 유혹 꼬임;
tergoda ① 꼬임에 빠진; Jangan pernah ***tergoda*** oleh rayuan setan. 악마의 유혹에 넘어가지 말아라; ② 정조를 유린당한;
godog, **penggodogan** 추첨, 뽑기;
golf 골프; Ayah gemar bermain ***golf***. 아버지는 골프를 좋아하신다;

golok 칼의 일종; ⓢ parang, pedang;
menggolok '골룩'을 사용하다;
golong, menggolongkan 무리를 짓다, 단체를 형성하다, 모이다; Dia hendak *menggolongkan* persahabatan dengan mereka. 그는 그들과 우정 단체를 형성하기 원한다;
gombal 낡은 천;
gondok ① (체구가) 땅땅한; ② 목 부분에 혹이난; kelenjer *gondok* 갑상선;
gondrong 장발의, 머리가 긴; Sekarang sedang mode rambut *gondrong*. 요즈음는 장발이 유행이다;
gonjang-ganjing 심하게 흔들다;
gorden 간막이, 커어튼;
goreng ① 튀긴; ② 볶은; nasi **goreng** 볶음밥;pisang **goreng** 튀김 바나나; minyak **goreng** 튀김 기름;
menggoreng 튀기다,볶다; Ibu sedang *menggoreng* makanan. 어머니는 음식을 볶고 계신다;
penggorengan 후라이팬; Kakak sedang mencuci *penggorengan*. 누나는 후라이팬을 닦고 있다;
gorengan 튀김, 볶아진 것;
gores ① 상처, 자국, 할퀴다; ⓢ corek,parut; **goresan** api 성냥; Dia badannya penuh *goresan*.그는 몸에 상처 투성이다; ② 선, 줄; Kita tak dapat menggunakan kertas itu karena terdapat beberapa *goresan*. 낙서가 좀 있어서 우리는 그 종이를 쓸 수 없다;
bergores-gores 긁힌,생채기가 많이 있는; Anak itu main *bergores-gores* di atas kertas. 그 아이는 종이에 낙서를 긁적거리며 놀았다;
menggores ① 할퀴다; ② 줄을 긋다; Dia *menggores* garis tanpa penggaris. 그는 자도 없이 선을 긋는다;
menggoreskan 긁적거리다; Wartawan itu *menggoreskan* tulisan dibuku kecilnya. 그 기자는 수첩에 기사를 긁적거렸다;
kegores 긁힌, 생채기가 난, 할퀴어진; Dia *kegores* dahan pohon. 그는 나무가지에 얼굴을 긁혔다;
goresan 할퀸(긁힌) 자국, 상처; *Goresan* itu tepat mengenai wajahnya. 정확히 그의 얼굴을 할퀴었다;
gorok, menggorok 자르다, 베다, 도살(屠殺)하다; ⓢ menyembelih, memotong, membunuh;
penggorokkan 학살, 도살; Peristiwa *penggorokkan* itu terjadi dua tahun yang lalu. 그 도륙 사건은 2년 전에 일어났다;
gosip 험담, 뜬 소문;
gosok,bergosok 문지르다,비비다; ⓢ asah, gesek; **gosok** gigi 이를 닦다;
menggosok ① 닦다,문지르다;② 광택을 내다; Ia *menggosok* sepatunya agar mengkilat. 그는 광이 나도록 구두를 닦았다; ③ 충동질하다; Dia *menggosok* anak itu untuk mencuri uang. 그는 그 아이에게 돈을 훔치라고 충동질했다; ④ 솔질하다; **menggosok gigi** 이를

닦다; menggosok biola 바이올린을 연주하다;

menggosokkan비비다,문지르다; Dia *menggosokkan* tulisan di buku kecilnya. 그는 유리창을 문지르 닦았다;

penggosok ① 선동자; ② 닦는 사람; **penggosok** sepatu구두닦이;

gosokan ① 문지름; ② 광택내기;

gosong 모래톱, 모래 언덕;

got ① 낙수 홈통, 도랑; ② (배 밑의)굽은 부분;

gotong,menggotong 들어 올리다. ⓢ memikul; Orang itu *menggotong* anaknya yang sakit.그 사람은 앓고 있는 아이를 들어 안았다;

goyang ① 불안정한,흔들거리는; ⓢ tak tepat, selalu berubah, berguncang; Bayi itu jalannya masih *goyang*. 그 아기의 걸음은 아직 불안정하다; Harga barang-barang masih *goyang* karena krisis moneter. 통화 위기로 물가는 아직 불안정하다; ② 흔들리는, 비틀거리는; **goyang** kaki 빈둥거리다; teman-teman sedang bekerja tetapi ia hanya *goyang* kaki saja. 모든 친구들이 일을 하는데 그는 혼자서 빈둥거리고 있다;

bergoyang ① 떨다, 진동하다; ② 흔들리다; Dahan-dahan *bergoyang* ditiup angin. 나뭇가지가 바람에 날려 흔들린다; ③ 오르내리다, 변동하다; Harga karet mulai *bergoyang* akibat banyaknya hutan yang di tebangi. 고무 가격이 많은 고무 나무의 벌채로 변동되기 시작했다;

menggoyangkan ① 휘젓다; Ia *menggoyangkan* sumpit pada supnya.그는 젓가락으로 국을 휘저었다; ② 흔들다; ⓢ mengayunkan; Ia *menggoyangkan* kipas tangan. 그는 부채를 흔들었다;

kegoyangan 불안정, 불확실;

tergoyang 휘저어진, 흔들리는, 변동시킨;

grafika 그래프(도표)학;

gram 그램(무게 단위);

grasi 사면(赦免);ⓢpengampunan; Terdakwa kasus korupsi itu mendapat *grasi* dari Mahkamah Agung. 그 부정부패 사건의 피고는 대법원으로부터 사면을 받았다;

gravitasi 인력(작용), 중력;

gubah, menggubah ① 꽃꽂이하다; Dia ahli *mengubah* hiasan bunga. 그는 꽃꽂이 전문가이다; ② 짓다,작곡하다;ⓢ mencipta,mengarang;Dia *mengubah* buku cerita cinta.그는 애정 소설을 지었다;

penggubah 편집자,편곡자,작곡가, ⓢ pengarang, penyair;

gubahan musik 편곡;

gubernur 주지사; ⓢ kepala, kepala daerah,wakil negara; **gubernur** jendral (식민지의)총독;

kegubernuran주(州)의 청사;

gubris,menggubris관심을 보이다, 주목하다; ⓢ mempedulikan,mengindahkan, memperhatikan, menghiraukan;Ia sama sekali tak *menggubris* perkataan kami. 그는 우리의 말에 전혀 주의를 기울이지 않았다;

gubuk ① 원두막, 오두막; ⓢ dangau, pondok; ② 오막살, 헛간; ③ 노점 (露店);

guci 단지; ⓢ buyung;

gudang 창고(倉庫);**gudang** gandum 밀 창고; Kakak sedang membersihkan ***gudang***. 형은 창고를 청소하고 있다;

menggudangkan 창고에 쌓다; Petani ***menggudangkan*** hasil pertaniannya.농부는 창고에 곡식을 쌓았다;

pergudangan창고업;Saya sungguh tidak tahu tentang hal ***pergudangan*** di kantor ini. 나는 이 회사의 창고 업무를 전혀 알지 못한다;

gugat, menggugat ① 고소(고발)하다; ⓢ mendakwa, mengadukan; Pengadilan ***menggugat*** dia dengan tuduhan penggelapan uang. 법원은 자금 유용의 혐의로 그를 제소하였다; ② 요구하다; Mereka ***menggugat*** untuk melepaskan patriot itu. 그들은 그 애국자의 석방을 요구했다; ③ 주장하다; ⓢ menuntut, menyanggah; **menggugat** hak. 권리를 주장하다; ④ 비난하다;ⓢ mencela; Mereka ***menggugat*** tindakan-tindakan pemerintah yang dinilai arogan. 그들은 정부의 경직한 조치들에 대해 비난했다; ⑤ 침해하다; **menggugat** wewenang 권한을 침해하다;

gugatan 고소; ⓢ tuntutan; Kami sudah menyewa seorang pengacara yang akan membantu kami memenangkan ***gugatan*** ini. 우리는 그 고소에 이기기 위해 우리를 도울 변호사를 이미 선임했다;

gugup 당황하는,겁을 먹은;ⓢ gagap,bingung, tergesa-gesa; Ayahnya marah dan anaknya pun menjadi ***gugup***. 아버지가 화를 내자 아이는 겁을 먹었다;

menggugupkan 겁을 주다;

gugur 떨어지다, 지다; ⓢ jatuh, kalah, meninggal; Di gunung ada ***gugur*** daun yang jatuh.산에는 낙엽이 떨어져 있다; Ia ***gugur*** dalam pertempuran di medan perang. 그는 전쟁터에서 전쟁 중 산화했다;

berguguran 떨어지다,낙오하다; Di taman ada banyak bunga mawar jatuh ***berguguran***. 정원에 많은 장미 꽃이 떨어져 있다;

keguguran ① 떨어짐;② 전사한; Banyak tentara amerika ***keguguran*** di perang itu. 그 전쟁에서 많은 미군이 전사했다; ③ 유산하다; **keguguran** bayi 유산; **keguguran** tanah 침식,부식; **pengguguran** kandungan 낙태, 유산;

gugus, gugusan 집단,무리; ⓢ kumpulan,kelompok; **gugusan** bintang 별군(群); Lihatlah ke langit, disana terdapat ***gugusan*** bintang Andromeda. 하늘을 봐라, 안드로메다 성운이 보인다;

gula 설탕, 당(糖); **gula** pasir 정제 설탕; penyakit **gula** 당뇨병;

menggulai 설탕을 치다; Jangan terlalu banyak ***menggulai*** kopi saya. 내 커피에 설탕을 너무 많이 넣지 말아라;

gulai 고기 수우프, 카레 수우프; **gulai** ayam 닭고기 카레 수우프; Adik amat suka makan ***gulai*** ayam.

동생은 닭고기 카레 수우프를 좋아 한다; **gulai** kambing 염소고기 카레 수우프;

menggulai 카레 수우프를 만들다,

gulana,gundah-gulana 슬픈, 낙심한;

gulat, bergulat 맞붙어 싸우다, 씨름하다; ⓢ bergumul,bergelut; Kedua orang itu ***bergulat*** memperebutkan sesuatu. 그 두사람은 어떤 무엇을 서로 가지 려고 한참 싸움 중이다;

pergulatan ① 난투,격투,씨름;② 노력, 투쟁; ⓢ pergumulan, perkelahian,pertarungan; **pergulatan** kemerdekan 독립을 위한 투쟁; jago **pergulatan** 씨름 선수;

guling 긴 베개;

gulir, bergulir 미끄러지다; Waktu telah ***bergulir*** menunjukkan pukul 11 malam. 시간이 그럭저럭 흘러 밤 11시가 되었다;

menggulir 미끄러지다, 넘어지다;

gulung (종이의)연, 두루마리; Di sini ada satu ***gulung*** kertas. 여기에 종이 한 연이 있다; **gulung** tikar 파산하다, 도산하다;

bergulung,bergulung-gulung 구르다,몸부림치다;ⓢ melingkar,berguling; Anak anjing sedang ***bergulung.***강아지가 딩굴면서 놀고있다.

menggulung 감다; Anak itu ***menggulung*** benang layangan. 그 아이는 연줄을 감았다;

menggulungkan ①말다,굴리다; ② 걷어 올리다, 말아 올리다; Dia ***menggulungkan*** lengan bajunya. 그는 옷소매를 걷어 올렸다;

tergulung ① 말아서 만든; ② 감아 올려진, 감긴; Benang kail itu sudah ***tergulung*** dengan benar. 그 낚싯줄은 제대로 감겨졌다;

gulungan 얼레, 실패;

gumpal 뭉치, 더미; ⓢ bongkah, kepal;

bergumpal 엉기다;

bergumpal-gumpal 덩어리로;

menggumpalkan ① 부스러뜨리다; Dia memecahkan tanah yang ***menggumpal.*** 그는 흙 덩어리를 부스러뜨렸다; ② 덩이지게하다, 덩어리로 만들다;

gumpalan 더미,덩어리; ***Gumpalan*** darah itu semakin lama semakin besar.그 핏덩이는 시간이 흐를수록 커졌다;

guna 용도, 이용, 쓸모; ⓢ faedah; Botol kosong bisa ***guna*** lagi. 빈병은 재활용 할 수 있다;

Berguna 유용한, 쓸모 있는; Semoga hal ini ***berguna*** untuk masa depan. 이일이 미래에 쓸모가 있기를 바란다;

mempergunakan,menggunakan 이용하다,쓰다; ⓢ memakai, menerapkan;**kegunaan** 유익함,유용함; ⓢ faedah;

penggunaan, 이용, 사용; ⓢ pemakaian;

guncang 흔들다; ⓢ goncang;

gundah 낙담한, 의기 소침한; ⓢ bimbang, gelisah; Musuhnya ***gundah*** mendengar suara mortir. 적은 대포 소리에 의기 소침했다; **gundah** gulana 의기 소침한;

menggundahkan 기가 꺾이게

하다;

kegundahan 낙담, 의기 소침;

gundu (놀이용)구슬; ⓢ kelereng, guli; Adik bermain ***gundu*** bersama teman-temannya. 동생은 친구들과 구슬놀이를 하고 있다;

gundul ① 대머리(의); ⓢ botak; Ayahnya ***gundul***. 그의 아버지는 대머리다; ② 황폐한, 발가벗은; ⓢ gersang, tandus, kering; Dia mulai tanam pohon di tanah yang ***gundul***. 그는 황폐한 땅에 나무를 심기 시작했다;

menggunduli ① 삭발하다,면도로 밀다; Dia ***menggunduli*** rambutnya untuk menjadi biksu. 그는 중이 되려고 삭발했다;②득점을 주지않다, Tim Korea ***menggunduli*** Jepang 5-0. 한국팀은 일본팀을 5대 0으로서 영패시켰다; ③ 모두 없애다, 탕진하다; Dia ***menggunduli*** hartanya dengan judi. 그는 노름으로 재산을 탕진했다;

menggundulkan대머리로 만들다,

gunjing 비방,욕설, 중상; ⓢ umpat, fitnah;

mengunjingkan 비방하다, 중상하다; ⓢ memperkatakan;

gunting 가위; **gunting** mesin 이발기계; **gunting** kuku 손톱깎기; **gunting** rambut 이발 가위; Jangan pakai ***gunting*** rambut untuk potong kain.이발 가위로 천을 자르지 마라;

menggunting 재단하다,가위로 자르다; ⓢ memotong; Ibu ***menggunting*** kain dengan gunting. 어머니는 가위로 천을 잘랐다;

pengguntingan 절단;

guntingan ① 재단,절단;Dia ***guntingan*** bagus. 그는 재단을 잘한다; ② 클리핑; **gunting** surat kabar 신문 컬리핑;

guntur 뇌성,우뢰, 천둥; ⓢ guruh, geledak, petir; Suaranya menggelegar bagai ***guntur*** di siang hari. 그 소리는 한낮의 천둥 소리처럼 울렸다;

gunung 산; **gunung** berapi 화산;

bergunung, bergunung-gunung 산지의, 산이많은; ***Bergunung-gunung*** itu banyak hewan liar. 그 산악지대에는 야생동물이 많다;

menggunung 산처럼 되다;

pegunungan 산악지대, 산맥; Kampung halaman saya di daerah ***pegunungan*** Sumatera. 내 고향은 수마트라 산악 지역이다;

gunung-gunungan 언덕, 퇴적, 더미; **gunung-gunungan** kotoran 오물 더미;

gurah, bergurah 입을 헹구다;

menggurah씻어내다,헹구어내다; **mengurah** botol 병을 헹구어내다;

gurami 담수어의 일종;

gurih 맛좋은;

gurita 낙지;

gurita 기저귀;

guru 선생님, 교사, 교원; ⓢ pengajar, **guru** agama 교리 선생; **guru** besar 교수; **guru** mengaji 경전 교사;

menggurui 가르치다 Jangan suka ***menggurui*** saya dengan kata-katamu! 네 말로 나를 훈계하려 들지 말아라;

perguruan ① 훈육,교육; ⓢ pengajaran;② 학교; ⓢ sekolah; **perguruan** rakyat 국민 교육 기관; **perguruan** tinggi 대학; Dia adalah mahasiswa salah satu ***perguruan*** tinggi swasta di Jakarta.그는 자카르타의 한 사립 사범대학 학생이다;

gurun 불모지, 황무지; ⓢ padang pasir; **gurun** tandas 불모지; **gurun** pasir 사막;

gusar 화가 치미는, 화를 내는; ⓢ marah, berang, sakit hati, murka, tersinggung; Ia ***gusar*** karena sejak semalam anaknya belum pulang. 그녀는 어젯밤부터 아이가 돌아오지 않아 화가나있다;

menggusarkan 화나게 하다; Sikap ketidaktulusannya ***menggusarkan*** saya. 그의 불성실한 태도가 나로 하여금 화가 치밀게 만들었다;

kegusaran 성남, 화냄;

gusur, **menggusur** ① 강제로 옮기다; Pemerintah ***menggusur*** bangunan liar di kawasan itu. 정부는 그 공단지역 주위의 불법 건물을 강제 철거했다; ② (물건을)끌다;

guyur,**mengguyur** 물을 주다 (뿌리다); ⓢ menyiram;

mengguyurkan 퍼붓다, 뿌리다; ⓢ mencurahkan; Petani itu ***mengguyurkan*** air di kebun. 그 농부는 밭에 물을 주었다;

terguyur 물벼락을 맞다; ⓢ tersiram; Orang yang lewat itu ***terguyur*** air sewaktu lewat jalan tikus. 그 행인은 지름길을 지날 때 물벼락을 맞았다;

H

habis 완료한, 끝난, 종료한; **habis bulan** 월말; Pada ***habis*** bulan banyak orang main ke tempat hiburan. 월말에는 많은 사람들이 유흥지를 놀러간다; **habis tenaga** 지친; ***Habis*** tenaganya setelah main golf. 그는 골프 께임 후 기력이 모두 소모되었다;

menghabisi ① 완료하다, 끝내다: **menghabisi** pidato 연설을 끝내다. ② 제거하다, 일소하다; Pemerintah ***menghabisi*** korupsi. 그 정부는 부정 부패를 일소했다;

menghabiskan ① 마치다, 끝내다; Dia ***menghabiskan*** kerja. 그는 일을 끝냈다; ② 다 써버리다, 낭비하다; Ia ***menghabiskan*** uangnya demi sesuatu yang tidak berguna. 그는 쓸모 없는 일에 그의 돈을 탕진하였다;

kehabisan ① 남지 않은; Dalam perjalanan pulang ia ***kehabisan*** uang. 그는 돌아가는 길에 돈을 모두 써버렸다; ② 잔여분, 잔고; Lekas pesan jangan sampai ***kehabisan*** makanan itu. 그 음식이 떨어지지 않도록 빨리 주문해라;

penghabisan 마지막, 최종, 최후; Kedua orang itu sudah ***penghabisan*** cintanya. 그 두 사람의 사랑은 종말이 왔다;

penghabisannya 결국, 마침내; Pada ***penghabisan***nya ia pulang ke Korea. 결국 그는 한국으로 돌아갔다;

sehabis ~이후에, ~한 후에; ***Sehabis*** kerja kita pulang. 우리는 근무 후에 집으로 간다;

habis-habisan 심하게, 완전히; Ia ***habis-habisan*** memaki karyawannya. 그는 직원에게 심하게 욕을 했다;

tak habis-habisnya 계속, 끝없이; Ia mencereweti ***tak habis-habisnya***. 그는 끝없이 잔소리를 했다;

hadang 방해하다; ⓢ halang;

hadap ① 정면, 전방, 앞; ⓢ muka; Di ***hadap*** pintu ada anjing. 문 앞에 개가 있다; ② 측면, 옆; **satu hadap** 일방적인; **hadap kiri!** 좌향 좌!;

berhadap-hadapan 면하다, 서로 마주보다; Rumah saya ***berhadap-hadapan*** dengan gereja. 우리 집과 교회는 서로 마주보고 있다;

di hadapan ~전면에, ~앞에; ***Di hadapan*** gedung ada satpam bediri. 건물 앞에 수위가 서 있다;

ke hadapan ~에게, ~귀하;

menghadap ① 향하다, 면하다; ⓢ mengarah ke; Ia sedang ***meng-***

H

hadap ke laut.그는 바다를 바라보고 있다;②~인터뷰하다,면회하다; ③ 전달하다, 보고하다; Karyawan ***menghadap*** atasan melaporkan tentang keadaan pasar.사원은 시장 상황을 사장에게 보고했다;

menghadapi ① 직면하다, 봉착하다; ② 출석하다, 참석하다; Ia tak dapat ***menghadapi*** pertandingan golf itu. 그는 그 모임에 참석할 수 없었다;

menghadapkan ① 겨누다, 노리다,겨냥하다;ⓢmengarahkan; Pemburu ***menghadapkan*** senjatanya ke arah burung. 포수는 독수리를 향하여 총을 겨누었다;② 배알(拜謁)시키다, 등장시키다; Tokoh desa itu ***di hadapkan***nya pada raja.그 마을의 원로는 그를 임금에게 배알시켰다; ③ 집중시키다, 촛점을 맞추다; Ia tak bisa ***menghadapkan*** perhatiannya pada buku bacaannya itu. 그는 그 책 읽기에 집중할 수 없었다; ④ 사정하다; Ia ***menghadapkan*** hal itu dalam rapat. 그는 회의에 그 건을 제기하였다;

terhadap ① 대하여,관하여; Kami perhatian ***terhadap*** hukum baru itu. 우리는 새로운 법에 대하여 주시하였다; ② ~을 향하여, ~의 쪽으로; ③ ~에 반하여;

hadapan 전면, 정면, 앞; ⓢ depan, muka;

berhadapan ① 면하다,향하다;ⓢ bertentangan, bertemu muka; Sekolah kami ***berhadapan*** dengan laut. 우리 학교는 바다를 향하고 있다;② 봉착하다,직면하다; Bisnisnya ***berhadapan*** dengan kesulitan. 그의 사업은 난관에 직면했다;

hadiah ① 상품,상; ② 보상,보수; ③ 선물;ⓢ ganjaran, imbalan, kado, anugrah, pemberian;

berhadiah 선물하다; Pada Hari Natal teman-teman saling ***berhadiah***.크리스마스에는 친구들이 서로 선물을 한다;

menghadiahi 보상하다,보답하다; Presiden ***menghadiahi*** orang yang berjasa itu.대통령은 그 공로자에게 상을 주었다;

menghadiahkan ① ~으로 보상하다; Ia ***menghadiahkan*** uang kepada penangkap pembunuh itu. 그는 그 살인범 체포자에게 현상금을 주었다;② 선물하다; Ia ***menghadiahkan*** sepatu kepada sang juara sepak bola. 그는 축구 경기 우승자에게 선물로 구두를 주었다;

hadir 참가한, 참석한; ⓢ ada; Murid-murid sudah ***hadir*** semua. 학생들은 모두 참석했다;

menghadiri 출석하다, 참석하다, 참가하다; Para murid tidak dapat ***menghadiri*** sekolah karena banjir. 많은 학생들이 홍수로 인하여 출석하지 못했다;

kehadiran 참석, 참가, 출석; ⓢ adanya; ***Kehadiran***nya telah merusak kebahagiaan kita di malam ini. 그의 등장은 오늘 밤 우리의 기쁨을 망쳤다;

hadirin 청중, 참석자, 출석자; ⓢ pengunjung, peserta; ***Hadirin*** berdiri dan bertepuk tangan. 청중들은 일어서서 박수를 쳤다; Para ***hadirin***

H

yang terhormat! 존경하는 참석자 여러분! 신사 숙녀 여러분!

hadis 전설;

hafal 외우다, 암기하다; ⓢ ingat, cam; ☞ hapal; Saya sudah ***hafal*** semua kalimat yang kau ucapkan. 나는 네가 얘기한 모든 문장을 이미 외웠다;

haid 월경; ⓢ menstruasi; mati **haid** 폐경; **haid** pertama 초경;

hajar, menghajar 혼을 내다, 징벌하다,질책하다; Dia ***menghajar*** anak yang malas. 그는 게으른 아이에게 혼을 냈다;

hajat ① 목적,욕구;ⓢ maksud; ② 필수, 필요; ⓢ keinginan, kehendak, niat; **hajat** masyarakat 대중의 필수품;③ 쓰레기,오물;ⓢ kotoran; **hajat** besar 대변, 똥; **hajat** kecil 소변;

berhajat ① 바라다, 요망하다, 의도하다; Saya ***berhajat*** meneruskan sekolah lagi. 나는 학업을 계속하기를 바란다; ② 요청되다, 필요로 하다;

hajatan 의식, 일정; ⓢ acara;

haji 성지 순례자;

hak ① 권리; ***Hak*** mendapatkan kebahagiaan adalah hak asasi manusia. 사람의 기본 권리는 행복을 추구할 수 있는 권리이다; ② 자격, 능력,권한; Ada ***hak*** untuk mengajar murid di sekolah menengah. 그는 중학생을 가르칠 능력이 있다; ③ 재산,소유;ⓢ kepunyaan, milik; ***Hak*** kekayaan orang itu tidak terhitung. 그 부자의 재산은 헤아릴 수 없다; ④ 진실, 정의; ⓢ kebenaran; **hak** asasi 기본권; **hak** cipta 저작권, 판권, 특허권; **hak** individu 개인권; **hak** jual 판매권; **hak** khusus 특권; **hak** milik 소유권; **hak** penerbit 출판권; **hak** pengarang 저작권; **hak** pilih 선거권; **hak** suara 발언권; **hak** veto 거부권;

berhak ① ~할 권리를 갖다; ⓢ berkuasa; Orang ***berhak*** mendapat kebahagian. 사람은 행복을 추구할 수 있는 권리가 있다; ② ~할 수 있다; Polisi ***berhak*** menilang pelanggar lalu lintas. 교통 순경은 교통 위반자에게 벌금을 부과할 수 있다; **berhak** atas 권한이 있다; Rakyat ***berhak*** meminta perlindungan atas kekayaan pribadi pada negara. 국민은 국가에게 개인의 재산 보호를 요구할 권리가 있다;

hakekat, hakikat 본질,사실,진실; ⓢ kebenaran,dasar;pada **hakekat**-nya 본질적으로, 사실상;

hakiki 진실,사실;ⓢ benar, asasi; pada **hakikinya**. 진실로, 사실상;

hakim 판사, 재판관; ⓢ ketua pengadilan;

menghakimi 재판하다,판결을 내리다; ⓢ mengadili,memutuskan; Ia ***menghakimi*** hukuman mati kepada pembunuh itu. 그는 살인자에게 사형을 판결했다;

kehakiman ① 사법, 법무; Kementrian **Kehakiman** 법무부; ② 재판권,사법권; ③ 재판관의, 재판의, 사법의; ④ 법률상의, 법률에 관한;

hal ① 사건,문제,일; ⓢ soal, kejadian; ② 사실, 실제; ③ 경우, 상황;

berhal 난관이 있는, 문제가 있는;

terhal 방해되는;

halal ① 허용되는, 허락되는; ⓢ di izinkan; Bagi orang islam, makan daging babi adalah tidak ***halal***. 이슬람교도는 돼지고기 먹는 것이 금지되어 있다;② 정당한, 합법적인, 올바른; ⓢ patut, sah, boleh; Harta ini saya peroleh dengan jalan ***halal***. 나의 재산은 정당한 방법으로 모은 것이다;

menghalalkan 면제하다, 허용하다, 허락하다; Agama itu ***menghalalkan*** minuman keras.그 종교는 술 마시는 것을 용인하고 있다; **menghalalkan** hutang 빚을 면제해주다;

halal-bihalal (르바란 때)용서를 비는 의식; ⓢ bermaaf-maafan;

halaman 광장, 정원, 마당;

halang, menghalangi ① 막다, 방해하다; Kekeras kepalanya ***menghalangi*** penyelesaian masalah itu. 그의 고집이 그 문제의 해결을 방해하고 있다; ② 가로 막다;Kumpulan demonstran ***menghalangi*** kendaraan. 시위대가 차량을 막고 있다;

halangan 방해, 장애;

halau, menghalaukan ① 몰아내다, 쫓아내다; ⓢ mengusir; Dia ***menghalau*** pencuri. 그는 도둑을 쫓아냈다; ② 몰아넣다, 몰아치다, 몰다; ⓢ menggiring; Anak laki-laki itu ***menghalau*** domba ke padang rumput. 그 소년은 양을 들녁으로 몰고 갔다;

penghalau 말군,소몰이;**penghalau** sapi 소몰이; **penghalau** nyamuk 모기약;

halilintar ① 번개불; ⓢ kilat; ② 낙뢰, 벼락; ⓢ petir;

halo 안녕하세요, (전화에서)여보세요;

halte 정류소; **halte** bis 정류장, 버스; **halte** kereta api 기차역; ⓢ stasiun, terminal;

haluan ① 뱃머리; ② 쪽, 방위, 방향; Kapal perang itu maju dengan kecepatan tinggi ke ***haluan*** kapal musuh. 그 군함은 적함을 향하여 전속력으로 나아갔다;③ 노선, 진로, 항로; ⓢ aliran, arah, tujuan, maksud;Kapal musuh berganti ***haluan*** dengan cepat. 적함은 신속히 항로를 바꾸었다;**haluan** hidup 인생의 목적; ***Haluan*** hidup saya bukan untuk duniawi. 내 인생의 목적은 출세가 아니다; **haluan** negara 국가의 정책 방향; **haluan** politik 정책 방향;

berhaluan 항로를 따르다; Ia ikut ***berhaluan*** dengan maksud saya. 그는 나의 뜻에 따랐다;

sehaluan 같은 목적을 지향하다, 동일 노선을 따르다; Kami punya maksud yang ***sehaluan***.우리는 같은 목적을 지향하고 있다;

halusinasi 환상, 환각;

hama 전염병균, 병균, 해충; **hama** penyakit 병원균, 병균; **hama** tanaman 식물의 해충; suci **hama** 소독, 살균;

hambar 맛 없는; Rasa masakan restoran itu ***hambar***. 그 식당의 음식은 맛이 없다;

hambat, menghambat 뒤쫓다;

hambur 흩트리다,뿌리다;ⓢtabur, tebar, sebar;

berhamburan 흩트리다;ⓢ bertaburan,bercucuran;Berasnya ***berhamburan*** di lantai. 쌀이 쏟아져 바닥에 흩어졌다;
menghambur ① 뿌리다, 흩트리다; Mereka lari ***menghambur*** keluar ruangan. 그들은 방을 뛰어 나가 흩어졌다; ② 달려들다;
menghamburi 채우다, 메우다; Semua orang ***menghamburi*** batu di lobang. 모든 사람들이 구덩이에 돌을 채웠다;
menghamburkan ① 던지다, 흩트리다; **menghamburkan** jala 그물을 던지다; **menghamburkan** uang 낭비하다; ② 도피하다,막다,피하다; **menghamburkan** serangan musuh 적의 공격을 피하다; Ia ***menghamburkan*** diri keluar jendela demi menyelamatkan diri dari kebakaran.그는 화재로부터 자신을 구하기 위해 창문을 통해 몸을 던졌다;

hamil 임신한;ⓢ bunting,mengandung; Ketika ***hamil***, kakak sering muntah-muntah. 누나가 임신 했을 때 자주 구토를 했다;
menghamilkan 수태시키다,임신시키다;ⓢ membuahi, membuntingi;
penghamilan ① 임신;② 수정,수태; Peristiwa ***penghamilan*** itu terjadi sekitar 2 tahun yang lalu. 그 임신 사건은 약 2 년 전에 일어났다.

hampa ① 공허한, 없는, 빈; ⓢ kosong; Sesudah pacarnya pergi, hati perempuan itu menjadi ***hampa***. 애인이 가버린 후 그녀의 마음은 공허했다;② 쓸데 없는, 효과 없는; ⓢ gagal; ruangan **hampa** udara 진공실; tangan **hampa** 맨손인, 빈손의;
menghampakan 비우다;
kehampaan ① 공허, 공(空); ② 진공; ③ 무익, 무용;

hampar, menghampari 씌우다, 싸다, 덮다; Ia ***menghampari*** mayat itu dengan kain putih. 그는 그 시체를 흰 천으로 덮었다;
menghamparkan ① 펼치다, 펴다; Kapten kapal ***menghamparkan*** peta.선장은 지도를 펼쳤다;② 상세히 말하다,설명하다; Dia ***menghamparkan*** kejahatan itu dengan teliti. 그는 그 범행을 상세히 설명했다;
terhampar 펴진, 펼쳐진;
hamparan 펼쳐진 경치; Sungguh indah melihat pemandangan ***hamparan*** sawah yang hijau itu. 그 푸르게 펼쳐진 논의 경치를 보는 것은 정말로 아름답다;

hampir ① 근접하여, 가까이; ⓢ dekat;Waktu kedatangannya ***hampir*** dekat. 그가 올 때가 가까워 졌다;② 하마터면,거진,거의;ⓢ nyaris; Saya ***hampir*** terlambat. 나는 하마터면 늦을 뻔했다; ③ 약, 대략;
menghampiri 접근하다, 가까이 가다; Kapal kecil itu ***menghampiri*** kapal yang besar. 그 작은 배는 큰 배에 접근했다;

hancur ① 깨진,파괴된;ⓢ pecah, rusak, binasa; Gentongnya ***hancur***. 독이 깨졌다;② 녹은,풀어진,용해된; **hancur** hati 낙심하는;ⓢ putus asa; Ia ***hancur*** karena nilai ujian masuk universitasnya jatuh. 그는 대학 입시에 떨어져서 낙심하였다; **hancur** lebur, **hancur** luluh 파괴된, 용해된;

menghancurkan① 허물다,분쇄하다, 깨뜨리다; Ombak *menghancurkan* kastil pasir.파도는 모래성을 허물었다; ② 녹이다, 용해시키다; Dia *menghancurkan* es batu. 그는 얼음을 녹였다;
menghancurleburkan 파괴시키다, 부수다;
kehancuran ① 파기,용해,파괴;② 붕괴, 무너짐;
penghancur 분쇄기;
penghancuran ① 파괴하는; ② 용해시키는;

handai 동료,벗,친구;**handai taulan** 친구들;

handuk 수건; ⓢ anduk;

hangat ① 따뜻한,갓 나온,새소식; Ia terlihat gembira ketika mendengar kabar *hangat* ini.이 새 소식을 들을 때 그는 즐거운 것으로 보였다; ② 따뜻하게, 성심 성의의; Ia di terima dengan *hangat* di keluarga itu. 그 가족으로부터 그는 따뜻하게 받아 들여졌다;③ 미적지근한, 미지근한; Air itu masih *hangat*. 그 물은 아직도 미지근하다;
menghangat 위기에 빠지다,격렬해지다; Perang perdagangan dunia makin lama makin *menghangat*. 세계의 무역 전쟁은 점점 격렬해 질 것이다;
menghangati ① 데워지다; ② 선동하다, 격려하다;
menghangatkan ① 위기에 빠뜨리다, 격렬하게 만들다; ② 데우다; Dia *menghangatkan* sup. 그는 국을 데웠다;
kehangatan ① 격노, 긴장, 열; *Kehangatan* suasana politik 정치 상황의 과열;

hangus 그슬린, 탄; ⓢ terbakar, gosong;

hantam, hantaman ① 파괴하다, 부수다; ② 치다,때리다; Preman itu *menghantam* tanpa ampun orang yang lewat. 그 깡패는 행인을 이유없이 때렸다;**hantam kromo** ① 몹시 때리다; ② 한꺼번에 끝내다;
berhantam 다투다,싸우다;ⓢberkelahi; Kami *berhantam* dengan beradu pendapat.우리는 의견 충돌로 싸웠다;
menghantam 강타하다,때리다;ⓢ meninju,menyerang, menghancurkan; Orang dewasa itu *menghantam* anak kecil. 어른이 아이를 때렸다;
menghantamkan 공격하다,때리다;

hantar,menghantarkan 공급하다; Mereka *menghantarkan* makanan untuk orang-orang miskin di tepi kota. 그들은 변두리의 가난한 사람들에게 음식을 나누어 주었다;

hantu 귀신, 망령, 유령; ⓢ setan; burung **hantu** 올빼미;
berhantu 유령이 있는; Rumah itu menurut kabar angin *berhantu*. 그 집에는 유령이 나온다고 소문이 났다;
menghantui 괴롭히다,따라다니다; Pikiran atas perbuatan buruknya sewaktu kecil terus *menghantui*. 어릴 때의 나쁜 짓을 한 생각이 그를 계속 괴롭혔다;

hanya 다만, 단지, 오직; ⓢ cuma;

H

Saya ***hanya*** mempunyai sebuah roti. 나는 오직 빵 한 조각 뿐이다;

hanyut ① 휩쓸려가다, 휩쓸리다; ⓢ terbawa arus; Banyak peralatan rumah tangga ***hanyut*** oleh banjir. 홍수로 많은 가재 도구들이 휩쓸려 갔다;② 유랑하다;ⓢ menggembara; Dia ***hanyut*** tanpa tujuan. 그는 정처 없이 유랑했다;

berhanyut ① (기차가)탈선하다; ② 미끄러지다;

berhanyut-hanyut 떠가다,표류하다; Robinson ***berhanyut-hanyut*** di laut. 로빈손은 바다에 표류했다;

menghanyutkan 휩쓸어가다, 휩쓸다; Banjir itu ***menghanyutkan*** harta benda mereka.그들의 재산은 홍수로 떠내려 보냈다;

penghanyutan 침식, 휩쓸어 감; penghanyutan tanah 토지의 침식;

hapal 외우다; ☞ hafal;

hapus 사라지다; ⓢ hilang;

menghapus 닦다,지우다;Perempuan itu ***menghapus*** noda di bajunya. 그녀는 옷에 묻은 더럼을 씻었다;

menghapuskan ① 없애다, 소탕하다;ⓢ menghilangkan; Dia ***menghapuskan*** nyamuk di dalam rumah dengan obat nyamuk. 그는 모기약으로 집 안에 모기를 소탕했다; ② 면하다, 면제하다; ⓢ mengampuni; Hukuman itu ***menghapuskan*** semua jasanya pada negara sewaktu muda dulu. 그의 형벌은 젊을 때 그의 국가에 대한 공적으로 면죄되었다;③ 폐지하다; ⓢ membatalkan; Presiden Lincon ***menghapuskan*** perbudakan. 링컨 대통령은 노예제를 폐지하였다; ④ 취소하다, 파기하다; Ia ***menghapuskan*** kontrak rumah. 그는 집 계약을 취소했다;

penghapus 닦개, 지우개;

penghapusan ① 없앰, 소탕; ② 면제; ③ 폐지,취소, 파기; ***Penghapusan*** kegiatan itu di setujui oleh anggota Dewan. 그 활동의 폐지에 대해 위원이 찬성하였다;

terhapus ① 소탕된, 닦아진; ② 면제된;③ 폐지된,무효화한, 파기된; Kebaikannya di masa lampau ***terhapus*** oleh perbuatannya kali ini. 그의 지난 모든 공덕이 이번 그의 행동으로 모두 허사가 되었다;

haram 금지된; Dalam agama Budha makan daging ialah ***haram***. 불교에서는 고기 먹는 것이 금기이다;

mengharamkan ① 규제하다, 금하다; Agama Hindu ***mengharamkan*** daging sapi. 힌두교에서는 소고기 먹는 것이 금기이다;② 끊다,삼가하다;Ia ***mengharamkan*** minuman keras. 그는 술을 끊었다;

harap ① 바라다,요청하다;ⓢ mohon, minta; ***Harap*** tunggu sampai saat kesuksesan saya.내가 성공할 때까지 기다려 주기를 바란다;② 제발,부디; ⓢ ingin, percaya, rindu; ***Harap*** menjaga badan.부디 몸 조심하여라; **Harap** maklum.이해해 주십시오; **Harap** tunggu sebentar. 잠깐 기다리십시오;

harap-harap cemas 근심하는, 걱정하는; ⓢ gelisah, bimbang; Dengan ***harap-harap cemas*** di dengarnya berita di TV itu. 조마조마

하는 마음으로 TV 뉴스를 들었다;

harapan 항상 바라는;

berharap ① 바라다; *Berharap* ia sukses.그가 성공하기를 바란다; ② 예상하다, 기대하다; Kami *berharap* kau akan kembali dengan sukses. 우린 네가 성공해서 돌아오기를 바란다;

mengharapkan ① 바라다, 기다리다;ⓢ menginginkan,minta,mempersilahkan; Para petani *mengharapkan* hujan.농민들은 비가 오기를 바랬다;② 예상하다,기대하다; Kami *mengharapkan* kemenangan dalam pertandingan dengan tim badminton Indonesia. 우리는 인도네시아 배드민트 팀이 승리하기를 바란다; ③의지하다,의뢰하다;Jangan *mengharapkan* orang lain.남을 의지하지 마라;④근접하여,~즈음에; *Mengharapkan* tahun baru dengan kebahagiaan. 새해를 즈음하여 행운을 빕니다;

pengharapan ① 바람,소망,희망; ② 예상, 기대; ③ 의존, 의뢰, 의지; Sungguh mulia *pengharapan*nya pada orang lain. 다른 사람에 대한 그의 소망은 정말로 숭고하다;

harapan ① 기대, 예상; ② 바람, 소망; **harapan** tipis 작은 소망; ③ 가망, 기회; Tiada *harapan* lagi baginya akan kesembuhan. 그는 더 이상 회복할 가망이 없다;

hardik 신랄한, 엄한; ⓢ bentak, gertak;

menghardik 잔소리하다, 꾸짖다; Bapak *menghardik* orang itu didepan umum.아버지는 사람들 앞에서 그 사람을 꾸짖으셨다;

hardikan 꾸짖음;

harga ① 값,가격; ⓢ nilai; *Harga* telepon selularnya mahal.핸드폰의 가격이 비싸다;② 가치; **harga** bandrol 고정가격; banting **harga** 염가; **harga** bebas 자유경쟁가격; **harga** beli 구매가격;**harga** borongan 떨이가격; **harga** diri 자존심; **harga** jual 판매가격; **harga** eceran 소매가격; **harga** jadi 홍정가격; **harga** mati 정가; **harga** pantas 적정가격; **harga** pasar 시장가격; **harga** pasti 고정가격;**harga** pokok 원가;**harga** resmi 공정가격; **harga** satuan 단가; **harga** tetap 고정가격;

berharga ① 원가가 ~인,비용이 ~인; ② 유용한; ⓢ berguna, bermanfaat, penting; Buku-buku itu *berharga* bagi dirinya. 그 책들은 값진 것이다; tidak **berharga** 의미가 없는;

menghargai ① 평가하다, 감정하다, 값을 매기다; Ia sangat mengerti bagaimana cara *menghargai* dirinya sendiri.그는 자신을 존중하게 하는 방법을 아주 잘 알고 있다; ② 진가를 인정하다, 중히 여기다; *Menghargai* cincin yang diberikan ibu. 어머니에게 받은 이 반지는 소중히 여겨라;

penghargaan 올바른 인식,진가를 인정함; *Penghargaan* itu sangat besar artinya bagi kami. 그 인식은 우리에게는 매우 의미가 큰 것이다; 평가액, 감정; *Penghargaan* rumah itu terlalu rendah.그 집의 감정가는 너무 낮다;

seharga ① 값이 같은;Kalau ***seharga,*** mari beli perhiasannya.같은 값이면 보석을 사자; ② 양이 ~에 이르는, 총계가 ~에 이르는; Cuma barang ***seharga*** 1000 rupiah 겨우 천루피아 어치의 물건;

hari 날, 하루, 낮; **hari** minggu 일요일; **hari** rabu 수요일; **hari** batal 만기일; **hari** buruk 악천후; dini **hari** 판결날;**hari** kemerdekaan 광복절; **hari** kiamat 부활절; **hari** lahir 생일; **hari** libur 휴가;**hari** natal 성탄절; **hari** pahlawan 현충일; **hari** raya 국경일, 공휴일; **hari** ulang tahun 생일; **hari** wafat 기일; **hari** sudah jauh malam 밤이 깊었다;***Hari*** sudah musim hujan.벌써 우기가 되었다; ***Hari*** terang bulan. 달 밝은 밤이다;

berhari-hari 매일, 날마다;

sehari suntuk 하루 종일, 종일;

sehari-hari 날마다,매일; Apa saja kerjamu ***sehari-hari***? 네 일상 직업은 무엇인가?

seharian 하루 종일; Ia bermain-main saja ***seharian***. 그는 하루 종일 놀기만 했다;

harimau 호랑이; **harimau** belang 표범; **harimau** kumbang 흑표범;

harkat ① 수준, 표준; ② 비율, 세력, 가치; ⓢ derajat, harga, nilai; **harkat** uang 환율; ③ 존엄, 품위;

harmoni 융화, 조화;

harmonika 하모니카;

harmonis 잘조화된, 화합한; ⓢ selaras;

harta 재화, 부, 재산;ⓢ kekayaan, benda;Segala ***harta***nya habis untuk biaya sekolah anaknya. 아이의 학비를 위해 모든 재산이 들어갔다; **harta** bawaan 결혼 지참금; **harta** benda 재화, 부, 재산; **harta** dunia 속세의 부(富); **harta** pusaka 유산;

berharta 부유한,풍부한; ⓢ kaya;

hartawan 부유한,부자, 재산가; ⓢ orang kaya, milyuner;

haru 동요하다,혼동하다; ⓢ kacau;

mengharu ① 휘젓다,뒤썪다,혼동하다; ⓢ mengacau, mengaduk; ② 방해하다;

mengharukan 방해하다, 혼란스럽게 하다; ⓢ mengacaukan,merusuhkan;

harum 향기, 향기로운; ⓢ sedap, wangi, ***Harum*** bunganya membuat gatal hidung saya.꽃 향기가 내 코를 간지럽혔다; **harum** namanya 유명한;

mengharumkan 향기롭게 만들다; Bunga didalam kamar ***mengharumkan*** ruangan. 방 안에 꽃이 방을 향기롭게 했다;

keharuman 명예, 명성, 향기; ⓢ kemasyhuran, kewangian;

harus ①정당한;ⓢ patut;② ~해야 한다; ⓢ mesti, wajib, tidak boleh tidak; Saya ***harus*** belajar karena sebentar lagi ujian. 곧 시험이기 때문에 나는 공부해야 한다;

mengharuskan 의무화하다,강요하다; Pemerintah Korea ***mengharuskan*** semua warga negara laki-laki masuk tentara. 한국 정부는 모든 남자들이 군입대하는 것을 의무화했다;

seharusnya ① 당연한, 마땅한,

H

정당한; Lelaki Korea ***seharusnya*** wajib masuk tentara. 한국 남자는 마땅히 입대하여야 한다; ② ~해야 한다; Jika mau minta naik gaji ***seharusnya*** kerja yang rajin dulu. 너가 월급 인상을 원한다면 먼저 열심히 일해야 한다;

keharusan 의무,책임,당연; Sudah menjadi ***keharusan*** bagi kita untuk mematuhi peraturan disini. 여기의 법에 따르는 것은 이미 우리의 의무이다;

hasil ① 수확고, 수확; ⓢ pendapatan; ② 생산물,생산; ⓢ produksi; ③ 성과,결과; ⓢ akibat; Semua hal pasti ada ***hasil***nya. 모든 일에는 반드시 결과가 있다;④ 잘됨,성공;⑤ 산출고, 산출; **hasil** alam 농산물; **hasil** bumi 농산물; **hasil** hutan 임산물; **hasil** padi 쌀 수확; **hasil** panen 수확고, 농작물; **hasil** utama 주산품, 주산물;

berhasil 이루다,해내다, 성공하다; ⓢ lulus,sukses;Ia ***berhasil*** dengan komputer.그는 콤퓨터로 성공했다;

menghasilkan ① 제조하다,생산하다; ⓢ memproduksi;

hasrat 욕망, 소망, 희망; ⓢ cita-cita, keinginan, kehendak; **hasrat** hati 동기;

berhasrat 원하다, 바라다;

menghasratkan 원하다,동경하다.

hasut, menghasut 자극하다;

terhasut 자극된, 선동된; Jangan mudah ***terhasut*** tipuan itu. 그 속임수에 쉽게 동요하지 말아라;

penghasut 선동자;

penghasutan 자극, 선동;

hati ① 간(肝); ② 가슴; ⓢ dada; ③ 감정, 마음; ⓢ batin, perasaan, nurani;④ 심장;ⓢ jantung;ⓢ minat; **hati** beku 불유쾌한 기분;**hati** nurani 순진한 마음; **hati** sanubari 영혼, 정신, 속마음, 심장; Cinta saya ada di dalam ***hati*** sanubari saya. 나의 사랑은 내 영혼 속에 깃들어 있다; dalam **hati** 마음속으로;Ia membaca ekpresi wanita itu di dalam ***hati***. 그는 마음 속으로 그녀의 표정을 읽었다; baik **hati** 호의적인; berat **hati** 싫어하는; besar **hati** 거만한; **hati** bimbang 어리둥절하는; keras **hati** 단호한; kecil **hati** 소심한; patah **hati** 낙심한, 의욕을 잃은; rendah **hati** 겸손한; sakit **hati** 화난;

haus ① 갈망하는, 열망하는, 갈증나는, 목이 마른; ⓢ dahaga; sangat ingin;Saya ***haus***. 나는 목이 마르다; Dia ***haus*** cinta wanita itu. 그는 그녀의 사랑을 갈망한다; ② 열망, 목마름, 갈증; **haus** darah 잔인한, 피에 굶주린;

kehausan ① 열망하는, 갈증나는; Saya ***kehausan***. 나는 목이 마르다; ② 갈망, 목마름, 갈증;

hawa ① 대기,공기; ⓢ udara,suasana; ② 기온,기후; ⓢ iklim, suhu; ③ 일기,날씨;**hawa** darat 대륙성기후; **hawa** laut 해양성기후; **hawa** panas 열대성 기후; Hari ini ***hawa***nya terlalu panas untuk main golf. 오늘은 골프하기에 너무 더운 날씨이다;

hayat ① 생물,생명; ⓢ hidup; jika ada **hayat** 살아 있다면; ilmu **hayat**

H

생물학;
hayati 살아 있는, 삶;
menghayati 감지하다, 인지하다, 경험하다; ⓢ meresapi, mengalami;
penghayatan 내면의 경험;
hebat 대단한,광장한;ⓢ luar biasa, amat sangat; Dia orang yang ***hebat*** ilmunya. 그는 학문이 대단한 사람이다;
memperhebat 강렬하게 만들다;
menghebat 심화되다, 악화되다; ⓢ merajalela; Penyakitnya semakin lama semakin ***menghebat***. 그의 병세가 점점 심화되엇다;
heboh ① 혼란,소란, 야단법석; ⓢ gaduh,huru-hara,ribut;②격렬,흥분;
menghebohkan 소란을 피우다;
kehebohan 불안, 소동, 방해;
hela, menghela 잡아 당기다,끌다; ⓢ tarik, seret; Wanita itu ***menghela*** napas panjang. 그 여자는 긴 한숨을 쉬었다; **menghela** napas 한숨쉬다, 한숨 돌리다;
helai ~장, ~매; ⓢ lembar;
helicak 삼륜차;
helm 투구, 헬멧;
hemat 아끼는, 절약하는; ⓢ tidak boros,irit, berhati-hati; Kita harus ***hemat*** dalam menggunakan listrik. 우리는 전기를 절약해야 한다;
berhemat 아끼다, 절약하다;
menghemat 조심하다, 절약하다;
hembus, berhembus 불다;
hempas, menghempas 던지다;
hendak ① 원하다; ⓢ mau; Saya ***hendak*** pergi ke rumah teman. 나는 친구 집에 가려고 한다; Saya berjanji ***hendak*** melakukan pekerjaan itu.나는 그 일을 할 것을 약속한다; ② 의도하다,작정이다;ⓢ akan, bermaksud; Dia ***hendak*** pergi ke rumah pacar. 그는 그의 애인 집을 방문할 예정이다;
berkehendak ① 바라다,원하다; Jika benar Tuhan ***berkehendak*** demikian maka saya akan pasrah. 만약 신의 뜻이 그러하다면 나는 따를 것이다; ② 희망하다, 계획하다;
berkehendak 의도하다, 바라다, 원하다; Dia ***berkehendak*** menikah dengan wanita itu. 그는 그녀와 결혼하기를 바란다;
menghendaki 의도하다, 바라다; Ia ***menghendaki*** jadi seorang ilmuwan. 그는 과학자가 되기를 희망한다; ② 필요로 하다, 요구하다;
kehendak ① 바람,원함; ⓢ keinginan,kemauan; Semua ***kehendak*** istrinya di turuti. 아내의 바램을 모두 승락했다; ② 의도; ⓢ maksud, tujuan; Ia melakukannya atas ***kehendak*** sendiri. 그는 그 자신의 바램에 따라 행동했다;
hendaknya ① 바람직스럽다;Murid ***hendaknya*** belajar dengan giat. 학생은 열심히 공부하는 것이 바람직스럽다;② ~하시지요,자 ~합시다; ***Hendaknya*** kita tunggu dahulu. 우선좀 기다립시다;
hengkang ①후퇴하다,후진하다; ⓢ mundur;
hening ① 선명한,투명한,맑은; ⓢ bening;Langitnya ***hening*** tanpa setitik awan. 하늘은 구름 한 점 없이 맑다;② 정숙한,조용한;ⓢ diam,sunyi; Korea adalah negara dengan

pagi yang ***hening***. 한국은 조용한 아침의 나라이다;③ 깨끗한, 순수한; ⓢ bersih, jernih; hati yang **hening** 순수한 마음;

mengheningkan ① 맑게하다, 명백하게 하다;② 조용하게 만들다; ③ 집중시키다;

keheningan ① 명확, 투명, 선명; **keheningan** pikiran 사고의 명확함; ② 정적, 조용함, 정숙; **keheningan** malam 밤의 정적; ③ 순결, 순수; **keheningan** hatinya 마음의 순수함;

henti, **berhenti** 중지하다, 멈추다, 서다; Mobil itu ***berhenti***. 자동차가 멈추었다; Mereka ***berhenti*** bekerja. 그들은 작업을 중지했다;

memberhentikan 면직하다,해고하다; ⓢ memecat, melepas;

menghentikan ① 중지시키다, 세우다;ⓢ mengakhiri;menyetop;② 저지시키다;③ 면직하다, 해고하다;

pemberhentian 퇴직, 정지; ⓢ pemecatan; **pemberhentian** buruh 작업중지,휴업;

perhentian 정류소; ⓢ peristirahatan,halte, stasiun; **perhentian** bis 버스 정류소;

terhenti 중지된, 정지된;

hepatitis 간염(肝炎).

heran ① 당황하는,놀라운,놀란; ⓢ kagum;② 신기한,묘한,이상한; ⓢ ganjil,aneh, ajaib; Saya ***heran*** mengapa dia masih mau bekerja di tempat seperti ini?나는 그가 왜 아직도 이런 장소에서 일하고 싶어하는지 의문이다;

mengherankan 놀라게 하다, 놀랍다;

keheranan ① 놀라운, 놀란; ② 경이, 놀람;

heroin 헤로인;

hewan ① 금수, 짐승, 동물; ⓢ binatang, ② 가축; ilmu **hewan** 동물학; dokter **hewan** 수의사;

kehewanan 짐승같은, 짐승의;

hewani 짐승같은, 짐승의;

hias 치장, 꾸밈, 장식;

berhias ① 치장하다, 차려입다,정장하다; ⓢ berdandan, bersolek, memperelok dari; ② 차려입은, 정장을 한;

berhiaskan 몸을 치장하다;

menghiasi 꾸미다, 장식하다; Ibu ***menghiasi*** kamar anaknya yang indah. 어머니는 아들의 신혼방을 아롭답게 장식했다;

perhiasan ① 치장, 꾸밈, 장식;ⓢ dekorasi; ② 장식품;

hibrida ①혼혈아,잡종;② 혼성물;

hidang, **menghidangkan** ① 공급하다,제공하다, 주다; ⓢ menyajikan, menyediakan; Dia ***menghidangkan*** makanan untuk tamunya.그는 손님에게 음식을 내놓았다; ② 나타내다, 표시하다, 내놓다;

sehidangan 한 접시(의요리); Dia mengeluarkan ***sehidangan*** masakan untuk tamunya. 그는 손님에게 요리 한 접시를 내놓았다;

hidangan ① (접시에 담은) 음식; ② 상연, 연출, 공연; **hidangan** sandiwara 연극 공연;

hidrogen 수소;

hidung 코;**hidung** sepatu 구두 코; **hidung** besar 콧대가 높은, 거만한; **hidung** mancung 날카로운 코;

hidup ① 생존한,살아있는; ⓢ hayat; ② 번창하다,번영하다; ③ 인생, 삶; ④ 작동하다, 돌다, 움직이다; ⓢ bergerak; Mesin yang diperbaiki mulai ***hidup***.수리한 기계가 작동하기 시작했다; ⑤ 관리하다,경영하다; Sepeninggal ayahnya, usahanya terus ***hidup***. 그의 아버지가 돌아가시고 난 후에도 사업은 계속 경영했다; ⑥ 타다,불타다, 타오르다; ⓢ menyala; Api obor di kastil itu ***hidup*** sepanjang malam. 그 성에 성화는 밤 새도록 타고 있었다; ⑦ 유효한, 지속적인; Surat ijin mengemudi (SIM) saya ***hidup*** sampai akhir tahun. 나의 운전 면허증은 년말까지 유효하다; **hidup** dengan 동거하다; pandangan **hidup** 인생관; riwayat **hidup** 이력(履歷); seumur **hidup** 일생; teman **hidup** 인생의 반려자;

hidup-hidup 살아서, 산채로; Kambing itu di bakar ***hidup-hidup***. 그 염소는 산채로 불에 탔다;

memperhidup ① 기운나게 하다, 고무하다; ② 생기를 주다;

menghidupi ① 살려주다; ② 돌보다,간호하다, 양육하다; ⓢ memelihara; Ia ***menghidupi*** anak kakaknya. 그는 형의 아이를 양육하였다;

menghidupkan 일으키다, 점화하다, 살리다; **menghidupkan** koperasi 협동조합을 설립하다; **menghidupkan** lampu listrik 전등을 켜다; **menghidupkan** lampu minyak. 석유등에 불을 붙이다; **menghidupkan** mesin 엔진을 움직이다;

kehidupan 삶,생활, 생계, 살림;

penghidupan ① 소득, 수입; **penghidupan** setahun 연간수입; ② 생활수단; **penghidupan** yang parah 어려운 생활;

hijau ① 녹색, 초록빛; Di gunung penuh dengan warna ***hijau***. 산에는 녹색이 만연하다;② 익지 않은,미숙한; ⓢ baru,muda; Hatinya dia masih ***hijau***. 그는 마음이 아직 어리다; **hijau** muda 연두색;**hijau** tua 진초록;

menghijaukan 녹색물을 들이다; Daun di pepohonan ***menghijaukan*** gunung. 나뭇잎은 산을 녹색으로 물들였다;

kehijau-hijauan 초록빛을 띤;

hijrah 피신하다, 옮기다;

berhijrah 비우다, 철수하다; Tentara Korea ***berhijrah*** dari Arab. 한국 군대는 아랍에서 철수했다;

menghijrahkan 비우게 하다, 철수시키다; ⓢ memindahkan;

penghijrahan 철수, 철병;

hikayat ① 설화, 이야기; ⓢ cerita,kisah;② 역사; ⓢ riwayat, sejarah; **hikayat** hidup 전기;

berhikayat 설화를 들려주다,이야기하다; Ayahku ***berhikayat*** tentang pengalaman diri.나의 아버지께서는 자신의 경험을 이야기했다;

hikmah ⓢ hikmat;

hikmat ① 지혜,현명,슬기; ⓢ kebijaksanaan,kepandaian; Ia adalah orang yang ***hikmat***. 그는 슬기로운 사람이다; ② 마력, 마술적인 힘; ⓢ kesaktian, sakti;

berhikmat ① 지혜있는, 현명한, 슬기로운; ② 마력을 가진;

hilang ① 잃어버린, 잃은; ⓢ lenyap; Semua hartanya ***hilang*** di perjudian. 노름으로 모든 재산을 잃었다; ② 없어진,사라진; ⓢ tiada, hapus; Anaknya ***hilang*** kemarin. 그의 아이는 어제 밤에 실종되었다; ⓢ meninggal;Kucing kesayangannya telah ***hilang***. 그가 아끼는 고양이가 실종되었다;③ 분실한, 빠진; **hilang** akar 절망적인; **hilang** ingatan 의식을 잃은; **hilang** dari mata 보이지않는; **hilang** kelihatan dalam kabut 안개 속으로 사라지다; **hilang** kikis 앗아간, 휩쓸어간; **hilang** lenyap 없어진,사라진;Rumahnya ***hilang*** lenyap kena bom. 그의 집은 폭탄에 완파됐다;**hilang** nyawa 사망, 죽음;

menghilang 사라지다; Akhirnya kapal ***menghilang*** di balik awan. 마침내 비행기는 구름 뒤로 사라졌다;

menghilangkan ① 분실하다, 잃어버리다; Ia ***menghilangkan*** koin. 그는 동전을 잃어버렸다; ② 없어지게 하다, 사라지게 하다; Pembangunan telah ***menghilangkan*** kealamian kota. 도시 개발은 자연을 사라지게 한다; ③ ~하는 것을 잊다, ~을 빠뜨리다; Ketika ia membaca buku itu, ***menghilangkan*** beberapa hal dari pikirannya. 그 책을 읽는 동안 몇 가지 일들을 잊어버렸다; ④ 없애다, 일소하다;

kehilangan ① 잃다,상실하다;ⓢ kehabisan, kematian; Korea ***kehilangan*** pahlawan. 한국은 영웅을 잃었다; ② 상실,분실,손실; ⓢ rugi; **kehilangan** besar 대 손실; **kehilangan** akal 당황하다;Pencuri ***kehilangan*** akal sesudah melihat anjing. 도둑놈은 개를 보고 당황하였다;

hilir ① 아래로 향한,아래 쪽; ***Hilir*** sungai itu dekat laut.그 강의 아래쪽은 바다와 접해있다; ② 하류; Anak itu hanyut ke ***hilir***. 그 아이는 강 하류로 떠내려갔다; ③ 이숙한, 늦은;

himbau, menghimbau 알리다; ☞ imbau; Kami ***menghimbau*** semua pihak agar berhati-hati dalam mengendarai mobil. 우리는 운전자들에게 주의하도록 모든 관련자들에게 알렸다;

himpit, menghimpit 합치다, 밀착하다; ⓢ impit;

hina ① 초라한, 비천한; ⓢ rendah, keji, aib; Orang yang ***hina*** itu adalah pengemis. 그 초라한 사람은 거지이다; ② 비열한; Saya benci perbuatan dia yang ***hina***.나는 그의 비열한 행동을 경멸했다; **hina** dina 매우 비천한; **hina** mulia 귀천(貴賤);

berhina diri 신중한, 겸손한; Dia orang ***berhina*** diri. 그는 신중한 사람이다;

menghinakan 모욕하다,경멸하다. ⓢ menyakiti, merendahkan; Dia ***menghinakan*** anak yang malas. 그는 게으른 아이를 경멸하였다;

penghinaan ① 창피, 굴욕, 경멸, 모욕; Kami tak akan pernah melupakan ***penghinaan*** ini. 우리는 이 모욕을 잊지 않을 것이다;

terhina 모욕을 당하는; Kami merasa ***terhina*** dengan kata-katamu!

우리는 네 말에 모욕감을 느낀다;

hindar, **menghindar** 사라지다,도피하다, 피하다; ⓢ menyingkir, menyisih; Ketik dia datang,dia ***menghindar*** dari saya.내가 왔을 때 그는 나를 피하고 없었다;

menghindari, **menghindarkan** ① 비키다,회피하다,피하다; Dia sering ***menghindari*** diri dari tanggung jawab.그는 언제나 책임을 회피한다; ② ~하지 못하게 하다, 막다; Ia ***menghindarkan*** jalan saya. 그는 나의 길을 막았다;③ 모면하다,면하다;

terhindar ① 회피하는, 면하는; ⓢ luput, terlepas; Kami ***terhindar*** dari kesulitan itu.우리는 그 난관을 면했다; ② 헤어진, 떨어진, 격리된, 분리된; Dia ***terhindar*** dari masyarakat. 그는 사회로부터 격리되었다;

hindia 인도·인도지나·동인도 제도를 총칭하는 옛 이름; **Hindia** Barat 서인도 제도;**Hindia** Belanda 화란령 인도네시아;

hingga ①~할 때까지,~에 이르기까지; ⓢ sampai; Dia memanggil ibunya ***hingga*** lehernya sakit. 그는 목이 아플 때까지 어머니를 불렀다; ② (거리) ~까지;Dari rumah ***hingga*** sekolah 4km. 집에서 학교까지는 4km 이다;③ 한계; ⓢ batas; **hingga** kini, **hingga** sekarang 지금까지, 여지껏; ***Hingga*** kini dia masih belum datang. 아직까지 그는 오지 않았다;

sehingga ① ~할 때까지, ~에 이르기까지; Dia bekerja ***hingga*** larut malan.그는 밤 늦게까지 일을 했다; ② 결국, 급기야는; Dia terlalu baik ***sehingga*** sering ditipu orang lain. 그는 사람이 너무 좋아서 결국에는 항상 남에게 당한다;

terhingga, **tidak terhingga** 무한한, 끝없는;

hinggap① 걸터 앉다,(새가)앉다; ⓢbertengger;Burung gereja ***hinggap*** di tiang listrik.참새가 전기줄에 앉았다; ② 괴롭히다;ⓢ menjangkit; Penyakitnya ***hinggap*** lama-lama kepadanya.그 병은 오랫 동안 그를 괴롭혔다;

menghinggapi ① ~에 앉다,~에 내려 앉다; Lalat itu ***menghinggapi*** kue di atas meja. 그 파리가 상위에 있는 과자에 앉았다; ② 괴롭히다, (병에)걸리다; Ia ***dihinggapi*** kanker. 그는 암에 걸렸다;

hipotetis 가설을 세우다;

hirup, **menghirup** 빨다, 들이마시다; ⓢ isap, hisap, sedot; Ia ***menghirup*** minumannya itu.그는 음료수를 들이마셨다; **menghirup** udara segar 신선한 공기를 마시다;

hisap, **menghisap** 들이마시다; ⓢ isap;

histeris 히스테리;

hitam ① 검정색의,검은;②어두운; ⓢ gelap,kelam; Pakaian melayatnya jas warna ***hitam***. 그의 장례식 복장은 검은 양복이다; **hitam** legam 암갈색; **hitam** pekat 새까만, 진흑(眞黑); **hitam-putih** 진상, 실제의 사정; ***Hitam-putihnya*** peristiwa itu belum tentu arahnya. 그 사건의 진상은 오리무중이다;

menghitam 캄캄해 지다, 어두워 지다; ⓢ menyebut;

menghitamkan 누명을 씌우다, 검게 만들다; ⓢ memburukkan; Dia *menghitamkan* kesalahan kepada temannya.그는 친구에게 누명을 씌웠다;

kehitam-hitaman 거무스름한;

hitung, **berhitung** ① 셈에 넣다, 계산하다, 수를 세다; ⓢ hisab, kira, bilang; Dia *berhitung* uang yang diterimanya. 그는 받은 돈을 세어 보았다; ② 산수, 셈; Dari sekolah dasar belajar *berhitung*. 초등학교에서부터 산수를 배운다;**berhitung** kepala 암산하다;

memperhitungkan ① 계산하다, 참작하다, 고려하다; ⓢ menimbang; Guru olahraga memberi olahraga dengan *memperhitungkan* kemampuan murid. 체육교사는 학생의 능력을 고려해서 운동을 시킨다; ② 중시하다; Ia *diperhitungkan* dalam hubungan dengan orang-orang. 그는 대인 관계를 중요시한다; ③ 견적하다, 어림하다; Harga barang itu *diperhitungkan*. 그 물건의 가격을 어림해 보았다;④ 보상하다,갚다; Ia *memperhitungkan* kerugian dalam kecelakaan lalu-lintas. 그는 교통 사고 피해를 보상했다;

menghitung 계산하다, 셈하다;

menghitung-hitung ① 반복해서 세다, 낱낱이 세다; Dia *menghitung-hitung* koin. 그는 동전을 낱낱이 세었다;② 산정하다, 계산하다; Ia *menghitung-hitung* berapa yang harus dikeluarkan untuk pesta itu. 그녀는 그 연회에 지출할 비용을 일일이 계산해야만 했다;

penghitung ① 계산기; ② 계산하는 사람;

perhitungan ① 계산,셈; ⓢ kalkulasi ② 참작, 고려; ⓢ perkiraan, taksiran; Dia memberi pilihan sekolah dengan *perhitungan* bakat anaknya. 그는 아이의 적성을 고려해서 상급 학교를 선택해 주었다; **perhitungan** laba rugi 대차대조표;

terhitung ①포함된,계산된; Harga barang itu *terhitung* ongkos kirim.그 물건 가격은 배달 료가 포함되었다; ② ~에 속하다, 소속이다; tak **terhitung** 무수한, 셀 수 없는;

hitungan ①계산, 고려;② 계산문제; ⓢ soal, perkiraan;

hitung-hitung ~으로 여기다; Orang yang pergi, *hitung-hitung* tak ada sajalah! 가버린 사람은 없는 것으로 여겨라!

hiu 상어;

honor 명예, 명성;

horizontal 수평의;

hormat ① 영예, 명예; ② 존중, 존경, 공경; *Hormat*lah kepada guru. 선생님을 존경하여라; ③ 정중한, 공손한; ⓢ sopan; Ia selalu *hormat* terhadap siapa pun.그는 누구에게도 정중하였다; ④ (편지에서)안부, 인사; **Hormat** saya 돈수(頓首),편지 끝에 쓰는 말;Dengan segala *hormat* 배계(拜啓), 편지의 첫머리인사; dengan tak **hormat** 비열하게; **hormat** dan salam (dari)~ 로부터 근정(謹呈) (증정하는 책에 쓰는 말);

hormat-menghormati 서로 존경하는;

menghormati 경의를 표하다, 존

경하다; Bentuk pelayanan dia pada negara adalah dengan ***menghormati***.국가에 대한 그의 봉사에 대해 경의를 표한다;
kehormatan ① 영예, 명예; ⓢ harga diri, kebesaran, nama baik, martabat; ② 존경, 존중, 경의; ③ 명예직의;anggota **kehormatan** 명예 회원;
penghormatan 존중, 공경,존경; Inilah bentuk ***penghormatan*** kami kepada orang tua. 이것은 우리가 부모에게 공경을 표하는 것이다;
terhormat ① 영예로운,명예로운; Dia adalah atlet korea yang ***terhormat***. 그는 명예로운 한국 선수이다; ⓢ mulia; Ia termasuk orang yang ***terhormat*** di desanya. 그는 이 마을에서 가장 존경 받는 사람에 속한다;
hormon 호르몬;
horoskop 천궁도, 별점, 점성술;
hospital 병원;
hostes 호스티스; ⓢ pramuria;
hotel 여관, 호텔; ⓢ penginapan; **hotel** rodeo 형무소,감옥; Nanti kita menginap di ***hotel*** jika kemalaman. 나중에 밤이되면 호텔에 묵도록 하자;
perhotelan 여관업, 호텔업;
hujan ① 비; **Hujan** turun. 비가 온다; ② 비가 내리다, 비가 오다; Saya tak mau pergi karena ***hujan***. 나는 비가 오기 때문에 가고 싶지 않다; **hujan** deras 호우(豪雨); **hujan** gerimis 가랑비, 이슬비;**hujan** lebat 호우; **hujan** peluru 빗발 같은 탄환; **hujan** rintik-rintik 가랑비, 이슬비;
berhujan-hujan 빗속을 걷다;
menghujan-anginkan 비바람을 맞다;
menghujani (탄환 등을) 맹렬히 퍼붓다, (선물 등을) 잔뜩 주다; ⓢ menimpa;Mereka ***menghujani*** saya dengan banyak hadiah. 그들은 나에게 여러가지를 잔뜩 기부하였다;
kehujanan 비를 맞다; Ia sakit karena ***kehujanan***. 그는 비를 맞고 앓았다;
penghujan 비오는; musim **hujan** 우기; hari **penghujan** 온종일 비가 내리는;
hukum ① 법률, 법;ⓢ aturan, prinsip; ② 판단, 판결; ⓢ keputusan; ③ 계명, 계율; **hukum** acara 소송법; **hukum** adat 관습법; **hukum** antar negara 국제법; **hukum** asasi 기본법;**hukum** dagang 상법; **hukum** dasar negera 국가 기본법; **hukum** niaga 상법; **hukum** pajak 세법; **hukum** perdata 민법; **hukum** pidana 형법; **hukum** tatanegara 행정법; **hukum** tentara 군법;
menghukum ① 꾸짖다, 벌하다; Guru ***menghukum*** muridnya.선생은 학생을 벌하였다;② 판결하다, 선고하다; Hakim ***menghukum*** penjahat. 판사는 범인을 처벌하였다;③판단을 내리다, 판단하다; ④ 구형하다, ~의 형에 처하다; Penjahat itu ***dihukum*** 10 tahun.범인은 10 년 형에 처해졌다;
penghukuman 처형, 판결;
terhukum 유죄의 선고받은;
hukuman ① 처벌, 형벌; ② 처형, 선고,판결; Hakim menjatuhkan ***hu-***

kuman sepuluh tahun penjara kepada terdakwa kasus pembunuhan. 판사는 살인 사건의 피고에게 징역 10 년을 판결하였다;③ 죄수,복역자; **hukuman** bersyarat 집행유예 판결; **hukuman** gantung 교수형; **hukuman** kerja 강제노동형, 징역; **hukuman** kurungan 구류; **hukuman** denda 벌금형; **hukuman** mati 사형; **hukuman** penjara 징역형; **hukuman** tembak 총살형; tututan **hukuman** 형사소송 절차;

hulu ① 끝, 상부; ⓢ udik, ujung; ② 손잡이, (칼의)자루; ⓢ pegangan, tangkai; ③ 두부(頭部), 머리; ⓢ kepala; Ia sakit di bagian *hulu* tangannya. 그는 머리가 아팠다; ④ (강의)상류; **hulu** hati 명치; **hulu** hilir (강의)상류와 하류;

humor 해학,유머; Orang itu memiliki rasa *humor* yang tinggi. 그 사람은 높은 유머 감각을 갖고 있다;

humoris 유머가 있는 사람;Ia termasuk orang yang *humoris*. 그는 유머를 잘하는 사람이다;

huni 거주하고 있는, 살고 있는; Rumah itu telah di*huni* sejak lama. 그집은 오래 전부터 거주자가 있다;

menghuni 지키다,거주하다, 살다; ⓢ mendiami, menunggui, menjaga;

penghuni 살고 있는 사람, 주인, 주민;

hunus, menghunus 뽑아내다,빼다, 뽑다; Ksatria berkuda ***menghunus*** pedang.기사는 칼을 뽑았다; **menghunus** cicin 반지를 뽑다;

hura-hura 즐거운,기쁜;ⓢ senang-senang;

berhura-hura 즐기다; Waktu muda ***hura-hura*** sampai puas dan belajar juga dengan giatlah!. 젊을 때 마음껏 즐기고 그리고 공부도 열심히 하여라!

huruf 글자,문자; ⓢ tulisan,abjad; **huruf** besar 대문자; **huruf** hidup 모음; **huruf** kanji 일어; **huruf** kecil 소문자; **huruf** mati 자음; **huruf** miring 초서체, 이탤리체; **huruf** depan 머리글자; **huruf** Romawi 로마문자; **huruf** tebal 보울드체 활자; **huruf** cetak 인쇄체; **huruf** tulis 필기체;

hutan ① 산림, 숲; ⓢ belukar, rimba, belantara; ② 정글, 밀림; **hutan** belantara 빽빽한 밀림; **hutan** larangan 보호산림; **hutan** rimba 원시림;

kehutanan 임업; ilmu **kehutanan** 임학(林學); Dia kuliah di jurusan Ilmu ***Kehutanan***. 그는 임학과 대학생이다;

perhutanan 산림관리;

hutang ⓢ utang; Jangan lupa untuk membayar ***hutang*** pada temanmu! 네 친구에게 빚을 갚는 것을 잊지 말아라;

penghutang 채권자;

huyung **terhuyung(-huyung)** 비틀거리다; orang itu berjalan ***berhuyung-huyung*** keluar kamar.그는 방에서 비틀거리며 걸어나왔다;

I

ia 그녀, 그;
ialah ① 즉;ⓢyaitu,yakni;②그렇다니까;
iba ① 동정하는, 감동하는; ② 감동시키는; ③ 그리워하는, 동경하는;
beriba-iba 감상적인, 감동을 주는; Ia menangis meratap sambil *beriba-iba*. 그녀는 연민의 정을 표하며 애도의 눈물을 흘렸다;
ibadah ☞ ibadat; **ibadah** dalam jemaah.전 교구가 올리는 예배,대예배;
ibadat ① 종교; ② 숭배, 예배;
beribadat 믿음이 두터운, 경건한, 종교적인;
peribadatan 종교적인 계율을 지킴;
ibarat ① ~같은,~처럼;② 실례,예, 보기; ⓢ umpama, contoh; Perbedaan antara mereka berdua *ibarat* langit dan bumi.그들 사이의 차이는 하늘과 땅 만큼이다;
mengibaratkan① 적용하다,예를 들다;② 비유하다; Dunia ini *di ibaratkan* sebagai lembah kesusahan. 이 세상은 고난의 골짜기에 비유된다; ② 대우하다, 다루다;
iblis 사탄, 마귀, 악마; ⓢ setan;
ibu ① 모친,어머니; ② 연장자에 대한 경칭;**ibu** angkat 유모; **Ibu** bapak 양친; **ibu** jari 엄지 손가락; **ibu** guru (여자)선생님;**ibu** kandung 생모; **ibu** kota 수도; **ibu** pertiwi 모국; **ibu** tiri 계모;
beribu ① 어머니가 있다; ② 어머니로 칭하다; Saya *beribu* kepada guru saya. 나는 내 선생님을 어머니라 부른다;
ibunda 어머니, 모친 (ibu 보다 정중함);
idam 열망, 간청, 갈망;
mengidam 간청하다, 갈망하다;
mengidamkan ~을 몹시 먹고 싶어하다,열망하다;ⓢmencita-citakan,
idam-idaman①간청,열망,갈망;ⓢ hasrat,keinginan;②이상;ⓢcita-cita,
idap, mengidap 만성병에 시달리다, 지병을 앓다;
mengidapkan 만성병으로 시달리(게하)다;Kakek sudah lama *mengidap* penyakit jantung. 할아버지는 오래 심장병을 앓고 계시다;
ide 아이디어, 판단, 생각;
ideal 이상적인; Dia adalah gadis *ideal* untuk menjadi ibu rumah tangga. 그녀는 현모양처가 될 이상적인 소녀이다;
mengidealkan 이상적으로 하다, ~을 이상화하다;
idealis ① 몽상가,이상가; ② 이상

주의자;
idealisme 이상주의 (예술· 문학 등의);
idem 위와 같음, 동일, 동상(同上);
identifikasi 동일시, 동일함;
mengidentifikasi 동일시하다;
identik 동일한, 똑같은; ⓢ sama benar;
mengidentik 동일시하다, 같게 하다;
identitas 신원;*Indentitas* pelaku pembunuhan itu sudah di ketahui polisi. 그 살인 용의자 신원이 경찰에 의해 파악되었다;
ideologi 관념론,관념학;ⓢ paham, ajaran, doktrin;
idiom 숙어;
idiot 멍청이, 바보;
idola 숭상;
Idul, **Idul Adha** 하지 축제; **Idul Fitri** 금식기간이 끝나는 날의 축제; ⓢ lebaran; **Idul Qurban** 하지 축제;
igau, **mengigau** 헛소리하다,잠꼬대하다; ⓢ mimpi,racau; Apakah saya *mengigau* semalam? 어젯밤 내가 잠꼬대 했는가?
igauan ① 잠꼬대 ② 헛소리;
ijazah① 졸업장,증명서;ⓢ sertifikat; ② 허가증,인가서,면허장; Dia telah mendapatkan *ijazah* lulus kursus komputer. 그녀는 컴퓨터 과정 수료 자격증을 갖고 있다;
berijazah 증명이 있는, 유자격의; bidan **berijazah** 유자격 조산원; Dia menjadi seorang penerjemah *berijazah*. 그는 자격증이 있는 통역사이다;
ikal ① 고수머리, 곱슬털; ② 고수머리의, 곱슬곱슬한; ⓢ berkelok-kelok, berombak; Rambutnya agak *ikal* karena tertiup angin. 그의 머리는 바람결에 다소 헝크러졌다;
mengikal 비틀다, (수염을) 꼬다;
ikan 생선,물고기; ⓢ lauk; **ikan** air tawar 민물고기,담수어;**ikan** asin 소금에 절인 물고기; **ikan** bakar 불에 구운 생선; **ikan** basah 선어(鮮魚); **ikan** darat 민물고기, 담수어; **ikan** duyung 해마(海馬),해우(海牛); **ikan** gurita 낙지; **ikan** lumba 돌고래; **ikan** pari 가오리; **ikan** paus 고래; **ikan** salem 연어;
perikanan 수산업,어업;Ayah bekerja di perusahaan jawatan *perikanan*. 부친은 수산 관련 회사에서 근무하신다;
ikhlas ① 참된,성실한;ⓢ jujur,tulus hati;② 기꺼이 ~하는;ⓢ rela;③ 정직, 성실;
mengikhlaskan ~에 몰두하다, ~에 전념하다;
keikhlasan 전심,헌신,정직,성실;
ikhtiar ① 발안,선창,솔선;② 자유의지,자유선택;③ 판단,의견;④ 수단, 노력; ⓢ daya upaya;
berikhtiar 노력하다, 시도하다; Ia *berikhtiar* sebaik-baiknya. 그는 최선을 다해 노력했다;
iklan 선전, 광고; ⓢ advertensi, reklame;
mengiklankan 선전하다, 광고하다;
pengiklan ① 광고인(회사);② (회 사의) 광고과;
pengiklanan 광고(하기);
periklanan 광고, 광고업;

iklim ① 대기,기후; ⓢ hawa,suhu, udara;② 상태,풍토;ⓢ suasana,keadaan;**iklim** bahari 해양성 기후;**iklim** benua 대륙성 기후;**iklim** buatan 인공 냉난방; **iklim** panas 열대; **iklim** politik (정치)정세; **iklim** subtropis 아열대; **iklim** tropis 열대;

beriklim ~기후인, ~기후를 갖는; Indonesia ***beriklim*** tropis. 인도네시아는 열대 기후이다;

keikliman 기후;

ikrar ① 헌장,맹약; ② 약조, 약속; ⓢ janji; ③ 자백,자인,인정,승인; ⓢ pengesahan; **Ikrar** Lautan Teduh 태평양 헌장;

berikrar ① 자인하다, 고백하다; ② 맹약하다,약조하다; Ia telah ***berikrar*** untuk membantu saya dalam masalah ini. 그는 이 일을 도와주겠다고 나에게 약속했다;

mengikrar sumpah 맹세하다;

mengikrarkan ~을 자인하다,~을 약속하다;ⓢ mengakui,menjanjikan;

ikut ① 추구하다, 따르다; ⓢ turut, serta; Saya tak akan ***ikut*** pergi ke tempat itu. 나는 거기에 따라가지 않을 것이다;② 동참하다, 참가하다; Boleh saya ***ikut*** main tenis bersama kalian?너희들과 같이 테니스 게임에 끼워 줄 수 있니? ③ 수락하다, 받아들이다; ④ 참견하다,간섭하다; Ia ***ikut*** terlibat dalam perkara itu. 그도 역시 그 일에 관련돼있다; ikut bersuara 동참하여 말하다; ikut serta 수행하다, 동행하다;

berikut ① 좇다,따라가다;ⓢ beriring;Disambung pada halaman ***berikut***.다음 페이지로 계속됨; Kabar ini sebagai ***berikut***. 이 소식은 다음과 같다; ② 또한, ~와 더불어, ~와 함께; ⓢ bersama dengan; ***Berikut*** uang itu saya mengirim tanda terimanya.그 돈과 함께 영수증도 보낸다; ③ 다음의,바로 뒤의; Siapa yang menjadi peserta ***berikut***nya? 다음 참석자는 누구인가?

mengikuti ① 복종하다, 따르다, 순종하다; ⓢ menurut, menyertai; Ia tak pernah ***mengikuti*** perintah dari orang tuanya. 그는 한번도 부모의 말을 따르지 않았다; ② 같이 하다,따라서 행동하다; Ia ***mengikuti*** sifat teman-temannya. 그는 그의 친구들과 행동을 같이 했다;③ 흉내내다, 모방하다; ⓢ meniru; ④ 함께 가다,동행하다; Saya ***mengikuti*** ibu saya.나는 나의 어머님와 함께 갔다, ⑤수강하다,(강좌를)듣다; Ia ***mengikuti*** kursus bahasa Korea. 그녀는 한국어 강좌를 받고 있다; Ia ***mengikuti*** beberapa kuliah tentang ilmu filsafat. 그는 몇몇 철학에 관한 강의를 듣고 있다;

mengikutkan ① 따라가다, 따르다; ⓢ menyertakan; ② 순종하다, 복종하다,따라서 행동하다; ③ 추가하다,보태다,더하다; ④ 태우다,함께 넣다, 동봉하다; ⓢ melampirkan; Ia ***mengikutkan*** sebuah potret dalam surat. 그녀는 편지 안에 사진 한 장을 넣었다;

pengikut ①관계자,참가자,수행원; ⓢpenganut,pengiring;② 지지자,지원자; ***Pengikut*** aliran sayap kiri masih terus melakukan demonstrasi di depan gedung pemerintahan.좌익 성향 지지자들이 정부건물 앞에서 계속 시위를 하고 있다;

terikut 포함되는;

ikut-ikutan 지각없이, 경솔하게; Ia ***ikut-ikutan*** saja dalam demonstrasi itu. 그는 그 시위운동에 무턱대고 좇아다녔다; **ikut serta** 함께 가다, 따라가다; ⓢ turut;

mengikutsertakan 수행하다, 동행하다, 동반하다.

Ilahi ① 하느님, 신; ⓢ Tuhan; ② 성스러운, 신성한;

keilahian 신성;

ilalang 갈대,사초;☞alang-alang;

illegal 위법의, 불법의;

ilmiah 과학의, 과학적;

keilmiahan 과학적인;

ilmu ① 이해,인식,지식;ⓢ kepandaian, pengetahuan;② 학문;ⓢ kajian; **ilmu** adab 윤리학; **ilmu** administrasi 행정학;**ilmu** agama 종교학; **ilmu** akhlak 형질학; **ilmu** alam 자연과학; **ilmu** aljabar 대수학(代數學); **ilmu** bahasa 언어학; **ilmu** bangunan 건축학; **ilmu** bedah 외과학(外科學); **ilmu** bintang 천문학; **ilmu** bumi 지리학;**ilmu** jiwa 심리학;**ilmu** gaib 신비술,심리학; **ilmu** gizi 영양학; **ilmu** hayat 생물학; **ilmu** hewan 동물학; **ilmu** hukum 법학; **ilmu** iklim 기후학;**ilmu** kebatinan 신비학; **ilmu** kebudayaan 문화(인류)학;**ilmu** kedokteran 의학; **ilmu** kemasyarakatan 사회학;**ilmu** kenegaraan 정치학; **ilmu** kesehatan 위생학; **ilmu** tatanegara 정치학;**ilmu** pemerintahan 행정학; **ilmu** penyakit anak-anak 소아과; **ilmu** pengetahuan 과학; **ilmu** penyakit 병리학; **ilmu** penyakit dalam 내과 병리학; **ilmu** penyakit jiwa 정신의학; **ilmu** penyakit kandungan 부인과의학; **Ilmu** penyakit kelamin 성병학; **ilmu** penyakit kulit 피부병학; **ilmu** penyakit saraf 신경학; **ilmu** penyakit mata 안과학; **ilmu** penyakit telinga, hidung dan tenggorokan 이비인후과학; **ilmu** pertanian 농학; **ilmu** politik 정치학; **ilmu** purbakala 고고학; **ilmu** racun 독물학; **ilmu** sejarah 사학; **ilmu** saraf 어형론, 형태학, 문법; **ilmu** sihir 샤마니즘; **ilmu** sinar 방사선학; **ilmu** tata bahasa 문법학; **ilmu** sosial 사회과학;

berilmu, keilmuan 학식이있는, 배운, 과학의, 과학적인;

ilmuwan 학자;

ilusi 환영(幻影), 환각;

ilustrasi 삽화, 디자인;

mengilustrasikan 삽화를 넣다, 그림으로 설명하다;

ilustrator 삽화가;

imajinasi 공상,상상력,상상;Daya ***imaginasi***nya terlalu tinggi bagi seorang bocah. 어린 소년으로서는 그의 상상력이 너무 높다;

imam ① 회교의 성직자; ⓢ padri, pendeta,pastor; ② 장로,회교 지도자; ⓢ kepala, pemimpin; **imam agung** ① 회교 사원의 우두머리;② 위대한 회교 지도자;

imbalan 사례, 보상,보은; Rumah ini saya berikan sebagai ***imbalan*** atas kerja kerasmu selama ini. 이 집을 지금까지 열심히 일한 댓가로 너에게 준다;

I

imbang 두려운,불안한; Pertandingan itu berakhir ***imbang***.
그 시합은 비겼다;

imbas ① 유동체, 기류; ⓢ aliran udara; ② 전류;
mengimbas (전기를) 유도하다;
imbasan 기류;

imbau, mengimbau 신호하다,부르다,권유하다;ⓢ meminta,mengajak;
imbauan 호소, 신호, 외침, 부름; ⓢ panggilan, seruan, ajakan.

imigran 이민, 이주민;

imigrasi 이민,이주;

iming,mengiming-iming 유혹하다;

imitasi 모조, 모방; ⓢ tiruan;

imlek 음력;tahun baru **imlek** 음력 새해;

impas 갚은,변제한;ⓢ lunas,habis,

imperialisme 제정, 제국주의;

impian 바램, 희망, 꿈;
terimpi-impi 꿈을 꾸다;

impit 밀접한,아주 가까운, 연결된;
berimpit 밀접하다, 밀착하다;
mengimpit ① 연결하다,맞붙이다, 결합하다;② 누르다; ⓢ menindih; ***Mengimpit*** kertas dengan batu. 돌로 종이를 누르다;③ 꼼짝 못하게 눌러두다; ⓢ mengapit, menyepit; Dalam kecelakaan itu ia ***diimpit*** mobilnya. 그 사고에서 그는 자동차 밑에 깔렸다;
terimpit ① 압도되는,압박받는,억압받는;② 짓눌린,꽉 들어찬,밀착된; ③움직이지 못하는,~에 낀;
impitan 불안, 압력, 압착;

impor 수입;
mengimpor 수입하다;
pengimpor 수입상, 수입자;
pengimporan ① 수입업; ② 수입품;
importir ① 수입상, 수입업자; ② 수입업;

impoten 무력한;

impotensi 허약, 무력; Merokok dapat menyebabkan ***impotensi***. 흡연은 발기부전을 일으킬 수 있다;

imunisasi 면제, 면역시킴;

inap, menginap ① 밤을 보내다,; ⓢ bermalam;② 숙박하다,투숙하다; Mari ***menginap*** di tempat kami. 우리 집에서 주무세요;
penginapan ① 투숙,숙박;②호텔, 여관; ⓢ losmen,hotel; Ia tinggal di tempat penginapan. 그는 여관에서 살고 있다;

incar, mengincar ① 겨냥하다, 겨누다; ⓢ membidik; ② 훔쳐보다, 응시하다,자세히 들여다보다;ⓢ mengintai; Kawanan perampok memang sudah ***mengincar*** rumah itu. 그 도둑들은 이미 그 집을 노리고 있었다;

indah ① 잘생긴,멋진,아름다운; ⓢ cantik, bagus;
memperindah 꾸미다, 아름답게 하다, 미화하다;
keindahan 미(美), 아름다움; ⓢ kecantikan;

indekos 기숙하다, 하숙하다; ***Indekos*** pada Amir. 아미르 집에서 하숙하다; ⓢ menumpang;

indeks 눈금,색인(索引); ⓢ daftar, petunjuk; Lihat ***indeks*** dulu agar lebih mudah mencari datanya. 자료를 쉽게 찾을 수 있도록 색인을 먼저 보아라;

indera 감각, 느낌; panca **indera** 오감 (청감,미감, 시감, 후감, 촉감); **indera** penciuman 코; **indera** pendengaran 귀;**indera** penglihatan 눈; **indera** peraba 피부; **indera** perasa 혀;

indikator 표시기, 표지; Hal ini merupakan ***indikator*** adanya gerakan separatis di dalam negara ini. 그 사건은 이 나라에 분리주의자가 있음을 나타내는 표시이다;

individu 개체, 개인;

individual 개개의,개인적인;

indo 구아(歐亞)의, 유러시아(의); **Indo** Belanda 인도 유럽 어족의, 유러시안;

indologi 인도네시아학;Ia lulusan jurusan ***indologi*** Universitas Hankuk. 그(녀)는 한국대학교의 인도네시아학과 출신이다;

Indonesia 인도네시아,인도네시아의; orang **Indonesia** 인도네시아 사람, bahasa **Indonesia** 인도네시아어;

mengindonesiakan 인도네시아어로 번역하다,

indra ① 왕; ⓢ raja; ② 신의이름; ⓢ indera;

induk (동물의)어미; ⓢ emak, ibu; **induk** bangsa 민족, 종족; **induk** kalimat 주문(主文); **induk** karangan 사설,(법률의)본문; ④ 선의로 한,선의의;

industri 공업, 산업; ⓢ kerajinan, perusahaan; Perusahaan itu sudah lama berkecimpung di***industri*** makanan. 그 회사는 이미 오래 전부터 식품산업에서 활동하고 있다;

mengindustrikan 공업화하다, 산업화하다;

perindustrian 공업,산업,공업화;

industrialisasi 공업화, 산업화;

infak 기부, 기증, 증여;

infantri 보병 ⓢ infanteri;

infeksi 감염,염증; ⓢ radang, ketularan; Lukanya menjadi ***infeksi*** karena terlambat diobati. 상처 치료를 오래 하지 않아 염증이 났다;

influenza 유행성 감기, 인플루엔저;

info 정보, 통지; ⓢ informasi;

informal 비공식의, 정식이 아닌;

informasi 정보, 보고, 통지;

informatif 정보(지식)를 주는;

infus 주입하다;

ingat ① 회상하다, 기억하다; Saya tak ***ingat*** kejadian itu.나는 그 일을 기억하지 못한다; ② 신중한, 주의깊은; Ia kurang ***ingat.*** 그는 조심성이 없다; tiada **ingat-ingat** 깨닫지 못하는,모르는;**ingat** akan dirinya 의식을 되찾다,의식을 회복하다; Tak ***ingat*** akan dirinya lagi.그는 완전히 자제력을 잃었다; Ia masih ***ingat*** juga tentang masa kecil kami. 그는 우리가 어렸을 때를 아직도 기억하고 있다;

memperingati 지적하다,특히 주의하다, 기재하다,기념하다; Hari ini bangsa Indonesia ***memperingati*** hari kemerdekaannya yang ke-59. 오늘 인도네시아 국민은 독립 제 59 주년을 기념하였다;

peringatkan ① ~을 떠오르게 하다,~을 상기시키다;② 조심시키다, 경고하다; Saya sudah sering ***peri-***

I

ngatkan anak itu supaya berhati-hati di jalan.나는 자주 그 아이에게 길에서 조심하라고 주의를 주었다;

mengingat ① 회상하다,기억하다, 생각해내다; ② 참고하다, ~을 고려하다; ⓢ menilik; Ia tak lagi mampu ***mengingat*** hal-hal indah yang sudah kami lalui bersama. 그는 우리가 함께한 아름다운 추억들을 더 이상 기억하지 못한다; **mengingat** hal itu...그 일을 고려하여~③ 생각하다; ⓢ memikirkan; Anak itu selalu ***mengingat*** ibunya dimanapun ia berada. 그 아이는 어디에 있든 그의 모친을 생각한다;

mengingati ① 경고하다, 상기시키다; ⓢ menasehati; Para guru ***mengingati*** anak-anak agar tidak berenang jauh-jauh. 선생님들은 학생들에게 너무 멀리 수영하여 가지 않도록 주의를 주셨다; Dia ***mengingati*** bapaknya akan berangkatnya bis. 그는 그의 어버님께 버스의 출 발을 상기시켜 드렸다;② 조언하다, 충고하다; Temannya ***mengingati*** dia tentang jalan yang hendak di tempuhnya. 그의친구는 그가 가야 하는 길들에 대해 알려주었다; ③ 회상하다, 생각하다, 기억하다; Ia selalu ***mengingati*** kebaikan budi rekan-rekannya.그는 항상 그의 동료들의 공덕을 기억하였다;

peringatan ① 기념,회상,기억; ⓢ kenang-kenangan; ② 관념, 생각; ③ 주목,주의;④ 신중,침착; ⑤ 기재, 기록;⑥ 조언,경계,충고,경고; ⓢ nasehat,teguran; Ia sudah mendapat ***peringatan*** dari pimpinan atas kelalaiannya. 그는 경영진으로부터 그의 태만에 대해 경고를 받았다;

teringat ① 머리에 떠오르다; ⓢ terlintas; Semoga ia akan selalu ***teringat*** pada saya. 그가 나를 항상 기억하기를 바란다; ② 상기되다, 생각나다; ⓢ terkenang; Ia ***teringat*** anaknya yang gugur. 그는 죽은 아들이 생각났다;

ingatan ① 추억,기억;②관념,생각; ⓢ pikiran, kesadaran; ***Ingatan***nya tertuju pada masa silam yang pahit. 그의 기억이 어렵던 시절로 돌아갔다;

Inggris ① 영어의,영국의; Ia mahir bicara dalam bahasa ***Inggris***. 그는 영어를 유창하게 잘한다; ② 영국; Negeri **Inggris** 영국; **Inggris** Raya 대영제국;

ingin 원하다, 바라다; ⓢ hendak, mau; Saya ***ingin*** pergi sekarang. 나는 지금 가기를 원한다;

menginginkan 동경하다, 갈망하다.

keinginan 요망,소원, 희망,소망;

berkeinginan 바라다, 원하다;

ingkar ① 어기다,거절하다; ② 부정하다,부인하다;ⓢ mungkir, sangkal; Saya paling tidak suka orang yang sering ***ingkar*** janji. 나는 자주 약속을 어기는 사람을 제일 싫어한다;

mengingkari ① 부정하다, 부인하다; ② 어기다, 거절하다;

keingkaran ① 부정,부인;② 반항, 거절; ③ 무시, 도전적 태도; Berita tentang ***keingkaran***nya itu telah menyebar luas. 그의 불복에 대한

소식은 이미 널리 퍼졌다;

ingus 콧물; membuang **ingus**, menyapu **ingus** 코를 풀다;

ini (지시대명사) ① 이 사람,이 물건, 이것; buku **ini**;**ini** buku 이것은 책이다; ② 이 사람들,이 물건들,이것들; ③ 이곳, 여기; ***Ini*** dia. 자 여기있다; ***Ini*** dia! 좋다! 좋아! 자! ***Inilah***. 이것이 바로(~이다); **ini** juga 바로 이것; Kamu harus pergi pada hari ***ini*** juga. 우리는 오늘 꼭 가야만 한다; **ini** hari 금일,오늘;**ini-itu** 이것 저것, Mereka memperbincangkan ***ini***-itu. 그들은 이 애기 저 애기를 나누었다, **ini** pula 게다가,더구나;

ini pula lagi 다시 한번!

inisiatif 선도, 솔선, 시작;

injak 발판, 디딤판, 페달; ⓢ pijak; Dilarang ***injak*** rumput. 잔디밭에 들어가지 마시오;

menginjak ① 짓밟다,걷다, 밟다; ⓢ memijak,meletakkan kaki; **menginjak** paku 못을 밟다; **menginjak** beling 유리를 밟다; ② 시작하다; ⓢ mulai; **menginjak** jaman baru 새 시대가 시작되다;Ini sudah ***menginjak*** tahun ke-10 sejak kematian orang tuanya.그의 부모가 작고한지 10 년째되고 있다;

menginjakkan, **menginjakkan** kaki 정복하다, 짓밟다;

injak-injakan ① 등자쇠,등자;② 페달;ⓢ kayuh,pedal;③ 디딤판,발판,

injeksi 주사, 주입;

menginjeksi 주입하다, 주사하다.

injil ① 교의,복음; ② 신약전서; ③ 성경; **Injil** AL-kudus 성서;

penginjil 설교자, 복음 전도사; Setelah dewasa dia menjadi seorang ***penginjil***. 성인이된 후 그는 복음 전도사가 되었다;

inkubasi ① (병의)잠복, 잠복기; ② (알의)부화; Masa ***inkubasi*** virus ini ialah satu minggu. 이 바이러스의 잠복기는 일주일이다;

inkubator 인큐베이터, 부화기;

inovasi 신제도, 쇄신; Para ilmuwan sedang menggarap suatu ***inovasi*** baru. 과학자들은 신기술을 연구하고 있다;

insaf ① 생각,개념, 관념; ② 느낌, 깨달음,지각(知覺);ⓢsadar,mengerti, maklum; ③ 확신,신념; ⓢ yakin; Ia sudah lama ***insaf*** akan kesalahannya.그는 오래전부터 자신의 잘못을 깨닫고 있었다;

menginsafi 이해하다, 깨닫다;

menginsafkan ① 수긍시키다,납득시키다,확신시키다;② ~을 깨닫게 하다;

keinsafan 이해,확신,깨달음,자각;

insan 사람,인간;ⓢ manusia,orang, pribadi; **insan** ulkamil 완전한 사람, 전인;

insani 인간; tubuh **insani** 육신, 육체; Kita harus saling menghormati antar sesama ***insan***. 우리는 같은 인간으로서 상호 존중해야 한다;

insang 아가미;keras **insang** 고집 센,완고한; tulang **insang** 고래 수염, 고래의 뼈;

insektisida 살충제;

insentif 자극적(인);

insiden 사변, 사건, 일어난 일;

insinyur 기술자, 공학자, 기사;

keinsinyuran 기관학, 공학;
inspeksi ① 점검,검열;ⓢpemeriksaan,penilikan;② 검열직,감찰직, Akuntan publik selalu mengadakan *inspeksi* keuangan perusahaan secara berkala. 공인 회계사는 항상 여러차례에 걸쳐 회사의 재무를 검열한다;
menginspeks 검열하다,감찰하다.
inspektur 검열관, 검시관; ⓢ pemeriksa, pengawas;
instabilitas 변덕, 불안정;
instalasi 설비, 설치;
instansi ① 조직, 기관; ⓢ dinas, jawatan; Ayah bekerja di salah satu *instansi* pemerintah.아버지는 한 정부 기관에서 일하신다;② 학회, 연구소,사무실; ⓢ kantor;③ 대행업, 대리권;
insting ① 본성,본능;ⓢ naluri; ② 천성, 소질;
institut 전문학교, 연구소, 학회; Institut Keguruan dan Ilmu Pendidikan (IKIP) 사범대학;Ia tercatat sebagai mahasiswa salah satu *institut* swasta di Jakarta.그는 자카르타의 사립전문학교 대학생이다;
instruksi 교육,교수;ⓢ petunjuk, perintah; Tunggu *instruksi* berikutnya saja.다음 지시를 기다리자;
instruktur 지도자,교수자,교사; ⓢ guru,pelatih;Ia sudah lama menjadi *instruktur* senam di sanggar itu.그는 그 체육관에서 오래 전부터 체조 지도자였다;
instrumentalia 기악; Ayah suka jenis musik *instrumentalia.* 부친은 기악 음악을 좋아하신다;
insulin 인슐린;
insya Allah 신의뜻대로;
insyaf ☞ insaf;
intai, **mengintai** 정찰하다; ⓢ mengamati, memata-matai; Mereka sedang *mengintai* rumah tersangka pembunuhan. 그들은 살인 용의자 집을 감시하고 있다;
pengintai 수색병,척후병, 정찰자; Masing-masing *pengintai* itu di lengkapi dengan alat komunikasi satu sama lain. 각각의 수색대원은 서로 연락할 수 있는 통신 장비를 갖고 있다;
pengintaian 수색, 정찰; *Pengintaian* di tempat ini sudah dilakukan selama sehari semalam. 이 장소에 대한 수색이 이미 하루 밤낮 동안 행하여지고 있다;
intan 금강석, 다이아몬드; intan mentah 천연 금강석;
integral 완전한;ⓢ utuh,lengkap;
integrasi 통합,완성; ⓢ penyatuan, pemaduan;
intelek 지성, 지력; ⓢ akal budi, daya pikir;
intelektual 총명한, 지력의, 지적인; ⓢ cendikiawan, kaum cerdik pandai;
inteligen 총명한, 지적인;
intensif 강한, 격렬한, 철저한, 집중적의; ⓢ mendalam, kuat;
intensitas 강도, 강함, 강렬;
interaksi 상호작용; interaksi sosial 사회적 상호작용;
interes 관심,흥미; ⓢ minat, kemauan, perhatian;
interim 잠시, 한동안;

interior (건물의)내부;
internasional 국제적인, 국제간의, 국제상의; ⓢ antarbangsa;
inti 핵심,핵; ⓢ pokok,sari, isi; **inti** atom 원자 핵;**inti** sari 심수,정수,본질;kabinet **inti** 각내 내각;senjata **inti** 핵무기;
intian 골자,핵심, 핵; sistem **intian** 핵방식;
intim 가까운, 친숙한, 친밀한; ⓢ akrab;
keintiman 친교, 친밀;
intimidasi 협박, 위협;
intip, mengintip 훔쳐보다,염탐하다,정찰하다; ⓢ mengintai;
pengintipan 감시, 염탐, 정찰;
intrik 공모, 음모;
introspeksi 자기 반성, 내성;
investasi 투자금, 출자, 투자;
investigasi 심사, 연구, 조사;
investor 투자가;
ipar 시동생,매부,매형,처남,처형제;
Ir (Insinyur) 기사,기술사 자격을 얻은 사람에게 주는 직함;
irama ① 격조,리듬,음율; ⓢ ritme, tempo; ② 테마, 주제;
berirama 리드미컬한, 율동적인.
iri, iri hati 질투하는, 부러워하는; ⓢ cemburu, dengki, sirik;
beriri, beriri hati 시기하다,샘내다, 질투하다, 부러워하다;
mengiri 샘내다, 질투하다, 부러워하다; Ia ***mengiri*** pada harta benda saya. 그는 나의 부를 샘냈다;
keirian 시기, 질투;
pengiri ① 질투하는, 부러워하는; ② 질투하는 사람, 샘내는 사람, 부러워하는 사람;
Irian 빠뿌아 섬;
irigasi 관개; ⓢ pengairan;
mengirigasikan 관개하다;
iring, beriring 계속되는, 연속적인;
mengiringi 동행하다, 수행하다; ⓢ mengikuti, menyertai;
pengiring 동행자, 수행원;
seiring 함께, 병행하여;
pengiringan 수행, 동행;
seiring 나란히, 함께; ⓢ bersama; seiring dengan 동시에, ~와 함께;
seiringan, seiringan kapal 군함의 호송, 군함의 호위;
iringan ① 반주;**iringan** piano 피아노 반주;② 호송선,소형선대,소함대;
iring-iringan 줄, 열, 수행, 호송;
beriring-iringan 열을 지어서, 잇달아서; ⓢ berturut-turut;
iris ① 안구의 홍채;ⓢ selaput pelangi;
irit ① 절약하는,검약하는; ⓢ ekonomis; ② 검소한, 소박한, 간소한;
mengirit 아껴쓰다, 절약하다;
iritasi 흥분, 자극; ⓢ rangsangan;
ironis 빈정대는,반어적인;
isak, mengisak 오열하다, 흐느껴울다;
terisak-isak 오열하는, 흐느껴우는;
isap, mengisap ① 연기를 뿜다, 연기내다,(담배)피우다; Ia ***mengisap*** rokok. 그는 담배를 피운다;② 흡입하다,흡수하다,빨아 들이다,빨다; ⓢ hirup, sedot; ③ 들이 마시다;
pengisap ① 흡입기, 피스톤; ② 끽연자, 흡연자; Ia ***pengisap*** cerutu. 그는 여송연 흡연자이다;
pengisapan ① 빨아 들임, 빨아

올림, 빨음; ② 흡수작용, 흡수; ③ 고리대금(업);

isapan jempol 조작한 것; Itu *isapan* hanya jempolmu saja. 그것은 당신이 조작한 것이다;

iseng ① 장난이 심한; ② 장난 꾸리기; ③ 성가신,심심한; ⓢ merintang waktu;

iseng-iseng ① 한담하는, 심심풀이로 하는;② 쉬다,편하게 하다,긴장을 풀다; Mari, kita *iseng-iseng* di pantai. 해변가에서 좀 휴식을 취합시다; **iseng-iseng** saja sebagai hobi 취미 삼아서 해보다;

iseng-isengan 냉담, 무관심;

isi ① 내용물,내용;*Isi* buku ini kurang baik. 이 책의 내용은 별로 좋지 않다; ② 핵심,요지,요점;ⓢ inti sari;③ 용량,용적;ⓢvolume,buatan; isi hati 속 마음; Curahkanlah *isi* hatimu.당신의 속 마음을 털어 놓으시오; **isi** perut 내장, 창자;

berisi ① 포함하다; ② 채워진, 장진한;

berisikan ~으로 채워져 있다;

mengisi 담다,채우다; ⓢ memuat; **mengisi** bensin 연료를 채우다;**mengisi** perut 배를 채우다, 먹다;

mengisikan ~로 충만시키다; Pasir itu *diisikan* ke dalam kaleng. 그 모래는 통 속에 채워졌다;

pengisi 채워넣음;

pengisian (연료의) 주입; **pengisian** lowongan 공석을 채움;

terisi 메워진, 충만된, 채워진;

Islam 회교도, 회교; orang **Islam** 회교도;Ia orang *Islam*. 그는 회교도이다;

mengislamkan 회교로 개종하다;

keislaman 회교도의, 회교의;

Islandia 아이슬란드;

isolasi ① 분리,격리; ② 절연; ⓢ pengasingan, pemencilan;

isolir, mengisolir ① 분리시키다, 격리시키다; ⓢ mengasingkan; ② 절연하다;

istana 대궐, 궁전; ⓢ kraton, puri, kastil; **istana** presiden 대통령관저;

beristana 관저에 살다, 궁전에 살다;

isteri 아내, 처; ⓢ istri.

istiadat 습관, 풍습; ⓢ kebiasaan, adat;

mengistiadatkan 관습으로 하다, 관례로 하다; **mengistiadatkan** baju nasional pada pembukaan parlemen. 의회 개원시에 국민복을 입는 것을 관례로 한다;

istigfar 잘못을빌다, 사과하다; baca **istigfar** 기도를 드리다;

istilah 술어, 전문용어;

mengistilahkan 자격을 주다,전문용어를 붙이다;

istimewa ① 특수한, 특별한; ⓢ luar biasa, khas; sidang **istimewa** 특별회의;② 전문적으로,상세히,특히, ⓢ terutama;

mengistimewakan 각별히 여기다, 특별하게 생각하다;

keistimewaan ① 전공,전문; ② 특유,특성,특색;

teristimewa ① 각별한, 특수한, 특별한; ② 비범한, 비상한;

istirahat ① 휴양, 휴식; ⓢ cuti; ② 막간;ⓢ jeda;③ 중지,잠깐 멈춤;

beristirahat 휴식을 취하다; ⓢ mengaso,melepaskan lelah; Apakah waktu untuk *istirahat*? 쉬는 시간입니까?;
mengistirahatkan 쉬게 하다;
peristirahatan 휴양지, 휴게소;
istri 부인,아내,처; ⓢ bini, perempuan, orang rumah, nyonya rumah; istri piaraan 정부, 첩; ⓢ gundik;
beristri 결혼한;
memperistri 아내를 얻다, 결혼하다;
memperistrikan 장가보내다, 결혼시키다;
isu ① 발행문;② 결과;ⓢ hasil,keputusan; ③ 문제점, 논쟁; ⓢ tengkar, masalah;
isyarat 귀띔, 암시, 신호, 암호;ⓢ kode, tanda;
mengisyaratkan 암시하다, 귀띔하다;
Itali 이탈리아;
itik 오리고기,오리; ⓢ bebek; anạk itik 오리 새끼;
itikad 믿음,신앙; ⓢ kepercayaan, keyakinan;
beritikad ① 신념이 강한, 신의가 두터운;② 예정하다, 작정하다, 의도하다 ③ 확신하다;
mengitikad 신뢰하다, 믿다;
itu (지시대명사) ① 그것, 저것; topi itu 저 모자; *Itu* topi. 그것은 모자이다; ② 그것들, 저것들; topi-topi itu 저 모자들; ③ 저, 그; Perjanjian *itu* ditanda-tangani semalam. 그 협정은 어젯밤에 조인되있다; *Itu* dia ① 정확하다,옳다,맞다; ② 바로 그거다, 그렇다;③ 저기;*Itu* juga 바로 그(것), pada hari itu juga 바로 그날;
itu-itu 동일한, 동종의, 같은; itu-itu juga 마찬가지인,항상 같은;
itulah 자 봐라, 이것 봐; *Itulah*! Benarkan saya bilang. 내 말이 맞지;
itu pun ① 다시 말하자면, 즉 ② ~라는 견지에서, ~라고 이해하는 한에서; *Itupun* kalau tuan tak berkeberatan.그것은 당신이 반대 하지 않는다는 견지에서 이다; ③ 그렇지만, 그럼에도 불구하고; *Itu pun* ia menolak bertanggungjawab.그럼에도 불구하고 그는 책임을 회피했다;
itung 세다, 계산하다; ☞ hitung;
iuran ①기부금,기부;② 기여,기증; ③ 기부금 모집; ④ 보험료;
izin ① 면허,허가;② 승인,승낙,동의, ⓢ perkenanan;

J

jabang 수염, 구레나룻;
jabar 만능의, 전능한;
jabat, **menjabat** ① 붙잡다, 쥐다, 잡다; ⓢ memegang; Ia ***menjabat*** tangan saya erat-erat.그는 내손을 굳세게 잡았다; ② 차지하다, 점유하다, (자리를)잡다; Ia ***menjabat*** tiga kedudukan di kantor itu. 그는 그 사무실에서 세 가지 직책을 맡고 있다;
pejabat 공무원, 직원;
penjabat ① 관공서 직원, 공무원; ***penjabat*** negeri 행정관리, 공무원; ② 종업원, 피고용인;
penjabatan 직무, 공무;
sejabat 동료; ⓢ sejawat, sepekerjaan;
jabatan ① 기능, 역할, 직능;***Jabatan***nya ialah seorang akuntan. 그의 직무는 경리이다;② 사무실,사무소; **jabatan** jaksa agung 검찰 총장실; ③ 부서, 지위;
jadi ① 달성된, 성취된; ⓢ selesai; Lukisannya sudah ***jadi*** sejak seminggu yang lalu. 그림은 일 주일 전부터 완성이 되어있다; ② 그 결과 ~하게 되다;③그 때문에,그래서,그 결과,그러므로;***Jadi*** jika begitu lebih baik saya pulang. 그렇다면 내가 먼저 돌아가는 것이 좋겠다; ④ 성과,결과;ⓢ berhasil; Begitulah ***jadinya*** kalau kerja tak serius. 열심히 일하지 않으면 그렇게 된다; ⑤ 준비된;Lukisan itu belum ***jadi***. 그 그림은 아직 준비되지 않았다;⑥ 움직이지 않는; Hari ini saya tidak ***jadi*** ke rumahmu. 오늘 너희 집에 가지 않게 되었다; ⑦ 바뀌다, ~로 되다; **jadi** pemandian 목욕탕이 되다; ⑧ 근무하다, 복무하다, 봉사하다; Ia ***jadi*** dosen di salah satu universitas di Jakarta. 그는 자카르타의 한 대학의 교수가 되었다; ⑨ 발생하다,일어나다; Latihan tak ***jadi*** di adakan hari ini. 오늘 훈련은 하지 않게 되었다; ***Jadilah***! 좋아! 오케이!;
menjadi ① ~로 되다, ~이되다; Bidi ingin ***menjadi*** seorang dokter. 비디는 의사가 되기를 간절히 원한다; ② ~로, ~에,~으로; Kota itu dibagi ***menjadi*** tiga bagian. 그 도시는 세 구역으로 분할되었다; ③ ~로, ~로서; Ia terpilih ***menjadi*** walikota tahun ini. 그는 올해 시장으로 선출되었다;**menjadi** pengantin 결혼하다;④ ~이었다,~이다;⑤ 통과하다, 성공하다;
menjadi-jadi ① 늘다,증가하다; Kenakalannya semakin ***menjadi-***

jadi saja. 그의 나쁜 품행이 점점 더 심해지고 있다;② 나빠지다,악화되다; Karena terlambat di obati, penyakitnya makin *menjadi-jadi*. 치료가 늦어 병이 악화되었다;

menjadikan ① 임명하다,시키다; ⓢ membuat;Presiden *menjadikan*-nya sebagai duta besar. 대통령은 그를 대사로 임명했다; ② 달성하다, 완수하다, 끝마치다; Saya *menjadikan* pekerjaan ini sebagai pekerjaan rumah.나는 숙제를 마쳤다; ③ 만들다, 창조하다; ⓢ menciptakan, mewujudkan; Tuhan *menjadikan* bumi ini sebagai tempat tinggal. 신은 지구를 인간이 사는 곳으로 만드셨다; ④ 원인이 되다, 일으키다, ~하게 하다; ⓢ menyebabkan; ⑤ ~이 되게 하다,~으로 변하게 하다; **menjadikan** periksa 알게 되다, 알고 있다;

menjadi-jadikan 더욱 격화시키다,나쁘게 만들다,악화시키다; **menjadi-jadikan** hati 고통을 주는, 슬프게 하는, 몹시 상하게 하다;

kejadian ① 창작, 창세, 창조; **kejadian** bumi 천지창조; ② 생기다, 일어나다,발생하다; *Kejadian* gempa bumi Aceh mengagetkan seluruh dunia. 아쩨에서 일어난 지진문제는 세상을 놀라게 했다; ③ 사건, 사고, 사태;ⓢperistiwa,perkara,keadaan; **kejadian** alam 자연 현상;

sejadi-jadinya 가능한 한, 되도록이면; Demi keluarganya, ia kerja *sejadi-jadinya*. 가족들을 위해 그는 전력을 다해 일을 하였다;

terjadi ① 생기다, 발생하다; Apa yang telah *terjadi* tak dapat kita elakkan?우리가 피할 수 없는 어떤 일이 일어났는가?② 구성되다; **terjadi** dengan...으로 되다, ~으로 구성되다;

jadi-jadian ① 도깨비, 유령; ⓢ siluman,hantu,peri; ② 위조, 모조, 흉내, 모방; Dari mana asal mahkluk *jadi-jadian* itu? 그 모조품은 어디서 나왔는가?;

jadinya 따라서, 결과적으로; ⓢ akibatnya, akhirnya;

jadwal

jadwal 일람표,목록,표; ⓢ daftar, lajur, tabel;

jaga

jaga, **terjaga** ① 깨어있다, 일어나다; ⓢ bangun; ② 주의하다,경계하다;③ 감시인,파수,수위; **jaga** malam 야경꾼; ④ 지키다,망보다, 경계하다; ⓢ mengawal, menunggui;

berjaga 지키다, 보초서다; Para prajurit sedang *berjaga* di depan bank B.C.A. 군인들이 BCA 은행 앞에서 경비를 서고 있다;

berjaga-jaga 경계하는, 지키고 있는; Mereka *berjaga-jaga* terhadap serangan musuh. 그들은 적의 공격에 경계를 하고 있다;② 신중한, 주의하는;ⓢ berhati-hati,waspada; *Berjaga-jaga* sedikit saat menyeberang jalan itu. 길을 건널 때는 조심해라;

menjaga① 경계하다,~을 지키다; ⓢ mengawal; ② 돌보다,간호하다; Ia tetap setia *menjaga* ibunya yang sakit itu. 그는 아픈 그의 어머니를 정성껏 간호하고 있다; ③ 애를 봐주다;ⓢ merawat;Dia sedang *menjaga* adiknya. 그는 지금 동생을 돌

J

보고 있다; ④ 보호하다,막다,지키다, 예방하다;

menjagai 지키다,망보다,경계하다;

penjaga 지키는 사람,감시인, 파수, 수위,호위자; ⓢ pengawal, enunggu;**penjaga** anak 애보는 사람;**penjaga** tempat 안내인,접수계원,수위;

penjagaan ① 망봄,지킴,경계; ② 예방,보호; ③ 보살핀, 돌봄; ⓢ pemelihara, pengawasan; **penjagaan** bayi 아이를 돌봄;

terjaga ① 자지않는,일어난, 깨어 있는; ⓢ terbangun; ② 보호하다, 보초서는,망보는, 지키는, 경계하는; ⓢ dipertahankan, dilindungi, terpelihara; Penjara itu tak ***terjaga***. 그 감옥은 보초를 서지 않는다; ③ 감독하는,관제하는, 감독하는; Anak itu tak ***terjaga*** walaupun di sekitarnya gaduh. 그 아이는 주위가 소란 한데도 돌보아지지 않고 있다;

jagat 자연, 세상, 세계; **jagat** raya 전세계;

sejagat 국제적인,세계적인; federasi buruh **sejagat** 국제 노동자 연맹;

jago ① 수탉; ⓢ ayam jantan; ② 후보자, 챔피언, 지휘자, 지도자; ⓢ juara, kampiun; Dialah yang jadi ***jago*** dalam kelasnya. 그가 바로 학급에서 일등이다;③두목,우두머리; **jago** berenang 수영 선수; **jago** tinju 권투 선수;

menjagokan 추천하다,후보로 세우다; Siapa yang kira-kira kita ***jagokan*** untuk menjadi wakil ketua? 대충 우리가 누구를 대표로 할 것인가?

jagoan 지도자, 싸움닭, 선수;

jahanam ① 황천, 지옥; ② 저주 받을! 제기랄!; ⓢ bangsat,keparat; ***Jahanam***! Pergilah! 제기랄! 꺼져버려라!;

menjahanamkan 악담하다,저주하다; Ia ***menjahanamkan*** orang yang menentangnya itu. 그는 자신에게 반대하는 사람을 저주했다;

jahat 심술궂은, 사악한, 나쁜; ⓢ buruk, jelek, jahil; Ia selalu berbuat ***jahat*** terhadap saudara-saudaranya.그는 항상 그의 형제들에게 나쁜 짓을 하였다;

kejahatan 불량, 악, 나쁨; ***Kejahatan***nya itu tak bisa dimaafkan lagi. 그의 그 나쁜 행위를 더 이상 용서할 수 없다;

menjahati ① 나쁜짓을 하다,학대하다; Dia ***menjahati*** orang tuanya sendiri. 그는 그 자신의 부모에게 나쁜 행동을 하였다; ② 꾀다, 추행하다, 추기다; Ia ***menjahati*** anak gadis yang muda dan cantik itu. 그는 어린 소녀를 추행하였다.

penjahat 불량배, 범죄자, 죄인; ⓢ terpidana;

jahil 멍청한,무식한,우둔한,무지한; ⓢ bodoh, jahat;

kejahilan 우둔, 무식, 무학, 무지;

jahit 바느질;

jahit-menjahit자수,바느질(제품)

menjahit 꿰매다,깁다,바느질하다;

menjahitkan 꿰매주다, 바느질해주다;

penjahit 재봉사;

penjahitan 바느질 솜씨, 바느질감, 바느질; ***Penjahitan*** ini kurang kuat. 이 바느질 솜씨는 튼튼하지 못하다;

jail ① 악당, 불량배; ② 괴롭히는, 시샘하는;

menjaili 못살게 굴다,괴롭히다; Si Amat selalu ***menjaili*** teman-temannya.아맏은 항상 그의 친구들을 못살게 굴었다;

jajak, menjajaki 검사하다, 측정하다, 조사하다; ⓢ mengukur;

penjajakan 연구,조사; ⓢ pemeriksaan, penelaahan; Kami sedang mengadakan ***penjajakan*** kerjasama antara kedua belah pihak.
우리는 양 측의 협력 가능성을 타진하고 있다;

jajal, menjajal 해보다,시도하다,시험하다; ⓢ mencoba; Sebelum beli lebih baik di***jajal*** dulu. 사기 전에 시험을 해보는 것이 좋다;

jajan 과자, 단것; uang **jajan** 용돈, 주머니돈; Tiap hari adik diberi uang ***jajan*** seribu rupiah. 매일 동생은 천 루삐아의 용돈을 받았다;

jajar 선,열,줄; ⓢ baris, banjar, deret, lajur, larik;

berjajar ①일렬로,한 줄로; Anak-anak duduk ***berjajar***. 아이 들이 일렬로 앉았다; ② 곁에,옆에; Kami tidur secara ***berjajar***.우리는 일렬로 잠을 잤다;

berjajar 열을 지어서;

menjajar (밭을) 갈다;

menjajarkan ①열을 만들다,줄을 세우다; ② 옆에 놓다, 곁에 두다; ③ 평행하게 놓다 평행하게 만들다; ⓢ menyamakan; Ia ***menjajarkan*** dua papan itu supaya seimbang. 그는 두 판대기를 균형이 잡히도록 나란히 세웠다; ④ 잡아 끌다, 끌다, 끌어 당기다;

sejajar 같은 방향의, 평행의; ⓢ sebaris,sederet,paralel;

kesejajaran 평행;

menyejajarkan ①~을 동등하게 평가하다,~을 동등하게 여기다; ② 같게 하다, 대등하게 하다;

penyejaran 평행선;

terjajar①일렬로 놓인,열지어 놓은, 열을 지은; ② 뒤로 던져진,끌린; Ia jatuh ***terjajar*** karena pukulan itu. 그는 그 타격으로 곧바로 넘어졌다,

jajaran 선, 열, 줄;

jakat 의연금; ⓢ zakat;

jaka ⓢ jejaka; 청년, 총각;

jaket 자켓;

jaksa 검사; **jaksa** agung 검찰총장; **jaksa** panitra 검사 비서관, 검사 서기; **jaksa** tinggi 검사장; **jaksa** umum 검사;

kejaksaan ① 검찰청; ② 검사국; ③사법부;**kejaksaan** tentara 군법정;

jala 투망, 그물; ⓢ jaring;

jala-jala 망, 그물; **jala-jala** rambut 헤어 네트;

menjala 그물로 고기를 잡다;

penjala (그물로 고기를 잡는)어부; ⓢ nelayan;

jalan ① 보도,길; ⓢ gang,lorong; ② 차도,찻길,도로,거리; Dia tinggal di ***jalan*** Cendrawasih. 그는 쩬드라와시 가에 살고 있다; ③ 방식,수단, 방법; ⓢ cara,metode;dengan **jalan** ~한 방법으로, ~에 의하여; Bagaimana ***jalannya*** membuat meja itu? 그 책상은 어떻게 만드는 것인가?;

jalan-jalan 산책하다, 산보하다; Mari ***jalan-jalan***. 산책하러 갑시다; **jalan** air 수로; **jalan** angin 배기관; **jalan** bahasa 관용어; **jalan** raya 한길,대로; **jalan** buntu 막다른 골목, 막다른 길; Jangan lewat situ, itu ***jalan*** buntu! 거기로 가지 마시오, 막힌 길입니다; **jalan** darah 혈관; **jalan** keluar 나가는 문, 출구; **jalan** masuk 들어오는 문,입구;**jalan** pintas 지름길;**jalan** napas 호흡기,기관(氣管); **jalan** pendek 지름길; **jalan** pikiran 사고 방식;

berjalan ① 거닐다, 도보로 가다, 걸어가다, 건다; Jangan ***berjalan*** di tengah jalan.길 한가운데로 걷지 말아라;② 작동하다,돌다,(기계따위가) 움직이다; ⓢ bergerak; Mesin itu sedang berjalan. 그 기계는 돌아가고 있다; ③ 원활하게 되다; Semoga pekerjaan ini ***berjalan*** lancar. 이 일이 잘 진행되기를 기원합니다;

berjalan-jalan ① 산책하다,산보하다;②여행하다,관광하다,유람하다; ⓢ melancong,pesiar;

menjalani ① 통과하다,가다,이용하다; Ia siap ***menjalani*** tantangan itu.그는 그 역경을 헤쳐나갈 준비가 되어 있다;② 수락하다,받아 들이다, 순응하다; Ia ***menjalani*** hukuman selama 2 tahun.그는 2년 형을 받고 복역 중이다; ③ 당하다,받다,경험하다,겪다; ⓢ mengalami,menempuh; Ia ***menjalani*** pembedahan di rumah sakit Jakarta.그는 자카르타의 병원에서 수술을 받고 있다;

menjalankan ① 몰다, 움직이게 하다,가게 하다;Ia ***menjalankan*** mobilnya dengan kencang. 그는 차를 빠르게 몰고 있다;② 조종하다,차를 몰다,운전하다; Ia ***menjalankan*** mobilnya. 그는 차를 몰았다; ③ 이행하다,실행하다,수행하다; ⓢ melaksanakan; Ia telah ***menjalankan*** kewajiban dengan baik. 그는 그의 의무를 잘 이행하였다; **menjalankan** hukuman 형을 치르다;

pejalan, **pejalan** kaki 도보 여행자, 보행자;

perjalanan ① 관광,여행; ⓢ kepergian, pengembaraan; ② 방향, 진행, 진로, 행로;

sejalan ① 같은 방향의,평행의; ② ~에 맞는,~에 어울리는,~와 일치하는; Kelakuannya tak ***sejalan*** dengan perkataannya.그의 행동은 말과 일치하지 않는다;③ ~에 응하여, ~에 따라;

jalanan 주로(走路), 진로, 길;

jalannya 작동하다, 가동하다,움직이다; Bagaimana ***jalan***nya bisnis anda? 요즘 사업이 어떻습니까?

jalang 야만의, 거칠은, 야생의; ⓢ liar, buas; Wanita ***jalang***. 음탕한 여자, 매춘부;

menjalang 야만스럽게 되다,거칠어지다;

kejalangan 야만,야생;***Kejalangan*** wanita itu telah dikenal oleh hampir seluruh warga.그녀의 음탕함은 거의 온 주민이 이미 알고 있다;

jalangkung (귀신 부르는)놀이;

jalin 편발,길게 땋아 늘인 (머리); ⓢ anyam, kepang, rangkai;

berjalin ① 밀착된, 달라붙은; Rambutnya diikat secara ***berjalin***.

J

머리카락을 꼬아서 붙였다;② 관계가 있는; ⓢ berhubungan;

menjalin ① 편발로 하다, 땋다, 짜다;ⓢ mengepang;**menjalin** rambut 머리를 땋다; ② 접다,엮다; ⓢ menganyam; **menjalin** tikar 돗자리를 엮다; ③ 쓰다, 짓다, 작문하다, ⓢ mengarang;**menjalin** cerita 이야기를 쓰다,소설을 쓰다;

menjalinkan 엮다, 만들다, 짜다; ⓢ merangkaikan;

terjalin 동여맨, 맨,묶은; ⓢ berhubungan; **terjalin** rapat dengan ~과 단단히 묶어놓은; Hubungan kami telah ***terjalin*** selama 3 tahun lebih.우리는 이미 3년 이상 관계를 맺고 있다;

jalinan ① 짜놓은 것,직조법, 직물; ② 고리버들 세공,고리 세공;

jalur 통나무 배;

jam ① 시각,시; ⓢ pukul; ***Jam*** berapa? 몇 시 입니까? ***Jam*** dua.두 시입니다; ② 시간; dua ***jam*** 두 시간; ③ 손목 시계, 시계; ⓢ arloji; **jam** dinding 벽 시계;

berjam-jam여러 시간 동안,오랫동안; ***Berjam-jam*** kami menantikan kedatangan ayah.우리는 아버지가 오기를 오랫 동안 기다렸다;

jamaah ①교구(教區);② 자치단체, 협회,사회; **jamaah haji** 순례자 단체;

jamah 건드림,손을 댐; ⓢpegang, sentuh, raba;

menjamah ① 만지다, 건드리다, 손대다;ⓢ menyentuh,meraba,mengambil;②더럽히다,얼룩지게 하다; Dilarang ***menjamah*** barang milik orang lain.다른 사람의 물건에 손을 대면 안된다;

jamak 평범한, 정규의, 보통의; ⓢ lazim, tidak aneh, umum; Hal itu bukan suatu perkara yang ***jamak***. 그 일은 평범한 문제가 아니다;

jaman ① 세대, 시기, 시대; ② ⓢ zaman; **jaman** Batu lama 구석기 시대; ***Jaman*** dahulu berbeda dengan ***jaman*** sekarang. 이전 시대는 지금과 다르다;

sejaman 지금의, 현재의;

jambak, menjambak ① 뽑아 없애다,뽑다; Adik ***menjambak*** rambut putih kakek.동생이 할아버지의 흰 머리카락을 뽑았다;② 기회를 잡다;

jambal 담수어의 일종;

jamban 변소, 화장실; ⓢ kakus;

jambang, jambangan 단지, 꽃병, 병; ⓢ vas; Taruh ***jambangan*** ini di atas meja tamu. 손님 책상 위에 꽃병을 놓아라;

jambore 유쾌한 회합, 보이 스카웃 대회;

jambu 술, 털, 앞머리, 깃털;

jambul ① 술,올,털; ② 머리카락;

jamin 보장, 다짐, 보증;

menjamin 다짐하다,보증하다; Dia ***menjamin*** mutu barang itu. 그는 그 물건의 품질을 보장했다;

penjamin 보증인;

penjaminan 보장, 보증;

jaminan 보증, 보증이 되는 것; ⓢ cagaran, garansi; **jaminan** hari tua 노후 보장 연금; **jaminan** hukuman 합법적 보증, 법률적 보증;

terjamin 보장된; Kehidupannya ***terjamin***. 그의 생활은 보장되었다;

jamrud 에머랄드;

J

jamu 내방객,손님; ⓢ tamu,orang datang;
berjamu ① 예방하다, 방문하다; ⓢ berkunjung, datang; ② 손님을 받다, 방문객을 받다; ⓢ bertamu;
menjamu 접대하다, 환대하다;
perjamuan 접대,접견;Acara *perjamuan* tadi amat melelahkan.아까의 손님 접대는 매우 피곤하였다;
jamuan 음료, 음식;
jamu 약품,약(약초즙); bahan jamu 약제(藥劑); Ibu selalu minum *jamu* tiap hari. 어머니는 매일 자무(전통 약초즙)를 드셨다;
jamur ① 버섯; ⓢ cendawan;② 사상균, 곰팡이;
jamuran 곰팡이로 덮힌;
Jan. (Januari) 1월;
janda ① 미망인, 과부; ② 홀아비; janda kembang 아이가 없는 과부;
menjanda 과부가 되다;
jangan ① ~하지 않다; *Jangan* pergi.가지 마시오; ② ~할 수 없다, ~해서는 안 된다; ⓢ tak boleh, tak di benarkan, hindari; Kita *jangan* patah hati karena hal itu. 우리는 그 문제로 상심하지 말도록 하자;
jangan-jangan ① 만약, ~하지 않는다면; ② 혹시,아마;ⓢ barangkali, mungkin, kalau-kalau, siapa tahu; *Jangan-jangan* ia hanya berdusta. 그가 그냥 거짓말하는 것이 아니기를 바란다;
jangankan ~은 말할 것도 없고, ~은 고사하고;ⓢ usahakan,apalagi; *Jangankan* berjalan, duduk pun ia tidak mampu. 그녀가 앉아 있지도 못하는데 걷게 하지 말아라;
janggal ① 결점이 있는, 어색한, 서투른; ⓢ canggung, kaku; Bunyi kalimat itu *janggal*. 그 문장의 내용은 어색하다; Tingkah laku penari itu *janggal* kelihatannya. 그 무용수의 동작은 서툴어 보인다; ② 일치하지 않는; ⓢ tidak enak di dengar;
menjanggalkan 어색하다고 여기다, 서투르게 만들다;
kejanggalan ① 어색함, 서투름; ② 색다름,특성, 특색; Pernyataannya banyak terdapat *kejanggalan*. 그의 설명은 많이 어눌하였다;
janggut 턱 수염; ⓢ jenggot;
berjanggut 턱 수염이 있는;
jangka 시간,기간,기한;ⓢ waktu; dalam jangka satu tahun 일년 이내에; jangka panjang 오랜 기간; jangka pendek 짧은 기간;
berjangka ~동안(기간)에;
jangkar 닻; ⓢ sauh;
berjangkar 정박하다;Kapal *berjangkar* di pelabuhan.배가 항구에 닻을 내렸다;
jangkau,menjangkau 뻗다,(손을) 내밀다; ⓢ mengulur, mencapai; Bapak *menjangkau* memetik bunga. 아버지는 손을 뻗어 꽃을 꺾었다;
terjangkau 이룰 수 있는,닿을 수 있는; Harga itu pasti *terjangkau* olehmu. 그 가격은 틀림없이 네가 살 능력이 있는 가격일 것이다;
jangkrik 귀뚜라미;
jangkung, ① 장신의, (키가)큰; ② (짐승의)다리가 긴;
janin 태아; ⓢ embrio;
janji ① 협약, 약조, 약속;ⓢ sum-

pah, ikrar; Jangan lupa ***janji***mu. 너의 약속을 잊지 마라; ② 응하다, 동의하다,~한다고 약속하다;③ 제약, 규정, 조건; ⓢ syarat;

berjanji 동의하다, 약조하다, 약속하다; Ia ***berjanji*** tidak akan berjudi lagi. 그는 다시는 노름을 않겠다고 약속했다;

menjanjikan 주기로 약조하다; Ia ***menjanjikan*** untuk mengembalikan hutang pada saya. 그는 나에게 외상값을 변제하기로 약속했다;

perjanjian ① 계약,협정; ⓢ akad, persetujuan ② 성서,유서; ⓢ wasiat;**Perjanjian** Baru 신약성서;**perjanjian** dagang 사업 계약;**Perjanjian** Lama 구약성서;

jarah 전리품;

menjarahi 빼앗다, 훔치다, 약탈하다; ⓢ rampas, rampok;

penjarah 도적, 도둑;

jarahan 도둑질한 물건, 약탈품;

jarak ① 사이의 길이,거리,멀기;ⓢ antara; **jarak** dekat 단거리; **jarak** jauh 장거리; **jarak** umur 나이차; ② 반지름, 원의 반경;

berjarak 거리가 ~이다;ⓢ renggang, terpisah; Pohon itu ***berjarak*** 3 meter dari rumah. 그 나무는 집에서 3 미터 떨어져 있다;

menjarak ~로부터 움직이다, 거리를 ~만큼 두다; Mobil ***menjarak*** dengan aman. 차는 안전거리를 유지했다;

jarang ① 간격이 넓은, 사이가 벌어진;ⓢ renggang,terpisah;Gadis itu giginya ***jarang***. 그 소녀는 이 사이가 벌어졌다; ② 드문, 희귀한, 진귀한,; Barang semacam itu ***jarang*** ada yang menjual. 그런 물건을 파는 사람은 아주 드물다; ③ 좀체로 ~않다, 드물게; Ia ***jarang*** datang kemari.그는 좀체로 이곳에 오지 않는다; ④ 드문\드문, 희박한; Bapak rambutnya ***jarang***. 아버지는 머리카락이 드문드문하다; Daerah itu ***jarang*** penduduknya. 그 지역은 인구가 희박하다;

jari ① 손가락; ② 발가락; **jari** kaki 발가락, 족기; **jari** kelingking 새끼손가락; **jari** malang 종지,가운데 손가락; **jari** manis 무명지,약손가락; **jari** panjang 중지, 가운데 손가락; **jari** telunjuk 집게 손가락; **jari** tengah 중지,가운데 손가락; sidik **jari** 지문;

jari-jari ① 원의 반지름, 반경; ⓢ radius; ② 스포우크,(차 바퀴의) 살; ③ 격자,창살;ⓢ kisi-kisi,terali;

jaring ① 그물; ⓢ perangkap, jala; ② 함정, 올가미,덫; ⓢ jebak;

menjaring①그물로 고기를 잡다; ② 그물에 넣다;

terjaring 붙잡힌, 그물에 걸린;

jarum ① 침,바늘; ② 주사침,주사바늘; ③ 시계 바늘, 시계 침; **jarum** panjang 장침, 분침; **jarum** pendek 시침; **jarum** rajut 뜨게질 바늘;

berjarum ① 바늘을 사용하다, 주사를 맞다; ② 바늘이 있는, 가시가 돋친, 가시가 많은;

jas 외투,웃옷,상의; **jas** buka 개방자켓; **jas** dingin 오우버 코트,외투; **jas** hujan 비옷, 우의; **jas** luar 외투; Apakah kamu bawa ***jas*** hujan? 너 우비 가져왔니?;

J

jasa ① 공훈, 공적; ② 공헌, 조력, 봉사; ⓢ pengorbanan,amal, bakti; Ia banyak *jasa* terhadap tanah air. 그는 조국에 많은 공헌을 했다; ③ 선행, 유익; **jasa** baik 충실한 봉사, 유익; **uang** jasa 사례금, 상여금;

berjasa 봉사한, 공적이 있는; ⓢ berbakti, berguna, berfaedah; Ia *berjasa* pada banyak orang. 그는 이미 많은 사람에게 봉사하였다;

jasmani ① 육체, 신체, 몸; ⓢ tubuh, badan, raga, jasad; Dalam *jasmani* yang sehat terdapat rohani yang sehat. 건전한 신체에 건전한 정신이 깃든다; ② 육체의, 물질적인, 물질의; ⓢ fisik, kebutuhan **jasmani** 물질적인 결핍;

jatah 할당, 몫; *Jatah* kerja hari ini menjahit baju 100 pasang. 오늘 작업 할당량은 옷 100벌 재봉이다;

penjatahan ① 몫, 할당; ② 분담, 분배;

jati 티이크 나무;

jatuh ① 내리다, 낙하하다, 떨어지다; ⓢ turun, gugur, tumbang, runtuh; Ia *jatuh* dari atap. 그는 지붕에서 떨어졌다;Ia *jatuh* kasihan pada anak itu. 그녀는 그 아이에게 연민의 정을 느꼈다; Sudah tiga hari ia *jatuh* sakit. 그는 이미 3일째 앓고 있다; **jatuh** ke tangan ~의 수중에 들어가다; ② 통하다, (도로 등이)~에, 이르다; ③ 도달한다,도착하다, 닿다; ⓢ sampai, tiba; ④ 잡치다, 실패하다; ⓢ gagal, kalah;

berjatuhan 쏟다,붓다, 떨어지다;

menjatuhi ① 쓰러뜨리다, 넘어뜨리다; ② 주다, 지우다, 부과하다;

menjatuhkan ① 넘어지게 하다, 떨어지게 하다; ② 물러나게하다, 무너뜨리다; ⓢ mengalahkan;

kejatuhan ① 멸망, 몰락, 함락, 와해, 전도; *Kejatuhan* kabinet menimbulkan krisis di negara ini. 내각의 몰락이 이 나라의 위기를 초래했다; ② 떨어지는 물체에 맞다; ③ (병을) 앓다;

terjatuh 전복된, 넘어진;

jauh ① 원거리의,멀리 떨어진, 먼; ⓢ panjang jaraknya; ② 심하게, 몹시, 단연, 훨씬;

berjauhan 원거리에 있는, 멀리 떨어져 있는;

menjauh 멀리 가다, 멀어지다; ⓢ menghindar;

menjauhi ① 멀리하다, 피하다, 회피하다; Sejak kejadian itu ia selalu *menjauhi* saya.그 일이 있은 이후로 그녀는 나를 멀리하였다; ② 버리다, 저버리다;

menjauhkan ~를 멀리하게 하다, ~를 멀리 두게 하다;

kejauhan ① 많이 떨어진, 너무 떨어져 있는; Meja itu *kejauhan* dari saya.그 책상은 나로부터 너무 멀리 떨어져 있다; ② 먼 곳;

jawa ① 자와; ② 자와 말의,자와 사람의, 자와의;

jawab ①응답,회답,대답;ⓢ balas, tanggap, reaksi; ② 계산,회계;

menjawab 응답하다, 답변하다,대답하다; **menjawab** perjamuan 답례 방문하다;

jawaban 응수, 답변, 응답.

jawara 챔피온,선수;ⓢ pendekar, jagoan; Orang itu adalah seorang *jawara* kampung seberang. 그 사람은 건너 마을의 참피언이다;

jawat, berjawat 악수하다;

menjawat 움켜 잡다,잡다,붙잡다;

sejawat (teman) sejawat (주로 관직·공무상의) 동료; Kami akan mengunjungi teman *sejawat* yang sedang sakit. 우리는 병중인 직장 동료를 방문할 예정이다.

jawatan ① 직업,위계,작위; ② 국,부(部);**jawatan** air 수도 사업국; **jawatan** kereta api Indonesia 인도네시아 철도국; **jawatan** kejaksaan 검사국; **jawatan** kepolisian 경찰국; **jawatan** kesehatan 위생국; **jawatan** listrik 전기 사업국;

jaya 성공,승리;Ⓢ makmur,sukses; Semoga Indonesia tetap *jaya* di masa mendatang. 오는 시대에도 인도네시아가 번성하기를 바란다;

berjaya ① 훌륭한,영예로운,영광스러운;② 성공한,행운의,운이 좋은; Indonesia *berjaya*.영광스러운 인도네시아;

menjayakan ① 영예롭게 하다, 영광스럽게 하다; Kita harus *menjayakan* negara kita tercinta.우리는 사랑하는 조국을 영광스럽게 해야 한다; ② 융성하는, 번영하는;

kejayaan ① 명예, 영예, 영광; Ⓢ kebesaran, kemegahan; ② 행운, 성공,융성,번영; Ⓢ kekayaan; Kelompok itu sudah melewati masa *kejayaan*nya. 그 집단의 전성기는 지나갔다;

jebak 함정, 올가미, 덫;

menjebak 덫을 놓다,함정에 빠뜨리다; Ⓢ memancing, mencelakakan; Pemburu *menjebak* macan dengan umpan. 사냥꾼은 미끼로 호랑이를 함정에 빠뜨렸다;

penjebakan 함정;

terjebak 함정에 빠진, 덫에 잡힌; Ⓢ terpancing,terpikat;

jebakan 함정,올가미,덫; Ⓢ perangkap, jerat, umpan; Jangan *terjebak* oleh mulut manisnya. 그의 달콤한 말에 속지 말아라;

jeblok 진흙, 진창;

kejeblok ①진흙에 빠지다,진창에 빠지다; ② 어려움에 처하다,곤경에 빠지다;

jeblok ① 떨어지다; Ⓢ jatuh; ② (물가가)내리다; Ⓢ anjlok; Hasil ujian minggu ini *jeblok* dibanding minggu lalu. 금주의 시험 성적은 지난 주에 비해 떨어졌다;

jeblos, kejeblos ① 스며들다, (마음에) 새기다; Ⓢ terperosok; ② 속여서 빠져들게 하다, 올가미에 걸다; Ⓢ terjebak;

jebol 망가진,부서진, 파괴된; Ⓢ rusak, tembus, bejat;

menjebol ① 망가뜨리다, 부수다, 파괴하다; Maling masuk ke rumah dengan cara *menjebol* pintu belakang. 도둑은 뒷문을 부수고 집에 침입하였다; ② 돌입하다, 간파하다, 침투하다, 꿰뚫다; **menjebol** pertahanan musuh 적의 방어를 뚫다;

penjebolan 타파, 파괴;

jejak ① 지나간 자국,흔적; Ⓢ bekas perbuatan; *Jejak* petualangannya hampir terdapat di seluruh tanah Jawa. 그의 방랑 행적은 온 자바섬에서 볼 수 있다; ② 발자국

ⓢ injak;
berjejak 밟다, 걷다, 디디다;
menjejak 발을 들여 놓다,밟다,가보다, 닿을락 말락하다; Saya belum *menjejak* Amerika. 나는 미국 땅을 밟아 보지 못했다;
menjejaki 밟다, 조사하다;

jejaka 젊은이, 젊음;

jejal, berjejal 붐비다, 쇄도하다, 몰려들다;ⓢ penuh sesak;Para penumpang *berjejal* didalam bus kota. 승객들이 시내버스로 몰려 들었다;
menjejali 채워 넣다, 채우다; ⓢ menyumbat, mengisi, memenuhi;
menjejalkan 충만시키다, 주입하다, 채워넣다;

jejer 연속,열,줄; ⓢ baris, deret;
berjejer 연속적으로, 한 줄로; Murid-murid berkumpul secara *berjejer* di lapangan sekolah. 학생들이 운동장에 줄을 서서 모여있다;
menjejerkan 정렬하다;
jejeran 열, 줄;

jelajah, menjelajahi ① 탐험하다, 답사하다;Ia telah *menjelajahi* hampir ke seluruh pelosok pulau Jawa. 그는 거의 모든 자바 섬의 구석구석을 다녔다; ② 건너다, 횡단다;
penjelajah 탐험가;

jelalat, 눈 깜짝할 사이, 잠시;
jelalatan 날카롭게 사방을 보다;

jelang,menjelang ① 심방하다,방문하다;② 알현하다;③ ~쯤,~때에, ~경에;ⓢ hampir,dekat; Saya akan datang *menjelang* senja. 나는 황혼무렵에 돌아올 것이다; ④ 축박한, 절박한, 다가오는;

jelangkung 허수아비, 인형;

jelata, rakyat jelata 민중,대중, 서민,평민;Kami hanya rakyat *jelata*. 우리는 그냥 평범한 서민입니다;

jelita 아름다운, 우아한; ⓢ elok, cantik,ayu,rupawan; Anak itu amat *jelita* wajahnya. 그 아이는 아주 얼굴이 아름답다;

jelma 구체화, 실현, 화신(化身);
menjelma ① 변태하다,변하다;ⓢ berubah; Tukang sihir itu *menjelma* menjadi seekor burung. 그 요술장이는 새로 변하였다; ② 환생하다,다시 태어나다;ⓢ menitis,lahir kembali; Sesudah mati roh kita akan *menjelma* lagi. 죽은 후 우리 영혼은 환생할 것이다;
menjelmakan ① 창조하다, 만들어 내다;ⓢ menciptakan, mewujudkan melahirkan; ② 해내다,실현하다; **menjelmakan** cita-citanya. 이상을 실현하다; ③ 변형시키다;
penjelmaan ① 구체화,화신; ⓢ reinkarnasi; ② 만들어냄, 창조; ⓢ ciptaan, perwujudan;

jelujur, menjelujur 성기게 꿰메다, 가봉하다;

jemari 손가락; ☞ jari;

jempol 엄지 손가락; ⓢ ibu jari; cap **jempol** 무인(拇印), 엄지 손가락의 지문;
jempolan ① 우승자, 참피온; ② 일급의, 가장 좋은, 최상의, 1류의; kwalitas **jempolan** 최상의 품질;

jemput, menjemput 마중 나가다, 마중하러 가다;Ia *menjemput* anaknya yang baru pulang sekolah. 그녀는 막 학교에서 돌아오는 아이를 마중하였다;

jemputan ① 초대, 초청; ② 구혼, 결혼 신청; ③ (신부의)결혼 지참금;

jemu ① 권태로운,따분한, 지루한; Saya merasa *jemu* hari ini. 나는 오늘 좀 따분하다; ② 지겹다, 진저리가나다; ⓢ bosan, muak; Saya *jemu* mendengarkan pembicaraanmu. 나는 네 얘기를 듣기가 싫증이 난다;③ 싫어하는,비위에 맞지 않는; tidak **jemu-jemunya** 꾸준히, 피로함없이; Ia bekerja tidak *jemu-jemunya*.그는 꾸준히 일했다; **jemu hidup** 삶의 권태;

menjemukan 귀찮은, 싫증나는;

kejemuan 지루함;

jemur 일광욕;

berjemur햇볕을 쬐다,일광욕하다;

menjemur 건조시키다, ~을 햇볕에 말리다; ⓢ memanaskan, mengeringkan; Dia sedang *menjemur* baju anaknya. 그는 아이의 옷을 햇빛에 널었다;

penjemuran ① 빨랫줄; ② 건조시키는 자리, 말리는 장소;

jemuran ① 건조물, 말리는 물건 ② 세탁물,빨래; Ayah memasukkan *jemuran* padi ke dalam lumbung. 아버지는 벼 건조대를 곳간에 넣으셨다;

jenaka 익살맞은,우스운,재미있는; ⓢ lucu, menggelikan hati;

berjenaka 익살을 부리다, 농담을 하다;

kejenakaan 해학, 익살, 유우머;

jenazah 유해,송장,시체;ⓢmayat;

jendela 창문, 창; ⓢ tingkap;

jenderal 육군 대장,장군;**jenderal mayor** 육군 소장;

jenggot 턱 수염;

jengkal,sejengkal 한뼘;ⓢ kilan;

menjengkal 뼘으로 재보다, 뼘으로 치수를 재다;

jengkang,kejengkang 뒤로 넘어지다;

jengkerik 귀뚜라미;ⓢjangkrik;

jenis 종류,종(種),류(類); ⓢ rupa, macam, golongan, kelas; Dia menjual berbagai *jenis* dagangan. 그는 여러가지 종류의 물건을 팔았다; ② 잡동사니, 다양; **jenis bangsa** 국민, 민족, 인종; **jenis kelamin** 성(性);

sejenis 동종의, 같은종류의; Tak ada mutu bagus *sejenis* ini. 이와같은 종류의 좋은 질은 더 이상 없다;

jenius 천재의;Ia termasuk orang yang *jenius* di antara yang lain. 그는 다른 사람들에 비해 천재에 속한다;

jenjang 사다리, 계단; ⓢ tangga, tingkat;

berjenjang 계단식인, 층층단으로 된;

jentik, menjentik 죄다, 쥐어 짜다, 꼬집다;

jenuh 만족한, 배부른, 포만한;

Jepang 일본의, 일본;

jepit, ① 둘러 싸이다,압박되다; ② 곤경에 빠진;

menjepit 죄다, 압박하다, 짜다;

terjepit 둘러 싸인,압박의,고정된; ⓢ tertekan, terhimpit, tergencet; Ia *terjepit* dalam perseteruan kedua kelompok itu. 그는 그 두 그룹 사이의 경쟁에 말려들었다;

jepitan ① 압박하는 것, 압착하는 것;② 핀셋,족집게;③ 빨래 집게; jepitan kertas 클립, 종이 집게;

jepret, **menjepret** 발사하다, 날려 보내다;

jera 두려워하는, 낙담한, 용기를 잃은; Setelah mengalami kecelakaan, ia *jera* ikut balap mobil lagi. 그는 사고를 당한 후 다시 자동차 경주에 참가하기가 겁났다;

menjerakan 두렵게 만들다, 낙담시키다;

terjera 꺼려하는, 낙담하는;

jerapah 기린

jeram, **menjeram** 샤워하다,찬물로 목욕하다; Kami akan pergi untuk ikut arung *jeram* di sungai Citarik. 우리는 찌따릭 강에 래프팅을 하기 위해 갈 예정이다;

jerambah 테라스(의 일종);

jerami (벼나 보리의)그루터기;

jerang, **menjerangkan** ① 뜨겁게 하다, 데우다; Ibu sedang *menjerang* air mandi adik. 어머니는 동생을 목욕시키기 위해 물을 데우고 있다;ⓢ memasak; ② 불위에 놓다; **menjerangkan** air 물을 끓이다;

jerat ① 올가미,덫; ⓢ perangkap, jebakan; ② 고리, 테;

menjerat ① 올가미를 치다, 덫으로 잡다; ② 기만하다, 유혹하다, 속이다;

terjerat 덫에걸린, 꾀인, (함정에) 빠진; Hatiku telah *terjerat* oleh seorang gadis. 내 마음은 한 소녀에게 빠지고 말았다;

jerawat 여드름;

berjerawat 여드름이 나다;

jereng 곁눈질하다;

jerigen 석유통.

jerit (jeritan) ① 절규; ② 불평, 불만; **jeritan** rakyat 국민의 불만;

menjerit 소리치다, 외치다;

penjerit ① 날카롭게 외치는 사람 ② 사이렌;

jernih ① 깨끗한,투명한, 맑은; ⓢ bening; Air itu *jernih*. 그 물은 맑다; ② 순수한; ⓢ suci;

menjernihkan ① 설명하다,맑게 하다; ② 정련하다, 정제하다;

kejernihan ① 깨끗한, 투명함, 맑음; ② 청결, 청순;

penjernihan 정제, 정화, 맑게 함, 깨끗하게 함; **penjernihan** air 정수; 맑게 함, 깨끗하게 함;

jeruji 난간, (창문, 차바퀴 등의)살; ⓢ terali, kisi-kisi; Sekarang dia hidup di balik *jeruji* besi. 그는 지금 쇠창살 안에서 살고 있다;

jeruk 감귤; ⓢ limau; **jeruk** bali 왕귤 나무; **jeruk** manis 오렌지; **jeruk** nipis 레몬, 라임;

jerumus, **menjerumuskan** 빠뜨리다,떨어 뜨리다;ⓢ mencelakakan, menyesatkan,menjatuhkan;Ia telah *menjerumuskan* saya ke dalam jurang kegelapan. 그는 나를 깜깜한 절벽으로 빠뜨렸다;

terjerumus 속은, 빠진, 떨어진; ⓢ tersungkur, terjebak, terjatuh;

jet 사출,분사,제트기(의);**jet** baling-baling 분사식 추진기; **jet** niaga 통상용 제트기; **jet** pancar gas 가스 터어빈 제트기;

jewer, **menjewer** ① 귀를 끌다,귀를 잡아 당기다;ⓢ menarik;② 나무라다, 견책하다, 책망하다, 꾸짖다;

jeweran 나무람,견책,책망,꾸짖음;

jiarah ⓢ ziarah;
berjiarah 참배하다, (성지를)방문하다, 성지를 순례하다;
pejiarah 성지 순례자;
penjiarahan 성지 순례, 성지;
jidat 이마; ⓢ dahi;
jihad 종교 전쟁, 성전(聖戰);
berjihad 종교 전쟁을 일으키다, 성전을 하다; Kaum Muslimin *berjihad* melawan kaum kafir. 무슬림들은 알라신의 존재를 부정하는 사람들에 맞서 싸워야 한다;
jijik ① 진저리나는, 흉한, 끔찍스런, 소름끼치는; ② 넌더리가 나는,메스꺼운; Saya *jijik* melihat kotoran itu. 나는 그 불결한 것을 보고 메스꺼웠다;
menjijikan ① 싫은,지겨운,싫어서 견딜 수 없는;Orang itu amat *menjijikkan* sekali. 그 사람은 정말로 소름끼치는 사람이다; ② 넌더리가 나게 하는, 질색하는; ③ 소름끼칠 정도로 싫어하다, 혐오하다;
jika ~되면, ~할 때에는, ~할 때; ⓢ bila, apabila, *Jika* ingin berhasil maka harus bekerja keras. 성공하기를 원하면 열심히 일해야 한다. ② 만약 ~이면, ~하는 경우에는; ⓢ kalau, sekitarnya, seandainya; *Jika* aku kaya, aku mau beli mobil baru. 내가 부자라면 새 차를 사고 싶다;
jika sekali pun 설사~ 한다고 해도, 설사~이라 할지라도; *Jika* benar *sekali pun* anda mencintai saya, saya tidak bisa cinta lagi. 당신이 만약 진정으로 나를 사랑한다 해도, 나는 다시는 사랑할 수 없다;
jilat, menjilati ① 핥다; Anjing itu *menjilati* kaki saya. 그 개가 내 발을 핥았다; ② 추어주다,아첨하다;
menjilat 비위를 맞추다,아첨하다;
penjilat 아첨꾼; Ia memang seorang *penjilat* ulung. 그는 특출한 아첨꾼이다;
jilatan 아첨;
jilid ① 권, 책; dua jilid 두 권; ② 철, 제본;
berjilid 제본하다;
berjilid-jilid 몇몇(여러) 권;
menjilid 철하다, 장정하다, 제본하다; menjilid buku 책을 제본하다;
penjilid 제본사, 제본 업자;
penjilidan ① 제본소;② 제본(업);
jilidan 장정한 책, 제본한 책;
jimat 호신패(護神牌), 부적;
jin 귀신,악령,악마; ⓢ setan, hantu, ruh jahat, peri, siluman.
jinah 오입, 간통 ⓢ zina;
berjinah 오입하다, 간통하다.
jip 지이프 차; Ayah membeli *jip* baru untuk kakak. 아버지는 형을 위해 새 지이프 차를 샀다;
jiplak, menjiplak ① 복사하다, 베끼다; ⓢ mencontoh, meniru, menyalin; ② 컨닝하다, 보고 쓰다; ③ 표절하다; ④ 흉내내다, 모방하다;
penjiplak ① 복사기; ② 표절자;
jiplakan 모조품, 사본;
jitu 옳은, 정확한; ⓢ tepat, kena benar; Jawabannya itu *jitu*. 그의 답변은 옳다;
jiwa ① 혼,영혼; ⓢ roh, batin, nyawa, semangat; ② 정신, 마음; jiwa kesatria 무인정신 (근성); jiwa

raga 영육(靈肉); pencatatan **jiwa** 인구 조사;

berjiwa 생존해 있는, 살아 있는; Kita harus ***berjiwa*** besar dalam menghadapi musibah ini. 우리는 이 재난에 마음을 크게 갖어야 한다.

menjiwai ① 부여하다, 주다; ② 격려하다, 고무하다;

kejiwaan 영적인,정신적인, 정신의 심리학적인;

jodoh ① 상대, 짝; ⓢ imbangan, pasangan; ② 어울리다, 조화하다; ⓢ cocok, sepadan, serasi, sesuai; ③ (형편이)알맞다, (가격 등이)맞다; Harganya tak *jodoh*. 그 가격이 형편에 맞지 않는다;

berjodoh 짝이 있는; ⓢ berpasangan, kawin; Ia sudah ***berjodoh***. 그는 결혼했다;

menjodohkan 장가(시집)보내다, 결혼시키다; ⓢ mengawinkan; Dia ***menjodohkan*** anaknya dengan seorang pengusaha. 그는 그의 딸을 사업가와 결혼시켰다;

perjodohan ① 혼례, 결혼식; ② 혼인, 결혼; ③ 결혼 생활;

sejodoh ① 한 짝의, 한 쌍의; ⓢ sepasang; ② 두 사람, 남녀 한 쌍, 부부; ⓢ sejoli;

joget ① (전통),무용,춤;② 무용수;

berjoget 무용을 하다, 춤을 추다;

jok 자리,(자동차의)좌석;ⓢ kasur, tempat duduk; **jok muka** 앞 좌석; Tolong bersihkan *jok* belakang mobil saya. 내 차의 뒷 좌석을 좀 청소해 주십시오;

jompo 노쇠한,늙은;ⓢ tua renta; pemeliharaan **jompo** 노인 보호; Mereka tinggal di rumah *jompo*. 그들은 양로원에서 살고 있다;

jongkok 우매한, (지능이)낮은; ⓢ bebal;

jongkok, **berjongkok** 웅크리다, 쪼그리고 앉다;

berjongkok-jongkok 굽실거리다, 자신을 너무 낮추다;

jongos 허드레 일군, 잡역부; ⓢ pelayan, pembantu;

jorok 불결한,더러운;ⓢ kotor,jijik; Anak itu *jorok* benar. 그 아이는 정말로 지저분하다;

kejorokan 불결, 상스러움;

jotos 철권, 주먹;

jotosan ① 주먹으로 침; ② 권투 시합;

jua 오직,단지 ~일 뿐; hanya, saja, pun; Umpatan ***jua*** yang sering dia terima. 그는 매번 꾸중만 듣는다; Bagaimanapun ***jua*** usahanya, dia tetap tak berhasil. 어떤 노력에도 불구하고 그는 결국 성공하지 못했다; **jua pun** ~도, ~마저, 까지도;

jual 팔다; **jual beli** 사고 팜, 매매;

berjual 팔다;ⓢ berdagang, berniaga;

berjualan 행상하다; Kehidupannya didapat dari ***berjualan*** pakaian. 그는 옷 행상으로 생계를 유지하고 있다;

menjual 매매하다, 팔다; **menjual bangsa** 매국하다, 조국을 배반하다; **menjual lelang** 경매에 팔다; **menjual rugi** 손해를 보고 팔다;**menjual nama** ~의 이름을 악용하다, ~의 이름을 도용하다; Orang itu selalu ***menjual*** nama orang lain.그 사람은

항상 남의 이름을 팔았다; **menjual tampang** 내세우다, 자랑하다;
menjuali (소분해서)팔다; Ia ***menjuali*** perhiasannya satu persatu. 그녀는 장신구를 하나 씩 팔았다;
menjualkan ~을 위하여 팔다, 팔아주다; Saya ***menjualkan*** barang dagangannya supaya lekas habis. 나는 상품을 빨리 다 팔도록 했다;
menjualbelikan 거래하다,매매하다,장사하다;**menjualbelikan** karet 고무 장사를 하다; Toko itu ***menjualbelikan*** perhiasan emas. 그 가게는 금붙이 장식을 사고 판다;
penjual 상인,판매인; **penjual** besar 도매 상인; **penjual** eceran 소매상인;
penjualan 매매, 판매; ***Penjualan*** pakaian pada musim liburan ini maju pesat. 이번 휴가철에는 옷 판매가 아주 잘 되었다;
terjual 품절된, 매진된; ⓢ laku; Buku itu ***terjual*** habis. 그 책은 품절되있다;
jualan 팔것, 상품; Barang ***jualan***nya laku keras. 그의 물건은 아주 잘 팔렸다;

juang, berjuang 노력하다, 투쟁하다,싸우다; ⓢ berperang,berusaha; Mereka ***berjuang*** untuk kemerdekaan bangsanya. 그들은 민족의 독립을 위해 투쟁하였다;
memperjuangkan~을 얻으려고 투쟁하다,~을 위하여 싸우다;Bangsa itu ***memperjuangkan*** kemerdekaannya. 그 민족은 독립을 위해 투쟁했다;
pejuang 투사,전사, 병사; ⓢ prajurit, pahlawan;
perjuangan 전쟁, 전투, 투쟁; ⓢ peperangan, perkelahian; **perjuangan hidup** 생존 경쟁; **perjuangan suci** 성전(聖戰); ***Perjuangan*** kita dalam melawan penjajah belum berakhir. 점령자들에 대한 우리의 투쟁은 끝나지 않았다;

juara 챔피온,우승자; ⓢ terpandai, kampium, pemenang; **juara** dunia 세계 챔피온;
kejuaraan 선수권 대회, 선수권; ⓢ keunggulan; **kejuaraan** dunia 세계 선수권 대회; ***Kejuaraan*** ini memperebutkan hadiah jutaan rupiah. 이 선수권 대회는 몇 백만 루삐아의 상금이 걸려 있다;

judes 사악하다;

judi 노름, 도박; Seluruh hartanya habis di meja ***judi***. 그의 모든 재산이 도박판에서 탕진되었다;
berjudi 노름하다,도박하다; Orang itu gemar sekali ***berjudi***. 그 사람은 노름을 아주 좋아한다;
menjudikan재산을 탕진하다,도박으로 재산을 날리다; Ia ***menjudikan*** semua miliknya.그는 도박을 해서 가진 것을 모두 날렸다;
penjudi 도박사, 노름군;
perjudian 도박장, 노름, 도박;

judul 제목, 표제; **judul** tambahan 부제;
berjudul 제목이 ~이다;

juga ① ~도,또한,역시; Saya ***juga*** mau makan.나도 먹고 싶다; Ia ***juga*** menjadi menteri. 그도 역시 장관이 되었다; ② 오직, 단지; ③ 좀, 다소, 약간; ④ 좌우간,하여간,여하튼; baik juga 괜찮은, 역시 좋은;

jujur 정직한, 성실한, 올바른; ⓢ lurus hati, tulus, ikhlas hati;

kejujuran 성실, 정직;

Juli 7월; Anak pertamanya lahir di bulan *Juli*. 그의 첫 아이는 7월에 태어났다;

juling 사팔눈의, 사팔뜨기의; ⓢ miring;

jumlah ① 총계, 총액, 합계; ⓢ banyaknya, besarnya; ② 양(量), 수효, 숫자; ⓢ bilangannya;

berjumlah 수효가 ~에 달하다,숫자가 ~이다; *Jumlah* peserta acara ini mencapai ribuan orang. 이 행사에 참석한 사람들은 수 천명에 달했다;

menjumlah 추가하다, 보태다, 더하다; Murid-murid disekolah dasar belajar *menjumlah*. 모든 학생은 초등 학교에서 더하기를 공부한다;

menjumlahkan 총계하다, 합계하다;

penjumlahan 덧셈, 추가, 부가;

sejumlah 총계,총액, 합계; Hartanya *sejumlah* 10 milyar rupiah. 그의 재산은 모두 10억루피이다; sejumlah besar 숫자가 큰, 많은 수효의; sejumlah kecil 조금의, 적은, 소량의;

jumlahnya 양이 ~에 이르는;

jumpa, berjumpa (dengan) 조우하다,마주치다, 만나다; ⓢ bertemu, bersua; Saya mau *berjumpa* lagi dengannya. 나는 그녀와 다시 만나고 싶다;

menjumpai 조우하다,뜻밖에 서로 마주치다; Ia *menjumpai* beberapa kejanggalan dalam peristiwa itu. 그는 그 사건에서 몇 가지 이상한 점을 발견하였다;

perjumpaan 모임, 회합, 만남; Saya tidak akan pernah melupakan *perjumpaan* ini. 나는 이 만남을 절대로 잊어버리지 않겠다;

jumput, menjumput (차로 사람을) 마중 나가다, 맞으러 나가다, 데리러 가다; ⓢ memungut;

jungkal, menjungkalkan 넘어뜨리다, 굴리다 ⓢ jungkel;

jungkir, berjungkir 곤두박질하다; ⓢ bertunggang;

menjungkir 거꾸로 떨어지다; ⓢ menunggang;

terjungkir 곤두박질하다;

juni 6월;

junior 손 아래의, 후진의, 하급의;

junjung, menjunjung 머리에 이다, 머리로 나르다; junjung kaki 따르다, 복종하다; junjung tinggu 숭배하다, 존경하다;

berjunjung 숭배하다;

junjungan 숭배, 존중;

juntrung, juntrungan 규정, 정리, 설립; Dia pergi tidak jelas kemana *juntrungan*nya. 그는 어디로 가야 할지를 몰랐다;

jupiter 목성; *Jupiter* ialah planet terbesar di dalam susunan tata surya. 목성은 태양계에서 가장 큰 행성이다;

juragan ① 주장, 선장; ② 주인, 마님; ⓢ tuan, nyonya; Orang tuanya adalah *juragan* kelapa sawit di daerahnya. 그의 부모는 그 지역의 팜야자 농장주였다;

jurai 묶음,송이,다발; ⓢ jalur,lajur, rangkaian, rumbai;
berjurai 주렁주렁 매달려 있는;
jurang 산골짜기, 협곡, 골짜기; ⓢ lurah, ngarai, lembah;
juri 배심원; Keputusan *juri* tidak dapat diganggu gugat. 배심원의 결정은 고소를 취하했다;
jurnal 일지, 일기, 일간 신문;
jurnalis 언론인,신문인, 신문기자; ⓢ wartawan; Kakaknya seorang *jurnalis* harian terkemuka di ibu kota. 그의 형은 수도에서 유명한 언론인이었다;
jurnalisme 저널리즘, 신문업;
jurnalistik 신문(잡지)적인, 신문(잡지)의; Sudah lama ia menekuni dunia *jurnalistik*. 그는 오래 전부터 언론계에서 일해 왔다;
jurus 직접의,곧바로; ⓢ langsung, lurus, terus;
berjurus-jurus 줄곧, 계속해서;
menjurus ~으로 향하다, ~쪽으로 가다;ⓢ mengarahkan, menujukan; Tindakannya *menjurus* ke aliran kiri. 그의 행동은 좌경화되었다;
menjuruskan ①목적하다,향하다; ② 지휘하다, 지도하다;
penjurus 방향 표지판, 안내하는 선(줄);
jurusan ① 방위, 방향; ⓢ arah ② 분야, 학과; ⓢ bagian, spesialisasi; Dia kuliah di jurusan *Jurnalistik*.그는 언론학을 배우고 있다;
jus 주스;
justru 꼭,정확하게; ⓢ tepat,malahan;
juta 백만; ⓢ milyun;
berjuta-juta 수백만의, 수백만;
jutaan 백만 단위, 백만 단위로.

K

kabar 소식, 뉴우스; ⓢ berita, warta, cerita; TV menyiarkan ***kabar*** kematiannya satu jam yang lalu. TV 에서 한 시간 전에 그의 죽음에 관한 뉴스를 방송하였다; surat **kabar** 신문; **kabar** angin, **kabar** selentingan 풍문, 소문; Apa ***kabar***? 안녕하십니까? ***Kabar*** baik. 네 잘 있습니다;

berkabar 이야기하다, 말하다; ⓢ berkata-kata,bercerita; Ia pandai ***berkabar*** tentang banyak hal. 그는 여러가지 소식에 대하여 잘 알았다;

mengabarkan ① 보도하다; ⓢ menceritakan, menyiarkan; TV RCTI ***mengabarkan*** tentang gempa bumi di Aceh. RCTI TV 에서 아째의 지진 소식을 보도했다; ② 통지하다, 알리다; ⓢ memberitahukan; Surat itu ***mengabarkan*** tentang kematian pimpinan kita. 그 신문은 우리 지도자의 죽음에 대해 보도했다;

terkabar 보도된, 알려진; ⓢ tersiar, tersebar, terberita; Berita gempa bumi itu telah ***terkabar*** ke seluruh dunia. 그 지진에 관한 소식이 이미 전 세계에 퍼졌다;

kabarnya 듣자하니, 풍문에 의하면; ***Kabarnya*** kamu sudah menikah dengan orang Belanda? 네가 네들란드 사람과 결혼했다고 들었는데?;

kabaret 캬바레; Dia jadi salah satu anggota pemain ***kabaret*** terkenal di kota ini. 그는 이 도시에서 유명한 캬바레의 연주자 중의 한 사람이 되었다;

kabel 케이블,피복 전선;ⓢ kawat, dawai;

kabinet 내각,캐비넷; **kabinet** nasional 거국 내각; rombakan **kabinet** 내각 개편; Para calon presiden tengah menyusun ***kabinet*** baru. 대통령 후보들은 새로운 내각 구성을 준비하고 있다;

kabul 동의를 얻은, 이루어진; ⓢ disetujui, lulus, tercapai;

mengabulkan ① 들어주다,허가하다, 승락하다; ⓢ memperkenankan, meluluskan, menyetujui; Pemerintah Korea telah ***mengabulkan*** permohonan visa bagi warga negara Indonesia. 한국 정부는 인도네시아 국민의 비자 신청을 승인하였다;② 성취시키다,실현시키다; Semoga Tuhan ***mengabulkan*** permohonanmu. 신께서 너의 소원을 들어주기를 기원한다;

pengabulan 성취,허가,승락,동의; **pengabulan** doanya 기도의 실현;

terkabul ① 허가받은, 승락받은, 동의를 얻은; Ia sangat bahagia karena permintaannya telah ***terkabul***. 그녀는 그녀의 요청이 허락되어 매우 기뻤다. ② 충족된,실현된, 성취된; Harapannya untuk bertemu dengan kedua orang tuanya telah ***terkabul***. 두 부모를 만나고 싶어하는 그의 희망이 이루어졌다;

kabupaten 구, 군 (행정구역 단위);

kabur ① 희미한,흐린; ⓢ suram; Pemandangan itu amat ***kabur***. 경치가 몹시 희미하다;② 흐릿한,몽롱한; ⓢ gelap, samar-samar; terlihat ***kabur*** 흐릿하게 보이는; ③ (눈이) 흐린,침침한; Matanya ***kabur***. 그는 시야가 흐렸다;

mengabur 희미해지다,(희미해져) 사라지다; Kapal itu ***mengabur*** karena tertutup kabut.그 배는 두터운 안개에 가려 희미하게 사라졌다;

mengaburkan ① 몽롱하게 하다, 희미하게 만들다; Kabut ***mengaburkan*** pemandangan. 안개가 경치를 가렸다; ② 침침하게 만들다, (눈을) 흐리게 하다; Airmata saya ***mengaburkan*** pandangan di depan saya. 나의 눈은 눈물로 앞이 흐리게 되었다;

kabut 농무(濃霧), 안개; ⓢ awan, halimun;

berkabut 농무가 낀, 안개낀;

kaca ① 유리; ⓢ gelas; ② 거울; ⓢ cermin. Peristiwa ini bisa kita jadikan ***kaca*** jika akan bertindak. 우리가 앞으로 행동할 때 이 사건을 교훈으로 삼을 수 있다; ③ 귀감, 본보기, 모범; **kaca** bayangan 거울; **kaca** bening 투명 유리; **kaca** es 젖빛 유리; **kaca** jendela 창유리, 창문; **kaca** mata 안경; **kaca** pembesar 돋보기, 확대경;

berkaca 거울을 보다; Gadis itu sedang ***berkaca*** mematutkan diri. 그 소녀는 복장을 정돈하기 위해 거울을 보고 있다;

berkaca-kaca 눈물이 글썽한; Matanya ***berkaca-kaca*** karena haru.감동으로 그의 눈에 눈물이 글썽하였다;

kacamata 안경;

kacang 땅콩,콩; **kacang** buncis 강낭콩; **kacang** tanah 땅콩; **kacang** kedelai 콩, 대두(大豆); **kacang** rebus 삶은 콩;Jangan seperti ***kacang*** yang lupa pada kulitnya. 껍질을 잊어버린 콩처럼 되지 말아라. (옛날을 잊고 거만하지 말아라);

kacau ① 혼미한, 혼동하는, 당황하는; ⓢ campur aduk, kalut; Pikirannya ***kacau*** karena masalah ini. 그의 생각은 혼동에 빠졌다; ② 난잡한, 무질서한; ⓢ kusut; Seluruh negara ***kacau*** karena perang. 전쟁으로 전국이 혼란해졌다; ③ 단정치 못한, 어수선한; Kamarnya terlihat ***kacau*** karena jarang dirapihkan. 정돈을 자주 안해서 방이 엉망으로 보였다;

mengacau-balaukan 혼란시키다;

kekacau-balauan 혼란,무질서;

mengacaukan ① 당황하다, 혼동하다; ② 당황케 하는, 무질서한, 혼란한; Keadaan sangat ***menga-***

caukan rencana saya selanjutnya. 상황이 다음의 내 계획을 혼란스럽게 만들었다;③ 무질서하게 하다,선동하다,혼란하게 하다; ④ 교란하다, 어지럽히다, 방해하다;

mengacau ① 휘젓다, (물감 등을) 뒤섞다; ⓢ mengaduk; ② 어지럽히다, 교란시키다; ⓢ merusuhkan; Jangan *mengacau* di tempat ini. 여기서 소란 피우지 말아라;

kekacauan ① 당황, 혼동; ② 난잡, 무질서, 혼란; ⓢ hura-hura, kerusuhan; ③ 엉망,뒤죽박죽; *Kekacauan* ini disebabkan oleh pernyataan seseorang.이 혼란은 어떤 한 사람이 얘기해서 일어났다;

pengacau ① 교란자, 선동자; ⓢ perusuh; ② 반란자,폭도; ⓢ pemberontak, teroris; ③ 평화 파괴자; ⓢ pengganggu;

pengacauan 폭동, 반란, 모반;

kacauan 혼혈, 잡동사니, 잡종;

kacau balau ① 어수선한,혼돈된; Keadaan *kacau balau* akibat ulahnya. 그의 행동 때문에 난장판이 되었다; ② 무질서한,혼란한; Seluruh negara menjadi *kacau balau* akibat perang. 전쟁으로 온 나라가 엉망이 되었다;

kacung 심부름하는 아이, 종업원, 소년; ⓢ bujang, jongos;

kadaluarsa 폐물이된,노후화한;

kadang,kadang-kadang 가끔, 종종,간혹, 때때로,때로는; *Kadang-kadang* ia pergi ke bioskop. 가끔 그는 극장에 간다;**kadang** kala 간혹, 가끔, 종종, 때로는, 때때로;

kadar ① 능력, 힘; ⓢ kekuatan, ketentuan, kuasa, kemampuan; ② 함유량, 가치, 용적, 질, 수준, 정도; ⓢkarat,nilai,mutu,ukuran, perbandingan, nisbah; Buah kelapa punya *kadar* minyak yang sangat baik. 야자열매는 아주 좋은 유분을 함유하고 있다; **kadar** baja 철합금의 질; **kadar** jalan ~할 목적으로; kurang **kadarnya** 위신이 손상된;

ala kadarnya ① 적당히, 각자의 능력에 맞게; Makan dan minumlah ala *kadarnya*. 자기 양껏 먹고 마셔라; ② 조촐하게, 온당하게, 기품있게, 정숙하게; Pengantin itu mengadakan pesta ala *kadarnya*. 그 신부는 조촐하게 피로연을 열었다; ③ 알맞은, 적당한, 충분한; Pendapatannya hanya cukup untuk hidup ala *kadar*nya saja. 그의 수입은 그의 생활을 충족시킬 정도였다;

sekadar 다만,오직; ⓢ hanya,seadanya;Harapannya hanya *sekadar* menikah dengan pacarnya saja. 그의 바램은 오직 그의 애인과 결혼하는 것이다; Ini hanya *sekadar* senda gurau saja. 이것은 그저 농담입니다; **sekadar** perlu 필요에 따라서, 필요하다면; Ia menelepon hanya jika *sekadar* perlu saja. 그는 필요할 때에만 전화한다; **sekadar** tenaga 힘닿는 대로, 능력껏; Tolonglah ia walau *sekadar* tenaga saja. 힘닿는 데까지라도 그를 도와라; Berilah ia barang *sekadar*nya. 그에게 적당히 주시오;

sekadarnya ① 있는 힘을 다하여, 최선을 다해서; Itu akan saya kerjakan *sekadarnya*. 나는 최선을

다해서 그 일을 할 것입니다; ② 알맞게, 적당히;

kado 선사품, 선물; ⓢ hadiah; Ia memberi ***kado*** spesial di hari ulang tahun saya. 그는 내 생일에 특별한 선물을 주었다;

kaedah 방법, 원칙, 원리; ⓢ kaidah;

kafilah 대표단, 대상 (隊商)

kafir 믿지 않는 사람, 불신자;

kaget 깜짝놀라는; ⓢ terkejut, terperanjat; Semua ***kaget*** mendengar kabar itu. 그 소식을 듣고 모두 깜짝 놀랐다;

mengagetkan ① 놀래키다, 깜짝 놀라게하다; ⓢ mengejutkan; Bunyi nyanyian dia ***mengagetkan*** saya. 그의 노래가 나를 놀라게 하였다;② 놀라운, 놀래키는; Suara tembakan senapan itu sangat ***mengagetkan*** saya. 그 소총 소리가 나를 깜짝 놀라게 했다;

kagok 갑자기 멈춰 서는;

kagum 경이로운, 놀라는; ⓢ heran,keheranan,takjub; Saya ***kagum*** melihat penampilannya yang begitu memukau. 나는 그렇게 매력적인 그녀의 모습에 놀랐다;

kekaguman ① 경악(驚愕), 놀라움; ② 칭찬, 감탄;

mengagumi 탄복하다, 감탄하다;

mengagumkan ① 경이로운, 놀라운; Gedung-gedung ini sungguh ***mengagumkan***. 이 건물들은 정말 놀라웁다;② 감탄할 만한; Kecantikannya sungguh ***mengagumkan***. 그녀의 아름다움은 정말 감탄할 만하다;

pengagum 감탄자, 숭배자; Artis Hollywood ini punya banyak ***pengagum*** di seluruh dunia.이 헐리우드의 연예인은 전 세계에 많은 팬을 갖고 있다;

kail 낚시 바늘; ⓢ pancing;

mengail 물고기를 잡다, 낚시질하다; Ia pergi ***mengail*** ikan di seberang sungai. 그는 강 건너로 낚시질하러 갔다.

pengail 낚싯대, 낚시꾼;

terkail 갈고리에 걸리다;

kain 옷감, 피륙, 천; **kain** baju 옷, 의복; **Kain** basah kering di pinggang 찢어지게 가난한; **kain** batik 바띡 천; **kain** kasa 붕대; **kain** kotor 생리대, **kain** lap 걸레; **kain** layar 범포(帆布), 돛; **kain** meja 책상보; **kain** pakaian 옷감;**kain** pel 대걸레; **kain** terpal 돛, 방수포;

berkain 천을 두르다;

kais, **mengais** 긁어 파다, (닭이 땅을)후비다; ⓢ mencakar,mengorek; Anak ayam sedang ***mengais*** tanah untuk mencari makan. 병아리가 먹이를 찾기 위해 땅을 긁어 판다;

kaisar 제왕, 황제; ⓢ maharaja;

kekaisaran 제국, 제왕의 영토; Salah satu ***kekaisaran*** Romawi yang sangat terkenal adalah Nero. 옛날 로마 황제 중 가장 유명한 사람은 네로이다;

kait ① 갈고리, (뜨게질) 바늘; ⓢ kail; ② 계략, 책략, 함정;

berkaitan 관련된, 연결된,이어진; ⓢ bersangkutan, berhubungan; Mungkin kejadian ini ***berkaitan***

dengan gugatan itu. 아마도 이 사건은 그 고발 사건과 관계있는 것 같다;
mengait ① 고리에 걸다,갈고리로 걸다,(과일을)따다; ② 뜨개질하다;
mengaitkan 갈고리로 걸다;
pengait 갈고리,(뜨개) 바늘;
terkait (발이) ~에 걸리다;
kaitan 스냅, 갈고리, (뜨개) 바늘; Hal ini tidak ada *kaitan*nya dengan kasus itu. 이 일은 그 사건과 연결 고리가 없다;

kaji 조사, 연구, 학식; ⓢ ajaran, pelajaran, penyelidikan; **kaji** pendeta yang arif itu 현인의 가르침; **kaji** lama 예전에 자주 언급되던 말;
mengaji 탐구하다, 연구하다; ⓢ membaca; ***Mengaji*** agama 종교를 연구하다; **Mengkaji** baik buruknya 장단점을 고려하다;Ia ***mengkaji*** baik buruknya rencana itu.그는 그 계획 장단점을 고려했다;
pengajian ①학설, 원칙, 교리; ② 이슬람 성전을 암송함; Hari ini kami akan menghadiri acara ***pengajian*** dirumah nenek.오늘 우리는 할머니댁의 경전 암송 행사에 갈 예정이다;

kakak 오빠,형; ⓢ saudara tua, abang; **kakak** kelas 선배;
kakak-beradik 형제지간의;
berkakak 형(누나)이 있다;
kakanda 형, 오빠(존칭어), 누나, 언니 (존칭어);

kakao 카카오 나무, 카카오 열매 (코코아·초콜렛의 원료);

kakap 바닷 물고기의 일종;

kakek ① 할아버지;ⓢ suami nenek, datuk; ② 늙은이, 노인;
kakek-kakek 노쇠한,매우 늙은; Orang itu sudah ***kakek-kakek***. 그 사람은 이미 늙었다;

kaki ① 발; kaki angkasa 지평선; **kaki** buatan 인조 다리, 의족; **kaki** celana 바지 자락; **kaki** datar 평발; **kaki** dian 촛대; **kaki** langit 지평선; **kaki** lilin 촛대;
berkaki (kepada) ~에 기대다;

kaku ① 빡빡한, 딱딱한; kejang, kejur; Lengannya yang patah itu sekarang menjadi ***kaku***. 그 부러졌던 팔목이 이제 굳었다;② 완고한, 고집센,확고부동한, 딱딱한, (성격이) 굳센; ③ 되통스러운,어색한,서투른; ⓢ canggung, janggal; **kaku** tangan 손의 못, 피부 경결;
kekakuan ① 빳빳함, 딱딱함, 완고함;**kekakuan** badannya 몸의 딱딱함; ② 경직, 강직, 단단함;

kakus 변소,화장실; ⓢ toilet, wc;

kala 시대, 시; ⓢ ketika, waktu, saat, masa, periode; Pada ***kala*** pemerintahan Soeharto Indonesia pernah mencapai masa swasembada beras. 수하르또 정권 시절에 인도네시아는 쌀의 자급자족을 이룬 적이 있었다;
berkala ① 이따금 일어나는, 주기적인;ⓢ periodik;Pasang dan surut datang secara ***berkala***. 밀물과 썰물은 주기적으로 온다; sepanjang **berkala** 영원히, 항상; ② 잡지, 정기 간행물;
berkala-kala 수시의, 이따금의;
kalaan 연대순의, 연대순; pada **kala** itu 그당시, 그때;

K

kalah ① 굴복한, 패배한, 패한; ⓢ jatuh, takluk, tewas; Jepang ***kalah*** pada perang dunia kedua. 일본은 2차 세계대전에 패했다; menyerah **kalah** 항복하다; ② 날리다, 잃다; ⓢ judi;
mengalah 지다, 굴복하다, 패배하다; Ia lebih banyak ***mengalah*** pada adiknya. 그는 동생에게 더 많이 양보했다;
mengalahkan 능가하다, 지게 하다,굴복시키다, 패배시키다, 이기다; Ia ***mengalahkan*** musuh satu per satu. 그는 적수를 하나 씩 굴복시켰다;
kekalahan 굴복, 패배;

kalam 말씀,말; ⓢ sabda,firman;

kalang 받침,버팀목,지주; ⓢ penunjang,penyangga, ganjal; **kalang** kabut 무질서한, 혼란한; Keadaan ***kalang*** kabut. 상황이 혼란하다;
berkalang 유지하는, 지탱하는, 받치는; Bisnis itu hanya ***berkalang*** pada keadaan lepas rugi. 그 비즈니스는 겨우 적자를 면하는 상태로 유지하고 있다; **berkalang** lidah 논쟁을 벌이다, 토론하다;
kalangan ~층,사회,집단;ⓢ arena, lingkaran; **kalangan** atas 상류사회; Ia masih termasuk ***kalangan*** anak dibawah umur. 그는 아직 미성년에 속한다;

kalap ① 신들린,귀신들린; ⓢ kemasukan setan; ② 당황하는; ⓢ bingung, mata gelap, hilang akal;
kekalapan ① 무질서, 혼란,혼동; ② 얼떨떨함, 당황;

kalau ① 만약~이면; ⓢ jika; ***Kalau*** dia datang tolong beritahu saya. 만약 그가 오면 나에게 알려주세요; ② ~하는 경우에; ⓢ bila; ③ ~로서는, ~의 경우에는; Kakak gemar nonton film aksi, ***kalau*** saya lebih suka film komedi. 형은 액션 영화를 좋아하지만 나는 코메디 영화를 좋아한다;
kalau-kalau ① 어쩌면, 아마; ⓢ barangkali; ② ~하지 않게; ③ 그렇지 않으면, 그렇지 않게;
kalaupun 비록 ~이지만, 설사 ~이라 할지라도; ***Kalaupun*** benar begitu, dia tetap tidak boleh berkata seperti itu! 그것이 사실이라 할지라도 그는 그렇게 말해서는 안 된다;

kalbu 마음, 가슴, 심장; ⓢ batin, hati, nurani, sanubari; Jawabannya hanya ada di dalam ***kalbu***mu. 그 대답은 단지 네 마음 속에 달려 있다;

kaldu 육수, 육즙(肉汁);

kalem 시나브로, 서두르지 않는; Anak itu terlihat sangat ***kalem*** dalam menghadapi persoalan ini. 그 아이는 이 문제를 당해 아주 침착하게 보였다;

kalender 월력, 달력; ⓢ penanggalan, almanak; Menurut ***kalender*** hari ini adalah peringatan kemerdekaan Indonesia ke 57. 달력에 의하면 오늘은 제 57 회 인도네시아 독립 기념일이다;

kaleng 양철 깡통, 통조림 깡통; Dia menyimpan uang recehannya di dalam ***kaleng***. 그는 잔돈을 깡통 속에 보관한다;

kalengan 통조림 제품; Mereka membeli banyak minuman ***kalengan*** untuk pesta besok. 그들은 내일 파티를 위해 많은 캔 음료를 구입하였다;

kali 하천, 강; ⓢ selokan, sungai, air; Banyak anak kecil berenang di ***kali*** pinggir desa. 많은 아이들이 마을 옆 개천에서 멱을 감고 있다;

kali ① 회,번,차례; ⓢ waktu; ***Kali*** ini kau masih ku maafkan. 이번까지는 너를 용서해 주겠다; beberapa **kali** 여러 차례; pertama **kali** 처음으로; ② 곱,배,곱하기; Empat ***kali*** dua menjadi delapan. 4 곱하기 2 는 8 이다; ③ (=barangkali) 아마, 어쩌면; Ya, ***kali***. 예, 아마도 그럴 것입니다;

berkali-kali 반복해서, 되풀이하여, 재삼재사, 여러 번; ⓢ berulang-ulang, sering;

sekali ① 한 번, 한 차례; ② 매우, 아주, 몹시; Ayah senang ***sekali***. 아버지는 매우 기쁘하신다; ③ 함께, 동시에; Saya akan bayar taksi dan ongkos tol ***sekali***. 나는 고속도로비와 택시비를 한께번에 지불하겠다;

sekali lagi 다시 한 번,한 번 더;

sekalian ① 모두, 전부, 온, 죄다; ⓢ semua; ② 함께, 같이, 동시에;

sekaligus 다 한꺼번에, 모두, 일시에;

sekali-sekali 종종; ⓢ jarang;

kalian 당신들;

kaligrafer 서도인, 서예가;

kaligrafi 붓글씨,서도,서예;Akan diadakan lomba ***kaligrafi*** di sekolah dalam rangka menyambut hari raya. 축일을 맞아 학교에서 서도 대회가 개최될 예정이다;

Kalimantan 칼리만딴; Mereka tinggal di pedalaman ***Kalimantan***. 그들은 깔리만딴 내륙에 살고 있다;

kalimat 문장;ⓢ perkataan,ayat; **kalimat** Allah 신의 말씀; **kalimat** berita 긍정문; **kalimat** majemuk 복문; **kalimat** tunggal 단문; anak **kalimat** 종속절; induk **kalimat** 주절;

kalis ① 어슴프레한,희미한,흐릿한; ⓢ pudar; Warna tembok rumah itu sudah ***kalis*** sejak lama. 그 집의 벽 색갈은 오래 전부터 흐릿하다; ② 순결한, 순종의, 깨끗한; ⓢ murni, suci;

kalkulasi 추정, 계산; ⓢ hitungan;

kalkulator 계산기;

kalkun 칠면조;ⓢ ayam belanda;

kalo ① ☞ kalau; ② 거르는 기구, 여과기, 체;

kalong 큰 박쥐; ⓢ kelelawar; Buahnya habis dimakan ***kalong***. 큰 박쥐가 그 열매를 먹었다;

kalor 열기, 열;

kalori 칼로리; Dibutuhkan pembakaran ***kalori*** yang cukup untuk menurunkan berat badan. 체중을 줄이기 위해서는 충분히 열량을 소비해야 한다;

kamar 실(室),방; ⓢ bilik,ruang; **kamar** baca 도서 열람실, 독서실; **kamar** bedah 수술실; **kamar** belajar 자습실,서재; **kamar** kecil 화장실;**kamar** makan 식당; **kamar** mandi 욕실; **kamar** mati 영안실, 시체안치장; **kamar** depan 입구의 방; ka-

K

mar penginapan 객실, 여관방; kamar rias 분장실; kamar tamu 거실, 응접실; kamar tidur 침실; kamar tunggu 응접실, 대기실;

kambing 염소;

mengambing-hitamkan 죄를 전가하다,죄를 대신 지우다;ⓢ menyalahkan; Jangan ***mengambing-hitamkan*** orang lain dalam masalah ini. 이 문제를 다른 사람의 탓으로 돌리지 말아라;

kamboja ① 캄보디아; ② 꽃나무의 일종; Mereka akan dikirim ke ***Kamboja*** sebagai pasukan perdamaian. 그들은 평화 유지군으로 캄보디아에 파견될 예정이다;

kambuh 재발하다, 병이 도지다; ⓢ sakit lagi; Penyakitnya ***kambuh*** setelah mendengar berita itu. 그 소식을 들은 후 그의 병이 도졌다;

kamera 카메라,사진기;ⓢ tustel;

kami ① 우리 (상대방을 제외한); ***Kami*** pergi sebentar untuk beli makanan.먹을 것을 사기 위해 우리가 잠시 실례하겠습니다; ② 우리를, 우리들을 (상대방을 제외한);③ 우리의,우리들의 (상대방을 제외한); Itu rumah ***kami***, tuan. 그것은 우리들의 집입니다,선생님; ⓢ aku,saya,beta; ***Kami*** sekeluarga mengucapkan terima kasih atas bantuan ini. 우리 전 가족이 이 도움에 감사를 드립니다;

kamis 목요일;

kamp ① 야영지, 막사, 천막; ② 유배, 고립;

kampanye 유세, (사회적) 운동; Hari ini adalah hari pertama dimulainya ***kampanye*** pemilihan presiden. 오늘은 대통령 선거 유세의 첫날이다;

kamper 장뇌(樟腦); ⓢ kapur barus;

kampret 박쥐; ⓢ kelelawar kecil;

kampung ① 시골, 촌락, 마을; ⓢ desa, dusun, dukuh; **kampung** halaman 출생지, 고향; ayam **kampung** 토종 닭;

perkampungan 집합, 마을의 집단; Sungguh nyaman tinggal di daerah ***perkampungan*** seperti ini. 이런 시골에 사는 것이 정말로 마음이 편하다;

sekampung 온마을 주민; teman **sekampung** 고향 친구; Dia pergi bersama teman ***sekampung***nya. 그는 동네 친구와 함께 갔다;

kampungan 촌놈, 시골뜨기; Penampilannya sangat ***kampungan***. 그는 아주 촌부처럼 보인다;

kampus 캠퍼스,(대학 등이) 교정;

kamu ① 너희, 너희들, 너 (가까운 사이); ⓢ kau, anda; ***Kamu*** harus makan 너는 먹어야 한다; ***Kamu*** harus pergi sekarang supaya tidak terlambat. 늦지 않기 위해서 너는 지금 출발해야 한다; ② 너의, 너희들의;

kamus 사전;

kan ① (akan) ~할 것이다; Ia tidak ***kan*** datang.그는 오지 않을 것이다; ② (bukan) ~이잖아요,~이잖니 (부가 의문문에서 주로 사용됨); Kita sudah dapat uang ***kan***?우리는 이미 돈을 얻었잖습니까?

K

kanak-kanak 어린아이, 꼬마; ⓢ anak kecil, bocah, buyung;
kekanak-kanakan 어린애 같은. Jangan bersikap ***kekanak-kanakan*** seperti itu! 그렇게 애들처럼 굴지 말아라.

kanal 수로, 운하; Kami berjalan menyusuri ***kanal*** itu. 우리는 그 수로를 따라 걸어갔다;

kanan ① 우측, 오른쪽; ② 보수주의자, 우익 (우파)의 사람;

kancah ① 경기장,운동장;② 상태, **kancah peperangan** 전장(戰場); **kancah politik** 정계; Dia sudah terjun ke dalam ***kancah*** politik sejak setahun yang lalu. 그는 일년 전부터 정치 세계에 입문하였다;

kancing 버튼, (옷의) 단추; **kancing baju** 저고리 단추; ***Kancing*** bajunya copot satu buah. 옷의 단추 하나가 떨어졌다;
mengancingkan ① 단추를 채우다; Ia ***mengancingkan*** bajunya dengan tergesa-gesa. 그는 황급히 옷의 단추를 채웠다; ② 잠그다, 자물쇠를 걸다;

kanda 형; ⓢ kakanda;

kandang ① 축사,외양간,마굿간; ⓢ garasi, hangar; ② 고리, 궤도, (圓陣);ⓢ kalangan; **kandang ayam** 닭장; **kandang burung** 새집; **kandang mobil** 차고; **kandang ternak** 축사;
mengandangkan 가두어 넣다; Polisi ***mengandangkan*** penjahat itu. 경찰은 그 범죄자를 가두었다;
kandangan 감방, 감옥;

kandas ① 부딪치다, 좌초하다; Kapal itu ***kandas*** di batu karang yang terjal. 그 배는 단단한 산호암에 좌초되었다; ② 멈추다, 실패하다; ⓢ gagal, patah; Segala usaha ***kandas*** karena kelalaiannya. 모든 사업이 그의 게으름으로 도산되었다;
mengandaskan ① 좌초시키다; ② 좌절시키다; ⓢ menggagalkan, mematahkan;
kekandasan 실수,실패;ⓢ kegagalan. ***Kekandasan*** ini menjadi pelajaran baginya. 그 실패는 그에게 교훈이 되었다;

kandidat 지원자,후보자;ⓢ bakal, calon. Ia menjadi salah satu ***kandidat*** manajer di perusahaan itu. 그는 그 회사의 지배인 후보 중의 한 사람이다;

kandis 감미로운,달콤한;ⓢmanis;

kandung 주머니, 자궁; ⓢ kantung,pundi, saku; ***Kandung*** kencing 방광;
mengandung ① 임신한; ⓢ hamil,bunting; Perempuan itu sedang ***mengandung*** 5 bulan. 그녀는 임신 오개월 째이다; ② 포함하다, 담고 있다; ⓢ berisi,memuat; Apel ***mengandung*** banyak vitamin C.사과는 비타민 C 를 많이 함유하고 있다; ③ 연루시키다, 관련시키다;
mengandungi 간직하다,포함하다, 담고 있다; ⓢ memuat,menyimpan;
terkandung 담겨있는,숨겨진;**terkandung dalam hati** ~을 마음에 두는; Makna apa yang ***terkandung*** di dalam ucapannya? 그의 말 속에 담겨 있는 의미가 무엇인가?

kandungan ① 임신; ② 내용물; telah lama menjadi ***kandungan*** 오랫동안 숙원해 온 ③ 태아; Usia ***kandungan***nya sudah masuk minggu ke tujuh. 이미 임신 7주 째이다;

kangen 그리워하다; ⓢ rindu; ***Kangen*** masakan kampung halaman. 고향의 음식이 그립다;

kangkung 왕 개구리;ⓢ katak besar;

kanji 녹말, 전분,풀; ⓢ tajin, pati;
mengkanji 풀을 먹이다; Dia ***mengkanji*** baju cuciannya. 그녀는 빨은 옷에 풀을 먹인다;

kanker (병명)암;

kantin 구내 식당, 매점, 군대의 피·엑스; Mereka sedang makan di ***kantin*** sekolah. 그들은 학교 구내 식당에서 식사 중이다;

kantong 지갑,가방, (바지)주머니 ⓢ kantung;

kantor 사무실, 사무소; ⓢ biro, jawatan, instansi; **kantor** cabang 지사, 지점; **kantor** lelang 경매장; **kantor** pabean 세관, 세무소; **kantor** pajak 세무소; **kantor** perwakilan 대리점, 지사; **kantor** polisi 경찰서; **kantor** pos 우체국; **kantor** pusat 본사, 본점; **kantor** telepon 전화국;
berkantor 사무소를 소유하고 있다, 사무실을 갖다; Ia ***berkantor*** di dalam gedung itu. 그 건물 안에 그의 사무실이 있다;

kantung ① 호주머니,주머니; ⓢ saku, kocek; ② 백, 가방; **kantung** kemaluan 불알, 음낭;
mengantungi 얻다, 획득하다, 호주머니에 넣다; Dia ***mengantungi*** gelar juara dalam lomba maraton. 그는 마라톤 대회에서 우승을 차지하였다;

kaos 구두, 신; ⓢ kaus;

kap 차일, 차양, 씌우개; **kap** lampu 전등 갓;

kapai, **terkapai-kapai** 닿으려고 움직이다, 애쓰다;

kapal (일반적으로) 큰 배, 함(艦); ⓢ perahu,bahtera,tongkang; **kapal** api 기선; **kapal** dagang 상선; **kapal** induk 모함; **kapal** keruk 준설선; **kapal** komando 기함(旗艦); **kapal** layar 돛(단) 배; **kapal** meriam 포함; **kapal** muatan 화물선; **kapal** perang 군함; **kapal** penjelajah 순양함; **kapal** tempur 전(투)함; **kapal** pengangkut 수송선; **kapal** penumpang 여객선; **kapal** pesiar 유람선; **kapal** selam, 잠수함; **kapal** tangki 유조선; **kapal** terbang 비행기; **kapal** uap 기선;
berkapal 배를 타고 가다;
mengapalkan 선적하다,배에싣다, 배로 보내다(나르다); Ia ***mengapalkan*** barang dagangannya ke Korea. 그는 상품을 한국으로 선적하였다;
pengapalan 선적;
perkapalan 해상 운송,선적,항법, 항해,선박업; Ia bekerja di perusahaan ***perkapalan*** nasional. 그는 국영 해운 회사에 다니고 있다;

kapan ① 언제; ⓢ apabila, bila; ***Kapan*** Saudara akan pergi? 당신은 언제 가십니까?; ② 그렇잖아요, 그렇지 않습니까;ⓢ bukankah;Jangan tanya-tanya lagi,***kapan*** sudah saya jelaskan. 더 이상 묻지 마세요 이미 설명했잖아요;

kapan-kapan 언제라도, 언제나; ⓢ sembarang waktu; Datanglah kemari ***kapan-kapan*** engkau suka. 당신이 좋을 때 언제라도 들르시오;

kapan saja 언제라도, 언제든지; Datanglah ***kapan*** saja. 언제든지 오시오;

kapar 산재해 있는;

terkapar 흩어져 있는, 산재되어 있는; Korban gempa bumi Aceh ***terkapar*** dimana-mana.그 지진으로 인한 희생자가 아째지역 여기저기에 흩어져 있었다;

kapas 이불솜, 원면, 생면; **kapas** pembalut 탈지면; Jangan hapus darah di luka itu dengan ***kapas***, nanti lengket! 그 상처의 피를 솜으로 닦지 말아라, 나중에 달라 붙는다;

kapasitas 수용력,용량, 용적; ⓢ kekuatan, kemampuan; ***Kapasitas*** gedung itu hanya seribu orang. 그 건물의 수용 인원은 고작 천명 뿐이다;

kapitalis 자본주,자본가;ⓢ kaum modal;

kapok 교정된,개과천선한,교화된; ⓢ jera, tobat; Meskipun sudah di hukum seribu kali, ia tetap tidak ***kapok***. 수 없이 벌을 주었지만 그는 아직 고쳐지지 않았다;

kaprah 일반적인; ⓢ lazim;

kapstok 갈고리,걸이; ⓢ angkutan, gantungan;

kapsul 캡슐 (약의 용기); Dokter memberi obat ***kapsul*** untuk menyembuhkan luka ini. 의사는 이 상처를 낫게 하기 위해 캡슐 약을 주었다;

kapt.(Kapten) ① 함장, 선장; ② 해군 대령, 육군 대위;

kapur ① 소석회, 석회; ② 백묵, 분필; **kapur** tulis 백묵, 분필;

mengapur 석회질이 되다;

mengapuri 석회를 입히다,석회로 바르다; ⓢ melabur;

karakter ① 성질,특성; ② 품성, 성격, 인격; ***Karakter*** itu tidak bisa dihilangkan dalam dirinya. 자신의 그 성격을 버릴 수가 없었다;

karam ① 좌초한; ⓢ tenggelam, terbenam; Kapal itu ***karam*** diterjang ombak.그 배는 파도에 침몰하였다; ② 이루지 못했다, 실패하다, (노력이)헛되다; Segala usahanya ***karam*** oleh masalah ini. 이 문제로 그의 모든 노력이 허사가 되었다;

mengaram 가라앉다;

mengaramkan ① 침몰시키다, 가라앉히다; ② 실패하게 만들다; Ia hendak ***mengaramkan*** usaha musuhnya dengan cara apapun. 그는 어떤 방법으로라도 사업상의 경쟁자를 넘어뜨리려 하였다;

karang 산호, 산호초;

berkarang 산호가 있는;

karangan 산호초;

karantina 검역소,검역; Hewan itu mesti masuk ***karantina*** karena tertular penyakit. 그 가축은 병에 걸려 검역소에 들어가야만 한다;

karapan (소몰이)경주;

karat 녹;

karate 가라데, 당수도; Ia adalah

atlet ***karate*** nasional. 그는 가라데 국가 대표 선수이다;

karateka 가라데 선수, 당수도인; Dia menjadi seorang ***karateka*** sejak usia 7 tahun. 그는 7 살부터 당수에 입문하였다;

karawang 조각 세공;

karbit 탄화물, 카아바이드; gas **karbit** 아세틸렌(가스); lampu **karbit** 카아바이드 등;

karbol 석탄산;

karbon, kertas **karbon** 먹지;

karburator 기화기;

karcis 승차권, 입장권, 표; **karcis** catutan 암표; **karcis** kereta api 열차 승차권; **karcis** masuk 입장권; **karcis** pulang pergi 왕복표; **karcis** retur 왕복표;

kardinal 추기경;

kardus ① 마분지,판지; ⓢ karton, kertas tebal; ② 마분지 상자;

karena ① ~때문에, 왜냐하면; ⓢ sebab; Ia tak mau minum minuman keras ***karena*** hendak mengemudi mobil. 그는 운전 때문에 술을 거절했다; ② 까닭, 원인, 이유; ⓢ lantaran; **karena** apa 무엇때문에, 왜; Ia menangis **karena** apa? 그녀는 왜 울었습니까? Oleh ***karena*** itu 그렇기 때문에, 그러므로; Oleh ***karena*** ia sakit ia tidak masuk kerja. 몸이 아파서 그는 출근할 수가 없었다;

karet ① 고무; ⓢ getah ② 탄성의, 탄력 있는; ban **karet** 고무 튜브; ③ 지우개; **karet** alam 천연고무; **karet** busa 스펀지; **karet** tiruan 인조 고무; permen **karet** 껌;

kari 카레이; ⓢ gulai;

karib ① 일가, 친척; Ia adalah ***karib*** saya. 그는 나의 친척이다; ② 친근한, 가까운; ⓢ dekat, kerabat, rapat, erat, intim; Ia adalah sahabat ***karib*** saya selama ini. 그는 지금까지 나의 절친한 친구이다;

berkarib ① ~와 관계가 있다; ② 동무 관계인, 친구 사이인; Kami sudah lama ***berkarib***. 우리들은 친구가 된지 오래됐다;

mengaribkan 친하게 만들다, 가깝게 하다; Minat mereka yang sama itu akhirnya ***mengaribkan*** mereka. 그들의 공동 관심사는 서로 절친하게 되는 것이다;

karier 이력, 경력; Sepanjang hidupnya seniman itu terus ***berkarier***. 그 예술가는 일생 동안 번성하였다;

karikatur 만화화(化),풍자 만화; Dia adalah seorang pembuat ***karikatur*** di suatu surat kabar di Jakarta. 그는 자카르타의 모 일간지에 만화를 그리는 사람이다;

karir 생애, 경력 ☞ karier;

karisma 카리스마적; Orang itu sungguh memiliki ***karisma*** yang hebat. 그 사람은 정말로 대단한 카리스마를 갖고 있다;

karma 업보, 인과응보;

karpet 카펫트, 양탄자; ⓢ permadani; Ia memulai bisnisnya dengan menjual ***karpet***. 그는 양탄자 판매업을 시작하였다;

karton 마분지, 판지; ⓢ kardus; Ia membeli makanan tersebut sebanyak satu ***karton***.그는 그 식품을

한 상자 구입하였다;

kartu ① 명함, 카드; ② 트럼프; **kartu** kuning 시민권; **kartu** nama 명함; **kartu** pengenal 신분증; **kartu** pemilihan 투표(용지); **kartu** penduduk 주민증;**kartu** pos 우편 엽서; **kartu** undangan 안내장, 초청장;

karuan 엉망인, 불확실한;

karun 전설상의 부자; harta **karun** 은닉 재산;

karung 부대, 자루; ⓢ sak, goni; **karung** goni 삼베 주머니; Masukkan semua barang itu ke dalam ***karung*** goni itu! 모든 물건을 그 자루에 넣어라;

karya 작업, 일, 작품;ⓢ karangan, ciptaan; **karya** Shakespear 세익스피어 작품; **karya** sastra 문학 작품;

karyawan ① 저자,작가;② 일꾼, 일하는 사람; ⓢ pegawai, buruh; **karyawan** pers 기고가,신문 잡지기자; Seluruh ***karyawan*** keberatan dengan kebijakan baru perusahaan. 모든 직원들이 회사의 새 방침에 반발하였다;

karyawati 여직원, 여류작가; Dia terdaftar sebagai salah seorang ***karyawati*** di perusahaan itu. 그녀는 그 회사의 직원으로 등록되었다;

karyawisata 시찰, 견학; Kami akan mengadakan ***karyawisata*** ke dataran tinggi Dieng. 우리는 디엥 고원으로 견학 갈 예정이다;

kas ① 통화, 현금, 금고; ***Kas*** kita sudah kosong. 우리의 금고는 이미 바닥났다; ② 출납창구, 출납계; **kas** negara 국고(國庫);

kasa 격자, 창살;

kasad 목적, 의도; ⓢ maksud, tujuan, niat;

kasar ① 굵은; ⓢ kasap; Kain itu ***kasar*** sekali. 그 천은 아주 거칠다; ② 껄껄한, 거칠거칠한; ⓢ kesat; Permukaan kertas itu ***kasar.*** 그 종이의 표면이 거칠다; Perlakuannya yang ***kasar*** itu telah menyakiti hati saya.그의 거친 행동이 내 마음을 아프게 하였다;

mengasari 거칠게 다루다;Jangan sekali-kali ***mengasari*** anak yatim. 고아들에게 막 대해서는 안된다;

kekasaran 거친, 야비한; ***Kekasaran*** perangainya sudah sangat di kenal masyarakat. 그의 행동이 거친 것은 사람들에게 아주 잘 알려져 있다;

kasatmata 확실한, 분명한; ⓢ nyata;

kaset 카세트 플레이어; Kakak membeli ***kaset*** yang baru. 형은 새 카세트를 샀다;

kasih ① 사랑, 애정; ⓢ sayang ② 사랑하다; ⓢ cinta; Mereka banyak ***kasih*** pada anak-anak itu. 그들은 그 아이들을 무척 사랑한다;

kekasih 연인, 애인; ⓢ pacar;

kasihan 동정, 불쌍히 여김;

mengasihani 불쌍히 여기다,동정하다; Ia ***mengasihani*** anak yang malang itu. 그녀는 그 불행한 아이를 불쌍하게 생각했다;

kasih-mengasihi 서로 사랑하다, 연애하다;

kasim 난소를 제거한, 거세한; ⓢ kebiri;

mengasim 난소를 제거하다,거세하다;

kasino 카지노;

kasir 출납계원; Silahkan membayar barang belanjaan ini di *kasir*. 이 구매 물품을 출납계원 창구에서 지불하여 주십시오;

kasta 카아스트, 계급 (인도 계급제도); Di India masih mengenal *kasta* dalam kehidupannya. 인디아에는 아직도 일상에 카스트 제도가 남아있다;

kastel 성벽,성;

kasti 소프트 볼 일종; main kasti 공 놀이를 하다. Anak-anak main *kasti* di lapangan. 아이들이 운동장에서 카스티 공 놀이를 하고 있다;

kasur 매트리스; ⓢ tilam, jok;

kasus 문제, 사건; ⓢ masalah;

kata ① 단어, 낱말; ② 얘기, 말; ⓢ bicara; *Kata*ku. 내가 말했다; *kata*nya 사람들이 말하기를, 듣자하니; *Kata*nya masyarakat akan berdemonstrasi untuk menjatuhkan presiden. 듣자하니 국민들이 대통령을 하야시키기 위해 데모를 한다고 한다; **kata** benda 명사; **kata** sambung 파생어; **kata** bilangan 수사; **kata** dasar 어근; **kata** depan 전치사; **kata** kerja 동사; **kata** keterangan 부사; **kata** majemuk 합성어, 숙어,복합어; **kata** pengantar 권두언, 서문; **kata** pengganti nama benda 대명사; **kata** penghubung 접속사; **kata** sambung 연결어; **kata** sandang 관사; **kata** sepakat 승인,동의; **kata** seru 감탄사;**kata** sifat 형용사; **kata** tambahan 부사; sepatah **kata** 몇 마디의 말; Saya hendak berkata sepatah *kata* kepada kalian semua. 내가 여러분 모두에게 한마디하고 싶습니다;

sekata 일치하는,동의하는;ⓢsetuju; Semua hadirin seia *sekata* dengan persetujuan itu. 모든 참석자들이 만장일치로 그 안을 동의했다;

berkata 이야기하다, 말하다; Ia *berkata* bahwa ia akan pergi ke Bandung. 그녀는 반둥에 갈 것이라고 얘기하였다; **berkata** dua 속이다, 거짓으로 말하다, 사기치다;

berkata-kata 함께 이야기하다;

mengata-ngatai 꾸짖다, 나무라다;

mengatakan ① 말로 표현하다, 말하다; Ia *mengatakan* semuanya pada saya.그녀는 나에게 모든 얘기를 해 주었다; ② 언질을 주다,알려주다, 이야기해 주다; ⓢ memberitahukan, menceritakan;

perkataan 선언, 보고, 말, 언어; ⓢ kata, ucapan;

katak 개구리, 두꺼비; ⓢ kangkung, kodok; *Katak* betung 식용개구리의 일종; Dia seperti *katak* di bawah tempurung. 그는 꼭 우물안 개구리같다;

katalisator 촉매;

katalog 카탈로그, 목록; Lihatlah di dalam *katalog* ada barang apa saja. 카탈로그에 무엇이 있는지 보아라;

katapel 장난감 고무총, 투석기; ⓢ jepretan;

katarak 백내장(白內障);

katholik 카톨릭 교회, 천주교,

구교; ⓢ kristen, nasrani; Besok seluruh umat ***Katholik*** akan merayakan hari raya Natal. 내일 모든 카톨릭 신자들이 성탄절을 기념할 예정이다;

katrol 활차, 도르래; Nilai itu sudah di ***katrol*** oleh Ibu guru. 그 성적은 여선생님에 의해 올려졌다;

katulistiwa 적도; ☞ khatulistiwa;

katup (기계의) 밸브; **katup** aman 안전 벨브; Tutuplah ***katup*** itu dengan benar supaya aman. 그 밸브를 안전하도록 잘 잠궈라;

mengatupkan 빈틈없이 닫다, 꽉 잠그다, 단단하게 잠그다;

terkatup (입을)다물은, (문 등을) 단단히 잠근;

kau 너, 당신; ☞ engkau;

kaum ① 종족,인종; ⓢ suku, keturunan; ② 일가,씨족, 가문, 가족; ⓢ kerabat,keluarga,warga;③ 군집, 단체; ④ 계급, 계층; ⓢ golongan; Ia termasuk ***kaum*** tuan tanah. 그는 지주 계급에 속한다; **kaum** atas 상류층; **kaum** bangsawan 귀족계층; **kaum** bawah 하류층; **kaum** buruh 노동자계층; **kaum** cerdik pandai 인텔리겐차;**kaum** hartawan 부유층;

kaus 신,구두,양말; ⓢ anak baju, sarung; **kaus** baju 내의; **kaus** kaki 양말; **kaus** lampu 남포의 심지, 등심; **kaus** tangan 장갑;

kawah 분화구, 탄공(彈孔); ⓢ lubang, kepundan, mulut gunung;

kawak 낡은, 오래된, 옛날의; ⓢ sudah tua sekali;

kawakan 경험이 있는,연륜 있는; ⓢ berpengalaman;

kawal① 감시,경계;② 파수병,보초,

berkawal 감시하고 있는, 보초 서고 있는;

mengawali ① 지키다,망보다,경계하다;②경호하다,호위하다; ***Mengawali*** perjumpaan kita ini, mari kita berdoa sejenak. 이 회합에 즈음하여 우리 잠시 기도합시다;

pengawal ① 파수병, 보초;

pengawalan ① 감시, 경계; ② 호위, 경호;

kawan ① 동무, 벗, 친구; ⓢ sahabat, teman; ② 동료, 동반자;

berkawan 친구가 있다; ⓢ berteman; Anak itu sungguh tidak sombong, ia mau ***berkawan*** dengan siapa saja.그 아이는 정말로 거만하지 않아 누구하고도 친구가 되고 싶어한다;

mengawani 함께 가다, 동행하다, 동반하다;

kawat ① 철망, 철사; ⓢ dawai, kabel; pagar **kawat** 철조망; ② 전보; ⓢ telegram; **kawat** berduri 가시 철망; **kawat** listrik 전선; **kawat** telepon 전화 줄;

mengawatkan 전송(電送)하다, 전보를 치다; ⓢ mengabarkan,menelegramkan;

kawatir 두려운 ☞ khawatir;

kawin ① 혼인(하다), 결혼(하다); ⓢ beristri, bersuami, nikah; ② 기혼의,혼인한, 결혼한; Tuan sudah ***kawin*** berapa lama? 귀하는 결혼한지 얼마나 되었습니까?

mengawini ~에게 시집가다, ~에게 장가들다, ~와 결혼하다;

mengawinkan 시집보내다, 장가들이다, 결혼시키다;
perkawinan ① 혼인, 결혼; ② 혼례의식, 결혼식; Pesta ***perkawinan*** itu akan diselenggarakan akhir tahun ini. 그 결혼식은 올해 연말에 거행할 예정이다;
kawula 하인, 백성, 종; **kawula** muda 청년, 젊은이. Film itu sungguh menarik hati para ***kawula*** muda.그 영화는 정말로 젊은이들의 마음을 사로 잡았다;
kaya ① 부유한, 부자인; ⓢ berharta, beruang; ② 풍부한, 많은;
memperkayai 부유하게 하다, 넉넉하게 하다, 풍부하게 하다;
mengayakan 부자로 만들다, 부유하게 만들다;
kekayaan ① 부,재산,재화,재물; ⓢ harta benda, perbendaharaan, khazanah; **kekayaan** alam 자연의 부(富); ② 힘,능력, 재능, 권능; **kekayaan** Tuhan 신의 능력; **kekayaan** kata-kata 어휘력;
terkaya ① 매우 부자인; ② 풍부해진, 넉넉하게 된;
kayal 공상력, 창작력, 상상력 ☞ khayal; Daya ***kayal***nya ketinggian bagi kita.그의 상상력은 우리로서는 받아들이기에 너무 높다;
kayu ① 나무; ② 재목, 목재; ③ 나무로 된, 목재의, 나무의; meja **kayu** 나무 책상; **kayu** arang 목탄, 흑단; **kayu** bakar 화목; **kayu** cendana 백단; **kayu** jati 티이크 나무; **kayu** manis 계피, 육계(肉桂); **kayu** triplek 합판;
kayu-kayuan 나무, 여러 종류의 목재;
perkayuan 집의 골조, 목세공, 목재업, 목재상;
kayuh 페달, 노, (자전거의) 발판; ⓢ dayung, injak-injak, pedal;
berkayuh,mengayuh 페달을 밟다, 저어가다; **berkayuh** sepeda 자전거를 타다; Adik pergi kesana dengan ***berkayuh*** sepeda. 동생은 자전거를 타고 거기에 갔다;
pengayuh ① 페달, 발판, 노; ② 노 젓는 사람;
KB [Keluarga Berencana] 가족계획;
ke ~에, ~로, ~를 향하여; Ia pergi ***ke*** sekolah. 그는 학교에 갔다; **ke** atas 위로; **ke** bawah 아래로; **ke** belakang 뒤로; **ke** dalam 안으로; **ke** muka 앞으로; **ke** samping 옆으로; ke sana 저쪽으로; ke sini 이쪽으로.
kebal ① 죽지 않는, 불사신의; Sekarang ia ***kebal*** sehingga sulit untuk dilukai. 이제 그는 단련이 되어 그를 해치기란 아주 어렵다; ② 면역성이 있는, 면역이 된; Karena suntikan itu ia ***kebal*** terhadap penyakit itu. 그는 예방주사를 맞았으므로 그 질병에 면역이 됐다;
mengebal 면역이 생기다;
mengebalkan 면역성이 생기게 하다, 면역시키다;
kekebalan 무감각, 면역; Kesehatannya tergantung pada sistem ***kekebalan*** yang ada pada tubuhnya. 건강은 신체의 면역체계에 달려있다.
kebaya (허리까지 닿는) 여자용 블라우스; ⓢ baju. Ibu pergi ke

pesta dengan memakai ***kebaya***. 어머니는 그 축제에 꺼바야를 입고 가셨다;

kebelet 그리는, 갈망하는; Anak yang ***kebelet*** pulang itu mengganggu kesempurnaan kerja. 집으로 돌아가자고 아이가 졸라서 일을 완벽하게 할 수 없었다;

kebiri 거세 당한; ayam **kebiri** (거세한)식용 수탉;

mengebirikan 난소를 제거하다, 거세하다;

kebon 뜰, 정원; ☞ kebun;

kebun ① 정원, 뜰; ⓢ pekarangan; ② 농원; ⓢ ladang, huma; **kebun** binatang 동물원; **kebun** bunga 화원; **kebun** karet 고무 농장; **kebun** lada 후추 농장; **kebun** raya (보고르에 있는) 식물원;**kebun** tebu 사탕수수 농장; **kebun** teh 차 재배지;

berkebun 원예를 하다, 정원에서 일하다; Ia memang sudah gemar ***berkebun*** sejak kecil. 그는 어렸을 때 부터 원예를 좋아했다;

perkebunan ① 경작, 재배; ⓢ perhumaan, perladangan; ② 원예; ⓢ pertanaman; ③ 재배지, 경작지; ⓢ pekarangan; Ia sangat rajin mengurus ***perkebunan*** itu. 그는 그 농원 관리하는 것을 좋아했다;

keburu ① 서둘러서, 급히, 허둥지둥; Jangan ***keburu*** pergi, ini kan masih pagi! 급히 가지 말아라, 아직 아침이다; ② ☞ buru; **keburu** datang 도착하다, 서둘러서 오다; Ia ***keburu*** berangkat dengan kereta api. 그는 기차를 급히 타고 서둘러 떠났다; **keburu** nafsu 조급하게, 성급하게, 조바심 내는, 화 잘내는; masih **keburu** 정시의, 늦지 않은; Waktunya masih ***keburu*** untuk menyelesaikan pekerjaan ini. 아직 이 일을 끝낼 시간이 있다;

kebut, **ngebut** 급하게 차를 몰다;

kebut-kebutan 심하게 충돌하다

kecam, **mengecam** ① 비난하다, 비평하다; ⓢ mencela, mengritik; Ia ***mengecam*** tindakan sadis para perampok itu. 그는 그 강도들의 잔악한 행위를 비난하였다; ② 검토하다, 연구하다, 조사하다; ⓢ meneliti, mengamati;

pengecam 비평가;

pengecaman 논평,비평;Tindakan ***pengecaman*** kepada kelompok teroris itu dilakukan oleh beberapa kepala negara.그 테러 집단에 대한 비난 성명이 몇몇 국가 원수들로부터 나왔다;

kecambah 눈,(새)싹; ⓢ taoge;

berkecambah 나기 시작하다, 싹트다; Kacang itu mulai ***berkecambah***. 콩의 싹이 트기 시작했다;

kecamuk, **berkecamuk** 한창이 되다,고조에 달하다; ⓢ menghebat, merajalela; Penyakit menular mulai ***berkecamuk*** di beberapa daerah.전염병이 몇몇 지역에서 기승을 부리기 시작했다;

kecantol 찔리다; ⓢ kesangkut; Orang itu ***kecantol*** duri. 그 사람은 가시에 찔렸다;

kecap, **mengecap** ① 혀를 차다, 입맛을 다시다; Ia ***mengecap*** lidah saat melihat anak bodoh itu. 그는

어리석은 아이 때문에 혀를 찼다; ② 먹어보다, 시식하다, 맛보다; ⓢ menikmati; Ia *mengecap* masakan ibunya. 그는 어머니가 만든 음식을 맛보았다;

kecapi 기타와 비슷한 현악기;

kecele 헛수고하는, 실망하는; Banyak orang *kecele* karena bioskopnya tutup. 많은 사람이 극장이 열리지 않아서 허탕을 쳤다;

kecewa ① 실망한; ⓢ kesal, kecil hati; Ia *kecewa* ketika tak dapat bertemu pacarnya. 그는 애인을 만나지 못해서 실망했다; ② 실패한; ⓢ gagal;

kekecewaan 기대에 어긋남, 실망;*Kekecewaan*nya terhadap orang tua tidak bisa diobati. 그의 부모에 대한 걱정은 어쩔 수가 없다;

mengecewakan 실망시키다; Hasil ujiannya kali ini amat *mengecewakan*.이번 시험 결과가 매우 실망스럽게 나왔다;Jawabannya itu sangat *mengecewakan*.그의 대답은 매우 실망스러웠다;

kecil ① 소형의, 작은, (집 등이) 좁은; ⓢ pendek; Rumahnya *kecil*. 그의 집은 작다; ② 작은, 어린; anak *kecil* itu 그 어린 아이; ③ 미미한,사소한, 하찮은; ⓢ remeh,sepele; Jangan mengindahkan perkara *kecil* itu. 그렇게 사소한 일에 신경쓰지 마시오;

berkecil, berkecil hati ① 실망하다, 낙담하다; ⓢ kecewa, menyesal; Jangan *berkecil* hati, nanti kan bisa dicoba lagi.너무 실망하지 말아라 나중에 다시 해볼 수 있다; ② 약이 오르다, 화가 나다; Ia *berkecil* hati ketika permintaannya tidak dikabulkan oleh orang tuanya. 그는 부모님이 그의 요청을 거절했을 때 화가 났다;

memperkecil ① 줄이다, 작게 만들다; Ibu *memperkecil* baju adik yang kebesaran itu. 어머니는 동생의 큰 옷을 줄였다; **memperkecil** ikat pinggang 혁대를 조이다;② 얕보다,과소평가하다,최소한도로 하다; **memperkecil** arti 대수롭지 않게 여기다; **memperkecil** hati 낙담시키다; ③ 상처를 입히다, 슬프게 하다;

mengecil 작게 되다, 작아지다; Kapal terbang itu makin *mengecil* dan akhirnya menghilang di balik awan putih. 그 비행기는 점점 작아지더니 구름 속으로 사라져 갔다;

kekecilan ① 작음, 소규모; ② 미미함, 사소함;

terkecil ① 가장 적은; ② 최저, 최소; Baju ini sudah yang *terkecil*. 이 옷이 가장 작은 것입니다;

kecil-kecilan 소규모의; Usaha dagangnya hanya *kecil-kecilan* saja. 그의 가게는 그저 작은 규모이다;

kecimpung,berkecimpung 몸담다, 종사하다;

kecoh 기만,속임수; ⓢ tipu,dusta, bohong; kena **kecoh** 사기 당하다;

mengecoh 사취하다, 사기하다;

pengecohan 기만, 속임수;

pengecoh 사기꾼;

terkecoh 사기 당한, 속은;

kecuali ① ~외에는, ~을 제외하고; Semuanya pergi *kecuali* saya.

나를 제외하고 모두 갔다; ② ~뿐 아니라, ~에 추가하여, ~이외에도; ⓢ selain; *Kecuali* merampok dia membunuh pula. 절도죄 뿐 아니라 그는 살인까지 저질렀다;③ 다만,단지,오직;ⓢ hanya; **kecuali** jika, **kecuali** kalau ~이 아니라면,만약, ~이외에는;

berkecuali tidak **berkecuali** 예외 없이;

mengecualikan ① 특별 취급 하다,예외로 하다; ② 면해주다,면제 하다;

kekecualian 제외, 예외;

pengecualian 예외, 제외; ⓢ penyimpangan;

terkecuali ~을 제하고는;

terkecualikan 제외되는;

kecup 입맞춤, 키스; ⓢ cium, kucup;

mengecup 입맞추다, 키스하다;

kecut 시큼한,신; ⓢ asam, asam;

kedai 소매점,상점, 가게; ⓢ toko, warung; **kedai** buah-buahan 과일 가게; **kedai** kopi 다방; **kedai** nasi 식당; **kedai** sayur 야채 가게;

berkedai ① 가게를 운영하다; ⓢ berjualan, bertoko; ② 물건을 사러 가다;

mengedaikan 진열하다, 팔기 위하여 내놓다;

perkedaian ① 상품 진열대; ② 상품;

kedap ① 단단히 얽혀진, 촘촘히 짜여진; ⓢ rapat; ② 방수의; ⓢ tutup; Kita harus masuk ke dalam ruang *kedap* suara. 우리는 소리가 새나가지 않는 방으로 가야한다;

kedelai **kacang kedelai** 콩, 대두 (大豆)(두부)콩;

keder 떨리는, 움직이는;

kedip (눈의) 깜박거림; ⓢ kejap, kelip;

berkedip-kedip ① 깜박거리다; Ia *berkedip-kedip* karena ada sesuatu masuk ke dalam matanya. 그는 눈에 무엇이 들어가서 눈을 계속 껌뻑거렸다; ② 명멸하다, (등불 등이)깜박이다; Bintang-bintang *berkedip-kedip* di malam hari.밤에 별들이 깜빡거렸다;

kedipan 눈짓;

kedodoran 잘 안맞는;

kedok ① 복면,탈,가면;ⓢ topeng, samaran; ② 미끼, 꾀어내는 장치;

berkedok 변장하다, 탈을 쓰다, 복면하다, 가면을 쓰다;

keduk 국자; beberapa **keduk** beras 쌀 몇 줌;

mengeduk ① 퍼내다,뜨다,푸다; ⓢ mengeruk,menggali;② (범인을) 붙들다, 붙잡다; ③ 착취하다, 돈을 모으다; ⓢ mengambil untung;

pengeduk 착취자;

kehendak 소원,의지;ⓢ hendak;

berkehendak 소원하다, 바라다;

kejam 잔인한, 무자비한; ⓢ lalim, bengis, sadis, ganas;

mengejami 잔인하게 다루다;

kekejaman 잔학, 무자비, 잔인성.

kejang ① 빼근한,딱딱한,뻣뻣한; ⓢ kaku, kejur, tegang; Badannya *kejang* karena sakit. 그의 몸은 고통으로 굳어졌다; ② 경련이 일어나는; **kejang** gagau 경기, 경련;

Kekejangan 경기,(발의) 경련;

mengejangkan 펴다, 쭉 뻗다; mengejangkan badan 기지개 켜다, 몸을 쭉 펴다;

kejap 눈짓, (눈의) 깜박거림; ⓢ kedip, kelip;

berkejap-kejap 눈을 깜박거리다; Matanya ***berkejap-kejap*** karena ada kotoran masuk. 그의 눈은 잡티가 들어가 깜박거렸다;

mengejap 윙크하다, 눈짓하다; Ia ***mengejap*** matanya pada saya. 그는 나에게 윙크하였다;

mengejapkan (mata) 눈을 깜박거리다; Ia ***mengejapkan*** matanya barang sejenak. 그는 잠시 눈을 붙였다;

sekejap, sekejap mata 눈 깜짝할 사이에, 순식간에; Dalam ***sekejap***, dia telah hilang dari pandangan kami. 눈 깜짝할 사이에 그는 우리 시야에서 사라졌다;

kejapan 윙크, 눈짓;

kejar, berkejar-kejaran ① 서로 추적하다,서로 쫓아 다니다;ⓢ buru, susul; Anak-anak ***berkejar-kejaran*** di lapangan sekolah. 아이들이 학교 운동장에서 서로 쫓으며 뛰어 놀고 있다; ② 서로 질주하다, 서로 경주하다; ③ 나란히 가다; ④ 서로 겨루다, 서로 경쟁하다;

mengejar ① 추적하다, ~의 뒤를 쫓다; ⓢ memburu, menyusul; Ia bergegas ***mengejar*** saya. 그는 황급히 나를 추적하였다; ② 속행하다, 추구하다;

pengejaran 추격, 추적; ***Pengejaran*** terhadap tersangka perampokan itu segera dilakukan polisi. 그 강도 용의자에 대해 경찰이 바로 추적에 들어갔다;

terkejar 쫓기다;ⓢ terburu; Hasil perolehan sementara calon ketua senat itu hampir tidak ***terkejar*** oleh lawan-lawannya. 그 상원의 원장 후보의 득표는 다른 후보들이 거의 따라 잡기 어려웠다.

kejar-kejaran 술래잡기. Dalam peristiwa ***kejar-kejaran*** itu tidak ada yang menjadi korban. 그 추격 사건에서 희생자가 나오지 않았다;

kejeblos ① 스며들다, (마음에) 새기다;ⓢ terperosok; ② 올가미에 걸다,속여서 빠져들게하다; ⓢ terjebak;

kejengkang 뒤로 넘어지다; ⓢ jengkang;

kejepit 압착된, 고정된 ⓢ jepit;

kejer 흐느끼는;

keji 더러운, 부끄러운, 비열한; ⓢ hina,rendah, kotor; Jangan bertindak ***keji***. 부끄러운 행동을 하지 마라;

berkeji, berkeji diri 굴종하다, 굴복하다;

mengejikan ① 멸시하다,경멸하다; ② 비난하다,혹사하다,학대하다; ⓢ mencela;

kekejian 잔인함; ***Kekejian*** kelompok Kapak Merah sangat terkenal di Jakarta. 붉은 도끼파의 잔인함은 자카르타에서 유명하다;

kejora, bintang kejora 금성(金星), 샛별;

keju 치이즈; keju kacang 피이너트(땅콩)버터;

kejurnas 전국 대회;

kejut ① 질겁한, 깜짝 놀라는; ② 경악, 놀람;
mengejutkan 놀래키다,경악하게 하다; ⓢ mengagetkan; Anak itu *mengejutkan* saya. 그 아이가 나를 놀라게 했다;
kekejutan ① 질겁한, 놀란; ② 경악, 놀람;
pengejut ① 쉽게 놀라는; ② 비겁한 사람,겁장이,놀란 사람; ⓢ penakut; Anak itu sangat *pengejut* hingga sering diolok oleh kawan-kawannya.그 아이는 항상 친구들에 의해 겁을 먹는다;
terkejut 대경실색하는, 질겁한, 놀란; ⓢ kaget, terperanjat, tersentak; Ia sangat *terkejut* melihat kedatangan saya. 그는 내가 온 것을 보고 깜짝 놀랐다;
kekal 불멸의,항구적인,지속적인; ⓢ abadi, baka, langgeng, selama-lamanya; persahabatan yang **kekal** 영원한 우정; Semoga cinta kita *kekal* sampai akhir khayat. 우리의 사랑이 죽을 때까지 변함 없기를 바랍니다;
mengekalkan 영속시키다, 영존시키다;
berkekalan 영원히, 영원토록;
kekekalan 불멸, 영구, 영원;
kekang ① 고삐, 재갈; ⓢ kendali ② 견제, 구속, 통제 수단;
mengekang ① (말에) 굴레를 씌우다;Ia *mengekang* kudanya agar lekas beranjak dari tempat itu.그는 그 곳에서 빨리 벗어나려고 말의 고삐를 잡았다; ② 재갈을 물리다, (말에)고삐를 매다; ⓢ mengendali; ③ 견제하다,억제하다; ⓢ menahan, mencegah; Ia berhasil *mengekang* ketidaksabarannya.그는 그의 성급함을 통제할 수 있었다;
terkekang 통제된, 억제된,굴레를 씌운; Hidupnya sangat *terkekang* oleh impian - impian orang tuanya. 그의 삶은 부모의 의지로 많이 통제되어 있었다;
kekangan 조정, 억제, 통제;
kekar ① 열린,(꽃이) 핀;ⓢmekar, kembang; Kuntum bunga itu sedang tumbuh *kekar*. 그 꽃은 지금 봉오리가 터지고 있다; ② 펼쳐진, (곡식 등을)널어 놓은; Padi dijemur agar *kekar*. 벼가 널려 건조되고 있다;
mengekar 열다, (꽃이)피다; Bunga itu cepat *mengekar*. 그 꽃은 빨리 핀다;
kekasih 애인 ☞ kasih;
keker (천의) 발이 촘촘한;
keki ① 꺼림칙한, 불안한, 따분한, 불편한; ② 분개하다; Kami merasa *keki* dengan perlakuannya yang tak sopan kepada kami. 우리는 우리에게 무례를 행한 그의 행위에 분개하고 있다;
kelabakan ① 허우적거리다,버둥거리다;ⓢ menggelepar-gelepar; ② 어찔줄 모르다, 몹시 당황하다; ⓢ kebingungan;
kelabang 독지네; ⓢ lipan;
mengelabang 변발로 하다,땋다; ⓢ mengepang;
kelabu 회색의,회색;ⓢ abu-abu;
mengelabui 기만하다, 속이다; ⓢ menipu; Dengan kata-kata ma-

nis dia hendak ***mengelabui*** saya. 그는 달콤한 말로 나를 현혹시켰다;

kelahi 말다툼, 주먹질 싸움;
berkelahi 주먹질하며 싸우다,싸움질하다; ⓢ bertengkar, bergulat, bergaduh;
perkelahian 전투, 싸움; ⓢ perbantahan; **perkelahian** tinju 권투시합.

kelak 나중에, 뒤에, 후에; ⓢ kemudian, nanti, akan datang; ***Kelak,*** kalau sudah besar, saya ingin menjadi pengusaha. 나중에 성장하면 사업가가 되고 싶다;

kelam 어두컴컴한,어두운,침침한; ⓢ gelap, suram, kabur; **kelam** kabut 침침한, 안개가 짙은, 어두운; ⓢ gelap gulita;
mengelamkan 캄캄하게 만들다, 어둡게 하다; Awan ***mengelamkan*** langit. 구름이 하늘을 어둡게 만들었다;
kekelaman 불분명, 암흑, 어두움;
pengelaman 캄캄하게 함, 등화관제;

kelamin 한쌍, 성별, 성; ⓢ seks, jenis;

kelana 배회자, 방랑자; ⓢ pengembara, petualang, perantau;
berkelana, mengelana 유랑하다, 방랑하다; Saya ingin ***berkelana*** ke mana-mana.나는 어느 곳이고 돌아다니고 싶다;

kelap, berkelip-kelip ① 번득이다, 번쩍이다; Intan itu ***berkelap-kelip.*** 그 보석이 번쩍인다; ② 빛나다, 빛을 내다; Bintang ***berkelap-kelip.*** 별이 반짝반짝 빛났다; Lilin ***berkelap-kelip.*** 등불이 깜박거렸다;

kelapa 야자,야자 열매; ⓢ nyiur;

kelar 끝난, 마련된; Pekerjaan itu sudah ***kelar*** seminggu yang lalu. 그 일은 일주일 전에 끝났습니다;

kelas ① 반,학급,학년; ⓢ pangkat, tingkat, taraf; Ia menjadi ***kelas*** dua. 그는 2 학년이 되었다;② 교실; ⓢ bilik,kamar,ruang; Murid-murid mulai masuk ke ***kelas*** masing-masing. 학생들이 각자의 교실로 들어가기 시작했다; ③ 사회, 부류, 계급, 계층; ⓢ kategori, golongan, kumpulan;
berkelas-kelas 분류되는, 여러계층의;ⓢ bertingkat; Masyarakat itu hidup ***berkelas-kelas*** macamnya. 그 사회는 여러가지 계층의 사람들이 살고있다;
pengelasan 등급별로 나눔, 분류;

kelasi 수부,선원; ⓢ awak kapal;

keledai 당나귀;

kelelap 물에 빠지다;

kelereng (어린이들의) 공기돌; ⓢ guli, gundu, keneker;

kelewat 매우, 대단히;

keliling ① 경계선,원주; ② 주위, 근처; Di ***keliling*** gedung itu ada toko buku yang kecil. 그 건물 주위에 작은 책방이 있다; ③ 외곽, 주변; ⓢ lingkaran;
berkeliling 돌다, 돌아다니다; ⓢ berputar-putar, berpusing-pusing; Dia ***berkeliling*** seharian mencari anaknya yang hilang. 그는 하루 종일 잃어버린 아이를 찾으려고 돌아다녔다;

mengelilingi ① 둘러 싸다; ⓢ melingkari; Kastil itu ***mengelilingi*** kami. 우리는 그 성을 포위했다; ② 돌아보다,유람하다,여행하다;ⓢ mengitari, menjelajah; Ia sudah ***mengelilingi*** seluruh Indonesia. 그는 이미 전 인도네시아를 여행하였다;

pengelilling 유람자, 여행사;

sekeliling 일대, 주위, 근처; ***Sekelilingnya*** kotor sekali. 그 주위는 아주 더럽다;

kelimis 매끄러운,반들반들한,환한,

kelinci 토끼;

kelingking 새끼 손가락; **kelingking** kaki 새끼 발가락;

kelinting 작은 종; ⓢ lonceng kecil;

kelip, berkelip-kelip 빛나다,반짝거리다;ⓢ berkedip-kedip; Bintang ***berkelip-kelip*** di langit 하늘에서 별이 반짝거렸다;

mengelip-ngelip (등불 등이)깜박이다;

kelipat, berkelipat 접다;

kelir 휘장, 가리개;

keliru ① 그릇된, 틀린; ⓢ silap, salah; Bicaranya ***keliru***. 그의 말은 틀렸다; ② 오해한, 잘못 생각한; Saya ***keliru*** sangka dengan pacar karena cemburu. 나는 질투 때문에 애인을 오해했다; ③ 실수하다; ⓢ khilaf; Monyet pun bisa saja ***keliru***, jatuh dari pohon. 원숭이도 나무에서 떨어지는 실수를 할 수 있다; ④ 오류를 범하다,길을 잃다; ⓢ sesat; Ajaran itu sangat ***keliru*** sehingga merugikan masyarakat. 그 교육은 아주 틀려서 사회에 해악을 끼쳤다;

mengelirukan ① 오해시키는,헷갈리게 하는; ⓢ membingungkan, menyesatkan; ② 어리둥절케 하다, 혼란시키다; ③ 잘못을 지적하다;

kekeliruan 오류,실수,틀림, 잘못; ***Kekeliruan*** itu sudah di perbaiki. 그 오류는 이미 정정 되었다;

kelit, berkelit 왔다 갔다하다, 갈지자로 걷다; ⓢ mengelak;

berkelit-kelit 왔다 갔다하다;

mengelitkan ① 옆으로 옮겨놓다, 옆으로 밀다; ⓢ menyisikan; ② 금방 사라지다,피하다,재빨리 숨다; ⓢ menyembunyikan, mengelakkan;

kelitik 자바 인형극(와양);

keliwat 심하게,지나치게,매우; ⓢ terlalu, melampaui batas; **keliwat** cepat 매우 빨리;

keliwatan 몹시, 극히 심하게;

kelok ① 굴곡, 곡선; ⓢ belok, bengkok, lengkung, liku, siku; ② 선회, 회전;

berkelok-kelok 구부러진, 꾸불꾸불한; Jalan menuju desa miskin itu ***berkelok-kelok***.그 가난한 마을로 가는 길은 꾸불꾸불하다;

mengelok 회전하다,돌다; Mobilnya ***mengelok*** di ujung jalan sana. 그 차는 저 길 끝에서 돌았다;

mengelokkan 돌리다, 회전시키다;Ia ***mengelokkan*** mobilnya dengan segera. 그는 차를 급히 돌렸다;

kelola, mengelola ① 관리하다, 경영하다;ⓢmengurus, memelihara, mengendali; ② 해내다, 처리하다, (일을) 수행하다; ⓢ melakukan; ③ 준비하다; ⓢ membina;

pengelola 취급자,관리자; Daerah wisata ini ditutup untuk sementara oleh pihak ***pengelola***. 이 유원지는 관리자에 의해 임시로 문을 닫았다;
pengelolaan 관리, 경영;
kelompok ① 묶음,다발;② 무리, 떼, 집단; ⓢ kumpulan, himpunan, gabungan, golongan;
berkelompok 무리를 짓다; Mereka duduk ***berkelompok*** di depan kantor walikota. 그들은 집단으로 시청 앞에 앉아 있었다;
berkelompok-kelompok 단체의, 집단의; ⓢ berkumpul-kumpul;
mengelompokkan 집합시키다;
pengelompokkan 떼를 지음; Kriteria dari ***pengelompokkan*** ini adalah berdasarkan jenisnya. 분류 방법은 종류에 따랐다.
sekelompok 같은 무리의, 같은 부류의; Di bawah pohon ada ***sekelompok*** siswa yang sedang berdiskusi. 나무 밑에 한 무리의 학생들이 토론하고 있는 것이 보였다;
kelon, mengeloni 껴안다, (아이를) 품에 안다;
kelontang 딸랑딸랑, (깡통을) 두드리는 소리;
kelontong 생필품, 삽화; toko **kelontong** 잡화점; tukang **kelontong** 잡화 상인;
kelop 꼭 맞다,일치하다,부합하다;
mengelopkan 맞게 하다, 일치시키다;
kelopak 씌우개,덮개,칼집; **kelopak** bunga 꽃받침 조각; **kelopak** mata 눈꺼풀;
mengelopak, terkelopak 두껑을 열다, 껍질을 벗기다;
kelu 말 없는, 벙어리의;
mengelukan 말문을 막다,침묵을 지키다;
keluar ①외출하다,밖으로 나가다; Saya ***keluar*** dari kamar. 나는 방에서 나왔다; ② 나오다,나타나다; Jangan ***keluar*** dulu! 먼저 나오지 마라! ③ 이탈하다,탈선하다; Kereta api ***keluar*** dari rel. 기차가 궤도를 이탈했다;
mengeluarkan ① 끌어내다, 끄집어 내다;Ia ***mengeluarkan*** anjingnya dari kandang. 그는 개를 우리로부터 끄집어 냈다; ② 발급하다; Perusahaan ***mengeluarkan*** surat perintah perjalanan dinas ke Surabaya. 회사는 수라바야로 출장 명령서를 발급하였다; ③ 출간하다, 출판하다; Penerbitan itu ***mengeluarkan*** buku pelajaran edisi terbaru.그 출판사는 첫 번째 교과서를 출간하였다;
pengeluaran ① 지출; ② 소요 경비;
keluaran ① ~제, ~제품, ~산(産); ② 출신; Ia ***keluaran*** kota Seoul. 그는 서울 출신이다;③ 발간물,발행;
keluarga ① 식구,가족; ② 일가, 친척; ⓢ kerabat, sanak saudara; ③ 부류, 종류;
berkeluarga ① 가정을 갖다, 가족이 있다; Saya seorang bujang, belum ***berkeluarga***. 나는 아직 가족이 없는 총각이다; ② ~와 일가인, ~와 친척인; Tahun depan saya akan ***berkeluarga*** dengan dirinya. 내년에 나는 그녀와 결혼할 것이다;

kekeluargaan 동질성;
keluh ① 신음,한숨; ② 불만,불평; Ada-ada saja ***keluh***nya tentang perintah itu. 명령에 대한 불평은 정말로 여러가지이다; **keluh kesah** ① 신음, 한숨; ② 불만, 불평;
berkeluh kesah ① 슬퍼하다, 한숨쉬다; ② 불평하다; Semalam ia ***berkeluh-kesah*** banyak hal pada saya. 어젯 밤에 그녀는 나에 관해 많은 불평을 늘어 놓았다;
mengeluh ① 신음하다, 한숨쉬다; ⓢ merintih; ② 불평하다; Ia ***mengeluh*** kepalanya sakit. 그는 머리가 아프다고 불평하였다;
mengeluhkan 탄식하다,한숨쉬다; Banyak orang ***mengeluhkan*** ketidaksiapan panitia dalam mengurus acara ini. 많은 사람들이 위원회의 준비 소홀을 불평하였다;
keluhan 불만,불평; ⓢ keluh kesah,pengaduan; Semua bentuk ***keluhan*** akan dilanjutkan ke pihak yang berwajib. 모든 불편을 관련 당국에 전달할 예정이다;
kelut (-melut) ① 소동, 동요; ② 복잡한; ③ 슬럼프, 침체;
keluyur, keluyuran, mengeluyur 배회하다; Ia ***keluyuran*** di jalan. 그는 거리를 배회했다;
kemah 텐트, 천막; ⓢ tenda;
berkemah 야영하다; Kami ***berkemah*** di gunung. 우리는 산에서 야영했다;
perkemahan 진영,임시 주둔,야영
kemangi 향있는 식물, (향기 잎);
kemarau ① 건조한, 마른; ⓢ kering; ② 건조기, 건기(乾期);
kemaren 어제; ☞ kemarin;
kemari 이곳으로,이리로,이쪽으로; Datanglah ***kemari*** sebentar saja. 이리로 잠시만 와 봐라; ***Kemari*** sebentar. 잠깐 이리와 봐;
mengemarikan 집어 주다, 넘겨주다; ***Kemarikan*** garam itu. 소금 좀 집어 주세요; ☞ mari;
kemarin 어제; **kemarin dulu** 그제; **kemarinnya** 일전에;
kemas 정리된, 정돈된, 깨끗한; ⓢ beres, bersih, rapi;
berkemas (-kemas) ① 포장하다, 묶다, (짐을) 꾸리다; ⓢ bersedia,bersiap, berbenah; Lekaslah ***berkemas*** supaya lekas berangkat! 빨리 출발하게 짐을 빨리 싸라; ② 치워 없애다,치우다; ⓢ merapikan; ③ 정돈하다,정리하다; Ia ***berkemas*** segala dokumen kantornya. 그는 회사의 모든 서류를 챙겼다;
mengemasi ① 묶다, 꾸리다; Mereka ***mengemasi*** mebel-mebel untuk pindah tempat.그들은 이사를 가려고 모든 가구를 꾸렸다; ② ~을 깨끗이 치우다; ③ 정돈하다, 정리하다; **mengemasi diri** 차려입다;
mengemaskan (일 등을)끝내다;
perkemasan 보관, 정돈;
kembali ① 돌아오다, 돌아가다; ⓢ pulang, balik; Akhirnya ia ***kembali*** kepada kekasihnya. 마침내 그는 애인한테 돌아갔다; ② 재차, 다시; ⓢ berulang lagi; Ia sedang merintis ***kembali*** kariernya.그는 이제 막 다시 경력을 쌓기 시작했다; ③ (감사의 말에) 천만에요; Terima kasih ***kembali***. 천만의 말씀입니다;

mengembalikan ① 반환하다,돌려 주다; Ia *mengembalikan* hutang saya. 그는 외상값을 돌려 주었다; ② 복귀시키다; Saya harus *mengembalikan* kerugiannya. 나는 그 손실을 원상대로 회복해야 한다;

pengembalian ① 귀가, 귀환; ② 배상, 상환; Ia menerima uang sebagai *pengembalian* atas kerugiannya. 그는 그 손해의 보상으로 돈을 받았다;

kembang ① 화초,꽃; ⓢ bunga, puspa; ② 꽃이 피다; **kembang** api 봉화, 불꽃; **kembang** kempis 숨이 가쁘다,헐떡거리다; Napasnya *kembang* kempis karena kaget mendengar berita gempa bumi di Aceh. 그는 아째의 지진 소식을 듣고 놀라서 숨이 헐떡거렸다;

berkembang ① 융성하다, 번영하다,개화하다; Bunga-bunga mulai *berkembang*.꽃들이 피기 시작했다; Dalam masa damai kesenian akan *berkembang*. 평화로운 시대에는 예술이 융성할 것이다; ② 진보하다, 진전하다, 발전하다;

mengembangkan 팽창시키다, 넓히다; ⓢ membentangkan; Para penerjun payung *mengembangkan* parasutnya.다이버들이 낙하산을 펴고 있다; ② 진보시키다,발전시키다; ⓢ memajukan; Mereka giat *mengembangkan* seni dan budaya Jawa.그들은 자바의 문화와 예술을 발전시키기 위해 열심이다;

mengembang ① 팽창하다, 불어나다; ⓢ membesar; Tanaman ini lama-lama akan *mengembang* juga. 이 식물도 오래되면 불어날 것이다; ② (돛이나 날개를)펴다;

pengembang 후원자, 장려자; Ia adalah *pengembang* perkumpulan ini. 그는 이 모임의 후원자이다;

perkembangan ① 증진, 개화, 융성,진전,발전; ② 격동, 소요, 확장, 팽창;

kembang-kempis 숨이 가쁘다, 헐떡거리다; Dia *kembang-kempis* karena kaget sesudah dengar berita gempa bumi di Aceh. 그는 아째의 지진 소식을 듣고 놀라서 숨을 헐떡거렸다;

kembar ① 쌍생아,쌍동이;ⓢ dobel, ganda; Kedua anak itu *kembar*.그 두 아이는 쌍동이다;② 서로 같은; Karena *kembar* maka baju mereka *kembar* juga. 그들은 쌍동이라서 옷도 똑같이 입었다;③ 한쪽, 짝; Saya kehilangan sepatu *kembar*. 나는 신발 한짝을 잃어버렸다;

mengembari 겨루다, ~에 필적하다; Saya tak dapat *mengembari* kecantikannya. 나는 그녀의 아름다움에 필적할 수 없다; Siapa yang berani *mengembari* orang itu? 누가 저 사람과 겨룰 수 있는가?

kembara, **mengembara** 거닐다, 배회하다, 돌아다니다; ⓢ bertualang,menjelajah; Ia telah *mengembara* ke banyak tempat yang indah. 그는 이미 많은 아름다운 장소들을 여행하였다;

pengembara 방랑자; ⓢ musafir, kelana, petualang;

kembung 부풀어 오른, 부푼; ⓢ gembung, melembung;

mengembungkan ① 부풀게 하다; ⓢ melembung, mengembungkan; ② 불다, (바람을)불어넣다; ⓢ membusungkan; **mengembungkan** balon. 풍선에 바람을 불어넣다;

kemeja 셔어츠; **kemeja** buka 운동 셔어츠; **kemeja** dalam 내의;

kemelut 위기, 고비; ⓢ genting, krisis, gawat; Saat ini banyak ***kemelut*** yang sedang di hadapinya. 그는 지금 많은 곤경을 겪고 있다;

kemenakan 생질, 조카;

kemeriahan 웅대, 장엄;

kemih 소변, 오줌; ⓢ air seni, kencing;

berkemih 소변 보다, 오줌 누다;

kemilau 반짝거리는, 빛나는; ⓢ kilau;

kemis, mengemis 구걸하다, 동냥하다; Ia ***mengemis*** di pinggir jalan. 그는 길가에서 구걸을 한다;

pengemis 거지;

pengemisan 구걸, 동냥;

kemoceng 깃털 총채;

kempes ① 펑크 난,바람이 빠진; Ban itu ***kempes*** kena paku. 그 바퀴가 못이 박혀 바람이 빠졌다; ② (눈이) 옴폭한;

mengempeskan 빵꾸를 내다,바람을 빼다; Ia ***mengempeskan*** balon itu. 그는 그 풍선의 바람올 뺐다;

kempit 질그릇, 항아리;

kempot ① 옴폭한; ⓢ cekung; ② 재산을 탕진한, 빈 털털이의;

kemudi 키 바퀴, 키 손잡이; ⓢ setir;

mengemudikan ① 운전하다, 조종하다, 키를 잡다; ⓢ mengendali, menyetir; Ia ***mengemudikan*** mobil barunya. 그는 새 차를 운전했다; ② 주관하다, 제어하다, 지배하다, 통치하다, 다스리다; ⓢ memimpin, mengurus; Dialah yang ***mengemudikan*** majunya perusahaan itu. 그가 그 회사의 진로를 결정하였다;

pengemudi ① 타수, 키잡이; ⓢ jurumudi; ② 운전사; ⓢ sopir; ③ 조종사; ④ 관리자, 이사, 지도자;

kemudian ① 이후,그 후, 후에; ⓢ kelak; Dia pulang kerja ***kemudian*** langsung tidur. 그는 퇴근 후 바로잤다; ② 나중에, 훗날; ⓢ masa mendatang, akhir zaman; Dia ingin kursus potong rambut dan ***kemudian*** buka salon. 그는 이발학원에 들어가서 나중에 이발소를 개업하려고 한다; **kemudian** hari 미래에, 장래; Di ***kemudian*** hari ini banyak harga barang yang naik. 최근에 물건값이 많이 올랐다;

kena ① ~을 맞은, ~을 당한; ⓢ terantuk, tertimpa; Jari tangannya ***kena*** pisau. 그는 칼에 손가락을 베었다;② 꼭 맞다,알맞다;ⓢ cocok, sesuai, tepat; Baju itu ***kena*** benar padamu. 그 저고리는 너에게 꼭 맞는다; **kena** tampar 뺨을 맞다; **kena** denda 벌금을 물다; **kena** marah 꾸짖음을 받다, 책망받다; **kena** tembak 총을 맞다;

berkenaan ① ~에 즈음하여; ⓢ berhubung; ***Berkenaan*** dengan tahun baru, tiap kantor punya rencana baru. 새해를 맞이하여 회사마다 새로운 계획을 세울 것이다; ② 합의하다, 동의하다, 일치하다;

ⓢ bertepatan; Hari Raya tahun ini ***berkenaan*** dengan hari ulang tahun Ibu. 올해 명절은 어머니의 생일과 일치한다; ③ ~에 관하여; **berkenaan** dengan surat bapak ~귀하의 편지와 관련하여;

mengena 옳다,정확하다;ⓢ tepat; Perkataan itu ***mengena*** di hatinya. 그 말은 그의 마음에 꼭 맞았다;

mengenai ① 명중하다, 맞다; Anak panah itu ***mengenai*** sasarannya. 화살이 목표물에 명중했다; ② 건드리다, 만지다; ⓢ menyentuh; Jangan ***mengenai*** baju saya. 내 옷을 건드리지 마라; ③ ~에 관한, ~에 관하여;

mengenakan ① 착용하다, ~을 입다; ⓢ memakai; Ia ***mengenakan*** baju yang baru. 그는 새옷을 입었다; ② 관통하다, 명중시키다, 맞히다;③ 징수하다,(세금을)부과하다;

terkena ① 붙어 있는, 부착된; ② 명중된;③ 배반 당한,속은;ⓢtertipu;

kenal ① 알다, 익숙하다; ⓢ tahu, ingat, paham; Tidak mungkin dia yang melakukannya karena saya ***kenal*** betul sifatnya. 내가 그의 성격을 아는데 그가 그랬을 리가 없다; ② ~을 알고 있는, ~와 아는 사이다; Saya ***kenal*** kepadanya. 나는 그와 아는 사이다; tidak **kenal** jerih dan payah 지칠 줄 모르는; tidak **kenal** malu 부끄러운 줄 모르는, 낯이 두꺼운;

memperkenalkan ①인사시키다, ~를 소개하다; Mari saya ingin ***memperkenalkan*** kepada teman-teman. 내가 친구들에게 소개하겠습니다; ② 통지하다, ~을 알려주다; ⓢ memberitahukan;

mengenal ① 알다; ⓢ mengetahui; Saya ***mengenalnya*** sejak lama. 나는 그(녀)를 알고 있다;②인지하다, 기억하다;

mengenali 인지하다, 알고 있다, 알다; Ia tak ***mengenali*** wajah baru temannya. 그는 친구의 새 얼굴을 알아보지 못했다;

mengenalkan ① 알려주다; ② 추천하다,소개시키다; Dia yang ***mengenalkan*** saya pada dunia hiburan. 그가 유흥계를 나에게 알려 주었다;

pengenal ① 인지, 인식; ⓢ ciri-ciri, tanda-tanda; tanda **pengenal** 인식 부호; ② 동일시; ③ 소개자;

pengenalan, **perkenalan** ① 도입, 소개; ② 알게 됨, 아는 사이가 됨; Anggaplah ini sebagai hadiah ***perkenalan*** kita. 이것을 우리가 알게된 것에 대한 선물로 생각해라;

terkenal 알려진, 유명한; ⓢ tersohor, ternama; Namanya ***terkenal*** sampai ke negeri Paman Sam. 그의 이름은 미국에까지 유명하다;

kenalan 면식이 있는 사람, 친구, 친지,아는 사람; ⓢ sahabat, teman, kawan; Dia adalah salah satu ***kenalan*** saya sewaktu saya sekolah. 그는 학창 시절 알았던 친구 중의 한 사람이다;

berkenalan **(dengan)**알고 지내다, 교제하다; ⓢ bergaul, bersahabat;

kenan, **berkenan** 반점,모반(母斑); Jika engkau ***berkenan***, saya akan membantu. 네가 원하면 내가 도와 주겠다;

kenang 회상, 기억; ⓢ ingat;
mengenang 떠올리다, 회상하다; ⓢ mengingat, memikirkan; Ia ***mengenang*** mimpi masa mudanya. 그는 젊을 때의 꿈을 회상했다;
mengenangi ① 생각해 내다, 기억하다; ② 기리다, 기념하다;
terkenang 기억하다, 생각나다; Kadang saya sangat ***terkenang*** pada masa kecil. 종종 나는 어린 시절의 추억을 떠올린다;
kenangan ① 추억, 회상; ⓢ ingatan, memori; ② 기념품;
kenang-kenangan ① 추억; ⓢ peringatan; ② 기념품; ⓢ tanda mata, cinderamata;

kenapa 왜; ⓢ mengapa, apa sebab; ***Kenapa*** dengan dia? 그에게 무슨 일이 있습니까?; ***Kenapa*** dia menangis? 왜 그는 웁니까?

kencan ① (만날)약속, 데이트; ② 만날 상대; Semalam dia ***kencan*** dengan saya. 그녀는 어젯 밤 나와 데이트하였다;
berkencan 데이트하다; Malam ini kami akan ***berkencan*** lagi. 오늘 밤에 우리는 또 데이트를 할 예정이다;

kencana 금,황금,금의; ⓢ emas;

kencang ① 신속한,급속한,빠른; ⓢ cepat, lekas; Mobil itu berjalan dengan ***kencang***. 그 자동차는 빨리 달린다. ② 팽팽한; Tali itu ***kencang*** sekali. 그 줄은 아주 팽팽하다; ③ 알찬, 단단한; ⓢ erat, tegang, kuat, teguh; dipegang **kencang** 단단히 쥐어진;
kekecangan ①속력,속도; ②긴장, 팽창력;

kenceng 송곳;

kencing ① 소변,오줌; ⓢ kemih, air seni; ② 소변보다, 오줌누다; **kencing manis** 당뇨병; **kandung kencing** 방광;
mengencingi ~에 소변보다, ~에 오줌 누다;

kendala 장애물; ⓢ halangan, rintangan;

kendali 유도, 지도, 고삐; ⓢ tali kekang; projektil **kendali** 유도 미사일;
mengendalikan ① 고삐를 끌다; Ia ***mengendalikan*** kuda itu. 그는 말의 고삐를 끌었다; ② 관리하다, 처리하다, 다루다, 통제하다; Dia yang ***mengendalikan*** hal itu. 그 문제는 그의 손 안에 있다;
pengendali 관리인, 지배자;
pengendalian 조정, 통제, 지배; **pengendalian banjir** 홍수 통제(수단); **pengendalian harga** 가격 통제; **pengendalian nafsu** 도덕적 구속; **pengendalian sungai** 강의 수량 조절;
terkendali 제한된,중지된,정지된; ⓢ dihentikan, tercegah, tertahan. Laju kendaraan itu sudah tidak ***terkendali*** lagi. 그 차의 속도를 더 이상 통제할 수 없었다;

kendara,**berkendaraan** 올라타다, 탈것에 앉다;
mengendarai ① 운전하다; ⓢ menaiki; Saya pergi ke sekolah dengan ***mengendarai*** mobil. 나는 차를 몰고 학교로 갔다; ② 타고 가다; ⓢ menaiki; Ia ***mengendarai***

kuda. 그는 말을 탔다;
pengendara ① 운전사; ② 말 타는 사람,기수; Sewaktu muda dia adalah ***pengendara*** bus antar kota. 젊은 시절 그는 시외 버스 기사였다.
kendaraan ① 탈것; ② 올라 탐;
kendati (pun) ① 비록 ~일지라도; ⓢ biarpun,meskipun,walaupun; ***Kendati (pun)*** miskin, ia menyumbang juga. 비록 그는 가난하지만 기부했다; ② ~은 고사하고;
kendi 물 주전자;
kendur ① 느슨한, 늘어진; Tali itu ***kendur*** sekali. 그 줄은 느슨하다; ② 헐렁헐렁한, 헐거운; ⓢ longgar, lentur, tidak tegang; Baju saya ***kendur*** sekali. 내 옷은 헐렁헐렁하다; ③ 지체하는, 늦추는; ⓢ tidak giat;
mengendur 약해지다, 맥이 빠지다; Kulitnya ***mengendur*** karena sudah tua. 늙어서 그의 피부는 탄력이 없다;
mengendurkan ① 헐겁게 만들다, 느슨하게 하다; ② 지연시키다, 늦추다; ③ 불름을 줄이다;
kekenduran 지연시킴, 늦춤;
kenduri 제사, 종교적인 제례;ⓢ selamatan, hajat, pesta;
berkenduri 잔치를 하다, 제사를 지내다;
mengendurikan 제물로 바치다;
kenek 석공, 조수, 도제;ⓢ pembantu tukang, pembantu sopir;
kenes 요염한, 교태를 부리는; ⓢ genit;
kekenesan 허영,꾸밈,요염, 교태;
kening 눈썹; ***Kening***nya menjadi hitam kena arang. 숯 때문에 눈썹이 검게 되었다;
kental ① 농도가 짙은, 진한; ⓢ pekat; Kopi itu ***kental***. 그 커피는 진하다; ② 가까운, 친한; ⓢ erat, karib; Ia sahabat ***kental*** saya. 그는 나의 친한 친구이다;
mengental 굳다, 응고하다; Susu itu ***mengental*** karena dingin.우유가 응고되었다;
mengentalkan ① 진하게 하다; Ia ***mengentalkan*** kuah semur itu. 그는 그 고기 스프의 국물을 진하게 만들었다; ② 응축하다, 농축하다;
kekentalan 점착성, 점도(粘度);
kentang, **ubi kentang** 감자;
kentang goreng 감자, 튀김;
kentara ① 보이는, 볼 수 있는; ⓢ kelihatan, tampak; Mayat itu hampir tak ***kentara*** bentuknya. 그 시체는 거의 형체를 볼 수가 없었다; ② 명백한, 분명한, 식벽할 수 있는; ⓢ nyata, jelas;
kentung① (북 등이)울리는 소리, ② 징, 북;
kentut 방귀;
kenyal 단단한, 질긴; Daging itu ***kenyal*** sekali. 그 고기는 질기다; ② 신축성이 있는, 탄력 있는;
mengenyal 신축성이 있다,탄력이 있다;
kenyang ① 배가 부른, 충분히, 만족한; ⓢ jenuh, puas; Ia makan hingga perutnya ***kenyang***. 그는 배가 부를 때까지 먹었다; ② 함빡; ③ 빽빽하게, 충만하게; ⓢ penuh;
mengenyangkan 물리게 하다, 만족시키다; Makanan itu tak akan

bisa ***mengenyangkan*** kita sampai besok. 그 음식은 내일까지는 우리를 물리게 하지 않을 것이다;

kekenyangan ① 충만, 포만; ② 포화;③ 포식한; Dia makan dengan lahap dan akhirnya ***kekenyangan***. 그는 탐욕스럽게 먹고 배가 불렀다;

keok (닭 등의)우는 소리;

berkeok-keok 꼬꼬 울다;

keong 달팽이; ⓢ siput;

kepada ~에게 ☞ pada; Surat peringatan itu ditujukan ***kepada*** pimpinan kami. 그 경고장은 우리 사장에게 가는 것이다;

kepak (새 등의) 날개; ⓢ sayap;

berkepak 날개가 있는, 날개가 달린;

kepakan 날개짓;

kepal ① 주먹; ② 덩이, 덩어리; ⓢ gumpal;

berkepal-kepal 덩어리가 되어; ⓢ bergumpal-gumpal;

mengepalkan ① 손에 쥐다; ⓢ menggenggam; Saya ***mengepalkan*** tangan untuk memukul orang jahat itu. 나는 그 나쁜 놈을 때려주려고 주먹을 불끈 쥐었다; ② 손에 꽉 움켜쥐다, (주먹을) 불끈쥐다; ③ 개다, 반죽하다;

sekepal 한 줌의; **sekepal** tanah 한 줌의 흙; Sejak pagi ia hanya makan ***sekepal*** nasi yang sudah dingin. 아침부터 그는 고작 식은 밥 한 덩어리를 먹었을 뿐이다;

kepala ① 두상, 머리; ⓢ bulu, otak; ***Kepala*** bayi itu masih kecil. 그 애기의 머리는 아직 작다; ② 지도자, 두목, 우두머리; ⓢ pemimpin, ketua, penghulu; **kepala** batu 고집센, 완고한; **kepala** daerah 지역의 장; **kepala** desa 촌장; **kepala** dinas 부장; **kepala** negara 수도, 수반; **kepala** sekolah 교장; keras **kepala** 고집센; luar **kepala** 기억(력)으로; sakit **kepala** 두통;

berkepala 머리가 있는; **berkepala** dingin 침착한, 냉정한; Kita harus menyelesaikan masalah ini dengan ***berkepala*** dingin. 우리는 이문제를 냉정한 이성을 가지고 해결해야 한다;

mengepalai 앞장서다,이끌다; ⓢ memimpin; Mulai bulan depan ia ***mengepalai*** perusahaan itu. 다음 달부터 그가 이 회사의 책임자이다;

kepalang 부족한, 적은; sedikit, tidak cukup, kurang; Sudah ***kepalang*** tanggung.지금은 너무 늦었다; Saya mau pergi tetapi sudah ***kepalang*** tanggung waktu untuk pulang. 나는 집으로 돌아 가고는 싶지만 이미 시간이 늦었다;

kepang 합사, (실 등을) 꼰, (천 등을) 짠; ⓢ anyaman;

berkepang 꼰, 짠;

mengepang 꼬다, 짜다;

keparat 젠장! 제기랄!;ⓢ bangsat, jahanam; ***Keparat***, uangnya habis! 젠장, 돈이 없잖아;

kepepet 끼어있는,압착된,난처한; ⓢ terhimpit, terjepit, terdesak; Dia pusing ***kepepet*** antara ibu dan pacarnya. 그는 어머니와 애인의 사이에 끼어 머리가 아프다;

kepergok 뜻밖에 만난; ⓢ kedapatan; Dia bingung karena ***ke-***

pergok orang tua di tempat hiburan. 그는 유흥지에서 뜻밖에 부모님을 만나 어리둥절했다;

kepik 벼의 해충.

kepincut 매우 갈망하는, 마음이 사로잡힌; Hatinya terlanjur ***kepincut*** pada manisnya senyum gadis itu.그의 마음은 그 여자에 사로잡혀 버렸다;

keping ① 토막, 조각; **keping** kayu 나무 조각; ② 부서진 조각, 파편; ⓢ pecahan, sobekan;

kepingin 바라다, 원하다; Ia ***kepingin*** pergi ke negeri asing. 그는 해외로 가고 싶어한다; **kepingin** tahu 알고 싶어하다;

kepiting 게; ⓢ ketam;

kepleset 미끄러지다; ⓢ tergelincir,terpleset; Karena tidak hati-hati, ia jatuh ***kepleset*** di kamar mandi. 그녀는 주의를 하지 않아 욕실에서 미끄러져 넘어졌다;

kepompong 애벌레;

keponakan 조카;ⓢ anak saudara, kemenakan; Hari ini ulang tahun ***keponakan*** saya. 오늘은 내 조카의 생일이다;

kepruk, mengepruk 격파하다, 때려부수다, 깨뜨리다; Ia ***mengepruk*** kelapa itu pada sebuah batu. 그는 야자를 바위에 내리쳤다;

kerabat ① 일가,인척; ⓢ sanak saudara, karib bait; Ia adalah ***kerabat*** saya. 그는 나의 친척이다; ② 혈족, 가족; ⓢ keluarga, famili;

berkerabat 친척의 관계인;

kerah 깃, 칼라; ⓢ leher baju; Di ***kerah*** bajunya terdapat noda saus. 그의 옷 칼라 부분에 양념이 묻어 있었다;

berkerah 칼라를 달다,깃을 달다;

kerak 겉 껍질, 누룽지, (빵)껍질; **kerak** bumi 지각(地殼); **kerak** nasi 누룽지;

berkerak 누룽지가 있는; Nasinya sudah ***berkerak,*** jangan dimakan lagi. 밥이 눌었다, 더 먹지 말아라;

keramas 샴푸, 두발 세척제, 머릿이 약; ⓢ lengir;

berkeramas 샴푸하다, 머리를 감다;

keramat ① 성스러운,신성한; ⓢ suci;② 기적적인,초능력을 가진; ⓢ sakti,bertuah; ③ 성지, 사원, 사당;

kekeramatan 성스러움, 신성함;

keramik 도자기류; ⓢ tembikar, porselen;

keran (수도)꼭지; ⓢ pancuran;

kerang 조개, 패류;

kerangka 구조,뼈대,골격,해골;

keranjang 바구니; **keranjang** sampah 쓰레기통; **keranjang** bola 농구; mata **keranjang** 호색한, 바람둥이;

berkeranjang-keranjang 바구니에 가득히;

kerap ① 빽빽한, 촘촘한; ② 종종, 자주; ⓢ sering, banyak kali; Ia ***kerap*** kali datang kesini. 그는 여기에 자주 온다; **kerap** kali 종종, 자주;

kerapu 생선의 일종;

keras ① 단단한,열심히 하는; Dia bekerja ***keras*** untuk kebahagiaan keluarganya. 그는 가족의 행복을 위해 열심히 일했다; ② 팽팽한; ⓢ kencang; ③ 단단히 맨; ⓢ ketat; terikat **keras** 단단히 매어진; ④ 강한;Ia amat ***keras*** hatinya.그는 아주 신념이 강했다;**keras** kepala 고집센, 완고한; **keras** tegas 엄격한, 엄한;

berkeras ① 고수하다, 고집하다, 주장하다; ⓢ bertahan; Ia ***berkeras*** kepada pendiriannya. 그는 자신의 주장을 고집했다; ② 엄하게 하다; ⓢ bertindak tegas;Senior itu ***berkeras*** pada juniornya. 그 선배는 후배에게 엄하다;

bersikeras 주장하다, 고집하다;

mengerasi 무력을 사용하다,힘을 사용하다; ⓢ memaksa;

memperkeras 견고하게 하다, 단단하게 만들다; Sesudah hujan ***memperkeras*** tanah itu. 비온 뒤 땅은 굳게된다;

kekerasan ① 엄함,강함,견고함; ⓢ kekuatan; ***Kekerasan*** komposisi berlian adalah yang paling tinggi kadarnya.다이아몬드는 모든 물질 중에 가장 단단하다;② 소란스러움, 큰 목소리; ③ 완력, 강제, 힘; ⓢ paksaan;

kerasan 적응하다; ⓢ betah; Saya sudah ***kerasan*** di lingkungan Indonesia. 나는 인도네시아 환경에 이미 적응했다;

kerat ① 조각,파편; ⓢ iris, kepal, gumpal; daging **sekerat** 고기 한 조각; ② 일부분; ⓢ bagian; **sekerat** jalan 도로의 한부분;

mengerat 절단하다,자르다,(고기를) 도려내다;ⓢ memotong,mengiris; **mengerat** lidah 말을 가로막다;

keratan 부분, 조각; Bekas ***keratan***nya terlihat dipinggir kayu. 그 목재의 끝에 녹물 자국이 보인다;

kerbau 소, 물소;

kerdil 왜소한; ⓢ pendek, kecil;

kekerdilan 왜소;

kerdip **kerdipan** mata 윙크;

mengedipkan 윙크하다;

kerek (날카로운 소리) 끽, 삐익;

keren 인상에 남은, 인상적인;

kereta ① 차량, 마차,화차, 객차; ⓢ wagon, gerobak, gerbong; ② 자동차,탈것; ⓢ kendaraan; **kereta** api 기차; **kereta** api bawah tanah 지하철; **kereta** api cepat 급행열차; **kereta** api penumpang 여객열차; **kereta** baja 장갑차; **kereta** makan 식당차; **kereta** mati 영구차; **kereta** pariwisata 관광 열차;

berkereta 차를 이용하다; **berkereta** api 기차를 타다,기차를 타고 가다; Ia ***berkereta*** api ke Busan. 그는 기차를 타고 부산에 갔다;

kerikil 조약돌, 자갈; ⓢ batu-batu kecil;

mengerikil 자갈을 깔다;

kering 말린, 마른; ⓢ kemarau; Tanahnya sudah ***kering***. 땅은 말랐다; ⓢ kesat; Tanah itu ***kering***. 그 땅은 건조하다; **kering** kerontang (샘이)완전히 말라버린;

mengering 말라가다,마르다; Tanah ini makin ***mengering***. 이 땅은 점점 말라간다;

mengeringkan 건조시키다, 마르게 하다, 말리다; Ia ***mengeringkan*** bajunya. 그는 그의 상의를 말렸다;

kekeringan 말림,건조, 가뭄; Tanah ini ***kekeringan***. 이 땅은 몹시 건조하다;
pengering 탈수기, 건조기;
pengeringan 배수, 탈수, 건조;
keringat 땀; ⓢ peluh;
berkeringat 땀흘려 ~하다, 땀을 흘리다; Dia ***berkeringat*** saat membajak kebun. 그는 밭을 갈면서 땀을 흘렸다;
keringatan 땀을 흘림;
keriput 구겨진, 주름진; ⓢkerut, keresot, kernyit;
keris 단도;
berkeris 단도를 휴대하다, 단도를 차다;
keriting 엉클린, 고수머리의; ⓢ ikal; Rambutnya ***keriting*** karena kepanasan.너무 더워서 머리카락이 엉켜버렸다;
kerja ① 작업, 노동, 일; ***Kerja***nya makan dan tidur. 그의 일은 먹고 자는 것이다; ② 직업; **kerja** bakti 자원 봉사; **kerja** borong 삯일, 하청, 도급; **kerja** malam 야근; **kerja** paksa 사역, 강제 노동; **kerja** sama 협업, 협동, 협력;
bekerja 작업하다,일하다;ⓢ berkarya, berusaha; Ia ***bekerja*** keras. 그는 열심히 일했다; **bekerja** rodi 강제 노동을 하다; **bekerja** sama 협동하다,협력하다; Negara-negara di seluruh dunia ***bekerja*** sama menjaga perdamaian. 전 세계의 국가들은 평화를 지키기 위해 협력한다;
memperkerjakan 고용하다,일을 시키다; Ia ***memperkerjakan*** lima orang lulusan SMP pada perusahannya. 그는 중졸자 5 명을 그의 회사에 고용했다;
mengerjakan ①실행하다,해내다; ⓢ melakukan; Ia ***mengerjakan*** pekerjaannya dengan rajin.그는 그의 업무를 성실히 수행했다;②완료하다, 끝내다; ⓢ menyelesaikan; **mengerjakan** sawah 논을 경작하다;
pekerja ① 일꾼; ② 노동자; ⓢ buruh; ③ 종업원; ⓢ karyawan;
pekerjaan ① 임무,일; ⓢ perbuatan; ② 사업,직업;ⓢ pencarian ③ (약품 등의) 효과,기능;ⓢ fungsi ④ 작동,조작; **pekerjaan** mesin mobil 자동차 엔진의 작동법; lapangan **pekerjaan** 활동 영역; **pekerjaan** tangan 수공업;
pengerjaan ① 실행, 이행, 수행; ② (화학적인) 가공 처리; ⓢ pengolahan, proses; **pengerjaan** bahan mentah itu 원료의 가공;
sekerja, sepekerjaan 동료; Mereka semua adalah rekan ***sekerja*** di pabrik sepatu. 그들은 모두 신발 공장에서 함께 일하는 동료이다;
terkerjakan ① 실행된, 수행된; ② 실행할 수 있는;
kerjaan 직무, 일; Saya banyak ***kerjaan***, jangan di ganggu. 나는 할일이 많으니 방해하지 말아라;
kerling 곁눈질; ⓢ jeling, lirik;
mengerlingkan 흘겨보다,곁눈질하다; Gadis itu ***mengerlingkan*** matanya pada saya sambil tersenyum. 그 소녀는 미소를 지으며 나에게 곁눈질을 했다; ② 추파를 던지다; Jangan ***mengerlingkan*** mata pada

gadis itu! 그 소녀에게 추파를 던지지 마라! ③ 반짝이다;

kerok 헷갈리는, 혼란스러운;

kerongkongan 식도, 목; ⓢ tenggorokan;

keroyok, mengeroyok 공격하다, 압도하다;

keroyokan 돌격, 돌진;

pengeroyok 공격자;Para ***pengeroyok*** itu telah menganiaya orang tidak bersalah. 그 집단 폭행자들은 잘못이 없는 사람을 구타하였다;

pengeroyokan 습격, 공격;

kertas 종이; **kertas** koran 신문지; **kertas** materai 증지, 인지; **kertas** minyak 파라핀 종이; **kertas** segel 증지, 인지; **kertas** tebal 마분지, 판지; **kertas** tik 타자지; **kertas** tulis 필기 용지;

kerucut 원뿔, 원추형;

mengerucut 원추형의;

keruh ① 혼탁한, 흐린; ⓢ kotor; Kali itu ***keruh*** sekali airnya. 이 개천은 물이 아주 탁하다; ② 화난 듯한; ⓢ kalut, kacau; Mukanya ***keruh*** saat melihat kami datang. 우리가 오는 것을 보았을 때 그의 얼굴이 찌푸러졌다; ③ 들떠 있는, 불안한 상태인; Seluruh negara menjadi ***keruh*** akibat insiden itu. 그 사건의 결과 전 세계가 불안에 떨고 있다;

kekeruhan ① 흐림,혼탁;② 들떠 있음,침착치 못함; ⓢ kegentingan; ③ 걱정,침울함, 밝지 못함; ⓢ kekalutan;

mengeruh 흐려지다,혼탁해지다;

mengeruhkan ① 흐려지게 하다, 혼탁하게 만들다;② 방해하다, 교란시키다;

keruk, mengeruk ① 긁어 모으다, 파다; ② 손질하다;

pengeruk ① 준설선, 준설기; ② 착취자, 이용자;

pengerukan 착취,인기적이 이용; **pengerukan** kekayaan negara 정부 재산의 착취; Mereka adalah kelompok ***pengeruk*** kekayaan negara yang berkedok rakyat.그들은 양민이라는 탈을 쓰고 국가의 재산을 착취한 집단이다;

kerupuk 스넥류의 일종;

kerut ① 주름, 주름살; ⓢ kusut; **kerut** kering 주름진, 구겨진; **kerut** merut 주름진,주름살이 있는;Wajah ibunya ***kerut*** merut. 어머니의 얼굴에는 주름살이 있다; ② (머리털이) 곱슬곱슬한; ⓢ keriting, ikal;

berkerut 주름진,구겨진; Dahinya ***berkerut*** karena kesulitan hidup. 생활고로 그의 이마에 주름이 졌다,

mengerutkan 찡그리다, 눈살을 찌푸리다; ⓢ mengedutkan; Ia ***mengerutkan*** dahinya. 그는 눈살을 찌푸렸다;

kesal, kesal hati ① 진저리나다; ⓢ dongkol;Saya ***kesal*** jika melihat dia. 나는 그를 보면 진저리가 난다; ② 풀이 죽은, 낙심한; ⓢ kecewa, sebal, sesal; Ia ***kesal*** setelah usahanya menjadi sia-sia. 그는 그의 모든 사업이 실패하여 낙심하였다; ③ 역정 내는,기분 나쁜, 투정부리는; ⓢ jengkel; Ia ***kesal*** pada anak itu. 그는 아이에게 역정을 냈다;

kekesalan ① 앙심,악의;② 낙심; *Kekesalan*nya dituangkan dalam tulisan. 그는 불만을 글로 나타내었다;

mengesalkan ① 귀찮은,성가신; Kebohongannya sungguh *mengesalkan*. 그의 거짓말은 정말 진저리가 난다; ② 낙심케 하다, 기를 꺾다; Masalah uang itu *mengesalkan* hatinya. 그 돈 문제가 그를 낙심케 하였다;

kesambet 귀신 병이 들다;

kesan ① 느낌, 인상; ⓢ impresi; ② 흔적,자국,자취; ⓢ bekas, jejak, tanda; kesan pukulan 맞은 자국;

berkesan ① 감명을 받다,느끼다, 인상을 받다; Saya *berkesan* bahwa dia mencintai saya.나는 그가 나를 사랑하고 있다는 느낌을 받았다; ② 감명을 주다, 인상을 주다; Semua pengalaman itu tidak sedikit pun *berkesan* pada dirinya. 그 모든 경험이 그에게는 별로 감명을 주지 않았다; ③ 감명을 주는, 인상적인;

mengesankan ① ~에 대한 인상을 주다; ② 감명을 주는, 인상적인;

terkesan 감동을 받은, 인상적인; Saya amat *terkesan* pada kebaikan hatinya. 나는 그의 고운 마음씨에 감명을 받았다;

kesandung ① (돌뿌리 등에) 발이 걸리다; ② 충돌하다,부딪치다;

kesasar 타락하다, 잘못하다;

kesat ① 거친,거칠거칠한,딱딱한; ⓢ kasar;② 건조한,마른;ⓢ kering, keras; Kulitnya *kesat* karena sering kepanasan. 자주 햇볕에 노출되어 그녀의 피부는 거칠었다;

mengesat 훔치다, 닦다;

kesebelasan 축구팀; Hari ini ada pertandingan sepak bola *kesebelasan* favorit saya.오늘은 내가 좋아하는 축구팀의 경기가 있다;

kesel 풀이 죽은,낙심한; ☞ kesal; Semua orang *kesal* melihat tingkah lakunya yang sombong itu. 모든 사람들이 그의 거만한 행동을 싫어하였다;

keselak 꾸역꾸역 먹다, 숨통이 막히다; ⓢ tersedak;

keseleo (발목을) 삐다; ⓢ salah urat; Kaki saya *keseleo* saat berjalan di bebatuan.바위 지대를 걸을 때 내 발이 삐었다;

kesima, terkesima 흔들리는,당황하는; ⓢ tercengang;

kesohor 유명한, 잘 알려진;

kesting 옷감, 천;

kesuma ① 화초,꽃;ⓢ bunga; ② 우아한, 예쁜; ③ 미인;

kesumat 투쟁,증오; ⓢ dendam, kebencian;

ketam 꼭 다문, 굳게 닫힌, 이를 악물고 있는; ⓢ berkacing gigi;

mengetam 꼭 다물다, 굳게 닫다; mengetam mulut 입을 꼭 다물다;

mengetamkan (bibir) 입술을 꼭 다물다, 입술을 깨물다;

pengetam 집게, 핀셋, 족집게; ⓢ penyepit;

ketan 찹쌀;

ketat 꼭 죄는, 꼭 끼는; ⓢ erat, sempit; Baju ini terlalu *ketat* untuknya. 이 옷은 그에게 너무 끼인다;

memperketat, mengetatkan 꽉 조이다; **mengetatkan** tali sepatu 구두끈을 꽉 조이다;

ketawa 웃다;

ketawaan 웃음;

ketek 동력선;

ketel ① 혼잡한, 붐비는; ⓢ padat ② 빽빽한,울창한; ⓢ rimbun,lebat;

ketemu ① 마주치다, 만나다; ⓢ bertemu,berjumpa; Sampai *ketemu* lagi.안녕 (다시 만날 때까지); Saya tadi *ketemu* dia di jalan. 나는 거리에서 그를 만났다; ② 알아내다, 찾아내다, 발견하다; ⓢ terdapat;

menemui ① 마주치다, 만나다; ⓢ menjumpai; ② 알아내다, 찾아내다, 발견하다;

menemukan 알아내다, 찾아내다, 발견해내다; Saya *menemukan* arloji di bawah meja. 나는 책상 밑에서 시계를 찾아냈다;

ketiak 겨드랑이;

ketiban ① 몰락, 실패; ⓢ kejatuhan; ② 곤경에 빠지다; Sudah jatuh *ketiban* tangga pula. 그는 엎친데 덮친 격으로 곤경에 빠졌다;

ketik (타자 등을 치는) 소리;

mengetik 똑똑치다, 기볍게 두드리다, 타자치다;

ketikan 타자친 것; *Ketikan*nya rapi sekali. 타자가 잘 쳐졌다;

ketika ① 순간, 시점, 시각; ⓢ saat, waktu, tempo; ② ~할 즈음에, ~할 때; ⓢ tatkala; Semua itu terjadi *ketika* ia pergi. 모든 것이 그가 갈 때 일어났다;

seketika 갑자기, 순식간에; ⓢ sesaat, dengan mendadak; Lima orang meninggal *seketika* dalam tabrakan itu.그 충돌 사고에서 모두 5 명이 순식간에 죽었다;

ketimbang 견주어지다, ~와 비교되다; ⓢ daripada. *Ketimbang* kerja malah cape, lebih baik tidur saja. 피곤하게 일하느니 잠자는게 좋겠다;

ketimun 오이; ⓢ mentimun;

ketok 노크;

mengetok (문을) 두드리다; Sebelum masuk harap *mengetok* pintu dulu. 들어오기 전에 노크를 먼저 하기 바란다;

mengetokkan 두드리다, 마구치다; Ia *mengetokkan* palu di atas meja. 그는 책상 위를 망치로 두드렸다;

ketombe 비듬; ⓢ kelemur;

ketua ① 회장,의장; ⓢ pemimpin, pemuka; ② 족장, 장, 우두머리; ⓢ kepala, penghulu; **ketua** muda 부회장, 부의장;

mengetuai 의장이 되다, (회의를) 주제하다, 사회하다; Ayahnya *mengetuai* perkumpulan itu. 아버지는 그 단체의 우두머리이다;

ketuban 양막(羊膜), 양수; Air *ketuban*nya pecah setelah ada goncangan hebat tadi. 조금 전 큰 흔들림이 있을 때 그녀의 양수가 터졌다;

ketuk 노크; Harap *ketuk* pintu sebelum masuk ke ruangan ini. 이 방에 들어오기 전에 노크를 하세요;

ketus 크게 소리치는, 야단 법석치는; ⓢ cerewet,pemarah,bawel; Dia *ketus* karena sedang marah.

그는 화가나서 크게 소리를 질렀다;

kewalahan 어찌한 바를 모르다; Kami ***kewalahan*** mengerjakan pesanan ini. 이 주문을 처리하기 위해 우리는 정신이 없었다;

khabar 소식; ☞ kabar;

khalayak ① 피조물, 창조물; ② 민중, 국민, 대중; ⓢ publik, massa, umum; **khalayak** umum 대중, 국민; Masalah ini bukan untuk konsumsi ***khalayak*** umum. 이 문제는 대중의 소비 측면이 아니다;

khalik 창조자, 신; ⓢ pencipta, Tuhan; Alam semesta ini adalah ciptaan Sang ***Khalik***. 이 자연은 창조주의 창조물이다;

khas 특별한, 특수한, 독특한; ⓢ khusus, unik; Karya lukisnya amat ***khas***.그의 그림은 아주 독창적이다;

mengkhaskan 특수한 표시를 해두다, 특별히 남겨두다; ⓢ mengistimewakan;

kekhasan 특질, 특성;

khasiat 특색, 거즈;ⓢ keistimewaan; ilmu **khasiat** obat 약물학, 약리학; ***Khasiat*** obat ini sudah terbukti sejak lama. 이 약의 효능은 오래 전부터 입증이 되어 왔다;

mengkhasiati 특질을 관찰하다;

khatulistiwa 적도; ⓢ ekuator; daerah **khatulistiwa** 열대; Beberapa kota di Indonesia letaknya dilewati garis ***khatulistiwa***. 인도네시아의 몇몇 도시는 적도가 통과하고 있다;

khawatir (=kawatir, kuatir) ① 근심하는, 걱정하는; ⓢ gelisah, bimbang, cemas; Jangan ***khawatir***. 걱정하지 마라; ② 의심하다, 염려하다; ⓢ takut, sangsi; Ia ***khawatir*** anaknya tidak pulang. 그는 아이가 돌아오지 않을까봐 염려했다;

mengkhawatiri 염려하다, 걱정하다; Ia ***mengkhawatiri*** anaknya yang sedang sakit. 그녀는 아픈 그녀의 자식을 걱정하였다;

mengkhawatirkan 근심하게 하다, 걱정하게 만들다;

kekhawatiran 염려, 근심, 걱정; ***Kekhawatiran***nya adalah soal keuangan.그의 걱정은 재정 문제이다;

khayalan 상상, 허상, 공상; ⓢ angan-angan; Menurut saya itu hanyalah ***khayalan*** belaka. 내가 본 것이 환상이었다;

berkhayal 허상을 보다, 망상에 빠지다, 공상에 빠지다; Jangan pedulikan perkataannya, dia memang suka ***berkhayal***. 그의 말에 신경쓰지 말아라,그는 망상을 좋아한다;

mengkhayalkan 상상하다, 환상으로 보다;

khayalan 환영, 환상, 공상; ⓢ fantasi, angan-angan;

khazanah ① 보고(寶庫),재보(財寶); ⓢ perbendaharaan,kekayaan; ② 서고(書庫); ③ 보물,재물; ⓢ harta-benda;

khianat 반역, 배신, 사기; ⓢ tipu daya, belot;

berkhianat 사기하다, 속이다; Ia telah ***berkhianat*** pada saya. 그는 나를 배반했다;

mengkhianati 배반하다, 속이다; Orang itu diduga telah ***mengkhianati*** negerinya. 그 사람은 조국을

배신한 것으로 보인다;
pengkhianat 사기꾼, 배신자; Dia di cap sebagai seorang ***pengkhianat***. 그는 배신자로 낙인 찍혔다;
pengkhianatan 사기, 배신, 배반; ***Pengkhianatan*** ini tak akan mudah di lupakan. 이 배신 행위를 쉽게 잊지 않을 것이다;
khilaf ① 착오,오류,실수;ⓢ keliru, salah; ② 정확히 모르다; Maaf, saya ***khilaf*** hingga berbuat demikian 미안합니다,몰라서 그랬습니다;
kekhilafan 착오, 잘못, 실수; ***Kekhilafan*** bisa saja terjadi dalam pergaulan sehari-hari. 일상생활의 교류에서 실수를 범할 수도 있다;
khitan 할례; ⓢ sunat;
berkhitan 할례하다;
mengkhitankan 할례시키다; ⓢ menyunatkan;Mereka akan ***mengkhitankan*** anak bungsunya. 그들은 막내의 할례를 할 예정이다;
pengkhitanan 할례;Acara ***pengkhitanan*** dilaksanakan pada hari Minggu. 할례식은 일요일에 있을 예정이다;
khotbah 강론, 설교; ⓢ pidato, ceramah;
berkhotbah 강론하다, 설교하다;
mengkhotbah 설교하다;
pengkhotbah 강론자, 설교자;
khusus 특수한, 특별한; ⓢ khas, istimewa;Itu adalah pelajaran ***khusus*** yang dia dapat hari ini. 그것은 오늘 그가 얻은 특별한 교훈이었다;
mengkhususkan 특수화하다, 전문화하다; Ia ***mengkhususkan*** diri pada bisnis kerajinan tangan. 그는 수공예품 사업을 전문화하였다;
kekhususan 전문, 특별;
terkhusus 특히, 각별히, 특별히;
kiamat ① 운명, 최후의 심판; ⓢ akhir zaman, akhir dunia; hari kiamat 최후의 심판일, 부활의 날 ② 불행, 재난; ⓢ bencana besar; ③ 파멸; ⓢ rusak binasa;
kian ① 그 정도의, 이와 같은; Rumahnya ***kian*** besar. 그의 집은 크기가 이만하다;
kian... kian... ~할수록 ~하다; ***Kian*** lama ***kian*** kaya. 날이 갈수록 부자가 되었다;
sekian 여기까지,그 정도로;ⓢ sebanyak itu; Bulan Maret tanggal ***sekian***. 3 월 모일; ***Sekian*** dahulu surat dari saya. 내 편지는 여기서 마칩니다;**sekian itu(ini)**그(이) 정도;
kesekian ~번의,~차(次)의, ~배의; Ini adalah kesalahan yang ***kesekian*** kalinya. 이것은 벌써 몇 번째의 실수이다;
kiat 비밀,계교, 재주, 비결; ⓢ rahasia, akal; Jika mau tahu ***kiatnya***, mari ikut saya. 비결을 알고 싶으면, 나를 따르라;
kibar, berkibar-kibar 나부끼다, 펄럭이다; Bendera-bendera ***berkibar*** di sepanjang jalan. 깃발들이 온 길에 나부끼고 있다;
mengibarkan 게양하다, (기를) 달다; ⓢ membentangkan, melambaikan; Rumah yang tidak ***mengibarkan*** bendera di hari nasional itu tidak menghargai negara. 국경일에 국기를 게양하지 않은 집은 애국심이 없다;

pengibaran bendera 기의 게양;

kibas, mengibaskan ① (개 등이) 꼬리치다,꼬리를 흔들다; ⓢ menggoyangkan; Anjing itu ***mengibaskan*** ekornya ketika tuannya datang. 그 개는 주인이 돌아왔을 때 꼬리를 흔들었다; ② 날개짓하다,나풀거리다, 날개치다; ③ (코끼리가 코를) 이리저리 흔들다;

kiblat 메카 쪽, 메카의 방향; Dia mencari arah ***kiblat*** untuk sholat. 그는 기도하려고 메카 방향을 찾았다;

berkiblat 향하다, 기울이다; ⓢ mengarah, tertuju ke; Politik pemerintah negara itu ***berkiblat*** pada paham komunisme. 그 나라 정부의 정치는 공산주의를 인정하는 것으로 기울었다;

kibul 거짓말; ⓢ bohong;

kicau(새가)지저귐;ⓢsuara burung,

berkicau (새가)지저귀다; ⓢ berbunyi, menyanyi; Burung-burung ***berkicau*** di pagi hari. 새들은 아침에 지저귄다;

kidul 남쪽, 남부;

kikil 소의 안쪽 살;

kikir 구두쇠의, 인색한; ⓢ pelit;

kekikiran 구두쇠인, 인색함;

kikis, hilang **kikis** 완전히 지워진, 말소된;

mengikiskan ① 떼다, 벗겨내다, 긁어내다; Ia ***mengikiskan*** kulit dari pohon pinus itu. 그는 그 나무 껍질을 소나무에서 벗겨냈다; ② 부식시키다, 침식하다; Ombak laut ***mengikiskan*** pantai. 파도가 해변을 참식시켰다;③ 삭제하다; ⓢ menghilangkan, menghapuskan;

pengikis 지우개;

pengikisan 침식, 부식;

kikisan 지우개, 긁는 기구;

kikuk ① 서투른,어색한;ⓢ canggung; Gerak-geraknya ***kikuk***. 그의 움직임은 서툴다; ② 거북한,어색한; ⓢ tidak bisa; Ia merasa ***kikuk*** ketika pertama bertemu gadis itu. 그는 그 소녀를 처음 만나서 어색했다;

kekikukan 되통스러움, 어색함;

kilaf 착오, 잘못, 불신; ☞ khilaf; Ia menjadi ***kilaf*** saat mendengar berita itu. 그는 그 소식을 듣고는 확신하지 못했다;

kilah ① 간계, 사기; ⓢ tipu daya, tipu muslihat; ② 핑계, 구실; ⓢ dalih;

berkilah ① 기만하는, 사기치는 ② 위조의, 가짜의;

mengilah-ngilahkan 진실을 왜곡하다;

kilang ① 압착기,압축기; ② 공장, 제작소; ⓢ pabrik; **kilang** minyak 정유 공장;

mengilang ① 분쇄하다,제분하다; ⓢ menggiling;② 누르다,압착하다;

pengilangan ① 정련소, 정제소; ② 정련, 정제; Di daerah itu terdapat pabrik ***pengilangan*** minyak terbesar di negara ini. 그 지역에는 이 나라에서 가장 큰 오일 정제 공장이 있다;

kilangan 정제된; Hasil ***kilangan*** minyak ini akan di pasarkan di negeri seberang. 이 공장의 기름은 이웃 나라에 수출된다;

kilap, **mengkilap** 반짝이다,빛이니다.
kilas 올가미;
mengilas ①올가미를 치다,덫으로 잡다; ② 볼트를 조이다;
kilat ① 번개; ⓢ halilintar, petir; ② 번쩍임; ③ 광채, 빛; ⓢ cahaya, sinar; Ketika sedang main golf, kami kaget melihat ***kilat***. 우리는 골프를 할때 번개 소리에 놀랐다;
berkilat, mengkilat 반짝이다, 빛나다; ⓢ bercahaya,berkilap; Kaca itu ***mengkilat***. 유리가 반짝거렸다; Matanya ***mengkilat*** terkena sorot lampu itu. 그 램프의 빛을 받아 눈이 번쩍거렸다;
mengkilatkan 반짝이게 하다, 빛나게 만들다;
kilau, berkilau, mengilau 불꽃을 튀기다, 번쩍이다; ⓢ kilap, cahaya, sinar; Pisau itu ***berkilau*** terkena cahaya matahari. 그 칼은 햇빛을 받아 빛난다; **kilau** kemilau 번득이는, 빛나는;
berkilauan 번쩍이다, 빛나다; Jendela itu ***berkilauan*** terkena sinar matahari. 그 창문은 햇빛을 받아 번쩍거렸다;
kilauan 빛나는; Permata itu sangat indah bagai ***kilauan*** bintang di malam hari. 그 보석은 밤 하늘의 별빛 처럼 아름답게 빛난다;
kilir, terkilir 접질리다, 삐다; ⓢ terpelintir; Lengan saya ***terkilir***. 나는 팔을 삐었다;
kilo ① 킬로그램; ② 킬로미터;
mengilo 중량을 킬로그램으로 달다 (재다); Ia ***mengilo*** beras dalam karung itu menjadi 5 kiloan. 그 자루의 쌀은 5 킬로그램이다;
kiloan ① 킬로그램의 단위로; Beras itu dijual ***kiloan*** bukan eceran. 그 쌀은 킬로그램 단위로 팔지 소량으로 팔지는 않는다; ② 천칭, 저울;
kilometer 킬로미터;
kimia 화학; ahli **kimia** 화학자;
kimono 일본 여성의의 전통의상;
kina 키니네;
kinca 당밀; ⓢ air gula;
kincir ① kincir air 양수차, 물레(방아의) 바퀴; ⓢ kilang, roda, baling-baling; ② 실패, 실감개;
kini ① 지금; ⓢ sekarang, waktu ini; ② 오늘날, 요즈음; ⓢ dewasa ini, saat ini; dari **kini** keatas 앞으로는, 지금부터는; hingga **kini** 여지껏, 지금까지;
kios 구멍가게; Mereka memiliki ***kios*** makanan di pinggir pantai. 그들은 해변가에 간이 식당을 갖고 있다;
kipas ① 부채 ② 프로펠러; ⓢ baling-baling; **kipas** angin 선풍기;
berkipas 부채를 사용하다;
mengipasi 부채질하다; Jangan ***mengipasi*** masalah itu, nanti tambah kacau. 그 문제를 부채질하지 말아라,문제가 더 혼란스러워 진다;
mengipaskan ① 날개치다, 꼬리치다; ② 피하다, 비키다;
kiper 수문장, 고울 키이퍼; ⓢ penjaga gawang; Permainan ***kiper*** grup lawan sungguh hebat. 상대팀 키이퍼는 정말 대단하다;
kira 추측하다, 생각하다, 헤아리다; ⓢ taksir, sangka, pikir; Saya ***kira*** kamu berbohong pada saya. 나는

당신이 거짓말한다고 생각한다;

kira-kira ① 대충, 대략, 대강; ⓢ agaknya, kurang lebih; Panjangnya *kira-kira* 5 kaki. 그것의 길이는 대략 5 피이트이다; ② 어림, 견적; Orang itu *kira-kira* berumur 30 tahun. 그 사람의 나이는 대략 30 살로 보인다; ③ 아마; ⓢ mungkin; *Kira-kira* dia sudah pulang. 그가 아마 돌아 왔을 것이다;

mengira ① ~라고 생각하다, ~라고 믿다; ⓢ menyangka,menganggap; Ia *mengira* saya membohonginya.그는 내가 그를 속였을 것이라고 생각했다; ② 추측하다, 헤아리다; ⓢ menduga; Sebetulnya ia hanya *mengira* saja. 실제로는 그는 그저 추측하고 있는 것이다;

perkiraan 계산, 어림셈, 견적; ⓢ perhitungan, taksiran; Ia membuat *perkiraan* ongkos pembangunan rumah itu. 그는 그 집의 건축에 필요한 비용의 견적을 만들었다;

sekira-kiranya 대략, 약; ⓢ lebih kurang;

sekiranya 만약 ~이라면, 만약 ~한 경우에; ⓢ andai, kalau; *Sekiranya* butuh sesuatu, datanglah pada saya. 무엇이 필요하다고 생각되면 나에게 오거라;

kiranya ① 제발,부디; ⓢ mudah-mudahan,hendaknya, semoga; Sudilah tuan *kiranya* bertandang ke rumah saya? 저희 집을 선생님께서 방문하여 주실 수 있는지요?; ② ~한 듯한, 십중팔구는, 아마; ⓢ agaknya,rasanya,rupanya; *Kiranya* dia sudah pergi dari rumah. 그는 아마 이미 집에서 나갔을 것이다;

terkira 헤아릴 수 있는, 셀 수 있는;ⓢ terduga,terhitung,tersangka; tak **terkira** ① 무수한, 헤아릴 수 없는;tak **terkira** banyaknya 무수한; tak **terkira** harganya 값을 매길 수 없는,비싼; ② 뜻밖의, 예기치 않은; Hujan itu sama sekali *tak terkira*. 비가 오리라고는 예기치 못했다;

kiri 좌측의, 왼편, 왼쪽;

kirim,berkirim 보내다,전하다;**berkirim** salam 안부를 전하다; **berkirim** salam padanya. 그에게 인부를 전해다오;

mengirimkan 부치다, 보내다; ⓢ mengantarkan; Saya *mengirimkan* surat kepadamu. 나는 당신에게 편지를 보냈다;

mengirimi~로 부치다,~로 보내다, Mereka *mengirimi* kami makanan banyak sekali. 그들은 우리들에게 많은 식품을 보냈다;

pengirim 하주, 발송인; *Pengirim* surat itu beralamat di Jakarta. 그 편지의 발송인은 자카르타 주소였다;

pengiriman ① 수송, 송부, 발송; ② 위탁물; *Pengiriman* barang sudah dilakukan minggu lalu. 물품 발송은 이미 지난 주에 했다;

kiriman 송부, 발송; ⓢ antaran; Barang *kiriman* itu sudah sampai di tujuan minggu lalu. 그 발송한 물건은 지난 주에 이미 목적지에 도착했다;

kisah ① 전기, 전설, 이야기; ⓢ cerita, riwayat; ② 화술,이야기체의 문학; **kisah** bersambung 연재 이야

기; **kisah** perjalanan 여행담;
mengisahkan 이야기하다, (전말을) 말하다;
kisar ① 선회, 회전; ② 대략;
berkisar ① 선회하다, 돌다; ⓢ berputar, beredar; Kejadian itu ***berkisar*** antara pukul 4 dini hari tadi.그 사건은 아까 새벽 4 시 경이었다; ② 바뀌다, 변화하다, 변하다; ⓢ beralih,berpindah; Jaman sudah ***berkisar***. 시대가 바뀌었다;
kisaran ① 선회, (바퀴의) 회전; ⓢ putaran; ② 갈기, 분쇄, 찢기, 빻기; **kisaran** air 소용돌이; **kisaran** angin 회오리 바람, 선풍;
kisruh, **kekisruhan** 무질서, 혼돈, 혼란;ⓢkacau,ruwet;Semua ***kekisruhan*** ini terjadi karena kesalahpahaman. 오해로 인해서 모든 것이 혼란스러웠다;
mengisruhkan 혼란시키다, 혼동하다;
kisut ① 주름진, 주름살이 있는; ⓢ kerut; Mukanya ***kisut*** karena masalah itu.그 문제로 얼굴이 일그러져 있다;② 구김살이 있는,구겨진;
kita ① 우리,우리들 (상대를 포함); ② 우리들의, 우리의; orang tua **kita** 우리 부모; ***Kita*** jangan bertengkar lagi. 우리 그만 싸우자;
kitab 교본,서적,책; ⓢ buku; **Kitab** Suci 성서, 성경; **kitab** injil 성전, 경전; **kitab** undang-undang hukum pidana 형법전; **Kitab** Zabur 다비드의 시편;
kitar, **berkitar** 돌다, 돌아가다, 회전하다;ⓢ beredar,berkisar,berpusing, berputar;
mengitarkan 돌리다, 돌아가게 하다, 회전시키다;
mengitari ~의 주위를 돌다, 회전하다,공전하다; ⓢ mengedari, mengelilingi; Bulan ***mengitari*** bumi. 달은 지구의 둘레를 공전하다;
perkitaran 회전, 자전, 공전; ⓢ perkisaran, peredaran;
sekitar 주위, 둘레, 주변, 근처, 변방; ⓢ sekeliling;
kitaran 궤도, 행로, 활동 범위;
kiwi 용선 계약자;
KKN (**Kepala Kepolisian Negara**) 경찰국장;
klakson (자동차) 경적; ⓢ tuter;
mengklakson 경적을 울리다;
klasifikasi 분류법,분류; ⓢ penggolongan, kategorisasi;
klasik 역사적인,고전적인,고전의; ⓢ kuno, antik;
klinik 진료소,병원, 의원; ⓢ balai pengobatan; **klinik** bersalin 산부인과; **kelinik** mata 안과;
kloset 변소, 화장실;
knalpot 머플러, (내연 기관의) 소음기; ⓢ alat peredam;
knop (문·서랍 등의) 손잡이; ☞ kenop;
koalisi 연립, 제휴, 합동; kabinet **koalisi** 연립 내각;
kobar, **berkobar** 타오르다,(불꽃이) 너울거리다;ⓢ berkecamuk, menghebat; Rumah itu terbakar oleh api yang ***berkobar***. 그 집은 타오르는 불길에 타고있다;Pertempuran mulai ***berkobar*** di pulau Jawa.자바 섬에서 전쟁이 맹위를 떨쳤다;
berkobaran ① 막 타오르는, (불

꽃이)너울거리는;ⓢ berapi-api,menyala;Api *berkobaran*. 불꽃이 너울거렸다; ② 무성한, 넘쳐 흐르는, 왕성한;ⓢ meluap;Semangatnya *berkobaran* menyambut kemerdekaan. 독립을 맞아 마음이 불타올랐다;

mengobarkan ① 부추기다;Para peserta pertandingan itu *mengobarkan* semangat. 그 경기 팀에게 응원을 보냈다;② (열정을) 일으키다, (원한을) 불러일으키다; ⓢ menggalakkan, membangkitkan;

mengobar-ngobarkan① 환기시키다, 불러일으키다; ② 고무하다, 자극하다;

koboi 목동,카우보이;ⓢ gembala;

kobok 부류, 집단;

kobra 코브라뱀; Pekerjaannya adalah sebagai pawang ular *kobra* dikampung itu. 그 마을에서 코브라뱀 조련이 그의 직업이다;

kocak① 이상한, 해학적인; ⓢ lucu, jenaka; Anak itu wajahnya sangat *kocak*. 그 아이의 얼굴은 아주 해학적이다; ② 진동, 흔들거림;

kocek (=kocekan) 호주머니; ⓢ kantong, saku;

kocok, mengocok ① 섞다, 혼합하다; ⓢ menggoncang, mengacau, mencampur; Sebelum diminum, obat itu harus *dikocok* dahulu. 그 약을 먹기 전에 흔들어 주세요; ② 카드를 뒤섞다, (트럼프를) 치다; Ia *mengocok* kartu itu. 그는 카드를 뒤섞었다; ③ 고무하다, 자극하다;

kodak 사진기;ⓢperkakas potret;

kode 약호,암호, 신호;

kodi 20 벌(단위); ⓢ dua puluh; Ibu membeli 1 *kodi* celana panjang di pasar. 어머니는 시장에서 바지 20 벌을 샀다;

kodian ① 20 개 단위로; Baju itu dijual *kodian*.그 상의(上衣)는 20 벌 단위로 판다; ② (=barang kodian) 대량 생산품;

kodok ① 개구리; ⓢ katak; ② 개구리 다리;

kodrat 무한한 힘, 전능;

kohesi 점착력, 응집력, 결합력;

koki 요리사; ⓢ tukang masak, juru masak; Ia bekerja sebagai *koki* di restoran itu. 그는 그 식당의 요리사로 일한다;

kolaborasi 원조 합작; ⓢ kerja sama;

kolak(바나나, 고구마 등을 설탕 물로 끓인) 삶은 과일;

mengolak 과일을 약한 불로 끓이다;

kolam ① 연못; ⓢ tambak, tebat ② 탱크,수조;**kolam** air 수조; **kolam** berenang 수영장; **kolam** ikan 양어장; **kolam** kaca 수족관;

kolega (직무상 친한) 동료; ⓢ rekan, teman, sejawat; Ia adalah *kolega* saya dalam bisnis ini. 그는 이 일에 있어서 나의 동료이다;

koleksi 수금,채집,수집;ⓢ kumpulan, pengumpulan; *Koleksi* buku saya ada dua lemari. 내 책은 수집량으로 두개의 책장이 있다;

kolektif 공동의, 집단적인, 집합적인; Kami mengumpulkan semua barang ini secara *kolektif*. 우리는 이 물건들을 공동으로 모았습니다;

kolokan 어리광, 버릇 없는; ⓢ

manja;

kolom 칼럼;ⓢ lajur; Tolong buat tulisan untuk mengisi *kolom* ini. 그 칼럼에 실을 글을 좀 써 주세요;

kolonel ① 대령; ② 해군 대령, 선장, 함장;

kolong ① 구덩이, 구멍; ② 탄갱, 채굴장, 갱(坑);

kolonial 식민지의;

kolor 허리끈,허리띠;ⓢ tali karet;

kolot ① 고풍의,구식의; ⓢ kuno; ② 보수적인; ⓢ konservatif;

kekolotan 보수적인 경향, 보수주의;

koma 쉼표, 코머; **koma** bernoktah, **koma** titik 세미콜런;

komandan ① 사령관, 지휘자; ⓢ kepala pasukan, panglima; ② 경찰서장; Ia berlaku sebagai *komandan* pasukan kami. 그는 우리 부대의 지휘자이다;

komando 지배권,지휘,명령; ⓢ aba-aba, perintah, tanda;

mengomandokan 통솔하다,지휘하다, 명령하다; Komandan polisi *mengomandokan* anak buahnya untuk upacara. 경찰서장은 행사 준비를 명령했다;

komat-kamit 웅얼거리는,중얼거리는;

kombinasi 연합,조합, 결합; ⓢ gabungan, perkawinan, campuran; Kebudayaan ini adalah *kombinasi* antara barat dengan timur. 이 문화는 동양과 서양이 조화된 것이다;

komentator 해설자, 비평가;

komersil 통상의, 상업상의; ⓢ dagang, niaga;

komidi ① 희극; ② 연극; **komidi** bangsawan 연극;**komidi** putar 회전목마;

komik ① 우스꽝스러운, 희극의; ② 희극 배우,코미디언; ⓢ pelawak, badut;

komisaris 위원, 이사;

komisi ① 위원회;ⓢ panitia,komite; anggota **komisi** 위원; ② 수수료; uang **komisi** 구전, 수수료;

mengomisi 점검하다, 검열하다, 시찰하다; ⓢ memeriksa;

komite 위원회; ⓢ komisi,panitia; Kami menunggu hasil keputuan rapat *komite* malam ini. 우리는 오늘 밤 위원회의 결정을 기다린다;

komodo 도마뱀의 일종(코모드 섬에서 서식하는 거대한 도마뱀);

kompak 꽉 들어찬, 치밀한; ⓢ bersatu;Untuk memenangkan lomba ini, kita harus tetap *kompak*. 이 대회에서 우리가 이길려면 합심을 해야한다;

kompas 나침반,(제도용) 컴퍼스; ⓢ pedoman;

kompensasi 배상금,보상,배상; ⓢ ganti rugi; Ambillah ini sebagai *kompensasi* dari kerugianmu. 너의 손해 배상으로 이것을 받으라;

kompetisi 시합, 경기, 경쟁; ⓢ persaingan, pertandingan; *Kompetisi* itu memperebutkan juara nasional. 그 대회는 전국 챔피언을 가리는 대회이다;.

kompetitif 시합하는, 경쟁하는; Bank ini menawarkan bunga yang lebih *kompetitif* dibanding yang lain. 이 은행은 다른 은행에 비해

경쟁력이 있는 이자율을 제시하고 있다;

kompleks 복합,복잡, 콤플렉스; ⓢ rumit, sulit, kumpulan; Masalah ini makin ***kompleks*** dengan kehadirannya. 이 문제는 그의 출현으로 더욱 복잡하게 되었다;

komplikasi 분규, 복잡;

komplit 완결한,완전한; ⓢ genap, lengkap, sempurna;

komponen 구성요소, 성분;

komplot ① 종범인, 공범자; ② 책략, 음모; ⓢ sekongkol;

berkomplot 모의하다, 음모하다; Para penjahat itu ***berkomplot*** untuk merampok bank. 그 놈들은 은행을 털 음모를 꾸몄다;

komplotan ① 범죄단, 폭력단, 일당; ⓢ gerombolan; **komplotan** penjahat 노상강도, 악당; ② 계획, 음모; ③ 연루자, 종범인, 공범자;

komponen ① 구성 요소, 성분; ② 부품; ⓢ bagian,unsur, elemen;

komponis 작곡자, 작곡가; ⓢ pengubahan lagu; Lagu ini dikarang oleh seorang ***komponis*** terkenal. 이 노래는 유명한 작곡가에 의해 작곡 되었다;

kompor 난로,스토우브;ⓢ tungku, perapian;**kompor** listrik 전기 난로;

komposisi 작품,창작,작곡, 작문, 조직, 구성; ⓢ susunan, ciptaan, karya;

komprehensif 포용력이 큰, 포괄적인;

kompres 습포(濕布), 찜질(약);

mengompres 얼음으로 찜질하다;

kompromi 양보 타협; ⓢ persetujuan, jalan tengah;

berkompromi 절충하다, 양보하다; Kami akan ***berkompromi*** dengan pihak lawan untuk menyelesaikan masalah ini. 우리는 이 문제를 해결하기 위해 상대와 담합을 할 예정이다;

komunikasi 의사 소통, 연락, 통신;

komunis 공산 당원,공산 주의자;

konco ① 친구,벗; ② 동지,동료;

berkonco ① ~와 친구사이인; ② 친구가 있는;

kondangan (잔치 등에) 방문하다; Kami akan ***kondangan*** ke kampung seberang. 우리는 건너 마을의 결혼식에 참석할 예정이다;

konde (뒷머리에 땋은)쪽;

kondektur 승무원; ⓢ kenek;

kondisi 상황,상태,조건; ⓢ keadaan, syarat; ***Kondisi*** ekonomi telah membaik secara perlahan. 경제 상황이 점진적으로 좋아진다;

kondom 콘돔;

konfeksi 기성복;

konferensi 협의회, 회의, 의논, 협의,회담; ***Konferensi*** ini diselenggarakan setahun sekali. 이 회의는 일년에 한 번씩 개최한다;

konflik 쟁의,알력,전쟁,충돌,투쟁; ⓢ pententangan, pertikaian;

konfrontasi 대항,대결;ⓢ perselisihan,pertikaian; Jangan melakukan ***konfrontasi*** terbuka dengan lawan karena sangat berbahaya. 위험하니까 상대와 공개 대항을 하지 말아라;

mengkonfrontasi 대항하다, 대

결하다;

konggres 의외;

kongkret 콘크리트;

kekongkretan 구상화, 구체화;

konglomerat ①복합적인,밀집하여 뭉친; ② 집단,집성체;③ 재벌;

kongres 평의회, 의회; ⓢ rapat besar,konfrensi;Kami akan menghadiri ***kongres*** nasional ke-7 di Bali. 우리는 발리의 7 회 전국 모임에 참석할 것이다;

kongsi 조합,공사,회사; ⓢ maskapai,persekutuan;***Kongsi*** dagang dari Belanda akan tiba besok. 화란으로부터의 동업자가 내일 올 것이다;

berkongsi 제휴하다, 협력하다; Ia ***berkongsi*** dengan saudagar itu. 그는 그 상인과 제휴했다;

konjen [Konsulat Jendral] 총영사관;

konon ① 의아해하다, 이상하게 여기다; ② 듣자하니,사람들이 말하기로, 소문에 의하면; ⓢ kabarnya, katanya; ***Konon*** kabarnya ia telah pulang ke rumah orang tuanya dengan selamat. 어제 그가 부모의 집으로 안전하게 돌아갔다는 소식이 들렸다;

konotasi 함축, 속뜻;

konsekwen 일치된, 일관된; ⓢ tetap, konsisten;

konsekwensi 결론,귀결,결과; ⓢ akibat;

konsentrasi 전념, 전심 전력, 집중;

konsensus 여론, (의견 등의) 일치;

konsep ① 초고, 초안; ② 개념; ⓢ pikiran, rancangan, ide; Hal itu menjadi ***konsep*** dalam acara ini. 그 일이 이 행사의 주요 개념이 될 것이다;

konser 음악 발표회, 음악회; ⓢ pertunjukan musik, orkes; Kami akan melihat ***konser*** musik di Jakarta. 우리는 자카르타의 음악회를 볼 것이다;

konsisten 일치하는, 철저한, 일관된;

konsolidasi 강화, 공고히 하기;

mengkonsolidasikan 강화하다, 공고히 하다;

konsonan 자음(子音); ⓢ huruf mati;

konsorsium 협조, 합동;

konstitusi 조직,구성,국헌,헌법; ⓢ undang-undang dasar; Hal ini harus sesuai dengan ***konstitusi*** negara kita. 그 일은 이 나라의 헌법과 부합해야 한다;

konstruksi 축조,건축, 건설; ⓢ bangun, bentuk;

konsulat 영사관;

konsultasi 자문, 협의, 상의; ⓢ permufakatan, nasihat;

konsumen 수요자, 소비자; ⓢ pemakai; Sebagai ***konsumen*** kami berhak atas pelayanan yang baik. 소비자로서 좋은 서비스를 받을 권리가 있다;

konsumtif 소모성의, 소비의;

konsumsi 소진, 소모,소비; ⓢ pemakaian, penggunaan;

mengkonsumsi 소모하다, 소비하다;

kontak 친교, 교제, 접촉;ⓢ pertemuan, persentuhan;

mengontak ① 연줄을 달다, 접촉시키다; ② 켜다, 발동을 걸다; ③ 플러그를 꽂다;

kontan ① 돈, 현금; ⓢ tunai; Ia membayar dengan ***kontan***. 그는 현금으로 지불했다;② 즉시,기민,신속; ⓢ serta-merta, segera; Bayarlah barang itu secara ***kontan***. 그 물건 값을 현금으로 내라;

mengontan 현찰로 지불하다;

kontra 반대(의견); ⓢ melawan, menentang;

kontradiksi 반대, 반박, 부인, 부정; ⓢ pertentangan;

kontrak 약정,계약;ⓢ perjanjian. Hal itu bertentangan dengan ***kontrak*** saya kepada perusahaan itu. 그 일은 그 회사와 내가 계약한 내용과 상치된다;

kontraksi 제한, 축소, 위축;

kontras 대비, 대조; Warna bajunya sangat ***kontras*** dengan warna kulitnya. 옷 색깔이 그의 얼굴 색과 아주 대조적이다;

kontrol 억제, 관리, 단속, 지배; ⓢ pemeriksaan, pengawasan;

mengontrol 제어하다, 억제하다, 단속하다, 지배하다;

pengontrolan 제어, 억제, 감독;

konvensi 연차 총회, 대표자 회의; ⓢ pertemuan, rapat;

konvoi 호송, 호송선;

konyol ① 미친,넋빠진;ⓢ bodoh; Tindakanmu menyerang anak itu adalah hal yang ***konyol***. 그 아이를 공격한 네 행위는 어처구니 없는 짓이다; ② 불운한, 실패로 끝난; ③ 쓸모 없는, 헛된; mati **konyol** 개죽음, 헛됨 죽음; ④ 부당한, 나쁜; Anak itu ***konyol*** sekali. 그 아이는 아주 나쁘다;

konyong, **sekonyong-konyong** ① 별안간의, 갑작스런; Anak itu ***sekonyong-konyong*** jatuh dari sepedanya. 그 아이는 별안간 자전거에서 떨어졌다; ② 별안간, 돌연, 갑자기;ⓢ mendadak,tiba-tiba; ***Sekonyong-konyong*** dia memukulku dari belakang. 갑자기 그가 나를 뒤에서 쳤다;

koordinasi 대등 관계,동등; ⓢ penyerasaian, kerja sama;

mengkoordinasikan 통합하다, 대등하게 하다;

koordinir, **mengkoordinir** 조정하다, 통합하다, 대등하게 하다;

kop 둥근 지붕, 둥근 천장;

koper 여행용 가방, 트렁크; ☞ kopor;

koperal 상병; ☞ kopral;

koperasi ① 협동의, 협력적인; ② 협동, 협력;

perkoperasian 협력 체제;

kopi 커피; **kopi** bubuk 분말 커피; **kopi** hitam 블랙 커피; **kopi** susu 크리임을 넣은 커피;

mengopi 커피를 마시다; Mereka mengobrol sambil ***mengopi*** di halaman rumah. 그들은 뜰에서 커피를 마시며 이야기한다;

kopiah 일종의 모자; ⓢ peci;

kopilot 부조종사;

kopling① 클러치; ② 접속, 연결, 관련;

kopor ① 트렁크, 여행용의 큰 가방; ② 가방, 백;

kopral 상병;

koral 자갈;

koran 일간지, 신문; ⓢ harian, surat kabar; **koran pagi** 조간 신문; **koran sore** 석간 신문;

mengorankan 소식을 전하다;

korban ① 희생; ② 먹이, 희생물, 산제물; ⓢ mangsa; **korban jiwa, korban manusia** 사상자,희생자; Jalan baru itu memakan ***korban*** jiwa. 그 새 길은 많은 사상자를 냈다; **korban** kebakaran 화재 희생자; **korban** perang 전쟁 희생자;

berkorban 산제물을 바치다; Kita semua harus ***berkorban*** untuk negara. 우리는 나라를 위해 희생해야 한다;

mengorbankan 잃다, 희생시키다, ~를 희생하다; Orang kaya itu ***mengorbankan*** hewan untuk fakir miskin.그 부자는 아주 가난한 사람에게 짐승을 나누어 주었다;

pengorbanan 희생물;

korden 커어튼, (문의) 휘장; ☞ gorden;

kordinator 방송 진행계;

korek 귀 후비게, 호미, 성냥;

koreksi 교정,수정,정정; ⓢ perbaikan, pembetulan;

mengoreksi 교정하다, 수정하다, 정정하다;

pengoreksian 채점, 교정, 수정;

korelasi 상관, 상호 관계;

koreng ① 점이 있는, 얼룩이(짐승); ⓢ belang; ② 상처난, 쓰리고 아픈;

korengan 가려운, 옴이 있는;

koresponden 기고가, 통신원, 통신인;

korespondensi 문서 왕래, 통신; ⓢ surat-menyurat;

berkorespondensi 편지 왕래하다, 교신하다;

koridor 낭하, 복도;

korma 대추 야자; ⓢ kurma;

korup 부정의, 부패한; ⓢ uang suap;

mengkorup 매수하다; **mengkorup** uang 횡령한 돈;

korupsi 부정, 부패; ⓢ pencurian, penggelapan;

kosmetik 화장품;

kosong ① 공석의,빈; ⓢ hampa, nol; Rumah itu ***kosong*** sudah hampir setahun. 그 집은 이미 거의 일년 동안 비어 있다; ② 무익한,쓸모없는; ③ 부도의, 무효인; cek **kosong** 공수표; **kosong** losong 텅 빈;

mengosongkan ① 비우다; Ia ***mengosongkan*** kopornya.그는 그의 가방을 비웠다; ② 물러가다, 떠나가다; ⓢ meninggalkan; Pembersihan jalan ***mengosongkan*** tempat sampah di setiap rumah. 청소부는 집집 마다 쓰레기통을 비웠다;

kekosongan ① 빔, 공허; ② 빈자리; Adakah anda memberi saya ***kekosongan*** waktu? 당신은 나를 위해 시간을 비워줄 수 있습니까?;

pengosongan ① 철수, 비움; ② 소모, 고갈;

kostum 몸치장, 복장;

kota 도회지, 도시; **kota** besar 대도시; **kota** pesiar 유흥 도시;

kekotaan 도회지 풍으로 된, 도시화 된;

kotak 상자, 박스;

kotak-kotak, **kotak-katik** 부스럭거리다, 분주하다; Tiap hari pegawai itu selalu ***kotak-katik*** pekerjaannya. 그 직원은 매일 부스럭거리며 일을 한다;

mengotak-atik 분주하다; Montir itu ***mengotak-atik*** mobil yang akan di perbaiki. 그 정비사는 차를 수리하려고 분주하다;

kotek 꼬리;

berkotek 꼬리가 달린;

kotok, tahi **kotok** 묽은 닭똥;

kotor ① 불결한,더러운;ⓢ cemar; kata-kata yang **kotor** 상스러운 말; mulut **kotor** 입이 걸은, 상스런; Tangannya ***kotor*** kena tanah. 흙이 묻어 손이 지저분했다;② 전체의,총, 모두 합친; penghasilan **kotor** 총수입; Pendapatan ***kotor*** satu juta sebulan. 총 수입은 월 백만 루삐아 이다;

mengotori ① 훼손시키다, 더럽히다; Ia ***mengotori*** baju saya. 그는 내 옷을 더럽혔다; Ia ***mengotori*** nama baik saya. 그는 나의 명예를 훼손시켰다; ② 물들게 하다, 오염시키다;

kekotoran ① 때묻은, 더럽혀진; ② 때, 쓰레기, 오물;

kotoran 쓰레기, 때, 오물; ⓢ tahi, sampah; **kotoran** dapur 부엌 찌꺼기; Tolong kau bersihkan ***kotoran*** itu! 그 쓰레기를 좀 치워라;

koyak 째진,찢긴; ⓢ cabik,sobek, robek carik; Bajunya ***koyak***. 그의 옷이 찢어졌다;

koyak-koyak 갈기갈기 찢어진

mengoyak 쥐어 뜯다, 잡아 찢다, 찢다, 째다; Ia ***mengoyak*** baju saya. 그는 내 옷을 찢었다;

mengoyakkan 누더기로 만들어 놓다, 갈기갈기 찢다; Kucing itu ***mengoyakkan*** bungkusan kue itu. 그 고양이가 내 과자 봉지를 갈기갈기 찢었다;

terkoyak 찢긴,째진, 찢어진; kantong ***terkoyak*** 찢어진 호주머니;

kreasi 창작품,창작,창조; ⓢ ciptaan,buatan,karya;Lukisan ini adalah ***kreasi*** pelukis terkenal dunia. 이 그림은 세계적으로 유명한 화가의 창작품 이다;

berkreasi 창작하다, 창조하다;

kredit 신용 대부, 신용;

mengkreditkan 신용으로 판매하다, 외상으로 팔다;

perkreditan 신용 판매;

kriminal 범죄가 있는,범죄의; ⓢ kejahatan, pidana;

krisis 중대 국면, 위기, 분기점; ⓢ genting,kemelut, ketegangan; ***Krisis*** moneter tengah melanda negeri itu. 그 나라에 금융 위기가 닥쳐 있었다;

kristal 수정;

kristen 기독교인 ☞ Kristen;

kritikus 평론가, 비평가; kritikus sastra 문학 평론가; Ia dikenal sebagai ***kritikus*** yang handal. 그는 대단한 비평가로 유명하다;

kroket 과자의 일종(크로켓);

kroncong 유행음악; ☞ keroncong;

kronis 만성적인,고질적인;ⓢ menahun, parah; Penyakitnya sudah teramat ***kronis***. 그의 병은 이미 아주 고질이되었다;

krupuk 전병; ☞ kerupuk;

ku, **aku** 의 준말;

kuah 즙, 소오스, 국(물); ⓢ saus, air gulai;

berkuah 즙이 있는,소오스가 있는; Saya ingin makan makanan yang ***berkuah*** segar. 나는 신선한 국물이 있는 국을 먹고 싶다;

menguahi 소오스를 치다;

kuak,**terkuak** ①열어 젖히다,열다; ② (구멍 등을) 벌리다,펴지다, 넓히다; Waktu langit mendung ***terkuak*** sinar matahari.여명의 하늘에 햇빛이 펴진다;

menguakkan ① 째다,찢다; Peristiwa itu ***menguakkan*** rahasia yang di pendam bertahun-tahun. 그 사건은 몇년 동안 감춰져 있던 비밀을 노출시켰다; ② 열어젖히다;

kuala 강, 강어귀; ⓢ muara;

kualat 벌을 받은, 저주받은; Anak itu ***kualat*** terhadap orang tuanya. 그 아이는 부모에게서 벌을 받았다;

kuali 후라이팬;

kualifikasi ① 권한, 자격; ② 제한,조건; ③ 자격 증명서, 면허장; Banyak orang yang tidak lolos dalam babak ***kualifikasi*** itu. 많은 사람들이 그 조건에서 탈락하였다;

kualitet 품질, 질(質); ⓢ mutu;

kuas ① 그림 붓, 화필; ⓢ pensil cat; ② 면도솔;Saya perlu membeli ***kuas*** yang baik untuk melukis. 나는 그림을 그리기 위해 좋은 붓을 살 필요가 있다;

menguas 솔질하다, 솔로 털다;

kuasa ① 능력,힘; ⓢ mampu,sanggup; ② 권한,권력,권위; ③ 세력, 영향; ④ 세력 있는, 강력한, 강한; ⓢ kuat, kukuh ⑤ 대리권, 대리인; **kuasa** menteri 장관의 대리; **kuasa** penuh 세력이 강한, 막강한;

berkuasa ① 재능을 갖다, 힘을 갖다; Ia ***berkuasa*** penuh di perusahaan itu. 그는 그 회사 전체를 장악하고 있다; ② 권려을 갖다, 권한을 갖다; ⓢ berhak, berwenang; Masalah di sekolah yang ***berkuasa*** ialah kepala sekolah. 학교 문제는 교장의 권한이다; ③ ~의 담당인; Siapa yang ***berkuasa*** saat ini? 지금은 누가 장악하고 있는가?;

menguasai ①지배하다,통치하다; ⓢ mengendalikan; Partai buruh telah dapat ***menguasai*** seluruh negeri ini. 노동당이 나라 전역을 지배하는데 성공하였다; ② 제어하다, 담당하다, 감독하다;

menguasakan 위임하다, 권한을 부여하다; Rakyat bangsa ini ***menguasakan*** haknya itu. 국민에게 그 권한을 부여했다;

kekuasaan ① 능력, 힘; ⓢ kekuatan; ② 권위, 권한, 권력; ⓢ kedaulatan;

penguasa ① 감독, 경영자; ② 권한자, 권력자; ③ 통치자; **penguasa** perang 전시 통치자, 계엄 사령관;

penguasaan ① 지배,권력, 권위; ② 감독, 관리, 단속; ***Pengguasaan*** dirinya amat baik. 자신을 통제하는 능력이 아주 강하다;

kuat ① 강한, 기운 있는, 힘센; ⓢ kukuh, bertenaga, teguh, tahan; Di dorongnya kereta itu dengan ***kuat*** hingga terjungkal. 그 수레를 너무 힘껏 밀어서 수레가 뒤집혔다; ② 힘찬,강렬한; ③ ~할 수 있는, 능력 있는; ⓢ berkesanggupan, mampu; Orang itu tak kuat ***kuat*** mengangkat barang yang berat itu. 그 노인은 무거운 짐을 들 힘이없다;

memperkuat ① 지원하다,지지하다; Pernyataan Ketua telah ***memperkuat*** posisi saya di lembaga itu. 회장의 발표가 재단 내의 나의 입지를 더욱 공고하게 하였다; ② 확장하다, 강하게 하다; ③ 공고히 하다; ④ 인가하다, 재가하다;

menguatkan ① 공고히 하다, 강하게 하다; ⓢ mengeraskan; Mereka makin ***menguatkan*** pertahanan dalam dan luar negeri. 그들은 국내외로 방어를 더욱 견고히 하였다; ② 확인하다,굳게 하다; ⓢ meneguhkan, mengukuhkan;

kekuatan ① 능력, 체력, 힘; ⓢ keteguhan; **kekuatan** batin 정신력; **kekuatan** dan modal 능력과 자본; **kekuatan** cahaya 촉광; ② 정력, 에너지; ⓢ daya; ③ (확대경의) 배율; ④ 명암도, 강도;

penguat ① 강력제, 강장제 ② 추진기; **penguat** suara 확성기;

penguatan 확장, 강하게 함;

sekuat ~와 힘이 같은; **sekuat** suara 가장 큰 목소리로;

kubah 둥근 천장,둥근 지붕; Atap rumahnya berbentuk ***kubah***. 그의 집 지붕은 둥근 형태이다;

berkubah 둥근(모양의) 지붕을 덮다;

kubis 양배추, 캐비지; ⓢ kol;

kubu 요새,성채; ⓢ benteng, pertahanan;

berkubu 방비를 튼튼히 하다;

kubur 묘지,무덤; ⓢ makam, pusara; Korban kriminal itu ***dikuburkan*** keluarganya di tanah kelahirannya.그 범죄 행위의 희생자는 가족들에 의해 그의 출생지에 안장될 예정이다;

menguburkan 매장하다, 파묻다, 묻다; Mereka ***menguburkan*** korban pengeboman. 그들은 폭격의 희생자를 파묻었다;

pekuburan 무덤, 묘소, 묘지;

penguburan 장례, 매장; Acara ***penguburan***nya akan dilaksanakan siang ini. 오늘 낮에 장례가 있을 예정이다;

kuburan ① 묘혈, 무덤; ② 묘지;

kubus 정 6 면체, 입방체.

kucar-kacir 정신없이,난잡하게, 무질서하게; Musuh lari ***kucar-kacir*** saat melihat kami datang. 적은 우리가 오는 것을 보고 혼비백산하여 달아났다;

kucek, mengucek-ngucek ① 비비다, 손으로문지르다; Ia ***mengucek-ngucek*** mata karena kelilipan. 그는 눈에 뭐가 들어가서 손으로 눈을 비볐다; ② 빨다, 세탁하다;

kucing 고양이;

kucing-kucingan 괭이과의 동물

kuda 말; **kuda** laut 해마;

berkuda 말을 타다; Mereka datang dengan ***berkuda***. 그들은 말을

타고 왔다;

kudeta 무력 정변, 쿠데타; ⓢ perebutan kekuasaan;

mengudeta 쿠데타를 일으키다, 무력 정변을 일으키다;

kudis (병명)옴;

berkudis-kudisan 옴에 걸린;

kuduk 목덜미; ⓢ tengkuk;

kudus 신성한, 경건한; ⓢ suci, murni, bersih; orang **kudus** 성인(聖人); Hari Natal adalah hari yang *kudus*. 성탄절은 성스러운 날이다;

menguduskan 축성(祝聖)하다;

kue 케이크,과자; ⓢ panganan;

kue tiau 중국식 국수;

kuis 퀴즈;

kuitansi 영수증 ☞ kwitansi;

kujur 뻐근한, 뻣뻣한; ⓢ kaku;

sekujur 온(몸이), 전신(의); Ia menderita sakit di *sekujur* tubuh nya. 그는 전신에 병을 앓고 있다;

kuku ① 손톱 ② 발톱; **kuku** kaki 발톱; **kuku** tangan 손톱;

berkuku, **tidak berkuku** 약한, 무능한, 무력한;

kukuh ① 확고부동한,굳은;ⓢ teguh, tahan, tangguh; Anak itu tetap pada pendirian yang *kukuh*. 그 아이는 학고부동한 주장을 했다; ② 견고한, 힘센, 강한; ⓢ kuat;

bersikukuh 고수하다, 고집하다;

memperkukuh 굳건히 하다, 강하게 하다;

mengukuhi 고집하다, 고착하다;

mengukuhkan 굳건히 하다, 강하게 하다,강화하다; Pernyataan itu *memperkukuh* posisinya di dalam parlemen. 그 발표는 그의 의회 내에서의 입지를 공고히 했다;

kekukuhan 견고함, 강함;

pengukuhan 고수,확고함;ⓢ penetapan, pengesahan; Upacara ini adalah untuk *pengukuhan* jabatan Ketua. 이 행사는 회장의 직위를 확고히 하기 위한 것이다;

kukus ① 김, 스팀, 증기; ⓢ uap ② 연무; **kukus** bekas 배기 장치;

berkukus 김이 나오다;

mengukus (증기로) 찌다, 삶다; Ibu sedang *mengukus* kentang untuk adik. 어머니는 동생을 위해 감자를 삶고 계시다;

kukusan 시루, 찌는 도구;

kuli 인부, 품팔이 일꾼; **kuli** arit 고무 수액 채취자; **kuli** pelat 포오터, 구내 운반인; **kuli** teh 잎차 채취자;

berkuli, menguli 잡역부로 일하다;

kuliah 수업, (대학의) 강의;

berkuliah ① 강의하다;② 강의를 듣다, 수강하다; Tahun ini ia akan *berkuliah* di Jakarta. 올해 그는 자카르타에서 강의를 받는다;

menguliahkan 강의하다;Dengan susah payah,ia *menguliahkan* anak nya hingga tamat. 그는 힘든 역경에도 그의 자식을 대학을 마치도록 하였다;

kulit ① 살결, 피부; ⓢ jangat; ② 짐승의 날가죽; *Kulit* sapi banyak gunanya. 소가죽은 쓸모가 많다; ③ 가죽 제품,가죽; ④ 나무 껍질,수피 ⑤ 표지; ⑥ 과일 껍질; ⓢ lapisan luar; **kulit** ari 외피, 표피;

berkulit 껍질이 있는; **berkulit** badak 무신경인, 껍질이 두꺼운;

menguliti 껍질을 벗기다,까다; ⓢ

mengupas;

kulkas 냉장고; ⓢ lemari es;

kulon 서구, 서부, 서쪽; ⓢ barat;
mengulon 서부로 가다, 서쪽으로 가다;

kultur 문화; ⓢ budaya;

kulum, mengulum ① 핥다, 빨아들이다, 빨다; ② 우물우물 씹다, 웅얼웅얼하다; Adik senang *mengulum* permen. 동생은 껌을 씹기를 좋아한다;

kumal 헝클어진,구겨진; ⓢ lusuh; Bajunya tampak *kumal* sekali. 그의 옷이 아주 쭈글쭈글해 보인다;
mengumalkan 구기다; Jangan *mengumalkan* bajumu! 너의 옷을 구기지 마라!

kuman 박테리아,미생물,세균; ⓢ basil,bakteri; **kuman** penyakit 세균, 박테리아; Sebelum makan baiknya cuci tangan dahulu agar bersih dari *kuman*. 식사 전에 병균에 오염되지 않도록 손을 씻는 것이 좋다;

kumandang 반향, 메아리; ⓢ gaung, gema;
berkumandang 울려퍼지다, 메아리치다; Sorak yang **berkumandang** 떠들썩한 함성; Dari jauh terdengar azan maghrib *berkumandang*. 멀리서 오후 기도 시간 알리는 소리가 들려 왔다;
mengumandang 울려 퍼지게 하다, 반향시키다;
mengumandangkan 울려 퍼지게 하다,반향시키다; ⓢ menyuarakan;

kumat 재발하다, (병이)도지다; ⓢ bentan; Belakangan ini penyakitnya sering *kumat*. 최근에 병이 자주 재발하였다;

kumis 콧수염;
berkumis 콧수염이 있는; Pria *berkumis* itu adalah ayahnya. 그 콧수염 있는 분이 나의 아버지이다;

kumplit 완전한; ⓢ lengkap; ☞ komplit;

kumpul, berkumpul 집합하다, 모이다;
mengumpulkan ① 소집하다, 모이다;② 수집하다; ③ 집결시키다;
perkumpulan ① 조직, 협회; ② 모임, 회의;
terkumpul 모인;

kumuh 비열한, 천한, 불결한; ⓢ kotor, cemar;
mengumuhkan 때묻히다, 더럽히다;

kumur 입을 씻어 내다, 입을 헹구어 내다; ⓢ cuci mulut;
berkumur 입을 가시다; Sehabis makan,sebaiknya segera *berkumur*. 식사 후에는 입가심을 하는 것이 좋다;
kumuran 입가심,입을 헹구어 냄;

kunang-kunang 개똥벌레;

kunci 열쇠;
menguncikan 열쇠를 채우다, 잠그다; ⓢmenutup,menyudahi; Anak itu *menguncikan* temannya di kamar mandi. 그 아이는 친구 목욕탕을 잠갔다;
pengunci ① 걸쇠,자물쇠;② 결말, 결정;
terkunci 잠겨진, 걸린, 열쇠가 채워진; Pintu itu *terkunci* dari dalam. 그 문은 안에서 잠겨 있다;

kuncup ① 발아, 싹; ⓢ kuntum bunga;② (꽃이)시든,(우산이)접혀진, 닫힌; ⓢ tertutup; **kuncup** jantung 심장 위축; **kuncup** hati 두려워 하는, 놀란; ***Kuncup*** bunga mawar mulai bermekaran di taman. 정원의 장미꽃 봉오리들이 피기 시작했다.

menguncup ① 접다, 닫다; ⓢ menutup; Bunga di taman itu mulai ***menguncup***. 그 정원의 꽃은 시들기 시작했다; ② 위축하다, 줄어들다;

menguncupkan 접다, 닫다; ⓢ menutupkan; **menguncupkan** payung 우산을 접다;

kungkung 족쇄;

kuning 황색(의), 노란색(의); **kuning** gading 상아색;**kuning** langsat 담화색; **kuning** mas 황금색; **kuning** telur 노른자위;

menguning 익다,노란 빛이 되다; Padi di sawah mulai ***menguning***. 논의 벼들이 누렇게 변하기 시작했다;

menguningkan 노랗게 만들다, 노란 빛이 되게 하다; Pedagang itu ***menguningkan*** esnya dengan zat pewarna.그 빙수 장수는 물감을 사용하여 빙수를 노랗게 만들었다;

kekuning-kuningan 누른 빛을 띤, 누르스름한; Bajunya berwarna ***kekuning-kuningan***.옷은 누른 빛을 띠고 있다;

kunjung 빨리, 쉽사리; ⓢ lekas; belum **kunjung**, **tak kunjung** 결코 ~않다,조금도 ~않다; Orang tuanya menunggu anaknya yang tak ***kunjung*** datang.부모는 결코 오지 않을 아이를 기다렸다;

kuno ① 옛날의, 고대의; ⓢ lama, tua;Baju itu modelnya sangat ***kuno***. 그 옷은 아주 구식이다; ② 낡은,구식의,고풍의; ⓢ kolot, konservatif; pendirian **kuno** 낡은 생각;

kekunoan ① 보수주의; ② 유적, 유물; ③ 낡음, 고아(古雅);

kuntal-kantil 매달리다, 흔들흔들하다; ☞ kontal-kantil;

kuntit, **menguntiti** 뒤따르다, 따라가다; ⓢ mengekori, mengikuti; Anak itu selalu ***menguntiti*** kemana ibunya pergi. 그 아이는 어머니가 어디를 가든지 항상 따라간다;

kuntum ① 꽃 봉오리;ⓢ kuncup, ② (꽃) ~송이;

sekuntum bunga 꽃 한 송이;***Sekuntum*** bunga itu mulai merekah. 그 꽃 봉오리는 터지기 시작한다;

menguntum 봉오리가 나오다, 봉오리를 맺다;

terkuntum 열리기 시작한 봉오리;

kunyah, **mengunyah** ① 깨물다, 씹다; ⓢ memamah; ② 음미하다, 숙고하다; ⓢ pikir baik-baik;

mengunyah-ngunyah 반복해서 말하다;

mengunyahkan~를 위하여 씹어주다;

terkunyah 씹힌, 깨물린;

kunyahan 깨물린 것;

kuota 할당액, 분담액, 몫;

kupas,**mengupas** ① 까다,(껍질을) 벗기다; ⓢ mengobak, menguliti; Saya ***mengupas*** kulit buah itu dengan pisau. 나는 칼로 과일을 깎았다; ② 해석하다, 분석하다, 분해하다; Ia ***mengupas*** soal itu. 그는

그 문제를 분석했다; ③ 비평하다, 논평하다; ⓢ membahas; Mereka ***mengupas*** masalah itu secara detail. 그들은 이 문제를 자세하게 파헤쳤다; ④ 탈의하다, (옷을)벗다;

pengupas 비평가;

pengupasan 해석,분석, 분해; ⓢ penguraian, pembahasan;

terkupas ① 허물을 벗은; ② 분석된;

kupasan ① 해석, 분석, 분해; ⓢ analisa, ulasan; ② 토론,토의,심의; ⓢ bahasan; ③ 논평, 주석, 비평;

kuping 귀; ⓢ telinga;

kupon 교환권, 쿠우폰; Di dalam kemasan itu ada ***kupon*** berhadiah. 그 포장 안에 상품권이 있다;

kupu, kupu-kupu 나비;**kupu-kupu** malam 매춘부,창녀; ⓢ perempuan lacur;

kura, kura-kura 거북이;

kurang ① 보다 적은,근소한,적은 양의; Anak itu ***kurang*** mengerti tentang bahasanya itu. 그 아이는 그 말에 대한 이해가 부족하다; ② 모자라는, 부족한; Suaramu ***kurang*** keras. 네 목소리는 작다; ③ ~정도, 대략, 거의; Ia sudah lama meninggalkan rumah itu selama ***kurang*** lebih dua tahun. 그는 대략 2 년 정도 그 집에 살았다; ④ 결핍, 부족; Anak itu membayar tiket ***kurang*** dari lima ratus rupiah. 그 아이는 표값으로 500 루피아가 부족하다; ⑤ (시간을 나타낼 때) ~전; Pukul 12 ***kurang*** sepuluh (menit).12 시 10 분 전이다. ⑥ ~이 아닌, ~하지 못한; Gadis itu ***kurang*** cantik dari ibunya. 그 소 녀는 어머니 보다 이쁘지 않다; ⑦ 줄다, 감소하다; ⓢ menyusut; Kegiatannya makin ***kurang*** di bulan puasa ini. 이 금식 기간 동안 활동이 점점 줄어 들었다; ⑧ 마이너스, 빼기; Sepuluh ***kurang*** empat tinggal enam. 10 에서 4 를 빼면 6 이다; ⑨오류, 잘못, 실수, 결함; ⓢ cacat; Pekerjaannya banyak ***kurang***nya. 그의 일에는 결함이 많다; Apa ***kurang***nya mobil ini? 이 차의 결함은 무엇입니까?; **kurang** ajar 건방진, 무례한, 오만한; Anak itu ***kurang*** ajar. 그 아이는 건방지다; **kurang** akal 똑똑하지 않은; **kurang** asam nih! 교양 없는,무례한; **kurang** baik 나쁜,불량한,좋지않은; **kurang** darah 빈혈의, 빈혈증의; **kurang** garam 미숙한, 서투른; Ia ***kurang*** ingat masalah hutang itu.그는 그 채무 문제를 잘 기억하지 못했다; **kurang** jadi ① 잘되지 않는, 번성 하지 않는; Wortel itu ***kurang*** jadi jika tidak di tanam di pegunungan. 당근은 산이 아니면 잘 되지 않는다; ② 실패한, 실수한; Kue buatannya itu ***kurang*** jadi. 그 과자는 잘못 만들어 졌다; **kurang** lebih,lebih **kurang** 대략, 약, 거의; **kurang** makan 영양 부족의, 충분히 먹지 않는; **kurang** pandai 바보스러운;

berkurang 줄어들다, 감소하다; ⓢ menyusut; Tiap bulan gaji pegawai itu ***berkurang*** terus. 매월 그 직원의 월급은 줄어들었다;

berkurang-kurangan 계속 줄어들다;

mengurangi ① 삭감하다,감하다, 줄이다; ⓢ menyusuti; Penjual itu ***mengurangi*** timbangannya pada pembeli.그 상인은 손님에게 저울의 무게를 줄였다; ② 덜다, 빼다; ***mengurangi*** dua dari enam 6 에서 2 를 빼다; ③ (값을) 깎아 내리다; ⓢ memotong; ④ 손해를 주다,해치다;

mengurangkan ① 공제하다, 덜다, 빼다; ② 감소시키다, 줄이다; ⓢ menyusutkan;

kekurangan ① 결핍됨, 부족됨; Anak itu ***kekurangan*** makan sehingga badannya kurus. 그 아이는 몸이 마르도록 먹는 것이 부족했다; ② 모자람,결핍,부족; ③ 단점, 결점; ⓢ cacat;

berkekurangan 모자라다, 부족하다, 결핍하다; Orang miskin itu hidupnya selalu ***berkekurangan***. 그 가난한 사람의 생활은 항상 여유가 없다;

kekurang-ajaran 무례함,오만함, 건방짐;

kekurang-percayaan 불신감, 신뢰성이 부족함;

pengurangan 삭감,축소,감소; ⓢ penyusutan;

sekurang-kurangnya 최소한, 적어도; Saya akan datang ***sekurang-kurangnya*** pukul 2 siang. 나는 적어도 오후 2 시까지는 도착할 것이다;

terkurang 최저의, 최소의; angka yang **terkurang** 최하 점수;

kurap 백선(白癬); Ia ***sakit*** kurap. 그는 백선에 걸렸다;

berkurap 백선에 걸린;

kuras,menguras ① 다 쓰다, 소모하다; ② 착취하다; ③ 씻어내다; Pembantu ***menguras*** kolam ikan. 그 가정부는 연못을 청소했다;

kurban 희생; ☞ korban;

kurcaci 작은 악령; Cerita Putri Salju dan tujuh ***kurcaci*** amat terkenal di dunia. 백설공주와 일곱 난장이 얘기는 전 세계적으로 유명하다;

kurikulum 교과 과정, 커리컬럼;

kurma 대추야자; Di bulan puasa ini banyak orang berjualan ***kurma***. 단식 기간 동안에 많은 사람들이 대추야자를 판다;

kursi 걸상,의자; **kursi** ayunan 흔들 의자, 현관 그네; **kursi** goyang 흔들 의자; **kursi** malas 안락 의자; **kursi** panjang 소파;

kursus 교육,학습, (공부의) 과정; ⓢ les, pelajaran; **kursus** kilat 속성 과정;

dikursuskan 교육을 받은;

mengursuskan 가르키다;

kurun 시대,주기,시기,세기;ⓢ era, abad, masa, waktu; **kurun** zaman 시대, 시기;

kurung ① 우리,새장;ⓢ kandang, sangkar; ② 감방,감옥; ⓢ penjara; Pencuri itu ***dikurung*** di tahanan selama tiga tahun. 그 도둑은 3 년 동안 옥살이를 해야 한다; **kurung** ayam 닭장; **kurung** batang 관 (시체를 넣는); **kurung** besar 대괄호; **kurung** buka 개괄호; **kurung** tutup 폐괄호;

berkurung ① ~으로 에워 싸인, ~으로 둘러 싸인; Penjara itu *ber-*

kurung pagar besi yang kuat. 그 감옥은 단단한 철담으로 애워 싸여 있다; ② 괄호 안에 있는; ③ 밀폐하다, 칩거하다; Gadis yang sedang patah hati itu *berkurung* di rumahnya. 그 마음이 상한 소녀는 방안에만 있었다;

mengurung ① 가두다; Ia selalu *mengurung* anjingnya di kandang. 그는 항상 개를 개집에 가두어 두었다; ② 투옥하다, 감금하다; ⓢ memenjarakan; Polisi *mengurung* penjahat itu selama 3 tahun.경찰은 그 범죄자를 3 년 동안 감옥에 가두었다; ③ 에워싸다,둘러싸다;ⓢ mengepung;④ 괄호 안에 넣다,괄호로 묶다; Ia *mengurung* kalimat itu. 그는 그 문장을 괄호로 묶었다;

pengurungan 에워 쌈,감금,투옥.

kurus ① 여윈, 마른; ⓢ kering; Badannya *kurus* karena sakit. 병으로 몸이 아주 말랐다; ② 황폐한, 불모의; **kurus** kering 여윈, 쇠약한;

kekurusan ① 여윔, 수척함; ② 너무 마른; Badannya *kekurusan*. 너는 너무 야위었다;

mengurus 야위어지다;

menguruskan 날씬하게 만들다, 가늘게 만들다; Olah raga *menguruskan* badan. 운동은 몸을 날씬하게 만든다;

kusta 문둥병, 나병;

kusut ① 헝클어진; Rambutnya *kusut* tak disisir.머리카락이 빗질을 하지 않아서 헝클어졌다; ② 얽힌, (실이)엉킨; Benang itu *kusut*. 실이 엉키었다; ③ 주름진, 구겨진; Bajunya *kusut*. 그의 상의는 구겨졌다; ④ 뒤얽힌, 혼란한, 복잡한;ⓢ rumit, bingung, kacau; Perkara itu sangat *kusut*. 그 사건은 매우 복잡했다; Mukanya terlihat *kusut* karena sedang banyak pikiran. 그의 얼굴은 많은 생각으로 혼란해 보인다;

mengusut ① 풀어내다, 엉킨 것을 풀다,해결하다; Guru itu sedang *mengusut* masalah muridnya di sekolah. 그 선생은 학교에서 학생의 문제를 해결한다; ② 구형하다, 기소하다; Jaksa yang *mengusut* perkara itu sedang sakit. 그 건을 담당하는 검사가 현재 병중이다;

mengusutkan 당황케 하다, 혼란시키다, 혼란하게 만들다; Kejadian yang dialaminya *mengusutkan* pikiran ibunya. 그 아이의 문제는 어머니의 생각을 혼란시켰다;

kekusutan 난잡, 혼미, 혼동;

kutil 쥐젖, 사마귀; ⓢ bintil;

mengutil 갉아 먹다; Tikus itu suka *mengutil* keju di dalam lemari. 그 쥐는 찬장 속에 치즈를 조금씩 갉아 먹었다;

sekutil 한 조각, 소량;

kutu 조합, 연합, 동맹;ⓢ perkumpulan (dagang);

bersekutu 연합하다, 동맹하다; ⓢ berkumpul, berserikat;

sekutu 연합한,동맹한; tentara sekutu 연합군;

kutub 극(極); **kutub** Selatan 남극; **kutub** Utara 북극;

kutuk 독설, 악담, 저주; ⓢ laknat, sumpah; Anak itu kena *kutuk* ibunya.그 아이는 어머니로부터 야단을

맞았다;

mengutuki 악담하다, 욕지거리하다, 저주하다;

terkutuk 저주 받은, 천벌 받은; Orang yang banyak dosa adalah makhluk yang ***terkutuk*** oleh Tuhan! 죄 많은 사람은 하늘의 저주를 받을 것이다!

kuyup, basah kuyup 흠뻑 젖은;

kwalitas 품질, 질(質); ⓢ nilai, mutu; Ini adalah barang dengan ***kualitas*** nomor satu. 이것이 품질이 가장 좋은 물건입니다;

kwalitet 특질, 품질, 질;

kwintal 100 킬로그램;

kwitansi 영수증;ⓢ bukti, tanda terima; Ini ***kwitansi***nya. 이것이 영수증입니다;

L

laba 이윤,이익,이득;ⓢkeuntungan; laba rugi 손익(損益); Penjual itu *labanya* hanya sedikit. 그 상인은 이익을 조금 밖에 내지 못했다;

berlaba 유익한,유리한; Harga jual di diskon begitu banyak, *berlaba* sedikitpun tidak ada. 그렇게 많이 할인해서 팔면 이익이 조금도 없다;

melabakan 벌이가 많다, 이익을 주다; Semoga saja pekerjaan itu bisa *melabakan* kita. 그 일이 우리에게 이윤을 가져다 주기를 바랄 뿐이다;

label ① 라벨, 꼬리표; ② 부호, 호칭; Harga barang ini tertera di *label*nya. 이 물건값은 라벨에 표시되어 있다;

labil ① 유동적인;ⓢ goyah; ② 불안정한,흔들거리는; ⓢ goyang,mudah berubah-ubah; Saat ini ia sedang *labil* menghadapi masalah itu. 지금은 그가 그 문제에 대해 유동적이다;

laboratorium 연구실, 실험실;

labrak, melabrak ① 때리다; ② 욕설을 퍼붓다; ③ 후려치다, 공격하다;

labu 호박;Ibu hendak pergi membeli *labu* di pasar. 어머니는 시장에 호박을 사러 가시려 한다;

labuh 늘어진, 매달린; ⓢ turun;

berlabuh 닻을 내리다, (배가)정박하다; Perahu ikan itu *berlabuh* di pinggir pulau.그 고깃배는 선창가에 정박했다;

melabuhkan ① 드리우다, (닻을) 내리다; Saya *melabuhkan* bendera. 나는 깃발을 내렸다;②(새끼를)낳다; ⓢ beranak;

pelabuhan 정박소,항구;ⓢ bandar, dermaga; **pelabuhan** udara 공항; Hari ini akan ada kapal dagang Cina merapat di *pelabuhan* Tanjung Priok.오늘 중국으로부터 오는 배가 딴중 뿌리욱 항에 접안할 예정이다;

lacak, melacak ① 추적하다, 찾다, 흔적을, 따라가다; ⓢ memeriksa dengan teliti; ② 면밀히 검토하다; ⓢ mengusut suatu perkara; ③ 어떤 일을 따지다;ⓢ melincir; Kita harus bisa *melacak* keberadaan pelaku penipuan itu.우리는 그 사기꾼이 어디에 있는지 찾을 수 있어야 한다;

laci 서랍; ⓢ anak meja; Buku itu saya simpan di dalam *laci* meja di kamar. 그 책은 내가 집 책상 서랍에 보관하고 있다;

lada 후추; ⓢ merica; **lada** hitam

검정 후추; **lada** tumbuk 빻은 후추; Masakan ibu diberi ***lada*** agar pedas.그 요리가 맵도록 후추를 쳤다;

meladai ~에 후추를 뿌리다, ~에 후추를 치다;

ladang 밭,농원, 경작지, 농토; ⓢ kebun; **ladang** padi 천수답(논);

berladang 농토를 소유하다; Kakek sedang ***berladang*** di sawah. 할아버지는 논에서 일하고 계시다;

memperladangkan 농토를 일구다;

peladang 농부; Para ***peladang*** berharap mendapat untung besar pada musim panen ini. 농부들은 이번 추수에서 큰 이윤을 보기를 바라고 있다;

perladangan ① 농원, 농토; ② 경작, 농경;

laga 싸움, 투쟁; ⓢ perkelahian;

berlaga 충돌하다, 투쟁하다; ⓢ berkelahi, bertarung: Kami menyaksikan para atlet sedang ***berlaga*** di kejuaraan nasional. 우리는 체육인들이 전국 체전에서 경기하고 있는 것을 보고 있다;

lagak 자세, 태도, 모습; ⓢ bual, aksi;Laki-laki itu ***lagak***nya seperti perempuan. 그 남자는 여자 모습이다; **lagak** bahasa 말씨,말투; **lagak** lagu 태도, 말씨, 행동;

berlagak ① 교만하다, 으시대다; ⓢ sombong, angkuh; Tidak baik ***berlagak***.으시대는 것은 좋지 않다; ② 체하다, 가장하다; Dia pandai benar ***berlagak*** berani di depan kami. 그는 우리 앞에서 용기있는 척을 잘한다;

melagak ① 자랑하다, 허풍떨다; ⓢ berlagak;② 협박하다, 위협하다; ⓢ menggertak; Anak laki itu ***melagak*** teman-temannya. 그 아이는 친구들을 협박했다;

melagakkan ~을 자랑하다; ⓢ menyombongkan; Jangan kau ***lagakkan*** sikap di depan orang! 남 앞에서 자랑하지 말라!

pelagak 허풍쟁이, 허풍선이;

lagi ① ~하는 중인, (아직) ~하고 있는; ⓢ sedang; Saya ***lagi*** membantu ayah membetulkan sepeda. 나는 지금 자건거를 수리하는 아버지를 도우는 중이다; ② 더, 추가의, 여분의; Sebentar ***lagi*** sekolah di liburkan. 조금 더 있으면 학교는 방학을 할 것이다; ③ 재차, 다시, 또; Mengapa kau bertengkar ***lagi***? 왜 너는 또 싸우느냐? ④ ~은 물론, ~에 덧붙여, ~에다가; ⓢ tambah; Rumahnya besar ***lagi*** bagus. 그의 집은 크고도 멋있다; ⑤ 더욱 나아가서,또한; ⑥ 아직도,아직까지,여지껏; ⓢ masih; Anda masih mengingatnya kekasih anda ***lagi***? 당신은 아직 옛날 애인을 기억합니까? ⑦ ~정도가(아닌); ***Lagi*** pula 더욱이,게다가;⑧ 더욱더; ⓢ pula;Apa ***lagi***? 게다가 또? 뭘 또 어쩌란 말인지? Siapa ***lagi*** yang akan mencoba? 누가 또 시도를 해볼래?

selagi ① ~할 때,~일 때; ⓢ semasa, ketika, waktu; ***Selagi*** muda hidupnya terbiasa boros.어릴 때는 낭비벽이 있었다; ② ~하는 한, ~하는 동안에; ⓢ selama; ***Selagi*** masih ada waktu, kita harus bekerja dengan giat. 우리가 아직 한창일 때 열심히 일해야 한다; Pencuri itu datang ***selagi*** kami semua tertidur lelap. 그 도둑은 우리가 한참 잠에 빠져 있을 때 들어왔다;

lagu ① 노래;ⓢ nyanyi, nyanyian; ***Lagu*** itu sangat merdu di dengar. 그 노래는 매우 듣기가 좋다;②방식, 방법, 태도; ⓢ tingkah laku, cara; ***Lagunya*** belum berubah dari dulu tetap sombong. 그의 태도는 이전부터 바뀌지 않고 여전히 거만하다; ③ 어조,말투,억양;ⓢ ragam suara; Cara menarinya sudah lancar, tapi ***lagu***nya kurang sempurna. 춤은 잘 추는데 노래는 아직 서투르다; ④ 곡조, 가락; ⓢ ragam nyanyi; **lagu** hiburan 경음악;

berlagu 노래 부르다, 노래하다; Anak itu bermain musik sambil ***berlagu***. 그 아이는 노래를 부르며 놀고 있다;

melagui 노래를 만들다,작곡하다; ⓢ memberi berlagu;

melagukan 노래하다, 노래 부르다; ⓢ menyanyikan;

pelagu 가수; ⓢ penyanyi;

lahan, perlahan-lahan 서서히, 천천히,느릿느릿;Mereka akan belajar mengenai hal itu secara ***perlahan***. 그들은 그 일에 대해 천천히 배우고 있다;

lahar 화산암층, 용암;

berlahar 분화하다, 분출하다; ⓢ mengluarkan lahar.Saat ini Gunung Merapi tengah mengeluarkan ***lahar***nya disertai dengan asap panas. 화산이 뜨거운 연기를 뿜으며 용암을 분출하고 있다;

lahir ① 외면의, 밖의, 외부의; ⓢ luar; Bunga itu ***lahir***nya indah tapi wanginya tidak. 그 꽃은 겉보기는 아름다우나 향기가 없다; ② 세속적인,현세의;ⓢ keduniaan;Dari kecil anak itu memang sudah cacat ***lahir***.그 아이는 세상에 나올 때부터 기형아였다;③ 출생하다; ⓢ keluar, muncul, jasmani; Bayi itu ***lahir*** di rumah sakit. 그 아이는 병원에서 태어났다; hari **lahir** 생일;

melahirkan ① (아이를)낳다, 출산하다; ⓢ mengeluarkan anak; Wanita itu ***melahirkan*** anak pertamanya di rumah sakit. 그 여자는 병원에서 첫 번째 아이를 출산하였다;② 표출하다,표현하다, 말하다; ⓢ mengeluarkan; Orang itu ***melahirkan*** ide yang bagus. 그는 좋은 생각을 말했다; ③ 유발하다,발생시키다; ⓢ mengadakan,menjadikan; Perusahaan itu ***melahirkan*** rencana baru.그 회사는 새로운 계획을 세웠다;

kelahiran ① 탄생, 출생; ② 속세의,외면적인, 외부적인; ③ ~출신인; **kelahiran** rakyat jelata 서민 출신의, 출신이 초라한;

lain ① 딴, 다른; ⓢ beda, asing; Tak ada orang ***lain*** di sini selain kita. 여기에 우리 외에는 다른 사람은 없다; ② 다른, (앞의 것과는) 별개의; **lain** hari 다른 날; **lain** kali 다음 번;③ 서로 다른, 종류가 다른; Sifatnya ***lain*** dari pada kakaknya. 그의 성격은 형하고는 다르다; ④ ~을 포함하지 않고,~이외에;ⓢ kecuali; Harga sepatu ini *lain* lagi dengan harga sendalnya.구두값에 샌달값은 포함되지 않았다; Yang di pikiranya tak *lain* hanyalah materi saja. 그의 생각은 다른 것엔 없고 오로지 물질 뿐이다;

berlainan 틀리다, 다르다; ⓢ berbeda, bersilisih; Mereka *berlainan* aliran keagamaan. 그들은 종교적으로 다른 교파이다;

berlain-lainan 다른 종류인,서로 다른; ⓢ tidak sama, bermacam-macam; Bahan-bahan itu *berlain-lainan* jenis. 그 소재는 종류가 서로 다르다;

melainkan ① 차별하다,구별하다; ⓢ mengasingkan, membedakan; Baju yang tidak dipakai hendaknya *dilainkan*. 입지 않는 옷은 골라내세요; ② 다만, 오직; ⓢ hanya; Tak ada yang dapat menolong kami *melainkan* Tuhan.신 이외에는 우리를 도와줄 분이 없다; ③ ~이 아니라 ~인, ~인 반면에 ~이다; Saya bukan orang Indonesia, *melainkan* orang Korea. 나는 인도네시아 사람이 아니라 한국 사람이다;

kelainan ① 구별, 편차,차이, 상위(相偉); ② 비원칙, 변태, 이상; ⓢ keanehan; Orang itu sudah lama menderita *kelainan* jiwa. 그 사람은 오랫동안 정신 이상을 앓고 있다;

selain ① ~말고도, ~이외에도; *Selain* ikan, ibu juga membeli sayuran. 어머니는 생선외에 야채도 샀다; *Selain* dia, tak ada lagi orang yang mau mengerjakan ini. 그 이외에는 누구도 이 일을 하고 싶어 하는 사람이 없다; ② ~을 빼고, ~을 제외하고; ⓢ kecuali, tidak termasuk; Minuman *selain* yang beralkohol boleh diminum. 술외에 음료수는 마셔라; **selainnya** 여분, 나머지;Kecuali ini,*selain*nya bukan milik saya. 이것 이외에는 모두 내 것이 아니다;

lajang 미혼의, 총각인, 처녀인; ⓢ bujang, gadis; Ia orang *lajang*. 그(녀)는 미혼이다;

melajang 결혼하지 않고 살다;

laju 신속한, 빠른; ⓢ cepat jalannya, kencang; Orang itu mengayuh sepeda dengan *laju* yang cepat sekali. 그 사람은 자전거를 매우 빠르게 달린다;

berlaju, 경주하다; Kedua pembalap itu saling *berlaju* di sirkuit yang licin itu. 그 두 경주자들은 미끄러운 경주장을 서로 앞서거니 뒤서거니 하였다;

melajukan 빨리 달리다, 박차를 가하다;

perlajuan 촉진, 가속;

lajur ① 줄, 열; ⓢ deret, baris, banjar; ② 줄무늬가 있는; ⓢ jalur; ③ 행간, 단,란; ⓢ kolom; ④ (도로의) 차선; ⓢ garis;

laki 남자;

laki-laki, **lelaki** 남성(의), 남자(의); pengantin *lelaki* 신랑;

berlaki (여자가)결혼한;

kelaki(-laki) an 용기, 용감;

memperlaki 남편을 얻다;

memperlakikan 결혼시키다, 사집 보내다;

laknat ① 악담, 저주; ⓢ kutuk,

sumpah, tulah; ② 저주 받은 사람; Perbuatannya sungguh amat *laknat.* 그의 행위는 정말로 저주 받을 짓이다;

melaknatkan 욕지거리하다, 악담하다;

kelaknatan 저주하는, 악담하는;

lakon ① 드라마, 연극; ② 희곡; ③ (연극의) 막; **lakon** pertama 제 1 막; Dia menonton ***lakon*** yang ditampilkan. 그는 무대 연극을 관람했다;

melakonkan (희곡을)쓰다, (연극을) 공연하다;ⓢ memainkan, menceritakan; Mereka akan ***melakonkan*** legenda Perang Barathayudha di gedung kesenian ini. 그들은 이 예술 전당에서 바라따유다 전쟁 이야기를 공연할 예정이다;

pelakon ① 배우; ⓢ pemain,pemeran;② 주인공; ⓢ tokoh utama;

laksamana 해군 제독, 해군 대장; **laksamana** madya 해군 중장; **laksamana** madya udara 공군 중장; **laksamana** muda 해군 소장; **laksamana** muda udara 공군 소장;**laksamana** tertinggi 해군 원수; **laksamana** udara 공군 대장;

laksana ① 품질,특징,기질,성질; ② 동등의, 동일한 ⓢ sebagai, seperti; Rumah besar itu ***laksana*** kerajaan. 저 큰 집은 궁전같다;

melaksanakan ① 실현하다,구현하다;ⓢmelakukan,menjalankan;Semoga ia dapat ***melaksanakan*** tugas dengan baik. 그가 임무를 잘 수행할 수 있기를 바란다;② 견주다, 비교하다;

pelaksana ① 실행자, 수행자; ② 생산자; ③ 관리자, 관리인;

pelaksanaan 이행, 수행, 실행; **pelaksanaan** gencatan senjata 휴전협정의 이행; ***Pelaksanaan*** upacara pernikahannya akan diadakan hari Sabtu besok. 결혼식은 오는 토요일에 있을 예정이다;

laku, **berlaku** ① 행위, 행동; ⓢ perbuatan,kelakuan; Orang itu suka ***berlaku*** seenaknya sendiri. 그 사람은 자기 마음대로 행동하기를 좋아한다; ② 방법,수법;ⓢ cara; ③ 효력있는, 유효한; ⓢ sah; Kupon ini ***berlaku*** sampai besok saja. 이 쿠폰은 내일까지만 유효하다; ④ 인기가 있는, 매각된; ⓢ laris, sudah terjual; Barang jenis ini sudah ***laku*** semuanya. 이 종류의 물건은 이미 모두 팔렸다;

berlaku ① 효력이 있다,유효하다; ⓢ sah; ② 발생하다, 일어나다; ③ 적용되다, 시행되다; ⓢ boleh di pakai; Peraturan ini ***berlaku*** bagi seluruh warga negara Indonesia. 이 법은 모든 인도네시아 국민에게 적용된다;

melakukan ①완수하다,수행하다; ⓢ mengerjakan,menjalankan;Anak itu sudah ***melakukan*** pekerjaannya dengan baik. 그 아이는 일을 잘 처리했다; ② 판매하다; Tak mudah untuk ***melakukan*** jual beli mobil. 그 차를 팔기는 쉽지 않다; ③ 받아들이다.범하다; ⓢ berbuat, melaksanakan; ④ 하다;

memperlakukan 처리하다,조종하다, 받아들이다, 허락하다; Orang

itu ***memperlakukan*** orang lain dengan tidak adil.그 사람은 친구에게 공정하지 못하다;

kelakuan 태도, 행동, 행위, 특성; ⓢ perbuatan, tingkah laku, perangai; Sejak orang tuanya tiada, ***kelakuan***nya semakin menjadi. 부모가 없어진 이후로 그의 행동은 점점 나빠졌다;

berkelakuan ~한 성질을 가진;

pelaku ① 수행자,실행자;② (연극 영화.소설의 등장) 인물; ⓢ tokoh ③ 배우; ⓢ pemain, pemeran; ***pelaku*** utama 주인공,주역; Polisi sedang mencari ***pelaku*** pembunuhan yang menggemparkan itu. 경찰은 그 충격적인 살인 사건의 용의자를 찾고 있다;

perlakuan ① 대우, 대접, 처리; **perlakuan** tawaran 죄수 취급; ② 사건, 발생; ③ 행동, 행위; ⓢ perbuatan; **perlakuan** perang 전쟁 행위; Di kantor ia mendapat ***perlakuan*** yang baik dari bosnya. 그 회사에서 직원은 사장으로부터 좋은 대우를 받았다;

selaku ① ~와 같이, ~처럼; ⓢ seperti; Ia berbicara di forum ***selaku*** ketua penyelenggara pameran itu. 그는 그 전시회의 주최자 대표로 간담회에서 발언하였다; ② ~로서;ⓢ sebagai;③ ~을 대리하여, ~을 대표하여; ***Selaku*** orang tua harus mendidik anaknya dengan baik. 부모로서 아이에게 교육을 잘 시켜야 한다;

lalai ① 게으른,태만한; ⓢ lengah; ② 넋나간; ⓢ terlupa, tidak sadar; Semua murid ***lalai*** membuat tugas di sekolah. 모든 학생은 학교에서 할 일을 잃어버렸다;

berlalai-lalai 느린,게으른, 무관심한; ⓢ bermalas-malas;

melalaikan 잊어버리다, 무시하다, 소홀히 하다;ⓢ melupakan,tak peduli; Jangan ***melalaikan*** pekerjaanmu di kantor. 사무실에서 책무를 소홀히 하지 말아라;

melalaikan ① 미루다,연기하다; ⓢ mengundurkan; ② 위로하다,위안하다;ⓢ menghiburkan; **melalaikan** waktu 한가로운 시간을 보내다;

kelalaian 무관심, 태만, 부주의; Hal itu terjadi karena ***kelalaian***nya sendiri. 이 일은 그 자신 스스로의 소홀함으로 빚어진 일이다;

lalat 파리; **lalat hijau** 쉬파리;

laler 파리; ⓢ lalat;

lalu ① 건너다,통과하다,지나가다; ⓢ lewat, berjalan; Dilarang ***lalu*** di jalan ini. 이 길의 통행을 금함; ② 지나간, 지난; ⓢ lampau, sudah lewat; Kekasihnya pergi sebulan yang ***lalu***. 그의 애인은 한 달 전에 갔다; ③ 직접으로; ⓢ langsung, terus; Sehabis pergi kesini, ia ***lalu*** pulang. 여기에 온 후, 그는 바로 돌아갔습니다;④ 처분된;Masa yang telah ***lalu*** tidak bisa mengingatkan pada kekasihnya. 지난 날의 애인에게 되돌릴 수 없다고 말했다; ⑤ 끝나다; ⓢ habis, selesai; Ujian telah ***lalu***, sekarang mulai semester baru. 시험은 이미 끝났고 이제 신학기입니다; ⑥ 그 후에 곧; ⓢ sesudah itu segera; Ia tertidur pulas *lalu* melupakan pekerjaan-nya.그는 곤히 자고 나서 그의 일을 잊어버렸다; lalu lalang ① 이리저리 움직이다; ⓢ hilir mudik, keluar masuk; Banyak kendaraan *lalu* lalang di jalan raya. 많은 차량이 한길에 왕래하고 있다; ② 흐트러진, 단정치 못한; ⓢ tidak teratur; lalu lintas; 통과, 통행, 교통;Polisi mengatur *lalu* lintas yang macet. 교통순경이 막히는 정리하고 있다; polisi **lalu** lintas 교통 순경;

berlalu ① 지나가다, 통과하다; ⓢ lewat, berjalan; ② 지나가 버린, 지나간; ⓢ sudah lampau;Jangan di ungkit lagi masalah yang sudah *berlalu*. 더 이상 말하지 마라 이미 지난 일이다;③ (계약이)끝난,(시효가) 다된; ⓢ habis, tidak sah lagi; Surat Ijin saya sudah *berlalu* masa berlakunya. 내 허가는 유효 기간이 지났다; ④ 죽다; ⓢ mati, pergi;

melalui ① 통과하다, 가로질러가다;ⓢ menempuh; Untuk mencapai daerah itu,kita harus *melalui* sungai dahulu. 그 지역에 가기 위해서는 먼저 강을 건너야 합니다; ② 범하다,위배하다, 위반하다; ⓢ melanggar;③~을 거쳐,~을 경유 하여; ⓢ melewati,menjalani; Ia mengirim surat untuk temannya *melalui* pos.그는 우편으로 친구에게 편지를 보냈다;

selalu 언제나, 항상;ⓢ senantiasa, tiada putus-putusnya; Dia *selalu* berdoa kepada Tuhan agar diberi kebahagiaan. 그는 신에게 행복을 달라고 항상 기도했습니다;

terlalu 매우, 과도하게, 지나치게, 너무;ⓢ melampaui batas,berlebihan; Ia *terlalu* sombong hingga tak memiliki kawan.그는 너무 건방져서 친구가 없다;

keterlaluan 너무, 지나치게, 굉장히; Kelakuannya sudah sangat *keterlaluan* sekali.그의 행동은 너무나 도를 넘어서 있다;

lama

lama ① (오랫)동안, 긴; ⓢ panjang antara; Tamu di restoran itu memesan makanannya *lama* sekali. 그 식당의 손님은 아주 오랫 동안 주문을 기다렸다;Berapa jam *lama*-nya menuju ke tempat itu? 거기까지 시간이 얼마나 걸리는가? ② 오래된, 낡은; ⓢ tua,kuno; Mobil *lama* rupanya.그 차는 낡아 보인다; tidak **lama** lagi 멀지 않아, 이윽고, 얼마 안 있어;

lama-lama ① 마침내, 결국; ⓢ akhirnya; ② 점점, 점차로~; ⓢ makin lama, makin...; Karena dibiarkan, *lama-lama* dia semakin kurang ajar. 그냥 놓아 두었더니 시간이 갈수록 그는 점점 버릇이 없어졌다;

berlama-lama 오랫 동안, 한참 동안, 점점, 점차로,결국, 마침내; ⓢ lama-kelamaan, lambat laun; Jangan terlalu *berlama-lama* disana, tempat itu berbahaya! 거기에 너무 오래 있지 말아라, 위험한 곳이다!

memperlamakan 연기하다,미루다; ⓢ memanjangkan waktu;

kelamaan ① 너무 오랫 동안; ⓢ terlampau lama; ② 점점 점차로, 결국,마침내; Karena *kelamaan* menunggu akhirnya mereka tertidur di sofa. 그들은 너무 오래 기다리다 못해 소파에서 잠이 들었다;

lama-kelamaan 점점, 점차로;

selama ① ~하는 동안에, ~할 때, ~하는 한; ⓢ ketika, semasa, saat; *Selama* hujan saya terus belajar. 시험치는 동안에 나는 계속 일을 했다; ② 항상, 언제나; **selama ini** 지금까지, 여태까지, 여태껏; **selama itu** 그때(까지);

selamanya 언제나,항상; Semoga mereka hidup bahagia *selamanya*. 그들이 평생 행복하게 살기를 기원한다;

selama-lamanya ① 영원히,끝없이; ⓢ kekal, tidak habis-habis nya; ② 길어야, 기껏해야, 많아야; ⓢ paling lama, yang terlama; Mobil itu diperbaiki *selama-lama nya* 2 jam. 그 차를 수리하는데는 기껏해야 2 시간이다;

lamar, **melamar** ① 구혼하다, 청혼하다;ⓢ meminang;Siapa pemuda beruntung yang berhasil *melamar* dia? 그녀에게 청혼한 운 좋은 젊은이가 누구인가?② 구하다,신청하다; ⓢ meminta, memohon; Orang itu *melamar* kepada orang tua gadis itu. 그 사람은 그 처녀의 부모에게 청혼을 했다;

pelamar ① 지원자,신청자; ② 구혼자, 청혼인; Hari ini jumlah *pelamar* untuk pekerjaan ini 10 orang. 오늘 구직 신청자가 10 명이다;

lambai,**melambai-lambai** ① 흔들어 신호하다, 흔들다; Pohon kelapa itu *melambai* di tepi pantai. 길가에 그 야자 나무가 흔들거린다; ② 너울거리다,펄럭이다. 흔들리다; ⓢ berlambai-lambai; Daun kelapa *melambai* tertiup angin. 야자수 잎이 바람결에 흔들거린다;

melambaikan 펄럭이게 하다,~을 흔들다; ⓢ mengayunkan; Angin *melambaikan* daun kelapa. 바람결이 야자수 잎을 흔들었다;

lambaian① 파동,너울 거림,흔들림, **lambaian** bendera 기의 펄럭거림; ② 외쳐 불러댐;ⓢ panggilan;*Lambaian* tangannya tanda perpisahan. 손을 흔드는 것이 이별의 표시였다;

lamban ① 노곤한,느른한, 나태한, 게으른;ⓢ berasa malas; ② 어설픈, 서투른;

lambang, **perlambang** ① 기호, 부호,심볼,특징,상징;ⓢsimbol,tanda; Burung Garuda ialah *lambang* negara Indonesia. 가루다는 인도네시아의 상징이다; ② 문장, 배지;

melambangkan 나타내다, 표시하다,상징하다; Merah *melambangkan* bahaya. 빨강색은 위험을 상징한다;

lambat ① 느릿느릿한,늦은, 느린; ⓢ pelan, tidak cepat; ② 지각한;

berlambat① 늦은,서두르지 않는; ② 서성대다, 우물쭈물하다; **tidak berlambat** 즉각, 재빨리;

memperlambat 연기하다,지연시키다, 낮추다;

selambat-lambatnya 늦어도, 아주 늦은; ⓢpaling lambat; Membayar uang sekolah *selambat-lambatnya* besok. 학비는 늦어도 내일까지 납입한다;

terlambat ① 지나치게 느린,너무 늦은; ⓢ telat, terlewat; ② 지체된, 지연된;Besok tidak ada yang boleh sampai datang ***terlambat***! 내일은 늦는 사람이 있어서는 안된다;

keterlambatan 연기, 유예, 지체, 지연; ***Keterlambatan***nya tidak dapat ditoleransi.그의 유예는 용납될 수가 없다;

lambung 튀다, 도약하다;

melambung 뛰어오르다;Pesawat itu terbang ***melambung*** tinggi di atas awan.비행기는 구름 위에 높이 뜨있다;

lampau ① 지난,지나간,왕년의;ⓢ lalu, lewat; pada waktu yang **lampau** 과거에; Waktu makan sudah ***lampau***. 식사 시간이 이미 지났다; ② 지나칠 정도로, 너무 많이; ⓢ lebih, sangat; Di waktu ***lampau*** dia banyak melakukan pelesiran. 그는 과거에 많은 여행을 하였다;

melampaui ① 지나치다,통과하다, 지나가다; ⓢ melewati; Prestasinya telah jauh ***melampaui*** teman-teman yang lain. 그의 성취는 다른 친구들을 훨씬 앞지르고 있다; ② 어기다, 위반하다; ⓢ melanggar; Kadar alkohol minuman itu ***melampaui*** batas yang diperbolehkan. 그 음료의 알콜 농도는 허가치를 넘어 있었다; ③ 도를 넘기다,지나치게 하다; ⓢ melebihi; Sikapnya sudah sangat ***melampaui*** batas sehingga banyak yang membencinya. 그의 성격은 너무 지나쳐서 많은 사람들이 미워한다; ④ 이기다,극복하다; ⓢ mengatasi, melintasi;

terlampau 지나치게, 너무, 몹시; ⓢ terlalu,teramat sangat; Tempat itu ***terlampau*** jauh. 그 곳은 너무 멀다;

terlampaui 간과하다, 벗어나다, 지나쳐 버리다; ⓢ sudah dilalui; Segala rintangan itu telah ***terlampaui*** olehnya. 모든 장애가 그에 의해서 극복되어 있었다;

lampias ① 분출하다, 내뿜다; ② 유창한, 민첩한, 급속한, 빠른;

melampiaskan ① 내뿜게 하다, 분출시키다; ⓢ memudahkan pengaliran;② 촉진시키다,빠르게 하다, 해제하다;ⓢ melancarkan,melepas; Jangan ***melampiaskan*** kemarahan pada orang lain. 다른 사람에게 화풀이를 하지 말아라; ③ 허가하다, 동의하다;

lampir, melampiri ① 동봉하다, 첨부하다, 붙이다; ⓢ menyertai; Surat ini ***dilampiri*** materai senilai Rp.6000. 이 서류는 6000 루삐아 짜리 수입 증지가 붙어있다; ② 추가하다, 부가하다, 덧붙이다;

melampirkan 첨부시키다,동봉시키다; ⓢ menyertakan, mengirim bersama;Jangan lupa ***melampirkan*** surat ijazah. 자격증을 첨부하는 것을 잊지 말아라;

lampiran ① 동봉물; ② 부착물, 부착; ③ 추가,부가물,부록;ⓢ tambahan; Semua keterangan itu ada di ***lampiran*** halaman terakhir. 모든 설명은 뒷 페이지 부록에 있다;

lampu 등불,등(燈);ⓢ pelita, dian lentera; **lampu** belakang 꼬리등; **lampu** besar 헤드 라이트; **lampu**

hijau; 청신호, 푸른등; **lampu** kecil 조광기(調光機), 꼬마 전등; **lampu** merah 적신호,적색등;**lampu** minyak tanah 석유등; **lampu** sen 신호등; **lampu** tempel 벽등; Hari sudah petang, tolong nyalakan ***lampu***nya! 날이 어두워졌으니 불을 좀 켜라;

lampung, **melampung** 떠다니다, 부유하다, 떠오르다, 뜨다; ⓢ terapung, tidak tenggelam;

pelampung 구명동의, 구명자켓;

lancang ① 대담한,무엄한,건방진, 무례한; ⓢ kurang sopan; ***Lancang*** sekali dia bicaranya.그가 얘기하는 것이 뻔뻔하기도 하구나; ② 부끄럼을 안타는,부끄러워할 줄 모르는; **lancang** tangan 손버릇이 나쁜;

kelancangan 경망, 경솔; ***Kelancangan***nya tak terampuni. 그의 경솔함은 용서를 할 수가 없다;

lancar ① 원활한,빠른, 거침없는; ⓢ cepat, kencang; Jalan tol itu ***lancar*** dan tidak macet.그 고속도로는 막히지 않고 원활하다; ② 말 잘하는, 유창한; ⓢ fasih, mahir;

melancarkan ① 속력을 내다, 가속화하다;ⓢ meluncurkan; Tepat tengah malam nanti kami akan ***melancarkan*** serangan ke markas musuh. 나중에 정각 자정 우리는 적의 본부를 공격할 것이다;② 고무하다,촉진시키다; ⓢ mempercepat; Maksud dari program-program pemerintah itu tak lain untuk ***melancarkan*** pembangunan negara. 그 조치들의 목적은 다름 아닌 국가 건설을 촉진시키자는 것이다; ③ 퍼붓다, (공격을) 시작하다; ⓢ melakukan,menjalankan;Tentara Korea Utara mulai ***melancarkan*** serangannya terhadap garis pertahanan Korea Selatan.북한군은 남한의 방어선에 대해 공격을 감행하기 시작했다;

kelancaran 유창,평온,평탄, 부드러움; Untuk ***kelancaran*** jalannya acara ini mari kita berdoa bersama-sama. 이 행사가 잘 끝나기를 바라며 우리 기도합시다;

landa, **melanda** 당하다; ⓢ melanggar, menimpa; Banjir telah ***melanda*** desa kami sejak minggu lalu. 지난 주부터 우리 마을에 홍수가 덮쳤다;

landak 고슴도치;

landas 기초, 근본, 토대; ⓢ alas, dasar;

berlandaskan ~에 기초한다; ⓢ berdasar, beralasan;

landasan ① 모루, 침골(砧骨); ⓢ paron; ② 토대,기초; ⓢ alas, tumpuan; ③ 활주로;

langgan, **berlangganan,** **langganan** ① 단골, 고객; ② 예약자;

berlangganan 예약하다; Kami sudah lama ***berlangganan*** surat kabar itu. 우리는 오래 전부터 그 신문을 단골 구독하고 있다;

langgar 예배당;Kami akan sembahyang di ***langgar*** desa tetangga. 우리는 옆 마을의 사원에서 예배를 드릴 것이다;

langgeng 불멸의,불후의, 영구의, 영원한; ⓢ abadi, bakal, kekal; Semoga pernikahan kami ***langgeng*** hingga akhir hayat. 우리의 결혼이

죽을 때까지 지속되기를 바란다;
kelanggengan 불멸, 영원, 영구;
langit 창공, 하늘; ⓢ angkasa, antariksa;
langit-langit ① 입천장,구개; ② 차양, 차일; ⓢ atap; **langit-langit** kamar, **langit-langit** rumah 천장;
melangit ① 하늘 높이 날다, 하늘로 향하다; ⓢ melambung, meninggi, mengangkasa;② 으시대다,자랑하다, 허풍떨다; ⓢ sombong;
langit-langitan 천장;
langka 드물게;ⓢ jarang; Barang ini memang *langka* di pasaran. 이 물건은 시중에 거의 없는 물건이다;
kelangkaan 희박함, 희귀;
langkah ① 걸음, 보폭; Maju dua *langkah*.두 걸음 앞으로!; Kami memperbesar usaha ini *selangkah* demi selangkah. 우리는 이 사업을 차츰 확장시켰다; ② 조치,방법,행위, 수단;ⓢ perbuatan,jalan; Saya mengambil contoh *langkah* yang baik dari teman. 나는 친구의 좋은 품행을 따랐다; **langkah** baik 좋은 시기,호기,길일; salah **langkah** 불행(한), 불운(의); membawa **langkah** 멋대로; Ia membawa *langkah*nya menuju pintu keluar. 그는 출구로 발을 옮겼다;
melangkah ① 걸음을 옮기다, 걷다; ⓢ berjalan; pergi; ② 출발하다; ⓢ berangkat; ③ 가로지르다, 통과하다;
melangkahi ① 한도를 넘다, 넘어가다; ⓢ melewati; Jangan sekali-kali sampai *melangkahi* batasnya. 한 번이라도 한도를 넘지 말아라; **melangkahi** kaki (유부녀가) 간통하다; ② 소홀히 하다,무시하다; ⓢ menyalahi;Jangan pernah kamu *melangkahi* peraturan yang sudah ada. 너는 규정을 무시하지 마라;
melangkahkan 조치하다, 계획하다, 걸어가다; Dia mulai *melangkahkan* kakinya menuju masa depan.그는 미래를 향해 발을 딛기 시작했다;
langsing 날씬한, 여윈, 가느다란; ⓢ ramping; Tubuhnya *langsing* karena pintar merawat diri. 그녀는 스스로 잘 관리하여 몸이 날씬했다;
melangsing 날씬해지다, 여위다, 가늘어지다; Kian hari tubuhnya kian *melangsing*. 날이 갈수록 몸이 날씬해졌다;
langsung ① 직접적으로, 직행하여,곧장;ⓢterus; Setelah pakaian dicuci *langsung* dijemur. 세탁 후 바로 말리다; ② 늦은, 저물은; ⓢ lewat dari tujuan;
berlangsung 진행하다,계속되다; ⓢ melanjut,terus berlaku;Upacara pelantikan *berlangsung* lancar. 임명식은 순조롭게 진행되었다;
melangsungkan 진행하다,열다; ⓢ melakukan, melaksanakan; Pelantikan presiden akan *dilangsungkan* pagi ini. 대통령 취임식이 오늘 아침에 거행됐다;
kelangsungan 지속, 계속, 연속; **kelangsungan** hidup yang tercakap. 적자 생존; Semua ini untuk menjaga *kelangsungan* hidup kita. 이 모든 것이 우리의 생명을 지키기 위한 것이다;

perlangsungan 발달,향상, 진보;

lanjur 펴진, 펼쳐진; ⓢ lanjut;

melanjurkan 길게 하다, 펼치다, 길게 늘이다; ⓢ memanjangkan, melanjutkan;

terlanjur 경솔한, 지각 없는, 저질러진;ⓢ terdorong, sudah terkatakan; Pikir dulu sebelum ***terlanjur*** bicara pada orang lain. 다른 사람에게 얘기하기 전에 생각을 먼저 해라;

lanjut ① 오래된, (밤이)깊은, (연세가)높은;ⓢ lama,tinggi; Sudah ***lanjut*** malam sekarang. 벌써 밤이 깊었다; Sekarang usianya ***lanjut*** sekali. 그는 이미 나이가 많이 들었다; ② 장황한, (이야기가)긴; ⓢ panjang; Beritanya ***lanjut*** selama 30 menit. 뉴스는 30 분 동안이나 장황했다; **lanjut** akal, lanjut pikiran 영리한; ⓢ panjang akal, panjang pikir;③ 계속되는,끊임없는;ⓢ terus, masih bersambung; Akhir cerita ini ***berlanjut*** pada besok pagi. 이야기는 내일 아침에 계속된다;

kelanjutan 계속, 연결, 연속; Bagaimana ***kelanjutan*** cerita itu? 그 이야기의 계속은 어떻게 되었느냐?

melanjut 지속적인, 연속적인; ⓢ terus, tidak berhenti; Mobil itu terus ***melanjut*** sampai ke tujuan. 그 차는 목적지까지 계속 간다;

melanjutkan ① 지속하다, 계속-하다;ⓢ meneruskan, melangsungkan; ② 늘이다,길게 하다; ⓢ memanjangkan, menyambung agar panjang; Tak sesuatu apapun yang dapat ***melanjutkan*** umur manusia. 그 어느 것이라도 인간의 생명을 연장 시킬 수 없다;

selanjutnya 다음에, 차후, 앞으로는; ⓢ seterusnya, sesudah itu; Setelah ini kita harus merancang langkah ***selanjutnya***.이후에 우리는 다음 행보를 계획해야 한다;

lanjutan 지속,계속,연속; ⓢ sambungan; Film ini adalah ***lanjutan*** film yang kemarin. 이 영화는 어제 영화의 연속이다;

lantai 마루 바닥, (건물의)층; ⓢ dasar, tingkat; **lantai** perahu 선상; **lantai** rumah 마루 바닥;

melantai ① 마루 바닥을 깔다, 마루를 만들다; ② 춤을 추다; ⓢ berdansa;Sesudah makan para tamu ***melantai*** dengan gembira. 손님들은 식사 후 즐겁게 춤을 추었다; ⓢ rata dasar;

lantang 명료한, 맑은, 명백한, 또렷한; ⓢ nyaring, keras, jelas; Anak itu menjawab pertanyaan ibu nya dengan ***lantang***.그 아이는 어머니의 질문에 또렸하게 대답했다;

kelantangan ① (목소리의)맑음, 분명함; ② (옷감의)표백;

lantas ① 곧바로, 즉시; ⓢ terus; Sampai di rumah dia ***lantas*** pergi bekerja. 그는 집에 돌아가자 마자 일하러 갔다; ② 그 후에,그 다음에; ⓢlalu;Sesudah memarahi anaknya, ibunya ***lantas*** menasehatinya. 그 어머니는 아이에게 야단을 친 후 충고를 했다;

lantik, melantik 취임시키다; ⓢ meresmikan; Para mahasiswa baru akan ***dilantik*** hari ini. 대학 신입생

들에게 오늘 등교하라고 했다;

pelantikan 취임(식), 임명(식), 임관(식); Banyak pejabat hadir pada acara ***pelantikan*** itu. 많은 고위 관리들이 그 취임식에 참석했다;

lantun, melantunkan 서서히 하다, 긴장을 풀다;ⓢmengalunkan; Suara petikan gitar itu ***melantunkan*** lagu di kesunyian malam. 그 기타 소리가 고요한 밤에 서서히 울렸다;

lantur, melantur 횡설수설하다, (이야기 등이) 빗나가다; ⓢ menyimpang; Jangan bicara ***melantur*** seperti anak kecil 어린애처럼 횡설수설하지 말아라;

melanturkan (주의를) 딴 곳에 쏠리게 하다, 딴 데로 돌리다; ⓢ menyesatkan; Kata-katanya itu ***melanturkan*** perhatianku. 그의 그 말은 나의 마음을 돌리게 했다;

lapang ① 넓은,비어 있는,넓다란; ⓢ luas, lebar; Dia tinggal dekat tanah ***lapang***. 그는 공터 옆에 산다; ② 속박되지 않은,한가한, 자유로운; ⓢ bebas, senggang; Minggu ini kegiatan kita agak ***lapang*** sedikit. 금주에 우리 활동 계획은 다소 여유가 있다;③ 기분좋은,안락한; ⓢ tenang, senang; **lapang** hati 관대한, 마음이 넓은; Kita harus menerima cobaan ini dengan ***lapang*** hati. 우리는 이 고난을 넓은 마음으로 받아야 한다;

melapangkan ① 확대하다,확장하다, 넓히다, 늘리다; ⓢ meluaskan; Semoga Tuhan ***melapangkan*** jalannya di akhirat nanti! 신이여 그의 사후의 길을 넓혀 주소서! ② 격려가 되다, 위안이 되다; ⓢ melegakan; Berbicara dengan orang itu sungguh ***melapangkan*** pikiran. 그 사람과 이야기한 것이 실로 위안이 되었다; **melapangkan** dada 기쁘게 하다,완화하다;**melapangkan** jiwa 자비를 베풀다, 친절히 대하다;

kelapangan ① 광장, 여백, 공간; ⓢ keluasan, kelonggaran; ② 한가한 시간, 여가,틈; ⓢ waktu yang lapang;

lapangan ① 경기장,운동장, 광장; ⓢ alun-alun, ruang yang lapang; Anak itu bermain bola di ***lapangan***. 그 아이는 운동장에서 공놀이를 하고 있다; ② 영역, 분야; ⓢ lingkungan, bidang; Apa ***lapangan*** pekerjaannya? 당신은 어떤 분야에서 일합니까?

lapar ① 주림, 공복; ⓢ kosong perut;② 배고픈; Saya ***lapar*** sekali, ingin segera makan. 나는 배가 너무 고프다 밥을 빨리 먹고 싶다;

melaparkan 굶기다; Ia sengaja ***melaparkan*** dirinya agar kita bersimpati kepadanya. 그는 일부러 굶었는데 우리에게서 동정을 받기 위해서였다;

kelaparan ① 배고픔, 공복; ⓢ kekurangan makan;② 배를 주리다, 기아에 시달리다; ⓢ menderita lapar; Banyak orang di negera miskin ***kelaparan***. 많은 빈곤한 국가의 사람들이 기아에 시달리고 있다;

lapis ① (=lapisan) 층, 쌓은 두께; ***Lapis*** yang pertama kurang tebal. 첫 번째 층은 얇다;② 열,줄;ⓢ deret, jajaran; Tolong taruh bunga ini di meja *lapis* ketiga. 이 꽃을 세 번째 줄 책상에 놓아라; ③ 표피, 치장, 안(감), 안 받침;

berlapis(-lapis) 층이 진, 층층단으로 된; Nyonya itu menggunakan kalung *berlapis* berlian. 그 처녀는 다이야몬드로 치장한 목걸이를 했다;

melapis ① 모으다, 축적하다; ② 층층의; ⓢ bersusun-susun;

melapisi ① 안감을 넣다; ② 포장하다; Kertas itu digunakan untuk *melapisi* barang ini. 그 종이는 이 물건을 포장하는데 쓴다;

lapisan ① 층; ② 안감,받침; ③ 계급,계층;ⓢ tingkatan, kedudukan; Ia termasuk orang *lapisan* bawah. 그는 하류 계층에 속한다; lapisan masyarakat 사회 계층; lapisan pelindung 보호층;

lapor, melaporkan 보고하다, 알리다, 신고하다; ⓢ memberitahukan;

pelapor 보고자, 신고자;

laporan 신고, 통지;

lapuk 곰팡내 나는,곰팡이가 핀;② 부패한,썩은;ⓢ rusak,usang,busuk; Buku itu sangat *lapuk*. 그 책은 아주 부패했다;③ 낡은,구태 의연한; Peraturan yang sudah *lapuk*.시대에 뒤진 규칙;

berlapuk 곰팡이가 피다; ⓢ berjamur;

kelapukan 곰팡내, 곰팡이;

lara ① 슬픈, 근심하는,걱정하는;ⓢ sedih, susah hati; Hatinya sedang *lara* karena ditinggal sang kekasih. 그녀는 애인이 떠났기 때문에 마음이 슬픈 상태이다;② 아픈; ⓢ pilu sakit;

larang, melarang 막다,금하다;ⓢ tidak mengizinkan, menegahkan; Siapa pun *dilarang* merokok di sini. 누구든 여기서 담배를 피워서는 안 된다;

larangan 금지령,금기,금지; Anak itu mendapat *larangan* dari ibunya supaya tidak merokok. 그 아이는 어머니로부터 금연령을 받았다;

laras ① 음의 고저,음조, 음계; ⓢ nada,suara; ② 융화, 조화,일치; ⓢ kesesuaian, keselarasan;

menyelaraskan 융화시키다, 조정시키다, 일치시키다; ⓢ menyesuaikan, menyamakan;

keselarasan 조화,일치,적응; ⓢ kesesuaian, kesamaan; Kita harus menjaga *keselarasan* hidup agar tetap harmonis. 우리는 화목하도록 생활을 조화시켜야 한다;

selaras ~에 조화하여, ~에 일치하여; ⓢ sesuai,sepadan,harmonis; Perbuatannya itu tak *selaras* dengan perkataannya. 그의 행동은 말과 일치하지 않는다;

lari ① (=berlari) 도망치다,뛰다,달리다;② 그만두다,탈출하다; ⓢ melepaskan dirinya, kabur, minggat; Berapa orang yang berhasil *lari* dari penjara? 몇 사람이 감옥에서 탈옥하는데 성공했는가?③ 목적(지), 방향; ⓢ arah,tujuan; Kemana *larinya* mobil itu? 차는 어느 방향으로 갔나?

berlari 도망치다, 뛰다,달리다; ⓢ berjalan kencang; Dia sudah *berlari* secepat mungkin tapi tetap tidak terkejar. 그는 최대로 빨리 뛰었지만 따라갈 수가 없었다;

berlarian 허겁지겁 달리다, 정신없이 달리다; Anak-anak sedang ***berlarian*** di taman.아이들이 놀이터에서 뛰어 놀고 있다;

melarikan ① 유괴하다;ⓢ membawa lari; Para penculik itu ***melarikan*** anak siapa? 그 유괴범들이 누구의 아이를 납치했는가? ② 달리게 하다, 빠르게 몰아대다; Orang yang tertabrak itu segera ***dilarikan*** ke rumah sakit. 사고 당한 사람은 지체없이 병원으로 데려가야 한다; **melarikan** diri 탈출하다, 도망치다;

pelari ① 주자, 달리는 사람; ⓢ atlet; ② 탈주자, 도망자; Ia adalah ***pelari*** jarak pendek. 그는 단거리 주자이다;

pelarian ① 경주;ⓢ perlombaan; ② 육상 경기장, 트랙; ③ 도망(자), 탈주(자); ⓢ pengungsian; **pelarian** diri 도망, 탈출;

laris 잘 팔리는, 인기있는, 수요가 있는; ⓢ amat laku, terjual; Penjualan baju ini amat ***laris*** di musim ini.이 옷은 이번 시즌에 아주 잘 팔렸다;

melariskan 평판이 좋게 하다, 판로를 만들다;

larut ① 녹다,용해되다; ⓢ hancur, luluh, menjadi cair; Pil itu mudah ***larut*** di dalam air. 그 알약은 쉽게 물에 녹는다;② 분해된,녹은,용해된; ③ (밤이)깊어가는, 늦은, 심해지는; ⓢbertambah jauh,bertambah lama; Ia bekerja sampai ***larut*** malam. 그는 이미 밤 늦게까지 일하였다;

berlarut 실연한, 비탄에 잠긴, 상심한;

berlarut-larut ① 한없이; ⓢ bertambah-tambah jauh;② 장황한, 끝없는; Jangan biarkan masalah ini sampai ***berlarut-larut***. 이 문제가 결론 없이 계속되지 않도록 해라;

melarut 녹이다 용해시키다; ⓢ mencair; Zat ini mudah ***melarut*** dalam air. 이 성분은 쉽게 물에 녹는다;

melarutkan 질질 오래 끌다,녹아들다;ⓢ menghanyutkan; Ibu ***melarutkan*** gula dalam susu supaya menjadi manis.어머니는 달게 하기 위해 우유에 설탕을 넣으셨다;

larutan 용해; ⓢ campuran, luluhan, enceran; ***Larutan*** ini telah membuat sungai menjadi tercemar. 이 용액은 강을 오염시켰다;

laskar ① 병사,군인; ⓢ prajurit; ② 육군 군대; ⓢ pasukan tentara; **laskar** rakyat 민병; Sudah lama ia bergabung dengan ***laskar*** pemuda. 오래 전부터 그는 청년 민병대에 가입하고 있었다;

latar ① 외면,외부,겉; ⓢ permukaan; ② 바탕,바닥, 배경; ⓢ dasar, rata,datar; ③ 뜰,마당; ⓢ halaman depan; **latar** belakang 배경;

pelataran ① 뜰, 마당; ⓢ halaman; ② 배경; Kami parkir mobilnya di ***pelataran*** timur gedung ini. 우리는 이 건물의 동쪽편에 주차하였다;

latih 훈련된, 숙달된;

berlatih (diri) 훈련하다,연습하다; ⓢ membiasakan dirinya; Tiap hari dia *berlatih* sepak bola. 매일 그 아이는 축구 연습을 한다;

melatih 훈련시키다, 연습시키다;ⓢ memahirkan, mengajarkan; Guru sedang *melatih* murid-murid bermain musik. 선생님은 학생들에게 음악 실기를 훈련시키고 있다;

pelatih 트레이너, 코우치, 지도자; ⓢ instruktur; Ia menerima penghargaan sebagai seorang *pelatih* sepak bola yang handal.그는 유능한 축구 지도자로서 상을 받았다;

terlatih 숙련된,숙달된; Dia sudah *terlatih* untuk menggunakan alat ini dengan baik. 그는 이 도구를 잘 사용할 수 있도록 훈련을 받았다;

latihan 리허설, 훈련, 연습; ⓢ ulangan, pelajaran; *Latihan* ini sangat berguna untuk pertandingan mendatang. 이 훈련은 다음 시합에 아주 유용하다;

lauk ① 부식물,반찬; ② 고기,생선; **lauk pauk** 반찬; Makanlah dengan *lauk* seadanya. 있는 반찬으로 밥을 먹어라;

berlauk 반찬과 같이 먹다;Mereka makan tanpa *berlauk* daging. 그들은 고기 반찬 없이 먹었다;

laut ① 해양,바다; **laut** lepas 공해(公海);angkatan **laut** 해군; ② 북쪽(의); barat **laut** 북서쪽(의); timur **laut** 북동쪽(의);

melaut ① 항해하다, 바다로 가다; ⓢ pergi ke laut; ② 바다 같은; ⓢ sebagai laut;Ayahnya pergi *melaut* sejak enam bulan lalu. 아버지는 6 개월 전에 항해를 나가셨다;

pelaut 선원, 수부(水夫); ⓢ pelayar; Pekerjaannya ialah sebagai *pelaut* lepas. 그의 직업은 해양 선원이다;

lautan 대해, 대양; ⓢ samudra; **Lautan** Cina Selatan. 남지나해; **lautan** ilmu 학식이 풍부한; **Lautan** Hindia 인도양; **Lautan** Teduh 태평양; **Lautan** Tengah 지중해;

lawak 우스운, 익살맞은; ⓢ jenaka, lucu;

pelawak 어릿광대, 익살꾼, 희극배우; ⓢ badut, tukang lawak;

berlawak-lawak, **melawak** (lawak) 농담을 하다, 희롱하다, 장난치다;

lawakan 장난,익살,농담; *Lawakan*nya sungguh tidak lucu sama sekali. 그의 익살은 전혀 우습지가 않았다;

lawan ① 상대방, 적수, 적; ⓢ musuh; Ia lebih pintar dari *lawan*nya. 그는 적보다 더 영리하다; ② 반대편, 반대; ⓢ kebalikan, tantangan; Siapa *lawan* dari pertandingan itu? 그 경기에 상대는 누구냐? ③ 반대하다, 대항하다; Jangan *lawan* kita.우리에게 대항하지 마시오; ④ ~에 대항하여, ~대 (對); ⓢ menentang, bertanding; Korea *lawan* Jepang 한국 대 일본; **lawan** politik 정적(政敵); **lawan** hukum 불법의;

berlawan 경쟁하다, 다투다; ⓢ bertanding;

berlawanan ~에 위배되는, ~에 반대되는;ⓢ bertentangan,bersaing, bermusuhan; Hal itu *berlawanan* dengan hukum. 그것은 법에 위배

되다;

melawan ① ~에 위배되다, ~에 반대되다;ⓢ menentang, memusuhi, menyangkal; Ia berani *melawan* musuhnya dengan tangan kosong. 그는 적에게 맨 손으로 대항하였다; ② 대담한, 겁내지 않는; Dia suka sekali *melawan* orang tuanya. 그는 부모님과 대항하기를 겁내지 않는다.

memperlawankan ① 맞붙이다, 싸움 붙이다;ⓢ mengadu,mempertarungkan; ② 대조(대비)시키다; Orang itu *memperlawankan* ayamnya dengan ayam lain. 그 사람은 닭 싸움을 시킨다;

perlawanan ① 방해, 저항; ⓢ perbuatan melawan;② 반대,역(逆); ⓢ pertentangan, kebalikan;

terlawan 겨룰 수 있는,경쟁될 수 있는;

lawas 탁 트인, 넓은;

melawas 훤한,탁트인, 넓게 열린;

kelawasan 장소, 공지;

lawat, melawat ① 방문하다; ⓢ menengok, mengunjungi; Anaknya sedang *melawat* ibunya di rumah. 그 아이는 지금 어머니 집을 방문하고 있다; ② 조문하다; ⓢ datang menjenguk, melayat; Ia *melawat* ke tempat kematian kerabatnya. 그는 회생자의 사망 장소로 조문 갔다;

pelawat ① 방문객; ② 문상객; Banyak *pelawat* yang hadir di pemakaman itu. 그 묘지에 참석한 많은 조문객;

perlawatan ①방문;②조문(弔問);

layak 마땅히, 알맞은, 적당한; ⓢ patut, pantas; Dia memang orang yang *layak* untuk di hormati. 그는 존경 받아 마땅한 사람이다;

terlayak 아주 알맞은, 더 적당한; Dialah yang *terlayak* untuk menerima penghargaaan itu. 그야말로 그 상을 받아 마땅한 사람이다;

kelayakan 마땅함, 알맞음, 적당; Sebelum terpilih mereka harus lulus uji *kelayakan* terlebih dahulu. 그들이 선발되기 전에 먼저 적성 검사를 받아야 한다;

selayaknya 마땅히, 마뜩이; ⓢ sepatutnya, sepertinya;

layan, melayani ① 도와주다,대접하다,봉사하다;ⓢ menolong, membantu; Ia bertugas untuk *melayani* tamu-tamu.그는 손님들 시중 임무를 맡고 있다; ② 귀담아 듣다,들어주다; ⓢ mengindahkan, mempedulikan;Seharusnya tamu itu kamu *layani* dengan baik. 너는 진지하게 그 손님을 응대해야 한다; ③ 제공하다,조달하다, 공급하다; ⓢ memberi; Apotik itu *melayani* para pemesan obat. 그 약방은 약을 주문 받는다;

pelayan ① 조수; ⓢ pembantu, pesuruh;Seluruh *pelayan* di rumah ini berjumlah 5 orang.이 집에 있는 전체 시종은 5 명이다; ② 웨이트레스, 여급; ⓢ hostes; ③ 점원, 판매원; ⓢ pramuniaga;

pelayanan, layanan 서어비스, 시중,접대,봉사; ⓢ perakuan; Selama hari raya seluruh bentuk *pelayanan* jasa akan diliburkan. 명절 기간 동안의 모든 서비스는 휴무에

들어간다;

layang, melayang ① 날아가다, 날다; ⓢ terbang; Burung itu *melayang* rendah sekali.그 새는 아주 낮게 날았다; ② 떠돌다, 헤매다, 방황하다; Pikirannya *melayang* pada peristiwa hari itu. 그의 생각이 그 날의 사건으로 맴돌았다; ③ 죽다, 없어지다,사라지다; ⓢ hilang, mati;

layang-layang (=layangan) 연; *Layang-layang* putus talinya. 실 끊어진 연;

melayang-layang ① 빙글빙글 날다;Pesawat itu *melayang-layang* di udara. 그 비행기는 하늘을 빙빙 날았다; ② 정신이 정돈되지 않은;

melayangkan 내보내다,풀어놓다, 날려보내다; ⓢ melepaskan, mengirimkan; Kami sudah *melayangkan* surat peringatan untuk masalah ini.우리는 이 문제에 대해 이미 경고장을 보냈다;

dilayangkan ① 날리다;② ~로향하게 하다;

layar ① 스크리인,영사막;② 범포, 돛; ③ (창문의)블라인드; ⓢ tabir, tirai;

berlayar ① 항해하다;ⓢ berjalan, bepergian; Kami *berlayar* dari Jakarta ke Korea. 우리는 자카르타에서 한국까지 배를 타고 가려고 한다. ② 돛을 사용하다;

melayari ① 항해하다, 떠돌아 다니다;ⓢ mengarungi; ② 배로 나르다,선적하다; Mereka hendak *melayari* lautan itu. 그들은 그 바다를 항해하고 싶어한다;

pelayar 수부, 해원, 선원;

pelayaran ① 항해,항행; ② 항해술; Ayah sudah 10 tahun bekerja di *pelayaran*. 아버지는 이미 10 년 동안 항해 분야에서 종사하고 있다;

layu ① 말라빠진,시든; ⓢ kering; ② 회미한, 핏기 없는, 창백한; ⓢ pucat dan lemah,tidak sehat; Mengapa wajahmu *layu* saja? 왜 네 얼굴이 창백한가?

melayu 시들다, 말라 빠지다; Bunga mawar itu kian *melayu* karena tidak di beri air. 그 장미는 물을 안줘서 아주 시들었다;

melayukan 시들게 하다, 말리다;

kelayuan ① 말라 빠진,병든,시든; ② 죽음; ⓢ kematian;

lazim ① 일반의,보통(의),평상(의); ⓢ biasa,kebiasaan;② 통례의,잘쓰이는,굳어진; Perkataan itu kurang *lazim* digunakan di daerah ini. 그런 말은 이 지역에서 말하기에 적절하지 않다; **lazim**nya 보통, 일반적으로; ⓢ biasanya;

melazimkan 보급시키다, 유행시키다;

kelaziman 예사로움,보통; ⓢ kebiasaan, adat;

lebah 꿀벌; sarang **lebah** 벌집; Orang itu amat rajin seperti hewan *lebah*. 그 사람은 꿀벌처럼 부지런하다; Di dalam sarang *lebah* terdapat banyak madu. 그 벌집에서 꿀을 아주 많이 채취했다;

lebar ① 대범한, 광대한, 넓은; ⓢ luas, lapang; Pekarangannya *lebar* sekali. 그의 집 마당은 매우 넓다; Jalan ini tak berapa *lebar* di banding jalan raya. 그 길은 대로에

비하면 그다지 넓지 않다;② 대범, 광대함, 넓이; Berapa *lebar* sawahnya? 논의 넓이는 얼마나 됩니까? ③ 너비;

melebar 넓어지다, 확장되다;

melebarkan ~ 을 확장시키다, ~을 넓히다;

pelebaran 넓힘, 팽창, 확장; Di desa kami sedang ada proyek *pelebaran* jalan. 우리 마을은 도로 확장 작업 중이다;

Lebaran (회교의 금식 기간이 끝나는 날에 벌이는) 축제; **Lebaran haji** 이슬람력 12 월;

lebat ① 짙은,두꺼운; ② 무성한, 울창한; ⓢ banyak, tebal; Pohon mangga tahun ini *lebat* sekali buahnya. 올해 망고 나무는 열매가 아주 많이 달렸다; ③ 억수 같은; hujan **lebat** 호우,억수;

lebih ① 더,더 큰,더 많은; ⓢ lewat, lampau; Dia *lebih* besar. 그가 더 크다; ② 여분, 나머지; ⓢ sisa; Nanti *lebih*nya di simpan saja.나중에 남는 것은 보관하여라; ③ (비교급에서)꽤; Saya *lebih* senang di sini. 나는 여기가 더 좋다; **lebih dulu** 이전에, 사전에; **lebih kurang** 대략; ⓢ kira-kira;

lebih-lebih ① 무엇보다도, 특히; ⓢ teristimewa,terutama; Makanan Korea ini enak, *lebih-lebih* gimchi. 이 한국 음식은 맛 있는데 김치는 특히 더 좋다; ② 더군다나, 게다가; ⓢ apalagi;Yang pintar saja tak bisa menjawab pertanyaan itu,*lebih-lebih* kita. 그처럼 똑똑한 아이도 대답을 못하는데 하물며 우리야;

berlebih ① 초과하다, 넘다; ⓢ bersisa; Sesudah pesta, makanan *berlebih* banyak sekali. 파티 후에 음식이 많이 남았다;② 과다한,너무 많은; ⓢ terlampau banyak; Bis ini sudah *berlebih* dari jumlah yang di tetapkan.이 버스는 이미 정원을 초과한 상태이다;

berlebih-lebih 지나치게 많은, 과장된; Cerita gadis itu *berlebih-lebih* agaknya. 그 소녀의 이야기는 좀 과장된 것같다;

melebih ~ 을 과도하게 하다,잘난 척하다; Cerita itu rupanya agar ia terlihat *melebih* saja.그 얘기는 그가 잘난 체하기 위해 하는 것같다.

melebihi ①~보다 낫다,능가하다; ⓢ mengatasi, melampaui, melewati; Ia *melebihi* kecantikan ibunya. 그의 미모는 어머니를 능가한다; ② 첨부하다, 첨가하다, 보태다; ⓢ menambah agar menjadi lebih; Gajinya *melebihi* karyawan yang lain. 그 아이의 월급은 다른 직원보다 더 많다;

melebih-lebihi 과장 되다, 지나치다;

kelebihan ① 대다수, 대부분; ⓢ kebanyakan; Uang yang dia berikan sangat *kelebihan*.그가 준 돈은 더 많았다; ② (=lebihan) 초과,과잉, 여분; ⓢ lebihnya,sisanya; **kelebihan penduduk**; 인구 과잉; ③ 강점, 이점, 우월, 유리; ⓢ keunggulan; Uang *kelebihan*nya lebih baik di tabung saja. 남은 돈은 저축하는 것이 좋겠다;

terlebih-lebih 더우기, 특히;

Orang itu memang mudah tersinggung, ***terlebih-lebih*** jika membicarakan keluarganya.그 사람은 쉽게 토라지는데 그의 가족 얘기를 하면 더 그렇다;

berlebihan ① 과장하다,지나치게 하다, 도를 넘기다; ⓢ meluap, tumpah ruah; ② 지나치게, 매우, 너무; ⓢ amat sangat, sangat banyak; Pemberian dia itu amat ***berlebihan*** bagi kami. 그가 준 것은 우리에게는 아주 과분한 것이었다;

lebur ① 녹은,용해된; ⓢ hancur; ② 사라진,멸한; ⓢ rusak, binasa, musnah, hilang; Rumah itu hancur ***lebur*** oleh api. 그 집은 불로 타버렸다;

melebur ① 용해하다, 녹다; ⓢ menjadi lebur; ② (=meleburkan) 녹이다; ⓢ meluluhkan; ③ 없애버리다; ⓢ menghilangkan;

meleburkan diri 가담하다,한패가 되다,합병(합동)하다; Mereka ***meleburkan*** diri ke dalam partai itu? 그들이 그 당에 합류했는가?

peleburan ① 녹임,해산, 용해 ② 용해로, 용광로; Untuk membuat emas harus melewati peristiwa ***peleburan*** dahulu.금을 만들기 위해서는 먼저 특별한 용해가 필요하다;

leceh ① 쓸모 없는,가치 없는; ⓢ tidak berharga, remeh; ② 불량한, 타락한; ⓢ hina, buruk kelakuan;

meleceh 아첨하다, 아양 떨다;

melecehkan 멸시하다,모욕하다; ⓢ menghinakan; Jangan ***melecehkan*** orang lain itu tidak baik. 다른 사람을 멸시하지 말아라 좋지 않다;

pelecehan 아첨군; Pria itu di tuntut atas kasus ***pelecehan*** terhadap wanita. 그 남자는 여성 희롱으로 고발 당하였다;

lecet ① 상처난, 문드러진;ⓢ terkelupas; Kakinya ***lecet*** karena jatuh dari sepeda. 자전거에서 떨어져 피부가 벗겨졌다; ② 젖은, 축축한; ⓢ basah;

ledak, meledak ① 터지다, 폭발하다;ⓢ meletus; ② 일어나다,돌발하다, 발발하다; ⓢ terbit perang;

meledakkan 터지게 하다, 터뜨리다, 폭발시키다; ⓢ meletuskan;

ledakan 파열, 폭발; ⓢ letusan; Peristiwa ***ledakan*** bom itu terjadi di depan pusat bisnis kota.그 폭발 사건은 시내 비즈니스 중심 지역에서 일어났다;

peledakan ① 폭발, 폭파; Kaum gerilya mengaku bertanggung jawab atas ***peledakan*** pabrik senjata itu.게릴라들이 그 무기 공장의 폭발에 책임이 있다고 인정하였다;② 급속한 증가;

lega ① 빈,널찍한,넓은; ⓢ lapang, kosong; Nanti saya pikirkan lagi jika saya punya waktu yang ***lega***. 나중에 한가한 시간이 되면 다시 한번 생각해 보겠다; ② 한가한; ⓢ senggang, tidak sibuk; ③ 기쁜, 즐거운; ⓢ tidak gelisah;

melegakan 위안하다, 안심시키다, 완화하다; ⓢ melapangkan,menentramkan; Sikapnya sungguh ***melegakan*** hati saya.그의 태도가 아주 내 마음을 위안시켰다;

kelegaan ① 위안, 안심; ② 여유,

공간;

legenda 전설, 신화;

legislatif 입법(상)의, 입법권이 있는;badan **legislatif** 입법부; Ayahnya adalah salah satu anggota badan *legislatif* di Indonesia. 부친은 인도네시아 입법부 의원 중의 한 분이다;

legit ① 달콤한, 감미로운; ⓢ manis. Kue ini sangat *legit* rasanya. 이 과자는 정말로 감미롭다;② 졸깃졸깃하고 맛있는;

lego, **melego** 넘겨주다, 양도하다, 팔다;ⓢ memindahtangankan,menjual; Karena bangkrut, ia *melego* seluruh sahamnya. 그는 파산하여 그의 주식 전부를 양도하였다;

leher 목; **leher** baju 옷깃, 칼라;

lekas ① 빨리,신속히,재빠르게; ⓢ cepat; Semoga *lekas* sembuh dari sakit. 병으로부터 빨리 회복되기를 바란다; ② 잠시 후,머지않아,곧; ⓢ segera;Pekerjaannya *lekas* selesai. 그의 일은 빨리 끝났다;③ 재촉하다, 서두르다; ⓢ tergesa-gesa, buru-buru; *Lekas-lekas* pergi nanti keburu sudah malam! 빨리 서둘러서 가라 곧 어두워 진다;

berlekas-lekas 허둥지둥하다, 재촉하다, 서두르다;

melekaskan, **memperlekas** 속력을 내다,빨리하다;ⓢ mempercepat; Ia *melekaskan* pasien yang parah itu terlebih dahulu. 그녀는 상처가 심한 환자를 우선하였다; Saya harus kembali dari kantor *selekasnya*. 나는 회사에서 가능한 빨리 돌아가야 한다;

lekat, 끈적끈적한, 달라붙는, 끈적거리는; ⓢ lengket, menempel;

melekat ① 고착하다, 달라붙다; ⓢ melengket; Sebutan itu telah *melekat* dalam dirinya. 그에게 그 명칭은 이미 고착되었다; ② 친밀한, 친근한; ③ 투자된,고정된;ⓢ terpaku,tertanam;Pandangan kami terus *melekat* pada indahnya pemandangan ini. 우리의 눈은 이 아름다운 경치에 계속 고정되어 있다;

melekati ~에 고착하다,~에 붙다; ⓢ menempeli;

melekatkan ① 고착시키다, 붙이다; ⓢ menempelkan; Adik *melekatkan* gambar di dinding. 동생은 벽에 그림을 붙였다; ② 투자하다; ③ 입다, 착용하다; ⓢ mengenakan, memakai; Gadis itu *melekatkan* kalung itu di lehernya. 그 소녀는 목에 목걸이를 걸었다; ④ (시선을) 향하다, 고정시키다; ⓢ mengarahkan; ⑤ 쓰다, 이용하다; ⓢ menggunakan;

pelekat 풀, 포스터, 벽보; ⓢ lem, perekat; Gunakanlah ini sebagai *perekat* amplop surat itu. 이것을 그 봉투를 붙이는 풀로 써라;

lekuk ① 파인 곳, 움푹한 곳; ⓢ lekung; Gaun itu memperindah *lekuk* tubuhnya. 그 가운은 그녀 신체의 굴곡을 보기좋게 하였다; ② 우묵한, 파인;

berlekuk 파인, 움푹한;

melekuk 파이다, 움푹 들어가다;

melekukkan 푹 파다, 움푹 들어가게 하다; ⓢ melipat;

lelah 피곤한,지친; ⓢ penat, letih;

berlelah 기진맥진하다,지칠때까지 일하다; ⓢ bekerja keras; Orang tua itu *lelah* karena banyak bekerja. 그 늙은 사람은 일을 많이 해서 피로에 지쳤다;

melelahkan ① 힘들게 하다,피로하게 만들다; ⓢ memenatkan; ② 지리한,힘이드는,피로하게 하는;**melelahkan diri** 기진맥진하다, 지치다;

kelelahan ① 기진맥진한,피곤, 지침; ⓢ kepenatan, kepayahan; ② 피곤한, 기진맥진한, 지친; Saya sudah *kelelahan*. 나는 이미 지칠대로 지쳤다;

lelang 경매, 박매;

melelang 공매하다, 경매하다; ⓢ menjual;

melelangkan 경매에 붙여 팔다, 경매에 붙이다; ⓢ memborongkan; Orang kaya itu *melelangkan* barang-barangnya di tempat pelelangan. 그 부자는 경매장에서 물건을 경매에 붙였다;

pelelang 경매인;

pelelangan 경매·박매; Gedung itu memang terkenal sebagai tempat *pelelangan*. 그 건물은 경매장으로 유명하다;

lelap ① 소멸된,사라진,없어진; ② 기절한, 정신을 못차리는, 숙면하는; ⓢ nyenyak, tidak sadarkan diri, lena; Semalam adik tidurnya sangat *lelap*. 지난 밤에 동생은 아주 곤히 잤다; ③ 굳은; ⓢ beku;

terlelap 숙면하는; ⓢ tertidur;

leleh 줄줄 흐르다, 똑똑 떨어지다; Keringat *leleh* di badannya. 그의 몸에서 땀이 줄줄 흘렀다;

meleleh ① 줄줄 흘러내리다,똑똑 떨어지다; ⓢ mengalir; Air hujan *meleleh* jatuh ke tanah. 비는 땅에 뚝뚝 떨어졌다; ② 녹아 흐르다; ⓢ mencucur;Lilin *meleleh*. 초가 녹아 흘렀다;

melelehkan 줄줄 흐르게 만들다, 똑똑 떨어지게 하다; ⓢ mengalirkan, mencairkan; Gunung api itu sedang *melelehkan* laharnya. 그 화산에 용암이 흘러 내리고 있다;

leluasa 재량의,임의로, 자유로운; ⓢ bebas, lapang; Kita akan lebih *leluasa* bergerak di sini. 여기서 활동하는 것이 더 자유로울 것이다;

berleluasa 재량권을 갖다, 자유롭게 행동하다;

lelucon 해학, 익살, 농담;

leluhur 선조, 조상; ⓢ nenek moyang;

lemah ① 미약한, 허약한,약한; ⓢ tak bertenaga, tak kuat; Badannya terasa *lemah* sehabis sakit. 그는 앓은 후 몸이 쇠약함을 느꼈다; ② 섬세한, 부드러운; ③ 나긋나긋한, 유순한; ⓢ tidak keras hati; **lemah gemulai** 우아한, 우미한; **lemah hati** 온순한, 유화(柔和)한; **lemah lembut** 친절한,온화한;**lemah lunglai** 유연한, 나긋나긋한;**lemah otak** 정신박약의; **lemah persendian** 기력이 없는; **lemah semangat** 의욕이 부족한,허약한; **lemah syahwat** (~zakar) 발기불능의;

melemahkan 부드럽게 만들다, 연하게 만들다; Pernyataan itu *melemahkan* posisinya di dalam kabinet. 그 사실은 내각에서 그의 입지

를 약화시켰다;
kelemahan 무기력,무능,허약; ⓢ kekurangan, kepayahan;
lemari 책장, 옷장, 벽장, 찬장; **lemari** besi 금고; **lemari** buku 책장; **lemari** es 냉장고; **lemari** makan 찬장; **lemari** pakaian 옷장;
lemas ① 휘기 쉬운, 유연한; ⓢ lemah, lesu; Hari ini badan saya terasa *lemas* sekali. 오늘은 몸이 아주 힘없이 느껴진다; ② 교양 있는,세련된; ③ 사람 좋은, 친절한;
melemaskan ① 유연하게 만들다; ⓢ melemahkan; ② 정련하다, 세련하다; ⓢ menghaluskan, melembutkan;
lembah 협곡, 골짜기, 계곡; ⓢ ngarai, jurang; Kami akan bermalam di *lembah* itu. 우리는 그 계곡에서 야영할 것이다;
lembang ① 푹 들어간, 움푹 패인; ② 계곡, 골짜기; ⓢ lembah;
melembang 파내다;
lembar ① 줄, 끈; ⓢ tali; ② 편, 페이지, 쪽; ⓢ halaman; Berita itu terletak di *lembar* paling depan. 그 뉴스는 제일 앞 페이지에 있다; ③ 가닥, 타래; ⓢ helai, utas;
selembar kertas 종이 한 장; Dia menuliskan semua pernyataannya di dalam *selembar* kertas. 그는 한 장의 종이에 모든 진술을 썼다;
melembarkan (천,종이 등을) 펼치다;
lembaran ① 페이지,쪽,면;②면수; ③ 전기, 계기; **lembaran** pagi 조간; Sebaiknya kita buka *lembaran* baru untuk memulai hidup yang lebih baik. 우리가 좀 더 나은 삶을 시작하기 위해 새 전기를 여는 것이 좋을 것 같다;
lembek ① 유연한, 부드러운; ⓢ lunak;② 느슨한,나약한; ⓢ lemah;
melembek 유연해지다;
melembekkan 느슨하게 만들다, 유연하게 만들다;
kelembekan 나약함,느슨함,허약;
lembing 창(槍),투창;ⓢ tombak;
melembing 창을 던지다,투창하다.
lembu 소;ⓢ sapi;**lembu** perahan 젖소;
lembur, 시간외 근무, 야근, 밤일, 잔업;ⓢ kerja malam; kerja **lembur** 잔업; upah **lembur** 잔업 수당;
melembur 시간외 근무를 하다, 밤일 하다; ⓢ bekerja malam;
lembut ① 매끄러운, 부드러운; ⓢ lemah,lunak; Nasi ini terlalu *lembut*. 이 밥은 너무 부드럽다; ② 상냥한; ⓢ sopan, ramah; **lembut** hati 친절한;
melembutkan 부드럽게 하다,연약하게 하다; ⓢ menghaluskan; **melembutkan** hati 위안하다;
kelembutan ① 유연함,부드러움; ⓢ kehalusan; ② 상냥함, 친절함; ⓢ keramahan;
lemon 레몬;
lempar,melempar 투척하다, 던지다;ⓢ membuang; **melempar** peluru 투포환을 던지다; **lempar** cakram 원반 던지기; **lempar** lembing 투창; **lempar** peluru 투포환;
melempari 팔매치다; ⓢ melontari; Ia *melempari* anjing. 그는 개에게 돌팔매질을 했다;

melemparkan ~을 던지다, 투척하다; ⓢ membuang, melontarkan; Sindiran apa yang ***dilemparkan*** pada orang itu?그 사람에게 던져진 비난은 무엇인가?

pelempar 투척자, 투수;

pelemparan 투척, 던지기; ***Pelemparan*** batu itu mengenai rumah tetangganya. 그 던져진 돌은 이웃집에 맞았다;

lemparan 던지기, 투척;

lempit 접음, 구김; ⓢ lipat;

melempit 접다, 개다;

lena ① 숙면하는; ⓢ nyenyak, lelap; ② 방심 상태, 생각 없이; ⓢ lengah;

berlena-lena 유장하게,오래; ⓢ berlama-lama; Gadis itu ***berlena-lena*** di depan cermin. 그 소녀는 거울 앞에 오래있다;

terlena ① 잠이 들다;ⓢ tertidur; ② 매혹된, 정신이 나간; ⓢ terlengah; Ia ***terlena*** dengan keadaannya sekarang. 그는 지금 상황에 정신이 나갔다;

lencana 배지,휘장; **lencana anggota polisi** 경찰 뺏지;

lendir (가래, 담, 콧물 등의) 점액;

lengah ① 무관심한,부주의한; ⓢ kurang perhatian,lalai; Ia tak boleh ***lengah*** dalam masalah itu. 그는 그 문제에 있어서 무관심하면 안된다; ② 게으른, 태만한; ⓢ bermalas-malas;

berlengah-lengah ① 게으름피우다, 빈둥거리다; ⓢ bermalas-malas,berlalai-lalai; ② 기분전환을 하다;

melengah ① 태만하다, 부주의하다; ⓢ meleng,lalai; Jangan ***melengah*** di jalan mobil. 찻길에서 부주의 하지 말아라; ② 여흥을 즐기다, 한가히 놀다;

melengahkan 무시하다, 소홀히 하다;

kelengahan 부주의,무관심, 태만; ⓢ kelalaian; Masalah itu akibat ***kelengahan*** satu orang. 그 문제는 한사람의 부주의 때문이다;

lengan 팔; **lengan baju** 옷소매; **lengan bawah** 팔뚝; Ia terluka di bagian ***lengan*** kanannya.그는 오른팔에 부상을 입었다;

lenggak,lenggak-lenggok 좌우로 흔들다;

melenggakkan 좌우로 움직이다; Gadis itu melenggakkan kepalanya ke kiri dan ke kanan. 그 소녀는 머리를 좌우로 돌려 보았다;

lenggang 중단하다,잠시 멈추다; ⓢ senggang, berhenti sebentar; Nanti saya cari waktu ***lenggang*** untuk pergi.나중에 갈 시간을 내도록 찾아 보겠다;

lenggok 몸을 좌우로 흔들다; ⓢ goyang;

lenggok-lenggang, lenggang-lenggok (몸을) 좌우로 흔들다;

berlenggok(-lenggok) 계속해서 흔들거리다;ⓢ bergoyang-goyang;

melenggok 흔들어 움직이다,계속해서 흔들다; ⓢ meliuk-liuk;

melenggok-lenggokkan (kepala) (고개를) 설레설레 흔들다;

lengkap ① 완벽한, 완전한; ⓢ sempurna; Supermarket itu isinya

belum *lengkap*.그 슈퍼마켙은 구색이 완벽하다; ② 마련된, 준비된; ⓢ tersedia,siap;③요건을 구비한;rencana lengkap 완벽한 계획;

berlengkapkan ① 차리다, 마련하다,준비하다; ⓢ bersiap sedia;② ~을 갖추고 있다, ~을 구비하다; Mereka *berlengkapkan* alat-alat pancingannya. 그들은 낚시 장비를 구비했다;

melengkapi ① 보충하다,보태다; ⓢ menambah, mencukupi; Uang ini untuk *melengkapi* kebutuhan hidup. 이 돈은 생활에 필요한 것을 보충하기 위한 것이다; ② ~에 지급하다, 주다; ⓢ memberi;

kelengkapan 장비; Sebelum pergi tolong cek *kelengkapan* dahulu. 가기 전에 준비물을 확인 좀 해달라;

pelengkap ① 보충,증보;ⓢ tambahan; ② 부가어, 보어; ⓢ obyek, keterangan;

perlengkapan ① 채비, 준비; ② 장비; ⓢ alat perkakas; Kita harus menyiapkan *perlengkapan* untuk acara itu. 우리는 그 행사를 위해 준비물을 챙겨야 한다;

selengkapnya 완전히; Berita *selengkapnya* bisa didapat di surat kabar. 전체 얘기는 신문에서 볼 수 있다;

lengket, melengket 들러붙다, 고착하다,달라붙다; ⓢ rekat,nempel;

melengketkan 고착시키다, 붙이다; ⓢ melekatkan; Anak itu *melengketkan* buku yang sobek dengan lem. 그 아이는 풀로 찢어진 책을 붙였다;

pelengket 접착제,풀;ⓢ perekat;

lengking (짐승의)울부짖는 소리; ⓢ dengking;

melengking 날카로운 소리를 내다;ⓢ mendengking; Dari jauh terdengar suara anjing yang *melengking* tinggi. 멀리서 개가 크게 짖는 소리가 들렸다;

lengkung, melengkung 굽은, 완곡한, 활처럼 휜; ⓢ lekuk; jalan yang lengkung. 굽은 길;

melengkungkan 휘다,구부리다; Besi itu *dilengkungkan* dengan mesin. 그 쇠는 기계로 구부린다;

lengkungan 원호, 궁형(弓形);

lentera 램프,등, 제등; ⓢ lampu, pelita, dian; lentera jalan 가로등; lentera kapal 선박의 등; lentera laut 등대;

lentik (=melentik) ① 활처럼 휜, 약간 굽은; ⓢ lengkung, lekuk; ② 속눈썹처럼 휜, 위로 치켜오른;

melentikkan 약간 구부리다, 가볍게 휘다; ⓢ melengkungkan;

lentur ① 휨, 완곡, 굽음; ⓢ lentuk;Tubuhnya sungguh amat *lentur* dalam melakukan gerakan itu. 그의 몸이 그 동작에 있어 정말로 유연하였다; ② 굴사, (빛의) 굴절; ⓢ patahan sinar; ③ 치우침, 비뚤어짐, 빗나감;

melentur ① 굽다, 휘다; ② 휘기 쉬운, 유연한;

kelenturan 굴절, 굽음;

lenyap ① 소멸한,사라진, 없어진; ⓢ hilang,musnah,habis;Dia *lenyap* ditelan kegelapan. 그는 어두운 길

로 사라졌다;②푹 자는,곤하게 잠든; ⓢ nyenyak;

kelenyapan 없어짐,소멸, 사라짐;

melenyapkan ① 폐지하다, 없애다,제거하다; ⓢ memusnahkan; ② 보이지 않게 하다, 사라지게 하다; ⓢ menghilangkan; Parfum ini bisa ***melenyapkan*** bau tak sedap. 이 향수는 악취를 없앨 수 있다;

pelenyapan 제거, 폐지;

lepas ① 벗어난,자유로운, 속박되지 않은;ⓢ bebas, tak berhubungan; Dia sudah ***lepas*** dari hukuman penjara.그는 감옥에서 벗어났다;② 빠져나가다,도망치다; ⓢ lari, lolos; Burung itu ***lepas*** dari sangkarnya. 그 새는 새장에서 도망 갔다; **lepas bebas** 완전히 독립된,아주 자유로운. **lepas landas** 이륙; **lepas sekolah** 졸업하다;**lepas tangan** 관계를 끊다.

melepas ① 내버려 두다, 놓아주다; ⓢ memberi lepas,membiarkan; Berat hati kami untuk ***melepas*** dia pulang. 그를 집으로 돌려보내기에는 우리 마음이 무거웠다; ② 이혼하다,해고하다; ⓢ memecat, menceraikan istri;Istri pertamanya sudah ***dilepas*** setahun yang lalu. 첫 번째 부인은 1 년 전에 헤어졌다.

melepaskan 놓아주다, 해방시키다, 풀어놓다; **melepaskan tembakan** 사격하다;ⓢ menembakkan; Polisi ***melepaskan*** tembakan peringatan ke udara. 경찰은 공포를 쏘았다;

kelepasan ① 자유,해방,탈주; ⓢ kebebasan; Ia ***kelepasan*** bicara tentang masalah itu kepada orang lain. 그는 다른 사람에게 그 문제를 누설하였다;

terlepas ① 이미 풀려난, 면직된; Akhirnya ia ***terlepas*** dari cengkraman penjahat itu. 결국 그녀는 그 악당의 구속에서 풀려났다; ☞ lepas dari; ② 벗어난; ③ 잊혀진, 사라진;

lepra 나병, 문둥병; ⓢ penyakit kusta; Itu adalah tempat untuk mengisolasi para penderita ***lepra***. 그 곳은 나병 환자들을 격리시키는 곳이다;

lereng 비탈,기울어진 곳,경사; **lereng gunung** 산 비탈;ⓢ sisi miring.

lereng-lereng (책상 다리의) 작은 바퀴;

berlereng 경사를 타다; Sebelum petang kami harus menuruni bukit ***berlereng*** ini. 오후가 되기 전에 우리는 이 비탈진 산을 내려 가야 한다;

melereng ① 회전시키다, 돌리다 ② 비탈지다, 경사지다;

lerengan 사면, 비탈진 곳;

lesat, **melesat** 날아가버리다, 나가떨어지다;ⓢ terpelanting jauh; Seketika ia ***melesat*** jauh melampaui lawan-lawannya. 한 순간에 그는 상대를 훨씬 멀리 앞서 갔다;

lesbian (여자끼리) 동성애;

lestari ① 영구의, 영원의; ⓢ kekal; ② 끊임없는, 계속되는;

melestarikan 계속해서~하게 하다, ~을 변하지 않게하다;

kelestarian 불멸, 영원, 영구;

lesu ① 피로한, 지친; ⓢ lelah, capek,letih;② 부진한,경기가 없는;

Perdagangan saat ini sedang *lesu*. 요즘 경기가 좋지 않다;

kelesuan 힘 없음, 피로, 지침; ⓢ kepenatan;

melesukan 부진하게 하는,지치게 하는;

lesung 분쇄기, (나무로 만든) 절구통; **lesung** pipi 보조개; Ia tampak manis dengan *lesung* pipinya. 그녀는 보조개로 아주 귀엽게 보인다;

letak ① 소재, 장소, 위치; ⓢ tempat; *Letak* meja itu tak jauh dari kursinya. 그 책상의 위치는 의자로부터 멀지 않다; ② 위치한, 놓인; *Letaknya* di mana? 그것의 위치는 어디 입니까? ③ 알맞다, 꼭 맞다;④ 상태,정황,상황; Bagaimana *letak* sebenarnya mengenai hal itu?그 일의 실제 상황이 어때요?

meletakkan 두다, 놓다; ⓢ menaruh, menempatkan; **meletakkan** jabatan 사직하다, 사임하다; **meletakkan** senjata 휴전(정전)하다;

perletakan 놓음, 둠; **perletakan** senjata 휴전, 정전;

terletak ~에 위치한, ~에 있는; ⓢ ada;

letih 피곤한,지친,힘없는; ⓢ lelah, payah, capek; *letih* lesu 탈진한, 기진맥진한; Setelah bekerja seharian, ia tampak *letih* sekali. 하루 종일 일한 후에 그는 아주 피곤해 보였다;

meletihkan ① 피로하게 만들다; ⓢmelelahkan;Pekerjaan itu sangat *meletihkan* badan. 그 작업은 몸을 아주 피곤하게 한다; ② 피로하게 만드는, (체력을) 소모시키는;

keletihan 지침, 피곤함; ⓢ kelelahan, kecapean; Saya tertidur karena *keletihan*. 나는 너무 피로하여 자고 말았다;

letkol (letnan kolonel) 육군 중령; Ayahnya berpangkat *Letkol*. 아버지는 육군 중령이다;

letnan 육군 중위, 해군 대위; **letnan** satu 중위; **letnan** dua 소위; **letnan** jenderal 육군 중장; **letnan** kolonel 육군 중령; **letnan** kolonel udara 공군 중령; **letnan** udara satu 공군 중위; **letnan** udara dua 공군 소위;

letup, meletup 터지다, 폭발하다;

letupan 터짐, 폭발; ⓢ letusan, ledakan; Dari jauh terdengar suara *letupan* senjata api. 총성이 멀리서 들려왔다;

peletupan 폭파;

letus 터지는, 폭발성의; meletus; ① 폭발하다; ⓢ meletup; Gunung berapi itu *meletus* pada tahun lalu. 그 화산은 작년에 폭발하였다; ② 일어나다, (전쟁이) 발발하다;

peletusan 분화, 분출, 폭발함;

leukemia 백혈병; Ia divonis dokter mengidap *leukemia*. 그는 의사로부터 백혈병 선고를 받았다;

lever 간, 간장;

lewat ① ~을 거쳐, ~을 통하여, ~을 경유하여; ⓢ melalui; Mereka pergi ke Korea dengan pesawat *lewat* Singapura. 그들은 싱가폴 경유하는 비행기로 한국으로 갔다; ② (몇 시가) 지나서, (시간이) 더 되어; ⓢ lebih (dari);Sekarang sudah pukul 6 *lewat* 10 menit. 지금은 6 시 10 분이다; ③ 끝난, 이미 지난;ⓢ lalu,lampau; Pesawat ke Korea sudah *lewat* waktunya. 한국 가는 비행기 시간은 이미 지났다;④ 늦은,지각한; ⓢ lambat;

berlewatan 수없이 오고가는;

melewati 통과하다, 지나가다;

melewatkan 통과시키다, 지나가게 하다;

kelewat 몹시, 굉장히, 지나치게, 너무, 매우, 대단히; ⓢ terlalu,terlampau;**kelewat** besar 너무 큰; Sikapnya itu sudah *kelewat* batas. 그의 성격은 한계를 넘었다;

kelewatan 과다, 지나침;

terlewat ① (=kelewat) 너무, 지나치게; ② 지나친,넘긴;Tolong cek lagi barang itu jangan sampai ada yang *terlewat*. 두고 가는 물건이 없도록 다시 정검 하세요;

lezat 맛좋은, 맛있는; ⓢ sedap, enak;

melezatkan 맛있게 만들다;

kelezatan 맛, 재미;

liang 작은 구멍; ⓢ lubang kecil; **liang** dubur 항문구멍; **liang** hidung 콧구멍; **liang** telinga 귓 구멍;

liar ① 야만의, 야생의, 난폭한; ⓢ biadab,buas; ② 비합법적인,위법의; ⓢ tidak teratur; pasukan **liar** 불법 군대;

berkeliaran 득실거리다, 빈둥거리다; Di kota banyak anak jalanan *berkeliaran* mengemis.도시에 많은 아이들이 동냥을 하려고 거리를 배회한다;

liat ① 휘기 쉬운, 잘 휘어지는; ② 끈질긴,단단한,질긴; ⓢ pekat, lekat sekali; ③ 무적의, 정복할 수 없는; ⓢ tak mudah kalah;

libas, melibas ① 회초리로 때리다, 채찍질하다; ② 속이다, 사기치다;

libat, melibatkan ① 붕대를 감다; ⓢ membebat; Luka itu *dilibat* dengan perban. 그 상처를 붕대로 감았다; ② 포함하다,말아넣다;ⓢ menyangkut; Anak-anak berkelahi *melibatkan* orang tua. 아이들 싸움 어른 싸움 된다;

terlibat ① 싸매진, 붕대로 감은; ⓢ terlipat, terbebat; ② 연루되다, 얽히어 들다,말려 들다;ⓢ tersangkut, termasuk; Setiap orang yang *terlibat* masalah itu akan di hukum. 그 문제에 연루된 사람 마다 벌을 받게 된다;

keterlibatan 말려듦, 연루;

liberal, kaum **liberal** 자유(개방)주의자; ⓢ liberalis;

libur ① (=liburan) 휴가, 방학; ⓢ cuti; ② (berlibur) 휴가를 얻다; Kali ini kalian hendak *berlibur* ke mana?이번에 너희들은 어디로 여행하기를 원하느냐?

meliburkan 휴가를 내다; Karena suatu hal,dia *meliburkan* pegawainya. 어떤 문제 때문에 그는 직원들에게 휴가를 주었다;

licik ① 간사한,교활한; ⓢ curang, culas; ② 비열한; ⓢ gampang kalah, penakut;

kelicikan ① 간사함, 교활함; ⓢ kecurangan; Penjahat yang satu itu memang dikenal *kelicikan*nya. 그 나쁜 사람의 교활함은 잘 알려져

있다; ② 비열함, 겁많음; ③ 사기, 농간, 속임수;

licin ① 잘 미끌어지는, 미끄러운; ⓢ halus, tidak kesat; ② 교묘한, 간사한, 교활한; ⓢ pandai menipu, curang; ③ 남을 게 없는; ⓢ habis sama sekali; Seluruh barang di rumah itu *licin* sesudah terbakar. 그 집의 모든 물건은 불탄 후에 남은 게 없다;

melicinkan 매끄럽게 하다; Setrika bisa *melicinkan* pakaian yang kusut. 다리미는 구겨진 옷을 반들반들하게 한다;

kelicinan ① 유창함,반드러움; ② 미끄러움; ③ 간사함,교활함; ⓢ kelicikan, kecurangan;

lidah ① 혀; ② 말투, 말, 말씨; ⓢ cara berkata, perkataan; *Lidah*nya manis. 그(녀)의 말씨는 곱다; berat **lidah** 입이 무거운; panjang **lidah** 남의 말하기 좋아하는; *Lidah* tak bertulang.약속을 쉽게 하고 어기는 사람; Orang itu memang pandai bersilat *lidah*. 그 사람은 말로만 다하는 사람이다;

lift 엘레베이터;

liga 연맹, 동맹; ⓢ perserikatan, perhimpunan;**Liga** Arab 아랍 연맹; **Liga** Bangsa-Bangsa 국제연맹; Hari ini akan diadakan turnamen bola basket *Liga* Mahasiswa se-Jakarta. 오늘은 전 자카르타 농구 토너먼트 경기가 열릴 예정이다;

lihai ① 뾰족한,날카로운;ⓢ tajam; ② 영리한,유능한; ⓢ ulung, pintar, pandai; Pemimpin yang *lihai*. 재치 있는 지도자;

kelihaian 재능,수완,재치; Karena ***kelihaiannya*** akhirnya kita menang dalam perlombaan ini. 그의 능력으로 결국 우리는 이 경기를 이길 수 있었다;

lihat, **berlihat-lihatat** 서로 바라보다,서로 쳐다보다;ⓢ saling memandang; Mendengar ucapan orang itu, kami hanya dapat ***berlihat-lihatan*** saja. 그 사람의 이야기를 듣고, 우리는 서로 쳐다보기만했다;

melihat ① 관람하다,보다;ⓢ memandang,menatap,menonton; Kami akan ***melihat*** pertandingan basket di Senayan. 우리는 스나얀에서 농구 경기를 볼 예정이다; ② 전망하다,(천체를) 관측하다; ⓢ menilik, meninjau; **melihat** nujum 별을 관측하다; ③ 알다; mengetahui; Ada orang yang ***melihat*** saat dirinya membuka kunci pintu secara paksa. 그가 문을 부술 때 본 사람이 있다; ④ 문병하다; ⓢ menengok; Kami hendak pergi ***melihat*** teman yang sedang dirawat di rumah sakit.우리는 병원에 입원 중인 친구를 보러 가고 싶다;

melihat-lihat 시찰하다,구경하다, 보기만하다;

lihat-melihat ① 마주보다, 서로 바라보다; ② 서로 방문하다;

memperlihatkan ① 살펴보다, 바라보다; ② 보여주다, 보이다; ⓢ menunjukkan; Sikapnya tak ***memperlihatkan*** adanya masalah besar yang sedang dihadapinya. 그의 성격은 남 앞에서 자신의 문제를 내어 보이지 않는다;③ 제시하다,보여

주다, 나타내 보이다; Tanda bukti pembayaran harus *diperlihatkan* kepada petugas. 지불한 영수증은 담당자에게 보여야 한다;

kelihatan ① 볼 수 있는, (눈에) 보이는; ⓢ tampak; Pemandangan gunung itu *kelihatan* dari rumah. 그 산의 경치는 집에서 볼 수 있다; ② (=kelihatannya) ~처럼 보이다; Dia *kelihatan* sangat terpukul dengan kejadian ini; 그녀는 그 사건에 매우 충격을 받은 듯 보였다; ③ 등장하다,나타나다; ⓢ muncul; Sudah lama benar dia tidak *kelihatan* di kampung ini.이 마을에서 그를 본지가 정말 오래 되었다; ④ 밝혀지다; ⓢ ternyata; Sekarang *kelihatan* bahwa dia yang bersalah. 이제 그가 바로 잘못한 자임이 밝혀졌다;

penglihatan ① 시야,시각;②시력; ③ 시점,관점;ⓢ pandangan; *Penglihatan*nya berangsur pulih kembali. 시력이 차츰 회복되었다;

terlihat 바라다 보이는, 나타나는; Sesaat lalu dia *terlihat* sedang duduk seorang diri di dekat taman. 조금 전에 그녀가 정원에 혼자 앉아 있는 것이 보였다;

lika-liku 이모저모;

liku 구부러진 곳,커어브; ⓢ belok; Liku jalan 커어브 길;

berliku-liku 꾸불꾸불한,굽은,구부러진;

likuidasi 정리,상환,청산; ⓢ penutupan, pembubaran;

lilin ① 양초; ② 밀랍, 왁스;

liliput 난장이;

lilit, **berlilit** 감다,꼬다; ⓢ melingkar;

melilit ~의 둘레를 감다;ⓢ membelit;

melilitkan ~을 비틀다, ~을 감다;

selilit 원주,둘레,주변;ⓢsekeliling;

lima 다섯;

limaan 5 단위(의);

berlima 다섯의;

limau 레몬; ⓢ jeruk;

limau nipis 작은 레몬;

limbah, **pelimbahan** 하수도, 수채구멍;

limpa 간장(肝臟);

limpah ① 넘치는;② 많은,풍부한; ⓢ banyak, berlebihan; Di rumahnya ada makanan yang *berlimpah* ruah.그의 집에는 아주 많은 음식이 있었다; ③ 관대한; ⓢ murah hati;

limpah ruah 꽉 들어찬, 빽빽히 찬;

berlimpah-limpah 유복한,풍족한; ⓢ berlebihan, banyak sekali; Keluarganya terbiasa hidup dengan harta yang *berlimpah-limpah*. 그의 가족은 일상 풍족한 생활을 한다;

kelimpahan 윤택, 풍부; ⓢ ketumpahan, kemewahan;

melimpah ① 여분이 있는, 남아도는; ⓢ berlebihan; Ayahnya meninggalkan kekayaan yang *melimpah*. 죽은 그의 아버지는 재산을 많이 남겼다; ② 범람하다, 넘치다; ⓢ melembak; Kali itu selalu *melimpah* saat musim hujan.이 개천은 우기 때 항상 넘친다;

melimpahi 넘치게 하다,쏟아 넣다. Sawah itu *melimpahi* hasil padi yang banyak. 그 논은 수확을 많이 낸다;

melimpahkan①부여하다,베풀다; ⓢ memberikan;Orang tuanya ***melimpahkan*** kekayaan untuk anaknya. 그의 부모는 아이를 위하여 재산을 남겨 주었다;② 쏟아지다,흘리다; ⓢ mencucurkan;

limpahan ① 쏟아짐; ② 선물, 증여물;

linang, berlinang-linang ① 뚝뚝 떨어지다, 눈물을 흘리다; ⓢ meleleh, bercucuran; Air matanya ***berlinang*** ketika mendengar kabar itu. 그 소식을 들었을 때 그녀의 눈물이 뚝뚝 떨어졌다; ② 번쩍거리가, 빛나다; ⓢ bercahaya, berkilau;

lincah ① 원기 왕성한, 활동적인; ⓢ cekatan, gesit, tangkas; Gadis itu ***lincah***. 그 소녀는 활동적이다; ② 동요하는,불안정한; ⓢ tidak tetap,selalu bertukar-tukar; Dia selalu ***lincah*** dalam menyelesaikan pekerjaannya. 그는 일을 할 때 항상 익숙하게 빨리 처리하였다; ③ 원활한,원만한; Ia ***lincah*** dalan pergaulan.그는 교제성이 원만하다;

kelincahan ① 원기 왕성함, 활동적임; ② 원활함, 원만함;

lindas,kelindas 짓눌린,(차에)치인 ⓢ gilas, giling;

melindas ① 으깨다, 부수다; ⓢ menggilas,menindih;② 들이받다,짓밟다,치다;ⓢ menubruk,melanggar;

linggis 지레; ⓢ perejam;

melinggis 지레를 사용하다;

lingkar ① 원주, 원; ⓢ keliling bulatan; ② 또아리,코일; ⓢ gelung, keluk; ② 테두리, 주위, 주변; ⓢ menggulung,membelit,melilit; Ular tengah ***melingkar*** di dahan pohon besar itu. 뱀이 그 큰 나무 가지를 감고 있다; ⓢ mengitari, memutari, mengelilingi; Pagar ***melingkari*** rumah kami. 울타리가 우리집을 둘러 쌌다;

terlingkar 둥그런;Harap diperiksa apakah jawaban sudah ***terlingkar*** semua. 답에 모두 동그라미가 쳐졌는지 확인 좀 해주세요;

lingkaran ① 원;ⓢ bulatan, bundaran, putaran; ② 테두리,주변; ③ 범위,연역;ⓢ lingkungan; **lingkaran** kutub selatan 남극권; **lingkaran** kutub utara 북극권;

lintah 거머리; **lintah** darat 고리대금 업자;

lintas, 통과한, 지나친, 지나간; ⓢ lalu; lalu **lintas** 통행, 교통; jalan **lintas** 지름길;

melintas ① 통과하다, 지나치다; ② 지름길로 가다; ⓢ memintas;

melintasi ① 통과하다, ~을 급히 지나치다; ⓢ melalui; Kita tidak dapat ***melintasi*** hutan itu, terlalu berbahaya. 우리는 너무 위험해서 그 정글을 통과할 수 없다; ② 이기다,극복하다; ⓢ mengatasi; Semua kesukaran sudah ***dilintasi*** dengan baik. 모든 난관을 잘 극복하였다; ③ 넘다, 건너다;ⓢ menyeberangi; Untuk mencapai tempat itu kita harus ***melintasi*** sungai. 그 장소에 가기 위해서는 강을 건너야 한다;

kelintasan 통과, 지나침; ⓢ kelampauan, kelaluan;

perlintasan 지남,추이,경과;Harap berhati-hati jika lewat jalur ***perlintasan*** kereta api. 기차 건널목을 건널 때는 주의해야 한다;
selintas 잠깐, 잠시; ⓢ sebentar, sekejap; **selintas** lalu 대번에, 척보고; Sepertinya saya melihat dia ***selintas*** lalu. 나는 언뜻 그를 본 것 같다;
terlintas ① 생각나다,머리에 떠오르다; ⓢ terpikir, teringat, terkenang; Hal ini baru ***terlintas*** di pikiran saya.이 일은 지금 막 생각이 떠오른 것이다; ② 스친,통과한; ⓢ sudah dilalui;
lintasan ① 순간적 발상; Semua peserta lomba harap berkumpul di dekat ***lintasan***. 모든 경주 참가자들은 출발선에 모이기 바랍니다; ② (=pelintasan) 건널목, 교통로;
linu 류우머티즘;
lindu 지진; ⓢ gempa bumi;
liontin 사진 목걸이; Ia memakai ***liontin*** kalung indah di pesta itu. 그녀는 그 파티에 아름다운 사진 목걸이를 찼다;
lipan 지네;
lipat ① 접음,주름; ⓢ lepit; ② 곱, 배수(의); ⓢ rangkap, ganda; **lipat** ganda 여러가지의, 다수의, 배가의; **lipat** paha 사타구니, 샅; Harga barang-barang naik dua kali ***lipat*** di bulan puasa ini. 이 금식 기간 동안에 모든 물가가 두 배나 뛰었다;
berlipat 접은,겹친; **berlipat** ganda 겹쳐진, 배가의; Kami harap dapat untung ***berlipat*** ganda dari bisnis ini. 우리는 이 사업에서 두 배의 이윤은 얻을 수 있을 것으로 바란다;
melipat 겹치다, 접다; ⓢ menekuk, menggulung; Jangan ***melipat*** surat itu! 그 서류를 접지 마라!
melipatkan ① 접다, 구기다; ② 곱하다, 배가(倍加)하다;
lipatan (=pelipatan) 구김, 주름;
kelipatan 배수; **kelipatan** persekutuan 공배수; **kelipatan** persekutuan terkecil 최소 공배수;
lipstik 입술; ⓢ pewarna bibir; Ia cocok menggunakan ***lipstik*** merah muda. 그녀는 분홍 색의 립스틱이 어울렸다;
lirik, **melirik** 엿보다, 몰래보다, 훔쳐보다; ⓢ kerling; Ketika ditanya matanya selalu ***melirik*** ke arah temannya. 물어 볼 때면 그의 눈은 항상 친구 쪽을 향하였다;
selirik 대번에, 척 보고; **lirikan** mata 힐끗 봄, 곁눈질;
lisan 발음,언어,혀; ⓢ ucapan; Dia tidak dapat dinasehati secara ***lisan***. 그는 말로서는 충고를 받지 않는다;
melisankan 언급하다, 말하다; ⓢ menyebutkan,mengatakan,mengucapkan;
lisensi ① 면허,인가,허가;ⓢ izin; ② 허가장; **lisensi** ekspor 수출면장;
listrik ① 전류, 전기; ② 전기의; motor **listrik** 전동기;
liter 리터(ℓ);
liuk, **meliuk** 굽히다, 구부리다;
liur ① air liur 타액, 침; ② 담(痰); Masakan itu menimbulkan air ***liur***ku.그 음식은 군침을 흘리게 했다;
berliur, **meliur** (군)침을 흘리다;
lobak 무우; **lobak** merah 홍당무;

lobang 구멍; ☞ lubang; **lobang** perlindungan 은신처; Jika situasi tidak aman kita harus bersembunyi di ***lobang*** perlindungan. 상황이 안전하지 않으면 은신처에 숨어 있어야 한다;

lobi 로비; Kita harus ***melobi*** orang dahulu agar proyek ini berhasil. 우리는 이 프로젝트가 성공하기 위해서는 먼저 사람을 로비해야 한다;

lobster 바닷가재;

logam 금속; **logam** mulia 귀금속; **logam** campuran 합금; **logam** tua 고철;

logat ① 단어, 어휘; ⓢ kata; ② 말투, 억양, 방언; ⓢ dialek, aksen, gaya; **logat** kasar 속어; **logat** asing 외국 말투; Dari ***logat*** bicaranya, jelas bahwa dia bukan penduduk setempat.그의 말투로 보아서 그는 그 지역의 거주민이 아니다;

berlogat ~의 방언을 하다, ~의 억양을 갖다; **berlogat** Jawa 자와 말투를 쓰다; Gaya bicaranya ***berlogat*** daerah. 그의 말투가 지방 억양이다;

logika 논리학;

logistik 병참(兵站)의;

lokakarya 연구 강습회;

lokal ① 현지의,지역의,지방의; ⓢ setempat;Barang ini adalah produk ***lokal***. 이 물품은 국내산이다; ② 넓은 공간;

lokasi 지역,위치; ***Lokasi*** kejadian kecelakaan itu tepat di pinggir kota.그 사고의 위치는 정확히 도시 교외이다;

loket (매표) 창구; Tolong belikan tiket di ***loket*** lima lembar.창구에서 표를 다섯 장 사주세요;

lokomotip 기관차; ⓢ induk kereta api;

lolong, **melolong** 울부짖다, 짖다; ⓢ teriak, jerit, pekit;

terlolong-lolong 계속 울부짖다;

lolos 빠져나가다,달아나다; ⓢ lari, terlepas; Dia sangat beruntung karena ***lolos*** dari kecelakaan maut itu. 그는 그 죽음의 사고에서 생존하여 아주 운이 좋았다;

meloloskan 방면하다, 풀어주다; ⓢ melepaskan; **meloloskan** diri 빠져나가다, 탈출하다; Penjahat itu berhasil ***meloloskan*** diri kejaran polisi.그 범죄자는 경찰의 추격망을 피하였다;

lomba 시합, 경기, 경쟁; ⓢ pacu;

berlomba 시합하다, 경쟁하다, 경주하다; ⓢ berpacu, bertanding; Mereka ***berlomba*** menyelesaikan tugas itu. 그들은 그 일의 끝내기 시합을 하였다;

perlombaan ① 경기, 경쟁, 경주; ⓢ pacuan; ② 트랙, 경주로;

lombok 고추; ⓢ cabai;

lompat 도약, 뛰어오름, 뜀; ⓢ loncat; **lompat** jauh 멀리 뛰기; **lompat** galah 장대 높이 뛰기; **lompat** tinggi 높이 뛰기;

berlompatan 폴딱폴딱 뛰다; Kodok ***berlompatan*** di sawah. 개구리가 논에서 폴딱폴딱 뛰었다;

melompat 도약하다,뛰다;ⓢ meloncat;

melompat-lompat 깡충깡충 뛰다;

melompati ① 뛰어 넘다;ⓢ meloncati; Anak itu *melompati* sungai kecil. 그 아이는 작은 강을 뛰어 넘었다; ② 덤비다, 덮치다;

pelompat 높이 뛰기 선수;ⓢ peloncat; Dia dikenal sebagai *pelompat* jauh Indonesia.그는 인도네시아에서 유명한 높이 뛰기 선수였다;

terlompat ① (갑자기) 뛰어 오른; ⓢ terloncat;② (말이) 불현듯 튀어 나온;ⓢ terlanjur terkatakan;Kata-kata itu begitu saja *terlompat* dari mulutnya.그 말들이 그냥 입에서 튀어나왔다;

loncat, **meloncat** 도약하다;

lonceng ① 차임벨, 벨, 종; ⓢ genta; ② 벽시계; ⓢ jam besar; Dari jauh terdengar bunyi *lonceng* yang merdu. 멀리서 아름다운 종소리가 들려왔다;

melonceng 종을 치다, (시계가)땡땡울리다;ⓢ membunyikan lonceng.

longgar ① 느슨한, 헐거운; ⓢ lega; Ikatan itu sudah *longgar*. 매듭이 헐거워졌다; ② 구속력이 없는,친하지 않은;ⓢ tidak erat mengikat;Tali rambut itu amat *longgar*.그 댕기는 헐겁다;③ 훤히 터진, 광활한; ⓢ lapang,lega;

kelonggaran ① 공제,할인, 완화; ⓢ keringanan, dispensasi; Saya sudah memberikan *kelonggaran* hutang. 나는 미수금 지불을 이미 유예하여 주었다; ② 여유, 기회; ⓢ kesempatan;

melonggari 느슨하게 만들다;

melonggarkan, **memperlonggar** 가볍게 하다, 덜어주다;

longsor 미끄러져 내려가다; tanah **longsor** 산사태, 사태; Kebunnya tertimbun tanah *longsor*. 그의 밭은 산사태로 묻혀버렸다;

lonjak,**berlonjakan** 깡충깡충 뛰다; **Berlonjakan** karena kegirangan 기뻐서 깡충깡충 뛰다;

melonjak 뛰어 오르다, 뛰다; ⓢ melambung, melompat; Menjelang Hari Raya harga kebutuhan pokok *melonjak* naik. 명절에 생필품 가격이 많이 뛰었다;

melonjak-lonjak 깡충깡충 뛰다; Dia *melonjak-lonjak* kegirangan karena menang lomba. 경주에서 이겨 펄쩍펄쩍 뛰다;

terlonjak 벌떡 일어서다, 갑자기 뛰어오르다; Dia *terlonjak* dari berbaring.그는 누워 있다가 벌떡 일어났다;

lonjong ① 위가 둥근 모양; Bentuk kotak itu *lonjong*.그 상자의 모양은 위가 둥글다; ② 달걀 꼴, 예쁘장한 모습;

lonjor 둥글고 긴 물체; **lonjoran** kayu 목재;

melonjorkan (다리 등을)쭉 뻗다;

lorong 골목, 길, 통로; ⓢ jalan, gang; Saya merasa takut setiap kali melewati *lorong* ini. 나는 그 골목길을 지날 때 마다 무서웠다;

losmen 여인숙,여관;ⓢ penginapan, hotel; Nanti kami akan menginap di *losmen*. 우리가 작은 여인숙에서 숙박할 것이다;

lotek 셀러드의 일종;ⓢgado-gado, rujak buah;

loteng ① 다락, 천장; ⓢ langit-

langit; ② (건물의) 층; ⓢ tingkat rumah; Tempat menjemur pakaian terletak di ***loteng*** rumah ini. 세탁한 옷의 건조대는 이 집의 베란다에 있다;

berloteng 층으로 된; rumah berloteng 층으로 된 집;

lotere 복권; ☞ lotre;

lowong 공허한, 빈, 텅빈;ⓢ kosong; Di perusahaan ini sedang ada ***lowong*** pekerjaan. 이 회사는 구직자를 찾고있다;

melowongkan 비우다, 결원(공석)을 만들다; ⓢ mengosongkan; Saya akan ***melowongkan*** waktu agar kita bisa bertemu.우리가 만날 수 있도록 내가 시간을 내겠다;

lowongan ① 공석, 결원; ② 결함, 부족; Sebagian besar ***lowongan*** itu sudah terisi. 대부분의 결원이 채워졌다;

loyal 충실한,충성스러운; ⓢ patuh, setia, taat;

loyalitas 충절,충성; Pekerjaan itu tak hanya mengandalkan ***loyalitas*** semata. 그 일은 충성심으로만 할 수 있는 일이 아니다;

loyang ① 동(銅), 구리; ⓢ tembaga; ② 용기,찜냄비,(과자를 굽는) 철판;ⓢ talam besar; Kue itu di cetak diatas ***loyang*** besar. 그 과자는 큰 철판 위에서 찍혀졌다;

loyo 기진맥진한, 지친, 피로한; ⓢ penat sekali;

luang 비어 있는, 빈; ⓢ kosong, lapang; Saya datang pada hari yang ***luang***. 나는 한가한 날에 오겠다; waktu **luang** 한가한 때;

meluangkan ① 비우다; ⓢ mengosongkan; ② 시간을 내다; ⓢ melapangkan; Saya akan ***meluangkan*** waktu untuk anda.내가 당신을 위해서 시간을 한번 내보도록 하겠습니다;

keluangan ① 호기,기회; ⓢ kesempatan; ② 여가, 때, 시간;

peluang 호기,기회; ⓢ kesempatan; Tolong berikan saya ***peluang*** sekali lagi. 나에게 한 번만 기회를 더 주세요;

terluang 한가한, 자유로운, 비어 있는,빈; ⓢ kosong,senggang, terbuka; Dia akan pergi dengan saya kalau ada waktu yang ***terluang***. 그는 시간이 있으면 나와 같이 갈 것이다;

luap, meluap ① 범람하다, 넘치다; ⓢ melimpah; Sungai Kali Malang ***meluap*** di musim hujan. 깔리말랑 강은 장마철에 범람한다; ② 끓어 넘치다, 끓어 오르다; Air mendidih ***meluap*** keluar dari panci. 냄비에서 물이 밖으로 끓어 넘쳤다; ③ 심화되다, (화가) 치밀어 오르다; ⓢ menghebat, menjadi-jadi;

meluap-luap 끓어 넘치다;

meluapi 범람하다, 넘쳐 흐르다;

meluapkan ① 범람시키다, 흘러 넘치게 하다;Hujan lebat telah ***meluapkan*** air di beberapa sungai. 비가 여러 강들을 범람하게 하였다; ② 화나게 하다, 끓어 넘치게 하다;

luapan 충만함, 부글부글 끓음; ***Luapan*** semangatnya sangat luar biasa.그의 충만한 의욕은 엄청났다;

luar 외측, 외면, 외관, 외부; **luar** batas 출입 금지; **luar** biasa 비범한, 특별한; **luar** dalam 내외의; **luar** negeri 외국의; Kementerian Luar Negeri 외무부;**luar** rencana 계획에 없는; Ia tinggal ***diluar*** kota. 그는 교외에서 살고 있다;

keluar ① 나오다,외출하다, 밖으로 나가다; Ia ***keluar*** dari gedung itu dengan tergesa-gesa. 그는 그 건물에서 황급히 나갔다; ② ☞ keluar; ③ 빠져 나오다, 벗어나다; **keluar** rel 탈선한;

keluaran ① ~출신, 졸업생; ⓢ tamatan, alumnus; Saya ***keluaran*** Sekolah Tinggi Perhotelan. 나는 호텔학과 대학 출신이다; ② 발행, 출판; Kamus ini ***keluaran*** penerbitan mana?이 사전은 누가 발행한 것입니까? ③ 생산품, 생산물; ④ 외국의, 이방인의;

keluarbiasaan 비범, 특별, 특색;

luas ① 광활한,넓은;ⓢ lapang, lebar; ② 도량있는, 박학(博學)한, 마음이) 넓은; ⓢ tidak picik; Ternyata pemikirannya lebih ***luas*** di banding yang lain. 그의 생각은 예상 밖으로 다른 사람에 비해 넓었다; ③ 범위, 지역; ⓢ bidang; **luas** lingkungan 범위;

meluas 만연하다 ,퍼지다; ⓢ merata; Berita kejahatan itu telah ***meluas*** kemana-mana. 그 강도 소식은 넓게 퍼졌다;

meluaskan, **memperluas** 늘이다, 퍼뜨리다, 넓히다; ⓢ melebarkan; Anak perempuan itu ***meluaskan*** khayalannya. 그 아이는 상상을 넓혀갔다;

keluasan ① 넓이, 지역, 범위; ⓢ luasnya; ② 여유,기회; ⓢ kelonggaran, kesempatan,kelapangan; ③ 넓음, 광대, 광활;

perluasan 넓힘, 늘임, 팽창, 확장. Pasar ini diberi ***perluasan*** oleh pemerintah.이 시장은 정부에 의해 넓혀졌다;

lubang ① 구멍;ⓢ liang; ② 패인 곳, 움푹한 곳; **lubang** air 송수관; **lubang** jarum 바늘 귀; **lubang** kancing 단추 구멍;

berlubang-lubang 구멍이 많은, 구멍이 난, 관통한;

melubangi ① 굴(구멍)을 파다; ⓢ menggali; ② 뚫고 들어가다, 꿰뚫다;

luber 범람하다, 넘쳐흐르다; ⓢ melimpah;

lubuk ① 심연, (강·바다의) 깊은 곳; ⓢ tempat yang dalam; ② 심원한,깊숙히 들어간,깊은; ⓢ dalam;

lucu 해학적인, 웃기는; Kucing ini ***lucu***, ya? 이 고양이 깜찍하죠?;

kelucuan, **lucu-lucuan** 익살; ☞ lelucon;

ludah 침,타액; ⓢ air liur;

meludah 침을 뱉다;ⓢ menyembur; Dilarang ***meludah*** di sembarang tempat. 아무 곳에나 침을 뱉지 마세요;

meludahi ① ~을 모욕하다, ~을 멸시하다; ② ~에 침을 뱉다; Dia ***meludahi*** orang yang dibencinya. 그는 미운 사람에게 침을 뱉었다;

meludahkan 내뱉다, 침을 뱉다; Setelah minum obat yang pahit,

rasa mual membuatku *meludahkan*nya.쓴 약을 먹은 후 나는 속이 울렁거려서 뱉어냈다;

ludes ① 부서진,조각난;② 사라진, 모두 없어져버린; ⓢ habis sama sekali; Semua harta bendanya *ludes* dimeja judi.모든 재산이 노름 테이블에서 사라졌다;

ludruk 루드룩 연극(춤과 음악을 겸한 자바의 연극); Kelompok *ludruk* itu sangat terkenal di Jawa Tengah. 그 루드룩 연극단은 중부 자바에서 아주 유명하다;

lugas 요점, 골자; Orang itu terkenal dengan tutur katanya yang sangat *lugas*. 그 사람은 요점에 맞는 표현력으로 유명하다;

kelugasan 알맞음, 적당, 요점;

lugu 천진난만한,꾸밈없는; ⓢ sewajarnya;

luhur 숭고한, 고매한, 고상한; ⓢ mulia, tinggi, besar; Cita-citanya itu teramat *luhur*. 목표는 아주 고상하다;

meluhurkan 숭고히 하다, 영광스럽게 하다; ⓢ memuliakan, menghormati; Kami harus *meluhurkan* tanah air.우리는 조국을 영광스럽게 해야 한다;

keluhuran 장엄, 신성함, 숭고, 고매함; ⓢ kemuliaan; Saya amat berterima kasih atas *keluhuran* Ibu. 나는 어머니의 숭고한 정신에 감사한다;

luka ① 부상, 상처; ⓢ cedera; Saya punya bekas *luka* di kaki. 나는 발에 상처가 있다;② 부상당한, 상처가 난; **luka** bakar 화상; **luka** hati 모욕당한, 명예가 훼손된; **luka** memar 타박상, 멍든 상처; **luka** parah 중상; **luka** tikam 찔린 상처;

melukai ~에 부상을 입히다, ~에 상처를 주다; ⓢ menyakiti; Ia melukai hatinya. 그는 그녀의 마음에 상처를 주었다;

melukakan 상처를 주다, 아프게 하다, 다치게 하다.

lukis, seni **lukis** 미술;

melukis ① 그림을 그리다; ⓢ membuat gambar; Dia pandai *melukis* pemandangan. 그는 풍경화를 그린다; ② (=melukiskan) 나타내다, 그리다, 표현하다;ⓢ menggambarkan,menceritakan; Dia pandai *melukiskan* apa yang dilihatnya. 그는 자신이 본 것을 잘 그린다;

pelukis 화가;

pelukisan 묘사, 그리기;

lukisan ① 초상화,그림;ⓢ gambar, foto; ② 표현,서술,묘사; ⓢ cerita;

luluh 분쇄된, 부서진; ⓢ hancur, remuk; **luluh** lantak 완전히 부수어진, 가루가 된;

meluluh-lantakkan 완전히 부수다;

meluluhkan 가루로 만들다;

lulus ① 성공하다, 통과하다, (시험에) 합격하다; ⓢ berhasil; Dia dinyatakan *lulus* dalam ujian. 그는 확실히 시험에 통과한다; ② 없어지다, 사라지다;

meluluskan ①양보하다,허가하다; ⓢ mengabulkan, mengizinkan; Dia selalu saja *meluluskan* permintaan anaknya. 그는 항상 아이의 요구를 들어 주었다;② 합격시키다, 통과시

키다;
meluluskan diri 도망치다, 탈주하다;
lulusan 졸업생, 졸업; ⓢ tamatan, keluaran, alumni;

lumat 분쇄된,가루로 된;ⓢ halus;
melumatkan 곱게 빻다, 부수다; Dia membujuk anaknya untuk *melumatkan* makanan itu sampai halus. 그녀는 그 음식이 부드러울 때까지 아이에게 빻도록 했다;

lumayan 충분한, 상당한,일이 잘 되어가는; ⓢ agak banyak, cukup, sedang; jumlah yang **lumayan** 상당한 양;

lumbung 창고; ⓢ gudang padi; **lumbung** desa 마을 공동 창고; Padi yang sudah dipanen disimpan di *lumbung* desa. 내가 추수한 벼는 마을 창고에 보관하였다;

lumer 곱고 부드러운; ⓢ lembut;
melumerkan 분쇄하다, 분말로 만들다;

lumpuh ① 중풍의,마비된; ⓢ lemah; ② 돌아가지 않는, 작동이 안 되는; ⓢ tidak berjalan;
melumpuhkan 마비시키다; ⓢ mematahkan; Aparat kepolisian telah berhasil *melumpuhkan* para penjahat. 경찰은 범죄자들을 이미 체포하였다;
kelumpuhan 중풍, 마비;

lumpur 진창, 진흙; ⓢ tanah becek;
berlumpur ① 진흙(진창)이 있는; ② 진흙투성이가 된; Kami harus melewati tanah *berlumpur* di tepi desa. 우리는 마을가의 진흙탕을 지나야 한다;

lumur, **berlumuran** 때묻은, 더럽혀진; ⓢ bergelimang; Baju itu *berlumuran* minyak. 옷이 기름으로 얼룩졌다;
melumurkan 얼룩지게 하다,더럽히다; ⓢ mengulaskan;
lumuran 오점, 때, 얼룩; ⓢ noda;

lumut 이끼; **lumut** karang 해면(海綿);
berlumut 이끼가 낀; Benda itu menjadi *berlumut* karena disimpan terlalu lama ditempat yang lembab. 그 물건은 습한 곳에 너무 오래 보관하여 이끼가 끼었다;

lunak ① 부드러운, 연한; ⓢ empuk;Saya suka makan daging yang *lunak*. 나는 연한 고기를 좋아한다; ② 온건한,온화한, 온순한; Sikapnya *lunak*. 그의 태도는 온건했다;
melunak 연해지다, 부드러워지다; Sikapnya agak *melunak* melihat kedatangan kami.그의 태도는 우리가 오는 것을 보고 다소 누그러졌다,
melunakkan 연하게 만들다,부드럽게 만들다;ⓢ melembutkan; **melunakan** hati ~를 편하게 해주다, 위안을 주다; Kedatangannya tidak mampu *melunakkan* hatinya. 그가 온 것으로 위안이 되지 못한다;
memperlunak 부드럽게 만들다;

lunas 갚은, 변제한, 지불된; Hutang itu harus *lunas* bulan depan. 그 부채는 다음 달까지 갚아야 한다.
melunasi, **melunaskan** 지불하다, 갚다, 변제하다;

luncur, **meluncur** 미끄러져 내려가다,스르르 움직이다; ⓢ terlepas;

meluncurkan (상품을) 출하하다; 진수시키다; ⓢ melepaskan, melancarkan; Perusahaan itu ***meluncurkan*** produk barunya tahun ini. 그 회사는 올해에 신상품을 출하한다;

peluncuran ① 활주로; ② 미끄러짐; ③ 출하, 진수(進水); ***Peluncuran*** produk baru itu akan ditayangkan di televisi. 그 신상품의 출시가 테레비에 방영될 것이다;

terluncur 빠져나간, 미끄러짐;

lunglai, lemah **lunglai** 맥빠진, 부드러운, 연한;

luntang, luntang-lantung 배회하다, 빈둥거리다; ⓢ berkeliaran; Ia ***luntang-lantung*** sepanjang hari. 그는 하루 종일 빈둥거렸다;

luntur, **meluntur** ① 희미해지다, (빛깔이)바래다;ⓢhilang warnanya; ② 변심하다; ⓢ berubah, menjadi kurang; ③ (위신이) 추락하다; ⓢ turun;

melunturi 변색시키다,퇴색시키다;

melunturkan 변하게 하다;

kelunturan ① 퇴색, 변색; ② 변색되다, 퇴색되다;

lupa ① 망각하다, 잊다; ⓢ tidak ingat, tidak sadar; Ia sudah ***lupa*** akan janjinya. 그는 그 약속을 이미 잊어버렸다; ② 망각한, 잊어버린; lupa-lupa ingat 어렴풋이 생각나는, 기억이 희미한;

melupakan ① 잊다, 망각하다; ⓢ tak ingat akan; Jangan kau ***melupakan***. 잊지 마시오;② 망각 하게 만들다, 잊게 하다;

pelupa 건망증이 심한 사람;

luput ① 없어지다, 사라지다; ② 피한, (위험을) 모면한; ⓢ terhindar, terlepas; Ia ***luput*** dari bahaya.그는 위험을 모면했다; ③ 오류가 있는, 잘못된, 틀린; ⓢ salah, tidak kena; luput tafsiran 오역;

meluputkan 석방하다, 해방하다, 풀어주다; ⓢ melepaskan,menghilangkan;

terluput 벗어난, 모면된;

lurah 읍장,촌장;ⓢ pemimpin,kepala kampung;

kelurahan 마을, 촌락;

lurik 체크무늬 천;

luruh 지역; ⓢ daerah takluk;

lurus ① 똑바른,일직선의, 반듯한; ⓢ lempeng; Jalan kota Jakarta tak begitu ***lurus***. 자카르타 시내 길은 그렇게 반듯하지 못하다;② 곧바른; ⓢ tegak;③ 올바른,정직한;ⓢ jujur;

meluruskan 정리하다, 똑바르게 하다;Kita harus segera ***meluruskan*** kekeliruan ini. 우리는 이 착오를 빨리 시정해야 한다;

kelurusan ① 성실,정직; ⓢ kejujuran;② 공정,정의;ⓢ kebenaran;

selurusnya 실은, 사실상;

lusa 모레; besok **lusa** 이윽고; Besok ***lusa*** saya akan kembali lagi kesini. 모레 내가 여기로 다시 돌아올 것이다;

lusin 다스, 12 개, 타(打); ⓢ dua belas; Saya membeli kain sarung 1 ***lusin***. 나는 사룽 천을 한 타스샀다;

lusuh ① 오래 된, 바랜, 낡은; ⓢ hilang warnanya; Baju anak itu ***lusuh*** sekali. 그 아이의 옷은 아주 왔다;② 구겨진,헝클어진; ⓢ kumal, berkerut-kerut;

lutut 무릎;

berlutut ① 무릎 꿇다; ② 양도하다,넘겨주다; ③ 항복하다,굴복하다;

luwes ① 공손한, 고분고분한; ⓢ tidak kaku; Perempuan itu menari dengan gerakan yang ***luwes***. 그 여자의 춤 동작은 유연하다; ② 마음을 끄는, 단정한, 잘 생긴; ⓢ menarik; Gerakannya amat ***luwes*** dalam melakukan tarian itu.그 무희의 춤 동작은 아주 아름다웠다;

keluwesan ① 공손함, 착함; ② 단정, 애교, 끄는 힘;

M

maaf ① 용서; ⓢ ampun; Minta *maaf*. 죄송합니다; ② 용서를 빌다; ⓢ ampuni; *Maaf*,saya mengganggu anda. 죄송합니다, 폐를 끼쳐서;

bermaaf-maafan(금식의 마지막 날에) 서로를 용서해 주다; Hari raya Lebaran adalah saat yang tepat bagi kita untuk saling *bermaaf-maafan.*러바란이 우리들에게는 서로 용서를 구하기에 적합한 때 입니다;

memaafkan ~을 용서하다; *Maaf-kan* saya kalau ada kesalahan. 제게 잘못이 있다면 용서해 주십시오;

mabok 취한; ☞ mabuk;

mabuk ① 취한 상태의, 술취한; ⓢ pening, pusing; ② 열광적인,미친; ⓢ terganggu pikiran; **mabuk ke-payang** 사랑에 미친; **mabuk** laut 뱃멀미; **mabuk** udara 비행기 멀미;

memabukkan ① 취하게 하다; ② 취하게 하는; ⓢ membuat mabuk; minum yang **memabukkan.**취하도록 만드는 술; Gerombolan anak muda itu sering minum minuman yang *memabukkan*. 그 젊은 이들 집단은 항상 정신없이 취해있다;

pemabuk 음주자, 술고래;

macam ① 품질, 종류; ⓢ jenis, rupa,ragam; Selendang *macam* ini adalah yang terbaik. 이런 종류의 숄이 가장 좋습니다;② 닮은, 유사한; ⓢ sebagai, seperti; *Macam* siapa anak ini? 이 아이는 누구를 닮았습니까? ③ 방법, 수단; ⓢ cara; ④ 형태, 모델, 모형; ⓢ model; Gaun *macam* itu yang saya suka. 나는 그런 까운을 좋아한다;

macam-macam 기묘한, 이상한; ⓢ aneh; *Macam-macam* saja kamu ini. 너 참 이상하구나;

bermacam 여러가지; ⓢ ber-bagai; *Bermacam* cara menasehati telah dicobanya,tapi anak itu tetap tak mau mendengar. 여러가지 방법으로 충고를 해봤지만 그 아이는 듣지 않았다;

bermacam-macam; 각양각색의,여러가지의; Di toko ada *bermacam-macam* jenis kain. 천 가게에는 각종 천이 있다;

semacam ① 같은 종류의; ⓢ se-jenis, sebangsa; Bajunya terbuat dari *semacam* sutra. 그녀의 옷은 한 비단 종류로 만들어져 있다; ② 유사한, 닮은, 비슷한; ⓢ serupa, seperti; Mobil itu *semacam* mobil ayahku. 그 차는 우리 아버지 차와 같은 종류다;

macan 호랑이; ⓢ harimau; **macan** loreng 줄 무늬 호랑이; **macan**

tutul 표범; Adik senang melihat ***macan*** di kebun binatang. 동생은 동물원에서 호랑이 보는 것을 좋아한다;

macet ① 막힌; ⓢ tidak lincir; ② 멈춘; ⓢ sendat, terhenti;

kemacetan 교착, 막힘; Aksi demonstrasi itu mengakibatkan ***kemacetan*** lalu lintas yang panjang. 그 데모는 길게 교통 적체를 일으키게 하였다;

madrasah (이슬람)학교; ⓢ sekolah perguruan; ☞ madarasah; Ia adalah seorang guru di ***madrasah*** desa ini.그는 그 마을의 이슬람 학교 선생이다;

madu 꿀, 벌꿀;

maestro 작곡가, (예술의)대가; Kepawaiannya bernyanyi menyaingi seorang ***maestro***. 그의 노래 지휘는 대가와 견주는 것이었다;

magang 견습생; Selama musim liburan ini kami akan ***magang*** di kantor pos.휴가 기간 동안에 우리는 우체국에서 견습을 할 예정이다;

magnesium 마그네슘;Alat masak ini mengandung ***magnesium*** yang cukup tinggi. 이 요리 도구는 아주 높은 마그네슘을 함유하고 있다.

magnet 자철광, 자석; Benda ini mengandung ***magnet***. 이 물건은 자석을 갖고 있다;

kemagnetan 자성, 자기;

magrib ① 서방,서쪽; ⓢ barat;② (=waktu magrib) 황혼,일물; ⓢ petang, senja; sembahyang **maghrib** 오후(일몰 시)기도;

mahadewa (인도의 신)사바;

mahadewi (인도의 신)바따라 두르;

Maha kuasa 전능한 신(알라신).

mahal 값이 비싼;ⓢ tinggi harganya;

memahalkan 가격을 올리다, 비싸게 만들다;

kemahalan 부족, 결핍, 품귀, 희귀;

mahar 결혼 선물(신랑이 신부에게); ⓢ mas kawin;

mahasiswa 대학생;

kemahasiswaan 학생 업무; Proposal ini harus ditanda-tangani oleh bagian ***kemahasiswaan*** dahulu. 이 제안서는 먼저 학생처의 결제를 받아야 한다;

mahir 능란한, 숙련된; ⓢ pandai, pintar; Dia ***mahir*** sekali bahasa Korea. 그는 한국어에 능통하다;

memahirkan 숙달시키다, 숙련시키다; Mereka ***memahirkan*** gerak tariannya untuk penampilan perdana. 그들은 좋은 공연을 위해 춤 동작을 숙련시켰다;

kemahiran 능통, 숙달, 숙련;

mahkota ① 왕관; ② 세력, 권세.

mahligai 왕궁, 궁전; ⓢ puri, istana;

mahluk 창조물;

main ① 놀다,놀이를 하다; Ia suka ***main*** bola. 그는 공놀이를 좋아한다; ② 시작하다, (기계가)움직 이기 시작하다; Film itu sudah ***main*** di bioskop Jakarta.그 영화는 자카르타에서 이미 상영되었다; ③ 공연하다, 연기(演技)하다; Para artis Film sedang berkumpul untuk latihan ***main*** drama. 많은 배우들이 공연

연습을 위하여 모였다; ④ 부당 하게 행동하다; ⑤ 멋대로 행하다; Orang itu ***main*** ambil saja barang milik temannya. 그 사람은 친구 물건을 마음대로 집어간다; Istrinya marah karena suaminya suka ***main*** gila dengan perempuan nakal. 부인은 남편이 여자들과 놀아나기를 좋아해서 화가났다; Dia bercerai karena sang suami sering ***main*** gila dengan perempuan lain.그녀는 남편이 자주 다른 여자와 놀아나는 바람에 이혼하였다;

bermain-main 농담의, 장난인;

memainkan 공연하다, 상연하다;

mempermainkan ① 공연하다, 상연하다; ② ~를 놀리다, 조롱하다; ⓢ menyindir; Laki-laki itu suka benar ***mempermainkan*** perempuan. 그 남자는 여자를 놀리기 좋아한다;

pemain 배우,연주자, 선수; Ia adalah seorang ***pemain*** tengah yang handal. 그는 유능한 미드 필더이다;

permainan ① 게임, 시합, 경기; ⓢ pertandingan; Kedua tim itu sungguh menampilkan ***permainan*** yang indah.그 두 팀은 정말로 멋진 경기를 벌였다; ② 공연, 상연; ⓢ pertunjukan, tontonan; ③ 역할,역; **permainan** asmara 사랑하는 역할; ④ 장식용 벽걸이; ⓢ perhiasan; ⑤ 장난, 진솔치 못한 행동; ⓢ perbuatan iseng; Yang dilakukan anak itu hanya ***permainan*** saja, jangan diambil hati.그 아이의 행동은 진실성 없이 장난일 뿐이다;⑥ 접대부;

sepermainan 동고동락; teman **sepermainan** 죽마고우(竹馬故友); Kami semua adalah teman ***sepermainan*** sejak kecil. 우리는 모두 어릴적부터 소꿉 친구이다;

mainan 노리개, 장난감; Ayah membelikan adik ***mainan*** baru. 아버지는 동생에게 새 장난감을 사 주셨다;

maizena

maizena 옥수수 가루; Makanan ini dibuat dari tepung ***maizena***. 이 음식은 옥수수 가루로 만들었다;

majalah

majalah 잡지(주간·월간); **majalah** bulanan 월간 잡지; Mereka adalah wartawan dari salah satu ***majalah*** di Jakarta. 그들은 자카르타의 한 잡지사 기자들이다;

majelis

majelis ① 위원회,평의회,회의; ⓢ dewan,badan; ② 회의장, 회의소; ⓢ kerapatan, sidang; **majelis** pengadilan 재판소; **majelis** gereja 종교회의; Hal ini akan dibicarakan lebih lanjut dalam rapat ***majelis*** gereja. 이 일은 교회 장로회에서 더 토의가 될 것이다;

majemuk

majemuk 혼성의,합성의; ⓢ banyak,jamak; kalimat **majemuk** 복합문(장); Kata **majemuk** 합성어;

majikan

majikan 우두머리, 지도자, 두목, 고용주; ⓢ kepala,atasan; Saya harus minta ijin kepada ***majikan*** dulu. 나는 내 고용주에게 먼저 허가를 받아야 한다;

maju

maju ① 전진하다, 앞으로 나가다; ⓢ jalan ke muka, tampil; Jangan mundur, ***maju*** terus. 후퇴하지 말고 계속 전진하다; ***Maju!*** Jalan! 앞으로 전진!; ② 번창하다, 번영하다; ⓢ lebih laku, lebih laris; Setiap hari dagangannya semakin ***maju.***

그 상인은 매출이 매일 늘어난다; ③ 진보적인; ⓢ berkembang;

memajukan ① 향상시키다, 발전시키다;ⓢ memperkembangkan; Para pedagang di pasar ingin ***memajukan*** dagangannya. 모든 시장 상인들은 매출 신장을 바란다; ② 제안하다, 제출하다; ⓢ mengemukakan, mengusulkan; ③ 강요하다,재촉하다, 조르다; ⓢ meminta; Pembantu itu ***memajukan*** permintaan naik gaji. 그 가정부는 월급을 올려달라고 졸랐다;

kemajuan 번영, 발전, 전진;

mak ① 모친,어머니; ⓢ ibu, mama; ② 연상의 여자에 대한 존칭; **mak** angkat 수양 어머니, 유모; **mak** tiri 계모; **mak** cik 아주머니; **mak** tua (부모보다 손 위의) 이모, 고모;

maka 그런고로, 그래서, 그러므로; ⓢ sesudah itu, karena itu, sebab itu, oleh itu, bahwa; **maka** dari itu 그러므로; **maka** dari pada itu, **maka** oleh karena itu; 그러므로;

makanya 고로, 그 때문에, 결과적으로; ⓢ sebab itu,oleh karena itu; ***Makanya*** jangan menganggap sepele tentang hal itu! 그러니까 그 일을 가벼이 생각해서는 안된다;

makam 무덤, 묘지; Kami akan berziarah ke ***makam*** orang tua di kampung. 우리는 시골의 부모님 묘소에 성묘갔다;

makan ① 먹다; Ia selalu ***makan*** pisang.그는 언제나 바나나를 먹는다. ② 태우다, 소실시키다; ⓢ merusakkan,rusak,terbakar; Gudang itu habis ***dimakan*** api. 그 창고는 화재로 전소되었다; ③ 소요되다,(시간이) 걸리다; ⓢ menggunakan, menghabiskan; Untuk mencapai tempat itu bisa ***makan*** waktu 2 jam. 그 장소까지 가려면 2 시간은 걸린다; ④ 마시다, 삼키다, 복용하다; ⓢ menelan,melumat; Ia ***makan*** pil. 그는 알약을 복용했다; ⑤ 씹다; ⓢ mengunyah; Saya tidak bisa ***makan*** makanan itu karena terlalu keras. 나는 그 음식들이 너무 단단해서 먹을 수가 없다; ⑥ 명중하다,맞히다; ⓢ mengenai, menembus; Kaca itu pecah ***dimakan*** batu. 그 유리는 돌에 맞아 깨어졌다; ⑦ 작동하다; ⓢ mengadakan daya; Sepeda itu jalan terus karena remnya tidak ***makan***. 그 자전거는 브레이크가 고장나서 계속 달리기만 한다; **makan** gaji 봉급 생활을 하다; **makan** garam 많은 경험을 하다; **makan** hati 마음을 괴롭히다, 괴롭게 만들다, 괴로워 하다;

memakan 먹다, 먹어치우다; Ia ***memakan*** habis semua hidangan yang ada. 그는 차린 음식을 모두 먹었다;

memakani 음식을 먹이다, 젖을 주다;

pemakan ① 먹는 사람; ② 미식가; Harimau adalah hewan ***pemakan*** daging. 호랑이는 육식 동물이다; **pemakan** darah 거머리, 흡혈귀;

termakan ① 먹은, 삼켜버리다; Kotoran itu ***termakan*** olehnya. 그가 그 오물을 먹었다; ② 식용의, 먹을 수 있는; Masalah itu tidak ***termakan*** akal olehnya. 그 문제는

M

이해할 수 없었다;

makanan 먹을것,음식물; **makanan** pokok 주식; **makanan** pantangan 다이어트,규정식; **makanan** kecil 스낵;

makaroni 마카로니;

makelar 부로우커,중개인; ⓢ perantara, calo;

maki 욕설, 욕;

memaki 욕을 퍼붓다, 욕질하다, 욕하다; ⓢ caci berkata kasar; Jangan ***memaki*** orang lain seperti itu! 그렇게 다른 사람을 욕하지 말아라;

memaki-maki 갖은 욕(욕설)을 퍼붓다; Gadis itu ***memaki-maki*** orang yang menghinanya.그 소녀는 멸시하는 사람에게 갖은 욕설을 퍼부었다;

makin 더욱 더, 점점; ⓢ kian bertambah, semakin, menjadi lebih; Gadis itu ***makin*** bertambah cantik saja. 그 소녀는 점점 더 예쁘지고 있다;

makin… makin… ~하면 할수록 더 ~하다; ***Makin*** lama ***makin*** banyak orang di pesta ini. 시간이 갈수록 이 축하연에 많은 사람들이 모였다;

semakin 더욱 더, 점점 더; Suaranya ***semakin*** merdu. 그녀의 목소리는 더욱 더 감미로워 졌다;

semakin…semakin… ~하면 할수록 더 ~하다; ***Semakin*** banyak pekerjaan ***semakin*** senang ia bekerja. 일을 많이 할수록 그는 즐겁게 일했다;

maklum ① 인지하다,알다;ⓢ tahu, mengerti,paham; Anda harap ***maklum*** karena ia hanya orang biasa. 당신은 그가 보통사람이라는 것을 인지해야 한다; ② 확실한,물론; ***Maklum***lah, orang itu hanya sebagai pekerja. 당연히 그 사람은 그냥 일꾼이다;

maklumat ① 통지, 통보, 고지, 선고, 선언; ⓢ pengumuman, pemberitahuan; ② 학문, 지식; ⓢ pengetahuan;

memaklumatkan 고지하다, 통지하다,통보하다; Kementerian Dalam Negeri telah ***memaklumatkan*** peraturan baru. 내무부에서는 새로운 규정을 발표했다;

makmur ① 번창하는, 부유한, 번영하는; ⓢ banyak hasil, sejahtera; Di bawah kepemimpinannya, negeri itu ***makmur*** sekali.그의 영도하에 그 나라는 아주 번창하였다; ② 사치스럽게,윤택하게; ⓢ serba cukup, kaya, tak kekurangan; Keluarga itu saat ini ***makmur*** hidupnya. 그 가족은 지금 윤택한 생활을 한다;

makna ① 뜻, 의미; ⓢ arti; ② 의도, 목적;ⓢ maksud,tujuan; Apa ***makna*** di balik semua kejadian ini? 이 모든 사건의 숨겨진 뜻이 무었인가?

bermakna 뜻 있는, 의미를 가진; Setiap kata-katanya itu ***bermakna*** religius. 그의 한마디 한마디가 종교적인 의미를 담고 있다;

memaknakan 이해를 하다, 뜻을 밝히다; Orang itu ***memaknakan*** semua perkataannya dengan keliru. 그 사람은 그의 모든 말에 대해

잘못 이해를 했다;

makro ① 큰; ⓢ besar; ② 긴; ⓢ panjang;

makroni 마카로니; ☞ makaroni; Ibu sedang memasak sup ***makroni*** untuk adik. 어머니는 동생을 위해 마카로니 국을 끓이고 있다;

maksiat (종교적),죄과,범행, 죄지음; Mereka ditangkap karena telah melakukan perbuatan ***maksiat***. 그들은 죄를 지어 이미 체포되었다;

maksimal 최고의, 최대한의;

memaksimalkan 극한까지 증가; Bulan ini kami akan ***memaksimalkan*** produksi.이번 달에 우리는 최대 생산을 할 것이다;

semaksimalnya 극도로; Kita harus mengusahakan hal ini ***semaksimal*** mungkin. 우리는 이 일을 있는 힘껏해야 한다;

kemaksimalan 극대, 최대;

maksimum 최대량, 최대한; ⓢ optimal; Ini adalah hasil ***maksimum*** yang bisa kami capai. 이것이 우리가 최선을 다한 결과입니다;

maksud ① 의도, 목적; ⓢ tujuan; ***Maksud*** Anda bicara apa? 당신이 말하는 의도가 무엇입니까? ② 의사, 의향; ⓢ niat, hajat; ***Maksud*** saya hendak berkunjung ke rumahnya. 내 의도는 그의 집에 가고 싶다는 것이다; ③ 취지,목적, 뜻; ⓢ kehendak, cita-cita; ***Maksud*** perkumpulan itu baik. 그 모임의 취지는 좋다; ④ 뜻, 의미; ⓢ arti, makna; Saya tidak mengerti ***maksud*** cerita itu. 나는 그 이야기의 뜻을 이해할 수 없다; **maksud** tujuan 목표, 목적물;

bermaksud 목적하다,계획하다, 의도하다;

termaksud 의도된;

malah 도리어, 오히려;

malaikat 천사;ⓢ pesuruh Allah;

malam 어둠, 저녁, 밤; ⓢ senja, hari gelap; **malam** hari 저녁, 밤; kemarin **malam** 어제 밤; **malam** panjang 토요일 밤;

malam-malam 늦은 밤에; ⓢ larut malam;

bermalam 자다, 숙박하다, 묵다, 밤을 지내다; ⓢ menginap; Nanti kami akan ***bermalam*** di Hotel. 나중에 호텔에서 숙박한다;

kemalaman 밤을 맞자; Karena ***kemalaman*** terpaksa kami menginap di hotel. 너무 밤이 깊어서 우린 호텔에서 숙박했다;

semalam ① 지난 밤, 엊저녁; ② 하룻 밤;

malang ① 횡단의,가로의; ⓢ melintang;② 불운의,불행한; ⓢ celaka, sial;

kemalangan ① 재앙, 불운, 불행; ② 재난을 당한; Orang kaya itu mendapat ***kemalangan*** beruntun. 그 부자는 연속하여 불운을 맞았다;

malapetaka 사고, 불행, 불운, 재난;

malaria 말라리아; Saat ini penyakit ***malaria*** sedang mewabah dimana-mana.지금은 어디서나 말라리아가 창궐하고 있다;

malas ① 나태한, 태만한, 게으른; ⓢ lalai,lengah; ② ~하고 싶지 않은; ⓢ segan, alpa, tak sudi;

bermalas-malas 한가롭게 쉬다,

빈둥거리다;
memalaskan 나태하게 만들다;
kemalasan 나태, 게으름;
pemalas 게으름뱅이;
maling ① 도적, 도둑; ⓢ pencuri, pencopet, penodong; Saat ditangkap, ***maling*** itu langsung dihajar massa.그 도둑은 잡히자 마자 사람들에게 몰매를 맞았다; ② 도둑질하다, 훔치다; ⓢ mencuri; Dia ketahuan ***maling*** di toko itu. 그는 그 가게에서 도둑질하다 들켰다;
kemalingan ① 절도당한, 도둑맞은; Rumah tetangga saya ***kemalingan*** tadi malam. 어제 밤에 내 이웃집이 도둑을 맞았다; ② 절도, 도둑질;
malu ① 부끄럽타는, 창피해 하는; Orang itu sungguh tidak tahu ***malu*** sama sekali. 그 사람은 정말로 부끄러운 것을 모르는 사람이다; ② 존중하는, 공손한; ③ 소박한, 수수한, 겸손한; ④ 수줍음, 부끄러움;
malu-malu 수줍어 하는, 몹시 부끄러워 하는; **malu-malu** kucing 부끄러운 체하는, tidak **malu-malu** 주저하지 않는; Jangan **malu-malu**. 부끄러워 하지 마세요;
memalukan ~을 부끄러워 하다; Perbuatan ini sungguh ***memalukan*** kita semua. 이 행위는 정말로 우리 모두를 부끄럽게 하는 것이다;
mempermalukan 부끄럽게 하다; Kejadian itu, dia telah ***mempermalukan*** keluarganya. 그 사건으로 그는 그의 가족을 욕되게 하였다;
kemaluan ① 수줍음, 부끄러움; ② 수줍어, 창피하여; Dia pergi ***kemaluan***. 그는 창피해서 가버렸다; ③ 외음부, (남·녀의)생식기; ⓢ aurat, kelamin;
kemalu-maluan 부끄러운, 창피한;tersipu-sipu; Gadis itu ***kemalu-maluan*** karena bertemu pacarnya. 그 소녀는 애인을 만나 부끄러웠다;
maluku 말루꾸 군도;
mama 어머니; ⓢ ibu;
mampir 잠시 방문하다, 경유하다, (잠깐) 들르다;ⓢ berhenti sebentar; Kalau ada waktu, silahkan ***mampir*** ke rumah kami. 시간이 되시면 우리 집에 들르십시오;
mampu ① 가능한,~할 수 있는; ⓢ dapat, bisa, sanggup; Dia mampu mengerjakan pekerjaan rumah dengan cepat. 그는 집안 일을 빨리할 수 있는 능력이 있다; ② 윤택한, 유복한, 부유한; ⓢ berada, kaya; Banyak orang ***mampu*** membeli barang mahal itu. 많은 사람이 비싼 물건을 살 능력이 있다;
kemampuan ① 가능성,유능, 능력; ***Kemampuan*** tiap orang berbeda-beda dalam menyelesaikan tugas ini. 이 업무를 수행하는데 사람마다 능력이 다르다; ② 윤택, 유복, 부유;
mampus ① 사망하다, 죽다; ② 매우 불행한; ***Mampus***lah kamu! 지옥에나 떨어져라!
mana ① 어디로,어디에(서); Orang ***mana***? 그는 어디에서 왔습니까? Di ***mana*** dia tinggal? 그는 어디에 살고 있습니까? Saudaramu pergi ***kemana***?당신은 어디에 가려고 합니까? ② (yang mana) 어느 것, 어느 사람; Yang ***mana*** punya saya? 어느 것이

내 것입니까? Bapak lebih suka kota yang *mana*? 선생님은 어느 도시를 더욱 좋아하십니까? ③ (=bagaimana) 어떻게; **mana** tahu 어떻게 알아; *Mana* kami tahu bahwa dia seorang penjahat. 그가 범죄자인지 우리가 어떻게 알았겠느냐; **mana** bisa, *mana* boleh! 그것이 어떻게 가능한가!;

Di mana-mana, **di mana pun juga** 어느 곳이든지, 어디든지, 도처에; ⓢ semua tempat, seluruh pelosok; Obat itu dapat dibeli di *mana-mana*.그 약은 어디에서나 살 수 있다;

kemana-mana 여러곳으로, 사방으로; ⓢ ke segala tempat;

manakala ~할 때에, ~일 때에; ⓢ apabila, bilamana;

manajemen ① 경영; ② 관리; Jika ingin berhasil kita harus mempunyai *manajemen* yang baik. 성공을 하려면 우리는 좋은 경영이 필요하다;

memanajemeni 경영(관리)하다;

mancanegara 제외국(諸外國); Banyak turis *mancanegara* datang ke Bali. 세계 각국의 관광객이 발리로 관광 온다;

mancung 뾰족한,날카로운; ⓢ lancip;Hidungnya *mancung* seperti ibunya. 그녀의 코는 그녀의 어머니처럼 오똑했다;

mandi, **bermandi** 목욕하다; ⓢ membersihkan diri; Tiap hari saya selalu *mandi* pagi. 나는 매일 아침에 목욕한다;

bermandi (~함께) 목욕하다;

bermandikan 가득 채우다, 가득 차다; ⓢ bertaburan; Dari jauh kota itu tampak *bermandikan* cahaya lampu. 멀리서 그 도시는 등불 빛으로 기득차 있었다;

memandikan ① 목욕시키다, 목욕시켜 주다; Ibu itu sedang memandikan anaknya.어머니가 아이를 목욕시킨다; ② 씻겨 주다,씻어 주다;

pemandian ① 수영장; ⓢ tempat mandi; ② 목욕장; Di Ciater terdapat tempat *pemandian* air panas. 찌아뜨르에는 온천이 있습니다;

permandian ① 욕실,목욕탕; ⓢ tempat mandi; ② 세례, 침례; ⓢ baptis;

mandiri 홀로 서다, 자립하다; ⓢ berdiri sendiri; Pemerintah yang *mandiri*. 자치 정부;

kemandirian 자치, 자치권;

mandor 십장, 작업 반장;

memandori 일꾼을 감독하다; Ayahnya yang *memandori* proyek itu.아버지가 그 프로젝트를 감독하고 있다;

mandul 불임의, 아이를 못 낳는;

memandulkan 불임이 되다; Ibu itu operasi *memandulkan* karena sudah punya anak dua. 그 여인은 두 아이가 있기 때문에 불임수술을 했다;

kemandulan ① 불임; ② 손(孫)이 끊김; Pohon itu mengalami *kemandulan* sehingga tidak dapat berbuah. 그 나무는 번식이 단절되어 열매를 얻을 수 없다;

manfaat ① 유용한 이로운; Alat itu ada *manfaat*nya. 그 연장은 쓸모가 있다; ② 이득, 실리; ⓢ laba,

M

untung; Manfaat dan mudarat 득실, 장단점;

bermanfaat 유익한, 유용한;

memanfaatkan 유용하게 하다;

manggis 망기스; Adik sangat menyukai buah *manggis*. 동생은 망기스 과일을 아주 좋아한다;

mangkok 그릇, 공기; Tolong taruh *mangkok* ini di meja makan. 이 공기를 식탁에 좀 놓아 주세요;

mangsa ① 미끼, 먹이; ⓢ makanan; ② 희생자, 희생; ⓢ sasaran; pembuat jahat; Hewan itu sedang mencari *mangsa* di tempat ini. 그 짐승은 여기에서 먹이를 찾고 있습니다;

memangsa ① 먹다; ⓢ memakan; Binatang itu telah *memangsa* ternak penduduk desa. 그 짐승은 마을 주민의 가축을 잡아 먹었다; ② 미끼가 되다; ③ 희생되다;

pemangsa ① 먹는 자(사람); ⓢ pemakan; ② 희생물; Harimau adalah hewan *pemangsa* daging. 호랑이는 육식 동물이다;

maniak 미치광이; **maniak** pancing 낚시광;

manipulasi 처리, 조종; ⓢ kecurangan,penggelapan; Kasus *manipulasi* data itu telah dilaporkan kepada polisi.그 자료의 변조 사건은 경찰에 신고가 되어있다;

memanipulasi 처리하다, 조종하다; Dia dituduh telah *memanipulasi* data yang ada. 그는 기존 자료를 변조했다는 의심을 받고 있다;

manis ① 단, 감미로운, 달콤한; Minuman ini terlalu *manis*.. 이 음료수는 너무 달다; ② 상냥한, 어여쁜, 귀여운; ⓢ elok, mungil, cantik;

bermanis 아첨하다;

bermanis-manis 알랑거리다, 아첨하다; Katakan saja sejujurnya tidak perlu *bermanis-manis*. 알랑거리지 말고 솔직하게 얘기해라;

memanis 달게 되다;

mempermanis 달콤한 말을 하다,

kemanisan ① 단맛, 감미로움; ② 아름다움; Kesederhanaannya menambah *kemanisan* wajahnya. 그녀의 수수함이 그녀의 얼굴을 더 예쁘게 보이게 한다; ③ 너무 단; Kopi itu *kemanisan* 그 커피는 너무 달다;

pemanis ① 감미료; ② 화장품; ③ 장식; Bunga ini untuk *pemanis* ruangan. 이 꽃은 실내 장식용이다;

manisan, **manis-manisan** 캔디, 사탕; **manisan** belimbing 과일 향의 과자; Ibu membeli *manisan* untuk kami. 어머니는 우리들에게 캔디를 사주셨다;

semanis-manisnya 아주 아름다운; Design pakaian ini dibuat *semanis-manisnya*. 이 옷의 디자인은 아주 아름답다;

manja ① 버릇 없는, 망친, 못된; ⓢ kolokan; Anak itu *manja* sekali kepada orang tuanya.그는 부모에게 너무 버릇이 없다; ② 따르는, 응석부리는; ⓢ selalu diberi hati; Anak itu *manja* sekali kepada ayahnya. 그 아이는 아버지를 몹시 따른다; ③ 친밀한, 친근한; ⓢ jinak; Kucing itu *manja* sekali kepada majikannya. 그 고양이는 주인에게 두려움이 없다,

bermanja-manja 어리광 피우다,

친근감있다; Anak itu sedang ***ber-manja-manja*** kepada ibunya. 그 아이는 그의 어머니에게 어리광을 피우고 있다;

manjur 효험있는, 효과있는; obat itu ***manjur*** sekali. 그 약은 아주 효과가 좋다; ② 신기한, 위력있는; ⓢ besar dayanya; Doa orang tuanya sangat ***manjur*** sekali.부모의 기도가 아주 효험이 있다;

kemanjuran 효험,효과,효력; ***Kemanjuran*** obat itu telah terbukti sejak dahulu. 그 약의 효험은 오래 전부터 잘 알려져 있다;

mantan 전(前), 이전의; ⓢ bekas; Ayahnya adalah ***mantan*** rektor yang sekarang aktif di organisasi sosial. 아버지는 지금 자선 조직에서 활동 중인 전 학장 출신이다;

mantap ① 불굴의,견고한, 단호한; ⓢ tetap hati,kukuh,kuat; ② 안정된, 확고한; ⓢ tetap;

memantapkan 굳건히 하다, 견실하게 하다; ⓢ mengukuhkan; Majelis ini akan lebih ***memantapkan*** rencana perbaikan ekonomi. 이 위원회는 경제 계획을 더욱 확고히 할 것이다; ② 안정되게 하다;

kemantapan 단호,확고,견고, 불굴; Hal ini dilakukan untuk memperoleh ***kemantapan*** di dalam perekonomian negara ini. 이것은 이 나라의 경제를 공고히 하기 위하여 취하여 졌다;

mantel 상의,외투;ⓢ baju panjang, jas; **mantel** hujan 비옷, 우의; Ibu membelikan ***mantel*** baru untuk adik. 어머니는 동생에게 새 우의를 사주었다;

mantera 마법, 구술, 주문; ⓢ mantra;

mantri ① 전문가; ⓢ juru; ② 수(首) 간호인, 의사 조수;

mantu ① 사위, 며느리; ⓢ menantu; ② 장가들이다; Saya sedang sibuk karena besok akan ***mantu*** anak. 나는 내일 아들을 장가들이기 때문에 지금 바쁘다;

manual 수공의,손으로 하는; Mesin cetak itu masih beroperasi secara ***manual***. 그 인쇄기는 아직 수동으로 작동된다;

manusia ① 사람, 인간; ⓢ insan, orang; ② 인류; **manusia angkasa** 우주인;

kemanusiaan, perikemanusiaan ① 자비, 자애; ② 인간성; ③ 인도주의 ,박애주의;Perbuatan itu sungguh tidak memiliki ***perikemanusiaan***. 그 행위는 정말로 인간성을 상실한 것이다;

marah ① 성이 난,화난; ② 성,분노, 노여움; ⓢ berang, panas hati; Dia menjadi sangat ***marah*** ketika mendengar kejadian itu. 그는 그 일을 듣고 아주 화를 내었다; ③ 성나다, 화나다;

marah-marah ① 화가 많이나다; ② 꾸짖다; Ayahku sudah ***marah-marah*** pada sopir. 아버지는 운전수에게 굉장히 화를 냈다;

memarahi 꾸짖다, 책망하다; Ibu ***memarahi*** adik karena tidak mau makan.어머니는 동생이 먹지 않으려 하여 화를 내셨다;

kemarahan 성, 분노, 노여움; *Ke-*

M

marahan Ayah sudah tidak terbendung lagi. 아버지는 더 이상 분노를 참을 수가 없었다;

pemarah 성급한 사람, 화를 잘내는 사람; Orang itu sungguh sangat *pemarah*. 그 사람은 정말로 화를 잘 내는 사람이다;

marahan 싸워서 화난; Tampaknya mereka berdua sedang *marahan*. 그 두 사람이 서로 화를 내고 있는 것으로 보인다;

maraton 마라톤 (경주); Minggu depan akan diadakan lomba *maraton* untuk seluruh siswa di sekolah ini. 다음 주에 전교생이 마라톤 경주를 할 예정이다;

maret 3 월;

marga 지역, 구역, 씨족, 일족;

margarin 마아가린; Untuk menggoreng telur lebih enak memakai *margarin*. 계란을 부칠 때 마가린을 사용하는 것이 더 맛있다;

margasatwa 야생 동물,들짐승; ⓢ binatang-binatang; Mereka sedang pergi ke taman *margasatwa*. 그들은 야생 동물원에 가고 있다;

marinir 해군;

markas ① 장소, 부서, 사무소; ⓢ kantor; ② 부대 본부; **markas** besar 사령부; Gedung itu adalah *markas* pergerakan mereka. 그 건물은 그들의 운동 본부이다;

mars 화성(火星);

martabat ① 계급, 지위, 등급; ⓢ derajat; ② 명성,위신; ③ 가치, 진가; Kita harus menjunjung tinggi *martabat* orang. 우리는 지위관을 존중해야 한다;

martil 쇠망치, 해머; ⓢ palu;

memartil 망치질하다;

marwah 자만, 오만;

masa ① 시기, 때, 시간; ⓢ waktu, tempo,zaman;Pada *masa* itu Korea dilanda kemiskinan. 그 시절에 한국은 가난했다; ② 동안, 기간, ~할 때; ⓢ ketika; ③ 형세,국면; **masa** genting 위험 단계,위기; **masa** produksi 대량 생산; **masa** depan 장래, 미래; Kita harus mulai memikirkan tentang *masa* depan. 우리는 장래에 대해 지금부터 생각을 해야 한다; **masa** kini 현재, 지금; **masa** perubahan 과도기; **masa** purba 고대; **masa** remaja 결혼적령기, 성장기; **masa** bodoh 무관심하다; Tentang pendidikan anaknya ia hanya bersikap *masa* bodoh saja.그는 아이의 교육에 관해서 무관심하였다; Bersikap *masa* bodoh. 될대로 되라;

memasabodohkan 주의를 기울이지 않다;Dia agak *memasabodohkan* persoalan di sekelilingnya. 그(녀)는 주변의 문제에 신경을 쓰지 않는 것 같다;

masa-masa 그때 그때; ⓢ waktu;

semasa ~할 동안에, ~할 때;

masak ① 익은; ⓢ matang; ② 요리된; ⓢ sudah jadi, empuk; Makanannya sudah *masak*. 음식이 이미 다 되었다;③ 경험한,익숙한; ⓢ sudah sempurna; Kami sudah merancang ini dengan *masak*. 우리는 풍부한 경험으로 이것을 준비했다;

memasakkan 요리를 해 주다;

memasak 요리를 하다;Ibu sedang *memasak* makan malam di dapur.

어머니는 부엌에서 저녁식사를 요리하고 있다;

kemasakan ① 요리(법); ② 너무 익은; Jika merebus sayuran jangan ***kemasakan***. 야채를 삶으려거든 지나치게 삶지 마시오;

masakan ① 요리, 음식; ② 요리법; **masakan** Korea 한국 요리법; ***Masakan*** itu kurang enak karena tidak memakai bumbu penyedap. 그 음식이 조미료를 쓰지 않아 맛이 없다;

masalah ① 일, 문제; ⓢ soal, problem; ② 질문; ⓢ pertanyaan;

mempermasalahkan 문제 거리를 만들다, 문제시하다;

permasalahan 문제; ⓢ persoalan; Inti dari ***permasalahan*** ini adalah kejujuran seseorang. 이 문제점의 핵심은 어떤 사람의 정직성이다;

masam ① 신 맛; ⓢ asam, kecut; ② 토라진,샐쭉한; ⓢ merengut; Jangan pasang wajah ***masam*** begitu. 그렇게 토라진 얼굴을 하고 있지 마라;

memasam 시어지다, 시게 되다;

memasamkan 시게 만들다;

kemasam-masaman 새콤한, 시큼한;

mashur 유명한;ⓢ masyhur; Keluarga kerajaan Inggris amat ***termasyur*** di dunia. 영국 왕실 가족은 전세계에 유명하다;

masih 여전히,아직;ⓢ lagi,sedang;

semasih ~할 때, ~할 즈음에; ***Semasih*** saya kecil…내가 어렸을 때;

masinis 기관사;Ayah adalah seorang ***masinis*** kereta api. 아버지는 철도 기관사이다;

masjid 회교 사원; Kami meliput acara buka puasa di ***masjid*** Istiqlal Jakarta. 우리는 자카르타 이스떽랄 사원에서 금식 해제 행사에 참가한다.

maskapai 기업, 회사; ⓢ kongsi, ikatan dagang; ***Maskapai*** penerbangan Indonesia menjalin kerja sama dengan Jerman.인도네시아 항공회사는 독일과 협력 관계를 맺었다;

maskara 마스카라; ***Maskara*** ini untuk mempercantik mata. 이 마스카라는 눈을 더욱 예쁘게 하기 위한 것이다;

masker 복면, 가면; ⓢ topeng;

maskot 마스코트; Boneka itu adalah ***maskot*** Olimpiade tahun ini. 그 인형은 올해 올림픽의 마스콧트이다;

massa 다수, 집단, 대량; ⓢ kumpulan orang, masyarakat, umum;

master 주인;

masuk 들어가다; Dia bilang hari ini akan ***masuk*** kantor. 그는 오늘 사무실에 나올 것이라고 얘기했다; **masuk** akal 합리적인,당연한; Kejadian itu tidak ***masuk*** akal. 그와 같은 사건은 당연한 일이다;

memasuki ① 들어오다, 들어가다; Diam-diam dia ***memasuki*** kamar itu. 아주 조용히 그는 방에 들어갔다; ② 관여하다, 참견하다,간섭하다; Jangan ***memasuki*** perkara orang lain. 다른 사람의 일에 참견하지 마시오;

masyarakat 사회; ⓢ publik; **masyarakat** ramai 공중, 대중;

bermasyarakat 사회를 이루다, 무리를 이루다, 단체를 형성하다; ⓢ berkelompok, bergaul; Kita harus hidup ***bermasyarakat*** secara damai. 우리는 평화적으로 사회생활을 하여야 한다;

memasyarakatkan ① 사회원이 되다; ② 사회에 알려지다;

kemasyarakatan 사회적인;

masyhur 유명한; ⓢ tersohor, terkenal; Dia ***masyhur*** ke mana-mana. 그는 사방에 널리 알려졌다;

memasyhurkan ① 유명하게 만들다; Perbuatan itulah yang ***memasyhurkan*** namanya. 그의 명성을 떨치게 한 것은 바로 그 행위이다; ② 소식을 퍼뜨리다, 소문을 내다; Apakah kabar tentang agama Islam ***di masyhurkan***? 이슬람교에 관한 소식이 전해졌습니까?;

kemasyhuran 명성, 유명;

termasyhur 유명한; Kekayaan orang itu sudah ***termasyur*** di dunia. 그 사람의 부는 전세계적으로 유명하다;

mata ① 눈; ⓢ penglihatan, alat melihat, indra penglihat; ② 목적, 초점, 핵심; ⓢ sasaran, tujuan; ③ (칼·도끼 등의)날; Sebelum memotong daging ***mata*** pisau harus di kikir dulu supaya tajam. 고기를 자르기 전에 칼날이 서도록 갈아야 한다; ④ 근원; **mata** air 우물, 샘; **mata** angin 나침반 침, 풍향; **mata** hati 마음의 눈; **mata** uang 동전;

bermatakan 눈을 갖다; Cincin emas itu ***bermatakan*** intan. 그 금반지에는 다이아몬드가 박혀있다;

semata ① 한 (개의) 눈; ② ~처럼; Hal itu ***semata*** hanya untuk tujuan mulia. 그 일은 단지 고상한 목적으로만 보였다;

semata-mata 오직,단지;ⓢhanya; Hal itu ***semata-mata*** hanya dusta. 그것은 거짓말일 뿐이다;Perkataannya itu ***semata-mata*** keluar dari hati yang cemburu saja. 그의 말은 온전히 시기하는 마음에서 나온 것이다;

matador 투우사; Hari ini kami akan menyaksikan atraksi ***matador*** di tengah kota. 오늘 우리는 도심에서 투우 구경을 할 예정이다;

matahari 해,태양; ⓢ surya; **matahari** terbit 해가 뜨다; **matahari** terbenam 해가 지다;

mata-mata① 스파이,첩자,간첩; ⓢ pengintip; Akhirnya ***mata-mata*** itu tertangkap juga. 마침내 그 간첩은 체포되었다; ② 경찰; **mata-mata** gelap 비밀 경찰; ⓢ polisi rahasia;

memata-matai 취조하다, 조사하다; ⓢ mengamati,menyelidiki, mengawasi; Kami di perintahkan untuk ***memata-matai*** kelompok itu. 우리는 그 집단을 염탐하도록 명령을 받았다;

matang ① 익은; ⓢ masak; Buah sudah ***matang***. 과일이 익었다; ② 요리된, (음식이) 다 된; Nasi sudah ***matang***? 밥이 다 됐습니까? ③ 성숙한, 성장한; ⓢ dewasa; Anak itu masih belum ***matang*** benar. 그 아이는 아직 성숙하지 않다; ④ 고려(숙고)된; ⑤ 완료된;

mematangkan ① 요리하다; ② 익게 하다;

kematangan 너무 익은;

matematika 수학(數學);

materi 물질, 물채, 재료;

materialistis 유물론(자)의;

materil 물질의;

mati ① 사망하다,죽다; ⓢ meninggal, wafat; Anjing kami *mati* setahun yang lalu.우리 개는 일년 전에 죽었다; ② (시장의 매기가) 한산해지다;Kalau pembangunan supermarket itu selesai, toko-toko kecil di kawasan itu akan *mati*. 지금 짓고 있는 백화점이 완공되면 주위에 작은 가게들은 한산해질 것이다; ③ 정찰제의; ⓢ tidak berubah; Harga *mati*. 정가; ④ 감각을 잃은, 마비된; ⓢ tidak dapat merasakan;Ujung jariku *mati* rasa karena kedinginan. 너무 추워 서 내 손가락 끝이 감각이 없다; ⑤ 정지하다, 멈추다; ⓢ terhenti; Jam itu *mati* karena baterainya habis. 그 시계는 건전지가 다 되서 멈추 었다; ⑥ (불이)꺼지다; ⓢ padam; **mati** disalib 십자가에 못박혀죽다; **mati** kutu (남의)속을 알다; **mati** ko-nyol, **mati** lemas 개죽음 하다; **mati** suri 가사(假死); harga **mati** 정찰 가격; huruf **mati** 자음 (子音); peti **mati** 관;

mematikan ① 살해하다, 죽이다; Racun serangga bisa *mematikan* dan berbahaya bagi anak-anak. 모기약은 아이들에게 위험하고 죽을 수도 있다; ② (불을) 끄다, 소멸시키다; Kalau mau pergi hendaknya *mematikan* lampu. 외출하려면 불을 꺼야 한다;

kematian ①사망,죽음; *Kematian*-nya sangat mengejutkan warga kampung ini. 그의 죽음은 이 마을 사람들을 아주 놀라게 하였다;

mati-matian ① 죽은 듯이 가장하다, 죽은 체하다; ⓢ pura-pura mati; ② 애써, 사력을 다하여, 진지하게; ⓢ bersungguh-sungguh, dengan sekuat tenaga; Saya akan membelanya *mati-matian*. 나는 그를 사력을 다해 보호할 것이다; ③ 죽도록 일하다, 열심히 일하다; Mahasiswa *mati-matian* belajar untuk menghadapi ujian. 모든 학생이 시험에 대비하여 아주 열심히 공부한다;

mau ① ~할 예정이다, ~할 것이다; ⓢ akan; Bulan depan dia *mau* pergi ke Amerika. 다음 달에 그는 미국에 갈 예정이다; ② ~하고 싶다, 희망하다; ⓢ suka,hendak; Katanya dia *mau* datang sore ini. 그가 오늘 오후에 온다고 했다; ③ 필요로 하다, 원하다; ⓢ ingin; Bapak *mau* apa? 선생님 무엇을 원하십니까? ④ 바람, 소원, 원함; ⓢ kehendak, maksud; Itu *mau*ku. 그것은 내가 바라는 것이다; **mau** sama **mau** 서로 원하는; Rasa cinta tumbuh berdasarkan *mau* sama *mau*. 사랑의 감정이 싹트는 것은 서로가 원해서다; **mau** tak **mau** 싫든 좋든; *Mau* tak *mau*, dia harus pergi. 싫든 좋든 그는 가야 한다;

kemauan 의향, 소원; ⓢ keinginan, hasrat;

berkemauan~하려고 하다,의향을

가지고 있다;
semaunya 멋대로, 마음대로; ⓢ sesuka hati, seenaknya; Dia bekerja ***semaunya***. 그는 멋대로 일했다; **maunya** 소망하는 것, 바라는 것; Anda ***maunya*** minta uang berapa? 당신은 얼마의 돈을 원하십니까?;
maupun··· **maupun** ~도 ~도; ⓢ baik···maupun; **maupun** 비록 ~하다 할지라도; ⓢ meskipun;

maut 멸망, 파멸; ⓢ kematian;

mawar 장미; ⓢ kembang ros; Harum bunga ***mawar*** ini mengingatkanku pada suasana desa. 이 장미 향기는 나에게 시골 분위기를 연상시키다;

mawas 성성이, 오랑우탄; **mawas** diri 자기 반성;

maya 몽상, 환상, 환영(幻影); ⓢ khayal, bayangan; Anak itu seperti hidup di dunia ***maya***. 그 아이는 몽상의 세계에 살고 있는 것같다;

mayat 주검,시체; ⓢ jenazah, tubuh mati; periksa **mayat** 시체 부검; peti **mayat** 관;

mayor ① 육군 소령; ② 해군 소령; **mayor** udara 공군 소령; Ayahnya adalah seorang anggota angkatan udara berpangkat ***mayor***. 그의 아버지는 공군 소령이다;

mayoritas 대다수, 대부분; Dari seluruh tamu yang datang, ***mayoritas*** adalah relasi bisnisnya.참석한 전체 손님의 대부분은 그의 사업에 관련된 사람들이었다;

mbak 언니 (친근한 호칭);

mbok 모친, 할머니; (친근한 호칭);

mebel 가구; ⓢ meja kursi (perkakas); Dalam rangka hari raya, Ayah memperbaharui ***mebel*** rumah kami. 명절을 맞이하여 아버지는 우리 집의 가구들을 새로 준비하셨다;

medali 훈장, 매달;

medan ① 벌판,들판; ⓢ arena; ② 계(界), 계층; ⓢ lingkungan, dunia, bidang; **medan** perang 전장;

media ① 매스컴의 매체; ② 매개, 매개체; Pemerintah mengeluarkan peraturan baru yang diumumkan lewat ***media*** massa. 정부는 보도 매체를 통해 새 법을 공표하였다;③ 중개자; ⓢ perantara, penghubung; Dalam perjanjian itu, mereka menggunakan PBB sebagai ***media*** perdamaian. 그 협정에 있어 그들은 유엔을 평화 중재자로 사용하였다;

medis 의과의, 의학의; ⓢ kedokteran; Menurut ***medis*** ia mengidap tekanan darah tinggi. 의료인에 의하면 그는 고혈압이 있다고 한다;

meditasi 묵상, 심사숙고; ⓢ renungan, yoga; Dia kelihatan segar karena rajin melakukan ***meditasi***. 그는 명상을 열심히 하였기 때문에 얼굴이 환해 보였다;

medium ① 중간치;② 매재(媒材); ③ 영매, 무당;

mega 구름; ⓢ awan; **mega** mendung 비구름; Di atas langit terlihat ***mega*** mendung. 하늘에 비 구름이 보였다;

megah ① 영광, 명성, 웅장; ⓢ mulia,agung; Gedung-gedung berdiri dengan ***megah***nya. 건물들이 웅장하게 서있다; ② 긍지, 자랑; ⓢ

bangga;

bermegah ① 명성이 있는;② 자랑하다;

bermegah-megah 허풍떨다, 자랑하다; ⓢ membanggakan diri;

memegahkan ~을 자랑하다, ~에 대하여 허풍떨다;

kemegahan 긍지,명성,명예, 웅장; ***Kemegahan*** gedung itu memang tiada bandingnya. 그 건물의 웅장함은 비교할 상대가 없다;

megal-megol 엉덩이를 흔들다;

meja 책상, 탁자;

mekah (성지)메카; Kami pergi ke ***Mekkah*** untuk naik haji. 우리는 성지 순례로 메카에 간다;

mekanik 기계공, 직인(職人); Ia adalah ahli ***mekanik*** yang sangat terkenal. 그는 매우 유명한 기계공이다;

mekar ① (꽃이) 피다; ⓢ berkembang, mengurai; Bunga itu ***mekar*** di kebun halamanku.그 꽃은 나의 정원에 핀다;② (빵 등이)부풀어 오르다; ⓢ melar; Tepung yang dibuat adonan mulai ***mekar***. 반죽한 밀가루가 부풀기 시작한다; ③ 커(넓어)지다; Kampung kini mulai ***mekar*** seperti dikota. 요즈음 시골은 도회지처럼 커졌다; ④ 싹트다, 일다; Benih cinta mulai ***mekar*** di hati pasangan itu. 사랑의 씨앗이 그 두사람의 마음에서 피기 시작했다;

pemekaran 확대; Pemerintah mengumumkan ***pemekaran*** wilayah tersebut di mulai tahun depan. 정부는 내년부터 언급된 지역의 구역 확장을 발표하였다;

meksiko 멕시코;

melankolis 우울한, 우울증의;

melar ① 부풀다,팽창하다, 퍼지다; ⓢ mekar; Adonan itu akan ***melar***. 그 반죽이 부풀 것이다; ② 확장, 팽창;

melarat ① 곤궁, 궁핍, 가난, 빈곤 ② 빈곤한, 가난한; ⓢ miskin; Di tempat itu penduduknya masih ***melarat***. 그 곳의 주민들은 아직 궁핍하다; ③ 손실, 손해; ⓢ kerugian;

kemelaratan ① 곤궁, 궁핍, 가난, 빈곤;ⓢ kemiskinan;② 불리,불이익;

melata 기어가다; Ular adalah binatang ***melata***. 뱀은 기어가는 동물이다;

melayu 말레이 사람; Orang tuanya adalah orang keturunan ***melayu***. 그의 부모는 멀라유 종족이다;

melek 눈을 뜨고 있는, 깨어 있는; Anak bayinya sudah bisa ***melek***. 그 아기는 이미 눈을 떴다; Sampai sekarang ia belum juga ***melek*** akan hal itu. 지금까지도 그는 그 일에 대해 눈을 못 뜨고 있다;

melempem ① 젖은, 물기가 있는, 축축한; ⓢ lembab; Kerupuk itu hendaknya di taruh di toples supaya tidak ***melempem***. 그 꺼루뿍 과자를 습하지 않도록 밀폐 그릇에 담았다;② 무기력한,느린; ⓢ kendur;

meler (콧물이) 흘러나오다; Karena sedang pilek, ingusnya ***meler*** dari hidungnya. 콧물 감기 때문에 코에서 코가 흘러 나왔다;

meleset ① 미끄러져 넘어지다; ⓢ terpeleset,tergelincir; Hati-hati jangan sampai ***meleset***. 미끄러지지

않도록 주의해라;②잘못되다,틀리다; ⓢ tidak tepat, salah perhitungan, tidak kena; Perhitungannya tidak pernah ***meleset*** sekalipun. 그의 계산은 한 번도 틀린 적이없다;

melintir 회전하다; ⓢ berputar; Tangannya sakit karena jatuh ***melintir***. 그의 손이 넘어져서 다쳤다;

melodi 곡조,선율,멜로디; ⓢ lagu; ***Melodi*** lagu itu terasa indah di dengar. 그 노래의 곡조는 듣기에 아름다웠다;

melompong, kosong melompong 무의미한, 공허한;

melongo 놀라서 어찔줄 모르는; ⓢ tercengang;

melulu 오로지, 오직; ⓢ tidak lain hanya,semata-mata;Anak itu minta uang ***melulu*** kepada orang tuanya. 그 아이는 부모에게 돈을 자주 달라고 하였다;

memang ① 당연히, 물론; ⓢ tentu; ② 정말로,참으로, 실로; Anak itu ***memang*** cantik. 그 아이는 참으로 예쁘다;

memangnya ① 정말로,본시,본래; ② 당연히, 물론; ***Memangnya*** aku ini buta? 나를 장님으로 아십니까?

memar 상처난,타박상을 입은; ⓢ luka dalam;luka **memar** 상처,타박상,

memelas 동정인; Dari jauh terdengar suara rintihan yang ***memelas***. 멀리서 구성진 슬픈 소리가 들렸다;

memo 메모, 비망록;

memorandum 메모, 비망록;

memori 기억; ⓢ ingatan; Sebagian ***memori***nya terhapus karena kecelakaan itu. 그는 일부 기억을 사고로 잃어 버렸다;

mempelai 신랑, 신부; ⓢ pengantin; Kedua ***mempelai*** itu terlihat sangat bahagia. 그 신랑 신부는 아주 행복한 듯이 보였다;

menang ① 이기다, 승리하다; ⓢ dapat mengalahkan; Anak itu akhirnya ***menang*** dalam pertandingan badminton.그 아이는 베드민턴 경기에서 마침내 승리했다;② 상금을 받다; Saya berhasil ***menang*** dan mendapat hadiah berupa uang. 나는 승리하여 얼마간의 상금을 받았다; ③ 시험에 붙다, 합격하다; ⓢ berhasil lulus; Dia ***menang*** dalam uji ketangkasan itu. 그는 그 기능 시험에서 승리를 하였다;

memenangi 이기다,승리하다;Kami berhasil ***memenangi*** pertandingan ini. 우리는 이 시합에서 승리하였다;

memenangkan 이기게 하다, 획득하다; Ia berhasil ***memenangkan*** medali emas di Olimpiade itu. 그는 올림픽에서 금메달을 획득했다;

kemenangan 우세, 승리; ⓢ kelebihan, keunggulan,keistimewaan; ***Kemenangan*** ini patut kita rayakan bersama. 이 승리는 우리가 함께 축하할 만하다;

pemenang 승리자, 이긴 사람; Juri mengumumkan dirinya sebagai ***pemenang*** lomba itu. 심판은 그를 그 경주의 승리자로 발표하였다;

menantu 며느리, 사위;

bermenantukan 사위를 보다, 며느리를 얻다; Pria itu ***bermenantu-***

kan seorang pengusaha. 그 남자는 사업가를 사위로 맞았다;

menara 탑, 회교 사원의 첨탑(尖塔); **menara air** 방수탑, 급수탑; **menara api** 등대; ⓢ mercusuar; **menara radio** 라디오 수신탑;

mencak 굉장히 화내다;

mencak-mencak 노하다,화내다; Perempuan itu ***mencak-mencak*** pada pacarnya. 그 여자는 애인에게 굉장히 화를 냈다;

mencla-mencle 자주 말을 바꾸다; Bicaranya sulit dipercaya, selalu ***mencla-mencle***. 그의 말은 항상 말을 바꿔서 믿기 어렵다;

menclok (짐승이) 앉다; ⓢ hinggap; Burung itu ***menclok*** di jendela kamarku. 그 새는 내방 창문에 앉았다;

mendadak 갑자기; ⓢ tiba-tiba;

mendiang 사망한; ⓢ almarhum; ***Mendiang*** tuan Ali berpesan demikian kepada kami. 고 알리씨께서 우리에게 그렇게 유언했습니다;

mendung 먹구름, 비구름, 흐린; ⓢ awan hitam;

mengapa 왜, 무슨 까닭에; ***Mengapa*** kamu berangkat sepagi ini? 왜 너는 이렇게 아침 일찍 출발하는가?

mengerti 이해하다, 알아 듣다; Saya tidak ***mengerti*** maksud ucapannya. 나는 그의 말의 의도를 이해 못하겠다;

di mengerti 알아 듣는, 이해가 되는; Hal itu sebenarnya mudah ***di mengerti*** oleh kita semua. 그 일은 실제 우리 모두가 이해하기 쉬운 것이다;

mengkeret ①오그라 들다, 줄어들다, (천 등이) 줄다; ⓢ mengerut; Sepatu kulit itu terlalu lama di jemur sampai jadi ***mengkeret***. 그 가죽 신발을 더무 말려서 오그라 들었다; ② 줄이다, 주름지게 하다, 옷주름을 잡다; ③ 성내다, 화내다; ④ 질겁하는, 무서워 하는; ⑤ 몸을 웅크리게 하다;

mengkudu 약용 열매의 일종 (당뇨, 고혈압, 피로회복 등에 효과가 있다고 알려짐);

menit 분(分);

menstruasi 월경; ⓢ haid;

menor 겉만 번드르르 한; Dandanan orang itu terlalu ***menor***. 그 사람의 치장은 너무 겉만 번드르하다;

mentah ① 날 것의, 덜익은; ⓢ belum matang; Buah itu masih ***mentah*** sekali. 그 과일은 아직 전혀 안 익었다; ② 천연 그대로의; ⓢ alam; minyak **mentah** 원유;

mentah-mentah ① 생으로, 날것의; ⓢ tanpa dimasak; Ketimun itu enaknya dimakan ***mentah-mentah*** dengan sambel. 오이는 삼벌과 같이 날 것으로 먹으면 맛이 좋다; ② 조건없이, 그저 그렇게; ⓢ sama sekali, tanpa syarat; Permintaannya ditolak ***mentah-mentah*** karena dia selalu membuat pusing suaminya. 그녀의 요구는 항상 남편을 힘들게 하여 무조건 거절됐다;

mental ① 나가떨어지다; ② 날아가다; Tendangan orang itu membuat ***mental*** lawannya. 그 사람의 발길질로 그의 상대는 나가떨어졌다;

mentang,**mentang-mentang** 인고로, 그래서, 오로지 ~이기 때문에;Ⓢ karena…maka…; ***Mentang-mentang*** pintar, sombongnya bukan main. 똑똑하다고 아주 거만하다;

mentari ☞ matahari;

mentega 버터; Ⓢ lemak susu; **mentega** buatan, **mentega** tiruan 마아가린; roti **mentega** 버터 빵;

mentereng 화려한, 사치스러운, 멋진, 훌륭한; Ⓢ bagus, mewah, hebat; Rumah menteri itu ***mente-reng*** sekali. 그 장관의 집은 아주 좋다;

menteri ① 장관; ② 고관, 대신; Ⓢ anggota kabinet; **Menteri** Dalam Negeri 내무부 장관; **Menteri** Ke-hakiman 법무부 장관; **Menteri** Ke-sehatan 보건부 장관; **Menteri** Ke-uangan 재무부 장관; **Menteri** Luar Negeri 외무부 장관; **Menteri** Pen-didikan 문교부 장관; **Menteri** Per-industrian dan Perdagangan 상공부 장관; **Menteri** Perhubungan 통신부 장관; **Menteri** Sosial 사회부 장관; **Menteri** Agama 종교부 장관;

kementerian 부(部), 성(省); **Ke-menterian** Luar Negeri 외무부;

merah 빨간, 빨간색의; Ia suka baju warna ***merah***. 그녀는 붉은 색 옷을 좋아한다; **merah** lembayung 보라색; **merah** muda 핑크색,분홍색; **merah** padam 심홍색;

memerah 빨개지다, 빨갛게 되다; Bunga itu semakin ***memerah***. 그 꽃은 더욱 더 붉어졌다;

memerahkan 빨갛게 되게하다, 빨갛게 만들다;

kemerah-merahan 붉으스레한; Karena malu, wajahnya tampak ***kemerah-merahan***. 창피로 그녀의 얼굴이 붉어졌다;

mercu ① 정상, 봉우리; ② 등대;

merdeka 해방의,독립의, 자유의; Ⓢ bebas, tidak terikat, lepas; Hari ini adalah peringatan 57 tahun Indonesia ***merdeka***. 오늘은 인도네시아 독립 57 주년 기념일이다;

memerdekakan ① 자유를 주다, 독립시키다,해방시키다; ② 풀어주다, 방면하다; Para penjahat-penjahat tenaga kerja saat ini sudah ***di merdekakan*** dari tempat penam-bangan. 모든 죄수 일꾼들은 굴속 작업에서 벗어났다;

kemerdekaan 독립, 자유, 해방; Para pejuang itulah yang menjadi pahlawan bagi ***kemerdekaan*** In-donesia. 그 투사들이 인도네시아 독립의 영웅이다.;

merdu (목소리가) 듣기 좋은, 부드러운, (곡조가)아름다운; Ⓢ enak di dengar; Nyanyian gadis itu terde-ngar ***merdu*** sekali. 그 소녀의 노래 소리는 매우 아름답다;

merek, ① 등록 상표, 레테르,상표; Ⓢ cap, tanda; Kemeja saya ***merek*** perancang terkenal. 내옷은 유명한 디자이너의 상표이다; ② 제품, ~산(産);Ⓢ buatan; Tasnya ***merek*** apa? 가방의 상표가 무엇이냐? ③ 품질; Ⓢ keunggulan,kwalitas;

bermerek 상표를 가진, ~제품인; Mainan ***bermerek*** ini buatan Korea. 이 유명 상표 장난감은 한국산이다;

mereka 그들(주격), 그들의(소유

격), 그들을(목적격),;

merem 눈이 감기는;

meriah 근엄한, 엄숙한;

merica 흰 후추; ⓢ lada putih; merica bulat (말린) 후추 열매;

merosot ① 내리다,(값이) 떨어지다; ⓢ turun,sangat turun; Harga kain *merosot*.천의 가격이 떨어졌다; ② 감소하다, 줄다; ⓢ berkurang, mundur; Perusahaan terbesar di Jakarta itu sedang *merosot*, karena banyak korupsi.그 자카르타의 큰 기업은 부정때문에 명성이 떨어졌다; ③ 미끄러져 넘어지다, 헛디디다, 미끄러지다; ⓢ tergelincir,jatuh; Saya *merosot* dari tangga tadi. 나는 방금 사다리에서 미끄러 졌다;

kemerosotan 줄어듬, 떨어짐, 감소; Pabrik tempat saya bekerja sedang mengalami *kemerosotan* karena tak ada pesanan. 내가 일하는 공장에는 지금 주문이 없어서 기우러지고 있다;

merpati 비둘기; ⓢ burung dara; Ayah memelihara banyak burung *merpati*. 아버지는 비둘기를 많이 기른다;

mertua 시부모, 장인(장모);

mesin 엔진, 기계; ⓢ penggerak, pesawat; mesin bor 천공기, 드릴; mesin bubut 선반(旋盤); mesin jahit 재봉틀; mesin giling 압연기; mesin hitung 계산기; mesin ketik 타자기; mesin las 용접기; mesin cetak 인쇄기; mesin cuci 세탁기;

bermesin 기계를 사용하다;

mesir 이집트;

mesjid, masjid 회교 사원;

mesra ① 흡수된,융합한; mesra di dalam hati 마음에 와닿다; ② 친밀한, 가까운, 친한; ⓢ sangat erat, karib; Ia sahabat *mesra*. 그는 친한 친구이다; ③ 좋아하는, 열중한; ⓢ merdu;

bermesra 용해된, 뒤섞인, 혼합된;

memesrakan 동화하다, 빨아들이다, 흡수하다; Mereka berusaha untuk *memesrakan* hubungannya. 그들은 관계가 가깝도록 노력하였다.

kemesraan 친절, 친밀, 융합; *Kemesraan* itu hanya bersifat sementara saja. 그 친절은 일시적인 것이다;

mesti ① 꼭, 반드시, 틀림없이; ⓢ pasti, tentu; Kalau dia diam *mesti* dia sedang marah. 그가 침묵하고 있으면 반드시 화난 것이다; ② 하지 않으면 안되다, 반드시 ~해야 하다; ⓢ harus, wajib; Saya ditugaskan guru *mesti* membawa buku pelajaran yang lengkap. 나는 교과서를 반드시 가져오라는 분부를 선생님으로부터 받았다;

semestinya 실제로, 꼭, 반드시; *Semestinya* barang itu sudah di antar ke tempat saya. 실제로 그 물건은 나에게 도착되었다;

metalik 금속(질)의; Warna mobilnya biru *metalik*. 그 차의 색은 금속성 푸른색이다;

meteor 유성(流星);

meter 미터; meteran 계량기; ⓢ alat pengukur; meteran air 수도 계량기; meteran gas 가스 계량기;

metode 방식, 절차; metode deduktif 연역법; metode induktif 귀

납법; Keberhasilan proyek ini tergantung kepada ***metode*** pelaksanaannya. 이 프로젝트의 성패는 수행 방법에 달려 있다;

metropolitan 대도시; Gaya hidup kota ***metropolitan*** memang berbeda dari jaman dahulu. 대도시의 생활 방식은 이전 시대와는 다르다;

mewah 윤택한, 호화스러운, 사치스러운; ⓢ berlebihan, kaya; hidup **mewah** 호화롭게 살다; barang **mewah** 사치품;

kemewahan 낭비,윤택, 사치; Sejak kecil dia selalu hidup dalam ***kemewahan***. 어릴 때부터 그는 항상 화려하게 살아왔다;

mie 국수; ⓢ bakmi; Adik suka makan ***mie*** goreng buatan Ibu.동생은 어머니의 볶은 국수를 좋아한다;

migrain 이주자; Ia menderita ***migrain*** sudah sejak muda. 그녀는 편두통을 오랫 동안 앓아왔다;

mikrofilm 마이크로필름;

mikrokomputer 마이크로 컴퓨터;

mil 마일; ⓢ batu;

mili 밀리, 1000 분의 1; ⓢ seperseribu;

miliar 10 억; ⓢ milyar; Perusahaannya telah merugi sebesar satu ***miliar*** rupiah. 그의 회사는 이미 십억 루삐아의 손해를 보았다;

miligram 밀리그람; Penyusutan beratnya sebesar 0,05 ***miligram***. 그 무게는 0.05 밀리그램 감소하였다.

milik ① 소유, 소유물; ⓢ kepunyaan, hak; Buku ini ***milik*** siapa? 이 책은 누구 소유인가? ② 숙명, 운명; Memang buku ini sudah menjadi ***milik*** saya. 물론 이 책은 이제 내 소유이다;

memiliki 획득하다, 소유하다;

kepemilikan 획득, 소유권, 소유; Mereka meributkan masalah ***kepemilikan*** tanah ini. 그들은 이 땅의 소유 문제로 다투고 있다;

pemilik 소유자, 소유주; ***Pemilik*** rumah tidak mengijinkan kita masuk ke dalam rumahnya. 이 집 소유주는 우리를 이 집에 들어가지 못하게 한다;

milimeter 밀리미터; Panjang benda ini hanya 0,5 ***milimeter***. 이 물건의 길이는 단지 0.5 밀리미터이다;

militer 군대의, 군인의; ⓢ tentara, serdadu;Kakaknya seorang ***militer***. 형은 군인이다;

miliuner 백만 장자, 갑부;

milyar 10 억; ⓢ seribu juta;

mimbar 연단, 간단; ⓢ podium; Dia telah mengungkapkan hal itu didepan ***mimbar*** kemarin.그는 어제 설교대에서 그 일을 얘기하였다;

mimik 얼굴, 표정;

mimisan 코피나다, 코피;

mimpi ① 몽상, 꿈; ② 이상, 생각: ⓢ angan-angan;

bermimpi 꿈을 꾸다, 꿈에서 보다; Semalam saya ***bermimpi*** indah. 지난 밤에 나는 아름다운 꿈을 꾸었다;

memimpikan ① ~을 꿈꾸다; ⓢ membayangkan; Saya ***memimpikan*** andai saya jadi orang kaya. 나는 부자가 되기를 꿈꾼다; ② 희망

하다; ⓢ mencita-citakan,mengharapkan; Saya ***memimpikan*** dapat banyak uang dari Ayah. 나는 아버지로부터 돈을 많이 얻기를 바란다;

termimpi-mimpi 자주 꿈을 꾸다; ⓢ selalu terbayang,selalu teringat; Saya ingin sekali liburan ke pulau Bali, sampai saya ***termimpi-mimpi***. 나는 발리 섬을 가는 휴가를 간절히 바래서 꿈까지 꾼다;

impian 환상, 이상, 꿈; ⓢ khayalan, cita-cita bayangan;Semoga ***impian*** itu bisa menjadi kenyataan. 그 꿈이 현실이 되기를 바란다;

min 적은 양의; ⓢ kurang;

minat 흥미, 관심; ⓢ keinginan hati, niat; Ia kurang ***minat*** pada acara itu. 그는 그 행사에 관심이 적다;

berminat 흥미를 갖다,관심을 갖다; Dia tidak lagi ***berminat*** untuk menyanyi. 그는 더 이상 노래에 관심을 두지 않았다;

meminati ① ~에 관심을 두다; Dia ***meminati*** bidang olahraga sejak kecil. 그는 어렸을 때부터 스포츠에 관심이 많다; ② 사랑하다, 좋아하다;

peminat 관심있는 사람; ***Peminat*** terhadap barang ini hanya sedikit. 이 물건에 관심이 있는 사람은 아주 소수이다;

mineral 광석, 광물;

minggu ① 주(週); ⓢ pekan; Akhir ***minggu*** ini kita berlibur ke Bali. 이번 주말에 발리로 놀러 간다; ② 주일, 일요일; ⓢ ahad;

mingguan 주간의, 주 1 회의; Buruh pabrik itu dibayar ***mingguan***. 그 공장의 노동자들은 주급제이다; dua **mingguan** 격주의;

minibus 미니버스;

minimal 최소한의; Pembayaran ***minimal*** sepuluh persen dari harga barang. 물품대의 최소 10%를 지불하여야 한다;

minimum 최저한의, 치소한의; Pendapatan ***minumum*** penduduk sekitar 500 ribu rupiah. 주민의 최소 수입은 오십만 루삐아이다;

minta ① 요구하다, 부탁하다, 청하다; ⓢ pinta, berharap; Saya ***minta*** maaf atas kesalahan pahaman ini. 나는 그 오해에 대한 용서를 빕니다; ② 부디 ~(해)주십시오; ⓢ berdoa, mohon; ***Minta*** air. 물 좀 다오; **minta** ampun 용서를 빌다; **minta** berhenti 사표를 제출하다, 사직하다;

minta-minta 구걸하다; Menjelang hari raya banyak orang yang ***minta-minta***. 명절에는 구걸하는 사람들이 많다;

berminta-minta 간청하다, 빌다, 구걸하다;

meminta ① 필요로 하다, ~할 필요가 있다;Anak saya ***meminta*** agar saya tetap merawat dan memberi perhatian untuknya. 내 아이는 늘 보살펴 주기를 바란다; ② 요청하다, 부탁하다; ③ 구혼하다, 청혼하다; Dia sudah ***diminta*** oleh tunangannya untuk menikah dengannya. 그녀는 애인으로부터 구혼을 받았다; ④ 요구하다, (희생을)치르다; Pantai itu sudah beberapa kali ***meminta*** korban. 그 해변에서 벌써 수 차례 희생자가 나왔다;

memintai~을 부탁하다;Ia sedang *dimintai* tolong oleh orang tuanya. 그는 부모에게 도움을 요청 하고 있다;

memintakan ~을 위하여,~을 요구하다; Ia *memintakan* ibunya topi yang baru. 그는 그의 어머니를 위해 새 모자를 부탁했다;

peminta 거지, 요청자;

permintaan 요청,간청, 요구, 부탁; atas **permintaan**nya 그의 요청으로; Semua *permintaan*nya sudah terpenuhi.그의 모든 요구가 관철되었다.

minum, **meminum** 마시다; Silahkan *diminum* tehnya. 차를 좀 드십시오;

meminumkan 마시게 하다, 물을 먹이다;

minuman 음료; **minuman** keras 술,

minus ① ~을 뺀, 마이너스; Sembilan *minus* empat sama dengan lima. 9-4=5; ② 0 보다 적은; **minus** lima derajat Celcius 섭씨 영화 5도;

minyak 기름, 유(油); **minyak** bumi 석유; **minyak** goreng 튀김유; **minyak** mentah 원유; **minyak** pelumas 윤활유;**minyak** sawit 팜오일; **minyak** tanah 석유;

meminyaki 기름을 바르다; Ayah sedang *meminyaki* pagar memakai oli agar tidak karatan. 아버지는 울타리에 녹이 슬지 않도록 기름을 치고 있다;

miring ① 경사진, 기울어진, 비스듬한; ⓢ tidak rata, tidak lurus; Lukisan ini *miring* dipasangnya. 이 그림은 삐두러져 있다;② 사체 (斜體), 이탤릭체; Bagian ini tolong dicetak *miring*! 이부분은 이탤릭체로 해야 한다; ③ 정신 나간, 미친; ⓢ sinting; Orang itu benar-benar sudah *miring* otaknya. 그 사람은 정말로 제정신이 아니다; ④ 쌈직한; ⓢ agak murah;Harga barang-barang disini lebih *miring* dari pada ditoko. 여기 물품 가격은 가게보다 더 쌉니다;

memiringkan 경사지게 하다, 기울게 하다; Siapa yang *memiringkan* meja ini? 누가 이 책상을 비스듬히 놓았습니까?

kemiringan ① 내리막, 경사; Derajat *kemiringan* tempat ini mencapai 30 derajat. 이 지역의 경사고도는 30 도에 이른다; ② 사면(斜面), 비탈;

mirip 비슷한, 유사한, 닮은; ⓢ hampir sama, menyerupai; Pacar saya *mirip* seorang model terkenal. 나의 애인은 유명한 모델과 닮았다;

misal 실례, 예, 보기;

misi 사절단, (사절의)임무; ⓢ tujuan;*Misi* perjalanan kita kesini adalah untuk berziarah. 우리가 여기에 온 임무는 성지 순례이다;

miskin 가난한;

misteri 모호, 비밀, 신비; *Misteri* pembunuhan orang itu tak pernah terungkap. 그 사람의 살인 사건의 수수께끼는 한번도 풀리지 않았다;

misterius 수수께끼 같은,신비로운; Sikap orang itu sangat *misterius*. 그 사람의 성격은 아주 이상하다;

mitologi 신화학; Menurut *mitologi* Yunani, Zeus adalah dewa tertinggi di Yunani.그리이스 신화에

의하면 제우스가 그리이스에서 가장 높은 신이다;

mitra ① 친구; ⓢ teman, sahabat; ② 동료; ⓢ rekan; mitra usaha 동업자; Mereka adalah ***mitra*** kerja kita yang baru. 그들은 우리의 새로운 동업자들이다;

bermitra 제휴하다; Tahun depan kami akan ***bermitra*** dengan mereka. 내년에 우리는 그들과 제휴할 것이다;

kemitraan 우정, 동료 관계;

mobil 자동차; **mobil** baja 장갑차;

mobilisasi 동원; ⓢ pengerahan; Orang itu tersangka yang ***memobilisasi*** para demonstran. 그 사람이 데모 주동 용의자이다;

memobilisasikan 동원시키다, 동원하다;

modal 자금, 자본; ⓢ uang pokok, harta benda; **modal** bekerja 운영 자금; **modal** tetap 고정 자본;

bermodalkan 자본으로 ~을 가지고 있다; Dia mencari kerja dengan ***bermodalkan*** selembar ijazah. 그는 자격증 하나로 직업을 찾고 있다;

memodali 자본을 조달하다,자금을 지원하다; Ayah akan ***memodali*** usaha kami yang baru. 아버지는 우리의 새 일에 자금을 주실 예정이다;

pemodal 자본가; Para ***pemodal*** sedang berspekulasi tentang harga barang saat ini. 자본주들은 현재 물건값을 홍정하고 있다;

permodalan 자본 주의;

modar 죽다; ⓢ mampus, mati; **mati** modar 헛되이 죽다;

modern 근대의, 현대의; ⓢ yang terbaru; Ini adalah model paling ***modern*** tahun ini. 이것이 금년도 최신 모델입니다;

memodernkan 현대화하다;

modifikasi ① 수정, 정정; ⓢ pengubahan; Lagu karangannya ada ***modifikasi*** sedikit agar mudah di lirik. 만들어진 그 노래는 부르기 좋도록 약간 수정을 했다; ② 변경; ⓢ perubahan; Mobil saya ***dimodifikasi*** supaya modern. 나의 차는 현대식으로 모양을 바꾸었다;

memodifikasi 변경하다, 수정하다;

pemodifikasi 교정자, 수정자;

termodifikasi 수정된, 변경된; Atas saran pemimpin rencana itu ikut ***termodifikasi*** juga.사장의 제안에 따라 그 계획도 수정이 되었다;

modus ① 양식,방법; Sampai saat ini ***modus*** pembunuhan itu belum juga diketahui. 지금까지 그 살인 사건의 방법도 아직 알고 있지 않다; ⓢ cara; ② 서법, (문법) 법;

mogok ① 농성하다, 스트라이크(동맹 파업)를 하다; ⓢ tidak mau bekerja; Hari ini para pekerja pabrik melakukan aksi ***mogok*** kerja. 오늘 공장 노동자들이 작업 거부를 하고 있다;② 중지하다, 멈추다; ⓢ berhenti, tidak jalan; Mobil itu ***mogok*** di jalan. 그 차는 길에서 멈추었다; **mogok** makan 단식 투쟁;

memogoki~에 대항하여 농성 하다,

pemogok 농성자, 동맹 파업자; Para ***pemogok*** kerja akhirnya menyetujui perjanjian itu. 작업 거부자

들이 결국 그 약정에 동의하였다;
pemogokan 동맹 파업, 스트라이크; Peristiwa ***pemogokan*** itu berlangsung selama tiga hari. 그 동맹 파업은 3 일간 계속되었다;
mohon ① 신청하다, 요청하다; ⓢ minta, permintaan; Dia ***mohon*** izin kepada pimpinan agar diberi kepercayaan untuk melaksanakan tugas itu. 그는 그 일을 수행하는데 권한을 주도록 사장에게 허가를 요청하였다; ② 탄원하다, 간청하다; ⓢ izin;
memohon 간청하다, 부탁하다;
pemohon 지원자, 신청자, 탄원자;
permohonan 신청,탄원,부탁,지원, Surat ***permohonan*** itu akan segera diproses oleh bagian personalia. 그 신청서는 인사부에서 빠르게 수속이 될 것이다;
molek 아름다운, 어여쁜;
momong (아이를)보다, 돌보다;
monas (Monumen Nasional) 자카르타 타워;
mondar-mandir 앞뒤로,이리저리;ⓢ berjalan kesana kesini;Pengawal itu ***mondar-mandir*** dimuka pintu. 보초는 문 앞을 왔다갔다했다;
monopoli 전매(권), 독점(권); ⓢ hak berdagang sendiri, penguasaan; Pada masa perjuangan para penjajah melakukan ***monopoli*** dagang di negeri ini.식민 시대에 지배자들은 이 나라에서 전매를 하였다;
memonopoli 전매하다, 독점하다; Perusahaan itu telah ***memonopoli*** pasar. 그 회사는 시장을 독점하고 있다;
montir 기술자,기계 조립공; ⓢ tukang; Ia bekerja sebagai ***montir*** di bengkel mobil itu. 그는 그 자동차 정비소에서 기술자로 일하고 있다;
montok 토실토실한, 포동포동한; ⓢ berisi, gemuk indah, sintal; Bayi itu badannya ***montok*** sekali. 그 애기는 아주 토실 토실하다;
kemontokan 비대, 비만;
monumen 기념상, 기념비; ***Monumen*** ini dibangun pada tahun 1965. 그 기념탑은 1965 년에 건설되었다;
monumental 기념되는, 기념비의;
monyet 원숭이;
moral 도덕(의), 도덕상의;
moralitas 덕성, 덕행;
mosi 결정, 동의; ⓢ usul, saran;
motif ① 무늬,모양; ⓢ pola,corak; Ia menyukai kain batik dengan ***motif*** wayang. 그는 와양 무늬가 있는 바띡을 입고 있다;② 동기,목적,
motivasi 유도, 자극;
motivator 동기 부여자;
motor ① 전동기, 발동기, 모우터; ② 자동차;ⓢ alat penggerak,mesin; motor pompa 소방차;
bermotor ① 모오터를 단; ② 자동차를 타고 가다; ⓢ naik mobil, naik sepeda **motor**; Saya sangat senang ***bermotor*** bersama teman-teman. 나는 친구들과 함께 차를 타고 가면 즐겁다;
memotori 자동차로 가다;
muai 부풀다, 팽창하다, 넓어지다; ⓢ membesar, menjadi besar,;
pemuaian 확장, 신장; Besi itu mengalami ***pemuaian*** sepanjang 1

cm. 그 금속은 1 센티미터 늘어났다;

muak 싫증나는,지겨운; Kami sudah benar-benar ***muak*** dengan tingkah lakunya.우리는 그의 행동이 정말 역겨웠다;

mual 느글거리는,메스꺼운; ⓢ mau muntah, muak; Saya ***mual*** melihat wajahnya. 나는 그 남자를 보면 메스껍다;

muara 강어귀,하구; ⓢ kuala,hilir;

bermuara 흐르다;

muat ① 품다, 포함하다; ⓢ mengandung;② (자동차가)~인 승이다; Kursi itu ***muat*** diduduki 4 orang. 그 의자는 4 인용이다;

bermuatan ① 적재하다,포함하다; ② 흐르는; Besi itu ***bermuatan*** aliran listrik yang tinggi. 그 금속은 고압의 전기를 갖고 있다;

memuat ① 포함하다, (안에)담고 있다; ② 수용하다; ③ 선적하다,적재하다;

memuati 적재하다, 짐을 싣다; ⓢ menaruh muatan, mengisi;

memuatkan ① 적재하다, 짐을 싣다; ⓢ memasukan; Para pekerja sibuk ***memuatkan*** barang-barang ke kapal. 인부들이 배에 물건을 싣느라 분주하다; ② 놓다, 두다; ⓢ menempatkan;

termuat 게재된, 포함된, 담은;

pemuatan 적재, 선적;

muatan ① 물건, 내용물; ⓢ isi, kandungan, volume; ② 수용 능력; ⓢ penumpang; ③ 화물, 뱃짐; ⓢ barang; kapal **muatan** 화물선;

muda ① 젊은, 어린; ⓢ remaja; Ketika pertama kali bertemu dengannya, dia masih ***muda***. 처음 만났을 때 그는 아직 젊게 보였다; ② 미숙한,덜익은; ⓢ masih hijau; Rasa mangga ***muda*** itu sangat masam. 그 덜익은 망가는 아주 시다; ③ 연한, 엷은; ⓢ kurang gelap, pucat; Warna baju saya merah ***muda***.나의 옷은 연홍색이다;

bermuda-muda 젊은이처럼 즐기다;

memudakan 원기를 회복시키다; Katanya obat itu ***memudakan*** wajah agar terlihat lebih menarik. 그 약은 더 매력적이도록 얼굴을 젊게 한다고 한다;

mempermuda 젊어지다;

kemudaan 청춘, 젊음;

kemuda-mudaan 젊은이처럼 행동함;

pemuda 청년, 젊은이;

kepemudaan 청춘 문제;

termuda 가장 젊은;

mudah 용이한,쉬운; ⓢ gampang; Pekerjaan rumah itu ***mudah*** sekali. 그 숙제는 쉽다;

mudah-mudahan ① 기원하다, ~하기를 바라다; ⓢ semoga, diharapkan supaya; ***Mudah-mudahan*** Saudara akan lekas sembuh. 당신이 쾌유하기를 기원합니다; ② ~하도록 기원하다, ~되기를 바라다; ⓢ dengan harapan supaya; Pada tahun yang akan datang ini ***mudah-mudahan*** target penjualan kita akan tercapai. 새해에는 우리 판매 목표량이 달성되기를 바란다;

mudik ① 강을 거슬러, 상류로; ② 시골로 내려가다, 낙향하다; Pada

hari besar semua orang pasti ***mudik*** ke kampung halamannya. 모든 사람은 명절날 시골로 내려간다.

mufakat ① 협의, 토론, 토의; ⓢ perundingan, pembicaraan; ② 일치, 합의, 동의; ⓢ persetujuan, kata sepakat; ③ 상의하다, 토의하다; ⓢ berunding; Kita harus mencapai kata ***mufakat*** dulu dengan keluargamu. 우리는 너의 가족과 먼저 합의를 하여야 한다; ④ 일치하다, 동의하다; ⓢ setuju, seia-sekata, akur;

bermufakat 상의하다, 토의하다; ⓢ berunding,berdiskusi, berbicara dengan; Sebaiknya dia ***bermufakat*** dulu dengan yang lainnya. 그는 먼저 다른 사람들과 합의를 하는 것이 좋다;

memufakati 동의하다;

memufakatkan ~을 의논하다, ~에 대하여 토의하다;

kemufakatan 일치, 합의, 동의; Akhirnya kami mencapai ***kemufakatan*** dalam perundingan itu. 결국 우리는 그 토의에서 합의를 보았다;

mujarab 효험있는, 효력있는; ⓢ manjur,mustajab, berkhasiat; Obat itu sangat ***mujarab*** bagi penderita malaria. 그 약은 말라리아를 앓는 사람에게 아주 효력이 있다;

kemujaraban 효과, 효험, 효력; ***Kemujaraban*** obat itu sudah terkenal di dunia. 그 약의 효험은 세계적으로 유명하다;

mujur ① 행복,행운;ⓢ bahagia; ② 행운의, 운이 좋은; ⓢ untung, nasib baik;

kemujuran 운수, 행운; Saat ini ***kemujuran*** sedang berpihak kepada kita. 지금 행운은 우리 편이다;

pemujur 운이 좋은 사람, 행운아;

muka ① 안면, 얼굴; ⓢ wajah, paras; ② 모습, 안색; ⓢ air **muka**, wajah; ③ 사람; ⓢ orang; ④ 앞면, 앞쪽; ⓢ hadapan, depan; ⑤ 페이지, 쪽,면; ⓢ halaman; ⑥ 표면; ⓢ permukaan, bidang rata; **muka** bumi 지표면 ⑦ 안색, 표정, 용모; **muka** papan 염치 없는; **muka** tebal 부끄러움을 타지 않는; kehilangan **muka** 면목 없다; Kami sudah kehilangan ***muka*** dihadapan para tamu. 우리는 손님들 앞에서 부끄럽게 되었다; ⑧ 다음의, 미래의; ⓢ yang akan datang; ⑨ 먼저,우선; ⓢ yang dahulu; uang **muka** 선수금, 선불;

dimuka 선금으로, 미리, 앞서서; ⓢ dahulu, sebelum; Dia membayar di ***muka*** barang-barang itu. 그는 그 물건들에 대해 선금을 지불하였다;

bermuka 체면이 있는; tidak **bermuka** 염치없는; **bermuka** dua 정직하지 않은; **bermuka** manis 상냥한;

mengemukakan 건의하다, 제안하다, 대질시키다; ⓢ menganjurkan, mengusulkan;

pemuka 장려자, 선동자, 후원자, 지도자; ⓢ penganjur,pemimpin; Hari ini akan diadakan pertemuan antar ***pemuka*** agama di Jakarta. 오늘 자카르타 종교 지도자 간에 회합을 가질 예정이다;

pengemukaan 제의, 제출;

permukaan 수면, 표면; ⓢ bidang rata; **permukaan** air 수면;

semuka 면하다, 마주보다;
terkemuka 현저한, 탁월한; ⓢ ternama, terbilang, terkenal, termasyhur; Orang ***terkemuka*** di negeri ini.이 나라에서 가장 앞선 사람;
mula ① 시초, 시작, 처음; ⓢ asal, pokok,awal,dasar; ② 원인, 이유; ⓢ lantaran, sebab;
mula-mula ① 시초에, 처음에; ⓢ pertama-tama, pada mulanya; ② ~이래, ~부터; ③ 맨 먼저, 처음으로, ⓢ pertama sekali;
bermula ① 착수하다, 개시하다, 시작하다; Semua ini ***bermula*** dari peristiwa di akhir pekan itu. 이 모든 것이 그 주말의 사건에서 비롯된 것이다; ② 첫째로,먼저,우선; ⓢ pada awalnya, semula;
pemula ① 선구자,시초자; Sebagai seorang ***pemula***, permainannya cukup baik. 초보자로 서는 아주 좋은 연주이다; ② 안내자;
permulaan ① 시초,시작, 앞, 처음; ⓢ mula-mula, awal, yang pertama sekali; ② 원리, 논거, 근거, 기초; ⓢ asas, pokok, dasar, pendahuluan; Hal itu hanyalah ***permulaan*** pekerjaannya. 그 일은 단지 그의 업무의 시작일 뿐이다;
semula 시작부터,처음부터; ⓢ dari mula sekali; Sudah saya katakan dari ***semula*** bahwa hal itu tidak baik. 내가 처음부터 그 일은 좋지 않다고 얘기했다;
mulai ① 시작하다; ☞ memulai; ② ~로부터,~이래; ⓢ sejak dari, dari; Saat ini saya ***mulai*** sibuk bekerja. 지금부터 나는 일이 바쁘기 시작한다.
mulia ① 존경스러운, 저명한; ⓢ terhormat; Selamat datang para tamu yang ***mulia*** atas kehadirannya di acara ini. 이 행사에 참석하신 존경하는 손님 여러분을 환영합니다; ② 귀족의,숭고한; ⓢ luhur, budi hati; Orang itu hatinya sangat ***mulia***. 그 사람의 마음씨는 아주 숭고하다; ③ 값진, 고귀한; ⓢ berharga; logam **mulia** 귀금속; Yang **Mulia** 각하;
memuliakan 숭고, 존경, 저명; ⓢ sangat menghargai, menjunjung tinggi;
multidimensi 다차원의, 다용도의;
multifungsi 다기능의;
multiguna 다목적의;
multinasional 다국적 기업; Mereka adalah perwakilan dari berbagai perusahaan ***multinasional***. 그들은 다국적 기업 지점이다;
muluk ① muluk-muluk 어마어마한, 거창한, 떠벌리는; Bicaranya terlalu ***muluk-muluk*** tidak bisa dipercaya. 그의 말은 너무 거창하여 믿을 수가 없다; ② 높이 날으는; ⓢ membubung tinggi;
mulus ① 순수한, 깨끗한; ⓢ putih bersih; ② 정직한, 참된, 성실한; ⓢ suci murni, tulus hati; ③ 원활한; ⓢ lancar;
memuluskan 원활히 돌아가다; ⓢ melancarkan; Hal itu dilakukan untuk ***memuluskan*** proyeknya di dalam perusahaannya. 그 일은 회사 내에서 그 프로젝트를 순조롭게하기 위해 행해졌다;

mempermulus 원할하게 되다;
kemulusan 성실, 원활, 순수;
mulut ① 입; ⓢ rongga; ② 입구; ③ 말; ⓢ cakap, perkataan; banyak **mulut** 말이 많은; **mulut** manis 감언이설; besar **mulut** 허풍을 떠는; perang **mulut** 입씨름하다; tutup **mulut** 과묵한;
munafik 위선을 부리는, 위선자의; ⓢ pura-pura suci;
kemunafikan 거짓, 위선;
muncul 출현하다, 나오다, 나타나다; ⓢ tampil, keluar; Sesudah tiga tahun menghilang, dia ***muncul*** lagi di kampungnya. 삼년 동안 안보이더니 최근에 고향에 나타났다;
bermunculan 출현하다,나타나다; Saat ini banyak ***bermunculan*** tayangan televisi yang berbau mistis. 최근에 텔레비젼 방송에서 괴기물들의 방영이 많아졌다;
memunculkan 나타내다, 보이다;
mundur ① 뒤로 가다, 후진하다, 후퇴하다; ⓢ kebelakang; Barisan prajurit itu ***mundur*** mengambil posisi. 그 군대의 행군은 뒤로 후퇴했다; ② 쇠퇴하다,감퇴하다; ⓢ berkurang, merosot;
memundurkan 후진하다, 돌리다;
kemunduran ① 후퇴, 후진; Usaha ini mengalami ***kemunduran*** sejak beberapa bulan belakangan. 최근 몇달 전부터 이 사업은 후퇴를 하고 있다; ② 감소, 쇠퇴, 감퇴;
mungil ① 사랑스러운, 어여쁜; ⓢ kecil, molek; Boneka itu sangat ***mungil*** bentuknya.그 인형은 모양이 아주 작고 예쁘다; ② 마음을 끄는; ⓢ menarik hati;
mungkar ① 부인하는, 부정하는; ⓢ perbuatan durhaka; Ia ***mungkar*** akan sumpahnya. 그는 그의 맹세를 부인했다;
mungkin ① 아마; ⓢ barangkali; ② 가능한; ⓢ boleh jadi, bisa jadi; Peristiwa itu tidak ***mungkin*** terjadi pada kita. 그 일이 우리에게는 일어날 수가 없다;
memungkinkan 할 수있게 하다; ⓢ menjadikan mungkin; Ada banyak faktor yang ***memungkinkan*** terjadinya kecelakaan itu. 그 사고가 일어나게 된 원인에는 많은 요인이 있다;
kemungkinan 가능성; Ada berbagai ***kemungkinan*** yang terjadi disana. 거기서 일어날 수 있는 가능성이 여러가지 있다;
mungkir ① 부정하다, 거부하다; ⓢ tidak mengiakan, tidak mengakui; Harap sekali ini jangan ***mungkir*** lagi. 이것을 다시 부인하지 않기를 정말로 바란다; ② 불충실한; Dia ***mungkir*** janjinya. 그는 자신의 약속에 불충실하다;
muntah ① 구토하다, 토하다; ⓢ keluar kembali; **muntah** darah 피를 토하다; ② 희미해 지다; ⓢ luntur; ③ 벗어나다; ⓢ lepas dari; Anak itu ***muntah*** dari masalah yang sulit. 그 아이는 어려운 문제에서 벗어났다;
memuntahi ~을 토하다; Anak itu ***memuntahi*** makanannya. 그 아이는 음식을 토했다;
muntahan 토해낸 것; Bajunya

kotor terkena ***muntahan*** anaknya yang sedang sakit. 그녀의 옷은 아픈 아이의 토사물로 더렵혀졌다;

mupakat ① 토의, 토론; ⓢ perundingan, pembicaraan; ② 동의, 합의; ⓢ persetujuan,kata sepakat; ③ 토의하다, 상의하다; ⓢ berunding;

bermupakat 상의하다, 합의하다; ⓢ berunding;

memupakati 동의하다;

memupakatkan ~을 의논하다;

kemupakatan 토의,토론;ⓢ perundingan, pembicaraan;

semupakat ① 동의하다,합의하다; ⓢ setuju, sepakat, sehati.

murah ① 값싼,싼;ⓢ rendah harganya; Dia menjual lebih ***murah*** dari pada di toko. 그는 가게보다 더 싸게 팔았다; ② 평이한, 쉬운; ③ 친절한, 관대한; ⓢ suka memberi, tidak pelit; **murah** hati 친절한, 관대한; **murah** senyum 늘 미소짓는; **murah** tangan 주기를 좋아하는;

bermurah ①관대한,친절한; Orang itu sungguh sangat ***bermurah*** hati kepada para pegawainya.그 사람은 그의 직원에게 아주 관대하다; ② 관용한, 아량이 있는;

memurahkan 할인하다;

pemurah 친절한 사람, 도량이 넓은 사람, 관대한 사람; ⓢ penyayang, pengasih;Ayahnya dikenal sebagai orang yang sangat ***pemurah***. 아버지는 아주 자비로운 사람으로 알려졌다;

muram ① 우울한, 슬픈; ⓢ suram, guram, buram; Dia hanya ***muram*** sepanjang hari. 그는 하루 종일 시무룩해 있다; ② 밝지 않은; Bulan pun mulai ***muram***. 달 마저도 흐려지기 시작했다;

murid 학생, 제자;

murka ① 격앙,분노,화; ⓢ kemarahan; ② 분노하는,화난; ⓢ jengkel, marah, kesal, sebal;

memurkai 분노하다,~에게 화를 내다; Semua orang ***memurkai*** perbuatannya yang biadab itu. 모든 사람들이 그 야만적인 행위에 분노하였다;

memurkakan 격분시키다;

kemurkaan 화, 분노; ⓢ kemarahan; ***Kemurkaan*** itu akhirnya meledak juga. 그 분노가 결국에는 터지고 말았다;

murni ① 순수한; ⓢ tulen; Perhiasan itu dibuat dari emas ***murni***. 그 보석은 순금으로 만들었다; ② 순진한; ⓢ polos, lugu; Sikap gadis itu masih ***murni***. 그 소녀는 성격이 순진하다; ③ 착한,정직한, 깨끗한; ⓢ tulus,suci; Cintanya pada kekasihnya adalah cinta yang ***murni***. 그의 사랑은 애인에게 순수하다;④ 처녀의, 때 묻지 않은; ⓢ belum ternoda; Menurut saya gadis itu masih ***murni***. 나로서는 그 여자는 아직 숫처녀다;

memurnikan 순수하게 하다, 깨끗이 하다; Dia sembahyang untuk ***memurnikan*** pikirannya. 그는 생각을 정화하기 위해 기도를 드렸다;

kemurnian 순결,순수; ***Kemurnian*** hatinya sungguh amat mulia. 그의 순수한 마음이 정말로 고결했다;

murtad ① 배교자;② 배교하다; ⓢ

membuang iman,membuang agama, beralih agama;

memurtadkan 배교하다; Orang itu berhasil ***memurtadkan*** penduduk yang kurang kuat iman. 그 사람은 신앙심이 얕은 사람들을 배교시키는데 성공했다;

pemurtadan 배교;

murung 우울한, 슬픈; ⓢ sedih, masygul;

kemurungan 언짢은, 우울, 슬픔;

musafir 여행자, 방랑자; ⓢ pengembara;

museum 박물관; Kami hendak pergi ke ***museum*** untuk melihat peninggalan bersejarah. 우리는 역사적인 유물들을 보기 위해 박물관에 갔다;

musik 노래,음악;ⓢ bunyi-bunyian, lagu; Kami senang bermain ***musik*** bersama. 우리는 함께 노래하기를 좋아한다;

bermusik (악기를)연주하다; Kami sangat gemar ***bermusik*** bersama. 우리는 합주하기를 아주 좋아한다;

musim 계절, 때, 시절; ⓢ waktu tertentu,iklim, masa; **musim** bunga 봄; **musim** dingin 겨울; **musim** gugur 가을; **musim** hujan 우기; **musim** kemarau 건기; **musim** panas 여름; **musim** semi 봄; **musim** tanam 재배기;

bermusim 제 철을 만난, 제 철이 된; Buah-buahan banyak yang ***bermusim***. 많은 과일들이 제 철을 만났다;

musiman 계절적인, 계절의; Mereka adalah para pedagang ***musiman*** disini.그들은 이 지역의 계절 장사들이다;

muslihat ① 속임수, 계교, 계략; Untung kami tidak terpedaya oleh tipu ***muslihat***nya. 우리가 그의 계략에 말려들지 않아 다행이다; ② 전술, 전략; ⓢ alasan, dalih;

muslim 회교도;

musnah 소멸한,파괴된,부서진; ⓢ hilang, lenyap, hancur, habis; Semua kertas-kertas berharga telah ***musnah*** dalam kebakaran itu. 모든 유가 증권이 화재에 의해 소실되었다;

memusnahkan 파괴하다, 멸망시키다, 부수다;

kemusnahan 분실, 소멸, 파괴;

mustahil 믿기 어려운, 불가능한; ⓢ tak mungkin, tak masuk akal; ***Mustahil*** hal itu terjadi pada kami. 우리에게 그런 일이 일어나는 것은 불가능하다;

memustahilkan ~을 못하게 하다;

musuh ① 적, 상대; ⓢ lawan; ② 경쟁자;

bermusuhan 적대시 하다;

memusuhi 경쟁하다, 대항하다;

permusuhan 적대감;

musyawarah ⓢ musyawarat; **musyawarah** mufakat 토의, 회의, 토론, 의논.

mutiara 진주;

mutlak 완전 무결한, 절대적인; ⓢ lengkap, penuhi; Dia di beri hak ***mutlak*** untuk mengelola usaha ini. 그는 이 회사를 경영할 절대적인 권리를 받았다;

mutu 품질, 질; ⓢ kwalitas, taraf;

Mutu barang dari perusahaan itu telah dikenal dengan baik di negeri ini. 그 회사 제품의 질은 전국에 이미 정평이 나있다;

bermutu 귀한, 값진; ⓢ berharga; Barang ini adalah barang yang ***bermutu*** baik. 이 물건은 품질이 좋은 것이다;

N

nabi 예언자; ⓢ rasul; **nabi** Isa 예수; Al **nabi** 무하맏;

nada ① 어조, 억양; ② 음조, 말투; ⓢ not, lagu; **nada** minor 단음조; tangga **nada** 음계;

nadi 고동,맥박;ⓢ pembuluh darah; Dokter memeriksa ***nadi*** tangannya. 의사는 손의 맥박을 짚어 보았다;batang **nadi** 대동맥; pembuluh **nadi** 정맥; meraba **nadi** 맥박을 재다; urat **nadi** 동맥;

nafkah ① 생계, 생활; ⓢ rezeki; Ia adalah pencari ***nafkah*** di keluarganya. 그녀는 그의 가족때문에 먹고 산다; ② 위자료; Ia minta ***nafkah*** pada suaminya. 그녀는 남편에게 위자료를 요구하였다; ③ 생활비용; ④ 소득, 월급; ⓢ gaji, pendapat;

menafkahkan 생계비로 쓰다, 지출하다; ⓢ membelanjakan;

nafsu, **napsu** ① 욕망, 욕구; Ia berhasil menahan ***nafsu*** untuk pergi dari rumah. 그는 집을 나가고 싶은 욕구를 참았다; **nafsu** tabiat 본능; ② (=hawa **nafsu**) 욕심, 혹심; ③ (=nafsu makan) 식욕; ⓢ selera; Anak yang bertubuh besar itu ***nafsu*** makannya besar. 그 큰 몸집의 아이는 식욕이 많다;

naik ① 올라가다;ⓢ mendaki, memanjat; Mereka berencana akan ***naik*** gunung Semeru akhir bulan ini. 그들은 월말에 스머루 산을 올라가기로 계획하였다; ② (벼슬자리에)오르다; Adik saya ***naik*** ke kelas dua. 내 동생은 2 학년으로 등급했다; ③ 타고 가다; Ia pergi ke Surabaya ***naik*** pesawat. 그는 비행기를 타고 수라바야에 갔다; ④ 올라타다; Ia ***naik*** kuda. 그는 말에 올라탔다;⑤ 성지 순례하다, (성지에)가다; ⑥ 등귀하다, (값이)오르다; ⓢ bertambah tinggi, meningkat; Hasilnya ***naik*** di banding tahun lalu. 작년에 비해 소득이 늘었다; ⑦ 뜨다, (비행기가) 이륙하다; Kapal terbang ***naik***. 비행기가 떠올랐다; **naik** api 불붙다; **naik** banding 상고하다, 상소하다; **naik** darah 화가나다; **naik** derajat 승진하다; **naik** haji 성지 순례를 하다; **naik** harga 등귀하다, 값이 오르다; **naik** kelas 진급(승진)하다; **naik** kesurga 승천하다; **naik** pangkat 승진(진급)하다; **naik** pasang 밀물;

menaiki ① 올라가다, ~에 오르다; ⓢ mendaki pada, memanjat pada; Anak itu ***menaiki*** tangga dengan perlahan. 그 동생은 천천히 계단을

올랐다; ② 승차하다, 타다; ⓢ mengendarai; Ia ***menaiki*** mobil. 그는 자동차에 탔다;

menaikkan ① 게양하다; ⓢ mengibarkan; ② 승진시키다, 진급시키다; Pimpinan perusahaan ***menaikkan*** pangkatnya. 회사 임원이 그의 직위를 진급시켰다; ③ (값을) 올리다;ⓢ meninggikan; Ia ***menaikkan*** harga setinggi langit. 그는 값을 엄청나게 올렸다; ④ 들어 올리다, 들다; ⓢ mengangkat; Ia ***menaikkan*** tempat duduk. 그는 의자를 들어 올렸다;

kenaikan 인상,증가,승진,진급;

najis ① 부정한, 불결한, 더러운; ⓢ kotor;② 오물; ⓢ kotoran; **najis besar** 대변,분뇨; **najis kecil** 오줌,소변;

menajiskan 더럽히다; ⓢ mengotorkan;

nakal ① 장난꾸러기의,개구장이의; ⓢ bandel; Anak itu ***nakal*** sekali. 그 아이는 개구장이다; ⓢ buruk kelakuan; Ia seorang perempuan ***nakal***. 그녀는 부정한 여자다;

kenakalan 천박, 부정; Dewasa ini ***kenakalan*** remaja semakin menjadi. 요즘은 청소년들의 나쁜 행동이 점점 기승을 부리고 있다;

naluri 본능; Gadis itu punya ***naluri*** keibuan. 그 소녀는 모성 본능이 있다;

nama 이름, 성명; ⓢ kehormatan; Ia memperoleh ***nama*** itu sebagai kehormatan. 그는 존경의 표시로서 그 이름을 얻었다;**nama benda** 명사; **nama julukan** 별명; **nama kecil** 유아명; **nama panggilan** 별명, 일명; **nama samaran** 익명, 필명; **atas nama** ~의 이름으로, ~를 대신하여; Atas ***nama*** keluarga saya ucapkan terima kasih. 제 가족을 대신하여 감사의 말씀을 드립니다; **dengan nama** ~이라는 이름으로;

bernama ① ~라고 불리우다; Ia ***bernama*** Ali. 그의 이름은 알리이다; ② 유명한; ⓢ terkenal; Ia orang yang ***bernama***. 그는 유명한 사람이다;

menamai ~을 ~라고 이름짓다; ⓢ memberi nama; Ia ***menamai*** anaknya Putri. 그는 아이의 이름을 뿌뜨리라 명명하였다;

menamakan 말하다,부르다,~라고; ⓢ menyebutkan; Mereka ***menamakan*** kelompoknya gerombolan Kapak Merah. 그들은 그 집단을 붉은 도끼파라고 불렀다;

kenamaan,ternama 고명한,유명한, 알려진; ⓢ terkenal;

nampak 볼 수 있다, 보이다; ⓢ kelihatan, dapat dilihat; Ia sudah lama tidak ***nampak*** di sekitar sini. 그는 오랫동안 주위에서 보이지 않았다;

namun ① 아직, 여태까지; ② 만일 ~이라면; ⓢ asalkan;③ ~에 관하여; ⓢ tentang, akan (hal); ④ ~에도 불구하고; ⑤ 그러나, 그렇지만; ⓢ tetapi; Hal ini memang dilarang, ***namun*** apa boleh buat. 이 일은 금지가 되어 있지만 어쩔 수가 없다; **namun demikian** 그럼에도 불구하고; Hujan di luar sangat deras, ***namun*** demikian saya tetap pergi ke kantor. 밖에 억수같이 비가 쏟아

N

지지만 그래도 나는 출근해야 한다;

nanti ① 조금후의, 나중의; ⓢ waktu kemudian; Waktu pulang *nanti* jemput saya di kedai kopi. 나중에 집에 갈때 커피숍에서 나를 마중해다오; ② 그렇지 않으면; ⓢ kalau tidak; Datanglah ke rumahku atau *nanti* saya marah. 우리 집으로 오게, 만약 오지 않으면 내가 화를 낸다;

nantinya 나중에, 후에; ⓢ kelak;

napas 호흡, 숨; alat **napas** 호흡기관; jalan **napas** 기관;menarik **napas** 숨을 쉬다; **napas** lelah 숨가쁜, 숨찬; **napas** panjang 한숨, 심호흡; **napas** penghabisan 마지막 숨결;

bernapas 숨쉬다, 호흡하다; Ikan *bernapas* dengan memakai insang. 어류는 아기미를 이용하여 숨을 쉰다.

pernapasan 숨쉬기, 호흡; alat **pernapasan** 호흡기; Karena sakit, ia harus pakai alat *pernapasan* buatan. 그는 아팠기 때문에 인공 호흡기를 사용하여야만 했다;

narapidana 죄수,죄인;ⓢ orang hukuman, orang penjara; *Narapidana* itu mengajukan banding atas kasusnya. 그 수감자는 그 사건에 대해 재심을 청구하였다;

narasi 해설, 서술; Kami dapat tugas membuat karangan *narasi* untuk besok.우리는 내일 있을 구술 작문을 만들도록 임무를 받았다;

narasumber 통보자, 제보자; Mereka akan menghadirkan *narasumber* dalam diskusi itu. 그들은 그 토론에 제보자를 출석시킬 예정이다;

nasehat 권고, 충고; ☞ nasihat;

nasi 밥; **nasi** bubur 죽; **nasi** goreng 볶음밥; **nasi** kebuli 양고기밥; **nasi** kepal 주먹밥; **nasi** ketupat 쌀을 야자 잎에 싸서 지은 밥; **nasi** kuning 황색밥; **nasi** tim 찐밥; **nasi** campur 비빔밥; **nasi** ramsum 군대밥; **nasi** rawon 비빔밥; **nasi** uduk 야자의 과즙과 양념을 섞어 지은 밥;

nasib 숙명,운명, 운; Mereka mencoba untuk menjalani *nasib*nya dengan sabar.그들은 인내로 운명을 받아 들였다; mencoba **nasib** 시도해보다; Ia mencoba *nasib*nya di perkotaan. 그는 도시에서 살아 보려고 했다;**nasib** baik 행운; **nasib** malang 비운;

senasib 같은 운명의; kawan **senasib** 동지;Kami semua adalah kawan *senasib* semasa sekolah dulu. 우리는 모두 학창 시절부터 동고동락하는 친구 사이이다;

nasihat ① 훈계, 권고, 충고; ⓢ ajaran baik,anjuran; Itu adalah *nasihat* dari seorang nenek untuk cucunya. 그것은 한 할머니가 손자에게 주는 충고이다; ② 가르침,교훈; ⓢ ibarat; Orang tua memberi *nasihat* supaya saya mematuhinya. 부모는 나에게 충고를 복종하라고 했다;

menasihati ~에게 충고하다;Kami sudah *menasehati*nya tapi dia tetap tak menghiraukannya. 우리는 그에게 충고를 했지만 그는 받아들이지 않았다;

penasihat 자문, 상의자, 충고하는, 사람; Sudah lama ia menjadi *pe-*

nasehat keuangan di perusahaan itu. 그는 그 회사의 경리 자문으로 오랫 동안 일해 왔다;

nasional 국가의, 국민의; ⓢ kebangsaan;

kenasionalan 국민성, 국가주의, 민족주의;

nasionalis 애국주의자, 민족주의자; ⓢ pecinta bangsa; Ia adalah seorang ***nasionalis*** sejati. 그는 진실한 애국자이다;

nasionalisasi 국영,국유화,국민화; ***Nasionalisasi*** harus dibudayakan di negeri ini. 국영화는 이 나라의 문화적으로 해야 한다;

menasionalisasikan 국가적으로 하다,국유화하다; Kita harus ***menasionalisasikan*** gerakan ini keseluruh negeri. 우리는 이 운동을 전국적으로 해야한다;

nasionalisme ① 민족주의,내셔널리즘,애국심; Kita harus punya jiwa ***nasionalisme*** yang tinggi terhadap negeri tercinta ini. 우리는 사랑하는 조국을 위해 애국심을 가져야 한다; ② 민족 자결;

naskah ① 원고; ② 원본; ③ 초안, 초고; **naskah** asli 원고 원본;

naung, (=naungan) 보호소, 피신처, 은신처; ⓢ lindungan;

bernaung ① (나무 밑에)몸을 피하다; ⓢ berlindung; Perusahaan ini ***bernaung*** di Departemen Kesehatan. 이 회사는 보건부 관리 아래 있다; ② 보호, 도움을 요청하다; ⓢ minta perlindungan, minta pertolongan;

menaungi ① 가리다; ② 숨기다, 보호하다; ⓢ melindungi, menjagai;

negara 국가,나라; **negara** bagian 지방 국가;**negara** hukum 입헌 국가; **negara** kesatuan 단일 국가;

kenegaraan 행정, 정부; urusan **kenegaraan** 국무; Presiden sedang mengadakan kunjungan ***kenegaraan*** ke Korea. 대통령은 한국에 국빈으로 방문 중이다;

negatif 반대의, 부정의;

negeri 나라, 땅; **negeri** Belanda 화란; **negeri** Korea 한국; **negeri** leluhur 조국; **negeri** orang 외국; anak **negeri** 시민, 국민; ayam **negeri** 국내의; dalam **negeri** 국내의; luar **negeri** 국외의; sekolah **negeri** 국립학교; Bahagia rasanya tinggal di ***negeri*** ini. 이 나라에 살게 되어 행복하다;

nekat ① 무모한; ⓢ tak peduli; Orang itu ***nekat*** bunuh diri. 그 사람은 무모하게 자살했다;② 완고한, 고집센; ⓢ berkeras hati; Semua orang ***nekat*** masuk ke dalam gedung itu. 모든 사람이 무모하게 그 건물에 들어갔다; ③ 대담한; ⓢ terlalu berani;

kenekatan 무모함; ***Kenekatan***nya kali ini pasti akan berakibat buruk pada dirinya. 그의 무모함은 이번에 분명히 그에게 나쁜 결과를 가져올 것이다;

nekat-nekatan 모든 것을 걸다, 위험을 무릅쓰다;

nelayan 어부; ⓢ penangkap ikan; Banyak penduduk di pesisir pantai berprofesi sebagai ***nelayan***. 해변가에 살고 있는 많은 사람들은

N

어부 직업을 갖고 있다;

nenek 할머니; nenek moyang 조상, 선조;

neraca ① 저울; ⓢ timbangan; ② 평형,균형; ⓢ pertimbangan;③ 대차대조(표); neraca kekuatan 세력의 균형;neraca niaga 무역의 균형; neraca pembayaran 수지의 균형; neraca utang piutang 대차대조표;

neraka 지옥; ⓢ tempat siksaan; Orang yang berdosa nantinya akan mendapat siksa di *neraka*. 죄를 지은 사람은 지옥에서 고통을 받을 것이다;

netral 중립의; ⓢ tak berpihak;

menetralkan ① 중립시키다; ⓢ menjadikan tak berpihak; ② 중화시키다; ⓢ menawarkan;

nganga 입을 딱 벌린; ⓢ terbuka;

menganga 입을 딱 벌리다;

ternganga ① 입이 벌어진, 입을 벌리고 있는; ⓢ terbuka lebar; Mulutnya *ternganga* ketika mendengar berita itu. 그 소식을 들었을 때 그의 입이 벌어졌다; ② 몹시 놀란; ⓢ tercengang, kagum; Bibirnya setengah *ternganga* melihat lukisan pemandangan yang indah itu. 그의 입술은 그 아름다운 풍경화를 보고 반쯤 벌어졌다;

ngawur 재재거리다; Anak itu bicaranya sering *ngawur*. 그 아이는 자주 횡설수설 한다;

ngilu (뼈·이가)쑤시다; ⓢ nyeri; Giginya *ngilu* ketika makan es krim. 아이스크림을 먹을 때 이가 시큰 거렸다;

ngobrol 잡담하다; ☞ obrol; Mereka terlihat sedang *ngobrol* panjang lebar. 그들은 장황하게 잡담하고 있었다;

ngomel 짜증내다; ⓢ marah;

ngotot 완고한;

kengototan 완고함, 고집셈; ☞ otot; *Kengototan*nya mulai menampakkan hasil. 그의 고집이 결과를 나타내기 시작했다;

ngumpet 숨다; ⓢ umpet;

niaga 무역,거래; ⓢ dagang; kapal niaga 상선;

berniaga 무역하다, 거래하다; ⓢ berdagang;Dalam rangka hari raya, kegiatan *niaga* baru akan dilakukan lagi pada minggu depan. 명절 때문에 거래는 다음주부터 시행된다;

perniagaan 무역, 거래; ⓢ perdagangan; hukum **perniagaan** 상법; Perusahaan itu bergerak di bidang *perniagaan*. 그 회사는 상업 부문에 종사한다;

niat ① 목적, 계획, 의도; ⓢ maksud, tujuan; *Niat* kami kesini adalah untuk menjenguknya. 우리가 여기 온 이유는 그를 문안차 온것이다; ② 맹세; ⓢ nazar;③ 소망,바람;ⓢ keinginan,hasrat;*Niat*nya tahun depan akan pergi ke Eropa. 그녀의 내년 소망은 유럽에 가는 것이다;

berniat 의도하다,계획하다;ⓢ bermaksud; Mereka memang sudah *berniat* melakukan hal itu. 그들은 그렇게 할 의도가 이미 있었다;

meniatkan ① 의도하다, 계획하다; ⓢ memaksudkan; ② 맹세하다; ③ 소망하다, 기원하다; ⓢ mendoakan, mengharapkan;

nihil 공허, 허무, 무(無); ⓢ kosong sama sekali; Hasil pencarian hari ini masih tetap ***nihil***. 오늘 탐색 작업도 아직 성과가 없다;

nikah ① 혼인, 결혼; ⓢ perkawinan; ② (=bernikah) 혼인하다, 결혼하다; ⓢ kawin;

menikahi ~와 혼인하다, ~와 결혼하다; ⓢ mengawini; Dia akhirnya akan ***menikahi*** pacarnya bulan depan. 그는 결국 다음 달에 애인과 결혼한다;

menikahkan 출가시키다, 결혼시키다; ⓢ mengawinkan;

pernikahan ① 혼인, 결혼,출가; ② 결혼식; Pesta ***pernikahan*** itu dilaksanakan besar-besaran. 그 결혼 파티는 성대하게 열렸다;

nikmat ① 위안, 위로; ⓢ pemberian; ② 맛있는; ⓢ sedap; Makanan ini ***nikmat*** sekali disantap beramai-ramai. 이 음식을 여럿이 함께 먹으니 정말 맛이 있다; ③ 위락, 즐거움, 낙(樂); ⓢ keenakan, kesedapan; ④ 마음편한, 기분이 좋은; ⓢ enak;

menikmati ① 음미하다, (맛을) 즐기다; ⓢ merasai, mengecap; Ia ***menikmati*** puding itu dengan gembira. 그는 그 푸딩을 즐겁게 먹었다; ② 해보다, 경험하다; ⓢ mengalami;

kenikmatan ① 행복; ② 위안; ③ 위락,낙(樂); ⓢ keenakan, kesenangan; Hal itu hanyalah suatu ***kenikmatan*** belaka. 그 일은 그저 하나의 쾌락일 뿐이다;

nilai ① 감정, 평가; ② 가치, 가격; ⓢ harga; ***Nilai*** ujian saya tahun ini sangat tidak memuaskan. 올해 나의 시험 점수는 아주 만족스럽지 못하다; ③ 득점, 점수; ⓢ angka kepandaian; Kamu harus dapat ***nilai*** tinggi agar bisa lolos ke babak selanjutnya. 너는 다음 단계로 나아가기 위해 좋은 점수를 받아야 한다;

bernilai 값진; Benda ini tak lagi ***bernilai*** bagi mereka. 이 물건은 그들에게 더 이상 가치가 없다;

menilai ① 평가하다, 감정하다; ⓢ menghargai; **menilai** kembali 재평가하다; ② 점수를 매기다, 채점하다; Janganlah ***menilai*** sesuatu dari penampilannya saja. 외형으로 무엇을 평가하지 말아라;

penilai 감정자,평가자; ⓢ juru taksir; Tim ***penilai*** dalam pertandingan itu harus bersikap adil dan jujur.그 시합의 채점자들은 공정하고 정직해야 한다;

penilaian ① 심판, 판단; Kriteria ***penilaian*** pada pertandingan ini berbeda-beda. 이 시합에 대한 평가 방법은 서로 다르다; ② 견적, 감정, 평가; **penilaian** kembali 재평가;

nista ① 무례,모욕; ⓢ aib, cela; ② 욕; ⓢ penghinaan; Hal itu adalah suatu perbuatan yang ***nista*** bagi masyarakat. 그 일은 국민에 대한 모욕적인 행위이다; ③ 비열한, 천한;

noda ① 오물, 때, 오점; ⓢ bintik kotor; Pakaiannya terkena ***noda*** darah. 그의 옷이 피로 얼룩졌다; ② 치욕, 불명예; ⓢ aib, cela;

bernoda 손상된, 때묻은, 얼룩진; tidak **bernoda** 흠이 없는;

menodai① 때를 묻히다,더럽히다; ⓢ mengotori; ② 손상시키다; ⓢ mencoreng nama baik; Sikap itu telah ***menodai*** martabat keluar. 그 행위는 가족의 명예를 손상시켰다;

nomor 번호,수; **nomor** induk 고유 번호; plat **nomor** 번호표; **nomor** satu 으뜸의, 첫째의; **nomor** urut 일련 번호;

menomori 번호를 붙이다;

penomoran 번호를 붙임; Sistem ***penomoran*** peserta ujian itu berdasarkan abjad.그 시험의 참가자들에 대한 번호 부여는 알파벳 순이다;

nonaktif 비활동적인;

penonaktifan 비활동; ***Penonaktifan*** itu mulai berlaku bulan depan. 그 직무정지는 다음 달부터 유효하다;

nonton 관람하다, 구경하다, 보다; ⓢ tonton;

november 11 월;

norma 규정,규범; Ada banyak hal yang berhubungan dengan ***norma*** agama. 종교 규범에 관계된 많은 일들이 있다;

normal 표준의, 정상의; ⓢ biasa;

normalisasi 정상화, 표준화; Proses ***normalisasi*** keadaan ekonomi memakan waktu yang cukup lama. 경제 상태를 정상화하기 위한 과정은 시간이 많이 걸린다;

nostalgia 향수, 노스탤지어; Kami akan ***bernostalgia*** bersama kawan lama. 우리는 옛친구에 대한 향수를 느낄 것이다;

nota ① 비망록; ⓢ surat peringatan; ② (외교상의)통첩; ⓢ surat keterangan resmi; **nota** kredit 신용증서; **nota** penjelasan 비망록;

notaris 공증인; Ibunya membuka praktek ***notaris*** di rumahnya. 그의 어머니는 집에서 공증인 사무소를 여셨다;

notes 노우트, 공책; ⓢ buku catatan; Semuanya itu sudah dicatat di dalam ***notes*** ini.모든 것이 이 노우트 안에 기록되었다;

notulen 회의록; ⓢ notula;

nusa ① 열도, 섬; ⓢ pulau; ② 고국, 조국; ⓢ tanah air; untuk **nusa** dan bangsa 조국과 민족을 위하여;

nutrisi 영양, 음식물, 영양학;

nyala 불꽃; ⓢ api;

menyala (불을)켜다, 불길을 내다, 타오르다; Saat malam tiba, lampu-lampu ***menyala*** terang. 밤이 되었을 때 등불들이 밝게 켜졌다;

bernyala-nyala 타오르다; ⓢ berkobar-kobar;

menyala-nyala ~을 격렬하게 태우다; ⓢ mengobarkan; Semangatnya ***menyala-nyala*** bagai api. 그의 의지가 불꽃처럼 타 올랐다;

menyalakan 타게 하다, 불을 붙이다, 발화시키다

nyaman ① 신선한, 건강한; ⓢ segar, sehat; ② 즐거운, 쾌적한; ⓢ enak; Rumah ini sungguh ***nyaman*** untuk tempat tinggal. 이 집은 살기에 정말로 안락한 곳이다;

menyamankan 맛있게 만들다, 신선하게 하다; ⓢ menyegarkan;

kenyamanan 유쾌,즐거움,맛 있음, 신선, 건강; Kami menjual rumah ini dengan mengandalkan ***kenyaman-***

an dilingkungan ini. 우리는 이 집을 주위의 안락함을 내세워 팔았다;

nyamuk 모기; Di tempat ini banyak sekali *nyamuk*. 여기는 모기가 매우 많다;

nyanyi 노래; ⓢ lagu;

bernyanyi, menyanyi 노래부르다, 노래하다;

menyanyikan~의 노래를 부르다; Malam ini dia akan *menyanyikan* lagu andalannya di pesta ini. 오늘 밤에 그녀는 이 파티에서 그녀의 대표 곡을 노래할 예정이다;

penyanyi 가수; Dia di kenal sebagai *penyanyi* solo. 그는 솔로싱어로 알려져 있다;

nyanyian 곡조, 노래; ⓢ lagu; **nyanyian** gereja 찬송가; *Nyanyian* itu akan dikumandangkan malam nanti. 그 노래는 오늘 밤 불려질 것이다;

nyaring ① 또렷한, 날카로운; ⓢ keras,lantang; Suaranya terdengar *nyaring* sekali. 그녀의 소리는 아주 또랑또랑 들렸다; ② 잘 들리는;

menyaringkan 잘 들리게 말하다;

nyaris 거의, 하마터면. ⓢ hampir;

nyata ① 확실한, 명백한, 분명한; ⓢ terang, jelas benar; Gambar ini terlihat *nyata* sekali. 이 그림은 아주 선명하게 보인다; ② 유형의, 실체의; ⓢ berwujud; penghasilan **nyata** 실제소득; Hal ini sebagai langkah *nyata* dari dirinya. 이 일은 그 자신이 취한 확실한 조치이다;

nyata-nyata 확실히, 명확히;

menyatakan ① 지적하다, 설명하다, 명백하게 하다; ⓢ menerangkan, menjelaskan; ② 언명하다, 선언하다; ⓢ mengatakan; **menyatakan diri** 나타내다, 표명하다; Seluruh dunia *menyatakan* perang terhadap Jerman. 독일은 전세계에 대해 선전 포고를 하였다;

kenyataan ① 명확, 명백; ⓢ kejelasan; ② 사실,진실; Pada *kenyataannya* ia hanyalah seorang penipu ulung. 그는 단지 고단수 사기꾼일 뿐이다;

pernyataan ① 포교,선언;ⓢ maklumat; **pernyataan** perang 선전포고; ② 표시, 표현; Mereka sudah mengeluarkan **pernyataan** maaf kepada kami. 그들은 우리에게 사과 성명을 발표하였다; ③ 진술, 성명; **pernyataan** bersama 공동 성명; **pernyataan** cinta 사랑의 고백;

ternyata ① 확실한,명백한, 분명한; ⓢ terbukti; *Ternyata* semua yang pernah dikatakannya hanya bualan semata. 사실은 그가 얘기한 모든 것이 허풍에 불과했다; ② 언급된; ⓢ tersebut;

nyawa ① 목숨, 생명; ⓢ hidup, napas;Ia membuang *nyawa*nya hanya untuk hal yang sia-sia. 그는 헛된 일에 목숨을 버렸다; ② 정신, 영혼; ⓢ jiwa, roh;

bernyawa 영혼이 있는, 살아 있는; ⓢ hidup; Ketika ditemukan orang itu sudah tidak *bernyawa* lagi. 그 사람은 보았을 때는 이미 숨을 거둔 뒤였다;

senyawa 화합된, 하나가 된; ⓢ bersatu padu; Mereka sudah benar-benar merasa seperti *senya-*

N

wa saja. 그들은 정말로 서로 하나가 되었다고 느꼈다;

nyeri 고통, 통증; ⓢ sakit; Sepanjang hari ia didera rasa *nyeri* di kepalanya. 그는 하루 종일 머리가 지끈거리는 통증으로 고생했다;

nyonya 아주머니, 부인; ⓢ ibu; nyonya rumah 안주인, 주부;

O

obat ① 약품, 약; ② 화학품; **obat** batuk 감기약; **obat** bius 마취약, 수면제; **obat** cacing 구충제; **obat** dalam 내복약; **obat** demam 키니네; **obat** gosok 바르는 약; **obat** kumur 목가시는 약; **obat** luar 외용약, 외과약; **obat** mata 안약; **obat** nyamuk 모기약; **obat** peluntur 불임약; **obat** pencuci 설사약; **obat** perangsang 강장제; **obat** potret 인화 시약; **obat** serbuk 가루약; **obat** suntik 주사액; **obat** tidur 수면제; ilmu **obat-obatan** 약학; ahli **obat** 약제사, 약사;

berobat ① 투약하다, 치료하다; Hari ini adalah jadwalnya ***berobat*** ke rumah sakit. 오늘은 병원에 치료받으러 가는 날이다; ② 약을 복용하다, 약을 먹다; Ia ***berobat*** karena di duga ada tumor di kepalanya. 그는 머리에 종양이 있는 것으로 의심되어 치료를 받았다;

mengobati 투약하다, 치료하다; Ia ***mengobati*** kaki anaknya yang terkena pecahan kaca. 그는 유리 조각에 다친 아이의 발을 치료하였다;

pengobatan 투약, 치료; ⓢ klinik; Ayahnya akan melakukan ***pengobatan*** di rumah sakit. 아버지는 병원에서 투약을 받으실 것이다;

terobatkan 치료되어진;tidak terobatkan 불치의,치료할 수 없는; Rasa sakitnya itu tak ***terobatkan*** dengan apa pun. 그 통증은 어떤 것으로도 치료가 되지 않았다;

obat-obatan 약품; Mereka mendapat bantuan obat-obatan dari ***pemerintah***. 그들은 정부로부터 약품들을 지원 받았다;

obeng 나사돌리개, 드라이버;

objek ① 대상; Kami hendak pergi ke suatu ***objek*** wisata di Bali. 우리는 발리의 한 관광지에 갈 예정이다; ② 사물; ③ 목적어; ④ 부업;

mengobjek 부업을 하다;Pagi hari dia menjadi karyawan, malam hari dia ***mengobjek*** sebagai guru privat. 그는 낮에는 직장인이었고 밤에는 개인 교사로 일했다;

pengobjek 부업을 하는 사람;

pengobjekan 부업;

obral ① 싼 값으로 대량 판매하다; ② 잡담하다;

mengobral ① 헐값으로 팔아 넘기다; ⓢ menjual murah; Toko itu ***mengobral*** barang-barang lama. 그 가게는 재고품을 싸구려로 팔아 넘겼다; ② 잡담하다, 말하다; ⓢ membualkan; Gadis itu ***mengobral*** kekayaannya. 그 소녀는 그의 부에 대해서 얘기했다;

pengobralan ① 싸구려 판매; ② 잡담;

obralan 세일 상품; Di tempat itu sedia barang ***obralan*** yang murah. 그 곳에는 아주 싸구려 물건들이 있었다;

observasi 주시, 관찰; ⓢ pengamatan; Kami akan mengadakan ***observasi*** untuk penelitian ini. 우리는 이 연구에 대한 관찰을 할 예정이다;

obsesi 강박관념; ***Obsesi*** pada kekayaan sudah membutakan hatinya. 부에 대한 강박관념이 그의 생각을 지배하였다;

obyek ① 목표,대상,목적;ⓢ sasaran, tujuan; Mereka akan menjadi ***obyek*** penelitian kita kali ini. 우리는 이번에 그들을 정밀조사할 대상으로 삼을 것이다; ② 주제; ⓢ tema; ③ 목적어;

obyektif ① 목적, 목표; ② 목적격; ③ 객관적인; ⓢ tidak subyektif; Kita harus bersikap ***obyektif*** dalam menyelesaikan masalah ini. 우리는 이 문제를 해결하는데 객관적 입장으로 해야한다;

oceh, mengoceh ① 담소하다, 한담하다, 잡담하다; ⓢ meracau, berceloteh; Sepanjang hari ia hanya ***mengoceh*** saja. 하루 종일 그녀는 잔소리만 했다; ② (새가) 지저귀다; ⓢ berkicau;

pengoceh 수다장이;

ocehan 담소,한담,잡담; ⓢ celoteh; Semua ***ocehan***nya hanya omong kosong belaka. 모든 그의 잡담은 의미 없는 것이었다;

odol 치약;

ogah 반대하다, 싫어하다; ⓢ segan, enggan; Anak itu ***ogah*** bermain bersama temannya. 그 아이는 친구들과 놀고 싶지 않았다;

ogah-ogahan 마지 못해하는, 마음이 내키지 않는; ⓢ segan,enggan; Dia bersikap ***ogah-ogahan*** dalam menanggapi masalah itu. 그는 이 문제를 마지못해 생각하는 태도를 취했다;

oksidasi 산화;

oksigen 산소;

oktober 10 월; Mereka akan mengadakan pesta perkawinan di bulan ***Oktober***. 그들은 오는 10 월에 결혼할 예정이다;

olah, mengolah ① 처리하다, 준비하다;ⓢ menyiapkan, mengerjakan; ② 가공하다, 개간하다; ⓢ mengusahakan; **mengolah** tanah 땅를 개간하다; **mengolah** bahan mentah 원자재를 가공하다;Kita harus ***mengolah*** makanan ini jadi makanan bergizi tinggi.우리는 이 음식을 영양이 높은 음식으로 가공해야 한다;

pengolah 가공업자; Perusahaan itu adalah pabrik ***pengolah*** minyak terbesar di negeri ini. 그 회사는 이 나라에서 가장 큰 기름 가공회사이다;

pengolahan 제조, 가공; Perusahaan itu harus melakukan ***pengolahan*** limbah dengan benar agar tak tercemar. 그 회사는 오염되지 않도록 폐기물을 가공해야만 한다;

olahraga 운동, 체육; ⓢ latihan jasmani, sport;

berolahraga 체조하다; Kita harus ***berolahraga*** tiap saat agar tubuh menjadi sehat.우리는 언제라도 몸이 건강하도록 운동을 해야 한다;
olahragawan 스포츠맨 운동 선수; Dia adalah seorang ***olahragawan*** sejati. 그는 유능한 체육인이다;
oleh ① ~에 의하여; Makan pagi sudah disiapkan ***oleh*** ibu.매일 아침 식사는 어머니에 의해 준비되었다; ② ~로 인하여, ~이므로; ⓢ sebab, karena, akibat; Ia disadarkan ***oleh*** peristiwa itu. 그는 그 사건으로 깨닫게 되었다; **olehmu** 당신에 의하여; **olehnya** 그(녀)에 의하여; **oleh karena** ~때문에, ~인 고로; **oleh karena itu** 그런 고로, 그렇기 때문에; **oleh sebab** ~인 고로, ~때문에;
memperoleh 해내다, 달성하다; Setelah beberapa bulan, baru kita akan ***memperoleh*** hasil. 몇 달 후에야 우리는 결과를 얻을 수 있었다;
perolehan 성과, 결과; ⓢ pendapatan, hasil; Ini adalah hasil ***perolehan*** sementara. 이것이 잠정적으로 얻은 결과이다;
oleh-oleh 선물, 기념품; ⓢ buah tangan; Ayah pulang membawa ***oleh-oleh*** untuk kami. 아버지는 우리들에게 선물을 가져오셨다;
oles, **mengoles** 문지르다, 칠하다; ⓢ melumur, melumas;
mengoleskan ~으로 문지르다, ~으로 칠하다; Ia ***mengoleskan*** minyak rambut di kepalanya. 그는 머리에 머릿기름을 발랐다;
oli 기름; ⓢ minyak pelumas;
olok, **olok-olok** 농담,조소, 비웃음; ⓢ ejekan, lelucon, senda gurau;
berolok-olok 놀리다, 조롱하다;
mengolok-olok,**memperolok** 조롱하다, 조소하다, 비웃다; Kerjanya hanya ***memperolok*** orang lain saja. 그의 일은 남을 비웃는 것 뿐이었다;
olok-olokkan 농담, 조소,비웃음; Ia sering jadi ***olok-olokan*** temantemannya saja. 그는 자주 친구들의 조소 거리가 되었다;
ombak 물결, 파도; ⓢ gelombang;
ombak-ombak 굽이 치는, 요동하다;
berombak 파도치다; ⓢ bergelora; Belakangan ini laut ***berombak*** tinggi.최근에는 바다의 파도가 높다;
berombak-ombak ① 너울거리는,굽이치는;Rambutnya ***berombak-ombak*** seperti orang tuanya. 그의 머리카락은 그의 부모처럼 너울져 있다; ② 물결처럼 밀려오는;
mengombak 파도가 일게 하다;
ombang-ambing, **mengombang-ambing**, ①흔들리다,진동하다; Hal ini bisa membuat perasaannya ***terombang-ambing***. 이 일은 그녀의 느낌을 흔들리게 하였다; ② 떠가다, 표류하다;
mengombang-ambingkan 불확실하게 하다;Perbuatan itu ***mengombang-ambingkan*** perasaan kita semua. 그 행위는 우리 마음을 뒤흔들어 놓았다;
omong ① 언어, 말; ⓢ perkataan, bahasa; ② 이야기하다, 말하다; ⓢ berkata, bercakap; ③ 잡담, 한담; ⓢ cakap;**omong kasar** 거친말,욕설; **omong kosong** 허튼 소리,수다,잡담;

O

beromong-omong 대화하다; ⓢ bercakap-cakap; Mereka ***beromong-omong*** sepanjang hari. 그들은 하루 종일 대화하였다;

mengomongkan 토론하다; ⓢ membicarakan, mengatakan;

omongan 말, 한담, 잡담; ⓢ perkataan; Semoga ***omongan*** ini bisa meresap di hatinya. 이 말이 그의 마음 속에 받아들여지기를 바란다;

omzet 거래 총액; ***Omzet*** penjualannya ialah yang tertinggi sepanjang tahun ini. 매출액이 연중 최고 높았다;

onggok 퇴적, 더미; ⓢ longgok, tumpuk, timbun;

beronggok-onggok 퇴적한, 더미를 이룬; ⓢ berlonggok-longgok;

onggokan 퇴적,더미; ⓢ tumpukan, timbunan;

ongkos 소요경비, 요금, 비용; ⓢ biaya;**ongkos** becak 베짝 요금;**ongkos** kirim 운송비; **ongkos** makan 식비; **ongkos** pasang 설치비; **ongkos** pindah 이사비용; Pergi kesana ***ongkos***nya jauh lebih banyak. 거기에 가는 것이 비용이 훨씬 많이 든다;

mengongkosi 지불하다, 대금을 치르다;ⓢ membiayai,membelanjai; Dia ***mengongkosi*** semua perjalanan ini. 그가 이 모든 여행 경비를 치렀다;

ons 100 그램;

oper 떠 맡다, 인계받다;

mengoper ① 대신하다, 인계받다, 떠 맡다; Ia ***mengoper*** tugas itu kepada orang lain. 그는 그 일을 다른 사람에게 넘겨 주었다; ② (=mengoperkan) 양도하다,넘겨주다; ⓢ menyerahkan; Ia ***mengoper*** tanggung jawab pada temannya.그는 친구에게 옷을 넘겨 주었다; ③ 옮기다, 전임시키다; ⓢ memindahkan;

mengoperkan 양도하다,전가하다; Mereka ***mengoperkan*** barang milik rekan bisnisnya. 그들은 동업자들의 소유 물건을 넘겨주었다;

pengoperan 전보, 전가; ⓢ penyerahan, pemindahan;

operasi ① 작용, 조작, 운영; ⓢ pekerjaan berperang; ② 수술; ⓢ bedah;

beroperasi 작전을 수행하다; Mereka tidak terbiasa ***beroperasi*** di daerah ini. 그들은 이 지역 활동이 익숙치 않다;

mengoperasi 수술하다;ⓢ membedah; Mereka akan ***mengoperasi*** keuangan perusahaannya. 그들은 그 회사의 경리를 조사할 것이다;

operasional 조작상의, 작전상의; Seluruh biaya ***operasional*** sudah terdapat dalam anggaran. 모든 운영 경비가 예산에 들어가 있다;

opium 아편; ⓢ candu; Mereka hendak melakukan ***operasi*** opium di daerah Jakarta. 그들은 자카르타 지역의 아편 단속을 할 예정이다;

opname 입원 치료;

oportunis 기회주의자;

opsir 무관, 사관, 장교; ⓢ perwira; **opsir** penghubung 연락 장교; **opsir** rendahan 하사관; **opsir** tinggi 장교, 사관; Ia bekerja sebagai ***opsir*** tahanan dikota.그는 도시 경비 장교로 일한다;

O

optimal 최적의, 최선의;
optimis 낙천 주의자, 낙천가;
optimisme 낙관, 낙천 주의;
orang 인간, 사람; ⓢ manusia; Mereka ialah ***orang*** Korea. 그들은 한국 사람들이다;**orang** asing 이방인, 외국인; **orang** biasa 평민; **orang** bumi 토착인, 원주민; **orang** cacat 지체 부자유자;**orang** desa 마을 사람, 촌뜨기; **orang** gelandangan 방랑자, 여행자; **orang** (makhluk) halus 마귀, 요정; **orang** hutan 오랑우땅, 성성이; kata **orang** 사람들의 말에 따르면, 사람들이 말하기를;
seorang 일인, 개인; **seorang** diri 개인적으로, 홀로;
perseorangan ① 개개인, 개인; ⓢ pribadi,individu; Ini adalah pertandingan ***perseorangan***. 이것은 개인전 시합이다; ② 개인적으로;
seseorang 누군가,어떤 사람; Tadi ada ***seseorang*** yang masuk ke rumah ini. 조금 전 누군가가 이 집에 들어왔다;
orang-orangan ① 인형; ⓢ boneka; ② 모습, 상(像); ⓢ patung;
oranye 오렌지색; ⓢ jingga; Bajunya berwarna ***oranye***. 그의 옷 색깔은 오렌지색이다;
orbit 궤도; Benda langit itu keluar dari ***orbit***nya. 그 하늘의 물체는 그 궤도를 이탈하였다;
mengorbit ~의 주의를 돌다; ⓢ mengitari; Bulan ***mengorbit*** bumi. 달은 지구 주위를 돈다;
mengorbitkan 궤도를 그리며 돌리다;
orde 질서, 규정, 제도; ⓢ peraturan; Pemerintah yang baru akan merencakan ***orde*** baru. 신 정부는 새로운 제도로 통치할 예정이다;
organisasi 협회, 조합, 조직; ⓢ kesatuan, perkumpulan, persatuan, perhimpunan;Atas nama ***organisasi*** kami ucapkan terima kasih. 조직의 이름으로 우리는 감사의 말씀을 드립니다;
berorganisasi 체계가 잡힌, 조직된; Dia tidak punya pengalaman ***berorganisasi*** sama sekali. 그는 조직생활 경험이 전혀 없다;
mengorganisasikan 편제하다, 조직하다; Saat ini mereka sedang ***mengorganisasikan*** pekerjaan itu. 지금 그들은 그 일에 대한 편제를 만들고 있다;
organisme 유기체; Tiap ***organisme*** punya cara hidup masing-masing. 모든 생물들은 각기 사는 방법을 갖고 있다;
orientasi 적응, 향도(嚮導), 지도; ⓢ peninjauan; Kami akan mengikuti masa ***orientasi*** di sekolah baru.우리는 새 학교의 오리엔테이션 교육을 받을 것이다;
ormas (organisasi massa) 조직 집단; Mereka melakukan demonstrasi atas nama suatu ***ormas*** tertentu. 그들은 특정사회 조직단체의 이름으로 데모를 하였다;
otobiografi 자서전; Penulisan ***otobiografi*** itu dilakukan oleh dirinya sendiri. 그 자사전은 자신이 스스로 만든 것이다;
otodidak 독습자,독학자;Ia mempelajari ini semua secara ***otodidak***

saja. 그는 이것을 모두 독학하였다;

otomatis 자동적인, 자동의; ⓢ bergerak sendiri, dengan sendirinya; Alat ini bekerja secara ***otomatis***. 이 도구는 자동으로 작동된다;

otonomi 자치; ⓢ pemerintahan sendiri; Pemerintahan saat ini diselenggarakan secara ***otonomi*** daerah. 정부는 현재 지역 자치제를 시행하고 있다;

otopsi 시체 해부, 부검, 검시;

otoritas 허가, 권한, 권력, 권위; Hal itu diluar ***otoritas***nya sebagai kepala bagian keuangan. 그 일은 경리부장 권한 밖의 일이다;

otot 근력, 근육; ⓢ urat yang keras;

mengotot ① 악착같은; ② 고집하다, 주장하다; ③ 완고한, 고집센; ⓢ keras hati, tak mau kalah; Ia tetap ***mengotot*** mau pergi kesana. 그녀는 계속 거기에 갈 것을 고집하였다;

ovarium ① (동물의)난소 ② (식물의) 자방(子房); Terdapat luka di dalam saluran ***ovarium***nya. 나팔관 안에 상처가 있었다;

ovulasi 배란; Masa ***ovulasi***nya sudah lewat. 배란기간이 지났다;

P

pabean 세관(稅關); ⓢ bea cukai;

kepabean 관세;

pabrik 공장, 재조소; Sebagian penduduk desa ini bekerja sebagai buruh ***pabrik***. 이 마을 일부 주민들은 공장 근로자로 일한다;

pacar 애인, 연인; ⓢ kekasih; Dia dan ***pacar***nya hendak melakukan perjalanan ke rumah saudaranya. 그와 그의 애인은 친척 집으로 여행 갈 예정이다;

berpacaran 연애하는; Mereka sedang asyik ***berpacaran*** di taman. 그들은 정원에서 데이트 중이다;

berpacar-pacaran 서로 사랑하다, 애인 관계이다;

pacaran 연인;

paceklik 기근, 곤궁기; ⓢ musim lapar, musim kekurangan; Musim ***paceklik*** ini sungguh sangat berat bagi penduduk desa. 이 곤궁기는 시골 사람에게는 정말 힘들다;

pacu (말의) 박차; **pacu** jantung 심장 박동기; Dokter sudah berusaha keras dengan memakai alat ***pacu*** jantung tetapi hasilnya nihil. 의사는 심장 박동기로 애써 보았지만 결과는 허사였다;

berpacu ① 뛰다,경주하다;ⓢ berlomba,ngebut,balapan; Kedua atlet itu ***berpacu*** dalam lomba lari 100 meter. 그 두 선수는 100m 달리기 경주를 하고 있다;

memacu 속력을 내게하다; ⓢ menyepatkan; **memacu** kuda 말에 박차를 가하다; Begitu mendengar kabar kecelakaan itu dia langsung ***memacu*** mobil menuju ke rumah sakit. 사고가 났다는 소식을 듣자마자 그는 바로 병원으로 차를 급히 몰았다;

pacuan ① 경주, 경마; ⓢ perlombaan lari, balapan; ② 경마장; **pacuan** kuda 경마, 경마장; ⓢ balapan kuda; Sepanjang hari ia terlihat berada di ***pacuan*** kuda. 그는 하루 종일 경마장에 있었다;

pacul 괭이; ⓢ cangkul;

memacul 괭이질하다; ⓢ mencangkul;

pada ① ~에,~안에, ~사이에; **pada** masa itu 그때에; **pada** hari selasa 화요일에; Kecelakaan itu terjadi ***pada*** malam hari. 그 사고는 밤에 일어났다;

kepada ~에게; Dia bicara cinta ***kepada*** perempuan itu. 그는 사랑한다는 말을 그녀에게 했다; ③ ~에 따르면; ⓢ menurut; **pada** hakekatnya 실은, 사실인 즉; ④ ~을, ~을 위

P

하여; ⓢ untuk;

daripada ~보다 더; Indonesia lebih banyak penduduknya ***daripada*** Korea. 인도네시아는 한국보다 인구가 더 많다;

kepada ~에게; Guru mengajarkan pelajaran ***kepada*** murid-muridnya. 선생님은 모든 학생에게 공부를 가르친다;

padahal ① 그러나(실은), 그런데; Perempuan itu diluarnya tertawa ***padahal*** dalam hatinya menangis. 그녀는 겉으로는 웃고 있지만 실은 속으로는 울고 있다; ② 비록 ~일지라도, ~이기는 하지만; Anak itu sudah menjadi kepala keluarga ***padahal*** ia masih muda. 그 아이는 비록 어리지만 가장이다;

padam ① 소멸된, 꺼진; ⓢ mati; Lampunya ***padam*** 불이 꺼졌다; ② 누그러진, 풀린, 가라앉은; ⓢ reda; Marahnya ***padam*** ketika melihat orang tuanya datang. 그의 화는 그의 부모가 오는 것을 보고 누그러졌다; ③ 잠잠해진, 약해진;ⓢ tenang, lenyap; Suara petirnya sudah ***padam.***번개 치는 소리가 잠잠해졌다;④ (정신상태가)약해지다; ⓢ lemah; Semangat hidup orang Korea tidak pernah ***padam.***한국인들의 삶에 대한 의욕은 약하지 않다;

memadamkan, memadami ① 끄다, 소멸시키다; ⓢ membasmi, mematikan; Ia berhasil ***memadamkan*** kemarahan semua orang. 그는 모든 사람들의 화를 진정시켰다; ② 억압하다, 진압하다; ⓢ menumpas, membasmi; Ia berhasil ***memadamkan*** pergolakan di daerah itu. 그는 그 지역의 동요를 진압시키는데 성공하였다; ③ 달래다, 진정시키다; ⓢ menenangkan; Kata-kata itu telah ***memadamkan*** kemarahannya. 그 말들은 그녀의 화를 진정시켰다;

kepadaman 소방, 진화, 소멸;

pemadam (api) ① 소방전; ② 소방관, 소방수; Jawatan **Pemadam** Api 소방서; **pemadam** kebakaran 소방대;

pemadaman 진화, 절멸, 소멸; Nanti malam akan dilakukan ***pemadaman*** lampu selama satu jam. 오는 밤에 한 시간 동안 전기가 끊길 예정이다;

padan ① 상대, 대조, 필적; ⓢ banding, imbangan, lawan; bukan **padan**nya. 상대가 아닌; Anak perempuan itu bukan ***padan***nya anak lelaki ini. 그 여자 아이는 이 남자 아이의 싸움 상대가 아이다; ② 같은,적당한,알맞은; ⓢ sesuai,cocok,sama;

memadan 비교하다,대조하다;Para penonton ***memadan*** sepak bola Korea dengan sepak bola dunia. 관중들은 한국과 유럽의 축구를 비교했다; **memadan** ayam 쌈 닭을 비교하다;

memadankan (dengan) ~와 비교하다,조화시키다, 일치시키다; Kakak sedang ***memadankan*** pakaiannya. 누나는 옷을 차려 입고 있다;

sepadan (dengan) ① 어울리다, 조화하다; Baju itu sangat ***sepadan*** dengan kecantikan wanita itu. 그 옷은 그녀의 미모에 잘 어울린다; ② 부합하다, 일치하다; Hasilnya tidak

sepadan dengan usahanya. 결과는 그의 노력에 못 미쳤다;

menyepadankan 조화시키다, 일치시키다; ⓢ disesuaikan;

padanan 대조, 비교; ⓢ bandingan, imbangan; **padanan** kata 두 언어에 같은 의미의 단어; Hal ini dilakukan untuk dapat ***padanan*** yang baik. 이 일은 좋은 모범을 얻기 위해 행하여 졌다;

berpadanan ① 일치하다, 부합하다; ② 숙고하다, 합의하다;

padang 들, 평원, 평지; ⓢ lapangan, tanah luas; **padang** belantara 황무지; **padang** gembala 목초지; **padang** golf 골프장; **padang** gurun 사막, 황무지; **padang** pasir 사막; **padang** rumput 초원, 목초지; **padang** tandus. 황야, 황무지;

berpadang, **berpadang** luas ① 참다; ② 마음대로 행동(선택)하다;

padat ① 치밀한,꽉들어찬; ⓢ padu, mampat; ② 밀집한, 백빽한; ⓢ penuh sesak, penuh tempat; Bis karyawannya ***padat*** karena penuh dengan penumpang. 출근 버스는 승객이 많아 입추의 여지가 없다; ③ (인구가) 조밀한; ⓢ rapat sekali; Jakarta sangat ***padat*** tingkat kependudukannya.자카르타는 인구 밀도가 매우 높다; ④ 여가가 없는,틈이 없는; Akhir-akhir ini tidak ada waktu istirahat karena pekerjaan ***padat***. 요즈음은 너무 바쁘서 쉴 틈이 없다; ⑤ (속이) 꽉찬; Buah itu ***padat*** isinya.그 열매는 속이 꽉찼다;

memadati 채우다, 매우다; ⓢ merapati; Orang-orang berdemonstrasi ***memadati*** lapangan di depan balai kota. 시청 앞 광장에는 데모로 사람이 꽉 매워졌다;

memadatkan 꽉 채우다,다져넣다, 채워넣다; ⓢ memenuhkan, menjejalkan; Mereka sedang ***memadatkan*** bekalnya. 그들은 식량을 채우고 있다;

kepadatan 밀도, 농도,조밀도; **kepadatan** penduduk 인구 밀도; **kepadatan** salju 적설량;

pemadatan 밀집,집중; Pemerintah melakukan ***pemadatan*** penduduk di daerah transmigrasi. 정부는 이주 지역에 거주자를 늘리고 있다;

padi 시험용 벼; **padi** sentra 농업 시험장의 벼(시험용); **padi-padian** (불특정의)모든 종류의 벼;

padu ① 빽빽한, 올이 밴, 밀집한; ⓢ padat,pejal; ② 녹은,용해된,뭉친, 통일된; bersatu **padu** 하나로 뭉친; ③ 순수한,견고한,굳은;ⓢutuh,teguh, kukuh;

berpadu ① 합일하다, 합치다; ⓢ bersatu;Kicau burung gunung ***berpadu*** dengan suara gemercik air. 산새들의 지저귀는 소리가 계곡 물소리와 합성되었다; ② 응고하다, 굳다; ⓢ kukuh kuat, Mereka ***berpadu*** atas dasar teman satu sekolah. 그들은 교우 관계를 바탕으로 견고해졌다; ③ 뒤섞이다; ⓢ bercampur;

berpadu-padan ① 통일하다, 하나가 되다; ② 숙고하다, 합의하다;

bersatu padu 합일체를 형성하다; ⓢ menjadi satu; Masyarakat ***bersatu padu*** memerangi kejahatan.

주민들은 악에 대항하기 위해 하나가 되었다;

memadu ① 용해하다, 벼리다; ⓢ melebur; **memadu** perak dan tembaga 은과 동을 합금하다; ② 뒤섞다;③ 합치다,통합하다;ⓢ menyatukan, menggabungkan; Memperhebat usaha ***memadu*** modal nasional. 국민자본을 모아 사업을 강화시키다; ④ 굳게 하다; ⓢ menjadikan padu; Mereka ***memadu*** kasih sayang saudara. 그들은 형제애를 돈독히 하였다; ⑤ 비교하다, 조화시키다; ⓢ membandingkan, menyesuaikan; **memadu** hati 합심하다, 협상하다; **memadu** janji 약속하다; **memadu** kasih 서로 사랑하다; **memadu** baju 옷을 몸에 맞게하다;

menyatupadukan 단일화하다, 하나로 만들다, 통일하다; Kami berusaha ***menyatupadukan*** perbedaan itu. 우리는 그 차이를 하나로 만들도록 노력하였다;

kepaduan 일치, 통일체, 단일체; ⓢ kesatuan;

terpadu 하나로 된, 통합된, 융합된; Mereka membentuk suatu kelompok ***terpadu***. 그들은 통합된 하나의 집단을 형성하였다;

perpaduan ① 함께, 일치, 단결; ***Perpaduan*** kedua warna tersebut menghasilkan warna yang indah. 그 두 색의 융합은 아름다운 색을 만들었다; ② 혼합물;

paduan suara 합창;

pagar ① 울타리, 담; ⓢ penyekat, pembatas; ② 장벽, 장애물; **pagar** ayu 접대단; **pagar** betis 철통 경계; **pagar** kawat duri 가시 철망;

berpagar 담이 있는; Rumahnya ***berpagar*** besi. 그의 집은 쇠로 만든 울타리이다;

memagari ~주위에 울타리를 치다; Ia ***memagari*** rumahnya dengan tembok yang tinggi. 그는 집에 높은 울타리를 쳤다;

memagarkan 담을 설치하다;

pagi ① 아침; ② 오전; lelaki itu datang tadi ***pagi***. 그 남자는 오전에 왔다; ③ 이른, 빠른; ⓢ awal, cepat; Jam masih ***pagi*** tamunya sudah datang. 너무 이른 아침에 손님이 왔다; **pagi** buta 새벽; **pagi** hari 오전; pagi ini 오늘 아침; **pagi** tadi, tadi **pagi** 오늘 아침; dari ***pagi*** hingga petang 아침부터 저녁까지;

pagi-pagi 이른 아침,아침 일찍; ⓢ dini hari, **pagi** sekali; **pagi-pagi** buta 몹시 이른 아침;

kepagian ① 아침; ② 이른 아침, 아침 일찍;

sepagian 아침 내내; ⓢ sepanjang **pagi**; ***Sepagian*** ini ia terus mengerjakan pekerjaan itu. 이 이른 아침에 그는 그 일을 계속하였다;

paha 넓적다리, 허벅다리; ⓢ pangkal kaki, jantung **paha** 허벅살; lipat **paha** 사타구니;pangkal **paha** 엉덩이(뼈);

sepaha ① 50 센트; ② 1/4; ⓢ seperempat;

pahala 공적, 보답, 선행; ⓢ ganjaran, balasan, imbalan; ***Pahala***nya tinggal dalam kenangan kami. 그의 공적은 우리의 기억에 오래 남아있다.

berpahala 선행을 하다, (은혜에)

P

보답하다;

paham ① 이해,납득; ⓢ mengerti; Ia kurang ***paham*** dengan pembicaraan ini. 그는 이 대화에 대해 잘 이해하지 못하고 있다; ② 생각, 개념, 의견, 주장; ⓢ pendapat, pikiran; **paham** ekonomis 경제학적 개념; ③ 경향, 동향, 견해; ⓢ aliran, haluan,; Ia menganut ***paham*** komunis. 그는 공산주의 성향이 있다; ④ 이해하다, 납득하다, 파악하다; Dia kurang ***paham*** tentang hal itu. 그는 그 일에 대해서 납득할 수가 없었다; ⑤ 잘 알다,능통하다; ⓢ pandai,mengenal; Ibu ***paham*** betul tentang masakan gaya barat. 어머니는 양식 요리에 대해 잘 알고 있다; **paham** akan 이해하다, 알다, 알아 듣다; Dia ***paham*** bahasa Perancis dengan baik. 그는 프랑스어를 잘 알고 있다; **paham** pelajarannya 학과목을 이해하다; menurut ***paham*** saya 나의 의견으로는;

berpaham ① 견해를 갖다, 이해를 갖다; Saya ***berpaham*** yang berbeda dengannya. 나는 그와 견해가 다르다; ② 경향(동향)이 있다; ⓢ beraliran; Penulis buku cerita itu ***berpaham*** nasionalis. 그 소설가는 민족주의 경향을 가지고 있다; ③ 지혜로운, 현명한; ⓢ berakal, berbudi, bijaksana; Dia adalah politikus yang ***berpaham***. 그는 현명한 정치가이다;

memahami ① 이해하다, 알다; ⓢ mengerti; ② 인식하다; ⓢ memaklumi; Akhirnya mereka ***memahami*** situasi yang sedang kita alami. 결국 그들은 우리가 현재 겪고 있는 문제를 이해하였다; ③ 익히다, 배우다; ⓢ mempelajari; Sejak kecil harus ***memahami*** moralitas masyarakat. 어릴 때부터 공중도덕을 익혀야 한다; ④ 이해하다; ⓢ mengartikan;Harus benar-benar ***memahami*** dasar Matematika. 수학의 기초를 잘 이해해야 한다; ⑤ 인식시키다; Pemerintah harus ***memahami*** kebutuhan masyarakat terhadap ilmu pengetahuan. 정부는 국민들에게 필요성을 인식시켜야 한다;

pemahaman 이해; ***Pemahaman***nya tentang hal itu masih sangat kurang. 그 일에 대한 이해가 아직 아주 부족하다;

sepaham ① 견해가 같은, 관점이 같은; ⓢ sependapat, setuju; Atasannya ***memahami*** karyawan.사장은 직원들과 같은 견해를 가졌다; ② 보고하다; ⓢ memberitahukan;

pahat 정, 끌; ⓢ bilah besi;

berpahat 끌로 판;ⓢ berukir; Batu itu ***berpahat*** seorang dewa dari legenda Mahabarata.그 돌은 마하바라따 신화에 의하면 한 사람의 신이 조각한 것이다;

memahat 끌로 파다,조각하다,도려내다; ⓢ mengukir;

pahatan 조각, 새김; **pahatan** lino 주조 식자기; ***Pahatan*** pada batu itu sungguh sempurna. 그 돌에 새긴 조각은 아주 완벽하다;

pahit ① 맛이 쓴; ⓢ getir; ② 고통스러운, 쓰라린, 힘든; **pahit** getir 고난; **pahit** lidah 바른 소리;

kepahitan 쓴 맛, 쓰라림;

P

pahlawan 영웅, 호걸, 애국자; ⓢ pejuang, jagoan; **pahlawan** bakiak 공처가;**pahlawan** kesiangan 뒷북치는 사람; **pahlawan** setia 충신;

kepahlawanan 영웅주의; Sifat-sifat ***kepahlawanan*** itu patut kita teladani. 그 영웅주의는 우리가 본받을 만하다;

pajak 세,세금; ⓢ iuran wajib; **pajak** badan 법인세; **pajak** gelap 비공식 세금; **pajak** kekayaan 재산세; **pajak** kendaraan 자동차세; **pajak** negeri 국세; **pajak** penghasilan 소득세; **pajak** penjualan 판매세; **pajak** perseroan 법인세; **pajak** rumah tangga 재산세, 가옥세; **pajak** tanah 토지세; **pajak** rangkap 이중세; **pajak** upah 원천세, 수입세; Setiap warga negara wajib membayar ***pajak*** secara teratur. 모든 국민은 정기적으로 세금을 내야할 의무가 있다;

memajaki 세금을 내다; ⓢ membayar pajak;

pemajakan ① 과세, 징세; ② 세제(稅製); ***Pemajakan*** terhadap kantor ini dilakukan semena-mena. 이 사무실에 대한 징세는 기준없이 정해 졌다;

perpajakan 과세, 징세; Ayahnya bekerja di kantor ***perpajakan*** Jakarta. 그의 아버지는 자카르타의 세무서에서 일한다;

pak ① (bapak) 아버지,삼촌;② ~씨; **pak** Amat 아만 씨(氏); **pak** cilik 삼촌, 숙부; **pak** de, **pak** gede 백부, 큰 아버지;**pak** lik 숙부, 작은 아버지; **pak** guru 선생님;

pakai ① 사용하다, 착용하다; ② ~을 넣다, ~와 함께하다; Makanannya jangan ***pakai*** aroma. 그 음식에는 향을 넣지 마세요;

memakai ① 옷을 입다, 착용하다; ⓢ melekatkan pakaian; Ia ***memakai*** baju musim bunga lebih cepat. 그는 벌써 봄 옷을 입었다; ② 사용하다, 쓰다; ⓢ menggunakan; Mereka ***memakai*** kain itu sebagai alas meja. 그들은 그 천을 책상보로 썼다; ③~을 이용하여, ~을 타고; ⓢ mengendarai; Ia pergi wisata ***memakai*** kapal. 그는 배를 타고 여행을 떠났다; ④ 필요로하다, 요청되다; ⓢ memerlukan;Keberhasilannya ***memakai*** banyak usaha. 그의 성공에는 많은 노력이 필요했다; ⑤ 따르다, 준수하다;ⓢ mematuhi,mengindahkan; **memakai** aturan permainan 경기 규칙을 준수하다; ⑥ 일을 시키다, 고용하다; ⓢ memperkerjakan; Pabrik itu ***memakai*** banyak orang.그 공장에는 많은 사람이 고용되었다;

memakaikan ① 사용하다, 쓰다; ⓢ menggunakan pada; Mereka salah ***memakaikan*** pakaian di daerah seperti ini. 그들은 이런 지역에서 잘못된 의상을 입었다; ② ~을 ~에게 입혀주다; Lelaki itu ***memakaikan*** baju pengantin kepada wanita. 그 남자는 웨딩드레스를 그녀에게 입혀주었다;

pemakai 사용자, 소비자; Mereka adalah ***pemakai*** setia produk tersebut. 그들은 그 생산품의 애용자들이다;

P

pemakaian ① 사용, 소비; ***Pemakaian*** produk itu tidak boleh berlebihan. 그 생산품의 과소비는 안된다; ② 적용, 응용;

terpakai ① 사용된, 유용한; ② 무효의, 시효가 끝난; tidak **terpakai** ~이 없이,~이 없는; Barang itu sudah tidak ***terpakai*** lagi. 그 물건은 더 이상 안쓰고 있다;

pakaian 옷, 의복, 의상; ⓢ baju; **pakaian** adat 전통 의상; **pakaian** angkatan 군복; **pakaian** dalam 내의, 속옷; **pakaian** dinas 유니폼, 제복; **pakaian** dinas lapangan 전투복; **pakaian** hamil 임신복; **pakaian** ihram 성지 순례복; **pakaian** kebesaran 정장; **pakaian** renang 수영복; **pakaian** resmi 예복; **pakaian** seragam 유니폼;**pakaian** sipil 평복; **pakaian** tidur 잠옷;

berpakaian 옷을 입다;ⓢ berdandan; Perempuan itu ***berpakaian*** rok kuning. 그녀는 노란색 치마를 입었다;

paksa 강압, 강제, 압력; kawin **paksa** 강제 결혼; kerja **paksa** 강제 노동; Tindakan main ***paksa*** itu berakhir di kantor polisi. 그 강제적 행위는 경찰서에 가서야 끝이났다;

memaksa 명령하다, 강요하다; ⓢ memperlakukan, menyuruh; Lelaki itu ***memaksa*** anak kecil itu untuk mencuri. 그 남자는 그 아이에게 도둑질을 강요했다;

memaksa-maksa 강요하다;

memaksakan 강요하다; Jangan ***memaksakan*** hal yang tak di sukai orang lain. 남이 싫어하는 짓을 강요하지 마라!;

pemaksaan 강제, 강요; Tindakan ***pemaksaan*** itu akan berakibat buruk. 그 강요는 나쁜 결과를 가져 올 것이다;

terpaksa 강요된, 강제의, 강제로시키는;

paksaan 강제, 강압, 압력; ⓢ desakan, tekanan, kekerasan; Ia melakukan perbuatan itu atas ***paksaan*** orang lain. 그는 다른 사람의 강요에 의해 행동하였다;

paku 못; **paku** payung 압정; **paku** sekrup 나사못;

berpaku ① 못이 있는, 못을 박은; ② 집착하다, 고집하다;

memaku ① 못을 박다; ⓢ memasang dengan paku; Ayah ***memaku*** lukisan itu di dinding. 아버지는 그 그림을 벽에 못을 박아 붙이셨다; ② 묶다, 매다; ⓢ mengikat;

memakukan 못으로 고정하다; Ia ***memakukan*** dinding untuk menggantung jam dinding. 그는 시계를 걸기 위해 벽에 못을 박았다;

terpaku ① 못이 박힌; Rumah kosong itu ***terpaku*** semua pintunya. 그 빈 집은 모든 문에 못이 박혀 있다; ② 고정시키다; ⓢ terhenti, tertuju; ③ 사무친, 마음에 새긴; ⓢ melekat, tertanam; Anak itu ***terpaku*** nasehat ayahnya. 그 아이는 아버지의 충고를 마음에 새겼다;

palang ① 횡목,빗장; ② 장벽,방책; **Palang** Merah 적십자; Ia membuat ***palang*** di kandang ayam. 그는 닭장에 방책을 설치했다; **palang** jalan 바리케이트; **palang** kereta api 건널

목의 횡목;
memalang (대문의)빗장을 끼우다; Kayu itu sengaja dipasang ***memalang*** di pintu. 그 나무는 문의 빗장으로 일부러 설치한 것이다;
memalangi 횡목으로 막다, 방해하다; ⓢ memasang palang;
kepalang 방해된, 막힌;
paling 가장, 매우, 최상의; ⓢ teramat, tersangat; yang **paling** baik 가장 좋은 것; **paling** banyak 가장 많이; Ia adalah pelukis ***paling*** terkenal di Korea. 그는 한국에서 가장 유명한 화가이다; **paling** banyak ada lima puluh. 많아야 50 이다; **paling** sedikit 가장적은,최소의,적어도; **paling** tidak 적어도;
paling-paling ① 매우, 몹시; ⓢ terlalu; Kemalasannya memang ***paling-paling***. 그의 게으름은 정말로 심하다; ② 기껏해야, 고작, 겨우; Kalau berhenti kerja ***paling-paling*** tidak bisa makan. 직장을 그만두면 기껏해야 굶기 밖에 더 하겠나;
paling, berpaling ① (머리를), 회전하다,돌리다; ⓢ berputar, muka, membelot; Dia ***berpaling*** ketika bertemu saya di jalan. 그는 길에서 나를 만났을 때 고개를 돌렸다; ② (관심을) 쏟다; ⓢ beralih; Korea sedang ***berpaling*** pada teknologi informasi. 한국은 IT 산업에 관심을 쏟고 있다; ③ 배교하다; ⓢ murtad;
memalingkan 방향을 바꾸다; **memalingkan** haluan 뱃머리를 돌리다; Ia ***memaling*** muka ketika bertemu kami. 그는 우리를 만났을 때 외면하였다; **memalingkan** percakapan 화제를 돌리다; Ia berusaha ***memalingkan*** pembicaraan saat tahu dirinya bersalah. 그는 그가 잘못했다는 것을 알았을 때 말을 돌리려하였다;
palsu 가짜의, 위조의; uang **palsu** 위조 지폐; barang **palsu** 모조품;
paman 아저씨, 숙부;
pamrih ① 의도,의향, 목적; ⓢ tujuan; Wanita itu mendekati tiap lelaki dengan ***pamrih*** uang. 그 여자는 돈 목적으로 남자를 사귄다; ② 이익, 이득;
panah ① (anak panah) 화살; ② (=ibu **panah**) 활 ③ (=tanda **panah**) 화살표; **panah** matahari 햇빛, 햇살;
memanah 활을 쏘다, 시위를 당기다; Jenderal itu ***memanah*** ke arah musuh. 그 장군은 적의 가슴을 향해 활을 쏘았다;
pemanah 궁수; Ia adalah seorang ***pemanah*** yang unggul. 그는 특출한 궁수이다;
panas ① 더운,뜨거운;ⓢ kemarau; Ini air ***panas***. 이것은 뜨거운 물이다; ② 무더운, 기온이 높은; ⓢ gerah; Jangan berolahraga yang keras, cuacanya sedang ***panas***. 무더운 날씨에는 심한 운동을 하지 마라; ③ 화난, 마음이 아픈; Perempuan itu hatinya ***panas*** karena pacarnya berkhianat.그 여자는 애인의 배신에 화가 났다; **panas** hati 질투하는,노한, 흥분한; **panas** matahari 태양열; **panas** tubuh 체온;
panas-panas 뜨끈뜨끈한;***Panas-panas*** begini mau pergi kemana? 이렇게 더운데 어디를 갈려고 하느냐?

berpanas 말리다, 햇볕을 쪼이다; ⓢ berjemur;

memanasi 데우다, 뜨겁게 하다;

memanaskan 뜨겁게 만들다; **memanaskan** hati 화나게 하다; ⓢ membangkitkan marah;

kepanasan ① 너무 더운; ② 열, 더위, 뜨거움; Karena ***kepanasan***, kulitnya sampai memerah. 더위 때문에 피부가 발갛게 되었다;

pemanas 난로, 히터; Ruangan ini harus pakai ***pemanas*** agar jadi hangat. 이 방은 따뜻하게 될 때까지 난로를 피워야 한다;

pemanasan 가열,난방(장치); Sistem ***pemanasan*** di ruangan ini kurang baik. 이 방의 난방 체계가 좋지 않다;

panca 다섯; ⓢ lima; **panca** indra 5 감 (시각, 청각, 미각, 촉각, 후각); ⓢ alat perasa lima macam; Salah satu alat ***panca*** inderanya tak berfungsi dengan optimal. 오감 중의 한 기관의 기능이 정상이 아니다;

pancasila 인도네시아 국가 5 대 원칙; ① Ketuhanan yang Maha Esa. 신에 대한 믿음; ② Kemanusiaan yang adil dan beradab. 공정하고 문명한 인본주의; ③ Persatuan Indonesia. 단결주의; ④ Kerakyatan yang dipimpin oleh hikmat kebijaksanaan dalam permusyawaratan perwakilan. 국민협의회와 국민에 의한 민주주의; ⑤ Keadilan sosial bagi seluruh rakyat Indonesia. 사회정의 주의;

pancar, **memancar** ① 내뿜다, 분출하다; ⓢ menyemprot; Di pinggir jalan ada air ***memancar*** karena ada pipa air yang bocor. 길가에 수도 파이프가 터져 물을 내뿜고 있다; ② (빛을)발하다; Perhiasan itu ***memancar*** di dalam gelap. 그 보석은 어둠 속에서도 빛났다; ③ 싹이트다, 발생하다; ⓢ lahir, terbit; Kecantikan alami itu ***memancar*** dari wajahnya.그녀의 자연스러운 아름다움이 얼굴로부터 뿜어져 나왔다;

memancarkan ① (열·빛 등을) 사출하다, 방출하다; ***Memancarkan*** sinar bulan di atas danau. 달빛이 호수 위에 비쳤다; ② 내뿜다, 분출시키다; ③ 방송하다; ⓢ menyiarkan; Siaran TV Korea YTN ***memancarkan*** **berita saja.** 한국의 YTN 방송은 뉴스만 방송한다; ④ 출산하다;

pemancar ① 송신기, 송달자; Stasiun ***pemancar*** gelombang radio itu saat ini sedang dalam perbaikan. 그 방송의 송신탑은 현재 수리 중이다; ② 분수; ⓢ pancaran air ③ 방열기, 기화기; **pemancar** air 분수; **pemancar** radio 라디오 송신기; **pemancar** televisi 텔레비전 송신기;

sepancaran 이체동형(異體同形)의, 일치하는; ⓢ sejenis, selengkap;

terpancar 발아한, 생겨난, 내뿜어진; ⓢ terlahir,keluar; Kesedihan itu tampak ***terpancar*** di wajahnya yang layu. 그 슬픔이 아름다운 그녀의 얼굴에서 풍겨 나왔다;

pancaran ① 분사, 사출, 분출; ② 유출, 흘러나옴; ③ 방송; ⓢ siaran;

pancaroba 변화기, 추이기(推移期); ⓢ peralihan musim,pergantian musim; musim **pancaroba** 환절기;

Saat ini kami berada dalam musim ***pancaroba***. 현재 우리는 변절기에 있다;

pancing 낚시 바늘,낚싯대;ⓢ kail; makan **pancing** (물고기가)낚시 바늘에 걸린;

memancing ① 낚시질하다, 낚다; ⓢ menangkap ikan, mengail ② 화내게하다, 도발하다; Kata-kata itu telah ***memancing*** perkelahian di antara mereka. 그 말이 그들의 싸움을 도발하게 만들었다;③ 심문하다, 찾아내다, 탐색하다; Polisi ***memancing*** tertuduh dengan pertanyaan-pertanyaan. 경찰이 피고인을 심문했다; ④ (펌프의 물을 끌어 올리기 위하여)물을 붓다;**memancing** pompa air 펌프에 물을 붓다; ⑤ 덫을 놓다; ⓢ menjebak; Saya sengaja ***memancing*** orang itu agar mengakui perbuatannya. 나는 일부러 그의 행위를 자인시키기 위해 유인하였다; ⑥ 유혹하다, 마음을 끌다; ⓢ memikat,menarik hati;Pria itu ***memancing*** perempuan dengan uang. 그 남자는 돈으로 여자를 유혹했다;

pemancing 낚시꾼; ⓢ pengail; Ia adalah ***pemancing*** yang terkenal. 그는 유명한 낚시꾼이다;

pancingan ① 낚시 도구;***Pancingan*** yang dibuat oleh polisi terhadap pencuri itu akhirnya berhasil. 경찰의 유인책은 결국 그 도둑을 잡는데 성공했다; ② 노하게 함, 들볶음, 도발, 자극; ③ 유도심문, 유혹, 선전;

terpancing ① 낚인; ⓢ terkail; ② 유혹당한;ⓢ terpikat, terjebak; Jangan ***terpancing*** untuk melakukan perbuatan itu.그 행동을 하도록 유혹당하지 말아라;

pancung, **memancung** 찌르다, 베다; ⓢ menetak, memotong;

memancungkan 뾰족하게 만들다,오뚝하게 만들다;Artis itu hendak operasi ***memancungkan*** hidung. 그 배우는 코를 높히는 수술을 하려고 한다;

pemancung ① 재단기; ② 재단사;

pancungan 절단, 자름; ⓢ potongan;**pancungan** pedang 칼로 자름;

pancur, **berpancur** ① 솟아나오다, 분출하다; ② 싹트다, 내밀다;

memancur ① 내뿜다, 뿌리다; ⓢ memancar; ***Memancur*** air dari dalam kolam. 분수에서 물을 내뿜는다; ② 싹트게 하다,싹나게 하다; ⓢ melahir, terbit;

pancuran ① 쏟아짐,유출,흘러나옴 ② 분출, 방출 ③ 주둥이, 꼭지(수도); **pancuran** air 샤워기, 배수구, 물 나오는 구멍;***Pancuran*** airnya rusak. 샤워기가 고장이 났다;

pandai ① 영리한, 슬기로운, 총명한; ⓢ pintar, cakap, cerdik; Anak itu ***pandai***. 그 아이는 영리하다; ② 솜씨 좋은, 능력있는; ⓢ mahir, lancar; Anak itu ***pandai*** membuat layangan. 그 아이는 연을 만드는 솜씨가 대단하다; ③ ~하는 것을 알다, ~할 줄 알다; ⓢ dapat, sanggup; Dia ***pandai*** membuat senang hati orang. 그는 다른 사람의 마음을 즐겁게 하기를 잘한다; ④ 알다, 알고 있다, 이해하다; ⓢ kenal, akui; Dia sedikit ***pandai*** bahasa Korea. 그는 한국어를 약간 할 수 있다; **pandai**

P

berkelit 요리저리 잘 피하는;

memandaikan 영리하게 하다; Dia *memandaikan* anjingnya dengan latihan. 그는 개를 훈련시켜 영리하게 만들었다;

kepandaian 총명, 영리함, 숙련, 숙달;ⓢ kepintaran,kemahiran; *Kepandaian*nya tidak tertandingi oleh siapapun. 그의 총명함은 누구도 경쟁이 안되었다;

sepandai-pandai (비록)영리할지라도; *Sepandai-pandai*nya pedagang itu tetap saja ditipu orang. 그 상인는 아무리 영리해도 사기꾼에게 속았다;

pandang ① 바라 봄,보는 것; sekali **pandang** 척 보고, 대번에; selayang **pandang** 일견(一見); dalam selayang **pandang** 척 보고, 흘끗, 대번에; tidak **pandang** ~에 상관없는, 개의치 않는; ② 바라보다; ⓢ memandang;

berpandang-pandangan 서로 바라보다, 마주 보다;

memandang ① 보다, 바라보다, 응시하다; ⓢ melihat; Jika *memandang* bulan jadi ingat kampung halaman. 달을 보면 고향 생각이 난다;② 여기다,대우하다,받아들이다; ⓢ menganggap, memperlakukan; Saya *memandang* anak itu sebagai anak saya. 나는 그 아이를 자식처럼 여긴다; **memandang** enteng 가볍게 여기다; ③ 주의를 기울이다; mempedulikan, memperhatikan; tidak **memandang** bangsa 국민을 돌보지 않다; ④ 존경하다, 경외하다, 높이 평가하다; ⓢ menyegani, menghargai; Masyarakat *memandang* dia karena nama besar orang tuanya. 사람들은 그의 부모를 봐서 그를 존중하고 있었다; **memandang** hina 멸시하다, 업신 여기다; **memandang** ke atas 올려다 보다;

pandang-memandang ① 서로 쳐다보다; ② 서로를 존중하다; ⓢ saling menghargai;

memandangi ~향해 보다; Orang asing itu *memandangi* lukisan itu dengan takjub. 그 외국인은 그 그림을 유심히 보고 있었다;

pemandangan ① 경치,경관,조망; ⓢpenglihatan,keadaan alam,panorama; Sungguh indah *pemandangan* di puncak gunung ini. 이 산의 정상은 정말로 아름답다; ② 지식, 견해; ⓢ pengetahuan,pendapat,pikiran; ③ 개요, 핵심; ⓢ ikhtisar, uraian; **pemandangan** umum 회의에서의 연설;

terpandang ① 보이는,볼 수 있는; ⓢ terlihat,tampak;Jika melihat gunung maka *terpandang* hutan. 산을 보면 숲이 보인다; ② 생각나다, 주목하다; Dalam keberhasilannya *terpandang* kesulitan waktu muda. 그의 성공은 젊은 날의 고생을 생각나게 한다; ③ 존경 받다, 높이 평가되다; ⓢ disegani, dihormati; Dia adalah orang yang paling *terpandang* di Korea. 그는 한국에서 가장 존경 받는 인물이다; ④ 눈에 뜨이다;

pandangan 의견,견해, 생각, 관점; ⓢ pendapat,pikiran;**pandangan** hidup 인생관; *Pandangan*nya terhadap hal itu sangatlah sempit. 그

문제에 대한 그의 견해는 아주 편협하다;

berpandangan 서로 바라보다, 마주 보다; ⓢ berlihat-lihat, duduk berhadapan; **berpandangan** mata 마주 보다, 대면하다;

pandu ① 안내자,개척자;② 이정표, 예인선;

berpandu 이정표를 이용하다;

memandu 안내하다;

panduan 안내;

panen ① 수확, 수확물; ⓢ penuaian, pemungutan hasil; Tahun ini dia dapat banyak ***panen*** juga. 그는 올해에도 많은 수확을 거두었다; ② 횡재하다; Anak itu ***panen*** uang di jalanan. 그 아이는 길에서 돈을 주워 횡재했다;

memanen 수확하다; ⓢ menuai;

panenan ① 수확 ② 수확기.

panggang 구운, 불에 익힌; Dia suka daging ***panggang***. 그는 구운 구기를 좋아한다; ayam **panggang** 구운 닭; ikan **panggang** 구운 생선;

memanggang ① 굽다; ⓢ memanaskan;② 빵을 굽다; Kami hendak ***memanggang*** ayam ini untuk makan malam. 우리는 저녁을 위해 닭구이를 할려고 한다;

dipanggang 요리되다, 익히다;

pemanggang ① 굽는 사람; ② 굽는 기구; **pemanggang** roti 토우스터; Alat ***pemanggang*** rotinya sudah rusak. 제빵 기구가 고장났다;

pemanggangan 굽기;

terpanggang 구워진,그슬린; Dagingnya hangus ***terpanggang*** api. 고기가 너무 굽혀 불에 탔다;

panggil, memanggil ① 부르다, 소집하다,소환하다;ⓢmenyuruh datang; Rasanya tadi ada orang yang ***memanggil*** saya. 누가 나를 부를 사람이 없다; ② 이름을 부르다, 호칭하다; ⓢ menyebutkan,menamakan; Ibu ***memanggil*** dia dengan sebutan lain. 어머니는 그를 다른 이름으로 불렀다; ③초대하다;ⓢmengundang; Dia ***memanggil*** teman-temannya di hari ulang tahunnya. 그는 자신의 생일에 친구 들을 초대했다;

memanggil-manggil 여러번 부르다;

memanggilkan ① ~를 부르다; Anak itu ***memanggilkan*** temannya untuk membantu mengerjakan pekerjaan rumah. 그 아이는 숙제를 도와줄 친구를 불렀다; ② 말하다, ~라고 부르다; Anak itu masih ***memanggilkan*** tante pada ibu barunya. 그 아이는 새 어머니에게 아직도 아주머니라고 부른다;

terpanggil 불려진, 소환된; saya merasa ***terpanggil*** untuk melaksanakan tugas itu. 그 일을 위해 내가 불려진 것으로 느껴졌다;

pemanggilan 호출, 소환, 소집;

panggilan ① 부름,소집,소환,호칭; ⓢ undangan,sebutan; Hari ini dia mendapat ***panggilan*** dari kepolisian. 그는 오늘 경찰서로부터 호출을 받았다;② 천직;ⓢ pekerjaan; **panggilan** hati 천직; **panggilan** hidup 천직; **panggilan** jiwa 천직;

panggung 연단, 무대, 교단;

memanggung 공연하다;

memanggungkan 공연하다,상영

하다;

panggungan 전망대, 망루;

pangkal ① 기본, 기초, 토대; ⓢ dasar, asas, basis; **pangkal** pohon 나무 밑둥; ② 시초, 기원; ⓢ awal, asas; ***Pangkal*** terjadinya manusia ada bermacam pendapat. 인간의 기원에 대해서는 여러가지 설이 있다; ③ 시점,원점;ⓢ pokok; Pembicaraan ini hanya berputar di ***pangkal*** saja. 우리의 이야기는 원점으로 돌아갔다; ④ 자본; ⓢ modal, kapital; Usaha itu harus banyak ***pangkal-nya***. 그 사업은 자본이 많아야 한다; **pangkal** bedil 총의 개머리; **pangkal** cerita 이야기의 요점; **pangkal** kaki 족골(足骨); **pangkal** lengan 상박(上膊); **pangkal** paha 둔부, 엉덩이; **pangkal** pohon 나무의 기부(基部);

memangkalkan ① (배를)육지로 운반하다; ② 배치하다; Musuh ***memangkalkan*** meriam di garis depan. 적은 대포를 전방에 배치했다; ③ 짐을 내리다,짐을 부리다; ***Memangkalkan*** buah di mobil itu. 그 차에서 과일을 부렸다;

dipangkalkan 보관되다,배치되다; ⓢ disimpan, ditaruh;

pangkalan ① 닻을 내림, 정박; ② 선창, 부두; **pangkalan** udara 공군기지; Ayahnya bekerja di ***pangkalan*** bus antar kota. 그의 아버지는 시외 버스 터미널에서 일하신다; ③ 저장소, 창고; ④ (손님을 대접하는) 주인;

pangkas, berpangkas 이발하다, 조발하다; Ayah sedang pergi ke tukang ***pangkas*** rambut. 아버지는 이발소에 가셨다;

memangkas 이발하다, 머리를 손질하다, 정돈하다, 가다듬다; **memangkas** kata 요약하다, 개괄하다;

pemangkas ① 이발기; ② 이발사, 면도사; ⓢ tukang pangkas; Dulunya ia seorang ***pemangkas*** rambut terkenal di desa ini. 그는 전에 이 마을에서 유명한 이발사였다;

pemangkasan 이발,조발, 이발소;

pangkat ① 계단,층층대;ⓢ tangga (rumah); ② 대(臺), 단(壇), 연단; ③ 마루; ⓢ lenggek;

berpangkat-pangkat 층층인, 계단식의, 차곡차곡;

pangkat ① 직급,계급; ⓢ tingkatan; ② 지위, 신분; ⓢ kedudukan; Keluarga kita ***pangkat***nya lebih tinggi daripada mereka.우리 가족의 신분이 그들 보다 더 높다;③급,동급; ⓢ kelas;

berpangkat ① 계급을 갖다; Ia ***berpangkat*** tinggi. 그는 높은 계급이다; ② 주요한 지위를 차지하다; ⓢ berkedudukan tinggi;

memangkatkan 승진시키다, 진급시키다;

kepangkatan 계급 사회 계층;

pemangkatan 승진, 진급,임명; ⓢ pengangkatan;

pangku, berpangku 무릎에 앉다; Wanita itu ***berpangku*** kepada kekasihnya.그 여자는 애인의 무릎에 앉았다; **berpangku** tangan 턱을 손으로 괴다, 무위도식하다; Sepanjang hari ia ***berpangku*** tangan saja. 그는 하루 종일 놀고 있다;

memangku ① ~을 무릎에 놓다;

Ia ***memangku*** anaknya yang menangis. 그(녀)는 울고 있는 그(녀)의 아이를 무릎에 앉혔다; ② (이상을) 품다;ⓢ memeluk,memendam; **memangku** cita-cita luhur. 숭고한 이상을 품다; ③ 관리하다, 통지하다, 경영하다;ⓢ menyelenggarakan, mengelola; **memangku** negeri 국가를 통치하다;④(후견인으로서)대리하다; ⑤ ~직을 맡다,지위를 차지하다; Sudah 3 tahun ia ***memangku*** jabatan itu. 그는 이미 삼년을 그 직책을 맡고 있다;

pemangku ① 양육자, 관리인, 후견인; ② 대리의; ⓢ wakil; **pemangku** jabatan 직원, 사무원;

pemangkuan 지배, 관리, 양육; ⓢ pengelolaan;

pangkuan 무릎; ⓢ ribaan;

panitia 위원회; ⓢ komisi,komite; **panitia** kecil 소(小)위원회,분과 위원회; **panitia** pelaksana 실무 위원회; **panitia** pengarah 집행 위원회; **panitia** perumus 조직 위원회; **panitia** persiapan 준비 위원회; **panitia** penguji **panitia** ujian 시험 위원회; ketua **panitia** 위원장;

panjang ① 먼, 긴; ⓢ jauh; Walaupun jalannya ***panjang,*** mulainya dari satu langkah. 아무리 먼 길도 한 걸음부터 시작한다; ② 길이; ⓢ bujur; Berapa ***panjang*** jalan itu? 그 물건의 길이는 얼마입니까?; ③ 긴, 장기의; ⓢ lama(waktu); libur **panjang** 장기 휴가; rencana jangka **panjang** 장기 계획; Dia punya rencana jangka ***panjang*** untuk membeli rumah. 그는 집을 사기 위해 장기 계획을 세웠다; Anak itu yang paling ***panjang*** akal daripada teman-temannya. 그 아이는 친구들 중에서 가장 영리하다; **panjang** gelombang 파장;**panjang** ingatan 기억력이 좋은; **panjang** kira-kira 대강의 길이; **panjang** lebar 길고 넓은,상세한; **panjang** lidah 험담하는, 비방하는; **panjang** mata 부도덕한,행실이 나쁜; **panjang** napas 원기있게, 정력적으로; **panjang** sedikit 길지 않은; **panjang** tangan 손버릇이 나쁜, 도둑질하는; **panjang** umur 오래 살다, 천수를 누리다;

memanjang ① 길게 되다; Meja itu disusun ***memanjang*** di pinggir kamar. 그 책상은 방 한편에 길게 놓여져 있었다; ② 뻗다, 퍼지다, 펼쳐져 있다; Saat membuka jendela ***memanjang*** pemandangan laut. 창문을 열자 바다 경치가 펼쳐졌다;

memanjangkan, memperpanjang 늘이다, 길게하다, 연장하다; Saya harus ***memperpanjang*** pasport. 나는 여권을 연장해야 한다;

kepanjangan ① 너무 긴, 지나치게 긴; ② 길이; ⓢ panjangnya; ③ 기간, 동안; ⓢ lama waktu; ④ 계속, 연속; ⓢ kelanjutan;

berkepanjangan ① 계속적인, 연속적인; Cepat tuntaskanlah masalah itu agar tidak ***berkepanjangan.*** 그 문제가 오래 끌지 않도록 빨리 정리해라; ② 연장된, 늘린;

sepanjang ① ~을 따라서, ~을 쫓아서; Hampir di ***sepanjang*** jalan ini ditanami pohon pinus. 거의 이 길가 전부에 소나무가 심어져 있다;② ~하

는 한; **sepanjang** pikiran saya 나의 의견으로는; ③ ~동안; **sepanjang** hari 하루 종일;

panjar 선불금; ⓢ persekot, uang muka, uang jaminan;

memanjari 선불하다;Dia ***memanjari*** pembelian rumah itu. 그는 그 집을 사려고 선불을 주었다;

panser 장갑차;

pantai 해변, 해안, 바닷가; ⓢ tepi laut, pesisir; Adik senang bermain pasir di ***pantai***. 동생은 해변의 모래에서 놀기를 좋아한다; **Pantai** Emas 황금 해안; **Pantai** Gading 상아 해안; **pantai** laut 해안(지대);

berpantaikan 접하다, 인접하다, 면하다; Laut ini ***berpantaikan*** bebatuan yang indah. 이 바다는 아름다운 암석들과 인접하고 있다;

pantang, **pantangan** ① 금지, 금기; ⓢ larangan, haram; Agama Islam memiliki banyak ***pantangan***. 이스람교에서는 금기가 많다; ② 음식의 제한, 금식; Penderita diabetes ***pantang*** terhadap gula. 당뇨 환자는 설탕을 금지한다; **pantang** mundur 포기(굴복)하지 않다; **pantang** tersinggung 쉽게 화내는, 쉽게 기분이 상하는; **pantang** surut 포기하지 않다;ⓢ tidak mau,tidak boleh; Kita tak boleh ***pantang*** menyerah kepada musuh. 우리는 적에게 항복해서는 안된다;

berpantang ① 절제하다, 삼가다; ⓢ berpuasa; Ia sedang ***berpantang*** minum minuman keras. 그는 술을 절제하고 있다;② 원하지 않다,~하면 안되다;

pantas ① 적당한, 알맞은; ⓢ patut, baik; Ia tidak ***pantas*** berkata seperti itu kepada orang tuanya. 그가 그의 부모에게 그렇게 얘기하는 것은 합당하지 않다; ② 합당한, 온당한; ⓢ sesuai, cocok; Itu harga yang ***pantas*** didapatkannya. 그 가격은 합당하다; ③ 어울리다; ⓢ cocok; Wanita itu ***pantas*** jika rambutnya diikat. 그녀는 묶은 머리가 어울 린다; ④ 당연한, 놀랄일이 아닌; ⓢ tidak mengherankan; ***Pantas*** saja dia kaget setelah dengar kabar kematian anaknya. 그가 아들의 교통사고 소식을 듣고 놀란 것은 당연한 일이다; ⑤ 좋아 보이다; Wajah tertawa perempuan itu amatlah ***pantas***. 그녀가 웃는 모습은 아주 좋아 보인다;

pemantas 장식,치장; Dia menambahkan hiasan itu untuk ***pemantas***. 그녀는 치장을 위해 그 장식을 추가했다;

sepantasnya 온당한, 합당한, 적당한,알맞은; ⓢ selayaknya, sepatutnya; Sudah ***sepantasnya*** jika kamu minta maaf kepadanya. 이제 네가 그에게 사과하는 것이 합당하다;

pantat ① 궁둥이; ⓢ bokong; ② 항문; ⓢ dubur; ③ 기초, 근본, 근저; ⓢ dasar;

berpantat 기초가 있는, 근본이 있는; Orang itu tiada ***berpantat***. 그 사람은 근본이 없다;

memantaat 등을 돌리다,경시하다; ⓢ membelakangi; Dia ***memantaati*** teman. 그는 친구에게 등을 돌렸다;

pantau, **memantau** ① 쳐다보다,

살펴보다, 바라보다; ⓢ menengok, menjenguk; ② 감독하다, 감시하다; ⓢ mengawasi, mengamati; Kami sedang ***memantau*** hasil sementara pertandingan itu. 우리는 그 시합의 임시 결과를 살피고 있다; ③ (기계 등을)조정하다, 관리하다; ⓢ mengatur, mengontrol; ④ (음성을) 조절하다; ⓢ mengecek;

pemantau ① 감시자, 조정자; ② 조절기, 조정기; Tim ***pemantau*** telah diturunkan untuk mengawasi pertandingan itu. 그 시합의 감시를 위해 감시 위원회가 참가하고 있다;

pemantauan 감시,감독,조정; Dari hasil ***pemantauan*** kami di tempat itu tak ada hal yang mencurigakan. 우리가 그 장소를 조사했지만 의심할 만한 것이 없었다;

terpantau 조절되다,감시되다; Kejanggalan itu ternyata ***terpantau*** oleh kami. 그 위험은 우리가 알 수 있었다;

pantauan 감독,조절,조정; Mereka sedang mengadakan ***pantauan*** di tempat itu. 그들은 그 장소를 살피고 있다;

panti ① 건물; ⓢ gedung; ② 공공 시설, 원(院); ⓢ tempat tinggal; **panti** asuhan 보육원; **panti** derma 자혜원; **panti** husada 보건소; **panti** pijat 안마소; **panti** werda 양로원; Mereka ialah para penghuni ***panti*** asuhan itu. 그들은 그 고아원에 살고 있다;

panutan 모범, 예;

papan ① 판,판자,널빤지;② 주거지, 집; ⓢ tempat tinggal, rumah; Keluarga itu sangat membutuhkan ***papan*** lebih dari apapun. 그 가정은 무엇보다 주거지가 필요하다; **papan** asbes 석면판; **papan** atas 고급(高級); Tempat ini termasuk obyek wisata ***papan*** atas. 이 장소는 관광지로 유명한 곳이다;**papan** batu 비문, 비석; **papan** catur 장기판; **papan** nama 명패; muka **papan** 부끄러운줄 모르는, 철면피의;

papas, memapas ① 벗다, 걷다, 제거하다; ⓢ melucuti; ② 베어내다, 절단하다, 단절하다; ⓢ memotong; Mereka telah ***memapas*** anggaran tahunan lembaga ini.그들은 이 단체의 년간 재정을 삭감했다;③ 부둥켜 잡다, 훔치다; ⓢ mengambili;

papas,berpapasan 만나다, 마주치다; Anak yang mencari ibunya ***berpapasan*** ibu di stasiun kereta api. 어머니를 찾는 아이는 기차역에서 어머니를 마주쳤다;

memapas 반대하다, 방해하다, 저항하다; ⓢ menyongsong;

para (집단)모든; ⓢ banyak; **para** hadirin 참석자 제위; **para** mahasiswa 학생 제군; **para** pelaku 배역, 출연자; **para** pembaca 독자 제위; **para** pendengar 청취자 제위; **para** penumpang 승객 여러분; ***Para*** pekerja berdemonstrasi minta kenaikan gaji. 모든 노동자들은 월급 인상을 요구하는 데모를 했다;

paradigma ① 변형, 어형변화표; Hal itu telah menimbulkan ***paradigma*** baru. 그 일은 새로운 변형을 일으켰다; ② 전형적인 예; ③ 논리의 골격;

paragrap 절, 항, 단(段); ⓢ pasal, alinea; Kalimat itu terdapat di ***paragrap*** terakhir. 그 문장은 마지막 문단에 있다;

parah ① (상처가) 심한, 중상의; ⓢ berat; luka **parah** 중상; ② 중환의; Pasien itu sudah ***parah***. 그 암 환자는 중태이다; ③ 어려운; ⓢ sulit, susah;Kehidupannya sedang ***parah*** karena usahanya gagal. 그는 사업의 실패로 어려운 생활을 하고 있다; ④ 극복 하기 힘든; ⓢ Sukar diatasi; Masalah hutangnya semakin ***parah***. 그의 빚은 점점 극복하기 힘든다;

paranormal ① 비과학적인; ② 초인적인;

paras 얼굴, 용모, 외모; ⓢ muka, wajah;***Paras*** lelaki itu amat tampan. 그 남자의 용모는 아주 준수하다;

parasit 기생충, 기생식물, 기식자; ⓢ benalu; Hidupnya selama ini hanya jadi ***parasit*** bagi keluarganya. 그의 삶은 그 가족에게 짐만 되어왔다;

parasut 낙하산; Kami sedang mencari pakaian dari bahan ***parasut***. 우리는 낙하산 천으로 만든 옷을 찾고 있다;

parfum ① 향수,향기; Wangi ***parfum*** ini harum sekali. 이 향수는 향이 아주 좋다; ② 향료;

paripurna 완전한,순전히,충분한; ⓢ lengkap, utuh, komplit;

parit ① 운하, 도랑, 개천, 배수로; ⓢ got; ② 참호, 외호 (外濠); ⓢ selokan; ③ 갱도; ⓢ terowongan; ④ 홈, 홈통; ⓢ alur, lekuk; ⑤ 지뢰, 기뢰; ⓢ ranjau darat (laut);

berparit ① 도랑이 있는; Untuk menuju kesana kita harus melewati jalan ***berparit*** dahulu. 그 곳에 가기 위해서 우리는 도랑길을 먼저 지나야 한다; ② 흠이 파인, 홈통이 있는;

pariwara 광고, 선전; ⓢ iklan, reklame, pemberitahuan; Hari ini ada pengumuman ***pariwara*** terbaik. 오늘 가장 좋은 광고 발표가 있다;

pariwisata ① 관광 여행; ⓢ darmawisata, piknik; ② 관광 사업; ⓢ turisme; **parawisata** bahari 해양 관광 여행; **parawisata** purbakala 유적지 관광 여행;

berpariwisata 관광하다; ⓢ melancong,bertamasya; Kami hendak ***berpariwisata*** ke pantai. 우리는 해변으로 여행하기 바란다;

kepariwisataan 관광,여행; Kami harus memajukan bidang ***kepariwisataan*** negeri ini. 우리는 이 나라의 관광 산업을 발전시켜야 한다;

parkir 주차장; ⓢ perhentian mobil; Kami ditunggu ayah di tempat ***parkir***. 아버지께서 주차장에서 우리를 기다리고 계신다;

memarkir 주차하다, 주차시키다; ⓢ menaruh,menghentikan; Banyak orang ***memarkir*** mobilnya sembarangan. 많은 사람들이 함부로 주차하고 있다;

terparkir 주차된;

perpakiran 주차,주차 문제;Ayahnya memiliki usaha di bidang ***perparkiran***. 그의 아버지는 주차장 사업주이다;

parkit 새의 일종; Ayah memelihara burung *parkit*. 아버지는 빠르낏 새를 키우신다;

parlementer 의회의,의회제의;

parodi 풍자적 시문(詩文), 패러디;

partai ① 당, 당파; ⓢ pihak, kelompok; Di Indonesia ada banyak *partai*. 인도네시아에는 많은 당파가 있다; ② 배드민튼의 단· 복식 분류; partai ganda 복식; partai tunggal 단식; Dia bermain di *partai* tunggal kejuaraan badminton. 그는 배드민턴 시합 단식조에 플레이한다; ③ 상품 수량; Dia membeli beberapa *partai* baju anak-anak. 그는 아이들을 위하여 몇 벌의 옷을 샀다;

berpartai 당적이 있는; Ia tidak *berpatai*. 그는 당에 속해 있지 않다;

partikel 미량, 극소량;

partikelir 사적인, 개인의; ⓢ swasta;

partisipasi 참가, 가입;

berpartisipasi 참가하다;Mereka akan *berpartisipasi* dalam acara itu. 그들은 이 행사에 참가할 것이다;

partner ① 동업자; ⓢ mitra; ② 자기편, 짝; ⓢ pasangan main;

berpatner ① 동업하다; ② 같은 짝이 되어 경기하다; Kami mau *berpartner* membangun usaha ini. 우리는 이 사업을 설립하기 위해 파트너가 되기를 원한다;

paru-paru 허파,폐;ⓢ alat pernapasan;

paruh (새의)부리;ⓢcocok burung, moncong burung; *Paruh* burung itu terluka. 그 새는 부리가 상처났다;

memaruh 쪼다, 쪼아 먹다;

parut ① (쇄) 줄, 강판; ⓢ barut; ② 상처,상채기,상흔; ⓢ bekas luka; Terdapat bekas luka *parut* di dahinya.그의 눈썹에 흉터가 보였다;

memarut ① 줄로 갈다, 줄질하다; Tugasnya adalah *memarut* kelapa untuk dijual. 그의 일은 야자를 가는 일이었다; ② 할퀴다, 할퀴어 상처를 내다, 긁다;

pemarut ① 강판; Alat *pemarut* itu kurang berfungsi dengan baik. 그 강판은 잘 안갈린다; ② 문지르는 사람, 가는 사람;

parutan ① 줄, 강판; Ibu membeli *parutan* di pasar. 어머니는 시장에서 강판을 사셨다; ② 깎기, 긁기;

pasak ① 핀, 나무못, 쐐기못; ⓢ baji; ② 볼트, 나사못; ⓢ poros;

pasal ① 조항, 절, 항목; ⓢ bab, paragraf,hal; ② ~에 관하여,대하여; ⓢ tentang hal, mengenai; Dia ragu *pasal* kondisi kontraknya. 그는 계약 조건에 대하여 의혹을 가졌다; ③ 이유, 원인; ⓢ sebab; Pasti ada *pasal*nya mencantumkan kondisi seperti itu. 반드시 그런 조건을 부친 원인이 있을 것이다;

pasang ① 짝,쌍; Dia memelihara tiga *pasang* burung dara. 그는 세 쌍의 비둘기를 키운다; ② 켤레; Dia mendapat hadiah satu *pasang* sepatu. 그는 한 컬레의 신발을 선물로 받았다; ③ 벌; ⓢ set, perangkat; Saya sudah membeli satu *pasang* stik golf. 나는 골프채 한벌을 샀다; ④ 조(組); Dalam pertandingan tenis meja itu satu *pasang* pemain ganda pria Korea sudah menang. 그 탁구 시합에서 한국 남자 복식

팀이 승리했다;

berpasang-pasangan 짝을 이루어; ⓢ berdua-dua; **berpasang-pasangan** pakaian 몇 벌의 옷; Mereka menari ***berpasang-pasangan***. 그들은 짝지어 춤을 추었다;

memasangkan 짝을 짓다, 짝을 짓게 하다; Ibu ***memasangkan*** adik agar terlihat rapih. 어머니는 동생이 갈끔하게 보이도록 단장을 시키셨다;

sepasang 한 조, 한 쌍, 한 컬레, 한 벌; **sepasang** burung merpati 비둘기 한 쌍, **sepasang** sepatu 구두 한 컬레; Di langit biru tampak ***sepasang*** burung merpati sedang terbang bebas mengarungi angkasa. 파란 하늘에 비둘기 한 쌍이 자유롭게 날고 있다;

pasangan ① 짝, 쌍, 켤레; ② 상대, 배우자, 파트너; **pasangan** hidup 부부; Ia sangat sedih ketika kehilangan ***pasangan*** hidupnya. 그는 부인을 잃고 아주 슬퍼했다;

berpasangan 짝을 짓다,짝이 되다, Mereka berjalan ***berpasangan*** di tepi pantai. 그들은 짝지어 해변을 걸었다;

pasar ① 시장(市場); ⓢ pekan; Ibu sedang pergi ke ***pasar***. 어머니는 시장에 가셨다; ② 거래,상거래; **pasar** amal 모금을 위한 바자회; **pasar** bebas 자유시장; **pasar** gelap 암시장; **pasar** malam 야시장; buaya **pasar** 소매치기;

pemasaran 장보기; Sudah lama ia bekerja di bagian ***pemasaran***. 그는 벌써 오래 전부터 영업부에서 일하고 있다;

pasaran ① 시장; **pasaran** dunia 세계 시장, 판로; ***Pasaran*** minyak dunia saat ini sedang mengalami kemerosotan.세계 원유 시장이 현재 불경기를 겪고 있다; ② 불량 상품; Ini adalah barang-barang ***pasaran*** yang harganya murah. 이것이 가격이 싼 물품이다; ③ 시장 가격;

pasaraya 도매상점, 백화점;

pasca ~이후, ~한 후; **pascamati** 사후; **pascapanen** 수확; **pascasarjana** 석사 과정; Saya sedang meraih gelar ***pascasarjana*** di bidang hukum. 나는 법학 석사 과정을 밟고 있다;

pasfoto 여권 사진; Persyaratannya adalah menyerahkan ***pasfoto*** lima lembar. 조건은 명함판 사진을 다섯 장 제출하는 것이다;

pasien 환자, 아픈 사람; ⓢ orang sakit; **pasien** jalan 외래환자; **pasien** luar 외래환자; **pasien** rawat inap 입원환자; Beberapa ***pasien*** demam berdarah masih menjalani pemeriksaan intensif di rumah sakit Jakarta.몇몇 출혈성 열병환자가 자카르타의 병원에서 정밀검사를 받고 있다;

pasif 수동성의, 활동적이 아닌,무저항의; ⓢ tidak giat, tidak aktif, sikap menerima;kalimat **pasif** 수동태 문장; Sikapnya hanya ***pasif*** saja ketika mendengar keputusan itu. 그 결정을 들었을 때도 그는 수동적인 입장을 보였다;

pasifik 태평양; ⓢ Lautan Teduh.

pasir ① 모래, 사주(砂洲); ⓢ kersik halus; ② 사장(沙場), 모래

밭; Adik bermain ***pasir*** di tepi pantai.동생은 해변에서 모래 장난을 하고 있다; padang **pasir** 모래밭, 모래톱; ③ 가루; **pasir** emas 금가루; gula **pasir** 가루 설탕;

pasok ① 공급; ⓢ perbekalan;② 상납, 지불; ⓢ pembayaran;

memasok ① 상납하다; ② 공급하다; Kami hendak ***memasok*** barang ini ke toko Anda. 우리는 당신의 가게에 이 물건을 공급하기 원한다;

pemasok 납품자;Jumlah ***pemasok*** barang ini semakin menyusut. 이 물건의 납품자 수가 점점 줄고 있다;

pemasokan 지불,공급;Jumlah ***pemasokan*** saat ini masih mencukupi kebutuhan sampai bulan depan. 현재 공급량은 다음 달까지는 충분하다.

pasokan ① 지불; ② 공급; ③ 구호물자; ***Pasokan*** untuk korban bencana alam masih mengalir dari berbagai pihak. 자연 재해의 희생자를 위한 구호 물자가 아직 각계각층에서 오고 있다;

paspor 여권,파스포트;Saya harus mengurus ***paspor*** hari ini juga. 나는 꼭 오늘 여권을 수속해야 한다;

berpaspor 여권을 소지하다;

pasrah 굴복하다,양도하다,따르다; ⓢ berserah diri, patuh, taat; Dia hanya bersikap ***pasrah*** menghadapi musibah itu. 그는 그 재난을 순순히 받아들이는 태도를 보였다;

berpasrah 맡기다; ⓢ berserah; Kita harus ***berpasrah*** diri kepada Tuhan dalam menghadapi masalah ini. 우리는 이 문제를 신에게 맡겨야 한다;

memasrahkan 넘겨주다, 내주다, 양도하다; ⓢ menyerahkan; **memasrahkan** diri 자수하다; Ia ***memasrahkan*** segala urusannya kepada anak-anaknya. 그는 모든 문제를 동생에게 맡겼다;

kepasrahan 굴복, 항복, 순종;

pastel 파스텔, 소품;

pasti 명확한, 확실한; ⓢ nyata; Ia mau jadwal ***pasti*** kegiatan itu. 그는 그 활동의 확실한 일정을 원했다; pasti tidaknya 확실한지 아닌지; ilmu **pasti** 수학;

memastikan 확정하다, 입증하다, 단언하다; ⓢ menentukan, menetapkan; Mereka sudah ***memastikan*** hari perayaan ulang tahun. 그들은 생일 잔칫날을 확정하였다;

kepastian 확실,분명,보증, 확신; ⓢ ketentuan, ketetapan; Nanti saya kasih tahu ***kepastian*** tentang harga barang itu. 내가 나중에 그 물건의 확실한 가격을 알려주렜다;

pemastian 확실,확정;ⓢpenentuan, penetapan;

pasung 수갑, 족쇄; ⓢ borgol; **pasung** ternak (가축의) 굴레;

memasung ① 수갑을 채우다, 족쇄를 채우다; ⓢ membelenggu; Hal itu telah ***memasung*** kebebasannya dalam mengeluarkan pendapat. 그 일은 그의 의견을 제시하는 자유를 구속하였다; ② 감금하다, 가두다, 투옥하다; ⓢ memasukkan ke dalam penjara;

memasungkan 수갑을 채우다, 감금하다;

pemasungan 강금, 구속; ***Pemasungan*** dalam hal berbicara itu di lakukan semasa komunis berkuasa. 언론의 자유를 구속하는 것은 공산주의자가 정권을 잡을 때였다;

pasungan 감옥, 감방, 교도소; ⓢ penjara, kurungan;

patah ① 부러진, 부서진, 깨어진; ⓢ putus, pecah; ② 중단된, 계속할 수 없는; ⓢ terhenti;

patah hati 실망한, 낙담한; **patah** lesu 절망적인,낙담한,실망한; **patah** semangat 낙담한,실망한;**patah** siku 팔꿈치;**patah** tulang 골절; Kami sudah ***patah*** harapan untuk memenangkan kasus ini.우리는 이 사건에서 이길 기대를 이미 접었다;

berpatah hati 낙담하다, 실망하다, 절망하다; ⓢ putus asa, mengalah kan; Jangan ***berpatah*** hati hanya karena sekali gagal. 한 번의 실패로 절망하지 마라;

mematahkan ① 부수다, 부러뜨리다, 쪼개다; ⓢ menjadi patah; Adik ***mematahkan*** penggarisan itu. 동생이 그 자를 부르뜨렸다;②낙담시키는, 실망시키는,좌절케하는;ⓢ menggagalkan, mengalahkan;

pematah ① 부수는 사람;② 부수는 도구; Hal itu jangan menjadi ***pematah*** semangat kita untuk merdeka. 그 일이 우리의 독립 의지를 꺾지 않도록 해라;

pepatah 속담,격언,금언; ⓢ peribahasa; ***Pepatah*** mengatakan ada asap ada api, artinya semua hal yang terjadi tentu ada sebabnya. 속담에 연기가 있으면 불이 있다는 말은 모든 일에는 반드시 원인이 있다는 뜻이다;

pematahan 골절, 좌상,파손, 파괴;

patahan ① 골절,좌상,파손; ② 파편, 부서진 것; ⓢ bagian yang patah; ***Patahan*** kayu ini jangan dibuang! 이 나무 조각을 버리지 말아라;

paten 특허, 특허증, 특허품; ⓢ surat izin, hak cipta; Kami akan mengurus hak ***paten*** barang ini secepatnya. 우리는 이 물건의 특허를 수속할 것이다;

patok 막대기, 기둥; ⓢ tonggak, pancang;

mematok ① 말둑을 박다; ⓢ memancang;Petani itu ***mematok*** batas kebunnya dengan kayu. 그 농부는 나무로 그의 농장 경계에 말뚝을 박았다; ② 가격 동결; Banyak pedagang ***mematok*** harga tinggi untuk barang jenis itu. 많은 상인들이 그 종류의 물건 값을 동결시켰다;

mematokkan 기둥을 세우다, 말뚝을 박다; Dia ***mematokkan*** untuk membuat rumah baru. 그는 새 집을 짓기 위하여 기둥을 세웠다;

pematokan 말뚝 박기; ***Pematokan*** rumah yang baru dibeli itu mulai dibuat oleh pembelinya. 팔린 땅은 산 사람에 의해 말뚝 박기가 시작됐다;

patokan ①막대기,기둥;ⓢ tonggak pancang;② 규정, 규범;ⓢ syarat, hukum, aturan; ③ 가설, 선결 조건, 가정; **patokan** duga 가설; **patokan** harga 가격의 동결; Menjelang hari raya Pemerintah membuat harga ***patokan*** untuk bahan pokok.명절을

맞이하여 정부는 생필품의 가격이 오르지 않도록 하였다;

patroli ① 순회, 순시, 순찰, 정찰; ⓢ perondaan, menjaga keamanan; Tiap malam penjaga keamanan me ngadakan *patroli* di seluruh desa ini. 매일 밤 마을 전체를 경비가 야경을 돈다; ② 경찰;

berpatroli 순시하다, 순찰돌다; ⓢ meronda; Kami mendapat tugas *berpatroli* malam ini. 우리는 오늘 밤의 순찰 임무를 받았다;

patuh 순종하는, 충직스러운; ⓢ penurut,taat,setia; Ia adalah orang yang *patuh* hukum. 그는 벌 받아서 마땅한 사람이다;

mematuhi 순종하다, 잘 따르다; ⓢ menurut,menaati; **mematuhi** segala aturan 모든 규정을 따르다; Ia amat *mematuhi* peraturan di lalu lintas. 그는 교통 법규를 아주 잘 지킨다;

kepatuhan ① 순종, 온순, 충직; ⓢ ketaatan; *Kepatuhan*nya kepada orang tuanya patut dicontoh. 그의 부모에 대한 복종은 본받을 만하다; ② 훈련, 훈육;

patuk (부리로)쪼다;ⓢcatuk,cotok; Kakinya terluka di *patuk* ular. 그의 발이 뱀에게 물려서 상처가 났다;

mematuk 쪼다, 쪼아먹다; ⓢ mencatuk, memagut;

patung ① 상, 조상(彫像),동상; ⓢ arca;②조각품,인형;ⓢ tiruan orang; **patung** dada 흉상,반신상;Ayah memesan *patung* dewa Wisnu dari seorang pemahat di Bali. 아버지는 발리의 조각가에게 위스누상을 주문하셨다;

mematung ① 조각을 하다; ⓢ membuat patung; ② 동상과 같은; ⓢ menyerupai patung; Orang itu hanya diam *mematung* menatap kuburan anaknya yang sudah meninggal. 그는 동상처럼 죽은 아이의 무덤을 바라보고 있었다;

pematung 조각가, 동상 제작자; ⓢ ahli patung; **pematung** jalan 전통 조각가; **pematung** tradisional 전통 조각가; Dia adalah *pematung* terkenal dari Bali. 그는 발리에서 유명한 조각가이다;

pematungan 조각 상을 만듦;

patut ① 합당한, 마땅한, 적합한; ⓢ layak, pantas; Anak yang berbuat buruk *patut* di hukum. 나쁜 짓을 한 아이는 벌받아 마땅하다; ② 알맞은, 어울리는; ⓢ seimbang; Kelakuannya hari ini tidak *patut* dengan karakternya sehari-hari. 오늘 그의 행동은 평소에 보아온 그의 인격과 어울리지 않는다;③그럴듯한,진정한; ⓢ masuk akal, wajar; Tuntutan mereka itu tidak *patut* kita perhatikan. 그들의 요구는 우리가 신경 쓸만한 것이 못된다; ④ 당연한, 타당한; ⓢ seharusnya, sepantasnya; Kami akan memberi bayaran yang *patut* atas usaha anda. 우리는 당신의 노력에 당연히 댓가를 지불할 것이다; ⑤ 물론, 실은; ⓢ tentu saja, sebenarnya;

berpatutan (dengan) 합당하다, 부합하다, 어울리다;

mematut① 개선하다;ⓢ memperbaiki; Dia *mematut* kata-kata yang tak cocok dalam puisi itu. 그는 그

시의 부적합한 표현을 고쳤다;②치장하다;

memutut-matut ① 치장시키다, 꾸미다; ⓢ menghiasi; ② 면밀히 검토하다, 신중히 생각하다; ⓢ memandangi, menyelidikkan;

mematutkan 정돈하다, 꾸미다, 치장하다; ⓢ mengatur, menghiasi; **mematutkan** diri 치장하다; Dengan pakaian barunya, ia ***mematutkan*** diri di kaca. 새 옷을 입고 그녀는 거울에 비쳐 보았다;

kepatutan ① 일치,부합,조화; ⓢ kepantasan, kesuaian, kecocokan; Mereka telah mengikuti uji ***kepatutan*** dan dinyatakan lulus. 그들은 이미 적성 검사를 마치고 합격하였다; ② 의견, 판단; ⓢ pertimbangan, pendapat;

sepatutnya 적당히, 합당하게; ⓢ selayaknya, sepantasnya; Sudah ***sepatutnya*** kita menghargai semua pengorbanannya. 이제 우리가 그의 희생을 인정하는 것이 적당하다;

paut 죄어진, 빽빽한; ⓢ terikat erat-erat;

berpaut ① 단단하게 묶다,동여매다, 고정시키다; ⓢ terikat erat-erat, melekat; Tali leher kambingnya ***berpaut*** di sebuah kayu. 염소 목의 줄을 말뚝에 묶었다; ② 덮다, 닫다;

memaut ① 달라붙다, 부착하다; ⓢ melekat; ② 묶다, 동이다, 매다; ⓢ mengikat;

perpautan 연결, 연관, 집착, 고수; ⓢ pertalian, perhubungan; ***Perpautan*** darah diantara mereka masih sangat erat. 그들 간의 혈연이 아직 강하다;

terpaut ① 달라붙은, 속박된; ⓢ terikat; ② 관계가 있는, 연관된, 포함된; ⓢ tersangkut; ③ 유혹당한; ⓢ terpikat, terlambat; Wanita itu ***terpaut*** pada hal gaib. 그녀는 귀신에 홀렸다; ④ 고정된; ⓢ terpaku; Dia ***terpaku*** di kayu kontrol. 그는 도르래를 나무에 고정시켰다; terpaut kasih 매우 사랑하는;

pautan ① 말뚝; ② 기원,출처, 혈통;

berpautan(dengan) 달라붙다,집착하다, 매달리다; ⓢ bertalian dengan;

pawai 행렬, 행진, 열병식; ⓢ barisan, iringan, parade;

berpawai 행진하다,행렬에 따르다; Banyak orang turut ***berpawai*** untuk memeriahkan acara itu. 많은 사람들이 그 행사를 즐겁게 하기 위해 행렬을 따르고 있다;

pawang 전문가, 조련사, 마법사; **pawang** gajah 코끼리 조련사; **pawang** hujan (날씨)비 조정자; **pawang** lebah 벌치는 사람;

payah ① 지친, 피곤한; ⓢ lelah, penat; ② 힘든, 어려운; ⓢ sukar, susah; Belakangan ini situasi kita amat ***payah***. 최근에 우리 상황이 아주 어렵다; ③ 곤란한,곤경에 처한; ⓢ kesulitan; ④ 중병의, 위독한; ⓢ sangat berat (sakitnya); ⑤ 필요한, ~해야 하는;

bersusah-payah 고생하다, 애쓰다; ⓢ menjerih, bersusah;

kepayahan ① 피곤, 피로,지침; ⓢ kelelahan; ② 어려움, 곤란, 곤경; ⓢ kesukaran, kesusahan; Ia ***kepa-***

yahan menyelesaikan pertandingan itu.그는 그 시합을 마치기에 힘이 들었다; ③ 탕진한; ⓢ menderita lelah, kehabisan tenaga;

payudara 젖,유방; ⓢ buah dada, susu, tetek; Mereka adalah para penderita kanker ***payudara*** yang sedang dalam masa pengobatan. 그들은 유방암 환자들로 치료를 받고 있다;

berpayudara 유방이 있다;

pebruari 2 월;

pecah ① 부서진,부러진,파괴된; ⓢ rusak; Botol kacanya ***pecah*** karna jatuh ke tanah. 유리 병이 땅에 떨어져 박살이 났다; ② (땅이) 갈라진, (입술이)튼; ⓢ belah kulitnya; Bibirnya ***pecah***, sesudah ia sakit. 그는 병을 앓고 나서 입술이 텄다; ③ 굳은, 응고된; ⓢ menjadi cair, bergumpal-gumpal; Obat cair dalam botol obat itu ***pecah***. 그 약병의 물약은 굳었다; ④ (전쟁이) 발발한; ⓢ mulai; Kembali ada kedamiaan setelah ***pecah*** perang Vietnam. 월남은 전쟁이 발발한 후 평화를 되찾았다; ⑤ 부화한; ⓢ rekah; Anak ayam itu ***pecah*** pagi hari ini. 그 병아리는 오늘 아침에 부화한 것이다 Ban mobil itu ***pecah*** ketika di pompa. 그 자동차 바퀴는 바람을 넣을 때 터졌다; ⑥ (비밀 등이) 퍼지다; ⓢ tersiar; ⑦ (소리 등이) 찢어지다, 쉬다,울리다; ⓢ sember;Suara penyanyi itu ***pecah***. 그 가수의 목소리는 쉰소리이다;uang **pecahan** 잔돈, 소액;

memecah ① 부서지다; ***Memecah*** ombak oleh gelombang tsunami. 해일로 인하여 파도가 무섭게 부서졌다; ② 망가뜨리다, 방해하다; ⓢ merusak, mengganggu; Saya tidak ingin ***memecah*** cinta kalian. 나는 당신들의 사랑을 방해하고 싶지 않다.

memecahkan ① 부수다, 깨뜨리다; ⓢ merusak; Tanpa sengaja adik ***memecahkan*** gelas itu. 동생은 고의가 아니게 그 컵을 깨뜨렸다; ② 해결하다, 풀다; ⓢ mengatas, menyelesaikan; Ia berusaha untuk ***memecahkan*** masalah yang dihadapinya. 그는 당연한 문제를 해결하려고 애쓴다;③ 분산시키다;ⓢ mencerai-beraikan; Polisi ***memecahkan*** kerumunan demonstran.경찰은 데모대를 분산시켰다; ④ 나누다, 쪼개다; ⓢ membagi-bagi; Di pabrik produksi ***memecahkan*** pekerjaan menjadi beberapa bagian.생산 공장에서는 여러 부분으로 일을 나누어 했다;⑤ (소문을)퍼뜨리다, 흘뜨리다;

pemecah 파쇄기, 깨는 사람; **pemecah** rekor 기록 갱신자; **pemecah** telur 병아리 부화기;

pemecahan 해결,해답,파괴; Daripada terus bertengkar lebih baik mencari ***pemecahan*** dari masalah ini. 계속 싸우기 보다 이 문제의 해결책을 찾는 것이 좋겠다;

perpecahan 알력,분쟁,충돌; Terjadinya ***perpecahan*** di dalam kubu lawan menguntungkan kita. 적진영에서의 분열이 우리에게 득이 되었다.

terpecah 나뉜, 갈라선; ⓢ terbagi, terbelah; Kelurga itu menjadi ***terpecah*** karena masalah warisan. 그

가족은 유산 문제로 분열이 되었다;

terpecah-pecah 조각이 난,산산히 부서진;

pecahan ① 조각, 부분, 파편; ⓢ empasan; ② 분수(分數); **pecahan** persepuluhan 소수;**pecahan** ombak 부서지는 파도; **pecahan** granat 유산탄, 수류탄의 파편; Kaca ***pecahan*** gelas itu mengenai kaki adik. 그 컵의 깨진 조각이 동생의 발에 맞았다;

pecah belah ① (사이가) 벌어진, ② 부서진, 조각난;

pecat 파멸된, 면직된, 해고된;

memecat ① 면직하다, 해고하다, 파면하다, 퇴학시키다; ⓢ melepas, memberhentikan; Karena sedang mengalami krisis keuangan, perusahaan terpaksa ***memecat*** beberapa karyawannya. 재정 상태가 안좋아서 회사는 할 수 없이 몇 사람의 직원을 해고하였다; ② 정직(停職)시키다, 정학시키다, 보류하다;

pemecatan 해고,면직, 정직, 정학; Peristiwa ***pemecatan*** terhadap sebagian karyawan di perusahaan itu terjadi sekitar dua tahun yang lalu. 그 회사의 일부 직원 해고 사건은 이년 전에 이루어졌다;

pecundang 화를 잘 내는 사람; ⓢ penghasut; Karena perbuatannya itu, dia dijuluki ***pecundang***. 그 행위로 그는 화를 잘 내는 사람이라는 별명이 붙었다;

pedal 페달, 발판;

pedang 긴 칼, 검; ⓢ kelewang, golok; **pedang** jenawi 검, 칼;

pedang-pedangan 검술, 펜싱;

pedas ① 매운, 매운 맛의; Orang Korea suka makan ***pedas***. 한국 사람은 매운 음식을 좋아한다; ② 혹독한, 날카로운; ⓢ tajam,keras,kejam; Pernyataannya sangat ***tajam***. 그의 지적은 아주 예리하다; **pedas** hati 화가 나는, 분한, 약오르는; Ayahnya ***pedas*** hati melihat rapot anaknya. 아버지는 아이의 성적표를 보자 화가 치밀었다;

memedaskan 맵게 만들다, 매운 음식을 준비하다; **memedaskan** hati 마음을 아프게 하다; Cerita tentang kesusahan anaknya ***memedaskan*** hati ayahnya. 아들의 고생한 이야기로 아버지의 마음을 아프게 했다;

kepedasan ① 매운 맛; ② 매운 맛을 보는, 몹시 매운; ⓢ merasa sangat pedas; Adik ***kepedasaan*** saat makan masakan itu. 동생은 그 음식을 먹을 때 매워했다;

pedati 화차, 우마차; ⓢ gerobak, kereta kuda, delman;

pedih ① 날카로운, 매서운; ⓢ tajam; Matanya ***pedih*** terkena asap kendaraan. 자동차의 매연으로 눈이 따갑다;② 쓰린,톡 쏘는,슬픈; ⓢ peri, sedih; **pedih** hati 슬픈;

memedihkan 쓰라리게 하다, 아프게 하다; Sikap bicaranya ***memedihkan*** hati saya. 그가 하는 말마다 내 마음을 아프게 했다;

kepedihan 고통, 슬픔, 쓰라림; ⓢ kesakitan hati; Kami semua bisa merasakan ***kepedihan*** hatinya karena peristiwa itu. 우리 모두는 그 사건으로 그의 아픈 마음을 느끼고 있다;

pedoman ① 나침팜; ⓢ kompas; Serat pohonnya dapat dipertimbangankan sebagai ***pedoman***. 나무의 나이테는 나침판으로 참고할 수 있다; ② 방침, 규정; ⓢ petunjuk; ③ 소책자, 편람, 안내서; ⓢ pendaftaran;

berpedoman ① 나침판을 사용하다, 지침을 사용하다; ⓢ memakai pedoman (**berpedoman** kepada) ~로 향하는,~에 따르는; ⓢ menuju, mengarah ke,menurut contoh; Dalam hidup bermasyarakat, kita harus ***berpedoman*** kepada nilai-nilai budaya yang ada. 사회 생활에서 기존 문화 가치를 지침으로 삼아야 한다;

peduli (akan) 걱정하다, 근심하다, 신경쓰다,주의를 기울이다; ⓢ memperhatikan,menghiraukan; Dia ***peduli*** dengan orangtuanya yang sedang sakit. 그는 부모의 병환으로 근심을 하고 있다;

mempedulikan (diri) ① ~에 유의하다; ② 염두에 두다; ③ 간섭하다; Dia suka ***mempedulikan*** masalah orang lain. 그는 남의 일에 간섭하기를 좋아한다;

kepedulian 관심, 주의, 염두; **kepedulian** sosial 사회에 대한 관심; ***Kepedulian*** dia adalah mengembangkan diri untuk masa depan. 그의 관심사는 미래에 대한 자신의 비전을 찾는 것이다;

pegal ① 뻣뻣한, 빼근한, 굳은; ⓢ berasa kaku, tegang; ② 지친, 싫증나는, 피곤한; ⓢ lesu, kesal hati; Rasa ***pegal*** itu lenyap seketika saat melihat kehadiran anaknya. 그의 피로는 아이를 보았을 때 사라졌다;

memegalkan 싫증나다, 피곤하다;

pegang 잡다, 붙잡다, 쥐다;

berpegang 쥐다,붙잡자, 집착하다, 고수하다; ⓢ berpaut,berteguh; Jangan terlalu ***berpegang*** pada masa lalu. 지난 일에 너무 집착하지 마라!;

memegang① 쥐다,붙잡다,지니다; ⓢ memaut, menggenggam, menangkap; Ia ***memegang*** topinya agar tak lepas tertiup angin.그는 바람에 날리지 않도록 모자를 잡고 있다; ② 다루다, 조종하다; ⓢ mengurus, memakai, menggunakan; Ia belum dapat ***memegang*** benda dengan baik. 그는 아직 물건을 잘 잡지 못한다; ③ 지배하다,통제하다; ⓢ menguasai,mengatur; Dulunya Inggris ***memegang*** India.한때 영국은 인도를 지배했다; ④ 차지하다, 점유하다; ⓢ menjabat,memangku; Karyawan yang baru ***memegang*** jabatan itu. 새 직원이 그 직책을 맡았다; ⑤ 지키다, 다하다; ⓢ mempertahankan; ⑥ 갖다,소유하다; ⓢ mempunyai;⑦ (핸들 등을)잡다, 조종하다; ⓢ mengemudi; Dia ***memegang*** setir truk yang besar ditempat kerja yang baru. 그는 새 직장에서 큰 트럭의 운전대를 잡았다; ⑧ (도둑을) 잡다; **memegang** rekor 발목을 잡다; **memegang** kas 기금을 운영하다; **memegang** kitab 종교를 믿다; **memegang** peranan 역할을 하다; **memegang** senjata 세력을 잡다; **memegang** tampuk 장악하다; **memegang**

teguh 충성하다; Sampai saat ini ia masih tetap ***memegang*** teguh janji pada orang tuanya. 아직까지 그는 부모에게 한 약속을 굳게 지키고 있다;

memegang toko 가게를 경영하다;

dipegang ①손으로 잡히는,장악된; ⓢ digenggam; ② 운영되는; ⓢ di kuasai,diurus,dipimpin;Saat ini perusahaan itu ***dipegang*** oleh anaknya. 현재는 그 회사가 그의 자식에 의해 경영되고 있다; ③ (약속 등이) 지켜지는; ⓢ ditetapkan;

pemegang ① 손잡이,핸들, 조종간; ⓢ pegangan, gagang, tangkai; ② 보유자, 소유주; ⓢ hulu,garan; **pemegang** andil 주주;**pemegang** buku 부기계원, 장부 담당원; **pemegang** kas 출납계원;**pemegang** rekor 기록 보유자; **pemegang** sero 주주; Hari ini akan diadakan rapat para ***pemegang*** saham di kantor ini. 오늘 이 사무실에서 주주회의가 있을 예정이다;

pemegangan 보유, 유지; ⓢ **pemegangan** rahasia 비밀 유지;

perpegangan ①손잡이,핸들,자루. ② 직무, 역할; ⓢ jabatan, fungsi;

pegangan ① 손잡이,핸들; ⓢ gagang,tangkai; ***Pegangan*** pintu ini lepas.이 문의 손잡이가 떨어졌다; ② 관리; ⓢ urusan yang dipegang; ③ 직무,직책,자리; ⓢ tanggungan, jabatan; ④ 안내 책자,지침서; **pegangan** tangga 계단의 손잡이;

pegas 스프링,용수철;ⓢ bilah baja, per; gaya **pegas** 탄력; ***Pegas*** di dalam kasur busa itu sudah tidak berfungsi dengan baik. 그 매트리스의 용수철이 이미 제 기능을 하지 않고 있다;

pegawai 직원,사무원; ⓢ karyawan, pejabat; Akan diadakan pelatihan bagi para ***pegawai*** administrasi kantor ini. 이 사무실의 행정직원에 대한 교육이 있을 예정이다; **pegawai** honorer 임시 직원; Statusnya masih sebagai ***pegawai*** honorer di kantor itu. 그의 위치는 아직 그 회사의 임시직이다; **pegawai** negeri 공무원; **pegawai** negeri sipil 국가공무원; **pegawai** harian 날품팔이; **pegawai** kantor 사무직원;**pegawai** pemerintah 공무원; **pegawai** tinggi 고급 공무원, 중역;

kepegawaian 공무; Ia bekerja di bagian ***kepegawaian***. 그는 행정부서에 근무하고 있다;

pegel ① 뻣뻣한, 딱딱한; ☞ pegal; ② 물리다, 식상하다;

pejabat ① 공무, 정부 부서; ⓢ dinas; ② 공무원;**pejabat** tinggi 정부 고위 관리(층); Rapat itu di hadiri para ***pejabat*** tinggi perusahaan itu. 그 회의에 그 회사의 중역들이 참석했다;

pejam (눈을) 감은; ⓢ tidak terbuka, tertutup;

memejamkan 눈을 감다; ⓢ menutup mata;

terpejam (눈이)감긴;

pekak ① 귀머거리, 농아; ⓢ tuli; ② (소리가)둔탁한;

memekakkan ① 귀머거리로 만들다, 귀를 멍멍하게 하다; ② 귀청이 터질 것같은; Suaranya sangat ***me-***

mekakkan telinga orang yang mendengarnya.그 소리가 듣는 사람의 귀를 멍하게 만들었다;

pekan 시장, 장터; ⓢ pasar, tempat niaga; **pekan** raya 큰 야시장; Setiap bulan Juni diselenggarakan ***pekan*** raya Jakarta. 매 유월에 자카르타 박람회가 열린다;

pekat ① 진한, 걸쭉한; ⓢ kental; Tolong buatkan kopi yang tidak terlalu ***pekat***. 커피를 너무 진하지 않게 타 주십시오; ② 거친; ⓢ kasar, liar; ③ 독한; ⓢ keras; ④ 캄캄한, 어두운; ⓢ gelap; malam;

pekat 캄캄한 밤; **pekat** hati 의지가 확고부동한;

memekatkan 걸쭉하게 만들다, 진하게 하다; ⓢ menjadikan kental;

kepekatan 집중,농축,진함; ⓢ kekentalan,kelikatan; Kopinya ***kepekatan*** sehingga menjadi pahit. 커피가 너무 진해서 쓰다;

pekerti 행위, 태도,성질; ⓢ tabiat, watak, tingkah laku; budi **perkerti** 행위,성격,태도; Budi ***pekerti*** anaknya sangat membanggakan kedua orang tuanya. 아이의 태도가 그 두 부모를 자랑스럽게 하였다;

pekik 절규,쇳소리, 외침; ⓢ teriak, jerit,sorak; **pekik-pekuk** 절규,외침;

memekik 절규하다, 외치다, 쇳소리를 내다;Suaranya terdengar ***memekik*** di tengah gelapnya malam. 어두운 한밤중에 절규하는 소리가 들렸다;

memekikkan ① 절규하다, 소리치다; ⓢ meneriakkan; Ia ***memekikkan*** kalimat itu dengan lantang. 그는 그 말을 힘차게 소리쳤다; ② 외치다, 떠벌리다; ⓢ menggembar-gemborkan;

terpekik 갑자기 외치다, 소리치다; Ia ***terpekik*** melihat segerombolan orang tak di kenal datang. 그녀는 알지 못하는 사람들 한 무리가 오는 것을 보고 소리를 질렀다;

pekikan 절규, 외침, 쇳소리; ***Pekikan*** dasyat itu terdengar sampai ke ujung jalan. 그 큰 쇳소리가 길 끝까지 들렸다;

pelaminan (신랑·신부의)좌석, 침상,침대; ⓢ persandingan, tempat tidur; naik **pelaminan** 결혼하다, 혼인하다; Senang rasanya melihat mereka bersanding di ***pelaminan***. 그들이 결혼 좌석에 함께 앉아 있는 것을 보고 기뻤다;

pelampung 부유물 (浮游物), 부표(浮漂), 구명대;

pelan 천천히, 느리게;

pelana (말)안장; ⓢ lapik kuda, alas tungangan; Ia membeli ***pelana*** yang paling bagus untuk kudanya. 그는 말 안장을 가장 좋은 것을 샀다;

berpelana 안장을 얹는; Dia berkuda tanpa ***berpelana***. 그는 안장 없이 말을 탄다;

memelanai 안장을 매다;

pelangi 무지개;

pelatuk (총포의) 방아쇠, 제동기; ⓢ penggerak picu, anak bedil; Tanpa sengaja dia menarik ***pelatuk*** pistol itu sehingga mengenai salah seorang yang berada di ruangan itu. 우연히 그가 권총의 방아쇠를 당겨 방안에 있던 한 사람이

총에 맞았다;

pelepah (야자 등의) 잎;ⓢ tulang daun, tangkai daun nyiur; Mereka menggunakan ***pelepah*** pisang sebagai alas duduk di tanah. 그들은 야자 잎을 땅에 앉는 깔개로 썼다;

berpelapah 잎맥을 갖다, 잎 줄기가 있다;

peleset, **terpeleset** 미끄러지다, 넘어지다;

pelesir (**pelesiran**) ① 소풍, 여행; ⓢ piknik, tamasya; ② 여가 선용, 레저; ⓢ pesiar;

berpelesiran ① 소풍가다, 여행하다; ⓢ melancong,bertamasya; ② 즐기다; ⓢ mencari kesenangan; Kami hendak pergi ***berpelesiran*** ke Bali. 우리는 발리로 여행할 예정이다;

pelet ① 마법,마력;② 혀를 내미는;

memelet (조롱할 때) 혀를 내밀다;

pelihara 지키다, 돌보다; ⓢ jaga, rawat;

memelihara ① 보호하다, 돌보다, 소중히 여기다, 간호하다; ⓢ menjaga, merawat; **memelihara** kesehatan badan 건강을 지키다; **memelihara** anak bini 처자를 돌보다; **memelihara** si sakit 환자를 간호하다; ② 기르다, 양육하다, 사육하다; ⓢ mendidik; **memelihara** anak-anak yatim 고아들을 양육하다; ③ 유지하다, 보존하다; Orang ***memelihara*** alam dengan baik. 사람은 자연을 잘 보존하여야 한다; ⓢ menyimpan, melindungi; ④ 경작하다, 개간하다;ⓢ mengolah; **memelihara** sawah ladang 전답을 경작하다; ⑤ (가축을)기르다; ⓢ menernakkan; **memelihara** ayam 양계를 하다; ⑥ 소유하다; ⓢ mempunyai; **memelihara** gundik 종을 두다,첩을 두다; ⑦ (머리,·수염을)기르다;ⓢ **memelihara** janggut 턱수염을 기르다; **memelihara** lidah 말조심하다; **memelihara** mulut 입조심하다; Kita harus pandai ***memelihara*** hubungan dengan orang lain. 우리는 다른 사람과의 관계를 원만히 유지 해야 한다;

memeliharakan 보호하다,방어하다, 조심하다; **memeliharakan** lidah 입조심하다;

pemelihara ① 보호자, 양육자; ② 재배자, Sebagai ***pemelihara*** tanaman hias, dia sangat memperhatikan keindahan lingkungannya.그는 관상식물 관리자로서 환경이 아름답도록 아주 신경을 쓴다;

pemeliharaan ① 보호, 간호; ② 양육,사육,재배, Biaya ***pemeliharaan*** binatang itu sangatlah tinggi. 그 동물의 사육에 비용이 아주 많이 든다; ③ 유지, 보존;

terpelihara 지켜지다,간호하다, 가꾸어지다; ⓢ terjaga; Tanaman itu tampak ***terpelihara*** dengan sangat baik. 그 식물은 아주 잘 보살펴지고 있는 것으로 보였다;

peliharaan ① 보호물, 간호 대상; Hewan ***peliharaan***nya itu masih amat liar. 그 기르는 가축은 아직 사납다; ② 여자,안주인; ③ 애완동물;

pelik ① 특별한, 특수한; ⓢ aneh, tidak biasa; ② 현저한, 저명한; ⓢ terkenal,penting; ③ 복잡한,뒤얽힌; ⓢ rumit,sulit; Masalah itu menjadi *pelik* akibat perkataannya tempo hari. 그 문제는 지난 날의 얘기로 복잡하게 되었다; ④ 아름다운, 훌륭한; ⓢ indah;

kepelikan 특색,특성, 곤란, 어려움; ⓢ keanehan, kesulitan; Akhir dari *kepelikan* masalah ini tergantung pada tindak lanjutnya. 이 문제의 특성상 결과는 향후 사태에 달려있다,

pelintir, memelintir ① 비틀다; ⓢ memutar hingga terpilin; Anak yang besar *memelintir* anak yang lebih kecil.큰 아이가 더 작은 아이의 손을 비틀었다; ② 감다; ⓢ memilin;

memelintir 계속해서 비틀다;

terpelintir ① 비틀린; ② 비틀 수 있는;

pelintiran ① 비틀기; ② 위경련;

pelit 인색한, 구두쇠의; ⓢ kikir; Orang itu memang terkenal sangat *pelit* terhadap orang lain.그는 물론 다른 사람에게 아주 인색한 것으로 유명하다;

pelita 등불, 발광체, 전등, 횃불; ⓢ lampu, obor, cahaya;

pelopor ① 개척자, 선구자, 선봉; ⓢ orang yang pendahulu, penganjur; Kakek moyangnya adalah *pelopor* kemerdekaan di negara kita. 그의 선조 할아버지는 우리나라의 독립 유공자이다;②정찰병,척후,수색병; ⓢ pasukan perintis;③ 전위,선도자; ⓢ perintis jalan;

mempelopori ① 앞서 가다; Atlet kami *mempelopori* sedikit lebih maju. 우리 선수가 조금 앞서 가고 있다; ② 인도하다,지도하다; ③ 개척하다;ⓢ merintis jalan; Yang *mempelopori* hutan itu adalah orang Korea.그 밀림을 개척한 사람은 한국인이다;

kepeloporan 선도, 지도, 개척;

pelosok 오지, 구석, 외딴곳;

peluang ① 기회,호기; ⓢ kesempatan,kelapangan;② 평온,안정,평정; ⓢ berhenti, sanggang; **peluang emas** 좋은 기회; Jangan kau sia-siakan *peluang* emas itu. 이 황금같은 기회를 헛되게 하지 말아라;

berpeluang 기회를 갖다; Mereka masih *berpeluang* menjuarai pertandingan itu. 그들은 아직 그 경기에서 승리할 기회가 있다;

peluk 포옹,껴안음;ⓢ dekap;**peluk cium** 껴안고 키스하다;

berpeluk 껴안다, 얼싸안다; duduk berpeluk lutut 무릎을 껴안고 안다;

berpelukan 서로 껴안다,서로 포옹하다;ⓢ berdekap;**berpelukan** lutut; ① 무릎을 껴안고 앉다; ② 아무 것도 하지 않다; Mereka saling *berpelukan* melepas rindu. 그들은 서로 포옹하며 그리움을 풀었다;

memeluk ① 포옹하다,껴안다; Pria itu *memeluk* pacar. 그 남자는 애인을 안았다; ② (교의를) 받들다, 신봉하다;ⓢ menganut; Mereka telah *memeluk* agama Islam selama beberapa tahun belakangan ini.
그들은 몇 년 전부터 이슬람 종교에 귀의하고 있다;

pemeluk ① 포옹자; ②신자,종교의 신봉자;**pemeluk** agama 신자,종교의 신봉자; ⓢ penganut (agama); **pemeluk** dunia 욕심장이; Sebagai sesama *pemeluk* agama, kita harus

saling menghormati. 똑같이 종교를 갖고 있는 사람으로서 우리는 상호 존중하여야 한다;
pelukan 포옹, 껴안음; ⓢ hal memeluk; Dia telah kembali ke ***pelukan*** orang tuanya. 그는 이미 부모의 품으로 돌아갔다;
pelupuk 덮게; ⓢ kelopak; **pelupuk** mata 눈꺼풀; Terbayang di ***pelupuk*** matanya peristiwa menyedihkan itu. 그 슬픈 사건이 눈에 떠올랐다;
pematang ① 둑길, 제방; ⓢ tanggul, tambak; Anak-anak pergi ke sekolah lewat ***pematang*** sawah. 학교가는 아이들은 둑길로 걸어 다녔다; ② 동급 (同級); ⓢ sama derajat; **pematang** jalan 보도, 인도; **pematang** sawah 논둑길;
pemimpin 지도자, 안내자; ☞ pimpin; Sikapnya harus mencerminkan jiwa seorang ***pemimpin*** yang disegani. 그의 태도는 위엄을 갖춘 지도자로서의 정신을 보여 주어야 한다;
pemuda 청년, 젊은이; **pemuda** pemudi 청춘 남녀; ☞ muda;
penasaran 궁금한,알고싶은;Kami sangat ***penasaran*** dengan akhir kisah cinta itu. 우리는 그 사랑 애기의 마지막이 아주 궁금하다;
penat 지친, 피로한, 권태로운; ⓢ lelah, letih,capek,lesu; Dia sangat ***penat*** dengan olah raga. 그는 운동으로 무척 피로하다; **penat** lelah 지칠대로 지친;
berpenat-penat 열심히 일하다, 수고하다;
memenatkan 피로하게 만들다, 괴롭히는;
kepenatan ① 지친,피로한,피곤한; ② 피로, 권태; ⓢ kelelahan, kelesuan; Kami hendak pergi ke pantai untuk melepaskan ***kepenatan*** dalam bekerja. 우리는 일의 피로를 풀기 위해 해변에 갈 예정이다;
pencet 압착한,눌러 터뜨린,부서진. ⓢ pijit, gencet;
memencet 압착하다,눌러 터뜨리다,(벨을)누루다; ⓢ memijit, menekan, menggencet; Anak itu ***memencet*** balon. 그 아이는 풍선을 눌러 터뜨리었다;
pencil ① 격리된, 고립된; ⓢ tersaing,terpisah; ② 적막한, 쓸쓸한, 한적한; ⓢ tenang, sunyi;
memencil ① 떨어지다, 고립되다; ⓢ menyendiri; ② 동떨어지다, 외지다; Mereka tinggal ***memencil*** di tengah hutan sawah. 그들은 멀리 숲 속의 논에 떨어져 살고 있다;
memencilkan 분리시키다, 격리하다;ⓢ menjauhi,menghindari;**memencilkan** diri 이탈하다, 떨어져 나가다;
terpencil 격리된, 쓸쓸한, 한적한; ⓢtersendiri,terasing;Mereka tinggal di daerah ***terpencil*** di Sumatera. 그들은 수마뜨라의 오지에서 살고 있다;
keterpencilan 고립, 격리;
pendam, memendam ① 파묻다; ⓢ menanamkan; Lelaki itu ***memendam*** pistol di tanah. 그 남자는 총을 땅에 묻어 숨겼다; ② (비밀 등을)감추다,숨기다; ⓢ menyimpan,

menyembuyikan; Dia ***memendam*** rahasia terhadap istri. 그는 아내에게 비밀을 숨겼다; **memendam** diri 숨다, 잠적하다; Dia sesudah ***memendam*** diri, banyak orang yang mencarinya. 그가 잠적한 후에 많은 사람들이 찾아 나섰다;

terpendam ① 숨겨진,감춘,은폐한 ⓢ tersembunyi;Wanita itu ***terpendam*** didalam hatinya.그녀는 자신의 마음 속을 털어 놓았다; ② (가슴속에)품은;ⓢ terkandung; ***Terpendam*** harapnya sukses sebagai penulis buku cerita.그는 소설가로 성공하고 픈 야망을 품고 있다;③묻힌;ⓢ tertanam; mencari harta **terpendam** 땅 속에 묻힌 재물을 찾다;

pendaman 숨겨놓은 것, 은폐물;

pendek ① 짧은; Dia memakai celana ***pendek***. 그는 짧은 바지를 입었다; ② 작은, 작달막한; Anak itu tingginya lebih ***pendek*** dari pada teman-temannya. 그 아이의 키는 친구들 보다 작다; ③ 잠시; ④ (말이) 간결한,짧은; **pendek** akal (지식이) 미천한, 좁은, 짧은; **pendek** kata 요컨대, 한 마디로 말하면;**pendek** pikiran 생각이 짧은; **pendek** umur 단명한;

memendek 짧아지다,줄이다; Daftar peserta ini bisa ***memendek*** karena banyak yang mengundurkan diri. 이 참가자 명단은 많은 사람들이 취소하여서 줄 수가 있다;

memendekkan 줄이다,단축하다; ⓢ mengurangi,meringkaskan, memotong,; Hal itu dilakukan untuk ***memendekkan*** waktu acara ini. 그 일은 이 행사 시간을 줄이기 위해 취해졌다;

kependekan ①약어,축어;ⓢsingkatan; ② 단축, 간략, 요약; ⓢ ringkasan, ikhtisar; Cerita dalam buku ini adalah ***kependekan*** dari cerita aslinya. 이 책의 내용은 원래 얘기를 줄인 것이다;

pendekar ① 무사, 무술인; ② 용감한 사람, 영웅; ⓢ jagoan, pahlawan;

pendeta ① 목사,율법사; ⓢ imam, pastor; ② 학자; ⓢ ulama, pertapa; ③ 현인(賢人);**pendeta** Yahudi 랍비; Ayahnya ialah seorang ***pendeta*** yang amat dihormati di desa ini. 그의 아버지는 이 마을에서 아주 존경 받는 목사이다;

pengantin 신랑, 신부; ⓢ mempelai; **pengantin** baru 신혼 부부; Yang menempati rumah baru itu adalah sepasang ***pengantin*** baru. 그 새 집에 거주하게 된 것은 신혼 부부이다;

berpengantin ① 신랑(신부)이 되다; ⓢ menjadi pengantin; ② 결혼식을 올리다;

pengaruh 영향, 위력, 권세, 작용; ⓢ daya, kekuatan gaib, kekuasaan, kewibawaan, kemampuan, akibat, reaksi; Keluarganya masih memiliki ***pengaruh*** yang cukup kuat disini. 그의 가족은 여기에서 아직 충분한 영향력이 있다;

berpengaruh ① 영향을 끼치다; Agama budha ***berpengaruh*** pada kebudayaan Korea. 불교는 한국의 문화에 영향을 끼쳤다; ② 세력이

있다,유력하다;ⓢ berkuasa, kekuasaan; Ia *berpengaruh* menang dalam pemilihan kali ini. 그는 이번 선거에 당선이 유력하다;

mempengaruhi 영향을 끼치다, 좌우하다, 움직이다; Perbuatan itu bisa *mempengaruhi* orang lain untuk berbuat yang sama. 그 행위는 다른 사람들에게 같은 행위를 하도록 영향을 줄 수가 있다;

terpengaruh 영향을 받은, ~의 영향하에 있는; Jangan sampai kita *terpengaruh* pada hal-hal yang tak baik. 우리가 좋지 않은 일들에 영향을 받지 않도록 해야 한다;

pengasih ① 자애로운; ② 증여;

penggal ① 덩어리, 조각; ② 권, 단편;

memenggal 자르다, 조각내다;

sepenggal 한 조각;

terpenggal 잘린, 조각난;

penghulu ① 촌장, 족장, 이장; ⓢ kepala adat, kepala suku, lurah; ② 주례,회교 사원의 장;ⓢ imam,kepala agama,; Ayahnya berlaku sebagai *penghulu* di upacara pernikahan itu. 그의 아버지는 그 결혼식에 주례로 행사했다;

pengki 휴지통, 쓰레기통;

pening ① 머리가 어지러운,현기증 나는; ⓢ pusing kepala; ② 당황한; ⓢ bingung; **pening** pikat 다소 어지러운, 어지러운 듯한;

memeningkan ① 골치가 아프다; ② 당황하다; **memeningkan** kepala 당황하다;

kepeningan ② 현기증, 당황;

penjara, 감옥, 교도소, 형무소;

memenjara ① 투옥하다, 감옥에 집어 넣다;ⓢ mengurung;②(욕망을) 억제하다; **memenjara** hawa nafsu 욕망을 억제하다;

terpenjara 투옥된; Hidupnya bagai *terpenjara* di sangkar emas. 그의 생활은 금조롱 안에 갇힌 것과 같았다;

penjuru 구석,모퉁이,코너; ⓢ pojok,sudut;**penjuru** angin; (나침판의) 방위;

pensiun ① 퇴직; ② 연금;

pensiunan 연금 생활자, 퇴직자;

pentas 무대; ⓢ panggung;

berpentas 공연하다;Akhir minggu ini grup teater kami *berpentas* di gedung kesenian. 이번 주말에 우리 극단은 예술의 전당에서 공연을 합니다;

mementaskan 공연하다, 무대에 올리다;ⓢ mempertunjukkan,mempertontonkan;Malam ini kami akan *mementaskan* drama di gereja. 우리는 오늘 밤에 교회에서 연극을 공연할 예정이다;

pementasan 전시, 공연;

penting ① 으뜸의,탁월한; ⓢ pokok, utama; Bakti anak-anak itu terhadap orangtua adalah *penting*. 아이들이 부모에게 효도하는 것은 아주 중요하다; ② 중요한,꼭 필요한; ⓢ amat berharga, amat berguna; Bagi orang yang paling *penting* ialah kesehatan.사람은 건강이 제일 중요하다; ③중요한 위치에 있는, 요긴한; Posisinya ialah orang sangat *penting* di dunia perlukisan. 그는 미술계에서 아주 중요한 위치에 있는

인물이다;

mementingkan ① 강조하다, 역설하다;②주목하게 하다;③중요시하다;

kepentingan ① 중요,가치,필요성; ⓢ keperluan; ② 흥미, 관심, 사리,

berkepentingan 이해관계가 있는; yang **berkepentingan** 이해관계자; Selain yang ***berkepentingan*** di larang masuk ke ruangan ini. 중요용건이 없는 사람은 이 방의 출입을 삼가하십시요;

terpenting 가장 중요한, 가장 필요한; Ini adalah bagian ***terpenting*** dari acara ini. 이것은 이 행사에서 가장 중요한 것이다;

pentung 곤봉, 방망이;

mementung 방망이로 치다;

penuh ① 가득 찬, 꽉 찬; ⓢ padat; Tempat wisata itu ***penuh*** dengan pengunjung. 그 유흥지는 사람들로 가득 찼다; ② 대단히 많은; ⓢ banyak sekali; ③ 충분한, 충족한; Dia kehuidupannya sedang ***penuh***.그는 충족한 생활을 하고 있다; ④ 완전한, 완벽한; ⓢ pepak, sempurna; Dia menyelesaikan dengan ***penuh***, hal yang sukar itu. 그 어려운 일을 그는 완벽하게 처리했다; **penuh** harapan 큰 기대,많은 기대; **penuh** ketakutan 대단히 걱정되는; **penuh** montok 모양 좋은; **penuh** padat 꽉 들어찬, 빽빽한; penuh sesak, **penuh** tumpah 가득한;

memenuhi ① 채우다; ⓢ mengisi, mencukupi, memadai; Ia terpaksa menjual tanahnya untuk ***memenuhi*** kebutuhan hidup keluarganya. 그는 가족의 생계를 위해 할 수 없이 땅을 팔았다; ② (의무 등을) 완수하다, 이행하다; ⓢ menyampaikan, meluluskan; Ayahnya itu ***memenuhi*** janjinya terhadap anaknya. 그 아버지는 아들과 약속을 잘 지킨다; ③ 응하다, 충족시키다; ⓢ melengkapi, menempati;

pemenuhan 완수, 이행, 충족;

sepenuh ① 모두, 전부, 전체의; ⓢ semua, seluruh; Ia mengasihinya dengan ***sepenuh*** hatinya. 그는 모든 마음을 다해 그녀를 사랑하였다; ② 최대한, 성심성의껏; ⓢ segenap,selengkap; Ia siap melaksanakan tugas itu dengan ***sepenuh*** jiwa raganya. 그는 온 성심을 다해 그 일을 했다;

sepenuhnya 전적으로, 완전히; ⓢ selengkapnya,segenap; Para hadirin setuju ***sepenuhnya*** terhadap pendapatnya.그의 의견에 모든 참석자가 전적으로 동의했다;

terpenuhi 충족된, 이행된, 완수된; ⓢ terkabul, dilaksanakan, diluluskan; Semua doanya sudah ***terkabul***. 모든 그의 기도가 성취되었다;

pepatah 속담, 격언;

perabot 용구,세간,부속품;ⓢ alat, bagian, mebel; **perabot** mobil 자동차 부품; **perabot** rumah 가구; Mereka sedang membeli ***perabot*** untuk mengisi rumah mereka. 그들은 집에 넣을 가구를 사고 있다;

memperaboti 가구를 설치하다,갖추다;

perabotan 용구, 기구, 세간, 부품; Sebagian besar ***perabotan*** itu terbuat dari kayu jati.그 가구들의 대부

분은 자띠 나무로 만들어져 있다;

peraga ① 멋쟁이; ⓢ pesolek; ② 시청각 교재; alat-alat **peraga** 교육 보조 기재, 시청각 교재;

memperagakan 보여주다,전시하다; ⓢ memperlihatkan; Ia ***memperagakan*** rancangan pakaian koleksi musim dingin. 그는 겨울 옷 디자인을 선보였다;

peragawan (남자)모델; Sekarang ia sudah menjadi seorang ***peragawan*** terkenal. 그는 유명한 남자 모델이 되었다;

perah,memerah 짜다, 압착하다, 쥐어짜다; ⓢ memijit, memeras; Ibunya ***memeras*** jeruk lemon di makanan. 어머니는 음식에 레몬을 짜넣었다; Kerjanya hanya ***memerah*** hasil kerja orang lain saja. 그의 일은 그저 다른 사람을 착취하는 것뿐이다;

memerah otak 머리를 쥐어짜다, 열심히 공부하다; Pekerjaan ini sangat ***memerah*** tenaga dan pemikiran kita. 이 일은 우리의 모든 지력과 노력을 쏟았다;

pemerah (sapi) 젖 짜는 사람, 착유기;

pemerahan 압착, 착유; Ia memiliki tempat ***pemerahan*** susu sapi yang sangat luas. 그는 매우 넓은 착유장을 갖고 있다;

perahan 우유, 짜낸 것; Ini adalah santan hasil ***perahan*** dari air parutan kelapa. 이게 야자를 갈아 짜고 얻은 산딴이다;

perahu (작은)배;ⓢ kapal,sampan. **perahu** motor 발동기선, 모터 보우트; **perahu** pendarat 상륙용 주정; **perahu** pesiar 유람선; **perahu** tambang 나룻배,연락선; Kami menyeberang sungai Musi dengan ***perahu*** kecil. 우리는 무시 강을 작은 조각배로 건넜다;

berperahu 배를 타다;

prajurit ① 군인, 사병; ② 영웅, 용감한 사람;

perak 은(銀); Ia berhasil merebut medali ***perak*** di kejuaraan itu. 그는 그 시합에서 은메달을 땄다;

memerak 은백색의, 은처럼 하얀;

keperakan (머리카락 등이) 백색의, 은백색의;

keperak-perakan 은백색의;

peram, memeram (비둘기가)구우구우하고 울다;

peran ① 연극 배우; ⓢ pemain sandiwara; ② 등장인물, 배역; ③ 역할; **peran** utama 주인공, 주연배우; **peran** watak 특성; Ia mendapat ***peran*** utama dalam film itu. 그는 그 영화의 주연을 맡았다;

berperan ① 역(役)을 맡다; Dia ***berperan*** sebagai artis yang jahat. 그는 악역 배우다;② ~로서 행동하다, 역할을 하다; Orang itu ***berperan*** sebagai pelerai pertengkaran politik kedua partai itu. 그 사람은 두 당의 정쟁을 중재하는 역할을 했다;

memerankan 역할을 하다, 역을 해내다; ⓢ memainkan,melakonkan, melakukan; Ia ***memerankan*** tokoh penjahat dalam drama itu. 그는 그 드라마에서 악역을 맡았다;

pemeran ① 배우 ② 역할, 수행자; **pemeran** pembantu 조연 배우; **pe-**

meran sulihan 대역 배우; pemeran tambahan 엑스트라;pemeran utama 주인공;

pemeranan 배역, 역할;

peranan 역할,구실; ⓢ lakon; Mereka memegang *peranan* penting di perdamaian itu. 그들은 그 평화 협정에서 중요한 역할을 하였다;

perang ① 적, 적대국; Kedua negara sudah lama terlibat dalam hubungan *perang*. 두 나라의 적대 관계는 오래되었다; ② 전쟁; Dulu di Eropa sudah ada *perang* agama selama 100 tahun. 옛날 유럽에서는 100 년 동안 종교 전쟁이 있었다; ③ 싸움, 충돌; ⓢ perkelahian; **perang** asabat 신경전; **perang** asap 모의전, 대연습; **perang** biologis 세균전; **perang** dingin 냉전; **perang** dunia 세계대전; **perang** gerilya 게릴라전 **perang** kimia 화학전; **perang** mulut 언쟁, 입씨름; **perang** salib 십자군 전쟁,성전;**perang** urat saraf 신경전; **perang** saudara 내란, 동족상쟁; **perang** tanding 결투;

berperang 전쟁을 수행하다, 전투를 하다;**berperang** hati 당황한, 걱정되는; Saat ini ia tengah *berperang* dengan batinnya sendiri. 지금 그는 자신과 싸움을 하고 있다;

memerangi ① ~와 싸우다;② ~와 대항하다, 근절하다; ⓢ membasmi, melawan;Kita semua wajib *memerangi* kejahatan. 우리는 모든 악과 투쟁해야 할 의무가 있다;

memerangkan ① 도전하다; ② ~을 위하여 싸우다;

peperangan 전쟁, 전투; Ayahnya tewas dalam *peperangan* melawan penjajah. 그의 부친은 식민 통치자들과의 투쟁에서 돌아가셨다;

perang-perangan 모의전, 대연습; Adik senang bermain *perang-perangan* bersama kawan-kawannya. 동생은 친구들과 전쟁놀이하기를 좋아한다;

berperang-perangan ① 모의전을 하다; ② 전쟁놀이를 하다;

perangai ① 기질, 성격, 성질; ⓢ watak; ② 태도, 행동; ⓢ tingkah laku;*Perangai*nya sudah sedemikian parah buruknya sehingga susah untuk dibenahi. 그는 이미 성격이 나빠져 있으서 고칠 수가 없다;

perangkap ①함정,유혹,올가미; ⓢ penjerat,jebak;Kami sudah menyiapkan *perangkap* untuk menjebaknya. 우리는 그를 유인하기 위한 함정을 준비하였다; ② 속임수, 사기; ⓢ tipu muslihat;

terperangkap (비 등을) 맞다, 당하다, 사기당하다; Dalam perjalanan pulang kami *terperangkap* dalam hujan badai. 돌아오는 길에 우리는 큰 비를 만났다;

perangkat 장비, 용구, 장구;

seperangkat (물건의) 한 셑, 한 벌; ⓢ selengkap (pakaian);

perangko 우표;

peranjat, **terperanjat** 놀란, 깜짝 놀란, 질겁을 한; ⓢ terkejut, kaget; Ia *terperanjat* saat mendapati rumahnya dibobol maling.그는 도둑이 집에 들었다는 것을 알았을 때 매우 질겁을 하였다;

peras, **memeras** ① 누르다, 압착

하다, 쥐어 짜다; ⓢ menekan, menindas; ② 이익을 취하다; ⓢ mengambil untung banyak; Ia *memeras* dari orang-orang yang meminjam uang padanya. 그는 그에게 돈을 빌리는 사람들을 착취하였다;③ 약탈하다, 갈취하다; ⓢ merampas; **memeras** keringat 열심히 일하다; **memeras** otak 골돌히 생각하다;**memeras** tenaga 열심히 일하다;Kegiatan ini amat *memeras* otak dan tenaga kita. 이 활동은 우리의 모든 노력을 쏟았다;

pemeras ① 압착기, 프레스; ② 착취자;

pemerasan ① 누름, 압착; ② 약탈, 갈취, 착취; ③ 젖을 짜냄; Peristiwa *pemerasan* ini wajib dilaporkan kepada polisi.이 착취 사건은 경찰에 고발해야 한다;

perasan 우유,짜낸 것; ⓢ perahan;

perawan ① 처녀, 소녀; ⓢ anak dara, gadis; ② 순결한, 숫처녀의; ⓢ masih murni; ③ 처녀림의; ⓢ belum digarap; **perawan** kencur 처녀, 성숙한 여자; **perawan** tua 노처녀;

memerawani 처녀성을 잃게 하다;

keperawanan 처녀성, 순결, 동정; Dia telah merenggut paksa *keperawanan* anak kecil itu. 그는 그 어린 아이의 순결을 강제로 빼았았다.

perban 붕대; ⓢ pembalut, pembebat; Lukanya sudah dibalut kuat dengan *perban*.그의 상처는 붕대로 단단히 감았다;

memerban 붕대로 감다; ⓢ membalut;

percaya 믿다, 신뢰하다; **percaya** angin 헛된 희망;

mempercayai 믿다, 신뢰하다; Jangan mudah *mempercayai* cerita itu. 그 얘기를 쉽게 믿지 말아라;

mempercayakan 맡기다, 위임하다; Mereka *mempercayakan* soal pengelolaan usaha ini pada keluarga kami. 그들은 우리 가족에게 이 사업을 경영하는 것을 맡겼다;

kepercayanan ① 믿음,신뢰,신용; Mereka sudah menyalahgunakan *kepercayaan* yang telah kita berikan. 그들은 우리가 준 믿음을 악용하였다; ② 신앙; ③ 의지, 기대, 의존;

percik 반점, 얼룩; ⓢ recik, semburan, pancaran;

memercik (물·불 등이)튀다,조금씩 뿌리다; Dari jauh terlihat ada api yang *memercik* dari kabel itu. 멀리서도 그 전선의 불꽃이 튀는 것이 보였다;

memercikan ~을 끼얹다, 뿌리다; Alat itu *memercikan* api ke lantai. 그 도구는 바닥에 불꽃을 튀겼다;

percikan 튀긴 것, 흩뿌린 것; ⓢ renjisan; Tangannya luka terkena *percikan* api. 그의 손이 불꽃에 의해 상처를 입었다;

perdana 제일,처음,맨 먼저; Kami akan menghadiri pemutaran *perdana* film layar lebar ini. 우리는 이 시네마스코프 영화 시연회에 참석할 예정입니다;

perdata 민사,민법;ⓢ sipil;hukum **perdata** 민법(民法);Mereka digugat secara *perdata* oleh keluarga itu. 그들은 그 가족들에 의해 민사 소송

이 걸렸다;

memperdatakan 판결하다, 선고하다;

perempuan ① 여자, 여성; ⓢ wanita; ② (동물의) 암컷; ⓢ betina; **perempuan** cabul 매춘부; **perempuan** jalan 매춘부;**perempuan** lacur 창녀; **perempuan** nakal 창녀; Anak ***perempuan***nya lahir minggu lalu. 그의 딸이 지난 주에 출생하였다;

keperempuanan 여성, 여성적임; Sifatnya seperti ***keperempuanan*** saja. 그의 성격이 꼭 여자같다;

pergi ① 가다; ⓢ berjalan ke; Dia ***pergi*** ke Korea tanpa bicara. 그는 아무 말없이 한국으로 가버렸다; ② 출발하다,떠나다; ⓢ berangkat,meninggalkan; Dia sudah ***pergi*** tapi tidak bisa lupa. 그는 이미 떠났지만 잊을 수가 없다; ⓢ menghilang, habis; Banyak orang pergi dari kampung halamannya. 많은 사람들이 고향을 떠났다; **pergi** haji 성지 순례를 가다;

bepergian 여행을 떠나다, 여행가다; ⓢ bertamasya; Minggu lalu kami ***bepergian*** dengan bus.지난주에 우리는 버스로 갔습니다;

kepergian ① 출발, 떠남; ⓢ keberangkatan;***Kepergian***nya ke luar negeri membuat kami sedih. 그의 출국은 우리를 슬프게 했다;② 여행, 유람;ⓢperjalanan;③사망,서거,죽음; ⓢ meninggal dunia, mati; ***Kepergian***nya membuat kami teramat kaget. 그의 죽음은 우리에게 많은 충격을 주었다 ;

pergok ① 마주치다,우연히 만나다; ② 잡히다, 붙들리다;

peribahasa 속담, 금언, 교훈; ⓢ bidal, pepatah;

perihal ① 사정; ② 문제, 사건, (작문에서) 제목; ③ ~에 관하여; Kami menyampaikan surat ***perihal*** kebijakan disiplin lalu lintas yang baru. 우리는 새로운 교통 질서 대책에 관한 공문을 전달했다;

periksa 조사, 검사, 검열; ⓢ selidiki; **periksa** mayat 검시 (檢屍);

memeriksa ① 조사하다,검사하다; ⓢ mengamati,meneliti; ② 통제하다, 조정하다; ⓢ mengkontrol, mengawasi; Mereka sedang ***memeriksa*** laporan keuangan perusahaan ini. 그들은 이 회사의 재무 보고를 검사중이다; ③ 검열하다, 살피다, 심사하다;ⓢ mengusut,menanyai; Polisi sedang ***memeriksa*** para tersangka. 경찰은 모든 용의자를 조사하고 있다

memeriksakan ① 조사해 주다; Ayahnya ***memeriksakan*** diri ke rumah sakit. 그의 부친은 병원에서 검사 받고 있다; ② 검사를 요구하다;

pemeriksa ① 검열관, 조사자; ② 힐문자, 반대 심문자;

pemeriksaan ① 조사, 검사, 조회, 심사,검열; ⓢ penyelidikan,penelitian; Dia sedang menjalani ***pemeriksaan*** intensif di kantor polisi. 그는 지금 경찰서에서 강도 높은 조사를 받고 있다; ② 반대 심문, 힐문; ⓢ pengusutan;

periksaan 심려, 배심;

perilaku 행위, 처신, 행실;

peringkat 등급, 지위, 계급,신분; ⓢ tingkat; Hasil ujiannya berada di*peringkat* teratas. 그의 시험 성적은 최상위에 있다;

perintah ① 지시,분부; ⓢ suruhan; ② 명령,지휘; ⓢ aba-aba, komando; ③ 명령 하달;

memerintah ① 명령하다,지시하다, 분부하다; ⓢ menyuruh; ② 통치하다, 지배하다; ⓢ menjajah, menguasai, mengurus; ③ ~에게 지시하다; Bosnya itu ***memerintah*** pekerjaan yang penting kepada karyawannya. 그 사장은 직원에게 중요한 일을 지시했다; ④ 감독하다, 관리하다; ⓢ membawahkan; Ia sedang ***memerintah*** pekerjaan membuat jalan. 그는 도로 공사를 감독하고 있다;

memerintahkan 명령하다, 지시하다;ⓢ menyuruhkan; Bos ***memerintahkan*** kita supaya segera membuat laporan kegiatan yang lalu. 사장은 우리에게 지난 활동에 대한 보고서를 빨리 만들도록 지시하였다;

pemerintah ① 내각; ⓢ kebinet; ② 국무위원; ③ 행정부; Masalah tenaga kerja itu tak bisa di selesaikan oleh ***pemerintah***. 그 노동 문제는 행정부에서 처리할 수가 없다; ④ 정부; **pemerintah** Korea 한국정부; ⑤ 국립; ⓢ negara, negeri; ⑥ 지배자, 통치자; ⓢ pengelola;

pemerintahan ① 정치, 행정; ② 통치, 지배; **pemerintahan** daerah 지방 행정; **pemerintahan** negara 중앙행정; **pemerintah** presidential 대통령 책임제(정부); **pemerintah** sementara 임시 내각; **pemerintah** sipil 문민정부;

periode 기간,시대,세대,단계,주기, 과정; ⓢ masa, jangka waktu;

perisai 방패, 보호구, 총알받이; ⓢ penangkis senjata, tameng; Ia memakai benda itu untuk ***tameng***. 그는 그 물건을 방패로 사용하였다;

peristiwa ① 사건, 사태, 쟁점; ⓢ kejadian,perkara;***Peristiwa*** Madiun 마디운 사건; ② 어느 사건 (일)에; ⓢ pada suatu kejadian; sekali **peristiwa** 전번에,한번은,옛날에(이야기의 서두에); **peristiwa** hukum 법 집행상의 쟁점; **peristiwa** hukum pemidanaan 형사법상의 사건;**peristiwa** sejarah 역사적 사건;Semoga ***peristiwa*** serupa tak terulang lagi.유사한 사건이 다시 일어나지 않기를 바란다.

periuk 솥; ⓢ kuali, tempat masak; Di dalam ***periuk*** ada air yang sedang mendidih. 그 솥에는 물이 끓고 있다;

perkakas 연장, 도구, 기구, 기재, 재료, 용구; ⓢ alat, perabot; **perkakas** dapur 주방 기구; **perkakas** makan 식기류; **perkakas** perang 전투 장비(대포,소총 등); **perkakas** rumah 가구; **perkakas** tenun 직기(織機);

perkakasan 연장,도구, 기구, 기재, 재료, 용구; ⓢ peralatan, perabot;

perkara ① 일, 문제; ⓢ masalah, persoalan; Kedua orang itu sudah menjauh karena ***perkara*** itu. 그 문제로 두 사람은 사이가 멀어졌다; ② 업무, 소관; ⓢ urusan; Ia terlibat dalam ***perkara*** besar itu. 그는 그 큰 사건에 연루되었다; ③ 사건; ⓢ tindak pidana; ***Perkara*** itu membuat polisi repot. 그 사건은 경찰들을 바쁘게 했다; ④ 사건에 관한, ~에 관한; ⓢ tentang hal,mengenai; Jangan membicarakan lagi ***perkara*** yang telah lalu. 지난 일에 대해서는 더 이상 말하지 말자; ⑤ ~때문에; ⓢ karena;Persahabatan kedua lelaki menjadi jauh karena ***perkara*** perempuan. 그 두 남자의 우정은 여자 때문에 멀어졌다; **perkara** sipil 민사 소송;

memperkarai 고소하다;

memperkarakan 소송을 제기하다, 고소하다, 문제를 제기하다; ⓢ mengadukan,mempersoalkan; Mereka yang terlebih dahulu ***memperkarakan*** masalah ini. 그들이 먼저 이 문제의 소송을 제기했습니다.

perkasa ① 용감한,용맹한,대담한 ⓢ gagah berani; ② 힘있는,세력있는; ⓢ kuat, berkuasa;

keperkasaan ① 용감, 용맹, 대담; ⓢ kegagahan,keberanian; Penampilannya itu sungguh mencerminkan ***keperkasaan***. 그의 용모는 정말로 용맹을 상기시킨다; ② 힘, 세력, 권력,위력; ⓢ kekuatan, kekuasaan;

perkosa ① 강제적으로, 힘으로; ⓢ paksa;② 강제,힘; ⓢ kekerasan;

memperkosa ① 폭행하다, 강간하다; ⓢ menggagahi; Ia dituduh ***memperkosa*** gadis itu.그는 그 소녀를 강간하여 고발 당했다; ② 강제로 깨다, 공격하다; ⓢ menundukkan, menggagahi, memaksa;

perkosaan 폭행,강간,강탈; ⓢ penggagahan,paksaan;Peristiwa ***perkosaan*** itu terjadi pada malam hari. 그 강간 사건은 그날 밤에 일어났다;

perlahan ① 느린, 완만한; ⓢ lambat-lambat, tak tergesa-gesa; Dia melakukan semua pekerjaan itu dengan amat ***perlahan***. 그는 그 일을 아주 천천히 했다; ② 낮은 목소리; ⓢ lembut;

perlahan-lahan ① 느리게, 천천히; Dengan ***perlahan-lahan*** ia berusaha mendekati kucing itu. 그는 살금 살금 그 고양이에게 접근했다; ② 낮은 목소리로;

memperlahan 늦추다, 늦게하다; ⓢ memperlambat;Ia ***memperlahan*** laju kendaraannya. 그는 차의 속도를 줄였다;

memperlahankan 늦추다, 완만하게 하다;.

perlu ① ~해야 하다; ⓢ harus; Kami ***perlu*** mempersiapkan banyak untuk masa depan. 우리는 미래를 위하여 많은 것을 준비해야 한다; ② 중요한; ⓢ penting; Barang ini tidak ***perlu*** dibawa kesana. 이 물건을 거기로 가져갈 필요는 없다; ③ 필요한, 필요로 하는; ⓢ butuh; Kami ***perlu*** uang sedikit untuk membantu teman. 우리는 친구를 돕기 위하여 약간의 돈이 필요하다; ④ ~을 위하여;

memerlukan ① 필요로 하다,필요하다; Ia ***memerlukan*** banyak uang untuk biaya pendidikannya. 그는 그의 교육을 위해 많은 돈이 필요했다; ② 필연의, 피할 수 없는; Saat ini ia sangat ***memerlukan*** kehadiran kita. 지금 그는 우리가 있는 것이

아주 필요하다; ③ 요구하다, 명하다, 필수로 하다; Bahasa Inggris sangat ***diperlukan*** dalam bekerja. 영어는 일하는데 아주 필요한 것이다; ④ (시간이)소요되다; ***Memerlukan*** waktu sampai dia mau mengakuinya. 그가 고백할 때까지는 시간이 필요하다;

keperluan ① 필요, 필연; ⓢ kewajiban, kepentingan,kegunaan; ② 요구,요망; ⓢ keinginan; ③ 중요; ⓢ kepentingan; ④ 의도, 목적; ⓢ maksud,tujuan; Ayah pergi ke Singapura untuk suatu ***keperluan*** bisnis. 아버지는 어떤 사업적인 목적으로 싱가폴에 가셨다; **keperluan** air 농업 용수량; **keperluan** pokok 필수품; **keperluan** primer 기본 필수품;

seperlunya 필요에 따라; Silahkan gunakan barang-barang ini tetapi ***seperlu***nya saja. 이 물건을 사용하시되 필요한 만큼만 사용하십시오;

permadani 양탄자, 돗자리; ⓢ tikar, alas lantai;

permai ① 예쁜,아름다운, 우아한; ⓢ indah, cantik; Hamparan sawah itu tampak ***permai*** sekali. 그 광활한 논은 아름답게 보인다; ② 소중한, 귀중한; ⓢ berharga;

permak 수선한,고친;

mempermak 수선하다, 고치다;

permen 사탕;

permisi ① 허락, 동의; ② 허락을 바라다; ③ 실례하다; Saya permisi dulu. 나 먼저 실례합니다;

pernah (경험) 해보다, 해본 적이 있다; Saya pernah ke Korea. 나는 한국에 가본 적이 있다;

perompak 강도, 해적;

persada ① 단상, 로얄석; ② 휴양소;③ 장소; ⓢ tempat;④ 고향; **persada** tanah air 조국, 모국;

persegi ① 정방형(의); ② 자승; ⓢ kuardat; lima meter **persegi** $5m^2$ ☞ segi;

persekot 선금, 선불, 계약금; ⓢ uang muka, panjar;

persen ① 선물;ⓢ hadiah;② 사례금, 팁; ⓢ uang sirih;

persenan 선물; Malam ini ia mendapat banyak ***persenan*** dari tamu-tamunya. 오늘 밤 그녀는 손님들로부터 많은 선물을 받았다;

persis ① 정확히, 꼭, 정밀하게; ⓢ tepat; Kami janji ketemu jam 12 ***persis***. 우리는 정각 12 시에 만날 약속을 했다; ② 옳은, 틀림없이; ⓢ benar; secara pasti; Dia ***persis*** tidak ada di TKP. 그가 사건 현장에 없었다는 것은 틀림없다; ③ 적중한; ⓢ tepat betul; Lemparan batunya ***persis*** mengenai burung. 그가 던진 돌은 정확하게 새를 맞혔다; ④ 꼭 같은, 빼어닮은; ⓢ serupa; Anak itu tidak ***persis*** ibunya. 그 아이는 어머니를 닮지 않았다;

personil 직원, 조수, 선원, 병사; ⓢ pegawai, anak buah; Salah satu ***personil*** grup musik itu telah mengundurkan diri. 그 음악 그룹의 한 멤버가 그만 두었다;

pertama ① 제 1 의, 첫 번째의; ⓢ kesatu; bab yang **pertama** 제 1 장; ② 처음; ⓢ mula-mula; Dia berkunjung ***pertama*** kalinya ke Indonesia. 그는 인도네시아에 처음

방문했다; ③ 으뜸의; ⓢ terutama; sarat yang **pertama** 가장 우선 조건;

pertama-tama ① 처음, 처음에; *Pertama-tama* kita berdoa untuk keselamatan kita dalam perjalanan ini. 먼저 우리는 이 여행의 안전을 위해 기도하였다; ② 으뜸으로, 주요하게; ③ 우선 먼저;

dipertamakan 우선권이 주어진, 선택된, 중요시되는; ⓢ diutamakan, dipentingkan;

pertiwi 지구, 세상, 토지; ⓢ bumi, tanah; ibu **pertiwi** 조국, 모국;

perut ① 배, 복부; ② 위; *Perut*-nya mulas karena kebanyaan makan. 너무 많이 먹어서 배가 아팠다;

perwira ① 용감한, 용맹스런; ⓢ gagah berani; ② 영웅; ⓢ pahlawan ③ 의협적인, 기사도적인; ⓢ perkasa; ④ 장교, 사관; ⓢ opsir; **perwira** laut 해군장교, 해군사관; **perwira** menengah 영관장교; **perwira** tinggi 장성급장교;

keperwiraan 용감, 용맹, 의협; ⓢ kepahlawanan;

pesan ① 주문;ⓢpesanan; Barang yang *dipesan* akan datang besok. 그가 주문한 물건은 내일 도착할 것이다; ② 유언, 당부, 지시, 요청; ⓢ wasiat; Kalau ingat *pesan* almarhum ayah, saya harus hidup dengan jujur. 돌아가신 아버지의 유언을 생각하면 나는 정직하게 살아야 한다;

berpesan ① 주문하다;② 지시하다, 충고하다, 당부하다; Ibu *berpesan* agar selesai sekolah nanti, saya segera pulang. 어머니는 학교를 마친 후 빨리 귀가할 것을 당부하셨다;

memesan ① 주문하다; Kakak sudah *memesan* makanan untuk kami. 형은 우리를 위해 음식을 이미 주문하였다; ② 요청하다, 지시하다;

memesani ~에게 주문하다;

memesankan ~을 주문하다;

pemesan 고객,주문자; Jumlah *pemesan* barang itu semakin bertambah. 그 물품의 주문이 점점 늘어났다;

pemesanan 주문; *Pemesanan* barang ini harus di lakukan dalam jumlah besar.이 물품의 주문은 대량이어야 한다;

pesanan ① 주문; ② 메시지, 전언, 훈령; Kami sudah tidak sanggup melayani *pemesanan* lagi. 우리는 더 이상 주문을 받을 수가 없다;

pesantren 회교 기숙사; Semua anaknya lulusan *pesantren*. 모든 아이들이 회교 기숙사를 나온 아이들이다;

pesat ① 빠른, 신속한, 진취적인; ⓢ cepat sekali; ② 급성장하는; ⓢ maju dengan cepat;Usahanya berkembang dengan sangat *pesat*nya. 그의 사업이 아주 빨리 번창하였다;

kepesatan 속도, 속력, 민첩;

pesawat ① 기계,기구,도구, 기관; ⓢ mesin; ② 비행기; ⓢ kapal terbang; **pesawat** baling-baling 프로펠러기;**pesawat** peluncur 글라이더; **pesawat** pembom 폭격기; **pesawat** tempur 군용기; **pesawat** penerima 라디오 수신기; **pesawat** udara 비행기;

berpesawat 비행기를 타다,기계를

사용하다; Kami pergi ke Bali dengan *pesawat* terbang. 우리는 발리로 비행기를 타고 갔다;

pesiar ① 여행하다,유람을 떠나다; ⓢ tamasya, darmawisata; ② 산책하다, 산보하다; ⓢ jalan-jalan;

berpesiar 관광하다,산책하다,구경하다;

pesona 매력,마력; ⓢ daya tarik; Bali terkenal di mancanegara dengan semua *pesona*nya. 발리는 여러 가지 매력으로 세계에 널리 알려져 있다;

mempesona 관심을 끌다, 감탄하다; Film korea banyak *mempesona* orang-orang Asia.한국 영화는 아시아인들에게 많은 관심을 끌었다;

mempesonai 관심을 끌게 하다;

mempesonakan 매혹 적인, 황홀케 하는,마법을 쓰는; ⓢ mengagumkan;

terpesona 마법에 걸린, 홀린; ⓢ terpikat; Kami sangat *terpesona* dengan pemandangan tempat ini. 우리는 이 장소의 아름다운 경치에 반했다;

pesta 축제,연회,잔치; ⓢ perayaan, perjamuan, resepsi; **perta** dansa 무도회;**pesta** gila 가면 무도회; **pesta** kawin 결혼잔치; **pesta** olahraga 체육대회; **pesta** nikah 결혼잔치; **pesta** panen 추수제; Kami akan menyelenggarakan *pesta* pernikahan ini secara sederhana.우리는 이 결혼식의 피로연을 간소하게 할 예정이다;

berpesta 연회를 하다,잔치를 배풀다, 의식을 거행하다;

berpesta-pora 축제를 열다,잔치를 베풀다, 의식을 거행하다;

memestakan ~을 위하여 잔치를 베풀다;Mereka *memestakan* anaknya yang baru saja lulus ujian masuk universitas. 그들은 대학시험에 합격한 신입생들을 위하여 축제를 열었다;

peta ① 지도, 지형도; ② 해도; ③ 그림, 초상화; ⓢ gambaran, lukisan; **peta** angin 천기도; **peta** cuaca 일기도; **peta** laut 항해도;

memetakan 지도를 만들다, 초상화를 그리다;

perpetaan 지도 작성법,지지(地誌)

terpeta 그려진, 그린; Area itu sudah *terpeta* di gambar ini.그 지역은 이 그림에 이미 명기되어 있다;

petang 오후; ⓢ sore, senja; **petang** esok 내일 오후; **petang** hari 오후;

petang-petang 오후;

kepetangan 해질녘, 날이 저문; Setelah *kepetangan* mengembara, mencari temapat untuk tidur. 나그네는 날이 저물자 잠자리를 찾았다;

peti 상자, 함; ⓢ kotak; **peti** besi 금고; **peti** es 냉장고; **peti** mati 관; **peti** mesiu 화약 상자; **peti** uang 금고; Barang-barang bekas itu di masukkannya ke dalam *peti*.
그 중고 물건들을 상자에 넣었다;

berpeti-peti 여러가지 상자;

petik, memetik ① 따다,뜯다; **memetik** bunga 꽃을 꺾다; **memetik** daun teh 차 잎을 뜯다 ② 가로채다; Lelaki itu *memetik* jasa orang lain. 그 남자는 다른 사람의 공적을 가로

챘다;③(기타 등을)치다,타다,퉁기다; Dia pemain musik yang terkenal dengan *memetik* gitar di dalam dunia musik. 그는 음악계에서 유명한 기타 연주자이다;

memetikkan 따주다, 뜯어 주다;

pemetikan ① 따는 사람,뜯는 사람 ② 스위치; ⓢ knop, cembul;

pemetikan 채집, 뜯기, 따기;

terpetik 인용된;

petikan 인용, 발췌;

petir 뇌성, 번개;

piagam (감사 등의) 패,증서,헌장;

piala (우승) 배, 컵;

piano 피아노; Ayah membelikan kami *piano* yang baru. 아버지는 우리에게 새 피아노를 사주셨다;

piara 기르다, 사육하다; ⓢ pelihara; hewan **piara** 가축;

memelihara ① 기르다, 양육하다, 사육하다; Di rumah ini semua orang harus *memelihara* kebersihan.이 집에서는 모든 사람이 청결을 지켜야 한다; ② 보호하다,돌보다; ⓢ mengasuh, merawat;

pemelihara 양육자;

pemeliharaan 양육, 사육; Biaya *pemeliharaan* hewan ini amat banyak. 이 동물의 사육비가 아주 많이 든다;

peliharaan ① 가축, 가금; ⓢ yang dipelihara;② 첩; ⓢ gundik; Wanita itu *peliharaan* seorang pejabat. 그 여자는 한 관리의 첩이다;

piatu 고아; ⓢ yatim;

kepiatuan 고아가 된; ⓢ tersendiri;

piawai 숙련된, 유능한; ⓢ pandai, matang; Ia cukup *piawai* memainkan lagu itu. 그는 그 곡을 연주하는데 아주 능란하다;

kepiawaian 능력, 숙련;

pidato ① 연설;ⓢ wacana; ② 강연, 강론;ⓢ ceramah; **pidato** kenegaran 국정 연설; **pidato** pelantikan 취임 연설; **pidato** sambutan 환영사; Mereka sedang mendengarkan *pidato* presiden.그들은 지금 대통령의 연설을 듣고 있다;

berpidato 연설하다, 강연하다;

dipidatokan 언급되다;

pigura 그림,초상화;ⓢ bingkai lukisan; Kami sedang mencari *pigura* bagus untuk lukisan ini. 우리는 이 그림을 위해 좋은 액자를 찾고 있다;

pihak ① 측(側), 부분; ⓢ sisi, bagian; **pihak** atas 상측(윗쪽); **pihak** kiri 좌측; ② 방향; ⓢ arah, jurusan; Perahu layar itu datang dari *pihak* timur. 그 돛단배는 동쪽 방향에서 왔다; ③ 편, 일당, 파; ⓢ golongan, partai kelompok;Kedua *pihak* seri karena pertandingan amat sulit. 양편 모두 힘든 경기로 무승부를 했다; **pihak** ibu 모계;**pihak** lawan 반대편, 상대편;

berpihak 편들다, 가담하다;

memihak 편들다,가담하다; Dia tak *memihak* kepada siapa pun. 그는 어느 누구 편도 들지 않았다;

memihaki ~에 편들다, ~에 가담하다; ⓢ berpihak pada;

sepihak 한 편(측), 한 쪽; Dalam kasus ini terjadi pemutusan hubungan kerja secara *sepihak*. 이

사건에서 일방 해고가 이루어졌다;

pijak, **pijak-pijak** 발판, 페달; ⓢ injak-injak, pedal;

berpijak ① ~위에 서다, 밟고 서다; ⓢ berjejak, berdiri di; tempatku ***berpijak*** 내가 있는곳, 나의 위치 ② 지침을 사용하다, ~을 근거로 하다; ⓢ berdasar;

memijak 밟다; **memijak** kepala 경멸하다, 모욕하다;

memijakkan 짓밟다, 유린하다;

pemijak (kaki) 발판,페달;ⓢ injak;

pemijakan 밟기;

terpijak 무심코 밟다;

terpijak-pijak 짓밟힌; Kakinya ***terpijak-pijak*** oleh pengunjung lainnya. 그의 발이 다른 방문객들에 의해 짓밟혔다;

pijakan ① 밟기; ② 발판; ***Pijakan*** kakinya kurang kuat sehingga jatuh terpeleset. 발판이 튼튼하지 못해서 미끄러 넘어졌다;

pijat,**memijat** ① 손가락으로 누르다, 압박하다;ⓢ memencet; Ia ***memijat*** tombol dengan jari jempol. 그는 엄지 손가락으로 버튼을 눌렀다; ② 맛사지하다; ⓢ memijit;

pemijatan 압박, 맛사지;

pijit, **memijit** 누르다,안마하다,맛사지하다; ⓢ memijat; tukang **pijit** 맛사지사, 안마사;

terpijit 주물러진, 맛사지된; ⓢ di urut;

pikat 미끼; ⓢ penarik;

pemikat 홀림, 유혹; Hal itu berguna sebagai ***pemikat*** kasih orang lain. 그 일은 다른 사람의 동정을 사는데 유용하다;

terpikat (hati) 홀린, 유혹 당한;

pikir ① 의견,주장;ⓢ pendapat,kira; pada **pikir** saya 내 생각으로는; ② 생각,사상; ⓢ ingatan, angan-angan; kurang **pikir** 생각이 없는, 무모한; Anak itu kena amarah karena sering berbuat tanpa ***pikir***. 그 아이는 항상 무모한 행동으로 꾸지람을 당한다; **pikir** punya pikir 신중히 생각한다면 ;

pikir-pikir 신중히 생각하다, 재고하다; Ia memutuskan membeli mobil itu sesudah ***pikir-pikir***. 그는 신중히 생각한 끝에 그 차를 사기로 결정했다;

berpikir 생각하다, 간주하다; **berpikir** panjang 깊이 생각하다;

berpikir-pikir 신중히 생각하다;

memikir-mikirkan 골똘하다;

memikirkan 숙고하다,생각에 잠기다; ⓢ mencari akal, mempertimbangkan,;Kami sedang ***memikirkan*** cara untuk menyelesaikan masalah ini. 우리는 이 문제를 해결하기 위한 방법을 생각 중이다;

pemikir 사색가, 철학가;

pemikiran 생각,숙고, 고려; masih dalam **pemikiran** 아직 고려중인;

sepikiran (dengan) 의견이 같은;

terpikir 생각나다; ⓢ teringat; Dia ***terpikir*** orang tua di kampung halaman tiap melihat orang yang tua. 그는 노인들을 볼 때마다 고향에 계신 부모님 생각이 났다;

terpikirkan 상상할 수 있는; Hal itu tak ***terpikirkan*** sebelumnya. 그 일은 전에는 생각할 수 없던 것이다;

pikiran ① 생각, 사상; ⓢ gagasan,

ide konsepsi;② 주장,의견; ⓢ pendapat,angan-angan; ③ 총명, 지혜; ⓢ kecerdasan,kecerdikan; kurang **pikiran** 우둔한, 어리석은; ④ 의도, 목적; ⓢ niat, maksud; **pikiran** bercabang 주저하는, 망설이는; **pikiran** buntu 생각할 여지가 없는; **pikiran** pendek 편협한, 소견이 좁은;

berpikiran 생각이 있는, 사상을 갖고 있는; tidak **berpikiran** 생각이 없는, 경솔한; Mereka masih ***berpikiran*** sempit mengenai hal ini. 그들은 아직 이일에 대해 좁은 생각을 갖고 있다;

pikul 짐; ⓢ beban, 62.5kg;

berpikul-pikul 몇몇의 짐(짝);

memikul ① 짐을 나르다; ② 짊어지다, 메다, 도맡다, 참다, 견디다; ⓢ menanggung; Orang-orang banyak yang cuti kerja, jadi sendirian ***memikul*** pekerjaan.여러 사람이 휴가로 출근을 하지 않아서 혼자서 많은 일을 감당해야 했다; **memikul** resiko 위험을 무릅쓰다; Dia ***memikul*** resiko saat menyerang musuh sendiri. 그는 위험을 무릅쓰고 단신으로 적진을 돌진했다;

memikulkan 짐을 지우다,짐을 지다, 짐을 져주다; Anak itu ***memikulkan*** ember berisi air untuk ibunya. 그 아이는 어머니를 위하여 물동이를 져주었다; Ia ***memikulkan*** tanggung jawab itu kepada orang lain. 그는 그 책임을 다른 사람에게 지게 했다;

pemikul ① 나르는 사람, 운반인; ② 운반 도구;

terpikul 견딜만한, 참을 수 있는, 운반할 수 있는, 휴대용의;

pikulan ①(짐지는)막대기;ⓢ tongkat penggandar; Orang itu kerjanya membuat ***pikulan*** untuk di jual. 그 사람의 직업은 팔기 위한 지게를 만드는 일이다;②짐;ⓢbeban,muatan.

pikun 낡아서 기능을 못하는;

pilih 고르다,뽑다; ⓢ memilih; **pilih** kasih 편애하다; Orang tuanya terlalu ***pilih*** kasih sehingga ia merasa tersisih. 부모가 너무 편애해서 외톨박이가 되었다고 느꼈다;

pilih-pilih ① 고르다, 뽑다; ⓢ pilih; ② 신중히 고르다; berpilih-pilih;

memilih ① 고르다, 선택하다; Harus ***memilih*** buah yang baik. 과일은 잘 골라야 한다; ② 가르다, 찾아내다; Perempuan itu ***memilih*** batu yang tercampur dalam beras. 그 여자는 쌀에 섞인 돌을 고르고 있다; ③ 선출하다, 뽑다; Rakyat negara itu ***memilih*** Presiden yang baru. 그 나라의 국민은 새 대통령을 선출하였다;

memilih-milih 지나치게 고르다; Perempuannya tak jadi beli karena ***memilih-milih*** baju terlalu banyak. 그 여자는 옷을 너무 고르다가 결국 사지를 못했다;

memilihkan 골라주다,선택해 주다. Ibu ***memilihkan*** topi untuk anaknya. 어머니는 아이에게 모자를 골라주었다;

pemilih ① 투표자, 선거인; ② (선택을)까다롭게 하는 사람; Ia sifatnya agak ***pemilih.*** 그는 다소 고르는 성격이다; ③ 고르는 도구;

pemilihan ① 선택, 구분, 구별 ② 선출, 선거; **pemilihan** berjenjang 간접 선거; **pemilihan** langsung 직접 선거; **pemilihan** umum 총선거;

terpilih ① 분간되는, 구별되는; ② 뽑힌,선출된;Ia ***terpilih*** sebagai duta kebudayaan tahun ini. 그는 올해 문화 사절로 뽑혔다;

pilihan ① 선택, 선출, 선발; Sepak bola Korea menang dalam pertandingan ***pilihan*** di kejuaraan dunia. 한국 축구는 월드컵 선발전에서 승리했다; ② 선택된 사람; Dia adalah orang ***pilihan*** sebagai duta negara. 그는 국가 대표로 선택된 사람이다; ③ 방도, 선택의 여지;Saya masih punya banyak ***pilihan*** untuk masuk universitas. 나는 아직 대학 진학을 위한 선택의 여지가 많다; **pilihan** kata 말씨,어법,문체;

pilin 나선, 나선형; ⓢ pintal; **pilin** berganda 나선형 무늬;Baju perempuan itu ada ***pilin*** berganda. 그녀의 옷은 나선형 무늬이다;

pilipina 필리핀, 필리핀 군도;

pilot 조종사,

pimpin, berpimpin 안내를 받다;

memimpin ① 이끌다, 안내하다; ② 사회를 보다;

pemimpin 지도자;

pimpinan 지도, 감독자;

pincang ① 절름발이의, 절뚝거리는; ⓢ timpang; si **pincang** 절름발이; kaki **pincang** 절름발; ② 결함이 있는,균형이 안맞는, 불협화음의; ⓢ tidak seimbang; Mesin ini ada ***pincang***nya, belum di ketahui sebabnya. 이 기계는 아직 원인을 알 수 없는 결함이 있다;

kepincangan ① 불구, 절름발이, 결함; ⓢ kekurangan,cacat; ***Kepincangan*** itu harus segera diatasi. 그 결함은 빨리 보완해야 한다; ② 불균형; ⓢ ketidakseimbangan; **kepincangan** ekonomi 경제 불균형;

pindah ① 이전하다, 옮기다; Dia ***pindah*** rumah ke Bogor. 그는 보고르로 집을 이사했다; ② 바꾸다, 교환하다,갈아타다;**pindah** kereta 기차를 갈아타다; **pindah** alamat 주소 변경; **pindah** rumah 이사, 거주지 변경; **pindah** tangan 소유권 이전;

berpindah 옮기다; ⓢ mengalih; Anda mau ***berpindah*** tempat kerja? 당신은 직장을 옮기려고 합니까?

berpindah-pindah 감염시키다, 옮기다; ⓢ menular; Nyamuknya ***berpindah-pindah*** membawa virus cholera. 모기는 콜레라 병균을 감염시킨다;

memindahi ① 이전하다; Pemerintah ***memindahi*** pengungsi dari sekolahan ke gereja. 정부는 이재민 숙소를 학교에서 교회당으로 이전했다; ② 전염되다;

memindahkan ① 이동시키다, 양도시키다; ② 번역하다; ③ 전염시키다; **memindahkan** hak 권리를 위임하다; **memindahkan** perhatian 관심을 돌리게 하다;

kepindahan ① 이전, 이동, 양도; ***Kepindahan***nya ke luar pulau Jawa di undur sampai akhir tahun. 그의 자바섬 밖으로의 이사는 연말까지 연기되었다; ② 전염, 감염;

pemindahan 이전,이동, 전근; ***Pe-***

mindahan barang-barang ini harus dilakukan segera. 이 물건들을 빨리 옮겨야 한다;

perpindahan ① 이전, 양도, 이동; ② 변경, 교체, 교환;

pindahan 옮긴 것, 옮긴 물건, 전염; Mereka ialah pegawai baru *pindahan* dari luar kota. 그들은 시외에서 옮겨온 새 직원들이다;

pinggan 접시,받침 접시; ⓢ piring besar; **pinggan** mangkuk 식기;

sepinggan 큰 접시 하나; makan **sepinggan** 함께 먹다; Kue itu di masukkan di dalam *pinggan*. 그 과자는 접시에 담겨있다;

pinggang ① 허리, 요부(腰部); ② 산허리, 산중턱; ikat **pinggang** 혁대, 요대;

berpinggang 허리를 갖다; Wanita itu ikut olahraga senam agar berpinggang *langsing*. 그녀는 날씬한 허리를 만들려고 애어로빅 체조를 열심히 한다;

sepinggang 허리까지 닿는; Anak itu rambutnya *sepinggang*. 그 아이의 상의는 허리까지 닿는다;

pinggir 가장자리,끝, 변두리, 주변, 접경; ⓢ tepi, pembatasan; **pinggir** jalan 길가; **pingir** kota 도시 외곽; **pinggir** laut 해변; Mereka tinggal di *pinggir* kota. 그들은 도시 외곽에 살고 있다;

meminggir 변두리로 가다;ⓢ menepi;

meminggiri 한계를 정하다;

meminggirkan①가장자리로 가게 하다;Polisi itu *meminggirkan* mobil yang mogok ke sisi jalan. 그 교통 순경은 고장난 차를 도로변으로 가게했다;② 분리시키다,고립시키다; Atasannya *meminggirkan* karyawan yang kurang mampu.그 사장은 무능한 직원을 물러나게 했다;

kepinggiran 너무 외진; Mereka tinggal di daerah *kepinggiran*. 그들은 너무 외진곳에 살고 있다;

peminggir 경계, 접경; ⓢ perbatasan;

peminggiran 경계, 접경;

pinggiran 가장자리; Lukisan ini di beri hiasan di *pinggiran*nya. 이 그림은 가장자리에 장식을 주었다;

pinggul ① 둔부, 엉덩이; ⓢ pantat; ② 대퇴부; ⓢ pangkal paha;

pinjam, meminjam 빌다,차용하다; Ia *meminjam* uang banyak dari teman-temannya. 그는 친구로부터 많은 돈을 빌렸다;

pinjam-meminjam 서로 빌려주다;

meminjami ① 빌려주다; Dia *meminjami* mobil kepada saya. 그는 나에게 차를 빌려주었다; ② 함께 빌리다;

meminjamkan 빌려주다, 대여하다;

peminjam 대여자, 차용자;

peminjaman 대여, 대출, 차용;

pinjaman 대부, 대출, 차용; **pinjaman** angsuran 할부 대여; **pinjaman** bersyarat 기한부 대여;

pinta 요구, 요청;

berpinta 요청하다, 간청하다; ⓢ bermohan; Anak itu *berpinta* beli sepatu pada ibu. 그 아이는 어머니에게 신발을 사달라고 졸랐다;

pintal, berpintal 꼬인, 얽힌, 헝클어진; ⓢ terpilin;

berpintal-pintal 얽히다, 헝클어지다;

memintal 감다; ⓢ memilin; Banyak orang bekerja ***memintal*** benang di pabrik itu. 많은 사람들이 그 공장에서 실감는 일을 한다;

pemintal (실을 잣는) 물레 바퀴;

pemintalan ① 방적, 방적업; ② 방적 공장,방적기; Tempat itu adalah pabrik ***pemintalan*** benang. 그 장소는 실 방적 공장이다;

pintar ① 영리한,총명한, 슬기로운; ⓢ pandai,cerdik, mahir; Dia ***pintar*** berbahasa asing. 그는 외국어 능력이 대단하다;

kepintaran 총명, 슬기로움, 유능; ⓢ kepandaian,kecerdikan; ***Kepintaran***nya sulit ditandingi lawan-lawannya. 그의 유능함은 그의 적수들이 경합하기에 어렵다;

terpintar 가장 유능한,가장 총명한; ⓢ terpandai; Ia adalah murid ***terpintar*** di sekolahnya. 그는 그의 학교에서 가장 공부 잘하는 학생이다;

pintas, ① 가로지르다, 지름길로 가다; ⓢ memotong jalan;Kami cepat sampai karena lewat jalan ***pintas***. 우리는 지름길로 갔기 때문에 빨리 도착했다; ② (남의 말을) 가로채다; ③ 길을 막다; ⓢ memegat; Jalan Thamrin di tutup karena demonstran sedang ***melintas***. 땀린 길은 데모대가 지나가므로 막았다; ④ 지나가다, 통과하다, 관통하다; ⓢ melintasi, melewati; Jalan tol dari Seoul ke Busan ***melintas*** beberapa gunung. 서울에서 부산으로 가는 고속도로는 산을 여러개 관통한다;

memintasi ①극복하다;ⓢ mengatasi; Dia jadi sukses setelah ***memintasi*** kesulitan.그는 난관을 극복하여 마침내 성공했다;②막다,금하다, 방해하다;

pemintasan 차단, 횡단, 간섭;

sepintas 잠시, 잠깐; ⓢ sebentar saja; **sepintas** lalu; ① 지나치면서, ~하는 김에; ⓢ sambil lalu; ② 척 보고,일견(一見); ③ 힐끔 보는, 언뜻 보는; ④ 짧게, 간략히; ⓢ dengan singkat saja;

pintasan 첩경,지름길,가로지름; ⓢ jalan terdekat, penyeberangan jalan;

pintu ① 문,대문,정문; ② 창구,승강구,통로;Karena ada kebakaran,kami lari ke arah ***pintu*** darurat. 화재가 발생하여 우리는 비상 통로로 탈출했다; Ruang pertemuannya tak jauh dari ***pintu*** gerbang. 면회실은 정문으로부터 멀지 않다; **pintu** air 수문; **pintu** bahaya 비상구; **pintu** belakan 후문; **pintu** gerbang 정문; **pintu** keluar 출구; **pintu** masuk 입구; **pintu** rezeki 소득 원천; **pintu** samping 옆문 **pintu** udara 환기통, 통풍구;

pipa ① 담뱃대; ② 관, 도관, 파이프; ⓢ pembuluh, selang; ***Pipa*** saluran airnya bocor. 수도관이 샌다; **pipa** celana 바지 가랑이; **pipa** pembuang gas 배기관; **pipa** rokok 담배 파이프;

perpipaan 배관; Bisnisnya bergerak di bidang ***perpipaan***. 그의

사업은 배관 분야이다;

pipih ① 평평한, 얇은; ⓢ tipis rata; bulat **pipih** 둥글고 평평한; cacing **pipih** 촌충; Ular ***pipih*** adalah ular yang amat berbisa. 삐삐 뱀은 아주 독이 강한 뱀이다; ② 납작한; ⓢ pesek; hidung **pipih** 납작코;

memipihkan 납작하게 하다, 평평하게 고르다;

pipis ① 소변; ② 소변보다;

piramida ① 피라밋; ② 피라밋 형, 금자탑; Sistem penulisan berita pada umumnya adalah sistem ***piramida*** terbalik. 기사를 쓰는 방식은 일반적으로 역 피라밋 체계이다;

pirang 적갈색의, 노르스름한; Perempuan itu rambutnya di cat ***pirang***. 그녀는 머리를 브라운 색으로 염색했다;

piring 접시; ⓢ pinggan kecil; **piring** terbang 비행접시; **piring** video 레이저 디스크; **piring** ceper 접시; **piring** hitam 레코드(판); **piring** kue 과자 접시;**piring** makan 식기; **piring** mangkuk 식기류; Tolong letakan semua ***piring*** ini di meja makan. 이 접시 전부를 식탁에 좀 놓아라;

piring-piring, piringan 접시형 물건;

pisah ① 갈라진, 헤어진; ⓢ cerai; ② 갈라서다, 헤어지다, 이별하다; ⓢ bercerai, berpisah;

berpisah①가르다,나누다,헤어지다. ⓢ bercerai; Mereka sudah ***berpisah*** sejak beberapa tahun silam. 그들은 몇 년 전에 이미 갈라서있다; ② 분리되다, 갈라지다, 떨어지다; ⓢ berjauhan,berjarak; Kami ***berpisah*** karena dia harus pergi ke Jerman. 그가 독일에 가야 했기 때문에 우리는 떨어졌다;

berpisah-pisah 흩어지다,뿔뿔이 헤어지다; ⓢ bercerai-cerai; Keluarga kami ***berpisah-pisah*** di tiga negara. 우리 가족은 세 나라에 흩어져 살고 있다;

memisahkan ① 멀리하다, 어울리지 않다; ⓢ menjauhkan diri, mengasingkan diri; Peristiwa itu ***memisahkan*** anak itu dengan keluarganya.그 사건은 그 아이를 가족으로부터 멀어지게 했다; ② 헤어지다, 갈라지다; ⓢ melerai; ③ 떼어놓다, 떼다, 가르다; ⓢ meleraikan, menceraikan; Dia sibuk ***memisahkan*** kedua orang yang tengah berkelahi itu. 그는 싸우고 있는 두 사람을 떼어 말리기에 바쁘다; ④ 격리시키다; ⓢ mengasingkan;Orang yang jahat itu harus betul-betul ***memisahkan*** diri dari masyarakat. 그 죄인은 사회로부터 완전히 격리시켜야 한다; ⑤ 구별시키다; ⓢ membedakan; Sekolah itu ***memisahkan*** murid laki-laki dan perempuan pada waktu belajar. 그 학교는 수업 시간에 남녀를 구별 시킨다; ⑥ 제한하다; ⓢ membatasi; Petani itu ***memisahkan*** kebunnya. 그 농부는 자기 밭에 울타리를 쳤다;

memisah-misahkan 갈라 놓다; Ibu tiri ***memisah-misahkan*** anaknya dengan ayahnya. 새 어머니는 부자 사이를 갈라 놓았다;

pemisah ① 떼어 놓는 것, 분리대; Di gedung itu tak ada ***pemisah*** antara kamar mandi pria dan wanita. 그 건물에는 남녀 화장실의 구분이 없다; ② (스포츠에) 심판, 레프리; ⓢ pelerai, wasit;

pemisahan ① 분리, 분류; ⓢ pemecahan; ② 차이, 차별; ⓢ pembedaan; Hal ini dilakukan sebagai ***pemisahan*** antara kedua hal tersebut.이 일은 언급한 두 가지를 분리하기 위해 행하여졌다;

perpisahan ① 이혼; ⓢ perceraian; Saya tak sanggup menghadapi ***perpisahan*** ini. 나는 이 결별을 받아들일 수 없다; ② 이별,송별;malam **perpisahan** 송별의 밤;

terpisah 헤어진, 분리된, 고립된; ⓢ tercerai,terasing,terpencil; Mereka tinggal ***terpisah*** dari keluarganya. 그들은 가족으로부터 떨어져 살았다;

terpisahkan 떨어질 수 있는, 떼어 놓을 수 있는; Dia tidak bisa hidup ***terpisah*** dengan orang yang dicintainya. 그는 사랑하는 사람을 떨러져 살 수 없다;

pisang 바나나; **pisang** batu 야생 바나나; Sekarang ini ***pisang*** Ambon banyak dijual dimana-mana. 지금은 어디서나 암본 바나나가 팔리고 있다;

pisang-pisang 식물류;

perpisangan 바나나에 관한 일; Pemerintah Indonesia berpikir-pikir tentang expor ***perpisangan***. 인도네시아 정부는 바나나 수출에 관한 일을 고심하고 있다;

pistol 권총, 피스톨; pistol air 장난감 물총; **pistol** angin 공기 권총;

pistol-pistolan 장난감 권총; Ayah membelikan adik ***pistol-pistolan*** yang baru. 아버지는 동생에게 장난감 권총을 사주셨다;

pita 리본,장식 끈; **pita** kaset 카셋 테이프; **pita** kosong 공 테이프; **pita** mesin 변속 벨트; **pita** mesin tulis 타자기 먹끈; **pita** rekam 녹음 테이프; **pita** suara 성대;

berpita 리본을 사용하다; Hadiah itu ***berpita*** emas. 그 상품은 금색 리본으로 묶여 있다;

piyama 잠옷; Ibu membeli ***piyama*** baru untuk ayah. 어머니는 아버지의 새 파자마를 사셨다;

plafon ① 천정; ② 절정;

planet 유성, 혹성;

plastik 합성수지;

plaza 광장, 백화점;

PLN 국영 전력 공사;

plontos 대머리의;

pohon ① 나무,수목; ⓢ tumbuhan besar; ② 근본, 원인; ⓢ pokok, pangkal; **pohon** buah 과수,과일 나무; **pohon** kayu 나무 줄기;

pohon-pohonan 삼림, 식물계, 각종 수목; ⓢ kayu-kayuan;

pepohonan 각종 수목; Di pinggir jalan ditumbuhi ***pepohonan*** yang rindang. 그 길가에는 잎이 무성한 나무가 자라고 있다;

pojok ① 구석, 가장자리, 코너; ⓢ sudut, pelosok; ② (신문의) 난(欄), 칼럼, 만평; ③ 외딴 곳, 외진 곳; Letakan lemari itu di ***pojok*** sana. 그 장을 저 구석에 놓아라;

memojok 구석지다;

memojokkan 구석에 놓다, 코너에

몰다; Pernyataan itu semakin ***memojokkan*** kami. 그 진술은 더욱 더 우리를 궁지로 몰아 넣었다; ③ 궁지로 몰다;

terpojok 궁지에 몰린; Mereka semakin ***terpojok*** dengan keadaan ini. 그들은 이런 상황에서 더욱 궁지에 몰렸다;

terpojokkan 궁지에 몰린; Mereka jadi merasa ***terpojokkan*** oleh situasi ini. 그들은 이 상황에 의해 궁지에 몰렸다고 느꼈다;

pemojokan 궁지에 몰기;

pokok ① 주요한, 으뜸의, 근본이 되는; ⓢ hal yang terutama; ② 시초, 발단,기원; ⓢ asal mula; ***Pokok*** penyelesaian masalah ini ada di tangan orang tuanya. 이 문제 해결의 요점은 그의 부모에게 달려있다; ③ 주제, 화제; ④ 동기, 이유, 까닭; ⓢ lantaran, penyebab; Harga ***pokok*** barang ini sudah ditentukan oleh Pemerintah. 이 물건의 기본 가격은 정부에 의해 결정되었다;**pokok** acara 주요한 일,요부(要部);**pokok** amal 자본, 기금; **pokok** hidangan 주식, 주요 식품; **pokok** hukum 법의 근거(기초); **pokok** kalimat 주어, 주부; **pokok** kata 어근 **pokok** pembicaraan 화제; **pokok** perselisihan 쟁점; **pokok** pikiran 사고(思考) 의 요점;

berpokok (pada) ① ~에 의거하다, ~에 근거하다; ⓢ berdasarkan (dengan); Semua masalah ini ***berpokok*** pada peristiwa itu. 이 모든 문제는 그 사건에 근거하고 있다; ② ~에서 유래하다; ⓢ berasal (dari);

berpokokkan (kepada) ~에 근거하다,~에서 유래하다; Hukum di banyak negara ***berpokokkan*** pada hukum hamurabi. 많은 나라의 법은 하무라비 법전에 바탕을 두고 있다;

memokokkan (kepada) ① ~에 자본을 대다, 투자하다; ⓢ memberi modal, memodali: Dia ***memokoki*** usaha temannya. 그는 친구 회사에 투자했다; ② 초점을 맞추다, 집중하다; ⓢ memusatkan kepada;

sepokok 같은 비중,같은 가치,동일한 가격;

poles 광택, 윤, 광택제;

dipoles 닦은,광택이 나는; Mobilnya selesai ***dipoles*** di bengkel itu. 그의 차는 그 정비소에서 광택 작업을 마쳤다;

memoles 바르다, 윤을 내다, 닦다; Ia ***memoles*** wajah dengan bedak. 그녀는 얼굴에 분을 발랐다;

memolesi(광택제를)바르다;Supir ***memolesi*** mobil dengan obat agar mengkilap. 운전수는 광이 나도록 차에 광택제를 발랐다;

memoleskan 문지르다;ⓢmengoleskan, mengusapkan; Wanita itu ***memoleskan*** pelembab di mukanya. 그녀는 로션으로 얼굴을 문질렀다;

pemoles ① 광택제;② 광내는 사람;

pemolesan ① 광을 낸; ② 광,광택; ***Pemolesan*** ini harus dilakukan dengan amat hati-hati.이 광택 작업은 아주 조심해서 해야 한다;

polisi 경찰, 경찰관, 경관; **polisi** lalu lintas 교통 경찰; **polisi** perairan 해안 경비대, 해안 경찰; **polisi** rahasia 탐정, 비밀 경찰; **polisi** militer 헌병; Cita-citanya menjadi ***po-***

lisi militer. 그의 꿈은 헌병이 되는 것이다;

kepolisian 경찰, 경찰 업무; ⓢ urusan polisi; akademi **kepolisian** 경찰 대학; Ia dinyatakan lulus dari akademi ***kepolisian***. 그는 경찰 학교를 졸업하였다;

politeknik 공예 교육;

politik ① 정치,정치학; ② 정치학의, 정치상의; ③ 정책,방침; **politik** bahasa nasional 국어 정책 **politik** dagang 교역 정책;

berpolitik 정치에 참가하다;

kepolitikan 정치적인 행위;

pemolitikan 정치;

politikus 정치가,정적;ⓢ ahli politik; Hari ini akan diadakan debat antar para ***politikus*** negara. 오늘은 나라의 정치인들 간에 토론이 있을 예정이다;

pompa 펌프, 양수기, 흡수기; ⓢ alat penghisap; **pompa** air 양수기; **pompa** bensin 주유소; Mesin ***pompa***nya tidak berfungsi dengan baik. 펌프가 잘 작동되지 않는다;

memompa 펌프로 뿜어 올리다, 펌프질하게 하다; Tugasnya adalah ***memompa*** air untuk mencuci. 그의 일은 세척을 위한 물 펌프질이다;

memompakan 펌프질 해주다, 펌프질하게 하다;

pemompaan 펌프질; ***Pemompaan*** itu tidak dilakukan dengan baik. 그 펌프질은 원활히 되지 않았다;

pompaan 펌프로 퍼낸 물;

pompong,**kepompong** ① 애벌레, 벌레의 알;② 혼란한,괴로운; Sebentar lagi ***kepompong*** itu berubah menjadi kupu-kupu. 조금만 있으면 그 고치가 나비가 될 것이다;

pondok 작은 집,오두막 집,기숙사; ⓢ gubuk; Rumahnya adalah rumah ***pondok*** di atas bukit. 그의 집은 언덕 위에 있는 오두막 집이다; Bulan depan ia berencana masuk ***pondok*** lagi. 그는 다음 달에 기숙사에 들어갈 계획을 갖고 있다;

memondok 방을 잡다, 유숙하다; ⓢ menumpang; Sudah sebulan dia ***memondok*** di rumah kami. 한 달 넘게 그는 우리 집에 유숙하고 있다;

memondokkan ①유숙시키다; ⓢ menumpangkan; ② 투숙하게 하다, 묵게하다; Dia ***memondokkan*** tamu yang datang dari Korea di hotel. 그는 한국에서 온 손님을 호텔에 묵게 했다;

pemondokan 숙소,숙박소; ⓢ penginapan; Usaha ***pemondokan***nya di daerah itu berkembang pesat. 그 지역에서의 그의 숙박업은 아주 빨리 성장하였다;

pondokan ① 유숙; Di daerah itu akan dibangun ***pondokan*** bagi pengunjung tempat wisata ini. 그 지역에 관광객들을 위한 숙소들이 건설될 것이다; ② 여관, 숙소, 숙박소;

pontang-panting ① 흩어진, 널려 있는; ⓢ berkececeran,kocar-kacir; Para pengunjung lari ***pontang-panting*** saat polisi menyerbu tempat perjudian itu.경찰이 그 도박장을 급습했을 때 도박하던 사람들이 이리저리 흩어져 도망갔다;② 서둘러가다, 급히 뛰다; ⓢ berlari cepat-cepat;

berpontang-panting 엎어지듯 뛰다, 굴러 떨어지다; ⓢ jatuh tergesa-gesa;

memontang-mantingkan ① 흩뜨리다; ⓢ mengocar-ngacirkan; Tembakan peringatan polisi telah ***memontang-mantingkan*** pengunjung tempat perjudian itu. 경찰의 위협 사격은 그 도박장의 사람들을 이리저리 흐트러지게 하였다;

terpontang-panting 급히 달아나다; ⓢ terbirit-birit; Mereka lari ***terpontang-panting*** mendengar bunyi ledakan yang amat keras. 그들은 아주 큰 폭발음에 이리저리 흩어져 달아났다;

popok 기저귀;

populer 대중적인, 통속적인, 인기있는,유행의; ⓢ terkenal, termashyur, disukai orang; Dia adalah salah satu artis ***populer*** di negeri ini. 그녀는 이 나라의 인기있는 연예인 중의 한 사람이다;

mempopulerkan 대중화하다, 통속화하다; Mereka yang ***mempopulerkan*** kisah drama itu. 그들은 그 드라마를 유명하게 하였다;

kepopuleran 인기,인망,유행; ***Kepopuleran***nya sulit ditandingi siapa pun. 그의 인기는 누구도 따라 잡을 수가 없다;

porsi ① 일부, 부분, 몫; ⓢ bagian tertentu; ② 그릇,사발, 접시; ⓢ sepiring, semangkuk; satu **porsi** nasi 밥 한 사발; Masing-masing orang hanya boleh mengambil satu ***porsi*** saja. 모든 사람은 각기 제 몫만 가져갈 수 있다;

portal (통행제한을 위한)가로 막대,

pos ① 우편물, 우편; ② 우체국; **pos** kilat 속달 우체국;

posesif 소유의,소유욕이 강한;Sikapnya yang amat ***posesif*** membuat lari pasangannya. 소유욕이 아주 강한 그의 성격은 그의 부인을 떠나도록 만들었다;

positif 결정적인, 명확한, 궁극적인, 절대적인; ⓢ tentu, pasti; Sikapnya ***positif*** dalam menyelesaikan masalah ini. 이 문제를 해결하는데 그의 태도는 긍정적이다;

mempositifkan 명백하게 하다, 확실하게 하다; ⓢ memastikan:

kepositifan 명확성, 절대성; ***Kepositifan*** sikapnya terlihat dari tanggapannya. 그의 명확한 태도는 진지성에서 볼 수있다;

potensi 힘, 잠재력, 권력; ⓢ kemampuan, kekuatan: Mereka memiliki ***potensi*** yang lebih untuk menjadi sang juara.그들은 챔피언이 될 충분한 잠재력을 갖고 있다;

berpotensi 힘을 갖다, 잠재력을 갖다; Dia lebih ***berpotensi*** menjadi juara di pertandingan ini. 그는 이 시합에서 우승자가 될 충분한 잠재력을 갖고 있다;

potong ① 조각,일부분, 덩어리; ⓢ penggal; jumlah **potong** barang 수하물 총량; Dia kasih ***sepotong*** daging pada pengemis. 그는 거지에게 고기 한 덩어리를 주었다; ② 자르다,조각내다; ⓢ mengerat; **potong** rambut 이발; Hari ini sebelum ketemu pacar saya akan ***potong*** rambut. 나는 오늘 애인을 만나기

전에 이발을 하려고 한다;**potong** leher; 목을 자르다; **potong** tahanan 감형하다; Vonis hukuman itu termasuk ***potong*** tahanan tiga bulan. 그 판결은 3 개월 구속 기간이 포함된 것이다;

berpotong-potong 조각내다, 부수다; Ia menjual baju ***berpotong-potong*** banyaknya. 그는 여러 가지 많은 옷을 판다;

memotong ① 자르다,조각내다; ⓢ mengerat, memenggal; **memotong** rambut 이발하다,조발하다; ② (잘게)썰다; **memotong** daging 고기를 썰다; ③ 죽이다, 살해하다; ⓢ menyembelih; Dia ***memotong*** hewan yang ditangkap di gunung. 그는 산에서 잡은 동물을 죽였다; ④ 빼다, 공제하다, 감봉하다; ⓢ mengurangi; ⑤ (날말을) 줄여쓰다, 단축하다; ⓢ memendekkan; ⑥ (가격을) 깎다, 할인하다; ⑦ (말을) 가로막다; ⓢ menyelang; **memotong** bicara 말 참견하다,말을 가로막다; Jangan suka ***memotong*** orang tua yang sedang berbicara. 부모가 얘기할 때 말을 막지 말아라;

memotong-motong ① 자르다, 절단하다; Ibu sedang ***memotong-motong*** kue untuk dijual. 어머니는 팔 과자를 자르고 있다; ② 인용하다; ③ 또박또박 말하다;

potong-memotong 자르다, 잘라내다,(가지를)치다; Cabang pohon buah itu harus ***potong memotong*** dengan baik. 그 과일 나무는 가지를 잘 쳐야 한다;

memotongkan 잘라 주다, 베다;

pemotong ① 자르는 도구; ② 자르는 사람; Semua ***potongan*** kayu ini hendak dibuat apa? 이 목재는 전부 어디에 쓸 것인가?

pemotongan 자름; ***Pemotongan*** kayu itu harus dilakukan dengan benar. 그 나무를 잘 잘라야 한다;

perpotongan 자르는 곳,자르는 일.

terpotong ① 잘린, 끊긴; Kue itu telah ***terpotong*** menjadi beberapa bagian. 그 과자는 여러 조각으로 잘렸다; ② (가격이) 줄어든,내린; ③ (말이) 줄어든; ④ (말을) 가로막는, 가로체는;

potongan ① 조각, 일부분, 덩어리; ⓢ keratan; ② 재단; ⓢ guntingan; Sisa ***potongan*** kain itu bisa di jadikan kain pel. 재단 후 남은 그 천은 걸레를 만들 수 있다; ③ 할인; Berapa persen ***potongan*** harga barang ini? 이 물건의 할인율은 몇 퍼센트인가? ④ 생략, 단축; ⓢ kependekan; ⑤ 도살; ⑥ 절단; ⑦ 모습, 형태; **potongan** muka 옆 모습; ***Potongan*** muka perempuan itu mirip dengan bintang film. 그녀의 옆 모습은 영화 배우를 닮았다; ayam **potongan** 도살된 닭;

berpotongan ① 모양을 갖춘, ~모습을 한; ⓢ berbentuk; ② (가격이) 줄어든,내린; ③ 조각조각나 보이는;

berpotong-potong 조각나다; Sudah ***berpotong-potong*** pakaian yang dijualnya. 그가 판 옷이 조각조각 났다;

potret 사진, 초상;

memotret 사진 찍다;

prajurit ① 군인,사병,투쟁자,영웅;

ⓢ tentara,militer;② 용감한,씩씩한; ⓢ gagah berani; **prajurit** dua 이등병; **prajurit** satu 일등병;

keprajuritan 군사,군대; ⓢ kemiliteran; latihan **keprajuritan** 군사훈련; Pertemuan itu diadakan di balai ***keprajuritan***. 그 모임은 사병회관에서 열렸다;

praktek 실행, 실제, 실시, 실습; ⓢ pelaksanaan, penuaian;

mempraktekkan 실행하다, 실시하다, 실습하다, 실지로 응용하다; ⓢ melakukan, menerapkan; Hal itu harus ***dipraktekkan*** dihadapan para penguji materi nanti. 그 일은 나중에 품질 검사관들 앞에서 실제 적용을 해야한다;

praktis 실제의,실제로의,실용적인; Cara pemakaian benda ini sangat ***praktis***. 이 물건의 사용 방법은 아주 실용적이다;

kepraktisan 실용주의; ***Kepraktisan*** cara kerjanya memang hebat. 그의 일하는 방법은 대단히 실용적이다;

sepraktis-praktisnya 가장 쉬운; ⓢ semudah-mudahnya;

pramugari 스튜어디스;

prangko 우표; Untuk mengirim surat itu cukup dengan ***prangko*** saja. 그 편지를 보내려면 우표만 붙이면 된다;

prapatan 교차로, 사거리;

prasarana 기반 시설;

prasasti 비문, 제명; ⓢ batu bertulis; Di Bogor terdapat ***prasasti*** Batu Tulis peninggalan kerajaan jaman dulu. 보고르에서 옛날 왕국의 비석 유물을 볼 수 있다;

presentase ① 헌정, 증정; ② 발표; ③ 소개; ④ 공연, 공개;

mempresentasikan 제시하다,제기하다; Dia akan ***mempresentasikan*** hasil penjualan tahun ini. 그는 금년 판매 결과를 발표할 것이다;

presiden 대통령;

prestasi 달성, 성취;

pria 남자, 남성;

pribadi ① 개인의,개개의, 사적인; ⓢ diri manusia, diri sendiri; Secara ***pribadi*** kami tidak keberatan dengan keputusan ini.개인적으로는 우리는 이 결정에 반대가 없다; ② 사람, 인물, 개인; ⓢ tokoh;

mempribadikan 인격화하다,인격을 부여하다;

kepribadian ① 개인, 개체; ⓢ perseorangan; ② 개성,성격,인격;ⓢ manusiawi,karakter,sifat; **kepribadian** bangsa 국민성; Kepribadiannya amat menarik. 그의 개성은 아주 매력적이다;

prihatin ① 유감, 고통, 슬픔; ⓢ bersedih hati,was-was; Kami ***prihatin*** atas insiden yang terjadi di desa Anda. 당신의 마을에 일어난 사건에 대해 유감을 표합니다; ② 절제하다,열심히 일하다; ⓢ berusaha; Kami sedang ***prihatin*** supaya mengatasi masalah ini. 우리는 이 문제를 해결하기 위해 신경 쓰고 있습니다;

berprihatin ① 슬픈, 고통스러운; ② 절제하다;

memprihatinkan 고통스럽게 하다; Kehidupan para pengemis itu

sungguh ***memprihatinkan*** saya. 그 모든 거지들의 생활은 정말 나를 슬프게 한다;

keprihatinan 비애,슬픔,고통; Kematian patriot itu membuat ***keprihatian*** rakyat. 그 애국자의 죽음은 모든 국민들에게 슬픔을 주었다;

primadona ① (가극의)주역 여가수, 프리마돈나; Gadis itu ***primadona*** di sekolah kami. 그녀는 우리 학교의 프리마돈나이다; ② (연극의) 여자 주인공; ③ 최고의 미인;

primitip 태고의, 원시의;

prinsip 원칙, 원리, 본질, 근본;

prioritas 우선권,급선무;ⓢ didahulukan; Hal itu menjadi ***prioritas*** kerja kami. 그 일은 우리의 우선 임무이다;

produksi 생산,산출,제조;ⓢ hasil, penghasilan; Jumlah ***produksi*** kami terus meningkat dibanding tahun lalu. 생산량이 작년에 비해 계속 향상되었다;

produktif ① 생산,생산적인;Pabrik itu termasuk salah satu pabrik kertas yang ***produktif***. 그 공장은 종이 생산공장 중의 하나이다; ② 이익을
초래 하는;

produser, 생산자, 프로듀서;

memproduseri 생산하다,제조하다, 상연하다, 일으키다; ⓢ menghasilkan; Ia bertindak sebagai ***produser*** di kegiatan itu. 그는 그 활동에서 프로듀서로 일한다;

profesi ① 직업, 전문; ⓢ pekerjaan; Menjadi seorang guru adalah suatu ***profesi*** yang mulia. 선생이 된 그는 저명한 사람이다; ② 공언, 선언; ⓢ pernyataan;

progresif 전진하는, 진보적인, 진보주의의; ⓢ maju, meningkat; Kesehatannya mengalami ***progresif*** yang cukup cepat. 그의 건강이 충분히 빠른 속도로 진전이 되었다;

promosi ① 승진, 진급; ⓢ kenaikan pangkat; Ayah mendapatkan ***promosi*** untuk jabatan baru di kantornya. 아버지는 사무실에서 새 직책으로 승진하셨다; ② 졸업, 학위 취득; ③ 선전, 광고; ⓢ reklame;

promosi dagang 판매 촉진;

mempromosikan 선전하다, 판촉하다; Mereka gencar ***mempromosikan*** barang dagangannya melalui berbagai cara. 그들은 여러가지 방법으로 상품을 계속 선전하였다;

propinsi 주,성(省), 도(道); Banjir melanda beberapa ***propinsi*** di India. 홍수가 인디아의 몇 개 주에서 일어났다;

proses 진행, 과정;

protes 항의, 이의, 불복, 항변서; Beberapa pegawai melancarkan ***protes*** atas kebijakan baru itu. 몇몇 직원들이 그 새 규정에 대해 항의를 하였다;

memprotes 주장하다, 이의를 제기하다, 불복하다, 항변하다; Buruh itu ***memprotes*** usulan kantor yang baru. 그 노동자는 회사의 새로운 제안을 거부했다;

provokasi 집적거림, 들볶음, 노하게 함, 분개; ⓢ pancingan, tantangan; Jangan mudah terpancing oleh ***provokasi*** itu. 그 흑색 선전에

쉽게 걸려 들지 말아라;

proyek 기획, 계획;

psikologi 심리학, 심리상태; ⓢ ilmu jiwa; Secara ***psikologi*** hal itu dapat mengganggu perkembangan mental anaknya. 심리적으로 그 일은 그 아이의 정신 발달에 장애가 될 수 있다;

puas ① 흡족한, 만족한, 즐거운; ⓢ merasa senang; Ia merasa ***puas*** setelah tuntutannya dikabulkan hakim di persidangan itu. 그는 그 재판에서 그의 요구가 재판관에 의해 받아졌을 때 아주 만족했다; ② 지루한, 역겨운; Dia merasa ***puas*** dengan pekerjaannya hari ini. 그는 오늘 일에 싫증이 난다;

berpuas diri 만족하게 느끼다, 기쁘게 느끼다; **berpuas** hati 만족하다, 충족하다;

memuaskan ① 요구를 채우다, (숙원을) 이루다; ⓢ mencukupkan; **memuaskan** dahaga 해갈시키다; ② 즐겁게 하다, 흡족하게 하다; ⓢ menyenangkan; Anak itu ***memuaskan*** hati orang tuanya. 그 아이는 부모님을 즐겁게 했다; ③ 충족시키다; ⓢ memadai; Hasil jualannya bulan ini amat ***memuaskan***. 이번 달 매출 액은 그를 만족시켰다;

kepuasan 만족, 즐거움; Dia tidak pernah mendapat ***kepuasan*** batin dari apa yang sudah diperbuatnya. 그는 그가 한 무엇에서도 정신적인 만족감을 얻지 못했다;

pemuasan 만족, 충족, 포만; Hal itu dilakukannya untuk ***pemuasan*** diri saja. 그 일은 스스로의 만족을 위해 행해졌다;

sepuas-puasnya 만족할 때까지, 아주 만족스러운;

puasa 금식(기간); ⓢ pantang; **puasa** fardu 의무적 금식; **puasa** sunah 의무가 아닌 금식; **puasa** wajib 의무적 금식;

berpuasa 금식하다, 금식기간을 지키다; ⓢ menahan diri; Di bulan Ramadhan kami ***berpuasa*** sebulan penuh. 라마단 금식기간 동안에 우리는 한달 내내 금식한다;

publik 공중, 대중, 민중,국민; ⓢ orang banyak, orang ramai; Dia sudah tidak punya pengaruh di hadapan ***publik***. 그는 이제 대중에게 영향력이 없다;

pucat 창백한,핏기 없는,희미한, 어스레한; ⓢ pucat lesu, pucat pasi; **pucat** pudar 매우 창백한; Wajahnya ***pucat*** karena sedang sakit. 그의 얼굴은 현재 병으로 창백하다;

memucat 창백해지다;

kepucatan 창백;

kepucat-pucatan 창백한 듯한;

pucuk ①(나무의)싹; ② ~통, ~정; **sepucuk** bedil 한 정의 총; **sepucuk** surat 편지 한 통; Ia mendapat ***sepucuk*** surat dari orang tuanya. 그는 부모로부터 편지 한 통을 받았다; ③ 꼭대기, 정상, 고위; **pucuk** api 불꽃, 화염; **pucuk** pimpinan 지도자, 감독자; ***Pucuk*** pimpinan saat ini berada di ujung tanduk. 지도부의 위치가 경각에 달려있다;

berpucuk 싹이 트다, 발아하다;

pudar ① 창백한,핏기 없는, 혈색이 나쁜; ⓢ pucat,agak putih ② 희미한,

어스레한; ⓢ suram,kabur, tak bercahaya; Warna pakaian ini sudah mulai ***pudar***. 그 옷의 색깔이 희미해져 있다; ③ 희망을 잃은, 신통력을 잃은;

memudar 창백해지다, 희미해지다, 색깔이 날다;

memudarkan 흐리게 하다, 침침하게 만들다; **memudarkan** makna 뜻을 모호하게 하다;

puding 푸딩; Kakak sedang membuat ***puding*** untuk pesta nanti malam.누나는 나중에 야간 파티에 쓸 푸딩을 만들고 있다;

puing 폐허, 폐물; ⓢ reruntuhan; Kota itu menjadi ***puing*** karena perang. 그 도시는 전쟁으로 폐허가 되었다;

puing-puing 폐허,폐물;Yang masih tertinggal dari peristiwa kebakaran itu ialah ***puing-puing*** bangunan. 그 화재에서 남은 것은 건물 잔해 뿐이었다;

berpuing-puing 산산조각이나다,

memuingkan 폐허로 만들다, 폐물로 만들다;

puisi 시,운문; ⓢ sajak, sajak,syair, pantun; Kami ditugaskan membuat ***puisi*** dengan tema kasih sayang. 우리는 사랑이라는 제목으로 시를 짓도록 임무를 받았다;

berpuisi 낭송하다, 낭송해 주다;

pujangga ① 문인,문학자,어학자; ⓢ ahli sastra; ② 시인; ⓢ pengarang sajak; Dulu kakeknya adalah seorang ***pujangga*** terkenal di daerah ini. 예전에 할아버지는 이 지역에서 유명한 문인이셨다;

kepujanggaan 문학의, 문학상의, 문학에 관한;

puji 칭찬, 찬양, 찬미, 숭배;

memuji 칭찬하다, 찬미하다, 숭배하다; ⓢ mengagumi, memuliakan, menghormati;Para juri ***memuji*** kecantikan wajahnya yang unik. 심사관들은 그녀의 독특한 미모를 칭찬하였다;

memuji-muji 칭찬하다,극찬하다; ⓢ menghargai, menghormati;

pemujian 칭찬, 찬양;

terpuji 매우 좋은, 평이 난;

pujian 칭찬, 찬미, 숭배; **pujian** istimewa 명예로운; Mereka memberikan ***pujian*** kepada sang maestro. 그들은 그 장인을 칭찬하였다;

puji-pujian 칭찬, 찬미, 숭배;

pukat 예인망, 땅을 훑는 그물; ⓢ jaring besar; mata **pukat** 그물 눈; pawang **pukat** 그물로 고기를 잡는 명수; perau **pukat** 그물 고기잡이 배; Para nelayan menggunakan ***pukat*** harimau untuk menangkap ikan. 어부들은 고기잡이에 저인망을 사용하였다;

memukat 예인망으로 고기를 잡다;

pemukat ① 어부,고기잡이; ⓢ nelayan; ② 어선; ⓢ perahu mayang;

pukau ① 마취제; ② 마력, 마법; ⓢ daya tarik, pesona;

memukau ① (음식물에) 마취제를 넣다; ② 속이다, 기만하다; ⓢ mengakali, menipu; ③ 마음을 끌다; ⓢ memesona; Kecantikannya ***memukau*** semua orang yang ada. 그녀의 미모는 모든 사람의 마음을 끌었다; ④ 놀라게 하다, 탄복시키다; ⓢ mengagumkan; Tukang sulap itu ***memukau*** para penonton. 그 요술쟁이는 모든 관객들을 탄복시켰다;

pukul ① 두드리다, 치다; ⓢ ketuk; kena **pukul** 얻어 맞다 sekali **pukul** 단번에 처리하다; ② 때리다; ⓢ mengetuk,memukul; ③ 갖다, 취하다;

memukul ① 치다, 때리다, 폭행하다;ⓢ menumbuk,meninju,menghantam; Karena kesal, ia ***memukul*** meja itu dengan keras. 그는 화가 나서 책상을 세게 쳤다; ② 물리치다, 패배시키다;ⓢ menyerang, mengalahkan; **memukul** kawat 전보치다; **memukul** mundur 격퇴하다, 반박하다,물리치다;Serangan itu mampu ***memukul*** mundur lawan. 그 공격은 적을 후퇴하도록 하였다;

pukul-memukul 서로 치다, 서로 때리다; Dalam pertandingan tinju mereka ***pukul-memukul*** lawannya. 권투 시합에서 그들은 서로 상대를 가격하였다;

memukuli 계속해서 치다,마구 때리다; Ia dituduh ***memukuli*** tetangganya hingga luka berat. 그는 이웃 사람을 심하게 때려 고발 당했다;

memukulkan 난타하다;

terpukul (맞아서)충격을 받은; Mereka amat ***terpukul*** dengan kejadian itu. 그들은 그 사건으로 아주 충격을 받았다;

pemukul ① 망치, 해머; ② 구타자, 폭행자;

pukulan 타격, 가격; ***Pukulan*** itu tepat mengenai tubuh lawannya. 그의 가격은 정확하게 적의 몸에 맞았다; **pukulan** balik (테니스 등에서) 역타, 백 스트록; **pukulan** berat 고통, 큰 손실; **pukulan** mematikan (권투의) 살인 펀치;

pukul 시, 시각; ⓢ jam; Kami akan datang ***pukul*** 9 pagi. 우리는 아침 9 시에 올 예정입니다;

pukul rata 전반적으로,평균적으로; ⓢ rata-rata; Pendapataannya dalam satu bulan ***pukul rata*** U$ 5000. 그의 한 달 수입은 평균적으로 U$ 5000 이다;

memukul rata 본보기로 하다, 일반화시키다, 평준화시키다; ⓢ menyamaratakan; Jangan ***memukul rata*** prestasi kami! 우리의 결과를 본받지 마라!

pemukul rataan 일반화, 평준화;

pula ① 다시, 또, 다시 한 번; ⓢ sekali lagi; Dia memaki ***pula*** pada saya. 그도 나에게 욕을 했다;② 역시, 또한;ⓢ tambahan lagi;Sudah salah tapi masih berkilah ***pula***. 틀렸는데 속이기까지 했다; ③ 아직, 여태까지; ⓢgerangan,konon;Siapa ***pula*** yang berani melarang saya pergi? 또 누가 내 길을 막느냐?

pulang ① 돌아가다(오다),귀가하다; ⓢ kembali, balik; ② 떨어지다, ~의 의사(뜻)에 달려 있는; ⓢ jatuh, terserat, tergantung; **pulang** hari 낮시간의 귀가;**pulang** ke alam baka 죽다, 사망하다; **pulang** ke kandang 태어난 곳으로 돌아오다; **pulang** modal 본전치기하다; **pulang** nama 이름만 남기다; **pulang** pergi 왕복;

berpulang 죽다,사망하다; ⓢ meninggal dunia; Ayahnya ***berpulang*** kepangkuan Yang Kuasa malam tadi. 아버지는 어젯 밤에 신의 품으로 돌아가셨습니다; **berpulang** ke rakhmatullah 죽다,사망하다; Hal itu ***berpulang*** kembali pada tuan. 그것은 당신에게 달렸다;

memulangi (부부 싸움 등으로) 친정으로 돌아가다;

memulangkan ① 돌려 보내다; ⓢ mengembalikan; Dia hendak ***memulangkan*** uang pinjamannya pada Ayah. 그는 아버지에게 빌린 돈을 돌려주려 한다; ② (숨을)돌리다, 쉬다; ⓢ memulihkan, beristirahat; ③ 넘기다; ⓢ menyerahkan; ***Memulangkan*** hal yang sulit kepada saya. 어려운 일은 나에게 넘겨라;

kepulangan 돌아감(옴),귀가; Berita tentang ***kepulangan*** orang itu tersiar ke seluruh kampung. 그 사람의 귀향 소식이 온 마을에 퍼졌다;

pemulangan 반환, 상환, 반송; ⓢ pengembalian; Proses ***pemulangan*** tenaga kerja ilegal itu dilakukan bertahap.그 불법 노동자들의 퇴거는 단계적으로 이루어 졌다;

sepulang 귀가 하자마자,귀가 후에; ⓢ sekembali; Tadi ***sepulang*** dari kantor ia langsung pergi lagi. 그는 조금 전 사무실에서 돌아 오자마자 다시 나갔다;

pulas, (잠을)곤히 자다; Adik tidur amat ***pulas***. 동생이 곤히 자고 있다;

pulau 섬, 도서; **pulau** Sumatera 수마트라섬; **Pulau** harapan 동경하는 섬; **Pulau** Dewata 발리섬; Bulan depan kami berlibur ke ***pulau*** Bali. 다음 달에 우리는 발리로 놀러 간다;

memulaukan ① 격리하다, 고립시키다,섬으로 만들다; ⓢ mengasingkan; ② 배척하다, 불매 동맹하다; ⓢ memboikot;

kepulauan 군도, 도서; ***Kepulauan*** Indonesia. 인도네시아 군도; Negara Indonesia terdiri atas beberapa ***kepulauan***. 인도네시아는 몇몇 군도로 이루어져 있다;

pulpen 볼펜;

puluh 열, 십;

pulung, **memulung** 재활용품을 모으다; Kerjanya ***memulung*** sampah disepanjang jalan. 그의 직업은 이 길의 쓰레기를 줍는 일이다;

pun ① 역시, 또한; ⓢ juga; Jika anda setuju saya ***pun*** setuju.당신이 동의한다면 나 역시 동의한다; ② 비록 ~이지만, 아무리 ~일지라도; ⓢ meski, biar; Walau***pun*** dia miskin, tetapi bisa membantu orang lain. 그는 비록 가난하지만 남을 잘 도와준다; ③ 조차도, 심지어; ⓢ bahkan, sedangkan; Untuk makan seharihari***pun*** tak ada, apalagi beli baju baru. 먹을 것 조차도 없는 살림에 새 옷을 사자니; ④ 무엇이든지, 어떻든지; ⓢ apa saja, bagaimana saja; Tidak seorang ***pun*** diijinkan masuk ke ruangan itu. 누구 한 사람도 이 방에 들어올 수 없다; ⑤ (… pun…lah) 어떤 상태의 발생; Kemarahannya ***pun*** sudah berlalu. 시간이 지났으니 그도 화가 풀렸을 것이다; ⑥ 강조문으로; Sesudah belajar, ia ***pun*** pergi tidur.공부를 끝내고 나서 그도 자로 갔다;

punah ① 소멸된, 파괴된; ⓢ habis sama sekali; Jika tidak dilindungi, hewan itu pun akan *punah*. 보호하지 않으면 그 짐승도 멸종될 것이다; ② 없어진, 사라진; ⓢ hilang, lenyap;
memunahkan 파괴하다,제거하다;
kepunahan 소멸, 파괴, 절멸; Sejumlah binatang di khawatirkan akan mengalami *kepunahan*. 몇 종류의 짐승이 멸종될 것이 우려된다;
puncak ① 꼭대기, 가장 높은 곳; ② 절정,최고도;**puncak** acara 행사의 절정;
memuncak 최고조에 달하다; ⓢ meningkat, naik tinggi; Emosinya *memuncak* saat mendengar kabar buruk itu. 그의 감정은 그 나쁜 소식을 들었을 때 최고조로 폭발했다;
pemuncak ① 정상, 정점, 절정; ② 챔피언, 정상을 차지한 사람;
pundak 어깨;
pungguk 꼬리가 없는, (끝이) 뭉툭한; Seperti *pungguk* merindukan bulan. 너무 과분한 것을 바라다;
punggung ① (사람·동물의) 등; ⓢ belakang;② 산등성이;③ 뒤,뒷면; **punggung** kaki 발등; **pungung** tangan 손등; buah **punggung** 신장, 콩팥; Terdapat bekas luka bakar di*punggung* tangannya. 그의 손등에 화상 자국이 보인다;
memunggungi 등을 보이다, 등을 돌리다; ⓢ membelakangi; Ia duduk *memunggungi* teman-temannya. 그는 친구들에 등을 돌리고 앉아 있다;
punggung-memunggung 충돌하다,서로 등을 돌리다;ⓢ belakang-membelakangi;
memunggungkan 참석을 거부하다; Dia *memunggungkan* undangan pesta itu. 그는 그 파티의 초청을 거부했다;
pungut anak pungut 양자; saudara **pungut** 젖형제; Ternyata dia adalah anak *pungut* di keluarga itu. 사실은 그는 그 가족의 양자이다;
memungut ① 집다, 줍다; ⓢ mengambil; Makanan yang sudah jatuh jangan di *pungut* lagi. 떨어진 음식을 다시 집어 올리지 말아라; ② 따다, 뜯다, 채집하다; ⓢ memetik; Jangan *pungut* buah yang belum matang itu! 그 덜 익은 과일을 따지 말아라! ③ 징수받다, 징수하다; ⓢ menarik ; Satpam *memungut* iuran keamanan pada warga. 수위는 마을의 야경비를 징수 받았다; ④ 수확하다,거두어 들이다; ⓢ memanen; Sekarang ia sudah bisa *memungut* hasil kerja kerasnya. 이제 그는 열심히 일한 결실을 수확할 수 있다; ⑤ 인용하다, 따오다; ⓢ mengutip; Ia *memungut* kalimat itu dari sebuah buku sastra. 그는 한 문학책에서 그 문장을 발췌하였다; ⑥ (양자·사위·첩 등을)얻다;Ia masih muda lagi cakap, mana mau *di pungut* istri oleh duda itu.그녀는 아직 젊고 이쁜데 그 홀애비의 부인이 되기를 원하겠는가; ⑦ 도로 찾다, 회복하다; ⑧투표하다,투표에 붙이다; Para hadirin *memungut* suara untuk menyelesaikan masalah itu. 모든 참석자들은 그 문제를 해결하기 위하여

투표를 했다;
memunguti 채집하다; Kerjanya ***memunguti*** sampah di sepanjang jalan. 그의 직업은 길의 쓰레기를 청소하는 일이다;
memungutkan 따주다, 뜯어주다;
pemungutan ① 수확, 결실; ⓢ panen; ② 모집, 채집; ⓢ perkumpulan;**pemungutan** suara 투표,선거;
pungutan ① 수확, 농작물; ② 징수, 기금; Setiap orang dikenakan ***pungutan*** sepuluh ribu rupiah. 모든 사람들에게 만 루삐아가 징수되었다;
puntung ①(담배)꽁초;② 뭉툭한;
punya ① 가지다,소유하다,지니다; ⓢ ada, memiliki; Saya ***punya*** beberapa mobil yang disewakan. 나는 몇대의 임대 자동차가 있다; ② (kepunyaan) 소유; ⓢ milik; Mobil itu ***punya*** saya. 그 차는 내 것이다; ③ (yang punya) 소유자; ⓢ pemilik; Mobil yang di parkir sembarangan itu ***punya*** siapa? 이 무단 주차한 자동차의 소유자는 누구입니까? ④ (중복어 사이에서) ~한 후에, 진지하게; tunggu **punya** tunggu 많이 기다린 후에; Pikir ***punya*** pikir, 진지하게 생각하고 di dalam **punya** kalbu 그의 마음속으로;
berpunya ① 주인이 있다; ② 이미 결혼한; ③ 부자인, 재산이 있는;
mempunyai 소유하다,지니다,가지다; ⓢ memiliki;
mempunyakan ① 소유가 되다; ② 소유하다, 갖다;
kepunyaan 재산, 소유물; ⓢ milik; Dia adalah orang yang banyak ***kepunyaan*** harta. 그는 재산이 많은 사람이다;
pupuk 비료,거름; ⓢ bajak, rabuk; **pupuk** alam 천연거름; **pupuk** buatan 화학비료;**pupuk** garam 인조비료; **pupuk** hijau 퇴비; **pupuk** organik 유기비료; **pupuk** pabrik 화학비료;
memupuk ① 비료 주다; ② 기르다, 사육하다,양성하다;ⓢ menggemukkan; Kegiatan ini untuk ***memupuk*** persahabatan kita.이 활동은 우리의 우정을 돈독히하기 위한 것이다;
pemupuk 경작자, 재배자;
pemupukan 비료를 줌, 시비;
pupus 사라진, 없어진;
pura-pura 가장하다;
purbakala 옛날,고대;
purna 가득찬, 충만한, 끝나는; ⓢ penuh, selesai;
kepurnaan 완전, 완비 ⓢ sempurna; Layanan ***purna*** jual barang ini kurang baik. 이 물건의 에프터 서비스는 좋지 않다;
purnasarjana 박사과정;
pusaka ① 유산; ⓢ warisan; ② 가보; **pusaka** nasional 국보;
berpusaka 유산을 받다;
pusat ① 배꼽; ⓢ pusar, puser; ② 핵심, 중심점; ⓢ titik tengah; ③ 중심,중앙부;ⓢ bagian tengah;Bank itu ada di ***pusat*** kota. 그 은행은 도시의 중심부에 있다; **pusat** pembicaraan 대화의 초점;**pusat** pemerintahan 통치의 핵심부; **pusat** perdagangan 상업중심지;**pusat** perhatian 관심의 초점;**pusat** tenaga listrik 발전소;
memusatkan 집중시키다;
pemusatan, **perpusatan** ① 집중;

② 중앙 집권; ③ 권력의 집중;

pusing ① 골치가 아프다, 현기증 나다; ***Pusing*** karena hal itu. 그 일 때문에 머리가 아프다; ② 어지럽다, 돌다, 빙빙 돌다;

berpusing-pusing 애써 ~하다, 돌다;ⓢ bersusah-payah; Tak usah ***berpusing-pusing*** mencari penyelesaian masalah ini. 이 문제의 해결책을 찾으려고 골치아파할 필요없다;

memusing ~을 돌리다; ⓢ bersusah-payah;

memusing ~을 돌리다, 돌아가게 하다; ⓢ memutas;

memusingkan 어지럽게 만들다, 혼돈시키다; ⓢ memeningkan kepala;Masalah itu benar-benar ***memusingkan*** kita semua. 그 문제는 우리 모두를 정말로 골아프게 하였다.

pemusing ① 회전축; ⓢ putaran, kisaran;② 원심 분리기; ⓢ pemutar, obeng;

terpusing-pusing 빙빙 도는, 방향을 못잡는;

puskeskas 국립 보건소;

pustaka ① 책, 서적; ⓢ buku, taman **pustaka** 독서실;

kepustakaan ① 문학; ⓢ kesusastraan;② 문학 서적; ③ 자료,참고 서적, 참고 문헌; ⓢ bibliografi, daftar bacaan; Semuanya kutipan ini sudah ada di dalam buku yang di cantumkan pada daftar ***pustaka***. 이 모든 사본은 책 안의 참고 문헌 목록에서 볼 수 있다;

perpustakaan 도서관, 서재;Kami hendak mencari buku itu di ***perpustakaan*** nasional. 우리는 그 책을 국립도서관에서 찾으려 한다;

putar 회전, 선회; ⓢ pusing; **putar** balik; 돌아서다; Mobil itu berjalan ***putar*** balik. 그 차는 오던 길을 돌아서 갔다;**putar** belit 애매한,모호한; **putar** otak 지혜를 짜내다, 노력하다;

putar-putar ① 돌다, 선회하다; ⓢ berkeliling-keliling; ② 돌아다니다; Ia ***putar-putar*** kota sepanjang hari. 그는 하루 종일 시내를 돌아다녔다;

berputar ① 돌다, 돌아가다; ⓢ berkisar; ② 방향을 바꾸다; ⓢ berkelok; Mereka segera ***berputar*** di ujung jalan.그들은 길 끝에서 방향을 곧바로 바꾸었다; **berputar** lidah 부인하다; **berputar** pikiran 생각을 바꾸다;

berputar-putar ①돌다,돌아가다; ② 빙빙 돌다, 신회하다; ③ 돌아가다, 우회하다; ④ 바람을 쐬러 다니다;

memutar ① 돌리다; ② (생각을) 바꾸다; **memutar** pandangan 견해를 바꾸다; Ia ***memutar*** lagu itu berulang kali. 그는 그 노래를 반복하여 틀었다; **memutar** lidah 부인하다; **memutar** otak 진지하게 생각하다; Kami harus ***memutar*** otak untuk mencari jalan keluar untuk masalah ini. 우리는 이 문제를 해결하기 위해 진지하게 생각해야 한다;

pemutar ① 회전기; ② 회전 기사;

pemutaran 회전; **pemutaran** film 영화 상영; Kami akan datang ke acara ***pemutaran*** film terbaru itu. 우리는 그 새 영화 시사회에 참가 할 것이다;

putih ① 흰,하얀, 백색의; ⓢ warna kapas ② 순수한, 순(純); ⓢ bersih,

murni, **putih** bersih 희고 깨끗한; **putih** hati 정직한,결백한; Ketulusan hatinya ***seputih*** kapas. 그의 순진한 마음은 솜처럼 하얗다;

memutih 하얗게 되다, 백색으로 변하다;

memutihkan 흰색을 칠하다; ⓢ mengecat putih; Dia ***memutihkan*** ruangan kamarnya. 그는 자신의 방에 흰 페인트 칠을 했다;

putra 아들,남아;

putri 딸, 여식;

putus ① 끊긴, 끊어진; ⓢ terpotong; Sambungan telepon dengan perempuan itu ***putus***. 그녀와 통화 중에 끊어졌다; ② 끝난; ⓢ habis; Dia sudah ***putus*** semua pekerjaannya. 그는 모든 일을 끝냈다;③ 마친, 종료한;ⓢ selesai,rampung; Pelajaran sekolahnya sudah ***putus***.학교의 수업은 종료되었다; ④ 확신이 있는;

memutus ① 끊다; ⓢ memotong; ② (흐름을) 멈추다; ⓢ menghentikan; ③ (길을) 막다, 끊다, 봉쇄하다; ⓢ menghalangi;④ (길을) 질러가다; ⓢ memintas; Jika kami tidak ***memutuskan*** jalan pasti akan terlambat. ⑥ (약속·계약을) 취소하다; ⓢ membatalkan; Mereka ***memutus*** perjanjian itu secara sepihak. 그 들은 일방적으로 계약을 파기하였다; ⑦ (미결 사항을) 끝내다; ⓢ menyudahi;Mereka ***memutus*** bantuan untuk usaha ini. 그들은 이 일에 대한지원을 끊었다;

memutuskan ① 끊다;② 결정하다, 확정하다; ⓢ menentukan; Mereka ***memutuskan*** untuk membuat perjanjian baru dengan kami. 그들은 우리와 새로운 계약을 맺도록 결정하였다;

keputusan ① 끝, 종결; ⓢ penghabisan, hasil akhir; Semua ***keputusan*** itu tergantung pada rapat itu. 모든 결정은 그 회의 결과에 달려 있다; ② 결정, 결론, 처리, (판사의) 판정, (시험의) 결과; ⓢ kesimpulan;

berkeputusan 끊임 없이, 쉴새 없이, 끝이 없는; Cerita cinta itu tiada ***berkeputusan***. 그 사랑 이야기는 종결이 없다;

pemutusan 절단, 자름, 단절; ⓢ pemotongan; **pemutusan** hubungan diplomatik. 외교 관계를 단절함; Pimpinan melakukan ***pemutusan*** hubungan kerja untuk beberapa karyawannya. 사장은 몇몇 직원의 해고를 단행하였다;

terputus ①잘린;ⓢterpenggal; ② 끊긴; Cerita ini ***terputus*** sampai di sini.이 이야기는 여기에서 끊어졌다;

berputus-putus 깨진, 방해를 받는, 절단된; Surat lamaran kerja yang datang tiada ***berputus-putus***. 구직 신청서가 끊임 없이 왔다;

terputuskan ① 끊을 수 있는; ② 이미 끊긴;

putusan ① 결정, 확정; ⓢ ketentuan, ketetapan; Kami sedang menunggu ***putusan*** pengadilan atas gugatan ini. 우리는 그 고발 사건의 재판 결과를 기다리고 있다; ② 토막, 파편, 단편; **putusan** tali 끈 토막;

berputusan 끊긴; Dia berputusan hubungan dengan semua teman. 그는 모든 친구들과 관계가 끊어졌다;

R

raba, **beraba-raba** 손으로 더듬다, 더듬어 찾다;

raba-raba 짐작, 추측, 예측; Itu hanya ***raba-raba*** saja. 그것은 짐작일 뿐이다;

meraba ① 만져보다; ② 손으로 더듬다, 더듬어 찾다; Orang itu ***meraba*** tangan gadis itu. 그 사람은 그 여자의 손을 더듬었다; ③ 추측한다, 짐작하다; ⓢ menerka, menduga; Anak itu ***meraba*** bahwa dia adalah saudaranya. 그 아이는 그가 친척이라고 추측했다;④ 쓰다듬다,귀여워해주다; Ia ***meraba-raba*** pacar saat mati lampu di rumahnya. 그는 불이 나가자 애인을 쓰다듬었다;

merabai 여러 번 더듬다;

peraba 촉감; Karena sakit, indera ***peraba***nya tidak berfungsi dengan baik. 아파서 감각 기능이 무디다;

teraba-raba 손으로 더듬는;

rabaan 감각, 만짐, 더듬어 찾음; ⓢ dugaan, taksiran,perkiraan; Hal itu hanyalah ***rabaan*** orang tuanya saja. 그 일은 노인의 추측일 뿐이다;

rabun ① 흐린, 침침한; ⓢ kabur ② 시력이 나쁜,근시의;ⓢ buta ayam, samar muka; Kakek itu sudah ***rabun*** matanya.그 노인은 시력이 좋지 않다;**rabun senja** 황혼; **rabun dekat** 원시; **rabun jauh** 근시;

racun 독, 독극물, 독약; ⓢ bisa, upas;

meracuni ① 독살하다, 독을 넣다; ② 정신건강을 해치다, 유해하다; Obat-obatan terlarang dapat ***meracuni*** tubuh. 금지된 약은 건강에 유해하다;

keracunan 중독, 독살;

peracun 해독자, 독살자;

rada 약간, 다소, 좀; Di kamar itu kedengaran ***rada*** ramai. 그 방은 좀 시끄러웠다;

radang, **meradang** 분노한, 격노한, 흥분한; ⓢ marah sekali, geram, panas hati; Istrinya ***meradang*** karena suaminya sangat pelit. 부인은 남편이 인색해서 화가났다;

meradangkan ~를 몹시 꾸짖다;

peradang 화를 잘 내는 사람.

radang 염증; **radang** paru-paru 폐렴; **radang** otak 골수염; **radang** tenggorokan 인후염; Dia sakit ***radang*** tenggorokan. 그는 후두염에 걸렸다;

meradang 붓다, 염증을 일으키다;

radio 라디오;

raga 육체, 신체, 몸;ⓢ badan, jasmani, fisik; **raga** dan jiwa 육체와 정신; **olahraga** 운동;

meraga ① 뽐내다, 허풍 떨다; ② 거친, 털이 많은;

memperagakan ① 뽐내다, 자랑하다;ⓢ memperlihatkan, menyombongkan;Ia ***memperagakan*** kepandaian sulapnya yang baru. 그는 새로운 요술을 자랑했다; ② 본뜨기, 모형 만들기;

peraga ① 허풍쟁이; ② 보임, 쇼우, 전시; **peraga** mode 패션 쇼우; Mereka memakai boneka itu sebagai alat ***peraga*** dalam rekonstruksi aksi kejahatan itu. 그 범죄 검증 도구로 그들은 그 인형을 사용했다;

peragaan ① 걸치레, 허세; ② 나타냄, 쇼우, 전시; ⓢ pertunjukan, pameran; Acara ***peragaan*** busana itu dihadiri para perancang terkenal. 그 패션쇼에 많은 유명 디자이너들이 참석했다;

ragam ① 행동, 방식, 방법; ⓢ tingkah laku, gaya; Saya berbeda ***ragam*** hidupnya dengan dia. 나와 그는 사는 방식이 다르다; ② 종류; ⓢ macam, jenis; Toko emas itu menjual ***ragam*** emas.금방에는 많은 종류의 금이 있다; ③ 곡조,가락; ④ 색상, 의장, 도안, 디자인; ⓢ warna, corak; Baju biru itu ***ragam***nya amat bagus. 그 푸른 상의의 디자인은 아주 멋지다;

beragam 각양각생의, 여러 가지의; Ada ***beragam*** acara dipentaskan di panggung itu. 그 무대에서 보여주는 각양각색의 행사가 있다;

beragam-ragam 여러 가지의;

meragam ① 노래 부르다; ② 색을 칠하다, 물을 들이다;

meragamkan 각양각색이 되게하다;

keragaman 방식, 양식;

seragam 같은 종류의, 같은 형태의; ⓢ serupa, semacam, sejenis; pakaian raden **seragam** 단체복,유니폼,

ragu ① 주저하는, 망설이는; ⓢ bimbang; Ia masih ***ragu*** dan kurang percaya dengan orang yang baru di kenalnya. 그는 처음 알게된 사람을 믿기가 아직 망서려 진다; **ragu** hati 주저하는, 망설이는; ② 의심하는; ⓢ sangsi; Ia sangat ***ragu*** dengan kejujuran hati temannya. 그는 친구의 정직성을 의심한다;

meragukan ① 혼돈시키다, 주저하게 하다; Berita di telepon itu ***meragukan*** saya untuk pulang kampung. 그 전화의 소식은 내가 고향으로 가기를 망서리게 한다; ② ~에 대해서 의구심을 갖다; Saya ***meragukan*** kepergiannya 나는 그가 갈지 말지 의심스럽다;

ragu-ragu ① 주저하는, 망설이는, 머뭇거리는; ⓢ bimbang; Gadis itu selalu ***ragu-ragu*** dalam menyelesaikan masalahnya. 그 여자는 그 문제의 해결을 항상 망서린다; ② 의심하는, 의구심을 갖는; ⓢ kurang percaya;

keragu-raguan ① 주저, 망설임; ② 의심, 어정쩡함; Sikap ***keragu-raguan*** itu membawanya ke masalah itu. 그 의심증이 그 문제를 야기했다;

rahang 턱; **rahang** atas 위턱; **rahang** bawah 아래 턱; tulang **rahang** 턱뼈;

R

rahasia 비밀, 기밀; ⓢ misteri, hal yang tersembunyi; Ia tak dapat menyimpan ***rahasia*** dengan baik. 그는 비밀을 잘 지킬 수 없다; **rahasia** alam 자연의 신비;**rahasia** jabatan 업무상의 비밀; polisi **rahasia** 비밀 경찰; surat **rahasia** 비밀 문서; dengan **rahasia** 비밀스럽게, 은밀하게;

berahasia 비밀이 있는, 숨기는;

merahasiakan 비밀을 유지하다, 숨기다; ⓢ menyembunyikan; Perbuatan jahatnya selalu ***dirahasiakan*** temannya. 그의 범죄 행위는 친구에 의해 항상 감추어졌다;

kerahasiaan 기밀, 비밀; ***Kerahasiaan***nya bisa saya simpan dengan baik. 그의 비밀은 나에 의해 잘 지켜졌다;

rahib ① 수도승, 승려; ⓢ biarawan; ② 비구니; ⓢ biarawati;

rahim ① 자궁; ⓢ kandungan; ② 자비로운, 자비를 베푸는; ⓢ belas kasihan;

rahmat 자비, 동정심;

raih, meraih 끌다, 잡아당기다; ⓢ menggapai; **meraih** hati 마음을 끌다; **diraih** dengan uang 돈에 마음이 끌리다; **meraih** dayung 노를 젓다;

meraih-raih 찾다, 캐다;

raja 왕,임금,군주; ⓢ pemimpin, penguasa; **raja** laut 해군 제독; **raja** minyak 석유왕; **raja** muda 부왕, 황태자;**raja** singa 매독;**raja** uang 갑부,

meraja 왕처럼 행동하다;

merajai 지배하다,통치하다;ⓢ menguasai, memerintah; Perusahaan itu ***merajai*** perekonomian negara. 그 회사는 나라의 경제를 지배한다;

merajakan 왕으로 만들다, 즉위시키다;

rajang 얇게 썰다, 자르다; ⓢ memotong, mengiris;

rajangan 얇게 썬 것;

rajawali 매; ⓢ elang besar, garuda;

rajin ① 부지런한, 근면한; ⓢ giat bekerja, tekun; Ia ***rajin*** mengerjakan pekerjaan rumah. 그는 집안일에 부지런하다; ② 자주, 빈번하게; Ia ***rajin*** datang ke rumah saya. 그는 내 집에 자주온다;

merajinkan, merajinkan diri 최선을 다하다;

pengrajin 부지런한 사람, 일꾼; Di Kalimantan banyak ***pengrajin*** rotan. 칼리만탄에는 많은 로딴 일꾼들이 있다;

kerajinan ① 수공업, 공장; ⓢ industri, pabrik, tempat pembuatan. ② 근면, 부지런한; **kerajinan** rumah tangga 가내공업; **kerajinan** tangan 수공업; barang-barang **kerajinan** tangan 수공(예)품;**kerajinan** wanita 가정학; Ayah merintis usaha di bidang ***kerajinan*** tangan. 아버지는 수공예 사업을 오래 해 왔다;

rajuk, merajuk 투덜거리다, 불평하다, 비난하다; ⓢ tak senang, tak suka, bergaul; Anak itu sering sekali ***merajuk*** pada orang tuanya. 그 아이는 너무 자주 부모에게 투덜거렸다;

perajuk 불평자;

rajut ① 네트, 망; ⓢ jaring-jaring, jala; ② 그물, 어망 ③ 헤어네트;

merajut ① 그물로 잡다; ② 그물을 만들다; ③ 짜다;
terajut 낚은;
perajutan 뜨개질;
rajutan 뜨개길한 것; Hasil ***rajutan*** bajunya sangat indah. 뜨개질로 만든 그의 옷은 아주 예쁘다.

rakit ① 뗏목, 부교; ⓢ perahu, sampan, biduk; ② 대나무 침상;
merakit ① 떳목을 만들다; ⓢ membuat rakit ② 고안하다, 창안하다; ⓢ mereka-reka;
perakit 창안자, 고안자, 설치자; Ia menjadi ***perakit*** komputer di perusahaan itu. 그는 그 회사의 컴퓨터 설치자이다;
perakitan 제작, 설치, 고안, 편집; Usaha ***perakitan*** komputernya maju pesat. 그의 컴퓨터 제작업은 잘 나가고 있다;

raksasa 거인, 거대한;

rakus 욕심 많은, 탐욕스러운; ⓢ lahap, tamak;
kerakusan 탐욕, 욕심;

rakyat 국민, 대중, 민중; ⓢ penduduk, orang biasa, publik, massa;
merakyat ① 이미 대중화된;Taekwondo kini sudah mulai ***merakyat*** 태권도는 대중화되었다;② 대중 적인, 대중성이 있는;

ralat ① 오류, 잘못; ⓢ salah, keliru; ② 오타, 오자, 오식; ⓢ salah cetak; ***Ralat*** berita itu terdapat di halaman akhir. 그 소식의 오류는 마지막 페이지에 있다; ③ 정오표;
meralat 교정하다; ⓢ membetulkan, memperbaiki; Mereka sudah ***meralat*** berita yang salah itu. 그들은 그 오류 소식을 정정했다;

ramah 친한, 친밀한, 친근한; ⓢ manis tutur katanya, suka bergaul;

ramai ① 붐비는, 혼잡한; ⓢ serba giat, sibuk, banyak; Di kota sangat ***ramai***. 도시는 아주 붐빈다; ② 소란한,시끄러운, 떠들썩한; ⓢ riuh rendah, hiruk pikuk; Cara bicaranya selalu ***ramai***. 그의 말하는 방법은 항상 시끄럽다;
beramai-ramai 여럿이 함께, 떼를 지어;Kami sekeluarga pergi ***beramai-ramai*** keluar negeri. 한 가족이 함께 해외로 나갔다;

ramal (점치는 데 쓰는)모래알;
meramal 점을 쳐주다, 예언하다; Banyak orang ikut ***meramal*** nasibnya. 많은 사람들이 운명을 점쳐 보려고 했다;
meramalkan 예언하다; ⓢ melihat nasib; Ia ***meramalkan*** akan ada bahaya di tahun ini. 그 점술가는 금년에 위험한 일이 있을 것이라고 예언했다;
peramalan 예상, 예측, 예보;
ramalan ① 예언, 예보; **ramalan** cuaca 일기예보; ② 점, 길흉 판단;

rambat, merambat ① 퍼지다, 만연하다; ⓢ menjalar, meluas; Penyakit itu telah ***merambat*** dengan cepatnya. 그 병은 빠르게 퍼졌다; ② 기어오르다;ⓢ merayap naik,melata naik; Pohon anggur ini ***merambat*** diatap rumah.그 포도 나무는 지붕에 기어오른다;
rambatan 전파, 만연, 퍼짐, 보급;

rambu ① 말뚝, 경계표지 ② 교통 표지판; **rambu** jalan 도로 표지판;

R

rambut 머리카락, 두발; ⓢ bulu, roma; **rambut** keriting 고수머리;

rambutan (과일) 람부딴;

rampas, merampas ① 강탈하다, 빼았다,약탈하다; ⓢ merebut, menjarah,merampok; ② 몰수하다, 징발하다; Penjahat itu ***merampas*** tas milik orang itu. 강도가 그 사람의 가방을 강탈했다;

merampasi ~을 강탈하다; Penjahat itu ***merampasi*** harta benda penumpang bus itu. 그 강도는 버스 승객의 금품을 강탈했다;

perampas 강도, 악당;

perampasan ① 강도질, 악당; Peristiwa ***perampasan*** itu terjadi di malam hari. 밤에 그 강도 사건은 일으났다; ② 몰수, 징발;

rampasan 전리품, 약탈품.

ramping 가느다란, 후리후리한; ⓢ kecil lurus; Gadis itu sangat ***ramping***. 그녀는 아주 날씬하다;

beramping 나란히, 곁에;

meramping 가느다래지다, 감소하다;

merampingkan 날씬하게 만들다;

rampok, merampok 강도질하다, 빼앗다,약탈하다,강탈하다; ⓢ menjarah, mencuri dengan paksa; Mereka ***merampok*** rumah kosong itu. 그들은 빈 집을 약탈한다;

kerampokan 강도가 든, 약탈당한; Mereka ***kerampokan*** sejumlah harta benda berharga. 그들은 많은 재물을 약탈 당했다;

perampok 강도, 약탈자; Para ***perampok*** itu akhirnya tertangkap polisi. 그 모든 강도는 결국 경찰에게 잡혔다;

perampokan 강도질, 약탈, 강탈; ***Perampokan*** berdarah itu terjadi di Bandung. 그 살인 강도 사건은 반둥에서 일어났다;

rampung ① 끝나다, 마치다; ⓢ selesai,siap beres; Semua pekerjaan itu ***rampung*** dalam waktu semalam. 그 모든 일은 안전한 시간내에 끝났다; ② 상처난,(귀에)구멍이 뚫린;

merampungkan 끝내다,완성하다, Mereka harus ***merampungkan*** pekerjaan ini dalam semalam. 그들은 정한 시간내에 이 일을 끝내야 한다;

perampungan 끝냄, 완성;

rancang 말뚝, 막대기 기둥;

berancang 계획하다, 의도하다, 시도하다;

merancang ① 기둥을 세우다; ② 시험하다; ③ 기획하다, 준비하다; ⓢ merencanakan;

perancang 기획자, 의도자;

rancangan 기획,의도,준비;ⓢ rencana,program,persiapan;**rancangan** pola 청사진; Dibentuk tim khusus untuk membuat ***rancangan*** acara itu. 계획을 세우기 위한 특별팀 하나가 그 일을 염심히 하고 있다;

rangka ① 도안, 설계도면, 관련; ⓢ rancangan, skema, garis besar, bagan; Sebelum membangun hendaknya buat ***rangka***nya dahulu. 건축을 하기 전에 그는 먼저 설계도를 만들기 원한다; ② 기본모형;

kerangka ① 요약, 줄거리,대강; ② 계획, 도안;

rangkai 다발, 묶음;
berangkai-rangkai 서로 엉킨, 묶인;
merangkaikan 서로 묶다, 엉키다;
perangkai 연결, 코넥터;
serangkai 연결된, 묶인;
terangkai 연속 , 시리즈; ⓢ seri;
rangkak, **merangkak**① 기다,기어가다; Anaknya kini sudah bisa ***merangkak***.아이는 지금부터 길 수가 있다; ② 서서히 나아가다, 움직이다; ⓢ bergerak pelan-pelan; Tokonya kini mulai ***merangkak*** ramai. 가게는 지금부터 서서히 나아간다;
merangkak-rangkak ① (겁이 나서) 벌벌기다, 움씰하다, 굽실거리다; Pembantu itu ***merangkak-rangkak*** dihadapan tuannya. 그 가정부는 주인 앞에서 굽실거렸다. ② (말을)더듬다, 더듬더듬 읽다; ⓢ tersendat-sendat;
rangkap 중복의,이중의,겹치는;ⓢ dobel,ganda; **rangkap** lima 다섯겹;
berangkap 이중의, 중복의; ⓢ dobel, berpasangan;
merangkap 겸임하다,겸직하다; ⓢ melakukan bersama-sama;
merangkapkan 위에 놓다, 덮어 씌우다;
perangkap 겸임자, 겸직자;
rangkapan 중복;
rangkul, **merangkul** 포옹하다; ⓢ mendekap, memeluk; Setelah lama tidak berjumpa akhirnya orang itu ***merangkul*** pacarnya. 그렇게 오랫동안 못 만나다가 결국 그는 애인을 껴안았다;
rangkul-merangkul 서로 껴안다;
berangkulan ① 서로 껴안다, 서로 포옹하다; Di bandara semua orang ***berangkulan*** melepas kepergiannya. 모든 사람들이 공항에서 그와 이별의 포옹을 했다; ② 협력하다, 같이 노력하다;Mereka ***berangkulan*** dalam membuka usaha yang baru. 그들은 새 사업에 서로 협력한다;
rangkulan 포옹, 껴안음;
rangsang 자극을 주는 것;
berangsang 진노한;
rangsang-merangsang 자극하다;
merangsang 자극하다,흥분시키다. Wangi tubuhnya ***merangsang*** saya. 그녀의 몸 냄새가 나를 자극한다;
terangsang 자극될 수 있는;
perangsang 자극,유인, 동기; ⓢ pembangkit perasaan, insentif; Obat ***perangsang*** itu telah dicampur ke dalam minuman. 그 유인하는 약은 음료수 속에 타졌다;
perangsangan 자극, 짜증;
ranjang 침대, 침상; ⓢ tempat tidur; **ranjang** bayi 어린이 침대; **ranjang** sakit 병원 침대;
ranjau ① 함정,부비트랩; ⓢ jebakan,perangkap; ② 지뢰; **ranjau** bicara 언론 자유 제한; **ranjau** darat 지뢰; **ranjau** laut 어뢰;
ransel 등짐 가방; Tas ***ransel***nya robek tersangkut di dahan pohon. 등산 가방이 나무에 걸려 찢어졌다;
ransum 배급, 배당, 정량;
meransum (짐승에게)먹이를 주다.
rantai ① 쇠사슬, 체인; ⓢ **tali logam**;② 연속,시리이즈.; ③ 유대,연줄,

R

인연; Kedua orang itu mengikat *rantai* persaudaraan.그 두 사람은 의형제를 맺었다;**rantai** besi 쇠사슬; **rantai** hukuman (죄인이 차는) 쇠고랑; **rantai** sepeda 자전거 체인;

berantai ① 줄이 달린; Itu arloji *berantai*. 그것은 줄이 달린 시계이다; ② 연속으로, 계속; ⓢ bersambung, berangkai;

berantai-rantai 계속해서, 연달아서;

merantaikan 쇠사슬로 잇다(매다)

rantau ① (바맛가의)만, 후미; Kapal itu datang dari *rantau* pulau Sumatera. 그 배는 수마트라 섬의 만에서 왔다;② 강변;ⓢ pantai,pesisir;

merantau ① 출국하다, 해외로 떠나다; Sudah setahun ia pergi *merantau* ke negeri seberang. 그가 출국한지 일 년이 됐다;②돌아다니다, 방랑하다;

perantau ① 방랑자; ⓢ pengembara; ② 이민자, 이민간 사람; ③ 거류자, 거주자;

perantauan ① 외국, 국외, 해외; ② 이민간 나라; Tionghoa **perantauan** 화교; ③ 거류, 거주, 정착;

ranting 지사, 분과, (나무)가지; ⓢ cabang kecil, anak cabang; **ranting** perkumpulan 조직의 분과; Jangan potong *ranting* itu. 그 나무의 잔가지를 자르지 마라;

beranting ① 이어지다; ⓢ bersambung; ② 가지가 있는; Pohon ini tak *beranting*. 이 나무는 가지가 없다;

rapat ① 가까운, 친근한, 친밀한; ⓢ dekat sekali; Ia duduk *rapat* sekali dengan temannya.그는 친구와 아주 가깝게 앉았다; ② 촘촘한, 밀집한; ⓢ tak ada jaraknya; **rapat** penduduknya 인구가 조밀하다;

merapat ① 접근하다, 다가가다; ⓢ mendekat; ② 붙잡아 매다, 정박시키다; ⓢ berlabuh dekat; ③ 밀집하다, 합류하다;

merapati ~와 친하게 지내다;

merapatkan, memperapat 붙잡아 매다, 가깝게 만들다, 집합시키다; ⓢ mendekatkan,mempererat; **merapatkan** diri 가깝게 앉다;

rapat 회의,모임; ⓢ sidang, musyawarah, konferensi, pertemuan; **rapat** kilat 비상 회의; **rapat** lengkap, **rapat** pleno 본 회의, 총회;

berapat 회의를 개최하다;

merapatkan 회의를 소집하다;

kerapatan 모임, 회의;

rapi 정돈된, 깔끔한; ⓢ bersih, teratur, siap;

kerapian 정연함, 정돈됨;

merapikan 정돈하다, 정연하게 하다; Ibu sedang *merapikan* kamar adik. 어머니는 지금 동생의 방을 정돈하고 있다.

rapuh ① 약한, 여린; ⓢ lemah; ② 부서지기 쉬운,깨지기 쉬운; ⓢ mudah patah,mudah putus,mudah pecah; ③ 민감한, 과민한; **rapuh** hati ① 민감한, 과민한; ⓢ lemah hati; ② 상냥한, 다정한;

merapuhkan 약하게 만들다;

kerapuhan ① 연약함, 여림, 허약; ② 부서지기 쉬움;

perapuh 약하게 만드는것, (적이나 무기를)약하게 만드는 주술;

rasa ① 감정; ⓢ keadaan hati, sentimen,emosi;Orang itu mempunyai *rasa* keingintahuan. 그 사람의 감정은 그녀의 마음을 알고 싶어 한다; ② 의견,주장; ⓢ pendapat,pikiran; pada **rasa** saya 나의 의견으로는; ③ 맛; ⓢ selera; Makanan Korea itu *rasa*nya enak. 그 한국 음식은 맛이 좋다; ④ 느끼다, ~라고 생각하다; saya **rasa**··· 내가 생각하기로는; ⑤ 감각,느낌;**rasa** hati 마음; **rasa** hormat 존경심; **rasa** kehormatan 명예심; **rasa** kurang 열등감; **rasa** malu 수줍음; **rasa** manis 단맛; **rasa** pedih 쓴맛; rasa rendah 열등감; **rasa** suci 거룩함;

rasi 별자리, 성좌; ⓢ gugusan bintang, perbintangan;

merasikan 운세를 보다;ⓢ meramalkan;

perasian ① 점성; ② 운명, 숙명;

serasi 어울리는, 일치하는, 알맞은; ⓢ cocok, sesuai, setuju;

rasial 종족의, 민족의;

rasialis 인종주의자, 민족주의자;

rasialisme 인종주의, 인종차별 주의; *Rasialisme* di Amerika masih sangat kuat. 미국의 인종주의는 아직도 심하다;

rata ① 평평한, 동등한; ⓢ datar, ceper; ② 균일한, 동등한 ⓢ terbagi sama; Kue itu dibagi *rata* untuk saudaranya. 그 과자는 형제들에게 균등하게 나누었다; ③ 평균, 중간치;

rata-rata ① 평균하여; Para karyawan yang bekerja lembur dapat uang dari bosnya rata-rata Rp. 50 ribu perhari. 잔업을 한 직원은 하루 평균 5 만 루피아의 보너스를 받았다; ② 일반적인; Beginilah keadaannya *rata-rata*.일반적인 상황은 그러했다; ③ 평평하게, 고르게; ⓢ rata benar, sama bagiannya; Petani memukul tanah *rata-rata*. 농부가 땅을 평평하게 만들었다;

merata ① 고요해지다, 평온해지다, 평탄해지다; Gedung itu *merata* kena angin puyuh. 그 건물은 회오리바람으로 (무너져 땅이)평탄해졌다; ② 퍼지다,미치다; Hujan kini mulai *merata* di pelosok kota. 비가 이제부터 모든 도시에 퍼진다;

meratakan ① 평평하게 만들다, 평탄작업을 하다,고르다; ⓢ mendatarkan; ② 균일하게 분배하다; ⓢ membagikan;

serata ① 어디든지; ② ~처럼 평평한; **serata** kaca 유리처럼 평평한;

menyeratakan 펴다;

ratap ⓢ 비탄, 애도; tangis, rintih, keluh; **ratap** tangis 비탄, 애도;

meratap 슬퍼하다, 비탄하다;

meratapi ~을 슬퍼하다, 비탄해하다;

ratapan 비탄, 애도;

ratu 왕, 임금; ⓢ raja;

ratus 백;

meratus (beratus-ratus) 수백의;

seratus 일백;

ratusan ① 백단위의; ② 백루삐아짜리 돈의;

raut 자른 것;

meraut 칼로 자르다, 깎다;

rautan ① 자른 것,조각;ⓢ tampang, potongan; ② 자르는 기구.

raut 옆모습,측면, 형태; ⓢ tampang,

R

bentuk; raut badan 몸매, 자태; raut muka 얼굴 형태;

rawan ① 불안한, 염려스러운; ② 감동, 감정;

berawan 걱정을 하다, 불안해하다;

merawani 근심하다;

merawankan 불안하게 만들다;

perawan 겁쟁이;

rawat 시중, 간호, 돌봄, 보살핌;

juru rawat 간호원;

berawat 치료를 받다;

merawati ① 간호하다, 시중들다; ⓢ memelihara, membela; ② 회복하다;

perawat 간호원;

rayap 나르는 개미(습한 날 불을 보고 날아든다);

merayap 라얍 무리;

razia 습격, 침입;

reaksi 반응, 반발, 반동; ⓢ aksi lawan, gerak balas, perlawanan;

realisasi 실감, 실현, 현실화; ⓢ pelaksanaan, perwujudan;

merealisasikan 실현하다, 현실화하다;

realisir, **merealisir** 실현하다, 실감하다; ⓢ melaksanakan, mewujudkan;

realistis 현실주의의,사실주의의;ⓢ nyata; Pemikirannya cukup ***realistis*** dalam menghadapi masalah ini. 이 문제에 대한 그의 생각은 아주 현실적 이다;

rebah 자빠짐; ⓢ roboh, tumbang; rebah pingsan 넘어지다, 졸도하다;

rebah-rebahan 눕다, 휴식하다;

merebah 눕다, 엎드리다, 쉬다;

merebahkan ① 때려 눕히다; ② 넘어 뜨리다; menjatuhkan; ③ 붕괴시키다,부수다; ⓢ mendorong, menumbangkan;**merebahkan** diri 눕다;

rebahan 엎어져 있는 것, 휴식;

reboisasi 재식수, 재녹화 (綠化);

rebung 새순, 새싹, 죽순;

merebung 싹트다;

rebut, **merebut** ① 강점하다, 강탈하다; Tiap organisasi ***berebut*** kedudukan. 단체 마다 직위를 얻기위해 다투었다; ② 다투어 ~하다;

berebutan 서로 경쟁하다;

merebut, **memperebutkan** ① 강탈하다, 강점하다; ⓢ mengambil paksa, merampas; ② ~을 위하여 투쟁하다; ⓢ memperjuangkan; ③ 상을 받다; ④ 기록을 깨뜨리다, 갱신하다;

perebutan 투쟁, 싸움, 경쟁; ⓢ perampasan, pembajakan;

rebutan 투쟁, 경쟁; Mereka semua ***rebutan*** hadiah yang diberi oleh sponsor. 그들은 후원자가 주는 선물을 받으려고 다투었다;

receh, **uang receh** 잔돈;

reda (비바람이)잠잠해진,가라앉다; ⓢ mulai berhenti,tak kencang lagi; Angin telah ***reda***. 바람이 가라앉았다; Panas badannya mulai ***reda***. 열이 내리기 시작했다;

meredakan 진정시키다, 달래다;

redaksi ① 편집부; ⓢ sidang pengarang; ② 어법, 용어; ⓢ penyusunan kata-kata;

redam ① 희미한,침침한; ⓢ kabur, sayup-sayup; ② 약해진, 둔해진;

meredam ①줄이다,없애다;ⓢ mengurangi,menghilangkan;Studio itu ***meredam*** suaranya agar tidak ter-

R

dengar musik yang keras. 그 스타디오는 큰 소리가 들리지 않도록 소리를 줄였다; ② 막다; ⓢ menghalangi, membendung;

peredam, **peredam** letusan 소음기, 소음 장치;

reformasi 개혁, 개량;

reformis 개혁가;

reguk,**sereguk** (물)한 모금, (담배) 한 모금;

mereguk ① 삼키다,마시다;ⓢ meminum, menelan; ② 느끼다, 감지하다; Orang itu ***mereguk*** sebotol minuman keras. 그 사람은 술 한 병을 마셨다; **mereguk** liur 구미가 당기는, 몹시 하고자 하는;

rejeki 생계; ⓢ rezeki;

rekam ① 등사, 복사; ② 수, 자수; ③ 음반;

merekam ① 인장을 찍다, 복사하다, 기록하다; ② 수놓다; ③ 녹음하다;

merekamkan ① 인장을 찍다, 등사하다; ② 기록하다; ⓢ mencatat, ③ 녹음하다;

perekam 녹음기; Semua bukti-bukti ada di alat ***perekam*** itu. 모든 증거는 그 녹음기에 담겨져 있다;

rekaman 기록, 녹음;

rekan ① 벗, 친구, 동료; ② 동업자; ⓢ teman, kawan kerja;

berekan ① 벗이 되다,동료가 되다; ② 동업하다, 연합하다;

rekanan 동업자;

rekayasa 적용, 수용;

merekayasa 적용하다, 수용하다; Orang itu ***merekayasa*** kejadian yang menimpanya. 그 사람은 닥친 문제를 수용했다;

rekab 계산서; ⓢ perhitungan;

reklame 광고, 선전; ⓢ iklan;

rekonstruksi 재건, 부흥, 개조; ⓢ pengembalian, pemulihan;

merekonstruksi 재건하다, 부흥하다; ⓢ menyusun kembali, mengatur kembali;

rekor 기록,등록,이력;ⓢ hasil terbaik; Saat ini ***rekor*** lari di dunia di pegang oleh Indonesia.지금 달리기 세계 기록은 인도네시아가 가지고 있다; memecahkan **rekor** 기록을 갱신하다;

rela ① 동의하는; ⓢ sudi, ikhlas ② 승인하다,묵인하다;ⓢ berkenan;Saya ***rela*** kekasih saya diambil perempuan lain.나는 나의 애인이 다른 여자를 사귀도 묵인했다; ③ 동의, 승인;

merelakan ~을 허락하다, 승인하다,동의하다; ⓢ memberikan,melepaskan; Ia ***merelakan*** anaknya pergi merantau ke negeri seberang. 그는 자식이 외국으로 나가는 것을 동의했다; ② 묵인하다, 따르다, 받아들이다;

kerelaan 동의, 승인; ⓢ perkenan, persetujuan;

relevan 관련있는, 상응하는; ⓢ berhubungan,bersangkutan;Masalah orang itu tak ***relevan*** dengan pertengkaran temannya. 그 사람의 문제는 친구와 다툰 것과 관련이 없다;

relevansi 관계, 적절, 상응; ⓢ hubungan; Tiap mata pelajaran harus ada ***relevansi***nya dengan tujuan

R

pendidikan. 각각의 교과목은 교육지표의 총체성과 반드시 관련돼야 한다

reli 경주;

pereli 자동차 경주 선수;

rem 브레이크,제동기,제동장치; ⓢ penahan, kendali; **rem** angin 에어 브레이크, 공기 제동기; **rem** bahaya 비상 제동기; **rem** kaki 발 브레이크; **rem** tangan 손 브레이크;

mengerem 제동을 걸다, 브레이크를 밟다; ⓢ menahan, menghentikan;

remaja ① 성숙한; ⓢ mulai dewasa; ② 젊은, 청춘의, 한창 때의; putra **remaja** 청년;

meremajakan 원기를 회복시키다. ⓢ memudakan;

remang 솜털, 잔털;

meremang (털이)곤두서다; ⓢ seram, berdiri bulu badan; Bulu roma kami ***meremang*** saat melewati jalan itu. 그 길을 지날 때 우리 몸의 털이 곤두섰다;

rembet 방해를 받는, 저지를 받는;

merembet 방해하다, 저지하다; ⓢ menjalar;

rembuk 상의, 논의; ⓢ bicara; nasihat;

berembuk 토의하다, 논의하다; ⓢ berunding, mencari sepakat;

merembukkan 협의하다, 논의하다; ⓢ membicarakan, mendiskusikan;

perembukan 토의, 논의, 회의;

rempah, 향료, 양념; ⓢ bumbu;

rempah-rempah 양념류;

merempahi (고기 등을)양념하다;

remuk 파괴된, 부서진; **remuk** redam 분쇄하다; ⓢ hancur, pecah;

meremukkan 부수다, 분쇄하다;

keremukan 일격, 강타;

renang, **berenang** 수영하다, 헤엄치다; kolam **renang** 수영장; perlombaan **renang** 수영 경기; Ia suka ***berenang***. 그는 수영을 즐겨한다;

rencana ① 계획, 플랜, 프로그램; ⓢ program, rancangan; ② 보고, 제안; ⓢ karangan, laporan, pemberitahuan; ③ 도안, 초안, 도면; ⓢ konsep; **rencana** kerja 작업계획; **rencana** pelajaran 교과 과정;

berencana 계획을 갖다;

merencanakan 계획을 세우다, 고안하다; Mereka ***merencanakan*** liburan ke Bali.그들은 휴가에 발리로 갈 계획을 세웠다;

perencanaan 기획자,고안자; ***Perencanaan*** pembangunan gedung itu akan diselesaikan besok. 기획자의 그 건축 계획은 내일 완성될 것이다;

rendah ① 낮은, 아래의; ⓢ murah; **rendah** harganya 가격이 낮은; ② 나쁜, 좋지 못한; ⓢ hina, nista; ③ 겸손한, 소박한;

merendah ① 내려가다,내리다 Pesawat itu ***merendah***. 그 비행기는 낮게 내린다; ② 겸손한, 소박한;

merendahkan ① 낮추다, 내리다; ② 창피를 주다; **merendahkan** diri 겸손히 하다;

kerendahan ① 낮음, 비천; ② 겸손, 소박; **kerendahan** hati 겸손한 마음;

rendahan 하급자, 부관;

rendam, **berendam** (물에)잠기다;

merendamkan 적시다, 가라앉히다;

renggang 간격이 있는, 거리감이 있는; ⓢ tidak rapat, ada celahnya, jarang; persahabatan yang ***renggang*** 멀어진 우정;

merenggang 떨어지다, 간격이 있다;

rengkuh, **merengkuh** ① 잡아당기다, 끌다; ⓢ menarik; ② ~으로 삼다,~으로 여기다; Dia ***merengkuh*** anak itu dengan erat. 그는 아이를 단단하게 잡아 당겼다; ③ 달래다, 회유하다; ⓢ membujuk; **merengkuh** untung 이익을 취하다;

rengut, **berengut** 시무룩해지다;

merengut 불평하다, 시무룩해지다;

perengut 심술이 난 사람; ⓢ pencomel , pemarah;

rental 대여;

rentang ① (양팔을)쭉 펴다; ② 늘이다, 연장하다;

merentangkan 연장하다,늘이다;

rentenir 사채업자, 고리대금업자

renung, **merenung** 응시하다, 빤히 쳐다 보다;

merenungi ~을 응시하다;

renyah 불안한;

reparasi 수선, 교정; ⓢ pembetulan, perbaikan;

repot ① 바쁜, 분주한; ⓢ sibuk; Ia sangat ***repot***. 그는 몹시 바쁘다; ② 복잡한, 까다로운; ⓢ susah, dalam kesukaran;

merepotkan ① 어렵게 하다; ② 괴롭히다, 걱정을 끼치다;

kerepotan 소동, 야단법석;

resah 안절부절 못하는, 조바심하는; ⓢ gelisah, gugup;

meresah 불안해하다, 안달하다;

meresahkan 불안하게 만들다; Pembunuhan yang terjadi di kampung itu ***meresahkan*** masyarakat. 그 시골에서 일어난 살인 사건은 사회를 불안하게 만들었다;

resap, **meresap** ① 꽤뚫다, 강한 인상을 주다; ② 새 나오다; ⓢ merembes; Airnya ***meresap*** keluar. 물이 새 나왔다;

meresapkan 없애다, 새 나오게 하다;

resep 조리법,요리법; ⓢ cara memasak;

resepsi 환영회, 리셉션;

resiko 위험;

resmi 공적인, 합법적인; ⓢ legal, formal;

meresmikan ① 공언하다;ⓢ mengesahkan, menetapkan; Saya sebagai ketua ***meresmikan*** dibukanya kongres ini. 본인은 의장으로서 본 회의의 개회를 선언합니다; ② 공적으로 말하다, 발표하다;

retak ① 금이 간; Gelas itu sudah ***retak***. 그 잔은 이미 금이 갔다; ② 결함, 불구 ③ (사이가) 갈라진, 소원해진; ⓢ berselisih;

meretak 금이 가다, 틈이 생기다;

meretakkan 갈라지게 만들다;

rewel 말썽스러운, 성가신, 귀찮은; 까다로운;

rezeki 생계, 살림.

riang 즐거운, 유쾌한, 기쁜;ⓢ suka hati, gembira, senang;

beriang 즐거워지다;

meriangkan 즐겁게 해주다, 유쾌

하게 만들다;

rias 단장, 치장, 장식;

berias 장식하다; ⓢ merias;

riasan 장식, 단장;

ribu 천, 1000;

ribuan 천 단위의.

ribut ① 대소동, 야단법석, 소란, 흥분; ⓢ kerepotan, hiruk-pikuk; Ia *ribut* kehilangan dompetnya. 그는 지갑을 잃어버리자 법석을 떨었다; ② 질풍, 사나운 바람, 큰 바람, 태풍; ③ 난폭한, 싸움 좋아하는, 시끄러운; ④ 몹시 바쁜, 눈코 뜰새없는; ⓢ sibuk sekali; Menjelang lebaran orang *ribut* membeli barang untuk keperluan Lebaran. 르바란이 가까워 짐에 따라 사람들은 이에 필요한 물건을 사느라고 몹시 바쁘다;

meributkan ① 바쁘게 하다; ② 자극시키다, 소동을 일으키다; ⓢ menyibukkan, mengacaukan;

keributan ① 분주; ② 소동, 야단법석, 소란, 혼란; ⓢ kesibukan, kegemparan, kerusuhan;

rimba 숲, 정글, 밀림;

merimba 숲이 우거지다;

rinci, merinci ① 계획하다, 예정하다; ⓢ dijelaskan secara detail; Ibu sedang *merinci* pengeluaran uang hari ini. 어머니는 오늘 쓸 돈의 계획을 세우고 있다; ② 분배하다, 나누다;ⓢ membagi-bagi;Orang itu *merinci* hadiah untuk teman-temannya. 그 사람은 친구들에게 선물을 나누었다;

perincian ① 열거,명세; ⓢ uraian; ② 계획; ③ 분류; Di bawah ini *perincian* pengeluaran bulan yang lalu. 이것은 지난 달 지출 명세서이다;

terperinci 상술한, 연결된, 세분한; Seluruh pengeluaran untuk kegiatan ini harus ditulis *terperinci*. 이 모든 지출은 명세를 적어야 한다;

rindang ① 울창한; ⓢ rimbun; ② 응달진; Pohon besar itu sangat *rindang*. 그 큰 나무는 잎이 아주 무성하다;

merindang 울창해 지다;

rindu ① 그리워하는, 보고, 싶은; ⓢ amat ingin,kangen; Ia *rindu* ibunya. 그는 어머니를 그리워한다;② 사랑에 빠졌다;

merindukan ① ~을 갈망하다, 바라다 ⓢ sangat ingin,sangat berharap; Ia *merindukan* kehadiran suaminya. 그는 남편이 오기를 갈망한다; ② 일깨워주다; ③ 향수에 젖게 하다;

kerinduan ① 바람, 욕구, 향수; ⓢ keinginan, harapan; ② 사랑, 연애; ⓢ hasrat, impian;

ringan ① 가벼운; ⓢ enteng; ② 쉬운, 용이한; ⓢ mudah; ③ 사소한; ⓢ remeh,tak berarti,tidak penting; **ringan** lidah 수다장이;

memperingan 가볍게 하다; Kesaksian orang itu *memperingan* dakwaannya. 그 증인은 고소를 가볍게 했다;

keringanan 가벼움;

peringanan 경감, 완화; Dia mendapat *keringanan* hukuman. 그는 벌을 가볍게 받았다;

ringkas 간단한, 간결한, 짧은; ⓢ singkat,pendek,ringan; **ringkasnya**

간단히 말해서; dengan **ringkas**, secara **ringkas** 간단히, 간결하게;

meringkaskan 줄이다, 간략하게 하다;

keringkasan ① 개요; ② 생략, 약어;

ringkasan 요약, 개괄, 약어; ⓢ singkatan; ***Ringkasan*** buku ini terdapat pada halaman akhir. 이 책의 개요는 끝 페이지에 있다;

ringkuk ① 구부린, 굽힌; ⓢ bungkuk; ② 감금된, 갇힌;

meringkuk ① 굽히다, 구부리다; ⓢ membungkuk; Anak itu ***meringkuk*** waktu melewati jemuran pakaian. 그 아이는 빨랫줄의 옷 밑으로 지나면서 몸을 구부렸다; ② 감금되다, 갇히다; ⓢ terpenjara, dikurung; Orang itu ***meringkuk*** dalam tahanan. 그 사람은 옥고를 치루었다.

meringkukkan①구부리게 만들다, 굽히게 하다; ② 감금시키다, 가두다;

ringkus, **meringkus** ① 묶다, 자박하다; ⓢ mengikat kaki tangan; ② 잡다, 붙들다; ⓢ menangkap, membekuk; ③ 횡령하다, 착복하다;

rintang, **merintangi** ① 방해하다, 막다; ⓢ menghalangi; Pohon bambu itu ***merintangi*** jalan. 그 대나무는 길을 방해했다; ② 훼방하다, 간섭하다;ⓢ mengganggu,mengusik; Anak itu ***merintangi*** kakaknya yang sedang belajar. 그 아이는 공부하고 있는 형을 방해했다;

rintangan 방해, 장애;

rintih, **merintih** 신음하다, 괴로워하다; ⓢ mengerang, mengeluh;

rintihan 신음, 괴로워함, 애도; Dari jauh terdengar ***rintihan*** anak kecil. 아이의 신음 소리가 멀리에서 들린다

rintik ① 점, 반점; ⓢ titik, titik air; ② 물방울; ⓢ percik air;

rintik-rintik 이슬비; hujan **rintik rintik**. 이슬비가 내린다;

rintis 숲길;

merintis ① 길을 열다; ⓢ menerangi, membuka; Ia ***merintis*** hutan. 그는 밀림에 길을 냈다; ② 개척하다; ⓢ memelopori, menjelajahi, meretas; Mereka ***merintis*** usaha itu dalam lima tahun. 그들은 그 사업을 한지 5 년이 되었다;

perintis 선구자, 개척자; ⓢ pelopor, pendahulu; **perintis kemerdekaan** 독립유공자;

rintisan 개척, 통로; ⓢ jalan kecil;

risau 불안한,침착치 못한; ⓢ resah, gelisah, cemas;

merisaukan 불안하게 하다; Peristiwa itu ***merisaukan*** pikiran saya saat itu. 그 문제는 그때 나를 불안하게 했다;

kerisauan 불안함, 싱숭생숭함;

riuh ① 시끄러운, 소란한; ⓢ bising 법석대는; ⓢ ribut,ramai; Bunyinya ***riuh*** sekali. 소리가 아주 시끄럽다;

riwayat ① 이야기, 설화; ⓢ cerita, kisah; ② 역사, 내력; ⓢ sejarah; **riwayat hidup** 전기; ⓢ biografi; **riwayat kerja** 경력, 이력;

beriwayat ① 전하다, 설명하다; ② 역사적인, 중요한;

meriwayatkan 전하다, 설명하다; ⓢ menceritakan, mengisahkan;

robek 찢어진; ⓢ sobek, cabik.

merobek 찢다;

roboh 무너지다, 쓰러지다, 파산하다; ⓢ runtuh, rebah, jatuh, bangkrut; Pohon ***roboh***. 쓰러진 나무;

merobohkan ① 넘어지게 만들다; ② 무너뜨리다, 붕괴시키다; ③ 파산시키다;

kerobohan ① 붕괴, 무너짐; Ia mati ***kerobohan*** rumah. 그는 집이 무너지는 바람에 죽었다; ② 파산, 몰락;

perobohan ① 붕괴, 무너짐, 쓰러짐; ② 전복, 멸망, 타도;

robohan 파괴물의 파편, 부스러기;

rohani 정신적인, 영적인; ⓢ batin, spirituil, kejiwaan;

kerohanian 정신의, 영적인;

rok 드레스, 치마;

roket 로켓트;

rokok 담배, 궐련;

merokok 흡연하다,담배를 피우다;

perokok 흡연가; Ia adalah seorang ***perokok*** berat. 그는 담배를 많이 피우는 사람이다;

rombak 해체된,부서진; ⓢ bongkar;

merombak ① 부수다, 파괴하다; ⓢ membongkar; ② 없애다, 제거하다; ⓢ menghapus, meniadakan;

perombakan ① 파괴, 붕괴, 해체; ⓢ pembongkaran, perusakan ② 재구성; ⓢ ritul, penyusunan kembali;

rombakan 파괴, 붕괴, 해체;

rongga 파진곳, 요철; ⓢ lubang, liang, ruang; **rongga** dada 흉부, 흉곽; **rongga** hidung 콧구멍; **rongga** mata 눈구멍; **rongga** mulut 입;

berongga 움푹 패인, 구멍난; ⓢ tidak padat;

merongga 움푹 패이다, 구멍나다;

rongrong, **merongrong** ① 유혹하다, 꾀다; ② 부식하다, 갉아 먹다; ③ ~의 밑을 파다, 뒤집어 엎다; ④ 해치다, 손해를 주다, 상처를 입히다; ⓢ mengganggu,menyusahkan,merugikan;Anak itu ***merongrong*** pada orang tuanya. 그 아이는 부모에게 항상 상처를 입혔다

merongrongi 방해하다, 교란시키다;

perongrongan 해침,뒤집어 엎음;

rongrongan 유혹;

rontok, **merontok** 떨어지다; ⓢ gugur, berjatuhan, lepas;

merontokkan 떨어 뜨리다; Musim gugur bisa ***merontokkan*** daun dan bunga. 가을은 잎과 꽃을 떨어지게 한다;

ruang, **ruangan** ① 홀; ⓢ tempat; ② 공간; ③ 여가,틈; **ruang** baca 독서실;**ruang** kelas 강의실,교실;**ruang** tamu 응접실; **ruang** tengah 중앙홀;

rubrik (신문의)란(欄), 단(段);

rugi ① 손실; ② 불리, 불이익; ⓢ tidak laba, tidak untung;

merugi 손해를 보다; ⓢ menanggung rugi; Perusahaan itu ***merugi*** banyak sekali. 그 회사는 손실이 아주 많다;

merugikan ① 손상시키다, 피해를 주다, 불이익을 주다; ⓢ mendatangkan sial; Orang itu ***merugikan*** nama baik keluarganya. 그 사람은 집안의 명예를 손상시켰다;② 손해를 주다,손실을 끼치다; Pembeli ***merugikan*** pedagang. 손님은 상인에게 손해를 끼쳤다; tak mau **merugikan**;

손해보기 싫어하는;

kerugian 손해, 불이익, 피해; Mereka mengalami ***kerugian*** cukup besar. 그들은 큰 피해를 경험했다;

rujuk 화해, 재결합;ⓢ kembali kawin, berbaikan kembali; Mereka telah ***rujuk*** kembali. 그들은 재결합했다;

rukun ① 원칙, 전제 조건; Kita harus hidup bermasyarakat dengan ***rukun*** dan damai. 우리는 원칙과 평화가 있는 사회에서 살아야 한다; ② 기초, 근간; ⓢ dasar;

rumah ① 집, 가옥, 주택; ⓢ tempat tinggal; ② 건물; ⓢ bangunan, gedung; **rumah** peristirahatan 휴게소; **rumah** bidan 조산원; **rumah** gadai 전당포; **rumah** dinas 공무원 주택,회사의 건물;**rumah** jaga 경비소, 초소; **rumah** makan 식당, 레스토랑; **rumah** pondok 하숙집; **rumah** pelacuran 매음굴,갈보집; **rumah** penginapan 여관, 숙박소; **rumah** sakit 병원;**rumah** sakit bersalin 산부인과 병원; **rumah** tangga 가정,가계; **rumah** tinggal 주택;

berumah ① 살다, 거주하다; ② 집을 소유한; Pengusaha itu sangat kaya dan ***berumah*** besar. 그 사업가는 아주 부자이며 큰 집을 가지고 있다;

berumahkan 집으로 사용하다, 집으로 만들다;

merumahkan 집에서 쉬게 하다;

perumahan 주택, 주택공급, 주택문제;

rumah-rumahan 집과 유사한 것

rumit ① 느린,꾸물거리는; ② 어려운, 힘든; ⓢ susah, sulit; ③ 복잡한;

merumitkan ① 힘들게 하다; ② 복잡하게 만들다;

rumpun 움, 움이 돋은 뿌리, 송이; **rumpun** bahasa 어군; **rumpun** bambu 죽순;

rumput 풀,잡초; **rumput** air 수초; **rumput** kering 건초, 마른풀;

merumput ① 풀을 뽑다, 잡초를 제거하다; ② (짐승이) 풀을 뜯어 먹다; Banyak hewan ternak ***merumput*** di tempat itu. 키우는 짐승은 다수가 이곳에서 풀을 뜯는다;

perumputan 목초지, 초원, 풀발, 잔디;

rumus ① 약자,약어; ⓢ ringkasan, ② 공식; ⓢ formula; ③ 해설, 설명; ⓢ pernyataan;

perumusan ① 줄임, 축어법; ② 공식화;

rumusan 공식화;

runcing 날카로운, 상황이 절박해지다; ⓢ lancip, tajam;

meruncing ① 날카롭게 만들다; ② 화나게 하다, 악화시키다; ③ 위급하게 되다;

meruncingi (연필 등을) 깍다; ⓢ meraut,mengasah, menajamkan;

meruncingkan ① 뾰족하게 하다, 깎다; Ia ***meruncingkan*** pensil. 그는 연필을 깎았다; ② 악화시키다, 화나게 하다; Kegagalan perundingan itu ***meruncingkan*** hubungan kedua pihak bertikai. 그 회담의 실패는 의견차이를 보여 양편의 관계를 악화시켰다;

keruncingan ① 비상 사태, 위급; ② 아슬아슬한 상태;

runding ① 계산; ⓢ perhitungan, perkiraan; ② 토의, 협상; ⓢ pembicaraan;

berunding 논의하다, 토론하다, 협상하다; ⓢ berdiskusi; Mereka *berunding* mengenai penjualan rumah itu. 그들은 그 집의 매매에 대해 논의했다;

merundingkan 토의하다, 논의하다; ⓢ membicarakan,membahas; Ia *merundingkan* tentang kehidupan. 그는 생활에 대하여 이야기했다;

perunding 상담인, 토의자;

perundingan ① 회의; ② 토론, 협상;

rundingan ① 토의, 토론; ② 회담, 협상;

rundung, **merundung** 방해하다, 괴롭히다, 들볶다; ⓢ menimpa; Ia sedang *dirundung* duka akibat kematian saudaranya. 그는 지금 형제의 죽음으로 슬픔에 빠졌다.

runtuh ① 허물어지다, 붕괴하다, 넘어지다; ⓢ roboh, jatuh, hancur; Gedung tua telah *runtuh*. 그 낡은 건물이 무너졌다; ② (늙어서 이가) 빠지다; ③ 무너지다, 멸하다, 멸망하다; ⓢ binasa;

meruntuh ① 무너지다, 붕괴하다; Sistemnya itu telah *meruntuh*. 그의 조직은 무너졌다; ② 침투하다, 스며들다;

meruntuhkan 허물다,무너뜨리다; **meruntuhkan** hati 마음을 끌다; **meruntuhkan** iman 유혹하다;

keruntuhan 붕괴, 전복, 멸망; **keruntuhan** batin 신경 쇠약;

reruntuhan 파괴물,폐허;ⓢ puing;

rupa ① 형태,외모, 외관; ⓢ bentuk, wujud; ② 종류; ⓢ macam, jenis; **rupa** dan bentuk 외형; **rupa** muka 외모;

berupa ① ~한 모습을 갖다; ⓢ berwujud; Persembahan itu *berupa* kambing. 그 헌납품은 염소 모양이다; ② ~으로 구성된,~으로 이루어진; ⓢ bentuknya sebagai, terjadi dari; Bantuan yang diterima panitia *berupa* bahan makanan. 후원자로부터 받은 도움은 음식재료이다; ③ 멋진,보기 좋은 아름다운; ⓢ cantik, elok rupanya;

rupa-rupa 여러 종류의, 온갖, 잡다한; ⓢ bermacam-macam;

berupa-rupa 온갖 종류의;

merupai ~에 닮다, ~와 같다; ⓢ menyerupai;

merupakan ① 형성하다,구성하다; ⓢ membentuk, mewujudkan; Itu *merupakan* hasil karya yang terbaru. 그것은 그의 최근에 일한 결과로 이루어졌다; ② ~한 형태로 만들다; ③ 구성요소가 되다, ~이다; ⓢ adalah; Uang sebesar itu *merupakan* modalnya yang pertama. 그 돈은 그의 첫 번째 자본이다;

serupa ① 유사한, 비슷한, 같은; ⓢ semacam,sejenis;②~처럼,~와 같이. ⓢ seperti;**serupa** dengan~와 같은;

menyerupai ① ~을 닮다; ⓢ mirip dengan; ② ~와 같은;

rupanya 아마도, 보기에는; ⓢ kelihatannya, tampaknya; *Rupa*nya mau hujan. 비가 올 것 같다;

rupa-rupanya 아마도, 보기에는; ⓢ agaknya, ternyata;

rupawan ① 멋진, 예쁜, 아름다운; ② 매혹적인, 마음을 끄는; ⓢ cakep, ganteng;

rupiah 루삐아; Nilai tukar ***rupiah*** mengalami sedikit peningkatan. 루삐아의 가치는 조금 나아지는 것 같다;

merupiahkan 루삐아 화를 사용하다, 루피아 화로, 바꾸다;

rusak ① 부서진, 망가진, 고장난; ⓢ pecah, hancur; Mobilnya ***rusak***. 그의 자동차는 고장났다; ② 타락한, 나쁜; ⓢ bejat, tidak baik lagi; Moralnya ***rusak***. 도덕이 땅에 떨어졌다; ③ 더렵혀진, 더러워진; ***Rusak*** namanya. 그의 이름이 더렵혀졌다;

merusak ① 손상시키다; ② 망치다, 버리다;Kelakuannya ***merusak*** nama baik keluarga. 그의 행동이 집안의 명예를 훼손시켰다;

merusakkan ① 망치다,부수다; ② 훼손시키다, 못쓰게 만들다;

kerusakan 파손, 손해, 손상;

perusak 방해자, 교란자, 파괴자; **perusak** keamanan 평화 파괴자;

perusakan, pengerusakan 파괴, 박멸; Peristiwa ***pengerusakan*** gedung itu terjadi pada malam tadi. 그 건물의 파괴 사건은 어제밤에 일어 났다;

pengrusak 파괴자, 손상자.

rusuh ① 불안한,편치 않은;ⓢ terganggu, gelisah, resah, risau; Masyarakat di sekitar sini masih ***rusuh***. 이 주위의 사회생활은 아직 불안하다. ② 요란스러운, 혼란한; ⓢ tidak tenteram, kacau; Keadaan dalam negeri menjadi ***rusuh*** akibat tero-risme. 국내의 사정은 테러의 결과로 혼란스럽게 되었다;

merusuhi 불안하게 만들다, 교란시키다; Penjahat itu selalu ***merusuhi*** masyarakat. 그 한 사람의 악당이 사회를 불안에 떨게 한다;

merusuhkan 불안하게 하다;

kerusuhan ① 불안,소동;ⓢ keonaran, kegemparan ② 요란, 혼란스러움; ⓢ keributan, kekacauan; **kerusuhan** hati ① 걱정,근심;② 동요, 소동; Para demonstran melakukan ***kerusuhan*** di perusahaan itu. 시위자들은 그 회사를 불안하게 했다;

perusuh 교란자, 소동을 일으키는 사람; Polisi berhasil menangkap para ***perusuh*** itu. 경찰은 그 소동자들을 잡는 성과를 올렸다;

perusuhan 교란, 소동, 동요, 혼란;

S

saat 순간, 때; ⓢ masa, waktu, ketika; pada saat itu 그 때에; saat itu juga 그와 동시에;
sesaat 잠깐; ⓢ sebentar, sekejap; Kecelakaan pesawat itu terjadi ***sesaat*** setelah lepas landas. 그 비행기 사고는 이륙하는 순간에 일어났다;
sabar ① 인내심있는, 끈기있는; ⓢ tahan menderita, tidak lekas putus asa; Ia tak ***sabar*** menunggu kedatangan temannya. 그는 친구의 도착을 기다리는 인내를 못했다; ② 관대한; ③ 인내, 끈기;
bersabar 인내심있는, 침착한;
menyabarkan ① 참아내다, 인내하다 ② 달래다, 타이르다;
kesabaran ① 인내; Dia kehilangan ***kesabaran*** dalam menghadapi masalah itu. 그는 그 문제에 대해서 인내하지 못했다; ② 아량;
penyabar ① 차분한 사람; ② 항상 침착한 사람;
tersabar 차분한,침착한; Ia orang ***tersabar*** diantara teman yang lain. 그는 친구들 중에서 가장 차분한 사람이다;
sabit 낫; ⓢ arit, parang;
menyabit 낫질하다;ⓢ memotong;
sabot 사보타지, 태업(怠業);
menyabot 태업하다; ⓢ menghalangi, merusak;
penyabot 태업자;
penyabotan 태업 행위;
sabtu 토요일; Sabtu malam 토요일 저녁; malam Sabtu 금요일 저녁;
sabun 비누;sabun air 물비누; sabun bubuk 가루비누; sabun cuci 세탁비누; sabun mandi 목욕비누;
menyabuni 바누칠을 하다;
sabung 동물의 싸움; ⓢ adu;
bersabung ① 싸우다;ⓢ beradu, berlaga; ② 번쩍이다; Kilat ***bersabung***. 번개가 번쩍거리다;
sabung-menyabung 서로 부딪치다;
menyabung ①싸움을 붙이다; ② 걸다; menyabung nyawa 목숨을 걸다;
menyabungkan 싸움을 시키다;
penyabung 투계꾼;
persabungan ① 투계; ② 투계장;
sabungan 닭싸움; ayam sabungan 싸움 닭;
sadar ① 의식이 있는, 알고 있는; ⓢ merasa, tahu, ingat, mengerti; Ia tak ***sadar***. 그는 모르고 있다; Kita ***sadar*** bahwa mendapatkan uang harus dengan jujur. 정직하게 돈을 벌어야 한다는 사실을 우리는 알아야

한다; ② 의식을 되찾다, 깨어나다; ⓢ ingat kembali, siuman; ③ 깨다, 일어나다; ⓢ bangun; **sadar** diri 자의식; **sadar** hukum 법의식; **sadar** lingkungan 환경의식; **sadar** politik 정치의식; **sadar** ras 인종의식, 민족의식; **sadar** sosial 사회의식;
menyadari 깨닫다;
menyadarkan 깨닫게 만들다;
kesadaran 의식;
tersadar 깨달은, 인식된;
sadis ①새디스트;②잔인한,포악한; ⓢ kejam;
sado 두 바퀴 수레; ⓢ kereta kuda, delman;
sadur 도금, 칠; ⓢ sepuh;
menyadur ① 도금하다, 칠하다; ② 개작하다, 각색하다; ⓢ mengubah cerita; **menyadur** cerita 이야기를 각색하다; **menyadur** emas 금을 입히다; ⓢ melapis emas; **menyadur** perak 은을 입히다;
saduran ① 각색, 개작;
saf 줄, 열; ⓢ deret, baris;
bersaf-saf 줄을 선, 열을 지은; ⓢ berderet-deret;
sagu 사구 분말 (풀 쑤는 데 쓰임);
menyagu ① 사구 분말을 만들다; ② (옷에)풀을 먹이다; Pembantu itu ***menyagu*** pakaian agar tidak lemas bahan pakaiannya. 가정부는 옷감이 후줄근하지 않도록 풀을 먹였다;
sah ① 합법적인; ② 합당한, 유효한; Perkawinannya sudah ***sah***. 그 결혼은 합법적이다; ③ 올바른, 옳은, 바른; Penulisan di media massa harus menggunakan ejaan yang ***sah***. 신문 편집자는 합당한 철자법을 쓰야 한다;
mengesahkan, mensahkan ① 합법화하다, 인가하다; ⓢ membenarkan; Cap dan tanda tangan ini untuk bukti ***pengesahan*** surat warisan itu. 이 인지와 서명은 그 유산 서류의 합법성을 증빙하기 위한 것이다; ② 위임하다; ③ 비준하다, 재기하다; ⓢ mengakui, menyetujui;
pengesahan ① 합법화,공인,재가; ⓢ peresmian, pengakuan sah; Surat tanah itu sudah mendapat ***pengesahan*** dari notaris. 그 땅 서류는 로타리에서 공증을 받았다; ② 확정, 확인;
sahabat 친한, 친구;
bersahabat 사귀다;
mempersahabatkan 소개시키다,
persahabatan 우정;
saham 몫, 분담, 주식(株式); ⓢ bagian, andil; pemegang saham 주(株); Bursa ***saham***. 증권거래소;
sahut 대답, 응답; ⓢ jawab;
bersahutan ① 대답하다,대꾸하다 ② 이어지는; ⓢ susul-menyusul;
bersahut-sahutan 서로 주고 받다, 교신하다; ⓢ berbalas-balasan; Pembacaan pantun itu di lakukan secara ***bersahut-sahutan***. 그 시낭독자는 문답 형식으로 읽었다;
menyahut 대꾸하다, 대답하다, 답하다; ⓢ menjawab,membalas, menyambut; Anak itu ***menyahut*** bila di panggil kakaknya. 그 아이는 형이 부르면 대답한다;
menyahuti ~에 대꾸하다, ~에 답하다; Orang itu ***menyahuti*** panggilan temannya dari seberang ja-

S

lan. 그 사람은 길 건너에서 친구의 부름에 답했다;
sahutan 대답,대꾸,응답;ⓢ jawaban, sambutan; Pemimpin memberi *sahutan* kepada tamu yang hadir. 주인은 참석한 손님들과 대화를 나누었다;
saing, bersaing 경쟁하다, 비교하다, 어깨를 겨루다;
saing-menyaing 경쟁하다;
menyaingi 경쟁하다, 다투다; ⓢ melawan;
persaingan 경합, 경쟁; **persaingan bebas** 자유경쟁; **persaingan culas** 부당경쟁; **persaingan harga** 가격경쟁; **saingan** 경쟁자, 경쟁상대; ⓢ lawan;
pesaing 경쟁상대, 경쟁회사;
saja ① 단지,오직; ⓢ hanya, Cuma; Ia bertanya *saja*. 그는 단지 물어봤을 뿐이다; ② 항상; ⓢ selalu; Meskipun hujan deras saya masuk kerja *saja*. 비가 많이 와도 나는 항상 출근한다; ③ ~(조차)도, ~커녕; ⓢ pun; ④ ~든지, 누구든지, 무엇이든지; Siapa *saja* boleh masuk. 누구든지 들어올 수 있다; ⑤ ~하는 것이 더 좋다; jalannya macet, belok *kiri* saja. 길이 막힌다, 왼쪽으로 가는 것이 좋겠다;
sajadah (기도할 때 쓰는) 돗자리, 방석, 양탄자;
sajak ① 시(詩);ⓢ sanjak, puisi; *Sajak*nya banyak disukai para gadis. 그의 시는 소녀들이 매우 좋아한다; ② 운; ⓢ rima; Puisi tradisional Korea mempunyai *sajak* yang beraturan. 한국의 고시조는 규칙적 운을 가진다; ③ 리듬, 운율; ⓢ irama, lagu;
bersajak 시작(詩作)하다;
menyajakkan ~에 운을 맞추다;
penyajak 시인, 운문 작자; ⓢ pengarang, sajak penyair;
persajakan 시, 운문; ⓢ puisi;
sakit 병에 걸린,병든; Dia jatuh *sakit*. 그는 병에 걸렸다; ② 고통스러운, 아픈; Mana yang *sakit*? *sakit* apa? 어디가 아픕니까? ③환자;**sakit darah tinggi** 고혈압; **sakit datang bulan** 월경; **sakit gigi** 치통; **sakit kepala** 두통; **sakit keras** 중병; **sakit kuning** 황달; **sakit meriang** 열이 좀 있는, 몸이 편치 않은; **sakit sesak napas** 천식; **sakit panas** 열병, 열이 있는; **sakit parah** 중병; **sakit perut** 위통, 복통; **sakit pinggang** 신장병; **sakit radang** 염증;
bersakit-sakit ① 병들다; ② 애를 쓰다; ⓢ bersusah-susah; ③ 어려움을 참다; *Bersakit-sakit* dahulu, bersenang-senang kemudian. 고난을 극복한 후 즐긴다;
menyakiti 상처를 내다, 고통을 주다; ⓢ melukai; Kata-kata itu *menyakiti* hatinya. 그 말은 마음에 상처를 주었다;
menyakitkan 상처를 주다, 고통스럽게 만들다;
kesakitan ① 병들다, 병에 걸리다; Ia *kesakitan*. 그는 병들었다; ② 병 ③ 고통, 아픔; ⓢ kesengsaraan; *Kesakitan* hidupnya tak terkatakan. 그의 생활고는 이루 말할 수 없었다;
penyakit ① 질병; ⓢ gangguan ② 고통, 불건강; ③ 폐해; ⓢ kebiasaan

buruk, keburukan; **penyakit** dalam 내과질환; **penyakit** gula 당뇨병; **penyakit** menular 전염병; **penyakit** paru-paru 폐병, 결핵; **penyakit** saraf 정신 이상;

berpenyakit 병균을 보유하다, 병들다, 병에 걸리다; Ia ***berpenyakit*** malaria. 그는 말라리아에 걸렸다;

berpenyakitan 항상 아픈;

sakti ① 초능력; Anak itu ***sakti***. 그 아이는 초능력이 있다; ② 신성한; ⓢ keramat; ③ 마술의, 요술의; ⓢ bertuah,berkekuatan; Konon ilmunya ***sakti*** sekali.그의 지혜는 대단히 초능력적이라 여겨진다;

kesaktian 초자연적인 힘; Ilmu ***kesaktian***nya sulit ditandingi lawan-lawannya. 초자연학은 대항하기가 어렵다;

salah ① 잘못된, 틀린; Kalau tidak ***salah*** besok libur. 잘못 알지 않았다면 내일은 휴일이다; ② 적중하지 않은, 정확하지 않은; ③ 실수, 결함, 잘못; ⓢ cela, cacat; **salah** anggapan 그릇된 의견; **salah** asuhan 그릇된 교육; **salah** besar 매우 잘못된; **salah** cetak 오타; **salah** dengar 잘못 듣다, 오해하다; **salah** duga 오판하다; **salah** paham 오해하다; **salah** jalan 길을 잃다;**salah** kira 오해; **salah** langkah 위반,침해;**salah** lihat 잘못보다; **salah** paham 잘못 이해하다; **salah** terima 오해하다; **salah** tingkah 서투르게 행하다; **salah** urat 삐다;

bersalah ① 잘못하다, 실수하다; ⓢ berbuat keliru; Merekalah yang ***bersalah*** dalam hal ini. 이 문제는 그들의 잘못이다; ② 죄짓다;

bersalahan ① 어긋나는, 다른; ② 의견이 맞지않는;

bersalah-salahan 서로 의견 충돌이 일어나다; ⓢ bercekcok, tak sepaham;

menyalahi ① 상반되다, 충돌하다; ⓢ menentang; ② 어긋나다, 위반하다; ⓢ tidak menepati; ③ 헐뜯다, 비난하다;

kesalahan ① 잘못, 실수; ② 결함, 결점; ③ 위반;

salak 개 짖는 소리; ⓢ bunyi anjing; Suara ***salak*** anjing di tengah malam mengganggu tidur orang-orang. 밤 중에 개 짖는 소리는 사람들의 잠을 방해한다;

menyalak (개가)짖다; ⓢ menggonggong; Anjing itu ***menyalak***. 그 개가 짖는다;

salam ① 평화; ⓢ damai,sentosa; ② 인사; ⓢ tabik; ***Salam*** bung! 어이! 여보게!; Ia mengirim ***salam*** kepadamu.그가 너에게 안부를 전한다; Ia memberi ***salam***. 그가 안부를 전한다; ***Salam*** dan takzim saya. 여불비례(餘不備禮) (편지 끝에 적는말);

bersalaman ① 서로 인사하다; Saat Lebaran, semua orang ***bersalaman*** sambil meminta maaf. 러바란에 모든 사람이 서로 인사를 나누었다;

bersalam-salaman 서로 인사를 나누다;

menyalami ~에게 경의를 표하다; 악수하다; Tuan rumah ***menyalami*** tamu yang hadir di pesta ulang tahun anaknya satu per satu. 집 주

S

인은 아이의 생일 파티에 온 손님들에게 일일이 악수를 했다;

saldo 차액; ⓢ sisa, selisih; **saldo** laba 이익; **saldo** rugi 결손, 적자; **saldo** debit 차변 잔액; **saldo** kredit 대변 잔액;

saleh 경건한, 신앙심이 깊은; ⓢ patuh, taat beribadah;

kesalehan 경건, 신앙심이 깊음; ⓢ kebaikan hidup;*Kesalehan*nya tercermin pada sikap hidupnya sehari-hari dilingkungan masyarakat. 신앙심이 깊은 것은 사회환경에서 일상의 생활태도에 반영된다;

salin, **bersalin** ① (이름·옷 등을)바꾸다, 갈다; ⓢ berganti, bertukar; Sebelum pergi sekolah, anak-anak harus *salin* dengan seragam sekolah dulu. 등교하기 전에 아이들은 교복으로 갈아 입어야 한다; ② 출산하다; Wanita itu habis *bersalin* di rumah sakit. 그녀는 병원에서 출산했다; ③ 변하다, 변화하다;

menyalin ① 바꾸다, 갈다; ⓢ mengganti; Ia sedang *menyalin* bajunya yang kotor. 그는 지금 더럽혀진 옷을 갈아 입고 있다; ② 번역하다; ⓢ menterjemahkan; Ia *menyalin* buku itu. 그는 그 책을 번역했다; ③ 복사하다;

penyalin ① 베끼는 사람, 복사하는 사람; ② 번역가;

penyalinan 번역;

persalinan ① 옷 선물; Seluruh biaya *persalinan* itu ditanggung oleh perusahaan. 그 옷 선물의 모든 비용은 회사가 책임졌다; ② 출산, 해산; ③ 갈아 입을 옷;

salinan 복사물, 사본, 카피; ⓢ turunan, saduran;

saling 서로, 상호; Kami *saling* tolong-menolong.우리은 서로 돕는다;

salju 눈;

bersalju 눈오는, 눈덮인; Korea *bersalju* di saat musim dingin. 한국은 겨울에 많은 눈이 내린다; ⓢ menyalurkan;① 보내다,인도하다;ⓢ mengalirkan, membawa; ② 전하다;

tersalur 전해지는, 넘겨지는;

tersalurkan ① 전달될 수 있는; 전해질 수 있는; penyalur 분배기, 배급자;

penyaluran 분배, 배급, 보급;

saluran ① 수로,도랑,통로; ⓢ selokan, terusan; **saluran** air 운하, 급수 시설; ② 방법,방도,길; ⓢ jalan, cara; ③ 주선인,중개자; ⓢ perantara; **saluran** empedu 담당관; **saluran** irigasi 관개수로; **saluran** komunikasi 통신망; **saluran** listrik 전선(망); **saluran** ovarium 난소관;**saluran** pelanggan 배선관;**saluran** radio 전파; **saluran** suara 발성기관; **saluran** telur 나팔관;

salut 존경;ⓢ hormat,penghormatan; memberi **salut** 경의를 표하다;

sama ① 동일한, 같은; ② 동시에; ③ (=sama-sama) 둘다, 모두; ④ ~와(과), ~보다(비교격); ⓢ dengan; ⑤ ~에게(여격); ⓢ pada, kepada; **sama** dengan ~과 같다; **sama** juga 꼭 같은; **sama** kuat 무승부, 비긴; **sama** pusat 중심이 같은; **sama** rata 균등한; **sama** saja. 꼭 같다; **sama** sekali 전적으로; Itu *sama* sekali benar. 그것은 전적으로 맞는다; sa-

S

ma tentang 수평의;sama isi 등변의; sama rasa sama rata 만민의 평등; di antara kita sama kita 우리끼리, 은밀히;

sama-sama ① 함께; Mereka *sama-sama* pergi.그들은 함께 갔다; ② 모두; ⓢ semuanya; Mereka *sama-sama* bekerja. 그들은 모두 일한다; ③ 천만에요;

bersama ① 함께, 같이; ⓢ berbareng; Mereka datang *bersama*. 그들은 함께 왔다; ② 다같이,모두의; ⓢ semuanya; ③ 공동의, 합동의; bersama dengan ~으로서(~으로); bersama ini 이것과 함께, 이것으로써; *Bersama* ini saya menerangkan bahwa… 이것으로써 나는 다음을 설명하고자 합니다;

membersamakan 함께 하다,같이 행하다, 동시에 하다; ⓢ membarengkan;

bersama-sama 함께; Kita pergi *bersama-sama*. 우리는 함께 갔다;

bersamaan ① 동시에, 일치하여;

mempersamakan ① 동등하게 취급하다; ② 비교하다;

menyamai (~에) 필적하다, 대등하다;

menyamakan ① 비교하다; ⓢ membandingkan,mengumpamakan; ② 동등하게 만들다;

kesamaan ① 평등; ② 같음, 유사;

penyamarataan 일반화, 평준화;

persamaan ① 유사,동등; ② 비교; ⓢ perbandingan,ibarat; ③ 일치; ⓢ persesuaian;

sama ① 함께, 더불어; ⓢ dengan; ② ~에 의하여; ⓢ oleh; ③ ~에게; ⓢ pada;

sama ada 혹시 ~인지(아닌지); ⓢ apakah, ataukah;

samar ① 흐린; ⓢ agak gelap; ② 어두운, 숨겨진, 모호한; ⓢ tersembunyi; ③ 위장된,속인;

menyamar ① 변장하다; ⓢ menyembunyikan; Ia *menyamar* sebagai polisi. 그는 경찰로 변장했다; ② 신분을 감추다; ⓢ menyaru; ③ 숨다;

menyamarkan ① 감추다,속이다; ② 위장하다, 변장하다;

samaran ① 변장된 것, 위장된 것; Orang itu membuat *samaran* agar tidak di kenal oleh siapa pun. 그 사람은 아무도 모르도록 변장했다; ② 가짜, 위조물; ⓢ palsu; Nama orang itu hanya *samaran* saja, bukan yang sebenarnya. 그 사람의 이름은 본명이 아니고 가명일 뿐이다;

penyamar 변장자, 위장자;

sama rata ① 모두 균등한; Uang ini harus dibagi *sama rata*. 이 돈은 모두 균등하게 분배되어야 한다; ② 평평한; ⓢ rata dengan;

penyamarataan 일반화, 보편화, 종합, 개관;

sambal 매운 양념; sambal ulek 고춧가루;

sambar, menyambar ① 낚아채다, 잡아채다; ⓢ merampas, merebut; Perampok *menyambar* tas milik perempuan itu. 강도는 그 부인의 가방을 낚아챘다; ② 때리다, 치다; ⓢ memukul, melanggar; Anaknya tewas *disambar* bis. 그 아이는 버스에 치어 죽었다; ③ 움켜쥐다 붙잡다;

S

Orang itu *disambar* pisau hingga tewas; 그 사람은 죽을 때까지 칼을 움켜쥐었다;

tersambar ① 잡아채어진, 낚아챔을 당한; ⓢ kena sambaran; terkena; ② 잡아채질 수 있는, 낚아채질 수 있는;

sambil ① ~하는 동안, 하면서; ⓢ dengan; Ia menyanyi *sambil* bermain piano. 그는 피아노를 치면서 노래를 불렀다; ② 동시에; ⓢ seraya; *sambil* lalu 우연히, 지나가다가;

menyambilkan ① 부수적으로 행하다; ② 동시에 행하다;

tersambil 우연한, 중요치 않은; pendapat **tersambil** 대수롭지 않은 견해;

sambilan ① 부업; ② 종속물, 보조물; ⓢ yang tidak penting, tambahan; ③ 핑계, 구실; ⓢ dalih;

sambung 연결하다, 하나로 하다, 관계하다;

bersambung 계속되는, 연결된;

menyambung 계속하다,연장하다;

menyambungkan ~와 연결하다, 접촉시키다;

tersambung 연결되다;

sambungan ① 연속,계속; ② 연결, 접속;

sampah ① 쓰레기; ⓢ buangan, kotoran; ② 쓸모 없는, 수치스러운, 불명예스러운; ⓢ hina; sampah masyarakat 쓸모없는 인간; Koruptor itu dianggap sebagai *sampah* masyarakat. 그 부정한 사람은 쓸모없는 인간이다;

menyampah 쓰레기 같은, 가치 없는; Jangan *menyampah* sembarangan.쓰레기를 아무데나 버리지 마라.

sampai ① ~까지; Ia bekerja *sampai* jam dua belas malam. 그는 밤 12 시까지 일을 했다; ② ~할 때까지,~도록; Tinggi pohon kelapa itu *sampai* 5 meter. 그 야자나무의 높이는 5m 까지 자랐다;③ ~에 까지; Orang itu mengendarai motor *sampai* ke Bandung. 그 사람의 오토바이는 반둥까지 갔다; ④ 도착하다; ⓢ tiba; Saya *sampai* ke rumah pukul 9 malam. 나는 밤 9 시에 집에 도착했다; ⑤ 미치다, 다다르다; Tingginya tak *sampai* pada pohon itu. 그 사람의 키는 그 나무까지 미치지 못한다;*Sampai* bertemu lagi. 또 만날 때까지! (헤어질 때 인사)또 만납시다; Jangan *sampai* 하지 않도록; Belajarlah dengan giat jangan *sampai* kamu tidak naik kelas. 낙제하지 않도록 열심히 공부해라;

sampaikan ~까지,~도록;ⓢ sampai, hingga; Ia simpan rahasia itu *sampaikan* mati. 그는 죽을 때까지 그 비밀을 간직했다;

sampan 거룻배, 돛을 달지 않은 작은 배; ⓢ perahu, kapal;

bersampan 거룻배를 타다; Kami *bersampan* ke pulau itu. 우리는 거룻배를 타고 그 섬에 갔다;

sandal 샌들;

sandar, **bersandar** ① 기대다, 쏠리다; ⓢ bersangga; Saya *bersandar* di dada kekasih. 나는 애인의 가슴에 기댔다; ② 의존하다; ⓢ bergantung, bertumpu; Hidup janda tua itu *bersandar* pada anaknya. 그 늙은 과부는 자식에 의존하여 살

S

아간다;
bersandarkan 의거하다; ⓢ saling membantu;
menyandari ① 지탱하다, 버티다; ② 기대다;
menyandarkan 의지하다, 기대를 걸다; ⓢ menggantungkan, meletakkan;
tersandar 비스듬히 놓인;
sandar 담보, 담보물; Orang itu meminjam uang pada rentenir dengan *sandar* surat rumahnya. 그 사람은 주택을 담보로 대부업자로부터 돈을 빌렸다;
menyandarkan 저당 잡하다;
sandera ① 인질, 볼모; ⓢ tawanan, orang gadaian; Anak itu di*sandera* penjahat. 그 아이는 인질범들에 의해 인질이 되었다;
menyandera 인질로 삼다;
sanding 옆,근처,가까이;ⓢ samping, damping;
bersanding ① 나란히; ⓢ berjajar, berdamping; ② 동등한;
sandiwara ① 극, 연극;ⓢ lakon; ② 극단;
bersandiwara ① (연극) 무대에 서다; ② 속이다, 가장하다;
menyandiwarakan ① 각색하다, 극으로 꾸미다; ② 농락하다.
sangat ① 매우, 대단히; ⓢ amat; Ia *sangat* kaya. 그는 대단히 부유하다; ② 심한, 긴급한; ③ (=dengan sangat) 진지하게;
sangat-sangat ① (=amat sangat) 지나치게, 너무; ② 진지하게;
mempersangat 심화시키다, 과장하다; ⓢ memperhebat;
sanggah, menyanggah 반대하다, 부인하다, 거부하다, 항의하다;
penyanggah 적수;
sanggahan 대항, 항의, 대립;
sangka ① 생각,추정; ②의심,추측
bersangka 생각하다, 의도하다;
menyangka ① 추측하다; ② 의심하다;
tersangka ① 의심하다; ② 예측되다;
sangkal, bersangkal (akan) ~을 생각하지 않다, ~할 용의를 갖지 않다;
menyangkal ① 부인하다; ⓢ tak mengakui; Anak itu ***menyangkal*** tuduhan temannya. 그 아이는 친구의 비난을 부인했다; ② 거절하다, 거부하다; ⓢ menolak,mengingkari; Ia ***menyangkal*** ajakan temannya untuk datang ke rumahnya. 그는 친구의 초대를 거절했다;③ 저항하다, 대들다, 반박하다; ⓢ membantah, menyanggah; Murid itu tak berani ***menyangkal*** perkataan gurunya. 그 학생은 선생님의 말씀에 저항할 수 없었다;
penyangkalan ① 반대, 모순; ② 거절;
sangkalan 부인, 거절;
sangkar (=sangkaran) 새장; ⓢ sangkak, kurungan; Burung merpati berada dalam *sangkar*nya. 그 비둘기는 새장에 있다; **sangkar** ayam 닭장;
bersangkar① 둥지가 있는,둥지를 튼; ⓢ bersarang; Anak burung itu ***bersangkar*** di atas pohon. 새 새끼는 나무 위 둥지에 있다; ② 둥지

S

안에 있는; Burung itu ***bersangkar*** dengan daun-daun kering. 그 새는 마른 잎으로 둥지를 만들었다;

sangkut, **sangkut paut** ① 관계, 관련; ② 단서, 부대 조건; ③ 근심, 걱정; ④ 채무, 빚;

bersangkut ~와 관련이 있는;

menyangkut ~와 관련되어 있다;

sangkut-menyangkut ~에 말려 들다, 관련되다;

menyangkutkan ① 걸쳐 놓다, 걸어 놓다; ⓢ menggantungkan; ② 연루시키다,끌어들이다;ⓢ melibatkan;

kesangkut ① 부딪치다; ② 관련되다, 연루되다; ③ 걸리다;

tersangkut 관련된, 관계있는; ⓢ terkait, terlibat;

sangkutan ① 관계; ⓢ hubungan; ② 방해; ⓢ halangan, gangguan;

sangsi, **bersangsi** 의심하다, 의심스럽다; ⓢ kurang percaya; Saya ***sangsi*** kepada dia. 나는 그가 의심스럽다;

menyangsikan 의심하다;ⓢ meragu-ragukan; Saya ***menyangsikan*** kepintarannya. 나는 그의 영특함을 의심한다;

kesangsian 의심,의혹 ⓢ sangka-sangka;

sanksi ① 법의 강제력; ② 제재, 봉쇄조치;

santai 한가로운, 긴장이 풀린; Ibu itu berjalan dengan ***santai***. 그 부인은 한가하게 걷는다;

bersantai ① 한가하게 쉬다; Gadis itu duduk ***bersantai*** di depan rumahnya. 그 소녀는 집 앞에서 한가롭게 앉아있다; ② 한담하다;

bersantai-santai 한가로이 쉬다;

kesantaian 휴식, 쉼;

santan 야자유;

santap, **bersantap** 먹다, 마시다, 식사하다; ⓢ minum, makan; Mereka sedang ***bersantap*** malam. 그들은 지금 저녁 식사를 하고 있다;

menyantap 먹다, 마시다; Dengan lahap pengemis itu ***menyantap*** makanan yang diberikan. 그 거지는 주는 음식을 잘 먹는다;

santapan 양식;ⓢ makanan, minuman; **santapan** rohani (책과 같은)정신적 양식;

santun ① 우아한,예의 바른;ⓢhalus dan baik,sopan; Ia ***santun***. 그는 예의가 바르다; ② 예의,예절; Ia tahu sopan ***santun***. 그는 예의를 안다;

menyantuni ① 동정하다; Orang itu ***menyantuni*** saudaranya yang sedang kesusahan. 그 사람은 어려운 형제를 동정했다; ② 돕다, 협력하다; ⓢ menolong, menyokong; Ia ***menyantuni*** anak yang tidak mampu. 그는 불쌍한 아이를 도와주었다;

kesantunan 예의, 예절;

penyantun 친절한, 인정 많은;

penyantunan 원조, 협력;

sapa, tegur sapa 대화를 유도하는 말;

bersapa-sapaan 대화하다;

menyapa 말을 걸다; ⓢ menegur, mengajak bicara; Ia ***menyapa*** saya. 그는 나에게 말을 걸었다;

tersapa 말을 건네 받다;

sapi 소; **sapi** jantan 황소; **sapi** perah 젖소;

sapih, **menyapih** ① 젖을 떼다; ②

S

모종하다, 옮겨심다;

saputangan 손수건;ⓢselampai

saran 건의, 제의, 제안; ⓢ usul, anjuran;

menyarani ①제안하다;②조종하다.

menyarankan 제안하다; Mereka ***menyarankan*** kami untuk tidak melewati jalan yang curam itu. 그들은 우리에게 그 경사길을 지나지 말도록 건의했다;

sarana ① 장치,기구,방법,설비; ⓢ media; Wihara adalah ***sarana*** tempat sembahyang agama Budha. 수도원은 스님들의 기도 장소이다; ② 조건,자격; ⓢ syarat; upaya; ***Sarana*** yang ada di perusahaan itu kurang memadai. 그 회사가 가진 조건은 불충분하다;

sarang ① (새·곤충 등의) 집; ② 은둔처; **sarang** burung 새집; **sarang** laba 거미집; **sarang** madu 꿀벌의 집;

bersarang ① 둥지를 틀다; ② 거처하다, 거주하다; ⓢ bertempat; Para penjahat itu ***bersarang*** di kaki bukit. 그 산적들은 산밑에 거주한다; ③ 때리다,맞추다;ⓢ mengenai; ④ 골인하다;

sarat ① 꽉찬; Gentong itu ***sarat*** dengan air.그 물단지에 물이 꽉찼다.

menyarat 가득차다; ⓢ sangat penuh;

menyaratkan 채워넣다,쑤셔넣다;

sari ① 핵심, 골자, 요점; ⓢ pokok, bagian terpenting; ② 꽃가루; **sari** berita 주요 뉴스; **sari** pati 요점, 요지; **sari** pidato 연설요지;

menyarikan ① 빼내다, 추출하다; ② 요약하다; ⓢ mengikhtisarkan;

persarian 요약, 적요;

saring, **menyaring** ① 여과하다; ⓢ menapis; Ibu ***menyaring*** air di dalam ember. 어머니는 물동이의 물을 걸렀다; ② 정제하다, 정화하다; ⓢ membersihkan; ③ 선택(선발)하다; ⓢ memilih;

penyaring 여과기; **penyaring** air 식수 여과기;

penyaringan ① 여과,걸림질;Sistem ***penyaringan*** minyak itu sangat canggih. 그 기름 여과 장치는 아주 정밀하다; ② 정제, 정선;

saringan ① 체; ② 여과기;

sarjana 석학,학자,학사; ⓢ orang pandai,ahli ilmu; **sarjana** hukum 법학사; **sarjana** sastra 문학사; Kelima anaknya semuanya bergelar ***sarjana***. 그의 다섯 아이 모두 학사 학위를 받았다;

kesarjanaan 학자다운, 학식이 있는; Gelar ***kesarjanaan*** itu di dapatnya dengan susah payah. 그 박사 학위는 아주 어렵게 받았다;

sarung ① 씌우개, 덮개; ⓢ sampul, penutup; ② 포장지; ⓢ pembungkus; **sarung** bantal 베갯잇; **sarung** pedang 칼집; **sarung** tangan 장갑;

menyarungkan① 넣다,싸다,덮다, ② 칼집에 넣다; ⓢ memasukkan keris; Ia ***menyarungkan*** keris itu dengan amat hati-hati.그는 그 꺼리스 칼을 조심스럽게 칼집에 넣었다; ③ (옷을)입히다;ⓢ mengenakan;

sasana ① 교육, 지시; ⓢ sarana, petunjuk; ② 교육장;

S

sasar, menyasar 겨냥하다,겨누다;
sasaran 표적;
sastra ① 언어; ② 문학; ③ 문자, 글자; ⓢ tulisan; huruf; sastra dunia. 세계 문학; sastra erotik. 감성 문학; sastra klasik 고전 문학; sastra modern. 현대 문학;
kesastraan 문학 관련작;
sastrawan 작가, 문인;
sastrawi 여류작가;
sate 꼬치(사떼); sate ayam 닭고기 꼬치; sate kambing 염소 고기 꼬치;
menyate 꼬치를 준비하다;
satelit 위성, 인공위성;
satpam 수위, 경비원;
satu 일, 하나(의); ⓢ esa; satu per satu 하나씩; satu sisi 일방적인;
satu-satu ① 하나씩; ② 각각; ⓢ masing-masing;
satu-satunya 유일한; ⓢ hanya ini;
bersatu 하나가 되다, 통일되다; ⓢ berkumpul, bergabung;
mempersatukan, menyatukan ① 통일키시다, 합병하다; ② 참가시키다, 입회시키다;
kesatu 첫 번째의, 첫째의; ⓢ pertama;
kesatuan ① 무리, 떼; ⓢ kelompok; ② 단일성, 단일; ③ 전체, 총체;
pemersatu 통일기구,합치는 기구; alat pemersatu 합일기구, 통일기구;
penyatuan 통일, 단일화;
persatuan 통일, 연합; ⓢ gabungan, ikatan, serikat;
satuan ① 일자리수, 단위; ⓢ dasar, unit; satuan berat 무게의 단위; satuan panjang 길이의 단위; ② (=kesatuan) 무리, 떼;
bersatuan 조직하다;
saudagar 상인; ⓢ pedagang;
saudara ① 형제자매; ② 친족, 동포; ⓢ sanak, kerabat; *Saudara*-nya baru datang dari Bandung. 그 형제는 반둥에서 방금 도착했다; ③ 친구, 동료; ⓢ kawan, teman; Kesusahan yang kita rasakan membuat *saudara-saudara* kita ikut serta. 우리의 어려움이 형제들에게 미쳤다; ④ 동족; Apakah kucing merupakan *saudara* dari harimau? 고양이는 호랑이와 같은 종족입니까? saudara sepupu 사촌 형제; saudara laki-laki 형제; saudara perempuan 자매; saudara seperjuangan 동포, 전우; saudara sepermainan 죽마고우; saudara tiri 이복 형제;
bersaudara ① 형제 관계가 있다; Saya *bersaudara* dengan dia 나는 그와 형제이다; ② 형제가 있다;
mempersaudarakan 형제로 삼다, ~와 우호 관계를 맺다;
persaudaraan ① 친족 관계; Hubungan *persaudaraan* antara mereka sangat erat. 그들 사이의 친족 관계는 아주 가깝다; ② 형제 관계;
sawah 논; sawah tadah hujan 천수답;
bersawah 논을 경작하다;
penyawah 농군; ⓢ petani;
persawahan ① 논 경작,농사; ② 농토, 농지;
saya ① 나(주격); ⓢ aku, hamba; *Saya* mau makan. 나는 먹고 싶다; ② 나를(목적격); Ia mencintai *saya*. 그는 나를 사랑한다; ③ 나의(소유격)

Itu buku *saya*. 그것은 나의 책이다;

sayang ① 아깝게도, 가엽게도; ② 사랑하다;

menyayangi ① 동정하다, 불쌍히 여기다; ② 사랑하다;

kesayangan ① 애정; ② 동정; ③ 애인;

sayap 날개;

bersayap 날개가 달린;

sayembara 퀴즈,현상모집,경기

sayup, sayup-sayup ① 희미한; ② ~듯 말듯한(보일듯 말듯, 들릴듯 말듯, 닿을 듯 말듯, 울듯 말듯);

sebab ① 이유, 원인, 동기; ② ~때문에;

bersebab 이유가 있다;

menyebabkan 원인이 되다;

tersebab 야기되다;

sebagai ~처럼, ~로서;

sebal 화나는, 불쾌한, 지겨운;

menyebalkan ① 후회하다; ② 지겨운, 싫증나는;

sebar, menyebarkan ① 뿌리다; ② 퍼뜨리다, 유포시키다; ③ 배포하다; *Menyebar* benih 씨를 뿌리다, 파종하다; **menyebar** uang 돈을 뿌리다; **menyebar** undangan 초청장을 돌리다;

penyebaran ① 유포,전파;② 보급, 배포;

sebel 화나는, 불쾌한;

sebelah 반, 반쪽, 부분, 옆;

sebelas 열하나, 십일;

sebelum ~이전의;

seberang ① 건너편; Rumahnya *diseberang* jalan itu. 그의 집은 길 건너편에 있다; ② 앞쪽, 맞은편; Ia duduk di *seberang* saya. 그는 내 맞은 편에 앉았다;

berseberangan 서로 마주하고 있는; ⓢ berhadapan; Rumah kami *berseberangan* dengan masjid. 우리 집은 사원과 마주하고 있다;

menyeberang 건너다; ⓢ menempuh, mengarungi; Hati-hati kalau *menyeberang* jalan. 길을 건널 때는 조심해라;

menyeberangi ① 건너가다; Ia *menyeberangi* sungai dengan perahu kayu. 그는 나무 배로 강을 건너갔다;

menyeberangkan 건네주다; Ia *menyeberangkan* saya dengan perahunya. 그는 배로 나를 건네주었다

sebut, menyebutkan ① 언급하다, 말하다; *Sebutkan* nama Anda dengan jelas. 당신의 이름을 분명하게 말하시오; ② ~이라고 부르다; ⓢ memanggil nama; Ikan itu *disebut* ikan lele. 그 고기를 메기라고 부른다;

penyebutan 언급(방법), 대화(방법);

tersebut ① 언급된, 지적된; hari **tersebut** 그날; telah **tersebut** tadi bahwa ~조금 전에 이미 언급된~; ② 알려진, 유명한; Orang *tersebut* telah pergi. 그 사람은 이미 가버렸다; ⓢ terkenal; Orang *tersebut* sangat ramah tamah. 그는 좋은 사람이라고 알려졌다;

sebutan ① 진술, 명기(明記); ② 호칭,명칭; ⓢ panggilan,gelar; ③ 인용(引用); ④ 술어, 술부; Yang mana *sebutan* kalimat ini? 이 문장의 술부는 어느 것이냐?

secara ⓢ cara;

sedang ① 중간, 보통(의); ⓢ tengah; Kecantikannya ***sedang***, tak terlalu jelek. 그녀의 미모는 보통이다; ② 충분한; ⓢ cukup,lumayan; Sebulan gaji 3 juta ***sedang*** baginya. 그의 한달 3 백만 루삐아 월급은 충분하다; ③ (sedangkan) 한편, ~하는 동안 ④ ~하는 중이다(진행형); Ia ***sedang*** bikin laporan kerja. 그는 지금 작업 보고서를 작성 중이다; ⑤ 적당히 지나치지 않게; ⑥ ~에 적합한,~에 맞는; ⓢ pantas, cocok, sesuai; Baju itu ***sedang*** baginya. 그 옷은 그에게 알맞는다;

sedangkan ① ~하는 동안, 한편; ⓢ padahal; Bagaimana kamu bisa membeli barang itu, ***sedangkan*** harganya saja sangat mahal. 가격도 아주 비싼데 어떻게 그 물건을 살 수 있겠는가; ② ~반면 ~조차; Jangankan bayar hutang, ***sedangkan*** untuk dirinya saja susah. 외상값 지불은 고사하고 생활비도 없다;

sedap ① 맛좋은, 맛있는; ⓢ enak; ② 향긋한, 냄새가 좋은; ③ 건강한;

menyedapkan ① 맛있게 하다; ② 기쁘게 하다;

kesedapan ① 맛; ② 향기;

sedekah① 공물(供物),공양(供養) ② 의연금, 자선; ⓢ derma; ③ 제물(祭物), 제수(祭需); ⓢ selamatan;

bersedekah ① 공양하다; Setiap umat manusia wajib ***bersedekah***. 신자들 마다 공양을 해야 한다; ② 자선을 베풀다;

menyedekahi ① ~에게 자선을 베풀다; Dia ***menyedekahi*** orang miskin.그는 가난한 사람에게 자선을 베풀었다;②~을 위해 제사를 지내다;

menyedekahkan 자선을 베풀다; Setiap tahun keluarga itu ***menyedekahkan*** sedikit hartanya kepada fakir miskin. 매년 그 가족은 어려운 사람들에게 사재로 자선을 베푼다;

sederhana 간단한, 검소한, 간소한;

sedia ① 준비가 된; ⓢ siap; Makanan sudah ***sedia***. 음식은 이미 준비되었다; ② 용의가 있는, 할 각오가 되어있는; ⓢ sudi, rela; Dia selalu ***sedia*** menolong siapa pun. 그는 누구든지 도울 각오가 되어있다; ③ 재고가 있는;

bersedia 용의가 있다, 준비되다; ⓢ bersiap; Mereka sudah ***bersedia*** dalam persaingan harga. 그들은 가격 경쟁 준비가 되어있다;

menyediakan ① 준비하다; ⓢ menyiapkan; Ayah sedang ***menyediakan*** uang untuk Ibu. 아버지는 어머니를 위하여 돈을 준비하고 계신다; ② 조달하다, 확보하다; Bis itu ***disediakan*** untuk antar jemput karyawan. 그 버스는 직원들을 실어 나르기 위해서 확보되었다; ③ 갖추다;ⓢ menghidangkan; Restoran itu ***menyediakan*** berbagai macam masakan.그 식당은 여러가지 음식을 갖추고 있다;

persediaan 재고(품), 저장(품); ⓢ simpanan;

tersedia 준비된;

sedih 슬픈, 비극적인, 비참한;

bersedih 슬퍼하다; ⓢ berduka cita;

menyedihkan ① 슬프게 하다; Sepeninggalan ibunya ***menyedihkan*** anaknya. 어머니의 죽음은 그 아이의 마음을 슬프게 했다; ② 슬픈, 비참한; ***Menyedihkan*** hati ibunya karena anaknya meninggal. 그 어머니의 슬픔은 아이가 죽었기 때문이다;

kesedihan ① 불행, 고뇌; ② 슬픔, 비애;

sedikit ① 조금, 약간, 좀; Beri saya ***sedikit*** lagi. 나에게 조금 더 주세요; ② 그다지~ 않는, 별로 없는;

sedikit-sedikit ① 조금, 약간; Ia bisa berbahasa Korea ***sedikit-sedikit***. 그는 한국어를 약간 말할 수 있다; ② 조금씩, 약간씩; Makanlah cokelat ***sedikit-sedikit***. 이 쵸코렡을 조금씩 먹어라;

sedikitnya 적어도, 최소한; ⓢ sekurang-kurangnya; Orang itu dapat uang lembur ***sedikitnya*** 5000 rupiah sehari. 그 사람은 최소한 한 시간에 5000 루삐아를 잔업수당으로 받을 수 있다;

menyedikitkan 절약하다, 삭감하다; Ibunya ***menyedikitkan*** uang jajan anaknya. 어머니는 아이의 용돈을 줄였다;

menyedikiti 조금씩 줄이다; ⓢ mengurangi (sedikit-sedikit);

sedot,menyedot ①빨다;ⓢ menghirup; ② 들이키다; ⓢ menghisap; Anak itu sering ***menyedot*** jari tangannya. 그 아이는 항상 손가락을 빤다;

sedotan 빨대;

segala ① 모든, 모두, 전부; ⓢ semua, seluruh; ***Segala*** perhiasannya sudah dijualnya.그의 모든 장신구는 이미 팔렸다; ② 완전히; ⓢ sama sekali; Seragam yang di pakainya ***segala*** biru.그가 입은 유니폼은 완전 푸른색이다; ***Segala*** sesuatu 모든, 일체; Lelaki itu berbohong ***segala*** pada gadis itu. 그 남자는 여자에게 온갖 거짓말을 다했다; ③ 복수, 많음을 나타냄; ⓢ para; **segalanya** 모두, 전부; ⓢ semuanya;

segala-galanya 모든,전부;Uang bukanlah ***segala-galanya*** di dalam hidup ini.돈이 인생의 전부는 아니다.

segar ① 신선한, 싱싱한; Daging yang baru dibeli itu masih ***segar***. 새로 산 그 고기는 아직 싱싱하다; ② 기운을 차린, 건강한; ⓢ sehat; Badannya mulai ***segar*** kembali setelah berolahraga. 운동 후에 그의 몸이 회복되기 시작했다; ③ 시원한, 청량한; Minuman itu ***segar*** sekali. 그 음료는 시원하다;

menyegarkan ① 건강하게 만들다; ⓢ menyehatkan; Olahraga itu ***menyegarkan*** badan.그 운동은 몸을 건강하게 만든다; ② 상쾌하게 하다; ⓢ menyenangkan; Mandi itu ***menyegarkan*** badan. 목욕은 몸을 상쾌하게 만들어 준다;

segel 인지(印紙); ⓢ cap, materai; **segel** tempel 수입 인지;

bersegel 인지가 붙은; Surat itu masih ***bersegel***. 이 편지는 아직 우표가 붙어 있다;

menyegel 조인하다, 보증하다, 딱지를 붙이다, 인지를 붙이다; ⓢ mengecap, menutup; Tempat usahanya *disegel* karena tak ada izin resmi. 합법적인 허가가 없기 때문에 사업장은 폐쇄되었다;

penyegelan 봉인;

segera ① 빨리, 급히, 조속히; ⓢ cepat, lekas; *Segera*lah berangkat! 빨리 출발해라! ② 곧, 얼마 안가서; ③ 긴급한, 절박한; ⓢ buru-buru;

menyegerakan ① 촉진시키다; Industri komputer di Korea *menyegerakan* negara menjadi kaya. 한국의 컴퓨터 산업은 나라의 부를 촉진시켰다; ② 재촉하다, 조르다;

segi ① 각, 측, 측면; ⓢ tepi, sisi; **segitiga** 삼각형; ② 국면, 견지; ⓢ sudut;

segmen ① (직선의) 선분, (원의) 호(弧); ⓢ tembereng; ② 조각,부분; ③ 층, 계층; ⓢ golongan, daerah;

segmentasi 절단;

segregasi 분리, 격리, 차단; ⓢ pemisahan, pengasingan;

sehat ① 건강한, 튼튼한 ⓢ waras; ② 위생적인; ③ 회복된; ⓢ sembuh; Badannya *sehat* kembali setelah minum obat. 약을 먹은 후 건강을 회복했다; sehat walafiat 건강한, 튼튼한;

menyehatkan 건강하게 만들다;

kesehatan 보건, 건강, 위생; kesehatan jasmani 신체의 건강; kesehatan jiwa 정신적 건강; kesehatan masyarakat 주민 건강;

penyehatan ① 치료; ② 위생 (시설);

seimbang 균형잡힌; ⓢ banding, timbang;

berimbangan 어느 쪽으로도 기울지 않은;

mengimbangi ~와 같다,필적하다, 맞먹다;

mengimbangkan 균형을 맞추다, 평형을 유지하다;

seimbang 같은, 동등한, 대등한; ⓢ sebanding, setimbang, setara;

sejak 이래, ~부터, 그 뒤로; sejak kecil 아이 때부터; sejak tadi 방금;

sejarah 역사,사(史),전설, 이야기; ⓢ asal-usul, riwayat;

bersejarah 역사적인, 유서(由緖) 깊은; Tanggal 11 Maret ialah hari yang *bersejarah* bagi orang Indonesia. 3월 11일은 인도네시아인들에게 유서깊은 날이다;

sejati 순수한, 진실한; pahlawan sejati 진정한 영웅;

sejoli 한 쌍; ⓢ sepasang, joli;

sejuk ① 서늘한, 시원한; ⓢ terasa dingin; *Sejuk* sekali udara di pegunungan itu. 이 산은 공기가 아주 시원하다; ② 청량한, 신선한; Udara *sejuk* ada di lingkungan yang bersih. 신선한 공기는 깨끗한 환경의 장소에 있다;

menyejukkan ① 시원하게 하다, 서늘하게 하다; ② 위로하다, 격려하다,즐겁게 하다;ⓢ menyenangkan hati;

kesejukan ① 서늘함, 추위; ② 추위에 떨다, 추위를 당하다; ⓢ kedinginan;

seka, 몸을 닦다, 목욕하다;

menyeka 문지르다, 닦다; ⓢ menyapu, membersihkan; Ia *menyeka* keringatnya dengan tisu. 그는 휴지로 땀을 닦았다;

menyekakan 닦다, 닦아 내다; ⓢ menyapukan;

sekali ① 한번; ② 매우;

sekalian ① 전부; ② 한깨번에, 동시에;

sekaligus 동시에, 한꺼번에;

sekap,**menyekap** ① 감금하다,집어 넣다, 유치(留置)하다; ⓢ menahan; Sandera itu ***disekap*** didalam ruang gelap. 그 인질은 어두운 한 장소에 감금되었다;② 익히다;ⓢ memeram;

sekapan ① 형무소, 감옥; ⓢ penjara, kurungan; ② 복역자(수), 죄인;

penyekapan 감금;

sekat ① 간막이, 가리개; ⓢ pembatas, pemisah; **sekat** rongga badan 회경막; ② 장해, 성가심;

bersekat ① 간막이하다; ② 제한이 있다; ⓢ berbatasan, terbatas;

bersekat-sekat 구획별로 나누다; Ruang itu dibuat ***bersekat-sekat***. 그 홀은 간막이로 분할했다;

menyekati ① 분할하다, 구힉하다; ② 가로막다, 저지하다; ⓢ menahan;

penyekat ① 간을 막는 벽; Di antara ruangan itu sengaja di beri ***penyekat***. 그 홀 사이에 의도적으로 분리벽을 했다; ② 장애물;

sekatan 장애, 방해; ⓢ alangan, rintangan;

sekertaris 비서;

sekolah ① 학교; ② 학업, 수업; Ia tidak melanjutkan ***sekolah*** lagi. 그는 학교를 다시 다니지 않는다; **sekolah** dagang 상업학교; **sekolah** dasar 국민학교; **sekolah** kejuruan 직업학교; **sekolah** kepandaian putri 가정학 고등학교; **sekolah** lanjutan 중등학교; **sekolah** menengah atas 고등학교;**sekolah** menengah pertama 중학교; **sekolah** pelayaran 해양학교; **sekolah** tinggi 대학; **sekolah** umum 공립학교;

bersekolah 학교에 다니다;

menyekolahkan 입학시키다; Ia tak mampu ***menyekolahkan*** anaknya lebih lanjut. 그는 아이를 학교에 계속 보낼 능력이 없다;

sekolahan 교사(校舍),학교의 건물 Tempat itu sedang dibangun ***sekolahan*** yang baru. 그 자리는 새 교사를 짓고 있다;

sekutu ① 동료, 짝; ⓢ rekan, peserta; ② 동맹, 연방, 연합;ⓢ kawan; Tentara ***sekutu*** telah mengepung negeri ini. 모든 연합군은 우리나라에 모였다; ④ 공범, 연루;

bersekutu 연합하다; ⓢ berekanan dengan; Kedua anak itu ***bersekutu*** melawan orang jahat. 그 두 아이는 강패를 대항하기 위하여 힘을 합쳤다; **bersekutu** dengan 한패가 되다, 제휴하다;

menyekutukan 참가시키다, 제휴시키다;

persekutuan ① 연방;ⓢ perserikatan;② 제휴,협력; ③ 조합 (組合), 상회(商會); ⓢ perseroan dagang;

sel ① 세포; ② 작은방; ⓢ bilik kecil; **sel** telepon 전화 박스;

sela (=sela-sela) ① (두 물체 사이의) 여백, (책의) 갈피; ② 깨진 금, 갈라진 틈; ⓢ celah; melihat dari ***sela*** pintu 문 틈으로 보다;

bersela 틈이 있다; tiada **bersela** 틈이 없다;

menyela ① 사이에 끼어 있다; ⓢ menyisipkan; ② 가로막다,저지하다;
sela-menyela 교대의, 간헐적인; ⓢ berselang-selang;

selalu ① 늘, 항상; ⓢ senantiasa; Bayi itu ***selalu*** menangis bila di gendong orang lain. 그 아기는 다른 사람에게 업히면 항상 울었다; ② 자주, 계속해서; ⓢ tidak pernah tidak; Ia ***selalu*** tidur saja dan malas bekerja. 그는 계속 자기만 하고 일은 게을리했다; ③ 모두, 전부;

selam juru **selam** 잠수부; kapal **selam** 잠수함;
menyelam ① 잠수하다; ⓢ masuk ke dalam air; Ia ***menyelam*** sampai kedalaman maksimum. 그는 최대한 깊이까지 잠수했다; ② 깊이 들어가다;
menyelami ~로 잠수하다;
penyelam 잠수부;
penyelaman 잠입;

selamat ① 안전한, 무사한; ⓢ aman; Ia ***selamat*** dari serangan musuh.그는 적의 공격으로부터 무사했다; ② 염원; Ibunya berdoa pada Tuhan agar anaknya ***selamat*** dari ujian. 어머니는 아이가 시험에 합격하도록 기도를 올렸다; ③ 축하; Dia mengucapkan ***selamat*** ulang tahun ke 70 kepada saya. 그는 나의 칠순 생일에 축하 인사를 했다; ④ (기원. 축하 등의)인사; **Selamat** datang. 어서 오십시오, (환영합니다); **Selamat** ulang tahun. 생일을 축하합니다, **Selamat** Hari Lebaran. (금식절) 축하인사;**Selamat** Hari Natal.크리스마스를 축하합니다; **Selamat** jalan. 안녕히 가십시오; **Selamat** makan 맛있게 드십시오; **Selamat** malam 밤인사; **Selamat** tidur 안녕히 주무십시오; **Selamat** pagi. 아침 인사; **Selamat** siang.낮인사;**Selamat** sore. 낮인사; **Selamat** tinggal 안녕히 계십시오;
menyelamatkan ① 구하다, 구출하다; meluputkan, mengikhtiarkan; Ia telah ***menyelamatkan*** anaknya dari bahaya. 그는 위험으로부터 아이를 구했다; ② 매장하다; ⓢ menguburkan;
keselamatan ① 행복, 번영; ⓢ kesejahteraan, kebahagiaan; ② 안전; **keselamatan** kerja 작업의 안전; Kami mengutamakan ***keselamatan*** para penumpang. 우리는 모든 승객의 안전을 제일로 한다;
penyelamat 해방자, 구세주, 그리스도;
selamatan (종교 행사 후의)연회; ⓢ kenduri, sedekah;

selang 간격;ⓢ sela; **selang** berapa waktu kemudian… 격일(의), 하루 지나서; **selang** beberapa hari kemudian… 며칠 후~; **selang** hari 하루 걸러,격일(의),하루 지나서; **selang** beberapa jam kemudian 몇 시간 사이(에); tak **selang** berapa lama 얼마 오래지 않은 사이;
berselang-seling ① 번갈아, 교대로; ⓢ bergantian; Mereka ***berselang-seling*** ke kamar mandi untuk buang air. 그들은 용변을 보려고 화장실을 번갈아 들락거렸다; ② 계속해서; ⓢ terus-menerus, ganti-berganti;

berselang ① 간격을 두다, 사이를 띄우다; ⓢ berantara; **berselang** 3 hari 3 일 간격으로 하다; ② ~지나서, ~후에; Dia datang tidak lama ***ber-selang*** setelah saya pergi. 내가 가고나서 한 시간 후에 그가 왔다; ⓢ sesudah, kemudian; **berselang** tiga hari 3 일 후;

berselang-seling ① 교대로 하다, 번갈아 하다;ⓢ berganti-ganti, bertukar-tukar;② 얼마 간의 간격을 두고; ⓢ berantara-antara;

menyelang 번갈아 사용하다;

menyelang-nyelingkan 교체시키다, 차례차례 ~시키다;

selaput 막, 얇은 막; **selaput** bening (눈의) 각막; **selaput** dara 처녀막; **selaput** jala 망막; **selaput** lendir 점막(粘膜); **selaput** mata (눈의)각막; **selaput** otak 뇌막; **selaput** pelangi (안구의) 홍채;

berselaput 얇은 막이 있는, 얇은 막이 덮이다;

selasa hari Selasa 화요일;

selatan 남쪽(의); **selatan** daya 남서쪽(의); **selatan** tenggara 남동쪽(의);

terselatan 최남단의;

seleksi 선별, 선택;

menyeleksi 선별하다;

selendang 어깨걸이, 쇼올, 슬랜당, 어깨띠; ⓢ selempang, sandang;

selenggara, **menyelenggara-kan** ① 경영하다, 관리하다, 돌보다; ⓢ mengurus,mengusahakan; Kami berusaha ***menyelenggarakan*** aca-ra ini dengan baik. 우리는 이행사를 잘 치르지도록 노력한다; ② 주최하다, 조직하다; ⓢ mengadakan; Kami ***menyelenggarakan*** pesta perpisahan sekolah. 우리는 동창회 파티를 개최하였다; ③ 실행하다, 실시하다; ⓢ melaksanakan; Ia ***me-nyelenggarakan*** perintah atasan. 그는 상사의 지시를 잘 수행했다;

selesai ① 완료되다; ⓢ sudah jadi, siap,habis dikerjakan; ② 끝나다, 종결되다; ⓢ habis, tamat, ber-akhir; Sekolahnya sudah ***selesai***. 학교 수업은 끝났다; ③ 해결된; ⓢ beres; ④ 결렬된;

menyelesaikan ① 종결짓다, 끝내다; ⓢ menyudahkan, menyiap-kan; Anak itu ***menyelesaikan*** tu-gasnya di sekolah. 그 아이는 학교 숙제를 끝 마쳤다; ② 해결 짓다; ⓢ menamatkan; Dia ***menyelesaikan*** masalahnya dengan baik. 그는 문제를 잘 해결했다; ⓢ membereskan;

penyelesaian ① 완성, 종결; ② 청산; ③ 해결;

selesma ① 감기들다; ⓢ pilek; ② 콧물; ⓢ ingus; demam **selesma** 독감, 인푸레인자;

seleweng,**menyeleweng** 탈선하다; ⓢ menyimpang dari aturan;

menyelewengkan 탈선시키다; 유용하다; **menyelewengkan** uang negara 국고를 유용하다;

penyeleweng 일탈자;

penyelewengan 일탈, 일탈행위; ***Penyelewengan*** dana kegiatan itu akhirnya terbongkar juga. 그 열정적인 기부의 일탈은 백일하에 드러났다;

selidik ① 정밀한, 세밀한; ② 주의

깊은, 비판적인;

menyelidiki ① 조사하다, 수사하다; ⓢ memeriksa; Ia ***menyelidiki*** pembunuhan itu. 그는 그 살인 사건을 조사했다; ② 연구하다, 검토하다; ⓢ mempelajari, meneliti; ③ 정찰하다, 답사하다; ⓢ memata-matai;

penyelidik ① 조사자, 규명자; ② 간첩; ③ 연구가;

penyelidikan ① 연구, 규명, 탐구 ② 조사, 수사; **penyelidikan** ilmiah 학문적 탐구; ***Penyelidikan*** terhadap kasus pembunuhan itu menemui jalan buntu. 그 살인사건의 수사는 벽에 부딪쳤다.

selinap, **menyelinap** ① 숨다,기어들다; ⓢ menyusup; Maling itu ***menyelinap*** masuk ke dalam rumah. 그 도둑은 집안으로 기어들어갔다; ② 숨어들다, 빠져나가다, 도망치다; ⓢ mengendap, menyembunyikan diri; Orang itu datang dengan ***menyelinap*** agar tak ada yang melihatnya. 그 사람은 사람들의 눈을 피해서 숨어들었다;

menyelinapkan 몰래 집어 넣다, 숨기다;

seling, **berseling** 교대하다; Tarian tradisional ***berseling*** dengan tarian modern. 전통무용은 현대무용으로 교채되었다; **berseling** ganti 바꿀수 있는,고체 할 수 있는; ☞ selang;

menyelingi 교체하다, 교대시키다; ⓢ menyelang dengan;

selingan ① 변화, 변경; Kegiatan itu dilakukan hanya untuk ***selingan*** saja. 그 열정은 단지 변화를 위한 행동이다; ② 막간(幕間), 간격; ③ 간주곡(間奏曲);

selingkuh ① 부정직한, 음흉한; ⓢ serong; ② 부정한, 퇴폐한; ⓢ korupsi;

berselingkuh 부정을 저지르다; Perbuatan itu di anggap ***berselingkuh*** oleh mereka. 그 행동은 그들에 의해 부정직하게 비쳤다;

menyelingkuhkan 유용하다, 착복하다; ⓢ menggelapkan; Karyawan bank itu ***menyelingkuhkan*** uang bank. 그 은행원은 은행돈을 유용했다;

selip, **menyelipkan** 끼워넣다, 삽입시키다; ⓢ menyisipkan; Ia ***menyelipkan*** foto di dompetnya. 그는 지갑 속에 사진을 끼워 넣었다;

terselip ① 포함된, 내포하고 있는; ⓢ tercantum; Di dalam kartu itu ***terselip*** nama dan alamatnya dengan jelas. 그 카드에는 이름과 주소 등이 상세히 기록되어있다; ② 동봉(同封) 된, 삽입된; ⓢ tersisip, terselip;

selisih ① 차이,격차; ⓢ beda, kelainan; ***Selisih*** harga kedua barang itu tidak banyak. 두 물건의 가격 차이는 많지 않다; ② 분쟁, 불화; ⓢ pertikaian; **selisih** faham 의견차, 견해차;

berselisih ① 차이가 있다; ⓢ berbeda, ada selisihnya; ② 견해차가 있다; ⓢ beda pendapat; Mereka ***berselisih*** mengenai pembagian tanah warisan orang tuanya. 그들은 부모로부터 받는 땅 유산에 대하여 의견차이가 있다; ③ 오해

(하다);

memperselisihkan 반목(反目)하다; Ia ***memperselisihkan*** harga barang-barang itu. 그는 그 물건값에 대하여 항의를 했다;

perselisihan ① 견해차; ⓢ perbedaan; ② 반목, 쟁의, 충돌; ⓢ pertikaian, percekcokan;

selubung ① 표지,커버;② 가리개

berselubung 막을 두르다;

menyelubungi 싸다, 포장하다, 가리다;

seluruh 전부(의), 전체(의), 모두; ⓢ semua, segenap; ***Seluruh*** orang beramai-ramai datang ke pesta itu. 모든 사람이 그 파티에 참석하여 성황을 이루었다;

menyeluruh ① 확산되다, 퍼지다; Kabar ini sudah disiarkan ***menyeluruh*** di tanah air. 이 소식은 전국에 널리 알려졌다; ② 온통, 모두;

menyeluruhi 전체에 퍼지다;

keseluruhan 전체, 총계; ⓢ keseutuhan;

seluruhnya 전체,모든;Biaya perjalanan ini ***seluruhnya*** di tanggung perusahaan. 이 여행 경비는 모두 회사에서 부담한다;

semai(=semaian) 모종, 씨앗의 싹;

menyemaikan ① 모종내다, 보급하다, 확산시키다; ② (정신을) 고취시키다;**penyemaian** 모종내기,모종의 방법;

persemaian 못자리,모종을 키우는 장소;

tersemai 모종낸;

semak(=semak-semak) 덤불, 잔풀 숲; ⓢ belukar; **semak** belukar 잔풀, 덤불;

menyemak 뒤엉키다,엉클어지다;

semampai 날씬한; ⓢ ramping;

semangat ① 의욕, 마음, 용기; ⓢ nafsu; Orang itu sudah tak punya ***semangat*** hidup karena sakit yang di deritanya. 그 사람은 불치병 때문에 살아갈 의욕을 잃었다; ② 정신,의식;**semangat** Korea 한국 정신; **semangat** kedaerahan 지방색, 지역감정; **semangat** pelaut 뱃사람 기질; **semangat** perang 호전적 정신;

bersemangat 열렬한, 열심인; Dia ***bersemangat*** untuk mencapai hidup bahagia. 그는 행복한 삶을 달성하기 위하여 노력했다;

menyemangati 의욕을 불어 넣다;

semarak ① 장려(壯麗), 광택, 명성; ⓢ cahaya; ② 장식,꾸밈새; ⓢ keelokan;

bersemarak 빛나는, 고귀한; ⓢ berseri, gilang-gemilang;

menyemarakkan 빛나게 하다, 찬란하게 만들다, 고귀하게 하다;

semayam (=bersemayam) ① 칩거하다,~에 거주하다; ⓢ tinggal di; Nenek saya ***bersemayam*** di Bandung. 할머니는 반둥에 거주하신다; ② (마음 속에) 품고 있는, 간식하는; ⓢ tersimpan, terpatri; Cinta gadis itu sudah lama ***bersemayam*** di dalam lubuk hatinya yang terdalam. 그 소녀의 사랑은 가슴속에 깊이 간직하였다;

persemayaman 거주지, 주소, 채재지;

sembah ① 경례, 인사; ⓢ pernyataan hormat; ② 존경, 복종;

sembah sungkem 매우 깊은 존경;
mempersembahkan ① 증정(贈呈) 하다; ⓢ menyampaikan; ② 보고하다; ⓢ mengatakan, memberitahu;
menyembah 경외하다, 경의를 표하다; ⓢ memberi hormat; Kepercayaan bagi mereka adalah dengan ***menyembah*** patung berhala itu. 그들의 믿음은 우상 숭배이다;
penyembah 예배자, 숭배자;
persembahan 헌납, 증정;
sembahyang ① 기도; ② 기도하다, 기도드리다; **sembahyang** magrib 해질녘에 드리는 기도;**sembahyang** subuh 새벽 기도; **sembahyang** sunat 선택적인 기도;
bersembahyang 기도 드리다; ⓢ berdoa;
menyembahyangi 기원하다; Mereka sedang ***menyembahyangi*** jenazah korban pembunuhan itu. 그들은 그 희생자 죽음에 대하여 기도를 올렸다;
sembarang 마음대로의,임의의; ⓢ sembarang, asal saja; Anak itu menaruh bukunya di ***sembarang*** tempat. 그 아이는 책을 아무데나 둔다;
menyembarangi 마음대로, 행하다; ⓢ gegabah, sembrono;
sembarangan ① 누구든지, 무엇이 든지; ⓢ tidak dengan pilih-pilih; Dia membeli barang elektronik yang canggih ***sembarangan*** saja. 그는 전자제품 신형은 무엇이든지 산다; ② 되는대로, 닥치는대로; Jangan buang sampah ***sembarangan***. 쓰레기를 아무데나 버리지 마라;
sembelih, **menyembelih** 도살하다; ⓢ memotong; Ia ***menyembelih*** ayam. 그는 닭을 잡았다;
penyembelih ① 도살자; ② 도살하는 기구;
penyembelihan 도살;
sembelihan 도살용 가축; Disitu menjual ternak ***sembelihan***. 거기에서 식용 가축을 판다;
sembilan 아홉;
semboyan ① 표어 ② 신호,경보
bersemboyan 표어를 사용하다;
sembuh 회복되다, 낫다; ⓢ menjadi baik; Pemuda itu ***sembuh*** dari sakit. 그 청년은 병으로부터 회복되었다;
menyembuhkan 치료하다, 낫게하다; ⓢ mengobati;
kesembuhan ① 회복; Yang ia dambakan saat ini adalah ***kesembuhan*** bagi anaknya. 지금 그의 바램은 아이의 회복이다; ② 치유(治癒), 요양;
penyembuhan 치료;
sembunyi 숨은, 숨겨진, 비밀의; main **sembunyi** 술래잡기 놀이를 하다;
bersembunyi 숨다, 피신하다;
menyembunyikan ① 숨기다; ⓢ tidak memperlihatkan;② 감추다, 비밀로 하다; ⓢ merahasiakan;
sembunyi-sembunyian 숨바꼭질하다 ⓢ bermain petak umpet;
bersembunyi-sembunyian 술래잡기 놀이를 하다;
persembunyian 피난처, 은신처;
tersembunyi 몰래, 은밀히; ⓢ

tidak berterus terang, diam-diam;

sembur ① 뱉어내다, 넘쳐나다; ② (=**sembur** air) 물이 솟는 자리;

bersemburan 내뿜다, 용솟음치다 ⓢ keluar memancar; Air kolam ikan itu ***bersemburan*** keluar. 그 연못의 고기는 밖으로 넘어 나왔다;

bersembur-semburan 서로 끼얹다;

menyemburkan ① 치솟다, 솟아오르다; Kebakaran itu ***menyembur*** api sangat besar. 그 불은 아주 크게 솟아 올랐다; ② 끼얹다, 뿌리다; ⓢ menyemprot; Ibu ***menyembur*** tanaman dengan air. 어머니는 정원에 물을 뿌렸다;

tersembur 튀기다; **tersembur** gelak 크게 웃다;

semburan 물 뿌리기, 살수(撒水); ⓢ semprotan;

penyembur ① 분무액; ② 분무기; ③ 뿌리는 사람; **penyembur** api 소화기;

semen 시맨트;

sementara ① ~하는 동안; ⓢ selama, selagi; Ia pergi ke toko buku ***sementara*** menunggu ibunya. 그는 어머니를 기다리는 동안 서점으로 갔다; ② 잠시, 얼마동안,당분간; ⓢ beberapa lamanya; ***Sementara*** saya tinggal di luar negeri untuk bekerja. 얼마동안 나는 일을 하기 위하여 외국에서 산다; ③ 임시의;

semesta 전체의, 모두의, 전반적; ⓢ seluruhnya,segenap,semuanya; **semesta** alam 전세계.

semester 한 학기; ⓢ tengah tahun;

semesteran 학기;

semi 새싹, 싹; ⓢ tunas; musim **semi** 봄;

bersemi 싹이 트다;

semi 절반; ⓢ setengah;

semifinal 준결승; Mereka berhasil lolos ke babak ***semifinal***. 그들은 준결승 진출에 성공했다;

semir ① (semir sepatu) 구두약; ⓢ lemak pengkilap; ② (minyak semir) 윤활유;

bersemir 구두약이 칠해진;

semoga 바라건대;

sempat 시간이 있다, 기회가 있다; ⓢ ada waktu, ada peluang; Ayahnya tak ***sempat*** menjemput anaknya di bandara. 아버지는 공항에 아이를 마중나갈 시간이 없다;

menyempatkan 기회를 주다;

kesempatan ① 기회; ⓢ keluasan, peluang; **kesempatan** kerja 고용 기회; ② 시간; ⓢ waktu; Adakah ***kesempatan*** untuk datang ke tempatku sebentar? 잠시 내 집에 올 시간이 있습니까?

sempil, **menyempil** 끼우다, 끼이다; ⓢ menyelip, menyusup; Dalam buku itu ***menyempil*** surat cinta dari temannya. 그 책 갈피 사이에 연애 편지를 끼워 놓았다;

tersempil 끼어 있는; ⓢ tersisip; terselip; Sesudah makan ***tersempil*** sisa makanan di giginya. 식사 후에 이빨 사이에 음식 찌꺼기가 끼어있다

sempit ① 좁은, 가는; ⓢ tidak luas, tidak lebar; ② 틈새가 없는, 답답한; ⓢ tidak longgar; ③ 제한된, 옹색한; **sempit** hati 성미가 급한,

편협한;
bersempit-sempit 서로 부딪치다, 서로 밀다; ⓢ berdesakan, bersesak, berjejal; Mereka tinggal ***bersempit-sempit*** di kamar pengap itu. 그들은 그 답답한 방에서 서로 부딪치며 산다;
menyempit ① 좁아지다; ② 방해하다, 어렵게 만들다; ⓢ menghalangi, menyusahkan;
mempersempit, menyempitkan 좁히다, 제한하다;
penyempitan ① 좁아짐, 가늘어짐; ② 제한;
kesempitan ① 제한된, 옹색한; ⓢ tersesak; ② 비좁은, 편협한; ③ 궁핍, 곤란, 궁색; ⓢ kekurangan;
semprot 분무기, 소화기;
menyemproti 분무하다, (물보라를) 뿌리다, 뿜다; ⓢ menyembur;
menyemprotkan 분출시키다; ⓢ menyemburkan;
semprotan 분무기,분출기;ⓢpompa penyembur;
sempurna ① 완전한, 완벽한; ② 순수한;
kesempurnaan 완전, 완벽, 완성;
semu ① 외모, 외관, 겉모양; ② 사기, 기만; ⓢ tipuan;
semut ① 개미; ② 하찮은 것, 사소한 것;
menyemut 무리짓다, 들끓다; ⓢ berkerumun, berduyun-duyun;
kesemutan 마비되다, 저리다; ⓢ kaku;
semutan 마비됨, 저림;
senam 체조; **senam** aerobik 에어로빅; **senam** irama 리듬체조; **senam** pagi 조기체조;
bersenam 체조하다;
senang ① 즐거운, 기쁜, 유쾌한 ⓢ merasa puas, lega, tidak kecewa; Saya ***senang*** sekali. 나는 매우 기쁘다; ② 만족스러운, 행복한 ⓢ berbahagia; ③ 안락한, 편안한 ⓢ enak;④ 평온한, 태평한; ⓢ nyaman; **senang** hati 즐거운, 만족스러운, 편안한; dengan **senang** hati 즐겁게, 유쾌히; tak **senang** 불안한, 불쾌한;
bersenang-senang 즐기다, 즐거운 시간을 보내다;
menyenangi 유쾌하다, 만족하다;
menyenangkan ① 만족시키다; ② 즐거운, 기쁜;
kesenangan 쾌락, 오락;
senapan 소총; **senapan** air 공기총; **senapan** mesin 기관총;
sendal 샌들;
sendat ① 막히다, 침체되다; ⓢ perlahan, tertahan; ② 매끄럽지 못한; ③ 좁은, 꽉 끼는;
sendiri ① 자신 본인(의); ⓢ yang sesungguhnya; ② 단독, 독립된;
sendiri-sendiri 각각,각자; Kami pergi kesini ***sendiri-sendiri***. 우리는 각자 여기에 왔다;
bersendiri ① 홀로, 혼자 있는; ② 고립된,격리된;ⓢmengasingkan diri.
menyendiri 혼자 (앉아)있다;
menyendirikan 격리시키다, 고립시키다, 떼어놓다; ⓢ mengasingkan,memperlainkan, memisahkan;
penyendiri 혼자있기를 좋아하는;
tersendiri ① 외로운, 고립된; ⓢ terasing, terpisah, terpencil; Mereka tinggal ***tersendiri*** di pinggir

kota. 그들은 교외에서 외롭게 살고 있다; ② 특별한, 특수한; ⓢ teristimewa; ③ 별개의, 단독의;

tersendiri-sendiri 개개의, 따로따로;Tugas diberikan kepada karyawannya *tersendiri-sendiri.* 보스는 직원 개개인에게 임무를 주었다;

sendirian 외로이, 홀로; ⓢ seorang diri;

sendirinya, dengan sendirinya 저절로, 자동적으로; ⓢ secara otomatis; Dengan *sendirinya* mesin itu berputar. 그 기계는 자동적으로 돌아 간다;

senen ⓢ senin; Hari Senen 월요일;

sengsara ① 비애, 불행; ⓢ kesedihan; ② 고통, 고뇌; ⓢ penderitaan; Orang itu hidup dengan *sengsara.* 그 사람은 고통스럽게 살고 있다; ③ 비참한, 빈궁한;

kesengsaraan ① 비애, 불행; Ia berharap semua *kesengsaraan* itu cepat berlalu. 그는 그 모든 불행이 빨리 끝나기를 바란다; ② 고통, 고뇌 ③ 곤궁, 비참함;

menyengsarakan 고통을 주다, 괴롭히다;

seni 예술;

seniman 예술가(남자);

senior 나이가 많은, 선배;

senjata 무기;

bersenjata 무장하다;

sensitif 민감한, 예민한, 감수성이 강한; ⓢ peka;

sensual 관능적인, 육감적인;

senter 회중 전등, 후라쉬;

senter 센터;

sensus 인구조사;

sentosa 평온한, 고용한, 평화로운.

sentuh, bersentuhan dengan ~와 접촉하다, ~와 맞닿다;

menyentuh 건드리다, 접촉하다; ⓢ menjamah, menyenggol;

tersentuh 부딪힌, 닿은;

senyap (=sunyi-senyap) 매우 조용한; ⓢ sunyi sekali;

senyawa (정신적으로) 결합된; senyawa organik 유기합성;

senyum, (senyuman) 미소;

tersenyum 미소하다, 미소짓다;

seorang 어떤 사람, 한 사람;

sepak 차다; ⓢ menendang; sepak bola 축구 선수;

pesepak bola 축구 선수;

sepakat 동의하는, 일치하는;

bersepakat 동의하다;

separo 절반, 반; ⓢ separuh;

sepatu 신, 구두;

sepeda 자전거; sepeda kumbang (=sepeda motor) 오토바이;

bersepeda 자전거를 타다;

seperti ① ~와 같게, ~처럼; ⓢ serupa dengan, semacam; ② ~으로, ~으로서; ⓢ sebagai;

sepertinya ① (=kalau sepertinya) 예를들면, 만약에 ~한다면; ⓢ misal; ② 마땅히; ⓢ sebagaimana mestinya, selayaknya, sepatutnya;

sepi ① 조용한, 고요한; ⓢ sunyi, lengang; ② 적적한, 한적한; ⓢ tidak ramai, tidak ada orang; Setiap hari Minggu jalanan di Jakarta selalu *sepi* dan tidak macet. 자카르타 길은 매주 일요일 항상 조용하고 막히지 않는다;

menyepi ① (=bersepi-sepi) 조용한 곳에 가다; ⓢ pergi ke tempat sepi; ② 은둔하다;ⓢ mengasingkan diri; Ia tinggal ***menyepi*** di pinggir kota. 그는 교외에서 은둔 생활을 한다;

kesepian ① 조용함, 한적함; ⓢ kesunyian; Ia merasa ***kesepian*** tinggal seorang diri. 그는 혼자서 적적하게 산다; ② 한적함을 느끼다; ⓢ merasa sunyi;

serah, **berserah**, **menyerah** 항복하다, (몸을) 맡기다; ⓢ mengaku kalah; musuh **menyerah** 적이 항복했다;

menyerahi ① 인도하다, 넘겨주다 Ia ***menyerahi*** semua tugas itu kepada kami. 그는 우리에게 모든임무를 넘겨주었다;② ~의 처분에 맡기다.

menyerahkan 양도하다,넘겨주다 ⓢ memberikan, menyampaikan (kepada); ***menyerahkan*** diri 몸을 맡기다, 항복하다, 자수하다;

penyerah 운명론자;

penyerahan ① 위임, 양도; **penyerahan** kekuasaan 정권 위양; ② 항복; **penyerahan** kembali 복귀;

terserah 양도되다, 일임되다; ***Terserah*** apa yang dikatakan orang itu. 그 사람이 무슨 말을 하든지 놔두어라;

serahan 위임(양도) 사항;

serakah 탐욕스러운,욕심 사나운; ⓢ tamak; Orang kaya itu selalu berpikiran ***serakah***. 그 부자는 항상 탐욕스러운 생각뿐이다;

seram 무서운, 소름끼치는; ⓢ meremang; **seram** kulit 소름;

menyeramkan ① (털을) 곤두세우다; ⓢ menegakkan bulu roma; Daerah pemakaman itu sungguh ***menyeramkan***. 그 묘역은 정말 무시무시하다; ② 매우 무서운, 소름끼치는; ⓢ menakutkan, mengerikan;

serang 공격하다, 침략하다;

serang-menyerang 서로 공격하다;

terserang 공격받은;

penyerang 침략자;

serangga 곤충, 벌레;

serasi 일치하는, 적합한, 어울리는; ⓢ cocok, sesuai, sepadan;

menyerasikan ① 적응시키다; ② 개조하다, 고치다; **menyerasikan** diri 적응하다, 순응하다;

keserasian 일치, 조화;

serba ① 전부,전체,모두; ⓢ semua, segala; ② 아주; ⓢ sama sekali; ③ 여러가지의; **serba** aneka 각종의; Barang yang dipamerkan ***serba*** langka. 여러 가지 골동품들이 지금 전시되고 있다; **serba** banyak 풍부한; **serba** baru 최신의; **serba** guna 다목적; **serba** hemat 아주 경제적인; **serba** salah 모두 틀린;

serba-serbi 여러 가지의, 각종의;

serbuk ① 가루, 분말; ⓢ butir-butir halus; ② 꽃가루; **serbuk** besi 쇳가루; **serbuk** gergaji 톱밥;

menyerbuk 빻다, 찧다, 가루로 만들다; ⓢ menumbuk halus-halus;

serempak ① 갑자기, 급히; ⓢ serta-merta; ② 한꺼번에, 동시에; ⓢ bersama-sama, serentak;

serempet, **menyerempet** ① 스치다, 닿을 뻔하다; ② 목표를 벗어

나다, 빗 맞다;

serentak 한꺼번에,동시에,다같이.

seret 답답한,힘든;ⓢ tidak lancar;

sergap, menyergap ① 기습하다, 공격하다; ⓢ menyerang tiba-tiba; Polisi ***menyergap*** para penjudi di tempat judi. 경찰은 놀음꾼들의 장소를 급습했다; ② 호통치다, 욕하다;

seri ① 빛,광채; ⓢ cahaya; ② 화려, 훌륭함,장려; ⓢ keindahan;

berseri 반짝이는, 빛나는, 화려한; muka **berseri** 얼굴을 붉히다;

berseri-seri 반짝이다, 빛나다; Wajahnya ***berseri-seri*** ketika mendengar kabar itu. 그 소식을 들었을 때 그의 얼굴이 밝아졌다.

seri 무승부; ⓢ seimbang;

seri 연속, 연재; ⓢ nomor urut;

serigala 늑대; ***Serigala*** berbulu domba. 양의 가죽을 쓴 늑대;

serikat ① 연합, 동맹; ⓢ persekutuan, perhimpunan; Amerika Serikat 미합중국; tentara **serikat** 연합군; ② 조합, 연합회; ⓢ perseroan, kongsi; **serikat** kerja 노동조합;

berserikat 연합하다, 동맹하다;

perserikatan 조합,협회,회사; ⓢ perkumpulan; Perserikatan Bangsa-Bangsa 국제 연합;

sering ① 자주, 늘상, 종종; ② 때때로, 가끔; **sering** kali 자주;

keseringan 빈도;

serius ① 진지한, 엄숙한; ⓢ sungguh-sungguh; Ia ***serius*** ingin menikah dengan gadis itu. 그는 그 여자와 결혼하기를 진정으로 원한다; ② 중대한; ⓢ penting; ③ 위험한, 위독한; ⓢ gawat, krisis;

keseriusan 진지함, 진솔함; ⓢ kesungguhan; Saya meminta ***keseriusan*** cinta pada lelaki itu. 나는 그 남자의 진지한 사랑을 바랬다;

serong ① 비뚤어진; ⓢ tidak lurus; ② 야비한, 부정직한; ⓢ tidak jujur;

serong-menyerong 서로 엇갈린;

menyerong 비뚤어지다; ⓢ mencong;

menyerongkan 비뚤어지게 하다; ⓢ memencongkan;

seronok 즐거운, 기쁜; ⓢ menyenangkan hati, sedap dilihat;

menyeronok 즐겁게 하다;

serpih ① 파편, 조각; ⓢ pecahan kecil-kecil; ② 조금 잘라진; ⓢ terpotong sedikit;**serpih** kayu 대팻밥;

menyerpih 쪼개다, 찢다;

serpihan 조각; Di ruangan itu ada banyak ***serpihan*** kaca. 그 홀에 유리 조각들이 많이 있다;

serta ① 그리고, 및, 또한; Orang tua itu merokok ***serta*** minum kopi. 그 노인은 커피를 마시고 담배를 피운다; ② ~하자 마자;

serta 따라가다, 함께하다; ⓢ ikut, turut;

beserta ~함께, 참가하다;

peserta 참석자;

seru 외침,고함;ⓢ teriak,panggilan.

berseru ① 외치다; ② 호소하다; **berseru** kepada ~에게 호소하다;

menyeru 외치다;

menyerukan 선언하다, 알리다, 발표하다; ⓢ mengucapkan;

seruan ① 외침, 부름; ⓢ teriakan; ② 권유, 제안; ⓢ ajakan; ③ 호소; ④ 호출, 소환; ⓢ panggilan;

seruduk, **menyeruduk** ① 치받다, 기어들다; ⓢ menyerodong; Sapi itu ***menyeruduk*** orang yang sedang berjalan. 그 소가 길가는 사람을 들이받았다; ② 기어가다; ⓢ menyusup; ③ 들이받다,돌진하여 부딪다; ⓢ menabrak; Motor itu ***menyeruduk*** mobil yang berada di depannya. 그 오토바이가 앞에 있는 차를 들이받았다;

seruling 피리; ⓢ suling;

servis 서비스, 봉사; ⓢ pelayanan; **servis mobil** 자동차 정비;

menyervis ① 수리하다; ② 봉사하다, 접대하다;

sesak ① 협소한, 비좁은; ⓢ sempit sekali; ② 여유가 없는, 곤란한; ⓢ tidak lapang; ③ 혼잡한, 만원의; 곤란한; Ruangan itu penuh ***sesak***. 그 홀이 만원이다;

bersesak-sesak 서로 밀고 밀치는; ⓢ berdesakan;

sesal 유감, 후회;

bersesal (hati), **menyesal** 유감으로 생각하다, 후회하다; ⓢ merasa tak senang; Dia ***menyesal*** atas perbuatannya. 그는 그의 행동에 대하여 후회했다;

menyesali 후회하다;

menyesalkan 후회하다, 유감으로 생각하다;

sesat ① 길을 잃다; ⓢ salah jalan; Ia ***sesat*** di jalan. 그는 길을 잃었다; ② 타락한, 어긋난; ⓢ berbuat yang tidak senonoh; **sesat akal** 미친; **sesat pikiran** 잘못된 생각;

menyesatkan ① 그릇 인도하다, 탈선시키다; ② 오해를 일으키기 쉬운;

tersesat 길을 잃은, 어긋난; ⓢ salah jalan, kesasar; Kami ***tersesat*** di hutan itu. 우리는 그 숲에서 길을 잃었다;

sesuai ① 적당한, 적합한, 알맞는; ⓢ cocok; Baju itu tak ***sesuai*** dipakai orang yang kurus. 그 옷은 마른 사람에게는 어울리지 않는다; ② 일치하다,부합하다; ⓢ sepadan; Sifatnya tak ***sesuai*** dengan kelakuannya.그의 성격은 행동과 일치하지 않는다; ③ 동의하다, 합의하다; ⓢ setuju;

menyesuaikan ① 조화시키다, 적응시키다; ⓢ mencocokkan; Ia tak dapat ***menyesuaikan*** diri dalam suasana itu. 그는 그 분위기에 순응하지 못했다; ② 일치시키다; Mereka ***menyesuaikan*** pendapat mereka. 그들은 의견을 일치시켰다;

kesesuaian 적합, 일치; ⓢ kecocokan, keselarasan;

penyesuaian 조화 순응;

sesumbar, **bersesumbar** ① 도전하다, 싸움을 걸다; ② 욕하다; ③ 호언장담하다, 뇌까리다;

setan 악마, 귀신, 사탄;

setara 동등한; ⓢ tara;

setengah 반, 절반;

seterika 다리미; ☞ setrika; **seterika listrik** 전기 다리미;

menyeterika 다리미질하다;

seterikaan 다림질된 세탁물.

seteru 적,대항자 ⓢmusuh,lawan;

berseteru 적의가 있는; ⓢ bermusuhan;

memperseterukan ① 증오하다; ② 적으로 삼다;

menyeterui ~를 적대시하다; ⓢ memusuhi;

perseteruan 적의,적대,불화; ⓢ permusuhan; *Perseteruan* kedua keluarga itu telah berlangsung sejak lama. 그 두 집안의 적대감은 오래 되었다;

setia 충실한, 신의 있는; ⓢ taat, teguh hati;

kesetiaan 충성, 충절; *Kesetiaan* dirinya terhadap perusahaan amat tinggi. 회사에 대한 그의 충성심은 아주 대단하다;

setir 손잡이, 핸들; ⓢ kemudi;

menyetir (=memegang setir) 운전하다; ⓢ mengemudikan;

penyetir 운전수; ⓢ pengemudi;

setop 정지하다, 멈추다; ⓢ berhenti;

menyetop 정지시키다,멈추게 하다. ⓢ menghentikan; Setiap pagi ia *menyetop* bus menuju kantor. 그는 매일 회사로 가는 버스를 세운다;

setor (돈을) 맡기다, 지불하다; ⓢ menyerahkan uang, membayarkan uang;

menyetorkan (돈을) 맡기다, 지불하다; Saya *menyetorkan* uang ke Bank. 나는 은행에 돈을 맡긴다;

penyetor 지불하는 사람;

penyetoran 불입, 납부;

setoran (맡긴) 돈, 물건; uang setoran 노임, 임금;

setrum 전류; ⓢ aliran listrik;

sewa ① 임대, 임차; Biaya *sewa* rumah ini tidak terlalu mahal. 이 집의 임대료는 비싸지 않다;② 임대료, 삯; ③ 사용,차용; ⓢ peminjaman; ④ 돈을 지불함으로써 사용하거나 빌릴 수 있는 것;

menyewa 세내다;

mempersewakan, menyewakan 세놓다, 임대하다;

penyewa 임차인(賃借人); Biaya perawatan ditanggung oleh *penyewan.*관리비는 임차인의 책임이다.

penyewaan 임대차, 임대, 임차;

sewaan 임대하는 것;

sewot 짜증내는,화내는; ⓢ jengkel, dongkol, marah;

sewot-sewotan 점점 화가나는;

siaga 준비된, 각오된; ⓢ bersiap, siap sedia; **siaga** tempur 전쟁 경보 상태;

bersiaga 준비된; ⓢ siap sedia;

menyiagakan 준비하다,각오하다 Pemerintah *menyiagakan* pasukannya untuk menjaga perang yang mungkin akan terjadi. 정부는 닥칠 수 있는 전쟁에 대비하여 군대를 준비한다;

kesiagaan 준비, 각오; **kesiagaan** mental 정신적 각오;

sial ① 불행한; Orang tua itu *sial* seumur hidupnya. 그 사람은 일생을 불행하게 살었다;② 불길한,재수없는 ⓢ celaka; *Sial* kamu! 빌어먹을!; Wah, *sial* ini! 이런 제기랄!;

kesialan 불운, 불행, 불길; Mereka mengalami *kesialan* yang beruntun. 그들은 계속 불운을 겪었다;

sialan 제기랄!

siang 낮, 주간; **siang** hari 주간; pada *siang* hari 낮에는; **siang** malam 밤낮으로;
siang-siang 일찍이ⓢ agak awal
kesiangan 늦은, 지각한; ⓢ terlambat; Karena *kesiangan* ia terburu-buru pergi ke kantor. 그는 늦어서 서둘러 회사로 갔다;
siap ① 준비된: ⓢ sudah sedia; Mereka *siap* untuk pergi. 그들은 갈 준비가 되었다; ② 완성된, 끝난; ⓢ sudah selesai; Tugasnya sudah *siap* di periksa. 검열 대비를 위한 그의 임무는 끝났다; ③ (=siap sedia) 각오가 된; Mereka selalu *siap* membantu yang memerlukan. 그들은 항상 필요한 것을 도울 준비를 했다;
bersiap ① 주의하다, 경계하다; **bersiap**! 주의! 경계! 차렷!; ② 각오하다, 마음먹다; Sekeluarga *bersiap* pergi ke Hongkong. 한 가족은 휴가를 홍콩으로 가기위해 마음을 정했다, ③ 준비하다;
bersiap-siap 준비하다, 채비하다;ⓢ bersiap sedia; Anak-anak itu *bersiap-siap* berangkat ke sekolah. 그 아이들은 학교를 가기 위하여 채비를하였다;
menyiapkan, mempersiapkan ① 구성하다, 설립하다; Mereka *mempersiapkan* panitia. 그들은 위원회를 구성했다; ② 계획(준비)하다,준비시키다; ⓢ menyediakan; Ia *mempersiapkan* laporan. 그는 보고서를 준비했다; Guru *mempersiapkan* murid-murid untuk ujian. 선생님이 시험에 대비한 학생들을 준비시킨다; ③ 챙기다;ⓢ mengatur;Ia *menyiapkan* barang-barang yang akan dibawa. 그는 가지고 갈 물건들을 챙겼다;
persiapan ① 준비; ② 구성, 설립;
siapa 누구; *Siapa* itu? 저 사람은 누구입니까? *Siapa* saja; *siapa* pun juga 누구든지;
siapa-siapa 누구든지; ⓢ siapa pun; *Siapa-siapa* saja yang datang, katakan saja saya tidak ada! 누가 오든지 나는 없다고 말해라!; Bukan **siapa-siapa** 다른 사람이 아닌 바로~; **siap** sedia 준비된;
bersiap sedia 준비하다; ⓢ bersiap-siap; **siap** siaga 각오하다, ~할 태세를 갖추다; **kesiap**-siagaan 각오, 경계 태세;
siasat ① 조사, 검열; ⓢ periksa; *Siasat* barang anda sebelum pergi. 출발하기 전에 당신의 물건을 점검하세요; ② (= siasat perang) 전략, 작전; ⓢ muslihat; ③ 심문; ⓢ pertanyaan; ④ 비평; ⑤ 책량, 정책; ⓢ politik;
bersiasat ① 전술의, 전략적인; ② 작전하다 ③ 조사하다; ④ 심문하다; ⓢ bertanya;
menyiasati ① 조사하다, 연구하다 ⓢ menyelidiki, mengusut; ② 심문하다; ⓢ menanyai; ③ 파헤치다; ⓢ mengupas;
menyiasatkan ① 징벌하다; ② 심문하다;
penyiasatan 책략, 전략;
sia-sia ① 헛된, 보람없는; ⓢ tak ada gunanya, omong kosong; Bicaranya *sia-sia* saja. 그의 말은

헛되었다; ② 아무렇게나, 무모하게; ⓢ dengan sembarangan saja, tidak ingat-ingat; Ia bekerja secara ***sia-sia*** saja. 그는 일을 아무렇게나 한다;

tersia-siakan 무익한, 쓸데없는;

menyia-nyiakan ① 게을리하다, 무시하다; ⓢ mengabaikan, melalaikan; ② 낭비하다; ⓢ membuang-buang;

kesia-siaan 헛됨, 보람없음;

tersia-sia ① 헛된, 무익한; waktu yang ***tersia-sia*** 헛되게 보내는 시간 ② 무시된, 등한시된;

sibuk ① 바쁜, 분주한; Ayah sedang ***sibuk*** di kantor. 아버지는 회사 일로 바쁘다; ② 활동적인; ⓢ giat; rajin; Anak itu ***sibuk*** belajar. 그 아이는 지금 열심히 공부한다; ③ 붐비는, 복잡한; Toko itu ***sibuk*** sekali. 그 가게는 붐빈다;

menyibukkan ① 분발시키다; ② 열중하다, 몰두하다;

kesibukan ① 매우 바쁨;Jika tidak ada ***kesibukan***, sehari-hari dia hanya menulis cerita saja. 바쁜 일이 없으면, 매일 그는 소설만 쓴다; ② 활기, 활동; Di hari libur semua orang ***kesibukan*** oleh kegiatannya. 휴일에 모든 사람은 그들의 계획에 따라 활기차다;

sidang ① 회의, 회합; ⓢ rapat; ② 전체의 뜻으로; ③ 회원,단원; **sidang** gabungan 합동회의; **sidang** gereja 교회의 집회; **sidang** hakim 재판관 (총칭); **sidang** paripurna 본회의; **sidang** pleno 본회의;

bersidang 회의하다; ⓢ rapat; Parlemen ***bersidang***. 국회가 열렸다

menyidangkan (회의를)소집하다

persidangan 회합, 회의, 집회; Hari ini akan digelar ***persidangan*** kasus korupsi itu. 오늘 그 부정 사건의 회의를 열 것이다;

sifat ① 성질,성격; ⓢ tabiat,watak; Dia juga ada ***sifat*** yang baik dan buruk. 그는 장단점이 있다; ② 형태, 모양; **sifat** asli 본래의 성격; **sifat** tabiat 성격; kata **sifat** 형용사;

bersifat ~한 성격을 가진; Ia ***bersifat*** penakut. 그는 겁이 많다;

sigap ① 능숙한, 숙련된; ⓢ tangkas; ② 민첩한, 빠른; ⓢ cepat; Gerakannya ***sigap*** sekali. 그의 동작은 민첩하다; ③ 활동적인; ⓢ giat;

bersigap 각오하다, 마음먹다; Mereka ***bersigap*** mendaki gunung. 그들은 등산할 마음을 먹었다;

kesigapan ① 능률, 성능, 재능; ⓢ ketangkasan; ② 활발, 활력; ⓢ kegiatan; ③ 민첩, 기민; ⓢ kecepatan

sikap ① 태도; ② 체격, 신장; **sikap** budi 성격; **sikap** hidup 생활 태도; **sikap** laku 태도;

bersikap ① 차렷 자세를 취하다; ⓢ bersiap; ② ~한 태도를 지니다; ⓢ berpendirian, berpendapat;

sikat ① 솔; **sikat** gigi 칫솔; **sikat** sepatu 구둣솔; ② 빗; ⓢ sisir; ③ 묶음, 다발, 송이; ⓢ sisir;

menyikat ① 솔질하다; Ia ***menyikat*** gigi. 그는 이를 닦는다; ② 빗질하다; ⓢ menyisiri;③ 써레질하다; ④ 훔치다, 빼앗다; ⓢ merampas;

sikatan 장물, 훔친 물건;

siklus 순환, 주기, 사이클;

siksa 형벌, 고문; ⓢ hukuman,

aniaya;

menyiksa, **menyiksakan** 벌주다, 고문하다; ⓢ menghukum, menganiaya, menyakiti;

siksaan 고문, 학대; ⓢ aniaya, penganiayaan; Selama bekerja ia mengalami ***siksaan*** dari majikannya. 그는 일하는 동안 주인으로부터 학대를 받았다;

siku ① 팔꿈치; ⓢ sendi tangan; ② (sudut siku-siku) 직각(90°C), 각, 예각; ③ 곡선, 커브; **siku** jalan 길 모퉁이, 커브 길;

siku-siku ① 삼각자; ② (선박의) 늑재(肋材);

bersiku 각(곡선)을 지니다; Jalannya ***bersiku-siku***. 그 길은 구불구불하다;

menyiku ① 장방형으로 만들다; ② 구부러지다; Jalan ini ***menyiku***. 이 길은 구부러졌다; ③ 팔꿈치로 밀어젖히다; ④ 모난, 모서리진;

silah, **silahkan** 아무쪼록, 부디; **silahkan duduk.** 어서 앉으십시오; **silahkan masuk.** 어서 들어오십시오;

mempersilahkan 요청하다, 초대하다; ⓢ meminta, menyuruh; Ibu ***mempersilahkan*** tamu masuk ke rumah. 어머니는 손님에게 집 안으로 들어오라고 요청했다;

silam ① (해 등이) 지다; ⓢ sudah tenggelam; Matahari telah ***silam***. 해가 이미 떨어졌다;② 어두운; ⓢ gelap,kelam; Hari telah ***silam***. 이미 날이 어두워졌다;③ 지나간, 과거의;

silang ① 교차하는; ② 십자형(의);

silang-menyilang 교차하다, 마주쳐 지나가다;ⓢ palang-memalang, berpapasan;

persilangan 교차(점),십자로,결합; ⓢ pertemuan jalan; **persilangan** jalan kereta api 철도 건널목;

silih ① 서로, 상호; ⓢ saling; ② 바꾸다, 교환하다; ⓢ ganti, tukar; ⓢ saling; **silih** berganti 차례차례, 잇따라; **silih** semilih 번갈아; ⓢ ganti-berganti;

bersilih 교환하다, 바뀌다; Malam ***bersilih*** dengan siang. 밤이 낮으로 바뀌었다;

menyilih ① 바꿔 입다; ⓢ mengganti, menukar; ② (곤충이) 허물을 벗다; ⓢ bertukar kulit ③ 변상하다; ⓢ memberi ganti (rugi);

simak, **menyimak** ① 주의를 기울이다, (주의해서) 듣다; ⓢ mendengarkan,memperhatikan; Dia sedang ***menyimak*** cerita film itu. 그는 지금 그 영화에 집중하고 있다; ② (menyimak kembali) 재검토하다.

simbol 상징; ⓢ lambing;

simbolis 상징적인;

simpan, **simpan-menyimpan** 보관하다, 간직하다;

menyimpankan 보관시키다, 저축하다;

penyimpan 예금자, 보관자;

penyimpanan 보관장소;

simpanan 저금, 보관물, 보관소;

simpang 교차하다 빗나가다;

bersimpang ① 빗나가다, 분기하다; ⓢ bercabang; ② 차이가 나타나다, 틀리다; ⓢ tidak sejalan, berlainan;

menyimpang ① 빗나가다, 이탈하다, 벗어나다; ⓢ tidak berjalan

betul, melencong; ② 옆길로 빠지다 ⓢ menghindar;

penyimpangan 이탈, 빗나감; **penyimpangan** dasar 표준 편차; ***Penyimpangan*** anggaran kegiatan itu telah terbongkar. 그 지출의 일탈은 전부 노출되었다;

persimpangan ① 교차로; Kami berpisah di ***persimpangan*** jalan itu. 우리는 그 교차로에서 헤어졌다; ② 이탈, 빗나감;

simpangan ① 지류, 분기; ② 옆길, 샛길; ③ 십자로, 교차로;

bersimpangan 교차하다; Jalan yang ***bersimpangan***. 교차로;

simpang-siur 엇갈리다,교차하다 Berita tentang artis itu di setiap media ***simpang siur***. 그 배우에 대한 소식은 메스컴 마다 엇갈리게 전하고 있다;

simpati 동정,연민; ⓢ rasa kasih; Banyak orang ***simpati*** kepada anak itu. 많은 사람이 그 아이에게 연민을 느꼈다;

bersimpati 연민하는, 동조하는;

simpuh, bersimpuh 무릎 꿇다; ⓢ duduk bertekuk lutut;

simpul 매듭,마디; ⓢ ikatan; **simpul** mati 단단히 고정시킨 매듭;

menyimpul ① 단추를 달다; ② 매듭을 짓다; ③ 보이다, 나타내다;

menyimpulkan ① 매듭을 짓다 (만들다); ② 결론을 내리다(짓다); ⓢ mengikhtisarkan, meringkaskan

kesimpulan ① 결론; ② 요약; ⓢ ikhtisar; ③ 추론, 추리;

sinar ① 광선; ⓢ cahaya; ② 광체; **sinar** matahari, **sinar** surya 햇빛, 태양 광선; **sinar** mata 눈빛, 눈초리;

bersinar 빛을 발하다; Matahari ***bersinar*** cerah. 태양은 밝게 빛난다;

sinar-menyinar 빛을 발하다;

menyinari 비추다, 조명하다;

penyinaran ① 조명; ② 발광, 방사;

sindir 조소, 조롱 ,비난; ⓢ celaan, ejekan;

menyindir ① 암시하다; ② 조롱하다, 비웃다; ③ 빈정대다;

sindir-menyindir 서로 조롱하다, 비웃다;

penyindir 풍자가;

sindiran ① 암시; ② 조소(조롱), 비웃음; ③ 풍자, 빈정대기; ***Sindiran*** itu tepat mengenai sasaran. 그 풍자는 대상에 딱 맞다;

singgah 머무르다, 들르다; ⓢ mampir; Saya mau ***singgah*** di warung itu. 나는 그 가게를 잠깐 들르려고 한다;

menyinggahi ① 들드다, 잠깐 머물다; Perjalanannya ***menyinggahi*** kota Jakarta.그의 여행은 자카르타에 잠깐 머문다; ② 입수하다,얻다;

menyinggahkan ① 멈춰세우다; Mereka ***menyinggahkan*** mobil jemputan di tempat yang telah di tentukan. 그들은 정해진 장소에서 통근차를 세웠다;② 전하다,배달하다

persinggahan ① 일시적인 체재지, 기항지; Tempat itu hanya menjadi ***persinggahan*** sementara saja. 그 장소는 잠깐 일시적이다;②휴식처, 안식처;

singgung, garis singgung 접선; **menyinggung** ① 접촉시키다, 접하다;

ⓢ menyentuh;② 언급하다,건드리다 ⓢ mengenai sedikit, membicarakan; ③ 모욕하다; ⓢ melanggar;
tersinggung ① 감정이 상한; ⓢ di sakiti hatinya; ② 접촉된;
singgungan 접촉;
bersinggungan 맞닿다; ⓢ bersentuhan;
singkap, menyingkap ① 폭로하다, 밝히다; ⓢ membuka; Ia *menyingkap* kehidupan pribadi artis itu. 그는 그 배우의 사생활을 폭로했다; ② 벗기다, 거두다; ⓢ membuka; Anak itu *menyingkap* semua seragamnya.그 아이는 유니폼을 벗었다;
menyingkapkan 들추어 내다; ⓢ membuka;
tersingkap 알려진; tersingkap hati 행복한;
singkat ① 단축한,짧은; ⓢ pendek; Mereka telah berhasil menyelesaikan pekerjaan itu dalam waktu *singkat*. 그들은 짧은 기간에 그 일을 해결하는데 성공했다; ② 간략한; ⓢ ringkas;
menyingkatkan ① 줄이다, 생략하다; ⓢ memendekkan; ② 요약하다; ⓢ meringkaskan;
singkatan ① 생략; ② 요약; ③ 약어;
singkatnya 간단히 하면,요약하면
singkir, menyingkir ① 비켜서다, 물러나다, 피하다; ⓢ menghindar; Mereka *menyingkir* dari jalan raya. 그들은 큰 길을 피하여 갔다; ② 피난하다, 피신하다; ⓢ mengungsi, menyelamatkan diri; Semua orang *menyingkir* dari tempat gempa bumi. 모든 사람들이 지진으로부터 피신했다;
menyingkirkan ① 피난시키다;ⓢ mengungsikan; ② 치우다; ⓢ menjauhkan; Ia *menyingkirkan* buku-buku yang tidak dipakai. 그는 쓰지 않는 책들을 없애버렸다; ③ 제쳐놓다; ⓢ meluangkan; ④ 추방하다, 제거하다; ⓢ menghabisi;
penyingkir 피난민; ⓢ pengungsi;
penyingkiran ① 피난; ② 격리; ③ 추방,제거;
singset ① (옷이)꼭끼는;② (몸이) 날씬한; ⓢ langsing;
sini 여기;
disini 여기에;
dari sini 여기로부터;
kesini 여기로;
sinyal 신호(등); ⓢ tanda;
sinyalir, mensinyalir 경고하다,주의를 환기시키다;ⓢmemperingatkan,
sipil 시민(의), 민간인(의); ⓢ orang biasa; hukum sipil 민법; perang sipil 내란;
siram, bersiram (물을) 끼얹다; Ia berjalan dengan *bersiram* hujan yang deras. 그는 억수같은 비로 사우어를 하며 걸었다;
menyirami (물을) 뿌리다, 주다; ⓢ mencurahkan; Ia *menyiram* bunga di taman. 그는 꽃밭에 물을 주었다;
menyiramkan 뿌리다, 끼얹다;
penyiraman 물 뿌리기;
sirat 그물의 눈; ⓢ mata jala;
menyirat ① 거물을 만들다; ⓢ membuat jala, merajut; ② 뜨개질을 하다;

tersirat ① 매듭이 있는; ⓢ tersimpul tali yang ***tersirat*** 매듭이 있는 줄; ② 숨겨진, 간직된; ⓢ tersembunyi; Dari kata-kata saya ***tersirat*** apa yang ada dalam hatinya. 나는 그의 마음속에 무엇이 숨겨져 있는지 안다고 말했다;

sirik 질투하는, 시샘하는; ⓢ iri hati, dengki; Ia merasa ***sirik*** padaku karena aku cantik dan baik hati kepada semua orang. 그는 나에게 질투를 느낀다,나는 모든 사람들에게 친절하고 아주 예쁘기 때문이다;

sirkulasi 순환, 유통; ***Sirkulasi*** udara di kamar ini tidak baik untuk kesehatan. 이 방안의 공기 순환은 건강에 좋지 못한 상태이다; ② 신문의 발행부수;

sirna 없어지다,사라지다;ⓢ lenyap, hilang; Harapannya ***sirna*** dengan adanya kabar itu. 그의 희망은 그 소식과 함께 사라져버렸다;

menyirnakan 멸망시키다;ⓢ melenyapkan, menghilangkan;

sisa ① 나머지, 여분; ⓢ kelebihan, lebihnya; **sisa uang** 잔돈, 거스름돈; ***Sisa*** uang kamu sekarang berapa? 지금 너의 남은 돈은 얼마냐? ② 찌꺼기; ⓢ yang ketinggalan; **sisa makanan** 음식 찌꺼기; **tidak sisa** 나머지가 없는;

bersisa 남다,; Makanan itu tak ***bersisa*** sedikit pun. 그 음식은 조금도 남아있지 않다;

menyisakan 남기다, 남겨놓다; Pencuri itu hanya ***menyisakan*** sedikit dari harta bendanya. 그 도둑은 재물을 조금 남겨놓았다;

tersisa 남겨진;

sisi 옆, 측면, 가장자리; ⓢ tepi, samping; Rumahnya terletak di ***sisi*** gunung. 그의 집은 산 옆에 있다; **sisi rumah** 집 옆; **sisi miring** 경사면

bersisian 나란히; ⓢ berdampingan, berdekatan;

di sisi 옆(쪽)에;

ke sisi 옆 (쪽)으로;

mengesisikan 무시하다; Ia merasa di ***kesisikan*** oleh kawan-kawannya. 그는 친구들에 의해 무시당했다;

sisih, menyisih ① 피하다, 비키다; ⓢ menghindar; Anak itu ***menyisih*** dari perkelahian. 그 아이는 싸움을 피했다; ② 멀리 떨어지다,고립되다; ⓢ menyendiri; Ia tinggal ***menyisih*** di rumah yang sepi. 그는 한적한 그의 집에서 고립되어 살고 있다;

menyisihkan①분리하다,구별하다. Ia ***menyisihkan*** sedikit makanan untuk anaknya. 그는 아이를 위하여 음식을 조금 남겨놓았다; ② 냉대하다, 무시하다; Dia ***menyisihkan*** orang yang berkelakuan kurang baik.그는 행동이 바르지 않는 사람을 무시했다; ③ 거부하다; ⓢ menolak;

penyisihan 분리, 제거, 배제; Mereka melewati babak ***penyisihan*** ini dengan baik. 그들은 예선을 잘 통과했다;

tersisih ① 격리된, 분리된; ⓢ diasingkan; Ia merasa ***tersisih*** dari kelompoknya. 그는 무리로부터 소외된 느낌이다; ② 거부된, 배제된; ⓢ di kesampingkan;

sisir ① 빗; ⓢ sikat; ② 다발; ⓢ penggaruk; sisir pisang 바나나 송이;
menyisir 빗다; menyisir rambut 머리를 빗다;
situ ① 저기, 저곳; ② 너(희들); dari situ 저기로부터, 그곳에서;
disitu 저기에, 저곳에; ⓢ di tempat itu; Taruh *di situ*. 저(그) 곳에 놓아라;
kesitu 저기로, 저곳으로;
siul (=siulan) ① 휘파람(소리); ② 새소리;
bersiul ① 휘파람을 불다; Ia *bersiul* sepanjang hari. 그는 하루 종일 휘파람을 분다;② (새 등이) 지저귀다, (뱀이) '쉿' 소리를 내다;
menyiulkan 휘파람을 불어 노래하다;
skeptis 회의적인,의심많은; Penderitaan membuatnya orang yang *skeptis*. 그는 자신의 불행에 대해 회의스럽다;
skop 영역, 여지;
soal ① 문제; ⓢ masalah; Itu adalah soal yang sukar. 그것은 어려운 문제이다; ② 질문; ⓢ pertanyaan; Ibu guru memberikan *soal-soal* ujian kepada muridnya. 여선생님은 학생들에게 예습 문제를 주었다;
bersoal-soal ① 의논하다; ② 논쟁하다;
mempersoalkan ① 문제로 제기하다, 문제화하다; Kejujurannya *di persoalkan* oleh yang lain.그의 정식성은 다른 사람들에 의해 문제화되었다; ② 논의하다; Mereka *mempersoalkan* masalah itu. 그들은 그 문제를 의논했다;
menyoal 질문하다;
menyoalkan 출제하다; Mereka *menyoalkan* hal yang kurang penting. 그들은 중요하지 않는 문제를 제출했다;
persoalan ① 토론, 논쟁; ⓢ pembahasan, perundingan; *Persoalan* itu harus segera diselesaikan. 그 토론은 빨리 매듭을 지어야 한다; ② 문제; ⓢ hal-hal, masalah;
sobat 친구, 연인; sobat kental 절친한 친구;
bersobat 친구가 되다;
persobatan 친선, 우정; Hubungan *persobatan* mereka telah berjalan selama bertahun-tahun. 그들의 우정은 몇 년 동안 맺어졌다;
sobek 찢어진; ⓢ robek;
menyobek 찢다; ⓢ merobek;
sobekan 찢어진 조각;
sodor, **menyodorkan** ① 내밀다, 내뻗다; ⓢ menyorong kedepan; Ia *menyodorkan* kakinya. 그는 다리를 내밀었다;② 건네주다;ⓢ mengulurkan, memberikan; Pengemis itu *menyodorkan* tangannya untuk minta uang.거지는 돈을 달라고 손을 내밀었다; ③ 제기하다, 제출하다; ⓢ menyerahkan; Dia *menyodorkan* uang kembalian pada orang itu. 그는 그 사람에게 거스름 돈을 건네주었다;
penyodoran 제공;
sogok (=sogokan) 열쇠; uang sogok 뇌물; ⓢ uang suap;
menyogok ① 찌르다, 쑤시다; ② 뇌물을주다; ⓢ menyuap, memberi

suap; sogok suap 뇌물;
penyogokan 증(수)회;
sokong 지주, 받침다;
menyokong ① 받치다; ⓢ menunjang; ② 원조하다, 후원하다; ⓢ membantu;
penyokong 후원자;
sokongan 지원,후원,원조; ⓢ bantuan; uang **sokongan** 기부금; Ia mendapat ***sokongan*** dana untuk menyelesaikan sekolahnya.그는 학교를 끝마치기 위한 기부금을 받았다.
solek 잘 차려 입은;
bersolek 잘 차려 입다, 치장하다; ⓢ berdandan, mempercantik diri; Ia sungguh pandai ***bersolek***. 그녀는 치장을 잘 한다;
pesolek 멋장이;
solusi 용해, 해답, 해결;
sombong 거만한,건방진ⓢ tinggi hati, congkak, pongah;
menyombong 건방지다;
menyombongkan 자랑하다,자만하다; Anak laki-laki itu selalu ***menyombongkan*** diri. 그 남자 아이는 항상 자만심이 강하다;
kesombongan 무례함, 거만함, 자만(심);ⓢkecongkakan,keangkuhan.
penyombong 거만한(건방진)사람.
songsong ~에 대항하여, 거슬러, ~을 마주보고; ⓢ berlawanan arah;
menyongsong ① 환영하다, 맞이하다; ⓢ mengelukan, menyambut; Presiden memberikan pidato ***menyongsong*** Hari Kemerdekaan. 대통령은 독립 기념일을 맞이하여 연설을 했다; ② 대항하다; ⓢ melawan menentang; ③ 마주하다; Ia berlayar ***menyongsong*** hujan yang deras. 그는 거센 비를 안고 걸어간다;
penyongsong 환영;
songsongan 환영;
sopan ① 공손한, 정중한; ⓢ hormat; Anak itu sangat ***sopan*** kepada setiap orang. 그 아이는 모든 사람들에게 공손하다;② 얌전한,품위있는; ⓢ beradab; Ia ***sopan*** sekali cara berlakunya pada orang yang lebih tua. 그는 윗 사람을 대하는 품행이 단정하다;
kesopanan ① 품행 방정, 예절; ② 점잖음; ⓢ keadaban, peradaban;
sopan-santun 예의바름, 품행방정;ⓢ tata krama,peradaban; Dalam bergaul ***sopan-santun*** harus di jaga. 그가 원하는 사교계는 품행단정을 지켜야 한다;
bersopan-santun 예의바른, 품행이 방정한;
sopir 운전수; ⓢ pengemudi; Ia bekerja sebagai ***sopir*** di keluarga itu. 그는 그 가정에 운전수로 일한다;
menyopir 운전하다; ⓢ mengemudikan; Kakak ***menyopiri*** Ayah keluar kota. 형은 아버지께서 시내로 가는데 운전을 해 드린다;
sorak (=sorak-sorai) 환호, 갈채; ⓢ pekik, teriak, sorak;
bersorak(-sorai) 환호하다, 응원하다; Mereka ***bersorak*** pada tim Korea dalam pertandingan sepak bola. 그들은 축구 경기에서 한국팀을 응원했다;
menyoraki 응원하다;
menyorakkan 소리치다,큰소리로

부르다; ⓢ meneriakkan;
penyorak 소리치는 사람;
sorakan 갈채, 응원, 고함; Suara ***sorakan*** itu terdengar dari jauh. 그 고함 소리는 멀리에서 들려왔다.
sore ① 오후;ⓢ petang; ② 초저녁; ⓢ senja;
sorenya 오후에는;
sorot 섬광, 빛; ⓢ sinar, cahaya; **sorot mata** 눈초리, 눈빛;
menyorotkan ① 비치다, 빛나다; ⓢ memancarkan; ② 투사하다;
menyoroti ① 조명하다, 밝히다; ⓢ menyinari; Mereka ***menyoroti*** rumah itu dengan lampu senter. 그들은 회중 전등으로 그 집을 비추었다; ② 명백히 하다;
penyorot,lampu **penyorot** 탐조등;
penyorotan 영사, 조명;
sorotan ① 섬광, 빛나는 장면, 인기거리,하이라이트;ⓢ pancaran sinar; Peristiwa itu jadi ***sorotan*** masyarakat. 그 사건은 사회의 인기 거리가 되었다; ② 방사물;
sosial 사회의;ⓢ kemasyarakatan;
kesosialan ①사교,친목;②사회의;
sosiologi 사회학;
sosok 단추 구멍;
spesial 특별의, 특수한; ⓢ istimewa, khusus; Ulang tahun kali ini sangat ***spesial*** baginya. 이번 생일은 그로서는 아주 특별하다;
spontan ① 즉시, 무의식적인; ⓢ serta-merta; ② 자발적인,자연적인; ⓢ wajar;
sport 운동, 스포츠; ⓢ olahraga;
sri 폐하, 전하; ⓢ raja, paduka;
stabil 안정된; ⓢ mantap;
stabilisasi 안정화;
stabilitas 안정;
stamina 정력, 원기;
stasiun ① (기차의) 역; ② (관청) 서(署), 부, 국; **stasiun** radio 라디오 방송국;
status 상태;
statistik 통계량, 통계치;
stress 스트레스;
studi 공부, 연구;
studio 스튜디오;
suami 남편; **suami** istri 부부;
bersuami 결혼하다; ⓢ sudah kawin;
bersuamikan 시집가다; ⓢ kawin dengan;
suara ① 음성,목소리; ② 말,이야기 ⓢ ucapan; ③ 투표,표; ④ 소리, 음향, 음; **suara** bulat 만장 일치의; **suara** hati 양심; **suara** terbanyak 다수표;
bersuara 말하다, 소리를 내다; ⓢ berkata, mengeluarkan suara; Ia tidak ***bersuara*** sedikit pun. 그는 조금도 말 소리를 내지 않았다;
menyuarakan ①말하다,언급하다 ⓢ mengucapkan; Mereka ***menyuarakan*** penderitaannya dalam puisi itu. 그들은 그 시로 비애를 표현했다; ② 노래하다; ⓢ menyanyikan;
suasana ① 대기; ⓢ udara; terbang di **suasana** 하늘을 날다; ② 세계, 세상; **suasana** kanak-kanak 어린이 세계; ③ 정세,처지,상태; ⓢ keadaan; **suasana** di dunia Barat 서구 세계의 정세; **suasana** politik 정국; ④ 환경, 분위기; **suasana** jiwa 감정, 심사;
subjek ① 주제, 화제; ② 주어; ③

학과, 과목; ⓢ mata pelajaran;

suatu 어떤, 한; **suatu** hari 어떤 날;

sesuatu 어떤, 한~;

subur ① 비옥한, 기름진; tanah yang ***subur*** 기름진 땅; ② 번성한, 윤택한; ⓢ hidup dengan baik; Kebun itu sangat ***subur***. 그 밭은 아주 비옥하다; ③ 건강한; Anak itu amat ***subur*** diantara teman-temannya. 그 아이는 친구들 보다 건강하다; ④ 발육이 좋은, 성장이 빠른;

menyuburkan 성장시키다,번영시키다; ⓢ menjadikan subur; Pupuk ini akan ***menyuburkan*** tanah ini. 그 비료는 이 땅을 비옥하게 할 것이다;

kesuburan ① 비옥; ② 번영;

suci ① 깨끗한,청결한;ⓢ bersih; ② 신성한; ⓢ tak berdosa; **suci** hama 살균, 소독;

bersuci 기도 전에 씻는 행위;

menyucikan ① 정화하다, 청결히 하다; ② 신성하게 하다, 죄를 씻다;

kesucian ① 청정, 청결; Kami bertekad menjaga ***kesucian*** tempat ibadah ini. 우리는 이 예배소의 청결을 지키기 위한 목적이 있다; ⓢ kebersihan; ② 신성; ③ 정절;

sudah ① 이미, 벌써; ⓢ telah; Ia ***sudah*** pergi 그는 이미 갔다; ② 지난; tahun yang **sudah** 지난 해; ③ ~전에; ⓢ (yang) terdahulu; 100 tahun yang ***sudah*** 백 년 전에; ④ 끝나다; ⓢ selesai;⑤ 충분한,만족스러운; ⓢ cukup; ***Sudah***! 충분해요! 됐습니다! ⑥ 마무리된 완성된; **sudah** terlanjur 기왕에, 이왕에; **sudah** akan 이미 ~하게 된; ***sudah*** (barang) tentu 실로,참으로,당연히; **sudah** itu 그리고 나서, 다음에; **sudah** lewat 끝나다, 다 되다; **sudah** pada tempatnya 적당한, 알맞은; **sudah** semestinya ~은 말할 것도 없이; tak **sudah-sudah** 끊임없는, 끝없는;

berkesudahan ① 끝나다, 결과를 낳다; ⓢ berakibat;② 끝내다,없애다, 완성하다; ⓢ menyudahkan, menyelesaikan; Pertikaian itu tiada ***berkesudahan*** 그 싸움은 끝이 없다;

menyudahi ① 끝내다, 마치다, ⓢ menghabisi, mengakhiri; Anak itu ***menyudahi*** pertengkaran dengan temannya. 그 아이는 친구와 싸움을 끝냈다; ② 수행하다, 실시하다;

sesudah ~한 후; ⓢ setelah, sehabis; ***Sesudah*** bangun pagi kita langsung mandi di kamar mandi. 우리는 아침에 일어난 후 바로 목욕을 하러 목욕실로 간다;

sesudahnya 뒤에, 나중에;

sudahnya 결국, 마침내; **sudah**nya bagaimana? 결국 어떻게 되었습니까?

sudi ① ~할 용의가 있는; ⓢ bersedia; ***Sudi***kah Anda ikut bersama saya? 당신은 나와 함께 갈 의향이 있습니까? ② 좋아하다,내키다; ⓢ berkenan,mau;Ia tak ***sudi*** bertemu dengan musuhnya.그는 적을 만나기 싫어한다; ③ 부디, 제발;

sudi tak sudi 싫든 좋든, 망설이는; ***Sudi*** tak ***sudi*** dia harus bertanggung jawab atas kesalahannya. 좋든 싫든 그는 자기 잘못을 책임져야 한다;

sudut ① 구석, 모퉁이; ⓢ pojok, pelosok; **sudut** rumah 집구석; ②

각도; sudut 90 derajat 90° 각도; ③ 방향, 방면; ⓢ arah; ④ 견지, 관점; ⓢ segi; jika dilihat dari *sudut* itu··· 그 관점에서 보면~; sudut mata 견지, 관점; sudut siku-siku 직각;

menyudut ① 각을 형성하다; ② 구석으로 피하다;

suka ① 기쁨, 유쾌; ⓢ perasaan senang; ② 좋아하다, 기뻐하다; ⓢ gemar; ③ ~할 용의가 있다, 동의하다; ⓢ setuju, menaruh simpati ; Anda *suka*, begitupun dengan saya. 당신은 그렇게 나를 좋아합니까? ④ ~하기 쉽다, ~하는 경향이 있다; ⓢ kerapkali···, mudah sekali···;Lelaki itu *suka* memukul istrinya. 그 남편은 아내를 늘 때린다; **suka** dan **duka** 기쁨과 슬픔, 희비 애락; **suka** hati 즐거움, 기쁨; **suka** sama **suka** 서로 좋아하는; **suka** tak **suka** 별로 좋아하지 않는;

bersuka-suka 즐기다, 재미있게 지내다; ⓢ bersenang-senang;

bersuka-sukaan ① (=bersuka-suka) 즐기다; ② 애무하다, 사랑을 속삭이다;

menyukai 좋아하다, 사랑하다; ⓢ mencintai, menyayangi; Ia tak *disukai* temannya. 그는 친구들로부터 사랑을 받지 못한다;

kesukaan ① 유쾌함, 기쁨;② 취미;

sesuka(hati), **sesuka-suka** ~의 마음 대로; ⓢ semaunya; Ia belajar *sesuka hati*. 그는 마음 내키는대로 공부한다;

sukaan ① 애인,연인; ⓢ kekasih; ② 마음에 드는 것;

sukar 어려운, 곤란한; ⓢ susah, sulit; Daerah pegunungan itu *sukar* untuk dilewati. 그 산지는 지나가기 어렵다;

mempersukar 격정시키다,어렵게 만들다; ⓢ membuat sukar;

kesukaran ① 어려움,고초; ⓢ kesusahan,kesulitan; Semoga ia berhasil melewati *kesukaran* hidup. 그가 힘든 생활을 끝나기 바란다; ② 어려움을 겪다; ⓢ menderita susah;

sukarela ① 지원병, 자원 봉사자; ② 자발적인; ⓢ dengan kemauan sendiri; pasukan **sukarela** 의용군; barisan **sukarela** 자원 봉사대;

kesukarelaan 의용, 자원 봉사;

suku ① 종족; **suku** dayak 다약족; **suku** Sunda 순다족; **suku** bangsa 부족, 종족; **suku** cadang 부품; ② 음절; **suku** hidup 개음절; **suku** kata 음절; **suku** mati 폐음절;

bersuku-suku 종족별로 나뉘다;

kesukuan, **persukuan** ① 종족관계;② 분절법; Pertemuan ini adalah pertemuan *kesukuan*. 이 만남은 종족 관계의 만남이다;

sulam 수놓기, 자수; ⓢ bordir;

bersulam 수놓은, 자수한; ⓢ dibordir; kain **bersulam** 수가 놓인 천;

bersulamkan ~으로 수를 놓다;

menyulam 수놓다, 자수하다; ⓢ membordir;

sulaman 수를 놓은 천, 자수; Kain *sulaman* ini sangat indah. 이 자수 천은 아주 예쁘다;

suling 피리, 휘파람, 사이렌;

menyuling (피리, 휘파람, 사이렌 등을)불다;

sulit ① 어려운, 곤란한, 복잡한; ⓢ

sukar sekali, susah; soal yang ***sulit*** 어려운 문제; Rasanya ***sulit*** baginya untuk memberitahukan rahasia itu kepadamu. 그 비밀을 당신에게 알리는 일이 그로서는 어려운 것 같다; ② 비밀의, 숨겨진; ⓢ tersembunyi, dirahasiakan; tempat yang ***sulit*** 비밀 장소; ③ 위험(위급)한; ⓢ dalam keadaan yang sukar;

mempersulit, menyulitkan 어렵게 만들다, 곤란하게 하다, 괴롭히다; Hal itu semakin ***mempersulit*** keadaannya. 그 일은 갈수록 힘들어 진다;

kesulitan 어려움, 곤란; **kesulitan** hidup 생활고; **kesulitan** uang 재정난; **kesulitan** air 물의 부족;

suluh ① 횃불; ⓢ obor; ② 척후병, 정찰병; ⓢ pengintai; ③ 간첩; ⓢ mata-mata;

bersuluh 횃불을 밝히다;

penyuluhan ① 교도, 알림; ② 조명; ⓢ penerangan;

sulung ① 맏이의; ② 최초; ⓢ yang pertama; Anak yang ***sulung*** 맏이; gigi **sulung** 젖니;

sumbang ① 근친 상간(의) ***sumbang*** dengan saudaranya 근친 상간을 범하다; ② 부도덕한; ③ (관습에) 어긋나는, (예절에) 벗어나는; **sumbang** pada adat 관습을 어기는;

menyumbangkan 부도덕한 짓을 저지르다;

sumbang ①기부하다②원조하다;

menyumbangkan 바치다, 기부하다;

penyumbang 기부자;

sumbangan 기부금;

sumbangsih ① 지지, 지원, 후원; Kami mengucapkan terima kasih atas ***sumbangsih***nya. 우리는 후원자에게 감사를 표했다; ⓢ bantuan ② 시물, 의연금;

sumbu ① 신관, 도화선; **sumbu** meriam (mercun) (폭죽) 대포의 신관; ② 심지; **sumbu** lampu 등잔의 심지, 등심;

sumpah 맹세,맹서,선서; Ia ***sumpah*** tak akan berbohong lagi. 그는 다시는 거짓말 하지 않겠다고 맹세했다; mengatakan dengan ***sumpah*** 맹세코언급하다;**sumpah** jabatan 취임선서; **sumpah** setia 충성의 맹세;

bersumpah 맹세하다, 선서(서약)하다; Ia ***bersumpah*** tak akan berjumpa lagi dengan temannya. 그는 그 친구와 다시 만나지 않겠다고 맹세했다;

menyumpah 맹세하다, 선서하다;

menyumpahi 선서시키다;

persumpahan 선서, 서약;

sumpah 저주; ⓢ kutuk, tulah; Ia menderita karena kena ***sumpah*** pacarnya. 그는 애인으로부터 저주를 받아서 비애감을 느꼈다; **sumpah** palsu 위증, 위서;

menyumpahi 저주하다; ⓢ mengutuki;

sumpal 마개, 뚜껑;ⓢ tutup, sumbat;

menyumpal 막다, 닫다;

sungguh ① 진실한, 참된, 맞는; ⓢ benar, betul; Mereka ***sungguh*** mau bekerja. 그들은 진정으로 일하기 원한다; ② 정말로,진짜로; Penghasilannya ***sungguh*** sedikit sekali. 그의 성과는 정말 아주 조금이다; ③ 열심히, 신중히; ⓢ dengan tekun; Ia belajar dengan sungguh di sekolah. 그는 학교에서 열심히 공부한다; ④ 사실은,실은; ⓢ sebenarnya; ***Sungguh*** bicaranya tidak saya mengerti. 사실은 당신의 말은 나로서는 이해할 수 없다;

sungguh-sungguh 열심히;

bersungguh-sungguh 최선을 다하다, 열중하다; ⓢ berusaha kuat, bertekun;

kesungguhan 진실,진정;ⓢ ketulusan;

sesungguhnya 실은, 사실상; ⓢ sebenarnya, sebetulnya; Kami semua tidak ada yang tahu keadaan ***sesungguhnya*** di sana. 우리는 사실상 그쪽의 일을 아무도 아는 사람이 없다;

sungsang 거꾸로, 반대로; ⓢ terbalik;

suntik jarum **suntik** 주사 바늘; obat **suntik** 주사약;

menyuntik ① 주사하다; ② 예방 접종하다;

penyuntikan ① 주사, 주입; ② 예방 접종;

sunting (머리) 장식품;

bersunting 머리에 장식 품을 달다

mempersunting ① 장식하다; ② 아내를 맞아들이다, 장가가다; ⓢ memperistri; Untung benar dia ***mempersunting*** istri cantik. 그가 아름다운 아내를 맞아들인 것은 정말 다행스러운 일이다; ③ (귀중한 것을) 얻다, 획득하다; ⓢ memperoleh;

menyuntingkan ~을 장식물로 착용하다; Ia ***menyuntingkan*** bunga. 그는 꽃을 장식물로 착용했다;

suntuk ① 너무 늦은; ⓢ telah lampau atau habis; waktu yang ***suntuk*** 너무 늦은 시간; ② 내내, 끝끝내; ⓢ sepanjang; sehari **suntuk** 온종일, 하루내내; semalam **suntuk** 밤새도록;

sunyi ① 외로운, 쓸쓸한; ② 조용한, 고요한; ⓢ senyap; malam yang ***sunyi*** 고요한 밤; ③ 적적한; ⓢ sepi, lengang; jalan yang ***sunyi*** 한적한 길;

bersunyi 고독해지다; ⓢ menyendiri, mengasingkan diri;

kesunyian ① 고독; ② 고요, 정적;

supaya ~하도록,~하기 위하여; ⓢ bermaksud untuk, agar; Belajarlah yang giat ***supaya*** lekas pintar. 더 슬기롭도록 열심히 공부하여라;

supel 유연한, 부드러운; ⓢ luwes;

super 매우; ⓢ amat, sangat;

suram ① 희미한, 분명치 않은; ② 흐린; cuaca yang **suram** 흐린 날씨; ③ 약한, 희미한; ⓢ kurang terang; cahaya yang **suram** 약한 불빛;

suram-suram gelap 다소 컴컴한 ⓢ agak gelap;

menyuram 희미해지다;

menyuramkan 어둡게 하다;

kesuraman ① 불명료, 불분명; ② 침체;

surat ① 편지; ② 증명서, 증서; **surat** cerai 이혼장; **surat** dakwa 소환장; **surat** gadai 저당 증서; **surat** ijazah 학위(졸업)증서; **surat** izin 허가(면허)증; **surat** jaminan

보증서; **surat** kawat 전보; **surat** kawin 결혼 증명서; **surat** kematian 사망 증명서; **surat** keterangan 설명서,신분 증명서; **surat** kuasa 위임장; **surat** lahir 출생 증명서; **surat** lamaran 지원서, 신청서; **surat** nikah 혼인 증명서;**surat** panggilan 소환장; **surat** pemberitahuan 통지서; **surat** pengantar 송장; **surat** perintah 명령서; **surat** perjanjian 계약서; **surat** permohonan 신청서,원서;**surat** segel 공증서; **surat** sita 소환장; **surat** tagihan 독촉장; **surat** undangan 초대장; **surat** wasiat 유언장; tukang **surat** 우편 배달부;

surat-menyurat 편지 왕래,통신;

bersurat 글씨가 쓰여진;

menyurati (글씨를)쓰다;

penyuratan 우편;

suratan ① 운명; Hal itu memang sudah ***suratan*** takdir. 그 일은 운명적일 것이다; ② 사본, 원고;

suruh, menyuruh ① 명령하다; ② 보내다, 파견하다;

pesuruh 사절;

suruhan 명령, 사령;

suruh-suruhan 급사, 심부름꾼;

suruk,menyuruk ①머리를 파묻다; ⓢ menyusup,menyeluduk;② (몸을) 숨기다;

menyuruk-nyuruk 숨기다, 감추다;

menyuruki 밑으로 기어가다, 기다;

susah ① 곤란,어려움; ② 걱정하는, 근심하는; ⓢ sedih hati; ③ 어려운, 힘든; ⓢ sukar;

menyusahkan 어렵게 만들다; ⓢ menyukarkan, menyulitkan;

kesusahan ① 어려움, 곤란; ② 슬픔, 비통; ③ 어려움을 겪는;

bersusah hati 근심하는, 슬픈; ⓢ berduka cita; Ia sedang ***bersusah*** hati karena musibah itu. 그는 지금 그 사고로 슬픔에 빠졌다;

susila 도덕상의, 예절 바른; ⓢ sopan, beradab;

kesusilaan 도덕, 예절 바름; ⓢ kesopanan, sopan-santun;

suster ① 간호원; ⓢ juru rawat; ② 수녀; ⓢ biarawati;

susu ① (=air susu) 우유, 모유; ② 젖가슴, 유방; **susu** bubuk 분유, 가루우유; **susu** encer 포장한 우유; **susu** kental 연유;

menyusu 젖을 빨다;

menyusui ~에게 젖을 먹이다;

menyusukan 젖을 먹이다;

penyusu 유모; ⓢ inang;

susul, menyusul ① 뒤따르다,쫓다; ⓢ mengikuti, mengejar; Gadis itu ***menyusul*** ibunya ke pasar. 그 소녀는 어머니를 따라 시장에 갔다; ② 따라잡다; Ia ***menyusul*** bis yang sedang berhenti. 그는 지금 서있는 버스를 쫓아 갔다;

susulan ① 추가,증보;② 계속,연속;

susun ① 무더기, 더미; ⓢ tumpuk; dua **susun** buku 두 더미의 책; dua **susun** piring 두 무더기의 접시; ② 연속, 열, 줄; **susun**-tindih 겹친, 중복된;

bersusun ① 쌓아 올린; ⓢ bertumpuk; piring **bersusun** 쌓아 올린 접시;② 층을 이루는; ⓢ bertingkat; rumah **bersusun** 서민 아파트;

menyusun ① 쌓다; ⓢ menumpuk; menyusun batu 돌을 쌓다; ② 작문하다; ⓢ mengarang; ③ 편찬하다; ⓢ membuat;

penyusun 구성자, 편찬자, 작성자; Tim ***penyusun*** buku itu adalah para mahasiswa. 그 책의 편집팀은 모든 학생들이다;

penyusunan 작성, 편찬, 배열;

tersusun ① 쌓인; Buku itu ***tersusun*** rapi di dalam lemari. 그 책은 책장 속에 잘 꽂혀있다; ② 작성된;

susunan ① 작성, 편찬, 편집; ***Susunan*** panitia acara itu akan segera dibentuk. 그 위원회의 조직은 곧 구성될 것이다; ② 조직, 구성; ③ 구조; ④ 정렬, 배치, 배열;

susup,menyusup ①기다,기어가다; ⓢ menyelinap;② 잠입하다; ⓢ merembes;

menyusupkan ① 밀어 넣다; ⓢ memasukkan; Ia ***menyusupkan*** peti ke bawah tempat tidur. 그는 침대 밑으로 상자를 밀어 넣었다; ② 침투시키다; ⓢ merembeskan; Dia ***menyusupkan*** pasukan kebelakang garis musuh. 그는 적의 후방에 군대를 침투시켰다;

penyusupan 침입, 침투;

sutradara 연출가;

menyutradarai 연출하다;

penyutradaraan 연출;

syarat ① 규정; ⓢ ketentuan-ketentuan; ***Syarat*** apa yang saya ketahui di perusahaan itu? 그 회사의 근무 조건에 대하여 나는 무엇을 알아야 합니까?; ② 요건, 건, 자격; Apa saja ***syarat*** yang harus dipenuhi untuk masuk perguruan tinggi?대학 진학을 위하여 나는 어떤 조건이든지 수용해야 합니까?; ③ 방책, 방법; syarat kawin 결혼 조건; syarat mutlak 필수 조건;

syarat-syarat 자격;

bersyarat 조건있는,조건부의; Penyerahan tanpa ***bersyarat*** 무조건 항복;

mensyaratkan ~을 조건으로 정하다;

syukur ① (신에게) 감사하다; ② 운이 좋구나! ⓢ untunglah;

bersyukur 감사드리다;

mensyukuri ~에게 감사하다; Kita harus ***mensyukuri*** semua nikmat yang telah diberikan-Nya. 우리는 신이 준 여러가지 은총에 대하여 감사를 드려야 한다;

T

taat ① 헌신,복종심; ⓢ patuh, menurut; ② 복종하다,순종하다,따르다; ⓢ saleh, beribadat; Mereka ***taat*** pada perintah agama.그들은 종교의 가르침을 순종한다; ③ 충실한, 충성하는; ⓢ setia, jujur; Dia selalu ***taat*** pada orang tuanya.그는 부모님에게 항상 효도한다;

bertaat 순종하다, 충성하다;

menaati ① ~에 충실하다; Setiap orang wajib ***menaati*** peraturan lalu-lintas di sini. 사람 마다 이곳의 교통 규칙에 충실해야 한다;
② 따르다, 복종 하다;

ketaatan ① 신뢰,헌신; ***Ketaatan***nya pada agama patut di teladani. 종교에 대한 그의 헌신은 모범으로 삼기에 알맞다; ② 복종, 순종, 충성;

tabah ***tabah hati*** 결심한, 단호한, 불굴의; Ia ***tabah*** sekali menghadapi kemalangan itu. 그는 매우 단호한 마음으로 그 역경에 맞섰다;

menabahkan (hati) 굳건하게 만들다;

ketabahan 결단, 단호; ***ketabahan*** hati 결의가 굳음;

tabel 목록, 일람표; ⓢ daftar, jadwal; **tabel** waktu 시간표;

tabiat ① 성격, 성질; ⓢ perangai, watak; ② 행위,행동; ⓢ kelakuan, tingkah laku;

bertabiat ① ~성격을 갖다; ⓢ berperangai,berwatak;② 행동하다; ⓢ bertingkah laku;

tabir 막,간막이 천; ⓢ tirai, penutup dinding;

bertabir ① 장막을 두르다, 커어튼을 사용하다; ⓢ bertutup, berselubung; ② 변명하다, 변장하다, 위장하다; ⓢ berkedok, berselimut; Perampokan itu ***bertabir*** pada masalah ekonomi. 그 강도질은 경제 사정 때문이라고 변명했다;

tablig 설교, 전도; ⓢ penyiaran ajaran agama;

bertablig 전도하다, 설교하다;

tabrak, **tabrak** tubruk 차량 사고; ⓢ langgar, bentur;

bertabrakan 부딪치다, 충돌하다;

menabrak ① 부딪치다, 들이받다; ⓢ menumbuk; ② 공격하다, 방해하다; ⓢ menyerang;

tertabrak 부딪치는;

tabrakan 충돌, 방해; Peristiwa ***tabrakan*** itu terjadi di ujung jalan sana. 그 충돌 사고는 저 길 끝에서 발생했다;

tabung ① 대나무 통; ⓢ bumbung ② 저금통; ⓢ celengan; ③ 우편함; ④ 실린더;**tabung** kimia 증류기,시험

관; **tabung** pemilihan 투표함; **tabung** surat 우편함;

menabung 저축하다, 예금하다; ⓢ menyimpan uang; Saya ***menabung*** uang di bank setiap bulan. 나는 매달 은행에 예금을 한다;

penabung 예금자;

penabunagan 저축, 예금;

tabungan 저금통,저축; **tabungan** pos 우편 예금; Uang ***tabungan***nya sudah lumayan banyak.그의 저축은 제법 많이 되었다;

tabur, **bertabur** ① 얼룩달룩하다; ⓢ kurik-kurik; ayam **bertabur** 얼룩 닭; ② 수놓다;

bertaburan 흩어지다;ⓢ berhamburan, berserakan;

bertabur-taburan 흩어지다;

bertaburkan ① 흩뜨리다;② 착용하다;

menabur 뿔뿔이 흩다,뿌리다, 흩뜨리다;ⓢmenyebar,membuang; Kami hendak ***menabur*** bunga di makam. 우리는 무덤에 꽃을 뿌리기를 바란다.

menaburi ~에 뿌리다, ~에 뿔뿔이 흩다;

menaburkan ① 씨뿌리다, 파종하다; ② 뿌리다,뿔뿔이 흩다, 흩뜨리다; ⓢ menyiarkan, menyebarkan;

tadah ① 그릇; ② 저장소, 물탱크; **tadah** cangkir 접시 받침; **tadah** keringat 내의;

tadi 조금 전, 방금; **tadi** malam 어젯밤; **tadi** pagi 오늘 아침;

tagih 탐닉하는 갈망하는;

ketagihan ① 탐닉, 몰두; ⓢ kecanduan; ② 몰두하는, 중독된; ⓢ ingin sekali; Ia ***ketagihan*** berjudi. 그는 노름에 중독되었다;

tahan ① 참다, 지탱하다; ⓢ tetap keadaannya,tak mundur;② 견디다, 오래가다; ⓢ betah; Makanan ini bisa ***tahan*** lima minggu. 이 음식은 5 주 동안 견딜 수 있다; ③ 충분한, 넉넉한; ⓢ dapat cukup; Makanan di kaleng itu hanya ***tahan*** sampai tiga bulan. 그 통조림 속의 음식은 3 개월까지 견딘다; **tahan** air 방수; **tahan** api 불연소성, 내화성; **tahan** lama 오래 가는; **tahan** lembab 습기가 차지 않는; **tahan** nafsu 자제하는, 극기하는; **tahan** panas 내열성; **tahan** sabar 참을성 있는;

bertahan ① 요지부동한; ② 자신을 지키다, 보호하다; ③ 주장하다;

mempertahankan 고수하다,항변하다;ⓢmemegang teguh;Ia ***mempertahankan*** jabatannya. 그는 그의 직위를 고수했다;

menahan ① 억제하다; ⓢ tidak melepaskan;Anak itu ***menahan*** potongan kayu yang jatuh. 그 아이는 떨어지는 나무를 제어하지 못했다; ② 억누르다,삼가다; ⓢ mengekang; ③ 막다, 차단하다; **menahan** hati 자제하다, 억제하다; **menahan** mulut 함구하다; **menahan** napas 숨을 죽이다;

menahani 통제하다,지배하다,저지하다; ⓢ menegahkan, merintangi;

menahankan 막게하다, ~로 막다;

ketahanan 견딤, 인내력; ⓢ kekuatan hati, kesabaran, ketabahan;

penahan 통제자, 조정자;

penahanan 구류, 구치, 구금, 유치, (선박의) 출·입항 금지;

T

pertahanan ①방위,옹호;ⓢ pembelaan; ② 요새, 근거지; ⓢ kubu, benteng;

tahanan ①저항,저지,반발;ⓢ hambatan; ② 저장,비축; ⓢ simpanan; ③ 구류,감금; ⓢ penjara, kurungan; Berada dalam ***tahanan*** membuatnya menyesali perbuatannya. 구금 상태라서 자기 일에 대한 걱정이 된다;

tahu ① 알다; ⓢ mengerti; Mereka tak tahu keadaan temannya sekarang. 그들은 친구의 현재 형편을 모른다; ② 사귀다; ⓢ kenal (akan); Saya ***tahu*** dia. 나는 그를 안다; ③ 주의하다, 보살피다; ⓢ peduli; Dia tak ***tahu*** akan keberadaan adiknya yang telah lama hilang. 그는 오래 전에 잃어버린 동생의 근황을 모른다; ④ 이해하다; ⓢ mengerti; ⑤ 깨닫다, 인식하다; ⓢ sadar; ⑥ 능숙한, 숙달된 ⓢ pandai;**tahu** adat 교양 있는,고상한, 얌전한; **tahu** akal ~을 알고 있는;**tahu** balas 사의를 표하는; tidak **tahu** marah 화낼줄 모르는;

tahu-tahu 갑자기,불현듯, 뜻밖에; ***Tahu-tahu*** ia datang kepada saya. 그는 뜻밖에 나에게 왔다;

berpengetahuan 학구적인, 박식한, 견문이 넓은; ⓢ terpelajar;

mengetahui ① 알다,알고 있다; ⓢ menyaksikan; ② 찾아내다,간파하다, 인지하다; ⓢ memahami; ③ 박학한, 유식층의; ⓢ berilmu; ④ 숙지하다, 알다; ⓢ menyadari; ⑤ 식별하다, 분간하다; ⓢ mengenangi;

ketahuan 발각된,들킨; ⓢ (sudah) diketahui, kelihatan;

pengetahuan ① 지식,학문; ⓢ ilmu, kepandaian; ② 재주,능력; ⓢ ketrampilan, kemahiran;

setahu 아는 한, 알기로는; ***Setahu*** saya semalam dia tidak ada disini. 내가 알기로는 그는 어제 밤에 여기 없었다;

tahunya 지식있는,박식한; **tahunya** sendiri 뽐내는;

tahu 두부;

tahun ① 해,년(年);② 년도;③기간; **tahun** jagung 옥수수의 성장 기간; **tahun** baru 신년,새해; **tahun** berikutnya 다음 해; **tahun** depan 내년, 명년; **tahun** kabisat 윤년; **tahun** ajaran 학년, 학년도; **tahun** pembukuan 회계 년도;

bertahun 수년간;

bertahun-tahun 다년간;

menahun ① 다년간 머물다; ② 만성의,만성적인; penyakit **menahun** 만성적인 병; Penyakitnya itu sudah ***menahun***. 그 병은 만성이 되었다;

setahun 일 년; Mereka sudah ***setahun*** ini tinggal di Jakarta. 그들은 자카르타에 산지 일 년 되었다;

tahunan ① 연간,연봉의; ② 해마다의;rapat **tahunan** 연례 회의; laporan **tahunan** 연례 보고서; ③ 주기(周忌), 기념일, 기념제;

tajam ① 예리한,날카로운; ⓢ bermata tipis; **tajam** akalnya 빈틈없는; **tajam** otaknya 지혜가 번득이는; pisau **tajam** 날카로운 칼;berujung **tajam** 끝이 뾰족한;sudut **tajam** 모서리;**tajam** perasaan 민감한;② 분명한, 현저한; ⓢ nyata, jelas; Tulisan ini sangat ***tajam***. 이 글씨는 분명하게

보인다; ③ (비누나 고추 등이)매운, 아린 ⓢ melukai,menyakiti; Cabe itu sangat *tajam* bila kena mata. 그 고추는 눈에 아주 맵다; ④ 명석한; kurang **tajam** otaknya 그의 머리는 명석하지 못하다;⑤재치있는,영리한; ⓢ cerdas; Pikirannya *tajam*. 그의 사고는 재치있다;

mempertajam 갈다, 연마하다; ② 자극하다;

menajamkan ① 심화시키다;Perbedaan pendapat itu ***menajamkan*** hubungan antara keduanya. 그 의견의 차이는 두 입장의 관계를 심화시켰다; ② 예리하게 하다, 갈다, 연마하다;

ketajaman ① 너무 날카로운; ***Ketajaman*** pikirannya tidak dapat di sangkal. 그의 생각이 애라한 것은 아무도 부인할 수 없다; ② 날카로움, 예리함;

tajuk 왕관; ⓢ mahkota;

takabur 교만한, 버릇없는;

ketakaburan 자만심, 교만;

takar (액체를 재는)용적의 단위; ⓢ pengukur isi;

menakar 측정하다, 재다;

takaran ① 측정, 도량; ② 용적; ⓢ ukuran, kadar; ***Takaran*** gula dalam makanan itu sudah cukup.
그 음식의 당도는 충분하다;

takdir ① 숙명,운명;ⓢ nasib; Musibah ini memang sudah ***takdir***nya. 이 재난은 아마 그 자신의 운명이였을 것이다; ② 예정;

bertakdir 운명에 따르다;

menakdirkan 운명짓다; Tuhan telah ***menakdirkan*** mereka menjadi orang yang sangat miskin. 신은 그들이 가난하게 되도록 운명지었다;

takhta 왕위, 왕좌; ⓢ kekuasaan raja; **takhta kerajaan** 왕좌, 옥좌;

bertakhta ①군림하다,주권을 잡다, 세도를 부리다;ⓢ memerintah, berkuasa; Raja itu ***bertakhta*** selama tujuh tahun lamanya. 그 왕은 7 년동안 군림했다; ② (왕이) 거주 하다; ⓢ bersemayam;

takjub ① 탄복,감탄;② 경악, 놀람;

menakjubi 감탄하다;

ketakjuban 경악, 감탄, 칭찬;

taksir 평가, 가치;

menaksir ① 평가하다, 견적하다; ⓢ menilai, menentukan harga; ② 원하다, 바라다, 갖고 싶어하다; ⓢ menginginkan, mencintai;

taksiran 평가, 견적;

takut ① 겁나는, 무서운; ② 경건한, 경신(敬神)의; ⓢ takwa; Hendaklah kita ***takut*** kepada Allah. 우리는 알라 신에게 경건해야 한다; ③ 두려운; ⓢ tak berani; Burung ini ***takut*** terbang jika dilepaskan. 이 새는 놓아주면 날아가버릴까봐 걱정이다; **takut bayangan** 공연히 무서워하는;

takut-takut 대단히 무서운;**takut-takut berani** 망설이는;

menakuti 무섭게 하다; Ia ***menakuti*** adiknya dengan mainan itu.
그는 그 장난감으로 동생을 무섭게 한다;

menakutkan ~을 무서워하게 만들다; Cerita itu sungguh ***menakutkan*** bagi kami. 그 이야기는 우리를 정말 무섭게 한다;

ketakutan 두려움, 공포, 걱정;

T

penakut 겁장이;ⓢ pengecut; Sejak kecil ia memang sudah ***penakut*** sekali. 그는 어릴때부터 겁장이였다;

takut-takutan ① 수줍어하는, 부끄럼타는; ⓢ malu-malu, segan-segan; ② 무서워하는;

bertakutan 두려워하는, 무서워하는;

tali ① 줄, 로우프; ⓢ pengikat; ② 선, 라인; ③ 관계; ⓢ hubungan; **tali** ari-ari 탯줄, 제대(臍帶); **tali** sepatu 구두끈; **tali** temali 밧줄;

mempertalikan ① 묶다, 매다; ⓢ mengikatkan; Kedua orang itu ***mempertalikan*** hubungan persaudaraan. 그 두 사람은 형제 관계를 맺었다; ② 잇다,연결하다,연접하다, 연관짓다; ⓢ melibatkan, menghubungkan; Orang itu ***mempertalikan*** masalah yang lalu dengan yang sekarang. 그 사람은 현재의 문제로 지난날의 문제를 연관짓는다; ③ 결혼시키다,혼인시키다; ⓢ menjodohkan; ④ 교제하다, 제휴하다; ⓢ menjalinkan, menghubungkan;

menalikan 묶다, 매다; Ia ***menalikan*** kudanya pada sebatang pohon. 그는 나무 가지 하나에 말을 묶었다;

pertalian ① 관계, 연관; ⓢ perhubungan, sangkut-paut; **pertalian** bahasa 언어의 연관성; Hubungan ***pertalian*** kedua saudara itu sangat erat. 그 두 형제의 관계는 아주 굳다; ② 연결, 접속; ⓢ ikatan, kaitan; ③ 동맹, 연합; ⓢ perserikatan;

setali 서로 관련된, 연관이 있는; ⓢ berhubungan;

bertalian 연관된, 관계가 있는; ⓢ berhubungan;

tamasya ① 공연, 전시; ② 경치, 경관; ⓢ pemandangan, keindahan alam; Kami hendak ***tamasya*** di pantai Kuta Bali. 우리는 발리 꾸따 해변 경치를 보기 원한다;

bertamasya 구경가다, 관광을 하다; ⓢ berpiknik, pesiar;

tamat ① 끝난, 완료한, 종료한; ⓢ berakhir,selesai; ② 종국, 끝; **tamat** riwayatnya 죽다, 사망하다;

menamatkan ① 끝마치다, 완료하다; ② 결말을 짓다;

tamatan ① 졸업, 마침; ② 졸업생; ⓢ lulusan, keluaran.

tambah ① 더욱, 증가; **tambah** besar 더 큰; **tambah** gaji 임금 상승; **tambah** rusak 더 많은 피해;② 더하기, 가산; ③ 추가, 부가;

bertambah ①증가하다,늘다; Hutangnya ***bertambah*** banyak saja. 그의 채무는 자꾸 늘기만 한다; ② 점점 더 느는; ⓢ semakin;

bertambah-bertambah 점점 더~, ***Bertambah*** banyak makannya, ***bertambah*** besar pula badannya. 많이 먹을 수록 몸이 불어난다;

bertambah-tambah ① 증가하다, 늘어나다;Penghasilannya sekarang jadi ***bertambah-tambah***. 현재 그의 월급은 점점 많아진다; ② 그 외에, 게다가; Ia sedang sakit, ***bertambah-tambah*** mendengar kabar itu. 그는 지금 아픈 중에 그 소식을 듣고 더욱 상심하였다;

menambah ① 더하다,가산하다;② 늘다,늘어나다; ③보충하다,추가하다;

menambahi ~을 넣다,치다,더하다; Tukang masak ***menambahi*** bumbu kedalam masakannya. 그 요리사는 음식에 양념을 쳤다;

menambahkan ① 늘리다, 증가시키다,더하게 하다; Obat itu ***menambahkan*** rasa sakit di kepalanya. 그 약은 그의 머리를 더 아프게 한다; ② 집어넣다,더하다; Ia ***menambahkan*** sedikit gula dalam tehnya. 그는 차에 설탕을 조금 더 넣었다;

penambah ① 계산기, 계수기; ② 추가;

penambahan 증가,증액,가산; ***Penambahan*** jumlah penumpang terjadi di detik-detik terakhir bus akan berangkat. 버스가 출발하려고 할 때 손님이 다시 많이 왔다;

pertambahan 성장,증가, 늘어남; ***Pertambahan*** jumlah pengangguran terlihat semakin meningkat. 실업자 총계의 증가는 갈수록 늘어난다;

tambahan ① 부가, 추가, 획득; ② 증보, 보충; ③ 추가;

tambak ① 둑,제방; ⓢ pematang; ② 연못;ⓢ kolam; ③ 제방 공사,제방 쌓기;

menambak ① 막다, 쌓다, 둑으로 막다;ⓢ membendung; Mereka ***menambak*** ikan di dalam kolam. 그들은 연못에 고기 칸막이를 설치했다; ② (연고를)붙이다,바르다;

tambal 헝겊, 부스러기;

menambal 수선하다, 때우다; ⓢ melekatkan,menampal; Ia ***menambal*** giginya yang bolong ke dokter gigi. 그는 치과에서 이에 난 구멍을 메웠다;

menambalkan ①고쳐주다;Ia ***menambalkan*** ban sepeda di bengkel. 그는 수리점에서 자전거 바퀴를 고쳤다; ② 깁다, 수선하다; Ibunya ***menambalkan*** celana anaknya dengan kain. 어머니는 아이의 바지를 천으로 기워주었다;

tambalan 기운 곳, 수선한 곳;

tambang 광산, 광업소, 탄광; ⓢ galian; **tambang** besi 칠광산; **tambang** emas 금광;

menambang 채굴하다, 채광하다, (광물을) 캐다;

pertambangan 광업, 채광;

tambang ① 나룻배;② 승객,화물; ⓢ penumpang, muatan; ③ 요금, 운임; ④ 전세 차량, 렌트카;

menambang 배를 이용하다;

penambangan 운송, 수송;

tambangan ① 나룻배, 연락선; ② 선창;

tambang 밧줄; ⓢ tali;

menambang 밧줄로 묶다, 매다;

tameng 방패;

menamengi 방어하다;

tampak ① 보이는,볼 수 있는,명백한; ⓢ kelihatan, nyata; Rumahnya sudah ***tampak*** dari sini. 그의 집은 여기서 보였다; ⓢ nampak; ② 나타나다,출현하다;ⓢ muncul; Tiba-tiba ***tampak*** seberkas cahaya terang di kejauhan. 갑자기 멀리에서 밝은 빛 한 줄기가 나타났디;

tampak-tampak 문득 떠오르다, 아련히 떠오르다,어른거리다;ⓢ terbayang-bayang; **tampak** apung 잘 보이지 않는, 희미한;

menampakkan 보여주다, 나타내

다; **menampakkan** diri 나타나다;

tampaknya 보기에는; ⓢ kelihatannya,rupanya; Ia sakit ***tampaknya***. 그는 아파 보인다;

tampan ① 적당한, 적절한, 알맞은, 합당한; ② 어울리는, 조화되는; ⓢ sesuai benar; Pakaiannya ***tampan*** sekali. 그의 옷이 매우 잘 어울린다; ③ 멋진, 근사한; ⓢ cantik, cakap;

tampang 외모, 외형; ⓢ rupa muka, bentuk muka; ***Tampangnya*** pacar saya ganteng sekali. 우리 애인의 외모는 아주 멋지다;

menampang 과시하다, 자랑하다;

tampar (손바닥으로) 침, 때림; ⓢ tepukan;

bertampar (tangan) 박수치다;

menampar 손바닥으로 치다; Ia ***menampar*** saya dengan keras. 그는 나를 아주 강하게 때렸다;

tamparan 치기, 때리기, 강타; Kejadian ini bagai sebuah ***tamparan*** keras bagi saya.이 사건은 나로서는 하나의 강력한 충격이었다;

tampi, **menampi** 까부르다, 키질하다; ⓢ tampah;

tampian 키질한 것; beras **tampian** 키질한 쌀;

tampil ① 나타나다, 출현하다; ⓢ muncul; ② 앞으로 나오다; Ia ***tampil*** di atas pentas untuk bernyanyi. 그는 노래를 부르기 위해 무대 위에 나타났다;

menampilkan 앞에 내놓다, 내보이다; Dia ***menampilkan*** mobilnya yang baru di halaman. 그는 새 자동차를 마당에서 선보였다;

tampuk ①꽃받침;ⓢ ujung tangkai; ② 권력, 권좌; ⓢ yang terutama, yang tertinggi; **tampuk** pemerintah 지도자, 통치권자; **tampuk** pimpinan 통치권;

bertampuk 통치하다, 지배하다;

tampung, **menampung** ① (비를) 맞다,(폭풍우가) 엄습하다; ⓢ menadah; Ia ***menampung*** air hujan. 그는 비를 맞았다; ② 수용하다, 수집하다; Rumahnya sudah tidak dapat ***menampung*** banyak orang. 그의 집은 많은 사람을 받을 수가 없었다; ③ 가로채다;④ 적재하다,싣다,게재하다; ⓢmemuat,menerbitkan;Koran pagi itu banyak ***menampung*** berita. 그 조간 신문은 많은 소식을 싣고 있다; ⑤ 수용하다, 받아들이다; ⓢ menerima; Rumah sakit itu ***menampung*** pasien luar. 그 병원은 외래 환자를 받아들였다;

menampungkan 가로채다, 가로막다;

penampungan 수용, 받아들임; Untuk sementara mereka akan di taruh di tempat ***penampungan*** dahulu. 우선 그들은 먼저 수용소에 주선될 것이다;

tamu ① 손님; ⓢ pengunjung; ② 방문자, 방문객; ⓢ pelawat; **tamu** agung 귀빈, 빈객;

bertamu ① 방문하다, 찾아가다; ② 손님으로 가다;

ketamuan 손님의 내방;

tanah ① 땅, 토지, 육지; ⓢ bumi; ② 나라, 국토, 국가; ⓢ negara; ③ 흙; ⓢ bahan bumi; **tanah** air 조국, 고국;**tanah** datar 평지; **tanah** gurun 황무지,불모지; **tanah** kering 마른땅;

T

tanah kosong 폐허, 불모지; **tanah** lapang 들,초원; **tanah** liat 진흙; **tanah** longsor 사태(沙汰);**tanah** mati 황무지, 폐허; **tanah** semenanjung 반도; **tanah** milik 사유지; **tanah** pekarangan 마당; **tanah** penggembalaan 목초지,목장; **tanah** perumahan 주거 지역; **tanah** pusaka 상속된 토지; Tanah Suci 성지(聖地); **tanah** tumpah darah 출생지, 조국;

tanam, bertanam 심다, 재배하다; Orang didesa kami mayoritas ***bertanam*** padi. 우리 마을의 사람들은 대부분 벼 농사를 한다;musim **tanam** 모내기 철;

tanam-menanam 식물 재배, 농사;

menanami ~에 심다, 재배하다, 뿌리다;

menanam ① ~을 심다, 재배하다, 뿌리다; ⓢ menaruh, membenih; ② 투자하다;ⓢ memasukkan;③ 숨기다, 묻다;ⓢ memendam, menguburkan; ④ 임명하다, 배양하다; ⓢ menumbuhkan;

penanam 경작자, 재배자;

penanaman ① 경작,재배;② 투자; **penanaman** modal asing 외자(外資);

tertanam ① 경작된, 재배된; ② 파묻힌, 숨겨진;

tanaman ① 작물, 수확; ② 경작;

tanam-tanaman 각종 작물;

tancap,**menancapkan** 깊숙히 박다, 파묻다, 내리 꽂다; ⓢ menghujam, menekan; Orang itu ***menancapkan*** pisau ketubuh temannya. 그 사람은 친구의 몸에 칼을 꽂았다;

tertancap 깊숙히 박힌,파묻힌,내리 꽂힌; ⓢ tersangkut, tertanam.

tanda ① 표시, 기호, 부호; ⓢ lambang, kode, symbol; ② 신호, 암호, 경보; ⓢ petunjuk pengenal; ③ 징조,전조; ⓢ gejala,isyarat;④ 특질, 특성,특색; ⓢ ciri,bukti; **tanda** anggota 회원증;**tanda** bahaya 위험표시; **tanda** bakti 증명서 **tanda** bukti 증거서류; **tanda** kurung 괄호; **tanda** kurung besar 대괄호;**tanda** kutip 인용부호; **tanda** masuk 입장권; **tanda** mata 기념품; **tanda** panah 화살표; **tanda** seru 감탄 부호; **tanda** peringatan 기념비; **tanda** petik 의문부호; **tanda** silang 십자가; **tanda** tambah 덧셈 부호; **tanda** tangan 서명; **tanda** tanya 의문 부호; **tanda** tekanan 강세 부호; **tanda** terima 영수증;

bertanda ① 표시된, 부호가 찍힌; Semua seragam pertandingan itu ***bertanda*** khusus. 그 경기의 모든 유니폼은 팀 표시를 해야 한다; ② 나타내다, 의미하다; Lampu hijau ***bertanda*** kendaraan harus jalan. 푸른등은 차량의 진행 표시이다;

menandai① 표시를 해 놓다,부호를 만들다; ⓢmengenali, mengetahui; Ia ***menandai*** tanda silang pada kopornya. 그는 그의 여행 가방에 가위표를 해놓았다; ② 서명하다;ⓢ menanda, mencatat; ③ 인식하다, 인지하다, 주의하다, 주목하다; ④ 관찰하다, 조사하다; ⓢ mengamati;

menandakan ① 나타내다, 보이다, 표시하다; ⓢ menunjukkan, menerangkan; Ia menguap ***menandakan*** bahwa ia mengantuk.그는 졸립다는

T

표시의 하품을 했다 ;② 증명하다, 나타내 보이다; ⓢ membuktikan; Ia harus ***menandakan*** bahwa ia kepala jawatan. 그는 부서의 장임을 나타내 보여야 한다;

pertanda ① 표시, 징후; Hal itu bisa menjadi ***pertanda*** buruk bagi usaha kami. 그 문제는 우리 회사의 나쁜 징후가 될 수 있다; ② 부호, 기호;

tertanda 표시된, 서명된;

bertandaan (약혼)반지를 교환하다;

tanda, **tanda** tangan 서명, 사인;

bertanda tangan 서명한, 사인한; Surat laporan kehilangan itu harus ***bertanda*** tangan pelapor. 그 분실 신고서에는 서명을 해야 한다;

menandatangani 서명하다, 사인하다, 조인하다; Mereka sudah setuju untuk ***menandatangani*** surat perjanjian itu. 그들은 그 계약서에 서명을 동의했다;

penandatangan 서명자, 조인자; **penandatangan** persetujuan 조약에 서명자;

penandatanganan ① 서명함, 조인함,사인함; **penandatangan** persetujuan 조약에 서명함; ② 서명, 사인;

tanding (**tandingan**) 호적수,상대; ⓢ seimbang, sebanding;

bertanding ① 조화하다,어울리다; ② 경쟁이 되다,견주다; ⓢ berlawanan; Tim basket Indonesia ***bertanding*** dengan tim tim basket Korea. 인도네시아 농구팀은 한국팀과 경기를 한다; ③ 경쟁하다, 겨루다, 시합하다;ⓢ berlomba, bersaing; Orang itu ***bertanding*** melawan 3 orang. 그 사람은 세 사람과 겨룬다; ④ 결투하다; ⓢ beradu tenaga;

menandingi ① ~에 필적하다,대다, 겨루다;ⓢ mengimbangi; Tidak ada yang ***menandingi*** kepandaiannya. 그의 능력에 필적할 사람이 없다;② ~에 대항하다; ⓢ menyaingi; Mereka bersekutu ***menandingi*** musuhnya. 그들은 적과 대항하기 위해 연합했다; ③ ~와 경쟁하다, 다투다; ⓢ beradu tenaga;

pertandingan ① 시합, 경기; ⓢ perlombaan, persaingan; ② 경쟁; ⓢ kompetisi;***Pertandingan*** itu berakhir seri.그 경기는 무승부로 끝났다;③ 비교,비유,대조;perbandingan;

tanduk ① (동물의) 뿔; ⓢ cula; ② 뿔로된 재료; sisir dari **tanduk** 뿔 빗 ③ 뿔 모양의 물건; ④ 세력, 권력; ⓢ kekuasaan;

bertanduk 뿔이 있는, 뿔이 달린;

tangan ① 손; ② 팔; ⓢ lengan; ③ 힘,세력,영향; ⓢ kekuasaan,perintah; Kekuasaan negara itu ada di ***tangan*** presiden.그 나라의 통치력은 대통령의 손에 달려있다;**tangan** baju 소매; **tangan** besi 힘,작용; **tangan** dingin 운좋은,성공한,숙련된; **tangan** hampa 맨손인,빈손의;**tangan** kanan 조수,돕는 사람;**tangan** kosong 맨손인, 빈 손의; **tangan** panjang 도벽이 있는; **tangan** terbuka 후한,관대한; buah **tangan** 작은 선물; di **tangan** ~의 소유된,점거된;di bawah **tangan** 사사로운,비공식적인;dari **tangan** ke **tangan** 중고의, 여러 사람 손을 거친; bertangan 손을 갖고 있다; ber-

T

tangan besi 힘차게 (무자비하게) 행동하다; **bertangan** kosong 맨손으로, 무기를 갖지 않은;

menangani ① 취급하다, 관리하다, 달려들다, 다잡다; ⓢ mengerjakan; Mereka yang ***menangani*** kegiatan itu. 그들은 그 행사를 주관했다; ② 손으로 때리다, 치다; ⓢ memukuli;

tertangani 해내다, 끝내다, 해결되다;ⓢ bisa dikerjakan,bisa digarap; Pekerjaan ini sampai sekarang belum ***tertangani***. 이 작업은 아직까지 끝나지 않았다;

tangga ① 사다리; ⓢ tumpuan; ② 계단, 층층대; ⓢ tingkatan, skala; ③ 등급, 계급; ⓢ tingkatan; **tangga** nada 음역, 전음계 (全音階); **tangga** lipat 접는 사다리;

bertangga ① 계단이 있는; ② 단계적으로;

tanggal 날짜, 기일, 시일; Hari ini ***tanggal*** berapa?오늘이 며칠입니까?

bertanggal 날짜가 기록된;

tertanggal 날짜가 적힌, 날짜가 기입된;

penanggalan ① 달력,월력;ⓢ almanak,kalender;② 날짜; ⓢ tarikh;

tangguh 연기, 유예; ⓢ penundaan waktu;

menangguhkan ① 연기시키다, 유예시키다; ⓢ menunda, mengundurkan; Orang itu ***menangguhkan*** pembayaran hutangnya. 그 사람은 외상값 지불을 연기시켰다; ② ~을 연기하다, 유예하다, 늦추다; Ia ***menangguhkan*** keberangkatannya ke kampung. 그는 시골로 출발할 시간을 연기했다;

penangguhan 연기, 늦춤, 지연, 유예; Mereka meminta ***penangguhan*** penahanan terhadap kasus korupsi itu. 그들은 그 부정사건의 구금 유예를 요청했다;

tertangguh 연기된, 늦은;

tanggung jawab 책임, 의무; ⓢ kewajiban;

bertanggung jawab ① 책임지다; Sebaiknya anda ***bertanggung jawab*** atas perbuatannya. 더 좋은 것은 당신이 그 행위에 대한 책임을 지는 것이다; ② 해명하다; Direktur ***bertanggung jawab*** kepada dewan komisaris. 대표 이사는 이사회에 해명했다;

mempertanggungjawabkan ① 책임을 지다,설명하다; Ia tak bisa ***mempertanggungjawabkan*** perbuatannya. 그는 그의 행동을 해명하지 못했다; ② 책임을 지우다; Panitia ***mempertanggungjawabkan*** atas kesalahan yang dibuatnya.위원회는 그의 잘못에 대한 책임을 지웠다; ③ 보증하다;

menanggung jawab 책임지다; Anak itu harus ***menanggung jawab*** semua keluarganya. 그 아이는 가족 모두를 책임졌다;

penanggung jawab 책임자;

tangis 우는, 울고 있는; ⓢ mencucurkan air mata, tersedu-sedu;

bertangisan 울다;

menangis 울다, 눈물을 흘리다;

menangisi ~때문에 울다, 눈물을 흘리다; ⓢ menyesali, bersedih hati; Anak itu ***menangisi*** kepergian ibunya.그 아이는 어머니가 가버려서

T

울었다;

penangis 잘 우는 사람, 울보;

tangisan 울음; Terdengar suara ***tangisan*** dari arah ruangan itu. 그 방에서 우는 소리가 들렸다;

tangkai ① 줄기, 대; ⓢ batang; **tangkai** bunga 꽃의 줄기; ② 자루, 손잡이; ⓢ pegangan; **tangkai** bedil (총포의)개머리; ③ (꽃을 세는) ~송이의; **tangkai** hati 애인, 연인; **tangkai** kering 구두쇠; **setangkai** bunga 한 송이의 꽃;

tangkap, **ketangkap** 잡힌, 붙잡힌, 체포된;

menangkap ①붙잡다,붙들다,체포하다; ⓢ menampung; Polisi ***menangkap*** gembong morfin.경찰이 마약범을 체포했다; ② 덮치다, 달려들다; ⓢ menerkam; Kucing itu ***menangkap*** tikus. 그 고양이는 쥐를 잡았다; ③ (물건,공 등을)받다; ⓢ menerima, mendapati; **menangkap** bola 공을 받다; ④ 이해하다,파악하다; ⓢ memahami,mengerti; Anak itu ***menangkap*** pelajaran dengan cepat. 그 아이는 학과를 빨리 이해 한다; ⑤ (잘못·비밀 등을) 찾아내다,알아내다; ⓢ mendapati; Ibunya ***menangkap*** anaknya yang sedang merokok di kamarnya. 어머니는 아이가 방에서 담배를 피우고 있는 것을 알았다; ⑥ (방송을)수신하다,(주파수를)잡다; ⓢ menerima; Siaran televisi swasta dapat ***menangkap*** siaran dari berbagai negara. 민방 텔레비젼 방송은 여러나라 방송을 수신할 수 있다;

menangkapi 붙들다, 체포하다, 붙잡다; Adik sedang ***menangkapi*** ikan di kolam itu. 동생은 지금 그 못에서 고기를 잡고 있다;

menangkapkan 잡아 주다; Ia ***menangkapkan*** ikan untuk dimasak ibunya.그는 어머니가 요리를 하도록 고기를 잡아 드렸다;

penangkap ① 체포자, 획득자, 붙잡는 사람; ② 포수; **penangkap** ikan 어부,그물; **penangkap** suara 녹음기;

penangkapan 붙잡음, 체포; Berita ***penangkapan*** gembong narkoba itu sangat mengejutkan. 그 마약범 체포 소식은 아주 놀랍다;

tertangkap 붙들린, 잡힌; **tertangkap** basah 현장에서 붙잡힌;Pasangan muda-mudi itu ***tertangkap*** basah penduduk kampung karena mencuri.그 한쌍의 도둑 남녀는 시골 현장에서 잡혔다; **tertangkap** muka 우연히 만난;

tangkapan ① 붙잡음, 체포; ⓢ mangsa, tahanan; Hasil ***tangkapan*** ikannya sangat besar. 그의 고기잡이 성과는 아주 좋았다; ② 잡힌 고기; ③ 죄수, 죄인, 수감자;

tangkas 민첩한; ⓢ cepat, cekatan; Dengan ***tangkas*** ia menjawab semua pertanyaan itu. 그는 재빠르게 모든 질문에 답했다;

ketangkasan 솜씨 좋음, 민첩함;

tangkis bulu **tangkis** 배드민튼(을 하다); Ia menekuni olahraga bulu ***tangkis*** sudah sejak kecil.그는 어릴 때부터 배드민튼을 열심히 했다;

menangkis ① 받아 넘기다,피하다, 막다; ⓢ menolak, menepiskan; **menangkis** pukulan 주먹을 피하다; ② 반격하다,격퇴하다,반박하다;ⓢ melawan,membalas; **menangkis** serangan 공격을 격퇴하다, 반격하다;

penangkis 방어, 반격; **penangkis** serangan udara 공중 공격; Ia memakai kayu itu sebagai alat ***penangkis*** serangan lawan. 그는 그 나무를 적의 공격에 대한 방어무기로 사용했다;

tangkisan 방어, 방호, 저항;

tani 농사, 농업;

bertani 경작하다;

petani 농부;

pertanian 농업, 경작;

tanjak 경사진, 비탈진;

menanjak ①경사지다,비탈지다;ⓢ menganjur keatas; Jalannya mulai ***menanjak***. 길은 경사지기 시작했다; ② 오르다, 올라가다; ⓢ naik, mendaki; **menanjak** gunung 등산하다; ③ 발끝으로 일어서다; Ia berjalan ***menanjak***. 그는 발끝으로 걸었다; ④ 높아지다, 승진하다; ⓢ meningkat;

menanjakkan ① (기를)올리다, 감아 올리다; Anak itu ***menanjakkan*** bendera. 그 아이는 기를 옷렸다; ② 위로 가져오다, 나르다;Ia ***menanjakkan*** genteng yang baru ke atas atap.그는 집붕으로 새 기와를 가져왔다; ③ 일어서게 하다; Ia ***menanjakkan*** kakinya. 그는 발끝으로 일어섰다;

penanjakan 오름, 올라가기;

tanjakan ① 경사,비탈, 오르막(길); ***Tanjakan*** itu amat curam.그 경사는 아주 가파르다; ② 상승, 올라감;

tanpa~없이,~이 없는;**tanpa** (ber)-syarat 조건 없이; **tanpa** bobot 무게가 없는, 중량감이 없는; **tanpa** perkelahian 싸우지 않고;

tantang, menantang ① 도전하다; ⓢ mengajak berkelahi; Dia ***menantang*** lawannya. 그는 적에 대항한다; ② 맞서다, 대항하다, 저항하다; ⓢ menghadapi, melawan; Anak itu ***menantang*** lawannya dengan amat berani. 그 아이는 적과 아주 용감하게 싸웠다;

penantang 도전자, 대항자;

tantangan 도전, 대항, 저항; ⓢ perjuangan, tuntutan, perlawanan; Mereka mengajukan ***tantangan*** kepada kami. 그들은 우리에게 도전을 타진했다;

tante ① 아주머니; ⓢ bibi; ② 중년 여성에게 호칭으로;

tanya 질문하다; ⓢ bertanya; ***Tanya*** jawab 문답, 대화; Hari ini akan ada ***tanya*** jawab mengenai pelajaran itu. 오늘 그 과목에 대한 면접이 있을 것이다;

bertanya 질문하다, 물어보다; ⓢ bersoal-jawab, wawancara;

bertanya-tanya ① 도처에 묻다, 묻고 또 묻다; Orang itu ***bertanya-tanya*** kebingungan. 그 사람은 헷갈리는 것을 계속 물었다; ② 이상하게 여기다, 의심하다; ⓢ dalam kebimbangan,heran;Tetangganya ***bertanya-tanya*** bagaimana gadis itu bisa hamil padahal belum menikah. 이웃 사람은 결혼하지 않은 처녀가 어떻게 임신을 했는지 의아해 했다;

menanyai 질문하다, 묻다;

menanyakan ~에 대하여 물어보다, 질문하다; ⓢ minta keterangan, meminang, melamar;

penanya 질문자;
pertanyaan 질문, 물음;
tapak ① 손/발 바닥; ⓢ bidang kaki (tangan), telapak; ② 뼘, 족장; Lebarnya dua ***tapak***. 그것의 폭은 두 뼘이다; ③ 흔적,자국; ⓢ jejak, langkah; **tapak** kaki 발자국, 발바닥; **tapak** rumah 집터; **tapak** sepatu (신발의) 바닥; **tapak** tangan 손바닥;
tapak-tapak 슬리퍼, 샌달; Di ujung jalan ada ***tapak-tapak*** kaki penjahat itu. 길 끝에서 그 범인의 샌달을 발견했다;
menapak ① 뼘으로 재다,족장으로 재다; ⓢ mengenakan kaki pada, mengukur; ② 밟다,디디다, 걷다; ⓢ memijakkan; ③ ~의 발자국을 따라 가다; ④ 맨발로 걷다;
menapakkan ~으로 밟다, 디디다, 걷다;
setapak ① 단계, 계단; **setapak** demi **setapak** 단계적으로; ② 한 뼘,일 족장;
tapakan ① 기초, 지지; ② 층, 켜; ③ 발자국; Di lantai rumah terdapat bekas ***tapakan*** kaki seseorang. 집의 마루에 어떤 사람의 발자국이 있다;
tapi ☞ tetapi;
tara ① 동등한, 대등한; ⓢ sama, banding; ② 상대물, 대조물;
setara ① 같다,대등하다,동등하다; ⓢ sama,sejajar;Kepintarannya tak ***setara*** dengan keadaannya. 그의 총명은 현실과는 맞지 않는다; ② 엇비슷한; teman yang **setara** 엇비슷한 친구;
taraf ① 표준, 기준; ⓢ standar, normal; ② 정도, 수준, 등급; ⓢ derajat, tingkat; ③ 입장, 위치, 지위; ④ 형세, 국면; ⑤ 색의 농도, 명암의 농도; **taraf** warna 색상의 농도;
bertaraf 수준이 있는;
menarafkan 평가하다;
setaraf 대등한;
target 표적, 목표;
tari 춤, 무용, 댄스; ⓢ dansa, joget;
menari 춤을 추다, 무용을 하다;
menari-nari 둥실둥실 춤을 추다; ⓢ melonjak-lonjak;
menarikan 춤을 추다;
penari 무용수;
tari-tarian 무용;
tarik 끌다,끌어 당기다,잡아 당기다; ⓢ hela; **tarik** suara 노래하다; **tarik** tali 줄다리기; **tarik** tambang 줄다리기;
bertarik-tarikan 끌다, 끌어 당기다; ⓢ berlatih; **bertarik-tarikan** tali 줄다리기하다;
mempertarikkan 끌다, 잡아 당기다;
menarik ① 끌다,끌어 당기다;ⓢ menyeret, menyentak; Ia ***menarik*** kereta. 그는 짐마차를 끌었다; ② 흥미를 주는,재미있는;ⓢ menyenangkan; ③ 운전하다, 조종하다, 몰다; ⓢ mengemudikan;**menarik** mobil 자동차를 운전하다;④ (기부금 등을) 모집하다,걷다;**menarik** bayaran 불입금을 걷다; **menarik** diri 물러 나오다, 탈퇴하다; Ia ***menarik*** diri dari teman-temannya. 그는 친구들로부터 물러 나왔다; **menarik** garis 선을 긋다, 분리하다; **menarik** hati 주의를 끌다, 흥미를 끌다; Hal itu bisa ***me-***

narik hati seseorang. 그 일은 어떤 사람의 마음을 끌 수 있다;**menarik** kembali ①빼내다, 뒤로 물리다; ② (결정 등을) 뒤집다, 바꿔 놓다;③ 취소하다,각하하다; **menarik** kesimpulan 결론을 짓다, 결말 짓다; **menarik** layar 돛을 펴다, 돛을 올리다; **menarik** lotere 상금을 타다, 횡재하다; **menarik** mundur 빼내다, 뒤로 물리다,철수하다; Amerika telah ***menarik*** mundur pasukannya dari Irak. 미국은 이라크로부터 군대를 철수시켰다; **menarik** napas 호흡하다,숨을 쉬다; **menarik** napas terakhir 죽다, 숨을 거두다; **menarik** napas panjang 한숨 쉬다; **menarik** ongkos 비용이 많이 들다; **menarik** otot 완고한, 고집센; **menarik** perhatian 관심을 끌다; **menarik** suara 노래를 시작하다, 선창하다; **menarik** utang 빚을 거두어 들이다;

tarik-menarik 서로 끌어 당기다;

menarik-narik 끌어 들이다, 포함시키다;

penarik 끄는 사람,당기는 사람;**penarik** becak 베짜꾼;

penarikan 추첨,복첨,제비뽑기;***Penarikan*** hadiah telah dilakukan kemarin. 선물 추첨은 어제 했다;

tertarik ① 뽑힌, 뽑아낸; ② 관심을 가지는, 끌리는, 흥미를 가지는; ⓢ merasa senang;

tarikan ① 끌어냄, 끌어당김, 인력; **tarikan** kuda 말을 끌어 당김; ② 끌어당기는 힘, 매력;

taruh ① (내기에)건돈, 상금, 판돈; ② 저당,담보; ⓢ cagar, sandera, tanggungan; ③ 두다, 놓다; **taruh** mata 보다, 바라보다; **taruh** muka 사람을 만나다, 만나보다;

bertaruh ① 내기를 하다; ② (돈을) 걸다; **bertaruh** jiwa 목숨을 걸다, 맹약하다;

mempertaruhkan ①저당 잡히다, 담보로 잡히다;ⓢ menyuruh simpan, menitipkan; Ia ***mempertaruhkan*** jam itu pada temannya. 그는 친구에게 시계를 저당 잡혔다; ② 내기에 걸다, 돈을 걸다; ⓢ menjudikan; ③ 맡기다,위탁하다; ⓢ menggadaikan;

menaruh ① 두다, 놓다; ⓢ meletakkan, menempatkan; Ia ***menaruh*** mobilnya di dalam garasi. 그는 차를 집의 차고에 주차시켰다; ② 예금하다,저축하다; ⓢ menggadaikan, menyimpan; ③ 돈을 걸다;ⓢ menjudikan; **menaruh** kasih 사랑하다, 불쌍히 여기다;**menaruh** malu 부끄러워하다; **menaruh** perhatian akan ~에 흥미를 갖다; **menaruh** pikiran 관심을 쏟다;

menaruhi ① ~에 두다, 놓다; ② ~에 걸다;

pertaruhan ① 내기, 걸기;ⓢ judi; ②저금,예금,저축; ③ 맡긴 물건,위탁물; ⓢ simpanan, tanggungan; **pertaruhan** senjata 휴전, 정전;

petaruh ① 유언; ② 담보, 저당물;

taruhan ① 내기, 걸기; Ia berhasil memenangkan ***taruhan*** itu. 그는 그 내기에서 이겼다; ② (=petaruh, petaruhan) (내기 등에) 건 돈, 판돈; ③ 맡긴 것, 위탁물;

tarung, bertarung ① 싸우다, 투쟁하다, 논쟁하다; ⓢ berlaga, berkelahi; ② 결투하다, 전투하다, 겨루다;

ⓢ bertempur,berperang;Ia ***bertarung*** panco dengan temannya. 그는 친구와 팔씨름을 겨루었다; ③ 충돌하다, 부딪치다; ⓢ bertanding;

mempertarungkan ① 싸움을 붙이다, 싸움을 시키다; Ia ***mempertarungkan*** kedua orang itu. 그는 그 두 사람 사이를 싸움 붙였다; ② 모험에 내걸다;

menarung ① 싸우다, 다투다, 결투하다; ② 충돌하다, 부딪치다;

menarungkan ① 싸움을 붙이다, 싸움을 시키다; ② ~을 모험에 내걸다;

penarung 장애물, 방해물;

pertarungan ① 싸움, 다툼, 투쟁; ***Pertarungan*** itu berakhir imbang. 그 싸움은 대등하게 끝났다; ② 전투, 결투; ③ 충돌, 부딪침;

tarzan 타잔;

tasbih 묵주, 로자리오;

tata 질서, 순서, 제도; ⓢ aturan, susunan,sistem, kaidah; **tata** acara 의사 일정; **tata** adab 인습, 관례; **tata** bahasa 문법; **tata** buku 회계; **tata** bunyi 음운론; **tata** cara 관습, 풍속; **tata** hukum 법 질서,법률 제도; **tata** kalimat 문장 구조법, 구문론; **tata** karya 조직, 편제; **tata** kota 도시 계획; **tata** krama 인습, 관례; **tata** laksana 경영, 집행; **tata** masyarakat 사회 질서; **tata** nama 명명법; **tata** niaga 교역 관리, 경영, 경영제도; **tata** rias 화장술; **tata** ruang 설계, 설계법; **tata** rupa 메이크업; **tata** surya 태양계; **tata** susunan 계통, 구조; **tata** tertib 군기, 규율; **tata** usaha 행정, 관리;

menata 정리하다,정돈하다;ⓢ mengatur,menyusun; Dia ***menata*** rumahnya. 그는 집을 정리했다;

ketatalaksanaan 경영,관리,집행;

ketatanegaraan ① 정치적인; ② 정부의,행정의;③ 헌법상의;Hal itu tak disusun dalam hukum ***ketatanegaraan***. 그 일은 헌법상에 없는 일이다;

penata bahasa 문법 학자;**penata** buku 회계사; **penata** usaha 행정 관리;

penataan 정리,정돈;***Penataan*** letak perabotannya amat serasi.그의 세간 위치 정돈은 매우 잘 어울린다;

tataan ① 정리, 정돈; ② 무대 장치;

tatap, **tatap** muka 마주보다, 대면하다;

bertatapan 마주 보다; Kami saling ***bertatapan*** selama sekian detik. 우리는 잠깐 동안 마주 보았다;

bertatap-tatapan 서로 마주보다.

menatap ① 자세히 보다; ② 바라보다,응시하다;ⓢ memandang, merenungi;Anak itu ***menatap*** ayahnya dengan sedih karena di tinggal pergi. 그 아이는 아버지가 가버려서 슬프게 바라보았다;

menatapi ~을 주의해서 보다, 응시하다,자세히 보다;ⓢ melihat, mengamat-amati; **menatapi** buku 책을 면밀히 살펴 보다;

penatapan 응시, 관찰; menjadi **penatapan** mata 주목거리가 되다;

tatapan ① 주의해서 봄, 응시; ② 관찰;

tatar, **menatar** 향상시키다, 발전시키다; ⓢ meningkatkan mutu;

bertatar 향상을 도모하다;
penatar 숙련자;
penataran 향상, 발전, 숙달; ⓢ peningkatan mutu, ketrampilan;
ditatar 향상된; Karyawan baru itu perlu *ditatar*. 그 새 직원은 숙련이 필요하다;
tataran 향상, 숙달;
taubat ① 후회, 회개, 참회; ② 포기, 금지;
bertaubat ① 후회하다, 회한하다, 참회하다; Ia *bertaubat* kepada Tuhan. 그는 신에게 참회했다; ② 포기하다,그 만두다; Orang itu *bertaubat* tidak akan melakukan perbuatan yang merugikan. 그 사람은 손해보는 행동을 중단하지 않을 것이다;
taufik 신의 가호;
tauhid 유일신;
taut, **bertaut** ① (상처가) 아물다; ⓢ menutup kembali; Lukanya yang kena pisau itu *bertaut* dengan obat ini. 그 칼에 벤 상처는 이 약으로 나을 것이다; ② 결합하다, 하나가 되다; ⓢ menjalin; ③ 연합하다,합동하다,합류하다;ⓢ berserikat,bersatu; Semua alumni sekolah itu *bertaut* di gedung. 그 학교 졸업생 전부는 그 건물에서 연합했다; ④ 손을 잡다,악수하다;ⓢ berjabatan tangan; ⑤ 만나다; ⓢ bertemu; Gadis itu *bertaut* dengan teman lamanya. 그 소녀는 오랜 친구와 만났다; ⑥ 집중되다; ⓢ tertuju pada; Pikiran orang itu *bertaut* pada masalah yang di hadapinya. 그의 생각은 눈앞에 문제에 집중되었다;
mempertautkan, **menautkan** ① 결합시키다, 맞붙이다; ⓢ menghubungkan, menyatukan; ② (상처를) 꿰메다, 봉합하다;ⓢ melekatkan;③ 손을 잡다; ⓢ menggandengkan tangan; ④ 시선(관심)을 모으다, 집중시키다;
pertautan 접촉, 결합, 연관, 연합, 맞닿은; Peristiwa ini tak ada *pertautan* dengan mereka. 이 사건은 그들과 연관이 없다;
tawa 웃음; ⓢ tertawa;
tawan, **menawan** ① 포획하다,생포하다;ⓢ menangkap,menahan;Pemburu itu *menawan* kijang. 그 사냥꾼은 사슴을 생포했다; ② 마음을 사로 잡다, 홀리게 하다; ③ 감금하다, 투옥하다; ⓢ memenjarakan,mengamankan; **menawan** hati 마음을 사로 잡다;
penawan 끌리는 사람; **penawan** hati 마음을 끄는 것;
tertawan ① 감금된,투옥된,유폐된; Dia *tertawan* musuh selama beberapa bulan. 그는 몇 달동안 적을 감금 했다; ② 마음이 사로잡힌, 홀린, 붙잡힌;
tawanan ① 포로, 억류자; **tawanan** jaminan 볼모,인질; ② 죄수, 투옥자, 구금자; ③ 전리품, 노획물; barang **tawanan** 전리품, 노획물; **tawanan** kota 위수령; **tawanan** rumah 자택 감금, 연금;
tawar 맛 없는,속 없는,무미 건조한; Adik senang makan roti *tawar* dengan selai cokelat. 동생은 속 없는 빵에 쵸코렐 잼을 발라 먹기를 좋아한다;
tawar,**menawar** ① 협상하다, 제시

하다; Dia ***menawar*** sepatu itu 20 persen. 그는 그 신발을 20% 깎았다; ② 깎다, 할인하다; Orang itu ***menawar*** harga barang.그 사람은 물건을 흥정 중이다;

tawar-menawar 흥정하다;

bertawar-tawaran 입찰하다, 값을 매기다, 서로 흥정하다;

menawarkan ① 팔려고 내놓다; ⓢ mengunjukkan; Orang itu ***menawarkan*** mobilnya; 그 사람은 차를 팔려고 내 놓았다; ② 가격을 매기다; ⓢ memasang harga; Ia ***menawarkan*** motor dengan harga miring. 그는 오트바이를 아주 싼 가격으로 매겼다;

penawaran ① 제시가격, 입찰, 입찰가격; Ini adalah ***penawaran*** terbaik yang bisa mereka dapatkan. 이것은 그들이 살 수 있는 좋은 입찰가격이다; ② 거래, 교역, 교섭;

tawaran ① 제안,입찰, 입찰가격; Ia mendapat ***tawaran*** pekerjaan yang sangat menggiurkan. 그는 조건이 좋은 직장을 제안 받았다; ② 구매가격;

tawon 말벌, 벌;

tawur 패싸움;

tayang 나르다, 운반하다;

menayangkan 가져오다;

tertayang 운반되다;

tebak, **menebak** ① 패다, 깎다, 쪼개다; ⓢ menerka; ② (땅을) 일구다, 갈다;

tebal ① 두꺼운; kertas **tebal** 두꺼운 종이; ② 굵은, 거칠은; ⓢ kasar; huruf **tebal** 보울드체 글씨;③ 농후한, 빽빽한; ⓢ padat; ④ 무성한, 숱이 많은; ⓢ lebat; ⑤ 견고한, 강한; ⓢ teguh, kuat; **tebal** bibir 과묵한; **tebal** kulit 무감각한, 뻔뻔스러운; **tebal** hati, **tebal** kulit 잔인한,무자비한, 무정한; **tebal** muka 둔감한, 뻔뻔스러운, 염치없는; **tebal** telinga 냉담한, 무관심의, 완고한, 고집센;

mempertebal 강하게 하다,두껍게 하다; Dokumentasi ini untuk ***mempertebal*** buku itu.이 서류는 그 책을 두껍게 한다;

menebal 짙어지다, 빽빽해지다; Kabut ***menebal***. 안개가 짙어졌다;

menebalkan ① 강화하다, 북돋우다; ② 두껍게 하다;

ketebalan 두께, 굵기;

penebalan huruf 보울드체 활자;

setebal 두께가 같은; **setebal** bendul 매우 두꺼운; Buku yang saya cari tidak ***setebal*** itu. 내가 찾는 책은 그렇게 두꺼운 책이 아니다;

tebas, **menebas** 치워 없애다, 일소하다;ⓢ memotong,menebang; Pria itu ***menebas*** pohon di hutan. 그 남자는 숲에서 나무를 베어 냈다; **menebas** jalan 정글에 길을 내다;

menebaskan 자르다, 일소하다;

penebasan 벌목, 개간;

tebasan ① 일소, 벌목; ② 베어냄;

tebus, **menebus** ① ~을 되찾다; Wanita itu ***menebus*** perhiasannya yang hilang di jalan. 그녀는 길에서 잃어버린 보석을 찾았다; ② 돈을 받고 풀어 주다; Penabrak mobil saya ***menebus*** ongkos perbaikannya. 내 차에 접촉 사고를 낸 그 사람을 수리비를 받고 보내주었다; ③ 되사다; ⓢ membeli kembali; ④

현금으로 바꾸다; Ia *menebus* cek di bank.그는 은행에서 수표를 현금으로 바꿨다;

penebus ① 배상금을 내다; Ia melakukan itu sebagai *penebus* kesalahannya yang lalu. 그의 행동은 지난 날의 잘못을 배상하는 것이다; ② 몸값, 환매금;

penebusan 되사기, 상환, 해방;

tebusan ① 석방, 해방; Harga *tebusan* itu terlalu tinggi bagi mereka. 보석금은 그들로서는 너무 많다; ② 환매금;

tega ① 차마~하다,견디다;ⓢ sampai hati; Orang itu tak *tega* melihat pengemis tua itu. 그 사람은 차마 그 늙은 거지를 볼 수가 없었다; ② 매정하게 하다, 감히 ~하다; Ayahnya *tega* meninggalkan ibunya sendiri. 그의 아버지는 어머니를 혼자 떼어 놓았다;

tegak ① 서다, 세우다; ⓢ berdiri; Anjing itu kupingnya *tegak* saat ada tamu datang. 그 개는 손님을 보는 순간 귀를 세웠다; ② 꼿꼿하다; ⓢ sigap; Semua orang berdiri *tegak* mengikuti upacara itu. 모든 사람들은 그 행사에 참석하여 꼿꼿히 서있다; Berposisi *tegak* seperti penjaga pintu.그는 보초처럼 꼿꼿히 자리에 서있다; ③ 수직의; ⓢ bertikal; Ia berdiri *tegak*. 그(녀)는 똑바로 섰다; garis **tegak** 수직선; ④ (사람의 키)한 길; ⑤ 부동의; ⓢ tetap teguh; Dalam ketakutannya ia tetap *tegak* berani. 무서운 중에도 그는 부동의 자세이다; **tegak** bulu kuduk 무서운, 소름끼치는; **tegak** lurus 수직으로 서 있는, 직선;

menegakkan ① 세우다, 일으키다, 설립하다; ⓢ membangun; ② 일으켜 세우다; ⓢ memegang teguh; **menegakkan** tiang 기둥을 세우다; ③ 쭈뼛 세우다; ⓢ menjadikan tegak; **menegakkan** telinga 귀를 쫑긋 세우다;**menegakkan** bulu roma 솜털이 쭈뼛서다;

tegang ① (밧줄·돛이) 팽팽하게 쳐진; ⓢ kencang, regang; Talinya *tegang*. 밧줄이 팽팽하다; ② 빳빳한, 굳은,질긴;ⓢ kaku,keras; ③ 경직된; ⓢ terasa mencekam; Semua orang di ruangan itu *tegang* menunggu keputusan.그 방 안의 모든 사람은 그 결정을 기다리며 긴장했다; ④ 서먹서먹하다, 어색하다; ⓢ bertentangan;Hubungan kedua temannya itu mulai *tegang*. 그 두 사람의 친구 관계는 서먹서먹하기 시작했다;

bersitegang ① 인내하다,(기분이) 굳어 있다; Mereka *bersitegang* karena masalah ini. 그들은 이 문제로 굳어 있다;② 완고한, 고집센, 완강한;

menegang 팽팽해지다, 긴장되다, 절박해지다;ⓢmeregang,merentang.

menegangi 패팽하게 하다, 단단하게 만들다, 절박하게 만들다;

menegangkan 팽팽하게 하다,절박하게 만들다, 긴장하게 하다; ⓢ meregangkan,merentangkan; Masalah itu *menegangkan* tali persaudaraan itu. 그 의형제는 문제가 생기면서 긴장이 시작되었다;

ketegangan ① 절박한 상태(상황) ② 긴장; ⓢ pertentangan, konflik, keruncingan; ③ 사건, 일어난 일;

penegangan 긴장, 신장(伸張);
tegangan ① 긴장, 인력(引力); ② 팽팽함; ③ 긴박;
tegap ① (몸이) 탄탄한, 잘 발달된; ⓢ kukuh, kuat, gagah kukut; Badannya ***tegap***. 그의 몸은 탄탄하다; ② 굳은, 확고한, 단호한; ⓢ teguh, kekar, erat; pimpinan yang **tegap** 확고한 지도력;
menegapkan 강화하다, 강조하다, 역설하다;
ketegapan ① 탄탄함; ⓢ keteguhan; ② 굳음, 확고함, 단호함; ⓢ kekuatan;
tegar ① 굳은; ② 딱딱한, 인내, 침착한; ⓢ tabah; Orang itu mencoba ***tegar*** menghadapi kehidupan yang sulit. 그 사람은 힘든 삶에 인내한다;
menegarkan 딱딱하게 하다, 굳어지게 하다, 경직시키다;
ketegaran 완고, 고집센;
tegas ① 분명한, 명백한; ⓢ nyata, jelas, terang; dengan **tegas** 명백히; ② 확고한; ⓢ tentu, pasti, tepat; Sikap yang **tegas** 확고한 태도; tindakan yang **tegas** 확고한 조치; ③ 뜻, 의의; ⓢ jelasnya, artinya; ④ 엄격한, 단호한; Gurunya sangat ***tegas*** pada murid-muridnya. 그의 선생님은 학생들에게 엄격하다;
tegas ringkas 간단 명료한;
menegas 설명을 요청하다;
menegaskan ① 설명하다, 확실하게 하다; ⓢ menerangkan, menjelaskan; ② 확인하다, 증언하다; ⓢ memastikan, menentukan;
ketegasan ① 굳음, 확고함, 확정; ② 엄격,단호; ③ 강조, 강화; ④ 설명;
penegasan ① 설명; ② 확인, 확증, 증언; ③ 정의;
pertegasan (=penegasan) 정의, 확인, 확증;
tegasnya 즉, 바꾸어 말하면; ⓢ artinya, jelasnya, maksudnya;
teguh ① 견실한, 견고한,고수하는; ⓢ kukuh, kuat, tabah; Anak itu ***teguh*** pada pendiriannya. 그 아이는 주관이 견고하다; ② 확실한, 확고한; ⓢerat,tetap,rapat;Janji yang **teguh** 확고한 약속; **teguh** berdegap 강한, 튼튼한, 건장한; **teguh** hati 마음이 강한, 강심장의; **teguh** setianya 확고부동한 충성, 일편단심;
berteguh 마음을 굳게 하다, 결심하다; **berteguh** hati 결심하다;
meneguhkan ① 확인하다, 증언하다; ⓢ menyatakan,menerangkan; ② 입증하다; ⓢ menyungguhkan; Barang yang ada di tasnya itu ***meneguhkan*** bahwa dialah pencurinya. 그 사람의 가방에 있는 물건이 그가 그 물건을 훔쳤다는 것을 입증한다; ③ 굳게 하다, 튼튼하게 만들다; ⓢ menguatkan, memperkuat;
memperteguh 굳게 하다, 입증하다, 확인하다; ⓢ meneguhkan;
memperteguhkan 굳게 하다, 입증하다, 확인하다; ⓢ meneguhkan;
keteguhan 견고, 견실, 확인, 확고; **keteguhan** iman 충실, 성실;
peneguhan ① 확인, 증언; ② 강화, 굳게함; ⓢ penguatan, pengukuhan;
teguk, **meneguk** 마시다, 삼키다; ⓢ minum;
ketegukan 목이 메임; ⓢ kese-

dakan;

seteguk 한 모금; Orang tua itu meminta ***seteguk*** air pada anak itu. 그 노인은 그 아이에게 물 한 모금을 달라고 했다;

terteguk 목이 메인; ⓢ tersedak;

tegun, bertegun 잠시 멈추다;

tertegun ① 갑자기 정지하다; ② (말 등이)막히다, 중지되다; ⓢ terdiam; Orang itu ***tertegun*** melihat pemandangan yang sangat indah. 그 사람은 아주 아름다운 경치를 보고 말이 막혔다; ③ 꼿꼿하게 서 있다;

tegur, menegur ① 말을 붙이다; ② 질문하다; ③ 비난하다, 충고하다; Orang yang baik **tegur** sapanya 예의 바른 사람; Ia ***menegur*** temannya supaya bekerja dengan baik. 그는 일을 잘하도록 친구에게 충고했다;Pimpinan perusahaan itu ***menegur***, karyawan yang malas bekerja. 그 사장은 게으른 직원에게 충고했다;

bertegur 서로 인사하다; ⓢ saling menyapa;

berteguran 말을 건네다; ⓢ saling menyapa; Akibat bertengkar, kedua anak itu tidak ***berteguran***. 그 두 아이가 싸움 끝에 말을하지 않는다;

teguran ① 권고,훈계,경고;ⓢ peringatan, nasihat, ajaran; ***Teguran*** itu sangat menyentuh hatinya. 그 충고는 마음에 강하게 와 닿았다; ② 비난,책망, 꾸짖음; ⓢ celaan, sentilan; ③ 인사; ⓢ sapaan, sambutan;

teh 차, 홍차; **teh** susu 크림 차;

tekhnik 기술, 기교; ⓢ teknik;

tekad ① 확고한, 단호한; ② 굳은 의지,의지력,신앙; ⓢ kemauan,hasrat; **tekad** yang bulat 굳은 의지력;

bertekad 의도하다, 목적을 갖다; ⓢ berniat,bermaksud; Ia ***bertekad*** untuk menjadi seorang pengacara. 그는 변호사가 될 목적을 갖고 있다;

menekadkan 원하다, ~하고자 한다; meniatkan; Anak itu ***menekadkan*** menjadi pilot. 그 아이는 조종사가 되기를 희망한다;

tekan 압력, 압박; ⓢ tindih, paksa; **tekan** udara 기압, 대기;

bertekan 기대다, 의지하다;

menekan ① 누르다, 압박하다; ⓢ memaksa, menindas; ② 억제하다, 강요하다, 진압하다; ⓢ mencegah, mendesak; ③ 중요시하다,강조하다; ⓢ mementingkan, mengutamakan;

menekankan ① ~을 강조하다; ⓢ menegaskan; ② 누르다, 압착하다;

penekanan 누름, 압박, 강조;

tertekan 압착된; Ia merasa ***tertekan*** dengan keadaan itu. 그는 그 상태에 억눌린 기분이다;

tekanan ① 누름,압력,압박; **tekanan** air 수압; **tekanan** darah 혈압; **tekanan** udara 기압;② 강요,강제;ⓢ desakan,paksaan;③ 강세;ⓢ aksen;

teknis 기술적인,과학 기술의;Terdapat kesalahan ***teknis*** pada mobil itu. 그 차의 고장은 기술적인 문제이다;

teknisi 기술자, 전문인;

teknokrat 지식인, 식자; ⓢ cendikiawan;

teknologi 과학 기술; ⓢ ilmu

teknik; Alat itu sudah menggunakan *teknologi* canggih. 그 기구는 현대 과학의 기술을 사용했다;

tekor 부족한, 모자라는; ⓢ rugi;

tekuk, bertekuk 굽은,굽힌,뒤틀린; ⓢ berlipat, berkeluk; **bertekuk lutut** 무릎을 꿇다, 항복하다; **bertekuk tangan** 아무런 일도 하지 않다;

menekuk ① 접다,겹치다, 굽다; ⓢ melipat,membengkokkan; Anak itu *menekuk* pakaian. 그 아이는 옷을 개었다; ② 물리치다, 패배시키다, 무릎을 꿇게 하다; Mereka *menekuk* lawannya dalam pertandingan itu. 그들은 축구 경기에서 상대를 물리쳤다;

tekukan ① 접은 주름, 구김살; ② 고개를 숙임;

tekun ① 근면한, 부지런한; ⓢ rajin, ulet; ② 인내, 불굴; ⓢ keras hati;

menekuni 열심히 하다;

menekunkan 집중시키다;ⓢ memusatkan; Anak itu *menekunkan* pelajaran di sekolah.그 아이는 학교에서 공부에 열중이다;

ketekunan ① 근면,부지런함,성실; Akhirnya *ketekunan* itu membawa hasil bagi dirinya. 그 부지런함의 결실은 그의 몫으로 돌아왔다; ② 인내, 불굴;

tertekun 근면한, 부지런한, 인내하는; Ia murid yang *tertekun* di kelas ini. 그는 이 반에서 가장 부지런한 학생이다;

teladan 예, 모형, 모범, 실례; ⓢ contoh;

meneladani 본받다,본보기가 되다, 본받다; Kakak *meneladani* adiknya dengan berbuat kebaikan.형은 동생에게 좋은 행동의 모범을 보인다; Ibunya berharap pada anak-anaknya agar *meneladani* jejak ayahnya. 그의 어머니는 아버지를 본받도록 아이들에게 바란다;

keteladanan 모범; Sikap *keteladanan* itu patut kita contoh. 그 모범적인 태도는 우리의 본보기로 적합하다;

telaga ① 호수; ⓢ danau; ② 연못, 못; ⓢ kolam; ③ 샘; ⓢ sumur;

telah ① 이미, 벌써; ⓢ sudah; ② 이미 ~하다;

setelah (~한) 후에, 뒤에, 다음에; ⓢ sesudah;

telan, menelan ① 삼키다, 삼켜버리다; ⓢ memakan; **menelan makanan** 음식물을 삼키다; ② 마시다; ⓢ meneguk, menderita; ③ (비용이) 들다, 먹히다; ④ 갖다, 소유하다;

tertelan 삼켜버린; ⓢ terminum, termakan;

telanjang, bertelanjang ① 발가벗은, 나체의; ⓢ tak tertutup; ② 장식이 없는, 빈털터리의; Orang itu mencari rezeki dari pagi hingga malam tapi hasilnya hanya tangan *telanjang*. 그 사람은 아침부터 저녁때까지 호구지책을 찾았으나 성과는 빈손 뿐이었다; **telanjang bulat** 발가벗은, 전나의;

menelanjangi ① 벗다, 벗기다; ⓢ membuka; ② (비밀을)벗기다,폭로하다;ⓢ membuka kedok,mempermalukan; Saya merasa *ditelanjangi* di depan umum. 나는 대중 앞에서

발가 벗은 느낌이다;

telanjur ① 더 가다,더 가서 내리다; ⓢ terlewat, terlampau; Anak itu mau turun di halte tapi karena mengantuk, bisnya sudah ***telanjur*** jalan. 그 아이는 정거장에 내릴려고 했으나 조는 바람에 버스가 지나갔다; ② 지나치다, 과하게 하다; ⓢ berlebih-lebih; Ia ***telanjur*** mengatakan hal yang tak masuk akal. 그는 지나치게 불합리한 말을 한다; ③ 사전에,미리; Ia ***telanjur*** membeli tiket. 그는 표를 미리 사 두었다; ④ 무분별한,경솔한; ⓢ terdorong; ⑤ 이미 늦은; ⓢ sudah terlambat; Gadis itu ***telanjur*** jatuh cinta pada pria itu. 그 여자는 이미 그 남자에게 사랑에 빠졌다;

telantar ① 버려진, 관심 밖에 있는; ⓢ terhantar; Semua orang yang terkena bencana alam ***telantar*** tidak ada yang mengurusi. 재앙에 희생된 모든 사람을 관심 갖는 사람이 없다;② 부족한, 어려움; ⓢ tidak kecukupan; Sepeninggal ayahnya, keluarga itu hidupnya ***telantar***. 그 가족은 아버지가 죽자 생활이 어려웠다; ③ 돌보지 않는; ⓢ tidak terpelihara; ④ 일을 중도에서 그만 두다, 끝내지 못하다; ⓢ terbengkalai;

menelantarkan ① 방치하다; ② 부족하게 하다, 끝내지 못하다;

telegram 전보; ⓢ surat kawat;

televisi 켈레비전;

telinga ①귀;ⓢ kuping;② 손잡이; daun **telinga** 귓 바퀴; tipis **telinga** 쉽게 화를 내는; tebal **telinga** 남의말 듣기 싫어하는;

bertelinga 귀를 갖고 있다; **bertelinga** merah 화난, 유감이 있는;

teliti ① 정확한, 정밀한, 신중한; ⓢ cermat, seksama; ② 철저한, 완전한; ⓢ sempurna; ③ 주의하는, 조심하는; ⓢ hati-hati;

meneliti 신중히 조사하다, 관찰하다, 분석하다; ⓢ menganalisis, memeriksa;

ketelitian ① 정확, 정밀; ② 철저, 완전;

peneliti 조사자, 분석자;

penelitian ① 정밀 검사; ⓢ pemeriksaan yang teliti; ② 조사, 관찰; ⓢ riset, penyelidikan; ③ 연구, 탐구; ⓢ studi; ④ 상세, 세목; penelitian guna 응용 연구;

teluk 만, 해변;

telungkup 엎드리는;

menelungkup 엎드리다,엎어지다 ⓢ meniarap, tengkurap;

tertelungkup 엎어지다;

telunjuk 집게 손가락;

telur ① 알; **telur** ayam 달걀, 계란; ② 난세포, 알세포; **telur** asin 소금에 절인 계란;**telur** ceplok 계란 후라이; **telur** dadar 오믈렛; **telur** ikan 어란(魚卵); **telur** ½ matang 반숙; **telur** rebus 삶은 달걀;

bertelur, **menelur** 알을 낳다;Ayam **bertelur**. 닭이 알을 낳았다;

menelurkan ① (알을) 낳다; ⓢ mengeluarkan, melahirkan; ② 떨어뜨리다, 투하하다; ③ 생산하다, 산출하다,내놓다;ⓢ menghasilkan,menciptakan; **menelurkan** hasil 결과를 산출하다; Dia ***menelurkan*** konsep baru dalam penjualan alat ini. 그는 이 기구를 팔기 위한 새로운 방안을 내놓았다;

peneluran 알을 낳음;

telusur,**menelusuri** ①따르다,따라 걷다; ② 조사하다,분석하다; ⓢ menelaah;

penelusuran 조사, 분석, 연구;

teman 친구, 동료, 벗; ⓢ sahabat, kawan; **teman** hidup 배우자, 인생의 동반자;

berteman ① 친구와 함께, 친구와 더불어; ② 친구 사이이다, 친구가 되다; ③ 결혼하다, 혼인하다; ④ 따르다; Pekerjaannya selalu ***berteman*** dengan matahari. 그가 일할 때는 항상 떠거운 태양이 벗한다;

menemani ~을 함께하다, 동행하다, 수행하다;ⓢ mengawini, mengiringi; Saya ***menemani*** kekasih di saat dia merasa kesepian. 나는 애인이 와로울 때 함께한다;

pertemanan 교우, 우정; ⓢ persahabatan;

tembaga 구리, 동; **tembaga** kuning 황동; **tembaga** merah 적동; **tembaga** perunggu 청동, 브론즈; **tembaga** putih 백동, 양은;

tembak, **bertembak-tembakan** 서로 쏘다; Hukum **tembak** 총살형; kena **tembak** (총에)맞은;

tembak-menembak 상호 발사;

menembak ① 쏘다, 발사하다, 사격하다; ⓢ membedil; ② (축구의) 공을차다;

menembaki 여러 차례 발사하다;

menembakkan ① ~을 쏘다, 발사하다; ⓢ menembak dengan, melepaskan;② (공을)차다;③ 조준하다, 응시하다; ⓢ membidik;

penembak 사수, 사격하는 사람;

penembakan 폭격, 사격;

tertembak ① 총에 맞은,저격당한; ② 당한;

tembakan 사격, 발사; **tembakan** senapan mesin 기관총사격;

tembak-tembakan 사격 연습;

tembok ① 벽; ⓢ dinding; ② 둑, 제방; **tembok** beton 콘크리이트 벽;

menemboki ① 벽을 쌓다, 쌓아 올리다; ② 벽돌;Ia ***menembok*** rumahnya. 그는 벽돌을 쌓아 집을 지었다.

tembus ① 구멍을 뚫다; ②꿰뚫다; ⓢ melantas; Pesawat itu terbang ***menembus*** awan putih. 그 비행기는 흰 구름을 뚫고 날았다; ③ 스며들다; ⓢ meresap; Bak air itu ***menembus*** sehingga airnya keluar. 그 물통은 물이 새어 나온다; **menembus** cahaya 빛이 통하다; **menembus** pandang 투명체;

menembus ① 꿰뚫다; ⓢ terus sampai;Ia ***menembus*** tanah itu dengan tongkat.그는 그 막대기로 땅을 쑤셨다; ② 꿰뚫다, 무너뜨리다; ⓢ mendobrak, menerobos; Mereka berhasil ***menembus*** benteng pertahanan musuh. 그들은 적의 방어 요새를 뚫는 성과를 올렸다; ③ 나오다, 나타나다, 통과하다, 스며들다;

tertembus 뚫린,통과되는; Ruangan ini tak ***tertembus*** sinar matahari. 이 방은 햇빛이 들지 않는다;

tembusan ① 한길, 통로; ⓢ jalan; ② 터널; ⓢ terowongan; ③ 복사물, 사본;

tempa, **menempa** 두둘겨서 쇠를 만들다, 벼려서 만들다;

tempat ① 장소, 곳; ⓢ wadah; ② 공간,여지, 홀; ⓢ ruang; **tempat** belajar 교실; **tempat** bermalam 숙소; **tempat** membaca 독서실; **tempat** tinggal 거주지;③ 지방,지역; Mereka tidak tahu ***tempat*** mencari hasil buah ini. 그들은 어떤 지역에서 이 과일이 수확되는지 찾을 수가 없다; **tempat** abu 재떨이; **tempat** air 수조, 물탱크; **tempat** beribadat 기도원, 기도소; **tempat** gula 설탕통; **tempat** kedudukan 거주지;

bertempat 거주하다, 체류하다; ⓢ menduduki;Keluarga itu ***bertempat*** tinggal di daerah terpencil. 그 가족은 한적한 지역에서 거주하고 있다;

menempati ① 차지하다,점거하다; ② 채우다; ⓢ memenuhi;

menempatkan 두다, 놓다; ⓢ meletakkan, menaruh;

penempatan ① 배치, 놓기, 두기; Jawatan **Penempatan** Tenaga 고용국; ② 주차장, 놓아 두는 곳; ③ 점유, 영유; izin **penempatan** 점유허가; ④ 설치;**penempatan** iklan 광고물 설치;

setempat ① 지방의, 지역의; ⓢ daerah; ② 동일 장소의,같은 지역의; Ia tinggal ***setempat*** dengan saya. 그는 나와 같은 지역에서 살고 있다;

tempel, **bertempel** ① 달라붙다, 고착하다; ② 접하다, 면하다;

menempel ① 붙다, 달라붙다; ⓢ melekat; ② 붙이다, 고착시키다; ⓢ melekati; ③ 매달리다, 떨어지지 않다;

menempeli ① ~에게 매달리다, 달라 붙다; ② 빌붙다, 신세지다; ⓢ mendekati; ③ ~을 덮다, 붙이다;

menempelkan ~을 붙이다, 고착시키다;

tempelan ① 붙이는 것, 스티커, 포스터; ② ~에 매달리는, 집착하는; ③ 수입인지;

temperamen 까다로운 성격; Wajah laki-laki itu sangat ***temperamen***. 그 남자의 성격은 아주 까다롭다;

bertemperamen 기질을 갖다;

tempo ① 시간, 틈, 때; ⓢ waktu, masa; ② 기간, 동안; ⓢ selama; Orang itu diberikan ***tempo*** 1 minggu untuk meninggalkan kontrakannya. 그 사람은 계약 거주 기간을 일 주일 시간(유예)을 주었다; ③ ~할때, ~할 당시; ④ 템포, 박자, 속도; ⓢ ukuran waktu; ⑤ 기회; ⑥ 시한, 약속 (시간); ⓢ batas waktu; Masa tahanan penjahat itu sudah habis ***tempo***nya. 그 범죄인의 감옥살이 기간은 끝났다; **tempo** hari 요즈음, 최근에, 지난번;

bertempo 박자를 사용하다;

tempuh, **bertempuh-tempuh** 서로 공격하다, 싸우다, 습격하다;

menempuh ① 공격하다,습격하다; ⓢ menyerang; Kelompok itu akan ***menempuh*** benteng lawan. 그 무리들은 적의 본거지를 습격했다; ② 부딪치다; ③ 들이닥치다, 덮치다; ④ 통과하다; ⓢ melalui,menyusuri; Ia ***menempuh*** jalan yang berbahaya. 그는 아주 위험한 길을 통과했다; ⑤ (험난한 곳을)길어가다, 파헤쳐 가다; Ia ***menempuh*** hujan badai di malam hari. 그는 밤에 비바람을 맞으며 갔다; ⑥ (바람, 파도 등을) 거슬러 가다, 마주하다; ⓢ menyongsong, menghadapi; ⑦ 극복하다,체험하다; ⓢ melintasi, mengalami;

temu 만나다, 상면하다; ⓢ sua, jumpa; **temu** pers 기자 회견; **temu** wicara 인터뷰;

bertemu ① 만나다, 마주치다; ⓢ berjumpa; Orangtuanya ***bertemu*** dengan calon suaminya. 그녀의 부모님은 남편될 사람을 만나보았다; ② 발견되다, 나타나다; ⓢ mendapat, ada; Barang yang sudah lama hilang, tak akan ***bertemu***. 오래 전에 잃어버린 물건은 찾을 수 없을 것이다; ③ 당하다,겪다; Kapal yang sedang berlayar itu ***bertemu*** dengan bahaya maut karena angin topan. 그 돛단배는 태풍 때문에 죽을 고비를 겪었다; **bertemu** muka 대면하다; Kedua keluarga itu akhirnya ***bertemu*** muka di rumah teman. 그 두 가족은 결국 친구 집에서 상면했다;

mempertemukan 연결시키다, 결합시키다; ⓢ memperhubungkan;

menemui ① 만나다,마주치다,방문하다;ⓢmenjumpai,ketemu dengan; Ia ***menemui*** guru yang baru datang. 그는 새로 오신 선생님을 만났다; ② 발견하다, 찾아내다; ⓢ mendapat; Orang itu ***menemui*** dompet di pasar. 그 사람은 길에서 지갑을 발견했다;③ 경험하다,당하다;ⓢ mengalami; Anak yang malang itu ***menemui*** kegembiraan waktu sudah ada keluarganya. 그 불쌍한 아이는 가족이 있을 때 행복을 경험했다; menemui ajal 죽다;

menemukan 발견하다; ⓢ mendapatkan;

penemu 발견자;

penemuan 발명; ⓢ ciptaan; ***Penemuan*** alat itu sungguh mengejutkan.그 기구의 발명은 정말 놀라운 일이다; ② 발견,찾아냄;

pertemuan ① 모임, 회합, 만남; ⓢ perjumpaan; ② 발견; ⓢ perkumpulan;

temurun 세습적으로;

tenaga ① 힘, 근력; ⓢ daya; ② 에네르기, 세력; ③ 인력; **tenaga** ahli 전문 인력; **tenaga** air 수력; **tenaga** dalam 정신력; **tenaga** kuda 마력; **tenaga** pekerja 노동력;**tenaga** kerja 근로자, 인력;

bertenaga 활동적인, 힘찬;

ketenagaan 힘;

tendang 차기; ⓢ sepak, depak; Anak itu ***ditendang*** oleh temannya. 그 아이는 친구에게 차였다;

menendang ① 차다; ⓢ menyepak,mendepak;Tim biru ***menendang*** bola ke dalam gawang tim merah. 푸른 팀은 붉은 팀의 골문 안으로 공을 찼다; ② 몰아내다, 축출하다,해고하다,파면하다;ⓢ mengusir,memecat; Majikannya ***menendang*** pembantunya yang malas. 주인은 게으른 가정부를 해고했다; ③ 밀다,밀어부치다; ⓢ mendorong.

tertendang ① 차이다; Cangkir itu ***tertendang*** olehnya. 그 컵은 그에 의해서 우연히 차였다; ② 해고당하다, 파면되다;

tendangan 차기,걷어차기; tendangan bebas 후리 킥; **tendangan** gawang 골 킥; **tendangan** penalti 페날티 킥; **tendangan** penjuru 코오너 킥;

tendensi 경향, 추세, 풍조; ⓢ kecenderungan; kecondongan;

bertendensi 경향이 있다;

teng 탱크, 물통;

tengah ① 가운데, 중앙; ⓢ pusat; di *tengah* kamar 방한 가운데; ② (~하는) 도중에; Di *tengah* jalan hari hujan.가는 도중에 비가 내렸다; ③ (사람)속에, 중에; ⓢ sela-sela, antara; Di *tengah* kami ada orang Amerika.우리들 중에 미국인이 있다. ④ 반, ½; ⓢ seperdua,separuh;

mengetengahkan ① 제시하다, 내놓다, (의견을)제출하다; ⓢ mengemukakan; ② 언급하다, 진술하다; ⓢ mengutarakan;

ketengah 인증,인용,제시;

penengah 중재자, 조정자, 중간자;

setengah 반절, 절반; ⓢ seperdua, separuh;

tengah ① ~하는 동안에; ⓢ sedang; *Tengah* tidur malam, ibu itu mendengar tangisan anaknya. 그 어머니는 밤중에 자다가 아이의 울음 소리를 듣고 일어났다; ② ~할 때,~하고 있는 중에; ⓢ saat, sementara; Dia *tengah* bermain saat ibunya memanggil. 그는 어머니가 부를 때 노는 중이었다;

tenggang ① 말미, 유예, 생각할 시간, 기간; Dia mendapat *tenggang* waktu 3 bulan untuk membayar hutangnya. 그의 빚은 3 개월 유예를 받았다; ② 수단,방책,노력;ⓢ upaya, usaha;

menenggang 존경하다, 중요시하다, 고려하다; ⓢ mengindahkan, mempertimbangkan;

tenggang-menenggang 신중히 생각하다, 존경하다; ⓢ saling mengingati, saling menghormati, saling menghargai;

tenggelam ① 가라앉다, 침몰하다; ⓢ kelelep, karam; Kapal *tenggelam*. 배가 침몰했다; ② 지다; ③ 물에 빠지다; Anaknya *tenggelam* di sungai. 강물에 아이가 빠졌다;

menenggelamkan ~을 물에 가라 앉히다, 빠뜨리다, 침몰시키다; ⓢ mengaramkan;

tengger, **bertengger** (새가)앉다; ⓢ hinggap,tengger,duduk; Burung merpati *bertengger* di atap rumah. 비둘기가 지붕 위에 앉았다;

tengil 불쾌한, 지겨운; ⓢ banyak tingkah; Gadis itu *tengil* sehingga orang benci padanya. 그 불쾌한 여자는 모두에게 미움을 샀다;

tengkar 다툼, 분쟁, 싸움; ⓢ cekcok;

bertengkar 싸우다, 분쟁하다; ⓢ berselisih;Anak itu *bertengkar* dengan temannya. 그 아이는 친구와 다투었다;

menengkari 반대하다, 거부하다; ⓢ menyanggah,membantah;Pegawai itu *menengkari* masalah kenaikan gaji. 그 직원은 임금 인상 문제를 항의했다;

pertengkaran 논쟁, 싸움, 다툼; ⓢ percekcokan;

tengok 보다,바라보다;ⓢ lihat,jenguk; Ibu sedang *tengok* anaknya yang sakit di rumah sakit.어머니는 병원에서 아픈 그녀의 아이를 보았다.

tengok-menengok 서로 바라보다;

menengok ① 조사하다, 관찰하다; ⓢ memandang,melihat;② 방문하다, 문병 가다; ⓢ menjenguk; ③ 보다, 바라보다; ⓢ menonton, melihat; ④ ~으로 판단하다, 미루어 보다;

tentang ① ~에 관하여, ~에 대하여; ⓢ mengenai; Dia tak tahu *tentang* masalah teman. 그는 친구의 문제에 대해서 모른다; ② 정면에, 마주보고;

bertentang 마주 보고 있다; Sekolahnya *bertentang* dengan rumahnya. 그의 학교는 집과 마주 보고 있다;

bertentangan ① 모순 되는, 상치 되는,틀리는;ⓢ berhadapan; Ucapannya *bertentangan* dengan kenyataan. 그의 말은 사실과 다르다; ② 다투는,싸우는,충돌하는; ⓢ berlawanan, musuhan; Anaknya selalu *bertentangan* dengan orang tuanya. 그 아이는 늘 부모와 다툰다;

mempertentangkan ①반대하다, 대항하다; ⓢ bertentangan; ② 대조시키다, 대비시키다;

menentang ① 응시하다,뚫어지게 바라보다; ⓢ memandang,menatapi; ② 마주보다, 면하다; ⓢ melekatkan pandangan; ③ 반대하다, 대항하다, 대결하다; ⓢ memerangi, melawan; Dia *menentang* keputusan itu. 그는 그 결정에 반대했다;

pertentangan ① 투쟁,충돌,알력; ⓢ perlawanan, pertikaian; ② 부정, 부인, 반박, 모순, 상치; ③ 반대, 저항, 대립; ⓢ konflik, perselisihan;

tentu ① 확정된; ⓢ tetap, batas; **tentu** arahnya 정한,일정한; ② 명기된,지정된;ⓢ teratur;③ 확실한,명확한; ⓢ pasti terang, nyata; *Tentu* saja anak itu jujur sekali pada temannya. 물론 그 아이는 친구들에게 아주 정직하다; ④ 틀림없는; ⓢ niscaya, mesti, harus; Permasalahan belum *tentu* bisa di selesaikan hari ini juga. 그의 문제는 오늘도 끝낼 수 있을지 분명하지 않다; **tentu saja** 물론이죠, 그렇고말고요;

berketentuan 확실한, 틀림없는;

menentu 확실하다, 명확하다; ⓢ teratur, pasti; Tujuan hidup orang itu tidak *menentu.* 그 사람은 삶의 목적이 확실하지 않다;

menentukan ① 결정하다, 확정하다; ⓢ menetapkan, memutuskan; Anak itu sudah *menentukan* kapan dia pergi. 그 아이는 언제 출발할지를 결정했다; ② 확보하다, 보장하다; ③ 결정적인, 영향을 주는; faktor **menentukan** 결정적인 요소; ④ 정하다; ⓢ memutuskan; **menentukan** tempat 장소를 정하다;

ketentuan ① 확실, 틀림없음; ⓢ ketetapan, kepastian; ② 계약, 규약, 조건, 단서; ⓢ syarat; Surat keterangan itu sudah sesuai dengan *ketentuan* yang ada. 그 설명 서는 조건과 맞았다; ③ 결정, 해결; ⓢ keputusan;

penentu 결정자, 확정자; Direktur adalah *penentu* dalam masalah gaji.

사장은 임금 문제의 결정 자이다;
penentuan 결정, 확정, 결심; ⓢ penetapan, keputusan; ***Penentuan*** siapa yang menang dan kalah sampai sekarang belum diputuskan.누가 이기고 질지 지금까지 확실하게 결정되지 않았다; **penentuan** kebijaksanaan 정책 결정;
tertentu ① 확실한, 분명한; suatu hal yang **tertentu** 확실한 일;② 일정한,고정된; **tertentu** jumlahnya 고정액; ③ 특정한, 특별한; ⓢ khusus, spesial;
teori 학리, 이론, 공론;
berteori 이론을 세우다;
tepat ① 정확한, 빈틈없는; ⓢ persis; perhitungan yang **tepat** 정확한 계산; ② 정각, 정시; ③ 바른, 옳바른, 똑바른; ⓢ betul, kenal; Ia datang ***tepat*** pada waktunya.도착은 정시에 했다;
menepati ① 곧바로 향하다; ② 이행하다; **menepati** janji 약속을 지키다;
menepatkan ① 겨누다,조준하다; ⓢ membidik,mengarah;Ia ***menempatkan*** senjatanya pada sasarannya. 그는 표적을 향해 총을 겨누었다; ② 맞추다, 조정하다; ⓢ menjadikan tepat; ③ 적합시키다, 적응시키다; ⓢ mencocokkan;
ketepatan ① 정확,정밀; ⓢ kebetulan;② 발생하다 (우연히)일어나다;
bertepatan 일치,부합, 일이 동시에 일어남; ⓢ bersamaan;
tepi ① 물가, 강기슭, 해안; ⓢ pinggir; **tepi** laut 해안;② 강변; **tepi** sungai 강변; ③ 길가, 노변; ⓢ bibir, perbatasan; **tepi** jalan 길가; **tepi** baju 옷단;
bertepi 경계가 되다, 접경이 되다;
bertepikan 가장자리가 ~하다; Kain ***bertepikan*** renda berwarna merah.천의 가장자리에 붉은 레이스가 달렸다;
menepi 변두리로 움직이다;
mengetepikan ① 무시하다, 게을리하다; ⓢ tidak mementingkan, tak mengutamakan; **mengetepikan** kewajiban 책임을 게을리 하다; ② ~을 가장자리에 두다; **mengetepikan** mo-bil 차를 노변에 새워 두다;
tepian 변두리, 가장자리; ⓢ pinggir, perbatasan; Ia duduk di ***tepian*** pantai. 그는 해변가에 앉았다;
tepuk 손뼉치기, 박수; **tepuk** sorak, **tepuk** tangan 박수갈채;
bertepuk 손뼉을 치다, 박수치다; ***Bertepuk*** sebelah tangan tidak akan berbunyi.짝사랑은 어루어지지 않는다; **bertepuk** tangan 박수치다;
bertepuk-tepuk 손바닥으로 소리를 내다;
menepuk 치다, 때리다;
tepukan 박수를 침;
tepung 가루,분말; ⓢ serbuk,bubuk; **tepung** ragi 베이킹 파우더; **tepung** terigu 밀가루;
bertepung 가루가 있다;
menepung 가루로 만들다, 분말을 만들다; ⓢ menumbuk ; **menepung** beras 쌀가루를 만들다;
terali 난간; ⓢ kisi-kisi, jeruji; terali kapal 배의 난간;
berteralikan 난간을 이용하다; ⓢ memakai terali;

terang ① 분명한, 명백한; ⓢ nyata, jelas; ② 맑은, 밝은, 청명한; ⓢ cerah,bersinar; ③ (하늘이)맑은, 깨끗한; ⓢ jernih, bersih; ④ 선명한; ⓢ nyata; **terang** bulan 달빛; terus **terang** 분명히, 솔직히;

terang-terang ① 밝은, 맑은; ② 솔직한, 담백한;

terang-terangan 솔직한,분명히, 솔직히; Anak itu ***terang-terangan*** mengatakan tentang masalah dirinya.그 아이는 자신의 문제를 솔직하게 털어놓았다;

menerangi 밝혀주다, 밝게하다; ⓢ menyulul uhi, menyinari;

menerangkan 설명하다,명백하게 하다; ⓢ menjelaskan, menyatakan;

keterangan ① 증명서, 면허증; ② 소식, 정보; ⓢ kabar, informasi; ③ 설명, 해설; ⓢ penjelasan; **keterangan** pemerintah 정부의 성명; **keterangan** gambar 설명도, 약도; **keterangan** kerja 업무설명서; **keterangan** pabean 관세 설명;surat **keterangan** 증명서;

penerang 등(燈), 등불;

penerangan 정보, 보도, 공보; ⓢ informasi;

terbang ① 날다, 비행하다; ⓢ melayang; Burung ini sanggup ***terbang*** jauh sampai ke gunung. 그 새는 산까지 멀리 날 수 있다; ② 날라가다; ⓢ berhamburan;

menerbangkan ① 날려 보내다, 날아가게 하다; Ia ***menerbangkan*** burung. 그는 새를 날려 보냈다; ② (연 등을) 날리다; **menerbangkan** layang-layang 연을 날리다;

penerbang 비행사, 파일롯트; ⓢ pilot; **penerbang** angkasa 우주비행사;

terbit ① 떠오르다, 뜨다; ⓢ timbul, naik keluar; Matahari ***terbit*** di pagi hari.태양이 아침에 떠오른다;② 출현하다, 출간되다, 나오다; ⓢ muncul, edar, keluar; Berita pembunuhan itu akan ***terbit*** di Koran besok. 그 살인 사건의 뉴스는 내일 신문에 출간될 것이다;③ 일어나다; ⓢ bangkit, timbul; ***Terbit*** rasa rindu pada orang tuanya. 그는 부모님들이 그리워 진다;

menerbitkan ① 출판하다, 발행하다;ⓢ mengeluarkan; ② 일으키다, 야기시키다;ⓢ menimbulkan, membangkitkan;

penerbit 출판업자, 발행자;

penerbitan ① 출판, 출간, 발행; ② 판(版), 본; ③ 출판사, 발행소;

terbitan ① 출판, 출간, 발행물; ② 판(版), 본;

teriak 외침 소리,비명,외마디 소리;

berteriak 소리치다, 비명을 지르다, 외치다; ⓢ berseru,berpekik,bersorak; Ibu itu ***berteriak*** histeris mendengar anaknya meninggal. 그 부인은 아이가 죽었다는 말을 듣고 절규하였다;

berteriak-teriak 계속 소리 지르다,비명을 지르다; Ia ***berteriak-teriak*** padanya untuk meminta bantuan. 그는 도와 달라고 계속 소리를 질렀다;

meneriaki 고함을 지르다;

meneriakkan 큰 소리로 말하다, 소리치다; Anak itu ***meneriakkan***

memanggil temannya. 그 아이는 친구를 소리쳐 불렀다; Ia ***meneriakkan*** pendapatnya kepada semua temannya. 그는 모든 친구들에게 큰 소리로 의견을 말했다;

teriakan 절규, 소리침, 비명, 외침; ⓢ seruan; ***Teriakan*** itu terdengar sangat keras. 그 비평 소리는 아주 크게 들렸다;

terima 받다, 받아 들이다;ⓢ mendapat; **terima** kasih 감사합니다; salah **terima** 오해하다, 잘못 받아들이다; **terima** salah 과실을 인정하다;

berterima 받아들이는; **berterima** kasih 감사의 말을 하다;

menerima ①받아들이다,수용하다 ⓢ mendapat, menyambut; Ia ***menerima*** kedatangan mereka dengan baik. 그는 그들이 잘 도착한 것을 환영했다; ② 받다, 접수하다; ⓢ menganggap, menadah; Orang itu ***menerima*** barang selundupan. 그 사람은 밀수품을 받았다; ③ 동의하다, 인정하다; ⓢ mengesahkan, membenarkan, menyetujui; Atasannya bisa ***menerima*** pendapat orang itu.그 사장의 의견은 윗사람에게 받아 들여졌다;④ 허가하다, 허락하다;ⓢ mengizinkan; Presiden ***menerima*** pengunduran Menteri itu. 대통령은 그 장관의 사직에 동의했다;

menerimakan 넘겨주다,전달하다, 건네주다;

penerima 수취인, 받는 사람;

penerimaan ① 받아들임, 영입; **penerimaan** anggota baru 신입회원을 받아들임; ② 받음, 맞이함; ⓢ penyambutan, sambutan; **penerimaan** tamu 손님을 맞이함;

terjang, **menerjang** ① 공격하다, 억압하다; ⓢ serang, serbu; Para mahasiswa ***menerjang*** gedung itu saat demonstrasi. 모든 대학생은 데모로 그 건물을 점거했다; ② 차다, 발길질하다; ⓢ tendang, sepak, depak; ③ 부딪치다, 충돌하다; ⓢ melanggar,menubruk; ④ 곧장 지나치다; ⓢ melewati terus;

menerjangkan ~로 차다;

penerjangan 공격, 습격; ⓢ serbuan, serangan;

terjemah, **menterjemahkan** 번역하다, 옮기다; ⓢ menyalin;

penterjemah 번역가, 역자; **penterjemah** lisan 통역자, 통역사;

penerjemahan 번역, 옮기기;

terjun ① 떨어지다, 다이빙하다, 낙하하다; ⓢ melompat turun (ke bawah); Saya ***terjun*** kelaut bersama teman.나는 친구와 함께 바다로 뛰어 들었다; ② 사라지다, 없어지다; ⓢ menceburkan diri; Ia tidak keliatan lagi, ***terjun*** diantara orang banyak. 그는 군중 속으로 파묻혀 버려서 더 이상 보이지 않았다;

menerjuni ① ~에 뛰어들다,다이빙하다; ⓢ menyelami, melompat; ② 다루다, 처리하다; Ia ***menerjuni*** pekerjaan itu sejak dahulu. 그는 그 전부터 그 일을 취급했다;

menerjunkan 떨어뜨리다, 빠뜨리다; ⓢ menjatuhkan, merendahkan, menurunkan;

terka (=**terkaan**) 추측, 짐작; ⓢ dugaan, tebakan;

menerka① 추측하다,생각하다;ⓢ menebak,mengira; Dia sudah ***menerka*** ayahnya akan datang. 그는 아버지께서 도착할 것이라고 추측했다; ② 의심하다; ⓢ menyangsi;
penerka ① 수수께끼; ② 의심하는 사람;
penerkaan 추측, 짐작, 헤아림; ⓢ tebakan, dugaan;
terkam, menerkam 잡자기 달려들다,와락 덤벼들다, 덮치다; ⓢ menerpa, melompati, mencengkram; Anjing itu ***menerkam*** setiap orang yang jalan di depannya. 그 개는 지나가는 모든 사람에게 덤볐다;
terlalu ① 지나치게, 너무, 몹시; ⓢ terlampau; Udaranya ***terlalu*** sejuk. 그 산악지대의 공기는 아주 신선하다; ② 매우; ⓢ amat; Ia ***terlalu*** kaya. 그는 매우 부유하다;
keterlaluan 대단한, 유별난;
termos 보온병;
ternak ① 가축, 짐승; ⓢ binatang, hewan;② (가축을) 사육하다; **ternak** bibit 종자 가축;**ternak** komersial 상업성 가축;**ternak** unggas 가축 사육; **ternak** ayam 양계; usaha **ternak** ayam 양계업;
beternak 가축을 기르다, 사육하다; ⓢ memelihara;**beternak** ayam 닭을 사육하다;
peternak 사육자; **peternak** babi 양돈업자;
peternakan (가축을)사육함, 기름;
terobos, menerobos 뚫다, 빠져 나가다, 돌파하다;
penerobos ① 송곳;②강도,밤도둑;
penerobosan ① 밤 도둑질; ② 뚫음, 빠져 나감;
terobosan 돌파, 꿰뚫음;
teropong ① 관, 통; ② 망원경; ⓢ keker; ③ 확대경, 현미경;
meneropong ① 망원경으로 보다; ② 관찰하다, 조사하다, 연구하다; ⓢ memeriksa, menyelidiki;
menerpongi ① 현미경·망원경으로 보다; ② 조사하다, 관찰하다;
peneropongan 연구, 관찰, 조사; ⓢ penyelidikan, penelitian;
terpa, menerpa 덮치다, 습격하다; ⓢ menerkam, menyerang;
tertawa ① (소리내어) 웃다; ② 웃음; **tertawa** besar 파안대소; **tertawa** kecil 미소; **tertawa** terpingkal-pingkal 배꼽을 잡고 웃다;
menertawai ~을 보고 웃다;
menertawakan ① 비웃다, 조롱하다; ② 웃기다, 웃게 하다;
tertawaan 웃음거리; Kebodohannya jadi bahan ***tertawaan*** orang lain.그 어리석은 사람은 다른 사람의 웃음거리가 되었다;
tertib ① 질서, 규칙; ⓢ aturan, peraturan; **tertib** hukum 법 질서; ② 정돈된, 규칙적인; ⓢ teratur, apik; ③ 겸손한; ⓢ sopan; **tertib** acara 일정표, 의사 일정; **tertib** lalu lintas 교통 규칙; **tertib** nikah 결혼식, 혼례식; **tertib** sopan 예의 바른;
menertibkan ① 정돈하다, 정리하다; ② 조정하다, 억제하다;
ketertiban ① 질서, 정돈; **ketertiban** umum 공공 질서; ② 바른 행동;
penertiban 통제, 억제; Saat ini sedang ada ***penertiban*** lalu-lintas.

지금 교통 통제를 하고 있다;

terus ① 곧바로, 직접, 곧장; ⓢ lurus, langsung, lanjut; Orang itu pergi dari bank *terus* ke kantor. 그 사람은 은행에서 곧장 회사로 갔다; ② 계속해서,줄곧;ⓢ tetap berlanjut; Berita itu akan *terus* berlanjut keesokan harinya. 그 뉴스는 내일까지 계속될 것이다; ③ 쉴새없이; ⓢ tak berhenti-henti; Orang itu kerja *terus* setiap hari. 그 사람은 매일 쉬지 않고 계속 일한다;

terus-menerus 계속해서, 반복해서; Dia *berterus-terus* membaca buku bahasa Korea. 그는 한국어 책을 반복해서 계속 읽었다;

menerus ① 뚫다, 뚫고 나가다; ⓢ menembus; ② (바람이)계속 불다, (물이) 항상 흐르다; ⓢ merembus;

meneruskan ① 계속하다, 지속하다; Orang itu *meneruskan* kerja di kantor.그 사람은 회사에서 계속해서 일했다;② 전송하다,송달하다,보내다; Dia *meneruskan* pesanan orang itu ke rumahnya.그는 그 사람의 집으로 주문한 물건을 보냈다;

seterusnya 앞으로, 차후; *Seterusnya* dia hidup menderita.그 후로 그는 수난을 겪으며 살았다;

terusan 연속물, 속편, 후편; ⓢ lanjutan, sambungan;

terus-terusan 끊임없이, 계속; Anak itu *terus-terusan* menangis. 그 아이는 계속해서 울었다;

terus-terang 정직한, 솔직한; ⓢ jujur; Pria itu mengatakan *terus-terang* bahwa ia mencintai gadis itu. 그 남자는 여자에게 솔직히 사랑한다고 말했다;

berterus-terang 솔직히 말하다, 털어 놓다; ⓢ berterang-terang, mengaku secara jujur;

tetangga 이웃집, 이웃;

tetap ① 고정된, 고정의; ②확실히, 명확히; ⓢ pasti, tentu; Keadaannya *tetap* membaik setelah lama di rawat dokter. 그의 상태는 의사의 치료를 오랫동안 받은 후 확실히 좋아졌다; ③ 같은, 변함이 없는; ⓢ kekal; Keadaan keluarga itu *tetap* terus-menerus. 그 가족의 행복은 변함없이 계속되었다;④ 단호한,고집하는; Mereka *tetap* tak mau pergi dari tempat itu. 그들은 그 장소에서 떠나지 않겠다고 고집했다; guru **tetap** 전임 교원; **tetap** pada waktunya 정각에, 정시에; **tetap** pendirian 일관된;

menetapkan ① 결정하다, 확정짓다; ⓢ menentukan, memutuskan; Ia *menetapkan* tidak akan membeli mobil baru. 그는 새 차를 사지 않겠다고 결정했다; ② 지명하다, 임명하다; ⓢ menunjuk, memilih; Dia *menetapkan* saya sebagai pemimpin perusahaan ini. 그는 나를 이 회사 사장으로 지명했다; ③ 유지하다, 지속하다, 확보하다; ⓢ menahan,menderita;Ia ingin *menetapkan* posisi ini sekarang. 그의 바램은 지금 위치를 유지하는 것이다; **menetapkan** peraturan 규정을 제정하다; **menetapkan** hati 격려하다;

tetapi 그러나, 그러도; ⓢ namun;

tetas, menetas ① 깨다, 부수다, 쪼개다; ⓢ meretas, memecahkan;

② (알에서) 부화하다;
menetaskan (알을)까다;
tetes 방울, 물방울; ⓢ titik, titis;
menetes (액체가) 똑똑 떨어지다;
menetesi 뿌리다, 끼얹다;
tetesan 방울; **tetesan** air 물방울; **tetesan** darah 핏 방울; **tetesan** pena 저작, 저술;
tewas 희생되다, 죽다, 살해되다; ⓢ mati, meninggal, wafat; 3 orang ***tewas*** dalam kecelakaan mobil itu. 그 차 사고는 3 명의 희생자를 냈다;
menewaskan 죽이다, 살해하다; Tabrakan maut itu ***menewaskan*** 23 orang. 그 무서운 충돌 사고는 23 명을 희생시켰다;
tiada ① ~이 아닌, ~하지 않는; ⓢ tidak; **tiada** besar 크지 않은; Orang itu ***tiada*** karuan hidupnya. 그 사람은 생활이 불안정하다; ② 없는; ⓢ tak ada; ***Tiada*** satu orang pun di sini. 그 집에는 한 사람도 없다;
ketiadaan ① 부족,부족액; Ia pasrah dengan ***ketiadaan*** dirinya. 그는 자신의 무능으로 포기했다; ② 무(無), 존재하지 않음; hilang **ketiadaan** jalan kembali 돌아오지 않다;
peniadaan ① 부정, 부인, 거부; ② 무효, 취소, 폐지; Pemerintah telah melakukan ***peniadaan*** program orientasi sekolah. 정부는 학교 적응 프로그램을 폐지해 버렸다;
tiang ① 장대; **tiang** bendera 깃대; ② 나무 막대기; **tiang** pagar 울타리의 막대기; ③ 기둥; **tiang** negara 나라의 기둥.동량(棟樑);
tiap 매, 마다, 하나; ⓢ satu; ***Tiap*** orang miskin menerima sumbangan dari pemerintah. 가난한 사람마다 정부로부터 보조금을 받았다; **tiap** hari 매일; **tiap** orang 각자; **tiap** waktu 언제고, 아무 때나;
setiap 매~, ~마다, 각각의; **setiap** waktu 언제나;
tiarap, bertiarap 엎어지다, 엎드리다;
tiba ① 도착하다, 닿다; ⓢ datang; Aku ***tiba*** di rumah pukul 2 malam. 나는 밤 2 시에 집에 도착했다; ② (때가)되다, 도달하다; ⓢ sampai; Saatnya telah ***tiba*** untuk berpisah. 헤어질 시간이 되었다;
setibanya 도착하자마자,닿자마자;
tidak ① ~이 아니다, ~하지 않다; Hari ini ia ***tidak*** dapat pergi. 그는 오늘 갈 수 없다; ② ~이 아닌,~하지 않는, 없는; Ia ***tidak*** ada di sini. 그는 여기에 없다; Ia ***tidak*** makan. 그는 먹지 않는다; **tidak** apa ① 괜찮은; ② 아무 것도 없는; **tidak** apa-apa 괜찮은; Kamu harus datang ke tempat itu, ***tidak*** boleh tidak. 너는 어떠한 일이 있어도 내가 있는 곳으로 와야한다; **tidak** karuan 혼란한, 무질서한, 확실하지 않음; Tulisan ini ***tidak*** karuan dibacanya. 이 글씨는 읽기가 혼란스럽다;
tidur ① 자다; tempat **tidur** 침대 ② 눕다; ⓢ berbaring; **tidur** nyenyak 곤히 (푹)자다, 숙면하다;
meniduri ① ~에게 자다;ⓢ tidur di, berbaring di; ② 성교하다, 성관계를 갖다; ⓢ bersetubuh; Orang itu didakwa karena ***meniduri*** anak tirinya sendiri. 그 사람은 의붓자식과 성교하여서 고발 당했다;

menidurkan 재우다, 잠재우다; ⓢ membawa tidur; **menidurkan** anaknya 아이를 재우다; Dia *menidurkan* anaknya di pangkuannya.
그녀는 아이를 무릎에 앉혀 재웠다;

tertidur, ketiduran 잠들다, 자버리다; ⓢ tak sengaja tidur; Ia *tertidur* di ruangan itu. 그는 그 방에서 잠들어 버렸다;

tiduran 눕다, 누워있다; Pengemis itu *tiduran* di teras toko.그 거지는 가게 앞에 누워있다;

tiga 셋, 세 개; **tiga** belas 13; segi **tiga** 3 각형; **tiga** puluh 30; **tiga** ratus 300;

bertiga 셋 모두; Kami *bertiga* tinggal di rumah ini. 우리는 이 집에서 세 사람이 함께 산다;

ketiga ①세 번째(의); ② 셋 모두(의); **ketiga** buku itu 그 세권의 책; orang yang **ketiga** 세 번째 사람; **ketiga** orang 세 사람 모두; *Ketiga* orang itu pergi ke rumahnya.
그 세 사람은 집으로 갔다;

ketiganya, tiga-tiganya 셋 모두;

tikai 상위, 차이, 다름;

bertikai 의견 차이가 있다;

menikai 부정하다, 부인하다;

pertikaian 논쟁, 불일치;

tikam (칼로) 찌름; ⓢ tusuk;

menikam ① 찌르다, 쑤시다; ⓢ menusuk; ② (감정을) 상하게 하다; ⓢ melukai hati;

tikam-menikam 서로 찌르다, 쑤시다;

menikamkan ~으로 찌르다, 쑤시다;

tertikam 찔린, 찔림을 당한; Ia mati *tertikam* tombak di dadanya. 그는 창으로 가슴이 찔려 죽었다;

penikaman 찌르기, 쑤시기; Pelaku *penikaman* anak itu sudah tertangkap. 그 아이를 찌른 사람은 채포되었다;

tikaman 찌름, 쑤심; Di tubuhnya ada luka bekas *tikaman* senjata tajam. 그의 몸에 날카로운 무기로 찔린 흔적이 발견되었다;

tikung, menikung 커어브를 틀다, 회전하다, 구부러지다; ⓢ berbelok, membelok;

tikungan 커어브 길, 코오너; ⓢ kelok jalan, sudut jalan;

tikus 쥐; tuba **tikus** 쥐약; **tikus** tanah 들쥐;

tilik ① 관찰력; ② 시선;

menilik ① 응시하다; ⓢ melihat, mengawasi; Ia *menilik* anak buahnya bekerja. 그는 일하는 직원을 감시한다; ② 간주하다,~이라고 생각하다; ⓢ mengira, menyangka; Ia *menilik* ayahnya memperlakukan ibunya dengan tidak baik. 그는 어버지가 어머니에게 하는 행동이 옳지 않다고 생각했다; ③ 감독하다, 관리하다; ⓢ mengatur, mengurus; ④ 예측하다, 점치다; ⓢ meramalkan; Peramal *menilik* nasib anak itu tahun ini. 점쟁이는 올해 그 아이의 운세를 점쳤다;

tilik-menilik 서로 응시하다;

timang, menimang-nimang (아기를)어르다, 달래다; Anak itu *menimang-nimang* bonekanya.그 아이는 인형을 어르렀다;

timba 두레박;

menimba 찾다,(물을)긷다; Anaknya sedang ***menimba*** ilmu di Jakarta. 그 아이는 자카르타에서 학교를 찾는다; (진학이나, 전학등으로);

penimba 물 긷는 사람;

penimbaan 떠냄, 퍼냄;

timbang 균형, 평형, 비교; ⓢ imbang, banding; **timbang** rasa ① 동정, 인정, 연민; ② 이해, 신뢰;

timbang-menimbang 심사숙고하다, 고찰하다;

mempertimbangkan ① 심사숙고하다; Kesalahan yang dilakukannya amat ***dipertimbangkan*** oleh guru-guru.그의 잘못된 행동은 선생님에 의해 신중히 숙고되고 있다; ② 상정(上程)하다, 넘기다; Hadiah pertama anak itu ***dipertimbangkan*** oleh para guru. 그 아이의 일등상은 선생님들에 의해 상정되었다;

menimbang ① 숙고하다,고려하다 ⓢ menguji, memikirkan, mengingat; ② 무게를 달다, 저울로 재다; ⓢ mengukur berat;

pertimbangan ① 판단, 의견; **pertimbangan** nilai 가치 판단; Menurut ***pertimbangan*** saya rasanya hal itu tidak perlu dilakukan. 내 판단으로는 그 일은 그렇게 할 필요가 없다; ② 고려, 숙려, 고찰; ③ 검사, 검열, 관찰;

setimbang ① 균형이 잡힌, (무게가) 같은;ⓢ sebanding, seimbang, setimal; ② ~에 비례하여, 따라서; ⓢ setara,setaraf; Bayarannya ***setimbang*** dengan beratnya pekerjaan. 그의 수입금은 일한 만큼과 균형이 맞다;

keseimbangan 안정, 평형;

timbangan ① 천칭, 저울; **timbangan** daging 고기 저울; ② 견해, 주장; ⓢ pendapatan menimbang; ③ 동등한 사람, 어울리는 것; ⓢ imbangan, timbalan; **timbangan** badan 몸무게 저울;

timbul ① 나타나다, 발견되다,출현하다; ⓢ terbit, menyembul; Mayat itu ***timbul*** di pinggiran sungai. 그 시체는 강가에서 발견되었다; ② 떠오르다, 생기다, 발생하다; ⓢ muncul,keluar,terbit; ***Timbul*** perasaan tidak enak dalam hatinya.그의 마음속에 불편한 기분이 생겼다; **timbul** marah 화가 나다; **timbul** tenggelam 흥망이 성쇠하다, 나타났다가 사라지다; **timbul** tenggelam kerajaan-kerajaan 왕조의 흥망이 성쇠하다;

menimbul 나타나다; ⓢ menyembul; Jerawatnya ***menimbul*** di permukaan wajahnya. 여드름은 그의 얼굴 표면에 났다;

menimbulkan ①일으키다,원인이 되다; ⓢ menerbitkan, menyebabkan; Masalah itu ***menimbulkan*** kekacauan di rumah kami. 그 문제는 우리 가정에 불화의 원인이 되었다; ② 이르다, 초래하다;ⓢ menjadikan; Kebohongan itu akan ***menimbulkan*** masalah besar.그 거짓말은 큰 문제를 초래할 것이다; ③ 노출시키다; ⓢ mendatangkan, memperlihatkan;

timbun 더미, 무더기; ⓢ tumpuk, onggok;

menimbun ① 쌓다, 쌓아올리다; Mereka ***menimbun*** sampah di tanah kosong.그들은 공터에 쓰레기

를 쌓았다; ② 보관하다,저장하다; Ia *menimbun* padi di gudang. 그는 창고에 벼를 저장했다; ③ 모이다, 축재하다; Uangnya *menimbun* di bank. 그 돈은 은행에 저축했다;

menimbun-nimbun 쌓다, 쌓아 올리다;

penimbun 저장자, 매점자;

penimbunan ① 축적,축재;② 매점 penimbunan kekayaan 부(富)의 축재

tertimbun ① 쌓인, 퇴적된, 더미를 이룬; Barangnya *tertimbun* di depan rumahnya. 그 물건들이 집앞에 쌓여 있다; ② 묻힌, 파묻힌, 매장된; Badannya *tertimbun* pasir. 그의 몸은 모래에 파묻혔다;

timbunan 퇴적, 무더기; *Timbunan* sampah di ujung jalan menyebabkan bau yang tak sedap. 길 구석에 쓰레기 더미는 나쁜 냄새의 원인이 된다;

timpa, **bertimpa-timpa** ① 쏟아지다,쏟아져 들어오다 쇄도하다; ⓢ bertindih-tindih; ② 서로 던지다;

menimpa ① 내리치다, 치다; ⓢ menjatuhi,menindihi; Kardus besar itu jatuh *menimpa* kakinya. 그 큰 상자가 떨어져 그의 발을 내리쳤다; ② 들이 닥치다, 덮치다; ⓢ menyerobos; Bencana alam itu *menimpa* rakyat Aceh. 그 자연 재앙은 아쩨 국민들에게 들이 닥쳤다; ③ 훔치다; ④ 때리다; ⓢ memukul, mengenakan senjata;

ditimpa 겹치다; ⓢ bertindih; Sudah jatuh *ditimpa* tangga 설상가상;

menimpakan ① 떨어뜨리다; menimpakan batu 돌을 떨어뜨리다; ② 나무라다, 비난하다, 책망하다; Ia *menimpakan* semua masalah pada sahabatnya. 그는 모든 잘못을 친구에게 돌렸다;

tertimpa ① 재난이 닥치다, 들이닥치다; Seluruh warga Tanjung Barat *tertimpa* musibah malaria. 딴중 바랏의 모든 국민은 말라리아의 재앙을 당했다; ② 맞은, 겪은; ⓢ terkena; ③ 얻어 맞다, 도둑 맞다; ⓢ terpukul, di curi;

timpang ① 절름발이의, 절뚝거리는,불구의; ⓢ pincang, cacat; Kakinya *timpang* sebelah. 그의 발은 한쪽으로 절름거린다; ② 불안정한; ③ 절다,절며 걷다; ④ 치우친,편향된; ⓢ tidak seimbang; pendapat yang timpang 편견; ⑤ 불안한, 혼란한; keadaan yang timpang 불안한 상태;

menimpang 절다, 절며 걷다;

ketimpangan ① 파행; ⓢ kepincangan; Hal itu dapat menimbulkan *ketimpangan* sosial. 그 문제는 사회의 파행을 야기시켰다; ② 결점, 결함; ⓢ cacat; ③ 편견, 불공평;

timun 오이; ⓢ mentimun;

timun-timunan 모든 종류의 오이.

timur 동,동쪽, 동양의, 동양; Timur Tengah 중동; Timur Tenggara 동남동;

ketimuran 동쪽의,동방의, 동양의;

tindak ① 걸음, 한 단계; ⓢ langkah; ② 행위, 조치; ⓢ perbuatan, aksi, kelakuan; **tindak** pelaksanaan 집행; **tindak** perkosaan 불가항력; **tindak** pidana 형사 조치;**tindak** tanduk 행위,태도, 활동; *Tindak tanduk* orang itu membuat kecurigaan. 그 사람의 행동은 의심스럽게 만들었다;

bertindak ① 조치를 취하다, 다루다; Hendaknya kamu ***bertindak*** tegas terhadap orang itu. 그는 너가 그 사람에게 분명한 조치를 취하기를 원한다; ② 하다, 행동하다, 실행하다; Ia tak berani ***bertindak*** kalau tak ada perintah dari atasan. 그는 만약 윗 사람의 명령이 없으면 할 용기가 없다; **bertindak** sendiri 스스로 행동하다;

menindakkan 실행하다, 취하다; **menindakkan** kekerasan 강력한 조치를 취하다;

setindak 한 걸음, 단계; **setindak** demi **setindak** 한 걸음씩,단계적으로

penindakan 행동, 조치; ***Penindakan*** terhadap dirinya dinilai menyalahi prosedur. 그 자신의 문제에 대한 조치는 잘못된 절차이다;

tindakan ① 조치, 단계; **tindakan** darurat 비상 조치; ② 행위, 행동; **tindakan** yang nyata 분명한 행동;

tindas, menindas ① 압박하다, 억압하다; ⓢ menggencet, menekan; **menindas** rakyatnya 국민을 억압하다; ② 진압하다,억누르다; ⓢ memadamkan; **menindas** pemberontakan 폭동을 진압하다;

penindas 압박자, 억압자;

penindasan ① 압박, 억압, 협박; Mereka melaporkan kasus ***penindasan*** itu ke polisi. 그들은 경찰에게 그 협박 사건을 고발했다; ② 분쇄, 진압;

tertindas 혹사당하다, 고문당하다; ⓢ teraniaya;

tindasan ① 압박, 억압; ② 분쇄, 진압; ③ 복사, 사본; ⓢ tembusan, salinan;

tindih 압박, 밀착; ⓢ tekan, himpit; **tindih** suara 녹음;

bertindih(-tindih) ① 포개져 있는, 겹쳐 누워있는; ⓢ berhimpit, bertumpuk; Korban bencana alam di Aceh mati ***bertindih***. 아째에 자연 재앙의 희생자들이 겹겹이 죽어있다; ② 붐비는,혼잡한; ⓢ berlapis-lapis, padat;

menindih ① 내려 누르다, 밀어서 펴다;Ia ***menindih*** buku-buku di dalam lemari yang telah di baca supaya rapi. 그는 다 읽은 책들을 쌓아서 정돈해 놓았다; ② 억누르다, 억제하다; ③ 억압하다;

tidih-menidih 서로 누르다;

ditindih ① 부담을 지다; ② 눌리다; ③ 억압되다;

ketindihan ① 짓눌린, 압박받는; ⓢ terhimpit; Kakinya ***ketindihan*** sebatang kayu. 그의 다리는 나무 둥치에 깔렸다; ② (근육의) 경련, 쥐; Kakinya ***ketindihan***. 그의 발에 쥐가 났다;

penindih 박해자;

tindihan ① 압력,압도; **tindihan** yang berat 중력; ② 압박, 억압; ③ 사본, 복사; ⓢ tembusan;

tinggal ① 살다, 머물다, 체류하다; ⓢ diam, masih selalu ada; Saudara ***tinggal*** di mana? 당신은 어디에서 살고 있습니까? ② 나머지, 여분; ⓢ sisanya; Sisa barang yang ***tinggal*** di rumah harus di bawa. 집에 남은 나머지 물건은 내일 가져와야 한다;

Uangnya *tinggal* berapa? 돈이 얼마 남았습니까?; ③ 뒤로 제쳐 놓다; ⓢ terbelakang; ④ ~대로 있다, ~한 채로 있다; Jangan *tinggal* diam saja melihat penderitaan saudara. 가만 있지 말고 그 고생하는 형제를 돌보아라; ⑤ 지나간, 경과한; ⓢ lewat, lalu; Jika sekarang tak rajin bekerja nantinya akan menyesal karena masa muda yang *tinggal* tidak kembali lagi. 만약 지금 열심히 일하지 않으면 후회할 것이다, 젊은 시절은 다시 돌아오지 않기 때문에; ⑥ ~에 달린; ⓢ tergantung; Sekarang *tinggal* bagaimana cara kamu menghadapi masalah itu. 지금 그 문제는 어떻게 하든지 네 마음에 달렸다; ⑦ (학생이) 낙제하다; ⓢ tidak naik kelas; ⑧ 잊다; ⓢ melupakan; ⑨ 거주하는, 사람이 살고 있는;ⓢ yang didiami; tempat **tinggal** 거처; ⑩ 놀리는, 농사를 짓지 않는; ladang **tinggal** 공한지; **tinggal landas** 이륙하다, 돌입하다; **tinggal tulang** 몹시 마른;

meninggal 죽다,사망하다; ⓢ mati, tewas; Orang itu *meninggal* akibat kecelakaan itu. 그 사람은 결국 그 사고로 죽었다;

meninggali ① 체류하다,거주하다; ⓢ mendiami; Ia sudah lama *meninggali* Korea untuk menuntut ilmu bahasa Korea. 그는 한국어를 배우기 위하여 한국에 오랫동안 머물었다; ② 후세에 남기다, 유언으로 증여하다;

ditinggalkan mati 죽도록 방치해 둔;

ketinggalan ① 나머지, 잔여분; ⓢ sisa, kelebihan, tunggakan; Uang yang *ketinggalan* besok harus di bawa. 그 남은 돈은 내일 가져와야 한다;② 생략되다,제외되다,삭제되다; Dua kalimat *ketinggalan* tidak di tik. 두 문장은 삭제되었다; ③ 두고 오다, 빠뜨리고 오다; ⓢ tertinggal; Tas anak itu *ketinggalan* di rumah temannya. 그 아이의 가방은 친구의 집에 두고 왔다; ④ 놓치다; ⓢ di tinggalkan; Orang itu *ketinggalan* bis jemputan kantor.그 사람은 통근 버스를 놓쳤다; ⑤ 뒤지다, 뒤떨어지다;

peninggalan ① 유산, 유물; ⓢ pusaka, warisan; ② 나머지, 여분; ⓢ barang sisa;

sepeninggal ① 출발 후에, 떠난 뒤에; ⓢ sepergi; Dia datang ke rumah *sepeninggal* saya tadi. 그는 아까 내가 떠난 뒤에 집에 왔다; ② 죽은 후에; ⓢ sesudah meninggal; *Sepeninggal* ayahnya, keluarganya menjadi berantakan. 그의 아버지가 돌아가신 후에 가정이 어려워졌다;

tertinggal 남겨 놓은, 두고 온; ⓢ tercecer, tersisa; Surat penting itu *tertinggal* di restoran. 그 중요한 서류를 식당에 두고 왔다;

ketertinggalan 남겨 놓음; Semua *ketertinggalan* itu harus dikejar. 그 남겨 놓은 모든 일은 꼭 해야 한다;

tinggi ① 높은; ⓢ agung, luhur; menara **tinggi** 높은 탑; Pegawai **tinggi** 고관; ② 키가큰, 장신의; ⓢ panjang;berbadan **tinggi** 키가 크다;

③ 키,신장, 높이;④ 앞선; ⑤ 비싼; ⓢ mahal; harga **tinggi** 값 비싼, 고가의;⑥ 더 높은; ⓢ muluk, besar; perguruan **tinggi** 고등 교육, 대학; ⑦ (하늘이) 드높은; ⑧ 거만한; ⓢ sombong; **tinggi** cakapnya 자랑하다; **tinggi** hati 뽐내는; **tinggi** rasi 행운을 잡다;

mempertinggi ① 높이다, 높게 하다; ② 늘이다, 넓히다;

meninggi ① 솟아오르다,높게 떠오르다; ⓢ naik tinggi-tinggi; Pesawat itu terbang makin ***meninggi***. 태양이 점점 높게 떠올랐다;② 거만해지다; ⓢ sombong; Orang kaya itu bicaranya selalu ***meninggi***. 그 비행기는 점점 높이 떠올랐다; ③ 허풍떨다, 과장하다, 젠 체하다;

ketinggian ① 너무 높은;Tempatnya ***ketinggian***.그 장소는 너무 높다; Jalan menuju gunung itu sangat sulit karena ***ketinggian***. 그 산을 오르는 길은 너무 높아서 힘든다; ② 연단,지휘대;Pendeta itu berkhotbah dari ***ketinggian***. 그 목사님은 이 연단 위에서 설교를 했다; ③ 자랑하는, 허풍을 떠는; ④ 고도, 해발, 표고; ***Ketinggian*** Gunung Salak adalah 3100 meter. 살악산은 해발 3,100 미터이다;

tertinggi 가장 높은,최고의,최상의;

tingkah ① 변덕, 주책; ⓢ ulah, lagak; Tingkah anak itu semakin menyebalkan. 그 아이의 변덕은 점점 지겨워 진다; ② 행동, 품행; ⓢ perangai, kelakuan, sikap;

bertingkah ① 바보 짓을 하다, 이상하게 행동하다, 어리석게 행동하다; ⓢ berbuat aneh; Ia ***bertingkah*** tak sopan di depan orang tuanya. 그는 어른 앞에서 겸손하지 못하고 이상하게 행동한다;② 변덕을 부리다; ③ (기계가) 작동하다;

tingkat ① 층; ⓢ susunan; rumah tiga **tingkat** 3 층집; ② 계층, 등급; ⓢ pangkat;③ 수준,정도; ④ (사닥다리의)단; ⓢ tumpuan; ⑤ 갑판; ⑥ 국면, 형세; ⓢ taraf;

bertingkat(-tingkat) ① 여러층으로된,고층의; Rumahnya ***bertingkat-tingkat***. 그의 집은 여러층으로 돼있다; ② 층을 이룬; ③ 단계적으로; Gedung ini di bangun ***bertingkat-tingkat***. 그 건물은 단계적으로 지어졌다;

meningkat ① 오르다, 올라가다;ⓢ menaik; **meningkat** tangga 계단을 오르다;② (기온,가격 등이) 상승하다, 올라가다; ⓢ meninggi, mengatas; Panasnya ***meningkat***. 기온이 상승했다; Harga beras terus ***meningkat***. 쌀값이 계속 오른다; ③ 승진하다, 진급하다; Murid itu tak ***meningkat*** kepandaiannya karena malas belajar. 그 학생은 공부를 게을리해서 한 학년을 올라가지 못했다; ④ 증가하다,심해지다;ⓢ bertambah;Angka kejahatan semakin ***meningkat***. 사악한 정도가 점점 심해진다;⑤단을 만들다,계단식으로 만들다;Hasil sawah petani ***meningkat***. 농부는 논에서 나온 수확을 단으로 쌓았다;

meningkatkan ① ~을 늘리다,증가시키다;**meningkatkan** produksi 생산을 늘리다; Pemerintah meningkatkan ***meningkatkan*** pembangu-

nan jalan. 그 정부는 길을 늘렸다; ② 건방 떨다;
setingkat 등급,직급,계층; ⓢ setaraf, sejajar; **setingkat** dengan 동급의; Kelasnya ***setingkat*** dengan saya. 그의 학년은 나와 동급이다;
tingkatan ① 층;ⓢmartabat,pangkat; ② 수준,계층; ⓢ derajat, golongan; ③ 형세,단계;ⓢ fase,tahapan; **tingkatan** permulaan 초기 단계; **tingkatan** terakhir 마지막 단계;

tinjau 관찰하다,지켜보다,감시하다;
bertinjau-tinjauan ① 마주 보다; ② 주의하다; ⓢ berawas-awas;
meninjau ① 관찰하다, 조사하다, 응시하다; ⓢ menengok, memperhatikan; Gubernur ***meninjau*** lokasi yang sedang dilanda kekeringan. 주지사는 지금 가뭄이 든 지역을 조사한다; ② 바라보다, 구경하다, 지켜보다; ⓢ melihat, memandang; **meninjau** kapal lewat 통과하는 배를 지켜보다; ③ 숙고하다, 살펴보다; ⓢ memeriksa,menyelidiki; Pemerintah ***meninjau*** lokasi yang sedang dilanda musibah. 정부는 재난을 당한 지역을 살펴보았다;④ 정찰하다, 수색하다, 염탐하다; ⓢ mengawasi; Pesawat tempur itu digunakan untuk ***meninjau*** gerak-gerik musuh. 그 전투기는 적의 동태를 정찰하기 위하여 사용된다; ⑤ 추측하다, 짐작하다, 헤아리다; Sebelum mempertimbangkan masalah hendaknya ***meninjau*** pendapat dulu. 문제를 참고하기 전에 의견을 먼저 검토하기 바란다;
peninjau 관찰자, 정찰자;
peninjauan ① 관찰,응시,조사; ② 정찰, 수색,염탐; ③ 숙고, 숙의, 재고;
tinjauan ① 관찰, 조사, 응시; ② 재고, 숙고; **tinjauan** pustaka 서평;

tinju ① 주먹,철권; ⓢ kepalan, pukulan; Pria itu memberikan ***tinju***nya pada temannya.그 남자는 친구에게 주먹을 날렸다; ② 권투, 권투시합;ⓢ kepalan tangan; Nanti malam ada kejuaraan ***tinju*** dunia. 오늘 밤에 세계 참피언 권투시합이 있다;
bertinju, meninju 권투하다,싸우다; ⓢ berkelahi, memukul;
tinju-meninju 서로 주먹질하다;
petinju 권투 선수; Dulu ia adalah ***petinju*** juara dunia kelas berat. 전에 그는 세계 참피언 헤비급 권투 선수였다;

tinta 잉크; ⓢ mangsi;

tinting, meninting 선택하다, 가려내다;
tintingan 여과;

tipis ① 얇은, 가는, 가느다란; ⓢ pipih; ② 빈약한, 불충분한; ⓢ amat kecil;harapan yang **tipis** 희망이 없는; keuntungan yang **tipis** 아주 적은 이익; ③ 고갈된,떨어진, 결핍된; ⓢ hampir habis; Uang di bank semakin ***tipis*** saja. 은행에 그의 돈은 점점 줄어 들었다;**tipis** kepercayaannya 믿음성이 없는; **tipis** telinga 과민한, 민감한;
menipis ① 얇아지다; Ban mobilnya makin ***menipis***. 차의 바퀴가 점점 닳아서 얇아졌다; ② 고갈되다, 떨어지다; ⓢ berkurang; Semangat itu semakin ***menipis***. 나의 의욕은 점점 없어진다;

menipiskan①가늘게 하다; Ia *menipiskan* kayu.그는 나무를 가늘게 다듬었다; ② 묽게 하다, 회석하다; ③ 줄이다, 감소시키다; Kecelakaan itu *menipiskan* harapanku untuk menang di pertandingan itu. 그 불행한 사건은 시합에 승리하기 위한 나의 희망을 어둡게 했다;

tipu 속임수, 사기, 기만; ⓢ kecoh, muslihat; **tipu** mata 착시, 착각; **tipu** muslihat 조사, 검사;

menipu 속이다,기만하다,사기치다; ⓢ bohong, mengakali;

penipu 사기군;

penipuan 사기, 기만;

tirai 커어튼,장막,간막이; ⓢ gorden, batas,tabir; **Tirai** bambu 죽의 장막; **Tirai** Besi 철의 장막; **tirai** kelambu 모기장;

tiras 판(版), (인쇄)부수; ⓢ oplah; "Kompas" mempunyai *tiras* paling besar di Jakarta. 인도네시아에서는 콤파스가 가장 많은 부수의 판을 가지고있다;

tiris 새다, 누수하다;

tiru, meniru ① 모방하다, 흉내내다, 모사하다; ⓢ mencontoh; **meniru** tanda tangan 서명을 모사하다; ② 울리다;

meniru-niru 흉내내다; ⓢ menyamai; Anak itu pintar *meniru-niru* gaya orang terkenal.그 아이는 유명인 흉내내기를 잘한다;

menirukan 모방하다;

tiruan 모방,위조; ⓢ palsu, imitasi;

titel ① 표제, 타이틀; ⓢ sebutan, judul; ② 직위, 직함, 명칭; ⓢ gelar, pangkat;

bertitel 직함을 가지다;Dia *bertitel* sarjana tekhnik. 그는 기술학사 직함을 가지고 있다;

titik ① 마침표,종지부,점; ⓢ noktah, stop; ② (물 등의) 방울, 적은량; **titik** air mata 눈물, 눈물 방울; **titik** akhir 결승점; **titik** cair 융해점; **titik** darah penghabisan 마지막 한 방울의 피; **titik** dua 콜론; **titik** kata 결정, 결의; **titik** koma 세미콜론; **titik** nol 영(零), 영점; **titik** pusat 중심부; **titik** temu, **titik** tengah 구심점;

menitik ① (물 등이)뚝뚝 떨어지다, 흐르다; Darahnya terus-menerus *menitik* dari lukanya.그의 피가 상처에서 계속 떨어진다; ② 종지부를 찍다;

menitiki 끼얹다, 붓다, 흘다; **menitiki** luka dengan obat 상처에 약을 뿌리다;

menitikkan 떨어뜨리다;

titip, menitipkan ① (물건을) 맡기다; ⓢ menaruh, simpan; Saya *menitip* perhiasan di pegadaian. 나는 전당포에 보석을 잡혔다;② 당부하다, 부탁하다; ⓢ mengamanatkan; Ibu guru *menitip* pesan pada muridnya agar rajin belajar. 선생님은 열심히 공부하도록 아이들에게 당부하였다; ③ 위탁 판매를하다; ⓢ menumpang (dagangan); Pedagang roti itu *menitip* rotinya di tokoku.그 빵 장사는 나의 가게에 빵을 위탁판매한다;

menitipkan 맡기다,위임하다, 위탁하다;

penitip 맡기는 사람, 위탁자;

penitipan 저장소, 보관소, 창고; **penitipan** pakaian 의복 보관소;

titipan ① 위탁, 맡김; Ini ada *titipan* dari mereka. 이것은 그들이 맡긴 것이다; ② 맡긴 물건, 예금액;

tiup ① 부채; ② 바람이 붐, 일진강풍;ⓢ berembus; Angin ber*tiup* sepoi-sepoi.바람이 산들 산들 불었다;

meniup ① 불다; ⓢ mengembus; Adik *meniup* peluit dengan keras. 아이는 호각을 크게 불었다; ② 부풀리다; **meniup** balon-balonan 풍선을 불다; ③ (악기를) 불다; **meniup** terompet 트럼 펫을 불다;

meniup-niup ① 계속 불다; ② 부추기다;

meniupi ① 불다, 불어대다; **meniupi** api 불을 불다; ② 마법을 걸다; Anak itu *meniupi* lilin di atas kue ulang tahunnya.그 아이는 생일 케익 위의 촛불을 불었다;

meniupkan 부채로 부치다;

tertiup 불어진, (바람에)날린; ⓢ di tiup; Pakaian yang sedang di jemur itu *tertiup* angin. 그 말리고 있는 옷이 바람에 날려갔다;

tiupan 질풍, 일진강풍;

tobat ① 저런!;② 싫증나는, 물리는; ⓢ sudah bosan,jera; Anak itu sudah *tobat* tidak akan nakal lagi. 그 아이는 개구쟁이 짓에 싫증이 났다; ③ 후회,회한; ⓢ sesal,jengkel; Sekarang ia sudah *tobat* dari kejahatannya. 지금 그는 그 자신의 나쁜 행동을 후회했다; ④ 속죄하다;

bertobat 반성하다, 속죄하다; ⓢ menyesal, mengaku salah;

menobatkan 속죄시키다; Kejadian itu *menobatkan* dia dari kenakalannya selama ini.그 사건은 그의 지난날의 무모한 행동을 깨닫게 했다;

todong, **menodong** ① (총 등으로) 겨누다; ⓢ mengarah, membidik; Perampok itu *menodong* dengan pistolnya. 그 강도는 총을 겨누었다; ② 협박하다, 공갈하다; ⓢ mengancam; ③ 명령하다;

menodongkan (무기를)겨누다; Seorang teroris *menodongkan* pistol ke arah sandera. 테러 한 사람이 인질을 향해 총을 겨누었다;

penodong 조준자, 악한; Gerombolan *penodong* itu telah berhasil di tangkap polisi. 그 악한의 집단은 경찰에게 잡혔다;

penodongan 조준;

todongan ① 위협, 협박, 공갈; ② 강탈, 강도;

toko 가게, 상점; ⓢ warung; **toko** buku 서점; **toko** emas 금은방; **toko** kelontong 잡화상; **toko** loak 중고품 가게; **toko** tukang jahit 양복점;

bertoko 가게를 운영하다; Ia *bertoko* di pinggir jalan itu. 그는 그 길가에서 가게를 운영한다;

pertokoan 상가; Di pusat kota banyak terdapat *pertokoan*. 도시 중심부에는 많은 상가가 있다;

tokoh 모양, 형태, 스타일;

bertokoh 같은 모양을 한;

tolak 밀다; ⓢ sorong, dorong; **tolak** angsur (=tolak raih).서로 등을 밀어주기, 주고 받기, 서로 안마해 주기; **tolak** bala 재난을 막음; **tolak** balik 왕복;

bertolak 출발하다, 떠나다, 향하다; ⓢ berangkat,pergi, berlayar; Hari ini ia ***bertolak*** ke Korea. 오늘 그는 한국으로 출발했다; **bertolak** pinggang 양손을 허리에 올리다; **bertolak** belakang 서로 헤어짐; Pendapatnya ***bertolak*** belakang dengan temannya. 그의 의견은 친구와 서로 헤어지자는 것이다; **bertolak** punggung 출발하다;

menolak ① 거절하다, 퇴짜놓다; ⓢ mencegah, menangkal; Giro itu di ***tolak*** oleh bank. 그 어음은 은행에서 지불 거절 당했다; ② 밀다; ⓢ menyorong, mendorong; **menolak** kereta 손수레를 밀다; ③ 슬쩍 피하다, 회피하다, 비키다; ⓢ menampik; ④ 막다, 예방하다; ⓢ menangkis; **menolak** bahaya kebakaran 화재의 위험을 예방하다; ⑤ 격퇴하다, 슬쩍 피하다; ⓢ mengusir, menghalau; **menolak** pukulan 주먹을 피하다; **menolak** pukulan musuh. 적의 공격을 물리치다; ⑥ ~의 탓으로 돌리다, 비난하다; Sopir itu ***menolak*** kesalahan dari atasannya. 그 운전수는 실책을 윗사람의 탓으로 돌렸다; ⑦ 빼다, 공제하다; ⓢ mengurangi;

tolak-menolak ① 서로 회피하다, 비키다; ② 서로 밀다, 밀어 부치다;

penolak ① 예방법,해독제;② 부적;

penolakan ① 거절, 각하, 퇴짜; ⓢ penangkalan, pencegahan; ② 격퇴, 물리침, 피함; ⓢ penampikan, penangkalan;

tolakan ① 거절,각하,퇴짜; ② 거절당한;barang **tolakan** 거절당한 물건; ③ 밀기, 밀어 부침; ④ 격퇴, 피함, 물리침; ⑤ 공제, 빼기;

toleransi 관용, 아량, 포용력; ⓢ kerukunan;

tolol ① 우둔한, 어리석은, 멍청한; ⓢ bodoh; ② 주책없는, 지각없는; ⓢ goblok;

ketololan ① 우둔함, 어리석음; ② 주책없음, 지각없음;

tolong 도움,원조,조력;ⓢ bantuan;

tolong-menolong 서로 협력하다.

menolong 거들다, 돕다;

penolong 협력자, 후원자, 구조반;

tombak 창, 투창;

menombak 창으로 찌르다;

tombok, menombok ① 추가로 지불하다, 추가 요금을 주다; Berapa banyak saya harus ***menombok*** kerugian itu? 그 손해의 추가 비용은 얼마나 들겠습니까?② 무희에게 팁을 주다;

tong 통(筒)드럼;ⓢ drum; **setong** bir 맥주 한 통; **tong** sampah 쓰레기통;

tongkat ① 지팡이, 막대기; ② 버팀목; ③ 방망이; **tongkat** jalan 지팡이; **tongkat** ketiak 버팀목;

bertongkat 지팡이를 쓰다; Kakek itu berjalan dengan ***bertongkat*** kayu. 그 노인은 나무 지팡이로 걷는다;

tongkrong ① 웅크리고 앉다; ② 하릴없이 놀다;

tonjok,menonjok(주먹으로)때리다, 갈기다; ⓢ tinju;

tonjol 뭉치, 혹, 돌출부; ⓢ benjol, bengkak;

menonjol ① 부풀어 오르다, 불룩하다; ⓢ berjendol;Tas yang di bawa anak itu ***menonjol*** penuh berisi buku pelajaran.그 아이가 가져온 가

방에는 교과서로 가득차서 불룩해졌다; ② 돌출하다,불쑥 나오다;ⓢ menyembul; Mayat itu ***menonjol*** di permukaan air. 그 시체는 물가에 돌출해 있었다; ③ 현저한,분명한,뛰어난; ⓢ terkemuka,terkenal; ④ 교란시키는, 불온한;

menonjolkan ① 내밀다; ⓢ menyembulkan,mengeluarkan; Ia ***menonjolkan*** mukanya di depan umum. 그는 대중 앞에 얼굴을 나타냈다; ② 밀다,떠밀다; ⓢ mendorongkan; ③ 나타내 보이다,자랑하다; ⓢ mengemukakan,memamerkan; Ia ***menonjolkan*** prestasinya. 그는 성공을 자랑했다; ④ 제안하다, 제의하다; ⓢ mengajukan; Dalam acara itu kami ***menonjolkan*** sisi seni dan budaya Indonesia.그 행사에서 우리는 인도네시아의 예술과 문화를 선보였다;

tonton,menonton ① 보다,바라보다,구경하다; ⓢ melihat,menyaksikan; Ia ***menonton*** pemandangan gunung. 그는 산의 경치를 바라보았다; ② 관람하다,구경하다; Adik ***menonton*** acara TV sampai malam. 동생은 밤 늦게까지 TV를 시청했다;

menontoni 지켜보다, ~을 보다; Anda harus latihan dulu sebelum ***ditontoni*** banyak orang. 당신은 많은 사람들이 지켜보기 전에 먼저 춤 연습을 해야한다;

mempertontonkan, menontonkan ① 보여주다,나타내 보이다, 전시하다; ⓢ mempertunjukkan, memperlihatkan; Dia ***mempertontonkan*** kepandaiannya kepada kami. 그는 우리에게 바다를 보여주었다;② 공연하다, 연기하다; **mempertontonkan** tari. 춤을 공연했다;

penonton 관람객, 구경군, 관찰자; ⓢ pemirsa;

tontonan ① 공연; ② 전시, 관람;

topang 지주, 버팀목, 받침, 후원; ⓢ penunjang, sangga;

bertopang ① 의지하다, 지탱하다; ⓢ menyokong, berdasar; Pohon kecil itu ***bertopang*** pada kayu penyanggah. 그 작은 나무는 지무목에 의지해 서있다; ② 뒷받침되다; ⓢ bertumpu; Pikiran orang itu hanya ***bertopang*** pada imajinasinya saja. 그 사람의 생각은 오직 상상에 근거한 것이다; **bertopang** dagu 턱을 괴고 앉다;

menopang ① 받치다, 지탱하다; ⓢ menunjang; ② 돕다, 지지하다; ⓢ membantu, menyokong;

topeng 가면, 탈, 위장; ⓢ penutup muka, kedok; **topeng** gas 방독면; Kebaikan orang itu hanya sebagai ***topeng*** belaka. 그 사람의 선량은 오직 가면이다;

bertopeng ① 가면을 쓰다; ② 숨기다,은폐하다,가장하다; Perampok itu selalu ***bertopeng*** saat melakukan kejahatan. 그 강도는 범죄 행위를 할 때 항상 얼굴을 가린다;

menopengi ① 가면을 씌우다; ② 숨기다, 위장하다; Hati anak itu sedang tak enak sehingga dia ***menopengi*** dengan senyuman. 그 아이는 지금 기분이 좋지 않지만 미소로 기분을 감추고 있다;

topi 모자; ⓢ tudung kepala; **topi** baja 철모; **topi** jaksa 파나마 모자;

topi pandan 밀짚 모자;
bertopi 모자를 쓰다;
topik 화제, 이야깃거리;
bertopik 화제가 있는; Diskusi itu *bertopik* Remaja dan Pergaulan. 그 회합은 주제가 십대들의 친목이다;
menopikkan 화제로 채택하다;
topografi 지형학;
topografis 지형학의;
total 합계, 총계, 총액; ⓢ jumlah;
total general 총액;
traktir, mentraktir 대접하다, 향응하다; Orang itu *mentraktir* temannya makan di restoran. 그 사람은 식당에서 친구들을 대접했다;
traktor 트랙터, 견인차;
transaksi 거래;
transfusi 수혈; *Transfusi* darah itu berjalan dengan lancar. 그 수혈은 잘 되고있다.
transmigrasi; 이주, 이민;
transmigran 이민자, 이주자;
trio (음악) 3 중주, 트리오, 3 인조;
truk 트럭, 화물 자동차;
tua ① 늙은, 나이를 먹은; Sudah *tua*. 이미 늙었다; ② 낡은,오래된; ⓢ sudah lama, kuno; ③ (색상이)짙은; ⓢ pekat; merah **tua** 심홍색; ④ 우두머리,대장; ⓢ kepala,pemimpin,ketua; ⑤ (과일 등이)익은; ⓢ matang, sudah masak; Buah semangka itu busuk karena terlalu *tua*. 그 수박은 너무 익어서 썩었다;
tua-tua ① 노쇠, 고령; ② 주근깨, 얼룩, 티; ③ 비록 늙었지만; Orang itu *tua-tua* masih kuat tenaganya. 그 사람은 늙었으나 아직 힘이 좋다;
ketua ① 우두머리, 대장; ⓢ kepala ② 촌장;
menuakan ① 익게 하다; Gadis itu *menuakan* wajahnya dengan dandan. 그 소녀는 화장으로 나이가 들어 보이게 했다;**menuakan** warnanya 색을 짙게 하다; ② (나이가) 들어 보이게 하다; Anak itu *dituakan* umurnya menjadi 20 tahun, walau sesungguhnya baru 18 tahun. 그 아이는 실제 나이는 18 살이지만 20 살이 되어 보이게 했다;
mengetuai 회장이 되다; ⓢ ketua; Ayah *mengetuai* perkumpulan pengusaha buah di daerah ini. 아버지는 이 지역의 과일업자 모임에 회장이 되었다;
ketuaan 너무 늙은, 고령의, 노쇠한; Ia sudah *ketuaan* untuk peran itu. 그는 그 배역을 맡기에는 너무 늙었다;
tetua ① 주근깨; ② 늙은이, 노인; Mereka ialah para *tetua* di kampung ini.그들이 이 고장의 모든 노인들이다;
tertua 가장 늙은, 최고령의;
tuah, bertuah ① 마력이 있는; ⓢ sakti,keramat; Keris itu amat *bertuah*. 그 꺼리스 칼은 대단한 마법이 있다; ② 행운을 가져오다; ③ 행운의, 행복한; ⓢ beruntung, berbahagia;
tuai,menuai ① 벼를 베다,추수하다; ⓢ memanen; Kini saatnya untuk *menuai* padi. 지금은 벼를 벨 시기이다;
penuai ① 벼 베는 사람; ② 낫; ⓢ ani-ani;
penuaian 추수, 수확; ⓢ panenan;
tuan ① 씨(氏); ② (존칭으로) 선생

님; ③ 주인님; ⓢ kepala, ketua; ④ 소유주, 소유인; ⓢ pemilik; **tuan** tanah 지주; **tuan** rumah 가장 (家長);
tuan-tuan 여러분; ⓢ bangsawan, ningrat;

tuang 붓다,퍼붓다,흘리다;ⓢ curah, tumpah; ***Tuang*** air panas itu pelan-pelan ke dalam termos. 보온병 속으로 천천히 그 떠거운 물을 부어라;
bertuang 주조하다;
menuang ① 붓다, 따르다, 쏟다; ⓢ mencurahkan;②주조하다;③녹이다;
menuangi 붓다, 쏟다;
tuangan ① 주형,틀,거푸집; ② 형태, 형상; ③ 따름, 쏟음; ④ 주조(鑄造);

tubi, bertubi-tubi 계속해서, 반복해서; ⓢ berulang-ulang, berkali-kali;

tubruk ① 돌진, 충돌; ② 덤벼들다, 부딪치다, 충돌하다; ⓢ tabrak;
bertubrukan 충돌하다, 부딪치다; 2 kereta itu ***bertubrukan***. 그 두 기차가 서로 충돌하였다;
ketubruk ① 부딪치다; ⓢ terpa; Orang itu ***ketubruk*** tanduk sapi. 그 사람은 소의 뿔에 들이 받쳤다; ② (자동차에)치다;
menubruk 부딪치다, 받치다; ⓢ melanggar;
menubrukkan 부딪치다, 충돌시키다; Lelaki itu tewas karena ***menubrukkan*** diri ke truk. 그 남자는 트럭에 스스로 부딪쳐 죽었다;
tertubruk 부딪친; ⓢ tertumbuk;
tubrukan 충돌, 들이받음; ⓢ tumbukan; ***Tubrukan*** itu mengakibatkan kerusakan pada mobil itu. 그 충돌은 결국 그 차를 파손시켰다;

tubuh ① 몸, 신체; ⓢ badan; ② 사람;ⓢ tokoh,pribadi;③ 몸통; Wanita itu ***tubuh***nya besar tapi wajahnya amat cantik. 그 여자는 몸은 크지만 얼굴은 아주 예쁘다;④ (가장) 중요한 부분; **tubuh** perahu (배의) 선체; **tubuh** pesawat terbang (비행기의)기체;⑤ 자기자신; ⓢ diri;
bertubuh 신체를 갖다; Orang itu ***bertubuh*** kurus karena kekurangan vitamin. 그 사람은 비타민 부족으로 마른 체격을 가졌다;
setubuh ① 한 몸, 일체; ⓢ sebadan; ② 일치하는, 조화하여; ⓢ seia sekata, cocok;
bersetubuh, menyetubuhi 성교하다,성관계를 갖다; ⓢ bersenggama;
persetubuhan 성교, 교미;

tuding 가리키다, 지목하다, 지시하다; ⓢ menunjuk;
menuding ① 지시하다, 지목하다, 가리키다; ② 고소하다, 고발하다; ⓢ menuduh;
menuding-nuding 고소하다; Ia ***menuding-nuding*** seseorang sebagai pelaku kejahatan itu. 그는 그 범행을 저지런 어떤 사람을 고소했다.
menudingkan 지적하다,가리키다; Ia ***menudingkan*** kesalahan itu pada temannya. 그는 친구의 잘못을 지적했다;
tudingan ① 지목,지적,가리킴; ***Tudingan*** itu sungguh tak beralasan. 그 지적는 정말 이유가 없다; ② 고소, 고발; ③ 가리킴, 지시;

tuduh, menuduh ① 고소하다, 고발하다,비난하다; ⓢ menyangka, menerka; ② 서로 탓하다, 서로 전가

하다;

menuduhkan 고발하다, 비난하다, 탓으로 돌리다; Ia ***menuduhkan*** kesalahan itu pada temannya. 그는 그 문제를 친구의 탓으로 돌렸다;

penuduh 원고(原告), 고발인, 고소인; ⓢ pendakwa;

penuduhan 고소, 고발, 기소;

tertuduh 고소당한, 고발당한, 비난받는; si **tertuduh** 피고인;

tuduhan 비난, 고소, 고발; ⓢ dakwaan; Ia merasa kesal dengan ***tuduhan*** itu. 그는 그 고소로 기분이 상했다;

tudung ① 덮개,가리개,베일; ⓢ penutup; ② 차광기; **tudung** lampu 전등의 갓; ③ 모자, 선캡; ⓢ topi; **tudung** muka 베일; **tudung** saji 음식 덮개;

bertudung ① 덮은, 가려진; ② 베일을 쓰다;

menudungi ~을 덮다, 가리다;

menudungkan ~을 덮개로 사용하다, ~을 두르다; ⓢ menutup sesuatu; Ibu ***menudungkan*** makanan dengan turup saji. 어머니는 음식 덮게로 음식을 덮었다;

tugas ① 의무, 본분, 직분; ⓢ pekerjaan,kewajiban; Para karyawan harus menjalankan ***tugas*** baik. 모든 직원은 직분을 잘 이행하여야 한다; ② 임무,책무,명령;ⓢ suruhan; Beliau di beri ***tugas*** menyelidiki keadaan rakyat di pulau itu. 그분은 그 섬 주민들의 상황을 조사하도록 책무가 주어졌다;③ 기능; **tugas** kewajiban 의무,본분, 임무, 직무, 역할; **tugas** pokok 우선 과제;

bertugas 임무를 수행하다; Direktur itu kini ***bertugas*** di luar negeri. 사장은 지금 해외에서 임무를 수행중이다;

menugasi ~에게 임무를 주다; Bapak guru ***menugasi*** saya untuk menulis rumah. 선생님은 나에게 쓰기 임무를 주셨다;

menugaskan ① 위임하다, 임무를 주다; ⓢ menyerahkan; Atasannya ***menugaskan*** dia untuk mengatur perusahaannya.그의 상사는 그에게 회사 일의 처리를 위임했다; ② 양도하다;

petugas ① 담당직원; ⓢ pejabat; ② 간수, 감시인, 보초; ⓢ pengawal, penjaga;Ayahnya seorang ***petugas*** keamanan ditempat itu. 그의 아버지는 그곳의 안전 요원이다;

tugu ① 기념비, 기념 건조물; ⓢ monumen; **tugu** pahlawan 영웅비; **tugu** peringatan 기념비; ② 기둥;

Tuhan ① 신(神), 하느님; ⓢ Allah ② 구세주;

bertuhan ① 신을 믿다; ⓢ percaya, perbakti; tak **bertuhan** 무신론의; ② 숭배하다, 존경하다; ⓢ beribadat, menghormat;

berketuhanan 헌신적인, 믿음이 깊은;

ketuhanan ① 신을 믿음; ② 신격, 신성; ③ 종교적인, 종교상의; ④ 신앙, 신념; ⓢ kepercayaan;

tuju 방향, 진로, 목적, 취지; ⓢ jurusan, sasaran;

menuju ① ~을 향하여, 쪽으로; ⓢ mengarah; Kami berangkat ***menuju*** Korea. 우리는 한국을 향하여 출발

했다; ② ~로 가다, ~를 향해서 가다; *Menuju* Selatan. 남쪽으로 가다; ③ 목적하다, 지향하다, 항쟁하다; ⓢ di maksudkan; ④ ~로 던지다; ⑤ 공격하다,침공하다; ⓢ mendatangi; Negara yang *dituju* adalah Amerika. 공격 받은 나라는 미국이다;

menujukan ① 겨누다, 겨냥하다, 조준하다; ⓢ mengarahkan; *Menujukan* pistol 권총을 겨누다; ② 돌리다,향하게 하다;ⓢ memalingkan, mengarahkan; Polisi itu *menujukan* pistolnya di kepala para penjahat. 그 경찰은 범인의 머리에 총을 겨누었다; ③ 나아가다, 향하다; ⓢ melangkahkan;Ia *menujukan* jalannya ke arah yang lebih dekat. 그는 가까운 방향으로 길을 잡았다; ④ ~에게 전하다, 전달하다; ⓢ menyampaikan, mengalamatkan; Ia *menujukan* surat permohonan kerja itu pada pemimpin perusahaan. 그는 사장에게 이력서를 제출했다;

setuju (dengan) ① 동의하다, 동조하다, 찬성하다; Ia *setuju* dengan pendapat temannya. 그는 친구의 의견을 동의했다; ② 일치하다, 의견을 같이하다; ⓢ sepakat, sependapat; ③ 조화를 이루다, 어울리다;ⓢ sesuai,cocok; Warna pakaian itu *setuju* dengan warna kulitnya. 그 옷의 색갈은 그녀의 피부 색과 어울린다; ④ 좋아하다, 선호하다, 마음이 끌리는; ⓢ suka, berkenan; Orang tua itu *setuju* dengan calon suami anaknya. 그 부모님은 딸의 신랑 후보를 동의했다;

menyetujui ① 동의하다,동조하다; menyetujui usul 제안에 동의하다; ② 승인하다,인가하다; ③ 비준하다, 재가하다;

persetujuan ① 조약, 협약, 약정; ⓢ perjanjian; **persetujuan** Versailles 베르사이유 조약; ② 비준,재가; **persetujuan** parlemen 의회의 비준; ③ 동의,타협, 해결; ⓢ kata sepakat, penyesuaian; ④ 일치, 조화;ⓢ persesuaian,percocokan, keselarasan;

setujuan 같은 목적; Kami pergi *setujuan*. 우리는 같은 방향으로 간다;

tujuan ① 목적, 의도, 대상; ⓢ arah, maksud, sasaran; *Tujuan* saya datang ke Indonesia ialah membuka kantor cabang. 내가 인도네시아에 온 목적은 지점을 내기 위해서다; ② 방향; ⓢ arah, haluan, jurusan; Bus itu *tujuan*nya ke Bandung. 그 버스는 반둥으로 향했다; ③ 목적어,목표; Perbuatan itu punya *tujuan* tersembunyi. 그 행동은 숨겨진 목적이 있다;

bertujuan ① 목적하다, 의도하다, 지향하다; ② 예정이다, 작정하다;

tujuh 일곱, 7;

tukang 직공, 장인,노동자, 숙련 노무자; ⓢ buruh; **tukang** batu 벽돌공, 석수장이; **tukang** besi 대장장이; **tukang** bohong 거짓말쟁이; **tukang** bubut 선방공; **tukang** cat 페인트공; **tukang** cerita 만담가;**tukang** cetak 인쇄업자; **tukang** cuci 세탁부; **tukang** daging 푸주,백정; **tukang** ikan 생선장수; **tukang** jahit 재봉사; **tukang** jam 시계 수리공; **tukang** jilid 제본사, 제본업자; **tukang** kayu 목공,

목수; **tukang** kebun 정원사; **tukang** las 용접공; **tukang** ledeng 연과공; **tukang** listrik 전기공; **tukang** loak 고철상; **tukang** mabuk 술 주정뱅이; **tukang** masak 요리사; **tukang** obat 약사; **tukang** pos 우편 배달부; **tukang** potong rambut 이발사; **tukang** pukul 경호원,보디가드; **tukang** ramal 점장이, 예언자; **tukang** rias 미용사, 화장 기술자; **tukang** roti 빵 장수; **tukang** rumput 풀 베는사람; **tukang** sampah 쓰레기 치는 사람; **tukang** sapu jalan 청소부; **tukang** sayur 채소장수; **tukang** semir sepatu 구두닦이;

tukar 바꾸다,변경하다;ⓢ berganti; **tukar** barang 물물 교환; **tukar** cincin 예물 교환; **tukar** guling 웃돈 없이 물건을 바꾸다; **tukar** tambah 웃 돈을 주고 바꾸다;

bertukar ① 바꾸다, 교환하다; ⓢ berganti; ② 변하다, 바뀌다; ⓢ berubah, bersilih; ③ (차를)바꿔 타다, 옮겨 타다; ⓢ berpindah; Dari sana kami ***bertukar*** kereta naik yang menuju kota. 저기에서 우리는 시내로 가는 기차를 갈아타야 한다; **bertukar** adat 관습을 바꾸다; **bertukar** baju 옷을 갈아 입다; **bertukar** haluan 목적을 바꾸다; **bertukar** hati 말과 행동이 다르다; **bertukar** pakaian 옷을 갈아 입다;**bertukar** pandang 서로 바라보다; **bertukar** pikiran 토론하다, 토의하다; **bertukar** ranjang 재혼하다;

bertukar-tukar 계속 변화하다, 고정 되지 못하다;ⓢ berganti-ganti;

menukar ① 교환하다,바꾸다; **menukar** ban 차 바퀴를 갈다; **menukar** uang 돈을 바꾸다; ② 거래하다, 교역하다; Ia hendak ***menukar*** barang itu di pasar. 그는 시장에서 그 물건을 교환하려고 한다;

tukar-menukar 서로 교환하다, 주고 받다;

menukari(돈 등을)교환하다,바꾸다. ***Menukari*** uang kertas dengan uang perak. 지폐를 은전으로 교환하다;

menukarkan ① 환전하다,돈을 바꾸다; Ia ***menukarkan*** uangnya. 그는 돈을 바꾸었다; ② 현금으로 바꾸다; **menukarkan** cek 수표를 현금으로 바꾸다;

penukar, **penukar** uang 환전상;

penukaran ① 변화, 바뀜; ⓢ pergantian;**penukaran** hawa 통풍,환기; **penukaran** iklim 기후변화; ② 교환; **penukaran** udara 통풍,환기; ③ 거래, 교역; **penukaran** barang 상품 거래; **penukaran** pikiran 의견 교환;④전환, 개종;**penukaran** agama 개종; **penukaran** uang 차환(借換),태환; **penukaran** zat 신진 대사, 물질 대사;

pertukaran 교환, 교역, 교체, 변화.

tukik, **menukik** (밑으로)뛰어들다, (아래로) 내려보다; ⓢ terjun;

menukikkan ① 급강하시키다,아래로 들이대다; ⓢ melayang ke bawah; Pilot itu ***menukikkan*** pesawatnya. 그 조종사는 비행기를 급강하시켰다; ② 집중시키다, 초점을 맞추다;ⓢ memusatkan, mengutamakan; **menukikkan** pesawat terbang 강하 비행하다;

tulang ①뼈,골절;②(물고기의)가시,

뼈; ③ (잎의)엽맥; **tulang** belakang 등골뼈; **tulang** kering 경골, 정강이뼈; **tulang** muda 연골; **tulang** rahang 턱뼈; **tulang** punggung 척추; **tulang** rawan 연골,흉골; **tulang** rusuk 늑골,갈빗대; **tulang** selangkang 쇄골 (鎖骨); **tulang** sendi 관절;

bertulang 뼈가 있는, 뼈가 많은; tiada **bertulang** 연약한,기력이 없는; daging tak **bertulang** 뼈가 없는 고기; Kucingnya suka makan ikan yang tak ***bertulang*** banyak.고양이는 뼈가 많이 없는 생선을 좋아한다;

tulang-tulangan ① (건조물의) 뼈대, 틀, 골조; ⓢ rangka rumah; ② 여러 가지 뼈대; ⓢ rangka;

tular, **ketularan** 전염된, 감염된; ⓢ kejangkitan;

menular ① 전염성의,옮기 쉬운; ⓢ menjangkit; Penyakit **menular** 전염병;② 전염하다,감염하다; ⓢ menjalar; Penyakit itu ***menular*** kemana-mana. 그 질병이 사방에 퍼져 있다; ③ 확산되다,퍼지다;ⓢ merebak; Virus komputer ***menular*** ke seluruh komputer.그 컴퓨터 바이러스는 모든 컴퓨터로 확산되었다;

menulari ~에 전염되다, 감염되다, 퍼지다; Penyakit flu burung itu mudah ***menulari*** manusia.
그 조류독감 병은 사람에게 전염되기 쉽다;

menularkan ① 병을 옮기다, 감염시키다;ⓢ menjangkitkan; ② 유포시키다, 퍼뜨리다; Makanan yang di hinggapi lalat dapat ***menularkan*** penyakit.파리가 앉은 음식은 병균을 옮길 수 있다;

penular 전염시키는 것;

penularan 전염,감염,유포; ***Penularan*** penyakit itu terjadi melalui pernapasan. 그 전연병은 호흡기를 통하여 감염된다;

tuli 귀머거리; ⓢ bisu tuli;

menulikan ① 귀머거리로 만들다, (큰소리로)귀를 멍멍하게 하다; **menulikan** telinga 귀를 먹게 하다, 귀머거리인 척하다; Suara lonceng itu ***menulikan*** telinga saya.그 종소리가 내 귀를 멍하게 했다; ② 귀청이 터질 것 같다; ⓢ memekakkan telinga;

tulis, **bertulis** ① (비석에) 새긴, 판; batu **bertulis** 비석; ② (글씨가) 씌어 있는, 쓴; Buku ini ***bertulis*** huruf cetak. 이 책은 인쇄체로 씌어졌다;

bertulis tangan 손으로 쓰여진;

tulis-menulis ① 편지 왕래; ② 행정의, 사무직의; Perusahaan itu mencari pegawai wanita bagian ***tulis-menulis***.그 회사는 지금 사무직 여직원을 찾는다;

menulis ① 쓰다,적다, 기입하다; ⓢ mengarang; **menulis** surat 편지를 쓰다; ② 그리다; ⓢ menggambar; **menulis** gambar 그림을 그리다; ③ 바떽을 만들다, 바떡 무늬를 그리다; ⓢ membatik; Lebih mudah mencetak dari pada ***menulis*** kain itu. 그 천은 그리기 보다 인쇄하기가 더 쉽다;

menulisi ~에 쓰다, 적다 **menulisi** kertas putih 백지에 쓰다;

menuliskan ① ~을 적다,기록하다, 쓰다; ② ~으로 쓰다, 적다;

penulis① 작가, 기입자; ⓢ pengarang; Ayahnya adalah seorang ***pe-***

nulis terkenal. 아버지는 유명한 작가이다; ② 서기; ⓢ juru tulis; ③ 화가; ⓢ pelukis;

penulisan 쓰기, 집필; ⓢ karangan, lukisan;

tertulis 쓰인, 써 있는; Di dalam suratnya ***tertulis*** alamat rumahnya. 그의 편지에는 그의 집 주소가 쓰여 있다;

tulisan ① 쓰기,글씨;**tulisan** tangan 필적, 육필, 수기(手記); dengan tulisan 글씨로 써서,서면으로; Ada ***tulisan*** di kertas ini. 이 종이에 글씨가 있다; ② 원고, 문서; ⓢ artikel; ③ 글, 작문; ⓢ karangan; Buku itu ***tulisan*** pengarang terkenal. 그 책은 유명한 작가 한 사람에 의해 쓰여졌다;④ 그림,미술; ⓢ gambaran, lukisan;

tumbal ① (병원의) 예방, 대피; ② 희생, 헌납; ⓢ korban; Mereka sebagai ***tumbal*** orang yang tak bertanggung jawab. 그들은 책임 없는 희생자이다;

tumbang 부서지다, 넘어지다, 기울다; ⓢ rebah, jatuh; Usahanya ***tumbang*** sejak krisis moneter. 그의 사업은 재정위기 때부터 기울기 시작했다;

menumbangkan ① 넘어뜨리다, 쓰러뜨리다; ⓢ merobohkan; **menumbangkan** pohon 나무를 베어 넘기다; ② (짐승을)도살하다; ③ 전복시키다,뒤엎다; ④ 멸망시키다,무너뜨리다; Musuhnya dapat di ***tumbangkan.***적은 상대에 의해 무너졌다; ⑤ (기록을)깨다, 갱신하다;

tumbuh ① (식물이)자라다, 성장하다; ⓢ membesar; Tanaman kaktus dapat ***tumbuh*** di daerah panas. 선인장은 더운 지방에서 자란다; ② 발전하다; ⓢ berkembang; ③ 번성하다; ⓢ makmur; Tokonya ***tumbuh*** berkembang dengan pesat. 그 사람의 가게는 빠르게 번창했다; ④ 나오다, 나타나다, 돋아나다; ⓢ muncul, timbul; Giginya ***tumbuh*** 그의 이빨이 돋아났다; ⑤ 발생하다, 일어나다; ⓢ lahir, terjadi; Di Irak ***tumbuh*** peperangan dengan Israel. 이락크는 이스라엘과 전쟁이 발발했다; ⑥ 성장;

bertumbuhan 도처에 자라다; Di daerah pegunungan ***bertumbuhan*** bunga-bunga. 산에는 꽃들이 도처에서 자라고 있었다;

menumbuh 자라다;

menumbuhi 자라다,성장하다;Halaman itu di ***tumbuhi*** tanaman buah. 그 마당에 과일 나무가 자라고 있다;

menumbuhkan ① 성장하게 만들다, 성장을 촉진시키다; ⓢ mengembangkan; Obat untuk **menumbuhkan** rambut 발모 촉진제;② (식물을) 키우다, 재배하다;ⓢ memelihara; Ia ***menumbuhkan*** tanaman bunga di samping rumahnya. 그는 집옆에 꽃을 가꾸었다; ③ 불러 일으키다, 일으키게 하다; ⓢ menimbulkan; Ancaman itu ***menumbuhkan*** ketakutan bagi masyarakat. 그 협박은 국민들의 불안을 불러 일으켰다;

ketumbuhan ① 성장,생장,자라남; ② ~이 자란, ~으로 무성한; Di halaman rumahnya ***ketumbuhan*** pohon liar. 그의 집 앞에는 야생목이

무성하다; ③ 종두,마마; ⓢ penyakit cacar;

penumbuh 성장 촉진제;

penumbuhan 성장, 발달;

pertumbuhan 성장,발달; ⓢ perkembangan; **pertumbuhan** ekonomi 국민총생산 (GNP); **pertumbuhan** penduduk 인구 증감;

tumbuhan ① 식물, 화초; ⓢ tanaman, pokok; ② 성장, 발달; **tumbuhan** beracun 독성식물;

tumbuh-tumbuhan 식물,식물군;

tumbuk ① 분쇄기; ② 찧기,(쌀의) 정미; beras **tumpuk** 정미;

bertumbuk ① 충돌하다,들이받다; ⓢ berkelahi, meninju; Para pedagang itu saling ***bertumbuk*** merebutkan tempat dagangan. 모든 장사꾼들은 자리 때문에 서로 다투었다; ② 동시에 발생하다, 겹치다; ⓢ berjumpa, bertepatan waktunya; Kepergiannya ditunda karena ***bertumbuk*** dengan cuaca yang buruk. 그의 외출은 나쁜 날씨를 만나 취소했다; ③ 우연히 만나다; ⓢ ketemu; Anak itu ***bertumbuk*** dengan temannya di jalan. 그 아이는 길에서 친구와 우연히 만났다;

bertumbukan 충돌하다, 우연히 만나다; ⓢ bertumbuk;

menumbuk ① 갈다, 찧다; ⓢ melantak, memukul halus; ② 치다, 때리다; ③ 충돌하다;

menumbukkan ① 부딪다, 치다, 때리다; Ia ***menumbukkan*** badannya di kayu. 그는 나무에 몸을 부딕뜨렸다; ② 분쇄하다,부수다,갈아서 주다; Para petani ***menumbukkan*** padi di dalam gudang.모든 농부는 창고에서 벼를 찧었다;

penumbuk ① 빻는 사람; ② 분쇄기; ⓢ alu, gada;

penumbukan ① 부딪침, 충돌; ② 때림;

tertumbuk ① 부딪히다, 충돌되다; ⓢ terantuk,tertabrak; Pria itu ***tertumbuk*** motor.그 남자는 오토바이에 부딪치었다; ② (곡식을)찧다, 갈다, 부수다; ⓢ sudah ditumbuk; ③ ~에 달하다, 이르다; ⓢ sampai, jatuh di; **tertumbuk** kata 곤경에 빠지다; **tertumbuk** pandangan 보이다; **tertumbuk** pikiran 어찌할 바를 모르다;

tumbukan ① 충돌; ② 때림, 침;

tumpang, **menumpang** ① 타다, 승차하다;ⓢ naik; Setiap berangkat kerja, ia ***menumpang*** mobil ayahnya.그는 일하러 갈때 아버지의 차를 타고 간다; ② 함께가다, 참가하다, 동행하다; ⓢ ikut serta; Anak itu pergi ***menumpang*** nonton film dengan temannya.그 아이는 영화 보러 친구와 함께 갔다; **menumpang** makan 함께 식사하다;③ 동거하다,머물다; ⓢ bermalam,menginap; Ia ***menumpang*** di rumah saudaranya untuk beberapa hari saja. 그는 단지 며칠만 친척 집에 머물었다; ④ 묻다, 양해를 구하다; ⓢ menanyai; **menumpang** tanya 질문하다; Orang itu ***menumpang*** tanya kepada saya dimana haltenya. 그 사람은 정거장이 어디냐고 나에게 물었다; **menumpang** hidup 살기 위하여 따라가다;

menumpangi ① ~에 타다, 승차하

다; Ia suka ***menumpangi*** temannya untuk ikut bersama di mobilnya. 그는 친구와 함께 그의 차를 타고 가기를 좋아한다; ② 함께 살다, 동거하다; ③ 이용하다, 써먹다;

menumpangkan ① 태우다, 승차시키다; Dia ***menumpangkan*** saya untuk ikut di mobilnya. 그는 자신의 차로 함께 가도록 나를 태웠다; ② 머물게 하다, 숙박시키다; **menumpangkan** tamu-tamu di hotel. 손님들을 호텔에 투숙시키다; ③ 맡기다, 위탁하다; Ia ***menumpangkan*** anaknya pada temannya. 그는 아이를 친구에서 맡기다;

penumpang ① 승객, 여객; ② 여행자; ⓢ pelancong; Bis itu diisi oleh banyak ***penumpang*** yang duduk. 그 버스는 승객이 만원이다;

tumpangan ① 투숙, 숙박; ② 승객, 여객; Supir taksi mencari ***tumpangan*** untuk taksinya. 택시 기사는 승객을 찾았다; ③ 짐, 화물; ④ 지주, 주인; ⑤ 탑승;

tumpas 파괴된, 부서진, 박살난; ⓢ binasa, punah; **tumpas** langis 완전히 부서진, 박살난;

menumpas 완전히 부수다, 파괴하다, 소멸시키다; ⓢ membinasakan, memusnahkan; Polisi sedang giat ***menumpas*** kejahatan. 지금 경찰은 불량배를 적극적으로 소탕하고 있다;

menumpaskan 파괴하다, 박멸하다;

penumpas 파괴자;

penumpasan 파괴;

tumpu ① 발판; ⓢ pengampu kaki; ② 근거, 근거지;

bertumpu, **menumpu** ① 얹혀있다, 받쳐져 있다; ⓢ bertekan pada; Cangkir teh itu ***bertumpu*** pada piring kecil. 찻잔은 작은 찻잔 접시에 받쳐져 있다; ② 지탱되다; ⓢ menyokong, menunjang; ③ 접하다, 인접하다; ④ 몰두하다; ⓢ berusaha giat; ⑤ 딛다, 밟다; ⓢ menjejak;

menumpukan ① 기대다,의지하다. ② 받치다, 떠받치다, 지지하다; ③ 기초로 하다, 모으다; ④ 집중하다, 모으다;ⓢ memusatkan, mengumpulkan; Ia ***menumpukkan*** bukunya di meja. 그는 책상에 책을 모았다; **menumpukan** semua perhatian pada ~에 온갖 주의를 집중하다; **menumpukan** semua usahanya 전력을 다하다; ⑤ 거절하다, 거부하다;

penumpu 지지자, 받침대;

tumpuan ① 발판; ② 기초; ⓢ dasar; ③ 기지; ⓢ pangkalan; ④ 지지하다; ⓢ menyokong, menunjang; ⑤ 집중시키다; ⓢ memusatkan;

tumpul ① 둔한, 무딘; ② 멍청한, 어리석은;

ketumpulan 무딘, 둔함;

tunai 현금, 현찰; ⓢ kontan; Ia tak sanggup membayar ***tunai*** hutangnya. 그는 부채를 지불할 능력이 없다;

menunaikan ① 현금으로 지불하다; ⓢ membayar tunai; ② 대금을 치르다, 갚다; ⓢ melunasi;

penunaian ① 변제; ② 성취, 달성; ③ 현금으로 바꾸다;

tunakarya 실직;

tunang, **bertunangan** ① 약혼하다 Mereka ***bertunangan*** sejak masih sekolah dulu. 그들은 전에 학교 다닐 때 약혼했다; ② 약혼자가 있다;

mempertunangkan 약혼시키다;

tunas ① 싹,새순,발아; ⓢ tumbuhan muda; ② (식물의)새 가지; ⓢ bakal; **tunas harapan** 서광, 새싹;

bertunas 싹이 트기 시작하다; Pohon pisangnya sudah ***bertunas***. 바나나 나무는 싹이 트기 시작했다;

pertunasan 발아;

tunasila ① 부도덕, 추잡함; ② 매음, 매춘; ⓢ perempuan jalang;

tunawicara 벙어리; ⓢ bisu;

tunda, **menunda** 연기하다, 늦추다; ⓢ menangguhkan; Rapat ***ditunda*** sampai besok.만남은 내일까지 연기되었다;

menundakan 연기하다, 늦추다;

menunda-nunda 미루다,늦추다;

penundaan 연기, 지연, 지체;

tertunda 지연된;

tunduk ① 숙이다; ② 복종하다, 항복하다; ⓢ takluk; Karyawan harus ***tunduk*** perintah atasannya. 직원은 상사의 지시에 복종해야 한다;

menunduk ① 숙이다, 수그리다; ② 굴복하다, 항복하다;

menundukkan ① ~을 숙이다, 절을 하다; ⓢ merundukkan; Anak itu sedikit ***menundukkan*** badannya ke bawah. 그 아이는 몸을 조금 아래로 숙였다; ② 고개를 숙이게 만들다; ③ 정복하다,이기다; ⓢ mengalahkan, menaklukkan; Petinju itu ***menundukkan*** lawannya dengan mudah. 그 권투선수는 상대를 쉽게 이겼다;

tunggak ① 그루터기, 밑동줄기; ⓢ tunggul; ② 말뚝;

menunggak ① 그루터기를 남겨두다; ② 말뚝으로 놓아두다; ③ 미납하다; Ia ***menunggak*** pembayaran sewa rumah bulan ini. 그는 이달치 집세를 내지 못했다; ④ 할 일을 남기다; Laporan kerja itu jangan ***menunggak*** sampai besok. 그 일의 보고를 내일까지 미루지 마라!;

tunggakan ① 미납된; ⓢ belum terbayar; Hari ini dia akan bayar ***tunggakan*** berbagai rekening. 그는 오늘 여러가지 미납금 모두를 지불할 것이다; ② 잔무;

tunggal ① 혼자의, 독신의; ⓢ satu-satunya; daun **tunggal** 외잎; ② 외아들의; anak **tunggal** 외아들; ③ 단수의; ⓢ bukan jamak; dengan hati **tunggal** 단순한, 복잡하지 않은; **tunggal** ika 통일, 연합;

tungging 뒤가 들린;

menungging ① 후미; ② 넘어지다, 급강하하다; Api lilin ***menungging*** di bawah lantai. 촛불이 바닥에 떨어졌다;

tunggu 기다리다,대기하다,지키다; Kita ***tunggu*** sampai masalah ini beres.우리는 이 문제가 해결될 때까지 기다린다;

menunggu ① 기다리다, 대기하다; ⓢ menanti; **tunggu** sebentar 잠시 기다리시오; ② 기대하다,고대하다; ⓢ mengharapkan; Suaminya sedang ***menunggu*** istrinya pulang ke rumah.그 남편은 부인이 집으로 돌아오기를 기다렸다; ③ 돌보다, 지키다; ⓢ merawat, menjaga; Anaknya sedang ***menunggu*** ibunya di rumah sakit. 그의 아이는 지금 병원에 있는 어머니를 돌본다; ④ 거주하다, 살다; ⓢ mendiami, menghuni; Orang itu disuruh ***menunggu*** rumah yang telah lama kosong.그 사람은 오랫동안 빈 집에 거주해도 좋다고 허락 받았다;

menunggu-nunggu 기대하다,고대하다; Gadis itu sudah lama ***menunggu-nunggu*** kedatangan pacarnya. 그 처녀는 애인이 오기를 오랫 동안 기다렸다;

menunggui ① ~을 지키다, 감시하다; ⓢ memeriksai, menjagai; **menunggui** rumah kosong 빈 집을 지키다; ② 보살피다, 시중들다; ⓢ merawati; **menunggui** orang sakit 환자를 보살피다;

penunggu ① 보초; ② 시중드는 사람; **penunggu** orang sakit 간호원;

tunggul (나무의)그루터기, 줄기;

tungkup 뒤집어 놓다, 엎어두다; ⓢ telangkup, telungkup;

menungkup 엎어지다, 엎드리다; ⓢ telungkup; Ia ***menungkup*** di tanah. 그는 땅에 엎어졌다;

menungkupkan 엎다, 덮어씌우다;

tertungkup 엎드린, 엎어진; ⓢ tertiarap, tengkurup;

tunjang, **menunjang** ① 지탱하다, 지지하다; ⓢ menopang, menyokong; Kayu penyanggah itu ***menunjang*** tanaman yang baru. 그 지주 목이 새로 심은 나무를 받치고 있다; ② 원조하다; ⓢ membantu, menolong; Pembantu itu ***menunjang*** keluarga dikampung.그 가정부는 시골의 가족에게 돈을 보내 준다;

menunjangkan 지원하다, 도와주다;

penunjang 지원자, 지지자;

tunjangan ① 지원,지지;② 보조금; **tunjangan** anak 자녀 보조 수당;**tunjangan** pendidikan 장학금,학비 보조금; Ia harus membayar ***tunjangan*** pendidikan bagi anak-anaknya. 그는 아이들의 학비 보조금을 지불해야 한다;

tunjuk ① 보이다,보여주다;ⓢ menunjukkan; ② 집게 손가락; ⓢ telunjuk; **tunjuk** diri 나타나다; **tunjuk** muka 나타나다;

mempertunjukkan ① 보여주다, 보이다, 상연하다; ⓢ memperlihatkan, memamerkan; Peragawati itu ***mempertunjukkan*** model terbaru kepada para tamu yang hadir. 그 여자 모델은 모인 손님들에게 새 모델을 보여 주었다; ② (능력을)과시하다; ⓢ mendemonstrasikan; ③ 전시하다; ⓢ memamerkan;

tunjuk-menunjuk 서로 탓하다; ⓢ saling menunjuk;

menunjuk ① 가리키다, 지시하다; ⓢ mengacukan jari; Dia ***menunjuk*** jalan ke rumah temannya. 그는 친구 집으로 가는 길을 가르쳤다; ② 나타내다, 표시하다;ⓢ menandakan; Jejak kakinya ***menunjuk*** arah jalan turun gunung. 그의 발자국은 산을 내려가는 쪽으로 표시가 되어있다; ③ 지명하다, 지정하다; ⓢ memilih, menempatkan; Ia ***menunjuk*** teman untuk mewakilinya dalam rapat itu. 그는 그 모임에 대리인으로 친구를

지명했다;

menunjukkan ① ~을 보여주다, 보이다;Ia ***menunjukkan*** cara bagaimana membuat kue dengan hasil yang baik.그는 맛있는 과자를 만드는방법을 보여 주었다; ② 입증하다, 나타내 보이다; ③ 알리다, 통보하다; ⓢ memberitahu;Gurunya ***menunjukkan*** cara belajar yang baik pada murid-muridnya. 그 선생은 학생들에게 좋은 공부 방법을 알려 주었다; **menunjukkan** diri 자신을 나타내 보이다; **menunjukkan** gigi 세력을 보이다;**menunjukkan** perasaan 유감을 나타내다;

penunjuk ① 지시자,표시기; ② 안내자; ③ (시계의)침; **penunjuk** angin 바람 개비, 풍신기; **penunjuk** jalan 도표, 도로 표지판; Alat ini dapat dipakai sebagai ***penunjuk*** jalan. 이 도구는 도로 표지판으로 사용할수 있다;

penunjukan ① 지시,지적,표시; ② 참조,대조;sumber **penunjukan** 원전;

petunjuk ① 지시, 안내; Apoteker memberi ***petunjuk*** cara pemakaian obat ini. 약제사는 이 약을 복용하는 방법을 알려 주었다; ② 충고, 조언; ⓢ isyarat, nasihat; ③ 징후, 전조; **petunjuk** kecelakaan 재앙의 징후; **petunjuk** Tuhan 계시, 묵시; ④ 명령, 지령, 지시서; ⓢ ketentuan, perintah; **petunjuk** arah angin 풍향계; **petunjuk** operasional 작전 지침; **petunjuk** pelaksanaan 이행 지침;

pertunjukan ① 전시, 전람; ② 공연, 연기, 연주; **pertunjukan** amal 자선 공연; ***Pertunjukan*** ini dimulai malam nanti. 이 공연은 오늘 밤에 시작한다;

tuntas 끝난,완벽한; ⓢ sempurna;

menuntaskan ① 다 써버리다; Pengarang buki itu ***menuntaskan*** karangannya seumur hidupnya. 그 책의 작가는 일생의 필력을 다 쏟아부었다; ② 모두 끝내다; Para pekerja ***menuntaskan*** semua tugas yang diberikan atasan. 모든 직원은 상사로부터 받은 모든 임무를 마쳤다;

tuntut, menuntut ① 요구하다, 청구하다,주장하다; ⓢ meminta keras, menagih; Saya ***menuntut*** orang itu agar membayar pinjamannya. 나는 그에게 부채를 다 갚으라고 요구했다; **menuntut** haknya 권리를 주장하다;② 소환하다,기소하다;Ia ***dituntut*** atas kasus korupsi. 그는 부정사건을 기소했다; ③ 노력하다, 분투하다;ⓢ berusaha; **menuntut** kemenangan 승리를 위하여 분투하다;④ (지식을) 추구하다; mempelajari; ⑤ 향하다, 지향하다; ⓢ menuju; **menuntut** balas 보답하다, 원수를 갚다; **menuntut** dakwa 고소하다; **menuntut** hukuman 구형하다; **menuntut** hukuman penjara 구속형을 선고하다; **menuntut** ilmu 지식을 추구하다; **menuntut** janji 약속 이행을 요구하다;

penuntut 기소자, 고발자, 청구인; jaksa **penuntut** umum 검사; **penuntut** (ilmu) 학자, 학생;

penuntutan ① 기소, 고발; ② 요구, 요청; ③ 추구, 연구;

tuntutan ① 요구, 요청; ② 기소,

고발; ③ 추구, 연구; tuntutan hukum 형사 소추; Semua ***tuntutan***nya di penuhi oleh hakim. 모든 고발 사건은 판사에 의해 판결되었다;

turis 여행객, 여행자;

tupai 다람쥐; ⓢ bajing;

turun ① 내리다, 내려오다, 계통을 잇다; **turun** dari gunung 하산하다; **turun** takhta 왕위를 계승하다; ② 착륙하다; ⓢ mendarat; **turun** ke darat 착륙하다; ③ (탈것에서)내리다; Orang kaya itu ***turun*** dari mobilnya yang mewah. 그 부자는 그의 고급차에서 내렸다; ④ 유전되다; Penyakit orang itu ***turun*** dari ayahnya. 그 사람의 병은 아버지로부터 유전되었다; ⑤ 감소하다, 쇠퇴하다; ⓢ jadi kurang;Keadaan suhu cuaca di negara itu kini sudah ***turun***. 그 나라의 기온은 지금 떨어졌다; ⑥ (비가)오다, 내리다; Hujan ***turun*** dengan derasnya.비가 세차게 내린다;

turun-temurun 대를 잇다; Upacara adat ini sudah berlaku secara ***turun-temurun*** di kampung ini. 이 풍습 행사는 이 마을에 내려온 전통이다;

menurun ① (값이)떨어지다; ⓢ landai; Harganya tidak ***menurun***. 값이 떨어지지 않았다; ② 기울다, 퇴보하다; ⓢ semakin berkurang; Kualitas barang ini sudah ***menurun*** jauh. 이 물건의 질은 아주 많이 떨어졌다; ③ 유전되다, 계승되다; ⓢ mewaris; Penyakit ini ***menurun***. 이 병은 유전된다; ④ (길이)기울다, 경사지다; ⓢ condong; Jalan ini ***menurun***. 이 길은 기울었다;

menuruni ~쪽으로 내려가다; **menuruni** sungai 강줄기를 따라서 내려가다;

menurunkan 떨어뜨리다;

keturunan ① 내력, 후예; **keturunan** raja 왕손; ② 물려받다, 상속하다,유전하다;ⓢ mewarisi; Penyakit gulanya ***keturunan*** dari orang tua. 그의 당료병은 부모로부터 유전되었다;

penurun 감소시키는; obat **penurun** panas 해열제;

penurunan ① 감액, 감소, 줄임; ***Penurunan*** kualitas barang ini mengecewakan pelanggan. 이 물건의 질 저하로 고객이 불평을 했다; ② 경사, 비탈; ③ 짐을 내림;

turunan ① 자손, 후예; ⓢ anak cucu; **turunan** raja-raja 왕족, 왕의 자손; ② 세대; ⓢ angkatan;

turut ① 동참하다, 참가하다; ⓢ ikut; **turut** makan 함께 식사하다; **turut** pergi 함께 가다; ② 따라가다; ③ 순종하다; ⓢ patuh, taat; **turut** perintah 명령에 복종하다 ④ 나누다, 같이 하다; ⓢ bersama; Ia harus ***turut*** pergi dengan gurunya ke rumah temannya yang sakit. 그는 선생님과 함께 아픈 친구집에 병문안을 가야한다;

menurut ① 따르다, 따라가다, 추적하다; ⓢ mengikuti, meniru; **menurut** jejak pamannya 아저씨의 발자국을 따라가다; ② ~에 의하면, ~에 따르면;***Menurut*** kata orang ia kaya. 사람들의 말에 의하면 그는 부자라고 한다; ③ 흉내내다; ④ 복사하다,복제

하다, 본을뜨다; **menurut** contoh di papan 판에 모형을 복제하다; ⑤ 순종하다, 복종하다; ⓢ patuh; Ia ***menurut*** kata ayahnya. 그는 아버지의 말에 순중한다;

menuruti ① 추적하다, 뒤쫓다; ⓢ mengikuti; ***Menuruti*** pencuri yang lari 도망치는 도둑을 뒤쫓다; ② 승인하다, 허가하다; ⓢ meluluskan permintaan; **menuruti** permintaan 요청을 승인하다; ③ 응하다, 따르다; ⓢ mengikuti; ④ 복제하다, 모방하다;

tusuk ① 핀; ⓢ cocok; ② 꼬챙이, 꼬치; **tusuk** gigi 이쑤시개; **tusuk** jarum 침술; **tusuk** konde 머리핀;

menusuk-nusuk 자극하다,화나게 하다; ⓢ menghasut; Anak itu ***menusuk-nusuk*** adiknya agar tak suka dengan tetangganya yang sifatnya buruk.그 아이는 동생이 나쁜 사람을 좋아하지 않도록 자극을 주었다;

menusuk ① 찌르다, 찔러 죽이다; ⓢ menikam; ② 쑤시다; ⓢ mencocok, menoblos; ③ 고기를 꼬치에 찌르다; ④ 상처를 주다; ⓢ menyakiti hati; **menusuk** hati 마음을 아프게 하다; Peristiwa itu ***menusuk*** hatinya. 그 사건은 그의 마음을 아프게 했다;

menusukkan ① ~을 찌르다,~으로 찔러 죽이다; Pesulap itu ***menusuk*** pisau ke tubuhnya. 그 마술사는 자기 몸에 칼을 찔렀다;② (바늘 등을) 꽂다, 쑤시다;

tertusuk 찔린; **tertusuk** hatinya 마음이 아픈;

tutup ① 닫힌, 폐쇄된; ② 뚜껑, 마개, 덮게; **tutup** jendela 커어튼; **tutup** mulut 침묵;

bertutup, cangkir **bertutup** 뚜껑이 있는 컵;

menutup ① 덮다, 닫다; ⓢ mengatupkan; ② 마감하다, 결산하다; **menutup** pintu. 문을 닫다; ③ 봉하다, 밀폐하다; ⓢ tak terbuka; Semua kemasan susu harus di ***tutup*** rapat-rapat agar tidak kemasukan angin.그 모든 우유 포장은 공기가 들어가지 않도록 단단히 봉해야 한다;

menutupi ① 덮다, 싸다; ② 닫다, 폐쇄하다;

penutup ① 덮개, 마개, 뚜껑; **penutup** botol 병 마개; ② 카메라의 셔터; ③ 폐쇄, 종결, 마감, 밀폐, 결산; ⓢ pengunci; sebagai **penutup** 끝으로 (서신 끝에); ucapan **penutup** 끝인사;

penutupan ① 덮어 씌우기; ② 종결, 폐쇄; ⓢ pengakhiran;

tertutup ① 닫힌, 마감된, 폐쇄된, 덮힌; ② 감금된; Para guru sedang mengadakan rapat ***tertutup***. 모든 선생님들은 현재 토의되고 있는 사안을 감추었다;

tutupan ① 덮개, 마개, 뚜껑; ② 감옥; ⓢ penjara;

tutur 말; ⓢ ucapan, kata, perkataan; **tutur** kata 말, 표현;

bertutur kata 말하다, 이야기하다; ⓢ ucapan, kata; Saya dapat ***bertutur*** kata dalam bahasa Inggris. 나는 영어로 말할 수 있다;

U

uang 돈, 금전, 비용; **uang** belanja 장볼돈, 물건살 비용; **uang** jajan 용돈; **uang** jalan 여비,여행 경비; **uang** jaminan 보증금; **uang** kecil 잔 돈; **uang** kembali 거스름 돈; **uang** kertas 지폐; **uang** kuliah 대학 등록금; **uang** lembur 수당;**uang** logam 동전; **uang** pas 정확한 액수; **uang** suap 뇌물;

uap 증기, 김, 스팀; ⓢ gas; **uap** air 증기;

beruap 김이 나다, 증발하다;

menguap 증발하다; ⓢ menjadi uap;

menguapi 찌다; ⓢ mengukus;

menguapkan ① 찌다; ⓢ mengukus; ② 증발시키다;

penguapan 발산;

uap, menguap 하품하다;

ubah 차이, 약간의 차이; ⓢ lain, beda,kelainan; tidak **ubah** dengan 비슷한, 별 차이 없는;

berubah ① 변하다; Rambut ayah kini mulai ***berubah*** warna menjadi putih. 아버지의 머리 카락은 흰색 [illegible]로 변하기 시작한다; ② (날씨가) [illegible];**berubah** akal 미치다, 마음이 [illegible] [illegible]**rubah** mulut 일구이언 [illegible] 어기다; **berubah** pen[illegible] [illegible]리하다;**berubah** pikiran 사고를 바꾸다;

berubah-ubah 변덕스러운;ⓢ tak tetap;

mengubah 바꾸다, 변경하다; **mengubah** sikapnya 태도를 바꾸다;

mengubahkan 변화시키다, 변경시키다;

pengubah 교정자;

perubahan 변화, 변동;

uban ① 백발, 흰 머리; ⓢ rambut putih; ② 늙은; ⓢ tua; ③ 매우 오래된;

beruban ① 흰머리가 나는; Kakek itu banyak sekali rambut ***beruban***nya. 그 노인은 흰 머리가 아주 많다; ② 오래된, 늙은; Ia sudah ***beruban*** dalam mengenal orang itu. 그는 그 사람을 안지가 오래되었다;

ubek, mengubek-ubek 샅샅이 뒤지다;

ubek-ubekan (길을) 헤매다;

ubi 고구마; **ubi** kentang 감자;

udang 새우;**udang** galah 민물 새우; **udang** karang, **udang** laut 바다 새우;**udang** kering 마른 새우;**udang** dalam tangguk 불안한; bungkuk **udang** 새우처럼; kepala **udang** 매우 어리석은;

ucap 말, 표현; ⓢ ujar;

berucap 말하다;

mengucap 부르다;
mengucapkan 말하다, 언급하다;
udara ① 공기, 대기; ⓢ angkasa; ② 환경, 상황; ⓢ suasana; **udara** politik 정치 상황; ③ 기후, 날씨; ⓢ keadaan hawa; angkatan **udara** 공군; pelabuhan **udara** 공항; pesawat **udara** 비행기;
mengudara 올라가다, 뜨다;
mengudarakan ① 뜨게 하다, 날게 하다; ⓢ menerbangkan; ② 방송하다; ⓢ menyiarkan;
pengudaraan 통풍;
ufuk 지평선; ⓢkaki langit,horizon;
uji 시험, 평가; ⓢ test, periksa; **uji** coba 시도; **uji** rasa 시식;
beruji 시험하다, 평가하다; Mereka semua ***beruji*** keberanian. 그들은 용기를 시험해 보았다;
menguji ① 분석하다; Ia ***menguji*** kepintaran anak itu. 그는 그 아이의 슬기를 분석해 보았다; ② 테스트하다, 시험하다;
penguji ① 시험관, 검사관; ② 시험 기구, 검사 기구;
pengujian 시험, 시도, 실험;
ujian 시험,실험, 분석; **ujian** lisan 구술 시험; **ujian** masuk 입학시험; **ujian** negeri 국가 고시; **ujian** penghabisan 최종 시험; **ujian** tulisan 필기 시험; **ujian** ulangan 재시험;
ujung 끝,말; ⓢ kesudahan, akhir; **ujung** lidah 혀끝;**ujung** hidung 코끝; **ujung** jaian 노변;**ujung** jari 손끝; **ujung** kota 교외, 외곽; **ujung** mata 곁눈;
berujung ① 끝이 있는; ② 비롯하다,생기다; ⓢ berakhir (pada), berakibat (pada); Kondisi kesehatan orang itu ***berujung*** pada kematian. 그 사람의 건강 상태는 죽음에 이르렀다;
ukir, juru **ukir** 조각가; seni **ukir** 조각;
berukir 새긴,조각한; meja **berukir** 조각있는 책상;
mengukir 새기다,조각하다;ⓢ menoreh,menggores,memahat; Ia telah ***mengukir*** namanya di hati kami. 그는 우리들의 마음 속에 그의 이름을 새겼다;
ukir-mengukir kayu 목조(木彫), 목판;
mengukirkan ① 새겨 넣다, 조각하다; Ia ***mengukirkan*** nama kekasihnya di pohon besar itu. 그는 큰 나무 한 그루에 애인의 이름을 새겨 놓았다; ② 주입하다, 불어넣다 간직하다; Ia ***mengukirkan*** kisah cintanya di hatinya. 그는 마음 속에 그의 사랑 이야기를 간직했다;
pengukir ① 조각가, 조판공; ② 조각 도구;
ukiran ① 조각; ② 조각품; **ukiran** kayu 목판조각, 목각; Bentuk ***ukiran*** patung itu sangat indah. 그 동상의 조각 형태는 매우 아름답다;
ukur 측량, 측정;
berukuran 한 치수이다;
mengukur 치수를 재다;
pengukur 계량기; **pengukur** ap[illegible] 고온계;**pengukur** cepat 속도계; [illegible] ngukur demam 체온계; pe[illegible] curah hujan 우량계; pen[illegible] 온도계;
ukuran ① 측량,

규모; ③ 모양, 비율; ④ 기준; ⑤ 자; **ukuran** isi 부피, 용적; **ukuran** luas 넓이; **ukuran** panjang 길이;

seukuran 일치하는;

ulang ① 반복, 되풀이; ⓢ kembali, berkali-kali; **ulang-aling** 수차례; ⓢ beberapa kali; ② 왔다갔다 하는; ⓢ bolak-balik; **ulang** tahun 생일;

ulang-ulang, mengulang-ulang 여러번하다; Anak itu ***mengulang-ulang*** pelajaran yang telah diberikan di sekolah. 그 아이는 학교에서 배운 후 반복해서 공부한다;

berulang 반복하다, 되풀이하다; **berulang** tahun 생일이 되다;

berulang-ulang 반복해서, 되풀이하여;ⓢ berkali-kali, kerap kali;

mengulangi 반복하다,되풀이하다; ⓢ melakukan lagi; Ia ***mengulang*** pertanyaannya. 그는 질문을 되풀이 했다;

ular 뱀; **ular** kepak 살무사; **ular** mengiang 무지개;**ular** naga 용; **ular** sawah 비단뱀; **ular** sendok 코브 라; **ular** welang 독사; **ular** kepala dua 위선자;

mengular 뱀처럼 긴, 꼬불꼬불한; Jalan di gunung itu bentuknya ***mengular***. 그 산 길은 꼬불 꼬불하다;

ulas ① 싸개, 덮개; ⓢ kelubung; ② 벳갯잇; ⓢ sarung (bantal, tilam); **ulas** bantal 베갯잇; **ulas** buku 책 [illegible]지; **ulas** kasur 침대 시트; **ulas** [illegible] 편지 봉투;

[illegible] 덮개가 있는, 덮혀 있는; [illegible] ② ~으로 칠해진, [illegible] ***berulas*** merah. [illegible] 해졌다;

mengulas ① 싸다, 덮다; ⓢ menyalut; ② 칠하다;

ulasan 싸개, 덮개; ⓢ sarung;

ulet ① 질긴, 강인한; ⓢ liat, kuat; ② 최선을 다하다;

keuletan ① 참을성, 인내력; ② 능력;

ulung ① 솜씨있는, 능력있는; ⓢ cakap, mahir; ② 간교한; ⓢ cerdik; Ia pemancing ikan yang sangat ***ulung***. 그는 아주 능숙하게 고기를 잡는다;

keulungan 탁월, 최상;

ulur, mengulur ① 풀다, 풀어내다; ⓢ melepaskan; Anak itu ***mengulur*** benang layangannya ke atas langit. 그 아이는 하늘 높이 연줄을 풀어 냈다; ② 늘이다, 펼치다; ⓢ memanjangkan; ③ 양보하다;

mengulur-ulur 연장하다, 연기하다; ⓢ memanjangkan, menunda-nunda; Ia sengaja ***mengulur-ulur*** pembayaran hutangnya. 그는 부채의 지불을 의도적으로 늦추었다;

menguluri 주다, 넘겨주다, 건네주다; ⓢ meyampaikan; Ia ***menguluri*** saya persahabatan. 그는 나에게 우정을 베풀었다;

mengulurkan ① ~을 넘겨주다, 재시하다, 내보이다; ⓢ memberikan, mengunjukkan; Lelaki itu ***mengulurkan*** pendapatnya pribadi. 그 남자는 자기 개인적인 의견을 제시했다 ② 내밀다,내뻗다;ⓢ menganjurkan; Anak itu ***mengulurkan*** lidahnya keluar. 그 아이는 혀를 내밀었다; **mengulurkan** tangan 손을 내밀다; ③ 연장하다; ⓢ mengajukan,meng-

usulkan; Pegawai perusahaan itu *mengulurkan* rapat pertemuan. 그 회사 직원은 만날 약속을 연기했다;
terulur① 내뻗은;② 펼쳐진,늘어진;
penguluran ① 양보; ② 풀기, 해체함; ③ 기부, 증여; ⓢ pemberian;

umat ① 신자; **umat** Islam 회교 신자; **umat** Kristen 기독교 신자; ② 대중; ⓢ publik; ③ (=**umat** manusia) 인류, 인간;

umbar, **mengumbar** ① 풀어주다, 방목시키다; **mengumbar** hawa nafsu 욕망의 고삐를 풀다; Dia senang *mengumbar* kekayaan orang tua. 그는 부모님의 부로 항상 오만하다; ② 자랑하다, 방자하다, 오만하다;

umpama ① 예, 보기; ⓢ misal, contoh; sebagai **umpama** 예로서, 예를 들면; ② ~처럼,~와 같이; ⓢ seperti;
berumpama 예를 들다;
mengumpamakan①비교하다,비유하다;ⓢ mengibaratkan;Ia *mengumpamakan* monyet dengan manusia. 그는 사람과 원숭이를 비교했다; ② 따라서 하다, 모방하다; ⓢ mencontohkan;Anak lelaki itu *mengumpamakan* kelakuan ayahnya. 그 아들은 아버지의 행동을 본보기로 삼았다; ③ 추측하다, 추정하다; ⓢ memisalkan; Saya *mengumpamakan* anda tampil di acara ini. 나는 당신이 그 행사에 나타나리라고 추측했다;
perumpamaan ① 은유, 비유; ⓢ ibarat; ② 유사, 비슷함; ⓢ persamaan; ③ 예, 선례; ⓢ contoh;
seumpama ~처럼, ~와 같이;
seumpamanya, **umpama** kata 예를 들면;

umpat ① 중상, 욕설; ⓢ fitnah; ② 모욕, 경멸, 비난; ⓢ sesalan, cercaan; ③ 노여움;
mengumpat 중상하다, 책망하다; ⓢ memfitnahkan, memaki-maki;
pengumpat 모사꾼;
umpatan 중상, 욕설,비난; Ia melemparkan *umpatan* kekesalan pada orang itu. 그는 그 사람에게 불만을 퍼부었다;

umpet, **mengumpet** 숨다, 숨기다; ⓢ bersembunyi;
umpet-umpetan 숨바꼭질;

umum ① 일반의, 보편적인; rapat **umum** 총회; ② 공중의, 공공의; telepon **umum** 공중 전화; ③ 대중, 민중; tidak terbuka pada **umum** 대중에게는 공개되지 않는; ④ 일반적으로, 보통으로; Taman itu terbuka untuk *umum*. 그 공원은 대중들에게 개방되었다;
mengumumkan ① 알리다, 공고하다; ⓢ memberitahukan; ② 발표하다, 공표하다; ⓢ menyiarkan; **mengumumkan** dengan keluhuran 엄숙하게 공표하다; ③ 퍼뜨리다; ⓢ melazimkan;
pengumuman ① 공고, 알림; ② 발표, 공표; ③ 보도, 공보; **pengumuman** perang 선전 포고;
umumnya 대개는, 보통은;

umur ① 나이,연세;ⓢ usia; B
*umur*nya saat ini? 그의
몇 살이냐? ② 생명
nyawa; di ba
umur balig 성

U

umur 미성년;

berumur ① 나이가 ~이다; ② 나이가 든; ⓢ sudah dewasa; Orang itu sudah ***berumur*** tapi masih terlihat muda. 그 사람은 나이가 들었지만 젊게 보인다;

seumur 동갑의, 동년배의; **seumur hidup** 일생, 평생; **seumur jagung** 잠시, 오래지 않은.

undak, **undak-undakan** 계단, 층층대; ⓢ tangga;

berundak-undak ① 계단 이 있는, 계단으로 된; Jalan menuju rumahnya ***berundak-undak***. 그의 집으로 가는 길은 계단이 있다; ② ~층인;

undang, **undang-undang** ① 법률, 규정; ⓢ ketentuan, peraturan; **undang-undang** darurat 비상 법령, 비상 조치법; **undang-undang** dasar 헌법; **undang-undang** kecelakaan 재해 보상법; ② 법칙; ⓢ hukum;

perundang-undangan 입법;

undangan 법제처;

undur ① 퇴각하다, 철수하다; ⓢ mundur,menghindar, pergi; ② 돌다, 방향을 바꾸다; ⓢ ke belakang;

mengundurkan ① 돌리다,방향을 바꾸다; ⓢ menjalankan ke belakang; Ia ***mengundurkan*** mobilnya. 그는 차를 돌렸다; ② 연기하다, 늦추다; ⓢ menunda, menangguhkan;Ia ***mengundurkan*** kedatangannya ke Jakarta. 그는 자카르타에 오는 것을 연기했다; ③ 퇴각시키다, 철수시키다; ⓢ menyuruh mundur; Ia ***mengundurkan*** mobilnya ke belakang.그는 차를 후진시켰다;**mengundurkan** diri 퇴직하다, 사직 하다, 그만두다;Ia ***mengundurkan*** diri karena bertengkar dengan atasannya. 그는 상사와 다툼으로 사직했다;

pengunduran ① 퇴각, 철수; ② 연기, 지연;

unek-unek 한,원한,유감;Orang tua itu mempunyai banyak ***unek-unek***. 그 늙은 사람은 한이 많다;

unggas 새,조류; ⓢ burung; **unggas** air 물새; **unggas** puding 새, 조류; Mereka adalah para peternak ***unggas*** yang berhasil. 그들은 성공한 조류 사육자들이다;

unggul 최상의, 우수한, 우량의; ⓢ lebih tinggi, lebih luhur, berkelebihan; kepandaian yang **unggul** 최고의 능력; bibit **unggul** 우량 품종;

mengungguli 탁월하다, 우세하다; ⓢ melebihi; Ia berhasil ***mengungguli*** lawan-lawannya. 그는 상대보다 더 성과를 올렸다;

keunggulan ① 우세, 우월, 우량; ***Keunggulan*** barang ini memang harus diakui. 이 문건이 탁월하다는 것을 시인해야 한다; ② 장점;

ungkap, **mengungkap** 벗기다, 들추다; ⓢ membuka, menyingkap;

mengungkapkan ① 속 마음을 드러내다; ② 지적하다, 확인하다; ③ 말하다, 설명하다; ④ 해설하다;

mengungkapi 관찰하다;ⓢ membuka-buka, meneliti; Ia ***mengungkapi*** perasaan suka kepada saya. 그가 나를 좋아하는 기분을 알게 되었다;

terungkap 알게 된, 알아차린; ⓢ terbongkar, diketahui; Akhirnya

keburukan anak itu dapat ***terungkap*** setelah saya melihat peristiwa yang dialaminya. 결국 그 아이의 나쁜점은 내가 그 사건을 본 후에 알게되었다;

ungkit, **ungkit-ungkit**, **ungkang-ungkit** ① 위아래로 움직이다; ⓢ bergerak turun naik; ② 시소; Jangan kau ***ungkit-ungkit*** lagi masa lalu. 너는 지난 일을 되씹지 마라;

mengungkit ① (지렛대로) 들다, 들어올리다; ⓢ mengangkat, mengumpil, mengungkil; ② 지난 일을, 되씹다;

pengungkit 지레; ⓢ pengungkil, pengumpil;

ungsi, **mengungsi** ① 도망치다, 달아나다; ⓢ lari; ② 탈취하다, 피난하다; ⓢ menghindar; Semua orang yang kena bencana ***mengungsi*** ke posko terdekat. 재앙을 당한 모든 사람은 가까운 안전 지대로 피신했다;

mengungsikan 탈출시키다, 피난시키다;

pengungsi 피난민;

pengungsian ① 피난, 철병 ② 피난처;

universal ① 보편적인, 일반적인; ② 세계적인; ③ 만국 공통어;

keuniversalan 보편성, 광범성;

universitas 대학,대학교;Ia mau meneruskan ke ***unversitas*** di Jakarta. 그는 자카르타에서 계속 대학에 다니고자 한다;

unjuk, **unjuk** beritahu 알려주다, 통지하다;ⓢ memberitahu, memaklumkan; **unjuk** gigi 능력을 과시하다; **unjuk** periksa 알리다; **unjuk** kerja 행동, 처신; **unjuk** muka 과시하다; **unjuk** rasa 시위하다;

unta 낙타;

untai ① (구슬을 꿰기 위한)끈, 실; ② (구슬)목걸이를 셀 때; **seuntai** kalung 목걸이; Ayah membelikan kami masing-masing ***seuntai*** kalung. 아버지는 우리들 각자에게 목걸이를 사주었다;

teruntai (달랑달랑)매달린;

untaian ① 연속물, 시리이즈; ⓢ rangkaian; ② 줄, 체인, 실;

untuk ① ~하기 위한; Buku itu di beli ***untuk*** dibaca. 그 책은 읽기 위하여 샀다;② ~용도의,~을위한; ⓢ bagi, buat;***Untuk*** apa Anda memberi uang ini?너는 이 돈으로 무엇을 할 것이냐?; ③ ~하기 위하여, ~을 목적으로; ⓢ supaya; Ia harus memenuhi syarat ***untuk*** mengikuti ujian itu. 그는 그 시험에 응시하기 위하여 조건을 충족해야 한다;

untung ① 운, 행운,운명; ⓢ mujur, nasib; ② 이득, 이익, 이윤; ⓢ laba; ③ (=untunglah) 다행히도, 운좋게도; **untung** bersih 순이익; **untung** jahat 불운, 역운; nasib **untung** 운명; **untung** pegawai 상여금, 보너스; **untung** sero 배당금;

untung-untung 운이 좋으면,아마도; ⓢ kalau mujur;

beruntung ① 행운의, 운이 좋은; ⓢ mujur; Ia ***beruntung*** mendapat pekerjaan itu. 그는 운좋게 직장을 얻었다; ② 성공적인; ⓢ berhasil; Orang itu sangat ***beruntung*** dalam menjalankan usahanya. 그 사람은

그 사업에서 크게 성공했다; ③ 이익을 내다;ⓢ berlaba;Anak itu ***beruntung*** dapat hadiah sepeda motor. 그 아이는 오트바이 상품을 받았다;

menguntungkan ① 이익을 주다, 이득이 되다;Usaha ini amat ***menguntungkan*** bagi kami. 이 업은 우리에게 아주 이롭다; ② 유리한, 형편에 알맞은;Pekerjaan itu ***menguntungkan*** bagi mereka. 그들은 그 일에 적합하다;

keuntungan ① 이익,이득,이윤; ⓢ laba; ② (=keberuntungan) 행운,운; ⓢkemujuran,kebahagiaan;Ia memperoleh ***keuntungan*** besar. 그는 큰 행운을 잡았다;

peruntungan 운명,숙명; ***Peruntungan***nya sedang baik. 현재 운이 좋다;

upacara ①의식,예식; ⓢ peralatan; ② 식(式), ~회; **upacara** pelantikan Perdana Menteri 국부총리 임명식;

upah ① 월급,봉급; ⓢ gaji; ② 요금, 삯; ③ 사례금;

upaya 수단, 방법; ⓢ akal, ikhtiar;

berupaya 방책을 강구하다; ⓢ berusaha sekuat-kuatnya;

mengupayakan 힘쓰다, 분투하다; ⓢ mengikhtiarkan; Pemerintah ***mengupayakan*** agar tidak ada lagi korban banjir di Jakarta. 정부는 자카르타에 홍수 회생자가 다시는 없도록 힘썼다;

[illegible]ti ① 공물(貢物); Kami harus [illegible]kan ***upeti*** bagi pemerin[illegible] [illegible]리는 중앙 정부를 위하[illegible]야 한다; ② 뇌물;

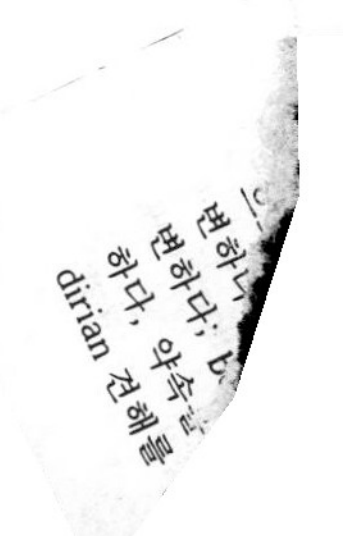

urat ① (=**urat** daging) 근육,건(腱); ② (=**urat** saraf) 신경; ③ (**urat** darah) 혈관,정맥; ④ 나뭇결; ⑤ 뿌리; ⓢ akar; **urat** leher 목 근육; **urat** nadi 팔목 동맥;

berurat 강건한, 힘센;

mengurat ① 뿌리박다, 습관이 되다; ② 단단해지다, 강인해지다;

uruk ① 더미, 퇴적; ⓢ timbun; ② 흙더미;

menguruk (흙으로)매우다, 채우다; ⓢ menimbus;

urukan 흙더미;

urut 안마하다, 맛사지하다; ⓢ pijit; tukang **urut** 안마사; ⓢ tukang pijit;

mengurut 주무르다, 맛사아지하다; ⓢ memijit;Ibu ***mengurut*** kaki ayah yang terkilir. 어머니는 아버지의 접질린 발을 주물러주었다;

usah 필요한; ⓢ perlu; Tak ***usah*** anda membantu saya! 당신은 나를 도와줄 필요가 없다;

usaha ① 노력; ⓢ daya upaya; ② 노동, 일; pekerjaan; ③ 사업, 장사; ⓢ perusahaan; **usaha** pemerintah 정부 주도;**usaha** bersama 협동,상호 노력; **usaha** melawan, **usaha** menentang 반동,반발; **usaha** sendiri 개인적인 노력; **usaha** hiburan 관광사업; **usaha** tani 농업, 농장; atas **usaha** ~의 선동으로, ~의 노력으로;

berusaha 노력하다,최선을 다하다; ⓢ bekerja giat, berikhtiar; Para pegawai ***berusaha*** sebaik-baiknya untuk suksesnya perusahaan. 모든 직원들은 회사가 성공하도록 최선을 다했다;

pengusaha ① 사업가,기업가; Artis itu menikah dengan seorang ***pengusaha*** kayu. 그 배우는 부자 사업가와 결혼한다; ② 고용주;

pengusahaan ① 노력, 분발; ② 사업, 기업;

perusahaan 사업, 기업, 영업; **perusahaan** air 수도 사업; **perusahaan** pengangkutan 운수업; **perusahaan** pelayaran 선박 사업; **perusahaan** tanah 부동산(업); **perusahaan** ternak 축산업;

usai ① 끝난, 완료한; ⓢ habis, selesai, berakhir; ② 흩어진; ⓢ urai, bubar; Pekerjaannya ***usai*** pada tengah hari saja. 그의 일은 단 반나절 만에 끝났다;

mengusaikan 흩뜨리다, 분산시키다; ⓢ menyudahi, menyelesaikan;

usang ① 낡은, 낡아빠진; ⓢ kuno, kolot; Bajunya sudah ***usang*** di makan waktu. 그의 옷은 너무 오래 입으서 낡아빠졌다; ② 시든, 말라빠진; ⓢ kering gersang; ③ 진부한; ⓢ sudah tidak lazim;

mengusang 시들다, 마르다; ⓢ mengering;

keusangan ① 낡음; ② 시듬;

usap, mengusap ① 문지르다; **mengusap** dada 가슴을 치다; Ia ***mengusap*** badan anaknya supaya tidur. 그 어머니는 아이가 잠들도록 몸을 문지르주었다; ② 닦다, 닦아내다; ⓢ menghapus; Ia ***mengusap*** tulisan itu dengan penghapus. 그는 지우개로 그 글을 지웠다; ③ 어루만지다, 쓰다듬다, 애무하다; ⓢ mengelus-elus; Ia ***mengusap*** anjing kesayangannya. 그는 그의 애완견을 쓰다듬어 주었다;

usia 나이, 연령; ⓢ umur;

usik, mengusik ① 괴롭히다, 방해하다; ⓢ mengganggu; ② 다루다, 취급하다; ⓢ menyentuh, menyinggung; Gurunya ***mengusik*** soal kenaikan kelas anak itu. 그 선생은 그 아이의 진학 문제를 다루었다; ③ 간섭하다, 참견하다; ⓢ mencampuri; Ia ***mengusik*** soal itu terlalu dalam. 그는 그 문제를 너무 깊숙히 참견했다; ④ 비난하다, 비평하다; ⓢ mengritik, mencela;

pengusik 교란자, 방해자; ⓢ pengganggu;

usikan ① 방해, 괴롭힘; ⓢ gangguan; ② 간섭, 참견, 참여; ③ 비난, 비평; ⓢ celaan;

usil 성가시게 구는, 간섭하는; ⓢ suka mengusik; **usil** mulut 남의 말을 하기 좋아하는; ⓢ mulut bawel; Ia tidak pernah ***usil*** tentang masalah itu. 그는 그 문제에 대하여 괴롭히지 않았다;

usir, berusir-usiran 추적하다;

mengusir ① 몰아내다, 쫓아내다, 축출하다; Orang itu ***mengusir*** pencuri dari rumah. 그 사람은 도둑을 집에서 쫓아냈다; ② 해고하다, 파면하다;

pengusiran ① 축출, 추방; ② 유형(流刑); ③ 추적;

usiran 도망자, 탈주자;

usul 제의, 제안, 안(案); ⓢ anjuran; Dia membuat ***usul*** kepada te[illegible] temannya. 그는 친구들에[illegible] 했다; **usul** balasan 반대 제[illegible] perubahan 수정안;

mengusulkan 제의하다, 제안하다; ⓢ menganjurkan; Mereka ***mengusulkan*** pergantian sistem kerja. 그들은 일하는 방식을 바꾸자는 제안을 했다;

pengusul 제안자, 발의자;

pengusulan 제안, 발언;

usus 장, 내장, 창자;ⓢ perut muda; usus besar 대장(大腸); **usus buntu** 맹장; **usus** halus 소장; **usus** mulas 복통, 산통(疝痛);

usut, mengusut ① 조사하다, 검사하다; ⓢ memeriksa; ② 기소하다, 소추(訴追)하다; Perkara itu sedang ***diusut*** oleh pihak kepolisian. 그 문제는 경찰 측에 의해 조사되고 있다;

pengusut 조사자, 검사자;

pengusutan 조사, 검사, 취조; ⓢ penyelidikan;***Pengusutan*** terhadap masalah itu menemui jalan buntu. 그 문제에 대한 조사는 교착 상태에 빠졌다;

utama ① 현저한, 탁월한; ⓢ terbaik; ② 가장 중요한, 주요한; ⓢ terpenting, istimewa; Artis itu dapat peran ***utama*** dalam film cowboy. 그 배우는 카우 보이 영화의 주인공이다;

mengutamakan 강조하다, 주요시하다ⓢmementingkan;Dia ***mengutamakan*** masalahnya dari pada masalah orang lain. 그는 다른 사람의 문제 보다 자신의 문제를 강조했다;

keutamaan ① 탁월, 현저; ⓢ keunggulan,keistimewaan;***Keutamaan*** barang ini ialah pada kegunaannya. 그 물건의 우수한 점은 유용함이다; ② 고상함;

terutama ① 가장 좋은, 우수한; ② 특히; ⓢ lebih-lebih; ③ 가장 중요한;

utang 빚, 외상, 채무;

utara 북, 북쪽(의); angin **utara** 북풍; bintang **utara** 북극성;

mengutara 북쪽으로 향하다;

utara, mengutarakan ① 설명하다, 해설하다; ⓢ mengatakan, menyatakan; ② 알려주다, 통지하다; ⓢ mengemukakan;

pengutaraan ① 해설; ⓢ uraian; ② 전달, 보도; ⓢ pemberitahuan; ***Pengutaraan*** maksudnya diberikan secara singkat. 보도는 중요한 것만 간추려 알려주었다;

utuh (처음)그대로의, 변치않고; ⓢ sempurna, tidak rusak;

mengutuhkan 유지하다,보존하다;

keutuhan 화합, 완비; Hal itu dilakukan demi ***keutuhan*** keluarga ini. 그 문제는 이 가족의 화합을 위한 것이다;

keseutuhan 완전, 완벽;

seutuhnya 전반적으로;

utus, mengutus 파견하다, (대표로) 보내다; ⓢ mengirim, mewakilkan;

pengutusan 파견, 전도, 포교; ⓢ delegasi;

utusan 사절, 대표; ⓢ duta, suruhan, wakil;

U.U.(Undang-undang) 법, 법률;

U.U.D(Undang-undang Dasar)헌법;

uzur ① 연약한, 병약한; ⓢ lemah badan;tua **uzur** 몹시 늙은; Ia sudah ***uzur***. 그는 병약하다; ② 방해, 장애; ⓢ halangan;

U

V

vakansi 휴가; ⓢ libur, liburan, cuti;

vaksin 왁찐(종두);

vaksinasi 종두를 놓다,예방 접종를 놓다; Setiap hewan ternak itu mendapat *vaksinasi*. 그 사육하는 짐승 마다 예방 접종을 놓았다;

vakum ① 진공; ⓢ hampa udara; ② 빈, 공백의; ⓢ kosong;

valuta ① 화폐의 가치; ⓢ nilai uang; ② 화폐, 환율; **valuta** asing 외국환;

variabel ① 변하기 쉬운; ② 바꿀 수 있는, 변동의;

ventilasi 통풍, 환기; ⓢ pertukaran udara; Rumah ini memiliki *ventilasi* yang cukup baik. 이 집은 충분한 통풍이 된다;

versi (소설·영화의)각색, 번역, 번역문; Film itu sedang dibuat *versi* terbarunya. 그 영화는 가장 새롭게 각색하고 있다;

vertikal 수직의, 세로의;

via ~을 거쳐, 경유하여; ⓢ lewat, melalui;Mereka pergi ke Surabaya *via* Jakarta.그들은 자카르타를 거쳐 수라바야에 간다;

visi ① 시각,시력; ⓢ daya lihat, indra penglihatan; ② 통찰력; ③ 환상, 환영; Tiap orang memiliki *visi* masing-masing. 사람 마다 각자 통찰력이 있다;

visual 시각의, 눈에 보이는; ⓢ kelihatan;

visualisasi 눈에 보이게 하다,구상화; Daya *visualisasi*nya amat tajam. 그는 시력이 아주 예리하다;

vital ① 살아 있는, 생생한; ② 극히 중요한; ⓢ sangat perlu, penting; Hal itu amat *vital* bagi kehidupan kita. 그 일은 우리의 생활에 아주 중요하다;

kevitalan 생명력, 활력;

vitalitas ① 생명력, 활력; ⓢ daya hidup, semangat hidup; Daya *vitalitas*nya amat tinggi. 그의 생명력은 아주 강하다; ② 지속력, 존속력; ⓢ daya tahan; ③ 활기,생기; ⓢ kehidupan.

vokal 모음, 모음자;

vokalis 가수, 성악가; ⓢ penyanyi;

volume 용적, 용량; *Volume* pengunjung pada hari ini meningkat tajam.오늘 참석자의 수는 더 늘었다;

vulkan 화산; ⓢ gunung berapi;

vulkanis daerah **vulkanis** 화산대;

vulkanologi 화산학;

W

wabah 전염병, 유행병; Desa itu terkena *wabah* malaria. 그 마을은 말라리아 전염병에 감염되었다;

wacana ① 연설, 말, 이야기; ⓢ ucapan, percakapan; ② 강의; ⓢ kuliah;

waduk 배, 위(胃); **waduk** air 저수지; **waduk** listrik 축전기;

wafat 죽다,사망하다; ⓢ mati, meninggal, tewas;

kewafatan 사망, 죽음;

wah 와! 오, 하느님; ⓢ ah, wahai; *Wah* susah sekali! 와, 어렵군! *Wah*! celaka ini 에이, 빌어먹을!

wahai 아이!, 오!; ⓢ hai,wah; *Wahai* anak muda apa yang sedang kalian lakukan? 어이! 애들아! 지금 뭣들 하고 있나?

wahid ① 유일성; ⓢ tunggal,satu; ② 독특한,견줄바 없는;nomor **wahid** 일등급; Dia adalah pembalap mobil nomor *wahid* di dunia. 그는 세계 일급 자동차 경주자이다;

wahyu 환상, 계시; ⓢ ajaran Tuhan, ilham; Ia merasa telah mendapat *wahyu* untuk menjalankan perintah-Nya. 그는 신의 명령을 수행하기 위한 계시를 받았다;

mewahyui 영감을 주다;

mewahyukan 계시하다, 묵시하다.

wajah 얼굴, 모습, 용모; ⓢ air muka, muka;

berwajah 모습을 가진; Lelaki itu *berwajah* tampan. 그 남자의 용모는 헌출하다;

wajar ① 진실의, 진정한, 본래의, 자연의; *Wajar* saja dia marah padamu. 그가 너에게 화내는 것은 진실이다; ② 일상적으로;

sewajarnya 자연스러운, 당연한; Mesin itu tidak berfungsi *sewajarnya*. 그 기계는 온당하게 역활을 하지 못한다;

wajib ① 의무적인; ⓢ harus, mesti; Tiap murid sekolah *wajib* membayar iuran sekolah. 모든 학생은 학교에 납부금을 낼 의무가 있다; ② 의무, 책임; **wajib** belajar 의무 교육; **wajib** militer 병역의 의무; **wajib** pajak 납세 의무; **wajib** sumbang 강제 기부;

berkewajiban 반드시 ~해야하는, 의무가 있는; yang **berkewajiban** 관계 당국; Kami tidak *berkewajiban* menjalankan tugas itu. 우리는 그 임무를 해야 할 의무가 없다;

mewajibkan 요구하다,의무화하다; Polisi *mewajibkan* tiap pengendara motor memakai helm. 경찰은 오토바이를 타는 사람은 헬멧 쓰는 것을

의무화했다;
kewajiban 의무, 책임; Jangan lupa ***kewajiban*** terhadap orang tua. 부모 님에게 해야 할 의무를 잊지 마라; **kewajiban** belajar, **kewajiban** sekolah 교육의 의무;
pewajib 책임자; **pewajib** daftar 등록 책임자;
wakil ① 대리인, 대리역; ⓢ yang dikuasakan,pengganti; Siapa ***wakil*** sekolah kita sekarang?지금 누가 우리 학교의 부교장입니까? ② 대표, 사절(使節); ⓢ utusan, delegasi; ③ 차석(次席),부(副); ⓢ muda; **wakil** ketua 부의장; **wakil** presiden 부통령,
berwakil 대리인을 쓰다;
mewakili 대리하다, 대표하다; Di dalam pertemuan itu Indonesia ***di wakili*** oleh menteri luar negeri. 그는 그 회합에서 인도네시아 외무부 장관을 대리한다;
perwakilan ① 위임, 대리권; ② 대리점, 대리업, 대리 행위; ③ 대의 제도, 의원단; Dewan **Perwakilan** Rakyat 의회, 국회; **perwakilan** berimbang;
waktu ① 시간, 때, 기간; ⓢ saat; ***Waktu***nya sudah hampir mendekati malam. 시간은 밤이 거의 가까웠다; ② ~할 때(마다);Di ***waktu*** hujan jalan ini sangat licin. 비가 올때 이 길은 매우 미끄럽다;③ 시제;**waktu** lampau 과거 시제; **waktu** hamil 임신 기간; **waktu** istirahat 휴식 시간; **waktu** pembayaran 납부 기간; **waktu** sekolah 등교시;**waktu** senggang, **waktu** luang 여가, 틈; dalam **waktu** yang singkat 조만간에; pada **waktu** itu 그 때, 그 당시에; beberapa **waktu** yang lalu 얼마 전에; pada **waktu**nya 시간에 맞게;
sewaktu ① ~할 때; ② 그 때, 그 당시; ③ 옛날에;
sewaktu-waktu 언제고, 아무 때나; ⓢ sembarang waktu,kapan-kapan; Mereka bisa datang ***sewaktu-waktu***. 그들은 아무 때나 올 수 있다;
berwaktu 시간이 있는;
walau (=**walaupun**) 비록 ~일지라도, ~에도 불구하고; ⓢ meskipun, bagaimanapun, biarpun; ***Walaupun*** hujan, dia tetap harus pergi. 비가 왔지만 그는 가야한다;**walaupun** demikian ~에도 불구하고, 그렇지마는, 역시;
wali ① 후견인; ② 행정의 우두머리; **wali** gereja 교회의 책임자; **wali** kota 시장; **wali** negara 통치자; **wali** negeri 주지사; ⓢ gubernur;
mewalikan 통치하다, 지배하다;
perwalian 보호, 수호;
wangi 향,향기; ⓢ semerbak, harum; air **wangi** 향수;
mewangi ① 향기로운; ⓢ semerbak harum; ② 향기를 내다;
mewangikan 향기를 내다, 향긋한 냄새를 풍기다; ⓢ mengharumkan;
wangian 향, 향기;
wangi-wangian 향기로운 냄새;
wangsit 신의 계시; Ia mendapat ***wangsit*** untuk pergi ke suatu tempat. 그는 어떤 장소로 가기 위하여 신의 계시를 받았다;
wanita 여성,여자; ⓢ perempuan; **wanita** kudus 성녀(聖女);kaum **wa-**

nita 여성들; Ia ialah ***wanita*** berhati mulia. 그녀는 순수한 마음씨를 가진 여성이다;

kewanitaan 여성다움;

warga ① 정 회원, 일원; ⓢ anggota; ② 신분; ⓢ kasta; **warga** kota 시민; **warga** negara 국민, 영주권자, 시민; **warga** negara asing 외국인;

kewarganegaraan 공민권, 시민권; Ia penduduk ***kewarganegaraan*** Perancis.그는 프랑스 시민권자이다;

waris 상속인; **waris** asli 원 상속자; **waris** sah 법적 상속자;

mewaris 상속하다, 물려받다;

mewariskan 상속해 주다, 물려주다;

warisan 유산;

warkat 편지; ⓢ surat; **warkat** pos (일종의)봉함 엽서;

warna 색, 색깔;

berwarna 색이 있는;

berwarna-warna 잡다한,다색의.

warna-warni 여러 종류의 색;

berwarna-warni 여러 가지 색깔이 있는;

warta ① 통지, 통신; ⓢ maklumat, pemberitahuan; ② 소식, 뉴우스; ⓢ kabar, berita; **warta** berita 보도, 뉴스; **warta** harian 신문,일간지,일간소식; **warta** sepekan 주간 소식;

mewartakan 소식을 알리다, 통지하다, 보도하다; ⓢ mengabarkan, memberitahukan; Mereka ***mewartakan*** itu langsung dari tempat kejadian peristiwa. 그들은 그 사건 소식을 현장에서 직접 알렸다;

pewarta ① 통신원, 기자; ② (소식을 알리는)게시판;

wartawan 통신원, 기자; ⓢ jurnalis,reporter,juru kabar; Profesinya sebagai ***wartawan*** membuatnya sering bepergian ke luar negeri. 그의 직업은 기자이기 때문에 항상 외국으로 나다닌다;

kewartawanan 신문 잡지업, 저널리즘;

wartawati 여기자, 여자 통신원; ⓢ wartawan wanita;

warung 가게, 상점; ⓢ kedai, toko; **warung** nasi 식당, 음식점;

berwarung 가게를 경영하다; ⓢ berkedai;

wasiat 유언, 유서; surat **wasiat** 유언장;

berwasiat 유언하다; Ayah ***berwasiat*** dalam suratnya bahwa saya berhak atas rumah ini. 아버지는 이 집을 나에게 남기는 내용을 유서로 남겼다;

mewasiatkan 유언으로 남기다; Ia ***mewasiatkan*** rumah ini pada anak-anaknya. 그는 아이들에게 이 집을 유산으로 남겼다;

waspada 조심성 있는,주의 깊은; ⓢ awas, berhati-hati;

mewaspadai 경계하다,지키다;Kita harus ***mewaspadai*** segala tindak kejahatan di kota ini. 우리는 이 도시의 여러 범죄 행위자를 조심해야 한다;

kewaspadaan ① 경계, 불침번; Kita harus meningkatkan ***kewaspadaan*** diri. 우리는 자신에 대한 주의를 더 가우려야 한다; ② 주의, 조심; ⓢ keawasan;

watak 성격, 성질, 기질, 특성; ⓢ

tabiat, sifat;
berwatak ~한 성격을 갖다; ⓢ berbudi pekerti; *Berwatak* jantan. 남성적인 기질이 있다;
perwatakan 특성표시;*Perwatakan* anak itu sangat keras.그 아이의 성격은 아주 거칠다;
wayang ① 꼭두각시, 인형; ⓢ golek, boneka; ② 그림자극; ⓢ lakon; **wayang** golek 목각 인형극; **wayang** kulit 인형극;
wesel (=pos **wesel**) 우편, 송금;
wenang 권한, 권리, 자격; ⓢ hak, kekuasaan;
berwenang ~할 권한을 가지다, 관할하다; Kita harus melaporkan kejadian ini pada pihak yang *berwenang*. 우리는 관계 당국에 이 사고에 대하여 신고해야 한다;
sewenang-wenang ① 독단적으로, 좋을대로; Para buruh dapat perlakuan *sewenang-wenang* dari para penjaganya. 모든 노동자들은 감독자들의 독단적 대우를 받는다; ② 잔인한, 포악한; ⓢ aniaya, bengis, kejam, lalim;
kesewenang-wenangan ① 독단, 압제; ② 잔혹, 잔인; *Kesewenang-wenangan* telah merajalela di kota ini. 이 도시는 독단적 행위가 만연하다;
wewenang 권한, 권능; Hal itu di luar *wewenang* kami. 그 일을 우리의 권한 밖이다;
berwewenang 권력을 갖다, 관할하다, 관장하다;
wibawa 권한, 권능, 힘, 세력;
berwibawa ① 권한을 가진,세력이 있는; ② 책임 있는;
kewibawaan 권한, 권능, 힘, 세력; *Kewibawaan* pemerintah pusat tak diakui di daerah.중앙 정부의 권한을 지방에서 인정하지 않는다;
wihara (불교)수도원;
wiraswasta ⓢ wirausaha; Ayahnya adalah *wiraswasta* di bidang percetakan. 그의 아버지는 인쇄업자이다;
wirausaha 사업가;
wirawan ① 영웅; ⓢ pahlawan; ②영웅적인,영웅의;ⓢ gagah berani;
wiski 위스키;
wisuda ① 임명(任命), 임관(任官) ② 깨끗한, 순수한; ⓢ bersih, tulen;
wisudawan 학·석사(학위)수여자;
wujud ① 존재, 있음, 실재; ② 물체, 모습, 형태, 외모; ⓢ benda; ⓢ rupa; Dia melakukan itu sebagai *wujud* dari kasih sayangnya. 그의 행위는 사랑의 모습이다;
berwujud ① ~한 형태를 가지다; ② 구체적인,유형의,분명한; ⓢ nyata, ③ ~으로 구성되다, 이루어지다;
mewujudkan ① 구체화하다; menjadikan berwujud; ② 실현하다, 이루다; ⓢ melaksanakan; Ia sudah *mewujudkan* cita-cita orang tuanya.그는 부모님의 이상을 실현했다;
perwujudan ① 형태, 형체; ⓢ rupa; ② 실현,달성; ⓢ pelaksanaan; Kegiatan ini ialah *perwujudan* pengabdian kepada masyarakat. 이 행위는 국민들에게 봉사하기 위한 조치이다;
terwujud 형태가 있는, 실현된;

Semua cita-citanya sudah *ter-wujud*. 모든 이상은 실현되었다;

Y

Y

ya 예, 네; *Ya,* saya akan datang. 예, 갑니다;

Yahudi 유태인(의);

yaitu 즉, 말하자면, 다시 말하면; ⓢ ialah, yakni;

yakin ① 확실한,틀림 없는;ⓢ percaya;Saya tak ***yakin*** ia berani berbuat jahat terhadap keluarganya. 나는 그가 가족에게 왜 그렇게 나쁜 행동을 하는지 확실히 알 수 없다; ② 성실한, 참된, 진정한; ⓢ sungguh-sungguh; Saya ***yakin*** bisa memecahkan persoalan itu. 나는 그 문제를 확실히 해결할 수 있다;

meyakini 굳게 믿다, 확신하다; ⓢ yakin benar; Mereka ***meyakini*** kebenaran cerita itu. 그들은 그 이야기의 진실을 확신한다;

meyakinkan 납득시키다, 확신시키다; Ia ***meyakinkan*** orang lain bahwa ceritanya tak bohong. 그는 그의 이야기가 거짓말이 아니라고 다른 사람에게 확신시켰다;

keyakinan ① 확신; ⓢ kepercayaan yang sungguh-sungguh; ② 확실성; ⓢ kepastian; ③ 신념; ⓢ kepercayaan;

berkeyakinan 확신하다; ⓢ percaya benar; Mereka ***berkeyakinan*** bahwa dia adalah malaikat penolongnya. 그들은 그가 생명의 은인이라고 확신했다.

yang 앞의 단어나 문장을; **yang** 뒤의 단어나 문장으로 수식 설명한다;

yayasan 재단, 설립; **Yayasan** Ford 포오드 재단;

yoga ① (힌두교의)요가,묵상, 명상; ⓢ tepekur; ② 금욕 주의; ③ 심신(心身);

yoghurt 요구르트;

yth. (yang terhormat) 존경하는, 존경해 마지 않는;

Yunani 그리스;

yuridis 법에 따른; ⓢ menurut hukum; Secara ***yuridis***, daerah itu termasuk wilayah hukum Indonesia. 법에 따라서, 그 지역은 인도네시아에 포함된다;

yurisdikasi 사법권, 재판권, 관할권; ⓢ kekuasaan mengadili, kekuasaan kehakiman;

Z

zakat (르바란 축제일에) 가난한 사람들에게 주는 보시; ⓢ derma wajib, sedekah wajib;Kami hendak memberi ***zakat*** ke masjid. 우리는 교회에 자깥을 하기 원한다;

berzakat 보시을 주다;Setiap umat Islam wajib ***berzakat*** di bulan Ramadhan. 모든 이슬람 신자들은 르바란 때에 자깥은 의무이다;

zaman 시대, 시기, 때; ⓢ masa, waktu;**zaman** Belanda 화란 점령기; **zaman** depan 미래, 장래; **zaman** dulu 과거, 이전; **zaman** keemasan 황금기; **zaman** pertengahan 중세; **zaman** sekarang 현재, 지금;

zamrud 에메랄드, 취옥(翠玉); ⓢ batu permata; Ia dihadiahi kalung bermata ***zamrud*** oleh ayahnya. 그녀는 아버지로부터 에메랄드 목걸이를 선물로 받았다;

zat ① 신의 본질; ② 물질,물체,내용; ⓢ unsur; **zat** air 수소; **zat** air belerang 유화 수소; **zat** arang 탄소; **zat** asam 산소; **zat** garam 염, 염소; **zat** hijau 엽록소; **zat** kapur 칼슘; **zat** lemak 지방; **zat** makanan 비타민, 칼로리; **zat** padat 고체; **zat** pelemas 질소; **zat** pembakar 산소; **zat** penular 세균, 병원균; **zat** sendawa 질소; **zat** telur 단백질, 흰자위;

ziarah ① 참배, 성묘, 순례; ⓢ kunjungan; ② 참배하다;

berziarah 참배하다,성묘하다, 순례하다;

menziarahi 참배하다, 성묘하다, 순례하다; Kami hendak ***menziarahi*** makam para leluhur. 우리는 조상의 묘지에 참배하기를 바란다;

peziarah 참배자, 순례자; = jiarah; Para ***peziarah*** memenuhi tempat pemakaman itu. 많은 참배자가 그 묘원에 붐빈다;

zig-zag 지그제그형의, 꾸불꾸불한; ⓢ berbiku-biku,berliku-liku; Potongan kertas surat itu dibuat ***zig-zag*** agar tampak unik. 그 편지지는 예쁘게 보이도록 지그 제그로 잘랐다;

zina 간통, 간음; ⓢ persetubuhan, sundal, lacur;

berzinah 간통하다, 간음하다; Mereka ***berzinah*** di tempat itu. 그들은 그 곳에서 간음했다;

perzinahan 간음,간통;Tempat hiburan malam itu ditutup karena di duga polisi tempat ***perzinahan***. 그 야간 유흥업소는 간음 장소로 경찰의 의심을 받아 폐쇄되었다;

zona ① 대상(帶狀)지대; ② 구역, 지역; ⓢ kawasan;

Z

Zulhijah (회교력의) 12 번째 달;

Zulkaidah(회교력의)11 번째 달;

부 록
LAMPIRAN

건강편
TENTANG KESEHATAN

인체의 명칭
NAMA ORGAN TUBUH

ㄱ

가슴	dada
가운데손가락	jari tengah
간	hati
갑상선	kelenjar gondok
겨드랑이	ketiak
견갑골	tulang belikat
결후	jakun
결골	tulang kering
경동맥	urat nadi
고막	anak telinga
고환	buah pelir
골반	panggul
골수	sumsum
관자놀이	pelipis
관절	tulang sendi
광대뼈	tulang pipi
구강	rongga mulut
구렛나루	cambang
귀	telinga
귓구멍	liang telinga
귓불	daun telinga
근육	otot
기관	batang tenggorokan
기관지	cabang tenggorokan
꼬리뼈	tulang tungging

ㄴ

난소	induk telur
내장	isi rongga mulut
넙적다리	paha
뇌	otak
뇌수	benak
눈꺼풀	kelopak mata
눈썹	kening, alis
눈자위	pangkal mata
눈초리	ekor mata, ujung mata
늑골	tulang rusuk

ㄷ

다리	kaki
담낭	kantung empedu
대장	usus besar
대퇴골	tulang paha
동공	manik mata
동맥	pembuluh nadi
두개골	tengkorak
두발	rambut
등	belakang
등골	tulang belakang

ㅁ

맥박	denyut nadi
맹장	usus buntu
머리	kepala
목	leher
목(구멍)	kerongkongan
목덜미	bulu kuduk, tengkuk
목젖	anak lidah, anak tekak
몸	badan, tubuh
몸통	batang tubuh
무릎뼈	tempurung lutut

ㅂ

발	kaki
발가락	jari kaki
발뒤꿈치	tumit
발바닥	telapak kaki
발목	pergelangan kaki
발등	punggung kaki
발바닥의 장	lekuk kaki
발톱	kuku kaki
방광	kandung kencing
배	perut
배수	sumsum tulang belakang
배꼽	puser, pusat
뺨	pipi
뼈	tulang
보조개	lesung pipi
복사뼈	mata kaki
비강	rongga hidung
비뇨기	alat-alat saluran kemih
비장	limpa

ㅅ

사랑니	geraham bungsu
사지	anggota badan
쌔기손가락	kelingking
선	kelenjar
선골	tulang kelangkang
선골, 쇄골	tulang selangka
성기	alat-alat kelamin
소장	usus kecil
소화기	alat-alat Pencernaan
속눈썹	bulu mata
손	tangan
손가락	jari
손등	punggung Tangan
손목	pergolangan
손바닥	telapak tangan
손톱	kuku
송곳니	gigi taring
시신경	saraf mata
식도	saluran makanan
신경	saraf (urat)
신경계통	susunan saraf
신장	ginjal
신체	badan, tubuh
심장	jantung
심장의 고동	denyut jantung
십이지장	usus 12 jari

ㅇ

아랫팔	lengan bawah
아킬레스건	urat keting
안구	bola mata, biji mata
안와	rongga mata
앞니	gigi susu, gigi seri
약지	jari manis
어금니	geraram
어깨	bahu
얼굴	muka
엄지손가락	ibu jari
엉덩이	pantat
영구치	gigi tetap
옆구리	perut sebelah sisi
오줌	air kencing, air seni
위	perut besar,

	lambung
위팔	lengan atas
윗입술	bibir atas
유방	buah dada
음경	zakar, batang kemaluan
음낭	kandung buah pelir
음부(여자의)	kemaluan wanita
음핵	kelentit
이(빨)	gigi
이마, 눈썹	dahi, kening
인두	hulu
인체	tubuh manusia
임파선	kelenjar getah bening
입	mulut
입술	bibir
잇몸	gusi

ㅈ

자궁	rahim, kandungan
장	usus
장딴지	betis
전립선	kelenjar wajah
점막	selaput lendir
정강이	garas
정맥	pembuluh balik
젖니	gigi sulung
젖꼭지	puting susu
좌골	tulang pinggul
직장	poros usus
질	liang jimak
집게손기락	telunjuk

ㅊ

체모	bulu
취장	pancreas
체온	suhu badan

ㅋ

코	hidung
코뼈	batang hidung
코피	mimisan
콧구멍	liang hidung
콧물	ingus
콧방울	cuping hidung
콧수염	kumis

ㅌ

턱	dagu
턱수염	janggut, jenggot

ㅍ

팔	lengan
팔꿈치	siku
폐	paru-paru
피	darah
피부	kulit

ㅎ

항문	dubur
허리	pinggang
허리뼈	tulang pinggang
혀	lidah
혀끝	ujung lidah
혈관	pembuluh darah
혈압	tekanan darah
호흡	pernafasan

호흡기 alat-alat pernafasan
후두 pangkal tenggorokan

병 명
NAMA PENYAKIT

ㄱ

각기 beri-beri
간경변 sirosis hati
간염 radang hati
갑상선 비대증 hyperthyroid
결핵 sakit paru-paru
경련 kejang urat
고혈압 hypertensi
골막염 radang selaput tulang
골수염 radang sumsum tulang
관절염 radang sendi
광견병 penyakit anjing gila
궤양 borok
근시 mata dekat
기관지염 bronchitis
기생충 parasit
기생충질환 cacingan

ㄴ

난시 mata astigmatis
내상 luka di bagian dalam
내출혈 berdarah di dalam
노안 presbyopi
녹내장 gula koma, bular hijau
농상 abses
뇌일혈 pendarahan otak
뇌졸중 penyakit pitam
뇌진탕 geger otak
늑막염 birsam

ㄷ

다래끼 tembel
담낭병 radang kandung empedu
담석 penyakit batu empedu
당뇨병 diabetes
대장카타르 radang usus besar
대하 keputihan
뎅기열 demam kalkuta
독감 influenza, flu
동맥경화 pengerasan nadi
두드러기 gelegata

ㄹ

류머티즘 encok

ㅁ

마비 kebas, mati rasa
마약중독 kecanduan obat bius
마취 mati rasa

만성결막염	trachoma
말라리아	malaria
매독	sifilis
맹장염	radang usus buntu

ㅂ

발치	cabut gigi
방광결석	batu kandung kemih
방광염	radang kandung kemih
백내장	bular mata
백선	kurap
백일해	batuk rejan
백혈병	leukemia
복막염	radang selaput perut
부스럼	bisul
부종	busung lapar
브릿지	bridge

ㅅ

사시	mata juling
색맹	buta warna
선천성매독	sifilis bawaan
성병	penyakit kelamin
성홍열	scarlatina
소화불량	dyspepsia
수두	cacar air
습진	penyakit eksim
식중독	keracunan makanan
신경병	penyakit saraf
신경통	nyeri urat syaraf
신경쇠약	lemah saraf
신맹염	radang piala ginjal
신장결석	batu ginjal
신장병	ginjal
신장염	radang buah pinggang
심근경색	bayi mati jantung
심장마비	layuh jantung
심장병	penyakit jantung
심장마비	serangan jantung
십이지장궤양	borok usus 12 jari
십이지장충	cacing tambang

ㅇ

안염	radang mata
안질환	mata merah
알레르기	alergi
알콜중독	kecanduan alkohol
염좌/관절을 삔	keseleo
영양실조	kekurangan gizi
요충	cacing kremi
월경불순	haid tidak teratur
위궤양	infeksi lambung
위암	kanker lambung
위염	radang perut besar
위하수	lambung turun
유방암	kanker payudara
유행성감기	influenza, flu

일사병	kelenjar matahari

ㅈ

자궁외 임신	hamil di luar rahim
잠병	penyakit tidur
저혈압	tekanan darah rendah
적리	disentri
전간	penyakit ayan
정신병	sakit jiwa
정신분열증	schizofrenia
제왕절개	pembedahan Caesar
조충 (촌충)	cacing pita
종기	bengkak
조양	penyakit tumor
중독	keracunan

ㅊ

천식	asma
천연두	cacar
초기매독	sifilis tingkat pertama
축농증	empyema
충치	gigi busuk
충혈	kongestio
치석	karang gigi
치조농염	paradentosis
치질	wasir

ㅋ

카리에스	karies
코감기	selesma, pilek

ㅌ

탈구	urai sendi

ㅍ

파상풍	tetanus
폐렴	radang paru-paru
폐암	kanker paru-paru
피부병	penyakit kulit

ㅎ

한센씨병	lepra
협심증	kejang jantung
홍역	campak
화상	luka bakar
황달	penyakit kuning
회충	cacing gelang
후두암	kanker tenggorokan
후두염	radang tenggorokan
히스테리	hysteria

증 세
GEJALA PENYAKIT

ㄱ

가래	riak
가렵다	gatal
가슴앓이	rasa panas dalam
갈비가 아프다	sakit tulang rusuk
감기	masuk angin

감염	penularan
감염된	ketularan
걷기가 힘들다	berjalan susah
견통	bahu sakit
결막염	infeksi mata
경증	sakit ringan
고름/농	nanah
골절	patah tulang
관절이 부었다	persendian bengkak
관절통	persendian sakit
구역질	mual
구토	muntah
귀가 아프다	sakit telinga
귀에서 분비물이 나옴	keluar cairan telinga
급성질환	penyakit akut
기침	batuk

ㄴ

냉대하증	keputihan
고름/농	nanah
농이 나온다	keluar nanah
뇨도 분비믈	keluar cairan dari saluran kencing
눈이 아픔	mata sakit
눈꼽	kotoran dari mata

ㄷ

다리가 마비되다	kaki lumpuh
다뇨증	banyak kencing
딸국질	cegukan
떨리다	bergetar
두드러기	gatal-gatal
두통	sakit kepala
둥통	linu

ㅁ

목마름/갈증	haus
목구멍이 아픔	sakit menelan
목이 뻣뻣함	leher kaku
목이 아픔	sakit leher
몸이 여위다	kurus
무월경	stop haid
물변	berak air

ㅂ

반점	lebam
반혼수상태	tidak sadar
발이 아프다	sakit kaki
발작적인 통증	mulas
발진	lecet, ruam
배뇨곤란	tidak ada kencing
배뇨통	kencing sakit
벌레에 물린	gigitan serangga
변비	susah berak
병든몸, 병든	sakit-sakitan
병상	keadaan sakit
병에 걸리다	kena sakit
병이 되다	jatuh sakit
복부팽만	perut kembung
불면증	tidak bisa tidur
붓다	bengkak
비염	radang hidung
빈뇨	sering kencing

ㅅ

사산	lahir mati
사지통/팔의	sakit lengan
삭신이 쑤신다	badan pegal-Pegal

살이 찢어지다 luka sayat
상처 luka
설사 mencret, murus
설염 radang lidah
성교시 통증 bersenggama sakit
소변을 보아도 또보고싶은 감각 perasaan selalu ingin kencing
소변을 자주봄 sering kencing
소변이 많이나옴 banyak kencing
소화불량 pencernaan tidak lancar
속이 쓰리다 hati terasa panas
손가락이 아프다 sakit jari
쇠약감 lemas/lelah
시력장애 penglihatan tidak jelas
식욕부진 tidak nafsu makan
실신 pingsan
심장발작 serangan jantung
심장이 멎는 것같다 jantung terasa berhenti

ㅇ

아프다 sakit
악성의 ganas
앓고난 병 anamnesa
양성의 jinak
양수 air ketuban
어지럼증 pusing terasa berputar
여드름 jerawat
열 suhu tubuh
염증 radang
오한 demam tinggi
요통 sakit pinggang
욱식욱신하다 ngilu
월경 haid datang bulan
월경이 적게 나옴 haid sedikit
월경통 sakit haid
위경련 perut keram
위산과다 kebanyakan asam
위출혈 muntah darah
위통 perut sakit
유산 keguguran
유행병 epidemi, wabah
외상 luka dibagian luar
의식불명 pingsan
이상 증세 kelainan
인후염 radang infeksi tenggorokan
임부 wanita hamil
임신 hamil

ㅈ

자궁출혈 pendarahan uterus
잠복기간 masa tunas
재발하다 kambuh
재채기 bersin
전염병 penyakit menular
점액변 berak lender
조산 prematur
졸립다 mengantuk
종기 bisul
중이염 infeksi telinga
중증 sakit keras
지병 idapan
진통 sakit bersalin

ㅊ

차도가 있다 penyakit berangsur baik
첫월경 haid pertama
청력장해 pendengaran tidak jelas
체중감소 berat badan turun
축농증 radang infeksi rongga
출산하다 bersalin
치은염 radang gusi
치통 sakit gigi

ㅋ

코막힘 hidung mampet
코피가 난다 keluar darah dari hidung
콧물 ingusan/pilek

ㅌ

타박상 luka memar
탈모 rontok
통증 sakit nyeri

ㅍ

편도선염 radang tonsil (amandel)
피가나옴/각혈 batuk darah
피로감 cape
피오줌/혈뇨 kencing darah

ㅎ

하혈 pendarahan
합병증 komplikasi
햇볕에의한 열상 terbakar matahari
허기지다 lapar
혀의 염증 radang lidah
현기증 kepeningan
혈뇨 kencing darah
혈담 riak darah
혈변/피똥 berak darah
혈종 luka memar
호흡곤란/숨이차다 sesak napas
혹 benjol
혼수 pingsan mati
혼수상태 sekarat
휴통/가슴 아픔 sakit menelan

진단명
NAMA DIAGNOSA

ㄱ

간비대증 (간이 부은 상태) hepatomegali
간염(A,B) hepatitis
갑상선 비대증 hyperthyroid
갑상선염 thiroiditis
결막염 conjunctivitis
결핵 tuberculosis
경관염 cervixitis
고환염 orchitis
고혈압 hypertensi
구내염(입속) stomatitis
기관지염 bronchitis
기관지 천식 bronchial asthma
기관지 폐염 bronco pneumonia

ㄴ